Abréviations utilisées

(A)	accusatif
(agric.)	agriculture
Angestellte/r *(der/ein)*	participe ou adjectif substantivé : • *der Angestellte* • *ein Angestellter*
(arch.)	terme archaïque ou archaïsant
(assur.)	assurances
(auto.)	automobile
(Autriche)	expression ou terme utilisé(e) en Autriche
(banque)	terme bancaire
(bourse)	terme boursier
(comptab.)	comptabilité
(contr.)	contraire ; terme antonymique
(corresp.)	correspondance
(D)	datif
(douane)	terme relatif à la douane
(e)	voyelle facultative *Vered(e)lung* lire • *Veredlung* • *Veredelung*
en, en	masculin faible du type : **Zulieferant** *m*, **en, en** ; **en** à tous les cas sauf au nominatif singulier
(etw)	*etwas*
f, f	féminin
fpl	féminin pluriel
(fam.)	familier
(figuré) (fig.)	sens figuré
(France)	équivalent en France
(G)	génitif
(hist.)	historique
(inform.)	informatique
iron.	ironique
jdn, jdm, jds	• *jemanden* • *jemandem* • *jemand(e)s*
(jur.)	juridique

kommen, a, o *(ist)*	verbe fort ; forme son passé avec le verbe être
Konto *n*, **s** ou **-ten**	pluriel double : • **die Kontos** • **die Konten**
litt.	littéraire
m	masculin
m ou ***n***	masculin ou neutre
mpl	masculin pluriel
n	neutre
npl	neutre pluriel
(péj.)	péjoratif
pl	forme utilisée exclusivement ou préférentiellement au pluriel • **Kosten** ***pl*** • **Zinseszinsen** ***pl***
(polit.)	politique
(psych.)	psychologique
qqch	quelque chose
qqn	quelqu'un
(préfixe)	préfixe employé dans des mots composés • *Stamm-* • *Zusatz-*
(rare)	terme rare
(R.D.A.)	République démocratique allemande
(R.F.A.)	République fédérale d'Allemagne
(s), *(s)*	consonne facultative **Körperschaft(s)steuer** *Schaden(s)ersatz*
(statist.)	statistiques
(Suisse)	expression ou terme utilisé(e) en Suisse
(télé.)	télévision
(téléph.)	téléphone
(touris.)	tourisme
(transp.)	transports

Langues pour tous

Collection dirigée par Jean-Pierre Berman, Michel Marcheteau et Michel Savio

ALLEMAND

- ☐ Pour débuter ou tout revoir :
  - **40 leçons pour parler allemand** [K7] (CD)
- ☐ Pour mieux s'exprimer et mieux comprendre :
  - **Communiquez en allemand** [K7]
- ☐ Pour se perfectionner et connaître l'environnement :
  - **Pratiquez l'allemand !** [K7]
- ☐ Pour se débrouiller rapidement :
  - **L'allemand tout de suite !** (CD)
- ☐ Pour évaluer et améliorer votre niveau :
  - **Score allemand : testez votre niveau** (200 tests)
- ☐ Pour aborder la langue spécialisée :
  - **L'allemand économique et commercial** (20 dossiers)
  - **Dictionnaire économique, commercial et financier**
  - **Correspondance commerciale**
  - **Score allemand : 100 tests**
- ☐ Pour s'aider d'ouvrages de référence :
  - **Dictionnaire de l'allemand d'aujourd'hui**
  - **Grammaire allemande pour tous**
  - **Vocabulaire de l'allemand moderne**
- ☐ Pour prendre contact avec des œuvres en version originale :
  - Série bilingue (textes originaux + traductions et notes pédagogiques) :

➡ Niveaux : ☐ facile (1er cycle) ☐☐ moyen (2e cycle) ☐☐☐ avancé

- Nouvelles allemandes ☐
- Nouvelles allemandes contemporaines ☐☐

[K7] (CD) = Existence d'un coffret : Livre + K7 et/ou CD

Attention ! K7 ou CD ne peuvent être vendus séparément du livre.

Autres langues disponibles dans les séries
de la collection **Langues pour tous**

ANGLAIS - AMÉRICAIN - ARABE - CHINOIS - ESPAGNOL - FRANÇAIS - GREC - HÉBREU
ITALIEN - JAPONAIS - LATIN - NÉERLANDAIS - OCCITAN - POLONAIS
PORTUGAIS - RUSSE - TCHÈQUE - TURC - VIETNAMIEN

LANGUES POUR TOUS
Collection dirigée par
Jean-Pierre Berman, Michel Marcheteau, Michel Savio

DICTIONNAIRE DE L'ALLEMAND ÉCONOMIQUE COMMERCIAL ET FINANCIER

Allemand-français/français-allemand

• *Gestion* • *Marketing* • *Informatique* • *Droit*
• *Correspondance commerciale* • *Langue de la presse*

Nouvelle édition
plus 2 annexes

Jürgen Boelcke
Diplômé d'études supérieures de phonétique
Professeur d'allemand à
l'ESCP/EAP

Bernard Straub
Professeur agrégé

Paul Thiele
Docteur en études germaniques
Professeur d'allemand à
l'ESCP/EAP

POCKET

Les auteurs

Jürgen Boelcke, diplômé d'études supérieures de phonétique, a été professeur à l'ESCP/EAP. Ses recherches portent sur l'enseignement assité par ordinateur (EAO), la lexicographie en matière d'économie et de gestion ainsi que sur la pédagogie des langues de spécialité.

Bernard Straub est professeur agrégé. La langue des affaires, des recherches lexicographiques en matière d'économie et de gestion ainsi que la pédagogie appliquée sont ses axes de recherche.

Paul Thiele est professeur à l'ESCP/EAP où il est spécialisé en allemand des affaires. La lexicographie appliquée au vocabulaire de la gestion et de l'économie ainsi que la didactique des langues de spécialité sont ses domaines de recherche. Il est l'auteur d'une thèse de doctorat sur les structures de l'allemand moderne.

ISBN : 2-266-15248-3

Sommaire

ALLEMAND-FRANÇAIS

PRÉSENTATION

Ce dictionnaire veut être non seulement un ouvrage de référence pour les spécialistes, mais aussi un manuel accessible à tous ceux qui, dans le monde germanophone, sont confrontés au vocabulaire des affaires et de l'économie, de la presse écrite et parlée.

Le **Dictionnaire de l'allemand économique, commercial et financier** présente les caractéristiques suivantes :

- **complet**, il couvre des domaines tels que politique, droit, production, distribution, publicité, marketing, sociologie, informatique, banque, bourse, syndicats, etc. (16 000 entrées, soit environ 20 000 mots et expressions) ;
- **actuel**, il intègre la terminologie liée aux évolutions récentes (*Entsorgung, Kostenexplosion, Leichtlohngruppe, Multi, Nullwachstum, Ölpest, Stagflation, Talsohle, Wirtschaftskriminalität*, etc.) ;
- **intégral**, il recense le lexique économique et commercial de l'Allemagne fédérale (*Bundesbank, Mitbestimmung*), de l'ex-République démocratique allemande, avec les concepts qui lui étaient propres (*Kombinat, Objekt, VEB*) ;
- **il tient compte des variantes lexicales de l'Autriche et de la Suisse alémanique** (*Finanzer, Mietzins, Trafik, Verschleiß, Zugehör*, etc.) ;
- **il indique la prononciation des mots étrangers** passés dans la langue des affaires : *Etat* [e'ta], *Fonds* [fɜ:], *Giro* ['ʒiro], *Computer* [kɔm'pjutər] ;
- **il donne la définition des concepts**, les plus importants tels que *Dunkelziffer, Gewerbe, Konsumerismus, Schwellenland, Teilzeitarbeit, magisches Viereck*, etc.) ;
- **il recense le lexique informatique récent** : *Chip, Mikroprozessor, Terminal, Datenverarbeitung, computerisieren*, etc. ;
- **il recense les expressions familières** ayant droit de cité dans le monde des affaires : *abstottern, blaumachen, stempeln gehen, verhökern, Otto-Normalverbraucher, Pleitegeier, Tante-Emma-Laden* ;
- **il intègre les tournures et locutions idiomatiques** : *an der Strippe hängen ; den Rotstift ansetzen ; auf einer Welle mitschwimmen ; die Werbetrommel rühren*, etc. ;
- **il traite les termes anglo-américains** de grande fréquence tels que *Hardware, Software, Leasing, Marketing-Mix, Off-shore, Operations-research*, que l'on rencontre dans la presse spécialisée ;
- **il répertorie les sigles et abréviations les plus courants** ; *BGB, EDV, LPG, MwSt., Kfz*, etc. ;
- **il sera un auxiliaire précieux pour le public francophone ou germanophone** grâce à l'indication des synonymes, des antonymes, des genres, du pluriel ; sont également mentionnés le changement vocalique des verbes forts ainsi que la particule séparable.

Les nouveaux apports de cette nouvelle édition se situent notamment dans les compartiments suivants :

- **environnement** : *Katalysator, Schadstoff, Emission, Ozonloch, Umweltsünder, Umweltkriminalität* ;
- **technologies nouvelles** : *Telefax, Btx, Chip-Karte, Hacker, robotisieren, kompatibel* ;
- **finance, bourse, banque** : *Übernahmeangebot, Raider, geregelter Markt, Umschuldung, Blue Chips, Investment Banking* ;
- **comptabilité** : *Ertragsrechnung, Kostenrechnung, Rücklage, Rückstellung, konsolidierte Bilanz, EG-Richtlinie* ;
- **publicité et marketing** : *Tele-Marketing, Medienplanung, Sponsoring* ;
- **professions** : *Systemanalytiker, Finanzanalyst, Wirtschaftsingenieur, Consultant, Sozialarbeiter, Produktleiter* ;
- **entreprise** : *Deregulierung, Verdrängungswettbewerb, Marktdurchdringungsquote, Überkreuzverflechtung, Schutzgelderpressung* ;
- **politique** : *Spendengelder, Geldwaschanlage, Quotenregelung, Realos, Fundis* ;
- **variantes lexicales** : *Sponsoring, Sponsorentum, Sponsorenschaft, Sponsern* ;
- **système des renvois** : *Capital Venture, Wagniskapital ⇒ Risikokapital ; Bargeschäft, Promptgeschäft ⇒ Kassageschäft* ;
- **définition des concepts** : *Einzugsgebiet, Bauherrenmodell, Exoten* ;
- **indication des synonymes** : *Investmentgesellschaft / Kapitalanlagegesellschaft ; Unternehmensforschung / Operations-research.*

❑ UNE ANNEXE ACTUALISÉE : (allemand/français) ; *zappen, digitalisieren, nachhaltig, Handy, Start-up, Voicemail, Gen-Technik.*

Les auteurs remercient Mmes Christel Carrère, Martine Dinard, MM. Alain Burlaud, Gerhard Kalmbach, Jean Lebacque et Berthold Goldschmit de leurs suggestions et de l'aide précieuse qu'ils leur ont apportée en acceptant de relire le manuscrit.

Jürgen Boelcke
Bernard Straub
Paul Thiele

ALLEMAND-FRANÇAIS

A

à : *20 Stück à 3 Mark* 20 exemplaires, 20 pièces à 3 marks.

A *(Austria)* Autriche (code postal ; lettre d'identification nationale sur plaque automobile).

a.a. ⇒ *ad acta.*

A.A. ⇒ *Auswärtiges Amt ; Arbeitsamt.*

AAB ⇒ *Allgemeine Ausführungsbestimmungen.*

AB ⇒ *Außenhandelsbank.*

ab à partir de ; départ ; ~ *Werk* départ usine ; ~ *Ostern* à partir de Pâques ; ~ *sofort* immédiatement applicable ; ~ *sofort gültig* à effet immédiat.

Abakus *m*, - boulier *m* ; abaque *m*.

ab/ändern 1. modifier ; changer **2.** amender **3.** rectifier.

Abänderung *f*, **en** changement *m* ; modification *f* ; révision *f* ; ~ *eines Vertrages* modification d'un contrat.

Abänderungsantrag *m*, **¨e** proposition *f* d'amendement ; *einen ~ ein/bringen* déposer une proposition d'amendement.

Abänderungsentwurf *m*, **¨e** projet *m* d'amendement.

Abänderungsgesetz *n*, **e** loi *f* modificative ; amendement *m*.

Abänderungstext *m*, **e** modificatif *m* ; texte *m* rectificatif ; avenant *m*.

Abänderungsvorschlag *m*, **¨e** projet *m* d'amendement.

Abandon *m*, **s** [abã'dɔ̃] **1.** *(Bourse)* abandon *m* **2.** *(assur.)* désistement *m*.

ab/arbeiten payer par son travail ; *eine Schuld ~* s'acquitter d'une dette en travaillant ; *sich ~* se tuer au travail.

Abart *f*, **en** variété *f* ; variante *f*.

Abbau *m*, *ϕ* **1.** extraction *f* ; **2.** licenciement *m* ; compression *f* de personnel ; dégraissage *m* **3.** démolition *f* (bâtiment) ; démontage *m* (machine) **4.** suppression *f*.

abbaubar *(biologisch ~)* biodégradable.

ab/bauen 1. extraire **2.** réduire ; comprimer ; *Arbeitsplätze ~* supprimer des emplois **3.** démonter ; démolir.

ab/berufen, ie, u révoquer ; relever qqn de ses fonctions ; rappeler (diplomate) ; ~ *werden* être déplacé, muté.

Abberufung *f*, **en** révocation *f* ; rappel *m*.

Abberufungsschreiben *n*, - lettre *f* de rappel.

ab/bestellen 1. annuler ; *eine Ware ~* décommander une marchandise ; annuler une commande **2.** résilier un contrat (de vente) **3.** *eine Zeitung ~* ne pas renouveler un abonnement.

Abbestellung *f*, **en** annulation *f* ; contrordre *m* ; non-renouvellement *m* d'un abonnement (journal).

ab/bezahlen payer à crédit, à tempérament ; payer par versements successifs.

ab/brechen, a, o interrompre ; *Verhandlungen ~* rompre des négociations.

Abbremsung *f*, **en** ralentissement *m* ; décélération *f*.

ab/bröckeln *(Bourse)* s'effriter ; *die Kurse bröckeln ab* les cours s'effritent.

Abbröckelung *f*, **en** *(Bourse)* effritement *m*.

Abbruch *m*, *ϕ* **1.** rupture *f* ; ~ *der diplomatischen Beziehungen* rupture des relations diplomatiques **2.** démolition *f*.

Abbruchfirma *f*, **-men** entreprise *f* de démolition.

ab/buchen 1. porter au débit d'un compte **2.** amortir.

Abbuchung *f*, **en 1.** écriture *f* en débit ; prélèvement (sur un compte) **2.** amortissement *m*.

ab/bummeln récupérer des heures supplémentaires (par des jours de congé).

ab/checken 1. vérifier ; contrôler **2.** cocher (des noms sur une liste).

ABC-Flüge *pl (Advance Booking Charter)* vol *m* charter à bas prix et à long délai de réservation.

ABC-Staaten *pl (Argentinien, Brasilien, Chile)* Argentine *f*, Brésil *m*, Chili *m*.

ab/danken démissionner ; abdiquer.

ab/decken 1. rembourser ; acquitter ; *einen Kredit ~* rembourser un crédit **2.** couvrir ; *ein Risiko ~* couvrir un risque.

ab/dienen gagner (par son travail) ; *eine Schuld ~* rembourser une dette en travaillant.

ab/driften glisser ; dériver ; déraper.

ab/ebben refluer ; *die Pleiteflut ebbt ab* la vague de faillites reflue, diminue.

Abendblatt *n*, **¨er** journal *m* du soir.

Aberdepot *n*, **s** dépôt *m* régulier de titres *(syn. Stückedepot).*

ab/erkennen, a, a contester ; déchoir de qqch ; déposséder.

Aberkennung *f,* ϕ dépossession *f* ; ~ *der Staatsangehörigkeit* déchéance *f* de la nationalité.

Abfahrt *f,* **en** départ *m.*

Abfall *m,* **¨e** déchet *m* ; chute *f* ; *radioaktive ~¨e* déchets radioactifs.

Abfallprodukt *n,* **e** sous-produit *m* ; produit *m* de recyclage ; déchet *m.*

Abfallverwertung *f,* **en** recyclage *m* (de déchets).

Abfallwirtschaft *f,* **en** recyclage *m,* récupération *f* de déchets industriels.

ab/fassen rédiger ; *einen Bericht ~* rédiger un rapport.

Abfassung *f,* **en** rédaction *f* ; *~ eines Vertrages* rédaction d'un contrat.

ab/feiern ne pas travailler ; chômer (à titre de compensation pour heures effectuées mais non rétribuées) ; *Überstunden ~* récupérer des heures supplémentaires.

ab/feilschen *(fam.)* faire baisser un prix (après marchandage) ; *ein paar Mark vom Preis ~* rabattre un prix de quelques marks.

ab/fertigen 1. expédier ; enregistrer (bagages) **2.** servir (clients) **3.** dédouaner.

Abfertigung *f,* **en 1.** expédition *f* **2.** service *m* des clients **2.** dédouanement *m* **3.** *(Autriche)* indemnité *f* de licenciement.

ab/finden, a, u 1. dédommager ; indemniser **2.** *sich mit jdm ~* s'arranger avec qqn **3.** *sich mit etw ~* s'accommoder de qqch ; prendre son parti de qqch.

Abfindung *f,* **en** dédommagement *m* ; arrangement *m* ; *die ~ der Gläubiger* indemnisation *f* des créanciers.

Abfindungsbetrag *m,* **¨e** indemnité *f* ; dédommagement *m.*

Abfindungsguthaben *n,* **-** part *f* d'actif net.

Abfindungssumme *f,* **n** indemnité *f* (de congédiement, de licenciement) ; indemnité transactionnelle.

Abflachung *f,* **en** tassement *m* ; baisse *f* ; *~ der Konjunktur* ralentissement *m* conjoncturel.

ab/flauen baisser ; fléchir ; *die Geschäfte flauen ab* le rythme des affaires ralentit.

Abflauen *n,* ϕ baisse *f* ; tassement *m* ; *~ der Kurse* fléchissement *m* des cours.

Abflug *m,* **¨e** décollage *m* ; *~ nach Köln* vol *m* pour Cologne.

Abfluß *m,* **¨sse** écoulement *m* ; débit *m* ; *~ von Kapital ins Ausland* sortie *f* de capitaux vers l'étranger.

Abfrage *f,* **n** *(inform.)* interrogation *f* ; appel *m.*

ab/fragen *(inform.)* interroger ; consulter ; *einen Speicher ~* interroger la mémoire d'un ordinateur.

ab/fühlen *(inform.)* lire ; explorer (un ruban magnétique par ex.).

ab/führen acquitter ; payer ; *Steuern ~* verser l'impôt ; *die MWSt von einem Betrag ~* déduire la TVA d'une somme.

Abfuhrlohn *m,* **¨e** frais *mpl* de camionnage, de transport *(syn. Rollgeld).*

Abgabe *f,* **n 1.** taxe *f* ; impôt *m* ; redevance *f* ; *jährliche ~n* redevances annuelles *(syn. Steuer)* **2.** *soziale ~n* charges *fpl* sociales **3.** remise *f* ; *~ der Stimmzettel* remise *f* des bulletins de vote **4.** *(Bourse)* vente *f.*

Abgabebescheid *m,* **e** avis *m* d'imposition.

Abgabekurs *m,* **e** cours *m* d'émission.

abgabenfrei non taxé ; exonéré d'impôts, de taxes.

Abgabenordnung *f,* **en** *(AO)* code *m* fédéral de la fiscalité ; code des impôts (*France* C.G.I.).

abgabepflichtig imposable ; passible d'une taxe.

Abgabepreis *m,* **e 1.** prix *m* de vente ; *die ~e erhöhen* augmenter les prix de cession **2.** prix d'émission.

Abgabetermin *m,* **e** délai *m* de remise, de dépôt.

Abgang *m,* **¨e 1.** débit *m* ; vente *f* ; *guter ~* écoulement *m* facile **2.** perte *f* de poids **3.** déchet *m* **4.** *(Autriche)* déficit *m* **5.** *freiwilliger ~* départ volontaire à la retraite.

Abgangsbahnhof *m,* **¨e** gare *f* de départ.

Abgase *pl* gaz d'échappement.

abgasarm (moteur) peu polluant.

Abgasreinigungsanlage *f,* **n** équipement, dispositif anti-pollution.

abgasreduziert à faible taux de pollution, faiblement polluant.

ABGB *n (Allgemeines Bürgerliches Gesetzbuch) (Autriche)* code *m* civil.

ab/geben, a, e 1. consigner **2.** vendre **3.** se démettre (d'une fonction) ; *den Vorsitz ~* céder la présidence **4.** *seine Stimme ~* voter pour qqn ; *abgegebene Stimmen* votants *mpl* ; suffrages *mpl* exprimés.

abgebrannt sein *(fam.)* être fauché ; être sans le sou.

abgedeckt *(gegen +A)* couvert ; garanti ; assuré contre.

Abgeld *n,* **er** perte *f* ; disagio *m.*

abgelten, a, o payer ; rembourser ;

indemniser.

Abgeordnete/r *(der/ein)* député *m*.

abgerundet en chiffres ronds.

abgeschlossen arrêté ; soldé (compte) ; *ein zum 15.d.M. ~er Kontoauszug* un extrait de compte arrêté au 15 courant.

abgewirtschaftet qui bat de l'aile ; commercialement malade ; au bord de la faillite ; au bout du rouleau.

ab/grenzen délimiter.

Abgrenzung *f,* **en** 1. délimitation *f* ; démarcation *f* ; ligne *f* de partage 2. *(comptab.)* régularisation *f* ; détermination *f*.

Abgrenzungsbogen *m,* ¨ *(comtab.)* feuille *f* récapitulative des régulations.

Abgrenzungskonten *pl* *(comptab.)* comptes *mpl* de régularisation.

Abgrenzungsposten *m,* - *(comptab.)* comptes *mpl* transitoires ; compte *m* de régularisation ; compte d'attente.

ab/haken cocher ; apposer un signe de contrôle effectué.

ab/halftern *(fam.)* limoger ; virer qqn.

ab/handeln 1. faire diminuer le prix en marchandant ; *3 DM vom Preis ~* rabattre le prix de 3 marks 2. discuter (l'ordre du jour) ; convenir de 3. présenter, traiter un sujet.

abhanden kommen, a, o *(ist)* perdre ; égarer.

abhängig dépendant ; *von einem Land wirtschaftlich ~ sein* être économiquement tributaire d'un pays.

Abhängige/r *(der/ein)* salarié *m* ; personne *f* dépendante.

Abhängigkeit *f,* **en** dépendance *f*.

Abhängigkeitsverhältnis *n,* **se** rapport *m* de dépendance ; *in einem ~ leben* vivre dans une situation de dépendance.

ab/heben, o, o retirer ; prélever ; *Geld von der Bank, von einem Konto ~* retirer de l'argent de la banque, d'un compte.

Abhebung *f,* **en** retrait *m* (d'argent à la banque) ; prélèvement *m*.

ab/heuern 1. *(marine)* quitter le service 2. débaucher (du personnel) *(syn. abwerben)*.

Ab-Hof-Verkauf *m,* ¨e vente *f* à la ferme.

ab/holen enlever ; retirer ; venir chercher (des marchandises).

Abholmarkt *m,* ¨e grande surface *f* pratiquant le système de vente à emporter.

Abholpreis *m,* **e** prix *m* « départ entrepôt ».

Abholung *f,* **en** enlèvement *m* ; retrait *m*.

Abhöranlage *f,* **n** table *f* d'écoute (téléphonique).

ab/hören espionner (table d'écoute) ; intercepter ; *ein Gespräch ~* espionner une conversation.

abhörsicher à l'abri des écoutes.

Abjudikation *f,* **en** *(jur.)* déchéance *f* de qqch ; dépossession *f* par arrêt ; contestation *f*.

abjudizieren déchoir de qqch ; déposséder.

ab/kassieren encaisser ; se faire payer ; régler une somme due.

ab/kaufen (r)acheter ; *jdm etw ~* acheter qqch à qqn.

ab/klappern *(fam.)* visiter ; faire la tournée (des clients par ex.).

ab/knöpfen *(jdm Geld ~)* *(fam.)* ponctionner qqn ; soulager qqn d'une somme.

Abkommen *n,* - accord *m* ; entente *f* ; convention *f* ; *gütliches ~* arrangement *m* à l'amiable ; *internationales ~* accord international ; *ein ~ schließen* conclure un accord.

Abkühlung *f,* **en** ⇒ *Abschwächung*.

ab/kürzen abréger ; *abgekürzte Formel* formule *f* abrégée.

Abkürzung *f,* **en** abréviation *f* ; *Verzeichnis der verwendeten ~en* liste *f* des abréviations utilisées.

Abladekosten *pl* frais *mpl* de déchargement.

ab/laden, u, a décharger (des marchandises).

Ablader *m,* - (dé)chargeur *m* ; débardeur *m*.

Ablage *f,* **n** 1. rangement *m* ; classement *m* ; archives *fpl* ; *zur ~* pour classement 2. dépôt *m* 3. *(Suisse)* bureau *m* d'enregistrement.

ab/lagern déposer ; décharger.

ab/lassen, ie, a 1. se dessaisir de qqch 2. faire un rabais ; *5 % vom Preis ~* faire une remise de 5 % sur le prix.

Ablauf *m,* ¨e 1. déroulement *m* ; *~ der Arbeitsvorgänge* les différentes phases d'exécution d'un travail 2. expiration *f* ; échéance *f* ; *nach ~ der Frist* à terme échu.

ab/laufen, ie, au *(ist)* 1. se dérouler 2. expirer ; échoir ; *abgelaufene Zahlungsfrist* délai *m* de paiement arrivé à échéance.

Ablauffrist *f,* **en** délai *m* d'expiration.

Ablaufzeit *f,* **en** 1. *(inform.)* temps *m* d'exécution (d'un programme) 2. date *f* d'expiration.

Ableger *m*, - filiale *f* ; succursale *f*.

ab/lehnen rejeter ; récuser ; refuser ; *einen Antrag* ~ rejeter une demande, une requête.

Ablehnung *f*, **en** refus *m* ; rejet *m* ; récusation *f*.

ab/lichten photocopier *(syn. photokopieren)*.

Ablichtung *f*, **en** photocopie *f* ; *eine* ~ *machen* faire une photocopie.

ab/liefern remettre (au destinataire).

Ablieferung *f*, **en** 1. remise *f* (en mains propres) 2. *(R.D.A.)* remise des produits agricoles à l'Etat.

Ablieferungssoll *n*, *ϕ* normes *fpl* de production assignées.

Ablieferungstermin *m*, **e** date *f* de remise.

ab/lochen *(inform.)* 1. mettre sur cartes perforées 2. classer (des documents).

ab/lohnen, ablöhnen *(arch.)* 1. rémunérer ; payer 2. payer et licencier.

ablösbar amortissable ; remboursable ; ~*e Obligation* obligation *f* rachetable.

ab/lösen 1. racheter ; rembourser 2. *eine Hypothek* ~ purger une hypothèque 3. détacher (de) 4. remplacer qqn ; relayer ; *einen Kollegen* ~ relever un collègue.

ablöslich ⇒ *ablösbar*.

Ablösung *f*, **en** 1. remboursement *m* ; rachat *m* 2. purge *f* (hypothèque) 3. relève *f*.

Ablösungsanleihe *f*, **n** emprunt *m* remboursable.

Ablösungsbetrag *m*, **¨e** montant *m* du rachat.

Ablösungsfonds *m*, - fonds *m* d'amortissement.

Ablösungsmannschaft *f*, **en** équipe *f* de relève.

ABM ⇒ *Arbeitsbeschaffungsmaßnahme*.

ABM-Kräfte *pl* les « Tucs » *mpl* ; personnes *fpl* bénéficiant des mesures de création d'emploi.

ab/machen 1. défaire 2. conclure ; convenir de ; *einen neuen Termin* ~ convenir d'une nouvelle date 3. *gütlich* ~ régler à l'amiable.

Abmachung *f*, **en** arrangement *m* ; accord *m* ; convention *f*.

ab/mahnen mettre en demeure ; avertir.

Abmahnung *f*, **en** mise, *f*, en demeure ; avertissement *m*.

Abmagerungskur *f*, **en** *(fam.)* cure *f* d'amaigrissement ; dégraissage *m* ; compression *f* (de personnel).

ab/markten *(Suisse)* obtenir un rabais (à force de marchandage).

ab/melden annuler ; résilier ; demander la radiation ; *sich polizeilich* ~ faire une déclaration de changement de résidence.

Abmeldung *f*, **en** radiation *f* ; déclaration *f* de départ, de sortie.

ab/mieten 1. *jdm etw* ~ emprunter qqch à qqn 2. *jdn* ~ débaucher qqn pour lui offrir un propre contrat de service.

ab/montieren démonter (machine).

ab/mustern 1. quitter un navire 2. résilier un contrat de travail ; licencier.

Abmusterung *f*, **en** 1. *(maritime)* dérôlement *m* 2. licenciement *m*.

Abnahme *f*, **n** 1. enlèvement *m* 2. achat *m* ; ~ *finden* trouver preneur ; *bei* ~ *von* pour l'achat de 3. diminution *f* ; ralentissement *m* ; déclin *m* 4. réception *f* ; prise *f* en charge.

Abnahmebedingungen *pl* conditions *fpl* d'enlèvement.

Abnahmepflicht *f*, **en** obligation *f* d'enlever la marchandise ; obligation de prendre livraison.

Abnahmeprüfung *f*, **en** contrôle *m* de conformité de la marchandise livrée ; contrôle de réception.

Abnahmestückzahl *f*, **en** quantité *f* à prendre.

Abnahmeverpflichtung *f*, **en** obligation *f* d'achat.

Abnahmeverweigerung *f*, **en** refus *m* de prendre livraison.

ab/nehmen, a, o 1. prendre (livraison) ; réceptionner 2. (r)acheter 3. diminuer (ventes, chiffre d'affaires) 4. maigrir.

Abnehmer *m*, - acheteur *m* ; acquéreur *m* ; client *m* ; ~ *finden* trouver preneur.

Abnehmerland *n*, **¨er** pays *m* acheteur.

ab/nutzen user ; déprécier ; *abgenutztes Material* matériel *m* usé, usagé.

Abnutzung *f*, **en** usure *f* ; dépréciation *f* ; *Abschreibung für* ~ amortissement *m* pour usure.

Abo *n*, **s** *(fam.)* ⇒ *Abonnement*.

Abonnement *n*, **s** [abɔn(ə) 'mã] abonnement *m* ; *ein* ~ *ab/schließen, auf/geben, erneuern* prendre, suspendre, renouveler un abonnement.

Abonnement-Fernsehen *n*, - chaîne *f* à péage, payante.

Abonnent *m*, **en, en** abonné *m* ; *neue*

~en werben prospecter, recruter de nouveaux abonnés.

abonnieren abonner ; *eine Zeitung ~* s'abonner à un journal ; *er ist auf eine Illustrierte ~t* il est abonné à une revue illustrée.

ab/ordnen désigner ; déléguer ; détacher ; *jdn zu einer Konferenz ~* envoyer un délégué à une conférence.

Abordnung *f,* **en** délégation *f.*

ab/packen 1. débiter en petites unités **2.** emballer.

ab/plagen : *sich ~* se tuer au travail ; trimer.

Abprodukt *n,* **e** *(R.D.A.)* déchets *mpl,* rebut *m ;* produit *m* résiduel.

ab/quälen ⇒ *abplagen.*

ab/rackern ⇒ *abplagen.*

ab/rechnen 1. décompter ; solder ; équilibrer (un compte) ; régler ; compenser **2.** déduire ; *die Mehrwertsteuer ~* déduire la T.V.A. **3.** *mit jdm ~* régler ses comptes avec qqn.

Abrechnung *f,* **en 1.** note *f* **2.** décompte *m* ; règlement *m,* solde *m* des comptes ; compensation *f* **3.** déduction *f* ; *in ~ bringen (stellen)* défalquer ; *eine Summe in ~ stellen* déduire une somme ; *nach ~ aller Unkosten* tous frais déduits.

Abrechnungsbank *f,* **en** banque *f* de compensation ; banque de clearing.

Abrechnungsstelle *f,* **n** chambre *f,* caisse *f* de compensation.

Abrechnungsverfahren : *im ~* par voie de clearing.

Abrechnungsverkehr *m,* ϕ compensation *f* ; clearing *m* ⇒ *Clearing.*

Abrechnungswährung *f,* **en** monnaie *f* de décompte.

Abruf *m,* ϕ appel *m* ; rappel *m* ; *auf ~* à notre convenance ; *auf ~ bestellen* commander sur appel.

abrufbar : *über Btx ~* que l'on peut interroger, obtenir par minitel.

ab/rufen, ie, u 1. rappeler **2.** faire venir ; *den Rest einer Bestellung ~* exiger la livraison du reste de la commande **3.** *(inform.)* demander ; appeler ; *Daten von einem Speicher ~* appeler des données d'une mémoire ; interroger un ordinateur.

ab/runden arrondir au chiffre inférieur *(contr. aufrunden).*

ab/rutschen glisser ; déraper ; *in die roten Zahlen ~* évoluer vers une situation déficitaire ; *auf Rang 5 ~* rétrograder à la 5e place.

Abs. ⇒ *Absender.*

ab/sacken *(fam.)* chuter ; baisser ; sombrer.

Absage *f,* **n** refus *m* ; réponse *f* négative ; *eine ~ erteilen* donner une réponse négative.

ab/sagen décommander ; *eine Verabredung ~* annuler un rendez-vous ; se décommander.

ab/sägen *(fam.)* limoger qqn ; déboulonner qqn.

ab/sahnen *(fam.)* se réserver la meilleure part (de qqch) ; *es sind immer dieselben, die ~* ce sont toujours les mêmes qui se sucrent.

Absatz *m,* **(¨e) 1.** vente *f* ; débit *m* ; écoulement *m* ; *direkter ~* vente directe ; *gesicherter ~* vente garantie ; *schlechter ~* mévente ; *~ finden* se vendre ; *reißenden ~ finden* partir comme des petits pains ; *den ~ steigern* augmenter les ventes **2.** marché *m* ; distribution *f.*

Absatzanalyse *f,* **n** analyse *f* des (possibilités de) débouchés ; étude *f* du marché potentiel.

Absatzaussichten *pl* ⇒ *Absatzprognose.*

Absatzbedingungen *pl* conditions *fpl* de vente.

Absatzbereich *m,* **e** marché *m* ; secteur *m* de vente, de distribution.

Absatzbericht *m,* **e** ⇒ *Absatzanalyse.*

Absatzbestimmungen *pl* dispositions *fpl* en matière de vente.

Absatzchance *f,* **n** chances *fpl,* perspectives *fpl* (favorables) de débouchés.

Absatzerfolg *m,* **e** succès *m* de vente.

Absatzerhöhung *f,* **en** augmentation *f* des ventes.

Absatzerwartung *f,* **en** ⇒ *Absatzprognose.*

Absatzfachmann *m,* **-leute** homme *m,* spécialiste *m* de marketing ; marketicien *m* ; mercaticien *m.*

absatzfähig vendable ; *~e Produktion* production *f* commercialisable.

Absatzfinanzierung *f,* **en 1.** financement *m* du marché acheteur **2.** crédit *m* consommateur *(syn. Konsumfinanzierung).*

Absatzflaute *f,* **n** mévente *f.*

Absatzförderung *f,* **en** promotion *f* des ventes.

Absatzforschung *f,* ϕ prospection *f* des marchés ; étude *f* de marché.

Absatzgarantie *f,* **n** garantie *f* de débouchés ; garantie d'écoulement.

Absatzgebiet *n,* **e** secteur *m* de vente.

Absatzgenossenschaft *f,* **en** coopérative *f* de vente.

Absatzkartell *n,* **e** cartel *m* de vente ;

entente *f* de distribution.

Absatzkrise *f,* **n** crise *f* des ventes ; mévente *f.*

Absatzmangel *m,* **¨** manque *m* de débouchés.

Absatzmarkt *m,* **¨e** débouché *m* ; *einen ~ erobern* conquérir un marché ; *einen ~ erschließen* ouvrir de nouveaux débouchés.

Absatzmöglichkeiten *pl* possibilités *fpl* de vente ; débouchés *mpl.*

Absatzplan *m,* **¨e** organisation *f* de la distribution ; prévisions *fpl* de vente.

Absatzplanung *f,* **en** planning *m* de distribution ; étude *f* prévisionnelle des coûts de marché.

Absatzpolitik *f,* *φ* politique *f* de vente commerciale.

Absatzprognose *f,* **n** vente *f* prévisionnelle ; prévisions *fpl* de vente.

Absatzquelle *f,* **n** débouché *m* possible.

Absatzrückgang *m,* **¨e** régression *f* ; recul *m* des ventes.

Absatzschwankungen *pl* variations *fpl,* fluctuations *fpl* des ventes.

Absatzschwierigkeiten *pl* difficultés *fpl* de vente.

Absatzsteigerung *f,* **en** augmentation *f* des ventes.

Absatzstockung *f,* **en** ⇒ *Absatzflaute.*

Absatzstrategie *f,* **n** stratégie *f* de vente.

Absatzverlauf *m,* **(¨e)** rythme *m* de la distribution ; évolution *f* (de la courbe) des ventes ; courbe *f* des ventes.

Absatzweg *m,* **e** réseau *m* de distribution ; canal *m* de distribution.

Absatzwirtschaft *f,* *φ* secteur *m* de la distribution des biens ; gestion *f* des ventes.

ab/schaffen 1. supprimer ; *die Todesstrafe ~* abolir la peine de mort **2.** *(Autriche)* bannir, exiler **3.** *(fam.)* congédier.

Abschaffung *f,* **en 1.** suppression *f* ; abolition *f* **2.** *(Autriche)* exil *m.*

abschätzbar appréciable ; évaluable.

ab/schätzen évaluer ; apprécier *(syn. taxieren).*

Abschätzung *f,* **en** estimation *f* ; évaluation *f.*

ab/schicken expédier.

abschieben, o, o refouler ; expulser ; *jdn über die Grenze ~* reconduire qqn à la frontière.

ab/schinden, schindete, u : *sich ~ (fam.)* se tuer au travail ; trimer ; s'échiner.

Abschlachtprämie *f,* **n** prime *f* d'abattage du bétail.

Abschlag *m,* **¨e 1.** rabais *m* ; réduction *f* ; abattement *m* ; escompte *m* **2.** vente *f* en gros de marchandises périssables **3.** acompte *m* ; *ein ~ auf den Lohn* acompte sur le salaire ; *etw auf ~ kaufen* acheter qqch à tempérament.

abschlägig négatif ; *~e Antwort (~er Bescheid)* réponse *f* négative ; *~ beschieden werden* se voir opposer un refus.

abschläglich *(+ G)* sans ; *Summe ~ der Zinsen* somme *f* sous déduction des intérêts.

Abschlagsdividende *f,* **n 1.** acompte *m* sur dividende **2.** *(faillite)* acompte *m* provisoire.

Abschlagssumme *f,* **n** versement *m* partiel.

Abschlagsverteilung *f,* **en** partage *m* partiel ; répartition *f* provisoire (de l'actif de la faillite entre les créanciers).

Abschlagszahlung *f,* **en 1.** acompte *m* **2.** paiement *m* échelonné ; paiement à tempérament.

ab/schließen, o, o 1. conclure ; contracter ; *ein Geschäft mit jdm ~* conclure une affaire avec qqn ; *eine Versicherung ~* souscrire une assurance **2.** solder ; arrêter ; *mit einem Defizit, Gewinn ~* se solder par un déficit, bénéfice ; *ein Konto ~* solder un compte.

Abschluß *m,* **¨sse 1.** conclusion *f* ; *~ eines Geschäftes, eines Vertrages* conclusion d'un marché, d'un contrat **2.** arrêté *m* ; bilan *m* ; clôture *f* des comptes ; *~ eines Konzerns* comptes *mpl* consolidés ; *~ des Haushalts* clôture *f* du budget.

Abschlußbericht *m,* **e** rapport *m* final, de clôture.

Abschlußbilanz *f,* **en** bilan *m* de clôture.

Abschlußbuch *n,* **¨er** *(comptab.)* livre *m* d'inventaire.

Abschlußfreiheit *f,* **en** liberté *f* contractuelle *(syn. Vertragsfreiheit).*

Abschlußprüfer *m,* **-** vérificateur *m* des comptes ; commissaire *m* aux comptes.

Abschlußprüfung *f,* **en 1.** vérification *f* des comptes **2.** examen *m* final.

ab/schneiden : *gut, schlecht ~* faire bonne, mauvaise figure ; bien, mal se comporter (production, titres, etc.).

Abschnitt *m,* **e 1.** paragraphe *m* **2.** *(R.D.A.)* secteur *m* urbain **3.** coupon *m* ; partie *f* détachable (d'un formulaire, etc.) **4.** période *f.*

Abschnittverkauf *m,* **¨e** soldes *mpl*

(de fin d'été, d'hiver).

ab/schöpfen absorber ; éponger ; résorber ; prélever ; *die überschüssige Kaufkraft* ~ éponger le pouvoir d'achat excédentaire.

Abschöpfung *f,* **en** absorption *f* ; résorption *f* ; *(agric.)* prélèvement *m.*

Abschöpfungsbetrag *m,* **¨e** prélèvement *m* ; *innergemeinschaftlicher* ~ prélèvement intracommunautaire.

ab/schotten : *sich gegen etw* ~ se protéger de qqch ; se blinder contre ; se fermer à.

Abschottung *f,* **en** protection *f* ; cloisonnement *m* ; ~ *der Märkte* protection *f,* fermeture *f* des marchés.

ab/schreiben, ie, ie 1. amortir **2.** déduire ; décompter **3.** (re)copier **4.** imputer.

Abschreibung *f,* **en 1.** amortissement *m* ; *außerordentliche* ~ amortissement exceptionnel ; *degressive (fallende), lineare, progressive* ~ amortissement dégressif, linéaire, progressif ; *steuerliche* ~ amortissement fiscal ; *~en und Wertberichtigungen* amortissements *mpl* et provisions *fpl* ; ~ *entsprechend technischem Verschleiß* amortissement technique **2.** déduction *f* ; imputation *f.*

Abschreibungserleichterungen *pl* facilités *fpl* d'amortissement.

abschreibungsfähig amortissable.

Abschreibungsgesellschaft *f,* **en** société d'investissement visant exclusivement à des opérations de déductions fiscales.

abschreibungspflichtig soumis à l'amortissement.

Abschreibungssatz *m,* **¨e** taux *m* d'amortissement.

Abschreibungsverfahren *n,* - procédure *f* d'amortissement.

Abschrift *f,* **en** copie *f* ; duplicata *m* ; *beglaubigte* ~ copie certifiée conforme ; *für die Richtigkeit der* ~ pour copie conforme ; *wortgetreue* ~ copie littérale ; *eine* ~ *von etw an/fertigen* établir un duplicata de.

ab/schwächen ralentir ; se tasser ; s'affaiblir ; fléchir.

Abschwächung *f,* **en** ralentissement *m* ; affaiblissement *m* ; tassement *m.*

ab/schwindeln acquérir qqch par fraude ou escroquerie ; obtenir abusivement.

Abschwung *m,* *ϕ* dépression *f* ; période *f* de décroissance ; récession *f (contr. Aufschwung).*

absehbar prévisible ; *in ~er Zeit* dans un avenir proche.

ab/senden, a, a expédier.

Absender *m,* - expéditeur *m.*

absetzbar 1. vendable **2.** déductible de l'impôt ; défalcable ; déduisible.

Absetzbarkeit *f,* **(en) 1.** vente *f* ; possibilité *f* de vente **2.** déductibilité *f* ; déduction *f.*

ab/setzen 1. vendre (en grandes quantités) ; écouler **2.** défalquer ; déduire ; *von der Steuer* ~ déduire des impôts **3.** *jdn* ~ destituer, révoquer qqn.

Absetzung *f,* **en 1.** déduction *f* ; défalcation *f* ; ~ *für Abnutzung (AfA)* amortissement *m* pour usure ; ~ *für Substanzverringerungen (AfS)* amortissement des moins-values des immobilisations corporelles **2.** destitution *f.*

ab/sichern : *sich* ~ *gegen* se garantir contre ; se prémunir ; *sich durch einen Vertrag* ~ se garantir par contrat.

Absicherung *f,* **en** protection *f* ; assurance *f* ; *zur* ~ *des Kredits* afin de garantir le crédit.

Absichtserklärung *f,* **en** déclaration *f* d'intention.

ab/sitzen, a, e purger ; *eine Strafe* ~ purger une peine.

absolvieren 1. terminer (un cycle d'études) ; *einen Lehrgang* ~ terminer un stage **2.** réussir (à) un examen **3.** effectuer.

Absonderung *f,* **en** *(faillite)* admission *f* prioritaire ; séparation *f* (de biens).

absorbieren absorber.

Absorption *f,* **en** absorption *f.*

ab/sparen : *sich etw* ~ acquérir qqch à force d'économiser ; *sich etw vom Munde* ~ se priver (sur la nourriture) pour qqch.

ab/specken *(fam.)* fondre ; diminuer ; *abgespeckt werden* dégraisser.

ab/speichern *(inform.)* stocker ; sauvegarder (des données).

Abspenstigmachen *n,* *ϕ* débauchage *m* (clientèle).

abspenstig machen : *Kunden* ~ faire partir les clients ; chasser la clientèle.

Absprache *f,* **n 1.** entente *f* ; accord *m* ; convention *f (syn. Kartell)* **2.** *(jur.)* stipulation *f.*

Abstammung *f,* **en** origine *f* ; descendance *f.*

Abstammungsnachweis *m,* **e** certificat *m* d'origine (élevage).

Abstand *m,* **¨e 1.** désistement *m* ; abandon *m* ; ~ *nehmen von* renoncer à **2.** intervalle *m* ; écart *m.*

ab/stecken délimiter ; jalonner.

Absteiger *m,* - *(Bourse)* perdant *m.*

ab/stellen *(auf +A)* régler ; orienter sur ; *die Produktion auf die Nachfrage*

~ adapter la production à la demande.

Abstellgleis *n*, **e** voie *f* de garage ; *jdn aufs ~ stellen* mettre qqn sur une voie de garage.

ab/stempeln oblitérer ; timbrer ; estampiller ; tamponner.

Abstempelung *f*, **en** oblitération *f* ; timbrage *m*.

ab/stimmen voter ; *geheim ~* voter à bulletins secrets ; *über etw ~* se prononcer sur qqch ; mettre qqch aux voix ; *sich ~* se concerter.

Abstimmung *f*, **en** vote *m* ; scrutin *m* ; *zur ~ bringen* mettre aux voix ; *eine geheime ~ vor/nehmen* procéder à un vote à bulletins secrets.

Abstimmungsergebnis *n*, **se** résultat *m* du scrutin.

Abstimmungsmodus *m*, **-modi** mode *m* de scrutin.

Abstinenztheorie *f*, *ϕ* théorie *f* de l'abstinence (renoncer à la jouissance immédiate afin d'en tirer un gain ultérieur).

ab/stoppen chronométrer (temps de travail, cadences).

ab/stoßen, ie, o 1. *(Bourse)* se dessaisir de ; *Aktien ~* vendre des actions ; se dessaisir d'un lot d'actions **2.** vendre au-dessous du prix normal.

ab/stottern *(fam.)* payer à tempérament ; payer par mensualités.

ab/streichen, i, i défalquer ; déduire.

ab/stufen 1. échelonner ; classer par catégories **2.** rétrograder qqn d'échelon **3.** graduer.

Abstufung *f*, **en 1.** échelonnement *m* (des salaires) **2.** graduation *f* ; gradation *f*.

ab/stützen soutenir ; *die Kurse ~* soutenir les cours.

Abt. ⇒ *Abteilung.*

ab/tasten ⇒ *abfühlen.*

Abteilung *f*, **en** département *m* ; service *m* ; rayon *m* ; division *f* ; section *f* ; *technische ~* service technique.

Abteilungsleiter *m*, **-** chef *m* de service.

ab/tippen dactylographier ; *einen Brief ~* taper une lettre.

ab/tragen, u, a acquitter ; *eine Schuld ~* amortir une dette.

Abtragung *f*, **en** amortissement *m* d'une dette.

Abtransport *m*, **e** enlèvement *m* (de la marchandise) ; transport *m*.

ab/transportieren enlever ; transporter.

abtrennbar séparable ; détachable.

ab/trennen détacher ; séparer ; *einen Scheck ~* détacher un chèque du carnet.

abtretbar négociable ; cessible.

ab/treten, a, e 1. céder ; transférer ; vendre ; *seine Rechte an jdn ~* céder ses droits à qqn **2.** démissionner.

Abtretung *f*, **en** cession *f* ; *~ einer Aktie* cession d'une action *(syn. Zession).*

Abtretungserklärung *f*, **en** déclaration *f* de cession.

Abtretungsurkunde *f*, **n** acte *m* de cession.

Abtretungsvertrag *m*, **¨e** contrat *m* de cession.

ab/verdienen gagner (par son travail).

Abverkauf *m*, **¨e** *(Autriche)* soldes *mpl* à bas prix pour inventaire ; liquidation *f* des stocks.

ab/verlangen exiger ; *überhöhte Preise ~* exiger des prix surfaits.

Abwahl *f*, *ϕ* non-réélection *f* ; *die ~ des Vorstands* la non-réélection du directoire.

ab/wälzen 1. répercuter (sur) ; faire supporter par ; *die Preiserhöhungen auf die Verbraucher ~* répercuter les augmentations de prix sur les consommateurs **2.** rejeter ; se décharger de ; *eine Arbeit auf andere ~* rejeter un travail sur qqn d'autre.

Abwälzung *f*, **en** transfert *m* ; répercussion *f*.

ab/wandern quitter un endroit ou une profession pour un(e) autre ; émigrer ; fuir (capitaux).

Abwanderung *f*, **en** émigration *f* ; fuite *f* (de capitaux).

Abwärtsbewegung *f*, **en** mouvement *m* de baisse ; baisse *f*.

Abwärtsentwicklung *f*, **en** évolution *f* négative ; tendance *f* s'inscrivant en baisse.

Abwärtstrend *m*, **s** tendance *f* à la baisse.

Abwässer *pl* eaux *fpl* usées.

Abwasserabgabengesetz n, **(e)** *(R.F.A.)* loi contraignant les communes à installer, sous peine d'amende, une station d'épuration des eaux usées.

Abwasserbeseitigung *f*, *ϕ* élimination des eaux usées.

ab/wehren parer ; repousser ; écarter ; *eine Krise ~* éviter une crise.

Abwehrzölle *pl* droits *mpl* de douane protectionnistes.

Abweichler *m*, **-** *(R.D.A.) (polit.)* déviationniste *m*.

Abweichung *f*, **en 1.** différence *f* **2.** dérogation *f* **3.** *(inform. ; statist.)* déviation *f* ; *~en korrigieren* corriger des déviations.

ab/weisen, ie, ie 1. refuser (une traite) **2.** débouter qqn ; *eine Klage ~* rejeter une plainte.

ab/werben, a, o débaucher ; *Arbeitskräfte ~* débaucher la main-d'œuvre.

Abwerbung *f*, en débauchage *m*.

ab/werfen, a, o rapporter ; *riesige Gewinne ~* rapporter des bénéfices substantiels.

ab/werten dévaluer ; déprécier ; dévaloriser ; *den Dollar um 10 % ~* dévaluer le dollar de 10 % *(contr. aufwerten).*

Abwertung *f*, en dévaluation *f* ; dépréciation *f (contr. Aufwertung).*

Abwertungsgewinn *m*, e gain *m* spéculatif résultant d'une dévaluation.

Abwertungsverlust *m*, e perte *f* consécutive à une dévaluation.

ab/wickeln exécuter ; régler ; liquider ; *ein Geschäft ~* traiter une affaire.

Abwickler *m*, - liquidateur *m*.

Abwicklung *f*, en exécution *f* ; règlement *m* (commande, affaire) ; *gerichtliche ~* liquidation *f* judiciaire.

Abwicklungsgewinn *m*, e bénéfice *m* de liquidation.

Abwicklungsstelle *f*, n organe *m*, bureau *m* de liquidation.

Abwind *m*, e marasme *m* ; ralentissement *m* des activités économiques *(contr. Aufwind).*

ab/wirtschaften conduire une affaire à sa perte ; mener l'économie dans l'impasse ; *eine Firma ~* couler une entreprise (par une mauvaise gestion).

ab/wracken *(maritime)* démonter ; démolir ; désarmer.

Abwrackprämie *f*, n prime *f* de démolition du matériel vétuste.

ab/zahlen 1. payer à tempérament **2.** rembourser ; *ein Darlehen ~* rembourser un prêt.

Abzahlung *f*, en 1. règlement *m* ; paiement *m* **2.** amortissement *m* **3.** paiement échelonné ; *auf ~ kaufen* acheter à tempérament *(syn. Teilzahlung).*

Abzahlungsgeschäft *n*, e vente *f* à tempérament ; achat *m* à crédit.

Abzahlungshypothek *f*, en hypothèque *f* garantissant une créance remboursable à termes périodiques.

Abzahlungskauf *m*, ¨e vente *f* à tempérament ; achat *m* à crédit.

ab/zeichnen parapher ; émarger.

ab/ziehen, o, o déduire ; défalquer ; *Sie dürfen 2 % ~* vous pouvez déduire 2 % ; *vom Lohn ~* retenir sur le salaire.

ab/zinsen déduire les intérêts non courus.

Abzug *m*, ¨e 1. remise *f* ; rabais *m* ; *bar ohne ~* comptant sans escompte **2.** déduction *f* ; *nach ~ der Kosten, der Steuern* après déduction des frais, des impôts ; *~ an der Quelle* prélèvement *m* à la source ; *in ~ bringen* déduire.

ab/züglich *(+G)* à déduire de ; *~ der Kosten* déduction faite des frais ; *~ Rabatt* déduction faite de la remise.

abzugsfähig déductible.

Abzugsfähigkeit *f*, ϕ déductibilité *f*.

ab/zweigen détourner ; dériver ; *Beträge für neue Käufe ~* prélever des fonds en vue de nouveaux achats.

a.c. ⇒ **1.** a conto **2.** anni currentis.

Achtstundentag *m*, e journée *f* de huit heures.

achttägig d'une semaine ; *~er Lehrgang* stage *m* de huit jours.

Ackerbau *m*, ϕ agriculture *f* ; production *f* agricole ; *~ treiben* cultiver la terre.

Ackerland *n*, ϕ terre *f* cultivable, arable.

a conto à compte de ; à valoir sur.

a conto Zahlung *f*, en paiement *m* par acomptes.

ACS *(Automobil-Club der Schweiz) (Suisse)* Automobile-Club *m* de Suisse.

a.D. *(außer Dienst)* en retraite.

ADAC *(Allgemeiner Deutscher Automobil-Club)* Automobile-Club *m* de la R.F.A.

ad acta aux archives ; *etw ~ legen* classer, archiver qqch.

a dato à compter de ce jour.

a.d.D. *(auf dem Dienstweg)* par la voie hiérarchique.

addieren additionner.

Addition *f*, en addition .

Ader *f*, n artère *f* ; veine *f* ; *(fam.) jdn zur ~ lassen* ponctionner qqn ; demander de l'argent à qqn.

Aderlaß *m*, (¨sse) 1. saignée **2.** perte *f* importante ; ponction *f* (de capitaux).

Ad-hoc-Kommission *f*, en commission *f* ad hoc.

Adjudikation *f*, en adjudication *f* *(syn. Zuerkennung).*

adjudizieren *(jur.)* adjuger.

administrativ *(rare)* administratif ; *~e Kontrolle* contrôle *m* administratif.

ADN *(Allgemeiner Deutscher Nachrichtendienst)* agence *f* de presse de la R.D.A.

Adressant *m*, en, en *(arch.)* expéditeur *m* ; *~ eines Wechsels* tireur *m* d'une traite.

Adressat *m*, **en, en** *(arch.)* destinataire *m* ; ~ *eines Wechsels* tiré .

Adreßbuch *n*, **¨er** annuaire *m* ; Bottin *m*.

Adresse *f*, **n** adresse *f* ; *(poste) per* ~ chez ; aux (bons) soins de.

Adressenverlag *m*, **e** office *m* de centralisation et de vente d'adresses de particuliers et d'entreprises (classées suivant certains critères et destinées à la publicité).

Adressenverwaltung *f*, *φ* gestion *f* d'un fichier d'adresses.

Adressenverzeichnis *n*, **-se** liste *f* d'adresses.

adressieren adresser ; *falsch* ~ mal adresser.

Adressiermaschine *f*, **n** adressographe *m*.

ADV *(Automatische Datenverarbeitung)* traitement *m* automatique des données ; informatique *f*.

ad valorem : ad valorem ; d'après la valeur.

Advertising *n*, *φ* [ɛdvə'taiziŋ] **1.** insertion *f* d'annonces **2.** réclame *f*.

Advokat *m*, **en, en** avocat *m (syn. Rechtsanwalt)*.

AEG *(Allgemeine Elektrizitäts-Gesellschaft)* Compagnie *f* générale d'électricité.

AfA *(Absetzung für Abnutzung)* amortissement *m* pour dépréciation.

Affäre *f*, **n** affaire *f* (juridique) ; litige *m* ; procès *m* ; scandale *m*.

Affidavit *n*, **s** affidavit *m* ; caution *f* ; déclaration *f* sous serment.

AG ⇒ *Aktiengesellschaft ; Arbeitsgemeinschaft*.

AGB *(Allgemeine Geschäftsbedingungen)* conditions *fpl* contractuelles générales.

Agent *m*, **en, en 1.** *(polit.)* agent *m* secret ; espion *m* **2.** *(arch.)* représentant *m* ; agent *m* ; chargé *m* d'affaires.

Agentur *f*, **en** agence *f* ; bureau *m* ; succursale *f*.

Agenturmeldung *f*, **en** communiqué *m* d'agence.

Agfa *(Aktiengesellschaft für Anilinfabrikation)*.

Agio *n*, **s** ['a:ʒio] agio *m* ; prime *f* ; commission *f* de banque ; différence *f* en plus du pair (actions) *(contr. Disagio)*.

Agiotage *f*, *φ* agiotage *m* ; spéculation *f* ; jeu *m* de Bourse.

Agioteur *m*, **e** agioteur *m* ; courtier *m*; spéculateur *m*.

agiotieren spéculer à la Bourse.

Agit-prop *f*, *φ (Agitation und Propaganda)* agit-prop *m*.

Agrar- *(préfixe)* agraire ; agricole.

Agrarbeihilfe *f*, **n** aide *f*, subvention *f* à l'agriculture.

Agrarbericht *m*, **e** rapport *m* sur la situation agricole.

Agrarerzeugnis *n*, **se** produit *m* agricole.

Agrargüter *pl* produits *mpl* agricoles.

Agrarland *n*, **¨er** pays *m* agricole.

Agrarmarkt *m*, **¨e** marché *m* agricole.

Agrarmarktordnungen *pl* réglementation *f* du marché agricole.

Agrarpolitik *f*, *φ* politique *f* agricole.

Agrarreform *f*, **en** réforme *f* agraire *(syn. Bodenreform)*.

Agrartreibstoff *m*, **e** bioéthanol ; carburant *m* d'origine végétale.

Agrarüberschüsse *pl* excédents *mpl* agricoles.

Agrarwirtschaft *f*, **en** économie *f* agricole, agraire.

Agrarzölle *pl* droits *mpl* (de sortie ou d'entrée) pour les produits agricoles.

Agreement *n*, **s** [əgri:mənt] accord *m* ; *ein ~ erteilen* donner son accord.

Agronom *m*, **en, en 1.** *(R.F.A.)* ingénieur *m* agronome **2.** *(R.D.A.)* expert *m* agricole.

AG u. Co *f* société *f* en commandite dont l'un des commandités est une S.A.

AHB ⇒ *Außenhandelsbank*.

ahnden punir ; poursuivre ; réprimer.

Ahndung *f*, **en** répression *f* ; poursuite *f*.

Ahndungskompetenz *f*, **en** pouvoir *m* de sanctionner ; compétence *f* pénale.

AIDA *(Attention, Interest, Desire, Action)* méthode *f* de marketing AIDA ; stratégie *f* de vente AIDA.

AK ⇒ *Aktienkapital*.

Akademiker *m*, **-** universitaire *m*.

Akademikerberuf *m*, **e** profession *f* réservée aux diplômés de l'Université.

Akkord *m*, **e 1.** *m* ; salaire *m* aux pièces, à la tâche ; *im ~ arbeiten* travailler à la tâche, aux pièces **2.** *(jur.)* entente *f* ; arrangement *m* ; accord *m*.

Akkordarbeit *f*, **en** travail *m* aux pièces, à la tâche.

Akkordarbeiter *m*, **-** travailleur *m* au rendement, aux pièces ; tâcheron *m* (surtout pour le travail à la chaîne).

Akkordlohn *m*, **¨e** salaire *m* aux pièces, à la tâche, au rendement.

Akkordzulage *f*, **n** prime *f* au rendement.

akkreditieren 1. accréditer (diplomate) **2.** accréditer qqn auprès d'une banque (lui ouvrir un crédit).

Akkreditiv *n,* **e** **1.** *(polit.)* lettres *fpl* de créance **2.** lettre *f* de crédit ; accréditif *m.*

Akontozahlung *f,* **en** ⇒ *a conto Zahlung.*

akquirieren **1.** prospecter ; trouver de nouveaux clients ; démarcher **2.** *(vieilli)* acquérir.

Akquisiteur *m,* **e** démarcheur *m ;* prospecteur *m.*

Akquisition *f,* **en** **1.** prospection *f* de clientèle ; démarchage *m* **2.** *(vieilli)* acquisition *f.*

Akt *m,* **en** *(Autriche)* ⇒ *Akte.*

Akte *f,* **n** **1.** document *m* ; pièce *f* ; dossier *m* ; *eine ~ bearbeiten* suivre un dossier ; *zu den ~n legen* classer un dossier ; *Einsicht in die ~ nehmen* prendre connaissance du dossier **2.** *einheitliche europäische ~* acte *m* unique européen.

Aktenablage *f,* **n** archives *fpl.*

Aktendeckel *m,* **-** chemise *f* cartonnée ; classeur *m.*

Akteneinsicht *f,* **en** examen *m* du dossier.

Akteneinstampfung *f,* **en** ⇒ *Aktenvernichtung.*

Aktenfuchs *m,* **¨e** *(fam.)* spécialiste *m* d'un dossier ; archiviste *m* ; documentaliste *m.*

Aktenhefter *m,* **-** chemise *f* ; reliure *f* mobile.

Aktenkoffer *m,* **-** attaché-case *m* ; porte-documents *m.*

aktenkundig consigné par acte ; enregistré ; *~ machen* prendre acte de.

Aktenmappe *f,* **n** ⇒ *Aktentasche.*

aktenmäßig : *etw ~ erfassen* constituer un dossier sur.

Aktenmensch *m,* **en, en** bureaucrate *m* ; rond-de-cuir *m.*

Aktennotiz *f,* **en** ⇒ *Aktenvermerk.*

Aktenordner *m,* **-** classeur *m* ; trieur *m* ; cartonnier *m (syn. Leitz-Ordner).*

Aktenschrank *m,* **¨e** armoire-classeur *f.*

Aktenstück *n,* **e** ⇒ *Akte.*

Aktenstudium *n,* **-ien** étude *f* d'un dossier.

Aktentasche *f,* **n** serviette *f* ; porte-documents *m.*

Aktenvermerk *m,* **e** mention *f* portée sur un document ; annotation *f.*

Aktenvernichtung *f,* **en** destruction *f* de documents d'archives.

Aktenvorlage *f,* **n** présentation *f* du dossier.

Aktenwolf *m,* **¨e** broyeuse *f* de papier *(syn. Reißwolf).*

Aktenzeichen *n,* **-** *(AZ)* référence *f* du dossier ; numéro *m.*

AktG ⇒ *Aktiengesetz.*

Aktie *f,* **n** ['aktsiə] action *f* **I.** *alte ~* action ancienne ; *hinterlegte ~* action déposée ; *junge ~* action nouvelle ; *notierte ~* action cotée ; *~ ohne Nennwert* action sans valeur nominale ; *übertragbare ~* action négociable ; *voll einbezahlte ~* action entièrement libérée **II.** *~n aus/geben* émettre des actions ; *~n ein/ziehen* racheter des actions ; *~n zeichnen* souscrire des actions ; *die ~n fallen* les actions sont en baisse ; *die ~n steigen* les actions montent ; *(fig.) wie stehen die ~n ?* comment vont les affaires ?

Aktienausgabe *f,* **n** émission *f* d'actions.

Aktienbesitzer *m,* **-** ⇒ *Aktionär.*

Aktiengesellschaft *f,* **en** *(AG)* société *f* anonyme ; société par actions ; S.A.

Aktiengesetz *n,* **e** loi *f* sur les sociétés anonymes.

Aktienindex *m,* **-indizes** indice *m* du cours des actions ; cote *f ; FAZ ~* cote du quotidien FAZ.

Aktieninhaber *m,* **-** ⇒ *Aktionär.*

Aktienkapital *n,* **ϕ** fonds *m* social ; capital *m* actions.

Aktienkommanditgesellschaft *f,* **en** société *f* en commandite par actions.

Aktienkurs *m,* **e** cours *m* des actions ; cote *f.*

Aktienmarkt *m,* **¨e** Bourse *f* des valeurs ; marché *m* des titres.

Aktienmehrheit *f,* **ϕ** majorité *f* des actions ; *die ~ übernehmen* prendre le contrôle d'une société ; devenir l'actionnaire majoritaire.

Aktienpaket *n,* **e** paquet *m,* lot *m* d'actions ; *ein ~ ab/stoßen* se défaire d'un paquet d'actions.

Aktienpromesse *f,* **n** promesse *f* d'action(s) ; certificat *m* provisoire.

Aktienrecht *n,* **ϕ** lois *fpl* sur les sociétés anonymes.

Aktienrendite *f,* **n** produit *m* d'une action ; dividende *m.*

Aktienrenner *m,* **-** action *f* qui marche très bien ; action-vedette *f.*

Aktiensplitting *n,* **ϕ** fractionnement *m* d'une action.

Aktienübernahmeangebot *n,* **e** OPA *f.*

Aktienzeichnung *f,* **en** souscription *f* d'actions.

Aktienzusammenlegung *f,* **en** regroupement *m* des actions.

Aktion *f,* **en** action *f* ; opération *f* ;

campagne *f* de grande envergure.

Aktionär *m*, **e** actionnaire *m* ; détenteur *m* d'actions ; porteur *m* de parts.

Aktionärsbrief *m*, **e** lettre *f* aux actionnaires.

Aktionärstimmrecht *n*, **e** droit *m* de vote des actionnaires ; *sein ~ aus/üben* exercer son droit de vote.

Aktionärsversammlung *f*, **en** assemblée *f* générale des actionnaires.

Aktionsprogramm *n*, **e** programme *m* d'action.

aktiv actif ; *~e Bestechung* corruption *f* de fonctionnaire ; *~e Handelsbilanz* balance *f* commerciale excédentaire ; *~es Mitglied* membre *m* actif.

Aktiv *n*, **s** ou **e** *(R.D.A.)* équipe *f* de travail.

Aktiva *pl (comptab.)* actif *m* ; *festliegende ~* actif immobilisé ; *freie ~* actif disponible ; *gebundene ~* actif engagé ; *verfügbare ~* actif disponible *(contr. Passiva).*

Aktivbestände *pl* actifs *mpl*.

Aktivbürger *m*, **-** *(Suisse)* citoyen *m* actif (jouissant de tous les droits civiques).

Aktiven *pl* ⇒ *Aktiva.*

Aktivforderung *f*, **en** créance *f* à recouvrer.

Aktivgeschäft *n*, **e** *(banque)* opération *f* active *(contr. Passivgeschäft).*

Aktivhandel *m*, *ϕ* commerce *m* d'exportation.

aktivieren 1. *(comptab.)* porter (inscrire) à l'actif ; *(contr.) passivieren* **2.** activer ; redonner vie à ; relancer.

Aktivierung *f*, **en** *(comptab.)* comptabilisation *f* à l'actif ; inscription *f* dans un poste d'actif ; incorporation *f* à l'actif.

Aktivist *m*, **en**, **en** *(R.D.A.)* membre *m* d'un collectif de travail.

Aktivität *f*, **en** activité *f* ; *seine ~ aus/dehnen auf (+A)* étendre son activité à.

Aktivmasse *f*, **n** total *m* de l'actif.

Aktivposten *m*, **-** poste *m* actif ; valeur *f* active ; élément *m* d'actif.

Aktivsaldo *m*, **-den** solde *m* débiteur ; excédent *m* de recette.

Aktivvermögen *n*, **-** valeurs *fpl* d'actif.

Aktivzinsen *pl* intérêts *mpl* créditeurs (banque) ; intérêts débiteurs (client).

aktualisieren actualiser.

Aktualität *f*, **en** actualité *f*.

aktuell actuel ; d'actualité ; à l'ordre du jour.

AKW *n*, **s** ⇒ *Atomkraftwerk.*

Akzept *n*, **e** acceptation *f* (traite, effet de commerce) ; *mangels ~s* à défaut d'acceptation ; *einen Wechsel mit einem ~ versehen* accepter une traite.

Akzeptant *m*, **en**, **en** accepteur *m* ; tiré *m* (traite).

Akzeptbuch *n*, **¨er** registre *m* des acceptations d'effets *(syn. Trattenbuch).*

Akzepteinholung *f*, **en** présentation *f* d'une traite à l'acceptation.

akzeptieren accepter (une traite).

Akzeptkredit *m*, **e** crédit *m* par traites remises à l'escompte.

Akzeptor *m*, **en** ⇒ *Akzeptant.*

Akzeptverkehr *m*, *ϕ* montant *m* global des acceptations.

Akzise *f*, **n 1.** accise *f* **2.** *(R.D.A.)* augmentation *f* de prix dans un magasin nationalisé.

AL *(Alternative Liste)* liste *f* alternative (groupe parlementaire alternatif à Berlin-Ouest).

Alarm *m*, **e** alarme *f* ; alerte *f*.

Alarmanlage *f*, **n** dispositif *m* d'alarme.

alarmierend alarmant ; *~e Nachrichten* nouvelles *fpl* alarmistes.

aleatorisch aléatoire ; hasardeux ; *~er Vertrag* contrat *m* aléatoire.

ALGOL *(Algorithm Oriented Language) (inform.)* ALGOL (langage de programmation).

Alimente *pl* pension *f* alimentaire ; *~ zahlen* verser une pension alimentaire.

Alimentenklage *f*, **n** action *f* en non-versement de pension alimentaire.

Alkohol *m*, **e** alcool *m*.

Alkoholika *pl* spiritueux *mpl*.

alkoholisch alcoolique ; *~e Getränke* spiritueux *mpl*.

Alkoholsünder *m*, **-** conducteur *m* en état d'ébriété.

Alkoholverbot *n*, **e** prohibition *f*.

Alleinauslieferer *m*, **-** dépositaire *m* exclusif.

Alleinerbe *m*, **n**, **n** légataire *m* universel.

Alleinerziehende/r *(der/ein)* parent élevant son enfant seul ; père, mère célibataire.

Alleingang *m*, *ϕ* cavalier seul.

Alleinrecht *n*, **e** droit *m* exclusif.

alleinstehend (vivant) seul ; célibataire ; *Alleinstehende* personnes *fpl* seules.

Alleinstellungswerbung *f*, *ϕ* publicité *f* affirmant l'unicité de la marchandise offerte.

Alleinverdiener *m*, **-** salaire *m* unique.

Alleinverdienerbeihilfe *f*, **n** allocation *f* de salaire unique.

Alleinverkauf *m*, ϕ vente *f* exclusive ; monopole *m* ; *den ~ haben* avoir l'exclusivité de.

Alleinvertreter *m*, - représentant *m* exclusif.

Alleinvertretung *f*, **en** représentation *f* exclusive.

Alleinvertrieb *m*, ϕ ⇒ *Alleinverkauf*.

Allensbacher Institut *n (R.F.A.)* institut de sondage d'opinion « Allensbach ».

allgemein général ; universel ; commun ; *~e Geschäftsbedingungen* conditions *fpl* contractuelles générales ; *~e Lieferbedingungen* conditions générales de livraison ; *~e Wehrpflicht* service *m* militaire obligatoire ; *~e Ortskrankenkasse (AOK)* caisse *f* locale de sécurité sociale ; *~es Wahlrecht* suffrage *m* universel.

Allgemeines Zoll- und Handelsabkommen *n*, ϕ accord *m* général sur les tarifs douaniers et le commerce ; GATT.

Allgemeinheit *f*, ϕ communauté *f* ; opinion *f* publique ; *im Interesse der ~* dans l'intérêt général.

Allgemeinverbindlichkeitserklärung *f*, **en** décret *m* d'extension des conventions collectives à un secteur.

Allgemeinwohl *n*, ϕ bien *m* public ; intérêt *m* général.

Alliierte/r *(der/ein)* allié *m*.

Allmende *f*, **n** terrain *m* communal (exploité en commun).

Allonge *f*, **n** [a'lɔ̃:ʒ] allonge *f* (d'une traite) ; souche *f*.

All-Risks-Versicherung *f*, **en** [ɔ:l'risks...] assurance *f* multirisques.

Allround-Ausbildung *f*, **en** [ɔlraund...] formation *f* polyvalente, généraliste.

Allroundman *m*, **-men** personne *f* d'une compétence polyvalente.

Alltagsgeschäfte *pl* routine *f* ; affaires *fpl* courantes.

Allzweck- *(préfixe)* polyvalent ; à usages multiples.

al pari *(Bourse)* au pair ; *~ stehen* se tenir à parité *f*.

alphabetisch alphabétique ; *~es Verzeichnis* index *m* alphabétique ; *~ ordnen* classer par ordre alphabétique.

alphanumerisch *(inform.)* alphanumérique.

Altbau *m*, **-ten** construction *f* ancienne.

Altbauer *m*, **n**, **n** *(R.D.A.)* ex-paysan *m* individuel (avant la réforme agraire) *(contr. Neubauer)*.

Altbauerneuerung *f*, **en** rénovation *f* de maisons anciennes.

Altbauwohnung *f*, **en** logement *m*, habitat *m* ancien *(contr. Neubauwohnung)*.

Altenteil *n*, **e** rente *f* viagère (versée à un agriculteur en retraite ou à des parents) ; *sich aufs ~ zurück/ziehen* prendre sa retraite.

Altenteiler *m*, - *(R.F.A.)* rentier *m* agricole.

Alter *n*, ϕ âge *m* ; *erwerbstätiges ~* âge actif, de travailler ; *im schulpflichtigen ~* en (d') âge scolaire.

alternativ alternatif ; de rechange ; *die ~e Szene* les alternatifs ; le paysage, la mouvance alternatif/ve.

Alternativbewegung *f*, **en** mouvement *m* alternatif (il propose des solutions différentes aux problèmes de la vie : communautés, écologie, etc.).

Alternative *f*, **n** alternative *f*.

Alternativenergie *f*, **n** énergie *f* de rechange.

Alternative(r) *(der/ein)* adhérent *m* du mouvement alternatif ; marginal *m*.

Altersaufbau *m*, ϕ ⇒ *Alterspyramide*.

Altersdurchschnitt *m*, **e** moyenne *f* d'âge.

Altersfreibetrag *m*, **¨e** abattement *m* fiscal pour personnes âgées.

Altersfürsorge *f*, ϕ aide *f* aux personnes âgées.

Altersgrenze *f*, **n** **1.** limite *f* d'âge ; *die ~ erreichen* atteindre la limite d'âge **2.** âge *m* de la retraite ; *flexible ~* retraite *f* mobile ; possibilité *f* de retraite anticipée.

Altersgruppe *f*, **n** tranche *f* d'âge.

Altershilfe *f*, **n** aide *f* vieillesse.

Altersklasse *f*, **n** tranche *f* d'âge.

Alterspension *f*, **en** *(Autriche)* retraite *f* de la sécurité sociale.

Alterspräsident *m*, **en**, **en** président *m* d'honneur.

Alterspyramide *f*, **n** pyramide *f* d'âge.

Altersrente *f*, **n** pension-vieillesse *f*.

Altersruhegeld *n*, **er** ⇒ *Altersrente*.

Alterssicherung *f*, ϕ couverture *f* vieillesse.

Altersversicherung *f*, **en** assurance-vieillesse *f*.

Altersversorgung *f*, **en** régime *m* de retraite (des vieux travailleurs).

Altersvorsorge *f*, ϕ prévoyance *f* retraite.

Alterszuschlag *m*, **¨e** prime *f* d'ancienneté.

Alterung *f*, ϕ **1.** vieillissement *m* (population) **2.** usure *f* (matériel par ex.).

Alte Welt *f,* *ϕ* ancien monde *m* (Europe, Asie, Afrique).

altgedient qui a de l'ancienneté ; *~er Arbeiter* ouvrier *m* attaché de longue date à l'entreprise ; ancien *m.*

Altgeld *n,* *ϕ* **1.** monnaie *f* ancienne **2.** monnaie retirée de la circulation.

Altguthaben *n,* - avoir *m* bancaire avant la réforme monétaire de 1948.

Altpapier *n,* e papier usagé ; vieux papiers (recyclage).

Altschulden *pl* dettes anciennes ; *~ übernehmen* prendre les anciennes dettes à son compte.

Altwarenhandel *m,* *ϕ* **1.** brocante *f* **2.** récupération *f* (ferraille, etc.).

Alu *f* ⇒ *Arbeitslosenunterstützung.*

Alu-Empfänger *m,* - bénéficiaire *m* d'une allocation de chômage.

Amateur *m,* e amateur *m (contr. Profi).*

ambulant ambulant ; *~es Gewerbe* colportage *m.*

Amelioration *f,* en amélioration *f* (du sol).

Amendement *n,* s [amãdəmã] *(jur. ; polit.)* amendement *m.*

amerikanisch américain ; *~e Buchführung* comptabilité *f* américaine.

amerikanisieren américaniser.

Amerikanisierung *f,* en américanisation *f.*

amortisabel ⇒ *amortisierbar.*

Amortisation *f,* en amortissement *m* ; extinction *f* d'une dette *(syn. Tilgung).*

Amortisationsanleihe *f,* n emprunt *m* (amortissable).

Amortisationshypothek *f,* en hypothèque *f* (amortissable).

amortisierbar amortissable.

amortisieren amortir ; *ein Darlehen ~* amortir un prêt.

Amortisierung *f,* en ⇒ *Amortisation.*

Amt *n,* ¨er **1.** fonction *f* ; charge *f* ; emploi *m* ; *ein ~ an/treten* entrer en fonction ; *sein ~ auf/geben* se démettre de ses fonctions ; démissionner ; *ein öffentliches ~ bekleiden* occuper une fonction officielle ; *jdm ein ~ übertragen* confier une fonction à qqn **2.** service *m* public ; office *m* ; ministère *m* ; *Auswärtiges ~* ministère des Affaires étrangères ; *Statistisches ~* Office *m* Fédéral des Statistiques **3.** juridiction *f* ; compétence *f.*

Ämterhandel *m,* *ϕ* marchandage *m* de postes officiels ; coteries *fpl.*

Ämterhäufung *f,* en cumul *m* des fonctions.

Ämterjagd *f,* *ϕ* course *f* aux postes officiels ; carriérisme *m* ; course aux fonctions administratives.

Ämterpatronage *f,* n népotisme *m* (dans l'administration) ; favoritisme *m (syn. Vetternwirtschaft).*

amtieren exercer les fonctions de ; *~der Bürgermeister* maire *m* en exercice.

amtierend en poste ; en place.

amtlich officiel ; public ; *~e Bekanntmachung* communiqué *m* officiel.

Amtmann *m,* **-männer** ou **-leute** fonctionnaire *m* du cadre administratif ; chef *m* de service ; conseiller *m.*

Amtmeister *m,* - président *m* d'une corporation, d'un corps de métier.

Amts *(von ~ wegen)* d'office ; de droit.

Amtsalter *n,* *ϕ* ancienneté *f* de service.

Amtsanmaßung *f,* en abus *m* d'autorité ; excès *m* de pouvoir.

Amtsantritt *m,* e entrée *f* en fonction.

Amtsarzt *m,* ¨e médecin-conseil *m* (de la sécurité sociale).

Amtsbefugnis *f,* se attributions *fpl* ; compétence *f* ; *seine ~se überschreiten* outrepasser les limites de ses attributions.

Amtsbezeichnung *f,* en appellation *f,* dénomination *f* officielle *f.*

Amtsdauer *f,* *ϕ* durée *f* du mandat.

Amtsdelikt *n,* e faute *f* professionnelle.

Amtsdeutsch *n,* *ϕ* jargon *m* administratif.

Amtseinführung *f,* en entrée *f* en fonctions officielles.

Amtseinkommen *n,* - *(Autriche)* traitement *m* ; rémunération *f.*

Amtsenthebung *f,* en suspension *f* de fonctions ; destitution *f.*

Amtserschleichung *f,* en usurpation *f* d'une charge officielle.

Amtsgeheimnis *n,* se secret *m* professionnel ; obligation *f* de réserve.

Amtsgelder *pl* deniers *mpl* publics.

Amtsgericht *n,* e tribunal *m* de première instance.

Amtsgeschäfte *pl* fonctions *fpl* publiques ; tâches *fpl* inhérentes à une charge ; *seine ~ übernehmen* prendre ses fonctions.

Amtshandlung *f,* en acte *m* officiel.

Amtshilfe *f,* *ϕ* entraide *f* administrative ; *~ leisten* prêter assistance.

Amtsjahr *n,* e année de fonction, d'ancienneté, de service.

Amtskollege *m,* n, n homologue *m.*

Amtsleiter *m,* - chef *m* de service.

Amtsmißbrauch *m,* ¨e abus *m* de pouvoir.

Amtsniederlegung *f,* **en** démission *f* d'une charge.

Amtspflicht *f,* **en** devoirs *mpl* inhérents à une charge.

Amtspflichtsverletzung *f,* **en** manquement *m* aux devoirs d'une charge ; forfaiture *f.*

Amtsreise *f,* **n** tournée *f* administrative, d'inspection.

Amtsschimmel *m,* - esprit *m* bureaucratique ; stupidité *f* administrative ; *da wiehert der ~* c'est le comble de la bêtise ; *den ~ reiten* être à cheval sur le règlement.

Amtsschreiber *m,* - greffier *m.*

Amtssiegel *n,* - sceau *m* officiel.

Amtssitz *m,* **e** siège *m* officiel.

Amtsstunden *pl* heures *fpl* de bureau.

Amtsträger *m,* - fonctionnaire *m* ; titulaire *m* d'une charge.

Amtsvergehen *n,* - prévarication *f* ; forfaiture *f.*

Amtsverwalter *m,* - fonctionnaire *m* administratif.

Amtsvormund *m,* ¨er ou **e** tuteur *m* commis d'office.

Amtsweg : *auf dem ~* par la voie officielle, hiérarchique.

Amtszählung *f,* **en** comptage *m,* chiffres *mpl* officiel(s).

Amtszeit *f,* ϕ période *f* d'exercice, de fonctions ; mandat *m.*

Analogdaten *pl (inform.)* données *fpl* analogiques.

Analyse *f,* **n** analyse *f.*

analysieren analyser.

Analyst *m,* **en, en** *(bourse)* analyste *m* (financier) ; *syn. Analytiker m.*

analytisch analytique.

Anatozismus *m,* ϕ anatocisme *m* ; capitalisation *f* des intérêts échus d'une dette.

Anbau *m,* ϕ culture *f* ; mise *f* en exploitation ; *~ von Obst* culture fruitière.

an/bauen cultiver ; mettre en culture.

Anbauer *m,* - exploitant *m* agricole.

Anbaufläche *f,* **n** surface *f* cultivée ; surface cultivable.

Anbauprämie *f,* **n** prime *f* de culture ; prime à l'hectare.

anbei ci-joint ; sou ce pli.

an/beraumen fixer ; *einen Termin ~* fixer une date (d'audience).

Anbetracht : *in ~ (+G)* en considération de ; eu égard à ; *in ~ der Tatsache, daß...* étant donné que...

an/bezahlen verser des arrhes, une avance sur.

an/bieten, o, o offrir ; soumissionner ; *zum Kauf ~* mettre en vente.

Anbieter *m,* - offrant *m* ; soumissionnaire *m.*

Anbot *n,* **e** *(Autriche)* **1.** prix *m* conseillé **2.** offre *f* **3.** emploi *m* vacant.

Anderdepot *n,* **s** dépôt *m* ; consignation *f.*

Anderkonto *n,* **-ten** compte *m* de (dépôt et de) consignation.

ändern modifier ; changer.

Änderung *f,* **en** modification *f* ; changement *m* ; *~ der Firma* modification de la raison sociale.

Änderungsankündigung *f,* **en** proposition de renouvellement d'un contrat échu.

Änderungsvorschlag *m,* ¨e amendement *m* ; proposition *f* de modification.

an die environ ; dans les.

an/dienen offrir (avec insistance) ; mettre à la disposition ; présenter.

Andienung *f,* **en** **1.** offre *f* (de livraison) ; présentation *f ;* livraison *f* (au réceptionnaire) **2.** *(maritime)* avis *m* d'avarie ; demande *f* de dommages et intérêts d'un assuré.

Andrang *m,* ϕ foule *f* ; affluence *f* ; presse *f* ; cohue *f.*

an/drehen *(fam.)* « refiler » ; *jdm einen Ladenhüter ~* refiler un rossignol à qqn.

an/drohen menacer.

Androhung *f,* **en** menace *f* ; *unter ~ einer Strafe* sous peine de sanction.

an/eignen : *sich etw ~* s'approprier qqch ; *sich etw widerrechtlich ~* usurper la propriété de qqch.

Aneignung *f,* **en** **1.** appropriation *f* ; accaparement *m* **2.** usurpation *f.*

Aneignungsrecht *n,* **e** droit *m* d'appropriation.

Anerbe *m,* **n, n** héritier *m* unique d'une exploitation rurale.

an/erkennen, a, a reconnaître ; *etw gesetzlich ~* légaliser, légitimer qqch.

Anerkenntnis *n* ou *f,* **se** *(jur.)* ⇒ *Anerkennung.*

Anerkennung *f,* **en** reconnaissance *f* ; approbation *f* ; légalisation *f* ; *de facto, de jure ~* reconnaissance de fait, de droit.

Anfängerkurs *m,* **e** cours *m* pour débutants ; stage *m* d'initiation.

Anfangsgehalt *n,* ¨er traitement *m* de début.

Anfangskapital *n,* ϕ capital *m* initial.

Anfangskurs *m,* **e** *(Bourse)* cours *m* d'ouverture.

anfechtbar contestable ; attaquable.

an/fechten, o, o *(jur.)* contester ; *ein Urteil* ~ introduire une procédure en recours.

Anfechtung *f*, **en** contestation *f* ; procédure *f* d'(en) annulation.

Anfechtungsklage *f*, **n** (jur.) action *f* en annulation.

an/fertigen 1. fabriquer ; manufacturer **2.** établir ; *ein Gutachten* ~ établir une expertise.

an/fliegen, o, o desservir (ligne aérienne).

an/fordern demander ; *einen Katalog, eine Preisliste* ~ réclamer un catalogue, la liste des prix.

Anforderung *f*, **en** demande *f* ; requête *f* ; réclamation *f* ; *telefonische* ~ demande par téléphone ; *den* ~*en genügen* satisfaire, répondre aux exigences ; *hohe* ~*en stellen* être exigeant.

Anforderungsprofil *n*, *ϕ* : profil *m* requis.

Anfrage *f*, **n** demande *f* (de renseignements) ; *auf* ~ sur demande.

an/fragen faire une demande (écrite) ; *bei jdm* ~ se renseigner auprès de qqn.

Anfuhr *f*, **en** transport *m* ; camionnage *m*.

Angabe *f*, **n** indication *f* ; statistiques *fpl* ; renseignement *m* ; *nach* ~*n* selon les indications de ; *statistische* ~*n* données *fpl* statistiques ; *die* ~*n erfolgen ohne Gewähr* indications fournies sous toutes réserves.

Angebot *n*, **e** offre *f* ; soumission *f* ; enchère *f* ; **I.** *besonderes* ~ offre spéciale ; réclame de la semaine ; *bindendes (festes)* ~ offre ferme ; *erstes* ~ première offre ; enchère *f* ; *freies* ~ offre spontanée ; *freibleibendes (unverbindliches)* ~ offre sans engagement ; *unzureichendes* ~ offre insuffisante ; *verlockendes* ~ offre alléchante ; *vorteilhaftes* ~ offre avantageuse **II.** *ein* ~ *ein/holen* solliciter une offre ; *ein* ~ *machen* faire une offre, une soumission ; *ein* ~ *widerrufen* revenir sur une offre **III.** ~ *am Arbeitsmarkt* offre sur le marché de l'emploi ; *das Gesetz von* ~ *und Nachfrage* loi *f* de l'offre et de la demande.

Angebotsausschreibung *f*, **en** appel *m* d'offres.

Angebotselastizität *f*, *ϕ* flexibilité *f*, souplesse *f* de l'offre.

Angebotslücke *f*, **n** offres *fpl* insuffisantes ; créneau *m*.

Angebotsmonopol *n*, **e** monopole *m* de l'offre ; *beschränktes* ~ monopole contrarié.

Angebotsüberhang *m*, **(¨e)** offre excédentaire.

Angebotsunterlagen *pl* cahier *m* des charges.

Angeklagte/r *(der/ein) (jur.)* accusé *m* ; prévenu *m*.

Angeld *n*, **er** *(arch.)* arrhes *fpl*.

angelernt ⇒ *anlernen*.

Angelernte/r *(der/ein)* O.S. *m*.

angemessen approprié ; convenable ; ~*er Preis* prix *m* raisonnable.

angeschrieben *beim Chef gut* ~ *sein* être bien noté par le chef.

Angestelltentarif *m*, **e** conventions *fpl* collectives pour les employés.

Angestelltenverhältnis *n*, **se** statut *m* d'employé ; *sich im* ~ *befinden* avoir le statut d'employé.

Angestelltenversicherung *f*, **en** assurance *f*, sécurité *f* sociale pour employés.

Angestellte/r *(der/ein)* employé *m* ; *die* ~*n* le personnel ; *kaufmännischer* ~*r* employé de commerce ; *kleiner* ~*r* employé subalterne ; *leitender* ~*r* cadre *m* supérieur ; *die leitenden* ~*n* cadres *mpl* de direction ; personnel d'encadrement ; ~*r des öffentlichen Dienstes* employé de la fonction publique.

an/gleichen, i, i harmoniser ; ajuster.

Angleichung *f*, **en** harmonisation *f* ; adaptation *f* ; ~ *der Preise* r(é)ajustement *m* des prix.

Angstkäufe *pl* achats *mpl* de panique.

Angstklausel *f*, **n** clause *f* « sans garantie » ; mention *f* de non-garantie de l'acceptation.

Anhang *m*, **¨e 1.** annexe *m* ; avenant *m* ; supplément *m* **2.** allonge *f* (traite).

Anhänger *m*, **- 1.** partisan *m* **2.** remorque *f* **3.** étiquette *f* à bagages.

Anhangsbudget *n*, **s** collectif *m* budgétaire ; budget *m* annexe *(syn. Nachtragshaushalt)*.

an/heben, o, o relever ; augmenter ; *die Löhne um 5 %* ~ relever, majorer les salaires de 5 %.

Anhebung *f*, **en** relèvement *m* ; majoration *f* ; augmentation *f*.

an/heizen attiser ; *die Inflation* ~ attiser l'inflation.

an/heuern 1. embaucher ; engager (personnel maritime) **2.** *(fam.)* engager qqn.

Anhörung *f*, **en** audition *f* ; *öffentliche* ~ « hearing » *m* ; audition publique (d'experts) ; ~ *des Betriebsrats* consultation *f* du comité d'entreprise *(syn. Hearing)*.

Ankauf *m*, **¨e** achat *m* ; acquisition

f.

an/kaufen acheter ; acquérir ; *Aktien ~* acheter des actions.

Ankäufer *m,* - acheteur *m* ; preneur *m* ; acquéreur *m* (particulièrement de terrain).

Ankaufkurs *m,* **e** cours *m* d'achat (titres).

An- und Verkaufskurs *m,* **e** cours *m* d'achat et de revente.

Anklage *f,* **n** accusation *f* ; inculpation *f.*

an/klagen accuser ; *vor Gericht ~* poursuivre en justice.

Anklang *m,* **¨e** résonance *f* ; écho *m* ; *~ finden* plaire ; trouver un écho favorable.

an/kommen (gut) bien passer ; être bien perçu (produit, publicité, etc.).

an/kreuzen cocher ; mettre une croix ; *bitte Entsprechendes (Gewünschtes) ~* cocher les articles demandés.

an/kündigen annoncer ; notifier.

Ankündigung *f,* **en** annonce *f* ; avis *m* ; notification *f.*

an/kurbeln donner un tour de manivelle ; relancer ; *die Konjunktur ~* relancer la conjoncture.

Ankurbelung *f,* **en** relance *f* ; *~ der Wirtschaft* relance *f* de l'économie.

Anl. ⇒ *Anlage.*

Anlage *f,* **n 1.** investissement *m* ; placement *m* ; *mündelsichere ~* placement *m* de père de famille ; *prämiengünstige ~* placement à prime ; *sichere ~* placement sûr, de tout repos **2.** pièce *f* jointe ; *als (in der) ~* ci-joint ; en annexe **3.** installation *f* ; dispositif *m* **4.** *(comptab.) ~ n* immobilisations *fpl* ; valeurs *fpl* immobilisées à long terme ; *immaterielle, körperliche ~n* immobilisations incorporelles, corporelles.

Anlageberater *m,* - conseiller *m* en matière d'investissement.

Anlagegesellschaft *f,* **en** ⇒ *Kapitalanlagegesellschaft, Investmentgesellschaft.*

Anlagekapital *n,* φ capital *m* investi.

Anlagekosten *pl* coûts *mpl* des immobilisations ; *(syn.) Betriebseinrichtungskosten.*

Anlagekredit *m,* **e** crédit *m* d'investissement.

Anlagemarkt *m,* **¨e** marché *m* des valeurs.

Anlagenbuchhaltung *f,* **en** comptabilité *f* des immobilisations.

Anlagepapier *n,* **e** titre *m* de placement ; valeur *f* sûre ; « blue chip » *m.*

Anlagetip *m,* **s** *(fam.)* tuyau *m* boursier (en vue d'un placement).

Anlagevermögen *n,* - immobilisations *fpl* ; capital *m* immobilisé.

Anlagewert *m,* **e** valeur *f* de placement.

an/laufen, ie, au *(ist)* faire escale (dans un port).

Anlaufhafen *m,* **¨** port *m* d'escale.

Anlaufkosten *pl* frais *mpl* de lancement.

Anlaufkredit *m,* **e** crédit *m* de démarrage ; crédit de lancement.

Anlaufstelle *f,* **n** adresse *f.*

Anlaufzeit *f,* **en** période *f* de démarrage.

an/legen 1. investir ; *sein Geld in Aktien ~* placer son argent en actions ; *Geld in Grundstücke(n) ~* placer de l'argent en biens fonciers *(syn. investieren)* **2.** *(maritime)* faire escale **3.** établir ; faire ; *eine Kartei ~* constituer un fichier.

Anleger *m,* - investisseur *m* ; *institutionelle ~* investisseurs institutionnels ; *(fam.)* « zinzins » (banques, assurances) *(syn. Investor).*

Anleihe *f,* **n** emprunt *m* **I.** *kurz-, mittel-, langfristige ~* emprunt à court, moyen, long terme ; *öffentliche ~* emprunt public ; *private ~* emprunt privé **II.** *eine ~ auf/legen* lancer un emprunt ; *eine ~ auf/nehmen* contracter un emprunt ; *eine ~ unter/bringen* placer un emprunt ; *eine ~ zeichnen* souscrire un emprunt.

Anleiheablösung *f,* **en** remboursement *m,* amortissement *m* d'un emprunt.

Anleihebedingungen *pl* conditions *fpl* d'emprunt.

Anleiheertrag *m,* **¨e** produit *m* de l'emprunt.

Anleihemarkt *m,* **¨e** marché *m* des emprunts.

Anleihepapier *n,* **e** titre *m* d'emprunt.

Anleihepolitik *f,* φ politique *f* de l'emprunt.

Anleihetilgung *f,* **en** amortissement *m* d'un emprunt.

Anleihezeichnung *f,* **en** souscription *f* à un emprunt.

Anlernberuf *m,* **e** profession *f* à formation accélérée.

an/lernen former qqn ; *angelernter Arbeiter* ouvrier *m* spécialisé ; O.S. *m.*

Anlernling *m,* **e** employé *m,* ouvrier *m* en stage de formation ; apprenti *m.*

Anlernzeit *f,* **en** période *f* de formation.

an/liefern livrer (à domicile).

anliegend ci-joint ; ci-inclus *(syn. beiliegend, anbei).*

Anlieger *m,* **-** riverain *m* ; *~ frei* interdit sauf aux riverains.

Anliegerstaat *m,* **en** Etat *m* riverain.

Anm. ⇒ *Anmerkung.*

an/mahnen avertir ; notifier (retard, omission) ; relancer ; envoyer une lettre de rappel.

Anmeldeformular *n,* **e** formulaire *m* de déclaration ; bulletin *m* d'inscription.

Anmeldefrist *f,* **en** délai *m* de déclaration, de dépôt (d'une demande) ; date limite *f.*

Anmeldegebühr *f,* **en** droits *mpl* de dépôt, d'inscription.

an/melden déclarer ; inscrire ; annoncer ; *Konkurs ~* déposer le bilan ; *ein Patent ~* déposer un brevet.

Anmeldepflicht *f,* ϕ déclaration *f* obligatoire.

Anmeldung *f,* **en** déclaration *f* ; inscription *f* ; annonce *f* ; *polizeiliche ~* déclaration de séjour, de résidence.

Anmerkung *f,* **en** annotation *f* ; note *f* ; *mit ~en versehen* annoter.

an/mieten louer ; prendre en location.

Anmietung *f,* **en** location *f* (de courte durée).

an/mustern *(maritime)* enrôler ; signer un contrat d'embauche.

annähernd approximatif ; environ.

Annäherung *f,* **en 1.** rapprochement *m* ; *~ an(+A)* alignement *m* sur **2.** *(statist.)* approximation *f.*

Annäherungswert *m,* **e** *(statist.)* valeur *f* approximative.

Annahme *f,* **n 1.** acceptation *f* ; réception *f* ; *mangels ~* faute *f* d'acceptation ; *zur ~ vor/legen* présenter à l'acceptation ; *~ verweigert (poste)* « refusé » **2.** adoption *f* **3.** hypothèse *f* ; *in der ~, daß* à supposer que.

Annahmefrist *f,* **en** délai *m* d'acceptation.

Annahmevermerk *m,* **e** acceptation *f.*

Annahmeverweigerung *f,* **en** refus *m* d'acceptation ; non-acceptation *f.*

annektieren annexer.

Annexion *f,* **en** annexion *f.*

anni currentis *(a.c)* de l'année en cours.

Annonce *f,* **n** [a'nɔ̃sə] (petite) annonce *f* ; *eine ~ in der Zeitung auf/geben* insérer une annonce dans un journal *(syn. Anzeige, Inserat).*

Annoncenblatt *n,* **¨er** journal *m* exclusivement réservé aux petites annonces.

Annoncenteil *m,* **e** page(s) *f(pl)* des petites annonces (dans un journal).

annoncieren 1. insérer une (petite) annonce **2.** *(rare)* annoncer.

Annuität *f,* **en** annuité *f* ; somme *f* payée annuellement.

Annuitätenzahlung *f,* **en** paiement *m* par annuités.

annullieren annuler.

Annullierung *f,* **en** annulation *f* ; invalidation *f.*

an/ordnen 1. exiger ; prescrire ; fixer ; décréter **2.** disposer ; ranger.

Anordnung *f,* **en 1.** ordre *m* ; règlement *m* ; ordonnance *f* ; décret *m* ; arrêté *m* ; *einstweilige ~* disposition *f* provisoire ; *auf ~ des Gerichts* par ordre judiciaire **2.** disposition *f* ; *~ der ausgestellten Waren* arrangement *m* des marchandises exposées.

an/passen adapter ; assimiler ; ajuster ; *dem Lebenshaltungsindex ~* indexer sur le coût de la vie.

Anpassung *f,* **en** adaptation *f* ; ajustement *m* ; *berufliche ~* adaptation professionnelle.

anpassungsfähig adaptable.

Anpassungsvermögen *n,* ϕ capacité *f* d'adaptation.

an/peilen viser ; avoir pour objectif ; repérer.

an/preisen ie, ie louer ; faire de la réclame ; *seine Ware ~* faire l'article.

an/pumpen *(fam.)* emprunter ; *jdn ~* taper qqn.

Anrainer *m,* **-** riverain *m.*

Anrainerstaat *m,* **en** Etat *m* riverain.

Anrainerstraße *f,* **n** voie *f* réservée aux riverains.

an/rechnen facturer ; porter en compte ; créditer ; débiter.

Anrechnung *f,* **en** facturation *f* ; mise *f* en compte ; *in ~ bringen* porter en compte.

Anrecht *n,* **e** droit *m* ; *(ein) ~ haben auf etw* avoir droit à qqch.

Anrechtsschein *m,* **e** certificat *m* provisoire (en attendant l'émission des actions).

Anrede *f,* **n 1.** *(corresp.)* début *m* de lettre ; formule *f* de politesse **2.** allocution *f.*

an/reichern enrichir ; *angereichertes Uran* uranium *m* enrichi.

Anreicherung *f,* **en** enrichissement *m.*

Anreise *f,* **n** voyage-aller *m (contr. Rückreise).*

Anreißer *m,* **- 1.** camelot *m* **2.** attrape-nigaud *m* ; article *m* destiné à appâter le client.

anreißerisch tapageur ; *~e Werbung*

publicité *f* tapageuse *(syn. marktschreierisch).*

Anreiz *m,* **e** attrait *m* ; incitation *f.*

Anreizartikel *m,* **-** produit *m* d'appel ; article de lancement à prix réduit.

Anruf *m,* **e** appel *m* téléphonique ; coup *m* de fil.

Anrufbeantworter *m,* **-** *(téléph.)* répondeur *m* automatique.

an/rufen, ie, u 1. téléphoner ; *jdn ~* donner un coup de fil à qqn *(syn. telephonieren)* **2.** *ein Gericht ~* saisir un tribunal d'une demande.

Anrufer *m,* **-** *(téléph.)* correspondant *m.*

Ansage *f,* **n** annonce *f* ; avis *m* ; *eine ~ durch/geben (radio)* transmettre un communiqué.

an/sagen annoncer ; communiquer.

ansässig domicilié ; résident ; implanté ; *sich ~ machen* s'installer ; s'implanter.

Ansatz *m,* **¨e 1.** évaluation *f* ; estimation *f* **2.** *(comptab.)* poste *m* ; article *m.*

an/schaffen acheter ; acquérir ; *sich etw ~* se procurer qqch.

Anschaffung *f,* **en** achat *m* ; acquisition *f.*

Anschaffungsgeschäfte *pl (Bourse)* opérations *fpl* d'achat.

Anschaffungskosten *pl* coût *m* d'achat ; frais *mpl* d'acquisition ; *(comptab.)* coût *m* historique.

Anschaffungskredit *m,* **e** crédit *m* d'installation, d'équipement (pour l'acquisition de machines par ex.).

Anschaffungspreis *m,* **e** prix *m* d'acquisition ; *(comptab.)* coût *m* historique.

Anschaffungswert *m,* **e** valeur *f* d'acquisition.

Anschauungsmaterial *n,* **-ien** matériel *m* de démonstration.

Anschlag *m,* **¨e 1.** affichage *m* ; *durch ~* par voie d'affiche **2.** devis *m* **3.** estimation *f* **4.** frappe *f* (machine à écrire) **5.** attentat *m.*

Anschlagbrett *n,* **er** ⇒ *Anschlagtafel.*

an/schlagen, u, a 1. afficher ; apposer **2.** estimer ; *zu hoch, zu niedrig ~* surévaluer, sous-évaluer.

Anschlagsäule *f,* **n** colonne *f* d'affichage ; colonne Morris *(syn. Litfaßsäule).*

Anschlagtafel *f,* **n** tableau *m,* panneau *m* d'affichage.

Anschlagwerbung *f,* **en** publicité *f* par voie d'affichage *(syn. Plakatwerbung).*

Anschluß *m,* **¨sse 1.** branchement *m* ; rattachement *m* **2.** *(téléph.)* abonnement *m* ; *kein ~ unter dieser Nummer* il n'y a pas d'abonné au numéro que vous avez demandé **3.** correspondance *f* (train).

Anschlußbahnhof *m,* **¨e** gare *f* de correspondance.

Anschlußfirma *f,* **-men** entreprise *f,* magasin *m* affilié(e) au réseau carte bancaire.

Anschlußgebühr *f,* **en** taxe *f* de raccordement.

Anschlußgeschäft *n,* **e** affaire *f* complémentaire (consécutive à une foire par ex.).

Anschlußinhaber *m,* **-** *(téléph.)* abonné *m.*

Anschlußkonkurs *m,* **e** règlement *m* judiciaire transformé en faillite.

Anschlußkredit *m,* **e** crédit *m* relais.

Anschlußpfändung *f,* **en** saisie *f* par participation.

Anschlußstelle *f,* **n** bretelle *f* de raccordement.

Anschlußvertrag *m* **¨e** contrat-relais *m.*

an/schmieren *(fam.)* rouler, gruger qqn.

an/schreiben, ie, ie 1. s'adresser à qqn par écrit **2.** inscrire une dette ; *~ lassen* inscrire sur un compte (chez un commerçant).

Anschreiben *n,* **-** (brève) lettre *f* d'accompagnement.

Anschrift *f,* **en** adresse *f (syn. Adresse).*

an/schwindeln escroquer, tromper, gruger qqn.

Ansehen *n,* **ϕ** considération *f* ; réputation *f* ; renom *m* ; *geschäftliches ~* renommée *f* commerciale ; notoriété *f.*

ansehnlich important ; *eine ~e Summe* une somme coquette, rondelette.

an/setzen évaluer ; estimer ; *die Kosten zu hoch ~* faire une estimation trop élevée des coûts.

Ansicht *f,* **en 1.** point *m* de vue ; avis *m* ; opinion *f* **2.** vue *f* ; examen *m* ; *Kauf nach ~* vente *f* à l'examen ; achat *m* à vue, à condition.

Ansichtssendung *f,* **en** envoi *m* au choix, à vue.

an/siedeln établir ; domicilier ; *sich ~* s'implanter.

Ansiedler *m,* **-** colon *m.*

Ansiedlung *f,* **en** colonisation *f* ; établissement *m* ; implantation *f.*

an/sparen faire des économies (en vue d'un achat).

Anspruch *m,* **¨e 1.** droit *m* ; *~ erheben* faire valoir ses droits ; *seine ~¨e* *auf eine Rente geltend machen* faire valoir ses droits à une retraite **2.** prétentions *fpl* ; exigences *fpl* ; *zu hohe ~¨e an jdn stellen* demander trop à qqn ; être exigeant **3.** faire appel à ; nécessiter ; *viel Zeit in ~ nehmen* demander beaucoup de temps.

Anspruchsberechtigte/r *(der/ein)* ayant droit *m.*

anspruchslos sans prétention ; modeste.

anspruchsvoll exigeant ; *~ sein* être exigeant.

Anstalt *f,* **en** établissement *m* ; institution *f* ; *öffentlich-rechtliche ~* établissement de droit public.

an/stehen, a, a faire (la) queue *(syn. Schlange stehen).*

an/steigen, ie, ie *(ist)* augmenter ; monter ; progresser ; *steil ~* monter en flèche.

Ansteigen *n,* φ hausse *f* ; *rasches ~ der Preise* flambée *f* des prix.

an/stellen 1. embaucher ; engager ; *zur Probe ~* prendre à l'essai **2.** *sich ~* faire (la) queue ; prendre la file **3.** *eine Untersuchung ~* faire une enquête.

Anstellung *f,* **en 1.** embauche *f* **2.** situation *f* ; poste *m* ; occupation *f* ; *eine ~ finden* trouver un emploi.

Anstellungsvertrag *m,* **¨e** contrat *m* de travail ; contrat d'engagement.

Anstieg *m,* φ montée *f* ; augmentation *f* ; reprise *f.*

an/strengen 1. intenter ; *einen Prozeß gegen jdn ~* intenter un procès contre qqn **2.** *sich ~* faire des efforts ; s'efforcer de ; se surmener.

Ansturm *m,* **¨e** ruée *f* ; rush *m* ; *der ~ der Kunden* l'affluence *f* des clients.

antedatieren postdater.

Anteil *m,* **e** part *f* ; (titre de) participation *f* ; *~ haben an(+D)* participer à qqch ; *sein ~ am Erbe* sa part d'héritage.

anteilig ⇒ *anteilmäßig.*

Anteillohn *m,* **¨e** *(agric.)* rémunération *f* en nature *(syn. Naturallohn).*

anteilmäßig au prorata ; proportionnel ; *~er Gewinn* quote-part *f* des bénéfices.

Anteilpapier *n,* **e** ⇒ *Anteilschein.*

Anteilschein *m,* **e** coupon *m* ; titre *m* de participation ; action *f.*

Anteilseigner *m,* **-** porteur *m* de parts ; actionnaire *m (syn. Aktionär).*

Anteilssumme *f,* **n** commandite *f.*

Anteilwirtschaft *f,* **en** exploitation *f* agricole avec participation aux bénéfices ; métayage *m.*

Anthrazit *m,* **e** anthracite *m* ; charbon *m* ; houille *f.*

antichambrieren [... ʃã'bri:rən] faire antichambre *(syn. katzbuckeln).*

Antichrese *f,* **n** antichrèse *f* (nantissement d'un immeuble).

Antidumpinggesetz *n,* **e** loi *f* antidumping.

Antiquität *f,* **en** objet *m* ancien ; antiquité *f.*

Antiquitätenhandel *m,* φ commerce *m* d'antiquités ; brocante *f.*

Antitrustgesetz *n,* **e** loi *f* interdisant la constitution de trusts.

antizyklisch anticyclique ; anticonjoncturel ; *~e Maßnahme* mesure *f* destinée à freiner ou à relancer l'activité économique ; mesure anticonjoncturelle.

Antrag *m,* **¨e** demande *f* ; proposition *f* ; requête *f* ; motion *f* **I.** *auf ~* sur proposition de ; à la demande de ; *~ auf Teilnahme* demande de participation **II.** *einen ~ ab/lehnen* rejeter une demande ; *einen ~ ein/bringen* déposer une motion ; *einen ~ stellen* présenter une demande ; *einen ~ zurück/ziehen* retirer une motion.

Antragsformular *n,* **e** formulaire *m* de demande.

antragsgemäß conformément à la demande.

Antragsteller *m,* **-** demandeur *m* ; requérant *m.*

Antransport *m,* **e** transport *m,* livraison *f* à bon port.

Antritt *m,* **e 1.** départ *m* en voyage **2.** entrée *f* en fonction (emploi) **3.** entrée *f* en jouissance (d'un héritage, etc.).

Antw. ⇒ *Antwort.*

Antwort *f,* **en** réponse *f* ; *abschlägige ~* réponse négative ; *in ~ auf(+A)* en réponse à ; *um ~ wird gebeten (u.A.w.g.)* répondez s'il vous plaît (r.s.-v.p.).

antworten répondre ; *er ~t auf meinen Brief* il répond à ma lettre.

Antwortkarte *f,* **n** carte-réponse *f.*

Antwortschein *m,* **e** coupon-réponse *m* ; *internationaler ~* coupon-réponse international.

ANUGA *(Allgemeine Nahrungs- und Genußmittelausstellung)* foire *f* de l'alimentation et des techniques alimentaires à Cologne.

Anw. ⇒ *Anweisung.*

Anwalt *m,* **¨e** avocat *m* ; défenseur *m.*

Anwältin *f,* **-nen** avocate *f.*

Anwaltsbüro *n,* **s** étude *f* d'avocat ;

cabinet *m*.

Anwaltskammer *f*, **n** conseil *m* de l'ordre des avocats.

Anwaltskanzlei *f*, **en** ⇒ *Anwaltsbüro*.

Anwärter *m*, **-** postulant *m* ; candidat *m* ; ~ *auf einen Posten* candidat à un poste *(syn. Bewerber)*.

Anwartschaft *f*, **en** **1.** candidature *f* **2.** droit *m* (en cours d'acquisition).

an/weisen, ie, ie indiquer ; donner des directives ; assigner (place) ; ordonnancer (chèque).

Anweisung *f*, **en** **1.** directive *f* ; instruction *f* **2.** ordre *m* ; ~ *zur Zahlung* ordre de paiement **3.** mandat *m* ; virement *m* ; *telegraphische* ~ mandat télégraphique ; *durch* ~ *bezahlen* payer par mandat.

anwendbar applicable ; utilisable.

Anwendbarkeit *f*, **(en)** applicabilité *f*.

an/wenden, a, a appliquer ; utiliser ; *ein Gesetz* ~ appliquer une loi.

Anwender *m*, **-** utilisateur *m* ; ~ *von EDV-Anlagen* utilisateurs d'ordinateurs.

Anwendung *f*, **en** application *f* ; *in* ~ *(+G)* en application de.

Anwendungsbereich *m*, **e** domaine *m* d'application ; champ *m* d'utilisation.

an/werben, a, o embaucher ; *Personal* ~ recruter du personnel.

Anwerbestopp *m*, **ϕ** coup d'arrêt *m* au recrutement de main-d'œuvre ; ~ *von Gastarbeitern* arrêt *m* de l'embauchage d'ouvriers immigrés.

Anwerbung *f*, **en** embauchage *m* ; recrutement *m* ; engagement *m*.

Anwesenheit *f*, **ϕ** présence *f* *(contr. Abwesenheit)*.

Anwesenheitsgelder *pl* jetons *mpl* de présence.

Anwesenheitsliste *f*, **n** liste *f* des présents ; liste de présence.

Anzahl *f*, **ϕ** nombre *m* ; quantité *f* ; *erforderliche* ~ quorum *m* (vote).

an/zahlen verser un acompte.

Anzahlung *f*, **en** (versement d'un) acompte *m* ; *eine* ~ *leisten* verser un acompte.

an/zapfen **1.** *(fam.)* soutirer de l'argent à qqn ; taper qqn **2.** *(inform.) Daten* ~ interroger la mémoire d'un ordinateur **3.** *(mines)* commencer l'exploitation d'un gisement.

Anzeichen *n*, **-** signe *m* ; indice *m* ; symptôme *m*.

Anzeige *f*, **n** **1.** plainte *f* ; dénonciation *f* ; *gegen jdn* ~ *erstatten* porter plainte contre qqn **2.** annonce *f* ; faire-part *m* ; *eine* ~ *in einer Zeitung auf/geben* insérer une (petite) annonce dans un journal.

an/zeigen **1.** indiquer ; aviser ; *den Empfang* ~ accuser réception **2.** dénoncer ; porter plainte.

Anzeigenbeilage *f*, **n** encart *m* publicitaire.

Anzeigenblatt *n*, **¨er** journal *m* de petites annonces ; feuille *f* d'annonces.

Anzeigenbüro *n*, **s** agence *f* de publicité.

Anzeigenleiter *m*, **-** directeur *m* de la publicité.

Anzeigenschluß *m*, **ϕ** date *f* limite de la remise des annonces.

Anzeigenseite *f*, **n** page *f*, rubrique *f* des annonces.

Anzeigenteil *m*, **e** pages *fpl* publicitaires ; rubrique *f* des petites annonces.

Anzeigenwerbung *f*, **en** publicité *f* dans la presse ; publicité par annonces.

Anzeigenwesen *f*, **ϕ** publicité *f* par annonces.

Anzeigenwirkung *f*, **en** impact *m* publicitaire.

Anzeigepflicht *f*, **ϕ** déclaration *f* obligatoire.

anzeigepflichtig soumis à déclaration.

Anzeiger *m*, **-** **1.** dénonciateur *m* **2.** indicateur *m* ; témoin *m* **3.** titre *m* de certains journaux locaux « *General-Anzeiger* ».

an/zetteln monter ; machiner.

an/ziehen, o, o **1.** monter ; *die Kurse ziehen an* les cours reprennent **2.** attirer (clients).

AO ⇒ *Abgabenordnung*.

A/O *(April/Oktober)* dates *fpl* d'échéance du versement des intérêts pour les obligations.

AOK ⇒ *Allgemeine Ortskrankenkasse*.

Apanage *f*, **n** [apa'naʒə] apanage *m* ; rente *f*.

APA *f* *(Austria Presse Agentur)* Agence *f* de presse autrichienne.

APO *f* *(außerparlamentarische Opposition)* opposition *f* extra-parlementaire.

Apparat *m*, **e** **1.** appareil *m* ; équipement *m* **2.** *(téléph.)* poste *m* ; *bleiben Sie am* ~ *!* ne quittez pas !

AR ⇒ *Aufsichtsrat*.

Ar *n* ou *m*, **e** are *m*.

Arbeit *f*, **en** travail *m* ; ouvrage *m* ; *(fam.)* boulot *m* **I.** *anfallende* ~ travaux à exécuter, en cours ; *feste* ~ travail stable ; *geistige* ~ travail intellectuel ; *körperliche* ~ travail physique ; labeur ; *schöpferische* ~ travail créatif ; *schwere* ~*en* travaux pénibles ; *unterbe-*

zahlte ~ travail sous-payé ; *verantwortungsvolle* ~ travail de responsabilité **II.** *eine ~ aus/führen* exécuter un travail ; *die ~ ein/stellen (niederlegen)* débrayer ; cesser le travail ; *sich vor der ~ drücken* tirer au flanc ; *eine ~ erledigen* faire un travail ; *zur ~ gehen* aller au travail ; *gute ~ leisten* faire du bon travail ; *sich an die ~ machen* se mettre au travail ; *eine ~ planen* planifier un travail ; *über einer ~ sitzen* se consacrer à un travail ; *ohne ~sein* être sans emploi ; ~ *suchen* chercher un emploi ; *eine ~ übernehmen* se charger d'un travail ; *eine ~ verrichten* exécuter un travail ; *die ~ wieder/auf/nehmen* reprendre le travail.

Arbeiter *m*, - ouvrier *m* ; travailleur *m* **I.** *angelernter ~* ouvrier spécialisé (surtout à la chaîne) ; O.S. ; *gelernter ~* ouvrier professionnel ; O.P. ; *(gewerkschaftlich) organisierte ~* travailleurs syndiqués ; *hochqualifizierter ~* ouvrier hautement qualifié ; *landwirtschaftlicher ~* ouvrier agricole ; *ungelernter ~* manœuvre *m* **II.** *einen ~ ab/werben* débaucher un ouvrier ; *einen ~ an/stellen* embaucher un ouvrier ; *~ ein/stellen* engager de la main-d'œuvre ; *einen ~ entlassen* licencier un ouvrier ; *einem ~ kündigen* donner son congé à un ouvrier.

Arbeiteraktie *f*, **n** action *f* ouvrière, de travail.

Arbeiteraufstand *m*, **¨e** mouvement *m* insurrectionnel des travailleurs.

Arbeiterausschuß *m*, **¨sse** comité *m* ouvrier.

Arbeiteraussperrung *f*, **en** lock-out *m*.

Arbeiterbauer *m*, **n, n** agriculteur *m* salarié (dont l'activité principale s'exerce dans l'industrie).

Arbeiterbewegung *f*, **en 1.** mouvement *m* ouvrier **2.** mouvement *m* revendicatif.

arbeiterfeindlich antisocial ; *~e Maßnahmen* mesures *fpl* antisociales.

Arbeiterfrage *f*, **n** question *f* ouvrière.

arbeiterfreundlich social ; favorable à la classe ouvrière.

Arbeiterführer *m*, - leader *m* syndicaliste.

Arbeiterfunktionär *m*, **e** ⇒ *Arbeiterführer.*

Arbeitergenossenschaft *f*, **en** coopérative *f* ouvrière.

Arbeitergewerkschaft *f*, **en** syndicat *m* ouvrier.

Arbeiterinteressen *pl* intérêts *mpl* ouvriers ; ~ *wahr/nehmen* défendre les intérêts des travailleurs.

Arbeiterklasse *f*, *ϕ* classe *f* ouvrière ; classe laborieuse.

Arbeiterkolonne *f*, **n** équipe *f* de travail (routes, chemin de fer, etc.).

Arbeiterkontrolle *f*, **n** *(R.D.A.)* organe *m* de contrôle des unités de production.

Arbeiterorganisation *f*, **en** organisation *f* ouvrière.

Arbeiterpartei *f*, **en** parti *m* ouvrier ; *einer ~ an/gehören* être membre d'un parti ouvrier.

Arbeiterproduktionsgenossenschaft *f*, **en** société *f* coopérative ouvrière de production (S.C.O.P.).

Arbeiterrat *m*, **¨e** conseil *m* ouvrier (pays socialistes).

Arbeiterrentenversicherung *f*, **en** *(R.F.A.)* assurance-retraite *f* obligatoire (des travailleurs et assimilés).

Arbeiterschaft *f*, *ϕ* classes *fpl* laborieuses ; monde *m* ouvrier ; les ouvriers *mpl.*

Arbeiterschriftsteller *m*, - *(R.D.A.)* écrivain *m* ouvrier (issu du milieu ouvrier).

Arbeiterschutz *m*, *ϕ* protection *f* du travail.

Arbeiterselbstverwaltung *f*, **en** autogestion *f*.

Arbeitersiedlung *f*, **en** cité *f* ouvrière.

Arbeiter- und Bauernstaat *m*, *ϕ* *(R.D.A.)* Etat *m* ouvrier et paysan.

Arbeiterversammlung *f*, **en** assemblée *f* ouvrière.

Arbeiterviertel *n*, - quartier *m* ouvrier.

Arbeiterwohlfahrt *f*, *ϕ* *(R.F.A.)* association *f* de solidarité ouvrière.

Arbeiterwohnung *f*, **en** maison *f* ouvrière ; coron *m*.

Arbeiterzeit *f*, **en** *(R.F.A.)* période *f* contractuelle de travail ; durée *f* du travail sous contrat *(⇒ REFA)*.

Arbeitgeber *m*, - employeur *m* ; patron *m* ; chef *m* d'entreprise.

Arbeitgeberanteil *m*, **e** cotisation *f*, part *f* patronale.

Arbeitgeberleistungen *pl* prestations *fpl* patronales ; part patronale.

Arbeitgeberorganisation *f*, **en** ⇒ *Arbeitgeberverband.*

Arbeitgeberschaft *f*, **en** patronat *m*.

Arbeitgeberseite *f*, *ϕ* (représentants *mpl* du) patronat *m*.

Arbeitgeberverband *m*, **¨e** organisation *f*, fédération *f* patronale ; association *f* des chefs d'entreprise ; *(France)* C.N.P.F.

Arbeitgebervereinigung *f*, **en** ⇒ *Ar-*

beitgeberverband.

Arbeitnehmer *m,* - salarié *m (syn. Lohn- und Gehaltsempfänger).*

Arbeitnehmeraktie *f* ⇒ *Belegschaftsaktie.*

Arbeitnehmeranteil *m,* **e** cotisation *f* salariale ; part *f* salariale à la sécurité sociale.

Arbeitnehmerfreibetrag *m,* ¨e déduction *f* forfaitaire sur traitements et salaires ; tranche *f* non imposable ; abattement *m* à la base.

Arbeitnehmerorganisation *f,* **en** ⇒ *Arbeitnehmerverband.*

Arbeitnehmerschaft *f,* φ travailleurs *mpl* ; salariés *mpl.*

Arbeitnehmerseite *f,* φ (représentants *mpl* des) salariés *mpl* ; syndicat *m.*

Arbeitnehmersparzulage *f,* **n** prime *f* d'épargne des salariés (destinée à être capitalisée ou réinvestie dans l'entreprise).

Arbeitnehmerstiftung *f,* **en** attribution *f* d'une part du capital social aux travailleurs sous forme d'une fondation.

Arbeitnehmerüberlassung *f,* **en** louage *m* de services, de personnel intérimaire *(syn. Personal-Leasing).*

Arbeitnehmerverband *m,* ¨e syndicat *m* ouvrier ; organisation *f* syndicale *(syn. Gewerkschaft).*

Arbeitsablauf *m,* ¨e déroulement *m,* organisation *f* du travail.

Arbeitsaktie *f,* **n** action *f* ouvrière, de travail *(syn. Belegschaftsaktie).*

Arbeitsamt *n,* ¨er agence *f* pour l'emploi ; bureau *m* de placement ; office *m* du travail.

Arbeitsanfall *m,* φ travail *m* à effectuer ; besogne *f.*

Arbeitsangebot *n,* **e** offre *f* d'emploi.

Arbeitsantritt *m,* φ **1.** entrée *f* en fonction **2.** date *f* d'embauche.

Arbeitsanweisung *f,* **en** instructions *fpl* (de travail).

Arbeitsaufsicht *f,* φ inspection *f* du travail.

Arbeitsaufwand *m,* φ temps *m,* quantité *f* de travail nécessaire.

Arbeitsaufwandsentschädigung *f,* **en** indemnité *f* pour frais professionnels.

Arbeitsausfall *m,* ¨e perte *f* de travail ; déficit *m* d'heures ; heures *fpl* non-effectuées.

Arbeitsausschuß *m,* ¨sse commission *f* de travail parlementaire.

Arbeitsbedingungen *pl* conditions *fpl* de travail ; *günstige, erschwerte ~ haben* avoir des conditions de travail favorables, difficiles.

Arbeitsbehörde *f,* **n** *(Suisse)* service *m* public de l'emploi.

Arbeitsbelastung *f,* **en** charge *f* de travail.

Arbeitsbereich *m,* **e** secteur *m* d'activité.

Arbeitsbericht *m,* **e** rapport *m* d'activité ; *einen ~ vor/legen* présenter un rapport d'activité.

Arbeitsbeschaffung *f,* **en** création *f* d'emploi(s).

Arbeitsbeschaffungsmaßnahmen *pl (ABM)* mesures *fpl* de création d'emploi(s) ; T.U.C. *m.*

Arbeitsbescheinigung *f,* **en** attestation *m* de travail.

Arbeitsbesprechung *f,* **en** réunion *f* de travail.

Arbeitsbewertung *f,* **en** qualification *f* du travail.

Arbeitsbewilligung *f,* **en** *(Autriche)* autorisation *f* de travail.

Arbeitsbewußtsein *n,* φ conscience *f* professionnelle ; *ein vorbildliches ~ haben* être un modèle de conscience professionnelle.

Arbeitsbörse *f,* **n** *(Autriche)* Bourse *f* du travail.

Arbeitsbrigade *f,* **n** *(R.D.A.)* brigade *f* ; collectif *m* de travail.

Arbeitsdauer *f,* φ durée *f* de travail ; *die ~ beträgt 8 Stunden* la durée de travail est de huit heures.

Arbeitsdienst *m,* φ *(hist.)* service *m* du travail ; travail au service de la collectivité.

Arbeitsdirektor *m,* **en 1.** directeur *m* du personnel **2.** *(cogestion)* directeur du travail (veillant aux intérêts des salariés).

Arbeitseinheit *f,* **en** *(A.E.) (R.D.A.)* unité *f* de travail (quantité minimale de travail fixée pour chacun, elle combine durée et qualité du travail).

Arbeitseinsatz *m,* ¨e emploi *m,* recours *m* à la main-d'œuvre.

Arbeitseinsparung *f,* **en** rationalisation *f* du travail.

Arbeitseinstellung *f,* **en** ⇒ *Arbeitsniederlegung.*

Arbeitseinteilung *f,* **en** répartition *f,* organisation *f* du travail.

Arbeitserlaubnis *f,* **se** carte *f* de travail ; autorisation *f* de travail.

arbeitserleichternd qui facilite le travail ; rationnel.

Arbeitserleichterung *f,* **en** rationalisation *f,* allégement *m* du travail.

arbeitserschwerend fastidieux ; qui rend le travail pénible.

arbeitsersparend rationnel.

Arbeitsethos *n*, *ϕ* déontologie *f* professionnelle.

arbeitsfähig sein être apte au travail.

Arbeitsfähigkeit *f*, *ϕ* aptitude *f* au travail.

Arbeitsförderungsgesetz *n*, **e** législation *f*, loi *f* en faveur de l'emploi.

arbeitsfrei chômé ; *~er Tag* journée *f* chômée.

Arbeitsfriede *m*, *ϕ* paix *f* sociale.

Arbeitsgang *m*, **¨e** séquence *f* de travail ; phase *f* de fabrication.

Arbeitsgemeinschaft *f*, **en** groupe *m*, atelier *m* de travail ; cercle *m* d'études ; commission *f*.

Arbeitsgenehmigung *f*, **en** ⇒ *Arbeitserlaubnis*.

Arbeitsgericht *n*, **e** tribunal *m* du travail ; conseil *m* de prud'hommes.

arbeitsgerichtlich concernant la législation du travail.

Arbeitsgesetzgebung *f*, **en** législation *f* du travail ; atelier *m*.

Arbeitsgruppe *f*, **n** groupe *m*, comité *m* de travail ; atelier *m*.

Arbeitshypothese *f*, **n** hypothèse *f* de travail.

Arbeitsinspektion *f*, **en** *(Autriche, Suisse)* inspection *f* du travail.

arbeitsintensiv à fort coefficient de travail, de main-d'œuvre.

Arbeitskampf *m*, **¨e** lutte *f* sociale ; conflit *m* du travail.

Arbeitsklima *n*, *ϕ* ambiance *f*, conditions *fpl* de travail.

Arbeitskluft *f*, *ϕ* *(fam.)* bleu *m* de travail.

Arbeitskollege *m*, **n**, **n** collègue *m* de bureau, de travail.

Arbeitskollektiv *n*, **e** *(R.D.A.)* collectif *m* ; équipe *f* de travail.

Arbeitskonflikt *m*, **e** conflit *m* du travail.

Arbeitskosten *pl* coûts *mpl* de production imputables au facteur travail ; charges *fpl* salariales.

Arbeitskraft *f*, **1.** **¨e** travailleur *m* ; ouvrier *m* ; *~¨e* main-d'œuvre *f*; personnel *m* ; *geschulte ~¨e* main-d'œuvre qualifiée ; *Mangel an ~¨en* pénurie *f* de main-d'œuvre **2.** *ϕ* puissance *f* de travail.

Arbeitskräftebedarf *m*, *ϕ* besoins *mpl* en main-d'œuvre.

Arbeitskräftemangel *m*, **¨** pénurie *f* de main-d'œuvre.

Arbeitskreis *m*, **e** ⇒ *Arbeitsgemeinschaft*.

Arbeitslager *n*, **-** camp *m* de travail.

Arbeitsleben *n*, *ϕ* vie *f* active ; *(syn. Erwerbsleben)*.

Arbeitslehre *f*, *ϕ* cours *m* d'initiation à la technologie et à l'économie.

Arbeitsleistung *f*, **en** rendement *m* ; puissance *f (machine)* ; débit *m* ; travail *m* ; produit *m* ; *die ~ steigern* augmenter le rendement.

Arbeitslenkung *f*, **en** organisation *f*, planification *f* du travail.

Arbeitslohn *m*, **¨e** salaire *m* ; rémunération *f* du travail.

arbeitslos en (au) chômage ; *~ sein* être au chômage ; *~ werden* perdre son emploi.

Arbeitslosenfürsorge *f*, *ϕ* ⇒ *Arbeitslosenhilfe*.

Arbeitslosengeld *n*, **er** allocation-chômage *f* ; *~ beziehen* toucher des indemnités de chômage *(syn. Stempelgeld)*.

Arbeitslosenheer *n*, **e** armée *f* des chômeurs.

Arbeitslosenhilfe *f*, **n** aide *f* sociale aux chômeurs (qui ne bénéficient plus de l'allocation de chômage) ; assistance-chômage *f*.

Arbeitslosenquote *f*, **n** taux *m* de chômage.

Arbeitslosenunterstützung *f*, **en** *(Alu)* allocation *f* de chômage.

Arbeitslosenversicherung *f*, *ϕ* assurance-chômage *f*.

Arbeitslosenzahl *f*, **en** nombre *m* de sans-emploi ; nombre de chômeurs.

Arbeitslose/r *(der/ein)* chômeur *m*.

Arbeitslosigkeit *f*, *ϕ* chômage *m* ; **I.** *konjunkturbedingte ~* chômage conjoncturel ; *saisonbedingte ~* chômage saisonnier ; *strukturbedingte (strukturelle) ~* chômage technique ; chômage structurel **II.** *die ~ bekämpfen* combattre le chômage ; *die ~ beseitigen* résorber le chômage.

Arbeitslust *f*, *ϕ* zèle *m* ; envie *f* d'aller travailler ; goût *m* au travail.

Arbeitsmangel *m*, *ϕ* pénurie *f* de travail ; *es herrscht ~* il n'y a pas de travail.

Arbeitsmarkt *m*, **¨e** marché *m* de l'emploi *m* ; *die Lage auf dem ~* la situation de l'emploi.

Arbeitsmedizin *f*, *ϕ* médecine *f* du travail.

Arbeitsmensch *m*, **en**, **en** bourreau *m* de travail.

Arbeitsmethode *f*, **n** méthode *f* de travail.

Arbeitsminister *m*, **-** ministre *m* du Travail (et des Affaires sociales).

Arbeitsministerium *n*, **-ien** ministère *m* du Travail.

Arbeitsnachweis *m*, e 1. emploi *m* 2. office *m* de placement.

Arbeitsniederlegung *f*, **en** cessation *f* du travail ; débrayage *m*.

Arbeitsnorm *f*, **en** 1. cadences *fpl* (pour le travail à la chaîne) 2. *(R.D.A.)* norme *f* de travail (elles fixent la rétribution du travail).

Arbeitsorganisation *f*, **en** organisation *f* du travail.

Arbeitspapier *n*, **e** 1. *(polit.)* projet *m* d'étude 2. *~e* dossier *m* du travailleur, de l'employé (conservé par l'employeur).

Arbeitspensum *n*, *ϕ* pensum *m* ; travaux *mpl* à accomplir ; *sein ~ bewältigen* venir à bout de son travail.

Arbeitsplanung *f*, **en** organisation *f* du travail ; ordonnancement *m*.

Arbeitsplatz *m*, **¨e** 1. emploi *m* ; poste *m* ; *~¨e schaffen* créer des emplois 2. lieu *m* de travail.

Arbeitsplatzbeschaffung *f*, **en** création *f* d'emplois.

Arbeitsplatzbewertung *f*, **en** cotation *f* par poste (évaluation de la technicité ou difficulté du travail dont dépend le salaire).

Arbeitsplatzgestaltung *f*, **en** aménagement *m* du cadre de travail.

Arbeitsplatzschwund *m*, *ϕ* perte *f* d'emplois ; emplois *mpl* supprimés.

Arbeitsplatzsicherung *f*, *ϕ* sécurité *f* de l'emploi.

Arbeitsplatzstudie *f*, **n** étude *f* du poste (de travail).

Arbeitspotential *n*, *ϕ* potentiel *m* ; capacité *f* de travail.

Arbeitsprobe *f*, **n** échantillon *m* (d'un travail, d'un ouvrage).

Arbeitsrecht *n*, *ϕ* législation *f* du travail ; droit *m* social.

arbeitsrechtlich concernant la législation du travail.

Arbeitsregelung *f*, **en** réglementation *f* du travail.

Arbeitsreserve *f*, **n** volant *m* de main-d'œuvre.

Arbeitsrichter *m*, - juge *m* (d'un tribunal de travail) ; prud'homme *m*.

arbeitsscheu réfractaire au travail ; paresseux.

Arbeitsschicht *f*, **en** équipe *f* de travail ; journée *f* de travail.

Arbeitsschiedsgericht *n*, **e** conseil *m* de prud'hommes.

Arbeitsschutz *m*, *ϕ* sécurité *f*, protection *f* (sociale) du travail.

Arbeitssitzung *f*, **en** réunion *f*, séance *f* de travail ; *an einer ~ teil/nehmen* participer à une réunion de travail.

Arbeitsspeicher *m*, - *(inform.)* mémoire *f* vive.

Arbeitsstätte *f*, **n** ⇒ *Arbeitsstelle*.

Arbeitsstelle *f*, **n** lieu *m* de travail.

Arbeitsstudie *f*, **n** étude *f* de travail, de tâches.

Arbeitsstunde *f*, **n** heure *f* de travail ; *eine ~ berechnen* facturer une heure de travail.

Arbeitssuche *f*, *ϕ* recherche *f* d'un travail ; *auf ~ sein* être à la recherche d'un emploi.

Arbeitssuchende/r *(der/ein)* demandeur *m* d'emploi ; chômeur *m*.

Arbeitstag *m*, **e** journée *f* de travail ; jour *m* ouvrable.

Arbeitstagung *f*, **en** réunion *f*, séance *f* de travail ; séminaire *m*.

Arbeitstakt *m*, **e** cycle *m* ; cadence *f* (pour le travail à la chaîne).

Arbeitsteam *n*, **s** équipe *f* de travail.

arbeitsteilig fondé sur la division du travail.

Arbeitsteilung *f*, **en** division *f* du travail ; taylorisme *m*.

Arbeitstempo *n*, **s** rythme *m*, cadence *f* de travail.

arbeitsunfähig inapte au travail ; dans l'incapacité de travailler ; *dauernd ~* invalide.

Arbeitsunfähigkeit *f*, *ϕ* incapacité *f* de travail ; inaptitude *f* au travail ; *dauernde, vorübergehende ~* incapacité permanente, temporaire de travail.

Arbeitsunfähigkeitsnachweis *m*, **e** certificat *m* d'incapacité de travail.

Arbeitsunfall *m*, **¨e** accident *m* du travail *(syn. Betriebsunfall)*.

Arbeitsvereinfachung *f*, **en** simplification *f* du travail.

Arbeitsverfahren *n*, - procédé *m* ; technique *f* ; *ein neues ~ an/wenden* utiliser une nouvelle technique.

Arbeitsverhältnis *n*, **se** 1. rapports *mpl* entre employeur et employé 2. contrat *m* de travail.

Arbeitsverlust *m*, **e** perte *f* de (temps de) travail ; manque *m* a gagner.

Arbeitsvermittlung *f*, **en** bureau *m* de placement ; *(R.F.A.) Bundesanstalt für ~ und Arbeitslosenversicherung* services *mpl* centraux du placement de la main-d'œuvre et de l'assurance-chômage ; *(France)* Agence *f* nationale pour l'emploi *(A.N.P.E.)*.

Arbeitsversäumnis *n*, **se** absentéisme *m*; absence *f* au lieu de travail.

Arbeitsvertrag *m*, **¨e** contrat *m* de travail ; *einen ~ kündigen* résilier un contrat de travail ; *einen ~ unterzeichnen* signer un contrat de travail.

Arbeitsvorgang *m*, **¨e** déroulement *m* du travail ; opération *f* ; procédé *m*.

Arbeitsweise *f*, **n** **1.** méthode *f* de travail **2.** mode *m* de fonctionnement (d'une machine).

Arbeitswelt *f*, *ϕ* monde *m*, univers *m* du travail.

arbeitswillig désireux de travailler ou de reprendre le travail *(contr. arbeitsscheu)*.

Arbeitszeit *f*, **en** **1.** durée *f* de travail ; *Verkürzung der ~* réduction *f* des heures de travail **2.** horaire *m* ; *gleitende (bewegliche) ~* horaire mobile, à la carte, personnalisé.

Arbeitszeitflexibilisierung *f*, **en** assouplissement *m*, libéralisation *f*, aménagement *m* du temps de travail.

Arbeitszeitgestaltung *f*, **en** aménagement *m*, organisation *f* du temps de travail.

Arbeitszeitordnung *f*, **en** *(AZO)* ordonnance *f* sur la durée du travail ; règlement *m* des heures de travail.

Arbeitszeitverkürzung *f*, **en** réduction du temps de travail.

Arbeitszeugnis *n*, **se** certificat *m* de travail.

Arbeitszwang *m*, **¨e** obligation *f* de travailler.

Arbitrage *f*, **n** [arbi'traʒ(ə)] **1.** arbitrage *m* ; méditation *f* ; conciliation **2.** *(Bourse)* arbitrage *m* (achat et vente simultanés de titres sur deux marchés différents pour profiter du meilleur cours).

arbitrieren *(Bourse)* arbitrer (des titres).

Archiv *n*, **e** archives *fpl*.

Archivar *m*, **e** archiviste *m*.

archivieren classer ; archiver ; *Dokumente ~* classer des documents.

ARD *f (Arbeitsgemeinschaft der öffentlich-rechtlichen Rundfunkanstalten der BRD)* société *f* de production de télévision de la première chaîne en R.F.A.

Areal *n*, **e** surface *f* ; superficie *f* ; aire *f*.

Arealsteuer *f*, **n** *(Autriche)* impôt *m* foncier.

Ärmelkanal-Tunnel *m*, *ϕ* : tunnel sous la Manche.

Armenfürsorge *f*, *ϕ* assistance *f* publique.

Armut *f*, *ϕ* pauvreté *f* ; *~ an Bodenschätzen* pénurie *f* de ressources minières ; *in ~ leben* vivoter.

Armutsgrenze *f* : *an der ~ leben* vivre à la limite du seuil de pauvreté.

Arrest *m*, **e** *(jur.)* saisie-arrêt *f* ; *mit ~ belegen* saisir.

Arrha *pl (Autriche)* arrhes *fpl*.

Arrondierung *f*, **en** remembrement *m* rural *(syn. Flurbereinigung)*.

Artikel *m*, **-** **1.** article *m* ; *gängiger ~* article qui se vend bien ; *preiswerter ~* article *m* bon marché ; *einen ~ führen* faire un article **2.** article de journal.

ärztlich médical ; *ein ~es Attest bei/bringen* fournir un certificat médical.

Aspirant *m*, **en**, **en** candidat *m* ; postulant *m (syn. Bewerber)*.

Assembler *m*, **-** *(inform.)* assembleur *m*.

Assekuranz *f*, **en** *(rare)* assurance *f*.

Assistent *m*, **en**, **en** assistant *m* ; aide *m*.

Associated Press *(AP)* [ə'souʃiɛitid'prɛs] agence *f* de presse américaine.

AST ⇒ *Antragsteller*.

Asylant *m*, **en**, **en** réfugié *m* politique.

Asylrecht *n*, *ϕ* droit *m* d'asile ; *~ genießen* bénécicier du droit d'asile.

Atom- *(préfixe)* nucléaire *(syn. Kern-; Nuklear-)*.

Atom *n*, **e** atome *m*.

atomar atomique ; nucléaire.

Atombehörde *f*, **n** commissariat *m* général à l'énergie nucléaire ; *(France)* C.E.A.

Atomenergie *f*, **n** énergie *f* nucléaire.

Atomforschung *f*, *ϕ* recherche *f* nucléaire.

Atomgemeinschaft *f* : *Europäische ~* Communauté *f* européenne de l'énergie atomique *(Euratom)*.

atomgetrieben à propulsion nucléaire.

Atomkraft *f*, *ϕ* ⇒ *Atomenergie*.

Atomkraftwerk *n*, **e** centrale *f* nucléaire *(syn. Kernkraftwerk)*.

Atommüll *m*, *ϕ* déchets *mpl* radioactifs.

Atommeiler *m*, **-** pile *f* atomique ; centrale *f* nuclaire.

Atomschirm *m*, **e** parapluie *m* nucléaire.

Attentismus *m*, *ϕ* attentisme *m* ; attitude *f* réservée, attentiste (en bourse).

Attest *n*, **e** certificat *m* ; attestation *f*.

audiovisuel audio-visuel,lę ; *~er Unterricht* enseignement audio-visuel.

Audit *m* ou *n*, **s** ['odit] *(rare)* audit *m* ; contrôle *m* ; vérification *f*.

auf/arbeiten **1.** mettre à jour ; *eine*

Akte ~ mettre un dossier à jour **2.** rattraper qqch ; *die Posteingänge* ~ rattraper le courrier en retard.

Aufarbeitung *f,* **en** mise *f* à jour ; remise *f* en état.

Aufbau *m,* *ϕ* construction *f* ; structure *f* ; organisation *f.*

auf/bessern améliorer ; augmenter ; *seine Einkünfte* ~ augmenter ses revenus.

Aufbereitungsanlage *f,* **n** *(nucléaire)* usine *f* de retraitement.

Aufbesserung *f,* **en** amélioration *f* ; augmentation *f* (salariale).

auf/bewahren conserver ; garder ; *trocken* ~ tenir au sec.

Aufbewahrer *m,* **-** dépositaire *m (syn. Depositär).*

Aufbewahrung *f,* **en** garde *f* (en dépôt) ; consigne *f* ; *zur* ~ *geben* mettre en dépôt.

Aufbewahrungspflicht *f,* **(en)** obligation *f* de conserver des documents comptables.

Aufbewahrungsschein *m,* **e** bulletin *m* de consigne, de dépôt.

Aufbrauch *m,* *ϕ* épuisement *m* (des stocks).

auf/brauchen épuiser ; consommer entièrement ; *alle Ersparnisse* ~ croquer toutes ses économies.

auf/bringen, a, a trouver de l'argent ; *Geldmittel* ~ réunir des fonds.

Aufenthalt *m,* **e** séjour *m.*

Aufenthaltsgenehmigung *f,* **en** autorisation *f,* carte *f* de séjour (pour travailleurs étrangers).

auf/fangen, i, a absorber ; amortir ; résorber ; supporter ; *Preiserhöhungen* ~ compenser des augmentations de prix.

Auffanggesellschaft *f,* **en** société ou groupe de sociétés qui rachète une maison en faillite ; holding *m.*

Auffangkonto ⇒ *Interimskonto.*

auf/fordern **1.** inviter **2.** mettre en demeure ; sommer.

Aufforderung *f,* **en** **1.** invitation *f* ; appel *m* **2.** mise *f* en demeure.

auf/füllen combler ; compléter ; *sein Lager* ~ remonter, refaire ses stocks.

Aufgabe *f,* **n** **1.** tâche *f* ; devoir *m* ; *laut* ~ suivant vos ordres ; *~n an jdn ab/treten* confier des tâches à qqn **2.** abandon *m* ; *wegen* ~ *des Geschäfts* pour cause de cessation de commerce **3.** expédition *f* ; enregistrement *m* des bagages.

Aufgabebahnhof *m,* **¨e** gare *f* expéditrice, de départ.

Aufgabenbereich *m,* **e** ressort *m* ; domaine *m* ; compétence *f* ; *das fällt in Ihren* ~ c'est de votre ressort.

Aufgabenverteilung *f,* **en** répartition *f* des tâches.

Aufgabeschein *m,* **e** *(poste)* récépissé *m* ; reçu *m.*

auf/geben, a, e **1.** abandonner ; renoncer à qqch ; *ein Geschäft* ~ se retirer d'une affaire **2.** expédier ; *etw als Eilgut* ~ expédier en accéléré **3.** commander ; *eine Bestellung* ~ passer une commande **4.** insérer ; *eine Anzeige* ~ passer une (petite) annonce **5.** faire enregistrer ; *Gepäck* ~ faire enregistrer des bagages..

Aufgeld *n,* **er** **1.** arrhes *fpl* **2.** prime *f* ; agio *m* **3.** supplément *m* ; majoration *f* de(s) prix.

auf/heben, o, o **1.** suspendre ; annuler ; *ein Urteil* ~ casser un jugement **2.** mettre de côté ; conserver.

Aufhebung *f,* **en** annulation *f* ; abolition *f* ; cassation *f* ; ~ *der Blockade* levée *f* du blocus.

Aufhebungsvertrag *m,* **¨e** contrat *m* d'indemnisation pour départ volontaire.

auf/holen rattraper (retard, etc).

Aufkauf *m,* **¨e** achat *m* en masse, en grande quantité ; enlèvement *m* ; accaparement *m* ; rachat *m* (firme, actions) ; OPA *f.*

auf/kaufen acheter en masse ; accaparer ; vider un magasin ; *die Aktien einer Firma* ~ racheter les actions d'une entreprise ; pratiquer une OPA.

Aufkäufer *m,* **-** acheteur *m* ; accapareur *m* ; racheteur *m.*

auf/kleben coller ; *die Adresse auf ein Paket* ~ coller l'adresse sur un paquet.

Aufkleber *m,* **-** autocollant *m.*

Aufklebezettel *m,* **-** étiquette *f* autocollante.

auf/kommen, a, o *(ist)* subvenir aux besoins de ; *für den Unterhalt der Kinder* ~ subvenir à l'entretien des enfants ; *für den Schaden* ~ être responsable d'un dommage.

Aufkommen *n,* **-** produit *m* ; rendement *m* (fiscal) ; volume *m* global.

auf/kündigen **1.** résilier ; dénoncer ; *ein Abkommen* ~ résilier un accord ; **2.** donner sa démission ; *jdm den Dienst* ~ renvoyer qqn.

Aufkündigung *f,* **en** résiliation *f* ; dénonciation *f* ; démission *f.*

auf/laden, u, a charger.

Aufladen *n,* *ϕ* chargement *m.*

Auflage *f,* **n** **1.** obligation *f* ; servitude

f ; ordre *m* ; directive *f* ; condition *f* imposée ; charge *f* **2.** édition *f* ; tirage *m* (journal).

auf/legen émettre (emprunt) ; *(action)* mettre en souscription.

auf/listen lister ; établir une liste.

auf/lösen dissoudre ; liquider ; *eine Gesellschaft ~* dissoudre une société.

Auflösung *f,* **en** dissolution *f* ; démembrement *m* ; liquidation *f.*

Auflösungsanteil *m,* **e** part *f* en cas de dissolution.

auf/machen 1. ouvrir ; fonder ; *eine Filiale ~* fonder une succursale **2.** conditionner ; présenter une marchandise.

Aufmachung *f,* **en** présentation *f* ; conditionnement *m* ; emballage *m.*

Aufnahme *f,* **n 1.** admission *f* ; acceptation *f* ; accueil *m* **2.** emprunt *m* ; *~ von fremden Geldern* emprunt de capitaux étrangers ; *~ einer Anleihe* ouverture *f* d'un emprunt **3.** inventaire *m* ; *~ des Warenbestandes* inventaire des stocks **4.** établissement *m* ; *~ von Handelsbeziehungen* établissement de relations commerciales **5.** photo *f* **6.** enregistrement *m* (sur bande).

Aufnahmefähigkeit *f,* **en 1.** capacité *f* d'absorption (du marché par ex.) **2.** capacité *f* ; nombre *m* de places.

Aufnahmekapazität *f,* **en** ⇒ *Aufnahmefähigkeit.*

Aufnahmeprüfung *f,* **en** examen *m* d'admission ; concours *m.*

auf/nehmen, a, o 1. admettre **2.** emprunter **3.** inventorier **4.** nouer (des relations) ; établir ; rédiger ; prendre note de **5.** prendre une photo **6.** enregistrer.

Aufpreis *m,* **e** surprix *m* ; *gegen ~* moyennant un supplément de ; *ohne ~* sans majoration de prix.

auf/rechnen 1. compenser ; imputer ; *eine Schuld ~* compenser une dette **2.** passer en compte ; mettre sur le compte de.

Aufrechnung *f,* **en** compensation *f* ; imputation *f.*

aufrecht/erhalten, ie, a maintenir.

Aufrechterhaltung *f,* **en** maintien *m* ; *~ der Kaufkraft* maintien du pouvoir d'achat.

Aufruf *m,* **e 1.** appel *m* ; proclamation *f* **2.** *(inform.)* appel *m* d'un programme **3.** retrait *m* de billets de banque de la circulation.

auf/rufen, ie, u 1. appeler ; *zum Streik ~* appeler à la grève **2.** *(inform.)* appeler ; *ein Programm ~* appeler un programme **3.** annuler ; *Banknoten ~* retirer des billets de banque de la circulation.

auf/runden arrondir une somme (à l'unité supérieure).

auf/schieben, o, o ajourner ; différer ; *eine Entscheidung ~* différer une décision.

Aufschlag *m,* **¨e** augmentation *f* ; majoration *f* ; supplément *m.*

auf/schlagen, u, a augmenter ; hausser ; *die Preise schlagen auf* les prix augmentent.

auf/schlüsseln ventiler ; *die Ausgaben ~* ventiler les dépenses.

Aufschlüsselung *f,* **en** ventilation *f.*

Aufschub *m,* **¨e** délai *m* ; ajournement *m* ; sursis *m* ; prorogation *f* ; *um einen ~ nach/suchen* solliciter un délai ; *einen ~ bewilligen* accorder un sursis.

auf/schwatzen *(fam.) : sich etw ~ lassen* se faire « refiler » qqch par un vendeur.

Aufschwung *m,* **(¨e)** relance *f* ; essor *m* ; boom *m* ; *wirtschaftlicher ~* relance économique *(contr. Abschwung).*

Aufseher *m,* **-** surveillant *m* ; gardien *m* ; contrôleur *m* ; vigile *m.*

auf/setzen 1. dresser ; rédiger ; *einen Vertrag ~* établir un contrat **2.** faire la minute d'un document.

Aufsicht *f,* **en** surveillance *f* ; contrôle *m* ; inspection *f* ; *staatliche ~* contrôle de l'Etat ; *die ~ führen über (+A)* surveiller qqch.

Aufsichtsbehörde *f,* **n** administration *f* chargée du contrôle ; autorité *f* de tutelle.

Aufsichtsinstanz *f,* **en** instance *f* de contrôle ; organe *m* de contrôle.

Aufsichtspersonal *n,* **ϕ** personnel *m* de surveillance, de gardiennage.

Aufsichtsrat *m,* **¨e 1.** conseil *m* de surveillance **2.** ⇒ *Aufsichtsratsmitglied.*

Aufsichtsratsmitglied *n,* **er** membre *m* du conseil de surveillance.

Aufsichtsratssitzung *f,* **en** réunion *f,* séance *f* du conseil de surveillance.

Aufsichtsratsvergütung *f,* **en** jetons *mpl* de présence ; rétribution *f* des membres d'un conseil de surveillance.

Aufsichtsrecht *n,* **ϕ** droit *m* de regard, de contrôle.

auf/sparen économiser ; mettre de côté ; *Reserven für Notzeiten ~* faire des réserves en prévision d'une crise.

auf/speichern 1. engranger ; emmagasiner ; stocker (céréales, provisions) **2.** *(inform.)* mémoriser ; stocker.

Aufspeicherung *f,* **en** stockage *m* ; emmagasinage *m* ; mémorisation *f.*

Aufsteiger *m,* - carriériste *m* ; « jeune loup » *m (contr. Absteiger).*

auf/stellen 1. dresser ; établir ; *eine Bilanz ~* dresser un bilan ; *eine Inventur ~* établir un inventaire **2.** *jdn als Kandidaten ~* présenter la candidature de qqn **3.** *Maschinen ~* installer des machines.

Aufstellung *f,* **en** établissement *m* ; inventaire *m* ; relevé *m* ; *~ der Ausgaben* état *m* des dépenses.

Aufstieg *m, ϕ* montée *f* ; avancement *m* ; *beruflicher, sozialer ~* promotion *f* professionnelle, sociale ; *wirtschaftlicher ~* expansion *f* économique.

Aufstiegsberuf *m,* **e** profession *f* avec possibilités d'avancement, de promotion.

Aufstiegserwartungen *pl* espérances *fpl* d'avancement ; perspectives *fpl* de carrière.

auf/stocken augmenter (capital).

Aufstockung *f,* **en** augmentation *f* (de capital).

auf/summen (auf/summieren) *(inform.)* additionner ou ,soustraire (des données).

aufteilbar partageable ; divisible.

auf/teilen 1. répartir ; classer ; ventiler ; *in Gruppen ~* répartir en groupes **2.** lotir ; morceler ; *Grundbesitz ~* démembrer une propriété foncière.

Aufteilung *f,* **en 1.** répartition *f* ; classement *m* ; ventilation *f* **2.** démembrement *m* ; morcellement *m.*

Auftr. ⇒ *Auftrag.*

Auftrag *m,* **¨e 1.** commande *f* ; ordre *m* ; marché *m* **I.** *fester ~* ordre ferme ; *freibleibender ~* ordre sans engagement ; *laufender ~* ordre permanent ; *mündlicher ~* ordre verbal ; *~ zum Anfangskurs* ordre au cours d'ouverture ; *~ « bestens »* ordre « au mieux » ; *~ zum Schlußkurs* ordre au cours de clôture ; *~ zum Tageskurs* ordre au cours du jour ; *im ~ und auf Rechnung von* d'ordre et pour le compte de. **II.** *einen ~ aus/führen* exécuter une commande ; *etw in ~ geben* passer une commande ; donner un ordre d'achat ou de vente à la Bourse ; *einen ~ rückgängig machen* annuler un ordre **2.** mission *f* ; *jdm einen ~ geben* charger qqn d'une mission ; *im ~ von* par ordre de ; par délégation ; au nom de.

Auftraggeber *m,* - client *m* ; acheteur *m* ; donneur *m* d'ordre ; commettant *m* ; mandant *m.*

Auftragnehmer *m,* - titulaire *m* ; contractant *m* ; preneur *m* d'une commande ; mandataire *m.*

Auftragsausführung *f,* **en** exécution *f* d'une commande.

Auftragsbestand *m,* **¨e** commandes *fpl* en cours, en carnet.

Auftragsbestätigung *f,* **en** confirmation *f* de commande.

Auftragsbuch *n,* **¨er** carnet *m* de commandes.

Auftragseingang *m,* **¨e** (r)entrée *f* de(s) commandes.

Auftragserteilung *f,* **en** (passation de) commande *f* ; *zahlbar bei ~* payable à la commande.

Auftragsformular *n,* **e** bon *m* de commande.

auftragsgemäß conformément à votre ordre.

Auftragspolster *n,* - carnets *mpl* de commandes bien remplis.

Auftragsrückgang *m,* **¨e** fléchissement *m* des commandes.

Auftragsstreichung *f,* **en** annulation *f* de commande.

Auftragsvergabe *f,* **n** commande *f* par adjudication ; marché *m* par appel d'offres ; passation *f* d'un marché (public).

Auftragsvergebung *f,* **en** ⇒ *Auftragsvergabe.*

Auftragszettel *m,* - bulletin *m* de commande.

Aufwand *m, ϕ* dépense *f* ; frais *mpl* ; charge *f* ; *ein großer ~ an Energie* une grande dépense d'énergie ; *mit großem ~ an Kosten* à grands frais ; *(comptab.) neutraler ~* charges *fpl* non incorporables.

Aufwandpauschale *f,* **n** somme *f* forfaitaire allouée pour les débours.

Aufwandsentschädigung *f,* **en** indemnité *f* pour frais professionnels.

Aufwandskonto *n,* **ten** compte *m* de charge.

Aufwandsteuer *f,* **n** taxe *f,* impôt *m* sur les signes extérieurs de richesse.

Aufwärtsbewegung *f,* **en** tendance *f* à la hausse ; mouvement *m* de hausse ; *~ der Konjunktur* conjoncture *f* ascendante.

Aufwärtstrend *m,* **s** ⇒ *Aufwärtsbewegung.*

auf/weisen, ie, ie montrer ; présenter ; *ein Defizit ~* présenter un déficit.

auf/wenden, a, a dépenser ; débourser.

aufwendig coûteux ; dispendieux.

Aufwendung *f,* **en 1.** dépense *f* ; *berufliche ~en* frais *mpl* professionnels ; *für berufliche ~en ab/setzen* déduire pour frais professionnels 2. *(comptab.)* ~*en* dépenses *fpl* ; charges *fpl* ; débours *mpl* ; frais *mpl* ; impenses *fpl* ; *betriebliche* ~*en* frais, charges d'exploitation ; *außerordentliche* ~*en* charges exceptionnelles.

auf/werten réévaluer ; revaloriser *(contr. ab/werten).*

Aufwertung *f,* **en** réévaluation *f* ; revalorisation *f* ; *die ~ der DM um 5 %* la réévaluation du DM de 5 % *(contr. Abwertung).*

Aufwertungsausgleich *m,* **e** *(agric.)* montant *m* compensatoire (Marché commun).

Aufwertungssatz *m,* **¨e** taux *m* de revalorisation.

auf/wiegeln inciter à la révolte ; agiter.

Aufwiegler *m,* **-** agitateur *m.*

Aufwind *m,* **e** vent *m* ascendant ; *im ~ sein* avoir le vent en poupe ; être dans une conjoncture favorable.

Aufzahlung *f,* **en** *(Autriche)* supplément *m* (de prix).

auf/zehren consommer ; *sein Vermögen ~* « manger » sa fortune.

Aufzinsung *f,* **en** calcul *m* de valeur acquise.

Aufzucht *f,* *ϕ* **1.** élevage *m* (animaux) **2.** culture *f* (plantes).

Aufzuchtprämie *f,* **n** prime *f* à l'élevage.

Auktion *f,* **en** vente *f* aux enchères (publiques) ; *in ~ geben* mettre aux enchères ; *gerichtliche ~* vente judiciaire *(syn. Versteigerung).*

Auktionator *m,* **en** commissaire-priseur *m (syn. Versteigerer).*

auktionieren *(rare)* vendre aux enchères *(syn. versteigern).*

Auktionshalle *f,* **n** hôtel *m* des ventes ; salle *f* des ventes.

Auktionshaus *n,* **¨er** ⇒ *Auktionshalle.*

Auktionsraum *m,* **¨e** salle *f* des ventes.

AUMA *m (Ausstellungs- und Messe-Ausschuß der deutschen Wirtschaft)* Comité *m* international des foires et expositions.

Au-pair-Mädchen *n,* **-** [o'pɛ:r...] fille *f* au pair.

aus/arbeiten élaborer ; mettre au point.

Ausarbeitung *f,* **en** élaboration *f* ; rédaction *f.*

Ausbau *m,* *ϕ* **1.** aménagement *m* **2.** agrandissement *m* **3.** démontage *m* **4.** achèvement *m.*

aus/bauen **1.** aménager **2.** agrandir ; *Geschäftsbeziehungen ~* intensifier des relations d'affaires **3.** démonter **4.** achever.

aus/bedingen, a, u stipuler ; *sich etw ~* se réserver qqch (droits, libertés, etc.).

Ausbeute *f,* *ϕ* **1.** rendement *m* ; produit *m* ; bénéfice *m* **2.** *(mines)* extraction *f.*

aus/beuten **1.** exploiter **2.** extraire.

Ausbeuter *m,* **-** exploiteur *m* ; profiteur *m.*

ausbeuterisch exploiteur.

Ausbeutung *f,* **en** exploitation *f* ; *die ~ des Menschen durch den Menschen* l'exploitation de l'homme par l'homme.

Ausbeutungsverfahren *n,* **-** procédé *m* d'exploitation, d'extraction.

aus/bezahlen **1.** payer intégralement ; payer comptant ; *auf Heller und Pfennig ~* payer rubis sur l'ongle **2.** payer ; rétribuer **3.** désintéresser qqn ; *Geschwister ~* désintéresser financièrement les frères et sœurs.

Ausbezahlung *f,* **en** versement *m* intégral.

aus/bieten, o, o *(rare)* **1.** offrir ; *auf dem Markt ~* mettre en vente sur le marché **2.** porter une enchère.

Ausbietung *f,* **en** mise *f* en vente ; offre *f.*

aus/bilden former ; instruire ; perfectionner ; développer ; *jdn an einer Maschine ~* former qqn sur une machine.

Ausbilder *m,* **-** instructeur *m.*

Ausbildung *f,* **en** formation *f* ; perfectionnement *m* ; apprentissage *m* ; *~ am Arbeitsplatz* formation sur le tas ; *~ von Führungskräften* formation de personnel d'encadrement.

Ausbildungsbeihilfe *f,* **n** allocation *f* de formation professionnelle ; bourse *f* d'apprentissage ; présalaire *m.*

Ausbildungsförderung *f,* **en** promotion *f* de la formation professionnelle.

Ausbildungskurs *m,* **e** ⇒ *Ausbildungslehrgang.*

Ausbildungslehrgang *m,* **¨e** stage *m,* cycle *m* de formation.

Ausbildungsstand *m,* *ϕ* niveau *m* de formation.

Ausbildungsstätte *f,* **n** centre *m,* atelier *m* de formation ; *überbetriebliche ~* centre *m* de formation interentreprise.

Ausbildungsvergütung *f,* **en** prime *f,* indemnité *f* d'apprentissage.

Ausbildungszeit *f,* **en** période *f* de formation.

aus/bleiben, ie, ie *(ist)* ne pas venir ; se faire attendre ; *mit der Zahlung ~* être en retard pour le paiement.

aus/booten *(fam.)* débarquer ; virer ; limoger qqn.

aus/borgen 1. emprunter ; *bei jdm Geld ~* emprunter de l'argent à qqn **2.** prêter ; *eine Maschine an einen Kollegen ~* prêter une machine à un collègue.

aus/buchen *(comptab.)* sortir d'un compte.

aus/bürgern priver qqn de sa nationalité ; expatrier *(contr. einbürgern).*

aus/dehnen élargir ; agrandir ; *sich ~* s'étendre à.

Ausdehnung *f,* **en** extension *f* ; expansion *f.*

ausdrücklich exprès ; formel ; explicite ; *~e Genehmigung* autorisation *f* expresse ; *~e Zustimmung* consentement *m* exprès.

auseinander/setzen 1. exposer **2.** *sich mit jdm ~* s'expliquer avec qqn sur qqch ; *sich mit seinen Gläubigern ~* trouver un arrangement avec ses créanciers.

Auseinandersetzung *f,* **en 1.** discussion *f* ; conflit *m* **2.** arrangement *m* ; accord *m* **3.** liquidation *f* ; dissolution *f* (société).

Ausfall *m,* **¨e** perte *f* ; déficit *m* ; *~ von Arbeitstagen* perte de journées de salaire ; *bei ~ eines Teilnehmers* en cas de défaillance d'un participant.

Ausfallbürgschaft *f,* **en** garantie *f* de bonne fin ; arrière-caution *f.*

aus/fallen, ie, a *(ist)* **1.** manquer ; faire défaut ; *ausgefallene Arbeitsstunden* heures *fpl* de travail chômées **2.** *gut, schlecht ~* avoir un bon, mauvais résultat **3.** tomber en panne (courant, etc).

Ausfallen *n,* φ défaillance *f* ; suppression *f* ; annulation *f.*

Ausfallmuster *n,* **-** échantillon *m* de référence.

Ausfallstraße *f,* **n** route *f* de sortie de ville.

Ausfalltage *pl* ⇒ *Ausfallzeit.*

Ausfallvergütung *f,* **en** indemnité *f* pour perte de salaire.

Ausfallzeit *f* **en** temps *m* de travail non effectué ; heures *fpl* de travail non effectuées ; *(machines)* temps *m* d'immobilisation ; *die ~ nacharbeiten* rattraper la production, le travail non effectué ; *die ~ vorarbeiten* anticiper des heures non effectuées.

aus/fertigen rédiger ; établir ; dresser ; *eine Urkunde ~* rédiger un acte.

Ausfertigung *f,* **en** rédaction *f* ; établissement *m* ; *zweite ~* duplicata *m* ; double *m* ; *in dreifacher ~* en triple exemplaire.

aus/flaggen arborer un pavillon ; *ein Schiff ~ lassen* naviguer sous pavillon étranger.

Ausflaggung *f,* **en** (navigation sous) pavillon *m* étranger.

aus/folgen *(Autriche)* ⇒ *aus/händigen.*

Ausfuhr *f,* **en** exportation *f* ; *sichtbare, unsichtbare ~en* exportations visibles, invisibles ; *zollfreie ~en* exportations en franchise ; *die ~en fördern* promouvoir les exportations *(syn. Export).*

Ausfuhrartikel *m,* **-** article *m* d'exportation.

ausführbar 1. exportable **2.** exécutable ; réalisable.

Ausfuhrbeschränkung *f,* **en** restriction *f* à l'exportation.

Ausfuhrbestimmungen *pl* dispositions *fpl* réglementant les exportations.

Ausfuhrbewilligung *f,* **en** ⇒ *Ausfuhrgenehmigung.*

Ausfuhrbürgschaft *f,* **en** caution *f* d'exportation.

aus/führen 1. exporter *(syn. exportieren)* **2.** exécuter ; *eine Bestellung ~* réaliser une commande **3.** expliquer ; déclarer.

Ausführer *m,* **-** ⇒ *Ausfuhrhändler.*

Ausfuhrerklärung *f,* **en** déclaration *f* d'exportation.

Ausfuhrgenehmigung *f,* **en** licence *f* d'exportation ; permis *m* d'exporter.

Ausfuhrgüter *pl* biens *mpl,* produits *mpl* destinés à l'exportation.

Ausfuhrhandel *m,* φ commerce *m* d'exportation.

Ausfuhrhändler *m,* **-** exportateur *m* *(syn. Exporteur).*

Ausfuhrkontingent *n,* **e** contingent *m* d'exportation.

Ausfuhrland *n,* **¨er** pays *m* exportateur.

Ausfuhrprämie *f,* **n** prime *f* à l'exportation.

Ausfuhrquote *f,* **n** contingent *m* d'exportation.

Ausfuhrsperre *f,* **n** embargo *m* sur les exportations.

Ausfuhrsubvention *f,* **en** subventions *fpl* à l'exportation.

Ausfuhrüberschuß *m,* **¨sse** excédent *m* des exportations.

Ausführung *f,* **en 1.** exécution *f* ; réalisation *f* **2.** type *m* ; modèle *m* **3.** explication *f* ; exposé *m* ; développement *m.*

Ausführungsbestimmungen *pl* décrets

mpl, ordonnances *fpl* d'application.

Ausfuhrverbot *n,* **e** interdiction *f* d'exporter ; embargo *m* sur les exportations.

Ausfuhrvolumen *n,* **- ou -mina** volume *m* des exportations.

Ausfuhrzoll *m,* **¨e** droits *mpl* d'exportation.

aus/füllen **1.** remplir ; compléter ; *einen Scheck, ein Formular ~* remplir un chèque, un formulaire **2.** combler ; *der Beruf füllt ihn ganz aus* il est comblé par son travail.

Ausgabe *f,* **n** **1.** dépense *f* ; *~n* dépenses ; charges *fpl* ; *außerordentliche ~n* dépenses extraordinaires ; *laufende ~n* dépenses courantes ; *öffentliche ~n* dépenses publiques ; *ordentliche ~n* dépenses ordinaires ; *unvorhergesehene ~n* dépenses imprévisibles **2.** émission *f* (titres ; billets) **3.** distribution *f* (courrier ; marchandises) **4.** délivrance *f* **5.** *(inform.)* sortie *f* (de données) **6.** édition *f* (livre).

Ausgabebank *f,* **en** banque *f* d'émission.

Ausgabebefehl *m,* **e** *(inform.)* instruction *f* de sortie.

Ausgabebetrag *m,* **¨e** **1.** prix *m* d'émission **2.** montant *m* de l'émission.

Ausgabebewilligung *f,* **en** autorisation *f* budgétaire, de dépense.

Ausgabedaten *pl* *(inform.)* données *fpl* de sortie.

Ausgabeeinheit *f,* **en** *(inform.)* unité *f* de sortie.

Ausgabegeräte *pl* *(inform.)* unité *f*, équipements *mpl* de sortie.

Ausgabekurs *m,* **e** cours *m* d'émission *(syn. Emissionskurs).*

Ausgabeland *n,* **¨er** pays *m* d'émission.

Ausgabemarkt *m,* **¨e** marché *m* d'émission.

Ausgabenaufgliederung *f,* **en** ventilation *f* des dépenses.

Ausgabenaufstellung *f,* **en** **1.** dépenses *fpl* prévisionnelles **2.** état *m* des dépenses.

Ausgabenbuch *n,* **¨er** livre *m* des dépenses.

Ausgabenbudget *n,* **s** budget *m* des dépenses.

Ausgabenetat *m,* **s** prévisions *fpl* budgétaires.

Ausgabenkürzung *f,* **en** compressions *fpl,* réductions *fpl* budgétaires.

Ausgabenseite *f,* **n** colonne *f* débit ; colonne dépenses.

Ausgabenvoranschlag *m,* **¨e** ⇒ *Ausgabenetat.*

Ausgabeposten *m,* **-** poste *m* de dépenses.

Ausgabepreis *m,* **e** prix *m* d'émission, de lancement.

Ausgabespeicher *m,* **-** *(inform.)* mémoire *f* de sortie.

Ausgabestelle *f,* **n** **1.** bureau *m* de délivrance (de documents) **2.** centre *m* de distribution.

Ausgang *m,* **¨e** **1.** sortie *f* **2.** courrier-départ *m* **3.** résultat *m.*

Ausgangs- *(préfixe)* **1.** de départ **2.** *(courrier)* sortie, départ.

Ausgangsbescheinigung *f,* **en** certificat *m* de sortie.

Ausgangsbuch *n,* **¨er** registre *m* des expéditions ; livre *m* du courrier-départ.

Ausgangsindustrie *f,* **n** industrie *f* de base.

Ausgangspreis *m,* **e** prix *m* de départ.

Ausgangsprodukt *n,* **e** produit *m* de base.

Ausgangswert *m,* **e** valeur *f* initiale, de départ.

Ausgangszoll *m,* **¨e** droits *mpl* de sortie.

Ausgangszollsatz *m,* **¨e** droits *mpl* de base ; taux *m* des droits à la sortie (C.E.).

aus/geben, **a, e** **1.** dépenser ; *sein Geld ~* dépenser son argent **2.** *Aktien ~* émettre des actions **3.** *Banknoten ~* mettre des billets en circulation **4.** délivrer ; rendre.

ausgebucht sein être complet ; être entièrement vendu ; *der Charterflug ist ~* le vol charter est complet.

ausgedient haben être usé ; *diese Maschinen haben ~* ces machines ont fait leur temps.

ausgeglichen en équilibre ; *~er Haushalt* budget *m* équilibré.

Ausgeglichenheit *f,* **en** équilibre *m* ; *~ des Budgets, des Etats* équilibre du budget, des prévisions budgétaires.

ausgeklügelt sophistiqué ; de haute technicité.

ausgelastet pleinement utilisé ; en charge ; *~e Werke* usines qui tournent à pleine charge.

ausgelernt sorti d'apprentissage (artisan).

ausgemacht entendu ; *~er Preis* prix *m* convenu.

ausgepolstert rembourré ; matelassé ; *mit Reserven ~* pourvu d'un solide matelas de réserves.

ausgesucht choisi ; sélectionné ; *~e Ware* marchandise *f* de première qualité.

ausgewogen équilibré.

Ausgleich *m*, **e 1.** compromis *m* ; arrangement *m* **2.** péréquation *f* **3.** équilibre *m*; *~ des Budgets* équilibre budgétaire ; balance *f* **4.** compensation *f* ; règlement *m* ; *zum ~ Ihrer Rechnung* pour solde de votre compte ; en règlement de votre facture.

aus/gleichen, i, i 1. équilibrer **2.** concilier ; arranger (un différend) **3.** solder (un compte) **4.** compenser (une perte) ; péréquer ; combler (un déficit) ; *das Lohngefälle ~* niveler les disparités salariales.

Ausgleichs- *(préfixe)* de compensation ; compensatoire ; compensateur ; différentiel.

Ausgleichsabgabe *f*, **n** taxe *f* compensatoire ; *~n* montants *mpl* compensatoires.

Ausgleichsabkommen *n*, **-** accord *m* de compensation.

Ausgleichsbetrag *m*, **¨e** montants *mpl* compensatoires.

Ausgleichsentschädigung *f*, **en** indemnité *f* compensatoire, différentielle.

Ausgleichsfonds *m*, **-** fonds *m* compensatoire, de solidarité.

Ausgleichsforderung *f*, **en** créance *f* de péréquation ; créance en compensation.

Ausgleichsgebühr *f*, **en** taxe *f* compensatoire.

Ausgleichskasse *f*, **n** caisse *f* de compensation.

Ausgleichsposten *m*, **-** poste *m* de compensation.

Ausgleichsstelle *f*, **n** office *m* de compensation.

Ausgleichssteuer *f*, **n** taxe *f* compensatoire.

Ausgleichsumlage *f*, **n** taxe *f* de compensation ; ventilation *f* des taxes.

Ausgleichsverfahren *n*, **- 1.** procédure *f* de compensation **2.** *(Autriche, Suisse)* procédure *f* de concordat.

Ausgleichszahlung *f*, **en** paiement *m* pour solde ; versement *m* compensatoire ; soulte *f*.

Ausgleichszoll *m*, **¨e** droits *mpl* compensatoires.

Ausgleichszulage *f*, **n** ⇒ *Ausgleichsentschädigung*.

Ausgleichszuschuß *m*, **¨sse** subvention *f* de péréquation.

aus/handeln négocier ; *Löhne und Preise ~* débattre des salaires et des prix.

aus/händigen remettre (en mains propres) ; *jdm ein Dokument ~* délivrer un document à qqn.

Aushändigung *f*, **en** remise *f* ; délivrance *f*.

Aushang *m*, **¨e 1.** affichage *m* ; *durch ~ bekannt/geben* annoncer par voie d'affiches **2.** étalage *m*.

aus/hängen afficher.

Aushängeschild *n*, **er** enseigne *f* ; *als ~ dienen* servir d'argument publicitaire ; faire de la publicité.

Aushilfe *f*, **n** assistance *f* ; aide *f* ; auxiliaire *m* ; *eine Stenotypistin zur ~ ein/stellen* embaucher une sténodactylo intérimaire.

Aushilfskraft *f*, **¨e** aide *m* ; auxiliaire *m* ; *~¨e* personnel *m* temporaire ; personnel intérimaire.

Aushilfspersonal *n*, *ϕ* personnel *n* temporaire, intérimaire, auxiliaire.

aus/klarieren *(douane)* déclarer un navire à la sortie.

aus/kommen, a, o *(ist) : knapp ~* avoir du mal à joindre les deux bouts.

Auskommen *n*, *ϕ* *sein (gutes) ~ haben* avoir (largement) de quoi vivre.

Auskunft *f*, **¨e** information *f* ; renseignement *m* ; *die ~* le bureau d'information ; *um ~ bitten* demander des renseignements ; *~ über etw erteilen* renseigner sur qqch.

auskunftberechtigt sein être autorisé à donner des renseignements.

Auskunftei *f*, **en** agence *f* (privée) de renseignements commerciaux et financiers.

Auskunftsbüro *n*, **s** bureau *m* d'informations.

Auskunftspflicht *f*, **en** obligation *f* de fournir des renseignements.

Auskunftstelle *f*, **n** ⇒ *Auskunftsbüro*.

Auskunftsrecht *n*, **e** droit *m* à l'information ; droit d'être informé.

Auskunfts- und Beratungsstelle *f*, **n** bureau *m* d'information et d'orientation.

Ausladen *n*, *ϕ* déchargement *m*.

aus/laden, u, a décharger.

Auslage *f*, **n** étalage *m* ; présentation *f*.

Auslagen *pl* frais *mpl* ; dépenses *fpl* (avancées) ; *jdm die ~ (zurück)/erstatten* rembourser les frais engagés à qqn.

Ausland *n*, *ϕ* étranger *m* ; *Kapital im ~ an/legen* investir à l'étranger.

Ausländer *m*, **-** étranger *m* ; *unerwünschter ~* indésirable *m*.

Ausländerbehörden *pl* secrétariat d'État aux immigrés.

ausländerfeindlich xénophobe.

ausländisch étranger ; provenant de l'étranger ; *~e Zahlungsmittel* devises *fpl*.

Auslands- *(préfixe)* à l'étranger ; provenant de l'étranger ; extérieur ; international.

Auslandsabsatz *m,* ϕ ventes *fpl* à l'étranger, destinées à l'exportation.

Auslandsabteilung *f,* **en** service *m* « étranger ».

Auslandsanlage *f,* **n** ⇒ *Auslandsinvestition.*

Auslandsanleihe *f,* **n** emprunt *m* extérieur.

Auslandsauftrag *m,* **¨e 1.** commande *f* de l'étranger **2.** *(polit.)* mission *f* à l'étranger.

Auslandsbesitz *m,* ϕ propriété *f,* possession *f* à l'étranger.

Auslandsbeteiligung *f,* **en** participation *f* étrangère.

Auslandsbeziehungen *pl* relations *fpl* avec l'étranger.

Auslandsbonds *pl* titres *mpl* d'emprunt en monnaie étrangère.

Auslandsdienst *m,* **e** service *m* à l'étranger.

Auslands(ein)käufer *m,* **-** acheteur *m* étranger.

Auslandsforderungen *pl* **1.** créances *fpl* émanant de l'étranger **2.** créances sur l'étranger.

Auslandsgelder *pl* capitaux *mpl* étrangers.

Auslandsgeschäft *n,* **e** opération *f* avec l'étranger ; *~e ab/wickeln* conclure des affaires avec l'étranger.

Auslandsguthaben *n,* **-** avoir *m* à l'étranger.

Auslandshandel *m,* ϕ commerce *m* extérieur.

Auslandsinvestitionen *pl* investissements *mpl* à l'étranger.

Auslandskapital *n,* ϕ capitaux *mpl* étrangers.

Auslandskorrespondent *m,* **en, en 1.** *(presse)* correspondant *m* à l'étranger **2.** correspondancier *m* international, plurilingue.

Auslandskredit *m,* **e** crédit *m* étranger.

Auslandsmarkt *m,* **¨e** marché *m* étranger ; marché extérieur.

Auslandsniederlassung *f,* **en** succursale *f,* filiale *f* à l'étranger.

Auslandspatent *n,* **e** brevet *m* étranger.

Auslandspostanweisung *f,* **en** mandat *m* international.

Auslandspraktikum *n,* **-ka** stage *m* à l'étranger.

Auslandsschulden *pl* dettes *fpl* extérieures.

Auslandstarif *m,* **e** tarif *m* international.

Auslandsüberweisung *f,* **en** virement *m* international.

Auslandsverbindlichkeiten *pl* ⇒ *Auslandsforderungen.*

Auslandsvermögen *n,* **-** avoirs *mpl* à l'étranger.

Auslandsverschuldung *f,* **en** endettement *m* envers l'étranger ; dette *f* extérieure.

Auslandsvertreter *m,* **-** agent *m* commercial à l'étranger.

Auslandsvertretung *f,* **en** représentation *f* (commerciale) à l'étranger ; ambassade *f* ; légation *f* ; consulat *m.*

Auslandswährung *f,* **en** monnaie *f* étrangère.

Auslandswechsel *m,* **-** lettre *f* de change sur l'étranger.

Auslandswerte *pl* valeurs *fpl* étrangères.

Auslandszulage *f,* **n** indemnité *f* d'expatriation.

Auslassung *f,* **en** omission *f* ; lacune *f.*

aus/lasten ⇒ *ausgelastet.*

Auslastung *f,* **en** *(der Kapazitäten)* (taux *m* de) charge (de capacités de production).

aus/laufen ie, au, äu (ist) expirer.

aus/legen 1. étaler (des marchandises) **2.** avancer de l'argent **3.** commenter, interpréter un texte.

Auslegung *f,* **en** interprétation *f* ; *enge, weite ~* interprétation restrictive, large.

Ausleihe *f,* **n** prêt *m* (de livres).

aus/leihen, ie, ie prêter ; *jdm Geld ~* prêter de l'argent à qqn ; *sich etw von (bei) jdm ~* emprunter qqch à qqn *(syn. leihen).*

Ausleihung *f,* **en** prêt *m* ; location *f.*

aus/lernen terminer son apprentissage.

Auslese *f,* **n** choix *m* ; sélection *f* ; *(vin)* V.D.Q.S.

Ausleseprüfung *f,* **en** examen *m* de sélection ; concours *m.*

aus/liefern 1. livrer ; expédier **2.** extrader.

Auslieferung *f,* **en 1.** délivrance *f* ; livraison *f* ; expédition *f* (marchandises) **2.** extradition *f* (d'un détenu).

Auslieferungslager *n,* **-** stocks *mpl* de vente ; dépôt *m* ; délivrance *f* de marchandises.

Auslieferungsschein *m,* e bulletin *m* de livraison.

aus/losen tirer au sort (titres).

aus/lösen 1. déclencher ; provoquer 2. *ein Pfand* ~ récupérer (un gage) contre paiement de la somme due.

Auslosung *f,* **en** tirage *m* au sort.

Auslosungsanleihe *f,* **n** emprunt *m* amortissable par tirage au sort.

Ausmaß *n,* **e** dimension *f* ; proportion *f* ; degré *m* ; *in geringem, großem* ~ dans une faible, large mesure.

aus/mieten 1. expulser (un locataire) 2. *(Suisse)* louer.

aus/mustern 1. retirer de la circulation ; *alte Modelle* ~ supprimer de vieux modèles 2. trier.

Ausnahme *f,* **n** exception *f* ; dérogation *f* ; *eine* ~ *bilden* faire exception ; *eine* ~ *für jdn machen* faire une exception pour qqn.

Ausnahmegesetz *n,* **e** loi *f* d'exception.

Ausnahmepreis *m,* **e** prix *m* exceptionnel.

Ausnahmeregelung *f,* **en** règlement *m* d'exception.

Ausnahmevorschrift *f,* **en** disposition *f* exceptionnelle.

aus/nutzen 1. utiliser 2. exploiter ; abuser (personnes).

aus/packen 1. déballer ; dépaqueter ; défaire ; 2. avouer ; *(fam.)* se mettre à table.

auspowern *(fam.)* exploiter ; virer, débarquer qqn.

Auspowerung *f,* **en** *(fam.)* paupérisation *f* ; appauvrissement *m* ; exploitation *f*.

Ausreise *f,* **n** sortie *f* (du territoire).

Ausreisesichtvermerk *m,* **e** visa *m* de sortie.

Ausreisevisum *n,* **-sa** ⇒ *Ausreisesichtvermerk.*

aus/rufen, ie, u 1. crier ; vendre à la criée 2. proclamer.

Ausrufpreis *m,* **e** *(Autriche)* mise *f* à prix.

aus/rüsten équiper ; installer ; *mit Werkzeugen* ~ outiller.

Ausrüstung *f,* **en** équipement *m* ; installation *f* ; *ungenügende, übermäßige* ~ sous-équipement, suréquipement.

Ausrüstungsgegenstände *pl* matériel *m* d'équipement.

Ausrüstungsgüter *pl* biens *mpl* d'équipement (machines, outils, véhicules, etc.) *(syn. Investitionsgüter).*

Ausrüstungskosten *pl* coûts *mpl* d'équipement.

Aussage *f,* **n** énoncé *m* ; déclaration *f* ; témoignage *m* ; *eidliche* ~ déposition *f* sous serment.

aussagefähig *(inform.)* pertinent ; ~*e Zahlen* chiffres *mpl* significatifs.

Aussagekraft *f,* φ impact *m* ; efficience *f* ; pertinence *f* ; efficacité *f* (d'un texte publicitaire par ex.).

aus/schalten éliminer ; exclure ; *die Konkurrenz, den Wettbewerb* ~ éliminer la concurrence.

Ausschaltung *f,* **en** élimination *f* ; suppression *f*.

Ausschank *m,* **¨e** débit *m* de boissons.

Ausschankgenehmigung *f,* **en** grande licence *f*.

Ausschankverbot *n,* **e** interdiction *f* d'exploiter un débit de boissons.

aus/scheiden, ie, ie *(ist)* quitter (des fonctions) ; démissionner ; *aus dem Dienst* ~ quitter le service ; *aus dem Erwerbsleben* ~ quitter la vie active ; *aus dem Geschäft* ~ se retirer des affaires.

aus/schlagen, u, a refuser ; *ein Angebot* ~ renoncer à une offre ; *eine Erbschaft* ~ refuser un héritage.

ausschlaggebend décisif ; déterminant ; ~*e Stimme* voix *f* prépondérante.

aus/schließen, o, o exclure ; éliminer ; *(jur.) die Öffentlichkeit* ~ ordonner le huit clos ; *vom Umtausch ausgeschlossen* ni repris, ni échangé.

ausschließlich exclusif ; ~*es Recht* droit *m* exclusif ; monopole *m*.

Ausschließlichkeit *f,* φ exclusivité *f*.

Ausschließlichkeitsklausel *f,* **n** clause *f* d'exclusivité.

Ausschließlichkeitsvertrag *m,* **¨e** contrat *m* d'exclusivité.

Ausschließung *f,* **en** ⇒ *Ausschluß.*

Ausschluß *m,* **¨sse** exclusion *f* ; *unter* ~ *der Öffentlichkeit* à huit clos ; *unter* ~ *des Rechtswegs* sans (avoir) recours aux tribunaux.

Ausschöpfungsgrad *m,* **e** taux *m* de couverture.

aus/schreiben, ie, ie 1. établir ; remplir ; *eine Rechnung* ~ établir une facture 2. *eine Stelle* ~ mettre un poste au concours ; déclarer un poste vacant 3. lancer un appel d'offres ; *öffentlich* ~ mettre en adjudication.

Ausschreibende/r *(der/ein)* adjudicateur *m*.

Ausschreibung *f,* **en** 1. mise *f* au concours (postes) 2. appel *m* d'offres ; *durch* ~ par adjudication ; *sich um eine* ~ *bewerben* faire une soumission ; soumissionner ; *(syn.) Submission.*

Ausschuß *m,* ¨-sse **1.** comité *m* ; commission *f* ; *beratender* ~ comité consultatif ; *ständiger* ~ comité permanent ; *einen* ~ *bilden* constituer un comité **2.** marchandise *f* de rebut ; camelote *f*.

Ausschußmitglied *n,* **er** membre *m* d'une commission.

Ausschußsitzung *f,* **en** séance *f* (de travail) de commission.

Ausschußware *f,* **n** marchandise *f* défectueuse ; rebut *m* ; *~n* fin *f* de série.

aus/schütten verser ; distribuer ; *eine Dividende* ~ verser un dividende ; *einen Gewinn* ~ distribuer un bénéfice.

Ausschüttung *f,* **en** versement *m* ; répartition *f* ; ~ *von Dividenden, Reserven* distribution *f* de dividendes, de réserves.

Außen- extérieur *(contr. Binnen-* ; *Innen-).*

Außendienst *m,* **e 1.** service *m* extérieur ; force *f* de vente (ensemble des représentants) **2.** agence *f* commerciale.

Außenhandel *m,* ϕ commerce *m* extérieur ; *den* ~ *liberalisieren* libéraliser le commerce extérieur, les échanges.

Außenhandelsabkommen *n,* - accord *m* de commerce extérieur.

Außenhandelsbank *f,* **en** *(AHB)* banque *f* du commerce extérieur.

Außenhandelsberater *m,* - conseiller *m* au commerce extérieur.

Außenhandelsbeziehungen *pl* relations *fpl* commerciales extérieures.

Außenhandelsbilanz *f,* **en** balance *f* du commerce extérieur.

Außenhandelsdaten *pl* chiffres *mpl* du commerce extérieur.

Außenhandelsförderung *f,* **en** encouragement *m* du commerce extérieur.

Außenhandelsministerium *n,* **-ien** ministère du Commerce extérieur.

Außenhandelsquote *f,* **n** part *f* du commerce extérieur au P.N.B.

Außenhandelsstatistik *f,* **en** statistiques *fpl* du commerce extérieur.

Außenhandelsvolumen *n,* - ou **mina** volume *m* du commerce extérieur.

Außenminister *m,* - ministre *m* des Affaires étrangères, des Relations extérieures.

Außenministerium *n,* **-ien** ministère *m* des Affaires étrangères, des Relations extérieures.

Außenpolitik *f,* ϕ politique *f* étrangère.

Außenseiter *m,* - « outsider » *m* ; concurrent *m* non favori.

Außenstände *pl* créances *fpl* à recouvrer ; dettes *fpl* actives ; ~ *ein/treiben* opérer les rentrées ; recouvrer les créances.

Außenstation *f,* **en** *(inform.)* terminal *m* ; poste *m* d'abonné.

Außenstelle *f,* **n** agence *f*.

Außenumsatzerlös *m,* **e** *(comptab.)* chiffre *m* d'affaires hors groupe.

Außenwirtschaft *f,* **en** commerce *m* extérieur.

außer 1. excepté ; sauf **2.** en dehors de ; ~ *Betrieb* hors service ; ~ *Kraft setzen* annuler ; abroger ; ~ *Kurs setzen* retirer de la circulation.

außerberuflich extraprofessionnel.

außerbörslich hors Bourse ; non coté ; *~e Kurse* cours *mpl* du marché libre.

außerdienstlich hors service ; en dehors du service.

außerfahrplanmäßig non prévu (sur l'horaire) ; (train) supplémentaire.

Außerkraftsetzung *f,* ϕ abrogation *f* ; annulation *f*.

äußerst extrême ; *~e Grenze* plafond *m* ; limite *f*.

außertariflich extra-conventionnel ; hors-grilles.

außervertraglich hors-contrat.

aus/setzen 1. suspendre ; interrompre ; *eine Zahlung* ~ cesser un paiement **2.** *eine Strafe* ~ surseoir à une peine **3.** *eine Belohnung* ~ offrir une récompense **4.** *eine Rente* ~ accorder une retraite.

Aussiedler *m,* - rapatrié *m* ; émigré *m*.

Aussitzen *n,* ϕ théorie du « wait and see » ; attendre et voir venir.

aus/sondern retirer ; séparer (faillite) ; *einen Gegenstand aus der Masse* ~ distraire un objet de la masse.

Aussonderung *f,* **en** *(faillite)* distraction *f*.

aus/sortieren trier ; mettre à part.

aus/spannen *(fam.)* débaucher ; *Arbeitskräfte* ~ débaucher de la main-d'œuvre.

aus/sperren lock-outer ; appliquer le lock-out.

Aussperrung *f,* **en** lock-out *m* (fermeture d'usine par mesure de rétorsion patronale) ; *eine* ~ *beschließen* décider un lock-out ; *eine* ~ *verhängen* lock-outer.

Ausstand *m,* ¨-e grève *f* ; *sich im* ~ *befinden* être en grève ; *in den* ~ *treten* se mettre en grève ; débrayer *(syn. Streik).*

Ausstände *pl* créances *fpl*.

ausständig en grève.

Ausständler *m,* - gréviste *m (syn. Streikender).*

aus/statten équiper ; pourvoir ; *jdn mit Vollmachten ~* donner les pleins pouvoirs à qqn ; *mit Werkzeugen ~* outiller.

Ausstattung *f,* **en** équipement *m* ; installation *f* ; dotation *f* ; présentation *f* (d'un produit).

Ausstattungskapital *n,* **-ien** fonds *m* de dotation.

Ausstattungskosten *pl* frais *mpl* d'équipement.

Ausstattungsmaterial *n,* **-ien** matériel *m* de décoration (magasin) ; matériel d'équipement.

aus/stehen, a, a être en retard ; être dû ; *~ des Geld* argent non rentré ; *~ de Zahlungen* créances *fpl* à recouvrer.

aus/steigen, ie, ie *(ist)* **1.** abandonner ; renoncer ; laisser tomber ; *aus einem Geschäft ~* se retirer d'une affaire **2.** *(Bourse)* vendre des titres spéculatifs **3.** *(sociologie)* se marginaliser ; mener une vie alternative ; refuser le système établi ; tourner le dos à l'establishment.

Aussteiger *m,* - marginal *m* ; adhérent *m* du mouvement alternatif ; « décalé » *m.*

aus/stellen 1. mettre à l'étalage ; exposer ; *eine Ware ~* exposer une marchandise **2.** dresser ; délivrer ; *einen Paß ~* établir un passeport ; *eine Rechnung auf den Namen... ~* établir une facture au nom de... **3.** *einen Wechsel auf jdn ~* tirer une traite sur qqn.

Aussteller *m,* - **1.** exposant *m* ; étalagiste *m* **2.** tireur *m* (traite) ; signataire *m* (chèque) ; émetteur *m* (action) ; souscripteur *m.*

Ausstelleranmeldung *f,* **en** inscription *f* de l'exposant.

Ausstellerbetreuung *f,* **en** assistance *f* aux exposants.

Ausstellerkatalog *m,* **e** ⇒ *Ausstellerverzeichnis.*

Ausstellerland *n,* **¨er** pays *m* exposant.

Ausstellerverzeichnis *n,* **se** liste *f,* catalogue *m* des exposants.

Ausstellung *f,* **en 1.** établissement *m* ; délivrance *f* ; *~ einer Quittung, eines Schecks* établissement d'une quittance, d'un chèque **2.** exposition *f* ; *einmalige ~* exposition unique ; *landwirtschaftliche ~* Salon *m* de l'agriculture *(syn. Grüne Woche)* ; *technische ~* exposition technique.

Ausstellungsamt *n,* **¨er** bureau *m* des exposants.

Ausstellungsdatum *n,* **-ten 1.** date *f* de délivrance, d'émission **2.** date de l'exposition, du salon.

Ausstellungsfläche *f,* **n** surface *f* d'exposition.

Ausstellungsgebäude *n,* - bâtiment *m* d'exposition ; palais *m* des expositions.

Ausstellungsgelände *n,* - terrain *m,* enceinte *f* d'exposition.

Ausstellungshalle *f,* **n** hall *m,* pavillon *m* d'exposition.

Ausstellungskatalog *m,* **e** catalogue *m* de l'exposition.

Ausstellungsleitung *f,* **en** direction *f* de l'exposition.

Ausstellungsort *m,* **e 1.** lieu *m* d'exposition **2.** lieu *m* de délivrance (d'un document).

Ausstellungspavillon *m,* **s** pavillon *m* d'une exposition.

Ausstellungsstand *m,* **¨e** stand *m* d'exposition.

Ausstellungsstück *n,* **e** objet *m* exposé ; échantillon *m.*

Aussterbeetat : *auf dem ~ stehen, a,a* être en voie de disparition ; *auf den ~ setzen* faire disparaître ; éliminer.

Ausstieg *m,* ϕ abandon *m* ; *~ aus der Kernenergie* renoncement *m* à l'énergie nucléaire ; abandon du nucléaire.

Ausstoß *m,* **¨e** quantité *f* produite ; production *f* ; rendement *m* ; débit *m.*

aus/stoßen, ie, o produire, débiter ; *täglich 1000 Stück ~* produire 1000 exemplaires par jour.

Ausstrahlung *f (auf + A)* retombées *fpl* technologiques pour, au niveau de.

aus/streichen, i, i biffer ; rayer.

Austausch *m,* ϕ échange *m* ; troc *m* ; *im ~ gegen* en échange de ; *innerdeutscher ~* échanges commerciaux entre les deux Allemagnes.

austauschbar échangeable ; interchangeable.

aus/tauschen échanger ; troquer ; permuter ; *mit jdm etw ~* faire un échange avec qqn.

Austauschgeschäft *n,* **e** troc *m.*

aus/treten, a, e *(ist)* se retirer, sortir ; *aus einer Partei ~* quitter un parti.

aus/tricksen : *einen Konkurrenten ~* évincer un concurrent par la ruse.

Austritt *m,* **e** sortie *f* ; démission *f* ; départ *m.*

Austrittserklärung *f,* **en** déclaration *f* de retrait d'adhésion (parti, Église, association, etc.).

aus/üben exercer ; *einen Beruf ~* pratiquer un métier ; exercer une profession ; *sein Stimmrecht* ~ exercer son droit de vote.

Ausübung *f*, **en** exercice *m* ; pratique *f* ; *in* ~ *seines Dienstes* dans l'exercice de ses fonctions.

Ausverkauf *m*, **¨e** soldes *mpl* ; liquidation *f* (d'un stock) ; ~ *wegen Geschäftsaufgabe* liquidation pour cause de cessation de commerce.

aus/verkaufen solder ; liquider ; vendre au rabais ; *ein Lager* ~ liquider un stock ; *die Karten sind ausverkauft* tous les billets sont vendus.

Ausverkaufspreis *m*, **e** prix *m* de solde, bradé, cassé.

Ausverkaufware *f*, **n** marchandise *f* soldée ; fin *f* de série.

Auswahl *f*, *ϕ* **1.** choix *m* ; assortiment *m* ; sélection *f* ; *eine große* ~ *haben* avoir un grand choix ; être bien assorti **2.** *(statist.)* échantillonnage *m*.

aus/wählen choisir ; sélectionner.

Auswahlsendung *f*, **en** envoi *m* d'échantillons ; livraison *f* d'essai.

auswärtig *(polit.)* extérieur ; étranger ; *Auswärtiges Amt* ministère *m* des Relations extérieures, des Affaires étrangères ; ~*e Angelegenheiten* affaires *fpl* extérieures, étrangères.

auswechselbar interchangeable ; échangeable.

Auswechselbarkeit *f*, **(en)** possibilité *f* d'échange ; interchangeabilité *f*.

Ausweichkurs *m*, **e** *(Bourse)* cours *m* nominal ; cours non opéré.

Ausweis *m*, **e** pièce *f*, papiers *mpl* d'identité ; attestation *f* ; *den* ~ *vor/-zeigen* montrer ses papiers.

aus/weisen, ie, ie 1. expulser ; chasser **2.** *sich* ~ décliner son identité **3.** montrer ; révéler ; *einen Überschuß* ~ afficher un excédent.

aus/weiten augmenter ; étendre ; *die Kapazität* ~ accroître la capacité.

aus/werten dépouiller ; exploiter ; *eine Statistik, eine Umfrage* ~ dépouiller des statistiques, un sondage.

Auswertung *f*, **en** dépouillement *m* ; exploitation *f* ; évaluation *f* ; *zahlenmäßige* ~ interprétation des chiffres.

aus/wirken avoir des répercussions sur ; *sich negativ* ~ *auf(+A)* avoir des effets négatifs sur.

Auswirkung *f*, **en** conséquence *f* ; incidence *f* ; répercussions *fpl* ; *eine* ~ *haben auf etw* avoir un effet, une incidence sur qqch.

aus/zahlen payer ; régler ; verser ; désintéresser ; *sich* ~ être payant.

aus/zählen dépouiller ; *die Stimmen* ~ compter les voix.

Auszahlung *f*, **en** versement *m* ; paiement *m* ; remboursement *m* ; paye *f* ; *telegraphische* ~ mandat *m* télégraphique.

Auszahlungsanweisung *f*, **en** mandat *m* de paiement ; ordonnancement *m*.

Auszahlungssperre *f*, **n** opposition *f* au paiement.

Auszahlungsstelle *f*, **n** bureau *m* payeur.

aus/zeichnen 1. marquer ; étiqueter ; *die Preise* ~ afficher les prix **2.** décorer (personne).

Auszeichnung *f*, **en 1.** étiquetage *m* ; affichage *m* **2.** distinction *f* ; décoration *f* ; médaille *f*.

Auszubildende/r *(der/ein)* stagiaire *m* ; apprenti *m (syn. Azubi)*.

Auszug *m*, **¨e 1.** extrait *m* ; relevé *m* (de compte) **2.** départ *m* ; exode *m*.

autark autarcique ; autonome.

Autarkie *f*, **(n)** autarcie *f*.

authentifizieren authentifier.

authentisch authentique ; ~*e Urkunde* acte *m*, document *m* authentique.

authentisieren ⇒ *authentifizieren*.

Authentizität *f*, *ϕ* authenticité *f*.

Autobahn *f*, **en** autoroute *f* ; *gebührenpflichtige* ~ autoroute à péage.

Autobahngebühr *f*, **en** péage *m (syn. Mautgeld)*.

Autobahnhof *m*, **¨e** gare *f* routière.

Autobahnkreuz *n*, **e** échangeur *m* d'autoroutes.

Autobahnnetz *n*, **e** réseau *m* autoroutier.

Autobus *m*, **se** (auto)bus *m* ; (auto)car *m*.

Autohändler *m*, **-** concessionnaire *m* (en automobiles).

Automat *m*, **en, en 1.** distributeur *m* automatique **2.** robot *m*.

Automatenaufstellung *f*, **en** installation *f* de distributeurs automatiques.

Automatenstraße *f*, **n** centre *m* commercial (où la vente se fait exclusivement par distributeurs automatiques).

Automatenverkauf *m*, **¨e** vente *f* par distributeur *m* automatique.

Automation *f*, **en** ⇒ *Automatisierung*.

Automatisationsgrad *m*, **e** degré *m* d'automatisation.

automatisch automatique ; ~*es Sparen (AS)* épargne *f* par prélèvement automatique.

automatisieren automatiser.

Automatisierung *f*, **en** automatisation *f* ; automation *f*.

Automatisierungsprozeß *m,* **sse** processus *m* d'automatisation.

Automatisierungstechnik *f,* **en** technique *f* d'automatisation.

Automobilausstellung *f,* **en** ⇒ *Autosalon.*

Automobilbau *m,* *ϕ* construction *f* automobile.

Automobilindustrie *f,* **n** industrie *f* automobile.

autonom autonome.

Autonomie *f,* **n** autonomie *f* ; ~ *der Sozialpartner* autonomie *f* des partenaires sociaux.

Autopilot *m,* **en, en,** pilotage *m* automatique.

Autor *m,* **en** auteur *m.*

Autoreisezug *m,* **¨e** train *m* autos accompagnées.

Autorenrechte *pl* droits *mpl* d'auteur.

Autosalon *m,* **s** salon *m* de l'auto(mobile).

Autoschlange *f,* **n** file *f* (ininterrompue) de voitures.

Autotelefondienst *m,* *ϕ* radiotéléphone *m.*

Autovermietung *f,* **en** location *f* de voitures.

Autoversicherung *f,* **en** assurance-automobile *f.*

a.v. ⇒ *a vista.*

Aval *m* ou *n,* **e** aval *m* ; cautionnement *m (syn. Wechselbürgschaft).*

Avalgeber *m,* **-** avaliste *m* ; avaliseur *m.*

avalieren avaliser ; cautionner.

Avalist *m,* **en, en** ⇒ *Avalgeber.*

Avalkredit *m,* **e** crédit *m* de cautionnement.

AVB *(Allgemeine Versicherungsbedingungen)* conditions *fpl* générales d'assurances.

Avis *n* ou *m,* **-** [a'vi:(s)] avis *m* ; notification *f* ; annonce *f* (d'un envoi).

avisieren informer ; avertir ; prévenir ; aviser.

a vista a vue.

AWB *(Airway bill)* *m* lettre *f* de transport aérien ; *den ~ erstellen* établir la lettre de transport aérien *(syn. Luftfrachtbrief).*

AZ ⇒ *Aktenzeichen.*

Azubi *m,* **s** ⇒ *Auszubildende/r.*

B

B ⇒ *Brief.*

Baby-Bonds *pl* obligations *fpl* de faible valeur nominale.

Baby-Boom *m,* **s** forte natalité *f* ; flambée *f* des naissances.

Babyjahr *n,* **e** année *f* de maternité prise en compte pour l'assurance-vieillesse.

Bafel *m,* **-** *(fam.)* rebut *m* ; pacotille *f (syn. Schundware).*

Bafög *n,* *ϕ* *(Bundesausbildungsförderungsgesetz)* bourse *f* d'études ; *~ beziehen* être boursier.

Bagatelle *f,* **n** bagatelle *f* ; vétille *f* ; futilité *f.*

bagatellisieren minimiser.

Bagatellsache *f,* **n** *(jur.)* affaire *f* mineure ; cause *f* peu importante.

Bagatellschaden *m,* **¨** dommage *m* insignifiant.

Bahn *f,* **en 1.** voie *f* ; chemin *m* **2.** chemin *m* de fer ; *mit der (per) ~* par voie ferrée ; *mit der ~ befördern* transporter par rail.

bahnamtlich : *~ es Rollfuhrunternehmen* service *m* de factage ; entreprise *f* de messageries.

Bahnbus *m,* **se** autobus *m* ; autocar *m* (roulant pour le compte de la *Bundesbahn*).

bahnfrei franco de fret ; port payé.

Bahn-Haus-Lieferdienst *m,* **e** service *m* de livraison à domicile des marchandises acheminées par rail ; *(France)* SERNAM.

Bahnhof *m,* **¨e** gare *f* ; station *f* ; *ab ~* pris en gare ; *frei ~* franco en gare.

Bahninklusivreise *f,* **n** voyage *m* à forfait par chemin de fer.

bahnlagernd gare restante ; en gare.

Bahnpost *f,* *ϕ* poste *f* ambulante.

Bahnspediteur *m,* **e** transporteur *m* agréé des chemins de fer.

Bahnspedition *f,* **en** ⇒ *Bahn-Haus-Lieferdienst.*

Bahnsteigkarte *f,* **n** ticket *m* de quai.

Bahntransport *m,* **e** transport *m* par voie ferrée.

Bahnverkehr *m,* *ϕ* trafic *m* ferroviaire.

Bahnversand *m,* *ϕ* expédition *f* par rail.

Baisse *f,* **n** ['bɛ:s(ə)] *(Bourse)* baisse *f* ; *auf ~ kaufen, verkaufen* acheter, vendre à la baisse ; *auf ~ spekulieren* spéculer à la baisse *(contr. Hausse).*

Baisseklausel *f,* **n** *(Bourse)* clause *f* de baisse, de parité.

Baissespekulant *m,* **en, en** ⇒ *Baissier.*

Baissespekulation *f,* **en** spéculation *f,* opération *f* à la baisse.

Baissier *m,* **s** [bɛ:'sje] *(Bourse)* baissier *m* ; spéculant *m* ; spéculateur *m* à la baisse.

Bakschisch *n,* **e** *(fam.)* pourboire *m* ; pot-de-vin *m* ; *jdm ein ~ geben* graisser la patte à qqn ; distribuer des pots-de-vin.

balancieren *(comptab.)* balancer ; équilibrer.

baldig, baldigst au plus tôt ; dans les meilleurs délais ; *wir bitten um baldige Antwort* veuillez nous répondre dans les meilleurs délais.

Ballast *m,* **(e)** lest *m* ; remplissage *m* ; *mit ~ beladen* lester.

Ballen *m,* **-** balle *f* ; ballot *m* ; *in ~ (ver)packen* mettre en balles.

Ballungsgebiet *n,* **e** région *f* à forte concentration industrielle et démographique.

Ballungszentrum *n,* **-tren** centre *m* à forte concentration urbaine ; agglomération *f* ; ensemble *m* urbain.

Band *n,* **¨er 1.** chaîne *f* de production ; *Arbeit am laufenden ~* travail *m* à la chaîne ; *vom ~ laufen* quitter la chaîne de montage **2.** bande *f* magnétique ; *auf ~ auf/nehmen* enregistrer sur bande.

Bandarbeit *f,* **en** travail *m* à la chaîne.

Bandbreite *f,* **n** marge *f* de fluctuation ; marge d'intervention (monnaie) *(syn. Schwankungsbreite).*

Bandenwerbung *f,* **en** publicité *f* dans les stades et terrains de jeux.

Banderole *f,* **n 1.** banderole *f* **2.** bague *f* (cigare) ; bande *f* fiscale.

Banderolensteuer *f,* **n** impôt *m* ; droit *m* perçu sous forme de bague ou timbre fiscal.

Bandfertigung *f,* **en** fabrication *f* à la chaîne.

Bank *f,* **en** banque *f* **I.** *bezogene ~* banque tirée ; *gemischtwirtschaftliche ~* banque semi-publique ; *öffentliche ~* banque de service public ; *städtische ~* banque municipale ; *zugelassene ~* banque agréée **II.** *Geld auf die ~ bringen* déposer de l'argent en banque ; *Geld bei einer ~ deponieren* déposer des fonds dans une banque ; *auf die ~ gehen* aller à la banque ; *Geld auf der ~ haben* avoir de l'argent en banque **III.** *Commerz~, Deutsche~, Dresdner ~* (importantes banques privées en R.F.A.) ; *~ für Gemeinwirtschaft* banque des syndicats ; *internationale ~ für Wiederaufbau und wirtschaftliche Entwicklung* Banque internationale pour la reconstruction et le développement (B.I.R.D.) ; *~ für internationalen Zahlungsausgleich* Banque pour les règlements internationaux (B.R.I.).

Bankakzept *n,* **e** acceptation *f* bancaire.

Bankangestellte/r *(der/ein)* employé *m* de banque.

Bankanweisung *f,* **en** mandat *m* ; chèque *m* ; assignation *f* sur une banque.

Bankaufsicht *f,* **en** surveillance *f* des banques (assurée par la banque fédérale).

Bankauftrag *m,* **¨e** ordre *m* bancaire, de banque ; ordre donné à une banque.

Bankausweis *m,* **e 1.** situation *f* bancaire **2.** rapport *m* (mensuel, annuel) de la banque.

Bankauszug *m,* **¨e** relevé *m* de compte.

Bankavis *m,* **-** confirmation *f,* avis *m* bancaire.

Bankbetrieb *m,* **e** activité *f* bancaire.

Bankbürgschaft *f,* **en** caution *f* bancaire ; cautionnement *m* bancaire.

Bankdepot *n,* **s** ⇒ *Bankeinlage.*

Bankdirektor *m,* **en** directeur *m* de banque.

Bankdiskont *m,* **e** escompte *m* bancaire.

Bankeinbruch *m,* **¨e** cambriolage *m* de banque ; hold-up *m.*

Bankeinlage *f,* **n** dépôt *m* (en banque).

Bankenkonsortium *n,* **-tien** consortium *m* de banques ; pool *m* bancaire.

Bankenstimmrecht *n,* **e** droit *m* de vote d'une banque dépositaire d'actions *(syn. Depotstimmrecht).*

Banker *m,* **-** ['bɛŋkər] banquier *m* (d'affaires) ; ⇒ *Bankier.*

Bankfach *n,* **1.** *ϕ* secteur *m* bancaire ; *im ~ ausgebildet sein* avoir reçu une formation bancaire **2.** **¨er** (compartiment de) coffre-fort *m.*

Bankfachmann *m,* **-leute** spécialiste *m* des questions bancaires.

Bankfeiertag *m,* **e** jour *m* de fermeture des banques ; journées *fpl* chômées.

Bankgeheimnis *n,* **se** secret *m* bancaire ; *das ~ wahren* garder le secret bancaire.

Bankgeld *n,* **er** monnaie *f* scripturale, de compte, de virement *(syn. Giralgeld, Buchgeld).*

Bankgeschäft *n,* **e 1.** banque *f* ; établissement *m* bancaire **2.** *~e tätigen* effectuer des opérations bancaires.

Bankgewerbe *n,* ϕ activité *f* bancaire ; les banques *fpl.*

Bankguthaben *n,* - avoir *m* ; dépôt *m* en banque ; fonds *mpl* déposés en banque.

Bankhaus *n,* ¨-er ⇒ *Bankinstitut.*

Bankier *m,* s [baŋ'kje:] banquier *m.*

Bankingprinzip *n* ; **-ien** ['bɛnkiŋ] principe *m* de la couverture partielle en or d'une monnaie (environ 30 %).

Bankinstitut *n,* e institut *m,* établissement *m* bancaire ; banque *f.*

Bankkarte *f,* n carte *f* bancaire ; carte de crédit ; *(syn. Kreditkarte, Scheckkarte).*

Bankkauffrau *f,* **en** employée *f* de banque diplômée.

Bankkaufmann *m,* **-leute** employé *m* de banque diplômé.

Bankkonto *n,* s ou **-ten** compte *m* en banque ; *ein ~ eröffnen, schließen* ouvrir, fermer un compte en banque ; *Inhaber eines ~s* titulaire *m* d'un compte en banque.

Bankkrach *m,* (s) effondrement *m* d'une banque ; krach *m* financier.

Bankkredit *m,* e crédit *m* bancaire ; *einen ~ gewähren* accorder un crédit bancaire.

Bankkreise *pl* : *in ~n* dans les milieux bancaires.

Bankleitzahl *f,* **en** *(BLZ)* numéro *m* d'identité bancaire ; code *m* banque.

bankmäßig bancaire ; négociable en banque (titres) ; *~e Zahlung* règlement *m* par (une) banque.

Banknote *f,* n billet *m* (de banque) ; *gültige ~* billet ayant cours ; *~n aus/geben* émettre des billets ; *~n ein/ziehen* retirer des billets de la circulation ; *~n fälschen* contrefaire des billets *(syn. Geldschein).*

Banknotenausgabe *f,* n émission *f* de billets de banque.

Banknotenfälscher *m,* - faux-monnayeur *m.*

Banknotenpresse *f,* n planche *f* à billets.

Banknotenumlauf *m,* ϕ billets *mpl* en circulation ; circulation *f* monétaire.

Bankomat *m,* **en, en** billeterie *f* ; distributeur *m* automatique de billets *(syn. Geldautomat).*

Bankplatz *m,* ¨-e place *f* bancaire.

Bankrate *f,* n taux *m* d'escompte.

Bankraub *m,* ϕ hold-up *m* ; casse *m.*

Bankräuber *m,* - cambrioleur *m* de banque ; casseur de banque.

Bankreferenz *f,* **en** ⇒ *Bankverbindung* **2.**

Bankrott *m,* e banqueroute *f* ; faillite *f* ; *betrügerischer ~* banqueroute frauduleuse ; *~ machen* faire faillite *(syn. Pleite ; Konkurs).*

bankrott en faillite ; insolvable ; *~ gehen* faire faillite ; *für ~ erklären* déclarer en faillite ; *~ sein* être en faillite ; déposer le bilan.

Bankrotterklärung *f,* **en** déclaration *f* de faillite ; constat *m* de faillite.

Bankrotteur *m,* e banqueroutier *m* ; failli *m.*

Banksafe *m* ou *n, s* ⇒ *Banktresor.*

Bankschalter *m,* - guichet *m* de banque.

Bankscheck *m,* s chèque *m* bancaire.

Banktresen *m,* - ⇒ *Bankschalter.*

Banktresor *m,* e coffre-fort *m.*

Banküberfall *m,* ¨-e ⇒ *Bankraub.*

Banküberweisung *f,* **en** virement *m* bancaire ; *eine ~ vor/nehmen* effectuer un virement par banque.

banküblich conforme aux usages bancaires ; *~e Zinsen verlangen* exiger des intérêts (pratiqués par les banques).

Bankverbindung *f,* **en 1.** relation *f* bancaire **2.** référence *f,* adresse *f* bancaire.

Bankverkehr *m,* ϕ opérations *fpl,* transactions *fpl* bancaires.

Bankwesen *n,* ϕ système *m* bancaire ; les banques *fpl.*

Bankzinsen *pl* intérêts *mpl* bancaires.

Bannbruch *m,* ¨-e fraude *f* (en douane).

Banngut *n,* ¨-er ⇒ *Bannware.*

Bannware *f,* n contrebande *f.*

bar comptant ; cash ; liquide ; *gegen (in) ~* (au) comptant ; en espèces ; *gegen ~ kaufen, verkaufen* acheter, vendre au comptant ; *~ zahlen* payer au comptant ; payer en numéraire.

Barabfindung *f,* **en** indemnité *f* en espèces.

Baratt *m,* ϕ troc *m* ; commerce *m* d'échange.

barattieren troquer ; échanger.

Barbestand *m,* ¨-e encaisse *f* ; disponibilités *fpl* en caisse ; *der ~ beläuft sich auf 1000 Mark* l'encaisse s'élève à 1000 marks.

Barbetrag *m,* ¨-e montant *m* en espèces ; *wir verfügen über einen ~ von 500 Francs* nous disposons d'un montant en espèces de 500 francs.

Barbezüge *pl* rémunération *f* en espèces.

Bardeckung *f,* **en** couverture *f* métallique ; garantie *f* en espèces.

Bardepot *n,* s dépôt *m* d'argent ;

cautionnement *m* en espèces.

Bareingänge *pl* ⇒ *Bareinnahme*.

Bareinnahme *f*, **n** recettes *fpl* de caisse ; rentrée *f* en numéraire.

Bareinzahlung *f*, **en** versement *m* en espèces.

Barertrag *m*, **¨e** produit *m* net.

Bargeld *n*, **er** argent *m* liquide, comptant ; numéraire *m* ; espèces *fpl*.

Bargeldautomat *m*, **en**, **en**, distributeur *m* d'argent ; billetterie *f*.

bargeldlos par virement ; sans argent liquide ; *~er Zahlungsverkehr* transactions *fpl* par virement.

Bargeldverkehr *m*, *ϕ* opérations *fpl* au comptant ; transactions *fpl* en espèces.

Bargeschäft *n*, **e** ⇒ *Kassageschäft*.

Bargründung *f*, **en** fondation *f* d'une société dans laquelle les apports sont faits en espèces.

Barkauf *m*, **¨e** achat *m* au comptant.

Barleistung *f*, **en** prestation *f* en espèces ; prestation en argent.

Barmittel *pl* disponibilités *fpl* ; espèces *fpl* ; *über ausreichende ~ verfügen* disposer de suffisamment de liquide.

Barpreis *m*, **e** prix *m* comptant ; prix net.

Barrel *n*, **s** ['bɛrəl] baril *m* ; *ein ~ Rohöl* un baril de pétrole brut (159 litres).

Barren *m*, **-** lingot *m* ; barre *f*.

Barrengold *n*, *ϕ* or *m* en lingots.

Barreserve *f*, **n** réserves *fpl* liquides.

Barriere *f*, **n** barrière *f*.

Barschaft *f*, **en** argent *m* liquide ; liquidités *fpl*.

Barscheck *m*, **s** chèque *m* non barré, à vue ; chèque payable au porteur *(syn. Orderscheck, Inhaberscheck) (contr. Verrechnungsscheck)*.

Barsortiment *n*, **e** éditeur-libraire *m*.

Barvermögen *n*, *ϕ* fonds *m*, capital *m* de roulement ; valeurs *fpl* disponibles.

Barwert *m*, **e** valeur *f* actuelle, du jour ; valeur au comptant.

Barzahlung *f*, **en** paiement *m* comptant, en espèces ; *bei ~ 5 % Rabatt* 5 % de remise pour paiement au comptant ; *gegen ~* payable au comptant.

Barzahlungsrabatt *m*, **e** escompte *m* au comptant *(syn. Skonto)*.

Basar *m*, **e 1.** bazar *m* **2.** vente *f* de charité **3.** *(R.D.A.)* grand magasin *m*.

Basic *n*, *ϕ* Basic *m* ; langage *m* informatique.

basieren baser ; *~ auf(+D)* se fonder sur.

Basis *f*, **(-sen)** base *f* ; *auf der ~ von* sur la base de.

basteln bricoler.

Bastler *m*, **-** bricoleur *m*.

Bastelecke *f*, **n** coin *m* bricolage (dans un magasin).

BAT ⇒ *Bundesangestelltentarif*.

Batterie-Huhn *n*, **¨er** poulet *m* d'élevage en batterie.

Batzen *m* : *ein schöner ~ Geld* un joli magot ; une forte somme d'argent.

Bau *m*, **-ten** bâtiment *m* ; construction *f* ; chantier *m* ; *im ~ (befindlich)* en (voie de) construction ; *der ~ von Sozialwohnungen* la construction de logements sociaux, d'H.L.M.

Bauarbeiter *m*, **-** ouvrier *m* du bâtiment.

Baud *n*, **-** unité *f* de vitesse dans les transmissions télégraphiques.

Baudarlehen *n*, **-** prêt *m* à la construction ; prêt *m* immobilier.

Bauelement *n*, **e** composant *m* ; *elektronisches ~* composant électronique.

bauen construire ; bâtir ; édifier.

Bauer *m*, **n**, **n** paysan *m* ; cultivateur *m* ; exploitant *m* agricole ; agriculteur *m* ; fermier *m (syn. Landwirt)*.

Bauerlaubnis *f*, **se** ⇒ *Baugenehmigung*.

bäuerlich *(rare)* paysan ; rural.

Bauerngut *n*, **¨er** ⇒ *Bauernhof*.

Bauernhof *m*, **¨e** ferme *f* ; exploitation *f* agricole.

Bauernstand *m*, **¨e** paysannerie *f* ; classe *f* paysanne ; les paysans *mpl* ; les agriculteurs *mpl*.

Bauerntag *m*, *ϕ* assises *fpl* paysannes ; congrès *m* rural.

Bauernverband *m*, **¨e** syndicat *m* paysan.

Bauersfrau *f*, **en** fermière *f* ; paysanne *f*.

Baufinanzierung *f*, **en** financement *m* à la construction.

Baugelände *n*, **-** chantier *m* ; terrain *m* de construction.

Baugeld *n*, **er** aide *f* à la construction ; fonds *mpl* d'aide à la construction.

Baugenehmigung *f*, **en** permis *m* de construire ; *eine ~ beantragen* faire une demande de permis de construire.

Baugenossenschaft *f*, **en** coopérative *f* de construction (de logements sociaux) ; *einer ~ bei/treten* adhérer à une coopérative de construction.

Baugesellschaft *f*, **en** société *f* de construction ; société immobilière.

Baugewerbe *n*, *ϕ* (industrie du) bâtiment *m*.

Bauherr *m*, **n**, **en** maître *m* d'ouvrage ; promoteur *m*.

Bauherrenmodell *n,* **e** *(RFA)* investissement *m* immobilier bénéficiant d'avantages fiscaux.

Bankindergeld *n,* **er** allocation *f* pour agrandissement de logement (naissance nouvelle).

Baukonjunktur *f,* ϕ conjoncture *f* dans le bâtiment.

Baukosten *pl* coûts *mpl* de (la) construction.

Baukostenzuschuß *m,* **⸚sse** **1.** apport *m* personnel d'un locataire pour la construction d'un logement **2.** aide *f* des pouvoirs publics pour la construction de logements sociaux.

Bauland *n,* ϕ terrain *m* constructible ; terrain à bâtir ; lotissement *m.*

Baulöwe *m,* **n, n** *(fam.)* **1.** grand entrepreneur *m* de construction **2.** entrepreneur *m* de construction véreux ; requin *m* de l'immobilier.

Bauruine *f,* **n** construction *f* inachevée ; immeuble *m* abandonné en cours de construction.

Baumwolle *f,* ϕ coton *m.*

Baumwollindustrie *f,* **n** industrie *f* cotonnière ; industrie du coton.

Bausch *m* : *in ~ und Bogen kaufen* acheter en bloc ; acheter à forfait.

Bauschaffende/r *(der/ein) (R.D.A.)* ouvrier *m* du bâtiment.

Bauschpreis *m,* **e** *(rare)* forfait *m* *(syn. Pauschalpreis).*

Bausparbuch *n,* **⸚er** livret *m* d'épargne-logement.

Bauspardarlehen *n,* **-** prêt *m* d'épargne-logement.

Bausparen *n,* ϕ épargne-logement *f.*

bausparen *(à l'infinitif et au participe passé)* souscrire une épargne-logement.

Bausparer *m,* **-** épargnant *m* au titre de l'épargne-logement.

Bausparkasse *f,* **n** caisse *f* d'épargne-logement.

Bausparvertrag *m,* **⸚e** contrat *m* d'épargne-logement.

Bausparwesen *n,* ϕ (l') épargne-logement *f.*

Baustelle *f,* **n** chantier *m* ; *das Betreten der ~ ist verboten !* chantier interdit au public.

Baustoffe *pl* matériaux *mpl* de construction.

Baustoffindustrie *f,* **n** industrie *f* des matériaux de construction.

Bauunternehmen *n,* **-** entreprise *f* de construction.

Bauunternehmer *m,* **-** entrepreneur *m* de construction, en bâtiment.

Bauwesen *n,* ϕ ⇒ *Bauwirtschaft.*

Bauwirtschaft *f,* ϕ (industrie du) bâtiment *m* ; constructions *fpl* ; travaux publics *mpl.*

BDA ⇒ *Bundesvereinigung der deutschen Arbeitgeberverbände.*

BDI ⇒ *Bundesverband der deutschen Industrie.*

beamtenähnlich : *~e Stellung* emploi *m* assimilé à la fonction publique.

Beamtenanwärter *m,* **-** postulant *m* à la fonction publique.

Beamtenapparat *m,* ϕ appareil *m* administratif.

Beamtenbestechung *f,* **en** corruption *f* de fonctionnaire.

Beamtenlaufbahn *f,* **en** carrière *f* de fonctionnaire ; *die ~ ein/schlagen* choisir le fonctionnariat.

Beamtenschaft *f,* **en** ⇒ *Beamtentum.*

Beamtentum *n,* ϕ (corps des) fonctionnaires *mpl* ; fonction *f* publique.

Beamtenverhältnis *n* : *im ~ stehen* être fonctionnaire ; *ins ~ übernehmen* titulariser.

Beamte/r *(der/ein)* fonctionnaire *m* ; agent *m* de l'État ; agent de la fonction publique ; *(postes, S.N.C.F., douanes)* employés *m* ; agent (des postes, des chemins de fer, des douanes) ; *~e und Angestellte des öffentlichen Dienstes* fonctionnaires et assimilés ; fonctionnaires et agents non fonctionnarisés ; *kleiner, untergeordneter ~r* petit fonctionnaire, fonctionnaire subalterne ; *~r des einfachen, mittleren Dienstes* petit, moyen fonctionnaire ; *~r des gehobenen, höheren Dienstes* fonctionnaire du cadre supérieur, haut fonctionnaire ; *~r auf Lebenszeit* fonctionnaire titulaire ; fonctionnaire de carrière ; *~r auf Zeit (auf Widerruf)* agent contractuel.

beamtet titulaire ; en charge.

beangaben *(Autriche)* verser des arrhes.

beanschriften *(administratif)* mettre une adresse.

beanspruchen réclamer ; demander ; *Schadenersatz ~* exiger des dommages-intérêts.

beanstanden contester ; *eine Ware ~* faire une réclamation pour marchandise non conforme, défectueuse.

Beanstandung *f,* **en** réclamation *f* ; *zu ~en Anlaß geben* donner lieu à (des) réclamation(s).

beantragen demander ; solliciter ; *(jur.)* requérir ; *ein Stipendium ~* solliciter une bourse.

Beantragung *f,* **en** demande *f* ; requête *f* ; proposition *f.*

beantworten répondre ; donner une réponse ; *eine Anfrage* ~ répondre à une demande.

Beantwortung *f*, **en** réponse *f* ; *bei* ~ *bitte angeben* prière de rappeler dans votre réponse ; *in* ~ *Ihres Schreibens teilen wir Ihnen mit, daß...* en réponse à votre lettre nous vous faisons savoir que...

bearbeiten 1. étudier ; examiner ; *eine Akte* ~ examiner, suivre un dossier **2.** élaborer ; rédiger **3.** façonner ; usiner ; travailler (produits).

Bearbeiter *m*, **-** personne *f* compétente, chargée d'un travail ; responsable *m* (d'un dossier) ; rédacteur *m* *(syn. Sachbearbeiter)*.

Bearbeitung *f*, **en 1.** étude *f* ; examen *m* ; *in* ~ en préparation ; à l'étude **2.** rédaction *f* ; traitement *m* ; adaptation *f* (film, théâtre) **3.** *(produits)* façonnage *m* ; usinage *m* ; travail *m*.

Bearbeitungsgebühr *f*, **en** frais *mpl* (de constitution) de dossier.

beauflagen *(R.D.A.)* imposer une charge à une entreprise.

beaufsichtigen surveiller ; contrôler ; *eine Arbeit* ~ inspecter un travail *(syn. überwachen)*.

Beaufsichtigung *f*, **en** surveillance *f* ; contrôle *m* ; inspection *f*.

beauftragen charger ; mandater ; *~ter Vertreter* représentant *m* délégué ; *mit der Geschäftsführung ~t sein* être chargé de la gestion, de la gérance.

Beauftragte/r *(der/ein)* chargé *m* de mission ; délégué *m* ; mandataire *m* ; commissionnaire *m*.

bebauen 1. construire ; *~tes Grundstück* terrain *m* bâti **2.** cultiver ; labourer.

Bebauung *f*, **(en)** construction *f* de bâtiments.

Bebauungsplan *m*, **¨e** plan *m* d'aménagement.

bebunkern *(maritime)* mettre du carburant ; faire le plein.

Bedarf *m*, *ϕ* besoins *mpl* ; besoin *m* ; demande *f* ; quantité *f* nécessaire ; consommation *f* **I.** *bei* ~ en cas de besoin ; *nach* ~ selon les besoins ; ~ *an Kapital, an Rohstoffen* besoins en capital, en matières premières ; *Gegenstände des täglichen, gehobenen ~s* articles *mpl* d'usage courant, de demi-luxe. **II.** *den* ~ *decken (befriedigen)* couvrir les besoins ; satisfaire aux besoins ; ~ *haben an (+D)* avoir des besoins en ; *den* ~ *übersteigen* excéder les besoins.

Bedarfsartikel *m*, **-** article *m* courant ; article de nécessité courante.

Bedarfsbefriedigung *f*, **en** ⇒ *Bedarfsdeckung*.

Bedarfsdeckung *f*, **en** satisfaction *f*, couverture des besoins ; approvisionnement *m*.

Bedarfsermittlung *f*, **en** détermination *f* des besoins.

bedarfsgerecht conforme aux besoins ; *~es Angebot* offre *f* adaptée aux besoins.

Bedarfsgüter *pl* biens *mpl* de consommation (courante).

Bedarfsgüterindustrie *f*, **n** industrie *f* des biens de consommation.

Bedarfslenkung *f*, **en** orientation *f* des besoins.

Bedarfsträger *m*, **-** utilisateur *m* ; consommateur *m*.

bedecken *(Autriche)* couvrir ; compenser ; équilibrer ; *ein Defizit* ~ combler un déficit.

bedenken, a, a 1. considérer ; réfléchir **2.** léguer ; *er hat mich testamentarisch bedacht* il m'a couché sur le testament.

Bedenken *n*, *ϕ* réflexion *f* ; délibération *f* ; hésitation *f* ; *nach reiflichem* ~ après mûre réflexion ; ~ *gegen etw äußern* formuler des réserves sur qqch.

Bedenkzeit *f*, **en** temps *m*, délai *m* de réflexion ; *sich* ~ *erbitten* demander à réfléchir.

bedienen 1. servir (personnes) ; *sich ~(+G)* se servir de **2.** manier ; faire fonctionner (machines).

Bedienstete/r *(der/ein)* employé *m* (fonction publique) ; agent *m* du service public.

Bedienung *f*, **en 1.** fonctionnement *m* ; commande *f* **2.** personnel *m* (de service) **3.** *(restaurant)* service *m* ; serveuse *f* ; ~ *(e)inbegriffen* service compris.

Bedienungsanleitung *f*, **en** mode d'emploi.

Bedienungsmann *m*, **-männer** *(machine)* machiniste *m* ; opérateur *m*.

Bedienungspersonal *n*, *ϕ* personnel *m* exploitant ; personnel de service.

Bedienungsvorschrift *f*, **en** instructions *fpl* d'utilisation ; notice *f* d'emploi.

bedingen conditionner ; stipuler ; convenir.

Bedingnis *n*, **se** *(Autriche)* condition *f* (préalable).

bedingt 1. conditionnel ; sous réserve ; *~e Forderung* créance *f* sous condition **2.** dépendant de ; dû à ; inhérent à ; *durch den Transport ~e Kosten* frais *mpl* afférents au transport.

Bedingung *f,* **en** condition *f* ; clause *f* ; stipulation *f* ; modalité *f* ; préalable *m* **I.** *allgemeine ~en* conditions générales ; *übliche ~en* conditions d'usage, habituelles ; *unter diesen ~en* dans ces conditions **II.** *eine ~ erfüllen* remplir une condition ; *~en stellen* poser des conditions.

bedürfen *(+G)* avoir besoin de ; nécessiter ; *das bedarf einer Erklärung* cela demande explication.

Bedürfnis *n,* **se** besoin *m* ; nécessité *f* ; exigence *f* ; *das ~ nach(+D)* la demande en ; *jds ~se befriedigen* satisfaire les besoins de qqn.

bedürftig indigent ; nécessiteux ; *~ sein* être dans le besoin.

Bedürftigkeit *f, ϕ* indigence *f* ; misère *f.*

Bedürftigte/r *(der/ein)* indigent *m* ; personne *f* nécessiteuse ; personne sans ressources.

beeid(ig)en affirmer sous serment ; *~ter Übersetzer* traducteur *m* assermenté ; *jdn ~* faire prêter serment à qqn.

Beeid(ig)ung *f,* **en** (prestation de) serment *m.*

beeinträchtigen porter préjudice ; porter atteinte à ; *ein Recht ~* léser un droit.

Beeinträchtigung *f,* **en** préjudice *m* ; atteinte *f* ; empiètement *m* ; lésion *f.*

beerben hériter de ; *jdn ~* recueillir l'héritage de qqn.

Befa *f, ϕ (Beobachtung-Fahndung)* police *f* des douanes ; contrôle *m* et surveillance *f* des frontières.

befähigen rendre apte à ; *~t zu* qualifié pour.

Befähigung *f,* **en** qualification *f* ; aptitude *f* ; capacité *f* ; *(jur.)* habilitation *f* ; *seine ~ nach/weisen* justifier de son aptitude.

Befähigungsnachweis *m,* **e** certificat *m* d'aptitude.

Befehl *m,* **e** ordre *m* ; instruction *f* ; directives *fpl* ; *ausdrücklicher ~* injonction *f* ; *höherer ~* ordre venu d'en haut ; *einen ~ aus/führen, erteilen* exécuter, donner un ordre.

befehlen, a, o ordonner ; commander ; décréter ; sommer ; dicter ; enjoindre ; *Sie haben mir nichts zu ~ !* je n'ai pas d'ordres à recevoir de vous.

befingern toucher ; *eine Ware ~* tâter une marchandise.

befliegen, o, o : *eine Flugstrecke ~* desservir une ligne aérienne.

beflissen zélé ; assidu ; *~er Mitarbeiter* collaborateur *m* zélé.

Beflissenheit *f, ϕ* zèle *m* ; assiduité *f.*

beförderbar 1. transportable **2.** promouvable.

Beförderer *m,* - transporteur *m* ; expéditeur *m.*

befördern 1. transporter ; acheminer ; *mit der Post ~* expédier par la poste *(syn. transportieren)* **2.** promouvoir ; donner de l'avancement ; *~t werden* être promu ; monter en grade ; *jdn zum Abteilungsleiter ~* promouvoir (faire passer) qqn chef de service.

Beförderung *f,* **en 1.** transport *m* ; expédition *f* ; *~ per Bahn* transport par voie ferrée *(syn. Transport)* **2.** promotion *f* ; avancement *m.*

Beförderungsbedingungen *pl* conditions *fpl* de transport.

Beförderungsdauer *f, ϕ* durée *f* d'acheminement.

Beförderungskosten *pl* frais *mpl* de transport.

Beförderungsmittel *n,* - moyen *m* de transport ; *öffentliche ~* transports en commun ; transports publics.

Beförderungsschein *m,* **e** titre *m* de transport ; *~ für Gruppenfahrten* billet *m* collectif ; billet de groupe.

Beförderungswesen *n, ϕ* les transports *mpl.*

beforsten reboiser.

Beforstung *f,* **en** reboisement *m* (des forêts).

befrachten charger ; affréter *(maritime).*

Befrachter *m,* - affréteur *m* ; expéditeur *m* ; chargeur *m.*

Befrachtung *f,* **(en)** chargement *m* ; affrètement *m* ; fret *m.*

befragen consulter ; questionner ; interviewer ; *~te Person* personne *f* interrogée *(sondage).*

Befragung *f,* **en** interview *f* ; enquête *f* ; consultation *f* ; sondage *m.*

befreien libérer ; dispenser ; exempter ; *von einer Steuer ~* exonérer d'un impôt.

Befreiung *f,* **en** dégagement *m* ; libération *f* ; exonération *f* ; dérogation *f* ; franchise *f.*

befriedigen satisfaire ; payer ; *einen Gläubiger ~* désintéresser un créancier ; *die Nachfrage ~* satisfaire la demande.

Befriedigung *f,* **en** satisfaction *f* ; règlement *m* ; paiement *m* ; *volle ~* dédommagement *m* intégral.

befristen fixer un délai.

befristet limité ; à terme ; à durée déterminée ; *lang, kurz* ~ à long, à court terme ; *~er Vertrag* contrat *m* limité dans le temps.

befugen autoriser ; *jdn~* habiliter qqn à ; *~t sein* avoir qualité pour ; avoir pouvoir de.

Befugnis *f,* **se** autorisation *f* ; droit *m* ; attribution *f* ; compétence *f* ; *~ haben, etw zu tun* être autorisé à faire qqch ; *seine ~se überschreiten* outrepasser ses pouvoirs.

befürworten parler en faveur de ; recommander ; préconiser ; *eine Maßnahme ~* être partisan d'une mesure.

Befürwortung *f,* φ avis *m* favorable ; recommandation *f* ; appui *m.*

begaunern duper ; filouter ; escroquer.

begebbar négociable ; *~es Papier* titre *m* négociable (en Bourse).

Begebbarkeit *f,* φ négociabilité *f.*

begeben, a, e émettre (emprunt) ; mettre en circulation (chèque, traite) ; négocier ; *~e Aktie* action *f* en circulation.

Begeber *m,* **-** émetteur *m* (emprunt, chèque) ; endosseur *m* (traite).

Begebung *f,* **en** émission *f* (de titres) ; lancement *m* (d'un emprunt) ; négociation *f* (d'une lettre de change).

Begebungskurs *m,* **e** cours *m* d'émission *(syn. Ausgabe-, Emissionskurs).*

beglaubigen attester ; certifier ; légaliser ; authentifier ; accréditer ; *~te Abschrift* copie *f* (certifiée) conforme ; *notariell ~te Urkunde* acte *m* notarié.

Beglaubigung *f,* **en** attestation *f* ; homologation *f* ; légalisation *f* ; *(jur.) zur ~ dessen* en foi de quoi.

Beglaubigungsschreiben *n,* **-** lettres *fpl* de créance (d'un diplomate).

begleichen, i, i régler ; payer ; *eine Schuld ~* s'acquitter d'une dette.

Begleichung *f,* **en** règlement *m* ; paiement *m* ; acquittement *m* ; *zur ~ Ihrer Rechnung* en règlement de votre facture.

Begleitbrief *m,* **e** ⇒ *Begleitschein.*

Begleitpapiere *pl* ⇒ *Begleitschein.*

Begleitschein *m,* **e** bordereau *m* d'expédition, d'envoi ; documents *mpl* d'accompagnement ; *(douane)* acquit *m* de transit ; passavant *m.*

begrenzen (dé)limiter ; borner ; *~t haltbar* périssable (vivres) ; *örtlich ~t* local.

Begrenzung *f,* **en** délimitation *f* ; restriction *f* ; plafond *m* ; plancher *m.*

begründen fonder ; créer ; motiver ; *nicht ~t* sans fondement ; *ein Urteil ~* exposer les attendus d'un jugement.

Begründetheit *f,* φ *(jur.)* bien-fondé *m.*

Begründung *f,* **en 1.** raison *f* ; motif *m* ; attendus *mpl* **2.** fondation *f* ; établissement *m* ; création *f.*

begünstigen favoriser ; privilégier ; promouvoir ; *steuerlich ~tes Sparen* épargne *f* bénéficiant d'allégements fiscaux.

Begünstigung *f,* **en** faveur *f* ; préférence *f* ; traitement *m* préférentiel, privilégié ; appui *m* ; protection *f.*

Begünstigungsklausel *f,* **n** clause *f* préférentielle.

Begünstigungswesen *n,* φ favoritisme *m* ; népotisme *m.*

begutachten 1. expertiser ; faire une expertise **2.** juger ; évaluer.

Begutachter *m,* **-** expert *m (syn. Experte ; Gutachter).*

Begutachtung *f,* **en 1.** expertise *f* **2.** jugement *m* ; avis *m.*

begütert aisé ; fortuné ; riche ; *~ sein* avoir de la fortune ; être nanti.

behaftet atteint ; affecté ; *mit Mängeln ~* être entaché de vices.

Behälter *m,* **-** réservoir *m* ; conteneur *m* ; container *m.*

Behälterschiff *n,* **e** bateau *m* porte-containeurs *(syn. Containerschiff).*

Behälterverkehr *m,* φ transport *m* par conteneurs.

behandeln 1. traiter ; *Obst chemisch ~* traiter des fruits **2.** *ein Thema ~* traiter (d') un sujet **3.** manier ; manipuler ; manutentionner.

Behandlung *f,* **en 1.** traitement *m* ; régime *m* ; *ärztliche ~* soins *mpl* médicaux **2.** maniement *m* ; manutention *f.*

behaupten 1. affirmer ; prétendre **2.** *(prix, cours) sich ~* se maintenir ; tenir bon.

Behauptung *f,* **en 1.** affirmation *f* ; allégation *f* **2.** maintien *m.*

beheben, o, o *(Autriche)* retirer ; *Geld von einem Konto ~* retirer de l'argent d'un compte.

beheimatet *(in + D)* originaire (de) ; domicilié (à).

beheizen chauffer.

Beheizung *f,* **(en)** chauffage *m.*

beherbergen héberger ; loger.

Beherbergung *f,* **en** hébergement *m* ; logement *m.*

behindert handicapé ; *körperlich, geistig ~ sein* être handicapé moteur, mental.

Behörde *f,* **n** autorité *f* ; administration *f* ; *die ~n* les pouvoirs *mpl* publics ; *die obersten ~n* les grands corps de l'État ; *die vorgesetzte, zuständige ~* l'autorité supérieure, compétente ; *auf die ~ gehen* se rendre dans une administration.

Behördenapparat *m,* φ appareil *m* administratif.

Behördensprache *f,* **n** langue *f* administrative ; langage *m* administratif.

behördlich administratif ; officiel ; *mit ~er Genehmigung* avec (l') autorisation officielle.

Behuf *(arch.)* : *zu diesem ~* à cet effet ; à cette fin.

Beiblatt *n,* **¨er 1.** *(journal)* supplément *m* **2.** feuillet *m* annexe ; feuille *f* intercalaire.

beid(er)seitig mutuel ; réciproque ; bilatéral ; *im ~en Einverständnis* en accord mutuel ; d'un commun accord.

bei/fügen ajouter ; annexer ; joindre ; *eine Klausel ~* assortir d'une clause.

Beigabe *f,* **n** addition *f* ; supplément *m* ; prime *f* ; extra *m.*

bei/geben, a, e ⇒ *beifügen.*

Beigeordnete/r *(der/ein)* adjoint *m.*

Beihilfe *f,* **n** assistance *f* ; aide *f* ; subvention *f* ; allocation *f* ; *staatliche ~n gewähren* accorder des subventions de l'Etat.

Beilage *f,* **n** pièce *f* jointe ; annexe *f* ; supplément *m.*

bei/legen 1. joindre ; annexer **2.** aplanir un différend ; *einen Streit ~* régler un litige.

Beilegung *f,* **(en)** règlement *m* ; arrangement *m* ; *gütliche ~* règlement à l'amiable.

beiliegend ci-joint ; sous ce pli.

Beipack *m,* φ fret *m* supplémentaire ; annexe *f.*

Beirat *m,* **¨e 1.** conseil *m,* comité *m* consultatif **2.** conseiller *m* (adjoint) ; *juristischer ~* avocat-conseil *m.*

beiseite/legen : *Geld ~* mettre de l'argent de côté ; économiser.

Beisitzer *m,* **-** (juge) assesseur *m.*

Beistand *m,* **¨e 1.** aide *f* ; secours *m* ; *~ leisten* prêter assistance **2.** conseiller *m* juridique ; avocat *m* ; défenseur *m.*

Beisteuer *f,* **n** subside *m* ; aide *f* financière ; subvention *f.*

Beitrag *m,* **¨e** apport *m* ; contribution *f* ; cotisation *f* ; *seinen ~ (be)zahlen* payer sa cotisation ; *~¨e zur Sozialversicherung* cotisations de sécurité sociale.

bei/tragen, u, a *(zu+D)* contribuer à.

Beitragsanteil *m,* **e** quote-part *f* de cotisation.

Beitragsbemessung *f,* **en** cotisation *f* calculée sur le salaire.

Beitragsbemessungsgrenze *f,* **n** *(sécurité sociale)* plafond *m.*

Beitragsberechnung *f,* **en** calcul *m* du montant de la cotisation.

beitragsfrei dispensé de (la) cotisation.

Beitragsmarke *f,* **n** timbre *m* de cotisation.

Beitragspflicht *f,* φ cotisation *f* obligatoire.

beitragspflichtig assujetti à la cotisation ; *~er Lohn* salaire *m* soumis à (la) cotisation.

Beitragsrückerstattung *f,* **en** remboursement *m* des cotisations versées.

Beitragsrückstände *pl* arrérages *mpl* des cotisations.

Beitragssatz *m,* **¨e** taux *m* de la cotisation.

Beitragszahler *m,* **-** cotisant *m.*

Beitragszahlung *f,* **en** versement *m* des cotisations.

bei/treiben, ie, ie recouvrer ; *Steuern ~* faire rentrer l'impôt.

Beitreibung *f,* **en** recouvrement *m* ; encaissement *m.*

bei/treten, a, e *(ist)* adhérer ; entrer ; *einer Partei ~* adhérer à un parti.

Beitritt *m,* **e** adhésion *f* ; entrée *f* ; affiliation *f* ; *der ~ von Portugal in die EG* l'adhésion du Portugal à la Communauté européenne ; *seinen ~ erklären* donner son adhésion.

Beitrittserklärung *f,* **en** déclaration *f* d'adhésion.

beitrittswillig *(sein)* (être) disposé à adhérer.

bejahen affirmer ; approuver ; *eine Frage ~* répondre par l'affirmative *(contr. verneinen).*

Bejahung *f,* φ affirmation *f* ; réponse *f* affirmative. *(contr. Verneinung).*

Bekanntgabe *f,* **n** publication *f* ; notification *f.*

bekannt/geben, a, e communiquer ; notifier ; annoncer ; *öffentlich ~* rendre public.

Bekanntheitsgrad *m,* φ *(marketing)* notoriété *f* ; popularité *f* ; taux *m* de pénétration (d'un produit).

bekannt/machen annoncer ; publier ; rendre public.

Bekanntmachung *f,* **en** avis *m* ; publication *f* ; communication *f* ; *amtliche ~* avis officiel.

Bekenntnis *n,* **se** *(Autriche)* déclaration *f* fiscale.

Beklagte/r *(der/ein) (jur.)* inculpé *m* ; défendeur *m.*

beklauen *(fam.)* voler qqn.

bekleiden 1. habiller ; vêtir **2.** *ein Amt ~* exercer une fonction.

Bekleidung *f,* **en** vêtements *mpl.*

Bekleidungsindustrie *f,* **n** industrie *f* de la confection ; industrie de l'habillement.

beladen, u, a *(mit + D)* charger (de).

Beladung *f,* **en** chargement *m.*

Belang *m,* **e** importance *f* ; intérêt *m* ; *das ist nicht von ~* cela ne tire pas à conséquence ; *die ~e eines Landes* les intérêts d'un pays.

belangen : *gerichtlich ~* traduire en justice ; *was mich ~t* quant à moi.

belasten 1. charger ; débiter ; grever ; *mit einer Hypothek ~* grever d'une hypothèque ; *ein Konto mit einer Summe ~* débiter un compte d'une somme ; *mit Steuern ~* frapper d'impôts ; taxer **2.** *(jur.)* accuser ; incriminer.

Belästigung *f,* **en 1.** tracasserie *f* ; dérangement *m* **2.** *~en* nuisances *fpl.*

Belastung *f,* **en 1.** charge *f* ; débit *m* ; imputation *f* ; hypothèque *f* ; *finanzielle ~* charge financière **2.** *(jur.)* accusation *f.*

Belastungsanzeige *f,* **n** avis *m* de débit *(contr. Gutschriftanzeige).*

Belastungszeuge *m,* **n, n** *(jur.)* témoin *m* à charge.

belaufen, ie, au : *sich ~ auf* se chiffrer à ; se monter à ; *der Umsatz beläuft sich auf 10 Milliarden Mark* le chiffre d'affaires s'élève à 10 milliards de marks.

beleben animer ; vivifier ; *~ter Markt* marché *m* animé.

Belebung *f,* **ϕ** reprise *f* ; stimulation *f* ; redressement *m* ; *~ der Konjunktur* relance *f* de la conjoncture ; *~ des Verbrauchs* stimulation de la consommation.

Beleg *m,* **e** preuve *f* ; pièce *f* justificative ; justificatif *m* ; pièce à l'appui ; document *m* comptable ; *einen ~ ab/heften* classer une pièce justificative.

belegen 1. justifier ; prouver **2.** grever de ; *mit einer Steuer ~* frapper d'un impôt ; imposer **3.** retenir ; réserver ; occuper ; *ein Zimmer ~* occuper une chambre.

Belegprinzip *n,* **-ien** *(comptab.)* principe *m* selon lequel chaque écriture doit être accompagnée d'une pièce justificative.

Belegquittung *f,* **en** quittance *f* comptable.

Belegschaft *f,* **en** personnel *m* (d'une entreprise) ; effectif *m* ; équipe *f* ; ensemble *m* des salariés *(syn. Personal).*

Belegschaftsaktie *f,* **n** action *f* de travail ; *Mitbesitz in Form von ~n* actionnariat *m* ouvrier.

Belegschaftsfirma *f,* **-men** entreprise *f* autogérée (qui appartient aux salariés).

Belegschaftsstärke *f,* **ϕ** effectif *m* du (en) personnel.

Belegschaftsvertreter *m,* **-** délégué *m* du personnel.

Belegstück *n,* **e** pièce *f* justificative.

beleihbar gageable.

beleihen, ie, ie 1. gager (un emprunt) sur ; contracter un emprunt sur **2.** prêter (une somme) sur.

Beleihung *f,* **en** prêt *m* sur gage ; mise *f* en gage ; emprunt *m* contre garantie.

Beleihungswert *m,* **e** valeur *f* vénale de l'objet gagé.

beliebt favori ; en faveur ; populaire ; en vogue ; *~er Artikel* article *m* recherché.

Beliebtheit *f,* **ϕ** popularité *f* ; *sich großer ~ erfreuen* jouir d'une grande popularité.

Belieferer *m,* **-** fournisseur *m* ; approvisionneur *m.*

beliefern livrer ; fournir ; *einen Markt ~ (mit + D)* approvisionner un marché (de).

Belieferung *f,* **en** fourniture *f* ; approvisionnement *m* ; livraison *f.*

belohnen récompenser.

Belohnung *f,* **en** récompense *f* ; prime *f* ; *eine ~ aus/setzen* offrir une récompense.

bemängeln critiquer ; blâmer ; réclamer.

Bemängelung *f,* **en** critique *f* ; réclamation *f* ; défaut *m* ; vice *m.*

bemessen, a, e 1. mesurer **2.** évaluer ; calculer ; déterminer.

Bemessung *f,* **en** estimation *f* ; taxation *f* ; *~ der Einkommensteuer* évaluation *f* de l'impôt sur le revenu.

Bemessungsgrundlage *f,* **n** base *f* de calcul ; assiette *f.*

bemittelt fortuné ; aisé ; nanti.

bemogeln *(fam.)* rouler ; duper ; escroquer ; arnaquer.

bemustern échantillonner.

Bemusterung *f,* **en** échantillonnage *m* ; prélèvement *m* (échantillons).

benachbart voisin ; limitrophe.

benachrichtigen informer ; mettre au courant ; aviser ; *von dieser Entschei-*

dung wurden die Interessenten ~t la présente décision a été notifiée aux intéressés.

Benachrichtigung *f,* **en** information *f* ; communication *f* ; *ohne vorherige ~* sans avis préalable ; *schriftliche ~* notification *f* écrite.

benachteiligen porter préjudice à ; désavantager ; défavoriser ; léser.

Benachteiligung *f,* **en** désavantage *m* ; discrimination *f* ; préjudice *m.*

Benehmen *n,* ϕ conduite *f* ; comportement *m* ; *(rare) im ~ mit...* après consultation de...

BENELUX-Staaten *pl* Etats *mpl* du Benelux (Belgique, Pays-Bas, Luxembourg).

benennen, a, a désigner ; *einen Nachfolger ~* désigner un successeur.

Benennung *f,* **en** désignation *f* ; *handelsübliche ~* dénomination *f* commerciale.

benoten affecter une note à un produit (lors d'un test).

benutzbar utilisable ; exploitable ; praticable.

benutzen, benützen utiliser ; se servir de ; *die Verkehrsmittel ~* utiliser les moyens de transport.

Benutzer, Benützer *m,* - utilisateur *m* ; usager *m.*

benutzerfreundlich d'utilisation aisée ; ergonomique.

Benutzung *f,* **en** utilisation *f* ; emploi *m* ; *mißbräuchliche ~* usage *m* abusif.

Benutzungsgebühr *f,* **en** taxe *f* d'utilisation ; droit *m* de péage.

Benutzungsrecht *n,* **e** droit *m* d'usage, d'exploitation, de jouissance.

Benzin *n,* **(e)** essence *f (syn. Treibstoff, Sprit).*

Benzingutschein *m,* **e** chèque-essence *m* ; bon *m* d'essence.

Benzinpreis *m,* **e** prix *m* de l'essence ; *die ~e erhöhen, senken* augmenter, baisser (le prix de) l'essence.

Benzinrappen *m,* - *(Suisse)* taxe *f* sur l'essence.

Benzinverbrauch *m,* ϕ consommation *f* d'essence ; *den ~ ein/schränken* réduire la consommation d'essence.

beobachten observer ; examiner.

Beobachtung *f,* **en** observation *f* ; surveillance *f* ; *unter ~ stehen* être surveillé ; être placé sous surveillance.

berappen *(fam.)* payer (contre son gré) ; *viel Geld ~* casquer.

beraten, ie, a 1. conseiller **2.** *über etw ~* délibérer sur qqch.

beratend consultatif ; délibératoire ; *~er Ausschuß* commission *f* consultative ; *~er Ingenieur* ingénieur-conseil *m* ; *~e Stimme* voix *f* consultative.

Berater *m,* - conseiller *m* ; conseil *m* ; *technischer ~* conseiller *m* technique ; ingénieur-conseil *m.*

Beratung *f,* **en 1.** conseil *m* **2.** délibération *f* ; *(jur.)* consultation *f* ; *zur ~ stellen* mettre en délibération.

Beratungsfirma *f,* **en** : société-conseil *f.*

Beratungsstelle *f,* **n** service *m* de consultation ; service d'information et d'orientation.

berauben 1. dévaliser ; dépouiller ; piller **2.** *jdn der Freiheit ~* priver qqn de sa liberté.

berechenbar calculable ; évaluable ; prévisible ; *ein ~es Risiko auf sich nehmen* prendre un risque calculé.

berechnen 1. calculer ; compter **2.** évaluer **3.** facturer ; inscrire au débit.

Berechnung *f,* **en 1.** calcul *m ; überschlägliche ~* calcul approximatif ; *~en an/stellen* effectuer des calculs **2.** estimation *f* **3.** facturation *f.*

Berechnungsgrundlage *f,* **n** base *f* de calcul.

berechtigen autoriser ; habiliter ; *jdn ~ etw zu tun* autoriser qqn à faire qqch.

berechtigt juste ; légitime ; justifié ; *~er Anspruch* prétention *f* légitime ; *~ sein* être en droit de.

Berechtigte/r *(der/ein)* ayant droit *m* ; bénéficiaire *m.*

Berechtigung *f,* **en** autorisation *f* ; droit *m* ; qualité *f* ; *(jur.)* bien-fondé *m.*

Berechtigungsschein *m,* **e** licence *f* ; permis *m* ; autorisation *f.*

Bereich *m,* **e** domaine *m* ; secteur *m* ; ressort *m* ; attributions *fpl.*

bereichern : *sich an jdm ~* s'enrichir sur le dos de qqn ; *sich unrechtmäßig ~* s'enrichir frauduleusement.

Bereicherung *f,* **en** enrichissement *m.*

bereinigen arranger ; apurer ; régler ; *ein Konto ~* apurer un compte.

Bereinigung *f,* **en** règlement *m* ; apurement *m* ; *(statist.)* correction *f.*

Bereitschaft *f,* **en 1.** disposition *f* ; disponibilité *f* ; *Geldmittel in ~ halten* tenir des fonds à disposition **2.** *in ~* en état d'alerte.

Bereitschaftsdienst *m,* **e** service *m* de permanence ; *(médecin)* service de garde ; *~haben* assurer une permanence.

Bereitschaftskosten *pl* coûts *mpl*

fixes ; coûts internes.

bereit/stellen mettre à la disposition ; dégager (des fonds) ; *Kredite ~* allouer des crédits.

Berg *m,* **e** montagne *f* ; *über dem ~ sein* avoir passé le cap difficile.

bergab en descendant ; sur la mauvaise pente ; *es geht mit ihm geschäftlich ~* ses affaires périclitent.

Bergarbeiter *m,* **-** (ouvrier) mineur *m.*

Bergarbeitersiedlung *f,* **en** coron *m.*

Bergbau *m,* *ϕ* industrie *f* minière ; exploitation *f* des mines.

Bergbaugesellschaft *f,* **en** société *f* minière.

Bergbauindustrie *f,* **n** industrie *f* minière.

bergbaulich minier ; *~er Betrieb* exploitation *f* minière.

Bergbaurevier *n,* **e** bassin *m* minier.

Bergfahrt *f,* **en** boom *m* ; essor *m* ; *(syn. der Boom, der Aufschwung m ; contr. die Talfahrt).*

Bergrecht *n,* *ϕ* droit *m* minier ; concession *f* minière.

Bergwerk *n,* **e** mine *f* ; exploitation *f* minière.

Bergwerksgesellschaft *f,* **en** ⇒ *Bergbaugesellschaft.*

Bericht *m,* **e** rapport *m* ; compte rendu *m* ; communiqué *m* ; bulletin *m* ; *amtlicher ~* rapport officiel ; procès-verbal *m* ; *vertraulicher ~* rapport confidentiel ; *über etw ~ erstatten* rapporter qqch ; faire un rapport sur.

berichten faire un rapport ; communiquer ; exposer ; *live ~* retransmettre en direct ; faire du direct.

Berichterstatter *m,* **-** **1.** *(journal)* correspondant *m* de presse ; reporter *m* **2.** rapporteur *m.*

berichtigen corriger ; rectifier ; *eine Buchung ~* rectifier une écriture ; *ein Konto ~* redresser un compte.

Berichtigung *f,* **en** **1.** *(comptab.)* rectification *f* ; correction *f* **2.** *~ einer Schuld* paiement *m* d'une dette **3.** *~ der Gehälter* ajustement *m* des salaires.

Berichtsjahr *n,* **e** exercice *m* ; année *f* de référence.

Berichtsperiode *f,* **n** ⇒ *Berichtszeitraum.*

Berichtszeitraum *m,* **¨e** période *f* de référence ; période considérée.

berücksichtigen tenir compte de ; *die Kosten ~* prendre les coûts en considération.

Berücksichtigung *f,* **en** (prise en) considération *f* ; égard *m* ; *ohne ~ (+G)* sans égard pour ; *unter ~ (+G)* compte tenu de ; en raison de ; *unter ~ dieser Vorbehalte* sous (compte tenu de) ces réserves.

Beruf *m,* **e** profession *f* ; métier *m* ; emploi ; activité *f* professionnelle **I.** *freier ~* profession libérale ; *gewerblicher ~* profession de l'industrie ; *handwerklicher ~* profession artisanale ; *kaufmännischer ~* profession commerciale ; *nicht selbständiger ~* profession salariée ; *technischer ~* profession technique **II.** *einen ~ aus/üben* exercer une profession, un métier ; *einen ~ erlernen* apprendre un métier.

berufen, ie, u **1.** nommer ; appeler **2.** *sich ~ auf(+A)* se référer à ; invoquer **3.** *(Autriche) (jur.)* faire appel.

beruflich professionnel ; *~er Aufstieg* promotion *f* sociale ; *~e Ausbildung* formation *f* professionnelle ; *~e Einstufung* classification *f* professionnelle ; *~e Fortbildung* formation *f* continue ; *~e Qualifikation (Eignung)* qualification *f* professionnelle ; *~e Tätigkeit* activité *f* professionnelle ; *~e Umschulung* reconversion *f* professionnelle ; recyclage *m.*

Berufsausbildung *f,* **en** formation *f* professionnelle.

Berufsaussichten *pl* perspectives *fpl,* espérances *fpl* professionnelles ; plan *m* de carrière.

Berufsausübung *f,* **en** exercice *m* d'une profession.

Berufsbeamte/r *(der/ein)* fonctionnaire *m* de carrière.

Berufsberater *m,* **-** conseiller *m* d'orientation professionnelle ; orienteur *m.*

Berufsberatung *f,* **en** orientation *f* professionnelle.

Berufsgrundbildungsjahr *n,* **e** première année *f* de formation professionnelle.

Berufserfahrung *f,* **en** expérience *f* professionnelle.

Berufsethos *n,* *ϕ* déontologie *f* professionnelle.

Berufsgeheimnis *n,* **se** secret *m* professionnel ; obligation *f* de réserve.

Berufsgenossenschaft *f,* **en** **1.** caisse *f* professionnelle d'assurances sociales **2.** association *f* professionnelle.

Berufskrankheit *f,* **en** maladie *f* professionnelle.

Berufsleben *n,* *ϕ* vie *f* professionnelle ; *im ~ stehen* exercer une profession ; être en activité.

berufsmäßig professionnel.

Berufspraktikum *n,* **-ka** stage *m* pratique, professionnel.

Berufsrisiko *n,* **-ken** risques *mpl* du

métier, professionnels.

Berufsschule *f,* **n** école *f* professionnelle, d'apprentissage ; centre *m* de formation professionnelle.

Berufsstand *m,* **¨e** corps *m* de métier ; corporation *f* ; ordre *m* (médecins, avocats).

berufsständisch : *~e Aufgliederung* structure *f* socio-professionnelle ; *~e Kammer* chambre *f* professionnelle, syndicale, corporative.

Berufsstatistik *f,* **en** statistique *f* des catégories professionnelles.

Berufsstruktur *f,* **en** structure *f* socio-professionnelle.

berufstätig exerçant une activité professionnelle ; *~e Bevölkerung* population *f* active *(syn. erwerbstätig).*

Berufstätige/r *(der/ein)* personne *f* active *(syn. Erwerbstätiger).*

Berufsverband *m,* **¨e** syndicat *m* professionnel.

Berufsverbot *n,* **e 1.** interdiction *f* d'exercer une profession **2.** *(R.F.A.)* interdiction professionnelle (refus des pouvoirs publics d'embaucher une personne soupçonnée d'avoir ou de propager des idées jugées non conformes à la constitution).

Berufsvereinigung *f,* **en** association *f* professionnelle.

Berufsverkehr *m,* *ϕ* circulation *f* en semaine (aux heures de pointe).

Berufsvorbildungsjahr *n,* **e** année *f* d'initiation professionnelle (pour jeunes immigrés).

Berufswahl *f,* *ϕ* choix *m* d'un métier, d'une profession ; changement de métier ; reconversion *f.*

Berufswechsel *m,* **-** changement *m* de profession ; changement de métier ; reconversion *f.*

Berufszweig *m,* **e** branche *f* professionnelle.

Berufung *f,* **en 1.** nomination *f* ; promotion *f* **2.** *(jur.)* recours *m* ; appel *m* ; pourvoi *m* ; *~ ein/legen (gegen + A)* faire appel (de) ; *eine ~ verwerfen* rejeter un appel **3.** vocation *f.*

Berufungsgericht *n,* **e** cour *f* d'appel ; juridiction *f* d'appel.

Berufungsinstanz *f,* **en** instance *f* d'appel ; tribunal *m* d'appel.

Berufungskammer *f,* **n** chambre *f* d'appel.

Berufungsverfahren *n,* **-** procédure *f* de recours ; instance *f* d'appel.

beruhigen calmer ; *sich ~* se ralentir ; *die Preisentwicklung hat sich beruhigt* on note une décélération des prix.

Beruhigung *f,* **en** accalmie *f* ; tassement *m* ; *~ der Konjunktur* ralentissement *m* conjoncturel.

besagt susmentionné ; susnommé ; *(jur.)* ledit.

Besatzung *f,* **en 1.** garnison *f* ; troupes *fpl* d'occupation **2.** équipage *m.*

beschädigen 1. endommager ; *~te Ware* marchandise *f* détériorée, avariée **2.** blesser ; mutiler ; *durch Arbeitsunfall ~t werden* être accidenté du travail.

Beschädigte/r *(der/ein)* mutilé *m* ; invalide *m* ; *~ mit einer 30 %igen Minderung der Erwerbstätigkeit* invalide *m* à 30 %.

Beschädigung *f,* **en 1.** dommage *m* ; dégât *m* ; endommagement *m* **2.** blessure *f* ; lésion *f.*

beschaffen procurer ; trouver ; fournir ; *sich etw ~* se procurer qqch ; *Geld, Kapital ~* réunir les fonds, les capitaux.

Beschaffenheit *f,* **en** qualité *f* ; état *m* ; conditionnement *m.*

Beschaffung *f,* **en** achat *m* ; acquisition *f* ; approvisionnement *m* ; fourniture *f* ; *~ von Sparkapital* collecte *f* de fonds d'épargne.

Beschaffungskosten *pl* prix *m* d'achat ; frais *mpl* d'acquisition.

Beschaffungsmarkt *m,* **¨e** marché *m* d'approvisionnement.

beschäftigen 1. employer ; occuper ; donner du travail ; *dieser Betrieb ~t 200 Arbeitnehmer* cette entreprise emploie 200 salariés **2.** *sich ~ mit* s'occuper de.

Beschäftigte/r *(der/ein)* personne *f* employée ; salarié *m* ; travailleur *m* ; personne active ; *selbständig, unselbständig ~r* travailleur indépendant ; salarié.

Beschäftigung *f,* **en** activité *f* ; emploi *m* ; occupation *f* ; travail *m* ; *bezahlte ~ (~ gegen Entgelt)* activité rémunérée ; *gewinnbringende ~* emploi lucratif ; *hauptberufliche, nebenberufliche ~* emploi principal, secondaire.

Beschäftigungsgrad *m,* *ϕ* **1.** degré *m* d'emploi **2.** capacité *f* de rendement ; taux *m* de chargement.

Beschäftigungslage *f,* **n** situation *f* de l'emploi ; *wie ist die jetzige ~ ?* où en est actuellement le marché du travail ?

beschäftigungslos sans emploi ; privé d'activité ; au chômage.

Beschäftigungspolitik *f,* *ϕ* politique *f* de l'emploi.

Beschäftigungsnachweis *m,* **e** certificat *m* délivré par l'employeur ; carte *f* de travail ; attestation *f* d'emploi.

Beschäftigungsstand *m,* ϕ niveau *m* de l'emploi.

Bescheid *m,* **e 1.** avis *m* ; communication *f* ; information *f* **2.** ordre *m* ; arrêt *m* ; décret *m* ; décision *f* ; *abschlägiger ~* refus *m* ; réponse *f* négative.

bescheinigen certifier ; attester ; *den Empfang eines Briefes ~* accuser réception d'une lettre.

Bescheinigung *f,* **en** certificat *m* ; attestation *f* ; *ärztliche ~* certificat médical ; *notarielle ~* attestation notariée ; *eine ~ aus/stellen* établir une attestation.

bescheißen, i, i *(fam. grossier)* rouler ; duper ; escroquer ; arnaquer.

beschenken 1. faire un cadeau **2.** faire une donation ; gratifier.

Beschenker *m,* - donateur *m.*

Beschenkte/r *(der/ein)* donataire *m* ; gratifié *m.*

Bechiß *m,* ϕ *(fam. grossier)* escroquerie *f* ; duperie *f* ; arnaque *f.*

Beschlag *m,* ϕ saisie *f* ; confiscation *f* ; *mit ~ belegen* mettre sous séquestre ; *in ~ nehmen* saisir ; confisquer.

Beschlagnahme *f,* **n** mainmise *f* ; confiscation *f* ; saisie *f* ; réquisition *f* ; embargo *m* ; *die ~ auf/heben* lever la saisie ; lever l'embargo.

beschlagnahmen réquisitionner ; confisquer ; saisir ; placer sous séquestre.

beschleunigen accélérer ; *~tes Verfahren* procédure *f* accélérée.

Beschleunigungsstreifen *m,* - voie *f* d'accélération ; voie rapide.

beschließen, o, o 1. (se) décider **2.** terminer ; *eine Arbeit ~* mettre fin à un travail **3.** *(jur.)* décréter ; statuer ; arrêter **4.** voter ; *die Satzung wurde einstimmig beschlossen* le statut a été adopté à l'unanimité.

beschließend délibératif.

Beschluß *m,* **¨sse 1.** décision *f* ; résolution *f* ; *einen ~ fassen* prendre une décision ; adopter une résolution **2.** *(jur.)* décret *m* ; arrêt *m* **3.** vote *m* ; délibération *f.*

beschlußfähig qui atteint le quorum ; ayant capacité de statuer ; *~ sein* avoir atteint le quorum.

beschneiden, i, i réduire ; amputer ; *das Budget drastisch ~* faire (pratiquer) des coupes sombres dans le budget.

beschränken limiter ; restreindre ; *sich ~ auf(+A)* se limiter à.

beschränkt limité ; restreint ; *~ haftender Teilhaber* commanditaire *m* ; *~e Haftung* responsabilité *f* limitée.

Beschränkung *f,* **en** limitation *f* ; restriction *f* ; *devisenrechtliche ~* restriction de change ; *mengenmäßige ~* limitation quantitative ; *satzungsmäßige ~* limitation statutaire ; *~en unter/liegen* être soumis à des restrictions.

beschreiten, i, i : *den Rechtsweg ~* recourir à la justice.

beschriften étiqueter.

beschuldigen inculper ; incriminer ; *er wurde eines Wirtschaftsvergehens beschuldigt* il fut accusé d'un délit économique.

Beschuldigte/r *(der/ein)* inculpé *m* ; accusé *m* ; prévenu *m.*

Beschuldigung *f,* **en** inculpation *f* ; incrimination *f* ; accusation *f.*

beschummeln *(fam.)* ⇒ *beschwindeln.*

Beschwerde *f,* **n 1.** réclamation *f* ; plainte *f* ; doléance *f* ; *eine ~ ein/legen* élever une protestation ; faire une réclamation ; *gegen jdn ~ führen* porter plainte contre qqn ; *eine ~ zurück/weisen* rejeter une plainte **2.** *(jur.)* pourvoi *m* ; recours *m.*

Beschwerdeabteilung *f,* **en** service *m* des réclamations.

Beschwerdebrief *m,* **e** lettre *f* de réclamation.

Beschwerdebuch *n,* **¨er** registre *m* des réclamations ; cahier *m* de doléances.

Beschwerdegericht *n,* **e** tribunal *m* d'appel.

Beschwerdeverfahren *n,* - procédure *f* de recours.

beschweren 1. grever ; charger ; alourdir **2.** *sich ~* se plaindre ; formuler des griefs.

beschwindeln tromper ; duper ; escroquer ; arnaquer.

beseitigen éliminer ; supprimer ; *Schwierigkeiten ~* aplanir des difficultés.

Beseitigung *f,* **en** abolition *f* ; suppression *f* ; *~ der Arbeitslosigkeit* résorption *f* du chômage.

besetzen occuper ; *eine Stelle ~* occuper un poste ; combler une vacance.

Besetztzeichen *n,* - *(téléph.)* tonalité *f* d'une ligne occupée.

Besicherung *f,* **en** garantie *f* ; *dingliche ~* garantie réelle.

besichtigen examiner ; visiter ; contrôler ; *wie ~t* qualité *f* vue et agréée.

Besichtigung *f,* **en** inspection *f* ; visite *f* ; examen *m.*

besiedelt peuplé ; *dicht, dünn ~* à forte, faible densité de population.

Besitz *m*, *φ* **1.** possession *f* ; propriété *f* ; détention *f* ; *gemeinsamer* ~ copropriété *f* ; *rechtmäßiger, unrechtmäßiger* ~ détention légale, illégale ; *in den* ~ *gelangen* entrer en possession **2.** fortune *f* ; biens *mpl* ; patrimoine *m*.

Besitzanspruch *m*, **⸚e** droit *m* de possession ; *auf etw* ~⸚*e erheben* faire valoir ses droits sur qqch.

Besitzeinkommen *n*, - revenu *m* de la fortune.

besitzen posséder ; détenir ; ~*de Klassen* classes *fpl* possédantes.

Besitzentziehung *f*, **en** dépossession *f* ; expropriation *f*.

Besitzer *m*, - possesseur *m* ; propriétaire *m* ; détenteur *m* ; porteur *m* ; *den* ~ *wechseln* changer de propriétaire ; passer en d'autres mains.

Besitzgemeinschaft *f*, **en** copropriété *f*.

Besitzstand *m*, *φ* état *m* de possession ; *seinen* ~ *vergrößern* augmenter son patrimoine.

Besitzsteuern *pl* impôts *m* sur le capital et le revenu ; impôt sur la fortune acquise et en voie d'acquisition.

Besitzurkunde *f*, **n** titre *m* de propriété.

Besitzwechsel *m*, *φ* **1.** changement *m* de propriété **2.** effet *m* à recevoir.

besolden rétribuer ; appointer.

Besoldung *f*, **en** rémunération *f* ; salaire *m* ; traitement *m* (fonctionnaire) ; appointements *mpl* ; solde *f* (militaire).

Besoldungsgruppe *f*, **n** échelon *m* hiérarchique.

Besoldungsordnung *f*, **en** échelle *f*, grille *f* des salaires.

Besoldungsrang , **⸚e** catégorie *f* salariale ; *in die höheren* ~ ⸚*e aufsteigen* accéder aux derniers échelons.

besorgen fournir ; procurer ; approvisionner.

Besorgung *f*, **en** **1.** fourniture *f* ; approvisionnement *m* ; achat *m* ; ~*en machen* faire des courses **2.** exécution *f* ; commission *f* ; ~ *fremder Geschäfte* gestion *f* d'affaires.

besprechen, a, o discuter ; débattre ; *sich mit jdm* ~ se concerter avec qqn.

Besprechung *f*, **en** discussion *f* ; débats *mpl* ; conférence *f* ; ~*en auf/nehmen* engager des pourparlers.

bessern : *sich* ~ s'améliorer ; se rétablir.

Besserung *f*, **en** amélioration *f* ; rétablissement *m* ; *die* ~ *auf dem Arbeitsmarkt* l'amélioration sur le marché de l'emploi.

Besserverdiener *pl* hauts-salaires *mpl* ; les revenus *mpl* élevés ; les nantis.

bestallen nommer ; investir dans une fonction.

Bestallung *f*, **en** nomination *f*.

Bestand *m*, **⸚e** **1.** existence *f* ; durée *f* ; stabilité *f* **2.** stock *m* ; réserve *f* ; *eiserner* ~ fonds *m* de réserve **3.** encaisse *f* ; solde *m* ; avoir *m* **4.** état *m* numérique ; ~ *an Arbeitskräften* effectif *m* de main-d'œuvre **5.** *(Autriche)* location *f* ; bail *m*.

Bestandsaufnahme *f*, **n** inventaire *m* ; vérification *f* des stocks *(syn. Inventur)*.

Bestandsverzeichnis *n*, **se** ⇒ *Bestandsaufnahme*.

Bestandteil *m*, **e** partie *f* (constituante) ; composante *f* ; élément *m* ; ~ *der Lohnkosten* élément *m* des coûts de la main-d'œuvre.

Bestarbeiter *m*, - *(R.D.A.)* ouvrier *m* modèle.

bestätigen confirmer ; constater ; attester ; *amtlich* ~ certifier ; légaliser ; valider.

Bestätigung *f*, **en** confirmation *f* ; attestation *f* ; *gerichtliche* ~ homologation *f* judiciaire.

Bestätigungsschreiben *n*, - **1.** lettre *f* de confirmation **2.** lettres *fpl* de créance.

Bestätigungsvermerk *m*, **e** avis *m* de confirmation ; notice *f* confirmative ; visa *m* de certification ; *(chèque)* visa *m* de provision.

bestechen, a, o corrompre ; acheter ; suborner (un témoin).

bestechlich corruptible ; vénal.

Bestechlichkeit *f*, *φ* vénalité *f*.

Bestechung *f*, **en** corruption *f* ; subornation *f* (témoin) ; *passive* ~ corruption passive ; trafic *m* d'influence ; *versuchte* ~ tentative *f* de corruption *(syn. Korruption)*.

Bestechungsgelder *pl* pot-de-vin *m* ; dessous *m* de table *(syn. Schmiergelder)*.

Bestellbuch *n*, **⸚er** livre *m*, carnet *m* de commandes *(syn. Auftragsbuch)*.

Bestelleingang *m*, **⸚e** commandes *fpl* enregistrées.

bestellen **1.** commander ; passer (une) commande ; *auf Abruf* ~ commander sur appel (au fur et à mesure des besoins) ; *fest* ~ commander ferme ; *mündlich, schriftlich* ~ commander verbalement, par écrit **2.** nommer ; *einen Sachverständigen* ~ désigner un expert **3.** constituer ; *eine Hypothek* ~ constituer une hypothèque **4.** *(jur.)* mander ; citer ; convoquer **5.** *(agric.)* cultiver.

Besteller *m*, - commettant *m* ; acheteur *m*.

Bestellformular *n*, **e** ⇒ *Bestellschein*.

Bestellkarte *f*, **n** ⇒ *Bestellschein*.

Bestellnummer *f*, **n** numéro *m* de commande.

Bestellschein *m*, **e** bon *m*, bulletin *m* de commande ; *einen ~ aus/füllen* remplir un bon de commande.

Bestellung *f*, **en** **1.** commande *f* ; demande *f* ; ordre *m* ; *auf ~* sur commande ; *bei ~* à la commande ; *eine ~ erteilen (auf/geben)* faire une commande ; *eine ~ widerrufen* annuler une commande **2.** désignation *f* **3.** constitution *f* (d'un droit réel).

Bestensauftrag *m*, **¨e** *(Bourse)* ordre *m* au mieux.

besteuerbar imposable ; taxable.

besteuern imposer ; taxer ; *ein Erzeugnis ~* taxer un produit.

Besteuerung *f*, **en** imposition *f* ; taxation *f* ; *direkte, indirekte ~* imposition directe, indirecte ; *~ an der Quelle* imposition *f*, retenue *f* à la source.

Besteuerungsart *f*, **en** mode *m* d'imposition.

Besteuerungsfreigrenze *f*, **n** abattement *m* à la base.

Besteuerungsgrundlage *f*, **n** assiette *f* d'imposition.

bestimmen **1.** fixer ; déterminer ; décider ; *die Preise ~* fixer les prix **2.** statuer ; stipuler ; régler **3.** destiner ; *zum Absatz ~t* destiné à la vente.

Bestimmung *f*, **en** **1.** fixation *f* ; détermination *f* **2.** disposition *f* ; clause *f* ; stipulation *f* ; *gesetzliche ~* disposition légale ; *nach den geltenden ~en* d'après les dispositions en vigueur **3.** destination *f* ; affectation *f*.

Bestimmungsland *n*, **¨er** pays *m* de destination.

Bestimmungsort *m*, **e** lieu *m* de destination ; *frei ~* franco lieu de destination ; *am ~ ein/treffen* arriver à destination.

bestrafen punir ; pénaliser ; frapper d'une peine ; sanctionner.

Bestrafung *f*, **en** peine *f* ; sanction *f*.

bestreiken immobiliser par une grève ; *ein Unternehmen ~* immobiliser une entreprise par la grève ; *der Betrieb wurde mehrfach ~t* l'entreprise *f* a été l'objet de grèves réitérées.

Bestreikung *f*, **en** immobilisation *f* d'une entreprise pour cause de grève ; paralysie *f*.

bestreiten, i, i **1.** contester ; contredire ; *die Echtheit einer Urkunde ~* contester l'authenticité d'un document **2.** payer ; subvenir ; *die Kosten ~* payer (assumer) les frais.

betätigen commander ; manœuvrer (machines) ; *sich politisch ~* exercer une activité politique.

Betätigung *f*, **en** **1.** commande *f* (appareil) **2.** activité *f* ; travail *m* ; action *f* ; *gewerkschaftliche ~* activité syndicale.

Betätigungsfeld *n*, **er** champ *m* d'activité.

beteiligen faire participer ; intéresser ; *jdn am Gewinn ~* intéresser qqn aux bénéfices ; *sich finanziell ~ an(+D)* avoir une participation financière dans.

Beteiligte/r *(der/ein)* participant *m* ; intéressé *m* ; associé *m* ; partenaire *m* ; partie *f* contractante.

beteiligt sein participer ; avoir une participation ; *mit 5 % am Gewinn ~* participer pour 5 % au bénéfice ; *zu gleichen Teilen ~* participer à parts égales.

Beteiligung *f*, **en** **1.** participation *f* ; intéressement *m* ; *finanzielle ~* participation financière ; *stille ~* participation occulte ; *~ der Arbeitnehmer am Gewinn des Unternehmens* participation des salariés aux bénéfices de l'entreprise **2.** quote-part *f* ; contribution *f*.

Beteiligungsgesellschaft *f*, **en** société *f* de participations ; association *f* en participation (entreprise membre d'un groupe de sociétés).

Beteiligungskonzern *m*, **e** consortium *m* de participation (groupement d'entreprises dans lequel l'une d'elles détient au moins 51 % du capital de l'autre).

Beteiligungsurkunde *f*, **n** titre *m* de participation.

Betr. ⇒ *Betreff*.

Betracht : *etw in ~ ziehen* prendre qqch en considération ; tenir compte de qqch ; *er kommt für diesen Posten nicht in ~* il n'a pas le profil requis pour ce poste.

Betrag *m*, **¨e** montant *m* ; somme *f* **I.** *abgehobener ~* somme retirée ; *abgerundeter ~* somme arrondie ; *absetzbarer ~* montant déductible ; *angelegter ~* somme investie ; *anteilmäßiger ~* montant proportionnel ; *ausgemachter ~* somme convenue ; *einbehaltener ~* somme retenue ; *fälliger ~* somme due ; *geschuldeter ~* somme due ; *hinterlegter ~* dépôt *m* ; *rückständiger ~* arriéré *m* ; *steuerfreier ~* montant exonéré d'impôt ; *voller ~* montant total **II.** *einen ~ erheben* prélever une somme ; *~ (dankend) erhalten* pour acquit ; *~ in Worten* montant en toutes lettres ; *bis zum ~ von* (jusqu')à concurrence de *(syn. Summe).*

betragen, u, a ⇒ *belaufen.*

betrauen confier ; *jdn mit einer Aufgabe ~* confier une tâche à qqn.

Betreff : *(Betr :)* objet *m* (d'une lettre).

betreiben, ie, ie exercer ; tenir ; exploiter ; pratiquer ; diriger ; *Dumping ~* pratiquer le dumping ; *gemeinschaftlich ~* exploiter en commun ; *ein Geschäft ~* diriger une affaire ; *ein Gewerbe ~* exercer une activité professionnelle.

Betreiber *m,* **-** exploitant *m* ; gérant *m* (établissement, etc.).

Betreuer *m,* **-** guide *m* ; conseiller *m* ; hôte(sse) *m/f* d'accueil.

Betreuung *f,* *ϕ* **1.** service *m* d'accueil ; *~ für Obdachlose* accueil *m* pour sinistrés **2.** service (personnel) ; soins *mpl* ; assistance *f.*

Betrieb *m,* **e 1.** entreprise *f* ; exploitation *f* ; établissement *m* **I.** *gemeinnütziger ~* exploitation d'utilité publique ; *genossenschaftlicher ~* exploitation coopérative ; *gewerblicher ~* établissement industriel ou commercial ; *handwerklicher ~* établissement artisanal ; *kaufmännischer ~* maison *f* de commerce ; entreprise commerciale ; *landwirtschaftlicher ~* exploitation agricole ; *öffentlicher (staatlicher) ~* entreprise publique ; *privater ~* entreprise privée ; *(R.D.A) volkseigener ~* entreprise nationalisée **II.** *der ~ beschäftigt 300 Leute* l'entreprise emploie 300 personnes ; *einen ~ leiten* diriger une entreprise ; *einen ~ rationalisieren* rationaliser une entreprise ; *einen ~ stillegen* cesser l'exploitation *(syn. Unternehmen)* **2.** fonctionnement *m* ; marche *f* ; service *m* ; activité *f* ; *die Anlage ist in, außer ~* l'installation *f* est en, hors service ; *außer ~ setzen* mettre hors service ; arrêter ; *in ~ setzen* mettre en marche ; faire marcher.

betrieblich de l'entreprise ; de l'exploitation ; *~e Aufwendungen* charges *fpl* d'exploitation ; *~e Kennzahlen* ratios *mpl* ; *~e Sozialleistungen* prestations *fpl* sociales de l'entreprise.

Betriebs- *(préfixe)* **1.** touchant à l'exploitation, à l'entreprise **2.** relatif au fonctionnement, à la marche, au service.

Betriebsablauf *m,* **¨e** marche *f* de l'exploitation.

Betriebsabrechnung *f,* **en** comptabilité *f* industrielle ; décompte *m* d'exploitation ; état *m* périodique de la comptabilité industrielle.

Betriebsakademie *f,* **n** *(R.D.A.)* centre *m* de formation professionnelle supérieure rattaché à l'entreprise.

Betriebsanalyse *f,* **n** étude *f* de l'exploitation générale ; situation *f* analytique de l'entreprise.

Betriebsanforderungen *pl* exigences *fpl* de l'entreprise.

Betriebsangehörige/r *(der/ein)* membre *m* du personnel d'une entreprise ; salarié *m* ; *die ~n* le personnel.

Betriebsanlage *f,* **n 1.** surface *f* occupée par l'exploitation **2.** *~n* installations *fpl* (industrielles) ; immobilisations *fpl.*

Betriebsanleitung *f,* **en 1.** instructions *fpl* de service **2.** mode *m* d'emploi ; mode de fonctionnement.

Betriebsanweisung *f,* **en** ⇒ *Betriebsanleitung.*

Betriebsarzt *m,* **¨e** médecin *m* du travail ; médecin d'entreprise.

Betriebsaufwand *m,* **-wendungen** charges *fpl* d'exploitation.

Betriebsausflug *m,* **¨e** excursion *f* (annuelle) du personnel d'une entreprise.

Betriebsausgaben *pl* frais *mpl* d'exploitation ; charges *fpl.*

Betriebsausschuß *m,* **¨sse** comité *m* d'établissement ; délégation *f* d'entreprise.

betriebsbedingt servant à l'entreprise ; se rapportant à l'exploitation ; *~e Aufwendungen* charges *fpl* d'exploitation.

Betriebsberater *m,* **-** consultant *m* en entreprise ; ingénieur-conseil *m* ; audit *m.*

Betriebsberatung *f,* **en** conseil *m* en entreprise ; ingénierie *f* ; audit *m.*

betriebsbereit prêt à l'emploi ; programmé ; *dieser Taschenrechner ist ~* cette calculatrice est immédiatement utilisable.

Betriebsbesichtigung *f,* **en** visite *f* d'entreprise.

Betriebsbuchführung *f,* **en** ⇒ *Betriebsbuchhaltung.*

Betriebsbuchhalter *m,* **-** technicien *m* comptable.

Betriebsbuchhaltung *f,* **en** comptabilité *f* d'exploitation ; comptabilité analytique.

Betriebsbudget *n,* **s** prévision *f* d'exploitation ; budget *m* de l'entreprise.

Betriebsdirektor *m,* **en** directeur *m* d'usine, d'exploitation.

betriebseigen appartenant à l'entreprise ; d'entreprise.

Betriebseinnahmen *pl* recettes *fpl*

d'exploitation.

Betriebseinrichtung *f,* **en** installation *f,* équipement *m* (d'entreprise).

Betriebseinschränkungen *pl* compression *f* de service ; réduction *f* de l'exploitation.

Betriebseinstellung *f,* **-en** fermeture *f* d'entreprise ; cessation *f* de l'exploitation.

Betriebserfolg *m,* **e** ⇒ *Betriebsergebnis.*

Betriebsergebnis *n,* **se** résultat *m* d'exploitation.

Betriebserlaubnis *f,* **se** licence *f* d'exploitation.

Betriebserweiterung *f,* **en** extension *f* d'un établissement (industriel ou commercial).

Betriebsferien *pl* fermeture *f* annuelle ; congé *m* collectif.

Betriebsform *f,* **en** forme *f* (juridique) d'exploitation.

Betriebsforschung *f,* **en** recherche *f* opérationnelle *(syn. Unternehmensforschung ; Operations-research).*

betriebsfremd étranger à l'entreprise ; *der Zutritt ist ~en Personen nicht gestattet* accès *m* interdit aux personnes étrangères au service.

Betriebsführer *m,* **-** ⇒ *Betriebsleiter.*

Betriebsführung *f,* **en** ⇒ *Betriebsleitung.*

Betriebsgeheimnis *n,* **se** secret *m* de fabrication, d'exploitation ; *ein ~ wahren, verletzen* garder, divulguer un secret de fabrication.

Betriebsgemeinkosten *pl* frais *mpl* de gestion.

Betriebsgemeinschaft *f,* **en 1.** personnel *m* de l'entreprise **2.** exploitation *f* en commun.

Betriebsgewinn *m,* **e** bénéfice *m* d'exploitation ; *einen ~ erzielen* réaliser un bénéfice (d'exploitation).

Betriebsingenieur *m,* **e** ingénieur *m* technico-commercial.

betriebsintern interne (à l'entreprise) ; *~e Schwierigkeiten* difficultés *fpl* internes.

Betriebsinventar *n,* *ϕ* matériel *m,* installations *fpl* et équipement *m.*

Betriebsjahr *n,* **e** exercice *m.*

Betriebskapazität *f,* **en** capacité *f* de production ; *die ~ ein/schränken, erweitern* réduire, augmenter les capacités de production.

Betriebskapital *n,* *ϕ* fonds *m* de roulement ; capital *m* d'exploitation ; *das ~ auf/stocken* augmenter le fond de roulement *(syn. Umlaufvermögen).*

Betriebskennzahlen *pl* données *fpl* sur l'entreprise ; ratios *mpl.*

Betriebsklima *n,* *ϕ* ambiance *f* de travail ; *das ~ verbessern* améliorer le climat de l'entreprise.

Betriebskollektivvertrag *m,* **¨e** *(R.D.A)* engagement *m* annuel pris par une équipe de travail de remplir certaines normes de production.

Betriebskosten *pl* charges *fpl* d'exploitation ; frais *mpl* généraux ; *allgemeine ~* coûts *mpl* fixes d'exploitation.

Betriebskredit *m,* **e** crédit *m* à court terme (servant au financement du fonds de roulement) *(contr. Anlagekredit).*

Betriebsleiter *m,* **-** chef *m* d'entreprise ; directeur *m* d'usine ; manager *m ;* gérant *m.*

Betriebsleitung *f,* **en** direction *f* de l'entreprise ; gestion *f* (d'entreprise) ; management *m* ; *die ~ übernehmen* prendre (en charge) la direction d'une entreprise.

Betriebsmittel *pl* moyens *mpl* de production ; *finanzielle ~* capital *m* d'exploitation ; *technische ~* moyens d'exploitation.

betriebsnah adapté à l'entreprise ; répondant aux besoins de l'entreprise.

Betriebsobmann *m,* **-männer** ou **-leute** délégué *m* du personnel ; homme *m* de confiance.

Betriebsordnung *f,* **en** règlement *m* intérieur (d'entreprise).

Betriebsorganisation *f,* **en** organisation *f* de l'entreprise.

Betriebspaß *m,* **¨sse** *(R.D.A.)* données *fpl* techniques et commerciales d'une entreprise.

Betriebspersonal *n,* *ϕ* personnel *m* d'une entreprise ; *~ ein/sparen* dégraisser les effectifs.

Betriebsplanung *f,* **en** programme *m* de fabrication ; gestion *f* prévisionnelle.

Betriebspolitik *f,* *ϕ* politique *f* de l'entreprise.

Betriebsprüfung *f,* **en** vérification *f* des livres et de la gestion d'une entreprise ; contrôle *m* fiscal.

Betriebsrat *m,* **¨e 1.** délégués *mpl* du personnel ; comité *m* d'entreprise (dont les attributions en R.F.A. sont plutôt d'ordre syndical) **2.** ⇒ *Betriebsratsmitglied.*

Betriebsratsmitglied *n,* **er** membre *m* du comité d'entreprise ; *~er wählen* élire les délégués du personnel.

Betriebsratsvorsitzende/r *(der/ein)* président *m* du comité d'entreprise.

Betriebsrechnung *f,* **en** compte *m*

d'exploitation.

Betriebsrisiko *n,* s ou **-ken** risque *m* d'exploitation ; risque de gestion.

Betriebsschließung *f,* **en** ⇒ *Betriebsstillegung.*

Betriebsschluß *m,* ϕ fin *f* de la journée de travail ; sortie *f* de l'usine.

betriebssicher en état de fonctionnement ; *eine ~e Anlage* machines *fpl* en état de marche.

Betriebssicherheit *f,* ϕ sécurité *f* d'exploitation ; bon fonctionnement (appareils) ; fiabilité *f.*

Betriebssoziologie *f,* ϕ sociologie *f* de l'industrie ; sociologie industrielle.

Betriebsstatistik *f,* **en 1.** statistiques *fpl* d'exploitation **2.** recensement *m* des entreprises dans les différents secteurs.

Betriebsstillegung *f,* **en** fermeture *f* (définitive) d'une entreprise ; arrêt *m* de l'exploitation.

Betriebsstoff *m,* **e** produit *m* de fonctionnement ; matières *fpl* auxiliaires.

Betriebsstörung *f,* **en** perturbations *fpl* au sein de l'entreprise ; incident *m* de fonctionnement.

Betriebssystem *n,* **e** *(inform.)* unité *f* d'opération.

betriebstechnisch : *~e Anforderungen* exigences *fpl* techniques de l'entreprise.

Betriebstreue *f,* ϕ fidélité *f* à l'entreprise ; attachement *m* à une maison.

Betriebsumstellung *f,* **en** reconversion *f* de l'exploitation ; *eine ~ vor/nehmen* reconvertir une entreprise.

Betriebsunfall *m,* **¨e** accident *m* du travail *(syn. Arbeitsunfall).*

Betriebsunkosten *pl* frais *mpl* généraux d'exploitation.

Betriebsvereinbarung *f,* **en** accord *m* salarial (conclu entre le chef d'entreprise et les représentants du personnel).

Betriebsverfassung *f,* **en** constitution *f* de l'entreprise (fixant les règles et les droits des salariés à l'intérieur de l'entreprise).

Betriebsverfassungsgesetz *n,* ϕ *(BVG)* loi *f* (organique) sur les comités d'entreprise ; « petite » cogestion (un tiers de délégués du personnel au conseil de surveillance ; législation de 1952, modifiée et amendée en 1964 et 1972).

Betriebsvergleich *m,* **e 1.** comparaison *f* interentreprise **2.** comparaison des indices de production de l'entreprise **3.** tableau *m* comparatif de l'évolution de l'entreprise.

Betriebsverlagerung *f,* **en** ⇒ *Betriebsverlegung.*

Betriebsverlegung *f,* **en** transfert *m* de l'entreprise.

Betriebsvermögen *n,* **-** capital *m* d'exploitation ; *unbewegliches ~* immobilisations *fpl* ; valeurs *fpl* immobilisées.

Betriebsversammlung *f,* **en** assemblée générale *f* du personnel d'une entreprise (sous la présidence du président du comité d'entreprise).

Betriebswirt *m,* **e 1.** diplômé *m* en gestion des entreprises **2.** gestionnaire *m (contr. Volkswirt).*

Betriebswirtschaft *f,* ϕ gestion *f* de l'entreprise ; micro-économie *f* ; *~ studieren* faire des études de gestion.

betriebswirtschaftlich relatif à la gestion ; *ein ~es Studium absolvieren* faire des études de gestion.

Betriebswirtschaftslehre *f,* **n (BWL)** (enseignement *m* de la) gestion *f.*

Betriebswissenschaft *f,* **en** science *f* de la gestion.

Betriebswohnung *f,* **en** logement *m* de fonction.

Betriebszeit *f,* **en** *(einer Maschine)* durée *f* de vie, d'utilisation d'une machine.

Betriebszugehörigkeit *f,* ϕ appartenance *f* à l'entreprise ; *Dauer der ~* ancienneté *f* de service, de maison.

Betrifft ⇒ *Betreff.*

Betrug *m,* ϕ tromperie *f* ; fraude *f* ; escroquerie *f* ; détournement *m.*

betrügen escroquer ; tromper ; frauder.

Betrüger *m,* **-** escroc *m* ; fraudeur *m.*

betrügerisch frauduleux ; *in ~er Absicht* avec intention de frauder ; *~er Bankrott* banqueroute *f* frauduleuse.

betucht *(fam.)* fortuné ; riche.

beurkunden certifier ; authentifier ; attester par écrit ; *etw ~ lassen* faire authentifier, certifier un document.

Beurkundung *f,* **en** certification *f* ; attestation *f* ; *gerichtliche ~* législation *f* judiciaire.

beurlauben 1. donner un congé **2.** congédier ; licencier ; suspendre.

Beurlaubung *f,* **en** mise *f* en congé ; mise en disponibilité.

beurteilen juger ; apprécier ; *die Belegschaft ~* porter un jugement sur le personnel.

Beurteilung *f,* **en** jugement *m* ; appréciation *f* ; *~ der Lage* examen *m* de la situation.

beuteln *(fam.)* escroquer ; filouter ; arnaquer.

bevölkern peupler ; *dicht, dünn ~t* à forte, faible densité de population.

Bevölkerung *f,* **en** population *f* ; peuplement *m* ; habitants *mpl* ; *erwerbstätige (berufstätige) ~* population active ; *städtische, ländliche ~* population urbaine, rurale ; *Mobilität einer ~* mobilité *f* d'une population ; *Überalterung der ~* vieillissement *m* de la population.

Bevölkerungsdichte *f,* ϕ densité *f* de population (au km²).

Bevölkerungsexplosion *f,* **en** explosion *f* démographique.

bevölkerungspolitisch • démographique ; *~e Maßnahmen* mesures *fpl* démographiques.

Bevölkerungspyramide *f,* ϕ pyramide *f* démographique.

Bevölkerungsrückgang *m,* **¨e** diminution *f* de la population ; population *f* en régression ; dépopulation *f.*

Bevölkerungsschwund *m,* ϕ ⇒ *Bevölkerungsrückgang.*

Bevölkerungsüberschuß *m,* **¨sse** excédent *m* de (la) population.

bevollmächtigen mandater ; habiliter ; donner pouvoir, procuration à.

Bevollmächtigte/r *(der/ein)* fondé *m* de pouvoir ; mandataire *m.*

Bevollmächtigung *f,* **en** procuration *f* ; autorisation *f* ; habilitation *f* ; mandat *m.*

bevormunden tenir, mettre en tutelle.

Bevormundung *f,* **en** mise *f* en tutelle ; tutelle *f.*

bevorraten approvisionner ; stocker ; mettre en réserve.

Bevorratung *f,* **en** stockage *m* ; approvisionnement *m* ; *betriebsnotwendige ~* stockage nécessaire à l'exploitation.

bevorrechtigt : *~e Aktie, Forderung* action *f,* créance *f* privilégiée.

bevorschussen avancer (de l'argent) ; *das Gehalt ~* faire une avance sur le salaire.

bevorstehend imminent.

bevorzugen privilégier ; favoriser ; *~te Behandlung* traitement *m* de faveur.

Bevorzugung *f,* **en** préférence *f* ; faveur *f* ; privilège *m.*

Bewaffnung *f,* **en** armement *m* ; *atomare ~* armement nucléaire, atomique.

bewahren garder ; *Urkunden ~* conserver des documents.

bewähren : *sich ~* faire ses preuves ; *als Chef hat er sich ~t* il a fait ses preuves en tant que chef.

Bewahrer *m,* **-** dépositaire *m* ; conservateur *m.*

Bewährung *f,* **en** épreuve *f* ; *(jur.)* sursis *m.*

Bewährungsfrist *f,* **en** *(jur.)* sursis *m* ; *mit ~* avec sursis.

Beweggrund *m,* **¨e** motif *m* ; *unerlaubter ~* cause illicite.

beweglich 1. mobile **2.** mobilier ; meuble ; *~e Habe* biens *mpl* meubles ; *~e Werte* valeurs *fpl* mobilières.

Beweglichkeit *f,* ϕ mobilité *f* ; *~ der Arbeitskräfte* mobilité de la main-d'œuvre *(syn. Mobilität).*

Beweglichkeiten *pl (Suisse)* biens *mpl* mobiliers.

Bewegung *f,* **en** mouvement *m* ; *rückläufige ~ der Preise* fléchissement *m,* recul *m* des prix ; *~ auf den Bankkonten* mouvement sur les comptes bancaires.

Bewegungsbilanz *f,* **en** *(comptab.)* balance *f* des mutations des valeurs.

Beweis *m,* **e** preuve *f* ; *unumstößlicher ~* preuve péremptoire, irréfutable ; *~e erbringen* apporter des preuves ; *Freispruch mangels ~* acquittement *m* faute de preuves.

Beweisaufnahme *f,* **n** *(jur.)* enquête *f* ; instruction *f* ; constat *m* ; administration *f* des preuves.

beweisen, ie, ie prouver ; démontrer ; faire la preuve de.

Beweismaterial *n,* **-ien** pièces *fpl,* documents *mpl* à l'appui ; *~ sammeln* rassembler des preuves.

bewerben, a, o : *sich ~* poser sa candidature ; se porter candidat ; *sich um eine Stelle ~* postuler un emploi.

Bewerber *m,* **-** candidat *m* ; postulant *m (syn. Kandidat ; Anwärter).*

Bewerbung *f,* **en** candidature *f* ; demande *f* d'emploi ; *die ~ um einen Posten* la candidature à un poste.

Bewerbungsakten *pl* ⇒ *Bewerbungsunterlagen.*

Bewerbungsgesuch *n,* **e** (acte de) candidature *f.*

Bewerbungsschreiben *n,* **-** lettre *f* de candidature ; lettre de demande d'emploi ; offre *f* de service ; *sein ~ ein/reichen* envoyer sa candidature.

Bewerbungsunterlagen *pl* dossier *m* de candidature ; *seine ~ ein/reichen* envoyer son dossier de candidature.

bewerten évaluer ; apprécier ; *zu hoch, zu niedrig ~* surestimer, sous-estimer ; surévaluer, sous-évaluer.

Bewertung *f,* **en** estimation *f* ; évaluation *f* ; appréciation *f* ; *eine ~ von etw vor/nehmen* évaluer qqch.

Bewertungsfehler *m,* **-** erreur *f* d'évaluation.

Bewertungsgrundlage *f,* **n** base *f* d'évaluation.

Bewertungsmaßstab *m,* ¨e échelle *f* d'évaluation.

bewilligen accorder ; octroyer ; consentir ; *ein Darlehen ~* consentir un prêt.

Bewilligung *f,* **en** octroi *m* ; autorisation *f* ; licence *f* ; *~ von Mitteln* affectation *f* de fonds ; déblocage *m* de crédits.

bewirtschaften 1. administrer ; gérer ; exploiter ; *intensiv ~te Fläche* surface *f* de culture intensive **2.** réglementer ; contingenter ; *~ter Markt* marché *m* réglementé ; *~te Ware* produit *m* contingenté.

Bewirtschaftung *f,* **en 1.** administration *f* ; gestion *f* ; exploitation *f* ; *~ der Haushaltsmittel* gestion budgétaire **2.** réglementation *f* ; contingentement *m* ; rationnement *m.*

Bewirtungskosten *pl* note *f* de frais.

bewohnen habiter ; occuper ; *dicht ~te Siedlung* agglomération *f* fortement urbanisée.

Bewohner *m,* - habitant *m* ; occupant *m.*

Bewohnerschaft *f,* φ habitants *mpl.*

bez. ⇒ *bezahlt.*

bezahlen payer ; régler ; acquitter ; rétribuer ; *bar (in bar) ~* payer comptant, en espèces ; *im voraus ~* payer d'avance ; anticiper un paiement ; *gegen Kasse ~* payer comptant ; *in Monatsraten ~* payer par mensualités ; *einen Wechsel ~* honorer une traite *(syn. zahlen ; begleichen).*

bezahlt 1. *(Bourse)* comptant ; *~ und Brief* comptant vendeur ; *~ und Geld* comptant acheteur **2.** payé ; rémunéré ; acquitté ; *~er Feiertag* journée *f* chômée payée (fériée) ; *~er Urlaub* congé *m* payé.

Bezahlung *f,* **en** paiement *m* ; règlement *m* ; rétribution *f* ; *gegen ~* contre, moyennant paiement ; *~ von Schulden* acquittement *m* de dettes.

bezeichnen marquer ; étiqueter ; désigner.

Bezeichnung *f,* **en** désignation *f* ; marque *f* ; étiquette *f* ; *handelsübliche ~* nom *m* commercial ; dénomination *f* commerciale.

bezeugen témoigner ; attester.

Bezeugung *f,* **en** témoignage *m* ; attestation *f.*

bezichtigen inculper ; incriminer ; *jdn eines Vergehens ~* accuser qqn d'un délit.

beziehen, o, o 1. recevoir ; acheter ; toucher ; *direkt ~* acheter de première main ; *eine Rente ~* toucher une rente ; *Waren ~* se fournir en marchandises ; *eine Zeitung ~* être abonné à un journal **2.** *sich ~ auf(+A)* se référer à qqch ; se rapporter à qqch.

Bezieher *m,* - acheteur *m* ; abonné *m* (journal) ; *~ einer Pension* bénéficiaire *m* d'une retraite.

Bezieherwerber *m,* - démarcheur *m* (en vue de faire souscrire des abonnements).

Beziehung *f,* **en** relation *f* ; rapport *m* **I.** *durch ~en* par relations ; « par piston » ; *diplomatische, geschäftliche ~en* relations diplomatiques, d'affaires **II.** *~en ab/brechen* rompre les relations ; *~en auf/nehmen* nouer des relations.

beziffern numéroter ; chiffrer ; évaluer ; *sich ~ auf* s'élever à ; se chiffrer à.

Bezirk *m,* **e** circonscription *f* ; district *m* ; zone *f* ; secteur *m.*

Bezogene/r *(der/ein)* tiré *m* (lettre de change, chèque) *(syn. Trassat).*

Bezug *m,* ¨e référence *f* ; abonnement *m* (journal) ; achat *m* ; approvisionnement *m* ; fourniture *f* ; *in ~ auf die Wirtschaft* par référence à l'économie ; *~ nehmen auf(+A)* se référer à.

Bezüge *pl* **1.** appointements *mpl* ; émoluments *mpl* ; traitement *m* ; *laufende ~* revenus *mpl* périodiques **2.** prestations *fpl* ; allocations *fpl.*

Bezugnahme *f,* φ référence *f* ; *(corresp.) unter ~ auf(+A)* (en) nous référant à.

Bezugsaktie *f,* **n** action *f* nouvelle (provenant d'une augmentation de capital).

Bezugsangebot *n,* **e** *(bourse)* conditions *fpl* d'acquisition d'actions nouvelles (1 pour 3 anciennes, par ex.).

Bezugsbedingungen *pl* conditions *fpl* d'achat, de livraison ; *(journal)* conditions d'abonnement.

Bezugsberechtigte/r *(der/ein)* ayant droit *m* ; bénéficiaire *m.*

Bezugsdauer *f,* φ durée *f* pendant laquelle on perçoit qqch ; durée, période d'abonnement.

Bezugspreis *m,* **e** prix *m* d'achat ; *(Bourse)* prix d'émission.

Bezugsquelle *f,* **n** source *f* d'approvisionnement ; *die ~ wechseln* changer de fournisseur.

Bezugsquellennachweis *m,* **e** liste *f* des fournisseurs.

Bezugsrecht *n,* **e 1.** droit *m* préférentiel, d'option **2.** *~ auf neue Aktien* droit de souscription à des actions nouvelles ; *(Bourse) mit, ohne* ~ droit attaché, détaché.

Bezugsschein *m,* **e 1.** bon *m* d'achat ; ticket *m* de rationnement **2.** *(action)* certificat *m* de souscription.

Bezugszeichen *n,* **-** *(corresp.)* référence *f.*

bezuschussen subventionner *(syn. subventionieren).*

Bezuschussung *f,* **en** subvention *f* *(syn. Subvention).*

BfA ⇒ *Bundesversicherungsanstalt für Angestellte.*

BfG ⇒ *Bank für Gemeinwirtschaft.*

BFH ⇒ *Bundesfinanzhof.*

bfn ⇒ *brutto für netto.*

BGB ⇒ *bürgerlich.*

BGB-Gesellschaft *f,* **en** société *f* civile.

BGH ⇒ *Bundesgerichtshof.*

BI ⇒ *Bürgerinitiative.*

bieten, o, o 1. offrir ; faire une offre **2.** faire une enchère ; enchérir ; *höher* ~ surenchérir.

Bietende/r *(der/ein)* ⇒ *Bieter.*

Bieter *m,* **-** offrant *m* ; enchérisseur *m* (enchère) ; soumissionnaire *m.*

Big Bang *m,* φ ['big'bɛŋ] réforme *f* de la bourse de Londres (1986), apparition des « broker-dealer » (remplaçant les « broker » et « jobbers »).

Bilanz *f,* **en** bilan *m* ; balance *f* ; résultat *m* global ; relevé *m* des soldes **I.** *aktive, passive* ~ bilan au solde actif, passif ; *gefälschte (frisierte, verschleierte)* ~ bilan falsififé, maquillé ; *jährliche* ~ bilan annuel ; *konsolidierte* ~ bilan consolidé ; *überschüssige (positive), defizitäre (negative)* ~ bilan excédentaire, déficitaire **II.** *die* ~ *auf/stellen (ziehen)* dresser le bilan ; *die* ~ *frisieren* truquer le bilan ; *die* ~ *prüfen* contrôler le bilan ; *die* ~ *vor/legen* présenter le bilan.

Bilanzabschluß *m,* **¨sse** clôture *f* du bilan.

Bilanzanalyse *f,* **n** analyse *f* du bilan ; interprétation *f* du bilan ; *interne, externe* ~ analyse interne, analyse externe.

Bilanzaufstellung *f,* **en** établissement *m* du bilan.

Bilanzbereinigung *f,* **en** apurement *m* du bilan.

Bilanzberichtigung *f,* **en** redressement *m,* rectification *f* du bilan.

Bilanzbuch *n,* **¨er** livre *m* d'inventaire.

Bilanzfälschung *f,* **en** falsification *f* du bilan.

Bilanzformblatt *n,* **¨er** bilan *m* normalisé.

Bilanzfrisur *f,* **en** maquillage *m* du bilan ; truquage *m* du bilan.

Bilanzgewinn *m,* **e** bénéfice *m* inscrit au bilan ; report *m* à nouveau (bénéficiaire) ; *(syn. Reingewinn).*

Bilanzgliederung *f,* **en** structure *f* du bilan.

bilanzieren dresser le bilan ; établir la balance ; prendre en compte dans un bilan.

Bilanzierung *f,* **en** établissement *m* du bilan ; balance *f* ; compensation *f* des valeurs de l'actif et du passif.

Bilanzjahr *n,* **e** exercice *m* comptable.

bilanzmäßig établi par le bilan ; *~e Abschreibung* valeur *f* comptable de l'amortissement.

Bilanzposten *m,* **-** poste *m* du bilan.

Bilanzprüfer *m,* **-** expert - comptable *m* ; commissaire *m* aux comptes (S.A.).

Bilanzprüfung *f,* **en** contrôle *m* du bilan.

Bilanzregel *f,* **n** : *goldene* ~ règle *f* d'or.

Bilanzstichtag *m,* **e** date *f* de clôture de l'exercice ; date *f* du bilan.

Bilanzsumme *f,* **n** total *m* du bilan.

Bilanzverlust *m,* **e** déficit *m* inscrit au bilan ; report *m* à nouveau (déficitaire) ; perte *f* comptable *(syn. Reinverlust).*

Bilanzverschleierung *f,* **en** truquage *m* du bilan.

Bilanzvorlage *f,* **n** présentation *f* du bilan.

Bilanzwert *m,* **e** valeur *f* au bilan ; valeur comptable, valeur d'inventaire.

Bilanzziehung *f,* **en** ⇒ *Bilanzaufstellung.*

bilateral bilatéral ; *~es Abkommen* accord *m* bilatéral *(syn. zweiseitig).*

bilden former ; créer ; *Kapital* ~ constituer du capital.

Bildschirm *m,* **e** *(inform.)* écran *m* de visualisation ; *(fam.)* visu *f* ; *die Daten erscheinen auf dem* ~ les données *fpl* apparaissent sur l'écran.

Bildschirmtext *m,* **e** *(Btx) (inform.)* minitel *m* ; télétel *m* ; service *m* télématique ; vidéotex *m.*

Bildtelefon *n,* **e** vidéophone *m.*

Bildung *f,* **en 1.** formation *f* ; organisation *f* ; ~ *von Rücklagen* constitution *f* de réserves **2.** instruction *f* ; enseignement *m.*

Bildungsurlaub *m,* φ congé *m* de recyclage ; année *f* sabbatique.

Bildungsweg *m,* **e** filière *f* ; curriculum *m* ; cursus *m* ; *der zweite* ~ formation *f* parallèle ; études *fpl* (post-) universitaires.

billig 1. bon marché ; pas cher ; *zu ~em Preis* à bas prix ; *~ kaufen* acheter à bon prix **2.** juste ; équitable ; *nach ~em Ermessen* en toute équité ; d'après une appréciation équitable.

billigen sanctionner ; *einen Beschluß ~* approuver une décision.

Billigflagge *f,* **n** *(maritime)* pavillon *m* de complaisance.

Billigkeit *f,* *ϕ* **1.** équité *f* ; justice *f* ; *nach ~ entscheiden* statuer en toute équité **2.** *(rare)* modicité *f* du prix.

Billigpreisland *n,* **¨er** pays *m* pratiquant le dumping.

Billigtarif *m,* **e** tarif *m* réduit ; *zum ~ fahren* voyager à tarif réduit.

Billigung *f,* **en** approbation *f* ; consentement *m.*

Billion *f,* **en** billion *m* ; mille *m* milliards.

Bimetallismus *m,* *ϕ* bimétallisme *m* ; système *m* du double étalon *(contr. Monometallismus).*

binär *(inform.)* binaire.

Binärsystem *n,* *ϕ* système *m* binaire ; principe *m* « oui-non ».

bindend obligatoire ; engageant ; *~es Angebot* offre *f* ferme.

Bindung *f,* **en 1.** engagement *m* ; obligation *f* **2.** lien *m* ; liaison *f.*

binnen *(+D)* dans le délai de ; en l'espace de ; *~ 8 Tagen* d'ici 8 jours ; sous huitaine.

Binnen- *(préfixe)* intérieur ; interne ; du pays ; national *(contr. Außen-).*

Binnenflugverkehr *m,* *ϕ* trafic *m* aérien intérieur ; lignes *fpl* intérieures.

Binnenhandel *m,* *ϕ* commerce *m* intérieur.

Binnenmarkt *m,* **¨e** marché *m* intérieur ; *europäischer ~* marché unique européen.

Binnennachfrage *f,* **n** demande *f* intérieure, nationale.

Binnenschiffahrt *f,* **en** navigation *f* fluviale.

Binnenstaat *m,* **en** Etat *m* sans accès à la mer ; Etat continental.

Binnenverkehr *m,* *ϕ* transport *m* intérieur ; trafic *m* interne.

Binnenwirtschaft *f,* *ϕ* économie *f* nationale, intérieure *(contr. Außenwirtschaft).*

Binnenzölle *pl* douanes *fpl,* taxes *fpl* intérieures.

Bioladen *m,* **¨** magasin *m* d'alimentation de produits naturels.

Biologielaborant *m,* **en, en** laborantin *m.*

Bit *n,* **s** *(inform.)* bit *m* ; digit *m* binaire.

Bittbrief *m,* **e** pétition *f* ; requête *f.*

Bitte *f,* **n** demande *f* ; prière *f* ; *~ um Auskunft* demande de renseignement ; *eine ~ ab/weisen* rejeter une demande ; *einer ~ statt/geben* donner suite à une demande.

bitten, a, e demander ; solliciter ; *wir ~ Sie...* veuillez (je vous prie de...) ; *jdn um Erlaubnis ~* demander la permission à qqn.

Bittschrift *f,* **en** pétition *f* ; supplique *f* ; requête *f* ; placet *m* ; *eine ~ ein/reichen* faire une pétition ; pétitionner.

Bittsteller *m,* **-** pétitionnaire *m* ; solliciteur *m.*

BIZ ⇒ *Bank für internationalen Zahlungsausgleich.*

blank sein *(fam.)* être sans le sou ; être fauché.

blanko en blanc ; à découvert ; *(in) ~ akzeptieren* accepter en blanc, à découvert ; *(in) ~ unterschreiben* signer en blanc.

Blankoakzept *n,* **e** acceptation *f* en blanc ; acceptation à découvert.

Blankokredit *m,* **e** crédit *m* en blanc ; crédit à découvert.

Blankoscheck *m,* **s** chèque *m* en blanc.

Blankounterschrift *f,* **en** signature *f* en blanc ; blanc-seing *m* ; *eine ~ leisten* signer en blanc.

Blankoverkauf *m,* **¨e** *(Bourse)* vente *f* à découvert ; *syn. Leerverkauf.*

Blankovollmacht *f,* **en** procuration *f* en blanc ; plein pouvoir *m* ; blanc-seing *m* ; *~ erteilen* donner carte blanche.

Blankowechsel *m,* **-** traite *f* en blanc ; effet *m* en blanc.

Blatt *n,* **¨er** feuille *f* ; feuillet *m* ; *loses ~* feuille détachée ; papier volant ; journal *m.*

Blätterwald *n,* *ϕ* *(fam.)* presse *f.*

blau(en Montag) machen *(fam.)* simuler une maladie le lundi ; avoir une maladie diplomatique ; ne pas aller (délibérément) « au boulot ».

Blaue/r *(der/ein) (fam.)* billet *m* de 100 marks.

Blaumann *m,* **¨er** *(fam.)* salopette *f* ; bleu *m* (de travail).

blechen *(fam.)* payer ; casquer.

Blickfangreklame *f,* **n** publicité *f* d'appel.

Blitzgespräch *n,* **e** *(téléph.)* conversation *f* éclair ; communication *f* en flash.

Blitzstreik *m,* **s** grève-surprise *f.*

Blitztelegramm *n,* **e** télégramme *m* express.

Blitzumfrage *f,* **n** enquête *f,* sondage (d'opinion) -éclair *m.*

Block *m,* **¨e** ou **s** bloc *m* ; ~ *der Länder mit Goldwährung* bloc-or *m.*

Blockade *f,* **n** blocus *m* ; *die ~ auf/heben* lever le blocus ; *die ~ verhängen (über+A)* faire le blocus (de) ; *die Berliner ~* le blocus de Berlin.

blockfrei *(polit.)* non aligné ; *Jugoslawien gehört zu den Blockfreien* la Yougoslavie fait partie des pays non alignés.

blockieren bloquer ; geler ; *~tes Guthaben* avoir *m* gelé.

Blockschrift *f* : *in ~* en majuscules d'imprimerie ; en capitales.

Blue chips *pl* [blu'tʃips] *(USA) (bourse)* blue chips *pl* ; valeurs *fpl* de premier ordre ; actions *fpl* des grandes sociétés industrielles ; titres *mpl* de père de famille.

Bluff *m,* **s** [blœf] bluff *m.*

bluffen bluffer.

BLZ ⇒ *Bankleitzahl.*

Blüte *f,* **n 1.** fleur *f* ; *in ~ stehen* être florissant ; fleurir **2.** faux billet *m.*

Boden *m,* **¨ 1.** sol *m* ; terrain *m* ; terre *f* **2.** bien *m* foncier ; immeuble *m* non bâti **3.** base *f.*

Bodenbelastung *f,* **en** pollution *f* du sol.

Bodenbewirtschaftung *f,* **en** *(agric.)* faire-valoir *m* ; *extensive, intensive ~* culture *f* extensive, intensive.

Bodenertrag *m,* **¨e** revenu *m* foncier ; rendement *m* du sol.

Bodenkredit *m,* **e** crédit *m* foncier.

Bodenkreditanstalt *f,* **en** ⇒ *Bodenkreditbank.*

Bodenkreditbank *f,* **en** banque *f* de crédit foncier ; banque hypothécaire, foncière ; institut *m* de crédit immobilier.

Bodenkreditinstitut *n,* **e** ⇒ *Bodenkreditbank.*

Bodenreform *f,* **en** réforme *f* agraire ; *eine ~ durch/führen* réaliser une réforme agraire.

Bodenrente *f,* **n** revenu *m* foncier ; rente *f* foncière.

Bodenschätze *pl* richesses *fpl* du sous-sol ; ressources *fpl* minérales ; *~ ab/bauen* exploiter les richesses minières.

Bodenspekulation *f,* **en** spéculation *f* immobilière ; spéculation foncière.

Bodenstewardeß *f,* **-ssen** hôtesse *f* d'accueil.

Bodmerei *f,* **en** *(maritime)* emprunt *m* sur navire ; emprunt à la grosse (aventure).

Bogen *m,* **¨** ou **-** feuille *f* (de papier) ; (action) feuille de coupons détachables ; *in Bausch und ~ kaufen* acheter en bloc ; traiter à forfait.

bohren percer ; forer ; prospecter ; *nach Erdöl ~* faire de la prospection pétrolière par forages.

Bohrgesellschaft *f,* **en** société *f* (de prospection) pétrolière.

Bohrinsel *f,* **n** plate-forme *f* de forage en mer.

Bohrturm *m,* **¨e** derrick *m.*

Bohrung *f,* **en** forage *m* ; sondage *m* ; prospection *f.*

Bombengeschäft *n,* **e** *(fam.)* affaire *f* en or ; *~e machen* réaliser de gros bénéfices.

Bon *m,* **s** [bɔ̃] bon *m* ; ticket *m* ; *einen ~ aus/stellen* établir un bon *(syn. Gutschein).*

Bond *m,* **s** [bɔnt] obligation *f* ; titre *m* d'emprunt.

Bonifikation *f,* **en** bonification *f* ; indemnité *f* ; remise *f.*

bonifizieren ristourner ; faire une remise ; indemniser ; créditer.

Bonität *f,* **en 1.** honorabilité *f* ; respectabilité *f* **2.** solvabilité *f* **3.** qualité *f* (marchandises).

bonitieren estimer ; évaluer.

Bonitierung *f,* **en** évaluation *f* du rapport d'un terrain.

Bonner Szene *f,* **φ** le petit monde politique et médiatique de la capitale fédérale.

Bonus *m,* **se** ou **-ni** bonus *m* ; bonification *f* ; prime *f* ; ristourne *f.*

Boom *m,* **s** [bu:m] boom *m* ; haute conjoncture *f* ; expansion *f (contr. Rezession ; Flaute).*

boomen ['bu:mən] être en pleine expansion ; être en phase de haute conjoncture ; connaître un boom.

Bord *m,* **e** bord *m* (d'un bateau) ; *frei an ~* franco bord ; F.O.B. ; *an ~ bringen* embarquer ; mettre à bord.

Borderpreis *m,* **e** prix *m* franco frontière.

Bordkarte *f,* **n** carte *f* d'embarquement.

Borg *m,* **φ** *(rare)* crédit *m* ; *auf ~ kaufen* acheter à crédit ; *auf ~ leben* vivre d'emprunts.

borgen 1. prêter ; *jdm Geld ~* prêter de l'argent à qqn **2.** emprunter ; *von (bei) jdm Geld ~* emprunter de l'argent à qqn *(syn. leihen).*

Börse *f,* **n** Bourse *f* ; marché *m* **I.** *feste ~* Bourse ferme ; *flaue ~* Bourse morose, lourde ; *gedrückte ~* Bourse déprimée ; *lebhafte ~* Bourse animée ; *lustlose (matte) ~* Bourse languissante ; *rückläufige ~* Bourse alourdie ; *zurückhaltende ~* Bourse hésitante **II.** *an der ~ ein/führen* introduire en Bourse ; *an der ~ handeln* négocier en Bourse ; *an der ~ notieren* coter en Bourse ; *an der ~ spekulieren (spielen)* spéculer en Bourse ; boursicoter ; *an der ~ zu/lassen* admettre à la Bourse.

Börsen- *(préfixe)* de la Bourse ; boursier.

Börsenaufsicht *f,* **en** COB *f* (commission d'opération boursière).

Börsenauftrag *m,* **¨e** ordre *m* en Bourse.

Börsenbeginn *m,* ϕ ouverture *f* de la Bourse.

Börsenbericht *m,* **e** bulletin *m* de la Bourse ; page *f* boursière (journal) ; informations *fpl* boursières.

Börsenblatt *n,* **¨er** ⇒ *Börsenbericht.*

Börseneinführung *f,* **en** introduction *f* en Bourse ; admission *f* à la côte.

börsenfähig ⇒ *börsengängig.*

börsengängig coté en Bourse ; négociable en Bourse ; admis à la cote.

Börsengeschäfte *pl* opérations *fpl,* transactions *fpl* boursières.

Börsenindex *m,* **e** ou **-indizes** indicateur *m* de tendance ; indice *m* boursier.

Börsenjobber *m,* **-** [...dʒɔbər] boursier *m* ; boursicoteur *m.*

Börsenkrach *m,* **(s)** krach *m* en Bourse ; débâcle *f* financière.

Börsenkurs *m,* **e** cours *m* de (en) Bourse ; cote *f* en Bourse ; *die ~e steigen, fallen* les cours montent, baissent ; *auf die ~e drücken* peser sur les cours.

Börsenkurszettel *m,* **-** bulletin *m* des cours ; cotation *f.*

Börsenmakler *m,* **-** agent *m* de change ; courtier *m* en valeurs.

Börsenmaklergebühr *f,* **en** courtage *m.*

börsennotiert ⇒ *börsengängig.*

Börsennotierung *f,* **en** cotation *f* en Bourse ; cote *f.*

Börsenordnung *f,* **en** règlement *m* de la Bourse.

Börsenpapiere *pl* valeurs *fpl* boursières ; titres *mpl* de Bourse.

Börsenplatz *m,* **¨e** place *f* boursière.

Börsenpreis *m,* **e** ⇒ *Börsenkurs.*

Börsenschluß *m,* **¨sse** clôture *f* de la Bourse.

Börsenschwankungen *pl* fluctuations *fpl* des cours.

Börsenschwindel *m,* ϕ boursicotage *m* ; fricotage *m.*

Börsenspekulant *m,* **en, en** spéculateur *m* en Bourse ; boursicoteur *m* ; boursicotier *m.*

Börsenspekulation *f,* **en** spéculation *f* en Bourse ; opération *f* spéculative de Bourse.

Börsensturz *m,* **(¨e)** chute *f* des cours (en Bourse).

Börsentermingeschäft *n,* **e** opération *f* de Bourse à terme ; marché *m* à terme.

Börsentip *m,* **s** « tuyau » *m* boursier.

Börsenumsätze *pl* opérations *fpl* de Bourse ; achats *mpl* et ventes *fpl* au marché.

Börsenusancen *pl* usages *mpl* de la Bourse.

Börsenzettel *m,* **-** ⇒ *Börsenbericht.*

Börsenzulassung *f,* **en** admission *f* en Bourse ; admission à la cote officielle.

Börsianer *m,* **-** boursier *m* ; boursicoteur *m* ; boursicotier *m.*

böswillig malintentionné ; malveillant ; *(jur.) in ~er Absicht* avec intention délictueuse.

Böswilligkeit *f,* ϕ malveillance *f.*

Bote *m,* **n, n** messager *m* ; garçon *m* de bureau, de course ; courrier *m* ; *durch ~n* par porteur.

Botschaft *f,* **en 1.** message *m* ; dépêche *f* ; pli *m* ; missive *f* ; avis *m* ; *eine ~ übermitteln* transmettre un message **2.** ambassade *f.*

Botschafter *m,* **-** ambassadeur *m.*

Boulevardpresse *f,* ϕ presse *f* à sensation.

Boutique *f,* **n** [bu'tik] boutique *f* ; (petit) magasin *m* de mode.

Boykott *m,* **e** boycottage *m* ; boycott *m.*

boykottieren boycotter.

Br ⇒ *Brief.*

brach en jachère ; en friche.

Brachland *n,* ϕ friche *f* ; terrain *m* en jachère.

brach/liegen, a, e être en jachère ; *~des Kapitals* capital *m* inutilisé ; capital improductif.

Branche *f,* **n** ['brɑ̃:ʃə] branche *f* ; secteur *m* ; spécialité *f* ; *eine ~ mit Zukunft* une branche d'avenir ; *aus der ~ sein* être du métier.

Branchenadreßbuch *n,* **¨er** ⇒ *Branchenverzeichnis.*

Branchenerste/r *(der/ein)* le numéro un de sa spécialité, de la branche.

branche(n)gebunden : *~e Tätigkeit* activité *f* liée à une branche économique ; activité spécialisée.

Branche(n)kenntnis *f,* **se** connaissance

f de la branche.

branche(n)kundig versé dans une branche ; compétent ; spécialiste.

Branchenverzeichnis *n,* **se** annuaire *m* du commerce et de l'industrie (par secteur d'activité) ; « pages *fpl* jaunes ».

Brandschaden *m,* **¨** dommage *m* causé par incendie ; sinistre *m.*

branche(n)üblich en usage dans la branche ; *~er Gewinn* bénéfice normal, habituel.

Brandversicherung *f,* **en** assurance *f* incendie.

Branntwein *m,* **e** eau-de-vie *f* ; alcool *m* ; spiritueux *mpl.*

Branntweinmonopol *n,* **e** monopole *m* de l'État sur les alcools.

Branntweinsteuer *f,* **n** taxe *f* sur les alcools et spiritueux.

Braunkohle *f,* ϕ lignite *f.*

Brauwirtschaft *f,* **en** brasserie *f.*

BRD *f* ⇒ *Bundesrepublik Deutschland.*

brechen, a, o rompre ; dénoncer ; résilier ; enfreindre ; annuler ; *die Blokkade ~* forcer le blocus ; *einen Vertrag ~* rompre un contrat.

Brennstab *m,* **¨e** *(eines Reaktors)* barres *fpl* d'uranium (d'un réacteur) ; combustible *m* nucléaire.

Brennstoff *m,* **e** combustible *m.*

Brennstoffverbrauch *m,* ϕ consommation *f* de combustibles.

Brett *n,* **er** planche *f* ; *Schwarzes ~* tableau *m* noir ; panneau *m* d'affichage.

Bretton-Woods-System *n,* ϕ le système de Bretton-Woods (1944) auquel adhéraient 44 pays définissait la valeur des monnaies principales par rapport au dollar.

Brief *m,* **e 1.** lettre *f* ; pli *m* **I.** *eingeschriebener ~* lettre recommandée ; *frankierter, unfrankierter ~* lettre affranchie, non affranchie ; *unzustellbarer ~* lettre non remise ; rebut *m* ; lettre dont le destinataire est introuvable **II.** *einen ~ auf/geben* envoyer une lettre ; *einen ~ ein/werfen* poster une lettre ; mettre une lettre à la boîte ; *einen ~ empfangen* recevoir une lettre ; *einen ~ frei/machen (frankieren)* affranchir une lettre ; *einen ~ quittieren* signer le reçu pour une lettre recommandée ; *einen ~ versiegeln* cacheter une lettre ; *mit jdm ~e wechseln* être en correspondance avec qqn *(syn. Schreiben)* **2.** *(Bourse)* vendeur *m* ; offre *f (contr. Geld).*

Briefablage *f,* **n** classement *m* du courrier.

Briefgeheimnis *n,* **se** secret *m* postal, de la correspondance ; *das ~ verletzen* violer le secret postal.

Briefhypothek *f,* **en** hypothèque *f* immobilière (constatée par un titre au porteur).

Briefing *n,* **s** réunion *f* d'information ; « briefing » *m* ; mise *f* au courant.

Briefkarte *f,* **n** carte-lettre *f.*

Briefkasten *m,* **¨** boîte *f* aux lettres ; courrier *m* des lecteurs (journaux) ; *den ~ leeren* faire la levée ; *in den ~ stecken (werfen)* déposer dans la boîte aux lettres ; *(poste)* poster.

Briefkastenfirma *f,* **-men** société *f* boîte aux lettres (dans les paradis fiscaux) *(syn. Sitzgesellschaft).*

Briefkopf *m,* **¨e** en-tête *m* ; *vorgedruckter ~* en-tête préimprimé.

Briefkurs *m,* **e** *(Bourse)* cours *m* offert ; cours de vente ; papier *m* vendeur.

brieflich par écrit ; par lettre ; *~ mit jdm verkehren* correspondre avec qqn.

Briefmarke *f,* **n** timbre-poste *m* ; *eine ~ auf einen Brief kleben* affranchir une lettre *(syn. Freimarke).*

Briefmarkenautomat *m,* **en, en** distributeur *m* automatique de timbres-poste.

Briefordner *m,* **-** classeur *m* (pour le courrier).

Briefpapier *n,* **e** papier *m* à lettres.

Briefporto *n,* **s** port *m* de lettre ; affranchissement *m.*

Briefpreis *m,* **e** *(Bourse)* prix *m* vendeur.

Brieftelegramm *n,* **e** télégramme-lettre *m.*

Briefumschlag *m,* **¨e** enveloppe *f* ; *~ für Rückantwort* enveloppe-réponse *f (syn. Kuvert).*

Briefverkehr *m,* ϕ ⇒ *Briefwechsel.*

Briefwaage *f,* **n** pèse-lettre *m* ; *geeichte ~* pèse-lettre homologué.

Briefwahl *f,* **en** *(polit.)* vote *m* par correspondance.

Briefwechsel *m,* ϕ correspondance *f* ; échange *m* de lettres ; *den ~ führen* faire la correspondance ; *mit jdm in ~ stehen* correspondre avec qqn *(syn. Schriftwechsel ; Korrespondenz).*

Briefzustellung *f,* **en** acheminement *m,* du courrier ; distribution *f* du courrier.

Brigade *f,* **n** *(R.D.A.)* collectif *m* de travail (d'une unité de production).

Bringschuld *f,* **en** dette *f* payable au domicile du créancier ; dette portable.

Broker *m,* **-** ['brəukər] *(USA/GB)* agent *m* de change ; courtier *m* ; négociant *m* en valeurs mobilières.

Brokerhaus *n,* ¨**er** charge *f* d'agent de change.

Broschüre *f,* **n** brochure *f* ; plaquette *f* ; *informative* ~ brochure explicative.

Brot *n,* **e** pain *m* ; *sein ~ haben* avoir de quoi vivre ; *sein ~ verdienen* gagner sa vie ; *(fam.)* gagner sa croûte.

Broterwerb *m,* φ gagne-pain *m.*

Brotherr *m,* **n, en** *(arch.)* employeur *m* ; patron *m.*

Brotkorb *m : jdm den ~ höher hängen* couper les vivres à qqn.

brotlos : *jdn ~ machen* ôter les moyens d'existence à qqn ; ôter le pain de la bouche à qqn ; retirer son gagne-pain à qqn.

BRT ⇒ *Bruttoregistertonne.*

Bruch *m,* ¨**e 1.** casse *f* ; bris *m* **2.** rupture *f* ; dénonciation *f* ; *~des Amtsgeheimnisses* violation *f* du secret professionnel **3.** fraction *f.*

Bruchteil *m,* **e** quote-part f ; fraction *f.*

Bruchteilseigentum *n,* φ propriété *f* indivise ; copropriété *f.*

Bruchteilsgemeinschaft *f,* **en** communauté *f* par quotes-parts ; indivision *f.*

Brüter *m,* **-** : *schneller ~* surrégénérateur *m* ; surgénérateur *m.*

brutto brut ; *~ für netto* brut pour net (frais d'emballage compris dans le prix).

Brutto- *(préfixe)* **1.** brut ; avec emballage **2.** brut ; sans déduction des frais *(contr. Netto-).*

Bruttoeinkommen *n,* **-** revenu *m* brut.

Bruttoeinnahme *f,* **n** recette *f* brute.

Bruttoertrag *m,* ¨**e** rendement *m* brut ; produit *m* brut.

Bruttogewicht *n,* φ poids *m* brut.

Bruttogewinn *m,* **e** bénéfice *m* brut.

Bruttoinlandsprodukt *n,* **e** produit *m* intérieur brut.

Bruttopreis *m,* **e** prix *m* brut, fort.

Bruttoraumzahl *f,* **en** *(BRZ) (maritime)* tonneau *m* de jauge brut.

Bruttoregistertonne *f,* **n** *(maritime)* ⇒ *Bruttoraumzahl.*

Bruttosozialprodukt *n,* **e** *(BSP)* produit *m* national brut ; P.N.B. ; *das ~ ist um 2 % gestiegen, gefallen* le P.N.B. a augmenté, a diminué de 2 %.

Bruttotonnage *f,* **n** tonnage *m* brut.

Bruttoverdienst *m,* **e** salaire *m,* brut ; bénéfice *m* brut.

Bruttoverdienstspanne *f,* **n** marge *f* de bénéfice brut ; taux *m* de marge brute *(syn. Handelsspanne).*

BSP ⇒ *Bruttosozialprodukt.*

Btx *(Bildschirmtext) : über ~* par minitel ; par voie télématique ; *etw über ~ bestellen* commander qqch par minitel ; *über ~ ab/rufen* obtenir sur/par minitel ; *über ~ informieren* informer par minitel ; ⇒ *Bildschirmtext.*

Btx-System *n,* **e** minitel *m.*

Buch *n,* ¨**er** livre *m* ; journal *m* ; registre *m* ; compte *m* ; *die ~¨er ab/schließen* arrêter les écritures, les comptes ; *über etw ~ führen* tenir registre de qqch ; *die ~¨er führen* tenir les livres ; faire la comptabilité ; *zu ~e schlagen* apparaître dans les comptes ; coûter ; avoir une incidence négative ; *mit 1 000 Mark zu ~ stehen* être comptabilisé pour une somme de 1 000 marks.

Buchabschluß *m,* ¨**sse** arrêté *m* des comptes.

Buchauszug *m,* ¨**e** extrait *m* de compte ; relevé *m* de compte.

buchen 1. comptabiliser ; porter en compte ; passer en écriture ; *einen Posten ~* comptabiliser un article *(syn. verbuchen)* **2.** réserver (vol, voyage) ; s'inscrire pour un voyage organisé.

Bücherabschluß *m,* ¨**sse** ⇒ *Buchabschluß.*

Bücherrevisor *m,* **en** ⇒ *Buchprüfer.*

Buchforderung *f,* **en** créance *f* comptable.

Buchführung *f,* **en** comptabilité *f* ; tenue *f* des livres ; *amerikanische ~* comptabilité américaine ; *doppelte ~ (syn. Doppik)* comptabilité en partie double ; *einfache ~* comptabilité en partie simple ; *elektronische ~* comptabilité informatisée ; *kameralistische ~* comptabilité publique ; *kaufmännische ~* comptabilité commerciale ; *maschinelle ~* mécanographie *f.*

Buchführungsmaschine *f,* **n** ⇒ *Buchungsmaschine.*

Buchgeld *n,* **er** monnaie *f* scripturale *(syn. Giralgeld ; Bankgeld).*

Buchgewinn *m,* **e** bénéfice *m* comptable.

Buchhalter *m,* **-** comptable *m* ; teneur *m* de livres ; *vereidigter ~* comptable agréé.

buchhalterisch ⇒ *buchmäßig.*

Buchhaltung *f,* **en 1.** ⇒ *Buchführung* **2.** service *m* de la comptabilité.

Buchhypothek *f,* **en** hypothèque *f* enregistrée au livre foncier.

buchmäßig comptable ; *~e Forderung* créance *f* comptable ; *~ erfassen* comptabiliser.

Buchmesse *f,* **n** foire *f* du livre ;

die Frankfurter ~ Foire du livre de Francfort.

Buchprüfer *m,* - ⇒ *Wirtschaftsprüfer.*

Buchprüfung *f,* **en** vérification *f* des livres ; contrôle *m* des comptes.

Buchschuld *f,* **en** dette *f* comptable.

Buchung *f,* **en 1.** comptabilisation *f* ; écriture *f* ; *eine ~ berichtigen* rectifier une écriture ; *eine ~ vor/nehmen* passer une écriture **2.** réservation *f* (vol, voyage) ; location *f* ; inscription *f* ; *eine ~ rückgängig machen* annuler une réservation.

Buchungsbeleg *m,* **e** pièce *f* comptable ; document *m* comptable ; justificatif *m.*

Buchungsfehler *m,* - erreur *f* comptable.

Buchungsmaschine *f,* **n** machine *f* comptable.

Buchungsnummer *f,* **n** numéro *m* d'enregistrement.

Buchungsposten *m,* - compte *m.*

Buchungssatz *m,* ¨**e** écriture *f* comptable.

Buchungstermin *m,* **e** date *f* d'inscription, de réservation (voyage).

Buchwert *m,* **e** valeur *f* comptable.

Budget *n,* [by'dʒe] **1.** budget *m* (particulier, entreprise) **2.** ensemble *m* des dépenses et des recettes de l'Etat ; *ein ~ auf/stellen* établir un budget ; *ein ~ verabschieden* voter, adopter un budget *(syn. Etat ; Haushaltsplan).*

budgetär budgétaire.

Budgetberatung *f,* **en** discussion *f* du budget.

budgetieren budgétiser ; établir le budget.

Budgetierung *f,* **en** établissement *m* du budget.

Bummelstreik *m,* **s** grève *f* du zèle *(syn. Dienst nach Vorschrift).*

Bummelzug *m,* ¨**e** train *m* omnibus ; *(fam.)* tortillard *m.*

Bund *m,* (¨**e**) (con)fédération *f* ; alliance *f* ; coalition *f* ; pacte *m* ; association *f* ; *einen ~ schließen* contracter une alliance ; *~ der Steuerzahler* association des contribuables.

Bundes- *(préfixe)* fédéral ; concernant les institutions de la République fédérale d'Allemagne.

Bundesamt *n,* ¨**er** office *m* fédéral ; *statistisches ~* office fédéral de la statistique ; *~ für Finanzen* direction *f* générale des finances.

Bundesangestelltentarif *m,* **e** *(BAT)* conventions *fpl* collectives pour les employés (non fonctionnarisés) de la fonction publique.

Bundesanleihe *f,* **n** emprunt *m* du Bund.

Bundesanstalt *f* **für Arbeit** agence *f* fédérale pour l'emploi (à Nuremberg).

Bundesanzeiger *m,* φ bulletin *m* des annonces officielles du gouvernement fédéral.

Bundesarbeitsgericht *n,* φ cour *f* fédérale du travail (à Kassel).

Bundesaufsichtsamt *n,* ¨**er** organisme *m* fédéral de contrôle ; *~ für das Kreditwesen* service *m* fédéral de contrôle en matière de crédits et de banques.

Bundesbahn *f* : *Deutsche ~ (DB)* chemin *m* de fer fédéral ; *Österreichische ~ (ÖBB)* chemin de fer fédéral autrichien ; *Schweizerische ~ (SBB)* chemin de fer fédéral helvétique.

Bundesbank *f* : *Deutsche ~* banque *f* centrale ; banque d'émission ; banque fédérale (à Francfort).

Bundesbehörde *f,* **n** autorité(s) *fpl* fédérale(s).

Bundesbetriebe *pl* établissements *mpl* fédéraux à caractère industriel ou commercial.

Bundesbürger *m,* - citoyen *m* fédéral ; citoyen ouest-allemand ; habitant *m* de la R.F.A.

Bundesbürgschaft *f,* **en** garantie *f,* caution *f* de l'Etat fédéral.

bundesdeutsch ouest-allemand ; de la R.F.A.

Bundesdurchschnitt *m,* φ *(R.F.A.)* moyenne *f* nationale ; *über, unter dem ~ liegen* être au-dessus, au-dessous de la moyenne fédérale.

Bundesebene : *auf ~* à l'échelon fédéral ; au niveau fédéral.

Bundesetat *m,* **s** budget *m* fédéral.

Bundesfinanzhof *m,* φ *(BFH)* cour *f* fédérale suprême en matière fiscale.

Bundesfinanzverwaltung *f,* **en** administration *f* des finances de la R.F.A.

Bundesgerichtshof *m,* φ *(BGH)* cour *f* suprême de justice ; cour de cassation.

Bundesgesetzblatt *n,* φ journal *m* officiel de la R.F.A. pour la publication des lois, décrets et ordonnances.

Bundesgrenzschutz *m,* φ police *f* des frontières de la R.F.A.

Bundeshaushalt *m,* **e** ⇒ *Bundesetat.*

Bundeskabinett *n,* φ gouvernement *fm* fédéral.

Bundeskanzler *m,* φ *(R.F.A ; Autriche)* chancelier *m* fédéral.

Bundeskanzleramt *n,* φ chancellerie *f* fédérale.

Bundeskartellamt *n,* ϕ office *m* fédéral des cartels ; administration *f* fédérale pour la réglementation des cartels à Berlin (elle doit surveiller la concentration des entreprises et garantir la libre concurrence).

Bundesminister *m,* - *(R.F.A.)* ministre *m* ; ~ *des Auswärtigen, des Innern* ministre des Affaires étrangères, de l'Intérieur.

Bundesnachrichtendienst *m,* ϕ *(BND)* Services *mpl* secrets de la R.F.A.

Bundespost : *Deutsche ~ (DBP)* poste *f* fédérale.

Bundespräsident *m,* **en, en** président *m (R.F.A. ; Autriche ; Suisse).*

Bundespresseamt *n,* ϕ service *m* de presse et d'information du gouvernement fédéral.

Bundesrat *m,* ϕ **1.** *(R.F.A., Autriche)* Bundesrat *m* ; deuxième chambre *f* composée des représentants des « Länder » **2.** *(Suisse)* gouvernement *m* central.

Bundesrechnungshof *m,* **¨e** cour *f* fédérale des comptes.

Bundesrepublik *f* **Deutschland** République *f* fédérale d'Allemagne ; R.F.A. ; Allemagne *f* fédérale.

Bundesschatzanweisung *f,* **en** bon *m* du Trésor ; emprunt *m* de l'Etat fédéral à court ou à moyen terme.

Bundesschatzbrief *m,* **e** ⇒ *Bundesschatzanweisung.*

Bundesschätzchen *n,* - ⇒ *Bundesschatzanweisung.*

Bundessozialgericht *n,* ϕ cour *f* fédérale d'arbitrage social (à Kassel).

Bundesstraße *f,* **n** *(R.F.A., Autriche, Suisse)* route *f* fédérale, nationale.

Bundesstag *m,* ϕ *(R.F.A)* parlement *m* ; diète *f* fédérale ; Bundestag *m.*

Bundesverband *m* **der Deutschen Industrie** *(BDI)* fédération *f* de l'industrie allemande ; groupe *m* de pression patronal.

Bundesvereinigung *f* **der Deutschen Arbeitgeberverbände** *(BDA)* confédération *f* des associations patronales en R.F.A.

Bundesverfassungsgericht *n,* ϕ tribunal *m* constitutionnel suprême de la R.F.A. (à Karlsruhe).

Bundesversicherungsanstalt *f* **für Angestellte** *(BfA)* caisse *f* centrale des assurances sociales des employés et cadres.

Bundeswehr *f,* ϕ armée *f* de la R.F.A. ; Bundeswehr *f.*

Bündnis *n,* **se** union *f* ; alliance *f* ; coalition *f* ; *ein ~ schließen* contracter une alliance.

bündnisfrei non engagé ; non aligné.

Bündnispolitik *f,* ϕ politique *f* d'alliance.

Bunte(n) *pl (fam.)* écologistes *mpl.*

Buntmetalle *pl* métaux *mpl* non ferreux *(syn. Nichteisenmetalle).*

Bürge *m,* **n, n** garant *m* ; avaliste *m* (traite) ; caution *f* ; *als ~* à titre de caution ; bon pour aval ; *als ~ auf/treten* se porter caution ; *einen ~n stellen* fournir (une) caution.

bürgen cautionner ; avaliser ; garantir ; se porter garant de ; *für einen Wechsel ~* avaliser un effet, une traite.

Bürger *m,* - citoyen *m* ; bourgeois *m.*

Bürgerinitiative *f,* **n** comité *m* d'action et de défense (intérêts écologiques, anti nucléaire, anti pollution, etc.) ; comité de citoyens ; association *f* d'autodéfense ; initiative *f* civique.

bürgerlich civil ; civique ; bourgeois ; *Bürgerliches Gesetzbuch (BGB)* code *m* civil ; *~e Rechtsklage* action *f* au civil ; *Verlust der ~en Rechte* privation *f* des droits civiques.

bürgerlich-rechtlich de droit civil ; *~e Gesellschaft* société *f* de droit civil ; société civile.

Bürgermeister *m,* - maire *m* ; bourgmestre *m.*

Bürgerrecht *n,* **e** droit *m* civil ; citoyenneté *f* ; droits *mpl* du citoyen.

bürgerrechtlich : *~es Verfahren* procédure *f* civile ; *~er Vertrag* contrat *m* (de droit) civil.

Bürgerschaft *f,* **en 1.** ensemble *m* des citoyens **2.** parlement *m* de Hambourg, de Brême et de Berlin.

Bürgschaft *f,* **en** caution *f* ; cautionnement *m* ; aval *m* **I.** *gegen ~* sous caution ; *gesetzliche ~* caution légale ; *kaufmännische ~* caution commerciale ; *selbstschuldnerische ~* caution solidaire **II.** *~ leisten* fournir caution ; *eine ~ übernehmen* s'engager par caution.

Bürgschaftsbank *f,* **en** société *f* de caution mutuelle.

Bürgschaftserklärung *f,* **en** déclaration *f* de cautionnement.

Bürgschaftskredit *m,* **e** crédit *m* cautionné.

Büro *n,* **s** [by'ro:/'byro] bureau *m* ; office *m* ; agence *f* ; *technisches ~* bureau d'études.

Büroangestellte/r *(der/ein)* employé *m* de bureau.

Büroarbeit *f,* **en** travail *m* de bureau.

Büroautomation *f,* **en** ⇒ *Bürokommu-*

nikation.

Bürobedarf *m,* φ fournitures *fpl,* matériel *m* de bureau.

Bürodiener *m,* - garçon *m* de bureau.

Bürokommunikation *f,* **en** *(elektronische, integrierte ~)* bureautique *f.*

Bürokraft *f,* **¨e** dactylo *f* ; secrétaire *f* ; *~¨e* personnel *m* (féminin) de bureau.

Bürokrat *m,* **en, en** bureaucrate *m* ; rond-de-cuir *m.*

Bürokratie *f,* **(n)** bureaucratie *f* ; fonctionnarisme *m.*

Bürokratismus *m,* φ bureaucratisme *m* ; chinoiseries *fpl,* tracasseries *fpl* administratives.

Büro- und Organisationstechnik *f,* **en** ⇒ *Bürokommunikation.*

Bürostunden *pl* heures *fpl* de bureau.

Bürotel *n,* **s** *(Büro und Hotel)* hôtel *m* pour cadres (chambres équipées d'ordinateurs).

Büroviertel *n,* - quartier *m* d'affaires.

Bürovorsteher *m,* - chef *m* de bureau ; principal (clerc) *m.*

Bürozeit *f,* **en** ⇒ *Bürostunden.*

Bus *m,* **se** bus *m* ; car *m.*

Buße *f,* **n** ⇒ *Bußgeld.*

Bußgeld *n,* **er** amende *f* ; pénalité *f* ; *~er verhängen* infliger une amende *(syn. Geldbuße).*

Bußgeldbehörde *f,* **n** service *m* des amendes et contraventions.

Bußgeldbescheid *m,* **e** contravention *f.*

Businessman *m,* **-men** homme *m* d'affaire ; « businessman ».

Busstruktur *f,* **en** *(eines Netzwerks)* structure linéaire d'un réseau informatique.

Busunternehmen *n,* - entreprise *f* d'autocars.

Busverbindung *f,* **en** liaison *f* routière ; service *m* de cars.

Buszubringerdienst *m,* **e** service *m* d'autocars ; *~ zum Flugplatz* navette *f* d'autocars pour l'aéroport.

Butterberg *m,* **e** stock *m* (énorme) de beurre de la C.E.

Button *m,* **s** ['batən] badge *m* ; insigne *m* ; plaquette *f.*

BVG ⇒ *Betriebsverfassungsgesetz.*

BWL ⇒ *Betriebswirtschaftslehre.*

Byte *n,* **s** [bait] *(inform.)* byte *m* ; ensemble *m* de huit bits ; octet *m.*

C

CA *(computer aided) (computergestützt, computerunterstützt)* assisté par ordinateur.

CAD *(computer aided design)* conception *f* graphique assistée par ordinateur.

Caddie *m,* **s** ['kɛdi] caddie *m* ; chariot *m* ; *(syn. Einkaufswagen).*

Call *m,* **s** [kɔl] *(bourse)* option *f* d'achat ; prime *f* ; don *m.*

CAM *(computer aided manufactoring)* production *f* assistée par ordinateur.

Camion *m,* **s** [kam'jɔ̃] *(Suisse)* camion *m (syn. Lastkraftwagen).*

Camionnage *f,* φ *(Suisse)* transport *m* routier ; camionnage *m.*

care of *(c/o)* ['kɛ:rɔv] chez (sur les adresses) ; aux (bons) soins de.

Cash *n,* φ [kɛʃ] **1.** argent *m* liquide **2.** règlement *m* au comptant.

Cash and carry *n,* φ [kɛʃənd'kɛri] système *m* de vente au comptant et à emporter.

Cash-and-carry-Klausel *f,* **n** clause *f* contractuelle stipulant vente au comptant et marchandise enlevée par le client.

Cash-flow *m,* φ ['kɛʃflou] « cash flow » *m* ; flux *m* de liquidités ; marge *f* brute d'autofinancement (MBA).

Cashgeschäft *n,* **e** affaire *f* au comptant.

cash on delivery [kɛʃonde'liveri] payable à la livraison ; paiement *m* contre-remboursement.

Cassetten-Recorder *m,* - lecteur *m* de cassettes *(syn. Kassettenrekorder).*

CDU ⇒ *christlich.*

CD-Platte *f,* **n** *(compact disc)* disque *m* compact.

Cellophane *n,* φ cellophane *f* ; *in ~ verpackt* sous cellophane.

Center *n,* **s** ['sentər] centre *m* d'achat ; centre commercial.

cf ⇒ *cost and freight.*

CGB ⇒ *christlich.*

CH *(Confoederatio Helvetica)* (la) Suisse.

Chancengleichheit *f,* **en** égalité *f* des chances.

Chaoten *pl* groupuscules *mpl* extrémités qui recourent à des actes violents et érigent le « chaos » en système.

Charge *f,* **n** ['ʃarʒə] **1.** office *m* ; emploi *m* **2.** grade *m* militaire **3.** rang *m* ; dignité *f* **4.** *(production)* série *f* ; lot *m*.

Charta *f*, s ['karta] charte *f* ; *die ~ der Vereinten Nationen* la Charte des Nations unies.

Charte *f*, **n** ['ʃartə] ⇒ *Charta*.

Charter *m*, - ['(t)ʃartər] charter *m* ; contrat *m* d'affrètement ; charte-partie *f*.

Charterer *m*, - affréteur *m*.

Charterflug m, ¨e vol *m* (en) charter.

Charterfluggesellschaft *f*, **en** compagnie *f* de vols charters.

Charterflugzeug *n*, **e** avion *m* charter.

Chartergesellschaft *f*, **en 1.** compagnie *f* (de) charter(s) **2.** *(hist.)* société *f* d'import-export.

Chartermaschine *f*, **n** ⇒ *Charterflugzeug*.

chartern affréter ; *ein Schiff, ein Flugzeug ~* affréter un navire, un avion.

Charterpartie *f*, **n** ⇒ *Chartervertrag*.

Charterung *f*, **en** affrètement *m* ; convention *f* d'affrètement.

Charterverkehr *m*, ϕ transport *m*, trafic *m* par charters.

Chartervertrag *m*, ¨**e** contrat *m* d'affrètement ; charte-partie *f* (document servant de preuve à un contrat d'affrètement).

Chauffeur *m*, **e** chauffeur *m* ; conducteur *m*.

Check *m*, **s** *(Suisse)* chèque *m*.

checken procéder au (dernier) contrôle d'un appareil ; vérifier le bon fonctionnement de ; faire un pointage.

Checkliste *f*, **n** liste *f* de contrôle.

Checkpoint *m*, **s** poste *m* de contrôle ; point *m* de passage entre Berlin-Est et Berlin-Ouest.

Chef *m*, **s** chef *m* ; patron *m*.

Chefetage *f*, **n** étage *m* de la direction.

Chefin *f*, **nen** directrice *f* ; patronne *f*.

Chefredakteur *m*, **e** *(journal)* rédacteur *m* en chef.

Chefsekretärin *f*, **nen** secrétaire *f* de direction.

Chemie *f*, ϕ [çe'mi:/ke'mi:] chimie *f*.

Chemiearbeiter *m*, - ouvrier *m*, travailleur *m* de l'industrie chimique.

Chemiebetrieb *m*, **e** entreprise *f* de l'industrie chimique.

Chemiefaser *f*, **n** fibre *f* synthétique.

Chemiewerker *m*, - *(fam.)* ⇒ *Chemiearbeiter*.

Chemiewerte *pl* *(Bourse)* valeurs *fpl* des industries chimiques.

Chemikalien *pl* produits *mpl* chimiques.

Chemiker *m*, - chimiste *m*.

chemisch chimique ; *~e Reinigung* nettoyage *m* à sec ; *~e Waffe* arme *f* chimique.

chemisieren *(R.D.A.)* utiliser de plus en plus la chimie dans la technique ; mettre la technique à l'heure de la chimie.

Chiffre *f*, **n** ['ʃifrə] chiffre *m* ; numéro *m* ; code *m* ; *unter der ~* aux initiales ; sous la rubrique.

Chiffreanzeige *f*, **n** annonce *f* chiffrée.

Chiffrierabteilung *f*, **en** section *f* du chiffre.

chiffrieren chiffrer ; écrire en chiffre.

Chiffriermachine *f*, **n** machine *f* à chiffrer.

Chip *m*, **s** [tʃip] puce *f* ; « chip » *m* ; microprocesseur *m*.

Chip-Karte *f*, **n** carte *f* à mémoire (dotée d'un microprocesseur).

christlich chrétien ; *Christlich Demokratische Union (CDU)* Union *f* chrétienne démocrate (parti politique en R.F.A.) ; *Christlich Soziale Union (CSU)* Union chrétienne sociale (parti politique en Bavière) ; *Christlicher Gewerkschaftsbund (CGB)* confédération *f* syndicale chrétienne.

Cie ⇒ *Compagnie*.

cif *(cost, insurance, freight)* coût *m*, assurance *f*, fret *m* ; C.A.F. (conventions « Incoterms »).

CIM *(computer integrated manufactoring)* production *f* informatisée.

circa environ *(syn. zirka)*.

City *f*, **s** centre-ville *m*.

Clearing *n*, **s** ['kli:riŋ] clearing *m* ; compensation *f* (en matière d'opérations financières ou commerciales).

Clearingabkommen *n*, - accord *m* de compensation.

Clearinghaus *n*, ¨**er** chambre *f* de compensation.

Clearingstelle *f*, **n** office *m* de clearing.

Clearingverkehr *m*, ϕ transactions *fpl* compensatoires.

Clearingvorschüsse *pl* avances *fpl* sur opérations de clearing.

Clip *m* ⇒ *Videoclip*.

Cliquenwesen *n*, ϕ ⇒ *Cliquenwirtschaft*.

Cliquenwirtschaft *f*, **en** favoritisme *m* ; népotisme *m* ; coteries *fpl* ; maf(f)ia *f* *(syn. Vetternwirtschaft)*.

Clou *m*, **s** [klu:] clou *m* ; succès *m* ;

der ~ der Saison le clou de la saison.

c/o ⇒ *care of.*

Co. ⇒ *Compagnie.*

COBOL *(Common business oriented language)* langage *m* informatique de programmation orienté vers la gestion ; Cobol *m.*

Codex *m,* **e** ou **-dizes** code *m (syn. Kodex).*

codieren coder *(syn. kodieren).*

Codierung *f,* **en** codage *m.*

COMECON *m, (Council for Mutual Economic Assistance)* Comecon *m* ; Conseil *m* d'aide économique mutuelle *(syn. RGW, Rat für gegenseitige Wirtschaftshilfe).*

Compagnie *f, (rare)* société *f* (seules les abréviations *Cie* et *Co.* avec la raison sociale sont encore usuelles : *Straub und Co*).

Comptantgeschäft ⇒ *Kassageschäft.*

Compiler *m,* **-** *(inform.)* compiler *m* ; programme de traduction d'un langage machine en un autre langage.

Computer *m,* **-** [kɔm'pju:tər] ordinateur *m* ; *Daten vom ~ ab/rufen* extraire des données de la mémoire ; interroger l'ordinateur ; *den ~ mit Daten füttern* mettre des données en mémoire ; *der ~ speichert Informationen* l'ordinateur mémorise des informations ; *den ~ programmieren* programmer l'ordinateur.

Computeranlage *f,* **n** centre *m,* système *m* informatique *(syn. EDV-Anlage).*

Computerbuchung *f,* **en** réservation *f* par ordinateur, par minitel.

Computereingabe *f,* **n** données *fpl* d'entrée ; « input » *m.*

Computerführerschein *m,* **e** « permis *m* informatique » ; certificat *m* de qualification sur ordinateurs.

Computergeneration *f,* **en** génération *f* d'ordinateur.

computergerecht traitable par ordinateur ; adapté au traitement par ordinateur.

computergesteuert à commande programmée ; à programme enregistré ; commandé par ordinateur ; *~e Analyse der Kosten* analyse *f* informatisée des coûts.

computergestützt assisté par ordinateur ; *~er Unterricht* enseignement *m* assisté par ordinateur (EAO).

computerisieren [kɔmpju:təri'si:rən] **1.** informatiser ; mémoriser ; stocker ; mettre sur ordinateur ; *die Versicherungen haben 3 Millionen Akten ~t* les assurances *fpl* ont informatisé 3 millions de dossiers **2.** transcrire en langage programmation.

Computerisierung *f,* **en** informatisation *f.*

Computerkriminalität *f,* *ϕ* fraude *f,* escroquerie *f* informatique.

computern *(fam.)* se servir d'un ordinateur ; travailler avec l'ordinateur ; pianoter sur l'ordinateur.

Computersimulation *f,* **en** simulation *f* par ordinateur.

Computerspezialist *m,* **en, en** informaticien *m.*

computerunterstützt ⇒ *computergestützt.*

Computerviren *pl* « virus informatiques » (programmes introduits dans un système afin de le perturber et qui se multiplient à la manière des virus).

Consols *pl (konsolidierte Staatsanleihen)* fonds *mpl* d'Etat.

Consultant *m,***s** [kɔn'zaltənt] consultant *m* ; conseil *m* (en entreprise) ; *syn.* (Unternehmens)berater *m.*

Consulting *n,* **s** [kɔn'zaltiŋ] conseil *m* (en entreprise) ; *~-Firma f* bureau *m* de conseil.

Container *m,* **-** [kɔn'te:nər] conteneur *m* ; container *m* ; *versiegelter ~* conteneur scellé.

Containerbahnhof *m,* **¨e** gare *f* (de transbordement) de conteneurs.

Containerhafen *m,* **¨** port *m* pour conteneurs.

containerisieren conteneuriser ; envoyer, expédier par conteneurs.

Containerlastzug *m,* **¨e** camion-remorque *m* ; porte-conteneurs *m.*

Containerschiff *n,* **e** cargo *m* porte-conteneurs.

Containerumschlag *m,* *ϕ* manutention *f* de conteneurs.

Containerverkehr *m,* *ϕ* transport *m* par conteneurs *(syn. Behälterverkehr).*

Controller *m,* **-** contrôleur *m* de gestion ; auditeur *m.*

Controlling *n,* **-** contrôle *m* de gestion ; audit *m.*

Controlling-Abteilung *f,* **en** service *m* contrôle de gestion.

Copyright *n,* **s** ['kɔpirait] droits *mpl* de reproduction *(syn. Wiedergaberechte ; Urheberrechte).*

cost and freight ['kɔstənd'freit] coût et fret (convention « Incoterms » ; *~ verzollt* marchandise *f* dédouanée.

Coupon *m,* **s** [ku'pɔ̃] coupon *m* ; talon *m* ; souche *f* ; *abtrennbarer ~* coupon détachable ; *einen ~ ein/lösen* encaisser un coupon.

Couponsteuer *f,* **n** impôt *m* sur les coupons.

courant [ku'rant] *(rare)* mois en cours ; année en cours.

Courtage *f,* **n** [kur'ta:ʒə] courtage *m* ; commission *f* de courtier *(syn. Kurtage).*

Crash *m,* **s** [krɛʃ] krach *m* boursier (*syn.* Krach).

CSU ⇒ *christlich.*

CUM-Dividende *f,* **n** coupon *m* attaché *(contr. Ex-Dividende).*

D

Dach *n,* **¨er** toit *m* ; « *alles unter einem Dach* » tout sur place (formule de vente des grandes surfaces) ; *etw unter ~ und Fach bringen* régler qqch ; conclure une affaire ; mettre qqch en lieu sûr.

Dachgesellschaft *f,* **en** holding *m* de contrôle ; organisation *f* de contrôle ; société *f* mère.

Dachorganisation *f,* **en** organisme *m* de contrôle ; organisation *f* de tutelle ; centrale *f.*

Dachverband *m,* **¨e** ⇒ *Dachorganisation.*

DAG ⇒ *deutsch.*

da/haben avoir en magasin, en stock ; *dieses Modell haben wir leider nicht mehr da* ce modèle n'est malheureusement plus disponible *(syn. vorrätig haben).*

Dampf- *(préfixe)* à vapeur.

dämpfen ralentir ; donner un coup de frein ; *die Hochkonjunktur ~* freiner le boom.

Dampfkraftwerk *n,* **e** centrale *f* thermique.

Dampfschiffahrt *f,* **ϕ** navigation *f* à vapeur.

Dämpfung *f,* **en** affaiblissement *m* ; *~ der Konjunktur* tassement *m* conjoncturel.

Dank *m,* **ϕ** remerciement *m* ; reconnaissance *f* ; gratitude *f* ; *zum ~ für* en remerciement de ; *jdm seinen ~ aus/sprechen* exprimer sa reconnaissance à qqn ; *jdm zu ~ verpflichtet sein* être redevable à qqn ; savoir gré à qqn.

« **dankend erhalten** » pour acquit.

Dankschreiben *n,* **-** lettre *f* de remerciement.

d(a)rauf/gehen, i, a *(ist) : mein ganzes Geld ist d(a)raufgegangen* tout mon argent y est passé.

Dargebot *n,* **e** ensemble *m* des matières premières et de l'énergie à la disposition de l'entreprise.

Darleh(e)n *n,* **-** prêt *m* ; crédit *m* **I.** *als ~* à titre de prêt ; *auslaufendes ~* prêt remboursable sous peu ; *bares ~* prêt en espèces ; *gedecktes ~* prêt garanti ; *kurzfristiges, mittelfristiges, langfristiges ~* prêt à court, moyen, long terme ; *unentgeltliches ~* crédit gratuit ; *unverzinsliches ~* prêt sans intérêts ; *zinsgünstiges ~* prêt à intérêt avantageux ; *zinsloses ~* prêt sans intérêts **II.** *ein ~ auf/nehmen* contracter un prêt ; *ein ~ bewilligen (gewähren)* accorder un prêt ; *ein ~ kündigen* demander le remboursement d'un prêt.

Darlehensantrag *m,* **¨e** demande *f* de prêt ; *einen ~ stellen, ab/lehnen* faire, rejeter une demande de prêt.

Darlehensbedingung *f,* **en** conditions *fpl* du prêt.

Darlehensfinanzierung *f,* **en** financement *m* d'un prêt.

Darlehensforderung *f,* **en** créance *f* résultant d'un prêt.

Darlehensgeber *m,* **-** prêteur *m.*

Darlehensgeschäft *n,* **e** opération *f* de prêt.

Darlehensgesellschaft *f,* **en** société *f* de crédit ; société de prêts.

Darlehensgläubiger *m,* **-** ⇒ *Darlehensgeber.*

Darlehenskasse *f,* **n** caisse *f* de crédit ; banque *f* de prêts.

Darlehensnehmer *m,* **-** emprunteur *m.*

Darlehenssumme *f,* **n** montant *m* du prêt.

Darlehenstilgung *f,* **en** amortissement *m* progressif d'un prêt.

Darlehensvertrag *m,* **¨e** convention *f* de prêt ; *einen ~ ab/schließen* signer une convention de prêt.

Darlehenszins *m,* **en** intérêt *m* du crédit.

Darleihe *f,* **n** *(Autriche)* ⇒ *Darlehen.*

Darleiher *m,* **-** *(Autriche)* prêteur *m* ; bailleur *m* de fonds.

darunter/setzen : *seinen Namen ~* apposer son nom au bas d'un document.

Daseinsbedingungen *pl* conditions *fpl* d'existence.

Datei *f,* **en** fichier *m* informatisé ;

cartothèque *f* ; bloc *m* d'informations.

Daten *pl* **1.** caractéristiques *fpl* ; précisions *fpl* ; indications *fpl* ; *die technischen ~ eines neuen Modells* les caractéristiques techniques d'un nouveau modèle **2.** *(inform.)* données *fpl* ; informations *fpl* **I.** *ausgegebene ~* données de sortie ; *gespeicherte ~* informations stockées ; *numerische ~* données numériques ; *statistische ~* données statistiques. **II.** *~ (von einem Computer) ab/rufen (auf/rufen)* appeler des données (d'un ordinateur) ; interroger un ordinateur ; *~ aus/tauschen, um/speichern* échanger, transférer des informations ; *~ aus/werten* interpréter, dépouiller des données ; *~ bereit/stellen* approvisionner en données ; *~ ein/geben (ein/speisen, ein/füttern)* entrer, introduire des données ; *~ erfassen* saisir des données ; *~ sichern* sauvegarder des données ; *~ verarbeiten* traiter des informations ; *~ verwerten* exploiter, utiliser des informations.

Datenaufzeichnung *f,* **en** enregistrement *m* des données.

Datenausgabe *f,* **n** *(inform.)* sortie *f* des données ; données *fpl* sorties.

Datenauswertung *f,* **en** interprétation *f,* analyse *f* des données.

Datenbank *f,* **en** banque *f* de données.

Datenbearbeitung *f,* **en** traitement *m,* manipulation *f* des données.

Dateneingabe *f,* **n** *(inform.)* entrée *f* des données ; données *fpl* introduites.

Datenendgerät *n,* **e** ⇒ *Datenterminal.*

Datenendstation *f,* **en** ⇒ *Datenterminal.*

Datenerfassung *f,* **en** *(inform.)* saisie *f* des données (informatiques).

Datenfernverarbeitung *f,* **en** *(inform.)* télétraitement *m* des données ; téléinformatique *f* ; télématique *f.*

Datenfluß *m,* **¨sse** *(inform.)* débit *m* de sortie ; volume *m* des données.

Datenmaterial *n,* **-ien** *(inform.)* ensemble *m* des données ; volume *m* de données ; *das ~ auf/arbeiten* exploiter, préparer les données.

Datenmißbrauch *m,* **(¨e)** abus *m* des dossiers informatiques.

Datenpirat *m,* **en, en** pirate *m* informatique.

Datenschutz *m,* **φ** protection *f* de la vie privée contre les abus de l'informatique.

Datenschutzbeauftragte/r *(der/ein)* expert *m* chargé de contrôler l'immixtion de l'informatique dans la vie privée ; « Monsieur Informatique ».

Datenschutzgesetz *n,* **e** législation *f* contre les abus de l'informatique.

Datensichtgerät *n,* **e** *(inform.)* terminal *m* (de visualisation) ; « visu » *f* ; écran *m* de contrôle.

Datenspeicher *m,* **-** *(inform.)* mémoire *f.*

Datenspeicherung *f,* **en** *(inform.)* mémorisation *f* de données ; mise *f* en mémoire d'informations.

Datenspezialist *m,* **en, en** informaticien *m.*

Datenterminal *m,* **s** [...'tə:minəl] *(inform.)* terminal *m.*

Datenträger *m,* **-** *(inform.)* support *m* de données, d'informations (bandes magnétiques, disquettes, etc.).

Datentypistin *f,* **nen** ⇒ *Datistin.*

Datenübertragung *f,* **en** transmission *f* des données ; téléinformatique *f.*

Datenüberwachung *f,* **en** surveillance *f* par ordinateur.

Datenumsetzer *m,* **-** convertisseur *m* de données.

datenverarbeitend *(inform.)* informatique ; informatisé ; *~es Gerät* appareil *m* de traitement des données ; système *m* informatique.

Datenverarbeitung *f,* **en** informatique *f* ; traitement *m,* analyse *f* des données ; *elektronische ~ (EDV)* traitement électronique (automatique) des données ; *integrierte (koordinierte) ~* traitement *m* intégré des données *(syn. Informatik).*

Datenverarbeitungsanlage *f,* **n** centre *m* de traitement de l'information ; *(elektronische) ~* centre informatique.

Datenverletzung *f,* **en** *(inform.)* usage *m* illicite ou abusif des informations.

Datenverschlüsselung *f,* **en** codification *f,* chiffrage *m* de données.

Datenzentrum *n,* **-tren** *(inform.)* centre *m* de traitement des données ; centre informatique.

DATEX service DATEX des Postes ouest-allemandes (transmission informatisée des données) ; télématique *f* ; téléinformatique *f.*

DAT-Gerät *n,* **e** *(Digital-Audio-Tape)* magnétophone *m* digital ; *(syn. digitales Tonband).*

datieren dater ; porter une date sur un document ; *der Brief ist vom 2.März ~t* la lettre est en date du 2 mars.

Datierer *m,* **-** dateur *m.*

Datierung *f,* **en** datation *f* ; date *f* ; *die ~ eines Schriftstücks vergessen* oublier de dater un document.

Datistin *f,* **nen** *(inform.)* perforatrice *f* ; opératrice *f.*

dato à cette date ; *a ~* à dater de ce jour ; *bis ~* jusqu'à ce jour.

Datowechsel *m,* - lettre *f* de change à un certain délai de date.

Datum *n,* **-ten** date *f* ; terme *m* ; *unter dem heutigen ~* en date de ce jour ; *maßgebend ist das ~ des Poststempels* le cachet de la poste faisant foi ; *das ~ ein/setzen* mettre la date ; *ein späteres ~ auf etw setzen* postdater qqch ; *mit einem früheren ~ versehen* antidater.

Datumsangabe *f,* **n** indication *f* de date ; *ohne ~* sans date.

Datumsstempel *m,* - composteur *m* dateur.

Dauer *f,* *ϕ* durée *f* ; ancienneté *f* ; *auf (die) ~* à la longue ; *auf bestimmte ~* à durée limitée ; *für die ~ von* pour une durée de ; *von begrenzter ~ sein* être de durée limitée ; *~ der Betriebszugehörigkeit* ancienneté dans l'entreprise.

Dauerarbeitslose/r *(der/ein)* chômeur *m* de longue durée.

Dauerarbeitslosigkeit *f,* *ϕ* chômage de longue durée.

Dauerauftrag *m,* **¨e** prélèvement automatique, d'office ; *der Bank einen ~ geben* donner à la banque un ordre de virement permanent ; *die Telefongebühren per ~ zahlen* payer la redevance téléphonique par prélèvement automatique.

Dauerausstellung *f,* **en** exposition *f* permanente.

Dauerausweis *m,* **e** ⇒ *Dauerpassierschein.*

Dauerbelastung *f,* **en** charge *f* permanente.

Dauerbeschäftigung *f,* **en** emploi *m* stable ; *eine ~ finden* trouver un emploi stable.

Dauerbetrieb *m,* **e** service *m ;* régime *m* permanent ; marche *f* continue ; *in ~ sein* fonctionner sans interruption.

Daueremittent *m,* **en, en** émetteur *m* permanent de titres (sur le marché des emprunts et obligations : banques hypothécaires, instituts de crédit).

Dauererfolg *m,* **e** succès *m* durable ; *der Käfer war auf Jahre ein ~* la coccinelle Volkswagen connut durant des années un grand succès.

Dauergäste *pl (touris.)* clientèle *f* de séjour.

dauerhaft durable ; résistant ; *~es Material* matériel *m* résistant.

Dauerhaftigkeit *f,* *ϕ* durabilité *f.*

Dauerkarte *f,* **n** carte *f* permanente ; abonnement *m* de longue durée ; laissez-passer *m* permanent.

Dauerkrise *f,* **n** crise *f* chronique.

Dauerkunde *m,* **n, n** client *m* fidèle, régulier (attaché à une marque ou à une maison) *(syn. Stammkunde).*

Dauerkundschaft *f,* *ϕ* clientèle *f* régulière.

Dauerleistung *f,* **en** puissance *f* continue ; rendement *m* continu.

dauern durer ; prendre du temps.

dauernd constant ; permanent ; *eine ~e Ausstellung* une exposition *f* permanente ; *~e Lasten* charges *fpl* permanentes.

Dauerpassierschein *m,* **e** laissez-passer *m* permanent.

Dauerseller *m,* - best-seller *m* ; succès *m* de vente.

Dauersitzung *f,* **en** séance *f* marathon.

Dauerstellung *f,* **en** ⇒ *Dauerbeschäftigung.*

Dauertest *m,* **s** test *m,* essai *m* d'endurance.

Dauerüberweisung *f,* **en** virement *m* permanent, automatique, d'office.

Dauerware *f,* **n** denrée *f* non périssable ; article *m* de longue conservation.

Dauerwerbung *f,* **en** publicité *f* permanente.

Dauerzustand *m,* **¨e** état *m* permanent ; état endémique.

Daumen : *(fam.) über den ~ gerechnet* calculé approximativement ; *über den ~ peilen* évaluer à vue de nez.

dazu/rechnen additionner ; ajouter sur une note ; ajouter sur une facture.

DB *(Deutsche Bundesbahn)* ⇒ *deutsch.*

DBB *(Deutscher Beamtenbund)* ⇒ *deutsch.*

DBP *(Deutsche Bundespost)* ⇒ *deutsch.*

DDR ⇒ *Deutsche Demokratische Republik.*

dealen ['di:lən] se livrer au trafic de la drogue.

Dealer *m,* - ['di:lər] trafiquant *m* de drogue.

Debatte *f,* **n** débat *m* ; discussions *fpl* ; *stürmische ~* débat houleux ; *in eine ~ ein/greifen* intervenir dans un débat ; *die ~ eröffnen, schließen* ouvrir, clore les débats.

debattieren *(über +A)* débattre (de).

Debet *n,* **s** dû *m* ; débit *m* ; doit *m* ; *~ und Kredit* débit et crédit ; *im ~ stehen* être au débit ; *ins ~ stellen* porter au débit *(syn. Soll).*

Debetsaldo *n,* **-den** solde *m* débiteur, négatif ; *ein ~ auf/weisen* accuser un solde déficitaire.

Debetseite *f,* **n** côté *m,* colonne *f* débit.

debitieren *(rare)* débiter un compte ; porter au débit.

Debitor *m,* **en** client *m* débiteur.

Debitorenauszug *m,* **¨e** extrait *m* de compte débiteurs.

Debitorenkonto *n,* **-ten** compte *m* des créances à recevoir ; compte débiteur.

Debitorenziehungen *pl* traites *fpl* tirées par une banque sur un débiteur.

deblockieren lever un blocus ; lever un embargo ; débloquer.

Deckadresse *f,* **n** adresse *f* de convention ; boîte *f* aux lettres.

Deckanschrift *f,* **en** ⇒ *Deckadresse.*

Decke *f,* **n** couverture *f* ; toit *m* ; *(fam.) sich nach der ~ strecken* avoir du mal à joindre les deux bouts.

decken couvrir ; combler ; *sich ~* se garantir ; se couvrir ; *den Bedarf ~* couvrir les besoins ; répondre à la demande ; *ein Defizit ~* combler un déficit ; *die Kosten ~* couvrir les frais ; *einen Schaden ~* couvrir un dommage ; *einen Wechsel ~* honorer une lettre de change.

Deckmantel *m* : *unter dem ~* sous couvert de ; sous prétexte de.

Deckname *m,* **ns, n** nom *m* d'emprunt ; pseudonyme *m.*

Deckung *f,* **en** couverture *f* ; garantie *f* ; provision *f* ; *ausreichende ~* provision suffisante ; *mangels ~* faute de provision ; *ohne ~* a découvert ; *zur ~ der Kosten* pour couvrir les dépenses ; *eine zusätzliche ~ verlangen* exiger une couverture supplémentaire.

Deckungsbetrag *m,* **¨e** ⇒ *Deckungssumme.*

deckungsfähig : *~e Wertpapiere* valeurs *fpl* constituant un fonds de garantie des compagnies d'assurance.

Deckungsgeschäft *n,* **e** opération *f* de couverture.

Deckungsgrad *m,* **e** 1. *(comptab.) : langfristiger ~* ratio *m* de fonds de roulement ; *kurzfristiger ~* ratio *m* de liquidité. 2. *(assur.)* couverture *f* (des risques) garantie.

Deckungskapital *n,* *ϕ* fonds *mpl* de couverture ; capital *m* de couverture.

Deckungskarte *f,* **n** *(assur.)* carte *f* d'assurance-auto ; attestation *f* d'assurance automobile.

Deckungskauf *m,* **¨e** achat *m* de couverture ; achat de réapprovisionnement des stocks.

Deckungsklausel *f,* **n** clause *f* de couverture (sur une traite).

Deckungslücke *f,* **n** déficit *m* (budgétaire) ; *der Bundeshaushalt weist eine ~ von 2 Milliarden DM auf* le budget fédéral révèle un déficit de deux milliards de marks.

Deckungsmittel *pl* moyens *mpl* financiers (pour combler un déficit budgétaire).

Deckungsstock *m,* *ϕ* *(assur.)* fonds *m* de garantie.

Deckungssumme *f,* **n** *(assur.)* montant *m* maximal garanti.

Deckungszusage *f,* **n** acceptation *f* provisoire d'un risque.

Decoder *m,* **-** décodeur *m* (mémorise les données et les transforme en lettres, chiffres ou graphiques).

de dato *(d.d.)* à compter de ce jour.

De-facto-Anerkennung *f,* **en** reconnaissance *f* de fait.

defekt défectueux ; endommagé ; qui présente un défaut.

Defekt *m,* **e** défaut *m* ; vice *m* de fabrication ; *einen ~ haben* présenter un défaut ; *einen ~ beheben* remédier à un incident ; réparer un défaut.

Deficit-spending *n,* **s** ⇒ *Defizitfinanzierung.*

Defizit *n,* **e** déficit *m* ; découvert *m* ; *ein ~ in Milliardenhöhe auf/weisen* accuser un déficit de plusieurs milliards ; *ein ~ decken (aus/gleichen)* combler un déficit ; *(syn. Fehlbetrag).*

defizitär déficitaire ; en déficit.

Defizitfinanzierung *f,* **en** dépenses *fpl* publiques non couvertes par des recettes affectées (ce financement à découvert facilite la politique du plein emploi).

Defizitjahr *n,* **e** année *f* déficitaire.

Deflation *f,* **en** déflation *f* ; *eine ~ durch erhöhte Steuerausgaben bekämpfen* combattre la déflation en augmentant les dépenses de l'Etat *(contr. Inflation).*

deflationär ⇒ *deflationistisch.*

deflationieren provoquer une déflation ; avoir un effet déflationniste.

deflationistisch déflationniste ; à tendance déflationniste.

deflatorisch ⇒ *deflationistisch.*

Degression *f,* **en** dégression *f.*

degressiv dégressif ; *~e Abschreibung* amortissement *m* dégressif ; *~e Kosten* coûts *mpl* dégressifs.

De-jure-Anerkennung *f,* **en** reconnaissance *f* de droit, de jure.

dekartellieren ⇒ *dekartellisieren.*

dekartellisieren démanteler les cartels ; décartelliser *(syn. entflechten).*

Dekartellisierung *f*, **en** démantèlement *m* des cartels ; décartellisation *f (syn. Entflechtung)*.

Deklarant *m*, **en, en** déclarant *m*.

deklarieren 1. faire une déclaration officielle **2.** *(rare)* déclarer (en douane, des revenus, etc.) **3.** *(poste)* déclarer la valeur.

deklassieren déclasser.

Deklassierung *f*, **en** déclassement *m*.

Dekodierung *f*, **en** décodage *m* ; déchiffrage *m*.

Dekonzentration *f*, **en** déconcentration *f* ; décentralisation *f* ; décartellisation *f*.

dekonzentrieren déconcentrer ; décentraliser ; décartelliser.

Dekret *n*, **e** décret *m* ; *ein ~ erlassen* promulguer un décret *(syn. Erlaß ; Verfügung)*.

Delegation *f*, **en** délégation *f* ; *eine ~ von Arbeitern* une délégation d'ouvriers ; *eine ~ zusammen/stellen* constituer une délégation.

delegieren 1. déléguer ; envoyer en délégation **2.** déléguer ses droits ou ses charges à qqn ; *der Chef ~t seine Befugnisse an seine Mitarbeiter* le chef délègue ses pouvoirs à ses collaborateurs.

Delegierte/r *(der/ein)* délégué *m*.

Delikatessengeschäft *n*, **e** épicerie *f* fine.

Delikt *n*, **e** *(jur.)* délit *m* (civil) ; infraction *f*.

Delinquent *m*, **en, en** délinquant *m* ; criminel *m*.

Delkredere *n*, **-** ducroire *m* ; garantie *f* ; sûreté *f* ; *das ~ übernehmen* se porter ducroire.

Delkrederefonds *m*, **-** fonds *m* de garantie ; provisions *fpl* pour couverture de pertes éventuelles.

Delkrederekommissionär *m*, **e** commissaire *m* ducroire (répond de la solvabilité de ses acheteurs).

Delkredereprovision *f*, **en** commission *f* ducroire (perçue par le commissionnaire).

Delkredereversicherung *f*, **en** assurance *f* ducroire.

De-Luxe-Ausstattung *f*, **en** [də'lyks...] équipement *m* de luxe ; modèle *m*, version *f* luxe.

Dementi *n*, **s** démenti *m*.

dementieren démentir ; *jdn ~* donner un démenti à qqn.

Demission *f*, **en** démission *f*.

demissionieren démissionner ; donner sa démission.

Demo *f*, **s** *(fam.)* manif *f*.

Demokrat *m*, **en, en** démocrate *m*.)

Demokratie *f*, **n** [demokra'ti:] démocratie *f*.

demokratisch démocratique.

demokratisieren démocratiser.

demonetisieren démonétiser ; *die Geldstücke wurden ~t* les pièces n'ont plus cours.

Demonetisierung *f*, **en** démonétisation *f*.

Demonstrant *m*, **en, en** manifestant *m*.

Demonstration *f*, **en 1.** manifestation *f* ; *eine ~ der Werktätigen* manifestation des travailleurs ; *zu einer ~ auf/rufen* appeler à manifester ; *eine ~ veranstalten* organiser une manifestation **2.** *(commercial)* démonstration *f*.

Demonstrationszug *m*, **¨e** cortège *m* de manifestants.

Demonstrator *m*, **en** démonstrateur *m* ; présentateur *m*.

demonstrieren 1. manifester ; faire une manifestation ; protester contre **2.** faire connaître ; *Entschlossenheit ~* affirmer sa détermination ; *seinen Willen ~* manifester sa volonté.

Demontage *f*, **n** démantèlement *m* ; démontage *m*.

demontieren démonter ; *Fabriken ~* démanteler des usines.

Demoskopie *f*, **n** étude *f* de l'opinion ; sondage *m* d'opinion.

demoskopisch : *~es Institut* institut *m* de sondage d'opinion.

denaturieren dénaturer ; rendre impropre à la consommation.

Denkmünze *f*, **n** pièce *f* (de monnaie) commémorative.

Denkschrift *f*, **en** mémoire *m* ; mémorandum *m (syn. Memorandum)*.

Deponent *m*, **en, en** déposant *m*.

Deponie *f*, **n** [depo'ni:] décharge *f (syn. Müllabladeplatz)*.

deponieren déposer ; mettre en dépôt ; *~tes Wertpapier* titre *m* en dépôt ; *Geld bei der Bank ~* déposer de l'argent à la banque *(syn. hinterlegen)*.

Deponierung *f*, **en** dépôt *m*.

Deport *m*, **s** *(Bourse)* déport *m* (dans une opération de report, le déport est égal à la différence des cours).

Deportgeschäft *n*, **e** opération *f* de déport.

Depositär *m*, **e** dépositaire *m*.

Depositen *pl* dépôts *mpl* (d'argent en banque) ; *kurzfristige ~* dépôts à court terme ; *~ auf Sicht* dépôts à vue.

Depositenbank *f*, **en** banque *f* de

dépôts.

Depositengeld *n,* **er** fonds *mpl* déposés.

Depositengeschäft *n,* **e** opération *f* de dépôt.

Depositenguthaben *n,* **-** avoir *m* déposé ; avoir en dépôt.

Depositenkasse *f,* **n** caisse *f* de dépôts.

Depositenkonto *n,* **-ten** compte *m* de dépôt.

Depositenschein *m,* **e** reconnaissance *f,* reçu *m* de dépôt.

Depositogeld *n,* **er** fonds *mpl* en dépôt judiciaire.

Depositorium *n,* **-ien** dépôt *m* ; coffre-fort *m.*

Depositum *n,* **-ten** ou **-ta** objet *m* en dépôt ; dépôt *m* ; *auf Verlangen zurückzahlbares ~* dépôt a vue.

Depot *n,* **s** [de'po:] **1.** dépôt *m* ; *Wertpapiere in ~ geben* donner des titres en garde **2.** entrepôt *m* ; *Getreide in einem ~ lagern* entreposer des céréales.

Depotabteilung *f,* **en** en service *m* de dépôts.

Depotbuch *n,* **¨er** livret *m* de dépôt, de déposant.

Depotgebühr *f,* **en** frais *mpl* de dépôt ; droits *mpl* de garde.

Depotgeschäft *n,* **e** consignation *f* ; garde *f* des titres.

Depotgesetz *n,* **e** législation *f* concernant les dépôts et achats de titres.

Depotschein *m,* **e** récépissé *m* de dépôt.

Depotstimmrecht *n,* **φ** *(R.F.A.)* droit *m* de vote qu'accordent les actionnaires aux banques ; procuration *f* bancaire.

Depotwechsel *m,* **-** effet *m* remis en nantissement.

Depression *f,* **en** dépression *f* (économique).

Deputat *n,* **e** rémunération *f,* prestations *fpl* en nature ; avantage *m* en nature.

deputieren députer ; déléguer.

deregulieren déréglementer ; déréguler ; dénationaliser ; privatiser.

Deregulierung *f* **en** déréglementation *f* ; dérégulation *f* ; dénationalisation *f* ; privatisation *f.*

Design *n,* **s** [di'zain] design *m* ; dessin *m* industriel ; stylique *f.*

Designer *m* **-** designer *m* ; stylicien *m* ; spécialiste *m* de design.

Desinflation *f,* **en** lutte *f* anti-inflation.

Desktop-publishing *n,* **s** micro-édition *f* ; publication *f* assistée par ordinateur (PAO) ; édition *f* électronique.

Detail *n,* **s** [de'taj] détail *m.*

Detailhandel *m,* **φ** *(arch.)* commerce *m* de détail ; vente *f* au détail.

detaillieren *(arch.)* vendre à la pièce ; détailler, débiter une marchandise.

deutsch allemand **1.** (R.F.A.) *~e Angestelltengewerkschaft (DAG)* syndicat *m* des employés et cadres ; *~er Beamtenbund (DBB)* confédération *f* des fonctionnaires ; *~e Bundesbahn (DB)* chemins *mpl* de fer allemands ; *~e Bundesbank* banque *f* centrale ; *~e Bundespost (DBP)* postes *fpl* et télécommunications *fpl* fédérales ; *~er Depeschendienst (ddp)* agence *f* de presse allemande ; *~er Gewerkschaftsbund (DGB)* confédération *f* syndicale (regroupant 17 syndicats professionnels) ; *~er Industrie- und Handelstag (DIHT)* fédération *f* des chambres de commerce et d'industrie ; *(France)* APCCI ; *~e Industrienorm (DIN)* norme *f* industrielle allemande ; *(France)* NF ; *~e Mark (DM)* mark *m* allemand ; *~e Presseagentur (dpa)* agence *f* de presse allemande **2.** *(R.D.A.)* *~e Außenhandelsbank* banque *f* du commerce extérieur.

deutsch-deutsch interallemand ; *~er Handel* commerce *m* entre les deux Allemagnes *(syn. innerdeutsch).*

Deutsche Demokratische Republik *f,* **φ** République *f* démocratique allemande (R.D.A.).

Deutsche Reichsbahn *f,* **φ** compagnie *f* de chemin de fer de la R.D.A.

Devalvation *f,* **en** *(rare)* dévaluation *f.*

Devise *f,* **n** **1.** devise *f* (étrangère) ; *harte ~* devise forte ; *~n* devises ; changes *mpl* ; *~n kaufen, ein/tauschen* acheter, échanger des devises **2.** slogan *m* ; devise *f.*

Devisenabkommen *n,* **-** accord *m* sur les changes.

Devisenabteilung *f,* **en** *(banque)* service *m* des changes.

Devisenausländer *m,* **-** non-résident *m.*

Devisenbeschaffung *f,* **en** obtention *f* de devises.

Devisenbeschränkung *f,* **en** ⇒ *Devisenbewirtschaftung.*

Devisenbestand *m,* **¨e** réserves *fpl,* avoir *m,* disponibilités *fpl* en devises.

Devisenbestimungen *pl* réglementations *fpl* en matière de changes.

Devisenbewirtschaftung *f,* **en** contrôle *m* des changes ; contingentement *m* des devises ; réglementation *f* des devises.

Devisenbilanz *f,* **en** compte *m* devises.

Devisenbörse *f,* **n** Bourse *f* des devises.

Devisenbriefkurs *m,* **e** cours *m* des devises (offre).

devisenbringend qui rapporte des devises.

Devisenbringer *m,* **-** produit *m* qui se vend bien a l'étranger.

Devisengenehmigung *f,* **en** autorisation *f* de change.

Devisengeschäft *n,* **e** opération *f* de change.

Devisengesetz *n,* **e** loi *f* sur le contrôle des changes.

Devisenhandel *m,* **φ** marché *m* des changes ; commerce *m,* opérations *fpl* de change.

Devisenhandelsplatz *m,* **¨e** ⇒ *Devisenbörse.*

Devisenknappheit *f,* **φ** pénurie *f* de devises.

Devisenkontrolle *f,* **n** ⇒ *Devisenbewirtschaftung.*

Devisenkurs *m,* **e** cours *m* du (des) change(s) ; *amtlicher ~* taux *m* de change officiel ; *den ~ fest/setzen* fixer le cours des devises.

Devisenmakler *m,* **-** cambiste *m* ; courtier *m* en devises.

Devisenmarkt *m,* **¨e** marché *m* des changes ; marché des devises.

Devisennotierung *f,* **en** cotation *f* des devises, des changes.

Devisenpolster *n,* **-** réserves *fpl* en devises ; matelas *m* de devises.

Devisenreserven *pl* réserves *fpl* en devises.

Devisenschieber *m,* **-** trafiquant *m* de devises.

Devisenschiebung *f,* **en** trafic *m* (illégal) de devises.

Devisenschmuggel *m,* **φ** ⇒ *Devisenschiebung.*

Devisenschwindel *m,* **φ** escroquerie *f* sur le change, les devises.

Devisenspekulant *m,* **en, en** spéculateur *m* en matière de devises.

Devisenspekulation *f,* **en** spéculation *f* sur les changes.

Devisenstelle *f,* **n** office *m* des changes.

Devisentermingeschäft *n,* **e** marché *m* à terme sur les devises.

devisenträchtig susceptible de rapporter des devises.

Devisenumrechnungstabelle *f,* **n** tableau *m* des changes.

Devisenvergehen *n,* **-** infraction *f* à la réglementation des changes.

Devisenverkehr *m,* **φ** ⇒ *Devisenhandel.*

Devisenvorschrift *f,* **en** réglementation *f* des changes.

Devisenzahlung *f,* **en** paiement *m* en devises.

Devisenzuteilung *f,* **en** octroi *m,* attribution *f* de devises.

Devisenzwangswirtschaft *f,* **en** ⇒ *Devisenbewirtschaftung.*

dezentral décentralisé ; dispersé.

Dezentralisation *f,* **en** décentralisation *f.*

dezentralisieren décentraliser.

Dezernat *n,* **e** ressort *m* ; *das ~ für Bauwesen* les services de la construction.

Dezernent *m,* **en, en** chef *m* de service (administration).

DGB *(Deutscher Gewerkschaftsbund)* ⇒ *deutsch.*

Dialog *m,* **e** dialogue *m.*

Diäten *pl* indemnités *fpl* de représentation ; jetons *mpl* de présence.

dicht dense ; *~er Verkehr* trafic *m* dense.

dichtbesiedelt fortement urbanisé ; à forte densité de population.

dichtbevölkert à forte densité de population.

dicht/machen *(fam.)* fermer boutique.

dick gros ; fort ; énorme ; *~e Beziehungen haben (fam.)* avoir un piston énorme ; avoir des relations haut placées ; *~e Gelder* capitaux *mpl* importants ; *~e Geschäfte machen (fam.)* faire des affaires en or ; *eine ~e Rechnung bezahlen (fam.)* payer une facture salée.

Dieb *m,* **e** voleur *m* ; bandit *m* ; brigand *m* ; *einen ~ auf frischer Tat ertappen* prendre un voleur sur le fait, en flagrant délit, la main dans le sac ; *haltet den ~* ! au voleur !

Diebesgut *n,* **¨er** marchandise *f* volée.

diebessicher à l'abri du vol ; protégé contre le vol.

Diebin *f,* **nen** voleuse *f.*

Diebstahl *m,* **¨e** vol ; *geistiger ~* plagiat *m* ; *schwerer ~* vol qualifié ; *einen ~ begehen (verüben)* commettre un vol ; *gegen ~ versichert sein* être assuré contre le vol.

Diebstahlversicherung *f,* **en** assurance *f* contre le vol.

dienen servir ; *dem Staat ~* servir l'Etat ; *womit kann ich ~* ? qu'y a-t-il pour votre service ? Monsieur, Madame désire ?

Dienst *m,* **e** service *m* ; emploi *m* ;

charge *f* ; travail *m* ; fonction *f* ; place *f* ; poste *m* **I.** *gehobener ~* cadre *m* supérieur ; *der öffentliche ~* le service public ; *außer ~* hors service (machine) ; en retraite ; *im ~ (vom ~)* de service ; *~ am Kunden* service après-vente **II.** *seine (guten) ~e anbieten* offrir, proposer ses (bons) offices ; *den ~ an/treten* entrer en service ; *aus dem ~ aus/scheiden* quitter le service ; prendre sa retraite ; *einen Beamten seines ~es entheben* relever un fonctionnaire de ses fonctions ; *aus dem ~ entlassen* licencier ; *zum ~ gehen* aller au travail ; *~ haben (machen)* travailler ; être de service ; *den ~ (auf)kündigen* donner congé ; *in seine ~e nehmen* prendre à son service ; *den ~ quittieren* donner son préavis ; quitter le service ; *nicht im ~ sein* ne pas travailler ; ne pas être de service ; *~ nach Vorschrift machen* faire la grève du zèle ; *(fam.) ~ ist ~, und Schnaps ist Schnaps* le travail passe avant le plaisir.

Dienstalter *n,* - années *fpl,* ancienneté *f* de service ; *nach dem ~ befördert werden* passer (être promu) à l'ancienneté ; *ein ~ von 25 Jahren haben* avoir 25 années d'ancienneté.

Dienstaltersstufe *f,* **n** échelon *m* ; *automatisches Aufrücken in die ~* promotion *f* automatique dans (à) l'échelon supérieur.

Dienstalterszulage *f,* **n** prime *f* d'ancienneté.

Dienstälteste/r *(der/ein)* doyen *m* ; le plus ancien (en années de service).

Dienstanweisung *f,* **en** ⇒ *Dienstvorschrift.*

Dienstauffassung *f,* **en** déontologie *f* (professionnelle).

Dienstaufsicht *f,* ϕ surveillance *f* hiérarchique.

Dienstaufsichtsbehörde *f,* **n** autorité *f* de tutelle.

Dienstauszeichnung *f,* **en** distinction *f* honorifique pour ancienneté.

Dienstbarkeit *f,* **en** servitude *f* ; *gesetzliche, vertragliche ~* servitude légale, conventionnelle.

Dienstbefehl *m,* **e** ordre *m* de service.

Dienstbezüge *pl* traitement *m* ; émoluments *mpl.*

Dienstentfernung *f,* **en** ⇒ *Dienstenthebung.*

Dienstenthebung *f,* **en** mise *f* a pied ; suspension *f.*

Dienstentlassung *f,* **en** congédiement *m* ; licenciement *m.*

dienstfähig apte au service.

dienstfrei ne pas être de service ; *ein ~er Samstag* un samedi chômé.

Dienstgeber *m,* - *(Autriche)* ⇒ *Dienstherr.*

Dienstgeheimnis *n,* **se** secret *m* professionnel ; *(fonctionnaire)* obligation *f* de réserve ; *das ~ verletzen* violer le secret professionnel.

Dienstgespräch *n,* **e** *(téléph.)* communication *f* de service ; conversation *f* officielle.

Dienstgrad *m,* **e** échelon *m.*

diensthabend de (en) service.

Diensthabende/r *(der/ein)* personne *f,* employé *m* de service.

Dienstherr *m,* **n, en** employeur *m* ; patron *m.*

Dienstjahre *pl* années *fpl* de service ; états *mpl* de service.

Dienstleistung *f,* **en** prestation *f* de service (activités qui ont valeur économique mais qui ne visent pas à la production de biens).

Dienstleistungsbetrieb *m,* **e** entreprise *f* prestataire de services ; prestataire *m* de services (agence de voyages, banque, etc.).

Dienstleistungsbilanz *f,* **en** bilan *m* des invisibles ; balance *f* des services.

Dienstleistungsgewerbe *n,* - entreprises *fpl* de prestation de services ; activité *f* des services ; secteur *m* tertiaire.

Dienstleistungssektor *m,* **en** secteur *m* tertiaire ; les services *mpl (syn. tertiärer Sektor).*

Dienstleistungsverkehr *m,* ϕ échanges *mpl* de prestations de services.

Dienstleistungswirtschaft *f,* **en** ⇒ *Dienstleistungssektor.*

Dienstleitung *f,* **en** *(téléph.)* ligne *f* de service.

dienstlich officiel ; de service **I.** *~e Angelegenheit* affaire *f* de service ; *~es Schreiben* lettre *f* officielle **II.** *er ist ~ unterwegs* il voyage dans l'intérêt du service ; *~ verhindert sein* être retenu par le service.

Dienstmarke *f,* **n** timbre *m* officiel.

Dienstnehmer *m,* - *(Autriche)* salarié *m.*

Dienstordnung *f,* **en** ⇒ *Dienstvorschrift.*

Dienstpflicht *f,* **en 1.** devoir *m* d'une charge **2.** *allgemeine ~* service *m* militaire obligatoire.

Dienstplan *m,* **¨e** tableau *m* de service.

Dienstraum *m,* **¨e** local *m* réservé au service (personnel de gare, etc.).

Dienstreise *f, n* voyage *m* pour raisons de service ; déplacement *m* (professionnel) ; *eine ~ an/treten* partir en mission.

Dienstsache *f*, **n 1.** affaire *f* de service **2.** pli *m* de service.

Dienststelle *f*, **n** service *m* officiel ; bureau *m* ; *auszahlende ~* service payeur ; *vorgesetzte ~* autorité *f* hiérarchique supérieure.

Dienststellenleiter *m*, **-** chef *m* de service.

Dienststellung *f*, **en** rang *m* ; fonctions *fpl*.

Dienststempel *m*, **-** cachet *m* officiel.

Dienststrafe *f*, **n** peine *f* disciplinaire ; sanction *f* administrative.

Dienststrafgewalt *f*, *ϕ* pouvoir *m* disciplinaire.

Dienststrafrecht *n*, *ϕ* droit *m* disciplinaire.

Dienststunden *pl* heures *fpl* de service ; heures de bureau.

Dienstvergehen *n*, **-** faute *f* de service.

dienstverpflichten *(à l'infinitif, au participe passé)* réquisitionner des travailleurs (catastrophe, guerre, etc.).

Dienstvorgesetzte/r *(der/ein)* supérieur *m* hiérarchique.

Dienstvorschrift *f*, **en** instruction *f*, règlement *m* de service ; *nach ~ arbeiten* faire la grève du zèle.

Dienstwagen *m*, **-** voiture *f* de fonction.

Dienstweg *m*, **e** voie *f* hiérarchique ; *auf dem ~* par la voie hiérarchique ; *den ~ ein/halten* suivre la voie hiérarchique.

Dienstwohnung *f*, **en** logement *m* de fonction.

Dienstzeit *f*, **en 1.** années *fpl* de service **2.** heures *fpl* de bureau ; *seine wöchentliche ~ beträgt 39 Stunden* son service hebdomadaire est de 39 heures.

Dienstzeugnis *n*, **se** certificat *m* de service (établi par l'employeur).

Dienstzulage *f*, **n** indemnité *f* de fonction.

Differentialtarif *m*, **e** tarif *m* différentiel échelonné (fret d'autant moins élevé que la distance parcourue est longue) *(syn. Staffeltarif)*.

Differentialzölle *pl* droits *mpl* différentiels.

Differenz *f*, **en 1.** différence *f* ; déficit *m* ; *eine ~ von... auf/weisen* révéler un trou de... **2.** différend *m* ; litige *m*.

Differenzgeschäft *n*, **e** marché *m* différentiel, à découvert ; opération *f* à terme.

differieren différer ; diverger.

digital *(inform.)* digital ; numérique ; *~e Anzeige* affichage *m* numérique ; *~e Darstellung* représentation *f* numérique ; *~e Informationen* données *fpl* numériques.

Digitalband *n*, **¨er** bande *f* magnétique digitate.

digitalisieren numériser ; digitaliser.

Digitalisierung *f*, **en** numérisation *f* ; digitalisation *f*.

Digitalrechner *m*, **-** calculatrice *f* numérique ; calculateur *m* digital.

Digital-Tonband *n*, **¨er** magnétophone *m* digital ; lecteur *m* DAT.

DIHT *(Deutscher Industrie- und Handelstag)* ⇒ *deutsch*.

Diktant *m*, **en, en** dicteur *m*.

Diktaphon *n*, **e** ⇒ *Diktiergerät*.

Diktat *n*, **e 1.** dictée *f* ; *nach jds ~* sous la dictée de qqn ; écrire sous la dictée **2.** *(polit.)* diktat *m* ; traité *m* imposé.

Diktatzeichen *pl (corresp.)* références *fpl* du dicteur et de la dactylo.

diktieren 1. dicter un texte **2.** imposer ; dicter ; *der Markt ~t die Preise* le marché dicte les prix.

Diktiergerät *n*, **e** dictaphone *m*.

DIN *(Deutsche Industrienorm)* ⇒ *deutsch*.

DIN-Format *n*, **e** format *m* DIN (dimensions standardisées du papier commercial) *DIN A4* (210 × 297 mm).

dingen, a, u *(arch.) (également verbe faible)* engager ; embaucher (domestiques) ; soudoyer (assassin).

dinglich *(jur.)* réel ; *~es Recht* droit *m* réel.

Dipl. ⇒ *Diplom*.

Dipl.-Kfm. ⇒ *Diplom-Kaufmann*.

Diplom *n*, **e** certificat *m* ; brevet *m* ; diplôme *m* ; diplômé *m* universitaire ou d'études supérieures (dans les mots composés du type *Diplomkaufmann*, etc.).

Diplomat *m*, **en, en** diplomate *m*.

diplomatisch diplomatique ; diplomate ; *die ~en Beziehungen ab/brechen, auf/nehmen* rompre, nouer des relations diplomatiques.

Diplombetriebswirt *m*, **e** diplômé *m* d'études supérieures de gestion *(syn. Diplomkaufmann)*.

Diplomdolmetscher *m* **-** interprète *m* diplômé.

Diplomkaufmann *m*, **-leute** diplômé *m* universitaire de gestion et des affaires ; *(France)* diplômé d'une école supérieure de commerce.

Diplomlandwirt *m*, **e** ingénieur *m* agronome.

Diplomökonom *m,* **en, en** ⇒ *Diplomkaufmann.*

Diplomvolkswirt *m,* **e** diplômé *m* d'études économiques supérieures *(abréviation Dipl. Volksw.).*

direkt direct ; immédiat ; *~e Besteuerung* imposition *f* directe ; *~e Beschaffung (~er Bezug)* achat *m* direct au producteur ; *~e Steuern* impôts *mpl* directs ; *~e Telefonverbindung* communication *f* directe ; *~er Vertrieb* vente *f* directe au consommateur.

Direktbezieher *m,* **-** client *m* direct ; acheteur *m* direct.

Direktbezug *m,* **¨e** ⇒ *Direkteinkauf.*

Direktbuchung *f,* **en** réservation *f* directe.

Direkteinkauf *m,* **¨e** achat *m* direct ; approvisionnement *m* direct.

Direktflug *m,* **¨e** vol *m* sans escale ; vol direct.

Direktgeschäft *n,* **e** transaction *f* directe.

Direktimport *m,* **e** importation *f* directe (du pays de production).

Direktion *f,* **en 1.** direction *f* ; *jdm die ~ einer Bank übertragen* confier la direction d'une banque à qqn **2.** direction (dirigeants) ; *wenden Sie sich an die ~ !* adressez-vous à la direction ! **3.** direction (bureaux, locaux).

Direktionsetage *f,* **n** étage *f* de la direction.

Direktionssekretärin *f,* **-nen** secrétaire *f* de direction *(syn. Chefsekretärin).*

Direktive *f,* **n** directive *f* ; instructions *fpl* (générales).

Direktmandat *n,* **e** *(R.F.A.)* mandat *m* (parlementaire) direct (dans le système électoral de « représentation proportionnelle personnalisée », mandat qu'un candidat obtient sur sa personne).

Direktor *m,* **en** directeur *m* ; chef de service ; *geschäftsführender ~* directeur gérant ; *kaufmännischer ~* directeur commercial ; *stellvertretender ~* directeur adjoint ; *technischer ~* directeur technique ; *zweiter ~* directeur en second ; sous-directeur.

Direktorengehalt *n,* **¨er** *(ironique)* traitement de P.-D.G. ; traitement princier.

direktorial directorial.

Direktorium *n,* **-ien** directoire *m* ; *dreiköpfiges ~* directoire de 3 membres, tricéphale ; *in das ~ eines Konzerns berufen werden* être appelé à siéger dans le directoire d'un groupe.

Direktorposten *m,* **-** poste *m* de direction ; fonction *f* de directeur.

Direktverkauf *m,* **¨e** vente *f* directe ; vente départ usine.

Direktwahl *f,* **en** élection *f* au suffrage universel.

Direktwerbung *f,* **en** publicité *f* directe, individuelle.

Dirigismus *m,* **φ** dirigisme *m* ; économie *f* planifiée.

dirigistisch dirigiste, *~es Eingreifen* intervention *f* dirigiste ; *~e Maßnahmen* mesures *fpl* dirigistes.

Disagio *n,* **s** [dis'a:dʒo] disagio *m* ; perte *f* ; être au-dessous du pair *(contr. Agio).*

Discount *m,* **s** [dis'kaunt] escompte *m* ; *einen ~ gewähren* accorder une remise.

Discounter *m,* **-** ⇒ *Discountgeschäft.*

Discountgeschäft *n,* **e** magasin *m* « discount » (à grande surface pratiquant des marges bénéficiaires réduites).

Discounthaus *n,* **¨er** ⇒ *Discountgeschäft.*

Discountmarkt ⇒ *Verbrauchermarkt.*

Discountpreis *m,* **e** prix *m* réduit ; « discount » *m* (pratiqué dans un magasin mini-marge) ; *etw zu ~en auf den Markt werfen* brader une marchandise sur le marché ; casser les prix.

Disk *f,* **s** ⇒ *Diskette.*

Diskette *f,* **n** *(inform.)* disquette *f.*

Diskont *m,* **e 1.** escompte *m* ; remise *f* ; *abzüglich ~* escompte déduit **2.** escompte *m* ; effet *m* escompté ; taux *m* d'escompte ; *banküblicher, freier ~* escompte d'usage, hors banque ; *zum ~ bringen (ein/reichen)* présenter à l'escompte ; *den ~ erhöhen, senken* relever, abaisser le taux d'escompte ; *einen Wechsel zum ~ an/kaufen* prendre un effet à l'escompte ; *einen Wechsel in ~ geben* faire escompter un effet.

Diskontbank *f,* **en** banque *f* d'escompte.

Diskonten *mpl* effets *mpl* escomptés.

Diskonter *m,* **-** ⇒ *Discountgeschäft.*

Diskonterhöhung *f,* **en** relèvement *m* du taux d'escompte.

Diskontermäßigung *f,* **en** ⇒ *Diskontherabsetzung.*

diskontfähig escomptable.

Diskontfähigkeit *f* : *~ eines Wechsels* négociabilité *f* d'un titre en banque.

Diskontgeschäft *n,* **e** opération *f* d'escompte.

Diskontherabsetzung *f,* **en** abaissement *m* du taux d'escompte.

diskontierbar ⇒ *diskontfähig.*

diskontieren escompter ; *einen Wechsel ~ lassen* donner un effet à l'escompte.

Diskontierung *f,* **en** escompte *m* des effets de commerce.

Diskontnehmer *m,* - escompteur *m.*

Diskonto *m,* s ou ti ⇒ *Diskont.*

Diskontpolitik *f,* ϕ politique *f* de l'escompte.

Diskontsatz *m,* **¨e** taux *m* d'escompte ; *den ~ herab/setzen (senken)* baisser le taux d'escompte ; *den ~ erhöhen (herauf/setzen)* augmenter le taux d'escompte.

Diskontsatzpolitik *f,* ϕ politique *f* du loyer de l'argent ; politique du taux d'escompte.

Diskontsenkung *f,* **en** abaissement *m* du taux d'escompte.

Diskontwechsel *m,* - effet *m* à l'escompte ; effet escompté ; lettre *f* de change à l'escompte.

diskret discret.

Diskretion *f,* ϕ discrétion *f* ; *~ wird zugesichert* discrétion assurée.

Diskussion *f,* **en** discussion *f* ; débat *m.*

diskutieren discuter ; débattre.

Dispache *f,* **n** [dis'paʃə] dispache *f* (calcul des pertes et avaries en assurances maritimes).

Dispatcher *m,* - [dis'patʃər] **1.** dispatcher *m* ; agent *m* d'un dispatching **2.** chef *m* de production dans une grande entreprise.

Dispatchersystem *n,* **e** contrôle *m* de la production dans une grande entreprise.

Dispens *f,* **en** dispense *f* ; exemption *f* ; autorisation *f* exceptionnelle.

dispensieren dispenser ; *~ von* exempter de.

Display *n,* s ['disple:] **1.** support *m* publicitaire ; présentation *f* de marchandises (dans un stand, en vitrine) **2.** *(inform.)* terminal *m* de sortie d'un ordinateur pouvant afficher un résultat.

Displayer *m,* - décorateur-étalagiste *m* ; maquettiste *m,* dessinateur *m* en emballage.

Disponent *m,* **en, en** gérant *m* ; chef *m* de rayon ; fondé *m* de pouvoir.

Disposition *f,* **en** **1.** plan *m* ; ébauche *f* ; *~en treffen* se prémunir **2.** *zur ~ stehen* être à la disposition de **3.** disponibilité *f* ; *jdn zur ~ stellen* mettre qqn en disponibilité, en non-activité **4.** prédisposition à.

dispositionsfähig capable de prendre des dispositions ; capable d'exercer des droits.

Dispositionsfonds *m,* - fonds *mpl* disponibles *(syn. Sonderfonds).*

Dispositionsgelder *pl* ⇒ *Dispositionsfonds.*

Dispositionskredit *m,* **e** avance *f* en compte courant ; possibilité *f* donnée par une banque à ses clients de mettre leur compte à découvert *(syn. Überziehungskredit).*

Dispositionspapier *n,* **e** effet *m,* titre *m* transmissible.

Dissuasion *f,* **en** dissuasion *f* nucléaire ; *abgestufte ~* dissuasion progressive.

Distanzgeschäft *n,* **e** vente *f* (d'une marchandise) à distance.

Distanzkauf *m,* **¨e** ⇒ *Distanzgeschäft.*

Distanzscheck *m,* s chèque *m* indirect (payable en un lieu différent du lieu d'établissement).

Distribution *f,* **en** **1.** *(rare)* distribution *f (syn. Vertrieb)* **2.** répartition *f* des revenus.

Disziplinargewalt *f,* ϕ pouvoir *m* disciplinaire (à l'égard des fonctionnaires).

Disziplinarstrafe *f,* **n** sanction *f* disciplinaire.

Disziplinarverfahren *n,* - action *f* disciplinaire (intentée à l'égard de fonctionnaires).

Disziplinarvergehen *n,* - manquement *m* au règlement de service.

diversifizieren diversifier ; *ein Produktionsprogramm ~* diversifier un programme de production.

Diversifizierung *f,* **en** ⇒ *Diversifikation.*

Diversifikation *f,* **en** diversification *f.*

Dividende *f,* **n** dividende *m* **I.** *aufgelaufene ~* dividende cumulé ; *nicht erhobene ~* dividende non perçu ; *nicht gezahlte ~* dividende non versé ; *rückständige ~* dividende arriéré **II.** *die ~ an/heben (erhöhen)* augmenter le dividende ; *eine ~ aus/schütten (verteilen)* distribuer, verser un dividende ; *die ~ fest/setzen* fixer le dividende ; *eine ~ zahlen* payer un dividende.

Dividendenabgabe *f,* **n** prélèvement *m* fiscal sur les dividendes.

Dividendenabschlag *m,* **¨e** ⇒ *Dividendenkürzung.*

Dividendenanspruch *m,* **¨e** droit *m* au dividende ; *seine ~e an/melden (geltend machen)* faire valoir ses droits au dividende.

Dividendenausschüttung *f,* **en** répartition *f* du dividende ; distribution *f* des dividendes.

dividendenberechtigt ayant droit au dividende.

Dividendenbogen *m*, ¨ ⇒ *Dividendenschein*.

Dividendenerhöhung *f*, **en** augmentation *f* du dividende.

Dividendenfestsetzung *f*, **en** fixation *f* des dividendes à verser.

Dividendenkürzung *f*, **en** diminution *f* du dividende.

dividendenlos sans dividende ; ne rapportant pas de dividende.

Dividendenpapier *n*, **e** titre *m* à dividendes ; valeur *f* donnant droit à des dividendes.

Dividendenrücklage *f*, **n** réserves *fpl* pour versement de dividendes.

Dividendenschein *m*, **e** coupon *m* de dividende.

Dividendenverteilung *f*, **en** ⇒ *Dividendenausschüttung*.

Dividendenwerte *pl* ⇒ *Dividendenpapier*.

DIW *(Deutsches Institut für Wirtschaftsforschung) (R.F.A.)* Institut *m* de recherche économique.

d.J. *(dieses Jahres)* de l'année en cours.

d.M. *(dieses Monats)* du mois en cours ; du mois courant.

DM ⇒ *D-Mark*.

D-Mark *f (Deutsche Mark)* deutschmark *m* ; mark *m* de la R.F.A.

DM-Kurs *m*, **e** cours *m* du mark.

Dock *n*, **s 1.** bassin *m*, cale *f* de radoub ; dock *m* ; *schwimmendes* ~ dock flottant **2.** quai *m*.

Dockanlagen *pl* docks *mpl*.

Dockarbeiter *m*, **-** docker *m (syn. Schauermann)*.

Docker *m*, **-** ⇒ *Dockarbeiter*.

Dokument *n*, **e** document *m* ; pièce *f* ; certificat *m* ; *(jur.)* acte *m* ; *~e (commerce maritime)* documents de transport et d'assurance ; *~e gegen Akzept (Annahme)* documents contre acceptation ; *~e gegen bar (Zahlung)* documents contre paiement ; *Kassa gegen ~e* comptant contre documents ; *durch die ~e vertretenen Waren* marchandises représentées par les documents.

Dokumentenakkreditiv *n*, **e** accréditif *m* documentaire ; *übertragbares* ~ accréditif négociable ; *unwiderrufliches* ~ accréditif irrévocable.

Dokumenteninkasso *n*, **s** encaisse *f* sur document.

Dokumentenkredit *m*, **e** crédit *m* documentaire.

Dokumententratte *f*, **n** traite *f* documentaire.

Dollar *m*, **s** dollar *m*.

Dollardiplomatie *f*, *ϕ* politique *f* américaine d'expansion dite « du dollar ».

Dollar-Gold-Bindung *f*, *ϕ* convertibilité -or *f* du dollar.

Dollarguthaben *n*, **-** avoir *m* en dollars.

Dollarklausel *f*, **n** clause *f* de paiement en dollars.

Dollarkurs *m*, **e** cours *m* du dollar.

Dollarraum *m*, *ϕ* ⇒ *Dollarzone*.

Dollarzone *f*, *ϕ* zone *f* dollar.

dolmetschen servir d'interprète ; traduire.

Dolmetscher *m*, **-** interprète *m* ; traducteur *m* ; *vereidigter* ~ interprète assermenté.

Domäne *f*, **n** domaine *m* ; terre *f* domaniale (propriété d'Etat).

Domizil *n*, **e 1.** domicile *m* (légal) ; *sein* ~ *wechseln* changer de domicile **2.** domicile (lieu de paiement d'un effet).

domizilieren domicilier ; *einen Wechsel bei einer Bank* ~ domicilier une traite auprès d'une banque ; *~ter Wechsel* traite domiciliée.

Domizilwechsel *m*, **-** effet *m* domicilié.

Dontgeschäft *n*, **e** *(bourse)* opération *f*, marché *m* à prime (qui permet à l'acheteur de résilier son contrat moyennant un dédit fixé d'avance).

Dontprämie *f*, **n** *(bourse)* prime *f* (à payer) de dédit ou d'abandon.

Doppel *n*, **-** double *m* ; duplicata *m*.

Doppelarbeit *f*, **en** double emploi *m*.

Doppelbelastung *f*, **en** double charge *f* (activité salariée et ménage).

Doppelbesteuerung *f*, **en** double imposition *f*.

Doppelbrief *m*, **e** lettre *f* avec excédent de poids.

Doppelbuchung *f*, **en** *(comptab.)* double écriture *f* (faite par erreur).

Doppelbürgschaft *f*, **en** *(Autriche)* double nationalité *f*.

Doppelgesellschaft *f*, **en** société *f* éclatée (société composée de deux maisons).

Doppelschicht *f*, **en** double séquence *f* de travail de huit heures ; double équipe *f*.

doppelt double ; *in ~er Ausfertigung* en double ; *~e Buchführung* comptabilité *f* en partie double *(syn. Doppik)* ; *~es Stimmrecht* scrutin *m* où l'on dispose de deux voix ; ~ *soviel bezahlen* payer double.

Doppeltarif *m*, **e** double tarif *m*.

Doppelverdiener *m*, **- 1.** couple *m* qui travaille **2.** *(fam.)* « cumulard » *m* (avoir un double emploi).

Doppelverdienertum *n,* φ *(fam.)* double salaire *m*.

Doppelverdienst *m,* **e** gain *m* double ; cumul *m* de gains ; double salaire *m*.

Doppelversicherung *f,* **en** double assurance *f* (objet assuré auprès de deux compagnies).

Doppelwährung *f,* **en** bimétallisme *m* ; double étalon *m* (or et argent ont cours légal).

Doppelzentner *m,* **-** quintal *m* ; 100 kg.

Doppik *f,* **en** ⇒ *doppelt.*

Dossier *n,* **s** [dɔ'sje:] dossier *m* ; *Einsicht in ein ~ nehmen* prendre connaissance d'un dossier *(syn. Akte).*

Dotation *f,* **en** dotation *f* ; subvention *f* ; affectation *f*.

dotieren doter ; affecter ; *die Stellung ist gut ~t* le poste est bien rétribué ; *der Preis wird mit 5 000 DM ~t* le prix sera de 5 000 marks.

Dotierung *f,* **en** affectation *f* ; rétribution *f* ; dotation *f*.

Dow-Jones-Index *m,* φ indice *m* Dow-Jones (de 30 valeurs industrielles) (baromètre de la conjoncture américaine).

dpa *(deutsche Presseagentur)* ⇒ *deutsch.*

Draht *m,* **¨e** fil *m* (téléphonique, télégraphique) ; *am anderen Ende des ~s* à l'autre bout du fil ; *per~* par câble ; *heißer ~* téléphone rouge (entre les grandes puissances lors de situations conflictuelles).

Drahtanschrift *f,* **en** adresse *f* télégraphique.

Drahtantwort *f,* **en** réponse *f* télégraphique.

Drahtanweisung *f,* **en** mandat *m* télégraphique ; ordre *m* télégraphique.

drahten télégraphier ; *an jdn ~* envoyer un câble à qqn ; *eine Nachricht ~* télégraphier une nouvelle *(syn. telegraphieren).*

drahtlos sans fil ; *~es Telegramm* radiotélégramme *m*.

Drahtüberweisung *f,* **en** virement *m,* transfert *m* télégraphique.

drängen bousculer ; pousser ; *vom Markt ~* évincer du marché.

drastisch draconien ; drastique ; *~e Sparmaßnahmen ergreifen* prendre des mesures de restriction radicales.

Draufgabe *f,* **n** 1. dessous-de-table *m* 2. supplément *m* ; *etw als ~ schenken* donner qqch en prime 3. arrhes *fpl* versées.

drauf/gehen, i, a *(ist)* : *das ganze Kapital wird ~* tout notre capital va y passer ; *es ist viel Material draufgegangen* cela nous a coûté beaucoup de matériel.

Draufgeld *n,* **er** ⇒ *Draufgabe.*

drauf/legen ajouter ; faire un petit effort (financier) ; *noch ein paar DM ~* mettre quelques marks au bout.

drauflos/wirtschaften 1. travailler sans discernement 2. dépenser sans compter.

drauf/zahlen 1. ⇒ *drauflegen* 2. perdre de l'argent dans une affaire.

Drawback *n,* **s** ['drɔbɛk] remboursement *m* des droits de douane ; prime *f* à l'exportation.

Dreckarbeit *f,* **en** besogne *f* pénible et salissante ; gros ouvrage *m*.

Dreckausstoß *m,* **¨sse** production *f* défectueuse ; déchets *mpl.*

Dreieckshandel *m,* φ opération *f* triangulaire (un pays X utilise le produit de ses ventes à un pays Y pour financer ses importations en provenance de Z).

dreifach triple ; *~e Ausfertigung* en triple exemplaire.

Dreifelderwirtschaft *f,* **en** culture *f* par assolement triennal.

Dreimächteabkommen *n,* **-** accord *m* tripartite.

Dreimeilenzone *f,* **n** zone *f* côtière de 3 miles (5,6 km) sur laquelle le pays exerce ses droits de souveraineté.

dreimonatig de trois mois.

dreimonatlich trimestriel.

Dreimonatsgeld *n,* **er** placement *m* bancaire à trois mois.

Dreimonatswechsel *m,* **-** effet *m* à trois mois.

Dreimonatsziel *n,* **e** à trois mois de terme ; à trois mois d'échéance.

Drei-Schichten-Dienst *m,* φ les trois huit.

Dreiviertelmehrheit *f,* **en** majorité *f* des trois quarts.

Drift *f,* **en** dérive *f* ; *~ der Löhne* dérive des salaires.

dringend urgent ; pressant **I.** *~e Angelegenheit* affaire *f* urgente ; *~er Bedarf* besoin *m* urgent ; *~es Gespräch* communication *f* téléphonique urgente **II.** *etw ~ benötigen* avoir un besoin pressant de qqch ; *es wird ~ empfohlen* il est instamment recommandé.

Dringlichkeit *f,* **en** urgence *f*.

Dringlichkeitsbescheinigung *f,* **en** visa *m* d'urgence (à traiter en priorité absolue).

Dringlichkeitsstufe *f,* **n** degré *m* d'urgence ; ordre *m* de priorité.

dritt : *aus ~er Hand* d'un tiers ; *die ~e Kraft (polit.)* la troisième force ; *ein ~es Land* un pays tiers ; *~e Person* un tiers ; une tierce personne ; *die d~e Welt* le tiers monde ; *der ~e (Wirtschafts)sektor* le secteur tertiaire ; les services.

Drittbank *f,* **en** tierce banque *f.*

Drittbegünstigte/r *(der/ein)* tiers *m* bénéficiaire.

Drittel *n,* - tiers *m* (la troisième partie de qqch).

Drittelbeteiligung *f,* **en** participation *f* d'un tiers.

Dritteldeckung *f,* **en 1.** couverture *f* or représentant le tiers de la circulation fiduciaire **2.** *(assur.)* assurance *f* au tiers.

Drittelparität *f,* **en** représentation *f* au tiers.

drittens troisièmement.

Dritte/r *(der/ein)* tiers *m* ; tierce personne *f* ; témoin *m* ; *für ~e* à l'usage de, pour compte de tiers ; *gegenüber ~n* à l'égard des tiers ; *~n gegenüber haften* être responsable vis-à-vis de tiers ; *vor ~n nicht sprechen wollen* ne rien vouloir dire en présence de témoins ; *Verträge zugunsten ~r* contrats *mpl* passés au bénéfice de tiers.

Dritterwerber *m,* - tiers *m* acquéreur.

Dritte-Welt-Laden *m,* ¨ magasin *m* (destiné à promouvoir et faire connaître les produits) du tiers monde.

Drittland *n,* ¨**er** pays *m* tiers (n'appartenant pas à la C.E. mais soumis aux tarifs douaniers extérieurs communs).

Drittschuldner *m,* - tiers *m* débiteur.

Drittverwahrung *f* : *~ von Wertpapieren* dépôt *m* de titres chez un tiers convenu.

Drive-in-Bank *f,* **en** [draiv'in...] autobanque *f* (clients servis sans descendre de voiture).

Drohbrief *m,* **e** lettre *f* de menaces.

drohen menacer ; *einem Land mit einem Embargo ~* menacer un pays d'embargo.

Drohung *f,* **en** menace *f.*

drosseln restreindre ; diminuer ; *die Einfuhren ~* diminuer les importations ; *die Geldmenge ~* réduire la masse monétaire ; *den Verbrauch ~* freiner la consommation.

Drosselung *f,* **en** réduction *f* ; diminution *f* ; coup *m* de frein.

Druck *m,* **e** impression *f* ; *in ~ geben* faire imprimer.

Druck *m,* ϕ pression *f* ; *steuerlicher ~* pression fiscale ; *der ~ der Gewerkschaften* la pression syndicale ; *einen ~ aus/üben auf (+A)* exercer une pression sur ; *einem ~nach/geben* céder à une pression.

Drückeberger *m,* - *(fam.)* tire-au-flanc *m* ; « planqué » *m.*

drucken imprimer ; *neu ~* réimprimer ; *~ lassen* mettre sous presse.

drücken 1. *(Bourse)* faire baisser ; *gedrückt* déprimé ; bas ; *auf die Preise ~* casser, écraser les prix **2.** *sich ~* se planquer ; *sich vor (von) der Arbeit ~* tirer au flanc.

Drucker *m,* - **1.** imprimeur **2.** *(inform.)* imprimante *f* ; *Matrix~* imprimante matricielle ; *Typenrad~* imprimante à marguerite ; *Laser~* imprimante à laser.

Druckerei *f,* **en** imprimerie *f.*

Druckerpresse *f,* **n** presse *f* d'imprimerie ; *frisch aus der ~ kommen* sortir de presse.

Druckkosten *pl* frais *mpl* d'impression.

Druckmittel *n,* - moyen *m* de pression ; *ein wirtschaftliches ~ gegen jdn ein/setzen* utiliser un moyen de pression économique contre qqn.

Drucksache *f,* **n** imprimé *m* ; *~n zu ermäßigter Gebühr* imprimés à taxe réduite.

Druckschrift *f,* **en** caractères *mpl* d'imprimerie ; *bitte in ~ ausfüllen !* prière d'écrire en caractères d'imprimerie.

Drucktastentelefon *n,* **e** digitel *m.*

Drugstore *m,* s *(USA)* ['dragstɔr] drugstore *m.*

dt. ⇒ *deutsch.*

Dtzd ⇒ *Dutzend.*

Dualsystem *n,* **e 1.** *(inform.)* système *m* binaire **2.** enseignement *m* alterné (général et professionnel).

Dualzahl *f,* **en** chiffre *m* binaire.

dubios douteux ; *~e Forderung* créance *f* douteuse.

Dubiosa, Dubiosen *pl* créances *fpl* douteuses.

Dukaten-Esel *m,* - poule *f* aux œufs d'or.

Dummy *m,* s ['dami] **1.** emballage *m* factice **2.** mannequin ; poupée *f* (pour simulation d'accidents de voiture).

Dumping *n,* s ['dampiŋ] dumping *m* ; gâchage *m* des prix ; (vente à perte sur le marché extérieur) ; *~ betreiben* pratiquer le dumping.

Dumpingpreis *m,* **e** prix *m* sacrifié, gâché *(syn. Schleuderpreis).*

Düngemittel *n,* - engrais *m* (chimique).

düngen fertiliser ; fumer ; utiliser des engrais.

Dünger *m*, **-** ⇒ *Düngemittel.*

dunkel sombre ; obscur ; *~e Geschäfte* affaires *fpl* louches ; *das Geld fließt in ~e Kanäle* les fonds *mpl* sont détournés ; *~e Machenschaften* combines *fpl* ; magouille *f.*

Dunkelziffer *f*, **n** chiffre *m* noir ; chiffre *m* non publié ; donnée *f* officieuse (ensemble des faits et données qui échappent au recensement ou qui sont tenus secrets).

Dunkelzone *f*, **n** zone *f* non contrôlable ; zone d'ombre *(syn. Grauzone).*

dünnbevölkert à faible densité de population ; faiblement peuplé.

Duopol ⇒ *Dyopol.*

Duplikat *n*, **e** copie *f* ; duplicata *m* ; *ein ~ an/fertigen* établir un double *(syn. Abschrift ; Kopie).*

Duplikatfrachtbrief *m*, **e** duplicata *m* de la lettre de voiture.

Duplikation *f*, **en** duplication *f.*

Duplikatrechnung *f*, **en** copie *f* de la facture.

Durchdringungsquote *f*, **n** taux *m* de pénétration.

Durchdrückpackung *f*, **en** emballage *m* sous blister.

Durchfahrt *f*, **en** (fret *m* en) transit *m.*

Durchfahrtbrief *m*, **e** lettre *f* de voiture directe (pour fret sous tarifs directs).

Durchfahrtzoll *m*, **¨e** droit *m* de passage.

Durchfuhr *f*, **en** transit *m* ; passage *m* en transit ; *~ von Waren* transit de marchandises *(syn. Transit).*

durchführbar réalisable ; exécutable.

Durchfuhrerlaubnis *f*, **se** autorisation *f* de transit.

Durchfuhrland *n*, **¨er** pays *m* de transit.

Durchfuhrschein *m*, **e** passavant *m* (il autorise le transport d'objets exemptés de droits ou dont les droits ont déjà été perçus).

Durchführung *f*, **en** réalisation *f* ; exécution *f* ; *~ eines Gesetzes* (mise en) application *f* d'une loi.

Durchführungsbestimung *f*, **en** disposition *f*, modalité *f* d'application.

Durchführungsverordnung *f*, **en** décret *m* d'application.

Durchfuhrverbot *n*, **e** interdiction *f* de transiter.

durch/funken câbler.

Durchgang *m*, **¨e** passage *m* ; transit *m* ; *im ~* en transit ; *~ von Waren* transit de marchandises.

Durchgangs- *(préfixe)* de (en) transit *(syn. Durchfuhr-).*

Durchgangsbahnhof *m*, **¨e** gare *f* de transit.

Durchgangsbeförderung *f*, **en** acheminement *m* en transit.

Durchgangshafen *m*, **¨** port *m* de transit.

Durchgangskonto *n*, **-ten** compte *m* d'attente, de passage.

Durchgangsreisende/r *(der/ein)* voyageur *m* en transit.

Durchgangsverkehr *m*, *ϕ* transit *m* ; trafic *m* en transit ; *den ~ um/leiten* dévier le trafic en transit.

Durchgangszoll *m*, **¨e** droit *m* de transit.

durch/geben, a, e transmettre (message, nouvelle).

durch/gehen, i, a *(ist)* **1.** passer ; traverser ; *Waren ~ lassen* faire transiter des marchandises **2.** se poursuivre sans interruption **3.** être accepté ; *das Gesetz ist durchgegangen* la loi est passée **4.** examiner ; contrôler ; *ein Projekt Punkt für Punkt ~* passer un projet au crible, point par point.

durchgehend sans interruption ; *~e Arbeitszeit* heures *fpl* de travail continues ; *die Geschäfte sind ~ geöffnet* les magasins sont ouverts sans interruption.

durch/kreuzen 1. biffer ; rayer ; mettre une croix sur ; *Nichtzutreffendes bitte ~* rayer la mention inutile **2.** contrarier ; contrecarrer (projet).

durchlöchern 1. trouer **2.** ne pas respecter.

durch/planen prévoir qqch dans les moindres détails.

durchrationalisieren : *einen Betrieb ~* rationaliser une entreprise à l'extrême.

durch/rechnen 1. vérifier (les comptes, une facture) **2.** calculer qqch.

Durchreisekundschaft *f*, *ϕ* *(touris.)* clientèle *f* de passage.

Durchreisende/r *(der/ein)* *(touris.)* client *m* de passage.

Durchreisevisum *n*, **-sa** visa *m* de transit.

Durchsage *f*, **n** message *m* radiodiffusé ; message télévisé.

durch/sagen passer un message (radio, télé) ; transmettre verbalement un message.

Durchschlag *m*, **¨e** double *m* ; copie *f* ; *einen ~ an/fertigen* établir un double.

durchschlagend percutant ; décisif

m ; *ein ~er Verkaufserfolg* un succès de vente retentissant.

Durchschlagpapier *n,* φ papier *m* pelure.

durch/schmuggeln passer en fraude.

Durchschnitt *m,* **e** moyenne *f* ; *den ~ ermitteln (errechnen)* calculer la moyenne ; *im ~* en moyenne ; *über, unter dem ~ liegen* se situer au-dessus, au-dessous de la moyenne ; être inférieur, supérieur à la moyenne *(syn. Schnitt).*

durchschnittlich en moyenne.

Durchschnitts- *(préfixe)* moyen ; moyenne *f* de.

Durchschnittsalter *n,* **-** moyenne *f* d'âge.

Durchschnittsbetrag *m,* **¨e** somme *f* moyenne.

Durchschnittsbürger *m,* **-** citoyen *m* moyen ; l'homme *m* de la rue ; « l'Allemand moyen » ;

Durchschnittseinkommen *n,* **-** revenu *m* moyen.

Durchschnittsernte *f,* **n** récolte *f* moyenne.

Durchschnittsertrag *m,* **¨e** rendement *m* moyen.

Durchschnittspreis *m,* **e** prix *m* moyen ; *gewogener ~* prix moyen pondéré.

Durchschnittsrechnung *f,* **en** calcul *m* de la valeur moyenne.

Durchschnittsware *f,* **n** marchandise *f* de qualité moyenne.

Durchschreibebuchführung *f,* **en** comptabilité *f* à décalque.

durch/schreiben, ie, ie écrire sur papier carbone, sur papier pelure.

Durchschreibepapier *n,* φ ⇒ *Durchschlagpapier.*

Durchschreibeverfahren *n,* **-** procédé *m* de décalque.

Durchschrift *f,* **en** copie *f* (au carbone) ; double *m* ; *eine ~ an/fertigen* faire un double.

durch/sehen, a, e examiner ; contrôler ; parcourir (du regard) ; *die Post (den Posteingang) ~* dépouiller le courrier.

durchsetzbar réalisable.

durch/setzen imposer ; faire accepter ; *Lohnforderungen ~* faire aboutir des revendications salariales.

durch/sickern filtrer (informations, rumeurs boursières).

durchstehend : *~e Versicherung* assurance *f* magasin à magasin.

durch/stellen *(téléph.)* passer une communication sur un autre poste ; *das Gespräch zum Chef ~* passer la communication au chef.

durch/streichen, i, i rayer ; biffer ; *Nichtzutreffendes bitte ~* rayer les mentions inutiles.

Durchsuchung *f,* **en** perquisition *f* ; fouille *f* (corporelle) ; visite *f.*

Durchwahl *f,* φ *(téléph.)* automatique *m* ; interurbain *m* automatique.

durch/wählen *(téléph.)* téléphoner directement ; avoir la ligne directe (sans passer par le standard ou l'interurbain).

Durchwahlnummer *f,* **n** numéro *m* d'appel direct.

Durchwählsystem *n,* **e** *(téléph.)* (interurbain) automatique *m.*

Durchzoll *m,* **¨e** ⇒ *Durchgangszoll.*

Dürrejahr *n,* **e** année *f* de sécheresse.

Durststrecke *f,* **n** dépression *f* ; marasme *m* ; creux *m* de la vague ; *eine ~ durchstehen* effectuer la traversée du désert ; traverser une passe difficile.

Duty-free-Shop *m,* **s** ['dju:tifri:ʃɔp] magasin *m* hors taxe (douane) ; magasin en franchise ; « duty-free-shop ».

Dutzend *n,* **e** *(Dtzd)* douzaine *f* ; *halbes ~* demi-douzaine ; *im ~ billiger* treize à la douzaine.

Dutzendkarte *f,* **n** carte *f* donnant droit à douze entrées, voyages, etc.

Dutzendware *f,* **n** marchandise *f* (vendue) à la douzaine ; camelote *f.*

dutzendweise à la douzaine ; *einen Artikel ~ kaufen* acheter un article par douzaines.

DV *(Datenverarbeitung)* ⇒ EDV.

DVO ⇒ *Durchführungsverordnung.*

dynamisch dynamique ; *~e Rente* pension *f* indexée ; rente *f* périodiquement revalorisée ; *~e Sozialpolitik* politique *f* sociale dynamique.

dynamisieren 1. dynamiser **2.** indexer ; réajuster ; réactualiser ; revaloriser (pensions, allocations, etc.).

Dyopol *n,* **e** duopole *m* (le marché appartient à deux grandes firmes).

dz ⇒ *Doppelzentner.*

D-Zug *m,* **¨e** (train) rapide *m.*

E

EAN *f (europäische Artikelnumerierung)* code *m* barres européen ⇒ *Strichcode.*

Ebbe *f,* **n** marée *f* basse ; *(fam.) ~ im Geldbeutel haben* être sans le sou ; *(fam.)* être fauché.

Ebbe- und Flut-Kraftwerk *n,* **e** usine *f* marémotrice *(syn. Gezeitenkraftwerk).*

Ebene *f,* **n** plaine *f* ; niveau *m* ; *Verhandlungen auf höchster ~* des négociations *fpl* au plus haut niveau.

ec ⇒ *Euroscheck.*

echt véritable ; authentique ; d'origine ; *~e Unterschrift* signature *f* authentique.

Echtheit *f,* φ authenticité *f* ; véracité *f* ; légitimité *f* ; *die ~ bestreiten* contester l'authenticité.

Echtheitszeugnis *n,* **se** certificat *m* d'authenticité.

Echtzeit *f,* **en** *(inform.)* temps *m* réel.

Echtzeit(daten)verarbeitung *f,* φ *(inform.)* traitement *m* en temps réel des données ou des informations.

Eckdaten *pl* données *fpl* de référence.

Eckladen *m,* **¨** magasin *m,* épicier *m* du coin.

Ecklohn *m,* **¨e** salaire *m* de référence, de base (taux horaire fixé par les conventions collectives pour les différentes catégories socio-professionnelles).

Ecksatz *m,* **¨e** ⇒ *Eckzins.*

Eckwert *m,* **e** valeur *f* de référence, de base.

Eckzins *m,* **en** taux *m* d'intérêt obligatoire ; taux de référence (pour dépôts à préavis légal ; il permet d'établir les autres taux d'intérêt).

Economyklasse *f,* **n** [i'kɔnəmi...] *(transp.)* classe *f* économique.

Ecu *m* et *f,* **(s)** *(European Currency Unit)* Écu *m* ; unité *f* de compte européenne.

Edeka *(Einkaufszentrale der Kolonialwarenhändler)* groupement *m* d'achat des détaillants d'alimentation.

Edeka-Genossenschaften *pl* coopératives *fpl* d'achat « Edeka ».

edel précieux ; rare ; sélectionné.

Edelholz *n,* **¨er** bois *m* précieux, exotique.

Edelmetall *n,* **e** métal *m* précieux.

Edelstahl *m,* **(e)** acier *m* spécial, affiné.

Edelstein *m,* **e** pierre *f* précieuse.

EDV *f (Elektronische Datenverarbeitung)* traitement *m* électronique des données ; informatique *f (syn. Informatik ; Computer)* ⇒ *DV.*

EDV-Anlage *f,* **n** *(inform.)* unité *f* centrale ; centre *m* d'informatique.

EDV-Fachmann *m,* **¨er** ou **-leute** informaticien *m.*

EDV-Zentrale *f,* **n** *(inform.)* unité *f* centrale ; centre *m* d'informatique ; centre de calcul.

Effekten *pl* titres *mpl* ; valeurs *fpl* ; effets *mpl* ; *börsengängige ~* valeurs boursières ; *festverzinsliche ~* titres à revenu fixe ; *~ beleihen (lombardieren)* emprunter sur titres ; *~ bei einer Bank deponieren (hinterlegen)* déposer des titres auprès d'une banque ; *~ handeln* négocier des titres ; *~ verwalten* gérer des titres *(syn. Wertpapiere).*

Effektenabteilung *f,* **en** service *m* des titres.

Effektenbank *f,* **en** banque *f* d'affaires ; société *f* financière.

Effektenberater *m,* **-** conseiller *m* en placements financiers.

Effektenbesitzer *m,* **-** ⇒ *Effekteninhaber.*

Effektenbestand *m,* **¨e** portefeuille *m* de titres.

Effektenbörse *f,* **n** Bourse *f* des valeurs *(syn. Wertpapierbörse).*

Effektendepot *n,* **s** dépôt *m* de titres.

Effektendiskont *m,* **e** escompte *m* sur achat de titres.

Effektengeschäft *n,* **e** ⇒ *Effektenhandel.*

Effektengiroverkehr *m,* φ virements *mpl* de titres ; mouvements *mpl* de conversion de titres.

Effektenguthaben *n,* **-** avoir *m* en titres ; portefeuille *m* de valeurs.

Effektenhandel *m,* φ commerce *m* des valeurs mobilières ; opérations *fpl* sur titres.

Effektenhändler *m,* **-** agent *m* de change ; courtier *m* en valeurs mobilières.

Effekteninhaber *m,* **-** porteur *m* d'effets ; détenteur *m* de titres.

Effektenkurs *m,* **e** cours *m* des valeurs mobilières.

Effektenlombard *m,* **s** prêt *m* sur titres.

Effektenmakler *m,* **-** courtier *m* en

valeurs mobilières.

Effektenmarkt *m,* **¨e** ⇒ *Effektenbörse.*

Effektenplazierung *f,* **en** placement *m* de valeurs.

Effektentermingeschäft *n,* **e** opération *f* à terme sur titres.

Effektenverkehr *m,* ϕ transactions *fpl* en valeurs mobilières.

Effektenverwahrung *f,* **en** garde *f,* dépôt *m* de titres.

effektiv effectif ; réel ; *~es Einkommen* revenu *m* réel ; *~er Stundenlohn* salaire *m* horaire effectif.

Effektivbestand *m,* **¨e** effectif *m* réel.

Effektivgeschäft *n,* **e** opération *f* avec livraison immédiate.

Effektivklausel *f,* **n** clause *f* de paiement en monnaie étrangère.

Effektivlohn *m,* **¨e** salaire *m* réel.

Effektivverzinsung *f,* **en** intérêt *m* effectif ; rendement *m* réel (d'un prêt).

Effektivwert *m,* **e** valeur *f* réelle, effective.

effizient efficient ; performant ; rentable ; *~e Methode* méthode *f* efficace.

Effizienz *f,* ϕ efficience *f* ; rentabilité *f* ; efficacité *f.*

EFTA *f (European Free Trade Association)* Association *f* européenne de libre échange ; A.E.L.E.

EG *f (Europäische Gemeinschaft)* Communauté *f* européenne ; C.E. ; *~ -Agrarpolitik* politique *f* agricole de la C.E. ; *~ -Beitrag* contribution *f* financière des Etats a la caisse commune de la C.E. ; *~ -Binnenmarkt* marché unique européen ; *~ -Ministerrat* conseil *m* des ministres de la C.E. ; *~ -Mitglied* membre *m* de la C.E.

EG-Haushalt *m,* **e :** budget *m* communautaire.

eGmbH ⇒ *eingetragen.*

EGKS *(Europäische Gemeinschaft für Kohle und Stahl)* ⇒ *europäisch.*

Ehe *f,* **n** mariage *m* ; *eine ~ schließen* contracter mariage ; se marier.

Ehegatte *m,* **n, n** époux *m* ; conjoint *m* ; *~n* conjoints *mpl* ; *geschiedener, überlebender ~* conjoint divorcé, survivant.

Ehegattenbesteuerung *f,* **en** imposition *f* du couple.

Ehegattenversicherung *f,* **en** assurance *f* vie sur deux têtes.

Ehegemeinschaft *f,* **en** communauté *f* conjugale ; *in ~ leben* vivre sous le régime de la communauté.

Ehegüterrecht *n,* **e** droit *m* des biens matrimoniaux.

ehelich conjugal ; matrimonial ; *~es Kind* enfant *m* légitime ; *~e Gemeinschaft* communauté *f* conjugale.

Ehescheidung *f,* **en** divorce *m.*

Ehevertrag *m,* **¨e** contrat *m* de mariage.

Ehre *f,* **n** honneur *m* ; estime *f* ; considération *f.*

ehren honorer ; rendre hommage ; *(corresp.) Sehr geehrter Herr Müller,* Monsieur, (en tête).

Ehrenamt *n,* **¨er** charge *f,* fonction *f* honorifique.

ehrenamtlich à titre honorifique ; à titre bénévole.

Ehrenannahme *f,* **n** acceptation *f* par intervention (pour l'honneur de la signature).

Ehrenannehmer *m,* **-** intervenant *m* ; accepteur *m* par intervention.

Ehrenbürger *m,* **-** citoyen *m* d'honneur.

Ehrenrechte *pl* **:** *die bürgerlichen ~* droits *mpl* civiques.

Ehrenvorsitzende/r *(der/ein)* président *m* d'honneur.

Ehrenzahlung *f,* **en** paiement *m* par intervention.

ehrlich honnête ; *~ verdientes Geld* argent honnêtement gagné.

Ehrverletzung *f,* **en** atteinte *f* à l'honneur ; outrage *m.*

Eichamt *n,* **¨er** administration *f* des poids et mesures.

eichen jauger ; étalonner ; poinçonner ; mesurer.

Eichmaß *n,* **e** étalon *m* ; matrice *f* ; jauge *f.*

Eichstempel *m,* **-** marque *f* de contrôle ; poinçon *m* de vérification.

Eichung *f,* **en** étalonnage *m* ; jaugeage *m* ; contrôle *m* des poids et mesures.

Eid *m,* **e** serment *m* ; *falscher ~* faux serment ; *einen ~ ab/legen (schwören)* prêter serment ; *jdm einen ~ ab/nehmen* faire prêter serment à qqn ; *unter ~ aus/sagen* déposer sous serment ; *an ~es Statt erklären* déclarer sous la foi du serment.

Eidbruch *m,* **¨e** parjure *m.*

eidbrüchig parjure ; *~ werden* violer un serment ; se parjurer.

Eidesformel *f,* **n** formule *f* de serment.

eidesstattlich sous (la foi du) serment ; *~e Erklärung (Versicherung)* déclaration *f* sous serment, sur l'honneur.

Eidgenossenschaft : *die Schweizerische ~* la Confédération helvétique

(C.H.).

eidlich sous serment ; *~e Aussage* déposition *f* sous serment ; *~e Erklärung* déclaration *f* sous serment.

eigen propre ; personnel ; spécifique ; privé ; *in ~er Angelegenheit* pour affaires personnelles ; *auf ~e Faust* par ses propres moyens ; *zu ~en Händen* en mains propres ; *auf ~e Gefahr* à ses risques et périls ; *in ~er Person* en personne ; *auf ~e Rechnung* pour son propre compte.

Eigenbedarf *m*, *ϕ* besoins *mpl* personnels, propres.

Eigenbesitz *m*, *ϕ* possession *f* en propre.

Eigenbeteiligung *f*, **en** participation *f* personnelle.

Eigenbetrieb *m*, **e** exploitation *f* en nom personnel ; établissement *m* géré en propre.

Eigenbewirtschaftung *f*, *ϕ* *(agric.)*faire-valoir *m* direct *(syn. Selbstbewirtschaftung)*.

Eigenerzeugnis *n*, **se** produit *m* national, du pays.

Eigenfinanzierung *f*, **en** autofinancement *m*.

Eigengeschäft *n*, **e** opération *f* à propre compte.

Eigengewicht *n*, **e** poids *m* propre ; poids à vide.

Eigenhandel *m*, *ϕ* commerce *m* à propre compte.

eigenhändig de sa propre main ; autographe ; *~ unterzeichnetes Testament* testament *m* olographe ; *~ übergeben* à remettre en mains propres.

Eigenhändler *m*, **-** courtier *m*, commerçant *m* agissant pour son propre compte.

Eigenheim *n*, **e** maison *f* individuelle.

Eigenheimbesitzer *m*, **-** propriétaire *m* d'une maison individuelle.

Eigenhilfe *f*, **n** effort *m* personnel ; sans recours à une aide extérieure *(syn. Selbsthilfe)*.

Eigenkapital *n*, *ϕ* capital *m* propre *(contr. Fremdkapital)*.

eigenmächtig arbitraire ; *~e Entscheidung* décision *f* arbitraire.

Eigenmittel *pl* capitaux *mpl* propres ; ressources *fpl* personnelles.

eigennützig intéressé ; par intérêt personnel.

Eigenproduktion *f*, **en** production *f* propre ; production nationale ou régionale.

Eigenschaft *f*, **en** qualité *f* ; propriété *f* ; *in der ~ als* en sa qualité de ; ès qualités.

eigenstaatlich national ; *~e Währung* monnaie *f* nationale.

Eigentum *n*, *ϕ* propriété *f* ; *bewegliches ~* biens *mpl* mobiliers, meubles *mpl* ; *geistiges ~* propriété intellectuelle (littéraire, artistique) ; *gewerbliches ~* propriété industrielle ; *unbewegliches ~* immeubles *mpl* ; biens immobiliers.

Eigentümer *m*, **-** propriétaire *m* ; titulaire *m* d'un droit de propriété ; *bloßer ~* nu-propriétaire.

Eigentumsbeschränkung *f*, **en** restriction *f* de la propriété.

Eigentumsbildung *f*, **en** constitution *f* d'un patrimoine.

Eigentumsdelikt *n*, **e** **1.** vol *m* ; atteinte *f* à la propriété **2.** dégradation *f* d'un bien.

Eigentumserwerb *m*, *ϕ* accession *f* à la propriété ; acquisition *f* de la propriété.

Eigentumsklage *f*, **n** action *f* en revendication de la propriété ; *eine ~ an/strengen* entamer une action possessive.

Eigentumsrecht *n*, **e** droit *m*, titre *m* de propriété.

Eigentumstitel *m*, **-** titre *m* de propriété.

Eigentumsübertragung *f*, **en** transfert *m* de propriété.

Eigentumsurkunde *f*, **n** acte *m* de propriété.

Eigentumsvergehen *n*, **-** ⇒ *Eigentumsdelikt*.

Eigentumsvorbehalt *m*, **e** (clause de) réserve *f* de propriété (la marchandise reste propriété du vendeur jusqu'à son paiement intégral).

Eigentumswechsel *m*, *ϕ* mutation *f* de propriété ; changement *m* de propriétaire.

Eigentumswohnung *f*, **en** appartement *m* en copropriété.

Eigenverantwortlichkeit *f*, *ϕ* responsabilité *f* propre, personnelle.

Eigenverbrauch *m*, *ϕ* consommation *f* personnelle, propre, individuelle.

Eigenvermögen *n*, **-** **1.** fortune *f* personnelle ; patrimoine *m* **2.** capital *m* propre ; moyens *mpl* propres.

Eigenversicherung *f*, **en** assurance *f* personnelle.

Eigenwechsel *m*, **-** billet *m* à ordre ; seule *f* de change *(syn. Solawechsel)*.

Eigenwirtschaft *f*, **en** exploitation *f* pour son propre compte ; *etw in ~ betreiben* exploiter qqch à son compte.

eignen : *sich ~ als* être apte à ; être qualifié pour ; *fachlich geeignet* professionnellement qualifié.

Eigner *m,* - *(dans certains mots composés)* propriétaire *m* ; détenteur *m* ; titulaire *m.*

Eignung *f,* **en** qualification *f* ; aptitude *f* ; *berufliche ~* aptitude professionnelle.

Eignungsprüfung *f,* **en** examen *m* d'aptitude.

Eignungstest *m,* **s** test *m* d'aptitude.

Eignungsuntersuchung *f,* **en 1.** visite *f* médicale de préembauche ; examen *m* d'aptitude au travail **2.** tests *mpl* d'orientation professionnelle.

Eignungszeugnis *n,* **se** certificat *m* d'aptitude.

Eilbestellung *f,* **en** remise *f* par exprès.

Eilbote *m,* **n, n** courrier *m* ; *durch ~n* par exprès.

Eilbrief *m,* **e** lettre *f* (par) exprès.

Eildienst *m,* **e** *(chemin de fer)* service *m* rapide ; régime *m* accéléré.

eilen : *eilt* urgent.

Eilfracht *f,* **en** ⇒ *Eilgut.*

Eilgebühr *f,* **en** taxe *f* d'exprès.

Eilgespräch *n,* **e** *(téléph.)* communication *f* urgente.

Eilgut *n,* **¨er** marchandise *f* en régime accéléré ; envoi *m* en grande vitesse.

Eilgutabfertigung *f,* **en** messageries *fpl.*

Eilpaket *n,* **e** colis *m* exprès.

Eilpost *f,* *ϕ* courrier *m* exprès ; *mit (durch) ~* par exprès.

Eilschrift *f,* *ϕ* sténo(graphie) *f.*

Eilsendung *f,* **en** envoi *m* par exprès.

Eilzug *m,* **¨e** (train) semi-direct *m* ; rapide *m* ; express *m.*

ein/arbeiten 1. mettre au courant ; *einen Mitarbeiter ~* mettre un collaborateur au courant ; *sich ~* s'initier ; se roder **2.** *(Autriche)* rattraper des heures.

Einarbeitung *f,* **en** mise *f* au courant ; initiation *f* ; rodage *m.*

Einarbeitungszeit *f,* **en** période *f* d'initiation ; temps *m* d'adaptation ; rodage *m.*

Einbahnstraße *f,* **n** route *f* à sens unique.

ein/bauen encastrer.

Einbaumöbel *pl* meubles *mpl* encastrables ; meubles à encastrer.

einbegriffen y compris ; *Trinkgeld ~* pourboire compris *(syn. inbegriffen ; inklusive).*

ein/behalten, ie, a retenir ; prélever ; *die Sozialabgaben vom Gehalt ~* retenir les charges sociales sur le salaire.

Einbehaltung *f,* **en** déduction *f* ; retenue *f* ; *~ vom Lohn* retenue sur salaire ; *~ an der Quelle* retenue à la source.

ein/berufen, ie, u 1. convoquer ; réunir ; *eine Sitzung ~* convoquer une réunion **2.** appeler sous les drapeaux.

Einberufung *f,* **en 1.** convocation *f* ; *~ der Hauptversammlung* convocation de l'assemblée générale des actionnaires **2.** appel *m* sous les drapeaux.

Einberufungsschreiben *n,* - lettre *f* de convocation.

Einbettzimmer *n,* - chambre à un lit ; chambre privée (hôpital).

ein/beziehen, o, o inclure ; intégrer ; *mit in die Kosten ~* inclure dans les coûts.

Einbeziehung *f,* **en** inclusion *f* ; intégration *f.*

Einbranchen-Messe *f,* **n** foire *f* spécialisée dans une seule branche d'activité ; foire monobranche *(contr. Mehrbranchen-Messe).*

ein/brechen a, o pénétrer par effraction ; *in eine(r) Bank ~* cambrioler une banque.

Einbrecher *m,* - cambrioleur *m.*

ein/bringen a, a 1. rapporter ; *viel ~* rapporter gros **2.** *die Ernte ~* rentrer la récolte **3.** *einen Antrag ~* déposer une demande.

Einbringung *f,* **en 1.** apport *m* (société) **2.** recouvrement *m* (argent) **3.** dépôt *m* ; déposition *f.*

Einbringungsaktie *f,* **n** action *f* d'apport.

Einbringungsklausel *f,* **n** clause *f* d'apport.

Einbruch *m,* **¨e 1.** effraction *f* ; cambriolage *m* **2.** effondrement *m* ; chute *f* ; *~ der Konjunktur* recul *m* conjoncturel ; *~ der Kurse* effrondrement *m* des cours.

Einbruchsdiebstahl *m,* **¨e** vol *m* avec (par) effraction ; fric-frac *m* ; cambriolage *m* ; casse *m.*

einbruch(s)sicher à l'abri du vol ; *~e Bank* banque *f* inviolable.

Einbruchsversicherung *f,* **en** assurance *f* (contre le) vol.

ein/bürgern naturaliser ; *in der (die) Schweiz eingebürgert werden* être naturalisé Suisse *(contr. ausbürgern).*

Einbürgerung *f,* **en** naturalisation *f.*

Einbuße *f,* **n** perte *f* ; dommage *m* ; atteinte *f* ; *~ an Prestige* perte de prestige ; *eine schwere finanzielle ~ erleiden* essuyer une perte financière sévère.

ein/büßen essuyer une perte ; *an Wirtschaftlichkeit ~* perdre de sa rentabilité ; perdre en rentabilité.

ein/checken *(transp. aérien)* enregistrer ; expédier ; servir ; traiter.

ein/dämmen endiguer ; refréner ; *den Geldwertschwund ~* endiguer l'inflation.

Eindämmung *f*, **en** arrêt *m* ; endiguement *m* ; *~ der Preissteigerungen* coup *m* de frein donné à la hausse des prix.

ein/decken : *sich ~ mit* se prémunir de ; s'approvisionner en ; *sich mit Devisen ~* s'approvisionner en devises.

Eindeckung *f*, **en** couverture *f* ; approvisionnement *m*.

Eindeckungskäufe *pl* achats *mpl* d'approvisionnement, de couverture.

Eindeckungskurs *m*, **e** cours *m* de rachat.

ein/dosen mettre en conserve ; mettre en boîtes.

ein/dringen, a, u *(ist)* pénétrer ; envahir ; *auf dem amerikanischen Markt ~* pénétrer sur le marché américain.

einen unir ; unifier ; mettre d'accord.

ein/engen resserrer ; rétrécir ; *die Kreditmöglichkeiten ~* resserrer le crédit.

Einerstelle *f*, **n** chiffre *m* avant la virgule.

einfach simple ; ordinaire ; *~er Brief* lettre *f* ordinaire ; *~e Buchführung* comptabilité *f* en partie simple ; *~e Fahrkarte* aller *m* simple ; *~e Stimmenmehrheit* majorité *f* simple.

Einfallstraße *f* **n** route *f* d'accès ; desserte *f*.

Einfamilienhaus *n*, **¨er** maison *f* individuelle ; pavillon *m*.

ein/finden, a, u : *sich ~* se présenter ; *sich vor Gericht ~* comparaître devant le tribunal.

ein/fliegen, o, o faire venir par avion ; acheminer par voie aérienne.

Einflugschneise *f*, **n** couloir *m* aérien.

Einfluß *m*, **¨sse** influence *f* ; *~ auf das Konsumverhalten* influence sur la consommation ; incidence *f* sur le comportement des consommateurs.

Einflußbereich *m*, **e** zone *f* d'influence ; sphère *f* d'influence.

einflußreich influent ; *~e Kreise* milieux *mpl* influents.

ein/fordern réclamer le paiement ; *eine Schuld ~* réclamer (exiger) le remboursement d'une dette.

Einforderung *f*, **en** recouvrement *m* ; demande *f* de paiement ; *~ von Geldern* appel *m* de fonds.

ein/frieren o, o 1. congeler ; surgeler ; *Lebensmittel ~* surgeler des aliments **2.** geler ; *Bankguthaben ~* geler des avoirs bancaires.

Einfrieren *n*, *ϕ* gel *m* ; *~ der Preise* gel des prix.

Einfuhr- *(préfixe)* d'importation ; importé ; d'entrée *(syn. Import)*.

Einfuhr *f*, **en** importation *f* ; entrée *f* **I.** *direkte (mittelbare) ~* importation directe ; *indirekte (unmittelbare) ~* importation indirecte ; *~ auf Zeit* importation temporaire ; *zollfreie ~* entrée en franchise **II.** *die ~ drosseln* limiter l'importation ; *die ~en kontingentieren* contingenter les importations ; *die ~en steigern* intensifier les importations.

Einfuhrabfertigung *f*, **en** formalité *f* d'importation.

Einfuhrabgabe *f*, **n** taxe *f* à l'importation ; droit *m* d'entrée.

einfuhrabhängig dépendant, tributaire des importations.

Einfuhrartikel *m*, **-** article *m* d'importation.

Einfuhrbehinderung *f*, **en** obstacle *m* à l'importation.

einfuhrberechtigt 1. admis à l'importation **2.** autorisé à importer.

Einfuhrbeschränkung *f*, **en** restriction *f* à l'importation ; limitation *f* des importations.

Einfuhrbestimmungen *pl* dispositions *fpl* en matière d'importation ; modalités *fpl* d'importation.

Einfuhrbewilligung *f*, **en** licence *f* d'importation ; permis *m* d'entrée ; autorisation *f* d'importer.

ein/führen 1. introduire ; installer **2.** importer, ; *Waren aus der Bundesrepublik ~* importer des marchandises d'Allemagne fédérale *(syn. importieren)*.

Einfuhrerklärung *f*, **en** déclaration *f* d'entrée, d'importation.

Einfuhrerlaubnis *f*, **se** ⇒ *Einfuhrbewilligung*.

Einfuhrerleichterungen *pl* facilités *fpl* d'importation.

Einfuhrgenehmigung *f*, **en** ⇒ *Einfuhrbewilligung*.

Einfuhrgut *n*, **¨er** marchandise *f* importée ; *~¨er* biens *mpl* d'importation.

Einfuhrhafen *m*, **¨** port *m* d'importation, d'entrée.

Einfuhrhandel *m*, *ϕ* commerce *m* d'importation.

Einfuhrhändler *m*, **-** importateur *m* *(syn. Importeur)*.

Einfuhrkontingent *n*, **e** contingent *m* d'importation.

Einfuhrkontingentierung *f*, **en** contingentement *m* des importations.

Einfuhrkontrolle *f*, **n** contrôle *m* à l'importation.

Einfuhrland *n*, **¨er** pays *m* importateur.

Einfuhrlizenz *f*, **en** licence *f* d'importation.

Einfuhrprämie *f*, **n** prime *f* à l'importation.

Einfuhrschein *m*, **e** document *m* d'entrée ; passavant *m* ; acquit-à-caution *m*.

Einfuhrsperre *f*, **n** ⇒ *Einfuhrstopp*.

Einfuhrsteuer *f*, **n** impôt *m*, taxe *f* sur les produits importés.

Einfuhrstopp *m*, **s** arrêt *m*, blocage *m* des importations.

Einfuhrüberschuß *m*, **¨sse** excédent *m* d'importation ; importations *fpl* excédentaires.

Einführung *f*, **en** **1.** introduction *f* ; lancement *m* ; ~ *einer Ware auf dem Markt* lancement d'un article sur le marché. **2.** initiation *f* (à un travail) **3.** installation *f* ; ~ *in ein Amt* installation dans des fonctions.

Einführungsbrief *m*, **e** lettre *f* d'introduction.

Einführungspreis *m*, **e** prix *m* de lancement ; prix d'appel.

Einführungsrabatt *m*, **e** ristourne *f* ; remise *f* à l'occasion du lancement d'un produit.

Einführungsschreiben *n*, **-** ⇒ *Einführungsbrief*.

Einführungsverkauf *m*, **¨e** vente-réclame *f* ; vente *f* promotionnelle.

Einfuhrverbot *n*, **e** embargo *m* sur les importations ; interdiction *f* d'importer ; barrière *f* douanière ; *ein ~ verhängen* frapper les importations d'embargo.

Einfuhrvorschriften *pl* réglementation *f* en matière d'importation.

Einfuhrwaren *pl* marchandises *fpl* importées.

Einführungswerbung *f*, *ϕ* publicité *f* de lancement, d'appel.

Einfuhrzoll *m*, **¨e** droit *m* d'entrée ;- *~¨e erheben* prélever des taxes d'entrée.

ein/füttern *(inform.)* introduire des données ; *einem Computer Daten ~* mettre des données en mémoire.

Eingabe *f*, **n** **1.** pétition *f* ; demande *f* ; requête *f* **2.** *(inform.)* programmation *f* ; entrée *f (syn. Input)*.

Eingabe-Ausgabe-Einheit *f*, **en** *(inform.)* unité *f* d'entrée et de sortie.

Eingabe-Ausgabe-Steuerung *f*, *ϕ* *(inform.)* contrôle *m* entrée-sortie.

Eingabedatei *f*, **en** *(inform.)* fichier *m* d'entrée.

Eingabedaten *pl* *(inform.)* données *fpl* d'entrée.

Eingabe-Datenübersetzer *m*, **-** *(inform.)* traducteur *m*, convertisseur *m* d'entrée.

Eingabegerät *n*, **e** *(inform.)* appareil *m*, organe *m* d'entrée ; unité *f* d'entrée.

Eingabekarte *f*, **n** *(inform.)* carte *f* d'entrée.

Eingabespeicher *m*, **-** *(inform.)* mémoire *f* d'entrée.

Eingang *m*, **¨e** **1.** entrée *f* ; arrivée *f* ; arrivage *m* (marchandises) **2.** recouvrement *m* ; encaissement *m* ; *~ eines Wechsels* paiement *m* d'une traite ; *~ vorbehalten* sous réserve d'encaissement ; sauf bonne fin.

Eingangsbesoldung *f*, **en** rémunération *f* de départ.

Eingangsbestätigung *f*, **en** avis *m* d'arrivée, de réception ; récépissé *m*.

Eingangsbuch *n*, **¨er** livre *m* des entrées ; livre d'arrivée.

Eingangsdatum *n*, **-ten** **1.** date *f* de réception **2.** date de règlement.

Eingangsstempel *m*, **-** cachet *m* d'arrivée (du courrier).

Eingangsvermerk *m*, **e** mention *f* de réception, d'arrivée.

ein/geben, a, e *(inform.)* entrer ; introduire ; *Daten ~* entrer des données ; mettre des données en mémoire ; *syn. ein/speisen* ; *ein/füttern*.

eingefroren ⇒ *einfrieren*.

ein/gehen, i, a *(ist)* **1.** rentrer ; arriver (poste) **2.** conclure ; contracter ; *einen Handel ~* conclure un marché ; *ein Risiko ~* assumer un risque ; *Verpflichtungen ~* contracter des engagements **3.** cesser ; faire faillite.

eingehend détaillé ; exact ; minutieux ; *etw ~ behandeln* traiter qqch à fond.

ein/gemeinden fusionner des communes ; rattacher à une commune.

Eingemeindung *f*, **en** rattachement *m* à une commune ; fusion *f* de communes.

eingeschränkt restreint ; *~e Handlungsfreiheit* liberté *f* de manœuvre limitée.

eingeschrieben inscrit ; enregistré ; *~er Brief* lettre *f* recommandée ; *mittels ~en Briefes* sous pli recommandé.

eingesessen installé, en place depuis longtemps ; *~e Bevölkerung* population *f* indigène.

eingetragen déclaré ; enregistré ; inscrit au registre ; *~e Genossenschaft mit beschränkter Haftung* coopérative *f* à responsabilité limitée ; *~e Schutzmarke* marque *f* déposée ; *~er Verein (e.V.)* association *f* déclarée ; *(France)* association régie par la loi de 1901 ; *~es Warenzeichen* marque *f* déposée.

ein/gliedern intégrer ; incorporer ; *in eine Gemeinde ~* rattacher à une commune.

Eingliederung *f,* **en** intégration *f* ; incorporation *f.*

ein/greifen, i, i intervenir ; *in einen Streit ~* intervenir dans un conflit.

Eingriff *m,* **e** intervention *f* ; ingérence *f* ; *staatlicher ~* intervention de l'État *(syn. Intervention).*

Eingriffspunkt *m,* **e** point *m* d'intervention ; *oberer, unterer ~* cours *m* plafond, cours plancher *(syn. Interventionspunkt).*

ein/halten, ie, a observer ; respecter ; *einen Termin ~* observer un délai ; *seine Verbindlichkeiten nicht ~* ne pas respecter ses engagements.

Einhaltung *f,* **en** observation *f* ; observance *f* ; respect *m* ; *~ der Frist* observation du délai.

ein/händigen remettre en mains propres.

Einhebung *f,* **en** *(Autriche)* prélèvement *m* ; perception *f* ; encaissement *m.*

Einhebungsbeamte/r *(der/ein) (Autriche)* percepteur *m* ; agent *m* encaisseur.

ein/heften classer ; archiver (documents, dossiers).

einheimisch indigène ; intérieur ; local ; national ; *~es Produkt* produit *m* national.

Einheimische/r *(der/ein)* indigène *m* ; autochtone *m.*

ein/heimsen *(fam.)* gagner ; empocher (bénéfices) ; ramasser de l'argent.

Einheit *f,* **en** unité *f* ; étalon *m* ; *je (pro) ~* par unité ; *Preis, Zeit je ~* prix *m,* temps *m* unitaire.

einheitlich uniforme ; homogène ; unitaire ; standardisé ; *~er Plan* plan *m* suivi ; *~er Tarif* tarif *m* unique ; *~e Tendenz* tendance *f* générale.

Einheitsbrief *m,* **e** lettre *f* normalisée.

Einheitsform *f,* **en** norme *f.*

Einheitsformat *n,* **e** format *m* standard, normalisé.

Einheitsgewerkschaft *f,* **en** syndicat *m* unique ; syndicat unitaire.

Einheitskurs *m,* **e** cours *m* unique.

Einheitskurzschrift *f,* *ϕ* sténographie *f* normalisée, standardisée.

Einheitsliste *f,* **n** liste *f* unique.

Einheitspartei *f,* **en** parti *m* unifié ; *(R.D.A.) Sozialistische ~ Deutschlands (SED)* parti socialiste unifié.

Einheitspreis *m,* **e** prix *m* unique.

Einheitspreisgeschäft *n,* **e** magasin *m* à prix unique ; *(fam.)* « Prisu » *m.*

Einheitsstaat *m,* **en** Etat *m* unitaire.

Einheitstarif *m,* e tarif *m* unique.

Einheitsversicherung *f,* **en** police *f* universelle ; assurance *f* multirisques.

Einheitsvertrag *m,* **¨e** contrat *m* type.

Einheitswährung *f,* **en** monométallisme *m.*

Einheitswert *m,* **e** valeur *f* unitaire ; base *f* d'imposition forfaitaire.

Einheitszoll *m,* **¨e** droit *m* unique.

einhellig unanime ; *einen ~en Beschluß fassen* décider à l'unanimité.

ein/holen 1. prendre ; *einen Auftrag ~* prendre une commande **2.** demander ; *eine Genehmigung ~* solliciter une autorisation **3.** rattraper ; atteindre **4.** *~ gehen* faire des courses.

Einholnetz *n,* **e** filet *m* à provisions.

einig unanime ; *(sich) ~ sein* être d'accord ; *(sich) ~ werden* tomber d'accord.

einigen 1. harmoniser ; mettre d'accord **2.** *sich ~* tomber d'accord ; *sich über den Preis ~* convenir du prix.

Einigung *f,* **en 1.** consentement *m* ; arrangement *m* ; *gütliche ~* accord *m* amiable ; *eine ~ erzielen* parvenir à un accord **2.** unification *f.*

Einigungsstelle *f,* **n** instance *f,* organisme *m* de conciliation.

Einigungsverfahren *n,* - procédure *f* de conciliation.

einjährig d'un an ; annuel.

ein/kalkulieren faire entrer en ligne de compte ; *ein Risiko ~* calculer un risque ; *die MwSt mit in den Preis ~* inclure la T.V.A. dans le prix.

Einkammersystem *n,* **e** *(polit.)* monocamér(al)isme *m.*

ein/kassieren encaisser ; recouvrer.

Einkassierung *f,* **en** encaissement *m* ; recouvrement *m.*

Einkauf *m,* **¨e** achat *m* ; acquisition *f* ; *~¨e machen* faire des courses.

ein/kaufen 1. acheter ; faire des courses **2.** acheter des parts ; *sich in ein Altersheim ~* acquérir une place dans une maison de retraite ; *sich in eine Lebensversicherung ~* prendre une assurance-vie.

Einkäufer *m,* - acheteur *m* ; agent *m* d'achat (d'un grand magasin).

Einkäuferausweis *m,* **e** carte *f* d'acheteur.

Einkaufsabschluß *m,* **¨sse** conclusion *f,* signature *f* d'un contrat d'achat.

Einkaufsabteilung *f,* **en** service *m* des achats.

Einkaufsbeutel *m,* - pochette *f* ; sac

m (pour les achats).

Einkaufsbuch *n,* **¨er** registre *m* des achats.

Einkaufsbummel *m,* - lèche-vitrines *m.*

Einkaufsgenossenschaft *f,* **en** coopérative *f* d'achats.

Einkaufskartell *n,* **e** cartel *m* d'achat.

Einkaufsmöglichkeit *f,* **en** possibilité *f* d'achat.

Einkaufsnetz *n,* **e** filet *m* à provisions.

Einkaufspreis *m,* **e** prix *m* d'achat ; *zum ~* au prix coûtant.

Einkaufsverband *m,* **¨e** groupement *m* d'achat.

Einkaufsvereinigung *f,* **en** ⇒ *Einkaufsverband.*

Einkaufsviertel *n,* - quartier *m* commercial, des commerçants.

Einkaufswagen *m,* - poussette *f* ; caddie *m* ; chariot *m.*

Einkaufszeit *f,* **en** heures *fpl* d'ouverture des magasins.

Einkaufszentrale *f,* **n** centrale *f* d'achats.

Einkaufszentrum *n,* **-tren** centre *m* commercial ; hypermarché *m* ; galerie *f* marchande ; grande surface *f.*

einklagbar *(jur.)* recouvrable par une action en justice.

ein/klagen obtenir par voie de justice ; *eine Forderung ~* poursuivre le recouvrement d'une créance.

ein/klammern mettre en(tre) parenthèses.

ein/klarieren *(maritime)* dédouaner.

ein/kommen, a, o *(ist)* demander ; solliciter ; *um seine Versetzung ~* faire une demande de mutation.

Einkommen *n,* - revenu *m* **I.** *berufliches ~* revenu professionnel ; *festes ~* revenu fixe ; *steuerfreies ~* revenu exonéré d'impôts ; *steuerpflichtiges ~* revenu imposable **II.** *über hohe ~ verfügen* disposer de revenus importants ; *sein ~ versteuern* déclarer ses revenus **III.** *~ aus Erwerbstätigkeit* revenu professionnel ; *~ aus Grundbesitz* revenu foncier ; *~ nach Steuerabzug* revenu net.

Einkommensausfall *m,* **¨e** perte *f* de revenu.

Einkommensentwicklung *f,* **en** évolution *f* des revenus.

Einkommensgrenze *f,* **n** plafond *m,* limite *f* de(s) revenu(s).

Einkommensgruppe *f,* **n** catégorie *f,* tranche *f* de revenus.

Einkommensnivellierung *f,* **en** nivellement *m* des revenus.

Einkommenspolitik *f,* *ϕ* politique *f* des revenus.

Einkommensquelle *f,* **n** source *f* de revenu.

Einkommensschicht *f,* **en** classe *f,* catégorie *f* de revenus ; *die unteren, oberen ~en* les bas, les hauts salaires.

einkommensschwach de (à) faible revenu.

Einkommensskala *f,* **-len** échelle *f,* éventail *m* des revenus.

einkommensstark à haut salaire ; *die Einkommensstarken* les gros revenus ; les hauts salaires.

Einkommen(s)steuer *f,* **n** impôt *m* sur le revenu (des personnes physiques) ; I.R.P.P.

Einkommensteuererklärung *f,* **en** déclaration *f* de l'impôt sur le revenu.

einkommensteuerfrei non imposable.

einkommensteuerpflichtig assujetti à l'impôt sur le revenu.

Einkommensteuertabelle *f,* **n** barème *m* de l'impôt sur le revenu.

Einkommensteuerveranlagung *f,* **en** assiette *f* de l'impôt sur le revenu.

Einkommensumverteilung *f,* **en** redistribution *f* des revenus.

Einkommensungleichheit *f,* **en** inégalité *f* des revenus.

Einkommensverhältnisse *pl* **1.** origine *f,* source *f* des revenus **2.** ressources *fpl.*

Einkommensverlust *m,* **e** perte *f* de salaire, de revenus ; manque *m* à gagner.

Einkommensverteilung *f,* **en** répartition *f,* ventilation *f* des revenus.

Einkommenszuwachs *m,* *ϕ* accroissement *m* du revenu.

Einkünfte *pl* revenus *mpl* ; ressources *fpl* ; *feste, unregelmäßige ~* revenus fixes, irréguliers ; *seine ~ auf/bessern* arrondir ses fins de mois.

ein/laden u, a 1. charger **2.** embarquer **3.** convoquer **4.** inviter.

einladend attrayant ; séduisant ; *~es Angebot* offre *f* alléchante.

Einladung *f,* **en 1.** invitation *f* **2.** convocation *f* ; *eine ~ an jdn schicken* envoyer une invitation à qqn.

Einladungskarte *f,* **n** carte *f* d'invitation.

Einlage *f,* **n 1.** apport *m* ; mise *f* de fonds ; dépôt *m* ; *befristete (feste) ~n* dépôts à échéance fixe ; *täglich fällige ~n (auf Sicht)* dépôts à vue ; *~ in eine Gesellschaft* apport social ; *~ mit Kündigungsfrist* dépôt à préavis ; *~ mit ...tägiger Kündigung* dépôt à... jours de préavis ; *~n mit fester Laufzeit* dépôts à terme fixe ; *kurz-,mittel-, langfristige*

~ dépôt à court, moyen, long terme ; *verzinsliche* ~ dépôt portant intérêt **2.** annexe *f* ; pièce *f* jointe ; *etw als* ~ *verschicken* adresser qqch en annexe.

Einlagekapital *n,* ϕ mise *f* de fonds.

Einlagekonto *n,* **-ten** compte *m* d'apport ; compte *m* de dépôt.

Einlagensicherungsfonds *m,* **-** fonds *m* de garantie bancaire (en matière de placement et d'investissement).

Einlagensparen *n,* ϕ placement *m* en dépôt d'épargne.

Einlagenzinsen *pl* intérêts *mpl* créditeurs.

ein/lagern emmagasiner ; entreposer ; ensiler ; *Bestände* ~ constituer des stocks.

Einlagerung *f* **en** emmagasinage *m* ; stockage *m* ; entreposage *m* ; ensilage *m.*

Einlaß *m,* **¨sse** admission *f* ; entrée *f.*

Einlaßkarte *f,* **n** carte *f* d'entrée.

ein/laufen, ie, au *(ist)* **1.** arriver (courrier, plainte) ; *Ihre Bestellung ist heute eingelaufen* votre commande *f* nous est parvenue ce jour ; *Beschwerden laufen täglich ein* des réclamations *fpl* nous parviennent quotidiennement **2.** *in den Hafen* ~ entrer dans le port **3.** *sich* ~ se roder ; trouver son rythme ; *die Maschine muß sich* ~ la machine doit se roder.

ein/legen 1. placer ; insérer ; joindre **2.** *Geld* ~ verser de l'argent ; *eine größere Summe* ~ déposer une somme importante **3.** *Berufung* ~ faire appel de ; *Protest gegen etw* ~ élever une protestation contre qqch **4.** *ein gutes Wort für jdn* ~ parler en faveur de qqn.

Einleger *m,* **-** déposant *m.*

ein/leiten entamer ; introduire ; *Verhandlungen* ~ entamer des négociations.

Einleitung *f,* **en** introduction *f* ; préliminaires *mpl* ; ouverture *f.*

ein/lesen, a, e *(inform.)* introduire ; *eingelesene Daten* données *fpl* introduites.

ein/liefern livrer ; déposer ; remettre ; transporter.

Einlieferung *f,* **en** livraison *f* ; dépôt *m* ; remise *f* ; transport *m.*

Einlieferungsschein *m,* **e** reçu *m* ; bulletin *m* de dépôt ; ~ *für Einschreibebrief* récépissé *m* de lettre recommandée.

einliegend ci-inclus ; ci-joint ; ~ *erhalten Sie...* vous trouverez ci-joint... *(syn. beiliegend).*

einlösbar 1. convertible ; *in Gold* ~ convertible en or **2.** remboursable ; rachetable.

ein/lösen 1. racheter ; rembourser **2.** payer ; *Kupons* ~ toucher des coupons ; *einen Scheck* ~ encaisser un chèque ; *eine Versicherungsprämie* ~ payer une prime d'assurance ; *einen Wechsel* ~ honorer une traite **3.** dégager ; retirer ; *ein Pfand* ~ retirer un gage **4.** *Wertpapiere* ~ convertir des titres **5.** *sein Akzept* ~ faire honneur à sa signature.

Einlösestelle *f,* **n** organisme *m* payeur.

Einlösesumme *f,* **n** montant *m* du paiement.

Einlösung *f,* **en 1.** rachat *m* ; remboursement *m* **2.** paiement *m* ; encaissement *m* ; *die* ~ *verweigern* refuser de régler **3.** dégagement *m* ; retrait *m* **4.** conversion *f.*

Einlösungsfrist *f,* **en** délai *m* de rachat, de remboursement, d'encaissement.

Einlösungsklausel *f,* **n** clause *f* de régularisation.

Einlösungskurs *m,* **e** cours *m* de rachat.

Einlösungspapier *n,* **e** titre *m* convertible.

Einlösungspflicht *f,* **en** obligation *f* de rachat ; convertibilité *f.*

Einlösungsschein *m,* **e** billet *m,* certificat *m* de rachat.

Einlösungstermin *m,* **e** date *f* de rachat ; terme *m* de remboursement.

ein/mahnen sommer, enjoindre de payer ; *eine Schuld* ~ sommer qqn d'acquitter une dette.

Einmahnung *f,* **en** sommation *f,* injonction *f* de paiement.

Einmaleins *n,* ϕ table *f* de multiplication.

Einmalflasche *f,* **n** verre *m* non repris ; verre perdu ; bouteille *f* non consignée : *syn. Einwegflasche.*

Einmalpackung *f,* **en** emballage *m* perdu.

Einmalprämie *f,* **n** *(assur.)* prime *f* unique (couvrant toute la durée de l'assurance).

Einmannbetrieb *m,* **e 1.** entreprise *f* sans main-d'œuvre salariée **2.** service *m* à un seul agent (transports par ex.).

Einmanngesellschaft *f,* **en** société *f* unipersonnelle.

Einmarkstück *n,* **e** pièce *f* d'un mark.

ein/mieten 1. ensiler **2.** *sich bei jdm* ~ louer un logement chez qqn.

ein/mischen : *sich* ~ *in (+A)* s'immiscer dans ; se mêler de ; *sich in* *fremde Angelegenheiten* ~ se mêler des affaires des autres.

einmütig ⇒ *einhellig.*

Einnahme *f,* **n 1.** recette *f* ; rentrée *f* ; revenu *m* ; *öffentliche ~n* recettes publiques, de l'Etat ; *~n und Ausgaben* recettes et dépenses ; *etw in ~ stellen (bringen)* porter qqch en recette.

Einnahmeausfall *m,* **¨e** perte *f* de recettes.

Einnahmebuch *n,* **¨er** livre *m* de(s) recettes.

Einnahmeerwartung *f,* **en** prévisions *fpl* de(s) recettes.

Einnahme-Plus *n,* *ϕ* ⇒ *Einnahmeüberschuß.*

Einnahmeposten *m,* **-** article *m* de recette.

Einnahmequelle *f,* **n** source *f* de revenus ; ressources *fpl.*

Einnahmeseite *f,* **n** côté *m* des recettes.

Einnahmeüberschuß *m,* **¨sse** excédent *m* de recettes.

Einnahmevoranschlag *m,* **¨e** état *m* prévisionnel des recettes.

ein/nehmen, a, o 1. percevoir ; toucher ; *Einkünfte ~* encaisser des revenus **2.** remplacer, occuper le poste de qqn.

ein/ordnen ranger ; classer ; *Karten alphabetisch ~* classer des cartes par ordre alphabétique.

Einordnung *f,* **en** rangement *m* ; classification *f* ; classement *m.*

ein/packen empaqueter ; emballer.

Einpackpapier *n,* *ϕ* papier *m* d'emballage.

Einpackung *f,* **en** emballage *m.*

ein/pendeln 1. équilibrer ; stabiliser ; *die Kurse pendeln sich ein* les cours *mpl* se stabilisent **2.** faire la navette (entre son domicile et son lieu de travail).

Einpendler *m,* **-** banlieusard *m* ; personne *f* qui fait la navette de son domicile au lieu de travail.

Einpersonenhaushalt *m,* **e** ménage *m* d'une seule personne.

Einpfennigstück *n,* **e** pièce *f* d'un pfennig.

ein/planen planifier ; programmer ; *in den Haushalt ~* budgétiser.

Einplanung *f,* **en** planification *f* ; prévision *f.*

Einproduktbetrieb *m,* **e** entreprise *f* à fabrication unique.

ein/programmieren programmer.

Einprogrammierung *f,* **en** programmation *f.*

ein/räumen 1. accorder ; octroyer ; *einem Kunden einen Kredit ~* accorder un crédit à un client **2.** concéder ; admettre ; *ich muß ~, daß* je dois admettre que **3.** ranger.

Einräumung *f,* **en 1.** octroi *m* ; *~ eines Rechts* constitution *f* d'un droit **2.** *~en machen* faire des concessions.

ein/rechnen inclure ; comprendre dans le compte ; *mit eingerechnet* y compris.

Einrede *f,* **n** contradiction *f* ; objection *f* ; *(jur.)* exception *f* ; *eine ~ erheben* soulever une objection.

ein/reichen présenter ; déposer ; remettre ; *eine Beschwerde ~* faire une réclamation ; *ein Gesuch ~* présenter une requête ; *eine Klage ~* porter plainte ; *seine Versetzung ~* demander sa mutation.

Einreicher *m,* **-** remettant *m* (personne qui remet un effet à son banquier).

Einreicherbank *f,* **en** banque *f* remettante.

Einreichung *f,* **en** présentation *f* ; dépôt *m* ; remise *f* ; *~ zur Zahlung* présentation au paiement.

Einreichungsfrist *f,* **en** délai *m* de dépôt (d'un dossier).

Einreise *f,* **n** entrée *f* ; *jdm die ~ in die BRD verweigern* refuser à qqn l'autorisation d'entrée sur le territoire de la R.F.A.

Einreiseerlaubnis *f,* **se** ⇒ *Einreisegenehmigung.*

Einreisegenehmigung *f,* **en** autorisation *f,* permis *m* d'entrée.

Einreiseverbot *n,* **e** interdiction *f* d'entrée.

ein/richten instituer ; installer ; équiper ; établir.

Einrichtung *f,* **en 1.** installation *f* ; équipement *m* ; dispositif *m* **2.** institution *f* ; organisme *m* ; organisation *f* ; *gemeinnützige ~* institution d'utilité publique ; *soziale ~en* équipements sociaux.

Einrichtungsdarlehen *n,* **-** prêt *m* d'installation.

Einrichtungshaus *n,* **¨er** magasin *m* de meubles d'équipement ; vente *f* d'équipement de bureau.

Einrichtungskosten *pl* frais *mpl* d'installation, de premier établissement.

ein/rücken 1. insérer (annonce) **2.** *in eine Schlüsselstellung ~* être muté à un poste clé.

ein/sacken 1. mettre en sacs ; ensacher **2.** *(fam.)* empocher.

ein/sammeln ramasser ; récolter ;

collecter ; *Geld* ~ recueillir de l'argent ; faire une collecte.

Einsatz *m,* **-̈e** **1.** emploi *m* ; mise *f* en œuvre ; *der ~ von Arbeitskräften* emploi *m* de main-d'œuvre ; *selektiver ~* utilisation *f* sélective **2.** engagement *m* ; *den vollen ~ fordern* exiger un engagement total **3.** *(jeu)* mise *f.*

einsatzbereit disponible ; opérationnel ; en état de marche.

Einsatzbereitschaft *f, ϕ* disponibilité *f.*

Einsatzbesprechung *f,* **en** réunion *f* de coordination, d'information ; « briefing » *m.*

Einsatzerprobung *f,* **en** essais *mpl* pratiques (d'appareils).

einsatzfähig utilisable ; opérationnel ; prêt à fonctionner.

Einsatzplan *m,* **-̈e** plan *m* d'intervention.

Einsatzpreis *m,* **e** prix *m* de départ ; mise *f* à prix (vente aux enchères).

Einsatzstab *m,* **-̈e** équipe *f* d'intervention.

Einsatzwagen *m,* **-** *(transp.)* voiture *f,* wagon *m* supplémentaire.

Einsatzzug *m,* **-̈e** train *m* supplémentaire.

ein/schalten **1.** allumer ; insérer **2.** *sich ~ in (+A)* intervenir dans.

Einschaltquote *f,* **n** taux *m* d'écoute ; audimat *m* (radio, télévision).

Einschaltung *f,* **en** **1.** insertion *f* **2.** mise *f* en circuit, sous tension **3.** intervention *f* ; *ohne ~ eines Bevollmächtigten* sans l'intervention d'un mandataire.

ein/schätzen évaluer ; taxer.

Einschätzung *f,* **en** estimation *f* ; taxation *f* ; *~ des Risikos* évaluation *f* du risque.

ein/scheffeln *(fam.)* ramasser beaucoup d'argent.

einschichtig : *~er Betrieb* entreprise *f* ne pratiquant pas les « trois-huit » *(contr. Mehrschichtbetrieb).*

ein/schicken envoyer (à qui de droit) ; *etw zur Reparatur ~* envoyer qqch chez le réparateur (à l'atelier de réparation).

Einschienenbahn *f,* **en** (train *m*) monorail *m.*

ein/schießen, o, o : *Geld ~* verser des fonds ; fournir des capitaux.

ein/schiffen embarquer ; *Waren ~* embarquer des marchandises ; *sich in Marseille ~* embarquer à Marseille.

Einschiffung *f,* **en** embarquement *m.*

Einschiffungshafen *m,* **-̈** port *m* d'embarquement.

einschl. ⇒ *einschließlich.*

ein/schlagen, u, a **1.** enfoncer ; défoncer **2.** emballer ; envelopper ; *ein Geschenk ~* faire un paquet-cadeau **3.** prendre ; suivre ; *die kaufmännische Laufbahn ~* embrasser la carrière de commerçant ; *einen falschen Weg ~* faire fausse route.

einschlägig qui a rapport à ; relatif à ; *die ~e Literatur* littérature *f* spécialisée.

Einschlagpapier *n, ϕ* papier *m* d'emballage.

ein/schleusen introduire clandestinement ; faire entrer en cachette, en fraude ; *Falschgeld in den Verkehr ~* mettre de la fausse monnaie en circulation.

ein/schließen, o, o **1.** mettre sous clé ; enfermer **2.** inclure ; comprendre ; *Verpackung und Porto eingeschlossen* emballage et port compris ; *mit eingeschlossen* y compris.

einschließlich *(+G)* y compris ; inclusivement ; *~ der Kosten* frais *mpl* compris ; *~ Verpackung* franco d'emballage.

Einschließung *f,* **en** **1.** investissement *m* ; blocus *m* ; encerclement *m* **2.** *mit ~ von* y compris.

ein/schmuggeln introduire en fraude, en contrebande ; faire passer illégalement.

einschneidend incisif ; de rigueur ; *~e Maßnahmen treffen* prendre des mesures radicales.

ein/schränken limiter ; restreindre ; *die Ausgaben ~* réduire les dépenses ; *die Handlungsfreiheit ~* réduire la marge de manœuvre.

einschränkend restrictif ; limitatif ; *~e Maßnahme* mesure *f* restrictive.

Einschränkung *f,* **en** limitation *f* ; restriction *f* ; encadrement *m* ; réduction *f* ; *~ von Ausgaben* compression *f* des dépenses.

Einschreib(e)brief *m,* **e** lettre *f* recommandée ; *einen ~ auf/geben* envoyer une lettre en recommandé.

Einschreibegebühr *f,* **en** droit *m* de recommandation ; taxe *f* d'enregistrement.

Einschreiben *n,* **-** envoi *m,* lettre *f* recommandé(e) ; *als ~* en recommandé.

ein/schreiben, ie, ie **1.** inscrire ; *sich ~ in (+A)* s'inscrire dans **2.** enregistrer ; *einen Brief ~ lassen* faire recommander une lettre ; *eingeschriebener Brief* lettre *f* recommandée ; *etw eingeschrieben schicken* envoyer qqch par (en) recommandé.

Einschrieb *m,* **e** *(Suisse)* ⇒ *Einschreiben.*

Einschreibung *f,* **en 1.** enregistrement *m* ; inscription *f* ; immatriculation *f* **2.** offre *f* écrite lors d'une vente aux enchères.

Einschuß *m,* **¨sse** versement *m* ; couverture *f* (opérations bancaires ou boursières).

ein/sehen, a, e examiner ; prendre connaissance de ; *die Akten* ~ examiner les dossiers.

einseitig 1. unilatéral ; à sens unique **2.** partial.

ein/senden, a, a envoyer ; expédier ; *den Betrag bar* ~ expédier le montant en espèces.

Einsender *m,* **-** expéditeur *m* (participant à un jeu, concours, etc.).

Einsendeschluß *m, φ* date *f* limite (d'envoi).

Einsendung *f,* **en** envoi *m* ; expédition *f* ; remise *f.*

ein/setzen 1. mettre ; placer ; poser ; *eine Anzeige* ~ insérer une annonce **2.** recourir à ; mettre en œuvre ; *ausländische Arbeitskräfte* ~ recourir à la main-d'œuvre étrangère **3.** instituer ; nommer ; *einen Ausschuß* ~ constituer une commission **4.** inscrire ; porter en compte ; *in den Haushaltsplan* ~ inscrire dans l'état prévisionnel **5.** *sich für etw* ~ s'employer à **6.** *(jeu)* miser.

Einsetzung *f,* **en 1.** établissement *m* ; mise *f* en place ; installation *f* **2.** institution *f* ; investiture *f* ; ~ *zum Alleinerben* institution comme légataire universel.

Einsicht *f,* **en** inspection *f* ; consultation *f* ; examen *m* ; ~ *nehmen in etw* prendre connaissance de qqch ; examiner ; *nach ~ in die Akten* après consultation (examen) des dossiers.

Einsichtnahme *f,* **n** prise *f* de connaissance ; consultation *f* ; *zur gefälligen* ~ veuillez prendre connaissance ; *Recht auf* ~ droit *m* de regard.

ein/silieren ensiler ; mettre en silo(s).

ein/sortieren classer ; *Karteikarten* ~ classer des cartes dans une cartothèque.

ein/sparen économiser (sur) ; *Kosten* ~ éviter des frais ; *Material* ~ économiser sur le matériel ; *einen Posten* ~ faire l'économie d'un poste.

Einsparung *f,* **en** économie *f* ; réduction *f.* ; compression *f* ; *~en im Haushalt vor/nehmen* faire des compressions budgétaires.

ein/speichern *(inform.)* enregistrer ; introduire ; *Daten* ~ introduire des données (en mémoire).

Einspeicherung *f,* **en** *(inform.)* stockage *m* ; mise *f* en mémoire ; mémorisation *f* (d'informations).

ein/speisen ⇒ *ein/geben.*

Einsprache *f,* **n** *(Autriche)* ⇒ *Einspruch.*

Einspracherecht *n,* **e** ⇒ *Einspruchsrecht.*

ein/springen, a, u *(ist)* remplacer qqn ; suppléer ; *für einen kranken Kollegen* ~ remplacer un collègue souffrant.

ein/spritzen injecter ; *Kapital* ~ injecter des capitaux.

Einspruch *m,* **¨e 1.** opposition *f ;* réclamation *f* ; ~ *erheben* faire opposition ; protester contre **2.** *(jur.)* recours *m* ; pourvoi *m.*

Einspruchsfrist *f,* **en** délai *m* d'opposition.

Einspruchsrecht *n,* **e** droit *m* de veto, d'opposition ; *ein ~ geltend machen* exercer un recours.

Einspruchsverfahren *n,* **-** procédure *f* d'opposition.

Einspurbahn *f,* **en** ⇒ *Einschienenbahn.*

Einstand *m,* **¨e** entrée *f* en fonctions ; *den ~ feiern* fêter sa nomination.

Einstandspreis *m,* **e** prix *m* d'achat *(syn. Bezugspreis ; Gestehungspreis).*

Einstandsrecht *n,* **e** droit *m* de préemption.

ein/stecken 1. *einen Brief* ~ poster une lettre **2.** *Geld* ~ mettre de l'argent dans sa poche ; *Profit* ~ empocher des bénéfices.

ein/stehen, a, a 1. répondre de ; *für die Schulden eines anderen* ~ se porter garant des dettes d'un tiers **2.** *(Autriche) (fam.) bei jdm* ~ entrer au service de qqn ; entrer dans un emploi.

ein/steigen, ie, ie *(ist) (fam.)* participer à ; *in ein Geschäft* ~ entrer dans une affaire ; acquérir des parts de société.

ein/stellen 1. recruter ; embaucher ; *Arbeitskräfte* ~ embaucher de la main-d'œuvre **2.** suspendre ; interrompre ; *die Arbeit* ~ cesser le travail ; se mettre en grève ; *die Zahlungen* ~ suspendre les paiements.

einstellig d'un seul chiffre ; *~e Zahl* nombre *m* à un chiffre.

Einstellung *f,* **en 1.** recrutement *m* ; embauche *f* ; embauchage *m* **2.** cessation *f* ; arrêt *m* ; ~ *mangels Masse* clôture *f* pour insuffisance d'actif.

Einstellungsbedingungen *pl* conditions *fpl* d'embauche.

Einstellungsbüro *n,* **s** bureau *m* d'embauche.

Einstellungsstopp *m*, s arrêt *m* de recrutement, d'embauche.

Einstellungsverfügung *f*, **en** ordonnance *f* de non-lieu.

Einstellungsvertrag *m*, ¨e contrat *m* d'emploi, d'embauchage.

Einstieg *m*, **e** prise *f* de participation ; entrée *f* dans un marché, un organisme ; acquisition *f* d'actions.

einstimmig unanime ; *durch ~en Beschluß* par décision unanime ; ~ *wählen* voter à l'unanimité.

Einstimmigkeit *f*, **en** unanimité *f*.

ein/streichen, i, i *(fam.)* empocher ; *den Gewinn* ~ empocher le bénéfice.

ein/stufen classer ; classifier ; *jdn in eine Steuerklasse* ~ affecter qqn dans une catégorie d'imposition.

Einstufung *f*, **en** classement *m* ; évaluation *f* du fisc ; catégorie *f*.

Einstundentakt m : *im* ~ toutes les heures.

einstweilig provisoire ; temporaire ; *(jur.) ~e Verfügung* décision *f* provisoire ; ordonnance *f* de référé.

Eintausch *m*, *φ* échange *f* ; troc *m*.

ein/tauschen échanger ; troquer ; *eine Aktie* ~ échanger une action.

ein/teilen diviser ; partager ; classer ; ventiler ; *seine Zeit besser* ~ mieux répartir son temps.

Einteilung *f*, **en** division *f* ; partage *m* ; distribution *f* ; répartition *f*.

ein/tippen *(inform.)* rentrer en machine ; mettre (des données) en mémoire.

Eintrag *m*, ¨e **1.** inscription *f* ; enregistrement *m* ; note *f* ; écriture *f* **2.** ~ *tun* porter préjudice à ; nuire à.

ein/tragen, u, a 1. inscrire ; enregistrer ; *in die Bücher* ~ porter sur les livres ; *ins Handelsregister* ~ inscrire au registre du commerce ; *eingetragene Schutzmarke* marque *f* déposée ; *eingetragener Verein* association *f* déclarée **2.** être rentable ; rapporter.

einträglich lucratif ; profitable ; rentable ; *ein ~es Geschäft* une affaire qui rapporte.

Eintragung *f*, **en** enregistrement *m* ; immatriculation *f* ; inscription *f* ; ~ *im Handelsregister* inscription au registre du commerce.

Eintragungsvermerk *m*, **e** mention *f* d'enregistrement.

ein/treffen, a, o arriver ; *die Ware ist eingetroffen* la marchandise nous est parvenue ; nous avons été livrés.

eintreibbar recouvrable ; *~e Forderung* créance *f* exigible.

Eintreibbarkeit *f*, *φ* exigibilité *f*.

ein/treiben, ie, ie recouvrer ; *Außenstände, Rückstände* ~ recouvrer des créances, des arriérés ; *Steuern* ~ faire rentrer les impôts.

Eintreibung *f*, **en** recouvrement *m* ; rentrée *f* ; *gerichtliche, zwangsweise* ~ recouvrement par voie judiciaire ; recouvrement forcé.

ein/treten, a, e *(ist)* **1.** entrer ; adhérer ; *in eine Gewerkschaft* ~ adhérer à un syndicat **2.** intervenir ; *für etw* ~ prendre parti pour qqch **3.** survenir ; se produire ; *ein Schaden ist eingetreten* il y a eu dommage.

Eintritt *m*, **e** entrée *f* ; ~ *frei, verboten* entrée libre, interdite ; ~ *eines Gesellschafters* entrée d'un associé.

Eintrittsalter *n*, - âge *m* d'admission.

Eintrittsgebühr *f*, **en** ⇒ *Eintrittsgeld*.

Eintrittsgeld *n*, **er** (prix d') entrée *f* ; *ein ~ erheben* demander une entrée.

Eintrittskarte *f*, **n** billet *m* d'entrée ; carte *f* d'admission ; *ermäßigte (verbilligte)* ~ billet à tarif réduit.

Eintrittslohn *m*, ¨e salaire *m* d'embauche, de début.

Einübungszeit *f*, **en** période *f* d'accoutumance, d'adaptation, de rodage.

Ein- und Ausgabegerät *n*, **e** *(inform.)* terminal *m* ; appareils *mpl* d'entrée et de sortie *(syn. Datenendstation ; Terminal)*.

Ein- und Ausreise *f*, **n** entrée *f* et sortie *f*.

ein/verleiben absorber ; incorporer.

Einverleibung *f*, **en 1.** absorption *f* ; annexion *f* **2.** *(Autriche)* inscription *f*.

Einvernehmen *n*, - accord *m* ; entente *f* ; *im ~ mit (+D)* en accord avec ; d'un commun accord ; *gegenseitiges* ~ consentement *m* mutuel.

einverstanden : *mit jdm ~ sein* être d'accord avec qqn.

Einverständnis *n*, **se 1.** accord *m* ; consentement *m* ; *im ~ mit (+D)* en accord avec ; *in gegenseitigem* ~ d'un commun accord ; *stillschweigendes* ~ accord tacite **2.** connivence *f* ; collusion *f*.

Einwand *m*, ¨e objection *f* ; réclamation *f* ; *(jur.)* exception *f* ; *einen ~ erheben* faire une objection ; contester.

Einwanderer *m*, - immigrant *m* ; immigré *m*.

ein/wandern immigrer.

Einwanderung *f*, **en** immigration *f*.

Einwanderungsbehörde *f*, **n** services *mpl* de l'immigration.

Einwanderungsbeschränkung *f*, **en** limitation *f*, restrictions *fpl* à l'immigration.

Einwanderungsstrom *m*, **¨e** afflux *m* d'immigrants.

einwandfrei sans défaut ; irréprochable ; *~e Ware* marchandise *f* impeccable.

ein/wechseln 1. faire la monnaie ; *einen Hundertmarkschein ~* faire la monnaie d'un billet de 100 DM **2.** changer ; *DM in (gegen) Francs ~* changer des marks contre des francs.

Einwechslung *f*, **en** change *m*.

ein/wecken mettre en conserves.

Einweg- *(préfixe)* à usage unique ; perdu ; non consigné ; à jeter.

Einwegbehälter *m*, **-** récipient *m*, emballage *m* perdu.

Einwegflasche *f*, **n** bouteille *f* perdue, non consignée ; verre *m* non repris.

Einwegpackung *f*, **en** emballage *m* perdu ; emballage à usage unique.

ein/weihen 1. inaugurer ; *einen Autobahnabschnitt ~* inaugurer un tronçon d'autoroute **2.** initier ; mettre dans la confidence ; *jdn in einen Plan ~* mettre qqn au courant d'un plan.

Einweihung *f*, **en** inauguration *f*.

ein/weisen, ie, ie 1. donner des directives ; *jdn in eine Arbeit ~* initier qqn à un travail **2.** installer ; introduire ; *jdn in sein Amt ~* installer qqn dans ses fonctions **3.** *jdn in ein Krankenhaus ~* hospitaliser qqn **4.** *in den Besitz von etw ~* mettre en possession de qqch.

Einweisung *f*, **en 1.** directive *f* ; instruction *f* ; *berufliche ~* initiation *f* professionnelle **2.** installation *f* **3.** hébergement *m* ; hospitalisation *f* **4.** envoi *m* en possession.

ein/wenden, a, a *(et faible)* objecter ; opposer ; *(jur.)* soulever une exception.

Einwendung *f*, **en** objection *f* ; opposition *f* ; *(jur.)* exception *f* ; *~en machen* faire des objections.

ein/werfen, a, o poster (lettre).

ein/wickeln 1. envelopper ; emballer **2.** *(fam.) sich von einem Vertreter ~ lassen* se laisser « embobiner » par un représentant.

Einwickelpapier *n*, *ф* papier *m* d'emballage.

ein/wiegen, o, o peser et ensacher une marchandise.

ein/willigen consentir ; *in die Scheidung ~* accepter le (consentir au) divorce.

Einwilligung *f*, **en** consentement *m* ; approbation *f* ; *seine ~ geben* donner son accord.

ein/wintern rentrer des produits alimentaires (pour les mettre à l'abri du gel).

einwöchentlich ⇒ *einwöchig*.

einwöchig d'une semaine ; *~er Lehrgang* stage *m* de huit jours.

Einwohner *m*, **-** habitant *m* ; *auf 100 ~* pour 100 habitants.

Einwohnerliste *f*, **n** fichier *m*, registre *m* de la population.

Einwohnermeldeamt *n*, **¨er** bureau *m* de déclaration de séjour ; office *m* de recensement de la population ; bureau d'inscription de la population.

Einwohnermeldepflicht *f*, *ф* déclaration *f* obligatoire de (du) domicile.

Einwohnerschaft *f*, **en** ensemble *m* de la population ; population *f* globale ; habitants *mpl*.

Einwohnerverzeichnis *n*, **se** ⇒ *Einwohnerliste*.

Einwohnerzahl *f*, **en** nombre *m* d'habitants ; population *f*.

einzahlbar payable ; à payer ; à verser.

ein/zahlen payer ; verser ; déposer ; libérer ; *eine Aktie ~* libérer une action ; *Geld bei der Bank ~* déposer de l'argent à la banque ; *eine Summe auf ein Konto ~* verser une somme sur un compte.

Einzahler *m*, **-** déposant *m*.

Einzahlung *f*, **en** versement *m* ; paiement *m* ; dépôt *m* de fonds ; rentrée *f* de fonds ; encaissement *m* ; *~ auf Aktien* libération *f* d'actions ; *durch ~ auf Ihr Postscheckkonto* par versement sur votre CCP ; *~ auf Sperrkonto* versement en compte bloqué ; *~en auf den Nennwert der Aktien leisten* effectuer des versements sur la valeur nominale des actions ; *eine ~ vor/nehmen (leisten)* effectuer un versement.

Einzahlungsbeleg *m*, **e** attestation *f* de versement.

Einzahlungsformular *n*, **e** formulaire *m*, bordereau *m* de versement.

Einzahlungsfrist *f*, **en** délai *m* de versement, de dépôt.

Einzahlungskasse *f*, **n** caisse *f*, guichet *m* de versement.

Einzahlungsquittung *f*, **en** quittance *f* de paiement ; reçu *m*, récépissé *m* de versement.

Einzahlungsschalter *m*, **-** ⇒ *Einzahlungskasse*.

Einzel- *(préfixe)* individuel ; particulier ; unitaire ; par pièce ; de détail ; détaillé.

Einzelabkommen *n*, **-** convention *f* particulière.

Einzelabmachung *f,* **en** accord *m* individuel.

Einzelakkord *m,* **e** travail *m* individuel à la tâche ; forfait *m* individuel.

Einzelanfertigung *f,* **en** fabrication *f* sur commande ; fabrication hors série.

Einzelaufstellung *f,* **en** état *m* détaillé ; spécification *f.*

Einzelaussteller *m,* **-** exposant *m* individuel.

Einzelbauer *m,* **n, n** *(R.D.A.)* exploitant *m* agricole indépendant (n'appartient pas à une coopérative).

Einzelbetrag *m,* **¨e** montant *m* particulier.

Einzelbetrieb *m,* **e** entreprise *f* indépendante ; unité *f* économique à direction individuelle.

Einzelfertigung *f,* **en** ⇒ *Einzelanfertigung.*

Einzelfirma *f,* **-men** raison *f* individuelle ; établissement *m* en nom personnel.

Einzelgeschäft *n,* **e** opération *f,* transaction *f* particulière.

Einzelgewerkschaft *f,* **en** syndicat *m* d'un secteur déterminé (IG-Metall, par ex.).

Einzelgut *n,* **¨er** marchandise *f* à la pièce ; petite marchandise *(syn. Stückgut).*

Einzelhandel *m,* **ϕ** commerce *m* de (au) détail ; petit commerce *(contr. Großhandel).*

Einzelhandelsgeschäft *n,* **e** magasin *m* de détail ; vente *f* au détail ; détaillant *m.*

Einzelhandelsindex *m,* **-dizes** indice *m* des prix de (au) détail.

Einzelhandelskaufmann *m,* **-leute** détaillant *m.*

Einzelhandelspreis *m,* **e** prix *m* de détail.

Einzelhandelsspanne *f,* **n** marge *f* de détaillant.

Einzelhandelsumsatz *m,* **¨e** chiffre *m* d'affaires du commerce de détail ; volume *m* des ventes réalisé par le commerce de détail.

Einzelhandelsverband *m,* **¨e** association *f* du commerce de détail.

Einzelhändler *m,* **-** détaillant *m* ; marchand *m,* négociant *m,* commerçant *m* au détail.

Einzelkaufmann *m,* **-leute** commerçant *m* en nom personnel.

Einzelkosten *pl* coût *m* unitaire.

Einzelmuster *n,* **-** échantillon *m* unique.

einzeln seul ; unique ; en détail ; ~ *kaufen* acheter à l'unité, séparé(ment).

Einzelnachweis *m,* **e** preuve *f* comptable, individuelle.

Einzelne/r *(der/ein)* individu *m* ; particulier *m.*

Einzelpauschalreise *f,* **n** *(touris.)* forfait *m* individuel.

Einzelstand *m,* **¨e** stand *m* individuel (foire, exposition).

Einzelstück *n,* **e** **1.** exemplaire *m* dépareillé, isolé **2.** colis *m* unique.

Einzelteil *n,* **e** pièce *f* détachée.

Einzelunternehmen *n,* **-** entreprise *f* individuelle, indépendante.

Einzelunternehmer *m,* **-** entrepreneur *m* indépendant, privé.

Einzelverkauf *m,* **¨e** vente *f* au détail.

Einzelvertrag *m,* **¨e** contrat *m* individuel, particulier.

Einzelwerbung *f,* **ϕ** publicité *f* pour ses propres produits.

Einzelwirtschaft *f,* **en** **1.** micro-économie *f* ; économie *f* individuelle **2.** unité *f* économique à direction individuelle.

Einzelzimmer *n,* **-** *(touris.)* chambre *f* individuelle, à une personne.

ein/ziehen, o, o **1.** retirer de la circulation (billets) **2.** encaisser ; recouvrer ; *Steuern* ~ percevoir des impôts **3.** confisquer ; saisir ; *jds Vermögen* ~ confisquer la fortune de qqn **4.** emménager.

Einziehung *f,* **en** **1.** retrait *m* (billets) **2.** recouvrement *m* ; encaissement *m* ; ~ *von Forderungen* recouvrement de créances **3.** confiscation *f.*

Einzimmerwohnung *f,* **en** studio *m* ; appartement *m* d'une pièce.

Einzug *m,* **¨e** **1.** recouvrement *m* ; encaissement *m* ; perception *f* **2.** emménagement *m.*

Einzugsbereich *m,* **e** ⇒ *Einzugsgebiet.*

Einzugsermächtigung *f,* **en** autorisation *f* de prélèvement automatique ; TUP *m* (titre universel de paiement).

Einzugsgebiet *n,* **e** zone *f* de chalandise (bassin d'attraction d'un point de vente délimité par la zone de résidence de ses clients réguliers).

Einzugsgeld *n,* **er** taxe *f* d'établissement.

Einzugsgeschäft *n,* **e** opération *f* de recouvrement.

Einzugskosten *pl* ⇒ *Einzugsspesen.*

Einzugsmandat *n,* **e** *(Suisse)* envoi *m* contre remboursement.

Einzugsspesen *pl* frais *mpl* d'encaissement.

Einzugsverkehr *m,* **ϕ** recouvrements *mpl* bancaires.

Eis : *auf* ~ *legen* mettre en attente ;

surseoir à ; *die Verhandlungen wurden auf ~ gelegt* les négociations *fpl* ont été provisoirement interrompues.

Eisen *n,* - fer *m* ; *etw zum alten ~ werfen* mettre qqch au rebut.

Eisenbahn *f,* **en** chemin *m* de fer ; voie *f* ferrée ; *mit der ~* par chemin de fer ; par rail ; *mit der ~ fahren* prendre le train.

Eisenbahnarbeiter *m,* - ⇒ *Eisenbahner.*

Eisenbahnbeamte/r *(der/ein)* employé *m* des chemins de fer ; cheminot *m.*

Eisenbahnbetrieb *m,* ϕ exploitation *f* des chemins de fer.

Eisenbahndirektion *f,* **en** direction *f* des chemins de fer (fédéraux).

Eisenbahner *m,* - cheminot *m* ; travailleur *m* des chemins de fer.

Eisenbahnfähre *f,* **n** ferry-boat *m.*

Eisenbahnfahrplan *m,* ¨**e** indicateur *m* ; horaire *m* ; *(France)* Chaix *m.*

Eisenbahngesellschaft *f,* **en** compagnie *f* ferroviaire.

Eisenbahn-Kraftwagen-Verkehr *m,* ϕ transport *m* de marchandises assuré par les camions de la « Bundesbahn ».

Eisenbahnlinie *f,* **n** ligne *f* ferroviaire.

Eisenbahnnetz *n,* **e** réseau *m* ferré ; réseau ferroviaire.

Eisenbahntransport *m,* **e** transport *m* par rail, par voie ferrée.

Eisenbahnverkehr *m,* ϕ trafic *m* ferroviaire.

Eisenbahnwagen *m,* - voiture *f* de chemin de fer.

Eisenbahnwaggon *m,* **s** wagon *m* de marchandises.

Eisenbergwerk *n,* **e** mine *f* de fer.

Eisenbeton *m,* ϕ béton *m* armé.

Eisenerz *n,* **e** minerai *m* de fer.

Eisenerzgewinnung *f,* ϕ extraction *f* de minerai de fer.

Eisenhütte *f,* **n** ⇒ *Eisenhüttenwerk.*

Eisenhüttenindustrie *f,* **n** industrie *f* sidérurgique.

Eisenhüttenkombinat *n,* **e** *(R.D.A.)* combinat *m* sidérurgique.

Eisenhüttenwerk *n,* **e** usine *f,* complexe *m* sidérurgique ; fonderie *f.*

Eisenindustrie *f,* **n** industrie *f* sidérurgique ; sidérurgie *f* ; métallurgie *f.*

eisenschaffend : *~e Industrie* industrie *f* sidérurgique.

eisen- und metallverarbeitende Industrie *f,* **n** industrie *f* de transformation des métaux ; sidérurgie *f.*

Eisen- und Stahlindustrie *f,* **n** industrie *f* du fer et de l'acier ; sidérurgie *f* ; métallurgie *f.*

eisenverarbeitend de transformation du fer ; sidérurgique.

Eisenverhüttung *f,* ϕ sidérurgie *f.*

Eisenwaren *pl* (articles *mpl* de) quincaillerie *f.*

Eisen(waren)händler *m,* - quincailler *m.*

Eisenwarenhandlung *f,* **en** quincaillerie *f.*

Eisenwerk *n,* **e** ⇒ *Eisenhüttenwerk.*

eisern de fer ; *~er Bestand* fonds *m* de réserve ; stock *m* permanent.

elektrifizieren électrifier.

Elektrifizierung *f,* **en** électrification *f.*

Electronic Banking *n,* **s** *(elektronische Bankdienstleistungen)* services *mpf* bancaires informatisés ; prestation *f* de services bancaires assistée par ordinateurs ; gestion *f* de compte par minitel.

elektrisch électrique ; *(fam.) die Elektrische* tramway *m* ; *~e Kraft* force *f* électrique ; *~e Leitung* ligne *f* électrique ; *~e Lokomotive* motrice *f* électrique.

Elektrizität *f,* ϕ électricité *f.*

Elektrizitätserzeugung *f,* **en** production *f* d'électricité.

Elektrizitätsversorgung *f,* **en** approvisionnement *m* en énergie électrique.

Elektrizitätswerk *n,* **e** centrale *f,* usine *f* électrique.

Elektrizitätswirtschaft *f,* **en** secteur *m* économique de l'électricité ; économie *f* de l'électricité (production et vente de force électrique).

Elektrogerät *n,* **e** appareil *m* électroménager, électrique.

Elektrogeschäft *n,* **e** magasin *m* d'appareils électriques ; électroménager *m.*

Elektroindustrie *f,* **n** industrie *f* électrotechnique, électrique.

Elektronengehirn *n,* **e** cerveau *m* électronique ; ordinateur *m.*

Elektronenrechner *m,* - calculateur *m* électronique.

elektronisch électronique ; *~e Datenverarbeitung (EDV)* traitement *m* électronique des données ; informatique *f* ; *~e Datenverarbeitungsanlage* centre *m* de calcul, d'informatique ; *~ gesteuert* programmé ; à commande programmée ; *~er Taschenrechner* calculatrice *f* (électronique) ; *das ~e Zeitalter* l'ère *f* (de l') électronique.

Elendsquartier *n,* **e** taudis *m.*

Elendsviertel *n,* - bidonville *m* ; quartier *m* insalubre ; taudis *m.*

eliminieren éliminer ; *Konkurrenten ~* évincer les concurrents.

Elternrecht *n*, **e** droit *m* parental.

Elternteil *m*, **e** père *m* ou mère *f* ; un des deux parents.

Embargo *n*, **s** embargo *m* ; *etw mit ~ belegen* mettre l'embargo sur ; *ein ~ verhängen* frapper d'embargo ; *das ~ auf/heben* lever l'embargo.

Emigrant *m*, **en, en** émigré *m (syn. Auswanderer)*.

emigrieren émigrer *(syn. auswandern)*.

Emirat *n*, **e** émirat *m* ; *die Vereinigten Arabischen ~e* les Emirats arabes unis (E.A.U.).

Emission *f*, **en 1.** émission *f* (titres, billets de banque) ; *Zeichner einer ~* souscripteur *m* ; *~ von jungen Aktien, einer Anleihe* émission de nouvelles actions, d'un emprunt **2.** pollution *f* atmosphérique.

Emissionsbank *f*, **en** banque *f* d'affaires ; banque financière.

Emissionsgeschäft *n*, **e** opération *f* d'émission.

Emissionskurs *m*, **e** cours *m* d'émission.

Emissionssteuer *f*, **n** impôt *m* sur les émissions de titres.

Emittent *m*, **en, en** émetteur *m*.

emittieren 1. émettre ; *eine Anleihe ~* émettre un emprunt **2.** envoyer (des produits nocifs) dans l'atmosphère ; polluer.

EMNID-Institut *n*, *ϕ (R.F.A.)* institut *m* de sondage de l'opinion publique.

Empf. ⇒ *Empfänger*.

Empfang *m*, **¨e** réception *f* ; reçu *m* ; accueil *m* ; *bei ~ Ihres Schreibens* dès réception de votre lettre ; *jdm einen guten ~ bereiten* réserver un bon accueil à qqn ; *den ~ eines Betrags bescheinigen* donner quittance d'une somme d'argent ; *den ~ eines Briefs, einer Ware bestätigen* accuser réception d'une lettre, d'une marchandise ; *etw in ~ nehmen* recevoir ; prendre livraison de.

empfangen, i, a recevoir ; toucher (argent) ; accueillir ; *Betrag ~ (erhalten)* pour acquit.

Empfänger *m*, **- 1.** destinataire *m* ; réceptionnaire *m* (marchandise) ; *~ unbekannt* destinataire inconnu ; *~ verzogen* n'habite plus à l'adresse indiquée ; *dem ~ aus/händigen* remettre au destinataire **2.** bénéficiaire *m* ; prestataire *m* ; allocataire *m* ; *der ~ der Unterstützung* le bénéficiaire d'une subvention ; **3.** récepteur *m* (radio).

Empfangnahme *f*, *ϕ* réception *f* ; prise *f* de livraison.

Empfangsanlagen *pl* structures *fpl* d'accueil des passagers (aéroport).

Empfangsanzeige *f*, **n** ⇒ *Empfangsbestätigung*.

Empfangsberechtigte/r *(der/ein)* ayant droit *m* ; bénéficiaire *m* ; destinataire *m*.

Empfangsbescheinigung *f*, **en** ⇒ *Empfangsbestätigung*.

Empfangsbestätigung *f*, **en** accusé *m* de réception ; avis *m* ; récépissé *m* ; reçu *m* ; quittance *f* ; *gegen ~* contre accusé de réception ; *eine ~ aus/stellen* délivrer un accusé de réception.

Empfangsbevollmächtigte/r *(der/ein)* personne *f* habilitée à recevoir.

Empfangsbüro *n*, **s** réception *f* (hôtel) ; bureau *m* d'accueil ; *sich im ~ melden* se présenter au bureau d'accueil.

Empfangschef *m*, **s** réceptionniste *m* (hôtel, grand magasin) ; chef *m* de réception.

Empfangsdame *f*, **n** réceptionniste *f* ; hôtesse *f* d'accueil.

Empfangsstation *f*, **en** station *f* de prise en charge (de la marchandise).

Empfangsstelle *f*, **n 1.** lieu *m* de destination, de réception **2.** bureau *m* d'accueil.

empfehlen, a, o recommander ; *(fam.)* pistonner ; *empfohlener Richtpreis* prix *m* conseillé, recommandé.

Empfehlung *f*, **en** recommandation *f* ; références *fpl* ; *auf ~ (+G)* sur (la) recommandation de ; *(corresp.) mit den besten ~en* veuillez agréer, Madame, Monsieur, l'expression de nos sentiments distingués ; *eine ~ schreiben* écrire une lettre de recommandation.

Empfehlungsbrief *m*, **e** ⇒ *Empfehlungsschreiben*.

Empfehlungsschreiben *n*, **-** lettre *f* de recommandation.

empor/arbeiten : *sich ~* gravir les échelons (hiérarchiques) à force de travail ; *sich zum Abteilungsleiter ~* parvenir au poste de chef de service.

Emporkömmling *m*, **e** arriviste *m* ; parvenu *m*.

en bloc [ã'blɔk] en bloc ; à forfait.

Endabnehmer *m*, **-** ⇒ *Endverbraucher*.

Endabrechnung *f*, **en** solde *m* ; épuration *f* des comptes ; compte *m* définitif.

Endbahnhof *m*, **¨e** (gare) terminus *m* *(syn. Zielbahnhof)*.

Endbestand *m*, **¨e 1.** actif *m* final **2.** stock *m* final.

Endbetrag *m*, **¨e** montant *m* définitif ; somme finale ; total *m*.

Ende *n,* ϕ fin *f* ; expiration *f* ; terme *m* ; ~ *des Monats* fin courant ; *eine Arbeit zu ~ bringen* achever un travail ; *an allen Ecken und ~n sparen* faire des économies de bouts de chandelle.

Endergebnis *n,* **se** résultat *m* final.

Enderzeugnis *n,* **se** ⇒ *Endprodukt.*

Endfertigung *f,* **en** finition *f.*

Endgehalt *n,* **¨er** traitement *m* de fin de carrière.

Endgerät *n,* **e** *(inform.)* ⇒ *Datensichtgerät.*

Endlagerung *f,* **en** stockage *m* définitif (déchets nucléaires).

Endmontage *f,* **n** montage *m* ; assemblage *m* définitif.

endogen endogène ; *der Krise liegen ~e Faktoren zugrunde* des facteurs *mpl* endogènes sont à l'origine de la crise *(contr. exogen).*

Endprodukt *n,* **e** produit *m* final.

Endstufe *f,* **n** stade *m* final (production).

Endsumme *f,* **n** ⇒ *Endbetrag.*

Endverbraucher *m,* **-** consommateur *m* final.

Endverbraucherpreis *m,* **e** *(EVP)* prix *m* public.

Endwert *m,* **e** valeur *f* définitive.

Energie *f,* **n** énergie *f* ; puissance *f* ; force *f* ; ~ *sparen* économiser l'énergie.

Energieaufkommen *n,* **-** production *f* énergétique.

Energieaufwand *m,* ϕ dépenses *fpl* en énergie ; consommation *f* d'énergie.

Energieausschuß *m,* **¨sse** commission *f* pour l'énergie.

Energiebedarf *m,* ϕ besoins *mpl* énergétiques ; *den ~ ein/schränken* réduire les besoins en énergie.

Energiebereich *m,* **e** secteur *m* de l'énergie.

Energieeinsparungen *pl* économies *fpl* d'énergie.

Energieerzeugung *f,* **en** production *f* énergétique.

Energiegewinnung *f,* **en** ⇒ *Energieerzeugung.*

Energiehaushalt *m,* **e** état *m* énergétique.

energieintensiv grand consommateur *m* d'énergie ; « énergivorace ».

Energieknappheit *f,* ϕ pénurie *f* d'énergie.

Energiekrise *f,* **n** crise *f* de l'énergie ; crise énergétique.

Energielücke *f,* **n** déficit *m* énergétique.

Energiemenge *f,* **n** quantité *f* d'énergie.

Energie-Mix *m,* ϕ sources variées d'énergie ; énergies *fpl* combinées.

Energienachfrage *f,* **n** demande *f* énergétique.

Energiepolitik *f,* ϕ politique *f* énergétique.

energiepolitisch : *~e Maßnahmen* mesures *fpl* en matière de politique énergétique.

Energiepotential *n,* ϕ potentiel *m* énergétique.

Energieproblem *n,* **e** problème *m* énergétique.

Energiequelle *f,* **n** source *f* énergétique ; *neue ~n erschließen* trouver de nouvelles sources d'énergie.

Energiereserve *f,* **n** réserve *f* énergétique.

Energieträger *m,* **-** source *f* d'énergie (pétrole, charbon, etc.).

Energieverbrauch *m,* ϕ consommation *f* énergétique, d'énergie.

Energieverschwendung *f,* **en** gaspillage *m* d'énergie.

Energieversorgung *f,* **en** approvisionnement *m* énergétique ; alimentation *f* en énergie électrique.

Energieversorgungsbetrieb *m,* **e** entreprise *f* de production et de distribution d'énergie ; *(France)* E.D.F.-G.D.F.

Energievorrat *m,* **¨e** ⇒ *Energiereserve.*

Energiewirtschaft *f,* ϕ économie *f* énergétique.

Energiezufuhr *f,* ϕ apport *m* d'énergie.

Engineering *n,* ϕ [ɛndʒi'niəriŋ] ingénierie *f* ; conception *f* et supervision *f* d'un projet.

Engineering-Büro *n,* **s** bureau *m* d'études.

Engineering-Unternehmen *n,* **-** entreprise *f* d'ingénierie.

Engpaß *m,* **¨sse** goulot *m* d'étranglement ; crise *f* passagère ; impasse *f.*

en gros [ã'gro] en gros ; *~ verkaufen* vendre en gros.

Engroshandel *m,* ϕ commerce *m* de (en) gros.

Engroshändler *m,* **-** marchand *m* en gros ; grossiste *m (syn. Grossist).*

Engrospreis *m,* **e** prix *m* de gros.

Engrossist *m,* **en, en** *(Autriche)* ⇒ *Engroshändler.*

Enquete *f,* **n** [ã'kɛ(ə)] **1.** enquête *f* officielle ; examen *m* **2.** *(Autriche)* séminaire *m* ; séance *f* de travail.

entamten suspendre ; destituer ; mettre à pied (fonctionnaire).

Entamtung *f,* **en** suspension *f,* destitution *f* d'un fonctionnaire.

entäußern : *sich ~ (+G)* se dessaisir de qqch ; aliéner une chose.

Entäußerung *f*, **en** cession *f* ; dessaisissement *m* ; aliénation *f*.

Entbehrung *f*, **en** privation *f*.

entbinden, a, u 1. dispenser ; relever ; *von den Dienstpflichten ~* relever de ses obligations de service **2.** accoucher.

entbürokratisieren diminuer la bureaucratie ; « débureaucratiser ».

Entbürokratisierung *f*, **(en)** débureaucratisation *f*.

Ente *f*, **n** *(fam.)* bobard *m* ; fausse nouvelle *f* ; canular *m*.

enteignen exproprier ; déposséder ; *das Großkapital ~* nationaliser le grand capital.

Enteignung *f*, **en** expropriation *f* ; *~ im öffentlichen Interesse* expropriation déclarée d'utilité publique.

Enteignungsentschädigung *f*, **en** indemnité *f* d'expropriation.

enterben déshériter ; exhéréder.

Enterbte/r *(der/ein)* déshérité *m*.

Enterbung *f*, **en** déshéritement *m* ; exhérédation *f*.

entfallen, ie, a *(ist)* **1.** revenir à ; être attribué à **2.** être supprimé ; *entfällt* néant (dans un questionnaire).

entfernen éloigner ; écarter ; exclure.

Entfernung *f*, **en** éloignement *m* ; *~ aus dem Dienst* révocation *f* ; suspension *f* de fonctions.

entflechten, o, o déconcentrer ; décentraliser ; démanteler ; *Kartelle ~* décartelliser ; démanteler des cartels *(contr. verflechten)*.

Entflechtung *f*, **en** déconcentration *f* ; décentralisation *f* ; décartellisation *f* ; démantèlement *m*.

Entfremdung *f*, **en** aliénation *f*.

entführen 1. enlever ; ravir ; kidnapper **2.** détourner (un avion).

Entführung *f*, **en 1.** enlèvement *m* ; rapt *m* **2.** détournement *m* (d'avion).

entgegen/kommen, a, o *(ist)* se montrer complaisant ; *jdm preislich ~* accorder une remise à qqn ; *(corresp.) um Ihnen entgegenzukommen...* pour vous être agréable...

Entgegennahme *f*, **n** acceptation *f* ; réception *f*.

entgegen/nehmen, a, o accepter ; recevoir ; *eine Bestellung ~* prendre une commande.

entgegensehend *(corresp.)* dans l'attente de ; *Ihrer gefälligen Antwort ~* dans l'attente de votre réponse.

Entgelt *n*, **(e) 1.** dédommagement *m* ; compensation *f* **2.** rémunération *f* ; rétribution *f* ; *gegen ~* à titre onéreux ; contre rémunération ; *ohne ~* gratuitement ; à titre gracieux.

entgelten, a, o 1. dédommager **2.** rémunérer.

entgeltlich à titre onéreux *(contr. unentgeltlich)*.

enthalten, ie, a 1. contenir ; renfermer **2.** *sich der Stimme ~* s'abstenir (vote).

Enthaltung *f*, **en** abstention *f* (de vote).

entheben, o, o dispenser ; suspendre ; *jdn seines Amtes ~* relever qqn de ses fonctions.

Enthebung *f*, **en** suspension *f* ; relèvement *m* ; mise *f* à pied.

Enthumanisierung *f*, *ϕ* déshumanisation *f*.

entindustrialisieren désindustrialiser.

Entindustrialisierung *f*, *ϕ* désindustrialisation *f*.

entkartellisieren ⇒ *entflechten*.

Entkartellisierung *f*, **en** ⇒ *Entflechtung*.

entkräften 1. affaiblir ; épuiser **2.** infirmer ; annuler ; invalider ; casser.

Entkräftung *f*, **en 1.** épuisement *m* **2.** annulation *f* ; invalidation *f*.

entladen, u, a décharger ; *einen Lkw ~* décharger un camion.

Entlader *m*, **-** déchargeur *m*.

Entladerampe *f*, **n** plate-forme *f* de déchargement.

Entladung *f*, **en** déchargement *m* ; débarquement *m*.

entlassen, ie, a 1. renvoyer ; congédier ; licencier ; *jdn fristlos ~* licencier qqn sans préavis ; *Arbeiter ~* débaucher des travailleurs **2.** libérer (un détenu).

Entlassung *f*, **en 1.** renvoi *m* ; licenciement *m* ; *fristlose ~* renvoi sans préavis ; *kollektive ~* licenciement collectif ; *seine ~ ein/reichen* remettre sa démission **2.** libération *f* (d'un détenu).

Entlassungsabfindung *f*, **en** indemnité *f* de licenciement.

Entlassungsgesuch *n*, **e**, lettre *f* de démission.

Entlassungsschreiben *n*, **-** ⇒ *Entlassungsgesuch*.

entlasten 1. libérer ; décharger ; donner (le) quitus ; *den Vorstand ~* donner (le) quitus au directoire **2.** décongestionner ; *den Verkehr ~* délester le trafic.

Entlastung *f*, **en 1.** décharge *f* ; quitus *m* ; *dem Aufsichtsrat ~ erteilen* donner (le) quitus au conseil de surveillance **2.** délestage *m* (trafic, par ex.).

Entlastungsstraße *f,* **n** route *f* de délestage ; itinéraire *m* de dégagement.

Entlastungszug *m,* **¨e** train *m* de délestage ; train supplémentaire.

entleihen, ie, ie emprunter ; *Geld von jdm ~* emprunter de l'argent à qqn ; *entleihender Betrieb* entreprise *f* utilisatrice de main-d'œuvre louée.

Entleiher *m,* **-** emprunteur *m* (à usage) ; commodataire *m.*

Entleihung *f,* **en** emprunt *m* ; commodat *m* (prêt à usage).

entlohnen, *(Suisse) entlöhnen* rémunérer ; rétribuer ; *in Waren ~* payer en nature.

Entlohnung *f,* **en** rémunération *f* ; rétribution *f* ; salaire *m.*

entmündigen mettre sous tutelle ; enlever la capacité à.

Entmündigung *f,* **en** mise *f* sous tutelle ; interdiction *f.*

Entnahme *f,* **n 1.** dépense *f* ; prélèvement *m* ; *~ von Proben* prélèvement d'échantillons **2.** tirage *m* (d'un effet).

entnehmen, a, o 1. retirer ; *aus der Kasse ~* prélever sur la caisse **2.** déduire ; conclure **3.** tirer (traite).

entnationalisieren 1. dénationaliser *(syn. reprivatisieren)* **2.** priver de sa nationalité.

Entnationalisierung *f,* **en 1.** dénationalisation *f* **2.** déclaration *f* de déchéance de nationalité.

entpolitisieren dépolitiser.

Entpolitisierung *f,* *ϕ* dépolitisation *f.*

entprivatisieren nationaliser.

Entproletarisierung *f,* **en** déprolétarisation *f* ; amélioration *f* des conditions de vie d'une population.

entrichten payer ; régler ; *eine Gebühr ~* acquitter une taxe.

Entrichtung *f,* **en** paiement *m* ; acquittement *m* (d'une taxe).

entschädigen dédommager ; indemniser ; *jdn mit Geld ~* désintéresser qqn ; *für Verluste ~t werden* être indemnisé des pertes subies.

Entschädigung *f,* **en** dédommagement *m* ; désintéressement *m* ; dommages-intérêts *mpl* ; *als ~ für* à titre d'indemnité de ; *eine ~ leisten, fordern, erhalten* payer, exiger, recevoir une indemnité.

Entschädigungsanspruch *m,* **¨e** droit *m* au dédommagement ; demande *f* en dommages et intérêts.

Entschädigungsberechtigte/r *(der/ein)* ayant droit *m* à l'indemnité.

Entschädigungsforderung *f,* **en** créance *f* en indemnisation ; indemnité *f* due.

Entschädigungsklage *f,* **n** action *f* en dommages-intérêts.

Entschädigungssumme *f,* **n** montant *m* du dédommagement ; indemnité *f.*

entschärfen désamorcer ; décrisper ; *einen Konflikt ~* désamorcer un conflit.

Entscheid *m,* **e** *(jur.)* décision *f* ; *letztinstanzlicher ~* décision rendue en dernière instance.

entscheiden, ie, ie décider ; statuer ; *auf Grund der Akten ~* juger sur pièces ; *sich für etw ~* se prononcer en faveur de qqch ; *einen Streit ~* trancher ; arbitrer un litige.

entscheidend décisif ; définitif ; *(jur.) ~ sein* faire jurisprudence.

Entscheidung *f,* **en** décision *f* ; jugement *m* ; sentence *f* **I.** *ablehnende ~* décision de rejet ; *amtliche ~* décision administrative ; *gerichtliche ~* décision de justice ; *vorläufige ~* décision provisoire **II.** *eine ~ begründen, treffen* motiver, prendre une décision ; *sich eine ~ vor/behalten* réserver sa décision.

Entscheidungsbefugnis *f,* **se** pouvoir *m* décisionnel ; droit *m* de décision.

Entscheidungsforschung *f,* **en** recherche *f* opérationnelle *(syn. Unternehmensforschung ; Operations-research).*

Entscheidungshilfe *f* : *~ bringen* aider à prendre une décision.

Entscheidungsträger *m,* **-** décideur *m.*

Entschließung *f,* **en** résolution *f* (parlementaire).

Entschluß *m,* **¨sse** décision *f* ; résolution *f* ; *einen ~ fassen* prendre une décision.

entschlüsseln déchiffrer ; décrypter ; *(inform.)* décoder.

Entschlüsselung *f,* **en** déchiffrage *m* ; *(inform.)* décodage *m.*

Entschlüsselungsgerät *n,* **e** *(inform.)* décodeur *m.*

entschulden désendetter.

Entschuldung *f,* **en** liquidation *f* de dettes.

Entschuldigungsbrief *m,* **e** lettre *f* d'excuses.

entschwefeln désulfurer.

Entschwefelung *f,* **en** désulfuration *f.*

entsenden, a, a déléguer ; *einen Delegierten zu einer Versammlung ~* envoyer un délégué à une assemblée ; déléguer qqn à une assemblée.

entsiegeln décacheter ; lever les scellés.

entsorgen éliminer ; évacuer des déchets (nucléaires, radioactifs) ; *ein Kernkraftwerk ~* enlever des déchets radioactifs d'une centrale nucléaire.

Entsorgung *f*, **en** élimination *f* ; évacuation *f* des déchets (radioactifs) ; ~ *mit Wiederaufbereitung* élimination et retraitement (de déchets nucléaires) ; ~ *von Industriebetrieben* élimination des nuisances industrielles.

Entsorgungsanlage *f*, **n** usine *f* de traitement des déchets radioactifs ; stockage *m* des déchets nucléaires.

Entsorgungsunternehmen *n*, **-** entreprise *f* spécialisée dans l'élimination et l'enlèvement de déchets (nucléaires).

entsprechen, a, o correspondre à ; être conforme à ; *die Ware entspricht nicht dem Muster* la marchandise ne correspond pas à l'échantillon.

entsprechend 1. conformément à ; selon ; ~ *unserer Bestellung* conformément à notre commande ; *jdn seinen Leistungen ~ bezahlen* rétribuer qqn selon son travail **2.** proportionnellement à ; en proportion ; *die ~en Mengen* les quantités *fpl* respectives.

entstaatlichen dénationaliser ; privatiser ; désétatiser.

Entstaatlichung *f*, **en** dénationalisation *f* ; désétatisation *f* ; privatisation *f*.

entstädtern désurbaniser.

Entstädterung *f*, **en** désurbanisation *f*.

entstehen, a, a *(ist)* **1.** résulter de ; *es ~ für Sie zusätzliche Kosten* il en résulte pour vous des frais supplémentaires **2.** survenir ; être causé ; *er ist für den entstandenen Schaden verantwortlich* il est responsable du dommage occasionné.

entstören dépanner ; déparasiter.

Entstörungsstelle *f*, **n** *(téléph.)* service *m* des dérangements.

entvölkern dépeupler.

Entvölkerung *f*, **en** dépeuplement *m* ; dépopulation *f*.

entwenden détourner ; voler ; soustraire ; *Geld aus der Kasse ~* détourner des fonds de la caisse.

Entwendung *f*, **en** détournement *m* ; vol *m*.

entwerfen, a, o ébaucher ; concevoir ; esquisser ; *ein Projekt ~* concevoir un projet.

Entwerfer *m*, **-** styliste *m* ; designer *m*.

entwerten 1. déprécier ; dévaloriser ; dévaluer **2.** oblitérer (timbres) **3.** composter (titre de transport).

Entwerter *m*, **-** composteur *m* ; *die Karte in den ~ stecken* composter un titre de transport.

Entwertung *f*, **en 1.** dépréciation *f* ; dévalorisation *f* ; démonétisation *f* **2.** oblitération *f* **3.** invalidation *f* ; compostage *m* (titre de transport).

Entwertungsstempel *m*, **-** oblitérateur *m* (de timbres).

entwickeln 1. développer ; concevoir ; *ein Verfahren ~* mettre un procédé au point **2.** *sich ~ zu* se transformer en ; évoluer vers ; *sich zum größten Exportland ~* devenir le plus grand pays exportateur.

Entwicklung *f*, **en** développement *m* ; évolution *f* ; réalisation *f* ; *noch in der ~* à l'étude ; *finanzielle ~* évolution financière ; *rückläufige ~* régression *f*.

Entwicklungsabteilung *f*, **en** bureau *m* d'études.

Entwicklungsdienst *m*, **e** *(R.F.A.)* organisme *m* fédéral chargé des coopérants et de l'aide au tiers monde.

entwicklungsfähig qui peut être développé ; évolutif ; *~er Wirtschaftssektor* secteur *m* économique susceptible d'être développé.

Entwicklungsfonds *m*, **-** fonds *m* de développement.

Entwicklungsgebiet *n*, **e** région *f* sous-développée.

Entwicklungshelfer *m*, **-** coopérant *m*.

Entwicklungshilfe *f*, **n** aide *f* aux pays en voie de développement ; aide au tiers monde.

Entwicklungskosten *pl* coûts *mpl* de développement.

Entwicklungsland *n*, **¨er** pays *m* en voie de développement ; pays sous-développé *(contr. hochindustrialisiertes Land)*.

Entwicklungspolitik *f*, **ϕ** politique *f* de développement.

Entwicklungsstand *m*, **ϕ** stade *m* de développement ; degré *m* d'évolution.

Entwicklungsstufe *f*, **n** ⇒ *Entwicklungsstand*.

Entwicklungstempo *n*, **s** rythme *m* de développement.

Entwurf *m*, **¨e** projet *m* ; plan *m* ; dessin *m* ; maquette *f* ; *endgültiger ~* projet définitif ; *einen ~ an/fertigen* élaborer un projet.

Entwurfsbüro *n*, **s** ⇒ *Entwicklungsabteilung*.

Entzerrung *f*, **en** espacement *m* ; étalement *m* ; *~ der Abflüge* espacement des vols ; *~ des Ferienbeginns* étalement des vacances.

entziehen, o, o enlever ; soustraire ; *den Führerschein ~* retirer le permis de conduire ; *die Prokura (Vollmacht) ~* révoquer la procuration ; *die Unter-*

schrift ~ retirer la signature.

entzifferbar déchiffrable.

entziffern déchiffrer ; décrypter ; décoder.

Entzug *m,* ¨-e retrait *m* ; privation *f.*

EP *(Europäisches Parlament)* ⇒ *europäisch.*

Equity-Methode *f,* ϕ *(comptab.)* méthode *f* de mise en équivalence.

erarbeiten 1. acquérir par (à force de) travail **2.** élaborer ; mettre au point ; réaliser.

Erbanspruch *m,* ¨-e prétention *f* à un héritage ; titre *m* à une succession.

Erbanteil *m,* **e** part *f* d'héritage ; part successorale.

erbberechtigt ayant droit à l'héritage.

Erbberechtigung *f,* **en** droit *m* à l'héritage, à la succession.

Erbe *m,* **n, n** héritier *m* ; successeur *m* ; *gesetzlicher, mutmaßlicher, testamentarischer* ~ héritier légitime, présomptif, testamentaire ; *jdn als ~n ein/setzen* instituer qqn son héritier ; faire son héritier de qqn.

Erbe *n,* ϕ ⇒ *Erbschaft.*

erbeingesessen : *~er Grundbesitzer* propriétaire *m* foncier héréditaire.

Erbeinigung *f,* **en** accord *m,* entente *f* des héritiers.

Erbeinsetzung *f,* **en** institution *f* d'héritier ; ~ *zum Alleinerben* legs *m* universel.

erben hériter ; faire un héritage ; *von jdm etw* ~ hériter qqch de qqn ; *jds ganzes Vermögen* ~ succéder à qqn dans tous ses biens.

Erbengemeinschaft *f,* **en** communauté *f* d'héritiers.

Erbenhaftung *f,* ϕ responsabilité *f* des héritiers.

erbfähig successible ; habile à succéder.

Erbfähigkeit *f,* **en** successibilité *f.*

Erbfall *m,* ¨-e cas *m* de succession.

Erbfolge *f,* **n** ordre *m* successoral ; ~ *in gerader Linie* succession *f* en ligne directe ; *gesetzliche* ~ ordre légal des successions.

Erbin *f,* **nen** héritière *f.*

Erblasser *m,* - testateur *m* ; disposant *m* ; défunt *m.*

erblich héréditaire ; *~er Titel* titre *m* hériditaire.

Erbmasse *f,* **n** masse *f* successorale.

Erbonkel *m,* - oncle *m* à héritage ; « oncle d'Amérique ».

Erbpacht *f,* **en** bail *m,* ferme *f* héréditaire ; emphytéose *f.*

Erbpächter *m,* - emphytéote *m.*

Erbrecht *n,* **e** droit *m* successoral.

erbringen, a, a apporter ; rapporter ; fournir ; *den Beweis* ~ produire la preuve ; *eine Leistung* ~ effectuer une prestation.

Erbringer *m,* - **:** ~ *von Dienstleistungen* prestataire *m* de services.

Erbschaft *f,* **en** héritage *m* ; succession *f* ; *eine* ~ *an/treten, aus/schlagen, machen* recueillir, répudier, faire un héritage.

Erbschaftsannahme *f,* **n** acceptation *f* d'héritage.

Erbschaftsgericht *n,* **e** tribunal *m* des successions.

Erbschaftssache *f,* **n** affaire *f* successorale.

Erbschaftssteuer *f,* **n** droit *m* de succession ; impôt *m* sur les successions.

Erbschaftsverzicht *m,* ϕ ⇒ *Erbverzicht.*

Erbschein *m,* **e** certificat *m* d'héritage ; acte *m* de notoriété.

Erbschleicher *m,* - captateur *m.*

Erbschleicherei *f,* **en** captation *f* d'héritage (amener qqn par des moyens louches à consentir un legs).

Erbtante *f,* **n** tante *f* à héritage.

Erbteil *n* ou *m,* **e** part *f* d'héritage ; héritage *m* ; *elterliches* ~ patrimoine *m.*

Erbteilung *f,* **en** partage *m* successoral.

Erbvermächtnis *n,* **se** legs *m* universel.

Erbvertrag *m,* ¨-e contrat *m* d'héritage ; pacte *m* successoral.

Erbverzicht *m,* ϕ désistement *m* de la succession ; renonciation *f* à l'héritage.

Erde *f,* **(n)** terre *f* ; sol *m* ; *über der* ~ au-dessus du sol ; *unter der* ~ sous terre.

Erdgas *n,* ϕ gaz *m* naturel.

Erdgasförderung *f,* ϕ exploitation *f* de gaz naturel.

Erdgasversorgung *f,* **en** approvisionnement *m* en gaz naturel.

Erdgasvorkommen *n,* - gisement *m* de gaz naturel.

Erdöl *n,* ϕ pétrole *m* ; brut *m.*

Erdölbedarf *m,* ϕ besoins *mpl* en pétrole.

Erdölbohrung *f,* **en** forage *m* pétrolier.

Erdölchemie *f,* ϕ pétrochimie *f.*

Erdölerzeuger *m,* - pays *m* producteur de pétrole.

Erdölerzeugnis *n,* **se** produit *m* pétrolier.

erdölexportierend exportateur de pétrole ; *die ~en Staaten* les Etats exportateurs de pétrole.

Erdölfeld *n*, **er** champ *m* pétrolifère.

Erdölförderländer *pl* pays *mpl* producteurs de pétrole.

Erdölförderung *f*, **en** production *f* de pétrole.

Erdölgebiet *n*, **e** région *f* pétrolière.

Erdölgesellschaft *f*, **en** compagnie *f* pétrolière.

Erdölgewinnung *f*, **en** ⇒ *Erdölförderung*.

Erdölindustrie *f*, **n** industrie *f* pétrolière.

Erdölkrise *f*, **n** crise *f* pétrolière.

Erdölleitung *f*, **en** oléoduc *m* ; pipeline *m*.

Erdöllieferung *f*, **en** livraison *f*, fourniture *f* de pétrole.

Erdölpreis *m*, **e** prix *m* du pétrole ; prix du brut.

Erdölprodukt *n*, **e** ⇒ *Erdölerzeugnis*.

Erdölproduzent *m*, **en, en** ⇒ *Erdölerzeuger*.

erdölproduzierend producteur de pétrole.

Erdölraffinerie *f*, **n** raffinerie *f* de pétrole.

Erdölverarbeitung *f*, **en** transformation *f* du pétrole.

Erdölvorkommen *n*, **-** gisement *m* de pétrole ; gisement pétrolifère.

ERE *(Europäische Rechnungseinheit)* ⇒ *europäisch*.

ererben hériter ; *etw von jdm* ~ hériter qqch de qqn ; recueillir en héritage ; *ein ererbtes Grundstück* un terrain hérité.

erfahren *(in + D)* versé (dans) ; expérimenté.

Erfahrung *f*, **en** expérience *f* ; pratique *f* ; *viel ~ auf einem Gebiet haben* avoir une grande expérience dans un domaine.

erfaßbar saisissable ; recensable ; *statistisch* ~ statistiquement recensable ; *steuerlich nicht* ~ échappant à l'impôt.

erfassen saisir ; compter ; recenser ; enregistrer ; *buchmäßig* ~ comptabiliser ; *karteimäßig* ~ cataloguer ; *statistisch* ~ recenser.

Erfassung *f*, **en** enregistrement *m* ; recensement *m* ; comptage *m* ; *steuerliche* ~ imposition *f*.

erfinden, a, u inventer.

Erfinder *m*, **-** inventeur *m* ; *der Anmelder des Patents ist der wirkliche und erste* ~ le déposant du brevet est le véritable et premier inventeur.

Erfindung *f*, **en** invention *f* ; *patentfähige, patentierte* ~ invention brevetable, brevetée.

Erfindungspatent *n*, **e** brevet *m* d'invention.

Erfindungswesen *n*, *ϕ (R.D.A.)* ensemble *m* des mesures destinées à promouvoir les innovations industrielles.

Erfolg *m*, **e 1.** succès *m* ; réussite *f* ; ~ *haben* avoir du succès ; réussir **2.** résultat *m* ; bénéfice *m*.

erfolgen avoir lieu ; être effectué ; se produire ; *Zahlung erfolgt bei Lieferung* le paiement sera effectué à la livraison.

erfolglos infructueux ; vain.

erfolgreich couronné de succès ; *eine ~e Laufbahn* une carrière brillante.

Erfolgsaussichten *pl* chances *fpl* de succès ; chances de réussite.

Erfolgsbeteiligung *f*, **en** participation *f* aux bénéfices.

Erfolgsbilanz *f*, **en** compte *m* final de résultats ; compte de pertes et profits.

Erfolgschance *f*, **n** ⇒ *Erfolgsaussichten*.

Erfolgshonorar *n*, **e** honoraires *mpl* calculés au prorata des résultats.

Erfolgskonto *n*, **-ten** compte *m* de résultats ; compte d'exploitation.

Erfolgskurs : *auf ~ sein* avoir le vent en poupe.

Erfolgsprämie *f*, **n** prime *f* de succès ; bonus *m*.

Erfolgsrechnung *f*, **en** *(comptab.)* compte *m* de résultat ; *(autrefois)* compte *m* des pertes et profits ; *syn. Ertragsrechnung*.

Erfolgsschlager *m*, **-** grand succès *m* de vente ; « best-seller » *m* ; vedette *f*.

erfolgversprechend prometteur.

erforderlich nécessaire ; indispensable ; *~e Anzahl* nombre *m* requis (de voix) ; quorum *m*.

erfordern exiger ; demander.

Erfordernis *n*, **se** exigence *f* ; nécessité *f* ; *~se* impératifs *mpl* ; *den ~en entsprechen* satisfaire aux exigences.

erforschen faire des recherches ; examiner à fond ; approfondir.

Erforschung *f*, **en** recherche *f* ; sondage *m* ; étude *f* ; ~ *der öffentlichen Meinung* sondage d'opinion.

erfüllen exécuter ; accomplir ; s'acquitter de ; *seine Aufgabe* ~ exécuter sa mission ; *die Bedingungen* ~ satisfaire aux conditions ; *seinen Zweck* ~ remplir sa fonction.

Erfüllung *f*, **en 1.** exécution *f* ; réalisation *f* ; *in ~ seiner Pflichten* dans l'exercice de ses fonctions **2.** paiement *m*.

Erfüllungsort *m*, **e 1.** lieu *m* d'exécution d'une prestation ; **2.** lieu de paiement (d'un débiteur vis-à-vis d'un créancier).

ergänzen compléter ; combler ; *das Lager ~* compléter les stocks ; rajouter.

Ergänzungs- *(préfixe)* complémentaire ; supplétif ; supplémentaire.

Ergänzungsabgabe *f,* **n** ⇒ *Ergänzungssteuer.*

Ergänzungsgebühr *f,* **en** taxe *f* complémentaire.

Ergänzungssteuer *f,* **n** impôt *m* complémentaire.

ergattern *(fam.)* se procurer ; obtenir par son habileté ; *einen Auftrag ~* décrocher une commande.

ergaunern *(fam.)* escroquer ; obtenir par filouterie.

ergeben, a, e donner ; résulter ; fournir ; s'ensuivre ; *es ergibt sich ein Fehlbetrag von...* il en résulte un déficit de...

Ergebnis *n,* **se** résultat *m* ; produit *m* ; *zu einem ~ kommen* parvenir à un résultat.

Ergebnisbeteiligung *f,* **en** participation *f* aux bénéfices de l'entreprise.

Ergebniskarte *f,* **n** *(inform.)* carte *f* résultat.

ergebnislos sans résultat.

Ergebnisrechnung *f,* **en** compte *m* de produits et charges ; compte de résultats.

ergiebig productif ; lucratif.

Ergiebigkeit *f,* *ϕ* productivité *f* ; rendement *m.*

Ergonomie *f,* *ϕ* ergonomie *f* (science de l'organisation du travail en fonction de l'adaptation de l'homme à ses conditions de travail et du but visé).

ergreifen, i, i saisir ; prendre ; *einen Beruf ~* entrer dans une profession ; *Besitz ~* prendre possession de ; *Maßnahmen ~* prendre des mesures.

Erhalt *m,* *ϕ* réception *f* ; *bei ~ Ihres Schreibens* dès réception de votre lettre ; *den ~ einer Ware bestätigen* accuser réception d'une marchandise.

erhalten, ie, a 1. recevoir ; obtenir ; *Betrag (dankend) ~* pour acquit ; *Stimmen ~* réunir des voix **2.** maintenir ; conserver.

erhältlich *(bei, in + D)* en vente (chez, dans) ; *nur im Fachgeschäft ~* en vente uniquement dans les magasins spécialisés.

Erhaltung *f,* **en** maintien *m* ; entretien *m.*

Erhaltungskosten *pl* frais *mpl* d'entretien.

erhandeln acquérir par marchandage ; marchander.

erheben, o, o 1. percevoir ; prélever ; *Steuern ~* percevoir des impôts **2.** *(einen) Anspruch ~* revendiquer un droit ; *(eine) Klage ~* porter plainte ; intenter une action ; *Protest (Einspruch) ~* élever une protestation **3.** *sich ~ gegen* s'insurger contre.

Erhebung *f,* **en 1.** levée *f* ; perception *f* ; prélèvement *m* **2.** enquête *f* ; étude *f* ; *statistische ~en machen* faire des enquêtes statistiques **3.** soulèvement *m.*

erheiraten acquérir par un mariage.

Erhebungsbogen *m,* ¨ formulaire *m* d'enquête ; bulletin *m* de recensement.

erhöhen relever ; hausser ; augmenter ; *auf ... ~* porter à ; *um 10 % ~* majorer de 10 % ; *die Preise, die Gehälter ~* augmenter les prix, les salaires.

Erhöhung *f,* **en** augmentation *f* ; majoration *f* ; relèvement *m* ; *~ des Geldumlaufs* accroissement *m* de la masse monétaire en circulation ; *~ der Steuern* majoration des impôts.

erholen : *sich ~* **1.** reprendre ; se remettre ; *die Börsenkurse ~ sich* on note une reprise des cours (en Bourse) ; *die Konjunktur, die Wirtschaft erholt sich* la conjoncture, l'économie se rétablit **2.** se détendre ; se reposer.

Erholung *f,* **en 1.** redressement *m* ; rétablissement *m* **2.** repos *m* ; détente *f.*

Erholungssuchende/r *(der/ein)* vacancier *m* ; touriste *m.*

Erholungsurlaub *m,* **e 1.** congé *m* (annuel) **2.** congé de convalescence.

Erholungszentrum *n,* **-tren** centre *m* de loisirs et de détente.

erinnern rappeler ; faire observer ; sommer ; *jdn an eine fällige Zahlung ~* rappeler une échéance à qqn.

Erinnerung *f,* **en 1.** souvenir *m* **2.** avertissement *m* ; rappel *m* ; sommation *f* courtoise ; *öffentliche ~* sommation publique.

Erinnerungsposten *m,* **-** *(comptab.)* poste *m* de mémoire ; pour mémoire.

Erinnerungsschreiben *n,* **-** lettre *f* de rappel, de relance.

Erinnerungswerbung *f,* **en** publicité *f* de rappel, de soutien.

Erinnerungswert *m,* **e** *(comptab.)* valeur *f* résiduelle, pour mémoire.

erkämpfen obtenir par la lutte ; *bessere Tarifverträge ~* obtenir (par la lutte) de meilleures conventions collectives.

erkaufen acheter qqch (en y mettant le prix) ; acquérir chèrement ; *sich die*

Gunst der Wähler ~ acheter la faveur des électeurs.

erklären déclarer ; expliquer ; exposer ; *Konkurs* ~ prononcer la faillite ; *etw für nichtig* ~ annuler qqch ; *seinen Rücktritt* ~ donner sa démission ; *sich solidarisch* ~ se déclarer solidaire ; *sich für nicht zuständig* ~ se déclarer incompétent ; *sich für zahlungsunfähig* ~ se déclarer insolvable.

Erklärung *f,* **en** déclaration *f* ; explication *f* ; exposition *f* ; interprétation *f* ; *durch mündliche* ~ par déclaration verbale ; *standesamtliche* ~ déclaration d'état civil ; *urkundliche* ~ déclaration par acte (notarié).

erkundigen : *sich bei jdm über etw* ~ se renseigner auprès de qqn sur qqch.

Erkundigung *f,* **en** information *f* ; renseignement *m* ; *über jdn ~en ein/-ziehen* prendre des renseignements sur qqn.

Erkundigungsschreiben *n,* **-** lettre *f* de demande de renseignements.

Erlag *m,* *ф (Autriche)* versement *m* ; dépôt *m* ; *etw gegen* ~ *erhalten* obtenir qqch moyennant versement.

Erlagschein *m,* **e** *(Autriche)* mandat-carte *m.*

erlahmen faiblir ; se tasser ; *die Investitionen* ~ les investissements *mpl* diminuent.

Erlahmung *f,* **en** tassement *m* ; affaiblissement *m* ; ralentissement *m.*

erlangen obtenir ; atteindre ; *die Gewißheit* ~, *daß* acquérir la certitude que ; *die absolute Mehrheit* ~ obtenir la majorité absolue.

Erlangung *f,* **en** obtention *f* ; acquisition *f.*

Erlaß *m,* **-sse 1.** arrêté *m* ; décret *m* ; ordonnance *f* ; ~ *einer einstweiligen Verfügung* ordonnance de référé **2.** ~ *einer Schuld* remise *f* d'une dette **3.** rabais *m* ; déduction *f.*

erlassen, ie, a 1. promulguer ; décréter ; ordonner ; *eine Verordnung* ~ publier un décret **2.** exempter ; dispenser de ; *ihm wurde der Rest der Strafe* ~ il a bénéficié d'une remise de peine.

erlauben autoriser ; permettre ; *~t* licite ; permis.

Erlaubnis *f,* **se** permission *f* ; autorisation *f* ; *jdm die* ~ *erteilen, verweigern* accorder, refuser l'autorisation à qqn.

Erlaubnispflicht *f,* *ф* assujettissement *m* à (une) autorisation ; autorisation *f* obligatoire.

Erlaubnisschein *m,* **e** permis *m* ; licence *f.*

Erlaubnisvorbehalt : *mit* ~ sous réserve d'autorisation.

Erlebensfallversicherung *f,* **en** assurance *f* en cas de vie ; assurance survie ; ~ *mit Prämienerstattung* assurance à capital différé.

erledigen finir ; régler ; exécuter ; *einen Auftrag (eine Bestellung)* ~ exécuter une commande ; *Formalitäten* ~ accomplir les formalités ; *laufende Geschäfte* ~ expédier les affaires courantes.

Erledigung *f,* **en** expédition *f* ; exécution *f* ; *in* ~ *Ihrer Anfrage...* suite à votre requête...

Erledigungsvermerk *m,* **e** mention *f* « réglé » sur un document.

erleichtern 1. alléger ; faciliter **2.** *(fam.)* voler qqn ; *jdn um 100 Mark* ~ soulager qqn de 100 marks.

Erleichterung *f,* **en** allégement *m* ; facilité *f* ; mesure *f* favorable.

erleiden, i, i subir ; supporter ; souffrir ; *einen großen Schaden* ~ subir des dégâts importants ; *große Verluste* ~ subir de grosses pertes.

erlesen exquis ; de premier choix ; *~e Weine* des vins sélectionnés ; grands crus *mpl.*

Erlös *m,* **e** ; recette *f* ; produit *m.*

erlöschen, o, o être périmé ; prendre fin ; expirer ; *ein Mandat, eine Schuld erlischt* un mandat, une dette expire ; *die Firma ist erloschen* la maison a cessé d'exister.

Erlöschen *n,* *ф* expiration *f* ; péremption *f* ; ~ *eines Patents* déchéance *f* d'un brevet.

erlosen gagner à une tombola ; gagner à une loterie.

Erlöskonto *n,* **-ten** compte *m* (de résultats) sur ventes.

Erlösmaximierung *f,* **en** maximalisation *f* du produit.

Erlösminderung *f,* **en** diminution *f* du produit.

ermächtigen autoriser ; habiliter ; mandater.

Ermächtigung *f,* **en** autorisation *f* ; habilitation *f* ; pleins pouvoirs *mpl* ; *schriftliche* ~ autorisation écrite.

Ermächtigungsgesetz *n,* **e** *(polit.)* loi *f* sur les pleins pouvoirs.

Ermächtigungsschreiben *n,* **-** lettre *f* d'habilitation, d'autorisation.

ermahnen faire une remontrance ; admonester.

Ermahnung *f,* **en** admonestation *f* ; remontrance *f.*

ermäßigen réduire ; diminuer ; baisser ; *~ter Eintritt(spreis)* entrée *f* à tarif réduit ; *Drucksachen zu ~ter Gebühr* imprimés *mpl* à tarif réduit ; *die Preise ~* baisser les prix.

Ermäßigung *f,* **en** réduction *f* ; diminution *f* ; baisse *f* ; *~ der Steuern* diminution des impôts ; *eine ~ gewähren* accorder une réduction.

Ermessen *n,* *ϕ* pouvoir *m* discrétionnaire ; liberté *n* d'appréciation ; *nach freiem ~ entscheiden* statuer discrétionnairement.

Ermessensmißbrauch *m,* **¨e** abus *m* du pouvoir discrétionnaire.

Ermessensspielraum *m,* **¨e** latitude *f* d'appréciation.

ermitteln 1. constater ; déterminer ; établir ; *den Kursindex ~* calculer l'indice des cours **2.** enquêter ; rechercher.

Ermittlung *f,* **en 1.** calcul *m* ; évaluation *f* ; *~ der Löhne* détermination *f* des salaires **2.** recherche *f* ; enquête *f.*

Ermittlungsausschuß *m,* **¨sse** commission *f* d'enquête.

Ermittlungsverfahren *n,* **-** procédure *f* d'enquête ; information *f* préliminaire ; instruction *f* pénale.

ernähren nourrir ; alimenter ; entretenir ; *eine Familie ~* avoir charge de famille.

Ernährer *m,* **-** chef *m* de famille ; soutien *m.*

Ernährung *f,* **en 1.** alimentation *f* **2.** entretien *m* (famille).

Ernährungsgewerbe *n,* *ϕ* l'agro-alimentaire *m.*

Ernährungsgüter *pl* biens *mpl* alimentaires.

Ernährungsindustrie *f,* **n** industrie *f* agro-alimentaire.

Ernährungskosten *pl* coûts *mpl* alimentaires.

Ernährungswirtschaft *f,* **en** secteur *m* agro-alimentaire.

ernennen, a, a nommer ; désigner ; *jdn zum Direktor ~* nommer au poste de directeur ; *einen Nachfolger ~* désigner un successeur.

Ernennung *f,* **en** nomination *f* ; désignation *f.*

Ernennungsurkunde *f,* **n** acte *m* de nomination ; acte *m* de titularisation.

erneuern 1. remplacer (de l'ancien par du neuf) **2.** rénover ; remettre en état **3.** *ein Abonnement, einen Paß ~* renouveler un abonnement, un passeport.

Erneuerung *f,* **en** remplacement *m* ; rénovation *f* ; renouvellement *m* ; *stillschweigende ~* reconduction *f* tacite.

Erneuerungsschein *m,* **e** talon *m* ; coupon *m* ; souche *f* de renouvellement (actions).

Ernstfall : *im ~* en cas de besoin ; si besoin était ; au cas où les choses se compliqueraient.

Ernte *f,* **n** récolte *f* ; moisson *f* ; cueillette *f* ; *die ~ ein/bringen* rentrer la récolte ; *die ~ auf dem Halm verkaufen* vendre la récolte sur pied.

Erntearbeiter *m,* **-** journalier *m* embauché pour les moissons ; moissonneur *m (syn. Tagelöhner).*

Ernteausfall *m,* **¨e 1.** récolte *f* évaluée en qualité et quantité **2.** perte *f* de (la) récolte.

Ernteaussichten *pl* prévisions *fpl* de récolte ; récolte *f* prévue.

Erntebrigade *f,* **n** *(R.D.A.)* collectif *m* de travail pour les moissons.

Ernteertrag *m,* **¨e** produit *m* de la récolte.

ernten 1. récolter ; moissonner **2.** *Lob ~* recevoir des éloges.

Ernteschäden *pl* dégâts *mpl* causés aux récoltes.

eröffnen ouvrir ; engager ; *den Konkurs ~* entamer une procédure de faillite ; *ein Konto bei einer Bank ~* ouvrir un compte auprès d'une banque ; *eine Sitzung ~* ouvrir une séance ; *ein Testament ~* ouvrir un testament.

Eröffnung *f,* **en** ouverture *f* ; inauguration *f* ; *~ des Konkursverfahrens* ouverture de la faillite ; *~ einer Messe* inauguration d'une foire-exposition.

Eröffnungsansprache *f,* **n** discours *m* inaugural.

Eröffnungsbeschluß *m,* **¨sse** jugement *m* déclaratif de faillite.

Eröffnungsbilanz *f,* **en** bilan *m* d'ouverture.

Eröffnungskurs *m,* **e** cours *m* d'ouverture.

Eröffnungssitzung *f,* **en** séance *f* inaugurale ; séance d'ouverture.

Eröffnungstag *m,* **e** jour *m* de l'inauguration.

erpressen extorquer ; faire chanter qqn.

Erpresser *m,* **-** extorqueur *m* ; maître chanteur *m.*

Erpressung *f,* **en** extorsion *f* ; chantage *m.*

Erpressungsversuch *m,* **e** tentative *f* de chantage, d'extorsion, d'intimidation.

erproben essayer ; expérimenter ; tester ; *~t* éprouvé ; qui a fait ses preuves.

Erprobung *f,* **en** épreuve *f* ; test *m* ; essai *m.*

erprobungshalber à des fins d'essai, de test.

Erprobungszeit *f,* **en** période *f* d'essai ; *die ~ läuft ab* la période d'essai se termine.

errechenbar calculable ; déterminable.

errechnen calculer ; déterminer par calcul.

erreichen atteindre ; réaliser ; obtenir ; *ich bin telefonisch zu ~* vous pouvez me joindre par téléphone.

errichten créer ; établir ; fonder ; *eine Gesellschaft ~* créer une société ; *ein Konto ~* établir un compte.

Errichtung *f,* **en** fondation *f* ; création *f* ; établissement *m* ; installation *f*.

Errungenschaft *f,* **en** acquisition *f* ; conquête *f* ; *soziale ~en* acquis *mpl* sociaux.

Errungenschaftsgemeinschaft *f,* **en** *(jur.)* communauté *f* réduite aux acquêts.

Ersatz *m,* *ϕ* **1.** substitution *f* ; remplacement *m* ; succédané *m* ; ersatz *m* ; équivalent *m* **2.** dédommagement *m* ; indemnité *f* ; *~ leisten* dédommager.

Ersatzanspruch *m,* **¨e** droit *m* à une indemnité ; recours *m* ; prétention *f* à réparation ; *einen ~ an/melden* faire valoir un droit de recours.

Ersatzbedarf *m,* *ϕ* besoins *mpl* de substitution.

Ersatzdienst *m,* *ϕ* service *m* de remplacement ; service civil (pour objecteurs de conscience).

Ersatzfonds *m,* **-** fonds *m* de reconstitution ; *gesellschaftlicher ~* fonds social de reconstitution des moyens de production utilisés.

Ersatzforderung *f,* **en** droit *m* à une indemnité.

Ersatzkandidat *m,* **en, en** suppléant *m*.

Ersatzkasse *f,* **n** caisse *f* privée d'assurance-maladie ; mutuelle *f*.

Ersatzleistung *f,* **en** indemnité *f* compensatrice.

Ersatzlösung *f,* **en** solution *f* de rechange.

Ersatzpflicht *f,* *ϕ* obligation *f* d'indemniser, de réparer.

Ersatzstoff *m,* **e** succédané *m* ; produit *m* de remplacement.

Ersatzstrafe *f,* **n** peine *f* de substitution.

Ersatzteil *n,* **e** pièce *f* de rechange.

Ersatzzeit *f,* *ϕ* période *f* assimilée (au cours de laquelle l'assuré n'a pas cotisé mais qui lui compte malgré tout dans le calcul de l'assurance invalidité-vieillesse).

erschachern *(fam.)* obtenir par marchandage plus ou moins licite.

erschleichen obtenir qqch par ruse ou flagornerie ; capter ; soutirer ; *eine Erbschaft ~* capter un héritage.

Erschleichung *f,* **en** obtention *f* frauduleuse ; captation *f* d'héritage.

erschließen, o, o ouvrir ; créer ; mettre en valeur ; *neue Absatzgebiete ~* créer de nouveaux débouchés ; *ein Gebiet dem Fremdenverkehr ~* ouvrir une région au tourisme ; *ein Grundstück ~* viabiliser un terrain ; *neue Wirtschaftsräume ~* mettre de nouvelles zones économiques en valeur.

Erschließung *f,* **en** mise *f* en valeur, en exploitation ; création *f* ; viabilisation *f* (terrain) ; *~ neuer Energiequellen* développement *m* de nouvelles sources d'énergie.

erschöpfen épuiser ; *Reserven, alle Verhandlungsmöglichkeiten ~* épuiser des réserves, toutes les possibilités de négociation.

erschweren aggraver ; *~de Umstände* circonstances *fpl* aggravantes.

Erschwerniszulage *f,* **n** prime *f* de pénibilité ; prime pour travaux pénibles.

Erschwerung *f,* **en** aggravation *f* ; complication *f* ; *~ der Kreditbeschaffung* resserrement *m* du crédit.

erschwindeln escroquer ; soutirer frauduleusement.

erschwingen, a, u : *das Geld für etw ~ können* pouvoir payer ; trouver l'argent nécessaire.

erschwinglich d'un prix accessible ; *für jeden ~* à la portée de toutes les bourses ; *~er Preis* prix *m* abordable.

ersetzen remplacer ; restituer ; dédommager ; *die Auslagen ~* rembourser les dépenses.

Ersetzung *f,* **en** remplacement *m* ; substitution *f* ; *~ eines Schadens* réparation *f* d'un préjudice.

Ersetzungskosten *pl* frais *mpl* de remplacement.

Ersetzungswert *m,* *ϕ* valeur *f* de remplacement.

ersparen épargner ; économiser ; *~tes Geld* économies *fpl*.

Ersparnis *f,* **se** économie *f* ; épargne *f* ; *~se* économies *fpl* ; *eine ~ an Zeit* économie, gain *m* de temps ; *seine ~se an/legen* placer ses économies ; *~se machen* réaliser, faire des économies.

-ersparnis *(suffixe)* économie *f* de ; gain *m* de ; *Zeit~* gain de temps ;

Kosten~ économie de coûts.

Ersparte : *das* ~ les économies *fpl* ; l'argent *m* mis de côté.

erst premier ; *~e Adressen* adresses *fpl* d'emprunteurs dont l'honorabilité est certaine ; *~er Erwerb* première acquisition *f* ; *~es Gebot* première enchère *f* ; *eine Fahrkarte ~er Klasse* un billet de première ; *aus ~er Hand* (de) première main ; *in ~er Instanz* en première instance ; *~es Risiko (assur.)* premier risque ; *~e Wahl* premier choix ; (de) première qualité.

erstatten 1. restituer ; rendre ; rembourser ; *die Kosten* ~ rembourser les frais **2.** *einen Bericht* ~ faire un rapport.

Erstattung *f,* **en 1.** remboursement *m* ; dédommagement *m* **2.** rédaction *f* (d'un rapport).

Erstausführung *f,* **en** prototype *m* ; modèle *m* nouvellement présenté.

Erstausgabe *f,* **n 1.** première édition *f* **2.** première émission *f* (timbre).

Erstausstattung *f,* **en** dotation *f* initiale.

Erstaussteller *m,* **-** nouvel exposant *m.*

Erstbegünstigte/r *(der/ein)* premier bénéficiaire *m.*

Erstbesitz *m : ein Wagen aus* ~ une (voiture de) première main.

erstehen, a, a acquérir ; acheter aux enchères.

Ersteigerer *m,* **-** adjudicataire *m* (à qui l'on adjuge qqch dans une vente aux enchères par ex.).

ersteigern acheter, acquérir aux enchères.

erstellen établir ; créer ; constituer ; *ein Gutachten* ~ faire une expertise.

Ersterwerb *m,* **e** première acquisition *f.*

Ersterwerber *m,* **-** premier acquéreur *m.*

Erstgebot *n,* **e** première enchère *f* ; première offre *f.*

erstgenannt susdit ; susnommé.

Erstinstanz *f,* **en** *(jur.)* première instance *f.*

erstklassig de première qualité ; *~e Ware* marchandise *f* de premier choix.

Erstlingsversuch *m,* **e** premier essai *m.*

erstrangig : *~e Hypothek* hypothèque *f* de premier rang.

erstrecken : *sich über ein Jahr* ~ s'étendre sur toute une année ; se rapporter a une année.

Erstrisikoversicherung *f,* **en** assurance *f* du premier risque.

Erststimme *f,* **n** *(R.F.A.)* « première voix » dont dispose l'électeur allemand lors des élections législatives pour élire le candidat de son choix, la seconde étant pour le parti politique de son choix.

Erstverbraucher *m,* **-** premier utilisateur *m* ; utilisateur de première main.

Erstwagen *m,* **-** voiture *f* principale d'un ménage, la seconde étant « *Zweitwagen* ».

Erstwähler *pl* électeurs *mpl* nouveaux.

Erstzulassung *f,* **en** première immatriculation *f.*

ersuchen solliciter ; requérir ; *jdn um etw* ~ demander qqch à qqn.

Ersuchen *n,* *ϕ* sollicitation *f* ; requête *f* ; ~ *um Auskunft* demande *f* de renseignements.

Ersuchende/r *(der/ein)* requérant *m.*

ertappen prendre en flagrant délit ; *er wurde auf frischer Tat ~t* il a été pris sur le fait, en flagrant délit.

erteilen donner ; accorder ; délivrer ; passer ; *einen Auftrag* ~ passer commande ; *jdm Prokura* ~ donner procuration à qqn ; *ein Visum* ~ délivrer un visa ; *Weisungen* ~ passer des instructions.

Erteilung *f,* **en** octroi *m* ; attribution *f* ; passation *f* ; délivrance *f* ; ~ *eines Auftrags* passation d'une commande ; ~ *eines Patents* délivrance d'un brevet.

Ertrag *m,* **¨e** produit *m* ; rendement *m* ; rapport *m* ; revenu *m* ; recette *f* **I.** ~ *einer Arbeit* produit d'un travail ; *betriebsbedingter* ~ produit d'exploitation ; *betriebsfremder* ~ produit non incorporable ; ~ *pro ha* produit par hectare ; *kapitalisierte ~¨e* revenus capitalisés ; ~ *aus Kapitalanlagen* revenu de placement de capitaux **II.** ~ *ab/werfen* rapporter ; être productif ; *gute ~¨e bringen* être de bon rapport ; bien rendre ; *den ~ steigern* augmenter le rendement.

Ertrag(s)ausfall *m,* **¨e** perte *f* de rendement ; manque *m* à gagner.

Ertrag(s)aussichten *pl* perspectives *fpl* de rendement, de production ; résultat *m* escompté.

Ertrag(s)einbuße *f,* **n** ⇒ *Ertragsausfall.*

ertrag(s)fähig productif ; lucratif.

Ertrag(s)fähigkeit *f,* **en** productivité *f* ; (capacité de) rendement *m.*

Ertragsklasse *f,* **n** catégorie *f* de rendement (agriculture, pêche, etc.) ; zone *f* de rapport.

Ertrag(s)lage *f,* **n** niveau *m* de rendement.

ertrag(s)los improductif.

Ertrag(s)losigkeit *f,* **en** improductivité *f* ; non-productivité .

Ertrag(s)minderung *f,* **en** diminution *f* de rendement ; baisse *f* de productivité.

Ertrag(s)rechnung *f,* **en** *(comptab.)* compte *m* de résultat ; *(autrefois)* compte *m* des pertes et profits ; *syn. Erfolgsrechnung.*

ertrag(s)reich ⇒ *ertragsfähig.*

Ertrag(s)steigerung *f,* **en** augmentation *f* du (de) rendement ; accroissement de (la) productivité.

Ertrag(s)steuer *f,* **n** impôt *m* sur les bénéfices, sur le produit.

Ertrag(s)voranschlag *m,* **¨e** recettes *fpl* prévisionnelles.

Ertrag(s)wert *m,* **e** valeur *f* actualisée, productive ; rapport *m.*

Ertrag(s)zinsen *pl* intérêts *mpl* des prêts ; intérêts encaissés.

Ertrag(s)zuwachs *m,* ϕ accroissement *m* de (la) productivité.

Erwachsenenbildung *f,* ϕ formation *f* permanente, continue ; enseignement *m* pour adultes.

erwägen, o, o peser ; examiner ; prendre en considération.

Erwägung *f,* **en** considération *f* ; examen *m* ; *nach reiflicher* ~ après mûre réflexion ; *in* ~ *ziehen* prendre en considération.

erwarten attendre ; *~t* prévu ; escompté.

Erwartung *f,* **en** attente *f* ; expectative *f* ; espoir *m* ; *entgegen allen ~en* contre toute prévision, attente ; *mit gedämpften ~en* avec un optimisme modéré ; *in ~ Ihrer Antwort, Ihres Schreibens* dans l'attente de votre réponse, de votre lettre ; *alle ~en übertreffen* dépasser toutes les espérances.

erweitern élargir ; développer ; agrandir ; *den Kundenkreis* ~ élargir sa clientèle ; *~te Mitbestimmung* cogestion *f* élargie.

Erweiterung *f,* **en** élargissement *m* ; extension *f* ; ~ *des Marktes* élargissement du marché.

Erwerb *m,* **(e)** 1. acquisition *f* ; ~ *von Eigentum* accession *f* à la propriété ; ~ *unter Lebenden* acquisition entre vifs ; ~ *einer Maschine* acquisition d'une machine 2. activité *f* rémunératrice ; gagne-pain *m* ; *einen neuen ~ suchen* chercher un nouvel emploi 3. gain *m* ; bénéfice *m* ; *von seinem ~ leben* vivre de ses gains.

erwerben, a, o acquérir ; acheter ; gagner ; *Beteiligungen an Gesellschaften* ~ prendre des participations dans des sociétés ; *seinen Lebensunterhalt* ~ gagner sa vie ; *ein Vermögen* ~ acquérir une fortune.

Erwerber *m,* **-** acquéreur *m* ; acheteur *m.*

Erwerbsbeschränkung *f,* **en** capacité *f* de travail diminuée ; invalidité *f* de travail à ...%.

Erwerbsbetrieb *m,* **e** entreprise *f* à caractère lucratif.

Erwerbsbevölkerung *f,* ϕ population *f* active.

Erwerbseinkommen *n,* **-** revenu *m* du travail ; revenu d'une activité rémunérée.

Erwerbseinkünfte *pl* ⇒ *Erwerbseinkommen.*

erwerbsfähig actif ; capable d'exercer une activité professionnelle ; *im ~en Alter sein* être en âge de gagner sa vie ; *Ende des ~en Alters* âge *m* de la retraite.

Erwerbsfähige/r *(der/ein)* personne *f* en âge de gagner sa vie ; *die ~Erwerbsfähigen* population *f* active.

Erwerbsfähigkeit *f,* **en** capacité *f,* faculté *f* de travail.

erwerbsgemindert invalide ; *30 % ~ sein* avoir une incapacité de travail de 30 %.

Erwerbsgesellschaft *f,* **en** société *f* à but lucratif.

Erwerbsintensität *f,* ϕ nombre *m* de personnes actives ; taux *m* d'activité.

Erwerbskosten *pl* coûts *mpl* d'acquisition.

Erwerbsleben *n,* ϕ vie *f* active, professionnelle ; *aus dem ~ aus/scheiden* quitter la vie active ; *ins ~ ein/treten* entrer dans la vie active.

erwerbslos sans travail ; chômeur *m* *(syn. arbeitslos).*

Erwerbslosenfürsorge *f,* ϕ assistance *f* aux chômeurs.

Erwerbslosenunterstützung *f,* **en** allocation *f* (de) chômage.

Erwerbslose/r *(der/ein)* sans-travail *m* ; chômeur *m* ; sans-emploi *m* *(syn. Arbeitsloser).*

Erwerbslosigkeit *f,* ϕ chômage *m* *(syn. Arbeitslosigkeit).*

Erwerbsminderung *f,* **en** incapacité *f* partielle de travail ; invalidité *f* partielle.

Erwerbsmittel *pl* moyens *mpl* d'existence ; gagne-pain *m.*

Erwerbsperson *f,* **en** personne *f* active ; actif *m* ; *die ~en* population *f* active ; les actifs *mpl*.

Erwerbsquelle *f*, **n** source *f* d'existence ; moyens *mpl* d'existence.

Erwerbssinn *m*, *φ* esprit *m*, sens *m* des affaires.

erwerbstätig qui exerce une profession ; actif ; *~e Bevölkerung* population *f* active.

Erwerbstätige/r *(der/ein)* actif *m* ; personne *f* active *(syn. Erwerbsperson)*.

Erwerbstätigkeit *f*, **en** activité *f* rémunérée ; *selbständige, unselbständige ~* activité non salariée, salariée.

erwerbsunfähig invalide ; en incapacité de travail.

Erwerbsunfähigkeit *f*, *φ* incapacité *f* de travail ; invalidité *f* ; *verminderte, vorübergehende ~* incapacité de travail partielle, temporaire.

Erwerbswirtschaft *f*, *φ* secteur *m* économique ou commercial.

Erwerbszweck *m* : *zu ~en* dans un but lucratif.

Erwerbszweig *m*, **e** branche *f*, secteur *m* industriel(le) ; profession *f* ; métier *m*.

Erwerbung *f*, **en** acquisition *f*.

erwirtschaften réaliser ; obtenir (par une activité économique) ; *hohe Gewinne ~* réaliser des gains importants.

Erz *n*, **e** minerai *m* ; *~ auf/bereiten (verhütten)* traiter le minerai ; *~ fördern* extraire du minerai.

Erzabbau *m*, *φ* extraction *f* du minerai.

Erzaufbereitung *f*, **en** traitement *m*, préparation *f* du minerai (pour la fonte).

Erzbergbau *m* ; *φ* exploitation *f* du minerai.

erzeugen produire ; fabriquer *(syn. herstellen ; produzieren)*.

Erzeuger *m*, **-** producteur *m* ; fabricant *m* ; *landwirtschaftlicher ~* producteur agricole ; *direkt vom ~ zum Verbraucher* du producteur au consommateur ; distribution *f* sans intermédiaires.

Erzeugerabgabe *f*, **n** taxe *f* à la production.

Erzeugerbetrieb *m*, **e** entreprise *f* productrice.

Erzeugerhandel *m*, *φ* vente *f* directe (du producteur au consommateur).

Erzeugerland *n*, **¨er** pays *m* producteur.

Erzeugerpreis *m*, **e** prix *m* producteur, à la production ; *landwirtschaftlicher ~* prix à la ferme.

Erzeugnis *n*, **se** produit *m* ; *~se* production *f* ; fabrication *f* ; *einheimisches ~* produit national ; *gewerbliches ~* produit manufacturé, artisanal ; *landwirtschaftliches ~* produit agricole ; *weiterverarbeitetes ~* produit transformé.

Erzeugung *f*, **en** production *f* ; fabrication *f*.

Erzeugungskosten *pl* coûts *mpl* de production ; frais *mpl* de fabrication.

Erzförderung *f*, **en** ⇒ *Erzabbau*.

Erzgrube *f*, **n** mine *f*.

erzhaltig qui contient du minerai.

Erzhütte *f*, **n** fonderie *f*.

erzielen obtenir ; réaliser ; *hohe Preise ~* atteindre des prix élevés.

Erzielung *f*, **en** obtention *f* ; réalisation *f* ; *~ eines Gewinns* réalisation d'un bénéfice.

Erzlagerstätte *f*, **n** ⇒ *Erzvorkommen*.

Erzmine *f*, **n** ⇒ *Erzgrube*.

Erzreichtum *m*, **¨er** richesse *f* en minerai.

Erzverhüttung *f*, *φ* ⇒ *Erzaufbereitung*.

Erzvorkommen *n*, **-** gisement *m* de minerai ; gîte *m* métallifère.

ESA *f (European space association) (Europäische Weltraum-Organisation)* Association *f* Européenne de l'Espace.

Eskalation *f*, **en** escalade *f* ; *die politische ~* escalade politique.

Eskalatorklausel *f*, **n** *(R.F.A.)* clause *f* d'indexation dite de « l'ascenseur » (accord contractuel entre entrepreneurs et syndicats stipulant un réajustement des salaires en fonction de la hausse du coût de la vie).

eskalieren provoquer l'escalade (de qqch).

Eßwaren *pl* produits *mpl* alimentaires ; aliments *mpl*.

ESt ⇒ *Einkommen(s)steuer*.

Establishment *n*, *φ* [i'stɛbliʃmɛnt] **1.** classe *f* dirigeante, dominante **2.** *(péjor.)* classes sociales bien établies, jalouses de leurs prérogatives et décidées à les conserver.

E-Straße *f*, **n** ⇒ *Europastraße*.

etablieren : *sich ~* s'installer (nouveau commerce) ; s'établir.

Etappe *f*, **n** étape *f* ; *eine schwierige ~ zurück/legen* parcourir une étape difficile.

Etappenflug *m*, **¨e** vol *m* avec escales *(contr. Non-stop-Flug)*.

Etat *m*, **s** [e'ta:] **1.** budget *m* ; plan *m* financier ; *ausgeglichener ~* budget en équilibre ; *einen ~ auf/stellen* établir un budget ; *einen ~ verabschieden* voter un budget **2.** prévisions *fpl* budgétaires ; *den ~ kürzen, überschreiten* réduire, dépasser les prévisions budgétaires *(syn. Haushalt ; Budget)*.

Etataufstellung *f*, **en** établissement *m* du budget.

Etatausgleich *m*, **e** équilibre *m* budgétaire ; budget *m* en équilibre.

etatisieren budgétiser.

Etatisierung *f*, **en** 1. budgétisation *f* 2. étatisation.

Etatjahr *n*, **e** année *f* budgétaire.

Etatkürzung *f*, **en** réduction *f* du budget ; compressions *fpl* budgétaires.

etatmäßig budgétaire ; inscrit au budget.

Etatmittel *pl* moyens *mpl* budgétaires.

Etatüberschreitung *f*, **en** dépassement *m* budgétaire.

Etikett *n*, **s** ou **e** étiquette *f* ; *ein ~ auf/kleben* coller une étiquette ; *mit einem ~ versehen* munir d'une étiquette.

Etikettenschwindel *m*, *ϕ* fraude *f* sur les étiquettes.

etikettieren étiqueter.

Etikettiermaschine *f*, **n** étiqueteuse *f* ; machine *f* à étiqueter.

Etikettierung *f*, **en** étiquetage *m*.

etwa environ ; à peu près ; *~ hundert Mark* dans les cent marks *(syn. an die ; ungefähr ; zirka)*.

etw. bez. B. *(etwas bezahlt und Brief) (Bourse)* peu de levées au cours donné ; marché comptant vendeur stagnant.

etw. bez. G. *(etwas bezahlt und Geld) (Bourse)* marché comptant acheteur terne.

Euratom *n*, *ϕ* Communauté *f* européenne de l'énergie atomique ; Euratom.

Euroanleihe *f*, **n** euro-emprunt *m* ; euro-crédit *m*.

Eurobank *f*, **en** eurobanque *f*.

Euro-bonds *pl* emprunts *mpl* libellés en monnaie étrangère (notamment DM, dollar, franc suisse).

Eurocheque *m*, **s** ⇒ *Euroscheck*.

Eurodevisen *pl* eurodevises *fpl* (monnaie d'Europe occidentale faisant l'objet d'un placement à long terme dans un autre pays).

Eurodollar *m*, **s** euro-dollar *m* (dollar américain placé à court terme en Europe et en dehors des États-Unis).

Euro-Dollar-Markt *m*, *ϕ* marché *m* des euro-dollars.

Eurogeldmarkt *m*, **¨e** marché *m* des eurodevises (le centre de transactions principal en eurodevises est Londres).

Eurokapitalmarkt *m*, **¨e** marché *m* européen financier.

Eurokrat *m*, **en**, **en** eurocrate *m*.

Europa *n*, Europe *f* ; *das grüne ~* l'Europe verte.

Europäer *m*, **-** européen *m*.

Europagedanke *m*, *ϕ* européanisme *m* ; idée *f* européenne.

europäisch européen ; *E~e Gemeinschaft (EG)* Communauté *f* européenne (C.E.) ; *E~e Gemeinschaft für Kohle und Stahl (EGKS)* Communauté européenne du charbon et de l'acier (C.E.C.A.) ; *E~es Parlament (EP)* Parlement *m* européen ; *E~e Rechnungseinheit (ERE)* unité *f* de compte européenne (ECU) ; *E~es Währungsabkommen* accord *m* monétaire européen ; *E~e Währungseinheit (EWE)* unité *f* monétaire européenne ; *E~er Währungsfonds* fonds *m* monétaire européen ; *E~es Währungssystem (EWS)* système *m* monétaire européen ; *E~e Wirtschaftsgemeinschaft (EWG)* Communauté *f* économique européenne (C.E.E.) ; *E~er Wirtschaftrat (OEEC)* Organisation *f* européenne de coopération économique.

Europaparlament *n*, *ϕ* *(EP)* Parlement *m* européen.

Europarat *m*, *ϕ* Conseil *m* de l'Europe.

Europastraße *f*, **n** route *f* internationale (signalée par un « E » blanc sur fond vert).

Euroscheck *m*, **s** ⇒ *Euroscheckkarte m*.

Euroscheck-Karte *f*, **n** carte *f* eurochèque ; eurochèque (ec) *m* (carte bancaire très répandue en R.F.A.).

Eurosyndikat *n*, *ϕ* Eurosyndicat *m* (groupement de banques européennes avec siège a Bruxelles).

e. V. *(eingetragener Verein)* ⇒ *eingetragen*.

E. v. ⇒ *Eingang vorbehalten*.

Eventualfall : *für den ~* au cas éventuel ; dans l'éventualité.

Eventualhaushalt *m*, **e** collectif *m* budgétaire ; budget *m* additionnel.

evolutorisch croissant ; non stationnaire.

EVP ⇒ *Endverbaucherpreis*.

E-Werk ⇒ *Elektrizitätswerk*.

EWG *(Europäische Wirtschaftsgemeinschaft)* ⇒ *europäisch*.

ewig : *~e Anleihe* emprunt *m* perpétuel (a durée indéterminée) ; *~e Rente* rente *f* perpétuelle (a durée illimitée).

EWS *(Europäisches Währungssystem)* ⇒ *europäisch*.

Ex-Dividende *f*, **n** ex-coupon *(contr. Cum-Dividende)*.

Exekution *f*, **en 1.** exécution *f* capitale **2.** *(Bourse)* exécution des ordres donnés **3.** *(Autriche)* saisie *f*.

Exekutive *f*, **n** ⇒ *Exekutivgewalt*.

Exekutivgewalt *f*, *ϕ* pouvoir *m* exécutif ; exécutif *m*.

Exekutor *m*, **en 1.** exécuteur *m* **2.** *(Autriche)* huissier *m* de justice.

Exemplar *n*, **e** exemplaire *m*.

Existenz *f*, **en** existence *f* ; *keine sichere ~ haben* ne pas avoir de moyens d'existence.

Existenzkampf *m*, **¨e** lutte *f* pour l'existence.

Existenzminimum *n*, **-ma** minimum *m* vital.

Existenzmittel *pl* moyens *mpl* d'existence ; moyens de subsistance.

exklusiv exclusif ; *~es Modell* modèle *m* exclusif.

Exklusivartikel *m*, **-** article *m* exclusif ; article en exclusivité.

exklusive *(+G)* à l'exclusion de ; non compris ; *~ Nebenkosten* frais subsidiaires non compris ; *~ Porto* port non compris *(contr. inklusive)*.

Exklusivität *f*, *ϕ* exclusivité *f*.

Exklusivvertrag *m*, **¨e** contrat *m* exclusif ; contrat d'exclusivité.

Exoten *pl (bourse)* valeurs *fpl* spéculatives ; titres *mpl* douteux (émis par des pays dits « exotiques »).

expandieren être en expansion ; prendre de l'extension.

Expansion *f*, **en** expansion *f* ; *eine auf ~ausgerichtete Wirtschaft* une économie expansionniste.

Expansionsdrang *m*, *ϕ* poussée *f* expansionniste.

expansionsfreudig qui stimule l'expansion ; expansionniste.

Expansionspolitik *f*, *ϕ* politique *f* d'expansion.

Expansionsrate *f*, **n** taux *m* d'expansion.

expansiv en expansion ; expansionniste ; *~e Bevölkerungspolitik* politique *f* démographique populationniste ; *~e Lohnpolitik* politique des salaires expansionniste ; *~es Unternehmen* entreprise *f* en pleine expansion.

expedieren *(rare)* expédier.

Expedition *f*, **en** expédition *f* ; enregistrement *m*.

Expeditionsabteilung *f*, **en** service *m* (d') expédition.

Expeditionsgeschäft *n*, **e** maison *f* d'expédition.

Experte *m*, **n**, **n** expert *m* ; spécialiste *m* ; *~ für (in) Steuerfragen* expert fiscal ; *einen ~n zu Rate ziehen* consulter un expert *(syn. Sachverständiger ; Gutachter)*.

Expertenausschuß *m*, **¨sse** ⇒ *Expertenkommission*.

Expertenkommission *f*, **en** commission *f* d'experts.

Expertise *f*, **n** expertise *f* ; *eine ~ über etw ein/holen* demander une expertise ; *eine ~ erstellen* faire une expertise *(syn. Gutachten)*.

expertisieren expertiser *(syn. begutachten)*.

explosionsartig explosif, ive.

Exponat *n*, **e** *(R.D.A.)* produits *mpl* exposés ; matériel *m* exposé (lors d'une foire-exposition).

Export *m*, **e** exportation *f* ; *zum ~ bestimmt* destiné à l'exportation ; *zollfreier ~* exportation en franchise ; *den ~ fördern* stimuler l'exportation *(syn. Ausfuhr ; contr. Import)*.

Exportabteilung *f*, **en** service *m* (des) exportations ; service export.

Exportanteil *m*, **e** part *f* des exportations.

Exportartikel *m*, **-** article *m* d'exportation.

Exportauftrag *m*, **¨e** commande *f* destinée à l'exportation.

Exportausführung *f*, **en** version *f* (d') exportation ; modèle *m* destiné à l'exportation.

Exportbeschränkung *f*, **en** restriction *f* aux (des) exportations.

Exportbestimmungen *pl* modalités *fpl* d'exportation ; réglementation *f* en matière d'exportation.

Exportbewilligung *f*, **en** ⇒ *Exporterlaubnis*.

Exporterlaubnis *f*, **se** licence *f* d'exportation.

Exporteur *m*, **e** exportateur *m (contr. Importeur)*.

exportfähig exportable.

Exportfirma *f*, **-men** maison *f* d'exportation.

Exportförderung *f*, **en** aide *f*, encouragement *m* à l'exportation ; stimulation *f* des exportations.

exportfreudig : *~e Länder* pays *mpl* exportateurs.

Exportgenehmigung *f*, **en** ⇒ *Exporterlaubnis*.

Exportgeschäft *n*, **e 1.** maison *f* d'exportation ; firme *f* d'import-export **2.** affaire *f* d'exportation.

Exportgüter *pl* biens *mpl* d'exportation ; produits *mpl* exportés.

Exporthandel *m*, *ϕ* commerce *m* d'exportation.

Exporthändler *m*, - ⇒ *Exporteur*.

exportieren exporter ; *Waren nach Frankreich ~* exporter des marchandises vers la France *(syn. ausführen)*.

Exportindustrie *f*, **n** industrie *f* d'exportation.

exportintensiv exportateur ; orienté vers l'exportation ; à fort coefficient d'exportation.

Exportkartell *n*, **e** cartel *m*, entente *f* commerciale d'exportation.

Exportkaufmann *m*, **-leute** négociant *m*, commerçant *m* exportateur.

Exportkommissionär *m*, **e** commissionnaire *m* à l'exportation.

Exportkontingent *n*, **e** contingent *m* d'exportation.

Exportland *n*, **¨er** pays *m* exportateur ; pays d'origine, de production.

Exportleiter *m*, - chef *m* du service exportations.

Exportmarkt *m*, **¨e** marché *m* à l'exportation.

Exportprämie *f*, **n** prime *f* à l'exportation.

Exportpreis *m*, **e** prix *m* des marchandises exportées.

Exportquote *f*, **n** quota *m* d'exportation.

Exportrückgang *m*, **¨e** recul *m*, fléchissement *m* des exportations.

Exportsteigerung *f*, **en** augmentation *f* des exportations.

Exportüberschuß *m*, **¨sse** excédent *m* d'exportation.

Exportvalutaerklärung *f*, **en** déclaration *f* de la valeur à l'exportation.

Exportvolumen *n*, - volume *m* des exportations.

Exportware *f*, **n** marchandise *f* destinée à l'exportation.

Exportziffer *f*, **n** chiffre *m* des exportations.

Exportzweig *m*, **e** branche *f* exportatrice ; secteur *m* exportateur.

expreß *(rare)* par (courrier) exprès ; en grande vitesse ; *einen Brief ~ zu/stellen* distribuer une lettre par exprès.

Expreß *m*, **-züge** *(Autriche)* (train) express *m* ; rapide *m*.

Expreßdienst *m*, **e** service *m* express ; service exprès.

Expreßgut *n*, **¨er** colis *m* exprès ; *etw als ~ schicken* envoyer qqch par exprès.

Expreßsendung *f*, **en** envoi *m*, colis *m*, lettre *f* exprès.

Expropriation *f*, **en** expropriation *f* *(syn. Enteignung)*.

extensiv extensif ; *~e Bebauung* culture *f* extensive ; *~e Landwirtschaft* agriculture *f* extensive (politique du moindre coût) ; *~e Nutzung* exploitation *f* extensive.

extern *(inform.) : ~e Geräte* appareils *mpl* auxiliaires, périphériques ; *~er Speicher* mémoire *f* externe, périphérique.

Extra- *(préfixe)* exceptionnel ; supplémentaire ; spécial.

Extrablatt *n*, **¨er** feuille *f*, édition *f* spéciale (d'un journal) ; page *f* supplémentaire.

Extraklasse *f*, **n** qualité *f*, extra ; (toute) première catégorie.

Extrakosten *pl* faux frais *mpl* supplémentaires ; dépenses *fpl* spéciales.

Extranummer *f*, **n** numéro *m* spécial.

extrapolieren extrapoler.

Extrasitzung *f*, **en** *(Suisse)* séance *f* extraordinaire.

Extrasteuer *f*, **n** *(Suisse)* impôt *m*, taxe *f* spécial(e).

Ex und Hopp non consigné ; perdu ; *~ -Flasche f* bouteille *f* non consignée, non reprise *(syn. Einwegflasche)*.

Exzeß *m*, **-sse** excès *m*.

F

F ⇒ **1.** *Fernschnellzug* **2.** *Fernsprecher*.

Fa ⇒ *Firma*.

F/A *(Februar/August)* titre à revenu fixe (paiement des intérêts le 1/2 et le 1/8).

Fabrik *f*, **en** usine *f* ; fabrique *f* ; manufacture *f* ; *ab ~* départ usine ; *frei ~* livraison à l'usine ; *eine ~ gründen, still/legen, übernehmen* fonder, fermer, reprendre une usine.

Fabrikanlage *f*, **n** installation *f* industrielle ; surface *f* d'exploitation ; établissements *mpl*.

Fabrikant *m*, **en, en** industriel *m* ; fabricant *m*.

Fabrikarbeit *f*, **en 1.** travail *m* en usine **2.** produit *m*, article *m* de série.

Fabrikarbeiter *m*, - ouvrier *m* d'usine.

Fabrikat *n*, **e** produit *m* manufacturé ; produit usiné.

Fabrikation *f*, **en** fabrication *f* ; production *f (syn. Produktion).*

Fabrikationsablauf *m,* **¨e** processus *m* de fabrication.

Fabrikationsabteilung *f,* **en** département *m* (de la) production.

Fabrikationsaufnahme *f,* **n** mise *f* en fabrication ; lancement *m* de la production.

Fabrikationsfehler *m,* **-** malfaçon *f* ; vice *m,* défaut *m* de fabrication.

Fabrikationsgeheimnis *n,* **se** secret *m* de fabrication.

Fabrikationskonto *n,* **-ten** compte *m* d'exploitation de la production.

Fabrikationskontrolle *f,* **n** contrôle *m* de (la) fabrication.

Fabrikationskosten *pl* frais *mpl,* coûts *mpl* de (la) fabrication.

Fabrikationslöhne *pl* salaires *mpl* directs ; coût *m* de main-d'œuvre de la production.

Fabrikationsmittel *pl* moyens *mpl* de fabrication.

Fabrikationsnummer *f,* **n** numéro *m* de fabrication.

Fabrikationsprogramm *n,* **e** programme *m* de fabrication.

Fabrikationsprozeß *m,* **-sse** processus *m* de fabrication.

Fabrikationsrisiko *n,* **-ken** risque *m* de fabrication.

Fabrikationsstätte *f,* **n** atelier *m* de fabrication.

Fabrikationsverfahren *n,* **-** procédé *m* de fabrication.

Fabrikationszweig *m,* **e** branche *f* de fabrication.

Fabrikbesitzer *m,* **-** fabricant *m* ; industriel *m* ; propriétaire *m* d'usine.

Fabrikbetrieb *m,* **e** fabrique *f* ; usine *f*.

Fabrikdirektor *m,* **en** directeur *m* d'usine.

Fabrikfahrer *m,* **-** *(sport)* sportif *m* arborant les couleurs d'une marque qui finance l'équipe *(syn. Werksfahrer).*

Fabrikgarantie *f,* **n** garantie *f* de fabrication ; garantie usine.

Fabrikgebäude *n,* **-** usine *f* ; établissements *mpl* ; bâtiments *mpl* d'usine.

Fabrikgeheimnis *n,* **se** ⇒ *Fabrikationsgeheimnis.*

Fabrikgelände *n,* **-** zone *f* industrielle ; terrain *m* industriel.

Fabrikhalle *f,* **n** atelier *m*.

Fabrikhandel *m,* **ϕ** vente *f* directe de l'usine ; vente directe au consommateur.

Fabrikklausel *f,* **n** clause *f* « départ usine ».

Fabrikleiter *m,* **-** ⇒ *Fabrikdirektor.*

Fabrikleitung *f,* **en** direction *f* de l'usine.

Fabrikler *m,* **-** *(Suisse)* ouvrier *m* (d'usine).

Fabrikmarke *f,* **n** marque *f* de fabrication, de fabrique.

fabrikmäßig : *~e Herstellung* fabrication *f* en série ; *~e Ware* article *m* de série.

fabrikneu sortant de l'usine ; *(fam.)* comme sorti de l'usine.

Fabrikpreis *m,* **e** prix *m* (d')usine.

Fabrikschornstein *m,* **e** cheminée *f* d'usine ; *(fam.) die ~e rauchen* les affaires marchent.

Fabriksiedlung *f,* **en** cité *f* ouvrière ; coron *m* (nord de la France).

Fabriksignet *n,* **s** ⇒ *Fabrikmarke.*

Fabrikstadt *f,* **¨e** cité *f* industrielle.

Fabrikware *f,* **n** article *m* de série ; produit *m* manufacturé.

Fabrikzeichen *n,* **-** ⇒ *Fabrikmarke.*

fabrizieren fabriquer ; produire *(syn. herstellen ; produzieren).*

Fach *n,* **¨er 1.** branche *f* ; spécialité *f* ; matière *f* ; *Mann vom ~* homme *m* du métier ; spécialiste *m* **2.** casier *m* ; rayon *m* ; compartiment *m*.

Fachabteilung *f,* **en** service *m* spécialisé ; services techniques.

Facharbeiter *m,* **-** ouvrier *m* professionnel, qualifié (O.P.) ; *hochqualifizierter ~* ouvrier professionnel hautement qualifié.

Facharbeiterbrief *m,* **e** certificat *m* d'aptitude professionnelle (C.A.P.).

Facharbeiterprüfung *f,* **en** examen *m* d'aptitude professionnelle.

Fach(arbeits)kräfte *pl* main-d'œuvre *f* qualifiée.

Facharzt *m,* **¨e** (médecin *m*) spécialiste *m*.

Fachausbildung *f,* **en** formation *f* technique, professionnelle.

Fachausschuß *m,* **¨sse** commission *f* technique ; comité *m* d'experts.

Fachausstellung *f,* **en** foire *f* technique ; exposition *f* spécialisée ; salon *m* spécialisé.

Fachbeirat *m,* **¨e** conseil *m* technique ; service *m* d'assistance technique.

Fachberater *m,* **-** conseiller *m* technique ; expert *m*.

Fachbereich *m,* **e** spécialité *f* ; domaine *m*.

Fachbericht *m,* **e** rapport *m* technique, de spécialiste.

Fachbezeichnung *f,* **en** *(inform.)* nomenclature *f*.

Fachbranche *f,* **n** branche *f* spécialisée, professionnelle.

Fachbücher *pl* littérature *f* spécialisée.

Facheinkäufer *m,* **-** acheteur *m* professionnel (d'un grand magasin par ex.).

Facheinzelhandel *m,* *ϕ* commerce *m* de détail spécialisé.

fachfremd non spécialisé ; *~e Arbeitskräfte* main-d'œuvre *f* non qualifiée.

Fachgebiet *n,* **e** spécialité *f* ; domaine *m* de spécialisation.

Fachgeschäft *n,* **e** magasin *m,* commerce *m* spécialisé.

Fachgruppe *f,* **n** groupement *m* professionnel.

Fachhandel *m,* *ϕ* commerce *m* spécialisé.

Fachhochschule *f,* **n** école *f* supérieure (commerciale ou technique) ; *(France) (équivalent approx.)* I.U.T. *m.*

Fachidiot *m,* **en, en** *(fam.)* spécialiste *m* borné et sans envergure.

Fachinnungsverband *m,* **¨e** groupement *m* corporatif ; syndicat *m* professionnel.

Fachjargon *m,* **s** jargon *m* professionnel ; jargon de spécialistes.

Fachkatalog *m,* **e** catalogue *m* spécialisé.

Fachkenner *m,* **-** spécialiste *m.*

Fachkenntnisse *pl* connaissances *fpl* spécialisées, techniques.

Fachkommission *f,* **en** ⇒ *Fachausschuß.*

Fachkräfte *pl* main-d'œuvre *f* qualifiée ; professionnels *mpl* ; personnel *m* qualifié.

Fachkreise *pl* milieux *mpl* spécialisés ; *in ~n* parmi les experts.

Fachkundenkreis *m,* **e** ⇒ *Fachkundschaft.*

fachkundig compétent ; expert.

Fachkundschaft *f,* **en** clientèle *f* professionnelle.

Fachlehrgang *m,* **¨e** stage *m* professionnel.

fachlich professionnel ; *~ geeignet* qualifié.

Fachmann *m,* **¨er** ou **-leute** spécialiste *m* ; expert *m* ; *einen ~ zu Rate ziehen* consulter un spécialiste ; avoir recours à un spécialiste.

fachmännisch spécialisé ; *~e Beratung* conseil *m* de spécialiste ; assistance *f* technique ; *etw ~ aus/führen* exécuter qqch selon les règles de l'art.

Fachmesse *f,* **n** foire *f* spécialisée ; salon *m* professionnel ; *~ für Werbung* salon de la publicité.

Fachnorm *f,* **en** standard *m,* norme *f* industriel(le) ; *(France)* norme AFNOR.

Fachorgan *n,* **e** organisme *m* professionnel.

Fachpersonal *n,* *ϕ* personnel *m* qualifié ; personnel spécialisé ; personnel technique.

Fachpresse *f,* *ϕ* presse *f* spécialisée.

Fachsalon *m,* **s** salon *m* professionnel ; exposition *f* spécialisée.

Fachschaft *f,* **en** ⇒ *Fachverband.*

Fachschau *f,* **(en)** ⇒ *Fachsalon.*

Fachschrift *f,* **en** publication *f* technique ; journal *m* spécialisé.

Fachschule *f,* **n** institut *m* de formation professionnelle ou technique.

fachsimpeln *(fam.)* parler métier ; parler boutique.

Fachstudium *n,* **-ien** études *fpl* spécialisées.

Fachtagung *f,* **en** séminaire *m* ; congrès *m* ; journée *f* professionnelle ; *an einer ~ teil/nehmen* participer à un congrès de spécialistes.

Fachveranstaltung *f,* **en** manifestation *f* spécialisée ; manifestation de professionnels.

Fachverband *m,* **¨e** groupement *m,* association *f* professionnel(le).

Fachverkäufer *m,* **-** vendeur *m* spécialisé.

Fachwelt *f,* *ϕ* les spécialistes *mpl* (d'une branche) ; le monde professionnel ; milieux *mpl* spécialisés.

Fachwissen *n,* *ϕ* compétence *f* technique.

Fachzeitschrift *f,* **en** revue *f* spécialisée.

Factoring *n,* *ϕ* ['fɛctɔriŋ] affacturage *m* ; transfert *m* de créance à un intermédiaire pour recouvrement.

FAD ⇒ *Fernsprechauftragsdienst.*

fähig capable ; compétent ; apte ; *~er Mitarbeiter* collaborateur *m* compétent.

Fähigkeit *f,* **en** capacité *f* ; aptitude *f* ; *berufliche ~* compétence *f* professionnelle.

Fähigkeitsausweis *m,* **e** certificat *m* d'aptitude.

Fähigkeitsnachweis *m,* **e** ⇒ *Fähigkeitsausweis.*

fahnden : *nach jdm ~* rechercher qqn (services de police, de douane, du fisc).

Fahndung *f,* **en** recherches *fpl.*

fahndungssicher à l'abri des recherches (des services du fisc par ex.) ; *~es Land* pays *m* sûr ; paradis *m* fiscal.

Fahranfänger *m,* **-** *(assur.)* conducteur *m* débutant ; apprenti-conducteur *m.*

Fahrausweis *m*, **e 1.** titre *m* de transport ; *im Besitz eines gültigen ~es sein* être muni d'un titre de transport valide **2.** *(Suisse)* permis *m* de conduire.

fahrbar 1. roulant **2.** carrossable.

Fahrdienst *m*, **e** service *m* de trains.

Fahrdienstleiter *m*, **-** chef *m* de station.

Fähre *f*, **n** bac *m* ; ferry-boat *m*.

fahren, u, a *(ist)* aller ; conduire ; partir ; *in die Grube ~* descendre dans la mine ; *gut bei einem Handel ~* faire une bonne affaire ; *erster Klasse ~* voyager en première classe ; *in (auf) Urlaub ~* partir en vacances.

fahrend : *~es Gut (~e Habe)* bien *m* meuble.

Fahrerlaubnis *f*, **se** ⇒ *Führerschein*.

Fahrgast *m*, **¨e** passager *m* ; voyageur *m* ; usager *m*.

Fahrgeld *n*, **er** prix *m* du voyage ; frais *mpl* de transport.

Fahrgelderstattung *f*, **en** remboursement *m* des frais de transport.

Fahrgemeinschaft *f*, **en** groupe *m* de personnes se rendant au travail à bord d'un seul véhicule.

Fahrkarte *f*, **n** titre *m* de transport ; billet *m* **1.** *abgelaufene, ausgedruckte ~* billet périmé, à destination fixe ; *ermäßigte, gelochte ~* billet à tarif réduit, composté ; *eine ~ zum halben, vollen Preis* un billet (à) demi-, plein tarif **2.** *eine ~ aus/geben* délivrer un billet ; *eine ~ lösen* prendre, acheter un billet.

Fahrkartenausgabe *f*, **n** guichet *m*, vente *f* des billets.

Fahrkartenautomat *m*, **en, en** distributeur *m* de tickets.

Fahrkosten *pl* frais *mpl* de transport ; frais de voyage.

fahrlässig négligent ; imprudent ; *~e Tötung* homicide *m* involontaire ; homicide par imprudence.

Fahrlässigkeit *f*, *ϕ* imprudence *f* ; carence *f* ; négligence *f* ; *grobe ~* faute *f* lourde ; négligence *f* grave.

Fahrnis *f*, **se** biens *mpl* meubles ; biens mobiliers.

Fahrniskauf *m*, **¨e** transaction *f* mobilière.

Fahrplan *m*, **¨e** horaire *m* ; indicateur *m* de chemin de fer ; *(France)* Chaix *m*.

fahrplanmäßig conforme à l'horaire ; *~er Zug* train *m* régulier ; *~ an/kommen* arriver à l'heure.

Fahrplanwechsel *m*, **-** changement *m* d'horaire(s).

Fahrpreis *m*, **e** prix *m* du transport ; *zu ermäßigtem ~* à tarif réduit ; *den vollen ~ bezahlen (entrichten)* payer place entière.

Fahrpreisanzeiger *m*, **-** taximètre *m* ; compteur *m* (d'un taxi).

Fahrpreisberechnung *f*, **en** tarification *f*.

Fahrpreiserhöhung *f*, **en** augmentation *f* du prix de transport.

Fahrpreisermäßigung *f*, **en** réduction *f* du prix de voyage ; réduction sur les tarifs.

Fahrpreiserstattung *f*, **en** remboursement *m* des frais de transport.

Fahrprüfung *f*, **en** examen *m* du permis de conduire.

Fahrschein *m*, **e** ⇒ *Fahrkarte*.

Fährschiff *n*, **e** ⇒ *Fähre*.

Fahrschule *f*, **n** auto-école *f* ; école *f* de conduite.

Fahrstrecke *f*, **n** parcours *m* ; trajet *m*.

Fahrstuhl *m*, **¨e** ascenseur *m* *(syn. Lift ; Aufzug)*.

Fahrstunde *f*, **n** leçon *f* de conduite.

Fahrt *f*, **en** course *f* ; trajet *m* ; voyage *m* ; *auf der ~ nach* en route pour ; *~ ins Blaue* voyage surprise ; excursion *f* du personnel d'une entreprise.

Fahrtauslagen *pl* frais *mpl* de déplacement ; débours *mpl* ; *die ~ zurück/erstatten* rembourser les frais de déplacement.

Fahrtausweis *m*, **e** ⇒ *Fahrausweis*.

Fahrtenbuch *n*, **¨er** carnet *m* de voyage, de route ; livre *m* de bord.

Fahrtkosten *pl* ⇒ *Fahrkosten*.

Fahrtreppe *f*, **n** escalator *m* ; escalier *m* mécanique.

Fahrtrichtung *f*, **en** sens *m* de la circulation ; *ein Platz in ~* une place dans le sens de la marche.

Fahrtroute *f*, **n** itinéraire *m*.

Fahrtspesen *pl* ⇒ *Fahrtauslagen*.

Fahrtstrecke *f*, **n** ⇒ *Fahrstrecke*.

Fahrverbot *n*, **e** interdiction *f* de conduire un véhicule.

Fahrvorschrift *f*, **en** réglementation *f* de circulation ; code *m* de la route *(syn. Verkehrsordnung)*.

Fahrzeit *f*, **en** temps *m* du trajet ; durée *f* du parcours.

Fahrzeug *n*, **e** véhicule *m* ; voiture *f* ; bâtiment *m* (marine).

Fahrzeugbau *m*, *ϕ* construction *f* automobile, de véhicules.

Fahrzeugbauindustrie *f*, **n** (industrie de la) construction *f* automobile.

Fahrzeugbestand *m*, **¨e** ⇒ *Fahrzeugpark*.

Fahrzeugbrief *m*, e titre *m* de propriété d'un véhicule ; *(France)* carte *f* grise.

Fahrzeughalter *m*, - propriétaire *m* et utilisateur *m* d'un véhicule.

Fahrzeugklasse *f*, n catégorie *f* de véhicule.

Fahrzeugpapiere *pl* papiers *mpl* de bord.

Fahrzeugpark *m*, s parc *m* automobile.

Fahrzeugunterhaltung *f*, ϕ entretien *m* du matériel roulant.

Fahrzeugverkehr *m*, ϕ circulation *f* des véhicules ; *für den ~ gesperrt* circulation interdite aux véhicules.

Fahrzeugversicherung *f*, en assurance *f* dommages au véhicule.

Fahrzulage *f*, n prime *f* de transport.

Faksimile *n*, s fac-similé *m*.

Fakten *pl* faits *mpl* ; données *fpl* ; *sich an die ~ halten* s'en tenir aux faits.

faktisch effectif ; réel ; *~e Gesellschaft* société *f* de fait.

Faktor *m*, en 1. facteur *m* 2. gérant *m* 3. contremaître *m* (imprimerie).

Faktorenanalyse *f*, n *(statist.)* analyse *f* factorielle.

Faktorkosten *pl* coûts *mpl* des facteurs (de production).

Faktorpreis *m*, e coût *m* d'un facteur.

Faktotum *n*, s ou -ten factotum *m* ; homme *m* à tout faire.

Faktura *f*, -ren *(Autriche)* facture *f* ; *beglaubigte ~* facture légalisée.

fakturieren facturer.

Fakturiermaschine *f*, n machine *f* à facturer.

Fakturierung *f*, en facturation *f*.

Fall *m*, ¨e 1. cas *m* ; affaire *f* ; étude *f* de cas ; *in dringenden ~¨en* en cas d'urgence 2. chute *f* ; ruine *f* ; effondrement *m* ; *einen Plan zu ~ bringen* torpiller un projet.

fallen, ie, a *(ist)* 1. tomber ; baisser ; être en baisse ; chuter ; fléchir ; *die Aktien, die Preise ~* les actions *fpl* sont en baisse, les prix baissent ; *unter ein Gesetz ~* tomber sous le coup d'une loi ; *in eine andere Kategorie ~* passer dans une autre catégorie ; changer de tranche ; *in die Kompetenz der Regierung ~* relever de la compétence du gouvernement ; *zur Last ~* être à charge 2. échoir à ; *die Erbschaft fällt an Paul* l'héritage *m* échoit à Paul.

fallend dégressif ; décroissant ; en baisse ; *~e Kosten* coût *m* dégressif ; *~e Tendenz* tendance *f* à la baisse.

fallieren *(arch.)* faire faillite, banqueroute ; devenir insolvable.

fällig 1. à payer ; à régler ; payable ; dû ; exigible ; échu ; *~ sein, werden* arriver, venir à échéance ; *~er Betrag* somme *f* exigible ; *~e Forderung* créance *f* due ; *~e Schulden* dettes *fpl* exigibles ; *in dreißig Tagen ~er Wechsel* traite *f* à trente jours ; *~e Zahlung* échéance *f* ; *~e Zinsen* intérêts *mpl* à échoir 2. attendu ; nécessaire ; *die längst ~e Reform* la réforme indispensable, tant attendue.

Fälligkeit *f*, en échéance *f* ; exigibilité *f* ; *die ~ hinaus/schieben (verlängern)* reporter l'échéance ; *~ bei Sicht* échéance à vue ; *~ der Steuern* exigibilité des impôts ; *ab ~* à compter de l'échéance ; *bei ~ zahlbar* payable à l'échéance ; *vor ~* avant l'échéance ; avant terme.

Fälligkeitsaufschub *m*, ¨e prorogation *f* d'échéance.

Fälligkeitsdatum *n*, -ten date *f* d'échéance ; *das ~ ein/halten* respecter la date d'échéance.

Fälligkeitsfrist *f*, en terme *m* de l'échéance.

Fälligkeitshypothek *f*, en hypothèque *f* remboursable à terme fixe.

Fälligkeitstag *m*, e jour *m* de l'échéance.

Fälligkeitstermin *m*, e terme *m*, date *f* de l'échéance.

Fälligwerden *n*, ϕ venue *f* à échéance.

Falliment *n*, e *(arch.)* faillite *f* ; banqueroute *f (syn. Bankrott)*.

fallit *(arch.)* : *~ sein* être en faillite ; être insolvable.

Fallit *m*, en, en failli *m* ; débiteur *m* insolvable.

Fallstudie *f*, n étude *f* de cas.

falsch faux ; erroné ; incorrect ; truqué I. *~e Angaben* fausses indications *fpl* ; *~e Banknoten* faux billets *mpl* ; *~es Geld* fausse monnaie *f* ; *unter ~em Namen* sous un faux nom ; *~er Paß* faux passeport *m* II. *an die ~e Adresse geraten* frapper à la mauvaise porte ; être éconduit ; *(téléph.) Sie sind ~ verbunden* vous vous êtes trompé de numéro ; il y a erreur (de numéro).

Falschaussage *f*, n faux témoignage *m*.

Falschbuchung *f*, en *(comptab.)* 1. écriture *f* erronée ; erreur *f* d'écriture 2. faux *m* en écriture.

fälschen falsifier ; contrefaire ; maquiller ; fausser ; *Banknoten ~* contrefaire des billets de banque ; *eine Bilanz, einen Scheck ~* maquiller un bilan, un chèque ; *Karten ~* biseauter des cartes ;

eine Unterschrift ~ imiter une signature.

Fälscher *m,* - falsificateur *m* ; faussaire *m* ; contrefacteur *m.*

Falschgeld *n,* **er** fausse monnaie *f* ; ~ *in Umlauf bringen* mettre de la fausse monnaie en circulation ; ~ *aus dem Verkehr ziehen* retirer de la fausse monnaie de la circulation.

fälschlich faussement ; a tort ; injustifié.

Falschmeldung *f,* **en** fausse nouvelle *f.*

Falschmünzer *m,* - faux-monnayeur *m.*

Falschmünzerei *f,* *ϕ* faux-monnayage *m* ; fabrication *f* de fausse monnaie.

Falschparker *m,* - automobiliste *m* en stationnement interdit, abusif.

Fälschung *f,* **en** altération *f* ; falsification *f* ; imitation *f* ; contrefaçon *f* ; faux *m.*

fälschungssicher infalsifiable.

Falsifikat *n,* **e** ⇒ *Fälschung.*

falsifizieren ⇒ *fälschen.*

Faltblatt *n,* **¨er** ⇒ *Faltprospekt.*

Faltmarke *f,* **n** *(corresp.)* repère *m* de pliage.

Faltprospekt *m,* **e** dépliant *m* (publicitaire).

Faltschachtel *f,* **n** boîte *f,* emballage *m* pliant(e).

Familie *f,* **n** famille *f* ; ménage *m* ; foyer *m* ; *bedürftige* ~ famille nécessiteuse ; *kinderreiche* ~ famille nombreuse ; *in eine* ~ *ein/heiraten* entrer dans une famille par mariage.

Familienabzug *m,* **¨e** abattement *m* pour charges de famille.

Familienangehörige/r *(der/ein)* membre *m* de la famille.

Familienbeihilfe *f,* **n** allocations *fpl* familiales ; *eine* ~ *beziehen* toucher des allocations familiales.

Familienbesitz *m,* *ϕ* patrimoine *m* familial.

Familienbetrieb *m,* **e** entreprise *f,* exploitation *f* familiale.

Familienbuch *n,* **¨er** livret *m* de famille.

Familienbudget *n,* **s** budget *m* familial.

Familieneinkommen *n,* - revenu *m* familial.

Familienermäßigung *f,* **en** réduction *f* pour charges de famille.

Familienernährer *m,* - chef *m* de famille.

Familienfürsorge *f,* **n** (mesures *fpl* d') aide *f* aux familles.

Familiengesetzbuch *n,* *ϕ* *(R.D.A.)* code *m* de la famille.

Familiengut *n,* **¨er** bien *m* familial.

Familien-Haftpflichtversicherung *f,* **en** assurance *f* responsabilité chef de famille.

Familienlastenausgleich *m,* *ϕ* péréquation *f* des charges de famille.

Familienlohn *m,* **¨e** salaire *m* familial.

Familienoberhaupt *n,* **¨er** chef *m* de famille.

Familienpflegerin *f,* **nen** aide *f* familiale.

Familienplanung *f,* **en** planning *m* familial ; régulation *f* des naissances.

Familienpolitik *f,* *ϕ* politique *f* familiale.

Familienstammbuch *n,* **¨er** ⇒ *Familienbuch.*

Familienstand *m,* *ϕ* situation *f* de famille ; *Alter und* ~ *angeben* indiquez votre âge et votre situation de famille.

Familienunterhalt *m,* *ϕ* moyens *mpl* de subsistance de la famille ; *für den* ~ *auf/kommen* subvenir aux besoins de la famille.

Familienunternehmen *n,* - ⇒ *Familienbetrieb.*

Familienverhältnisse *pl* situation *f* familiale.

Familienvermögen *n,* - patrimoine *m* familial.

Familienvorstand *m,* **¨e** ⇒ *Familienoberhaupt.*

Familienzulage *f,* **n** supplément *m* familial ; supplément pour charges de famille.

Familienzuschlag *m,* **¨e** ⇒ *Familienzulage.*

Familienzuschüsse *pl* sursalaire *m* familial ; allocation *f* pour charges de famille.

FAO *(Food and Agriculture Organization) (Ernährungs- und Landwirtschaftsorganisation 1945).* Organisation *f* pour l'alimentation et l'agriculture.

Farbenindustrie *f,* **n** industrie *f* des colorants.

Farbstoff *m,* **e** colorant *m.*

Farbzuschlag *m,* **¨e** supplément *m* pour la teinte, pour couleur différente (de celle du modèle proposé).

Faser *f,* **n** fibre *f* (textile) ; *chemische (synthetische)* ~ fibre synthétique ; *pflanzliche* ~ fibre végétale ; *tierische* ~ fibre d'origine animale.

Faß *n,* **¨sser** tonneau *m* ; fût *m* ; futaille *f.*

fassen **1.** prendre ; saisir ; *einen Beschluß* ~ prendre une décision **2.** arrêter qqn **3.** sertir **4.** contenir **5.** *in Worte ~* formuler.

Fassonwert ⇒ *Firmenwert.*

Fassung *f,* **en 1.** monture *f* (bijoux) **2.** version *f* ; rédaction *f* ; *eine kürzere ~* une version abrégée **3.** contenance *f* ; calme *m* ; sang-froid *m.*

fatieren *(Autriche)* remettre sa feuille de déclaration d'impôts.

faul corrompu ; paresseux ; *~e Aktien* actions *fpl* peu sûres ; *~e Geschäfte machen* faire des affaires louches ; *~er Kunde* client *m* douteux ; mauvais payeur *m* ; *~e Sache* affaire *f* véreuse ; *~er Scheck* chèque *m* en bois ; chèque sans provision ; *~er Zahler* mauvais payeur *m.*

faulenzen paresser ; fainéanter.

Faulenzer *m,* - paresseux *m* ; fainéant *m* ; tire-au-flanc *m.*

Faustpfand *n,* **¨er** gage *m* ; nantissement *m.*

Faustrecht *n,* *φ* droit *m* du plus fort.

Faustregel *f,* **n** règle *f* générale, approximative.

Fautfracht *f,* **en** fret *m* à vide.

Favoriten *pl (Bourse)* titres *mpl* vedettes (très demandés).

faxen ⇒ *telefaxen.*

Faxgerät ⇒ *Telefaxgerät.*

Fazit *n,* **e** ou **s** bilan *m* ; résultat *m* final ; *das ~ aus etw ziehen* dresser le bilan de qqch.

FDGB *(Freier deutscher Gewerkschaftsbund) (R.D.A.)* Confédération *f* des syndicats allemands.

FDJ *(Freie Deutsche Jugend) (R.D.A.)* Jeunesse allemande libre (groupement de jeunes à partir de 14 ans).

FDJler *m,* - *(R.D.A.)* membre *m* de la « FDJ ».

F.D.P. *(Freie Demokratische Partei) (R.F.A.)* parti *m* libéral.

f.d.R. *(für die Richtigkeit der Abschrift)* copie conforme.

Feedback *n,* **s** [fi:d'bɛk] feedback *m.*

Fehl- *(préfixe)* erroné ; erreur de ; préjudiciable ; manquant.

Fehlabschluß *m,* **¨sse** ⇒ *Fehlbetrag.*

Fehlanlage *f,* **n** mauvais placement *m* ; investissement *m* improductif.

Fehlanzeige *f,* **n** mention *f* « néant », « zéro ».

Fehlbedienung *f,* **en** erreur *f* de manœuvre ; fausse manœuvre *f* ; mauvaise utilisation *f* (d'un appareil) ; erreur de manipulation.

fehlbelegen *(infinitif et participe passé)* occuper abusivement un logement.

Fehlbelegung *f,* **en** occupation *f* abusive d'un logement.

fehlbesetzen occuper un poste pour lequel on n'est pas à la hauteur.

Fehlbestand *m,* **¨e** stock *m* déficitaire.

Fehlbetrag *m,* **¨e** déficit *m* ; découvert *m* ; *einen ~ auf/weisen (verzeichnen)* accuser un déficit ; *einen ~ aus/gleichen (decken)* combler un déficit *(syn. Defizit).*

Fehlbewertung *f,* **en** ⇒ *Fehlschätzung.*

Fehleinschätzung *f,* **en** ⇒ *Fehlschätzung.*

fehlen manquer ; faire défaut ; *es fehlt ihr an Geld* elle manque d'argent ; *in der Kasse ~ 100 DM* il y a un trou de 100 DM dans la caisse.

Fehlentscheidung *f,* **en** décision *f* erronée ; mauvais choix *m* ; *eine ~ treffen* ne pas prendre la décision qui convient.

Fehlentwicklung *f,* **en** évolution *f* préjudiciable ; conséquence *f* négative ; prolongements *mpl* néfastes.

Fehler *m,* - faute *f* ; défaut *m* ; malfaçon *f* ; *~ und Auslassung vorbehalten* sous réserve d'erreur ou d'omission ; *einen ~ aus/bessern* éliminer un défaut ; *einen ~ berichtigen* corriger une erreur ; *einen ~ wieder/gut/machen* réparer une erreur.

fehleranfällig sujet à erreur(s).

Fehlerbereich *m,* **e** marge *f* d'erreur.

fehlerfrei sans défaut(s) ; exempt de vices ; *~e Ware* marchandise *f* irréprochable.

Fehlergrenze *f,* **n** *(statist.)* marge *f* d'erreur autorisée ; tolérance *f* ; écart *m* type.

fehlerhaft défectueux ; *~e Ware* marchandise *f* endommagée, en mauvais état ; défectueuse.

Fehlerhaftigkeit *f,* *φ* défectuosité *f* ; vice *m.*

Fehlerprüfprogramm *n,* **e** *(inform.)* programme de recherche et de détection d'erreurs dans un système informatique.

Fehlerquelle *f,* **n** source *f* d'erreur.

Fehlerquote *f,* **n** taux *m* d'erreur.

fehlgeleitet acheminé à la mauvaise adresse ; *~er Brief* lettre *f* envoyée à la mauvaise adresse ; *~e Daten (inform.)* données *fpl* incorrectement acheminées.

Fehlgewicht *n,* *φ* manquant *m* sur le poids ; poids *m* manquant.

Fehlinvestition *f,* **en** ⇒ *Fehlanlage.*

Fehlkalkulation *f,* **en 1.** erreur *f* dans le calcul des coûts ; erreur dans les prévisions budgétaires **2.** mauvais calcul *m.*

Fehlkauf *m,* **¨e** mauvais achat *m* ; *(fam.) das war ein glatter ~* je me suis fait avoir.

Fehlmenge *f,* **n** manquant *m* ; quantité *f* en moins.

Fehlplanung *f,* **en** erreur *f* de planification ; prévisions *fpl* erronées.

Fehlproduktion *f,* **en** production *f* défectueuse.

Fehlrechnung *f,* **en** mécompte *m.*

Fehlschätzung *f,* **en** évaluation *f,* estimation *f* inexacte ; erreur *f* d'appréciation.

Fehlschichten *pl* absentéisme *m* (dans le cadre des trois huit) ; heures *fpl* non effectuées.

Fehlschlag *m,* **¨e** insuccès *m* ; coup *m* manqué ; *wirtschaftliche ~¨e* ratés *mpl* économiques.

Fehlspekulation *f,* **en** mauvaise spéculation *f.*

Fehlstelle *f,* **n** place *f* vacante ; poste *m* à pourvoir.

Fehlstreuung *f,* **en** mauvaise diffusion *f* des moyens publicitaires.

Fehlstück *n,* **e** pièce *f* défectueuse ; *ein ~ aus/sondern* éliminer une pièce défectueuse.

Fehlurteil *n,* **e 1.** jugement *m* erroné ; erreur *f* de jugement **2.** erreur *f* judiciaire.

Fehlzeiten *pl* heures *fpl* non effectuées ; absentéisme *m* sur le lieu de travail ; *die ~ senken* faire baisser le taux d'absentéisme.

Feierabend *m,* **e** fin *f* du travail ; repos *m* ; *~ machen* cesser le travail.

Feierabendarbeit *f,* **en 1.** bricolage *m* **2.** travail *m* au noir.

Feierabendheim *n,* **e** *(R.D.A.)* maison *f* de retraite.

Feierabendwirtschaft *f,* **en** *(rare)* économie *f* parallèle ; travail *m* noir.

feiern 1. célébrer ; fêter **2.** chômer ; cesser le travail ; être en chômage technique.

Feierschicht *f,* **en** journée *f* chômée ; heures *fpl* non faites pour cause de chômage technique ; *~en ein/legen* être en chômage technique.

Feiertag *m,* **e** jour *m* chômé, férié ; *gesetzlicher ~* jour férié légal *(contr. Werktag).*

feiertags : *sonn- und feiertags geschlossen* fermé (le) dimanche et (les) jours fériés.

Feiertagsarbeit *f,* **en** travail *m* effectué un jour férié ; jour *m* férié non chômé.

Feiertagszuschlag *m,* **¨e** indemnité *f* de salaire pour jour férié non chômé.

feil *(arch.)* à vendre ; vénal.

feil/bieten, o, o *(arch.)* mettre en vente ; offrir.

Feilbietung *f,* **en 1.** mise *f* en vente **2.** *(Autriche)* vente *f* aux enchères.

feil/halten, ie, a ⇒ *feilbieten.*

feilschen marchander ; *um den Preis ~* discuter pour rabattre d'un prix ; marchander.

Feilschen *n,* **ϕ** marchandage *m.*

fein fin ; de choix ; de qualité ; de précision.

Feinarbeit *f,* **en** travail *m* de précision.

Feinfrost *m,* **ϕ** *(R.D.A.)* surgelé *m* ; produits *mpl* congelés, surgelés.

Feingehalt *m,* **e** titre *m* (métal fin).

Feingehaltsstempel *m,* **-** poinçon *m* indiquant le titre de métal fin.

Feingewicht *n,* **e** poids *m* de métal fin.

Feingold *n,* **ϕ** or *m* fin.

Feinmechanik *f,* **en** mécanique *f* de précision.

Feinmechaniker *m,* **-** mécanicien *m,* ajusteur *m* de précision.

feinmechanisch : *~e Industrie* industrie *f* de la mécanique de précision.

Feinkost *f,* **ϕ** comestibles *mpl* ; épicerie *f* fine *(syn. Delikatessen).*

Feinkostgeschäft *n,* **e** épicerie *f* fine.

Feinsilber *n,* **ϕ** argent *m* fin.

Feld *n,* **er 1.** champ *m* ; *bebautes, braches ~* champ cultivé, en friche **2.** case *f* (d'un formulaire) ; *die leeren ~er aus/füllen* remplir les cases laissées en blanc.

Feldarbeit *f,* **en** travail *m* des champs ; travail agricole.

Feldarbeiter *m,* **-** ouvrier *m* agricole.

Feldbaubrigade *f,* **n** *(R.D.A.)* collectif *m* agricole.

Feldbereinigung *f,* **en** remembrement *m* rural.

Felddiebstahl *m,* **¨e** maraudage *m.*

Felderwirtschaft *f,* **en** assolement *m* triennal.

Feldforschung *f,* **en** enquête *f* sur le terrain *(syn. Primärforschung).*

Felduntersuchung *f,* **en** ⇒ *Feldforschung.*

Fensterbeutel *m,* **-** emballage *m* à fenêtre.

Fenster(brief)umschlag *m,* **¨e** enveloppe *f* à fenêtre.

Ferienaufenthalt *m,* **e** séjour *m* de vacances.

Ferienbeschäftigung *f,* **en** travail *m* de vacances ; *(fam.)* job *m.*

Ferienbudget *n,* **s** budget *m* vacances.

Ferienscheck *m,* s *(R.D.A.)* chèque *m* vacances (donne droit à un voyage à tarif réduit ou gratuit ; il récompense des travailleurs particulièrement méritants).

Ferienstaffelung *f,* (en) étalement *m* des vacances.

Ferienzeit *f,* en période *f* de vacances.

Fernamt *n,* ¨er central *m* téléphonique ; (service *m*) interurbain *m* ; *(fam.)* « l'inter ».

Fernanschluß *m,* ¨sse raccordement *m* téléphonique interurbain ; communication *f* interurbaine.

Fernanzeige *f,* n *(inform.)* affichage *m* à distance.

Fernbedienung *f,* en télécommande *f.*

fern/bleiben, ie, ie *(ist)* s'absenter ; *von der Arbeit ~* ne pas se présenter au travail ; pratiquer l'absentéisme.

Fernbleiben *n* : *unentschuldigtes ~* absence *f* injustifiée.

Fernbuchung *f,* en réservation *f* à distance (de billets) ; téléréservation *f.*

Ferndienst *m,* e service *m* interurbain.

Fern-D-Zug *m,* ¨e train *m* direct ; rapide *m* ; express *m.*

Fernfahrer *m,* - ⇒ *Fernlastfahrer.*

Fernflug *m,* ¨e vol *m* à longue distance.

Ferngespräch *n,* e communication *f* interurbaine, à longue distance ; *ein ~ an/melden* demander une communication interurbaine.

ferngesteuert téléguidé ; télécommandé.

Fernheizung *f,* en chauffage *m* urbain (à distance).

Fernkopierer *m,* - télécopieur *m* (Telefax).

Fernlaster *m,* - poids-lourd *m* pour transport à longue distance ; routier *m* international.

Fern(last)fahrer *m,* - routier *m.*

Fernlastzug *m,* ¨e convoi *m* (de poids lourds).

Fernmeldeamt *n,* ¨er télécommunications *fpl.*

Fernmeldeanlage *f,* n installations *fpl,* réseau *m* de télécommunications (téléphone, télégraphe, radio).

Fernmeldedienst *m,* e service *m* de télécommunications.

Fernmeldegeheimnis *n,* se secret *m* des télécommunications ; *das ~ wahren* garantir le secret des télécommunications.

Fernmeldesatellit *m,* en, en satellite *m* de télécomunnication.

Fernmeldeverkehr *m,* ϕ ⇒ *Fernmeldewesen.*

Fernmeldewesen *n,* ϕ télécommunications *fpl.*

fernmündlich par téléphone *(syn. telefonisch).*

Fernpendler *m,* - navetteur *m* de grande banlieue ; *(fam.)* banlieusard *m* dont le domicile est très éloigné du lieu de travail.

Fernreise *f,* n voyage *m* à longue distance.

Fernruf *m,* e **1.** appel *m* téléphonique **2.** numéro *m* de téléphone.

Fernscheck *m,* s chèque *m* hors place ; *contr. Platzscheck.*

Fernschnellgut *n,* ¨er marchandise *f* transportée à grande distance.

Fernschreibanschluß *m,* ¨sse ligne *f* télex.

Fernschreiben *n,* - télex *m* (message) ; *jdn über ~ informieren* informer qqn par télex *(syn. Telex).*

Fernschreiber *m,* - **1.** télex *m* (appareil) ; téléscripteur *m* **2.** télexiste *m.*

Fernschreibnetz *n,* e réseau *m* télex.

Fernschreibnummer *f,* n numéro *m* de télex.

Fernschreibteilnehmer *m,* - abonné *m* au réseau télex.

fernschriftlich par télex ; *~ bestätigen* confirmer par télex.

Fernsehapparat *m,* e ⇒ *Fernseher* **1.**

fern/sehen, a, e regarder la télé(vision).

Fernsehen *n,* ϕ télévision *f* ; *im ~* à la télévision ; *vom ~ übertragen* télévisé.

Fernseher *m,* - **1.** appareil *m* de télévision ; *(fam.)* télé *f* **2.** *(rare)* téléspectateur *m.*

Fernsehgebühr *f,* en taxe *f,* redevance *f* (de) télévision.

Fernsehspot *m,* s spot *m* télévisé (publicité).

Fernsehteilnehmer *m,* - téléspectateur *m.*

Fernsehwerbung *f,* ϕ publicité *f* à la télévision.

Fernsehzuschauer *m,* - télespectateur *m.*

Fernsprech- *(préfixe)* téléphonique ; de téléphone *(syn. Telefon-).*

Fernsprechamt *n,* ¨er central *m* téléphonique.

Fernsprechanlage *f,* n installation *f* téléphonique.

Fernsprechansagedienst *m,* ϕ informations *fpl* (boursières) téléphonées.

Fernsprechanschluß *m,* ¨sse raccordement *m* téléphonique.

Fernsprechapparat *m,* e téléphone *m* ;

appareil *m* téléphonique *(syn. Telefon).*

Fernsprechauftragsdienst *m,* **e** service *m* des abonnés absents.

Fernsprechauskunftsdienst *m,* *ϕ* service *m* des renseignements téléphonés.

Fernsprechautomat *m,* **en, en** cabine *f* automatique.

Fernsprechbetrieb *m,* *ϕ* exploitation *f* des téléphones.

Fernsprechbuch *n,* **¨er** annuaire *m* du téléphone ; Bottin *m (syn. Telefonbuch).*

Fernsprechdienst *m,* **e** service *m* téléphonique.

fernsprechen, a, o *(à l'infinitif et au participe passé)* téléphoner.

Fernsprecher *m,* **-** appareil *m* téléphonique ; *öffentlicher ~* cabine *f* publique.

Fernsprechgebühr *f,* **en** taxe *f* téléphonique ; *die ~en entrichten* payer les redevances téléphoniques.

Fernsprechhauptanschluß *m,* **¨sse** ligne *f* principale.

Fernsprechkundendienst *m,* *ϕ* ⇒ *Fernsprechdienst.*

Fernsprechleitung *f,* **en** ligne *f* téléphonique.

Fernsprechlinie *f,* **n** ⇒ *Fernsprechleitung.*

Fernsprechnebenstelle *f,* **n** poste *m* auxiliaire.

Fernsprechnetz *n,* **e** réseau *m* téléphonique.

Fernsprechsäule *f,* **n** poste *m,* borne *f* téléphonique (d'autoroutes).

Fernsprechstelle *f,* **n** poste *m* téléphonique ; *öffentliche ~* poste public.

Fernsprechtarif *m,* **e** tarif *m* téléphonique.

Fernsprechteilnehmer *m,* **-** abonné *m* au téléphone.

Fernsprechverbindung *f,* **en** liaison *f* téléphonique ; *keine ~ bekommen* ne pas obtenir la communication ; *die ~ her/stellen* établir la communication.

Fernsprechverkehr *m,* *ϕ* ⇒ *Fernsprechwesen.*

Fernsprechvermittlungsstelle *f,* **n** central *m* téléphonique.

Fernsprechverzeichnis *n,* **se** ⇒ *Fernsprechbuch.*

Fernsprechwesen *n,* *ϕ* télécommunications *fpl.*

Fernsprechzelle *f,* **n** cabine *f* téléphonique.

Fernspruch *m,* **¨e** *(rare)* télégramme *m.*

fern/steuern télécommander ; téléguider.

Fernstraße *f,* **n** grande route *f* ; route *f* rapide.

Ferntransport *m,* **e** transport *m* à grande distance.

Fernunterricht *m,* *ϕ* enseignement *m* par correspondance, à distance ; téléenseignement *m.*

Fernverkehr *m,* *ϕ* service *m* des grandes lignes ; trafic *m* à grande distance.

Fernverkehrsnetz *n,* **e** réseau *m* grandes lignes.

Fernverkehrsstraße *f,* **n** route *f,* voie *f* à grande circulation.

Fernwahl *f,* *ϕ* interurbain *m* automatique.

Fernwärme *f,* *ϕ* chauffage *m* à distance.

fertig 1. fini ; terminé ; *~es Produkt* produit *m* fini, manufacturé ; *~ verpackt* préemballé ; *mit etw ~ werden* venir à bout de qqch ; achever **2.** prêt.

Fertigbau *m,* *ϕ* préfabriqué *m.*

Fertigbauweise *f,* **n** construction *f* en préfabriqué ; *die Herstellung von Sozialwohnungen in ~* construction de H.L.M. en préfabriqué.

fertigen fabriquer ; manufacturer ; confectionner ; *Ersatzteile ~* fabriquer des pièces de rechange.

Fertigerzeugnis *n,* **se** produit *m* fini, manufacturé.

Fertigfabrikat *n,* **e** ⇒ *Fertigerzeugnis.*

Fertiggericht *n,* **e** plat *m* cuisiné en conserve ; plat préparé.

Fertiggüter *pl* produits *mpl* finis ; produits manufacturés.

Fertighaus *n,* **¨er** maison *f* préfabriquée.

Fertigkeit *f,* **en** dextérité *f* ; habileté *f* ; *eine große ~ haben* être habile de ses dix doigts.

Fertigkleidung *f,* **en** confection *f* ; prêt-à-porter *m.*

Fertiglager *n,* **-** stock *m* des produits finis.

Fertigpackung *f,* **en** marchandise *f* préemballée.

Fertigprodukt *n,* **e** ⇒ *Fertigerzeugnis.*

fertig/stellen achever ; *rechtzeitig ~* terminer dans les délais prévus.

Fertigstellung *f,* **en** achèvement *m* ; confection *f* ; *~ eines Bauabschnitts* achèvement d'une tranche de travaux (construction).

Fertigstellungstermin *m,* **e** date *f* limite d'achèvement.

Fertigteil *n,* **e 1.** pièce *f* finie **2.** élément *m* préfabriqué.

Fertigung *f,* **en** fabrication *f* ; production *f* ; *sich in der ~ befinden* être en cours de fabrication.

Fertigungsablauf *m,* **¨e** processus *m* de fabrication.

Fertigungsanlagen *pl* installations *fpl* de production.

Fertigungsbetrieb *m,* **e** établissement *m* de production, industriel.

Fertigungsbrigade *f,* **n** *(R.D.A.)* brigade *f,* équipe *f* de production.

Fertigungseinheit *f,* **en** unité *f* de produit fabriqué ; pièce *f* d'un lot.

Fertigungsindustrie *f,* **n** industrie *f* de production.

Fertigungsjahr *n,* **e** année *f* de fabrication.

Fertigungskette *f,* **n** chaîne *f* de production.

Fertigungskontenrahmen *m,* **-** plan *m* comptable industriel.

Fertigungskontrolle *f,* **n** tableau *m* de bord de la production.

Fertigungskosten *pl* coûts *mpl* de production ; prix *m* de revient de la fabrication.

Fertigungskostenrechnung *f,* **en** calcul *m* des coûts de fabrication.

Fertigungslöhne *pl* coûts *mpl* de la main-d'œuvre ; salaires *mpl* directs.

Fertigungsmaterial *n,* **-ien** matières *fpl* premières (de fabrication).

Fertigungsplaner *m,* **-** responsable *m* de la production à long terme.

Fertigungsplanung *f,* **en** planification *f* de la production.

Fertigungsprogramm *n,* **e** programme *m* de fabrication.

Fertigungsprozeß *m,* **-sse** ⇒ *Fertigungsablauf.*

Fertigungsserie *f,* **n** série *f* de fabrication.

Fertigungssortiment *n,* **e** gamme *f,* palette *f* de production.

Fertigungssteuerung *f,* **en** gestion *f* du flux des matières et produits dans les ateliers.

Fertigungsstraße *f,* **n** chaîne *f* de production *(syn. Taktstraße).*

Fertigungsstufe *f,* **n** étape *f,* stade *m* de fabrication.

Fertigungssystem *n,* **e** : *(ganzes) ~* système *m* de fabrication (intégrale).

Fertigungstechnik *f,* **en** technique *f* de fabrication.

Fertigungsvorgang *m,* **¨e** fabrication *f* ; déroulement *m* de la fabrication ; gamme *f* des différentes opérations.

Fertigungsweise *f,* **n** ⇒ *Fertigungstechnik.*

Fertigware *f,* **n** ⇒ *Fertigerzeugnis.*

Fertigwarenindustrie *f,* **n** industrie *f* des produits finis.

fest ferme ; durable ; fixe ; solide ; régulier **I.** *~es Angebot* offre *f* ferme ; *~er Auftrag* ordre *m* ferme ; *~es Einkommen* revenu *m* fixe ; *~er Ertrag* rendement *m* fixe ; *~e Geldanlage* placement *m* immobilisé ; *~e Gelder* fonds *mpl* immobilisés ; *~es Geschäft* marché *m* ferme, conclu ; *~ angelegtes Kapital* capitaux *mpl* investis ; *~e Kosten* coûts *mpl* fixes ; *~e Kundschaft* clientèle *f* fidèle ; *~er Kurs* cours *m* stable ; *~er Preis* prix *m* fixe ; *~e Stellung* emploi *m* stable ; *~e Verpackung* emballage *m* solide ; *~er Wohnsitz* domicile *m* fixe ; *~e Zusage* promesse *f* ferme **II.** *~ bestellen* commander ferme ; *~ kaufen, verkaufen* acheter, vendre ferme ; *~ versprechen* promettre ferme.

Festangebot *n,* **e** offre *f* ferme.

festangestellt permanent.

Festangestellte/r *(der/ein)* employé *m* permanent.

Festauftrag *m,* **¨e** ordre *m,* commande *f* ferme.

festbesoldet qui a des appointements fixes.

fest/fahren, u, a : *sich ~* s'embourber ; être au point mort ; *die Verhandlungen haben sich festgefahren* les négociations *fpl* piétinent.

Festgebot *n,* **e** ⇒ *Festangebot.*

Festgeld *n,* **er** fonds *mpl* immobilisés ; dépôts *mpl* à terme fixe.

festigen : *sich ~* se raffermir ; se stabiliser.

Festigkeit *f,* *ϕ* fermeté *f* ; stabilité *f* ; *~ der Kurse* fermeté des cours.

Festigung *f,* **en** consolidation *f* ; stabilisation *f* ; *~ der Preise* raffermissement *m* des prix.

Festkauf *m,* **¨e** achat *m* ferme.

Festkosten *pl* coûts *mpl* fixes.

Festlaufzeit *f,* **en** (emprunt à) durée *f* déterminée, fixe.

fest/legen 1. fixer ; retenir ; *in einem Abkommen ~* fixer par accord ; *einen Termin ~* arrêter une date **2.** placer ; investir ; *Geld auf 5 Jahre ~* placer de l'argent sur 5 ans.

Festlegung *f,* **en 1.** fixation *f* **2.** immobilisation *f* ; placement *m.*

festliegend immobilisé ; *~e Gelder* fonds *mpl* immobilisés ; *~es Kapital* capital *m* placé.

Festlohn *m,* **¨e** salaire *m* fixe ; fixe *m* ; salaire minimal ; *einen ~ beziehen* toucher un (salaire) fixe.

fest/machen arrêter ; confirmer ; décider ; *ein Geschäft* ~ conclure une affaire ; *einen Termin* ~ convenir d'une date.

Festmeter *m,* - stère *m* (de bois).

Festofferte *f,* **n** offre *f* ferme.

Festplatte *f,* **n** *(inform.)* disque *m* dur.

Festpreis *m,* **e** prix *m* fixe ; prix imposé ; prix ferme.

fest/setzen fixer ; établir ; déterminer ; arrêter ; *den Kurs* ~ fixer le cours ; coter ; *einen Preis* ~ fixer un prix ; *einen Termin* ~ convenir d'une date.

Festsetzung *f,* **en** stipulation *f* ; établissement *m* ; *die* ~ *der Dividende* fixation *f* du dividende.

Festspeicher *m,* - *(inform.)* mémoire *f* ineffaçable.

fest/stellen établir ; déterminer ; constater ; *die Personalien von jdm* ~ établir l'identité de qqn.

Feststellung *f,* **en 1.** établissement *m* ; détermination *f* ; constatation *f* **2.** ~ *der Pension* liquidation *f* de la pension.

Feststellungsbescheid *m,* **e** avis *m* de l'évaluation fiscale.

festverzinslich à intérêt fixe ; *~e Wertpapiere* valeurs *fpl* à revenu fixe.

fett gras ; *(fam.) ~er Braten* des bénéfices *mpl* substantiels ; *~e Erbschaft* un riche héritage ; *die ~en Jahre* les années fastes ; la période des vaches grasses.

fettgedruckt (imprimé) en caractères gras *(contr. kleingedruckt).*

Fettkohle *f,* ϕ charbon *m* gras.

feuerbeständig résistant au feu ; réfractaire.

feuerfest ignifugé ; *~es Material* matériaux *mpl* ignifugés, réfractaires.

feuergefährlich inflammable.

feuern *(fam.)* mettre à la porte ; congédier sans préavis ; limoger ; *er wurde gefeuert* il a été viré.

Feuerschaden *m,* ¨ dommage *m* causé par un incendie ; sinistre *m* par incendie.

Feuerschutzbestimmungen *pl* réglementation *f* en matière de protection contre l'incendie.

Feuerversicherung *f,* **en** assurance *f* incendie.

Feuerversicherungspolice *f,* **n** police *f* incendie.

ff. ['ɛf'ɛf] extra ; exquis ; de première qualité.

FF *(französischer Franc)* franc *m* français.

FH ⇒ *Fachhochschule.*

FHZ ⇒ *Freihandelszone.*

Fiasko *n,* **s** fiasco *m* ; *ein* ~ *erleben* essuyer (faire) un fiasco.

Fiche *m,* **s** [fiʃ] *(inform.)* fiche *f* informatisée (sur laquelle des informations sont optiquement miniaturisées puis stockées).

Fideikommiß *n,* **-sse** fidéicommis *m* (legs testamentaire fait à une personne chargée secrètement de le remettre à une autre).

Fifo-Verfahren *n,* ϕ *(first in first out)* méthode *f* de gestion des stocks selon la règle « premier entré - premier sorti » ; fifo *m.*

fiktiv fictif ; pour la forme ; hypothétique ; *~er Kurs* cours *m* fictif.

Filialbank *f,* **en** banque *f* affiliée.

Filialbetrieb *m,* **e** succursale *f.*

Filialbetriebswesen *n,* ϕ succursalisme *m.*

Filiale *f,* **n** filiale *f* ; succursale *f* ; agence *f* ; *eine* ~ *eröffnen* créer une filiale *(syn. Zweiggeschäft* ; *Tochtergesellschaft).*

Filialgeschäft *n,* **e** ⇒ *Filiale.*

Filialist *m,* **en, en 1.** gérant *m* de succursale ; filialiste *m* **2.** propriétaire *m* d'une chaîne de succursales.

Filialleiter *m,* - directeur *m* de filiale ; gérant *m* d'agence.

Filialnetz *n,* **e** réseau *m* de succursales.

Filialprokura *f,* **-ren** procuration *f* commerciale limitée à l'exploitation d'une succursale.

Filialsteuer *f,* **n** taxe *f* communale complémentaire à la taxe professionnelle.

Filialunternehmen *n,* - magasin *m* à succursales multiples.

Filmindustrie *f,* **n** industrie *f* cinématographique.

Filmwerbung *f,* **en** publicité *f* cinématographique ; publicité par film.

Filmwirtschaft *f,* ϕ ⇒ *Filmindustrie.*

Filz *m* ⇒ *Filzokratie.*

filzen fouiller (un véhicule par ex.) ; passer au peigne fin.

Filzokratie *f,* **(n)** *(fam.)* népotisme *m* ; « maf(f)ia » *f* (puissance exercée par un groupe et fondée sur les relations, le « piston » *(syn. Ämterverflechtung).*

Filzstift *m,* **e** (stylo *m*) feutre *m.*

Finanz *f,* **en 1.** finance *f* ; monde *m* de la finance ; haute finance **2.** *~en* finances *fpl* ; *öffentliche ~en* finances publiques.

Finanzabkommen *n,* - accord *m* financier.

Finanzabteilung *f,* **en** service *m* financier d'une entreprise ; service de caisse.

Finanzadel *m*, ϕ noblesse *f* financière ; aristocratie *f* de la finance.

Finanzamt *n*, ¨-er administration *f* des finances ; fisc *m* ; perception *f* (en R.F.A. service des impôts et trésorerie principale réunis).

Finanzanalyse *f*, **n** analyse *f* financière (marché des capitaux, investissements possibles).

Finanzanalyst *m*, **en**, **en** analyste *m* financier ; *syn. Finanzanalytiker, Analyst*.

Finanzanlagevermögen *n*, ϕ investissements *mpl* financiers.

Finanzaristokratie *f*, **(n)** ⇒ *Finanzadel*.

Finanzaufkommen *n*, ϕ ⇒ *Finanzerträge*.

Finanzaufwand *m*, **-wendungen** charges *fpl* financières.

Finanzausgleich *m*, **e** *(R.F.A.)* péréquation *f* financière (répartition de certains impôts et taxes à l'échelon fédéral, des Länder et des communes).

Finanzausgleichsabgabe *f*, **n** impôt *m* compensatoire versé par une collectivité locale.

Finanzausschuß *m*, ¨-sse commission *f* des finances.

Finanzautonomie *f*, ϕ autonomie *f* financière.

Finanzbeamte/r *(der/ein)* **1.** fonctionnaire *m* aux (des) finances **2.** fonctionnaire des contributions ; agent *m* du fisc.

Finanzbedarf *m*, ϕ besoins *mpl* de trésorerie.

Finanzbehörde *f*, **n** administration *f* des finances ; Trésor *m*.

Finanzberater *m*, **-** conseiller *m* financier.

Finanzbericht *m*, **e** rapport *m* financier ; *einen ~ erstellen, vor/legen* élaborer, présenter un rapport financier.

Finanzblatt *n*, ¨-er journal *m* financier.

Finanzbuchführung *f*, **en** ⇒ *Finanzbuchhaltung*.

Finanzbuchhalter *m*, **-** comptable *m*.

Finanzbuchhaltung *f*, **en** comptabilité *f* générale.

Finanzdecke *f*, **n** couverture *f*, prévisions *fpl* financière (s) ; *sich nach der ~ strecken* adapter ses dépenses à l'enveloppe budgétaire.

Finanzer *m*, **-** *(Autriche)* douanier *m*.

Finanzerträge *pl* produits *mpl* financiers.

Finanzgebaren *n*, **-** politique *f* financière ; régime *m* financier.

Finanzgericht *n*, **e** tribunal *m* statuant sur les délits fiscaux.

Finanzgerichtsbarkeit *f*, ϕ juridiction *f* en matière fiscale.

Finanzgeschäft *n*, **e** opération *f*, transaction *f* financière.

Finanzgesellschaft *f*, **en** société *f* financière.

Finanzgesetzbuch *n*, ¨-er législation *f* financière.

Finanzgewalt *f*, ϕ ⇒ *Finanzhoheit*.

Finanzgröße *f*, **n** un « grand » de la finance ; célébrité *f* du monde de la finance.

Finanzgruppe *f*, **n** groupe *m* financier.

Finanzhai *m*, **e** *(fam.)* requin *m* de la finance.

Finanzhilfe *f*, **n** aide *f* financière.

Finanzhoheit *f*, **(en)** souveraineté *f* fiscale ; autonomie *f* financière (droit de l'Etat de prélever des impôts).

finanziell financier ; pécuniaire ; *~e Beihilfe* aide *f* financière ; subvention *f* ; *~e Belastung* charge *f* financière ; *~e Beteiligung* participation *f* financière ; *~e Hilfe* aide *f* financière ; *~e Lage* situation *f* financière ; *~e Sanierung* mesures *fpl* financières d'assainissement ; *~e Schwierigkeiten* difficultés *fpl* de trésorerie, pécuniaires ; *~e Sorgen haben* avoir des problèmes d'argent ; *~e Zusicherungen machen* donner des garanties financières.

Finanzier *m*, **s** [finan'tsje:] financier *m*.

finanzieren financer ; *aus Eigenmitteln ~* autofinancer ; *gemeinsam ~* financer en commun.

Finanzierung *f*, **en** financement *m* ; *~ aus öffentlichen Mitteln* financement sur des fonds publics.

Finanzierungsart *f*, **en** mode *m* de financement.

Finanzierungsgeschäfte *pl* **1.** opérations *fpl* de financement ; marché *m* à crédit **2.** *(Bourse)* opérations de placement d'actions.

Finanzierungsgesellschaft *f*, **en** société *f* financière, d'investissement.

Finanzierungskosten *pl* coûts *mpl* financiers ; frais *mpl* de financement.

Finanzierungsleasing *n*, ϕ crédit-bail *m* (de financement).

Finanzierungsmittel *pl* moyens *mpl* de financement.

Finanzierungsplan *m*, ¨-e plan *m* de financement.

Finanzierungsquelle *f*, **n** source *f* de financement.

Finanzierungsträger *m*, **-** organe *m* de financement.

Finanzjahr *n,* **e** année *f* fiscale ; exercice *m* financier.

Finanzkapital *n,* φ capital *m* financier.

Finanzklemme *f,* **(n)** difficultés *fpl* financières ; *in einer ~ sitzen* avoir des difficultés de trésorerie.

Finanzkonsortium *n,* **-ien** groupe *m* financier.

Finanzkontrolle *f,* **n** contrôle *m* financier.

Finanzkrach *m,* **¨e** krach *m,* crash *m* financier.

finanzkräftig financièrement solide ; *~es Unternehmen* entreprise *f* aux reins solides.

Finanzkreise *pl* milieux *mpl,* cercles *mpl* financiers.

Finanzkrise *f,* **n** crise *f* financière.

Finanzlage *f,* **n** situation *f* financière.

Finanzlasten *pl* charges *fpl* financières.

Finanzloch *n,* **¨er** trou *m* dans le budget ; déficit *m* budgétaire.

Finanzmakler *m,* **-** courtier *m* en prêt.

Finanzmann *m,* **¨er** ou **-leute** banquier *m* ; financier *m.*

Finanzmarkt *m,* **¨e** marché *m* financier ; marché de l'argent.

Finanzminister *m,* **-** ministre *m* des Finances.

Finanzministerium *n,* **-rien** ministère *m* des Finances.

Finanzplan *m,* **¨e** budget *m* de trésorerie.

Finanzpolitik *f,* φ politique *f* financière, de financement.

finanzpolitisch : *~e Maßnahmen* mesures *fpl* (politiques et) financières.

Finanzprüfer *m,* **-** contrôleur *m* financier.

Finanzrecht *n,* φ législation *f* financière ; droit *m* financier.

Finanzreform *f,* **en** réforme *f* financière ; *eine ~ durch/führen* réaliser une réforme financière.

Finanzsachverständige/r *(der/ein)* expert *m* financier.

Finanzschieber *m,* **-** trafiquant *m* de devises ; financier *m* véreux ; escroc *m* de la finance.

finanzschwach financièrement fragile.

Finanzspritze *f,* **n** *(fam.)* injection *f* de capitaux.

finanzstark ⇒ *finanzkräftig.*

Finanzsystem *n,* **e** système *m* financier.

finanztechnisch : *aus ~en Gründen* pour des raisons (de techniques) financières.

Finanz- und Rechnungswesen *n,* φ services *mpl* financier et comptable.

Finanzvergleich *m,* **e** compromis *m* financier.

Finanzverwaltung *f,* **en** administration *f* des finances ; fisc *m.*

Finanzvorlage *f,* **n** projet *m* de finances.

Finanzvorschuß *m,* **¨sse** avance *f* de trésorerie.

Finanzwechsel *m,* **-** lettre *f* de change (avec indication de valeur en espèces).

Finanzwelt *f,* φ finance *f* ; monde *m* de la (haute) finance.

Finanzwesen *n,* φ finance *f* ; système *m* financier.

Finanzwirtschaft *f,* φ économie *f* financière (publique).

Finanzwissenschaft *f,* **en** science *f* financière.

Finanzzölle *pl* droits *mpl* fiscaux.

Finder *m,* **-** personne *f* ayant trouvé un objet perdu ; *(jur.)* inventeur *m.*

Finderlohn *m,* **¨e** récompense *f* accordée à l'inventeur d'un objet.

Findewort *n,* **¨er** mot-repère *m* ; clé *f* (afin de faciliter des recherches dans des lots d'articles).

fingiert imaginaire ; fictif ; *~e Rechnung* facture *f* fictive, pro forma ; *~er Wert* valeur *f* imaginaire.

Firma *f,* **-men** maison *f* (de commerce) ; établissement *m* ; firme *f* ; raison *f* de commerce ; nom *m* social ; *eingetragene, erloschene ~* maison inscrite au registre du commerce, radiée du registre du commerce ; *unter der ~* sous la raison sociale.

Firmenänderung *f,* **en** modification *f* de la raison sociale.

Firmenanmeldung *f,* **en** demande *f* d'emplacement présentée par une maison de commerce lors d'une foire-exposition.

Firmenaufdruck *m,* **e** mention *f* (imprimée) de la raison sociale ; *Briefpapier mit ~* papier *m* à lettre à en-tête de la maison.

Firmenberatung *f,* **en** conseil *m* en entreprise.

Firmenbezeichnung *f,* **en** raison *f* sociale.

Firmenchef *m,* **s** patron *m.*

Firmendetektiv *m,* **e** détective *m* (attaché à la maison).

firmeneigen appartenant à l'entreprise ; *~er Wagen* voiture *f* de l'entreprise.

Firmeneintragung *f,* **en** enregistrement de la raison sociale.

Firmeninhaber *m,* **-** propriétaire *m*

d'une entreprise.

firmenintern interne à l'entreprise.

Firmenkopf *m*, **¨e** ⇒ *Firmenaufdruck*.

Firmenname *m*, **ns, n** raison *f* sociale ; raison de commerce.

Firmenregister *n*, **-** registre *m* du commerce *(syn. Handelsregister)*.

Firmenschild *n*, **er** enseigne *f* (portant la raison sociale).

Firmensitz *m*, **e** siège *m* social.

Firmenstempel *m*, **-** cachet *m* de la maison.

Firmenvertreter *m*, **-** représentant *m* d'une société.

Firmenverzeichnis *n*, **se** annuaire *m* du commerce ; *ins ~ ein/tragen* inscrire dans l'annuaire du commerce.

Firmenwagen *m*, **-** voiture *f* appartenant à l'entreprise ; voiture de fonction.

Firmenwert *m*, **e** valeur *f* commerciale ; goodwill *m* ; notoriété *f* de l'entreprise ; ⇒ *Goodwill*.

Firmenzeichen *n*, **-** logo *m* ; marque *f* de fabrique ; emblème *m* (d'une marque).

firmieren donner, avoir comme raison sociale ; *das Unternehmen ~t unter dem Namen Müller und Co* l'entreprise *f* a comme raison sociale Müller et Cie.

Fischerei *f*, **en** pêche *f* ; pêcherie *f*.

Fischereierzeugnis *n*, **se** produit *m* de la pêche.

Fischereiflotte *f*, **n** flotte *f* de pêche.

Fischereigebiet *n*, **e** zone *f* de pêche.

Fischereihafen *m*, **¨** port *m* de pêche.

Fischfang *m*, **¨e** pêche *f* ; capture *f* du poisson.

Fischgründe *pl* fonds *mpl* de pêche.

Fischhandel *m*, **φ** commerce *m* de (du) poisson.

Fischhändler *m*, **-** poissonnier *m*.

Fischhandlung *f*, **en** poissonnerie *f*.

Fischzucht *f*, **φ** pisciculture *f*.

fiskalisch *(rare)* fiscal *(syn. steuerlich)*.

Fiskallasten *pl* charges *fpl* fiscales.

Fiskalpolitik *f*, **φ** politique *f* fiscale.

Fiskus *m*, **φ** fisc *m* ; Trésor *m* ; *die Einnahmen des ~* les recettes *fpl* du Trésor ; *sein Vermögen fällt an den ~* sa fortune revient au fisc.

fix fixe ; ferme ; *~er Auftrag* ordre *m* ferme ; *~es Gehalt* traitement *m* fixe ; *~e Kosten* coûts *mpl* fixes ; *~e Preise* prix *mpl* fermes.

Fixangestellte/r *(der/ein) (Autriche)* employé *m* permanent.

Fixauftrag *m*, **¨e** ordre *m* à terme.

fixen 1. *(bourse)* vendre (des titres) à découvert ; spéculer à la baisse *(syn. leerverkaufen)* **2.** monter des cours **3.** se droguer.

Fixer *m*, **- 1.** baissier *m* (spécule à la baisse) ; vendeur *m* à découvert **2.** drogué *m* ; *(fam.)* camé *m*.

Fixgeschäft *n*, **e** *(bourse)* **1.** marché *m* à terme ferme ; transaction *f* à terme fixe ; (acceptée par les deux parties) **2.** vente *f* de titres à découvert ; *syn. (Börsen)leerverkauf*.

Fixing *n*, **s** *(bourse)* fixing *m* (cotation de base de la barre d'or sur le marché).

Fixkauf *m*, **¨e** achat *m* à terme fixe.

Fixkosten *pl* coûts *mpl* fixes.

Fixpreis *m*, **e** prix *m* fixé ; *den ~ unterlaufen* vendre au-dessous du tarif officiel.

Fixum *n*, **-xa** fixe *m* ; traitement *m* fixe.

Fixzeit *f*, **en** plage *f* fixe ; horaire *m* fixe obligatoire dans le cadre du travail à horaire aménagé.

Fläche *f*, **n** surface *f* (vente, stockage, etc.) ; emplacement *m* ; *bebaute, nutzbare ~* surface construite, utile ; *überdachte ~* emplacement couvert.

Flächenbelegung *f*, **en** surface *f* occupée.

Flächenbuchung *f*, **en** réservation *f* d'emplacement.

Flächenerhebung *f*, **en** enquête *f* d'occupation des sols.

Flächenertrag *m*, **¨e** rendement *m* à l'hectare.

Flächenstillegung *f*, **en** mise f en jachère, gel *m* de(s) terres agricoles.

Flächenvermietung *f*, **en** location *f* des emplacements (foire, exposition).

Flackerstreik *m*, **s** grève *f* perlée.

Flagge *f*, **n** pavillon *m* ; *billige ~* pavillon de complaisance ; *unter fremder ~ fahren* battre pavillon étranger.

Flaggendiskriminierung *f*, **en** obligation *f* faite par un Etat de naviguer sous son pavillon.

flau *(Bourse)* faible ; déprimé ; stagnant ; morose *(syn. lustlos)*.

Flauheit *f*, **φ** *(Bourse)* lourdeur *f* ; calme *m* ; morosité *f*.

Flaute *f*, **n** marasme *m* ; accalmie *f* ; période *f* creuse ; morte-saison *f*.

Fleiper-Verkehr *m*, **φ** *(Flug-Eisenbahn-Personenverkehr)* transport *m* de personnes par air-rail.

Fleischbeschau *f*, **φ** inspection *f* (sanitaire) des viandes (effectuée par les services vétérinaires).

Fleischversorgung *f*, **en** ravitaillement *m* en viande.

Fleiß *m,* ϕ zèle *m* ; application *f* ; assiduité *f.*

Fleißzulage *f,* **n** prime *f* d'assiduité.

Flei-Verkehr *m,* ϕ *(Flug-Eisenbahn-Güterverkehr)* transport *m* de marchandises air-rail.

flexibel souple ; mobile ; *~ble Altersgrenze* âge *m* mobile de départ en retraite ; possibilité *f* de retraite anticipée ; *~ble Arbeitszeit* horaire *m* de travail variable ; travail *m* « à la carte » ; *~bler Wechselkurs* taux *m* de change flottant.

Flexibilisierung *f* : *~ der Arbeitszeit* aménagement *m* du temps de travail.

Flexibilität *f,* ϕ flexibilité *f* ; souplesse *f.*

fliegen, o, o *(ist)* prendre l'avion ; *nach Deutschland, in die USA ~* s'envoler pour l'Allemagne, pour les USA.

fliegend volant ; ambulant ; *~e Bauten* constructions *fpl* démontables ; *~er Händler* marchand *m* ambulant ; camelot *m* ; *~es Personal* personnel *m* volant, navigant.

Fließarbeit *f,* **en** ⇒ *Fließbandarbeit.*

Fließband *n,* **¨er** chaîne *f* (de montage) ; *am ~ arbeiten* travailler à la chaîne ; *vom ~ rollen* quitter les chaînes de montage.

Fließbandarbeit *f,* **en** travail *m* à la chaîne.

Fließbandarbeiter *m,* **-** ouvrier *m,* travailleur *m* à la chaîne.

Fließ(band)fertigung *f,* **en** fabrication *f* à la chaîne ; production *f* en série.

Fließbandmontage *f,* **n** assemblage *m* à la chaîne.

Fließbandproduktion *f,* **en** ⇒ *Fließbandfertigung.*

Fließ(band)straße *f,* **n** chaîne *f* de production ; *eine vollautomatische ~ mit Robotern* une chaîne entièrement robotisée *(syn. Taktstraße).*

floaten ['flo:tən/'flɔutən] flotter ; *eine Währung ~ lassen* libérer les cours de change ; faire flotter une monnaie ; *die Wechselkurse ~* les cours *mpl* de change flottent.

Floating *n,* **s** ['flo:tiŋ/'flɔutiŋ] flottement *m* ; *schmutziges ~* flottement manipulé ; *~ der Währungen* flottement des monnaies ; libéralisation *f* des cours de change.

Flohmarkt *m,* **¨e** marché *m* aux puces *(syn. Trödlermarkt).*

Flop *m,* **s** [flɔp] *(fam.)* échec *m* ; *(fam.)* « four » *m.*

Floppy-disk *f,* **s** *(inform.)* disquette *f* *(syn. Diskette).*

florieren être florissant ; prospérer ; *das Geschäft ~t* les affaires *fpl* marchent.

flöten/gehen, i, a *(ist) (fam.)* être perdu ; aller à vau-l'eau ; péricliter ; *das ganze Geld ist flötengegangen* tout l'argent a été perdu.

flott : *das Geschäft geht ~* les affaires *fpl* tournent, vont bien.

Flotte *f,* **n** flotte *f* ; marine *f* ; *eine ~ ab/takeln* désarmer une flotte.

flottierend : *~e Papiere* valeurs *fpl* flottantes ; *~e Schuld* dette *f* flottante ; dette non consolidée.

flott/machen remettre sur pieds ; *ein Unternehmen wieder ~* remettre une entreprise à flot.

Fluchtgelder *pl* ⇒ *Fluchtkapital.*

Fluchtkapital *n,* ϕ capital *m* expatrié ; évasion *f* des capitaux ; ⇒ *Kapitalflucht.*

Flüchtling *m,* **e** réfugié *m* ; rapatrié *m.*

Fluchtwert *m,* **e** valeur *f* refuge.

Flug *m,* **¨e** vol *m* ; *ein ~ nach* un vol pour ; *einen ~ buchen* réserver un vol.

Flugbegleiterin *f,* **nen** hôtesse *f* de l'air *(syn. Stewardeß).*

Flugbetrieb *m,* ϕ exploitation *f* (commerciale) d'une compagnie aérienne.

Flugblatt *n,* **¨er** tract *m* (publicitaire, politique) ; *~¨er verteilen* distribuer des tracts.

Flug-Bus-Verbindungen *pl* liaisons *fpl* combinées avion-car.

Flugdauer *f,* ϕ durée *f* du vol.

Flug-Eisenbahnverkehr *m,* ϕ transport *m* air-rail.

Flügel *m,* **-** *(polit.)* aile *f* ; *linker, rechter ~ einer Partei* aile gauche, droite d'un parti.

Fluggast *m,* **¨e** passager *m* (avion).

Fluggesellschaft *f,* **en** compagnie *f* aérienne.

Flughafen *m,* **¨** aéroport *m* ; aérodrome *m.*

Fluginklusivreise *f,* **n** voyage *m* par avion à forfait.

Flugkarte *f,* **n 1.** billet *m* d'avion **2.** carte *f* de navigation aérienne.

Fluglinie *f,* **n** ligne *f* aérienne ; *eine ~ benutzen* emprunter une ligne aérienne.

Fluglinienverkehr *m,* ϕ service *m* aérien ; trafic *m* aérien.

Fluglotse *m,* **n, n** aiguilleur *m* du ciel.

Flugmaschine *f,* **n** appareil *m* ; avion *m.*

Flugnetz *n,* **e** réseau *m* aérien.

Flugpauschale *f,* **n** forfait *m* aérien.

Flugpauschalreise *f*, **n** ⇒ *Fluginklusivreise.*

Flugpersonal *n*, *ϕ* personnel *m* de bord ; personnel navigant.

Flugplan *m*, **¨e** indicateur *m*, horaire *m* des services aériens.

Flugpost *f*, *ϕ* poste *f* aérienne ; *per ~* par avion *(syn. Luftpost).*

Flugpreis *m*, **e** tarif *m* avion ; prix *m* du transport aérien ; *einfacher ~* tarif aller.

Flugraum *m*, *ϕ* espace *m* aérien.

Flugreisende/r *(der/ein)* passager *m* (avion).

Flugroute *f*, **n** itinéraire *m* de vol.

Flugschein *m*, **e** billet *m* d'avion.

Flugsicherer *m*, **-** contrôleur *m* de la sécurité aérienne.

Flugsteig *m*, **e** quai *m*, porte *f* d'embarquement.

Flugticket *n*, **s** ⇒ *Flugschein.*

Flugverbindung *f*, **en** correspondance *f*, liaison *f* aérienne.

Flugverkehr *m*, *ϕ* trafic *m* aérien.

Flugwerbung *f*, *ϕ* publicité *f* aérienne.

Flugzeug *n*, **e** avion *m* ; appareil *m*.

Flugzeugentführer *m*, **-** pirate *m* de l'air.

Flugzeugentführung *f*, **en** détournement *m* d'avion.

Flugzeugindustrie *f*, **n** industrie *f* aéronautique.

Fluktuation *f*, **en** fluctuation *f* ; *~ der Arbeitskräfte* fluctuation de la main-d'œuvre.

fluktuieren fluctuer ; changer ; *~de Gelder* capitaux *mpl* errants, flottants ; *~ de Preise* fluctuation *f* des prix.

Flurbereinigung *f*, **en** remembrement *m* ; *eine ~ vor/nehmen* procéder à un remembrement ; remembrer.

Flurschaden *m*, **¨** dommage(s) *m(pl)* causé(s) aux cultures.

Flurzersplitterung *f*, **en** morcellement *m*, émiettement *m* des terres.

flüssig liquide ; disponible ; *~e Gelder* capitaux *mpl* disponibles ; *~e Mittel* trésorerie *f* ; *Geld ~ machen* débloquer des fonds ; réaliser un capital ; *kein Geld ~ haben* ne pas avoir d'argent liquide ; *nicht sehr ~ sein* être financièrement gêné.

Flüssigkeit *f*, **en** liquidité *f*, disponibilité *f*.

flüssig/machen réaliser un capital ; mobiliser, débloquer des fonds.

Flüssigmachung *f*, **en** mobilisation *f* de capitaux ; réalisation *f* de fonds.

Flußschiffahrt *f*, **en** navigation *f* fluviale ; batellerie *f*.

Flüßverkauf *m*, **¨e** vente *f* de blé (ou de céréales) sur pied.

Flüsterpropaganda *f*, *ϕ* propagande *f* de bouche à oreille.

Flut *f*, **en** flot *m* ; flux *m* ; une énorme quantité de.

Flutkraftwerk *n*, **e** centrale *f*, usine *f* marémotrice *(syn. Gezeitenkraftwerk).*

fm ⇒ *Festmeter.*

fob *(free on board)* franco à bord ; F.O.B.

fob-Preis *m*, **e** prix *m* F.O.B. ; prix franco à bord.

foc *(free of charge)* franco de tous frais ; gratuit ; gratuitement.

Föderalismus *m*, *ϕ* *(polit.)* fédéralisme *m*.

föderalistisch fédéraliste.

Föderation *f*, **en** fédération *f*.

föderativ fédératif.

Folge *f*, **n** suite *f* ; conséquence *f* ; *üble ~n haben* avoir des conséquences fâcheuses ; *einer Sache ~ leisten* donner suite à une affaire.

Folgeerscheinung *f*, **en** conséquence *f* ; phénomène *m* secondaire ; retombées *fpl*.

Folgeerzeugnis *n*, **se** produit *m* dérivé.

Folgekosten *pl* coûts *mpl* inhérents.

Folgelasten *pl* charges *fpl* inhérentes.

folgenschwer lourd de conséquences.

Folie *f*, **n** ['fo:ljə/'fo:liə] feuille *f* (de métal ou plastique).

Fonds *m*, **-** [fɔ̃:] *pl* [fɔ̃:s] fonds *m* ; capital *m* ; *ein ~ aus öffentlichen Mitteln* fonds public ; *~ für Notfälle* fonds de secours ; *~ zur Förderung des Fremdenverkehrs* fonds d'encouragement au tourisme ; *einen ~ bilden (errichten)* créer un fonds.

Fondsbörse *f*, **n** Bourse *f* des valeurs.

Fondsgeschäfte *pl* transactions *fpl* de valeurs ; opérations *fpl* sur titres.

Fondsinhaber *m*, **-** détenteur *m* de fonds publics.

Fondsmakler *m*, **-** agent *m* de change ; cambiste *m*.

Fonds-Versicherung *f*, **en** assurance *f* titres ; « port-folio insurance ».

Fonds-Zertifikat *n*, **e** certificat *m* de fonds de placement.

foq *(free on quay)* franco quai.

for *(free on rail)* franco wagon départ ; franco sur rail.

forcieren forcer (la production par ex.).

Förder- *(préfixe)* **1.** d'encouragement ; promotionnel **2.** relatif à la production et à l'extraction (minerai, pétrole).

Förderabgaben *pl* royalties *fpl* (redevance acquittée par une compagnie pétrolière pour le passage d'un pipe-line par ex.).

Förderanlage *f*, **n** *(mines)* installation *f* de transport ou de production.

Förderausfall *m*, **¨e** *(mines)* perte *f* d'extraction ; déficit *m* de production.

Förderband *n*, **¨er** bande *f* transporteuse ; tapis *m* roulant.

Förderdrosselung *f*, **en** diminution *f* de (la) production, d'extraction.

Förderkorb *m*, **¨e** cage *f* d'extraction.

Förderleistung *f*, **en** production *f*, extraction *f* (quotidienne, horaire).

Fördermaßnahme *f*, **n** mesure *f* d'encouragement, promotionnelle.

Fördermenge *f*, **n** quantité *f* extraite ; production *f*.

Fördermittel *pl* fonds *mpl* d'encouragement ; subvention *f* de l'Etat destinée à promouvoir un projet, une région, etc.

fordern 1. demander ; réclamer ; exiger ; revendiquer ; *einen unerschwinglichen Preis ~* exiger un prix exorbitant ; *die 35-Stunden-Woche ~* revendiquer la semaine de 35 heures **2.** *jdn vor Gericht ~* citer qqn en justice, devant le tribunal.

fördern 1. encourager ; favoriser ; développer ; promouvoir ; *den Handel ~* stimuler le commerce ; *die unterentwickelten Sektoren ~* encourager les secteurs sous-développés ; *den Verkauf ~* promouvoir les ventes **2.** produire ; extraire ; *Kohle, Erz ~* extraire du charbon, des minerais.

Förderplattform *f*, **en** plate-forme *f* de forage.

Förderprogramm *n*, **e** mesures *fpl* d'encouragement ; programme *m* de relance.

Förderschacht *m*, **¨e** *(mines)* puits *m* d'extraction.

Förderturm *m*, **¨e** *(mines)* chevalement *m*.

Forderung *f*, **en 1.** demande *f* ; revendication *f* ; réclamation *f* ; prétention *f* ; *eine ~ durch/setzen* faire aboutir une revendication ; *seine ~en geltend machen* faire valoir ses prétentions ; *eine ~ stellen* présenter une revendication **2.** créance *f* ; **I.** *abgeschriebene ~* créance amortie ; *abgetretene ~* créance cédée ; *ausstehende ~* créance arriérée ; *befristete ~* créance à terme ; *dubiose ~* créance douteuse ; *eingefrorene ~* créance gelée ; *eintreibbare ~* créance exigible ; *erloschene ~* créance éteinte ; *fällige ~* créance exigible ; *sichergestellte ~* créance garantie ; *uneinbringliche ~* créance irrévocable ; *verjährte ~* créance prescrite ; *zweifelhafte ~* créance douteuse **II.** *eine ~ ab/schreiben, ab/treten* amortir, céder une créance ; *eine ~ an/erkennen, an/melden* reconnaître, produire une créance ; *eine ~ ein/klagen* recouvrir une créance par voie de justice ; *eine ~ ein/treiben (ein/ziehen)* recouvrer une créance **3.** *(jur.)* citation en justice.

Förderung *f*, **en 1.** encouragement *m* ; aide *f* ; promotion *f* ; *~ der Spartätigkeit* encouragement à l'épargne **2.** extraction *f* ; production *f*.

Forderungsabschreibung *f*, **en** amortissement *m* d'une créance.

Forderungsabtretung *f*, **en** cession *f* d'une créance.

Forderungsanerkennung *f*, **en** admission *f*, reconnaissance *f* de créance.

Forderungsanmeldung *f*, **en** production *f* de créance.

förderungsbedürftig qui a besoin d'aide ; *~er Wirtschaftszweig* branche *f* économique défavorisée.

Förderungsbeihilfe *f*, **n** subvention *f* ; *eine ~ gewähren* accorder une aide financière.

Forderungsberechtigte/r *(der/ein)* porteur *m*, détenteur *m* d'un titre de créance.

Forderungsbetrag *m*, **¨e** montant *m* de la créance.

Forderungskatalog *m*, **e** catalogue *m* de revendications.

Förderungsmaßnahme *f*, **n** mesure *f* d'encouragement ; *~n treffen* prendre des mesures destinées à promouvoir qqch.

Forderungstilgung *f*, **e** ⇒ *Forderungsabschreibung*.

Forderungsübergang *m*, **¨e** ⇒ *Forderungsübertragung*.

Forderungsübertragung *f*, **en** transfert *m* de créance.

Forderungsverzicht *m*, **(e)** abandon *m* de créance.

forfaitieren [fɔrfɛ'ti:rən] vendre à forfait.

Forfaitierung *f*, **en** vente *f* à forfait.

Formalität *f*, **en** formalité *f* ; *die ~en erledigen* régler les formalités.

Format *n*, **e** format *m* ; *genormtes ~* format standard, normalisé ; *kleines, mittleres, großes ~* petit, moyen, grand format.

Formation *f*, **en** formation *f* politique, économique ou sociale.

Formblatt *n,* **¨er** imprimé *m* ; formulaire *m.*

Formel *f,* **n** formule *f.*

formell 1. formel ; selon les formes **2.** formaliste ; de pure forme ; *~e Gründung* constitution *f* pour la forme.

Formfehler *m,* **-** vice *m* de forme.

Formgestalter *m,* **-** styliste *m* ; designer *m.*

Formgestaltung *f,* **en** design *m* ; esthétique *f* industrielle *(syn. Design).*

förmlich ⇒ *formell.*

formlos sans formes ; *einen ~en Antrag stellen* faire une demande sur papier libre.

Formmangel *m,* **¨** ⇒ *Formfehler.*

Formular *n,* **e** formulaire *m* ; formule *f* (imprimée) ; *vorgedrucktes ~* imprimé *m* ; *ein ~ aus/füllen* remplir un formulaire.

Forschung *f,* **en** recherche *f* (scientifique, industrielle, etc.) ; *landwirtschaftliche ~* recherche agronomique.

Forschungsinstitut *n,* **e** institut *m* de recherche.

Forst *m,* **e** ou **en** forêts *fpl* ; exploitation *f* forestière.

Forstamt *n,* **¨er** administration *f* des forêts ; *(France)* les Eaux et Forêts.

Forstbetrieb *m,* **e** exploitation *f* forestière.

Forstwirtschaft *f,* **en** exploitation *f* forestière ; sylviculture *f.*

forstwirtschaftlich forestier.

fort/bilden : *sich ~* se perfectionner ; suivre des cours de formation continue.

Fortbildung *f,* **en** perfectionnement *m* ; formation *f* permanente, continue ; *berufliche ~* formation professionnelle *(syn. Weiterbildung).*

Fortbildungskurs *m,* **e** cours *m* de perfectionnement (pour adultes) ; *an einem ~ teil/nehmen* suivre des cours de perfectionnement.

Fortbildungslehrgang *m,* **¨e** stage *m* de perfectionnement.

fortgeschritten 1. avancé ; à la pointe du progrès **2.** niveau *m* avancé ; *Lehrgang für Fortgeschrittene* cours pour les forts ; niveau supérieur.

fortlaufend continu ; permanent ; *~e Notierung* cotation *f* continue, sur le marché continu ; *~e Nummer* numéro *m* d'ordre.

FORTRAN *(formula translator)* langage *m* scientifique pour ordinateurs ; Fortran *m.*

fort/schicken 1. renvoyer ; congédier **2.** expédier (par la poste).

fort/schreiben, ie, ie mettre à jour ; actualiser ; réévaluer.

Fortschreibung *f,* **en** mise *f* à jour ; *(comptab.)* inventaire *m* permanent.

Fortschreibungsveranlagung *f,* **en** réévaluation *f* de l'assiette.

Fortschritt *m,* **e** progrès *m* ; *~e machen* progresser ; faire des progrès.

fortschrittlich progressiste.

fort/zahlen continuer à payer ; poursuivre le(s) paiement(s).

Fortzahlung *f,* **en** maintien *m,* poursuite *f* du paiement ; *~ der Löhne und Gehälter* maintien du versement des salaires et traitements.

fotokopieren photocopier.

Fotokopierautomat *m,* **en, en** photocopieur *m.*

Fr. ⇒ *Franken.*

Fracht *f,* **en 1.** fret *m* ; charge *f* ; marchandise *f* transportée ; chargement *m* ; cargaison *f* ; *die ~ löschen* décharger un navire ; *die ~ um/schlagen* transborder une cargaison ; *das Schiff führt volle ~* le navire est à pleine charge **2.** fret *m* ; prix *m* du transport ; coût *m* de location du navire ; *die ~ beträgt...* le fret est de... ; *in ~ nehmen* prendre en location ; *~ im voraus bezahlt* fret payé ; *Kosten und ~* coût et fret.

Frachtabfertigungsdienst *m,* **e** service *m* d'affrètement.

Frachtanteil *m,* **e** part *f* du fret.

Frachtaufschlag *m,* **¨e** supplément *m* de fret.

Frachtbehälter *m,* **-** conteneur *m.*

Frachtberechnung *f,* **en** calcul *m* du fret ; taxation *f.*

Frachtbörse *f,* **n** Bourse *f* de fret de marchandises transportées.

Frachtbrief *m,* **e** lettre *f* de voiture ; connaissement *m.*

Frachter *m,* **- 1.** cargo *m* **2.** affréteur *m.*

Frachtflugzeug *n,* **e** avion *m* de transport ; avion-cargo *m.*

frachtfrei franco de port ; fret, port payé ; *~e Lieferung* livraison *f* en port payé.

Frachtführer *m,* **-** transporteur *m* ; voiturier *m.*

Frachtgebühr *f,* **en** ⇒ *Frachtgeld.*

Frachtgeld *n,* **er** prix *m* du transport ; fret *m.*

Frachtgut *n,* **¨er** fret *m* ; marchandise *f* transportée ; *als ~ versenden (schikken)* expédier en petite vitesse.

Frachtgutsendung *f,* **en** envoi *m* en régime ordinaire.

Fracht-Jumbo *m,* **s** gros porteur *m*

(avion).

Frachtkahn **m, ¨-e** chaland *m* ; barge *f*.

Frachtkarte ***f*, n** ⇒ *Frachtbrief*.

Frachtkosten *pl* ⇒ *Frachtgeld*.

Frachtmakler ***m*, -** courtier *m* de transport ; courtier de fret.

Frachtpreis ***m*, e** prix *m* de transport ; fret *m*.

Frachtraum ***m*, ¨-e** cale *f*.

Frachtsatz ***m*, ¨-e** taux *m* de fret ; tarifs *mpl* des transports ; *ermäßigter ~* tarif-fret réduit.

Frachtschein ***m*, e** ⇒ *Frachtbrief*.

Frachtschiff ***n*, e** ⇒ *Frachter* 1.

Frachtstück ***n*, e** colis *m*.

Frachttarif ***m*, e** ⇒ *Frachtsatz*.

Frachtübernahme ***f*, n** prise *f* en charge du fret.

fracht- und zollfrei franco de fret et de droits.

Frachtverkehr ***m*, φ** trafic *m* des marchandises.

Frachtversicherung ***f*, en** assurance *f* marchandises.

Frachtvertrag ***m*, ¨-e** contrat *m* d'affrètement ; charte-partie *f*.

Fragebogen ***m*, -** ou **¨** questionnaire *m* ; *Erhebung durch ~* enquête *f* par questionnaire ; *einen ~ aus/füllen* remplir un questionnaire.

Fragebogenaktion ***f*, en** enquête *f* ; *eine ~ durch/führen* se livrer à une enquête.

Fragekarte ***f*, n** carte *f*- réponse.

fragen demander ; interroger ; *nach (um) Arbeit ~* chercher du travail ; *dieser Artikel ist sehr gefragt* cet article est très demandé, recherché ; *hat jd nach mir gefragt ?* qqn m'a-t-il demandé ?

fraglich 1. incertain ; problématique 2. *die ~en Bestellungen* les commandes *fpl* en question.

Fraktion ***f*, en** *(polit.)* groupe *m* parlementaire ; fraction *f*.

Fraktionsvorsitzende/r *(der/ein)* président *m* d'un groupe parlementaire.

Franc ***m*, s** [frã] franc *m* français ; *belgischer ~* franc belge.

Franchise ***f*, n** [frã'ʃi:zə] exonération *f* ; franchise *f* ; exemption *f* (des droits de douane).

Franchise ***n*, φ** ['frɛntʃaiz] ⇒ *Franchising*.

Franchise-Geber ***m*, -** franchiseur *m*.

Franchise-Nehmer ***m*, -** franchisé *m*.

Franchising ***n*, φ** [frɛn'tʃaiziŋ] franchisage *m* ; franchise *f* ; « franchising » *m* (une entreprise A autorise une entreprise B par contrat à utiliser sa marque ou sa raison sociale pour commercialiser des produits).

Franc-Zone ***f*, φ** zone *f* franc.

Frankatur ***f*, en** ⇒ *Frankierung*.

Franken ***m*, -** franc *m* suisse.

frankieren affranchir ; *einen Brief mit 2 Mark ~* affranchir une lettre à 2 marks ; *ungenügend ~te Sendung* affranchissement *m* insuffisant.

Frankiermaschine ***f*, n** machine *f* à affranchir.

Frankierstempel ***m*, -** cachet *m* d'affranchissement.

Frankierung ***f*, en** affranchissement *m*.

franko, franco transport, port payé ; *~ Fracht* franco de port ; *~ Haus* franco domicile ; port payé ; *~ aller Kosten* franco de tous frais ; *~ Verpakkung* franco d'emballage.

Frankolieferung ***f*, en** livraison *f* franco.

Frankopreis ***m*, e** prix *m* franco.

Frankorechnung ***f*, en** facture *f* franco (à) domicile.

Frau ***f*, en** femme *f* ; *erwerbstätige (berufstätige) ~* femme qui exerce une activité professionnelle.

Frauenarbeit ***f*, en** 1. travail *m* de la femme 2. travail pour femmes.

Frauenarbeitsschutz ***m*, φ** réglementation *f* du travail des femmes.

Frauenausschuß ***m*, ¨-sse** *(R.D.A.)* comité *m* dans une entreprise chargé de représenter les intérêts des femmes.

Frauenberuf ***m*, e** profession *f* féminine.

Frauenbeschäftigung ***f*, φ** effectif *m* féminin d'une entreprise.

Frauenbewegung ***f*, en** mouvement *m* féministe.

Frauenbrigade ***f*, n** *(R.D.A.)* brigade *f* féminine.

Frauenförderungsplan ***m*, ¨-e** *(R.D.A.)* promotion *f* au sein de l'entreprise de la femme au travail.

Frauenlohn ***m*, ¨-e** salaire *m* des femmes.

Frauenquote ***f*, n** quota *m* de femmes ; représentation *f* féminine (partis, syndicats, services publics, etc.).

Frauenrechtlerin ***f*, nen** féministe *f* ; suffragette *f* *(syn. Feministin)*.

Frauenschutz ***m*, φ** ⇒ *Frauenarbeitsschutz*.

Frauentag : *Internationaler ~ (R.D.A.)* Journée *f* de la femme (journée du 8 mars, chômée dans tous les pays socialistes).

Frauenwahlrecht ***n*, φ** droit *m* de vote

des femmes.

frei 1. franco ; exempt de ; exonéré de ; ~ *Grenze* franco frontière ; ~ *Haus liefern* livrer franco domicile ; *20 kg Gepäck ~ haben* avoir une franchise de bagages de 20 kilos **2.** libre ; facultatif ; vacant ; *der Posten ist ~ geworden* le poste s'est libéré ; *~e Stelle* place *f* vacante.

Freiaktie *f,* **n** action *f* gratuite.

Freiantwort *f,* **en** réponse *f* payée.

frei/bekommen 1. obtenir un congé **2.** *gegen eine Kaution ~* dégager, libérer contre caution.

Freiberufler *m,* **-** personne *f* qui exerce une profession libérale ; *die ~* les professions *fpl* libérales.

freiberuflich : *~ tätig sein* exercer une profession libérale.

Freibetrag *m,* **¨e** montant *m* exonéré ; tranche *f* non imposable ; abattement *m* à la base.

freibleibend sans engagement ; *~es Angebot* offre *f* sans engagement.

Freiexemplar *n,* **e** exemplaire *m* gratuit ; spécimen *m*.

Freifahrschein *m,* **e** bon *m* de transport gratuit ; permis *m* de circulation gratuite.

Freifahrt *f,* **en** voyage *m* gratuit.

Freiflächenstand *m,* **¨e** stand *m* en plein air.

Freigabe *f,* **n 1.** déblocage *m* ; libéralisation *f* ; *~ der eingefrorenen Gelder, Löhne* déblocage *m* des avoirs bloqués, des salaires ; *~ der Preise, der Wechselkurse* libération *f* des prix, des taux de change **2.** *(jur.)* main-levée *f* ; déréquisition *f*.

frei/geben, a, e 1. débloquer ; libérer ; *die gesperrten Auslandsguthaben ~* débloquer les avoirs (gelés) à l'étranger ; *die Preise ~* libérer les prix ; *zum Verkauf ~* mettre en vente **2.** donner congé ; *jdm für einen Tag ~* donner sa journée à qqn.

Freigepäck *n,* **ϕ** bagages *mpl* en franchise.

Freigrenze *f,* **n** marge *f* libre ; seuil *m* d'imposition ; tolérance *f*.

Freigut *n,* **¨er** marchandises *fpl* en franchise.

frei/haben avoir congé ; ne pas être de service.

Freihafen *m,* **¨** port *m* franc.

Freihandel *m,* **ϕ** libre-échange *m* ; liberté *f* de commerce.

Freihandelsgebiet *n,* **e** ⇒ *Freihandelszone.*

Freihandelszone *f,* **n** zone *f* de libre-échange.

freihändig à l'amiable ; de gré à gré ; *~er Verkauf* vente *f* à un tiers pour non-exécution d'un contrat par l'acquéreur.

Freihändler *m,* **-** libre-échangiste *m* ; partisan *m* du libre-échange.

freihändlerisch libre-échangiste.

Freihandverkauf *m,* **¨e** vente *f* à l'amiable.

Freiheit *f,* **en** liberté *f* ; exemption *f* ; franchise *f* ; latitude *f* ; *~ des Marktes* liberté du marché ; *~ der Meinungsäußerung* liberté d'expression ; *jdn der ~ berauben* priver qqn de sa liberté.

Freiheitsstrafe *f,* **n** *(jur.)* peine *f* privative de liberté ; prison *f*.

Freijahre *pl* premières années d'un remboursement (seuls les intérêts du capital sont versés).

Freikarte *f,* **n** billet *m* non payant.

Freikauf *m,* **¨e** rachat *m*.

frei/kaufen racheter ; dégager qqch ; libérer qqn moyennant argent ; *sich von einer Schuld ~* se libérer d'une dette.

Freilager *n,* **-** dépôt *m* de transit.

Freiliste *f,* **n** liste *f* des marchandises exonérées de droits de douane.

frei/machen affranchir *(syn. frankieren).*

Freimachung *f,* **en** affranchissement *m*.

Freimachungsgebühr *f,* **en** taxe *f* d'affranchissement.

Freimarke *f,* **n** timbre-poste *m (syn. Briefmarke).*

Freimarkt *m,* **¨e** marché *m* libre ; libre-échange *m* ; libre concurrence *f*.

frei/nehmen, a, o : *sich einen Tag ~* prendre un jour de congé.

Freischicht *f,* **en** journée *f* de repos.

frei/setzen dégager ; libérer (main-d'œuvre) ; licencier.

frei/stehen, a, a être inoccupé (logement).

frei/stellen libérer ; exempter ; *von der Steuer ~* exonérer de l'impôt.

Freiumschlag *m,* **¨e** enveloppe *f* affranchie.

Freiverkehr *m,* **ϕ 1.** *(bourse)* marché *m* libre ; marché en banque ; *(autrefois)* coulisse *f* ; marché des courtiers en valeurs mobilières ; *(titres pas encore admis)* marché hors cote **2.** *(douane)* marché *m* libre, intérieur ; marché national ; *syn. freier Verkehr.*

Freiverkehrsaktien *pl* actions *fpl* souscrites sur le marché libre ; actions hors-cote ; actions non admises à la cote.

Freiverkehrsbörse ⇒ *Freiverkehr* **1.**

Freiverkehrskurs *m,* **e** *(bourse)* cours

m du marché libre.

Freiverkehrsmakler *m,* - courtier *m* (libre) ; courtier en valeurs mobilières ; *(autrefois)* coulissier *m* ; *syn. Kursmakler.*

freiwillig volontaire ; bénévole ; facultatif ; *~e Helfer* aides *fpl* bénévoles ; *~e Kette* chaîne *f* volontaire ; *~e Leistung* prestation *f* volontaire ; *~es Mitglied* assuré *m* volontaire ; *~e Versicherung* assurance *f* privée, volontaire.

Freizeichen *n,* - *(téléph.)* tonalité *f (contr. Besetztzeichen).*

Freizeichnungsklausel *f,* **n** clause *f* de non-responsabilité.

Freizeit *f,* **(en)** temps *m* libre ; loisirs *mpl ; seine ~ aus/füllen* occuper, meubler ses loisirs.

Freizeitgesellschaft *f,* **en** société *f* des loisirs.

Freizeitgestaltung *f,* **en** organisation *f* des loisirs.

Freizeitindustrie *f,* **n** industrie *f* des loisirs.

Freizügigkeit *f, φ* liberté *f* de circulation ; liberté du choix de (sa) résidence ; *~ der Arbeitskräfte* libre circulation des travailleurs.

fremd étranger ; inconnu ; *~e Arbeitskräfte ins Land holen* faire appel à la main-d'œuvre étrangère ; *~e Mittel* capitaux *mpl* extérieurs ; *in ~em Namen* au nom d'un tiers ; *unter ~em Namen* sous un nom d'emprunt ; *für ~e Rechnung* pour le compte d'un tiers ; *~es Verschulden* faute *f* de tiers.

Fremd- *(préfixe)* inconnu ; étranger ; tierce personne ; extérieur.

Fremdarbeiter *m,* - travailleur *m* étranger ; ouvrier *m* immigré *(syn. Gastarbeiter).*

Fremdenbuch *n,* **¨er** *(touris.)* registre *m* des voyageurs.

Fremdenführer *m,* - guide *m* touristique.

Fremdenindustrie *f,* **n** industrie *f* du tourisme.

Fremdenschein *m,* **e** fiche *f* de voyageur.

Fremdenverkehr *m, φ* tourisme *m (syn. Tourismus).*

Fremdenverkehrsamt *n,* **¨er** syndicat *m* d'initiative ; office *m* de tourisme.

Fremdenverkehrsgebiet *n,* **e** région *f* touristique.

Fremdenverkehrsgewerbe *n, φ* profession *f,* activité *f* touristique.

Fremdenverkehrsindustrie *f,* **n** ⇒ *Fremdenindustrie.*

Fremdenverkehrswerbung *f,* **en** publicité *f* touristique.

Fremdenverzeichnis *n,* **se** registre *m* des voyageurs.

Fremdenzimmer *n,* - chambre *f* d'hôte, d'hôtel ; *verfügbare ~* capacité *f* en chambres disponibles.

Fremdfinanzierung *f,* **en** financement *m* sur capitaux empruntés ; financement extérieur *(contr. Selbstfinanzierung).*

Fremdgeld *n,* **er** ⇒ *Fremdkapital.*

Fremdguthaben *n,* - avoir *m* en devises étrangères.

Fremdhypothek *f,* **en** hypothèque *f* au profit d'un tiers.

Fremdkapital *n, φ* capital *m* emprunté ; capitaux étrangers.

Fremdmittel *pl* moyens *mpl* financiers empruntés ; capitaux *mpl* extérieurs.

Fremdschuld *f,* **en** dette *f* en devises étrangères.

Fremdsprachenkorrespondent *m,* **en, en** correspondancier *m* international.

Fremdversicherung *f,* **en** assurance *f* pour le compte d'un tiers.

Fremdwährung *f,* **en** monnaie *f* étrangère.

freundlich **1.** *~es Angebot* offre *f* obligeante ; *~e Börse* Bourse *f* bien disposée ; *(corresp.) mit ~en Grüßen* veuillez agréer l'expression de nos sentiments les meilleurs **2.** *(suffixe) fußgänger~* piétonnier ; aménagé pour les piétons ; *käufer~* dans l'intérêt des acheteurs ; *umwelt~* non polluant.

freundschaftlich amical ; *~e Beziehungen* relations *fpl* amicales ; *etw ~ regeln* régler qqch à l'amiable.

Freundschaftskauf *m,* **¨e** achat *m* à prix d'ami.

Friedensklausel *f,* **n** clause *f* de paix sociale ; trêve *f* sociale (accord gouvernement - syndicats).

Friedenspflicht *f,* **(en)** ⇒ *Friedensklausel.*

Friedenswirtschaft *f,* **en** économie *f* de paix.

frisch frais ; *~en Datums* de date récente ; *~es Gemüse* légumes *mpl* frais ; *auf ~er Tat ertappt werden* être pris en flagrant délit ; être pris sur le fait.

Frischgewicht *n,* **e** poids *m* avant mise en conserve.

Frischhaltebeutel *m,* - pochette *f* plastique isolante ; sac *m* plastique pour la conservation des aliments.

Frischhaltedatum *n,* **-ten** date *f* (limite) de fraîcheur ; délai *m* de conservation ; date *f* de péremption.

Frischhaltepackung *f,* **en** emballage

m isolant.

Frischhaltung *f,* *ϕ* conservation *f* (des aliments).

frisieren truquer ; falsifier ; *eine Bilanz ~* maquiller un bilan.

Frist *f,* **en** délai *m* ; sursis *m* ; temps *m* accordé ; terme *m* **I.** *abgelaufene (verstrichene) ~* délai échu, expiré ; *innerhalb einer angemessenen ~* dans un délai raisonnable ; *gesetzliche ~* délai légal ; *gesetzte ~* délai imparti ; *auf kurze ~* à court terme ; *vereinbarte ~* délai convenu ; *vor, nach Ablauf der ~* avant, après expiration du délai **II.** *eine ~ ein/halten* respecter un délai ; *eine ~ ein/räumen (gewähren)* accorder un délai ; *einen weiteren Monat ~ erhalten* obtenir un délai supplémentaire d'un mois ; *eine ~ fest/setzen* fixer un délai ; *eine ~ überschreiten* dépasser un délai ; *eine ~ verlängern* proroger un délai.

Fristablauf *m,* **¨e** expiration *f* du délai ; *nach, vor ~* après, avant terme.

Fristbewilligung *f,* **en** octroi *m* d'un délai ; *(jur.)* moratoire *m.*

Fristende *n,* *ϕ* ⇒ *Fristablauf.*

Fristenlösung *f,* **(en)** *(jur.)* autorisation *f* de l'interruption de grossesse (pendant un certain délai) ; avortement *m* légalement autorisé pendant une certaine période.

Fristerstreckung *f,* **en** *(Suisse)* prorogation *f* d'un délai.

fristgemäß dans les délais (impartis) ; comme prévu.

fristgerecht ⇒ *fristgemäß.*

Fristigkeit *f,* **en** durée *f* d'un placement.

fristlos sans délai ; sans préavis ; *~ entlassen (kündigen)* licencier sans préavis.

Fristsetzung *f,* **en** fixation *f* d'un délai.

Fristüberschreitung *f,* **en** dépassement *m* de délai.

Fristung *f,* **en** sursis *m* ; prorogation *f* d'un délai.

Fristverlängerung *f,* **en** prorogation *f* ; prolongation *f.*

Fristversäumnis *n* ou *f,* **se** inobservation *f,* non respect *m* d'un délai.

Fristwechsel *m,* **-** traite *f,* effet *m* payable à un certain délai de date.

Fristzahlung *f,* **en** paiement *m* par termes.

Frühdienst *m,* *ϕ* ⇒ *Frühschicht.*

Frühjahrsgeschäft *n,* **e** ventes *fpl,* affaires *fpl* de (du) printemps.

Frühjahrskatalog *m,* **e** catalogue *m* de printemps.

Frühjahrsmesse *f,* **n** foire *f* de printemps.

frühkapitalistisch précapitaliste.

Frührente *f,* **n** retraite *f* anticipée ; préretraite *f.*

Frührentner *m,* **-** personne *f* en préretraite ; jeune retraité *m.*

Frühschicht *f,* **en** équipe *f* du matin ; poste *m* de début ; *~ haben* être du matin *(contr. Spätschicht).*

Frühstücksfernsehen *n,* *ϕ* programmes *mpl* télévisés du matin.

Frühstückskartell *n,* **e** entente *f* illicite ; entente secrète sur les prix.

Frühstückspension *f,* **en** *(touris.)* hôtel *m* garni (nuit plus petit déjeuner).

Frühverrentung *f,* *ϕ* mise *f* en préretraite.

Fühlung *f,* *ϕ* contact *m* ; *mit jdm ~auf/nehmen* entrer en contact avec qqn.

Fühlungnahme *f,* **n** prise *f* de contact.

führen 1. conduire ; diriger ; gérer ; *Bücher ~* tenir les livres, les comptes ; *ein Geschäft ~* tenir un commerce ; *die Kasse ~* tenir la caisse ; *Verhandlungen ~* mener des négociations ; *den Vorsitz ~* présider **2.** vendre ; avoir en magasin ; tenir ; *wir ~ diese Marke nicht* nous ne faisons pas cette marque.

führend dirigeant ; renommé ; éminent ; en vue ; *auf einem Gebiet ~ sein* faire autorité dans un domaine ; *ein ~er Betrieb* entreprise *f* de pointe ; *eine ~e Position haben* avoir une situation en vue, de premier plan.

Führerschein *m,* **e** permis *m* de conduire ; *jdm den ~ entziehen* retirer le permis a qqn.

Fuhrgeld *n,* **er** frais *mpl* de transport ; camionnage *m.*

Fuhrpark *m,* **s** parc *m* de véhicules.

Führung *f,* **en** direction *f* ; conduite *f* ; responsabilité *f* ; gestion *f* ; administration *f* ; *die ~ haben* avoir le leadership ; être en tête ; *die ~ einer Firma übernehmen* prendre la direction d'une entreprise *(syn. Leitung).*

Führungsentscheidung *f,* **en** décision *f* prise par la direction ; décision « qui vient d'en haut ».

Führungsetagen : *auf den ~* dans les étages, au niveau de la direction.

Führungskraft *f.* **¨e** dirigeant *m* ; cadre *m* supérieur ; P.-D.G. *m.*

Führungskräfte *pl* personnel *m* d'encadrement ; cadres *mpl* (supérieurs) ; *betriebliche ~* cadres d'entreprise ; *kaufmännische ~* cadres commerciaux ;

obere, mittlere ~ cadres supérieurs, moyens *(syn. leitende Angestellte ; Management).*

Führungsmannschaft *f*, **en** équipe *f* dirigeante ; équipe *f* de direction.

Führungsschicht *f*, **en** classe *f* dirigeante.

Führungsspitze *f*, **n** cadres *mpl* de direction ; hauts responsables *mpl* d'une entreprise ; « top-management » *m*.

Führungsstab *m*, **¨e** état-major *m* (opérationnel) ; « staff » *m*.

Führungsstil *m*, **e** style *m* de direction.

Führungsteam *n*, **s** ⇒ *Führungsmannschaft.*

Fuhrunternehmen *n*, **-** entreprise *f* de transport *(syn. Spedition).*

Fuhrunternehmer *m*, **-** transporteur *m* ; entrepreneur *m* de camionnage, de transport.

Fund *m*, **e** objet *m* trouvé ; *(jur.)* invention *f*.

Fundamt *n*, **¨er** ⇒ *Fundbüro.*

Fundamentalist *m*, **en**, **en** fondamentaliste ; *die ~en* aile gauche des Verts ; fraction *f* pure et dure des Verts.

fundieren fonder ; garantir ; consolider ; *~te Anleihe* emprunt *m* consolidé ; *~te Schuld* dette *f* consolidée.

Fundbüro *n*, **s** bureau *m* des objets trouvés.

Fundi *m*, **s** *(fam.)* ⇒ *Fundamentalist.*

fündig riche ; exploitable (gisement) ; *~ werden* découvrir.

Fünfjahresplan *m*, **¨e** plan *m* quinquennal.

Fünfmarkstück *n*, **e** pièce *f* de cinq marks *(syn. Heiermann).*

Fünfprozent-Klausel *f*, *ϕ* *(R.F.A.)* clause *f* des « cinq pour cent » selon laquelle ne peuvent siéger au parlement que les partis ayant obtenu au moins 5 % des suffrages exprimés.

Fünftagewoche *f*, **n** semaine *f* de cinq jours, de 40 heures.

fungibel fongible ; substituable ; échangeable ; *fungible Wertpapiere* titres *mpl* fongibles.

Fungibilität *f*, *ϕ* fongibilité *f* (possibilité d'être remplacé par un bien de même nature).

fungieren fonctionner ; faire fonction de ; *diese Organisation ~t als Instrument des Staates* cette organisation opère en tant qu'instrument de l'Etat.

Funk *m*, *ϕ* radio *f* ; *~ und Fernsehen* radio-télévision *f (syn. Rundfunk ; Radio).*

funken envoyer un message radio ; radio-télégraphier.

Funkfernschreiber *m*, **-** radiotélétype *m*.

Funkhaus *n*, **¨er** station *f* de radiodiffusion.

Funktelefon *n*, **e** radio-téléphone *m*.

Funkwerbung *f*, **en** publicité *f* à la radio.

Funktion *f*, **en** fonction *f* ; *eine leitende ~ inne/haben* occuper une fonction dirigeante.

Funktionär *m*, **e** responsable *m* syndical (ou d'un parti) ; permanent *m*.

funktionell fonctionnel.

Funktionsablauf *m*, **¨e** *(inform.)* séquence *f* de fonctionnement.

Funktionswechsel *m*, *ϕ* changement *m* de poste, de fonction.

Fürsorge *f*, *ϕ* assistance *f* ; aide *f* ; *öffentliche ~* assistance publique ; *soziale ~* aide sociale *(syn. Sozialhilfe).*

Fürsorgeamt *n*, **¨er** service *mpl* de l'aide sociale ; bureau *m* d'assistance publique *(syn. Sozialamt).*

Fürsorgearzt *m*, **¨e** médecin *m* de l'assistance (publique).

Fürsorgeberechtigte/r *(der/ein)* personne *f* assistée ; ayant droit *m* à l'aide sociale.

Fürsorgeempfänger *m*, **-** personne *f* assistée ; prestataire *m*, bénéficiaire *m* de l'aide sociale.

Fürsorger *m*, **-** employé *m* de l'assistance publique.

Fürsorgerin *f*, **nen** assistante *f* sociale.

fürsorgerisch : *~e Maßnahmen* mesures *fpl* d'aide sociale.

Fürsprecher *m*, **-** défenseur *m* ; partisan *m*.

Fürsprache *f*, *ϕ* intercession *f* ; intervention *f* ; *bei jdm ~ für jdn ein/legen* intercéder auprès de qqn en faveur de qqn.

Fusion *f*, **en** fusion *f* ; intégration *f* ; concentration *f* ; *~ durch Aufnahme* fusion par absorption ; *~ von Gesellschaften* fusion de sociétés ; *horizontale, vertikale ~* concentration horizontale, verticale *(syn. Zusammenschluß ; Verschmelzung).*

fusionieren fusionner ; *der Familienbetrieb ~te mit einer Auslandsgesellschaft* l'entreprise *f* familiale a fusionné avec une société étrangère *(syn. verschmelzen).*

Fusionierung *f*, **en** ⇒ *Fusion.*

fusionistisch : *~e Absichten haben* avoir l'intention de fusionner.

Fusionsabkommen *n*, **-** accord *m* de fusion entre deux ou plusieurs entreprises.

Fusionsvertrag *m*, **¨e** contrat *m* de fusion.

Fußgängerzone *f*, **n** zone *f* piétonne ; espace *m* piétonnier ; *eine Straße zur ~ erklären* transformer une rue en zone piétonne.

Fußnote *f*, **n** note *f* en bas de page.

Fustage *f*, **n** [fus'ta:ʒə] emballage *m* vide ; flaconnage *m*.

Fusti *pl* réduction *f* sur le prix (pour altération, déchets, etc.).

füttern alimenter ; *einen Computer mit Daten ~* fournir des informations à un ordinateur ; mettre des données en mémoire.

Futures *pl* ['fju:tʃəz] *(bourse)* marchandises *fpl*, valeurs *fpl* vendues à terme ; *~-Geschäfte npl* opérations *fpl* (spéculatives) de contrat à terme ; *~-Markt m* marché *m* de contrat à terme ; *~-Option f* option *f* sur contrat à terme.

FV ⇒ **1.** *Fachverband* **2.** *Fernverkehr.*

F-Zug ⇒ *Fernschnellzug.*

G

G ⇒ *Geld.*

Gabelstapler *m*, **-** chariot *m* élévateur (à fourche) ; « fenwick » *m*.

Gage *f*, **n** [ga:ʒ(ə)] cachet *m* (artiste) ; rémunération *f*.

GAL *f (grün-alternative Liste)* liste *f* écologiste.

galoppierend : *~e Inflation* inflation *f* galopante.

Gang *m*, **¨e** **1.** marche *f* ; allure *f* ; action *f* ; fonctionnement *m* ; *der ~ der Geschäfte ist schleppend* les affaires ne marchent pas fort ; *eine Maschine in ~ bringen* mettre une machine en route ; *Verhandlungen wieder in ~ bringen* relancer des négociations ; *in vollem ~ sein* battre son plein **2.** démarche *f* ; course *f* **3.** couloir *m* ; allée *f* ; passage *m*.

gangbar : *~e Münze* monnaie *f* ayant cours.

gängig **1.** usité ; courant **2.** *~e Ware* marchandise *f* qui se vend bien ; article *m* de bon débit.

Gant *f*, **en** *(Suisse, Autriche)* vente *f* aux enchères publiques.

Ganzfabrikat *n*, **e** produit *m* fini.

Ganzinvalide *m*, **n**, **n** invalide *m* à 100 %.

Ganzsache *f*, **n** carte *f* ou enveloppe *f* de collection (philatélie).

Ganztagsarbeit *f*, **en** ⇒ *Ganztagsbeschäftigung.*

Ganztagsbeschäftigung *f*, **en** travail *m* à plein temps ; emploi *m* à temps complet ; occupation *f* à pleine journée *(contr. Halbtagsbeschäftigung).*

Ganztagskraft *f*, **¨e** personne *f* à plein temps ; travailleur *m* à temps complet.

Ganztagsstelle *f*, **n** ⇒ *Ganztagsbeschäftigung.*

gar *(Autriche)* entièrement dépensé ; épuisé.

Garant *m*, **en**, **en** répondant *m* ; garant *m (syn. Bürge).*

Garantie *f*, **n** garantie *f* ; caution *f* ; *ohne ~* sans garantie ; *die ~ auf (für) ein Gerät* la garantie d'un appareil ; *die ~ des Geräts ist abgelaufen* l'appareil n'est plus sous garantie ; *unter ~ stehen* être sous garantie ; *die ~ für eine Anleihe übernehmen* garantir un emprunt ; se porter garant d'un emprunt.

Garantiebetrag *m*, **¨e** montant *m* garanti.

Garantiebezeichnung *f*, **en** sigle *m* d'appellation contrôlée ; label *m* de garantie d'origine.

Garantiefrist *f*, **en** délai *m* de garantie.

Garantiegeschäft *n*, **e** opération *f* bancaire sous contrat de cautionnement.

Garantiehinterlegung *f*, **en** dépôt *m* de garantie.

Garantiekapital *n*, *φ* capital *m* de garantie ; capital propre.

Garantielohn *m*, **¨e** salaire *m* (minimal) garanti.

Garantiemengenregelung *f*, **en** garantie *f* des quotas laitiers (C.E.).

Garantiepreis *m*, **e** prix *m* garanti (agricole, surtout).

garantieren garantir ; *für die Qualität einer Ware ~* garantir la qualité d'un produit.

Garantieschein *m*, **e** certificat *m* de garantie ; bon *m* de garantie.

Garantieversicherung *f*, **en** assurance *f* de garantie (machines, escroqueries, détournements).

Garantievertrag *m*, **¨e** contrat *m* de garantie.

Garantiewechsel *m*, **-** effet *m* de garantie.

Garantiezeichen *n*, **-** label *m* de garantie.

Gast *m,* ¨e hôte *m* ; invité *m* ; client *m* (hôtel, restaurant).

Gastanker *m,* - méthanier *m* ; navire *m* citerne transportant du gaz liquide.

Gastarbeiter *m,* - travailleur *m* immigré ; ouvrier *m* étranger ; *die* ~ la main-d'œuvre étrangère.

Gästebetreuung *f,* **en** *(touris.)* service *m* de la clientèle ; ensemble *m* des structures d'accueil.

Gästebuch *n,* ¨er livre *m* d'hôtes ; registre *m.*

Gästekartei *f,* **en** fichier *m* des clients (hôtellerie).

Gästeverkehr *m,* ϕ mouvements *mpl* de la clientèle (restauration, hôtellerie).

Gastgewerbe *n,* ϕ ⇒ *Gaststättengewerbe.*

Gasthaus *n,* ¨er ⇒ *Gaststätte.*

Gasthof *m,* ¨e ⇒ *Gaststätte.*

Gastland *n,* ¨er pays *m* d'accueil ; pays-hôte *m.*

Gaststätte *f,* **n** restaurant *m* ; (petit) hôtel *m* ; auberge *f* ; café *m* ; bistrot *m.*

Gaststättengewerbe *n,* ϕ hôtellerie *f* ; industrie *f* hôtelière ; restauration *f.*

GATT *(General Agreement on Tariffs and Trade, 1948)* GATT *m* ; accord général sur les tarifs douaniers et le commerce.

Gattung *f,* **en** genre *m* ; variété *f* ; espèce *f* ; *Waren jeder* ~ marchandises *fpl* en tout genre et de toute provenance.

Gattungskauf *m,* ¨e achat *m* de genre ; achat *m* ou vente *f* d'une chose fongible *(contr. Spezieskauf).*

Gau *m,* **s** *(größter anzunehmender Unfall)* le plus grave accident technique de centrale nucléaire imaginable ; grande catastrophe *f.*

Gebarung *f,* **en** *(Autriche)* comptabilité *f* ; gestion *f.*

Gebäude *n,* - bâtiment *m* ; immeuble *m* ; *öffentliches* ~ bâtiment public.

Gebäudesteuer *f,* **n** impôt *m* sur les propriétés bâties.

Gebäudeversicherung *f,* **en** assurance *f* immobilière.

geben, a, e donner ; procurer ; accorder ; attribuer ; *Auskunft* ~ fournir des renseignements ; *einen Brief auf die Post* ~ poster une lettre ; *jdm eine Frist* ~ accorder un délai à qqn ; *den Kunden Kredit* ~ faire crédit aux clients ; *eine Quittung* ~ délivrer un reçu (une quittance) ; *Rabatt* ~ faire une remise ; *etw in Verwahrung* ~ déposer qqch en garde (en consigne).

Geber *m,* - donneur *m* ; donateur *m* ; bailleur *m* de fonds.

Geberland *n,* ¨er pays *m* donateur ; pays créditeur.

Gebiet *n,* **e** région *f* ; zone *f* ; secteur *m* ; territoire *m* ; domaine *m* ; *auf wirtschaftlichem* ~ dans le domaine économique ; *auf seinem* ~ *ist er ein Fachmann* c'est un expert dans son domaine ; *das* ~ *der BRD* le territoire de la R.F.A.

Gebietsgrenze *f,* **n** limite *f* territoriale.

Gebietshoheit *f,* ϕ souveraineté *f* territoriale.

Gebietskartell *n,* **e** cartel *m* régional ; entente *f* régionale de commercialisation de produits.

Gebietskörperschaft *f,* **en** collectivité *f* locale, territoriale (commune, land).

Gebietswerbung *f,* ϕ publicité *f* régionale.

Gebot *n,* **e** **1.** commandement *m* **2.** décret *m* ; loi *f* **3.** offre *f* ; enchère *f* ; *ein* ~ *ab/geben* faire une offre ; *ein höheres* ~ *machen* surenchérir ; *ein hohes* ~ une forte enchère **4.** disposition *f* ; *jdm zu* ~*(e) stehen* être à la disposition de qqn ; *das nötige Geld steht mir im Moment nicht zu* ~*(e)* je ne dispose actuellement pas des fonds nécessaires.

Gebrauch *m,* ϕ emploi *m* ; maniement *m* ; utilisation *f* ; usage *m* ; *eigener* ~ usage privé, personnel ; *zum täglichen* ~ pour l'usage quotidien ; *(corresp.) wir machen gerne von Ihrem Anerbieten* ~ nous donnons volontiers suite à votre offre ; *außer* ~ *kommen* tomber en désuétude ; *im* ~ *sein* être en usage ; *vor* ~ *gut schütteln !* bien agiter avant l'emploi ; *sparsam im* ~ économique.

gebrauchen se servir de ; employer ; utiliser ; *die erhaltene Ware können wir nicht* ~ nous ne pouvons tirer aucun parti de la marchandise reçue.

Gebrauchsanweisung *f,* **en** mode *m* d'emploi ; instructions *fpl* d'utilisation.

Gebrauchsartikel *m,* - ⇒ *Gebrauchsgegenstand.*

Gebrauchsausführung *f,* **en** modèle *m* courant.

Gebrauchsdiebstahl *m,* ¨e utilisation *f* frauduleuse d'un objet sans intention de le voler.

Gebrauchsfahrzeug *n,* **e** véhicule *m* utilitaire.

gebrauchsfertig prêt à l'usage ; prêt à l'emploi.

Gebrauchsgegenstand *m,* ¨e objet *m* d'usage courant ; article *m* usuel ; *persönliche* ~¨e effets *mpl* personnels.

Gebrauchsgraphik *f,* **en** art *m* graphique appliqué (à des fins autres qu'artistiques : publicité, etc.).

Gebrauchsgraphiker *m*, **-** dessinateur *m*, artiste *m* publicitaire ; affichiste *m*.

Gebrauchsgüter *pl* biens *mpl* (de consommation) durables ; articles *mpl* d'usage courant ; *langlebige ~* biens durables de consommation courante.

Gebrauchsmuster *n*, **-** modèle *m* d'utilité ; *eingetragenes ~* modèle déposé.

Gebrauchsmusterschutz *m*, *ϕ* protection *f* des modèles déposés ; *Internationales Abkommen über den ~* Convention *f* internationale sur la protection des marques déposées.

Gebrauchsvorschrift *f*, **en** ⇒ *Gebrauchsanweisung*.

Gebrauchsware *f*, **n** ⇒ *Gebrauchsgüter*.

Gebrauchswert *m*, **e** valeur *f* d'usage.

gebraucht usagé ; d'occasion ; *~ kaufen* acheter d'occasion.

Gebrauchtwagen *m*, **-** voiture *f* d'occasion.

Gebrüder : *Gebr. Sorg (Spedition)* Sorg frères (transporteurs).

Gebuchte/r *(der/ein)* personne *f* ayant réservé.

Gebühr *f*, **en** droit(s) *m(pl)* ; taxe *f* ; tarif *m* ; frais *mpl* ; prime *f* ; honoraires *mpl* ; péage *m* ; redevance *f* **I.** *zu ermäßigter ~* à tarif réduit ; *frei von allen ~en* exempt de tous droits ; *gesetzliche ~* taxe légale ; *vorgeschriebene ~ (en)* taxe exigée **II.** *mit ~en belegen* taxer ; *die ~en berechnen* calculer les droits, les taxes ; *eine ~ entrichten* acquitter un droit ; *die ~en erstatten* rembourser les frais ; *die ~ für die Autobahnbenutzung beträgt 40 Francs* les droits de péage sont de 40 francs.

Gebührenansage *f*, **n** notification *f* de la taxe ; détaxation *f*.

Gebührenbefreiung *f*, **en** exemption *f* des droits ; exonération *f* des droits.

Gebührenberechnung *f*, **en** taxation *f*.

Gebühreneinheit *f*, **en** *(téléph.)* unité *f* de taxation.

Gebührenerhöhung *f*, **en** majoration *f* des droits.

Gebührenerlaß *m*, **(-sse)** remise *f* des droits ; dispense *f* de taxe.

Gebührenermäßigung *f*, **en** réduction *f* des droits ; détaxe *f*.

gebührenfrei exempt de droits ; exonéré de taxe ; sans frais.

Gebührenfreiheit *f*, *ϕ* franchise *f* ; exonération *f* des droits.

Gebührenmarke *f*, **n** timbre *m* fiscal ; marque *f*, cachet *m* ou vignette *f* attestant le paiement de la taxe.

Gebührennachlaß *m*, **(-sse)** diminution *f* des taxes ; dégrèvement *m* d'impôt.

Gebührenordnung *f*, **en** barème *m* des honoraires (médicaux par ex.) ; tarifs *mpl*.

gebührenpflichtig payant ; passible de droits ; taxé ; taxable ; *~e Autobahn* autoroute *f* à péage ; *~e Verwarnung* contravention *f*.

Gebührensatz *m*, **¨e** taux *m* des droits, des honoraires.

Gebührentafel *f*, **n** ⇒ *Gebührenordnung*.

Gebührenüberhebung *f*, **en** concussion *f* (prélèvement par un fonctionnaire de sommes indues).

Gebühren-Vignette *f*, **n** *(Suisse)* (taxe *f* de) péage *m* sur autoroutes.

Gebührenvorschuß *m*, **¨sse** avance *f* sur frais ; provision *f*.

Gebührenzähler *m*, **-** *(téléph.)* compteur *m* téléphonique.

Gebührenzuschlag *m*, **¨e** surtaxe *f* ; taxe *f* supplémentaire.

gebunden lié ; fixé ; soumis à contrôle ; imposé ; *vertraglich ~* lié par contrat ; *~e Aktie* action *f* négociable sous contrat ; *~es Kapital* immobilisations *fpl* corporelles ; *~er Preis* prix *m* fixe, imposé ; *~er Verkehr* trafic *m* soumis aux contrôles douaniers ; *~e Währung* monnaie *f* contrôlée ; *~er Zoll* droit *m* de consolidation.

Geburtenbeschränkung *f*, **en** limitation *f* des naissances ; malthusianisme *m*.

geburtenfördernd : *eine ~e Politik treiben* pratiquer une politique nataliste.

Geburtenkontrolle *f*, **n** contrôle *m* des naissances.

Geburtenregelung *f*, **en** régulation *f* des naissances.

Geburtenrückgang *m*, **¨e** dénatalité *f* ; baisse *f* de la natalité.

geburtenschwach : *~e Jahrgänge* années *fpl* à faible taux de natalité ; générations *fpl* creuses.

Geburtenschwund *m*, *ϕ* recul *m*, régression *f* (du nombre) des naissances.

geburtenstark à forte natalité.

Geburtenüberschuß *m*, **¨sse** surnatalité *f* ; excédent *m* de(s) naissances (sur les décès).

Geburtenzahl *f*, **en** natalité *f* ; taux *m* des naissances.

Geburtenziffer *f*, **n** ⇒ *Geburtenzahl*.

Geburtsurkunde *f,* **n** acte *m* de naissance.

Gedächtnis *n,* **se** *(inform.)* mémoire *f (syn. Speicher).*

Gedinge *n,* **-** *(mines)* travail *m* à la tâche, à forfait.

Gedingearbeiter *m,* **-** *(mines)* tâcheron *m.*

geehrt : *(corresp.) Sehr ~er Herr Müller* Monsieur ; *Sehr ~e Herren* Messieurs.

Gefahr *f,* **en** danger *m* ; risque *m* ; péril *m* ; *auf eigene (Rechnung und) ~* à ses risques et périls ; *auf ~ des Empfängers* aux risques et périls du destinataire ; *gegen alle ~en versichern* assurer contre tous les risques.

gefährden mettre en danger ; exposer à un risque ; compromettre.

Gefährdung *f,* **en** danger *m* ; atteinte *f* ; *~ des Kredits* atteinte au crédit.

Gefährdungshaftung *f,* **en** responsabilité *f* du risque créé.

Gefahrenzulage *f,* **n** prime *f* de risque.

Gefahrerhöhung *f,* **en** *(assur.)* aggravation *f* du (des) risque(s).

Gefahrübergang *m,* *ϕ* *(assur.)* transfert *m* de risques.

Gefälle *n,* **- 1.** pente *f* **2.** différence *f* ; écart *m* ; *das soziale ~* les différences sociales ; *ein ~ aus/gleichen* combler un écart.

gefällig aimable ; complaisant ; *(corresp.) Ihrer ~en Antwort entgegensehend* dans l'attente de votre aimable réponse.

Gefälligkeit *f,* **en** complaisance *f* ; obligeance *f* ; service *m* (rendu).

Gefälligkeitsakzept *n,* **e** acceptation *f* de complaisance.

Gefälligkeitswechsel *m,* **-** billet *m,* effet *m* de complaisance.

Gefangene/r *(der/ein)* détenu *m* ; prisonnier *m* ; *nicht politischer ~r* prisonnier de droit commun.

gefragt recherché ; *stark ~er Artikel* article *m* très demandé ; article vedette.

Gefrierkette *f,* **n** chaîne *f* de produits surgelés.

Gefrierware *f,* **n** marchandise *f* congelée ; surgelé *m (syn. Tiefkühlkost).*

Gefüge *n,* **-** structure *f* ; système *m* ; assemblage *m.*

gegen *(+A)* contre ; moyennant ; en échange de ; *~ bar* au comptant ; *~ Entgelt* à titre onéreux ; *Kasse ~ Dokumente* paiement *m* contre documents ; *~ Pfand* sur gage ; sur nantissement ; *~ Quittung* sur reçu ; contre quittance.

Gegenangebot *n,* **e** contre-offre *f.*

Gegenantrag *m,* **¨e** contre-proposition *f.*

Gegenauftrag *m,* **¨e** contrordre *m* ; *wenn wir keinen ~ von Ihnen erhalten* sauf contrordre de votre part.

Gegenbieter *m,* **-** soumissionnaire *m.*

gegenbuchen *(à l'infinitif)* contre-passer.

Gegenbuchung *f,* **en** contre-passation *f* (comptabilité en partie double).

Gegenbürge *m,* **n, n** arrière-garant *m.*

Gegenbürgschaft *f,* **en** arrière-caution *f.*

Gegendemonstration *f,* **en** contre-manifestation *f.*

Gegendienst : *(corresp.) zu ~en gern bereit* à charge de revanche ; en espérant pouvoir vous rendre un service analogue.

Gegenexpertise *f,* **n** ⇒ *Gegengutachten.*

Gegenforderung *f,* **en** créance *f* en contrepartie ; créance *f* en compensation ; prétention *f* à titre de réciprocité.

Gegengebot *n,* **e** ⇒ *Gegenangebot.*

Gegengeschäft *n,* **e** affaire *f* en contrepartie ; affaire en retour.

Gegengutachten *n,* **-** contre-expertise *f.*

Gegenklage *f,* **n** *(jur.)* reconvention *f* ; demande *f* reconventionnelle.

Gegenleistung *f,* **en** contre-prestation *f* ; *etw als ~ verlangen* exiger qqch en contrepartie.

Gegenmarke *f,* **n** contremarque *f.*

Gegenmaßnahme *f,* **n** contre-mesure *f* ; mesure *f* de représailles.

Gegenposten *m,* **-** *(comptab.)* contrepartie *f.*

Gegenprojekt *n,* **e** contre-projet *m* ; *ein ~ vor/legen* présenter un contre-projet.

gegen/rechnen solder par décompte ; prendre en décompte.

Gegenrechnung *f,* **en** facture *f* en contrepartie ; *eine ~ auf/stellen* faire le décompte de qqch.

Gegenschein *m,* **e** *(Autriche)* double *m* d'une commande.

Gegenseite *f,* **n 1.** côté *m* opposé ; revers *m* **2.** *(jur.)* partie *f* adverse.

gegenseitig réciproque ; mutuel ; *~er Beistand* assistance *f* mutuelle ; *im ~en Einvernehmen* d'un commun accord ; *~er Handelsverkehr* échanges *mpl* commerciaux réciproques ; *aus ~em Verschulden* aux torts réciproques ; aux torts partagés.

Gegenseitigkeit *f,* **en** réciprocité *f* ; mutualité *f* ; solidarité *f* ; *Gesellschaft* *auf* ~ société *f* mutuelle ; *Versicherung auf* ~ assurance *f* mutuelle ; *auf* ~ *gegründeter Vertrag* traité *m* de réciprocité.

Gegenseitigkeitsabkommen *n,* - accord *m* de réciprocité.

Gegenseitigkeitsklausel *f,* **n** clause *f* de réciprocité.

Gegenseitigkeitsversicherung *f,* **en** assurance *f* mutuelle.

Gegenseitigkeitsvertrag *m,* ¨e accord *m*, traité *m* de réciprocité ; *(jur.)* contrat *m* synallagmatique.

Gegensprechanlage *f,* **n** interphone *m*.

Gegensprechverkehr *m,* φ *(téléph.)* liaison *f* en duplex.

Gegenstand *m,* ¨e **1.** objet *m* ; sujet *m* ; matière *f* ; *kunstgewerblicher* ~ objet *m*, article *m* artisanal ; *~¨e des dringenden Bedarfs* objets de première nécessité ; *~¨e des täglichen Bedarfs* objets d'usage courant ; *der ~ eines Gesprächs* le sujet d'un entretien ; *~ des Unternehmens* objet de l'entreprise **2.** élément *m* ; poste *m* ; *~¨e des Anlagevermögens (bilan)* éléments de l'actif immobilisé ; *~¨e des Umlaufvermögens (bilan)* éléments d'actif circulant ; *einen ~ aus der Konkursmasse aus/sondern* séparer un objet de l'actif de la faillite.

Gegenstück *n,* **e 1.** pendant *m* ; homologue *m* **2.** contraire *m* ; opposé *m*.

gegenteilig contraire ; opposé ; *(corresp.) wenn wir nichts Gegenteiliges hören* sauf avis contraire.

Gegenunterschrift *f,* **en** contreseing *m*.

Gegenverkehr *m,* φ circulation *f* en sens inverse ; *Straße mit* ~ voie à double sens.

Gegenversicherung *f,* **en** contre-assurance *f*.

Gegenvorschlag *m,* ¨e contre-proposition *f*.

Gegenwart *f* : *in ~ aller Beteiligten* en présence de tous les intéressés.

Gegenwartsbörse *f* bourse *f* des titres négociables sur le marché du jour.

Gegenwartsgüter *pl* biens *mpl* présents (disponibles dans l'immédiat).

Gegenwartspapiere *pl* titres *mpl*, valeurs mobilières actuel(le)s.

Gegenwartswert *m,* **e** valeur *f* actuelle.

Gegenwert *m,* **e** contre-valeur *f* ; contrepartie *f* ; *den vollen ~ ausgezahlt bekommen* obtenir l'équivalent intégral en liquide.

Gegenwertmittel *pl* fonds *mpl* de contrepartie.

gegenzeichnen contresigner.

Gegenzeichner *m,* - contresignataire *m*.

Gegenzeichnung *f,* **en** contreseing *m*.

Gegner *m,* - opposant *m* ; adversaire *m* ; *ein ~ der Atomkraft sein* être un anti-nucléaire ; *politischer* ~ adversaire politique.

gegr. ⇒ *gründen.*

Gehalt 1. *m,* **e** contenu *m* ; teneur *f* ; *ein geringer ~ an Metall* une faible teneur en métal **2.** *n,* ¨**er** traitement *m* ; salaire *m* ; appointements *mpl* ; *die ~¨er werden angehoben* les traitements vont être relevés ; *ein ~ beziehen* toucher un traitement ; *das ~ auf ein Konto überweisen* virer le traitement sur un compte ; *mit dem ~ nicht aus/kommen* ne pas s'en sortir avec son traitement.

gehaltarm à faible teneur en.

Gehaltsabbau *m,* φ ⇒ *Gehaltskürzung.*

Gehaltsabrechnung *f,* **en 1.** bulletin *m* de paie **2.** service *m* de la paie ; bureau *m* des traitements.

Gehaltsabzug *m,* ¨e retenue *f* sur salaire, sur le traitement.

Gehaltsanspruch *m,* ¨e **1.** droit *m* à un traitement **2.** *(pluriel uniquement)* prétentions *fpl* salariales.

Gehaltsanweisung *f,* **en 1.** ordre *m* de virement d'un traitement **2.** avis *m* de virement d'un traitement.

Gehaltsaufbesserung *f,* **en** relèvement *m*, amélioration *f* du traitement.

Gehaltsauszahlung *f,* **en** paiement *m* des traitements.

Gehaltsbescheinigung *f,* **en** attestation *f* (par l'employeur) des sommes versées au titre des traitements.

Gehaltsempfänger *m,* - salarié *m* ; employé *m*.

Gehaltserhöhung *f,* **en** augmentation *f* de traitement ; majoration *f* des salaires ; *eine ~ bekommen, gewähren, verlangen* obtenir, accorder, exiger une augmentation ; *eine ~ von 100 Mark* une augmentation de 100 marks.

Gehaltsforderung *f,* **en** ⇒ *Gehaltsanspruch.*

Gehaltsfortzahlung *f,* **en** maintien *m* du traitement ; sans interruption de salaire.

Gehaltsgruppe *f,* **n** catégorie *f* de traitement ; échelon *m* (à l'intérieur de la grille des salaires).

Gehaltskonto *n,* **-ten** compte *m* de virement du traitement, du salaire.

Gehaltskürzung *f,* **en** diminution *f*

des salaires ; réduction *f* des traitements.

Gehaltsliste *f*, **n** feuille *f* d'émargement (des salaires).

Gehaltsnachzahlung *f*, **en** rappel *m* de traitement, de salaire.

Gehaltsobergrenze *f*, **n** plafond *m* des traitements ; *an die ~ rücken* approcher du plafonnement salarial.

Gehaltsordnung *f*, **en** barème *m* des traitements ; grille *f* des salaires.

Gehaltspfändung *f*, **en** saisie-arrêt *f* sur salaire ou traitement.

Gehaltssperre *f*, **n** suspension *f* de traitement ; blocage *m* du salaire.

Gehaltsstreifen *m*, **-** fiche *f*, feuille *f*, bulletin *m* de paie.

Gehaltsstufe *f*, **n** échelon *m* (de traitement) ; *~n* hiérarchie *f* des salaires ; *in eine höhere ~ auf/rücken* gravir un échelon.

Gehaltstabelle *f*, **n** grille *f* des salaires.

Gehaltsvorrückung *f*, **en** *(Autriche)* promotion *f* salariale des fonctionnaires.

Gehaltsvorschuß *m*, **¨sse** avance *f* sur traitement, sur salaire.

Gehaltswünsche *pl* ⇒ *Gehaltsanspruch*.

Gehaltszulage *f*, **n** supplément *m*, rallonge *f* de traitement.

geheim secret ; confidentiel ; clandestin ; privé ; occulte ; *streng ~* strictement confidentiel ; *~e Abstimmung (Wahl)* vote *m* à bulletins secrets ; *~e Mitteilung* note *f* confidentielle ; *~er Rat* conseiller *m* privé ; *~er Vorbehalt* réserve *f* tacite.

Geheimfonds *m*, **-** fonds *mpl* secrets ; caisse *f* noire.

geheim/halten, **ie**, **a** tenir secret ; *(corresp.) wir werden Ihre Mitteilungen streng ~* nous vous assurons de notre entière discrétion.

Geheimhaltungspflicht *f*, *ϕ* obligation *f* au secret professionnel.

Geheimkonto *n*, **-ten** compte *m* secret.

Geheimnis *n*, **se** secret *m* ; *das ~ (be-) wahren* garder le secret.

Geheimnummer *f*, **n 1.** *(téléph.)* numéro *m* secret ; numéro figurant sur la liste rouge (non inscrit dans l'annuaire) **2.** numéro de compte secret.

Geheimtip *m*, **s** tuyau *m* (notamment boursier).

Geheimzahl *f*, **en** numéro *m* de code (carte de crédit).

gehen, **i**, **a** *(ist)* **1.** aller ; marcher ; *an die Arbeit ~* se mettre au travail ; *in die Lehre ~* entrer en apprentissage ; *in den Staatsdienst ~* entrer au service de l'Etat ; *die Preise ~ in die Höhe* les prix *mpl* montent ; *in Serie ~* être fabriqué en série **2.** s'en aller ; *er will nächstes Jahr ~* il veut quitter son emploi l'an prochain ; *(fam.) der Chef wurde gegangen* le chef a été limogé **3.** se vendre ; bien marcher ; *die Ware ~t gut* l'article *m* se vend bien ; *die Geschäfte ~ gut* les affaires *fpl* vont bien.

Gehilfe *m*, **n**, **n** assistant *m* ; aide *m (f)* ; commis *m* ; adjoint *m* ; *vereidigter ~* clerc *m* assermenté.

gehoben : *Güter des ~en Bedarfs* produits *mpl* de luxe ; *~er Dienst* cadres *mpl* supérieurs ; *eine ~e Position bekleiden* occuper un poste important.

Geisel *f*, **n** otage *m*.

Geiselnahme *f*, **n** prise *f* d'otage(s).

Geistesarbeiter *m*, **-** travailleur *m* intellectuel.

geizen être avare ; *mit jedem Pfennig ~* être près de ses sous.

Geizhals *m*, **¨e** avare *m* ; harpagon *m*.

gekoppelt lié ; couplé ; *~er Auftrag* ordre *m* lié ; *~e Produktion* production *f* liée.

Gelände *n*, **-** terrain *m* ; emplacement *m* ; *das ~ der Ausstellung* l'enceinte *f* de l'exposition.

Geld *n*, **1. er** ⇒ *Gelder* **2.** *ϕ* argent *m* ; monnaie *f* ; *(fam.)* fric *m* **I.** *angelegtes ~* argent placé ; *bares ~* espèces *fpl* ; argent comptant ; *falsches ~* fausse monnaie ; *flüssiges ~* argent liquide ; *heißes ~* a) capitaux *mpl* errants b) argent volé dont on veut se débarrasser ; *kleines ~* petite monnaie ; *leichtes ~* argent aisément gagné ; *schmutziges ~* argent malhonnête ; *schnelles ~* argent rapidement gagné ; *tägliches ~ (täglich fälliges ~ / Tagesgeld)* argent au jour le jour **II.** *~ ab/heben, an/legen, aus/geben* retirer, placer, dépenser de l'argent ; *~ beiseite legen* mettre de l'argent de côté ; *~ auf ein Konto ein/zahlen* verser de l'argent sur un compte ; *~ flüssig/machen* réaliser des capitaux ; mobiliser des fonds ; *~ wie Heu haben* avoir de l'argent à ne plus savoir qu'en faire ; *im ~ schwimmen* être plein aux as ; *~ zum Fenster hinaus/werfen* jeter l'argent par les fenêtres ; *zu ~ kommen* s'enrichir ; *~ arbeiten lassen* faire fructifier son argent ; *von seinem ~ leben* vivre de ses rentes ; *~ machen* faire de l'argent (du fric) ; *etw zu ~ machen* monnayer, réaliser qqch ; *viel ~ verdienen (scheffeln)* gagner (ramasser) beaucoup d'argent ; *~ waschen* blanchir l'argent ; ~ *wechseln* changer de l'argent 3. *(Bourse)* acheteur *m* ; demande *f* ; cours *m* demandé.

Geldabfindung *f,* **en** indemnité *f* en argent.

Geldabwertung *f,* **en** dépréciation *f,* dévalorisation *f* de l'argent ; dévaluation *f.*

Geldanlage *f,* **n** placement *m* financier.

Geldanweisung *f,* **en** mandat *m.*

Geldaufnahme *f,* **n** emprunt *m.*

Geldaufwand *m,* **-wendungen** dépense *f.*

Geldaufwertung *f,* **en** revalorisation *f* de l'argent ; réévaluation *f* monétaire.

Geldautomat *m,* **en, en** distributeur *m* automatique de billets ; billetterie *f.*

Geldbeihilfe *f,* **n** subsides *mpl* ; aide *f* financière.

Geldbeitrag *m,* **¨e** 1. contribution *f* financière 2. cotisation *f.*

Geldbeschaffung *f,* **en** mobilisation *f* de fonds.

Geldbestand *m,* **¨e** ⇒ *Geldreserven.*

Geldbeutel *m,* **-** portemonnaie *m* ; bourse *f* ; *einen kleinen, großen ~ haben* être pauvre, nanti.

Geldbewegung *f,* **en** mouvement *m* de capitaux.

Geldbezüge *pl* prestations *fpl* en espèces.

Geldbörse *f,* **n** 1. marché *m* monétaire ; Bourse *f* des valeurs 2. ⇒ *Geldbeutel.*

Geldbrief *m,* **e** lettre *f* chargée.

Geldbündel *n,* **-** liasse *f* de billets.

Geldbuße *f,* **n** amende *f* ; *eine ~ verhängen* infliger une amende *(syn. Bußgeld).*

Gelddruckerei *f,* **en** *(fam.)* planches *fpl* à billets ; *die ~en laufen auf Hochtouren* les planches impriment à pleine cadence.

Geldeingang *m,* **¨e** rentrée *f* de fonds.

Geldeinheit *f,* **en** unité *f* monétaire.

Geldeinlage *f,* **n** dépôt *m* de fonds ; mise *f* de fonds ; apport *m* en numéraire.

Geldeinnehmer *m,* **-** receveur *m* ; encaisseur *m.*

Geldeintreiber *m,* **-** ⇒ *Geldeinnehmer.*

Geldeinwurf *m,* **¨e** fente *f* destinée à recevoir les pièces de monnaie (distributeurs, téléphone, etc.).

Geldentschädigung *f,* **en** ⇒ *Geldabfindung.*

Geldentwertung *f,* **en** 1. dévaluation *f* monétaire ; diminution *f* du pouvoir d'achat de la monnaie 2. démonétisation *f.*

Gelder *pl* capitaux *mpl* ; fonds *mpl* ; moyens *mpl* financiers ; *eingefrorene ~* capitaux gelés ; *heiße ~* capitaux flottants ; *öffentliche ~* deniers *mpl* publics ; *~ fest/legen* immobiliser des fonds ; *über die nötigen ~ verfügen* disposer des fonds nécessaires.

Gelderwerb *m,* **φ** gagne-pain *m.*

Geldflüssigkeit *f,* **en** liquidité *f* ; disponibilités *fpl.*

Geldforderung *f,* **en** créance *f* d'argent.

Geldgeber *m,* **-** bailleur *m* de fonds.

Geldgeschäft *n,* **e** opération *f* financière ; transaction *f* financière.

Geldgeschenk *n,* **e** don *m* en argent, en espèces ; *steuerabzug(s)fähiges ~* don déductible des impôts.

geldgierig âpre au gain ; cupide.

Geldhahn *m* : *den ~ auf/drehen* délier les cordons de la bourse ; *den ~ zu/drehen* couper les vivres, les fonds.

Geldherrschaft *f,* **(en)** ploutocratie *f.*

Geldhortung *f,* **en** thésaurisation *f.*

Geldinstitut *n,* **e** établissement *m* bancaire ; institut *m* financier ; banque *f (syn. Kreditinstitut).*

Geldklemme *f* : *(fam.) er befindet sich in einer augenblicklichen ~* il est momentanément à court d'argent, gêné ; il a des ennuis passagers de trésorerie.

Geldknappheit *f,* **en** pénurie *f* d'argent.

Geldkreislauf *m,* **¨e** circuit *m* monétaire.

Geldkrise *f,* **n** crise *f* monétaire.

Geldkurs *m,* **e** 1. cours *m* du change, de la monnaie 2. *(Bourse)* cours acheteur, demandé *(contr. Briefkurs).*

Geldlage *f,* **n** situation *f* monétaire.

Geldleiher *m,* **-** bailleur *m* de fonds ; prêteur *m.*

Geldleihpreis *m,* **e** loyer *m* de l'argent.

Geldleistung *f,* **en** prestation *f* en espèces.

Geldleute *pl* financiers *mpl* ; milieux *mpl* financiers.

geldlich pécuniaire ; monétaire ; financier.

Geldlohn *m,* **¨e** salaire *m* en espèces.

Geldmangel *m,* **φ** manque *m* de capitaux ; impécuniosité *f.*

Geldmann *m* **-leute** personnage *m* financièrement influent.

Geldmarkt *m* **¨e** 1. marché *m* interbancaire ; marché *m* de prêts (à court terme) entre banques ; ⇒ *Interbankenmarkt* 2. marché *m* monétaire. (Ne pas confondre avec *Kapitalmarkt*).

Geldmasse *f*, **n** ⇒ *Geldmenge*.

Geldmenge *f*, **n** masse *f* monétaire ; *aktive* ~ masse monétaire active.

Geldmittel *pl* ressources *fpl* financières ; moyens *mpl* financiers.

Geldnehmer *m*, **-** emprunteur *m* ; demandeur *m* de crédit.

Geldnot *f*, **¨e** pénurie *f* d'argent ; *in ~ sein* être à court d'argent.

Geldordnung *f*, **en** système *m* monétaire ; régime *m* monétaire.

Geldpapier *n*, *ϕ* papier-monnaie *m*.

Geldpolitik *f*, *ϕ* politique *f* monétaire.

Geldpolster *n*, **-** réserves *fpl* d'argent, monétaires ; matelas *m* financier.

Geldprägung *f*, **en** frappe *f* de la monnaie.

Geldpreis *m*, **e** coût *m*, prix *m* de l'argent.

Geldquelle *f*, **n** ressources *fpl* (financières).

Geldreserven *pl* réserves *fpl* monétaires.

Geldrolle *f*, **n** rouleau *m* de pièces de monnaie.

Geldsammlung *f*, **en** collecte *f* ; quête *f*.

Geldschaffung *f*, **en** ⇒ *Geldschöpfung*.

Geldschein *m*, **e** billet *m* de banque *(syn. Banknote)*.

Geldschöpfung *f*, **en** création *f* de monnaie.

Geldschrank *m*, **¨e** coffre-fort *m* ; coffre *m* en banque ; *einen ~ knacken* percer un coffre *(syn. Tresor, Safe)*.

Geldschrankknacker *m*, **-** *(fam.)* perceur *m* de coffre-fort ; cambrioleur *m* de banque.

Geldschuld *f*, **en** dette *f* d'argent.

Geldsendung *f*, **en** envoi *m* d'argent.

Geldsorten *pl* espèces *fpl* ; monnaies *fpl* étrangères.

Geldsortiermaschine *f*, **n** trieuse *f* de monnaie.

Geldspende *f*, **n** don *m* en argent.

Geldspritze *f*, **n** *(fam.)* injection *f* de capitaux ; aide *f* financière.

Geldstoß *m*, (e) afflux *m*, arrivée *f* subite de capitaux.

Geldstrafe *f*, **n** amende *f* ; contravention *f* ; *bei ~* sous peine d'amende.

Geldstück *n*, **e** pièce *f* de monnaie.

Geldsurrogat *n*, **e** paiement *m* de remplacement ; monnaie *f* de fortune.

Geldüberfluß *m*, **¨sse** pléthore *f*, excédent *m* de capitaux.

Geldüberhang *m*, **¨e** ⇒ *Geldüberfluß*.

Geldumlauf *m*, *ϕ* masse *f* monétaire en circulation ; circulation *f* monétaire.

Geldumtausch *m*, *ϕ* conversion *f* monétaire ; change *m* ; opération *f* de change.

Geldvergütung *f*, **en** ⇒ *Geldabfindung*.

Geldverkehr *m*, *ϕ* mouvements *mpl* de capitaux ; circulation *f* monétaire ; *zwischenstaatlicher ~* règlements *mpl* internationaux.

Geldverlegenheit *f* : *in ~ geraten* avoir des difficultés provisoires de trésorerie.

Geldverleiher *m*, **-** prêteur *m*.

Geldverlust *m*, **e** perte *f* d'argent.

Geldvermögen *n*, *ϕ* actif *m* financier net ; moyens *mpl* financiers ; valeurs *fpl* en argent.

Geldvernichtung *f*, **en** destruction *f* de monnaie (scripturale et numéraire).

Geldverschlechterung *f*, **en** dévaluation *f* de la monnaie ; érosion *f* monétaire.

Geldverschwendung *f*, **en** gaspillage *m* financier ; argent *m* jeté par les fenêtres.

Geldvolumen *n*, **-** ⇒ *Geldmenge*.

Geldwaschanlage *f*, **n** *(fam.) (polit.)* organisme *m* spécialisé dans le financement de partis politiques au moyen de fonds déductibles.

Geldwechsel *m*, **-** ⇒ *Geldumtausch*.

Geldwechsler *m*, **-** changeur *m* de monnaie.

Geldwert *m*, *ϕ* valeur *f* monétaire ; pouvoir *m* d'achat de la monnaie.

Geldwertstabilisierung *f*, *ϕ* stabilisation *f* monétaire.

Geldwertstabilität *f*, *ϕ* stabilité *f* monétaire.

Geldwesen *n*, *ϕ* finances *fpl* ; système *m* monétaire.

Geldwirtschaft *f*, **en** économie *f* monétaire.

Geldwucher *m*, *ϕ* agiotage *m* ; usure *f* ; spéculation *f* frauduleuse sur les changes ; *~ treiben* agioter.

Geldzählmaschine *f*, **n** appareil *m* servant à trier et classer les pièces de monnaie ; compte-monnaie *m*.

Geldzusteller *m*, **-** agent *m* payeur ou encaisseur (poste).

Geldzuwendung *f*, **en** allocation *f* en argent ; aide *f* financière.

Gelegenheit *f*, **en** occasion *f* ; opportunité *f* ; *bei ~* à l'occasion ; *eine ~ verpassen, wahr/nehmen* manquer une occasion ; mettre une occasion à profit.

Gelegenheitsarbeit *f*, **en** travail *m* occasionnel.

Gelegenheitsarbeiter *m*, - travailleur *m* occasionnel ; journalier *m* ; tâcheron *m*.

Gelegenheitsgesellschaft *f*, **en** société *f* civile constituée à titre temporaire ; groupe *m* bancaire ; consortium *m*.

Gelegenheitskauf *m*, ¨e occasion *f* ; affaire *f* (soldes).

Gelegenheitsschwindler *m*, - fraudeur *m* occasionnel.

Geleise *n*, - voie *f* ; rails *mpl* ; *wieder ins ~ bringen* remettre sur la bonne voie ; *auf ein totes ~ geraten* être au point mort, dans une impasse ; être sur une voie de garage *(syn. Gleis)*.

Geleitschein *m*, **e** document *m* d'accompagnement ; sauf-conduit *m* ; acquit *m* à caution.

gelenkt dirigé ; *~er Preis* prix *m* fixé, contrôlé ; *~e Wirtschaft* économie *f* planifiée, dirigée.

gelernt : *~er Arbeiter* ouvrier *m* qualifié ; *~e Verkäuferin* vendeuse *f* qualifiée.

Gellasystem *n*, **e** (système *m* de) publicité *f* boule-de-neige.

gelocht perforé ; poinçonné ; composté ; *~e Fahrkarte* ticket *m* poinçonné ; *(inform.) ~e Karte* carte *f* perforée.

gelten, a, o 1. valoir ; *nicht viel ~* ne pas avoir grande valeur **2.** être valable ; avoir cours ; *die Fahrkarte gilt zwei Monate* le billet est valable deux mois ; *diese Briefmarke gilt nicht mehr* ce timbre n'a plus cours **3.** s'appliquer à ; *das Gesetz gilt für alle Bürger* la loi s'applique à tous les citoyens **4.** être considéré (comme) ; passer pour.

geltend en vigueur ; *nach ~em Recht* selon la législation en vigueur ; *einen Anspruch (ein Recht) ~ machen* faire valoir un droit ; *ein Eigentumsrecht ~ machen* revendiquer la propriété de qqch ; *einen Einwand ~ machen* faire valoir une objection.

Geltendmachung *f*, *ϕ* exercice *m* ; revendication *f* ; *gerichtliche ~* action *f* en justice ; *zur ~ eines Anspruchs* en vue de l'exercice d'un droit.

Geltstag *m*, **e** *(Suisse)* banqueroute *f* ; faillite *f*.

Geltung *f*, **(en)** valeur *f* ; autorité *f* ; validité *f* ; *~ haben* faire autorité ; *~ des Geldes* cours *m* de la monnaie ; *das Gesetz hat ~* la loi est en vigueur.

Geltungsbereich *m*, **e** champ *m* , domaine *m* d'application.

Geltungsdauer *f*, *ϕ* durée *f* de validité.

gemäß *(+D)* conforme ; conformément à ; en vertu de ; selon ; d'après ; *Ihren Anordnungen ~* conformément à vos instructions ; *~ Ihrem Wunsch* selon votre désir.

gemein commun ; public ; ordinaire ; *der ~e Mann* l'homme de la rue ; *~er Wert* prix *m* moyen ; *das ~e Wohl* le bien public ; *Interessen mit jdm ~ haben* avoir des intérêts communs avec qqn.

Gemeinbesitz *m*, *ϕ* ⇒ *Gemeineigentum.*

Gemeinde *f*, **n** commune *f* ; municipalité *f* ; communauté *f* ; paroisse *f* ; *ländliche ~* commune rurale.

Gemeindeabgaben *pl* impôts *mpl* communaux (taxe foncière, impôts locaux).

Gemeindeammann *m*, **-männer** *(Suisse)* **1.** maire *m* **2.** huissier *m* (de justice).

Gemeindeanleihe *f*, **n** emprunt *m* communal.

Gemeindebeamte/r *(der/ein)* employé *m* communal, municipal.

Gemeindebetrieb *m*, **e** entreprise *f* communale *(syn. Kommunalbetrieb)*.

Gemeindebezirk *m*, **e** territoire *m* communal ; circonscription *f* municipale.

gemeindeeigen communal (qui appartient à la commune).

Gemeindefinanzen *pl* finances *fpl* communales.

Gemeindehaushalt *m*, **e** budget *m* de la commune.

Gemeinderat *m*, ¨e **1.** conseil *m* municipal **2.** conseiller *m* municipal.

Gemeindesteuern *pl* ⇒ *Gemeindeabgaben.*

Gemeindeverband *m*, ¨e syndicat *m* intercommunal ; groupement *m* communal.

Gemeindeväter *pl* édiles *mpl* ; conseillers *mpl* municipaux.

Gemeindevorsteher *m*, - maire *m*.

Gemeindewahlen *pl* élections *fpl* municipales.

Gemeineigentum *n*, *ϕ* collectivité *f* ; biens *mpl* communs ; propriété *f* publique ; *etw in ~ überführen* devenir propriété publique ; socialiser ; collectiviser.

Gemeingebrauch *m*, *ϕ* utilisation *f* en commun ; usage *m* public.

Gemeingläubiger *m*, - créancier *m* d'un failli.

gemeingültig d'application générale.

Gemeingut *n*, ¨er domaine *m* public ; biens *mpl* communs ; *~ werden* tomber dans le domaine public.

Gemeinjahr *n,* **e** année *f* normale (de 365 jours).

Gemeinkosten *pl* dépenses *fpl* communes ; coûts *mpl* indirects.

Gemeinnutz *m,* *ϕ* intérêt *m* général ; bien *m* commun ; ~ *geht vor Eigennutz* l'intérêt général passe avant l'intérêt particulier.

gemeinnützig d'utilité publique ; d'intérêt public ; *~e Gesellschaft* société *f* d'intérêt public ; *~e Vereinigung* association *f* sans but lucratif.

gemeinrechtlich de droit commun.

gemeinsam en commun ; commun ; collectif ; solidaire ; *~er Besitz* (régime *m* de la) communauté *f* de(s) biens ; *~e Besteuerung* imposition *f* familiale, par foyer ; *~e Interessen* intérêts *mpl* communs ; *Gemeinsamer Markt* Marché *m* commun ; *~e Kasse führen* faire caisse commune ; *~ haften* être solidairement responsable.

Gemeinschaft *f,* **en I.** communauté *f* ; collectivité *f* ; indivision *f* ; *Auflösung der ~* dissolution *f* de la communauté ; *eheliche ~* communauté conjugale ; *Europäische ~ für Kohle und Stahl (EGKS)* Communauté européenne du charbon et de l'acier *(CECA)* **II.** *in einer ~ leben* vivre dans une communauté.

Gemeinschaftsanschluß *m,* **¨sse** *(téléph.)* raccordement *m* collectif.

Gemeinschaftsarbeit *f,* **en** travail *m* d'équipe.

Gemeinschaftsausfuhr *f,* **en** exportations *fpl* communautaires.

Gemeinschaftsbehörde *f,* **n** autorité *f* communautaire *(C.E.).*

Gemeinschaftsbetrieb *m,* **e** entreprise *f* collective ; entreprise en participation.

Gemeinschaftseigentum *n,* *ϕ* copropriété *f.*

Gemeinschafts-Kontenrahmen *m,* **-** cadre *m* comptable normalisé.

Gemeinschaftskonto *n,* **-ten** compte *m* joint ; compte commun.

Gemeinschaftspräferenz *f,* **en** préférence *f* communautaire.

Gemeinschaftspreis *m,* **e** prix *m* communautaire *(C.E.).*

Gemeinschaftsproduktion *f,* **en** coproduction *f.*

Gemeinschaftsräume *pl (tourisme)* locaux *mpl* communs.

Gemeinschaftssteuern *pl* impôts *mpl* communautaires.

Gemeinschaftsverfahren *n,* **-** procédure *f* communautaire *(C.E.).*

Gemeinschaftsvermögen *n,* **-** biens *mpl* indivis ; masse *f* sociale ; patrimoine *m* commun.

Gemeinschaftswerbung *f,* **en** publicité *f* collective (faite par tout un secteur industriel pour un produit sans mentionner une firme ou une marque bien précises).

Gemeinschuld *f,* **en** masse *f* de (la) faillite.

Gemeinschuldner *m,* **-** débiteur *m* en faillite.

Gemeinwert *m,* **e** valeur *f* commune.

Gemeinwirtschaft *f,* **en** système *m* économique donnant la priorité à la satisfaction des besoins collectifs.

gemeinwirtschaftlich : *~e Lasten* charges *fpl* économiques et sociales.

Gemeinwohl *n,* *ϕ* ⇒ *Gemeinnutz.*

gemischt mélangé ; mixte ; *~e Kommission* commission *f* mixte ; *~es Konto* compte *m* mixte.

Gemischtwarenhandlung *f,* **en** supérette *f* ; alimentation-bazar *f* (épicerie, souvenirs, droguerie, etc.) ; magasin *m* de commerce multiple.

gemischtwirtschaftlich d'économie mixte ; *~er Betrieb* entreprise *f* semi-publique.

genau 1. exact ; précis ; juste ; *um ~ere Angaben wird gebeten* nous désirons de plus amples informations ; *die Postleitzahl ~ an/geben* indiquer le code postal avec précision **2.** parcimonieux ; économe.

genehmigen agréer ; accepter ; approuver ; allouer ; accorder ; autoriser ; *etw amtlich ~* agréer officiellement ; homologuer ; *einen Vertrag ~* ratifier un traité ; *vorgelesen, genehmigt, unterschrieben* lu, approuvé, signé.

Genehmigung *f,* **en** autorisation *f* ; consentement *m* ; accord *m* ; approbation *f* ; ratification *f* ; *amtliche (behördliche) ~* agrément *m,* homologation *f* officiel(le) ; *befristete ~* accord temporaire ; *gewerbliche ~* licence *f* professionnelle ; *schriftliche ~* autorisation écrite ; *eine ~ erteilen, verweigern* accorder, refuser une autorisation.

genehmigungspflichtig soumis à (l')autorisation ; autorisation préalable nécessaire.

Genehmigungsvermerk *m,* **e** mention *f,* visa *m* d'autorisation.

Generalagent *m,* **en, en** ⇒ *Generalvertreter.*

Generalbevollmächtige/r *(der/ein)* fondé *m* de pouvoir ; mandataire *m* général.

Generaldirektor *m,* **en** directeur *m*

général ; P.-D.G. *m* ; membre *m* du directoire (S.A.).

Generalhandel *m*, φ commerce *m* général (exportations, importations, transit).

Generalist *m*, **en**, **en** personne *f* ayant une bonne formation générale ; personne *f*, cadre *m* polyvalent(e).

Generalsekretär *m*, **e** secrétaire *m* général.

Generalstaatsanwalt *m*, **¨e** procureur *m* général.

Generalstreik *m*, **s** grève *f* générale.

Generalversammlung *f*, **en** assemblée *f* générale *(syn. Hauptversammlung)*.

Generalvertreter *m*, **-** représentant *m* exclusif ; agent *m* général.

Generalvertretung *f*, **en** agence *f* exclusive ; agence *f* générale.

Generalvertrieb *m*, φ exclusivité *f* ; distributeur *m* exclusif.

Generalvollmacht *f*, **en** procuration *f*, mandat *m* général(e) ; pleins pouvoirs *mpl*.

Generationenvertrag *m*, **¨e** contrat *m* des générations, au terme duquel la génération active paie pour la précédente et acquiert le droit d'être prise en charge par la suivante.

genormt standardisé ; normalisé ; *~es Format* format *m* standard.

Genossenschaft *f*, **en** (société) coopérative *f* ; association *f* ; syndicat *m* ; *eingetragene ~ mit beschränkter Haftpflicht* coopérative déclarée à responsabilité limitée ; *gewerbliche ~* coopérative industrielle ; *landwirtschaftliche ~* coopérative agricole.

Genossenschafter *m* ⇒ *Genossenschaftler*.

Genossenschaftler *m*, **-** coopérateur *m* ; adhérent *m* d'une coopérative.

genossenschaftlich coopératif ; *~er Betrieb* entreprise *f* coopérative.

Genossenschaftsbank *f*, **en** banque *f* coopérative ; coopérative *f* de crédit.

Genossenschaftsbauer *m*, **n**, **n** agriculteur *m* coopérateur.

Genossenschaftsbund : *Internationaler ~ (IGB)* Alliance *f* coopérative internationale (A.C.I.).

Genossenschaftsverband *m*, **¨e** union *f* de coopératives.

Genossenschaftswesen *n*, φ (système *m* des) sociétés *fpl* coopératives.

Genuß *m*, **(¨sse)** jouissance *f* ; *in den ~ von etw kommen* entrer en jouissance de qqch ; bénéficier de qqch.

Genußaktie *f*, **n** action *f* de jouissance, de dividende ; action bénéficiaire (dont le remboursement du nominal est intégralement réalisé).

Genußmittel *pl* stimulants *mpl* (café, thé, alcools, tabacs, etc.) ; boissons *fpl* et tabacs *mpl* ; produits *mpl* de (demi-) luxe.

Genußmittelindustrie *f*, **n** industrie *f* des produits de (demi-) luxe.

Genußrecht *n*, **e** droit *m* de jouissance.

Genußschein *m*, **e** titre *m* participatif (négociable) ; action *f* sans droit de vote ; certificat *m* d'investissement ; certificat *m* de jouissance de participation (aux bénéfices, au dividende).

geöffnet ouvert ; *ab acht Uhr ~* ouvert à partir de 8.00 ; *durchgehend ~* ouvert en permanence ; *ganzjährig ~* ouvert toute l'année.

Gepäck *n*, **-stücke** bagage(s) *m(pl)* ; *kleines ~* bagages à main ; *das ~ auf/geben* faire enregistrer les bagages.

Gepäckabfertigung *f*, **en** enregistrement *m*, réception *f* des bagages.

Gepäckabholung *f*, φ enlèvement *m* des bagages à domicile.

Gepäckanhänger *m*, **-** étiquette *f* porte-adresse (pour bagages).

Gepäckannahme *f*, **n** ⇒ *Gepäckabfertigung*.

Gepäckaufbewahrung *f*, **en** consigne *f* des bagages.

Gepäckaufgabe *f*, **n** ⇒ *Gepäckabfertigung*.

Gepäckausgabe *f*, **n** retrait *m*, livraison *f* des bagages (à l'arrivée).

Gepäckbeförderung *f*, **en** transport *m* des bagages ; transfert *m*.

Gepäckfracht *f*, **en** prix *m* de transport des bagages.

Gepäckfreigrenze *f*, φ franchise *f* de bagages.

Gepäckschalter *m*, **-** guichet *m* d'enregistrement des bagages.

Gepäckschein *m*, **e** bulletin *m* de bagages.

Gepäckschließfach *n*, **¨er** consigne *f* (de bagages) automatique.

Gepäckstück *n*, **e** ⇒ *Gepäck*.

Gepäckträger *m*, **-** porteur *m*.

Gepäckzustellung *f*, **en** livraison *f* des bagages à domiciile.

gepanscht (vins) trafiqué ; frelaté.

gepfeffert *(fam.)* salé ; *die Rechnung ist ~* la facture est salée ; *seine Preise sind ~* il connaît les prix !

gerade/stehen, **a**, **a** répondre de qqch ; fournir une caution pour qqn ; cautionner qqn.

Gerant *m*, **en**, **en** [ʒe'rant] *(Suisse)*

gérant *m* ; administrateur *m*.

Gerät *n*, **e** instrument *m* ; outil *m* ; appareil *m* ; *datenverarbeitende ~e* appareils de traitement de données ; ordinateurs *mpl*.

Gerätebestand *m*, **¨e** parc *m* de matériel.

geraten, ie, a *(ist)* arriver ; parvenir ; entrer ; *in Geldschwierigkeiten ~* avoir des problèmes d'argent ; *in Konkurs ~* faire faillite ; *in eine Krise ~* connaître une crise ; *in Schulden ~* s'endetter.

gerecht juste ; équitable ; *~e Forderung* revendication *f* légitime ; *jdm einen ~en Preis machen* faire un prix honnête à qqn ; *jdm ~ werden* rendre justice à qqn.

Gerechtigkeit *f*, *φ* justice *f* ; égalité *f* ; probité *f* ; *steuerliche ~* égalité devant l'impôt.

geregelter Markt *(bourse)* second marché *m*.

Gericht *n*, **e** tribunal *m* ; juridiction *f* ; justice *f* ; cour *f*, palais *m* de justice **I.** *oberstes ~* tribunal suprême ; *zuständiges ~* tribunal compétent **II.** *eine Sache vor(s) ~ bringen* saisir le tribunal d'une affaire ; *vor ~ erscheinen* comparaître en justice ; *vor ~ gehen* se pourvoir en justice ; *vor ~ klagen* attaquer, poursuivre en justice ; *vor ~ stehen* ester en justice ; *vor ~ ziehen (bringen)* traduire en justice.

gerichtlich judiciaire **I.** *~e Anordnung* ordonnance *f* judiciaire ; *~e Beglaubigung* homologation *f* judiciaire ; légalisation *f* ; *~e Beilegung* règlement *m* judiciaire ; *~e Verfügung* acte *m*, décision *f*, ordonnance *f* judiciaire ; *~e Vorladung* citation *f* en justice ; *auf ~em Wege* par voie de justice **II.** *jdn ~ belangen (verfolgen)* poursuivre qqn en justice ; *ein ~es Verfahren ein/leiten* entamer une procédure judiciaire.

Gerichtsbarkeit *f*, *φ* juridiction *f* ; compétence *f* juridictionnelle.

Gerichtsbeschluß *m*, **¨sse** ⇒ *Gerichtsentscheidung*.

Gerichtsentscheidung *f*, **en** décision *f* de justice.

Gerichtsgebühren *pl* frais *mpl* de justice ; droits *mpl* judiciaires.

Gerichtshof *m*, **¨e** cour *f* de justice ; tribunal *m* ; *der internationale ~* la Cour de justice internationale ; *oberster ~* Cour suprême.

Gerichtshoheit *f*, *φ* ⇒ *Gerichtsbarkeit*.

Gerichtskosten *pl* ⇒ *Gerichtsgebühren*.

Gerichtsort *m*, **(e)** ⇒ *Gerichtsstand*.

Gerichtsstand *m*, **(¨e)** juridiction *f* compétente ; lieu *m* de juridiction ; *~ Frankfurt* pour toute contestation, le tribunal de Francfort est seul compétent.

Gerichtsverfahren *n*, **-** procédure *f* (judiciaire).

Gerichtsvollzieher *m*, **-** huissier *m* (de justice).

gering petit ; modique ; bas ; minime ; inférieur ; *eine ~e Anzahl* un petit nombre ; *eine ~e Menge* une faible quantité.

geringwertig de faible valeur ; de qualité médiocre ; *~e Wirtschaftsgüter* biens *mpl* économiques à caractère peu productif.

Gerste *f*, *φ* orge *f*.

Ges. ⇒ *Gesellschaft ; Gesetz*.

gesalzen ⇒ *gepfeffert*.

Gesamt- *(préfixe)* global ; total ; solidaire ; collectif.

Gesamtarbeitsvertrag *m*, **¨e** *(Suisse)* convention *f* collective.

Gesamtausfuhr *f*, **en** exportations *fpl* totales.

Gesamtbedarf *m*, *φ* besoin *m* total.

Gesamtbetrag *m*, **¨e** somme *f* globale ; montant *m* total.

Gesamteinkommen *n*, **-** revenu *m* global.

Gesamteinnahme *f*, **n** recette *f* totale.

Gesamterbe *m*, **n, n** héritier *m* universel *(syn. Alleinerbe)*.

Gesamterlös *m*, **e** ⇒ *Gesamteinnahme*.

Gesamtertrag *m*, **¨e** produit *m* total.

Gesamtforderung *f*, **en** créance *f* totale.

Gesamtgläubiger *pl* créanciers *mpl* solidaires.

Gesamtgut *n*, **¨er** biens *mpl* communs (contrat de mariage sous régime de communauté).

Gesamthaftung *f*, **en** responsabilité *f*, garantie *f* solidaire ; solidarité *f* collective.

Gesamthandeigentum *n*, *φ* propriété *f* indivise.

Gesamthänder *m*, **-** associé *m* ayant une part sociale.

Gesamtheit *f*, *φ* totalité *f* ; ensemble *m* ; *~ der Lohn- und Gehaltsempfänger* l'ensemble des salariés.

Gesamthypothek *f*, **en** hypothèque *f* solidaire.

Gesamtkapital *n*, *φ* capital *m* total.

Gesamtkosten *pl*, coût *m* total, global ; totalité *f* des frais.

Gesamtlage *f*, **n** situation *f* d'ensemble.

Gesamtleistung *f,* **en :** *volkswirtschaftliche ~* produit *m* de l'économie nationale ; production *f* nationale.

Gesamtliste *f,* **n** liste *f* générale, complète ; récapitulative *f.*

Gesamtpreis *m,* **e** prix *m* global.

Gesamtprokura *f,* **-ren** procuration *f* collective, conjointe.

Gesamtrechnung : *volkswirtschaftliche ~* comptabilité *f* nationale ; comptes *mpl* de la nation.

Gesamtregelung *f,* **en** règlement *m* d'ensemble.

Gesamtschaden *m,* **¨** ensemble *m* des dégâts ; *der ~ beläuft sich auf...* le montant global du sinistre s'élève à...

Gesamtschuld *f,* **en** dette *f* solidaire.

Gesamtschuldner *m,* **-** débiteur *m* solidaire.

gesamtschuldnerisch : *~e Haftung* responsabilité *f* solidaire.

Gesamtsumme *f,* **n** ⇒ *Gesamtbetrag.*

Gesamtumsatz *m,* **¨e** chiffre *m* d'affaires total.

gesamt und gesondert conjointement et solidairement *(syn. einzeln und solidarisch).*

Gesamtverband *m,* **¨e** fédération *f,* union *f* générale.

Gesamtvereinbarung *f,* **en** *(Suisse)* accord *m* global (entreprises et syndicats) ; convention *f* collective.

Gesamtvergebung *f,* **en** adjudication *f* en bloc ; adjudication par lots.

Gesamtvermögen *n,* **-** totalité *f* des biens ; fortune *f* totale ; *steuerliches ~* capital *m* global imposable.

Gesamtvertretung *f,* **en** représentation *f* collective.

Gesamtvolumen *n,* **-** volume *m* total, global.

Gesamtwert *m,* *ϕ* valeur *f* totale ; *ein Diebstahl im ~ von* un vol d'un montant global de.

Gesamtwirtschaft *f,* *ϕ* économie *f* générale ; macroéconomie *f.*

gesamtwirtschaftlich macroéconomique.

Gesamtzahl *f,* *ϕ* totalité *f* ; nombre *m* total.

gesättigt saturé ; *~er Markt* marché *m* saturé.

gesch. 1. *(geschieden)* divorcé **2.** *(geschätzt)* évalué ; estimé à.

geschädigt lésé ; sinistré.

Geschäft *n,* **e 1.** occupation *f* ; travail *m* ; besogne *f* ; *ins ~ gehen* aller au travail, au bureau ; *seinen ~en nach/gehen* vaquer à ses occupations **2.** affaire *f* ; opération *f* ; transaction *f* ; marché *m* ; les affaires ; activité *f* économique **I.** *einträgliches ~* affaire rentable ; *ein gutes, schlechtes ~* une bonne, mauvaise affaire ; *laufende ~e* affaires courantes ; *unsaubere (dunkle) ~e* affaires louches ; magouille *f* **II.** *ein ~ ab/schließen* conclure un marché ; *aus einem ~ aus/steigen* se retirer d'une affaire ; *(fam.)* ne plus être dans le coup ; *die ~e blühen* les affaires sont florissantes ; *mit jdm ins ~ kommen* entrer en relations d'affaires avec qqn ; *große ~e machen* gagner gros ; brasser des affaires ; *das ~ verderben* gâcher les prix, le marché ; *sich aus den ~en zurück/ziehen* se retirer des affaires **3.** firme *f* ; affaire *f* ; fonds *m* de commerce ; maison *f* (commerciale) ; entreprise *f* ; *ein ~ führen* diriger une affaire ; *in ein ~ ein/steigen* participer (financièrement) à une affaire ; entrer dans une affaire **4.** magasin *m* ; boutique *f* ; *die ~e öffnen, schließen um... Uhr* les magasins ouvrent, ferment à... heures.

geschäftehalber pour affaires.

Geschäftemacher *m,* **-** affairiste *m* ; *(fam.)* combinard *m.*

Geschäftemacherei *f,* **en** affairisme *m* ; *(fam.)* combine *f* ; magouille *f.*

geschäftig actif ; affairé.

geschäftlich 1. d'affaires ; commercial ; *~e Beziehungen* relations *fpl* d'affaires ; *~e Interessen* intérêts *mpl* commerciaux ; *sie ist ~ tätig* elle est dans les affaires ; *~ verhindert sein* être retenu pour affaires **2.** impersonnel ; formel.

Geschäftsablauf *m,* **¨e** marche *f* des affaires ; déroulement *m* d'une affaire.

Geschäftsabschluß *m,* **¨sse 1.** conclusion *f* d'une affaire, d'un marché **2.** clôture *f* de l'exercice ; bilan *m.*

Geschäftsabwicklung *f,* **en** déroulement *m* d'une affaire.

Geschäftsadresse *f,* **n** adresse *f* commerciale.

Geschäftsangelegenheiten : *in ~* en affaires.

Geschäftsanteil *m,* **e** part *f* sociale.

Geschäftsaufgabe *f,* **n** cessation *f* de commerce ; liquidation *f,* fermeture *f* d'une entreprise.

Geschäftsauflösung *f,* **e** ⇒ *Geschäftsaufgabe.*

Geschäftsaufschwung *m,* *ϕ* relance *f* de l'activité commerciale ; essor *m* , reprise *f* des affaires.

Geschäftsaussichten *pl* perspectives

fpl commerciales.

Geschäftsauto *n,* s ⇒ *Geschäftswagen m.*

Geschäftsbank *f,* **en** banque *f* d'affaires ; établissement *m* de crédit.

Geschäftsbedingungen *pl* conditions *fpl* générales (d'un contrat) ; *allgemeine ~* conditions contractuelles générales ; *geben Sie uns bitte umgehend Ihre ~ bekannt* faites nous connaître vos conditions par retour du courrier.

Geschäftsbereich *m,* **e** ressort *m* ; domaine *m* d'activité ; *Minister ohne ~* ministre *m* sans portefeuille.

Geschäftsbericht *m,* **e** **1.** rapport *m* d'activité **2.** rapport *m* de gestion.

Geschäftsbetrieb *m,* **1. e** exploitation *f* commerciale **2.** *ϕ* activité *f* commerciale.

Geschäftsbeziehungen *pl* relations *fpl* commerciales, d'affaires.

Geschäftsbrief *m,* **e** lettre *f* d'affaires.

Geschäftsbücher *pl* livres *mpl* de commerce ; livres de comptes.

Geschäftsbuchhaltung *f,* **en** comptabilité *f* commerciale.

Geschäftseinkäufer *m,* **-** acheteur *m* professionnel (grands magasins).

Geschäftseröffnung *f,* **en** ouverture *f* d'un magasin.

Geschäftserweiterung *f,* **en** agrandissement *m* d'une entreprise.

Geschäftsessen *n,* **-** déjeuner *m,* dîner *m* d'affaires *(syn. Arbeitsessen).*

geschäftsfähig capable de contracter ; habilité à disposer ; ayant capacité pour accomplir un acte juridique.

Geschäftsfähigkeit *f, ϕ* capacité *f* contractuelle ; capacité d'exercer efficacement des droits.

Geschäftsfrau *f,* **en** femme *f* d'affaires ; commerçante *f.*

Geschäftsfreund *m,* **e** relation *f* d'affaires ; correspondant *m* ; partenaire *m.*

geschäftsführend faisant fonction de gérant ; chargé de la gestion ; *~er Direktor* directeur *m* gérant.

Geschäftsführer *m,* **-** gérant *m* ; gestionnaire *m* ; administrateur *m.*

Geschäftsführung *f,* **en** gérance *f* ; gestion *f* ; direction *f* d'une entreprise ; *wenden Sie sich an die ~* adressez-vous à la direction.

Geschäftsgang *m,* **¨e** marche *f* des affaires ; *reger ~* marché *m* (des affaires) animé ; *schlechter (schleppender) ~* marasme *m,* ralentissement *m* des affaires.

Geschäftsgebaren *n,* **-** comportement *m* en affaires ; pratique *f* des affaires.

Geschäftsgeheimnis *n,* **se** secret *m* commercial, d'entreprise ; secret de fabrication *(syn. Betriebsgeheimnis).*

Geschäftsgeist *m, ϕ* esprit *m* commerçant ; *(fam.)* la bosse du commerce ; *einen guten ~ haben* avoir le sens des affaires.

Geschäftsgepflogenheiten *pl* coutumes *fpl,* usages *mpl* en (d') affaires.

geschäftsgewandt : *~ sein* avoir le sens des affaires ; être versé dans les affaires ; *(fam.)* avoir la bosse du commerce.

Geschäftsgrundlage *f,* **n** bases *fpl* commerciales (servant de fondement à un contrat).

Geschäftsgründung *f,* **en** fondation *f* d'une maison de commerce.

Geschäftshaus *n,* **¨er** maison *f* de commerce ; établissement *m* commercial ; firme *f* ; *Wohn- und ~¨er* locaux *mpl* d'habitation et commerciaux.

Geschäftsherr *m,* **n, en** *(Suisse)* ⇒ *Geschäftsmann.*

Geschäftsinhaber *m,* **-** propriétaire *m* d'un (magasin de) commerce ; chef *m* d'une entreprise.

Geschäftsinteressen *pl* intérêts *mpl* commerciaux ; *die ~ wahr/nehmen* veiller aux intérêts commerciaux.

Geschäftsjahr *n,* **e** exercice *m* ; année *f* commerciale ; *abgelaufenes ~* exercice écoulé ; *laufendes ~* exercice en cours ; *ein ~ ab/schließen* clôturer un exercice.

Geschäftskapital *n, ϕ* capital *m* social (d'un commerce).

Geschäftskarte *f,* **n** carte *f* de visite avec raison sociale de l'entreprise.

Geschäftskette *f,* **n** chaîne *f* commerciale (de magasins).

Geschäftskorrespondenz *f,* **en** correspondance *f* commerciale.

Geschäftskosten *pl* frais *mpl* généraux ; *auf ~* aux frais de la maison ; à la charge de l'entreprise ; *auf ~ reisen* voyager aux frais de l'entreprise.

Geschäftskreise *pl* milieux *mpl* d'affaires.

geschäftskundig rompu aux affaires ; versé dans les affaires.

Geschäftslage *f,* **n** **1.** situation *f* commerciale ; conjoncture *f* ; *seine ~ bessert sich* ses affaires s'améliorent **2.** *in guter ~ sein* être bien situé.

Geschäftsleben *n,* **-** vie *f* des affaires ; *im ~ stehen* être dans les affaires ; *sich aus dem ~ zurück/ziehen* se retirer des affaires.

Geschäftsleiter *m,* **-** ⇒ *Geschäftsführer.*

Geschäftsleitung *f,* **en** ⇒ *Geschäfts-*

führung.

Geschäftsleute *pl* commerçants *mpl* ; hommes *mpl* d'affaires ; le monde des affaires.

Geschäftsliste *f,* **n** *(Suisse)* ordre *m* du jour.

Geschäftslokal *n,* **e** ⇒ *Geschäftsraum.*

geschäftslos *(Bourse)* inactif ; calme ; morose ; stagnant.

Geschäftsmann *m,* **-leute** homme *m* d'affaires ; commerçant *m* ; négociant *m.*

Geschäftsmantel *m,* φ totalité *f* des parts d'une affaire.

geschäftsmäßig **1.** selon les usages en affaires **2.** d'affaires ; *~es Gespräch* conversation *f* d'affaires **3.** froid ; impersonnel ; *in ~em Ton* d'un ton impersonnel.

Geschäftsmethoden *pl* méthodes *fpl* en affaires.

Geschäftsordnung *f,* **en** règlement *m* intérieur ; *eine ~ auf/stellen* établir un plan de travail ; *sich an die ~ halten* s'en tenir au règlement ; *einen Antrag auf ~ stellen* présenter une motion d'ordre.

Geschäftspapiere *pl* papiers *mpl* d'affaires ; documents *mpl* commerciaux.

Geschäftspartner *m,* **-** partenaire *m* commercial ; associé *m.*

Geschäftspolitik *f,* φ politique *f* commerciale.

Geschäftsraum *m,* **¨e** local *m* commercial ; magasin *m* ; bureau *m* ; *~¨e* bureaux *mpl.*

Geschäftsraummiete *f,* **n** bail *m* commercial.

Geschäftsreise *f,* **n** voyage *m* d'affaires.

Geschäftsreisende/r *(der/ein)* voyageur *m* de commerce ; représentant *m* de commerce ; V.R.P. *m.*

Geschäftsrisiko *n,* **-ken** risque *m* commercial ; risque inhérent aux affaires.

Geschäftsrückgang *m,* **¨e** ralentissement *m* des affaires.

Geschäftssache *f,* **n** affaire *f.*

geschäftsschädigend préjudiciable aux affaires, au commerce.

Geschäftsschließung *f,* **en** fermeture *f* (définitive), disparition *f* de magasins.

Geschäftsschluß *m,* φ heure *f* de fermeture (bureaux, magasins, etc.).

Geschäftssinn *m,* φ ⇒ *Geschäftsgeist.*

Geschäftssitz *m,* **e** siège *m* commercial.

Geschäftssprache *f,* **n** langue *f* des affaires ; langage *m* commercial.

Geschäftsstelle *f,* **n** **1.** bureau *m* ; agence *f* ; office *m* **2.** *(jur.)* greffe *m* ; *die ~ des Handelsgerichts* le greffe du tribunal de commerce.

Geschäftsstille *f,* φ morte-saison *f* ; *es herrscht ~* les affaires *fpl* stagnent.

Geschäftsstockung *f,* φ stagnation *f,* ralentissement *m* des affaires ; marasme *m.*

Geschäftsstraße *f,* **n** rue *f* commerçante, marchande ; artère *f* commerciale.

Geschäftsstunden *pl* heures *fpl* d'ouverture (des bureaux).

Geschäftstätigkeit *f,* **en** activité *f* commerciale.

Geschäftsteilhaber *m,* **-** associé *m.*

Geschäftsträger *m,* **-** chargé *m* d'affaires.

geschäftstüchtig habile en affaires ; rompu aux affaires.

Geschäftsübernahme *f,* **n** reprise *f* d'une affaire ; reprise d'un fonds de commerce.

Geschäftsunfähigkeit *f,* φ incapacité *f* contractuelle.

Geschäftsunkosten *pl* frais *mpl* généraux (de l'exploitation commerciale).

Geschäftsveräußerung *f,* **en** cession *f* d'un fonds de commerce ; cession d'une affaire.

Geschäftsverbindung *f,* **en** relation *f* d'affaires ; *~en an/knüpfen* nouer des relations d'affaires ; *mit jdm in ~ stehen* être en relations d'affaires avec qqn ; *mit jdm in ~ treten* entrer en relations d'affaires avec qqn.

Geschäftsverkehr *m,* φ relations *fpl,* transactions *fpl* commerciales ; échanges *mpl* commerciaux.

Geschäftsverlegung *f,* **en** transfert *m* d'un magasin.

Geschäftsviertel *n,* **-** quartier *m* commercial ; centre *m* des affaires.

Geschäftsvorgang *m,* **¨e** opération *f,* transaction *f* commerciale.

Geschäftswagen *m,* **-** véhicule *m* de livraison ; voiture *f* d'entreprise, professionnelle.

Geschäftswelt *f,* φ monde *m* des affaires ; milieux *mpl* d'affaires, du négoce.

Geschäftswert *m,* φ valeur *f* commerciale ; valeur vénale d'un fonds, d'une entreprise (situation, chiffre d'affaires, clientèle, etc.).

Geschäftszeichen *n,* **-** marque *f* ; signature *f* sociale.

Geschäftszeit *f,* **en** heures *fpl* d'ouverture des magasins ; heures de bureau.

Geschäftszentrum *n,* **-tren** ⇒ *Ge-*

schäftsviertel.

Geschäftszweig *m*, **e** branche *f* commerciale ; secteur *m* d'activité.

Geschenk *n*, **e** don *m* ; présent *m* ; cadeau *m*.

Geschenkartikel *m*, **-** article-cadeau *m* ; article pour offrir.

Geschenkgutschein *m*, **e** chèque-cadeau *m*.

Geschenkpackung *f*, **en** emballage *m* de présentation ; emballage-cadeau *m* ; paquet-cadeau *m*.

Geschenkpaket *n*, **e** paquet-cadeau *m*.

geschieden divorcé ; *sie sind ~* ils sont divorcés.

geschlossen fermé ; clos ; *~er Betrieb* entreprise *f* qui embauche exclusivement des travailleurs appartenant à un syndicat donné ; *~e Gesellschaft* réunion *f* privée ; cercle *m* fermé ; *~er Markt* marché *m* fermé (à de nouveaux soumissionnaires ou acheteurs en raison d'un monopole) ; *die Sitzung ist ~* la séance est levée.

Geschwindigkeitsbegrenzung *f*, **en** ⇒ *Geschwindigkeitsbeschränkung.*

Geschwindigkeitsbeschränkung *f*, **en** limitation *f* de (la) vitesse.

Geselle *m*, **n, n** compagnon *m* ; ouvrier *m* artisan ; *einen ~n ein/stellen, entlassen* embaucher, licencier un compagnon.

Gesellenbrief *m*, **e** brevet *m* de compagnon, de compagnonnage ; certificat *m* d'ouvrier artisan.

Gesellenprüfung *f*, **en** examen *m* de compagnonnage.

Gesellenstück *n*, **e** ouvrage *m*, chef-d'œuvre *m* de compagnon.

Gesellschaft *f*, **en** société *f* ; compagnie *f* ; association *f* **I.** *aktienrechtliche ~* société anonyme ; *beteiligte ~* société participante ; *bürgerlich-rechtliche ~* société enregistrée ; *handelsrechtliche ~* société de droit commercial ; *~ mit beschränkter Haftung (GmbH)* société à responsabilité limitée (S.a.r.l.) ; *multinationale ~* société multinationale ; *~ ohne Rechtspersönlichkeit* société de personnes ; *stille ~* association *f* en participation ; *verstaatlichte ~* société nationalisée **II.** *eine ~ ab/wickeln (liquidieren)* liquider une société ; *eine ~ auf/nehmen (übernehmen)* absorber une société ; *eine ~ auf/lösen* dissoudre une société ; *eine ~ gründen (errichten)* fonder, créer une société ; *eine ~ sanieren* redresser, assainir une société ; *eine ~ um/wandeln* transformer une société ; *eine ~ verstaatlichen* nationaliser une société.

Gesellschafter *m*, **-** associé *m* ; sociétaire *m* ; *beschränkt haftender (stiller) ~* commanditaire *m* ; *geschäftsführender ~* associé gérant ; *unbeschränkt (persönlich) haftender ~* commandité *m*.

Gesellschaftereinlage *f*, **n** ⇒ *Gesellschaftseinlage.*

gesellschaftlich social ; de société ; *~e Stellung* rang *m* social.

Gesellschaftsanteil *m*, **e** part *f* sociale.

Gesellschaftseinlage *f*, **n** apport *m* social ; mise *f* de fonds.

Gesellschaftsfirma *f*, **-men** raison *f* sociale.

Gesellschaftsform *f*, **en** forme *f*, structure *f* juridique de la société.

Gesellschaftskapital *n*, *ϕ* fonds *m*, capital *m* social *(syn. Stamm-, Grundkapital).*

Gesellschaftskarte *f*, **n** billet *m* de groupe ; billet collectif.

Gesellschaftsname *m*, **ns, n** ⇒ *Gesellschaftsfirma.*

Gesellschaftsordnung *f*, **en** statuts *mpl* d'une société.

Gesellschaftsrecht *n*, *ϕ* droit *m* des sociétés.

Gesellschaftssatzungen *pl* statuts *mpl* d'une société.

Gesellschaftsschicht *f*, **en** couche *f* sociale.

Gesellschaftsschulden *pl* passif *m* social *(contr. Gesellschaftsvermögen).*

Gesellschaftssitz *m*, **e** siège *m* social.

Gesellschaftssteuer *f*, **n** impôt *m* sur les sociétés.

Gesellschaftsstruktur *f*, **en** ⇒ *Gesellschaftsform.*

Gesellschaftsurkunde *f*, **n** acte *m* de constitution de société.

Gesellschaftsvermögen *n*, **-** actif *m* social ; avoir *m* social ; patrimoine *m* de la société.

Gesellschaftsvertrag *m*, **¨e** contrat *m* de société ; acte *m* de société.

Gesellschaftswissenschaft *f*, **en** sociologie *f (syn. Soziologie).*

Gesetz *n*, **e** loi *f* **I.** *rückwirkendes ~* loi rétroactive ; *das ~ von Angebot und Nachfrage* la loi de l'offre et de la demande ; *das ~ gegen den unlauteren Wettbewerb* la loi interdisant la concurrence déloyale **II.** *ein ~ ab/ändern* amender une loi ; *ein ~ ab/lehnen (verwerfen)* rejeter une loi; *ein ~ an/nehmen (verabschieden)* adopter une loi ; *ein ~ aus/arbeiten* élaborer une loi ; *ein ~ außer Kraft setzen (auf/he-*

ben) abroger une loi ; *das ~ tritt in Kraft* la loi entre en vigueur ; *ein ~ übertreten* contrevenir à une loi ; *ein ~ umgehen* tourner une loi ; *ein ~ verkünden* promulguer une loi.

Gesetzbuch *n*, **¨er** code *m* ; *Bürgerliches ~ (BGB)* Code civil.

Gesetzentwurf *m*, **¨e** ⇒ *Gesetzesvorlage*.

Gesetzesänderung *f*, **en** amendement *m*.

Gesetzesbrecher *m* **-** contrevenant *m* à la loi ; individu *m* en infraction.

Gesetzesinitiative *f*, **n** initiative *f* des lois.

Gesetzeskraft *f* : *~ haben* avoir force de loi.

Gesetzesnovelle *f*, **n** ⇒ *Gesetzesänderung*.

Gesetzesverletzung *f*, **en** violation *f* de la loi.

Gesetzesverstoß *m*, **¨ße** infraction *f* à la loi.

Gesetzesvorlage *f*, **n** projet *m*, proposition *f* de loi ; *eine ~ ein/bringen* déposer un projet de loi.

gesetzgebend : *~e Gewalt* pouvoir *m* législatif ; *~e Versammlung* assemblée *f* législative.

Gesetzgeber *m*, **-** législateur *m*.

Gesetzgebung *f*, **en** législation *f*.

gesetzlich légal **I.** *~e Bestimmungen* dispositions *fpl* légales ; *~er Feiertag* jour *m* férié légal ; fête *f* légale ; *~e Rücklage (Reserve)* réserve *f* légale ; *~er Vertreter* mandataire *m*, représentant *m* légal ; *~er Vormund* tuteur *m* légal ; *~es Zahlungsmittel* monnaie *f* légale, libératoire **II.** *~ anerkennen* légitimer ; authentifier ; *die ~e Frist ein/halten* observer le délai légal.

gesetzmäßig conforme à la loi ; légal ; légitime ; régulier.

Gesetzmäßigkeit *f*, *ϕ* légalité *f* ; légitimité *f*.

gesetzwidrig illégal ; illicite ; contraire à la loi ; *~e Handlung* acte *m* illégal.

Gesetzwidrigkeit *f*, **en** illégalité *f* ; illégitimité *f*.

gesondert séparé(ment) ; *~ verpakken* faire des emballages séparés ; *etw ~ zugehen lassen* adresser qqch sous pli séparé.

gespeichert *(inform.)* enregistré ; mis en mémoire ; *~es Programm* programme *m* enregistré ; *~e Vorgangsdaten* fichier *m* opérations.

gesperrt barré ; bloqué ; coupé ; *~es Konto* compte *m* bloqué ; *~es Gelände* terrain *m* interdit ; *~e Straße* rue *f*, route *f* barrée ; *das Gas, das Telephon ist ~* le gaz, le téléphone est coupé.

Gespräch *n*, **e** entretien *m* ; dialogue *m* ; conversation *f* ; débat *m* ; communication *f* téléphonique **I.** *dienstliches ~* conversation officielle, de service ; *dringendes, privates ~* communication urgente, privée ; *ein ~ mit Voranmeldung* une communication avec préavis **II.** *ein ~ ab/brechen* interrompre une communication ; *ein ~ nach Bonn an/melden* demander une communication pour Bonn ; *ein ~ mit Berlin führen* avoir une communication avec Berlin ; *legen Sie das ~ auf mein Zimmer* passez la communication dans ma chambre (hôtel) ; *das ~ wurde unterbrochen* nous avons été coupés.

Gesprächsanmeldung *f*, **en** demande *f* de communication.

Gesprächsaufforderung *f*, **en** *(téléph.)* avis *m* d'appel.

Gesprächsdauer *f*, *ϕ* durée *f* de conversation, de communication.

Gesprächseinheit *f*, **en** unité *f* de taxation.

Gesprächsgebühr *f*, **en** taxe *f* (de base) d'une communication.

Gesprächspartner *m*, **-** interlocuteur *m* ; correspondant *m*.

Gesprächsteilnehmer *m*, **-** ⇒ *Gesprächspartner*.

Gesprächszähler *m*, **-** compteur *m* téléphonique.

gestaffelt échelonné ; progressif ; gradué.

gestalten aménager ; agencer ; *einen Stand geschmackvoll ~* agencer un stand avec goût.

Gestalter *m*, **-** créateur *m* ; concepteur *m* ; styliste *m* ; designer *m* ; décorateur *m*.

Gestaltung *f*, **en** agencement *m* ; aménagement *m* ; décoration *f* ; *grafische ~* présentation *f* graphique ; *künstlerische ~* aménagement, présentation artistique ; *~ des Arbeitsplatzes, der Umwelt* aménagement *m* du lieu de travail, du cadre de vie ; *~ der Arbeitszeit* aménagement du temps de travail.

Gestaltungsfläche *f*, **n** surface *f* d'exposition.

gestanzt *(inform.)* perforé ; *~e Code-Kombination* perforation *f* codique ; *~er Lochstreifen* bande *f* perforée.

Gestattungsproduktion *f*, **en** (R.D.A.) type de production où le partenaire commercial en R.F.A. fournit une licence de production et l'équipement nécessaire à une entreprise nationalisée de la

R.D.A. qui le paie en produits manufacturés.

Gestehungskosten *pl* prix *m* de fabrication *(syn. Herstellungs-, Selbstkosten).*

Gestehungspreis *m,* **e** ⇒ *Gestehungskosten.*

Gestellung *f,* **en** présentation *f* en douane.

gestellungspflichtig présentation obligatoire en douane.

Gesuch *n,* **e** demande *f* ; requête *f* ; sollicitation *f* ; supplique *f* ; pétition *f* ; *~ um Gewährung einer Beihilfe* demande d'octroi d'une allocation ; *ein ~ ab/lehnen* refuser (ne pas donner suite à) une requête ; *ein ~ bewilligen* donner suite à une requête ; accorder une demande ; *ein ~ ein/reichen* solliciter qqch ; présenter, déposer une requête.

Gesuchsteller *m,* **-** demandeur *m* ; requérant *m* ; pétitionnaire *m.*

gesucht demandé ; recherché ; *~* « on demande » ; « on recherche » (offres d'emploi) ; *~e Ware* marchandise *f* très demandée.

gesund sain ; *~es Unternehmen* entreprise *f* financièrement saine.

gesunden guérir ; redresser ; assainir ; *die Wirtschaft ist wieder ~t* l'économie *f* est en voie de redressement, s'est assainie *(syn. sanieren).*

Gesundheit *f,* ϕ santé *f* ; salubrité *f.*

gesundheitlich sanitaire ; hygiénique ; *aus ~en Gründen* pour raisons de santé.

Gesundheitsamt *n,* **¨er** service *m* de l'hygiène et de la santé publique.

Gesundheitsministerium *n,* **-rien** ministère *m* de la Santé publique.

Gesundheitswesen *n,* ϕ la santé (publique).

gesund/machen assainir ; se refaire une santé ; *sich am Verkauf eines Artikels ~* la vente de cet article nous a remis à flot.

gesund/schrumpfen assainir une entreprise ; *eine Firma durch Personaleinsparung ~* rentabiliser une entreprise en procédant à des compressions de personnel.

Gesundschrumpfung *f,* **en** assainissement *m* d'une entreprise (par réduction de la production ou par compression du personnel).

Gesundung *f,* **en** assainissement *m* ; rétablissement *m* ; *~ der Wirtschaft* redressement *m* économique.

Getränk *n,* **e** boisson *f* ; *geistige ~e* spiritueux *mpl.*

Getränkesteuer *f,* **n** impôt *m,* taxe *f* sur les boissons.

Getreide *n,* **-** ou **-arten** céréales(s) *f(pl)* ; blé *m.*

Getreideanbau *m,* ϕ céréaliculture *f* ; culture *f* céréalière.

Getreidebörse *f,* **n** Bourse *f* des céréales.

Getreidehandel *m,* ϕ commerce *m* des céréales.

Getreidekammer *f,* **n** grenier *m* à blé (d'un pays).

Getreideland *n,* **¨er** pays *m* producteur de céréales.

Getreidewirtschaft *f,* ϕ économie *f,* exploitation *f* céréalière.

Getrenntveranlagung *f,* **en** *(fisc)* imposition *f* séparée.

getürkte (Rechnungen) (factures) falsifié(es), bidon.

Gewähr *f,* ϕ garantie *f* ; caution *f* ; *die beste ~ bieten* présenter les meilleures garanties ; *für etw ~ leisten* garantir qqch ; se porter garant de qqch ; *ohne ~* sans garantie (de notre part).

gewähren accorder ; octroyer ; donner ; procurer ; *jdm eine Bitte ~* donner suite à une demande (requête) ; *einen Kredit ~* accorder un crédit ; *auf einen Preis 3 % Rabatt ~* accorder une remise de 3 % sur un prix ; *Vorteile ~* consentir des avantages ; *eine Zahlungsfrist ~* accorder un délai de paiement.

Gewährfrist *f,* **en** délai *m* de garantie.

gewährleisten garantir ; se porter garant de ; répondre de *(syn. garantieren).*

Gewährleistung *f,* **en** garantie *f* ; caution *f.*

Gewahrsam 1. *m,* **e** garde *f* ; dépôt *m* ; *in sicherem ~* en lieu sûr ; *in ~ haben, nehmen* avoir, prendre sous sa garde **2.** *n,* **e** prison *f* ; détention *f* ; *in polizeilichem ~* sous la garde de la police ; garde *f* à vue.

Gewahrsamsinhaber *m,* **-** transitaire *m* (personne ayant la garde de la marchandise).

Gewahrsamsklausel *f,* **n** clause *f* de transitaire.

Gewähr(s)mangel *m,* **¨** vice *m* rédhibitoire.

Gewährsmann *m,* **-männer** ou **-leute** **1.** répondant *m* ; fidéjusseur *m* ; garant *m* **2.** agent *m* ; source *f* (de renseignements) ; informateur *m* ; homme *m* de confiance.

Gewährsträger *m,* **-** garant *m* ; répondant *m* ; responsable *m.*

Gewährung *f,* **en** octroi *m* ; attribution *f* ; ~ *eines Kredits* ouverture *f* d'un crédit ; ~ *einer Rente* attribution *f* d'une pension.

Gewalt *f,* **en** pouvoir *m* ; force *f* ; puissance *f* ; *ausübende (vollziehende)* ~ pouvoir exécutif ; *gesetzgebende* ~ pouvoir législatif ; *elterliche* ~ puissance paternelle ; *höchste* ~ pouvoir suprême ; *höhere* ~ force majeure ; *öffentliche (staatliche)* ~ autorité, force publique ; *richterliche* ~ pouvoir judiciaire.

Gewaltanwendung *f,* **en** recours *m* à la force ; emploi *m* d'un moyen coercitif.

Gewaltenteilung *f,* *ϕ* séparation *f* des pouvoirs.

Gewaltentrennung *f,* *ϕ* ⇒ *Gewaltenteilung.*

Gewaltherrschaft *f,* **en** dictature *f* ; régime *m* totalitaire.

Gewerbe *n,* **- 1.** activité *f* industrielle, commerciale ou artisanale ; *ambulantes* ~ commerce *m* ambulant ; *dienstleistendes* ~ services *mpl ; kaufmännisches* ~ commerce *m* ; activité *f,* profession *f* commerciale ; *produzierendes* ~ industrie *f* et commerce *m* ; activités de production ; industrie *f ; verarbeitendes* ~ industrie *f* de transformation **2.** entreprise *f* (industrielle, commerciale, artisanale) ; *Handel und* ~ petites et moyennes entreprises du commerce et de l'industrie ; PME ; PMI **3.** activité *f* professionnelle ; profession *f* (non salariée) ; métier (indépendant) *m* ; *ein* ~ *aus/üben (betreiben)* exercer un métier.

Gewerbe- 1. *(préfixe)* industriel ; professionnel ; du commerce et de l'industrie **2. -gewerbe** *(suffixe)* ensemble *m* d'un secteur ou d'une branche ; *Bau*~ le bâtiment ; *Hotel*~ l'hôtellerie *f.*

Gewerbeamt *n,* **¨er** ⇒ *Gewerbeaufsichtsamt.*

Gewerbeaufsicht *f,* **en** *(R.F.A.)* inspection *f* du travail et de la main-d'œuvre.

Gewerbeaufsichtsamt *n,* **¨er** (office *m* de l') inspection *f* du travail et de la main-d'œuvre.

Gewerbeaufsichtsbeamte/r *(der/ein)* inspecteur *m* du travail.

Gewerbeausstellung *f,* **en** exposition *f* industrielle.

Gewerbebank *f,* **en** banque *f* de l'industrie et de l'artisanat.

Gewerbeberechtigung *f,* **en** *(Autriche)* autorisation *f* d'exercer une activité commerciale.

Gewerbebetrieb *m,* **e** entreprise *f* industrielle ou commerciale ; entreprise artisanale ; petite (ou moyenne) entreprise.

Gewerbeerlaubnis *f,* **se** licence *f* professionnelle ; permis *m* d'exploitation industrielle ou commerciale.

Gewerbeertrag *m,* **¨e** bénéfice *m* industriel ou commercial.

Gewerbeertragssteuer *f,* **n,** impôt *m* sur les bénéfices industriels et commerciaux.

Gewerbeerzeugnis *n,* **se** produit *m* fabriqué.

Gewerbefreiheit *f,* **en** liberté *f* d'exercer une activité professionnelle ; liberté du commerce et de l'industrie ; liberté d'entreprise.

Gewerbegebiet *n,* **e** zone *f* industrielle ; Z.I. *(syn. Industriegebiet).*

Gewerbegericht *n,* **e** conseil *m* des prud'hommes.

Gewerbehygiene *f,* *ϕ* hygiène *f* du travail ; hygiène industrielle.

Gewerbeinspektor *m,* **en** inspecteur *m* du travail.

Gewerbekammer *f,* **n** chambre *f* des métiers ; chambre professionnelle.

Gewerbekapital *n,* *ϕ* capital *m* d'exploitation.

Gewerbekrankheit *f,* **en** maladie *f* professionnelle.

Gewerbekunde *f,* *ϕ* technologie *f* ; arts *mpl* industriels.

Gewerbeordnung *f,* **en** code *m* des professions de l'artisanat, du commerce et de l'industrie.

Gewerbepolizei *f,* *ϕ* services *mpl* de police ou municipaux chargés de la répression des infractions au Code du travail.

Gewerberecht *n,* *ϕ* droit *m* des professions industrielles et commerciales.

Gewerbeschein *m,* **e** licence *f* ; patente *f* ; permis *m* d'exploitation commerciale ou industrielle.

Gewerbeschule *f,* **n** école *f* professionnelle ; *(France)* école des Arts et Métiers ; école technique.

Gewerbesteuer *f,* **n**; taxe *f* professionnelle ; *(autrefois)* patente *f.*

gewerbetreibend qui exerce une activité artisanale, industrielle ou commerciale.

Gewerbetreibende/r *(der/ein)* commerçant *m* ; artisan *m* ; industriel *m* ; personne *f* exerçant une activité non salariée ; petit exploitant *m* (du commerce, de l'industrie ou de l'artisanat) ; *selbständiger* ~*r* travailleur *m* indépendant.

Gewerbeverband *m,* **¨e** groupement *m* professionnel.

Gewerbezulassung *f,* **en** ⇒ *Gewerbeerlaubnis.*

Gewerbezweig *m,* **e** secteur *m* industriel ; branche *f* commerciale ou artisanale.

gewerblich professionnel ; lucratif ; industriel ; commercial ; artisanal ; *nicht ~er Beruf* (souvent pour) profession *f* libérale ; *~er Betrieb* entreprise *f* industrielle ; *~es Eigentum* propriété *f* industrielle ; *~e Einkünfte pl* revenus *mpl* d'une activité commerciale ou industrielle ; *~e Erzeugnisse pl* produits *mpl* industriels ; *Räume zu ~er Nutzung* locaux *mpl* professionnels ; *~er Rechtsschutz* protection *f* de la propriété industrielle ; *~e Tätigkeit* activité *f* industrielle ou commerciale ; activité *f* professionnelle ; *~er Verkehr* trafic professionnel ; *~e Wirtschaft* industrie *f,* commerce *m,* artisanat *m.*

gewerbsmäßig professionnel ; industriel ; de métier ; à titre lucratif.

gewerbstätig industriel ; professionnel.

Gewerbstätigkeit *f,* **en** activité *f* professionnelle indépendante.

Gewerke *m,* **n, n,** **1.** membre *m* d'une société d'exploitation minière **2.** *(Autriche)* fabricant *m.*

Gewerkschaft *f,* **en** syndicat *m* (ouvrier) ; (con)fédération *f* syndicale ; union *f* **I.** *bergrechtliche ~* syndicat d'exploitation minière ; *freie ~* syndicat libre ; *christliche ~* syndicat chrétien ; *die ~ der leitenden Angestellten* syndicat des cadres **II.** *einer ~ bei/treten* se syndiquer ; adhérer à un syndicat ; *einer ~ an/gehören* appartenir à un syndicat.

Gewerkschafter *m,* **-** ⇒ *Gewerkschaftler.*

Gewerkschaftler *m,* **-** **1.** syndicaliste *m* ; délégué *m* syndical ; *führender ~* dirigeant *m* syndical **2.** syndiqué *m* ; adhérent *m* syndical.

gewerkschaftlich syndical ; syndicaliste ; *(gewerkschaftlich) organisiert sein* être syndiqué.

Gewerkschaftsbank *f,* **en** banque *f* syndicale ; banque des syndicats ouvriers ; *(R.F.A.) Bank für Gemeinwirtschaft (BfG)* banque appartenant au « DGB »..

Gewerkschaftsbewegung *f,* **en** mouvement *m* syndical.

Gewerkschaftsbund *m,* **¨e** confédération *f* syndicale ; *Deutscher ~ (DGB)* confédération syndicale des travailleurs de la R.F.A. (regroupant 17 fédérations professionnelles) ; *Freier Deutscher ~ (FDGB)* confédération syndicale des travailleurs de la R.D.A.

Gewerkschaftsführer *m,* **-** dirigeant *m* syndical(iste).

Gewerkschaftsfunktionär *m,* **e** délégué *m* syndical ; permanent *m.*

Gewerkschaftsgruppe *f,* **n** section *f* syndicale.

Gewerkschaftshaus *n,* **¨er** Bourse *f* du travail.

Gewerkschaftskongreß *m,* **-sse** congrès *m* syndical.

Gewerkschaftsmitglied *n,* **er** syndiqué *m* ; membre *m* d'un syndicat.

Gewerkschaftsorganisation *f,* **en** organisation *f* syndicale.

Gewerkschaftspresse *f,* *ϕ* presse *f* syndicale.

Gewerkschaftssekretär *m,* **e** secrétaire *m* syndical.

Gewerkschaftstag *m,* **e** ⇒ *Gewerkschaftskongreß.*

Gewerkschaftsverband *m,* **¨e** confédération *f* de(s) syndicats ; union *f* syndicale.

Gewerkschaftsvertreter *m,* **-** représentant *m,* délégué *m* syndical.

Gewerkschaftsvorsitzende/r *(der/ein)* secrétaire *m* général d'un syndicat.

Gewerkschaftswesen *n,* *ϕ* syndicalisme *m.*

Gewerkschaftszugehörigkeit *f,* **en** appartenance *f,* affiliation *f* à un syndicat ; qualité *f* de syndiqué.

Gewicht *n,* **e** **1.** poids *m* ; *handelsübliches ~* poids marchand ; *totes ~* poids à vide ; *~ der Verpackung* poids de l'emballage ; tare *f* ; *etw nach ~ verkaufen* vendre au poids **2.** importance *f* ; *auf etw ~ legen* attacher de l'importance à qqch.

gewichtet : *im ~en Durchschnitt* en moyenne pondérée.

Gewichtung *f,* **en** pondération *f.*

Gewichtsabgang *m,* **(¨e)** ⇒ *Gewichtsverlust.*

Gewichtsangabe *f,* **n** déclaration *f,* indication *f* de poids.

Gewichtslimit *n,* **s** limite *f* de poids.

Gewichtssatz *m,* **¨e** tarif *m* pondéré, gradué ; tarif au poids, au tonnage.

Gewichtsschwund *m,* *ϕ* ⇒ *Gewichtsverlust.*

Gewichtstabelle *f,* **n** spécification *f* des poids ; barème *m* des poids.

Gewichtstoleranz *f,* *ϕ* tolérance *f* de poids ; excédent *m* de poids toléré.

Gewichtsvergütung *f,* **en** indemnisation *f* pour perte de poids durant le transport.

Gewichtsverlust *m,* **e** perte *f* de poids ; déperdition *f.*

Gewichtsverzollung *f,* **en** taxation *f* spécifique.

Gewichtszoll *m,* **¨e** droit *m,* taxe *f* spécifique du poids.

Gewichtung *f,* **en** *(statist.)* pondération *f* ; *eine ~ vor/nehmen* pondérer.

Gewinn *m,* **e** bénéfice *m* ; profit *m* ; gain *m* ; rendement *m* ; produit *m* **I.** *~ aus Kapital* bénéfice de placement ; *erhoffter ~* bénéfice escompté ; *gewerbliche ~e* bénéfices industriels ; *reiner ~* bénéfice net ; *unverteilte ~e* bénéfices non distribués ; *~ vor Abschreibungen, Rückstellungen und Steuern* bénéfices avant amortissements, provisions et impôts ; *zweckgebundene ~e* bénéfices affectés **II.** *~ ab/werfen (bringen)* rapporter des bénéfices ; *~e aus/schütten* distribuer des bénéfices ; *den ~ berechnen (überschlagen)* évaluer les bénéfices ; faire un calcul prévisionnel des bénéfices ; *am ~ beteiligt sein* être intéressé aux bénéfices ; *~e ein/streichen (ein/ stecken)* empocher des bénéfices ; *~e erzielen* réaliser des bénéfices ; *mit ~ verkaufen* vendre avec bénéfices ; *aus etw ~ ziehen* tirer profit de.

Gewinnabschluß *m,* **¨sse** ⇒ *Gewinnbilanz.*

Gewinnabschöpfung *f,* **en** prélèvement *m* du bénéfice.

Gewinnanteil *m,* **e** part *f* de bénéfice ; participation *f* aux bénéfices.

Gewinnanteilschein *m,* **e** coupon *m* de dividende.

Gewinnaufschlag *m,* **¨e** marge *f* de bénéfice.

Gewinnausfall *m,* **ϕ** manque *m* à gagner ; perte *f* de bénéfice.

Gewinnausschüttung *f,* **en** distribution *f,* répartition *f* des bénéfices.

Gewinnaussicht *f,* **en** ⇒ *Gewinnchance.*

gewinnberechtigt ayant droit à une part des bénéfices.

gewinnbeteiligt qui participe aux bénéfices ; *~e Aktie* action *f* bénéficiaire.

Gewinnbeteiligung *f,* **en** participation *f* aux bénéfices ; *~ der Arbeitnehmer* intéressement *m* des salariés aux bénéfices de l'entreprise ; participation du personnel aux fruits de l'expansion de l'entreprise.

Gewinnbilanz *f,* **en** bilan *m* excédentaire ; bilan se soldant par un bénéfice.

gewinnbringend lucratif ; profitable ; avantageux ; porteur ; prometteur ; d'avenir ; *ein ~es Geschäft* une affaire qui rapporte.

Gewinnchance *f,* **n 1.** chances *fpl* de gagner (jeu) **2.** chances de réaliser un profit ; profits *mpl* escomptés.

gewinnen, a, o 1. gagner ; acquérir ; remporter ; *bei der Tombola ~* gagner à la tombola ; *neue Kunden ~* gagner de nouveaux clients ; *einen Prozeß ~* gagner un procès ; *das große Los ~* gagner le gros lot **2.** extraire ; *Kohle ~* extraire du charbon.

Gewinnentnahme *f,* **n** prélèvement *m* sur les bénéfices.

Gewinner *m,* **-** gagnant *m* ; vainqueur *m.*

Gewinn(er)gemeinschaft *f,* **en** groupe *m* de sociétés mettant les gains en commun ; communauté *f* de gains.

Gewinnerwartung *f,* **en** ⇒ *Gewinnchance.*

Gewinngemeinschaft *f,* **en** communauté *f* d'intérêt.

Gewinnmarge *f,* **n** ⇒ *Gewinnspanne.*

Gewinnmaximierung *f,* **en** maximisation *f* du profit ; maximalisation *f* des bénéfices.

Gewinnmitnahme *f,* **n** *(Bourse)* prise *f* de bénéfice.

Gewinnobligation *f,* **en** ⇒ *Gewinnschuldverschreibung.*

Gewinnoptimierung *f,* **en** optimalisation *f,* optimisation *f* des bénéfices.

Gewinnquote *f,* **n** quote-part *f* de bénéfices.

Gewinnsaldo *m,* **-den** solde *m* bénéficiaire, excédentaire.

Gewinnschrumpfung *f,* **en** diminution *f,* régression *f,* tassement *m* des bénéfices.

Gewinnschuldverschreibung *f,* **en** obligation *f* indexée, à lots ; obligation non convertible avec droit aux dividendes.

Gewinnschwelle *f,* **(n)** seuil *m* de rentabilité ; « break-even point » ; *syn. Nutzschwelle.*

Gewinnspanne *f,* **n** marge *f* bénéficiaire.

Gewinnsparen *n,* **ϕ** épargne *f* à primes ; épargne à lots.

Gewinnsteuer *f,* **n** impôt *m* sur les bénéfices.

Gewinnstreben *n,* **ϕ** recherche *f* du profit.

Gewinnsucht *f,* **ϕ** âpreté *f* au gain ; cupidité *f.*

gewinnträchtig prometteur ; porteur ; d'avenir ; *~e Aktien* actions *fpl* laissant espérer des bénéfices ; *~er Markt* marché *m* prometteur, porteur.

Gewinnüberschuß *m,* **¨sse** solde *m* bénéficiaire ; excédent *m* de bénéfices.

Gewinn und Verlust profits *mpl* et pertes *fpl.*

Gewinn- und Verlustrechnung *f,* **en** compte *m* de résultat ; *(autrefois)* compte *m* de pertes et profits ; *syn. Erfolgs-, Ertragsrechnung.*

Gewinnung *f,* **en** extraction *f* ; exploitation *f* ; *die ~ von Kohle* extraction de charbon.

Gewinnverteilung *f,* **en** ⇒ *Gewinnausschüttung.*

Gewinnverwendung *f,* **en** affectation *f* des bénéfices.

Gewinnvortrag *m,* **¨e** report *m* à nouveau ; report du solde excédentaire (profit à reporter sur l'exercice suivant pour reconstitution de capital).

GewO ⇒ *Gewerbeordnung.*

Gewohnheitsrecht *n, ϕ (jur.)* droit *m* coutumier.

gezeichnet signé ; souscrit ; *~e Aktien* actions *fpl* souscrites ; *~er Betrag* montant *m* souscrit ; *~es Kapital* capital *m* souscrit ; *voll ~* entièrement souscrit.

Gezeitenkraftwerk *n,* **e** centrale *f* marémotrice.

gezogen tiré ; *~er Wechsel* effet *m* tiré ; traite *f* ; *wir haben eine Tratte über... fällig am 8.6. auf Sie ~* nous avons tiré sur vous une traite de... au 8.6.

Gezogene/r *(der/ein)* tiré *m.*

GG ⇒ *Grundgesetz.*

g.g.u. *(gelesen, genehmigt, unterschrieben)* lu et approuvé.

Gießkannenprinzip *n, ϕ* saupoudrage *m* ; attribution *f* uniforme de subventions qui ne tient pas compte de différences éventuelles entre les bénéficiaires.

Giftstoffe *pl* produits *mpl* toxiques.

Gigant *m,* **en, en** géant *m.*

Gilde *f,* **n** *(hist.)* guilde *f* ; corporation *f.*

Gipfel *m,* **-** sommet *m.*

Gipfelkonferenz *f,* **en** conférence *f* au sommet.

Gipfeltreffen *n,* **-** rencontre *f* au sommet.

Giralgeld *n,* **er** [ʒi'ra:l...] monnaie *f* scripturale *(syn. Buchgeld* ; *contr. Bargeld).*

Girant *m,* **en, en** [ʒi'rant] endosseur *m (syn. Indossant).*

Girat *m,* **en, en** [ʒi'ra:t] ⇒ *Giratar.*

Giratar *m,* **e** endossé *m* ; endossataire *m (syn. Indossat).*

girierbar [ʒi'ri:r...] endossable ; *~er Scheck* chèque *m* endossable *(syn. indossabel).*

girieren [ʒi'ri:rən] endosser ; *einen Scheck ~* endosser un chèque ; *einen Wechsel auf eine Bank ~* passer un effet en banque *(syn. indossieren).*

Giro *n,* **s** ['ʒi:ro] **1.** endossement *m* ; endos *m* ; *durch ~ übertragen* transférer par endossement **2.** virement *m* ; *eine Summe durch ~ überweisen* virer une somme.

Girobank *f,* **en** banque *f* de virement, d'escompte ; banque des dépôts et virements.

Giroeinlagen *pl* dépôts *mpl* en compte courant ; dépôts à vue.

Girogelder *pl* ⇒ *Giroeinlagen.*

Girogeschäft *n,* **e** opération *f* de virement.

Girokonto *n,* **s** ou **-ten** compte *m* de virement *(syn. Kontokorrentkonto ; laufendes Konto).*

Giroscheck *m,* **s** chèque *m* de virement *(syn. Verrechnungsscheck).*

Giroverkehr *m, ϕ* opérations *fpl* de virement ; *im ~* par virement.

Girozentrale *f,* **n** banque *f* centrale de virement.

G-Konto ⇒ *Gehaltskonto.*

Glas(bruch)versicherung *f,* **en** assurance *f* contre les bris de vitres, de glaces.

glatt/stellen réaliser ; équilibrer ; *die Buchung ~* équilibrer les comptes.

Glattstellung *f,* **en** réalisation *f* ; liquidation *f.*

Gläubiger *m,* **-** créancier *m* **I.** *ausgeschlossener ~* créancier forclos ; *bevorrechtigter ~* créancier privilégié ; *sichergestellter ~* créancier nanti **II.** *einen ~ ab/finden (befriedigen)* désintéresser, satisfaire un créancier ; *sich mit den ~n vergleichen* s'arranger, trouver un accord avec les créanciers.

Gläubigeranfechtung *f,* **en** action *f* révocatoire, paulienne (un créancier demande la révocation d'un acte accompli pour violation de ses droits par le débiteur).

Gläubigeranspruch *m,* **¨e** prétention *f* du créancier ; droit *m* à être payé.

Gläubigeraufgebot *n,* **e** convocation *f* des créanciers.

Gläubigerausschuß *m,* **¨sse** comité *m* des créanciers ; commission *f* des contrôleurs.

Gläubigerbegünstigung *f,* **en** traitement *m* de faveur à l'égard d'un créancier.

Gläubigereffekten *pl* effets *mpl* de créances (emprunts, obligations).

Gläubigermasse *f,* **n 1.** masse *f* (de la faillite) **2.** union *f* des créanciers.

Gläubigerschutzverband *m,* **¨e** groupement *m*, association *f* de défense des créanciers.

Gläubigerversammlung *f,* **en** assemblée *f* des créanciers.

Gläubigerverzug *m,* **¨e** demeure *f* du créancier (refus d'un créancier d'accepter le versement d'un débiteur).

glaubwürdig crédible ; digne de foi.

Glaubwürdigkeit *f,* *ϕ* crédibilité *f.*

gleich identique ; semblable ; pareil ; même ; analogue ; équivalent ; *~ groß* de la même grandeur, taille ; *~er Lohn für ~e Arbeit* à travail égal, salaire égal ; *mit ~er Post erhalten Sie...* nous vous faisons parvenir par le même courrier ; *zu ~en Teilen* à parts égales.

Gleichbehandlung *f,* *ϕ* égalité *f* de traitement ; non-discrimination *f.*

Gleichbehandlungsgrundsatz *m,* **¨e** principe *m* de l'égalité de traitement.

gleichberechtigt égal en droits ; à droits égaux ; à égalité ; paritaire.

Gleichberechtigung *f,* **en** égalité *f* des droits ; parité *f.*

gleichbleibend constant ; identique ; stable ; invariable ; *(inform.) ~e Daten* données *fpl* constantes.

Gleichgewicht *n,* **(e)** équilibre *m* ; balance *f* ; *das europäische ~* l'équilibre européen ; *~ der Kräfte* équilibre des forces ; *labiles, stabiles ~* équilibre instable, stable ; *~ auf dem Arbeitsmarkt* équilibre sur le marché du travail ; *ins ~ bringen* équilibrer ; solder ; *aus dem ~ bringen* déséquilibrer.

Gleichstellung *f,* **en** égalité *f* ; parité *f* ; non-discrimination *f* ; *die ~ von Arbeit und Kapital in den Aufsichtsräten* la parité du travail et du capital dans les conseils de surveillance.

Gleis *n,* **e** ⇒ *Geleise.*

-gleisig *(suffixe)* à... voies ; *eine zwei~e Strecke* une portion de trajet à deux voies.

gleitend mobile ; indexé ; *~e Arbeitszeit* horaire *m* mobile, aménagé ; travail *m* à la carte ; *~e Lohnskala* échelle *f* mobile des salaires.

Gleitklausel *f,* **n** clause *f* d'échelle mobile ; clause de réajustement ; *eine ~ in einen Vertrag ein/bauen* assortir un contrat d'une clause d'indexation.

Gleitlohn *n,* **¨e** salaire *m* mobile ; salaire indexé.

Gleitpreis *m,* **e** prix *m* mobile ; échelle *f* mobile des prix.

Gleitzeit *f,* **en** horaire *m* mobile ; horaire aménagé ; travail *m* à la carte.

Gleitzoll *m,* **¨e** droit *m* mobile.

Gliederung *f,* **en** structure *f* ; organisation *f* ; répartition *f* ; ventilation *f* ; *alphabetische ~* classement *m* alphabétique ; *sozio-professionelle ~* répartition socio-professionnelle.

Gliedstaat *m,* **en** Etat *m* membre (d'une fédération).

Glimmerschrift *f,* **(en)** affichage *m* électronique sur terminaux.

Global- *(préfixe)* global ; d'ensemble.

Globalangebot *n,* **e** offre *f* globale.

Globalsteuerung *f,* **en** contrôle *m* global ; concertation *f* économique.

Globalsumme *f,* **n** somme *f* globale, totale.

Globalzession *f,* **en** cession *f* en bloc.

GmbH *f,* **s** *(Gesellschaft mit beschränkter Haftung)* société *f* à responsabilité limitée ; S.A.R.L.

Gnadenfrist *f,* **en** délai *m* de grâce.

Gnadengehalt *n,* **¨er** traitement *m* versé pendant un certain temps après un décès ou un départ en retraite.

Gnadengesuch *n,* **e** recours *m* en grâce.

GOB *(Grundsätze ordnungsmäßiger Buchführung und Bilanzierung)* principes *m* de comptabilité régulière.

Gold *n,* *ϕ* or *m* **I.** *in ~ einlösbar* convertible en or ; *feines ~* or fin ; *legiertes ~* alliage *m* d'or ; *22 karätiges ~* or 22 carats ; *gelbes ~* or jaune (argent, cuivre à parts égales et or) ; *graues ~* or gris (argent et or) ; *~ in Barren* or en lingots ; *rotes ~* or rouge (cuivre et or) ; *weißes ~* or blanc (argent, cuivre (3/2) et or) **II.** *etw mit ~ auf/wiegen* payer à prix d'or ; *etw in ~ ausbezahlt bekommen* être payé en or ; *durch ~ gedeckt sein* être garanti sur l'or ; *im ~ schwimmen* rouler sur l'or ; *~ wert sein* valoir son pesant d'or.

Goldabfluß *m,* **¨sse** sortie *f* d'or.

Goldanleihe *f,* **n** emprunt *m* or.

Goldaufkauf *m,* **¨e** achat *m* d'or.

Goldbarren *m,* **-** lingot *m* d'or.

Goldbarrenwährung *f,* **en** ⇒ *Goldkernwährung.*

Goldbestand *m,* **¨e** encaisse-or *f* ; réserves *fpl* d'or.

Golddeckung *f,* **en** couverture-or *f* ; garantie-or *f.*

Golddevise *f,* **n** devise *f* or.

Golddevisenstandard *m,* φ ⇒ *Golddevisenwährung.*

Goldgehalt *m,* **e** poids *m* d'or fin ; titre *m* en or ; teneur *f* en or (minerai).

Goldgewinnung *f,* **(en)** production *f* d'or.

Goldgrube *f,* **n** mine *f* d'or.

Goldkernwährung *f,* **en** étalon *m* de change or ; « gold bullion standard » *m.*

Goldklausel *f,* **n** clause *f* or.

Goldkurs *m,* **e** cours *m* de l'or ; prix *m* de l'or.

Goldmark *f,* φ mark-or *m.*

Goldmarkt *m,* **¨e** marché *m* de l'or.

Goldmünze *f,* **n** pièce *f* d'or ; monnaie *f* d'or.

Goldparität *f,* **en** parité *f* or.

Goldpool *m,* φ pool *m* de l'or (groupement des grandes banques européennes visant à compenser les variations du prix de l'or afin de sauvegarder les monnaies indexées sur l'or).

Goldprägung *f,* **en** frappe *f* de l'or.

Goldpreis *m,* **e** prix *m* de l'or.

Goldpunkt *m,* **e** point *m* d'or ; « gold point » *m* ; parité *f* or (limites de variation extrêmes des cours flottants de l'or) ; *oberer* ~ point d'or supérieur de sortie ; *unterer* ~ point d'or inférieur d'entrée.

Goldreserve *f,* **n** réserve *f* d'or.

Goldstandard *m,* φ ⇒ *Goldwährung.*

Goldstück *n,* **e** pièce *f* d'or.

Goldumlaufwährung *f,* **en** étalon *m* de numéraire or.

Gold- und Devisenreserven *pl* réserves *fpl* en or et en devises.

Goldvorkommen *n,* **-** gisement *m* d'or ; réserves *fpl* aurifères.

Goldvorrat *m,* **¨e** ⇒ *Goldreserve.*

Goldwährung *f,* **en** étalon *m* or ; monnaie-or *f* ; monométallisme-or *m.*

Goldwährungseinheit *f,* φ étalon *m* or.

Goldwert *m,* φ valeur *f* or.

Goldwertklausel *f,* **n** clause *f* valeur-or.

Goldzahlung *f,* **en** versement *m*, paiement *m* en or.

Goldzufluß *m,* **¨sse** afflux *m* d'or.

Gondel *f,* **n** gondole *f* (grands magasins).

Goodwill *m,* φ ['gudwil] **1.** valeur *f* commerciale (subjective) (d'un fonds de commerce) ; goodwill *m* ; actif incorporel d'une entreprise constituée par sa réputation, sa clientèle ; survaloir *m* ; *(syn. Firmenwert)* **2.** notoriété *f* ; bonne réputation *f* **3.** bonne volonté *f* ; bienveillance *f.*

GOST-Normen *pl (R.D.A.)* normes *fpl* industrielles de l'U.R.S.S.

Grabbeltisch *m* **e** étal *m* de présentation d'articles en vrac ; présentoir *m* d'articles promotionnels (supermarchés).

Grad *m,* **e** degré *m* ; grade *m* ; niveau *m* ; taux *m* ; ~ *der Erwerbsminderung* taux d'incapacité de travail ; *der* ~ *der Verschmutzung* taux, degré de pollution ; *miteinander im dritten* ~ *verwandt sein* être apparenté au troisième degré.

Gradmesser *m : ein* ~ *für etw sein* être un baromètre, un étalon de mesure pour qqch.

Graduierte(r) *(der/ein)* diplômé d'université.

Gramm *n,* **e** gramme *m* ; *hundert* ~ cent grammes.

Gratifikation *f,* **en** gratification *f* ; prime *f* ; *eine* ~ *erhalten* recevoir une prime d'encouragement.

gratis gratis ; gratuit(ement) ; à titre gracieux ; *(fam.)* à l'œil ; *etw* ~ *ins Haus liefern* livrer gratis à domicile, franco domicile ; ~ *und franko* franco de port et de tous frais.

Gratisaktie *f,* **n** action *f* gratuite.

Gratisangebot *n,* **e** offre *f* gratuite.

Gratisanzeiger *m,* **-** *(Suisse)* journal *m* d'annonces paraissant régulièrement et gratuitement en Suisse.

Gratisbeilage *f,* **n** supplément *m* gratuit.

Gratisexemplar *n,* **e** exemplaire *m* gratuit.

Gratismuster *n,* **-** échantillon *m* gratuit.

Gratisprobe *f,* **n** essai *m*, échantillon *m* gratuit.

Gratisvorstellung *f,* **en** représentation *f* non payante.

grau 1. gris **2.** en marge de la légalité ; qui frise l'illégalité ; *~er Markt* marché *m* illégal mais toléré par les autorités.

Grauzone *f,* **n** zone *f* d'ombre ; zone qui se situe entre la légalité et l'illégalité.

Gremium *n,* **-ien** comité *m* ; commission *f* ; organe *m* ; groupement *m* ; *wirtschaftliches* ~ commission économique.

Grenz- *(préfixe)* **1.** frontalier ; -frontière ; douanier **2.** *(comptab.)* marginal **3.** limite.

Grenzabfertigung *f,* **en** accomplissement *m* des formalités douanières.

Grenzangebot *n,* **e** offre *f* limite.

Grenzausgleich *m,* **e** ⇒ *Grenzausgleichsbeträge.*

Grenzausgleichsbeträge *pl* montants *mpl* compensatoires.

Grenzbahnhof *m,* **¨e** gare *f* frontière.

Grenzbeamte/r *(der/ein)* douanier *m* ; fonctionnaire *m* des douanes.

Grenzbereich *m,* **e** secteur *m* douanier ; circonscription *f* douanière.

Grenzberichtigung *f,* **en** rectification *f* de frontière.

Grenzbetrieb *m,* **e** exploitation *f*, entreprise *f* marginale.

Grenzbevölkerung *f,* **en** population *f* frontalière.

Grenzbewohner *m,* **-** frontalier *m.*

Grenzbezirk *m,* **e** zone *f* frontalière, frontière.

Grenze *f,* **n** limite *f* ; frontière *f* ; extrémité *f* ; plafond *m* ; plancher *m* ; seuil *m* **I.** *frei ~* franco (rendu) frontière ; *obere, untere ~* limite supérieure, inférieure ; *~ der Wirtschaftlichkeit* seuil de rentabilité **II.** *jdn über die ~ ab/schieben* reconduire qqn au-delà de la frontière ; expulser qqn ; *eine ~ ab/stecken, berichtigen* délimiter, redresser une frontière ; *die ~ überschreiten (passieren)* passer la frontière ; *die ~n schließen (sperren)* fermer les frontières ; *eine ~ ziehen* tracer une frontière.

Grenzer *m,* **- 1.** douanier *m* **2.** frontalier *m.*

Grenzfall *m,* **¨e** cas *m* limite.

Grenzformalitäten *pl* formalités *fpl* douanières ; *die ~ lockern* assouplir les formalités douanières.

Grenzgänger *m,* **-** (ouvrier *m*, travailleur *m*) frontalier *m.*

Grenzgängerkarte *f,* **n** ⇒ *Grenzschein.*

Grenzgebiet *n,* **e** zone *f*, région *f* frontalière.

Grenzgemeinschaft *f,* **en** mitoyenneté *f.*

Grenzgewässer *n,* **-** eaux *fpl* frontières, limitrophes.

Grenzkontrolle *f,* **n** contrôle *m* douanier.

Grenzkontrollpunkt *m,* **e** point *m* de contrôle frontalier.

Grenzkosten *pl* coût *m* marginal (variation du coût total correspondant à la variation rapport coût - volume - profit).

Grenzkurs *m,* **e** cours *m* limite ; prix *m* limite.

Grenzland *n,* **¨er** ⇒ *Grenzgebiet.*

Grenzposten *m,* **-** garde-frontière *m* ; poste *m* frontière.

Grenzpreis *m,* **e** prix *m* limite (que l'on s'est fixé).

Grenzschein *m,* **e** laissez-passer *m* frontalier ; carte *f* frontalière.

Grenzspediteur *m,* **e** transitaire *m.*

Grenzsperre *f,* **n** fermeture *f* de la frontière ; barrage *m* frontalier.

Grenzstation *f,* **en** ⇒ *Grenzbahnhof.*

Grenzübergangsstelle *f,* **n** point *m* de passage de frontière ; poste *m* frontière.

grenzüberschreitend : *~er Handel* commerce *m* avec l'étranger ; *~er Verkehr* trafic *m*, transport *m* international.

Grenzübertritt *m,* **e** passage *m* de la frontière.

Grenzverletzung *f,* **en** violation *f* de frontière.

Grenzverkehr *m,* *ϕ* trafic *m* frontalier ; circulation *f* frontalière.

Grenzvertrag *m,* **¨e** convention *f* frontalière.

Grenzwert *m,* **e** valeur *f* limite.

grob grossier ; sans entrer dans les détails ; *das kostet Sie im ~en Durchschnitt* cela vous coûtera approximativement ; *~e Fahrlässigkeit* négligence *f* grave ; *in ~en Zahlen* à peu près ; approximativement ; *~e Arbeit* travail *m* grossier ; *die ~en Arbeiten* les travaux pénibles.

Gros *n,* **-** [gro:] gros *m* ; *das ~ der Landarbeiter* le gros des ouvriers agricoles.

Gros *n,* **se** [grɔs] grosse *f* (douze douzaines : 144).

Groschen *m,* **-** pièce *f* de dix pfennigs ; sou *m* ; *ein paar ~ zum Telefonieren, zum Parken* quelques pièces pour téléphoner, pour le parcmètre ; *einen ~ ein/werfen* introduire une pièce dans la fente (du distributeur) ; *seine paar ~ zusammen/halten* économiser ses quelques sous.

groß grand ; vaste ; spacieux ; volumineux ; gros ; important **I.** *im ~en* en gros ; en grand ; *eine ~e Auswahl an(+D)* un grand choix de ; *ein größerer Betrag* une somme assez forte, rondelette ; *in ~en Größen* grandes tailles ; *~e Familie* famille *f* nombreuse ; *das ~e Los* le gros lot ; *~e Packung* paquet *m* géant **II.** *nur ~es Geld bei sich haben* n'avoir que de grosses coupures sur soi ; ne pas avoir de monnaie ; *was kann es ~ kosten ? (fam.)* ça va chercher dans les combien ? ; *das ~e Geld verdienen* gagner beaucoup d'argent ; gagner gros ; *im ~en und kleinen verkaufen* vendre en gros et au détail.

Großabnehmer *m*, - gros acheteur *m* ; acheteur en gros ; client *m* important ; gros consommateur *m*.

Großaktionär *m*, **e** gros actionnaire *m* ; actionnaire principal.

Großauftrag *m*, **¨e** grosse commande *f* ; commande importante.

Großbank *f*, **en** banque *f* d'importance internationale.

Großbauer *m*, **n**, **n** gros exploitant *m* agricole.

Großbetrieb *m*, **e** grande entreprise *f* ; grande exploitation *f* ; exploitation en grand.

Großbezüger *m*, - *(Suisse)* ⇒ *Großabnehmer.*

Großbezugsrabatt *m*, **e** réduction *f* sur achat de quantité ; rabais *m* de gros.

Großcomputer *m*, - ordinateur *m* géant ; superordinateur *m*.

Größe *f*, **n** **1.** taille *f* ; dimension *f* ; *in allen ~n erhältlich* disponible dans toutes les tailles **2.** sommité *f* ; *er ist eine ~ auf seinem Gebiet* c'est une sommité dans son domaine **3.** grandeur *f* ; *konstante ~* constante *f* ; *veränderliche ~* grandeur variable.

Großeinkauf *m*, **¨e** achat *m* en gros, en grandes quantités ; *einen ~ im Supermarkt machen* faire de gros achats au supermarché.

Größenordnung *f*, **en** ordre *m* de grandeur ; *~ eines Betriebs* dimension *f* d'une entreprise.

Großerzeuger *m*, - grand producteur ; gros producteur *m*.

Großfabrikation *f*, **en** fabrication *f* sur une grande échelle.

großgeschrieben : *~ werden* **1.** accorder de l'importance à qqch **2.** être rare ; pénurie *f* de ; *Arbeitsplätze werden ~* les emplois *mpl* se font rares.

Großgewerbe *n*, *φ* ⇒ *Großindustrie.*

Großgrundbesitz *m*, *φ* grande propriété *f* foncière.

Großgrundbesitzer *m*, - grand propriétaire *m* terrien.

Großhandel *m*, *φ* commerce *m* de gros *(contr. Kleinhandel).*

Großhandelsgeschäft *n*, **e** maison *f* de commerce en gros.

Großhandelsindex *m*, **-dizes** indice *m* des prix de gros.

Großhandelspreis *m*, **e** prix *m* de gros.

Großhandelsrabatt *m*, **e** ⇒ *Großbezugsrabatt.*

Großhandelsunternehmen *n*, - entreprise *f* de vente en gros.

Großhandelsverband *m*, **¨e** association *f* du commerce de gros.

Großhändler *m*, - grossiste *m* ; négociant *m*, commerçant *m* en gros *(contr. Kleinhändler).*

Großhandlung *f*, **en** maison *f* de commerce en gros.

Großindustrie *f*, **n** industrie *f* de production de série (automobile, etc.).

Großindustrielle/r *(der/ein)* grand industriel *m*.

Grossist *m*, **en**, **en** ⇒ *Großhändler.*

großjährig majeur *(contr. minderjährig ; syn. volljährig).*

Großjährigkeit *f*, *φ* majorité *f*.

Großjährigkeitserklärung *f*, **en** émancipation *f*.

Großkapital *n*, *φ* grand capital *m*.

Großkaufmann *m*, **-leute** **1.** ⇒ *Großhändler* **2.** homme *m* d'affaires.

Großkraftwerk *n*, **e** centrale *f* géante ; supercentrale *f*.

Großkredit *m*, **e** crédit *m* important (dépassant un certain pourcentage du capital social de l'institut de crédit).

Großmacht *m*, **¨e** grande puissance *f*.

Großmarkt *m*, **¨e** marché *m* pour détaillants ; hypermarché *m*.

Großpackung *f*, **en** paquet *m*, emballage *m* géant ; grand conditionnement *m*.

Großraum *m*, **(¨e)** **1.** grand espace *m* **2.** *im ~ Köln* dans la grande agglomération de Cologne **3.** vaste bureau *m* compartimenté prévu pour un grand nombre de personnes.

Großraumbüro *n*, **s** bureau *m* paysager ; bureau-paysage *m* ; pool *m* des dactylos ; ensemble *m* de bureaux décloisonnés regroupés en petites unités fonctionnelles.

Großraumflugzeug *n*, **e** avion *m* de transport ; gros porteur *m* ; « jumbo-jet » *m*.

Großraumgeschäft *n*, **e** magasin *m* à grande surface.

Großraumwagen *m*, - **1.** wagon *m* de luxe des chemins de fer (sans compartiments) ; *(France)* voiture *f* « corail » **2.** wagon de marchandises de grande capacité.

Großraumwirtschaft *f*, *φ* macro-économie *f* ; économie *f* des grands espaces ; économie supranationale.

Großserie *f*, **n** grande série *f* ; *Fertigung in ~n* fabrication *f* en grande série.

Großsortiment *n*, **e** fournitures *fpl* en gros.

Großsortimenter *m*, - entrepreneur *m* de fournitures en gros.

Großspeicher *m*, - *(inform.)* mémoire *f* de masse, de grande capacité.

Großstadt *f*, ¨-e grande ville *f* (de plus de 100 000 habitants).

Großunternehmen *n*, - grande entreprise *f*.

Großverbraucher *m*, - grand consommateur *m* ; *die Industrie ist ~ in (von) Öl* l'industrie *f* est grande consommatrice de pétrole.

Großverdiener *m*, - gros salaire *m* ; *die ~* les gros revenus *mpl (contr. Kleinverdiener)*.

Großverkauf *m*, ¨-e vente *f* en gros.

Großversandhaus *n*, ¨-er grande entreprise *f* de vente par correspondance.

Großverschleiß *m*, ϕ *(Autriche)* ⇒ *Großverkauf*.

Großversender *m*, - ⇒ *Großversandhaus*.

Grube *f*, **n** fosse *f* ; mine *f* ; carreau *m* ; *offene ~* carrière *f* à ciel ouvert ; *er arbeitet in der ~* il travaille à la mine ; *in die ~ ein/fahren* descendre dans la mine ; *eine ~ stillegen* fermer un puits ; arrêter l'exploitation d'une mine.

Grubenanteil *m*, **e** participation *f* minière.

Grubenarbeiter *m*, - mineur *m* de fond.

Grubenausbau *m*, ϕ travaux *mpl* de soutènement et d'entretien de mine.

Grubenbau *m*, ϕ 1. exploitation *f* minière 2. travaux *mpl* de mine (puits, galeries, etc.).

Grubenbetrieb *m*, ϕ exploitation *f* souterraine des mines.

Grubenbrand *m*, ¨-e incendie *m* de mine.

Grubenkatastrophe *f*, **n** catastrophe *f* minière ; accident *m* minier.

Grubenunglück *n*, **e** ⇒ *Grubenkatastrophe*.

grün vert **I.** *die Grünen* « les verts » *mpl* (écologistes) ; *~er Bericht* rapport *m* annuel sur la situation de l'agriculture ; *~e Liste* liste *f* écologiste ; *~er Plan* plan *m* vert (mesures de soutien à l'agriculture) ; *~es Gemüse* légumes *mpl* frais ; *ein V-Markt auf der ~en Wiese* un hypermarché en dehors de la ville ; *~e Welle* feux *mpl* (verts) synchronisés ; *die ~e Woche* salon *m* de l'agriculture (Berlin) **II.** *(figuré) auf keinen ~en Zweig kommen* n'arriver à rien (dans la vie).

Grünanlagen *pl* ⇒ *Grünflächen*.

Grund *m*, ¨-e 1. fond *m* ; terrain *m* ; sol *m* ; *etw in ~ und Boden wirtschaften* mener qqch à la ruine (par mauvaise gestion) 2. raison *f* ; motif *m* ; cause *f* ; *aus beruflichen ~¨-en* pour des raisons d'ordre professionnel ; *den ~ zu etw legen* jeter les bases de qqch.

Grund- *(préfixe)* 1. de base ; fondamental 2. foncier.

Grundbesitz *m*, ϕ propriété *f* foncière ; *bebauter ~* propriété bâtie.

Grundbesitzer *m*, - propriétaire *m* terrien ; propriétaire foncier.

Grundbrief *m*, **e** titre *m* de propriété foncière.

Grundbuch *n*, ¨-er 1. livre *m*, registre *m* foncier ; *etw ins ~ ein/tragen* inscrire au livre foncier 2. *(comptab.)* livre *m* journal ; *ins ~ ein/tragen* journaliser.

Grundbuchamt *n*, ¨-er bureau *m* du registre foncier ; *(France)* cadastre et bureau de conservation *f* des hypothèques.

Grundbuchauszug *m*, ¨-e extrait *m* du registre foncier.

Grundbuchführer *m*, - conservateur *m* des hypothèques.

Grunddienstbarkeit *f*, ϕ servitude *f* foncière.

Grundeigentum *n*, ϕ ⇒ *Grundbesitz*.

gründen fonder ; instituer ; établir ; créer ; *Firma Meyer gegründet 1899* maison *f* Meyer fondée en 1899 ; *sich ~ auf(+D)* se fonder sur.

Gründer *m*, - fondateur *m* ; créateur *m* ; promoteur *m*.

Gründeraktie *f*, **n** action *f* d'apport.

Gründeranteil *m*, **e** part *f* de fondateur.

Gründerhaftung *f*, ϕ responsabilité *f* (civile) des fondateurs.

Gründerjahre *pl (hist.)* années *fpl* de 1871 à 1873 caractérisées par l'essor économique et la spéculation.

Gründerkrach *m*, ϕ *(hist.)* krach *m* des années de spéculation.

Grunderwerb *m*, ϕ acquisition *f* de terrain.

Grunderwerbssteuer *f*, **n** taxe *f* de mutation (sur les propriétés foncières).

Gründerzeit *f*, ϕ ⇒ *Gründerjahre*.

Gründerzentrum *n*, **-tren** centre *m* de technologies nouvelles ; parc *m* technologique.

Grundfahrpreis *m*, **e** : *~ je km* prix *m* de base kilométrique.

Grundfreibetrag *m*, ¨-e abattement *m* de base.

Grundgebühr *f*, **en** taxe *f* de base ; *die ~ für Fernsprechanschluß* taxe (de base) de raccordement téléphonique ; taxe d'abonnement.

Grundgehalt *n*, ¨-er traitement *m* de

base.

Grundgesetz *n,* **e** *(R.F.A.)* loi *f* fondamentale ; constitution *f.*

Grundindustrie *f,* **n** ⇒ *Grundstoffindustrie.*

Grundkapital *n,* φ **1.** apport *m* ; capital *m* initial **2.** capital, fonds *m* social (d'une société anonyme) ; *Aufstockung des ~s* augmentation *f* du capital social.

Grundkredit *m,* **e** crédit *m* foncier.

Grundkreditanstalt *f,* **en** institut *m,* établissement *m* de crédit foncier.

Grundlagenvertrag *m,* φ traité *m* fondamental entre la R.F.A. et la R.D.A. en 1972 (reconnaissance étatique de la R.D.A.).

Grundlasten *pl* charges *fpl* foncières.

Grundlohn *m,* **¨e** salaire *m* de base.

Grundmaterial *n,* **-ien** matières *fpl* de base ; matériel *m* de base.

Grundmittel *pl* moyens *mpl* fixes.

Grundpfand *n,* **¨er** hypothèque *f.*

Grundpreis *m,* **e** prix *m* de base, de référence.

Grundrecht *n,* **e 1.** droit *m* fondamental **2.** droit foncier.

Grundrente *f,* **n 1.** rente *f* foncière **2.** pension *f* de base.

Grundsatz *m,* **¨e** principe *m* ; axiome *m* ; dogme *m.*

Grundschuld *f,* **en** dette *f* foncière.

Grundsteuer *f,* **n** impôt *m* foncier.

Grundsteuerveranlagung *f,* **en** cote *f* foncière ; assiette *f* de l'impôt foncier.

Grundstoff *m,* **e 1.** *(chimie)* corps *m* simple ; élément *m* **2.** *~e* matières *fpl* premières ; produits *mpl* de base.

Grundstoffindustrie *f,* **n** industrie *f* (des produits) de base.

Grundstoffsektor *m,* **en** secteur *m* primaire.

Grundstück *n,* **e** terrain *m* ; bien *m* foncier ; terrain à bâtir ; *bebautes ~* propriété *f* bâtie ; *belastetes ~* terrain grevé d'une hypothèque, hypothéqué ; *landwirtschaftlich genutztes ~* terrain utilisé à des fins agricoles ; *dieses ~ ist mit Hypotheken belastet* ce terrain est hypothéqué.

Grundstücksbesitzer *m,* **-** propriétaire *m* foncier.

Grundstücksmakler *m,* **-** agent *m* immobilier ; marchand *m* de biens ; courtier *m* en immeubles.

Grundstückspfändung *f,* **en** saisie *f* immobilière.

Grundstücksspekulant *m,* **en, en** spéculateur *m* foncier.

Grundstücksspekulation *f,* **en** spéculation *f* foncière.

Grundstücksumlegung *f,* **en** remembrement *m* parcellaire ; remembrement rural.

Grundstückveräußerung *f,* **en** vente *f* d'un terrain ; cession *f* de terrain.

Grund und Boden *m,* φ terrains *mpl* ; fonds *mpl* ; terres *fpl.*

Gründung *f,* **en** fondation *f* ; institution *f* ; établissement *m* ; *~ einer Gesellschaft* création *f* d'une société.

Gründungsaktie *f,* **n** ⇒ *Gründeraktie.*

Gründungsboom *m,* **s** boom *m* de création d'entreprises.

Gründungsjahr *n,* **e** année *f* de fondation.

Gründungskapital *n,* φ capital *m* de fondation ; capital initial.

Gründungsmitglied *n,* **er** membre *m,* adhérent *m* de la première heure ; fondateur *m.*

Gründungsurkunde *f,* **n** acte *m* constitutif.

Gründungsvertrag *m,* **¨e** ⇒ *Gründungsurkunde.*

Grundvermögen *n,* φ biens *mpl* immobiliers ; fortune *f* immobilière.

Grundvermögenssteuer *f,* **n** impôt *m,* taxe *f* sur les propriétés immobilières.

Grundvertrag *m,* φ ⇒ *Grundlagenvertrag.*

Grundwert *m,* **e 1.** valeur *f* de base **2.** valeur foncière.

Grünen : *die ~* les écologistes *mpl* ; les « verts » *mpl.*

Grünflächen *pl* espaces *mpl* verts.

Gruppe *f,* **n** groupe *m* ; classe *f* ; échelon *m* ; groupement *m* ; *soziale ~* catégorie sociale.

Gruppenakkord *m,* **e** forfait *m* par atelier, par équipe ; travail *m* à la pièce par équipe.

Gruppenarbeit *f,* **en** travail *m* d'équipe.

Gruppenfahrkarte *f,* **n** billet *m* collectif, de groupe *(syn. Sammelfahrkarte).*

Gruppenreise *f,* **n** voyage *m* organisé.

Gruppenversicherung *f,* **en** assurance *f* de groupe, collective.

gruppieren (re)grouper ; classer.

Gruß *m,* **¨e** salut *m* ; salutation *f* ; *(corresp.) mit freundlichen (besten) ~¨en* veuillez agréer l'expression de mes sentiments les plus amicaux ; avec mon meilleur souvenir.

Grußformel *f,* **n** *(corresp.)* formule *f* de politesse, terminative.

GRVST ⇒ *Grundvermögenssteuer.*

Guillochen *pl* guillochis *m* (tracés décoratifs difficiles à reproduire, figurant par ex. sur les billets de banque).

gültig valable ; valide ; *dieser Geldschein ist nicht mehr ~* le billet n'a plus cours ; *das Gesetz ist nicht mehr ~* la loi n'est plus en vigueur ; *für ~ erklären* valider ; légaliser.

Gültigkeit *f*, ϕ validité *f* ; légitimité *f* ; *keine ~ mehr haben* ne plus être en vigueur (loi) ; ne plus être valide, valable ; *rückwirkende ~* effet *m* rétroactif.

Gültigkeitsdauer *f*, ϕ délai *m*, durée *f*, période *f* de validité ; *die ~ verlängern* proroger la validité ; proroger un délai de validité.

Gültigkeitserklärung *f*, **en** validation *f*.

Gültigkeitskontrolle *f*, **n** contrôle *m* de validité.

Gunst *f*, ϕ faveur *f* ; grâce *f* ; *zu ~en(+G)* en faveur de ; *er hat sich zu meinen ~en verrechnet* il a fait une erreur de calcul en ma faveur ; *zu Ihren ~en* à votre crédit ; en votre faveur.

günstig favorable ; avantageux ; opportun ; *zu ~en Bedingungen* à des conditions avantageuses ; *~er Preis* prix *m* avantageux ; *die Zeit erscheint mir dafür ~* le moment me paraît propice.

Günstlingswirtschaft *f*, ϕ favoritisme *m* ; népotisme *m*.

Gürtel *m*, **-** ceinture *f* ; *(fam.) sich den ~ enger schnallen* se serrer la ceinture (d'un cran).

Gut *n*, **¨er** 1. bien *m* (matériel) ; produit *m* ; marchandise *f* ; avoir *m* ; patrimoine *m* ; fortune *f* ; *bewegliche ~¨er* biens mobiliers ; *liegende (unbewegliche) ~¨er* biens immeubles 2. domaine *m* rural ; propriété *f*, exploitation *f* agricole ; *das väterliche ~ bewirtschaften* exploiter, cultiver la terre paternelle ; *sich auf seine ~¨er zurück/ziehen* se retirer sur ses terres.

Gutachten *n*, **-** expertise *f* ; avis *m* consultatif ; rapport *m* d'expert ; *ergänzendes ~* expertise complémentaire ; *ein ~ über etw an/fertigen* expertiser qqch ; faire un rapport d'expert ; *ein ~ an/fordern* demander, exiger une expertise ; *ein ~ ein/holen* recueillir un avis autorisé ; consulter un expert.

Gutachter *m*, **-** expert *m* ; *einen ~ bestellen* mander, désigner un expert ; *einen ~ hinzu/ziehen* consulter un expert *(syn. Experte)*.

gutachtlich consultatif ; à titre d'avis.

gut/bringen, a, a ⇒ *gutschreiben*.

Güte *f*, ϕ 1. bonté *f* ; obligeance *f* ; *würden Sie die ~ haben, zu* veuillez avoir l'obligeance de 2. qualité *f* ; solidité *f* ; *erster ~* de première qualité 3. *sich in ~ einigen* s'arranger à l'amiable.

Gütegrad *m*, **e** degré *m* de qualité ; catégorie *f*.

Güteklasse *f*, **n** catégorie *f* (de qualité).

Gütekontrolle *f*, **n** contrôle *m*, test *m* de qualité.

Gütenorm *f*, **en** ⇒ *Gütevorschrift*.

Güter *pl* biens *mpl* ; marchandises *fpl* ; produits *mpl* I. *nicht abgeholte ~* marchandises non réclamées ; *~ des gehobenen Bedarfs* produits de luxe ; *~ des täglichen Bedarfs* biens de consommation courante ; *bewirtschaftete ~* marchandises contingentées ; *gewerbliche ~* produits industriels ; *haltbare (langlebige) ~* biens durables ; *kurzlebige (verderbliche) ~* denrées *mpl* périssables ; *lebenswichtige ~* biens de première nécessité ; *sachliche (körperliche) ~* biens matériels, corporels ; *sperrige ~* marchandises encombrantes ; *unkörperliche (immaterielle) ~* biens incorporels II. *~ erfassen* procéder au comptage des marchandises ; *~ fort/schaffen (ab/fertigen)* expédier des marchandises ; *~ heran/schaffen* s'approvisionner en marchandises ; *~ verladen, verzollen* charger, dédouaner des marchandises.

Güterabfertigung *f*, **en** expédition *f* de marchandises.

Güterangebot *n*, **e** offre *f* de biens.

Güterannahmestelle *f*, **n** réception *f* de marchandises.

Güteraustausch *m*, ϕ échange *m* de marchandises.

Güterbahnhof *m*, **¨e** gare *f* de marchandises.

Gütereinteilung *f*, **en** classification *f* des marchandises.

Güterexpedition *f*, **en** ⇒ *Güterabfertigung*.

Güterfernverkehr *m*, ϕ transport *m* de marchandises à grande distance.

Gütergemeinschaft *f*, ϕ (régime *m* de la) communauté de(s) biens.

Güterhafen *m*, **¨** port *m* de (transbordement de) marchandises.

Güterhalle *f*, **n** entrepôt *m* de marchandises ; halle *f* aux marchandises.

Güternahverkehr *m*, ϕ transport *m* de marchandises à faible distance.

Güterrecht : *eheliches ~* droit *m* des biens matrimoniaux.

Güterschiffahrt *f*, ϕ transport *m* (de marchandises par) bateau.

Güterstand *m*, ϕ régime *m*

matrimonial ; *gesetzlicher* ~ régime légal ; *vertraglicher* ~ régime conventionnel.

Gütertarif *m*, **e** tarif *m* (pour le transport de) marchandises.

Gütertransport *m*, **e** transport *m* de marchandises.

Gütertrennung *f*, **en** (régime *m* de la) séparation *f* des biens.

Güterumschlag *m*, *ϕ* transbordement *m* de marchandises.

Güter- und Leistungsaustausch *m*, *ϕ* échanges *mpl* de marchandises et de services.

Güterverkehr *m*, *ϕ* trafic *m*, transport *m* de marchandises.

Güterverteilung *f*, **en** répartition *f* des richesses.

Güterwagen *m*, **-** wagon *m* de marchandises ; fourgon *m* à marchandises ; *gedeckter, offener* ~ wagon couvert, découvert.

Güterzug *m*, **¨e** train *m* de marchandises.

Gütesiegel *n*, **-** estampille *f*, label *m* de qualité.

Güteverfahren *n*, **-** procédure *f* de conciliation ; procédure de règlement à l'amiable.

Gütevorschrift *f*, **en** normes *fpl* de qualité.

Gütezeichen *n*, **-** label *m* de qualité ; marque *f*, estampille *f* de qualité.

Gutgewicht *n*, *ϕ* bon poids *m* ; surpoids *m*.

gutgläubig : *der ~e Dritte* le tiers de bonne foi.

gut/haben avoir à son crédit, à son actif.

Guthaben *n*, **-** avoir *m* ; solde *m* créditeur ; actif *m* ; créance *f* ; boni *m* ; *ausländische* ~ avoirs à l'étranger ; *verfügbares* ~ avoir disponible ; ~ *in ausländischer Währung* avoir en devises étrangères ; *ein* ~ *von 1000 DM auf/weisen* indiquer un solde créditeur de 1000 DM ; ~ *ein/frieren (sperren)* geler, bloquer des avoirs ; *ein* ~ *von 1000 DM auf der Bank haben* disposer d'un avoir de 1000 DM en banque.

Guthabenkonto *n*, **-ten** compte *m* courant simple.

Guthabenposten *m*, **-** poste *m* créditeur.

Guthabensaldo *m*, **-den** solde *m* créditeur.

Guthabenscheck *m*, **s** chèque *m* provisionné.

gütlich (à l') amiable ; *~e Einigung (~er Vergleich)* arrangement *m*, accord *m* amiable ; *auf ~em Weg(e)* à l'amiable ; *einen Streit* ~ *bei/legen* régler un différend à l'amiable.

Gutschein *m*, **e** bon *m* ; ~ *für eine Warenprobe* bon pour un échantillon gratuit *(syn. Bon)*.

Gutscheinheft *n*, **e** carnet *m* de bons.

gut/schreiben, ie, ie porter à l'actif ; inscrire au crédit ; *einem Konto einen Betrag von...* ~ créditer une somme de... à un compte.

Gutschrift *f*, **en** crédit *m* ; avoir *m* ; écriture *f* au crédit ; avis *m* de crédit ; *zur* ~ *auf das Konto* à porter au crédit de ; *wir bitten um* ~ *und Empfangsbestätigung* nous vous prions de nous créditer de cette somme et de nous en donner confirmation *(contr. Lastschrift)*.

Gutschriftanzeige *f*, **n** avis *m* de crédit, de virement, de versement.

Gutschriftsseite *f*, **n** colonne *f* crédit ; côté *m* du crédit.

Gutsherr *m*, **n, en** propriétaire *m* terrien, foncier.

Gutshof *m*, **¨e** domaine *m* ; terre *f* ; ferme *f*.

gutsituiert nanti ; aisé ; fortuné.

Gutspacht *f*, *ϕ* fermage *m* ; cession *f* à bail.

Gutsverwalter *m*, **-** gérant *m* d'un domaine ; régisseur *m* ; intendant *m*.

GuV ⇒ *Gewinn und Verlust*.

Gz ⇒ *Geschäftszeichen*.

H

ha ⇒ *Hektar*.

Haager Abkommen *n*, *ϕ* convention *f* de La Haye (du 1er mars 1954 relative à la procédure civile).

Habe *f*, *ϕ* biens *mpl* ; avoir *m* ; fortune *f* ; *fahrende (bewegliche)* ~ immeubles ; *um seine ganze* ~ *kommen* perdre tous ses biens.

Haben *n*, *ϕ* crédit *m* ; avoir *m* ; *ins* ~ *stellen* passer au crédit.

Habenbuchhaltung *f*, **en** écriture *f* de crédit.

Habenichts *m*, **e** sans-le-sou *m* ; pauvre *m* ; *Klub der Habenichtse* club *m* des pays pauvres.

Habenposten *m*, - poste *m* créditeur ; poste d'avoir.

Habensaldo *n*, **-den** solde *m* créditeur.

Habenseite *f*, **n** colonne *f* crédit ; côté *m* de l'avoir ; *auf der ~. stehen* figurer sur la colonne crédit.

Habenzeichen *n*, - *(inform.)* signe *m* de crédit ; symbole *m* d'avoir.

Habenzins *m*, **en** intérêts *mpl* créditeurs ; intérêt versé par les banques au crédit de leurs clients.

hacken *(fam.)* s'introduire illégalement dans un réseau informatique.

Hacker *m*, - **1.** *(fam.)* informaticien-amateur ; concepteur (de programme) du dimanche **2.** pirate *m* informatique ; fraudeur *m* qui s'introduit dans un système informatique.

Hackordnung *f*, **en** ordre *m* hiérarchique ; hiérarchie *f* du plus fort ; ordre de préséance.

Hafen *m*, ¨ port *m* ; *einen ~ an/laufen* faire escale dans un port ; *in den ~ ein/laufen* entrer au port.

Hafenabgabe *f*, **n** taxe *f* portuaire ; *eine ~ bezahlen* payer une taxe portuaire.

Hafenanlagen *pl* installations *fpl*, équipements *mpl* portuaires.

Hafenarbeiter *m*, - docker *m* *(syn. Docker, Schauermann)*.

Hafenbehörde *f*, **n** autorités *fpl* portuaires.

Hafengebühr *f*, **en** droits *mpl* de quai ; frais *mpl* de port.

Hafenumschlag *m*, *ϕ* trafic *m* portuaire ; transbordement *m*.

Hafen- und Küstendienste *pl* services *mpl* portuaires et côtiers.

haftbar *(für +A)* responsable (de) ; *für etwas ~ sein* répondre de qqch ; être responsable de, garant de ; *jdn für etwas ~ machen* rendre qqn responsable de ; *persönlich ~ sein* être personnellement responsable ; *unbeschränkt ~ sein* être indéfiniment responsable.

haften *(für +A)* répondre de ; se porter garant de ; *für die Schulden persönlich ~* être responsable personnellement des dettes ; *beschränkt, unbeschränkt ~* avoir une responsabilité limitée, illimitée ; *Dritten gegenüber ~* être responsable vis-à-vis de tiers ; *solidarisch ~* être solidairement responsable ; *mit seinem Vermögen ~* être responsable sur sa fortune.

Haftpflicht *f*, **en** responsabilité *f* civile ; obligation *f* de réparer les dommages ; *beschränkte ~* responsabilité limitée.

haftpflichtig civilement responsable.

Haftpflichtklage *f*, **n** action *f* en responsabilité civile.

Haftpflichtversicherung *f*, **en** assurance-responsabilité *f* civile (au tiers) ; assurance *f* obligatoire.

Haftsumme *f*, **n** caution *f* ; cautionnement *m* ; montant *m* de la responsabilité.

Haftung *f*, **en** responsabilité *f* (juridique et financière) ; *die ~ für Schäden tragen* supporter la responsabilité de(s) dommages ; *die ~ übernehmen* assumer la responsabilité ; *Gesellschaft mit beschränkter ~ (GmbH)* société *f* à responsabilité limitée (S.A.R.L.).

Haftungsanteil *m*, **e** part *f* de responsabilité.

Haftungsausschluß *m*, *ϕ* exclusion *f* de la responsabilité ; non-responsabilité *f* ; exclusion de garantie.

Haftungsbeschränkung *f*, **en** (dé)limitation *f* de la responsabilité, de la garantie.

Haftungsumfang *m*, *ϕ* étendue *f* de la responsabilité.

Hagelversicherung *f*, **en** assurance *f* contre les dégâts causés par la grêle.

halbamtlich officieux ; semi-officiel *(syn. offiziös)*.

halbe-halbe machen partager moitié-moitié ; faire « fifty-fifty ».

Halbdeckung *f*, **en** *(assur.)* couverture *f* partielle.

Halberzeugnis *n*, **se** semi-produit *m* ; produit *m* demi-fini ; marchandise *f* semi-ouvrée.

Halbfabrikat *n*, **e** ⇒ *Halberzeugnis.*

halbfertig demi- (semi-) fini ; semi-ouvré.

Halbfertigbereich *m*, **e** secteur *m* des produits semi-finis.

Halbfertigware *f*, **n** ⇒ *Halberzeugnis.*

halbieren diviser par deux ; réduire de moitié ; *sich ~* diminuer de moitié.

Halbierung *f*, **en** réduction *f*, diminution *f* de moitié.

Halbjahr *n*, **e** semestre *m*.

Halbjahres- *(préfixe)* semestriel.

Halbjahresschrift *f*, **en** publication *f* semestrielle.

halbjährig semestriel.

Halbjahresbilanz *f*, **en** bilan *m* semestriel.

Halbjahresprognose *f*, **n** prévisions *fpl* sur six mois, semestrielles.

Halbleiterindustrie *f*, **n** industrie *f* des semi-conducteurs.

Halbpacht *f*, **en** métayage *m* (bail

rural où l'exploitant remet une part des produits en nature au propriétaire).

Halbpension *f*, **en** *(HP)* demi-pension *f*.

halbstaatlich semi-étatique ; semi-public.

halbtags à mi-temps ; *~ arbeiten* travailler à mi-temps ; faire du mi-temps.

Halbtagsarbeit *f*, **en** travail *m*, emploi *m* à mi-temps *(contr. Ganztagsarbeit)*.

Halbtagsbeschäftigung *f*, **en** ⇒ *Halbtagsarbeit*.

Halbtagskraft *f*, **¨e** personne *f* (employée) à mi-temps ; *~¨e* personnel *m* à mi-temps.

Halbtagsstellung *f*, **en** ⇒ *Halbtagsarbeit*.

Halbware *f*, **n** ⇒ *Halberzeugnis*.

Halbzeug *n*, *ϕ* ⇒ *Halberzeugnis*.

Halde *f*, **n 1.** halde *f* ; terril *m* ; carreau *m* de mine **2.** dépôt *m* ; stock *m* ; *unverkaufte Autos stehen auf ~* des voitures invendues sont stockées dans les dépôts.

Haldenbestand *m*, **¨e** stock *m* (sur le carreau de mine) ; dépôt *m* (voitures).

Haldenvorräte *pl* ⇒ *Haldenbestand*.

Hälfte *f*, **n** moitié *f* ; *zur ~ besetzt mit...* à parité égale ; sièges pourvus à 50 % par ; *zur ~ beteiligt* avec une participation de 50 %.

hälftig moitié-moitié ; paritaire.

Halle *f*, **n** hall *m* (d'exposition).

Hallenkapazität *f*, **en** capacité *f* (d'exposition).

Halm *m*, **e** brin *m* ; chaume *m* ; *Weizen vom ~ kaufen* acheter du blé sur pied ; *Getreide auf dem ~ verkaufen* vendre des céréales sur pied.

Halsabschneider *m*, **-** étrangleur *m* (qui demande des prix exorbitants).

halsabschneiderisch exorbitant ; usuraire ; exagéré ; *~er Preis* coup *m* de massue ; prix *m* d'étrangleur.

Haltbarkeit *f*, **en** conservation *f* ; résistance *f* ; durabilité *f* ; solidité *f* (marchandises).

Haltbarkeitsdatum *n*, **-ten** date *f* de fraîcheur ; date *f* limite de vente ; date *f* de péremption.

halten, ie, a 1. tenir **2.** arrêter **3.** supporter **4.** maintenir ; *die Kurse ~* maintenir le(s) cours.

Halter *m*, **-** détenteur *m* ; possesseur *m* ; propriétaire *m* ; gardien *m* ; *~ eines Fahrzeugs* détenteur d'un véhicule.

Haltung *f*, **en 1.** maintien *m* ; tenue *f* ; *eine feste ~ der DM* une bonne tenue du mark ; la fermeté du D.M. ; *unentschlossene ~* flottement *m* (de la Bourse) **2.** garde *f*.

Hammer *m*, **¨** marteau *m* ; *unter den ~ kommen* être mis aux enchères *(syn. versteigern)*.

hamstern stocker des provisions ; faire des achats de panique, de précaution ; accaparer.

Hamsterkäufe machen faire des achats de précaution ; stocker en vue d'une crise ou d'une pénurie.

Hand *f*, **¨e** main *f* ; *die öffentliche ~* les pouvoirs *mpl* publics ; trésor *m* public ; administrations et entreprises *fpl* publiques ; *in die öffentliche ~ überführen* nationaliser ; *aus zweiter ~ kaufen* acheter d'occasion, en seconde main ; *zu Händen von* aux bons soins de ; à l'attention de.

Handarbeit *f*, **en** travail *m* manuel ; fabrication *f* à la main.

handarbeiten fabriquer à la main ; faire du travail artisanal.

Handarbeiter *m*, **-** travailleur *m* manuel ; manœuvre *m*.

Handel *m*, *ϕ* commerce *m* ; négoce *m* ; marché *m* ; *~ mit...* commerce de qqch **I.** *ausländischer ~* commerce avec l'étranger ; *binnenländischer (inländischer) ~* commerce intérieur, national ; *innerdeutscher ~* commerce inter-allemand ; *selbständiger ~* commerce indépendant **II.** *im ~ befindlich sein* être en vente ; *(nicht mehr) im ~ sein* (ne plus) être en vente ; *ein Produkt in den ~ bringen* commercialiser un produit ; introduire un produit sur le marché ; *einen ~ ab/schließen* conclure un marché ; *mit jdm in den ~ kommen* entrer en relations commerciales avec qqn ; *einen ~ rückgängig machen* annuler un marché ; *~ treiben (mit)* faire du commerce (avec) ; *etw aus dem ~ ziehen* retirer du commerce.

Handel per Erscheinen *m (bourse)* négociation *f* de titres avant émission ; négociation anticipée des titres.

handelbar négociable (en Bourse).

handeln 1. agir **2.** faire le commerce de ; *en gros ~* faire le commerce de gros ; *im kleinen ~* faire le commerce de détail **3.** marchander **4.** négocier, traiter (à la Bourse) ; se négocier à ; *an der Börse gehandelte Aktien* actions négociées en Bourse ; *im Namen von... ~d* agissant au nom de...

Handeln *n*, *ϕ* marchandage *m*.

Handels- *(préfixe)* commercial ; de (du) commerce.

Handelsabkommen *n*, **-** accord *m*

commercial ; convention *f* commerciale ; *ein ~ unterzeichnen* signer un accord commercial.

Handelsagent *m,* **en, en** agent *m* commercial.

Handelsagentur *f,* **en** agence *f* commerciale.

Handelsattaché *m,* s attaché *m* commercial, de commerce.

Handelsauskunftei *f,* **en** agence *f* de renseignements commerciaux.

Handelsaustausch *m,* *ϕ* échanges *mpl* commerciaux.

Handelsbank *f,* **en** banque *f* de commerce ; banque commerciale.

Handelsbericht *m,* **e** rapport *m* commercial.

Handelsbeschränkungen *pl* restrictions *fpl* commerciales ; limitations *fpl* au commerce.

Handelsbetrieb *m,* **e** entreprise *f*, exploitation *f* commerciale ; établissement *m* de commerce.

Handelsbevollmächtigte/r *(der/ein)* fondé *m* de pouvoir *(syn. Prokurist).*

Handelsbezeichnung *f,* **en** raison *f* de commerce ; dénomination *f* commerciale.

Handelsbeziehungen *pl* relations *fpl* commerciales ; *~ her/stellen* établir des relations commerciales ; *~ mit, nach* échanges commerciaux avec, vers.

Handelsbilanz *f,* **en** balance *f* commerciale ; bilan *m* commercial ; *aktive (positive, überschüssige) ~* balance commerciale excédentaire, active, positive ; *passive (defizitäre, unausgeglichene) ~* balance commerciale déficitaire, passive ; *die ~ aus/gleichen* équilibrer la balance commerciale.

Handelsbilanzdefizit *n,* **e** déficit *m* de la balance commerciale.

Handelsbilanzüberschuß *m,* **¨sse** balance *f* commerciale excédentaire ; excédent *m*, solde *m* positif de la balance commerciale.

Handelsblockade *f,* **n** ⇒ *Handelssperre.*

Handelsbranche *f,* **n** ⇒ *Handelszweig.*

Handelsbrauch *m,* **¨e** ⇒ *Handelsusancen.*

Handelsbücher *pl* livres *mpl* de commerce.

handelseinig sein, werden être, tomber d'accord en affaires ; convenir d'un prix.

handelseins ⇒ *handelseinig.*

Handelsembargo *n,* **s** ⇒ *Handelssperre.*

Handelsfirma *f,* **-men** maison *f* de commerce ; firme *f* ; raison *f* commerciale.

Handelsflagge *f,* **n** pavillon-marchand *m* ; pavillon de commerce.

Handelsflotte *f,* **n** flotte *f* commerciale, marchande.

Handelsfreiheit *f,* **en** liberté *f* du commerce.

Handelsgenossenschaft *f,* **en** coopérative *f* commerciale.

Handelsgericht *n,* **e** tribunal *m* de (du) commerce.

Handelsgerichtsbarkeit *f,* *ϕ* juridiction *f* commerciale.

Handelsgeschäft *n,* **e** transaction *f*, opération *f* commerciale ; acte *m* commercial ; affaire *f* ; maison *f* ; fonds *m* de commerce ; *~e ab/schließen* conclure des actes de commerce.

Handelsgesellschaft *f,* **en** société *f* commerciale ; *Offene ~ (OHG)* société en nom collectif.

Handelsgesetz *n,* **e** loi *f* sur le commerce.

Handelsgesetzbuch *n,* **(¨er)** *(HGB)* code *m* de (du) commerce.

Handelsgesetzgebung *f,* **(en)** législation *f* commerciale.

Handelsgewerbe *n,* *ϕ* activité *f* commerciale ; commerce *m* ; *ein ~ betreiben* exercer une activité commerciale.

Handelsgremium *n,* **-ien** commission *f*, organe *m* de commerce.

Handelshafen *m,* **¨** port *m* de commerce.

Handelshaus *n,* **¨er** maison *f* de commerce.

handelshemmend préjudiciable au commerce ; *~ sein* être une entrave au commerce.

Handelshemmnis *n,* **se** obstacle *m*, entrave *f* au commerce.

Handelshemmung *f,* **en** ⇒ *Handelshemmnis.*

Handelshindernis *n,* **se** ⇒ *Handelshemmnis.*

Handelshochschule *f,* **n** école *f* supérieure de commerce.

Handelskammer *f,* **n** chambre *f* de commerce ; *Industrie- und Handelskammer (IHK)* Chambre de commerce et de l'industrie.

Handelskette *f,* **n** circuit *m* de distribution ; chaîne *f* volontaire.

Handelsklasse *f,* **n** (catégorie de) qualité *f* (produits alimentaires).

Handelsklausel *f,* **n** clause *f* commerciale (« Incoterms »).

Handelskorrespondent *m,* **en, en** correspondancier *m* commercial.

Handelskorrespondenz *f*, **(en)** correspondance *f* commerciale.

Handelskredit *m*, **e** crédit *m* commercial.

Handelskreise *pl* milieux *mpl* commerciaux ; milieux d'affaires.

Handelskrieg *m*, **e** guerre *f* commerciale, guerre économique.

Handelsmakler *m*, **-** courtier *m*, agent *m* commercial.

Handelsmarke *f*, **n** marque *f* de fabrique ; marque commerciale.

handelsmäßig commercial.

Handelsmesse *f*, **n** foire *f* commerciale.

Handelsmonopol *n*, **e** monopole *m* commercial.

Handelsnetz *n*, **e** réseau *m* commercial.

Handelsniederlassung *f*, **en** établissement *m* commercial ; comptoir *m*.

Handelsorganisation *f*, **en** *(HO) (R.D.A.)* organisation *f* nationalisée de commerce (gros et détail).

Handelspapier *n*, **e** effet *m* de commerce.

Handelspartner *m*, **-** partenaire *m* commercial.

Handelsplatz *m*, **¨e** place *f* commerciale ; centre *m* de commercialisation.

Handelspolitik *f*, *ϕ* politique *f* commerciale.

Handelspräferenzen *pl* préférence(s) *f* commerciale(s).

Handelspreis *m*, **e** prix-marchand *m*.

Handelsrechnung *f*, **en** facture *f* commerciale ; *~ dreifach* facture commerciale en 3 exemplaires.

Handelsrecht *n*, *ϕ* droit *m* commercial.

Handelsregister *n*, **-** *(HR)* registre *m* du commerce ; *eine Firma ins ~ ein/tragen* inscrire une entreprise au registre du commerce ; *eine Firma aus dem ~ streichen* radier une entreprise du registre du commerce.

Handelsregistereintragung *f*, **en** inscription *f* au registre du commerce.

Handelsreise *f*, **n** voyage *m* d'affaires.

Handelsreisende/r *(der/ein)* voyageur *m* de commerce ; V.R.P. *m*.

Handelsriese *m*, **n**, **n** géant *m* du commerce ; « super-grand » *m* du négoce ; grande surface *f*.

Handelsrisiko *n*, **-ken** risque *m* commercial.

Handelsschiedsgerichtsbarkeit *f*, *ϕ* arbitrage *m* commercial international ; juridiction *f* arbitrale commerciale.

Handelsschranken *pl* barrières *fpl* douanières ; restrictions *fpl* au commerce.

Handelsschule *f*, **n** école *f* de commerce.

Handelsspanne *f*, **n** marge *f* commerciale ; *hohe, niedrige ~* marge commerciale élevée, faible.

Handelssperre *f*, **n** blocus *m* commercial ; *über etw eine ~ verhängen* mettre l'embargo sur qqch ; faire le blocus économique ; *eine ~ auf/heben* lever l'embargo *(syn. Embargo)*.

Handelsstand *m*, *ϕ* profession *f* commerciale.

Handelsstopp *m*, **s** cessation *f*, suspension *f*, arrêt *m* des échanges commerciaux (avec un pays).

Handelsstraße *f*, **n** voie *f* commerciale.

Handelsstufe *f*, **n** stade *m*, phase *f* de la commercialisation.

Handelsüberschuß *m*, **¨sse** surplus *m*, excédent *m* commercial.

handelsüblich d'usage ; conformément aux usages du commerce.

Handelsumsatz *m*, **¨e** chiffre *m* d'affaires ; volume *m* des échanges commerciaux.

Handelsunternehmen *n*, **-** entreprise *f* commerciale ; maison *f* de commerce.

Handelsunternehmung *f*, **en** *(rare)* ⇒ *Handelsunternehmen*.

Handelsusancen *pl* usages *mpl*, coutumes *fpl* en matière de commerce.

Handelsveranstaltung *f*, **en** manifestation *f* commerciale.

Handelsverbindungen *pl* ⇒ *Handelsbeziehungen*.

Handelsverbot *n*, **e** interdiction *f* de faire du commerce.

Handelsvereinbarung *f*, **en** convention *f*, accord *m* commercial (e) ; *eine ~ treffen* conclure un accord commercial.

Handelsverkehr *m*, *ϕ* ⇒ *Handelsaustausch*.

Handelsvertrag *m*, **¨e** traité *m* de commerce ; contrat *m* commercial ; *einen ~ ab/schließen* passer un contrat ; signer un accord commercial ; *~¨e unterzeichnen* signer, passer des accords commerciaux.

Handelsvertreter *m*, **-** représentant *m* de commerce ; agent *m* commercial ; V.R.P. *m*.

Handelsvertretung *f*, **en** agence *f*, représentation *f* commerciale.

Handelsvollmacht *f*, **en** procuration *f* commerciale ; pouvoir *m* ; *jdm eine ~ erteilen* donner pouvoir à qqn.

Handelsvolumen *n*, - volume *m* des transactions commerciales ; volume des échanges commerciaux.

Handelsvorschriften *pl* prescriptions *fpl*, règles *fpl* commerciales.

Handelsvorteil *m*, e avantage *m* commercial.

Handelsware *f*, n article *m* de commerce ; produit *m* commercialisé ou commercialisable ; produit revendu en l'état.

Handelswechsel *m*, - effet *m* commercial.

Handelsweg *m*, e 1. voie *f* commerciale 2. circuit *m* commercial (du producteur au consommateur).

Handelswert *m*, e valeur *f* marchande, commerciale.

Handelszeichen *n*, - marque *f* de fabrique ; label *m*.

Handelszweig *m*, e branche *f* commerciale.

handeltreibend qui exerce une activité commerciale.

Handeltreibende/r *(der/ein)* commerçant *m* ; marchand *m*.

handgearbeitet fait main ; *~er Schmuck* bijou *m* fait main.

handgefertigt fait main.

Handgeld *n*, (er) *(rare)* 1. acompte *m* ; arrhes *fpl* 2. dessous-de-table *m*.

Handhabe *f*, n prise *f* ; *eine juristische ~ gegen jdn besitzen* avoir une prise juridique sur qqn.

handhaben manier ; manipuler.

Handhabung *f*, en maniement *m* ; manipulation *f* ; manutention *f* ; application *f*.

Handikap *n*, s ['hɛndikɛp] handicap *m*.

handikapen handicaper.

Handlanger *m*, - ouvrier *m* non qualifié ; manœuvre *m* *(syn. ungelernter Arbeiter)*.

Händler *m*, - marchand *m* ; commerçant *m* ; négociant *m* ; trafiquant *m*.

Händlernetz *n*, e réseau *m* de revendeurs, de concessionnaires.

Händlerpanel *n*, s [...'pɛnəl] revendeurs *mpl* interrogés (lors d'un sondage) ; panel *m* de revendeurs.

Händlerrabatt *m*, e remise *f*, ristourne *f* accordée aux commerçants.

Handlung *f*, en 1. acte *m* ; agissement *m* ; *betrügerische ~* acte frauduleux ; *strafbare ~* acte, fait délictueux 2. *(arch.)* magasin *m*.

Handlungsbevollmächtigte/r *(der/ein)* fondé *m* de pouvoir ; mandataire *m* commercial.

Handlungsfreiheit *f*, (en) liberté *f* d'action ; autonomie *f*.

Handlungsgehilfe *m*, n, n commis *m* dans le commerce.

Handlungsreisende/r *(der/ein)* représentant *m* ; voyageur *m* de commerce ; commis *m* voyageur.

Handlungsspielraum *m*, (¨e) marge *f* d'action, de manœuvre.

Handlungsunfähigkeit *f*, ϕ incapacité *f* d'agir, d'exercer des droits.

Handlungsvollmacht *f*, en pleins pouvoirs *mpl* ; procuration *f* ; *jdm die ~ erteilen* donner les pleins pouvoir à qqn.

handschriftlich manuscrit ; olographe.

handvermittelt communication *f* téléphonique manuelle.

Handvermittlung *f*, en *(téléph.)* communication *f* manuelle.

Handwerk *n*, e métier *m* manuel ; artisanat *m* ; profession *f* ; *ein ~ erlernen* apprendre un métier ; *ein ~ betreiben* exercer un métier.

Handwerker *m*, - artisan *m* ; homme *m* du métier.

handwerklich artisanal.

Handwerksbetrieb *m*, e entreprise *f* de type artisanal.

Handwerkskammer *f*, n chambre *f* des métiers ; chambre *f* artisanale.

Handwerkskarte *f*, n carte *f* d'artisan.

Handwerksrolle *f*, n registre *m* des métiers.

Handwerksinnung *f*, en corporation *f* artisanale ; corps *m* de métier.

Handwerkswesen *n*, ϕ artisanat *m*.

Handzeichen *n*, - paraphe *m*.

Hang *m*, ϕ propension *f* ; tendance *f* ; *~ zum Konsum* propension à consommer ; *~ zum Sparen* propension à épargner.

Hanse *f*, ϕ la Hanse (association qui au Moyen Age a regroupé plusieurs villes du nord de l'Europe à des fins commerciales : Lübeck, Brême, Hambourg, entre autres).

Hansestadt *f*, ¨e ville *f* hanséatique ; *~ Hamburg (HH)* ville hanséatique de Hambourg.

HAPAG *f (Hamburg Amerika Paketfahrt AG)* compagnie *f* de navigation Hambourg - USA.

Hardselling *n*, (s) ['ha:dseliŋ] vente *f* intensive ; commercialisation *f* agressive ; *contr. Softselling*.

Hardware *f*, (s) ['ha:dwɛ:r] matériel *m* ; hardware *m* ; ensemble des éléments matériels d'un ordinateur *(syn. Material-, Maschinenausstattung)* *(contr. Software).*

Harmonisierung *f*, **en** harmonisation *f* ; ~ *des Steuerwesens* harmonisation du système fiscal ; homogénisation *f* du régime fiscal.

hart fort ; *die ~e Mark* le mark fort, solide ; *eine ~e Währung* une monnaie forte.

Härte *f*, **n** **1.** dureté *f* ; fermeté *f* **2.** *soziale ~n* ⇒ *Härtefall.*

Härtefall *m*, **¨e** cas *m* social, difficile ; cas de rigueur.

Härtefonds *m*, **-** fonds *m* de solidarité.

Hartgeld *n*, *ϕ* monnaie *f* métallique ; pièces *fpl* (par opposition aux billets) ; « espèces sonnantes et trébuchantes ».

Hartwährung *f*, **en** devise *f*, monnaie *f* forte.

Hartwährungsland *n*, **¨er** pays *m* à monnaie forte.

Hauer *m*, **-** mineur *m* ; abatteur *m*.

Häufung *f*, **en** accumulation *f* ; cumul *m*.

Haupt- *(préfixe)* principal ; central.

Hauptabnehmer *m*, **-** client *m*, acheteur *m*, acquéreur *m* principal.

Hauptabsatzgebiet *n*, **e** débouché *m* principal.

Hauptaktionär *m*, **e** actionnaire *m* principal.

hauptamtlich à titre professionnel ; titularisé ; de carrière.

Hauptanschluß *m*, **¨sse** *(téléph.)* ligne *f*, réseau *m*, poste *m* principal(e) ; standard *m* ; *an einen ~ angeschlossen sein* être relié à un standard.

Hauptarbeit *f*, **en** gros *m* de l'ouvrage ; *die ~ ist schon erledigt* le plus dur est fait.

Hauptberuf *m*, **e** activité *f* principale.

hauptberuflich professionnel ; à temps complet.

Hauptbeschäftigung *f*, **en** activité *f* principale ;emploi *m* principal.

Hauptbetroffene/r *(der/ein)* victime *f* principale (d'une crise, de l'inflation, etc.) ; *die ~en* les plus touchés.

Hauptbieter *m*, **-** soumissionnaire *m* principal.

Hauptbilanz *f*, **en** bilan *m* général.

Hauptbuch *n*, **¨er** grand livre *m* (registre dans lequel le commerçant consigne méthodiquement ses opérations).

Hauptdatei *f*, **en** ⇒ *Hauptkartei.*

Haupteinnahmequelle *f*, **n** source *f* principale de revenus.

Haupterwerbsbetrieb *m*, **e** exploitation *f* dont le propriétaire vit essentiellement de l'agriculture.

Hauptgeschäftszeit *f*, **en** *(achat)* heures *fpl* de pointe, d'affluence.

Hauptkartei *f*, **en** fichier *m* central.

Hauptniederlassung *f*, **en** établissement *m* principal.

Hauptsaison *f*, **s** pleine saison *f*.

Hauptschulabschluß *m*, **¨sse** certificat *m* de fin d'études primaires.

Hauptschuld *f*, **en** dette *f* principale.

Hauptschuldner *m*, **-** débiteur *m* principal.

Hauptspeicher *m*, **-** *(inform.)* mémoire *f* principale, centrale.

Hauptveranlagung *f*, **en** assiette *f* générale de l'impôt.

Hauptverkehrszeit *f*, **en** heure(s) *f(pl)* de pointe *(syn. Stoßzeit).*

Hauptversammlung *f*, **en** *(HV)* assemblée *f* générale ; *(außer)ordentliche ~* assemblée générale (extra)ordinaire ; *die ~ ein/berufen* convoquer une assemblée générale.

Hauptversammlungsbeschluß *m*, **¨sse** décision *f* ; résolution *f* prise en (par) l'assemblée générale.

Haus- *(préfixe)* (de la) maison ; appartenant à l'entreprise.

Haus *n*, **¨er** maison *f* ; domicile *m* ; firme *f* ; *frei ~ geliefert* livré franco-domicile ; *ins ~ liefern* livrer à domicile.

Hausanschluß *m*, **¨sse** branchement *m* téléphonique de particuliers ; poste *m* privé.

Hausarbeitstag *m*, **e** *(R.D.A.)* journée de congé mensuelle accordée aux femmes qui travaillent.

Hausbank *f*, **en** banque *f* habituelle (par ex. d'une entreprise).

Hausbesetzer *m*, **-** squatter *m*.

Hausbesetzung *f*, **en** squat *m*.

Hausbesuch *m*, **e** visite *f* a domicile ; déplacement *m* a domicile.

Hausdetektiv *m*, **e** détective maison *m* ; détective d'entreprise.

Hausdurchsuchung *f*, **en** perquisition *f*.

Häusermakler *m*, **-** agent *m* immobilier.

Hausfrauenzulage *f*, **n** allocation *f* de femme, de mère au foyer.

hausgemacht interne ; domestique ; *~e Inflation* inflation *f* interne.

Haushalt *m*, **e** **1.** ménage *m* ; particuliers *mpl* **2.** budget *m* **I.** *ausgeglichener ~* budget en équilibre ; *öffentlicher ~* budget public **II.** *den ~ für das kommende Jahr auf/stellen* établir le budget pour l'année à venir ; *den ~ aus/gleichen* équilibrer le budget ; *den*

~ *verabschieden* adopter le budget.

haus/halten, ie, a gérer ; mener son affaire ; être économe.

Haushaltsabführung *f,* **en** *(R.D.A.)* versement *m* budgétaire effectué par les entreprises nationalisées.

Haushaltsansatz *m,* **1. ¨e** ⇒ *Haushaltsvoranschlag* **2. ¨e** ⇒ crédits *mpl* budgétaires.

Haushaltsartikel *pl* ⇒ *Haushaltswaren.*

Haushaltsausgaben *pl* dépenses *fpl* budgétaires.

Haushaltsausschuß *m,* **¨sse** commission *f* du budget.

Haushaltsausstellung *f,* **en** salon *m* des arts ménagers.

Haushaltsbelastung *f,* **en** charge *f* budgétaire.

Haushaltsbeschränkungen *pl* restrictions *fpl,* compressions *fpl* budgétaires.

Haushaltsbesteuerung *f,* **en** imposition *f* par ménage.

Haushaltsbewilligung *f,* **en** vote *m,* adoption *f* du budget.

Haushaltsdebatte *f,* **n** débat *m,* discussion *f* budgétaire.

Haushaltsdefizit *n,* **e** déficit *m* budgétaire.

Haushaltseinnahmen *pl* recettes *fpl* budgétaires.

Haushaltsentwurf *m,* **¨e** projet *m* de budget.

Haushaltsfehlbetrag *m,* **¨e** ⇒ *Haushaltsdefizit.*

Haushaltsführung *f,* **en** gestion *f* budgétaire.

Haushaltsgelder *pl* ⇒ *Haushaltsmittel.*

Haushaltsgesetz *n,* **e** loi *f* budgétaire.

Haushaltsgleichgewicht *n,* **(e)** équilibre *m* budgétaire.

Haushaltsjahr *n,* **e** exercice *m,* année *f* budgétaire *(syn. Rechnungsjahr).*

Haushaltskonsum *m,* **φ** consommation *f* domestique.

Haushaltskosten *pl* frais *mpl* du ménage.

Haushaltskürzungen *pl* compressions *fpl,* restrictions *fpl* budgétaires.

Haushaltslasten *pl* charges *fpl* budgétaires.

Haushaltslücke *f,* **n** déficit *m* budgétaire ; trou *m* ; impasse *f.*

Haushaltsmittel *pl* crédits *mpl,* fonds *mpl* budgétaires ; ~ *beantragen, bewilligen* demander, accorder des moyens budgétaires ; ~ *streichen, verwenden* supprimer, utiliser des crédits budgétaires.

Haushaltsnachtrag *m,* **(¨e)** budget *m* supplémentaire ; rallonge *f* budgétaire ; collectif *m* budgétaire.

Haushaltspackung *f,* **en** emballage *m* familial ; paquet *m* familial.

Haushaltsplan *m,* **¨e** état *m* prévisionnel ; budget *m* ; *den ~ erstellen (auf/stellen)* établir l'état prévisionnel ; *in den ~ auf/nehmen* inscrire dans l'état prévisionnel.

Haushaltspolitik *f,* **en** politique *f* budgétaire.

Haushaltsposten *m,* **-** poste *m* budgétaire.

Haushaltsprüfer *m,* **-** contrôleur *m* du budget.

Haushaltsüberschreitung *f,* **en** dépassement *m* budgétaire.

Haushaltsüberschuß *m,* **¨sse** excédent *m,* surplus *m* budgétaire.

Haushaltsvoranschlag *m,* **¨e** prévisions *fpl* budgétaires ; état *m* prévisionnel ; projet *m* de loi de finances.

Haushaltswaren *pl* articles *mpl* ménagers (à l'exclusion de l'alimentation).

Haushaltszulage *f,* **n** supplément *m* familial.

Haushaltung *f,* **en 1.** ménage *m* ; foyer *m* **2.** gestion *f.*

Haushaltungsvorstand *m,* **¨e** chef *m* de famille.

Haus-Haus-Verkehr *m,* **φ** transport *m,* service *m* porte-à-porte.

hausieren faire du porte-à-porte ; colporter.

Hausierer *m,* **-** colporteur.

Hausierhandel m, φ colportage *m.*

Hausjurist *m,* **en, en** conseiller *m* juridique attitré ; avocat *m* maison.

Hausmann *m,* **¨er** homme *m* au foyer (équivalent de *Hausfrau* femme au foyer).

Hausordnung *f* **en** règlement *m* intérieur.

Hausrat *m,* **φ** mobilier *m* ; ustensiles *mpl* de ménage.

Hausratsmesse *f,* **n** salon *m* de l'art ménager.

Hausratversicherung *f,* **en** assurance *f* mobilière.

Hausse *f,* **n** ['(h)o:s(ə)] hausse *f* ; *auf ~ spekulieren* spéculer à la hausse.

Haussespekulant *m,* **en, en** spéculateur *m* à la hausse.

Haussespekulation *f,* **en** spéculation *f* à la hausse.

Haussier *m,* **s** [(h)o:'sje:] haussier *m.*

Haussebewegung *f,* **en** mouvement *m* de hausse.

haussieren monter ; être en hausse ;

grimper *(titres, cours).*

Haus- und Grundbesitz *m,* ϕ biens *mpl* fonciers.

Hauswirtschaft *f,* **en** économie *f* domestique.

Havarie *f,* **n** avarie *f* ; dégâts *mpl* sur des machines, des installations techniques, etc. ; *eine ~ erleiden* subir une avarie.

Havarieklausel *f,* **n** clause *f* franc d'avaries particulières (limitative de la garantie).

havarieren 1. *(maritime)* subir une avarie ; être endommagé **2.** *(Autriche)* avoir un accident de voiture.

Haverei *f,* **en** ⇒ *Havarie.*

HBV *f (Handel, Banken und Versicherungen)* syndicat *m* du commerce, des banques et des assurances.

Headhunter *m,* - chasseur *m* de têtes.

Headhunting *n,* ϕ headhunting *m* (débauchage de cadres supérieurs, de têtes pour les faire engager dans une entreprise).

Hearing *n,* s ['hi:riŋ] hearing *m* ; audition *f* d'experts ; audience *f* (d'une commission d'enquête) *(syn. Anhörung).*

Hebel *m,* - levier *m* ; *die ~ der Wirtschaft* les leviers (de commande) de l'économie.

Hebelwirkung *f,* **en** effet *m* de levier, (quand les bénéfices évoluent d'une manière disproportionnée par rapport au chiffre d'affaires).

heben, o, o 1. soulever **2.** relever, augmenter ; *den Zinssatz von... auf... ~* relever le taux d'intérêt de... à...

Heberolle *f,* **n** rôle *m* des contributions.

Hebesatz *m,* ¨**e** taux *m* de perception ; taux de l'impôt prélevé.

Hebung *f,* **en** relèvement *m* ; élévation *f* ; augmentation *f* ; amélioration *f* ; *~ des Lebensstandards* relèvement du niveau de vie.

Hedgegeschäft *n,* **e** [hedʒ...] *(bourse)* **1.** achat *m* ou vente *f* à terme (pour compenser les effets de fluctuation des cours) **2.** compensation *f* des risques de change (provenant de la fluctuation de la valeur des devises).

Heer *n,* **e** armée *f* ; *das ~ der Arbeitslosen* l'armée des chômeurs.

Heeresbestände *pl* surplus *m* de l'armée ; *aus ~en verkaufen* vendre des surplus de l'armée.

heften agrafer.

Heftklammer *f,* **n** agrafe *f.*

Heftmaschine *f,* **n** agrafeuse *f.*

hehlen cacher ; receler.

Hehler *m,* - recéleur *m.*

Hehlerei *f,* **en** recel *m.*

Heidengeld *n,* **er** sommes *fpl* énormes ; *ein ~ kosten* coûter un argent fou.

Heiermann *m,* **-männer** *(fam.)* pièce *f* de cinq marks.

Heim *n,* **e** domicile *m* ; habitation *f* ; foyer *m* (social) ; *~ für Obdachlose* foyer pour sans-abris ; *~ für ledige Mütter* foyer pour mères célibataires.

Heimarbeit *f,* **en** travail *m* à domicile.

Heimarbeiter *m,* - travailleur *m*, ouvrier *m* à domicile.

Heimatland *n,* ¨**er** pays *m* d'origine.

Heimatvertriebene/r *(der/ein)* expulsé *m* ; réfugié *m* ; rapatrié *m.*

Heimcomputer *m,* - ordinateur *m* familial ; (petit) P.C. ; « personal computer » ; ordinateur personnel ; ordinateur *m* domestique ; micro-ordinateur *m.*

heim/fahren, u, a, ä *(fam.)* réaliser ; engranger ; *hohe Überschüsse ~* engranger des excédents élevés.

Heimindustrie *f,* **n** industrie *f* à domicile ; économie *f* domestique.

heimisch intérieur ; indigène ; national ; *~ er Markt* marché *m* intérieur.

heimwerken travailler chez soi ; bricoler.

Heimwerker *m,* - bricoleur *m.*

Heiratsinstitut *n,* **e** agence *f* matrimoniale.

heißer Draht *m,* ϕ téléphone *m* rouge.

heißes Geld *n,* **er** capitaux *mpl* flottants, spéculatifs, volatiles (allant dans les pays où le taux d'intérêt est le plus élevé, euro-dollar par ex.).

Heizöl *n,* ϕ fuel *m* domestique.

Hektar *n* ou *m,* **e** hectare *m.*

Hektar-Ertrag *m,* ¨**e** rendement *m* à l'hectare.

Heller *m,* - *(hist.)* pièce *f* de monnaie ; *auf ~ und Pfennig bezahlen* payer rubis sur l'ongle ; *das ist keinen roten ~ wert* cela ne vaut pas un sou, un clou.

hemmen entraver ; ralentir ; freiner ; faire obstacle à.

-hemmend *(suffixe)* nocif à ; préjudiciable à ; *investitions~* défavorable à l'investissement.

Hemmschuh *m,* **e** obstacle *m* ; frein *m* ; *~ für den Fortschritt* entrave *f* au progrès.

Hemmung *f,* **en** entrave *f*, obstacle *m.*

herab/setzen réduire ; diminuer ;

abaisser ; *die Preise* ~ baisser les prix ; *den Diskontsatz* ~ abaisser le taux de l'escompte ; *Ausverkauf zu herabgesetzten Preisen* soldes *fpl*, liquidation *f* à prix réduits ; braderie *f*.

Herabsetzung *f*, **en** réduction *f* ; diminution *f* ; abaissement *m* ; ~ *der Altersgrenze (des Rentenalters)* abaissement *m* de l'âge de la retraite.

Herabstufung *f*, **en** rétrogradation ; *berufliche* ~ déclassement *m* professionnel.

herauf/schrauben *(prix)* faire monter ; faire grimper ; augmenter.

herauf/setzen augmenter ; relever ; majorer ; *die Preise* ~ majorer, augmenter les prix ; *den Diskontsatz* ~ relever le taux de l'escompte.

Herausforderung *f*, **en** défi *m* ; provocation *f*.

Herausgabe *f*, **n** restitution *f* ; remise *f* ; publication *f*.

Herausgeber *m*, - éditeur *m*.

heraus/schmuggeln passer en fraude ; faire sortir en contrebande.

heraus/wirtschaften dégager, tirer un bénéfice de.

Herbstmesse *f*, **n** foire d'automne.

her/hinken être en retard ; *hinter dem Fortschritt* ~ être à la traîne du progrès.

Herkunft *f*, **¨e** provenance *f* ; origine *f*.

Herkunftsangabe *f*, **n** indication *f* de provenance ; certificat *m* d'origine.

Herkunftsbezeichnung *f*, **en** ⇒ *Herkunftsangabe*.

Herkunftsland *n*, **¨er** pays *m* d'origine.

Herkunftsmarke *f*, **n** marque *f* d'origine.

Herkunftszeichen *n*, - ⇒ *Herkunftsmarke*.

Hermes-AG *f*, *ϕ* société de promotion des exportations ; *(France)* COFACE.

Hermes-Bürgschaft *f*, **en** garantie *f* « Hermes » (garantie financière de l'Etat à l'exportation).

Hermes-Garantie *f*, **n** assurance-crédit *f* couvrant les dommages subis à l'exportation du fait de l'insolvabilité d'un tiers.

Herr *m*, **n**, **en** *(corresp.) Sehr geehrter* ~ *Schmidt* Monsieur ; *Sehr geehrte ~en* Messieurs.

Herrschaft *f*, **1.** *ϕ* maîtrise *f* ; pouvoir *m* ; domination *f* **2. en** *(arch.)* maîtres *mpl* ; patrons *mpl* (de personnel de maison).

her/stellen produire ; fabriquer ; manufacturer ; créer ; *serienweise* ~ fabriquer en série.

Hersteller *m*, - fabricant *m* ; constructeur *m* ; producteur *m*.

Herstellerhaftung *f*, **en** responsabilité *f* du fabricant.

Herstellung *f*, **en** fabrication *f* ; production *f* ; construction *f* ; confection *f* ; création *f*.

Herstellungsfehler *m*, - défaut *m*, vice *m* de fabrication.

Herstellungsformeln und -verfahren *pl* formules *fpl* et procédés *mpl* de fabrication.

Herstellungsgenehmigung *f*, **en** ⇒ *Herstellungslizenz*.

Herstellungskosten *pl* coût *m* de production ; prix *m* de revient de la fabrication.

Herstellungsland *n*, **¨er** pays producteur *m*.

Herstellungslizenz *f*, **en** licence *f* de fabrication.

Herstellungsmenge *f*, **n** quantité *f* produite.

Herstellungsort *m*, **e** lieu *m* de fabrication.

Herstellungspreis *m*, **e** ⇒ *Herstellungskosten*.

Herstellungsverfahren *n*, - procédé *m* de fabrication.

herunter/drücken réduire ; faire baisser, diminuer ; *die Preise* ~ faire baisser les prix.

herunter/schrauben ⇒ *herunter/drücken*.

herunter/stufen diminuer, rétrograder d'échelon, d'un cran.

herunter/wirtschaften ruiner ; couler (une entreprise par mauvaise gestion).

Heuer *f*, **n 1.** salaire *m* d'un marin **2.** engagement *m* d'un marin.

heuern engager, enrôler du personnel navigant *(syn. anheuern)*.

heurig *(Autriche, Suisse)* de cette année ; *~e Ernte* récolte *f* de cette année.

HGB *n* ⇒ *Handelsgesetzbuch*.

Hierarchie *f*, **n** hiérarchie *f* *(syn. Rangfolge)*.

Hierarchie-Ebene *f*, **n** échelon *m*, niveau *m* hiérarchique.

hierarchisch hiérarchique ; ~ *aufgebaut sein* avoir une structure hiérarchisée.

Hierarchisierung *f*, **en** hiérarchisation *f*.

hiermit par la présente ; ~ *wird bestätigt, daß...* nous confirmons par la présente que...

hieven placer ; hisser ; *an die Spitze* ~ hisser, placer à la tête de.

High-Tech *f*, *φ* ['hai,tɛk] haute technologie *f* ; technologie de pointe.

High-Tech-Markt *m*, **¨e** marché *m* de la haute technologie, de la technologie de pointe, de la high-tech.

High-Tech-Unternehmen *n*, **-** entreprise *f* de (technologie) de pointe.

Hilfe *f*, **n** aide *f* ; concours *m* ; soutien *m* ; collaboration *f* ; *mit Hilfe (+G)* à l'aide de ; au moyen de.

Hilfeleistung *f*, **en** aide *f* ; assistance *f* secours.

Hilfs- *(préfixe)* auxiliaire ; de secours ; de fortune.

Hilfsarbeiter *m*, **-** manœuvre *m* ; journalier *m* ; tâcheron *m* *(syn. ungelernter Arbeiter)*.

Hilfsarbeiter-Job *m*, **s** emploi *m*, job *m* (temporaire) de manœuvre.

Hilfsbedürftige/r *(der/ein)* économiquement faible *m* ; personne *f* nécessiteuse ; indigent *m*.

Hilfsfonds *m*, **-** fonds *m* d'urgence, d'entraide ; fonds de soutien.

Hilfsgelder *pl* subvention *f* ; subsides *mpl* ; allocation *f* de secours.

Hilfskasse *f*, **n** caisse *f* de secours.

Hilfskraft *f*, **¨e** personnel *m* auxiliaire ; extra *m* ; aide *f* ; contractuel *m*.

Hilfspersonal *n*, *φ* personnel *m* auxiliaire.

Hilfsprogramm *n*, **e** programme *m* d'assistance, d'aide (économique).

Hilfsquellen *pl* ressources *fpl*.

Hilfsspeicher *m*, **-** *(inform.)* mémoire *f* auxiliaire.

Hilfs- und Betriebsstoffe *pl (comptab.)* matières *fpl* consommables.

hinauf/schrauben faire monter ; augmenter ; *die Preise ~* faire grimper les prix ; *die Steuern ~* augmenter les impôts.

hinaus/laufen, ie, au *(ist)* viser à ; revenir à ; déboucher sur ; *das läuft auf eine Rationalisierung des Betriebs hinaus* cela revient à une rationalisation de l'entreprise.

hinaus/schieben, o, o repousser dans le temps ; surseoir à ; ajourner ; reporter à ; déplacer.

hinaus/zögern différer ; retarder ; surseoir à ; *die Zahlung eines Wechsels ~* différer le paiement d'une lettre de change.

Hindernis *n*, **se** obstacle *m* ; entrave *f* ; *ein ~ werden für* devenir un obstacle à.

hinfällig werden devenir caduc, périmé ; *der Vertrag wird hinfällig* le contrat devient caduc.

hinsichtlich à l'égard de ; concernant ; se référant à ; en regard à ; *~ Ihres Bewerbungsschreibens* me référant à votre lettre de candidature.

Hinterbliebenenrente *f*, **n** pension *f* de survivant, au dernier vivant ; pension de réversion.

Hinterbliebene/r *(der/ein)* survivant *m* ayant droit.

Hinterlassenschaft *f*, **en** héritage *m* ; succession *f*.

hinterlegen 1. mettre en dépôt ; consigner **2.** déposer (de l'argent) ; *als Pfand ~* déposer en nantissement ; *als Sicherheit ~* déposer en garantie ; *Wertpapiere bei einer Bank ~* mettre des titres en dépôt dans une banque *(syn. deponieren)*.

Hinterleger *m*, **-** déposant *m* *(syn. Deponent)*.

Hinterlegung *f*, **en** consignation *f* ; dépôt *m* (pour garantie) ; *gegen ~ von Wertpapieren* contre dépôt de valeurs ; *~ von Pflichtexemplaren* dépôt légal.

Hinterlegungsfrist *f*, **en** délai *m* de dépôt.

Hinterlegungsgelder *pl* fonds *mpl* détenus pour le compte de tiers.

Hinterlegungspflicht *f*, **en** obligation *f* de dépôt.

Hinterlegungsschein *m*, **e** certificat *m* de dépôt ; bulletin *m* de dépôt.

Hinterlegungsstelle *f*, **n** caisse *f* de consignation ; bureau *m*, organisme *m* de dépôt.

Hintermann *m*, **¨er 1.** endosseur *m* subséquent **2.** informateur *m* **3.** instigateur *m*.

hinterziehen, o, o détourner, soustraire de l'argent ; *Steuern ~* frauder, gruger le fisc.

Hinterziehung *f*, **en** détournement *m* ; fraude *f* ; dissimulation *f*.

Hin- und Rückfahrkarte *f*, **n** ticket *m*, billet *m* aller-retour.

hin- und zurück aller-retour ; *eine Fahrkarte ~ lösen* prendre un billet aller-retour.

Hinzuwahl *f*, **(en)** cooptation *f* *(syn. Kooptation)*.

hinzu/wählen coopter *(syn. kooptieren)*.

Hiobsbotschaft *f*, **en** nouvelle *f* désastreuse, catastrophique.

Hit *m*, **s** « hit » *m* ; tube *m* ; article *m* à succès ; best-seller *m* *(syn. Schlager, Renner)*.

Hitliste *f*, **n** hit-parade *m* ; liste *f* des best-sellers.

Hitzezulage *f*, **n** ⇒ *Hitzezuschlag*.

Hitzezuschlag *m*, **¨e** prime *f* de canicule ; indemnité *f* de chaleur.

H-Milch *f*, *ϕ* lait *m* (de) longue conservation ; lait UHT.

HO ⇒ *Handelsorganisation*.

hoch- *(préfixe)* hautement ; haute ; lourdement ; faire monter (en association avec un verbe).

Hochachtung *f*, *ϕ* *(corresp.)* haute considération *f* ; estime *f* ; *mit vorzüglicher* ~ je vous prie de croire à l'expression de mes sentiments (très) respectueux.

hochachtungsvoll : *(corresp.)* Veuillez agréer… l'expression de mes sentiments distingués.

Hochbau *m* **1.** *ϕ* bâtiment *m* ; *Ingenieur für* ~ ingénieur *m* en bâtiment **2. -ten** superstructures *fpl* ; construction *f* en surface.

hochbesteuert lourdement imposé.

Hochbetrieb *m*, *ϕ* période *f* de pointe ; activité *f* intense ; *heute herrscht* ~ *im Supermarkt* il y a affluence aujourd'hui au supermarché.

hochbezahlt bien payé, rétribué, rémunéré ; ayant un salaire élevé.

hochdotiert ⇒ *hochbezahlt*.

hochentwickelt hautement développé ; de haute technicité ; *ein* ~*es Industrieland* un pays hautement industrialisé.

Hochfinanz *f*, *ϕ* haute finance.

hoch/gehen, i, a *(ist)* ⇒ *hochklettern*.

Hochgeschwindigkeitszug *m*, **¨e** *(HGZ)* TGV *m* ; train à grande vitesse.

hochgiftig hautement toxique.

hochindustrialisiert hautement, fortement industrialisé.

hoch/klettern *(ist)* grimper ; monter ; flamber ; *die Preise klettern hoch* les prix flambent.

Hochkonjunktur *f*, *ϕ* haute conjoncture *f* ; période *f* de prospérité économique ; boom *m* conjoncturel.

Hochofen *m*, **¨** haut fourneau *m*.

hoch/päppeln *(fam.)* remettre sur pieds, à flot ; renflouer.

Hochprozenter *m*, **-** titre *m*, rente *f* à taux d'intérêt élevé.

hochprozentig **1.** à pourcentage élevé **2.** très concentré (alcool).

hochqualifiziert hautement qualifié ; ~*e Arbeitskräfte* personnel *m* hautement qualifié.

hoch/rangeln (sich) *(fam.)* se hisser à, vers ; *sich zum Größten des Markts* ~ se hisser au premier rang ; devenir le numéro un du marché.

hoch/rechnen extrapoler ; faire une estimation ; déduire un résultat à partir de données partielles ou fragmentaires.

Hochrechnung *f*, **en** extrapolation *f* ; estimation *f* ; projection *f* ; fourchette *f* (élections).

hochrentierlich de grand rapport ; de rapport élevé ; de haute rentabilité.

Hochsaison *f*, **s** haute saison *f* (touristique, hôtelière, théâtrale).

hoch/schnellen *(ist)* (prix) flamber ; *noch nie schnellte der Goldpreis so hoch* on n'avait encore jamais assisté à une telle flambée du prix de l'or.

hoch/schrauben ⇒ *hinaufschrauben*.

Hochschulbildung *f*, *ϕ* formation *f* universitaire ; études *fpl* supérieures.

hoch/spielen monter en épingle.

höchst- *(préfixe)* maximum ; le plus élevé ; le plus grand ; plafond.

Höchstalter *n*, **-** âge limite *m* ; *das* ~ *zum Eintritt in(+A)* l'âge limite pour entrer dans, à.

Höchstangebot *n*, **e** offre *f* la plus élevée ; enchère *f* la plus forte.

Höchstbetrag *m*, **¨e** plafond *m* ; somme *f* maximale ; montant *m* maximal ; *bis zu einem* ~ *von* jusqu'à concurrence de.

Höchstbietende/r *(der/ein)* le plus offrant.

Höchstgebot *n*, **e** ⇒ *Höchstangebot*.

Höchstgehalt *n*, **¨er** traitement *m* maximal.

Höchstgewicht *n*, **e** poids *m* maximal.

Höchstgrenze *f*, **n** plafond *m* ; limite *f* supérieure ; limite à ne pas dépasser ; *die* ~ *erreichen* plafonner ; *die* ~ *überschreiten* dépasser, crever le plafond.

Höchstkurs *m*, **e** cours *m* maximal ; plus haut cours *m*.

Höchstleistung *f*, **en** rendement *m*, productivité *f* maximal(e) ; puissance *f* maximale ; record *m* (sport).

Höchstlohn *m*, **¨e** salaire *m* plafond, maximal ; plafond *m* de rémunération.

Höchstmaß *n*, **e** maximum *m* ; dimension *f* maximale ; *ein* ~ *an Fachkenntnissen* un maximum de connaissances spécialisées *(syn. Maximum)*.

Höchstmenge *f*, **n** quantité *f* maximale.

Höchstpreis *m*, **e** prix *m* limite, plafond, maximal.

Höchststand *m*, **¨e** niveau *m* maximal ; plafond *m* ; *den* ~ *erreichen* plafonner.

Hochstapelei *f*, **en** escroquerie *f*.

Hochstapler *m*, **-** chevalier *m* d'industrie ; escroc *m* ; imposteur *m* ; aigrefin *m.*

Höchsttarif *m,* **e** tarif *m* maximal.

Höchstversicherungssumme *f,* **n** montant *m* maximal de l'assurance ; plafond *m* de l'assurance.

Höchstwert *m,* **e** valeur *f* maximale.

hochtechnisch de haute technicité.

Hochtechnologie *f,* **n** technologie *f* de pointe ; haute technologie *f* ; ⇒ *High-Tech-.*

Hochtour *f,* **en** cadence *f*, rythme *m* élevé(e) ; *auf ~en laufen* marcher à plein rendement ; battre son plein.

Hoch- und Tiefbau *m,* *ϕ* le bâtiment et les travaux publics ; génie *m* civil.

hochverschuldet endetté jusqu'au cou ; être criblé de dettes.

hochverzinslich d'un rendement élevé ; à taux d'intérêt élevé.

hochverzinst à taux d'intérêt élevé.

Hochwasserschaden *m,* **¨** dégâts *mpl* des eaux.

hochwertig 1. de grande valeur ; précieux ; de premier choix ; sophistiqué *~e Konsumgüter* biens *mpl* de consommation de qualité ; haut *m* de gamme **2.** *(minerai)* à haute teneur ; riche.

Hochzinspolitik *f,* *ϕ* politique *f* de l'argent cher ; politique des taux d'intérêt élevés.

Hof *m,* **¨e** ferme *f* ; exploitation *f* agricole ; *einen ~ auf/geben* quitter la terre.

hoffen espérer ; *(corresp.) wir ~ auf baldige Antwort...* en espérant une réponse rapide...

Hoffnung *f,* **en** espoir *m* ; *in der ~ auf etw* dans l'espoir de qqch ; *in der ~ daß...* en espérant que...

• **Höflichkeitsformel** *f,* **n** formule *f* de politesse.

HO- Geschäft *n,* **e** ⇒ *Handelsorganisation.*

Höhe *f,* **n** niveau *m* ; hauteur *f* ; montant *m* ; *bis zur ~ von* jusqu'à concurrence de ; *in ~ von* à concurrence de ; *in die ~ gehen* monter ; être à la hausse ; grimper ; *Preise in die ~ treiben* pousser, faire monter les prix.

Hoheit *f,* **(en)** souveraineté *f* ; autonomie *f* ; autorité *f.*

Hoheitsgebiet *n,* **e** territoire *m* d'un Etat ; territoire national.

Hoheitsgewalt *f,* **(en)** pouvoir *m* de souveraineté.

Hoheitsgewässer *pl* eaux *fpl* territoriales.

Hoheitsrecht *n,* **e** droit *m* de souveraineté.

Höhenflug *m,* **¨e** envolée *f* (d'une monnaie, etc).

höher plus élevé ; supérieur ; *~er Beamter* haut fonctionnaire *m* ; *~e Gewalt* force *f* majeure ; *~e Instanz* instance *f* supérieure.

Höherbewertung *f,* **en** taxation *f* plus élevée ; plus-value *f.*

Höhereinstufung *f,* **en 1.** reclassement *m* catégoriel ; promotion *f* ; avancement *m* **2.** passage *m* dans une tranche supérieure d'imposition.

Höhergruppierung *f,* **en** avancement *m* ; gravissement *m* d'un échelon ; reclassement *m* catégoriel.

höher/stufen reclasser ; promouvoir.

Höherstufung *f,* **en** ⇒ *Höhereinstufung.*

Höker *m,* **-** brocanteur *m* ; revendeur *m* ambulant ; camelot *m* ; marchand *m* des quatre-saisons.

Hökerhandel *m,* *ϕ* brocante *f* ; commerce *m* forain ; *~ treiben* faire de la brocante ; faire le commerce d'objets usagés.

Holding *f,* **s** ['houldiŋ] holding *m/f* (société ne produisant pas elle-même mais qui, grâce à ses participations financières, contrôle d'autres sociétés de même nature) *(syn. Dachgesellschaft).*

Holdinggesellschaft *f,* **en** société *f* holding ; société de gérance de valeurs.

Holzverarbeitungsindustrie *f,* **n** industrie *f* de transformation du bois.

Home-Banking *n,* **s** gestion *f* de compte par minitel.

Homecomputer *m,* **-** ⇒ *Heimcomputer.*

Home-Shopping *n* **s** achats *mpl* (à domicile) par minitel ; ⇒ *Teleshopping.*

Honorant *m,* **en, en** intervenant *m* ; recommandataire *m* (tiers qui peut faire honneur à l'une des signatures figurant sur un effet de commerce).

Honorar *n,* **e** honoraires *mpl* ; *gegen ~ arbeiten* travailler moyennant honoraires ; *für etw ein ~ zahlen* verser des honoraires pour qqch.

Honorarrechnung *f,* **en** note *f* d'honoraires.

Honorarsatz *m,* **¨e** taux *m* d'honoraires.

Honoratioren *pl* notables *mpl* ; notabilités *fpl.*

honorieren honorer ; faire honneur à ; *einen Wechsel ~* honorer une traite.

Honorierung *f,* **en** acceptation *f*, paiement *m* d'une traite.

Hopfenbauer *m,* **n** producteur *m* de houblon.

Hörer *m,* **- 1.** auditeur *m* **2.** combiné

m ; *den ~ ab/nehmen, auf/legen* décrocher, raccrocher le combiné.

Hörfunk *m,* ϕ radio(diffusion) *f* ; *im ~* à la radio *(syn. Rundfunk).*

Hörfunkwerbung *f,* ϕ publicité *f* à la radio ; publicité sur les ondes.

horizontal horizontal ; *~e Konzentration* concentration *f* horizontale.

Horizontalkonzern *m,* **e** concentration *f* industrielle horizontale ; ensemble *m* industriel d'entreprises du même stade de production.

horten thésauriser ; stocker *(syn. thesaurieren).*

Hortung *f,* **en** thésaurisation *f* ; stockage *m.*

Hortungskauf *m,* **¨e** achat *m* spéculatif.

Hotelgewerbe *n,* ϕ industrie *f* hôtelière.

Hotelkette *f,* **n** chaîne *f* hôtelière.

Hotellerie *f,* ϕ ⇒ *Hotelgewerbe.*

HR ⇒ *Handelsregister.*

Hr./Hrn. ⇒ *Herr.*

Huckepackverkehr *m,* ϕ trafic *m* combiné rail-route ; train *m* autocouchettes ; ferroutage *m.*

Human engineering *n,* ϕ ['hju:man endʒi'nɪ:rɪŋ] étude *f* des conditions psychologiques et des conditions de travail lors de la création d'emplois, de mise en œuvre de machines nouvelles, etc.

Humanisierung *f* : *~ der Arbeitswelt* humanisation *f* du monde du travail.

Hunderter *m,* **-** ⇒ *Hundertmarkschein.*

Hundertmarkschein *m,* **e** billet *m* de 100 marks.

hundertprozentig cent pour cent ; 100 %.

Hundertsatz *m,* **¨e** pourcentage *m* *(syn. Prozentsatz).*

Hundesteuer *f,* **n** taxe *f,* impôt *m* sur les chiens.

Hungerlohn *m,* **¨e** salaire *m* de misère ; salaire de crève-la-faim.

Hungersnot *f,* **¨e** famine *f.*

Hungerstreik *m,* **s** grève *f* de la faim.

Hürde *f,* **n** obstacle *m* ; *eine ~ nehmen* franchir un obstacle.

Hut *m,* **¨e** chapeau *m* ; *(fam.) den ~ nehmen* démissionner.

Hüter *m,* **-** gardien *m* ; défenseur *m.*

Hütte *f,* **n** **1.** cabane *f* **2.** usine *f* métallurgique ; aciérie *f* ; fonderie *f.*

Hüttenarbeiter *m,* **-** ouvrier *m* métallurgiste *(syn. Metaller).*

Hüttenkombinat *n,* **e** *(R.D.A.)* combinat *m* sidérurgique.

Hüttenkonzern *m,* **e** groupe *m* sidérurgique ; konzern *m* sidérurgique.

Hüttenwerk *n,* **e** forges *fpl.*

Hüttenwesen *n,* ϕ métallurgie *f.*

HV ⇒ *Hauptversammlung.*

Hypothek *f,* **en** hypothèque *f* **I.** *eingetragene ~* hypothèque inscrite ; *erste, zweite ~* hypothèque de premier, de second rang **II.** *eine ~ auf ein Haus auf/nehmen* prendre une hypothèque sur une maison ; *mit einer ~ belasten* hypothéquer ; grever d'une hypothèque ; *eine ~ bestellen* consentir, constituer une hypothèque ; *eine ~ löschen (tilgen)* purger une hypothèque.

Hypothekargläubiger *m,* **-** ⇒ *Hypothekengläubiger.*

hypothekarisch hypothécaire ; *~ sichern* hypothéquer ; *gegen ~e Sicherheit* sur hypothèque.

Hypothekarkredit *m,* **e** crédit *m* hypothécaire.

Hypothekenanlagen *pl* placements *mpl,* fonds *mpl* hypothécaires.

Hypothekenanleihe *f,* **n** emprunt *m* hypothécaire, sur hypothèque.

Hypothekenbank *f,* **en** banque *f* hypothécaire, de crédit foncier ; banque de prêts hypothécaires.

Hypothekenbestellung *f,* **en** constitution *f* d'hypothèques.

Hypothekendarlehen *n,* **-** prêt *m* hypothécaire ; prêt sur hypothèque.

Hypothekeneintragung *f,* **en** inscription *f* d'hypothèque.

Hypothekenforderung *f,* **en** créance *f* hypothécaire.

hypothekenfrei non hypothéqué ; exempt d'hypothèques.

Hypothekengläubiger *m,* **-** créancier *m* hypothécaire ; prêteur *m* sur hypothèque.

Hypothekenlöschung *f,* **en** purge *f,* radiation *f,* mainlevée *f* d'une hypothèque.

Hypothekenpfandbrief *m,* **e** lettre *f* de gage hypothécaire ; obligation *f* hypothécaire, foncière.

Hypothekenschuldner *m,* **-** débiteur *m* hypothécaire.

Hypothekenschuldverschreibung *f,* **en** obligation *f* hypothécaire.

Hypothekentilgung *f,* **en** amortissement *m,* purge *f* de l'hypothèque.

Hypothekenumwandlung *f,* **en** conversion *f* d'hypothèque.

Hypothekenvorrang *m,* ϕ priorité *f* d'hypothèque.

Hypothekenzinsen *pl* intérêts *mpl* hypothécaires.

I

i.A. 1. *im Auftrag* par ordre ; par délégation ; au nom de **2.** *in Abwicklung* en liquidation **3.** *in Auflösung* en liquidation ; en dissolution.

IAA *(Internationale Automobil-Ausstellung)* Salon *m* de l'auto(mobile).

IAO 1. *Internationale Arbeitsorganisation* Organisation *f* internationale du travail **2.** *Internationale Atomenergie-Behörde* Commissariat *m* international à l'énergie atomique.

IAP *(Industrieabgabepreis) (R.D.A.)* prix *m* de vente des produits industriels.

IATA *(Internationaler Verband der Luftfahrtgesellschaften)* Association *f* du transport aérien international (A.T.A.I.).

IC-Zug ⇒ *Inter-City-Zug.*

Idealverein *m,* **e** association *f* sans but lucratif.

IFO *(Institut für Wirtschaftsforschung)* Institut *m* de recherche économique.

IG ⇒ **1.** *Industrie-Gewerkschaft* **2.** *Interessen-Gemeinschaft.*

IG-Farben *(Interessen-Gemeinschaft der deutschen Farbenindustrie)* groupement *m* d'intérêts de l'industrie allemande des colorants ; trust *m* de l'industrie chimique sous le IIIe Reich.

IHB *(Industrie- und Handelsbank)* Banque *f* du commerce et de l'industrie de la R.D.A.

IHK 1. *(Internationale Handelskammer)* Chambre *f* de commerce internationale **2.** ⇒ *Industrie- und Handelskammer.*

IKR *(Industrie-Kontenrahmen)* cadre *m* comptable industriel.

i.J. *(im Jahre)* dans l'année.

i.L. *(in Liquidation)* en liquidation.

illiquid 1. non liquide **2.** insolvable *(syn. zahlungsunfähig).*

Illiquidität *f,* **en** insolvabilité *f* provisoire par manque d'argent liquide ; manque *m* de trésorerie.

Illustrierte *f,* **n** revue *f* ; magazine *m* illustré ; illustré *m.*

Image *n,* **s** ['imidʒ] image *f* de marque ; profil *m* ; *ein gutes ~ haben* avoir une bonne image de marque.

immateriell immatériel ; moral ; *~e Güter* biens *mpl* incorporels ; *~er Schaden* dommage *m,* préjudice *m* moral.

Immigrant *m,* **en, en** immigrant *m* *(syn. Einwanderer).*

Immigration *f,* **en** immigration *f.*

immigrieren immigrer.

Immission *f,* **en** nuisance(s) *f(pl).*

Immissionsgrenzwerte *pl* taux limite *m* ; limite *f* maximale de nuisances.

Immissionsschutz *m,* φ protection *f* contre les nuisances.

Immobiliarkredit *m,* **e** ⇒ *Hypothekarkredit.*

Immobiliarpfändung *f,* **en** saisie *f* immobilière.

Immobiliarversicherung *f,* **en** assurance *f* immobilière, des immeubles.

Immobilien *pl* biens *mpl* immobiliers, fonciers ; immeubles *mpl.*

Immobilienfonds *m,* **-** fonds *m* de placement immobilier ; société *f* immobilière de placement.

Immobiliengesellschaft *f,* **en** société *f* immobilière.

Immobilienhandel *m,* φ immobilier *m* ; commerce *m,* vente *f* d'immeubles ; *~ betreiben* travailler dans l'immobilier ; faire le commerce d'immeubles.

Immobilienhändler *m,* **-** marchand *m* immobilier.

Immobilienmakler *m,* **-** agent *m* immobilier.

Immobilienmaklerbüro *n,* **s** agence *f* immobilière.

Immobilienmarkt *m,* **¨e** marché *m* (de l') immobilier, foncier.

Immobilienverwaltung *f,* **en** gérance *f* immobilière.

Immunität *f,* **en** immunité *f* (parlementaire) ; *die ~ auf/heben* lever l'immunité.

Immunitätsaufhebung *f,* **en** levée de l'immunité ; *die ~ beantragen* demander la levée d'immunité.

Impact *m,* **s** [ɪm'pɛkt] impact *m* publicitaire.

imperativ : *~es Mandat (polit.)* mandat *m* qui oblige le député à respecter les consignes du parti.

Import *m,* **e 1.** importation *f* ; *eine Firma für ~ und Export* une firme d'import-export **2.** marchandises *fpl* importées ; importations *fpl* ; *zollpflichtige ~e* importations assujetties au droit de douane *(syn. Einfuhr).*

Importabgabe *f,* **n** taxe *f* à l'importation.

Importanstieg *m,* **e** augmentation *f,* hausse *f* des importations.

Importbeschränkung *f,* **en** restriction *f* à l'importation ; limitation *f* des importations.

Importbestimmungen *pl* modalités *fpl* d'importation ; dispositions *fpl* légales en matière d'importation.

Importbewilligung *f,* **en** permis *m* d'importer ; licence *f* d'importation ; autorisation *f* d'importer.

Importdeckungsrate *f,* **n** taux *m* de couverture (proportion des achats à l'étranger payés par les exportations).

Importdrosselung *f,* **en** coup de frein *m* à l'importation.

Importembargo *n,* **s** ⇒ *Importsperre.*

Importeur *m,* **e** importateur *m (syn. Einfuhrhändler).*

Importfinanzierung *f,* **en** financement *m* des importations.

Importfirma *f,* **-men** maison *f* d'importation ; firme *f* importatrice.

Importgeschäft *n,* **e 1.** maison *f* d'importation **2.** commerce *m* d'importation.

Importgut *n,* **¨er** denrée *f,* marchandise *f* d'importation.

Importhandel *m,* *ϕ* commerce *m* d'importation.

Importhändler *m,* **-** ⇒ *Importeur.*

importieren importer ; *etw aus einem Land* ~ importer qqch d'un pays *(syn. einführen).*

importierte Inflation *f,* **en** inflation *f* importée.

Importkontingent *n,* **e** ⇒ *Importquote.*

Importkontingentierung *f,* **en** contingentement *m* à l'importation.

Importliberalisierung *f,* **en** libération *f,* déblocage *m* des importations.

Importlizenz *f,* **en** ⇒ *Importbewilligung.*

Importquote *f,* **n** contingent *m* d'importation ; valeur *f* des importations établie au pourcentage par rapport au produit national brut.

Importrestriktion *f,* **en** ⇒ *Importbeschränkung.*

Importsperre *f,* **n** embargo *m* sur les importations.

Importsteuer *f,* **n** taxe *f* sur les importations.

Importstopp *m,* **s** arrêt *m,* suspension *f* des importations ; *einen ~ verhängen* mettre l'embargo sur les importations.

Importüberschuß *m,* **¨sse** excédent *m,* surplus *m* d'importation.

Importverbot *n,* **e** interdiction *f* d'importation ; prohibition *f* d'entrée.

Importverteuerung *f,* **en** renchérissement *m* des importations.

Impuls *m,* **e** impulsion *f* ; *dem Handel neue ~e geben* relancer le commerce.

IN ⇒ *Industrienorm.*

Inanspruchnahme *f,* **(n)** utilisation *f* ; emploi *m* ; mise *f* à contribution ; occupation *f* ; *~ eines Kredits* recours à un crédit.

inbegriffen y compris ; inclus ; *alles ~* tout compris ; *im Preis ~ sein* être inclus dans le prix *(syn. inklusive, einbegriffen).*

Inbesitznahme *f,* **(n)** prise *f* de possession.

Inbetriebnahme *f,* **(n)** mise *f* en service, en activité, en circuit (d'une machine, d'installations industrielles).

Inbetriebsetzung *f,* **en** ⇒ *Inbetriebnahme.*

Incentives *pl* [in'sentifs] stimulant *m* ; stimulation *f* ; mesure *f* incitative ; incitation *f* (du personnel par des mesures d'encouragement telles que voyages, primes, etc.).

Incoterms *pl (International Commercial Terms)* conventions *fpl* internationales permettant l'interprétation des clauses contractuelles ; contrats *mpl* « incoterms » (FOB, CIF, FAS, etc.).

Index *m,* **e** ou **Indizes 1.** indice *m* ; indicateur *m* ; *~ der Lebenshaltungskosten* indice du coût de la vie ; *bereinigter (berichtigter) ~* indice corrigé ; *gewichteter (gewogener) ~* indice pondéré ; **2.** index *m* ; *Dow-Jones-~* indice Dow Jones.

Indexanleihe *f,* **n** emprunt *m* indexé (sur l'or, matières premières, coût de la vie, etc.).

Indexbindung *f,* **en** indexation *f* ; *~ der Löhne* échelle *f* mobile des salaires.

Indexfamilie *f,* **n** famille type *f.*

indexgebunden ⇒ *indexiert.*

indexieren indexer.

indexiert indexé ; *~e Anleihe* emprunt *m* indexé (type « rente Pinay ») ; *auf den Goldpreis ~* indexé sur le cours de l'or.

Indexierung *f,* **en** ⇒ *Indexbindung.*

Indexklausel *f,* **n** clause *f* d'indexation ; *an eine ~ knüpfen* s'assortir d'une clause d'indexation ; *mit ~* indexé.

Indexlohn *m,* **¨e** salaire *m* indexé.

Indexrente *f,* **n** rente *f* indexée.

Indexrückgang *m,* **¨e** recul *m* indiciaire.

Indexwährung *f,* **en** monnaie *f* indexée.

Indexzahl *f,* **en** indice *m* ; chiffre-indice *m*.

Indexziffer *f,* **n** ⇒ *Indexzahl.*

Indikationsmodell *n,* **(e)** ⇒ *Fristenlösung.*

Indikator *m,* **en** indicateur *m* ; indice *m* économique.

indirekt indirect ; *~e Abschreibung* amortissement *m* indirect ; *~e Steuern* impôts *mpl* indirects.

Individualversicherung *f,* **en** assurance *f* individuelle.

indiziell indiciaire.

indossabel endossable ; cessible par endossement ; *~ble Wertpapiere* papiers *mpl* à ordre ; titres *mpl* cessibles par endossement.

Indossament *n,* **e** endossement *m* ; endos *m* ; *durch ~ übertragbar* cessible par endossement ; *durch ~ übertragen* céder par endossement.

Indossant *m,* **en, en** endosseur *m* ; cédant *m (syn. Girant).*

Indossat *m,* **en, en** ⇒ *Indossatar.*

Indossatar *m,* **e** endossataire *m* ; endossé *m (syn. Girat ; Giratar).*

Indossent *m,* **en, en** ⇒ *Indossant.*

indossierbar ⇒ *indossabel.*

indossieren endosser *(syn. girieren).*

Indossierung *f,* **en** ⇒ *Indossament.*

Indosso *n,* **s** ou **-dossi** ⇒ *Indossament.*

industrialisieren industrialiser.

Industrialisierung *f,* **en** industrialisation.

Industrialisierungsgrad *m,* **e** degré d'industrialisation.

Industrialisierungsprozeß *m,* **sse** processus *m* d'industrialisation.

Industrie *f,* **n** industrie *f* ; *feinmechanische ~* industrie de mécanique de précision ; *heimische ~* industrie nationale ; *holzverarbeitende ~* industrie de transformation du bois ; *metallverarbeitende ~* industrie de transformation des métaux ; *optische ~* industrie optique ; *papierverarbeitende ~* industrie du papier ; *pharmazeutische ~* industrie pharmaceutique ; *verarbeitende ~* industrie de transformation.

Industrieabfälle *pl* ⇒ *Industriemüll.*

Industrieanlagen *pl* équipements *mpl* industriels ; installations *fpl* industrielles.

Industrieanleihe *f,* **n** emprunt *m* industriel.

Industrieansiedlung *f,* **en** implantation *f* industrielle.

Industrieauftragseingang *m,* **¨e** carnet *m* de commandes de l'industrie.

Industrieballungsgebiet *n,* **e** zone *f* à forte concentration industrielle.

Industriebereich *m,* **e** secteur *m* industriel.

Industriebesatz *m,* *ϕ* implantation *f* industrielle ; *mit hohem ~* fortement industrialisé.

Industriebeschäftigte/r *(der/ein)* personne *f* employée dans l'industrie ; travailleur *m* de l'industrie.

Industriebeteiligung *f,* **en** participation *f* industrielle ; titre *m* de participation à une société industrielle.

Industriebetrieb *m,* **e** entreprise *f* industrielle.

Industriebranche *f,* **n** ⇒ *Industriebereich.*

Industriedesign *n,* *ϕ* design *m* industriel.

Industrieerzeugnis *n,* **se** produit *m* industriel.

Industriegebiet *n,* **e** région *f,* zone *f* industrielle ; district *m* industriel.

Industrie-Gewerkschaft *f,* **en** *(IG)* syndicat *m* d'industrie, d'usine ; union *f* syndicale ; *IG-Bergbau* union syndicale des mineurs ; *IG-Metall* union syndicale des métallos.

Industriegüter *pl* produits *mpl* industriels.

Industriekammer *f,* **n** chambre *f* de l'industrie.

Industriekapitän *m,* **-e** *(arch.)* chef *m,* capitaine *m* d'industrie.

Industriekassamarkt *m,* **¨e** marché *m* au comptant des valeurs industrielles.

Industriekaufmann *m,* **-leute** agent *m* technico-commercial.

Industriekombinat *n,* **e** *(R.D.A.)* combinat *m* industriel.

Industriekomplex *m,* **e** complexe *m* industriel.

Industriekontenrahmen *m,* **-** *(comptab.)* plan *m* comptable analytique.

Industrieladen *m,* **¨** *(R.D.A.)* centrale *f* de vente pour entreprises nationalisées (lieu où les entreprises industrielles est-allemandes vendent leurs produits).

Industrieland *n,* **¨er** pays *m* industriel.

Industrielle/r *(der/ein)* industriel *m.*

Industriemacht *f,* **¨e** puissance *f* industrielle.

Industriemagnat *m,* **en, en** magnat *m* de l'industrie.

industriemäßig de type industriel.

Industriemesse *f,* **n** foire *f* industrielle.

Industriemüll *m,* *ϕ* déchets *mpl* industriels.

Industrienation *f,* **en** nation *f* industrielle.

Industrienorm *f,* **en** norme *f* industrielle *(DIN Deutsche Industrie-Norm(en)* norme(s) de l'industrie allemande).

Industrieobligation *f,* **en** obligation *f* industrielle.

Industrieökonom *m,* **en, en** *(RDA)* ingénieur *m* diplômé en sciences économiques et techniques.

Industriepapiere *pl* ⇒ *Industriewerte.*

Industriepotential *n,* **e** potentiel *m* industriel.

Industriepreisindex *m,* **-dizes** indice *m* des prix industriels.

industrieschwach faiblement industrialisé.

Industriesektor *m,* **en** ⇒ *Industriebereich.*

Industriespionage *f,* *ϕ* espionnage *m* industriel.

Industriestruktur *f,* **en** structures *fpl,* infrastructure *f* industrielle(s).

Industrie- und Handelskammer *f,* **n** *(IHK)* Chambre *f* du commerce et de l'industrie.

Industrieunternehmen *n,* **-** ⇒ *Industriebetrieb.*

Industrieverband *m,* **¨e** fédération *f* d'industrie ; lobby *m* industriel ; groupement *m* syndical de l'industrie.

Industrieverlagerung *f,* **en** déplacement *m* de l'industrie ; redéploiement *m* industriel.

Industriewerte *pl* valeurs *fpl* industrielles.

Industriezweig *m,* **e** ⇒ *Industriebereich.*

ineffizient inefficace ; non rentable ; non performant.

Ineffizienz *f,* **(en)** inefficacité *f* ; non-rentabilité *f.*

Inflation *f,* **en** inflation *f* **I.** *galoppierende ~* inflation galopante ; *gesteuerte (zurückgestaute) ~* inflation refoulée, résorbée, contenue ; *hausgemachte ~* inflation interne ; *heimliche (verkappte, verpuppte) ~* inflation larvée, latente ; *importierte ~* inflation importée ; *kosteninduzierte ~* inflation par hausse des coûts ; *lohninduzierte ~* inflation par les salaires ; *nachfrageinduzierte ~* inflation par excès de demande ; *schleichende ~* inflation rampante **II.** *die ~ bekämpfen* combattre l'inflation ; *die ~ ein/dämmen* endiguer, maîtriser l'inflation ; *die ~ in die Höhe treiben* favoriser, attiser l'inflation ; *die ~ stoppen* juguler, stopper, maîtriser l'inflation *(contr. Deflation).*

inflationär ⇒ *inflationistisch.*

inflationieren *(rare)* favoriser l'inflation ; *~de Länder* pays *mpl* inflationnistes.

inflationistisch inflationniste.

Inflationsbekämpfung *f,* **(en)** lutte *f* anti-inflation, contre l'inflation.

Inflationsbeschleunigung *f,* **en** accélération *f* de l'inflation.

Inflationsdruck *m,* *ϕ* **1.** poussée *f* inflationniste **2.** pression *f* exercée par l'inflation.

Inflationsfaktor *m,* **en** facteur *m* inflationniste, d'inflation.

inflationsfördernd générateur d'inflation ; inflationniste.

Inflationsgefahr *f,* **en** danger *m,* risque *m* d'inflation.

Inflationsgefälle *n,* **-** disparité *f,* écart *m* de taux d'inflation.

Inflationsgewinnler *m,* **-** profiteur *m,* bénéficiaire *m* de l'inflation.

inflationshemmend anti-inflationniste.

Inflationskampf *m,* **¨e** ⇒ *Inflationsbekämpfung.*

Inflationsneigung *f,* **en** ⇒ *Inflationstendenz.*

Inflationsrate *f,* **n** taux *m* d'inflation ; *zweistellige ~* taux d'inflation à deux chiffres.

Inflationsschub *m,* **¨e** poussée *f* inflationniste.

inflationssicher à l'abri de l'inflation.

Inflationsstoß *m,* **¨e** choc *m* inflationniste ; coup *m* porté par l'inflation.

Inflationstempo *n,* **(s)** rythme *m* de l'inflation.

Inflationstendenz *f,* **en** tendance *f* inflationniste.

inflationstreibend inflationniste ; facteur *m,* fauteur, générateur d'inflation.

Inflationstrend *m,* **s** tendance *f* inflationniste.

inflatorisch ⇒ *inflationistisch.*

Informant *m,* **en, en** informateur *m.*

Informatik *f,* *ϕ* informatique *f* ; théorie *f* de l'informatique ; science *f* de l'informatique ; *(exploitation)* ⇒ *EDV.*

Informatiker *m,* **-** informaticien *m.*

Informatikingenieur *m,* **e** ingénieur *m* informaticien.

Information *f,* **en** **1.** information *f* ; renseignement *m* **2.** *(inform.)* donnée *f* ; information *f* ; *~en auf den neuesten Stand bringen* actualiser des informations ; *~en löschen* effacer des informations ; *~en speichern* stocker, enregistrer, mémoriser des informations ; *~en übertragen* transmettre, véhiculer des informations ; *~en verarbeiten* traiter des informations *(syn. Daten).*

Informationseinheit *f,* **en** unité *f* d'information.

Informationsfluß *m,* φ circulation *f* de l'information.

Informationslücke *f,* **n** manque *m* d'information(s).

Informationsquelle *f,* **n** source *f* d'informations.

Informationsspeicher *m,* - *(inform.)* mémoire *f* de données.

Informationsstand *m,* ¨e **1.** stand *m* d'informations **2.** niveau *m* de connaissances.

Informations- und Kommunikationssystem *f,* **e** système *m* de communication et d'informations.

Informationsverarbeitung *f,* **en** *(inform.)* traitement *m* de l'information.

informieren *(über+A)* informer (de qqch) ; *nach Angaben ~ter Kreise* selon les indications de(s) milieux bien informés.

Infragestellung *f,* φ mise *f* en question.

Infrastruktur *f,* **en** infrastructure *f.*

Ingangsetzungsaufwendungen *pl* frais *mpl* d'établissement.

Ingenieur *m,* **e** ingénieur *m* ; *graduierter ~* ingénieur diplômé (d'un IUT) ⇒ *Diplomingenieur ; Wirtschaftsingenieur.*

Inhaber- *(préfixe)* au porteur.

Inhaber *m,* - détenteur *m* ; possesseur *m* ; porteur *m* ; propriétaire *m* ; *auf den ~ lauten* être (libellé) au porteur ; *an den ~ zahlbar* payable au porteur.

Inhaberaktie *f,* **n** action *f* au porteur.

Inhaberpapiere *pl* papiers *mpl,* titres *mpl* au porteur.

Inhaberschaft *f,* **(en)** possession *f* ; propriété *f* ; détention *f.*

Inhaberscheck *m,* **s** chèque *m* au porteur *(syn. Überbringerscheck).*

Inhalt *m,* **e** contenu *m* ; contenance *f* ; teneur *f* ; sujet *m.*

Inhaltsangabe *f,* **n** sommaire *m* (livre) ; indication *f* du contenu.

Inkassant *m,* **en, en** *(Autriche)* (en)caisseur *m.*

Inkasso *n,* **s** *(Autriche)* **-kassi** encaissement *m* ; recouvrement *m* ; *die mit dem ~ beauftragte Bank* la banque chargée du recouvrement ; *einen Wechsel zum ~ vor/legen* présenter une traite à l'encaissement ; *zum ~* pour encaissement.

Inkassogeschäft *n,* **e** opération *f* de recouvrement, d'encaissement.

Inkassoprovision *f,* **en** provision *f* d'encaissement.

Inkassospesen *pl* frais *mpl* d'encaissement.

Inkassovollmacht *f* : *~ haben* avoir procuration pour l'encaissement.

Inkassowechsel *m,* - effet *m* à recouvrer ; effet au recouvrement ; effet remis à l'encaissement.

inklusive inclusivement ; inclus ; *~ aller Versandkosten* frais d'expédition inclus ; *~ Porto* port compris *(syn. einbegriffen ; inbegriffen).*

inkompatibel incompatible.

inkompetent **1.** incompétent **2.** non compétent ; non habilité à.

Inkompetenz *f,* **en** incompétence *f.*

Inkraftsetzung *f,* **(en)** mise *f* en vigueur.

Inkrafttreten *n,* φ entrée *f* en vigueur.

Inland *n,* φ intérieur *m* ; territoire *m* national ; *die Waren sind für das ~ bestimmt* les marchandises sont destinées au marché national.

Inland(s) - *(préfixe)* national ; interne ; intérieur.

Inlandflug *m,* ¨e vol *m* intérieur.

inländisch national ; intérieur ; métropolitain.

Inlandsabsatz *m,* ¨e vente *f* intérieure.

Inlandsanleihe *f,* **n** emprunt *m* intérieur.

Inlandsflugverkehr *m,* φ trafic *m* intérieur ; vols *mpl* intérieurs.

Inlandsgeschäft *n,* **e** ⇒ *Inlandsmarkt.*

Inlandsmarkt *m,* ¨e marché *m* intérieur *(syn. Binnenmarkt).*

Inlandsnachfrage *f,* **n** demande *f* intérieure.

Inlandsporto *n,* **s** port *m* dépendant du régime intérieur.

Inlandspreis *m,* **e** prix *m* intérieur.

Inlandstarif *m,* **e** tarif *m,* régime *m* intérieur.

Inlandswährung *f,* **en** monnaie *f* nationale.

inliegend *(Autriche)* ci-inclus ; ci-joint.

inne/haben **1.** avoir en sa possession **2.** occuper un poste ; exercer une fonction.

Innenfinanzierung *f,* **en** financement *m* interne.

Innenminister *m,* - ministre *m* de l'Intérieur.

Innenministerium *n,* **-ien** ministère *m* de l'Intérieur.

Innenorganisation *f,* **en** organisation *f* interne.

Innenressort *n,* **s** ⇒ *Innenministe-*

rium.

Innenstadt *f,* **¨e** centre *m* ville (par opposition à la périphérie) *(syn. City).*

Innenverbindung *f,* **en** *(téléph.)* communication *f* locale ; liaison *f* intérieure, urbaine.

innerbetrieblich interne à l'entreprise ; *~e Ausbildung* formation *f* professionnelle interne.

innerdeutscher Handel *m,* *ϕ* commerce *m* inter-allemand ; commerce entre les deux Allemagnes.

innerdeutscher Verkehr *m,* *ϕ* **1.** lignes *fpl* intérieures ; trafic *m* intérieur **2.** trafic entre les deux Allemagnes.

innergemeinschaftlich intracommunautaire (entre pays de la C.E.).

innergewerkschaftlich interne au syndicat ; *~e Konflikte* querelles *fpl* syndicales intestines.

innerhalb **1.** *(+G)* à l'intérieur de ; *~ der Landesgrenzen* à l'intérieur des frontières du pays **2.** *(+G* ou *D)* dans l'intervalle de ; dans un délai de ; en l'espace de ; *~ einer Woche* en une semaine ; *~ fünf Monaten* dans un délai de 5 mois.

Innovation *f,* **en** innovation *f* ; introduction *f* d'un produit nouveau ; application *f* d'un procédé nouveau (technique de production).

innovationsfeindlich rétrograde ; hostile aux innovations.

innovativ innovant ; d'innovation ; en matière d'innovation.

innovatorisch innovateur ; en faveur d'innovation.

Innung *f,* **en** chambre *f* de métiers ; corporation *f (syn. Zunft).*

Input *n,* **s** **1.** *(inform.)* entrée *f* des données dans un ordinateur ; input *m* **2.** facteurs *mpl* de production engagés.

Input-Output-Tabelle *f,* **n** [...aut...] tableau *m* des échanges interindustriels ; tableau input-output, entrées-sorties.

in saldo encore redevable ; dû *(syn. im Rückstand).*

Insassen-Unfallversicherung *f,* **en** assurance *f* passagers ; assurance *f* personnes transportées.

Inserat *n,* **e** annonce *f* ; *ein ~ auf/geben* passer une annonce *(syn. Anzeige ; Annonce).*

Inseratenteil *m,* **e** page *f* des petites annonces dans un journal.

Inserent *m,* **en, en** annonceur *m.*

inserieren *(in +D)* passer une annonce (dans) ; *ein Grundstück in der Zeitung ~* insérer une annonce (de) « terrain à vendre ».

Insert *n,* **s** **1.** encart *m* avec bon de commande **2.** (TV) tableau *m* synoptique projeté sur l'écran.

Insertion *f,* **en** passage *m* d'une annonce.

Insider *m,* **-** ['insaidər] **1.** « insider » *m* ; initié *m* ; personne *f* bien informée **2.** *(bourse)* cadre *m* ou dirigeant *m* d'une entreprise détenant plus de 10 % de la valeur des actions **3.** membre *m* d'une communauté économique.

Insiderdelikt *n,* **e** *(bourse)* délit *m* d'initié.

Insidergeschäft *n,* **e** opération *f* boursière réalisée sur les conseils d'un « insider » ou par un « insider ».

Insiderhandels-Richtlinien *pl* directives *fpl* concernant les opérations d'insiders.

insolvent insolvable *(syn. zahlungsunfähig).*

Insolvenz *f,* **en** insolvabilité *f (syn. Zahlungsunfähigkeit).*

Insolvenzkassenabgabe *f,* **n** taxe *f* de financement des retraites en cas de faillite, versée par les entreprises.

Insolvenzsicherung *f,* **en** garantie *f* contre l'insolvabilité.

Instabilität *f,* **(en)** instabilité *f* ; *eine (große) ~ auf/weisen* manifester une (grande) instabilité.

Instandhaltung *f,* **en** *(matériel)* entretien *m* ; maintenance *f.*

Instandhaltungskosten *pl* frais *mpl* d'entretien ; frais de maintenance.

Instandsetzung *f,* **en** remise *f* en état ; réparation *f.*

Instanz *f,* **en** **1.** instance *f* ; autorité *f* compétente **2.** voie *f* hiérarchique.

Instanzenweg *m,* **(e)** voie *f* hiérarchique ; *den ~ nehmen* suivre la voie hiérarchique ; *auf dem ~* par la voie hiérarchique *(syn. Behördenweg).*

Institut *n,* **e** institut *m* ; *~ für Konjunkturforschung* institut d'études conjoncturelles ; *~ für Meinungsforschung* institut de sondage d'opinion.

Institution *f,* **en** institution *f* publique, étatique ; organisme *m* public.

institutionalisieren institutionnaliser.

institutionell institutionnel.

Instrument *n,* **e** instrument *m* ; outil *m* ; *die ~e der Bundesbank* les dispositifs et moyens dont dispose la banque centrale.

Instrumentarium *n,* **-ien** dispositifs *mpl* ; arsenal *m* ; moyens *mpl* (d'une politique).

Integration *f,* **en** *(in +A* ou *D)* intégration *f* (dans).

integrieren *(in +D ou A)* intégrer (dans).

integrierte Schaltkreise *pl* circuits *mpl* intégrés.

intensiv intensif ; *(agric.) ~e Bebauung* culture intensive.

intensivieren intensifier.

Intensivierung *f*, **en** intensification *f*.

Interbankengeschäft *n*, **e** opérations *fpl*, transactions *fpl* interbanques.

Interbankenmarkt *m*, **¨e** marché *m* interbancaire ; marché *m* des prêts (à court terme) entre banques ; ⇒ *Geldmarkt*.

Inter-City-Netz *n*, **e** réseau *m* ferroviaire interurbain.

Intercity-Verkehr *m*, *ϕ* trafic *m* interurbain ; lignes *fpl* rapides reliant les grandes villes.

Intercity-Zug *m*, **¨e** *(IC)* train *m* rapide inter-villes ; T.G.V. *m*.

Interesse *n*, **n** *(an+D, für+A)* intérêt *m* (à, pour qqch) ; *jds ~n vertreten* défendre les intérêts de qqn ; *jds ~n wahren* veiller aux intérêts de qqn ; *das öffentliche ~* l'intérêt commun ; la chose publique.

Interessengegensatz *m*, **¨e** intérêts *mpl* contradictoires, opposés.

Interessengemeinschaft *f*, **en** *(IG)* communauté *f*, groupement *m* d'intérêts ; *mit jdm eine ~ ein/gehen* fonder une communauté d'intérêts.

Interessengemeinschafts-Vertrag *m*, **¨e** contrat *m* de groupement d'intérêts.

Interessengruppe *f*, **n** ⇒ *Interessenverband*.

Interessenklüngel *m*, **-** coterie *f* d'intérêts ; maf(f)ia *f*.

Interessenkonflikt *m*, **e** conflit *m* d'intérêts.

Interessent *m*, **en, en** intéressé *m*.

Interessenverband *m*, **¨e** groupe *m* de pression ; groupement *m* d'intérêts ; lobby *m (syn. Pressure-groupe* ; *Lobby)*.

Interessenvertretung *f*, **en** ⇒ *Interessenverband*.

Interflug(-Gesellschaft) *f*, *ϕ* *(R.D.A.)* compagnie *f* aérienne.

Interhotel *n*, **s** *(R.D.A.)* hôtel *m* de luxe pour étrangers.

Interim *n*, **s 1.** intérim *m* **2.** solution *f* transitoire ; réglementation *f* provisoire.

interimistisch intérimaire.

Interimskonto *n*, **-ten** compte *m* d'attente, de passage.

Interimsquittung *f*, **en** quittance *f* provisoire.

Interimsregelung *f*, **en** réglementation *f* provisoire ; règlement *m* intérimaire.

Interimsschein *m*, **e** certificat *m* provisoire.

Interna *pl* affaires *fpl*, informations *fpl* internes (à ne pas divulguer).

international international.

Internationale Bank für Wiederaufbau und Entwicklung *(IBRD)* Banque *f* internationale pour la reconstruction et le développement (B.I.R.D.).

internationale Gewässer *pl* eaux *fpl* internationales.

Internationaler Währungsfonds *(IWF)* Fonds *m* monétaire international ; (F.M.I.).

Inter-Rail-Karte *f*, **n** titre *m* de chemin de fer à tarif réduit pour les jeunes permettant de voyager à travers l'Europe pendant un mois.

Intershop *m*, **s** *(R.D.A.)* magasin *m* « Intershop » (où les marchandises étrangères ainsi que les produits de haut de gamme est-allemands sont vendus contre des devises).

Intershopladen *m*, **¨** ⇒ *Intershop*.

Intertankstelle *f*, **n** *(R.D.A)* pompe *f* à essence pour touristes étrangers.

intervalutarisch : *~er Devisenhandel* arbitrage *m* de (en) devises ; *~er Kurs* parité *f*.

intervenieren intervenir ; *bei jdm, für jdn ~* intervenir auprès de qqn, en faveur de qqn ; *am Devisenmarkt ~* intervenir sur le marché des changes.

Intervention *f*, **en** intervention *f*.

Interventionsfonds *m*, **-** fonds *m* d'intervention.

Interventionsgrenze *f*, **n** seuil *m* d'intervention ; *untere, obere ~* taux-pivot *m* inférieur, supérieur d'intervention.

Interventionskauf *m*, **¨e** achat *m* de soutien (des cours).

Interventionspreis *m*, **e** prix *m* d'intervention.

Interventionspunkt *m*, **e** point *m* ; d'intervention ; seuil *m* d'intervention.

Interventionsspanne *f*, **n** marge *f* d'intervention.

Interview *n*, **s** [intɛr'vju:] interview *f*.

interviewen interviewer.

Interviewer *m*, **-** interviewer *m* ; enquêteur *m*.

Interviewte/r *(der/ein)* interviewé *m*.

Interzonenhandel *m*, *ϕ* commerce *m*, trafic *m* interzone ; trafic inter-allemand.

Intimsphäre *f*, **n** vie *f* privée.

Invalidenrente *f*, **n** pension *f* d'invalidité.

Invalidenversicherung *f*, **en** assurance-invalidité *f*.

Invalidität *f*, **(en)** invalidité *f* ; incapacité *f* de travail ; *dauernde, zeitweilige* ~ incapacité de travail permanente, temporaire.

Inventar *n*, **e** inventaire *m* (état des biens) ; *ein ~ auf/stellen (erstellen)* établir, dresser un inventaire ; *lebendes* ~ cheptel *m* vif d'une exploitation agricole ; *totes* ~ matériel *m* d'exploitation.

Inventaraufnahme *f*, **n** établissement *m* de l'inventaire.

inventarisieren faire l'inventaire de ; inventorier.

Inventarisierung *f*, **en** inventoriage *m* ; établissement *m* d'un inventaire.

Inventarverzeichnis *n*, **se** relevé *m* d'inventaire.

Inventur *f*, **en** inventaire *m* physique ; ~ *machen* dresser, établir l'inventaire.

Inventurausverkauf *m*, **¨e** soldes *mpl* après inventaire ; vente *f*, liquidation *f* des stocks.

Inventurdifferenzen *pl* différences *fpl* d'inventaire.

Inventurstichtag *m*, **e** jour *m* de l'inventaire.

investieren investir ; *Kapital in einem (einen) Betrieb* ~ investir des capitaux dans une entreprise *(syn. anlegen)*.

Investierung *f*, **en** investissement *m* (action d'investir) ; placement *m* de capitaux.

Investition *f*, **en** investissement *m* ; *eine ~ in Höhe von ... vor/nehmen* opérer un investissement de ... ; *aus öffentlichen Mitteln finanzierte* ~ investissement financé sur des fonds publics ; *selbstfinanzierte* ~ investissement autofinancé *(syn. Anlage)*.

Investitionsanleihe *f*, **n** emprunt *m* d'investissement.

Investitionsaufwand *m*, **-wendungen** dépenses *fpl* d'investissement.

Investitionsausgaben *pl* ⇒ *Investitionsaufwand*.

Investitionsaussichten *pl* perspectives *fpl* en matière d'investissements.

Investitionsbank *f*, **en** banque *f* d'investissements.

Investitionsbedarf *m*, *ϕ* besoins *mpl* en investissements.

Investitionsbereitschaft *f*, **(en)** ⇒ *Investitionslust*.

Investitionsboom *m*, **s** boom *m*, essor *m*, relance *f* des investissements.

Investitionsfinanzierung *f*, **en** financement *m* des investissements.

Investitionsflaute *f*, **n** ralentissement *m* des investissements ; désinvestissement *m*.

Investitionsförderung *f*, **en** aide *f*, encouragement *m* aux investissements.

Investitionsförderungsgesetz *n*, **e** loi *f* destinée à encourager les investissements.

Investitionsförderungsmaßnahme *f*, **n** mesure *f* d'encouragement des investissements.

Investitionsgelder *pl* ⇒ *Investitionskapital*.

Investitionsgüter *pl* biens *mpl* d'équipement ; biens d'investissement (servant à la production : machines, véhicules, locaux etc.) *(syn. Ausrüstungsgüter)*.

Investitionsgüterindustrie *f*, **n** industrie *f* des biens d'équipement.

investitionshemmend de nature à freiner les investissements.

Investitionshilfe *f*, **n** aide *f* à l'investissement.

Investitionskapital *n*, *ϕ* capitaux *mpl* d'investissement.

Investitionskredit *m*, **e** crédit *m* d'investissement.

Investitionslenkung *f*, **en** orientation *f*, direction *f* des investissements ; dirigisme *m* en matière d'investissements.

Investitionslücke *f*, **n** insuffisance *f* des investissements.

Investitionslust *f*, *ϕ* propension *f* à investir.

Investitionsneigung *f*, **en** ⇒ *Investitionslust*.

Investitionspläne *pl* plans *mpl*, projets *mpl* d'investissements.

Investitionsplanung *f*, **en** état *m* prévisionnel des investissements.

Investitionsprämie *f*, **n** prime *f* à l'investissement.

Investitionsrate *f*, **n** taux *m* des investissements.

Investitionsschub *m*, **¨e** poussée *f*, accroissement *m*, augmentation *f* des investissements.

Investitionsschwund *m*, *ϕ* désinvestissement *m*.

Investitionsspritze *f*, **n** injection *f* de capitaux d'investissement.

Investitionsstau *m*, **s** blocage *m* des investissements ; bouchon *m* au niveau des investissements.

Investitionsstoß *m*, **¨e** ⇒ *Investitionsschub*.

Investitionstätigkeit *f*, **en** activité *f* des investissements ; investissements *mpl*.

Investitionsvolumen *n*, **-** volume *m* des investissements.

Investitionsvorhaben *n,* - ⇒ *Investitionspläne.*

Investitionszurückhaltung *f,* **en** réticence *f* des investissements ; retenue *f* des investisseurs ; désinvestissement *m.*

Investivlohn *m,* **¨e** part *f* du revenu investie en actions de travail.

Investment *n,* **s** [in'vɛstmənt] **1.** capitaux *mpl* placés dans des certificats d'investissement (du type SICAV) **2.** *(en mots composés)* investissements *mpl.*

Investmentanteil *m,* **e** ⇒ *Investmentzertifikat.*

Investment Banking *n,* **s** *(USA)* opérations *fpl* d'investissement par les banques d'affaires (placements lucratifs, nouveaux produits financiers, OPA, « mergers and acquisitions », etc.).

Investmentclub *m,* **s** club *m* d'investissement.

Investmentfonds *m,* - fonds *m* d'investissement ; fonds commun de placement (placements multiples pour diminer les risques).

Investmentgesellschaft *f,* **en** société *f* de placement ; société d'investissement (à capital variable, de type SICAV) (gestion d'un portefeuille diversifié, diminution des risques, émettant des *Investmentanteile* ou *-zertifikate*) *(syn. Kapitalanlagegesellschaft).*

Investmentsparer *m,* - (investisseur) épargnant *m.*

Investmenttrust *m,* **s** ⇒ *Investmentgesellschaft.*

Investmentzertifikat *n,* **e** certificat *m* d'investissement ; certificat, part *f* d'un fonds de placement (par ex. d'une SICAV).

Investor *m,* **en** investisseur *m* *(syn. Anleger).*

Investträger *m* - *(R.D.A.)* investisseur *m* ; celui qui finance l'investissement.

Investvorhaben *n,* - *(R.D.A.)* plan *m,* projet *m* d'investissement.

i.R. 1. *im Ruhestand* en retraite **2.** *im Rückfall* en cas de récidive.

irreführend trompeur ; *~e Werbung* publicité *f* mensongère.

Irreführung *f,* **en** duperie *f* ; manœuvre *f* frauduleuse, fallacieuse.

irrtümlicherweise par erreur.

Irrtum vorbehalten sauf erreur ou omission (S.E.O).

ISBN *(Internationale Standard-Buchnummer) (édition)* numéro *m* international standard d'un livre.

ISE *(Institut für statistische Erhebungen) (R.F.A.)* Institut *m* de recherches statistiques.

ISI *n (Institut für Systemtechnik und Innovationsforschung)* Institut *m* supérieur de la recherche technologique et des innovations.

Ist- *(préfixe)* réel ; effectif.

Ist-Aufkommen *n,* - rentrées *fpl,* recettes *fpl* réelles.

Ist-Ausgaben *pl* dépenses *fpl* réelles.

Ist-Bestand *m,* **¨e** effectif *m,* stock *m,* inventaire *m* réel *(contr. Sollbestand).*

Ist-Größen *pl* ⇒ *Ist-Zahlen.*

Ist-Kosten *pl* coûts *mpl* réels.

Ist-Stärke *f,* **n** ⇒ *Ist-Bestand.*

Ist-Werte *pl* valeurs *fpl* réelles.

Ist-Zahlen *pl* chiffres *mpl* réels, réalisés ; résultats *mpl* comptables.

I.v. ⇒ *Irrtum vorbehalten.*

i.V. 1. *in Vertretung* par délégation ; par procuration **2.** *in Vollmacht* par procuration.

IW *(Institut der deutschen Wirtschaft)* Institut *m* de l'économie allemande.

IWF ⇒ *Internationaler Währungsfonds.*

J

Jahr *n,* **e** année *f* ; an *m* ; exercice *m* ; *laufendes ~* année en cours ; *fette ~e* période *f* faste ; années de vaches grasses ; *magere ~e* période de vaches maigres.

Jahrbuch *n,* **¨er** annuaire *m* ; *(R.F.A.) statistiches ~* annuaire statistique.

Jahres- *(préfixe)* annuel.

Jahresabrechnung *f,* **en** comptes *mpl* de fin d'année ; bilan *m* annuel, de fin d'année ; clôture *f* de l'exercice ; *konsolidierte ~* documents *mpl* comptables annuels consolidés.

Jahresabschluß *m,* **¨sse** bilan *m* annuel ; clôture *f* de l'exercice comptable ; *den ~ auf/stellen* établir le bilan annuel ; *den ~ offen/legen* publier les comptes de fin d'année.

Jahresabschlußbericht *m,* **e** rapport *m* annuel du gouvernement fédéral sur l'évolution de l'économie.

Jahresabschlußprüfung *f,* **en** *(comptab.)* contrôle *m* annuel.

Jahresabschreibung *f,* **en** amortissement *m* annuel.

Jahresausstoß *m*, **¨ße** production *f* annuelle.

Jahresbeitrag *m*, **¨e** cotisation *f* annuelle.

Jahresbericht *m*, **e** compte rendu *m* annuel ; rapport *m* annuel.

Jahresbezüge *pl* sommes *fpl* annuellement perçues ; appointements *mpl* annuels.

Jahresbilanz *f*, **en** bilan *m* de l'exercice ; bilan de fin d'année.

Jahresdefizit *n*, **e** perte *f* de l'exercice.

Jahresdurchschnitt *m*, **e** moyenne *f* annuelle ; *im ~* en moyenne annuelle ; sur la moyenne de l'année.

Jahreseinkommen *n*, **-** revenu *m* annuel.

Jahresendprämie *f*, **n** prime *f* de fin d'année *(syn. Weihnachtsgeld)*.

Jahresfehlbetrag *m*, **¨e** ⇒ *Jahresdefizit*.

Jahresfrist *f*, **(en)** période *f* d'un an ; *binnen ~* d'ici un an ; *nach ~* dans un délai d'un an ; passé un an.

Jahresgebühr *f*, **en** taxe *f* annuelle ; redevance *f* annuelle.

Jahresgewinn *m*, **e** bénéfice *m* annuel ; gain *m* de l'exercice.

Jahresgutachten *n*, **-** expertise *f* annuelle.

Jahreshauptversammlung *f*, **en** assemblée *f* générale annuelle.

Jahresinventur *f*, **en** inventaire *m* annuel ; *die ~ machen* procéder à l'inventaire annuel ; *der Laden ist wegen ~ geschlossen* fermeture *f* pour inventaire.

Jahresplan *m*, **¨e** *(R.D.A.)* plan *m* annuel perspectif ; plan à moyen terme ; *Fünfjahresplan* plan quinquennal.

Jahresprämie *f*, **n** prime *f* annuelle.

Jahresproduktion *f*, **en** production *f* annuelle.

Jahresrechnung *f*, **en** compte *m* annuel.

Jahresrente *f*, **n** rente *f* annuelle.

Jahresschlußprämie *f*, **n** fprime *f* de fin d'année.

Jahresschnitt ⇒ *Jahresdurchschnitt*.

Jahressoll *n*, *ϕ* *(R.D.A.)* production *f* annuelle imposée, prévue ; contingent *m* annuel.

Jahrestief *n*, **(s)** creux *m* de la vague ; niveau *m* annuel le plus bas.

Jahrestiefststand *m*, **¨e** niveau *m* annuel le plus bas.

Jahres-Tranche *f*, **n** tranche *f* annuelle.

Jahresüberschuß *m*, **¨sse** profit *m* de l'exercice.

Jahresumsatz *m*, **¨e** chiffre *m* d'affaires annuel ; transactions *fpl* annuelles ; *einen hohen ~ erzielen* réaliser un chiffre d'affaires annuel élevé.

Jahresurlaub *m*, **e** congé *m* annuel.

Jahresverbrauch *m*, *ϕ* consommation *f* annuelle.

Jahreswirtschaftsbericht *m*, **e** rapport *m* annuel sur l'économie.

jahreszeitlich bedingt saisonnier *(syn. saisonbedingt)*.

Jahrgang *m*, **¨e** classe *f* d'âge ; année *f* ; *geburtenschwache, geburtenstarke ~¨e* classes creuses, nombreuses (à forte natalité) ; *weiße ~¨e* classes non appelées sous les drapeaux.

Ja-Quote *f*, **n** pourcentage *m* de oui (dans un vote).

Ja-Stimme *f*, **n** oui *m* ; voix *f* pour (lors d'un vote).

J/D *(Juni/Dezember)* intérêts *mpl* payables le 1/6 et 1/12 de chaque année (pour les valeurs à revenu fixe).

Jedermannsaktie *f*, **n** action *f* populaire *(syn. Volksaktie)*.

jeder zweite *(dritte, vierte, etc.)* un ... sur deux (trois, quatre, etc.).

je Kopf par tête *(syn. pro Kopf)*.

Jet *m*, **s** [dʒɛt] jet *m* ; avion *m* à réaction.

Jet-set *m*, **s** jet set *m* (catégorie de gens aisés qui ne se déplacent qu'en avion).

jetten prendre un jet ; voyager en avion à réaction.

J/J *(Januar/Juli)* intérêts *mpl* payables le 1/1 et 1/7 de chaque année (pour les valeurs à revenu fixe).

Job *m*, **s** [dʒɔb] job *m* ; travail *m* provisoire ; *einen ~ suchen* chercher un boulot.

jobben avoir un job ; exercer une activité rémunérée temporaire.

Jobber *m*, **- 1.** agent *m* de change à la Bourse de Londres (travaillant pour son propre compte) **2.** *(péjor.)* spéculateur *m* ; agioteur *m*.

Jobkiller *m*, **-** *(fam.)* suppresseur *m* d'emplois ; mangeur *m* d'emplois.

Jobrotation *f*, **en** passage *m* d'un futur cadre par tous les départements d'une entreprise.

Job-sharing *n*, **s** ['dʒɔb,ʃeriŋ] travail *m* à mi-temps (deux personnes se partageant la responsabilité d'un poste).

Joint-Venture *n*, **s** ['dʒoint,vɛntʃər] « joint-venture » *f* ; opération *f* conjointe ; co-entreprise *f* ; entreprise *f* commune.

Joint-Venture-Betrieb *m*, **e** entreprise

f collective ; participation *f* commune.

Journal *n,* **e** [ʒur'nal] *(comptab.)* journal *m.*

Jubiläum *n,* **-äen** anniversaire *m.*

Jubiläumsbonus *m,* **-ni** bonus *m,* prime *f* gratification *f* d'anniversaire.

Judikative *f, ϕ* pouvoir *m* judiciaire.

Jugendarbeitslosigkeit *f, ϕ* chômage *m* des jeunes.

Jugendarbeitsschutzgesetz *n,* **e** loi *f* sur la protection des jeunes travailleurs.

Jugendliche *pl* jeunes *mpl* ; mineurs *mpl.*

Jugendweihe *f,* **n** *(RDA)* célébration *f* solennelle à l'occasion de l'admission des jeunes de 14 ans dans la société socialiste.

Jugendwerk *n, ϕ* office de la jeunesse.

Jungbauer *m,* **n, n** jeune agriculteur *m.*

Jungaktivist *m,* **en, en** *(R.D.A.)* activiste *m* du travail socialiste.

junge Aktie *f,* **n** action *f* nouvelle (émise lors d'une augmentation de capital).

Jungfernfahrt *f,* **en** première traversée *f* ; voyage inaugural ; premier voyage *m.*

Junggeselle *m,* **n, n** célibataire *m* (homme) *(syn. ledig, unverheiratet).*

Junggesellin *f,* **nen** célibataire *f* (femme).

Jungmanager *m,* **-** jeune chef *m* d'entreprise ; jeune cadre *m* supérieur ; jeune manager *m* ; « jeune loup » *m.*

Jungunternehmer *m,* **-** jeune chef *m* d'entreprise.

Juniorchef *m,* **s** chef-junior *m.*

Junk-Bond *m,* **s** *(USA) (Schundobligation)* obligation *f* à haut risque ; « titre de pacotilles ».

Junktim *n,* **s** dépendance *f* mutuelle ; interdépendance *f* de deux projets de contrats par exemple ; *(loi)* vote *m* bloqué.

Jurisdiktion *f,* **en** juridiction *f.*

Jurisprudenz *f, ϕ* jurisprudence *f.*

Jurist *m,* **en, en** juriste *m.*

juristisch juridique ; *~e Person* personne *f* morale, civile, juridique.

Juso *m,* **s** *(R.F.A.)* jeune socialiste *m* ; membre *m* de la section jeunesse du parti social-démocrate.

Justierung *f,* **en** réajustement *m* ; *~ nach unten, nach oben* réajustement vers le bas, vers le haut.

Justitiar *m,* **e** [justitsi'ar] chef *m* d'un service juridique (entreprise, administration) ; conseiller *m* juridique.

Justiz *f, ϕ* justice *f.*

K

Kabel *n,* **- 1.** *(arch.)* télégramme *m* ; **2.** *(TV)* câble *m.*

Kabelanschluß *m,* **¨sse** raccordement *m* par câble, au réseau câblé.

Kabelauftrag *m,* **¨e** commande *f* télégraphique ; ordre *m* par câble.

Kabelauszahlung *f,* **en** versement *m* télégraphique.

Kabelfernsehen *n, ϕ* télévision *f* par câble ; télédistribution *f.*

kabeln *(arch.)* câbler ; télégraphier ; *nach Amerika, in die USA ~* câbler en Amérique, aux Etats-Unis.

Kabeltelegramm *n,* **e** câblogramme *m.*

Kabinett *n,* **e** *(polit.)* cabinet *m* ; ministère *m.*

Kabinettssitzung *f,* **en** Conseil *m* des ministres.

Kabotage *f, ϕ* [kabo'taʒə] **1.** cabotage *m* ; navigation *f* marchande le long des côtes **2.** transport *m* de personnes ou de marchandises à l'intérieur d'un pays.

Kader *m,* **- 1.** *(R.D.A.)* cadre *m* supérieur ; personne *f* ou groupe *m* de personnes assumant des responsabilités importantes dans le domaine économique ou politique **2.** *(Suisse)* cadre *m.*

Kaderabteilung *f,* **en** *(R.D.A.)* service *m* d'une entreprise ou d'une administration chargé de l'embauchage du personnel et de son assistance.

Kaderleiter *m,* **-** responsable *m* d'un *Kaderabteilung* en R.D.A.

kaduzieren rendre caduc ; *einen Anteil ~* déclarer prescrite une part de sociétaire.

Kaduzierung *f,* **en 1.** déclaration *f* de nullité **2.** déclaration *f* de prescription d'une part de sociétaire.

Käfer *m,* **-** « coccinelle » *f* (surnom donné à l'ancienne mais célèbre *Volkswagen*).

Kaffeefahrt *f,* **en** excursion *f* publicitaire (organisée par une entreprise pour le troisième âge, par ex. ; on y vend des produits en abusant de la situation et de la crédulité des gens).

Kai *m,* **s** ou **e** quai *m* ; *ab ~ (verzollt)*

à quai (dédouané) ; *franko* ~ livré à quai.

Kaianlagen *pl* quais *mpl.*

Kaigebühren *pl* droits *mpl* de quai ; taxe *f* de quayage.

Kaigeld *n,* **er** ⇒ *Kaigebühren.*

Kaispesen *pl* ⇒ *Kaigebühren.*

Kalenderjahr *n,* **e** année *f* civile ; année calendaire.

Kalkulation *f,* **en** calcul *m* (de prix de revient) ; calcul des frais, des coûts.

Kalkulationsabteilung *f,* **en** service *m* de calcul des coûts et des prix.

Kalkulationsbasis *f,* **(-basen)** base *f* de calcul.

Kalkulationsfehler *m,* **-** erreur *f* de calcul.

Kalkulationsgrundlage *f,* **n** ⇒ *Kalkulationsbasis.*

Kalkulationspreis *m,* **e** prix *m* calculé.

Kalkulator *m,* **en** calculateur *m* ; aide-comptable *m.*

kalkulatorisch calculé ; préétabli ; à inclure dans le calcul des coûts ; à intégrer dans le calcul du prix de revient ; *~e Abschreibung* amortissement *m* incorporable dans le budget des coûts ; *~e Buchführung* comptabilité *f* des coûts ; *~e Vorrechnung* coûts *mpl* préétablis.

kalkulierbar calculable.

kalkulieren calculer ; faire des calculs prévisionnels ; *falsch* ~ faire une erreur de calcul ; *scharf* ~ calculer au plus juste.

Kälteindustrie *f,* **n** industrie *f* du froid ; industrie frigorifique.

Kaltmiete *f,* **n** loyer *m* sans frais de chauffage *(contr. Warmmiete).*

kalt/stellen mettre à pied ; limoger ; éliminer.

kambial cambial ; qui a rapport au change.

kambieren effectuer des opérations de change.

Kambist *m,* **en, en** cambiste *m* ; personne *f* qui s'occupe des changes.

kameralistische Buchführung *f,* **en** comptabilité *f* publique ; comptabilité des administrations.

Kammer *f,* **n** chambre *f* ; *berufsständische* ~ chambre corporative, professionnelle ; ~ *der Technik (R.D.A.)* Chambre *f* des arts et métiers, des techniques.

Kammergericht *n,* ϕ tribunal *m* supérieur (de Berlin-Ouest).

Kampagne *f,* **n 1.** campagne *f* publicitaire ou électorale ; *eine ~ starten* lancer une campagne ; *eine ~ läuft* une campagne est en cours **2.** pleine saison *f* agricole.

Kampagnearbeiter *m,* **-** (ouvrier *m*) saisonnier *m.*

Kampf *m,* **¨e** lutte *f* ; combat *m* ; action *f* ; *der ~ um höhere Löhne* lutte pour des augmentations de salaire.

Kampfansage *f,* **n** déclaration *f* de guerre ; défi *m* ; ~ *der Gewerkschaften an die Arbeitgeber* défi lancé par les syndicats au patronat.

Kampfhandlung *f,* **en** action *f* de lutte (sociale).

Kampfleitung *f,* **en** direction *f* des parties en présence (direction des organisations syndicale et patronale).

Kampflust *f,* ϕ combativité *f.*

Kampfmaßnahme *f,* **n** mesure *f* de rétorsion ; *~n der Gewerkschaften* mouvement *m* revendicatif des syndicats ; action *f* syndicale ; grève.

Kampfmittel *n,* **-** moyen *m* d'action, de pression (dans les conflits sociaux).

Kampfpreis *m,* **e** prix *m* d'attaque ; prix-choc *m* ; prix compétitif, écrasé ; « dumping » *m.*

Kampfstrategie *f,* **n** stratégie *f* de combat.

Kandidat *m,* **en, en** candidat *m* ; *einen ~en auf/stellen* présenter un candidat ; *sich als ~ aufstellen lassen* être candidat *(syn. Bewerber).*

Kandidatenaufstellung *f,* **en** établissement *m* d'une liste de candidats.

Kandidatur *f,* **en** candidature *f* ; *seine ~ an/melden* se porter candidat, déposer sa candidature ; *seine ~ zurück/ziehen* retirer sa candidature.

kandidieren se porter candidat ; postuler ; présenter une candidature ; faire acte de candidature ; *für ein Amt* ~ postuler une charge.

Kann - Bestimmung *f,* **en** disposition *f* facultative.

Kann - Leistung *f,* **en** prestation *f* facultative.

Kann - Vorschrift *f,* **en** ⇒ *Kann - Bestimmung.*

Kante *f,* **n** : *(fam.) Geld auf die hohe ~ legen, auf der hohen ~ haben* mettre, avoir de l'argent de côté.

Kanzlei *f,* **en** chancellerie *f* ; greffe *m* du tribunal ; bureau *m* ; étude *f* de notaire.

Kanzleidiener *m,* **-** huissier *m.*

Kanzleigebühr *f,* **en** droit *m* de greffe.

Kanzleischreiber *m,* **-** greffier *m.*

Kanzleistil *m,* **e** style *m* administratif ; style du palais.

Kanzler *m,* **-** chancelier *m.*

Kanzleramt *n, φ (R.F.A.)* chancellerie *f.*

Kapazität *f,* **en** capacité *f* (de production) ; *ausgelastete (voll ausgenutzte) ~* capacité pleinement utilisée ; capacité arrivée à saturation ; capacité exploitée à plein ; *nicht ausgenutzte ~* capacité en sous-charge, inemployée ; *freie ~* capacité disponible ; *~en aus/bauen* développer les capacités.

Kapazitätsabbau *m, φ* réduction *f* de capacité.

Kapazitätsausbau *m, φ* accroissement *m*, extension *f* de la capacité.

Kapazitätsauslastung *f,* **en** utilisation *f* maximale de la capacité.

Kapazitätsauslastungsplan *m,* **¨e** plan *m* de charge ; plan d'utilisation maximale de la capacité.

Kapazitätsausnutzung *f,* **en** utilisation *f* de la capacité de production.

Kapazitätsausnutzungsgrad *m,* **e** degré *m* de charge ; taux *m* d'utilisation.

Kapazitätsausweitung *f,* **en** augmentation *f* de la capacité de production.

Kapazitätserweiterung *f,* **en** ⇒ *Kapazitätsausweitung.*

Kapazitätsgrenze *f,* **n** limite *f* de capacité.

Kapital *n,* **(e)** ou **(ien)** capital *m* ; fonds *mpl* ; capitaux *mpl* **I.** *fixes (stehendes) ~* capital fixe ; *konstantes ~* capital constant ; *produktives ~* capital productif ; *umlaufendes (zirkulierendes) ~* capital circulant ; *variables ~* capital variable **II.** *~ an/legen in (investieren in)* placer des capitaux dans ; *~ auf/bringen* réunir, rassembler des capitaux ; *~ auf/stocken (erhöhen)* augmenter le capital ; *das ~ ein/frieren* geler les capitaux ; *ein ~ fest/legen* immobiliser un capital ; *ein ~ flüssig/machen* réaliser un capital ; *(fig.) ~ schlagen aus (+D)* tirer profit de qqch.

Kapitalabfindung *f,* **en** indemnité *f* ; allocation *f* en capital.

Kapitalabfluß *m,* **¨sse** ⇒ *Kapitalabwanderung.*

Kapitalabwanderung *f,* **en** fuite *f*, exode *m* de(s) capitaux.

Kapitalanlage *f,* **n** placement *m* financier ; investissement *m* de capitaux.

Kapitalanlagegesellschaft ⇒ *Investmentgesellschaft.*

kapitalarm pauvre en capitaux ; *~e Gesellschaft* société *f* financièrement peu solide.

Kapitalanteil *m,* **e** part *f* du capital ; participation *f* au capital.

Kapitalaufstockung *f,* **en** augmentation *f* de capital.

Kapitalaufwand *m, φ* dépenses *fpl* en capital ; investissement *m* financier.

Kapitalaufwendung *f,* **en** ⇒ *Kapitalaufwand.*

Kapitalausfuhr *f,* **en** exportation *f* de capitaux ; déplacement *m* des capitaux vers l'étranger.

Kapitalausstattung *f,* **en** dotation *f* en capital.

Kapitalauszahlung *f,* **en** versement *m* d'un capital.

Kapitalbedarf *m, φ* besoins *mpl* en capitaux ; demande *f* de capitaux.

Kapitalberichtigung *f,* **en** redressement *m*, augmentation *f*, ajustement *m* de capital.

Kapitalbeschaffung *f,* **en** obtention *f*, recherche *f* de capitaux.

Kapitalbeteiligung *f,* **en** participation *f* au capital ; *~ der Arbeiter* actionnariat *m* ouvrier.

Kapitalbewegung *f,* **en** mouvement *m* de capitaux, de fonds.

Kapitalbilanz *f,* **en** balance *f* des opérations en capital.

kapitalbildend : *~e Versicherung* assurance de capitalisation.

Kapitalbildung *f,* **(en)** constitution *f* du capital ; capitalisation *f* ; formation *f* de capital.

Kapitaldeckung *f,* **en** couverture *f* des besoins en capital.

Kapitaldienst *m,* **(e)** service *m* de la dette *(syn. Schuldendienst).*

Kapitaleigner *m,* **-** détenteur *m* de capitaux, de fonds.

Kapitaleinbuße *f,* **n** perte *f* de capital.

Kapitaleinlage *f,* **n** mise *f* de fonds ; apport *m* de capitaux.

Kapitaleinkommen *n,* **-** revenu *m* du capital (en dividendes et intérêts).

Kapitaleinsatz *m, φ* capitaux *mpl* utilisés, investis, engagés ; mobilisation *f* de capitaux.

Kapitaleinzahlung *f,* **en** versement *m* de capital ; versement de fonds.

Kapitalerhöhung *f,* **en** ⇒ *Kapitalaufstockung.*

Kapitalertrag *m,* **¨e** rendement *m*, produit *m*, revenu *m* du capital.

Kapitalertragsteuer *f,* **n** impôt *m* sur les revenus mobiliers.

Kapitalexport *m,* **e** ⇒ *Kapitalausfuhr.*

Kapitalflucht *f,* **en** ⇒ *Kapitalabwanderung.*

Kapitalfluß *m,* **¨sse** fluidité *f* des capitaux.

Kapitalflußrechnung *f,* **en** tableau *m* de financement.

Kapitalgeber *m*, **-** bailleur *m* de fonds.

Kapitalgesellschaft *f*, **en** société *f* de capitaux.

Kapitalgüter *pl* biens *mpl* d'investissement, d'équipement *(syn. Investitionsgüter).*

Kapitalherabsetzung *f*, **en** diminution *f*, réduction *f* de capital.

Kapitalhilfe *f*, **n** secours *mpl* financiers ; aide *f* en capital.

kapitalintensiv à fort coefficient de capital ; *~e Produktion* production *f* dépendant principalement des coûts financiers, des charges d'amortissement, des immobilisations (bâtiments, machines, etc.).

Kapitalinvestition *f*, **en** investissement *m* de capitaux.

Kapitalisation *f*, *ϕ* ⇒ *Kapitalisierung.*

kapitalisieren capitaliser ; *die Zinsen ~* capitaliser les intérêts.

Kapitalisierung *f*, *ϕ* capitalisation *f* ; *~ von Zinsen* capitalisation des intérêts ; *~ einer Rente* capitalisation d'une rente.

Kapitalisierungsanleihe *f*, **n** emprunt *m* de capitalisation, de consolidation.

Kapitalismus *m*, *ϕ* capitalisme *m* ; *monopolistischer ~* capitalisme monopoliste, monopolistique.

Kapitalist *m*, **en, en** capitaliste *m*.

kapitalistisch capitaliste.

Kapitalknappheit *f*, *ϕ* pénurie *f* de capitaux.

Kapitalkoeffizient *m*, **en, en** coefficient *m* de capital.

Kapitalkonto *n*, **-ten** compte *m* de capital.

kapitalkräftig financièrement solide ; disposant de capitaux importants ; ayant les reins solides.

Kapitalmangel *m*, **¨** manque *m*, insuffisance *f* de capitaux.

Kapitalmarkt *m*, **¨e** marché *m* financier ; marché des capitaux ; *den ~ stützen* soutenir le marché financier.

Kapitalmehrheit *f*, **en** majorité *f* du capital ; *die ~ haben* détenir la majorité du capital ; détenir le contrôle financier de.

Kapitalnachfrage *f*, **n** demande *f* de capitaux.

Kapitalnachfrager *m*, **-** demandeur *m* de capitaux.

Kapitalnachschub *m*, **¨e** approvisionnement *m* en capitaux ; renforts *mpl* de capitaux.

Kapitalrendite *f*, **n** revenu *m* du capital ; rendement *m* financier.

Kapitalrente *f*, **n** rente *f* d'un capital ; intérêts *mpl* d'un capital.

Kapitalrückwanderung *f*, **en** rapatriement *m* de capitaux.

Kapitalsammelbecken *n*, **-** ⇒ *Kapitalsammelstelle.*

Kapitalsammelstelle *f*, **n** point *m*, centre *m* collecteur de capitaux.

Kapitalschnitt *m*, **e** amputation *f* du capital.

Kapitalschöpfung *f*, **(en)** création *f* de capitaux.

kapitalschwach financièrement fragile ; manquant de capitaux.

Kapitalschwund *m*, *ϕ* consomption *f*, érosion *f* des capitaux.

Kapitalspritze *f*, **n** injection *f* de capitaux ; *einem Unternehmen eine ~ verabreichen* injecter des capitaux dans une entreprise ; renflouer une entreprise en difficulté.

kapitalstark financièrement solide.

Kapitalsteuer *f*, **n** impôt *m* sur le capital.

Kapitalstock *m*, *ϕ (rare)* capital *m* réel, disponible.

Kapitaltransfer *m*, **s** transfert *m* de fonds, de capitaux.

Kapitalüberfluß *m*, *ϕ* pléthore *f*, surabondance *f* de capitaux.

Kapitalumsatz *m*, **¨e** volume *m*, circulation *f* des capitaux.

Kapitalumschichtung *f*, **en** *(comptab.)* restructuration *f* du passif.

Kapitalumschlag *m*, *ϕ* rotation *f*, roulement *m* des capitaux.

Kapitalverflechtung *f*, **en** interpénétration *f* des capitaux ; participations *fpl* croisées et prises de contrôle ; interdépendance *f* de sociétés de capitaux du fait de leurs participations ; *eine ~ ein/gehen* échanger des participations.

Kapitalverkehr *m*, *ϕ* mouvement *m*, circulation *f* de capitaux ; opérations *fpl* financières ; *freier ~* libre circulation des capitaux ; *Liberalisierung des ~s* libéralisation *f* des mouvements de capitaux.

Kapitalverkehrsbilanz *f*, **en** balance *f* des capitaux ; balance des opérations en capital.

Kapitalverkehr(s)steuer *f*, **n** impôt *m* sur les mouvements ; impôt sur les transferts de capitaux.

Kapitalverknappung *f*, **(en)** raréfaction *f* des capitaux.

Kapitalverlust *m*, **e** ⇒ *Kapitaleinbuße.*

Kapitalverminderung *f*, **en** diminution *f*, réduction *f* du capital.

Kapitalvermögen *n*, **-** fortune *f* en

capital ; capital *m.*

Kapitalverwaltungsgesellschaft *f,* **en** société *f* de gestion de capitaux ; société de placement, de portefeuille.

Kapitalverwässerung *f, ϕ* ponction *f* dans le capital social ; dilution *f* du capital.

Kapitalverzinsung *f,* **en** rémunération *f* du capital.

Kapitalwert *m,* **e** valeur *f* du (en) capital.

Kapitalwertzuwachs *m, ϕ* accroissement *m* de la valeur du capital.

Kapitalzins *m,* **en** intérêt *m* du capital.

Kapitalzufluß *m,* **(¨sse)** afflux *m* de capitaux.

Kapitalzusammenfassung *f,* **en** groupement *m* de capitaux.

Kapitalzusammenlegung *f,* **en** fusion *f*, regroupement *m* de(s) capitaux.

Kapitalzuwachs *m, ϕ* accroissement *m* du capital.

Kapovaz *f (kapazitätsorientierte variable Arbeitszeit)* temps *m* de travail variable en fonction des capacités de production.

kappen couper ; étêter ; *die Inflation ~* stopper net l'inflation ; *die Telefonleitung ~* couper le téléphone.

kaputt/arbeiten : *sich ~ (fam.)* se tuer, se crever au travail.

Karenzfrist *f,* **en** ⇒ *Karenzzeit.*

Karenztage *pl* journées *fpl* de maladie non prises en charge par la sécurité sociale.

Karenzzeit *f,* **en** *(assurance-maladie)* délai *m* de carence ; période *f* d'attente ; jours *mpl* après lesquels l'indemnité journalière commence à être versée.

Kargo *m,* **s** cargaison *f.*

Kargoversicherung *f,* **en** assurance *f* sur facultés, sur marchandises.

Karriere *f,* **n** carrière *f* ; *~ machen* faire carrière *(syn. Laufbahn).*

Karrieremacher *m,* **-** carriériste *m* ; arriviste *m.*

Karrierist *m,* **en, en** ⇒ *Karrieremacher.*

Karte *f,* **n** fiche *f* ; carte *f* **I.** *gelochte ~* carte perforée ; *grüne ~* assurance *f* automobile internationale ; carte *f* verte ; *ungelochte ~* carte vierge, non perforée ; *vorgelochte ~* carte préperforée **II.** *Daten von ~ zu ~ übertragen* transférer des données d'une carte sur une autre.

Kartei *f,* **en** cartothèque *f* ; fichier *m* ; *eine ~ an/legen* aménager, créer une cartothèque ; *in der ~ nach/sehen* consulter un fichier.

Karteiblatt *n,* **¨er** ⇒ *Karteikarte.*

Karteikarte *f,* **n** fiche *f* ; carte *f.*

Karteileiche *f,* **n** fiche *f* périmée ou sans objet (dans un fichier).

Karteizettel **m, -** ⇒ *Karteikarte.*

Kartell *n,* **e** cartel *m* ; entente *f* (entre plusieurs entreprises d'une même branche industrielle pour défendre les prix en limitant la production et la concurrence) ; *ein ~ bilden* constituer un cartel ; *ein ~ auf/lösen* démanteler une entente.

Kartellabrede *f,* **n** ⇒ *Kartellabsprache.*

Kartellabsprache *f,* **n** convention *f* de cartel ; entente *f* de cartel.

Kartellamt *n, ϕ (R.F.A.)* office *m* des cartels ; *Bundeskartellamt (in Berlin)* administration *f* fédérale pour la réglementation des cartels.

Kartellbehörde *f,* **n** office *m* des cartels ; autorités *fpl* compétentes en matière d'ententes.

Kartellbildung *f,* **en** constitution *f* d'un (de) cartel(s) ; cartellisation *f.*

Kartellfahnder *m,* **-** fonctionnaire *m* chargé de la répression des fraudes en matière de cartels, d'ententes.

Kartellgesetz *n,* **e** loi *f* sur les cartels ; loi antitrusts.

Kartellgesetznovelle *f,* **n** amendement *m* à la loi sur les cartels.

kartellieren cartelliser ; constituer un cartel ; réunir en cartels.

Kartellierung *f,* **en** ⇒ *Kartellbildung.*

kartellrechtlich : *aus ~en Gründen* en raison de la législation sur les cartels.

Kartellverbot *n,* **e** interdiction *f* (frappant la création) de cartels.

Kartellvereinbarung *f,* **en** convention *f* de cartel ; accord *m* de cartel.

Kartenabfühlgerät *n,* **e** ⇒ *Kartenabtaster.*

Kartenabtaster *m,* **-** *(inform.)* lecteur *m* de cartes.

Kartenbrief *m,* **e** carte - lettre *f.*

Kartendrucker *m,* **-** *(inform.)* carte *f* à imprimante ; convertisseur *m.*

kartengesteuert commandé par cartes perforées ; *~e Datenverarbeitungseinrichtung* unité *f* de traitement par cartes ; *~e Rechenmaschine* calculateur *m* commandé par cartes perforées.

Kartenlesegerät *n,* **e** ⇒ *Kartenabtaster.*

Kartenlocher *m,* **-** *(inform.)* perforatrice *f* de cartes.

Kartenmagazin *n,* **e** *(inform.)* magasin *m*, chargeur *m* de cartes.

kartenprogrammiert ⇒ *kartenge-*

steuert.

Kartenschlüssel *m,* - *(inform.)* code-carte *m.*

Kartenstau *m,* s *(inform.)* embrayage *m* des cartes.

Kartenzuführung *f,* **en** *(inform.)* alimentation *f* en cartes.

kartieren *(inform.)* **1.** reporter sur une carte **2.** classer dans le fichier.

Kartierung *f,* **en** classement *m,* rangement *m* au fichier.

Karton *m,* s [kar'tɔ̃] carton *m* d'emballage ; *Waren in ~s verpacken* conditionner, emballer des marchandises.

Kartothek *f,* **en** ⇒ *Kartei.*

Käseblatt *n,* ¨**er** *(fam.) (presse)* canard *m* ; feuille *f* de chou.

Kasko- und Ladungspolice *f,* **n** police *f* d'assurance tiers et cargaison.

kaskoversichert assuré contre les dommages causés au véhicule.

Kaskoversicherung *f,* **en** assurance-véhicule *f* ; *Voll~* assurance tous risques.

Kassa *f,* φ caisse *f* ; *(bourse) ein Geschäft per ~ abschließen* négocier au comptant (titres) ; négocier en disponible ; *per (gegen) ~ bezahlen* payer au comptant ; *(maritime) ~ gegen Dokumente* comptant contre documents ; documents *mpl* contre paiement ; *(clause commerciale)* comptant à livraison ; ⇒ *Kasse.*

Kassa *f,* **Kassen** *(Autriche)* caisse *f.*

Kassabericht *m,* **e** *(Autriche)* situation *f* de caisse.

Kassabuch *n,* ¨**er** livre *m* des opérations au comptant.

Kassageschäft *n,* **e** *(bourse)* **1.** *(valeurs)* opération *f* au comptant ; marché *m,* transaction *f* au comptant *(syn. Prompt-, Bar-, Tagesgeschäft)* **2.** *(marchandises)* affaire *f,* marché *m* au comptant *(syn. Loko-, Spotgeschäft).*

Kassahandel *m,* φ *(bourse)* **1.** *(valeurs)* comptant *m* ; marché *m* (des valeurs négociées) au comptant *(contr. Terminhandel)* **2.** *(marchandises)* comptant *m* ; achat *m* en disponible *(contr. Terminhandel)* ⇒ *Kassageschäft.*

Kassakauf *m,* ¨**e** achat *m* (au) comptant.

Kassakurs *m,* **e** cours *m* au comptant.

Kassamarkt *m,* ¨**e** ⇒ *Kassahandel.*

Kassanotiz *f,* **en 1.** cours *m* au comptant **2.** bordereau *m* de caisse.

Kassapapier *n,* **e** valeur *f,* titre *m* négocié(e) au comptant.

Kassapreis *m,* **e** prix *m* au comptant.

Kassaschein *m,* **e** bon *m* de caisse.

Kassation *f,* **(en)** *(jur.)* cassation *f* ; annulation *f.*

Kassationsgericht *n,* **e** cour *f,* tribunal *m* de cassation.

Kassationshof *m,* ¨**e** ⇒ *Kassationsgericht.*

Kassawert *m,* **e** ⇒ *Kassapapier.*

Kassazahlung *f,* **en** paiement *m* (au) comptant.

Kasse *f,* **n** caisse *f* ; encaisse *f* ; avoir *m* en caisse **I.** *gemeinschaftliche ~* caisse commune ; *öffentliche ~* (fisc) caisse publique ; *schwarze ~* caisse noire **II.** *einer ~ bei/treten* adhérer à une caisse ; *jdn zur ~ bitten* faire payer qqn ; *die ~ führen* tenir la caisse ; *~ machen* faire la caisse ; *gut bei ~ sein* être en fonds ; *schlecht bei ~ sein* être désargenté, fauché ; ne pas être en fonds ; *die ~ klingeln lassen* remplir la caisse ; rapporter **III.** *~ bei Auftragserteilung* paiement *m* à la commande ; *gegen ~* au comptant ; *~ gegen Dokumente* comptant contre documents ; *netto ~* comptant net.

Kasse der gegenseitigen Hilfe *(R.D.A.)* fonds *m* d'entraide ; caisse *f* de secours mutuel.

Kassenabschluß *m,* ¨**sse** arrêté *m* de caisse.

Kassenarzt *m,* ¨**e** médecin *m* conventionné ; médecin des caisses d'assurance-maladie.

Kassenbeleg *m,* **e** pièce *f,* document *m* de caisse ; récépissé *m.*

Kassenbericht *m,* **e** compte rendu *m* de caisse.

Kassenbestand *m,* ¨**e** encaisse *f* ; avoir *m* en caisse ; caisse *f* (postes du bilan d'une société de capitaux).

Kassenbilanz *f,* **en** balance *f* de caisse.

Kassenbon *m,* **s** bon *m,* ticket *m,* fiche *f* de caisse.

Kassenbuch *n,* ¨**er** livre *m* de caisse.

Kassendefizit *n,* **e** déficit *m* de caisse.

Kassendiebstahl *m,* ¨**e** détournement *m* de fonds.

Kassenebbe *f,* **(n)** caisses *fpl* vides ; *bei uns herrscht ~* nous sommes à court d'argent.

Kasseneingänge *pl* recette *f,* rentrées *fpl* de caisse.

Kassenerfolg *m,* **e** article *m* à succès ; succès *m* de vente ; produit *m* qui fait recette *(syn. Verkaufsschlager).*

Kassenfehlbetrag *m,* ¨**e** ⇒ *Kassendefizit.*

Kassenfüller *m,* - ⇒ *Kassenerfolg.*

Kassenlage *f,* **n** situation *f* de caisse, de trésorerie.

Kassenschein *m,* **e** ⇒ *Kassenbon.*

Kassenschlager *m,* **-** ⇒ *Kassenerfolg.*

Kassenskonto *m* ou *n,* **s** escompte *m* au comptant.

Kassenstand *m,* **¨e** situation *f* de (la) caisse.

Kassenstunden *pl* heures *fpl* d'ouverture des caisses.

Kassensturz *m,* **(¨e)** vérification *f,* état *m* de caisse ; ~ *machen* vérifier la caisse.

Kassenüberschuß *m,* **¨sse** caisse *f* excédentaire ; excédent *m* de caisse.

Kassenumsatz *m,* **¨e** mouvement *m* de caisse.

Kassenverkehr *m,* *φ* ⇒ *Kassenumsatz.*

Kassenverwalter *m,* **-** administrateur *m* d'une caisse ; trésorier *m.*

Kassenvorgang *m,* **¨e** opération *f* de caisse.

Kassenzettel *m,* **-** bordereau *m* de caisse.

kassieren encaisser ; toucher ; faire la recette ; empocher ; percevoir ; *die Miete* ~ encaisser le loyer ; *Zinsen* ~ percevoir des intérêts ; *eine Prämie* ~ toucher une prime.

Kassier *m,* **e** *(Autriche)* caissier *m.*

Kassierer *m,* **-** caissier *m.*

KaT ⇒ *Kammer der Technik.*

KatA. ⇒ *Katasteramt.*

Katalog *m,* **e** catalogue *m* ; *illustrierter* ~ catalogue illustré ; *einen* ~ *an/-fordern* demander (l'envoi d') un catalogue.

katalogisieren classer par ordre alphabétique ; répertorier.

Katalogpreis *m,* **e** prix-catalogue *m* ; prix *m* marqué ; tarif *m.*

Katalogversand *m,* *φ* envoi *m* de catalogues.

Katalysator *m,* **en** *(automobile)* pot (d'échappement) catalytique.

Kataster *m* ou *n,* **-** cadastre *m.*

Katasteramt *n,* **¨er** office *m,* bureau *m* du cadastre.

Katasterauszug *m,* **¨e** extrait *m* du cadastre.

katastrieren cadastrer.

Kat-Auto *n,* **s** véhicule *en* équipé d'un pot catalytique.

Kauf *m,* **¨e** achat *m* ; acquisition *f* ; vente *f* **I.** *fester* ~ achat ferme ; ~ *auf Abzahlung (auf Raten)* achat à tempérament ; ~ *auf Hausse* achat à la hausse ; ~ *auf Katalog* achat sur catalogue ; ~ *auf Kredit* achat à crédit ; ~ *auf (zur) Probe* vente à l'essai, à l'examen ; ~ *nach Probe* achat sur échantillon ; ~ *auf Raten* achat à tempérament ; ~ *auf Zeit (auf Ziel)* vente à terme **II.** *einen* ~ *ab/schließen* conclure un achat ; *etw zum* ~ *an/bieten* mettre qqch en vente ; *einen* ~ *rückgängig machen* annuler un achat ; *zum* ~ *stehen* être en vente.

Kaufabend *m,* **e** ouverture *f* (d'un magasin) en soirée ; nocturne *m* ou *f.*

Kaufabschluß *m,* **¨sse** conclusion *f* d'un marché.

Kaufabsichten *pl* intentions *fpl* d'achat.

Kaufangebot *n,* **e** offre *f* d'achat.

Kaufanreiz *m,* *φ* incitation *f* à l'achat.

Kaufauftrag *m,* **¨e** ⇒ *Kauforder.*

Kaufbedingungen *pl* conditions *fpl* d'achat ; conditions de vente.

Kaufbrief *m,* **e** ⇒ *Kauforder.*

kaufen acheter ; acquérir ; *von (bei) jdm etw* ~ acheter qqch à qqn ; *(gegen) bar* ~ acheter (au) comptant ; *billig* ~ acheter bon marché ; *aus zweiter Hand* ~ acheter en seconde main ; *auf Kredit, auf Raten* ~ acheter à crédit, à tempérament *(contr. verkaufen).*

kaufenswert qui vaut la peine d'être acheté ; valable ; intéressant.

Kaufentscheidung *f,* **en** décision *f* d'achat.

Käufer *m,* **-** acheteur *m* ; preneur *m* ; acquéreur *m* ; ~ *finden* trouver preneur, acquéreur.

Käuferandrang *m,* *φ* afflux *m* d'acheteurs ; cohue *f* ; affluence *f* ; presse *f.*

Käuferansturm *m,* **¨e** ⇒ *Käuferandrang.*

Käuferschaft *f,* *φ* acheteurs *mpl* ; clientèle *f.*

Käuferschicht *f,* **en** catégorie *f,* groupe *m* d'acheteurs.

Käuferschlange *f,* **n** file *f* d'acheteurs ; queue *f.*

Käuferstreik *m,* **s** grève *f* des achats ; boycott(age) *m* des consommateurs.

Käuferstrom *m,* **¨e** afflux *m* d'acheteurs ; affluence *f.*

Käufervereinigung *f,* **en** groupement *m* d'achats.

Kauffrau *f,* **en** commerçante *f* (inscrite au Registre du commerce).

Kaufgegenstand *m,* **¨e** objet *m* du marché.

Kaufgeld *n,* *φ* prix *m* d'achat ; prix de vente.

Kaufgenehmigung *f,* **en** autorisation *f* d'achat.

Kaufgewohnheiten *pl* habitudes *fpl* d'achat de la clientèle.

Kaufhalle *f,* **n** grand magasin *m* ; galerie *f* marchande.

Kaufhandlung *f,* **en** *(R.D.A.)* exposition-vente *f* organisée par les fabricants (où l'on peut passer commande).

Kaufhaus *n,* **⸚er** grand magasin *m* ; galeries *fpl (syn. Warenhaus).*

Kaufhausdetektiv *m,* **e** détective *m* maison attaché à un grand magasin.

Kaufhauspapiere *pl* titres *mpl*, valeurs *fpl* d'un grand magasin.

Kaufhauswerte *pl* ⇒ *Kaufhauspapiere.*

Kaufhöhe *f,* **n** montant *m* de l'achat ; *je nach ~* suivant la valeur de l'achat.

Kaufinteresse *n,* **n** intérêt *m* des acheteurs.

Kaufkontrakt *m,* **e** ⇒ *Kaufvertrag.*

Kaufkraft *f,* φ pouvoir *m* d'achat ; *die überschüssige ~ ab/schöpfen* absorber, éponger le pouvoir d'achat excédentaire ; *~ der Löhne* pouvoir d'achat salarial.

Kaufkraftabschöpfung *f,* **(en)** résorption *f*, absorption *f* du pouvoir d'achat.

Kaufkraftausfall *m,* φ ⇒ *Kaufkraftverlust.*

Kaufkraftentzug *m,* φ perte *f*, dégradation *f*, détérioration *f* du pouvoir d'achat.

Kaufkrafterhaltung *f,* **(en)** maintien *m* du pouvoir d'achat.

kaufkräftig qui a les moyens ; financièrement solide ; à fort pouvoir d'achat ; solvable.

Kaufkraftparität *f,* **en** parité *f* des pouvoirs d'achat.

Kaufkraftschöpfung *f,* **en** création *f* de pouvoir d'achat.

Kaufkraftschwund *m,* φ ⇒ *Kaufkraftverlust.*

Kaufkraftüberhang *m,* **(⸚e)** excédent *m* du pouvoir d'achat ; *den ~ ab/schöpfen* absorber, éponger l'excédent de pouvoir d'achat.

Kaufkraftverlust *m,* **e** amputation *f*, diminution *f*, baisse *f* du pouvoir d'achat.

Kaufkraftzuwachs *m,* φ augmentation *f* du pouvoir d'achat.

käuflich 1. achetable ; à vendre ; *~e Ware* marchandise *f* en vente **2.** vénal ; corruptible ; *er ist ~* on peut « l'acheter ».

Käuflichkeit *f,* φ vénalité *f.*

Kauflust *f,* φ propension *f* à l'achat ; envie *f* d'acheter ; *die ~ an/regen* inciter à l'achat.

Kaufmann *m,* **-leute** commerçant *m* ; marchand *m* ; négociant *m* ; gestionnaire *m* ; *technischer ~* ingénieur *m* technico-commercial.

kaufmännisch commercial ; marchand ; administratif ; *~er Angestellter* employé *m* de commerce ; *~er Betrieb* exploitation *f* commerciale ; *~er Direktor* directeur *m* commercial ; *~er Leiter* cadre *m* commercial.

Kaufmannsdeutsch *n,* φ langue *f*, des affaires ; jargon *m* commercial.

Kaufmannslehrling *m,* **e** apprenti *m* d'une maison de commerce ; élève *m* préparant un CAP commercial.

Kaufmannssprache *f,* φ ⇒ *Kaufmannsdeutsch.*

Kaufoption *f,* **en** option *f* d'achat ; *eine ~ auf etw erwerben* acquérir une option d'achat sur qqch.

Kauforder *f,* **s** ordre *m* d'achat.

Kaufpläne *pl* intentions *fpl* d'achat.

Kaufpreis *m,* **e** prix *m* d'achat ; valeur *f* marchande ; *der ~ beträgt 100 DM* le prix d'achat est de 100 DM ; *einen Betrag auf den ~ an/rechnen* décompter une somme du prix d'achat.

Kaufrausch *m,* φ fièvre *f*, flambée *f* des achats.

Kaufrückvergütung *f,* **en** ristourne *f* sur le prix d'achat.

Kaufstelle *f,* **n** point *m* d'achat, de vente.

Kaufsucht *f,* φ folie *f*, manie *f* des achats.

Kaufsumme *f,* **n** ⇒ *Kaufpreis.*

Kaufunlust *f,* φ ralentissement *m*, tiédeur *f* des achats ; retenue *f* des acheteurs.

Kaufurkunde *f,* **n** acte *m* de vente ; certificat *m* de vente.

Kaufverhalten *n,* φ comportement *m* d'achat, des acheteurs.

Kaufverpflichtung *f,* **en** obligation *f* d'achat.

Kaufversprechen *n,* **-** promesse *f* d'achat ; promesse de vente.

Kaufvertrag *m,* **⸚e** contrat *m* de vente, d'achat ; *~ mit Rückgaberecht* contrat de vente à condition ; *~ mit Eigentumsvorbehalt* contrat de vente assorti d'une clause de réserve de propriété.

Kaufwelle *f,* **n** vague *f* d'achats.

Kaufwert *m,* **e** valeur *f* d'achat, vénale.

Kaufzurückhaltung *f,* φ réticence *f* des acheteurs ; tiédeur *f* des achats ; attentisme *m.*

Kaufzwang *m,* **(⸚e)** obligation *f* d'achat ; *ohne ~* sans obligation d'achat ; entrée *f* libre.

Kaution *f,* **en** caution *f* ; garantie *f* ; cautionnement *m* ; *gegen ~* moyennant caution ; contre garantie ; *eine ~ in bar zahlen* payer une caution en espèces, au comptant ; *eine ~ fest/setzen* fixer une caution ; *eine ~ hinterlegen* déposer une caution ; *eine ~ (für jdn) stellen* fournir un cautionnement (pour qqn) ; verser une caution *(syn. Bürgschaft).*

kautionsfähig garant ; capable de fournir une caution ; capable de servir de garantie.

kautionspflichtig caution obligatoire ; soumis à cautionnement.

Kautionssumme *f,* **n** montant *m* du cautionnement, de la caution.

Kavaliersdelikt *n,* **e** peccadille *f* ; délit *m* mineur ; bagatelle *f.*

KB *(Kilo-Byte) (inform.)* kilo-byte *m* (1024 bytes).

Keller : *(fam.) die Preise fallen (purzeln) in den ~* les prix dégringolent.

Kellerwechsel *m,* **-** titre *m* douteux ; effet *m*, billet *m* de complaisance ; traite *f* « bidon ».

Kennedy-Runde *f, ϕ* Kennedy Round *m* ; (négociations menées de 1964 à 1967 sur l'initiative du président Kennedy et destinées à abaisser les barrières douanières).

Kennkarte *f,* **n** carte *f* d'identité ; *amtliche ~* carte d'identité officielle, nationale *(syn. Ausweis).*

Kenn-Nr. ⇒ *Kennummer.*

Kennummer *f,* **n** numéro *m* de référence ; numéro d'ordre.

Kenntnis *f,* **se** connaissance *f* ; *in ~ der Sachlage* en connaissance de cause ; *jdn von etw in ~ setzen* prévenir, aviser qqn de qqch.

Kennzahl *f,* **en** numéro *m* de code ; indice *m* ; chiffre *m* clé ; ratio *m.*

Kennzeichen *n,* **-** signe *m* ; indice *m* ; caractéristique *f* ; numéro *m* minéralogique.

Kennzeichenschild *n,* **er** plaque *f* minéralogique (véhicules).

Kennziffer *f,* **n** chiffre-indice *m* ; chiffre *m* clé ; indice *m* ; coefficient *m* ; nombre *m* guide ; *erzeugnisbezogene ~* indice de production ; *~n der Industrie* normes et indices de l'industrie.

Kennzifferanschrift *f,* **en** adresse *f* codée.

Kern *m,* **e** noyau *m* ; centre *m* ; cœur *m* ; *der harte ~ der Belegschaft* les irréductibles *mpl* parmi le personnel ; le noyau dur.

Kern- *(préfixe)* nucléaire ; atomique *(syn. Atom ; Atomkraft).*

Kernarbeitszeit *f,* **en** durée *f* de travail ; plage *f* fixe (dans le cadre des horaires mobiles) *(syn. Fixzeit).*

Kernbrennstoff *m,* **e** combustible *m* nucléaire.

Kernenergie *f,* **n** énergie *f* nucléaire *(syn. Atomenergie).*

Kernenergieantrieb *m,* **e** *(rare)* propulsion *f* nucléaire *(syn. Atomantrieb).*

Kernenergienutzung *f,* **en** utilisation *f* de l'énergie nucléaire.

Kernenergierisiko *n,* **-ken** risque *m* nucléaire.

Kernforschung *f,* **en** recherche *f* nucléaire.

Kernforschungszentrum *n,* **-tren** centre *m* de recherches nucléaires.

Kernindustrie *f,* **n** industrie *f* nucléaire.

Kerningenieur *m,* **e** ingénieur *m* nucléaire.

Kernkraft *f, ϕ* énergie *f*, force *f* nucléaire ; *der Anteil der ~ an der Energieversorgung beträgt...* la part de l'énergie nucléaire dans l'approvisionnement énergétique est de...

Kern(kraft)anlage *f,* **n** installation *f* nucléaire.

Kernkraftbefürworter *m,* **-** partisan *m* de l'énergie nucléaire.

Kernkraftgegner *m,* **-** antinucléaire *m* ; adversaire *m* du nucléaire.

Kernkraftwerk *n,* **e** *(KKW)* centrale *f* nucléaire *(syn. Atomkraftwerk).*

Kernkraftwerksunfall *m,* **¨e** accident *m*, incident *m* (dans une centrale) nucléaire.

Kernreaktor *m,* **en** réacteur *m* nucléaire ; pile *f* atomique.

Kernspeicher *m,* **-** *(inform.)* mémoire *f.*

Kernzeit *f,* **en** plage *f* fixe dans le cadre de l'horaire mobile *(syn. Fixzeit).*

Kette *f,* **n** chaîne *f* ; *freiwillige ~* chaîne *f* volontaire.

Kettengeschäft *n,* **e** magasin *m* à succursales multiples ; magasin membre d'une chaîne volontaire.

Kettenhandel *m, ϕ* **1.** commerce *m* par intermédiaires **2.** chaînes *fpl* volontaires.

Kettenladen *m,* **¨** ⇒ *Kettengeschäft.*

Kettenreaktion *f,* **en** réaction *f* en chaîne ; *eine ~ hervor/rufen (aus/lösen)* déclencher une réaction en chaîne.

Kettenvertrag *m,* **¨e** *(droit du travail)* contrat *m* à durée indéterminée ; contrat renouvelable par tacite reconduction.

Kfz. ⇒ *Kraftfahrzeug.*

Kfz-Bestand *m,* **¨e** parc *m* automobile.

Kfz - Steuer *f,* **n** taxe *f* sur les véhicules automobiles ; *(France)* vignette *f* auto.

Kfz-Versicherung *f,* **en** assurance-auto *f.*

Kfz-Zulassung *f,* **en** immatriculation *f* ; autorisation *f* de circuler.

KG *f,* **s 1.** *Kommandit-Gesellschaft* société *f* en commandite simple **2.** *(R.D.A.) Kooperations-Gemeinschaft* communauté *f* de coopération qui regroupe des petites et moyennes entreprises.

KGaA *f (Kommandit-Gesellschaft auf Aktien)* société *f* en commandite par actions.

KGV *(Kurs-Gewinn-Verhältnis)* rapport *m* cours-gain, cours-bénéfice.

Kibbuz *m,* **im** ou **e** kibboutz *m* (ferme collective en Israël).

Kibbuznik *m,* **s** membre *m* d'un kibboutz ; kibboutzin *m.*

Kilo *n,* **s** kilo *m.*

Kilometergeld *n,* *ϕ* indemnité *f* kilométrique ; frais *mpl* de déplacement.

Kilometerpauschale *f,* **n** forfait *m* kilométrique.

Kilometersatz *m,* **¨e** ⇒ *Kilometerpauschale.*

Kilometerstand *m,* **¨e** kilométrage *m* (d'un véhicule).

Kilometertarif *m,* **e** barème *m* kilométrique.

Kilopreis *m,* **e** prix *m* au kilo.

Kilowatt *n,* *ϕ (kW)* kilowatt *m.*

Kilowattstunde *f,* **n** *(kWh)* kilowatt-heure *f.*

Kind *n,* **er** enfant *m* ; *eheliches ~* enfant légitime ; *uneheliches ~* enfant naturel ; *unterhaltsberechtigtes ~* enfant à charge ; *~er und Kindeskinder* descendants *mpl* ; *jdn an ~es Statt an/nehmen* adopter un enfant.

Kinderarbeit *f,* **en** travail *m* des enfants ; travail des mineurs.

Kinderbeihilfe *f,* **n** ⇒ *Kindergeld.*

Kinderermäßigung *f,* **en** réduction *f* pour famille nombreuse.

Kinderfreibetrag *m,* **¨e** abattement *m* pour enfants à charge.

Kindergeld *n,* **er** allocations *fpl* familiales ; supplément *m* pour enfant(s) à charge.

kinderreiche Familie *f,* **n** famille *f* nombreuse.

Kinderschutzgesetz *n,* **e** loi *f* sur la protection de l'enfance.

Kindersterblichkeit *f,* *ϕ* mortalité *f* infantile.

Kinderzulage *f,* **n** ⇒ *Kindergeld.*

Kinderzuschlag *m,* **¨e** ⇒ *Kindergeld.*

Kirchensteuer *f,* **n** *(R.F.A.)* impôt *m* du culte (prélevé par l'Etat auprès des contribuables appartenant aux cultes protestant, catholique, israélite, etc. et destiné à être reversé aux institutions religieuses respectives).

Kirchgeld *n,* **er** denier *m* du culte.

KKW *n,* **s** ⇒ *Kernkraftwerk.*

Kladde *f,* **n** main *f* courante ; brouillon *m* ; brouillard *m* (livre de commerce sur lequel on inscrit les opérations journalières) ; *etwas in die ~ ein/tragen* mettre qqch au brouillard.

klaffen béer ; se creuser ; s'ouvrir ; *eine ~de Haushaltslücke aus/füllen* combler un trou budgétaire béant.

klagbar qui peut faire l'objet d'une action en justice ; *~ werden* porter plainte.

Klage *f,* **n** plainte *f* ; demande *f* ; action *f* **I.** *~ auf Schaden(s)ersatz* action en dommages et intérêts ; action en réparation ; *~ auf Zahlung* plainte en paiement **II.** *eine ~ ab/weisen* rejeter une plainte, déclarer une plainte irrecevable ; *eine ~ gegen jdn an/strengen (führen)* intenter une action contre qqn ; *eine ~ ein/reichen (erheben)* déposer plainte ; *die ~ ist zulässig* la plainte est recevable ; *eine ~ zu/stellen* notifier, signifier une demande.

Klageabweisung *f,* **en** jugement *m* de rejet ; jugement de débouté.

Klagebefugnis *f,* **(se)** droit *m* d'ester en justice ; qualité *f* pour agir en justice.

Klageerhebung *f,* **en** introduction *f* de l'instance ; déposition *f* de la (d'une) plainte.

Klageerwiderung *f,* **en** demande *f* reconventionnelle (formulée par un défendeur contre celui qui, le premier, en à formulé une contre lui).

Klageführer *m,* **-** plaignant *m.*

klagen porter plainte ; intenter une action ; *gegen eine Firma ~* porter plainte contre une entreprise ; attaquer une maison commerciale ; *vor Gericht ~* poursuivre en justice ; *auf Schaden(s)ersatz ~* intenter une action en dommages et intérêts.

Kläger *m,* **-** plaignant *m* ; demandeur *m* ; *als ~ auf/treten* poursuivre qqn en justice *(contr. Beklagter).*

Klagerecht *n,* **e** droit *m* d'agir (d'ester) en justice.

Klagerücknahme *f,* **n** désistement *m* d'instance, d'une demande.

Klageschrift *f,* **en** plainte *f* (écrite) ; acte *m* d'accusation ; demande *f* ; placet *m.*

Klageweg *m,* *ϕ* voie *f* de justice, judiciaire ; *auf dem ~* par voie de justice *(syn. Rechtsweg).*

Klagezustellung *f,* **en** signification *f*, notification *f* de la demande.

Kläranlage *f,* **n** station *f* d'épuration ; bassin *m* de décantation.

klar/machen expliquer ; exposer ; *jdm etw ~* faire comprendre qqch à qqn.

Klarschriftleser *m,* **-** *(inform.)* lecteur *m* optique.

Klarsichtpackung *f,* **en** emballage *m* transparent ; conditionnement *m* sous cellophane.

Klartext *m, ϕ* texte *m* en clair, non codé ; *im ~* en clair.

Klasse *f,* **n** classe *f* sociale ; couche *f* ; catégorie *f* ; *arbeitende (werktätige) ~* classe laborieuse ; *besitzende ~n* classes possédantes ; *herrschende ~n* classes dirigeantes.

Klassenauseinandersetzung *f,* **en** conflit *m* de classes.

Klassenbewußtsein *n, ϕ* conscience *f* de classe.

Klassengeist *m, ϕ* esprit *m* de classe.

Klassenkampf *m,* **¨e** lutte *f* des classes.

Klassenstruktur *f,* **en** structure *f* de classes.

Klassenunterschied *m,* **e** distinction *f* entre les classes sociales ; disparité *f* sociale.

Klauen *n, ϕ (fam.)* vol *m* ; chapardage *m* ; *das ~ in den Supermärkten* le vol dans les grandes surfaces.

klauen *(fam.)* voler ; piquer ; chaparder ; chiper ; faucher.

Klauer *m,* **-** *(fam.)* voleur *m* ; chapardeur *m*.

Klausel *f,* **n** clause *f* ; *beschränkende ~* clause limitative ; *eine ~ ein/fügen* insérer une clause ; *eine ~ in einen Vertrag ein/setzen* assortir un contrat d'une clause.

kleben 1. coller **2.** *(fam.)* cotiser (allusion aux vignettes de sécurité sociale que l'on collait autrefois sur un carnet).

Kleeblatt *n,* **¨er** échangeur *m* autoroutier.

klein petit ; infime ; faible ; peu important **I.** *~er Angestellter* employé *m* subalterne ; *im ~en* sur une petite échelle ; *~e Kosten* frais *mpl* minimes ; *die ~en Leute* les petites gens ; *der ~e Mann* l'homme de la rue **II.** *~ an/fangen* débuter, commencer petit ; *ein ~es Gehalt beziehen* toucher un petit salaire ; *~es Geld haben* avoir de la menue (petite) monnaie ; *im ~en verkaufen* faire le détail ; vendre au détail.

Kleinaktie *f,* **n** petite action *f* ; action de faible valeur nominale.

Kleinaktionär *m,* **e** petit porteur *m*.

Kleinanleger *m,* **-** petit investisseur *m*.

Kleinausfuhrerklärung *f,* **en** déclaration *f* en douane simplifiée.

Kleinbauer *m,* **n, n** petit exploitant *m* agricole.

Kleinbesitz *m, ϕ* petite propriété *f*.

Kleinbetrieb *m,* **e** petite entreprise *f*.

Kleinbürgertum *n, ϕ* petite bourgeoisie *f*.

Kleincomputer *m,* **-** mini-ordinateur *m (syn. Minicomputer).*

Kleindruck *m* : *in ~* en petits caractères.

Kleineigentum *n, ϕ* ⇒ *Kleinbesitz.*

Kleinen : *die ~* les petits *mpl* ; *die ~ der Autoindustrie* les petits de l'industrie automobile.

kleine und mittlere Betriebe *pl* ⇒ *Klein- und Mittelbetriebe.*

Kleinformat *n, ϕ* petit format *m*.

Kleingedrucktes *n, ϕ (contrat)* clauses *fpl* quasi illisibles, en caractères minuscules, que l'acheteur ne voit pas toujours au moment de la signature.

Kleingeld *n, ϕ* petite, menue monnaie *f* ; *bitte ~ bereithalten !* préparez la monnaie s.v.p.

Kleingewerbe *n, ϕ* industrie *f* artisanale ; petite industrie.

Kleingewerbetreibende/r *(der/ein)* petit exploitant *m* ; petit entrepreneur *m*.

Kleingut *n,* **¨er** paquet *m* ; colis *m* postal.

Kleinhandel *m, ϕ* commerce *m* de (au) détail ; petit commerce.

Kleinhandelsgeschäft *n,* **e** magasin *m*, commerce *m* de vente au détail.

Kleinhandelspreis *m,* **e** prix *m* de (vente au) détail *(syn. Einzelhandelspreis).*

Kleinhändler *m,* **-** détaillant *m* ; petit commerçant *m*.

klein/machen changer ; faire la monnaie sur ; *einen Hundertmarkschein ~* faire la monnaie sur un billet de 100 marks.

Kleinrechner *m,* **-** mini-ordinateur *m*.

Kleinrentner *m,* **-** petit rentier *m*.

Kleinsparer *m,* **-** petit épargnant *m*.

Kleinst- *(préfixe)* minimum, minimal ; plancher.

Kleinstbetrag *m,* **¨e** somme *f* minimale ; montant *m* minimal.

Kleinstbetrieb *m,* **e** petite entreprise *f* (moins de 10 employés).

Kleinstpackung *f,* **en** modèle *m* d'emballage le plus petit ; mini-emballage *m*.

Kleinstpreis *m,* **e** prix-plancher *m.*

Klein- und Mittelbetriebe *pl* petites et moyennnes entreprises *fpl* ; les P.M.E.

Kleinverdiener *m,* **-** gagne-petit *m* ; *(fam.)* smicard *m* ; *die ~* les petites bourses ; petits salaires *mpl* ; faibles revenus *mpl.*

Kleinverkauf *m,* *ϕ* vente *f* au détail.

Kleinverkaufspreis *m,* **e** prix *m* de (vente au) détail.

klettern monter ; grimper ; escalader ; *der Preis ist auf 100 DM geklettert* le prix est monté à 100 DM ; *der Preis ~t über 100 DM* le prix dépasse les 100 DM.

Klient *m,* **en, en 1.** client *m* d'un avocat **2.** *(emploi récent)* client *(syn. Kunde).*

Klientel *f,* **en 1.** clientèle *f* (avocat) **2.** clientèle *f.*

Klüngel *m,* **-** coterie *f* ; clique *f.*

Klüngelei *f,* **en** copinage *m,* népotisme *m* ; maf(f)ia *f.*

knacken *(fam.)* forcer ; ouvrir par effraction ; *einen Geldschrank ~* forcer, percer un coffre-fort.

knapp juste ; rare ; faible ; serré ; *eine ~e Mehrheit* une faible majorité ; *~ bei Kasse sein* être à court d'argent ; être fauché ; *~ werden* se raréfier ; s'épuiser ; *die Preise so ~ wie möglich berechnen* calculer les prix au plus juste.

Knappe *m,* **n, n** *(arch.)* mineur *m* de fond.

knapp/halten, ie, a restreindre ; *eine Ware künstlich ~* limiter artificiellement une marchandise sur le marché.

Knappheit *f,* *ϕ* pénurie *f* ; manque *m* ; rareté *f* ; *~ an Devisen* pénurie de devises.

Knappschaft *f,* **en 1.** corporation *f* des mineurs (de fond) **2.** caisse *f* de sécurité sociale des mineurs.

Knappschaftsrente *f,* **n** pension *f,* retraite *f* des mineurs.

Knappschaftsversicherung *f,* **en** assurance *f* des mineurs.

knausern lésiner sur ; être avare de ; *er ~t mit dem Geld* il est chiche de son argent ; il regarde au moindre sou.

Knebelungsvertrag *m,* **¨e** *(jur.)* contrat *m* d'asservissement, de dépendance ; contrat léonin (accord privant le débiteur de toute liberté d'action).

Knete *f,* *ϕ* *(fam.)* fric *m* ; pognon *m.*

Kniff *m,* **e** truc *m* ; manœuvre *f* ; ficelle *f* ; *ein juristischer ~* un artifice *m* juridique.

Knotenpunkt *m,* **e** centre *m,* point *m* névralgique ; nœud *m* de communication ; nœud ferroviaire.

Know-how *n,* *ϕ* [no:'hau] « know-how » *m* ; savoir-faire *m* ; assistance *f* technique ; tour *m* de main (ensemble des données techniques nécessaires à la production industrielle d'un produit ou d'un procédé).

Knüller *m,* **-** *(fam.)* succès *m* de vente ; sensation *f* ; clou *m* *(syn. Schlager ; Renner).*

koalieren/koalisieren former une coalition ; se coaliser ; s'allier.

Koalition *f,* **en** coalition *f* ; *eine ~ bilden* former une coalition ; *(R.F.A.) sozialliberale ~* coalition socialo-libérale (SPD-FDP).

Koalitionsbeschluß *m,* **¨sse** résolution *f* prise par un groupe parlementaire.

Koalitionsfreiheit *f,* **en** liberté *f* syndicale ; liberté d'association.

Koalitionskanzler *m,* *ϕ* *(R.F.A.)* chancelier *m* (issu) de la coalition.

Koalitionspartner *m,* **-** partenaire *m* de la coalition.

Koalitionsrecht *n,* **e** droit *m* de coalition, d'association ; droit syndical.

Koalitionsregierung *f,* *ϕ* gouvernement *m* de coalition.

Koalitionszwang *m,* **¨e** discipline *f* de vote (au sein d'une coalition).

Kode *m,* **s** code *m* *(syn. Code).*

Köder *m,* **-** appât *m* ; fausses promesses *fpl* ; leurre *m.*

ködern *(fam.)* appâter ; attirer ; leurrer ; *die Kundschaft ~* appâter la clientèle.

Köderpreis *m,* **e** *(fam.)* prix *m* d'appel.

Kodex *m,* **e** ou **-izes** code *m* (lois, normes, usages, etc.).

kodieren coder.

kodifizieren codifier.

Kodifizierung *f,* **en** codification *f.*

Kodizil *n,* **e** codicille *m* (acte postérieur à un testament qu'il modifie).

Koeffizient *m,* **en, en** coefficient *m.*

Koexistenz *f,* **en** *(polit.)* coexistence *f.*

Kohle *f,* **n 1.** charbon *m* ; houille *f* ; *weiße ~* houille blanche ; *~ ab/bauen (fördern)* extraire du charbon **2.** *(fam.) ~n* argent *m* ; pognon *m* ; *die ~n stimmen* les comptes sont exacts ; le calcul est juste.

Kohle(n)- *(préfixe)* charbonnier ; houiller.

Kohle-Druckvergasung *f,* **(en)** gazéification *f* sous pression du charbon, de la houille.

Kohlenabbau *m,* *ϕ* extraction *f* de la

houille ; charbonnage *m* ; exploitation *f* houillère.

Kohlenbecken *n,* - bassin *m* houiller.

Kohlenbergbau *m,* *ϕ* charbonnages *mpl* ; industrie *f* charbonnière.

Kohlenbergwerk *n,* **e** ⇒ *Kohlengrube.*

Kohlenförderung *f,* **en** ⇒ *Kohlenabbau.*

Kohlengas *n,* **e** gaz *m* de houille.

Kohlengebiet *n,* **e** bassin *m* houiller.

Kohlengrube *f,* **n** houillère *f* ; mine *f* de charbon.

Kohlenkraftwerk *n,* **e** centrale *f* à charbon.

Kohlenlager *n,* - **1.** gisement *m* houiller **2.** stock *m*, dépôt *m* de charbon.

Kohlenlagerstätte *f,* **n** gisement *m* houiller.

Kohlenpott *m,* *ϕ* *(fam.)* bassin *m* de la Ruhr.

Kohlenrevier *n,* **e** ⇒ *Kohlengebiet.*

Kohlensyndikat *n,* **e** cartel *m* houiller ; entente *f* des charbonnages.

Kohlenversorgung *f,* **en** approvisionnement *m* en charbon.

Kohlenvorkommen *n,* - ⇒ *Kohlenlager.*

Kohlenvorrat *m,* **¨e** approvisionnement *m*, stock *m* de charbon.

Kohlenzeche *f,* **n** ⇒ *Kohlengrube.*

Kohlepapier *n,* **e** papier-carbone *m.*

Kohlepfennig *m,* **e** *(R.F.A.)* taxe *f* sur le charbon (financement de l'énergie).

Kohleveredelung *f,* *ϕ* distillation *f,* affinage *m* de la houille.

Kohleverflüssigung *f,* **(en)** liquéfaction *f* du charbon.

Kohlevergasung *f,* **(en)** gazéification *f* du charbon ; carbonisation *f* de la houille.

Kokerei *f,* **en** cokerie *f* ; installations *fpl* de fabrication de coke.

Koks *m,* **e 1.** coke *m* **2.** *(fam.)* oseille *f* ; fric *m* **3.** *(fam.)* cocaïne *f.*

Koksherstellung *f,* *ϕ* cokéfaction *f* ; carbonisation *f* de la houille.

Kolchos *m* ou *n,* **e** [kɔl'ços] kolkhoze *m* (grande exploitation agricole en Union soviétique).

Kolchosbauer *m,* **n, n** kolkhozien *m.*

Kolchose *f,* **n** ⇒ *Kolchos.*

Kollaps *m,* **e** effondrement *m* ; débâcle *f* (économique).

Kollege *m,* **n, n** collègue *m.*

kollegial collégial ; de collègue ; de confrère ; *~es Verhalten* attitude *f* collégiale.

Kollegialführung *f,* **en** direction *f* collégiale.

Kollegialität *f,* *ϕ* **1.** collegialité *f* **2.** confraternité *f* ; bonne entente *f* entre collègues.

Kollektiv *n,* **e** ou **s 1.** collectif *m* ; équipe *f* **2.** *(R.D.A.)* équipe de travail, de production socialiste ; *~ der sozialistischen Arbeit* collectif du travail socialiste comprenant des brigades de travail socialiste ou des entreprises entières.

Kollektiv- *(préfixe)* collectif.

Kollektivbedürfnisse *pl* besoins *mpl* collectifs.

Kollektivbetrieb *m,* **e** entreprise *f* collectiviste.

Kollektiveigentum *n,* *ϕ* propriété *f* collectiviste.

Kollektivhaftung *f,* **en** responsabilité *f* collective.

kollektivieren collectiviser ; nationaliser.

Kollektivierung *f,* **en** collectivisation *f.*

Kollektivismus *m,* *ϕ* collectivisme *m.*

kollektivistisch collectiviste.

Kollektivleiter *m,* - *(R.D.A.)* directeur *m* d'un collectif de travail socialiste.

Kollektivprokura *f,* **-en** procuration *f* collective.

Kollektivüberweisung *f,* **en** transfert *m* collectif.

Kollektivvereinbarung *f,* **en** convention *f* collective.

Kollektivversicherung *f,* **en** assurance *f* collective.

Kollektivvertrag *m,* **¨e** traité *m*, contrat *m* collectif ; conventions *fpl* collectives.

Kollektivvollmacht *f,* **en** ⇒ *Kollektivprokura.*

Kollektivwirtschaft *f,* **en** collectivisme *m* ; économie *f* collectiviste.

Kollo *n,* **-lli** colis *m* ; paquet *m.*

kolonial colonial.

kolonialisieren ⇒ *kolonisieren.*

Kolonialwaren *pl (arch.)* denrées *fpl* alimentaires ; produits *mpl* exotiques (provenant des colonies).

Kolonialwarenhändler *m,* - *(arch.)* épicier *m.*

Kolonialwarengeschäft *n,* **e** *(arch.)* épicerie *f.*

kolonisieren coloniser.

Kombinat *n,* **e** *(R.D.A.)* combinat *m* ; grande entreprise *f* regroupant des entreprises de la même branche industrielle.

Komitee *n,* **s** comité *m* *(syn. Ausschuß).*

Komitee des Rates *n,* *ϕ* *(R.D.A.)* comité *m* du COMECON (organe inscrit dans les statuts depuis 1974).

Kommanditaktiengesellschaft *f,* **en** société *f* en commandite par actions.

Kommanditaktionär *m,* **e** actionnaire *m* d'une société en commandite par actions.

Kommanditanteil *m,* **e** part *f* de commandite.

Kommanditär *m,* **e** *(Suisse)* ⇒ *Kommanditist.*

Kommandite *f,* **n 1.** comptoir *m* ; succursale *f* ; filiale *f* **2.** *(arch.)* société *f* en commandite.

Kommanditeinlage *f,* **n** commandite *f.*

Kommanditgesellschaft *f,* **en** *(KG)* société *f* en commandite simple ; *~ auf Aktien* société en commandite par actions.

Kommanditist *m,* **en, en** commanditaire *m* ; associé *m* en commandite *(syn. Teilhafter).*

Kommandohebel *pl* leviers *mpl* de commande ; *die ~ der Wirtschaft betätigen* actionner les leviers de commande de l'économie.

Kommastelle *f,* **n** emplacement *m* de la virgule (dans un nombre) ; *hinter der ~ rechnen müssen* calculer à la virgule près ; calculer à la décimale près.

kommen, a, o *(ist)* **1.** arriver à ; atteindre une certaine quantité ; *das Personal ~t auf 2 000 Beschäftigte* les effectifs se montent à 2 000 employés ; les effectifs frisent les 2 000 **2.** venir.

Kommerz *m,* *ϕ* *(péj.)* commerce *m* ; mercantilisme *m.*

kommerzialisieren vendre ; commercialiser ; mettre sur le marché ; mettre en vente ; *Produkte ~* commercialiser des produits *(syn. vermarkten).*

Kommerzialisierung *f,* **en** commercialisation *f (syn. Vermarktung).*

kommerziell commercial ; *~es Risiko* risque *m* commercial.

Kommis *m,* **-** [kɔ'mi] *(arch.)* commis *m* ; employé *m* de commerce.

Kommission *f,* **en 1.** commission *f* ; comité *m* ; *eine ~ bilden* constituer une commission ; *gemischte ~* commission mixte ; *paritätische ~* commission paritaire ; *ständige ~* commission permanente ; *~ von Sachverständigen* commission d'experts *(syn. Ausschuß)* **2.** commission *f* (rapport entre commettant et commissionnaire) ; *eine Ware in ~ nehmen* prendre une marchandise en commission.

Kommissionär *m,* **e** commissionnaire *m* (traite des affaires pour le compte d'un tiers).

Kommissionsagent *m,* **en, en** agent *m* commissionnaire.

Kommissionsbuchhandel *m,* *ϕ* librairie *f* intermédiaire entre l'éditeur et la vente de détail.

Kommissionsgebühr *f,* **en** provision *f* ; pourcentage *m* ; commission *f.*

Kommissionstratte *f,* **n** ⇒ *Kommissionswechsel.*

Kommissionswechsel *m,* **-** traite *f* tirée pour compte.

Kommittent *m,* **en, en** mandant *m* ; commettant *m.*

kommittieren commettre qqn ; donner procuration à un commissionnaire.

kommunal communal ; municipal ; local ; *~e Körperschaft* collectivité *f* locale.

Kommunalabgaben *pl* taxes *fpl* locales ; taxes municipales.

Kommunalanleihe *f,* **n** emprunt *m* communal.

Kommunalbetrieb *m,* **e** exploitation *f* municipale.

Kommunaldarlehen *n,* **-** prêt *m* aux communes.

Kommunalobligation *f,* **en** obligation *f* communale (émise par une commune).

Kommunalpolitik *f,* *ϕ* politique *f* communale.

Kommunalschuldverschreibung *f,* **en** ⇒ *Kommunalobligation.*

Kommunalsteuer *f,* **n** impôt *m* communal, municipal ; impôts locaux.

Kommune *f,* **n** commune *f* (ville, municipalité) ; *Bund, Länder und ~n* Etat (fédéral), länder et communes *(syn. Gemeinde).*

Kommunikation *f,* **en** communication *f* ; *eine ~ her/stellen* établir une communication.

Kommunikationsmittel *n,* **-** moyen *m* de communication.

Kommuniqué *n,* **s** [kɔmyni'ke] communiqué *m.*

kommunizieren communiquer.

Kompaktplatte *f,* **n** disque *m* compact ; C.D. *m.* ⇒ *CD-Platte.*

kompatibel *(inform.)* compatible.

Kompatibilität *f,* **en** *(inform.)* compatibilité *f.*

Kompensation *f,* **en 1.** compensation *f* ; péréquation *f* **2.** dédommagement *m* ; réparation *f.*

Kompensationsforderung *f,* **en** demande *f* de compensations.

Kompensationsgeschäft *n,* **e 1.** opération *f* de compensation, de clearing **2.** *(Bourse)* marché *m* de client.

Kompensationskurs *m,* **e** cours *m* de

compensation.

Kompensationsmechanismen *pl* mécanismes *mpl* de compensation.

kompensatorisch compensatoire.

kompensieren compenser ; équilibrer.

kompetent compétent ; *er fühlt sich nicht ~ für diese Aufgabe (in dieser Sache)* il ne se sent pas compétent en la matière, pour cette affaire *(syn. zuständig).*

Kompetenz *f,* **en** compétence *f* ; *die Verteilung der ~en* la répartition des compétences ; *es fällt in die ~ der Verwaltungsbehörden* cela relève de la compétence des autorités administratives ; *seine ~ überschreiten* outrepasser ses compétences ; *es überschreitet meine ~en* cela dépasse le cadre de mes attributions *(syn. Zuständigkeit).*

Kompetenzstreit *m,* **e** conflit *m* de compétence, de juridiction.

Kompetenzüberschreitung *f,* **en** abus *m* de pouvoir.

Komplementär *m,* **e** commandité *m* ; associé *m* indéfiniment responsable *(syn. Vollhafter).*

Komplementärgüter *pl* biens *mpl* complémentaires.

komplett complet ; entier ; *das Schlafzimmer kostet ~ 2 000 DM* l'ensemble chambre à coucher s'élève à 2 000 DM.

Komplex *m,* **e** complexe *m* ; pâté *m* (de maisons) ; *industrieller ~* complexe industriel.

Komplexbrigade *f,* **n** *(R.D.A.)* brigade *f* mixte de travail (composée de différents corps de métier pour résoudre une tâche commune).

Komplexprogramm *n,* **e** *(R.D.A.)* plan *m* économique conçu et réalisé par plusieurs pays du COMECON.

Komponente *f,* **n** composante *f*.

Kompostierung *f,* **en** transformation *f* en compost.

Kompromiß *m,* **-sse** compromis *m* ; *einen ~ aus/handeln* négocier un compromis ; *zu einem ~ bereit sein* être disposé à trouver un compromis ; *zu einem ~ kommen* parvenir à un compromis ; *mit jdm einen ~ schließen* conclure un compromis avec qqn.

kompromißbereit favorable à un compromis ; disposé à (trouver) un compromis.

Kompromißbereitschaft *f,* **(en)** esprit *m* de conciliation.

Kompromißformel *f,* **n** formule *f* de compromis.

Kompromißlösung *f,* **en** solution *f* de compromis.

Konditionen *pl* conditions *fpl* ; *Waren zu gewissen ~ an/bieten* offrir des marchandises à certaines conditions *(syn. Bedingungen).*

konditionieren conditionner ; *~ter Reflex* réflexe *m* conditionné.

Konditionierung *f,* **en** conditionnement *m* (psychologique).

Konditionsrabatt *m,* **e** rabais *m* à condition ; remise *f* conditionnelle.

Konfektion *f,* **en** prêt-à-porter *m* ; confection *f*.

Konfektionsgeschäft *n,* **e** magasin *m* de confection.

Konferenz *f,* **en** conférence *f* ; *eine ~ ab/halten* tenir une conférence ; *in einer ~ sein* être à une conférence ; *an einer ~ teil/nehmen* participer à une conférence.

Konferenzdolmetscher *m,* **-** interprète *m* de conférence.

Konferenzteilnehmer *m,* **-** participant *m* à une conférence.

konferieren tenir conférence ; *mit jdm über etw ~* conférer avec qqn de qqch.

Konfiskation *f,* **en** confiscation *f (syn. Beschlagnahme).*

konfiszieren confisquer.

Konflikt *m,* **e** conflit *m* ; litige *m* ; différend *m* ; *einen ~ aus/lösen* déclencher un conflit ; *einen ~ bewältigen* surmonter un conflit ; *in einen ~ geraten* entrer en conflit ; *einen ~ schlichten* arbitrer un différend ; *der ~ hat sich verschärft (zugespitzt)* le conflit s'est aggravé.

Konfliktfall *m,* **¨e** cas *m* conflictuel ; *im ~* en cas de conflit.

Konfliktkommission *f,* **en** commission *f* d'arbitrage en cas de conflit.

Konfliktlösung *f,* **en** solution *f* du (au) conflit.

Konföderation *f,* **en** confédération *f*.

Konjunktur *f,* **en** conjoncture *f* ; situation *f* économique **I.** *rückläufige ~* régression *f* économique ; *sinkende ~* conjoncture de baisse ; *steigende ~* conjoncture ascendante, de hausse ; *überhitzte ~* boom *m* ; surchauffe *f* conjoncturelle **II.** *die ~ an/heizen* stimuler la conjoncture ; *die ~ an/kurbeln* relancer l'économie ; *die ~ bremsen (dämpfen)* donner un coup de frein à la conjoncture ; *die ~ fördern* favoriser la conjoncture.

Konjunkturabhängigkeit *f,* **(en)** dépendance *f* conjoncturelle.

Konjunkturabschwächung *f,* **en** ralentissement *m* de la conjoncture ; fléchissement *m*, affaiblissement *m*, tassement *m* conjoncturel.

Konjunkturabschwung *m*, (¨e) fléchissement *m*, tassement *m* conjoncturel ; récession *f* ; atonie *f* conjoncturelle.

Konjunkturabstieg *m*, *ϕ* ⇒ *Konjunkturabschwung.*

Konjunkturanalyse *f*, **n** analyse *f* conjoncturelle.

konjunkturanfällig sensible aux fluctuations conjoncturelles.

Konjunkturanfälligkeit *f*, *ϕ* sensibilité *f* aux variations conjoncturelles.

Konjunkturankurbelung *f*, **en** relance *f* de la conjoncture.

konjunkturanregend destiné à stimuler la conjoncture.

Konjunkturaufschwung *m*, (¨e) essor *m* conjoncturel ; relance *f* ; boom *m*.

Konjunkturausgleichsrücklage *f*, **n** fonds *m* de stabilisation conjoncturelle ; réserve *f* conjoncturelle compensatoire (dépôt des « länder » auprès de la banque centrale).

Konjunkturbarometer *n*, - baromètre *m* conjoncturel.

konjunkturbedingt conjoncturel ; lié à la conjoncture ; tributaire, fonction de la conjoncture.

Konjunkturbelebung *f*, **en** reprise *f*, relance *f* de l'activité économique ; redressement *m* conjoncturel.

Konjunkturbericht *m*, **e** rapport *m*, note *f* de conjoncture.

Konjunkturbewegung *f*, **en** mouvement *m* conjoncturel.

Konjunkturbild *n*, **(er)** tableau *m*, profil *m* conjoncturel ; situation *f* économique.

konjunkturdämpfend qui freine, ralentit l'activité économique.

Konjunkturdämpfung *f*, **(en)** ralentissement *m* conjoncturel ; refroidissement *m* de la conjoncture.

Konjunktureinbruch *m*, ¨e effondrement *m*, repli *m*, recul *m* conjoncturel.

konjunkturell conjoncturel ; *~e Arbeitslosigkeit* chômage *m* conjoncturel.

konjunkturempfindlich ⇒ *konjunkturanfällig.*

Konjunkturentwicklung *f*, **en** évolution *f* conjoncturelle.

Konjunkturerholung *f*, **en** redressement *m* économique, de la conjoncture.

Konjunkturflaute *f*, **n** ralentissement *m*, accalmie *f* conjoncturel(le) ; stagnation *f* de l'activité économique.

Konjunkturforscher *m*, - conjoncturiste *m* ; spécialiste *m* de la conjoncture.

Konjunkturforschung *f*, **en** étude *f* du marché ; analyse *f* de la situation conjoncturelle.

Konjunkturforschungsinstitut *n*, **e** institut *m* d'études conjoncturelles.

Konjunkturkurve *f*, **n** courbe *f* conjoncturelle.

Konjunkturlenker *pl* responsables *mpl* de la conjoncture.

Konjunkturlenkung *f*, **en** ⇒ *Konjunktursteuerung.*

Konjunkturpolitik *f*, *ϕ* politique *f* conjoncturelle.

Konjunkturprognosen *pl* prévisions *fpl* conjoncturelles.

Konjunkturrisiko *n*, **-ken** aléa *m* conjoncturel ; hasards *mpl* de la conjoncture.

Konjunkturrückgang *m*, ¨e recul *m* de l'activité économique ; récession *f*.

Konjunkturrückschlag *m*, ¨e retour *m*, retournement *m* conjoncturel ; récession *f*.

Konjunktursachverständige/r *(der/ein)* ⇒ *Konjunkturforscher.*

Konjunkturschwankungen *pl* fluctuations *fpl* conjoncturelles.

Konjunkturspezialist *m*, **en, en** ⇒ *Konjunkturforscher.*

Konjunkturspritze *f*, **n** injection *f* de capitaux pour relancer la conjoncture.

Konjunktursteuerung *f*, **en** contrôle *m* de l'économie.

Konjunktursturz *m*, ¨e effondrement *m* conjoncturel.

Konjunkturtief *n*, **s** creux *m* conjoncturel ; mauvaise passe *f* ; dépression *f*, récession *f* économique ; creux de la vague *(syn. Talfahrt).*

Konjunkturüberhitzung *f*, **en** surchauffe *f* économique ; emballement *m* de la conjoncture.

Konjunkturumschlag *m*, ¨e retournement *m*, revirement *m* conjoncturel.

Konjunkturumschwung *m*, ¨e ⇒ *Konjunkturumschlag.*

Konjunkturuntersuchung *f*, **en** analyse *f* de la conjoncture.

Konjunkturverlangsamung *f*, **en** ralentissement *m* de l'activité économique.

Konjunkturverlauf *m*, ¨e évolution *f* de la conjoncture ; rythme *m* conjoncturel.

Konjunkturzufälle *pl* ⇒ *Konjunkturrisiko.*

Konjunkturzusammenbruch *m*, ¨e effondrement *m* conjoncturel.

Konjunkturzuschlag *m*, ¨e impôt *m* conjoncturel ; taxe *f* conjoncturelle.

Konjunkturzyklus *m*, **-klen** cycle *m*

conjoncturel.

Konkurrent *m*, **en, en** concurrent *m* ; *einen ~en ab/hängen* se débarrasser d'un concurrent ; décrocher un concurrent ; *~en unter Kontrolle bringen* contrôler la concurrence *(syn. Wettbewerber).*

Konkurrenz *f*, **en** compétition *f* ; concurrence *f* ; ensemble *m* des producteurs **I.** *schmutzige (unlautere) ~* concurrence déloyale ; *unerbittliche ~* concurrence implacable **II.** *die ~ aus/schalten* éliminer la concurrence ; *zur ~ gehen (ab/wandern)* s'adresser à la concurrence ; *bei der ~ kaufen* acheter chez un concurrent ; *jdm ~ machen* faire concurrence à qqn ; *mit jdm in ~ sein* être en concurrence avec qqn ; *ohne ~ sein* ne pas avoir de concurrence ; *mit jdm in ~ treten* entrer en concurrence avec qqn *(syn. Wettbewerb).*

Konkurrenzdruck *m*, *φ* pression *f* de la concurrence.

Konkurrenzfabrikat *n*, **e** produit *m* concurrent, de la concurrence.

konkurrenzfähig compétitif *(syn. wettbewerbsfähig).*

Konkurrenzfähigkeit *f*, **en** compétitivité *f (syn. Wettbewerbsfähigkeit).*

Konkurrenzfirma *f*, **-men** maison *f* concurrente.

Konkurrenzkampf *m*, **¨e** concurrence *f* ; lutte *f* pour la compétitivité.

Konkurrenzklausel *f*, **n** clause *f* de non-concurrence.

konkurrenzlos défiant toute concurrence ; sans concurrence.

Konkurrenzmodell *n*, **e** modèle *m* concurrent, de la concurrence.

Konkurrenzunternehmen *n*, **-** entreprise *f* concurrente.

konkurrieren concourir ; concurrencer ; *er ~t mit ihm um die Gunst der Konsumenten* il lui dispute la faveur des consommateurs.

Konkurs *m*, **e** faillite *f* ; banqueroute *f* ; *~ an/melden* se déclarer en faillite ; déposer son bilan ; *den ~ erklären* prononcer la faillite ; *den ~ eröffnen* déclarer l'ouverture de la faillite ; *in ~ gehen (~ machen)* faire faillite ; *vor dem ~ stehen* être au bord de la faillite *(syn. Bankrott ; Pleite).*

Konkursanmeldung *f*, **en** dépôt *m* de bilan.

Konkursantrag *m*, **¨e** demande *f* de mise en faillite.

Konkursausverkauf *m*, *φ* vente *f*, liquidation *f* pour cause de faillite.

Konkurserklärung *f*, **en** déclaration *f* de faillite.

Konkurseröffnung *f*, **en** ouverture *f* de la faillite.

Konkurseröffnungsantrag *m*, **¨e 1.** demande *f* d'ouverture de la liquidation des biens **2.** assignation *f* en déclaration de faillite (créanciers).

Konkursforderung *f*, **en** créance *f* de la faillite.

Konkursgläubiger *m*, **-** créancier *m* de la faillite, de la masse ; *bevorrechtigter ~* créancier privilégié de la faillite.

Konkursmasse *f*, **n** actif *m*, masse *f* de la faillite ; *eine Forderung zur ~ an/melden* produire des titres de créance.

Konkursordnung *f*, **en** règlement *m* des faillites.

konkursreif au bord de la faillite ; mûr pour la faillite.

Konkursrichter *m*, **-** juge *m* des faillites.

Konkursverfahren *n*, **-** procédure *f* de faillite.

Konkursverwalter *m*, **-** syndic *m*, liquidateur *m*, administrateur *m* de la faillite.

Konnossement *n*, **e** [kɔnɔsə'mɛnt] connaissement *m* (récépissé de chargement de marchandises que transporte un navire).

Konsens *m*, **(e)** consensus *m* ; *der soziale ~* le consensus social ; *in Sachen Mitbestimmung gibt es einen ~ zwischen Arbeitern und Gewerkschaften* en matière de cogestion il y a consensus entre salariés et syndicats.

Konservierung *f*, **en** conservation *f* (alimentaire).

Konservierungsstoff *m*, **e** (produit *m*) conservateur *m*.

Konsignant *m*, **en, en** mandant *m* ; commettant *m* ; consignateur *m* (expéditeur).

Konsignatär *m*, **e** commissionnaire-consignataire *m* ; agent *m* maritime.

Konsignation *f*, **en** consignation *f* ; envoi *m* de marchandises à un commissionnaire.

konsignieren consigner.

konsolidieren consolider ; *die Preise ~* consolider les prix ; *~te Bilanz* bilan *m* consolidé *(Zusammenfassung der Einzelbilanzen von Konzernunternehmen zu einer Konzernbilanz).*

Konsolidierung *f*, **en 1.** consolidation *f* ; *~ der Preise* consolidation des prix **2.** consolidation (convertir des titres remboursables, à court ou moyen terme, en titres à long terme).

Konsolidierungsanleihe *f,* **n** emprunt *m* de consolidation.

Konsorten *pl* **1.** membres *mpl* d'un consortium ; consorts *mpl* **2.** *(péjoratif)* complices *mpl* ; suppôts *mpl.*

Konsortialbank *f,* **en** banque *f* de consortium, d'un groupe bancaire ; banque consortiale.

Konsortialkredit *m,* **e** crédits *mpl* consortiaux.

Konsortium *n,* **-ien** [kɔn'zɔrtsjum] consortium *m* (groupement d'entreprises associées en vue d'opérations communes à grand risque financier).

Konstrukteur *m,* **e** (ingénieur) constructeur *m.*

Konstruktion *f,* **en** construction *f* ; conception *f.*

Konstruktionsbüro *n,* **s** bureau *m* d'études *(syn. Planungsbüro).*

Konstruktionsfehler *m,* **-** défaut *m,* vice *m* de construction.

Konstruktionsleiter *m,* **-** ingénieur *m* en chef ; ingénieur-conseil *m.*

Konstruktionsmängel *pl* ⇒ *Konstruktionsfehler.*

Konstruktionszeichner *m,* **-** dessinateur *m* projecteur.

Konsul *m,* **n** ['kɔnzul] consul *m.*

konsularisch consulaire ; *~es Corps (CC)* corps *m* consulaire.

Konsulat *n,* **e** consulat *m.*

Konsulatsfaktura *f,* **-ren** facture *f* consulaire.

Konsulatsgebühren *pl* taxes *fpl* consulaires.

Konsum *m,* **φ** **1.** [kɔn'zu:m] consommation *f* ; *öffentlicher (staatlicher) ~* consommation publique ; *privater ~* consommation privée. **2.** ['kɔnzum] *(R.D.A.)* magasin-coopérative (de détail) *m.*

Konsumartikel *m,* **-** article *m* de consommation courante.

Konsument *m,* **en, en** [kɔnzu'mɛnt] consommateur *m (syn. Verbraucher).*

Konsumentenbefragung *f,* **en** enquête *f* auprès des consommateurs.

Konsumentengruppe *f,* **n** groupe *m* de consommateurs.

Konsumentenkredit *m,* **e** crédit *m* à la consommation.

Konsumentenwünsche *pl* desiderata *mpl,* désirs *mpl,* souhaits *mpl* des consommateurs.

Konsumerismus *m,* **φ** consumérisme *m* ; action *f* concertée des consommateurs en vue de défendre leurs intérêts.

Konsumfähigkeit *f,* **(en)** pouvoir *m* d'achat ; *die ~ der Verbraucher beschneiden* amputer le pouvoir d'achat des consommateurs.

Konsumfinanzierung *f,* **en** crédit *m* consommateur.

Konsumgenossenschaft *f,* **en** coopérative *f* de consommation.

Konsumgesellschaft *f,* **en** société *f* de consommation.

Konsumgewohnheiten *pl* habitudes *fpl* de consommation.

Konsumgüter *pl* biens *mpl* de consommation ; *dauerhafte (langlebige) ~* biens de consommation durables (télévisions, automobiles, etc.).

Konsumgüterelektronik *f,* **φ** ⇒ *Unterhaltungsindustrie.*

Konsumgüterindustrie *f,* **n** industrie *f* des biens de consommation.

konsumieren consommer *(syn. verbrauchen).*

Konsumkraft *f,* **φ** pouvoir *m* consommateur ; pouvoir *m* d'achat ; capacité *f* de consommation.

Konsumkredit *m,* **e** ⇒ *Konsumentenkredit.*

Konsummuffel *m,* **-** *(fam.)* ennemi *m* de la consommation ; mauvais consommateur *m.*

Konsumnachfrage *f,* **n** demande *f* à la consommation.

Konsumneigung *f,* **en** propension *f* à consommer.

konsumorientiert tributaire des consommateurs ; orienté vers la consommation.

Konsumpreisverhalten *n,* **φ** comportement *m* des prix à la consommation.

Konsumption *f,* **φ** ⇒ *Konsum* **1.**

Konsumquote *f,* **en** taux *m,* quota *m* de consommation.

Konsumrausch *m,* **φ** propension *f* à consommer ; fringale *f* de consommation.

Konsumterror *m,* **φ** consommation *f* frénétique (manipulation des consommateurs par le matraquage publicitaire).

Konsumtion *f,* **φ** ⇒ *Konsum* **1.**

konsumtiv relatif à la consommation ; *eine Beschneidung der ~en Ausgaben* une amputation des dépenses de consommation.

Konsumverein *m,* **e** coopérative *f,* association *f* de consommateurs.

Konsumverhalten *n,* **-** comportement *m* du (des) consommateur(s).

Konsumverzicht *m,* **(e)** épargne *f* à la consommation ; consommation *f* freinée ; refus *m* de consommer.

Konsumware *f,* **n** marchandise *f,* denrée *f* de consommation courante.

Konsumzurückhaltung *f,* **en** ralentissement *m* de la consommation ; retenue *f* des acheteurs.

Konsumzuwachs *m,* *ϕ* accroissement *m*, surcroît *m* de (la) consommation.

Konsumzwang *m,* **¨e** ⇒ *Konsumterror.*

Kontakt *m,* **e** contact *m* ; *mit jdm ~ auf/nehmen* prendre contact avec qqn ; *den ~ her/stellen* établir le contact ; *den ~ unterbrechen* interrompre le contact ; *~e mit (zu) jdm haben* avoir des contacts avec qqn.

Kontaktaufnahme *f,* **n** prise *f* de contact.

kontakten ⇒ *kontaktieren.*

Kontakter *m,* **-** *(publicité)* agent *m* de contact ; personne *f* assurant le contact avec les clients.

kontaktfreudig aimant les contacts.

kontaktieren contacter ; établir des contacts.

Kontaktperson *f,* **en** personne *f* à contacter ; intermédiaire *m.*

Kontaktring *m,* *ϕ* *(R.D.A.)* circuit *m* de contact (système de vente spécialisée, reposant sur un contact étroit entre commerce de gros, de détail et la clientèle notamment pour des produits de haute technicité).

Kontenführung *f,* **en** tenue *f* des comptes.

Kontenkarte *f,* **n** *(inform.)* carte compte *f.*

Kontenklasse *f,* **n** classe *f* de compte du plan comptable.

Kontennummer *f,* **n** numéro *m* de compte.

Kontenplan *m,* **¨e** plan *m* comptable.

Kontenrahmen *m,* **-** plan *m* comptable général.

Kontensperre *f,* **n** blocage *m* des comptes.

Kontensperrung *f,* **e** ⇒ *Kontensperre.*

Kontermarke *f,* **n** contremarque *f.*

kontern contrer ; riposter ; *die Unternehmen ~ mit einem neuen Modell* les entreprises ripostent en lançant un nouveau modèle.

Kontinentalsperre *f,* **n** blocus *m* continental.

Kontingent *n,* **e** contingent *m* ; quota *m* ; *sein ~ aus/schöpfen* épuiser son contingent ; *~e fest/setzen* fixer des contingents ; *ein ~ kürzen* réduire un contingent.

kontingentieren contingenter ; fixer le contingent de.

Kontingentierung *f,* **en** contingentement *m.*

Kontingentzuteilung *f,* **en** répartition *f* des contingents.

Konti-Schicht *f,* **en** travail *m* (en) continu ; production *f* non-stop.

Konto *n,* **s** ou **-ten** compte *m* **I.** *abgeschlossenes (saldiertes) ~* compte arrêté (soldé) ; *aufgelöstes ~* compte fermé ; *ausgeglichenes ~* compte équilibré ; *eingefrorenes ~* compte gelé ; *gedecktes ~* compte approvisionné ; *gemeinschaftliches ~* compte joint ; *gesperrtes ~* compte bloqué ; *laufendes ~* compte courant ; *persönliches ~* compte personnel ; *überzogenes (ungedecktes) ~* compte à découvert **II.** *Geld von einem ~ ab/heben* retirer, prélever de l'argent d'un compte ; *ein ~ ab/schließen* clôturer (arrêter) un compte ; *ein ~ auf/füllen* approvisionner (alimenter) un compte ; *ein ~ auf/lösen* arrêter un compte ; *ein ~ aus/gleichen (saldieren)* balancer (solder) un compte ; *ein ~ belasten (mit)* débiter un compte (de) ; *ein ~ ein/frieren* geler un compte ; *auf ein ~ ein/zahlen* verser sur un compte ; *ein ~ (bei einer Bank) eröffnen* ouvrir un compte (dans, auprès d'une banque) ; *ein ~ haben* avoir un compte ; *einem ~ gut/schreiben* créditer, porter au crédit d'un compte ; *ein ~ schließen* fermer un compte ; *ein ~ sperren lassen* faire opposition à un compte ; *Geld auf ein ~ überweisen* virer de l'argent à un compte ; *ein ~ überziehen* mettre un compte à découvert.

Kontoabschluß *m,* **¨sse** arrêté *m* de compte.

Kontoausgleich *m,* **e** solde *m* de compte.

Kontoauszug *m,* **¨e** extrait *m*, relevé *m* de compte.

Kontoberichtigung *f,* **en** redressement *m* de compte.

Kontobezeichnung *f,* **en** libellé *m*, intitulé *m* d'un compte.

Kontoblatt *n,* **¨er** *(inform.)* relevé *m* de compte.

Kontobuch *n,* **¨er** livre *m* de compte.

Kontoeröffnung *f,* **en** ouverture *f* de compte.

Kontoführung *f,* **en** tenue *f* de compte.

Kontoführungsgebühren *pl* frais *mpl* de tenue de compte.

Kontoguthaben *n,* **-** avoir *m* en compte ; *das gesamte ~ ab/heben* vider, épuiser un compte.

Kontoinhaber *m,* **-** titulaire *m* d'un compte.

Kontokorrent *n*, **e** ⇒ *Kontokorrentkonto.*

Kontokorrentabteilung *f*, **en** service *m* des comptes courants.

Kontokorrentbuch *n*, **¨er** *(comptab.)* grand livre *m*.

Kontokorrentgeschäft *n*, **e** opération *f* de compte courant.

Kontokorrentkonto *n*, s ou **-ten** compte courant *m* *(syn. laufendes Konto ; Girokonto).*

Kontokorrentkredit *m*, **e** crédit *m* en compte courant.

Kontokorrentnummer *f*, **n** numéro *m* de compte courant.

Kontokorrentstand *m*, *ϕ* état *m* de compte.

Kontokorrentüberziehung *f*, **en** ⇒ *Kontoüberziehung.*

Kontokorrentverkehr *m*, *ϕ* activité *f* des comptes courants.

Kontor *n*, **e** **1.** comptoir *m* ; bureau *m* ; établissement *m* de commerce à l'étranger **2.** *(R.D.A.)* département *m* d'exportation ou d'importation d'une entreprise.

Kontorist *m*, **en, en** *(rare)* employé *m* de bureau.

Kontostand *m*, **¨e** état d'un compte ; *den ~ abfragen* demander un relevé de compte.

Kontoüberziehung *f*, **en** découvert *m* (de compte).

Kontrahent *m*, **en, en** contractant *m* ; partie *f* contractante ; signataire *m* d'un contrat.

kontrahieren contracter, passer contrat.

Kontrakt *m*, **e** contrat *m* ; *mit jdm einen ~ ab/schließen* conclure un contrat avec qqn ; *einen ~ brechen* rompre un contrat ; *seinen ~ erfüllen* remplir son contrat ; *einen ~ für nichtig erklären* annuler un contrat ; déclarer un contrat nul et non avenu ; *jdn unter ~ nehmen* engager qqn sous contrat ; *einen ~ unterzeichnen* signer un contrat ; *einen ~ verlängern* prolonger un contrat *(syn. Vertrag).*

Kontraktabschluß *m*, **¨sse** conclusion *f* d'un contrat.

kontraktbestimmt ⇒ *kontraktlich.*

Kontraktbindung *f*, **en** contrat *m* ; fait *m* d'être lié par contrat ; *eine ~ ein/gehen* signer un contrat ; accepter un contrat.

Kontraktbruch *m*, **¨e** rupture *f* de contrat.

kontraktbrüchig être en rupture de contrat ; violer un contrat.

kontraktlich contractuel ; conventionnel ; par contrat.

kontraktwidrig contraire aux termes du contrat ; incompatible avec le contrat.

Kontrollabschnitt *m*, **e** fiche *f*, coupon *m*, talon *m* de contrôle.

Kontrollbit *n*, **s** *(inform.)* bit *m* de contrôle ; chiffre *m* binaire de contrôle.

Kontrolle *f*, **n** contrôle *m* ; surveillance *f* ; vérification *f* ; *eine ~ aus/üben* exercer un contrôle ; *eine ~ durch/führen* faire un contrôle ; *über etw ~ haben* contrôler qqch ; *jdn unter ~ haben* avoir qqn sous son contrôle.

Kontrolleur *m*, **e** contrôleur *m* ; vérificateur *m* ; inspecteur *m*.

Kontrollgruppe *f*, **n** groupe *m* de contrôle ; témoins *mpl.*

kontrollierbar contrôlable ; vérifiable.

kontrollieren contrôler ; surveiller.

Kontrollkarte *f*, **n** carte *f* de contrôle.

Kontrollkasse *f*, **n** caisse *f* de contrôle.

Kontrollnummer *f*, **n** numéro *m* de contrôle.

Kontrollorgan *n*, **e** organe *m*, organisme *m* de contrôle.

Kontrollschein *m*, **e** fiche *f*, bulletin *m* de contrôle.

Kontrollstelle *f*, **n** poste *m*, point *m* de contrôle.

Kontrollstempel *m*, cachet *m*, timbre *m* de contrôle.

Kontrollübernahme *f*, **n** prise *f* de contrôle (firme) ; OPA *f*.

Kontrolluhr *f*, **en** horloge *f* de pointage ; contrôle *m* de présence *(syn. Stechuhr).*

Kontrollvermerk *m*, **e** marque *f*, visa *m* de contrôle.

Kontrollvorrichtung *f*, **en** dispositif *m*, mécanisme *m* de contrôle.

Kontrollzettel *m*, **-** ⇒ *Kontrollschein.*

Kontroverse *f*, **n** controverse *f* ; *~n aus/lösen* soulever des controverses.

Konvention *f*, **en** convention *f* ; entente *f* ; accord *m* ; traité *m* ; *gegen die Genfer ~ verstoßen* violer la convention de Genève ; *die Haager ~* convention de La Haye.

Konversion *f*, **en** conversion *f*.

Konversions- *(préfixe)* de conversion.

Konversionsanlage *f*, **n** installation *f* de reconversion.

Konversionsanleihe *f*, **n** emprunt *m* de conversion.

Konversionsaufgeld *f*, *ϕ* prime *f* de conversion.

Konversionsschuldverschreibung *f*, **en**

obligation *f* de conversion.

Konverter ***m,*** **-** convertisseur *m*.

konvertibel ⇒ *konvertierbar*.

Konvertibilität ***f,*** **en** ⇒ *Konvertierbarkeit*.

konvertierbar convertible ; *eine frei ~e Währung* une monnaie librement convertible *(syn. austauschbar)*.

Konvertierbarkeit ***f,*** **(en)** convertibilité *f (syn. Austauschbarkeit)*.

konvertieren 1. convertir une monnaie en une autre **2.** *(inform.)* transférer des données d'un support sur un autre.

Konvertierung ***f,*** **en** ⇒ *Konversion*.

Konvertierungsanleihe ***f,*** **n** ⇒ *Konversionsanleihe*.

Konzentration ***f,*** **en** concentration *f* ; *horizontale, vertikale ~* concentration horizontale, verticale.

Konzentrationsprozeß ***m,*** **-sse** processus *m* de concentration.

konzentrieren concentrer ; *die Produktion konzentriert sich auf Exportgüter* la production se concentre sur des biens d'exportation.

Konzentrierung ***f,*** **en** concentration *f* (le fait de concentrer).

Konzern ***m,*** **e** konzern *m* ; groupement *m*, groupe *m* (industriel) ; groupement de sociétés ; consortium *m* ; *Zerschlagen der ~e* déconcentration *f* industrielle.

Konzernabschluß ***m,*** **¨sse** ⇒ *Konzernbilanz*.

Konzernbilanz ***f,*** **en** bilan *m* consolidé.

Konzernbildung ***f,*** **en** ⇒ *Konzernierung*.

Konzerngeschäftsbericht ***m,*** **e** rapport *m* sur les comptes consolidés.

Konzerngewinn ***m,*** **e** résultat *m* consolidé.

Konzernherr ***m,*** **n, en** patron *m* d'un groupe industriel ; dirigeant *m*, P.-D.G. *m* d'un konzern.

Konzernierung ***f,*** **en** constitution *f* de groupes (industriels), de konzerns.

Konzernrichtlinie ***f,*** **n** *(comptab.)* septième directive de la C.E.

konzertierte Aktion ***f,*** **en** *(R.F.A.)* action *f* concertée ; concertation *f* entre partenaires sociaux (organismes d'Etat, syndicats et fédérations patronales).

Konzession ***f,*** **en 1.** concession *f* ; *~en machen* faire des concessions **2.** concession *f* ; autorisation *f* ; patente *f* ; licence *f* ; *jdm eine ~ entziehen* retirer la licence à qqn ; *jdm eine ~ erteilen* accorder une concession à qqn.

Konzessionär ***m,*** **e** ⇒ *Konzessionsinhaber*.

konzessionieren accorder une licence à ; autoriser par licence.

Konzessionsgebiet ***n,*** **e** concession *f* (minière, pétrolifère) ; *Vergabe von ~n* octroi *m* de concession.

Konzessionsinhaber ***m,*** **-** concessionnaire *m*.

Kooperative ***f,*** **n** *(R.D.A.)* coopérative *f*.

Kooperation ***f,*** **en** coopération *f (syn. Zusammenarbeit)*.

Kooperationsabkommen ***n,*** **-** accord *m* de coopération.

Kooperationskette ***f,*** **n** *(R.D.A.)* chaîne *f*, groupe *m* d'entreprises travaillant en coopération.

Kooperationspartner ***m,*** **-** partenaire *m* coopérant.

Kooperationsverband ***m,*** **¨e** ⇒ *Kooperationskette*.

Kooperationsvertrag ***m,*** **¨e** contrat *m* de coopération.

kooperieren coopérer ; *die Firma X ~t mit der Firma Y* l'entreprise X coopère avec Y *(syn. zusammenarbeiten)*.

Kooptation ***f,*** **en** cooptation *f (syn. Hinzuwahl)*.

kooptieren coopter *(syn. hinzuwählen)*.

Koordinierung ***f,*** **en** coordination *f*.

Kopf ***m,*** **¨e** tête *f* ; personne *f* ; *pro ~* par tête ; par personne ; par habitant ; *Pro-~-Einkommen* revenu *m* par tête d'habitant.

Kopfarbeiter ***m,*** **-** travailleur *m* intellectuel.

Kopfertrag ***m,*** **¨e** revenu *m* par tête.

Kopfgeld ***n,*** **er 1.** prime *f* de capture **2.** (somme *f* d') argent *m* par tête.

-köpfig *(suffixe)* précédé d'un chiffre, il indique le nombre de personnes ou de membres ; *ein elf~er Vorstand* un directoire de onze membres.

Kopfjäger ***m,*** **-** chasseur *m* de têtes (pourvoyeur de cadres supérieurs qu'il débauche afin de les faire engager par une autre entreprise) *(syn. Headhunter)*.

Kopfquote ***f,*** **n** pourcentage *m* par tête ; taux *m* par tête d'habitant.

Kopfsteuer ***f,*** **n** impôt *m* personnel ; cote *f* personnelle.

Kopiergerät ***n,*** **e 1.** duplicateur *m* ; tireuse *f* **2.** photocopieuse *f* ; machine *f* à photocopier.

Kopiermaschine ***f,*** **n** ⇒ *Kopiergerät*.

koppeln *(mit)* coupler, jumeler, associer (avec).

Kopp(e)lung ***f,*** **en** couplage *m* ; rattachement *m*.

Kopp(e)lungsgeschäft *n*, **e** opération *f* jumelée.

Kopp(e)lungsverkauf *m*, **¨e** vente *f* jumelée.

Koppelwirtschaft *f*, **en** *(agric.)* assolement *m* des terres ; culture *f* alternée.

Körperbehindete/r *(der/ein)* handicapé *m* physique, moteur.

Körperschaden *m*, **¨** dommages *mpl* corporels.

Körperschaft *f*, **en** corporation *f* ; collectivité *f* ; personne *f* morale ; *gemeinnützige ~* collectivité d'intérêt public ; *öffentliche ~en* collectivités publiques ; *öffentlich-rechtliche ~* collectivité de droit public.

Körperschaft(s)steuer *f*, **n** impôt *m* sur les sociétés.

Korrektur *f*, **en** correction *f* ; correctif *m* ; rectificatif *m*.

Korrektur-Mechanismus *m*, **-men** mécanisme *m* de correction, de compensation (C.E. agricole).

Korrespondent *m*, **en, en 1.** correspondant *m* de presse **2.** correspondancier *m*.

Korrespondenz *f*, **en** correspondance *f* ; courrier *m* ; *in ~ stehen mit jdm* entretenir une correspondance avec qqn *(syn. Schriftverkehr* ; *Schriftwechsel)*.

korrespondieren correspondre avec ; *wir ~ mit der Firma über die Warenlieferung* nous sommes en correspondance avec l'entreprise au sujet de la livraison des marchandises.

korrigieren corriger ; *nach oben, nach unten ~* corriger vers le haut, vers le bas.

kostbar précieux ; de grande valeur.

kosten 1. coûter ; *es ~t mich eine Menge Geld* cela me coûte un argent fou **2.** goûter, déguster qqch.

Kosten *pl* coût(s) *m(pl)* ; dépenses *fpl* financières ; frais *mpl* **I.** *auf ~ (+G)* à la charge de ; aux dépens de ; au détriment de ; *alle ~ inbegriffen* tous frais compris ; *auf eigene ~* à ses frais ; *~ zu Lasten (+G)* frais à la charge de ; *nach Abzug der ~* déduction faite des frais ; *zuzüglich der ~* frais en sus **II.** *für die ~ auf/kommen (die ~ auf/bringen)* faire face aux frais ; *seine ~ decken* couvrir ses frais ; *die ~ fest/setzen* fixer le coût ; *auf seine ~ kommen* rentrer dans ses frais ; *auf jds ~ leben* vivre aux crochets de qqn ; *die ~ übernehmen* assumer les frais ; *die ~ veranschlagen* évaluer le coût ; *die ~ vor/schießen* avancer les frais.

Kostenabschreibung *f*, **en** amortissement *m* des coûts.

Kostenanalyse *f*, **n** analyse *f* des coûts.

Kostenänderung *f*, **en** modification *f* des coûts.

Kostenanschlag *m*, **¨e** ⇒ *Kostenvoranschlag*.

Kostenanstieg *m*, **e** augmentation *f* des coûts.

Kostenanteil *m*, **e** ⇒ *Kostenbeteiligung*.

Kostenaufschlüsselung *f*, **en** ventilation *f* des coûts, des frais.

Kostenaufstellung *f*, **en** établissement *m* des frais.

Kostenaufteilung *f*, **en** ventilation *f*, répartition *f* des frais.

Kostenaufwand *m*, **-wendungen** charges *fpl* ; frais *mpl* ; dépenses *fpl* ; *bei einem ~ von...* moyennant une dépense de...

Kostenbeitrag *m*, **¨e** contribution *f*, participation *f* aux frais.

Kostenbelastung *f*, **en** charge *f* financière ; charge des frais.

Kostenberechnung *f*, **en** calcul *m*, état *m* des coûts ; décompte *m* des frais, des charges.

Kostenbestandteil *m*, **e** partie *f* des frais ; élément *m* du coût.

Kostenbeteiligung *f*, **en** participation *f* aux frais.

Kostendämpfung *f*, **(en)** diminution *f* des coûts, des frais.

kostendeckend qui couvre les frais.

Kostendeckung *f*, **en** couverture *f* des frais.

Kosteneinsparungen *pl* économies *fpl* de coûts.

Kosteneintreibung *f*, **en** recouvrement *m* des frais.

Kostenentlastung *f*, **en** décharge *f* des frais ; allégement *m* des coûts.

Kostenentwicklung *f*, **en** évolution *f* des coûts.

Kostenerfassung *f*, **en** détermination *f* des coûts.

Kostenerhöhung *f*, **en** relèvement *m*, augmentation *f* des coûts.

Kostenermittlung *f*, **en** ⇒ *Kostenerfassung*.

Kostenersatz *m*, **ϕ** ⇒ *Kostenerstattung*.

Kostenersparnis *f*, **se** ⇒ *Kosteneinsparungen*.

Kostenerstattung *f*, **en** remboursement *m* des frais.

Kostenexplosion *f*, **en** explosion *f* des coûts ; montée *f* en flèche des charges.

Kostenfaktor *m*, **en** facteur *m* de

coûts.

Kostenfestsetzung *f,* **en** fixation *f,* établissement *m* des frais.

kostenfrei ⇒ *kostenlos.*

Kostenfreiheit *f,* **en** exemption *f* de frais.

kostengerecht conforme aux frais à engager.

Kostengründe : *aus ~n* en raison du coût (élevé).

kostengünstig avantageux ; d'un coût peu élevé.

Kostenherabsetzung *f,* **en** ⇒ *Kostendämpfung.*

Kosteninflation *f,* **en** inflation *f* par les coûts.

kostenintensiv à coefficient de coût élevé ; coûteux.

Kostenlage *f,* **n** situation *f* des coûts.

Kostenlawine *f,* **n** avalanche *f* des frais ; croissance *f* démesurée des coûts.

kostenlos gratuit ; gracieux ; sans frais ; exonéré de frais.

kostenmäßig en termes de coûts.

Kostenminderung *f,* **en** ⇒ *Kostendämpfung.*

Kostenminimierung *f,* **en** minimisation *f* des frais.

kostenneutral sans incidence de frais supplémentaires ; sans majoration de coût.

Kosten - Nutzen - Analyse *f,* **n** analyse *f* des coûts et profits.

kostenpflichtig tenu de payer des frais ; payant ; assujetti aux dépens.

Kostenpreis *m,* **e** prix *m* de revient ; prix coûtant *m (syn. Selbstkostenpreis).*

Kostenrechnung *f,* **en** comptabilité *f* analytique ; calcul *m* des coûts ; compte *m* de frais ; comptabilité *f* des prix de revient.

Kostensatz *m,* **¨e** pourcentage *m* des frais généraux.

Kostenschub *m,* **¨e** augmentation *f* des coûts ; poussée *f* des coûts.

kostensenkend entraînant une diminution des frais ; avec effet de baisse des coûts.

Kostensenkung *f,* **en** ⇒ *Kostendämpfung.*

kostensparend économique ; qui évite des frais.

Kostensteigerung *f,* **en** ⇒ *Kostenerhöhung.*

Kostenstelle *f,* **n** centre *m* de coûts ; poste *m* du prix de revient.

Kostenstellenrechnung *f,* **en** comptabilité *f* analytique.

Kostenträger *m,* **- 1.** celui qui supporte les frais **2.** poste *m* de production supportant les coûts.

kostentreibend générateur *m* de frais ; coûteux ; onéreux.

Kostenübernahme *f,* **n** prise *f* en charge des frais.

Kostenüberschlag *m,* **¨e** aperçu *m* des frais ; devis *m* estimatif.

Kosten- und Ertragslage *f,* **n** situation *f* des coûts et recettes.

Kosten und Fracht *pl* coût *m* et fret *m* ; C et F (clauses « incoterms »).

Kostenverlauf *m,* *φ* ⇒ *Kostenentwicklung.*

Kostenverringerung *f,* **en** ⇒ *Kostendämpfung.*

Kostenverteilung *f,* **en** ⇒ *Kostenaufschlüsselung.*

Kostenvoranschlag *m,* **¨e** devis *m* estimatif ; évaluation *f* des frais ; *einen ~ machen* établir un devis.

Kostenvorausrechnung *f,* **en** ⇒ *Kostenvoranschlag.*

Kostenvorschuß *m,* **¨sse** provision *f* ; avance *f* des (sur) frais.

Kostenvorteil *m,* **e** avantage *m* financier (dû à un coût moins élevé).

Kostenwelle *f,* **n** déferlement *m* de(s) frais.

Kostenwert *m,* *φ* prix *m* de revient ; montant *m* des coûts.

kostenwirksam rentable.

Kostenwirksamkeit *f,* *φ* rentabilité *f.*

kostspielig coûteux, onéreux *(syn. teuer).*

kotieren coter *(syn. notieren).*

Kotierung *f,* **en** *(Bourse)* cotation *f* ; *zur ~ zugelassen werden* être admis à la cote officielle.

Krach *m,* **(s)** ou **(e)** krach *m* boursier ; effondrement *m* du cours des valeurs en Bourse *(syn. Crash).*

Kraft *f,* **¨e 1.** employé(e) *m (f)* ; personnel *m* ; *qualifizierte ~* employé(e) qualifié(e) ; collaborateur *m* capable ; *stundenweise beschäftigte ~¨e* personnel employé à temps partiel ; *vollbeschäftigte ~¨e* employés à plein temps ; *weibliche ~¨e ein/stellen* engager du personnel féminin **2.** *φ (jur.)* force *f* ; vigueur *f* ; effet *m* ; *ein Gesetz außer ~ setzen* abroger une loi ; *in ~ setzen* mettre en vigueur, en application ; *außer ~ treten* ne plus être en vigueur ; devenir caduc ; *in ~ treten* entrer en vigueur.

Kraftaufwand *m,* *φ* dépense *f* d'énergie.

Kräftebedarf *m,* *φ* besoins *mpl* de personnel ; besoins en main-d'œuvre.

Kräftegleichgewicht *n,* *φ* équilibre *m*

des forces.

Kräfteknappheit *f,* ϕ pénurie *f* de personnel ; raréfaction *f* de la main-d'œuvre.

Kräftemangel *m,* ϕ ⇒ *Kräfteknappheit.*

Kräftenachfrage *f,* **n** demande *f* en personnel, en main-d'œuvre.

Kräfteverhältnis *n,* **(se)** rapport *m* de forces ; *das ~ zwischen Ost und West* le rapport de force entre l'Est et l'Ouest.

Kraftfahrer *m,* **-** automobiliste *m.*

Kraftfahrzeug *n,* **e** *(Kfz)* véhicule *m* ; automobile *f.*

Kraftfahrzeugschein *m,* **e** carte *f* grise.

Kraftfahrzeugsteuer *f,* **n** ⇒ *Kfz - Steuer.*

kraftlos *(jur.)* nul ; invalide ; *für ~ erklären* annuler ; invalider.

Kraftloserklärung *f,* **(en)** *(jur.)* abrogation *f* (décret, loi) ; annulation *f* ; invalidation *f* ; déclaration *f* de nullité.

Kraftprobe *f,* **n** épreuve *f,* tour *m* de force.

Kraftquelle *f,* **n** source *f* d'énergie.

Kraftstoff *m,* **e** carburant *m* ; essence *f (syn. Treibstoff ; Benzin).*

Kraftstoffrationierung *f,* **en** rationnement *m* du carburant.

kraftstoffsparend qui économise du carburant.

Kraftstoffverbrauch *m,* ϕ consommation *f* de carburant.

Kraftverkehr *m,* ϕ trafic *m* motorisé.

Kraftwagenbestand *m,* **¨e** parc *m* automobile.

Kraftwerk *n,* **e** centrale *f* (électrique, nucléaire).

Kraftwerkbestand *m,* **¨e** parc *m* de centrales (nucléaires).

Kragen *m,* **-** col *m* (de chemise) ; *die weißen ~* cols *mpl* blancs ; employés *mpl* de bureau.

Kram *m,* ϕ *(fam.)* fourbi *m* ; fatras *m.*

Krämer *m,* **-** *(péjor.)* épicier *m* ; boutiquier *m.*

Krämergeist *m,* ϕ *(péjor.)* esprit *m* mercantile ; grippe-sou *m* ; mentalité *f* étriquée.

Kramladen *m,* **¨** bazar *m* ; bric-à-brac *m.*

Krankengeld *n,* **er** allocation *f,* prestation *f* de maladie ; indemnités *fpl* journalières.

Krankenkasse *f,* **n** caisse-maladie *f* ; caisse *f* d'assurance-maladie.

Krankenschein *m,* **e** feuille *f* de maladie.

Krankenstand *m,* ϕ nombre *m* de malades (dans le personnel d'une entreprise).

Krankentagegeldversicherung *f,* **en** indemnité *f* journalière de maladie (versée par l'assurance).

Krankenversicherung *f,* **en** assurance-maladie *f.*

krank/feiern **1.** être absent du travail ; être malade **2.** prétexter une maladie ; avoir une maladie diplomatique.

Krankfeiern *n,* ϕ absentéisme *m* pour cause de maladie.

krankheitshalber pour cause de maladie ; *der Laden ist ~ geschlossen* le magasin est fermé pour cause de maladie.

krank melden : *sich ~* se faire porter malade.

Krankmeldung *f,* **en** certificat *m* de maladie (adressé à l'employeur).

krank/schreiben, ie, ie établir un arrêt de travail ; porter malade.

kreativ créatif ; *~er Texter* rédacteur *m* publicitaire créatif.

Kreativität *f,* ϕ créativité *f.*

krebserregend cancérigène.

krebserzeugend ⇒ *krebserregend.*

Kredit *m,* **e** **1.** crédit *m* ; prêt *m* ; emprunt *m* **I.** *(nicht) beanspruchter ~* crédit (non) utilisé ; *gedeckter ~* crédit garanti, sur garantie ; *kündbarer ~* crédit résiliable ; *kurz-, mittel-, langfristiger ~* crédit à court, moyen, long terme ; *laufender ~* crédit ouvert, permanent ; *öffentlicher ~* crédit public ; *privater ~* crédit privé ; *verzinslicher ~* crédit productif d'intérêts ; *zinsloser ~* crédit sans intérêts ; *zinsverbilligter ~* crédit à faible taux d'intérêt **II.** *einen ~ auf/nehmen* recourir à un crédit ; *einen ~ beantragen* solliciter un crédit ; *einen ~ eröffnen* ouvrir un crédit ; *jdm einen ~ gewähren (bewilligen)* octroyer, accorder un crédit à qqn ; *auf ~ kaufen* acheter à crédit ; *einen ~ tilgen (zurück/zahlen)* rembourser un crédit ; *einen ~ überziehen* dépasser un crédit **2.** crédit *m* ; réputation *f.*

Kreditabteilung *f,* **en** service *m* des crédits.

Kreditanstalt *f,* **en** ⇒ *Kreditinstitut.*

Kreditantrag *m,* **¨e** demande (d'ouverture) *f* de crédit.

Kreditaufnahme *f,* **n** prise *f* de crédit ; emprunt *m.*

Kreditauftrag *m,* **¨e** ordre *m* d'ouverture de crédit.

Kreditausleihung *f,* **en** *(an jdn)* prêt *m* accordé (à qqn).

Kreditausschuß *m,* **¨-sse** comité *m*, commission *f* de crédit.

Kreditausweitung *f,* **en** élargissement *m*, extension *f* du crédit.

Kreditbank *f,* **en** banque *f* de crédit, de prêts ; établissement *m* de crédit.

Kreditbegrenzung *f,* **en** encadrement *m*, resserrement *m*, limitation *f* du crédit.

Kreditbeschaffung *f,* **en** approvisionnement *m* en crédit ; obtention *f* de crédit ; *Erschwerung der ~* resserrement *m* du crédit.

Kreditbetrag *m,* **¨-e** montant *m* du crédit.

Kreditbewilligung *f,* **en** ⇒ *Kreditgewährung.*

Kreditbewirtschaftung *f,* **(en)** encadrement *m* du crédit.

Kreditbremse *f,* **n** coup de frein *m* donné au crédit ; *die ~ an/ziehen* donner un coup de frein au crédit ; resserrer le crédit.

Kreditbrief *m,* **e** lettre *f* de crédit ; accréditif *m*.

Kreditbriefaussteller *m,* **-** accréditeur *m*.

Kreditbriefinhaber *m,* **-** accrédité *m*.

Kreditbürgschaft *f,* **en** cautionnement *m* d'un crédit.

Kreditdrosselung *f,* **en** resserrement *m*, réduction *f* du crédit ; coup de frein *m* donné au crédit.

Krediteinbuße *f,* **n** perte *f* de crédit.

Krediteinräumung *f,* **en** ⇒ *Kreditgewährung.*

Krediteinschränkung *f,* **en** ⇒ *Kreditbegrenzung.*

Krediterleichterung *f,* **en** facilités *fpl* de crédit.

Krediteröffnung *f,* **en** ouverture *f* de (d'un) crédit.

Kreditexpansion *f,* **(en)** expansion *f*, extension *f* du crédit.

kreditfähig solvable.

Kreditfähigkeit *f,* **(en)** solvabilité *f* ; fiabilité *f* commerciale.

Kreditgeber *m,* **-** prêteur *m* ; bailleur *m* de fonds ; créancier *m* ; organisme *m* prêteur.

Kreditgefährdung *f,* **en** atteinte *f* au crédit ; danger *m* pour le crédit.

Kreditgenossenschaft *f,* **en** société *f* de crédit mutuel ; crédit *m* mutuel ; coopérative *f* de crédit.

Kreditgeschäft *n,* **e 1.** crédit *m* **2.** opération *f* de (à) crédit ; achat *m* à crédit.

Kreditgesellschaft *f,* **en** société *f* de crédit.

Kreditgewährung *f,* **en** octroi *m* de crédit, attribution *f* de crédit ; prêt *m*.

Kreditgewerbe *n,* *ϕ* crédit *m* (activité).

Kreditgrenze *f,* **n** plafond *m* du crédit.

Kredithahn *m,* **¨-e** robinet *m* du crédit ; *den ~ zu/drehen* fermer le robinet du crédit ; couper les crédits, les vivres.

Kredithai *m,* **e** *(fam.)* requin *m*, profiteur *m* du crédit ; usurier *m* ; prêteur *m* malhonnête.

kreditieren créditer ; *jdm eine Summe ~* créditer une somme à qqn.

Kreditierung *f,* **en** inscription *f* au crédit de qqn ; fait *m* de créditer.

Kreditinstitut *n,* **e** institut *m*, établissement *m* de crédit ; *~ mit Sonderaufgaben* établissement de crédit à attributions spéciales *(syn. Geldinstitut).*

Kreditkarte *f,* **n** carte *f* bancaire ; carte de crédit ; carte bleue ; *(syn. Bankkarte, Scheckkarte)* ; ⇒ *Eurocheqūekarte, Chip-Karte.*

Kreditkasse *f,* **n** caisse *f* de crédit.

Kreditkauf *m,* **¨-e** vente *f* à crédit ; achat *m* à terme *(syn. Ratenkauf).*

Kreditkosten *pl* frais *mpl* de crédit ; coût *m* du crédit.

Kreditlaufzeit *f,* **en** durée *f* d'un crédit.

Kreditlenkung *f,* **en** orientation *f* du crédit ; dirigisme *m* en matière de crédit.

Kreditlimit *n,* **s** plafond *m* du crédit ; limites *fpl* du crédit.

Kreditlinie *f,* **n** limite *f* de crédit accordé par une banque ; ligne *f* de crédit.

Kreditlockerung *f,* **en** desserrement *m* du crédit.

Kreditmarkt *m,* **¨-e** marché *m* des crédits (à court, moyen et long terme).

Kreditmittel *pl* crédits *mpl* ; fonds *mpl.*

Kreditnehmer *m,* **-** emprunteur *m*.

Kreditor *m,* **en** *(Autriche)* créancier *m* ; créditeur *m*.

Kreditorenauszug *m,* **¨-e** extrait *m*, relevé *m* de comptes créditeurs.

Kreditorenkonto *n,* **-ten** compte *m* créditeur, des créanciers ; compte des créances à payer.

Kreditorenposten *m,* **-** poste *m* créditeur.

Kreditpapier *n,* **e** titre *m* de crédit.

Kreditplafond *m,* **s** ⇒ *Kreditlimit.*

Kreditpolitik *f,* *ϕ* politique *f* du crédit.

kreditpolitisch concernant la politique du crédit ; *~e Maßnahmen treffen* recourir à des mesures de politique du crédit.

Kreditrestriktionen *pl* ⇒ *Kreditbegren-*

zung.

Kreditsaldo *m,* **-den** solde *m* créditeur.

Kreditschere *f,* *ϕ* fourchette *f* du crédit ; écart *m* entre crédits et dépôts en banque.

Kreditschöpfung *f,* **en** création *f* de crédit.

Kreditschrumpfung *f,* **en** resserrement *m,* tassement *m* du crédit.

Kreditseite *f,* **n** colonne-crédit *f* d'un compte ; crédit-avoir *m.*

Kreditsperre *f,* **n** blocage *m* du crédit.

Kreditsystem *n,* **e** régime *m* des crédits ; crédit *m* ; organisation *f* du crédit.

Kredittilgung *f,* **en** remboursement *m* d'un crédit.

Kreditüberschreitung *f,* **en** ⇒ *Kreditüberziehung.*

Kreditüberziehung *f,* **en** dépassement *m* de crédit.

kreditunfähig insolvable.

Kreditunterlagen *pl* dossier *m* d'ouverture d'un crédit ; pièces *fpl* à fournir à l'appui d'une demande d'ouverture de crédit.

kreditunwürdig insolvable *(contr. kreditwürdig).*

Kreditvergabe *f,* **n** ⇒ *Kreditgewährung.*

Kreditverknappung *f,* **en** resserrement *m,* raréfaction *f* du crédit.

Kreditverkürzung *f,* **en** diminution *f* de la durée d'un crédit.

Kreditverlängerung *f,* **en** prolongation *f* du crédit.

Kreditvermittler *m,* **-** ⇒ *Kreditgeber.*

Kreditvermittlung *f,* **en** ⇒ *Kreditgewährung.*

Kreditversicherung *f,* **en** assurance *f* crédit.

Kreditverteuerung *f,* **en** renchérissement *m* du crédit ; crédit plus cher.

Kreditvolumen *n,* **-** volume *m* du crédit ; importance *f* des crédits.

Kreditwechsel *m,* **-** effet *m* financier ; lettre *f* de change.

Kreditwesen *n,* *ϕ* ⇒ *Kreditsystem.*

Kreditwirtschaft *f,* *ϕ* ⇒ *Kreditsystem.*

kreditwürdig solvable ; digne de crédit.

Kreditwürdigkeit *f,* *ϕ* solvabilité *f* ; honorabilité *f,* solidité *f* commerciale.

Kreditzinsen *pl* intérêts *mpl* sur solde créditeur.

Kreditzusage *f,* **n** promesse *f* de crédit ; accord *m* de crédit.

Kreditzuteilung *f,* **en** attribution *f,* répartition *f* de crédit(s).

Kreide *f,* **n** craie *f* ; *bei jdm in der ~ stehen* avoir des dettes, une ardoise auprès de qqn ; devoir une somme à qqn.

Kreis *m,* **e** **1.** cercle *m* ; *~e* milieux *mpl* ; *informierte (gut unterrichtete) ~e* milieux bien informés **2.** district *m* ; canton *m* ; arrondissement *m* ; *schwarzer, weißer ~* zone *f* à loyer bloqué, à loyer libre.

Kreiselstreik *m,* **s** grève *f* tournante.

Kreislauf *m,* **¨e** circuit *m* ; *der wirtschaftliche ~* le circuit économique ; *~ des Kapitals* circuit du capital.

Kreissparkasse *f,* **n** caisse *f* d'épargne de district, de « Kreis ».

Kreisstadt *f,* **¨e** chef-lieu *m* de « Kreis ».

Kreisverkehr *m,* *ϕ* sens *m* giratoire.

Kreuzbandsendung *f,* **en** envoi *m* sous bande.

Kreuzpreisvergleich *m,* **e** comparaison *f* croisée des prix.

Kriechspur *f,* **en** voie *f* réservée aux véhicules lents.

Krieg *m,* **e** guerre *f* ; *kalter ~* guerre froide.

kriegen *(fam.)* avoir ; recevoir ; obtenir ; *Arbeitslosengeld ~* toucher une allocation de chômage.

Kriegsgewinn *m,* **e** profit *m* de guerre.

Kriegsgewinnler *m,* **-** profiteur *m* de guerre.

Kriegswirtschaft *f,* **en** économie *f* de guerre.

Krise *f,* **n** crise *f* **I.** *sektorielle ~* crise sectorielle ; *zyklische (periodische) ~* crise cyclique **II.** *die ~ steht bevor* la crise est imminente ; *in eine ~ geraten* entrer dans une période de crise ; *aus einer ~ heraus/kommen* sortir d'une crise ; *in der ~ stecken* être en pleine crise.

kriselt : *es ~* une crise se prépare ; ça ne va pas très fort ; *es ~ bei der Firma* l'entreprise traverse une crise.

krisenabhängig tributaire de la crise.

krisenanfällig sensible aux crises ; sujet, exposé à la crise.

Krisenapparat *m,* *ϕ* dispositif *m* de crise.

Krisenbevorratung *f,* **en** constitution *f* de réserves en vue d'une crise.

Krisenbranche *f,* **n** secteur *m* en crise.

krisenempfindlich ⇒ *krisenanfällig.*

Krisenerscheinungen *pl* phénomènes *mpl* de crise.

krisenfest à l'abri des crises ; non touché par la crise.

Krisengefahr *f,* **en** menace *f,* danger *m* de crise.

krisengeplagt harcelé, tourmenté par la crise.

krisengeschüttelt ébranlé, secoué par la crise.

Krisenhaushalt *m,* **e** budget *m* de crise.

Krisenherd *m,* **e** foyer *m* de crise.

Krisenkartell *n,* **e** cartel *m* de crise (créé lorsque les ventes sont en régression constante).

Krisenmanagement *n,* *ϕ* manière *f* de gérer la crise ; management *m* de crise.

Krisenprogramm *n,* **e** programme *m* de crise.

krisensicher ⇒ *krisenfest.*

Krisensituation *f,* **en** situation *f* de crise.

Krisenstab *m,* **¨e** état-major *m* de crise (constitué d'officiels chargés de résoudre des situations conflictuelles).

Krisenstimmung *f,* **en** atmosphère *f,* ambiance *f* de crise.

Krisentief *n,* **s** creux *m* de la vague ; *im ~ sein* être au creux de la vague ; la crise bat son plein *(syn. Talsohle).*

Krisenzeit *f,* **en** période *f* de crise ; temps *m* de crise.

Kriterium *n,* **-ien** critère *m* ; *etw als ~ nehmen* prendre qqch comme critère.

Kritik *f,* **en** critique *f* ; *eine ~ üben an (+D)* faire une critique à.

Kritiker *m,* **-** critique *m* ; censeur *m.*

kritisieren critiquer ; censurer.

Kronzeuge *m,* **n, n** témoin *m* principal.

Kto. ⇒ *Konto.*

KtoNr. ⇒ *Kontonummer.*

Kuhhandel *m,* *ϕ* maquignonnage *m* ; marchandage *m* ; *sich auf keinen ~ ein/lassen* ne pas accepter de marchandage, de compromission.

kuhhandeln *(à l'infinitif et au participe passé)* marchander ; magouiller.

Kühlanlage *f,* **n** dispositif *m* de refroidissement, de réfrigération ; frigorifique *m.*

Kühlhauslagerung *f,* **en** entrepôt *m* frigorifique.

Kühlraum *m,* **¨e** chambre *f* froide ; *Kühl- und Gefrierräume* chambres froides et frigorifiques.

Kühlschrank *m,* **¨e** réfrigérateur *m* ; « frigo » *m.*

Kühltruhe *f,* **n** congélateur *m.*

kulant accommodant ; arrangeant ; prévenant ; *~e Preise* des prix acceptables, abordables.

Kulanz *f,* *ϕ* aisance *f* ; facilité *f* ; prévenance *f* ; *jdn mit ~ behandeln* traiter qqn avec largesse et prévenance ; faire une concession en affaires.

Kulanzweg *m* : *auf dem ~* à l'amiable.

Kulisse *f,* **n 1.** *(théâtre)* coulisse *f* **2.** *(Bourse)* coulisse *f* ; marché *m* libre ; coulissiers *mpl.*

Kumpel *m,* **- ou s 1.** mineur *m* **2.** camarade *m* de travail.

kumulativ cumulatif ; cumulable ; *~e Vorzugsdividenden* dividendes *mpl* prioritaires cumulatifs.

kumulieren cumuler ; accumuler.

Kumulierung *f,* **en** cumul *m.*

kündbar résiliable ; remboursable ; *~es Darlehen* prêt *m* remboursable sur demande ; *~er Vertrag* contrat *m* résiliable.

Kunde *m,* **n, n** client *m* ; *Dienst am ~n* service *m* à la clientèle ; service après-vente ; *~n werben* recruter, prospecter de nouveaux clients.

Kundenaufklärung *f,* **(en)** information *f* de la clientèle.

Kundenberatung *f,* **en** conseil *m* à la clientèle ; service *m* clients.

Kundenbesuch *m,* **e** visite *f* des clients ; prospection *f* de la clientèle.

Kundenbetreuung *f,* **en** service *m* clients ; après-vente *m.*

Kundendienst *m,* **e** service *m* après-vente ; après-vente *m* ; *technischer ~* assistance *f* technique *(syn. Service).*

Kundendienstnetz *n,* **e** réseau *m* après-vente.

Kundendienstwerkstatt *f,* **¨en** atelier *m* de réparation du service après-vente.

Kundeneinlage *f,* **n** dépôt-client *m* ; avoir-client *m* ; apport *m,* mise *f* de fonds *f* de la clientèle.

Kundenfang *m,* *ϕ* racolage *m* (de clients) ; chasse *f* aux clients.

Kundenforderung *f,* **en** exigence *f* de la clientèle.

Kundenguthaben *n,* **-** avoirs *mpl* des clients.

Kundenkarte *f,* **n** carte *f* de fidélité, d'acheteur.

Kundenkartei *f,* **en** fichier *m* clients ; fichier-clientèle *m.*

Kundenkonto *n,* **-ten** compte-client(s) *m.*

Kundenkreis *m,* **e** ⇒ *Kundschaft.*

Kundennummer *f,* **n** numéro *m* de client ; *die ~ an/geben* indiquer le numéro de client.

Kundenpflege *f,* *ϕ* service *m* du client ; assistance *f* à la clientèle.

Kundenrabatt *m,* **e** escompte *m* au client, au consommateur.

Kundenskonto *m* ou *n,* **-ti** escompte

m de règlement (accordé).

Kundenstamm *m,* ϕ clientèle *f* fidèle, fixe ; habitués *mpl.*

Kundentermineinlagen *pl* dépôts *mpl* à terme de la clientèle.

Kundenverkehr *m,* ϕ rapports *mpl,* liaisons *fpl* avec la clientèle.

Kundenwerber *m,* - démarcheur *m.*

Kundenwerbung *f,* **(en)** démarchage *m* ; démarches *fpl* auprès de la clientèle ; prospection *f,* recherche *f* de clientèle.

Kundenwünsche *pl* desiderata *mpl* de la clientèle ; désirs *mpl* des clients.

Kundgebung *f,* **en 1.** manifestation *f* ; réunion *f* ; meeting *m* ; *eine ~ veranstalten* organiser une manifestation **2.** publication *f* ; notification *f.*

kündigen 1. dénoncer ; résilier ; *einen Vertrag ~* dénoncer, résilier un contrat ; *fristlos ~* résilier sans préavis **2.** congédier ; donner son congé ; licencier ; *die Firma hat 10 Arbeitern gekündigt* l'entreprise a licencié 10 ouvriers ; *ihm wird gekündigt* il reçoit son avis de licenciement.

Kündigung *f,* **en 1.** résiliation *f* ; dénonciation *f* d'un contrat **2.** licenciement *m* ; mise *f* à pied ; congé *m* ; préavis *m* ; *eine fristlose ~* congé sans préavis ; *mit monatlicher ~* avec préavis d'un mois.

Kündigungsbrief *m,* **e** lettre *f* de licenciement.

Kündigungsentschädigung *f,* **en** indemnité *f* de licenciement.

Kündigungsfrist *f,* **en** préavis *m* ; délai *m* de préavis ; *eine ~ ein/halten* observer un délai de préavis.

Kündigungsgelder *pl* dépôts *mpl* en banque à préavis.

Kündigungsschreiben *n,* - ⇒ *Kündigungsbrief.*

Kündigungsschutz *m,* ϕ protection *f* contre le licenciement.

Kündigungstermin *m,* **e** terme *m* de congé, de préavis ; délai *m* congé.

Kundin *f,* **nen** cliente *f.*

Kundschaft *f,* **en** clientèle *f* ; *örtliche ~* clientèle locale ; *in unserer ~* dans notre clientèle ; parmi nos clients ; *sich eine ~ schaffen* se faire une clientèle ; *die ~ zufriedenstellen* satisfaire la clientèle.

Kungelei *f,* **en** magouille *f* ; népotisme *m.*

kungeln magouiller.

Kunst- *(préfixe)* **1.** artistique **2.** synthétique.

Kunstdünger *m,* - engrais *m* artificiel, chimique.

Kunstfaser *f,* **n** fibre *f* synthétique, artificielle.

Kunstgegenstand *m,* **¨e** objet *m* d'art.

Kunstgewerbe *n,* ϕ arts *mpl* décoratifs, appliqués, industriels.

Kunstgewerbeschule *f,* **n** école *f* des arts et métiers, des arts décoratifs, des arts appliqués.

Kunsthandel *m,* ϕ commerce *m* d'objets d'art.

Kunsthändler *m,* - marchand *m* d'objets d'art.

Kunsthandwerk *n,* **e** artisanat *m* d'art.

künstlich artificiel ; *die Preise ~ bilden* établir artificiellement les prix.

Kunststoff *m,* **e** matière *f* plastique, synthétique ; produit *m* artificiel, synthétique.

kunststoffverarbeitende Industrie *f,* **n** industrie *f* de transformation des matières plastiques, synthétiques.

Kupon *m,* **s** [ku'pɔ̃] coupon *m* ; *abtrennbarer ~* coupon détachable ; *anhaftender ~* coupon attaché ; *~s ein/lösen* toucher des coupons.

Kuponsteuer *f,* **n** taxe *f* sur les coupons (taxe prélevée sur les revenus d'obligations échéant aux étrangers).

Kuppelproduktion *f,* **en** production *f* liée (production commune de produits différents du fait d'un même matériau ou d'un même procédé de départ, par ex.).

Kuratel *f,* **en** curatelle *f* ; *unter ~ stehen* être sous curatelle ; *unter ~ stellen* placer sous curatelle, sous tutelle.

Kurator *m,* **en** curateur *m* ; administrateur *m* fiduciaire ; conseil *m* judiciaire ; syndic *m.*

Kurierdienst *m,* **e** service *m* privé de distribution rapide (colis, envois).

Kurs *m,* **e 1.** *(Bourse)* cours *m* ; cote *f* ; cours du change **I.** *amtlicher ~* cours officiel ; *gehaltener ~* cours soutenu ; *gesetzlicher ~* cours légal ; *nachgebender ~* cours en baisse **II.** *die ~e bleiben stabil, unverändert* les cours restent stables, inchangés ; *die ~e bröckeln ab* les cours s'effritent ; *die ~e drücken* faire baisser les cours ; *die ~e fallen* les cours chutent ; *den ~ fest/stellen* fixer le (les) cours ; *die ~e geben nach* les cours fléchissent ; *die ~e manipulieren* manipuler les cours ; *hoch im ~ stehen* être très en vogue, prisé ; *außer ~ setzen* retirer de la circulation ; *in ~ setzen* mettre en circulation ; *die ~e steigen* les cours montent, grimpent ; *den ~ in die Höhe treiben* faire monter, flamber les cours ; *die ~e ziehen an* les cours sont à la hausse **III.** *außer ~* hors circulation ; *über dem ~* au-dessus du cours ; *unter dem ~* au-dessous du cours ; *zum ~ von* au cours (actuel) de **2.** *(polit.)* orientation *f* ; ligne *f* politique **3.** *(enseignement)* cours *m* **4.** *(transp.)* itinéraire *m* ; route *f*.

Kursabbröckelung *f*, **en** effritement *m* des cours.

Kursabschlag *m*, **¨e** déport *m* (écart entre les cours de deux opérations boursières jumelées).

Kursabschwächung *f*, **en** affaiblissement *m*, fléchissement *m* des cours.

Kursabweichung *f*, **en** écart *m* des cours ; écart sur les cours.

Kursangabe *f*, **n** cote *f* ; indication *f* du cours.

Kursaufschlag *m*, **¨e** report *m* ; différence *f* en plus du pair.

Kursaufstieg *m*, **e** hausse *f*, montée *f*, remontée *f* des cours.

Kursausschläge *pl* oscillations *fpl*, sautes *fpl* des cours ; écart *m* entre les cours.

Kursbericht *m*, **e** bulletin *m* de la Bourse ; indicateur *m* boursier.

Kursbesserungen *pl* redressement *m*, amélioration *f* des cours.

Kursbeständigkeit *f*, *ϕ* fermeté *f*, stabilité *f* des cours.

Kursbewegungen *pl* mouvements *mpl* de la Bourse ; fluctuations *fpl* des cours.

Kursblatt *n*, **¨er** bulletin *m* boursier ; cote *f* de la Bourse.

Kursbuch *n*, **¨er** indicateur *m* des chemins de fer ; *(France)* Chaix *m*.

Kursdämpfung *f*, **en** tassement *m* des cours.

Kursdifferenz *f*, **en** différence *f* de change.

Kurseinbruch *m*, **¨e** affaissement *m* des cours ; chute *f* des cours.

Kurseinbuße *f*, **n** ⇒ *Kursverlust*.

Kursentwicklung *f*, **en** évolution *f* du cours.

Kurserholung *f*, **en** remontée *f*, reprise *f*, redressement *m* des cours.

kursfähig ayant cours ; coté ; négociable.

Kursfestigung *f*, **en** consolidation *f*, raffermissement *m* des cours.

Kursfestsetzung *f*, **en** fixation *f* du cours ; cotation *f*.

Kursfeststellung *f*, **en** ⇒ *Kursfestsetzung*.

Kursfreigabe *f*, **n** libération *f*, déblocage *m* des cours.

Kursgewinn *m*, **e** bénéfice *m* au change ; gain *m* de change ; bénéfice *m* sur les cours.

Kurs-Gewinn-Verhältnis *n*, **e** rapport *m* cours-bénéfice (d'une action) ; « price-earning ratio ».

kursieren circuler ; être en cours ; avoir cours ; *falsche Banknoten ~* des faux billets de banque sont en circulation.

Kursindex *m*, **e** ou **-dizes** indice *m* des cours.

Kurslimit *n*, **s** cours *m* limite ; plafond *m* des cours.

Kursmakler *m*, **-** agent *m* de change ; courtier *m* en Bourse ; *amtlicher ~* agent de change ; *freier ~* courtier libre.

Kursmanipulation *f*, **en** manipulation *f* des cours.

Kursniveau *n*, **s** niveau *m* des cours ; *über, unter dem ~* au-dessus, au-dessous du niveau du cours.

Kursnotierung *f*, **en** cotation *f* ; cote *f*.

Kurspflege *f*, *ϕ* ⇒ *Kursstützung*.

Kurspunkt *m*, **e** point *m* ; *eine Steigerung von 300 auf 320 mit 20 ~en* passe de 300 à 320 et gagne 20 points.

kursregulierend qui exerce un effet régulateur des (sur les) cours.

Kursrückgang *m*, **¨e** baisse *f*, repli *m*, fléchissement *m* des cours ; *einen ~ auf/weisen* accuser un recul ; *einen ~ verzeichnen* enregistrer une baisse des cours.

Kursrutsch *m*, **e** glissement *m* des cours.

Kursschwankung *f*, **en** fluctuation *f* des cours.

Kurssicherung *f*, **en** garantie *f* de change.

Kurssicherungsgeschäft *n*, **¨e** opération *f* de garantie de change.

Kursspekulation *f*, **en** spéculation *f* sur le cours.

Kurssprung *m*, **¨e** saute *f* du cours.

Kursstabilisierung *f*, **en** stabilisation *f* du cours.

Kursstand *m*, **¨e** niveau *m* des cours.

Kurssteigerung *f*, **en** relèvement *m*, hausse *f*, montée *f* des cours.

Kurssturz *m*, **¨e** affaissement *m*, chute *f*, effondrement *m* des cours.

Kursstützung *f*, **en** soutien *m* des cours ; *~ betreiben* soutenir les cours.

Kurstreiber *m*, **-** haussier *m* ; spéculateur *m* à la hausse.

Kurstreiberei *f*, **en** manipulation *f*, hausse *f* artificielle des cours.

Kurstrend *m*, **s** tendance *f* boursière ; tendance des cours.

Kursveränderungen *pl* modifications

fpl, changements *mpl* du cours.

Kursverfall *m*, *ϕ* chute *f* des cours ; affaiblissement *m* des cours.

Kursverfälschung *f*, **en** altération *f*, falsification *f* des cours.

Kursverlauf *m*, **¨e** ⇒ *Kursentwicklung*.

Kursverlust *m*, **e** perte *f* au (de) change ; *einen ~ auf/weisen* accuser une perte au change.

Kursverschiebung *f*, **en** glissement *m* des cours.

Kurswagen *m*, **-** voiture *f* directe (chemins de fer) ; *~ nach Basel* voiture directe pour Bâle.

Kurswechsel *m*, **-** *(figuré)* changement *m* de cap.

Kurswert *m*, **e** cours *m* du change ; cote *f* ; *~e* valeurs *fpl* cotées en Bourse ; valeurs négociables.

Kurszettel *m*, **-** bulletin *m* de la cote, des cours ; *amtlicher ~* cote *f* officielle.

Kurszusammenbruch *m*, **¨e** effondrement *m* des cours.

Kurszuschlag *m*, **¨e** report *m*.

Kurtage *f*, **n** commission *f* de courtier ; prime *f* de courtier *(syn. Courtage)*.

Kurtaxe *f*, **n** taxe *f* de séjour, de cure.

Kurzanschrift *f*, **en** adresse *f* télégraphique.

Kurzarbeit *f*, **en** chômage *m* partiel, technique ; réduction *f* d'horaires ; *~ ein/führen* instaurer le chômage partiel, technique ; *zur ~ über/gehen* imposer des réductions d'horaires.

kurz/arbeiten *(à l'infinitif et au participe passé)* être en chômage partiel, technique ; travailler à temps réduit ; *hier wird kurzgearbeitet* ici, on est en chômage partiel, technique.

Kurzarbeiter *m*, **-** chômeur *m* partiel ; personne *f* en chômage technique.

Kurzarbeiterfonds *m*, **-** fonds *m* de solidarité pour chômeurs partiels.

Kurzarbeitergeld *n*, **er** allocation *f* de chômage partiel, technique.

Kurzausbildung *f*, **en** formation *f* accélérée.

Kürze : *in ~* sous peu ; *in ~ werden Sie von uns hören* vous aurez de nos nouvelles sous peu.

Kürzel *n*, **-** sigle *m* (sténographie).

kürzen réduire ; diminuer ; *den Haushalt ~* amputer le budget.

kurzfristig à court terme ; *~ an/legen* placer à court terme.

Kurzläufer *m*, **-** titre *m* à revenu fixe remboursable à court terme ; obligation *f*, bon *m* du Trésor à courte échéance.

kurzlebig (d'utilisation) de courte durée ; *~e Güter* biens *mpl* non durables ; *~e Konsumgüter* biens de consommation non durables.

Kurznachrichten *pl* flash *m* d'informations ; nouvelles *fpl* brèves.

kurzschalten court-circuiter ; *die Zwischenhändler ~* court-circuiter les intermédiaires.

Kurzschrift *f*, **(en)** sténographie *f* *(syn. Stenographie)*.

Kurzstreckenverkehr *m*, *ϕ* trafic *m* à courte distance.

Kurz- und Maschinenschrift *f*, *ϕ* sténodactylographie *f*.

Kürzung *f*, **en** diminution *f* ; réduction *f* ; amputation *f* ; compressions *fpl* ; *~ der staatlichen Ausgaben* réduction des dépenses publiques.

Kurzwaren *pl* (articles *mpl* de) mercerie *f*.

Kurzwoche *f*, **n** semaine *f* de chômage partiel.

kuschen s'incliner devant qqn ; s'aplatir ; *vor dem Chef ~* ramper, « s'écraser » devant son chef.

Küste *f*, **n** côte *f*.

Küstenfischerei *f*, **en** pêche *f* côtière.

Küstengewässer *pl* eaux *fpl* territoriales *(syn. Hoheitsgewässer)*.

Küstenhandel *m*, *ϕ* commerce *m* côtier, maritime.

Küstenschiffahrt *f*, **en** cabotage *m*.

Küstenstaat *m*, **en** Etat *m* côtier.

Kuvert *n*, **s** ou **e** [ku'vɛrt/ku'veːr] enveloppe *f (syn. Briefumschlag)*.

Kux *m*, **e** titre *m* de participation à une société minière ; action *f* minière.

Kuxinhaber *m*, **-** actionnaire *m* d'une société minière ; détenteur *m* d'actions minières.

KWG *(Kreditwesengesetz)* loi *f* sur le crédit.

Kybernetik *f*, *ϕ* cybernétique *f* (étude des mécanismes de contrôle et de réglage de la technique moderne).

Kybernetiker *m*, **-** cybernéticien *m*.

kybernetisch cybernétique.

L

l ⇒ *Liter.*

Label *n,* **s** ['leibəl] étiquette *f* ; marque *f* ; autocollant *m.*

labil instable ; en déséquilibre ; *~es Wirtschaftssystem* système *m* économique en déséquilibre, déstabilisé.

Labor *n,* **s** ou **e** laboratoire *m.*

Laboratorium *n,* **-ien** ⇒ *Labor.*

Ladeanlage *f,* **n** installation *f* de transbordement.

Ladefähigkeit *f,* **en** capacité *f* de chargement ; charge *f* utile.

Ladefläche *f,* **n** surface *f* de chargement.

Ladefrist *f,* **en** délai *m* de chargement.

Ladegewicht *n,* **e** poids *m* du chargement ; charge *f* normale.

Ladegrenze *f,* **n** limite *f* de charge ; charge *f* maximale.

Ladegut *n,* **¨er** fret *m* ; chargement *m.*

Ladegeld *n,* **er** droits *mpl* de chargement.

Ladekai *m,* **s** quai *m* d'embarquement.

Ladekapazität *f,* **en** tonnage *m* ; capacité *f* de chargement.

Ladeliste *f,* **n** liste *f* de chargement.

laden, u, a 1. charger **2.** inviter ; convier ; citer à comparaître ; *vor Gericht ~* citer en justice.

Laden *m,* **¨** magasin *m* de détail ; boutique *f ; einen ~ betreiben* tenir un magasin ; *einen ~ eröffnen (auf/machen)* ouvrir un nouveau magasin ; *~ mit Selbstbedienung* (magasin *m* à) libre service *m (syn. Geschäft).*

Ladenangestellte/r *(der/ein)* employé *m* de magasin, de commerce.

Ladenbesitzer *m,* **-** propriétaire *m* d'un magasin ; patron *m* du magasin.

Ladendieb *m,* **e** voleur *m* à l'étalage.

Ladendiebstahl *m,* **¨e** vol *m* à l'étalage.

Ladenfenster *n,* **-** devanture *f* ; vitrine *f.*

Ladenfläche *f,* **n** surface *f* du magasin, de vente ; surface commerciale.

Ladengehilfe *m,* **n, n** employé *m* de magasin ; vendeur *m* ; commis *m.*

Ladengestalter *m,* **-** décorateur *m* de magasin ; étalagiste *m.*

Ladenhüter *m,* **-** invendu *m* ; article *m* qui ne se vend pas ; rossignol *m.*

Ladeninhaber *m,* **-** ⇒ *Ladenbesitzer.*

Ladenkette *f,* **n** chaîne *f* de magasins.

Ladenlokal *n,* **e** locaux *mpl* commerciaux, de commerce.

Ladenmädchen *n,* **-** apprentie *f* vendeuse.

Ladenöffnungszeiten *pl* heures *fpl* d'ouverture du magasin.

Ladenpassage *f,* **n** galerie *f* commerçante, marchande.

Ladenpreis *m,* **e** prix *m* de détail ; prix de vente au public ; prix marqué ; *zum ~* au prix fort.

Ladenschild *n,* **er** enseigne *f* de magasin.

Ladenschluß *m,* **(¨sse)** heures *fpl* de fermeture légale des magasins.

Ladenschlußgesetz *n,* *ϕ* loi *f* sur les heures légales de fermeture des magasins en R.F.A.

Ladenstraße *f,* **n** rue *f* commerçante.

Ladentisch *m,* **e** comptoir *m* ; *etw unter dem ~ kaufen, verkaufen* acheter, vendre qqch sous le manteau, en sous-main (en versant un dessous-de-table).

Ladentrakt *m,* **e** galerie *f* commerçante.

Ladentresen *m,* **-** *(rare)* ⇒ *Ladentisch.*

Ladenzeiten *pl* heures *fpl* d'ouverture et de fermeture du magasin.

Laderaum *m,* **¨e** cale *f* ; soute *f* ; espace *m* de chargement.

Ladeschein *m,* **e** certificat *m,* bon *m* de chargement.

lädieren endommager *(syn. beschädigen).*

Ladung *f,* **en 1.** charge *f* ; chargement *m* ; cargaison *f* ; *eine ~ löschen* décharger une cargaison ; *mit ~ fahren* transporter une cargaison ; *ohne ~ fahren* naviguer à vide **2.** *(jur.)* citation *f* à comparaître ; assignation *f* ; *~ zu einem Termin* citation en justice *(syn. Vorladung).*

LAG ⇒ *Lastenausgleichsgesetz.*

Lag *m,* **s** [lɛg] retard *m* ; décalage *m* (entre un événement et ses conséquences).

Lage *f,* **n** situation *f* ; conditions *fpl* ; emplacement *m* ; *~ an der Börse* situation en Bourse ; *finanzielle ~* situation financière ; *in der ~ sein* être en mesure ; *~ eines Werks* implantation d'une usine.

Lagebericht *m,* **e 1.** rapport *m* de (sur) la situation ; compte rendu *m*

2. rapport *m* de gestion.

Lager *n*, **- 1.** entrepôt *m* ; réserve *f* ; stock *m* ; dépôt *m* ; *ab ~* pris à l'entrepôt ; *auf ~ bleiben* rester en magasin, invendu ; *etw auf ~ haben* avoir en stock, en magasin ; *auf ~ legen (nehmen)* stocker ; mettre en stock ; *ein ~ räumen* liquider un stock **2.** gisement *m* ; couche *f*.

Lagerabbau *m*, *ϕ* réduction *f* des stocks.

Lagerauffüllung *f*, **en** réapprovisionnement *m* des stocks.

Lageraufnahme *f*, **n** inventaire *m* (des stocks).

Lagerbestand *m*, **¨e** stocks *mpl* disponibles ; marchandise *f* en magasin ; *~¨e ab/bauen* résorber les stocks.

Lagerbestandsführung *f*, **en** comptabilité *f* des stocks.

Lagerbuchführung *f*, **en** comptabilité *f* matière.

Lagerfähigkeit *f*, **en** capacité *f* de stockage.

Lagerführer *m*, **-** ⇒ *Lagerverwalter*.

Lagergebühren *pl* droits *mpl* de magasinage ; taxe *f* de dépôt ; frais *mpl* de stockage.

Lagergut *n*, **¨er** marchandise *f* entreposée.

Lagerhalle *f*, **n** entrepôt *m* ; hall *m* de dépôt.

Lagerhaltung *f*, **en** stockage *m* ; magasinage *m* ; tenue *f* des stocks.

Lagerist *m*, **en, en** ⇒ *Lagerverwalter*.

Lagerkapazität *f*, **en** ⇒ *Lagerfähigkeit*.

Lagerkartei *f*, **en** fichier *m* des stocks.

Lagerkosten *pl* frais *mpl* d'entrepôt.

Lagermiete *f*, **n** magasinage *m*.

lagern stocker ; mettre en stock ; entreposer ; être stocké.

Lagerräume *pl* entrepôts *mpl*.

Lagerräumung *f*, **en** liquidation *f* des stocks.

Lagerschein *m*, **e** warrant *m* ; bulletin *m* de dépôt.

Lagerschuppen *m*, **-** hangar *m* de dépôt ; remise *f*.

Lagerstätte *f*, **n 1.** gisement *m* (minerais) **2.** entrepôt *m*.

Lagerumschlag *m*, *ϕ* rotation *f*, renouvellement *m* des stocks.

Lagerung *f*, **en** stockage *m* ; magasinage *m* ; dépôt *m*.

Lagerverwalter *m*, **-** chef *m* magasinier ; entrepositaire *m*.

Lagerverzeichnis *n*, **se** inventaire *m* des marchandises en stock ; état *m* des stocks.

Lagervorrat *m*, **¨e** stocks *mpl* ; provision *f* en dépôt.

lähmen ⇒ *lahmlegen*.

lahm/legen paralyser ; stopper ; *den Verkehr ~* arrêter le trafic.

Lahmlegung *f*, **en** paralysie *f* ; arrêt *m* total (trafic, entreprise).

Lähmung *f*, **en** ⇒ *Lahmlegung*.

Laie *m*, **n, n** non-spécialiste *m* ; profane *m*.

lancieren [lã'si:rən] lancer ; *einen Markennamen ~* lancer une (nouvelle) marque.

Lancierung *f*, **en** lancement *m*.

Land *n*, **¨er 1.** pays *m* ; Etat *m* ; *assoziiertes ~* pays associé ; *blockfreies ~* pays non aligné ; *drittes ~* pays tiers ; *industrialisiertes ~* pays industrialisé ; *unterentwickeltes ~* pays sous-développé **2.** terre *f* (agricole) **3.** *(R.F.A.)* land *m*.

Landarbeit *f*, **en** travail *m* agricole.

Landarbeiter *m*, **-** ouvrier *m* agricole.

Landbevölkerung *f*, **en** population *f* rurale.

Länderkammer *f*, *ϕ* *(R.F.A.)* Chambre *f* des « länder » *(syn. Bundesrat)*.

Landesbank *f*, **en** *(R.F.A.)* institut *m* bancaire des länder ; banque *f* centrale régionale.

Landesbehörde *f*, **n** autorités *fpl* régionales ; autorités locales.

Landesbrauch *m*, **¨e** coutumes *fpl* en usage dans le pays ; *gemäß dem ~* conformément aux usages.

Landesministerium *n*, **-ien** ministère *m* du land.

Landesparlament *n*, **e** parlement *m* régional, d'un Land ; diète *f*.

Landesplanung *f*, **en** aménagement *m* du land, du territoire ; urbanisme *m* régional.

Landesregierung *f*, **en** gouvernement *m* national ; gouvernement du land.

Landesversicherungsanstalt *f*, **en** *(LVA) (R.F.A.)* direction *f* de la sécurité sociale du land.

Landeswährung *f*, **en** monnaie *f* nationale.

Landeszentralbank *f*, **en** *(LZB) (R.F.A.)* banque *f* centrale du land ; succursale *f* de la « Bundesbank ».

Landflucht *f*, **en** exode *m* rural.

Landgemeinde *f*, **n** commune *f* rurale.

Landgericht *n*, **e** *(R.F.A.)* tribunal *m* régional, du land ; *(France)* tribunal de grande instance.

Landleute *pl* ruraux *mpl* ; campagnards *mpl*.

ländlich rural ; *~e Genossenschaft*

coopérative *f* rurale.

Landrat *m,* **¨e** *(France)* sous-préfet *m* ; commissaire *m* de la République.

Landratsamt *n,* **¨er** *(France)* sous-préfecture *f.*

Landschaftsschutzgebiet *n,* **e** site *m* protégé ; zone *f* protégée.

Landtag *m,* **e** « landtag » *m* ; diète *f.*

Landtagswahlen *pl* élections *fpl* aux parlements régionaux, d'un Land.

Landtransport *m,* **e** transport *m* par voie de terre, par rail, par route.

Landwirt *m,* **e** exploitant *m* agricole ; agriculteur *m* ; cultivateur *m.*

Landwirtschaft *f,* **en** agriculture *f.*

landwirtschaftlich agricole ; *~er Arbeiter* ouvrier *m* agricole ; *~er Betrieb* exploitation *f* agricole.

landwirtschaftliche Produktionsgenossenschaft *f,* **en** *(LPG) (R.D.A.)* coopérative *f* de production agricole.

Landwirtschaftskammer *f,* **n** chambre *f* d'agriculture.

Landwirtschaftsministerium *n,* **-ien** ministère *m* de l'Agriculture.

Langfinger *m,* **-** *(fam.)* voleur *m* ; pickpocket *m* ; chapardeur *m.*

langfristig à long terme ; à longue durée, échéance ; *~es Darlehen* prêt à long terme *(contr. kurzfristig).*

langjährig vieux ; ancien ; *ein ~er Kunde* un client de longue date.

Langjährigkeit *f,* ϕ ancienneté *f* ; *die ~ unserer Geschäftsbeziehungen* l'ancienneté de nos relations d'affaires.

Langläufer *m,* **-** titre *m* remboursable à longue échéance ; bon *m* du Trésor à long terme *(contr. Kurzläufer).*

langlebig qui dure longtemps ; *~e Konsumgüter* biens *mpl* de consommation durables.

Längsseite : *frei ~* franco le long du navire ; F.A.S. (Incoterms).

Langstreckendienst *m,* **e** service *m* long-courrier.

Langstreckenflug *m,* **¨e** vol *m* à longue distance.

Langstreckenflugzeug *n,* **e** long-courrier *m.*

Langzeitarbeitslose/r ⇒ *Dauerarbeitslose/r.*

Langzeitarbeitslosigkeit *f,* ϕ ⇒ *Dauerarbeitslosigkeit.*

Langzeitwirkung *f,* **en** effet *m* à long terme.

Lärmbekämpfung *f,* **en** lutte *f* anti-bruit ; lutte contre le bruit.

Lärmbelästigung *f,* **en** nuisances *fpl* sonores.

Lärmschutz *m,* ϕ protection *f* contre le bruit ; protection contre les nuisances sonores.

Lärmschutzwall *m,* **¨e** écran *m,* mur *m* anti-bruit.

lasch laxiste ; *~e Kontrollen* contrôles peu sévères.

Laser *m,* **-** ['le:zər] laser *m.*

Lasertechnik *f,* **en** technique *f* laser.

Last *f,* **en 1.** charge *f* ; débit *m* **I.** *zu ~en Ihres Kontos* au débit de votre compte ; *Porto zu Ihren ~en* port *m* à votre charge ; *soziale ~en* charges sociales ; *steuerliche ~en* charges fiscales **II.** *zu jds ~ gehen* être à la charge de qqn ; *zur ~ schreiben* passer en dépense ; faire figurer à la colonne débit **2.** cargaison *f* **3.** poids *m.*

Lastauto *n,* **s** ⇒ *Lastkraftwagen.*

Lastenausgleich *m,* **e** péréquation *f,* compensation *f* des charges ; (R.F.A.) taxe *f* unique acquittée au bénéfice des victimes de la Seconde Guerre mondiale.

Lastenausgleichsfonds *m,* **-** fonds *m* de péréquation des charges.

Lastenausgleichsgesetz *n,* **e** *(LAG)* loi *f* d'indemnisation des victimes de guerre.

lastenfrei exempt, exonéré de charges.

Lastenverteilung *f,* **en** répartition *f* des charges.

Lastenverzeichnis *n,* **se** cahier *m* des charges *(syn. Pflichtenheft).*

Laster *m,* **-** ⇒ *Lastkraftwagen.*

Lastkraftwagen *m,* **-** *(Lkw)* poids lourd *m* ; camion *m.*

Lastschrift *f,* **en** écriture *f* au débit ; note *f* de débit.

Lastschriftanzeige *f,* **n** avis *m* de débit.

Lastwagen *m,* **-** ⇒ *Lastkraftwagen.*

Lastzug *m,* **¨e** camion-remorque *m* ; semi-remorque *m* ; train *m* routier.

Laterne *f,* **n** lanterne *f* ; *die rote ~ bilden* occuper la dernière position ; être la lanterne rouge.

Lauf *m,* ϕ cours *m* de qqch ; *im ~(e) dieses Monats* dans le courant du mois.

Laufbahn *f,* **en** carrière *f* ; *eine ~ ein/schlagen* embrasser une carrière *(syn. Karriere ; Werdegang).*

Laufdauer *f,* ϕ ⇒ *Laufzeit.*

laufen, ie, au *(ist)* **1.** courir ; circuler ; être en circulation **2.** fonctionner ; marcher ; *vom Fließband ~* quitter les chaînes de montage ; *leer ~* tourner à vide ; *auf vollen (hohen) Touren ~* marcher à plein rendement ; tourner à plein régime.

laufend courant ; en cours ; *~e Aus-*

gaben dépenses *fpl* courantes ; *am ~en Band arbeiten* travailler à la chaîne (de montage) ; *~e Geschäfte* affaires *fpl* courantes ; *(sich) auf dem Laufenden halten* (se) tenir au courant ; *~es Jahr* année *f* en cours ; *~es Konto* compte *m* courant ; *~e Nummer* numéro *m* de série ; numéro d'ordre ; *in ~er Rechnung* en compte courant.

Lauffrist *f*, **en** ⇒ *Laufzeit*.

Laufjunge *m*, **n**, **n** garçon *m* de courses ; coursier *m*.

Laufkundschaft *f*, **en** clientèle *f* de passage.

Laufzeit *f*, **en** durée *f* ; échéance *f* ; *(banque)* jour *m* de valeur ; *~ einer Anleihe* durée d'un emprunt ; *Gelder mit ~* capitaux *mpl* placés à terme ; *~ des Kredits* durée du crédit ; *~ eines Wechsels* échéance *f* d'un effet.

Laufzettel *m*, **- 1.** circulaire *f* **2.** fiche *f* suiveuse ; bon *m* d'accompagement **3.** feuille *f* d'émagement.

laut *(+ G, D ou sans marques de cas)* d'après ; suivant ; aux termes de ; conformément à ; *~ Vertrag* aux termes du contrat ; *~ wirtschaftlichem Gutachten* selon une expertise économique.

lauten être libellé en ; être établi au nom de ; *auf DM ~* être libellé en DM ; *die Aktien ~ auf den Inhaber* les actions *fpl* sont au porteur ; *die Aktien ~ auf den Namen* les actions sont nominatives.

Lautsprecherwerbung *f*, **(en)** publicité *f* par haut-parleur.

LBO *(leveraged buy out) (finance)* effet *m* de levier ; rachat *m* par effet de levier. ⇒ *LMBO*.

leasen ['li:zən] avoir en « leasing » ; souscrire une formule de « leasing » ; avoir en location-vente ; *ein geleaster Wagen* une voiture en « leasing ».

Leaser *m*, **-** preneur *m* de « leasing » ; souscripteur *m* d'un crédit-bail.

Leasing *n*, **s** « leasing » ; système *m* de location-vente ; crédit-bail *m*.

Leasing-Geber *m*, **-** loueur *m*.

Leasing-Gesellschaft *f*, **en** société *f* de « leasing », de crédit-bail.

Leasing-Nehmer *m*, **-** ⇒ *Leaser*.

Lebendgewicht *n*, **e** poids-vif *m*.

Lebensabschnitt *m*, **e** tranche *f* d'âge ; *dritter ~* troisième âge *m*.

Lebensarbeitszeit *f*, **en** durée *f* de vie active.

Lebensbedingungen *pl* conditions *fpl* d'existence, de vie.

Lebensdauer *f*, *ϕ* durée *f* d'existence (appareil) ; durabilité *f* ; *~ von Gebrauchsgütern* durée d'utilisation des biens de consommation.

Lebenserwartung *f*, **en** espérance *f* de vie.

Lebenshaltung *f*, **en** niveau *m* de vie ; train *m* de vie ; *Hebung der ~* relèvement *m* du niveau de vie.

Lebenshaltungsindex *m*, **e** ou **-indizes** indice *m* du coût de la vie.

Lebenshaltungskoeffizient *m*, **en**, **en** coefficient *m* du coût de la vie.

Lebenshaltungskosten *pl* coût *m* de la vie.

Lebenslauf *m*, **¨e** curriculum *m* vitae ; *handgeschriebener, tabellarischer ~* curriculum vitae manuscrit, synoptique.

Lebensmittel *pl* denrées *fpl* alimentaires ; alimentation *f*.

Lebensmittelbranche *f*, **n** (secteur) alimentaire *m*.

Lebensmittelgeschäft *n*, **e** magasin *m* d'alimentation ; épicerie *f*.

Lebensmittelgesetz *n* **,(e)** réglementation *f* en matière de production et de distribution de produits alimentaires (utilisation de colorants, etc.).

Lebensmittelhändler *m*, **-** épicier *m*.

Lebensmittelkarte *f*, **n** carte *f* de rationnement (temps de crise).

Lebensmittelknappheit *f*, *ϕ* pénurie *f* de vivres.

Lebensmittelpreise *pl* prix *mpl* alimentaires.

Lebensniveau *n*, **s** ⇒ *Lebensstandard*.

Lebensqualität *f*, *ϕ* qualité *f* de la vie.

Lebensschützer *m*, **-** *(fam.)* **1.** défenseur *m* de l'environnement, de la vie **2.** adversaire *m* de l'avortement.

Lebensstandard *m*, **s** niveau *m* de vie ; *den ~ heben (erhöhen)* relever le niveau de vie ; *äußere Kennzeichen des ~s* éléments *mpl* du train de vie.

Lebensunterhalt *m*, **e** subsistance *f* ; moyens *mpl* d'existence ; *seinen ~ selbst verdienen* avoir ses propres moyens d'existence ; *(fam.)* gagner sa croûte.

Lebensversicherung *f*, **en** assurance-vie *f* ; *eine ~ ab/schließen* souscrire une assurance-vie ; *~ auf den Erlebensfall* assurance en cas de survie ; *~ auf den Todesfall* assurance en cas de décès.

Lebensversicherungsvertrag *m*, **¨e** contrat *m* d'assurance-vie.

Lebenszeit : *auf ~* à vie ; *Beamter auf ~* fonctionnaire *m* inamovible, titulaire.

lebhaft *(Bourse)* animé ; vif ; actif ; *~e Nachfrage* demande *f* soutenue ;

marché *m* animé.

ledig célibataire ; *~e Mutter* mère *f* célibataire ; fille-mère *f*.

Ledige/r *(der/ein)* célibataire *m (syn. Junggeselle ; Unverheirateter)*.

leer vide ; à plat ; vacant ; *~ laufen* tourner, fonctionner à vide.

leeren *(poste)* faire une levée.

Leergewicht *n,* **e** poids *m* à vide ; tare *f*.

Leergut *n, ϕ* **1.** emballage *m* vide **2.** emballage consigné.

Leerkapazität *f,* **en** capacité *f* libre, inexploitée.

Leerkosten *pl* frais *mpl* de sous-emploi ; frais de sous-utilisation de la capacité ; frais de non-charge.

Leerstelle *f,* **n** place *f* vacante ; poste *m* vacant.

Leerung *f,* **en** *(poste)* levée *f* ; *nächste ~ um 15.00 Uhr* prochaine levée à 15 h.

Leerverkauf *m,* **¨e** *(bourse)* vente *f*, opération *f* à découvert *(syn. Fixen)*.

leerverkaufen *(bourse)* vendre à découvert (syn. *fixen*).

Leerzeile *f,* **n** *(corresp.)* interligne *f*.

Leerzeiten *pl* temps morts *mpl*.

legal légal *(syn. gesetzlich ; gesetzmäßig)*.

legalisieren légaliser ; certifier authentique ; valider.

Legalisierung *f,* **en** légalisation *f*.

Legalität *f, ϕ* légalité *f*.

Legatar *m,* **e** légataire *m* ; bénéficiaire *m* d'un legs.

legen mettre ; poser ; placer ; *ad acta ~* à archiver ; (à) classer « sans suite » ; *zu den Akten ~* joindre aux pièces ; *Geld auf die Bank ~* déposer de l'argent dans une banque.

Legierung *f,* **en** *(monnaie)* alliage *m*.

Legislative *f,* **n** pouvoir *m* législatif ; parlement *m*.

Legislaturperiode *f,* **n** législature *f*.

legitim légitime ; *~er Streik* grève *f* légale.

Legitimation *f,* **en** légitimation *f* ; preuve *f* d'identité.

Legitimationspapier *n,* **e** **1.** pièce *f* d'identité **2.** titre *m* (nominatif) transmissible.

Lehrabschluß *m,* **¨sse** C.A.P. *m* (certificat d'aptitude professionnelle).

Lehre *f,* **n** apprentissage *m* ; *zu jdm in die ~ gehen* aller en apprentissage chez qqn ; *die ~ bei jdm machen* faire son apprentissage chez qqn ; *aus der ~ kommen* avoir terminé son apprentissage.

Lehrgang *m,* **¨e** stage *m* ; cours *m*.

Lehrgeld *n, ϕ (hist.)* frais *mpl* d'apprentissage ; *(figuré) ~ zahlen* apprendre à ses dépens.

Lehrherr *m,* **n, en** patron *m* ; maître *m* (employant un apprenti).

Lehrkombinat *n,* **e** *(R.D.A.)* centre *m* d'apprentissage.

Lehrling *m,* **e** apprenti *m* ; *gewerblicher ~* apprenti dans le secteur industriel ; *handwerklicher ~* apprenti artisan ; *kaufmännischer ~* apprenti dans la branche commerciale *(syn. Auszubildender)*.

Lehrlingsabgabe *f,* **n** taxe *f* d'apprentissage.

Lehrlingsausbilder *m,* **-** instructeur *m* ; maître *m* d'apprentissage.

Lehrlingsgeld *n,* **er** rémunération *f* d'apprenti.

Lehrstelle *f,* **n** place *f* d'apprenti.

Lehrstellenbewerber *m,* **-** candidat *m* à une place d'apprenti.

Lehrvertrag *m,* **¨e** contrat *m* d'apprentissage.

Lehrzeit *f,* **en** temps *m*, durée *f* d'apprentissage.

lfd. *Nr. (laufende Nummer) ⇒ laufend*.

Leibrente *f,* **n** rente *f* viagère ; pension *f* viagère.

Leichtgut *n,* **¨er** marchandise *f* de faible poids, non pondéreuse.

Leichtindustrie *f,* **n** industrie *f* des biens de consommation ; industrie légère.

Leichtlohngruppe *f,* **n** salaires *mpl* moins élevés pour travaux réputés « faciles ».

leichtverderblich périssable.

Leidtragende/r *(der/ein)* victime *f*.

Leihamt *n,* **¨er** *⇒ Leihhaus*.

Leihanstalt *f,* **en** *⇒ Leihhaus*.

Leiharbeit *f, ϕ* travail *m* de louage (une entreprise détache l'un de ses salariés auprès d'une autre entreprise).

Leiharbeiter *m,* **- 1.** travailleur *m* détaché, prêté **2.** intérimaire *m*.

Leihe *f,* **n** prêt *m* gratuit ; commodat *m*.

leihen, ie, ie 1. *jdm etw ~* prêter qqch à qqn ; avancer (argent) ; *auf (gegen) Pfand ~* prêter sur gage ; *zu 12 % Zinsen ~* prêter à 12 % **2.** emprunter ; *bei (von) jdm Geld ~* emprunter de l'argent à qqn ; *Geld bei der Bank ~* demander un crédit à la banque ; solliciter un prêt.

Leihen *n, ϕ* prêt *m* ; emprunt *m*.

Leihfirma *f,* **-men 1.** entreprise *f* de travail temporaire ; agence *f* d'intérimaires **2.** entreprise *f* cédant (à une autre entreprise) des salariés en régie.

Leihgabe *f,* **n** ⇒ *Leihe.*

Leihgebühr *f,* **en** frais *mpl* de location ; taux *m* du prêt.

Leihhaus *n,* **¨er** mont-de-piété *m* ; institut *m*, établissement *m* de prêt ; crédit *m* municipal *(syn. Pfandhaus).*

Leihkapital *n,* ϕ **1.** capital *m* prêté **2.** capital emprunté.

Leihmiete *f,* **n** prix *m* de location.

Leihmutter *f,* **¨** mère *f* porteuse.

Leihpacht *f,* **en** prêt-bail *m*.

Leihschein *m,* **e** bulletin *m* de prêt.

Leihvertrag *m,* **¨e** contrat *m* de prêt.

Leihware *f,* **n** marchandise *f* en dépôt.

leihweise à titre de prêt.

Leipziger Messe *f,* **(n)** Foire *f* de Leipzig.

leisten accomplir ; réaliser ; produire ; avoir un rendement ; *sich etw (finanziell) ~ können* avoir les moyens de s'offrir qqch ; *eine Anzahlung ~* verser des arrhes ; *eine Unterschrift ~* apposer une signature ; *eine Zahlung ~* effectuer un paiement.

Leistung *f,* **en** accomplissement *m* ; travail *m* ; prestation *f* ; puissance *f* ; rendement *m* ; efficience *f* ; performance *f* ; prestations *fpl* ; possibilités *fpl* ; *~en beziehen* percevoir, toucher des prestations ; *die ~ einer Fabrik steigern* relever la production d'une usine ; *die ~ einer Maschine* le rendement, les possibilités d'une machine ; *~en in Naturalien* prestations en nature ; *soziale ~en* prestations sociales ; *~ pro Arbeitsstunde* rendement horaire.

Leistungsabfall *m,* **¨e** chute *f*, perte *f* de puissance ; baisse *f* de rendement.

Leistungsanspruch *m,* **¨e** droit *m* aux prestations.

Leistungsanstieg *m,* **e** augmentation *f* de puissance ; accroissement *m* de la capacité de rendement.

Leistungsberechtigte/r *(der/ein)* ayant *m* droit (aux prestations) ; titulaire *m* d'une prestation ; prestataire (sécurité sociale).

Leistungsbilanz *f,* **en** balance *f* des paiements courants ; balance des échanges de marchandises et de services ; balance des opérations courantes ; compte *m* brut de résultats.

Leistungsdruck *m,* ϕ pression *f* du rendement ; *er steht unter ~* il est soumis au stress du rendement (à tout prix).

Leistungsdurchschnitt *m,* ϕ rendement *m* moyen.

Leistungsempfänger *m,* **-** ⇒ *Leistungsberechtigter.*

Leistungsentgelt *n,* **e** rémunération *f* ; dédommagement *m* pour travail fourni.

leistungsfähig efficient ; efficace ; productif ; performant.

Leistungsfähigkeit *f,* **en** capacité *f*, puissance *f* de rendement ; *Hebung der wirtschaftlichen ~* relèvement *m* de la productivité.

leistungsgebundener Lohnteil *m,* **e** *(R.D.A.)* part *f* de salaire variable (liée à la production).

Leistungsgesellschaft *f,* **en** société *f* de rendement, de profit.

Leistungsgrenze *f,* **n** **1.** limite *f* de puissance **2.** plafond *m* des prestations.

leistungshemmend qui freine le rendement ; qui fait obstacle à la production ; *~ wirken* décourager la productivité.

Leistungskapazität *f,* **n** ⇒ *Leistungsfähigkeit.*

Leistungskennziffer *f,* **n** indice *m* de performance, de rendement.

Leistungsknick *m,* **s** ou **e** chute *f*, baisse *f* brutale de rendement.

Leistungskraft *f,* ϕ ⇒ *Leistungsfähigkeit.*

Leistungskurve *f,* **n** courbe *f* de rendement ; *die ~ der Arbeiter auf/zeichnen* tracer la courbe de rendement des travailleurs.

Leistungslohn *m,* **¨e** salaire *m* au rendement.

Leistungsniveau *n,* **s** niveau *m* de rendement.

leistungsorientiert axé sur l'efficacité ; *~e Gesellschaft* société *f* de rendement.

Leistungsprämie *f,* **n** prime *f* de productivité ; bonus *m* de rendement.

Leistungsrente *f,* **n** retraite *f* vieillesse établie au prorata des cotisations versées.

leistungsschwach à faible rendement.

Leistungssoll *n,* ϕ *(R.D.A.)* production *f* imposée ; à atteindre.

Leistungsstand *m,* ϕ niveau *m* de rendement ; *hoher technischer ~* haut niveau *m* technique ; technologie *f* sophistiquée.

Leistungsstandard *m,* **(e)** ⇒ *Leistungsstand.*

leistungsstark à haut (fort) rendement ; performant.

Leistungssteigerung *f,* **en** ⇒ *Leistungsanstieg.*

Leistungsstücklohn *m,* **¨e** salaire *m* aux pièces.

Leistungsträger *m,* **-** organisme *m*

prestataire.

Leistungsverkehr *m,* φ opérations *fpl* courantes.

Leistungsvermögen *n,* - ⇒ *Leistungsfähigkeit.*

Leistungsverzeichnis *n,* **se** cahier *m* des charges.

Leistungswettbewerb *m,* **e** concours *m* de productivité ; production *f* compétitive.

Leistungszulage *f,* **n** ⇒ *Leistungsprämie.*

Leitartikel *m,* - éditorial *m.*

Leitbetrieb *m,* **e** *(R.D.A.)* entreprise *f* pilote, de pointe (dans un secteur donné).

leiten mener ; conduire ; diriger ; gérer ; *~der Angestellter* cadre *m* (supérieur) ; *die ~den Angestellten* cadres de direction ; personnel *m* d'encadrement.

Leitende/r *(der/ein)* cadre *m* (supérieur) ; *die Leitenden* les cadres (de direction) ; personnel *m* d'encadrement ; dirigeants *mpl (syn. Führungskräfte).*

Leitenden-Status *m,* - statut *m* (des) cadres.

Leiter *m,* - directeur *m* ; chef *m* ; *kaufmännischer ~* directeur commercial, administratif ; *technischer ~* directeur technique ; *~ der Werbeabteilung* chef du département publicité.

Leitkarte *f,* **n** carte-guide *f* ; fiche *f* guide d'un fichier.

Leitkurs *m,* **e** cours *m* de référence.

Leitlinien *pl* lignes *fpl* directrices.

Leitsatz *m,* **¨e** **1.** taux *m* de référence (escompte et avances sur titres) **2.** principe *m* directeur ; directive *f.*

Leitung *f,* **en** **1.** direction *f* ; gestion *f* ; administration *f* ; *die ~ einer Firma übernehmen* prendre la direction d'une entreprise **2.** ligne *f* téléphonique ; *die ~ ist besetzt* la ligne est occupée ; *die ~ ist gestört, überlastet* la ligne est en dérangement, surchargée ; *es knackt in der ~* il y a de la friture sur la ligne.

Leitungsebene *f,* **n** échelon *m,* niveau *m* de la direction.

Leitungskader *m,* - *(R.D.A.)* cadre *m,* personnel *m* de direction.

Leitungskollektiv *n,* **e** *(R.D.A.)* collectif *m* de direction, de gestion.

Leitungsnetz *n,* **e** réseau *m* de lignes téléphoniques.

Leitungsorgan *n,* **e** organe *m* de direction ; staff *m.*

Leitungsstab *m,* **¨e** état-major *m* de direction.

Leitwährung *f,* **en** monnaie clé *f* ; monnaie de référence, de réserve *(syn. Reservewährung).*

Leitzahl *f,* **en** (numéro *m* de) code *m* postal ; indicatif *m* chiffré.

Leitzins *m,* **en** : taux *m* directeur ; taux *m* d'escompte ; taux de référence *(syn. Diskontsatz).*

lenken diriger ; guider ; gouverner ; planifier.

Lenkung *f,* **en** direction *f* ; régulation *f* ; orientation *f* ; *~ der Kaufkraft* orientation du pouvoir d'achat ; *~ der Wirtschaft* dirigisme *m* économique.

Lenkungsausschuß *m,* **¨sse** commission *f* de contrôle économique.

lenkungsfrei non dirigiste ; de libre concurrence ; libre.

Lenkungsmaßnahmen *pl* mesures *fpl* dirigistes.

lenzen *(auf See)* dégazer *(en mer)* ; nettoyer les soutes d'un pétrolier.

leoninisch léonin (une personne se réserve la part du lion) ; *~e Teilung* partage *m* léonin ; *~er Vertrag* contrat *m* léonin.

Lesung *f,* **en** *(parlement)* lecture *f* ; *in zweiter ~* en seconde lecture.

Letztbietende/r *(der/ein)* dernier offrant *m* ; enchérisseur *m.*

Letztverbraucher *m,* - consommateur *m* final.

letztwillig testamentaire ; *~e Verfügung* dernières volontés *fpl.*

Leuchtreklame *f,* **n** ⇒ *Lichtreklame.*

Leuchtschild *n,* **er** enseigne *f* lumineuse.

Leuchtwerbung *f,* **en** ⇒ *Lichtreklame.*

Leumundszeugnis *n,* **se** *(arch.)* certificat *m* de bonnes vie et mœurs ; certificat de moralité.

Leute *pl* gens *fpl* ; *einflußreiche ~* personnes influentes ; *die kleinen ~* les petites gens.

lfd.J. *(laufenden Jahres)* de l'année en cours.

lfd.M. *(laufenden Monats)* du mois en cours.

liberal libéral ; *~e Wirtschaftsordnung* système *m* économique libéral.

Liberale(r) *(der/ein)* libéral.

liberalisieren libéraliser.

Liberalisierung *f,* **en** libéralisation *f* ; libération *f.*

Liberalismus *m,* φ libéralisme *m.*

Licht : *grünes ~ für etw* feu *m* vert (donné) à qqch.

Lichtgriffel *m,* - stylo *m* optique (ordinateur).

Lichtreklame *f*, **n** publicité *f*, réclame *f* lumineuse.

Liebhaberpreis *m*, **e** prix *m* d'amateur.

Liebhaberwert *m*, **e** valeur *f* affective.

Lieferant *m*, **en, en** fournisseur *m*.

Lieferantendatei *f*, **en** fichier *m* fournisseurs.

Lieferanteneingang *m*, **¨e** entrée *f* des fournisseurs.

Lieferantenkonto *n*, **-ten** compte *m* fournisseur.

Lieferantenskonto *m* ou *n*, **-ti** escompte *m* de règlement.

Lieferauftrag *m*, **¨e** ordre *m* de livraison.

lieferbar livrable ; disponible ; *zur Zeit nicht ~* en rupture de stock ; actuellement non disponible.

Lieferbedingungen *pl* conditions *fpl* de livraison ; termes *mpl* convenus pour la livraison.

Lieferboykott *m*, **s** boycott(age) *m* des livraisons, des fournitures.

Lieferengpaß *m*, **¨sse** difficultés *fpl* d'approvisionnement ; goulot *m* d'étranglement au niveau des livraisons.

Lieferer *m*, **-** ⇒ *Lieferant*.

Lieferfirma *f*, **-men** fournisseur *m* ; maison *f* de livraison.

Lieferfrist *f*, **en** délai *m* de livraison ; *die ~ ein/halten* respecter le délai de livraison ; *die ~ überschreiten* dépasser le délai de livraison.

Liefergarantie *f*, **n** garantie *f* de livraison.

Lieferkette *f*, **n** chaîne *f* de transport.

Lieferland *n*, **¨er** pays *m* fournisseur.

Liefermenge *f*, **n** quantité *f* à livrer.

Liefermonopol *n*, **e** monopole *m* des livraisons ; *das ~ auf etw haben* détenir le monopole des livraisons de qqch.

liefern 1. livrer ; *frei Haus ~* livrer franco domicile ; *ins Haus ~* livrer à domicile **2.** produire ; fournir ; *Rohstoffe ~* produire des matières premières.

Lieferschein *m*, **e** récépissé *m*, bon *m*, bordereau *m* de livraison.

Liefersoll *n*, *φ (R.D.A.)* production *f* fixée par le plan ; production à atteindre.

Liefersperre *f*, **n** embargo *m* sur les livraisons ; blocage *m* des livraisons.

Lieferstopp *m*, **s** cessation *f* des livraisons ; suspension *f* des fournitures.

Liefertermin *m*, **e 1.** date *f* de livraison **2.** délai *m* de livraison.

Liefer- und Zahlungsbedingungen *pl* conditions *fpl* de livraison et de paiement.

Lieferung *f*, **en** livraison *f* ; fourniture *f* ; *sofortige ~* livraison immédiate ; *verspätete ~* livraison en retard ; *~ auf Abruf* livraison sur appel ; *~ innerhalb von acht Tagen* livraison sous huitaine ; *zahlbar bei ~* payable à livraison ; *~ erfolgt gegen Barzahlung* livraison contre paiement comptant.

Lieferungsangebot *n*, **e** soumission *f* ; *ein ~ machen* soumissionner.

Lieferungsbewerber *m*, **-** soumissionnaire *m*.

Lieferungsembargo *n*, **s** ⇒ *Lieferungssperre*.

Lieferungsgeschäft *n*, **e** opération *f* à terme.

Lieferungsort *m*, **e** lieu *m* de livraison.

Lieferungsschein *m*, **e** bulletin *m* de livraison.

Lieferungssperre *f*, **n** blocage *m* des livraisons ; embargo *m* sur les livraisons.

Lieferungsverzögerung *f*, **en** ⇒ *Lieferverzug*.

Lieferverzug *m*, *φ* retard *m* de livraison ; retard à la livraison.

Lieferzeit *f*, **en** délai *m*, date *f* de livraison ; *die ~ ein/halten* respecter le délai de livraison.

lifo *(last in, first out)* dernier entré, premier sorti (méthode d'évaluation des stocks) ; *contr. fifo (first in, first out).*

Liegegeld *n*, **er** indemnité *f* pour retard ; frais *mpl* de surestarie.

liegen, a, e être ; se situer, figurer ; *gut ~* être en bonne position ; être bien placé ; *unter, über dem Durchschnitt ~* être inférieur, supérieur à la moyenne ; *die Preise ~ hoch, niedrig* les prix *mpl* sont élevés, bas ; *im Rückstand ~* être en retard ; être dans le peloton de queue ; *an der Spitze ~* être en tête.

Liegengebliebene : *das ~* les invendus *mpl*.

Liegenschaften *pl* terrains *mpl* et constructions *fpl* ; propriété *f* foncière ; domaine *m* immobilier ; biens *mpl* fonciers ; immeubles *mpl*.

Liegetage *pl* estarie *f* ; délai *m* de déchargement d'un navire de commerce.

Limit *n*, **s** ou **e 1.** plafond *m* ; maximum *m* (d'un crédit) **2.** prix limite *m* ; prix plafond *m* **3.** *(bourse)* ordre *m* (d'achat ou de vente) limite.

limitieren limiter ; *~te Auflage* tirage *m* limité.

Limitpreis *m*, **e** prix limite *m*.

line [lain] : *(inform.) off ~* autonome ; *on ~* en ligne.

linear linéaire ; *~ variieren* varier

linéairement ; *~e Abschreibung* amortissement *m* constant, linéaire.

Linie *f,* **n** **1.** *(transp.)* ligne *f* **2.** *(généalogie)* ligne ; branche *f* ; *mütterliche ~* branche maternelle **3.** *(polit.)* ligne de conduite.

Liniendienst *m,* **e** ⇒ *Linienverkehr.*

Linienflug *m,* **¨e** vol *m* régulier ; vol de ligne.

Linienschiff *n,* **e** bateau *m* de ligne.

Linienverkehr *m,* **ϕ** trafic *m* régulier, de ligne ; service *m* régulier.

Linke *f,* **n** *(polit.)* gauche *f* ; *äußerste ~* extrême gauche ; *gemäßigte ~* gauche modérée *(contr. Rechte).*

links gauche ; de (à) gauche ; *~ (eingestellt) sein* être politiquement à (de) gauche ; *die heimischen Produkte ~ liegen lassen* bouder les produits nationaux.

Linksdrall *m,* **ϕ** glissement *m* vers la gauche ; poussée *f* à gauche.

Linksextremismus *m,* **ϕ** extrémisme *m* de gauche.

Linkskoalition *f,* **en** coalition *f* de gauche.

Linkskurs *m,* **(e)** ⇒ *Linksorientierung.*

Linksopposition *f,* **(en)** opposition *f* de gauche.

linksorientiert orienté à gauche.

Linksorientierung *f,* **(en)** orientation *f* à gauche (d'un gouvernement).

Linkspartei *f,* **en** parti *m* de gauche.

linksradikal d'extrême gauche ; *~e Gruppe* groupuscule *m* gauchiste.

Linksregierung *f,* **en** gouvernement *m* de gauche.

Linksruck *m,* **(e)** poussée *f* de la gauche (élections).

Linksunterzeichnete/r *(der/ein)* soussigné *m* en bas, à gauche.

Linksverkehr *m,* **ϕ** conduite *f* à gauche.

liquid liquide ; disponible ; *~e Mittel* disponibilités *fpl* ; liquidité *f.*

Liquidation *f,* **en** liquidation *f* ; *in ~ gehen lassen* mettre en liquidation ; *in ~ treten (geraten)* entrer en liquidation.

Liquidationsanteil *m,* **e** part *f* de liquidation.

Liquidationsantrag *m,* **¨e** demande *f* en liquidation.

Liquidationsbilanz *f,* **en** bilan *m* de liquidation.

Liquidationserlös *m,* **e** produit *m* de la liquidation.

Liquidationsmasse *f,* **n** masse *f* de la liquidation.

Liquidationsverkauf *m,* **¨e** vente-liquidation *f.*

Liquidationswert *m,* **e** valeur *f* de liquidation.

Liquidator *m,* **en** liquidateur *m* ; *zum ~ bestellen* instituer comme liquidateur.

liquide ⇒ *liquid.*

liquidieren **1.** liquider ; réaliser ; rendre liquide **2.** *(polit.)* assassiner ; liquider qqn.

Liquidierung *f,* **en** ⇒ *Liquidation.*

Liquidität *f,* **en** liquidité *f* ; solvabilité *f* ; disponibilités *fpl* ; trésoreries *fpl.*

Liquiditätsabflüsse *pl* sorties *fpl* (sommes dépensées).

liquiditätsabschöpfend qui éponge, absorbe les liquidités.

Liquiditätsanreicherung *f,* **en** accroissement *m* des disponibilités.

Liquiditätsbedarf *m,* **ϕ** besoins *mpl* de (en) liquidités.

Liquiditätsengpaß *m,* **¨sse** resserrement *m,* difficultés *fpl* de trésorerie.

Liquiditätsentzug *m,* **¨e** retrait *m* de (des) liquidités.

Liquiditätsgrad *m,* **e** degré *m,* coefficient *m,* taux *m* de liquidité.

Liquiditätslage *f,* **n** état *m* de la trésorerie ; situation *f* de liquidité.

Liquiditätslücke *f,* **n** ⇒ *Liquiditätsmangel.*

Liquiditätsmangel *m,* **¨** manque *m* de liquidité.

Liquiditätspolster *n,* **-** matelas *m* de liquidités ; réserves *fpl* de trésorerie.

Liquiditätsreserven *pl* réserves *fpl* de liquidité ; fonds *mpl* réalisables à court terme.

Liquiditätsschöpfung *f,* **en** création *f,* constitution *f* de liquidités.

Liquiditätsschwierigkeit *f,* **en** difficultés *fpl,* gêne *f* de trésorerie.

Liquiditätsverknappung *f,* **en** resserrement *m,* raréfaction *f* des liquidités.

Liquis *pl (bouse)* titres *mpl* de participation issus de la liquidation du groupe *IG-Farben.*

Liste *f,* **n** liste *f* ; relevé *m* ; état *m* ; catalogue *m* ; tableau *m* ; bordereau *m* ; *schwarze ~* liste noire ; *eine ~ auf/stellen* établir, dresser une liste ; *in eine ~ ein/tragen* inscrire, porter sur une liste ; *auf die ~ setzen* mettre sur la liste ; *auf der ~ stehen* être, figurer sur la liste ; *aus einer ~ streichen* rayer d'une liste.

listen lister ; mettre en liste *(syn. auflisten).*

Listenpreis *m,* **e** prix-catalogue *m* ; prix-barème *m.*

Listenwahl *f,* **en** scrutin *m* de listes.

Liter *n* ou *m*, - litre *m* ; *ein Barrel faßt 159 ~ Rohöl* un baril contient 159 l de pétrole brut.

Litfaßsäule *f*, **n** colonne *f* d'affichage, publicitaire ; colonne Morris *(syn. Anschlagsäule)*.

live [laif] *(radio, télé)* en direct ; *etw ~ senden* diffuser en direct.

Live-Sendung *f*, **en** *(radio, télé)* diffusion *f* en direct.

Lizenz *f*, **en** licence *f* ; concession *f* ; *eine ~ erteilen* délivrer une licence ; *in ~ fertigen* fabriquer sous licence ; *eine ~ zurück/ziehen* retirer une licence.

Lizenzantrag *m*, **¨e** demande *f* de licence.

Lizenzausgabe *f*, **n** édition *f* publiée sous licence.

Lizenzbewilligung *f*, **en** ⇒ *Lizenzerteilung*.

Lizenzerteilung *f*, **en** concession *f*, octroi *m* de licence.

lizenzfrei sans licence.

Lizenzgeber *m*, - concédant *m* ; titulaire *m* du droit (de licence).

Lizenzgebühren *pl* droits *mpl* de licence (d'exploitation).

lizenzieren concéder une licence, une concession ; autoriser à exploiter une licence.

Lizenzinhaber *m*, - détenteur *m*, bénéficiaire *m* d'une licence.

Lizenznehmer *m*, - requérant *m* d'une licence.

Lizenzvergabe *f*, **n** ⇒ *Lizenzerteilung*.

Lizenzvertrag *m*, **¨e** contrat *m* de licence.

Lkw ou **LKW** *m*, **s** camion *m* ; poids lourd *m*.

Lkw-Fahrer *m*, - conducteur *m*, chauffeur *m* de poids lourd ; camionneur *m*.

Lkw-Transport *m*, **e** transport *m* par camion(s).

Lkw-Verbot *n*, **(e)** interdiction *f* (de rouler pour les) poids lourds.

LMBO *(leveraged management buy out)* rachat *m* des entreprises par les salariés (et dirigeants) ; RES *m* ; ⇒ *LBO*.

Lobby *f*, **s** groupe *m* de pression ; lobby *m* *(syn. Interessengruppe)*.

Lobbying *n*, **s** ⇒ *Lobbyismus*.

Lobbyismus *n*, φ trafic *m* d'influence ; tentatives *fpl* de pression exercée par des lobbies sur des parlementaires.

Lobbyist *m*, **en, en** membre *m* d'un groupe de pression.

Loch *n*, **¨er** trou *m* ; déficit *m* ; *(fam.) ~¨er in den Finanzen stopfen* combler un déficit budgétaire ; *ein ~ in der Kasse* un déficit, un trou de caisse.

lochen poinçonner ; perforer.

Locher *m*, - **1.** perforateur *m* **2.** perforatrice *f* (machine).

Lochkarte *f*, **n** *(inform.)* carte *f* perforée.

Lochkartenmaschine *f*, **n** *(inform.)* machine *f*, appareil *m* à cartes perforées ; perforatrice *f*.

Lochkartenstanzer *m*, - *(inform.)* perforateur *m*.

Lochschriftübersetzer *m*, - *(inform.)* machine *f* traductrice de langage perforé.

Lochstreifen *m*, - *(inform.)* bande *f* perforée.

Lochstreifenabtaster *m*, - *(inform.)* lecteur *m* de bandes perforées.

Lockangebot *n*, **e** offre *f* alléchante ; offre d'appel.

Lockartikel *m*, - article *m* d'appel, de lancement.

locker/machen : *Geld ~ (fam.)* délier la bourse ; dégager des crédits ; libérer des fonds.

lockern assouplir ; relâcher ; *die Kredite ~* débloquer les crédits.

Lockerung *f*, **en** assouplissement *m* ; relâchement *m* ; déblocage *m* ; libération *f* (prix, crédits).

Lockerungsmaßnahme *f*, **n** mesure *f* d'assouplissement.

Lockpreis *n*, **e** prix *m* d'appel.

Lockvogelangebot *n*, **e** attrape-nigaud *m* ; offre *f* alléchante mais trompeuse.

Lockvogelpreis *m*, **e** prix *m* très avantageux destiné à appâter le client ; prix d'appel.

Lockvogelwerbung *f*, **en** *(péj.)* publicité *f* trompeuse et mensongère ; publicité d'appel.

loco 1. sur place ; en ville **2.** *(bourse)* disponible. ⇒ *Loko-*.

Logo *n*, **s** logo *m*.

Lohn *m*, **¨e** salaire *m* ; paie *f* ; rémunération *f* ; gages *mpl* **I.** *fester ~* salaire fixe ; *garantierter ~* salaire garanti ; *gleitender ~* salaire mobile ; *rückständiger ~* salaire dû ; *steuerpflichtiger ~* salaire imposable ; *tariflicher (vereinbarter) ~* salaire contractuel **II.** *den ~ aus/zahlen* verser, payer un salaire ; *der ~ beträgt* le salaire se monte à ; le salaire est de ; *einen ~ beziehen* toucher un salaire ; *den ~ erhöhen* augmenter le salaire ; *den ~ fest/setzen* fixer le salaire ; *den ~ kürzen* diminuer, réduire le salaire ; *den ~ senken* baisser le salaire ; *die ~¨e steigen* les salaires montent ; *(figuré) jdm den angemesse-*

nen ~ *zahlen* payer à qqn le salaire qui lui est dû **III.** *gleiche Arbeit, gleicher ~* à travail égal, salaire égal ; *Freigabe der ~¨e* libération *f* des salaires ; *Nachziehen der ~¨e* rattrapage *m* des salaires ; *Nivellierung der ~¨e* rétrécissement *m* de l'éventail des salaires ; écrasement *m* de la hiérarchie des salaires ; *Ungleichheit der ~¨e* disparité *f* des salaires.

Lohnabbau *m,* ϕ réduction *f* de salaire ; diminution *f* des salaires.

Lohnabhängige/r *(der/ein)* salarié *m* (exploité).

Lohnabkommen *n,* - accord *m* sur les salaires ; accord salarial.

Lohnabmachungen *pl* ⇒ *Lohnabkommen.*

Lohnabrechnung *f,* **en** calcul *m*; décompte *m* de salaires ; bulletin *m* de paie.

Lohnabschlag *m,* ¨e ⇒ *Lohnabzug.*

Lohnabschlüsse *pl* conventions *fpl* salariales ; accords *mpl* salariaux, tarifaires.

Lohnabsprache *f,* **n** accord *m* salarial.

Lohnabstand *m,* ¨e ⇒ *Lohngefälle.*

Lohnabzug *m,* ¨e retenue *f* sur le salaire ; prélèvement *m,* ponction *f* sur le salaire ; déduction *f.*

Lohnangleichung *f,* **en** ajustement *m,* r(é)ajustement *m* des salaires.

Lohnanhebung *f,* **en** relèvement *m,* redressement *m* des salaires.

Lohnanpassung *f,* **en** ⇒ *Lohnangleichung.*

Lohnanspruch *m,* ¨e **1.** *(syndicat) ~¨e* revendications *fpl* salariales **2.** prétention *f* salariale ; *seine ~¨e geltend machen* faire valoir ses prétentions salariales.

Lohnanstieg *m,* **e** progression *f* des salaires.

Lohnanteil *m,* **e** part *m* de salaire.

Lohnarbeit *f,* **en 1.** travail *m* salarié, rémunéré **2.** travail à façon.

Lohnarbeiter *m,* - travailleur *m* salarié.

Lohnaufbesserung *f,* **en** ⇒ *Lohnanhebung.*

Lohnaufkommen *n,* - masse *f* salariale.

Lohnauftrieb *m,* **e** poussée *f,* flambée *f* des salaires.

Lohnaufwand *m,* **-wendungen** ⇒ *Lohnkosten.*

Lohnauseinandersetzungen *pl* discussions *fpl* salariales.

Lohnausfall *m,* ¨e perte *f* de salaire ; manque *m* à gagner.

Lohnausgleich *m,* **e** compensation *f* de salaire ; ajustement *m* des salaires ; indemnité *f* salariale ; *bei vollem ~* sans perte de salaire.

Lohnauszahlung *f,* **en** versement *m* de la paie ; paiement *m* du salaire.

Lohnbedingungen *pl* conditions *fpl* de salaire, salariales.

Lohnbescheinigung *f,* **en** attestation *f* de salaire.

Lohnbeschlagnahme *f,* **n** ⇒ *Lohnpfändung.*

Lohnbetrieb *m,* **e** entreprise *f* de soustraitance ; sous-traitant *m.*

lohnbezogen fonction du salaire ; proportionnel au salaire ; ayant trait au salaire.

Lohnbuchhalter *m,* - agent *m* payeur.

Lohnbuchhaltung *f,* **en** bureau *m* de paie ; comptabilité *f* de la paie ; comptabilité des salaires.

Lohndiktat *n,* **(e)** diktat *m* des salaires ; diktat salarial.

Lohndrift *f,* ϕ différence *f* entre salaires tarifaires et salaires réels.

Lohndruck *m,* ϕ poussée *f,* pression *f* des salaires ; pression sur les salaires.

Lohndrücker *m,* - *(fam.)* main-d'œuvre *f* bon marché (qui nuit à l'augmentation des salaires).

Lohndumping *n,* **(s)** « dumping » *m* des salaires.

Lohneinbehaltung *f,* **en** retenue *f* sur le salaire.

Lohneinbuße *f,* **n** perte *f* de salaire.

Lohneinstufung *f,* **en** catégorisation *f* salariale ; établissement *m* de la grille des salaires.

Lohnempfänger *m,* - salarié *m* ; *die ~* les salariés ; classe *f* salariale, salariée.

lohnen : *sich ~* être payant ; en valoir la peine.

lohnend payant ; avantageux ; profitable ; qui vaut la peine.

Lohnentwicklung *f,* **en** évolution *f,* mouvement *m* des salaires.

Lohnerhöhung *f,* **en** augmentation *f* salariale ; relèvement *m* des salaires.

Lohnfestsetzung *f,* **en** fixation *f,* détermination *f* du salaire.

Lohnforderungen *pl* revendications *fpl* salariales ; *~ durch/setzen* mener à bien des revendications salariales.

Lohnfortzahlung *f,* **en** maintien *m* du salaire ; *~ im Krankheitsfall* maintien du salaire en cas de maladie.

Lohnfrage *f,* **n** question *f* salariale.

Lohnfront *f,* **en** front *m* salarial.

Lohngefälle *n,* **(-)** fourchette *f* des salaires ; éventail *m,* hiérarchie *f* des salaires ; écart *m* entre les salaires ; disparité *f* salariale.

Lohngefüge *n*, (-) grille *f*, hiérarchie *f*, structure *f* des salaires.

Lohngleichheit *f*, **en** parité *f*, égalité *f* des salaires.

Lohngruppe *f*, **n** échelon *m* de salaire ; catégorie *f* salariale ; *in ~ 2 eingestuft werden* être classé dans la catégorie salariale 2.

Lohnindex *m*, **-indizes** indice *m* de (des) salaires.

Lohninflation *f*, **en** inflation *f* par les salaires.

lohnintensiv de coût salarial élevé ; *~e Produktion* production *f* à coefficient salarial élevé (le coût salarial absorbe une part importante du budget global).

Lohnkampf *m*, **¨e** conflit *m* social ; luttes *fpl* pour l'augmentation des salaires.

Lohnkonto *n*, **-ten 1.** compte *m* de salaires **2.** compte courant sur lequel on fait virer le salaire.

Lohnkosten *pl* coût *m* salarial ; charges *fpl* salariales ; *~ pro Arbeitsstunde* coût salarial horaire.

Lohnkürzung *f* **en** diminution *f* de salaire.

Lohnlenkungspolitik *f*, *ϕ* dirigisme *m* en matière de politique des salaires.

Lohnliste *f*, **n** bordereau *m* des paies, des salaires ; *Arbeitsplätze von der ~ streichen* supprimer des emplois.

Lohnnachzahlung *f*, **en** rappel *m* de salaire.

Lohnnebenkosten *pl* charges *fpl* annexes.

Lohnnivellierung *f*, **en** nivellement *m* des salaires.

Lohnoffensive *f*, **n** offensive *f* des salaires ; *eine ~ starten* lancer une offensive des salaires.

Lohnparität *f*, **en** parité *f* des salaires.

Lohnpause *f*, **n** ⇒ *Lohnstopp*.

Lohnpfändung *f*, **en** saisie-arrêt *f* sur le salaire.

Lohnpolitik *f*, *ϕ* politique *f* des salaires ; politique salariale.

Lohn-Preis-Spirale *f*, **n** course *f* salaires-prix ; escalade *f*, spirale *f* des salaires et des prix ; réaction *f* en chaîne des prix et salaires *(syn. Preis-Lohn-Spirale)*

Lohnpyramide *f*, **n** pyramide *f* des salaires.

Lohnquote *f*, **n** part *f* des salariés dans le revenu national.

Lohnrichtlinien *pl* directives *fpl* en matière de salaires.

Lohnrückstufung *f*, **en** rétrogradation *f* de salaire ; échelon *m* inférieur dans la grille des salaires.

Lohnrunde *f*, **n** négociations *fpl* salariales (entre syndicats et employeurs).

Lohnsenkung *f*, **en** abaissement *m*, baisse *f* des salaires.

Lohnskala *f*, **-len** échelle *f*, grille *f* des salaires ; éventail *m* salarial ; *gleitende ~* échelle mobile des salaires.

Lohnsteigerung *f*, **en** progression *f*, élévation *f* des salaires.

Lohnsteuer *f*, **n** impôt *m* sur les salaires et traitements ; impôt sur le revenu des personnes physiques (I.R.P.P.).

Lohnsteuerabzug *m*, **¨e** retenue *f* d'impôt sur le salaire ; prélèvement *m* à la source.

Lohnsteuerjahresausgleich *m*, **e** régularisation *f* de trop-perçu en impôt sur le revenu (en fin d'année).

Lohnsteuerkarte *f*, **n** carte *f* fiscale ; fiche *f* fiscale individuelle.

Lohnsteuerrückvergütung *f*, **en** remboursement *m* d'impôts trop perçus.

Lohnsteuertabelle *f*, **n** barème *m* d'imposition salariale.

Lohnstopp *m*, **(s)** blocage *m* des salaires ; *Aufhebung des ~s* déblocage *m* des salaires.

Lohnstreifen *m*, **-** bulletin *m*, fiche *f* de paie.

Lohnstreit *m*, **(e)** ⇒ *Lohnkampf*.

Lohnsummensteuer *f*, **n** taxe *f*, impôt *m* sur la masse salariale (que l'employeur verse au fisc).

Lohntabelle *f*, **n** barème *m*, grille *f* des salaires.

Lohntag *m*, **e** jour *m* de (la) paie.

Lohntarif *m*, **e** tarif *m* des salaires.

Lohntarifverhandlungen *pl* négociations *fpl* (collectives) sur les salaires.

Lohntarifvertrag *m*, **¨e** convention *f* collective salariale, des salaires.

Lohntüte *f*, **n** enveloppe *f* de paie ; enveloppe de fin de mois (des ouvriers).

Lohn- und Gehaltsabrechnung *f*, **en** décompte *m* des salaires.

Lohn- und Gehaltsempfänger *pl* ensemble *m* des salariés ; salariés *mpl*.

Lohn- und Gehaltserhöhung *f*, **en** augmentation *f* des salaires et traitements.

Lohn- und Gehaltsforderungen *pl* revendications *fpl* en matière de traitements et salaires.

Lohn- und Gehaltskonto *n*, **-ten** compte-salaire *m*.

Lohn- und Gehaltsskala *f*, **-len** échelle

f mobile des salaires.

Lohn- und Gehaltsstufe *f,* **n** échelon *m* de salaire ou traitement.

Lohn- und Gehaltssumme *f,* **n** masse *f* salariale.

Lohn- und Preisstopp *m,* **s** blocage *m* des salaires et des prix.

Löhnung *f,* **en** *(rare)* ⇒ *Lohnauszahlung.*

Lohnvereinbarung *f,* **en** ⇒ *Lohnabkommen.*

Lohnverhandlungen *pl* négociations *fpl* salariales.

Lohnvertrag *m,* **¨e** contrat *m* salarial.

Lohnverzicht *m,* **(e)** diminution *f* (volontaire) de salaire ; renonciation *f* à une partie du salaire ou à une augmentation de salaire.

Lohnzahlung *f,* **en** paiement *m* des salaires ; ~ *für Feiertage* rémunération *f* des jours fériés ; rétribution *f* des jours chômés légaux.

Lohnzettel *m,* **-** ⇒ *Lohnstreifen.*

Lohnzugeständnisse *pl* concessions *fpl* salariales.

Lohnzulage *f,* **n** surpaie *f* ; sursalaire *m* ; prime *f.*

Lohnzurückhaltung *f,* **en** austérité *f* salariale volontaire (du personnel).

Lohnzuschlag *m,* **¨e** complément *m* salarial.

Lohnzuwachs *m,* *ϕ* majoration *f,* augmentation *f* salariale.

Lohnzuwachsrate *f,* **n** taux *m* de majoration des salaires.

Lokal *n,* **e 1.** local *m* ; salle *f* de réunion **2.** bistrot *m* ; café *m.*

lokal local ; *~er Teil einer Zeitung* page *f* régionale d'un journal ; informations *fpl* locales.

Lokalmarkt *m,* **¨e** marché *m* local.

Lokalpapier *n,* **e** titre *m* négocié dans les bourses régionales.

Lokalpresse *f,* *ϕ* presse *f* locale.

Lokation *f,* **en 1.** forage *m* (lieu) **2.** résidence *f* locative.

Lokogeschäft *n,* **e** ⇒ *Kassageschäft.*

Lokomarkt *m,* **¨e** ⇒ *Kassahandel.*

Lokopreis *m,* **e** prix *m* sur place.

Lokoware *f,* **n** marchandise *f* disponible (sur place).

Lombard *m* ou *n,* **e 1.** prêt *m* sur gage ; avance *f* bancaire sur titres ; prêt sur marchandises **2.** emprunt *m* (sur titres ou marchandises).

lombardfähig susceptible d'être gagé ; susceptible de faire l'objet d'un prêt sur titres ; *~es Wertpapier* valeur *f* pouvant servir de gage.

Lombardgeschäft *n,* **e** ⇒ *Lombardkredit.*

lombardieren prêter sur gage ; *Effekten ~* prêter sur titres.

Lombardierung *f,* **en** emprunt *m* lombard ; prêt *m* sur titres.

Lombardkredit *m,* **e** crédit *m,* prêt *m* sur nantissement ; avances *fpl* sur titres ou marchandises.

Lombardsatz *m,* **¨e** taux *m* d'avances sur titres ; taux Lombard.

Lombardschein *m,* **e** certificat *m* de nantissement.

Lombardzinsen *pl* intérêts *mpl* des avances sur titres.

Longseller *m,* **-** bestseller *m* à record de durée.

Lorokonto *n,* **-ten** compte *m* de client bancaire.

Los *n,* **e 1.** sort *m* ; destin *m* ; *durch das ~ bestimmen* tirer au sort **2.** billet *m* de loterie ; lot *m* ; *das Große ~ gewinnen* tirer, gagner le gros lot.

Losanleihe *f,* **n** emprunt *m* à lots.

Löschbrücke *f,* **n** *(port)* pont *m* de déchargement.

löschen 1. éteindre **2.** décharger une cargaison **3.** radier ; rayer ; purger ; amortir ; *eine Hypothek ~* purger une hypothèque ; *eine Schuld ~* amortir une dette **4.** *(inform.)* effacer.

Löschen *n,* *ϕ* ⇒ *Löschung.*

Löschung *f,* **en 1.** déchargement *m* d'un navire **2.** purge *f,* radiation *f* (d'une hypothèque) ; amortissement *m* d'une dette.

lose sans emballage ; en vrac ; *~s Blatt* feuille *f* volante ; *~ Ware* marchandise *f* en vrac.

Loseblattbuch *n,* **¨er** classeur *m* à feuilles mobiles.

Loseblattbuchführung *f,* **en** comptabilité *f* à feuillets mobiles ; comptabilité par fiches.

Lösegeld *n,* **er** rançon *f* ; *gegen ein ~ frei/lassen* libérer contre rançon.

lösen 1. résoudre (un problème) **2.** annuler ; *einen Vertrag ~* annuler un contrat **3.** acheter ; prendre ; *eine Fahrkarte ~* prendre un billet **4.** séparer ; défaire.

los/kaufen racheter ; *Geiseln ~* racheter la libération d'otages.

Losung *f,* **en 1.** mot *m* d'ordre **2.** tirage *m* au sort **3.** *(Autriche)* gain *m* ; bénéfice *m.*

Lösung *f,* **en** solution *f* ; *eine gütliche ~* solution amiable.

Lotse *m,* **n, n** pilote *m* (navires).

lotsen piloter ; diriger (navire, avion).

Lotsengebühr *f,* **en** droit *m,* taxe *f* de

pilotage.

Lotterie *f*, **n** loterie *f* (nationale) ; *in der ~ spielen* jouer à la loterie ; *bei der ~ das große Los gewinnen* gagner le gros lot à la loterie.

Lotterwirtschaft *f*, **en** mauvaise gestion *f* ; laisser-aller *m* ; incurie *f*.

Löwenanteil *m*, **(e)** part *f* du lion ; part léonine ; *den ~ kassieren* se tailler la part du lion ; *sich um den ~ streiten* se disputer la part du lion.

LPG *f*, s ⇒ *landwirtschaftliche Produktionsgenossenschaft.*

LPG-Mitgliederversammlung *f*, **en** *(R.D.A.)* assemblée *f* des coopérateurs agricoles.

LPG-Vorstand *m*, **¨e** *(R.D.A.)* comité-directeur *m* d'une coopérative de production agricole.

lt ⇒ *laut.*

Lücke *f*, **n** lacune *f* ; créneau *m* (marché) ; manque *m* ; insuffisance *f* ; brèche *f* ; *eine ~ schließen* combler une lacune, un trou (budgétaire).

Lückenbüßer *m*, **-** bouche-trou *m* ; *den ~ spielen* jouer les bouche-trous.

lückenlos sans lacune ; complet ; *ein ~es Vertriebsnetz auf/bauen* monter un réseau de distribution sans failles.

Lückensuche *f*, **n** recherche *f* de créneaux du marché.

Luftfahrt *f*, *ϕ* aviation *f* ; navigation *f* aérienne.

Luftfahrtausstellung *f*, **en** salon *m* aéronautique.

Luftfahrtforschung *f*, **en** recherche *f* aéronautique.

Luftfahrtgesellschaft *f*, **en** compagnie *f* aérienne *(syn. Fluggesellschaft).*

Luftfahrtindustrie *f*, **n** industrie *f* aéronautique.

Luftfracht *f*, **en** fret *m* aérien.

Luftfrachtbrief *m*, **e** lettre *f* de transport aérien.

Luftfrachtschein *m*, **e** ⇒ *Luftfrachtbrief.*

Lufthansa *f* la Lufthansa (compagnie aérienne ouest-allemande).

Luftkissenfahrzeug *n*, **e** aéroglisseur *m*.

Luftlinie *f*, **n** ligne *f* aérienne.

Luftpassagier *m*, **e** passager *m* (avion) *(syn. Fluggast).*

Luftpirat *m*, **en, en** pirate *m* de l'air.

Luftpost *f*, *ϕ* poste *f* aérienne ; courrier *m* aérien ; *per (durch) ~ befördern* expédier par avion.

Luftpostbrief *m*, **e** lettre-avion *f* ; courrier *m* par avion.

Luftpostgesellschaft *f*, **en** compagnie *f* aéropostale.

Luftpostleichtbrief *m*, **e** aérogramme *m*.

Luftpostsendung *f*, **en** envoi *m* par avion.

Luftraum *m*, **¨e** espace *m* aérien.

Luftreeder *m*, **-** propriétaire *m* d'une compagnie aérienne ; armateur *m* aérien.

Luftreinhaltung *f*, *ϕ* préservation *f* de l'atmosphère ; *Bestimmungen fpl zur ~* dispositions sur la lutte contre les nuisances atmosphériques.

Luftreklame *f*, **n** ⇒ *Luftwerbung.*

Luftschiffahrt *f*, **(en)** navigation *f* aérienne.

Luft- und Raumfahrtindustrie *f*, **n** industrie *f* aérospatiale.

Luftverkehr *m*, *ϕ* trafic *m* aérien ; transports *mpl* aériens.

Luftverkehrsgesellschaft *f*, **en** compagnie *f* de transports aériens.

Luftverschmutzung *f*, **en** pollution *f* atmosphérique ; pollution de l'air ; nuisances *fpl* atmosphériques.

Luftverunreinigung *f*, **en** ⇒ *Luftverschmutzung.*

Luftweg : *auf dem ~* par avion ; en avion.

Luftwerbung *f*, **en** publicité *f* aérienne.

Lügenpropaganda *f*, *ϕ* propagande *f* mensongère.

lukrativ lucratif ; rémunérateur ; qui rapporte.

Lumpenproletariat *n*, *ϕ* sous-prolétariat *m* ; prolétariat en haillons ; « lumpenprolétariat » (Marx).

Lumpenproletarier *m*, **-** sous-prolétaire *m*.

Lupe *f*, **n** loupe *f* ; *etw unter die ~ nehmen* examiner qqch de très près ; éplucher qqch (dossier par ex.).

Lustbarkeitssteuer *f*, **n** *(arch.)* impôt *m* sur les distractions *(syn. Vergnügungssteuer).*

lustlos *(Bourse)* terne ; lourd ; inactif ; morose.

Luxus *m*, *ϕ* luxe *m* ; somptuosité *f*.

Luxusartikel *m*, **-** article *m* de luxe.

Luxusausführung *f*, **en** version-luxe *f* ; modèle-luxe *m* ; présentation *f* de luxe.

Luxusgüter *pl* produits *mpl* de luxe.

Luxusliner *m*, **-** transatlantique *m* de luxe.

Luxussteuer *f*, **n** taxe *f* de luxe ; impôt *m* sur les produits de luxe ; impôt somptuaire.

Luxuszoll *m*, **¨e** droits *mpl*, taxe *f*

douanière sur les produits de luxe.

LVA ⇒ *Landesversicherungsanstalt.*

LZB ⇒ *Landeszentralbank.*

M

M ⇒ *Mark.*

machbar réalisable ; faisable.

Machbarkeit *f,* ϕ faisabilité *f.*

Machenschaften *pl* combinaison *f* douteuse ; combines *fpl* ; magouille *f* ; *üble* ~ de sombres machinations *fpl.*

Macher *m,* **- 1.** exécutant *m* ; réalisateur *m* ; fonceur *m* ; *dieser Manager ist ein* ~ ce manager est un battant **2.** *(péjor.)* faiseur *m* ; frimeur *m.*

Macherlohn *m,* **¨e** coût *m* de la main-d'œuvre ; façon *f* ; prix *m* du façonnage ; rémunération *f* du travail à façon.

Macht *f,* **¨e** puissance *f* ; force *f* ; pouvoir *m* ; *wirtschaftliche* ~ puissance économique ; *eine* ~ *aus/üben* exercer un pouvoir.

machtausübend qui détient le pouvoir ; dominant.

Machtbefugnis *f,* **se** pouvoir *m* ; pleins pouvoirs *mpl ;* autorité *f* ; *seine* ~*se überschreiten* outrepasser ses pouvoirs, ses attributions.

Machtbereich *m,* **e** sphère *f* d'influence ; compétence *f* ; ressort *m.*

Machtgruppe *f,* **n** groupe *m* influent.

mächtig puissant ; ~*e Gewerkschaften* syndicats *mpl* influents.

Machtkampf *m,* **¨e** lutte *f* d'influence ; lutte pour le pouvoir.

Machtkonzentration *f,* **en** concentration *f* de pouvoir.

Machtmißbrauch *m,* **¨e** abus *m* de pouvoir.

Machtpolitik *f,* ϕ politique *f* de force.

Machtposition *f,* **en** position *f* de force ; position *f* clé.

Machtprobe *f,* **n** épreuve *f* de force.

Machtübernahme *f,* **n 1.** prise *f* de pouvoir **2.** acquisition *f* de la majorité des parts des actions dans une société ; prise *f* de contrôle.

Machtverhältnis *n,* **se** rapports *mpl* de forces *(syn. Kräfteverhältnis).*

machtvoll ⇒ *mächtig.*

Machtwechsel *m,* **-** changement *m* de gouvernement, de dirigeants ; passation *f* de pouvoir.

made in ['mɛidin] made in ; fabriqué en ; ~ *Germany* fabriqué en Allemagne.

Maf(f)ia *f,* **s** mafia *f* ; maffia *f.*

Mafioso *m,* **-si** membre *m* de la mafia ; mafioso *m.*

Magazin *n,* **e 1.** entrepôt *m* ; dépôt *m* **2.** magazine *m* ; revue *f.*

Magazineur *m,* **e** *(Autriche)* magasinier *m* ; chef *m* de magasin.

magazinieren *(rare)* emmagasiner ; entreposer.

mager maigre ; ~*e Jahre (Zeiten)* période *f* de vaches maigres.

Magerkohle *f,* ϕ charbon *m* maigre.

magisches Viereck « carré *m* magique » (chaque angle du carré est l'un des objectifs destinés à assurer la stabilité de l'économie : niveau des prix, plein-emploi, équilibre du commerce extérieur et croissance adéquate).

Magister *m,* **-** diplôme *m* universitaire ; magistère *m* (université) ; mastère (grande école).

Magnat *m,* **en, en** magnat *m.*

Magnetband *n,* **¨er** *(inform.)* bande *f* magnétique.

Magnetplatte *f,* **n** *(inform.)* disque *m* magnétique.

Magnettrommelspeicher *m,* **-** *(inform.)* mémoire *f* à tambour magnétique.

Magnetscheibe *f,* **n** *(inform.)* disque *m* magnétique.

Mähdrescher *m,* **-** moissonneuse-batteuse *f.*

mahnbar exigible.

Mahnbescheid *m,* **e** ⇒ *Mahnbrief.*

Mahnbrief *m,* **e** lettre *f* de sommation, d'avertissement ; lettre de rappel ; mise *f* en demeure.

mahnen mettre en demeure ; avertir ; sommer de.

Mahnfrist *f,* **en** délai *m* d'expiration ; délai *m* de mise en demeure.

Mahnkosten *pl* frais *mpl* d'avertissement.

Mahnung *f,* **en** sommation *f* ; avertissement *m* ; mise *f* en demeure ; *gebührenfreie* ~ avertissement sans frais ; *gerichtliche* ~ avertissement par voie d'huissier.

Mahnverfahren *n,* **-** procédure *f* de sommation ; rappel *m* de paiement.

majorisieren [majori'zi:rən] obtenir la majorité des suffrages ; mettre en minorité.

Majorität *f,* **en** ⇒ *Mehrheit.*

Majoritätsbeschluß *m,* **¨sse** ⇒ *Mehrheitsbeschluß.*

MAK-Bilanzen *pl (Material-, Ausrüstungs- und Konsumgüterbilanzen)* bilans *mpl* matériel, équipements et biens de consommation.

Makel *m,* **-** défaut *m* ; tare *f* ; *einen ~ auf/weisen* présenter un défaut.

makeln négocier des valeurs mobilières ; réaliser des opérations de vente ou d'achat de valeurs mobilières.

Makler *m,* **-** courtier *m* ; agent *m* de change ; cambiste *m* ; *freier ~* courtier libre, non inscrit ; *vereidigter ~* courtier assermenté, agréé.

Mäkler ⇒ *Makler.*

Maklerbank *f,* φ *(Bourse)* corbeille *f.*

Maklergebühr *f,* **en** courtage *m* ; commission *f* ; *(syn. Courtage, Kurtage).*

Maklergeschäft *n,* **e 1.** opération *f* de courtage ; courtage *m* **2.** cabinet *m* d'affaires ; agence *f* d'affaires.

Maklerkammer *f,* **n** chambre *f* syndicale des agents de change.

Maklervereinigung *f,* **en** compagnie *f* des agents de change.

maklervermittelt effectué par l'intermédiaire d'un courtier, agent de change.

Makroökonomie *f,* **n** macro-économie *f.*

Maloche *f,* φ *(fam.)* travail *m* pénible ; turbin *m* ; sale boulot *m.*

malochen *(fam.)* se tuer au travail ; s'éreinter ; s'échiner ; « se crever au boulot ».

Malocher *m,* **-** *(fam.)* manœuvre *m* ; ouvrier *m* non qualifié.

Malthusianer *m,* **-** malthusien *m* ; malthusianiste *m* (partisan du ralentissement de la production, de l'expansion et de la population).

Malthusianismus *m,* φ malthusianisme *m* ; limitation *f* démographique et économique.

malthusianistisch ⇒ *malthusisch.*

malthusisch malthusien ; malthusianiste.

Malus *m,* **se** ⇒ *Malus-Zuschlag.*

Malus-Zuschlag *m,* **¨e** *(assur.)* supplément *m* de prime à payer ; malus *m.*

Mammon *m,* φ mammon *m* ; argent *m* ; richesse *f* ; *dem ~ nach/jagen (dienen)* courir après l'argent.

Mammut- *(préfixe)* colossal ; gigantesque ; énorme.

Mammutprojekt *n,* **e** projet *m* gigantesque ; projet de grande envergure.

Mammutunternehmen *n,* **-** entreprise *f* gigantesque.

MAN *(Maschinenfabrik Augsburg-Nürnberg AG)* constructeur ouest-allemand de camions, armatures métalliques, diesels, etc.).

Management *n,* **s** ['mɛnidʒmənt] management *m* ; gestion *f* ; direction *f* des entreprises ; *mittleres ~* cadres *mpl* moyens ; *oberes ~* cadres supérieurs ; dirigeants *mpl (syn. Unternehmensführung).*

Management-Audit *n,* **s** audit *m* de direction.

Management-Fehler *m,* **-** erreur *f* de management.

managen ['mɛnidʒen] diriger ; organiser ; gérer ; manager.

Manager *m,* **-** ['mɛnidʒer] dirigeant *m* d'entreprise ; cadre *m* supérieur ; manager *m* ; P-D.G. *m* ; gérant *m* ; responsable *m* ; organisateur *m (syn. Leiter ; Betriebsleiter ; Führungskraft).*

Manager-Krankheit *f,* **en** stress *m* des managers ; surmenage *m* intellectuel, nerveux.

Manchestertum *n,* φ théories *fpl* de l'école de Manchester (défenses des principes de liberté du commerce extérieur).

Mandant *m,* **en, en 1.** mandant *m* ; commettant *m* **2.** client *m* (d'un avocat).

Mandat *n,* **e** mandat *m* ; pouvoir *m* ; *sein ~ nieder/legen* renoncer à son mandat.

Mandatar *m,* **e 1.** mandataire *m* **2.** *(Autriche)* député *m.*

Mandatsgebiet *n,* **e** territoire *m* sous mandat ; territoire sous tutelle.

Mangel *m,* **¨** manque *m* ; défaut *m* ; carence *f* ; pénurie *f* ; rareté *f* ; insuffisance *f* ; *technischer ~* déficience *f,* vice *m* technique ; *~ an Arbeitskräften* pénurie de main-d'œuvre ; *einen ~ auf/weisen* présenter un défaut ; *einen ~ beheben* remédier à un défaut ; *~ haben an (+ D)* manquer de.

Mangelartikel *m,* **-** article *m* rare ; article manquant.

Mangelberuf *m,* **e** profession *f* déficitaire ; branche *f* professionnelle non saturée.

mangelfrei sans défaut ; exempt de vice de fabrication ; impeccable.

mangelhaft défectueux ; vicieux ; *~e Verpackung* emballage *m* défectueux.

Mangelhaftigkeit *f,* φ défectuosité *f* ; imperfection *f* ; vice *m* de fabrication.

Mängelhaftung *f,* **en** responsabilité *f* des défauts ou vices de fabrication.

Mangellage *f,* **n** pénurie *f* ; manque *m.*

mangeln manquer de ; faire défaut ;

es ~t mir an Geld je manque d'argent ; je suis à court d'argent.

Mängelrüge *f,* **n** recours *m* en garantie pour vice de conformation ou de fabrication ; réclamation *f* (pour défauts).

mangels *(+G)* faute de ; à défaut de ; *~ Annahme (Akzept)* faute d'acceptation ; *~ Masse* faute de capitaux ; *~ notwendiger Geldmittel* par manque de capitaux indispensables ; *~ Zahlung* faute de paiement.

Mangelware *f,* **n** marchandise *f* rare ; pénurie *f* de ; *Zucker ist ~* il y a pénurie de sucre.

Mangelwirtschaft *f,* **en** économie *f* de pénurie.

Manifest *n,* **e** *(polit.)* manifeste *m* ; proclamation *f* ; *Kommunistisches ~* manifeste du parti communiste.

Manipulation *f,* **en** manipulation *f* ; manœuvres *fpl* ; spéculation *f* ; *geschäftliche ~* manipulation commerciale.

manipulieren manipuler ; *~te Bedürfnisse* besoins *mpl* artificiellement créés ; *den Markt ~* manipuler le marché.

Manko *n,* **s** manque *m* ; déficit *m* *(syn. Defizit).*

Mankogeld *n,* **ϕ** indemnité *f* de caisse ; remboursement *m* de l'argent manquant.

Mann : *seine Ware an den ~ bringen* placer sa marchandise.

Männerberuf *m,* **e** profession *f* réservée aux hommes ; profession masculine.

Mannschaft *f,* **en** équipe *f* ; personnel *m* ; équipage *(syn. Team).*

Mantel *m,* **(¨)** **1.** souche *f* ; corps *m* d'un titre ; *~ einer Aktie* souche d'une action **2.** totalité *f* des droits et parts d'une société ; good will *m* ; survaloir *m.*

Mantelgesetz *n,* **e** loi-cadre *f* *(syn. Rahmengesetz).*

Mantelgründung *f,* **en** fondation *f* camouflée d'une société ; constitution *f* pour la forme d'une société.

Manteltarif *m,* **e** tarif *m* collectif ; contrat type *m* (stipulant les conditions de travail : durée, congé, embauche, licenciement) ; *einen ~ aus/handeln* négocier un tarif collectif.

Manteltarifvertrag *m,* **¨e** convention *f* collective générale ; contrat-cadre *m.*

manuell manuel ; à la main ; *~e Arbeit* travail *m* manuel.

Manufaktur *f,* **en** manufacture *f* textile ; usine *f.*

Manufakturwaren *pl* produits *mpl* manufacturés (textiles).

Manuskript *n,* **e** manuscrit *m.*

Marathonsitzung *f,* **en** marathon *m* ; *an einer ~ teil/nehmen* participer à une séance-marathon.

Marchzinsen *pl (Suisse)* intérêts *mpl* intermédiaires.

Marge *f,* **n** ['marʒe] marge *f* ; différence *f* ; écart *m.*

Mark *f,* **ϕ** ou **-stücke** mark *m* ; *(R.F.A.) Deutsche ~ (DM)* le deutschmark ; *(R.D.A.) ~ der DDR (M)* mark de la R.D.A. ; *drei ~ (Markstücke)* 3 pièces de 1 mark ; *sie muß mit jeder ~ rechnen* elle doit faire attention à chaque sou qu'elle dépense.

Markaufwertung *f,* **en** réévaluation *f* du mark.

Marke *f,* **n** **1.** marque *f* ; *eingetragene ~* marque déposée ; *geschützte ~* marque protégée ; *registrierte ~* marque enregistrée **2.** ticket *m* **3.** timbre *m.*

Markenartikel *m,* **-** article *m* de marque ; produit *m* de marque.

Markenartikler *m,* **-** **1.** représentant *m* en articles de marque **2.** fabricant *m* d'articles de marque.

Markenbetreuer *m,* **-** chef *m* de produit *(syn. Produkt-Manager).*

Markenbild *n,* **er** image *f* de marque.

Markenfabrikat *n,* **e** ⇒ *Markenartikel.*

markenfrei sans tickets ; non rationné.

markenlose Ware *f,* **n** produit *m* libre.

markenpflichtig sein être rationné.

Markenregister *n,* **-** registre *m* des marques de fabrique.

Markenschutz *m,* **ϕ** protection *f* des marques ; protection de la propriété industrielle.

Markentreue *f,* **ϕ** fidélité *f* à une marque.

Markenware *f,* **n** ⇒ *Markenartikel.*

Markenzeichen *n,* **-** signe *m,* emblème *m* de marque ; marque *f* de fabrique ; *(mode)* griffe *f* ; *eingetragenes ~* marque déposée *(syn. Warenzeichen).*

Marketing *n,* **ϕ** marketing *m* ; mercatique *f* ; techniques *fpl* de commercialisation ; distribution *f* ; étude *f* de marché.

Marketing-Agentur *f,* **en** agence-conseil *f* en marketing.

Marketing-Berater *m,* **-** conseil *m* en marketing ; marketicien *m* ; mercaticien *m.*

Marketing-Consultant *m,* **en, en** ⇒ *Marketing-Berater.*

Marketing-Manager *m,* **-** marketicien

m ; spécialiste *m* du marketing ; expert *m* en marketing.

Marketing-Mix *n,* *ϕ* « marketing mix » *m* ; marchéage *m* (ensemble des instruments dont dispose le marketing pour promouvoir les ventes en vue d'un objectif précis).

marketingorientiert conforme aux méthodes du marketing ; *~ produzieren* produire selon les principes du marketing.

markieren marquer ; faire une marque.

Markt *m,* **¨e** marché *m* **I.** *amtlicher ~* marché officiel ; *auf dem ~* sur le marché ; *fester ~* marché ferme ; *freier ~* marché libre ; *Gemeinsamer ~* Marché commun ; *geregelter ~ (bourse)* second marché ; *gesättigter ~* marché saturé ; *grauer ~* marché illégal mais toléré par les autorités ; *(ein)heimischer ~* marché intérieur ; *lebhafter ~* marché animé ; *lokaler ~* marché local ; *offener ~* marché ouvert ; *schwarzer ~* marché noir ; *stockender ~* marché déprimé ; *übersättigter ~* marché sursaturé. **II.** *aus dem ~ aus/scheiden* disparaître, se retirer du marché ; *den ~ beherrschen* dominer, contrôler le marché ; *auf den ~ bringen* lancer sur le marché ; *den ~ erobern* conquérir le marché ; *den ~ für etw erschließen* ouvrir le marché à ; *auf dem ~ notiert werden* être coté sur le marché ; *den ~ überschwemmen* inonder le marché ; *vom ~ verdrängen* évincer, chasser du marché ; *auf den ~ werfen* déverser, jeter sur le marché.

Marktabsprache *f,* **n** entente *f,* convention *f* de marché.

Marktanalyse *f,* **n** analyse *f* de marché.

Marktanteil *m,* **e** part *f* du marché ; participation *f* au marché ; *seinen ~ vergrößern* accroître sa part du marché.

Marktaufnahmefähigkeit *f,* **en** capacité *f* d'absorption du marché.

Marktaufspaltung *f,* **en** division *f,* scission *f,* éclatement *m* du marché.

Marktaufteilung *f,* **en** compartimentage *m* du marché ; répartition *f* des marchés.

Marktausgleich *m,* *ϕ* compensation *f* des cours du marché.

marktbedingt déterminé par la situation du marché ; (en) fonction du marché.

Marktbedürfnisse *pl* besoins *mpl* du marché ; demande *f* sur le marché.

Marktbeeinflussung *f,* **(en)** influence *f,* incidence *f* sur le marché ; orientation *f* du marché.

marktbeherrschend dominant le marché ; prépondérant ; qui détient le monopole du marché ; *eine ~e Situation haben* dominer le marché ; avoir une position dominante sur le marché.

Marktbeherrschung *f,* *ϕ* domination *f* du marché.

Marktbeobachtung *f,* **en** étude *f* du marché ; analyse *f,* observation *f* du marché.

Marktbereinigung *f,* **en** assainissement *m* du marché.

Marktbericht *m,* **e** rapport *m* sur la situation du marché ; mercuriale *f.*

Marktbewirtschaftung *f,* **en** réglementation *f,* contrôle *m* du marché.

Marktchancen *pl* chances *fpl* commerciales ; *alle Länder sollen die gleichen ~ haben* tous les pays doivent avoir des chances égales sur le marché.

Marktdurchdringung *f,* **en** pénétration *f* d'un marché ; pénétration sur le marché.

Markteinführung *f,* **en** introduction *f* de qqch sur le marché.

markten *(rare)* marchander (pour faire baisser le prix).

Marktenge *f,* *ϕ* resserrement *m* du marché.

Marktentwicklung *f,* **en** évolution *f* du marché.

Markterfordernisse *pl* exigences *fpl* du marché ; *das Modellprogramm den ~n an/passen* adapter la gamme de produits aux exigences du marché.

Markterkundung *f,* **en** prospection *f,* exploration *f* du marché ; étude *f* de marché.

Markterschließung *f,* **en** ouverture *f* d'un (du) marché.

Markterste/r *(der/ein)* le premier (producteur) du (sur le) marché.

Markterweiterung *f,* **en** extension *f* du marché ; élargissement *m* du marché.

marktfähig commercialisable ; vendable ; *das Produkt ist noch nicht ~* ce produit n'est pas encore commercialisable.

Marktfahrer *m,* **-** *(Autriche)* commerçant *m* qui fait les marchés ; marchand *m* des quatre-saisons.

Marktfaktor *m,* **en** facteur *m* influençant le marché.

Marktform *f,* **en** forme *f,* configuration *f* du marché.

Marktforscher *m,* **-** marketicien *m* ; spécialiste *m* du marketing.

Marktforschung *f,* **en** analyse *f* de

marché, étude *f* de marché ; marketing *m*.

Marktführer *m*, **-** « leader » *m*, grand *m*, ténor *m* du marché ; *einer der ~ in der Elektronik* l'un des grands (du marché) de l'électronique.

marktgängig négociable ; vendable ; courant ; marchand ; *~e Ware* marchandise *f* facile à commercialiser.

Marktgängigkeit *f*, *ϕ* qualité *f* marchande ; commercialisation *f* facile.

Marktgefälle *n*, *ϕ* différence *f* entre le prix d'achat et de vente.

Marktgefüge *n*, *ϕ* structure *f* du marché ; marché *m*.

Marktgegebenheiten *pl* données *fpl* du marché ; éléments *mpl* du marché.

Marktgeltung *f*, **(en)** notoriété *f (syn. Bekanntheitsgrad)*.

marktgerecht conforme aux conditions du marché.

Marktgeschehen *n*, **-** fonctionnement *m* du marché.

Marktgesundung *f*, *ϕ* assainissement *m* du marché.

Marktgleichgewicht *n*, **(e)** équilibre *m* du marché.

marktkonform ⇒ *marktgerecht*.

Marktkonformität *f*, *ϕ* conformité *f*, compatibilité *f* avec l'économie de marché.

Marktkonstellation *f*, **en** constellation *f*, données *fpl* du marché ; situation *f* générale du marché.

Marktkonzentration *f*, **en** concentration *f* du marché.

Marktlage *f*, **n** situation *f* du marché.

Marktlücke *f*, **n** créneau *m* du marché ; *eine ~ füllen* combler un créneau ; *in eine ~ stoßen* s'insérer dans un créneau.

Marktmanipulation *f*, **en** manipulation *f* du marché.

Marktmechanismus *m*, **-men** mécanisme *m* du marché.

Marktmonopol *n*, **e** monopole *m* du marché.

Marktnische *f*, **n** ⇒ *Marktlücke*.

Marktordnung *f*, **en** règlement *m*, organisation *f* du marché ; *landwirtschaftliche ~* organisation des marchés agricoles ; *einer ~ unterworfen sein* être soumis à une réglementation du marché.

Marktordnungsgesetz *n*, **e** loi *f* sur la commercialisation des produits agricoles.

Marktparteien *pl* parties *fpl* en présence sur le marché.

Marktpflege *f*, *ϕ* contrôle *m* du marché (pour maintenir ou renforcer sa position).

Marktpolitik *f*, *ϕ* politique *f* de marché.

Marktposition *f*, **en** position *f* sur le marché ; *die ~ aus/bauen* améliorer, consolider sa position sur le marché.

Marktpreis *m*, **e** prix *m* du marché ; *die ~e unterschreiten* pratiquer le dumping.

Marktprognosen *pl* prévisions *fpl* économiques.

Marktpsychologie *f*, *ϕ* psychologie *f* du marché et des consommateurs.

Markträumung *f*, *ϕ* libération *f*, dégagement du marché.

Marktregelung *f*, **en** réglementation *f* du marché.

Marktregulierung *f*, **en** régulation *f* du marché.

Marktrisiko *n*, **-ken** risque *m*, aléas *mpl* du marché.

Marktsanierung *f*, **en** ⇒ *Marktgesundung*.

Marktsättigung *f*, **en** saturation *f* du marché.

Marktschreier *m*, **-** camelot *m* ; bonimenteur *m* ; charlatan *m*.

marktschreierisch tapageur ; criard ; *~e Werbung* publicité *f* tapageuse.

Marktschwankungen *pl* fluctuations *fpl* du marché.

Marktschwemme *f*, **n** inondation *f* du marché.

Marktsegmentierung *f*, **en** segmentation *f* du marché.

Marktsicherung *f*, **en** maintien *m* du contrôle sur le marché.

Marktsignale *pl* signaux *mpl*, clignotants *mpl* du marché.

Marktstabilisierung *f*, **(en)** stabilisation *f* du marché.

Marktstörung *f*, **en** déséquilibre *m* du marché ; perturbation *f* du marché.

Marktstudie *f*, **n** ⇒ *Marktanalyse*.

Markttag *m*, **e** jour *m* de marché.

Marktteilnehmer *m*, **-** participant *m* au (du) marché.

Markttendenz *f*, **en** tendance *f*, orientation *f* du marché.

Markttransparenz *f*, *ϕ* transparence *f* du marché.

Markttrend *m*, **s** ⇒ *Markttendenz*.

Marktübersicht *f*, **(en)** vue *f* d'ensemble du marché.

marktüblich conformément aux usages du marché ; *~e Zinsen* intérêts *mpl* pratiqués sur le marché.

Marktuntersuchung *f*, **en** ⇒ *Marktanalyse*.

Marktverflechtung *f*, **en** interdépendance *f* des marchés.

Marktverhalten *n,* φ comportement *m* du marché.

Marktverhältnisse *pl* ⇒ *Marktlage.*

Marktverlauf *m,* (¨e) allure *f* générale du marché ; profil *m,* configuration *f* du marché.

Marktversagen *n,* φ défaillance *f* du marché.

Marktverschärfung *f,* **en** détérioration *f* du marché ; aggravation *f* des conditions du marché.

Marktversorgung *f,* **en** approvisionnement *m* du marché.

Marktverzerrung *f,* **en** distorsion *f* du marché ; distorsion entre les marchés.

Marktvorgang *m,* ¨**e** ⇒ *Marktmechanismus.*

Marktwert *m,* **e** valeur *f* sur le marché ; valeur marchande, actuelle ; prix *m* courant.

Marktwirtschaft *f,* **(en)** économie *f* de marché ; *freie* ~ économie libre ; *soziale* ~ économie sociale de marché (libre jeu de l'offre et de la demande ; concurrence, moyens de production privés ; intervention ponctuelle et limitée de l'Etat).

Marktwirtschaftler *m,* - adepte *m,* défenseur *m* de l'économie de marché.

marktwirtschaftlich d'économie libre, libérale.

Marktzugang *m,* ¨**e** accès *m* au marché.

marod(e) malade ; chancelant ; *eine ~e Firma* une entreprise malade, en difficulté.

Marschflugkörper *m,* - *(militaire)* missile *m* de croisière.

Marschroute *f,* **(n)** voie *f* ; marche *f* à suivre ; itinéraire *m* ; cap *m.*

Marshall-Plan *m,* φ plan *m* Marshall (programme d'aide à l'Europe après la Deuxième Guerre mondiale).

Marxismus *m,* φ marxisme *m.*

Marxist *m,* **en, en** marxiste *m.*

marxistisch marxiste.

Maschine *f,* **n** machine *f* ; *eine ~ amortisieren* amortir une machine ; *an einer ~ arbeiten* travailler sur une machine ; *auf (mit) der ~ schreiben* taper (à la machine) ; dactylographier *(syn. Schreibmaschine)* ; *das Zeitalter der ~* l'ère *f* de la machine.

maschinell mécanique ; à la machine ; *~e Verpackung* emballage *m* mécanique.

Maschinen-Ausleih-Station *f,* **en** *(R.D.A.)* station *f* de prêt de matériel agricole.

Maschinenbau *m,* φ construction *f* mécanique.

Maschinenbuchführung *f,* **en** comptabilité *f* mécanique ; mécanographie *f.*

Maschinenbuchhaltung *f,* **en** ⇒ *Maschinenbuchführung.*

Maschinencode *m,* **s** ⇒ *Maschinensprache.*

Maschineneinsatz *m,* ¨**e** emploi *m* de machines ; mise *f* en œuvre de machines.

maschinengeschrieben dactylographié.

maschinenlesbar *(inform.)* lisible ; déchiffrable par machine.

maschinenmäßig ⇒ *maschinell.*

Maschinenpark *m,* **s 1.** parc *m* de machines **2.** *(inform.)* matériel *m* ; « hardware ».

Maschinenschrift *f,* **(en)** dactylographie *f.*

Maschinensprache *f,* **n** *(inform.)* langage *m* (lisible par) machine.

Maschinen-Traktoren-Station *f,* **en** *(R.D.A.)* station *f* de machines et de tracteurs.

maschine/schreiben, ie, ie dactylographier ; taper à la machine.

Maß *n,* **e** mesure *f* ; cote *f* ; dimension *f* ; *~e und Gewichte* poids *mpl* et mesures *fpl.*

Maßarbeit *f,* **en** travail *m* sur mesure.

Maßbezeichnung *f,* **en** indication *f* de mesure(s) ; indication volumétrique.

Masse *f,* **n 1.** masse *f* ; quantité *f* ; *(fam.) er verdient eine ~ Geld* il gagne un argent fou ; *in ~n her/stellen* fabriquer en série **2.** *(faillite)* masse *f* ; actif *m* ; *bare ~* masse réalisable ; *verfügbare ~* masse disponible ; *Mangel an ~* insuffisance *f* d'actif ; *mangels ~* par manque d'actif, de capitaux.

Massegläubiger *m,* - créancier *m* de la masse (faillite).

Maßeinheit *f,* **en** unité *f* de mesure.

Massenabsatz *m,* ¨**e** vente *f* massive ; vente en série ; vente en grandes quantités.

Massenandrang *m,* φ affluence *f* ; rush *m* ; ruée *f.*

Massenarbeitslosigkeit *f,* φ chômage *m* massif.

Massenartikel *m,* - article *m* de (grande) série.

Massenauflage *f,* **n** gros tirage *m.*

Massenaussperrung *f,* **en** lock-out *m* général.

Massenaustritt *m,* **e** démission *f* collective.

Massenbedarf *m,* φ besoins *mpl* de masse ; *der ~ an Konsumgütern* les besoins massifs en biens de consommation.

Massenbedarfsgüter *pl* ⇒ *Massenkonsumgüter.*

Massenbeförderungsmittel *n,* - moyen *m* de transport de masse ; transports *mpl* en commun.

Massenblatt *n,* ¨-er journal *m* à grand tirage ; journal à sensation.

Massendemonstration *f,* **en** manifestation *f* de masse.

Masseneinsatz *m,* ¨-e mise *f* en œuvre massive ; emploi *m* massif.

Massenentlassungen *pl* licenciements *mpl* collectifs.

Massenerzeugung *f,* **en** ⇒ *Massenproduktion.*

Massenfabrikation *f,* **en** ⇒ *Massenproduktion.*

Massenfertigung *f,* **en** ⇒ *Massenproduktion.*

Massengesellschaft *f,* φ société *f* de masse.

Massengüter *pl* **1.** articles *mpl* de grande série **2.** marchandises *fpl* en vrac, pondéreuses ; marchandises de gros tonnage.

Massenherstellung *f,* **en** ⇒ *Massenproduktion.*

Massenkaufkraft *f,* φ pouvoir *m* d'achat des travailleurs ; pouvoir d'achat des salariés.

Massenkommunikationsmittel *n,* - ⇒ *Massenmedien.*

Massenkonsum *m,* φ consommation *f* de masse ; consommation massive, en grand.

Massenkonsumgüter *pl* biens *mpl* de grande consommation ; biens de consommation de masse.

Massenkundgebung *f,* **en** ⇒ *Massendemonstration.*

Massenmedien *pl* mass media *mpl* ; les médias ; moyens *mpl* de communication de masse (radio, télévision, journaux, etc.).

Massenorganisation *f,* **en** organisation *f* de masse.

Massenproduktion *f,* **en** fabrication *f* en (grande) série ; production *f* massive.

Massentierhaltung *f,* **en** élevage *m* industriel ; élevage en grand.

Massenstreik *m,* **s** grève *f* massive.

Massentourismus *m,* φ tourisme *m* de masse.

Massentransportmittel *n,* - ⇒ *Massenbeförderungsmittel.*

Massenverbrauch *m,* φ ⇒ *Massenkonsum.*

Massenverbauchsgüter *pl* ⇒ *Massenkonsumgüter.*

Massenverkehrsmittel *n,* - ⇒ *Massenbeförderungsmittel.*

Massenverteilung *f,* **en** répartition *f* massive, en grandes quantités.

Massenvertrieb *m,* φ distribution *f* massive ; distribution de masse.

Masseschuld *f,* **en** dette *f* de la masse.

Masseverwalter *m,* - syndic *m* de la faillite.

Maßgabe *f,* φ mesure *f* ; norme *f* ; règle *f* ; *nach ~ von* conformément à ; *mit der ~, daß* sous réserve que.

maßgebend ⇒ *maßgeblich.*

maßgeblich décisif ; déterminant ; *~ sein* faire autorité ; être déterminant ; *einen ~en Anteil an etw haben* avoir une part prépondérante dans, à.

maßgeschneidert (taillé) sur mesure.

Maßhalte-Appell *m,* **e** appel *m* à la modération.

Massierung *f,* **en** concentration *f* ; regroupement *m* massif ; *die ~ von Arbeitskräften in den Städten* la concentration urbaine de la main-d'œuvre.

mäßig modéré ; mesuré ; *~er Preis* prix *m* raisonnable, modique.

Mäßigung *f,* **en** modération *f.*

Maßnahme *f,* **n** mesure *f* ; *drastische ~* mesure draconienne ; *finanzpolitische ~* mesure de politique financière ; *steuerliche ~* mesure fiscale ; *wirtschaftliche ~* mesure économique ; *~n treffen* prendre des mesures.

Maßnahmenkatalog *m,* **e** catalogue *m* de mesures ; série *f* de mesures.

Maßstab *m,* ¨-e échelle *f* ; norme *f* ; critère *m* ; *in großem, kleinem ~* sur une grande, petite échelle ; *etw zum ~ nehmen* prendre qqch comme critère.

maßstab(s)gerecht conforme à l'échelle.

Maßzahl *f,* **en** indice *m* de mesure ; cote *f.*

Material *n,* **ien** matériel *m* ; matériaux *mpl* ; matière *f* ; documentation *f* ; *rollendes ~* matériel roulant ; *schwimmendes ~* matériel flottant ; *statistisches ~* statistiques *fpl* ; données *fpl* statistiques.

Materialausgabe *f,* **n 1.** distribution *f* de matériel **2.** service *m* du matériel.

Materialausstattung *f,* **en** ⇒ *Hardware.*

Materialbedarf *m,* φ besoins *mpl* en matériel.

Materialbeschaffung *f,* **en** fourniture *f* de matériel.

Materialbestand *m,* ¨-e stock *m* de matières premières ; stock de matériel.

Materialeinsatz *m,* ¨-e mise *f* en œuvre,

utilisation *f* du matériel.

Materialeinsparung *f,* **en** économies *fpl* de matériel.

Materialfehler *m,* **-** défaut *m* de matériel ; vice *m* de matériel.

Materialismus *m,* *φ* matérialisme *m* ; *dialektischer, historischer ~* matérialisme dialectique, historique.

Materialkosten *pl* frais *mpl* de matériel ; coût *m* des matières premières.

Materialprüfung *f,* **en** test *m* de matériel ; contrôle *m*, analyse *f* de matériel.

Materialschaden *m,* **¨** ⇒ *Materialfehler.*

Materialuntersuchung *f,* **en** ⇒ *Materialprüfung.*

Materialwirtschaft *f,* **en** gestion *f* de l'approvisionnement et de la production ; achat *m* ; approvisionnement *m* ; gestion *f* des stocks.

materiell 1. matériel ; corporel ; *~e Güter* biens *mpl* corporels, matériels **2.** financier ; économique.

Matriarchat *n,* **e** matriarcat *m.*

Mattscheibe *f,* **(n)** « le petit écran » *m* (de télévision) ; *er sitzt den ganzen Tag vor der ~* il passe sa journée devant la télé *(syn. Bildschirm).*

Matura *f,* *φ* *(Autriche, Suisse)* baccalauréat *m* ; *(fam.)* bac *m.*

Maus *f,* **¨e** *(inform.)* souris *f.*

Maut *f,* **en** ⇒ *Mautgebühr.*

Mautgebühr *f,* **en** *(Autriche)* péage *m.*

maximal maximal ; maximum ; *~e Kapazität* capacité *f* maximale ; rendement *m* maximal.

Maximalbetrag *m,* **¨e** montant *m* maximal ; somme *f* plafond.

Maximalladung *f,* **en** charge *f* maximale ; charge maximum.

Maximalleistung *f,* **en** rendement *m* maximal.

Maximalpreis *m,* **e** prix *m* maximum, maximal ; prix plafond.

maximieren maximiser ; maximaliser ; optimiser ; *den Gewinn ~* maximaliser le bénéfice.

Maximierung *f,* **en** maximation *f* ; maximisation *f.*

Maximum *n,* **-ma** maximum *m* ; *~ an Rentabilität* maximum de rentabilité *(syn. Höchstmaß ; contr. Minimum).*

Mäzen *m,* **e** mécène *m* ; sponsor *m* ; ⇒ *Sponsor.*

Mäzenatentum *n,* *φ* mécénat *m* ; sponsoring *m* ; ⇒ *Sponsoring.*

MBA *n,* **s** *(Master of Business Administration) (USA)* maîtrise *f* de gestion ; *(équivalents)* magistère ; mastère.

mbH *(mit beschränkter Haftung)* à responsabilité limitée.

Md./Mrd. ⇒ *Milliarde.*

MdB. *(Mitglied des Bundestages)* membre *m* du Bundestag.

MDN *f* *(Mark der Deutschen Notenbank)* unité monétaire de la R.D.A. de 1964 a 1968 où elle fut remplacée par le *Mark der Deutschen Demokratischen Republik (M).*

mechanisieren mécaniser.

Mechanisierung *f,* **en** mécanisation *f.*

Media *pl* médias *mpl* ; supports *mpl* publicitaires (journaux, radio, télévision, affiches, etc.).

Mediaabteilung *f,* **en** service *m* des médias publicitaires (compétent pour ce qui est de la mise en œuvre et du choix des supports publicitaires).

Mediaplaner *m,* **-** *(publicité)* « mediaplaner » *m* ; responsable *m* du choix des médias (sélection des moyens et supports publicitaires, réservation et emplacement des panneaux publicitaires, etc.).

Mediaplanung *f,* **en** *(publicité)* planification *f* ou choix *m* des médias ; médiasplanning *m* ; plan-médias *m.*

Mediawerbung *f,* **(en)** publicité *f* par voie de presse, à la radio, télévision, etc.

Medien *pl* ⇒ *Media.*

Medienkonzen *m,* **e** groupe *m* médiatique.

Medienlandschaft *f,* **en** paysage *m* médiatique ; médias *pl* ; (France) P.A.F. (paysage audio-visuel français).

Medienverbund *m,* *φ* système *m* multi-médias.

Medio *m,* **s** milieu *m* du mois ; le 15 du mois ; *zum ~ getätigte Abschlüsse* contrats *mpl* passés le 15 du mois ; *medio November* mi-novembre *f.*

Mediogeld *n,* **er** crédit *m* boursier de quinzaine ; échéance *f* de quinzaine.

Mediowechsel *m,* **-** traite *f* à quinzaine ; traite venant à échéance le 15 du mois.

Meeresbodenschätze *pl* ressources *fpl* sous-marines ; richesses *fpl* du fond de la mer.

Mehr- *(préfixe)* supplémentaire ; plus ; excédentaire ; multi- ; poly-.

Mehrarbeit *f,* **en** travail *m* supplémentaire ; surcroît *m* de travail.

Mehraufwand *m,* **-wendungen** dépenses *fpl* supplémentaires ; surcroît *m* de dépenses.

Mehrausgaben *pl* ⇒ *Mehraufwand.*

Mehrbedarf *m*, φ besoins *mpl* supplémentaires ; besoins accrus.

Mehrbelastung *f*, **en** charges *fpl* supplémentaires.

Mehrbesteuerung *f*, **en** imposition *f* cumulative.

Mehrbetrag *m*, **¨e** montant *m* supplémentaire ; surplus *m*.

Mehrbieter *m*, - enchérisseur *m*.

Mehrbranchengeschäft *n*, **e** magasin *m* de détail à commerce multiple.

Mehrbranchenmesse *f*, **n** foire *f* multibranche.

Mehrdividende *f*, **n** dividende *m* supplémentaire ; bonus *m*.

Mehreinkommen *n*, - excédent *m* de revenu ; revenus *mpl* supplémentaires.

Mehreinnahme *f*, **n** excédent *m* de recettes.

mehren accroître ; augmenter ; se multiplier ; *seine Habe* ~ accroître ses biens.

Mehrerlös *m*, **e** produit *m* supplémentaire ; surplus *m*.

Mehrertrag *m*, **¨e** ⇒ *Mehrerlös*.

mehrfach multiple ; répété ; réitéré ; ~*e Preiserhöhungen* augmentations *fpl* successives des prix ; ~*es Stimmrecht* droit *m* de vote plural.

Mehrfachbesteuerung *f*, **en** imposition *f* multiple.

Mehrfache/s *(das/ein)* multiple *m* ; *ein* ~*es an Kosten* des frais *mpl* multiples.

Mehrfachkarte *f*, **n** *(téléph.)* carte *f* de téléphone de 40 ou 80 unités.

Mehrfachsprengköpfe *pl (militaire)* ogives *fpl* nucléaires multiples ; têtes *fpl* nucléaires multiples.

Mehrfachversicherung *f*, **en** assurance *f* multiple ; assurance cumulative.

Mehrfirmen-Handelsvertreter *m*, - représentant *m* travaillant pour le compte de plusieurs entreprises commerciales ; V.R.P. *m* multicartes.

Mehrgebot *n*, **e** enchère *f*.

Mehrgewicht *n*, φ excédent *m* de poids.

Mehrgewinn *m*, **e** bénéfice *m* supplémentaire ; superbénéfice *m*.

Mehrheit *f*, **en 1.** *(chiffre)* majorité *f* ; *absolute* ~ majorité absolue ; *einfache* ~ majorité simple ; *knappe* ~ majorité étriquée ; faible majorité ; *qualifizierte* ~ majorité spéciale, des deux tiers ; *relative* ~ majorité relative ; *überwältigende* ~ majorité écrasante **2.** *(population) die schweigende* ~ la majorité silencieuse.

mehrheitlich en majorité ; pour la plus grande part.

Mehrheitsaktionär *m*, **e** actionnaire *m* majoritaire.

Mehrheitsbeschluß *m*, **¨sse** décision *f* majoritaire ; décision prise à la majorité des voix.

Mehrheitsbesitzer *m*, - ⇒ *Mehrheitseigner*.

Mehrheitsbeteiligung *f*, **en** participation *f* majoritaire.

Mehrheitseigner *m*, - actionnaire *m* majoritaire ; détenteur *m* de la majorité des actions.

Mehrheitserwerb *m*, φ prise *f* de contrôle de ; acquisition *f* de la majorité des actions ; ~ *bei X* majorité obtenue chez X.

Mehrheitsfraktion *f*, **en** fraction *f* majoritaire.

Mehrheitsgesellschafter *m*, - associé *m* majoritaire.

Mehrheitswahlrecht *n*, φ, scrutin *m* majoritaire.

Mehrkosten *pl* frais *mpl* supplémentaires ; surplus *m* de coûts.

Mehrleistung *f*, **en 1.** augmentation *f* de rendement **2.** prestation *f* supplémentaire.

Mehrleistungsprämie *f*, **n** prime *f* de productivité.

Mehrmarkenhändler *m*, - concessionnaire *m* de plusieurs marques.

Mehrparteiensystem *n*, **(e)** *(polit.)* système *m* pluripartite.

Mehrpersonenhaushalt *m*, **e** ménage *m*, foyer *m* de plusieurs personnes.

Mehrphasensteuer *f*, **n** taxe *f* cumulative ; *kumulative* ~ taxe cumulative en cascade.

Mehrporto *n*, **s** surtaxe *f* postale.

Mehrpreis *m*, **e** supplément *m* (de prix) *(syn. Aufpreis)*.

Mehrprodukt *n*, **e** production *f* excédentaire ; surcroît *m* de production.

Mehr-Programm-Verarbeitung *f*, **en** *(inform.)* ⇒ *Multi-Programm-Verfahren*.

Mehrrechnersystem *n*, **e** *(inform.)* multitraitement *m*.

Mehrschichtensystem *n*, **e** travail *m* posté ; système *m* des trois-huit *(syn. Drei-Schichten-System)*.

mehrseitig *(polit.)* multilatéral ; ~*es Abkommen* accord *m* multilatéral *(syn. multilateral)*.

Mehrstimmrechtsaktie *f*, **n** action *f* à vote plural.

Mehrumsatz *m*, **(¨e)** augmentation *f* du chiffre d'affaires.

Mehrung *f*, **en** augmentation *f* ; accroissement *m*.

Mehrverbrauch *m, φ* surplus *m* de consommation.

Mehrverdienende *pl* hauts salaires *mpl* ; gros revenus *mpl*.

Mehrwert *m, φ* plus-value *f*.

Mehrwertsteuer *f,* **n** *(MwSt.)* taxe *f* sur la valeur ajoutée ; T.V.A. *f*.

Mehrwertsteuererhöhung *f,* **en** augmentation *f* de la T.V.A.

Mehrwertsteuersatz *m,* **¨e** taux *m* de T.V.A.

Mehrwerttheorie *f, φ* théorie *f* de la plus-value (Marx).

Mehrzweck- *(préfixe)* à usages multiples ; polyvalent.

Mehrzweckfahrzeug *n,* **e** véhicule *m* à usage multiple ; engin *m* tout terrain.

Mehrzweckhalle *f,* **n** entrepôt *m* polyvalent.

Meiler *m,* **-** pile *f* atomique ; réacteur *m* nucléaire *(syn. Kernkraftwerk)*.

Meineid *m,* **e** parjure *m* ; faux serment *m*.

Meinung *f,* **en** opinion *f* ; avis *m* ; point de vue *m* ; *seine ~ äußern* donner son opinion ; *öffentliche ~* opinion publique.

Meinungsaustausch *m, φ* échange *m* de vues.

Meinungsbefragung *f,* **en** ⇒ *Meinungsumfrage*.

meinungsbildend qui fait l'opinion ; qui agit sur l'opinion ; *~e Gruppen* personnes *fpl* qui orientent l'opinion (publique).

Meinungsbildner *m,* **-** leader *m* d'opinion.

Meinungsbildung *f,* **(en)** orientation *f* de l'opinion (dans un premier temps, phase d'information du grand public, puis naissance d'une opinion politique, économique et socio-culturelle).

Meinungserhebung *f,* **en** ⇒ *Meinungsumfrage*.

Meinungsforscher *m,* **-** enquêteur *m* (pour le compte d'un institut de sondage).

Meinungsforschung *f,* **en** sondage *m* d'opinion ; enquête *f* par sondage *(syn. Demoskopie)*.

Meinungsforschungsinstitut *n,* **e** institut *m* de sondage d'opinion ; institut démoscopique.

Meinungsfreiheit *f,* **en** liberté *f* d'opinion.

Meinungskauf *m,* **¨e** *(Bourse)* achat *m* spéculatif (d'actions ou de titres, dans l'espoir d'une hausse prochaine des cours).

Meinungsmacher *m,* **-** ⇒ *Meinungsbildner*.

Meinungsmonopol *n,* **(e)** *(péjor.)* monopole *m* de l'opinion publique.

Meinungspflege *f, φ* relations *fpl* publiques *(syn. Öffentlichkeitsarbeit ; Public Relations)*.

Meinungsstreit *m,* **(e)** conflit *m* d'opinion.

Meinungstest *m,* **s** test *m* d'opinion.

Meinungsumfrage *f,* **n** sondage *m* d'opinion ; enquête *f* par sondage.

Meinungsumschwung *m,* **¨e** revirement *m* d'opinion ; retournement *m* d'opinion.

Meinungsverschiedenheit *f,* **en** divergences *fpl* d'opinion ; différence *f* de point de vue.

meistbegünstigt le (la) plus favorisé(e).

Meistbegünstigung *f,* **en** traitement préférentiel ; *die unbedingte ~* principe *m* du traitement préférentiel sans contrepartie.

Meistbegünstigungsklausel *f,* **n** clause *f* de la nation la plus favorisée (consiste à faire bénéficier un pays d'avantages économiques, douaniers surtout, dont bénéficient déjà d'autres partenaires commerciaux).

Meistbegünstigungstarif *m,* **e** tarif *m* préférentiel ; tarif de la nation la plus favorisée.

meistbenachteiligt le plus défavorisé.

meistbeteiligt qui détient la participation majoritaire.

meistbietend : *~ verkaufen* vendre au plus offrant ; vendre aux enchères.

Meistbietende/r *(der/ein)* le plus offrant ; dernier enchérisseur *m*.

Meister *m,* **- 1.** *(artisanat)* maître *m* ; patron *m* ; *bei einem ~ in die Lehre gehen* aller en apprentissage chez un maître ; *seinen ~ machen* faire sa maîtrise **2.** *(industrie)* contremaître *m*.

Meisterbrief *m,* **e** brevet *m* de maîtrise.

Meisterprüfung *f,* **en** examen *m* de maîtrise.

Meistgebot *n,* **e** dernière enchère *f* ; enchère ultime *(syn. Höchstgebot)*.

meistgefragt le plus demandé ; qui a le plus grand succès de vente.

meistgehandelt qui se négocie le mieux ; le plus demandé.

meistgekauft le plus vendu ; qui a le plus grand succès de vente.

meistverkauft le plus vendu ; le plus demandé.

Meldeamt *n,* **¨er** bureau *m* des déclarations (de résidence).

Meldefrist *f,* **en** délai *m* de déclaration.

melden annoncer ; déclarer ; rapporter ; signaler ; *sich bei jdm ~* se présenter à qqn (chez qqn) ; *sich krank ~* se faire porter malade.

Meldepflicht *f,* **(en)** obligation *f* de déclarer ; déclaration *f* obligatoire.

meldepflichtig soumis à déclaration.

Meldetermin *m,* **-e** ⇒ *Meldefrist.*

Meldezettel *m,* **-** bulletin *m* de déclaration ; fiche *f* de déclaration.

Meldung *f,* **en** annonce *f* ; avertissement *m* ; information *f* ; rapport *m* ; *dienstliche ~* rapport officiel ; *eingehende ~* rapport détaillé ; *eine ~ im Fernsehen* un flash télévisé.

Meliorationsarbeiten *pl* travaux *mpl* de bonification, d'amélioration des sols.

meliorieren bonifier, fertiliser un sol.

melken, o, o *(également faible)* traire ; *(fam.) die Touristen ~* exploiter les touristes (comme des vaches à lait).

Menge *f,* **n** quantité *f* ; grand nombre *m* ; masse *f* **I.** *garantierte ~* quantité garantie ; *gelieferte ~* quantité (dé)livrée ; *verfügbare ~* quantité disponible **II.** *in ~n ab/setzen* vendre en grande quantité ; *(fam.) das kostet eine ~* cela coûte un argent fou ; *in ausreichender ~ vorhanden sein* être disponible en quantité suffisante *(syn. Quantität).*

Mengenabsatz *m,* **¨e** vente *f* massive.

Mengenangabe *f,* **n** indication *f* de la quantité ; donnée *f* quantitative.

Mengenbezeichnung *f,* **en** ⇒ *Mengenangabe.*

Mengenindex *m,* **-dizes** indice *m* de volume ; indice de quantité.

Mengenkartell *n,* **e** cartel *m* se proposant de contrôler les volumes des marchés.

mengenmäßig quantitatif ; en termes de quantité ; *~e Beschränkung* limitation *f* quantitative *(syn. quantitativ).*

Mengennotierung *f,* **en** certain *m* (contre-valeur en monnaie nationale d'une devise étrangère).

Mengenplus *n,* **ϕ** augmentation *f* de (en) quantité.

Mengenpreis *m,* **e** prix *m* (réduit) de quantité.

Mengenrabatt *m,* **e** rabais *m* d'achat en grande quantité ; remise *f* sur achat de quantité ; ristourne *f* de quantité.

Mengenrechnung *f,* **ϕ** comptabilité *f* des stocks exprimée en quantités.

Mengensteuer *f,* **n** taxe *f* sur la quantité ; impôt *m* de quantité.

Mengenumsatz *m,* **¨e** volume *m* des ventes exprimé en quantités ; quantités *fpl* commerciales.

Mengenvorschrift *f,* **en** réglementation *f* quantitative.

Menü *n,* **s** *(inform.)* programme *m* proposé sur moniteur.

Merchandiser *m,* **-** ['mə:tʃəndaizər] spécialiste *m* de marchandisage, de marchéage.

Merchandising *n,* **-** ['mə:tʃəndaiziŋ] marchandisage *m* ; marchéage *m* (techniques commerciales relatives à la création, présentation et distribution des marchandises).

« **mergers and acquisitions** » *(Fusionen und Akquisitionen)* fusions *fpl* et acquisitions *fpl* (réalisées par les banques d'affaires américaines) ; ⇒ *Investment banking.*

merkantil mercantile ; *eine ~e Einstellung* une attitude mercantile.

Merkantilismus *m,* **ϕ** mercantilisme *m.*

Merkblatt *n,* **¨er** notice *f* ; aide-mémoire *m* ; fiche *f* signalétique.

Merkbuch *n,* **¨er 1.** carnet *m* ; agenda *m (syn. Notizbuch)* **2.** *(comptab.)* livre *m* journal ; mémorial *m.*

Merkposten *m,* **-** poste *m* pour mémoire (bilan).

meßbar mesurable ; *~e Größe* grandeur *f* appréciable quantitativement.

Messe *f,* **n** foire *f* ; exposition *f* ; salon *m* ; *eine ~ ab/halten (veranstalten)* tenir, organiser une foire ; *an einer ~ teil/nehmen* participer à une foire ; *auf einer ~ vertreten sein* être représenté à une foire.

Messeabschluß *m,* **¨sse** contrat *m* passé lors d'une foire-exposition.

Messeamt *n,* **¨er** comité *m* d'organisation de la foire.

Messeausschuß *m,* **¨sse** comité *m* de la foire ; *AUMA (Ausstellungs- und Messeausschuß) der deutschen Wirtschaft* comité des foires et expositions de l'économie ouest-allemande.

Messeaussteller *m,* **-** exposant *m.*

Messebesucher *m,* **-** visiteur *m* de la foire.

Messebeteiligung *f,* **en** participation *f* à la foire.

Messeerfolg *m,* **e** succès *m* à la foire ; succès de vente à la foire ; clou *m.*

Messeeröffnung *f,* **en** ouverture *f* de la foire.

Messefläche *f,* **n** ⇒ *Messegelände.*

Messegebäude *n,* **-** bâtiment *m* de la

foire.

Messegelände *n,* - terrain *m* d'exposition ; enceinte *f* de la foire ; parc *m* des expositions.

Messekalender *m,* - calendrier *m* des foires-expositions.

Messekatalog *m,* e catalogue *m* de la foire.

Messeleitung *f,* **en** direction *f* de la foire.

messen, a, e mesurer ; arpenter ; jauger ; *zwei Meter ~* mesurer deux mètres.

Messeneuheit *f,* **en** nouveauté *f* présentée à la foire.

Messen und Ausstellungen *pl* foires et expositions *fpl.*

Messeplan *m,* ¨e plan *m* de la foire.

Messeschlager *m,* - grand succès *m* de vente à la foire ; best-seller *m.*

Messeschluß *m,* ¨sse clôture *f* de la foire.

Messesensation *f,* **en** grand succès *m* de la foire ; sensation *f* de l'exposition.

Messestand *m,* ¨e stand *m* d'exposition.

Messeteilnehmer *m,* - participant *m* à la foire.

Messeunterlagen *pl* documentation *f* sur les foires et expositions.

Messeverlauf *m,* ϕ déroulement *m* de la foire.

Messeverband : *Internationaler ~* Union *f* des foires internationales.

Messevertretung *f,* **en** représentation *f* à la foire.

Messung *f,* **en** mesurage *m* ; métrage *m* ; arpentage *m.*

Meßzahl *f,* **en** indice *m* ; *(statist.) ~en* valeurs *fpl.*

Meßziffer *f,* **n** ⇒ *Meßzahl.*

Metageschäft *n,* **e** opération *f* en compte à demi (transaction effectuée en commun par deux firmes, avec répartition par deux des pertes et profits).

Metall *n,* **e** métal *m.*

Metallarbeiter *m,* - ouvrier *m* métallurgiste ; sidérurgiste *m* ; métallo *m.*

Metaller *m,* - **1.** *(fam.)* ⇒ *Metallarbeiter* **2.** sidérurgiste *m* syndiqué (appartenant au syndicat *IG-Metall*).

Metallgehalt *m,* **e** teneur *f* en métal.

Metallgeld *n,* ϕ monnaie *f* métallique ; espèces *fpl* sonnantes.

Metallhüttenwerk *n,* **e** ⇒ *Metallindustrie.*

Metallindustrie *f,* **n** métallurgie *f* ; industrie *f* métallurgique.

metallverarbeitende Industrie *f,* **n** industrie *f* de transformation des métaux.

Metallverarbeitung *f,* **en** usinage *m,* transformation *f* des métaux.

Metallwährung *f,* **en** monnaie *f* métallique ; étalon *m* métallique.

Meter *m* ou *n,* - mètre *m.*

Meterware *f,* **n** marchandise *f* vendue au mètre.

Methode *f,* **n** méthode *f* ; système *m* ; procédé *m* ; *eine ~ an/wenden* appliquer une méthode ; *progressive ~* méthode directe, progressive ; *retrograde ~* méthode indirecte, rétrograde.

methodisch méthodique.

Metier *n,* **s** [meˈtje:] *(fam.)* métier *m* ; profession *f* ; *sein ~ kennen* bien connaître son métier, son affaire.

Metist *m,* **en, en** participant *m* en compte à demi ⇒ *Metageschäft.*

metrisch : *~es System* système *m* métrique.

MEZ *(mitteleuropäische Zeit)* heure *f* de l'Europe centrale.

Mia ⇒ *Milliarde.*

Miese *f,* **n** *(fam.)* déficit *m* ; *in den ~n sein* être en déficit ; *(fam.)* être dans le pétrin.

Mietaufwand *m,* **-wendungen** dépenses *fpl,* frais *mpl* de location de matériel ou de biens immobiliers.

Mietausfall *m,* ¨e perte *f* de loyer.

Mietauto *n,* **s** voiture *f* de location.

Mietbeihilfe *f,* **n** allocation *f* (de) logement.

Miete *f,* **n 1.** bail *m* ; location *f* **2.** loyer *m* ; *die ~ ist fällig* le loyer est exigible ; *fällige ~* loyer échu ; *rückständige ~* loyer arriéré, en retard ; *die ~ bezahlen* payer le loyer.

Mieteinnahmen *pl* ⇒ *Mietertrag.*

mieten louer ; prendre à bail.

Mieter *m,* - locataire *m* ; preneur *m* de bail.

Mieterhöhung *f,* **en** augmentation *f,* majoration *f* de loyer ; relèvement *m* des loyers.

Mieterinitiative *f,* **n** association *f* de défense, initiative de(s) locataires.

Mieterschutz *m,* ϕ défense *f* des locataires ; protection *f* des locataires.

Mieterschutzgesetz *n,* **e** loi *f* sur la défense des droits des locataires.

Mietertrag *m,* ¨e rapport *m* locatif ; revenu *m* locatif.

Mieterversammlung *f,* **en** assemblée *f* des locataires ; *eine ~ ein/berufen* convoquer une assemblée des locataires.

Mietfinanzierung *f,* **en** financement *m* en leasing.

mietfrei exempt de loyer ; sans redevance locative.

Mietgebühr *f,* **en** frais *mpl* de location ; taxe *f* de location.

Mietkauf *m,* **¨e** location-vente *f.*

Mietkaufvertrag *m,* **¨e** contrat *m* de location-vente.

Mietnebenkosten *pl* charges *fpl* locatives.

Mietrückstand *m,* **¨e** arriéré *m* de loyer.

Mietshaus *n,* **¨er** maison *f* de rapport ; maison louée.

Mietskaserne *f,* **n** *(fam.)* immeuble *m* de rapport surpeuplé ; H.L.M. *f* ; *(fam.)* cage *f* à lapins.

Miet- und Pachtzinsen *pl* loyers et fermages *mpl.*

Mietverlust *m,* **e** ⇒ *Mietausfall.*

Mietvertrag *m,* **¨e** contrat *m* de location ; bail *m* ; *einen ~ ab/schließen* signer un bail ; *den ~ kündigen* résilier le bail.

Mietvorauszahlung *f,* **en** avance *f* sur loyer ; acompte *m* sur loyer.

Mietwagen *m,* **-** ⇒ *Mietauto.*

Mietwert *m,* **e** valeur *f* locative.

Mietwohnung *f,* **en** appartement *m* loué.

Mietwucher *m,* **φ** loyer *m* exhorbitant ; hausse *f* illicite des loyers.

Mietzahltag *m,* **e** terme *m.*

Mietzeit *f,* **en** durée *f* du bail.

Mietzins *m,* **e** *(Autriche, Suisse)* loyer *m.*

Mikrobauteil *n,* **e** *(inform.)* micro-élément *m.*

Mikrochip *m,* **s** *(inform.)* puce *f.*

Mikrocomputer *m,* **-** micro-ordinateur *m* ; PC *m.*

Mikroelektronik *f,* **φ** électronique *f* miniaturisée ; micro-électronique *f.*

Mikrofiche *m,* **s** microfiche *f.*

Mikrofilm *m,* **e** microfilm *m.*

Mikroökonomie *f,* **(n)** micro-économie *f (contr. Makroökonomie).*

Mikroprozessor *m,* **en** microprocesseur *m (syn. Chip).*

Mikros *pl* ⇒ *Mikroprozessor.*

Milchmädchenrechnung : *eine ~ machen* faire un mauvais calcul ; nourrir de faux espoirs ; se bercer d'illusions.

Milchprodukte *pl* produits *mpl* laitiers.

Milchüberschüsse *pl* excédents *mpl* laiters.

Milchwirtschaft *f,* **en** économie *f* laitière.

Mill./Mio. ⇒ *Million.*

Mille *n,* **-** mille *m* ; *zwei pro ~* deux pour mille.

Milliardär *m,* **e** milliardaire *m.*

Milliarde *f,* **n** *(Md./Mrd./Mia.)* milliard *m.*

Million *f,* **en** *(Mill./Mio.)* million *m* ; *eine ~ berufstätige(r) Frauen* un million de femmes exerçant une activité professionnelle ; *~en von Arbeitslosen* des millions de chômeurs ; *1,5 ~en Gastarbeiter* 1,5 million de travailleurs immigrés ; *die Verluste gehen in die ~en* les pertes se chiffrent par millions.

Millionär *m,* **e** millionnaire *m.*

Millionenauflage *f,* **n** gros tirage *m* ; tirage en plusieurs millions d'exemplaires.

Millionenauftrag *m,* **¨e** commande *f* d'un million de marks et plus.

Millionengeschäft *n,* **e** affaire *f* d'un million de marks ou davantage.

Millionengrenze *f,* **n** seuil *m,* cap *m* du million ; *die ~ überschreiten* dépasser le (cap du) million.

Millionenstadt *f,* **¨e** ville *f* d'un million d'habitants ou plus.

minderbemittelt économiquement faible.

Minderbemittelte/r *(der/ein)* économiquement faible *m* ; personne *f* démunie ; indigent *m.*

Minderbetrag *m,* **¨e** moins-value *f.*

Minderbewertung *f,* **en** sous-évaluation *f.*

Mindereinnahme *f,* **n** moins-perçu *m* ; déficit *m* ; manque *m* à gagner.

Minderheit *f,* **en** minorité *f* ; *in der ~ sein* être en minorité *(contr. Mehrheit).*

Minderheitenfrage *f,* **(n)** problème *m* des minorités (ethniques).

Minderheitenrecht *n,* **e** droit *m* minoritaire ; droit des minorités.

Minderheitsaktionär *m,* **e** actionnaire *m* minoritaire.

Minderheitsbeteiligung *f,* **en** participation *f* minoritaire.

Minderheitsregierung *f,* **en** gouvernement *m* minoritaire.

minderjährig mineur *(contr. volljährig).*

Minderjährige/r *(der/ein)* mineur *m.*

Minderkaufmann *m,* **-leute** agent *m* commercial (non soumis à toutes les règles du droit commercial).

mindern diminuer ; réduire ; abaisser.

Minderung *f,* **en** réduction *f* ; abaissement *m* ; diminution *f* ; *~ der Erwerbsfähigkeit* diminution de la capacité de travail.

Minderverbrauch *m,* **φ** sous-consommation *f.*

Minderwert *m,* **e** moins-value *f* (insuffisance des recettes par rapport aux prévisions du budget de départ).

minderwertig de moindre valeur ; de qualité inférieure ; *~e Ware* camelote *f*.

Mindest- *(préfixe)* minimum ; minimal ; le plus bas ; plancher.

Mindestbedarf *m,* ϕ minimum *m* vital ; besoins *mpl* minima.

Mindestbeitrag *m,* **¨e** cotisation *f* minimale.

Mindestbesteuerung *f,* **en** imposition *f* minimale.

Mindestbetrag *m,* **¨e** ⇒ *Minimalbetrag.*

Mindestbietende/r *(der/ein)* le moins offrant.

Mindesteinlage *f,* **n** apport *m* minimal.

Mindestfordernde *(der/ein)* le moins exigeant ; *dem ~n zu/schlagen* adjuger au rabais.

Mindestgebot *n,* **e 1.** offre *f* minimale **2.** enchère *f* minimale.

Mindestgebühr *f,* **en** taxe *f* minimale.

Mindesthaltbarkeitsdauer *f,* ϕ date *f* de péremption ; date limite de conservation (aliments).

Mindestimportpreis *m,* **e** prix *m* plancher à l'importation.

Mindestlohn *m,* **¨e** salaire *m* minimal ; *garantierter (gesetzlicher) ~* salaire minimal interprofessionnel de croissance (SMIC *m*) ; *(autrefois),* salaire minimal interprofessionnel garanti (SMIG).

Mindestlöhner *m,* **-** travailleur *m* payé au SMIC ; *(fam.)* « smicard » *m.*

Mindestmaß *n,* ϕ mesure *f* minimale ; *etw auf ein ~ herab/setzen* ramener qqch à des proportions minimales ; minimiser ; réduire au minimum.

Mindestpreis *m,* **e** prix *m* plancher ; prix minimal ; *etw zum ~ berechnen* compter, calculer qqch au plus juste.

Mindestreserve *f,* **n** réserves *fpl* minimales obligatoires ; réserve minimale (versements obligatoires sans intérêts effectués par les instituts de crédit auprès de la banque centrale).

Mindestreservesatz *m,* **¨e** coefficient *m* de réserve minimale obligatoire.

Mindestreservepflicht *f,* ϕ obligation *f* de constitution d'un fonds de réserve.

Mindestreservepolitik *f,* ϕ politique *f* de réserve minimale.

Mindestsatz *m,* **¨e** taux *m* minimal ; taux plancher.

Mindesttarif *m,* **e** tarif *m* minimal.

Mindestumtausch *m,* ϕ *(R.D.A.)* change *m* minimal obligatoire (par ex. pour les visiteurs de R.F.A. en R.D.A.) ; *den Mindestumtausch herauf/setzen* relever le montant de change obligatoire.

Mindestumtauschpflicht *f,* ϕ *(R.D.A.)* change *m* minimal obligatoire.

Mindesturlaub *m,* **(e)** congé *m* minimal.

Mindestzeichnungsbetrag *m,* **¨e** montant *m* minimal de souscription ; souscription *f* minimale.

Mineralöl *n,* **e** pétrole *m* ; hydrocarbure *m* liquide *(syn. Erdöl).*

Mineralölgesellschaft *f,* **en** société *f*, compagnie *f* pétrolière.

Mineralölprodukt *n,* **e** produit *m* pétrolier.

Mineralölsteuer *f,* **n** taxe *f* sur les hydrocarbures ; taxe sur les produits pétroliers.

miniaturisieren miniaturiser ; *elektronische Geräte ~* miniaturiser des appareils électroniques.

Miniaturisierung *f,* **en** miniaturisation *f*.

Minicomputer *m,* **-** mini-ordinateur *m.*

Miniformat *n,* **e** format *m* réduit.

Minimal- *(préfixe)* minimum ; minimal ; le plus bas ; plancher *(contr. Maximal-).*

Minimalbetrag *m,* **¨e** montant *m* minimal ; somme *f* minimale ; minimum *m.*

Minimalprogramm *n,* **e** programme *m* minimal.

Minimalsatz *m,* **¨e** taux *m* minimal.

Minimalwert *m,* **e** valeur *f* minimale.

minimieren minimiser ; *Kosten ~* minimiser des coûts.

Minimierung *f,* **en** minimisation *f.*

minimisieren ⇒ *minimieren.*

Minimum *n,* **-ma** minimum *m* ; *ein ~ an etw erfordern* exiger un minimum de ; *unter dem ~ liegen* être au-dessous du minimum ; *auf das ~ reduzieren* réduire au minimum ; *etw unter dem ~ verkaufen* brader ; vendre au prix le plus bas *(contr. Maximum).*

Minister *m,* **-** ministre *m* ; *~ für Auswärtige Angelegenheiten* ministre des Affaires étrangères (des Relations extérieures) ; *~ ohne Geschäftsbereich* ministre sans portefeuille ; *~ des Inneren* ministre de l'Intérieur.

Ministerialbeamte/r *(der/ein)* fonctionnaire *m* ministériel.

Ministerialdirektor *m,* **en** chef *m* d'un département ministériel.

Ministerialdirigent *m,* **en, en** chef de bureau dans un ministère.

Ministerialrat *m,* **¨e** haut fonctionnaire *m* ministériel ou administratif.

ministeriell ministériel.

Ministerium *n,* **-ien** ministère *m.*

Ministerpräsident *m,* **en, en** Premier ministre *m* ; *(R.F.A.)* ministre-président *m* d'un land ; *(R.D.A.)* président *m* du Conseil des ministres.

Minorität *f,* **en** minorité *f (syn. Minderheit).*

Minus *n,* **- 1.** déficit *m* ; trou *m* ; différence *f* en moins ; *ein ~ auf/weisen* accuser un déficit ; *ins ~ rutschen* devenir déficitaire ; *im ~ sein* être en déficit **2.** désavantage *m* ; *das ist ein ~ für ihn* c'est désavantageux pour lui *(contr. Plus).*

Minusbetrag *m,* **¨e** somme *f* en moins ; somme manquante.

Minuskorrekturen *pl* corrections *fpl* s'inscrivant en négatif ; révision *f* en baisse de qqch.

Minusposten *m,* **-** poste *m* déficitaire, négatif (d'un bilan).

Minuspunkt *m,* **e** point *m* négatif.

Minussaldo *m,* **s** ou **-den** solde *m* déficitaire.

Minuswachstum *n,* *ϕ* croissance *f* négative.

Minuszeichen *n,* **-** signe *m* négatif.

Mio. ⇒ *Million.*

mischen mélanger ; mixer ; panacher.

Mischfinanzierung *f,* **en** financement *m* mixte (par le « bund » et les « länder » par ex.).

Mischkalkulation *f,* **en** calcul *m* compensé des prix (pour assurer la couverture des frais).

Mischkonzern *m,* **e** conglomérat *m* ; consortium *m* à caractère mixte ; ensemble *m* industriel mixte ; groupe *m* mixte.

Mischsendung *f,* **en** envoi *m* groupé.

Mischwirtschaft *f,* **en** économie *f* mixte.

Mischzoll *m,* **¨e** droit *m* de douane mixte (ad valorem et droit spécifique).

Misere *f,* **(n)** misère *f* ; situation *f* catastrophique.

Mißbrauch *m,* **¨e** abus *m* ; emploi *m* abusif ; *~ der Amtsgewalt* abus de pouvoir.

mißbrauchen abuser de qqch.

Mißbrauchsaufsicht *f,* *ϕ* contrôle *m* des abus.

Mißerfolg *m,* **e** échec *m* ; insuccès *m* ; *einen ~ erleiden* essuyer un échec.

Mißernte *f,* **n** mauvaise récolte *f.*

Mißgriff *m,* **e** erreur *f* de manœuvre, de manipulation.

Mission *f,* **en** mission *f* diplomatique.

Mißjahr *n,* **e** mauvaise année *f* ; année néfaste.

Mißkredit *m,* *ϕ* discrédit *m* ; *eine Firma in ~ bringen* jeter le discrédit sur une entreprise.

Mißmanagement *n,* **s** mauvaise gestion *f* ; erreur *f* de management.

Mißstand *m,* **¨e** inconvénient *m* ; défaut *m* ; *einen ~ beheben* remédier, pallier un inconvénient ; corriger un défaut.

Mißtrauen *n,* *ϕ* méfiance *f* ; défiance *f.*

Mißtrauensantrag *m,* **¨e** *(polit.)* motion *f* de censure ; vote *m* de défiance ; *einen ~ ein/bringen* déposer une motion de censure.

Mißtrauensvotum *n,* **-ten** ⇒ *Mißtrauensantrag.*

Mißverhältnis *n,* **se** déséquilibre *m* ; disproportion *f.*

Mißverständnis *n,* **se** malentendu *m* ; *ein ~ aus/räumen* dissiper un malentendu.

Mißwirtschaft *f,* **(en)** mauvaise gestion *f* ; désordre *m* économique.

Mitarbeit *f,* **(en)** collaboration *f* ; coopération *f* ; *sich die ~ eines Experten sichern* s'assurer le concours d'un expert.

mit/arbeiten collaborer ; *an etw ~* coopérer à qqch.

Mitarbeiter *m,* **-** collaborateur *m* ; associé *m* ; assistant *m* ; *~ in leitenden Stellungen* collaborateurs à des postes de responsabilité.

Mitarbeiterstab *m,* **¨e** équipe *f,* team *m* de collaborateurs.

Mitarbeiterunternehmen *n,* **-** entreprise *f* de collaborateurs (de type « Photo Porst », dont tous les collaborateurs étaient associés).

Mitbegründer *m,* **-** cofondateur *m.*

Mitbenutzung *f,* **en** utilisation *f* commune ; jouissance *f* en commun.

mit/bestimmen participer à la décision, à la gestion ; cogérer ; *im Betrieb ~* avoir un droit de cogestion au sein de l'entreprise ; *in Fragen der Rationalisierung ~* avoir un droit de regard en matière de rationalisation.

mitbestimmt cogéré ; *ein ~es Unternehmen* une entreprise cogérée.

Mitbestimmung *f,* **(en) 1.** participation *f* ; *~ in der Schule* participation au sein de l'école **2.** cogestion *f* ; codécision *f* ; *kleine (33 %ige) ~* petite cogestion ; loi *f* sur les comités d'entreprise en 1952 *(syn. Betriebsverfassungsgesetz)* ; *paritätische (50 %ige) ~* cogestion paritaire (industrie du charbon et de l'acier en 1951) ; *Ausdehnung der ~ auf ande-*

re Kapitalgesellschaften extension *f* de la cogestion à d'autres sociétés de capitaux (1976).

Mitbestimmungsgesetz *n,* **e** loi *f* sur la cogestion.

Mitbestimmungsrecht *n,* **e** **1.** droit *m* de cogestion **2.** *~e* droits que confère la cogestion **3.** *(R.D.A.)* droit fondamental du citoyen d'œuvrer à la vie sociopolitique, économique et culturelle de son pays.

mitbeteiligt cointéressé ; ayant une participation, des parts dans qqch.

Mitbewerber *m,* **-** concurrent *m (syn. Konkurrent).*

Mitbieter *m,* **-** co-soumissionnaire *m.*

Mitbürger *m,* **-** concitoyen *m.*

Miteigentum *n,* *ϕ* copropriété *f.*

Miteigentümer *m,* **-** copropriétaire *m.*

Miteigentumsanteil *m,* **e** part *f* de copropriété.

Mitentscheidung *f,* **en** codécision *f* ; décision prise en commun.

Miterbe *m,* **n, n** cohéritier *m.*

mit/finanzieren cofinancer ; participer au financement.

Mitfinanzierung *f,* **en** participation *f* au financement.

mitgerechnet y compris ; inclus ; *nicht ~* non compris *(syn. inklusive* ; *inbegriffen, einbegriffen).*

Mitgesellschafter *m,* **-** coassocié *m.*

Mitglied *n,* **er** membre *m* ; affilié *m* ; adhérent *m* ; *beitragzahlendes ~* membre cotisant ; *eingeschriebenes ~* membre inscrit ; *ordentliches (aktives) ~* membre actif ; *passives ~* membre cotisant ; *~ werden (in + D)* s'affilier, adhérer (à).

Mitgliederbestand *m,* **¨e** nombre *m* d'adhérents ; effectif *m.*

Mitgliederversammlung *f,* **en** assemblée *f* générale ; assemblée des sociétaires, des membres.

Mitgliedsbeitrag *m,* **¨e** cotisation *f* de membre ; cotisation d'adhérent.

Mitgliedschaft *f,* **en** **1.** appartenance *f* (à un club, etc) ; affiliation *f* **2.** ensemble *m* des adhérents ; *die ~ beantragen* demander son affiliation ; poser sa candidature en tant que membre.

Mitgliedstaat *m,* **en** Etat-membre *m.*

mithaftend coresponsable ; responsable solidaire.

Mithaftung *f,* *ϕ* responsabilité *f* partagée ; solidarité *f.*

Mitherausgeber *m,* **-** co-éditeur *m.*

Mitinhaber *m,* **-** codétenteur *m* ; copropriétaire *m* ; associé *m.*

Mitkläger *m,* **-** codemandeur *m.*

Mitläufer *m,* **-** sympathisant *m* ; individu *m* qui suit le mouvement.

Mitleidenschaft : *in ~ ziehen* affecter ; faire subir les conséquences.

Mitnahmepreis *m,* **e** prix *m* emporté ; prix marchandise enlevée.

Mitnehmepreis *m,* **e** ⇒ *Mitnahmepreis.*

Mitspracherecht *n,* **e** droit *m* à la parole ; droit d'intervention ; droit de regard.

mit/teilen communiquer ; faire savoir ; *jdm etw ~* informer qqn de qqch ; *amtlich ~* notifier.

Mitteilung *f,* **en** communication *f* ; avis *m* ; communiqué *m* ; information *f* ; *amtliche (offizielle) ~* communiqué officiel ; *dienstliche ~* note *f* de service ; *mündliche ~* communication verbale ; *schriftliche ~* note écrite ; *vertrauliche ~* message *m* confidentiel.

Mittel *n,* **-** **1.** moyen *m* ; *mit allen ~n* par tous les moyens **2.** moyenne *f* ; valeur *f* moyenne ; *arithmetisches ~* moyenne arithmétique.

Mittel *pl* moyens *mpl* ; capitaux *mpl* ; fonds *mpl* ; ressources *fpl* ; *eigene ~* ressources propres ; *flüssige (liquide) ~* liquidités *fpl* ; *öffentliche ~* fonds, deniers *mpl* publics ; *verfügbare ~* disponibilités *fpl* ; fonds disponibles, libres.

Mittelaufbringung *f,* **en** rassemblement *m* de fonds.

mittelbar indirect ; *~e Stellvertretung* représentation *f* indirecte *(syn. indirekt).*

Mittelbetrieb *m,* **e** moyenne entreprise *f* ; exploitation *f* de moyenne importance (de 20 à 99 salariés).

Mittelbewirtschaftung *f,* **en** régulation *f* des moyens financiers ; contrôle *m* des ressources.

Mittelentzug *m,* **¨e** retrait *m* de fonds ; retrait de capitaux.

mitteleuropäische Zeit ⇒ *MEZ.*

Mittelfreigabe *f,* **n** déblocage *m* de disponibilités ; dégagement *m* de fonds, de crédits.

mittelfristig à moyen terme ; *~er Kredit* crédit *m* à moyen terme.

Mittelklasse *f,* **n** **1.** classe *f* moyenne **2.** milieu *m* de gamme.

Mittelklassemodell *n,* **e** *(auto.)* modèle *m,* version *f* du milieu de gamme.

Mittelklassewagen *m,* **-** voiture *f* du milieu de gamme.

Mittelkurs *m,* **e** cours *m* moyen.

Mitte-Links *(polit.)* centre-gauche ; *~-Koalition* coalition *f* centre-gauche.

mittellos sans ressources ; démuni ;

sans moyens d'existence.

Mittellosigkeit *f,* ∅ dénuement *m* ; indigence *f.*

mitteln *(statist.)* calculer la moyenne.

Mittelschicht *f,* **en** classe *f* moyenne ; *obere* ~ classe moyenne aisée ; *untere* ~ petite bourgeoisie *f* ; *er gehört zur* ~ il appartient à la classe moyenne.

Mittelsmann *m,* **-leute** ou **-männer** médiateur *m* ; ombudsman *m* (personne chargée d'arbitrer les conflits).

Mittelsorte *f,* **n** qualité *f* moyenne.

Mittelsperson *f,* **en** ⇒ *Mittelsmann.*

Mittelstadt *f,* **¨e** ville *f* de moyenne importance (entre 20 000 et 100 000 habitants).

Mittelstand *m,* ∅ **1.** ⇒ *Mittelschicht* **2.** (petites et) moyennes entreprises *fpl* ; P.M.E. *fpl.*

mittelständisch 1. concernant la classe moyenne **2.** *~e Betriebe* (petites et) moyennes entreprises *fpl* ; P.M.E. *fpl.*

Mittelständler *m,* **- 1.** représentant *m* de la classe moyenne **2.** chef *m* d'une petite ou moyenne entreprise.

Mittelstrecke *f,* **n** moyenne distance *f.*

Mittelstreckenflugzeug *n,* **e** appareil *m* moyen-courrier ; moyen-courrier *m.*

Mittelung *f,* **en** *(statist.)* détermination *f* de la valeur moyenne.

Mittelwert *m,* **e** valeur *f* moyenne ; valeur intermédiaire.

Mittelzufluß *m,* **¨sse** afflux *m* de fonds ; apport *m* de capitaux.

Mittler *m,* **-** ⇒ *Mittelsmann.*

mittler- moyen ; *~e Führungskräfte* cadres *mpl* (d'entreprise) moyens ; *~er Osten* Moyen-Orient *m* ; *~e Qualität* qualité *f* moyenne.

Mitunterzeichner *m,* **-** cosignataire *m.*

Mitunterzeichnete/r *(der/ein)* ⇒ *Mitunterzeichner.*

mitverantwortlich coresponsable ; responsable solidaire.

Mitverantwortung *f,* **en** coresponsabilité *f.*

mit/verdienen 1. être obligé de travailler (en parlant d'un conjoint, par ex.) ; *seine Frau muß* ~ sa femme est obligée de travailler (le salaire double est indispensable au ménage). **2.** participer à un profit sur qqch.

Mitversicherung *f,* **en** coassurance ; assurance additionnelle.

Mitwirkung *f,* **en** participation *f* ; concours *m* ; collaboration *f* ; *unter* ~ *(+ G)* avec la participation de ; *sich die* ~ *von jdm sichern* s'assurer le concours de qqn.

Mitwirkungsrecht *n,* **e** droit *m* de participation ; ~ *bei der Kündigung* droit de regard en matière de licenciement.

mobil mobile ; ~ *machen* mobiliser ; battre le rappel de ; *~e Gesellschaft* société *f* caractérisée par une grande mobilité (d'emploi).

Mobiliar *n,* **e** mobilier *m* ; ameublement *m.*

Mobiliarkredit *m,* **e** crédit *m* mobilier.

Mobilien *pl* biens *mpl* meubles ; mobilier *m.*

mobilisieren mobiliser ; *die Gewerkschaft ~t die Arbeiter* le syndicat mobilise les ouvriers.

Mobilität *f,* ∅ mobilité *f* ; ~ *der Arbeitnehmer* mobilité des travailleurs ; *berufliche* ~ mobilité professionnelle ; mobilité de l'emploi.

Mode *f,* **n** mode *f* ; *aus der* ~ *kommen* passer de mode ; *(in)* ~ *sein* être en vogue ; être à la mode.

Modeartikel *m,* **-** article *m* de mode.

Modeberuf *m,* **e** profession *f* à la mode ; métier *m* en vogue.

Modekollektion *f,* **en** collection *f* de mode.

Modell *n,* **e** modèle *m* ; prototype *m* ; maquette *f* ; *gewerbliches* ~ modèle industriel.

Modellrechnung *f,* **en** calcul *m* type ; évaluation *f* type ; prévision *f* modèle.

Modelltyp *m,* **en** modèle *m* type.

Modem *n,* ∅ modem *m* (transforme les signaux téléphoniques en signes télévisuels ; technique du minitel).

Mode(n)schau *f,* **en** présentation *f* de collection ; défilé *m* de mannequins.

Moderator *m,* **en** *(radio, télé)* présentateur *m* d'une émission ; animateur *m.*

modern moderne ; *~e Arbeitsmethoden* méthodes *fpl* de travail modernes.

modernisieren moderniser.

Modernisierung *f,* **en** modernisation *f.*

Modernisierungsaufwendungen *pl* dépenses *fpl* de modernisation.

Modernisierungsgrad *m,* **e** degré *m* de modernisation.

Modul *n,* **e** module *m.*

modular modulaire.

mogeln *(fam.)* tricher ; frauder.

Mogelpackung *f,* **en** emballage *m* trompeur (promet davantage qu'il ne contient réellement).

Molkerei *f,* **en** laiterie *f.*

Molkereiprodukte *pl* produits *mpl* laitiers.

Monat *m,* **e** mois *m* ; *am 10. dieses*

~s le 10 courant ; *im ~ Januar* au mois de janvier ; en janvier ; *im ~ (monatlich)* par mois.

monatlich mensuel ; par mois ; *~e Rate* mensualité *f* ; *~e Zahlung* paiement *m* par mensualités.

Monats- *(préfixe)* mensuel.

Monatsabschluß *m,* **¨sse** bilan *m* mensuel.

Monatsausstoß *m,* **¨e** production *f* mensuelle.

Monatsbericht *m,* **e** situation *f* mensuelle ; relevé *m* de fin de mois.

Monatseinheiten *pl* (nombre *m* d') unités *fpl* produites par mois.

Monatseinkommen *n,* **-** revenu *m* mensuel.

Monatserste : *der ~* le premier du mois.

Monatsgehalt *n,* **¨er** traitement *m* mensuel ; *dreizehntes ~* treizième mois *m* ; mois *m* double.

Monatsgeld *n,* **ϕ** argent *m* du mois.

Monatsgelder *pl* échéances *fpl* de fin de mois.

Monatsletzte : *der ~* le dernier du mois.

Monatslohn *m,* **¨e** salaire *m* mensuel.

Monatsrate *f,* **n** mensualité *f* ; traite *f* mensuelle ; *einen Betrag in ~n bezahlen* payer une somme par mensualités.

Monatsultimo *m,* **s** ⇒ *Monatsletzte.*

Monatswechsel *m,* **-** traite *f* à 30 jours.

Monatszins *m,* **e** ⇒ *Mietzins.*

Mondpreis *m,* **e** prix *m* abusif ; prix prohibitif.

Mondscheintarif *m,* **e** *(téléph.)* tarif *m* (réduit) de nuit en R.F.A.

monetär monétaire ; *~e Stabilität* stabilité *f* monétaire.

Monetarist *m,* **en, en** partisan *m* d'une politique monétariste ; défenseur *m* de l'argent rare et cher.

Moneten *pl (fam.)* fric *m* ; oseille *f* ; pognon *m.*

Monitor *m,* **en** *(inform., télé)* moniteur *m.*

Monokultur *f,* **(en)** monoculture *f.*

Monometallismus *m,* **ϕ** monométallisme *m* (régime monétaire fondé sur un seul métal).

Monopol *n,* **e** monopole *m* ; *ein ~ aus/üben* exercer un monopole ; monopoliser ; *bilaterales ~* monopole bilatéral (un vendeur unique ne rencontre qu'un acheteur unique) ; *staatliches ~* monopole d'Etat.

monopolartig monopolistique ; monopoliste.

Monopolbetrieb *m,* **e** entreprise *f* monopolistique.

monopolisieren monopoliser.

Monopolisierung *f,* **en** monopolisation *f.*

Monopolist *m,* **en, en** monopoliste *m.*

monopolistich monopolistique ; de monopole.

Monopolkapital *n,* **e** ou **-tien** capital *m* monopolisateur.

Monopolkapitalismus *m,* **ϕ** capitalisme *m* monopoliste (caractérisé par une concentration monopolistique des entreprises).

Monopolmißbrauch *m,* **¨e** abus *m* de monopole.

Monopolstellung *f,* **en** situation *f* de monopole ; position *f* monopolistique.

Montag *(fam.) : blauen ~ machen* simuler une maladie le lundi ; avoir la maladie diplomatique du lundi.

Montage *f,* **n** [mɔn'ta:ʒə] montage *m.*

Montageabteilung *f,* **en** département *m* d'assemblage ; section *f* de montage.

Montagearbeit *f,* **en** travail *m* d'assemblage ; travail de montage.

Montageband *n,* **¨er** chaîne *f* de montage.

Montagehalle *f,* **n** atelier *m* de montage.

Montagekapazität *f,* **en** capacité *f* de montage.

Montagewerk *n,* **e** usine *f* de montage, d'assemblage.

Montagewerkstatt *f,* **¨en** atelier *m* de montage, d'assemblage.

Montagsauto *n,* **s** *(fam.)* voiture *f* d'une mauvaise série, avec laquelle on n'a que des ennuis.

Montagsproduktion *f,* **en** *(ironique)* production *f* défectueuse ; marchandise *f* imparfaite.

Montan- *(préfixe)* minier et sidérurgique.

Montanbereich *m,* **ϕ** secteur *m* de l'industrie du charbon et de l'acier.

Montangemeinschaft *f,* **ϕ** ⇒ *Montanunion.*

Montangesellschaft *f,* **en** société *f* minière.

Montanindustrie *f,* **n** industrie *f* du charbon et de l'acier.

Montanist *m,* **en, en** expert *m* de l'industrie du charbon et de l'acier.

montanmitbestimmt société cogérée d'après le modèle de l'industrie du charbon et de l'acier.

Montanmitbestimmung *f,* **ϕ** cogestion *f* paritaire dans l'industrie du charbon et de l'acier (⇒ *Mitbestimmung*).

Montanunion *f,* ϕ Communauté *f* européenne du charbon et de l'acier (C.E.C.A.) ; pool *m* charbon-acier *(syn. EGKS).*

Montanwerte *pl* titres *mpl*, valeurs *fpl* de l'industrie minière et métallurgique.

Monteur *m,* **e** monteur *m* ; assembleur *m*.

montieren monter ; assembler.

Montierung *f,* **en** montage *m* ; assemblage *f*.

Moos *n,* ϕ *(fam.)* pognon *m* ; oseille *f (syn. Knete, Piepen).*

Moratorium *n,* **-ien** moratoire *m* ; délai *m* de paiement ; concordat *m* simple.

Mortalität *f,* ϕ mortalité *f (syn. Sterblichkeit).*

Motel *n,* **s** motel *m*.

Motivation *f,* **en** motivation *f*.

Motivator *m,* **en** facteur *m* motivant.

Motivforschung *f,* ϕ étude *f* de motivation ; analyse *f* du comportement des consommateurs.

motivieren motiver.

Motto *n,* **s** devise *f* ; slogan *m*.

Mrd. ⇒ *Milliarde.*

MTS ⇒ *Maschinen-Traktoren-Station.*

m.u.H. *(mit unbeschränkter Haftpflicht)* à responsabilité illimitée.

Müll *m,* ϕ ordures *fpl* ; déchets *mpl* ; *radioaktiver* ~ déchets radioactifs.

Müllabfuhr *f,* ϕ enlèvement *m* des ordures.

Müllabladestelle *f,* **n** ⇒ *Mülldeponie.*

Müllaufbereitungsanlage *f,* **n** usine *f* de traitement des ordures.

Mülldeponie *f,* **n** décharge *f*.

Müllkippe *f,* **n** ⇒ *Mülldeponie.*

Müllmann *m,* **-männer** ou **-leute** éboueur *m*.

Müllverbrennungsanlage *f,* **n** usine *f* d'incinération des ordures (ménagères).

Multi *m,* **s** multinationale *f*.

multifunktional multifonctionnel.

multilateral multilatéral ; *~e Verträge* accords *mpl* multilatéraux.

multimedial relatif à de nombreux médias ; multimédias.

Multimediasystem *n,* **e** système *m* multimédias.

Multimillionär *m,* **e** multimillionnaire *m*.

multinational multinational ; *~er Konzern* multinationale *f* (société ou groupe ayant des filiales à l'étranger ainsi que des centres de production dans différents pays).

Multipack *n* ou *m,* **s** [...pɛk] multipack *m* ; emballage *m* multiple.

Multiplan *(inform.)* multiplan.

Multiplikator *m,* **en** multiplicateur *m*.

multiplizieren multiplier.

Multi-Programm-Verfahren *n,* **-** *(inform.)* multiprogrammation *f*.

Mündel *n,* **-** pupille *m* ; personne *f* sous tutelle.

Mündelgelder *pl* fonds *mpl* de tutelle ; deniers *mpl* pupillaires ; capital *m* de mineur.

mündelsicher pupillaire ; sûr ; de tout repos ; *~e Anlage* placement *m* de père de famille ; *~e Papiere* titres *mpl* sûrs ; valeurs *fpl* de tout repos ; valeurs *fpl* garanties (par l'État ou les collectivités).

mündig majeur ; ~ *werden* atteindre la majorité.

Mündigkeit *f,* ϕ majorité *f (syn. Großjährigkeit).*

Mündigkeitserklärung *f,* **en** déclaration *f* de (la) majorité.

mündig/sprechen, a, o émanciper.

Mündigsprechung *f,* **en** déclaration *f* de majorité ; émancipation *f*.

mündlich oral ; verbal ; de vive voix ; *~es Versprechen* promesse *f* verbale.

Mundraub *m,* ϕ vol *m* de denrées alimentaires ; larcin *m* mineur.

Münzamt *n,* **¨er** ⇒ *Münze* **1.**

Münzautomat *m,* **en, en** distributeur *m* automatique ; ~ *für Zigaretten* distributeur de cigarettes.

Münze *f,* **n 1.** hôtel *m* des monnaies **2.** monnaie *f* (d'appoint) ; pièce *f* de monnaie **I.** *falsche* ~ fausse monnaie ; *mit klingender (barer)* ~ en espèces sonnantes et trébuchantes ; *silberne* ~ pièce d'argent ; *ungültige* ~ pièce non valable **II.** *eine ~ in einen Automaten ein/werfen* mettre, introduire une pièce dans un distributeur automatique ; *~n fälschen* faire de la fausse monnaie ; *~n nach/werfen* remettre des pièces (cabine téléphonique) ; *~n prägen* frapper monnaie *(syn. Geldstück).*

Münzeinheit *f,* **en** unité *f* de monnaie.

Münzeinwurf *m,* **¨e** fente *f* où introduire les pièces de monnaie (distributeur).

münzen battre monnaie ; monnayer.

Münz(en)händler *m,* **-** marchand *m* de pièces et médailles.

Münzfälscher *m,* **-** faux-monnayeur *m*.

Münzfernsprecher *m,* **-** cabine *f* téléphonique automatique ; taxiphone *m*.

Münzgehalt *m,* ϕ titre *m* des monnaies.

Münzgeld *n,* ϕ espèces *fpl* ; numéraire *m* ; monnaie *f* métallique.

Münzgewicht *n,* **e** ⇒ *Münzgehalt.*

Münzprägung *f,* **en** frappe *f* de monnaie.

Münz(en)sammler *m,* **-** numismate *m* ; collectionneur *m* de pièces de monnaie.

Münz(en)sammlung *f,* **en** collection *f* de pièces de monnaie.

Münzhoheit *f,* ϕ monopole *m* de la frappe des monnaies.

Münzkunde *f,* ϕ numismatique *f.*

Münzstätte *f,* **en** ⇒ *Münze* **1.**

Münzumlauf *m,* ϕ circulation *f* métallique.

Münzwechsler *m,* **-** changeur *m* de monnaie.

Münzwesen *n,* ϕ système *m* monétaire ; monnayage *m.*

Münzzähler *m,* **-** machine *f* à compter les pièces de monnaie.

Mußbestimmung *f,* **en** disposition *f,* réglementation *f* impérative.

Mußkaufmann *m,* **-leute** *(code de commerce allemand)* personne *f* ayant la qualité de commerçant du fait même de son activité commerciale.

Muster *n,* **-** échantillon *m* ; modèle *m* ; spécimen *m* ; dessin *m* ; *gewerbliches ~* dessin industriel ; *nach ~ kaufen* acheter sur échantillon ; *~ ohne Wert* échantillon sans valeur.

Musterbetrieb *m,* **e** exploitation *f* modèle ; entreprise *f* pilote ; *landwirtschaftlicher ~* ferme *f* pilote.

Musterbrief *m,* **e** lettre *f* type.

Mustereinrichtung *f,* **en** installation *f* pilote.

Musterexemplar *n,* **e** exemplaire *m* modèle ; exemplaire *m* type.

mustergetreu conforme à l'échantillon ; conforme au modèle.

Musterkoffer *m,* **-** mallette *f* échantillons ; marmotte *f.*

Musterkollektion *f,* **en** collection *f* de modèles, d'échantillons ; échantillonnage *m.*

Mustermesse *f,* **n** foire *f* d'échantillons ; foire de démonstration.

Mustersendung *f,* **en** envoi *m* d'échantillons.

Mustervertrag *m,* **¨e** contrat *m* type.

Musterwohnung *f,* **en** appartement *m* témoin.

Mutter *f,* **¨** mère *f* ; *erwerbstätige ~* mère exerçant une activité rémunérée ; mère « qui travaille » ; *ledige ~* fille-mère ; mère célibataire.

Muttergesellschaft *f,* **en** maison *f* mère ; société *f* mère.

Mutterland *n,* **¨er** métropole *f* ; territoire *m* métropolitain.

Mutterschaftsgeld *n,* **er** allocation *f* maternité.

Mutterschaftsurlaub *m,* **e** congé *m* de maternité.

Mutterschutz *m,* ϕ protection *f* de la mère.

Mutterschutzgesetz *n,* **e** loi *f* sur la protection de la mère au travail et de la future mère de famille.

MwSt. ou **MWSt.** ⇒ *Mehrwertsteuer.*

m.Z. *(mangels Zahlung)* faute de paiement.

N

N ⇒ *Nahschnellverkehrszug.*

nach/ahmen imiter ; copier ; falsifier ; *eine Unterschrift ~* contrefaire une signature.

Nachahmer *m,* **-** imitateur *m* ; contrefacteur *m* ; *gegen die ~ vor/gehen* poursuivre les contrefacteurs.

Nachahmung *f,* **en** imitation *f* ; contrefaçon *f.*

Nacharbeit *f,* **en 1.** travail *m* en retard ; travail à terminer, à fignoler ; travail de finissage **2.** rattrapage *m* des pièces défectueuses.

Nachbarland *n,* **¨er** pays *m* voisin.

nach/bessern retoucher ; améliorer.

Nachbesserung *f,* **en** retouche *f* ; mise *f* au point ; réparation *f* d'une malfaçon ; amélioration *f* ultérieure.

nach/bestellen passer une commande ultérieure ; commander en supplément.

Nachbestellung *f,* **en** commande *f* ultérieure ; commande supplémentaire.

nach/bezahlen payer en supplément ; verser un supplément.

Nachbörse *f,* **n** marché *m* libre ; après-Bourse *f* (affaires conclues après les heures d'ouverture officielles de la Bourse).

nachbörslich en marché libre ; après clôture.

nach/datieren antidater *(contr. vordatieren).*

Nachdatierung *f,* **en** antidate *f.*

Nacherbe *m,* **n, n** héritier *m*

substitué ; *als ~n ein/setzen* substituer un héritier.

N(a)chf. ⇒ *Nachfolger.*

Nachfinanzierung *f,* **en** financement *m* complémentaire.

Nachfolge *f,* **n** succession *f* ; *jds ~ an/treten* prendre la succession de qqn.

Nachfolgemangel *m,* **-** défaut *m*, carence *f* de succession.

Nachfolgeproblem *n,* **e** problème *m* de (la) succession, successoral.

Nachfolger *m,* **-** successeur *m.*

nach/fordern demander en sus ; demander en plus ; *Steuern ~* faire un rappel d'impôts.

Nachforderung *f,* **en** rappel *m* ; demande *f* en sus.

Nachfrage *f,* **n** demande *f* **I.** *große ~* forte demande ; *lebhafte ~* demande animée, vive ; *steigende ~* demande croissante ; *übermäßige ~* demande excessive ; *weltweite ~* demande mondiale **II.** *die ~ befriedigen* satisfaire la demande ; *die ~ dämpfen (drosseln)* freiner, ralentir la demande **III.** *~ nach Arbeitskräften* demande de main-d'œuvre ; *~ nach Gütern* demande de biens ; *Verlangsamung der ~* ralentissement *m*, tassement *m* de la demande ; *Zunahme der ~* augmentation *f* de la demande.

Nachfrageänderung *f,* **en** modification *f* de la demande.

Nachfrageanstieg *m,* **e** accroissement *m* de la demande.

Nachfrageausfall *m,* **¨e** demande *f* inexistante ; carence *f* de la demande.

Nachfrageausweitung *f,* **en** extension *f* de la demande.

Nachfragebelebung *f,* **en** demande *f* animée ; reprise *f* (de la demande).

Nachfrageberuhigung *f,* **en** tassement *m*, ralentissement *m* de la demande.

Nachfragedämpfung *f,* **en** fléchissement *m*, tassement *m* de la demande.

Nachfragedruck *m,* *ϕ* pression *f* de la demande.

Nachfragemonopol *n,* **e** monopsone *m* (un demandeur pour de nombreux offreurs) ; *beschränktes ~* monopsone contrarié.

nach/fragen 1. s'informer de **2.** demander (une marchandise).

Nachfrager *m,* **-** demandeur *m* ; acheteur *m.*

Nachfragerückgang *m,* **¨e** ralentissement *m*, fléchissement *m* de la demande ; demande *f* en recul, en régression.

Nachfragestoß *m,* **¨e** poussée *f*, accroissement *m* de la demande.

Nachfrageüberhang *m,* **¨e** demande *f* excédentaire ; excédent *m* de demande.

Nachfrageumschichtung *f,* **en** restructuration *f* de la demande.

Nachfrageverlangsamung *f,* **en** ralentissement *m*, accalmie *f* de la demande.

Nachfrageverschiebung *f,* **en** déplacement *m* de la demande.

Nachfrist *f,* **en** délai *m* supplémentaire, moratoire ; délai de grâce.

nach/geben, a, e 1. fléchir ; reculer ; *die Preise geben nach* les prix fléchissent ; *~de Kurse* cours *mpl* en baisse **2.** faire des concessions ; concéder.

Nachgebühr *f,* **en** surtaxe *f.*

nachgemacht contrefait.

nachgeordnet inférieur ; subalterne (hiérarchie) *(syn. untergeordnet).*

Nachholbedarf *m,* *ϕ* besoin *m* de rattrapage ; retard *m* ; besoins de reconstitution des stocks ; *den ~ decken* combler le retard.

nach/holen récupérer ; rattraper ; *Arbeitsstunden ~* récupérer des heures de travail.

Nachhutgefechte *pl* combats *mpl* d'arrière-garde.

nach/kaufen acheter ultérieurement ; acheter après coup ; *das Übrige können Sie ~* vous pourrez acheter le reste par la suite.

nach/kommen, a, o *(ist)* faire face à ; satisfaire à ; *seinen Verpflichtungen ~* faire honneur à ses obligations ; répondre, faire face à ses engagements.

Nachkriegserscheinung *f,* **en** phénomène *m* d(e l') après-guerre.

Nachkriegsgeneration *f,* **en** génération *f* d'après-guerre.

Nachkriegszeit *f,* **(en)** après-guerre *m.*

Nachlaß *m,* **¨sse** ou **-sse 1.** remise *f* de prix ; ristourne *f* ; rabais *m* ; *einen ~ bekommen* obtenir une remise ; *einen ~ gewähren* accorder une réduction ; *ein ~ von 10 % auf den Grundpreis* une remise de 10 % sur le prix de base **2.** *(jur.)* succession *f* ; héritage *m* ; *den ~ eröffnen* déclarer une succession ouverte ; *den ~ ordnen* régler la succession.

nach/lassen, ie, a 1. rabattre ; diminuer ; *die Hälfte vom Preis ~* faire un rabais de 50 % **2.** faiblir **3.** léguer.

nachlassend faiblissant ; en baisse ; en diminution ; *~er Verbrauch* consommation *f* en baisse, en régression.

Nachlaßeröffnung *f,* **en** *(jur.)* ouverture *f* de succession.

Nachlaßerteilung *f,* **en** partage *m* de l'actif successoral.

Nachlaßgläubiger *m*, - créancier *m* de la succession.

Nachlaßinventar *n*, **e** inventaire *m* de la succession ; inventaire successoral.

Nachlaßkonkurs *m*, **e** faillite *f* d'une masse successorale.

Nachlaßsteuer *f*, **n** taxe *f*, impôt *m* sur l'héritage.

Nachlaßteilung *f*, **en** partage *m* de succession.

Nachlaßverwalter *m*, - curateur *m* de la succession.

Nachleistung *f*, **en** prestation *f* complémentaire.

nach/liefern livrer ultérieurement ; fournir plus tard ; compléter une livraison.

Nachlieferung *f*, **en** livraison *f* ultérieure ; livraison complémentaire.

Nachlieferungsanspruch *m*, **¨e** droit *m* de retour (droit du client à retourner une marchandise défectueuse).

nach/machen ⇒ *nachahmen*.

Nachmann *m*, **(¨er)** endosseur *m* subséquent *(syn. Indossat ; Hintermann)*.

Nachmessegeschäft *n*, **e** affaire *f* conclue après la foire ; contrat *m* consécutif à la foire.

Nachmittagsfixing *n*, **s** fixing *m* de l'après-midi (détermination du cours officiel d'une séance boursière).

Nachnahme *f*, **n** remboursement *m ; gegen ~* contre remboursement ; *eine Sendung gegen (per) ~ schicken* effectuer un envoi contre remboursement.

Nachnahmegebühr *f*, **en** ⇒ *Nachnahmekosten*.

Nachnahmekosten *pl* frais *mpl* des envois contre remboursement.

Nachnahmesendung *f*, **en** envoi *m* contre remboursement.

Nachnahmespesen *pl* ⇒ *Nachnahmekosten*.

Nachporto *n*, **s** ⇒ *Nachgebühr*.

nach/prüfen vérifier ; contrôler ; revoir ; *die Richtigkeit der Angaben ~* contrôler la véracité des indications données.

Nachprüfung *f*, **en** vérification *f* ; contrôle *m* ; *steuerliche ~* contrôle fiscal ; *~ der Gesetzmäßigkeit* contrôle de la légalité.

nach/rechnen vérifier un calcul ; contrôler des comptes.

Nachrechnung *f*, **en** vérification *f*.

Nachricht *f*, **en 1.** nouvelle *f* ; information *f* ; *die ~ von etw erhalten* apprendre la nouvelle de qqch **2.** courrier *m* ; *Ihre ~ vom* votre courrier en date du ; *wir erwarten Ihre baldige ~* dans l'attente de votre réponse.

Nachrichtenagentur *f*, **en** agence *f* de presse ; agence d'information.

Nachrichtennetz *n*, **e** réseau *m* de télécommunications, de transmissions.

Nachrichtenquelle *f*, **n** source *f* d'informations.

Nachrichtensatellit *m*, **en**, **en** satellite *m* de télécommunications.

Nachrichtensendung *f*, **en** *(radio, télé)* informations *fpl* ; émission *f* d'informations.

Nachrichtensperre *f*, **n** black-out *m*.

Nachrichtentechnik *f*, **en** télécommunications *fpl* ; syn. *Telekommunikation*.

Nachrichtenübermittlung *f*, **en** transmission *f* des informations, des renseignements ; télécommunications *fpl*.

Nachrichtenübertragung *f*, **en** ⇒ *Nachrichtenübermittlung*.

Nachrichtenwesen *n*, *ϕ* ⇒ *Nachrichtentechnik*.

nach/rüsten moderniser ; compléter un équipement.

Nachrüstung *f*, **en** renouvellement *m* ; modernisation *f* ; élargissement *m*.

Nachsaison *f*, **s** arrière-saison *f*.

Nachsaisonermäßigung *f*, **en** remise *f* de fin de saison ; réduction *f* d'arrière-saison.

Nachsatz *m*, **¨e** ⇒ *Nachschrift*.

nachschießen, **o**, **o** compléter un versement ; *Geld ~* effectuer un versement supplémentaire.

Nachschrift *f*, **en** post-scriptum *m* ; notes *fpl (syn. Postskriptum)*.

Nachschub *m*, **¨e** renforts *mpl* ; ravitaillement *m* ; réapprovisionnement *m*.

Nachschuß *m*, **¨sse** versement *m* supplémentaire ; apport *m* supplémentaire (de capitaux) ; rallonge *f*.

Nachschußpflicht *f*, *ϕ* obligation *f* (pour un sociétaire) d'effectuer un versement supplémentaire.

nach/sehen, **a**, **e** consulter qqch ; vérifier dans ; *auf einer Liste ~* vérifier sur une liste.

Nachsendeauftrag *m*, **¨e** ordre *m* de réexpédition, de faire suivre (le courrier).

Nachsendegebühr *f*, **en** taxe *f* de réexpédition.

nach/senden, **a**, **a** réexpédier ; faire suivre ; *bitte nachsenden !* prière de faire suivre.

Nachsendung *f*, **en** réexpédition *f*.

Nachsichtwechsel *m*, - effet *m* à un certain délai de vue (effet échu un certain temps seulement après sa présentation).

Nachspiel *n*, **e** suites *fpl* ; conséquences *fpl* ; *ein gerichtliches ~ haben* avoir des suites judiciaires.

nachstehend ci-après ; ci-dessous.

Nachtarbeit *f*, **en** travail *m* de nuit.

Nachteil *m*, **e** désavantage *m* ; inconvénient *m* ; préjudice *m* ; *finanzielle ~e* préjudices financiers ; *die Fusion bringt uns nur ~e* la fusion ne nous crée que des déboires.

nachteilig désavantageux ; préjudiciable ; *für ~e Folgen nicht verantwortlich sein* ne pas être responsable de conséquences dommageables.

Nächtigungsgeld *n*, **(er)** *(Autriche)* indemnité *f* de voyage ; frais *mpl* d'hôtel.

Nachtluftpostnetz *n*, *ϕ* *(R.F.A.)* service *m* aéropostal de nuit.

Nachtrag *m*, **¨e** **1.** additif *m* ; supplément *m* **2.** *(assur.)* avenant *m* **3.** *(testament)* codicille *m*.

nachträglich **1.** ultérieur ; après coup ; *~e Genehmigung* approbation *f* donnée ultérieurement ; approbation rétroactive **2.** supplémentaire ; additionnel.

Nachtragshaushalt *m*, **e** collectif *m* budgétaire ; budget *m* supplémentaire ; budget *m* rectifié.

Nachtragsliste *f*, **n** liste *f* additionnelle.

Nachtragspolice *f*, **n** avenant *m* ; rectificatif *m* à la police d'assurance.

Nachtragszahlung *f*, **en** versement *m* additionnel.

Nachtschicht *f*, **en** poste *m* de nuit ; travail *m*, équipe *f* de nuit ; *~ haben* être de nuit ; *~ machen* travailler de nuit.

Nachtschichtarbeit *f*, **en** travail *m* de nuit.

Nachtschichtzulage *f*, **n** majoration *f*, supplément *m* pour travail de nuit.

Nachttarif *m*, **e** tarif *m* de nuit.

Nacht-und-Nebel-Aktion *f*, **en** opération *f* de surprise ; opération « coup de poing » ; action *f* aussi discrète que rapide ; *die Besetzung der Fabrik war eine echte ~* l'occupation *f* de l'usine fut une véritable opération surprise.

Nachtwächterstaat *m*, **en** libéralisme *m* économique (caractérisé par une non-intervention de l'Etat qui frise la démission).

Nachtzulage *f*, **n** ⇒ *Nachtzuschlag*.

Nachtzuschlag *m*, **¨e** supplément *m*, indemnité *f* (pour travail) de nuit.

Nachvermächtnis *n*, **se** legs *m* conditionnel ; arrière-legs *m*.

Nachversicherung *f*, **en** assurance *f* complémentaire.

Nachversteuerung *f*, **en** imposition *f* supplémentaire.

Nachwahl *f*, **en** élection *f* complémentaire ; seconde élection.

Nachweis *m*, **e** preuve *f* ; justification *f* ; *den ~ für etw erbringen (liefern)* fournir la preuve de qqch.

nach/weisen, ie, ie prouver ; justifier ; faire la preuve de ; *seine Fähigkeit ~* prouver sa qualification.

Nachwuchs *m*, *ϕ* relève *f* ; les jeunes *mpl* ; génération *f* montante ; *den ~ aus/bilden* former les jeunes.

Nachwuchskader *pl* *(Suisse, R.D.A.)* jeunes cadres *mpl*.

Nachwuchskräfte *pl* génération *f* nouvelle, montante, de demain.

Nachwuchsmangel *m*, **¨** absence *f*, carence *f* de relève ; difficultés *fpl* de recrutement de jeunes.

nach/zählen recompter ; vérifier un calcul ; *zählen Sie die Geldscheine bitte nach* vérifiez le nombre de billets s.v.p.

nach/zahlen **1.** payer ultérieurement ; payer après coup **2.** payer un supplément ; *Steuern ~* payer un rappel d'impôts.

Nachzahlung *f*, **en** **1.** paiement *m* ultérieur ; rappel *m* ; *eine Aufforderung zur ~* un rappel de paiement **2.** supplément *m* ; versement *m* complémentaire.

Nachzoll *m*, **¨e** taxe *f* douanière perçue après-coup.

Nachzügler *m*, **-** retardataire *m* ; traînard *m*.

nahe proche, voisin ; *der Nahe Osten* le Proche-Orient ; *~r Verwandter* proche parent *m*.

Naherholungsgebiet *n*, **e** centre *m* de vacances et de loisirs (à proximité d'une grande ville).

Nahgespräch *n*, **e** communication *f* urbaine, locale (à courte distance).

Nahost ⇒ *nahe*.

Nährstand *m*, *ϕ* monde *m* agricole ; monde paysan ; secteur *m* agro-alimentaire.

Nahrung *f*, **en** nourriture *f*.

Nahrungsgüterwirtschaft *f*, *ϕ* ⇒ *Nahrungsmittelindustrie*.

Nahrungsmittel *pl* produits *mpl* alimentaires ; alimentation *f*.

Nahrungsmittelindustrie *f*, **n** industrie *f* agro-alimentaire ; agro-alimentaire *m*.

Nahrungs- und Genußmittel *pl* denrées *fpl* alimentaires et stimulants *mpl* (boissons, tabac, chocolat, etc.).

Nahschnellverkehrszug *m*, **¨e** train *m* semi-direct ; train rapide sur courtes distances.

Nahverkehr *m,* φ **1.** trafic *m* suburbain ; trafic à courte distance **2.** service *m* téléphonique à courte distance.

Name *m,* **ns, n** nom *m* ; dénomination *f* **I.** ~ *und Anschrift* nom et adresse ; *in meinem ~n* en mon nom personnel ; *unter falschem ~n* sous un faux nom ; sous une fausse identité **II.** *die Aktien lauten auf den ~n* les actions *fpl* sont nominatives ; *seinen ~n unter etw setzen* apposer son nom sous qqch.

Namenfirma *f,* **-men** raison *f* sociale (empruntée au nom du commerçant).

namenlos anonyme ; *~e Produkte* produits *mpl* sans marque, libres.

Namenlose/r *(der/ein)* **1.** personne *f* anonyme **2.** produit *m* sans marque ; produit libre.

Namensaktie *f,* **n** action *f* nominative ; *vinkulierte ~* action nominative négociable.

Namensliste *f,* **n** ⇒ *Namensverzeichnis.*

Namenspapier *n,* **e** titre *m* nominatif.

Namensscheck *m,* **s** chèque *m* nominatif.

Namensverzeichnis *n,* **se** liste *f* nominative.

Namenszug *m,* **¨e** griffe *f* ; signature *f* ; sigle *m* ; marque *f.*

Nämlichkeitsbescheinigung *f,* **en** certificat *m* d'identité ; passavant *m* (permis de circulation délivré par la douane).

Nansen-Paß *m,* **-ässe** passeport *m* pour apatrides.

NASDAQ COMPOSITE *m,* φ *(Bourse)* indice *m* NASDAQ.

Natalität *f,* φ natalité *f (syn. Geburtenhäufigkeit).*

national national ; *wirtschaftliche Erfolge auf ~en und internationalen Märkten* succès *mpl* économiques sur le marché national et international.

Nationale *n,* φ *(Autriche)* **1.** détails *mpl* signalétiques **2.** fiche *f* signalétique.

Nationaleinkommen *n,* **-** revenu *m* national.

nationalisieren nationaliser *(syn. verstaatlichen).*

Nationalisierung *f,* **en** nationalisation *f (syn. Verstaatlichung).*

Nationalität *f,* **en** nationalité *f (syn. Staatsangehörigkeit).*

Nationalökonom *m,* **en, en** économiste *m.*

Nationalökonomie *f,* φ économie *f* politique, nationale *(syn. Volkswirtschaftslehre).*

Nationalrat *m, (Autriche)* **1.** φ Assemblée *f* nationale **2. ¨e** député *m,* membre *m* de l'Assemblée nationale.

Nationalvermögen *n,* φ biens *mpl* nationaux ; patrimoine *m* national.

Nationalversammlung *f,* **en** assemblée *f* nationale.

Nationalwährung *f,* **en** monnaie *f* nationale.

NATO *(Nato) f (North Atlantic Treaty Organization)* OTAN *f.*

Natural- *(préfixe)* en nature.

Naturalaustausch *m,* φ échange *m* en nature.

Naturalbezüge *pl* avantages *mpl* en nature.

Naturaleinkommen *n,* **-** revenu *m* en nature.

Naturalentlohnung *f,* **en** rémunération *f* en nature ; rétribution *f* en nature *(syn. Sachvergütung).*

Naturalersatz *m,* φ indemnité *f* en nature ; dédommagement *m,* remplacement *m* en nature.

Naturalien *pl* produits *mpl* du sol ; prestations *fpl* en nature ; *in ~ bezahlen* payer en nature ; *Lohn in ~* salaire *m* en nature.

naturalisieren naturaliser ; *er hat sich in Deutschland ~ lassen* il s'est fait naturaliser Allemand.

Naturalisierung *f,* **en** naturalisation *f (syn. Einbürgerung).*

Naturallohn *m,* **¨e** salaire *m* en nature.

Naturalsteuer *f,* **n** impôt *m* en nature.

Naturalverteilung *f,* **en** *(R.D.A.)* paiement *m* en nature des membres des coopératives agricoles.

Naturalwirtschaft *f,* **en** (économie *f* de) troc *m* ; *syn. Tauschwirtschaft.*

Naturerzeugnis *n,* **se** produit *m* naturel.

natürliche Person *f,* **en** personne *f* physique *(contr. juristische Person).*

Naturprodukt *n,* **e** ⇒ *Naturerzeugnis.*

Naturschutzgebiet *n,* **e** site *m* protégé ; réserve *f* naturelle.

Naturschutzpark *m,* **s** réserve *f* naturelle ; parc *m* naturel.

NB ⇒ *notabene.*

ND *(Nebenkosten und Dienstleistungen)* frais *mpl* accessoires et services.

NDR *(Norddeutscher Rundfunk)* radio-télévision *f* de l'Allemagne du Nord (Hambourg).

Nebenabgabe *f,* **n** taxe *f* accessoire ; taxe supplémentaire.

Nebenamt *n,* **¨er** fonction *f* secondaire ; emploi *m* secondaire.

nebenamtlich ⇒ *nebenberuflich.*

Nebenanschluß *m*, **¨sse** *(téléph.)* poste *m* secondaire.

Nebenarbeit *f*, **en** activité *f* secondaire ; travail *m* d'appoint.

Nebenausgaben *pl* dépenses *fpl* accessoires ; frais *mpl* annexes.

nebenbei : ~ *arbeiten* faire des à-côtés ; travailler en plus.

Nebenberuf *m*, **e** activité *f* secondaire (pour les pluriactifs).

nebenberuflich à titre de fonction secondaire ; ~*e Beschäftigung* occupation *f* accessoire rémunérée, d'appoint.

Nebenbeschäftigung *f*, **en** ⇒ *Nebenarbeit*.

Nebenbestimmung *f*, **en** clause *f* annexe.

Nebenbuch *n*, **¨er** registre *m* auxiliaire.

Nebeneffekt *m*, **e** effet *m* secondaire ; retombées *fpl* imprévues.

Nebeneinkünfte *pl* revenus *mpl* annexes ; « à-côtés » *mpl*.

Nebenerwerb *m*, *ϕ* activité *f* d'appoint ; *einen Betrieb im ~ bewirschaften* exploiter une entreprise agricole comme activité d'appoint.

Nebenerwerbsbetrieb *m*, **e** exploitation *f* (agricole) secondaire ; exploitation de pluriactif.

Nebenerwerbslandwirtschaft *f*, *ϕ* agriculture *f* parallèle (les exploitants ne travaillent leur terre qu'après les heures d'usine ou de bureau) ; pluriactivité *f*.

Nebenerzeugnis *n*, **se** ⇒ *Nebenprodukt*.

Nebenjobber *m*, **-** personne *f* exerçant une activité rétribuée secondaire ; travailleur *m* occasionnel.

Nebenkläger *m*, **-** *(jur.)* partie *f* civile ; *als ~ auf/treten* se constituer, se porter partie civile.

Nebenkosten *pl* frais *mpl* annexes ; faux frais *mpl*.

Nebenleistungen *pl* prestations *fpl* accessoires ; prestations périodiques (en nature, souvent).

Nebenmarkt *m*, **¨e** marché *m* secondaire ; marché parallèle.

Nebenprodukt *n*, **e** sous-produit *m*.

Nebenstelle *f*, **n 1.** bureau *m* auxiliaire ; annexe *f* **2.** *(téléph.)* poste *m* secondaire.

Nebenstrecke *f*, **n** ligne *f* secondaire.

Nebentätigkeit *f*, **en** ⇒ *Nebenarbeit*.

Nebenverdienst *m*, **e** gains *mpl* annexes ; gains supplémentaires ; revenus *mpl* secondaires.

Nebenwirkung *f*, **en** ⇒ *Nebeneffekt*.

negativ négatif ; sans résultats ; ~*e Auswirkung* incidence *f* négative ; ~*er Saldo* solde *m* déficitaire ; *die Verhandlungen blieben ~* les négociations *fpl* n'ont pas abouti.

Negativattest *m*, **e** attestation *f* négative.

neger *(Autriche) (fam.)* fauché ; sans le sou.

negoziabel négociable *(syn. handelsfähig)*.

Nehmer *m*, **-** preneur *m* ; acheteur *m* ; acquéreur *m* ; cessionnaire *m*.

Nehmerland *n*, **¨er** pays *m* preneur ; nation *f* bénéficiaire.

Nehmerstaat *m*, **en** État *m* acheteur ; pays *m* preneur.

Neigung *f*, **en** tendance *f* ; propension *f* ; *die ~ zu Investitionen* la tendance à investir, aux investissements.

Nein-Stimme *f*, **n** non *m* (vote) ; voix *f* contre.

NE-Metalle *pl (Nichteisen-)* métaux *mpl* non ferreux.

Nennbetrag *m*, **¨e** ⇒ *Nominalbetrag*.

Nennkapital *n*, *ϕ* ⇒ *Nominalkapital*.

Nennwert *m*, **e** ⇒ *Nominalwert*.

Neonreklame *f*, **n** publicité *f* au néon ; réclame *f* lumineuse.

Nepp *m*, *ϕ* *(fam.)* duperie *f* ; escroquerie *f* ; arnaque *f*.

neppen *(fam.)* rouler ; se faire avoir ; *in dem Restaurant wird man geneppt* on se fait arnaquer dans ce restaurant.

netto net ; *~ Barzahlung* paiement *m* net au comptant ; *~ Kasse* comptant net ; comptant sans escompte ; *der Wagen kostet ~...* le prix net de la voiture est de...

Netto- *(préfixe)* net ; brut.

Nettoeinkommen *n*, **-** revenu *m* net.

Nettoeinnahmen *pl* recettes *fpl* nettes.

Nettoertrag *m*, **¨e** bénéfice *m* net.

Nettolohn *m*, **¨e** salaire *m* net.

Nettopreis *m*, **e** prix *m* net ; prix hors taxes.

Nettoraumzahl *f*, **en** *(NRZ)* tonneau *m* de jauge nette (a remplacé *Nettoregistertonne*).

Nettoregistertonne *f*, **n** tonneau *m* de jauge nette.

Nettosozialprodukt *n*, **e** produit *m* national net.

Nettoumlaufvermögen *n*, **-** *(comptab.)* actif *m* circulant.

Nettoumsatzsteuer *f*, **n** impôt *m* sur le chiffre d'affaires net.

Nettoverdienst *m*, **e** gains *mpl* nets ; revenus *mpl* nets.

Netz *n*, **e 1.** réseau *m* ; *~ von Tochtergesellschaften* réseau de filiales ;

~ *von Verkaufsstellen* réseau de points de vente **2.** *soziales* ~ protection *f* sociale ; catalogue *m* des instruments de protection sociale.

Netzanschluß *m,* **¨sse** *(téléph.)* branchement *m* au secteur ; rattachement *m* au réseau.

Netzdichte *f,* φ densité *f* du réseau (routier, ferroviaire, etc.).

Netzkarte *f,* **n 1.** carte *f* par zones **2.** carte d'abonnement de transport.

Netzplantechnik *f,* **en** technique *f* des réseaux (dans le cadre de la recherche opérationnelle, procédé de planification et de contrôle à terme lors de projets importants et complexes).

Netzwerk *n,* **e 1.** *(inform.)* réseau *m* **2.** *(mouvement alternatif)* réseau d'entraide.

Neu- *(préfixe)* nouveau ; ré... ; re... néo-...

Neuanlage *f,* **n** placement *m* nouveau ; réemploi *m* de capitaux.

Neuausgabe *f,* **n 1.** *(Bourse)* première émission *f* **2.** nouvelle édition *f.*

Neuausgebildete *pl* nouveaux arrivés sur le marché du travail.

Neubau *m,* **-ten** construction *f* neuve, nouvelle ; immeuble *m* neuf.

Neubedarf *m,* φ besoins *mpl* nouveaux.

Neubegebung *f,* **en** ⇒ *Neuemission.*

Neubesetzung *f,* **en** renouvellement *m* ; ~ *der Sitze* renouvellement des sièges.

Neubewertung *f,* **en** réévaluation *f* ; revalorisation *f.*

Neueinstellung *f,* **en** nouvelle embauche *f* ; engagement *m* de personnel nouveau ; ~ *von Arbeitskräften* recrutement *m* de main-d'œuvre.

Neueinstufung *f,* **en** reclassement *m* (catégoriel).

Neuemission *f,* **en** *(Bourse)* émission *f* nouvelle (actions, titres).

Neuentwicklung *f,* **en** nouveauté *f* ; produit *m* nouveau.

Neuerer *m,* **- 1.** réformateur *m* **2.** *(R.D.A.)* novateur *m.*

Neuereraktiv *n,* **s** *(R.D.A.)* commission *f* de novateurs (chargée, dans les « VEB », d'appliquer les nouvelles méthodes de travail).

Neuerung *f,* **en** innovation *f* ; amélioration *f* ; *technische* ~ innovation technique.

Neufassung *f,* **en** refonte *f* ; révision *f* ; réforme *f.*

Neufestsetzung *f,* **en** révision *f* ; réajustement *m* ; ~ *einer Rente* révision d'une pension.

Neugeschäft *n,* **e** nouveaux clients *mpl* ; nouveaux contrats *mpl* ; nouvelles affaires *fpl.*

Neugestaltung *f,* **en** restructuration *f* ; réaménagement *m* ; redéploiement *m.*

Neuheit *f,* **en** nouveauté *f* ; *eine ~ bieten* présenter une nouveauté.

Neukotierung *f,* **en** introduction *f* à la Bourse.

Neulieferung *f,* **en** livraison *f* nouvelle de qqch.

Neuordnung *f,* **en** réorganisation *f,* restructuration *f* ; reclassement *m* ; refonte *f* ; réaménagement *m* ; ~ *des Geldwesens* réforme *f* monétaire.

Neuorganisation *f,* **en** réorganisation *f* ; restructuration *f.*

Neuorientierung *f,* **en** orientation *f* nouvelle ; réorientation *f* ; réajustement *m.*

Neuregelung *f,* **en** réglementation *f* nouvelle ; réforme *f* ; refonte *f* ; *die ~ der Arbeitszeit fordern* demander une nouvelle réglementation du temps de travail.

Neureiche/r *(der/ein)* nouveau riche *m.*

neutral neutre ; *~er Ertrag* produit *m* non incorporé ; *~e Person* neutre *m* (dans le cadre de la cogestion de l'industrie du charbon et de l'acier, personne neutre et arbitre dont la voix est déterminante en cas d'égalité des voix lors d'un vote).

neutralisieren neutraliser.

Neutralität *f,* φ neutralité *f.*

Neutralitätsverletzung *f,* **en** violation *f* de la neutralité.

Neuverschuldung *f,* **en** nouvel endettement *m.*

Neuverteilung *f,* **en** redistribution *f* ; ~ *der Einkommen* redistribution des revenus.

Neuwagen-Zulassungen *pl* immatriculations *fpl* nouvelles.

Neuwert *m,* φ valeur *f* à neuf.

Neuwertversicherung *f,* **en** assurance *f* valeur à neuf (incendie).

Neuzulassung *f,* **en** immatriculation *f* (automobile) nouvelle.

Newcomer *m,* **-** ['njukamər] nouveau venu *m* sur le marché.

New-Deal-Politik *f,* φ ['njudi:l...] ce terme désigne la politique économique du président Roosevelt, à partir de 1933, pour combattre la crise.

New-look *m* ou *n,* φ ['njuluk] style *m* nouveau ; *dieser ~ in der Industrie-*

politik cette conception nouvelle en matière de politique industrielle.

NGG *(Gewerkschaft Nahrung, Genuß, Gaststätten)* syndicat *m* de l'alimentation, des stimulants et de l'hôtellerie.

nichtabzugsfähig non déductible.

Nichtabzugsfähigkeit *f,* ϕ non-déductibilité *f.*

nichtamtlich non officiel ; inofficiel ; officieux.

Nichtannahme *f,* **n** non-acceptation *f.*

Nicht-Ansässige/r *(der/ein)* non-résident *m.*

Nichtanwendung *f,* **en** non-utilisation *f.*

Nichtausführung *f,* **en** non-exécution *f.*

Nichtbanken *pl* établissements *mpl* non bancaires.

Nichtbeachtung *f,* ϕ non-respect *m* ; inobservance *f* ; ~ *von Vorschriften* non-respect de règlements.

Nichtbefolgung *f,* **en** ⇒ *Nichtbeachtung.*

Nichtbegleichen *n,* ϕ non-acquittement *m* ; ~ *einer Schuld* non-acquittement d'une dette.

Nichtbeitreibung *f,* ϕ non-recouvrement *m* (de l'impôt).

Nichtbelastungsgebiet *n,* **e** zone *f* protégée (pas d'implantation industrielle).

Nichtbenutzung *f,* ϕ non-utilisation *f.*

nichtberufstätig non actif ; qui ne « travaille » pas.

Nichtberufstätige *pl* ⇒ *Nichterwerbstätige.*

Nichtbestätigung *f,* **en** non-confirmation *f.*

nichtbetrieblich extérieur (à l'entreprise) ; ~*e Mittel ein/setzen* recourir à des capitaux extérieurs, étrangers.

Nichtbezahlung *f,* **en** non-paiement *m.*

Nichtdiskriminierungsklausel *f,* **n** clause *f* de non-discrimination (des facilités douanières accordées à l'un des membres du GATT doivent l'être à tous les autres).

Nichteinbringungsfall : *(Autriche) im* ~ en cas d'insolvabilité.

Nichteinhaltung *f,* **en** ⇒ *Nichtbeachtung.*

nicht einlösbar irrecouvrable ; irrécupérable.

Nichteinlösbarkeit *f,* ϕ irrecouvrabilité *f* ; inconvertibilité *f.*

Nichteinlösung *f,* **en** non-paiement *m* ; ~ *eines Schecks* non-paiement d'un chèque.

Nichteinmischung *f,* **(en)** non-ingérence *f* ; non-intervention *f.*

Nichteisen-Metalle *pl* ⇒ *NE-Metalle.*

Nichterfüllung *f,* **en** non-exécution *f* ; non-accomplissement *m* ; manquement *m* ; ~ *eines Vertrags* non-exécution d'un contrat.

Nichterscheinen *n,* ϕ *(jur.)* non-comparution *f* ; contumace *f.*

Nichterwerbstätige *pl* population *f* non active ; inactifs *mpl.*

Nichtfachmann *m,* **-leute** non-spécialiste *m* ; non-professionnel *m* ; novice *m* ; profane *m* ; amateur *m.*

Nichtgebrauch *m,* ϕ non-utilisation *f* ; immobilisation *f* ; *Entschädigung für* ~ indemnité *f* d'immobilisation.

Nichtgefallen *n,* ϕ non-satisfaction *f* ; *bei* ~ *Geld zurück* remboursement *m* en cas de non-satisfaction.

Nichtgeschäftsfähige(r) *(der/ein)* personne *f* incapable de contracter, d'exercer.

nichtgewerblich non lucratif ; ~*er Verkehr* trafic *m* non payant ; transport *m* de personnel d'entreprise.

Nichtgewünschtes durchstreichen ⇒ *Nichtzutreffendes streichen.*

nichtig *(jur.)* nul ; sans effet ; non avenu ; *für null und* ~ *erklären* déclarer nul et non avenu.

Nichtigerklärung *f,* **en** annulation *f* ; invalidation *f.*

Nichtigkeit *f,* **en** nullité *f* ; ~ *eines Patents* nullité d'un brevet ; ~ *eines Vertrags* nullité d'un contrat.

Nichtigkeitserklärung *f,* **en** déclaration *f* de nullité ; annulation *f.*

Nichtigkeitsklage *f,* **n** action *f* en annulation ; action en nullité.

Nicht-Inländer- *(préfixe)* non national ; étranger ; ~*-Depositen* dépôts *mpl* étrangers.

Nicht-Kaufmann *m,* **-leute** non-inscrit *m* au registre du commerce ; non-commerçant *m.*

Nichtlebensmittel *pl* ⇒ *Non-food-Artikel.*

nicht miteinbegriffen non compris *(syn. exklusive).*

Nichtmitglied *n,* **er** non-membre *m* ; *die* ~*er* les non-syndiqués *mpl.*

nichtöffentlich non public ; ~*e Sitzung* séance *f* à huis clos.

Nicht-Öl-Länder *pl* pays *mpl* non producteurs de pétrole.

Nichtorganisierte/r *(der/ein)* non-syndiqué *m.*

nicht rechtsfähig sans capacité juridique ; *~e Person* incapable *m* ; *~er Verein* association *f* sans personnalité juridique ; association de fait.

nichtselbständig dépendant ; *~e Arbeit* travail *m* salarié.

Nicht-Teilnahme *f*, **(n)** non-participation *f*.

nicht übertragbar non cessible ; non transmissible ; non négociable.

Nichtunterzeichnerstaat *m*, **en** Etat *m* non signataire.

Nichtverbreitung *f*, *φ* non-prolifération *f* ; *~ von Atomwaffen* non-prolifération d'armes nucléaires.

nichtverbrieft non garanti par écrit.

Nichtvermarktung *f*, *φ* non-commercialisation *f*.

Nichtvollziehung *f*, **en** non-exécution *f*.

Nichtvorhandensein *n*, *φ* pénurie *f* ; manque *m* de ; *wir bedauern das ~ dieser Ware* nous regrettons que cette marchandise nous fasse défaut.

Nichtzahlung *f*, **en** non-paiement *m*.

Nichtzutreffendes streichen biffer, rayer les mentions inutiles.

Niedergang *m*, **¨e** chute *f* ; déclin *m* ; décadence *f*.

Niederlage *f*, **n 1.** défaite *f* **2.** entrepôt *m* ; dépôt *m*.

nieder/lassen, ie, a : *sich ~* s'installer ; s'établir ; s'implanter ; se fixer ; établir son domicile.

Niederlassung *f*, **en** établissement *m* ; succursale *f* ; implantation *f* ; agence *f* ; *gewerbliche ~* établissement industriel ou commercial ; établissement professionnel.

Niederlassungsfreiheit *f*, **en** liberté *f* d'établissement ; liberté d'implantation.

Niederlassungsnetz *n*, **e** réseau *m* de succursales ; *über ein enges ~ von Banken verfügen* disposer d'un réseau dense de succursales bancaires.

Niederlassungsvertrag *m*, **¨e** convention *f* d'établissement.

nieder/legen 1. déposer ; *schriftlich ~* mettre, consigner par écrit **2.** cesser ; *die Arbeit ~* cesser le travail ; débrayer **3.** démissionner ; *sein Amt ~* se démettre de ses fonctions.

nieder/schlagen, u, a 1. réprimer ; détruire ; *einen Streik ~* réprimer une grève **2.** suspendre ; arrêter ; *einen Prozeß ~* suspendre un procès **3.** exempter ; *die Kosten ~* faire grâce des frais **4.** *sich ~ auf* se répercuter sur ; *die Erhöhung der Ölpreise schlägt sich auf die Produktion nieder* l'augmentation *f* du prix du pétrole se fait sentir au niveau de la production.

nieder/schreiben, ie, ie mettre, passer, consigner par écrit ; noter.

Niederschrift *f*, **en** procès-verbal *m* ; consignation *f* écrite ; mise *f* par écrit de qqch.

Niederstwertprinzip *n*, *φ* principe *m* de la valeur minimale.

niedrig bas ; modéré ; modique ; *~er Preis* prix *m* modique ; *den Verkaufspreis ~ halten* maintenir le prix de vente au plancher.

Niedriglohn *m*, **¨e** bas salaire *m* ; salaire *m* des échelons les plus bas ; SMIC *m*.

Niedriglohnempfänger *m*, **-** smicard *m*.

Niedriglohnland *n*, **¨er** pays *m* à bas salaires ; pays à faible niveau salarial ; pays à main-d'œuvre bon marché *(contr. Hochlohnland)*.

Niedrigpreis *m*, **e** bas prix *m*.

Niedrigpreisland *n*, **¨er** pays *m* bon marché ; pays où les prix sont bas ; pays à bas niveau de prix.

Niedrigpreispolitik *f*, *φ* politique *f* de bas prix ; *eine ~ treiben* pratiquer une politique de bas prix ; écraser les prix.

Niedrigpreis(waren)haus *n*, **¨er** magasin *m* de type « Prisunic ».

niedrigprozentig de, à faible pourcentage.

Niedrigstanbieter *m*, **-** meilleur offrant *m* (celui qui vend le moins cher).

Niedrigstkurs *m*, **e** cours *m* le plus bas ; cours plancher *m*.

Niedrigstwert *m*, **e** valeur *f* minimale ; valeur plancher *f*.

Niedrigverdiener *pl* bas salaires *mpl* ; petits revenus *mpl* ; « smicards » *mpl* ; petites bourses *fpl*.

Niemandsland *n*, *φ* « no man's land » *m* ; zone *f* démilitarisée, neutre.

Nießbrauch *m*, *φ* usufruit *m* ; *den ~ von etw haben* avoir l'usufruit de qqch.

Nießbraucher *m*, **-** usufruitier *m*.

Nikkei-Index *m*, *φ* indice *m* Nikkei de la bourse de Tokyo.

Nimmerleinstag : *am ~* à la Trinité ; à la Saint-Glinglin ; jamais ; *die Zahlung auf den ~ verschieben* renvoyer le paiement aux calendes grecques.

Niveau *n*, **s** niveau *m* ; *das ~ der Preise* le niveau des prix ; *ein ~ heben* relever un niveau ; *das aktuelle ~ wahren* maintenir le niveau actuel.

nivellieren niveler ; *soziale Unterschiede ~* niveler des différences sociales.

Nivellierung *f,* **en** nivellement *m* ; ~ *der Löhne* resserrement *m* de l'éventail des salaires ; écrasement *m* de la hiérarchie des salaires.

n.J. *(nächsten Jahres)* de l'année suivante ; de l'année prochaine.

n.M. *(nächsten Monats)* du mois suivant.

Nochgeschäft *n,* **e** marché *m* à option.

Nominal- *(préfixe)* nominal.

Nominalbetrag *m,* **¨e** montant *m* nominal ; *im ~ von* d'une valeur nominale de.

Nominaleinkommen *n,* **-** revenu *m* nominal.

Nominalkapital *n,* **ϕ** **1.** capital *m* nominal (S.A.R.L.) **2.** apport *m* social (S.A.).

Nominallohn *m,* **¨e** salaire *m* nominal.

Nominalwert *m,* **e** valeur *f* nominale.

Nominalzins *m,* **en** intérêt *m* nominal.

nominell nominal ; *der ~e Wert eines Wertpapiers* la valeur nominale d'un titre.

nominieren nommer ; désigner ; *einen Nachfolger ~* nommer un successeur ; *jdn zu einer Wahl ~* désigner un candidat en vue d'un scrutin.

Nominierung *f,* **en** nomination *f.*

No-Name-Produkt *n,* **e** [no neim...] produit *m* libre, sans marque.

Non-food-Abteilung *f,* **en** ['nɔnfu:d...] rayon *m* non alimentaire (d'un supermarché par ex.).

Non-food-Artikel *pl* articles *mpl* non alimentaires (par ex. articles électroménagers dans un supermarché à dominante alimentaire).

Nonkonformist *m,* **en, en** non-conformiste *m* ; anticonformiste *m.*

Nonkonformismus *m,* **ϕ** non-conformisme *m* ; anticonformisme *m* ; *einen bedingungslosen ~ in der Politik vertreten* avoir une position résolument anticonformiste en matière de politique.

nonstop non stop ; sans interruption ; sans escale.

Non-stop-Flug *m,* **¨e** vol *m* sans escale.

Nonvaleur *m,* **s** titre *m* sans valeur ; effet *m* dévalorisé.

Nordrhein-Westfalen Rhénanie-du-Nord-Westphalie *f.*

Nord-Süd-Gefälle *n,* **ϕ** disparité *f* Nord-Sud (différence de richesse).

Norm *f,* **en** **1.** norme *f* ; standard *m* ; *technische ~en fest/setzen* fixer des normes techniques **2.** règle *f* de droit **3.** rendement *m* exigé ; production *f* exigée ; *die ~ erfüllen* réaliser le rendement exigé ; atteindre les normes (de rendement) **4.** *(R.D.A.)* normes fixant la quantité de travail et de matériel nécessaire à la production des biens.

Normabweichung *f,* **en** écart *m* de la norme.

normalisieren normaliser ; *die Beziehungen zu einem Land ~* normaliser les relations avec un pays.

Normalisierung *f,* **en** normalisation *f.*

Normalstand *m,* **ϕ** la normale ; *etw auf den ~ zurück/bringen* ramener qqch à la normale.

Normalverbraucher *m,* **-** consommateur *m* moyen (sans exigences).

Normalverteilung *f,* **en** *(statist.)* distribution *f* normale, gaussienne.

Normalvertrag *m,* **¨e** contrat *m* type.

normativ normatif ; servant de règle ; obligatoire ; conforme ; *~er Teil eines Tarifvertrags* partie *f* normative d'une convention collective.

Normativ *n,* **e** *(R.D.A.)* norme *f* ; règle *f* standard ; directives *fpl* économiques à long terme.

Normativkosten *pl (R.D.A.)* coût *m* normatif.

Normblatt *n,* **(¨er)** tableau *m,* index *m* des normes établies par l'office allemand de standardisation.

normen standardiser ; normaliser.

Normenausschuß *m,* **(¨sse)** commission *f* de normalisation ; *deutscher ~ (DNA)* Office *m* allemand de standardisation.

Normenerhöhung *f,* **en** relèvement *m* des normes ; augmentation *f* des normes.

Normenfestsetzung *f,* **en** établissement *m,* fixation *f* de(s) normes.

Normenkontrolle *f,* **n** contrôle *m* de la constitutionnalité des lois et décrets.

normieren ⇒ *normen.*

Normübererfüllung *f,* **en** dépassement *m* des normes (prescrites).

Normung *f,* **en** normalisation *f* ; standardisation *f.*

Normungskartell *n,* **e** entente *f,* cartel *m* concernant la normalisation des produits.

N.Ö.S.P.L. *(Neues Ökonomisches System der Planung und Leitung der Volkswirtschaft)* nouveau système *m* économique de planification et de gestion de l'économie est-allemande dans les années 60 ; libéralisme *m* économique.

Nostalgiemode *f,* **n** mode *f* rétro.

Nostalgiewelle *f,* **n** vague *f* rétro.

nostalgisch rétro.

Nostrifikation *f,* **en** 1. reconnaissance *f* d'équivalence d'un diplôme étranger 2. naturalisation *f.*

nostrifizieren 1. reconnaître l'équivalence d'un diplôme étranger 2. naturaliser.

Nostroguthaben *n,* - avoirs *mpl* propres ; avoirs sur le compte-banque (d'une banque dans une autre banque).

Not- *(préfixe)* d'urgence ; de nécessité ; de secours ; de fortune.

notabene notez bien (N.B.).

Notabgabe *f,* **n** impôt *m* de solidarité.

Notabilität *f,* **en** notable *m* ; célébrité *f.*

Notadresse *f,* **n** adresse *f* en cas de besoin ; recommandataire *m* (lettre de change).

Notar *m,* **e** notaire *m* ; *einen Vertrag vor einem ~ ab/schließen* passer un acte par-devant notaire ; *vor einem ~ geschlossen* notarié ; passé par-devant notaire.

Notariat *n,* **e** notariat *m* ; étude *f* de notaire.

Notariatsgehilfe *m,* **n, n** clerc *m* de notaire.

notariell notarié ; (passé) (par-)devant notaire ; *~ beglaubigte Urkunde* acte *m* notarié ; *~ beurkundet* dressé par-devant notaire.

Notaufnahme *f,* **n** 1. urgence *f* 2. accueil *m* d'un réfugié politique en R.F.A.

Notbehelf *m,* **e** moyen *m* de fortune ; expédient *m.*

Note *f,* **n.** 1. *(polit.)* note *f* ; *~n wechseln* échanger des notes 2. *~n* billets *mpl* de banque ; monnaie *f* fiduciaire ; *falsche ~n* faux billets *(syn. Banknote).*

Notenausgabe *f,* **n** émission *f* de billets de banque.

Notenaustausch *m,* *ϕ* échange *m* de notes diplomatiques.

Notenautomat *m,* **en, en** billetterie *f* automatique ; distributeur *m* de billets *(syn. Banknotenautomat ; Bankomat).*

Notenbank *f,* **en** banque *f* d'émission, nationale, centrale ; banque fédérale *(syn. Zentralbank).*

Notenbankausgaberecht *n,* *ϕ* droit *m* d'émettre des billets de banque.

Notenbankgouverneur *m,* **e** gouverneur *m* de la banque nationale, de la banque d'émission.

Notenbündel *n,* - liasse *f* de billets.

Notendeckung *f,* **en** couverture *f* monétaire.

Notenpresse *f,* **n** planche *f* à billets ; *die ~ in Gang setzen* actionner la planche à billets.

Notenprivileg *n,* **ien** prérogative *f* de la banque centrale d'émettre des billets.

Notenumlauf *m,* *ϕ* circulation *f* fiduciaire ; billets *mpl* en circulation.

Notenwechsel *m,* - ⇒ *Notenaustausch.*

Noterbe *m,* **n, n** héritier *m* réservataire.

Notfall *m,* **¨e** cas *m* d'urgence ; *Geld für den ~ auf/heben* mettre de l'argent de côté en cas de besoin ; *im ~* en cas de besoin.

Notgeld *n,* **(er)** monnaie *f* de fortune ; monnaie auxiliaire.

Notgesetz *n,* **e** loi *f* d'urgence ; décret *m* d'urgence.

Notgroschen *m,* - argent *m* mis de côté en cas de coup dur ; pécule *m* ; argent de secours ; *sich einen ~ zurück/legen* garder une poire pour la soif ; *sich einen ~ zusammen/sparen* mettre un petit pécule de côté.

Nothafen *m,* **¨** port *m* de refuge.

Nothilfe *f,* **n** allocation *f* de secours.

notieren 1. noter ; prendre note de 2. *(Bourse)* coter ; être coté ; *amtlich ~* coter officiellement ; *an der Börse ~t werden* être coté en Bourse ; *den Kurs ~* donner le cours ; *das Papier ~t mit 40 Prozent unter Pari* le titre est coté à 40 % au-dessous du pair ; *unverändert ~t sein* cote sans changement.

Notierung *f,* **en** cotation *f* ; cote *f* ; *amtliche ~* cotation officielle ; *erste ~* premier cours ; cours d'ouverture ; *letzte ~* dernier cours ; *zur ~ zu/lassen* admettre à la cote.

Notierungsanstieg *m,* **e** redressement *m* de la cote.

Notierungsrückgang *m,* **¨e** recul *m* de la cote.

Notifikation *f,* **en** notification *f* ; annonce *f* ; avis *m.*

Notiz *f,* **en** 1. note *f* ; *sich ~en über (+A), von (+D) machen* prendre des notes sur qqch 2. *(Bourse)* ⇒ *Notierung.*

Notizblock *m,* **s** bloc-notes *m.*

Notizbuch *n,* **¨er** carnet *m* ; agenda *m.*

Notlage *f,* **n** détresse *f* ; situation *f* critique ; *in eine finanzielle ~ geraten* connaître une situation financière difficile ; *aus einer wirtschaftlichen ~ heraus/kommen* sortir d'une passe économique difficile.

notleidend 1. indigent ; nécessiteux ; à problèmes ; en mauvaise forme 2. en souffrance ; *~er Wechsel* traite *f* en souffrance, non honorée, impayée.

Notleidende/r *(der/ein)* nécessiteux *m*.

Notlösung *f*, **en** solution *f* de fortune.

Notmaßnahme *f*, **n** mesure *f* d'urgence, de nécessité.

Notpfennig *m*, **e** ⇒ *Notgroschen*.

Notprogramm *n*, **e** programme *m* d'urgence.

Notruf *m*, **e** *(téléph.)* **1.** numéro *m* d'appel de secours **2.** appel *m* au secours.

Notrufsäule *f*, **n** *(téléph.)* borne *f* de détresse (autoroutes).

Notsender *m*, **-** émetteur *m* de secours.

Notsituation *f*, **en** ⇒ *Notlage*.

Notsparen *n*, *ϕ* économies *fpl* en cas de besoin ; épargne *f* de prévision.

Notstand *m*, **¨e** **1.** ⇒ *Notlage* **2.** *(polit.)* état *m* d'urgence.

Notstandsgebiet *n*, **e** zone *f* sinistrée ; région *f* sinistrée.

Notstandsgesetz *n*, **e** loi *f* d'exception ; décret *m* d'urgence.

Notstandsgesetzgebung *f*, **en** juridiction *f* d'urgence.

Notunterkunft *f*, **¨e** abri *m*, logement *m* de fortune.

Notverkauf *m*, **¨e** vente *f* forcée.

Notverordnung *f*, **en** décret *m* d'urgence.

Notzeiten *pl* période *f* de restriction ; (temps *m* des) vaches *fpl* maigres.

Novelle *f*, **n** loi *f* modifiée par amendement ; amendement *m* ; loi dérogatoire.

novellieren apporter un amendement à.

Novellierung *f*, **en** amendement *m*.

Novität *f*, **en** nouveauté *f* sur le marché.

Novum *n*, **(-va)** nouveauté *f* ; jamais vu *m* ; inédit *m*.

Nr. ⇒ *Nummer*.

NRT ⇒ *Nettoregistertonne*.

NRW ⇒ *Nordrhein-Westfalen*.

NRZ ⇒ *Nettoraumzahl*.

NS *(nach Sicht)* à vue.

Nuklear- *(préfixe)* nucléaire ; atomique *(syn. Atom- ; Kern-)*.

nuklear nucléaire ; *~e Abrüstung* désarmement *m* nucléaire ; *~ angetriebenes Schiff* navire *m* à propulsion nucléaire.

Nuklearmacht *f*, **¨e** puissance *f* nucléaire.

null nul ; *~ und nichtig* ⇒ *nichtig*.

Null *f*, **en** zéro *m* ; *~ Fehler* zéro faute ; *~ Uhr* zéro heure ; *die Zahl ~* le chiffre zéro.

Nullifikation *f*, **en** annulation *f* ; abrogation *f* ; suspension *f*.

nullifizieren annuler ; abroger ; suspendre.

Null-Lösung : *doppelte ~* option *f* double zéro (désarmement : retirer les fusées de faible ou longue portée d'Europe).

Nullpunkt *m*, **e** point *m* zéro ; *auf den ~ sinken* tomber au point zéro.

Nullsatz *m*, **¨e** taux *m* zéro.

Nulltarif *m*, **(e)** gratuité *f* (des transports en commun, principalement).

Nullwachstum *n*, *ϕ* croissance *f* zéro.

numerieren numéroter ; *fortlaufend ~* numéroter en continu.

Numerierung *f*, **en** numérotation *f*.

Numerik *f*, *ϕ* *(inform.)* programmation *f* numérique.

Numerus clausus *m*, *ϕ* numerus clausus *m* (limite le nombre d'étudiants dans les universités, par ex. en pharmacie, médecine, etc.).

Numismatik *f*, *ϕ* numismatique *f* (science des monnaies et médailles).

Numismatiker *m*, **-** numismate *m*.

Nummer *f*, **n** numéro *m* ; nombre *m* ; chiffre *m* ; *laufende ~* numéro d'ordre, de série ; *mit ~n versehen* numéroter ; *(téléph.) die ~ wählen* composer le numéro ; *die ~ ist besetzt* la ligne est occupée ; *(figuré) auf ~ sicher gehen* ne pas prendre de risques.

Nummernkonto *n*, **-ten** compte *m* anonyme ; compte numéroté.

Nummernscheibe *f*, **n** *(téléph.)* cadran *m*.

Nummernschild *n*, **er** *(auto.)* plaque *f* minéralogique ; plaque d'immatriculation.

Nummernverzeichnis *n*, **se** liste *f* de numéros.

Nutzbarmachung *f*, **(en)** mise *f* en valeur ; exploitation *f*.

nutzbringend fructueux ; lucratif ; profitable ; *~ an/legen* faire un placement fructueux, lucratif.

Nutzeffekt *m*, **e** rendement *m* ; efficience *f* ; *einen hohen ~ haben* avoir un haut rendement.

Nutzeffektberechnung *f*, **en** calcul *m* du rendement; établissement *m*, évaluation *f* du rendement.

Nutzeffektnormativ *n*, **e** *(R.D.A.)* norme *f* de rendement.

Nutzen *m*, *ϕ* utilité *f* ; profit *m* ; bénéfice *m* ; rapport *m* ; avantage *m* ; *~ bringen* être utile, profitable ; *~ aus einer Situation ziehen* tirer profit d'une situation.

Nutzen-Kosten-Analyse *f,* **n** analyse *f* rentabilité-coûts ; analyse de la rentabilité des coûts ; analyse du ratio coût à profit.

Nutzfahrzeug *n,* **e** véhicule *m* utilitaire.

Nutzfläche *f,* **n** surface *f* utile ; *landwirtschaftliche ~* surface agricole utile.

Nutzladung *f,* **en** ⇒ *Nutzlast.*

Nutzlast *f,* **en** charge *f* utile.

Nutzleistung *f,* **en** puissance *f* utile ; rendement *m* effectif.

Nutznießer *m,* **-** usufruitier *m* ; bénéficiaire *m* ; *die ~ der Krise* les profiteurs *mpl* de la crise.

Nutznießung *f, φ* usufruit *m* ; jouissance *f.*

Nutzschwelle *f,* **n** seuil *m* de rentabilité *(syn. Gewinnschwelle* ; « *break even point* »*).*

Nutzung *f,* **en** utilisation *f* ; exploitation *f* ; jouissance *f* ; rapport *m* ; *gemeinschaftliche ~* exploitation en commun ; *~ eines Patents* exploitation d'un brevet.

Nutzungsausfall *m, φ* perte *f* de jouissance.

Nutzungsberechtigte/r *(der/ein)* ayant droit *m* (à la jouissance de qqch).

Nutzungsdauer *f, φ* durée *f* d'utilisation (d'une immobilisation).

Nutzungsgebühren *pl* redevances *fpl.*

Nutzungslizenz *f,* **en** licence *f* d'exploitation.

Nutzungsrecht *n,* **e** droit *m* de jouissance ; droit d'utilisation.

Nutzungsvergütung *f,* **en** redevance *f* pour utilisation.

Nutzungswert *m,* **n** ⇒ *Nutzwert.*

Nutzwert *m,* **e** valeur *f* d'usage ; valeur de jouissance.

NYSE-Index *m, φ* indice *m* NYSE des valeurs industrielles (Bourse de New York).

O

o.a. *(oben angegeben)* indiqué ci-dessus.

Obdachlosensiedlung *f,* **en** bidonville *m.*

Obdachlose/r *(der/ein)* sans-abri *m* ; sinistré *m.*

obenerwähnt (mentionné) ci-dessus ; susmentionné.

obengenannt ⇒ *obenerwähnt.*

Obengenannte : *der ~* le susnommé.

obenstehend ⇒ *obenerwähnt.*

obenzitiert ⇒ *obenerwähnt.*

ober- supérieur ; *~e Grenze* limite *f* supérieure ; plafond *m* ; *die ~en Klassen* les classes *fpl* supérieures, aisées ; *die ~en Zehntausend* le gratin de la société ; le « Tout-Paris ».

Ober- *(préfixe)* chef ; en chef ; supérieur.

Oberaufseher *m,* **-** surveillant *m* en chef ; surintendant *m.*

Oberaufsicht *f,* **en** supervision *f* ; surveillance *f* d'ensemble ; *die ~ über etw haben* avoir la haute surveillance de qqch ; avoir la haute main sur qqch.

Oberbuchhalter *m,* **-** chef *m* comptable.

Oberbürgermeister *m,* **-** bourgmestre *m* ; maire *m* (d'une grande ville).

Oberfinanzdirektion *f,* **en** *(R.F.A.)* direction *f* régionale des finances.

Obergesellschaft *f,* **en** société *f* mère ; holding *m* (contrôlant une *Untergesellschaft).*

Obergrenze *f,* **n** limite *f* supérieure ; plafond *m.*

Obergutachten *n,* **-** contre-expertise *f.*

Oberhand : *die ~ haben* avoir le dessus ; *die ~ gewinnen* triompher de ; rester le plus fort ; l'emporter sur.

Oberhaupt *n,* **¨er** chef *m* ; *~ des Staats* chef de l'Etat.

Oberherrschaft *f, φ* suprématie *f.*

Oberklasse *f,* **n** ⇒ *Oberschicht.*

Oberlandesgericht *n,* **e** *(OLG) (R.F.A.)* tribunal *m* supérieur ; cour *f* d'appel.

Oberschicht *f,* **en** couche *f,* classe *f* supérieure (s'opposant à *Mittelschicht* et *Unterschicht*).

oberst suprême ; le plus haut ; *~es Gericht* cour *f* suprême ; *~e Gewalt* pouvoir *m* suprême.

Oberstaatsanwalt *m,* **¨e** procureur *m* général.

Obhut *f, φ* garde *f* ; protection *f* ; *Waren in seine ~ nehmen* prendre des marchandises en charge.

obig ci-dessus ; susdit ; *schicken Sie die Waren an ~e Adresse* veuillez envoyer les marchandises à l'adresse ci-dessus indiquée.

Objekt *n,* **e 1.** objet *m* ; marchandise *f* (d'une certaine valeur) ; *preisgünstiges*

~ offre *f* avantageuse **2.** *(R.D.A.)* unité *f* de distribution ou de prestation de services dans l'intérêt de la collectivité (restaurants, hôtels, etc.) **3.***(Autriche)* bâtiment *m* ; immeuble *m*.

objektiv objectif ; réel ; *~es Urteil* jugement *m* objectif *(contr. subjektiv)*.

Objektleiter *m*, **- 1.** *(R.D.A.)* directeur *m*, responsable *m* d'une entreprise d'Etat (par ex. restaurant, « HO », supermarché, etc.) **2.** chef *m* de produit.

Objektprogramm *n*, **e** *(inform.)* programme *m* généré.

Objektsteuer *f*, **n** impôt *m* réel ; impôt sur un bien *(contr. Subjektsteuer)*.

ob/liegen, a, e *(hat* ou *ist)* être à la charge de qqn ; *diese Aufgabe liegt mir ob (obliegt mir)* cette tâche m'incombe ; *dem Schuldner ~de Leistung* prestation *f* incombant au débiteur.

Obliegenheit *f*, **en** *(rare)* devoir *m* ; tâche *f* ; charge *f*.

obligat *(Autriche)* ⇒ *obligatorisch*.

Obligation *f*, **en** obligation *f* ; *kündbare (tilgbare) ~* obligation rachetable, remboursable, amortissable ; *sichergestellte ~* obligation garantie ; *~en aus/geben* émettre des obligations ; *~en ein/lösen* rembourser des obligations *(syn. Schuldverschreibung)*.

Obligationär *m*, **e** ⇒ *Obligationeninhaber*.

Obligationenausgabe *f*, **n** émission *f* d'obligations.

Obligationeninhaber *m*, **-** obligataire *m* ; détenteur *m* d'obligations.

Obligationsanleihe *f*, **n** emprunt *m* obligataire ; emprunt par obligations.

Obligationseinlösung *f*, **en** remboursement *m* d'obligations.

Obligationsinhaber *m*, **-** ⇒ *Obligationeninhaber*.

Obligationsmarkt *m*, **¨e** marché *m* obligataire.

Obligationsschuld *f*, **en** dette *f* obligataire.

Obligationsschuldner *m*, **-** débiteur *m* obligataire.

obligatorisch obligatoire ; *~e Sitzung* séance *f* obligatoire *(syn. Pflicht... ; verbindlich)*.

Obligo *n*, **s** ['o:bligo/'ɔbligo] obligation *f* ; garantie *f* ; *ohne ~* sans engagement ; sous réserve.

Obmann *m*, **¨er** ou **leute** surarbitre *m* ; homme *m* de confiance ; président *m*.

Obolus *m*, *ϕ* **:** *seinen ~ entrichten* verser son obole.

Obrigkeit *f*, **en** autorité *f* ; pouvoirs *mpl* publics ; *Respekt vor der ~* respect *m* des autorités.

Obrigkeitsdenken *n*, *ϕ* sens *m* de l'autorité ; sens de la hiérarchie.

Obrigkeitsstaat *f*, **en** Etat *m* autoritaire.

Obst *n*, *ϕ* fruits *mpl*.

Obstbau *m*, *ϕ* culture *f* fruitière ; arboriculture *f*, production *f* fruitière.

Obsthändler *m*, **-** marchand *m* de fruits ; fruitier *m*.

Obsthandlung *f*, **en** magasin *m* de fruits (et légumes).

Öbstler *m*, **-** *(Autriche)* ⇒ *Obsthändler*.

Obst- und Gemüsehändler *m*, **-** marchand *m* de primeurs, des quatre-saisons ; commerçant *m*, marchand *m* en fruits et légumes.

Ödland *n*, **¨er** terre *f* inculte ; surface *f* non cultivée ; friche *f*.

OECD *f (Organization for Economic Cooperation and Developement)* O.C.-D.E., Organisation *f* de coopération et de développement économiques, regroupant une vingtaine de pays (U.S.A., Japon, pays du Marché commun, etc.) qui a succédé en 1961 à l'O.E.C.E.

OECD-Länder *pl* pays *mpl* de l'O.C.-D.E.

OEEC *f (Organization for European Economic Cooperation)* Organisation *f* européenne de coopération économique (O.E.C.E.) remplacée en 1961 par l'O.C.D.E.

offen 1. ouvert ; à découvert ; en blanc ; *~e Frage* question *f* en suspens ; *~es Giro* endossement *m* en blanc ; *~es Konto* compte *m* ouvert ; *~er Markt* marché *m* ouvert **2.** vacant ; *~e Stelle* emploi *m* vacant ; *die ~ gebliebenen Stellen* offres *fpl* d'emploi non satisfaites **3.** visible ; déclaré ; *~e Handelsgesellschaft (OHG)* société *f* en nom collectif ; *~e Reserven* réserves *fpl* déclarées, visibles.

Offenbarungseid *m*, **e** serment *m* déclaratoire d'insolvabilité ; *den ~ leisten* faire sous serment une déclaration d'insolvabilité ; déposer le bilan.

offen/legen publier ; *die Parteien müssen ihre Finanzen ~* les partis *mpl* doivent publier un état de leurs finances.

Offenlegung *f*, **en** publication *f* ; *~ der Vermögensverhältnisse* publication de la situation de fortune.

Offenmarktpolitik *f*, *ϕ* politique *f* d'open-market, de marché libre (pratiquée par la banque centrale sur le marché monétaire par achat et vente de titres).

offensiv offensif ; *~e Verkaufspolitik* politique *f* de vente offensive.

Offensive *f*, **n** offensive *f* ; *die ~ ergreifen* prendre l'offensive.

offen/stehen, a, a 1. être vacant ; *eine Stelle steht offen* un emploi est vacant **2.** rester impayé ; *~der Betrag* montant restant dû ; *~de Rechnung* facture *f* non acquittée.

öffentlich public ; officiel **I.** *~es Aktienkaufangebot* offre *f* publique d'achat (O.P.A.) ; *~e Ausgaben* dépenses *fpl* publiques ; *~e Bekanntmachung* déclaration *f* publique ; avis *m* au public ; *~er Betrieb* entreprise *f* publique ; *~er Dienst* fonction *f* publique ; *~e Fürsorge* assistance *f* publique ; *~e Gelder* deniers *mpl* publics ; *~e Gewalt* force *f* publique ; *~e Hand* pouvoirs *mpl* publics ; l'Etat *m* ; secteur *m* public ; *~e Lasten* charges *fpl* publiques ; *~e Meinung* opinion *f* publique ; *~es Recht* droit *m* public ; *~er Sektor* secteur *m* public ; *~e Sozialleistungen* prestations *fpl* sociales ; avantages *mpl* sociaux ; *~e Versteigerung* vente *f* aux enchères publique ; *~es Wohl* bien *m* public **II.** *~ aus/schreiben* mettre en adjudication administrative ; mettre au concours ; *~ bekannt/machen* rendre public.

Öffentlichkeit *f*, *ϕ* (grand) public *m* ; publicité *f* ; *in der ~* en public ; *(jur.) unter Ausschluß der ~* à huis clos ; *die ~ der Sitzung* la publicité de la séance ; *vor die ~ treten* paraître en public ; *der ~ übergeben* livrer à la publicité ; publier.

Öffentlichkeitsarbeit *f*, **en 1.** relations *fpl* publiques, extérieures (service ou personne chargés, dans une entreprise ou une administration, d'entretenir des rapports amiables avec le public) **2.** relations internes à l'entreprise *(syn. Public relations ; PR-Arbeit)*.

Öffentlichkeitsarbeiter *m*, **-** homme *m* de relations publiques ; chargé *m* des relations extérieures *(syn. PR-Mann)*.

öffentlich-rechtlich de droit public ; *~e Körperschaft* collectivité *f* de droit public (personne morale jouissant de droits spécifiques dans l'intérêt de la collectivité (caisses d'épargne, assurances, radio, etc.).

offerieren offrir ; *zum Kauf ~* proposer à l'achat.

Offert *n*, **e** *(Autriche) ⇒ Offerte.*

Offerte *f*, **n** offre *f* ; *eine ~ machen* faire une offre *(syn. Angebot)*.

Offizial *m*, **e** *(Autriche)* fonctionnaire *m* ; cadre *m* moyen.

Offizialverteidiger *m*, **-** défenseur *m*, avocat *m* (commis) d'office.

offiziell officiel ; *zum ~en Kurs* au cours officiel ; au taux officiel ; *~ machen* officialiser *(syn. amtlich)*.

offiziös officieux *(syn. halbamtlich)*.

off line ['ɔf lain] *(inform.)* autonome ; *~ -Verarbeitung* traitement *m* séquentiel, autonome des informations.

öffnen ouvrir ; *hier ~* côté a ouvrir.

Öffnungszeit *f*, **en** heures *fpl* d'ouverture.

Off-shore *n*, *ϕ* ['ɔfʃɔ:r] **1.** exploration, production *f* en mer **2.** achats *mpl* effectués par le gouvernement américain à l'étranger dans le cadre de sa politique d'aide internationale **3.** territoire *m* insulaire ou portuaire offrant des facilités bancaires internationales.

Off-shore-Bohrung *f*, **en** forage *m* en mer ; forage « off-shore ».

Off-shore-Lieferung *f*, **en** livraison *f* « off-shore ».

Off-shore-Steuerabkommen *n*, **-** accord *m* fiscal « off-shore ».

ÖGB *m (Österreichischer Gewerkschaftsbund)* Confédération *f* syndicale autrichienne.

OHG *f*, **s** *(offene Handelsgesellschaft)* société *f* en nom collectif.

ÖIG *f (Österreichische Industrie-Verwaltungsgesellschaft)* Organisme *m* administratif de l'industrie nationalisée d'Autriche.

o.K. *(ohne Kosten)* sans frais.

Öko- *(préfixe)* écologique ; biologique ; naturel.

Ökobewegung *f*, **en** mouvement *m* écologique.

Ökoladen *m*, **¨** magasin *m* de produits écologiques.

Ökologe *m*, **n, n** écologiste *m* ; spécialiste *m* de l'environnement *(syn.* **1.** *Umweltforscher* **2.** *Umweltschützer)*.

Ökologie *f*, *ϕ* écologie *f*.

ökologisch écologique.

Ökonom *m*, **en, en 1.** intendant *m* (d'une exploitation agricole) **2.** *(R.D.A.)* économiste *m*.

Ökonometrie *f*, **n** économétrie *f* (technique *f* de recherche économique qui fait appel à l'analyse mathématique).

Ökonomie *f*, **n 1.** sciences *fpl* économiques **2.** économie *f* (réaliser des économies) **3.** *(R.D.A.)* économie *f* ; *die ~ der Comecon-Länder* l'économie des pays du Comecon **4.** *(Autriche)* exploitation *f* agricole.

Ökonomik *f,* ϕ **1.** sciences *fpl* économiques **2.** *(R.D.A.)* mode *m* de production et structure économique **3.** facteurs *mpl* économiques **4.** analyse *f* scientifique d'un secteur économique.

ökonomisch **1.** économique ; *~er Sachverständiger* expert *m* économique **2.** économique (qui consomme peu) ; *~es Produktionsverfahren* procédé *m* de fabrication économique.

Ökopartei *f,* **en** parti *m* des écologistes ; les verts.

Ökopax-Bewegung *f,* **en** mouvement *m* écologiste et pacifiste.

Öl *n,* **e** huile *f* ; pétrole *m* ; brut *m* ; fuel *m.*

Ölanteil *m,* **e** *(an + D)* part *f* du pétrole (dans).

Öldollar *m,* **s** pétrodollar *m.*

Oldtimer *m,* **-** ['ɔldtaimər] *(fam.)* voiture *f* ancienne ; vieux tacot *m.*

Öleinfuhrabgabe *f,* **n** taxe *f* d'importation sur le pétrole.

Öleinfuhrland *n,* **¨er** pays *m* importateur de pétrole, de brut.

Ölembargo *n,* **s** embargo *m* sur le pétrole.

Ölersparnisse *pl* économies *fpl* de pétrole.

ölexportierendes Land *n,* **-er** pays *m* exportateur de pétrole.

Ölförderland *n,* **¨er** pays *m* producteur de pétrole, de brut.

Ölförderung *f,* **en** extraction *f* de pétrole ; production *f* pétrolière.

Ölfund *m,* **e** découverte *f* d'un gisement de pétrole.

OLG *n* ⇒ *Oberlandesgericht.*

Ölgesellschaft *f,* **en** compagnie *f* pétrolière ; société *f* pétrolière.

Ölgewinnung *f,* **en** ⇒ *Ölförderung.*

Ölhafen *m,* **¨** port *m* pétrolier.

Ölheizung *f,* **en** chauffage *m* au mazout, au fuel.

Oligopol *n,* **e** oligopole *m* ; marché *m* dominé par quelques grandes entreprises.

oligopolistisch oligopolistique.

Ölkonzern *m,* **e** groupe *m* pétrolier.

Ölkrise *f,* **n** crise *f* du pétrole.

Ölleitung *f,* **en** pipe-line *m* ; oléoduc *m (syn. Pipeline).*

Ölmagnat *m,* **en, en** magnat *m* du pétrole.

Ölmarkt *m,* **¨e** marché *m* du pétrole ; *auf dem freien ~* sur le marché libre du pétrole.

Ölmulti *m,* **s** multinationale *f* du pétrole.

Ölpest *f,* ϕ marée noire.

Ölpfennig *m,* **e** taxe *f* pétrolière (payée par les firmes du pétrole pour financer son stockage et son approvisionnement).

Ölpreiserhöhung *f,* **en** relèvement *m* du prix du pétrole, du prix du brut.

Ölpreiseskalation *f,* **en** escalade *f* du prix des produits pétroliers ; flambée *f* du brut.

Ölpreissteigerung *f,* **en** ⇒ *Ölpreiserhöhung.*

Ölpreiswelle *f,* **n** vague *f* d'augmentation des prix du pétrole.

Ölprodukt *n,* **e** produit *m* pétrolier.

Ölproduktbesteuerung *f,* **en** taxation *f* des produits pétroliers.

Ölproduzent *m,* **en, en** producteur *m* de pétrole.

Ölrechnung *f,* **en** facture *f* pétrolière.

Ölscheich *m,* **e** ou **s** émir *m,* cheikh *m* arabe ; chef *m* d'Etat arabe producteur de pétrole.

Ölschiefer *m,* **-** schiste *m* bitumeux.

Ölschock *m,* **s** choc *m* pétrolier.

Ölsünder *m,* **-** pollueur *m* (de la mer : dégazage en mer, marées noires, etc.).

Öltanker *m,* **-** pétrolier *m* ; supertanker *m.*

Ölteppich *m,* **e** nappe *f* de pétrole (en mer, lors d'une marée noire).

Ölverbraucherländer *pl* pays *mpl* consommateurs de pétrole.

Ölversorgung *f,* **en** approvisionnement *m* pétrolier ; ravitaillement *m* en pétrole.

Ölvorräte *pl* réserves *fpl* de pétrole.

Ombudsmann *m,* **¨er** homme *m* de confiance ; juge-arbitre *m* ; médiateur *m* chargé d'arbitrer les litiges entre les citoyens et l'administration.

Ombudsstelle *f,* **n** service *m* des réclamations et commission *f* d'arbitrage.

On-line-Verarbeitung *f,* **en** ['ɔnlain...] *(inform.)* traitement *m* en continu des données ; traitement immédiat sur l'ordinateur central.

OPEC *f (Organization of Petroleum Exporting Countries)* Organisation *f* des pays producteurs et exportateurs de pétrole ; O.P.E.P.

OPEC-Länder *pl* pays *mpl* de l'O.-P.E.P.

Open-shop *m,* **s** ['oupənʃɔp] **1.** ordinateur *m* en exploitation libre **2.** aux USA, entreprise où l'embauche et l'emploi ne sont pas liés à une appartenance syndicale.

Operateur *m,* **e** ⇒ *Operator.*

Operation *f,* **en** opération *f* ; *diese Maschine führt gleichzeitig mehrere ~en aus* cette machine réalise plusieurs opérations simultanées.

operationell ⇒ *operativ*.

Operationsforschung *f*, **en** ⇒ *Operations-research*.

Operations-research *f*, ϕ [ɔpə'reiʃənri'sə:tʃ] recherche *f* opérationnelle (ensemble des techniques de calcul permettant à l'entreprise de résoudre des problèmes complexes : distribution, stockage, etc.) *(syn. Unternehmensforschung ; Optimalplanung)*.

operativ opérationnel ; stratégique ; *ein Unternehmen ~ leiten* diriger une entreprise de manière opérationnelle.

Operativplan *m*, **¨e** *(R.D.A.)* plan *m* opérationnel (à court terme, annuel).

Operator *m*, **en 1.** *(inform.)* opérateur *m* **2.** agent *m* de publicité chargé de la location des panneaux publicitaires dans les transports publics.

operieren opérer ; manœuvrer (habilement).

Opfer *n*, **-** victime *f* ; sacrifice *m* ; *~ der Computer-Revolution* victime(s) de la révolution informatique.

Opiumschmuggel *m*, ϕ contrebande *f*, trafic *m* d'opium.

opponieren faire opposition ; *gegen jdn ~* s'opposer à qqn.

Opportunist *m*, **en, en** opportuniste *m*.

opportunistisch opportuniste.

Opposition *f*, **en** *(surtout polit.)* opposition *f* ; *der Vorschlag kam aus der Reihe der ~* la proposition émanait des rangs de l'opposition.

oppositionell de l'opposition.

Oppositionschef *m*, s *(polit.)* chef *m* de l'opposition.

Oppositionspartei *f*, **en** *(polit.)* parti *m* d'opposition.

optieren opter ; choisir ; *auf ein Grundstück ~* prendre une option sur un terrain.

optimal optimum ; optimal ; *~e Kapazität* capacité *f* optimale.

Optimalkosten *pl* coût *m* optimal.

Optimalplanung *f*, **en** ⇒ *Operations-research*.

optimieren optimaliser ; optimiser ; *einen wirtschaftlichen Prozeß ~* optimaliser un processus économique.

Optimierung *f*, **en** optimisation *f* ; optimalisation *f* ; *lineare ~* optimalisation linéaire.

Option *f*, **en 1.** option *f* ; *eine ~ aus/üben* exercer un droit d'option ; *eine ~ auf etw erwerben* acquérir une option sur qqch ; *sich eine ~ sichern* s'assurer une option **2.** *(bourse)* option *f* ; *Kaufs~* option d'achat ; *Verkaufs~* option de vente.

Optionsanleihe *f*, **n** titre *m* d'emprunt convertible ; emprunt *m* portant droit d'option.

Optionsbörse *f*, **n** marché *m* à options ; bourse *f* compartiment « options ».

Optionsgeber *m*, **-** optionnaire *m*.

Optionsgeschäft *n*, **e** affaire *f*, transaction *f* à option.

Optionshandel *m*, ϕ marché *m* à option.

Optionsnehmer *m*, **-** optant *m*.

Optionsprämie *f*, **n** prix *m* d'option (d'achat ou de vente).

Optionsrecht *n*, **e** droit *m* d'option.

ordentlich régulier ; ordinaire ; conforme ; titulaire ; *~e Ausgaben* dépenses *fpl* ordinaires ; *~e Hauptversammlung* assemblée *f* générale ordinaire ; *~es Mitglied* membre *m* actif, titulaire ; *~e Verpackung* emballage *m* conforme.

Order *f*, **s 1.** ordre *m* ; commande *f* ; *an jds ~* à l'ordre de qqn ; *an eigene ~* à son propre ordre ; *an fremde ~* à l'ordre d'un tiers ; *auf ~ lautend* libellé à l'ordre ; *auf ~ und für Rechnung* d'ordre et pour compte ; *telegraphisch erteilte ~s* commandes télégraphiées **2.** commandement *m* ; ordre *m* ; *eine militärische ~ aus/führen* exécuter un ordre (militaire).

Orderbestand *m*, **¨e** stock *m* de commandes ; commandes *fpl* passées fermes.

Orderbuch *n*, **¨er** carnet *m* de commandes ; *unsere ~¨er sind reichlich gefüllt* nos carnets de commandes sont largement pourvus, remplis *(syn. Auftragsbuch)*.

Ordergeber *m*, **-** donneur *m* d'ordre ; commettant *m*.

Orderklausel *f*, **n** clause *f* à ordre ; mention *f* à ordre.

Orderkonnossement *n*, **e** connaissement *m* à ordre.

Orderlagerschein *m*, **e** récépissé *m* warrant.

ordern passer commande ; *die Firma hat die Waren geordert* la maison a commandé les marchandises.

Orderpapier *n*, **e** titre *m* à ordre ; titre *m* endossable ; effet *m* transmissible.

Orderscheck *m*, s chèque *m* à ordre.

Orderwechsel *m*, **-** traite *f* à ordre ; billet *m* à ordre.

Ordinärpreis *m*, **e 1.** prix *m* imposé (pour un livre par l'éditeur) **2.** prix couramment pratiqué.

ordnen ordonner ; ranger ; classer ; *die Karteikarten alphabetisch ~* classer les fiches par (dans l') ordre alphabétique.

Ordner *m*, **- 1.** classeur *m* (à dossiers) ; *einen ~ an/legen* réunir dans un classeur **2.** personne *f* d'un service d'ordre (manifestation par ex.).

Ordnung *f*, **en** ordre *m* ; classement *m* ; règlement *m* ; *gesellschaftliche ~* ordre social ; *in ~* en bon état (machines) ; en règle (papiers) ; *der ~ halber* pour la bonne forme ; pour le bon ordre ; *marktwirtschaftliche ~* économie *f* de marché ; *die ~ wiederher/stellen* rétablir l'ordre.

ordnungsgemäß réglementaire ; conforme aux règles ; *~e Vollmacht* procuration *f* en bonne et due forme.

ordnungsmäßig ⇒ *ordnungsgemäß.*

Ordnungsmäßigkeit *f*, **en** régularité *f* ; conformité *f*.

Ordnungsstrafe *f*, **n** amende *f* ; peine *f* disciplinaire.

ordnungswidrig irrégulier ; non conforme.

Ordnungswidrigkeit *f*, **en** infraction *f* (suivie d'amende) ; irrégularité *f* ; atteinte *f* à l'ordre.

ORF *m (Österreichischer Rundfunk)* radio *f* autrichienne.

Organ *n*, **e** organe *m* ; organisme *m* ; institution *f* ; *ausführendes ~* organe exécutif ; *beratendes ~* organe consultatif ; *leitendes ~* organisme de direction ; organe central ; *ständiges ~* organisme permanent ; *supranationales ~* institution supranationale.

Organgesellschaft *f*, **en** société *f* organique ; société affiliée (juridiquement indépendante mais dont les finances et la gestion dépendent d'une autre entreprise).

Organigramm *n*, **e** organigramme *m* (graphique de la structure hiérarchique d'une entreprise).

Organisation *f*, **en** organisation *f* ; organisme *m* **I.** *gemeinnützige ~* organisation d'utilité publique ; *gewerkschaftliche ~* organisation syndicale ; *gemeinsame ~* organisation commune ; *supranationale (überstaatliche) ~* organisation supranationale ; *zwischenstaatliche ~* organisation intergouvernementale **II.** *einer ~ an/gehören* faire partie d'une organisation ; *eine ~ gründen* fonder une organisation ; *sich zu einer ~ zusammen/schließen* se regrouper au sein d'une organisation **III.** *~ der Erdöl ausführenden Länder ⇒ OPEC ; ~ für europäische wirtschaftliche Zusammenarbeit ⇒ OEEC ; ~ für wirtschaftliche Zusammenarbeit und Entwicklung ⇒ OECD ; ~ der Vereinten Nationen für Ernährung und Landwirtschaft (FAO)* Organisation des Nations unies pour l'alimentation et l'agriculture.

Organisationsbüro *n*, **s** bureau *m* d'études ; bureau *m* d'ingénieurs-conseil ; organisation *f* d'entreprise ; ingénierie *f*.

Organisationsplan *m*, **¨e** ⇒ *Organigramm.*

Organisationstalent *n*, **e** talent *m* d'organisateur/trice ; esprit *m* d'organisation.

Organisator *m*, **en** organisateur *m*.

organisationsunwillig non désireux de se syndiquer ou de faire partie d'une organisation.

organisatorisch organisateur ; organisationnel.

organisch organique ; *~es Wachstum* croissance *f* organique.

organisieren organiser ; *eine Demonstration ~* organiser une manifestation ; *die Tante-Emma-Läden ~ sich zu Genossenschaften* les petits épiciers se regroupent en coopératives.

organisiert organisé ; regroupé en ; *(gewerkschaftlich) ~e Arbeiter* ouvriers *mpl* syndiqués.

Organisierte/r *(der/ein)* ouvrier *m* syndiqué ; syndiqué *m*.

Organismus *m*, **-men** organisme *m* ; *beratender ~* organisme consultatif.

Organmandat *n*, **e** *(Autriche)* amende *f* ; *~ wegen falschen Parkens* contravention *f* pour stationnement non autorisé ou abusif.

Organschaft *f*, **(en)** appartenance *f* organique ; société *f* affiliée ; personne *f* morale.

Organvertrag *m*, **¨e** contrat *m* organique (par lequel la société mère assume la gestion des affaires d'une ou plusieurs sociétés dépendantes).

orientieren orienter ; *sich an (nach) den Konsumentenbedürfnissen ~* s'orienter sur les (en fonction des) besoins des consommateurs.

-orientiert *(suffixe)* orienté sur ; *konsum~* axé sur la consommation.

Orientierung *f*, **en** orientation *f*.

Orientierungsdaten *pl* informations *fpl*, données *fpl* concernant l'orientation économique *(syn. Indikatoren).*

Orientierungspreis *m*, **e** prix *m* d'orientation.

Original *n,* **e** original *m* ; document *m* original ; *im* ~ en original.

Originalfaktura *f,* **-ren** facture *f* originale.

Originalpackung *f,* **en** emballage *m* d'origine.

Originaltext *m,* **e** texte *m* original.

originaltreu conforme à l'original.

Originalurkunde *f,* **n** document *m*, pièce *f* d'origine ; minute *f*.

Originalverpackung *f,* **en** ⇒ *Originalpackung*.

Ort *m,* **e** lieu *m* ; endroit *m* ; ~ *der Lieferung* lieu de livraison ; *der Plan wurde höheren ~es genehmigt* le projet à été adopté en haut lieu ; *an ~ und Stelle* sur place.

ortsansässig local ; résident ; implanté dans la localité.

Ortsbefund *m,* **e** état *m* des lieux.

Ortschaft *f,* **en** localité *f* ; *geschlossene ~* agglomération *f*.

Ortsgebühr *f,* **en** *(téléph.)* taxe *f* locale.

Ortsgespräch *n,* **e** *(téléph.)* communication *f* locale, urbaine *(contr. Ferngespräch)*.

Ortskennzahl *f,* **en** *(téléph.)* indicatif *m* interurbain.

Ortsklasse *f,* **n** zone *f* de résidence (prise en considération pour le traitement des fonctionnaires du service public).

Ortskrankenkasse *f,* **n** caisse *f* locale d'assurance maladie.

Ortsleitzahl *f,* **en** indicatif *m* de localité.

Ortsnetz *n,* **e** *(téléph.)* réseau *m* local, urbain.

Ortsnetzkennzahl *f,* **en** *(téléph.)* indicatif *m* d'appel.

Ortsverkehr *m,* *ϕ* **1.** trafic *m* local **2.** service *m* téléphonique urbain.

Ortsvermittlung *f,* **en** central *m* téléphonique local.

Ortszulage *f,* **n** ⇒ *Ortszuschlag*.

Ortszuschlag *m,* **¨e** indemnité *f* de résidence (pour les fonctionnaires du service public).

Ostblock *m,* *ϕ* bloc *m* des pays de l'Est ; pays *mpl* socialistes.

ostdeutsch *(rare)* relatif à la R.D.A.

Ostdeutschland *n,* *ϕ* *(rare)* Allemagne *f* orientale *(syn. DDR)*.

Osten *m,* *ϕ* l'Est *m* ; l'Orient *m* ; *der Nahe, Mittlere, Ferne ~* le Proche-, le Moyen-, l'Extrême-Orient.

Ostler *m,* **-** *(fam.)* Allemand *m* de l'Est *(contr. Westler)*.

Ostmark *f,* *ϕ* mark *m* de l'Est.

Ostpolitik *f,* *ϕ* politique *f* ouest-allemande à l'égard des pays de l'Est ; ostpolitik *f*.

Ost-West-Dialog *m,* **e** dialogue *m* Est-Ouest.

Ost-West-Handel *m,* *ϕ* commerce *m* Est-Ouest.

Otto-Normalverbraucher *m,* *ϕ* *(fam.)* consommateur *m* moyen ; l'homme *m* de la rue.

ÖTV *(Öffentliche Dienste, Transport und Verkehr)* syndicat *m* des services publics et des transports en R.F.A..

Output *n,* **s** ['autput] **1.** *(inform.)* output *m* ; données *fpl* délivrées par l'ordinateur **2.** production *f* totale d'une entreprise *(contr. Input)*.

Outsider *m,* **-** ['autzaidər] **1.** outsider *m* *(syn. Außenseiter)* **2.** entreprise *f* non liée par des accords de limitation de concurrence.

Overflow *m,* **s** ['ouvəflou] *(inform.)* « overflow » *m* ; dépassement *m* de la capacité de mémorisation d'un ordinateur.

ÖVP *f* *(Österreichische Volkspartei)* parti *m* populiste autrichien (tendance socialo-chrétienne).

Ozean *m,* **e** océan *m* ; *den Atlantischen ~ überqueren* traverser l'océan Atlantique.

Ozeandampfer *m,* **-** ⇒ *Ozeanriese*.

Ozeanriese *m,* **n, n** paquebot *m* transatlantique ; géant *m* des mers.

Ozonloch *n,* **¨er** mitage *m* de la couche d'ozone (dû aux chlorofluorocarbones par ex. dans les aérosols).

P

P *(Papier)* terme *m* de Bourse indiquant une offre de titres.

p. a. *(pro anno)* par an.

Paar *n,* **e** paire *f* ; couple *m*.

Pacht *f,* **en** bail *m* à ferme ; fermage *m* ; location *f* ; *in ~* en location ; *in ~ haben* tenir à bail ; *in ~ geben* affermer ; donner en gérance ; *in ~ nehmen* prendre à ferme ; prendre en gérance.

pachten 1. louer ; prendre en gérance **2.** louer une ferme à bail ; louer une terre à ferme.

Pächter *m,* - preneur *m* à bail ; fermier *m* ; gérant *m.*

Pachtgeld *n,* **er** fermage *m* ; affermage *m* ; prix *m* de la gérance.

Pachtgrundstück *n,* **e** terre *f* à bail.

Pachtvertrag *m,* **¨e** contrat *m* de fermage ; contrat de location.

Pachtzins *m,* **en** loyer *m* ; fermage *m* ; prix *m* du bail.

Packagetour *f,* **en** ['pɛkitʃ,tu:r] package *m* ; forfait *m* ; tourisme *m* individuel sur circuit organisé par une agence de voyages.

Päckchen *n,* - colis *m* postal ; petit paquet *m.*

packen emballer ; empaqueter ; faire ses bagages.

Packer *m,* - emballeur *m.*

Packerei *f,* **en** service *m* d'emballage.

Packkosten *pl* frais *mpl* d'emballage.

Pack-Set *n,* s *(R.F.A.) (poste)* matériel *m* d'emballage préfabriqué et standardisé.

Packung *f,* **en** emballage *m* ; présentation *f* ; paquet *m* ; *eine ~ Zigaretten* un paquet de cigarettes.

Paket *n,* **e** 1. paquet *m* ; colis *m* postal 2. paquet (social, économique) ; ensemble *m* de mesures (de décisions, de lois, etc.).

Paketannahme *f,* **n** réception *f* des colis.

Paketausgabe *f,* **n** distribution *f* des colis.

Paketbeförderung *f,* **en** transport *m,* acheminement *m* des colis.

Paketbestellung *f,* **en** ⇒ *Paketzustellung.*

Paketporto *n,* s frais *mpl* de port ; port *m* (pour colis postal).

Paketpost *f,* *ϕ* service *m* des colis postaux.

Paketzustellung *f,* **en** distribution *f* des colis.

Pakt *m,* **e** pacte *m* ; *einen ~ ab/schließen mit(+D)* conclure un pacte avec.

paktieren : *mit jdm ~* pactiser avec qqn.

Palette *f,* **n** palette *f* ; éventail *m* ; gamme *f* (de produits) ; *eine breitgefächerte ~ von Konsumgütern* un large éventail de biens de consommation.

PAL-System *n,* *ϕ* système *m* de télévision couleur PAL.

Panel *n,* s ['pɛnəl] panel *m* (groupe de personnes interrogées à intervalles réguliers pour un sondage).

Paneltechnik *f,* **en** technique *f* de sondage par panels.

Panikkäufe *pl* achats *mpl* de panique.

Panikmache *f,* *ϕ* bruits *mpl* alarmistes, irresponsables.

panschen trafiquer, frelater (le vin).

Paperback *n,* s ['pe:pərbɛk] livre *m* cartonné ; « livre de poche ».

Papier *n,* **e** 1. papier *m* ; *etw zu ~ bringen* mettre qqch par écrit ; *~e* papiers d'identité 2. effet *m* ; titre *m* ; valeur *f* ; papier *m* ; *bankfähiges Papier* papier bancable ; *diskontfähiges ~* papier escomptable ; *festverzinsliches ~* titre à revenu fixe ; *auf den Inhaber lautendes ~* titre au porteur ; *übertragbares ~* papier cessible, transmissible ; *ungestempeltes ~* papier libre ; *ein ~ ab/stoßen* réaliser un titre.

Papierdeutsch *n,* *ϕ* style *m* administratif ; allemand *m* de chancellerie.

Papiergeld *n,* *ϕ* papier-monnaie *m* ; circulation *f* fiduciaire.

Papierhandlung *f,* **en** papeterie *f.*

Papierkram *m,* *ϕ* paperasserie *f* (administrative).

Papierkrieg *m,* **e** paperasserie *f* ; *der ~ mit der Bürokratie* tracasserie *f* administrative.

Papierwährung *f,* **en** ⇒ *Papiergeld.*

Papierwolf *m,* (¨e) ⇒ *Reißwolf.*

Paragraph *m,* **en, en** paragraphe *m* ; article *m.*

parallel *(zu+D)* parallèle(ment) (à).

Parallelmarkt *m,* **¨e** marché *m* parallèle ; *(bourse)* second marché *m.*

Parameter *m,* - paramètre *m.*

pari pair ; *unter, über ~* au-dessous, au-dessus du pair ; *al (zu) ~ stehen* être au pair.

Pariausgabe *f,* **n** émission *f* au pair.

Pariemission *f,* **en** ⇒ *Pariausgabe.*

Parikurs *m,* **e** cours *m* au pair.

Parität *f,* **en** parité *f* ; égalité *f* ; *amtliche (offizielle) ~* parité officielle ; *gleitende ~* parité mobile ; *soziale ~* parité sociale ; *~en fest/legen* fixer les parités.

paritätisch paritaire ; à parité ; à égalité ; *~ vertreten sein* être représenté à parité ; *~e Mitbestimmung* cogestion *f* paritaire.

Paritätsanpassung *f,* **en** alignement *m* des parités.

Pariwert *m,* **e** valeur *f* au pair.

parken stationner ; garer.

Parkett *n,* **e** *(Bourse)* parquet *m.*

Parkgebühr *f,* **en** taxe *f* de stationnement.

Parkplatz *m*, **¨e** parc *m* de stationnement ; parking *m*.
Parkscheibe *f*, **n** disque *m* de stationnement.
Parkstudium *n*, **-ien** études *fpl* provisoires d'attente inhérentes au numerus clausus.
Parkuhr *f*, **en** parcmètre *m*.
Parlament *n*, **e** parlement *m*.
Parlamentarier *m*, **-** parlementaire *m*.
parlamentarisch parlementaire ; *~e Demokratie* démocratie *f* parlementaire.
Parole *f*, **n** [pa'ro:lə] mot *m* d'ordre ; slogan *m* ; *die ~ aus/geben* faire passer le mot ; *die ~ lautet* le mot d'ordre est le suivant ; *~n skandieren* scander des slogans.
Partei *f*, **en** **1.** *(polit.)* parti *m* ; *einer ~ bei/treten* adhérer à un parti **2.** *(jur.)* partie *f* ; *die streitenden ~en* les parties en cause ; *die vertragschließenden ~en* les parties contractantes.
Parteianhänger *m*, **-** adhérent *m* ; fidèle *m* ; partisan *m*.
Parteiapparat *n*, **e** appareil *m* d'un parti.
Parteiaufbau *m*, *ϕ* structure *f* interne d'un parti.
Parteichinesisch *n*, *ϕ* jargon *m* politique ; langue *f* de bois.
Parteidisziplin *f*, *ϕ* discipline *f* de parti.
Parteienlandschaft *f*, **en** les (différents) partis *mpl* d'un pays ; éventail *m* des partis ; paysage *m* politique
Parteienwirtschaft *f*, **en** favoristime *m* des partis ; maffia *f* ; népotisme *m*.
Parteifreund *m*, **e** ami *m* politique.
Parteiführer *m*, **-** chef *m* d'un parti ; « leader » *m*.
Parteifunktionär *m*, **e** *(polit.)* permanent *m*.
parteiisch partial.
parteilich ⇒ *parteiisch*.
Parteimann *m*, **¨er** membre *m* (actif) d'un parti.
Parteimitglied *n*, **er** membre *m* d'un parti.
Parteitag *m*, **e** congrès *m* du parti.
Parteiverfahren *n*, **-** procédure *f* engagée à l'encontre d'un membre du parti.
Parteivorstand *m*, **¨e** comité *m* exécutif du parti.
Parteienverkehr *m*, *ϕ* *(Autriche)* heures *fpl* d'ouverture (bureaux, administration).
Parteizugehörigkeit *f*, **en** appartenance *f* à un parti politique.
Partenreederei *f*, **en** entreprise *f* d'armement maritime en copropriété.
Partialobligation *f*, **en** titre *m* d'obligation ; bon *m*.
Partizipation *f*, **en** participation *f*.
Partizipationsgeschäft *n*, **e** affaire *f* en participation ; opération *f* en participation.
Partizipationskonto *n*, **-ten** compte *m* de participation.
Partizipationsschein *m*, **e** titre *m* de participation.
Partner *m*, **-** partenaire *m* ; associé *m*.
Partnerland *n*, **¨er** ⇒ *Partnerstaat*.
Partnerschaft *f*, **en** **1.** association *f* ; participation *f* **2.** jumelage *m* entre deux villes.
Partnerstaat *m*, **en** Etat *m* associé ; pays *m* cocontractant ; partenaire *m*.
Partnerstadt *f*, **¨e** ville *f* jumelée.
Parzelle *f*, **n** parcelle *f* ; lot *m*.
parzellieren parceller ; lotir.
Parzellierung *f*, **en** parcellement *m* ; lotissement *m*.
Paß *m*, **¨sse** passeport *m* ; *abgelaufener ~* passeport expiré ; *ungültiger ~* passeport non valable ; *einen ~ aus/stellen, erneuern, verlängern* délivrer, renouveler, prolonger un passeport.
Paßamt *n*, **¨er** bureau *m* des passeports ; service *m* des passeports.
Passagier *m*, **e** passager *m* ; *blinder ~* passager clandestin.
Passagierdampfer *m*, **-** paquebot *m*.
Passagierschiff *n*, **e** navire *m* de ligne.
passé sein *(fam.)* être démodé, passé.
Passiergewicht *n*, **e** *(monnaie)* poids *m* minimum légal d'une pièce (suite à l'usure).
Passierschein *m*, **e** laissez-passer *m* ; permis *m* ; autorisation *f*.
Passierscheinabkommen *n*, *ϕ* accord *m* conclu entre la R.D.A. et l'administration de Berlin-Ouest sur l'autorisation de passage à Berlin-Est des Berlinois de l'Ouest.
passiv passif ; *~e Bestechung* corruption *f* passive ; *~e Handelsbilanz* balance *f* commerciale déficitaire ; *~es Wahlrecht* éligibilité *f* ; *~er Widerstand* résistance *f* passive.
Passiva *pl (comptab.)* passif *m* ; masse *f* passive ; déficit *m* ; *Aktiva und ~* actif et passif.
Passivbilanz *f*, **en** bilan *m* déficitaire ; balance *f* passive.
Passivgeschäft *n*, **e** opération *f*, transaction *f* passive (par laquelle une banque se procure de l'argent pour octroyer des crédits).
Passivhandel *m*, *ϕ* commerce *m* d'im-

portation ; importations *fpl.*

passivieren porter au passif.

Passivmasse *f,* **n** ⇒ *Passiva.*

Passivposten *m,* - poste *m* passif ; élément *m* de passif.

Passivsaldo *m,* **-den** solde *m* passif, débiteur ; balance *f* débitrice.

Passivseite *f,* **n** passif *m* ; colonne *f,* côté *m* passif ; « Doit ».

Passivzinsen *pl* intérêts *mpl* débiteurs.

Paßkontrolle *f,* **n** contrôle *m* des passeports.

Paßstelle *f,* **n** ⇒ *Paßamt.*

Passus *m,* - paragraphe *m* ; passage *m* ; article *m* ; clause *f.*

Patenbetrieb *m,* **e** *(R.D.A.)* entreprise *f* sous contrat de parrainage.

Patenschaft *f,* **en** jumelage *m* (des villes).

Patenschaftsvertrag *m,* **¨e** *(R.D.A.)* contrat *m* de parrainage (soutien économique, culturel et politique).

Patent *n,* **e** [pa'tɛnt] brevet *m* d'invention ; *ein ~ an/melden* déposer un brevet ; *ein ~ erteilen* délivrer un brevet ; *auf etw ein ~ nehmen* prendre un brevet sur qqch ; *ein ~ verwerten* exploiter un brevet.

Patentamt *n,* **¨er** office *m* des brevets.

Patentanmeldung *f,* **en** (publication de la) demande *f* de brevet.

Patentantrag *m,* **¨e** demande *f* de brevet.

Patentanwalt *m,* **¨e** ingénieur-conseil *m* en matière de brevets.

patentfähig ⇒ *patentierbar.*

patentierbar brevetable.

patentieren breveter ; *~ lassen* protéger par un brevet ; faire breveter ; *~t* breveté.

Patentinhaber *m,* - détenteur *m* d'un brevet.

Patentrecht *n,* *ϕ* droit *m* des brevets.

Patentschrift *f,* **en** description *f* de brevet.

Patentschutz *m,* *ϕ* protection *f* des brevets et inventions.

Patentsucher *m,* - demandeur *m* en brevet.

Patentübertragung *f,* **en** cession *f* de brevet.

Patentverletzung *f,* **en** contrefaçon *f* de brevet ; imitation *f* frauduleuse.

Patt *n,* **s** pat *m* ; égalité *f* des voix ; *nukleares ~* équilibre *m* nucléaire.

Patt-Situation *f,* **en** égalité *f* des voix (par ex. lors d'un vote au conseil de surveillance d'une société cogérée) ; situation *f* d'impasse.

pauschal forfaitaire ; global ; en bloc.

Pauschalabfindung *f,* **en** indemnité *f* forfaitaire.

Pauschalabschlag *m,* **¨e** ⇒ *Pauschalabzug.*

Pauschalabzug *m,* **¨e** abattement *m* forfaitaire.

Pauschalbesteuerung *f,* **en** imposition *f* forfaitaire ; taxation *f* forfaitaire.

Pauschalbetrag *m,* **¨e** ⇒ *Pauschalsumme.*

Pauschalbewertung *f,* **en** évaluation *f,* estimation *f* forfaitaire.

Pauschalentschädigung *f,* **en** indemnité *f* forfaitaire.

pauschalieren évaluer forfaitairement ; globaliser ; *~te Steuer* impôt *m* forfaitaire.

Pauschalierung *f,* **en** règlement *m* forfaitaire ; globalisation *f.*

Pauschalkauf *m,* **¨e** achat *m* en bloc.

Pauschalpreis *m,* **e** prix *m* forfaitaire.

Pauschalreise *f,* **n** voyage *m* forfaitaire ; voyage organisé.

Pauschalsatz *m,* **¨e** taux *m* forfaitaire.

Pauschalsteuer *f,* **n** impôt *m* forfaitaire.

Pauschalsumme *f,* **n** forfait *m* ; somme *f* forfaitaire.

Pauschalvergütung *f,* **en** rétribution *f* forfaitaire.

Pauschalversicherung *f,* **en** assurance *f* forfaitaire.

Pauschbesteuerung *f,* **en** ⇒ *Pauschalbesteuerung.*

Pauschbetrag *m,* **¨e** ⇒ *Pauschalsumme.*

Pauschsatz *m,* **¨e** ⇒ *Pauschalsatz.*

Pausenregelung *f,* **en** réglementation *f* de la durée des pauses dans le travail.

Pavillon *m,* **s** ['paviljɔ̃] pavillon *m* (de foire).

p.c. *(pro centum)* pour cent *(syn. Prozent ; v.H.).*

PC *m,* **s** ⇒ *Personalcomputer.*

pendeln 1. osciller **2.** faire la navette (ville-banlieue-ville ou domicile-lieu de travail-domicile).

Pendler *m,* - travailleur *m* migrant ; banlieusard *m.*

Pendelverkehr *m,* *ϕ* service *m* de navette ; trafic *m* de banlieue.

Pension *f,* **en** [pɑ̃si'o:n/pɛnzi'o:n] pension *f* ; retraite *f* ; rente *f* ; *eine ~ beziehen* toucher, percevoir une pension ; *in ~ gehen* prendre sa retraite.

Pensionär *m,* **e** retraité *m* ; pensionnaire *m (syn. Rentner).*

pensionieren pensionner ; mettre à la retraite ; *sich ~ lassen* prendre sa retraite.

Pensionierte/r *(der/ein)* ⇒ *Pensionär.*

Pensionierung *f,* **en** mise *f* à la retraite ; départ *m* en retraite ; *vorzeitige ~* retraite anticipée.

Pensionierungstod *m,* φ mort *f* subite (due à la retraite et l'inactivité).

Pensionsalter *n,* φ âge *m* de la mise à la retraite.

Pensionsanspruch *m,* **¨e** droit *m* à la retraite.

pensionsberechtigt ayant droit à une pension.

Pensionsberechtigung *f,* **en** droit *m* à une pension.

Pensionsempfänger *m,* **-** retraité *m* ; titulaire *m* d'une pension.

Pensionsgeschäft *f,* **e** octroi *m* d'un prêt sur nantissement de titres.

Pensionskasse *f,* **n** caisse *f* de retraite.

pensionsreif bon pour la retraite.

Pensionsrückstellungen *pl* provisions *fpl* pour retraite.

Penunzen *pl (fam.)* argent *m* ; pognon *m* ; oseille *f* ; *her mit den ~ !* « aboule le fric ! »

Pep *m,* φ [pɛp] punch *m* ; tonus *m* ; *diese Werbung hat ~ !* cette pub(licité) a du mordant !

per par ; *~ Adresse* chez ; aux soins de ; *~ Aval* bon pour aval ; *~ Bahn* par rail ; par voie ferrée ; *~ Saldo* pour solde (de compte) ; *~ Kasse* (au) comptant ; *~ Monat* par mois.

Periode *f,* **n** période *f* ; époque *f* ; laps *m* de temps.

Periodenbilanz *f,* **en** balance *f* intermédiaire.

Periodenerfolg *m,* **e** résultat *m* partiel (perte ou profit).

Periodenrechnung *f,* **en** ⇒ *Periodenerfolg.*

periodisch périodique ; cyclique.

peripher périphérique ; *(inform.) ~e Zusatzgeräte* périphériques *mpl.*

Peripherie *f,* **n** périphérie *f.*

Peripheriegerät *n,* **e** *(inform.)* périphérique *m.*

Person *f,* **en** personne *f* ; *dritte ~* tierce personne ; tiers *m* ; *erwerbstätige ~* personne active ; *juristische ~* personne morale ; *natürliche ~* personne physique ; *unterstützungsbedürftige ~* personne nécessiteuse.

Personal *n,* φ personnel *m* **I.** *geschultes ~* personnel qualifié ; *leitendes ~* personnel de direction ; cadres *mpl ; vorübergehend eingestelltes ~* personnel temporaire **II.** *~ ab/bauen* réduire le personnel ; *~ ab/werben* débaucher du personnel ; *~ an/werben* recruter du personnel ; *~ ein/stellen* engager, embaucher du personnel *(syn. Belegschaft).*

Personalabbau *m,* φ compression *f* de personnel ; dégraissage *m,* réduction *f* de personnel.

Personalabteilung *f,* **en** service *m* du personnel.

Personalakte *f,* **n** dossier *m* individuel ; dossier personnel.

Personalangaben *pl* données *fpl,* indications *fpl* personnelles.

Personalaufwand *m,* **-wendungen** dépenses *fpl* de personnel.

Personalauswahl *f,* φ sélection *f* de personnel.

Personalausweis *m,* **e** carte *f* d'identité ; papiers *mpl* de légitimation.

Personalbearbeiter *m,* **-** employé *m* au bureau du personnel.

Personalbedarf *m,* φ besoins *mpl* en personnel.

Personalbeschaffung *f,* **en** recherche *f* de personnel.

Personalbestand *m,* **¨e** effectifs *mpl,* état *m* du personnel.

Personalbogen *m,* **-** ou **¨** fiche *f* individuelle.

Personalbüro *n,* **s** ⇒ *Personalabteilung.*

Personalchef *m,* **s** ⇒ *Personalleiter.*

Personalcomputer *m,* **- (PC)** ordinateur *m* personnel ; P.C. *m* ; « personal computer ».

Personaleinsparung *f,* **en** compression *f,* économie *f* de personnel ; dégraissage *m.*

Personaleinstellung *f,* **en** embauche *f* du (de) personnel.

Personalführung *f,* **en** gestion *f* du personnel, des ressourses humaines.

Personalgesellschaft *f,* **en** ⇒ *Personengesellschaft.*

Personalien *pl* identité *f* ; données *fpl* personnelles ; *die ~ an/geben* décliner son identité.

personalintensiv employant un personnel nombreux ; à fort coefficient de main-d'œuvre.

personalisieren personnaliser ; *eine Werbekampagne ~* personnaliser une campagne publicitaire.

Personalkosten *pl* frais *mpl* de personnel et coûts salariaux.

Personalkredit *m,* **e** crédit *m* personnel ; avance *f* non garantie.

Personalkürzung *f,* **en** ⇒ *Personalabbau.*

Personalleiter *m,* **-** directeur *m* du personnel ; chef *m* du personnel.

Personalmangel *m,* ϕ manque *m* de personnel ; pénurie *f* de main-d'œuvre.

Personalpapiere *pl* papiers *mpl* d'identité.

Personalplanung *f,* **en** gestion *f* du personnel ; planning *m* des effectifs.

Personalpolitik *f,* ϕ politique *f* (de recrutement) du personnel.

Personalrat *m,* ¨e ⇒ *Personalvertretung.*

Personalsachbearbeiter *m,* - responsable *m* du personnel.

Personalschnitt *m,* **e** réduction *f,* suppression *f* de personnel ; *einen ~ vor/nehmen* pratiquer des coupes sombres dans le personnel ; dégraisser.

Personalschwierigkeiten *pl* difficultés *fpl* de personnel.

Personalstand *m,* ¨e état *m* du personnel ; effectif *m* du personnel.

Personalsteuer *f,* **n** ⇒ *Personensteuer.*

Personalüberhang *m,* ¨e sureffectifs *mpl.*

Personalunion *f,* **en** union *f* personnelle (deux fonctions entre les mains d'une seule et même personne).

Personalverdünnung *f,* **en** dégraissage *m,* dilution *f* du personnel.

Personalverringerung *f,* **en** réduction *f,* diminution *f* de personnel.

Personalvertreter *m,* - délégué *m* du personnel.

Personalvertretung *f,* **en** représentation *f* du personnel ; délégation *f* du personnel de la fonction publique.

Personalverwaltung *f,* **en** ⇒ *Personalabteilung.*

Personalwechsel *m,* - changement *m,* mouvement *m* de personnel.

Personalwesen *n,* ϕ personnel *m* (terme général).

personell 1. qui concerne le personnel **2.** personnel ; *~e Schwierigkeiten in einem Betrieb* problèmes *mpl* de personnel dans une entreprise.

Personenbeförderung *f,* **en** transport *m* de passagers.

Personenfirma *f,* **-men** raison *f* sociale ; nom *m* commercial.

Personengesellschaft *f,* **en** société *f* de personnes.

Personenkennzahl *f,* **en** numéro *m* d'identité personnel.

Personenkilometer *m,* - nombre *m* de personnes transportées par kilomètre.

Personenkonto *n,* **-ten** compte *m* de personnes (clients, fournisseurs, etc.).

Personenkraftwagen *m,* - ⇒ *Personenwagen.*

Personenschaden *m,* ¨ préjudice *m* aux personnes ; dommage *m* corporel.

Personenstand *m,* ϕ **1.** état civil *m* **2.** statut *m* personnel.

Personenstandsbuch *n,* ¨**er** registre *m* de l'état civil ; *Auszug aus dem ~* extrait *m* d'acte de l'état civil.

Personenstandsurkunde *f,* **n** acte *m* de l'état civil.

Personensteuer *f,* **n** impôt *m* personnel ; taxe *f* sur les personnes physiques.

Personenverkehr *m,* ϕ trafic *m* voyageurs ; transport *m* de voyageurs.

Personenversicherung *f,* **en** assurance *f* de personnes.

Personenwagen *m,* - **1.** voiture *f* particulière *(syn. PKW)* **2.** *(chem. de fer)* wagon *m* de voyageurs.

Personenzug *m,* ¨e **1.** train *m* omnibus **2.** train de voyageurs.

persönlich personnel ; *~e Haftung* responsabilité *f* personnelle ; *~ erscheinen* **1.** faire acte de présence **2.** *(jur.)* comparaître en personne.

Persönlichkeitsentfaltung *f,* ϕ épanouissement *m* de la personnalité.

Persönlichkeitsverlust *m,* ϕ dépersonnalisation *f.*

Persönlichkeitswahl *f,* **en** scrutin *m* uninominal.

Perspektive *f,* **n** perspective *f* ; évolution *f* prévisible ; *die ~ der Chemieindustrie* l'avenir *m* de l'industrie chimique.

perspektivisch perspectif ; futur.

Perspektivplan *m,* ¨e *(R.D.A.)* plan *m* perspectif ; planification *f* à moyen terme.

Perzent *n,* **e** *(Autriche)* ⇒ *Prozent.*

Petition *f,* **en** pétition *f.*

petitionieren présenter, faire une pétition.

Petitionsausschuß *m* **-üsse** commission *f* (parlementaire) d'examen des requêtes et pétitions.

Petitionsrecht *n,* **e** droit *m* de pétition.

Petrodollar *m,* **s** pétrodollar *m.*

Pf ⇒ *Pfennig.*

Pfand *n,* ¨**er** gage *m* ; nantissement *m* ; caution *f* ; garantie *f* consigne ; *gegen ~* sur nantissement ; sur gage ; *als ~ behalten* conserver en gage ; *ein ~ ein/lösen* retirer un gage ; *als ~ geben* donner en gage ; *auf ~ leihen* prêter sur gage ; *ein ~ verwerten* réaliser un gage.

Pfandanleihe *f,* **n** emprunt *m* hypothécaire ; emprunt sur gage.

pfändbar saisissable.

Pfändbarkeit *f,* ϕ saisissabilité *f.*

Pfandbrief *m*, **e** obligation *f* hypothécaire ; titre *m* (de valeur hypothécaire) à revenu fixe.

Pfandbriefanleihe *f*, **n** emprunt *m* hypothécaire ; emprunt obligataire.

Pfandbriefanstalt *f*, **en** banque *f* de crédit hypothécaire.

Pfanddarlehen *n*, **-** prêt *m* sur gage.

Pfandeffekten *pl* effets *mpl* nantis ; effets de commerce déposés en gage.

pfänden saisir ; procéder à une saisie ; *Möbel ~* saisir des meubles ; *den Lohn ~* faire saisie sur le salaire.

Pfänder *m*, **-** huissier *m* de justice.

Pfandflasche *f*, **n** bouteille *f* consignée.

Pfandgläubiger *m*, **-** créancier *m* gagiste ; gagiste *m*.

Pfandhaus *n*, **¨er** mont-de-piété *m* ; crédit *m* municipal.

Pfandinhaber *m*, **-** porteur *m*, détenteur *m* d'obligations.

Pfandleihanstalt *f*, **en** ⇒ *Pfandhaus*.

Pfandleihe *f*, **n** prêt *m* sur gage.

Pfandleiher *m*, **-** prêteur *m* sur gage.

Pfandnahme *f*, **n** prise *f* de gage.

Pfandnehmer *m*, **-** ⇒ *Pfandgläubiger*.

Pfandrecht *n*, *ϕ* droit *m* de gage.

Pfandschein *m*, **e** reconnaissance *f*, certificat *m* de gage ; titre *m* de nantissement.

Pfandschuld *f*, **en** dette *f* hypothécaire ; dette gagée.

Pfändung *f*, **en** saisie *f*.

Pfändungsbefehl *m*, **e** ordre *m* de saisie ; saisie-arrêt *f* (sur salaire).

Pfändungsbeschluß *m*, **¨sse** ordonnance *f* de saisie ; décision *f* de saisie.

Pfändungspfandrecht *n*, **e** gage *m* acquis par exécution.

Pfändungsrecht *n*, *ϕ* droit *m* de saisie.

Pfändungsschutz *m*, *ϕ* protection *f* contre les saisies abusives.

Pfändungsverfügung *f*, **en** ordonnance *f* de saisie.

Pfandzettel *m*, **-** ⇒ *Pfandschein*.

Pfd. ⇒ *Pfund*.

pfeffern poivrer ; *gepfefferte Rechnung* addition salée ; coup de fusil.

Pfennig *m*, **e** pfennig *m* ; sou *m* ; *keinen ~ mehr haben (ohne einen ~ sein)* être sans le sou ; être fauché ; *mit dem ~ rechnen müssen* devoir se montrer économe ; faire attention à son argent ; *keinen ~ wert sein* ne pas valoir un centime (un clou).

Pfennigbetrag *m*, **¨e** somme *f* dérisoire.

Pfennigfuchser *m*, **-** *(fam.)* grippe-sou *m*.

pfennigweise centime à centime ; sou à sou.

Pflege *f*, **n** **1.** soins *mpl* ; entretien *m* **2.** maintenance *f* (appareils, etc.).

Pflegeeltern *pl* parents *mpl* nourriciers.

Pflegegeld *n*, **er** pension *f* d'assistance (pour personne nécessiteuse ou handicapée).

pflegen **1.** prendre soin de **2.** assurer l'entretien (d'une machine, etc.) **3.** avoir l'habitude de.

Pfleger *m*, **-** *(jur.)* **1.** curateur *m* (héritage) **2.** tuteur *m* (pour enfants mineurs).

Pflege und Wartung *f*, *ϕ* maintenance *f* ; entretien *m* (d'installations, de machines).

Pflegevertrag *m*, **¨e** contrat *m* d'entretien *(syn. Wartungsvertrag)*.

Pflicht *f*, **en** devoir *m* ; obligation *f* ; *seine ~ erfüllen* accomplir son devoir ; *seine ~ verletzen (versäumen)* manquer à son devoir ; *es ist meine ~, zu...* il est de mon devoir de... ; *mit gleichen Rechten und ~en* avec les mêmes droits et obligations.

Pflichtbeitrag *m*, **¨e** cotisation *f* obligatoire.

Pflichtenheft *n*, **e** cahier *m* des charges.

Pflichtleistung *f*, **en** **1.** *(R.D.A.)* production *f* à atteindre d'après les normes fixées par les travailleurs **2.** *~en* prestations *fpl* réglementaires ; prestations courantes (sécurité sociale).

Pflichtmitglied *n*, **er** assuré *m* obligatoire (sécurité sociale).

Pflichtreserven *pl* réserves *fpl* légales obligatoires.

Pflichtteil *m* ou *n*, **e** *(jur.)* réserve *f* légale ; réserve héréditaire ; part *f* réservataire.

Pflichtverletzung *f*, **en** manquement *m* aux devoirs ; prévarication *f*.

Pflichtversicherte/r *(der/ein)* assujetti *m* obligatoire ; assuré *m* obligatoire, soumis à l'assurance obligatoire.

Pflichtversicherung *f*, **en** assurance *f* obligatoire.

Pflichtverteidiger *m*, **-** avocat *m* commis d'office.

Pflichtvorrat *m*, **¨e** stock *m* obligatoire.

pflichtwidrig contraire au devoir ; *~ handeln* manquer à son devoir.

Pfründe *f*, **n** **1.** prébende *f* ; sinécure *f* **2.** avantages *mpl* financiers ; choux-gras *mpl*.

Pfund *n*, **e** **1.** livre *f* (500 g) **2.** ~

Sterling livre *f* sterling.

Pfuscharbeit *f,* **en** travail *m* bâclé, saboté ; mauvais travail.

pfuschen bâçler ; saboter ; bousiller.

Pharmasektor *m,* **en** secteur *m* de l'industrie pharmaceutique.

Pharmazeutika *pl* produits *mpl* pharmaceutiques.

pharmazeutisch pharmaceutique.

Pillenknick *m,* **(e)** *(fam.)* baisse *f* de la natalité due à la pilule.

Pilot- *(préfixe)* -pilote ; expérimental ; qui sert d'exemple.

Pilotbetrieb *m,* **e** entreprise *f* pilote ; entreprise expérimentale.

Pilotstudie *f,* **n** étude *f* préalable (à un projet).

PIN *(persönliche Identifikationsnummer)* code *m* secret (de la carte bancaire).

Pionier *m,* **e** pionnier *m.*

Pionierarbeit *f,* **en** ⇒ *Pioniertat.*

Pioniertat *f,* **en** travail *m* de pionnier ; *eine ~ leisten* faire œuvre de pionnier.

Pipeline *f,* s ['paiplain] pipeline *m* ; oléoduc *m.*

Piratensender *m,* **-** radio *f* pirate.

Piraterie *f,* **n** *(radio, télé)* enregistrement *m* pirate ; diffusion *f* pirate.

Pkw/PKW *m,* s *(Personenkraftwagen)* voiture *f* individuelle ; véhicule *m* de tourisme.

placieren ⇒ *plazieren.*

Placierung *f,* **en** ⇒ *Plazierung.*

plädieren *(für + A)* plaider (pour).

Plädoyer *n,* s [plɛdwa'je] plaidoyer *m* ; plaidoierie *f* ; *ein ~ halten* plaider.

Plafond *m,* s [pla'fɔ̃:] plafond *m* ; somme *f* limite ; *unterer, oberer ~* limite inférieure, supérieure ; *über den ~ hinaus/gehen* dépasser le plafond (d'un crédit).

plafonieren *(Suisse)* fixer un plafond ; limiter.

Plagiat *n,* **e** plagiat *m.*

Plagiator *m,* **en** plagiaire *m.*

plagiieren plagier ; démarquer ; pirater.

Plakat *n,* **e** affiche *f* ; *ein ~ an/schlagen (an/kleben)* (ap)poser, coller une affiche.

Plakatanschlag *m,* **¨e** affichage *m.*

Plakatentwerfer *m,* **-** affichiste *m.*

Plakatfachmann *m,* **-leute** affichiste-publiciste *m.*

plakatieren afficher ; placarder.

Plakatierung *f,* **en** ⇒ *Plakatanschlag.*

Plakatkleber *m,* **-** colleur *m* d'affiches.

Plakatsäule *f,* **n** colonne *f* d'affichage ; colonne Morris.

Plakatwand *f,* **¨e** mur *m* réservé à l'affichage.

Plakatwerbung *f,* **en** publicité *f* par affiches ; affichage *m* publicitaire.

Plan *m,* **¨e** **1.** plan *m* ; projet *m* ; programme *m* ; *einen ~ aus/arbeiten* élaborer un plan ; *einen ~ entwerfen* dresser un plan **2.** *(R.D.A.)* plan directif ; *den ~ erfüllen* exécuter le plan ; atteindre l'objectif fixé par le plan ; *(appartement) nach ~ verkaufen, kaufen* vendre, acheter sur plan.

Planaufgabe *f,* **n** *(R.D.A)* objectif *m* fixé par le plan.

Planbeauftragte/r *(der/ein)* commissaire *m* au plan.

Plandurchführung *f,* **en** application *f* du plan ; mise *f* à exécution du plan.

planen **1.** faire des projets ; projeter **2.** planifier.

Planer *m,* **-** planificateur *m* ; planiste *m.*

Planerfüllung *f,* **en** *(R.D.A.)* exécution *f* du plan ; réalisation *f* de l'objectif fixé par le plan.

Planfeststellungsverfahren *n,* **-** procédure *f* d'approbation d'un projet ou d'opposition à un projet.

Planifikateur *m,* **e** planificateur *m* de l'économie.

Planifikation *f,* **en** planification *f* (de l'économie).

Plan-Ist-Kostenrechnung *f,* **en** *(R.D.A.)* calcul *m* comparatif du coût prévu et du coût réel.

Planjahrfünft *n,* **e** *(R.D.A.)* plan *m* quinquennal *(syn. Fünfjahresplan).*

Plankennziffer *f,* **n** *(R.D.A.)* chiffre-indice *m* du plan économique.

Plankommission *f,* **en** commission *f* pour la planification ; commission au plan.

Plankorrekturen *pl* correctif *m* du plan ; corrections *fpl* apportées au plan.

Plankostenrechnung *f,* **en** plan *m* prévisionnel des coûts ; détermination *f* du résultat prévisionnel.

planmäßig méthodique ; régulier ; comme prévu ; conformément au plan ; *~e Abfahrt* départ *m* régulier ; *~e Produktion* production *f* budgétée, conforme aux prévisions.

Planrückstand *m,* **¨e** *(R.D.A.)* retard *m* accusé par le plan.

Plansoll *n,* **ϕ** *(R.D.A.)* production *f* imposée par le plan ; normes *fpl* de production.

Planspiel *n,* **e** jeu *m* d'entreprise ; simulation *f* ; étude *f* de cas *(syn. Fallstudie).*

Planstelle *f,* **n** poste *m* budgétaire ; emploi *m* budgétaire ; *freie ~* poste vacant.

Planung *f,* **en** planification *f* ; études *fpl* prévisionnelles ; planning *m* ; programmation *f* ; organisation *f* ; *langfristige ~* prévisions *fpl* à long terme ; *staatliche ~* dirigisme *m* étatique, d'Etat.

Planungsabteilung *f,* **en** bureau *m* d'études prévisionnelles.

Planungsbüro *n,* s bureau *m* d'études ; ingénierie *f.*

Planungskommission *f,* **en** commission *f* du plan.

Planvorsprung *m,* **¨e** *(R.D.A.)* avance *f* sur le plan.

Planwirtschaft *f,* **en** économie *f* planifiée ; économie dirigée ; dirigisme *m* étatique.

Planwirtschaftler *m,* **-** planificateur *m* (de l'économie) ; planiste *m.*

Planziel *n,* **e** objectif *m* du plan ; *das ~ erreichen* atteindre l'objectif fixé par le plan.

Plastikgeld *n,* *ϕ* carte *f* bancaire ; carte de crédit.

Plastikkarte *f,* **n** *(fam.)* carte *f* de crédit.

Plattenhersteller *m,* **-** fabricant *m* de disques.

Plattenpresser *m,* **-** ⇒ *Plattenhersteller.*

Plattform *f,* **en** plate-forme *f* ; *eine gemeinsame ~ finden* trouver une plate-forme commune.

Platz *m,* **¨e** **1.** place *f* ; lieu *m* ; emplacement *m* **2.** place ; poste *m* ; *seinen ~ wechseln* changer de poste ; *den ersten ~ ein/nehmen* occuper la première place.

Platzagent *m,* **en, en** ⇒ *Platzvertreter.*

platzen *(traite)* rester impayé ; *einen Wechsel ~ lassen* faire protester une traite impayée ; *geplatzter Wechsel* effet *m* impayé ; effet protesté ; *(fam.)* effet bidon.

Platzgeschäft *n,* **e** commerce *m* local.

Platzkarte *f,* **n** ticket *m* de réservation ; billet *m* de réservation.

Platzkostenrechnung *f,* **en** calcul *m* des coûts par poste individuel.

Platzschek *m,* s chèque *m* sur place ; *contr. Fernscheck.*

Platzreservierung *f,* **en** réservation *f* (de place).

Platzvertreter *m,* **-** représentant *m* local ; agent *m* local.

Platzwechsel *m,* **-** effet *m* sur place.

Plausibilitätskontrolle *f,* **n** *(inform.)* contrôle *m* de vraisemblance.

plazieren placer (capitaux) ; *Geld auf dem Immobilienmarkt ~* placer des fonds dans l'immobilier.

Plazierung *f,* **en** placement *m* ; vente *f* ; écoulement *m* (titres, marchandises).

Pleite *f,* **n** faillite *f* ; banqueroute *f* ; *~ machen* faire faillite ; *vor der ~ stehen* être au bord de la faillite *(syn. Bankrott ; Konkurs).*

pleite en faillite ; *~ gehen* faire faillite ; *~ sein* être en faillite.

Pleitegeier *m,* **-** *(fam.)* spectre *m* de la faillite ; *der ~ schwebt über dem Betrieb* l'ombre, le spectre de la faillite plane sur l'entreprise.

Plenarsitzung *f,* **en** séance *f* plénière.

Plenarversammlung *f,* **en** assemblée *f* plénière.

Plenum *n,* *ϕ* ⇒ *Plenarversammlung.*

plündern piller ; dévaliser.

Plünderung *f,* **en** pillage *m.*

Pluralismus *m,* *ϕ* pluralisme *m* ; *der ~ der Interessengruppen* le pluralisme des groupes de pression.

pluralistisch pluraliste ; *~e Gesellschaft* société *f* pluraliste.

plus plus ; *Abweichungen von maximal ~/minus 5 %* des écarts maximaux (maxima) de plus/moins 5 %.

Plus *n,* *ϕ* plus *m* ; surplus *m* ; excédent *m* ; *ein ~ auf/weisen* enregistrer un excédent ; accuser un plus ; *im ~ sein* être excédentaire *(contr. Minus).*

Plusbetrag *m,* **¨e** différence *f* en plus ; excédent *m* ; surplus *m* (d'argent).

Plusdifferenz *f,* **en** ⇒ *Plusbetrag.*

Pluspunkt *m,* **e** **1.** point *m* en plus ; point positif **2.** avantage *m.*

Podiumsdiskussion *f,* **en** **1.** *(radio, télé)* tribune *f* de critiques **2.** débat *m* ; colloque *m* en public.

Police *f,* **n** [po'li:s(ə)] police *f* d'assurance ; *eine ~ aus/stellen* établir une police ; *eine ~ erneuern* renouveler une police.

Polier *m,* **e** *(bâtiment)* contremaître *m* ; chef *m* d'équipe *(syn. Vorarbeiter).*

Politbüro *n,* s politburo *m* ; bureau politique (des partis communistes).

Politik *f,* **(en)** politique *f* ; *über ~ sprechen* parler politique ; *eine ~ verfolgen* mener, poursuivre une politique ; *~ der Stärke* politique de force.

Politiker *m,* **-** homme *m* politique ; politicien *m.*

politisch politique.

Politische/r *(der/ein)* prisonnier *m,* détenu *m* politique.

politisieren 1. politiser **2.** parler politique **3.** avoir une activité politique.

Politisierung *f,* **en** politisation *f.*

Politwelt *f, φ (fam.)* monde *m,* scène *f* politique.

Polizei *f,* **(en)** police *f.*

polizeilich policier ; par mesure de police ; *sich ~ an/melden* faire une déclaration de séjour (de domiciliation) à la police ; *sich ~ ab/melden* déclarer son départ à la police.

Polizeistaat *m,* **en** Etat *m* policier ; régime *m* policier.

Polizeistunde *f,* **n** heure *f* de fermeture (des restaurants, discothèques, etc.).

Polster *n,* **- 1.** matelas *m* ; coussin *m* **2.** réserves *fpl* (financières) ; *ein finanzielles ~ besitzen* avoir un bon matelas financier ; *ein dickes ~ von Aufträgen* un carnet de commandes bien rempli.

Polypol *n,* **e** concurrence *f* (pure et) parfaite (autant de demandeurs que d'offreurs).

Pool *m,* **s** [pu:l] pool *m* ; groupe *m* (de travail) ; atelier *m* (de dactylos) ; équipe *f* (de journalistes) ; communauté *f* (charbon-acier) ; centrale *f* ; groupement *m* ; organisation *f* ; *einen ~ bilden* constituer un pool.

Poolabkommen *n,* **-** accord *m* de pool.

poolen constituer un pool.

Poolung *f,* **en** constitution *f* en/de pool.

Portefeuille *n,* **s** [pɔrt'fœ:j] **1.** portefeuille *m* de titres ; *sein ~ enthält Aktien und Obligationen* son portefeuille comporte des actions et des obligations **2.** portefeuille *m* ; ressort *m* ; *Minister ohne ~* ministre *m* sans portefeuille.

Portemonnaie *n,* **s** [pɔrtmɔ'ne:] portemonnaie *m* ; bourse *f* ; *(fam.) ein dickes ~ haben* avoir beaucoup d'argent.

Porto *n,* **s** ou **-ti** port *m* ; affranchissement *m* ; *~ bezahlt* port payé ; *zuzüglich ~* port en plus, en sus.

Portoerlaß *m,* **(-sse)** dispense *f* de port ; franchise *f* postale.

Portoermäßigung *f,* **en** tarif *m* réduit.

portofrei franco de port ; port payé.

Portokasse *f,* **n** caisse *f* de port.

Portokosten *pl* frais *mpl* de port.

portopflichtig port dû ; soumis à la taxe (postale).

Portozuschlag *m,* **¨e** supplément *m* de port ; surtaxe *f.*

POS *(point of sale)* point *m* achat par carte bancaire (de crédit) ; *~-Banking n* paiement *m* par carte bancaire.

Position *f,* **en 1.** situation *f* ; poste *m* ; *eine gute, aussichtsreiche ~ haben* avoir une bonne situation ; avoir une situation d'avenir ; *in eine ~ auf/steigen* gravir un échelon **2.** poste *m* (budgétaire) ; *~en eines Haushaltsplans streichen* supprimer des postes d'un plan budgétaire.

Positionswechsel *m,* **-** changement *m* de poste ; changement de situation.

positiv positif ; *~ e Antwort* réponse *f* affirmative ; *~ es Recht* droit *m* positif.

Post *f,* **(en) 1.** (bureau *m* de) poste *m* ; *etw auf die ~ bringen* mettre qqch à la poste ; *durch die (mit der) ~ schicken* envoyer par la poste **2.** courrier *m* ; lettres *fpl* **I.** *eingehende, ausgehende ~* courrier « arrivée », courrier « départ » ; *mit getrennter ~* par courrier séparé ; *mit umgehender ~* par retour du courrier **II.** *die ~ ab/holen* retirer le courrier ; *die ~ durch/sehen* dépouiller le courrier ; *die ~ erledigen* faire, expédier le courrier.

Postabholungsstelle *f,* **n** service *m* du retrait de courrier ; *(grandes entreprises)* Cedex *m.*

postalisch postal ; *auf ~em Weg* par voie postale ; par la poste.

Postamt *n,* **¨er** bureau *m* de poste.

postamtlich postal ; de l'administration des postes.

Postangestellte/r *(der/ein)* employé *m* des postes ; postier *m.*

Postanschrift *f,* **en** adresse *f* postale.

Postanweisung *f,* **en** mandat-poste *m* ; mandat *m* postal ; *internationale ~* mandat-poste international ; *telegraphische ~* mandat télégraphique.

Postauftrag *m,* **¨e** mandat *m* de recouvrement postal.

Postauto *n,* **s** voiture *f* postale.

Postbeamte/r *(der/ein)* employé *m* des postes ; postier *m.*

Postbeamtin *f,* **nen** employée *f* des postes ; postière *f.*

Postbeförderung *f,* **en** acheminement *m* postal ; transport *m* postal.

Postbestellung *f,* **en** distribution *f* postale.

Postbote *m,* **n, n** facteur *m* ; préposé *m (syn. Briefträger).*

postdatieren postdater.

Postdienst *m,* **(e)** service *m* postal.

Postdirektion *f,* **en** direction *f* des postes.

Posteingang *m,* **¨e** courrier *m* « arrivée ».

Posteinlieferungsschein *m*, **e** récépissé *m* postal.

Posten *m*, **- 1.** emploi *m* ; poste *m* ; place *f* ; *einen ~ aus/schreiben* mettre un poste au concours ; déclarer un emploi vacant ; *einen guten ~ haben* avoir une bonne place ; *von einem ~ zurück/treten* démissionner d'un poste **2.** *(comptab.)* poste *m* ; rubrique *f* ; article *m* ; *eingetragener ~* article passé en compte, en écriture ; *einen ~ buchen* comptabiliser un article ; *~ der Rechnungsabgrenzung* comptes *mpl* de régulation **3.** lot *m* (de marchandises).

Poster *n* ou *m*, **-** ou **(s)** poster *m* ; affiche *f*.

Postfach *n* **¨er** ⇒ *Postschließfach*.

postfrei affranchi *(syn. freigemacht)*.

Postgebühr *f*, **en** taxe *f* postale ; *~en* tarifs *mpl* postaux.

Postgeheimnis *n*, **(se)** secret *m* postal.

Postgiroamt *n*, **¨er** service *m* de virement postal.

Postgut *n*, **¨er** colis *m* postal.

Posthorn *n*, **¨er** *(hist.)* cor *m* du postillon (symbole actuel de la poste en R.F.A.).

postkapitalistisch postcapitaliste ; *~e Gesellschaft* société *f* postcapitaliste.

Postkarte *f*, **n** carte *f* postale ; *~ mit Rückantwort* carte-réponse *f*.

Postkartengröße *f*, **n** format *m* carte postale.

postlagernd poste restante.

Postleitraum *m*, **¨e** région *f* déterminée par un code postal (1, 2, 3, etc. premier chiffre) ; secteur *m* postal.

Postleitzahl *f*, **en** code *m* postal ; numéro *m* d'acheminement.

Postler *m*, **-** postier *m* ; employé *m* des postes ; *(France)* employé des P.T.T.

Postnebenstelle *f*, **n** bureau *m* de poste auxiliaire.

postnumerando : *zahlbar ~* payable à terme échu.

Postnumeration *f*, **en** paiement *m* supplémentaire ; versement *m* complémentaire.

Postordnung *f*, **en** règlement *m* des postes ; réglementation *f* postale.

Postpaket *n*, **e** colis *m* postal ; paquet-poste *m*.

Postsachen *pl (fam.)* courrier *m*.

Postsack *m*, **¨e** sac *m* postal.

Postschalter *m*, **-** guichet *m* postal.

Postscheck *m*, **s** chèque *m* postal.

Postscheckamt *n*, **¨er** *(PschA)* centre *m* de chèques postaux.

Postscheckdienst *m*, **(e)** service *m* des comptes-chèques postaux.

Postscheckinhaber *m*, **-** titulaire *m* d'un CCP.

Postscheckkonto *n*, **-ten** *(PSchKto)* compte *m* (de) chèque postal (C.C.P.).

Postscheckkunde *m*, **n**, **n** ⇒ *Postscheckinhaber*.

Postscheckteilnehmer *m*, **-** ⇒ *Postscheckinhaber*.

Postschecküberweisung *f*, **en** virement *m* postal.

Postscheckverkehr *m*, *ϕ* opérations *fpl* de comptes-chèques postaux ; service *m* des CCP.

Postschließfach *n*, **¨er** boîte *f* postale.

Postskript *n*, **e** *(PS)* post-scriptum *m* *(syn. Nachsatz ; Nachschrift)*.

Postskriptum *n*, **-ta** ⇒ *Postskript*.

Postsortieranlage *f*, **n** installation *f* de tri postal.

Postsparbuch *n*, **¨er** livret *m* d'épargne postal.

Postspareinlage *f*, **n** dépôt *m* de fonds ; versement *m* de fonds sur un compte d'épargne postal.

Postsparkasse *f*, **n** caisse *f* d'épargne postale.

Postsparkonto *n*, **-ten** compte *m* d'épargne postal.

Poststelle *f*, **n** bureau *m* de poste.

Poststempel *m*, **-** cachet *m* de la poste ; *das Datum des ~s ist maßgebend* le cachet de la poste faisant foi.

Postüberweisung *f*, **en** virement *m* postal.

Postulant *m*, **en**, **en** *(rare)* postulant *m* ; candidat *m* à un poste.

postulieren *(rare)* postuler.

Postulierung *f*, **en** *(rare)* postulation *f*.

postumgehend ⇒ *postwendend*.

Post- und Fernmeldewesen *n*, *ϕ* Postes et Télécommunications *fpl*.

Postverkehr *m*, *ϕ* trafic *m* postal.

Postverwaltung *f*, **en** administration *f* des postes.

Postvollmacht *f*, *ϕ* procuration *f* postale.

Postweg : *auf dem ~* par voie postale ; par la poste.

postwendend par retour du courrier.

Postwertzeichen *n*, **-** timbre-poste *m* (terme officiel pour *Briefmarke*).

Postwesen *n*, *ϕ* (administration *f* des) postes *fpl*.

Postwurfsendung *f*, **en** envoi *m* postal collectif ; courrier *m* hors sac.

Postzusteller *m*, **-** *(R.D.A.)* facteur *m* ; préposé *m*.

Postzustellung *f*, **en** distribution *f*

(postale du courrier).

Potential *n,* **e** potentiel *m* ; capacité *f* ; *wirtschaftliches* ~ potentiel économique ; *das* ~ *an Rohstoffen* le potentiel de matières premières.

potentiell potentiel ; théorique ; *~er Käufer* client *m*, acheteur *m* potentiel (prospection).

p.p./p.p.a. ⇒ *Prokura.*

PR *(Public relations)* relations *fpl* publiques, extérieures ; *die* ~ *-Arbeit* travail *m* de relations publiques ; *der ~-Mann* spécialiste *m*, homme *m* de relations publiques *(syn. Öffentlichkeitsarbeit).*

präferentiell préférentiel ; *~e Zölle* tarifs *mpl* douaniers préférentiels.

Präferenz *f,* **en** préférence *f* ; faveur *f* ; *(douane)* ~ *genießen* jouir d'un traitement préférentiel.

Präferenzabkommen *n,* **-** accord *m* préférentiel.

Präferenzliste *f,* **n** liste *f* préférentielle.

Präferenzsatz *m,* **¨e** taux *m* préférentiel.

Präferenzstellung *f,* **en** position *f*, situation *f* préférentielle.

Präferenzsystem *n,* **e** système *m* préférentiel.

Präferenzzoll *m,* **¨e** droit *m* préférentiel (douanes).

Prägeanstalt *f,* **en** Monnaie *f* ; Hôtel *m* des monnaies.

prägen frapper ; *Münzen* ~ battre monnaie.

Prägestempel *m,* **-** poinçon *m.*

Prägung *f,* **en** frappe *f* ; monnayage *m* ; empreinte *f.*

Pragmatiker *m,* **-** pragmatiste *m.*

pragmatisch pragmatique.

pragmatisieren *(Autriche)* titulariser (à vie).

Pragmatismus *m,* *ϕ* pragmatisme *m.*

präjudiziert : *~er Wechsel* traite *f* protestée hors des délais.

präkludieren forclore.

Präklusion *f,* **en** forclusion *f* ; péremption *f.*

präklusiv entraînant la forclusion, la péremption.

Praktikum *n,* **-ka** stage *m* ; *kaufmännisches* ~ stage commercial ; *ein* ~ *machen* faire un stage.

Praktikant *m,* **en, en** stagiaire *m.*

praktisch pratique ; *~er Arzt* généraliste *m* ; ~ *durch/führen* mettre en pratique.

Prämie *f,* **n** ['prɛ:miə] **1.** prime *f* ; *~zur Förderung* prime d'encouragement **2.** prime d'assurance ; *die* ~ *für die Kfz-Versicherung ist fällig* la prime d'assurance-automobile arrive à échéance **3.** récompense *f.*

Prämienangleichsklausel *f,* **n** *(assur.)* clause *f* de réajustement des primes.

Prämienanleihe *f,* **n** emprunt *m* à primes ; emprunt à lots.

prämienbegünstigt assorti d'une prime ; *~es Sparen* prime-épargne *f.*

Prämienbemessung *f,* **(en)** calcul *m* du montant des primes d'assurance.

Prämienfälligkeit *f,* **en** échéance *f* d'une prime.

prämienfrei *(assur.)* libéré du paiement de la prime.

Prämienfreiheit *f,* *ϕ* exonération *f* (du paiement) des primes.

Prämiengeschäft *n,* **e** marché *m* à prime ; opération *f* à prime.

Prämienlohn *m,* **¨e** salaire *m* auquel s'ajoutent des primes.

Prämienobligation *f,* **en** obligation *f* à prime.

Prämienrückgewähr *f,* *ϕ* restitution *f* de la prime ; remboursement *m* des primes.

Prämienschein *m,* **e** quittance *f* de prime.

Prämienschuldverschreibung *f,* **en** ⇒ *Prämienobligation.*

Prämiensparen *n,* **-** prime-épargne *f.*

Prämiensparvertrag *m,* **¨e** contrat *m* d'épargne (avec prime).

Prämienvereinbarung *f,* **en** *(R.D.A.)* convention *f* de fixation du montant et de la nature des primes.

Prämienzahlung *f,* **en** versement *m* de la prime.

Prämienzeitlohn *m,* **¨e** salaire *m* au temps avec prime.

Prämienzuschlag *m,* **¨e** supplément *m* de prime.

prämi(i)eren primer ; accorder un prix à.

Pränumeration *f,* **en** paiement *m* anticipé.

Präsident *m,* **en, en** président *m* *(syn. Vorsitzender).*

Präsidentenwahl *f,* **en** élection *f* présidentielle ; élection du président ; présidentielles *fpl.*

Präsidentschaft *f,* **(en)** présidence *f.*

Präsidialsystem *n,* **e** *(polit.)* régime *m* présidentiel.

präsidieren présider ; *eine(r) Sitzung* ~ présider une séance.

Präsidium *n,* **-ien** **1.** présidence *f* **2.** comité *m* directeur ; bureau *m* (d'un parti).

Praxis *f,* **-xen 1.** cabinet *m* (d'affaires, médical) **2.** clientèle *f* **3.** pratique *f* ; *in die ~ um/setzen* mettre en pratique.

praxisbezogen orienté sur la pratique ; *~e Ausbildung* formation *f* pratique.

Präzedenzfall *m,* **¨e** précédent *m* ; *(jur.)* cas *m* de jurisprudence ; *einen ~ schaffen* créer un précédent (jurisprudentiel).

präzis(e) précis ; exact.

Präzision *f,* **en** précision *f.*

Präzisionsarbeit *f,* **en** travail *m* de précision.

Preis *m,* **e 1.** prix *m* ; tarif *m* **I.** *angemessener ~* prix raisonnable ; *behördlich anerkannter ~* prix homologué ; *zu ermäßigtem ~* à tarif réduit ; *erschwinglicher ~* prix abordable ; *fester ~* prix fixé ; *gebundener ~* prix imposé ; *gepfefferter (gesalzener) ~* prix salé ; *zum halben ~* à moitié prix ; à demi-tarif ; *hoher ~* prix élevé ; *niedriger ~* prix bas ; *unerschwinglicher ~* prix exorbitant ; *vereinbarter ~* prix convenu **II.** *einen ~ aus/machen* convenir d'un prix ; *~e binden* imposer des prix ; *die ~e drücken* écraser, casser les prix ; gâter le marché ; *die ~e erhöhen* augmenter les prix ; *die ~e fallen* les prix baissent ; *die ~e festigen* raffermir les prix ; *einen ~ fest/setzen* fixer, établir un prix ; *die ~e frei/geben* libérer les prix ; *die ~e herab/setzen* baisser les prix ; *die ~e rutschen ab* les prix baissent ; *die ~e sacken ab* les prix s'effondrent ; *die ~e senken* baisser les prix ; *die ~e sinken* les prix chutent ; *die ~e schlagen auf* les prix augmentent ; *die ~e steigen* les prix montent ; *die ~e überwachen* contrôler, surveiller les prix ; *die ~e unterbieten* faire du dumping ; écraser les prix ; *einen ~ vereinbaren* convenir d'un prix **III.** *~ ab Werk* prix départ usine ; *~ frei Haus* prix franco domicile ; *~ nach Vereinbarung* prix convenu ; *~ ohne Steuer* prix hors taxes ; *zum ~ von* au prix de **2.** récompense *f* ; prix (à un concours) ; *den ersten ~ gewinnen* remporter le premier prix.

Preisabbau *m,* **ϕ** diminution *f* de prix ; baisse *f* du prix.

Preisabkommen *n,* **-** accord *m* sur les prix ; entente *f* sur les prix.

Preisabmachungen *pl* ⇒ *Preisabkommen.*

Preisabschlag *m,* **¨e** diminution *f* de prix ; rabais *m.*

Preisabsprache *f,* **n** ⇒ *Preisabkommen.*

Preisänderung *f,* **en** modification *f* de prix ; changement *m* de tarif.

Preisangabe *f,* **n** indication *f* de prix.

Preisangabenverordnung *f,* **en** réglementation *f* sur l'étiqūetage obligatoire.

Preisangleichung *f,* **en** ⇒ *Preisanpassung.*

Preisanhebung *f,* **en** ⇒ *Preiserhöhung.*

Preisanpassung *f,* **en** r(é)ajustement *m* des prix.

Preisanstieg *m,* **e** montée *f* des prix.

Preisaufbesserung *f,* **en** redressement *m* des prix.

Preisaufschlag *m,* **¨e** ⇒ *Preiserhöhung.*

Preisauftrieb *m,* **e** poussée *f*, flambée *f* des prix ; valse *f* des étiquettes.

Preisausgleich *m,* **(e)** péréquation *f* des prix.

Preisaushang *m,* **¨e** affichage *m* des prix ; prix *m* affiché ; étiquetage *m.*

Preisausschläge *pl* ⇒ *Preisschwankungen.*

Preisausschreiben *n,* **-** concours *m* (avec attribution de prix).

Preisauszeichnung *f,* **en** affichage *m* des prix.

Preisauszeichnungspflicht *f,* **en** affichage *m* obligatoire des prix ; obligation *f* d'afficher les prix.

Preisbehörde *f,* **n** commission *f* de contrôle des prix.

Preisberechnung *f,* **en** calcul *m* des prix.

preisbereinigt exprimé en chiffres réels ; traduit en termes réels ; correction faite de la hausse des prix ; corrigé des prix.

Preisberichtigung *f,* **en** révision *f*, rectification *f*, correction *f*, redressement *m*, ajustement *m* des prix.

Preisbeschlüsse *pl* fixation *f* des prix.

Preisbeschränkung *f,* **en** limitation *f* des prix.

Preisbewegungen *pl* mouvements *mpl* des prix.

preisbewußt qui a conscience des prix ; *~ ein/kaufen* acheter intelligemment ; avoir un comportement de consommateur averti.

preisbildend qui détermine le prix.

Preisbildung *f,* **en** formation *f* des prix ; élaboration *f* des prix.

Preisbindung *f,* **en** prix *mpl* imposés ; contrôle *m* des prix ; accord *m* sur les prix ; obligation *f* de respecter les prix établis ; *~ der zweiten Hand* prix (de détail) imposés par les fabricants et les revendeurs ; imposition *f* des prix dans le sens vertical ; *horizontale* ~ imposition des prix dans le sens horizontal ; *vertikale* ~ → *Preisbindung der zweiten Hand.*

Preisbrecher *m,* - casseur *m* de prix ; gâcheur *m* de marché.

Preisdiktat *n,* **e** diktat *m* des prix.

Preisdirigismus *m,* φ dirigisme *m* en matière de prix.

Preisdruck *m,* φ pression *f* des (sur les) prix.

Preisdrückerei *f,* φ compression *f* des prix ; écrasement *m* des prix.

Preiseinbruch *m,* **¨e** ⇒ *Preissturz.*

Preiselastizität *f,* φ élasticité *f* des prix.

Preisempfehlung *f,* **en** recommandation *f* de prix ; prix *m* recommandé ; *unverbindliche* ~*en* prix conseillés.

Preisentwicklung *f,* **en** évolution *f* des prix.

Preiserhöhung *f,* **en** augmentation *f,* majoration *f,* relèvement *m* de prix.

Preisermäßigung *f,* **en** diminution *f* de prix ; réduction *f* ; rabais *m.*

Preisermittlung *f,* **en** détermination *f* du prix.

Preiserwartungen *pl* prix *mpl* escomptés.

Preisexplosion *f,* **(en)** explosion *f* des prix ; flambée *f* des prix ; valse *f* des étiquettes.

Preisfestsetzung *f,* **en** fixation *f* des prix ; établissement *m* des prix.

Preisflexibilität *f,* **en** flexibilité *f* des prix ; mobilité *f* des prix.

Preis freibleibend prix non imposé ; prix libre.

Preisfreigabe *f,* **n** retour *m* à la liberté des prix ; déblocage *m* des prix.

Preisführer *m,* - leader *m* en matière de prix ; *als* ~ *auf/treten* dicter les prix.

preisgebunden à prix imposé ; soumis à l'accord sur les prix ; ~*er Markenartikel* article *m* de marque à prix imposé.

Preisgefälle *n,* - disparité *f* des prix ; éventail *m* des prix.

Preisgefeilsche *n,* φ marchandage *m* sur les prix.

Preisgefüge *n,* φ structure *f* des prix.

preisgekrönt primé ; couronné ; ~*es Modell* modèle *m* ayant obtenu un prix.

preisgesenkt à prix réduit ; démarqué ; en solde ; en promotion.

Preisgestaltung *f,* **en** ⇒ *Preisbildung.*

preisgestoppt prix bloqué.

Preisgleitklausel *f,* **n** clause *f* d'échelle mobile des prix ; clause d'indexation.

Preisgrenze *f,* **n** limite *f* des prix.

preisgünstig d'un prix avantageux ; d'un prix intéressant ; bon marché.

Preisherabsetzung *f,* **en** ⇒ *Preisermäßigung.*

Preisheraufsetzung *f,* **en** ⇒ *Preiserhöhung.*

Preisindex *m,* **e** ou **-dizes** indice *m* des prix.

Preisindizierung *f,* **en** indexation *f* des prix.

Preiskalkulation *f,* **en** ⇒ *Preisberechnung.*

Preiskartell *n,* **e** cartel *m* des prix.

Preiskarussell *n,* φ valse *f* des prix ; valse des étiquettes.

Preisklasse *f,* **n** gamme *f* de prix ; catégorie *f* de prix ; *in der* ~ dans cette gamme de prix ; *die höheren* ~*n* les prix *mpl* du haut de gamme ; « le haut de gamme ».

Preisknüller *m,* - *(fam.)* ⇒ *Preisschlager.*

Preiskonjunktur *f,* **en** conjoncture *f* des prix.

Preiskonkurrenz *f,* **(en)** concurrence *f* des prix.

Preiskonvention *f,* **en** ⇒ *Preisabsprache.*

Preiskontrolle *f,* **n** contrôle *m* des prix.

Preiskorrektur *f,* **en** rectification *f,* correctif *m* des prix.

Preislage *f,* **n** ⇒ *Preisklasse.*

Preislawine *f,* **n** avalanche *f* de hausses de prix ; hausse *f* spectaculaire des prix ; valse *f* des étiquettes ; flambée *f* des prix.

preislich relatif au prix ; *das ist* ~ *interessant* il s'agit d'un prix intéressant.

Preislimit *n,* **s** prix *m* plafond.

Preisliste *f,* **n** prix *m* courant ; *die* ~ *an/fordern* demander la liste des prix.

Preis-Lohn-Spirale *f,* **n** spirale *f* des salaires et des prix.

Preismanipulation *f,* **en** manipulation *f* des prix.

Preismechanismus *m,* **(-men)** mécanisme *m* des prix.

Preisnachlaß *m,* **¨sse** ⇒ *Preisermäßigung.*

Preisniveau *n,* **s** niveau *m* des prix.

Preisnotierung *f,* **en** cotation *f* des prix.

Preispolitik *f,* φ politique *f* des prix.

Preis-Qualitätsverhältnis *n,* **se** rapport *m* qualité-prix.

Preisregelung *f,* **en** réglementation *f* en matière de prix.

Preisregulierung *f,* **en** régulation *f* des

prix.

Preisrückgang *m,* **¨e** recul *m* des prix ; baisse *f* des prix.

Preisrutsch *m,* φ dérapage *m* des prix.

Preisschere *f,* **n 1.** différence *f* entre deux catégories de prix **2.** écart *m* entre le coût de production et le prix de vente.

Preisschild *n,* **er** étiquette *f.*

Preisschlager *m,* **-** prix *m* imbattable ; prix record ; prix-choc *m.*

Preisschleuderei *f,* **(en)** braderie *f* ; écrasement *m* des prix ; vente *f* à vil prix.

Preisschraube *f,* **n** « vis » *f* des prix ; *an der ~ drehen* augmenter les prix (d'un cran).

Preisschub *m,* **¨e** poussée *f* des prix.

Preisschwankungen *pl* fluctuations *fpl* des prix.

Preissenkung *f,* **en** diminution *f* des prix.

Preisspiegel *m,* **-** tableau *m* synoptique des prix ; tableau comparatif des prix.

Preisskala *f,* **s** ou **-len** gamme *f* de prix ; éventail *m* de prix.

Preisspanne *f,* **n** fourchette *f* des prix ; marge *f.*

Preisspielraum *m,* **¨e** liberté *f* de mouvement des prix ; latitude *f* de manœuvre pour fixer les prix.

Preisstabilisierung *f,* **(en)** stabilisation *f* des prix.

Preisstabilität *f,* **(en)** stabilité *f* des prix.

Preisstaffelung *f,* **en** échelle *f* des prix ; échelonnement *m* des prix.

Preisstand *m,* φ ⇒ *Preisniveau.*

Preissteigerung *f,* **en** ⇒ *Preiserhöhung.*

Preisstopp *m,* **s** blocage *m* des prix ; *Aufhebung des ~s* déblocage *m* des prix.

Preisstratege *m,* **n, n** stratège *m* (en matière de politique) des prix.

Preisstufe *f,* **n** ⇒ *Preisklasse.*

Preissturz *m,* **¨e** effondrement *m* des prix ; dégringolade *f* des prix.

Preisstützung *f,* **en** soutien *m* des prix.

Preistabelle *f,* **n** barème *m* des prix.

Preistaxen *n,* φ taxation *f* des prix.

preistreibend inflationniste ; *sich ~ aus/wirken* faire flamber les prix.

Preistreiber *m,* **-** générateur *m* (facteur *m*) de hausse ; facteur *m* de flambée des prix.

Preistreiberei *f,* **en** flambée *f* des prix ; valse *f* des étiquettes.

Preistrend *m,* **s** tendance *f* des prix.

Preisüberschreitung *f,* **en** excédent *m* de prix ; dépassement *m* des (du) prix.

Preisüberwachung *f,* **en** ⇒ *Preiskontrolle.*

Preisunterbietung *f,* **en** « dumping » *m* ; vente *f* à vil prix *(syn. Dumping).*

Preisverderber *m,* **-** gâcheur *m* (des prix) ; personne *f* ou entreprise *f* pratiquant le dumping.

Preisverfall *m,* φ chute *f,* dégradation *f,* détérioration *f* des prix.

Preisverordnung *f,* **en** ordonnance *f* ; disposition *f* officielle en matière de prix.

Preisverstoß *m,* **¨e** infraction *f* à la législation en matière de prix.

Preisverteuerung *f,* **en** renchérissement *m* des prix.

Preisverzeichnis *n,* **se** ⇒ *Preisliste.*

Preisverzerrung *f,* **en** distorsion *f* des prix.

Preisvorschriften *pl* réglementation *f* sur les prix.

Preisvorteil *m,* **e** avantage *m* en matière de prix ; *~e an die Kunden weiter/geben* répercuter les prix réduits (la réduction des prix) sur les clients.

preiswert avantageux ; bon marché ; *~es Angebot* offre *f* intéressante.

Preiswucher *m,* φ exagération *f* en matière de prix.

preiswürdig ⇒ *preiswert.*

Preiszettel *m,* **-** étiquette *f* de prix.

Preiszuschlag *m,* **¨e** supplément *m* de prix.

prellen duper ; escroquer ; arnaquer.

Prellerei *f,* **en** escroquerie *f* ; duperie *f* ; arnaque *f.*

Premier *m,* **s** [prə'mje:] Premier Ministre *m.*

Premierminister *m,* **-** ⇒ *Premier.*

Presse *f,* φ presse *f* ; journaux *mpl* ; *eine gute, schlechte ~ haben* avoir bonne, mauvaise presse.

Presseagentur *f,* **en** agence *f* de presse.

Presseattaché *m,* **s** attaché *m* de presse.

Presseausweis *m,* **e** carte *f* de presse.

Pressedienst *m,* **e** service *m* de presse.

Pressekampagne *f,* **n** campagne *f* de presse.

Pressekönig *m,* **e** magnat *m* de la presse.

Presseorgan *n,* **e** organe *m* de presse.

Presseschau *f,* **(en)** revue *f* de presse.

Pressestimmen *pl* échos *m* de la presse ; commentaires *mpl* de la presse.

Presse- und Informationsdienst *m* **der Bundesregierung** service *m* de presse et d'information du gouvernement fédéral.

Pressevertreter *m,* - correspondant *m* de presse.

Pressionsgruppe *f,* **n** ⇒ *Pressure-group.*

Pressure-group *f,* **s** ['prɛʃəgru:p] groupe *m* de pression *(syn. Interessengruppe ; Lobby).*

Prestigewerbung *f,* **en** publicité *f* de prestige.

price-earning ratio (PER) ⇒ *Kurs-Gewinn-Verhältnis.*

prima de première qualité ; ~ *Ware* marchandise *f* de premier ordre.

Primage *f,* **n** ⇒ *Primgeld.*

Primapapier *n,* **e** effet *m* de premier ordre ; valeur *f* d'excellent rapport.

Primaqualität *f,* *φ* première qualité *f.*

primär primaire ; *~er Sektor* secteur *m* primaire (agriculture, sylviculture, pêche).

Prima Rate *f,* *φ* ⇒ *Prime rate.*

Primärenergie *f,* **n** énergie *f* primaire (charbon, pétrole, gaz naturel).

Primärenergiebedarf *m,* *φ* besoins *mpl* en énergie primaire.

Primaware *f,* **n** marchandise *f* de première qualité ; article *m* de premier ordre.

Primawechsel *m,* - première *f* de change.

Prime rate *f,* *φ* ['praimreit] *(U.S.A.)* taux *m* d'intérêt préférentiel (offert par les banques à leurs meilleurs clients).

Primgeld *n,* **(er)** primage *m* (prime versée au capitaine d'un navire).

Printmedien *pl* presse *f* écrite.

Priorität *f,* **en** priorité *f* ; préférence *f.*

Prioritätsaktie *f,* **n** action *f* préférentielle ; action privilégiée.

Prioritätsanleihe *f,* **n** emprunt *m* de priorité.

Prioritätsgläubiger *m,* - créancier *m* privilégié.

Prioritätsobligation *f,* **en** obligation *f* privilégiée ; obligation de préférence.

privat privé ; particulier ; *~e Haushalte* particuliers *mpl* ; ménages *mpl* ; *~e Krankenkasse* caisse *f* privée d'assurance-maladie.

Privatbesitz *m,* *φ* ⇒ *Privateigentum.*

Privateigentum *n,* *φ* propriété *f* privée.

Privateinkommen *n,* - revenus *mpl* personnels ; revenus privés.

Privatgebrauch *m,* *φ* usage *m* privé, non professionnel.

Privathand : *aus/von* ~ provenant de fonds privés, d'un particulier.

Privatindustrie *f,* **n** industrie *f* privée.

Privatinitiative *f,* **n** initiative *f* privée.

Privatinteressen *pl* intérêts *mpl* privés.

privatisieren 1. transférer dans le secteur privé ; *einen staatlichen Betrieb ~* dénationaliser une entreprise **2.** vivre de sa fortune ; vivre de ses rentes.

Privatisierung *f,* **en** dénationalisation *f* ; privatisation *f.*

Privatkläger *m,* - *(jur.)* partie *f* civile.

Privatkorrespondenz *f,* **en** correspondance *f* personnelle.

Privatkundschaft *f,* *φ* clientèle *f* privée.

Privatmann *m,* **-leute** ⇒ *Privatperson.*

Privatpatient *m,* **en, en** patient *m* privé d'un médecin.

Privatperson *f,* **en** particulier *m.*

Privatrecht *n,* *φ* droit *m* privé ; *internationales ~* droit international privé.

privatrechtlich de droit privé.

Privatsache *f,* **n** affaire *f* privée.

Privatsektor *m,* **en** secteur *m* privé.

Privatsphäre *f,* **n** vie *f*-privée ; intimité *f.*

Privatunternehmen *n,* - entreprise *f* privée.

Privaturkunde *f,* **n** acte *m* sous seing privé.

Privatverbrauch *m,* *φ* consommation *f* privée ; consommation personnelle.

Privatvermögen *n,* - fortune *f* personnelle ; biens *mpl* personnels.

Privatversicherung *f,* **en** assurance *f* privée.

Privatwirtschaft *f,* **en** économie *f* privée.

Privileg *n,* **-ien** privilège *m* ; *verbriefte ~ien* privilèges dûment garantis par écrit ; *~ien an/tasten* toucher à des privilèges.

privilegiert privilégié ; *~er Gläubiger* créancier *m* privilégié.

Privilegierte/r *(der/ein)* privilégié *m.*

pro : *~ Kopf* par tête d'habitant ; *~ Person* par personne ; *~ Stück* par unité ; *~ Tag* par jour ; *(fam.) ich bin ~* je suis pour (en faveur de cela).

Pro *n,* *φ* pour *m* ; *das ~ und Kontra* le pour et le contre.

Probe *f,* **n 1.** essai *m* ; épreuve *f* ; *auf (zur) ~* à l'essai ; à condition ; *auf ~ ein/stellen* engager à l'essai ; *auf die ~ stellen* mettre à l'épreuve **2.** échantillon *m* ; spécimen *m* ; *eine ~ entnehmen* prélever un échantillon.

Probeauftrag *m,* **¨e** ⇒ *Probebestellung.*

Probebestellung *f,* **en** commande *f* d'essai ; commande à l'essai.

Probeexemplar *n,* **e** spécimen *m* ;

échantillon *m* d'essai.

probehalber ⇒ *probeweise.*

Probejahr *n,* **e** année *f* probatoire ; année d'essai.

Probekauf *m,* **¨e** achat *m* à l'essai.

Probelauf *m,* **¨e** essai *m* ; tour *m* d'essai (machine).

Probelieferung *f,* **en** envoi *m* pour essai ; livraison *f* à titre d'essai.

proben essayer ; tester.

Probenummer *f,* **n** ⇒ *Probeexemplar.*

Probesendung *f,* **en** envoi *m* d'échantillons ; envoi de spécimens.

Probestück *n,* **e** échantillon *m* gratuit ; spécimen *m.*

probeweise à titre d'essai.

Probezeit *f,* **en** période *f* probatoire ; période d'essai.

Problem *n,* **e** problème *m* ; *ein ~ lösen* résoudre un problème.

problematisch problématique.

Problemregion *f,* **en** région *f* touchée par la crise ; région à problèmes.

Produkt *n,* **e 1.** produit *m* ; *fertiges ~* produit fini ; *gewerbliches ~* produit industriel ; *halbfertiges ~* produit semi-fini ; semi-produit ; *landwirtschaftliches ~* produit agricole ; *pflanzliche ~e* produits d'origine végétale ; *tierische ~e* produits d'origine animale **2.** résultat *m* ; produit.

Produktenbörse *f,* **n** Bourse *f* des marchandises ; Bourse de commerce *(syn. Warenbörse).*

Produktenentwicklung *f,* **en** élaboration *f,* mise *f* au point de nouveaux produits.

Produktenmarkt *m,* **¨e** marché *m* de denrées, de produits.

Produktion *f,* **en** production *f* ; fabrication ; *die ~ an/kurbeln* relancer la production ; *die ~ ein/stellen* suspendre la production ; *die ~ erhöhen (steigern)* augmenter la production ; *die ~ senken (drosseln)* baisser la production *(syn. Herstellung ; Fertigung ; Erzeugung).*

Produktionsablauf *m,* **¨e** déroulement *m* de la production.

Produktionsabteilung *f,* **en** département *m* production.

Produktionsanlagen *pl* installations *fpl* industrielles ; immobilisations *fpl* industrielles ; bâtiments *mpl* de production.

Produktionsaufnahme *f,* **n** mise *f* en production.

Produktionsausfall *m,* **¨e** perte *f* de production.

Produktionsausstoß *m,* **¨ße** production *f* ; volume *m* de la production ; quantité *f* produite.

Produktionsbereich *m,* **e** secteur *m* de production.

Produktionsbeschränkung *f,* **en** limitation *f* de (la) production.

Produktionsbetrieb *m,* **e** entreprise *f* de production.

Produktionsbrigade *f,* **n** *(R.D.A.)* brigade *f* de production (agriculture).

Produktionsdrosselung *f,* **en** réduction *f* de la production ; coup de frein *m* donné à la production.

Produktionseinbuße *f,* **n** perte *f* de production ; manque à gagner *m.*

Produktionseinheit *f,* **en** unité *f* de production.

Produktionseinschränkung *f,* **en** ⇒ *Produktionsbeschränkung.*

Produktionsfaktor *m,* **en** facteur *m* de production.

Produktionsgenossenschaft *f,* **en** coopérative *f* de production ; *(R.D.A.) ~ des Handwerks* coopérative de production artisanale.

Produktionsgüter *pl* biens *mpl* de production (tels que matières premières utilisées pour produire d'autres biens de consommation ou d'équipement).

Produktionsinstrumente *pl (R.D.A.)* appareil *m* de production.

Produktionskapazität *f,* **en** capacité *f* de production.

Produktionskosten *pl* coût *m* de (la) production.

Produktionsleistung *f,* **en** ⇒ *Produktivität.*

Produktionsleiter *m,* **-** chef *m* de production.

Produktionslenkung *f,* **(en)** orientation *f,* contrôle *m* de la production.

Produktionsmenge *f,* **n** quantité *f* produite.

Produktionsmittel *pl* moyens *mpl,* facteurs *mpl,* biens *mpl* de production ; *Vergesellschaftung der ~* socialisation *f* des moyens de production.

Produktionspotential *n,* *ϕ* potentiel *m* de production.

Produktionsprogramm *n,* **e** programme *m* de production.

Produktionsprozeß *m,* **-sse** procédé *m* de production ; processus *m* de production.

Produktionsrhythmus *m,* **(-men)** rythme *m* de production ; *den ~ bei/behalten* maintenir le rythme de production.

Produktionsrückgang *m,* **¨e** baisse *f,* ralentissement *m,* recul *m* de (la) production.

Produktionsschwankungen *pl* fluctuations *fpl* de la production ; *die ~ ab/fangen* parer aux fluctuations de la production ; amortir les variations de production.

Produktionssoll *n,* φ production *f* imposée.

Produktionsstand *m,* φ niveau *m* de production.

Produktionsstandort *m,* **e** ⇒ *Produktionsstätte.*

Produktionsstätte *f,* **n** lieu *m* de production ; centre *m* de production.

Produktionssteigerung *f,* **en** augmentation *f* de la production ; relèvement *m* de la production.

Produktionssteuerung *f,* **en** contrôle *m*, orientation *f* de la production.

Produktionsstraße *f,* **n** chaîne *f* de production *(syn. Fertigungsstraße).*

Produktionsstufe *f,* **n** stade *m* de (la) production.

Produktionsteam *n,* **s** équipe *f* de production.

Produktionstempo *n,* **(s)** cadence *f* de production ; rythme *m* de production.

Produktionsüberschuß *m,* **¨sse** surplus *m*, excédent *m* de production.

Produktionsumfang *m,* **(¨e)** ⇒ *Produktionsvolumen.*

Produktionsumstellung *f,* **(en)** reconversion *f* de la production.

Produktionsverfahren *n,* **-** procédé *m* de production.

Produktionsverlagerung *f,* **en** déplacement *m* de la production.

Produktionsvolumen *n,* **-** volume *m* de production.

Produktionsweise *f,* **n** méthode *f* de production.

Produktionswert *m,* φ valeur *f* de production.

Produktionsziffer *f,* **n** chiffre *m* de production.

Produktionszuwachs *m,* **(¨se)** accroissement *m* de la production.

Produktionszweig *m,* **e** secteur *m* de production ; branche *f* de production.

produktiv productif ; *~e Arbeit* travail *m* productif, direct ; *~es Kapital* capital *m* productif.

Produktivgüter *pl* biens *mpl* de production ; biens d'équipement ; biens d'investissement.

Produktivität *f,* **(en)** productivité *f* ; *die ~ steigern* augmenter le rendement.

Produktivitätsgrenze *f,* **n** seuil *m* de productivité.

Produktivitätsprämie *f,* **n** prime *f* de productivité.

Produktivitätssteigerung *f,* **en** accroissement *m* de la productivité ; relèvement *m* de la productivité.

Produktivitätszuwachs *m,* **(¨se)** accroissement *m* de la productivité.

Produktivkapital *n,* φ capital *m* productif.

Produktivkräfte *pl (Marx)* forces *fpl* productives (moyens de production, main-d'œuvre, science, technologie, etc.).

Produktivkredit *m,* **e** crédit *m* à la production.

Produktivvermögen *n,* **-** patrimoine *m*, capital *m* productif.

Produktleiter *m,* **-** ⇒ *Produktmanager.*

Produkt-Manager *m,* **-** chef *m* de produit *(syn. Markenbetreuer).*

Produktmix *n,* φ ensemble *m* des différents produits (ou de la production) d'une entreprise.

Produktpalette *f,* **n** gamme *f* de produits.

Produkttest *m,* **s** test *m* de produit.

Produzent *m,* **en, en** producteur *m* ; *vom ~en zum Konsumenten* du producteur au consommateur *(syn. Hersteller ; Erzeuger).*

Produzentenpreis *m,* **e** prix *m* à la production.

produzieren produire ; fabriquer ; *nach Bedarf ~* produire en fonction du besoin ; *(R.D.A.) ~tes Nationaleinkommen* revenu *m* national *(syn. herstellen, erzeugen).*

Professional *m,* **s** [pro'fɛʃənəl] ⇒ *Profi.*

professionalisieren professionnaliser.

Professionalisierung *f,* **en** professionnalisation *f.*

Professionalismus *m,* φ professionnalisme *m.*

professionell [profɛsio'nɛl] professionnel ; *~er Sportler* sportif *m* professionnel.

Profi *m,* **s** professionnel *m* ; « pro ».

Profil *n,* **e** profil *m* ; *das gewünschte ~ haben* avoir le profil requis.

profilieren profiler ; *sich als Wirtschaftler ~* avoir le profil d'un économiste.

Profit *m,* **e** *(souvent péjor.)* profit *m* ; gain *m* ; *einen ~ machen (erzielen)* réaliser un profit ; *aus etw ~ schlagen* tirer un bénéfice de ; *mit ~ verkaufen* vendre à profit.

Profiteur *m,* **e** profiteur *m.*

Profitgeier *m,* **-** profiteur *m* ; requin *m.*

Profitgier *f,* *ϕ* âpreté *f* au gain ; avidité *f* au gain.

profitgierig avide de profit.

profitieren profiter ; *von einem Konkurs* ~ profiter d'une faillite.

Profitjäger *m,* - ⇒ *Profiteur.*

Profitmaximierung *f,* **en** maximalisation *f* du profit ; maximisation *f* des bénéfices.

Profitstreben *n,* *ϕ* recherche *f* du profit, du gain.

Profitsucht *f,* *ϕ* ⇒ *Profitgier.*

pro forma pour la forme.

Proforma-Rechnung *f,* **en** facture *f* pro forma ; facture fictive.

Proforma-Wechsel *m,* - billet *m* de complaisance ; effet *m* de complaisance.

Prognose *f,* **n** prévision *f* ; pronostic *m* ; perspectives *fpl* ; *eine* ~ *stellen* établir un pronostic.

prognostizieren pronostiquer ; faire des prévisions ; prédire.

Programm *n,* **e 1.** programme *m* ; plan *m* ; *ein* ~ *auf/stellen* établir un programme **2.** *(inform.)* programme ; *dem Computer ein* ~ *ein/geben* programmer un ordinateur **3.** *(télé) Erstes, Zweites* ~ première, deuxième chaîne.

Programmabruf *m,* **e** *(inform.)* appel *m* de programme.

Programmation *f,* **en** ⇒ *Programmierung.*

Programm-Einheit *f,* **en** *(inform.)* unité *f* de programme.

Programmgestaltung *f,* **en** *(inform.)* ⇒ *Programmierung.*

programmgesteuert *(inform.)* commandé par programme ; équipé d'un programme de commande ; ~*e Rechenanlage* calculatrice *f* programmable.

programmierbar programmable.

programmieren programmer ; mettre au programme.

Programmierer *m,* - *(inform.)* programmeur *m* (spécialiste de la conception, de la réalisation et de l'utilisation des programmes).

Programmiersprache *f,* **n** *(inform.)* langage *m* de programmation (par ex. ALGOL, COBOL, FORTRAN, etc.).

Programmierung *f,* **en** programmation *f.*

Programmsprache *f,* **n** *(inform.)* programme *m* ; *problemorientierte* ~ langage *m* externe ; langage orienté vers un problème.

Programmsteuerung *f,* **en** *(inform.)* commande *f* par programme.

Programmverzahnung *f,* **(en)** *(inform.)* multiprogrammation *f* *(syn. Mehrprogrammverarbeitung).*

Progression *f,* **en** progression *f* ; mouvement *m* en avant.

Progressionstarif *m,* **e** tarif *m* progressif.

progressiv 1. progressif ; qui avance régulièrement ; ~*e Abschreibung* amortissement *m* progressif **2.** progressiste ; de progrès ; ~*e Partei* parti *m* progressiste.

Progressivsteuer *f,* **n** impôt *m* progressif.

Prohibition *f,* **en** prohibition *f* ; interdiction *f* (des boissons alcooliques aux USA entre 1919 et 1933).

prohibitiv prohibitif.

Prohibitivzoll *m,* **¨e** *(douane)* droits *mpl* prohibitifs.

Projekt *n,* **e** projet *m* ; entreprise *f* sur une grande échelle.

Projektion *f,* **en** projection *f.*

projizieren projeter ; effectuer une projection.

Pro-Kopf-Einkommen *n,* - revenu *m* par tête d'habitant.

Pro-Kopf-Verbrauch *m,* *ϕ* consommation *f* par tête d'habitant ; consommation individuelle.

Prokura *f,* **-ren** procuration *f* ; *per* ~ *(pp., ppa.)* par procuration ; *jdm* ~ *erteilen* donner procuration à qqn ; *die* ~ *ist erloschen* la procuration est expirée.

Prokuration *f,* **en** procuration *f.*

Prokurist *m,* **en, en** fondé *m* de pouvoir de procuration ; personne *f* investie d'une procuration commerciale générale.

Prolet *m,* **en, en** *(fam.)* prolo *m.*

Proletariat *n,* *ϕ* prolétariat *m* ; *akademisches* ~ prolétariat *m* intellectuel.

Proletarier *m,* - prolétaire *m.*

proletarisch prolétaire ; prolétarien.

proletarisieren prolétariser.

Prolongation *f,* **en** [prolɔŋga'tsio:n] prolongation *f* ; prorogation *f* ; report *m* ; renouvellement *m* (d'échéance) ; *einem Schuldner* ~ *gewähren* accorder une prolongation à un débiteur.

Prolongationsgeschäft *n,* **e** opération *f* de report (consiste à proroger jusqu'à la liquidation suivante un marché arrivé à son terme).

Prolongationswechsel *m,* - lettre *f* de change renouvelable ; traite *f* reportée.

prolongieren [prolɔŋ'gi:rən] prolonger ; proroger ; reporter ; *einen Wechsel* ~ renouveler une traite.

Promesse *f,* **n 1.** promesse *f,* engagement *m* écrit(e) **2.** reconnaissance *f* de dette.

pro mille pour mille *(syn. pro tausend ; fürs Tausend ; vom Tausend).*

Promille *n,* **- 1.** millième *m* ; pour mille ; *die Provision beträgt 7 ~* la commission s'élève à 7 pour mille **2.** taux *m* d'alcoolémie.

Promillegrenze *f,* **n** alcoolémie *f* ; taux *m* d'alcool autorisé dans le sang ; *die ~ liegt bei 0,8 Promille* le taux d'alcoolémie autorisé est de 0,8 pour mille.

Promillesatz *m,* **¨e** taux *m* pour mille.

prominent éminent ; marquant.

Prominente/r *(der/ein)* personnalité *f* ; notable *m* ; célébrité *f.*

Prominenz *f,* **en** personnalités *fpl* ; notables *mpl* ; autorités *fpl* ; *(fam.)* gratin *m.*

Promoter *m,* **-** [pro'moutə] *(rare)* organisateur *m* ; promoteur *m* ; lanceur *m* d'affaires, d'entreprises.

Promotion *f,* *ϕ* [pro'mouʃən] *(rare)* vente *f* promotionnelle ; promotion *f* des ventes ; mesures *fpl* promotionnelles.

Promotion *f,* **en** [promo'tsio:n] doctorat *m.*

promovieren passer son doctorat.

prompt sans délai ; *~e Lieferung* livraison *f* immédiate.

Promptgeschäft *n,* **e** ⇒ *Kassageschäft.*

Propaganda *f,* *ϕ* propagande *f* (politique) ; publicité *f* ; réclame *f.*

propagieren préconiser ; propager.

Propergeschäft *n,* **e** opération *f* commerciale en nom propre ; transaction *f* commerciale en nom propre.

proportional proportionnel ; *direkt, umgekehrt ~* directement, inversement proportionnel ; *~e Besteuerung* imposition *f* proportionnelle.

Proportionalwahl *f,* **en** ⇒ *Proporzwahl.*

Proporz *m,* **e** *(Suisse, Autriche)* ⇒ *Proporzwahl.*

Proporzdenken *n,* *ϕ* *(polit.)* répartition *f* proportionnelle et systématique des sièges (entre CDU et SPD par ex.).

Proporzwahl *f,* **(en)** représentation *f* proportionnelle ; élection *f* à la proportionnelle ; proportionnelle *f.*

Propregeschäft *n,* **e** ⇒ *Propergeschäft.*

Prorogation *f,* **en** prorogation *f* ; prolongation *f* ; report *m.*

prorogieren proroger ; prolonger ; reporter.

Prospekt *m* (*Autriche* aussi) *n,* **e** 1. prospectus *m* ; brochure *f* ; *~e verteilen* distribuer des prospectus **2.** *(bourse)* note *f* d'information ; prospectus *m* d'émission.

prospektieren prospecter ; *den Meeresboden ~* prospecter les fonds marins.

Prospektion *f,* **en 1.** prospection *f* (du sol, etc.) **2.** imprimés *mpl* publicitaires.

Prospektmaterial *n,* **-ien** prospectus *mpl* ; matériel *m* de réclame ; documentation *f* publicitaire.

Prospektor *m,* **en** prospecteur *m.*

Prospektwerbung *f,* **en** publicité *f* par prospectus.

Prospektzwang *m,* **¨e** *(bourse)* obligation *f* (pour une société) de publier un prospectus au moment d'une émission.

prosperieren prospérer.

Prosperität *f,* *ϕ* prospérité *f.*

Protektionismus *m,* *ϕ* protectionnisme *m.*

Protektionist *m,* **en, en** protectionniste *m.*

protektionistisch protectionniste.

Protest *m,* **e 1.** protestation *f* ; *gegen etw ~ ein/legen* protester contre qqch **2.** protêt *m* (traite, chèque) ; *~ mangels Annahme* protêt faute d'acceptation ; *~ mangels Zahlung* protêt faute de paiement ; *ohne ~* sans protêt ; *~ auf/nehmen* faire, dresser protêt ; *~ erheben* dresser un protêt ; protester.

Protestaktion *f,* **en 1.** protestation *f* ; contestation *f* **2.** *(traite, chèque)* action *f* en protêt.

Protestanzeige *f,* **n** *(traite, chèque)* notification *f* de protêt.

Protestbewegung *f,* **en** mouvement *m* de protestation.

protestieren protester ; *~ter Wechsel* effet *m* protesté.

Protestler *m,* **-** *(polit.)* contestataire *m.*

Proteststreik *m,* **s** grève *f* de protestation.

Protestwelle *f,* **n** vague *f* de protestation.

Protokoll *n,* **e 1.** procès-verbal *m* ; compte *m* rendu ; *ein ~ auf/nehmen* dresser, établir un procès-verbal ; *zu ~ geben* consigner au procès-verbal ; *etw zu ~ nehmen* inscrire qqch au procès-verbal **2.** *(polit.)* protocole *m* ; *Chef des ~s* chef *m* du protocole.

Protokollant *m,* **en, en** ⇒ *Protokollführer.*

Protokollführer *m,* **-** rédacteur *m* du procès-verbal ; rédacteur du compte rendu ; secrétaire *m.*

protokollieren dresser procès-verbal ;

verbaliser.

Prototyp *m,* **en** prototype *m.*

Protz *m,* **en, en** *(fam.)* nouveau riche *m* ; richard *m.*

Proviant *m,* **e** approvisionnement *m* ; vivres *mpl* ; victuailles *fpl.*

Provision *f,* **en 1.** commission *f* ; pourcentage *m* ; *eine ~ bekommen* toucher une commission ; *auf (gegen) ~ arbeiten* travailler moyennant commission ; *auf ~ reisen* voyager à la commission **2.** *(courtier)* courtage *m* **3.** remise *f* (du commissionnaire) **4.** tantième *m* (au prorata des ventes) ; guelte *f.*

Provisionsberechnung *f,* **en** calcul *m* de la commission ; compte *m* bordereau ; décompte de commission.

provisionsfrei franc de commission ; sans commission.

provisionspflichtig soumis au versement d'une commission.

Provisionsreisende/r *(der/ein)* voyageur *m* de commerce rétribué à la commission.

Provisionssatz *m,* **¨e 1.** taux *m* de commission **2.** tarif *m* de courtage.

Prozent *n,* **e 1.** pour cent ; *zu wieviel ~* ? à quel pour cent ? ; *eine Mehrwertsteuer von 13 ~* une T.V.A. de 13 % **2.** *~e* pourcentage *m* ; *~e an etw haben* toucher un pourcentage sur qqch ; *in ~en* en pour cent *(syn. v.H. ; p.c. ; %).*

prozentig quantité exprimée en pourcentage ; *eine 2~e Erhöhung* une augmentation de 2 %.

Prozentkurs *m,* **e** *(bourse)* cours *m* coté en pour-cent de la valeur nominale d'un titre.

Prozentpunkt *m,* **e** point *m* (de pourcentage).

Prozentsatz *m,* **¨e** pourcentage *m* ; taux *m* ; prorata *m* ; *ein geringer ~* un faible pourcentage.

Prozentspanne *f,* **n** marge *f* bénéficiaire exprimée en pourcentage.

prozentual (exprimé) en pourcentage ; proportionnel ; *~ am Gewinn beteiligt sein* avoir un pourcentage sur le(s) bénéfice(s).

prozentuell *(Autriche) ⇒ prozentual.*

prozentuieren établir en pourcentage.

Prozentwert *m,* **e** valeur *f* exprimée en pourcentage.

Prozeß *m,* **-sse 1.** *(jur.)* procès *m* ; litige *m* ; cause *f* ; *gegen jdn einen ~ an/strengen* intenter un procès à qqn ; *einen ~ führen* conduire un procès **2.** procédé *m* ; processus *m* ; *einen ~ durch/machen* passer par un processus.

Prozeßakten *pl* dossier *m,* pièces *fpl* du procès.

prozeßfähig capable d'ester en justice.

prozeßführend : *die ~en Parteien* les plaignants *mpl.*

Prozeßführer *m,* **-** plaideur *m.*

Prozeßgegner *m,* **-** partie *f* adverse.

prozessieren plaider ; *mit jdm ~* faire un procès à qqn.

Prozeßkosten *pl* frais *mpl* de procédure.

Prozeßordnung *f,* **en** (code *m* de) procédure *f.*

Prozessor *m,* **en** *(inform.)* processeur *m.*

Prozeßrechner *m,* **-** *(inform.)* ordinateur *m* de techniques industrielles.

prüfen examiner ; vérifier ; contrôler ; tester ; *die Bilanz ~* contrôler le bilan ; *ein Produkt auf Schädlichkeit ~* tester la nocivité, la toxicité d'un produit.

Prüfer *m,* **- 1.** examinateur *m* **2.** contrôleur *m* **3.** *(comptab.)* réviseur *m* ; vérificateur *m.*

Prüfgerät *n,* **e** appareil *m* de contrôle.

Prüfplakette *f,* **n** vignette *f* de contrôle technique délivrée par le « TÜV ».

Prüfstand *m,* **ϕ** banc *m* d'essai ; *etw auf dem ~ erproben* tester sur le banc d'essai.

Prüfung *f,* **en** examen *m* ; vérification *f* ; contrôle *m* ; test *m* ; *nach (bei) näherer ~* après plus ample examen ; *~ der Bücher* vérification de la comptabilité ; *etw einer ~ unterziehen* soumettre qqch à un contrôle.

Prüfungsausschuß *m,* **¨sse** commission *f* de contrôle, d'examen ; jury *m* d'examen.

Prüfungsbericht *m,* **e** rapport *m* d'expertise.

Prüfzeichen *n,* **-** poinçon *m* de contrôle ; marque *f* de vérification ; estampille *f.*

Prügelknabe *m,* **n, n** *(fam.)* tête *f* de Turc ; bouc *m* émissaire ; *~ Auto* c'est le secteur automobile qui « paie les pots cassés ».

PS *n,* **-** [pe:'ɛs] **1.** *(Pferdestärke)* cheval-vapeur *m* ; *ein ~-starkes Modell* une forte cylindrée **2.** *⇒ Postskript(um).*

PSchA *⇒ Postscheckamt.*

PSchKto *⇒ Postscheckkonto.*

Publicity *f,* **ϕ** [pa'blisiti] **1.** publicité *f* ; image *f* de marque ; notoriété publique (d'un homme politique, d'une vedette) **2.** recherche *f* de l'image de marque ; vedettariat *m* ; vedettisation *f.*

Public relations *pl* [pablikri'leiʃənz] relations *fpl* publiques, extérieures *(syn. Öffentlichkeitsarbeit).*

publik public ; ~ *machen* rendre public.

Publikum *n,* ϕ public *m* ; assistance *f.*

Publikumsrenner *m,* - *(Bourse)* titre *m* ayant la faveur du public ; valeur *f* vedette *f* ; titre *m* très demandé.

publikumswirksam qui plaît au public, qui a du succès auprès du public ; qui accroche.

publizieren *(rare)* publier.

Publizist *m,* **en, en** journaliste *m* (politique) ; éditorialiste *m.*

Publizistik *f,* ϕ journalisme *m.*

Publizität *f,* ϕ publicité *f.*

Publizitätspflicht *f,* **(en)** obligation *f* de publier les comptes annuels (société anonyme, SARL, etc.).

Pufferstaat *m,* **en** Etat *m* tampon.

Pump *m,* ϕ *(fam.)* crédit *m* ; emprunt *m* ; *auf ~ kaufen* acheter à crédit ; *auf ~ leben* vivre d'emprunts.

pumpen 1. pomper ; *in ein Unternehmen Geld ~* injecter des capitaux dans une entreprise **2.** *(fam.) jdm Geld ~* prêter de l'argent à qqn ; *bei (von) der Bank Geld ~* emprunter de l'argent à la banque *(syn. leihen ; borgen).*

Pumppolitik *f,* ϕ *(fam.)* politique *f* d'emprunt.

Punkt *m,* **e** point *m* ; article *m* ; *~ für ~* point par point ; *strittiger ~* point litigieux ; *toter ~* point mort ; *ein ~ auf der Tagesordnung* un point figurant à l'ordre du jour.

Punktnachteil *m,* **e** malus *m.*

Punktstreik *m,* **s** grève *f* ponctuelle ; grève bouchon.

punktuell ponctuel.

Punktverlust *m,* **e** perte *f* d'un point ; recul *m* d'un point ; *einen ~ hin/nehmen* enregistrer une baisse d'un point.

Punktvorteil *m,* **e** bonus *m.*

purzeln *(fam.)* faire la culbute (prix).

pusten : *(fam.) in die Röhre ~* souffler dans le ballon (taux d'alcoolémie).

« **put** » *(bourse) (USA)* option *f* de vente.

Pütt *m,* **s** *(fam.)* puits *m* de mine.

Pyramide *f,* **n** pyramide *f* ; *~ der Einkommen* pyramide des revenus.

Q

qkm ⇒ *Quadratkilometer.*

Quadrat *n,* **e** carré *m* ; *im ~* au carré.

Quadratkilometer *m,* - kilomètre *m* carré (km²/qkm).

Quadratmeter *m* ou *n,* - mètre *m* carré.

Quadratzahl *f,* **en** nombre *m* carré.

Qualifikation *f,* **en** qualification *f* ; *berufliche ~* qualification professionnelle.

Qualifikationsniveau *n,* **s** niveau *m* de qualification.

Qualifikationsstand *m,* ϕ ⇒ *Qualifikationsniveau.*

qualifizieren qualifier ; *er hat sich für diesen Posten ~t* il a obtenu la qualification exigée par le poste ; *(RDA)* former qqn en vue d'une qualification supérieure.

qualifiziert *(zu+D)* qualifié (pour) ; *~er Arbeiter* ouvrier *m* qualifié ; *~e Mehrheit* majorité *f* des deux tiers ou davantage ; *~e Mitbestimmung* cogestion *f* paritaire.

Qualifizierung *f,* **en** ⇒ *Qualifikation.*

Qualifizierungslehrgang *m,* **¨e** stage *m* de qualification.

Qualität *f,* **en** qualité *f* ; *abfallende ~* qualité inférieure ; *auserlesene ~* première qualité ; *ausgesuchte ~* premier choix ; *ausgezeichnete ~* excellente qualité ; *beste ~* de la meilleure qualité ; *durchschnittliche ~* qualité moyenne ; *gleichwertige ~* qualité équivalente, constante ; *mittlere ~* qualité standard *(syn. Güte).*

qualitativ qualitatif ; *~e Analyse* analyse *f* qualitative.

Qualitätsabschlag *m,* **¨e** remise *f* pour qualité défectueuse.

Qualitätsarbeit *f,* **en** travail *m* de qualité ; main-d'œuvre *f* de qualité.

Qualitätsbeweis *m,* **e** preuve *f* de qualité.

Qualitätsforderungen *pl* exigences *fpl* (en matière) de qualité ; *~ stellen* être exigeant sur la qualité.

Qualitätsgarantie *f,* **(n)** garantie *f* de qualité ; label *m* de qualité.

Qualitätskonkurrenz *f,* **en** ⇒ *Qualitätswettbewerb.*

Qualitätskontrolle *f,* **n** contrôle *m* de qualité ; test *m* de qualité.

Qualitätskurs : *auf ~ sein* viser la qualité.

Qualitätsmarke *f*, **n** ⇒ *Qualitätszeichen*.

Qualitätsminderung *f*, **(en)** baisse *f* de qualité.

Qualitätsnachweis *m*, **e** garantie *f* de qualité ; preuve *f* de qualité.

Qualitätsnorm *f*, **en** norme *f* qualitative.

Qualitätsprüfung *f*, **en** vérification *f*, test *m* de qualité ; contrôle *m* de (la) qualité.

Qualitätssiegel *n*, **-** ⇒ *Qualitätszeichen*.

Qualitätsstandard *m*, **s** standard *m* de qualité ; *den ~ erfüllen* satisfaire aux normes de qualité.

Qualitätssteigerung *f*, **en** amélioration *f* de la qualité.

Qualitätsunterschied *m*, **e** différence *f* de qualité.

Qualitätsuntersuchung *f*, **en** contrôle *m*, test *m*, analyse *f* de qualité.

Qualitätsverbesserung *f*, **en** ⇒ *Qualitätssteigerung*.

Qualitätsvergleich *m*, **e** comparaison *f* qualitative.

Qualitätsware *f*, **n** marchandise *f* de qualité ; article *m* de premier choix.

Qualitätswettbewerb *m*, **e 1.** *(R.D.A.)* concours *m* de qualité (émulation destinée à fabriquer les meilleurs produits) **2.** concurrence *f* de qualité (cherchant à s'imposer sur le marché par des prix compétitifs mais aussi par la qualité des produits).

Qualitätszeichen *n*, **-** label *m* de qualité ; marque *f* de qualité *(syn. Gütezeichen)*.

Qualitätszirkel *m*, **-** cercle *m* de qualité.

quantifizieren quantifier.

Quantifizierung *f*, **en** quantification *f*.

Quantität *f*, **en** quantité *f* ; *es kommt bei dieser Arbeit mehr auf die Qualität als die ~ an* pour ce travail, la qualité prime la quantité *(syn. Menge ; Masse)*.

quantitativ quantitatif *(syn. mengenmäßig)*.

Quantum *n*, **-ten** quantité *f* ; portion *f* ; *er braucht sein tägliches ~ Kaffee* il lui faut sa ration quotidienne de café.

Quarantäne *f*, **n** [karanˈtɛ:nə] quarantaine *f* ; *die ~ auf/heben* lever la quarantaine ; *über ein Schiff ~ verhängen* mettre un navire en quarantaine.

Quartal *n*, **e** trimestre *m* ; *im dritten ~ dieses Jahres* au cours du troisième trimestre de cette année ; *zum ~ kündigen* donner son congé à la fin du trimestre.

Quartal(s)- *(préfixe)* trimestriel.

Quartal(s)abrechnung *f*, **en** décompte *m* trimestriel.

Quartal(s)abschluß *m*, **¨sse** bilan *m*, arrêté *m* trimestriel.

Quartal(s)ergebnis *n*, **se** résultat *m* trimestriel.

Quartal(s)miete *f*, **n** loyer *m* trimestriel.

quartal(s)weise par trimestre ; trimestriellement ; tous les trois mois.

Quartal(s)zahlung *f*, **en** paiement *m* trimestriel.

Quartier *n*, **e** [kvart'i:r] logement *m* ; *bei jdm ~ nehmen* loger chez qqn.

quasi quasi(ment) ; pour ainsi dire.

Quasidelikt *n*, **e** quasi-délit *m*.

Quasigeld *n*, **er** fonds *mpl* non disponibles dans l'immédiat (par ex. avoirs à terme).

Quasimonopol *n*, **e** quasi-monopole *m* ; monopole de fait.

quasiöffentlich quasi public.

Quelle *f*, **n** source *f* ; *aus gut unterrichteter ~* de source bien informée ; *Steuern an der ~ ein/behalten* retenir, prélever l'impôt à la source ; *Besteuerung f an der ~* imposition *f* à la source.

Quellenabzug *m*, **¨e** prélèvement *m* (fiscal) à la source.

Quellenabzugsverfahren *n*, **-** procédé *m* de prélèvement ; système *m* de retenue à la source.

Quellenangabe *f*, **n** indication *f* des sources ; références *fpl*.

Quellenbesteuerung *f*, **en** imposition *f* à la source ; impôt *m* prélevé à la source.

Quellensteuer *f*, **n** ⇒ *Quellenbesteuerung*.

Quellensteuersatz *m*, **¨e** taux *m* d'imposition à la source.

Querschnitt *m*, **e** coupe *f* transversale ; moyenne *f* ; éventail *m* ; choix *m* ; *repräsentativer ~* échantillonnage *m* représentatif ; moyenne *f* représentative.

quer/schreiben, ie, ie accepter (une traite).

quitt [kvit] quitte ; *~ sein* être quitte.

quittieren [kvi'ti:rən] **1.** acquitter ; quittancer ; *eine Rechnung ~* acquitter une facture **2.** abandonner ; *den Dienst ~* quitter le service.

Quittung *f*, **en** quittance *f* ; reçu *m* ; récépissé *m* ; acquit *m* de paiement ; décharge *f* ; *gegen ~* contre quittance ;

sur reçu ; *eine ~ aus/stellen (schreiben)* établir une quittance ; *eine ~ unterschreiben* signer un reçu.

Quittungsbuch *n,* **¨er** carnet *m* de quittances ; carnet d'émargement.

Quittungsformular *n,* **e** formulaire *m* de récépissé.

Quittungsstempel *m,* **-** timbre *m* de quittance ; cachet *m* de quittances.

Quorum *n,* **ϕ** ['kvorum] quorum *m* ; nombre *m* requis ; *das ~ ist nicht erreicht* le quorum n'est pas atteint.

Quotation *f,* **en** cotation *f* en Bourse.

Quote *f,* **n** ['kvo:tə] quote-part *f* ; quota *m* ; part *f* ; taux *m* ; pourcentage *m* ; *nach ~n auf/teilen* partager par quote-part.

Quotenaktie *f,* **n** action *f* de quotité (exprimée par un pourcentage du capital) ; action sans valeur nominale.

Quotenfestsetzung *f,* **en 1.** fixation *f* d'un contingent ; détermination *f* des quotas **2.** (polit.) contingent *m* de places réservées aux femmes.

Quotenkartell *n,* **e** cartel *m* de contingentement.

Quotenkonsolidierung *f,* **en** *(comptab.)* consolidation *f* par intégration proportionnelle.

quotenmäßig au prorata ; *~er Anteil* part *f* proportionnelle.

Quotenregelung *f,* **en** ⇒ *Quotenfestsetzung.*

Quoten-Rückversicherung *f,* **en** réassurance *f* en quote-part ; réassurance en participation.

Quotenstichprobe *f,* **n** sondage *m* par quotas.

Quotensystem *n,* **e** système *m* des quotas.

Quotenüberschreitung *f,* **en** dépassement *m* du quota.

Quotient *m,* **en, en** [kvo:'tsiɛnt] quotient *m.*

quotieren [kvo:'ti:ren] coter ; indiquer un cours.

Quotierung *f,* **en** ⇒ *Quotation.*

quotisieren diviser en quotes-parts.

Quotisierung *f,* **en** répartition *f* proportionnelle ; répartition au prorata.

R

Rabatt *m,* **e** réduction *f* de (sur le) prix ; rabais *m.*; remise *f* ; ristourne *f* ; *einen ~ gewähren* accorder une remise ; consentir un rabais.

rabattieren *(rare)* accorder une remise.

Rabattkartell *n,* **e** entente *f* concernant les remises sur les produits.

Rabattmarke *f,* **n** timbre-ristourne *m.*

Rabattregelungen ⇒ *Rabattkartell.*

Rabattsatz *m,* **¨e** taux *m* de remise.

Rädelsführer *m,* **-** meneur *m* (manifestation, grève).

Radikalenerlaß *m,* **ϕ** *(R.F.A.)* décret *m* sur les extrémistes ; loi *f* sur l'emploi des extrémistes dans la fonction publique ; ⇒ *Berufsverbot 2.*

Radikalkur *f,* **en** cure *f* de cheval ; *eine ~ für die Wirtschaft* une cure radicale pour l'économie *(syn. Roßkur).*

radioaktiv radioactif ; *~e Abfälle* déchets *mpl* radioactifs ; *~e Niederschläge* retombées *fpl* radioactives.

Radioaktivität *f,* **en** radioactivité *f.*

Raffinat *n,* **e** produit *m* raffiné.

Raffination *f,* **en** raffinage *m.*

Raffinerie *f,* **n** raffinerie *f.*

Raffke *m,* **s** *(fam.)* nouveau riche *m.*

Ragionenbuch *n,* **¨er** *(Suisse)* registre *m* du commerce.

Rahmen *m,* **-** cadre *m* ; limite *f.*

Rahmenabkommen *n,* **-** accord *m* type ; convention *f* type.

Rahmenbedingungen *pl* conditions *fpl* générales ; orientation *f* générale ; lignes *fpl* directrices.

Rahmengesetz *n,* **e** loi-cadre *f* (normes comportant des directives que les différents « länder » peuvent compléter dans certains domaines).

Rahmenplan *m,* **¨e** plan *m* type.

Rahmentarif ⇒ *Manteltarif.*

Raider *m,* **-** ['re:dər] raider *m* ; prédateur *m* (qui effectue des OPA et OPE pour s'approprier des industries-clés).

Raiffeisengenossenschaft *f,* **en** coopérative *f* agricole « Raiffeisen » (d'après le fondateur F.W. Raiffeisen).

Raiffeisenkasse *f,* **n** caisse *f* de crédit agricole « Raiffeisen ».

Rakete *f,* **n** fusée *f* ; missile *m* ; roquette *f.*

Raketenflugkörper *m,* **-** : *unbemannter ~* missile *m* de croisière.

RAL *m (Reichsausschuß für Lieferbedingungen und Gütesicherung)* Commission *f* pour l'étude et le contrôle des normes de qualité.

Rallonge *f,* **n** [ra'lɔ̃:ʒə] volet *m* supplémentaire d'un chèque ou d'un titre (quand le verso ne suffit pas à l'endossement).

Ramsch *m,* **e** camelote *f* ; marchandise *f* de rebut ; *im ~ kaufen* acheter en vrac ; acheter en bloc.

ramschen acheter en bloc des articles soldés ou de fin de série.

Ramscher *m,* **-** amateur *m* de braderies ; amateur de brocante.

Ramschware *f,* **n 1.** camelote *f* **2.** marchandise *f* de fin de série ; article *m* soldé.

Rand *m,* **¨er** bord *m* ; bordure *f* ; marge *f* ; *am ~* en marge.

Randgebiet *n,* **e** région *f,* zone *f* limitrophe.

Randgruppe *f,* **n** groupe *m* marginal ; *die ~n* les marginaux.

randomisieren *(statist.)* faire un choix au hasard ; assurer une répartition aléatoire.

Randomisierung *f,* **en** *(statist.)* casualisation *f* ; choix *m* aléatoire ; dispersion *f* systématique ; probabilisation *f.*

Randomzahl *f,* **en** *(statist.)* nombre *m* aléatoire ; nombre au hasard.

Randstaat *m,* **en** Etat *m* limitrophe.

Randvermerk *m,* **e** mention *f* marginale.

Rang *m,* **¨e** rang *m* ; classe *f* ; échelon *m* ; grade *m* ; *ersten ~es* de premier ordre ; de première classe.

Rangälteste/r *(der/ein)* le plus ancien en grade, dans le service ; doyen *m.*

Rangerhöhung *f,* **en** avancement *m* ; promotion *f.*

Rangfolge *f,* **n** ⇒ *Rangordnung.*

Rangierbahnhof *m,* **¨e** gare *f* de triage.

rangieren [rɑ̃'ʒi:rən] **1.** *(chemin de fer)* garer ; trier **2.** avoir tel ou tel rang ; se classer ; *an erster Stelle ~* occuper la première place.

Rangliste *f,* **n** hiérarchie *f* ; ordre *m* de préséance ; classement *m.*

Rangordnung *f,* **en** hiérarchie *f* ; *berufliche ~* hiérarchie professionnelle ; *gesellschaftliche (soziale) ~* hiérarchie sociale.

Rapport *m,* **e** rapport *m* ; avis *m* *(syn. Bericht).*

rar rare ; *~ werden* se raréfier.

Rassendiskriminierung *f,* **en** discrimination *f* raciale.

Rasterfahndung *f,* **en** contrôle *m* massif de police effectué sur ordinateur.

Rastplatz *m,* **¨e** aire *f* de repos (autoroutes).

Raststätte *f,* **n** relais *m* (auto)routier ; restoroute *m.*

Rat *m,* **¨e 1.** conseil *m* ; assemblée *f* ; soviet *m* **2.** membre *m* d'un conseil **3.** *(rare)* conseiller *m.*

Rat *m,* **-schläge** conseil *m* ; avis *m* ; *jdn zu Rate ziehen* solliciter l'avis, les conseils de qqn.

Rate *f,* **n** quote-part *f* ; mensualité *f* ; terme *m* ; échéance *f* **I.** *halbjährliche ~* terme semestriel ; *rückständige ~n* arrérages *mpl* échus ; *überfällige ~* échéance en retard ; *vierteljährliche ~* terme trimestriel **II.** *auf ~n kaufen* acheter à tempérament ; *in ~n (be)zahlen (ab/zahlen)* payer à tempérament ; payer en plusieurs versements.

Ratengeschäft *n,* **e** vente *f* à tempérament.

Ratenkauf *m,* **¨e 1.** achat *m* à tempérament **2.** vente *f* à tempérament.

Ratenkäufer *m,* **-** acheteur *m* à crédit ; acheteur à tempérament.

Ratensystem *n,* **e** système *m* de paiement par versements échelonnés.

Ratenwechsel *m,* **-** effet m à échéances fractionnées, multiples.

ratenweise par mensualités ; par traites ; à tempérament.

Ratenzahlung *f,* **en** paiement *m* à tempérament ; paiement fractionné ; versement *m* échelonné.

Ratenzahlungskredit *m,* **e** crédit de paiement échelonné, fractionné.

Ratgeber *m,* **-** conseiller *m.*

Rathaus *n,* **¨er** mairie *f* ; hôtel *m* de ville.

Ratifikation *f,* **en** ⇒ *Ratifizierung.*

ratifizieren ratifier ; *einen Vertrag ~* ratifier un traité.

Ratifizierung *f,* **en** ratification *f* ; *die ~ eines Vertrags, eines Abkommens* la ratification d'un traité, d'un accord.

Rating *n,* **s** ['reitiŋ] estimation *f* ; classement *m* ; coefficient *m* de solvabilité ; évaluation *f* (d'un émetteur privé d'emprunts).

rationalisieren rationaliser ; *Arbeitsabläufe ~* rationaliser le travail (conditions, procédés, cadre).

Rationalisierung *f,* **en** rationalisation *f.*

Rationalisierungsprozeß *m,* **-sse** processus *m* de rationalisation.

rationell rationnel ; économique ; *~ wirtschaften* gérer de façon économique.

rationieren rationner.

Rationierung *f,* **en** rationnement *m.*

Ratio-System *n,* **e** techniques *fpl* de vente hautement rationalisées (par ex. disposition des articles).

Ratstagung *f,* **en** *(R.D.A.)* Assemblée *f* du COMECON (organe suprême).

Raubbau *m,* *ϕ* exploitation *f* abusive ; *mit etw ~ treiben* faire une exploitation abusive de qqch.

Raubdruck *m,* **e** édition *f* pirate.

Raubkopie *f,* **n** copie *f* pirate (bande, ordinateur).

Raubkopierer *m,* - copieur *m* pirate.

Raubpressung *f,* **en** reproduction *f* interdite de disques et cassettes.

Rauchwaren *pl* pelleterie *f (syn. Pelze).*

Rauchwarenmesse *f,* **n** foire *f,* salon *m* de la pelleterie, de la fourrure.

Raum *m,* **¨e** espace *m* ; lieu *m* ; local *m* ; *gewerblicher ~* local professionnel ; *im ~ Frankfurt/Köln* dans la région Francfort/Cologne.

räumen vider ; évacuer ; liquider ; *das Lager ~* liquider les stocks.

Raumforschung *f,* **en** recherche *f* spatiale.

Raumindustrie *f,* **n** industrie *f* spatiale.

Raummeter *m* ou *n,* - mètre *m* cube.

Raumordner *m,* - spécialiste *m* de l'aménagement du territoire.

Raumordnung *f,* **en** aménagement *m* du territoire.

Raumpflegerin *f,* **en** ⇒ *Rein(e)machefrau.*

Raumplanung *f,* **en** **1.** aménagement *m* du territoire **2.** *(entreprise)* organisation *f* fonctionnelle des locaux.

Raumpolitik *f,* *ϕ* politique *f* d'aménagement du territoire.

Räumung *f,* **en** **1.** liquidation *f* (dépôt) **2.** expulsion *f* ; *die ~ einer besetzten Fabrik an/ordnen* ordonner l'évacuation d'une usine occupée.

Räumungs(aus)verkauf *m,* **¨e** liquidation *f* (générale ou totale) des stocks ; vente-liquidation *f.*

Räumungsklage *f,* **n** demande *f* d'expulsion.

Raumverkauf *m,* **¨e** vente *f* pour cause de liquidation des stocks.

Raumwirtschaftstheorie *f,* *ϕ* théorie *f* de l'influence de la répartition démographique sur les prix et les revenus.

Rauschgift *n,* **e** stupéfiants *mpl* ; drogue *f* ; *mit ~ handeln* faire le (se livrer au) trafic des stupéfiants *(syn. Droge).*

Rauschgifthandel *m,* *ϕ* trafic *m* des stupéfiants.

Rauschgifthändler *m,* - trafiquant *m* de stupéfiants *(syn. Dealer).*

Rauschgiftspürhund *m,* **e** chien *m* des douanes dressé pour rechercher la drogue.

Rauschgiftsüchtige/r *(der/ein)* drogué *m* ; toxicomane *m (syn. Drogensüchtiger).*

raus/schmeißen, i, i ⇒ *raus/werfen.*

Rausschmiß *m,* **sse** *(fam.)* limogeage *m* ; licenciement *m* sans préavis.

raus/werfen, a, o *(fam.)* vider, limoger, virer qqn.

Rayon *m,* **s** [rɛ'jɔ̃] rayon *m* (d'un grand magasin).

Rayon-Chef *m,* **s** chef *m* de rayon.

Razzia *f,* **-ien** razzia *f* ; descente *f* de police ; rafle *f.*

Rbl ⇒ *Rubel.*

rd ⇒ *rund.*

RE ⇒ *Rechnungseinheit.*

reagieren réagir ; *die Börse ~te auf die Dollar-Aufwertung* la Bourse a réagi à la réévaluation du dollar.

Reaktor *m,* **en** réacteur *m* nucléaire ; pile *f* atomique.

Reaktorbau *m,* *ϕ* construction *f* de centrale nucléaire.

Reaktorkern *m,* **e** cœur *m* d'un réacteur.

real réel ; effectif ; concret.

Realbank *f,* **en** banque *f* de crédit foncier.

Realeinkommen *n,* - revenu *m* réel.

Realignement *n,* (s) [realinjə'mã] réalignement *m* (rapport des différentes parités entre elles depuis la crise monétaire de 1971).

Realisation *f,* **en** réalisation *f.*

Realisationswert *m,* **e** valeur *f* de réalisation.

realisierbar réalisable ; négociable.

realisieren réaliser ; vendre ; liquider ; négocier.

Realisierbarkeit *f,* *ϕ* faisabilité *f* ; possibilité *f* de réaliser qqch.

realisieren réaliser ; vendre ; liquider ; négocier ; *Wertpapiere ~* réaliser des titres.

Realisierung *f,* **en** réalisation *f.*

Realkapital *n,* *ϕ* immobilisations *fpl* corporelles ; biens *mpl* corporels immobilisés.

Realkauf *m,* **¨e** achat *m* (au) comptant ; vente *f* de la main à la main *(syn. Handkauf).*

Realkaufkraft *f,* *ϕ* pouvoir *m* d'achat réel.

Realkonkurrenz *f,* *ϕ* *(jur.)* pluralité *f* d'actes répréhensibles ; cumul *m* d'actes punissables.

Realkontrakt *m,* **e** ⇒ *Realvertrag.*

Realkredit *m,* **e** **1.** crédit *m* réel, immobilier, foncier **2.** avance *f* garantie par la constitution d'une sûreté réelle.

Realkredit-Institut *n,* **e** établissement *m* de crédit immobilier ; institut *m* de crédit foncier.

Reallast *f,* **en** charge *f* foncière ; redevance *f* foncière.

Realo *m,* s *(fam.)* réaliste *m* ; *die ~s* l'aile droite des Verts en R.F.A. ; *(contr.) Fundi.*

Reallohn *m,* **¨e** salaire *m* réel (pouvoir d'achat effectif du salaire).

Realobligation *f,* **en** lettre *f* de gage *(syn. Pfandbrief).*

Realpolitiker *m,* **-** partisan *m* d'une politique réaliste.

Realprodukt *n,* **e** produit *m* réel.

Realsteuer *f,* **n** impôt *m* réel (impôt perçu sur un objet bien précis, un terrain par ex.).

Realvermögen *n,* **-** biens *mpl* corporels (du patrimoine, de l'actif).

Realvertrag *m,* **¨e** contrat *m* réel (versement comptant obligatoire).

Realwert *m,* **e** valeur *f* réelle.

Reassekuranz *f,* **en** ⇒ *Rückversicherung.*

Rechenanlage *f,* **n** *(inform.)* ordinateur *m* ; unité *f* centrale ; centre *m* de calcul, d'informatique ; *elektronische ~* ordinateur ; *numerische (digitale) ~* calculatrice numérique ; *programmgesteuerte ~* calculatrice à programme incorporé *(syn. Computer ; EDV-Anlage).*

Rechenfehler *m,* **-** erreur *f*, faute *f* de calcul ; *einen ~ begehen* commettre une erreur de calcul.

Rechenmaschine *f,* **n** machine *f* à calculer ; calculatrice *f.*

Rechenschaft *f,* **en** rapport *m* ; compte rendu *m*; *über etw ~ ab/legen* rendre compte de qqch ; *jdn zur ~ ziehen* demander des comptes à qqn.

Rechenschaftsbericht *m,* **e** rapport *m* sur les comptes ; rapport d'activité, de gestion ; reddition *f* de comptes.

Rechenschaftslegung *f,* **en** ⇒ *Rechenschaftsbericht.*

Rechenwerk *n,* **e** *(inform)* organe *m* de calcul ; additionneur *m.*

Rechenzentrum *n,* **-tren** centre *m* de calcul.

Recherchen *pl* [re'ʃɛrʃən] recherches *fpl* ; *~ an/stellen* faire des recherches ; *die ~ unserer Rechtsabteilung haben nichts ergeben* les recherches de notre service contentieux n'ont pas abouti.

rechnen 1. calculer ; compter **2.** estimer, évaluer à ; tabler sur ; *in DM ~* compter, calculer en marks ; *wir ~ mit einer Preissteigerung von 10 %* nous tablons sur une augmentation de 10 %.

Rechner *m,* **-** calculatrice *f* ; *elektronischer ~* ordinateur *m* ; *programmgesteuerter ~* calculatrice à programme incorporé.

Rechnung *f,* **en** compte *m* ; calcul *m* facture *f* ; note *f* ; addition *f* ; mémoire *m* **I.** *auf (für) eigene ~* pour son propre compte ; *für fremde ~* pour compte d'un tiers ; *laufende ~* compte courant ; *quittierte ~* facture acquittée ; *unbezahlte ~en* factures non acquittées **II.** *eine ~ auf/stellen* dresser un compte ; *eine ~ aus/stellen* établir une facture ; *eine ~ begleichen* régler une facture ; *~en richtig/stellen* ajuster des comptes ; *in ~ stellen* mettre en compte ; porter en compte ; *eine ~ vor/legen* présenter une facture ; *(figuré) etw in ~ ziehen* prendre qqch en compte ; tenir compte de qqch.

Rechnungsabgrenzung *f,* **en** *(comptab.)* séparation *f* des exercices ; « cut off ».

Rechnungsabgrenzungsposten *m,* **-** compte *m* de régularisation.

Rechnungsabschluß *m,* **¨sse** clôture *f* des comptes ; arrêté *m* de(s) comptes.

Rechnungsaufstellung *f,* **en** établissement *m* de compte.

Rechnungsauszug *m,* **¨e** extrait *m* de compte.

Rechnungsbeleg *m,* **e** pièce *f* comptable justificative.

Rechnungsbuch *n,* **¨er** livre *m* de comptabilité ; registre *m* comptable ; *etw ins ~ ein/tragen* porter qqch en compte.

Rechnungseinheit *f,* **en** *(RE)* unité *f* de compte (monétaire).

Rechnungsführer *m,* **-** agent *m* comptable.

Rechnungsführung *f,* **en** comptabilité *f* ; gestion *f* comptable.

Rechnungsgeld *n,* **er** monnaie *f* de compte *(syn. Buchgeld ; Bankgeld).*

Rechnungshof *m,* **¨e** Cour *f* des comptes.

Rechnungsjahr *n,* **e** exercice *m* comptable, budgétaire ; année *f* comptable ; année financière.

Rechnungslegung *f,* **en** *(comptab.)* états *mpl* financiers ; comptes *mpl* annuels.

Rechnungsposten *m,* **-** article *m* de compte ; poste *m* de comptabilité.

Rechnungsprüfer *m,* **- 1.** commissaire *m* aux comptes ; vérificateur *m* des comptes **2.** expert-comptable *m.*

Rechnungsprüfung *f*, **en** expertise *f* comptable ; vérification *f* des comptes.

Rechnungsrat *m*, **¨-e** conseiller *m* référendaire ; auditeur *m* à la Cour des comptes.

Rechnungsvorlage *f*, **n** présentation *f* de (d'une) facture.

Rechnungswesen *n*, *ϕ* comptabilité *f* ; *betriebliches ~* comptabilité commerciale ; *öffentliches ~* comptabilité publique.

Recht *n*, **e 1.** droit *m* ; règle *f* juridique **2.** loi *f* ; législation *f* ; justice *f* ; **3.** droit (subjectif) ; demande *f* **I.** *bürgerliches ~* droit civil ; *geltendes ~* droit en vigueur ; *gemeines ~* droit commun ; *öffentliches ~* droit public ; *positives ~* droit positif ; légalité *f* ; *ungeschriebenes ~* droit coutumier, oral ; droit non écrit ; *unveräußerliches ~* droit inaliénable **II.** *ein ~ aus/üben* exercer un droit ; *sein ~ behaupten* faire valoir ses droits ; *ein ~ auf etw haben* avoir droit à qqch ; *von einem ~ Gebrauch machen* user d'un droit ; *ein ~ geltend machen* faire valoir un droit ; *ein ~ genießen* jouir d'un droit **III.** *~ auf Arbeit* droit au travail ; *~e Dritter an einem Patent* les droits de tiers sur un brevet ; *~ auf Einsichtnahme* droit de regard ; *von ~s wegen* de plein droit ; juridiquement ; *alle ~e vorbehalten* tous droits réservés.

Rechte *f*, **(n)** *(polit.)* droite *f* ; *äußerste ~* extrême droite ; *gemäßigte ~* droite modérée.

Rechte *pl* : *die ~ studieren* étudier le droit *(syn. Jura)*.

rechtlich juridique ; légitime ; légal ; *die ~e Seite einer Sache* l'aspect juridique d'une affaire ; *~ an/erkennen* légaliser ; légitimer.

rechtmäßig légitime ; légal.

Rechtmäßigkeit *f*, *ϕ* légitimité *f* ; légalité *f*.

rechts *(polit.)* de droite ; *~ stehen* être (situé) à droite.

Rechtsabteilung *f*, **en** service *m* juridique ; (service du) contentieux *m*.

Rechtsanwalt *m*, **¨-e** avocat *m* ; *sich einen ~ nehmen* prendre un avocat *(syn. Advokat)*.

Rechtsbehelf *m*, **e** ⇒ *Rechtsmittel*.

Rechtsbeistand *m*, **(¨-e)** assistance *f* juridique ; avocat-conseil *m*.

Rechtsberater *m*, **-** conseiller *m* juridique ; avocat-conseil *m*.

Rechtsbruch *m*, **¨-e** violation *f* du droit ; infraction *f* à la loi ; *einen ~ begehen* commettre une infraction.

Rechtseinwand *m*, **¨-e** pourvoi *m*.

rechtsfähig ayant la capacité juridique ; *~ sein* avoir la jouissance de ses droits civils ; avoir la capacité juridique ; *~er Verein* association *f* déclarée et (juridiquement) reconnue ; *nicht ~er Verein* association de fait.

Rechtsfähigkeit *f*, *ϕ* capacité *f* juridique.

Rechtsfall *m*, **¨-e** affaire *f* ; cas *m* litigieux ; cause *f*.

Rechtsform *f*, **en** forme *f* juridique.

Rechtsgeschäft *n*, **e** acte *m* juridique.

Rechtsgrundlage *f*, **n** base *f* juridique ; fondement *m* juridique.

rechtsgültig légal ; valide ; authentique ; *~ unterschrieben* dûment signé.

Rechtsgültigkeit *f*, *ϕ* validité *f* juridique ; légalité *f*.

Rechtsgutachten *n*, **-** expertise *f* juridique ; avis *m* juridique.

Rechtshandel *m*, **¨** procès *m* ; affaire *f* judiciaire.

Rechtsirrtum *m*, **¨-er** erreur *f* judiciaire.

Rechtskraft *f*, *ϕ* force *f* de loi ; *~ erlangen* acquérir l'autorité de la chose jugée ; *~ haben* avoir force de loi.

rechtskräftig qui a force de loi ; passé en loi ; exécutoire ; *~es Urteil* jugement *m* définitif ; *~ werden* prendre force de loi.

rechtskundig versé dans le droit.

Rechtskundige/r *(der/ein)* juriste *m* ; jurisconsulte *m* ; homme *m* de loi ; légiste *m*.

Rechtslehre *f*, **n** droit *m* ; science *f* juridique.

Rechtsmittel *pl* voies *fpl*, moyens *mpl* de recours ; *von ~n Gebrauch machen* exercer un recours.

Rechtsnachfolger *m*, **-** ayant droit *m*.

Rechtspartei *f*, **en** parti *m* de droite.

Rechtsperson *f*, **en** personne *f* civile, morale *(syn. juristische Person)*.

rechtsprechende Gewalt *f*, **(en)** pouvoir *m* judiciaire.

Rechtsprechung *f*, **en** jurisprudence *f*.

rechtsradikal d'extrême droite ; *~ eingestellt sein* avoir des idées d'extrême droite.

Rechtsradikale/r *(der/ein)* extrémiste *m* de droite.

Rechtsschutz *m*, *ϕ* protection *f* juridique ; *gewerblicher ~* protection de la propriété industrielle.

Rechtsschutzversicherung *f*, **en** assurance *f* défense-recours.

Rechtsstaat *m*, **en** Etat *m* de droit ;

Etat constitutionnel.

Rechtsstaatlichkeit *f,* ϕ constitutionnalité *f* ; légalité *f.*

Rechtsstreit *m,* **(e)** litige *m* ; procès *m* ; cause *f* ; affaire *f.*

Rechtstitel *m,* - titre *m,* qualité *f* juridique.

rechtsverbindlich obligatoire ; juridiquement valable ; valide.

Rechtsverbindlichkeit *f, en* obligation *f* juridique.

Rechtsverdrehung *f,* **en** entorse *f* à la loi ; arrangement *m* avec la loi ; ficelle *f* d'avocat ; avocasserie *f.*

Rechtsverhältnisse *pl* condition *f* juridique ; ~ *der eingetragenen Firma* condition juridique de l'établissement immatriculé.

Rechtsverkehr *m,* ϕ circulation *f* à droite ; conduite *f* à droite.

Rechtsverletzung *f,* **en** ⇒ *Rechtsverstoß.*

Rechtsverstoß *m,* **¨ße** violation *f* de la loi ; infraction *f* à la loi.

Rechtsweg *m,* **e** voie *f* judiciaire ; *auf dem* ~ par voie judiciaire ; *der* ~ *ist ausgeschlossen* sans possibilité de recours ; *den* ~ *beschreiten* avoir recours aux tribunaux.

rechtswidrig illégal ; contraire au droit.

Rechtswidrigkeit *f,* **en** illégalité *f.*

rechtswirksam ⇒ *rechtskräftig.*

Rechtswissenschaft *f,* **en** science *f* juridique ; jurisprudence *f.*

Recorder *m,* - appareil *m* enregistreur.

Recycling *n,* ϕ [ri'saikliŋ] **1.** réutilisation *f* de matières premières ayant déjà servi auparavant **2.** recyclage *m* (monétaire) ; ~ *von Petrodollars* recyclage des pétrodollars.

Rediskont *m,* **e** réescompte *m* ; escompte *m* auprès de la banque centrale.

Redakteur *m,* **e** rédacteur *m.*

Redaktion *f,* **en** rédaction *f.*

Rediskontbank *f,* **en** banque *f* de réescompte.

rediskontfähig réescomptable ; ~*er Wechsel* effet *m* (de commerce) réescomptable.

Rediskontgeschäft *n,* **e** opération *f* de réescompte.

rediskontierbar réescomptable.

rediskontieren réescompter.

Rediskontierung *f,* **en** (opération *f* de) réescompte *m.*

Rediskontkredit *m,* **e** crédit *m* de réescompte.

Rediskontsatz *m,* **¨e** taux *m* de réescompte ; taux d'escompte (auprès de la banque centrale).

Redistribution *f,* **en** redistribution *f* ; nouvelle répartition *f* ; ~ *der Einkommen* redistribution des revenus.

Redundanz *f,* **en** *(inform.)* redondance *f.*

reduzieren réduire ; diminuer ; *die Preise, den Verbrauch, das Personal, die Ausgaben* ~ diminuer les prix, la consommation (dégraisser) le personnel, les dépenses.

reduziert à prix réduit ; *syn. preisermäßigt.*

Reduzierung *f,* **en** réduction *f* ; abaissement *m* ; diminution *f.*

Reeder *m,* - armateur *m* ; fréteur *m.*

Reederei *f,* **en** société *f* d'armement maritime ; compagnie *f* maritime.

Reexport *m,* **e** réexportation *f.*

REFA *m* (en 1924 : *Reichsausschuß für Arbeitszeitermittlung*) « Refa » *m* ; groupe *m* d'étude sur l'organisation et la rationalisation du travail ; bureau *m* des temps élémentaires.

REFA-Fachmann *m,* **-leute** contrôleur *m,* représentant *m* du « Refa ».

refaktieren accorder un rabais sur le fret.

Refaktie *f,* **n** réfaction *f* ; réduction *f* sur marchandises pour non-conformité ou dégâts à la livraison.

Referat *n,* **e 1.** service *m* ; département *m* ; section *f* ; bureau *m* ; *er ist zuständig für das* ~ *Wirtschaftshilfe* il est responsable du département « aide économique » **2.** rapport *m* ; compte *m* rendu ; exposé *m* ; *ein* ~ *halten* faire un exposé.

Referatsleiter *m,* - chef *m* de département.

Referendum *n,* **-den** ou **-da** *(Suisse)* référendum *m.*

Referent *m,* **en, en 1.** rapporteur *m* **2.** chef *m* de service ; ~ *für Exportfragen im Außenministerium* chef de service pour l'exportation au ministère des Affaires étrangères ; *persönlicher* ~ conseiller *m* personnel ; attaché *m* à la personne de qqn ; directeur *m* de cabinet.

Referenz *f,* **en 1.** référence *f* ; *als* ~ *an/führen* citer en référence **2.** ~*en* références *fpl* ; recommandations *fpl* ; *über gute* ~*en verfügen* avoir de bonnes références ; *von jdm* ~*en verlangen* exiger des références de qqn.

Referenzindex *m,* **-indizes** indice *m* de référence.

Referenzperiode *f,* **n** période *f* de référence ; *gegenüber der* ~ *des Vor-*

jahres par rapport à la période de référence de l'année précédente.

Referenzpreis *m,* **e** prix *m* de référence.

referieren faire un rapport ; rapporter ; exposer ; *beim Vorstand über die Verhandlungen* ~ faire un compte rendu des négociations au directoire.

refinanzieren refinancer.

Refinanzierung *f,* **en** refinancement *m.*

Refinanzierungskredit *m,* **e** crédit *m* de refinancement.

Reflation *f,* **en** reflation *f* (augmentation de la masse monétaire en circulation).

Reform *f,* **en** réforme *f* ; réorganisation *f* ; *~en durch/führen* faire des réformes.

reformbedürftig qui nécessite une réforme.

Reformer *m,* **-** réformiste *m* ; réformateur *m.*

Reformhaus *n,* **¨er** magasin *m* d'alimentation de régime ; commerce *m* de produits diététiques.

reformieren réformer.

Regal *n,* **e** étagère *f* ; rayon *m* ; *ein ~ für Akten* une étagère à dossiers.

Regal *n,* **-ien** régale *f* ; monopole *m* ; privilège *m (syn. Staatsmonopol).*

rege intense ; animé ; ~ *Beteiligung* participation active ; *~r Handel* commerce soutenu ; *~r Verkehr* trafic intense.

Regel *f,* **n** règle *f* ; règlement *m* ; norme *f* ; ordre *m* ; *eine ~ beachten (befolgen)* observer une règle.

Regelbeförderung *f,* **en** avancement *m* à l'ancienneté.

regeln réglementer ; régler ; régulariser ; *gütlich* ~ régler à l'amiable.

Regelsatz *m,* **¨e** unité *f* de base ; taux *m* normal (servant au calcul des retraites, aide sociale, etc.).

Regeltarif *m,* **e** tarif *m* normal, usuel.

Regelung *f,* **en 1.** règlement *m* ; réglementation *f* ; *gesetzliche* ~ réglementation officielle **2.** arrangement *m* ; accord *m* ; *gütliche* ~ arrangement à l'amiable.

Regelungstechnick *f,* **en** cybernétique *f.*

Regen *m,* **ϕ** : *saurer* ~ pluies *fpl* acides.

Regenbogenpresse *f,* **ϕ** presse *f* du cœur.

Regie *f,* **n** régie *f* ; *eigene* ~ régie directe.

Regiebetrieb *m,* **e** entreprise *f* en régie.

regieren gouverner, diriger ; régir.

Regierung *f,* **en** gouvernement *m* ; règne *m* **I.** *de facto* ~ gouvernement de fait ; *de jure* ~ gouvernement légal ; *legitime* ~ gouvernement légitime **II.** *eine ~ auf/lösen* dissoudre un gouvernement ; *eine ~ bilden* former un gouvernement ; *eine ~ stürzen* renverser un gouvernement ; *die ~ ist zurückgetreten* le gouvernement a démissionné.

Regierungsabkommen *n,* **-** accord *m* (inter)gouvernemental.

Regierungsbezirk *m,* **e** circonscription *f* administrative (correspondant à un ou plusieurs départements français).

Regierungschef *m,* **s** chef *m* du gouvernement.

Regierungsdirektor *m,* **en** administrateur *m* civil ; fonctionnaire *m* supérieur.

Regierungsebene *f,* **n** échelon *m* gouvernemental ; *auf* ~ à l'échelon gouvernemental.

Regierungserklärung *f,* **en** déclaration *f* gouvernementale.

regierungsintern interne au gouvernement ; intestin(e).

Regierungskoalition *f,* **en** coalition *f* gouvernementale.

Regierungskreise *pl* milieux *mpl* gouvernementaux ; sphères *fpl* gouvernementales.

Regierungsrat *m,* **¨e 1.** *(R.F.A.)* inspecteur *m* ; attaché *m* ; fonctionnaire *m* supérieur (grade inférieur à *Regierungsdirektor*) **2.** *(Suisse)* Conseil *m* de gouvernement ; conseiller *m* d'Etat.

Regierungssprecher *m,* **-** porte-parole *m* du gouvernement.

Regierungsumbildung *f,* **en** remaniement *m* ministériel.

Regierungsvertreter *m,* **-** représentant *m* gouvernemental ; délégué *m* du gouvernement.

Regierungsvorlage *f,* **n** projet *m* de loi gouvernemental.

Regierungswechsel *m,* **-** changement *m* de gouvernement.

Regime *n,* **-** ou **s** [re'ʒi:m] régime *m* ; *autoritäres* ~ régime autoritaire ; *totalitäres* ~ régime totalitaire.

regional régional ; ~ *begrenzt* limité à une région ; *~e Funkwerbung* publicité radiophonique (sur les antennes) régionale(s).

Regionalbank *f,* **en** banque *f* régionale.

Regionalförderung *f,* **en** développement *m* des régions.

Regionalindustrie *f,* **n** industrie *f* régionale.

regionalisieren régionaliser.

Regionalisierung *f,* **en** régionalisation *f.*

Regionalpolitik *f,* *ϕ* politique *f* régionale.

Regionalpresse *f,* **n** presse *f* régionale.

Regionalstruktur *f,* **en** structure *f* régionale.

Register *n,* - registre *m* ; livre *m* ; rôle *m* ; index *m* ; *in ein ~ ein/tragen (in einem ~ verzeichnen)* inscrire (consigner) sur un registre ; *ein ~ über etw führen* tenir un registre sur qqch.

Registerauszug *m,* **¨e** extrait *m* de registre.

Registernummer *f,* **n** numéro *m* du registre, d'enregistrement ; numéro d'inscription au registre.

Registertonne *f,* **n** tonneau *m* de jauge ; tonneau de registre.

Registrator *m,* **en** greffier *m* ; archiviste *m* ; employé *m* d'enregistrement.

Registratur *f,* **en** enregistrement *m* ; fichier *m* ; archives *fpl* ; greffe *m.*

Registraturgebühren *pl* ⇒ *Registraturkosten.*

Registraturkosten *pl* frais *mpl* d'enregistrement.

registrieren enregistrer ; inscrire ; *in einer Kartei ~t sein* figurer au (dans un) fichier ; être fiché ; *ein Patent ~* enregistrer un brevet.

Registrierkasse *f,* **n** caisse *f* enregistreuse.

Registrierung *f,* **en** enregistrement *m.*

reglementieren réglementer.

Reglementierung *f,* **en** réglementation *f.*

regredieren exercer un recours contre qqn.

Regreß *m,* **-sse** recours *m* ; *~ auf einen Dritten* recours contre un tiers ; *~ nehmen* avoir recours.

Regreßanspruch *m,* **¨e** droit *m* de recours.

Regreßforderung *f,* **en** créance *f* en cours.

Regression *f,* **en** dépression *f* économique.

Regreßklage *f,* **n** action *f* récursoire ; action en recours ; *gegen jdn eine ~ ein/reichen* intenter une action en garantie contre qqn.

Regreßnehmer *m,* - bénéficiaire *m* du recours.

Regreßpflicht *f,* **en** obligation *f* de garantie.

regreßpflichtig civilement responsable ; soumis au recours ; *jdn ~ machen* rendre qqn civilement responsable.

Regreßrecht *n,* **e** droit *m* de recours.

Reg.-T ⇒ *Registertonne.*

Regulator *m,* **en** régulateur *m* ; *~ des Markts* régulateur du marché.

regulieren régulariser ; régler ; *eine Forderung, eine Rechnung ~* régulariser une créance, une facture.

Regulierung *f,* **en** **1.** régularisation *f* **2.** règlement *m* ; paiement *m.*

Rehabilitation *f,* **en** **1.** réinsertion *f* ; *berufliche, soziale ~* réinsertion professionnelle, sociale **2.** ⇒ *Rehabilitierung.*

rehabilitieren **1.** réhabiliter **2.** réintégrer ; réinsérer.

Rehabilitierung *f,* **en** réhabilitation *f.*

Reibach *m,* *ϕ* *(fam.)* profit *m* (frauduleux) ; lucre *m.*

Reibereien *pl* frictions *fpl* ; frottements *mpl.*

Reibungen *pl* ⇒ *Reibereien.*

Reibungspunkt *m,* **e** point *m* de friction ; pomme *f* de discorde.

Reichsabgabenordnung *f,* *ϕ* *(RAO)* code *m* de la fiscalité de 1919, aussi appelé *Abgabenordnung.*

Reichsmark *f,* *ϕ* *(RM)* Reichsmark *m* (a remplacé le mark en 1924 jusqu'à la réforme monétaire de 1948 où il fut remplacé par le DM).

Reichtum *m,* **¨er** richesse *f.*

Reihe *f,* **n** rangée *f* ; colonne *f* ; suite *f* ; série *f* ; succession *f* ; *die Abfertigung der Kunden geht der ~ nach* les clients sont servis chacun (à) son tour ; *nach der ~* à tour de rôle ; tour à tour.

Reihenfolge *f,* **n** suite *f* ; ordre *m* de priorité ; hiérarchie *f* ; *in alphabetischer ~* par ordre alphabétique ; *in chronologischer ~ auf/zählen* énumérer par ordre chronologique.

rein net ; pur ; *~er Ertrag* produit *m* net ; *der ~e Gewinn beträgt...* le bénéfice net est de ... ; *~er Verlust* perte *f* nette.

Reineinkommen *n,* - revenu *m* net.

Rein(e)machefrau *f,* **en** femme *f* de ménage ; *(bureaux)* nettoyeuse *f* *(syn. Putzfrau).*

Reinerlös *m,* **e** produit *m* net.

Reinertrag *m,* **¨e** ⇒ *Reinerlös.*

Reinfall *m,* **¨e** *(fam.)* échec *m* ; mauvaise affaire *f* ; *(fam.)* coup *m* fourré.

rein/fallen, ie, a *(ist)* *(fam.)* donner dans le panneau ; se faire avoir.

Reingewicht *n,* **e** poids *m* net.

Reingewinn *m,* **e** profit *m* net.

Reinheitsgebot *n,* **e** *(RFA)* loi *f* sur

la pureté d'un produit (bière, etc.).

Reinigungspersonal *n,* ϕ personnel *m* de nettoyage.

Reinverdienst *m,* **e** gain *m* net.

Reinverlust *m,* **e** perte *f* nette.

Reinvermögen *n,* **-** patrimoine *m* net.

reinverstieren *(in + A/D)* réinvestir (dans).

Reinvestition *f,* **en** réinvestissement *m.*

Reise *f,* **n** voyage *m* ; *eine ~ ins Ausland* voyage à l'étranger ; *eine ~ buchen* s'inscrire pour un voyage.

Reiseakkreditiv *n,* **e** accréditif *m* de voyage (lettre ouvrant un crédit à un client auprès d'une banque).

Reisebüro *n,* **s** agence *f* de voyage ; agence de tourisme.

Reisebüroverband *m,* **¨e** union *f* syndicale des agences de voyage.

Reisedevisenzuteilung *f,* **en** allocation *f* touristique en devises.

Reisegesellschaft *f,* **en** voyage *m* organisé ; voyage en groupe.

Reisegutschein *m,* **e** chèque (de) voyage.

Reisekosten *pl* ⇒ *Reisespesen.*

Reisekostenvergütung *f,* **en** indemnité *f* de déplacement.

Reisekreditbrief *m,* **e** lettre *f* de crédit circulaire, touristique ; lettre de voyage.

Reisekreditdokument *n,* **e** titre *m* touristique.

Reiseleiter *m,* **-** guide *m* touristique ; accompagnateur *m.*

Reisemarkt *m,* **¨e** marché *m* touristique ; marché des vacances.

reisen *(ist)* **1.** voyager ; partir en voyage ; être en voyage ; *mit der Bahn, mit dem Flugzeug ~* voyager en train, par avion ; *von Freiburg über Colmar nach Paris ~* aller de Fribourg à Paris via Colmar ; *in den Iran ~* se rendre en Iran **2.** *in Textilien ~* être voyageur de commerce en textiles.

Reisende/r *(der/ein)* **1.** voyageur *m* ; touriste *m* **2.** voyageur de commerce ; commis-voyageur *m.*

Reisepaß *m,* **¨sse** passeport *m.*

Reisescheck *m,* **s** chèque *m* de voyage ; traveller's chèque *m (syn. Travellerscheck).*

Reisespesen *pl* frais *mpl* de voyage, de déplacement ; frais de route.

Reiseveranstalter *m,* **-** voyagiste *m* ; tour-opérateur *m.*

Reiseverkehr *m,* ϕ **1.** tourisme *m (syn. Fremdenverkehr)* **2.** trafic *m* touristique ; migrations *fpl* des vacanciers.

Reisezuschuß *m,* **¨sse** indemnité *f* de déplacement ; allocation *f* de frais de voyage.

Reißbrett *n,* **er** planche *f* à dessin.

Reißer *m,* **-** *(édition, cinéma)* grand succès *m* de librairie ; film *m* à succès.

reißerisch *(publicité)* qui accroche ; *~es Werbeplakat* affiche *f* publicitaire tape-à-l'œil.

Reißwolf *m,* **(¨e)** broyeuse *f* de papier ; *Dokumente in den ~ werfen* détruire des documents *(syn. Papierwolf).*

Reitwechsel *m,* **-** effet *m* de complaisance ; traite *f* de cavalerie (lettres de change de complaisance tirées par deux commerçants l'un sur l'autre, sans opération commerciale réelle, pour se procurer frauduleusement de l'argent).

Reklamation *f,* **en** réclamation *f* ; *unbegründete ~* réclamation sans fondement ; *eine ~ an/erkennen* admettre le bien-fondé d'une réclamation ; *eine ~ vor/bringen* faire, déposer une réclamation ; *eine ~ zurück/weisen* rejeter une réclamation *(syn. Beanstandung).*

Reklamationsabteilung *f,* **en** (service *m*) contentieux *m* ; réclamations *fpl.*

Reklame *f,* **n** *(souvent péjor.)* réclame *f* ; publicité *f* ; *~ im Rundfunk, im Fernsehen* publicité à la radio, à la télévision ; *für etw ~ machen* faire de la publicité pour qqch *(syn. Werbung).*

Reklameartikel *m,* **-** cadeau *m* publicitaire ; article *m* en réclame ; article promotionnel.

Reklameberieselung *f,* **en** imprégnation *f,* « arrosage » *m* publicitaire ; matraquage *m.*

Reklamefachmann *m,* **-leute** publicitaire *m* ; homme *m* de publicité.

Reklamefläche *f,* **n** emplacement *m* réservé à la publicité ; panneau *m,* surface *f* publicitaire.

Reklamepreis *m,* **e** prix *m* publicitaire ; prix-réclame *m* ; prix d'appel ; prix de lancement.

Reklameprospekt *m* ou *n,* **e** prospectus *m* publicitaire.

Reklamerummel *m,* ϕ battage *m* publicitaire ; matraquage *m* publicitaire.

Reklameschild *n,* **er** panneau *m* publicitaire ; panneau-réclame.

Reklametafel *f,* **n** panneau-réclame *m.*

Reklametrick *m,* **s** truc *m* publicitaire ; ficelle *f* publicitaire ; *auf einen ~ rein/fallen (fam.)* tomber dans le panneau d'une publicité mensongère.

Reklametrommel *f,* **n** battage *m*

publicitaire ; *die ~ rühren* faire un grand battage (matraquage) publicitaire.

Reklameverkauf *m*, **¨e** vente-réclame *f* ; vente promotionnelle.

Reklamezeichner *m*, **-** dessinateur *m* publicitaire.

Reklamezettel *m*, **-** prospectus *m* publicitaire.

reklamieren réclamer qqch ; faire une réclamation ; *ein Paket bei der Post ~* réclamer un paquet à la poste.

Rekord *m*, **e** record *m* ; *einen ~ auf/stellen* établir un record ; *einen ~ brechen (schlagen)* battre un record.

Rekordabsatz *m*, **¨e** vente *f* record.

Rekordzahl *f*, **en** ⇒ *Rekordziffer*.

Rekordziffer *f*, **n** chiffre *m* record.

rekrutieren *(aus + D)* recruter dans, parmi ; *die Firma rekrutiert ihre Leitenden aus den Akademikern* la maison recrute ses cadres parmi les universitaires.

Rekrutierung *f*, **en** recrutement *m*.

Rektaklausel *f*, **n** clause *f* nominative (de non-transmissibilité à un tiers) ; mention « non endossable ».

Rektapapier *n*, **e** titre *m* non transmissible ; titre nominatif.

Rektascheck *m*, **s** chèque *m* nominatif à personne dénommée.

Rektawechsel *m*, **-** traite *f* nominative.

Release *n*, **s** [ri'li:zə] centre *m* antidrogue ; centre *m* de réinsertion pour drogués.

relevant pertinent ; significatif ; important ; *einen ~en Einwand vor/bringen* présenter une objection de taille ; faire une objection pertinente.

Relevanz *f*, **(en)** importance *f* ; pertinence *f*.

Rembours *m*, **-** [rã'bu:r] **1.** règlement *m* à l'exportation (au moyen de crédits bancaires) **2.** crédit *m* documentaire.

Remboursgeschäft *n*, **e** opération *f* (de crédit) documentaire (financement d'opérations avec l'étranger ; une tierce banque accepte et agit pour le compte de la banque du client).

Remigrant *m*, **en, en** rapatrié *m* ; ancien émigré de retour au pays.

Remittent *m*, **en, en** bénéficiaire *m* d'une traite ; preneur *m* d'effet ; remettant *m*.

remittieren renvoyer ; expédier de l'argent.

Rendite *f*, **n** rendement *m* financier ; taux *m* de rendement ; *~ eines angelegten Kapitals* rente *f* d'un capital placé.

renditeträchtig prometteur ; juteux (placement).

Rennen *n*, **-** course *f* ; *diese Firma liegt in der Spitzentechnologie gut im ~* cette entreprise figure en bonne position dans le secteur de la technologie de pointe.

Renner *m*, **-** succès *m* commercial ; article *m* que l'on s'arrache ; « best-seller » *m (syn. Verkaufsschlager)*.

rentabel rentable ; lucratif ; profitable *(syn. gewinnbringend ; lohnend)*.

Rentabilität *f*, **en** rentabilité *f* ; productivité *f* financière ; bon rendement *m (syn. Wirtschaftlichkeit)*.

Rentabilitätsgrenze *f*, **n** ⇒ *Rentabilitätsschwelle*.

Rentabilitätsrechnung *f*, **en** calcul *m* de rentabilité.

Rentabilitätsschwelle *f*, **n** seuil *m* de rentabilité ; break-even-point *m*.

Rente *f*, **n 1.** pension *f* ; retraite *f* ; *dynamische ~* retraite indexée (sur les salaires) ; *eine ~ beziehen* bénéficier d'une retraite ; *eine ~ gewähren* accorder une pension ; *die ~n erhöhen, kürzen* augmenter, diminuer les retraites **2.** rente *f* ; annuité *f* ; rapport *m* ; revenu *m* ; *aufgewertete ~* rente revalorisée ; *ewige ~* rente perpétuelle ; *lebenslängliche (lebenslange) ~* rente viagère.

Rentenalter *n*, *ϕ* âge *m* de la retraite ; *das ~ erreichen* atteindre l'âge de la retraite.

Rentenangleichung *f*, **en** r(é)ajustement *m* des pensions.

Rentenanleihe *f*, **n** emprunt *m* perpétuel.

Rentenanpassung *f*, **en** revalorisation *f* des pensions.

Rentenanspruch *m*, **¨e** droit *m* à la pension.

Rentenanstalt *f*, **en** caisse *f* de retraite.

Rentenantrag *m*, **¨e** demande *f* de pension.

Rentenbank *(Landwirtschaftliche) f*, **n** banque *f* de Crédit agricole.

Rentenbemessung *f*, **en** détermination *f* du montant d'une retraite.

Rentenbemessungsgrundlage *f*, **n** base *f* de l'assiette d'une pension.

Rentenberechtigte/r *(der/ein)* ayant droit *m* à une pension.

Rentenbezieher *m*, **-** ⇒ *Rentner*.

Rentenempfänger *m*, **-** ⇒ *Rentner*.

Rentenentzug *m*, **¨e** suppression *f* d'une rente, d'une pension.

Rentenfonds *m*, **-** fonds *m* d'investissement (se compose presque exclusivement de titres à revenu fixe).

Rentengrenze *f*, **n** âge *m* limite de la

retraite ; *über die ~ hinaus/arbeiten* travailler au-delà de l'âge normal de la retraite.

Rentenmark *f,* ϕ monnaie *f* créée au lendemain de l'inflation de 1923.

Rentenmarkt *m,* ¨e marché *m* des fonds (effets) publics ; marché *m* des titres sur l'État ; marché *m* des rentes ; marché des valeurs à revenu fixe.

Rentenpapiere *pl* ⇒ *Rentenwerte.*

Rentenschein *m,* **e** titre *m* de rente.

Rentenschuld *f,* **en** rente *f* foncière.

Rentensplitting *n,* s *(jur)* partage *m* des droits à la pension de vieillesse acquis par les deux époux jusqu'à la date du divorce.

Rentenversicherung *f,* **en** assurance-retraite *f* ; assurance invalidité-vieillesse.

Rentenwerte *pl* valeurs *fpl* à revenu fixe ; effets *mpl* publics ; rentes *fpl* sur l'Etat.

rentieren : *sich ~* être rentable ; se rentabiliser ; rapporter ; *die Anschaffung eines Computers rentiert sich* l'acquisition d'un ordinateur est rentable.

Rentner *m,* **- 1.** rentier *m* ; titulaire *m* d'une rente ; crédirentier *m* **2.** bénéficiaire *m* d'une pension ; retraité *m.*

Reparationen *pl* réparations *fpl.*

Reparationsleistung *f,* **en** prestation *f,* paiement *m* à titre de réparations.

Reparationszahlung *f,* **en** ⇒ *Reparationsleistung.*

Reparatur *f,* **en** réparation *f* ; remise *f* en état.

reparieren réparer ; remettre en état.

repartieren répartir ; ventiler ; répercuter.

repatriieren 1. rapatrier **2.** réintégrer dans la nationalité.

Report *m,* **e** report *m* (opération de Bourse traitée à la liquidation d'un marché à terme en vue de proroger la spéculation jusqu'à la liquidation suivante).

Reporteur *m, e* ⇒ *Reportgeber.*

Reportgeber *m,* - vendeur *m* reporteur ; reporteur *m* (détenteur de capitaux, de titres).

Reportgeld *n,* **er** placement *m* en report.

Reportgeschäft *n,* **e** report *m* ; opération *f* de report.

Reportkurs *m,* **e** cours *m*, taux *m* de report ; prix *m* du report.

Reportnehmer *m,* - acquéreur *m* reporté ; reporté *m* (spéculateur dans une opération de report).

Repräsentation *f,* **en** représentation *f* ; *die ~ einer Firma* la représentation d'une entreprise.

Repräsentationsspesen *pl* indemnité *f* (pour frais) de représentation.

repräsentativ représentatif ; *~er Querschnitt (~e Auswahl)* échantillon *m* représentatif ; *~e Umfrage* enquête *f* représentative ; *das ist ~ für den Normalverbraucher* ceci est représentatif du consommateur moyen.

Repräsentativbefragung *f,* **en** enquête *f* représentative ; sondage *m* ; *eine ~ durch/führen* faire un sondage.

Repräsentativerhebung *f,* **en** ⇒ *Repräsentativbefragung.*

Repräsentativität *f,* ϕ représentativité *f.*

repräsentieren représenter ; *XY repräsentiert die Firma im Ausland* XY représente l'entreprise à l'étranger ; *einen Wert von ... ~* représenter une somme de.

Repressalie *f,* **n** [reprɛ'saliə] représailles *fpl* ; *zu wirtschaftlichen ~n greifen* recourir à des représailles économiques.

Reprise *f,* **n** *(Bourse)* reprise *f* des cours ; tendance *f* à la hausse.

reprivatisieren dénationaliser.

Reprivatisierung *f,* **en** dénationalisation *f.*

Reprographie *f, n (imprimerie)* reprographie *f.*

reprographieren *(imprimerie)* reprographier.

Reptilienfonds *m,* - fonds *mpl* secrets ; caisse *f* noire (dont disposent librement les gouvernements).

Repudiation *f,* **en** répudiation *f* (refuser une monnaie en raison de son faible pouvoir d'achat).

Reputation *f,* **en** réputation *f* ; renommée *f* ; renom *m* ; notoriété *f.*

requirieren réquisitionner ; *die Truppe für die Müllabfuhr ~* réquisitionner la troupe pour l'enlèvement des ordures.

Reserve *f,* **n 1.** réserve *f* ; *eiserne ~n* réserves minimales obligatoires ; *freie ~n* réserves libres ; *offene ~n* réserves visibles ; réserves déclarées ; *stille ~n* réserves occultes ; réserves latentes ; *~n bilden (schaffen)* constituer des réserves **2.** *(rare)* provision *f.*

Reservebestände *pl* stocks *mpl* de réserve.

Reservefonds *m,* - fonds *m* de réserve.

Reserve-Ist *n,* ϕ *(banque)* montant *m* effectif des réserves.

Reservekonto *n,* **-ten** compte *m* de réserve.

Reservelager *n,* - stock *m* de réserve.

Reservepolster *n,* - stock *m,* « matelas » *m* de réserves.

Reserve-Soll *n*, *ϕ (banque)* montant *m* théorique des réserves.

Reservewährung *f*, **en** monnaie *f* de référence, de réserve *(syn. Leitwährung)*.

reservieren retenir ; réserver ; garder.

Reservierung *f*, **en** réservation *f*.

Reservoir *n*, **e** réservoir *m* ; réserves *fpl* ; *~ an Arbeitskräften* réserves de main-d'œuvre.

Resolution *f*, **en** résolution *f* ; *eine ~ ab/fassen, verabschieden, verwerfen* rédiger, voter, rejeter une résolution.

resozialisieren réinsérer dans la société ; resocialiser.

Respektfrist *f*, **en** délai *m* de grâce.

respektieren respecter ; *Gesetze, Vorschriften ~* se conformer aux lois, aux instructions.

Respektierung *f*, *ϕ* respect *m* ; observance *f* ; *~ der gegenseitigen Interessen* respect des intérêts réciproques.

Respekttage *pl* ⇒ *Respektfrist*.

Ressort *n*, **s** [rɛ'soːr] ressort *m* ; compétence *f* ; département *m* ; portefeuille *m* (ministériel) ; *ein ~ in einem Ministerium leiten* être à la tête d'un département ministériel ; *es gehört nicht zu meinem (in mein) ~* ce n'est pas de mon ressort ; cela ne relève pas de ma compétence ; *für Export ist mein ~ nicht zuständig* l'exportation ne relève pas de la compétence de mon service.

Ressortministerium *n*, **-ien** ministère *m* de tutelle ; ministère compétent (pour une organisation/administration, etc.).

Ressortministerium *n*, **-ien** ministère *m* de tutelle ; ministère compétent (pour une organisation/administration, etc.).

Ressourcen *pl* [rə'sursən] ressources *fpl* (financières, énergétiques, etc.).

Rest *m*, **e** reste *m* ; reliquat *m* ; solde *m*.

Restaktie *f*, **n** rompu *m* (fraction d'une valeur mobilière).

Restant *m*, **en, en 1.** débiteur *m* en retard **2.** titre *m* laissé pour compte **3.** invendu *m* ; rossignol *m*.

Restantenliste *f*, **n** liste *f* des valeurs non converties à la date d'échéance.

Restaurantkette *f*, **n** chaîne *f* de restaurants.

Restbetrag *m*, **¨e** restant *m* ; solde *m* ; reliquat *m* ; *der ~ ist 8 Tage vor der Abreise einzuzahlen* solde payable 8 jours avant le départ.

Restdividende *f*, **n** solde *m* du dividende ; complément *m* du dividende.

Restforderung *f*, **en** reliquat *m* d'une créance ; restant *m* de la créance.

Restguthaben *n*, **-** solde *m* d'avoir.

Restitutionsklage *f*, **n** *(jur.)* action *f* en révision d'un jugement.

restlich restant ; de reste ; dû ; *~er Betrag* solde *m*.

Restmasse *f*, **n** masse *f* restante.

Restposten *pl* invendus *mpl* ; reste *m*.

Restriktion *f*, **en** restriction *f* ; *es ist mit erheblichen ~en zu rechnen* on doit s'attendre à d'importantes restrictions ; *~en in der Ölversorgung* restrictions dans l'approvisionnement en pétrole.

restriktiv restrictif.

Restsaldo *m*, **-den** solde *m* résiduel.

Restwert *m*, **e** *(comptab.)* valeur *f* résiduelle.

Resultat *n*, **e** résultat *m* ; *ein ~ erzielen* obtenir un résultat *(syn. Ergebnis)*.

Retentionsrecht *n*, **e** droit *m* de rétention ; droit de retenue.

Retorsion *f*, **en** rétorsion *f*.

Retorsionszoll *m*, **¨e** taxe *f* douanière de rétorsion, de représailles.

Retortenbaby *n*, **-ies** bébé *m*-éprouvette.

Retouren *pl* marchandises *fpl* retournées ; traites *fpl*, chèques *mpl* impayés.

retten sauver ; *sich aus den roten Zahlen ~* se sortir d'une situation déficitaire ; se sortir d'une passe difficile.

Reugeld *n*, **er** dédit *m* ; arrhes *fpl* perdues (somme à payer en cas de non-accomplissement d'un contrat ou de rétractation d'un engagement pris).

Reukauf *m*, **¨e** ⇒ *Reugeld*.

Revalorisierung *f*, **en** revalorisation *f* ; réévaluation *f*.

Revers *m*, **e** [rə'vɛːr(s)] lettre *f* de garantie ; contre-lettre *f*.

revidieren 1. vérifier ; examiner ; expertiser ; *Rechnungen, Geschäftsbücher einer Firma ~* vérifier les comptes, les livres d'une entreprise **2.** réviser.

Revier *n*, **e 1.** bassin *m* minier **2.** la « Ruhr » *(syn. Ruhrgebiet)*.

Revision *f*, **en 1.** vérification *f* ; examen *m* ; audit *m* ; contrôle *m* ; expertise *f* ; *eine ~ der Geschäftsbücher* vérification des livres de comptes ; *eine ~ vor/nehmen* procéder à une vérification ; *interne (betriebsinterne) ~* audit interne ; *~ und Treuhand* audit **2.** *(jur.)* cassation *f* ; pourvoi *m* en cassation ; *beim Gerichtshof gegen ein Urteil ~ ein/legen* se pourvoir en cassation auprès d'un tribunal contre un jugement.

Revisionsinstanz *f*, **en** instance *f* de cassation ; instance en révision.

Revision und Treuhand(wesen) *(RT)* audit *m*.

Revisor ***m*, en** expert-comptable *m* ; commissaire *m* aux comptes ; vérificateur *m* ; censeur *m* ; audit *m*.

Revolving-Kredit ***m*, e** crédit *m* « revolving » ; crédit à renouvellement automatique ; crédit renouvelable.

revozieren révoquer.

Rezession ***f*, en** récession *f* ; recul *m* *(syn. Flaute)*.

R-Gespräch ***n*, e** communication *f* téléphonique payable à l'arrivée ; communication en P.C.V.

RGW *m (Rat für gegenseitige Wirtschaftshilfe)* Conseil *m* d'assistance économique mutuelle (C.A.E.M.) ; Comecon *m (syn. Comecon)*.

Rheinschiffahrt ***f*, en** navigation *f* sur le Rhin.

Rial ***m*, s** rial *m* (monnaie iranienne).

Ricambiowechsel ***m*, -** ⇒ *Rückwechsel*.

Richtbetrieb ***m*, e** exploitation *f* type ; établissement *m* pilote.

Richtgeschwindigkeit ***f*, en** vitesse *f* conseillée.

Richtigkeit ***f*, en** véracité *f* ; exactitude *f* ; *für die ~ der Abschrift* pour copie conforme ; pour ampliation.

richtig/stellen rectifier ; ajuster (des comptes).

Richtlinie ***f*, n** directive *f* ; ligne *f* de conduite ; *die ~n außer acht lassen* ignorer les directives ; *die ~n beachten (ein/halten)* se conformer aux directives.

Richtlohn ***m*, ¨e** salaire *m* indicatif, pilote ; salaire de base.

Richtpreis ***m*, e** prix *m* recommandé, indicatif ; *empfohlener ~* prix conseillé.

Richtpreis-Index ***m*, -dizes** indice *m* de référence.

Richtsatz ***m*, ¨e** taux *m* normal.

Richtungsgewerkschaft ***f*, en** syndicat *m* proche d'un parti politique.

Richtzahl ***f*, en** chiffre-indice *m*.

Riese ***m*, n, n** 1. géant *m* ; colosse *m* 2. *(fam.)* billet *m* de 1 000 marks.

Riesenerfolg ***m*, e** succès *m* (de vente) éclatant ; *(fam.)* clou *m* (spectacle) ; « best-seller » *m*.

Riesengewinn ***m*, e** gain *m* énorme ; super bénéfice *m*.

Rimesse ***f*, n** remise *f* (d'une traite acceptée comme moyen de paiement).

Rimessenbrief ***m*, e** lettre *f* de remise.

Rind ***n*, er** bœuf *m* ; *~er züchten* élever des bovins.

Rindfleisch ***n*, ϕ** viande *f* de bœuf.

Ring ***m*, e** réseau *m* (de trafiquants, etc.).

Ringstruktur ***f*** : *~ eines Netzwerks* structure *f* en anneau d'un réseau informatique ; la transmission des informations ne peut se faire que dans une seule direction.

Risiko ***n*, s ou -ken** risque *m* ; **I.** *ausgeschlossenes ~* risque non couvert ; *finanzielles ~* risque financier ; *gedecktes ~* risque couvert ; *kalkulierbares ~* risque calculé ; *versichertes ~* risque assuré **II.** *ein ~ ein/gehen (auf sich nehmen)* courir un risque ; *ein ~ übernehmen* assumer un risque ; garantir un risque.

Risikoabschätzung ***f*, en** évaluation *f* du risque.

Risikodeckung ***f*, en** couverture *f* des risques ; garantie *f* des risques.

Risikofreudigkeit ***f*, ϕ** esprit *m* de risque.

Risikokapital ***n*, (-ien)** capital *m* à risque ; capital-risque ; capitaux *mpl* à risque ; capitaux spéculatifs ; (fournis à des entreprises en création ou en développement par des sociétés spécialisées ; (*syn. Wagniskapital ; Venture capital*).

Risiko-Management ***n*, s** gestion *f* des risques ; (politique d'entreprise consistant à reconnaître et à évaluer les risques afin de minimiser les pertes éventuelles).

Risikominderung ***f*, en** diminution *f* du risque.

Risikoprämie ***f*, n** prime *f* de risques.

risikoreich risqué ; hasardeux ; qui comporte des risques.

Risikostreuung ***f*, en** répartition *f* des risques.

Risikostudie ***f*, n** étude *f* de risques.

Risikoversicherung ***f*, en** assurance *f* de risques.

Risikoverteilung ***f*, en** ⇒ *Risikostreuung*.

riskant ⇒ *risikoreich*.

riskieren risquer ; courir un risque ; *er hat sein ganzes Vermögen ~t* il a risqué toute sa fortune.

Riskontro ***n*, s** ⇒ *Skontro*.

ristornieren contre-passer ; annuler une écriture erronée.

Ristorno ***m* ou *n*** annulation *f* d'une écriture erronée ; contre-passation *f*.

RKW *n (Rationalisierungskuratorium der deutschen Wirtschaft)* commissariat *m* à l'accroissement de la productivité et à la rationalisation de l'économie.

roboten *(fam.)* travailler dur ; trimer.

Roboter ***m*, -** robot *m*.

Robotik ***f*, ϕ** robotique *f*.

robotisieren robotiser.

roh brut ; *~e Jahresziffer* taux *m* brut annuel ; *nach ~er Schätzung* approximativement.

Rohbilanz *f,* **en** bilan *m* brut, estimatif ; bilan de contrôle.

Roheinkommen *n,* - revenu *m* brut.

Rohertrag *m,* **¨e** revenu *m* brut.

Roherzeugnis *n,* **se** ⇒ *Rohprodukt.*

Rohgewicht *n,* **e** poids *m* brut.

Rohöl *n,* **e** pétrole *m* brut.

Rohölpreis *m,* **e** prix *m* du (pétrole) brut ; *den ~ je Barrel um 2 Dollar erhöhen* augmenter le prix du baril de brut de 2 dollars.

Rohprodukt *n,* **e** produit *m* brut ; *~e* produits non manufacturés.

Rohrpost *f,* *ϕ* poste *f* pneumatique.

Rohrpostbrief *m,* **e** pneu(matique) *m.*

Rohstahl *m,* **(¨e)** acier *m* brut.

Rohstoff *m,* **e** matière *f* première ; produit *m* de base *(syn. Grundstoff).*

rohstoffarm pauvre en matières premières.

Rohstoffbedarf *m,* *ϕ* besoins *mpl* en matières premières.

Rohstofferzeugung *f,* **en** production *f* de matières premières.

Rohstoffgewinnung *f,* **en** ⇒ *Rohstofferzeugung.*

Rohstoffknappheit *f,* **(en)** pénurie *f* de matières premières.

Rohstoffland *n,* **¨er** pays *m* producteur de matières premières.

Rohstoffmangel *m,* **¨** pénurie *f* de matières premières.

Rohstoffmarkt *m,* **¨e** marché *m* des matières premières.

Rohstoffpreis *m,* **e** prix *m* des matières premières.

Rohstoffquellen *pl* ressources *fpl* en matières premières.

rohstoffreich riche en matières premières.

Rohstoffverarbeitung *f,* **en** transformation *f* de(s) matières premières.

Rohstoffverknappung *f,* **en** raréfaction *f* des matières premières.

Rohstoffversorgung *f,* **en** approvisionnement *m* en matières premières.

Rollfuhrdienst *m,* **e** factage *m* ; service *m* de camionnage.

Rollfuhrunternehmen *n,* - entreprise *f* de camionnage.

Rollgeld *n,* **er** frais *mpl* de camionnage, de transport ; coût *m* de voiturage.

Roll-on/roll-of Schiff *n,* **e** navire *m* roulier.

ROM *n,* **(s)** *(inform.)* mémoire *f* inaltérable.

Rom-Abkommen *n,* - ⇒ *Römische Verträge.*

Römische Verträge *pl* traité *m* de Rome (25.3.57).

Roßkur *f,* **en** cure *f,* remède *m* de cheval ; *der Wirtschaft eine ~ verordnen* administrer une cure de cheval à l'économie.

rot rouge ; *in die ~en Zahlen geraten (rutschen)* devenir déficitaire ; perdre de l'argent ; *aus den ~en Zahlen heraus/kommen* ne plus être déficitaire ; sortir d'une situation financière difficile ; *keinen ~en Heller mehr haben* ne plus avoir sou vaillant.

Rotation *f,* **en** rotation *f* ; roulement *m.*

rotieren effectuer un roulement ; faire qqch à tour de rôle.

Rotstift *m,* **e** crayon *m* rouge ; *den ~ an/setzen* réduire des dépenses ; faire des économies ; manier le crayon rouge.

Round-Table-Konferenz *f,* **en** [raund 'teibl...] table *f* ronde.

Route *f,* **n** itinéraire *m* ; route *f* ; cap *m* ; cours *m.*

Routine *f,* *ϕ* routine *f* ; train-train *m* ; *etwas aus ~ machen* faire qqch par routine ; *es wird zur ~* cela devient routinier.

Routinearbeit *f,* **en** travail *m* de routine ; travail routinier ; train-train *m.*

RP *(télégrammes)* réponse *f* payée.

RPG *m (Report Program Generator) (inform.)* langage *m* de programmation.

Rubel *m,* - rouble *m.*

rück... *(variante de zurück)* en arrière ; retour ; retard ; rétro (les verbes avec *rück* ne s'emploient qu'à l'infinitif et au participe passé).

Rückabtretung *f,* **en** rétrocession *f.*

Rückantwort *f,* **en** réponse *f* ; *bezahlte ~* réponse payée.

rückbestätigen confirmer par retour du courrier.

rückbuchen ristourner.

Rückbuchung *f,* **en** ristourne *f* ; contre-passation *f.*

Rückbürge *m,* **n, n** certificateur *m* de caution ; arrière-garant *m.*

Rückbürgschaft *f,* **en** sous-caution *f* ; arrière-caution *f.*

rückdatieren antidater.

Rückdatierung *f,* **en** antidate *f.*

Rückdeckung *f,* **en** réassurance *f.*

Rückenwind : *~ haben* avoir le vent en poupe.

rückerstatten rembourser ; restituer.

Rückerstattung *f,* **en** remboursement *m* ; restitution *f.*

Rückerstattungsantrag *m,* ¨e demande *f* de remboursement.

Rückfahrkarte *f,* **n** billet *m* (de transport) aller-retour.

Rückfahrschein *m,* **e** coupon-retour *m.*

Rückflug *m,* ¨e vol-retour *m.*

Rückflugticket *n,* **s** billet *m* de vol retour.

rückfordern demander la restitution.

Rückforderung *f,* **en** demande *f* de remboursement ; demande de restitution.

Rückfracht *f,* **en** chargement *m* de retour.

Rückfrachtkosten *pl* frais *mpl* de retour.

Rückfrage *f,* **n** demande *f* de renseignements, d'instructions complémentaires ; *wir bitten um ~* nous souhaitons de plus amples informations.

rückfragen se renseigner auprès de ; *wir haben beim Arbeitsamt rückgefragt, ob...* nous nous sommes informés auprès de l'office du travail si...

Rückfragetaste *f,* **n** *(inform.)* touche *f* d'interrogation, de consultation.

Rückgabe *f,* **n** restitution *f* ; retour *m.*

Rückgabefrist *f,* **en** délai *m* de retour.

Rückgaberecht *n,* **e** droit *m* de restitution d'une marchandise.

Rückgang *m,* ¨e recul *m* ; baisse *f* ; fléchissement *m* ; récession *f* **I.** *konjunktureller (konjunkturbedingter) ~* récession conjoncturelle ; *saisonaler (saisonbedingter) ~* baisse saisonnière ; *struktureller ~* régression *f* structurelle **II.** *einen ~ an Geburten verzeichnen* enregistrer un recul des naissances.

rückgängig machen annuler ; résilier *(syn. annullieren).*

Rückgängigmachung *f,* **en** annulation *f* ; résiliation *f* ; *die ~ eines Vertrags* la résiliation d'un contrat.

Rückgewinnung *f,* **en** *(inform.)* récupération *f* ; recouvrement *m* ; *~ von Informationen* récupération d'informations.

Rückgriff *m,* **e** ⇒ *Regreß.*

Rückholdienst *m,* **e** service *m* de rapatriement de véhicules.

Rückkauf *m,* ¨e rachat *m.*

rückkaufen racheter.

Rückkauf-Garantie *f,* **n** garantie *f* de rachat.

Rückkaufsrecht *n,* **e** droit *m* de rachat, de réemption ; droit de réméré.

Rückkaufswert *m,* **e** valeur *f* de rachat ; valeur de reprise.

Rückkehrbereitschaft *f,* ϕ : *die ~ fördern* (prendre des mesures destinées à) favoriser le retour des travailleurs immigrés dans leur pays d'origine.

Rückkehrhilfe *f,* **n** indemnité *f* de rapatriement (pour les travailleurs étrangers).

Rücklage *f,* **n** réserve *f* **I.** *ausgewiesene ~* réserve déclarée ; *freie ~* réserve facultative ; *gesetzliche ~* réserve légale ; *offene ~* réserve déclarée ; *satzungsmäßige ~* réserve statutaire ; *stille ~* réserve occulte ; *versteckte ~* réserve provenant d'une majoration des provisions pour pertes et charges **II.** *~n bilden* constituer des réserves.

rückläufig rétrograde ; régressif ; en régression ; *~er Gewinn* bénéfices *mpl* en régression ; *~e Tendenz* tendance *f* à la régression.

Rücknahme *f,* **n** reprise *f* ; retrait *m* ; *100 % ~-Garantie* garantie *f* de remboursement intégral.

Rücknahmepreis *m,* **e** prix *m* de rachat ; valeur *f* de remboursement.

Rückporto *n,* **s** port *m* de retour ; port pour la réponse.

Rückreiseverkehr *m,* ϕ « les grands retours » *mpl* (de vacances) ; reflux *m* des vacanciers.

Rückscheck *m,* **s** chèque *m* retourné ; chèque découvert (pour défaut de paiement ou opposition).

Rückschlag *m,* ¨e échec *m* ; répercussion *f* négative ; *einen geschäftlichen ~ erleiden* essuyer un revers commercial.

Rückschritt *m,* **e** pas *m* en arrière ; régression *f* ; *(polit.)* réaction *f.*

rückschrittlich *(polit.)* réactionnaire ; rétrograde.

Rückseite *f,* **n** verso *m* (d'une feuille) ; dos *m* (d'une lettre de change).

Rücksendung *f,* **en** renvoi *m* ; envoi en retour.

Rücksicht *f,* **en** considération *f* ; égard *m* ; *finanzielle ~en* des considérations d'ordre financier ; *ohne ~ auf Verluste* sans tenir compte des pertes.

Rückspesen *pl* ⇒ *Rückfrachtkosten.*

Rücksprache *f,* **n** entretien *m* ; pourparlers *mpl* ; *nach (laut) ~ mit* après consultation de ; *mit jdm ~ nehmen* conférer avec qqn.

Rückstand *m,* ¨e **1.** arriéré *m* **2.** retard *m* ; *im ~ sein* être en retard **3.** résidu *m* ; déchet *m.*

Rückstände *pl* arriérés *mpl* ; *~ ein/treiben* recouvrer des arriérés.

rückständig en retard ; arriéré ; dû ; impayé ; *~e Aufträge* commandes *fpl* en retard ; ~*e Raten* arrérages *mpl* échus.

Rückstellung *f,* **en I.** provision *f* (pour pertes et charges) ; *betriebsfremde* ~ provision hors exploitation (exceptionnelle) ; *frei verfügbare* ~ provision non affectée ; *zweckgebundene* ~ provision affectée ; ~ *für Abschreibungen* provision pour amortissement ; ~ *für Garantieleistungen* provision pour garanties accordées aux clients ; ~ *für Kulanzleistungen* provision pour litiges réglés à l'amiable ; ~ *für zweifelhafte (dubiose) Forderungen* provision pour créances douteuses ; *Bildung von* ~*en* constitution *f* de provisions **II.** ~*en vor/nehmen* constituer des provisions ; *den* ~*en zu/führen* affecter aux provisions.

Rückstufung *f,* **en** déclassement *m* ; rétrogradation *f* ; ~ *des Gehalts* rétrogradation salariale, d'échelon.

Rücktritt *m,* **e 1.** *(contrat)* résiliation *f* ; désistement *m* ; *bei* ~ *werden abgezogen...* en cas de désistement, il sera retenu... **2.** *(fonction, emploi)* retrait *m* ; démission *f* ; *seinen* ~ *erklären* donner sa démission.

Rücktrittsgesuch *n,* **e** offre *f* de démission ; *sein* ~ *ein/reichen* donner, offrir sa démission.

Rückverflechtung *f,* **en** reconcentration *f* ; constitution *f* de nouveaux cartels.

rückvergüten rembourser ; ristourner.

Rückvergütung *f,* **en** remboursement *m* ; ristourne *f.*

rückversichern réassurer.

Rückversicherte/r *(der/ein)* réassuré *m.*

Rückversicherung *f,* **en** réassurance *f.*

Rückversicherungsvertrag *m,* **¨e** contrat *m* de réassurance.

Rückwanderer *m,* **-** rapatrié *m.*

Rückwaren *pl* marchandises *fpl* retournées.

Rückwechsel *m,* **-** retraite *f* ; rechange *m* (lettre de change tirée par le porteur d'une traite impayée sur le tireur de celle-ci ou sur l'un de ses endosseurs).

rückwirkend rétroactif ; ~*e Kraft besitzen* avoir (un) effet rétroactif ; *die Lohnerhöhung gilt* ~ *vom 1. Januar* augmentation *f* salariale avec effet rétroactif à compter du 1er janvier.

Rückwirkung *f,* **en** rétroactivité *f* ; effet *m* rétroactif.

rückzahlbar remboursable ; ~ *in 2 Monatsraten* remboursable en deux mensualités.

rückzahlen rembourser.

Rückzahlung *f,* **en** remboursement *m* ; ~ *auf Sicht* remboursement à vue ; *volle* ~ remboursement intégral ; *vorzeitige* ~ remboursement anticipé.

Rückzahlungsagio *n,* **s** prime *f* de remboursement (des obligations).

Rückzahlungsanspruch *m,* **¨e** droit *m* au remboursement.

Rückzahlungsbedingungen *pl* conditions *fpl* de remboursement.

Rückzahlungsrate *f,* **n** quote-part *f* d'amortissement.

Rückzahlungstermin *m,* **e** date *f* de remboursement ; délai *m* de remboursement.

Ruf *m,* **e 1.** réputation *f* ; renommée *f* ; *einen guten* ~ *genießen* jouir d'une bonne réputation **2.** *(téléph.)* appel *m.*

Rufname *m,* **ns, n** prénom *m* usuel.

Rufnummer *f,* **n 1.** *(téléph.)* numéro *m* d'appel **2.** *(inform.)* indicatif *m* de programme ; numéro d'appel.

Rüge *f,* **n** blâme *m* ; réprimande *f* ; réclamation *f* ; *eine* ~ *erteilen* administrer un blâme.

Rügefrist *f,* **en** délai *m* de réclamation (pour marchandise non conforme).

Rügepflicht *f,* **(en)** obligation *f* faite à l'acheteur de signaler un défaut dès réception de la marchandise.

Ruhegehalt *n,* **¨er** pension *f* de retraite ; pension ; retraite *f* ; *ein* ~ *beziehen* toucher une retraite *(syn. Pension).*

Ruhegehaltsanspruch *m,* **¨e** droit *m* à une pension.

Ruhegehaltsempfänger *m,* **-** retraité *m* ; pensionné *m.*

Ruhegeld *n,* **er** retraite *f* ; pension *f.*

ruhend en repos ; oisif ; ~*es Kapital* capital inemployé, improductif.

Ruhepause *f,* **n** pause *f* dans le travail ; *eine* ~ *einlegen* faire une pause.

Ruheposten *m,* **-** poste *m* de tout repos ; sinécure *f* ; « planque » *f.*

Ruhestand *m,* **ϕ** retraite *f* ; *im* ~ *sein* être à la retraite ; *in den* ~ *treten* prendre sa retraite ; *in den* ~ *versetzen* mettre à la retraite *(syn. Pension).*

Ruheständler *m,* **-** fonctionnaire *m* à la retraite.

Ruhrgebiet *n,* **ϕ** bassin *m* de la « Ruhr ».

Ruin *m,* **ϕ** ruine *f* ; *die Firma geht ihrem* ~ *entgegen* l'entreprise court à sa perte.

ruinieren ruiner ; *jdn wirtschaftlich* ~ couler, torpiller qqn sur le plan économique.

ruinös ruineux ; ~*er Wettbewerb* concurrence *f* ruineuse.

Rumpfgeschäftsjahr *n,* **e** exercice *m* incomplet.

Run *m,* **s** [ran] ruée *f* ; rush *m* ; *der ~ auf die D-Mark* la ruée sur le deutschmark ; *der ~ auf die Bankschalter* le rush vers les guichets de banque *(syn. Rush).*

rund 1. rond ; *eine ~e Summe von* une somme globale de ; *in ~en Zahlen* en chiffres ronds ; *~ um die Uhr* 24 heures sur 24 ; en continu **2.** *(rd)* environ ; *das kostet Sie ~ 300 DM* cela vous coûtera dans les 300 DM *(syn. ungefähr ; zirka ; etwa ; an die).*

Rundbrief *m,* **e** *(lettre)* circulaire *f.*

Runde *f,* **n** tour *m* ; « round » *m* ; négociation *f* ; *wirtschaftspolitische ~* table *f* ronde sur l'économie ; *über die ~n kommen* s'en tirer ; franchir un cap difficile.

Runderlaß *m,* **-sse** circulaire *f.*

Rundfunk *m,* *ϕ* radio(diffusion) *f* ; *im ~* à la radio ; *~ hören* écouter la radio ; *über den ~* sur les ondes ; *über den ~ verbreiten* radiodiffuser *(syn. Radio ; Funk).*

Rundfunkanstalt *f,* **en** station *f* de radio(diffusion).

Rundfunkgebühr *f,* **en** redevance *f* radiophonique.

Rundfunkwerbung *f,* **en** radio-publicité *f* ; publicité sur les ondes ; publicité à la radio.

Rundgespräch ⇒ *Rundtischgespräch.*

Rundreisefahrschein *m,* **e** billet *m* circulaire.

Rundtischgespräch *n,* **e** *(fig.)* table *f* ronde ; tour *m* de table.

Rundschreiben *n,* **-** ⇒ *Rundbrief.*

Rundum-Versicherung *f,* **en** assurance *f* maladie privée totale.

Rush-hour *f,* **(s)** ['raʃauə] heure *f* de pointe ; affluence *f (syn. Stoßzeit).*

rüsten armer ; *die Staaten ~ zum Krieg* les Etats font des préparatifs de guerre.

Rüstung *f,* **en** armement *m.*

Rüstungsgüter *pl* biens *mpl* d'équipement militaire.

Rüstungsindustrie *f,* **n** industrie *f* d'armement.

Rüstungswettlauf *m,* **¨e** course *f* aux armements.

Rüstzeit *f,* **en** temps *m* de préparation ; travail *m* préparatoire (réglage de machines, etc.).

S

Sabbat-Jahr *n,* **e** année *f* sabbatique (accordée tous les 7 ans à des professeurs ou cadres supérieurs pour effectuer des travaux de recherche).

Sabotage *f,* **n** [zabo'taʒe] sabotage *m.*

Saboteur *m,* **e** saboteur *m.*

sabotieren saboter.

Sachanlage *f,* **n** immobilisation *f* corporelle.

Sachaufwendungen *pl* dépenses *fpl* de matériel.

Sachausgaben *pl* dépenses *fpl* de fonctionnement ; dépenses matérielles.

Sachbearbeiter *m,* **- 1.** expert *m* ; spécialiste *m* ; personne *f* compétente ; responsable *m* d'un dossier **2.** fonctionnaire *m* d'encadrement ; chef *m* de service.

Sachberater *m,* **-** conseiller *m* technique.

Sachbereich *m,* **e** domaine *m* ; secteur *m.*

Sachbeschädigung *f,* **en** dégâts *mpl* matériels ; détérioration *f* volontaire ; déprédation *f.*

Sachbezüge *pl* avantages *mpl* en nature.

sachdienlich pertinent ; pratique ; *~e Angaben machen* donner des indications pratiques.

Sache *f,* **n 1.** chose *f* ; objet *m* ; bien *m* ; marchandise *f* ; *beschädigte ~* bien endommagé ; *bewegliche ~n* biens mobiliers ; *gepfändete ~* objet saisi ; *persönliche ~n* effets personnels ; *unbewegliche ~n* biens immobiliers **2.** affaire *f* ; cause *f* ; *in eigener ~ sprechen* plaider sa cause ; *eine ~ tot/ schweigen* étouffer une affaire.

Sacheinlagen *pl* immobilisations *fpl.*

Sachenrecht *n,* **e** *(jur.)* biens *mpl* et droits *mpl* réels.

Sachentschädigung *f,* **en** indemnité *f* en nature.

Sachfirma *f,* **-men** raison *f* de commerce.

Sachgebiet *n,* **e** domaine *m* ; *nach ~en ordnen* regrouper par matière.

Sachgeschädigte/r *(der/ein)* sinistré *m.*

Sachgründung *f,* **en** constitution *f* de société par apports en nature.

Sachgüter *pl* biens *mpl* tangibles.

Sachhaftung *f,* **en** responsabilité *f* matérielle.

Sachinvestitionen *pl* investissements *mpl* en biens corporels.

Sachkapital *n,* *ϕ* biens *mpl* corporels immobilisés.

Sachkapitalbildung *f,* **en** formation *f* de capital en biens corporels.

Sachkatalog *m,* **e** catalogue *m* analytique *(syn. Schlagwortkatalog).*

Sachkenntnis *f,* **se** connaissance *f* des faits ; compétence *f.*

Sachkonto *n,* **-ten** *(comptab.)* compte *m* matières, matériel ; compte principal *(contr. Personenkonto).*

Sachkosten *pl* frais *mpl* matériels.

sachkundig expert ; compétent ; *~er Verkäufer* vendeur *m* expérimenté.

Sachkundige/r *(der/ein)* ⇒ *Sachverständiger.*

Sachleistung *f,* **en** prestation *f* en nature.

sachlich objectif ; impartial ; conforme aux faits ; réaliste ; *~er Bericht* rapport *m* objectif.

Sachmängel *pl* vice *m* ; défaut *m.*

Sachprämie *f,* **n** prime *f* en nature ; prime-cadeau *f.*

Sachregister *n,* **-** répertoire *m* ; table *f* des matières.

Sachschaden *m,* **¨** dommage *m* matériel *(contr. Personenschaden).*

Sachspende *f,* **n** don *m* en nature.

Sachsteuern *pl* impôts *mpl* réels, sur les biens ; impôts in re.

Sachverhalt *m,* **e** état *m* des faits ; faits *mpl* matériels ; circonstances *fpl* ; tenants et aboutissants *mpl* ; *den wahren ~ verschweigen* cacher la vérité des faits.

Sachvermögen *n,* **-** biens *mpl* corporels.

Sachversicherung *f,* **en** assurance *f* de biens matériels (incendie, bris de verre, etc.).

Sachverständigenausschuß *m,* **¨sse** commission *f* d'experts.

Sachverständigengutachten *n,* **-** expertise *f.*

Sachverständigenrat *m,* **¨e** comité *m* des Sages,

Sachverständige/r *(der/ein)* expert *m* ; *vereidigter ~* expert assermenté ; *einen ~n hinzu/ziehen* consulter un expert *(syn. Experte).*

Sachverzeichnis *n,* **se** nomenclature *f* ; « listing » *m.*

Sachwalter *m,* **-** administrateur *m* ; mandataire *m* ; agent *m,* homme *m* d'affaires.

Sachwert *m,* **e** **1.** valeur *f* réelle **2.** *~e* biens *mpl* réels ; *Flucht in die ~e* fuite *f* vers les valeurs-refuge.

Sachzwang *m,* **¨e** contrainte *f* (due à des impératifs économiques ou politiques) ; *unter ~ stehen* être contraint et forcé.

Sackgasse *f,* **n** cul-de-sac *m* ; *in eine ~ führen* mener à une impasse.

Safe *m* ou *n,* **s** [seif/zɛ:f] coffre-fort *m* ; compartiment *m* en chambre forte.

Saison *f,* **s** [zɛ'zɔ̃] saison *f* ; *außerhalb der ~* hors saison ; *innerhalb (während) der ~* pendant la saison ; *stille (tote) ~* morte-saison.

saisonabhängig ⇒ *saisonal.*

saisonal saisonnier ; *~e Arbeitslosigkeit* chômage *m* saisonnier.

Saisonarbeit *f,* **en** travail *m,* emploi *m* saisonnier.

Saisonarbeiter *m,* **-** travailleur *m,* ouvrier *m* saisonnier ; saisonnier *m.*

Saisonausverkauf *m,* **¨e** soldes *mpl* saisonniers.

saisonbedingt ⇒ *saisonal.*

saisonbereinigt (en données) corrigé(es) des variations saisonnières.

Saisonbeschäftigung *f,* **en** ⇒ *Saisonarbeit.*

Saisonbetrieb *m,* **e** **1.** activité *f* saisonnière **2.** activité ; affluence *f* ; « rush » *m* (de saison).

Saisonindex *m,* **-ices** indice *m* des variations saisonnières.

Saisonschlußverkauf *m,* **¨e** soldes *mpl* de fin de saison.

Saisonschwankung *f,* **en** fluctuation *f* saisonnière.

Saisonwanderung *f,* **en** migrations *fpl* saisonnières (de main-d'œuvre).

Saisonzuschlag *m,* **¨e** majoration *f* saisonnière.

Salär *n,* **e** *(Suisse)* salaire *m* ; honoraires *mpl* ; traitement *m.*

salarieren *(Suisse)* rémunérer ; rétribuer.

Saldenausgleich *m,* **e** règlement *m* du solde ; balance *f* des soldes.

Saldenbilanz *f,* **en** *(comptab.)* balance *f* des soldes.

saldieren **1.** solder ; *ein Konto ~* solder un compte ; *~t* payé ; pour acquit **2.** *(Autriche)* confirmer un paiement.

Saldierung *f,* **en** arrêté *m* de compte ; liquidation *f* d'un compte.

Saldo *m,* **s** ou **-den** solde *m* ; reliquat *m* ; balance *f* ; différence *f* (entre le débit et le crédit d'un compte) **I.** *berich-*

tigter ~ solde redressé ; *buchmäßiger* ~ solde comptable ; *negativer, positiver* ~ solde déficitaire, excédentaire ; *per* ~ pour solde ; *verfügbarer ;* ~ solde disponible ; *vorgetragener* ~ solde reporté **II** *einen* ~ *auf/weisen* accuser un solde ; *den* ~ *fest/stellen* établir le solde ; *einen* ~ *übertragen* reporter un solde **III.** ~ *zu Ihren Gunsten* solde en votre faveur ; ~ *der Kapitalbilanz* solde du compte capital ; ~ *zu Ihren Lasten* solde en votre défaveur.

Saldoauszug *m,* **¨e** relevé *m* du solde.

Saldobetrag *m,* **¨e** montant *m* du solde.

Saldoguthaben *n,* **-** solde *m* créditeur.

Saldorest *m,* **e** reliquat *m* du solde.

Saldoübertrag *m,* **¨e** report *m* du solde ; solde *m* à nouveau.

Saldovortrag *m,* **¨e** ⇒ *Saldoübertrag.*

Salesmanager *m,* **-** ['seilzmɛnidʒer] chef *m* des ventes *(syn. Verkaufsleiter).*

Salespromoter *m,* **-** promoteur *m* des ventes.

Salespromotion *f,* **(s)** ['seilzpro-mo:ʃən] promotion *f* des ventes *(syn. Verkaufsförderung).*

SALT-Gespräche *(pl) (polit.)* négociations *fpl* sur la limitation des armements, des armes stratégiques.

Sammelanleihe *f,* **n** emprunt *m* collectif.

Sammelanschluß *m,* **¨sse** *(téléph.)* lignes *fpl* groupées ; raccordement *m* collectif.

Sammelauftrag *m,* **¨e** ⇒ *Sammelüberweisung.*

Sammelbestellung *f,* **en** commande *f* groupée, collective.

Sammeldepot *n,* **s** dépôt *m* collectif, multiple (de titres dans une banque).

Sammelfahrschein *m,* **e** billet *m* collectif.

Sammelgut *n,* **¨er** marchandises *fpl* de groupage ; *als* ~ en groupage.

Sammelgutverkehr *m,* *ϕ* expéditions *fpl* groupées ; transport *m* collectif ; transport par groupage.

Sammelhinterlegung *f,* **en** ⇒ *Sammeldepot.*

Sammeljournal *n,* **e** *(comptab.)* compte *m* récapitulatif.

Sammelkasse *f,* **n** caisse *f* centrale (grand magasin).

Sammelkäufe *pl* achats *mpl* groupés.

Sammelkonto *n,* **-ten** compte *m* groupé.

Sammelladung *f,* **en** groupage *m* de marchandises.

sammeln rassembler ; (re)grouper ; collectionner ; *Briefmarken* ~ collectionner des timbres ; *Unterlagen* ~ constituer un dossier.

Sammelnummer *f,* **n** *(téléph.)* numéro *m* collectif ; lignes *fpl* groupées.

Sammelpaß *m,* **¨sse** passeport *m* collectif.

Sammelplatz *m,* **¨e** ⇒ *Sammelstelle.*

Sammelsendung *f,* **en** envoi *m* collectif.

Sammelstelle *f,* **n 1.** *(objets)* dépôt *m* central **2.** *(personnes)* point *m* de ralliement.

Sammeltransport *m,* **e** transport *m* collectif.

Sammelüberweisung *f,* **en** virement *m* postal (collectif) sur plusieurs comptes.

Sammler *m,* **-** collectionneur *m* ; quêteur *m.*

Sammlung *f,* **en 1.** *(argent)* quête *f* ; collecte *f* **2.** *(objets)* collection *f* **3.** *(personnes)* rassemblement *m.*

Sandwichman *m,* **-men** ['sɛnwitʃmɛn] homme-sandwich *m.*

sanieren assainir ; rénover ; réorganiser ; *einen Betrieb* ~ redresser financièrement une entreprise.

Sanierung *f,* **en** assainissement *m* ; redressement *m* financier ; ~ *von Städten* rénovation *f* urbaine.

sanierungsbedürftig en difficultés (financières) ; dans une situation financière critique.

Sanierungsplan *m,* **¨e** plan *m* d'assainissement ; *einen* ~ *aus/arbeiten* élaborer un plan de redressement.

Sanktion *f,* **en 1.** sanction *f* ; rétorsion *f* ; *finanzielle* ~*en* sanctions financières ; *wirtschaftliche* ~*en* sanctions économiques ; ~*en verhängen gegen (über+A)* prendre des sanctions envers ; sanctionner **2.** approbation *f* ; confirmation *f.*

sanktionieren 1. prendre des sanctions **2.** confirmer ; approuver ; *einen Gesetzentwurf* ~ adopter un projet de loi.

Satellitenfernsehen *n,* **-** télévision *f* par satellite.

Satellitenstaat *m,* **en** Etat *m* satellite.

sättigen saturer.

Sättigung *f,* **en** saturation *f* ; ~ *des Marktes* saturation du marché.

Sättigungsgrad *m,* **(e)** taux *m,* degré *m* de saturation.

Satz *m,* **¨e 1.** taux *m* ; barème *m* ; tarif *m* ; *fester* ~ taux fixe ; *veränderlicher* ~ taux variable *(syn. Rate ; Quote)* **2.** série *f* ; jeu *m* ; assortiment *m.*

Satzung *f,* **en** statut *m* ; règlement *m ; etw in die* ~*en auf/nehmen* faire figurer qqch dans les statuts ; *die ~ ändern* modifier le statut *(syn. Statut)*.

Satzungsänderung *f*, **en** modification *f* des statuts.

satzungsgemäß statutaire.

satzungsmäßig ⇒ *satzungsgemäß*.

satzungswidrig contraire aux statuts.

sauer : *saurer Regen* pluies *fpl* acides (pollution chimique, gaz d'échappement, etc.)

säumig retardataire ; en retard ; défaillant ; *~er Zahler* mauvais payeur *m*.

Säumnis *f* ou *n*, **se** retard *m* ; négligence *f*.

Säumniszuschlag *m*, **¨e** pénalité *f*, majoration *f* de retard.

Sauregurkenzeit *f*, **en** *(fam.)* saison *f* creuse, morte-saison *f*.

SB *(Selbstbedienung)* libre-service *m*.

S-Bahn *f*, **en** *(Schnellbahn)* métro-express *m* ; réseau *m* express.

SB-Geschäft *n*, **e** magasin *m* en libre-service ; libre-service *m*.

SB-Laden *m*, **¨** ⇒ *SB-Geschäft*.

S-Card *f*, **s** carte *f* (de crédit) de paiement des Caisses d'Épargne allemandes ; carte multi-fonctions.

Schacht *m*, **¨e** puits *m* de mine.

Schachtelbeteiligung *f*, **en** participation *f* ; participation de la société mère au capital social d'une société contrôlée.

Schachteldividende *f*, **n** dividende *m* de participations (dividende distribué par une société à une autre société dans le cadre d'une entente à participation croisée).

Schachtelgesellschaft *f*, **en** société *f* à participation réciproque ; société contrôlant le capital d'autres sociétés et bénéficiant de privilèges fiscaux.

Schachtelprivileg *n*, **-ien** privilège *m* fiscal accordé aux sociétés mères.

Schaden *m*, **¨** dommage *m* ; préjudice *m* ; sinistre *m* **I.** *erlittener ~* dommage subi ; *finanzieller ~* dommage financier ; *ideeller (immaterieller) ~* préjudice moral ; *materieller ~* dommage matériel ; *zu unserem ~* à notre détriment **II.** *einen ~ decken* couvrir un dommage ; *für den ~ haften* être responsable du dommage ; *sich gegen Schäden versichern* s'assurer contre des risques ; *Schäden verursachen* causer des dommages.

Schaden(s)- *(préfixe)* sinistré ; sinistre...

Schadenanmeldung *f*, **en** ⇒ *Schadensmeldung*.

Schadenanzeige *f*, **n** avis *m* de sinistre.

Schadenberechnung *f*, **en** évaluation *f* des dommages.

Schadendeckung *f*, **en** couverture *f* du dommage.

Schadenersatz *m*, *ϕ* indemnité *f* ; dommages-intérêts *mpl* ; dédommagement *m* ; réparation *f* civile ; *~ beanspruchen* réclamer une indemnité ; *auf ~ klagen* intenter une action en dommages-intérêts ; *~ leisten* réparer un dommage ; verser des dommages et intérêts ; *jdn auf ~ verklagen* poursuivre qqn en dommages-intérêts.

Schadenersatzanspruch *m*, **¨e** droit *m* à dommages-intérêts ; droit à réparation.

Schadenersatzforderung *f*, **en** demande *f* d'indemnisation, de dommages et intérêts.

Schadenersatzleistung *f*, **en** indemnisation *f* ; dédommagement *m* ; réparation *f* des dommages subis.

schadenersatzpflichtig *(sein)* (être) tenu à réparation des dommages et intérêts.

Schadenfeststellung *f*, **en** constat *m* des dégâts, des dommages.

Schadensabteilung *f*, **en** service *m* des sinistres.

Schadensattest *n*, **e** certificat *m* de dommages ; attestation *f* d'avaries.

Schaden(s)ersatz ⇒ *Schadenersatz*.

Schadensfall *m*, **¨e** sinistre *m* ; *im ~* en cas de sinistre.

Schadensmeldung *f*, **en** déclaration *f* de sinistre.

Schadensprotokoll *n*, **e** constat *m* de dommages, d'avaries.

Schadensquote *f*, **n 1.** pourcentage *m* des dommages **2.** taux *m* de rejet (cartes de crédit).

Schadenstifter *m*, **-** auteur *m* du dommage.

Schadensumfang *m*, *ϕ* étendue *f* des dommages, des dégâts, du sinistre.

schadhaft défectueux.

schädigen nuire à ; causer un dommage ; *den guten Ruf der Firma ~* porter préjudice à la bonne réputation de la maison.

Schädiger *m*, **-** auteur *m*, responsable *m* d'un dommage.

Schädigung *f*, **en** endommagement *m* ; préjudice *m* ; détérioration *f* ; lésion *f*.

schädlich *(D/für + A)* dommageable ; nuisible ; préjudiciable à.

schadlos : *sich ~ halten an (+ D)* se rattraper sur ; se dédommager de.

Schadlosbürge *m*, **n**, **n** arrière-caution

f.

Schadloshaltung *f,* **(en)** indemnisation *f* ; dédommagement *m.*

Schadstoff *m,* **e** déchet *m* toxique ; matière *f* polluante ; nuisances *fpl.*

schadstoffarm peu polluant ; peu toxique.

Schadstoffausstoß *m,* **¨ße** production *f,* émanation *f* de nuisances.

schaffen, u, a créer ; produire ; *Arbeitsplätze ~* créer des emplois.

schaffen *(verbe faible)* **1.** faire ; réaliser ; travailler ; *Ordnung ~* rétablir l'ordre **2.** *zu ~ machen* donner des soucis, du fil à retordre.

Schalter *m,* **-** guichet *m* ; *der ~ ist geschlossen* guichet fermé.

Schalterbeamte/r *(der/ein)* employé *m* du guichet ; guichetier *m.*

Schaltergeschäft *n,* **e** opération *f* au comptant.

Schalterstunden *pl* heures *fpl* d'ouverture des guichets.

Schalthebel *m,* **-** levier *m* de commande ; *an den ~n der Wirtschaft sitzen* détenir les leviers de commande de l'économie.

Schaltjahr *n,* **e** année *f* bissextile.

Schaltkreis *m,* **e** *(inform.)* circuit *m* ; *integrierte ~e* circuits intégrés.

Schaltpultspezialist *m,* **en, en** *(inform.)* pupitreur *m.*

Schankkonzession *f,* **en** licence *f* de débit de boissons.

Schattenkabinett *n,* **e** cabinet *m,* gouvernement *m* fantôme.

Schattenwirtschaft *f,* **en** économie *f* parallèle (qui échappe au contrôle fiscal, par ex. travail noir).

Schatz *m,* **¨e** trésor *m* ; *~¨e eines Landes* ressources *fpl* d'un pays.

Schatzamt *n,* **¨er** Trésor *m* ; trésorerie *f.*

Schatzanweisung *f,* **en** ⇒ *Schatzschein.*

Schatzbrief *m,* **e** ⇒ *Schatzschein.*

schätzen évaluer ; estimer ; *der Schaden wird auf 1 000 Mark geschätzt* les dommages sont évalués à 1 000 marks.

Schatzkammer *f,* **n** chambre *f* du trésor.

Schatzkanzler *m,* **-** *(GB)* chancelier *m* de l'échiquier.

Schatzmeister *m,* **-** trésorier *m.*

Schatzschein *m,* **e** bon *m,* obligation *f* du Trésor.

Schätzung *f,* **en** évaluation *f* ; estimation *f* ; taxation *f* ; *amtliche ~* évaluation officielle ; *annähernde ~* évaluation approximative ; *statistische ~* évaluation statistique ; *versicherungsmathematische ~* évaluation actuarielle.

Schatzwechsel *m,* **-** ⇒ *Schatzschein.*

Schätzwert *m,* **e** valeur *f* d'estimation ; prix *m* estimatif.

Schau *f,* **(en)** exposition *f* ; présentation *f* (modes) ; show *m* ; *etw zur ~ stellen* présenter qqch.

Schaubild *n,* **er** graphique *m* ; diagramme *m.*

Schaufenster *n,* **-** vitrine *f* ; étalage *m* ; *etw im ~ aus/stellen* présenter, exposer en devanture.

Schaufensterbummel *m,* **-** lèche-vitrines *m* ; *einen ~ machen* faire du lèche-vitrines.

Schaufensterdekorateur *m,* **e** étalagiste *m.*

Schaufensterdekoration *f,* **en** décoration *f* de vitrine.

Schaufenstergestalter *m,* **-** décorateur-étalagiste *m.*

Schaugeschäft *n,* *ϕ* show-business *m* ; show-biz *m* ; *ins ~ ein/steigen* se lancer dans le show-biz.

Schaupackung *f,* **en** emballage *m* factice ; échantillon *m* de décoration.

Scheck *m,* **s** chèque *m* **I.** *gedeckter ~* chèque provisionné ; *gefälschter ~* chèque falsifié ; *unausgefüllter ~* chèque en blanc ; *ungedeckter ~* chèque sans provision ; *verjährter ~* chèque périmé **II.** *einen ~ über 100 DM aus/stellen* tirer, émettre un chèque de 100 DM ; *mit einem ~ bezahlen* payer par chèque ; *einen ~ ein/lösen* encaisser un chèque ; *einen ~ indossieren* endosser un chèque ; *der ~ lautet auf meinen Namen* le chèque est libellé à mon nom ; *einen ~ sperren lassen* faire opposition à un chèque ; *per ~ zahlen* payer par chèque.

Scheckabrechnung *f,* **en** compensation *f* des chèques.

Scheckabteilung *f,* **en** service *m* des chèques.

Scheckaussteller *m,* **-** tireur *m* du chèque.

Scheckbetrug *m,* *ϕ* paiement *m* frauduleux par chèque sans provisions ou chèque volé.

Scheckbezogene/r *(der/ein)* tiré *m.*

Scheckbuch *n,* **¨er** ⇒ *Scheckheft.*

Scheckbürge *m,* **n, n** donneur *m* d'aval ; avaliste *m* ; avaliseur *m* (d'un chèque).

Scheckbürgschaft *f,* **en** aval *m* d'un chèque.

Scheckdeckung *f,* **en** provision *f* du chèque.

Scheckeinlösung *f,* **en** paiement *m* du chèque.

Scheckempfänger *m,* **-** bénéficiaire *m* du chèque.

Scheckfähigkeit *f,* *ϕ* capacité *f* en matière de chèque ; *aktive ~* capacité d'émettre ou d'encaisser un chèque ; *passive ~* capacité pour recevoir un chèque en tant que tiré (par ex. la banque).

Scheckfälscher *m,* **-** falsificateur *m* de chèques.

Scheckfälschung *f,* **en** falsification *f* (en matière) de chèques.

Scheckformular *n,* **e** formulaire *m*, formule *f* de chèque.

Scheckheft *n,* **e** chéquier *m* ; carnet *m* de chèques.

Scheckinhaber *m,* **-** porteur *m* du chèque.

Scheckinkasso *n,* **s** encaissement *m* de chèque.

Scheckkarte *f,* **n** **1.** carte-chèque *f* ; carte de garantie de chèque (remise par une banque à ses clients ; elle en garantit la solvabilité jusqu'à concurrence d'une certaine somme) **2.** carte *f* bancaire ; carte de crédit ; carte bleue (*syn. Kreditkarte, Bankkarte*).

Scheckkonto *n,* **s** ou **-ten** compte-chèque *m*.

Scheckprotest *m,* **e** protêt *m* d'un chèque.

Schecksperre *f,* **n** opposition *f* faite sur un chèque.

Scheckverkehr *m,* *ϕ* mouvement *m* de chèques ; opérations *fpl* par chèques.

Scheckvordruck *m,* **e** formulaire *m* de chèques.

Scheckzahlung *f,* **en** paiement *m* par chèque.

Scheich *m,* **s** ou **e** cheikh *m* (des émirats pétroliers).

Scheidemünze *f,* **n** monnaie *f* divisionnaire ; billon *m* (monnaie métallique dont la valeur libératoire ne correspond pas à la valeur du métal).

Schein *m,* **e** attestation *f* ; certificat *m* ; récépissé *m* ; bulletin *m* ; billet *m* de banque ; *einen ~ aus/stellen* établir un bon.

Schein *m,* *ϕ* apparence *f* ; semblant *m* ; caractère *m* fictif.

Scheinbilanz *f,* **en** bilan *m* fictif.

Scheinfirma *f,* **-men** ⇒ *Scheingesellschaft*.

Scheingeschäft *n,* **e** transaction *f* fictive ; opération *f* « bidon ».

Scheingesellschaft *f,* **en** société *f* fictive.

Scheingewinn *m,* **e** gain *m*, bénéfice *m* fictif.

Scheingründung *f,* **en** constitution *f* fictive, d'opportunité *(syn. Mantelgründung)*.

Scheinkauf *m,* **¨e** achat *m* simulé ; vente *f* fictive.

Scheinkaufmann *m,* **-leute** gérant *m* d'une société fictive ; gérant *m* fictif.

Scheinverlust *m,* **e** perte *f* fictive.

Scheinvertrag *m,* **¨e** contrat *m* fictif ; convention *f* de complaisance.

scheitern échouer ; *der Schlichtungsversuch ist gescheitert* les tentatives de conciliation ont échoué.

schenken offrir ; donner ; faire cadeau.

Schenkende/r *(der/ein)* donateur *m*.

Schenker *m,* **-** ⇒ *Schenkender*.

Schenkung *f,* **en** donation *f* ; don *m* ; *~ unter Auflage* donation grevée de charge(s) ; *~ unter Ehegatten* donation entre époux ; *~ unter Lebenden* donation entre vifs ; *eine ~ an jdn machen* faire une donation à qqn.

Schenkungssteuer *f,* **n** impôt *m* sur les donations entre vifs.

Schenkungsurkunde *f,* **n** acte *m* de donation.

Schere *f,* **n** **1.** (paire de) ciseaux *mpl* **2.** fourchette *f* d'estimation (sondages, prix) **3.** *die ~ öffnet sich* l'écart se creuse.

Schicht *f,* **en** **1.** journée *f* (de travail) ; relève *f* de huit heures ; poste *m* ; *in ~en arbeiten* faire les trois-huit **2.** équipe *f* **3.** couche *f* sociale ; classe *f* ; *die herrschenden ~en* les classes dirigeantes ; *die oberen, untersten ~en* les classes supérieures, inférieures ; le haut, le bas de l'échelle sociale.

Schichtablösung *f,* **en** ⇒ *Schichtwechsel*.

Schichtarbeit *f,* **en** travail *m* posté, en équipe ; travail par roulement ; les trois-huit *mpl (Früh-, Spät-, Nachtschicht)*.

Schichtarbeiter *m,* **-** travailleur *m* posté.

Schichtbetrieb *m,* **e** ⇒ *Schichtarbeit*.

Schichter *m,* **-** ⇒ *Schichtarbeiter*.

schichtfrei de (au) repos (dans le cadre des trois-huit).

Schichtleistung *f,* **en** rendement *m* par poste.

Schichtwechsel *m,* **-** relève *f* (des équipes).

Schichtzuschlag *m,* **¨e** prime *f* pour travail posté.

schicken envoyer ; adresser ; *jdm (an*

jdn) einen Brief ~ envoyer une lettre à qqn ; *einen Brief als Einschreiben* ~ envoyer une lettre en recommandé.

Schickeria *f,* *ϕ* [ʃikəˈriːa] le gratin, la fine fleur de la société ; le « Tout-Paris ».

Schickschuld *f,* **en** dette *f* portable (les sommes doivent être payées au domicile du créancier).

schieben, o, o 1. trafiquer ; *mit Rauschgift* ~ se livrer au trafic de la drogue **2.** *(Bourse)* reporter.

Schieber *m,* **-** trafiquant *m* ; profiteur *m* ; mercanti *m.*

Schiebergeschäft *n,* **e** affaire *f* louche ; truandage *m.*

Schiebung *f,* **en 1.** trafic *m* ; manœuvres *fpl* frauduleuses **2.** *(Bourse)* report *m.*

schiedlich-friedlich à l'amiable ; *sich* ~ *einigen* s'arranger à l'amiable *(syn. gütlich).*

Schiedsentscheidung *f,* **en** décision *f* d'arbitrage.

Schiedsgericht *n,* **e** tribunal *m* d'arbitrage ; organisme *m* arbitral ; commission *f* arbitrale.

schiedsgerichtlich arbitral ; *~es Urteil* sentence *f* arbitrale.

Schiedsgerichtsbarkeit *f,* *ϕ* juridiction *f* arbitrale ; arbitrage *m.*

Schiedsgerichtshof *m,* **¨e** cour *f* d'arbitrage ; tribunal *m* arbitral.

Schiedsgerichtsverfahren *n,* **-** procédure *f* arbitrale, d'arbitrage.

Schiedskommission *f,* **en** commission *f* d'arbitrage.

Schiedsmann *m,* **-männer** ou **-leute** arbitre *m* ; ombudsman *m.*

Schiedsrichter *m,* **-** arbitre *m* (rapporteur) ; juge-arbitre *m* ; *einen* ~ *bestellen* nommer un arbitre.

Schiedsspruch *m,* **¨e** sentence *f* arbitrale ; arbitrage *m ; durch* ~ *entscheiden* arbitrer.

Schiedsweg *m,* **e** voie *f* arbitrale ; *auf dem* ~ par voie d'arbitrage.

Schiene *f,* **n** rail *m.*

Schienennetz *n,* **e** réseau *m* ferroviaire.

Schienenverkehr *m,* *ϕ* trafic *m* ferroviaire ; trafic par rail.

Schiene-Straße-Verkehr *m,* *ϕ* transport *m* combiné rail-route.

Schiff *n,* **e** navire *m* ; bateau *m ; ab* ~ ex ship ; pris sur navire ; *frei Längsseite* ~ *(FAS)* franco le long du navire (FAS).

schiffbar navigable.

Schiffahrt *f,* **en** navigation *f.*

Schiffahrtsgesellschaft *f,* **en** compagnie *f* maritime, de navigation.

Schiffsagentur *f,* **en** agence *f* maritime.

Schiff(s)bau *m,* *ϕ* construction *f* navale.

Schiffsladeschein *m,* **e** connaissement *m.*

Schiffsladung *f,* **en** cargaison *f* ; fret *m* ; chargement *m.*

Schiffsmakler *m,* **-** courtier *m* maritime ; agent *m* maritime.

Schiffspfandbrief *m,* **e** cédule *f* hypothécaire maritime ; obligation *f* maritime.

Schiffspfandbriefbank *f,* **en** banque *f* de financement de la construction navale.

Schiffsraum *m,* **¨e** cale *f* (d'un navire).

Schild *n,* **er** écriteau *m* ; panneau *m* ; enseigne *f* ; plaque *f.*

Schilling *m,* **e** schilling *m* (unité monétaire de l'Autriche).

Schirmherr *m,* **n, en** protecteur *m* ; patron *m.*

Schirmherrschaft *f,* **(en)** (haut) patronage *m* ; protection *f* ; *unter der* ~ *von* sous les auspices de ; sous l'égide de.

Schlafmützigkeit *f,* *ϕ* somnolence *f* ; le fait de dormir sur ses lauriers, de ne pas résister à la concurrence.

schlachten abattre (animaux).

Schlachthof *m,* **¨e** abattoir(s) *m(pl).*

Schlachtprämie *f,* **n** prime *f* d'abattage.

Schlafstadt *f,* **¨e** cité-dortoir *f.*

Schlager *m,* **- 1.** succès *m* de vente ; *der große* ~ *der Saison sein* être le grand succès de la saison *(syn. Verkaufsschlager ; Renner)* **2.** tube *m* ; rengaine *f* à succès.

Schlagwort *n,* **e** ou **¨er** slogan *m.*

Schlagzeile *f,* **n** *(journal)* manchette *f* ; gros titre *m* ; « à la une ».

schlampen saboter le travail.

Schlamperei *f,* **en** mauvais travail *m* ; travail saboté, « salopé », bâclé.

Schlampigkeit *f,* **en** ⇒ *Schlamperei.*

Schlange *f,* **n** serpent *m* (monétaire) ; file *f* de voitures ; ~ *stehen* faire la queue (magasin).

schlechtbezahlt mal payé ; mal rétribué ; *~er Job* job mal payé.

schlecht/machen dénigrer ; *die Konkurrenz* ~ dénigrer la concurrence ; débiner les concurrents.

Schlechtwettergeld *n,* **er** indemnité *f* de mauvais temps (ouvriers du bâtiment).

schleichend rampant ; *~e Inflation*

inflation *f* rampante.

Schleichhandel *m,* φ trafic *m* clandestin ; marché *m* noir ; contrebande *f.*

Schleichhändler *m,* - trafiquant *m* de marché noir.

Schleichwerbung *f,* **en** publicité *f* clandestine.

Schlepper *m,* - **1.** remorqueur *m* **2.** *(fam.)* rabatteur *m* de clients.

Schlepperorganisation *f,* **en** organisation *f* de trafic de main-d'œuvre clandestine.

Schleppgebühr *f,* **en** taxe *f,* frais *mpl* de remorquage.

Schleuderer *m,* - bradeur *m.*

Schleuderpreis *m,* **e** prix *m* sacrifié, écrasé, de solde ; *zu ~en verkaufen* solder à vil prix ; vendre à bas prix ; brader.

Schleuderware *f,* **n** camelote *f* ; marchandise *f* bradée.

Schleusengeld *n,* **er** droit *m* d'écluse.

schlichten régler à l'amiable ; arbitrer ; accommoder ; *einen Streit ~* aplanir un différend.

Schlichter *m,* - conciliateur *m* ; médiateur *m* ; monsieur *m* « bons offices ».

Schlichtung *f,* **en** conciliation *f* ; médiation *f* ; arbitrage *m.*

Schlichtungsausschuß *m,* **¨sse** commission *f* de conciliation, d'arbitrage.

Schlichtungsstelle *f,* **n** ⇒ *Schlichtungsausschuß.*

Schlichtungsverfahren *n,* - procédure *f* de conciliation.

Schlichtungsversuch *m,* **e** tentative *f* de conciliation, d'arbitrage, de médiation.

schließen, o, o 1. fermer ; *der Schalter ist geschlossen* guichet *m* fermé **2.** terminer ; finir ; clore ; *mit einem Gewinn ~* se solder par un bénéfice **3.** conclure ; *einen Vertrag ~* passer un contrat **4.** déduire ; *daraus ist zu ~* on peut en conclure.

Schließfach *n,* **¨er 1.** *(banque)* compartiment *m* de coffre-fort **2.** *(poste)* boîte *f* postale **3.** consigne *f* automatique.

Schließtag *m,* **e** jour *m* de fermeture.

Schließung *f,* **en 1.** fermeture *f* ; *gegen die ~ eines Betriebs demonstrieren* manifester contre la fermeture d'une entreprise **2.** *(contrat ; mariage)* conclusion *f* **3.** *(séance)* clôture *f.*

Schlitz *m,* **e** fente *f* d'un distributeur automatique.

schlucken avaler ; absorber ; *die Verbrauchermärkte ~ die Kleinhändler* les hypermarchés tuent le petit commerce.

Schlußbericht *m,* **e** rapport *m* final.

Schlußbilanz *f,* **en** bilan *m* de clôture.

Schlüssel *m,* - clé *f* ; code *m* ; barème *m.*

Schlüsselbetrieb *m,* **e** entreprise *f* clé.

schlüsselfertig clés en main ; *~e Anlagen liefern* livrer des installations clés en main.

Schlüsselfunktion *f,* **en** fonction *f* clé.

Schlüsselindustrie *f,* **n** industrie *f* clé.

Schlüsselstellung *f,* **en** position *f* clé, poste *m* clé ; levier *m* de commande ; *eine ~ ein/nehmen* occuper une position clé.

Schlüsselwort *n,* **e** ou **¨er** mot *m* clé ; code *m.*

Schlüsselzuweisungen *pl (R.F.A.)* affectation *f* de fonds des länder aux communes.

Schlußformel *f,* **n** *(corresp.)* formule *f* de politesse.

Schlußkurs *m,* **e** *(Bourse)* cours *m* de clôture.

Schlußlicht *n,* **er** lanterne *f* rouge ; *das ~ ein/nehmen* occuper la dernière place.

Schlußnote *f,* **n 1.** avis *n* d'exécution, d'opéré **2.** bordereau *m* d'achat, de vente.

Schlußnotierung *f,* **en** *(Bourse)* cote *f,* cotation *f* de clôture.

Schlußschein *m,* **e** ⇒ *Schlußnote.*

Schlußsitzung *f,* **en** séance *f* de clôture.

Schlußverhandlung *f,* **en** audience *f* de clôture ; clôture *f* des débats.

Schlußverkauf *m,* **¨e** soldes *mpl* ; *etw im (beim) ~ kaufen* acheter qqch en solde.

Schlußverzeichnis *n,* **se** liste *f* des créanciers (dans une procédure de liquidation).

schmälern réduire ; diminuer.

Schmarotzer *m,* - parasite *m.*

Schmerzensgeld *n,* **er** dommages-intérêts *mpl* pour préjudice moral ; pretium doloris *m* ; *~ fordern, erhalten* exiger, obtenir des dommages et intérêts ; *eine Klage auf ~* action *f* en dommages et intérêts.

schmieren graisser la patte à qqn ; acheter, corrompre qqn.

Schmiergeld *n,* **er** pot-de-vin *m* ; dessous-de table *m* ; *~er bezahlen* verser des pots-de-vin ; *von jdm ~er entgegen/nehmen* accepter des pots-de-vin.

Schmierkohle *f,* **n** charbon *m* gras.

Schmuckwarenindustrie *f,* **n** industrie *f* bijoutière ; bijouterie *f.*

Schmuggel *m*, *ϕ* contrebande *f* ; fraude *f* ; ~ *treiben* faire de la contrebande.

Schmuggelei *f*, *ϕ* ⇒ *Schmuggel.*

Schmuggelgut *n*, ¨er ⇒ *Schmuggelware.*

Schmuggelhandel *m*, *ϕ* trafic *m* de contrebande.

schmuggeln faire de la contrebande ; passer en fraude ; *Tabak* ~ faire passer du tabac en fraude.

Schmuggelring *m*, **e** réseau *m* de contrebande ;gang *m* de trafiquants.

Schmuggelware *f*, **n** marchandise *f* de contrebande ; article *m* passé en fraude.

Schmuggler *m*, **-** contrebandier *m*.

Schmutzarbeit *f*, **en** travail *m* pénible ; gros ouvrage *m* ; besogne *f* salissante.

Schmutzkonkurrenz *f*, *ϕ* concurrence *f* malhonnête, mensongère.

Schmutzzulage *f*, **n** indemnité *f* pour travail salissant.

Schneeballsystem *n*, **(e)** système *m* de vente dit « boule de neige » (avantages consentis à un client qui en recrute de nouveaux).

schnell rapide ; ~*er Brüter* surgénérateur *m* ; surrégénérateur ; ~*es Geld* argent rapidement et aisément gagné.

Schnellaster *m*, **-** ⇒ *Schnelltransporter.*

Schnellausbildung *f*, **en** formation *f* accélérée.

Schnellbahn *f*, **en** ⇒ *S-Bahn.*

Schnellbauweise *f*, **n** construction *f* en préfabriqué.

Schnelldienst *m*, **e** service *m* rapide.

Schnellstraße *f*, **n** voie *f* rapide ; voie express.

Schnelltransporter *m*, **-** camion *m* de transport rapide.

Schnellverkehr *m*, *ϕ* **1.** trafic *m* à vitesse minimale imposée **2.** service *m* rapide inter-villes.

Schnellverkehrsstraße *f*, **n** route *f* à grande circulation ; voie *f* rapide ; voie express.

Schnellzug *m*, ¨**e** rapide *m*.

Schnellzugzuschlag *m*, ¨**e** supplément *m* pour train rapide.

Schnitt *m*, *ϕ* **1.** moyenne *f* ; *im* ~ *(Durchschnitt)* en moyenne ; *wir rechnen einen* ~ *von* nous calculons une moyenne de **3.** *(fam.) seinen* ~ *bei etw machen* réaliser un gros bénéfice sur qqch ; « faire son beurre ».

Schnittpunkt *m*, **e** intersection *f*.

Schnittware *f*, **n** marchandise *f* vendue au mètre ; marchandise à détailler.

schnorren *(fam.)* taper qqn ; mendier.

Schnorrer *m*, **-** *(fam.)* tapeur *m* ; parasite *m*.

Schnorrerei *f*, **en** *(fam.)* tape *f* ; parasitisme *m* ; resquille *f*.

Schöffe *m*, **n**, **n** juré *m* ; *(Belgique)* magistrat *m* municipal ; *(hist.)* échevin *m*.

Schöffengericht *n*, **e** tribunal *m* comportant un jury populaire.

schonen ménager ; soigner.

Schonfrist *f*, **en** délai *m* de grâce.

Schonplatz *m*, ¨**e** *(R.D.A.)* emploi *m* provisoire pour personnes convalescentes à ménager ; emploi réservé.

Schranke *f*, **n** barrière *f* ; *gegen die ausländische Konkurrenz* ~*n errichten* élever des barrières contre la concurrence étrangère.

schrauben visser ; serrer ; *Preise in die Höhe* ~ faire monter les prix.

Schraubenzieherfabrik *f*, **en** *(fam.)* usine *f* de montage ; usine « tournevis » qui se contente de monter des pièces détachées d'importation.

Schreckensmeldung *f*, **en** nouvelle *f* alarmiste (en Bourse par ex.).

schreiben, ie, ie écrire ; *auf der Maschine* ~ taper à la machine ; dactylographier.

Schreiben *n*, **-** écrit *m* ; lettre *f* ; courrier *m* ; *Ihr* ~ *vom...* votre courrier (en date) du... *(syn. Brief).*

Schreibkraft *f*, ¨**e** sténo-dactylo *f* ; employée *f* de secrétariat ; secrétaire *m* ou *f*.

Schreibmaschine *f*, **n** machine *f* à écrire ; *mechanische, elektrische, elektronische* ~ machine à écrire mécanique, électrique, électronique.

Schreibwaren *pl* (articles de) papeterie *f* ; fournitures *fpl* de bureau.

Schrift *f*, **en** **1.** écrit *m* ; pièce *f* ; acte *m* **2.** traité *m* ; brochure *f* **3.** écriture *f* **4.** *(Suisse)* ~*en* papiers *mpl* d'identité.

Schriftführer *m*, **-** secrétaire *m* *(syn. Protokollant).*

Schriftleiter *m*, **-** *(journal)* rédacteur *m* en chef *(syn. Redakteur).*

schriftlich par écrit ; ~ *mit/teilen* communiquer par écrit ; ~ *nieder/legen* mettre par écrit ; consigner.

Schriftstück *n*, **e** écrit *m* ; acte *m* ; document *m* officiel ; ~*e* pièces *fpl* d'un dossier.

Schriftverkehr *m*, *ϕ* ⇒ *Schriftwechsel.*

Schriftwechsel *m*, **(-)** correspondance *f* ; *mit jdm im* ~ *stehen* avoir une correspondance avec qqn *(syn. Korre-*

spondenz).

Schrott *m*, **e** ferraille *f*.

Schrotthandel *m*, ϕ commerce *m* de récupération, de ferraille.

Schrottsammlung *f*, **en** récupération *f* de la ferraille, des vieux métaux.

Schrottwert *m*, ϕ valeur *f* à la casse ; *~ haben* être bon pour la casse.

schrumpfen se rétrécir ; régresser ; se contracter ; *das Kapital ist auf die Hälfte geschrumpft* les fonds *mpl* ont diminué de moitié.

Schrumpfung *f*, **en** rétrécissement *m* ; régression *f* ; perte *f* de terrain.

Schrumpfungsprozeß *m*, **-sse** processus *m* de diminution ; *der ~ im Schienenverkehr* le transport par rail perd du terrain.

Schub *m*, **¨e** poussée *f*.

Schubschiffahrt *f*, **en** *(bateau)* poussage *m*.

Schufa *f*, ϕ *(Schutzgemeinschaft für allgemeine Kreditsicherung)* société d'assurance *f* générale-(garantissant le) crédit.

Schufa-Datei *f*, **en** fichier *m* de la « Schufa ».

Schufa-Klausel *f*, **n** clause *f* de la « Schufa ».

schuften *(fam.)* se tuer au travail ; trimer ; bosser.

Schulabschluß *m*, ϕ diplôme *m*, qualification *f* de fin d'études.

Schuld *f*, **en** **1.** dette *f* **I.** *fällige ~* dette exigible ; *öffentliche ~* dette publique ; *private ~* dette privée ; *schwebende ~* dette flottante **II.** *für eine ~ auf/kommen* répondre d'une dette ; *seine ~en bezahlen (begleichen)* payer ses dettes ; *eine ~ erlassen* remettre une dette ; *in ~en geraten* s'endetter ; *~en haben, machen* avoir, faire des dettes ; *eine ~ tilgen* amortir une dette **2.** faute *f* ; tort *m* ; culpabilité *f*.

Schuldanerkenntnis *n* ou *f*, **se** ⇒ *Schuldanerkennung*.

Schuldanerkennung *f*, **en** reconnaissance *f* de dette.

Schuldbeitritt *m*, **e** cautionnement *m* solidaire d'une dette.

schuldbeladen criblé de dettes ; endetté jusqu'au cou.

Schuldbrief *m*, **e** ⇒ *Schuldschein*.

Schuldbuch *n*, **¨er** **1.** livre *m* des comptes débiteurs **2.** grand livre *m* de la dette publique.

Schuldbuchforderung *f*, **en** créance *f* inscrite au grand livre des dettes publiques.

Schuldeintragung *f*, **en** inscription *f* d'une dette (dans le livre foncier).

schulden être redevable de qqch ; *er ~t ihm eine beträchtliche Summe* il lui doit une somme importante ; *geschuldete Leistung* prestation *f* due.

Schuldendienst *m*, **e** service *m* de la dette.

Schuldenerlaß *m*, **-sse** remise *f* d'une dette.

schuldenfrei exempt de dettes.

Schuldenhaftung *f*, ϕ responsabilité *f* des dettes ; obligation *f* d'acquitter les dettes (d'un tiers).

Schuldenlast *f*, **en** dettes *fpl* ; endettement *m* ; passif *m*.

Schuldenmasse *f*, ϕ passif *m* ; masse *f* (faillite).

Schuldenmillionär *m*, **e** *(fam.)* personne *f* criblée de dettes.

Schuldenstand *m*, ϕ (état des) dettes *fpl*.

Schuldentilgung *f*, **en** amortissement *m*, liquidation *f* des dettes.

Schuldforderung *f*, **en** créance *f*.

schuldig **1.** coupable **2.** qui a des dettes ; *er ist mir 100 Mark ~* il me doit 100 marks **3.** redevable ; exigible ; *~er Betrag* montant *m* dû.

Schuldner *m*, **-** débiteur *m* ; *konkursreifer ~* débiteur au bord de la faillite ; *säumiger ~* débiteur en retard ; *zahlungsunfähiger ~* débiteur insolvable.

Schuldnerland *n*, **¨er** pays *m* débiteur.

Schuldnerverzeichnis *n*, **se** liste *f* des débiteurs.

Schuldnerverzug *m*, ϕ dette *f* en retard ; retard *m* dans l'acquittement d'une dette ; *(jur.)* demeure *f* du débiteur.

Schuldposten *m*, **-** poste *m* débiteur.

Schuldschein *m*, **e** reconnaissance *f* de dette ; titre *m* de créance.

Schuldsicherstellung *f*, **en** constitution *f* d'une garantie.

Schuldtilgung *f*, **en** amortissement *m*, extinction *f* d'une dette.

Schuldtitel *m*, **-** titre *m* de créance ; *~ in Anlagevermögen eintauschen* changer des titres de créance en immobilisations.

Schuldübernahme *f*, **n** reprise *f* d'une dette ; *befreiende ~* reprise privative d'une dette ; *kumulative ~* reprise cumulative de dette.

Schuldübertragung *f*, **en** transfert *m*, cession *f* d'une dette (sur une autre personne).

Schuldverhältnis *n*, **se** ensemble *m* des rapports entre créancier et débiteur ; rapport *m* d'obligation.

Schuldverschreibung *f,* **en** obligation *f* ; *öffentliche* ~ obligation publique ; *tilgbare* ~ obligation amortissable ; *~en aus/geben* émettre des obligations ; *~en ein/lösen* rembourser des obligations ; *Inhaber einer* ~ obligataire *m* *(syn. Obligation).*

Schuldverschreibungsausgabe *f,* **n** émission *f* d'obligations.

Schuldverschreibungseinlösung *f,* **en** remboursement *m* d'obligations.

Schuldverschreibungsinhaber *m,* **-** obligataire *m.*

schulen entraîner ; former ; *Mitarbeiter* ~ former des collaborateurs.

Schulterschluß *m,* **¨sse** *(fam.)* entente *f* ; entraide *f* (notamment entre groupes de pression).

Schulung *f,* **en** formation *f* ; entraînement *m* ; stage *m* ; séminaire m.

Schund *m,* *ϕ* camelote *f* ; toc *m.*

Schundware *f,* **n** camelote *f* ; marchandise *f* de rebut.

schürfen prospecter ; fouiller ; *nach Gold* ~ chercher de l'or.

Schürfen *n,* *ϕ* prospection *f* ; fouilles *fpl* ; ~ *nach Bodenschätzen* prospection du sous-sol.

Schürfung *f,* **en** ⇒ *Schürfen.*

Schurwolle *f,* **n** laine *f* vierge.

Schüttgut *n,* **¨er** marchandises *fpl* en vrac (céréales, charbon).

Schutz *m,* *ϕ* protection *f* ; (sauve)garde *f* ; garantie *f* ; couverture *f* ; *unter dem ~ des Gesetzes* sous le couvert de la loi.

Schutzbrief *m,* **e** sauf-conduit *m* ; titre *m* de rapatriement ; assurance *f* dépannage-secours.

schützen protéger ; garantir ; *gesetzlich* ~ protéger par la loi ; *sich vor Diebstählen* ~ se prémunir contre des vols.

Schutzfrist *f,* **en** délai *m* de protection légale.

Schutzgebühr *f,* **en** taxe *f* de soutien ; taxe autorisée.

Schutzgelderpresser *m,* **-** racketeur *m.*

Schutzgelderpressung *f,* **en** racket *m.*

Schutzgemeinschaft *f,* **en** association *f* de sauvegarde ; comité *m* de défense.

Schutzhaft *f,* *ϕ* détention *f* préventive.

Schutzklausel *f,* **n** clause *f* de sauvegarde.

Schutzmann *m,* **-männer** ou **-leute** agent *m* de police.

Schutzmarke : *eingetragene* ~ marque déposée.

Schutzmaßnahme *f,* **n** mesure *f* de protection ; *handelspolitische* ~ mesure protectionniste.

Schutzverband *m,* **¨e** ⇒ *Schutzgemeinschaft.*

Schutzzoll *m,* **¨e** droit *m* protecteur ; taxe *f* à l'importation.

Schutzzollpolitik *f,* *ϕ* politique *f* protectionniste.

Schutzzollpolitiker *m,* **-** protectionniste *m.*

Schutzzollsystem *n,* **e** protectionnisme *m.*

schwach faible ; *~e Währung,* monnaie *f* faible ; *die wirtschaftlich Schwachen* les économiquement faibles.

schwächen affaiblir ; *die Position der Konkurrenz* ~ affaiblir (la position de) la concurrence.

Schwangerschaftsabbruch *m,* **¨e** interruption *f* de grossesse *(syn. Abtreibung).*

Schwangerschaftsbeihilfe *f,* **n** allocation *f* prénatale.

schwanken osciller ; fluctuer ; flotter ; *Preise und Kurse* ~ les prix et les cours fluctuent.

Schwankung *f,* **en** fluctuation *f* ; variation *f* ; *saisonbedingte (saisonale)* ~ fluctuation saisonnière ; *zyklische* ~ variation cyclique.

Schwankungsbreite *f,* **n** marge *f,* zone *f* de fluctuation ; battement *m* autorisé ; ~ *gegenüber dem Dollar* zone de fluctuation par rapport au dollar.

Schwankungsmarkt *m,* **¨e** *(Bourse)* marché *m* variable.

schwarz noir ; *~es Brett* tableau *m* d'affichage ; *~e Diamanten* charbon *m* ; *~er Freitag* « vendredi noir » (effondrement des cours à la Bourse de Wall Street, en 1929) ; *~es Geld* argent (gagné au) noir ; *~e Geschäfte* affaires *fpl* louches ; *~e Liste* liste *f* noire ; *auf der ~en Liste stehen* être à l'index ; *~er Markt* marché *m* noir ; *~er Umtausch von Devisen* change *m* illégal.

Schwarzarbeit *f,* **en** travail *m* (au) noir, non déclaré, clandestin.

schwarz/arbeiten faire du travail (au) noir ; travailler au noir.

Schwarzarbeiter *m,* **-** travailleur *m* non déclaré ; travailleur au noir.

schwarz/fahren, u, a *(ist)* **1.** voyager sans billet **2.** conduire sans permis.

Schwarzfahrer *m,* **-** voyageur *m* sans billet ; *(fam.)* resquilleur *m.*

schwarz/gehen, i, a *(ist)* passer clandestinement la frontière.

Schwarzgeld *n,* **er** argent *m* (gagné au) noir.

Schwarzgeschäft *n,* **e** affaire *f* illégale ; trafic *m* de marchandises prohibées ou rationnées.

Schwarzhandel *m,* φ marché *m* noir ; trafic *m* illégal.

Schwarzhändler *m,* - trafiquant *m* de marché noir ; trafiquant clandestin.

schwarz/hören : écouter la radio sans payer la redevance.

Schwarzhörer *m,* - auditeur *m* de radio qui ne paie pas sa redevance.

Schwarzmarkt *m,* ¨e marché *m* noir.

Schwarzmarktpreis *m,* **e** prix *m* prohibitif ; prix exagéré.

schwarz/sehen, a, e 1. avoir un poste de télévision, mais ne pas avoir acquitté la redevance obligatoire ; frauder **2.** être pessimiste.

Schwarzseher *m,* - téléspectateur n'ayant pas déclaré son poste ; fraudeur.

Schweigegeld *n,* **er** pot-de-vin *m* destiné à acheter le silence de qqn.

Schweigepflicht *f,* φ secret *m* professionnel ; obligation *f* de réserve (fonctionnaires).

Schweiggebot *n,* **e** obligation *f* de réserve.

Schwelle *f,* **n** seuil *m* ; plancher *m* ; cap *m* ; *die ~ der Rentabilität erreichen* atteindre le seuil de rentabilité.

Schwellenland *n,* ¨**er** pays *m* nouvellement industrialisé (PNI) ; nation *f* émergente (pays au seuil de l'industrialisation, en train de sortir du sous-développement).

Schwemme *f,* **n 1.** excédent *m* ; surplus *m* ; surabondance *f* **2.** *(Autriche)* rayon *m* d'articles à bas prix dans un grand magasin.

schwer lourd ; pénible ; dur ; *~e Arbeit* travail *m* de force ; *(fam.) ~es Geld kosten* coûter beaucoup d'argent.

Schwerarbeit *f,* **en** travail *m* de force ; travail pénible.

Schwerarbeiter *m,* - travailleur *m* de force.

Schwerarbeiterzulage *f,* **n** supplément *m*, indemnité *f* de travail pénible.

Schwerbehinderte/r *(der/ein)* grand handicapé *m* ; handicapé profond.

Schwerbeschädigte/r *(der/ein)* ⇒ *Schwerbehinderter.*

Schwergut *n,* ¨**er** marchandises *fpl* pondéreuses *(contr. Leichtgut).*

Schwerindustrie *f,* **n** industrie *f* lourde ; sidérurgie *f* et industrie minière.

Schwerpunktbetrieb *m,* **e** *(R.D.A.)* entreprise *f* clé ; entreprise *f* industrielle fabriquant, en priorité, certains produits bien précis.

Schwerpunktindustrie *f,* **n** industrie *f* clé.

schwerpunktmäßig concentré sur certains points vitaux.

Schwerpunktstreik *m,* **s** grève-bouchon *f* ; grève (ponctuelle) dans un centre vital ; grève-thrombose *f.*

Schwesterfirma *f,* **-men** ⇒ *Schwestergesellschaft.*

Schwestergesellschaft *f,* **en** société *f* sœur ; société affiliée.

Schwindel *m,* - ⇒ *Schwindelei.*

Schwindelangebot *n,* **e** offre *f* fallacieuse ; offre trompeuse.

Schwindelei *f,* **en** tromperie *f* ; escroquerie *f* ; duperie *f* ; arnaque *f.*

Schwindelfirma *f,* **-men** maison *f* véreuse.

schwindeln mentir ; bluffer ; duper ; arnaquer.

Schwindler *m,* - escroc *m* ; arnaqueur *m.*

Schwund *m,* φ perte *f* ; diminution *f* ; disparition *f.*

Schwurgericht *n,* **e** cour *f* d'assises ; jury *m* d'assises.

sechsstellig de (à) six chiffres ; *eine ~e Zahl* un nombre à six chiffres.

SED *f (Sozialistische Einheitspartei Deutschlands)* Parti *m* socialiste unifié de la R.D.A.

See *f,* **n** mer *f* ; *auf ~* en (sur) mer ; *auf hoher ~* en haute mer ; *zur ~* par mer.

Seefracht *f,* **en** fret *m* maritime.

Seefrachtbrief *m,* **e** connaissement *m* *(syn. Konnossement).*

Seehafen *m,* ¨ port *m* de mer ; port maritime.

Seehandel *m,* φ commerce *m* maritime.

Seeladeschein *m,* **e** certificat *m* de chargement par mer.

Seemann *m,* **-leute** marin *m* ; matelot *m.*

Seerecht *n,* φ droit *m* maritime.

Seeschaden *m,* ¨ avarie *f* ; sinistre *m* en mer.

Seeschiffahrt *f,* **en** navigation *f* maritime.

Seeversicherung *f,* **en** assurance *f* maritime.

Seeweg *m,* **e** voie *f* maritime ; *auf dem ~* par mer.

Seite *f,* **n 1.** côté *m* ; *Geld auf der ~ haben* avoir de l'argent de côté ; *Geld auf die ~ legen* mettre de l'argent de côté **2.** page *f.*

Sekretär *m,* **e 1.** secrétaire *m* ; rédacteur *m* **2.** responsable *m* ; « leader » *m* (politique ou syndical).

Sekretariat *n,* **e** secrétariat *m.*

Sekretärin *f*, **nen** secrétaire *f*.

Sektor *m*, **en** secteur *m* ; *öffentlicher* ~ secteur public ; *privater* ~ secteur privé ; *primärer, sekundärer, tertiärer* ~ secteur primaire (agricole), secondaire (industriel), tertiaire (des services).

sekundär secondaire ; *~er Sektor* secteur *m* secondaire (industrie).

Sekundärenergie *f*, **n** énergie *f* secondaire (essence, gaz de ville, courant électrique, etc.).

Sekundawechsel *m*, **-** seconde *f* de change.

Selbstabholer *m*, **-** acheteur *m* qui enlève lui-même la marchandise achetée (meubles, etc.).

selbständig indépendant ; non salarié ; *~e Erwerbstätigkeit* activité *f* non salariée ; *sich ~ machen* s'établir à son compte.

Selbständige/r *(der/ein)* indépendant *m* ; personne *f* non salariée.

Selbständigkeit *f*, **(en)** indépendance *f* ; *finanzielle* ~ autonomie *f* financière.

Selbstbedienung *f*, **en** *(SB)* libre-service *m* ; self-service *m* ; *Waren in ~ an/bieten* vendre des marchandises en libre-service.

Selbstbedienungsgeschäft *n*, **e** (magasin *m*) libre-service *m* ; self-service *m* ; self *m* ; *kleines* ~ supérette *m*.

Selbstbedienungsladen *m*, **¨** ⇒ *Selbstbedienungsgeschäft*.

Selbstbehalt *m*, **e** *(Autriche) (assur.)* franchise *f* ; *mit, ohne* ~ avec, sans franchise.

Selbstbestimmung *f*, **(en)** *(polit.)* autodétermination.

Selbstbestimmungsrecht *n*, **(e)** droit *m* à l'autodétermination.

Selbstbeteiligung *f*, **en 1.** franchise *f* d'assurance ; participation *f* aux frais **2.** *(sécurité sociale)* ticket *m* modérateur **3.** *finanzielle* ~ autofinancement *m*.

Selbstbewirtschaftung *f*, **en 1.** exploitation *f* directe (par l'intéressé) **2.** *(agric.)* faire-valoir *m*.

Selbsteintritt *m*, **(e)** *(jur.)* privilège *m* du commissionnaire (droit de se porter acquéreur ou vendeur en son propre nom, en contrepartie de ses avances ou (et) débours).

Selbstfinanzierung *f*, **en** autofinancement *m*.

Selbsthilfe *f*, **n** entraide *f* ; autodéfense *f* ; légitime défense *f* ; *zur ~ greifen* se faire justice soi-même.

Selbsthilfegruppe *f*, **n** groupe *m* d'entraide ; initiative *f* individuelle et privée (anciens cancéreux, alcooliques, etc.).

Selbsthilfeverkauf *m*, **¨e** vente *f* aux enchères d'objets impayés.

Selbstkosten *pl* prix *m* de revient ; coût *m* ; prix coûtant ; *die ~ senken* abaisser le prix de revient.

Selbstkostenpreis *m*, **e** coût *m* de revient *(syn. Kost(en)preis)*.

Selbstkostenrechnung *f*, **en** comptabilité *f* analytique (*syn. Kostenrechnung*).

Selbstmontage : *zur ~* livré en kit ; à monter soi-même.

Selbstverbrauch *m*, *ϕ* consommation *f* privée.

Selbstverkäufer *m*, **-** propriétaire *m* négociant ; producteur-vendeur *m* ; propriétaire-récoltant.

Selbstversorgung *f*, **(en)** autarcie *f*.

selbstverwaltet autogéré.

Selbstverwaltung *f*, **en** autonomie *f* (administrative) ; *~ der Gemeinden* autonomie communale, municipale ; *jugoslawische* ~ autogestion *f* à la yougoslave.

Selbstwähl(fern)dienst *m*, *ϕ* *(téléph.)* (service) automatique *m* interurbain.

Selbstwähler *m*, **-** *(téléph.)* automatique *m*.

Selbstwählerverkehr *m*, *ϕ* ⇒ *Selbstwähldienst*.

Seminar *n*, **e** séminaire *m* ; *ein ~ über die Computerisierung der Unternehmen* un séminaire sur l'informatisation des entreprises.

Senat *m*, **e 1.** *(tribunal)* chambre *f* **2.** *(Berlin-Ouest, villes hanséatiques)* organe *m* exécutif **3.** sénat *m* **4.** *(université)* conseil *m*.

Senator *m*, **en 1.** sénateur *m* **2.** membre *m* de l'exécutif (Berlin-Ouest, villes hanséatiques).

senden, a, a 1. envoyer ; expédier ; *dem Kunden ein festes Angebot ~* envoyer une offre ferme au client **2.** envoyer en délégation.

senden transmettre ; (radio)diffuser ; *der Rundfunk hat eben einen Werbespot gesendet* la radio vient de diffuser un spot publicitaire.

Sendung *f*, **en 1.** envoi *m* ; expédition *f* ; *eingeschriebene* ~ objet *m* recommandé ; *portofreie* ~ envoi franco de port ; *postlagernde* ~ envoi poste restante ; *unzustellbare* ~ envoi mis au rebut ; *~ mit Wertangabe* envoi avec valeur déclarée **2.** *(radio, télé.)* diffusion *f* ; émission *f*.

Senior *m*, **en** ancien *m* ; président *m* ; porte-parole *m (contr. Junior)*.

Seniorchef *m*, **s** chef *m* d'une entreprise dont le fils est généralement le bras droit.

Senioren *pl (die)* le troisième âge.

Seniorenkarte *f,* **n** carte *f* vermeil (réduction dans les trains pour les personnes du troisième âge).

senken diminuer ; réduire ; *die Preise ~* baisser les prix ; *die Produktionskosten um 10 % ~* diminuer les coûts de production de 10 %.

Senkung *f,* **(en)** réduction *f* ; diminution *f* ; abaissement *m* ; baisse *f.*

Sensarie *f,* **n** *(Autriche)* courtage *m.*

Sensationspresse *f,* **n** presse *f* à sensation.

separat séparément ; à part ; *etw ~ bestellen* commander qqch séparément.

Serie *f,* **n** ['ze:riə] série *f* ; *diese ~ läuft aus* cette série est en passe d'être épuisée ; *etw in ~ her/stellen* fabriquer qqch en série.

Serien(an)fertigung *f,* **en** ⇒ *Serienproduktion.*

Serienartikel *m,* **-** article *m* de série.

Serienbau *m,* *ϕ* construction *f* en série.

Serienbuchstaben *pl* numéros *mpl* de série des billets de banque.

Serienherstellung *f,* **en** ⇒ *Serienproduktion.*

serienmäßig en série.

Serienproduktion *f,* **en** production *f* en (de) série.

serienreif prêt pour la (fabrication en) série.

serienweise en série ; *ein Produkt nur ~ fertigen* ne fabriquer un produit qu'en série.

Service *m* ou *n,* **s** ['sə:vis/'zə:vis] **1.** service *m* (hôtellerie, tourisme) *(syn. Bedienung)* **2.** service après-vente *(syn. Kundendienst).*

Servicenetz *n,* **e** réseau *m* après-vente.

seßhaft sédentaire ; résident ; domicilié.

Seßhaftigkeit *f,* *ϕ* sédentarité *f.*

setzen *(auf + A)* miser (sur) ; jouer la carte de qqch.

Shop *m,* **s** [ʃɔp] boutique *f* ; magasin *m.*

Shop-in-Shop-Center *n,* **-** centre *m* commercial avec galerie(s) marchande(s).

Shopping-Center *n,* **-** *(rare)* centre *m* commercial *(syn. Einkaufszentrum).*

Showgeschäft ['ʃo:...] ⇒ *Schaugeschäft.*

Sicheinarbeiten *n,* *ϕ* rodage *m,* initiation *f* (nouveau métier, travail, etc.).

Sicherheit *f,* **en** garantie *f* ; sécurité *f* ; sûreté *f* ; caution *f* **1.** *hypothekarische ~* garantie hypothécaire ; *kaufmännische ~* garantie commerciale ; *sachliche (dingliche) ~* garantie réelle **II.** *als ~ dienen* servir de garantie ; *als ~ hinterlegen* déposer en garantie ; *für jdn ~ leisten* cautionner qqn ; *~ en stellen* fournir des garanties.

Sicherheitsabkommen *n,* **-** accord *m* de sécurité.

Sicherheitsbestände *pl* stocks *mpl* de sécurité ; stocks prévisionnels.

Sicherheitsfonds *m,* **-** fonds *m* de garantie.

Sicherheitsgründen : *aus ~* pour des raisons de sécurité.

Sicherheitsinspektion *f,* **en** **1.** *(R.D.A.)* service *m* de la sécurité du travail dans une (entreprise) « *VEB* » **2.** inspection *f* du travail.

Sicherheitsleistung *f,* **en** constitution *f* de sécurité ; dépôt *m* de garantie ; *nur gegen ~* contre dépôt de garantie uniquement.

Sicherheitsmaßnahme *f,* **n** mesure *f* de sécurité.

Sicherheitsnorm *f,* **en** norme *f* de sécurité.

Sicherheitspfand *n,* **¨er** gage *m.*

Sicherheitsrücklage *f,* **n** réserve *f* de garantie ; volant *m* de sécurité.

Sicherheitsschwelle *f,* **n** seuil *m* de sécurité (centrales nucléaires par ex.).

Sicherheitsstellung *f,* **en** prise *f* de garanties.

Sicherheitsvorschrift *f,* **en** consignes *fpl* de sécurité.

Sicherheitswechsel *m,* **-** titre *m* déposé en nantissement.

sichern protéger ; assurer ; garantir ; *ein gesichertes, festes Einkommen haben* avoir des revenus fixes, assurés.

sicher/stellen **1.** garantir ; mettre en sûreté ; *sichergestellte Forderung* créance *f* garantie ; *jdn finanziell ~* couvrir, cautionner financièrement qqn **2.** confisquer ; mettre sous séquestre.

Sicherstellung *f,* **en** garantie *f* ; sûreté *f* ; constitution *f,* prestation *f* de sûreté ; mesure *f* conservatoire ; *hypothekarische ~* garantie hypothécaire.

Sicherung *f,* **en** garantie *f* ; sécurité *f* ; *soziale ~* protection *f* sociale ; *~ des Arbeitsplatzes* sauvegarde *f* de l'emploi.

Sicherungsabtretung *f,* **en** cession *f* à titre de garantie.

Sicherungsgeber *m,* **-** **1.** cédant *m* d'une garantie **2.** aliénateur *m* fiduciaire.

Sicherungsgrundschuld *f,* **en** dette *f* foncière de garantie.

Sicherungshypothek *f,* **en** hypothèque *f* de garantie.

Sicherungsnehmer *m,* **- 1.** mandataire *m* **2.** acquéreur *m* fiduciaire.

sicherungsübereignen *(jur.)* remettre, céder un bien à titre de garantie.

Sicherungsübereignung *f,* **en** *(jur.)* remise *f* d'un bien en propriété à titre de garantie ; cession *f* à titre de sûreté ; dation *f* en séquestre.

Sicht *f,* **ϕ** vue *f* ; terme *m* ; échéance *f* ; *auf (bei) ~ zahlbar* payable à vue, sur présentation ; *auf kurze, lange ~* à court, à long terme ; *30 Tage nach ~* à 30 jours de vue.

Sichtdepositen *pl* dépôts *mpl* à vue.

Sichteinlage *f,* **n** ⇒ *Sichtdepositen.*

sichten examiner ; passer au crible ; *einen Nachlaß ~* examiner une succession.

Sichtfenster : *Briefumschlag mit ~* enveloppe *f* à fenêtre.

Sichtgeschäft *n,* **e** opération *f,* transaction *f* à vue.

Sichtguthaben *n,* **-** avoir *m* à vue.

Sichtkartei *f,* **en** fichier *m* à fiches visibles, imbriquées.

Sichtkontrolle *f,* **n** contrôle *m* à vue, visuel.

Sichttratte *f,* **n** ⇒ *Sichtwechsel.*

Sichtvermerk *m,* **e** visa *m.*

Sichtwechsel *m,* **-** effet *m* à vue ; traite *f* à vue *(contr. Verfallwechsel).*

Sichtwerbung *f,* **en** publicité *f* visuelle dont les supports sont exposés dans des endroits très fréquentés (colonne d'affichage, couloirs du métro, autobus, etc.).

sieben filtrer ; trier ; passer au crible ; *Bewerber gründlich ~* trier les candidats sur le volet.

Siebenjahresplan *m,* **¨e** plan *m* septennal.

Siedlung *f,* **en** agglomération *f* ; lotissement *m* ; cité *f* ouvrière ; grand ensemble *m.*

Siedlungsdichte *f,* **(n)** densité *f* de population *(syn. Bevölkerungsdichte).*

Siegel *m,* **-** sceau *m* ; scellés *mpl* ; cachet *m* ; *ein ~ an/bringen* apposer les scellés ; *unter dem ~ der Verschwiegenheit* sous le sceau du secret.

Siegelbewahrer *m,* **-** garde *m* des Sceaux ; ministre *m* de la Justice.

Siegelbruch *m,* **¨e** rupture *f* de scellés.

Signatarmacht *f,* **¨e** puissance *f* signataire.

Silber *n,* **ϕ** argent *m* ; *aus ~* en argent.

Silberbarren *m,* **-** lingot *m* d'argent.

Silbermünze *f,* **n** pièce *f* d'argent ; monnaie *f* blanche.

silbern en argent.

Silberwährung *f,* **en** monnaie *f* d'argent ; étalon-argent *m.*

silieren ensiler.

Silo *m* ou *n,* **s** silo *m* ; *im ~ ein/lagern* ensiler.

Simultandolmetscher *m,* **-** interprète *m* en simultané ; interprète de conférences.

sinken, a, u baisser ; diminuer ; *die Preise sind um 10 % gesunken* les prix ont diminué de 10 %.

Sinken *n,* **ϕ** baisse *f* ; diminution *f* ; *das ~ der Kurse* la chute des cours.

Sitz *m,* **e 1.** *(polit.)* siège *m* ; *~e im Parlament erringen* gagner des sièges au parlement **2.** siège social ; *seinen ~ haben in* siéger à ; *den ~ einer Gesellschaft verlegen* transférer le siège d'une société **3.** domicile *m* ; résidence *f.*

Sitzgesellschaft *f,* **en** société *f* boîte aux lettres (par ex. au Liechtenstein) *(syn. Briefkastengesellschaft).*

Sitzstreik *m,* **s 1.** grève *f* sur le tas ; grève avec occupation d'usine **2.** « sit-in » *m.*

Sitzung *f,* **en** séance *f* ; réunion *f* ; session *f* ; (tribunal) audience *f* **I.** *außerordentliche ~* session extraordinaire ; *nichtöffentliche ~* réunion à huis clos ; *öffentliche ~* audience publique **II.** *eine ~ ab/halten* tenir une séance ; *die ~ eröffnen* ouvrir la séance ; *eine ~ leiten* présider une séance ; *eine ~ schließen* clore une séance.

Sitzungsgeld *n,* **er** jeton *m* de présence.

Sitzungsprotokoll *n,* **e** compte rendu *m* de séance.

Sitzverteilung *f,* **en** répartition *f* des sièges.

Skala *f,* **s** ou **-len** échelle *f* ; barème *m* ; gamme *f* ; *gleitende ~* échelle mobile.

Skanner-Kasse *f,* **n** caisse *f* laser (pour décoder le code barres).

SKE ⇒ *Steinkohle-Einheit.*

Sklavenhändler *m,* **-** marchand *m* d'esclaves ; négrier *m* ; exploiteur *m.*

skontieren escompter ; accorder un escompte, une remise.

Skonto *m* ou *n,* **s** ou **-ti 1.** escompte *m* ; remise *f* au comptant ; *5 % ~ gewähren* accorder 5 % d'escompte **2.** carnet *m* d'ordres de l'agent de change.

Skontration *f,* **en** inventaire *m* permanent des entrées et des sorties.

skontrieren relever (les entrées et les

sorties) ; solder ; *ein Konto ~* faire un relevé de compte.

Skontro *n,* **-tren 1.** *(comptab.)* arrêté *m* de compte **2.** relevé *m* de marchandises en magasin.

Slogan *m,* s ['slo:gən] slogan *m* (publicitaire, politique).

Slot *n.* s temps *m* mort ; période *f* creuse ; creux *m.*

Slums *pl* [slamz] bidonville *m* ; quartier *m* miséreux d'une ville ; taudis *mpl.*

Sockelbetrag *m,* **¨e** montant *m* fixe d'une augmentation salariale.

Soforthilfe *f,* **n** aide *f* immédiate.

sofortig immédiat ; *zur ~en Lieferung* à livrer immédiatement.

Sofortmaßnahme *f,* **n** mesure *f* d'urgence ; mesure immédiate.

Sofortprogramm *n,* **e** programme *m* d'urgence.

Sofortverbrauch *m,* *ϕ* consommation *f* immédiate.

Softselling *n,* s vente *f* par des méthodes de persuasion ou de suggestion (produits de beauté, etc.) ; *(contr. Hardselling).*

Software *f,* s ['sɔftwɛr] logiciel *m* ; software *m* ; « matière grise » de l'ordinateur *(contr. Hardware).*

Software-Ingenieur *m,* **e** *(inform.)* ingénieur *m* système ; analyste-programmeur *m.*

Solawechsel *m,* **-** billet *m* à ordre ; seule *f* de change *(syn. Eigenwechsel).*

Sold *m,* **(e)** solde *f* (d'un militaire).

Solidarbürgschaft *f,* **en** garantie *f* solidaire.

Solidarhaftung *f,* **en** responsabilité *f* solidaire.

solidarisch solidaire ; *sich ~ erklären (mit)* ; se solidariser (avec) ; *~ haften (für)* être solidairement responsable (de) ; *~e Haftung* responsabilité *f* solidaire ; coresponsabilité *f.*

solidarisieren : *sich mit jdm ~* se solidariser avec qqn.

Solidarschuldner *m,* **-** débiteur *m* solidaire.

Solidarität *f,* *ϕ* solidarité *f* ; *finanzielle ~* solidarité financière.

Solidaritätsstreik *m,* **s** grève *f* de solidarité.

Solidarschuldner *m,* **-** débiteur *m* solidaire.

Soll *n,* **(s) 1.** *(comptab.)* doit *m* ; débit *m* ; *ins ~ ein/tragen* porter au débit ; *~ und Haben* doit et avoir ; débit et crédit **2.** objectif *m* prévisionnel ; but *m* à atteindre ; *sein ~ erfüllen* atteindre l'objectif prévu ; *hinter dem ~ zurück/bleiben* être en retard sur le plan.

Sollausgaben *pl* dépenses *fpl* théoriques, prévues, budgétées.

Sollbestand *m,* **¨e** avoir *m*, inventaire *m* théorique ; effectif *m* prévu.

Solleinnahme *f,* **n** recette *f* théorique, prévue.

Sollerfüllung *f,* **en** *(R.D.A.)* exécution *f* de la production inscrite au plan.

Soll-Ist-Vergleich *m,* **e** comparaison *f* entre les chiffres prévisionnels et les chiffres réalisés.

Sollkaufmann *m,* **-leute** commerçant *m* inscrit au registre du commerce ; exploitant *m* patenté.

Soll-Kosten-Rechnung *f,* **en** calcul *m* des coûts prévisionnels ; budget *m* prévisionnel des coûts.

Soll-Leistung *f,* **en** rendement *m* exigé, prévu, théorique.

Sollposten *m,* **-** poste *m* débiteur.

Sollseite *f,* **n** doit *m* ; colonne-débit *f* d'un compte *(contr. Habenseite).*

Sollstärke *f,* **(n)** effectif *m* théorique ; effectif prévu.

Sollzeit *f,* **en** temps *m* théorique.

Sollzinsen *pl* intérêts *mpl* débiteurs.

solvent solvable *(syn. zahlungsfähig).*

Solvenz *f,* **en** solvabilité *f (syn. Zahlungsfähigkeit).*

Sommerloch *n,* *ϕ* creux *m* estival ; calme *m* plat des mois d'été *(syn. Sauregurkenzeit).*

Sommerschlußverkauf *m,* **¨e** *(SS)* soldes *mpl* de fin d'été.

Sonder- *(préfixe)* spécial ; exceptionnel ; particulier.

Sonderabgabe *f,* **n** taxe *f* spéciale.

Sonderabschreibung *f,* **en** amortissement *m* exceptionnel.

Sonderanfertigung *f,* **en** fabrication *f* hors série.

Sonderangebot *n,* **e** offre *f* spéciale.

Sonderausgabe *f,* **n 1.** édition *f* spéciale **2.** *~n* dépenses *fpl* particulières.

Sonderausschuß *m,* **¨sse** commission *f* spéciale.

Sonderbestimmung *f,* **en** disposition *f* spéciale.

Sondergenehmigung *f,* **en** autorisation *f* spéciale.

Sondermüll *m,* *ϕ* déchets *mpl* spéciaux (dangereux, radioactifs).

Sonderrabatt *m,* **e** remise *f* spéciale ; remise exceptionnelle, extraordinaire.

Sonderregelung *f,* **en** réglementation *f* spéciale.

Sonderschicht *f,* **en** heures *fpl* effectuées en travail supplémentaire.

Sondersitzung *f,* **en** séance *f* extraordinaire.

Sonderstellung *f,* **en** situation *f* à part ; position *f* exceptionnelle ; *eine ~ ein/nehmen* occuper une place à part.

Sonderurlaub *m,* **(e)** congé *m* spécial.

Sondervergütung *f,* **en** indemnité *f* spéciale.

Sonderziehungsrechte *pl (SZR)* droits *mpl* de tirage spéciaux (D.T.S.) (possibilités de crédit supplémentaire accordées par le F.M.I. aux états-membres).

Sonderzulage *f,* **n** allocation *f* exceptionnelle ; prime *f* spéciale.

Sonnenenergie *f,* **n** énergie *f* solaire.

Sonnenkraftwerk *n,* **e** centrale *f* (à énergie) solaire.

Sonntagsarbeit *f,* **en** travail *m* du dimanche ; travail noir.

Sorgenkind *n,* **er** enfant *m* à problèmes.

Sorgfalt *f, φ* soin *m* ; *einen Auftrag mit größter ~ aus/führen* exécuter un ordre avec le plus grand soin.

Sorgepflicht *f,* **en** obligation *f* de subvenir aux besoins des enfants.

Sorgerecht *m,* **e** droit *m* de garde des enfants.

Sorte *f,* **n** sorte *f* ; marque *f* ; qualité *f* ; *beste ~* qualité supérieure.

Sorten *pl* devises *fpl* étrangères (en papier monnaie).

Sortenfertigung *f,* **en** production *f* parallèle.

Sortenkurs *m,* **e** cours *m* des devises étrangères.

Sortenmarkt *m,* **¨e** marché *m* des monnaies étrangères.

Sortenzettel *m,* **-** bordereau *m* d'espèces.

sortieren trier ; classer ; assortir.

Sortiermaschine *f,* **n** *(inform.)* trieuse *f* (de cartes perforées, de données).

Sortierung *f,* **en** tri *m* ; classement *m* ; *eine Ware als zweite ~ bezeichnen* considérer un article comme de second choix.

Sortiment *n,* **e** [zɔrti'mɛnt] **1.** assortiment *m* ; choix *m* ; *ein großes ~ an Möbeln* un grand choix de meubles **2.** ⇒ *Sortimentsbuchhandel.*

Sortimentsbuchhandel *m, φ* librairie *f* d'assortiment (livres de tous les éditeurs) *(contr. Verlagsbuchhandel).*

souverän souverain.

Souveränität *f, φ* souveraineté *f.*

Sowchos *m* ou *n,* **e** ⇒ *Sowchose.*

Sowchose *f,* **n** [zɔf'çɔzə] sovkhoze *m* (U.R.S.S.) ; grande ferme *f* modèle d'Etat.

Sowjet *m,* **s** **1.** soviet *m* ; conseil *m* **2.** soviétique *m.*

sowjetisch soviétique.

Sowjetunion *f* Union *f* soviétique ; U.R.S.S. *(syn. UdSSR).*

Sozi *m,* **s** *(péjor.)* social-démocrate *m.*

sozial social ; *~e Einrichtungen* avantages *mpl* sociaux ; *~e Marktwirtschaft* économie *f* sociale de marché ; *~es Netz* protection sociale ; *~e Ordnung* ordre *m* social ; *~er Wohnungsbau* construction *f* de logement sociaux.

Sozial- *(préfixe)* social (souvent interchangeable avec *Gesellschafts-* et *gesellschaftlich*).

Sozialabgaben *pl* charges *mpl* sociales ; versements *mpl* aux assurances sociales.

Sozialamt *n,* **¨er** assistance *f* publique ; services *mpl* de l'aide sociale.

Sozialarbeit *f,* **en** travail *m* social.

Sozialarbeiter *m,* **-** travailleur *m* social.

Sozialbericht *m,* **e** bilan *m* social (contenu dans le rapport de gestion).

Sozialausschuß *m,* **¨sse** commission *f* des affaires sociales.

Sozialbeitrag *m,* **¨e** cotisation *f* de sécurité sociale.

Sozialdemokrat *m,* **en, en** social-démocrate *m.*

Sozialdemokratie *f,* **(n)** social-démocratie *f.*

sozialdemokratisch social-démocrate.

Sozialeinkommen *n,* **-** revenu *m* social ; allocations *fpl* sociales (indemnité de chômage, allocation de logement, etc.).

Sozialeinrichtungen *pl* services *mpl* sociaux.

Sozialetat *m,* **s** *(R.D.A.)* budget *m* social d'une entreprise ou de l'Etat.

Sozialfürsorge *f, φ* ⇒ *Sozialhilfe.*

Sozialgefüge *n,* **-** structure *f* sociale.

Sozialgerichtsbarkeit *f, φ* juridiction *f* en matière sociale.

Sozialgeschädigte/r *(der/ein)* inadapté *m* social.

Sozialgesetzgebung *f,* **en** législation *f* sociale.

Sozialhelferin *f,* **nen** assistante *f* sociale.

Sozialhilfe *f,* **n** aide *f* sociale ; allocation *f* de fin de droits.

Sozialhilfeempfänger *m,* **-** bénéficiaire *m* de l'aide sociale.

Sozialhilfefall *m,* **¨e** cas *m* social, (relevant) de l'aide sociale.

sozialisieren socialiser ; nationaliser ; *~ ter Betrieb* entreprise *f* nationalisée.

Sozialisierung *f,* **en** socialisation *f* ; nationalisation *f*.

Sozialismus *m,* ϕ socialisme *m*.

Sozialist *m,* **en, en** socialiste *m*.

sozialistisch socialiste ; *(R.D.A) ~ er Wettbewerb* émulation *f* socialiste.

Soziallasten *pl* charges *fpl* sociales.

Sozialleistung *f,* **en** prestation *f* (de sécurité) sociale ; *~ en* avantages *mpl* sociaux.

sozialliberal *(R.F.A.)* socialo-libéral ; *~ e Koalition* coalition *f* SPD-F.D.P.

Soziallohn *m,* **¨e** salaire *m* familial, social ; sursalaire *m* familial (se calcule en fonction de critères sociaux).

Sozialmieter *m,* **-** locataire *m* d'H.-L.M.

Sozialökonomie *f,* **n** économie *f* politique.

sozialökonomisch socio-économique ; *~ e Gruppe* groupe *m* socio-économique.

Sozialpartner *m,* **-** partenaire *m* social ; *die ~* organisations *fpl* patronales et syndicales ; partenaires sociaux *(syn. Tarifpartner).*

Sozialplan *m,* **¨e** plan *m* d'aide sociale (aide aux travailleurs du fait de licenciement, etc.).

Sozialpolitik *f,* ϕ politique *f* sociale.

sozialpolitisch : *~ e Maßnahmen* mesures *fpl* de politique sociale.

Sozialprodukt *n,* **e** produit *m* national *(syn. Volkseinkommen).*

Sozialrecht *n,* **e** droit *m* social.

Sozialrente *f,* **n** rente *f* versée par les assurances sociales.

Sozialrentner *m,* **-** bénéficiaire *m* d'une rente au titre de la sécurité sociale.

Sozialstaat *m,* **en** Etat *m* social.

Sozialversicherte(r) *(der/ein)* assuré *m* social ; affilié *m* à l'assurance sociale.

Sozialversicherung *f,* **en** sécurité *f* sociale ; assurance *f* sociale.

Sozialversicherungsbeitrag *m,* **¨e** cotisation *f* de sécurité sociale.

Sozialversicherungspflicht *f,* ϕ assujettissement *m* obligatoire à la sécurité sociale.

Sozialwerk *n,* **e** œuvres *fpl* sociales ; entraide *f*.

Sozialwissenschaften *pl* ⇒ *Soziologie.*

Sozialwohnung *f,* **en** logement *m* social ; H.L.M. *f*.

Sozialzulage *f,* **n** supplément *m* familial ; allocation *f* vieillesse, etc.

Soziologie *f,* **n** sociologie *f* ; sciences *fpl* sociales *(syn. Gesellschaftswissenschaft).*

sozio-professionell socio-professionnel ; *~ e Gliederung* répartition *f* socio-professionnelle.

spalten scinder ; diviser ; *eine gespaltene Partei* un parti scindé en deux.

Spaltung *f,* **en** scission *f*.

Spanne *f,* **n** marge *f* ; écart *m* ; différence *f* ; *die ~ zwischen Brutto- und Nettogehalt* la marge entre traitement brut et net.

Spannung *f,* **en** tension *f* ; *soziale ~ en* tensions sociales.

Sparaufkommen *n,* **-** épargne *f* (produit de l'épargne).

Sparbetrag *m,* **¨e** montant *m* économisé.

Sparbrief *m,* **e** bon *m* d'épargne (émis par les banques) ⇒ *Sparkassenbrief.*

Sparbuch *n* **¨er** ⇒ *Sparkassenbuch.*

Sparbüchse *f,* **n** tirelire *f*.

Spareinlage *f,* **n** dépôt *m* d'épargne ; *hohe Zinssätze für ~ n* taux *mpl* d'intérêt élevé sur dépôts d'épargne.

sparen 1. épargner ; économiser ; mettre de côté ; **2.** *mit etw ~* être économe de qqch ; se montrer parcimonieux avec qqch ; *mit Benzin ~* économiser l'essence ; *am falschen Ende ~* faire des économies de bouts de chandelle.

Sparen *n,* ϕ épargne *f* ; économie *f*.

Sparer *m,* **-** épargnant *m* ; *die kleinen ~* les petits épargnants.

Sparförderung *f,* **en** encouragement *m,* incitation *f* à l'épargne (par des primes et avantages fiscaux).

Spargelder *pl* épargne *f* (ensemble des sommes déposées dans les banques, caisses d'épargne, etc., au titre de l'épargne).

Spargiroverkehr *m,* ϕ opérations *fpl* de virement d'épargne.

Spargroschen *m,* **-** ⇒ *Sparpfennig.*

Sparguthaben *n,* **-** dépôt *m* d'épargne ; économies *fpl* ; épargne *f*.

Sparkasse *f,* **n** caisse *f* d'épargne ; *Geld auf die ~ bringen* mettre de l'argent à la caisse d'épargne.

Sparkassenbrief *m,* **e** bon *m* d'épargne (émis par les caisses d'épargne).

Sparkassenbuch *n,* **¨er** livret *m* de caisse d'épargne.

Sparkassen- und Giroverband *m,* ϕ *(R.F.A.)* association *f* des caisses d'épargne et de virement.

Sparkonto *n,* **s** ou **-ten** compte *m* d'épargne ; compte sur livret *(contr. laufendes Konto).*

Sparmaßnahmen *pl* **1.** mesures *fpl*

d'économie **2.** mesures destinées à encourager l'épargne.

Sparpfennig *m,* **e** argent *m* mis de côté (en cas de coup dur) ; petites économies *fpl.*

Sparpolitik *f,* *ϕ* politique *f* d'austérité.

Sparpolster *n,* - matelas *m* d'épargne ; réserves *fpl* financières.

Sparprämie *f,* **n** prime *f* d'épargne.

sparsam économe ; économique ; *mit etw ~ um/gehen* être économe de qqch.

Sparsamkeit *f,* *ϕ* économie *f* ; parcimonie *f* ; sobriété *f* (d'un véhicule).

Sparschwein *n,* **e** ⇒ *Sparbüchse.*

Sparsinn *m,* *ϕ* esprit *m* d'épargne ; sens *m* de l'économie.

Sparstrumpf *m,* **¨e** bas *m* de laine.

Spartätigkeit *f,* **(en)** (activité d') épargne *f* ; *flaue ~* épargne peu soutenue.

Sparte *f,* **n** branche *f* ; secteur *m* ; section *f* ; domaine *m* ; rubrique *f* ; rayon *m..*

Sparverkehr *m,* *ϕ* opérations *fpl* d'épargne.

Sparvertrag *m,* **¨e** contrat *m* d'épargne.

Sparwesen *m,* *ϕ* épargne *f.*

Sparzulage *f,* **n** prime *f* d'épargne.

Spätschicht *f,* **en** équipe *f* de l'après-midi ; *~ haben* être de l'après-midi (les trois-huit : *Früh-, Spät-, Nachtschicht).*

SPD *f (Sozialdemokratische Partei Deutschlands)* Parti *m* social-démocrate ouest-allemand.

spedieren *(rare)* expédier ; envoyer.

Spediteur *m,* **e** transporteur *m* ; commissionnaire *m* de transport ; expéditeur *m.*

Spedition *f,* **en 1.** expédition *f* ; envoi *m* **2.** entreprise *f* de transport **3.** service *m* d'expédition (dans une entreprise).

Speditionsfirma *f,* **-men** entreprise *f* de transport, de déménagements ; (entreprise de) factage *m.*

Speditionsgeschäft *n,* **e 1.** ⇒ *Speditionsfirma* **2.** opération *f* de commission de transport.

Speicher *m,* **- 1.** grenier *m* ; entrepôt *m* ; silo *m* **2.** *(inform.)* mémoire *f* **I.** *externer (peripherer) ~* mémoire périphérique ; *interner ~* mémoire interne ; *löschbarer ~* mémoire effaçable ; *magnetischer ~* mémoire magnétique ; *~ mit direktem Zugriff* mémoire à accès direct **II.** *Daten vom ~ ab/rufen* lire (des données) en mémoire ; interroger l'ordinateur.

Speicherfähigkeit *f,* **en** *(inform.)* capacité *f* (d'enregistrement) d'une mémoire.

Speicherkapazität *f,* **en** ⇒ *Speicherfähigkeit.*

speichern 1. emmagasiner ; entreposer **2.** *(inform.)* mémoriser ; enregistrer ; *Daten ~* stocker, écrire des données.

Speicheroperation *f,* **en** *(inform.)* opération *f* de mémorisation (stockage ou restitution).

Speichersteuerung *f,* **en** *(inform.)* sélection *f* d'une mémoire.

Speicherung *f,* **en 1.** stockage *m* ; emmagasinage *m* **2.** *(inform.)* mise *f* en mémoire ; mémorisation *f* ; *~ in Serie* mémorisation en série ; *statische ~* mémorisation statique.

Speisefisch *f,* **e** poisson *m* destiné à la consommation.

speisen alimenter ; *einen Computer mit Daten ~* mettre, écrire des données en mémoire *(syn. füttern).*

Spekulant *m,* **en, en** spéculateur *m* ; affairiste *m* ; boursicoteur *m.*

Spekulation *f,* **en** spéculation *f* ; *gewinnbringende ~* spéculation lucrative ; *~en an/stellen (über etw)* spéculer (sur qqch) ; *sich ~en hin/geben* se livrer à des spéculations.

Spekulationsgeschäft *n,* **e** opération *f* spéculative.

Spekulationsgewinn *m,* **e** gain *m* spéculatif.

Spekulationskauf *m,* **¨e** achat *m* spéculatif ; vente *f* spéculative.

Spekulationspapier *n,* **e** titre *m,* effet *m* spéculatif (sujet à de fortes fluctuations).

Spekulationssteuer *f,* **n** impôt *m,* taxe *f* sur les plus-values boursières.

Spekulationsverkauf *m,* **¨e** vente *f* spéculative.

Spekulationswert *m,* **e** valeur *f* spéculative.

spekulativ spéculatif.

spekulieren spéculer ; *auf Baisse ~* spéculer à (sur) la baisse ; *an der Börse ~* spéculer en Bourse ; *auf Hausse ~* spéculer, jouer à la hausse.

Spende *f,* **n** don *m* ; aide *f* financière de soutien ; largesse *f* ; *(péj.)* pot-de-vin *m.*

spenden faire don de ; offrir.

Spender *m,* - donateur *m.*

spendieren payer ; distribuer avec largesse ; *Milliarden ~* dépenser des milliards.

Sperre *f,* **n** blocage *m* ; blocus *m* ; barrage *m* ; embargo *m* ; *eine ~ verhängen, auf/heben* mettre, lever l'embargo *(syn. Embargo).*

sperren bloquer ; geler ; faire opposition ; interdire (à la circulation) ; *einen Kredit ~* bloquer un crédit ; *einen Scheck ~ lassen* faire opposition à un chèque.

Sperrfrist *f*, **en** période *f*, délai *m* de blocage (compte, paiements).

Sperrgut *n*, **¨er** marchandise *f* encombrante.

Sperrguthaben *n*, **-** avoir *m* gelé ; compte *m* bloqué.

Sperrjahr *n*, **e** délai *m* de blocage d'un ; année *f* d'attente, de blocage.

Sperrklausel *f*, **n** clause *f* de blocage ; clause de limitation.

Sperrkonto *n*, **s** ou **-ten** compte *m* bloqué, gelé ; avoir *m* bloqué.

Sperrliste *f*, **n** liste *f* noire.

Sperrmark *f*, *ϕ* avoirs *mpl* étrangers en monnaie allemande sur des comptes de marks bloqués entre 1945 et 1954.

Sperrminderheit *f*, **(en)** ⇒ *Sperrminorität*.

Sperrminorität *f*, **(en)** minorité *f* de blocage (actionnaires) ; véto *m* ; *die ~ in einem Unternehmen erwerben* acquérir la minorité de blocage dans une entreprise.

Sperrmüll *m*, *ϕ* ordures *fpl* encombrantes.

Sperrstunde *f*, **n** couvre-feu *m* ; heure *f* de clôture *(syn. Polizeistunde)*.

Sperrvermerk *m*, **e** mention *f* de blocage.

Sperrzeit *f*, **en** durée *f*, période *f* de blocage.

Sperrzoll *m*, **¨e** droit *m* exagéré ; taxe *f* prohibitive.

Spesen *pl*, frais *mpl* ; dépenses *fpl* ; *nach Abzug aller ~* tous frais déduits ; *jdm die ~ vergüten (zurück/erstatten)* rembourser les frais à qqn.

Spesen(ab)rechnung *f*, **en** note *f* de frais.

spesenfrei net de tous frais ; sans frais.

Spesenvergütung *f*, **en** remboursement *m* des frais.

Spesenvorschuß *m*, **¨sse** avance *f* sur frais.

Spezialgeschäft *n*, **e** magasin *m* spécialisé.

spezialisieren spécialiser ; *sich ~ (auf + A)* se spécialiser (dans).

Spezialisierung *f*, **en** spécialisation *f* ; *berufliche ~* spécialisation professionnelle.

Spezialist *m*, **en**, **en** spécialiste *m* ; *~ für Hi-Fi-Geräte* spécialiste de la haute-fidélité.

Spezialität *f*, **en** spécialité *f*.

speziell spécial ; particulier.

Spezieskauf *m*, **¨e** achat *m*, vente *f* d'une chose non fongible *(contr. Gattungskauf)*.

Speziessache *f*, **n** chose *f* fongible (qui ne peut être remplacée par une autre de même nature).

spezifisch spécifique ; *~er Zoll* taxe *f* spécifique.

Spezifikationskauf *m*, **¨e** *(code de commerce allemand)* vente *f* avec clause de spécification (l'acheteur se réserve le droit de spécifier la marchandise au moment de la livraison).

Spezifizierung *f*, **en** spécification *f*.

Spielerei *f*, **en** : *technische ~* gadget *m*.

Spielraum *m*, **¨e** marge *f* de manœuvre ; liberté *f* de mouvement.

Spielwarenindustrie *f*, **n** industrie *f* du jouet.

Spielwarenmesse *f*, **n** salon *m* du jouet.

Spin-Off *n*, *ϕ* retombées *fpl* technologique ; transfert *m* technologique (du secteur militaire vers le secteur civil).

Spionage *f*, *ϕ* espionnage *m*.

Spirituosen *pl* spiritueux *mpl* ; alcools *mpl* et eaux *fpl* de vie.

Spitze *f*, **n** pointe *f* ; sommet *m* ; maximum *m* ; tête *f* ; *an der ~ liegen* se trouver en tête.

Spitzen- *(préfixe)* de pointe ; haut de gamme ; de qualité ; dirigeant ; maximum.

Spitzenbetrieb *m*, **e** entreprise *f* de pointe.

Spitzenerzeugnis *n*, **se** produit *m* haut de gamme ; article *m* de qualité.

Spitzenfunktionär *m*, **e** secrétaire *m* général d'un syndicat ; leader *m* syndicaliste.

Spitzengespräch *n*, **e** discussion *f* au sommet.

Spitzenindustrie *f*, **n** industrie *f* de pointe.

Spitzenkandidat *m*, **en**, **en** candidat *m* tête de liste.

Spitzenkraft *f*, **¨e** cadre *m* supérieur.

Spitzenleistung *f*, **en** rendement *m* élevé ; performance *f* ; record *m*.

Spitzenlohn *m*, **¨e** haut salaire *m* ; revenu *m* élevé.

Spitzenorganisation *f*, **en** organisation *f* centrale ; centrale *f* ; confédération *f* (syndicale ou patronale) ; *gewerkschaftliche ~* centrale syndicale *(syn. Dachorganisation)*.

Spitzenpolitiker *m*, **-** vedette *f* de la

politique ; leader *m* politique.

Spitzenqualität *f*, **en** excellente qualité *f* ; qualité première ; de première qualité ; de premier ordre.

Spitzenreiter *m*, **- :** *bei etw ~ sein* venir, être en tête de ; occuper la première place.

Spitzenstellung *f*, **en** position *f* clé ; position phare.

Spitzensteuersatz *m*, **¨-e** tranche *f* supérieure de l'impôt ; taux *m* d'imposition le plus élevé.

Spitzentechnologie *f*, **n** technologie *f* de pointe ; ⇒ *High-Tech ; Hochtechnologie.*

Spitzenverband *m*, **¨-e** ⇒ *Spitzenorganisation.*

Spitzenverdiener *m*, **-** gros salaire *m* ; *die ~* les revenus *mpl* élevés.

Spitzenwerte *pl (Bourse)* valeurs *fpl* vedettes.

Splitting *n*, *φ* **1.** imposition *f* séparée mais égale des époux **2.** fractionnement *m* d'actions ou de certificats d'investissement **3.** *(vote) ~ der Stimmen* partage *m* des voix.

SPÖ *f (Sozialistische Partei Österreichs)* Parti *m* socialiste autrichien.

sponsern sponsoriser.

Sponsor *m*, **s** ['spɔnsər] sponsor *m* ; mécène *m* ; personne *f* ou organisme *m* qui parraine ou finance (spectacle, émission de télévision, etc.) ; organisateur *m* ; responsable *m* ; « annonceur » *m*.

Sponsorentum *n*, *φ* ⇒ *Sponsoring.*

Sponsoring *n*, **s** sponsoring *m* ; parrainage *m* ; mécénat *m*.

Sponsorschaft *f*, *φ* ⇒ *Sponsoring.*

Spontankauf *m*, **¨-e** achat *m* d'impulsion.

Sponti *m*, **s** *(polit.) spontanéiste m ;* membre *m* d'un groupuscule gauchiste.

Spot *m*, **s** [spɔt] spot *m* ; flash *m* ; film *m* publicitaire de courte durée.

Spotgeschäft *n*, **e** opération *f* au comptant ; marché *m* en disponible ; livraison *f* immédiate (Bourses de marchandises internationales) *(syn. Lokogeschäft ; contr. Termingeschäft).*

Spotmarkt *m*, **¨-e** marché *m* au comptant, en disponible ; *Rohöl auf den ~¨en finden* trouver du brut sur les marchés libres.

Spotmarktpreis *m*, **e** prix *m* sur le marché libre.

spottbillig très bon marché ; d'un prix dérisoire ; donné.

Spottgeld *n*, **(er)** prix *m* dérisoire ; *für ein ~* pour une bouchée de pain.

Spottpreis *m*, **e** prix *m* sacrifié ; *zu einem ~* d'un prix dérisoire ; c'est donné.

Sprechanlage *f*, **n** interphone *m*.

Sprecher *m*, **-** porte-parole *m*.

Sprengkopf *m*, **¨-e** : *atomarer ~* ogive *f* nucléaire, tête *f* nucléaire.

Springer *m*, **-** remplaçant *m* (polyvalent) ; intérimaire *m* ; personnel *m* temporaire, intérimaire.

Spritze *f*, **n** injection *f* (de capitaux).

Spruch *m*, **¨-e** **1.** sentence *f* ; verdict *m* ; décision *f* **2.** slogan *m* (publicitaire, politique).

Spruchband *n*, **¨-er** banderole *f* ; calicot *m*.

Spurweite *f*, **n** écartement *m* des rails ; espacement des voies.

Staat *m*, **en** Etat *m* ; *blockfreier ~* pays *m* non aligné (non engagé) ; *neutraler ~* pays neutre ; *souveräner ~* Etat souverain ; *totalitärer ~* Etat totalitaire.

staatlich de l'Etat ; étatique ; national ; *~e Kontrolle* contrôle *m* de l'Etat.

Staatsangehörige/r *(der/ein)* ressortissant *m*.

Staatsangehörigkeit *f*, **(en)** nationalité *f*.

Staatsanleihe *f*, **n** emprunt *m* d'Etat.

Staatsanwalt *m*, **¨-e** procureur *m*.

Staatsanwaltschaft *f*, **en** parquet *m* ; ministère *m* public.

Staatsapparat *m*, **(e)** appareil *m* étatique ; appareil de l'Etat.

Staatsaufsicht *f*, **en** contrôle *m*, surveillance *f* de l'Etat.

Staatsausgaben *pl* dépenses *fpl* publiques.

Staatsbank *f*, **en** banque *f* d'Etat ; *(R.D.A.) ~ der DDR* banque d'émission ; banque centrale.

Staatsbankrott *m*, **e** effondrement *m* des finances de l'État.

Staatsbetrieb *m*, **e** entreprise *f* publique, nationale ; établissement *m* d'État ; régie *f*.

Staatsbürger *m*, **-** citoyen.

Staatsbürgerschaft *f*, **(en)** ⇒ *Staatsangehörigkeit.*

Staatschef *m*, **s** chef *m* d'Etat.

Staatsdiener *m*, **-** fonctionnaire *m* *(syn. Beamter).*

Staatsdienst *m*, **(e)** service *m* public ; *in den ~ treten* entrer dans la fonction publique.

staatseigen nationalisé.

Staatseigentum *n*, *φ* propriété *f* nationale, publique ; propriété de l'Etat.

Staatseinnahmen *pl* recettes *fpl* publiques ; rentrées *fpl* budgétaires.

Staatsfinanzen *pl* finances *fpl* publiques.

Staatsform *f*, **en** régime *m* ; forme de gouvernement.

Staatsgewalt *f*, *ϕ* autorité *f* de l'Etat.

Staatshaushalt *m*, **e** budget *m* de l'Etat.

Staatshoheit *f*, **en** souveraineté *f*.

Staatskanzlei *f*, **en** chancellerie *f*.

Staatskapitalismus *m*, *ϕ* capitalisme *m* d'Etat.

Staatskasse *f*, **n** Trésor *m* public ; fisc *m*.

Staatskörper *m*, **-** corps *m* politique.

Staatskosten : *auf ~* aux frais de l'Etat ; *(fam.)* aux frais de la princesse.

Staatsmann *m*, **-männer** homme *m* d'Etat ; homme politique.

Staatsminister *m*, **-** ministre *m* d'Etat.

Staatsministerium *n*, **-ien** ministère *m* d'Etat.

Staatsmittel *pl* fonds *mpl*, deniers *mpl* publics.

Staatsmonopol *n*, **(e)** monopole *m* d'Etat.

Staatsmonopolkapitalismus *m*, *ϕ* *(Stamokap) (d'après Marx)* capitalisme *m* monopolistique d'Etat (dépendance de l'Etat vis-à-vis des monopoles dont il doit défendre les intérêts).

Staatsoberhaupt *n*, **¨er** chef *m* d'Etat.

Staatspapiere *pl* emprunts *mpl*, valeurs *fpl* d'Etat ; fonds *mpl* publics ; rentes *fpl* ; *tilgbare, untilgbare ~* rentes amortissables, perpétuelles.

Staatsrat *m*, *ϕ* *(R.D.A.)* Conseil *m* d'Etat.

staatsrechtlich de droit public.

Staatsschuld *f*, **en** dette *f* publique.

Staatsschuldschein *m*, **e** bon *m* du Trésor.

Staatsschuldverschreibung *f*, **en** obligation *f* publique ; titre *m* d'emprunt public ; bon *m* du Trésor.

Staatssekretär *m*, **e** secrétaire *m* d'Etat.

Staatssicherheitsdienst *m*, *ϕ* *(Stasi) (R.D.A.)* Services *mpl* de sécurité de l'Etat ; *Ministerium n für ~ (MfS)* ministère *m* chargé de la sécurité de l'État.

Staatsstreich *m*, **e** coup *m* d'Etat.

Staatsunternehmen *n*, **-** entreprise *f* nationalisée ; entreprise d'Etat.

Staatsverschuldung *f*, **en** endettement de l'État.

Staatswesen *n*, *ϕ* Etat *m* (collectivité).

Staatswirtschaft *f*, **en** économie *f* publique ; économie politique.

Staatswissenschaften *pl* sciences *fpl* politiques.

Staatswohl *n*, *ϕ* bien *m* public ; salut *m* public.

Stab *m*, **¨e** équipe *f* de direction ; état-major *m* (cadres et dirigeants de l'entreprise).

stabil stable ; *~e Preise* prix *mpl* stables.

stabilisieren stabiliser ; consolider.

Stabilisierung *f*, **en** stabilisation *f* ; *~ der Finanzen* consolidation *f* financière.

Stabilität *f*, *ϕ* stabilité *f* ; *~ der Währung* stabilité monétaire.

Stadt *f*, **¨e** ville *f* ; cité *f* ; municipalité *f*.

Städtebau *m*, *ϕ* urbanisme *m*.

Städtepartnerschaft *f*, **en** jumelage *m* de villes.

Städter *m*, **-** citadin *m*.

Städtetag *m* : *deutscher ~* conférence *f* permanente des municipalités allemandes.

städtisch urbain ; municipal ; *~er Angestellter* employé *m* municipal.

Stadtkämmerer *m*, **-** trésorier *m* municipal.

Stadtplanung *f*, **en** urbanisme *m*.

Stadtrand *m*, **¨er** banlieue *f* ; périphérie *f* urbaine.

Stadtrandsiedlung *f*, **en** cité *f* suburbaine ; lotissement *m* de banlieue ; cité-dortoir *f*.

Stadtrat *m*, **¨e 1.** conseil *m* municipal **2.** conseiller *m* municipal ; édile *m*.

Stadtsanierung *f*, **en** rénovation *f* des quartiers anciens.

Stadtschaft *f*, **en** banque *f* hypothécaire ; établissement *m* de crédit hypothécaire.

Stadtstaat *m*, **en** *(R.F.A.)* ville-Etat *f* ; ville ayant le statut d'un land (Hambourg, Brème, Berlin-Ouest).

Stadtväter *pl* conseillers *mpl* municipaux ; édiles *mpl*.

Stadtverwaltung *f*, **en** municipalité *f*.

Staffel- *(préfixe)* échelonné ; progressif ; étalé.

Staffelanleihe *f*, **n** emprunt *m* à taux progressif ou dégressif.

Staffelbesteuerung *f*, **en** imposition *f* progressive.

Staffelbeteiligung *f*, **en** participation *f* progressive.

Staffelbrechung *f*, **en** calcul *m* progressif de l'intérêt.

staffeln échelonner ; graduer ; *gestaffelte Preise, Tarife* prix *mpl*, tarifs *mpl* échelonnés ; *über 3 Jahre ~* échelonner sur 3 ans.

Staffelpreis *m,* **e** prix *m* échelonné.

Staffelspanne *f,* **n** marge *f* proportionnelle, dégressive, progressive.

Staffelung *f,* **en** échelonnement *m* ; graduation *f* ; progressivité *f* ; ~ *der Löhne* hiérarchie *f* des salaires.

Stagflation *f,* **en** stagflation *f* (stagnation de la production et inflation des prix).

Stagnation *f,* **en** stagnation *f* ; *wirtschaftliche* ~ stagnation économique.

stagnieren stagner.

Stahl *m,* **(¨e)** ou **(e)** acier *m.*

Stahlarbeiter *m,* **-** ouvrier *m* métallurgiste ; métallo *m (syn. Metaller).*

Stahlbeton *m,* *ϕ* béton *m* armé.

Stahlhütte *f,* **n** ⇒ *Stahlwerk.*

Stahlkocher *m,* **-** fonderie *f* ; aciérie *f* ; producteur *m* d'acier.

Stahlrohr *n,* **e** tube *m* d'acier.

Stahlwerk *n,* **e** aciérie *f.*

Stahlwerker *m,* **-** ⇒ *Stahlarbeiter.*

Stamm- *(préfixe)* habituel ; fixe ; permanent ; ordinaire ; social ; d'origine.

Stammabschnitt *m,* **e** souche *f* ; talon *m.*

Stammaktie *f,* **n** action *f* ordinaire ; action de capital.

Stammarbeiter *pl* ⇒ *Stammpersonal.*

Stammbelegschaft *f,* **en** ⇒ *Stammpersonal.*

Stammdaten *pl (inform.)* données *fpl* permanentes.

Stammdividende *f,* **n** dividende *m* des actions ordinaires.

Stammeinlage *f,* **n** mise *f* de fonds initiale ; apport *m* initial, social.

Stammhaus *n,* **¨er** maison *f* mère ; siège *m.*

Stammkapital *n,* **(e)** ou **(-ien)** capital *m* social, initial ; fonds *m* social ; capitaux sociaux ; capital d'établissement.

Stammkunde *m,* **n, n** client *m* fidèle, régulier ; habitué *m.*

Stammkundschaft *f,* **en** clientèle *f* attitrée ; vieux clients *mpl* ; habitués *mpl.*

Stammleser *pl (presse)* lecteurs *mpl* fidèles.

Stammpersonal *n,* *ϕ* personnel *m* stable, permanent, fixe.

Stammregister *n,* **-** talon *m,* souche *f* d'un carnet de chèques, de factures, etc.

Stammrolle *f,* **n** registre *m* matricule (service militaire).

Stammwähler *m,* **-** électeur *m* traditionnel.

Stamokap *m,* *ϕ* ⇒ *Staatsmonopolkapitalismus.*

Stand *m* **1.** *ϕ* position *f* ; situation *f* ; état *m* ; ~ *der Arbeiten* état d'avancement des travaux ; *auf den neuesten ~ bringen* mettre à jour ; actualiser **2.** *ϕ* cote *f* ; cours *m* ; *seinen höchsten ~ erreichen* atteindre son plus haut niveau **3. ¨e** stand *m* (foire).

Standard *m,* **s** standard *m* ; norme *f* ; étalon *m.*

Standardabweichung *f,* **en** *(statist.)* écart *m* type.

Standardausführung *f,* **en** modèle *m* standard.

Standardausrüstung *f,* **en** équipement *m* standard.

standardisieren standardiser ; normaliser.

Standardisierung *f,* **en** standardisation *f* ; normalisation *f* ; homogénisation *f.*

Standardkosten *pl* coûts *mpl* standards.

Standardmodell *n,* **e** modèle *m* courant, de série ; modèle type.

Standardpreis *m,* **e** prix *m* standard.

Standardvertrag *m,* **¨e** contrat *m* type.

Standardwerte *pl (Bourse)* valeurs *fpl* standards.

Stand-by-Fahrkarte *f,* **n** ['stendbai...] billet *m* (de transport aérien) valable en cas de désistement d'un passager ; billet d'attente.

Standesamt *n,* **¨er** (bureau de l') état *m* civil.

standesamtlich civil ; *~e Trauung* mariage *m* civil ; *~e Urkunde* acte *m* de l'état civil.

Standesbeamte/r *(der/ein)* officier *m* de l'état civil.

Standesorganisation *f,* **en** organisme *m* corporatif.

Standgeld *n,* **er** droits *mpl* d'ouverture de stand, d'étalage ; hallage *m.*

Standort *m,* **e** lieu *m* d'implantation ; situation *f* géographique.

Standortwahl *f,* **en** choix *m* d'implantation (d'une entreprise).

Stange *f,* **n** perche *f* ; *(Kleidung) von der* ~ prêt-à-porter *m (syn. Konfektionskleidung).*

Stapel *m,* **- 1.** pile *f* ; stock *m* **2.** entrepôt *m* **3.** *(maritime)* cale ; *vom ~ laufen* être lancé ; être mis à la mer.

stapeln stocker ; emmaganiser ; empiler.

Stapeln *n,* *ϕ* stockage *m* ; emmagasinage *m.*

Stapelplatz *m,* **¨e** lieu *m* de stockage ; entrepôt *m.*

Stapelung *f,* **en** ⇒ *Stapeln.*

Stapelware *f,* **n 1.** produit *m* de stockage **2.** textiles *mpl* destinés à la vente massive.

Start *m,* **s** ou **(e)** démarrage *m* ; lancement *m* ; ~ *einer Werbekampagne* lancement d'une campagne publicitaire.

starten démarrer ; lancer.

Startkapital *n,* *ϕ* capital *m* de départ, de lancement.

Stasi ⇒ *Staatssicherheitsdienst.*

Station *f,* **en 1.** station *f* ; gare *f* **2.** *(hôpital)* division *f* de soins **3.** centre *m* technique ; station *f.*

Statistik *f,* **en** statistique *f* ; *démographische* ~ statistique démographique.

Statistiker *m,* **-** statisticien *m.*

statistisch statistique ; ~ *erfaßt sein* être chiffré, recensé dans les statistiques ; *das ~e Bundesamt* office *m* fédéral des statistiques ; *(France)* I.N.S.E.E.

statuieren statuer.

Status *m,* **-** ['ʃ(s)ta:tus] statut *m* ; régime *m* ; état *m* (juridique) ; ~ *quo* statu quo *m.*

Statussymbol *n,* **e** marque *f,* symbole *m* de statut social (auto, propriété, etc.).

Statut *n,* **en** [ʃ(s)ta'tu:t] statut *m* ; règlement *m* ; *die ~en ändern* modifier les statuts *(syn. Satzung).*

statutarisch ⇒ *statutengemäß.*

statutengemäß statutaire ; conforme aux statuts.

statutenwidrig non conforme aux statuts.

Stau *m,* **s** ou **e** bouchon *m* (circulation) ; embouteillage *m.*

Stauanlage *f,* **n** barrage *m* hydraulique.

stauen arrimer des marchandises sur un navire.

Stauwerk *n,* **e** ⇒ *Stauanlage.*

Std(e). ⇒ *Stunde.*

stechen, a, o pointer (horloge de pointage).

Stechkarte *f,* **n** carte *f,* fiche *f* de pointage.

Stechuhr *f,* **en** horloge *f* de pointage.

stecken investir ; placer ; mettre ; *viel Geld in ein Projekt* ~ investir beaucoup d'argent dans un projet *(syn. investieren ; anlegen).*

steigen, ie, ie monter ; augmenter ; *die Preise sind um 10 % gestiegen* les prix *mpl* ont augmenté de 10 % ; ~ *von ... auf* passer de ... à.

Steigen *n,* *ϕ* montée *f* ; hausse *f* ; ~ *der Kurse* hausse des cours ; ~ *der Löhne* progression *f* salariale.

Steigerer *m,* **-** enchérisseur *m* ; offrant *m.*

steigern 1. faire monter ; hausser ; *den Absatz* ~ augmenter la vente **2.** enchérir ; faire monter les enchères.

Steigerung *f,* **en 1.** accroissement *m* ; augmentation *f* ; ~ *des Lebensstandards* relèvement *m* du niveau de vie **2.** vente *f* aux enchères.

Steigerungsrate *f,* **n** taux *m* d'augmentation.

Steinkohle *f,* **n** houille *f.*

Steinkohlenförderung *f,* **en** extraction *f* de la houille.

steinreich 1. pierreux **2.** riche comme Crésus ; richissime.

Stellage *f,* **n** *(bourse)* stellage *m* ; double option *f* ; (marché à terme avec option entre achat ou vente à l'échéance prévue).

Stellagegeschäft *n,* **e** [ʃtɛ'laʒe...] *(bourse)* marché *m* à terme à double option ; stellage *m.*

Stelle *f,* **n 1.** place *f* ; lieu *m* ; *an erster ~ stehen* occuper la première place **2.** poste *m* ; emploi *m* **I.** *freie (unbesetzte)* ~ poste vacant ; *offene ~n* offres *fpl* d'emploi **II.** *eine ~ besetzen* pourvoir un poste ; *sich um eine ~ bewerben* solliciter un empoi ; *eine ~ inne/haben* occuper un poste ; *eine ~ schaffen* créer un poste **3.** bureau *m* ; service *m* ; *zuständige* ~ service compétent.

stellen : représenter, faire ; *ein Drittel von etw* ~ représenter le tiers de qqch.

Stellenangebot *n,* **e** offre *f* d'emploi.

Stellenantritt *m,* **e** entrée *f* dans un emploi ; entrée en fonctions; prise *f* de poste.

Stellenanzeige *f,* **n** annonce *f* d'emploi (presse).

Stellenausschreibung *f,* **en** mise *f* au concours d'un poste ; avis *m* de recrutement.

Stellenbewerber *m,* **-** candidat *m* à un poste ; postulant *m.*

Stelleneinsparung *f,* **en** suppression *f* d'emplois ; compression *f* de personnel ; dégraissage *m.*

Stellengesuch *n,* **e** demande *f* d'emploi.

stellenlos sein être sans emploi.

Stellenmarkt *m,* **¨e** marché *m* de l'emploi.

Stellennachweis *m,* **e** ⇒ *Stellenvermittlungsbüro.*

Stellenplan *m,* **¨e** tableau *m* des effectifs ; organigramme *m.*

Stellensuche *f,* **(n)** recherche *f* d'un emploi.

Stellensuchende/r *(der/ein)* demandeur *m* d'emploi *(syn. Arbeit(s)suchender).*

Stellenvermittler *m,* - placeur *m* ; placier *m.*

Stellenvermittlung *f,* **en** placement *m* (de la main-d'œuvre).

Stellenvermittlungsbüro *n,* **s** bureau *m* de placement.

Stellenwechsel *m,* - changement *m* d'emploi.

Stellenwert *m,* **e** rang *m* ; importance *f* ; *einen hohen ~ haben* occuper une place privilégiée dans la hiérarchie des valeurs sociales.

Stellfläche *f,* **n** endroit *m* réservé à la publicité ; surface *f,* panneau *m* publicitaire.

Stellung *f,* **en** situation *f* ; poste *m* ; position *f* ; *abhängige ~* situation dépendante ; *beherrschende ~* position dominante ; *führende (leitende) ~* poste de direction ; fonction *f* de cadre supérieur ; *marktbeherrschende ~* position de monopole ; *selbständige (unabhängige) ~* situation indépendante.

Stellungnahme *f,* **n** prise *f* de position ; *um ~ wird gebeten* pour avis.

stellungslos ⇒ *stellenlos sein.*

Stellung(s)suchende/r *(der/ein)* ⇒ *Stellensuchende/r.*

stellvertretend adjoint ; suppléant ; remplaçant ; faisant fonction de ; *~er Direktor* directeur *m* adjoint ; ; *~es Mitglied* membre *m* suppléant ; *~er Vorsitzender* vice-président *m.*

Stellvertreter *m,* - adjoint *m* ; remplaçant *m* ; suppléant *m* ; représentant *m* ; mandataire *m.*

Stellvertretung *f,* **en** remplacement *m* ; *die ~ übernehmen* assumer la suppléance.

Stempel *m,* - cachet *m* ; timbre *m* ; marque *f* ; *einen ~ auf eine Urkunde drücken* apposer un cachet sur un document.

Stempelgeld *n,* **¨er** *(fam.)* allocation *f* (de) chômage ; *~ beziehen* toucher l'allocation chômage *(syn. Arbeitslosenunterstützung).*

stempeln 1. timbrer ; *Briefmarken ~* oblitérer des timbres **2.** poinçonner (or, argent) **3.** *(fam.) ~ gehen* pointer au chômage.

stempelpflichtig soumis au droit de timbre ; timbrage *m* obligatoire.

Stempelsteuer *f,* **n** droit *m* de timbre.

Stempeluhr *f,* **en** ⇒ *Stechuhr.*

Stempelung *f,* **en** timbrage *m.*

Stempler *m,* - *(fam.)* chômeur *m* ; sans-travail *m.*

Steno *f,* ϕ ⇒ *Stenographie.*

Stenogramm *n,* **e** sténogramme *m* ; *ein ~ auf/nehmen* prendre en sténo.

Stenograph *m,* **en, en** sténographe *m.*

Stenographie *f,* **(n)** sténographie *f* *(syn. Kurzschrift, Eilschrift).*

stenographieren sténographier ; prendre en sténo.

Stenokontoristin *f,* **nen** secrétaire-sténographe *f.*

stenotypieren prendre en sténo, puis retranscrire à la machine.

Stenotypistin *f,* **nen** sténodactylo *f.*

Sterbegeld *n,* ϕ **1.** capital-décès *m* **2.** allocation *f* pour frais de funérailles.

Sterblichkeit *f,* ϕ mortalité *f* ; *~ nach Berufen* mortalité professionnelle.

Sterblichkeitsziffer *f,* **n** taux *m* de mortalité.

Sterling *m,* **e** sterling *m.*

Sterlingzone *f,* ϕ zone *f* sterling.

Sternstruktur *f,* **en** *(eines Netzwerks)* structure *f* en étoile d'un réseau informatique.

Steuer *f,* **n** impôt *m* ; contribution *f* ; taxe *f* ; droit *m* **I.** *direkte, indirekte ~* impôt direct, indirect ; *örtliche ~* impôt local ; *veranlagte ~* impôt direct **II.** *von der ~ ab/ziehen* déduire de l'impôt ; *mit ~n belasten* frapper d'impôts ; *mit einer ~ belegen* imposer qqch ; *~n erheben* percevoir des impôts ; *~n hinterziehen* frauder le fisc ; *der ~ unterliegen* être assujetti à l'impôt ; *~n zahlen (entrichten)* payer des impôts.

Steuerabzug *m,* **¨e** déduction *f,* retenue *f* fiscale.

Steueramnestie *f,* **n** amnistie *f* fiscale.

Steueransatz *m,* **¨e** taux *m* d'imposition.

Steueranspruch *m,* **¨e** droit *m* (de l'État) de prélever l'impôt ; créance *f* fiscale.

Steueranteil *m,* **e** contribution *f* fiscale.

Steueraufkommen *n,* - produit *m* des impôts ; produit fiscal ; recettes *fpl* fiscales.

Steueraufschlag *m,* **¨e** taxe *f* additionnelle ; surtaxe *f* fiscale.

Steueraufsicht *f,* **(en)** contrôle *m* fiscal.

Steueraufwand *m,* ϕ charges *fpl* fiscales.

Steuerausgleich *m,* **e** péréquation *f* des impôts.

Steuerausschuß *m,* **¨sse** commission *f* fiscale.

steuerbar ⇒ *steuerpflichtig.*

Steuerbefreiung *f,* **en** exonération *f* fiscale ; exemption *f* d'impôt.

steuerbegünstigt bénéficiant d'avantages, de privilèges fiscaux ; *~es Sparen* épargne *f* nette d'impôts.

Steuerbehörde *f,* **n** (service du) fisc *m* ; perception *f (syn. Fiskus).*

Steuerbeitreibung *f,* **en** ⇒ *Steuereinziehung.*

Steuerbelastung *f,* **en** charge *f* fiscale.

Steuerbemessungsgrundlage *f,* **(n)** base *f* d'imposition ; assiette *f* de l'impôt.

Steuerberater *m,* **-** conseiller *m* fiscal.

Steuerberatungsfirma *f,* **-men** (cabinet de) conseil *m* fiscal.

Steuerberichtigung *f,* **en** redressement *m* fiscal.

Steuerbescheid *m,* **e** avis *m* d'imposition ; feuille *f* d'impôt.

Steuerbetrag *m,* **¨e** montant *m* de l'impôt.

Steuerbetrug *m,* φ ⇒ *Steuerhinterziehung.*

Steuerbewilligung *f,* **en** vote *m* (par le parlement) de l'impôt.

Steuerbilanz *f,* **en** bilan *m* fiscal.

Steuerbonus *m,* **se** ou **ni** bonus *m* fiscal.

Steuereinkommen *n,* **-** revenu *m* fiscal.

Steuereinnahmen *pl* recettes *fpl* fiscales.

Steuereinnehmer *m,* **-** percepteur *m* (des impôts) ; receveur *m* (des contributions).

Steuereintreibung *f,* **en** ⇒ *Steuereinziehung.*

Steuereinziehung *f,* **en** recouvrement *m*, perception *f* de l'impôt.

Steuerentlastung *f,* **en** allègement *m,* dégrèvement *m* fiscal.

Steuererfassung *f,* **en** imposition *f* des citoyens.

Steuererhebung *f,* **en** ⇒ *Steuereinziehung.*

Steuererhöhung *f,* **en** majoration *f* d'impôt.

Steuererklärung *f,* **en** déclaration *f* d'impôt(s) ; feuille *f* d'impôt(s).

Steuererlaß *m,* **-sse** détaxe *f* ; remise *f* de l'impôt.

Steuererleichterung *f,* **en** allégement, dégrèvement *m* fiscal.

Steuerermäßigung *f,* **en** réduction *f* d'impôt(s) ; décote *f* ; dégrèvement *m.*

Steuerermittlungsverfahren *n,* **-** mode *m*, procédé *m* de calcul de l'impôt.

Steuerfahnder *m,* **-** inspecteur *m* du fisc ; polyvalent *m.*

Steuerfahndung *f,* **en** détection *f* et répression *f* de la fraude fiscale ; enquête *f* fiscale.

Steuerfestsetzung *f,* **en** établissement *m* de l'assiette de l'impôt.

Steuerflucht *f,* **en** évasion *f* fiscale.

steuerfrei exonéré d'impôt(s) ; net de tout impôt.

Steuerfreibetrag *m,* **¨e** abattement *m* à la base.

Steuerfreiheit *f,* **en** exonération *f* fiscale ; franchise *f* d'impôts ; immunité *f* fiscale.

Steuerfreigrenze *f,* **n** limite *f* d'imposition.

Steuergeheimnis *n,* **se** secret *m* fiscal.

Steuergelder *pl* recettes *fpl* fiscales ; fonds *mpl*, deniers *mpl* publics.

Steuergesetzgebung *f,* **en** législation *f* fiscale.

Steuergrenze *f,* **n** plafond *m* d'imposition.

Steuergroschen *pl* argent *m*, deniers *mpl* du contribuable.

Steuergruppe *f,* **n** ⇒ *Steuerklasse.*

Steuerhinterziehung *f,* **en** fraude *f* fiscale ; *~en auf/decken* détecter les fraudes fiscales.

Steuerhoheit *f,* φ droit *m* d'imposition ; souveraineté *f* fiscale.

Steuerinspektor *m,* **en** inspecteur *m* des contributions directes.

Steuerjahr *n,* **e** année *f* fiscale ; exercice *m.*

Steuerkarte *f,* **n** carte *f* fiscale (salariés allemands).

Steuerklasse *f,* **n** classe *f*, catégorie *f*, tranche *f* d'imposition ; cédule *f* ; *die ~ wechseln* changer de tranche d'imposition.

Steuerlast *f,* **en** charge *f* fiscale ; pression *f* fiscale.

Steuerleistung *f,* **en** prestation *f* d'impôt(s).

steuerlich fiscal ; *~ befreit* exonéré d'impôt(s) ; *~ begünstigt* dégrevé ; *~ belastet* grevé d'impôt(s).

Steuermahnung *f,* **en** avertissement *m* fiscal.

Steuermarke *f,* **n** timbre *m* fiscal ; timbre-quittance ; *(France)* vignette *f.*

Steuermehreinnahmen *pl* plus-values *fpl* fiscales.

Steuermeßbetrag *m,* **¨e** montant *m* servant de base au calcul de l'impôt.

steuern contrôler ; diriger ; *die Preise ~* surveiller les prix ; *(ordinateur)* commander ; donner des instructions.

Steuernachforderung *f,* **en** rappel *m* d'impôt.

Steuernachlaß *m*, **¨sse** remise *f* d'impôt ; réduction *f* fiscale.

Steueroase *f*, **n** ⇒ *Steuerparadies*.

Steuerpaket *n*, **e** train *m* de mesures fiscales ; arsenal *m* de lois fiscales.

Steuerparadies *n*, **e** paradis *m* fiscal ; refuge *m* fiscal.

Steuerpflicht *f*, **en** assujettissement *m* à l'impôt ; *der ~ unterliegen* être soumis à l'impôt.

steuerpflichtig assujetti à l'impôt ; imposable ; *~es Einkommen* revenu *m* imposable.

Steuerpflichtige/r *(der/ein)* contribuable *m*.

Steuerpolitik *f*, *ϕ* politique *f* fiscale.

Steuerprogression *f*, **en** progression f, progressivité *f* de l'impôt ; impôt *m* progressif.

Steuerprüfer *m*, **-** **1.** vérificateur *m* des livres **2.** contrôleur *m* du fisc.

Steuerquellen *pl* ressources *fpl* fiscales.

Steuerreform *f*, **en** réforme *f* fiscale.

Steuerrolle *f*, **n** rôle *m* des contributions.

Steuerrückerstattung *f*, **en** restitution *f* d'impôts ; remboursement *m* du trop-versé.

Steuerrücklage *f*, **n** réserves *fpl* (pour charges) fiscales.

Steuerrückstände *pl* arriérés *mpl* d'impôt(s).

Steuerrückstellungen *pl* provisions *fpl* pour impôts.

Steuerrückzahlung *f*, **en** ⇒ *Steuerrückerstattung*.

Steuersachen : *in ~* en matière d'impôt(s).

Steuersäckel *n*, **-** *(fam.)* impôts *mpl* prélevés par l'État ; prélèvements fiscaux ; recettes *fpl* fiscales.

Steuersatz *m*, **¨e** taux *m* d'imposition.

Steuerschraube : *die ~ an/ziehen* augmenter les impôts.

Steuerschuld *f*, **en** dette *f* fiscale ; impôts *mpl* à payer.

steuerschwach économiquement faible ; non imposable.

Steuersenkung *f*, **en** dégrèvement *m* fiscal ; diminution *f* de l'impôt.

Steuerstaffelung *f*, **en** imposition *f* progressive.

Steuerstundung *f*, **en** sursis *m* de paiement des impôts.

Steuersünder *m*, **-** fraudeur *m* fiscal, du fisc.

Steuersystem *n*, **e** ⇒ *Steuerwesen*.

Steuertabelle *f*, **n** barème *m* de l'impôt.

Steuerträger *m*, **-** redevable *m* (de l'impôt) (personne ou groupe social).

Steuertrick *m*, **s** *(fam.)* combine *f* pour frauder le fisc.

Steuerüberwälzung *f*, **en** déplacement *m* de la charge fiscale ; incidence *f* fiscale (désignation de celui qui supporte finalement et réellement l'impôt).

Steuerveranlagung *f*, **en** assiette *f* (de l'impôt).

Steuervergehen *n*, **-** délit *m*, fraude *f* fiscal(e).

Steuervergünstigung *f*, **en** avantage *m* fiscal ; *~en* allégements *mpl* fiscaux.

Steuervergütung *f*, **en** ⇒ *Steuerrückerstattung*.

Steuervorlage *f*, **n** projet *m* de loi fiscale.

Steuerwesen *n*, *ϕ* fiscalité *f* ; système *m* fiscal.

Steuerzahler *m*, **-** ⇒ *Steuerpflichtiger*.

Steuerzettel *m*, **-** feuille *f* de contributions.

Steuerzuschlag *m*, **¨e** majoration *f* fiscale ; supplément *m*, rallonge *f* d'impôts.

Steuerzuwachs *m*, *ϕ* accroissement *m* de la fiscalité.

Steward *m*, **s** ['ʃ(s)tjuərt] steward *m*.

Stewardeß *f*, **-dessen** hôtesse *f* de l'air ; hôtesse d'accueil.

StGB ⇒ *Strafgesetzbuch*.

Stichentscheid *m*, **e** voix *f* déterminante ; voix double (lors d'un vote).

Stichprobe *f*, **n** sondage *m* ; *(statist.)* échantillon *m* (prélevé au hasard) ; *(douane)* fouille-surprise *f*.

Stichprobenerhebung *f*, **en** enquête *f* par sondage.

Stichprobenverfahren *n*, **-** *(statist.)* échantillonnage *m*.

Stichtag *m*, **e** jour *m* fixé ; jour « J » ; *(jur.)* jour préfix ; date *f* d'échéance ; *der erste Januar ist der ~ für...* le premier janvier est le jour fixé pour....

Stichwahl *f*, **en** scrutin *m* de ballottage.

Stiefkind *n*, **er** laissé-pour-compte *m* ; *die Stiefkinder* les parents pauvres.

Stifter *m*, **-** **1.** fondateur *m* **2.** donateur *m*.

Stiftung *f*, **en** **1.** fondation *f* ; institution *f* **2.** (acte de) donation *f* ; don *m* ; somme *f* dotée.

Stiftungsurkunde *f*, **n** actes *mpl* de fondation.

stillegen fermer ; arrêter l'exploitation de qqch ; immobiliser ; *das Werk wird stillgelegt* on ferme l'usine.

Stillegung *f*, **en** fermeture *f* (d'une usine) ; arrêt *m* ; immobilisation *f*.

Stillegungsprämie *f*, **n** prime *f* de fermeture d'usine ; prime de cessation d'exploitation.

Stillhalteabkommen *n*, **-** (accord) moratoire *m* ; moratorium *m* (décision de suspension de certaines obligations légales).

still/halten, ie, a, ä *(bourse)* prolonger ; reconduire ; attendre la réponse du preneur (au jour de la réponse des primes) ; ⇒ *Stellage*.

stilliegen, a, e être fermé (usine) ; ne pas être exploité ; chômer ; *die Fabrik hat stillgelegen* l'usine a été fermée.

Stimmabgabe *f*, **n** vote *m* ; suffrage *m*.

Stimmberechtigte/r *(der/ein)* votant *m*.

stimmberechtigt sein avoir droit de vote.

Stimmberechtigung *f*, **en** droit *m* de vote.

Stimme *f*, **n** voix *f* ; vote *m* ; suffrage *m* **I.** *beratende ~* voix consultative ; *beschließende ~* voix délibérative ; *gültige, ungültige ~* suffrage valable, nul **II.** *seine ~ ab/geben (für, gegen jdn)* voter (pour, contre qqn) ; *sich der ~ enthalten* s'abstenir de voter ; *jdm seine ~ geben* voter pour qqn ; *die ~n zählen* dépouiller le scrutin.

stimmen *(für, gegen jdn)* voter (pour, contre qqn).

Stimm(en)enthaltung *f*, **en** abstention *f*.

Stimmenfang : *auf ~ gehen* aller à la pêche aux suffrages, aux voix.

Stimmengleichheit *f*, **(en)** égalité *f* des voix ; *bei ~* en cas d'égalité des voix *(syn. Pattsituation)*.

stimmenmäßig en voix ; en nombre de suffrages.

Stimmenmehrheit *f*, **(en)** majorité *f* des voix, des suffrages.

Stimmenzählung *f*, **en** dépouillement *m* du scrutin.

Stimmrecht *n*, **e** droit *m* de vote ; *allgemeines ~* suffrage *m* universel.

Stimmrechtsaktie *f*, **n** action *f* à droit de vote privilégié.

Stimmung *f*, **en** *(Bourse)* tendance *f* ; ambiance *f* ; climat *m* ; *flaue ~* climat terne ; *gedrückte ~* tendance à la morosité ; *lebhafte, lustlose ~* Bourse animée, indécise.

Stimmungsbarometer *n*, **-** *(Bourse)* baromètre *m* de tendance.

Stimmzettel *m*, **-** bulletin *m* de vote ; *leerer ~* bulletin blanc ; *~ für ungültig erklären* déclarer des bulletins nuls.

Stipendiat *m*, **en, en** boursier *m*.

Stipendium *n*, **-ien** bourse *f* (d'études).

Stipulation *f*, **en** stipulation *f* ; convention *f* ; accord *m*.

stipulieren stipuler ; convenir ; spécifier.

Stock *m* **1. s** stock *m* ; fonds *m* social ; fonds *mpl* **2. -werke** étage *m*.

stocken stagner ; s'immobiliser ; s'interrompre ; *Handel und Geschäfte ~* le rythme des affaires se ralentit.

Stocken *n*, *ϕ* arrêt *m* ; stagnation *f* ; embouteillage *m*.

Stock-Exchange *f (pays anglo-saxons)* Bourse *f* des valeurs.

Stockung *f*, **en** ⇒ *Stocken*.

Stopp *m*, **s** arrêt *m* ; blocage *m* ; *~ der Löhne* blocage des salaires *(syn. Lohnstopp)*.

stoppen (s')arrêter ; stopper ; bloquer ; *gestoppter Preis* prix *m* bloqué.

Stoppkurs *m*, **e** *(Bourse)* cours-plafond *m*.

Stoppmaßnahme *f*, **n** mesure *f* de blocage.

Stopp-Preis *m*, **e** prix *m* bloqué.

Störfall *m*, **¨e** incident *m* technique ; panne *f* (centrale par ex.).

stornieren 1. annuler ; *einen Auftrag ~* annuler une commande **2.** *(comptab.)* redresser ; rectifier ; *eine Buchung ~* redresser une écriture.

Storno *m* ou *n*, **-ni 1.** annulation *f* **2.** *(comptab.)* redressement *m* ; contre-passation *f* **3.** ristourne *f*.

Stornobuchung *f*, **en** *(comptab.)* redressement *m* d'écriture.

Stoßverkehr *m*, *ϕ* trafic *m* de pointe.

Stoßzeit *f*, **en** heures *fpl* de pointe ; heures d'affluence.

Stotterkauf *m*, **¨e** *(fam.)* achat *m* à tempérament.

stottern bégayer ; *(fam.) auf Stottern kaufen* acheter à crédit, à tempérament *(syn. abstottern)*.

StPO ⇒ *Strafprozeßordnung*.

Strafanzeige *f*, **n** plainte *f* ; *~ erstatten* porter plainte.

strafbar punissable ; passible d'amende ; *~e Handlung* acte *m* délictueux.

Strafe *f*, **n** sanction *f* ; peine *f* ; amende *f* ; *mit einer ~ belegen* frapper d'amende.

strafen punir ; pénaliser *(syn. bestrafen)*.

Strafgeld *n*, **er** amende *f (syn. Bußgeld)*.

Strafgesetzbuch *n,* **¨e** code *m* pénal.

Strafkammer *f,* **n** chambre *f* pénale.

Strafporto *n,* **s** surtaxe *f* ; *mit ~ belegen* surtaxer.

Strafprozeßordnung *f,* **en** *(StPO)* Code *m* de procédure pénale.

Straftat *f,* **en** délit *m* ; infraction pénale *f* ; fait *m* illicite, délictueux, punissable.

Strafzoll *m,* **¨e** sanction *f,* pénalité *f* douanière ; amende *f* (en douane) ; *etw mit ~¨en belegen* infliger une taxe de pénalité.

Strapaze *f,* **n** travail *m* pénible ; fatigue *f.*

strapaziös éreintant ; tuant ; épuisant (travail).

Straße *f,* **n** rue *f* ; route *f* ; *jdn auf die ~ setzen* jeter qqn à la porte, à la rue.

Straßenbahn *f,* **en** tramway *m.*

Straßenbau *m,* **φ** construction *f* de(s) routes.

Straßenhandel *m,* **φ** commerce *m* ambulant.

Straßenhändler *m,* **-** marchand *m* ambulant ; camelot *m.*

Straßennetz *n,* **e** réseau *m* routier.

Straßentransport *m,* **e** transport *m* routier, par route.

Straßenverkehr *m,* **φ** circulation *f* routière ; trafic *m* routier .

Straßenverkehrsordnung *f,* **(en)** Code *m* de la route.

Straßenwacht *f,* **φ** assistance *f* routière.

Stratege *m,* **n, n** stratège *m.*

Strategie *f,* **n** stratégie *f.*

strategisch stratégique.

Streckenwerbung *f,* **(en)** publicité *f* sur un parcours donné.

streichen, i, i 1. rayer ; *Nichtzutreffendes ~* biffer la mention inutile **2.** annuler ; radier ; *Kredite ~* supprimer des crédits.

Streichung *f,* **en** annulation *f* ; suppression *f* ; radiation *f.*

Streifband *n,* **¨er** bandelette *f* ; bande *f* (publicitaire) ; *unter ~* sous bande.

Streik *m,* **s** grève *f* **I.** *allgemeiner ~* grève générale, nationale ; *befristeter, unbefristeter ~* grève limitée, illimitée ; *(gewerkschaftlich) organisierter ~* grève organisée ; *rollender ~* grève tournante ; *wilder ~* grève sauvage (non autorisée par les syndicats) **II.** *den ~ ab/brechen* cesser la grève ; *den ~ an/kündigen* donner un préavis de grève ; *zum ~ auf/rufen* appeler à la grève ; *den ~ ein/stellen* suspendre la grève ; *in den ~ treten* se mettre en grève ; débrayer *(syn. Ausstand ; Arbeitsniederlegung).*

Streikaktion *f,* **en** mouvement *m* de grève ; *die ~en fort/setzen* poursuivre les mouvements revendicatifs.

Streikankündigung *f,* **en** préavis *m* de grève.

Streikaufruf *m,* **e** appel *m* à la grève ; mot *m* d'ordre de grève.

Streikbefehl *m,* **e** ⇒ *Streikaufruf.*

Streikbrecher *m,* **-** briseur *m* de grève ; « jaune » *m.*

Streikbruch *m,* **φ** cassage *m* d'une grève ; le fait de briser une grève.

streikbrüchig briseur de grève ; « jaune ».

Streikdrohung *f,* **en** menace *f* de grève.

Streikeinstellung *f,* **en** suspension *f,* cessation *f* de la grève.

streiken faire (la) grève ; être en grève ; débrayer.

Streikende/r *(der/ein)* gréviste *m.*

Streikführer *m,* **-** meneur *m,* fauteur *m* de grève.

Streikgeld *n,* **er** allocation *f* de grève.

Streikkasse *f,* **n** fonds *m* de grève ; fonds de solidarité.

Streiklohn *m,* **¨e** ⇒ *Streikgeld.*

Streikparole *f,* **n** mot *m* d'ordre de grève.

Streikposten *m,* **-** piquet *m* de grève ; *~ auf/stellen* placer des piquets de grève.

Streikrecht *n,* **e** droit *m* de grève.

Streikwelle *f,* **n** vague *f* de grèves.

Streit *m,* **(e)** différend *m* ; litige *m* ; contestation *f* ; *mit jdm in ~ geraten* entrer en conflit avec qqn ; *einen ~ schlichten* apaiser, régler un différend.

streiten, i, i avoir un litige ; *sie ~ sich um die Erbschaft* ils se disputent l'héritage.

Streitfall *m,* **¨e** différend *m* ; *im ~* en cas de litige.

streitig litigieux ; contesté ; *~e Gerichtsbarkeit* juridiction *f* contentieuse ; *etw ~ machen* contester qqch ; disputer qqch à qqn.

Streitigkeit *f,* **en** différend *m* ; contestation *f* ; litige *m.*

Streitkräfte *pl* forces *fpl* armées.

Streitsache *f,* **n** ⇒ *Streitfall.*

Streitwert *m,* **(e)** valeur *f* en litige ; somme *f* litigieuse.

streng strict ; sévère ; *~ vertraulich* strictement confidentiel ; *strengstens verboten* formellement interdit.

Streß *m,* **(-sse)** stress *m* ; fatigue *f*

nerveuse.

Streubereich *m*, **e 1.** zone *f* de dispersion **2.** *(publicité)* zone touchée par la campagne de diffusion publicitaire.

Streubesitz *m*, ϕ propriété *f* disséminée (entre de nombreuses mains).

Streubesitzaktionär *m*, **e** petit actionnaire *m*.

streuen disséminer ; disperser ; atomiser.

Streukosten *pl* coût *m* de la diffusion des supports publicitaires.

Streuung *f*, **en** dispersion *f* ; répartition *f* ; diffusion *f* (des moyens publicitaires).

Strich *m*, **e** : *unter dem ~* au total ; l'un dans l'autre ; *(fig.) einen ~ durch die Rechnung machen* contrarier, contrecarrer des plans.

Strichcode *m*, **s** code *m* barres.

Strippe *f*, **n** *(fam.)* fil *m* (téléphonique) ; *er hängt an der ~* il est pendu au téléphone.

strittig contentieux ; litigieux ; *~e Forderung* créance *f* litigieuse.

Strohmann *m*, **-männer** homme *m* de paille ; prête-nom *m*.

Strom *m*, **¨e 1.** courant *m* (électrique) **2.** fleuve *m*.

Stromausfall *m*, **¨e** panne *f* de courant.

Stromerzeugung *f*, **en** production *f* de courant.

Stromversorger *m*, **-** fournisseur *m* de courant électrique, d'électricité.

Struktur *f*, **en** structure *f* ; *räumliche ~* structure géographique ; *wirtschaftliche ~* structure économique.

strukturbedingt structurel ; *~e Arbeitslosigkeit* chômage *m* structurel.

strukturell ⇒ *strukturbedingt*.

Strukturkrise *f*, **n** crise *f* structurelle.

Strukturpolitik *f*, ϕ politique *f* d'aménagement régional ; politique structurelle.

Strukturreform *f*, **en** réforme *f* de structure.

Strukturwandel *m*, ϕ changement *m*, modification *f* des structures.

Stück *n*, **e** pièce *f* ; unité *f* ; partie *f* ; *Preis pro ~* prix *m* unitaire, à l'unité ; prix pièce.

Stückarbeit *f*, **en** travail *m* aux pièces, à la tâche *(syn. Akkordarbeit)*.

Stückarbeiter *m*, **-** ouvrier *m* aux pièces ; travailleur *m* à la pièce ; tâcheron *m*.

Stückekonto *n*, **-ten** compte *m* de titres ; dépôt *m* de valeurs.

Stückelung *f*, **en** morcellement *m* ; fractionnement *m* ; division *f* du capital en actions ; coupure *f* (de 50, 100 marks, etc.).

Stückgut *n*, **¨er** petite marchandise *f* ; colis *m* de détail.

Stückgutsendung *f*, **en** expédition *f* de (au) détail ; groupage *m*.

Stückkosten *pl* coût *m* unitaire.

Stücknotierung *f*, **en** cotation *f* à l'unité.

Stücklohn *m*, **¨e** salaire *m* aux pièces ; *im ~ arbeiten* travailler à la pièce *(syn. Akkordlohn)*.

Stückpreis *m*, **e** prix *m* unitaire.

Stückrechnung *f*, **en** calcul *m* du coût unitaire (de production).

Stückzahl *f*, **en** nombre *m* de pièces.

Stückzeit *f*, **en** temps *m* (passé) par pièce.

Stückzinsen *pl* **1.** intérêts *mpl* accumulés **2.** *(Bourse)* dividendes *mpl* d'actions.

Studie *f*, **n** [ˈʃtu:diə] études *fpl* ; analyse *f* ; examen *m*.

Studiengang *m*, **¨e** *(université)* filière *f*.

Studienreise *f*, **n** voyage *m* d'études.

Stufe *f*, **n** étape *f* ; échelon *m* ; degré *m* ; palier *m*.

Stufenfolge *f*, **n** hiérarchie *f* ; échelle *f*.

Stufenleiter *f*, **n** échelle *f* ; *soziale (gesellschaftliche) ~* échelle sociale.

stufenweise par étapes, degrés ; progressivement.

Stümper *m*, **-** *(fam.)* bousilleur *m* ; amateur *m* ; saboteur *m* (de travail).

Stunde *f*, **n** heure *f* ; *bezahlte ~* heure rémunérée ; *15 Mark für die (pro) ~ bekommen* être payé 15 marks de l'heure.

stunden ajourner ; reporter ; surseoir à ; proroger ; *eine Zahlung ~* différer un paiement.

Stundenhonorar *n*, **e** cachet *m* ; honoraires *mpl*.

Stundenkilometer *m*, **-** kilomètre-heure *m* ; kilomètre à l'heure ; *130 ~ fahren* faire du 130 à l'heure.

Stundenlohn *m*, **¨e** salaire *m* horaire.

Stundensatz *m*, **¨e** taux *m* horaire.

Stundung *f*, **en** ajournement *m* ; sursis *m* de paiement.

Sturz *m*, **¨e** chute *f* ; effondrement *m* ; *~ der Kurse, der Preise* chute des cours, des prix ; *~ der Regierung* renversement *m* du gouvernement.

stützen consolider ; *Kurse ~* soutenir les cours.

Stützpreis *m*, **e** prix *m* de soutien.

Stützung *f,* **en** consolidation *f* ; soutien *m.*

Stützungsaktion *f,* **en** action *f* de soutien.

Stützungsintervention *f,* **en** intervention *f* de soutien (marché des changes, Bourse, etc.).

Stützungskauf *m,* **¨e** achat *m* de soutien ; *~¨e vor/nehmen* faire des achats de soutien.

StVO ⇒ *Straßenverkehrsordnung.*

subaltern subalterne ; *~e Arbeit* travail *m* subalterne.

Subalterne/r *(der/ein)* employé *m* subalterne.

Subjektsteuer *f,* **n** impôt *m* personnel *(contr. Objektsteuer).*

Submission *f,* **en 1.** adjudication *f* administrative **2.** soumission *f* (d'offre) ; appel *m* d'offres (par consultation publique) ; mise *f* au concours de travaux publics.

Submissionsbewerber *m,* **-** soumissionnaire *m.*

Submissionskartell *n,* **e** entente *f* d'entreprises sur les marchés de travaux publics (pour respecter certaines conditions d'adjudication des marchés).

Submittent *m,* **en, en 1.** adjudicataire *m* **2.** soumissionnaire *m.*

submittieren soumissionner ; se porter candidat à une soumission.

Subproletariat *n,* **ϕ** sous-prolétariat *m.*

Subsidien *pl* subsides mpl : soutien *m* financier.

Subskribent *m,* **en, en** souscripteur *m.*

subskribieren *(auf + A)* souscrire (à qqch).

Subskription *f,* **en** souscription f.

Subskriptionspreis *m,* **e** prix *m* souscription.

Substanz *f,* **en** substance *f* ; capital *m* ; fortune *f.*

Substitution *f,* **en** substitution *f* ; remplacement *m* ; suppléance *f.*

Subvention *f,* **en** subvention *f* ; *~ en gewähren* accorder des subventions *(syn. Zuschuß).*

subventionieren subventionner ; *aus dem Staatssäckel ~* subventionner sur les deniers de l'Etat.

Subventionierung *f,* **en** octroi *m* de subventions.

Subventionsabbau *m,* **ϕ** réduction *f,* diminution *f* des subventions.

Subventionsempfänger *m,* **-** subventionné *m.*

Subventionskriminalität *f,* **ϕ** fraude *f* (économique) aux subventions.

Suchbohrungen *pl* forages *mpl* d'exploration du sous-sol (pétrole, etc.).

Sukzessivgründung *f,* **en** fondation *f* par étapes (d'une société anonyme).

Summe *f,* **n** somme *f* ; montant *m* **I.** *fehlende ~* somme manquante ; *eine hübsche (schöne) ~* une belle somme d'argent ; *geschuldete ~* somme due, exigible ; *runde ~* somme arrondie **II.** *jdm eine ~ bezahlen* régler une somme à qqn *(syn. Betrag).*

Summenbilanz *f,* **en** balance *f* par solde.

Summenversicherung *f,* **en** assurance *f* garantissant le paiement de la somme fixée par contrat (quels que soient les montants du sinistre).

summieren additionner ; totaliser ; *sich ~* s'additionner ; s'accumuler.

sündhaft : prohibitif ; *ein ~ teueres Land* pays scandaleusement cher.

Supergewinn *m,* **e** superbénéfice *m.*

Superkargo *m,* **s** subrécargue *m* (représentant des chargeurs sur un navire marchand).

Supermacht *f,* **¨e** *(polit.)* superpuissance *f (syn. Großmacht).*

Supermarkt *m,* **¨e** supermarché *m* (surface de 400 à 2 500 m²) ; *~ mittlerer Größe* supérette *f.*

Supertanker *m,* **-** pétrolier *m* géant.

Supra-Leitung *f,* **en** supra-conducteur *m.*

supranational supranational *(syn. überstaatlich).*

Supranationalität *f,* **ϕ** supranationalité *f.*

Surrogat *n,* **e** produit *m* de remplacement ; ersatz *m.*

suspendieren relever ; suspendre (de ses fonctions).

Suspendierung *f,* **en** ⇒ *Suspension.*

Suspension *f* **en** suspension *f* ; relèvement *m* de fonctions.

Swap-Geschäft *n,* **e** ['svɔp...] opération *f* d'échange de monnaies entre deux banques centrales ; crédit *m* croisé.

Swap-Kredit *m,* **e** ['svɔp...] swap *m* ; crédit *m* croisé (à court terme entre banque centrales).

Swing *m,* **ϕ 1.** crédit *m* swing ; crédit de dépassement sans intérêts (crédit plafond entre deux Etats dans le cadre d'accords commerciaux bilatéraux) **2.** crédit gratuit accordé par la R.F.A. à la R.D.A.

Sympathiestreik *m,* **s** grève *f* de solidarité ; grève de sympathie.

Sympathisant *m,* **en, en** *(polit.)* sympathisant *m*.

Syndikat *n*, **e** 1. entente *f* ou cartel *m* pour achat et vente en commun 2. fonctions *fpl* de conseiller juridique.

Syndikus *m*, **se** ou **-diki** 1. syndic *m* 2. conseiller *m* juridique d'une entreprise.

Synthetics *pl (textiles)* tissus *mpl* synthétiques.

System *n*, **e** système *m* ; régime *m* ; *kapitalistisches* ~ régime capitaliste ; *parlamentarisches* ~ système parlementaire ; *sozialistisches* ~ système socialiste ; *totalitäres* ~ régime totalitaire.

Systemanalytiker *m*, - *(inform.)* analyste-programmeur *m* ; ingénieur *m* système.

Systemprogrammierer *m*, - ⇒ *Systemanalytiker*.

Szene *f*, **n** scène ; paysage *m* ; mouvance *f* ; *die Bonner* ~, *Alternativ-*~ la scène politique de Bonn, la mouvance alternative.

SZR ⇒ *Sonderziehungsrechte*.

T

t *(Tonne)* tonne *f*.

Tabakmonopol *n*, **(e)** monopole *m* du tabac.

Tabaksteuer *f*, **n** impôt *m*, taxe *f* sur le tabac.

tabellarisieren (re)présenter sous forme de tableau (synoptique).

tabellarisch ⇒ *tabellenförmig*.

Tabelle *f*, **n** tableau *m* ; table *f* ; barème *m* ; classement *m*.

Tabellenform : *in* ~ sous forme de tableau.

tabellenförmig sous forme de tableau synoptique.

tabellieren utiliser une tabulatrice.

Tabelliermaschine *f*, **n** tabulatrice *f*.

Tabulator *m*, **en** tabulateur *m*.

tadellos sans défaut ; impeccable ; ~*e Ware* marchandise *f* irréprochable.

Tafelgeschäft *n*, **e** opération *f* bancaire au comptoir ; opération de guichet.

Tag *m*, **e** jour *m* ; journée *f* ; *arbeitsfreier* ~ jour chômé ; journée chômée ; *binnen 8* ~*en* sous huitaine ; *am festgesetzten* ~*(e)* à la date fixée ; *in den nächsten* ~*en* dans les jours à venir ; *in acht* ~*en* dans huit jours ; sous huitaine ; *(mines) über* ~*(e)* au jour ; à ciel ouvert ; *unter* ~ *(e)* au fond ; *vor acht* ~*en* il y a huit jours ; *drei* ~*e nach Sicht* à trois jours de vue ; *einen* ~ *für etw fest/setzen* prendre date pour qqch.

Tagdienst *m*, *ϕ* service *m* de jour ; ~ *haben* être de jour.

Tag(e)bau *m*, *ϕ* *(mines)* exploitation *f* à ciel ouvert, au jour.

Tagebaubetrieb *m*, **e** ⇒ *Ta(ge)bau*.

Tagebuch *n*, **¨er** 1. *(comptab.)* livre-journal *m* 2. *(jur.)* main-courante *f*.

Tag(e)geld *n*, **er** indemnité *f* journalière ; frais *mpl* de déplacement.

Tag(e)lohn *m*, **¨e** salaire *m* journalier ; *im* ~ *arbeiten* travailler à la journée.

Tag(e)löhner *m*, - journalier *m*.

tagelöhnern avoir une activité de journalier ; travailler à la journée.

tagen siéger ; tenir ses assises.

Tagesbedarf *m*, *ϕ* consommation *f* journalière.

Tagesbericht *m*, **e** rapport *m* quotidien.

Tageseinnahme *f*, **n** recette *f* quotidienne ; rentrées *fpl* journalières.

Tagesgebühr *f*, **en** taxe *f* journalière.

Tagesgeld *n*, **er** argent *m* au jour le jour ; dépôts *mpl* à vue.

Tagesgeldmarkt *m*, **¨e** marché *m* de l'argent au jour le jour.

Tagesgeschäft ⇒ *Kassageschäft*.

Tageskurs *m*, **e** cours *m* du jour ; cours du marché.

Tagesleistung *f*, **en** débit *m*, rendement *m* journalier ; cadence *f* journalière.

Tagesordnung *f*, **en** ordre *m* du jour ; *die* ~ *auf/stellen* établir l'ordre du jour ; *an der* ~ *sein* être à l'ordre du jour ; *auf die* ~ *setzen* mettre, inscrire à l'ordre du jour ; *zur* ~ *über/gehen* passer à l'ordre du jour ; *Punkt 1, 2, 3 der* ~ points 1, 2, 3 figurant à l'ordre du jour.

Tagespendler *m*, - migrant *m* journalier ; banlieusard *m*.

Tagesproduktion *f*, **en** production *f* journalière ; rendement *m* par jour.

Tagesschau *f*, **(en)** journal *m* télévisé.

Tagesschnitt *m*, *ϕ* moyenne *f* quotidienne ; *im* ~ en moyenne par jour.

Tagesspesen *pl* frais *mpl* journaliers ;

30 Mark ~ für jeden Reisetag 30 marks de frais de déplacement par jour.

Tagesumsatz *m,* **¨e** chiffre *m* d'affaires journalier ; ventes *fpl* journalières.

Tageswechsel *m,* **-** ⇒ *Tagwechsel.*

Tageswert *m,* **e** valeur *f* du jour ; cours *m* du jour.

Tageszeitung *f,* **en** (journal) quotidien *m.*

Tageszinsen *pl* intérêts *mpl* journaliers.

Tagsatzung *f,* **en** *(Autriche)* audience *f* ; séance *f* (tribunal).

Tagschicht *f,* **en** équipe *f* de jour ; *~ haben* être de jour.

Tagung *f,* **en** congrès *m* ; assises *fpl* ; assemblée *f* ; réunion *f* ; session *f* ; séance *f* ; *eine ~ ab/halten* tenir une réunion ; *an einer ~ teil/nehmen* participer à une réunion.

Tagungsort *m,* **e** ville *f,* lieu *m* où se tient le congrès.

Tagungsteilnehmer *m,* **-** congressiste *m.*

Tagwechsel *m,* **-** effet *m* à échéance fixe ; traite *f* (payable) à date fixe.

Takt *m,* **e** cadence *f* ; rythme *m* (travail à la chaîne).

takten respecter les cadences (de travail).

Taktik *f,* **en** tactique *f.*

Taktiker *m,* **-** tacticien *m.*

taktisch tactique ; opérationnel.

Taktstraße *f,* **n** chaîne *f* (de production) *(syn. Fließband).*

Taktzeichen *pl* cadences *fpl* (industrielles).

Taktzwang *m,* **¨e** contrainte *f* des cadences (d'une chaîne).

Talfahrt *f,* **en** période *f* de récession ; régression *f* ; détérioration *f* économique ; creux *m* de la vague ; baisse *f* ; chute *f.*

Talon *m,* **s** [ta'lɔ̃:] talon *m* de contrôle ; souche *f* (renouvellement de titres).

Talsohle *f,* **n** creux *m* de la vague ; marasme *m* ; *in der ~ bleiben* rester dans le creux ; *die Wirtschaft aus der ~ bringen* sortir l'économie de l'ornière ; remonter le courant ; *die ~ erreicht haben* avoir atteint le creux de la vague.

Tändelmarkt *m,* **¨e** *(régional)* ⇒ *Trödelmarkt.*

tanken prendre de l'essence ; *20 Liter Benzin ~* prendre 20 litres d'essence ; *voll ~* faire le plein.

Tanker *m,* **-** pétrolier *m.*

Tankerflotte *f,* **n** flotte *f* pétrolière.

Tankschiff *n,* **e** ⇒ *Tanker.*

Tankstelle *f,* **n** station *f* d'essence ; station-service *f* ; *freie ~n* stations-service vendant l'essence à prix réduit.

Tankstellenpächter *m,* **-** gérant *m* de station-service.

Tankwagen *m,* **-** camion-citerne *m.*

Tante-Emma-Laden *m,* **¨** *(fam.)* épicerie *f* du coin ; petit épicier *m* ; détaillant *m* (souvent par opposition aux grandes surfaces : *Supermarkt, Verbrauchermarkt*).

Tantieme *f,* **n** [tã'tjɛ:mə] tantième *m* ; part *f* sur les bénéfices ; *Aufteilung, Ausschüttung der ~n* partage *m,* distribution *f* des tantièmes ; *~n beziehen* toucher des tantièmes.

Tara *f,* **-ren** tare *f* (poids propre de l'emballage d'une marchandise).

tarieren tarer (peser le contenant d'une marchandise emballée et défalquer ce poids du poids total pour obtenir le poids net).

Tarif *m,* **e 1.** tarif *m* ; barème *m* **I.** *allgemeiner ~* tarif général, normal ; *degressiver ~* tarif dégressif ; *direkter ~* tarif direct ; *einheitlicher ~* tarif uniforme, unique ; *ermäßigter ~* tarif réduit ; *progressiver ~* tarif progressif ; *proportionaler ~* tarif proportionnel **II.** *einen ~ auf/stellen* établir un tarif ; *den ~ für etw fest/setzen* établir le tarif pour qqch **2.** barème *m* des salaires ; convention *f* collective.

Tarif- *(préfixe)* tarifaire.

Tarifabkommen *n,* **- 1.** accord *m* sur les conventions collectives **2.** accord *m* tarifaire.

Tarifabschluß *m,* **¨sse** signature *f,* conclusion *f* d'une convention collective.

Tarifauseinandersetzungen *pl* ⇒ *Tarifrunde.*

Tarifautonomie *f,* **n** autonomie *f* des partenaires sociaux.

Tarifbestimmung *f,* **en** disposition *f* tarifaire.

Tarifbindungen *pl* assujettissement *m* à une convention collective.

Tariferhöhung *f,* **en 1.** relèvement *m* de (du) tarif **2.** augmentation *f* des salaires conventionnels.

tarifgemäß ⇒ *tariflich.*

Tarifgespräch *n,* **e** dialogue *m* paritaire, social ; réunion *f* paritaire (entre syndicat et patronat).

Tarifgruppe *f,* **n** classe *f* tarifaire ; catégorie *f* tarifaire.

Tarifhoheit *f* : *~ der Sozialpartner* autonomie *f* tarifaire (des partenaires sociaux en matière de conventions collectives).

tarifieren 1. insérer dans un tarif **2.**

fixer le tarif.

Tarifkommission *f,* **en** commission *f* des conventions collectives (composée de représentants syndicaux et patronaux).

Tarifkonflikt *m,* **e** conflit *m* tarifaire (entre partenaires sociaux).

Tarifkündigung *f,* **en** dénonciation *f* d'une convention collective.

tariflich 1. tarifaire **2.** conventionnel ; prévu par la convention collective ; ~ *festgesetzter Lohn* salaire *m* contractuel (établi dans le cadre des conventions collectives).

Tariflohn *m,* **¨e** salaire *m* contractuel, conventionnel ; salaire minimal garanti ; *(France)* SMIC.

tarifmäßig ⇒ *tariflich.*

Tarifordnung *f,* **en 1.** tarification *f* **2.** convention *f* collective.

Tarifpartei *f,* **en** ⇒ *Tarifpartner.*

Tarifpartner *m,* **-** partie *f* (prenante) à une convention collective ; *die* ~ les partenaires sociaux *(syn. Sozialpartner).*

Tarifpolitik *f,* **ϕ** politique *f* tarifaire.

Tarifrunde *f,* **n** discussions *fpl* sur les conventions collectives.

Tarifsenkung *f,* **en** réduction *f* du tarif.

Tarifverhandlungen *pl* négociations *fpl* collectives ; négociations entre (les) partenaires sociaux.

Tarifvertrag *m,* **¨e** accord *m* collectif ; convention *f* collective (de travail) ; *einen ~ ab/schließen (mit)* conclure une convention collective (avec) ; *einen ~ aus/handeln* négocier une convention collective.

tarifwidrig 1. contraire au tarif **2.** non conforme à la convention collective.

Tarifzuständigkeit *f,* **(en)** compétence *f* pour signer une convention collective.

tarnen camoufler ; dissimuler.

Tarnorganisation *f,* **en** organisation *f* camouflée ; organisation de camouflage ; organisation fantôme.

Tasche *f,* **n** poche *f* ; *in die ~ greifen* payer ; casquer ; cracher au bassinet ; *jdm in die ~ greifen* demander des fonds à qqn ; ponctionner qqn ; « taper » qqn.

Taschendieb *m,* **e** pickpocket *m* ; voleur *m* à la tire.

Taschendiebstahl *m,* **¨e** vol *m* à la tire.

Taschengeld *n,* **er** argent *m* de poche.

Taschenrechner *m,* **-** calculatrice *f* (de poche) ; calculette *f.*

Tastatur *f,* **en** clavier *m* ; touches *fpl* (d'une machine à écrire).

Tastentelefon *n,* **e** téléphone *m* à touches ; digitel *m.*

Tat *f,* **en 1.** action *f* ; acte *m* ; fait *m* ; *etw in die ~ um/setzen* réaliser qqch dans les faits **2.** délit *m* ; crime *m* ; *jdn auf frischer ~ ertappen* prendre qqn en flagrant délit, sur le fait.

Tatbestand *m,* **¨e 1.** état *m* de fait ; circonstances *fpl* d'une affaire ; faits *mpl* ; énoncé *m* des faits **2.** *(jur.)* éléments *mpl* constitutifs (de l'infraction) ; *er verschleiert den richtigen ~* il dissimule la réalité des faits.

Tatbestandsaufnahme *f,* **n** *(jur.)* constat *m* ; procès-verbal *m* de constat ; constatations *fpl.*

Täter *m,* **- 1.** auteur *m* **2.** coupable *m* ; malfaiteur *m* ; délinquant *m* ; criminel *m* ; *nach dem ~ fahnden* rechercher le coupable.

tätig actif ; ~ *sein (als)* travailler (comme) ; *im Betrieb sind zehn Angestellte ~* l'entreprise occupe dix employés.

tätigen effectuer ; conclure ; *einen Abschluß ~* conclure un contrat ; *Geschäfte ~* réaliser des affaires.

Tätigkeit *f,* **en 1.** activité *f* ; profession *f* ; emploi *m* ; métier *m* ; travail *m* **I.** *abhängige ~* activité dépendante ; salariat *m* ; *berufliche ~* activité professionnelle ; *freiberufliche ~* activité libérale ; *gewerbliche ~* activité industrielle ou commerciale ; *handwerkliche ~* activité artisanale ; *selbständige ~* activité indépendante ; *unselbständige ~* activité salariée **II.** *seine ~ ein/stellen* cesser ses activités ; *in ~ sein* être en activité ; *in ~ treten* entrer en fonctions **2.** *(machine)* fonctionnement *m* ; *in ~ setzen* faire marcher.

Tätigkeitsbereich *m,* **e** domaine *m* d'activité ; champ *m* d'action.

Tätigkeitsbericht *m,* **e** rapport *m* d'activité, de gestion.

Tätigkeitsbeschreibung *f,* **en** spécification *f* de l'activité, du travail.

Tatsache *f,* **n** fait *m* ; réalité *f* ; *entlastende ~* fait à décharge ; *vollendete ~* fait accompli ; *~ ist, daß* c'est un fait que ; le fait est que.

Tatsachenmaterial *n,* **(-ien)** données *fpl* concrètes ; exposé *m* des faits.

tatsächlich effectif ; réel ; *~er Bedarf* demande *f* effective.

Taube *m,* **n** *(polit.)* colombe *(contr. Falke).*

tauglich apte à ; capable ; ~ *für eine Arbeit* apte à un travail ; *zum Wehrdienst ~* apte au service militaire.

Tauglichkeit *f,* **ϕ** validité *f* ; aptitude

f ; capacité *f*.

Tauglichkeitszeugnis *n*, **se** certificat *m* d'aptitude.

Tausch *m*, **(e) 1.** échange *m* ; troc *m* ; *im ~ gegen* en échange de ; *in ~ geben* donner en échange ; *in ~ nehmen* accepter en échange **2.** *(monnaie)* change *m (syn. Wechsel)*.

tauschen 1. échanger ; troquer ; faire du troc **2.** *(monnaie)* changer ; *Mark gegen Dollar ~* changer des marks contre des dollars *(syn. wechseln)*.

Tauschgeschäft *n*, **e** opération *f* d'échange, de troc.

Tauschhandel *m*, *ϕ* troc *m* ; échanges *mpl* ; *~ treiben* faire du troc ; troquer.

Tauschobjekt *n*, **e** objet *m* d'échange.

Tauschwert *m*, **e** valeur *f* d'échange.

Tauschwirtschaft *f*, **(en)** économie *f* de troc, d'échange.

tausend *(1 000)* mille ; *einige ~* quelques milliers de ; *mehrere ~* plusieurs milliers de ; *~ Stück* mille (exemplaires de qqch).

Tausend *n*, **e** mille *m* ; millier *m* ; *~e von Menschen* des milliers d'hommes ; *in die ~e gehen* se chiffrer par milliers ; *zu ~en* par milliers ; *zehn vom ~* (abréviation : *v.T.* ; *p.m.* ; ‰) dix pour mille.

Tausender *m*, **-** ⇒ *Tausendmarkschein*.

Tausendmarkschein *m*, **e** billet *m* de mille (marks) *(syn. fam. Riese)*.

Taxamt *n*, **¨er** office *m* de taxation (prix, valeur, etc.).

Taxation *f*, **en** taxation *f* ; évaluation *f* de la valeur.

Taxator *m*, **en** taxateur *m* ; commissaire-priseur *m*.

Taxe *f*, **n 1.** taxe *f* ; taux *m* ; tarif *m* ; *einer ~ unterliegen* être soumis à une taxe **2.** évaluation *f* ; estimation *f* **3.** ⇒ *Taxi*.

taxfrei dispensé, exempt, net de taxe.

Taxi *n*, **s** taxi *m* ; *ein ~ nehmen* prendre un taxi.

taxieren estimer ; évaluer ; *zu hoch ~* surtaxer ; surestimer.

Taxierung *f*, **en** estimation *f* ; évaluation *f* ; mise *f* à prix.

Taxpreis *m*, **e** prix *m* taxé ; prix fixé.

Taxwert *m*, **e** valeur *f* d'estimation.

Taylorismus *m*, ⇒ *Taylorsystem*.

Taylorsystem *n*, *ϕ* système *m* Taylor ; taylorisme *m* ; organisation *f* scientifique du travail.

Team *n*, **s** [ti:m] équipe *f (syn. Mannschaft)*.

Teamarbeit *f*, **en** travail *m* d'équipe ; travail collectif.

Teamgeist *m*, *ϕ* esprit *m* d'équipe ; *den ~ stärken* fortifier l'esprit d'équipe.

Teamwork *n*, **(s)** ['ti:mwə:k] ⇒ *Teamarbeit*.

Technik *f*, **en** technique *f* ; *~ des Verkaufs* technique de vente.

Techniker *m*, **-** technicien *m* ; spécialiste *m*.

technisch technique ; mécanique ; *~e Abteilung* service *m* technique ; *~er Ausdruck* terme *m* technique ; *~er Leiter* ingénieur *m* en chef ; directeur *m* technique ; *~es Personal* personnel *m* technique ; *infolge ~er Störungen* en raison d'incidents techniques ; *~er Zeichner* dessinateur *m* industriel ; *~es Zeichnen* dessin *m* industriel.

Technisierung *f*, **en** mécanisation *f*, automatisation *f*.

Technokrat *m*, **en**, **en** [tɛçno'kra:t] technocrate *m*.

Technokratie *f*, **n** [tɛçnokra'ti:] technocratie *f*.

Technologie *f*, **n** technologie *f*.

Technologiekonzern *m*, **e** (grand) groupe *m* technologique.

Technologiepark *m*, **s** centre *m* de recherches industrielles appliquées dans les technologies de pointe ; parc *m* technologique.

Technologietransfer *m*, **s** transfert *m* technologique ; retombées *fpl* technologiques.

Technologiezentrum *n*, **-ten** ⇒ *Technologiepark*.

technologisch technologique ; *eine ~e Lücke aus/füllen* combler une lacune technologique.

Teil *m*, **e 1.** partie *f* ; part *f* ; portion *f* ; quote-part *f* ; *sich zu gleichen ~en an einem Geschäft beteiligen* s'associer à une affaire à parts égales **2.** *(jur.)* partie *f* ; *beklagter ~* partie défenderesse ; défendeur *m* ; *klagender ~* partie plaignante ; demandeur *m*.

Teil *n*, **e** *(technique)* pièce *f* détachée ; accessoire *m*.

Teil- *(préfixe)* partiel.

Teilakzept *m*, **e** acceptation *f* partielle.

Teilarbeitslose/r *(der/ein) (rare)* chômeur *m* partiel *(syn. Kurzarbeiter)*.

Teilausgleich *m*, **e** règlement *m* partiel ; *zum ~* en règlement partiel.

teilbar divisible ; partageable.

Teilbetrag *m*, **¨e** montant *m* partiel.

teilen diviser ; partager ; *den Gewinn ~* partager le(s) bénéfice(s) ; *mit einem Gesellschafter die Gewinne ~* partager les bénéfices avec un associé.

Teilergebnis *n,* **se** résultat *m* partiel.

Teilfabrikat *n,* **e** ⇒ *Halbfabrikat.*

teil/haben participer à ; *am Gewinn* ~ avoir part au bénéfice.

Teilhaber *m,* **-** associé *m* ; partenaire *m* **I.** *aktiver (tätiger)* ~ associé prenant part à la gestion de l'entreprise ; commandité *m* ; *geschäftsführender* ~ associé-gérant *m* ; *persönlich haftender* ~ commandité *m* ; *stiller* ~ bailleur *m* de fonds ; commanditaire *m* (société en commandite) **II.** *jdn als* ~ *auf/nehmen* prendre un associé ; *als* ~ *ein/treten* entrer en qualité d'associé.

Teilhaberpapier *n,* **e** titre *m* de participation.

Teilhaberschaft *f,* **en** association *f* en participation ; qualité *f* d'associé.

Teilhafter *m,* **-** commanditaire *m (syn. Kommanditist ; contr. Vollhafter).*

Teilhaftung *f,* **(en)** partage *m* de responsabilité ; responsabilité *f* partielle.

Teilhersteller *m,* **-** fabricant *m* de pièces détachées.

Teilkaskoversicherung *f,* **en** *(auto.)* assurance *f* multirisques limitée (par ex. incendie, vol, explosion, etc.) (⇒ *Vollkaskoversicherung).*

Teillieferung *f,* **en** livraison *f* partielle ; *~en sind nicht zulässig* toute livraison partielle serait refusée.

Teilnahme *f,* **n** participation *f* ; ~ *an der Messe* participation à la foire *(syn. Beteiligung).*

Teilnahmebedingung *f,* **en** condition *f* de participation ; condition préalable à l'entrée dans une affaire.

teilnehmen, a, o participer, prendre part à ; *an der Leitung des Unternehmens aktiv* ~ prendre une part active à la direction de l'entreprise.

Teilnehmer *m,* **-** participant *m* ; abonné *m* au téléphone.

Teilnehmeranschluß *m,* **¨sse** poste *m* d'abonné au téléphone.

Teilnehmerland *n,* **¨er** pays *m* participant.

Teilnehmerverzeichnis *n,* **se** **1.** liste *f* des participants **2.** annuaire *m* du téléphone ; liste *f* des abonnés au téléphone.

Teilpacht *f,* **en** métayage *m* ; colonage *m* partiaire (bail rural dans lequel l'exploitant remet au propriétaire, en paiement du loyer, une partie des fruits de la terre louée).

Teilpächter *m,* **-** métayer *m* ; colon *m* (partiaire).

Teilschaden *m,* **¨** perte *f* partielle ; dommages *mpl,* dégâts *mpl* partiels.

Teilschuldverschreibung *f,* **en** obligation *f* partielle, fractionnée.

Teilstillegung *f,* **en** mise *f* en production ralentie ; fermeture *f* partielle ; demi-sommeil *m* d'une entreprise.

Teilung *f,* **en** partage *m* ; fractionnement *m* ; morcellement *m* ; *gerichtliche* ~ partage judiciaire ; *gütliche* ~ partage amiable ; *provisorische* ~ partage provisoire ; ~ *zur Hälfte* partage par moitié.

Teilungsmasse *f,* **n** masse *f* à partager ; actif *m* distribuable.

Teilungsvertrag *m,* **¨e** acte *m,* convention *f* de partage (notarié).

Teilunternehmen *n,* **-** entreprise *f* de sous-traitance.

Teilungsurkunde *f,* **n** ⇒ *Teilungsvertrag.*

Teilunternehmer *m,* **-** sous-traitant *m (syn. Zulieferer).*

Teilzahlung *f,* **en** paiement *m* partiel, fractionné, échelonné ; *monatliche* ~ paiement mensuel ; *~en leisten* effectuer des paiements partiels ; *auf (in)* ~ *kaufen* acheter à tempérament *(syn. Ratenzahlung).*

Teilzahlungsbank *f,* **en** banque *f* de crédit à la consommation.

Teilzahlungskauf *m,* **¨e** achat *m* à tempérament *(syn. Ratenkauf).*

Teilzahlungskredit *m,* **e** crédit *m* à la consommation ; achat *m* à tempérament.

Teilzahlungssystem *n,* **e** système *m* de paiement à tempérament.

Teilzeitarbeit *f,* **en** travail *m,* emploi *m* à temps partiel (quelques heures par jour ; quelques jours par semaine ou par mois).

Teilzeitarbeiter *m,* **-** travailleur *m* à temps partiel.

Teilzeitberufsschule *f,* **n** école *f* professionnelle à temps partiel.

Teilzeitbeschäftigte/r *(der/ein)* ⇒ *Teilzeitarbeiter.*

Teilzeitbeschäftigung *f,* **en** ⇒ *Teilzeitarbeit.*

Teilzeitkräfte *pl* personnel *m* travaillant à temps partiel ; main-d'œuvre *f* à temps partiel.

Telearbeit *f,* **en** travail *m* à domicile sur ordinateur.

Telefax-Dienst *m,* **e** service *m* téléfax ; service télécopie.

telefaxen télécopier ; envoyer un (message par) téléfax ; *(fam.)* (télé)-faxer.

Telefax-Gerät *n,* **e** télécopieur *m* ; appareil téléfax.

Telefon *n,* **e** téléphone *m* ; *~ haben* avoir le téléphone ; *Sie werden am ~ verlangt* on vous demande au téléphone *(syn. Fernsprecher).*

Telefonanruf *m,* **e** appel *m* téléphonique ; coup *m* de fil.

Telefonanschluß *m,* **¨sse** branchement *m* téléphonique.

Telefonapparat *m,* **e** appareil *m* téléphonique ; combiné *m.*

Telefonat *n,* **e** ⇒ *Telefonanruf.*

Telefonbeantworter *m,* **-** répondeur *m* automatique ; *Sie sind an einen ~ angeschlossen* vous êtes branché sur répondeur automatique.

Telefonbuch *n,* **¨er** annuaire *m* (du téléphone) *(syn. Fernsprechbuch).*

Telefonfürsorge *f,* *ϕ* « SOS-Amitié » (service d'aide morale par téléphone).

Telefongebühr *f,* **en** taxe *f* téléphonique.

Telefongespräch *n,* **e** conversation *f,* communication *f* téléphonique.

Telefonhandel *m,* *ϕ* transactions *fpl* par téléphone ; opérations *fpl* de banque à banque (portant sur des titres non cotés).

telefonieren téléphoner ; *mit jdm ~* téléphoner à qqn *(syn. anrufen).*

telefonisch téléphonique ; par téléphone ; *~e Mitteilung* communication *f* téléphonique ; *~ an/fragen* demander par téléphone ; *jdn ~ erreichen* joindre qqn par téléphone ; *~ durch/sagen* transmettre par téléphone.

Telefonistin *f,* **nen** standardiste *f* ; opératrice *f.*

Telefonleitung *f,* **en** ligne *f* téléphonique.

Telefonnetz *n,* **e** réseau *m* téléphonique.

Telefonnummer *f,* **n** numéro *m* de téléphone ; *eine ~ wählen* composer un numéro de téléphone.

Telefonstau *m,* **s** encombrement *m,* embouteillage *m* des lignes téléphoniques.

Telefonverbindung *f,* **en** communication *f* téléphonique ; *eine ~ her/stellen* établir une communication.

Telefonzelle *f,* **n** cabine *f* téléphonique.

Telefonzentrale *f,* **n** standard *m* ; central *m* (téléphonique).

Telegraf *m,* **en, en** télégraphe *m.*

telegrafieren télégraphier ; envoyer un télégramme.

telegrafisch télégraphique ; par télégramme ; *~e Antwort* réponse *f* télégraphique ; *auf telegrafischem Weg(e)* par voie télégraphique.

Telegramm *n,* **e** télégramme *m* ; *dringendes ~* télégramme urgent ; *ein ~ auf/geben (schicken)* expédier, envoyer un télégramme.

Telegrammadresse *f,* **n** adresse *f* télégraphique *(syn. Drahtanschrift).*

Telegrammannahme *f,* **n** ⇒ *Telegrammschalter.*

Telegrammanschrift *f,* **en** ⇒ *Telegrammadresse.*

Telegrammformular *n,* **e** formule *f* télégraphique.

Telegrammgebühr *f,* **en** taxe *f,* tarif *m* télégraphique.

Telegrammschalter *m,* **-** guichet *m* des télégrammes.

telegraphieren ⇒ *telegrafieren.*

Teleinformatik *f,* *ϕ* téléinformatique *f.*

Telekolleg *n,* **s** ou **-ien** cours *mpl* télévisés (dans le cadre de la formation continue).

Telekonferenz *f,* **en** conférence *f* en duplex, en multiplex ; télé conférence *f.*

Telekopierer *m,* **-** télécopieur *m.*

Telemarketing *n,* *ϕ* télé-marketing *m* (démarchage téléphonique ; vente par minitel, par émission TV).

Telephon ⇒ *Telefon.*

Teleshopping *n,* **s** achat *m* par minitel.

Teletex *m,* **e** vidéotex *m* ; télétex *m* ; vidéographie *f* interactive ; télex *m* par minitel.

Teletext *m,* **e** ⇒ *Videotext.*

Telex *n,* **(e)** (service) télex *m* ; échange *m* par téléscripteur *(syn. Fernschreiber).*

telexen envoyer un télex ; échanger, communiquer par téléscripteur.

Telex-Netz *n,* **e** réseau *m* télex.

Tempo *n,* **s** vitesse *f* ; cadence *f* ; rythme *m* ; allure *f* ; *das ~ beschleunigen* augmenter la cadence ; *das ~ verringern* diminuer la cadence.

Tempolimit *n,* **s** limitation *f* de vitesse *(syn. Geschwindigkeitsbegrenzung).*

Temposünder *m,* **-** conducteur *m* en infraction pour excès de vitesse ; *(fam.)* chauffard *m.*

Tendenz *f,* **en** tendance *f* ; évolution *f* (des cours) ; *fallende (sinkende, rückläufige) ~* tendance à la baisse ; *steigende ~* tendance à la hausse ; *~ zum Dirigismus* tendance dirigiste.

Tendenz-Betrieb *m,* **e** *(R.F.A.)* entreprise *f* ou société *f* d'édition à caractère scientifique, politique ou journalistique, avec limitation de cogestion.

tendenziell tendanciel.

Tendenzumschwung *m,* (¨-e) *(Bourse)* renversement *m* de la tendance.

tendieren *(zu + D)* marquer une tendance (à) ; *die Börse ~t lustlos* la bourse tend à la morosité ; *die Kurse ~ fester* les cours se raffermissent.

Termin *m,* **e 1.** date *f* ; terme *m* ; échéance *f* ; délai *m* ; *auf ~* à terme ; *fester ~* terme fixe ; *letzter ~* dernier délai ; *einen ~ ein/halten* respecter un délai ; *einen ~ fest/setzen* fixer une date **2.** *(jur.)* assignation *f* ; audience *f*.

Terminal *n,* s ['tə:minəl] *(inform.)* terminal *m* ; *an ein ~ angeschlossen sein* être relié à un terminal *(syn. Datenendstation).*

Terminal *m* ou *n,* s ['tə:minəl] **1.** *(aéroport)* terminal *m* **2.** gare *f* destinataire ; gare d'arrivée.

Terminangebot *n,* **e** offre *f* à terme.

Terminbörse *f,* **n** marché *m* à terme.

Termindevisen *pl* devises *fpl* à terme.

Termineinlage *f,* **n** dépôt *m* à terme.

termingemäß dans les délais ; à l'échéance ; *~ (be)zahlen* payer en temps voulu.

termingerecht ⇒ *termingemäß.*

Termingeschäft *n,* **e** opération *f,* marché à terme ; ⇒ *Terminmarkt.*

Terminhandel m, *ϕ* ⇒ *Termingeschäft.*

terminieren fixer une date, un délai ; *eine Sitzung ~* fixer une date pour une réunion.

Terminkalender *m,* **- 1.** carnet *m* d'échéances ; échéancier *m* **2.** emploi *m* du temps ; agenda *m.*

Terminkauf *m,* ¨-e achat *m* à terme.

Terminmarkt *m,* ¨-e *(bourse)* **1.** *(valeurs)* marché *m* à terme ; opération à terme ; *(contr. Kassamarkt, -geschäft)* **2.** *(marchandises)* marché *m* à terme, à livrer ; *(contr. Loko-, Spotmarkt)* **3.** *(valeurs, marchandises) fester ~* marché à terme ferme ; *bedingter ~* marché à terme conditionnel.

Terminmerker *m,* **-** enregistreur *m* de rendez-vous.

Terminpreis *m,* **e** prix *m* à terme.

Terminverkauf *m,* ¨-e vente *f* à terme.

Terminverlängerung *f,* **en** prolongation *f,* prorogation *f* de (d'un) délai.

Terrainspekulation *f,* **en** spéculation foncière.

territorial territorial.

Territorialgewässer *pl* eaux *fpl* territoriales.

Terror *m, ϕ* terreur *f.*

terrorisieren terroriser.

Terrorist *m,* **en, en** terroriste *m.*

tertiär tertiaire ; *~er Wirtschaftssektor* secteur *m* tertiaire (prestations et services).

Test *m,* s test *m* ; épreuve *f.*

Testament *n,* **e** testament *m.*

Testamentsbestimmung *f,* **en** disposition *f* testamentaire.

Testamentseröffnung *f,* **en** ouverture *f* d'un testament.

Testamentsnachtrag *m,* ¨-e codicille *m.*

Testamentsvollstrecker *m,* **-** exécuteur *m* testamentaire.

Testamentszusatz *m,* ¨-e ⇒ *Testamentsnachtrag.*

Testat *n,* **e** attestation *f* ; certification *f.*

Testator *m,* **en** testateur *m.*

Testbetrieb *m,* **e** entreprise *f* pilote ; exploitation *f* type.

testen tester ; *ein Produkt auf Qualität ~* tester la qualité d'un produit.

Tester *m,* **-** personne *f* chargée de tester un produit ; testeur *m.*

Testgruppe *f,* **n** groupe *m* à tester ; population *f* à tester.

testieren 1. attester ; certifier **2.** tester ; faire un testament.

Testperson *f,* **en** personne *f* à tester ; sujet *m* à tester ; sujet testé.

Testphase *f,* **n** période *f,* phase *f* de tests.

Testreihe *f,* **n** série *f* de tests ; batterie *f* d'épreuves.

Testserie *f,* **n** ⇒ *Testreihe.*

Testsucht *f, ϕ* manie *f* des tests ; testomanie *f* ; « testite » *f.*

Testverfahren *n,* **-** procédé *m* de test ; méthode *f* d'enquête.

teuer cher ; coûteux ; onéreux ; *~ bezahlen* payer cher ; *teurer werden* renchérir *(syn. kostspielig ; contr. billig).*

Teuerung *f,* **en** renchérissement *m* ; hausse *f* des prix ; cherté *f* de la vie.

Teuerungsrate *f,* **n** taux *m* de renchérissement, d'inflation ; *die ~ schwankt um 10 %* le taux de renchérissement oscille, tourne autour de 10 %.

Teuerungswelle *f,* **n** vague *f* de flambée des prix ; valse *f* des étiquettes.

Teuerungszulage *f,* **n** indemnité *f* de vie chère.

Teuerungszuschlag *m,* ¨-e ⇒ *Teuerungszulage.*

texten concevoir des textes et slogans publicitaires.

Texter *m,* **-** rédacteur *m* publicitaire ; concepteur *m* de textes et slogans publicitaires.

Texterfassung *f*, **en** saisie *f* d'un texte.

Textgestaltung *f*, **en** composition *f*, mise *f* en page d'un texte.

Textilarbeiter *m*, **-** ouvrier *m*, salarié *m* du textile.

Textilchemie *f*, **n** chimie *f* de textile.

Textilgewerbe *n*, *ϕ* ⇒ *Textilindustrie.*

Textilien *pl* textiles *mpl.*

Textilindustrie *f*, **n** industrie *f* textile.

Textilwerker *m*, **-** ⇒ *Textilarbeiter.*

Textverarbeiter *m*, **-** *(inform.)* programmeur *m* *(syn. Programmierer).*

Textverarbeitung *f*, **en** *(inform.)* traitement *m* de textes.

TGL *(Technische Normen, Gütevorschriften und Lieferbedingungen) (R.D.A.)* normes techniques, prescriptions de qualité et conditions de livraison.

TH *f*, **s** *(Technische Hochschule)* Université *f* des sciences et de technologie.

Theke *f*, **n** comptoir *m* ; zinc *m* (café).

thesaurieren thésauriser ; amasser de l'argent *(syn. horten).*

Thesaurierung *f*, *ϕ* thésaurisation *f*.

Ticket *n*, **s** ticket *m* ; billet *m* (de transport ou d'entrée).

Tief *n*, **s** creux *m* de la vague ; dépression *f*, mauvaise passe *f* économique.

Tiefbau *m*, *ϕ* travaux *mpl* publics ; construction *f* souterraine ; *Hoch- und ~* génie *m* civil.

tiefgekühlt surgelé ; congelé ; *~es Gemüse* légumes *mpl* congelés, surgelés.

Tiefkühlkost *f*, *ϕ* produits *mpl* surgelés *(syn. Gefrierware).*

Tiefkühltruhe *f*, **n** congélateur *m*.

Tiefkühlung *f*, *ϕ* congélation *f* ; surgélation *f*.

Tiefstand *m*, *ϕ* niveau *m* plancher.

Tiefstpreis *m*, **e** prix *m* le plus bas ; prix plancher.

Tiefststand *m*, *ϕ* niveau *m* le plus bas.

Tiefstwert *m*, *ϕ* valeur *f* minimale ; valeur plancher.

Tierzucht *f*, *ϕ* élevage *m* d'animaux.

Tierzüchter *m*, **-** éleveur *m* d'animaux.

tilgbar amortissable ; remboursable ; rachetable ; *~e Schuldverschreibung* obligation *f* amortissable.

tilgen amortir ; rembourser ; racheter ; liquider ; purger ; *eine Anleihe ~* amortir un emprunt ; *eine Hypothek ~* purger une hypothèque.

Tilgung *f*, **en** amortissement *m* ; remboursement *m* ; extinction *f* ; suppression *f* ; radiation *f* ; *~einer Anleihe* amortissement d'un emprunt ; *~ einer Hypothek* purge *f* d'une hypothèque ; *~ eines Kredits* remboursement d'un crédit ; *~ einer Schuld* extinction d'une dette.

Tilgungsanleihe *f*, **n** emprunt *m* d'amortissement.

Tilgungsdauer *f*, *ϕ* durée *f* d'amortissement.

Tilgungsfrist *f*, **en** délai *m* de remboursement.

Tilgungskapital *n*, *ϕ* capital *m* amortissable.

Tilgungsplan *m*, **¨e** plan *m* d'amortissement.

Tilgungsquote *f*, **n** taux *m* d'amortissement.

Tilgungsrate *f*, **n** taux *m* d'amortissement ; *jährliche ~* annuité *f* d'amortissement.

Tilgungssumme *f*, **n** somme *f*, montant *m* amortissable.

Tilgungstabelle *f*, **n** tableau *m* d'amortissement.

Time-sharing *n*, **s** ['taimʃeriŋ] *(inform.)* « time-sharing » *m* ; temps *m* partagé ; travail *m* en temps partagé (par ex., système permettant à plusieurs abonnés de se servir en même temps, à distance ou en direct, d'un même ordinateur).

Timing *n*, **s** ['taimiŋ] choix *m* du moment adéquat pour l'achat ou la vente de titres.

Tinnef *m*, *ϕ* *(fam.)* camelote *f* ; article *m* sans valeur *(syn. Schundware).*

Tip *m*, **s** tuyau *m* ; *jdm einen ~ geben* donner un tuyau à qqn.

tippen taper ; dactylographier ; *auf einer Schreibmaschine ~* taper à la machine ; *etw in einen Computer ~* écrire, mettre qqch en mémoire.

Tippfehler *m*, **-** faute *f* de frappe.

Tippfräulein *n*, **-** ou **s** *(fam.)* dactylo *f* *(syn. Stenotypistin).*

Tippse *f*, **n** *(péjor.)* dactylo *f*.

TIR *(transit international routier).*

TO ⇒ *Tarifordnung.*

Tochterfirma *f*, **men** filiale *f*.

Tochtergesellschaft *f*, **en** filiale *f* ; société *f* affiliée, filiale.

Tochterstadt *f*, **¨e** ville *f* satellite *(syn. Zweigsiedlung).*

Tochterunternehmen *n*, **-** ⇒ *Tochterfirma.*

Tod *m*, *ϕ* mort *f* ; décès *m* ; *bürgerlicher ~* mort civile ; *gewaltsamer ~* mort violente ; *vorzeitiger ~* décès prématuré.

Todesfallkapital *n*, *ϕ* capital-décès *m*.

Todesfallversicherung *f,* **en** assurance-décès *f.*

Toleranzgrenze *f,* **n** seuil *m* de tolérance.

Tonnage *f,* **n** [tɔ'na:ʒə] tonnage *m.*

Tonne *f,* **n 1.** tonne *f* (1 000 kg) **2.** tonneau *m* ; baril *m.*

Tonnengehalt *n,* **e** tonnage *m.*

Tonnenkilometer *m,* **-** tonne *f* kilométrique.

Top- *(préfixe)* tête *f* ; sommet *m* ; point *m* le plus haut ; top-.

Topmanagement *n,* **s** direction *f,* management *m* au plus haut niveau ; « top management » *m.*

Topmanager *m,* **-** dirigeant *m,* manager *m* au plus haut niveau ; « top manager » *m.*

Top-Position *f,* **en** position *f* de commandement ; poste *m* de direction ; *eine ~ haben* avoir des responsabilités de dirigeant.

tot mort ; *~e Hand* mainmorte *f* (état des biens inaliénables appartenant à une collectivité) ; *~es Inventar* matériel *m* d'exploitation ; *~es Kapital* capital *m* improductif ; *~es Konto* compte *m* sans mouvement ; compte de matières.

total total ; global ; complet ; *~e Produktion* fabrication *f* totale d'un article (assumée de A à Z par un seul ouvrier) ; filière *f* industrielle.

Totalausverkauf *m,* **¨e** liquidation *f* générale, totale.

totalisieren totaliser ; faire le total (de qqch).

totalitär totalitaire ; *~er Staat* Etat *m* totalitaire.

Totalschaden *m,* **¨** dommage *m* intégral.

Totalverlust *m,* **e** perte *f* totale.

toto : *in ~* en totalité.

Toto *n* ou *m,* **s** loto *m* sportif.

Tour *f,* **en** tournée *f* ; excursion *f* ; *auf vollen ~en laufen* tourner à plein rendement, à plein régime.

Tourismus *m,* **ϕ** tourisme *m* ; *ein Feriengebiet für den ~ erschließen* ouvrir une région au tourisme *(syn. Fremdenverkehr).*

Tourist *m,* **en, en** touriste *m.*

Touristenkarte *f,* **n** billet *m* spécial de transport (sub)urbain pour touristes.

Touristenklasse *f,* **n** classe *f* touriste (prix avantageux pour avion et bateau).

Touristik *f,* **ϕ** ⇒ *Tourismus.*

touristisch touristique.

Trabantenstadt *f,* **¨e** ville-satellite *f* ; ville-dortoir *f* ; grand ensemble *m.*

Trafik *f,* **en** *(Autriche)* bureau *m* de tabac.

Trafikant *m,* **en, en** *(Autriche)* propriétaire *m* d'un bureau de tabac.

tragen, u, a porter ; supporter ; *die Kosten ~* supporter les frais.

Träger *m,* **- 1.** porteur *m* ; détenteur *m* ; titulaire *m* ; représentant *m* ; *~ der Wirtschaft* personnalité *f* marquante de l'économie **2.** organisme *m* ; institution *f* ; organe *m* ; *~ der Krankenversicherung* organisme d'assurance-maladie.

Tragetasche *f,* **n** sac *m,* pochette *f* publicitaire.

Tragfähigkeit *f,* **en** limite *f* de chargement ; capacité *f* de charge.

Traglast *f,* **en** charge *f.*

Trainee *m,* **s** [trei'ni] stagiaire *m.*

Trainee-Programm *n,* **e** [trei'ni...] stage *m* de formation pour les futurs cadres (passage obligatoire par tous les services d'une entreprise).

trampen ['trɛmpən] faire du stop, de l'auto-stop ; voyager en stop.

Trampschiffahrt *f,* **en** tramping *m* ; navigation *f* « à la cueillette » (nagivation à la demande, sans itinéraire fixe).

Tranche *f,* **n** ['trɑ̃ʃə] tranche *f* ; montant *m* fractionné d'un titre.

Transaktion *f,* **en** transaction *f* (économique) ; opération *f* financière ; *~en tätigen* opérer des transactions.

Transfer *m,* **s** transfert *m* (souvent de capitaux à l'étranger).

Transferabkommen *n,* **-** accord *m* sur les transferts.

transferierbar transférable.

transferieren 1. transférer (changer de l'argent en monnaie étrangère) **2.** *(Autriche)* muter qqn.

Transferliste *f,* **n** liste *f* des transferts.

Transferverbot *n,* **e** interdiction *f* de transfert.

Transit *m,* **e** [tran'zit] transit *m* ; *Waren im ~ befördern* transiter des marchandises.

Transitautobahn *f,* **en** *(von und nach Berlin)* autoroute *f* de transit (de et vers Berlin).

Transithafen *m,* **¨** port *m* de transit.

Transithandel *m,* **ϕ** commerce *m* de transit.

Transithändler *m,* **-** transitaire *m.*

transitieren transiter.

Transitpauschale *f,* **ϕ 1.** péage *m* de transit pour emprunter les voies vers la RDA **2.** somme *f* forfaitaire en DM qui doit être dépensée par les touristes à Berlin-Est.

Transitspediteur *m,* **e** ⇒ *Transithänd-*

ler.

Transitverkehr *m,* ϕ trafic *m* de (en) transit.

Transitversand *m,* ϕ expédition *f* en transit.

Transitvisum *n,* **-sa** visa *m* de transit.

Transitware *f,* **n** marchandise *f* en transit.

Transitzoll *m,* **¨-e** droits *mpl* de transit.

transparent transparent ; *~e Verpackung* emballage *m* transparent.

Transparent *n,* **e 1.** transparent *m* **2.** banderole *f* ; pancarte *f* ; *die Demonstranten tragen ~e* les manifestants portent des banderoles.

Transparenz *f,* ϕ transparence *f* ; *~ des Marktes* transparence du marché.

Transport *m,* **e** transport *m* ; *~ per Bahn* transport par chemin de fer ; *~ auf dem Landweg* transport par route ; *~ auf dem Luftweg* transport aérien, par avion ; *~ auf dem Wasserweg* transport fluvial *(syn. Beförderung).*

Transportarbeiter *m,* **-** manutentionnaire *m* ; débardeur *m.*

Transportart *f,* **en** mode *m* de transport.

Transportband *n,* **-er** ⇒ *Förderanlage.*

Transportbehälter *m,* **-** container *m* ; conteneur *m.*

Transportbescheinigung *f,* **en** certificat *m* de transport.

Transporter *m,* **-** *(véhicule)* transporteur *m.*

Transporteur *m,* **e** ⇒ *Transportunternehmer.*

Transportflugzeug *n,* **e** avion *m* de transport ; avion-cargo.

Transportgenehmigung *f,* **en** autorisation *f* de transport.

transportieren transporter ; *Güter auf Lastwagen ~* transporter des marchandises par camion *(syn. befördern).*

Transportkosten *pl* frais *mpl* de transport.

Transportmittel *n,* **-** moyen *m* de transport.

Transportunternehmen *n,* **-** entreprise *f* de transport.

Transportunternehmer *m,* **-** entrepreneur *m* de transport ; transporteur *m* ; commissionnaire *m* de roulage.

Transportversicherung *f,* **en** assurance *f* de transports.

Transportwesen *n,* ϕ les transports *mpl* ; *das ~ modernisieren* moderniser les transports.

Trassant *m,* **en, en** *(lettre de change)* tireur *m (syn. Aussteller).*

Trassat *m,* **en, en** *(lettre de change)* tiré *m (syn. Bezogener).*

trassieren *(rare)* tirer ; *einen Wechsel auf eine Bank ~* tirer un effet sur une banque.

Tratte *f,* **n** effet *m* tiré ; traite *f* ; lettre *f* de change acceptée ; *eine ~ aus/stellen* émettre une traite ; *eine ~ honorieren* honorer une traite *(syn. gezogener Wechsel).*

Travellerscheck *m,* **s** ['trɛvələrʃɛk] chèque *m* de voyage ; « traveller's cheque » *m (syn. Reisescheck).*

treiben, ie, ie pousser ; faire marcher ; se livrer à ; *Handel ~* faire du commerce ; *Preise in die Höhe ~* faire monter (flamber) les prix.

Treibgas *n,* **e 1.** carburant *m* gazeux ; GPL **2.** gaz *m* sous pression en atomiseur.

Treibstoff *m,* **e** carburant *m (syn. Benzin, Kraftstoff).*

Treibstoffeinsparung *f,* **en** économie *f* de carburant.

Treibstoffsteuer *f,* **n** taxe *f,* impôt *m* sur les carburants.

Treibstoffversorgung *f,* **en** approvisionnement *m* en carburant.

Trend *m,* **s** tendance *f* ; trend *m* ; *der allgemeine ~ zur Automation* la tendance générale à l'automatisation ; *einem ~ folgen* suivre une tendance.

Trendwechsel *m,* **-** ⇒ *Trendwende.*

Trendwende *f,* **n** renversement *m,* changement *m* de tendance.

Tresor *m,* **e** coffre-fort *m* ; chambre *f* forte (d'une banque) ; *einen ~ knakken* forcer, percer un coffre-fort *(syn. Panzerschrank ; Safe).*

Tresorschlüssel *m,* **-** clé *f* du coffre-fort.

Tresorvermietung *f,* **en** location *f* du coffre-fort.

treu fidèle ; loyal ; sûr ; *zu ~en Händen* aux bons soins (de qqn) ; en mains sûres ; *auf Treu und Glauben* en (toute) bonne foi.

Treuarbeit *f,* **en** travail *m* de vérification fiduciaire.

Treue *f,* ϕ fidélité *f* ; loyauté *f* ; bonne foi *f.*

Treueprämie *f,* **n** prime *f* de fidélité.

Treuerabatt *m,* **e** rabais *m* de fidélité ; escompte *m* accordé aux clients de longue date.

Treuhand *f,* ϕ tutelle *f* ; fidéicommis *m* ; administration *f* fiduciaire (gestion de biens en son nom propre mais, en fait, pour le compte d'un tiers) ; *Revision f und ~* audit.

Treuhandbank *f,* **en** banque *f* fiduciaire, consignataire, dépositaire.

Treuhänder *m,* - agent *m* fiduciaire ; administrateur *m* séquestre ; mandataire *m* ; dépositaire *m* ; curateur *m.*

Treuhänderdepot *n,* **s** dépôt *m* de consignation.

treuhänderisch fiduciaire ; ~ *verwalten* administrer à titre fiduciaire ; *unter ~er Verwaltung* sous curatelle.

Treuhänderschaft *f,* ϕ administration *f,* société fiduciaire ; tutelle *f.*

Treuhandgebiet *n,* **e** territoire *m* sous tutelle.

Treuhandgesellschaft *f,* **en** société *f* fiduciaire ; cabinet *m* d'audit (expertise comptable, commissariat aux comptes).

Treuhandvertrag *m,* ¨**e** contrat *m* fiduciaire.

Treuhandverwalter *m,* - ⇒ *Treuhänder.*

Treuhandverwaltung *f,* **en** administration *f* fiduciaire ; administration sous curatelle.

Trick *m,* **s** truc *m* ; combine *f* ; ficelle *f* ; astuce *f.*

Trinkgeld *n,* **er** pourboire *m.*

Trittbrettfahrer *m,* - *(fam.)* ouvrier *m* non syndiqué (bénéficiant cependant des avantages acquis par les syndicats).

Trockendock *n,* **s** bassin *m* de radoub ; cale *f* sèche.

Trödel *m,* ϕ brocante *f* ; bric-à-brac *m.*

Trödelhandel *m,* ϕ brocante *f.*

Trödelmarkt *m,* ¨**e** marché *m* aux puces ; brocante *f.*

trödeln faire de la brocante.

Trödelware *f,* **n** brocante *f.*

Trödler *m,* - brocanteur *m.*

Trucksystem *n,* **e** ['trak...] *(hist.)* mode *m* de rémunération en nature.

Trug *m,* ϕ tromperie *f* ; imposture *f.*

trügerisch mensonger ; dolosif ; *~e Werbung* publicité *f* mensongère.

Trümmerfrau *f,* **en** *(hist.)* déblayeuse *f* de décombres après 1945.

Trumpf *m,* ¨**e** atout *m.*

Trust *m,* **e** ou **s** [trast/trœst] trust *m* ; grande entreprise *f* concentrée ; fusion *f* (entreprise qui résulte de la fusion de plusieurs entreprises anciennes en une seule, en vue de l'acquisition d'une position privilégiée ou dominante sur le marché, parfois même de monopole).

Trustbildung *f,* **en** formation *f* de trust.

Tsd ⇒ *Tausend.*

T-Shirt *n,* **s** ['ti:ʃət] t-shirt *m* ; teeshirt.

TU *f,* **s** *(Technische Universität)* ⇒ *TH.*

Tür *f,* **en** porte *f* ; *Tag der offenen ~* journée *f* « portes ouvertes ».

türken falsifier ; truquer.

Turnus *m,* **se 1.** roulement *m* ; rotation *f* ; *im ~* par roulement ; à tour de rôle **2.** *(Autriche)* travail *m* posté.

turnusgemäß par roulement ; à tour de rôle.

TÜV *m* *(Technischer Überwachungsverein)* office *m* de contrôle technique (automobile, électroménager, etc.).

Typ *m,* **en** type *m* ; modèle *m.*

typen standardiser ; normaliser.

typisieren ⇒ *typen.*

Typisierung *f,* **en** ⇒ *Typung.*

Typung *f,* **en** standardisation *f* ; normalisation *f.*

U

u. et ; *Bahl u. Söhne* Bahl et fils.

u.A.w.g. *(um Antwort wird gebeten)* répondre s'il vous plaît ; RSVP.

U-Bahn *f,* **en** *(Untergrundbahn)* métro *m.*

über- *(préfixe)* au-dessus de ; au-delà ; ~ sur- ; excédent *m* de.

überaltert trop vieux ; suranné ; vétuste ; *~e Bevölkerung* population *f* sclérosée.

Überalterung *f,* ϕ vieillissement *m* ; vétusté *f* ; *~ der Ausrüstung* vétusté de l'équipement (machines, outillages, etc.).

Überangebot *n,* **e** offre *f* excédentaire ; suroffre *f* ; surenchère *f.*

überantworten remettre ; livrer ; *die Gelder wurden ihm ~t* les fonds lui ont été remis ; *dem Gericht ~* remettre à la justice.

überarbeiten 1. retoucher ; réviser ; *ein Manuskript ~* mettre la dernière main à un manuscrit **2.** *sich ~* se surmener **3.** dépasser le nombre d'heures de travail réglementaire.

Überbau *m,* ϕ superstructure *f.*

überbeansprucht sein être débordé de travail.

Überbeanspruchung *f*, **en** surmenage *m* ; surcharge *f*.

überbelasten surcharger.

Überbeschäftigung *f*, **(en)** suremploi *m* (les salariés effectuent un nombre d'heures supérieur au nombre légal).

überbesetzt personnel *m* en surnombre ; *~e Dienststelle* service *m* en sureffectif *(contr. unterbesetzt)*.

überbesteuern surimposer.

Überbesteuerung *f*, **(en)** surimposition *f* ; superfiscalité *f*.

überbetrieblich : *~e Mitbestimmung* cogestion *f* paritaire ; *~e Zusammenarbeit* coopération *f* interentreprise ; *~ organisiert sein* être organisé au plan national ; être structuré à l'échelon sectoriel (organisation interentreprise, etc.).

Überbevölkerung *f*, **en** ⇒ *Übervölkerung*.

überbewerten surévaluer ; surestimer.

Überbewertung *f*, **(en)** surévaluation *f* ; surestimation *f*.

überbezahlen surpayer ; *er ist ~t* il est surpayé *(contr. unterbezahlen)*.

überbieten, o, o surenchérir ; faire une surenchère ; *jdn ~* enchérir sur qqn ; *ein Angebot ~* monter sur une enchère.

Überbieter *m*, **-** surenchérisseur *m*.

Überbietung *f*, **en** surenchère *f*.

Überbringer *m*, **-** porteur *m* ; présentateur *m* ; *zahlbar an den ~* payable au porteur.

Überbringerscheck *m*, **s** chèque *m* au porteur *(syn. Inhaberscheck)*.

überbrücken surmonter ; venir à bout de ; *die Krise ~* surmonter la crise.

Überbrückungskredit *m*, **e** crédit *m* relais ; prêt *m* de dépannage.

überbuchen *(ein Transportmittel)* accepter plus de réservations qu'il n'y a de places.

Überdividende *f*, **n** superdividende *m* ; boni *m*.

übereignen transmettre ; transférer ; remettre qqch en propriété à qqn ; *das Haus wurde ihm ~t* la maison lui a été cédée en propriété.

Übereignung *f*, **en** transmission *f*, transfert *m* de propriété.

überein/kommen, a, o *(ist)* tomber d'accord sur ; s'accorder ; *mit jdm ~* se mettre d'accord avec qqn.

Übereinkommen *n*, **-** accord *m* ; convention *f* ; arrangement *m* ; *durch beiderseitiges ~* d'un commun accord ; *gütliches ~* arrangement à l'amiable ; *mehrseitiges ~* accord multilatéral ; *stillschweigendes ~* accord tacite ; *zu einem ~ gelangen* parvenir à un accord.

Übereinkunft *f*, **¨e** ⇒ *Übereinkommen*.

überein/stimmen s'accorder ; concorder ; *die Abschrift stimmt mit dem Original überein* la copie est conforme à l'original ; *in diesem Punkt können wir mit Ihnen nicht ~* nous ne pouvons pas nous entendre avec vous sur ce point.

Übereinstimmung *f*, **en** accord *m* ; concordance *f* ; conformité *f* ; *in ~ mit dem Kaufvertrag* conformément aux termes du contrat ; *in ~ bringen* faire concorder ; accorder.

übererfüllen dépasser ; *die Normen ~* dépasser les normes.

Übererfüllung *f*, **en** *(RDA)* dépassement *m* des normes de production fixées.

überfällig 1. en souffrance ; en retard ; arriéré ; *~e Forderung* créance *f* en retard ; *~er Wechsel* traite *f* non honorée à l'échéance **2.** *~ sein* être en retard ; *die Reformen sind längst ~* les réformes se font attendre depuis longtemps.

Überfinanzierung ⇒ *Überkapitalisierung*.

überflügeln dépasser ; surclasser ; *die Konkurrenz ~* surclasser les concurrents ; *sich ~ lassen* se faire devancer par.

Überfluß *m*, **¨sse** excédent *m* ; surabondance *f* de ; *einen ~ an(+D) haben* avoir un excédent de ; *etw im ~ besitzen* abonder en.

Überflußgesellschaft *f*, **en** société *f* d'abondance.

überflüssig 1. superflu ; inutile ; *das ist eine ~e Doppelarbeit* cela fait double emploi **2.** abondant ; à profusion.

überfluten ⇒ *überschwemmen*.

überfordern 1. surmener **2.** exiger trop de qqch ou qqn.

überfremden entraîner un afflux d'étrangers ; *das Land ist ~t* le pays est envahi d'étrangers.

Überfremdung *f*, **(en) 1.** surpopulation *f* étrangère **2.** influence *f* prépondérante des valeurs étrangères sur le marché des capitaux ; prise *f* de contrôle d'une société nationale par des capitaux étrangers.

Übergabe *f*, **(n) 1.** remise *f* ; livraison *f* ; *Zahlung gegen ~ der Waren* paiement *m* contre remise des marchandises **2.** *(polit.)* reddition *f* ; capitulation *f*.

Übergang *m*, **¨e** passage *m* (d'une

frontière) ; point *m* de passage ; transition *f*.

Übergangs- *(préfixe)* transitoire ; intérimaire.

Übergangshilfe *f*, **n** aide *f* transitoire.

Übergangslösung *f*, **en** solution *f* transitoire.

Übergangsregelung *f*, **en** réglementation *f*, régime *m* transitoire.

Übergangszeit *f*, **en** période *f* transitoire.

übergeben, a, e remettre ; délivrer ; céder ; *eigenhändig ~* remettre en main propre ; *dem Verkehr ~* ouvrir à la circulation.

Übergebot *n*, **e** surenchère *f*.

Übergebühr *f*, **en** surtaxe *f*.

übergeordnet ⇒ *überordnen*.

Übergepäck *n*, *φ* bagages *mpl* en surcharge ; excédent *m* de bagages.

Übergewicht *n*, **e 1.** surpoids *m* ; *der Brief hat ~* la lettre a un excédent de poids **2.** supériorité *f* ; *das ~ der Multis* l'influence prépondérante des sociétés multinationales.

Überhang *m*, **(¨e)** excédent *m* ; *~ der Waren* surplus *m* de marchandises.

Überhangmandat *n*, **e** *(polit.)* mandat *m* supplémentaire.

überhitzt surchauffé ; *~e Wirtschaft* économie *f* en surchauffe.

Überhitzung *f*, *φ* surchauffe *f* ; *konjunkturelle ~* surchauffe conjoncturelle.

überhöhen augmenter excessivement ; surfaire ; *Verkauf zu ~ten Preisen* survente *f*.

Überinvestitionen *pl* surinvestissements *mpl*.

Überkapazität *f*, **en** surcapacité *f*.

Überkapitalisierung *f*, **en** excès *m* de capitalisation ; surcapitalisation *f* (d'une S.A. ; moyens financiers trop importants par rapport à la capacité de l'entreprise).

Überkompensation *f*, **en** surcompensation *f*.

überkompensieren surcompenser.

Überkreuzverflechtung *f*, **en** participation *f* croisée du personnel (par ex. les membres du directoire d'une S.A. sont également représentés dans le conseil de surveillance d'une autre société et inversement).

überladen, u, a surcharger ; *das Schiff ist ~* le bateau est en surcharge.

Überlandverkehr *m*, *φ* trafic *m* interurbain.

Überlassung *f*, **en** remise *f* ; cession *f* ; abandon *m* ; transfert *m*.

Überlassungsvertrag *m*, **¨e** contrat *m* de cession (par lequel on cède ses biens à un créancier).

überlastet sein être surchargé de travail ; crouler sous le travail.

überleben survivre ; *überlebender Gatte* conjoint *m* survivant.

Überlebende/r *(der/ein)* survivant *m* ; rescapé *m* (catastrophe).

Überlebensfall *m*, **(¨e)** cas *m* de rente de survie ; assurance en cas de survie.

Überlebensrente *f*, **n** pension *f* de reversion (pour la veuve).

Überlebensversicherung *f*, **en** assurance *f* de, rente de survie ; assurance en cas de survie.

übermäßig excessif ; démesuré ; exorbitant ; *~e Besteuerung* surimposition *f*.

übermitteln transmettre ; communiquer ; faire parvenir ; *eine Bestellung ~* transmettre une commande.

Übernachfrage *f*, **n** demande *f* excessive.

Übernachtung *f*, **en** nuitée *f* (hôtel).

Übernachtungspreis *m*, **e** prix *m* de la chambre pour une nuit.

Übernahme *f*, **n** prise *f* en charge ; acceptation *f* ; *~ eines Amtes* entrée *f* en fonction ; *~ einer Arbeit* exécution *f* d'un ouvrage ; *~ einer Erbschaft* acceptation d'un héritage ; *~ einer Gesellschaft* ; prise *f* de contrôle d'une société ; OPA *f* ; absorption *f* d'une société.

Übernahmeangebot *n*, **e** offre *f* de rachat ; proposition *f* d'OPA.

Übernahmebescheinigung *f*, **en** attestation *f* de prise en charge (transports).

Übernahmekonnossement *n*, **e** connaissement *m* « reçu pour embarquement ».

Übernahmekurs *m*, **e** cours *m* de souscription d'un emprunt, d'actions.

Übernahmepreis *m*, **e** prix *m* d'achat ; prix *m* proposé pour le rachat d'actions lors d'une OPA.

Übernahmesatz *m*, **¨e** tarif *m* de prise en charge ; tarif forfaitaire.

Übernahmestelle *f*, **n** bureau *m* de réception.

übernational supranational.

übernehmen, a, o 1. accepter ; prendre en charge ; *ein Amt ~* entrer en fonction ; *ein Geschäft ~* prendre la direction d'un magasin **2.** assumer ; *die Risiken ~* couvrir les risques ; *die Verantwortung ~* assumer la responsabilité.

über/ordnen placer, mettre au-dessus

de ; *die übergeordnete Stelle* supérieur(s) *m(pl)* hiérarchique(s).

Überorganisation *f,* **en** excès *m* d'organisation ; « hyper-organisation » *f.*

überorganisiert très organisé ; hyperorganisé.

überörtlich suprarégional.

Überpari-Emission *f,* **en** émission *f* (de titres) au-dessus du pair.

Überparität *f,* **(en)** surparité *f.*

überparteilich *(polit.)* au-dessus des partis ; neutre.

Überpreis *m,* **e** prix *m* exagéré, excessif.

Überproduktion *f,* **(en)** surproduction *f.*

überproportional disproportionné ; proportionnellement plus élevé ; *~ steigen* croître dans des proportions supérieures.

überprüfen examiner ; contrôler ; expertiser ; *bitte, ~ Sie Ihr Konto* veuillez vérifier votre compte.

Überprüfung *f,* **en** examen *m* ; contrôle *m* ; vérification *f* ; *~ der Personalien* vérification d'identité.

Überprüfungskommission *f,* **en** commission *f* de contrôle, de surveillance.

überrechnen faire le compte de ; évaluer ; supputer ; *ein Vorhaben ~* évaluer le coût d'un projet.

überregional suprarégional ; à l'échelon national ; *(R.F.A.)* fédéral.

Überrepräsentation *f,* **en** sur-représentation *f* ; représentation massive.

überrepräsentiert : *~ sein* être surreprésenté.

über/runden doubler, dépasser, prendre de l'avance sur.

übersättigen sursaturer.

Übersättigung *f,* **en** sursaturation *f* ; *~ des Marktes* sursaturation du marché.

überschätzen surévaluer ; *den Wert des Angebots ~* surestimer la valeur de l'offre.

Überschätzung *f,* **en** surestimation *f* ; surévaluation *f.*

Überschicht *f,* **en** équipe *f* supplémentaire *(mines, industrie).*

Überschlag *m,* **¨e** évaluation *f* approximative ; estimation *f* ; *im ~ rechnen* compter approximativement.

überschlagen, u, a calculer, évaluer approximativement ; *Kosten ~* évaluer les coûts.

überschlägig approximatif ; *~e Berechnung* calcul *m* approximatif.

überschläglich ⇒ *überschlägig.*

Überschlagsrechnung *f,* **en** calcul *m* approximatif ; estimation *f.*

überschreiben, ie, ie 1. reporter **2.** endosser (une traite) **3.** porter au crédit de qqn **4.** céder un bien.

Überschreibung *f,* **en 1.** report *m* **2.** endossement *m* **3.** transfert *m* (comptable) **4.** cession *f* d'immeuble.

überschreiten, i, i 1. dépasser, excéder ; *Ihr Kredit ist bereits um 1 000 Mark überschritten* vous avez déjà dépassé votre crédit de 1 000 marks **2.** transgresser ; *ein Gesetz ~* violer une loi.

Überschreitung *f,* **en 1.** dépassement *m* ; excès *m* ; *~ einer Frist* dépassement d'un délai ; *~ der zulässigen Geschwindigkeit* dépassement de la vitesse autorisée **2.** infraction *f* ; *~ der Befugnisse* abus *m* de pouvoir.

überschuldet endetté ; criblé de dettes ; insolvable.

Überschuldung *f,* **en** surendettement *m.*

Überschuß *m,* **¨sse** excédent *m* ; surplus *m* ; *die grünen ~¨e* les excédents agricoles ; *~ an Arbeitskräften* excédent de main-d'œuvre ; *~¨e erzielen* réaliser des excédents ; *einen ~ registrieren* enregistrer un excédent.

Überschußbilanz *f,* **en** balance *f* excédentaire, positive.

Überschußgebiet *n,* **e** région *f* excédentaire.

Überschußmenge *f,* **n** (C.E.) excédents *mpl* ; production *f* excédentaire.

überschüssig excédentaire ; *~e Kaufkraft* pouvoir *m* d'achat excédentaire.

überschwemmen inonder ; submerger ; *ausländische Waren ~ den Markt* des produits étrangers inondent le marché.

Übersee *in ~* outre-mer ; *nach ~ gehen* aller s'établir outre-mer ; *Waren von (aus) ~* marchandises *fpl* d'outre-mer.

Überseehandel *m,* φ commerce *m* d'outre-mer.

überseeisch d'outre-mer.

übersenden, a, a envoyer ; faire parvenir ; expédier ; *in der Anlage ~ wir Ihnen...* nous vous adressons ci-inclus...

Übersendung *f,* **en** envoi *m* ; expédition *f* ; transmission *f.*

übersetzen traduire ; *wir lassen den Artikel ins Deutsche ~* nous faisons traduire cet article en allemand.

Übersetzer *m,* **- 1.** traducteur *m* ; **2.** *(inform.)* compilateur *m* ; traducteur *m.*

Übersetzung *f,* **en** traduction *f* ; *beglaubigte ~* traduction certifiée conforme.

Übersicht *f,* **en** vue *f* d'ensemble ; tableau *m* synoptique ; résumé *m* ; aperçu *m* ; *allgemeine ~ (über etw)* aperçu général (de qqch) ; *statistische ~* état *m* statistique.

über/siedeln 1. s'établir en un autre lieu ; changer d'implantation **2.** émigrer.

Übersiedlung *f,* **en 1.** changement *m* d'implantation, d'adresse **2.** émigration *f.*

Übersoll *n,* *ϕ* contingent *m* excédentaire.

überstaatlich supranational ; superétatique ; *~e Institutionen* institutions *fpl* supranationales.

übersteigen, ie, ie excéder ; dépasser ; *die Nachfrage ~t das Angebot* la demande est supérieure à l'offre.

übersteigern renchérir sur ; faire monter ; *~te Preise* prix *mpl* surhaussés ; *jdn ~* surenchérir sur qqn.

Übersteigerung *f,* **en 1.** surenchérissement *m* (des prix) **2.** surenchère *f.*

überstellen transférer ; *die Terroristen der Justiz ~* remettre les terroristes entre les mains de la justice.

Überstellung *f,* **en** transfert *m* ; remise *f.*

überstimmen mettre en minorité (lors d'un vote) ; repousser (projet de loi).

Überstunde *f,* **n** heure *f* supplémentaire ; *~n machen* faire des heures supplémentaires ; *Ausgleich für nicht bezahlte ~n* compensation *f* pour heures supplémentaires impayées ; *Zuschlag für ~n* majoration *f* pour heures supplémentaires.

Überstundenkosten *pl* coût *m* des heures supplémentaires.

Überstundenvergütung *f,* **en** rémunération *f* des heures supplémentaires.

Übertagearbeiter *m,* **-** *(mines)* ouvrier *m*, mineur *m* de jour.

Übertagebau *m,* *ϕ* extraction *f* à ciel ouvert.

übertariflich extra-conventionnel ; au-dessus du tarif ; hors tarif ; hors grilles ; extra-tarifaire.

überteuern renchérir ; *~te Preise* prix surfaits, surhaussés.

Überteuerung *f,* **en** renchérissement *m.*

übertölpeln duper ; rouler ; tromper.

Übertrag *m,* **¨e** *(comptab.)* report *m* (à nouveau) ; *(inform.) automatischer ~* report automatique ; *gesteuerter ~* report adressé ; *teilweiser ~* report partiel ; *vollständiger ~* report intégral.

übertragbar cessible ; transmissible ; négociable ; *~e Aktie* action *f* négociable ; *durch Indossament ~* transmissible par endossement ; *~es Papier* titre *m* cessible, endossable.

Übertragbarkeit *f,* **(en)** cessibilité *f* ; transmissibilité *f* ; négociabilité *f.*

übertragen, u, a 1. transférer ; céder ; transmettre ; *Aktien ~* transférer des actions ; *Geld auf ein anderes Konto ~* effectuer un transfert sur un autre compte **2.** *(comptab.)* reporter **3.** endosser (traite) **4.** transcrire ; *ein Stenogramm in Maschinenschrift ~* transcrire un sténogramme à la machine **5.** *(radio)* diffuser.

Übertragung *f,* **en 1.** transfert *m* ; cession *f* ; *~ der Forderung* transfert de créance ; *~ eines Rechts* délégation *f* d'un droit **2.** *(comptab.)* report *m* ; solde *m* reporté **3.** endossement *m* (traite) **4.** *(radio) ~ der Nachrichten* diffusion *f* des informations.

Übertragungsbilanz *f,* **en** balance *f* des prestations gratuites, des transferts ; *zusammengefaßte ~* bilan *m* récapitulatif des transferts de marchandises.

Übertragungshaushalt *m,* **e** budget *m* de report.

Übertragungssystem *n,* **e** *(inform.)* système *m* de transmission (de données).

Übertragungsurkunde *cf,* **n** acte *m* de cession.

übertreten, a, e violer ; transgresser ; *ein Gesetz ~* transgresser une loi.

Übertretung *f,* **en** transgression *f* ; violation *f* (d'une loi) ; infraction *f* (à un arrêté).

übertrieben exagéré ; surfait ; *~er Preis* prix *m* excessif, exorbitant ; exagéré.

Überverbrauch *m,* *ϕ* surconsommation *f.*

überversichern surassurer.

Überversicherung *f,* **en** surassurance *f* ; assurance excessive, en excès.

übervölkern surpeupler.

Übervölkerung *f,* **en** surpeuplement *m* ; surpopulation *f.*

übervorteilen léser ; rouler ; arnaquer ; désavantager à son profit ; *die Konkurrenten suchten sich gegenseitig zu ~* les concurrents essayaient de se rouler l'un l'autre.

Übervorteilung *f,* **en** tromperie *f* ; duperie *f* ; *(fam.)* arnaque *f.*

überwachen surveiller ; *die Preise ~* contrôler les prix.

Überwachung *f,* **en** surveillance *f* ; contrôle *m* ; *technische ~* contrôle technique.

Überwachungsstelle *f,* **n** office *m* de

contrôle.

überwälzen répercuter (sur) ; *die Kosten auf den Verbraucher ~* faire supporter les coûts par le consommateur *(syn. abwälzen).*

überweisen, ie, ie virer ; transférer ; *auf ein Konto ~* virer à un compte.

Überweisung *f,* **en** virement *m* ; transfert *m* ; *telegraphische ~* mandat *m* télégraphique ; *~ auf ein Konto* virement à un compte ; *~ von Geldern* virement de fonds ; *eine ~ vor/nehmen* effectuer un virement.

Überweisungsauftrag *m,* **¨e** ordre *m,* mandat *m* de virement.

Überweisungsbetrag *m,* **¨e** somme *f* virée, transférée ; montant *m* du virement.

Überweisungsformular *n,* **e** mandat *m* de virement ; mandat-carte *m.*

Überweisungsscheck *m,* **s** chèque *m* de virement.

Überweisungsverkehr *m,* *ϕ* opérations *fpl* de paiement par virement ; virements *mpl.*

Überzahl *f,* **en** surnombre *m* ; *in der ~ sein* être en surnombre.

überzahlen ⇒ *überbezahlen.*

überzählig en surnombre ; excédentaire ; *~er Beamter* fonctionnaire *m* surnuméraire.

überzeichnen *(bourse)* sursouscrire ; *überzeichnete Anleihe f* emprunt *m* sursouscrit.

Überzeichnung *f,* **en** souscription *f* surpassée (d'un emprunt) ; sursouscription ; souscription *f* dépassant le montant fixé.

Überzeitarbeit *f,* **en** *(Suisse)* heures *fpl* supplémentaires.

überziehen, o, o mettre à découvert ; *er hat sein Konto um 1 000 Mark überzogen* il a mis son compte à découvert de 1 000 marks ; *einen Kredit ~* dépasser le plafond d'un crédit.

Überziehung *f,* **en** découvert *m.*

Überziehungskredit *m,* **e** découvert *m* de compte toléré par les banques ; avance *f* sur compte courant ; *syn. Dispositionskredit.*

Überziehungsprovision *f,* **en** commission *f* de découvert.

üblich usuel ; d'usage ; habituel ; *allgemein ~* généralement admis ; *nicht mehr ~* hors d'usage ; *~e Bedingungen* conditions *fpl* d'usage ; *~e Preise* prix *mpl* habituellement pratiqués.

übrig de reste ; *wir haben Geld ~* il nous reste de l'argent.

Übungsfirma *f,* **-men** « société-exercice » *f* ; société de simulation (entreprise-école destinée au recyclage des chômeurs en R.F.A.) ; *(France)* junior-entreprise *f.*

U-Haft *f,* *ϕ* *(Untersuchungshaft)* détention *f* préventive.

ULA *f* *(Union der leitenden Angestellten)* syndicat *m* des cadres.

ultimativ ultimatif ; *~e Forderung* revendication *f* sous forme d'ultimatum.

Ultimatum *n,* **-ten** ou **s** ultimatum *m* ; *ein ~ stellen* adresser un ultimatum.

ultimo au dernier jour du mois ; à la fin du mois ; *bis ~* jusqu'à fin de mois ; *per ~* à fin de mois ; *~ März* fin mars ; *~ des gleichen (laufenden) Monats* fin courant.

Ultimo *n,* **s** dernier jour *m* ouvrable du mois ; fin *f* de mois.

Ultimoabrechnung *f,* **en** liquidation *f* de fin de mois ; arrêt *m* des comptes de fin de mois.

Ultimofälligkeit *f,* **en** échéance *f* de fin de mois.

Ultimogeschäft *n,* **e** opération *f* à liquider en fin de mois.

Ultimowechsel *m,* **-** traite *f* (payable) à fin de mois.

Umarbeitung *f,* **en** remaniement *m* ; refonte *f* (d'un ouvrage).

um/benennen, a, a débaptiser ; changer de raison sociale.

Umbesetzung *f,* **en** changement *m* de poste, d'affectation ; mutation *f.*

Umbildung *f,* **en** réorganisation *f* ; remaniement *m* (ministériel).

um/buchen 1. *(comptab.)* faire un jeu d'écritures ; passer d'un compte à un autre ; contre-passer ; rectifier **2.** changer la date de son voyage ; modifier une réservation.

Umbuchung *f,* **en 1.** *(comptab.)* jeu *m* d'écriture ; virement *m* d'un compte à un autre **2.** modification *f* de réservation (train, avion).

um/disponieren disposer autrement ; prendre d'autres dispositions ; prévoir une solution de rechange ; *die Sendung ~* acheminer l'envoi dans une autre direction.

Umdisponierung *f,* **en** changement *m* de dispositions ; modification *f* d'un projet.

Umfahrung *f,* **en** *(Autriche)* ⇒ *Umgehungsstraße.*

Umfang *m,* **¨e** étendue *f* ; volume *m* ; *in großem ~* sur une grande échelle ; *~ des Handelsverkehrs* volume des échanges.

umfangreich volumineux ; étendu ;

large ; *~es Exportvolumen* important volume *m* des exportations.

um/firmieren changer de raison sociale.

Umfrage *f*, **n** enquête *f* ; sondage *m* (d'opinion publique) ; *eine ~ veranstalten* réaliser un sondage ; *eine ~ halten* faire une enquête.

um/funktionieren changer la fonction (première) de qqch ; transformer en.

umgehen, i, a tourner ; *ein Gesetz ~* tourner une loi ; frauder.

um/gehen, i, a *(ist) : mit etw sparsam ~* être économe de ; économiser qqch.

umgehend par retour du courrier ; *wir bitten um ~en Bescheid* nous vous prions de répondre par retour du courrier *(syn. postwendend)*.

Umgehungsstraße *f*, **n** rocade *f* ; route *f* de contournement ; périphérique *m*.

Umgemeindung *f*, **en** remaniement *m* territorial d'une commune.

um/gestalten réorganiser ; remanier ; transformer.

Umgestaltung *f*, **en** refonte *f* ; remaniement *m* ; réforme *f* ; *~ eines Betriebes* réorganisation *f* d'une entreprise.

um/gruppieren regrouper ; reclasser.

Umgruppierung *f*, **en** regroupement *m* ; reclassement *m*.

Umladebahnhof *m*, **¨e** gare *f* de transbordement.

Umladegut *n*, **¨er** marchandise *f* à transborder.

um/laden, u, a transborder.

Umladung *f*, **en** transbordement *m* ; *eine ~ auf Schiff übernehmen* assurer un transbordement sur navire.

Umlage *f*, **n 1.** répartition *f* des frais ; ventilation *f* **2.** cotisation *f* ; contribution *f* ; prélèvement *m* fiscal.

umlagefrei exonéré de(s) prélèvements (fiscaux).

umlagepflichtig assujetti au prélèvement (fiscal).

um/lagern stocker (des marchandises) ailleurs ; entreposer en un autre lieu.

Umlauf *m*, **(¨e)** circulation *f* ; mouvement *m* ; *im ~ sein* être en circulation ; *Banknoten in ~ setzen* mettre des billets de banque en circulation ; *aus dem ~ ziehen* retirer de la circulation.

umlaufend en circulation ; *~e Banknoten* billets *mpl* en circulation ; *~es Kapital* capital *m* roulant.

Umlaufer *m*, **-** *(Autriche) (lettre)* circulaire *f*.

Umlauffonds *m*, **-** ⇒ *Umlaufvermögen*.

Umlaufkapital *n*, **ϕ** ⇒ *Umlaufvermögen*.

Umlauf(s)geschwindigkeit *f*, **en** vitesse *f* de rotation (capitaux) ; vitesse de roulement (marchandises).

Umlaufvermögen *n*, **-** actif *m* circulant ; capital *m*, fonds *m* de roulement.

um/legen 1. remettre ; *einen Termin ~* ajourner ; remettre à une date ultérieure **2.** répartir ; imputer ; *~ auf* affecter à.

um/leiten dévier ; détourner ; *den Verkehr ~* dévier la circulation.

Umleitung *f*, **en** (voie *f* de) déviation *f*.

Umlernen *n*, **ϕ** recyclage *m*.

Umorganisation *f*, **en** réorganisation *f* ; restructuration *f* ; refonte *f* ; (URSS) perestroïka *f*.

um/organisieren réorganiser ; restructurer ; opérer une refonte.

um/orientieren trouver une nouvelle orientation ; réorienter.

um/packen changer d'emballage ; *die Waren in Kisten ~* mettre les marchandises dans des caisses.

um/programmieren *(inform.)* changer de (un) programme.

um/rechnen 1. changer ; convertir ; *in DM ~* convertir en DM **2.** *auf ein Jahr umgerechnet* calculé sur 12 mois.

Umrechnung *f*, **en** conversion *f* (d'une monnaie).

Umrechnungskurs *m*, **e** taux *m* de change ; cours *m* de conversion.

Umrechnungstabelle *f*, **n** barème *m* de conversion ; table *f* de change.

um/rüsten rééquiper ; réadapter ; apporter des modifications techniques ; renouveler les équipements.

Umrüstung *f*, **en** rééquipement *m* ; changement *m*, modification *f* de matériel(s).

um/satteln *(fam.)* changer de profession, de métier ; *von Jura auf Volkswirtschaft ~* passer du droit à l'économie politique.

Umsatz *m*, **¨e** chiffre *m* d'affaires ; débit *m* ; vente *f* ; transaction *f* ; recettes *fpl* ; *hoher ~* gros chiffre d'affaires ; *den ~ erhöhen* augmenter le chiffre d'affaires ; *einen ~ erzielen* réaliser un chiffre d'affaires ; *~ haben* faire du chiffre d'affaires.

Umsatzanalyse *f*, **n** analyse *f* du chiffre des ventes.

Umsatzausfall *m*, **¨e** manque *m* à gagner ; perte *f* de chiffre d'affaires.

Umsatzbonus *m*, **-bonusse** ⇒ *Umsatzvergütung*.

Umsatzkapital *n*, **ϕ** capital *m* roulant ; capital circulant.

Umsatzmaximierung *f,* **(en)** maximation *f* du chiffre d'affaires.

Umsatzminus *n,* φ baisse *f,* régression *f* du chiffre d'affaires ; *ein ~ registrieren* enregistrer un chiffre d'affaires en baisse.

Umsatzplus *n,* φ hausse *f,* progression *f* du chiffre d'affaires ; *ein ~ verzeichnen* enregistrer une progression du chiffre d'affaires.

Umsatzprämie *f,* **n** ⇒ *Umsatzvergütung.*

Umsatzprovision *f,* **en** commission *f* sur le chiffre d'affaires ; tantième *m* au prorata des ventes.

Umsatzrückgang *m,* **¨e** baisse *f* du chiffre d'affaires.

Umsatzschwankungen *pl* fluctuations *fpl* du chiffre d'affaires.

Umsatzsteuer *f,* **n** impôt *m,* taxe *f* sur le chiffre d'affaires.

umsatzträchtig promettant un gros chiffre d'affaires ; *~er Markt* marché *m* prometteur.

Umsatzvergütung *f,* **en** bonus *m,* prime *f* sur le chiffre d'affaires.

Umsatzvolumen *n,* **-** volume *m* du chiffre d'affaires.

Umsatzwerte *pl (statist.)* indices *mpl* du chiffre d'affaires.

Umschicht *f,* **en** *(mines)* changement *m* d'équipes ; relève *f.*

um/schichten regrouper ; remanier ; brasser (couches sociales).

Umschichtung *f,* **en** regroupement *m* ; *soziale ~* remaniement *m* social.

Umschlag *m,* **¨e** **1.** transbordement *m* ; manutention *f* ; mouvement *m* des marchandises **2.** débit *m* des ventes ; rotation *f* **3.** enveloppe *f* (lettre).

um/schlagen transborder.

Umschlaggeschwindigkeit *f,* **en** vitesse *f* de rotation.

Umschlaghafen *m,* **¨** port *m* de transbordement.

Umschlagplatz *m,* **¨e** place *f* de transbordement ; centre *m* de chargement et de déchargement des marchandises.

um/schreiben, ie, ie *(auf + A)* **1.** transférer à (droits, propriété) **2.** procéder à un jeu d'écritures ; transcrire.

Umschreiben *n,* φ transcription *f* ; *~ von Daten* transcription de données (d'un texte en clair sur carte perforée par ex.).

Umschreibung *f,* **en** transfert *m* ; transcription *f* ; acte *m* translatif de propriété ; *~ einer Aktie* transfert d'une action ; *~ eines Grundbuchblatts* modification *f* d'un feuillet du livre foncier.

um/schulden rééchelonner, restructurer, convertir la dette.

Umschuldung *f,* **en** rééchelonnement *m,* restructuration *f,* conversion *f* de la dette.

Umschuldungsanleihe *f,* **n** emprunt *m* de conversion.

um/schulen **1.** *(polit.)* rééduquer **2.** *sich ~ lassen* se reconvertir ; acquérir une nouvelle qualification.

Umschulung *f,* **en** **1.** *(polit.)* rééducation *f* **2.** reconversion *f* professionnelle ; recyclage *m.*

Umschwung *m,* **¨e** changement *m* brusque ; revirement *m* ; rebondissement *m* ; *~ der Konjunktur* renversement *m* de la conjoncture ; retournement *m* conjoncturel.

umseitig au dos ; au verso.

um/setzen vendre ; écouler ; débiter ; réaliser un chiffre d'affaires ; commercialiser ; *eine Million DM jährlich ~* faire un chiffre d'affaires annuel d'un million de DM ; *Waren ~* vendre des marchandises *(syn. verkaufen ; kommerzialisieren).*

um/siedeln transférer ; transplanter (population) ; changer de province ou de pays.

Umsiedler *m,* **-** personne *f* transplantée, déplacée.

Umsiedlung *f,* **en** transfert *m* (forcé) de population ; transplantation *f,* déplacement *m* de population.

Umspeicherung *f,* **en** *(inform.)* transfert *m* de données.

Umstand *m,* **¨e** circonstance *f* ; fait *m* ; situation *f* ; *erschwerende ~¨e* circonstances aggravantes ; *mildernde ~¨e* circonstances atténuantes ; *infolge unvorhergesehener ~¨e* par suite de circonstances imprévues.

umständehalber vu les circonstances ; *das Grundstück ist ~ zu verkaufen* étant donné les circonstances, le terrain est à vendre.

Umsteigekarte *f,* **n** ticket *m* de correspondance *(syn. Übersteiger).*

um/steigen ie, ie *(ist)* changer (de train) ; prendre une correspondance.

Umsteiger *m,* **-** *(fam.)* ticket *m* de correspondance.

Umstellbahnhof *m,* **ë** gare *f* de triage.

um/stellen réorganiser ; réadapter ; (re) convertir ; *einen Betrieb ~* réorganiser une entreprise ; *auf Goldwährung ~* adopter l'étalon-or ; *auf Maschinenbetrieb ~* mécaniser ; *auf eine andere Produktion ~* reconvertir une production (sur une autre.)

Umstellung *f,* **en** réorganisation *f* ; (re) conversion *f* ; réadaptation *f* ; *berufliche ~* reconversion professionnelle ; *industrielle ~* reconversion industrielle ; *strukturelle ~* reconversion structurelle ; *~ der Landwirtschaft* reconversion de l'agriculture ; *~ auf Computer* mise *f* sur ordinateur.

Umstellungsgesetz *n, φ (hist.)* loi *f* de 1948 sur la refonte du système monétaire en Allemagne occidentale.

um/stempeln apposer un nouveau cachet.

UmstG ⇒ *Umstellungsgesetz.*

um/stoßen, ie, o annuler ; casser ; invalider ; *ein Testament ~* invalider, révoquer un testament.

umstritten controversé.

um/strukturieren restructurer ; *einen Betrieb ~* réorganiser une entreprise.

Umstrukturierung *f,* **en** restructuration *f* ; *~ der Industrie* restructuration industrielle ; redéploiement *m* (industriel).

Umtausch *m,* **(e)** échange *m* ; conversion *f* ; *~ nicht gestattet* les marchandises ne seront ni reprises ni échangées ; *Kauf auf ~* vente *f* avec droit d'échange ; *~ zum Nennwert* conversion au pair.

umtauschbar échangeable ; convertible ; interchangeable ; *~e Währung* monnaie *f* convertible *(syn. konvertierbar).*

Umtauschbarkeit *f, φ* convertibilité *f* (monnaie) *(syn. Konvertierbarkeit).*

um/tauschen échanger ; convertir ; *Mark gegen Dollar ~* convertir des marks en dollars ; *DM in ausländische Devisen ~* convertir des DM en devises étrangères *(syn. wechseln).*

umtauschfähig ⇒ *umtauschbar.*

Umtauschrecht *n,* **(e)** droit *m* d'échange ; *Anleihe mit ~* obligation *f* convertible.

um/verteilen redistribuer ; faire une nouvelle répartition.

Umverteilung *f,* **en** redistribution *f* ; nouvelle répartition *f* ; *~ des Volkseinkommens* redistribution du revenu national.

um/wälzen renverser ; bouleverser ; révolutionner.

Umwälzung *f,* **en** renversement *m* ; bouleversement *m* ; révolution *f.*

um/wandeln changer ; transformer ; *Aktien ~* convertir des actions ; *eine Anleihe ~* convertir un emprunt ; *in Kapital ~* transformer en capital.

Umwandlung *f,* **en** changement *m* ; transformation *f* ; conversion *f* ; *~ einer Gesellschaft* transformation juridique d'une société ; *~ in Kapital* capitalisation *f.*

um/wechseln ⇒ *umtauschen.*

Umwelt *f,* **(en)** environnement *m* ; monde *m* environnant ; milieu *m* ambiant.

Umweltauto *n,* **s** voiture *f* non polluante (équipée d'un pot catalytique).

Umweltbedingungen *pl* conditions *fpl* d'environnement, ambiantes.

Umweltbelastung *f,* **en** ⇒ *Umweltschäden.*

Umwelteinflüsse *pl* influences *fpl* ambiantes.

umweltfeindlich polluant ; nuisible ; anti-écologique ; générateur de nuisances.

Umweltforscher *m,* - écologiste *m* ; spécialiste *m* de l'environnement.

Umweltforschung *f,* **en 1.** écologie *f* **2.** étude *f* des modifications du milieu du fait de l'homme.

umweltfreundlich antipolluant ; non polluant ; écologique.

Umweltkriminalität *f, φ* atteinte *f* à l'environnement ; crime *m* de lèse-écologie.

Umweltpapier *n,* **e** papier *m* recyclé.

Umweltschäden *pl* nuisances *fpl.*

umweltschädlich ⇒ *umweltfeindlich.*

Umweltschutz *m, φ* protection *f* de l'environnement ; écologie *f.*

Umweltschützer *m,* - protecteur *m* de l'environnement ; écologiste *m (syn. die Grünen).*

Umweltschutzgesetzgebung *f, φ* législation *f* sur la protection de l'environnement.

Umweltsünder *m,* - pollueur *m.*

umweltverschmutzend polluant ; générateur de nuisances.

Umweltverschmutzung *f,* **en** pollution *f,* dégradation *f* de l'environnement.

Umweltverseuchung *f,* **en** ⇒ *Umweltverschmutzung.*

umwerben, a, o courtiser ; être aux petits soins avec qqn ; *Kunden ~* rechercher le (les) client(s).

Umworbene/r *(der/ein)* consommateur *m* potentiel ; client *m* sollicité ; consommateur courtisé par la publicité.

um/ziehen, o, o *(ist)* déménager ; changer de logement.

Umzug *m,* **¨e** déménagement *m.*

Umzugsbeihilfe *f,* **n** indemnité *f* de déménagement.

Umzugskosten *pl* frais *mpl* de déménagement.

unabdingbar inaliénable ; inabandonnable ; indispensable ; *~es Recht* droit *m* inaliénable.

Unabdingbarkeit *f,* ϕ caractère *m* inaliénable ; inaliénabilité *f*.

unabhängig indépendant ; autonome ; *~ sein* être indépendant.

Unabhängige/r *(der/ein)* personne *f* indépendante *(syn. Selbständiger)*.

Unabhängigkeit *f,* **(en)** indépendance *f* ; autonomie *f* ; *wirtschaftliche ~* autarcie *f*.

unanfechtbar incontestable ; *~e Entscheidung* révision *f* inattaquable.

unantastbar inviolable.

Unantastbarkeit *f,* ϕ inviolabilité *f* ; intangibilité *f*.

unausgefüllt laissé en blanc ; non rempli ; *~ lassen* laisser en blanc.

unausgelastet non entièrement utilisé ; en sous-charge ; *~e Produktionskapazität* capacité *f* en sous-charge.

unbeanstandet sans réclamation.

unbeantwortet (laissé) sans réponse ; *unser Schreiben ist ~ geblieben* notre lettre est restée sans réponse.

unbearbeitet brut ; non travaillé ; non ouvré.

Unbedenklichkeitsbescheinigung *f,* **en** **1.** attestation *f* de non-opposition (fisc) **2.** certificat *m* de bonne provenance ; attestation de marchandise conforme.

unbefriedigt non satisfait ; *~er Bedarf* besoins *mpl* non satisfaits ; *~e Nachfrage nach diesem Artikel* demande *f* non satisfaite dans cet article.

unbefristet illimité ; *~er Arbeitsvertrag* contrat *m* (de travail) à durée indéterminée ; *~er Streik* grève *f* illimitée.

unbefugt non autorisé.

Unbefugte/r *(der/ein)* personne *f* non autorisée ; *~n ist der Zutritt verboten* entrée interdite à toute personne étrangère au service.

unbegrenzt illimité ; *in ~er Höhe* sans limitation de montant ; montant illimité.

Unbescholtenheit *f,* ϕ réputation *f* d'intégrité.

unbeschränkt illimité ; sans réserve ; *~ haftbar* indéfiniment responsable ; *~e Haftung* responsabilité *f* illimitée.

unbeständig instable ; *~er Markt* marché *m* instable.

Unbeständigkeit *f,* ϕ instabilité *f* ; *konjunkturelle ~* instabilité conjoncturelle.

unbestätigt non confirmé ; *~es Akkreditiv* accréditif *m* non confirmé ; *nach ~en Meldungen* selon des nouvelles non confirmées.

unbestechlich incorruptible ; intègre.

Unbestechlichkeit *f,* ϕ incorruptibilité *f* ; intégrité *f*.

unbestellbar en souffrance ; *falls ~ zurück an Absender* inconnu à l'adresse indiquée, retour à l'expéditeur.

unbestellt **1.** *(agric.)* inculte ; non cultivé, en friche **2.** *(poste)* non distribué ; *~e Zusendung* envoi *m* non distribué ; envoi non remis au destinataire.

unbeweglich immobilier ; *~e Güter* biens *mpl* immeubles.

unbezahlt impayé ; non réglé.

undatiert sans date ; non daté.

Underground *m,* ϕ avant-garde *f* artistique et contestataire.

Undkonto *n,* **-ten** compte *m* joint (les titulaires ne peuvent en disposer que conjointement).

unecht faux ; non authentique ; falsifié ; simili.

unehelich : *~es Kind* enfant *m* illégitime.

uneinbringlich irrécouvrable ; *~e Forderung* créance *f* irrécouvrable ; créance irrécupérable.

uneingelöst impayé ; non réglé.

unentgeltlich à titre gracieux ; *~es Darlehen* prêt *m* gratuit *(syn. kostenlos)*.

unergiebig improductif ; stérile.

Unergiebigkeit *f,* ϕ improductivité *f*.

unerlaubt interdit ; défendu ; illégal ; *~e Handlung* acte *m*, fait *m* illicite.

unerledigt en souffrance ; non encore réglé ; *~e Angelegenheit* affaire *f* en suspens.

unerschwinglich hors de prix ; *~er Preis* prix *m* exorbitant, inabordable.

UNESCO *f,* ϕ *(United Nations Educational, Scientific and Cultural Organisation)* UNESCO *f* ; organisation des Nations Unies pour l'éducation, la science et la culture.

unfachgemäß (maniement) incorrect ; non conforme ; *die Ware wurde durch ~e Behandlung beschädigt* la marchandise a été endommagée à la suite d'une erreur de manipulation.

unfähig *(zu + D)* incapable (de) ; inapte (à) ; *~er Mitarbeiter* collaborateur *m* incompétent.

Unfähigkeit *f,* **en** incompétence *f* ; incapacité *f* ; *(jur.)* inhabilité *f*.

Unfall *m,* **¨e** accident *m* ; *tödlicher ~* accident mortel ; *einen ~ haben* avoir un accident ; *durch ~* par accident ; ~ *auf dem Wege zur (von der) Arbeitsstätte* accident de trajet ; *gegen ~ versichert sein* avoir une assurance accident.

Unfallentschädigung *f,* **en** indemnité *f* d'accident.

Unfallgeschädigte/r *(der/ein)* victime *f* d'un accident de la route.

Unfallmeldung *f,* **en** déclaration *f* d'accident.

Unfallrente *f,* **n** rente *f* accident.

Unfallverhütung *f,* **(en)** prévention *f* des accidents ; prévoyance *f* contre les accidents.

Unfallversicherung *f,* **en** assurance *f* accidents.

Unfallziffer *f,* **n** taux *m* d'accidents.

unfrankiert non affranchi ; en port dû.

ungedeckt non approvisionné ; à découvert ; *~es Konto* compte *m* non approvisionné ; *~er Scheck* chèque *m* sans provision ; chèque en bois.

ungefähr approximatif ; autour de ; *~ 1 000 Mark* dans les 1 000 marks *(syn. etwa ; zirka ; an die).*

ungekündigt qui n'a pas résilié son contrat de travail ; non licencié ; *er ist in ~er Stellung* il est toujours en poste.

ungelernt : *~er Arbeiter* ouvrier *m* non qualifié ; manœuvre *m (syn. Hilfsarbeiter).*

ungerechtfertigt injustifié ; illégitime ; *~e Bereicherung* enrichissement *m* illicite.

ungesetzlich illégal ; illégitime ; *für ~ erklären* déclarer illégal ; *etw auf ~em Weg erreichen* obtenir qqch illégalement.

Ungesetzlichkeit *f,* *ϕ* illégalité *f.*

ungestempelt non timbré ; non oblitéré ; non tamponné.

Ungleichgewicht *n,* **e** déséquilibre *m* ; *~ der Handelsbilanz* déséquilibre de la balance commerciale.

Ungleichheit *f,* **en** disparité *f* ; *soziale ~* inégalité *f* sociale.

Unglück *n,* **e** ⇒ *Unglücksfall.*

Unglücksfall *m,* **¨e** sinistre *m* ; accident *m.*

ungültig non valable ; nul ; *~er Paß* passeport *m* périmé ; *~e Stimme* voix *f* nulle ; *für ~ erklären* annuler ; déclarer nul ; *~ werden* se périmer ; expirer.

Ungültigkeit *f,* *ϕ* nullité *f* ; invalidité *f.*

Ungültigkeitserklärung *f,* **(en)** déclaration *f* de nullité ; invalidation *f* ; annulation *f.*

Ungültigmachung *f,* *ϕ* annulation ; invalidation *f.*

Unionsparteien *pl (R.F.A.)* partis *mpl* de l'Union chrétienne-démocrate ; CDU et CSU.

Universalbank *f,* **en** *(R.F.A.)* banque *f* universelle, polyvalente, multi-services ; banque à vocation générale (exerçant toutes les opérations bancaires).

Universalerbe *m,* **n, n** légataire *m* universel ; *jdm zum ~n ein/setzen* instituer qqn son légataire universel.

unkalkulierbar incalculable.

Unkosten *pl* frais *mpl* ; dépenses *fpl* ; coûts *mpl* indirects ; *(jur.)* dépens *mpl* **I.** *abzüglich der ~* moins les frais ; *allgemeine ~* frais généraux ; *nach Abzug aller ~* tous frais déduits ; *laufende ~* frais fixes ; *steigende ~* frais croissants **II.** *für die ~ auf/kommen* supporter les frais ; *die ~ decken* couvrir les frais ; *jdm die ~ erstatten* rembourser les frais à qqn ; *~ machen (verursachen)* faire, occasionner des frais.

Unkostenbeitrag *m,* **¨e** participation *f* aux frais.

Unkostenpauschale *f,* **n** indemnité *f* forfaitaire pour frais généraux.

unkündbar non résiliable ; perpétuel ; consolidé ; *~es Darlehen* prêt *m* non remboursable ; *~e Rente* rente *f* perpétuelle ; *~e Schuld* dette *f* consolidée ; *~e Stellung* poste *m* permanent ; *~er Vertrag* contrat *m* non résiliable.

Unkündbarkeit *f,* *ϕ* non-résiliabilité *f.*

unlauter déloyal ; *~er Wettbewerb* concurrence *f* déloyale.

unmündig mineur *(syn. minderjährig).*

Unmündigkeit *f,* *ϕ* minorité *f (contr. Großjährigkeit ; Volljährigkeit).*

UNO *f (United Nations Organization)* Organisation *f* des Nations unies ; O.N.U. *(syn. Vereinte Nationen).*

Unorganisierte/r *(der/ein)* non-syndiqué *m (syn. Nichtorganisierter).*

unparteiisch impartial ; *~e Begutachtung* expertise *f* impartiale.

unparteilich ⇒ *unparteiisch.*

Unperson *f,* **en** personne *f* consciemment ignorée des médias ; Monsieur « Personne ».

unpfändbar insaisissable ; *~e Forderung* créance *f* non susceptible de saisie.

unproduktiv improductif ; *~e Arbeit* travail *m* indirect ; *~e Kosten* coûts *mpl* indirects, improductifs ; dépenses *fpl* communes.

Unproduktivität *f,* *ϕ* improductivité *f.*

unqualifiziert non qualifié ; *~e Arbeitskräfte* main-d'œuvre *f* non qualifiée.

unquittiert non acquitté.

unrechtmäßig illégal ; illégitime ; *~er Besitz* propriété *f* illégalement acquise ; biens mal acquis ; *sich etw ~ an/eignen* usurper qqch.

Unrechtmäßigkeit *f*, **(en)** illégitimité *f* ; illégalité *f*.

unrentabel improductif ; *unrentabler Betrieb* entreprise *f* non rentable.

Unrentabilität *f*, *ϕ* non-rentabilité *f* ; improductivité *f*.

unrichtig faux ; erroné ; *~e Angaben* renseignements *mpl* inexacts.

Unruheherd *m*, **e** foyer *m* de troubles ; foyer d'agitation.

Unruhen *pl* troubles *mpl* ; désordres *mpl* ; *soziale ~* troubles sociaux ; *~ entstehen, werden unterdrückt* des troubles se manifestent, sont réprimés.

Unruhestifter *m*, **-** fauteur *m* de troubles.

unsachgemäß incorrect ; impropre ; *~e Handhabung einer Maschine* mauvaise utilisation, maniement incorrect d'une machine.

unselbständig dépendant ; salarié ; *~e Arbeit* travail *m* salarié ; *~e Berufstätigkeit* activité *f* professionnelle salariée ; *~e Erwerbsperson* perrsonne *f* active salariée.

unseriös pas sérieux ; malhonnête ; *~es Geschäft* maison *f* douteuse.

unsichtbar invisible ; *~e Ausfuhren, Einfuhren* exportations, importations *fpl* invisibles ; *~e Reserven* réserves *fpl* occultes.

Unsumme *f*, **n** somme *f* colossale.

unteilbar indivisible ; *ein ~es Ganzes bilden* constituer un tout indivisible.

untenstehend (mentionné) ci-dessous.

Unterabteilung *f*, **en** sous-division *f* ; subdivision *f* ; sous-section *f*.

Unterausschuß *m*, **¨sse** sous-commission *f*.

unterbelastet sous-employé ; non saturé ; en sous-charge.

Unterbelegung *f*, **en** sous-occupation *f* d'un local.

unterbeschäftigt sous-employé.

Unterbeschäftigung *f*, **(en)** sous-emploi *m* ; *konjunkturelle ~* sous-emploi conjoncturel ; *vorübergehende ~* sous-emploi temporaire.

unterbesetzt être en sous-effectif ; avoir un personnel insuffisant ; *die Dienststelle ist ~* le service est en sous-effectif.

unterbewerten sous-évaluer ; sous-estimer.

Unterbewertung *f*, **en** sous-évaluation *f*.

unterbezahlt sous-payé ; *~e Gastarbeiter* ouvriers *mpl* immigrés sous-payés.

unterbieten, o, o pratiquer le dumping ; offrir au-dessous du prix réel ; *der Preis ist nicht zu ~* prix imbattable ; *einen Mitbewerber ~* vendre moins cher que la concurrence.

Unterbietung *f*, **en** dumping *m* ; écrasement *m* des prix ; offre *f* au rabais *(syn. Dumping)*.

Unterbilanz *f*, **en** bilan *m* passif, déficitaire ; excédent *m* passif ; *mit ~ arbeiten* travailler à perte.

unterbinden, a, u entraver ; arrêter ; *der Handelsverkehr ist unterbunden* les échanges commerciaux sont suspendus.

Unterbindung *f*, **en** interdiction *f*.

unterbrechen, a, o interrompre ; suspendre ; *Verhandlungen ~* interrompre des pourparlers.

Unterbrechnung *f*, **en** interruption *f* ; arrêt *m* ; suspension *f* ; *~ der Arbeit* arrêt du travail ; *~ des Streiks* suspension de la grève.

unterbreiten soumettre ; présenter ; *ein Angebot ~* soumettre une offre.

Unterbreitung *f*, **en** soumission *f* ; présentation *f* ; mise *f* à l'étude.

unterbringen, a, a, 1. héberger ; *jdn im Hotel ~* loger qqn à l'hôtel **2.** placer, vendre ; *eine Anleihe ~* placer un emprunt.

Unterbringung *f*, **en 1.** hébergement *m* **2.** placement *m* ; *~ eines Wertpapiers* placement d'une valeur.

unterderhand sous le manteau ; en cachette ; *etw ~ verkaufen* vendre qqch en sous-main.

unterdurchschnittlich au-dessous de la moyenne ; *~e Qualität* qualité *f* inférieure à la moyenne ; qualité médiocre.

unterentwickelt sous-développé ; en voie de développement ; *~e Länder* pays *mpl* sous-développés, en voie de développement *(syn. Entwicklungsländer)*.

Unterentwicklung *f*, **(en)** sous-développement *m*.

Unterernährung *f*, **(en)** sous-alimentation *f*.

unterfertigen ⇒ *unterzeichnen*.

Unterfertigte/r *(der/ein)* ⇒ *Unterzeichner* **1.**

Untergebene/r *(der/ein)* subalterne *m* ; surbordonné *m (contr. Vorgesetz-*

ter).

untergeordnet subalterne ; subordonné ; inférieur (hiérarchique) ; *~e Fragen* questions secondaires, de moindre importance ; *~e Stellung* situation *f* subalterne.

Untergesellschaft *f,* **en** société *f* membre d'un holding ; société contrôlée (par une *Obergesellschaft*).

Untergrundbewegung *f,* **en** *(polit.)* mouvement *m* clandestin.

Untergrundwirtschaft *f,* **en** économie *f* parallèle *(syn. Schattenwirtschaft).*

Unterhalt *m,* *ϕ* entretien *m* ; subsistance *f* ; pension *f* alimentaire ; *seinen ~ bestreiten* subvenir à ses besoins ; *seinen ~ (selbst) verdienen* gagner sa vie.

unterhalten, ie, a 1. entretenir ; *ein Konto ~* avoir un compte ; *gute Geschäftsverbindungen ~* entretenir de bonnes relations d'affaires **2.** alimenter ; nourrir ; subvenir aux besoins de qqn.

Unterhaltsaufwand *m,* *ϕ* frais *mpl* d'entretien et de réparation *(syn. Erhaltungsaufwand).*

unterhaltsbedürftig nécessiteux ; à charge.

Unterhaltsbeitrag *m,* **¨e 1.** contribution *f* aux frais d'entretien **2.** pension *f* versée à titre d'entretien ; contribution *f* d'entretien.

unterhaltsberechtigt : *~e Person f* personne *f* à charge.

Unterhaltskosten *pl* frais *mpl* d'entretien.

Unterhaltsmittel *pl* moyens *mpl* d'existence.

Unterhaltspflicht *f,* **en** obligation *f* alimentaire.

Unterhaltsrente *f,* **n** pension *f* alimentaire ; *jdm eine ~ zahlen* verser une pension alimentaire à qqn.

unterhaltsverpflichtet tenu de verser une pension alimentaire ou d'assumer les frais d'entretien.

Unterhaltungsanspruch *m,* **¨e** droit *m* à l'entretien.

Unterhaltungselektronik *f,* *ϕ* électronique *f* grand public ; électronique des loisirs.

Unterhaltungsgewerbe *n,* *ϕ* industrie *f,* professionnels *mpl* des loisirs.

Unterhaltungsindustrie *f,* **n** industrie *f* des loisirs.

unterhandeln être en pourparlers ; négocier ; *über den Abschluß eines Friedensvertrages ~* négocier la conclusion d'un traité de paix.

Unterhändler *m,* **-** négociateur *m* ; intermédiaire *m* ; courtier *m.*

Unterhandlung *f,* **en** pourparlers *mpl* ; *in ~en treten* entamer des négociations.

Unterkunft *f,* **¨e** hébergement *m* ; logis *m* ; *~ und Verpflegung* le gîte et le couvert ; chambre *f* et repas *m (syn. Kost und Logis).*

Unterlagen *pl* pièces *fpl* justificatives ; dossier *m* ; documentation *f* ; informations *fpl* ; données *fpl* **I.** *statistische ~* données statistiques ; *technische ~* documentation technique **II.** *~ auf/bewahren* conserver les pièces ; *~ beschaffen* produire des pièces ; *alle erforderlichen ~ ein/reichen* faire parvenir les pièces nécessaires ; *~ sammeln* rassembler une documentation **III.** *Angebote mit den üblichen ~ an...* les offres *fpl* accompagnées des pièces justificatives d'usage sont à adresser à... ; *nach Prüfung der ~* au vu des pièces.

unterlassen, ie, a, ä omettre.

Unterlassung *f,* **en** omission *f* ; lacune *f* ; négligence *f* ; défaut *m* ; abstention *f* ; manquement *m* ; défaillance *f.*

Unterlassungsdelikt *n,* **e** délit *m* d'omission ; abstention *f* délictueuse.

unterlaufen, ie, au 1. tourner qqch ; passer outre à qqch ; *die Einfuhrschranken ~* tourner les barrières douanières **2.** *es ist ein Fehler ~* une faute s'est glissée.

Unterlieferant *m,* **en, en** sous-traitant *m (syn. Zulieferer).*

Untermiete *f,* **n** sous-location *f* ; sous-bail *m* ; *ein Zimmer in ~ ab/geben* sous-louer une chambre.

Untermieter *m,* **-** sous-locataire *m.*

unternehmen, a, o entreprendre ; *eine gemeinsame Aktion ~* entreprendre une action commune.

Unternehmen *n,* **- 1.** action *f* ; opération *f* **2.** entreprise *f* ; exploitation *f* ; société *f* ; *erwerbswirtschaftliches ~* entreprise à but lucratif ; *gemischtwirtschaftliches ~* société d'économie mixte ; *kapitalistisches ~* entreprise capitaliste ; *kaufmännisches ~* entreprise commerciale ; *landwirtschaftliches ~* exploitation agricole ; *(markt)beherrschendes ~* entreprise dominant le marché ; *multinationales ~* entreprise multinationale ; *~ der öffentlichen Hand* entreprise publique ; *staatliches ~* entreprise nationale ; *verstaatlichtes ~* entreprise nationalisée *(syn. Betrieb).*

Unternehmensberater *m,* **-** conseil *m,* consultant *m* (d'entreprise).

Unternehmensberatung *f,* **en** conseil

m d'entreprise.

Unternehmensbeteiligung *f*, **en** participation *f* dans une entreprise.

Unternehmensform *f*, **en** forme *f* (juridique) d'entreprise.

Unternehmensforschung *f*, **(en)** recherche *f* opérationnelle (analyse de problèmes complexes à partir d'un modèle) *(syn. Operations-research)*.

Unternehmensführung *f*, **en** direction *f* de l'entreprise ; gestion *f* ; management *m (syn. Betriebsführung, Management)*.

Unternehmensleiter *m*, **-** chef *m* d'entreprise.

Unternehmensleitung *f*, **en** ⇒ *Unternehmensführung*.

Unternehmensorganisation *f*, **en** organisation *f* de l'entreprise.

Unternehmenspolitik *f*, *ϕ* politique *f* de l'entreprise.

Unternehmensspiele *pl* jeux *mpl* d'entreprise.

Unternehmensstrategie *f*, **n** stratégie *f* de l'entreprise.

Unternehmenszusammenschluß *m*, **¨sse** fusion *f* d'entreprises.

Unternehmer *m*, **-** entrepreneur *m* ; chef *m* d'entreprise.

Unternehmerfreiheit *f*, **en** liberté *f* d'entreprise.

Unternehmergewinn *m*, **e** bénéfice *m*, profit *m* d'entrepreneur.

Unternehmergruppe *f*, **n** grande entreprise *f*.

Unternehmerhaftung *f*, **en** responsabilité *f* de l'entrepreneur.

Unternehmerrisiko *n*, **-ken** risque *m* d'entrepreneur.

Unternehmerschaft *f*, *ϕ* patronat *m* ; dirigeants *mpl* ; patrons *mpl*.

Unternehmertum *n*, *ϕ* patronat *m* ; *freies ~* libre entreprise *f*.

Unternehmerverband *m*, **¨e** organisation *f* patronale.

Unternehmerwirtschaft *f*, **en** économie *f* de libre entreprise.

Unternehmung *f*, **en** *(rare)* ⇒ *Unternehmen*.

Unternehmungsgeist *m*, *ϕ* esprit *m* d'entreprise ; esprit d'initiative.

Unterpari-Emission *f*, **en** *(Bourse)* émission *f* au-dessous du pair.

Unterpfand *n*, **¨e** gage *m* ; nantissement *m*.

unterprivilegiert sous-privilégié.

Unterproduktion *f*, **en** sous-production *f* ; production *f* déficitaire.

Unterproletariat *n*, *ϕ* sous-prolétariat *m* ; quart-monde *m*.

Unterredung *f*, **en** entretien *m*.

unterrepräsentiert sous-représenté ; *im Parlament ~ sein* être sous-représenté au parlement.

untersagen défendre ; prohiber ; *die Einfuhr ~* interdire l'importation *(syn. verbieten)*.

Untersatz *m* **(¨e)** *(iron.) : der fahrbare ~* voiture *f* automobile ; moyen *m* de déplacement.

unterschätzen sous-estimer ; sous-évaluer.

Unterschätzung *f*, **en** sous-évaluation *f* ; sous-estimation *f*.

Unterschicht *f*, **en** couche *f*, classe *f*, catégorie *f* sociale inférieure ; prolétariat *m* (s'opposant à *Mittelschicht* et *Oberschicht*).

unterschlagen, u, a 1. détourner ; soustraire ; *Gelder ~* détourner des fonds **2.** intercepter (document, lettre).

Unterschlagung *f*, **en 1.** détournement *m* ; malversation *f* ; soustraction *f* frauduleuse ; abus *m* de confiance ; *~ von öffentlichen Geldern* dilapidation *f* de fonds publics ; concussion *f*. **2.** interception *f* (documents).

unterschreiben, ie, ie signer ; *blanko ~* signer en blanc ; *vorgelesen, genehmigt, unterschrieben (v.g.u.)* lu et approuvé *(syn. unterzeichnen)*.

unterschreiten, i, i tomber au-dessous de ; descendre à ; *die vorgesehene Summe ~* descendre au-dessous de la somme initialement prévue.

Unterschrift *f*, **en** signature *f* (matérielle) ; *eigenhändige ~* signature autographe ; *eine ~ beglaubigen* légaliser une signature ; *eine ~ fälschen* falsifier une signature ; *~en sammeln* recueillir des signatures ; *seine ~ unter etw setzen* apposer sa signature au bas de qqch ; *zur ~ vor/legen* présenter qqch à la signature ; *per ~ zahlen* payer par chèque.

Unterschriftenmappe *f*, **n** chemise *f*, dossier *m* pour signatures ; parapheur *m*.

Unterschriftsbefugnis *f*, **se** pouvoir *m* de signer ; avoir la signature.

Unterschriftsbeglaubigung *f*, **en** légalisation *f* de signature.

unterschriftsberechtigt autorisé à signer.

Unterschriftsprobe *f*, **n** spécimen *m* de signature.

Unterschuß *m*, **¨sse** déficit *m (syn. Defizit)*.

Unterstaatssekretär *m*, **e** sous-secrétaire *m* d'Etat.

unterstehen, a, a être sous les ordres de qqn ; *einer Behörde ~* dépendre (administrativement) d'une autorité.

unterstellen : *jdm etw ~* placer qqch sous les ordres de qqn ; *jdm ~t sein* être placé sous les ordres de qqn ; être subordonné à qqn.

unterstützen aider ; assister ; subventionner ; *ein Gesuch ~* appuyer une demande ; *jdn mit Geld ~* fournir une assistance financière à qqn.

Unterstützung *f*, **en** aide *f* ; assistance *f* ; subvention *f* ; *finanzielle ~* appui *m* financier ; *gegenseitige ~* assistance mutuelle ; *staatliche ~* subvention d'Etat ; *jdm eine ~ gewähren* accorder une aide à qqn.

unterstützungsbedürftig économiquement faible ; nécessiteux.

Unterstützungsbeihilfe *f*, **n** allocation *f* de soutien.

Unterstützungsfonds *m*, **-** fonds *m* de soutien ; fonds d'entraide.

Unterstützungskasse *f*, **n** caisse *f* de secours.

untersuchen 1. examiner ; contrôler **2.** *(jur.)* enquêter ; instruire.

Untersuchung *f*, **en 1.** examen *m* ; contrôle *m* ; *ärztliche ~* examen médical **2.** *(jur.)* instruction *f* ; enquête *f* ; *nach genauer ~* après enquête approfondie ; *eine ~ an/ordnen* ordonner une enquête ; *eine ~ durch/führen* mener une enquête.

Untersuchungsausschuß *m*, **¨sse** commission *f* d'enquête.

Untersuchungshaft *f*, **ϕ** ⇒ *U-Haft.*

Untersuchungshäftling *m*, **e** prévenu *m*.

Untersuchungskommission *f*, **en** commission *f* d'enquête.

Untersuchungsrichter *m*, **-** juge *m* d'instruction.

Untertag(e)arbeiter *m*, **-** mineur *m*, ouvrier *m* de fond.

Untertag(e)bau *m*, **ϕ** exploitation *f* au fond ; exploitation souterraine.

Untertag(e)leistung *f*, **en** rendement *m* au fond.

unterteilen subdiviser ; ventiler.

Unterteilung *f*, **en** subdivision *f* ; ventilation *f*.

untervermieten sous-louer.

Untervermietung *f*, **en** sous-location *f*.

unterversichert insuffisamment assuré.

unterversorgen sous-approvisionner.

Unterversorgung *f*, **en** sous-approvisionnement *m* ; approvisionnement *m* insuffisant.

Untervertreter *m*, **-** sous-agent *m*.

Untervertretung *f*, **en** sous-agence *f*.

unterwandern infiltrer ; affaiblir ; *der Parteiapparat wurde ~t* l'appareil du parti a été noyauté.

Unterwanderung *f*, **en** noyautage *m* ; infiltration *f* ; travail *m* de sape.

unterwegs en (cours de) route ; *der Brief ist ~* la lettre est déjà partie.

unterwerfen, a, o soumettre à ; *einer Kontrolle ~* soumettre à un contrôle.

unterzeichnen signer ; souscrire ; *das Abkommen wurde ~t* l'accord a été signé ; *den Wechsel ~* signer la traite *(syn. unterschreiben).*

Unterzeichner *m*, **- 1.** *(document)* signataire *m* ; partie *f* signataire ; soussigné *m* ; *Ich der ~ bevollmächtige Herrn...* Je soussigné donne procuration à Monsieur... **2.** *(contrat)* contractant *m* ; partie *f* contractante.

Unterzeichnerland *n*, **¨er** pays *m* signataire.

Unterzeichnete/r *(der/ein)* ⇒ *Unterzeichner.*

Unterzeichnung *f*, **en** signature *f* ; acte *m* de signature ; souscription *f* ; *~ der Römischen Verträge* signature du traité de Rome.

Unterzeichnungsprotokoll *n*, **e** protocole *m* de signature.

Unterzeichnungsurkunde *f*, **n** instrument *m* de signature (accords internationaux).

untilgbar non amortissable ; irremboursable ; *~e Anleihe* emprunt *m* non amortissable ; *~e Papiere* valeurs *fpl* perpétuelles.

Untreue *f*, **ϕ** abus *m* de confiance ; concussion *f* ; exaction *f*.

unüberbietbar imbattable ; *~es Angebot* offre *f* défiant toute concurrence.

unübertragbar incessible ; intransférable ; *~e Dokumente* documents *mpl* non négociables.

Unübertragbarkeit *f*, **ϕ** incessibilité *f* ; intransmissibilité *f*.

unverantwortlich irresponsable ; *das geschah durch eine ~e Leichtsinnigkeit* une négligence impardonnable en est la cause.

Unverantwortlichkeit *f*, **ϕ** irresponsabilité *f*.

unveräußerlich inaliénable ; *~e Rechte* droits *mpl* inaliénables.

Unveräußerlichkeit *f*, **ϕ** inaliénabilité *f*.

unverbindlich sans engagement ; sans obligation ; *~es Angebot* offre *f* sans engagement ; *~er Preis* prix *m* indicatif.

unverbürgt non confirmé.

unverfälscht non falsifié ; pur ; authentique ; *~er Wein* vin *m* non frelaté.

unverjährbar imprescriptible.

Unverjährbarkeit *f,* *φ* imprescriptibilité *f* ; *~ von Nazi-Verbrechen* imprescriptibilité des crimes nazis.

unverkäuflich invendable ; *~e Ware* marchandise *f* non commercialisable.

Unverkäuflichkeit *f,* *φ* invendabilité *f*.

unverkauft invendu ; *~e Waren* invendus *mpl.*

Unvermögen *n,* *φ* **1.** incapacité *f* ; impuissance *f* **2.** indigence *f* ; insolvabilité *f* ; *Erklärung über das ~* déclaration *f* d'indigence.

Unvermögensfall : *im ~* en cas d'insolvabilité.

unverpackt non emballé ; *~e Ware* marchandise *f* en vrac, non emballée.

unverschlüsselt en clair *(syn. im Klartext).*

unversehrt intact ; *das Paket ist in einem ~en Zustand angekommen* le colis est arrivé en parfait état.

unversteuert non imposé ; *~es Einkommen* revenu *m* non taxé.

unverwendbar inutilisable.

unverzinslich non productif ; qui ne rapporte pas d'intérêts ; dormant ; *~es Darlehen* prêt *m* sans intérêts ; crédit *m* gratuit.

unverzollt **1.** non dédouané **2.** en entrepôt ; *~ verkaufte Ware* marchandise *f* vendue en entrepôt.

unverzüglich immédiat ; sans délai ; *~ antworten* répondre dans les délais les plus brefs ; répondre dans les meilleurs délais.

unvorhergesehen imprévu ; *~e Kosten* frais *mpl* imprévus.

unwiderruflich irrévocable ; *~es Akkreditiv* accréditif *m* irrévocable.

unwirksam nul ; inexistant ; caduc ; *etw für ~ erklären* considérer qqch comme nul et non avenu.

unwirtschaftlich ⇒ *unrentabel.*

Unwirtschaftlichkeit *f,* *φ* ⇒ *Unrentabilität.*

Unze *f,* **n** once *f* ; unité *f* de mesure anglo-saxonne : 28,3 g ; *(or)* 31,1 g.

unzulänglich insuffisant ; *~e Verpackung* emballage *m* insuffisant ou défectueux.

Unzulänglichkeit *f,* **en** insuffisance *f* ; *~ der Masse* insuffisance d'actif.

unzulässig inadmissible ; irrecevable ; *~e Klage* plainte *f* irrecevable.

unzustellbar *(poste)* destinataire *m* inconnu à l'adresse indiquée ; *~e Sendung* envoi *m* en souffrance ; envoi tombé au rebut.

UPI *f (United Press International)* agence *f* de presse américaine.

urabstimmen lassen, ie, a faire procéder à un vote de la base ; consulter les ouvriers par référendum (grève).

Urabstimmung *f,* **en** **1.** référendum *m* à la base ; vote *m* sur la grève ; consultation *f* ouvrière. **2.** *(Suisse)* enquête *f* par écrit au sein d'une association.

Uran *n,* *φ* uranium *m.*

Uranbrenner *m,* **-** pile *f,* réacteur *m* nucléaire *(syn. Atomreaktor).*

Uranerz *n,* **e** minerai *m* d'uranium.

uranhaltig uranifère.

Uranindustrie *f,* **n** industrie *f* de l'uranium.

Uranreaktor *m,* **en** réacteur *m,* pile *f* à uranium.

Uranvorkommen *n,* **-** gisement *m* uranifère, d'uranium.

urbanisieren urbaniser.

Urbanisierung *f,* **en** urbanisation *f.*

urbanistisch urbaniste ; urbanistique.

urbar cultivable ; *~ machen* défricher ; en faire une terre de culture.

urgieren *(Autriche)* accélérer qqch ; pousser à qqch.

Urheber *m,* **-** auteur *m.*

Urheberrecht *n,* **e** droit *m* d'auteur ; propriété *f* littéraire (et artistique) *(syn. Copyright).*

urheberrechtlich geschützt tous droits d'auteurs réservés.

Urheberrechtsgesetz *n,* **(e)** loi *f* sur la propriété littéraire (et artistique).

Urkunde *f,* **n** acte *m* ; document *m* ; titre *m* ; pièce *f* **I.** *amtliche ~* acte officiel ; *beglaubigte ~* acte légalisé, authentique ; *gefälschte ~* faux document ; *notarielle ~* acte notarié ; *öffentliche ~* acte officiel, public ; *standesamtliche ~* pièce d'état civil ; *~ der Verwaltungsbehörde* document administratif **II.** *eine ~ ab/fassen* rédiger un acte ; *eine ~ aus/stellen* établir un document ; *eine ~ unterzeichnen* signer un acte ; *~n vor/legen* produire des pièces.

urkunden **1.** enregistrer qqch sur un document officiel **2.** être officiellement attesté.

Urkundenbeweis *m,* **e** preuve *f* documentaire.

Urkundenfälscher *m,* **-** falsificateur *m* de documents ; faussaire *m.*

Urkundenfälschung *f,* **en** falsification *f* de documents ; faux *m* en écriture ; *eine ~ begehen* commettre un faux ; faire un faux.

Urkundenregister *n,* **-** registre *m* des minutes ; minutier *m* ; registre officiel.

Urkundensammlung *f,* **en** archives *fpl.*

Urkundensteuer *f,* **n** taxe *f* sur les actes.

urkundlich document(s) à l'appui ; *etw ~ beweisen* prouver qqch documents à l'appui.

Urlaub *m,* **(e)** congé *m* ; vacances *fpl* **I.** *bezahlter ~* congé payé ; *gesetzlicher ~* congé légal ; *~ aus persönlichen Gründen* congé pour convenance personnelle ; *tariflicher ~* congé conventionnel ; *unbezahlter ~* congé sans solde **II.** *~ beantragen* demander un congé ; *~ haben* avoir congé ; *~ nehmen* prendre un (du) congé ; *in (auf) ~ sein* être en congé.

Urlauber *m,* **-** vacancier *m.*

Urlaubsgeld *n,* **er** prime *f* de vacances.

Urlaubsstaffelung *f,* **en** étalement *m* des vacances, des congés.

Urprodukt *n,* **e** *(rare)* matière *f* première ; produit *m* primaire.

Urproduktion *f,* **en** production *f* de matières premières.

Urschrift *f,* **en** original *m* ; *in ~* en original ; *die ~ einer Urkunde* l'original d'un document.

Ursprung *m,* **¨e** origine *f* ; provenance *f* ; *seinen ~ haben in(+D)* provenir de.

Ursprungsangabe *f,* **n** indication *f* d'origine *(syn. Herkunftsangabe).*

Ursprungsland *n,* **¨er** pays *m* d'origine.

Ursprungsnachweis *m,* **e** attestation *f* d'origine.

Ursprungsvermerk *m,* **e** ⇒ *Ursprungsangabe.*

Ursprungszeugnis *n,* **se** certificat *m* d'origine.

Urteil *n,* **e** jugement *m* ; sentence *f* ; verdict *m* ; arrêt *m* **I.** *erstinstanzliches ~* jugement en première instance ; *freisprechendes ~* jugement d'acquittement ; *rechtskräftiges (vollstreckbares) ~* jugement exécutoire ; *willkürliches ~* jugement arbitraire **II.** *ein ~ auf/heben* casser, annuler un jugement ; *ein ~ aus/sprechen (fällen)* prononcer un jugement ; *ein ~ vollstrecken* exécuter un jugement.

urteilen 1. juger ; *über eine Sache ~* porter un jugement sur une affaire ; *auf Grund der Akten ~* juger sur pièces. **2.** *(jur.)* rendre un jugement, une sentence.

Urteilsaufhebung *f,* **en** annulation *f* d'un jugement ; invalidation *f* d'une sentence.

Urteilsaussetzung *f,* **en** renvoi *m* d'un jugement ; mise *f* en délibéré.

Urteilsbegründung *f,* **en** attendus *mpl* du jugement.

Urteilsspruch *m,* **¨e** jugement *m* ; sentence *f.*

Urteilsverkündung *f,* **en** prononcé *m* d'un jugement.

Urteilsvollstreckung *f,* **en** exécution *f* du jugement.

Urwahl *f,* **en** vote *m* direct ; scrutin *m* direct.

Usance *f,* **n** [y'zã:sə] usage *m* (commercial) ; usances *fpl* ; us *mpl* et coutumes *fpl.*

Usancenhandel *m,* **φ** commerce *m* de change (un commerçant allemand négocie des dollars avec une firme hollandaise au cours de Zurich, par ex.).

usancenmäßig d'usage.

Usanz *f,* **en** *(Suisse)* ⇒ *Usance.*

Uso *m,* **s** ⇒ *Usance.*

Usowechsel *m,* **-** traite *f* d'usage ; lettre *f* de change a trente jours.

u.ü.V. *(unter üblichem Vorbehalt)* sous (avec) les réserves d'usage.

V

VA ⇒ *Vorzugsaktie.*

V.A.E. *(Vereinigte Arabische Emirate)* Emirats *mpl* arabes unis.

vakant vacant ; libre ; inoccupé ; *eine ~e Stelle* un poste vacant.

Vakanz *f,* **en** vacance *f* ; poste *m* vacant.

Vakanzliste *f,* **n** liste *f* des chambres (d'hôtel) encore disponibles.

vakuumverpackt emballé sous vide.

Vakuumverpackung *f,* **en** emballage *m* sous vide.

validieren valider.

Validität *f,* **φ** validité *f.*

valorem : *ad ~* selon la valeur (la taxe sur la marchandise importée est proportionnelle à sa valeur).

Valoren *pl* valeurs *fpl* ; objets *mpl* de valeur.

Valorenversicherung *f,* **en** assurance *f* de titres et d'objets de valeur.

Valorisation *f,* **en** valorisation *f* ; réévaluation *f*.

valorisieren valoriser.

Valuta *f,* **-ten** monnaie *f* étrangère ; devise *f* ; *hochwertige ~* devise forte ; devise appréciée.

Valutaanleihe *f,* **n** emprunt *m* (libellé) en monnaie étrangère.

Valutageschäft *n,* **e** opération *f* de change.

Valutagewinn *m,* **e** bénéfice *m* de change.

Valutaguthaben *pl* avoirs *mpl* en devises ; avoirs de change.

Valutaklausel *f,* **n** clause *f* de protection de change sur la valeur fournie.

Valutakurs *m,* **e** cours *m* du change ; cours des monnaies étrangères.

Valuta-Mark *f,* *ϕ* *(RDA)* unité *f* de compte, de conversion permettant le calcul des prix à l'importation ou à l'exportation en marks (M) ; valutamark *m*.

Valutanotierung *f,* **en** cote *f* des changes ; cotation *f* des monnaies étrangères.

Valutapapier *n,* **e** titre *m,* valeur *f* étranger(ère) ou libellé(e) en monnaie étrangère.

valutaschwach à monnaie dépréciée ; à monnaie faible.

Valutaspekulation *f,* **en** spéculation *f* sur les changes.

valutastark à monnaie forte.

Valuten *pl* coupons *mpl* de titres étrangers.

valutieren **1.** affecter une valeur a **2.** fixer une date.

Valvation *f,* **en** estimation *f* ; fixation de la valeur d'une monnaie.

Variante *f,* **n** variante *f*.

Varianz *f,* **en** *(statist.)* variance *f*.

Varianzanalyse *f,* **n** *(statist.)* analyse *f* de variance.

Variation *f,* **en** variation *f* ; *~ der Kosten* variation des coûts.

variieren varier ; *die Preise ~ stark* on note une forte variation des prix.

VDK *m,* **s** *(Verband Deutscher Konsumgenossenschaften) (R.D.A.)* association *f* des coopératives allemandes de consommation.

VE ⇒ *Verrechnungseinheit.*

VEB *m,* **s** *(Volkseigener Betrieb) (R.D.A.)* entreprise *f* industrielle nationalisée ; *bezirksgeleiteter ~* entreprise à gestion locale ; *zentralgeleiteter ~* entreprise à gestion centrale.

VEG *n,* **s** *(Volkseigenes Gut) (R.D.A.)* domaine *m* (agricole) propriété du peuple.

Venture capital *n* ⇒ *Risikokapital.*

verabreden **1.** convenir ; stipuler **2.** *sich mit jdm ~* prendre rendez-vous avec qqn.

Verabredung *f,* **en** **1.** stipulation *f* ; arrangement *m* ; entente *f* ; convention *f* **2.** rendez-vous *m* ; *mit jdm eine ~ treffen* prendre rendez-vous avec qqn.

verabschieden **1.** *sich ~* prendre congé ; faire ses adieux **2.** licencier ; congédier ; *er wurde ~t* il a été remercié **3.** *(jur.)* adopter ; voter ; *ein Gesetz ~* voter une loi ; *den Haushalt ~* adopter le budget.

Verabschiedung *f,* **(en)** **1.** congé *m* **2.** renvoi *m* ; licenciement *m* **3.** *(jur.)* adoption *f* ; vote *m*.

veralten vieillir ; *Maschinen ~* usure *f* des machines.

verändern changer ; modifier ; transformer.

Veränderung *f,* **en** changement *m* ; modification *f* ; transformation *f* ; *bevorstehende ~* changement imminent ; *strukturelle ~* changement de structure.

veranlagen **1.** établir l'assiette de l'impôt **2.** imposer.

Veranlagung *f,* **en** **1.** assiette *f* d'un impôt **2.** imposition *f*.

Veranlagungsgrundlage *f,* **n** base *f* d'imposition.

Veranlagungssteuer *f,* **n** assiette *f* de l'impôt.

veranschlagen évaluer ; estimer ; *den Schaden auf eine Million ~* évaluer le dommage subi à un million ; *zu hoch ~* surévaluer ; *zu niedrig ~* sous-évaluer ; *die ~ten Kosten überschreiten* dépasser les coûts prévus.

Veranschlagung *f,* **en** évaluation *f* ; estimation *f* ; devis *m*.

veranstalten organiser ; mettre sur pied ; *eine Meinungsumfrage ~* organiser un sondage.

Veranstalter *m,* **-** organisateur *m*.

Veranstaltung *f,* **en** organisation *f* ; manifestation *f* ; fête *f*.

Veranstaltungskalender *m,* **-** calendrier *m* des manifestations.

verantworten **1.** répondre de ; assumer la responsabilité de ; *er muß die Kosten ~* il doit supporter les frais ; *sie ~ (für) dieses Projekt* ils sont responsables de ce projet **2.** *sich für etw ~* se justifier de qqch.

verantwortlich responsable ; *~e Stellung* poste *m* de responsabilité ; *jdn für etw ~ machen* rendre qqn responsable de qqch ; *für etw ~ sein* être responsable de qqch ; *~ zeichnen* engager sa signature, sa responsabilité.

Verantwortlichkeit *f*, **(en)** responsabilité *f*.

Verantwortung *f*, **en** responsabilité *f* **I.** *finanzielle ~* responsabilité financière ; *politische ~* responsabilité politique ; *zivilrechtliche ~* responsabilité civile **II.** *die ~ ab/lehnen* décliner la responsabilité ; *für etw die ~ tragen (übernehmen)* assumer la responsabilité de qqch ; *etw auf eigene ~ tun* prendre qqch sous son bonnet.

verantwortungsbewußt conscient de ses responsabilités ; *~er Manager* un manager conscient et responsable.

verantwortungslos irresponsable ; *~ handeln* agir à la légère, sans réfléchir.

Verantwortungslosigkeit *f*, ϕ irresponsabilité *f*.

verantwortungsvoll responsable ; *~e Stellung* poste *m* de responsabilité.

verarbeitbar transformable ; *~er Stoff* matière *f* transformable.

verarbeiten transformer ; travailler ; fabriquer ; œuvrer ; manufacturer ; utiliser ; *50 Tonnen Kohle täglich ~* traiter 50 tonnes de charbon par jour ; *~de Industrie* industrie *f* transformatrice.

Verarbeitung *f*, **en** travail *m* de transformation ; usinage *m* ; traitement *m* ; *in ~ befindlich* en cours de transformation.

Verarbeitungsbetrieb *m*, **e** entreprise *f* de transformation.

Verarbeitungsindustrie *f*, **n** industrie *f* de transformation.

Verarbeitungspreis *m*, **e** prix *m* de la transformation ; prix de façon.

verarmen s'appauvrir.

Verarmung *f*, ϕ appauvrissement *m* ; *die allmähliche ~ der Länder der dritten Welt* la paupérisation progressive des pays du tiers monde.

verauktionieren ⇒ *versteigern*.

verausgaben dépenser ; *sich ~* dépenser tout son argent ; se ruiner.

Verausgabung *f*, **en** dépense *f*.

verauslagen avancer (de l'argent) ; débourser *(syn. auslegen)*.

Verauslagung *f*, **en** déboursement *m*.

veräußern céder ; aliéner ; vendre ; *Aktien ~* se défaire d'actions ; *Rechte ~* céder des droits.

veräußerlich aliénable ; cessible ; *~es Recht* droit *m* aliénable.

Veräußerung *f*, **en** aliénation *f* ; vente *f* ; cession *f*.

Veräußerungsgewinn *m*, **e** plus-value *f* de cession.

Verband *m*, **¨e** association *f* ; groupement *m* ; union *f* ; fédération *f* ; syndicat *m* **I.** *beliehene ~¨e* associations semi-publiques, consulaires (chambres de commerce et d'artisans) ; *berufsständischer ~* chambre professionnelle ; *gemeinnütziger ~* association reconnue d'utilité publique ; *internationaler ~* union internationale ; *öffentlich-rechtlicher ~* association de droit public ; *privat-rechtlicher ~* association de droit privé **II.** *einem ~ bei/treten* adhérer à une association ; *einen ~ gründen* fonder une association.

Verbandskasse *f*, **n** caisse *f* d'une association.

Verbandsleiter *m*, **-** ⇒ *Verbandsvorsitzender*.

Verbandsmitglied *n*, **er** membre *m*, adhérent *m* d'une association.

Verbandsvorsitzende/r *(der/ein)* président *m* d'une association, d'une fédération.

verbeamten fonctionnariser ; titulariser.

Verbeamtung *f*, **(en)** fonctionnarisation *f* ; titularisation *f*.

verbessern améliorer ; réformer ; corriger ; *die Qualität ~* relever la qualité ; *sich in einer Stellung ~* améliorer sa situation.

Verbesserung *f*, **en** amélioration *f* ; réforme *f* ; *~ der Arbeitsbedingungen* amélioration des conditions de travail ; *~ der Handelsbilanz* redressement *m* de la balance commerciale.

verbesserungsfähig perfectible ; susceptible d'amélioration.

verbieten o, o interdire ; défendre ; prohiber ; *mein Geldbeutel ~t es mir* ma bourse ne me le permet pas.

verbilligen diminuer le prix ; *~te Eintrittskarte* billet *m* à prix réduit.

Verbilligung *f*, **(en)** réduction *f* (prix).

verbinden a, u unir ; réunir ; (re)lier ; joindre ; *(téléph.) falsch verbunden* il y a erreur ; vous vous êtes trompé de numéro ; *mit Kosten verbunden sein* entraîner des frais ; *verbundene Produktion* production *f* liée ; *verbundene Versicherung* assurance *f* multirisques.

verbindlich 1. obligeant ; courtois ; *~e Worte* paroles *fpl* de courtoisie ; *~sten Dank* avec mes plus vifs remerciements **2.** obligatoire ; ferme ; coercitif ;

~es Angebot offre *f* ferme ; *~er Tarif* tarif *m* obligatoire ; *sich ~ machen zu...* s'engager à ; *~ sein* avoir force obligatoire ; faire foi.

Verbindlichkeit *f,* **en 1.** obligeance *f* ; complaisance *f* **2.** obligation *f* ; engagement *m* ; caractère *m* obligatoire ; *~en* dettes *fpl* ; obligations *fpl* ; exigibilités *fpl* **I.** *befristete ~* engagement, obligation à terme ; *fällige ~* engagement venant à échéance ; *gegenseitige ~* engagement mutuel ; *ohne ~* sans engagement **II.** *eine ~ ein/gehen* contracter, assumer une obligation ; *eine ~ erfüllen* satisfaire une obligation ; *seinen ~en nach/kommen* respecter ses engagements.

Verbindung *f,* **en** liaison *f* ; jonction *f* ; relation *f* ; communication *f* **I.** *briefliche ~* relation épistolaire ; *geschäftliche ~* relation commerciale, d'affaires **II.** *mit jdm ~en an/knüpfen* établir des contacts avec qqn ; *mit jdm ~ auf/nehmen* prendre contact avec qqn ; *keine ~en haben* ne pas avoir de relations, de piston ; *sich mit jdm in ~ setzen* se mettre en rapport avec qqn ; *(téléph.) ~ bekommen* entrer en communication ; *eine ~ (via Satellit) her/stellen* établir une liaison (par satellite) ; *die ~ unterbrechen* couper une communication ; *mit jdm in ~ stehen* être en relation, en communication avec qqn.

Verbindungsbüro *n,* **s** bureau *m* de liaison.

Verbindungsmann *m,* **-männer** ou **-leute** agent *m* de liaison ; homme *m* de liaison ; intermédiaire *m.*

Verbindungsstelle *f,* **n** bureau *m* de liaison ; point *m* de jonction.

Verbindungsweg *m,* **e** voie *f,* axe *m* de communication.

verborgen *(rare)* prêter ; *Geld ~* prêter de l'argent *(syn. borgen ; leihen).*

Verbot *n,* **e** défense *f* ; interdiction *f* ; prohibition *f* **I.** *gesetzliches ~* prohibition légale ; *verschleiertes ~* interdiction déguisée ; *~ unlauteren Wettbewerbs* interdiction de se livrer à la concurrence déloyale **II.** *ein ~ erlassen* ordonner, décréter une interdiction ; *ein ~ übertreten* passer outre à une interdiction.

Verbrauch *m,* **(¨e)** consommation *f* ; *durchschnittlicher ~* consommation moyenne ; *gewerblicher ~* consommation industrielle ; *häuslicher ~* consommation domestique ; *laufender ~* consommation courante ; *~ an Luxusgütern* consommation de produits de luxe ; *privater ~* consommation privée ; *~ pro Kopf der Bevölkerung* consommation par tête d'habitant *(syn. Konsum).*

verbrauchen 1. consommer ; *Lebensmittel ~* consommer des denrées alimentaires *(syn. konsumieren)* **2.** utiliser ; épuiser ; *den ganzen Vorrat ~* épuiser tout le stock.

Verbraucher *m,* **-** consommateur *m* ; usager *m* ; utilisateur *m* ; *inländischer ~* consommateur national ; *letzter ~* consommateur final ; *auf den ~ ab/wälzen* répercuter sur le consommateur *(syn. Konsument).*

Verbraucheranalyse *f,* **n** enquête *f* auprès des consommateurs.

Verbraucherbedarf *m,* **ϕ** besoins *mpl* des consommateurs.

Verbraucherforschung *f,* **en** ⇒ *Konsumerismus.*

Verbrauchergenossenschaft *f,* **en** coopérative *f* de consommateurs.

Verbraucherkredit *m,* **e** crédit *m* à la consommation ; crédit aux consommateurs.

Verbraucherland *n,* **¨er** pays *m* consommateur.

Verbrauchermarkt *m,* **¨e** hypermarché *m* ; grande surface *f* (supérieure à 3 000 m^2).

Verbrauchernachfrage *f,* **n** demande *f* des consommateurs.

Verbraucherorganisation *f,* **en** association *f* de consommateurs ; organisation *f* de consommateurs.

Verbraucherpanel *n,* **s** [...'pɛnəl] panel *m* de consommateurs.

Verbraucherpreis *m,* **e** prix-consommateur *m* ; prix à la consommation ; prix public.

Verbraucherpreisindex *m,* **-indizes** indice *m* des prix à la consommation.

Verbraucherschicht *f,* **en** catégorie *f* (socio-professionnelle) de consommateurs.

Verbraucherschutz *m,* **ϕ** consumérisme *m* ; mouvement *m* de défense des consommateurs *(syn. Konsumerismus).*

Verbraucherumfrage *f,* **n** enquête *f* auprès des consommateurs.

Verbraucherverband *m,* **¨e** ⇒ *Verbraucherorganisation.*

Verbraucherzentrale *f,* **n** centrale *f* de consommateurs.

Verbraucherzurückhaltung *f,* **ϕ** réserve *f* des consommateurs ; tiédeur *f* des achats.

Verbrauchsgewohnheit *f,* **en** habitude

f de consommation ; *die ~en ändern* changer les habitudes de consommation.

Verbrauchsgüter *pl* biens *mpl*, produits *mpl*, articles *mpl* de consommation courante ; *dauerhafte ~* biens durables, d'usage ; *kurzlebige, langlebige ~* biens de consommation courante, biens de consommation durables.

Verbrauchsgüterindustrie *f*, **n** industrie *f* des biens de consommation.

Verbrauchsland *n*, **¨er** pays *m* consommateur.

Verbrauchslenkung *f*, **en** orientation *f* de la consommation, des consommateurs (par la publicité, etc.).

Verbrauch(s)steuer *f*, **n** taxe *f* à la consommation.

Verbrechen *n*, **-** crime *m* ; délit *m* grave ; *ein ~ begehen* commettre un crime.

Verbrecher *m*, **-** criminel *m* ; malfaiteur *m* ; auteur *m* d'un délit.

verbriefen confirmer, reconnaître, garantir par écrit ; *~tes Recht* droit *m* garanti, inaliénable.

verbuchen 1. comptabiliser ; mettre, porter en compte ; passer en écriture, passer dans les livres ; *Geschäftsvorgänge ~* enregistrer des opérations ; *wir ~ den Verlust auf Konto...* nous passons la perte au compte... *(syn. buchen)* **2.** enregistrer ; *einen Rekord ~* enregistrer un record.

Verbuchung *f*, **en** comptabilisation *f* ; passation *f* en écritures ; inscription *f* en compte ; *Konten zur vorläufigen ~* comptes *mpl* d'attente.

Verbund- *(préfixe)* relié à ; intégré ; associé à.

verbunden ⇒ *verbinden*.

verbundfahren *(ist) (à l'infinitif et au participe passé)* avoir un billet de transport combiné (train, bus, etc.) ; *(Paris)* avoir une « carte orange ».

Verbundlochkarte *f*, **n** *(inform.)* carte *f* perforée avec indications en clair.

Verbundsystem *n*, **e 1.** ⇒ *Verbundwirtschaft* **2.** *(transp.)* transport *m* combiné métro-bus (par ex.).

Verbundunternehmen *n*, **-** entreprise *f* intégrée.

Verbundwerbung *f*, **en** publicité *f* commune ; publicité collective.

Verbundwirtschaft *f*, **en** économie *f* intégrée ; économie de production liée (notamment la collaboration d'entreprises du secteur énergétique en vue d'accroître la rentabilité).

verbürgen garantir ; cautionner ; *mit ~tem Absatz* avec garantie de débouché ; vente *f* assurée ; *sich für jdn ~* se porter garant de qqn ; répondre de qqn.

Verbürgung *f*, *ϕ* garantie *f* ; cautionnement *m*.

verbürokratisieren bureaucratiser ; fonctionnariser.

verbüßen purger ; *eine Strafe ~* purger une peine.

verbuttern *(fam.)* jeter son argent par les fenêtres ; gaspiller son argent.

verdaten *(inform.)* informatiser.

Verdatung *f*, **en** *(inform.)* informatisation *f*.

verderben a, o s'abîmer ; se détériorer (alimentation) ; *verdorbene Ware* marchandise *f* gâtée ; *die Preise ~* gâcher les prix.

verderblich périssable ; *~e Lebensmittel* denrées *fpl* périssables.

Verdichtungsraum *m*, **¨e** zone *f* à très forte concentration de population ; *~ Ruhrgebiet* mégapole *f*, mégapolis *f* de la Ruhr.

verdienen 1. gagner ; *an einem Geschäft viel Geld ~* gagner beaucoup d'argent sur une affaire ; *gut ~* bien gagner sa vie ; *seinen Lebensunterhalt ~* gagner sa vie ; *nebenbei verdienen* faire des à-côtés **2.** mériter ; être digne ; *dieses Angebot ~t volle Aufmerksamkeit* cette offre mérite toute notre attention.

Verdiener *m*, **-** personne *f* qui travaille (celui qui ramène l'argent à la maison).

Verdienst *m*, **e 1.** salaire *m* ; gain *m* ; *einen guten, geringen ~ haben* avoir un bon, un petit salaire **2.** bénéfice *m* ; profit *m*.

Verdienstausfall *m*, **¨e** manque *m* à gagner ; perte *f* de salaire.

Verdienstbescheinigung *f*, **en** attestation *f* de salaire ; relevé *m* de salaire.

Verdienstmöglichkeit *f*, **en** possibilité *f* de gain.

Verdienstquelle *f*, **n** source *f* de revenu.

Verdienstspanne *f*, **n** marge *f* bénéficiaire.

verdolmetschen servir d'interprète ; traduire ; *er hat das Gespräch ~t* il a traduit l'entretien.

verdoppeln doubler ; *der Umsatz hat sich verdoppelt* le chiffre d'affaires a doublé.

verdrängen écarter ; éliminer ; supplanter ; *vom Markt ~* évincer du marché.

Verdrängung *f*, **en** élimination *f* ; éviction *f*.

Verdrängungswettbewerb *m,* **e** concurrence *f* à outrance (destinée à évincer les concurrents).

verdreifachen tripler.

Verdunkelung *f,* **(en)** *(jur.)* dissimulation *f* (de preuves, de faits à charge).

Verdunkelungsgefahr *f,* **en** *(jur.)* risque *m* de dissimulation ; risque de destruction de preuves ou documents à charge.

veredeln améliorer ; affiner ; finir ; *Produkte ~* affiner des produits.

Vered(e)lung *f,* **en** amélioration *f* ; affinage *m* ; finissage *m.*

Veredelungsindustrie *f,* **n** industrie *f* d'affinage, de finissage ; industrie de transformation.

Veredelungsprodukt *n,* **e** produit *m* transformé ; produit affiné.

Veredelungswirtschaft *f,* *ϕ* industries *fpl* de transformation des produits du secteur agro-alimentaire.

vereiden *(arch.) ⇒ vereidigen.*

vereidigen assermenter ; *~ter Makler* courtier *m* assermenté ; *einen Zeugen ~* faire prêter serment à un témoin.

Vereidigung *f,* **en** prestation *f* de serment.

Vereidung *f,* **en** *(arch.) ⇒ Vereidigung.*

Verein *m,* **e** association *f* ; société *f* ; ligue *f* ; union *f* ; cercle *m* ; amicale *f* ; *eingetragener ~ (e.V.)* association inscrite au registre ; *gemeinnütziger ~* association reconnue d'utilité publique ; *nicht wirtschaftlicher ~* association sans but lucratif.

vereinbar *(mit + D)* compatible (avec).

vereinbaren convenir de ; conclure ; *~tes Geschäft* affaire *f* conclue ; *~ter Preis* prix *m* convenu ; *einen Termin ~* convenir d'une date ; *wie ~t* comme convenu.

Vereinbarung *f,* **en** convention *f* ; accord *m* ; contrat *m* ; entente *f* ; stipulation *f* **I.** *ausdrückliche ~* convention explicite, expresse ; *gütliche ~* arrangement *m* à l'amiable ; *mündliche ~* accord verbal ; *nach ~* selon accord ; *schriftliche ~* convention écrite ; *stillschweigende ~* accord tacite ; *vertragliche ~* accord fixé par contrat ; stipulation *f* **II.** *sich an eine ~ halten* s'en tenir aux termes d'un accord ; *eine ~ treffen* conclure un accord.

vereinbarungsgemäß conformément aux accords ; comme convenu.

vereinfachen simplifier ; *~tes Verfahren* procédure *f* sommaire.

Vereinfachung *f,* **en** simplification *f* ; *~ der Zollformalitäten* simplification des formalités douanières.

vereinheitlichen unifier ; uniformiser ; standardiser ; harmoniser.

Vereinheitlichung *f,* **en** harmonisation *f* ; standardisation *f* ; normalisation *f* ; *~ der Tarife* uniformisation *f* des tarifs.

Vereinigung *f,* **en** association *f* ; groupement *m* ; union *f* ; *berufliche ~* association professionnelle ; *gemeinnützige ~* association reconnue d'utilité publique ; *wirtschaftliche ~* union économique ; *(R.D.A.) ~ Volkseigener Betriebe (VVB)* union d'entreprises nationalisées.

Vereinigungsfreiheit *f,* *ϕ* liberté *f* d'association.

vereinnahmen encaisser ; faire la recette.

Vereinte Nationen *pl (VN)* Nations *fpl* unies *(syn. UNO).*

verelenden s'appauvrir ; être en voie de paupérisation.

Verelendung *f,* **(en)** appauvrissement *m* ; paupérisation *f.*

Verelendungstheorie *f,* *ϕ* théorie *f* de paupérisation (Marx).

vererbbar *⇒ vererblich.*

vererben léguer ; *jdm ein Haus ~* laisser une maison en héritage à qqn.

vererblich héréditaire ; transmissible par voie de succession ; *~es Recht* droit *m* transmissible (par succession).

Vererbung *f,* **en 1.** hérédité *f* **2.** transmission *f* par succession ; dévolution *f.*

verfahren u, a 1. procéder ; agir ; opérer ; *mit der notwendigen Sorgfalt ~* procéder avec toutes les précautions voulues **2.** *Zeit ~* perdre du temps en trajet voiture.

Verfahren *n,* **- 1.** procédure *f* (juridique) ; modalité *f* ; mode *m* **I.** *patentiertes ~* procédé breveté ; *gerichtliches ~* procédure juridique ; *schriftliches ~* procédure écrite **II.** *ein ~ ein/leiten* engager une procédure ; *das ~ ein/stellen* arrêter la procédure ; *das ~ wieder/auf/nehmen* reprendre la procédure **2.** procédé *m* (technique) ; *ein ~ an/wenden* utiliser un procédé ; *nach den neuesten ~ arbeiten* travailler selon les techniques de pointe.

Verfahrensantrag *m,* **¨e** *(jur.)* motion *f* de procédure.

Verfahrenseinstellung *f,* **en** *(jur.)* nonlieu *m* ; cessation *f* de la procédure.

Verfahrenskosten *pl (jur.)* frais *mpl* de procédure.

verfahrensrechtlich : *~e Frage* question *f* de procédure.

Verfahrenstechnik *f,* **en** procédé *m* technique.

Verfahrensweise *f,* **n** mode *m* de procédure.

Verfall *m,* φ **1.** échéance *f* ; expiration *f* ; terme *m* ; *bei ~* à l'échéance ; à expiration ; *vor ~* avant l'échéance ; *~ eines Wechsels* échéance d'une traite *(syn. Fälligwerden)* **2.** déchéance *f* ; *~ eines Anspruchs* déchéance d'un droit **3.** effondrement *m* ; chute *f* ; *~ des Dollars* effondrement du dollar.

verfallen, ie, a *(ist)* expirer ; *der Wechsel verfällt am 1. Mai* la traite arrive à échéance le 1er mai *(syn. fällig werden).*

verfallen expiré ; périmé ; échu ; déchu ; caduc ; *~er Anspruch* droit *m* déchu ; *~er Fahrausweis* billet *m* périmé.

Verfallklausel *f,* **n** clause *f* de déchéance, commissoire (dont l'inexécution annule l'acte sur lequel elle figure).

Verfall(s)tag *m,* **e** jour *m* d'échéance ; date *f* d'expiration ; *Aufschub des ~s* report *m* d'échéance ; *am ~* à l'échéance ; *bis zum ~* jusqu'à l'échéance.

Verfall(s)zeit *f,* **en** date *f* d'échéance ; terme *m.*

verfälschen altérer ;. fausser ; falsifier ; *~te Bilanz* bilan *m* falsifié ; *~ter Wein* vin *m* frelaté ; *Urkunden ~* falsifier des documents.

Verfälschung *f,* **en** falsification *f* ; altération *f* ; contrefaçon *f.*

verfassen rédiger ; écrire ; *einen Brief ~* rédiger une lettre.

Verfassung *f,* **en** *(polit.)* constitution *f* ; charte *f* ; *geschriebene ~* constitution écrite ; *ungeschriebene ~* constitution coutumière ; *die ~ ändern* réviser la constitution ; *gegen die ~ handeln* commettre un acte anticonstitutionnel.

Verfassungsänderung *f,* **en** révision *f,* amendement *m* constitutionnel(le).

Verfassungsbruch *m,* **¨e** violation *f* de la constitution.

verfassungsfeindlich anticonstitutionnel.

verfassungsgebend constituant ; *~e Versammlung* assemblée *f* constituante.

verfassungsmäßig constitutionnel.

Verfassungsmäßigkeit *f,* φ constitutionnalité *f.*

Verfassungsschutz *m,* φ protection *f* de la constitution ; *(R.F.A.) Amt für ~* services *mpl* de contre-espionnage.

verfassungswidrig anticonstitutionnel.

Verfassungswidrigkeit *f,* φ anticonstitutionnalité *f.*

Verfechter *m,* **-** défenseur *m* ; champion *m* ; chaud partisan *m.*

verfertigen fabriquer ; confectionner ; manufacturer.

Verfertigung *f,* **en** fabrication *f* ; confectionnement *m.*

verfilzen être intimement mêlé ; être imbriqué à ; *er ist mit Gewerkschaften und Großindustrie ~t* il a partie liée avec les syndicats et l'industrie.

Verfilzung *f,* **en** interférence *f* des intérêts privés et de l'intérêt général ; népotisme *m* ; maf(f)ia *f.*

verflechten, o, o concentrer ; former des trusts *(contr. entflechten).*

Verflechtung *f,* **en** interdépendance *f* ; interpénétration *f* ; concentration *f* ; formation *f* de trusts ; participations *fpl* croisées ; *~ der Märkte* interdépendance des marchés ; *wirtschaftliche ~* interpénétration économique *(contr. Entflechtung).*

verflüssigen **1.** liquéfier ; *Kohle ~* liquéfier du charbon **2.** réaliser (un capital).

Verflüssigung *f,* **en** liquéfaction *f* ; dilution *f.*

verfrachten **1.** *(maritime)* fréter ; affréter ; charger **2.** expédier ; transporter.

Verfrachten *n,* φ ⇒ *Verfrachtung.*

Verfrachter *m,* **-** armateur *m* ; fréteur *m.*

Verfrachtung *f,* **en** fret *m* ; affrètement *m* ; chargement *m* ; expédition *f.*

verfügbar disponible ; *~es Geld* argent *m* disponible ; *~e Menge* quantité *f* disponible ; *~e Mittel* fonds *mpl,* capitaux *mpl* disponibles ; *dieser Artikel ist im Augenblick nicht ~* cet article n'est actuellement pas disponible.

Verfügbarkeit *f,* φ disponibilité *f.*

verfügen **1.** disposer ; *über einen Betrag ~* disposer d'une somme ; *die Firma ~t über genügend Kapital* la maison dispose de capitaux suffisants **2.** décréter ; ordonner ; *den Bau einer Autobahn ~* ordonner la construction d'une autoroute.

Verfügung *f,* **en** disposition *f* ; arrêté *m* ; décret *m* ; décision *f* ; ordonnance *f* **I.** *amtliche ~* décision administrative ; *einstweilige ~* ordonnance provisoire, de référé ; mesure *f* de référé (procédure d'urgence par laquelle le tribunal règle provisoirement un litige sans se prononcer sur le fond de l'affaire) ; *letztwillige ~* disposition testamentaire **II.** *zu seiner*

~ *haben* avoir à sa disposition ; *jdm zur ~ stehen* être à la disposition de qqn ; *jdm etw zur ~ stellen* mettre qqch à la disposition de qqn.

verfügungsberechtigt autorisé à disposer.

Verfügungsgewalt *f,* **(en) 1.** pouvoir *m* de disposition ; droit *m* de disposer **2.** pouvoir *m* discrétionnaire.

Vergabe *f,* **(n) 1.** octroi *m* ; ~ *von Krediten an Privatpersonen* octroi de crédits à des particuliers **2.** appel *m* d'offres ; adjudication *f* ; passation *f* d'un marché (public) ; ~ *öffentlicher Arbeiten* adjudication de marchés de travaux publics.

vergeben, a, e 1. attribuer ; die *Stelle ist schon ~* la place a déjà été attribuée **2.** adjuger ; passer un marché.

Vergebung *f,* **(en)** ⇒ *Vergabe.*

vergelten, a, o *(rare)* payer ; rendre ; récompenser.

Vergeltung *f,* **en** représailles *fpl* ; rétorsion *f* ; vengeance *f* ; ~ *üben* user de représailles.

Vergeltungsmaßnahme *f,* **n** mesure *f* de rétorsion ; *wirtschaftliche ~n ergreifen* user de représailles économiques.

vergesellschaften 1. transformer, mettre en société ; *sich mit jdm ~* s'associer avec qqn **2.** *(polit.)* socialiser ; collectiviser ; étatiser ; *das Privateigentum ~* nationaliser la propriété privée *(syn. verstaatlichen ; nationalisieren).*

Vergesellschaftung *f,* **en 1.** transformation *f*, mise *f* en société **2.** *(polit.)* socialisation *f* ; collectivisation *f* ; nationalisation *f* ; étatisation *f.*

vergeuden ⇒ *verschwenden.*

Vergeudung *f,* **(en)** ⇒ *Verschwendung.*

vergewerkschaften placer sous obédience syndicale.

Vergleich *m,* **e 1.** comparaison *f* **2.** compromis *m* ; accord *m* ; arrangement *m* ; conciliation *f* ; transaction *f* ; *gütlicher ~* arrangement à l'amiable ; *durch ~ bei/legen* concilier sur la base d'un compromis ; *einen ~ schließen* passer un accord ; conclure une transaction ; *zwischen beiden Parteien kam es zum ~* un accord transactionnel est intervenu entre les deux parties **3.** règlement *m* judiciaire ; concordat *m* (pour éviter la faillite, la liquidation des biens) ; *den ~ gerichtlich bestätigen* homologuer le concordat.

vergleichen, i, i 1. comparer **2.** concilier ; conclure un arrangement ; *sich mit jdm ~* s'arranger avec qqn ; trouver un terrain d'entente avec qqn ; arriver à un compromis.

Vergleichsabschnitt *m,* **e** ⇒ *Vergleichsperiode.*

Vergleichsantrag *m,* **¨e 1.** demande *f* d'intervention en conciliation **2.** *einen ~ stellen* déposer une requête en vue d'obtenir l'ouverture d'une procédure de règlement judiciaire.

Vergleichsgläubiger *m,* **-** créancier *m* concordataire (participe au règlement judiciaire).

Vergleichsjahr *n,* **e** année *f* de comparaison, de référence.

Vergleichslohn *m,* **¨e** salaire *m* de référence.

Vergleichsmaßstab *m,* **¨e** terme *m*, élément *m*, échelle *f* de comparaison.

Vergleichsperiode *f,* **n** période *f* de référence, de comparaison.

Vergleichsschuldner *m,* **-** débiteur *m* en règlement judiciaire.

Vergleichsverfahren *n,* **-** règlement *m* judiciaire ; procédure *f* de conciliation.

Vergnügungsindustrie *f,* **n** industrie *f* des spectacles, des loisirs ; showbiz *m.*

Vergnügungssteuer *f,* **n 1.** impôt *m* sur les spectacles **2.** *(Suisse)* droit *m* des pauvres.

Vergreisung *f,* **en** *(der Bevölkerung)* vieillissement *m* (de la population).

vergriffen épuisé (livres, articles) ; *zur Zeit ~* actuellement épuisé.

vergrößern agrandir ; augmenter ; *sich ~* s'accroître.

Vergrößerung *f,* **en** agrandissement *m* ; extension *f*; *die ~ der Europäischen Gemeinschaft* l'élargissement *m* de la Communauté européenne.

vergünstigen faire une faveur ; *~te Preise* prix *mpl* de faveur ; prix réduits.

Vergünstigung *f,* **en** avantage *m* ; faveur *f* ; privilège *m* ; *außertarifliche ~* avantage accordé hors tarif ; *eine ~ gewähren* accorder un avantage ; *~en für Studenten und Soldaten* tarif *m* réduit pour étudiants et militaires.

Vergünstigungstarif *m,* **e** tarif *m* de faveur.

vergüten 1. rémunérer ; rétribuer ; payer **2.** indemniser ; dédommager ; *Unkosten ~* rembourser les frais.

Vergütung *f,* **en 1.** paiement *m* ; *~ der Arbeit* rémunération *f* du travail **2.** indemnisation *f* ; remboursement *m.*

Verhältnis *n,* **se 1.** rapport *m* ; relation *f* ; proportion *f* ; *im ~ zu(+D)* proportionnellement à ; par rapport à ; *im ~ von 1 zu 2* dans un rapport de 1 à 2 ; *im umgekehrten ~ zu* inversement proportionnel à **2.** *~se* circonstances *fpl* ; conditions *fpl* ; *berufliche ~se* relations *fpl* professionnelles ; *wirtschaftliche ~se* situation *f* économique ; *über seine ~se leben* vivre au-dessus de ses moyens.

Verhältnisanteil *m,* **e** part *f* proportionnelle ; quote-part *f.*

verhältnismäßig proportionnel ; relatif ; toute proportion gardée ; *~er Teil* part *f* proportionnelle ; *zu ~ niedrigen Preisen* à des prix relativement peu élevés ; *~ wenig* relativement peu.

Verhältnisstichprobe *f,* **n** *(statist.)* échantillon *m* proportionnel.

Verhältniswahl *f,* **en** vote *m*, suffrage *m*, scrutin *m* proportionnel ; « la proportionnelle » *(contr. Mehrheitswahl).*

verhandeln négocier ; discuter ; *mit jdm über den Preis ~* débattre du prix avec qqn.

Verhandlung *f,* **en 1.** négociation *f* ; pourparlers *mpl* ; discussion *f* ; *~en auf/nehmen* entamer des négociations ; *~en ab/brechen* rompre des pourparlers ; *~en vertagen* ajourner des négociations **2.** *(jur.)* audience *f* ; *öffentliche ~* audience publique **3.** délibération *f.*

Verhandlungsbefugnis *f,* **se** pouvoir *m* de négociation.

verhandlungsbereit disposé à négocier ; *~e Partner* des partenaires *mpl* prêts à négocier.

Verhandlungsgrundlage *f,* **n** base *f* de (la) négociation.

Verhandlungspunkt *m,* **e** point *m* de négociation.

Verhandlungsspielraum *m,* **¨e** marge *f* de manœuvre ; *den ~ ein/schränken* restreindre la marge de manœuvre.

Verhandlungstisch : *sich mit jdm an den ~ setzen* s'asseoir autour de la table des négociations avec qqn ; négocier avec qqn autour d'un tapis vert.

Verhandlungsweg *m,* **e** voie *f* de la négociation ; *auf dem ~* par la voie des pourparlers.

verhängen infliger ; décréter ; imposer ; *ein Embargo über ein Produkt ~* mettre l'embargo sur un produit ; *eine Strafe über jdn ~* infliger une peine à qqn.

verharmlosen minimiser ; diminuer l'importance de qqch.

verhehlen cacher ; dissimuler.

verheimlichen cacher ; dissimuler ; passer sous silence.

Verheimlichung *f,* **en** dissimulation *f.*

verhindern empêcher ; faire obstacle ; rendre qqch impossible ; *die Aussperrung ~* empêcher le lock-out ; *ein Vorhaben ~* faire obstacle à un projet.

Verhinderung *f,* **en** empêchement *m* ; obstacle *m* ; entrave *f.*

Verhinderungsfall *m* **:** *im ~* en cas d'empêchement.

verhökern *(fam.)* brader ; vendre bon marché.

verhundertfachen centupler.

verhüten empêcher ; prévenir ; *Reklamationen ~* prévenir des réclamations.

verhütten fondre (des minerais) ; traiter en usine.

Verhüttung *f,* **(en)** traitement *m* métallurgique ; transformation *f* d'un minerai.

Verhütung *f,* **en** empêchement *m* ; prévention *f* ; *~ von Betriebsunfällen* prévention des accidents du travail.

Verhütungsmittel *n,* **-** (moyen *m*) contraceptif *m.*

verjährbar prescriptible ; *~e Ansprüche* droits *mpl* prescriptibles.

Verjährbarkeit *f,* ϕ prescriptibilité *f.*

verjähren se périmer ; être périmé ; se prescrire ; *der Scheck ist ~t* le chèque est périmé.

Verjährung *f,* ϕ prescription *f* ; péremption *f* ; *die Klage wurde wegen ~ abgewiesen* la plainte a été rejetée pour (cause de) prescription.

Verjährungsfrist *f,* **(en)** délai *m* de prescription ; *Ablauf der ~* expiration *f* du délai de prescription.

verjubeln *(fam.)* gaspiller ; dilapider ; *sein Geld ~* claquer son argent.

verkabeln *(télé.)* câbler.

Verkabelung *f,* **en** *(télé.)* câblage *m.*

verkalkulieren : *sich ~ (fam.)* se tromper dans ses calculs.

verkarten mettre sur fiche.

Verkauf *m,* **¨e** vente *f* ; débit *m* ; écoulement *m* **I.** *betrügerischer ~* vente frauduleuse ; *freihändiger ~* vente à l'amiable ; *gerichtlicher ~* vente judiciaire ; *unzulässiger ~* vente irrégulière **II.** *etw zum ~ an/bieten* mettre qqch en vente ; *~¨e tätigen* effectuer des ventes **III.** *der ~ an jdn* la vente à qqn ; *~ gegen bar* vente au comptant ; *~ unter Eigentumsvorbehalt* vente avec réserve de propriété ; *~ unter der Hand* vente en sous-main ; *~ mit Gewinn* vente à bénéfice ; *~ von Haus zu Haus* vente à domicile ; démarchage *m* ; *~ auf Kredit* vente à crédit ; *~ zu herabgesetzten Preisen* vente au rabais ; soldes *mpl* ; *~ mit Rückkaufsrecht* vente à réméré ; *~ über die Straße* vente à emporter ; *~ mit Verlust* vente à perte.

verkaufen vendre ; débiter ; écouler ; *jdm etw ~ (etw an jdn ~)* vendre qqch à qqn ; *gegen bar (gegen Kasse) ~* vendre (au) comptant ; *billig ~* vendre bon marché ; *einzeln ~* vendre au détail ; détailler ; *mit Gewinn ~* vendre avec profit ; *en gros (im großen) ~* vendre en gros ; *auf Kredit ~* vendre à crédit ; *auf Raten ~* vendre à tempérament ; *zum Selbstkostenpreis ~* vendre au prix coûtant ; *auf Termin ~* vendre à terme ; *teuer ~* vendre cher ; *mit Verlust ~* vendre à perte.

Verkäufer *m,* **-** vendeur *m* ; employé *m* de magasin.

Verkäuferin *f,* **nen** vendeuse *f* ; employée *f* de magasin.

Verkäuferschulung *f,* **en** formation *f* des vendeurs.

verkäuflich à vendre ; vendable ; *leicht ~* de vente facile ; facile à écouler ; *schwer ~* de vente difficile ; difficile à écouler.

Verkaufs- *(préfixe)* de la vente ; des ventes.

Verkaufsabteilung *f,* **en** service *m* des ventes.

Verkaufsauftrag *m,* **¨e** ordre *m* de vente.

Verkaufsausstellung *f,* **en** exposition-vente *f.*

Verkaufsautomat *m,* **en, en** distributeur *m* automatique.

Verkaufsbedingungen *pl* conditions *fpl* de vente.

Verkaufsbüro *n,* **s** bureau *m* des ventes.

Verkaufschef *m,* **s** ⇒ *Verkaufsleiter.*

Verkaufserlös *m,* **e** produit *m* de la vente ; produit des ventes.

Verkaufsfläche *f,* **n** surface *f* de vente ; *~ von Super- und Verbrauchermärkten* surface de vente de supermarchés et d'hypermarchés.

Verkaufsförderer *m,* **-** promoteur *m* des ventes.

verkaufsfördernd encourageant la vente ; *~e Maßnahmen* mesures *fpl* de promotion des ventes ; mesures promotionnelles.

Verkaufsförderung *f,* **en** promotion *f* des ventes.

Verkaufsgenossenschaft *f,* **en** coopérative *f* de vente.

Verkaufsgespräch *n,* **e** entretien *m* vendeur-client (le vendeur cherchant à convaincre l'acheteur par des arguments valables).

Verkaufshit *m,* **s** ⇒ *Verkaufsschlager.*

Verkaufsleiter *m,* **-** chef *m* de vente ; directeur *m* de(s) vente(s).

Verkaufslimit *n,* **s** prix *m* plafond.

Verkaufslizenz *f,* **en** licence *f* de vente.

Verkaufsmethode *f,* **n** méthode *f* de vente.

verkaufsoffener Samstag samedi *m* où les magasins restent ouverts toute la journée.

Verkaufsorder *f,* **s** ⇒ *Verkaufsauftrag.*

Verkaufsorganisation *f,* **en** organisation *f* des ventes de distribution.

Verkaufspolitik *f,* *ϕ* politique *f* de(s) vente(s) ; stratégie *f* commerciale.

Verkaufspraktiken *pl* ⇒ *Verkaufsmethode.*

Verkaufspreis *m,* **e** prix *m* de vente ; *den ~ berechnen* calculer le prix de vente.

Verkaufspsychologie *f,* *ϕ* psychologie *f* de la vente.

Verkaufsschlager *m,* **-** succès *m* de vente ; article *m* à succès ; « best-seller » *(syn. Renner ; Knüller).*

Verkaufsstand *m,* **¨e** stand *m* ; *~ für zollfreie Waren* boutique *f* hors-taxes « duty-free-shop » *m* (aéroport).

Verkaufsstelle *f,* **n** point *m* de vente ; comptoir *m* de vente.

Verkaufstechnik *f,* **en** technique *f* de vente, de commercialisation.

Verkaufstisch *m,* **e** comptoir *m* (de vente).

Verkaufs- und Einkaufsgenossenschaft *f,* **en** coopérative *f* d'achat et de vente.

Verkaufsurkunde *f,* **n** acte *m* de vente.

Verkaufsverbot *n,* **e** interdiction *f* de vente ; vente *f* interdite.

Verkaufsversprechen *n,* **-** promesse *f* de vente.

Verkaufsvertrag *m,* **¨e** contrat *m* de vente.

Verkaufswert *m,* **e** valeur *f* vénale ; valeur de vente.

Verkaufszahlen *pl* ⇒ *Verkaufsziffern.*

Verkaufszentrale *f,* **en** centrale *f* de vente ; groupement *m* pour la vente.

Verkaufsziffern *pl* chiffres *mpl* de vente.

verkaupeln *(fam.)* vendre au détail et au noir.

Verkehr *m,* *ϕ* **1.** trafic *m* ; circulation *f* ; moyens *mpl* de transport ; *fließender ~* trafic fluide ; *gewerblicher ~* transport professionnel ; *grenzüberschreitender (internationaler) ~* trafic international ; *innerdeutscher ~* trafic interallemand ; *stockender ~* bouchons *mpl* ; ~ *zu Land* trafic par voie de terre ; ~ *zu Wasser* trafic maritime, fluvial ; ~ *in der Luft* trafic aérien **2.** commerce *m* ; échanges *mpl* commerciaux **3.** *(personnes)* relations *fpl* ; rapports *mpl* ; *mit jdm in ~ stehen* être en relation avec qqn **4.** *(argent)* circulation *f* ; *in ~ bringen* mettre en circulation ; *Banknoten aus dem ~ ziehen* retirer des billets de banque de la circulation.

verkehren circuler ; avoir commerce avec ; être en relation avec ; *zwischen Hamburg und Paris ~* circuler entre Hambourg et Paris ; *mit jdm brieflich ~* entretenir une correspondance avec qqn.

Verkehrsabgabe *f,* **n** taxe *f* de circulation.

Verkehrsader *f,* **n** axe *m* routier ; voie *f,* artère *f* de grande circulation.

Verkehrsampel *f,* **n** feu *m* de signalisation ; *die ~ zeigt rot* le feu est (au) rouge.

Verkehrsamt *n,* **¨er** office *m* de tourisme ; syndicat *m* d'initiative.

verkehrsarme Zeit *f,* **en** heures *fpl* creuses.

Verkehrsaufkommen *n,* **-** densité *f* du trafic.

Verkehrsbetrieb *m,* **e** entreprise *f* de transport ; *~e* transports *mpl* en commun.

Verkehrsbüro *n,* **s** ⇒ *Verkehrsamt.*

Verkehrschaos *n,* **ϕ** embouteillages *mpl* ; chaos *m* routier.

Verkehrsdichte *f,* **ϕ** densité *f,* intensité *f* du trafic.

Verkehrsentlastung *f,* **en** délestage *m* routier ; résorption *f* des bouchons.

verkehrsfähig : *~e Papiere* valeurs *fpl* négociables.

Verkehrsflugzeug *n,* **e** avion *m* commercial.

Verkehrsgewerbe *n,* **ϕ** les transports *mpl.*

Verkehrsknotenpunkt *m,* **e** plaque *f* tournante.

Verkehrskontrolle *f,* **n** contrôle *m* routier ; contrôle de la circulation.

Verkehrsministerium *n,* **-ien** ministère *m* des Transports.

Verkehrsmittel *pl* moyens *mpl* de transport ; *öffentliche ~* transports *mpl* en commun ; transports publics.

Verkehrsnetz *n,* **e** réseau *m* de communication.

Verkehrsordnung *f,* **(en)** Code *m* de la route ; *Verstoß gegen die ~* infraction *f* au Code de la route.

Verkehrsplanung *f,* **en** planification *f* de l'infrastructure routière et ferroviaire.

Verkehrspolizist *m,* **en, en** agent *m* de la circulation.

Verkehrsregel *f,* **n** règle *f* de circulation.

Verkehrsregelung *f,* **(en)** réglementation *f* de la circulation (par les agents de police).

verkehrsreich très fréquenté ; animé ; très circulant.

Verkehrsschild *n,* **er** panneau *m* de circulation, de signalisation.

Verkehrsschrift *f,* **en** sténographie *f.*

Verkehrssicherheit *f,* **ϕ** sécurité *f* routière.

verkehrsstark ⇒ *verkehrsreich.*

Verkehrsstau *m,* **s** bouchon *m* ; encombrement *m* ; embouteillage *m.*

Verkehrssteuer *f,* **n** ⇒ *Verkehrsabgabe.*

Verkehrsstockung *f,* **en** ⇒ *Verkehrsstau.*

Verkehrsstraße *f,* **n** route *f* à grande circulation.

Verkehrssünder *m,* **-** contrevenant *m* (au Code de la route).

Verkehrssünderkartei *f,* **(en)** fichier *m* central des contraventions de la circulation (à Flensbourg).

Verkehrsteilnehmer *m,* **-** usager *m* de la route.

Verkehrsträger *m,* **-** transporteur *m,* entreprise *f* de transports publics.

Verkehrs- und Tarifverbund *m,* **ϕ** tarif *m* unique pour plusieurs transports en commun ; *(Paris)* « carte *f* orange ».

Verkehrsunfall *m,* **¨e** accident *m* de la circulation, de la route.

Verkehrsverband *m,* **¨e** **1.** ⇒ *Verkehrsamt* **2.** union *f* des syndicats d'initiative.

Verkehrsverbindung *f,* **en** communication *f* (routière, ferroviaire, etc.).

Verkehrsverbund *m,* **ϕ** transport *m* combiné.

Verkehrsverein *m,* **e** ⇒ *Verkehrsamt.*

Verkehrsverstopfung *f,* **en** bouchon *m* (routier) ; embouteillage *m.*

Verkehrswerbung *f,* **en** publicité *f* touristique.

Verkehrswert *m,* **(e)** valeur *f* courante ; valeur commerciale.

Verkehrswesen *n,* **ϕ** transports *mpl* ; transports et communications *fpl.*

verkehrswidrig en infraction au Code de la route ; en contravention.

Verkehrszählung *f,* **en** comptage *m* de(s) véhicules sur certains axes routiers.

Verkehrszeichen *n*, - (panneau *m* de) signalisation *f* routière ; *die ~ beachten* respecter la signalisation routière.

verkehrt faux ; mauvais ; erroné ; *an die ~e Adresse geraten* frapper à la mauvaise porte ; se tromper d'adresse.

verklagen porter plainte ; *jdn ~* intenter une action contre qqn ; *auf Schadenersatz ~* poursuivre en dommages-intérêts.

verklappen dégazer en mer.

Verklappung *f*, **en** dégazage *m* en mer.

Verklarung *f*, **en** rapport *m* de mer ; constat *m* d'avarie.

verklauseln ⇒ *verklausulieren.*

verklausulieren **1.** insérer des clauses (restrictives) dans **2.** embrouiller (volontairement) ; rendre obscur.

verkleinern diminuer ; rabaisser ; *sich ~* prendre plus petit (appartement, magasin, etc.).

verkloppen *(fam.)* ⇒ *verhökern.*

verknappen diminuer ; réduire qqch ; *sich ~* devenir rare ; se raréfier.

Verknappung *f*, **(en)** pénurie *f* ; rareté *f* ; raréfaction *f* ; *~ der Arbeitskräfte* pénurie de main-d'œuvre.

verkohlen carboniser ; réduire en charbon.

verkoken cokéfier ; transformer la houille en coke.

Verkokung *f*, *ϕ* cokéfaction *f*.

verkonsumieren *(fam.)* consommer *(syn. konsumieren).*

verkraftbar supportable.

verkraften **1.** venir à bout de ; supporter ; digérer ; encaisser ; *eine weitere Erhöhung können wir nicht ~* nous ne pourrons pas supporter une nouvelle augmentation ; *einen Verlust ~* assumer une perte **2.** électrifier un réseau.

verkünden annoncer ; publier ; promulguer ; prononcer ; *ein Gesetz ~* promulguer une loi ; *ein Urteil ~* prononcer un jugement.

verkürzen raccourcir ; écourter ; diminuer ; *die Lieferfrist ~* réduire le délai de livraison.

Verkürzung *f*, **en** réduction *f* ; raccourcissement *m* ; *~ der Arbeitszeit* diminution *f* du temps de travail.

Verladeanlage *f*, **n** installation *f* de chargement.

Verladebahnhof *m*, **¨e** gare *f* de chargement, d'embarquement.

Verladedokumente *pl* documens *mpl* d'expédition, d'embarquement.

verladen, u, a charger ; expédier ; *auf Schiff ~* charger sur navire ; *die Waren in den Waggon ~* charger les marchandises dans le wagon.

Verlader *m*, - expéditeur *m* ; chargeur *m*.

Verladung *f*, **en** chargement *m* ; expédition *f*.

Verlag *m*, **e** maison *f* d'édition.

verlagern déplacer ; transférer.

Verlagerung *f*, **en** déplacement *m* ; transfert *m* ; *~ der Kaufkraft* transfert du pouvoir d'achat.

Verlagsbuchhändler *m*, - libraire-éditeur *m*.

Verlagssystem *n*, **e** système *m* de sous-traitance à domicile ; travail *m* à domicile ; économie *f* domestique.

Verlagswesen *n*, *ϕ* édition *f* ; *im ~ arbeiten* travailler dans l'édition.

verlangen exiger ; demander ; revendiquer ; *einen Zahlungsaufschub ~* réclamer un sursis de paiement.

Verlangen *n*, *ϕ* demande *f* ; exigence *f* ; revendication *f* ; désir *m* ; *auf ~ des Käufers* à la demande de l'acheteur ; *Muster auf ~* échantillon *m* sur demande.

verlängern allonger ; prolonger ; renouveler ; proroger ; reconduire ; *eine Frist ~* proroger un délai ; *um einen Monat ~* prolonger d'un mois ; *einen Paß ~ lassen* faire renouveler un passeport.

Verlängerung *f*, **en** prolongation *f* ; renouvellement *m* ; prorogation *f* ; *stillschweigende ~* (renouvellement par) reconduction *f* tacite ; *~ einer Frist* prolongation d'un délai.

verlangsamen ralentir ; *das Arbeitstempo ~* réduire la cadence de travail.

Verlangsamung *f*, *ϕ* ralentissement *m* ; *saisonbedingte ~* ralentissement saisonnier.

verlautbaren communiquer ; publier ; déclarer ; *amtlich wird ~t, daß...* on déclare officiellement que...

Verlautbarung *f*, **en** communiqué *m* ; *amtliche ~* communiqué officiel.

verlauten ⇒ *verlautbaren.*

Verleaser *m*, - [fɛr'li:zə] loueur *m* (dans le cadre d'un contrat de crédit-bail).

verlegen **1.** éditer ; publier ; *Bücher ~* publier des livres **2.** déplacer ; transférer ; *den Sitz einer Gesellschaft ~* transférer le siège d'une société **3.** ajourner ; différer ; *einen Termin ~* repousser à une date ultérieure ; déplacer un rendez-vous **4.** *Kabel ~* poser des câbles **5.** *etw ~* égarer qqch.

Verleger *m*, - éditeur *m*.

Verlegung *f,* **en 1.** transfert *m* ; déplacement *m* ; ~ *des Firmensitzes* transfert du siège social **2.** ajournement *m* ; prolongation *f.*

Verleih *m,* **e** (entreprise *f* de) location *f* ; ~ *von Arbeitskräften* agence *f* d'intérim *m* ; louage *m* de main-d'œuvre ; ~ *von Filmen* location de films.

verleihen, ie, ie 1. prêter ; louer ; *Geld auf Zinsen* ~ prêter de l'argent à intérêt *(syn. leihen ; borgen)* **2.** conférer ; *ein Recht* ~ conférer un droit.

Verleiher *m,* **- 1.** bailleur *m* de fonds ; prêteur *m* **2.** loueur *m* ; bailleur *m* ; ~ *der Konzession* concédant *m.*

Verleihung *f,* **(en) 1.** prêt *m* ; location *f* ; concession *f* ; *die* ~ *von Rechten* la cession de droits **2.** attribution *f.*

verletzen blesser ; léser ; violer ; *ein Gesetz* ~ violer une loi ; *seine Pflicht* ~ manquer à son devoir.

Verletzung *f,* **en** blessure *f* ; violation *f* ; ~ *der beruflichen Schweigepflicht* violation du secret professionnel ; ~ *einer Vorschrift* infraction *f* à un règlement.

verlieren, o, o perdre ; *an Wert* ~ se déprécier ; *seine Stellung* ~ perdre sa place, son emploi.

Verlierer *m,* **-** perdant *m (contr. Gewinner).*

Verlust *m,* **e 1.** perte *f* ; déficit *m* **I.** *bei* ~ en cas de perte ; *beträchtlicher* ~ perte sensible ; *mit* ~ à perte ; *reiner* ~ perte nette, sèche ; *unersetzlicher* ~ perte irréparable **II.** ~ *bringen* causer une perte ; *einen* ~ *entschädigen (ersetzen)* réparer, indemniser une perte ; *einen* ~ *erleiden* subir une perte ; *mit* ~ *en rechnen* s'attendre à un déficit, à une perte ; *einen* ~ *verursachen* occasionner une perte ; *einen* ~ *wett/machen* compenser une perte **2.** préjudice *m* ; *(jur.)* déchéance *f.*

Verlustabschluß *m,* **¨sse** ⇒ *Verlustbilanz.*

Verlustanzeige *f,* **n** déclaration *f,* avis *m* de perte.

Verlustbilanz *f,* **en** bilan *m* passif ; bilan déficitaire.

verlustbringend déficitaire ; ~*es Geschäft* affaire *f* non rentable *(contr. gewinnbringend).*

Verlustgemeinschaft *f,* **en** masse *f* des créanciers.

Verlustgeschäft *f,* **e** opération *f* à perte ; affaire *f* déficitaire ; mévente *f.*

verlustig privé de ; déchu de ; *seiner Rechte* ~ *gehen* être déchu de ses droits.

Verlustjahr *n,* **e** année *f* déficitaire ; exercice *m* déficitaire.

Verlustkonto *n,* **-ten** compte *m* de pertes ; *auf das* ~ *setzen* inscrire à l'article des pertes.

Verlustliste *f,* **n** état *m* des pertes.

Verlustmeldung *f,* **en** déclaration *f* de perte.

Verlustpreis *m,* **e** prix *m* déficitaire ; *zum* ~ *verkaufen* vendre à perte.

Verlustquote *f,* **n** pourcentage *m* de perte.

verlustreich ⇒ *verlustbringend.*

Verlustsaldo *m,* **-den** solde *m* déficitaire.

Verlustschein *m,* **e** attestation *f* de perte.

verlustträchtig ⇒ *verlustbringend.*

Verlust- und Gewinnkonto *n,* **-ten** ⇒ *Verlust- und Gewinnrechnung.*

Verlust- und Gewinnrechnung *f,* **en** compte *m* de résultat.

Verlustvortrag *m,* **¨e** report *m* des pertes ; pertes *fpl* à reporter sur l'exercice suivant.

vermachen léguer ; *durch Testament* ~ léguer par testament.

Vermächtnis *n,* **se** legs *m* ; *ein* ~ *aus/schlagen* renoncer à un legs ; *jdm ein* ~ *aus/setzen* faire un legs à qqn ; *jdm etw als* ~ *hinterlassen* léguer qqch à qqn.

Vermächtnisnehmer *m,* **-** légataire *m.*

vermakeln servir d'intermédiaire (dans une transaction).

vermarkten commercialiser ; *Produkte* ~ commercialiser des produits *(syn. kommerzialisieren).*

Vermarkter *m,* **-** *(rare)* personne *f* ou entreprise *f* commercialisant un produit ; distributeur *m.*

Vermarktung *f,* **(en)** commercialisation *f (syn. Kommerzialisierung).*

Vermarktungskosten *pl* frais *mpl* de commercialisation ; coûts *mpl* de distribution.

Vermarktungspolitik *f,* ϕ politique *f* de commercialisation.

vermehren augmenter ; *seinen Reichtum* ~ accroître sa richesse.

Vermehrung *f,* **en** augmentation *f* ; accroissement *m.*

Vermerk *m,* **e 1.** remarque *f* ; note *f* ; mention *f* ; *den* ~ *tragen* porter la mention **2.** clause *f* ; réserve *f.*

vermerken mentionner ; noter ; indiquer ; *im Protokoll* ~ consigner au procès-verbal ; *etw am Rande* ~ noter en marge (d'un document).

vermieten donner en location, à bail ; louer ; *zu* ~ à louer.

Vermieter *m,* - loueur *m* ; bailleur *m.*

Vermietung *f,* **en** location *f* ; louage *m* ; bail *m* à loyer.

vermindern diminuer ; réduire ; *die Kosten ~* diminuer les coûts.

Verminderung *f,* **en** diminution *f* ; réduction *f.*

vermitteln 1. servir d'intermédiaire, de médiateur ; *zwischen zwei Gegnern ~* concilier deux parties adverses **2.** procurer ; donner ; *ein Geschäft ~* procurer une affaire ; *jdm eine Stelle ~* procurer un emploi à qqn ; *ein Telefongespräch ~* établir une communication téléphonique.

Vermittler *m,* - intermédiaire *m* ; médiateur *m* ; *als ~ auf/treten* ; servir de médiateur ; agir en qualité d'intermédiaire.

Vermittlerrolle *f,* **n** rôle *m* d'intermédiaire ; *die ~ spielen* servir d'intermédiaire.

Vermittlung *f,* **en** médiation *f* ; entremise *f* ; intervention *f* ; « bons offices » *mpl* ; *durch ~ von jdm* par l'intermédiaire de qqn ; *~ von Arbeitskräften* placement *m* de la main-d'œuvre ; *durch ~ der Handelskammer* par l'intermédiaire de la chambre de commerce.

Vermittlungsgebühr *f,* **en** droits *mpl* de commission ; courtage *m.*

Vermittlungsprovision *f,* **en** ⇒ *Vermittlungsgebühr.*

Vermittlungsstelle *f,* **n 1.** office *m* de placement (de la main-d'œuvre) **2.** central *m* téléphonique.

Vermögen *n,* - **1.** fortune *f* ; biens *mpl* ; patrimoine *m* **I.** *bewegliches ~* biens mobiliers ; *erworbenes ~* biens acquis ; acquêts *mpl* (au cours du mariage) ; *unbewegliches ~* fortune immobilière ; biens immobiliers **II.** *ein ~ erwerben* acquérir une fortune ; *~ haben* être fortuné ; *mit seinem ganzen ~ haften* être responsable sur tout son patrimoine ; *von seinem ~ leben* vivre de ses rentes **III.** *Einkünfte aus beweglichem, unbeweglichem ~* revenus *mpl* mobiliers, fonciers ; *~ der Toten Hand* biens de mainmorte **2.** pouvoir *m* ; faculté *f.*

Vermögensabgabe *f,* **n** impôt *m* sur le capital ; impôt sur la fortune.

Vermögensabtretung *f,* **en** cession *f* de(s) biens.

Vermögensanteil *m,* **e** part *f* de la fortune ; quote-part *f* du patrimoine.

Vermögensaufstellung *f,* **en** relevé *m* de fortune ; inventaire *m* des biens ; état *m* du patrimoine.

Vermögensauseinandersetzung *f,* **en** liquidation *f* de(s) biens (cas d'indivision).

Vermögensberater *m,* - conseiller *m* en investissement.

Vermögensbeschlagnahme *f,* **n** ⇒ *Vermögenseinziehung.*

Vermögensbesteuerung *f,* **en** imposition *f* sur la fortune.

Vermögensbewertung *f,* **en** évaluation *f* des biens, de la fortune.

Vermögensbildung *f,* **en** constitution *f* d'un capital ; formation *f* d'un patrimoine ; capitalisation *f* ouvrière (par l'épargne ou l'intéressement des salariés aux bénéfices).

Vermögenseinziehung *f,* **en** confiscation *f,* saisie *f* de(s) biens.

Vermögensertrag *m,* **¨e** revenu *m* du capital ; rendement *m* de la fortune.

Vermögenslage *f,* **n** situation *f* financière ; état *m* de la fortune.

Vermögensliquidation *f,* **en** liquidation *f* de biens.

Vermögensmasse *f,* **n** masse *f* des biens.

Vermögensnachweis *m,* **e** déclaration *f* de fortune ; état *m* des biens à déclarer.

Vermögenspolitik *f,* ϕ ensemble *m* des mesures gouvernementales favorisant l'intéressement des salariés et l'épargne.

Vermögenspolster *n,* - matelas *m* financier, d'espèces, de devises ; fortune *f* confortable.

Vermögen(s)steuer *f,* **n** impôt *m* sur la fortune.

Vermögensübertragung *f,* **en** cession *f* de biens ; transfert *m* de biens.

Vermögensumschichtung *f,* **en** meilleure répartition *f* des fortunes ; rééquilibrage *m* des biens.

Vermögensverhältnisse *pl* situation *f* de fortune ; situation financière.

Vermögensverwalter *m,* - administrateur *m,* gérant *m* de biens ; curateur *m.*

Vermögensverwaltung *f,* **en** gestion *f* de biens.

Vermögenswerte *pl* valeurs *fpl* de (en) capital ; *illiquide ~* valeurs immobilisées.

vermögenswirksam qui favorise l'épargne ou la constitution d'un capital ; *~e Leistungen* prestations *fpl* qui s'ajoutent généralement au salaire (destinées à l'épargne, à l'achat d'actions de travail, etc.) ; *~e Maßnahmen* mesures *fpl* de relance de l'épargne ; *~es Sparen* épargne *f* salariale subventionnée par l'employeur et l'Etat.

Vermögenszusammenbruch *m,* **¨e** débâcle *f*, déroute *f* financière ; déconfiture *f*.

Vermögenszuwachs *m,* **(¨se)** accroissement *m* de fortune ; plus-value *f* d'actif.

Verneinungsfall : *im ~* en cas de réponse négative.

vernetzen *(inform.)* relier à un réseau (informatique) ; constituer un réseau ; (se) greffer sur le réseau.

Vernetzung *f,* **en** *(inform.)* constitution *f* d'un réseau.

Vernichtungswettbewerb ⇒ *Verdrängungswettbewerb.*

Verödung *f,* **en** dépeuplement *m* (des villes).

veröffentlichen 1. publier ; rendre public ; *durch Anzeigen ~* publier par voie d'annonce **2.** promulguer (loi).

Veröffentlichung *f,* **en 1.** publication *f* ; *~ der Preise* publication des prix **2.** *(jur.)* promulgation *f*.

Veröffentlichungspflicht *f,* **(en)** obligation *f* pour une société anonyme de publier ses statuts, son bilan.

verordnen décréter ; ordonner.

Verordnung *f,* **en** décret *m* ; ordonnance *f* ; arrêté *m* ; *eine ~ erlassen* promulguer un décret ; rendre une ordonnance ; *diese ~ gilt ab 1. Januar* cette ordonnance prend effet à partir du 1er janvier.

Verordnungsweg : *auf dem ~* par décret ; par ordonnance.

verpachten 1. donner à bail ; donner en gérance **2.** donner à ferme ; affermer.

Verpächter *m,* **-** bailleur *m* (à ferme).

Verpachtung *f,* **en 1.** bail *m* ; mise *f* en gérance **2.** bail à ferme ; affermage *m*.

verpacken emballer ; empaqueter ; conditionner ; *vorschriftsmäßig ~* faire un emballage réglementaire.

Verpackung *f,* **en** emballage *m* ; conditionnement *m* ; paquetage *m* ; *mangelhafte ~* emballage défectueux ; *maschinelle ~* emballage automatique ; *zuzüglich ~ (~ extra)* emballage en sus.

Verpackungsgewicht *n,* **(e)** poids *m* de l'emballage ; tare *f*.

Verpackungskosten *pl* frais *mpl* de conditionnement, d'emballage.

Verpackungsmaterial *n,* **-lien** matériel *m* d'emballage, de conditionnement.

verpesten ⇒ *verschmutzen.*

Verpestung *f,* **en** ⇒ *Verschmutzung.*

verpfänden donner en gage ; mettre en gage ; donner en nantissement ; mettre au mont-de-piété ; *verpfändete Ware* marchandise *f* gagée ; *verpfändetes Wertpapier* titre *m* remis en gage ; valeur *f* nantie ; *sein Wort ~* engager sa parole.

Verpfänder *m,* **-** metteur *m* en gage ; gageur *m*.

Verpfändung *f,* **en** mise *f* en gage ; nantissement *m* ; *~ gegen Lagerschein* warrantage *m*.

Verpflegung *f,* **en** ravitaillement *m* ; repas *m* ; *gute ~* cuisine *f* soignée (hôtel) ; *volle ~* pension *f* complète ; *Unterkunft und ~* logement et repas.

verpflichten engager ; obliger ; *sich ~ (zu)* s'engager (à) ; *durch Bürgschaft ~* se porter caution ; cautionner ; *sich gegenseitig ~* s'engager mutuellement ; *sich vertraglich ~* s'engager par contrat.

verpflichtend obligatoire ; obligeant ; engageant ; contraignant ; *gegenseitig ~er Vertrag* contrat *m* bilatéral.

verpflichtet sein 1. être obligé ; *ich bin Ihnen dafür sehr zu Dank ~* je vous en suis extrêmement obligé **2.** être astreint, tenu ; *er ist vertraglich dazu ~* il (en) est tenu par contrat.

Verpflichtung *f,* **en** obligation *f* ; engagement *m* **I.** *finanzielle ~* obligation financière ; *gesamtschuldnerische ~* engagement, obligation solidaire ; *rechtliche ~* engagement juridique ; *vertragliche ~* engagement contractuel, conventionnel **II.** *eine ~ ein/gehen* prendre un engagement ; *seinen ~en nach/kommen (seine ~en erfüllen)* s'acquitter de ses obligations ; faire face à ses engagements.

Verpflichtungsschein *m,* **e** certificat *m* d'engagement ; reconnaissance *f* de dette.

verpfründen : *(Suisse) jdm etw ~* céder qqch en viager à qqn.

verpfuschen *(fam.)* bousiller ; saboter (son travail).

verplanen 1. faire une erreur de planification **2.** insérer dans un projet, dans ses prévisions ; programmer.

verplempern *(fam.)* ⇒ *verschwenden.*

verplomben plomber (wagon, conteneur, etc.).

verprassen ⇒ *verschwenden.*

verpulvern *(fam.)* ⇒ *verschwenden.*

verpumpen *(fam.)* ⇒ *verborgen.*

verramschen *(fam.)* solder ; bazarder ; brader.

Verramschung *f,* **(en)** braderie *f* ; liquidation *f* d'un stock à bas prix.

verrechnen 1. porter au compte ; passer en compte ; imputer *(syn. buchen, verbuchen)* **2.** compenser **3.** *sich ~* faire une erreur de calcul.

Verrechnung *f*, **en 1.** passation *f* en compte ; virement *m* ; imputation *f* ; *nur zur ~* à porter en compte ; par virement exclusivement ; *~ durch Scheck* virement par chèque **2.** compensation *f* ; clearing *m*.

Verrechnungseinheit *f*, **en** *(VE)* unité *f* de compte (par ex. en matière de compensation dans les opérations entre R.F.A. et R.D.A.).

Verrechnungsgeschäft *n*, **e** opération *f* de compensation, de clearing.

Verrechnungskonto *n*, **-ten** compte *m* de compensation, de clearing, d'ordre.

Verrechnungskurs *m*, **e** cours *m* de compensation ; cours de clearing.

Verrechnungsscheck *m*, **s** chèque *m* barré ; chèque à porter en compte.

Verrechnungsstelle *f*, **n** office *m*, chambre *f* de compensation.

Verrechnungssystem *n*, **e** système *m* de compensation, de clearing.

Verrechnungsverfahren *n*, **-** procédure *f* de clearing ; *im ~* par voie de clearing.

Verrechnungswährung *f*, **en** monnaie *f* de compte ; *~ des Haushalts* monnaie comptable du budget.

verrenten mettre à la retraite.

Verrentung *f*, **en** mise *f* à la retraite ; *vorgezogene (vorzeitige) ~* préretraite *f*.

verrichten exécuter ; faire ; accomplir ; *eine Arbeit ~* s'acquitter d'une tâche ; *seinen Dienst ~* remplir ses fonctions.

Verrichtung *f*, **en** exécution *f* ; accomplissement *m*.

verringern diminuer ; réduire ; *das Arbeitstempo ~* diminuer les cadences ; réduire la cadence de travail.

Verringerung *f*, **en** diminution *f* ; réduction *f* ; *~ des Personalbestands* compression *f* des effectifs.

versammeln réunir ; rassembler ; *sich ~* se réunir.

Versammlung *f*, **en** réunion *f* ; assemblée *f* ; rassemblement *m* ; « meeting » *m* **I.** *außerordentliche ~* assemblée extraordinaire ; *beratende (konsultative) ~* assemblée consultative ; *beschließende ~* assemblée délibérante ; *gesetzgebende ~* assemblée législative ; *gewählte ~* assemblée élue **II.** *eine ~ ein/berufen* convoquer une assemblée ; *eine ~ ab/halten* tenir une assemblée ; *an einer ~ teil/nehmen* assister à une assemblée, à une réunion.

Versammlungsfreiheit *f*, *ϕ* liberté *f* de réunion.

Versand *m*, *ϕ* envoi *m* ; expédition *f* ; *der ~ per Bahn kann in wenigen Tagen erfolgen* l'expédition par rail peut être effectuée sous peu.

Versandabteilung *f*, **en** service *m* (d') expédition.

Versandanzeige *f*, **n** avis *m* d'expédition.

Versandbahnhof *m*, **¨e** gare *f* expéditrice.

versandbereit ⇒ *versandfertig*.

Versandbuchhandel *m*, *ϕ* vente *f* de livres sur catalogue (club, guilde du livre).

versandfertig prêt à être expédié ; *Waren ~ machen* préparer l'expédition de(s) marchandises.

Versandfirma *f*, **-men 1.** firme *f*, d'expédition **2.** maison *f* de vente par correspondance.

Versandgebühren *pl* droits *mpl* d'expédition.

Versandgeschäft *n*, **e** maison *f* de vente par correspondance.

Versandgut *n*, **¨er** marchandise *f* à expédier.

Versandhandel *m*, *ϕ* vente *f* par correspondance ; commerce *m* de vente sur catalogue.

Versandhaus *n*, **¨er 1.** maison *f* de vente par correspondance **2.** ⇒ *Versandfirma*.

Versandkatalog *m*, **e** catalogue *m* de vente par correspondance.

Versandkauf *m*, **¨e** achat *m*, vente *f* par correspondance.

Versandkosten *pl* frais *mpl* d'envoi ; frais d'expédition.

Versandort *m*, **e** lieu *m* d'expédition.

Versandpapiere *pl* papiers *mpl*, documents *mpl* d'expédition.

Versandschein *m*, **e** bulletin *m* d'expédition.

Versandtasche *f*, **n** pochette *f* (matelassée) pour expédition.

Versatz *m*, *ϕ* mise *f* en gage ; *in ~ geben* donner en gage.

Versatzamt *n*, **¨er** *(Autriche)* mont-de-piété *m*.

Versatzstück *n*, **e** gage *m* ; objet *m* gagé.

versäumen manquer ; omettre ; *den Termin ~* ne pas respecter la date fixée, le terme.

Versäumnis *n*, **se** manquement *m* ; omission *f* ; oubli *m* ; *ein ~ nach/holen* réparer un oubli.

Versäumnisurteil *n*, **e** *(jur.)* jugement *m* par défaut.

verschachern *(fam.)* vendre (après marchandage) ; brader.

verschachteln concentrer ; former des trusts.

Verschachtelung *f,* **en** participation *f* de sociétés au capital d'autres sociétés ; participations croisées, réciproques ; concentration *f* par prise de participations ; holding *m* ; ~ *von Unternehmen* interdépendance *f* d'entreprises.

verschaffen procurer ; *sich Geld* ~ se procurer de l'argent ; trouver des fonds.

Verschaffung *f,* **en** fourniture *f* ; action *f* de procurer qqch ; ~ *einer Stelle* indication *f* d'une place.

verschärfen aggraver ; intensifier ; *eine Spannung* ~ aggraver une tension ; *das Tempo* ~ augmenter une cadence.

Verschärfung *f,* **(en)** aggravation *f.*

verschätzen *(sich) :* faire une erreur d'estimation ; se tromper dans ses évaluations.

verscherbeln *(fam.)* vendre ; monnayer.

verscheuern *(fam.)* ⇒ *verscherbeln.*

verschicken envoyer ; expédier ; *Prospekte, Kataloge an alle Kunden* ~ envoyer des prospectus, des catalogues à tous les clients.

Verschickung *f,* **en** envoi *m* ; expédition *f.*

Verschiebebahnhof *m,* **¨e** gare *f* de triage *(syn. Rangierbahnhof).*

verschieben, o, o 1. différer ; ajourner ; retarder ; *auf später* ~ remettre à une date ultérieure, à plus tard ; *um acht Tage* ~ remettre à huitaine **2.** décaler ; surseoir à ; déplacer **3.** se livrer à un trafic clandestin de ; *Waren* ~ se livrer à un trafic de marchandises.

Verschiebung *f,* **en 1.** ajournement *m* ; report *m* ; ~ *des Liefertermins* report du délai de livraison **2.** déplacement *m* ; décalage *m* ; ~ *der Nachfrage* déplacement de la demande.

verschiffen transporter par voie maritime ; embarquer ; mettre à bord.

Verschiffung *f,* **(en)** chargement *m* ; embarquement *m* ; transport *m* par eau ; mise *f* à bord.

Verschiffungshafen *m,* **¨** port *m* de chargement, d'embarquement.

verschlechtern aggraver ; détériorer ; *sich* ~ empirer ; se dégrader.

Verschlechterung *f,* **φ** détérioration *f* ; aggravation *f* ; ~ *der Arbeitsmarktlage* dégradation *f* du marché de l'emploi ; ~ *der Zahlungsbilanz* détérioration de la balance des paiements.

verschleiern dissimuler ; truquer ; *die Bilanz* ~ maquiller, camoufler le bilan.

Verschleierung *f,* **en** dissimulation *f* ; ~ *der Vermögens- und Einkommenslage* dissimulation de la situation de fortune et de revenus.

Verschleierungstaktik *f,* **en** procédé *m* de camouflage ; pratique *f* mensongère.

Verschleiß *m,* **e 1.** usure *f* ; dépréciation *f* amortissable ; ~ *durch Abnutzung* usure du matériel utilisé **2.** *(Autriche)* vente *f* ; débit *m.*

verschleudern 1. brader ; vendre à vil prix **2.** dilapider ; gaspiller (fortune, etc.).

Verschleuderung *f,* **(en) 1.** braderie *f* ; vente *f* à vil prix **2.** dilapidation *f* ; gaspillage *m.*

verschlimmern ⇒ *verschlechtern.*

verschlingen, a, u avaler ; engloutir ; *viel Energie* ~ être « énergivorace » ; consommer beaucoup d'énergie.

Verschluß *m,* **¨sse** fermeture *f* ; *unter* ~ sous clé ; plombé ; *einen* ~ *an/legen* apposer un sceau (douane) ; *etw unter* ~ *halten* garder qqch en lieu sûr ; *eine Ware in* ~ *legen* mettre une marchandise à l'entrepôt.

Verschlußsache *f,* **n** document *m* secret, confidentiel.

verschlüsseln chiffrer ; coder ; ~*tes Telegramm* télégramme *m* chiffré.

Verschlüsselung *f,* **en** chiffrage *m* ; codage *m.*

verschmelzen, o, o *(ist)* fusionner ; *mit einer Gesellschaft* ~ fusionner avec une société ; *zwei AGs* ~ fusionner deux sociétés anonymes *(syn. fusionieren).*

Verschmelzung *f,* **en** fusion *f* ; ~ *durch Aufnahme* fusion par absorption, par annexion ; ~ *durch Neubildung* fusion par combinaison.

verschmutzen polluer ; salir ; *die Umwelt* ~ polluer l'environnement.

Verschmutzer *m,* **-** pollueur *m.*

Verschmutzung *f,* **en** pollution *f* ; *industrielle* ~ pollution par l'industrie ; ~ *der Luft* pollution atmosphérique.

verschrotten *(voiture)* mettre à la ferraille, à la casse ; *(bateau)* désarmer ; *(fusées, armes)* démanteler.

verschulden 1. causer par sa faute ; être responsable de ; *einen Unfall* ~ causer un accident **2.** *sich* ~ s'endetter.

Verschulden *n,* **φ** faute *f* ; culpabilité *f* ; fait *m* illicite ; *durch eigenes* ~ par sa propre faute ; *durch fremdes* ~ par la faute d'un tiers ; *vertragliches* ~ faute contractuelle.

verschuldet sein être endetté ; être criblé de dettes.

Verschuldung *f,* **en** endettement *m* ; *kurzfristige, langfristige* ~ endettement à court, à long terme.

verschwenden gaspiller ; dilapider ; *Geld* ~ gaspiller de l'argent.

Verschwendung *f,* **en** gaspillage *m* ; ~ *öffentlicher Gelder* dilapidation *f* des deniers publics.

verschwiegen discret ; réservé.

Verschwiegenheit *f,* *ϕ* discrétion *f* ; *wir bitten um* ~ nous demandons votre discrétion ; *wir sichern Ihnen strengste* ~ *zu* nous vous assurons de notre entière discrétion.

Verschwiegenheitspflicht *f,* **(en)** devoir *m* de discrétion ; *berufliche* ~ obligation *f* au secret professionnel ; obligation de réserve (fonctionnaires).

verschwistert *(mit)* jumelé(e) avec.

Verschwisterung *f,* **en** *(von Städten)* jumelage *m. (syn. Städtepartnerschaft).*

versehen, a, e munir ; revêtir ; pourvoir ; *mit einer Bürgschaft* ~ garantir par un aval ; *ein Schriftstück mit einem Stempel* ~ revêtir un document d'un cachet ; *mit seiner Unterschrift* ~ apposer sa signature ; *mit Vollmacht* ~ investir d'un pouvoir.

Versehen *n,* *ϕ* faute *f* ; méprise *f* ; *aus* ~ par inadvertance.

verselbständigen : *sich* ~ se mettre à son compte ; se rendre indépendant.

versenden, a, a expédier ; envoyer ; *ins Ausland* ~ *;* expédier à l'étranger.

Versender *m,* **-** expéditeur *m* ; commissionnaire *m* de transport.

Versendung *f,* **en** envoi *m* ; expédition *f* ; ~ *mit der Bahn* envoi par chemin de fer.

versetzen 1. muter ; changer d'affectation ; *einen Beamten* ~ muter un fonctionnaire **2.** mettre en gage, au mont-de-piété ; donner en nantissement ; *seine Uhr* ~ mettre sa montre en gage, « au clou ».

Versetzung *f,* **en** mutation *f* ; nouvelle affectation ; ~ *in den Ruhestand* mise *f* à la retraite ; ~ *in den Wartestand* mise en disponibilité.

verseuchen polluer ; infecter.

Verseuchung *f,* **en** pollution *f* ; infection *f* ; *radioaktive* ~ contamination *f* radioactive.

versicherbar assurable ; ~*es Risiko* risque *m* pris en charge par l'assurance.

Versicherer *m,* **-** assureur *m.*

versichern assurer ; garantir ; couvrir ; *sich gegen Diebstahl* ~ s'assurer contre le vol ; *sein Leben* ~ s'assurer sur la vie ; contracter une assurance-vie.

Versicherte/r *(der/ein)* assuré *m* ; souscripteur *m* d'assurance ; *freiwillig* ~*r* assuré *m* volontaire.

Versicherung *f,* **en 1.** assurance *f* ; *eine* ~ *ab/schließen* contracter une assurance ; *durch eine* ~ *gedeckt sein* être couvert par une assurance ; ~ *gegen Arbeitsunfälle* assurance contre les accidents du travail ; ~ *auf Gegenseitigkeit* assurance mutuelle tous risques ; ~ *auf den Todesfall* assurance-décès *f* **2.** *eidesstattliche* ~ attestation *f* sous (la foi du) serment ; affidavit *m.*

Versicherungsabschluß *m,* **¨sse** conclusion *f* d'une assurance.

Versicherungsagent *m,* **en, en** agent *m* d'assurances.

Versicherungsanstalt *f,* **en** compagnie *f* d'assurances ; ~ *auf Gegenseitigkeit* société *f* mutuelle d'assurances.

Versicherungsauszug *m,* **¨e** avenant *m* d'assurance (acte constatant des modifications aux clauses primitives d'un contrat) *(syn. Policenachtrag).*

Versicherungsbeitrag *m,* **¨e** ⇒ *Versicherungsprämie.*

Versicherungsbetrug *m,* *ϕ* fraude *f,* escroquerie *f* à l'assurance.

versicherungsfähig ⇒ *versicherbar.*

Versicherungsfall *m,* **¨e** sinistre *m.*

Versicherungsgeber *m,* **-** ⇒ *Versicherer.*

Versicherungsgesellschaft *f,* **en** ⇒ *Versicherungsanstalt.*

Versicherungsgewerbe *n,* *ϕ* les assurances *fpl.*

Versicherungskarte : *internationale* ~ *(auto.)* carte *f* verte *(syn. grüne Deckungskarte).*

Versicherungsleistung *f,* **en** prestation *f* d'assurance.

Versicherungsmakler *m,* **-** courtier *m* d'assurances ; agent *m* d'assurances.

Versicherungsmathematiker *m,* **-** actuaire *m* (statisticien spécialisé dans les questions d'assurances et de prévoyance sociale).

versicherungsmathematisch actuariel.

Versicherungsnehmer *m,* **-** ⇒ *Versicherte/r.*

Versicherungspflicht *f,* **en** obligation *f* d'assurance ; assujettissement *m,* affiliation *f* obligatoire (aux assurances sociales).

Versicherungspflichtgrenze *f,* **n** plafond *m* de la sécurité sociale.

versicherungspflichtig obligé de s'assurer ; assujetti à l'assurance.

Versicherungspolice *f,* **n** police *f*

d'assurance ; *übertragbare* ~ police d'assurance transmissible.

Versicherungsprämie *f,* **n** prime *f* d'assurance.

Versicherungsrückkauf *m,* **¨e** rachat *m* d'assurance.

Versicherungsschutz *m,* *ϕ* couverture *f* d'assurance ; garanties *fpl.*

Versicherungssumme *f,* **n** capital *m* assuré ; montant *m* de l'assurance.

Versicherungssystem *n,* **e** ⇒ *Versicherungswesen.*

versicherungstechnisch ⇒ *versicherungsmathematisch.*

Versicherungsträger *m,* **-** assureur *m* ; organisme *m* d'assurance.

Versicherungsverein *m* **auf Gegenseitigkeit** mutuelle *f* ; société *f* d'assurances mutuelle.

Versicherungsvertrag *m,* **¨e** contrat *m* d'assurance ; *Ablauf des ~s* expiration *f* du contrat d'assurance ; *Abschluß eines ~s* conclusion *f* d'un contrat d'assurance ; *Laufzeit des ~s* durée *f* du contrat d'assurance.

Versicherungsvertreter *m,* **-** agent *m* d'assurance(s).

Versicherungswert *m,* **e** valeur *f* assurée, d'assurance ; *taxierter* ~ valeur agréée.

Versicherungswesen *n,* *ϕ* assurances *fpl* ; système *m* d'assurances.

versiegeln sceller ; cacheter ; *gerichtlich* ~ apposer les scellés.

versiegen tarir (source) ; *bald ~ die Ölquellen* les sources *fpl* de pétrole seront bientôt taries.

versilbern 1. argenter **2.** *(fam.)* vendre ; monnayer.

versorgen 1. approvisionner ; ravitailler ; *mit Lebensmitteln* ~ fournir des vivres **2.** *seine Kinder* ~ subvenir aux besoins de ses enfants.

Versorgung *f,* **en 1.** approvisionnement *m* ; ~ *mit Arbeitskräften* fourniture *f* de main-d'œuvre **2.** entretien *m* ; charge *f* ; aide *f* sociale ; prévoyance *f* ; retraite *f.*

Versorgungsanspruch *m,* **¨e** droit *m* à une pension.

versorgungsberechtigt ayant droit à une pension ; bénéficiaire de l'aide sociale.

Versorgungsbetrieb *m,* **e** entreprise *f* publique de production et de distribution (eau, gaz et électricité) ; *(France)* EDF-GDF.

Versorgungsstaat *m,* **en** Etat *m* social ; Etat à vocation sociale.

verspekulieren perdre en spéculation ; *sich* ~ avoir mal spéculé ; *er hat sein Vermögen ~t* il a perdu sa fortune en spéculations malheureuses.

versprechen, a, o 1. promettre **2.** *sich* ~ faire un lapsus.

Versprechen *n,* **-** promesse *f* ; *privatschriftliches* ~ promesse sous seing privé.

verstaatlichen étatiser ; nationaliser ; socialiser ; *Privatbetriebe* ~ nationaliser des entreprises privées *(syn. nationalisieren).*

Verstaatlichung *f,* **en** nationalisation *f* ; étatisation *f* ; socialisation *f* *(syn. Nationalisierung, Sozialisierung, Vergesellschaftung).*

verstädtern 1. urbaniser **2.** adopter un mode de vie citadine.

Verstädterung *f,* **(en)** urbanisation *f.*

Verständigung *f,* **en** entente *f* ; arrangement *m* ; accord *m* ; *gütliche* ~ accord amiable.

verstärken rendre plus fort ; renforcer.

Verstärkung *f,* **en** renforcement *m* ; intensification *f* ; ~ *der Nachfrage* accroissement *m* de la demande.

verstehen, a, a comprendre ; *unsere Preise ~ sich frei Haus* nos prix s'entendent franco domicile.

Versteigerer *m,* **-** commissaire-priseur *m* *(syn. Auktionator).*

versteigern vendre, mettre aux enchères ; *die beschlagnahmten Waren wurden ~t* les marchandises *fpl* saisies ont été vendues aux enchères.

Versteigerung *f,* **en** vente *f* aux enchères ; adjudication *f* ; vente à l'encan ; *gerichtliche* ~ vente judiciaire ; vente sur adjudication ; *öffentliche* ~ vente (aux enchères) publique(s) *(syn. Auktion).*

versteuerbar imposable ; taxable.

versteuern payer des impôts sur ; déclarer au fisc ; *sein Einkommen* ~ déclarer ses revenus ; *~t* tous droits payés.

Versteuerung *f,* **en** imposition *f* ; taxation *f* ; versement *m* d'impôts.

Verstoß *m,* **¨e** infraction *f* ; faute *f* ; atteinte *f* ; ~ *gegen die Vorschrift* infraction au règlement.

verstrahlen contaminer par radioactivité ; irradier.

Verstrahlung *f,* **en** contamination *f* radioactive ; irradiation *f.*

verstromen transformer en courant électrique ; produire de l'électricité.

Verstromung *f,* **en** transformation *f* en courant électrique.

Versuchsballon *m,* s ballon *m* d'essai ; *einen ~ steigen lassen* lancer un ballon d'essai.

Versuchsmarkt *m,* **¨e** marché-test *m* ; marché *m* pilote.

vertagen ajourner ; reporter ; différer ; *eine Hauptversammlung ~* ajourner une assemblée générale ; *auf unbestimmte Zeit ~* remettre à une date ultérieure ; repousser sine die.

Vertagung *f, ϕ* ajournement *m* ; remise *f.*

verteilen 1. répartir ; distribuer ; partager ; *Gewinne ~* distribuer des bénéfices 2. *sich ~ über(+A)* s'étaler sur.

Verteiler *m,* - distributeur *m.*

Verteilernetz *n,* **e** réseau *m* de distribution.

Verteilerring *m,* **e** réseau *m* (illégal) de distribution.

Verteilung *f,* **en** répartition *f* ; distribution *f* ; partage *m* ; *~ nach Berufen* répartition professionnelle ; *~ von Dividenden* répartition de dividendes ; *~ der Kosten* ventilation *f* des coûts.

Verteilungsschlüssel *m,* - clé *f,* base *f* de répartition.

Verteilungsstelle *f,* **n** organisme *m* répartiteur.

verteuern rendre plus cher ; (r)enchérir ; *sich ~* augmenter ; *die Maschinen haben sich um 30 % ~t* les machines coûtent 30 % plus cher.

Verteuerung *f,* **en** (r)enchérissement *m* ; augmentation *f* du prix ; *~ der Lebenshaltungskosten* renchérissement du coût de la vie.

vertikal vertical ; *~e Konzentration* concentration *f* verticale ; *~er Zusammenschluß* concentration verticale d'entreprises *(contr. horizontal).*

Vertikalkonzern *m,* **e** konzern *m* formant une concentration verticale.

vertippen : *sich ~* faire une faute de frappe.

Vertrag *m,* **¨e** 1. contrat *m* ; convention *f* **I.** *durch ~* par contrat ; *kurzfristiger, langfristiger ~* contrat à court, à long terme ; *laut ~ (dem ~ nach)* aux termes du contrat ; *schriftlicher ~* ; contrat écrit ; *stillschweigend geschlossener ~* contrat tacite **II.** *mit jdm einen ~ (ab)/schließen* passer un contrat avec qqn ; *einen ~ brechen* violer un contrat ; *einen ~ ein/halten* se conformer aux clauses d'un contrat ; *einen ~ kündigen* dénoncer, résilier un contrat ; *einen ~ rückgängig machen* annuler un contrat ; *von einem ~ zurück/treten* dénoncer un contrat 2. traité *m* ; accord *m* ; *~ zur Gründung der EWG* traité instituant la C.E.E.

vertraglich contractuel ; conventionnel ; *sich ~ verpflichten* s'engager par contrat ; *~e Vereinbarung* accord *m* contractuel.

verträglich compatible.

Verträglichkeit *f,* **en** compatibilité *f.*

Vertragsabschluß *m,* **¨sse** conclusion *f* d'un contrat.

Vertragsbedingungen *pl* clauses *fpl* du contrat.

Vertragsbruch *m,* **¨e** rupture *f* de contrat ; violation *f* de contrat.

vertragsbrüchig werden 1. être en rupture de contrat 2. violer un traité, un accord.

vertragschließend : *die ~en Parteien* les parties *fpl* contractantes.

Vertragschließende/r *(der/ein)* contractant *m* ; partie *f* contractante.

Vertragsentwurf *m,* **¨e** projet *m* de contrat.

Vertragsfirma *f,* **-men** maison *f* sous contrat ; maison affiliée.

Vertragsgegenstand *m,* **¨e** objet *m* du contrat.

vertragsgemäß conforme ; conformément au contrat.

Vertragshaftung *f, ϕ* responsabilité *f* contractuelle.

Vertragshändler *m,* - concessionnaire *m.*

Vertragsklausel *f,* **n** clause *f* contractuelle ; clause stipulée dans le contrat.

Vertragskündigung *f,* **en** résiliation *f* du contrat.

Vertragsland *n,* **¨er** pays *m* contractant.

vertragsmäßig ⇒ *vertragsgemäß.*

Vertragsmuster *n,* - formulaire *m* de contrat type.

Vertragspartei *f,* **en** ⇒ *Vertragschließende/r.*

Vertragspartner *m,* - ⇒ *Vertragschließende/r.*

Vertragspflicht *f,* **en** obligation *f* contractuelle ; obligation de s'en tenir aux termes du contrat.

Vertragstarif *m,* **e** tarif *m* contractuel.

Vertragstreue *f, ϕ* respect *m* du contrat ; fidélité *f* à un contrat.

Vertragsurkunde *f,* **n** contrat *m* (acte notarié, document écrit).

vertragswidrig contraire au contrat ; non conforme aux termes du contrat.

Vertragswerkstatt *f,* **¨en** atelier *m,* garage *m* sous contrat avec le fabricant.

vertrauen avoir confiance ; *jdm ~*

avoir confiance en qqn ; faire crédit à qqn.

Vertrauen *n,* ϕ confiance *f* ; crédit *m* ; *das ~ in eine starke Währung* la confiance en une monnaie forte ; *diese Ware verdient ihr volles ~* cette marchandise mérite votre entière confiance.

Vertrauensarzt *m,* ¨e médecin-conseil *m* ; médecin de la sécurité sociale.

Vertrauensbruch *m,* ¨e ⇒ *Vertrauensmißbrauch.*

Vertrauensfrage *f,* **n** question *f,* motion *f* de confiance ; *die ~ stellen* poser la question de confiance.

Vertrauenskrise *f,* **n** crise *f* de confiance.

Vertrauensmann *m,* ¨er ou -leute **1.** homme *m* de confiance **2.** délégué *m* du personnel (comité d'entreprise, cogestion).

Vertrauensmißbrauch *m,* ¨e abus *m* de confiance.

Vertrauensperson *f,* **en** personne *f* de confiance.

Vertrauensposten *m,* - ⇒ *Vertrauensstellung.*

Vertrauensstellung *f,* **en** situation *f,* poste *m* de confiance.

Vertrauensvotum *n,* **-ten** *(polit.)* vote *m* de confiance.

vertrauenswürdig digne de confiance ; *es handelt sich um eine ~e Person* c'est une personne digne de foi.

Vertrauenswürdigkeit *f,* ϕ sûreté *f* ; fiabilité *f.*

vertraulich confidentiel ; *streng ~* strictement confidentiel ; *~er Bericht* rapport *m* confidentiel.

vertreiben, ie, ie 1. vendre ; écouler ; *Waren ~* commercialiser des marchandises **2.** chasser ; expulser.

vertretbar 1. remplaçable ; fongible ; *~e Güter* biens *mpl* fongibles **2.** défendable ; acceptable ; *~e Auffassung* thèse *f* soutenable, défendable.

vertreten, a, e 1. représenter ; remplacer ; *paritätisch ~ sein* être représenté à parité égale **2.** défendre ; plaider la cause ; *sich durch einen Rechtsanwalt ~ lassen* se faire représenter, se faire assister par un avocat.

Vertreter *m,* - **1.** représentant *m* ; délégué *m* ; *~ der Arbeitnehmer* délégué du personnel salarié **2.** remplaçant *m* ; suppléant *m* **3.** représentant de commerce ; voyageur *m* ; *beim ~ bestellen* commander au représentant *(syn. Reisender).*

Vertreterbesuch *m,* **e** visite *f* du représentant ; visite d'un V.R.P.

Vertreternetz *n,* **e** réseau *m* de représentants.

Vertreterprovision *f,* **en** commission *f* de représentant, de V.R.P.

Vertreterspesen *pl* frais *mpl* de représentant.

Vertreterstab *m,* ¨e ensemble *m* des représentants ; force *f* de vente.

Vertretung *f,* **en 1.** représentation *f* ; *berufsständische ~* représentation professionnelle ; *gewerkschaftliche ~* représentation syndicale ; *paritätische ~* représentation paritaire **2.** remplacement *m* ; suppléance *f* ; *in ~* par délégation ; *in ~ meiner Firma* en qualité de représentant de ma maison.

Vertretungsbefugnis *f,* **se** pouvoir *m* de représentation.

Vertretungskosten *pl* **1.** frais *mpl* de représentation **2.** commission *f* et frais *mpl* réglés aux représentants.

Vertretungskräfte *pl* personnel *m* intérimaire *(syn. Aushilfskräfte, Zeitkräfte).*

Vertretungsorgan *n,* **e** organe *m* représentatif.

Vertretungsvollmacht *f,* **en** pouvoir *m* de représentation.

vertretungsweise en remplacement (de qqn) ; faisant fonction de.

Vertrieb *m,* **e** distribution *f* ; vente *f* ; commercialisation *f* ; débit *m* ; écoulement *m* ; *direkter ~* vente directe (de l'usine) au consommateur *(syn. Verkauf, Kommerzialisierung).*

Vertriebsabteilung *f,* **en** service *m* commercial ; service de distribution ; force *f* de vente.

Vertriebsgesellschaft *f,* **en** société *f* de distribution, de commercialisation.

Vertriebskartell *n,* **e** cartel *m* de vente ; entente *f* pour la commercialisation.

Vertriebskosten *pl* frais *mpl* de distribution, de commercialisation.

Vertriebsleiter *m,* - chef *m* de(s) vente(s) .

Vertriebsmethode *f,* **n** méthode *f* de distribution, de commercialisation.

Vertriebsnetz *n,* **e** réseau *m* de distribution ; *das ~ erweitern* agrandir, étendre le réseau de distribution.

Vertriebsorganisation *f,* **en** organisation *f* de distribution ; *die ~ rationalisieren* rationaliser l'organisation de commercialisation.

Vertriebspolitik *f,* ϕ politique *f* de vente ; stratégie *f* de distribution.

Vertriebsrecht *n,* **e** droit *m* de commercialiser un produit.

Vertriebsstelle *f,* **n** point *m* de vente.

Vertriebsstruktur *f,* **en** structure *f* de distribution, de commercialisation.

Vertriebstechnik *f,* **en** technique *f* de distribution, de commercialisation.

Vertriebswege *pl* ⇒ *Vertriebsnetz.*

Vertriebswesen *n,* *ϕ* vente *f* ; distribution *f* ; commercialisation *f.*

vertrusten truster ; intégrer dans un trust ; absorber par un trust ; organiser (regrouper) en trust ; *die Betriebe sind ~ t* les entreprises *fpl* sont intégrées dans un trust.

Vertrustung *f,* **en** formation *f* de trust ; regroupement *m* (de sociétés) en trust ; absorption *f* dans (par) un trust.

vertuschen camoufler ; maquiller.

veruntreuen détourner ; *Gelder ~* détourner des fonds *(syn. unterschlagen).*

Veruntreuung *f,* **en** abus *m* de confiance ; malversation *f* ; détournement *m* ; *~ öffentlicher Gelder* concussion *f.*

Veruntreuungsversicherung *f,* **en** assurance *f* contre les escroqueries et abus de confiance.

verursachen causer ; provoquer ; occasionner ; *Kosten ~* entraîner des frais.

Verursacherprinzip *n,* **(-ien)** principe *m* selon lequel les pollueurs seront les payeurs.

Verursachungsprinzip ⇒ *Verursacherprinzip.*

vervielfachen multiplier *(syn. multiplizieren).*

vervielfältigen ronéotyper ; polycopier ; reproduire ; *ein Rundschreiben ~* polycopier une circulaire.

Vervielfältiger *m,* **-** duplicateur *m.*

Vervielfältigung *f,* **en** ronéotypie *f* ; polycopie *f* ; reproduction *f.*

Vervielfältigungsapparat *m,* **e** machine *f* à polycopier ; ronéo *f* ; duplicateur *m.*

Vervielfältigungsverfahren *n,* **-** polycopie *f* ; procédé *m* de reprographie.

vervierfachen quadrupler.

verwählen : *(téléph.) sich ~* se tromper de numéro.

verwahren garder ; conserver ; tenir en lieu sûr ; *Wertpapiere ~* assurer la garde de titres.

Verwahrer *m,* **-** gardien *m* ; dépositaire *m* ; consignataire *m* ; *gesetzlicher ~* dépositaire légal.

Verwahrung *f,* **en** dépôt *m* ; garde *f* ; *in ~ geben* mettre en dépôt ; *in ~ nehmen* prendre en dépôt ; *~ von Wertpapieren* gestion *f* de portefeuille, de titres.

Verwahrungsgeschäft *n,* **e** *(banque)* opération *f* de dépôt ; opération de garde de titres.

Verwahrungsregister *n,* **-** registre *m* de dépôt.

Verwahrungsvertrag *m,* **¨e** contrat *m* de dépôt ; contrat de garde.

verwalten gérer ; administrer ; *ein Amt ~* exercer une fonction ; *ein Vermögen ~* gérer une fortune ; gérer des biens.

Verwalter *m,* **-** administrateur *m* ; gérant *m* ; gestionnaire *m* ; intendant *m* ; *gerichtlich bestellter ~* administrateur judiciaire ; *treuhänderischer ~* administrateur fiduciaire.

Verwaltung *f,* **en** administration *f* ; gestion *f* ; direction *f* ; gérance *f* ; régie *f* ; *bundeseigene ~* administration propre du bund ; *kommunale ~* administration communale ; *landeseigene ~* administration propre au land ; *öffentliche ~* administration publique ; *wirtschaftliche ~* gestion économique.

Verwaltungs- *(préfixe)* d'administration ; administratif.

Verwaltungsabteilung *f,* **en** service *m* administratif.

Verwaltungsapparat *m,* **e** appareil *m* administratif.

Verwaltungsausschuß *m,* **¨sse** comité *m* d'administration ; commission *f* administrative.

Verwaltungsbeamte/r *(der/ein)* fonctionnaire *m* administratif.

Verwaltungsbehörde *f,* **n** autorité *f* administrative ; administration *f.*

Verwaltungsbeschwerde *f,* **n** recours *m* administratif.

Verwaltungsbezirk *m,* **e** circonscription *f* administrative.

Verwaltungsdienst *m,* **e** service *m* administratif ; *höherer ~* haute fonction dans l'administration ; cadre *m* supérieur.

Verwaltungsgebäude *n,* **-** bâtiment *m* administratif.

Verwaltungsgebühr *f,* **en** frais *mpl,* droits *mpl* administratifs ; taxes *fpl* de gestion ; *(accessoirement)* frais de constitution de dossier.

Verwaltungsgericht *n,* **e** tribunal *m* administratif.

verwaltungsgerichtlich : *~ e Klage* action *f* par la voie du contentieux administratif.

verwaltungsmäßig administratif.

Verwaltungspersonal *n,* *ϕ* personnel *m* administratif.

Verwaltungsrat *m,* **¨e** conseil *m* d'administration ; directoire *m* (organisme chargé du contrôle de la gestion de collectivités ou d'établissements de droit public).

Verwaltungsrecht *n,* *ϕ* droit *m* administratif.

Verwaltungssitz *m,* **e** siège *m* administratif.

Verwaltungssprache *f,* **n** langage *m,* jargon *m* administratif.

verwaltungstechnisch : *aus ~en Gründen* pour des raisons d'ordre administratif.

Verwaltungsweg *m,* **e** voie *f* administrative ; *auf dem ~* par la voie administrative.

Verwaltungswesen *n,* *ϕ* système *m,* régime *m* administratif ; administration *f.*

Verwaltungszentrum *n,* **-tren** centre *m* administratif (d'une ville, d'un pays).

verwandeln transformer ; changer ; *in Kapital ~* transformer en capital.

Verwandlung *f,* **en** transformation *f* ; changement *m.*

verwarnen avertir ; *wegen Übertretung einer Verkehrsvorschrift ~* donner un avertissement pour infraction au Code de la route.

Verwarnung *f,* **en** avertissement *m* ; *gebührenpflichtige ~* avertissement payant ; P.V. avec règlement immédiat de l'amende (pour infraction au Code de la route).

Verweis *m,* **e** **1.** blâme *m* ; *jdm einen ~ erteilen* donner (infliger) un blâme à qqn **2.** référence *f* ; *unter ~ auf(+A)* en référence à.

verwendbar *(für+A)* utilisable ; applicable à.

verwenden, a, a *(aussi verbe faible)* utiliser ; employer ; *einen Betrag ~* utiliser une somme ; affecter une somme (à).

Verwendung *f,* **en** utilisation *f* ; usage *m* ; emploi *m* ; *gewinnbringende ~* emploi commercial ; *~ der Arbeitskräfte* emploi de la main-d'œuvre.

Verwendungsbereich *m,* **e** champ *m* d'utilisation.

Verwendungszweck *m,* **e** but *m,* fin *f* d'utilisation.

verwerfen, a, o rejeter ; repousser ; *einen Vorschlag ~* repousser une proposition.

verwertbar recyclable ; réutilisable.

verwerten faire valoir ; mettre en valeur ; exploiter ; récupérer ; *Abfälle ~* recycler des déchets.

Verwertung *f,* **en** mise *f* en valeur ; exploitation *f* ; utilisation *f* ; *gewerbliche ~* exploitation commerciale ; *~ von Altmaterial* récupération *f,* recyclage *m* de vieux matériaux.

Verwertungsaktie *f,* **n** rompu *m* (fraction d'une valeur mobilière) *(syn. Aktienspitze).*

Verwertungsgesellschaft *f,* **en** société *f* d'exploitation ; société de mise en valeur ; société de récupération.

verwirklichen réaliser ; *die 35-Stunden-Woche ~* réaliser la semaine de 35 heures.

Verwirklichung *f,* **en** réalisation *f* ; *~ eines Projekts* réalisation d'un projet.

verwirtschaften dépenser inconsidérément ; *all sein Geld ~* dissiper tout son argent.

Verwirtschaftung *f,* **en** mauvaise gestion *f* ; mauvaise exploitation *f.*

verzählen : *sich ~* se tromper en comptant.

Verzehr *m,* *ϕ* consommation *f.*

verzehren consommer ; *Lebensmittel ~* consommer des denrées alimentaires ; *sein Vermögen ~* dilapider, « croquer » sa fortune.

verzeichnen enregistrer ; inscrire ; coter ; répertorier ; *ein Defizit ~* accuser un déficit ; *auf einer Liste ~* consigner sur une liste.

Verzeichnis *n,* **se** relevé *m* ; liste *f* ; registre *m* ; *alphabetisches ~* répertoire *m* alphabétique ; *ein ~ auf/stellen* dresser un inventaire.

verzerren distordre ; déformer ; *(statist.) ~te Stichprobe* échantillon *m* biaisé.

Verzerrung *f,* **en** distorsion *f* ; *(statist.)* biais *m* ; *wirtschaftliche ~* distorsion économique ; *~ des Wettbewerbs* altération *f* de la concurrence.

verzetteln **1.** mettre sur fiches **2.** gaspiller ; disperser (forces, argent).

Verzicht *m,* **(e)** renoncement *m* ; désistement *m* ; abandon *m* ; *unter ~ auf(+A)* en renonçant à ; en abandonnant.

verzichten renoncer ; abandonner ; *auf ein Recht ~* renoncer à faire usage d'un droit.

Verzichtpolitik *f,* *ϕ* politique *f* d'abandon.

verzinsbar ⇒ *verzinslich.*

verzinsen payer des intérêts ; porter intérêts ; *sich ~* rapporter des intérêts ; se capitaliser ; *diese Schuldverschreibungen ~ sich mit 15 %* ces obligations *fpl* rapportent 15 % d'intérêts.

verzinslich productif d'intérêts ; à intérêt(s) ; ~ *an/legen* placer à intérêts ; ~*es Darlehen* prêt *m* à intérêts ; ~*es Wertpapier* valeur *f* portant intérêts.

Verzinsung *f,* **en 1.** paiement *m* des intérêts **2.** taux *m* d'intérêt ; *feste* ~ intérêt *m* fixe ; ~ *zu 9 %* 9 % d'intérêts ; *zur* ~ *aus/leihen* prêter à intérêt.

verzögern retarder ; différer ; *die Lieferung wurde um einen Monat* ~*t* la livraison a été retardée d'un mois.

Verzögerung *f,* **en** retard *m* ; ralentissement *m.*

verzollbar assujetti aux droits de douane.

verzollen dédouaner ; payer les droits de douane ; *haben Sie etw zu* ~ *?* avez-vous qqch à déclarer ?

Verzollung *f,* **en** dédouanement *m* ; acquittement *m* des droits de douane ; ~*von Waren* dédouanement de marchandises.

Verzug *m,* φ retard ; *in* ~ *geraten* prendre du retard ; *mit der Zahlung im* ~ *sein* être en retard de paiement ; *bei* ~ en cas de retard ; *ohne* ~ sans délai **2.** *(jur.)* demeure *f* ; *jdn in* ~ *setzen zu zahlen* mettre qqn en demeure de payer.

Verzugszinsen *pl* intérêts *mpl* de retard ; intérêts moratoires.

Veto *n,* **s** ['ve:to] veto *m* ; *sein* ~ *gegen etw ein/legen* mettre, opposer son veto à qqch.

Vetorecht *n,* **e** *(polit.)* droit *m* de veto ; *ein* ~ *besitzen* disposer d'un droit de veto.

Vetternwirtschaft *f,* **(en)** népotisme *m* ; favoritisme *m* économique ; maf(f)ia *f (syn. Filzokratie).*

V-Gespräch *n,* **e** *(téléph.)* communication *f* avec préavis.

v.g.u. ⇒ *vorgelesen, genehmigt, unterschrieben.*

v.H. *(vom Hundert)* pour cent ; % *(syn. Prozent).*

via via ; par ; *nach Freiburg* ~ *Colmar fahren* se rendre à Fribourg via Colmar.

Videoclip *m,* **s** clip *m* (vidéo) ; bande *f* vidéo promotionnelle.

Videogerät *n,* **e** magnétoscope *m.*

Videokassette *f,* **n** vidéocassette *f.*

Videokonferenz *f,* **en** vidéoconférence *f* ; visioconférence.

Videoplatte *f,* **n** vidéodisque *m.*

Videorecorder *m,* **-** ⇒ *Videogerät.*

Videotext *m,* **e** télétexte *m* (ANTIOPE) ; vidéographie *f* diffusée.

Videothek *f,* **en** vidéothèque *f.*

vidieren *(Autriche)* viser ; certifier.

Vieh *n,* φ bétail *m.*

Viehbestand *m,* **¨e** cheptel *m.*

Viehhabe *f,* φ *(Suisse)* cheptel *m.*

Viehhalter *m,* **-** éleveur *m* de bétail.

Viehhaltung *f,* φ élevage *m* du bétail.

Viehhändler *m,* **-** marchand *m* de bétail.

Viehzucht *f,* φ ⇒ *Viehhaltung.*

Viehzüchter *m,* **-** ⇒ *Viehhalter.*

viehzuchttreibend qui fait l'élevage du bétail.

Vielflieger *m,* **-** *(fam.)* grand usager *m* des lignes aériennes.

vier quatre ; *unter* ~ *Augen (fam.)* entre quatre-z-yeux ; en tête à tête ; ~ *Wochen* un mois.

Viereck *magisches* ~ « carré magique », à savoir quatre postulats de l'économie : plein emploi, stabilité des prix, équilibre de la balance commerciale, croissance.

Viererkonferenz *f,* **en** conférence *f* à quatre ; conférence quadripartite.

Viermächteabkommen *n,* **-** accord *m,* traité *m* quadripartite.

Viermächtestatut *n,* φ statut *m* quadripartite (Berlin).

Vierpersonenhaushalt *m,* **e** ménage *m* de quatre personnes.

vierstellig à (de) quatre chiffres ; *eine* ~*e Zahl* un nombre de quatre chiffres.

Viertel *n,* **- 1.** quart *m* **2.** quartier *m.*

Vierteljahr *n,* **e** trimestre *m (syn. Quartal).*

Vierteljahresdividende *f,* **n** dividende *m* trimestriel.

vierteljährig (d'une durée) de trois mois.

vierteljährlich trimestriel ; ~ *bezahlen* payer par trimestre ; ~*e Miete* loyer *m* trimestriel.

vierzehn Tage *pl* 15 jours ; deux semaines.

Vierzig-Stunden-Woche *f,* **n** semaine *f* de 40 heures.

Vindikation *f,* **en** revendication *f,* demande *f* en restitution d'un bien immobilier.

vindizieren demander la restitution d'un bien immobilier.

Vinkulation *f,* **en** cession *f* d'une valeur mobilière soumise à l'acceptation de l'émetteur.

vinkulieren obliger ; lier ; ~*te Namensaktie* action *f* nominative cessible sous réserve (de dispositions statutaires) ; action non négociable librement.

VIP *f,* **s** *(very important person)* personnalité *f* importante ; cadre *m* responsable ; V.I.P.

Virement *n*, s [vir'mã] *(budget)* transfert *m* ; virement *m*.

Visabesorgungsgebühr *f*, **en** frais *mpl* de visa.

Visitation *f*, **en** fouille *f* ; contrôle *m* ; inspection *f* (bagages, vêtements).

Visitenkarte *f*, **n** carte *f* de visite.

visitieren fouiller ; contrôler ; passer une inspection.

Vistawechsel *m*, - traite *f* à vue.

Visum *n*, **-sa** ou **-sen** visa *m* ; *das ~ erteilen* délivrer le visa ; *mit einem ~ versehen* viser ; *~ für DDR-Verwandtenbesuche* visa de visite pour parents en R.D.A.

Visumzwang *m*, *ϕ* visa *m* obligatoire.

Vize- ['vi:tsə/fi:tsə] *(préfixe)* vice- *(syn. stellvertretend)*.

Vizepräsident *m*, **en, en** vice-président *m*.

v.J. *(vorigen Jahres)* de l'an dernier.

v.M. *(vorigen Monats)* du mois dernier.

V-Mann *m*, **¨er** ou **-leute** indic(ateur) *m* (police, services secrets).

V-Markt *m*, **¨e** ⇒ *Verbrauchermarkt*.

VN ⇒ *Vereinte Nationen*.

VO ⇒ *Verordnung*.

Vogel-Strauß-Politik *f*, *ϕ* politique *f* de l'autruche.

Volk *n*, **¨er** peuple *m* ; nation *f*.

Völkerbund *m*, *ϕ* SDN, Société *f* des Nations (1919-1946).

Völkerrecht *n*, **(e)** droit *m* international.

Völkerrechtler *m*, - spécialiste *m* du droit international.

Volksabstimmung *f*, **en** plébiscite *m*.

Volksaktie *f*, **n** action *f* populaire (action dont la diffusion auprès du public est favorisée par l'Etat).

Volksbank *f*, **en** banque *f* populaire.

Volksbefragung *f*, **en** référendum *m*.

Volksbegehren *n*, - demande *f* de référendum ; initiative *f* populaire.

Volksdemokratie *f*, **n** ⇒ *Volksrepublik*.

Volksdichte *f*, *ϕ* densité *f* démographique, de la population.

volkseigen *(R.D.A.)* nationalisé ; socialiste ; *~er Betrieb (VEB)* entreprise *f* nationalisée ; entreprise d'Etat.

Volkseigentum *n*, *ϕ* propriété *f* du peuple ; propriété nationale, d'Etat ; *ins ~ überführen* nationaliser.

Volkseinkommen *n*, - revenu *m* national ; *Verteilung des ~s* répartition *f* du revenu national *(syn. Sozialprodukt)*.

Volksentscheid *m*, **e** ⇒ *Volksabstimmung*.

Volksfront *f*, **en** front *m* populaire.

Volkshochschule *f*, **n** *(R.F.A.)* université *f* populaire ; formation *f* permanente pour les salariés.

Volkskammer *f*, *ϕ* *(R.D.A.)* Chambre *f* du peuple (composée de 400 députés).

Volksrepublik *f*, **en** république *f* populaire ; république socialiste.

Volksschule *f*, **n** école *f* primaire ; école communale *(Syn. Hauptschule)*.

Volksvertreter *m*, - représentant *m* du peuple.

Volksvertretung *f*, **en** représentation *f* nationale ; ensemble *m* des députés ; le Parlement.

Volkswagen *m*, - *(VW)* la (voiture) Volkswagen.

Volkswirt *m*, **e 1.** diplômé *m* en sciences économiques **2.** ⇒ *Volkswirtschaftler*.

Volkswirtschaft *f*, **en** économie *f* nationale ; économie politique.

Volkswirtschaftslehre *f*, **n** économie *f* politique.

Volkswirtschaftler *m*, - économiste *m*.

volkswirtschaftlich d'économie nationale ; *~e Kosten* coûts *mpl* sociaux (et économiques) ; *~e Planung* planification *f* de l'économie nationale.

Volkszählung *f*, **en** recensement *m* démographique, de la population.

voll plein ; entier ; rempli ; *~e Auftragsbücher* carnets *mpl* de commande remplis ; *~er Preis* prix *m* fort ; plein tarif *m* ; *eine Schuld ~ bezahlen* rembourser intégralement une dette.

Vollakademiker *m*, - universitaire *m* diplômé.

Vollaktie *f*, **n** action *f* entièrement libérée.

vollautomatisch entièrement automatique ; *~er Betrieb* entreprise *f* entièrement automatisée.

vollautomatisiert entièrement automatisé.

Vollautomatisierung *f*, **en** automatisation *f* totale.

Vollbauer *m*, **n, n** agriculteur *m* à plein temps (qui vit de et sur son exploitation).

vollbeschäftigt (employé) à plein temps ; à temps complet ; *~er Arbeiter* travailleur *m* à plein temps.

Vollbeschäftigung *f*, *ϕ* plein emploi *m* (moins de 3 % de chômeurs).

Vollbezahlung *f*, **en** paiement *m* intégral.

Volleinzahlung *f*, **en** libération *f* (d'une dette) ; versement *m* intégral.

vollenden achever ; *das sechzigste Lebensjahr ~t haben* avoir 60 ans révolus.

Vollerwerbsbetrieb *m,* **e** exploitation *f* agricole à plein temps *(contr. Teilerwerbsbetrieb).*

Vollerwerbskräfte *pl* main-d'œuvre *f* à temps plein *(contr. Teilzeitkräfte).*

Vollerwerbslose/r *(der/ein)* chômeur *m* total.

vollgenossenschaftlich *(R.D.A.)* entièrement organisé en coopératives ; *~es Dorf* village *m* dont tous les habitants sont membres d'une « LPG ».

Vollgenuß *m,* *ϕ* jouissance *f* complète ; *im ~ seiner Rechte* en pleine jouissance de ses droits.

Vollgewicht *n,* **e** poids *m* exigé.

Vollgiro *n,* **s** ⇒ *Vollindossament.*

Vollgültigkeit *f,* *ϕ* validité *f* sans restriction ; validité irrécusable.

Vollhafter *m,* **-** commandité *m* ; associé *m* responsable et solidaire *(syn. Komplementär ; contr. Teilhafter).*

Vollindossament *n,* **e** endossement *m* ordinaire ; endossement pur et simple.

volljährig majeur *(contr. minderjährig).*

Volljährigkeit *f,* *ϕ* majorité *f* *(syn. Großjährigkeit ; contr. Minderjährigkeit).*

Volljährigkeitserklärung *f,* **en** émancipation *f* anticipée ; déclaration *f* de majorité anticipée.

Vollkaskoversicherung *f,* **en** *(auto.)* assurance *f* tous risques (⇒ *Teilkaskoversicherung*).

Vollkaufmann *m,* **-leute** commerçant *m* inscrit au registre du commerce (et tenu d'observer les règles du droit commercial).

Vollmacht *f,* **en** procuration *f* ; pouvoir *m* ; mandat *m* ; pleins pouvoirs **I.** *in ~ (i.V.)* par procuration ; *notarielle ~* procuration notariée ; *schriftliche ~* pouvoir écrit **II.** *jdm (eine) ~ erteilen* donner procuration à qqn ; *~ haben* avoir pleins pouvoirs ; *seine ~en überschreiten* outrepasser ses pouvoirs ; *eine ~ unterschreiben* signer une procuration.

Vollmachtgeber *m,* **-** mandant *m* ; auteur *m* de la procuration.

Vollmachtnehmer *m,* **-** mandataire *m* ; titulaire *m* d'une procuration.

Vollmachtsentzug *m,* *ϕ* révocation *f,* retrait *m* de la procuration.

Vollmachtserteilung *f,* **en** délégation *f* de pouvoir ; mandat *m.*

Vollmachtsinhaber *m,* **-** ⇒ *Vollmachtnehmer.*

Vollmachtsmißbrauch *m,* **¨e** abus *m,* excès *m* de pouvoir ; détournement *m* de pouvoirs.

Vollmitglied *n,* **er** membre *m* de plein droit ; membre à part entière ; membre titulaire.

Vollpension *f,* **en** *(touris.)* pension *f* complète.

vollstreckbar exécutoire ; *~es Urteil* jugement *m* exécutoire.

Vollstreckbarkeit *f,* *ϕ* caractère *m* exécutoire.

vollstrecken mettre à exécution ; exécuter ; *ein Testament ~* exécuter un testament ; *ein Urteil ~* faire exécuter un jugement.

Vollstrecker *m,* **-** exécuteur *m* (testamentaire, etc.).

Vollstreckung *f,* **en** exécution *f.*

Vollstreckungsbefehl *m,* **e** mandat *m* exécutoire.

Vollstreckungsbehörde *f,* **n** organe *m,* autorité *f* chargé(e) de l'exécution.

Vollstreckungsurteil *n,* **e** jugement *m* exécutoire.

Vollstreckungsverfahren *n,* **-** procédure *f* d'exécution.

Vollversammlung *f,* **en** *(polit.)* assemblée *f* plénière.

vollwertig de qualité égale ; *~er Ersatz* substitut *m* valable.

Vollwertversicherung *f,* **en** assurance *f* de la valeur totale.

Vollzahler-Tarif *m,* **e** plein tarif *m* ; *zum ~ fliegen* voyager par avion à plein tarif, au tarif normal.

vollzählig complet ; *~e Liste der Kandidaten* liste *f* complète des candidats.

Vollzähligkeit *f,* *ϕ* état *m* complet ; « tous présents ».

Vollzeitkraft *f,* **¨e** employé(e) *m(f)* à plein temps *(contr. Teilzeitkraft).*

Vollzeitstelle *f,* **n** place *f,* poste *m* à plein temps.

vollziehen, o, o exécuter ; *die Ehe ist vollzogen* le mariage est consommé ; *ein Urteil ~* exécuter un jugement.

vollziehend : *~e Gewalt* pouvoir *m* exécutif *(syn. Exekutive).*

Vollzugsanstalt *f,* **en** établissement *m* pénitentiaire.

Volontär *m,* **e** *(rare)* stagiaire *m.*

Voluntariat *n,* **e** **1.** durée *f,* période *f* de stage **2.** stage *m.*

volontieren *(rare)* travailler comme stagiaire ; faire du volontariat.

Volumen *n,* **-** ou **-mina** volume *m* ; *~ des Handelsaustauschs* volume des échanges commerciaux.

Volumeneinheit *f,* **en** unité *f* de volume.

voluminös volumineux.

Vomhundertsatz *m,* **¨e** *(rare)* pourcentage *m (syn. Prozentsatz).*

Von-Bis-Preise *pl* prix *mpl* plancher-plafond.

Vopo *m,* **s** *(Volkspolizist) (R.D.A.)* policier *m* est-allemand.

Vorabbestellung *f,* **en** commande *f* préliminaire, préalable.

Voranmeldung *f,* **(en)** ⇒ *V-Gespräch.*

Voranschlag *m,* **¨e** devis *m* (estimatif) ; *einen ~ machen* faire un devis *(syn. Kostenanschlag).*

Vorarbeiten *pl* travaux *mpl* préparatoires ; travaux préliminaires.

Vorarbeiter *m,* **-** contremaître *m* ; chef *m* d'équipe ; agent *m* de maîtrise.

voraus par anticipation ; *im ~ bezahlen* effectuer un paiement anticipé.

Vorausabzug *m,* **¨e** précompte *m* (retenue sur salaire, par ex.).

voraus/bestellen commander (à l') d'avance ; retenir ; réserver.

voraus/bezahlen payer d'avance ; payer par anticipation.

Vorausbezahlung *f,* **en** paiement *m* d'avance ; versement *m* anticipé.

Vorausbuchung *f,* **en** réservation *f* d'avance.

voraus/datieren postdater.

Vorauskasse *f,* *ϕ* paiement *m* anticipé ; *~ leisten* payable d'avance.

Voraussage *f,* **n** pronostic *m* ; prévision *f.*

voraus/sagen pronostiquer ; prédire.

voraus/schätzen estimer ; évaluer.

Vorausschätzung *f,* **en** estimation *f* ; prévision *f.*

voraus/sehen, a, e prévoir.

Voraussetzung *f,* **en** condition *f* préalable.

voraus/zahlen ⇒ *vorausbezahlen.*

Vorauszahlung *f,* **en** ⇒ *Vorausbezahlung.*

Vorbedingung *f,* **en** condition *f* préalable ; préalable *m.*

Vorbefragung *f,* **en** enquête *f,* sondage *m* préalable.

Vorbehalt *m,* **e** réserve *f* ; restriction *f* ; *~e an/melden* formuler des réserves ; *mit (unter) ~* sous réserve de ; *ohne ~* sans restriction ; *unter üblichem ~* sous les réserves d'usage ; *unter ~ aller Rechte* tous droits réservés.

vorbehalten réservé ; *Änderungen ~* sous réserves de modifications ; *Irrtum ~* sauf erreur ; *alle Rechte ~* tous droits réservés.

vor/behalten, ie, a réserver ; *sich ein Recht ~* se réserver un droit.

vorbehaltlich sous réserve de ; *~ der Genehmigung* sous réserve d'autorisation.

vorbehaltlos exempt de réserves ; *er stimmt dem Vorschlag ~ zu* il approuve la proposition sans réserve.

Vorbehaltsklausel *f,* **n** clause *f* de réserve ; clause de sauvegarde.

vor/bereiten préparer.

vorbereitend préparatoire.

Vorbereitung *f,* **en** préparation *f* ; préparatifs *mpl* ; *in ~* en cours de préparation.

Vorbereitungsarbeiten *pl* travaux *mpl* préparatoires, préliminaires.

Vorbesitzer *m,* **-** propriétaire *m* antérieur.

Vorbesprechung *f,* **en** pourparlers *mpl* préliminaires.

vor/bestellen réserver à l'avance ; faire une réservation.

Vorbestellung *f,* **en** réservation *f* à l'avance.

vorbestraft qui a un casier judiciaire ; *nicht ~ sein* avoir un casier judiciaire vierge.

Vorbestrafte/r *(der/ein)* repris *m* de justice.

Vorbestrafung *f,* **en** condamnation *f* antérieure.

Vorbeugehaft *f,* *ϕ* détention *f* préventive.

vor/beugen *(+D)* prévenir qqch ; parer à ; *um unnötigen Kosten vorzubeugen* afin d'éviter des frais inutiles.

Vorbeuge-Untersuchung *f,* **en** examen *m* préventif ; examen de dépistage.

Vorbeugung *f,* **en** prévention *f* ; prophylaxie *f.*

Vorbeugungsmaßnahme *f,* **n** mesure *f* préventive, prophylactique.

Vorbörse *f,* **n** avant-Bourse *f* ; marché *m* avant Bourse ; affaires *fpl* en coulisse.

vorbörslich en marché libre ; *~ notiert* coté avant l'ouverture de la Bourse ; *~e Notierung* cotation *f* du marché libre.

vor/datieren ⇒ *vorausdatieren.*

Vordermann *m,* **¨er** endosseur *m* précédent ; possesseur *m* précédent.

Vorderseite *f,* **n** recto *m* (d'une feuille) ; *auf der ~* au recto ; *~ einer Münze* avers *m* ; *~ eines Wechsels* recto d'une traite *(contr. Rückseite).*

vordringlich (très) urgent ; *~e Angelegenheit* affaire *f* urgente ; *~ zu behandeln* à régler en priorité.

Vordruck *m,* **e** imprimé *m* ; formule

f imprimée ; formulaire *m* ; *einen ~ aus/füllen* remplir un imprimé.

Voreinsendung *f,* **en** envoi *m* préalable ; *gegen ~ dieses Betrags erhalten Sie...* contre l'envoi préalable de cette somme, vous recevrez...

Vorentwurf *m,* **¨e** avant-projet *m* ; *einen ~ machen* réaliser un avant-projet.

vorerwähnt mentionné ci-dessus ; précité ; susdit.

Vorerzeugnis *n,* **se** produit *m* préfinal, demi-fini.

vor/fabrizieren ⇒ *vorfertigen.*

Vorfahrt *f,* *ϕ (transp.)* priorité *f* ; *die ~ beachten* respecter la priorité ; *~ haben* avoir la priorité.

Vorfahrtsstraße *f,* **n** route *f* prioritaire.

Vorfaktura *f,* **-ren** facture *f* provisoire.

vor/fertigen préfabriquer ; *vorgefertigte Bauteile* éléments *mpl* préfabriqués ; *(inform.) vorgefertigtes Programm* programme *m* standard.

Vorfertigung *f,* **en** préfabrication *f.*

vor/finanzieren préfinancer.

Vorfinanzierung *f,* **en** préfinancement *m.*

vorfristig avant terme.

vor/führen présenter ; faire une démonstration ; *ein neues Modell ~* présenter un nouveau modèle.

Vorführdame *f,* **n** démonstratrice *f.*

Vorführer *m,* - démonstrateur *m.*

Vorführmodell *n,* **e** modèle *m* de démonstration.

Vorführung *f,* **en** présentation *f* ; *wir brauchen Muster zur ~* il nous faut des échantillons pour la démonstration.

Vorgang *m,* **¨e 1.** cours *m* ; marche *f* ; processus *m* **2.** *(comptab.)* opération *f* (comptable) **3.** *(corresp.)* référence *f.*

vorgearbeitet ⇒ *vorfertigen.*

vorgefertigt ⇒ *vorfertigen.*

vorgelagert en amont ; *vor-und nachgelagerte Wirtschaftsbereiche* secteurs de l'économie en amont et en aval.

vorgelesen, genehmigt, unterschrieben « lu et approuvé ».

vorgeschrieben prescrit ; de rigueur ; obligatoire ; *~es Formblatt* formule *f* légale ; *~e Preise* prix *mpl* imposés.

Vorgesetzte/r *(der/ein)* supérieur *m* (hiérarchique) ; chef *m (contr. Untergebener).*

Vorgesetztenverhältnis *n,* **(se)** rapports *mpl* hiérarchiques de subalterne à supérieur.

vorgezogen : *~e Altersrente* retraite *f* anticipée ; préretraite.

Vorhaben *n,* - projet *m.*

vor/haben projeter qqch ; avoir un projet.

Vorhand *f,* *ϕ* droit *m* de préemption.

vorhanden disponible ; *~ sein* avoir en stock ; être disponible.

Vorherrschaft *f,* **(en)** prédominance *f* ; prépondérance *f* ; hégémonie *f* ; *~ auf dem Markt* suprématie *f* sur le marché.

Vorhersage *f,* **n** pronostics *mpl* ; prévisions *fpl* (météorologiques).

vorher/sehen, a, e ⇒ *voraussehen.*

vorher/zahlen payer d'avance.

vorig antérieur ; précédent ; *~en Jahres* de l'année passée.

vorindustriell préindustriel ; *~e Strukturen* structures *fpl* préindustrielles.

Vorjahr *n,* **e** an *m* dernier ; *im ~* l'année passée ; *vom ~* de l'année passée.

Vorjahresmonat *m,* **e** mois *m* de l'année précédente ; *gegenüber dem gleichen ~* par rapport au même mois de référence de l'année écoulée.

vorjährig de l'année précédente ; *die Preise auf der ~en Höhe halten* maintenir les prix au niveau de l'année passée.

Vorkalkulation *f,* **en** prévision *f* des dépenses ; calcul *m* du prix de revient en fonction des données prévisionnelles.

vor/kalkulieren préétablir les coûts.

Vorkasse *f,* **(n)** paiement *m* d'avance ; *gegen ~* moyennant paiement d'avance.

Vorkauf *m,* **¨e** préemption *f.*

Vorkäufer *m,* - acheteur *m* usant de son droit de préemption ; acheteur prioritaire.

Vorkaufspreis *m,* **e** prix *m* de préemption.

Vorkaufsrecht *n,* **e** droit *m* de préemption ; option *f* ; *sich ein ~ ein/räumen* se réserver un droit de préemption.

Vorkehrung *f,* **en** disposition *f* ; mesure *f* ; *~en treffen* prendre des dispositions.

Vorkriegszeit *f,* **en** avant-guerre *m.*

vor/laden, u, a *(jur.)* citer ; assigner ; convoquer ; *vor Gericht ~* citer en justice.

Vorladung *f,* **en** *(jur.)* convocation *f* ; citation *f* ; mandat *m* de comparution ; assignation *f.*

Vorlage *f,* **n 1.** production *f* ; présentation *f* ; *zahlbar bei ~* payable à vue **2.** modèle *m.*

vorläufig provisoire ; temporaire ; intérimaire ; ~*e Bilanz* bilan *m* provisoire.

vor/legen produire ; présenter ; fournir ; soumettre ; *die Bilanz ~* présenter le bilan ; *eine Urkunde ~* produire un titre ; *zur Zahlung ~* présenter au paiement.

Vorlegung *f,* **(en)** présentation *f* ; production *f* ; ~ *zur Annahme* présentation à l'acceptation ; ~ *der Bücher* présentation des livres.

Vorlegungsfrist *f,* **en** délai *m* de présentation.

Vorlegungspflicht *f,* **en** obligation *f* de présentation.

Vorleistung *f,* **en** prestation *f* préalable ; paiement *m* anticipé.

vor/lesen, a, e lire (à haute voix) ; *das Protokoll ~* donner lecture du procès-verbal.

Vormachtstellung *f,* **en** ⇒ *Vorherrschaft.*

Vormann *m,* **-männer 1.** chef *m* d'équipe **2.** endosseur *m* précédent ; cédant *m* ; *einen Wechsel an den ~ zurück/geben* renvoyer une traite à l'endosseur précédent **3.** prédécesseur *m.*

vor/merken 1. prendre (bonne) note de qqch **2.** réserver ; inscrire.

Vormerkung *f,* **en 1.** inscription *f* préalable ; ~ *einer Bestellung* réservation *f* d'une commande **2.** inscription conditionnelle au registre foncier.

Vormerkverfahren *n,* **-** admission *f* temporaire (en douane).

Vormund *m,* **¨er** ou **e** tuteur *m* ; *einen ~ bestellen* constituer un tuteur.

Vormundschaft *f,* **en** tutelle *f* ; curatelle *f* ; *unter ~ stehen* être sous tutelle.

Vormundschaftsgericht *n,* **e** tribunal *m* des tutelles.

Vorname *m,* **ns, n** prénom *m* ; nom *m* de baptême ; *bitte alle ~n an/geben* prière d'indiquer tous les prénoms.

vor/notieren ⇒ *vormerken.*

Vorordner *m,* **-** classeur *m* (à documents, lettres, etc.) ; trieur *m.*

Vorort *m,* **e 1.** ⇒ *Vorstadt* **2.** ~ *eines Verbandes* siège *m* d'une association.

Vor-Ort-Produktion *f,* **en** production *f* sur place.

Vorortverkehr *m,* *ϕ* trafic *m* de banlieue.

Vorprämie *f,* **n** *(Bourse)* prime *f* à la hausse.

Vorprämiengeschäfte *pl* *(Bourse)* marché *m* à prime à la hausse.

Vorprodukt *n,* **e** pré-produit *m* ; demi-produit.

vorprogrammiert *(inform.)* préprogrammé.

Vorprogrammierung *f,* **en** *(inform.)* préprogrammation *f.*

Vorrang *m,* *ϕ* priorité *f* ; *einer Sache den ~ geben* donner la priorité à une affaire.

vorrangig prioritaire.

Vorrat *m,* **¨e** stock *m* ; réserves *fpl* ; provisions *fpl* ; *auf (in) ~* en réserve ; *der ~ an(+D)* les stocks de ; *den ~ an/greifen* entamer le stock ; *einen ~ an/legen* constituer un stock ; *auf ~ kaufen* stocker ; *solange der ~ reicht* jusqu'à épuisement des stocks.

vorrätig en stock ; disponible ; en magasin ; ~ *sein* être en stock ; *etw ~ haben* avoir qqch en stock.

Vorratshaltung *f,* **en** stockage *m.*

Vorratshaus *n,* **¨er** entrepôt *m* ; stock *m.*

Vorratskauf *m,* **¨e** achat *m* de stockage ; achat de précaution (crise).

Vorratslager *n,* **-** stock *m* de réserve ; entrepôt *m* de stockage.

Vorratswirtschaft *f,* *ϕ* gestion *f* des stocks ; stocks *mpl* ; stockage *m.*

vor/rechnen 1. *jdm etw ~* faire le compte de qqch devant qqn **2.** énumérer.

Vorrecht *n,* **e** privilège *m* ; prérogative *f* ; *ein ~ genießen* jouir d'un privilège.

Vorrechtsaktie *f,* **n** action *f* privilégiée ; action de priorité.

Vorrechtszeichnung *f,* **en** souscription *f* irréductible.

Vorruhestand *m,* *ϕ* préretraite *f* ; *jdn in den ~ schicken* mettre qqn en préretraite.

Vorruheständler *m,* **-** préretraité *m.*

Vorsaison *f,* **s** avant-saison *f.*

Vorsatz *m,* **¨e** préméditation *f* ; intention *f* ; *mit ~* à dessein ; avec préméditation.

vor/schießen, o, o *(fam.)* avancer de l'argent ; prêter *(syn. borgen).*

Vorschlag *m,* **¨e** proposition *f* ; offre *f* ; projet *m* ; *einen ~ machen (unterbreiten)* faire une proposition.

vor/schlagen, u, a proposer ; suggérer ; offrir ; *vorgeschlagene Dividende* dividende *m* proposé.

Vorschlagsliste *f,* **n** liste *f* proposée (de candidats, postulants à un poste).

Vorschlagswesen : *betriebliches ~* « boîte *f* à idées » (permet aux salariés de faire des propositions pour améliorer les conditions de travail et de production).

vor/schreiben, ie, ie prescrire ; ordonner ; *gesetzlich vorgeschrieben* prescrit par la loi.

Vorschrift *f,* **en** prescription *f* ; règlement *m* ; ordre *m* ; *gesetzliche ~* prescription légale ; *zwingende ~* prescription impérative ; *die ~en befolgen* observer les règlements ; *es ist ~, zu...* il est de règle de...

vorschriftsmäßig réglementaire ; en bonne et due forme ; conforme au règlement.

vorschriftswidrig non réglementaire ; illégal.

Vorschuß *m,* **¨sse** avance *f* (d'argent) ; acompte *m* ; *~ auf den Lohn* avance sur (le) salaire ; *rückzahlbarer ~* avance remboursable ; *zinsloser ~* avance sans intérêt ; *um ~ bitten* demander une avance ; *einen ~ gewähren* accorder une avance.

Vorschußdividende *f,* **n** acompte *m* sur dividende ; dividende *m* intérimaire, provisoire.

Vorschußleistung *f,* **en** ⇒ *Vorschuß.*

Vorschußpflicht *f,* **en** paiement *m* d'une avance obligatoire.

vorschußweise à titre d'avance.

Vorschußzahlung *f,* **en** paiement *m* à titre d'avance ; versement *m* provisionnel.

Vorsicht *f,* ϕ précaution *f* ; prudence *f* ; circonspection *f* ; *~ zerbrechlich !* « fragile ».

vorsichtshalber par mesure de précaution ; par souci de prudence.

Vorsichtsmaßnahme *f,* **n** mesure *f* de précaution ; *~n treffen* prendre des précautions.

Vorsitz *m,* **e** présidence *f* ; *unter dem ~ (von)* sous la présidence (de) ; *den ~ haben (führen)* présider ; *der turnusmäßig wechselnde ~* la présidence par roulement, à tour de rôle.

vor/sitzen, a, e présider ; *einer Versammlung ~* présider une assemblée.

Vorsitzende/r *(der/ein)* président *m* ; *zum ~n gewählt werden* être élu président ; *geschäftsführender ~r* président en exercice ; *stellvertretender ~r* vice-président ; *~r des Verwaltungsrats* président du conseil d'administration *(syn. Präsident).*

Vorsitzer *m,* **-** ⇒ *Vorsitzender.*

Vorsorge *f,* **n** prévoyance *f* ; prévision *f* ; *öffentliche ~* prévoyance publique ; *soziale ~* prévoyance sociale ; *~ treffen* prendre les précautions nécessaires.

vor/sorgen se montrer prévoyant ; prendre les précautions nécessaires ; *für sein Alter ~* mettre de l'argent de côté pour ses vieux jours.

Vorsorgeuntersuchung *f,* **en** médecine *f* préventive ; « check-up » *m.*

Vorsorgeversicherung *f,* **en** assurance *f* complémentaire.

vorsorglich prévoyant ; par (mesure de) précaution.

vorsortiert présélectionné ; préalablement trié, classé.

Vorsprung *m,* **¨e** avance *f* ; *einen technologischen ~ haben* avoir une avance technologique ; *den ~ verlieren* perdre son avance.

Vorstadt *f,* **¨e** banlieue *f* ; faubourg *m.*

Vorstädter *m,* **-** banlieusard *m* ; habitant *m* de banlieue.

vorstädtisch suburbain.

Vorstand *m,* **¨e** **1.** *(organe)* directoire *m* ; comité *m* directeur, de direction ; exécutif *m* ; conseil *m* administratif, de direction ; *~ und Aufsichtsrat einer Aktiengesellschaft* directoire et conseil de surveillance d'une société anonyme ; *Mitglied des ~s* membre *m* du comité directeur **2.** *(Autriche)* chef *m* ; préposé *m.*

Vorstandsetagen : *in den ~* au niveau, dans les étages de la direction.

Vorstandsmitglied *n,* **er** membre *m* d'un directoire, d'un comité de direction ; membre de l'exécutif.

Vorstandssitzung *f,* **en** séance *f* du comité de direction ; *an einer ~ teil/nehmen* assister à une réunion du comité directeur.

Vorstandsvorsitzende/r *(der/ein)* président *m* du directoire ; président du comité de direction ; P.-D.G. *m.*

Vorstandswahl *f,* **(en)** élection *f* des membres du directoire ; élection du comité de direction ; élection de l'exécutif.

vor/stehen, a, a diriger ; *einer Organisation ~* être à la tête d'une organisation.

Vorsteher *m,* **-** responsable *m* ; chef *m* ; *~ eines Postamts* receveur *m* des postes.

vor/stellen présenter ; *gestatten Sie, daß ich mich ~e* permettez-moi de me présenter ; *darf ich Ihnen Herrn Meyer ~* permettez-moi de vous présenter M. Meyer ; *er stellt sich (bei ihm) im Betrieb vor* il se présente (à lui) auprès de l'entreprise.

vorstellig werden : *bei jdm* ; adresser une réclamation à qqn.

Vorstellungsgespräch *n,* **e** entretien *m* (d'embauche).

Vorstoß *m,* **¨e** percée *f* ; pénétration *f* ; offensive *f* ; *ein ~ auf dem europäischen Markt* une percée sur le marché européen.

vor/stoßen, ie, o *(ist)* lancer une offensive commerciale ; *auf einen Markt ~* s'attaquer à un marché.

vor/strecken ⇒ *vorschießen.*

Vorstufe *f,* **n** étape *f,* stade *m* préalable (*zu + D* à qqch) ; premier degré *m.*

Vorteil *m,* **e** avantage *m* ; bénéfice *m* ; produit *m* ; *wirtschaftlicher ~* avantage économique ; *aus einer Situation ~ ziehen* tirer profit d'une situation.

vorteilhaft avantageux ; profitable ; lucratif ; *für jdn ~ sein* être avantageux pour qqn.

Vortrag *m,* **¨e 1.** conférence *f* ; rapport *m* ; exposé *m* **2.** *(comptab.)* report *m* ; *~ aus dem vergangenen Geschäftsjahr* report de l'exercice antérieur.

vor/tragen, u, a 1. *etw ~* exposer qqch **2.** *(comptab.)* reporter ; *auf neue Rechnung ~* reporter à nouveau.

vorübergehend transitoire ; temporaire ; passager ; *~e Arbeitsunfähigkeit* incapacité *f* temporaire de travail.

Voruntersuchung *f,* **en 1.** *(jur.)* instruction *f* préalable, préliminaire **2.** enquête *f* préliminaire ; contrôle *m* préalable ; prétest *m.*

Vorverkauf *m,* φ **1.** vente *f* anticipée **2.** *(théâtre)* location *f.*

Vorverkaufskasse *f,* **n** ⇒ *Vorverkaufsstelle.*

Vorverkaufsstelle *f,* **n** *(théâtre)* bureau *m* de location.

vor/verlegen avancer ; *einen Termin ~* avancer une date.

Vorvertrag *m,* **¨e** promesse *f* de contrat, de vente ; convention *f* préalable.

Vorwahl *f,* **en 1.** *(polit.)* scrutin *m* éliminatoire ; vote *m* préliminaire ; élections *fpl* primaires **2.** présélection *f* **3.** *(téléph.).* indicatif *m.*

vor/wählen *(téléph.)* composer l'indicatif (du numéro demandé).

Vorwahlnummer *f,* **n** *(téléph.)* indicatif *m* ; *Hamburg hat die ~ 040* l'indicatif de Hambourg est 040.

Vorwahlsystem *n,* **e** système *m* de présélection.

vorweg par anticipation.

Vorwegleistung *f,* **en** paiement *m* anticipé.

vor/weisen, ie, ie montrer ; présenter ; faire voir ; *den Ausweis, den Paß ~* présenter sa carte d'identité, son passeport à un contrôle.

vorzeitig prématuré ; anticipé ; *~e Pensionierung* retraite *f* anticipée ; *~e Rückzahlung* remboursement *m* anticipé.

Vorzimmer *n,* **-** antichambre *f* ; salle *f* d'attente.

Vorzinsen *pl* ⇒ *Diskont.*

Vorzug *m,* **¨e** préférence *f* ; priorité *f* ; *einer Sache den ~ geben* donner la préférence à qqch.

vorzüglich 1. excellent ; *~e Qualität* qualité *f* exceptionnelle, supérieure **2.** *(corresp.) mit ~er Hochachtung* veuillez agréer, Madame, Monsieur, l'expression de mes (nos) sentiments distingués.

Vorzugs- *(préfixe)* préférentiel ; privilégié ; prioritaire.

Vorzugsaktie *f,* **n** action *f* privilégiée, préférentielle ; action de priorité (donnant, par ex., le droit de participer avant les autres actions à la répartition des bénéfices ou au partage de l'actif social).

Vorzugsaktionär *m,* **e** actionnaire *m* privilégié.

Vorzugsbedingungen *pl* conditions *fpl* préférentielles.

Vorzugsbehandlung *f,* **en** traitement *m* de faveur.

Vorzugsgläubiger *m,* **-** créancier *m* privilégié.

Vorzugskurs *m,* **e** cours *m* préférentiel.

Vorzugspreis *m,* **e** prix *m* préférentiel ; prix de faveur.

Vorzugsrabatt *m,* **e** remise *f* de faveur.

Vorzugsrecht *n,* **e** droit *m* de priorité, de préférence.

Vorzugsstellung *f,* **en** statut *m* privilégié ; position *f* privilégiée.

Vorzugszoll *m,* **¨e** droit *m* (de douane) préférentiel.

Vostrokonto *n,* **-ten** (votre) compte *m* (en notre établissement).

votieren *(rare)* voter.

Votum *n,* **-ten** ou **-ta** vote *m* ; suffrage *m.*

Voucher *n* ou *m,* **s** ['vautʃər] voucher *m* (bon émis par une agence de voyage, une société de location de voitures, et donnant droit à certains services).

V.S.P. *(verte si placet) bitte wenden* t.s.v.p., tournez s'il vous plaît.

v.T. *(vom Tausend)* pour mille.

VVB *f,* **(s)** *(Vereinigung Volkseigener Betriebe)* union *f* d'entreprises nationalisées (de la R.D.A.).

VW *m,* **s** [fau've:] ⇒ *Volkswagen.*

W

WAA *f⇒ Wiederaufbereitungsanlage.*

Waage *f,* **n** balance *f* ; bascule *f* ; pèse-lettres *m* ; *die ~ ist unzuverlässig* la balance n'est pas juste ; *sich die ~ halten* se contrebalancer.

Waagegebühr *f,* **en** taxe *f* de pesage.

waag(e)recht horizontal ; *~e Konzentration* concentration *f* horizontale *(syn. horizontal).*

Wachsen *n, ϕ* croissance *f* ; augmentation *f* ; accroissement *m.*

wachsen, u, a *(ist)* croître ; augmenter ; se développer ; *die Einwohnerzahl ist stark gewachsen* la population a considérablement augmenté ; *einer Lage gewachsen sein* être à la hauteur d'une situation.

Wachstum *n, ϕ* croissance *f* ; expansion *f* **I.** *extensives ~* croissance extensive ; *gleichgewichtiges (störungsfreies) ~* croissance équilibrée ; *stetiges ~* croissance continue ; *wirtschaftliches ~* croissance économique **II.** *das ~ ist abgeflacht* la croissance s'est quelque peu ralentie ; *das ~ fördern* stimuler la croissance.

Wachstumsaktie *f,* **n** action *f* d'une société en pleine croissance (pour augmenter son capital).

Wachstumsaussichten *pl* perspectives *fpl* de croissance.

Wachstumsbeschleunigung *f,* **en** accélération *f* de la croissance.

Wachstumsfonds *m,* **-** fonds *m* d'investissement (dont les revenus ne sont pas distribués mais immédiatement réinvestis).

wachstumsfördernd favorable à la croissance ; facteur *m* de croissance, de relance.

Wachstumsgeschwindigkeit *f,* **(en)** ⇒ *Wachstumstempo.*

Wachstumsgleichgewicht *n,* **e** croissance *f* équilibrée.

wachstumshemmend préjudiciable à la croissance ; qui freine la croissance.

Wachstumsknick *m,* **e** chute *f,* baisse *f* (brutale) de la croissance économique.

Wachstumskurs : *auf ~ sein, sich auf ~ befinden* être en pleine croissance ; connaître un essor (économique).

Wachstumskurve *f,* **n** courbe *f* de croissance.

Wachstumslenkung *f,* **en** croissance *f* dirigée ; croissance contrôlée ; dirigisme *m* en matière de croissance.

Wachstumsprognose *f,* **n** prévisions *fpl* de croissance.

Wachstumsrate *f,* **n** taux *m* de croissance ; *befriedigende ~* taux de croissance satisfaisant ; *gleichgewichtige ~* taux de croissance d'équilibre.

Wachstumsrückgang *m,* **¨e** décélération *f* de l'activité économique ; croissance *f* en baisse.

Wachstumstempo *n,* **s** rythme *m* de l'expansion ; *das ~ beschleunigen, bremsen* accélérer, freiner le rythme de croissance.

Wachstumsträger *m,* **-** facteur *m* de croissance ; produit *m* qui contribue à faire croître la production.

Wächter *m,* **-** garde *m* ; gardien *m* ; garde *f* ; veilleur *m* de nuit ; vigile *m.*

Wach- und Schließgesellschaft *f,* **en** entreprise *f* de gardiennage.

wack(e)lig branlant ; chancelant ; mal en point ; *~es Unternehmen* entreprise *f* qui bat de l'aile, en difficulté.

Waffe *f,* **n** arme *f.*

Waffenhandel *m,* **-** trafic *m* d'armes.

Waffenlieferung *f,* **en** fourniture *f* d'armes.

wägen 1. peser **2.** soupeser ; évaluer le pour et le contre.

Wagen *m,* **-** voiture *f* ; véhicule *m* ; wagon *m.*

Wagenladung *f,* **en** voiturée *f* ; wagonnée *f* ; chargement *m* ; *Versand als ~* chargement complet ; *volle ~* wagon complet.

Wagenpark *m,* **s** parc *m* automobile ; matériel *m* roulant.

Wagenstandgeld *n, ϕ* droit *m* de stationnement ; frais *mpl* d'immobilisation des wagons.

Wagenverkehr *m, ϕ* circulation *f* automobile.

Waggon *m,* **s** [va'gɔ̃:] wagon *m* ; *franko ~* franco sur wagon.

Waggonladung *f,* **en** wagonnée *f* ; chargement *m* d'un wagon.

Waggonpool *m, ϕ (R.D.A.)* pool *m* de wagons (mise en commun du matériel roulant des pays de l'Est dans le cadre du COMECON pour le transport des marchandises).

waggonweise 1. par wagons ; wagon par wagon **2.** par wagons entiers.

Wagnis *n*, **se** risque *m* (d'entreprise) ; *sich auf ein ~ ein/lassen* assumer, prendre un risque *(syn. Risiko)*.

wagnisbereit prêt à assumer un risque.

Wagnisfinanzierung *f*, **en** financement *m* à risques ; capital *m* à risque.

Wagniskapital ⇒ *Risikokapital*.

Wägung *f*, **en** *(statist.)* pondération *f*.

Wägungskoeffizient *m*, **en**, **en** coefficient *m* de pondération.

Wahl *f*, **en** **1.** choix *m* ; sélection *f* ; *Ware erster, zweiter ~* marchandise *f* de premier, second choix ; *die ~ haben* avoir le choix ; *jdn vor die ~ stellen* mettre qqn dans l'obligation de choisir ; *eine ~ treffen* faire un choix **2.** élection *f* ; vote *m* ; scrutin *m* **I.** *die allgemeinen ~en* élections générales ; *geheime ~* vote à bulletins secrets ; *indirekte ~* suffrage *m* indirect ; *seine ~ zum Präsidenten* son élection à la présidence **II.** *zur ~ auf/rufen* appeler aux urnes ; *sich zur ~ aufstellen lassen* se présenter à une élection ; *~en aus/schreiben* organiser des élections ; *zur ~ berechtigt sein* avoir le droit de vote ; *eine ~ für ungültig erklären* invalider une élection ; *in die engere ~ kommen* être en ballotage.

Wahlabsprache *f*, **n** accord *m* électoral.

Wahlalter *n*, **-** majorité *f* électorale ; âge *m* requis pour être électeur.

Wahlausschuß *m*, **¨sse** commission *f* électorale.

wählbar éligible.

Wählbarkeit *f*, *ϕ* éligibilité *f*.

wahlberechtigt inscrit.

Wahlberechtigte/r *(der/ein)* électeur *m* inscrit.

Wahlbeteiligung *f*, **en** participation *f* électorale (au vote).

Wahlbetrug *m*, *ϕ* fraude *f* électorale ; élections *fpl* truquées.

Wahlbezirk *m*, **e** circonscription *f* électorale.

wählen **1.** choisir ; opter **2.** voter ; élire ; *jdn in den Aufsichtsrat ~* élire qqn au conseil de surveillance ; *zum Präsidenten ~* élire à la présidence **3.** *(téléph.) eine Nummer ~* composer un numéro.

Wähler *m*, **- 1.** électeur *m* ; votant *m* **2.** *(technique)* sélecteur *m*.

Wahlergebnis *n*, **se** résultat *m* des élections ; *die ~se bekannt/geben* proclamer les résultats du scrutin.

Wählerinitiative *f*, **n** groupe *m* de soutien d'une candidature ou d'un parti.

wählerisch difficile (à satisfaire).

Wählerkarte *f*, **n** carte *f* d'électeur.

Wählerliste *f*, **n** liste *f* électorale.

Wählerschaft *f*, **en** électorat *m* ; corps *m* électoral.

Wähl(er)scheibe *f*, **n** *(téléph.)* cadran *m* d'appel.

Wählerverzeichnis *n*, **se** ⇒ *Wählerliste*.

Wahlfälschungen *pl* ⇒ *Wahlbetrug*.

Wahlgang *m*, **¨e** tour *m* de scrutin ; *im ersten ~* au premier tour (de scrutin).

Wahlgeheimnis *n*, **se** secret *m* du vote.

Wahlgeschenk *n*, **e** cadeau *m* électoral ; concession *f* électoraliste.

Wahlgesetz *n*, **e** loi *f* électorale.

Wahlheimat *f*, **(en)** pays *m* d'adoption ; domicile *m* de son choix.

Wahlkampagne *f*, **n** campagne *f* électorale.

Wahlkreis *m*, **e** ⇒ *Wahlbezirk*.

Wahllokal *n*, **e** bureau *m* de vote.

Wahlniederlage *f*, **n** défaite *f* électorale.

Wahlparole *f*, **n** slogan *m* électoral.

Wahlpflicht *f*, **en** vote *m* obligatoire.

Wahlprüfer *m*, **-** scrutateur *m*.

Wahlrecht *n*, *ϕ* droit *m* de vote ; *allgemeines ~* suffrage *m* universel ; *beschränktes ~* suffrage restreint ; *passives ~* éligibilité *f* ; *sein ~ aus/üben* exercer son droit de vote.

Wählscheibe *f*, **n** *(téléph.)* cadran *m* d'appel.

Wahlschein *m*, **e** bulletin *m* de vote (par correspondance).

Wahlschuld *f*, **en** dette *f* alternative ; obligation *f* facultative *(syn. Alternativobligation)*.

Wahlschwindel *m*, *ϕ* ⇒ *Wahlbetrug*.

Wahlsieg *m*, **e** victoire *f* électorale.

Wahlstimme *f*, **n** voix *f* ; suffrage *m*.

Wahlsystem *n*, **e** système *m* électoral ; mode *m* de scrutin.

Wählton *m*, *ϕ* *(téléph.)* tonalité *f*.

Wahlurne *f*, **n** urne *f*.

Wahlverfahren *n*, **-** procédure *f* électorale ; mode *m* de scrutin.

Wahlzelle *f*, **n** isoloir *m*.

Wahlzettel *m*, **-** bulletin *m* de vote.

Wahlzwang *m*, **¨e** ⇒ *Wahlpflicht*.

wahren garder ; maintenir ; défendre ; *seine Interessen ~* préserver ses intérêts ; *seine Rechte ~* défendre ses droits ; *den Schein ~* sauver les apparences ; *einen Vorteil ~* préserver un avantage.

währen durer.

wahr/nehmen, **a**, **o** **1.** (a)percevoir ; remarquer **2.** profiter de **3.** assumer ;

prendre en charge ; *die Interessen eines Kollegen* ~ représenter, défendre les intérêts d'un collègue **4.** *(jur.) einen Termin* ~ assister à une audience.

Wahrnehmung *f,* **en 1.** perception *f* **2.** sauvegarde *f* ; défense *f* ; préservation *f* ; maintien *m* (intérêts) ; *er ist mit der* ~ *meiner Interessen betraut* il est chargé de la défense de mes intérêts ; *mit der* ~ *der Geschäfte beauftragt* chargé de l'expédition des affaires courantes.

Währschaft *f,* **en** *(Suisse)* caution *f* ; garantie *f* ; responsabilité *f* des défauts et vices de fabrication.

Wahrung *f,* **en** sauvegarde *f* ; maintien *m* ; ~ *der Interessen* défense *f* des intérêts ; ~ *von Rechten* sauvegarde *f* de droits.

Währung *f,* **en** monnaie *f* ; valeur *f* monétaire ; système *m* monétaire ; étalon *m* ; devise *f* ; change *m* **I.** *in ausländischer* ~ en monnaie étrangère ; *in fremder* ~ en devises ; *einfache* ~ monométallisme *m* ; *harte* ~ devise forte ; *(nicht) konvertierbare* ~ monnaie (non) convertible ; *labile* ~ monnaie instable ; *manipulierte* ~ monnaie manipulée, trafiquée ; *stabile* ~ monnaie stable ; *weiche* ~ monnaie faible **II.** *die* ~ *ab/werten, auf/werten* dévaluer, réévaluer une monnaie ; *Geld in andere* ~*en um/tauschen* convertir de l'argent en devises étrangères.

Währungsabkommen *n,* **-** accord *m* monétaire.

Währungsabwertung *f,* **en** dévaluation *f* de la monnaie.

Währungsangleichung *f,* **en** alignement *m* monétaire.

Währungsanleihe *f,* **n** emprunt *m* en devise étrangère.

Währungsausgleich *m,* **e** égalisation *f* des changes.

Währungsausgleichsfonds *m,* **-** fonds *m* d'égalisation des changes.

Währungsbank *f,* **en** banque *f* d'émission.

Währungsbehörden *pl* autorités *fpl* monétaires.

Währungsbeistand *m,* *ϕ* assistance *f* monétaire à court terme (dans le cadre de l'Union monétaire européenne).

Währungsblock *m,* **¨e** bloc *m* monétaire (pays ayant le même système monétaire).

Währungsdumping *n,* **s** dumping *m* par dévaluation de la monnaie (d'où stimulation des exportations).

Währungseinheit *f,* **en** unité *f* monétaire ; *Europäische* ~ *(EWE)* Unité monétaire européenne (*ECU* : European Currency Unit).

Währungsfahnder *m,* **-** inspecteur *m* des (fraudes sur les) changes.

Währungsfonds *m,* **-** fonds *m* monétaire ; *Internationaler* ~ *(IWF)* Fonds monétaire international (F.M.I.).

Währungsgarantie *f,* **n** garantie *f* de change.

Währungsgebiet *n,* **e** zone *f* monétaire.

Währungsgeld *n,* **er** monnaie *f* légale à pouvoir libératoire limité.

Währungsgemeinschaft *f,* **en** communauté *f* monétaire.

Währungsgesetz *n,* **e** loi *f* monétaire.

Währungsgold *n,* *ϕ* (mouvement *m* des avoirs en) or *m* monétaire.

Währungsguthaben *n,* **-** avoirs *mpl* en devises.

währungshart : ~*es Land* pays *m* à monnaie forte.

Währungshüter *m,* **-** « gardien » *m* de la monnaie ; responsable *m* de la stabilité monétaire.

Währungskonferenz *f,* **en** conférence *f* monétaire.

Währungskonvertibilität *f,* **en** ⇒ *Währungskonvertierbarkeit.*

Währungskonvertierbarkeit *f,* **en** convertibilité *f* des monnaies.

Währungskorb *m,* **¨e** panier *m* comportant (les) différentes monnaies (du SME).

Währungskrise *f,* **n** crise *f* monétaire.

Währungskurs *m,* **e** cours *m* de (du) change.

Währungslage *f,* **n** situation *f* monétaire.

Währungsmanipulation *f,* **en** manipulation *f* monétaire.

Währungsmaßnahme *f,* **n** mesure *f* monétaire.

Währungsparität *f,* **en** parité *f* monétaire, des changes ; *Beibehaltung fester* ~*en* maintien *m* de parités fixes.

Währungspolitik *f,* *ϕ* politique *f* monétaire.

währungspolitisch qui a trait à la politique monétaire ; *aus* ~*en Gründen* pour des raisons de politique monétaire ; ~*e Maßnahme* mesure *f* monétaire.

Währungspolster *n,* **-** matelas *m* de devises ; réserves *fpl* monétaires.

Währungsraum *m,* **¨e** zone *f* monétaire.

Währungsreform *f,* **en** réforme *f* monétaire.

Währungsreserve *f,* **n** réserve *f* monétaire.

Währungssanierung *f,* **en** assainissement *m* de la monnaie.

Währungsschlange *f,* **n** serpent *m* monétaire.

Währungsschnitt *m,* **e** ⇒ *Währungsreform.*

Währungsschrumpfung *f,* **en** resserrement *m*, contraction *f* monétaire.

währungsschwach : *~es Land* pays *m* à monnaie faible.

Währungsschwankungen *pl* fluctuations *fpl* des changes ; fluctuations monétaires.

Währungssicherungsklausel *f,* **n** clause *f* de garantie de change.

Währungsspekulation *f,* **en** spéculation *f* sur la monnaie.

Währungsstabilisierung *f,* **en** stabilisation *f* de la monnaie.

Währungsstabilität *f,* *φ* stabilité *f* de la monnaie.

Währungsstandard *m,* **e** standard *m* monétaire.

Währungsstichtag *m,* *φ* *(hist.)* le jour « J » de la réforme monétaire, le 21.6.1948, date à laquelle le DM a remplacé le RM.

Währungssystem *n,* **e** système *m* monétaire ; *Europäisches ~ (EWS)* système monétaire européen.

Währungsumrechnung *f,* **en** conversion *f* monétaire.

Währungsumstellung *f,* **en 1.** réforme *f* monétaire **2.** conversion *f* monétaire.

Währungsunion *f,* **en** union *f* monétaire.

Währungsverbund *m,* **e** ⇒ *Währungsblock, Währungsschlange.*

Währungsverfall *m,* *φ* dépréciation *f* monétaire ; chute *f* de la valeur monétaire.

Währungverlust *m,* **e** perte *f* au change.

Währungsvorschriften *pl* dispositions *fpl* (en matière) de change.

Währungszusammenbruch *m,* **¨e** effondrement *m* monétaire.

Waise *f,* **n** orphelin *m.*

Waisengeld *n,* **er** ⇒ *Waisenrente.*

Waisenrente *f,* **n** pension *f* d'orphelin.

Waldsterben *n,* *φ* dépérissement *m* des forêts.

Waldwirtschaft *f,* *φ* **1.** économie *f* forestière ; exploitation *f* forestière ; sylviculture *f* **2.** reboisement *m* d'une région en espèces variées.

Walzwerk *n,* **e** laminoir *m.*

Wandel *m,* *φ* changement *m* ; mutation *f* ; *tiefgreifender ~* changement *m* en profondeur ; bouleversement *m.*

Wandelanleihe *f,* **n** emprunt *m* convertible ; emprunt *m* de conversion ; obligation *f* convertible.

Wandelgeschäft *n,* **e** opération *f* d'escompte ; marché *m* à option.

Wandelobligation *f,* **en** obligation *f* convertible (en action).

Wandelschuldverschreibung *f,* **en** ⇒ *Wandelobligation.*

Wandelung *f,* **en** ⇒ *Wandlung.*

Wanderarbeiter *m,* **-** travailleur *m* migrant.

Wanderausstellung *f,* **en** exposition *f* itinérante ; exposition ambulante.

Wanderbursche *m,* **n, n** *(hist.)* compagnon *m* (itinérant, accomplissant son tour de compagnonnage).

Wandergewerbe *n,* *φ* colportage *m* ; commerce *m* ambulant.

Wandergewerbeschein *m,* **e** patente *f,* licence *f* de commerçant ambulant ; permis *m* de colportage.

Wanderung *f,* **en** migration *f* ; mouvement *m* migratoire.

Wandlung *f,* **en 1.** changement *m* **2.** annulation *f* d'un contrat (pour vice de marchandise) ; rédhibition *f* ; *auf ~ klagen* intenter une action en rédhibition.

Wandlungsfehler *m,* **-** vice *m* rédhibitoire.

Wandlungsklage *f,* **n** action *f* en rédhibition (exiger le remboursement du prix d'achat).

Wandreklame *f,* *φ* publicité *f* murale.

Wanze *f,* **n** micro *m* (émetteur) ; dispositif *m* d'écoute (espionnage industriel) ; mini-espion *m.*

Ware *f,* **n** marchandise *f* ; article *m* ; denrée *f* **I.** *schwer absetzbare ~* marchandise difficile à écouler ; *beschädigte ~* marchandise endommagée, avariée ; *bewirtschaftete ~* marchandise contingentée ; *eingegangene ~* arrivages *mpl* ; *erstklassige ~* article de premier ordre ; *gängige ~* article courant ; *gebrauchte ~* article d'occasion ; *~ der gewerblichen Wirtschaft* produit *m* industriel ; *leichtverderbliche ~* denrée périssable ; *mangelhafte ~* marchandise défectueuse ; *minderwertige ~* marchandise de qualité inférieure ; *sperrige ~* marchandise encombrante ; *unverkaufte ~n* invendus *mpl* ; *zerbrechliche ~* marchandise fragile **II.** *die ~ aus/legen* exposer la marchandise ; *eine ~ auszeichnen* afficher le prix d'un article ; étiqueter ; *das Betasten der ~ ist verboten* prière de ne pas toucher la marchandise ; *eine ~ auf den Markt* *bringen* lancer un produit sur le marché ; ~ *n führen* avoir des marchandises en magagin ; faire, suivre un article ; *eine* ~ *auf Lager haben* avoir un article en stock, en réserve.

Warenabsatz *m,* **(¨-e)** vente *f* de marchandises ; débit *m* d'une marchandise ; commercialisation *f* des produits.

Warenabsender *m,* - consignateur *m* ; expéditeur *m (contr. Warenempfänger).*

Warenangebot *n,* **e** offre *f* de marchandise(s).

Warenaufzug *m,* **¨-e** monte-charge *m.*

Warenausfuhr *f,* **en** exportation *f* de marchandises.

Warenausgänge *pl* sorties *fpl* de marchandises.

Warenausgangsbuch *n,* **¨-er** registre *m* des sorties.

Warenaustausch *m,* *ϕ* échange *m* de marchandises.

Warenautomat *m,* **en, en** distributeur *m* automatique.

Warenbedarf *m,* *ϕ* besoin *m* en marchandises.

Warenbegleitschein *m,* **e** bordereau *m* d'accompagnement de la marchandise ; lettre *f* d'envoi ; lettre de voiture ; passavant *m.*

Warenbeleihung *f,* **en** prêt *m* sur marchandises ; warrantage *m.*

Warenbestand *m,* **¨-e** stock *m* de marchandises.

Warenbestandsaufnahme *f,* **n** inventaire *m* des marchandises.

Warenbestellbuch *n,* **¨-er** carnet *m* de commandes ; livre *m* de commandes.

Warenbezeichnung *f,* **en** désignation *f* de la marchandise.

Warenbezugsgenossenschaft *f,* **en** coopérative *f* d'achats.

Warenbilanz *f,* **en** balance *f* commerciale ; balance des marchandises (importées et exportées).

Warenbörse *f,* **n** Bourse *f* des marchandises ; Bourse de commerce *(syn. Produktenbörse).*

Warencharakter *m,* *ϕ* nature *f,* caractère *m* commercial(e) de qqch ; ~ *haben* être négociable, vendable.

Wareneinfuhr *f,* **en** importation *f* de marchandises.

Wareneingang *m,* **¨-e 1.** arrivage *m* ; rentrée *f* de marchandises **2.** ~ *¨-e* arrivages *mpl.*

Wareneingangsbuch *n,* **¨-er** registre *m* des entrées.

Wareneinsender *m,* - ⇒ *Warenabsender.*

Warenein- und ausgang *m,* **¨-e** entrée *f* et sortie *f* des marchandises.

Warenempfänger *m,* - destinataire *m* ; réceptionnaire *m (contr. Warenabsender).*

Warenforderungen *pl* créances *fpl* en marchandises.

Warengattung *f,* **en** nature *f* de la marchandise.

Warengenossenschaft *f,* **en** coopérative *f* d'achat et de vente.

Warengruppe *f,* **n 1.** branche *f* de production **2.** groupe *m* de marchandises.

Warenhandel *m,* *ϕ* commerce *m* de marchandises.

Warenhaus *n,* **¨-er** grand magasin *m* ; galeries *fpl (syn. Kaufhaus).*

Warenhausdiebstahl *m,* **¨-e** vol *m* à l'étalage.

Warenhauskette *f,* **n** chaîne *f* de grands magasins.

Warenkapital *n,* *ϕ* capital *m* marchandises.

Warenkenntnis *f,* **se** connaissance *f* de la (des) marchandise(s).

Warenkonto *n,* **-ten** compte *m* marchandises.

Warenkontrolle *f,* **n** contrôle *m* (de qualité) des marchandises.

Warenkorb *m,* **(¨-e)** « le panier de la ménagère » (qui permet d'évaluer l'indice du coût de la vie).

Warenkredit *m,* **e** crédit *m* commercial.

Warenkreditbrief *m,* **e** lettre *f* de crédit commercial.

Warenkunde *f,* *ϕ* ⇒ *Warenkenntnis.*

Warenlager *n,* - dépôt *m* de marchandises ; entrepôt *m* de marchandises ; magasin *m* ; réserve *f.*

Warenlageraufseher *m,* - entreposeur *m* ; chef *m* d'entrepôt (pour certains produits dont l'Etat a le monopole, comme les tabacs).

Warenlieferant *m,* **en, en** fournisseur *m.*

Warenlieferung *f,* **en** livraison *f,* fourniture *f* de (la) marchandise.

Warenmakler *m,* - courtier *m* en marchandises.

Warenmarkt *m,* **¨-e** marché *m* des marchandises.

Warenmesse *f,* **n** foire *f* marchande.

Warenmuster *n,* - échantillon *m* ; spécimen *m* ; *etw als ~ auf/geben* poster qqch en échantillon.

Warenniederlage *f,* **n** ⇒ *Warenlager.*

Warenpalette *f,* **n** gamme *f* de marchandises ; éventail *m* de produits.

Warenpapier *n,* **e** ⇒ *Warenwechsel.*

Warenposten ***m,*** **-** lot *m* de marchandises.

Warenpreis ***m,*** **e** prix *m* courant ; prix *m* de la marchandise.

Warenprobe ***f,*** **n** ⇒ *Warenmuster.*

Warenrückvergütung ***f,*** **en** ristourne *f* ; remise *f* sur la marchandise.

Warenschau ***f,*** *ϕ* présentation *f* des marchandises ; exposition *f.*

Warenscheck ***m,*** **s** chèque-marchandises *m* (remis par des instituts de crédit à leur clientèle ; ils donnent droit à la délivrance de biens de consommation dans certains magasins affiliés).

Warenschein ***m,*** **e** warrant *m.*

Warenschuld ***f,*** **en** dette *f* commerciale.

Warensendung ***f,*** **en** envoi *m* de marchandise(s).

Warensortiment ***n,*** **e** assortiment *m.*

Warenspeicher ***m,*** **-** magasin *m* ; hangar *m* à marchandises ; entrepôt *m* de marchandises.

Warenstempel ***m,*** **-** ⇒ *Warenzeichen.*

Warensteuer ***f,*** **n** taxe *f,* impôt *m* sur les marchandises.

Warenteil ***m,*** **e** répertoire *m* des produits.

Warentermingeschäft ***n,*** **e** *(bourse)* opération *f* à livrer ; marché *m* à terme des marchandises ; *(contr. Loko-, Spotgeschäft).*

Warentest ***m,*** **s 1.** test *m* de marchandise **2.** *(RFA)* institut *m* de défense des consommateurs.

Warenumsatz ***m,*** **¨e** chiffre *m* d'affaires ; chiffre des ventes ; mouvement *m* des marchandises.

Warenumsatzsteuer ***f,*** **n** *(WuSt.) (Suisse)* impôt *m* sur le chiffre d'affaires.

Warenumschlag ***m,*** **(¨e)** rotation *f* des stocks.

Waren- und Dienstleistungsverkehr ***m,*** *ϕ* échanges *mpl* de marchandises (de biens) et de services.

Waren- und Kapitalverkehr ***m,*** *ϕ* circulation *f* des marchandises et des capitaux.

Warenverkehr ***m,*** *ϕ* trafic *m* des marchandises ; mouvement *m* des marchandises ; échanges *mpl* ; *der freie ~* la libre circulation des marchandises.

Warenverknappung ***f,*** **en** raréfaction *f* des marchandises.

Warenverzeichnis ***n,*** **se 1.** liste *f,* nomenclature *f* des marchandises **2.** prix *mpl* courants **3.** inventaire *m.*

Warenvorrat ***m,*** **¨e** stock *m* ; fonds *m* de marchandises.

Warenwechsel ***m,*** **-** papier *m* de commerce ; effet *m* de commerce.

Warenwert ***m,*** *ϕ* valeur *f* de la marchandise ; valeur marchande.

Warenzeichen ***n,*** **-** marque *f* de fabrication ; marque de fabrique ; label *m* ; *eingetragenes ~* marque déposée ; *international eingetragenes ~* marque internationale *(syn. Schutzmarke ; Handelsmarke).*

Warenzeichenschutz ***m,*** *ϕ* protection *f* des marques de fabrique.

Warenzustellung ***f,*** **en** factage *m* ; remise *f* de la marchandise.

Wärmeenergie ***f,*** **n** énergie *f* calorifique.

Wärmekraftwerk ***n,*** **e** centrale *f* thermique.

Warndreieck ***n,*** **e** triangle *m* de signalisation (pour véhicules en panne).

warnen prévenir ; mettre en garde ; *vor Nachahmungen, Taschendieben ~* mettre en garde contre les imitations, les pickpockets.

Warnsignal ***n,*** **e** signal *m* d'alerte ; « clignotant » *m* du marché ; *die ~e flackern* les clignotants d'alarme s'allument.

Warnstreik ***m,*** **s** grève *f* d'avertissement.

Warnung ***f,*** **en** mise *f* en garde ; *zur ~* à titre d'avertissement.

Warrant ***m,*** [va'rant/'vɔrənt] **1.** warrant *m* ; bulletin *m* de gage (qui permet au détenteur de récépissé d'emprunter en donnant en garantie les marchandises entreposées **2.** *(bourse)* warrant *m* (certificat permettant à son détenteur d'acheter à un moment et à un prix défini un certain nombre d'actions).

Warrantvorschüsse ***pl*** avances *fpl* sur warrant.

Wartegeld ***n,*** **(er) 1.** traitement *m* de disponibilité ; indemnité *f* d'attente ; *jdn auf ~ setzen* mettre qqn en disponibilité **2.** demi-solde *f* (militaire).

Warteliste ***f,*** **n** liste *f* d'attente ; *auf einer ~ stehen* figurer sur une liste d'attente.

warten 1. attendre **2.** *(appareils)* assurer la maintenance ; entretenir ; *eine Maschine ~* s'occuper de l'entretien d'une machine.

Warteschlange ***f,*** **n** file *f* d'attente.

Wartezeit ***f,*** **en** délai *m* d'attente ; délai de carence.

Wartung ***f,*** **en** *(machine)* maintenance *f* ; *tägliche ~* entretien *m* journalier.

Wartungskosten ***pl*** frais *mpl* d'entretien.

Wartungspersonal ***n,*** *ϕ* personnel *m*

d'entretien, de maintenance.

Wartungsvertrag *m,* **¨-e** contrat *m* d'entretien, de maintenance.

Wasp-Elite *f,* **n** *(USA) (polit.) (White, Anglo-Saxon, Protestant)* élite *f* des WASP qui dirige les grands instituts financiers.

Wasser : *sich über ~ halten* s'en tirer ; maintenir la tête hors de l'eau.

Wasserfracht *f,* **en** fret *m* fluvial ou maritime.

Wasserkraft *f,* **¨-e** énergie *f* hydraulique, hydro-électrique ; houille *f* blanche.

Wasser(kraft)werk *n,* **e** centrale *f* hydraulique.

Wasserschaden *m,* **¨** *(assur.)* dégât *m* des eaux.

Wasserstraße *f,* **n** voie *f* navigable ; voie d'eau ; artère *f* fluviale.

Wassertransport *m,* **e** transport *m* par eau.

Wasserweg *m,* **e** voie *f* d'eau ; voie navigable ; *Beförderung auf dem ~(e)* transport *m* par eau.

Wasserwirtschaft *f,* **ϕ** services *mpl* des eaux.

Wasserzeichen *n,* **-** filigrane *m* (marque d'authenticité des billets de banque).

WDR *(Westdeutscher Rundfunk)* radiodiffusion et télévision à Cologne.

Wechsel *m,* **- 1.** changement *m* **2.** relève *f* ; relais *m* **3.** change *m* (monnaie) **4.** lettre *f* de change ; traite *f* ; effet *m* (de commerce) ; billet *m* à ordre **I.** *bankfähiger (begebbarer, guter) ~* effet négociable ; *diskontfähiger ~* effet admis à l'escompte ; *domizilierter ~* effet domicilié ; *eigener (trockener) ~* billet à ordre ; *eingelöster ~* effet honoré ; *nicht eingelöster (notleidender) ~* effet en souffrance ; *fälliger ~* traite à échéance ; *genormter ~* effet normalisé ; *geplatzter (protestierter) ~* effet protesté ; *gezogener ~* lettre de change ; *langfristiger ~* effet à longue échéance ; *auf den Inhaber lautender ~* effet au porteur ; *offener ~* lettre de crédit ; *trassierter ~* traite ; *überfälliger ~* effet en retard ; *ungedeckter ~* effet non provisionné ; *verpfändeter ~* valeur *f* nantie ; effet affecté en garantie ; *zurückgewiesener ~* effet retourné **II.** *einen ~ akzeptieren (an/nehmen)* accepter une traite ; *einen ~ auf jdn aus/stellen (ziehen)* tirer une traite sur qqn ; *einen ~ diskontieren* escompter un effet ; *einen ~ zum Diskont an/nehmen* accepter un effet à l'escompte ; *einen ~ domizilieren* domicilier une traite ; *einen ~ ein/lösen (honorieren)* honorer une traite ; *einen ~ indossieren* endosser une traite ; *einen ~ prolongieren lassen* proroger une traite ; *einen ~ protestieren lassen* faire dresser protêt ; faire protester une lettre de change ; *einen ~ rediskontieren lassen* faire réescompter une traite ; *einen ~ unterschreiben* signer un effet ; *einen ~ zur Zahlung vor/legen* présenter un effet à l'encaissement ; *einen ~ weiter/geben* céder, négocier un effet ; *einen ~ auf jdn ziehen* tirer une lettre de change sur qqn.

Wechselabteilung *f,* **en** service *m* du portefeuille (des effets de commerce).

Wechseladresse *f,* **n** nom *m* du tiré sur une traite.

Wechselagent *m,* **en, en** agent *m* de change.

Wechselagio *n,* **s** commission *f* d'une banque sur une traite.

Wechselakzept *n,* **e** acceptation *f* d'un effet, d'une traite.

Wechselanzeige *f,* **n** avis *m* de traite.

Wechselarbitrage *f,* **n** arbitrage *m* de change ; agiotage *m*.

Wechselaussteller *m,* **-** tireur *m*, émetteur *m* d'un effet ; souscripteur *m*.

Wechselausstellung *f,* **en** création *f* d'une traite ; émission *f* d'une lettre de change.

Wechselbad *m,* **¨-er** (système de la) douche *f* écossaise ; alternance chaud-froid, positif-négatif.

Wechselbank *f,* **en** banque *f* de change.

Wechselbegebung *f,* **en** négociation *f* d'une lettre de change.

Wechselbestand *m,* **ϕ** portefeuille *m* d'effets.

Wechselbetrag *m,* **¨-e** montant *m* de la lettre de change.

Wechselbrief *m,* **e** lettre *f* de change.

Wechselbuch *n,* **¨-er** registre *m* des effets.

Wechselbürge *m,* **n, n** avaliste *m* ; avaliseur *m* ; donneur *m* d'aval ; *einen ~ stellen* fournir un aval.

Wechselbürgschaft *f,* **en** aval *m* ; *eine ~ übernehmen* avaliser ; donner un aval.

Wechseldiskont *m,* **e** escompte *m* d'un effet.

Wechseldiskontsatz *m,* **¨-e** taux *m* d'escompte.

Wechseldomizil *n,* **e** domicile *m* de la traite.

Wechseldomizilierung *f,* **en** domiciliation *f* d'un effet.

Wechseleinlösung *f,* **en** paiement *m* d'un effet.

wechselfähig apte à tirer un effet.

Wechselfähigkeit *f,* ϕ capacité *f* légale pour faire toute opération relative aux lettres de change.

Wechselfälligkeit *f,* **(en)** échéance *f* de l'effet.

Wechselfälscher *m,* **-** faussaire *m* de traites ; falsificateur *m* de lettres de change.

Wechselfälschung *f,* **en** falsification *f* d'une lettre de change.

Wechselforderung *f,* **en** effet *m* à recevoir ; créance *f* sur traite.

Wechselformular *n,* **e** formulaire *m* d'une lettre de change.

Wechselfrist *f,* **en** usance *f* (terme le plus long exigé par la banque centrale pour admettre un effet de commerce au réescompte).

Wechselgeber *m,* **-** ⇒ *Wechselaussteller.*

Wechselgeld *n,* **(er)** monnaie *f* de change, d'appoint ; petite monnaie ; monnaie divisionnaire *(syn. Kleingeld).*

Wechselgeschäft *n,* **e** **1.** opération *f* de change **2.** bureau *m* de change.

Wechselgesetz *n,* **e** loi *f* sur les lettres de change.

Wechselgiro *n,* **s** endossement *f* d'une traite.

Wechselgläubiger *m,* **-** créancier *m* d'une lettre de change.

Wechselhändler *m,* **-** ⇒ *Wechselmakler.*

Wechselinhaber *m,* **-** porteur *m* d'une lettre de change ; détenteur *m* d'un billet à ordre.

Wechselinkasso *n,* **s** effets *mpl* à l'encaissement.

Wechselklage *f,* **n** action *f* en paiement d'un effet.

Wechselklausel *f,* **n** mention « *Wechsel* » (traite) préimprimée sur une traite.

Wechselkosten *pl* ⇒ *Wechselspesen.*

Wechselkredit *m,* **e** crédit *m* d'escompte.

Wechselkultur *f,* **en** ⇒ *Wechselwirtschaft.*

Wechselkurs *m,* **e** cours *m*, taux *m* de (du) change ; *einheitlicher ~* taux de change unique ; *fester (unveränderlicher) ~* cours fixe ; *flexibler (veränderlicher) ~* changes *mpl* flottants ; cours *m* flexible ; *den ~ frei/geben* libérer le cours du change.

Wechselkursangleichung *f,* **en** réalignement *m* des monnaies.

Wechselkursfreigabe *f,* **n** libération *f* du cours du change ; flottement *m* des monnaies *(syn. Floating).*

Wechselmakler *m,* **-** agent *m* de change ; cambiste *m* ; courtier *m.*

wechseln **1.** changer ; *den Beruf ~* changer de profession ; *Geld ~* changer de l'argent ; *können Sie mir 15 DM ~ ?* pouvez-vous me faire la monnaie sur 15 DM ? **2.** échanger ; *mit jdm Briefe ~* entretenir une correspondance avec qqn ; échanger des lettres.

Wechselnehmer *m,* **-** preneur *m*, bénéficiaire *m* d'une lettre de change.

Wechselnotierung *f,* **en** cote *f* des changes.

Wechselobligo *n,* **s** engagement *m* cambiaire.

Wechselorder *f,* **s** désignation *f* du preneur sur une lettre de change.

Wechselordnung *f,* **en** règlement *m* concernant les lettres de change.

Wechselpari *n,* ϕ **1.** pair *m* de change **2.** valeur *f* nominale d'une monnaie.

Wechselparität *f,* **en** parité *f* des changes ; pair *m* de change.

Wechselprotest *m,* **e** protêt *m* de lettre de change ; *mangels Zahlung ~ erheben* protester (dresser un protêt) pour défaut de paiement.

Wechselprovision *f,* **en** courtage *m* de change ; commission *f* de banque.

Wechselprozeß *m,* **-sse** procédure *f* sur lettres de change, billets à ordre, et effets de commerce.

Wechselrecht *n,* ϕ droit *m* cambial ; législation *f* en matière de lettres de change ; régime *m* juridique des changes.

Wechselregreß *m,* **-sse** recours *m* de l'endossataire.

Wechselreiter *m,* **-** utilisateur *m* de traites de cavalerie ; utilisateur de billets de complaisance.

Wechselreiterei *f,* ϕ tirage *m* de lettre de cavalerie ; émission *f* de billets de complaisance.

Wechselrembours *m,* **-** traite *f* documentaire ; rembours *m* de banque.

Wechselrückgriff *m,* **e** ⇒ *Wechselregreß.*

Wechselschalter *m,* **-** bureau *m* de change.

Wechselschicht *f,* **en** rotation *f* d'une équipe (de travail) ; changement *m* de la période de travail.

Wechselschichtarbeit *f,* **en** travail *m* posté ; les trois-huit *mpl.*

Wechselschichtzulage *f,* **n** prime *f* pour travail posté.

Wechselschuld *f,* **en** dette *f* par acceptation de traite.

Wechselschuldner *m,* **-** débiteur *m* de lettre de change.

wechselseitig réciproque ; mutuel.

Wechselseitigkeit *f,* *ϕ* réciprocité *f* ; mutualité *f.*

Wechselspekulation *f,* **en** agiotage *m* ; spéculation *f* sur les changes ; spéculation sur les effets de commerce.

Wechselspesen *pl* frais *mpl* de change.

Wechselstelle *f,* **n** ⇒ *Wechselstube.*

Wechselstempel *m,* **-** timbre *m* d'effet de commerce.

Wechselstempelmarke *f,* **n** timbre *m* fiscal oblitéré pour lettres de change.

Wechselstube *f,* **n** bureau *m* de change.

Wechselsumme *f,* **n** somme *f* portée sur une lettre de change.

Wechselumsatz *m,* **¨e** mouvements *mpl* de portefeuille.

Wechselverbindlichkeit *f,* **en** engagement *m* par lettre de change ; *~en* effets *mpl* à payer.

Wechselverfallbuch *n,* **¨er** échéancier *m* (lettres de change, effets, traites).

Wechselverkauf *m,* **¨e** négociation *f* d'un effet.

Wechselverkehr *m,* *ϕ* circulation *f* des lettres de change ; transactions *fpl* par traites.

Wechselverlängerung *f,* **en** prorogation *f* d'une traite ; renouvellement *m* d'un effet.

Wechselvertrag *m,* **¨e** contrat *m* de création ou de vente d'une lettre de change.

Wechselwähler *m,* **-** électeur *m* qui change fréquemment de camp politique dans son vote ; *(fam.)* girouette *f* politique.

Wechselwirkung *f,* **en** interaction *f.*

Wechselwirtschaft *f,* *ϕ* *(agric.)* assolement *m* ; rotation *f* des cultures ; culture *f* alternée.

Wechsler *m,* **-** changeur *m* ; cambiste *m.*

Weckdienst *m,* **e** *(téléph.)* service *m* (du) réveil.

Weg *m,* **e 1.** chemin *m* ; voie *f* ; route *f* ; itinéraire *m* ; trajet *m* ; parcours *m* ; *auf dem ~ nach, von* en allant vers, en venant de ; *den ~ bereiten* préparer le terrain, la voie ; *alle ~e ebnen* aplanir tous les obstacles **2.** manière *f* ; méthode *f* ; moyen *m* ; *auf diplomatischem ~* par la voie diplomatique ; *auf gesetzlichem ~* par la voie légale ; *auf gütlichem ~* à l'amiable ; *auf dem schnellsten ~.* au plus vite ; *auf schriftlichem ~* par écrit.

Wegeabgaben *pl* ⇒ *Wegegeld* **1.**

Wegegebühr *f,* **en** ⇒ *Wegegeld* **1.**

Weg(e)geld *n,* **er 1.** *(rare)* péage *m* **2.** *(Suisse)* indemnité *f* de déplacement.

Wegekosten *pl* coût *m* d'infrastructure ; frais *mpl* entraînés par des travaux de viabilité.

Wegerecht *n,* *ϕ* droit *m* de passage.

Wegesteuer *f,* **n** taxe *f* de voirie.

Wegfall *m,* *ϕ* suppression *f* ; *bei ~ von Arbeitsplätzen* en cas de suppression d'emplois.

weg/fallen, ie, a *(ist)* être supprimé ; tomber ; *die Transportkosten fallen weg* suppression *f* des frais de transport.

weg/locken débaucher (clientèle).

Wegnahme *f,* **n** enlèvement *m.*

weg/nehmen a, o 1. enlever ; prendre ; ôter ; confisquer **2.** *die Kundschaft ~* détourner la clientèle.

weg/rationalisieren : *Personal ~* supprimer des emplois en rationalisant la production.

weg/sacken *(fam.)* chuter ; tomber à ; *die Aktien sind auf... weggesackt* le cours des actions est tombé à...

weg/schicken expédier (par la poste) ; envoyer.

weg/schließen, o, o mettre en lieu sûr ; mettre sous clé.

Wegstrecke *f,* **n** trajet *m* ; parcours *m* ; *schlechte ~* chaussée *f* déformée ; chaussée en mauvais état.

weg/werfen, a, o : *Geld ~* jeter (de) l'argent par les fenêtres.

Wegwerfflasche *f,* **n** verre *m* perdu ; bouteille *f* non consignée *(syn. Einwegflasche).*

Wegwerfgesellschaft *f,* **en** société *f* de gaspillage (où l'on préfère jeter que réparer).

Wegwerfpackung *f,* **en** emballage *m* perdu.

Wegwerfware *f,* **n** marchandise *f* à jeter après usage.

weiblich féminin ; *~e Erwerbspersonen* main-d'œuvre *f* féminine ; travailleuses *fpl* ; salariées *fpl* ; actives *fpl.*

Weiche *f,* **n** aiguillage *m* ; *die ~ auf Expansion stellen* pratiquer une politique économique expansionniste.

Weichenstellung *f,* **en** aiguillage *m* ; *die wirtschaftliche und soziale ~* les options *fpl* économiques et sociales.

Weihnachten *n* ou **pl** Noël *m.*

Weihnachtsfreibetrag *m,* **¨e** *(R.F.A.)* abattement *m* fiscal de 600 DM pour des services exécutés en décembre.

Weihnachtsgeld *n,* **er** prime *f* de fin d'année ; « treizième mois » *m.*

Weihnachtsgeschäft *n,* **e** affaires *fpl* de fin d'année ; ventes *fpl* de Noël.

Weihnachtsgratifikation *f,* **en** gratification *f* de Noël.

Weinbau *m, ϕ* culture *f* de la vigne ; industrie *f* viticole ; viticulture *f.*

Weinbauer *m,* **n, n** viticulteur *m* ; vigneron *m.*

Weinbaugebiet *n,* **e** région *f* viticole.

Weinertrag *m,* **¨e** production *f* viticole.

Weingegend *f,* **en** ⇒ *Weinbaugebiet.*

Weinland *n,* **¨er** pays *m* viticole ; pays producteur de vin.

Weinpanscher *m,* **-** négociant *m* ou producteur *m* qui frelate le vin ; trafiquant *m* de vins.

Weinpanscherei *f,* **en** frelatage *m* du vin.

Weinsteuer *f,* **n** taxe *f* viticole ; impôt *m* sur les vins.

weiß blanc ; *schwarz auf ~* noir sur blanc ; *~e Kohle* houille *f* blanche ; énergie *f* hydraulique ; *die ~en Kragen* les « cols blancs » (désigne ironiquement les cadres) ; *die ~e Woche* la semaine du blanc.

Weißbuch *n,* **¨er** livre *m* blanc (recueil de documents publié par un gouvernement ou un organisme sur un problème déterminé).

Weißware *f,* **n** « le blanc » (vêtement, linge, tissu de couleur blanche).

Weisung *f,* **en** directive *f* ; consigne *f* ; ordre *m* ; injonction *f* ; *die ~en nicht beachten* ne pas se conformer aux directives ; *~en erteilen* donner des instructions ; *falls ~en fehlen* faute d'instructions.

weisungsgebunden lié par une consigne ; tenu de se conformer aux directives.

weisungsgemäß conformément aux instructions (données).

weit étendu ; spacieux ; distant de ; éloigné ; *bei ~em* de beaucoup ; *~ über 10 000 Mark* bien supérieur à 10 000 marks.

weiter ultérieur ; additionnel ; autre ; *~ oben* ci-dessus ; *~ unten* ci-dessous ; *bis auf ~es* jusqu'à plus ample informé ; *bis auf ~en Befehl* jusqu'à nouvel ordre ; *auf ~e 2 Jahre* pour une nouvelle période de 2 ans.

weiter- *(préfixe)* **1.** continuer à **2.** transmettre à un tiers.

weiter/arbeiten poursuivre le travail ; continuer de travailler.

weiter/befördern réexpédier.

Weiterbildung *f,* **en** formation *f* continue ; formation permanente ; perfectionnement *m (syn. Fortbildung).*

weiter/bringen, a, a 1. ⇒ *weiterbefördern* **2.** avancer ; progresser.

Weiterflug *m,* **¨e** vol *m* de correspondance ; poursuite *f* d'un vol.

Weiterführung *f,* **en** continuation *f* ; prolongement *m* ; poursuite *f* (d'une politique).

Weitergabe *f,* **n** transmission *f* ; *~ eines Schecks* cession *f* d'un chèque ; *~ einer Tratte* transmission *f* d'une traite.

weiter/geben, a, e transmettre ; faire passer ; *eine Anwesenheitsliste ~* faire circuler une liste de présence.

weiter/leiten 1. *ein Gepäckstück ~* acheminer un colis par la poste **2.** *eine Anfrage, ein Gesuch ~* transmettre une demande, une requête.

Weiterleitung *f,* **en 1.** acheminement *m* **2.** transmission *f.*

weiter/senden, a, a réexpédier ; faire suivre.

Weiterungen *pl (rare)* conséquences *fpl,* suites *fpl* fâcheuses ; *unangenehme ~ zur Folge haben* entraîner des difficultés.

weiter/verarbeiten transformer en produit fini ; procéder au finissage.

Weiterverarbeitung *f,* **en** transformation *f* complémentaire ; finissage *m.*

Weiterveräußerung *f,* **en** ⇒ *Weiterverkauf.*

Weiterverkauf *m,* **¨e** revente *f.*

weiter/verkaufen revendre.

weiter/vermieten sous-louer.

Weiterversicherung *f,* **en** continuation *f* de l'assurance.

Weitervertrieb *m, ϕ* ⇒ *Weiterverkauf.*

weiter/zahlen continuer les versements.

weitgehend ample ; vaste ; *~e Vollmachten haben* disposer de pouvoirs étendus.

weitgesteckt : *~e Ziele haben* viser haut.

Weizen *m,* **-arten** blé *m* ; froment *m.*

Weizensilo *n,* **s** silo *m* à blé.

Welle *f,* **n** vague *f* ; onde *f* radiophonique ; *grüne ~* feux *mpl* (de circulation) synchronisés ; *auf einer ~ mit/schwimmen* suivre une mode ; *~n schlagen* soulever des remous.

Welt *f,* **en** monde *m* ; *die Alte, Neue ~* l'Ancien, le Nouveau Monde ; *die dritte ~* le tiers monde.

Weltausstellung *f*, **en** exposition *f* universelle, mondiale ; salon *m* international.

Weltbank *f*, **en** banque *f* mondiale (fondée en 1945 à Washington) *(syn. B.I.R.D.).*

weltbekannt mondialement connu ; de réputation mondiale.

weltberühmt ⇒ *weltbekannt.*

Weltbevölkerung *f*, *ϕ* population *f* mondiale.

Weltfirma *f*, **-men** société *f* de réputation mondiale ; maison *f* de profil international.

Welthandel *m*, *ϕ* commerce *m* mondial, international ; échanges *mpl* internationaux.

Weltherrschaft *f*, *ϕ* hégémonie *f* mondiale.

Weltmarke *f*, **n** marque *f* de renommée mondiale ; marque de réputation internationale.

Weltmarkt *m*, **¨e** marché *m* mondial.

Weltmarktpreis *m*, **e** prix *m* sur le marché mondial.

Weltmaßstab *m*, **¨e** échelle *f* mondiale ; *dem ~ entsprechen* satisfaire aux critères internationaux.

Weltorganisation *f*, **en** organisation *f* mondiale.

Weltpostverein *m*, *ϕ* Union *f* postale universelle (U.P.U.).

Weltproduktion *f*, **en** production *f* mondiale.

Weltrang : *von ~* de classe internationale.

Weltrangliste *f*, **(n)** classement *m* mondial ; *an der Spitze der ~ stehen* être en tête du classement mondial.

Weltraumforschung *f*, *ϕ* recherche *f* spatiale.

Weltruhm *m*, *ϕ* réputation *f* mondiale ; *~ erlangen* accéder à une renommée mondiale.

Weltverbrauch *m*, *ϕ* consommation *f* mondiale.

Weltwährungsfonds *m*, *ϕ* Fonds *m* monétaire international (F.M.I.).

Weltwährungssystem *n*, *ϕ* système *m* monétaire international.

weltweit mondial(ement) ; mondio- ; *~e Fernsehübertragung* mondiovision *f*.

Weltwirtschaft *f*, *ϕ* économie *f* mondiale.

Weltwirtschaftskonferenz *f*, **en** conférence *f* économique mondiale.

Weltwirtschaftskrise *f*, **n** crise *f* économique mondiale.

Weltwirtschaftssystem *n*, **e** système *m* économique mondial.

wenden, a, a : *sich an jdn ~* s'adresser à qqn ; *~ Sie sich an die zuständigen Behörden* adressez-vous aux autorités compétentes.

Werbe- *(préfixe)* publicitaire ; relatif à la publicité.

Werbeabteilung *f*, **en** service *m* de la publicité ; département *m* publicité.

Werbeadreßbuch *n*, **¨er** annuaire *m* de publicité.

Werbeagentur *f*, **en** agence *f* de publicité.

Werbeaktion *f*, **en** opération *f* publicitaire.

Werbeantwort *f*, **en** carte-réponse *f* en franchise postale ou à tarif réduit (dans le cadre d'une campagne publicitaire).

Werbeartikel *m*, **-** article *m* publicitaire ; article de réclame ; réclame *f* ; échantillon *m* publicitaire.

Werbeatelier *m*, **s** studio *m* de publicité.

Werbeaufwand *m*, **-wendungen** coût *m* publicitaire ; dépenses *fpl* publicitaires.

Werbeaufwendungen *pl* ⇒ *Werbeaufwand.*

Werbebeilage *f*, **n** supplément *m*, encart *m* publicitaire.

Werbeberater *m*, **-** publicitaire *m* ; conseiller *m* en publicité.

Werbeblatt *n*, **¨er** tract *m* publicitaire.

Werbebrief *m*, **e** lettre *f* publicitaire.

Werbebudget *n*, **s** budget *m* publicitaire.

Werbedrucksache *f*, **n** imprimé *m* publicitaire ; réclame *f*.

Werbedruckschrift *f*, **en** prospectus *m* ; réclame *f*.

Werbedurchsage *f*, **n** annonce *f* publicitaire à la radio.

Werbeeinsatzleiter *m*, **-** responsable *m* d'une campagne publicitaire.

Werbeerfolg *m*, **e** succès *m* publicitaire.

Werbeetat *m*, **s** ⇒ *Werbebudget.*

Werbeexemplar *n*, **e** exemplaire *m* de publicité.

Werbefachmann *m*, **-leute** homme *m* de publicité ; expert *m* en publicité ; publicitaire *m*.

Werbefeindlichkeit *f*, *ϕ* phobie *f* de la publicité.

Werbefeldzug *m*, **¨e** ⇒ *Werbekampagne.*

Werbefernsehen *n*, *ϕ* publicité *f* télévisée.

Werbefilm *m*, **e** film *m* publicitaire.

Werbefläche ***f,*** **n** panneau *m* réservé à la publicité ; panneau-réclame *m.*

Werbefunk ***m,*** *ϕ* publicité *f* radiodiffusée.

Werbegabe ***f,*** **n** ⇒ *Werbegeschenk.*

Werbegeschenk ***n,*** **e** cadeau *m* publicitaire ; article-prime *m.*

Werbegraphik ***f,*** **en** affiche *f* publicitaire ; dessin *m* publicitaire.

Werbegraphiker ***m,*** **-** dessinateur *m* publicitaire.

Werbehaushalt ***m,*** **e** ⇒ *Werbebudget.*

Werbekampagne ***f,*** **n** campagne *f* publicitaire ; *eine ~ starten, durch/führen* lancer, faire une campagne publicitaire.

Werbeknüller ***m.*** **-** promotion *f* ; article *m* promotionnel ; succès *m* de vente.

Werbekosten *pl* frais *mpl* de publicité ; coût *m* de la publicité.

Werbekraft ***f,*** *ϕ* impact *m* publicitaire.

werbekräftig à fort impact publicitaire.

Werbeleiter ***m,*** **-** chef *m* de publicité.

Werbematerial ***n,*** **-ien** matériel *m* publicitaire ; documentation *f.*

Werbemittel ***n,*** **-** moyen *m* publicitaire ; instrument *m* publicitaire.

Werbemüdigkeit ***f,*** *ϕ* saturation *f* publicitaire ; *(fam.)* le « ras-le-bol » de la publicité.

werben, a, o 1. *Arbeitskräfte ~* embaucher de la main-d'œuvre ; *Kunden ~* prospecter des clients **2.** *für einen Artikel ~* faire de la publicité pour un article **3.** *um die Gunst der Wähler ~* rechercher la faveur des électeurs.

Werbepack ***n,*** **s** échantillon *m* publicitaire.

Werbeplakat ***n,*** **e** affiche *f* publicitaire.

Werbepreis ***m,*** **e** prix *m* de lancement, d'appel ; prix-réclame *m.*

Werbeprospekt ***m*** ou ***n,*** **e** prospectus *m* ; dépliant *m* publicitaire.

Werber ***m,*** **- 1.** agent *m* de publicité ; publicitaire *m* **2.** embaucheur *m* (main-d'œuvre) **3.** enrôleur *m* (militaire).

werberisch qui a trait à la publicité ; de publicité ; publicitaire.

Werberummel ***m,*** **-** battage *m* publicitaire.

Werbe(rund)schreiben ***n,*** **-** circulaire *f* publicitaire ; lettre *f* de prospection publicitaire.

Werbeschlagzeile ***f,*** **n** ⇒ *Werbeslogan.*

Werbeschrift ***f,*** **en** ⇒ *Werbeprospekt.*

Werbeslogan ***m,*** **s** slogan *m* publicitaire.

Werbesoziologie ***f,*** *ϕ* étude *f* de l'impact publicitaire sur les achats.

Werbespot ***m,*** **s** spot *m* publicitaire.

Werbespruch ***m,*** **¨e** ⇒ *Werbeslogan.*

Werbespruchband ***n,*** **¨er** calicot *m* publicitaire ; banderole *f* publicitaire.

Werbetätigkeit ***f,*** **en** action *f* publicitaire ; *eine große ~ entfalten* déployer une grande activité promotionnelle.

Werbetext ***m,*** **e** texte *m* publicitaire.

Werbetexter ***m,*** **-** rédacteur *m* publicitaire ; concepteur *m.*

Werbeträger ***m,*** **-** support *m* publicitaire.

Werbeträgeranalyse ***f,*** **n** interprétation *f* précise et ponctuelle de l'impact d'une campagne publicitaire.

Werbetrommel ***f*** **:** *die ~ rühren* faire de la publicité tapageuse ; faire du battage publicitaire.

Werbeverkauf ***m,*** **¨e** vente-réclame *f.*

Werbewesen ***n,*** *ϕ* (domaine de la) publicité *f* ; réclame *f.*

Werbewettbewerb ***m,*** **e** concours *m* publicitaire.

werbewirksam à grand impact publicitaire ; d'une grande efficacité (publicitaire).

Werbewirksamkeit ***f,*** *ϕ* impact *m* publicitaire.

Werbewoche ***f,*** **n** semaine *f* publicité ; semaine de prix-réclame ; semaine commerciale.

Werbezeichner ***m,*** **-** dessinateur *m* publicitaire.

Werbezwecke *pl* **:** *zu ~n* à des fins publicitaires.

werblich publicitaire ; *die ~en Mittel* les moyens *mpl* publicitaires.

Werbung ***f,*** **en 1.** publicité *f* ; *belehrende (erziehende) ~* publicité éducative ; *gezielte ~ ;* publicité sélective ; *harte ~* publicité intensive ; matraquage *m* publicitaire ; *informationsreiche ~* publicité informative ; *irreführende ~* publicité mensongère ; *unlautere ~* publicité déloyale ; *weiche ~* publicité non agressive, douce **2.** embauchage *m* **3.** *(milit.)* recrutement *m* ; enrôlement *m.*

Werbungskosten *pl* **1.** frais *mpl* professionnels ; charges *fpl* professionnelles **2.** *(rare)* frais *mpl* publicitaires.

Werbungstreibende/r *(der/ein)* personne *f* ou maison *f* qui fait de la publicité (pour son propre compte).

Werdegang ***m,*** **¨e** carrière *f* ; cursus *m (syn. Laufbahn, Karriere).*

werfen, a, o jeter ; lancer ; *eine Ware auf den Markt ~* inonder le marché d'une marchandise ; *etw auf Papier ~* mettre noir sur blanc ; *mit Geld um sich ~* dépenser sans compter ; jeter l'argent par les fenêtres.

Werft *f,* **en** chantier *m* naval.

Werftarbeiter *m,* - ouvrier *m* d'un chantier naval.

Werk *n,* **e 1.** travail *m* ; ouvrage *m* ; œuvre *f* ; *sich ans ~ machen* se mettre à l'ouvrage ; *nachgemachtes ~* œuvre contrefaite ; imitation *f* **2.** entreprise *f* ; établissements *mpl* ; usine *f* ; fabrique *f* ; ateliers *mpl* ; *ab ~* départ usine ; *ein ~ der Schwerindustrie* une usine de l'industrie lourde ; *der Leiter des ~s* le directeur de l'usine.

Werkanlagen *pl* usines *fpl* ; installations *fpl* industrielles.

Werkarbeit *f,* **en** travail *m* manuel (exécuté en atelier d'apprentissage).

Werkbank *f,* **¨e** établi *m.*

werkeigen de l'usine ; propriété de l'usine ; interne ; maison.

werken travailler ; œuvrer.

Werker *m,* - travailleur *m* ; *die VW-~* les ouvriers *mpl* des usines Volkswagen.

Werkfürsorge *f,* φ assistance *f* patronale au personnel en matière sociale.

Werkfürsorgerin *f,* **nen** assistante *f* sociale d'entreprise.

Werkgarantie *f,* **n** garantie-usine *f.*

Werkgemeinschaft *f,* **en** personnel *m* de l'entreprise.

Werkgenossenschaft *f,* **en** coopérative *f* d'entreprise.

werkgetreu conforme à l'original.

Werkhalle *f,* **n** atelier *m.*

Werkleute *pl* ouvriers *mpl* ; travailleurs *mpl* de l'entreprise.

Werklohn *m,* **¨e** salaire *m* pour travail à façon ; *einen ~ beziehen* travailler à façon.

Werklohnarbeiter *m,* - travailleur *m* à façon ; façonnier *m.*

Werkmeister *m,* - chef *m* d'atelier ; chef d'équipe ; contremaître *m* ; agent *m* de maîtrise.

Werk(s)angehörige/r *(der/ein)* membre *m* du personnel de l'usine.

Werk(s)arzt *m,* **¨e** médecin *m* d'entreprise.

werk(s)eigen appartenant à l'entreprise ; *~e Wohnung* logement *m* d'entreprise.

Werk(s)ferien *pl* congé *m* annuel.

Werk(s)gelände *n,* - enceinte *f* de l'usine ; terrain *m,* emplacement *m* de l'usine.

Werk(s)handel *m,* φ vente *f* directe sur le lieu de fabrication ; commercialisation *f* directe (sans intermédiaires).

Werk(s)kantine *f,* **n** cantine *f* d'entreprise.

Werk(s)küche *f,* **n** ⇒ *Werk(s)kantine.*

Werk(s)leiter *m,* - directeur *m* de l'usine, de l'entreprise.

Werk(s)leitung *f,* **en** direction de l'usine.

Werksiedlung *f,* **en** cité-logement *f* d'entreprise.

Werkspionage *f,* **n** espionnage *m* industriel.

Werkstatt *f,* **-stätten** atelier *m.*

Werkstätte *f,* **n** ⇒ *Werkstatt.*

Werkstattmontage *f,* **n** montage *m* en atelier.

Werkstattwagen *m,* - atelier *m* volant.

Werkstattzeichnung *f,* **en** épure *f* ; dessin *m* d'atelier.

Werkstelle *f,* **n 1.** lieu *m* de travail **2.** place *f* d'apprenti.

Werkstoff *m,* **e** matériau *m* ; matériel *m.*

Werkstoffermüdung *f,* **en** usure *f* du matériel.

Werkstoffprüfer *m,* - testeur *m* de matériaux *m* ; contrôleur *m* de matériaux.

Werkstoffprüfung *f,* **en** contrôle *m* de matériaux.

Werkstück *n,* **e** pièce *f* à usiner ; pièce usinée.

Werkstudent *m,* **en, en** étudiant *m* salarié (pour financer ses études).

Werk(s)vertretung *f,* **en** représentation *f* d'entreprise ; délégation *f* d'entreprise.

Werk(s)wohnung *f,* **en** logement *m* d'entreprise, de fonction.

Werktag *m,* **e** jour *m* ouvrable ; *nur an ~en* en semaine seulement.

werktags les jours ouvrables ; en semaine.

Werktagsarbeit *f,* **en** travail *m* en semaine.

werktätig actif ; *~e Bevölkerung* population *f* active ; travailleurs *mpl.*

Werktätige/r *(der/ein)* travailleur *m* ; personne *f* active ; *die ~n* la population active ; les actifs ; la classe ouvrière.

Werktätigkeit *f,* **en** activité *f* salariée.

Werktisch *m,* **e** établi *m.*

Werkverkehr *m,* φ transport *m* pour propre compte *(contr. gewerblicher Verkehr).*

Werkvertrag *m,* **¨e** contrat *m* d'ouvrage (où l'on s'engage à fournir un ouvrage déterminé).

Werkzeichnung *f,* **en** ⇒ *Werkstattzeichnung.*

Werkzeug *n,* **e** outil *m* ; instrument *m.*

Werkzeugfabrik *f,* **en** fabrique *f* d'outillage ; outillerie *f.*

Werkzeugkosten *pl* **1.** coût *m* de l'outillage (achat, location, etc.) **2.** coût de fabrication de l'outillage.

Werkzeugmaschine *f,* **n** machine-outil *f.*

Werkzeugroboter *m,* **-** robot-outil *m.*

wert 1. *(corresp.)* cher ; honoré ; respectable ; *(arch.) Ihr ~es Schreiben vom...* votre honorée en date du... ; *~er Herr Müller !* (,) (cher) Monsieur, **2.** *(sens de valeur) das ist etwas ~* cela a de la valeur ; *500 DM ~ sein* valoir 500 DM.

Wert *m,* **e** valeur *f* ; prix *m* **I.** *angegebener ~* valeur déclarée ; *berichtigter ~* valeur corrigée ; *durchschnittlicher ~* valeur moyenne ; *festgesetzter ~* valeur fixée ; *fiktiver ~* valeur fictive ; *geschätzter ~* valeur estimée ; *nomineller ~* valeur nominale ; *wirklicher ~* valeur réelle ; *versicherter ~* valeur assurée ; *zollpflichtiger ~* valeur taxable en douane ; *~ in bar* valeur perçue en espèces ; *im ~(e) von* d'une valeur de ; *von großem, geringem ~* de grande, de faible valeur ; *Muster ohne ~* échantillon *m* sans valeur **II.** *den ~ bestimmen (ermitteln)* fixer la valeur ; *an ~ gewinnen* prendre de la valeur ; *keinen ~ haben* être sans valeur ; *über, unter dem wirklichen ~ verkaufen* vendre au-dessus, au-dessous de la valeur réelle.

Wertabnahme *f,* **n** ⇒ *Wertminderung.*

Wertanalyse *f,* **n** recherche *f* de rationalisation et de rentabilisation d'un produit.

Wertangabe *f,* **n** déclaration *f* de valeur ; *mit ~* avec valeur déclarée ; *Sendung mit ~* envoi *m* en valeur déclarée.

Wertarbeit *f,* **en** travail *m* qualifié.

Wertbemessung *f,* **en** évaluation *f* de la valeur (en données chiffrées).

wertberichtigen réajuster ; corriger ; réévaluer.

Wertberichtigung *f,* **en** provision *f* pour dépréciation ; réévaluation *f* ; réajustement *m* de la valeur ; correction *f* de la valeur ; régularisation *f,* redressement des valeurs.

Wertberichtigungsaktien *pl* actions *fpl* gratuites (en fait, les fonds nécessaires à l'émission de ces actions sont puisés dans les réserves et inscrits au capital).

Wertberichtigungsposten *m,* **-** poste *m* de régularisation.

wertbeständig à (de) valeur stable.

Wertbestimmung *f,* **en** fixation *f* de la valeur.

Wertbrief *m,* **e** lettre *f* chargée.

Werte *pl (singulier : Wertpapier)* valeurs *fpl* (mobilières) ; titres *mpl* ; effets *mpl* **I.** *ausländische ~* valeurs étrangères ; *die bevorzugten ~* les vedettes *fpl* du marché ; *bewegliche ~* valeurs mobilières ; *gefragte ~* valeurs très demandées ; *marktfähige ~* valeurs négociables ; *amtlich zugelassene ~* valeurs admises à la cote officielle **II.** *~ an der Börse ein/führen* introduire des valeurs en Bourse ; *~ an der Börse zu/lassen* admettre des valeurs à la cotation en Bourse.

Werteinbuße *f,* **n** ⇒ *Wertminderung.*

Werteinheit *f,* **en** unité *f* de valeur.

werten estimer ; apprécier ; taxer.

Wertermittlung *f,* **en** ⇒ *Wertbestimmung.*

Wertersatz *m,* ϕ dédommagement *m* de valeur correspondante.

Werterhaltung *f,* **en** conservation *f* de la valeur ; maintien *m* de la valeur.

Wertfracht *f,* **en** fret *m* assuré.

Wertgegenstand *m,* **¨e** objet *m* de valeur ; *Aufbewahrung von ~¨en* dépôt *m* d'(des) objets de valeur.

wertlos sans valeur ; *~e Briefmarken* timbres *mpl* sans valeur.

Wertlosigkeit *f,* ϕ non-valeur *f* ; absence *f* de valeur.

Wertmarke *f,* **n** bon *m* ; coupon *m.*

wertmäßig en valeur ; selon la valeur.

Wertmaßstab *m,* **¨e** mesure *f* de valeur ; étalon *m.*

Wertmesser *m,* **-** ⇒ *Wertmaßstab.*

Wertminderung *f,* **en** diminution *f* de valeur ; perte *f* de valeur ; dévalorisation *f.*

Wertpaket *n,* **e** colis *m* avec valeur déclarée.

Wertpapier *n,* **e** valeur *f* (mobilière) ; titre *m* ; effet *m* **I.** *ausgelostes ~* valeur sortie au tirage ; *festverzinsliches ~* titre à revenu fixe ; *gehandeltes ~* titre négocié ; *hinterlegtes ~* titre déposé ; *~ mit fünfjähriger Laufzeit* titre à 5 ans d'échéance ; *mündelsicheres ~* placement *m* de tout repos (de père de famille) ; *amtlich notiertes ~* titre officiellement admis à la cote ; *übertragbares ~* titre transmissible ; *unverzins-*

liches ~ titre non productif d'intérêts ; *verpfändete* ~*e* titres donnés en nantissement (en gage) **II.** *ein* ~ *ab/stoßen (verkaufen)* réaliser un titre ; ~*e beleihen* donner un titre en nantissement pour garantir un prêt ; *ein* ~ *deponieren (hinterlegen)* déposer un titre en garde ; *ein* ~ *lombardieren* donner un titre en gage ; *ein* ~ *übertragen* céder, transmettre un titre.

Wertpapieranlage *f,* **n** placement *m* en valeurs mobilières.

Wertpapierbereinigung *f,* **en** validation *f* des titres.

Wertpapierbesitzer *m,* - détenteur *m* de titres ; possesseur *m* de titres.

Wertpapierbestand *m,* **¨e** avoir *m* en titres et valeurs mobilières.

Wertpapierbörse *f,* **n** Bourse *f* des valeurs *(syn. Effektenbörse).*

Wertpapierhandel *m,* *ϕ* commerce *m* des valeurs.

Wertpapierhinterlegung *f,* **en** nantissement *m* de titres.

Wertpapiermarkt *m,* **¨e** marché *m* des valeurs.

Wertpapier-Portefeuille *n,* **s** portefeuille *m* de titres, d'effets.

Wertpapiersammelbank *f,* **en** banque *f* de dépôt de titres *(syn. Effektengirobank).*

Wertpapiersparen *n,* *ϕ* épargne *f* sur titres ; épargne mobilière.

Wertpapiersteuer *f,* **n** taxe *f* sur les valeurs mobilières.

Wertpapierverkehr *m,* *ϕ* mouvements *mpl* de titres ; transactions *fpl* de(s) valeurs mobilières.

Wertpapierverpfändung *f,* **en** nantissement *m* de titres.

Wertpapierverwahrung *f,* **en** garde *f* de titres.

Wertprodukt *n,* **e** nouvelle valeur *f.*

Wertproduktivität *f,* *ϕ* productivité *f* en valeur.

Wertsache *f,* **n** ⇒ *Wertgegenstand.*

wertschaffend productif ; qui donne de la valeur.

Wertschöpfung *f,* **en** valeur *f* ajoutée nette ; création *f* de plus-values.

Wertschöpfungsabgabe *f,* **n** taxe *f* sur la valeur réelle ; taxation *f* des machines.

Wertschöpfungsrechnung *f,* **en** calcul *m* de la valeur ajoutée.

Wertschrift *f,* **en** *(Suisse)* ⇒ *Wertpapier.*

Wertschriftendollar *m,* *ϕ* dollar *m* financier.

Wertschriftenverwaltung *f,* **(en)** gestion *f* de portefeuille.

Wertschwankungen *pl* fluctuations *fpl* des valeurs ; fluctuations de la valeur.

Wertsendung *f,* **en** envoi *m* en valeur déclarée.

Wertsicherungsklausel *f,* **n** clause *f* d'indice variable ; clause d'indexation sur le coût de la vie (majoration *f* de valeur).

wertstabil : ~*es Geld* argent *m* (à pouvoir d'achat) stable.

Wertsteigerung *f,* **en** plus-value *f* ; augmentation *f* de valeur.

Wertstellung *f,* **en** *(banque)* jour *m* de valeur ; date *f* de valeur ; entrée *f* en valeur ; *syn. Valutierung.*

Wertstufe *f,* **n** catégorie *f* de valeur.

Wertung *f,* **en** estimation *f* ; appréciation *f.*

Werturteil *n,* **e** jugement *m* de valeur.

Wertverfall *m,* *ϕ* dépréciation *f* ; dévalorisation *f.*

Wertverlust *m,* **e** ⇒ *Wertminderung.*

Wertverringerung *f,* **en** ⇒ *Wertminderung.*

wertvoll de valeur ; précieux ; ~*es Gemälde* tableau *m* de valeur.

Wertzeichen *n,* - timbre-poste *m (syn. Briefmarke).*

Wertzoll *m,* **¨e** taxe *f* de douane ad valorem (calculée en fonction du prix et non selon le poids ou la quantité).

Wertzuwachs *m,* **(¨e)** accroissement *m* de valeur ; valeur *f* ajoutée ; plus-value *f.*

Wertzuwachssteuer *f,* **n** impôt *m* sur la plus-value (d'un terrain) ; taxe *f* sur l'accroissement de valeur.

-wesen *(suffixe)* l'ensemble d'un secteur ; *Bank*~ les banques ; le système bancaire ; *Bau*~ le bâtiment ; *Steuer*~ les impôts *mpl* ; le fisc *m* ; *Unterrichts*~ l'enseignement *m* ; *Zoll*~ douanes *fpl.*

westdeutsch ouest-allemand.

Westdeutsche/r *(der/ein)* citoyen *m* ouest-allemand ; citoyen de la R.F.A. ; Allemand *m* de l'Ouest.

Westdeutschland Allemagne *f* de l'Ouest *(syn. Bundesrepublik Deutschland).*

Westdevisen *pl* devises *fpl* occidentales.

Westler *m,* - *(fam.)* Allemand *m* de l'Ouest (terme employé en R.D.A.).

Westmächte *pl* puissances *fpl* occidentales.

Westmark *f,* *ϕ* mark *m* ouest (⇒ *Ostmark).*

West-Ost-Verkehr *m,* *ϕ* échanges *mpl* Est-Ouest.

Wettbewerb *m,* **e** concurrence *f* ; compétition *f* ; concours *m* ; *(R.D.A)* émulation *f* **I.** *außer* ~ hors concurrence ; *freier* ~ libre concurrence ; *lauterer* ~ concurrence loyale ; *sozialistischer* ~ émulation socialiste ; *unlauterer* ~ concurrence déloyale ; *unzulässiger* ~ concurrence illicite **II.** *einen* ~ *aus/schreiben* mettre qqch au concours ; *den* ~ *beschränken* limiter la concurrence ; *einen* ~ *organisieren* organiser un concours ; *mit jdm in* ~ *stehen* être en concurrence avec qqn ; *an einem* ~ *teil/nehmen* participer à un concours ; *mit jdm in* ~ *treten* entrer en compétition avec qqn *(syn. Konkurrenz).*

Wettbewerber *m,* **-** concurrent *m (syn. Konkurrent).*

wettbewerblich *(rare)* ⇒ *wettbewerbsfähig.*

Wettbewerbsabkommen *n,* **-** accord *m* sur la concurrence.

Wettbewerbsbeschränkung *f,* **en** restriction *f* à la concurrence.

Wettbewerbsdruck *m,* **ϕ** pression *f* exercée par la concurrence.

wettbewerbsfähig compétitif ; concurrentiel *(syn. konkurrenzfähig).*

Wettbewerbsfähigkeit *f,* **(en)** compétitivité *f.*

Wettbewerbsfreiheit *f,* **(en)** liberté *f* de concurrence.

Wettbewerbshüter *pl* responsables *mpl* du maintien de la libre concurrence ; office *m* (fédéral) contrôlant la concentration des entreprises.

Wettbewerbsklausel *f,* **n** clause *f* de non-concurrence.

wettbewerbsneutral sans incidence sur la concurrence.

Wettbewerbsordnung *f,* **en** réglementation *f* de la concurrence ; législation *f* en matière de concurrence.

Wettbewerbsrecht *n,* **e** droit *m,* législation *f* en matière de concurrence.

Wettbewerbsregeln *pl* règles *fpl* de la concurrence.

Wettbewerbssektor *m,* **en** secteur *m* concurrentiel.

Wettbewerbssünder *m,* **-** contrevenant *m* à la législation en matière de concurrence.

Wettbewerbsteilnehmer *m,* **-** concurrent *m* ; participant *m* à un concours.

Wettbewerbsverbot *n,* **e** interdiction *f* (en matière) de concurrence ; prohibition *f* de concurrence.

Wettbewerbsvereinbarung *f,* **en** entente *f* entre concurrents ; accord *m* de (non)-concurrence.

wettbewerbsverzerrend qui fausse le jeu de la libre concurrence.

Wettbewerbsverzerrung *f,* **en** distorsion *f* de la concurrence.

Wettbewerbsvorteil *m,* **e** avantage *m* par rapport à la concurrence.

wettbewerbswidrig 1. qui fait de l'anticoncurrence **2.** contraire à l'esprit de libre concurrence ; anticoncurrentiel.

Wettbewerbswirtschaft *f,* **en** économie *f* de compétition, compétitive ; économie concurrentielle.

wett/machen réparer ; compenser ; rattraper ; *einen Verlust* ~ compenser une perte.

WG ⇒ *Wechselgesetz.*

White-collar-Kriminalität *f,* **ϕ** ['waitkɔlər...] criminalité *f* économique chez les « cols blancs » (cadres supérieurs et hauts fonctionnaires).

Widerhandlung *f,* **en** *(Suisse)* infraction *f* ; contravention *f.*

Widerklage *f,* **n** *(jur.)* demande *f* reconventionnelle (action du défendeur contre le plaignant) *(syn. Gegenklage).*

Widerkläger *m,* **-** *(jur.)* demandeur *m* reconventionnel.

widerlegen réfuter ; démentir.

widerrechtlich illégal ; illicite ; *sich etw* ~ *an/eignen* usurper qqch ; s'approprier illégalement qqch.

Widerrechtlichkeit *f,* **ϕ** illégalité *f.*

Widerruf *m,* **e** révocation *f* ; rétractation *f* ; désaveu *m* ; démenti *m* ; *bis auf* ~ jusqu'à nouvel ordre ; ~ *eines Auftrags* annulation *f* d'une commande.

widerrufbar révocable ; rétractable.

Widerrufbarkeit *f,* **ϕ** révocabilité *f.*

widerrufen, ie, u 1. désavouer ; se dédire de **2.** annuler ; décommander ; *einen Befehl* ~ donner un contrordre ; *eine Genehmigung* ~ retirer une autorisation.

widerrufend révocatoire.

Widerrufsklausel *f,* **n** clause *f* de révision ; clause de révocation.

Widerrufung *f,* **en** ⇒ *Widerruf.*

Widerspruch *m,* **¨e** contradiction *f* ; opposition *f* ; protestation *f* ; contredit *m* ; *im* ~ *zu* en contradiction avec.

Wiederankurbelung *f,* **en** redémarrage *m* ; relance *f* (de l'économie).

Wiederanlage *f,* **n** réemploi *m* ; réinvestissement *m.*

wieder/an/melden renouveler une demande ; refaire une demande.

Wiederanschaffung *f,* **en** rachat *m* ; nouvelle acquisition *f.*

wieder/an/stellen réintégrer (dans un

emploi) ; réembaucher.

wieder/auf/arbeiten ⇒ *wiederaufbereiten.*

Wiederaufarbeitung ⇒ *Wiederaufbereitung.*

Wiederaufbau *m,´ φ* reconstruction *f.*

Wiederaufbaubank *f (équiv.)* Crédit *m* national, en faveur de projets servant à l'économie allemande.

wieder/auf/bauen reconstruire.

wieder/auf/bereiten retraiter les déchets nucléaires.

Wiederaufbereitung *f,* **en** retraitement *m* des déchets radioactifs.

Wiederaufbereitungsanlage *f,* **n** usine *f* de retraitement des déchets nucléaires.

Wiederauffüllung *f,* **:** ~ *der Rücklagen* reconstitution *f* des réserves.

Wiederaufnahme *f,* **n** reprise *f* ; ~ *der Arbeit, der Verhandlungen* reprise du travail, des négociations.

Wiederaufnahmeantrag *m,* **¨e** *(jur.)* requête *f* ; demande *f* en révision.

Wiederaufnahmeverfahren *n,* **-** procédure *f* en révision.

wieder/auf/nehmen, a, o reprendre ; renouveler ; *die diplomatischen Beziehungen* ~ renouer les relations diplomatiques.

Wiederaufrüstung *f,* **en** réarmement *m.*

Wiederbelebung *f,* **en** redressement *m* ; regain *m* ; ~ *der wirtschaftlichen Tätigkeit* relance *f* de l'activité économique.

Wiederbeschaffung *f,* **en** réapprovisionnement *m* ; renouvellement *m* du stock.

Wiederbeschaffungskosten *pl* coût *m* de réapprovisionnement des stocks ; frais *mpl* de remplacement.

Wiedereinfuhr *f,* **en** réimportation *f.*

wieder/ein/führen 1. rétablir ; réintroduire **2.** réimporter.

Wiedereingliederung *f,* **en** réintégration *f* ; *berufliche, soziale* ~ réinsertion *f* professionnelle, sociale.

wieder/ein/lösen dégager ; *ein Schmuckstück im Pfandhaus* ~ dégager un bijou ; récupérer un bijou en gage au mont-de-piété.

Wiedereinsatz *m, φ (von Abfallrohstoffen in der Produktion)* récupération *f,* réutilisation *f,* recyclage *m* (de produits de déchets ou de rebut dans la production).

wieder/ein/setzen rétablir ; restituer ; réintégrer ; *jdn in ein Amt* ~ réintégrer dans une fonction.

Wiedereinsetzung *f,* **en** rétablissement *m* ; réinstallation *f* ; ~ *in frühere Rechte* réintégration *f* d'anciens droits.

wieder/ein/stellen réembaucher ; réemployer ; réintégrer (un fonctionn aire).

Wiedereinstellungsklausel *f,* **n** clause *f* de réemploi ; clause de reconversion professionnelle.

Wiedereröffnung *f,* **en** réouverture *f* (d'un magasin) ; ~ *der Verhandlung* reprise *f* des négociations.

wieder/erstatten rembourser ; restituer.

wieder/gut/machen réparer ; indemniser ; *einen Schaden* ~ réparer un dommage.

Wiedergutmachung *f,* **en** réparation *f* ; indemnisation *f* ; dédommagement *m.*

Wiedergutmachungsleistungen *pl* prestations *fpl* au titre des réparations.

wieder/her/stellen 1. rétablir ; *den sozialen Frieden* ~ ramener la paix sociale **2.** réparer ; restaurer.

Wiederherstellung *f,* **en** restauration *f* ; rétablissement *m* ; remise *f* en état.

Wiederherstellungskosten *pl* frais *mpl* de réfection.

Wiederinbetriebnahme *f,* **n** remise *f* en service.

Wiederingangsetzung *f,* **en** remise *f* en marche.

Wiederinkraftsetzung *f,* **en** remise *f* en vigueur.

Wiederkauf *m,* **¨e** rachat *m* ; réméré *m.*

wieder/kaufen racheter.

Wiederkäufer *m,* **-** racheteur *m.*

Wiederkaufsklausel *f,* **n** réméré *m* (clause par laquelle on se réserve le droit de racheter un objet contre remboursement, plus les frais).

Wiederkaufsrecht *n,* **e** droit *m* de rachat ; droit de réméré.

Wiederkaufsvorbehalt *m,* **e** clause *f* de reprise.

Wiedervereinigung *f,* **en** réunification *f* ; réunion *f.*

Wiederverkauf *m,* **¨e** revente *f.*

wieder/verkaufen revendre ; pratiquer la vente au détail.

Wiederverkäufer *m,* **-** revendeur *m* ; *Haftung des ~s* responsabilité *f* du revendeur.

wiederverwendbar réutilisable.

Wiederverwendung *f,* **en** réemploi *m* ; réutilisation *f.*

wieder/verwerten réutiliser ; recycler.

Wiederverwertung *f,* **en** récupération *f* ; recyclage *m* (de matériaux par ex.)

(syn. Recycling).

Wiedervorlage *f,* **(n)** seconde présentation *f* d'un document ; *zur ~ am...* à représenter le...

Wiederwahl *f,* **en** réélection *f.*

Wiegegebühr *f,* **en** droit *m* de pesage.

Wiegen *n,* *ϕ* pesage *m.*

wiegen, o, o 1. peser qqch ; *knapp ~* peser juste ; *reichlich ~* peser bon poids **2.** *(figuré) schwer ~* peser lourd.

wild sauvage ; *~er Boden* terre *f* inculte ; *~e Ehe* union *f* libre ; concubinage *m* ; *~er Handel* commerce *m* illicite ; *~es Parken* stationnement *m* non autorisé ; *~er Streik* grève *f* sauvage.

Wildwuchs *m,* *ϕ* *(fig.)* croissance *f* sauvage ; développement *m* non réglementé.

Wille *m,* **ns,** *ϕ* volonté *f* ; *letzter ~* dernières volontés.

Willenserklärung *f,* **en** déclaration *f* de volonté ; volonté *f* déclarée ; *ausdrückliche ~* volonté expresse.

Willkür *f,* *ϕ* arbitraire *m* ; discrétion *f.*

willkürlich arbitraire ; discrétionnaire ; *~e Maßnahme* mesure *f* arbitraire.

Windkraftwerk *n,* **e** centrale *f* éolienne.

Windprotest *m,* **e** protêt *m* constatant l'impossibilité de trouver l'adresse du tiré.

Winkeladvokat *m,* **en, en** *(péjor.)* avocat *m* véreux.

Winterbauumlage *f,* **n** prélèvement *m* en faveur de l'industrie du bâtiment en hiver.

Winterschlußverkauf *m,* **¨e** *(WSV)* soldes *mpl* d'hiver.

Winzer *m,* **-** vigneron *m* ; viticulteur *m* ; *(Alsace) selbstmarkender ~* propriétaire *m* récoltant.

Winzergenossenschaft *f,* **en** coopérative *f* de viticulteurs.

wirklich réel ; effectif ; vrai ; *~er Wert* valeur *f* réelle.

Wirkort *m,* **e** lieu *m,* endroit *m* où agit la publicité.

wirksam 1. efficace **2.** valide ; valable ; *~ werden* prendre effet ; entrer en vigueur.

Wirksamkeit *f,* *ϕ* **1.** efficacité *f* ; efficience *f* **2.** validité *f.*

Wirkung *f,* **en** action *f* ; efficacité *f* ; activité *f* ; effet *m* **I.** *aufschiebende ~* effet suspensif ; *befreiende ~* effet libératoire ; *nachteilige ~* suites *fpl* fâcheuses ; *mit sofortiger ~* à effet immédiat ; *mit ~ vom 15.d.M.* avec effet au quinze de ce mois **II.** *eine entscheidende ~ haben* avoir un effet déterminant ; *ohne ~ sein* être sans effet.

Wirkungsbereich *m,* **e** champ *m* d'action ; zone *f* d'activité ; *~ eines Werbeträgers* zone de rayonnement d'un support publicitaire.

Wirkungskreis *m,* **e** ⇒ *Wirkungsbereich.*

Wirkwaren *pl* (articles *mpl* de) bonneterie *f.*

Wirtschaft *f,* **en 1.** économie *f* **I.** *freie ~* économie libre, libérale ; *gelenkte (zentralgeleitete) ~* économie dirigée, centralisée ; *geschlossene ~* économie fermée ; *gewerbliche ~* économie industrielle ; *kollektivistische ~* économie collectiviste ; *örtliche (ortsansässige) ~* économie locale ; *volkseigene ~* économie socialiste **II.** *die ~ an/kurbeln* relancer l'économie ; *die ~ lenken* diriger l'économie ; *die ~ um/stellen* redéployer l'économie **2.** ménage *m* ; gestion *f* **3.** exploitation *f* agricole **4.** restaurant *m* ; café *m* ; bistrot *m.*

wirtschaften gérer ; administrer ; exploiter ; *gut ~* bien gérer ses affaires ; agir économiquement.

Wirtschafter *m,* **-** gestionnaire *m* ; administrateur *m* ; intendant *m* ; régisseur *m.*

Wirtschaftler *m,* **-** économiste *m.*

wirtschaftlich 1. économique ; *~e Planung* planification *f* économique ; *~e Zusammenarbeit* coopération *f* économique **2.** rentable ; *sich als ~ erweisen* s'avérer rentable ; être performant **3.** économe ; *~ denken* penser en termes d'économie.

Wirtschaftlichkeit *f,* **en** rentabilité *f* *(syn. Rentabilität).*

Wirtschaftlichkeitsgrenze *f,* **n** seuil *m* de rentalité ; *unter die ~ rutschen (fallen)* tomber au-dessous du seuil de rentabilité.

Wirtschaftsabkommen *n,* **-** accord *m* économique.

Wirtschaftsabteilung *f,* **en** service *m* économique ; service de gestion d'une entreprise.

Wirtchaftsaufschwung *m,* **¨e** boom *m* ; essor *m* économique *(syn. Boom).*

Wirtschaftsausschuß *m,* **¨sse** commission *f* économique.

Wirtschafstbarometer ⇒ *Konjunkturbarometer.*

wirtschaftsbedingt : *~e Arbeitslosigkeit* chômage *m* conjoncturel.

Wirstschaftsbelebung *f,* **en** relance *f*

de l'activité économique.

Wirtschaftsberater *m*, - conseiller *m* économique.

Wirtschaftsbereich *m*, **e** ⇒ *Wirtschaftszweig*.

Wirtschaftbericht *m*, **e** rapport *m* économique ; rapport sur l'énonomie.

Wirtschaftsberichterstatter *m*, - correspondant *m* économique (d'un journal).

Wirtschaftsbeziehungen *pl* relations *fpl* économiques ; *die ~ aus/bauen* développer les relations commerciales.

Wirtschaftsblock *m*, **¨e** bloc *m* économique (Marché commun, COMECON, etc.).

Wirtschaftsblockade *f*, **n** blocus *m* économique.

Wirtschaftsdaten *pl* indicateurs *mpl*, données *fpl* économiques.

Wirtschaftsboykott *m*, **s** ou **e** boycott(age) *m* économique.

Wirtschaftsdepression *f*, **en** dépression *f* économique.

Wirtschaftsdirektor *m*, **en** responsable *m* de la planification économique.

Wirtschaftseinheit *f*, **en** unité *f* économique ; complexe *m* économique.

Wirtschaftsfachmann *m*, **-leute** ⇒ *Wirtschaftler*.

Wirtschaftsfachschule *f*, **n** école *f* de commerce ; institut *m* des sciences économiques ; *(France)* I.U.T. *m* de gestion.

Wirtschaftsflaute *f*, **n** marasme *m* économique.

Wirtschaftsflüchtling *m*, **e** réfugié *m* pour raisons économiques.

Wirtschaftsform *f*, **en** système *m* économique.

Wirtschaftsforscher *m*, - conjoncturiste *m*.

Wirtschaftsforschungsinstitut *n*, **e** institut *m* d'études conjoncturelles.

Wirtschaftsfrage *f*, **n** problème *m* économique.

Wirtschaftsführer *m*, - (haut) responsable *m* de l'économie.

Wirtschaftsführung *f*, **en** gestion *f* ; exploitation *f* économique.

Wirtschaftsgefüge *n*, *φ* structure *f* économique.

Wirtschaftsgeld *n*, **er** argent *m* du ménage *(syn. Haushaltsgeld)*.

Wirtschaftsgemeinschaft *f* : *Europäische ~ (EWG)* Communauté *f* économique européenne ; Marché *m* commun.

Wirtschaftsgeschehen *n*, - activité *f* économique.

Wirtschaftsgüter *pl* biens *mpl* économiques ; *kurzlebige, langlebige ~* biens de consommation non durables, durables.

Wirtschaftshilfe *f*, **n** aide *f* économique.

Wirtschaftsingenieur *m*, **e** ingénieur *m* commercial, technico-commercial, d'affaires ; ingénieur-gestion ; diplômé *m* en sciences économiques.

Wirtschaftsjahr *n*, **e** exercice *m* comptable ; année *f* de gestion.

Wirtschaftskapitän *m*, **e** *(arch.)* (grand) industriel *m*.

Wirtschaftskonjunktur *f*, **en** conjoncture *f* économique.

Wirtschaftskörper *m*, - organisme *m* économique.

Wirtschaftskreise *pl* milieux *mpl* économiques.

Wirtschaftskreislauf *m*, **¨e** circuit *m* économique.

Wirtschaftskrieg *m*, **e** guerre *f* économique.

Wirtschaftskriminalität *f*, **en** criminalité *f* économique ; délit *m* économique des cols blancs (détournement de fonds, falsification de documents, etc.).

Wirtschaftskrise *f*, **n** crise *f* économique.

Wirtschaftslage *f*, **n** situation *f* économique.

Wirtschaftsleistung *f*, **en** production *f* globale ; résultats *mpl* économiques.

Wirtschaftslenkung *f*, **en** dirigisme *m* économique.

Wirtschaftsminister *m*, - ministre *m* de l'Economie.

Wirtschaftsministerium *n*, **-rien** ministère *m* de l'Economie.

Wirtschaftsordnung *f*, **en** régime *m* économique ; système *m* économique.

Wirtschaftspartner *m*, - partenaire *m* économique.

Wirtschaftsperson *f*, **en** unité *f* économique.

Wirtschaftspolitik *f*, *φ* politique *f* économique.

wirtschaftspolitisch : *~e Maßnahmen* mesures *fpl* dictées par la politique économique ; mesures économiques (et politiques).

Wirtschaftspotential *n*, **e** potentiel *m* économique.

Wirtschaftsprognosen *pl* prévisions *fpl* économiques ; perspectives *fpl* économiques.

Wirtschaftsprozeß *m*, **-sse** processus *m* économique.

Wirtschaftsprüfer *m*, - expert *m* comptable ; commissaire *m* aux comptes ; vérificateur *m* des comptes ; auditeur *m*.

Wirtschaftsprüfung *f,* **en** expertise *f* comptable ; audit *m*.

Wirtschaftsrat *m,* **¨e** Conseil *m* économique.

Wirtschaftsraum *m,* **¨e** espace *m* économique (Marché commun, COMECON par ex.).

Wirtschaftsrecht *n,* *ϕ* droit *m* économique.

Wirtschaftssabotage *f,* **n** sabotage *m* économique.

Wirtschaftssachvertändige/r *(der/ein)* expert *m* économique.

Wirtschaftssanktionen *pl* sanctions *fpl,* représailles *fpl* économiques.

Wirtschaftsspionage *f,* **n** espionnage *m* industriel.

Wirtschaftssystem *n,* **e** système *m* économique.

Wirtschaftsteil *m,* **e** pages *fpl* économiques ; rubrique *f* économique d'un journal.

Wirtschaftsüberschuß *m,* **¨sse** excédent *m* réalisé en cours d'exercice.

Wirtschaftsunion *f,* **en** union *f* économique.

Wirtschaftsverband *m,* **¨e** groupement *m* économique.

Wirtschaftsverbrechen *n,* **-** ⇒ *Wirtschaftsvergehen.*

Wirtschaftsverfassung *f,* **en** régime *m,* système *m* économique.

Wirtschaftsvergehen *n,* **-** crime *m,* délit *m* économique.

Wirtschaftswissenschaften *pl* sciences *fpl* économiques.

Wirtschaftswissenschaftler *m,* **-** économiste *m*.

Wirtschaftswunder *n,* *ϕ* miracle *m* économique (reconstruction économique de l'Allemagne de l'Ouest après 1945).

Wirtschaftszeitung *f,* **en** journal *m* économique.

Wirtschaftszweig *m,* **e** branche *f* économique ; secteur *m* de l'économie.

Witterung *f,* **en** conditions *fpl* atmosphériques ; *die ungünstige ~ hat sich auf die Preise ausgewirkt* le mauvais temps a influé sur les prix.

Witwenbezüge *pl* sommes *fpl* perçues au titre d'une pension de veuve.

Witwengeld *n,* **er** allocation *f* de veuve.

Witwenrente, **n** pension *f* de réversion ; rente *f* de veuve.

Woche *f,* **n** semaine *f* ; *Grüne ~* exposition *f* (annuelle) agricole de Berlin ; *heute in zwei ~n* aujourd'hui en quinze ; *laufende ~* semaine en cours ; *die weiße ~* la semaine du blanc ; *vergangene (letzte) ~* la semaine passée ; *die 40-Stunden-~* la semaine de 40 heures.

Wochenarbeit *f,* *ϕ* durée *f* hebdomadaire du travail.

Wochenausweis *m,* **e** bilan *m* hebdomadaire (banque).

Wochenbericht *m,* **e** rapport *m* hebdomadaire.

Wochenbilanz *f,* **en** ⇒ *Wochenausweis.*

Wochenendbeilage *f,* **n** supplément *m* du samedi d'un journal.

Wochenhilfe *f,* **n** allocation *f* maternité ; assistance *f* aux femmes enceintes.

Wochenkarte *f,* **n** carte *f* (de transport) hebdomadaire.

Wochenlohn *m,* **¨e** salaire *m* hebdomadaire.

Wochenlöhner *m,* **-** travailleur *m* payé à la semaine ; employé *m* rétribué à la semaine.

Wochenmarkt *m,* **¨e** marché *m* hebdomadaire.

Wochenstunden *pl* nombre *m* d'heures hebdomadaires ; *die Zahl der durchschnittlichen ~* durée *f* moyenne du travail hebdomadaire.

Wochentag *m,* **e** jour *m* de la semaine ; jour ouvrable.

wochentags en semaine ; « les jours ouvrables ».

wöchentlich hebdomadaire ; *zweimal ~* deux fois par semaine ; bihebdomadaire.

Wohlfahrt *f,* *ϕ* **1.** bien-être *m* ; prospérité *f* **2.** aide *f* sociale ; *öffentliche ~* assistance publique *(syn. Fürsorge).*

Wohlfahrtsamt *n,* **¨er** bureau *m* d'aide sociale.

Wohlfahrtseinrichtung *f,* **en** institution *f* sociale.

Wohlfahrtsempfänger *m,* **-** assisté *m* social.

Wohlfahrstfonds *m,* **-** fonds *m* d'aide sociale.

Wohlfahrtsmarke *f,* **n** timbre *m* de bienfaisance (avec surtaxe dont le montant est versé à des œuvres sociales).

Wohlfahrtspflege *f,* *ϕ* assistance *f* publique.

Wohlfahrtsrente *f,* **n** assistance *f* aux économiquement faibles ; allocation *f* aux personnes nécessiteuses.

Wohlfahrtsstaat *m,* **en** Etat *m* social ; Etat-providence *m* (prospérité pour tous, gratuité de la santé, retraites décentes, etc.).

wohlfeil *(rare)* (à) bon marché ; *eine Ware ~ erhalten* acquérir une marchandise à bas prix *(syn. preisgünstig ; billig).*

wohlhabend aisé ; nanti ; bien pourvu.

Wohlstand *m,* φ bien-être *m* ; aisance *f* ; richesse *f* ; prospérité *f.*

Wohlstandsbürger *m,* - nanti *m* ; citoyen *m* aisé ; membre *m* de la société d'abondance ; citoyen *m* de la société de consommation.

Wohlstandsgesellschaft *f,* **en** société *f* de consommation, d'abondance *(syn. Konsumgesellschaft).*

Wohlstandsmüll *m,* φ déchets *mpl* des nantis ; restes *mpl*, résidus *mpl* de la société de consommation.

Wohltäter *m,* - bienfaiteur *m.*

wohltätig : *Stiftung für ~e Zwecke* fondation *f* de bienfaisance.

Wohltätigkeit *f,* φ bienfaisance *f.*

Wohltätigkeitsverein *m,* **e** association *f* de bienfaisance.

wohlverdient bien mérité ; *~er Ruhestand* retraite *f* bien méritée.

wohlverwahrt en sûreté ; bien gardé ; en lieu sûr.

wohlwollend : *~ prüfen* examiner (candidature, requête) avec bienveillance.

Wohnbau *m,* φ ⇒ *Wohnungsbau.*

Wohnbezirk *m,* **e** zone *f* résidentielle.

wohnen habiter ; résider ; être domicilié ; *zur Miete ~* être en location.

Wohngeld *n,* **er** indemnité *f* de logement.

Wohngeldzuschuß *m,* ¨**sse** ⇒ *Wohngeld.*

Wohngemeinschaft *f,* **en** communauté *f* ; collectif *m* (de jeunes).

wohnhaft : *~ in* domicilié, demeurant à.

Wohnkommune *f,* **n** ⇒ *Wohngemeinschaft.*

Wohnort *m,* **e** adresse *f* ; domicile *m* ; résidence *f.*

Wohnortwechsel *m,* - changement *m* de domicile ; changement de résidence.

Wohnsiedlung *f,* **en** cité *f* ; grand ensemble *m.*

Wohnsiedlungsgebiet *n,* **e** zone *f* d'urbanisation.

Wohnsilo *n,* **s** *(fam.)* ensemble *m* ; cité-dortoir *f* ; « cage *f* à lapins ».

Wohnsitz *m,* **e** domicile *m* ; résidence *f* ; *mit ~ in* demeurant à ; *ständiger (fester) ~* domicile habituel ; *zweiter ~* résidence secondaire ; *seinen ~ wechseln* changer de résidence.

Wohnung *f,* **en** logement *m* ; habitation *f* ; appartement *m* ; logis *m* ; domicile *m* ; résidence *f* ; *eine ~ beziehen* emménager ; *freie ~ haben* être logé gratuitement ; *~ nehmen* s'installer à, dans ; *aus einer, in eine ~ ziehen* déménager, emménager.

Wohnungsamt *n,* ¨**er** office *m* du logement.

Wohnungsbau *m,* φ construction *f* de logements ; *sozialer ~* construction de logements sociaux ; construction d'H.-L.M.

Wohnungsbaufinanzierung *f,* **en** financement *m* d'une construction de logement.

Wohnungsbaugenossenschaft *f,* **en** coopérative *f* de construction.

Wohnungseigentum *n,* φ copropriété *f.*

Wohnungsfrage *f,* **(n)** problème *m* du logement.

Wohnungsgeld *n,* **er** allocation-logement *f.*

Wohnungsmakler - agent *m* immobilier.

Wohnungsmarkt *m,* ¨**e** marché *m* de l'immobilier, du logement.

Wohnungsnachweis *m,* **e** bureau *m* des logements ; agence *f* de logement.

Wohnungsnot *f,* **(¨e)** pénurie *f* de logements ; crise *f* du logement.

Wohnungspolitik *f,* φ politique *f* du logement ; politique de l'habitat.

Wohnungssuchende/r *(der/ein)* demandeur *m* de logement.

Wohnungswechsel *m,* - déménagement *m.*

Wohnungszulage *f,* **n** indemnité *f* de logement ; indemnité de résidence.

Wohnungszwangswirtschaft *f,* **(en)** dirigisme *m* en matière de politique du logement ; réglementation *f* du logement.

Wohnverhältnisse *pl* conditions *fpl* d'habitat.

Wohnwagenplatz *m,* ¨**e** *(touris.)* terrain *m* de caravaning ; terrain réservé aux caravanes.

Work-shop *m,* **s** groupe *m* de travail ; atelier *m.*

Wort *n* **1.** ¨**er** mot *m* **2. e** parole *f* ; propos *mpl* ; *in ~en* en toutes lettres ; *um das ~ bitten* demander la parole ; *ein gutes ~ für jdn ein/legen* glisser un mot en faveur de qqn ; *jdm das ~ entziehen* retirer la parole à qqn ; *sich zu ~ melden* solliciter la parole.

Wortgebühr *f,* **en** *(poste)* taxe *f* par mot ; tarif *m* par mot.

Wortlaut *m*, φ texte *m* ; libellé *m* ; *amtlicher* ~ texte officiel ; *mit folgendem* ~ libellé comme suit ; *eine Botschaft folgenden* ~*s* la teneur du message est la suivante ; *nach dem* ~ *des Vertrags* aux termes du contrat ; *in vollem* ~ in extenso ; en entier.

wörtlich textuellement ; mot à mot.

Wortmarkenverzeichnis *n*, **se** répertoire *m* des marques déposées.

WP ⇒ *Wirtschaftsprüfer.*

Wrack *n*, **s** ou **(e)** épave *f* ; ruine *f*.

Wucher *m*, φ usure *f* ; ~ *treiben* se livrer à l'usure.

Wucherdarlehen *n*, **-** prêt *m* à un taux usuraire.

Wucherei *f*, φ ⇒ *Wucher.*

Wuchergesetz *n*, **e** loi *f* contre l'usure.

Wuchergewinn *m*, **e** gain *m* usuraire ; bénéfice *m* outrancier.

wucherisch usuraire ; d'exploiteur.

Wuchermiete *f*, **n** loyer *m* exagéré ; loyer usuraire.

wuchern **1.** pratiquer l'usure ; se livrer à l'usure **2.** foisonner ; pulluler ; *(figuré) mit seinem Pfunde* ~ faire valoir son talent.

Wucherpreis *m*, **e** prix *m* usuraire ; prix d'étrangleur ; prix prohibitif.

Wucherzinsen *pl* intérêts *mpl* usuraires.

Wühlkorb *m*, **¨e** gondole *f* (remplie d'objets promotionnels).

Wunsch *m*, **¨e** désir *m* ; souhait *m* ; ~*¨e* desiderata *mpl* ; *Prospekte auf* ~ prospectus *mpl* sur demande ; *auf allgemeinen* ~ à la demande générale ; *nach* ~ à souhait ; à volonté.

wunschgemäß conformément à vos désirs.

Wunschkatalog *m*, **e** catalogue *m* de mesures souhaitées ; desiderata *mpl.*

Würdenträger *m*, **-** dignitaire *m*.

würdigen estimer ; respecter ; *ich weiß seine Verdienste zu* ~ je sais apprécier ses mérites a leur juste valeur.

Würdigung *f*, **en** **1.** estime *f* ; appréciation *f* **2.** *unter* ~ *von* a la lumière de ; au vu de.

Wurfsendung *f*, **en** *(poste)* envoi *m* collectif ; expédition *f* massive (envois publicitaires).

WUST/Wust ⇒ *Warenumsatzsteuer.*

XYZ

X **1.** signe *m* mathématique **2.** un grand nombre de ; foule *f* ; *davon gibt es X-Sorten* il en existe un grand nombre de variétés **3.** *die Stunde* ~ l'heure H ; *der Tag* ~ le jour J.

X-Achse *f*, **n** *(statist.)* axe *m* des X ; axe des abscisses.

x-beliebig quelconque ; au hasard ; *eine* ~*e Zahl* un chiffre au hasard.

XP-Gespräch *n*, **e** *(téléph.)* avis *m* d'appel.

x-te : *zum* ~*n Male* pour la énième fois.

Y-Achse *f*, **n** *(statist.)* axe *m* des Y ; axe des ordonnées.

Yen *m*, **(s)** yen *m* (unité monétaire du Japon).

Yuan *m*, **s** yuan *m* (unité monétaire de la République populaire de Chine).

Yuppie *m*, **s** ['jupi/'japi] *(young urban professional people)* golden boy *m* ; jeune loup *m* ; cadre *m* dynamique ; carriériste *m* ; raider *m*.

Zahl *f*, **en** nombre *m* ; chiffre *m* ; numéro *m* ; *in runden* ~*en* en chiffres ronds ; *zweistellige* ~ nombre de deux chiffres ; *eine* ~ *ab/runden* arrondir un chiffre ; ~ *der offengebliebenen Stellen* offres *fpl* d'emploi non satisfaites ; *in die roten* ~*en kommen* se solder par un déficit ; se retrouver dans le rouge.

zahlbar payable ; ~ *an den Inhaber (Überbringer)* payable au porteur ; ~ *zum 1.d.M.* payable au premier de ce mois ; ~ *bei der Bank* payable à la banque ; ~ *bei Bestellung* payable à la commande ; ~ *bei Empfang* payable à la réception ; ~ *bei Lieferung* payable à la livraison ; ~ *bei Sicht* payable à vue ; ~ *bei Verfall* payable à l'échéance ; ~ *binnen zwei Wochen* payable sous quinzaine ; ~ *in Monatsraten* payable par mensualités ; ~ *netto gegen Kasse* payable au comptant sans escompte.

zählbar dénombrable.

Zahlbarstellung *f*, **en** domiciliation *f* (d'une traite) ; exigibilité *f* (d'une prime).

Zählblatt *n*, **¨er** ⇒ *Zählkarte.*

zahlen payer ; verser ; acquitter (dette) ; *bar* ~ payer (au) comptant ; *gegen Quittung* ~ payer contre reçu ; *in Raten* ~ payer par acomptes, à crédit ; *per Scheck* ~ régler par chèque ; *im voraus* ~ payer d'avance ; *nicht*

~ *können* être dans l'impossibilité de payer.

zählen compter ; dénombrer ; pointer ; recenser ; *er ~t zu meinen Kunden* il compte parmi mes clients ; *Einwohner ~* recenser les habitants ; *Stimmen ~* dépouiller un scrutin ; dénombrer les voix.

Zahlenangabe *f,* **n** indication *f* numérique.

zahlenmäßig numérique ; exprimé en chiffres.

Zahlenmaterial *n,* **(-ien)** indications *fpl* chiffrées ; données *fpl* numériques.

Zahlenverhältnis *n,* **se** proportion *f* numérique.

Zahler *m,* **-** payeur *m* ; *ein pünktlicher ~ sein* être un bon payeur ; payer ponctuellement ; *ein schlechter (säumiger) ~ sein* être un mauvais payeur.

Zähler *m,* **- 1.** compteur *m* **2.** numérateur *m* **3.** totalisateur *m* **4.** enquêteur-recenseur *m.*

Zahlgrenze *f,* **n** limite *f* de tarification (moyen de transport).

Zahlkarte *f,* **n** mandat-carte *m* ; mandat de virement.

Zählkarte *f,* **n** carte *f* de recensement (population) ; feuille *f* statistique.

Zählliste *f,* **n** feuille *f* de pointage.

zahllos innombrable.

Zählmaß *n,* *ϕ* unité *f* de mesure (demi-douzaine, litre, etc.).

Zahlpfennig *m,* **e** jeton *m* (jeu).

zahlreich nombreux ; *unsere ~e Kundschaft* notre nombreuse clientèle.

Zahlstelle *f,* **n** bureau *m* de paiement ; organisme *m* payeur ; établissement *m* payeur.

Zahlstellenwechsel *m,* **-** effet *m* domicilié (domicile du tiré situé au lieu du paiement).

Zahltag *m,* **e 1.** jour *m* de paie(ment) ; paie *f* **2.** échéance *f* (traite).

Zahltisch *m,* **e** comptoir *m.*

Zahlung *f,* **en** paiement *m* ; versement *m* ; acquittement *m* (dette) **I.** *als ~ für* en paiement de ; *aufgeschobene ~* paiement différé ; *einmalige ~* paiement en une seule fois ; *rückständige ~* paiement arriéré ; *sofortige ~* paiement immédiat ; *an ~ Statt* à titre de paiement ; *gegen ~* contre, moyennant paiement ; *~ in Monatsraten* paiement par mensualités **II.** *zur ~ auf/fordern* sommer de payer ; *eine ~ ein/stellen* suspendre un paiement ; *~ erfolgt durch Banküberweisung* paiement par virement bancaire ; *eine ~ fordern* exiger un paiement ; *eine ~ leisten* effectuer un versement, un paiement ; *etw in ~ nehmen* accepter qqch en paiement ; *eine ~ stunden* accorder un délai de paiement ; *die ~ verweigern* refuser le paiement ; *die ~en wieder/auf/nehmen* reprendre les paiements.

Zählung *f,* **en** comptage *m* ; recensement *m* ; dénombrement *m* ; dépouillement *m* (scrutin).

Zahlungsabkommen *n,* **-** accord *m* de paiement.

Zahlungsangebot *n,* **e** offre *f* de paiement ; offre de règlement.

Zahlungsanweisung *f,* **en** mandat *m* de paiement ; ordre *m* de paiement.

Zahlungsanzeige *f,* **n** avis *m* de paiement.

Zahlungsart *f,* **n** mode *m* de paiement.

Zahlungsaufforderung *f,* **en** sommation *f* de paiement ; invitation *f* à payer ; lettre *f* de rappel.

Zahlungsaufschub *m,* **¨e** sursis *m* de paiement ; *einen ~ gewähren* accorder un délai de paiement.

Zahlungsauftrag *m,* **¨e** ordre *m* de paiement.

Zahlungsausgleich *m,* **e** compensation *f* des paiements ; *Bank für internationalen ~* banque *f* des règlements internationaux.

Zahlungsbedingungen *pl* conditions *fpl* de paiement ; modalités *fpl* de règlement ; *unsere ~ lauten* nos conditions de paiement sont les suivantes.

Zahlungsbefehl *m,* **e** injonction *f* de paiement ; mise *f* en demeure (de payer).

Zahlungsbeleg *m,* **e** récépissé *m* de paiement ; pièce *f* justificative ; reçu *m.*

Zahlungsbescheinigung *f,* **en** ⇒ *Zahlungsbestätigung.*

Zahlungsbestätigung *f,* **en** reçu *m* ; quittance *f* ; acquit *m.*

Zahlungsbilanz *f,* **en** balance *f* des paiements, des comptes (comparaison des créances et des dettes d'un pays pendant une période donnée) ; *aktive, passive ~* balance des paiements excédentaire, déficitaire ; *die ~ aus/gleichen* équilibrer la balance des paiements.

Zahlungsbilanzdefizit *n,* **e** déficit *m* de la balance des paiements.

Zahlungsbilanzüberschuß *m,* **¨sse** excédent *m* de la balance des paiements.

Zahlungsbilanzungleichgewicht *n,* **(e)** déséquilibre *m* de la balance des paiements.

Zahlungseingang *m,* **¨e** encaissement *m* ; rentrée *f* des paiements ; rentrée de fonds.

Zahlungseinstellung *f,* **en** cessation *f*

des paiements ; suspension *f* des paiements.

Zahlungsempfänger *m*, - bénéficiaire *m* d'un versement ; destinataire *m* du (d'un) paiement.

Zahlungserinnerung *f*, **en** rappel *m* de paiement ; lettre *f* de rappel.

Zahlungserleichterungen *pl* facilités *fpl* de paiement ; ~ *gewähren* accorder des facilités de paiement.

zahlungsfähig solvable.

Zahlungsfähigkeit *f*, *ϕ* solvabilité *f* ; *Garantie für* ~ garantie *f* de solvabilité.

Zahlungsfrist *f*, **en** délai *m* de paiement ; terme *m* d'échéance.

Zahlungsklausel *f*, **n** clause *f* de règlement.

zahlungskräftig *(fam.)* qui a les moyens de payer ; financièrement solide ; *~e Firma* maison *f* aux reins solides, financièrement saine.

Zahlungskreditinstitut *n*, **e** établissement *m* de financement de ventes à tempérament.

Zahlungsmittel *n*, - moyen *m* de paiement ; *ausländische* ~ devises *fpl* ; *bargeldloses* ~ moyen de paiement par virement ; *gesetzliches* ~ monnaie *f* légale.

Zahlungsmittelumlauf *m*, *ϕ* circulation *f* fiduciaire.

Zahlungsort *m*, **e** lieu *m* de paiement.

Zahlungspflicht *f*, **en** obligation *f* de payer ; *seinen ~en pünktlich nach/kommen* faire face en temps voulu à ses engagements, à ses échéances.

Zahlungsrückstand *m*, **¨e** arriéré *m* de paiement ; paiement *m* en retard.

Zahlungsschwierigkeiten *pl* difficultés *fpl* de paiement ; *in* ~ *geraten* connaître des difficultés de trésorerie.

Zahlungssperre *f*, **n** **1.** opposition *f* au paiement ; blocage *m* des paiements **2.** cessation *f* des versements.

Zahlungsstopp *m*, **s** ⇒ *Zahlungssperre.*

Zahlungssystem *n*, **e** régime *m* des paiements.

Zahlungstermin *m*, **e** échéance *f* ; terme *m* (de paiement) ; *einen ~ nicht ein/halten* ne pas respecter un délai de paiement.

Zahlungs- und Überweisungsverkehr *m*, *ϕ* opérations *fpl* de caisse et de virement.

zahlungsunfähig insolvable ; *sich für ~ erklären* se déclarer insolvable ; déposer son bilan.

Zahlungsunfähige/r *(der/ein)* failli *m*.

Zahlungsunfähigkeit *f*, *ϕ* insolvabilité *f* ; carence *f* ; déroute *f* financière.

Zahlungsunion : *Europäische* ~ Union *f* européenne des paiements (créée pour régler les soldes commerciaux en Europe, 1950-1958).

zahlungsunwillig (payeur) récalcitrant ; qui n'est pas disposé à payer.

Zahlungsverbindlichkeit *f*, **en** ⇒ *Zahlungsverpflichtung.*

Zahlungsverkehr *m*, *ϕ* opérations *fpl* de paiement ; transactions *fpl* financières ; *bargeldloser* ~ paiements *mpl* par chèques et virements ; *internationaler* ~ paiements internationaux ; *im ~ zu/ lassen* admettre pour paiement.

Zahlungsverpflichtung *f*, **en** engagement *m* financier ; *seinen ~en nach/kommen* faire face à ses engagements financiers.

Zahlungsversprechen *n*, - promesse *f* de paiement.

Zahlungsverweigerung *f*, **en** refus *m* de paiement.

Zahlungsverzögerung *f*, **en** retard *m* dans le règlement.

Zahlungsverzug *m*, *ϕ* retard *m* de paiement.

Zahlungsweise *f*, **n** ⇒ *Zahlungsart.*

Zahlungsziel *n*, **e** ⇒ *Zahlungsfrist.*

Zahlvater *m*, **¨** père *m* versant une pension alimentaire à un enfant.

Zankapfel *m*, **¨e** pomme *f* de discorde ; point *m* de friction.

Zapfsäule *f*, **n** pompe *f* à essence.

Zapfstelle *f*, **n** station-service *f* *(syn. Tankstelle).*

Zaster *m*, *ϕ* *(fam.)* pognon *m* ; fric *m*.

z.D. *(zur Disposition)* à la disposition de.

z.d.A. *(zu den Akten)* à classer ; à mettre aux archives ; à archiver.

ZDF *(Zweites Deutsches Fernsehen) (R.F.A.)* deuxième chaîne *f* de télévision.

Zeche *f*, **n** **1.** mine *f* ; houillère *f* **2.** consommation *f* ; note *f* ; *die ~ bezahlen müssen* régler l'addition ; payer les pots cassés.

Zechensterben *n*, *ϕ* mort *m* de la mine ; fermeture *f* des puits.

Zedent *m*, **en, en** cédant *m* ; endosseur *m*.

zedieren céder (créance, droit, etc.).

Zehner *m*, - *(fam.)* pièce *f* de 10 pfennigs *(syn. Groschen).*

Zehner-Gemeinschaft *f*, *ϕ* communauté *f* des Dix.

Zehnerklub *m*, *ϕ* club *m* des Dix

(commission de gouverneurs des banques d'émission des 10 grandes nations industrielles, élargie en 1972 en club des 20).

zehnerlei dix sortes de qqch.

Zehnerpackung *f*, **en** paquet *m* de dix ; pack *m* de dix.

Zehnjahresplan *m*, **¨e** plan *m* décennal.

Zehnmarkschein *m*, **e** billet *m* de dix marks.

Zehnpfennigstück *n*, **e** ⇒ *Zehner*.

zehnprozentig à (de) dix %.

Zehntausend : *die oberen* ~ le gratin *m* ; haute société *f* ; *(fam.)* les gens *mpl* de la haute ; « le Tout-Paris ».

Zehntel *n*, **-** dixième *m*.

Zehntonner *m*, **-** (camion de) dix-tonnes *m*.

Zehrgeld *n*, **er** *(rare)* viatique *m* (argent et provisions pour le voyage).

Zehrpfennig *m*, **e** ⇒ *Zehrgeld*.

Zeichen *n*, **- 1.** signe *m* ; marque *f* ; indice *m* **2.** référence *f* ; *Ihre, unsere* ~ votre, notre référence **3.** *(inform.)* caractère *m*.

Zeichengeld *n*, *ϕ* monnaie *f* fiduciaire (billet de banque par ex.).

Zeichengeldwährung *f*, **en** papier-monnaie *m*.

Zeichenlesegerät *n*, **e** *(inform.)* lecteur *m* s de caractères.

Zeichenrolle *f*, **n** registre *m* des marques ; registre de fabrique.

Zeichenschutz *m*, *ϕ* protection *f* des marques ; protection des labels.

zeichnen 1. dessiner **2.** souscrire ; signer ; *Aktien* ~ souscrire des actions ; *eine Anleihe* ~ souscrire un emprunt ; *einen Betrag von...* souscrire pour un montant de... ; *per Prokura* ~ signer par procuration.

Zeichner *m*, **- 1.** souscripteur *m* **2.** dessinateur *m*.

Zeichnung *f*, **en 1.** dessin *m* **2.** souscription *f* ; *zur* ~ *auf/legen* mettre en souscription **3.** signature *f*.

Zeichnungsangebot *n*, **e** offre *f* de souscription.

Zeichnungsanmeldung *f*, **en** déclaration *f* de souscription.

Zeichnungsbefugnis *f*, **se** habilité *f* à signer ; droit *m* de signature.

zeichnungsberechtigt autorisé, habilité à signer ; ~ *sein* avoir la signature.

Zeichnungsberechtigte/r *(der/ein)* personne *f* autorisée à signer.

Zeichnungsberechtigung *f*, **en** ⇒ *Zeichnungsvollmacht*.

Zeichnungsbetrag *m*, **¨e** montant *m* souscrit ; montant de la souscription.

Zeichnungsfrist *f*, **en** délai *m* de souscription.

Zeichnungskurs *m*, **e** cours *m* d'émission ; cours souscrit.

Zeichnungsliste *f*, **n** liste *f* de souscription.

Zeichnungspreis *m*, **e** prix *m* de souscription.

Zeichnungsprospekt *m*, **e** prospectus *m* d'émission.

Zeichnungsrecht *n*, **e** droit *m* de souscription ; *alle* ~*e erwerben, ab/treten* acquérir, céder tous les droits de souscription.

Zeichnungsschein *m*, **e** bulletin *m* de souscription ; certificat *m* d'achat (d'un titre).

Zeichnungsstelle *f*, **n** bureau *m* de souscription.

Zeichnungsvollmacht *f*, **en** habilitation *f* à signer ; pouvoir *m* de signer ; *die* ~ *haben* avoir la procuration pour la signature.

Zeile *f*, **n** ligne *f* ; *nach* ~ *bezahlen* payer à la ligne (écrite) ; rémunérer à la pige.

Zeilenabstand *m*, **¨e** interligne *m*.

Zeilenhonorar *m*, **e** pige *f* ; rémunération *f* à la ligne.

Zeit *f*, **en** temps *m* ; date *f* ; époque *f* ; délai *m* ; terme *m* ; heure *f* **I.** *auf* ~ à terme ; *auf kurze* ~ a court terme ; *außer der* ~ hors saison ; en dehors du service ; *binnen kurzer* ~ sous peu ; à brève échéance ; *(inform.) in echter* ~ en temps réel ; *in kürzester* ~ dans les délais les plus brefs ; *verkehrsarme* ~ heures creuses **II.** *viel* ~ *in Anspruch nehmen* prendre, exiger beaucoup de temps ; ~ *en starker Überfüllung* heures de pointe ; *mit jdm eine* ~ *verabreden* convenir d'une heure, d'une date avec qqn ; ~ *ist Geld* le temps, c'est de l'argent.

Zeitabschreibung *f*, **en** *(comptab.)* amortissement *m* prorata temporis.

Zeitakkord *m*, **e** accord *m* de salaire au temps.

Zeitangabe *f*, **n** indication *f* de la date ou de l'heure.

Zeitangestellte/r *(der/ein)* employé *m* intérimaire ; personnel *m* temporaire *(syn. Aushilfs-, Vertretungskraft)*.

Zeitarbeit *f*, **en** travail *m* intérimaire ; travail temporaire.

Zeitarbeiter *m*, **-** ⇒ *Zeitarbeitskraft*.

Zeitarbeitskraft *f*, **¨e** personnel *m* intérimaire ; salarié(e) *m(f)* temporaire ; intérimaire *m* ou *f* *(syn. Aushilfskraft)*.

Zeitarbeitunternehmen *n,* - entreprise *f* de travail intérimaire ; société *f* de travail temporaire.

Zeitaufwand *m,* φ temps *m* consacré a faire qqch.

Zeitausfall *m,* ̈-e perte *f* de temps de travail.

zeitbedingt lié aux circonstances ; *~e Geschäftsflaute* ralentissement *m* conjoncturel.

Zeitdruck : *unter ~ stehen* être pris par le temps ; livrer une course contre la montre.

Zeiteinheit *f,* **en** unité *f* de temps.

Zeiteinteilung *f,* **en** emploi *m* du temps.

Zeitersparnis *f,* **se** gain *m* de temps, économie *f* de temps.

Zeitfracht *f,* φ fret *m* à temps.

Zeitgelder *pl* capitaux *mpl* à terme ; dépôts *mpl* à terme.

Zeitgeschäft *n,* **e** opération *f* à terme, marché *m* à terme.

Zeitgewinn *m,* φ ⇒ *Zeitersparnis.*

Zeithandel ⇒ *Terminhandel.*

Zeitkarte *f,* **n** carte *f* d'abonnement de transport (hebdomadaire, mensuelle) ; *(Paris)* « carte orange ».

Zeitkarteninhaber *m,* - abonné *m* (transports).

Zeitkontrolle *f,* **n** **1.** pointage *m* (du temps nécessaire a une opération) ; chronométrage *m* **2.** contrôle *m* de ponctualité.

Zeitkraft *f,* ̈-e ⇒ *Zeitarbeitskraft.*

Zeitlohn *m,* ̈-e salaire *m* au temps ; salaire horaire.

Zeitlohnarbeit *f,* **en** travail *m* au temps ; travail à l'heure.

Zeitlohnarbeiter *m,* - travailleur *m* payé à l'heure ; ouvrier rétribué au temps.

Zeitmangel *m,* φ manque *m* de temps ; *aus ~* faute de temps.

Zeitpacht *f,* **en** bail *m* temporaire ; bail à terme.

Zeitpersonal *n,* φ personnel *m* intérimaire ; personnel temporaire.

Zeitplan *m,* ̈-e horaire *m.*

Zeitpolice *f,* **n** *(assur.)* police *f* à temps.

Zeitpunkt *m,* **e** moment *m* ; date *f* ; *zum beabsichtigten ~* en temps voulu ; *einen ~ fest/legen (vereinbaren)* fixer un terme ; convenir d'une date.

zeitraubend qui prend beaucoup de temps.

Zeitraum *m,* ̈-e période *f* ; durée *f* ; laps *m* de temps ; *während des entsprechenden ~s im vorigen Jahr* durant la période correspondante de l'année précédente.

Zeitrechner *m,* - horloge *f* (chronométrique) de contrôle du temps de travail.

Zeitrente *f,* **n** rente *f* temporaire ; rente à terme.

Zeitschreiber *m,* - chronomètre *m* enregistreur.

Zeitschrift *f,* **en** revue *f* ; périodique *m.*

Zeitsichtwechsel *m,* - traite *f* payable à un certain délai de vue.

Zeitspanne *f,* **n** ⇒ *Zeitraum.*

zeitsparend qui économise du temps ; qui gagne du temps.

Zeitstudie *f,* **n** étude *f* des temps ; chronométrage *m* (du temps nécessaire à un certain travail).

Zeitung *f,* **en** journal *m* ; *eine ~ ab/bestellen* résilier un abonnement (journal) ; *eine ~ abonnieren* s'abonner a un journal ; *eine ~ beziehen (auf eine ~ abonniert sein)* être abonné a un journal ; *in einer ~ inserieren* passer une annonce (dans un journal).

Zeitungsanzeige *f,* **n** annonce *f* insérée dans un journal.

Zeitungsinserat *n,* **e** ⇒ *Zeitungsanzeige.*

Zeitungswerbung *f,* **(en)** publicité *f* par voie de (dans la) presse ; publicité-presse *f.*

Zeitverlust *m,* **e** perte *f* de temps.

Zeitverschwendung *f,* **en** gaspillage *m* de temps.

Zeitversicherung *f,* **en** assurance *f* limitée dans le temps.

zeitweilig temporaire ; *~e Beurlaubung* mise *f* en congé temporaire.

Zeitwert *m,* φ valeur *f* actuelle ; valeur réelle.

Zeitwertversicherung *f,* **en** assurance *f* couvrant la valeur d'un objet au moment du sinistre.

Zeitzone *f,* **n** fuseau *m* horaire.

Zeit-Zonen-Tarif *m,* **e** *(téléph.)* tarif *m* par zones.

Zelt- und Wohnwagenwesen *n,* φ camping-caravaning *m.*

zensieren **1.** censurer **2.** juger ; attribuer une note, un niveau.

Zensur *f,* **en** **1.** censure *f* **2.** note *f.*

Zensus *m,* φ ⇒ *Volkszählung.*

Zensurbehörde *f,* **n** (commission *f* de) censure *f.*

Zentner *m,* - **1.** cinquante kilos *mpl* ; demi-quintal *m* **2.** *(Autriche, Suisse)* 100 kilos.

zentral central ; *~e Einkaufsgenossenschaft* centrale *f* d'achats ; *(inform.)*

~*e Recheneinheit* unité *f* centrale de traitement ; centre *m* de calcul.

Zentralbank *f,* **en** banque *f* centrale ; banque nationale ; banque d'émission.

zentralbankfähig bancable (effet pouvant être réescompté par la banque centrale).

Zentralbehörde *f,* **n** administration *f* centrale.

Zentralcomputer *m,* **-** *(inform.)* terminal *m.*

Zentrale *f,* **n 1.** centrale *f* ; bureau *m* central ; ~ *für Fremdenverkehr* office *m* central du tourisme **2.** central *m* téléphonique.

Zentraleinheit *f,* **en** *(inform.)* unité *f* centrale de traitement des données.

Zentralgenossenschaft *f,* **en** groupement *m* de coopératives ; coopérative *f* centrale.

Zentralgewalt *f,* *ϕ* *(polit.)* pouvoir *m* central.

zentralisieren centraliser ; *die Verwaltung* ~ centraliser l'administration.

Zentralisierung *f,* **en** centralisation *f.*

Zentralismus *m,* *ϕ* centralisme *m.*

zentralistisch centraliste.

Zentralkartei *f,* **en** fichier *m* central.

Zentralkasse *f,* **n** caisse *f* centrale.

Zentralkomitee *n,* **s** *(polit.)* comité *m* central (surtout pays de l'Est).

Zentralleitung *f,* **en** direction *f* centrale.

Zentralnotenbank *f,* **en** ⇒ *Zentralbank.*

Zentralrechner *m,* **-** ⇒ *Zentralcomputer.*

Zentralschalter *m,* **-** guichet *m* central.

Zentralspeicher *m,* **-** *(inform.)* mémoire *f* centrale.

Zentralstelle *f,* **n** office *m* central ; direction *f* centrale.

Zentralverband *m,* **¨e** association *f,* organisation *f* centrale ; ~ *der Arbeitnehmer* centrale *f* ouvrière ; ~ *des deutschen Handwerks (ZDH) (R.F.A.)* Confédération *f* de l'artisanat allemand.

Zentralverwaltung *f,* **en** administration *f* centrale.

Zentralverwaltungswirtschaft *f,* **en** économie *f* dirigée ; économie planifiée.

Zentrum *n,* **-tren** centre *m* ; centre-ville *m.*

zerbrechlich fragile.

Zero-bond *m,* **-s** *(USA)* zero bond *m* ; zero coupon bond *m* ; coupon *m* zéro ; obligation *f* à coupon zéro (emprunt sur lequel la société émettrice ne paie aucun intérêt avant la date de remboursement).

Zerreißprobe *f,* **n 1.** *(techn.)* test *m* de résistance, de rupture **2.** épreuve *f* de force.

zersiedeln urbaniser excessivement ; construire de nouvelles agglomérations a un rythme accéléré.

Zersiedlung *f,* **en** urbanisation *f* excessive des régions limitrophes des grandes villes ; ~ *des Landes* mitage *m ;* urbanisation (accélérée) de la campagne.

zersplittern ⇒ *zerstückeln.*

zerstückeln démembrer ; morceler ; parceller (terres).

Zerstück(e)lung *f,* **en** morcellement *m* ; démembrement *m* ; lotissement *m.*

Zertifikat *n,* **e** titre *m* d'une société d'investissement ; certificat d'une société de type SICAV.

zessibel *(rare)* cessible.

Zession *f,* **en** *(rare)* cession *f* ; ~ *von Forderungen* cession de créances.

Zessionär, Zessionar *m,* **e** *(rare)* cessionnaire *m* (bénéficiaire d'une cession).

Zettel *m,* **-** papier *m* ; fiche *f* ; bulletin *m* (vote) ; étiquette *f* (prix) ; affiche *f* ; *mit einem* ~ *versehen* étiqueter.

Zettelkartei *f,* **en** répertoire *m,* classeur *m* sur fiches ; fichier *m.*

Zettelkasten *m,* **¨** boîte *f* à fiches ; fichier *m.*

Zettelkatalog *m,* **e** catalogue *m* sur fiches.

Zeuge *m,* **n, n** témoin *m* ; *als* ~ *aus/sagen* témoigner ; *etw vor* ~*n erklären* déclarer devant témoins ; *als* ~*n hören* entendre en témoignage.

zeugen témoigner ; servir de témoin.

Zeugnis *n,* **se 1.** témoignage *m* ; *unparteiisches* ~ témoignage impartial ; *zum* ~ *dessen* en foi de quoi **2.** certificat *m* ; attestation *f* ; diplôme *m* ; *ärztliches* ~ certificat médical ; *ein* ~ *aus/stellen* établir un certificat ; *ausgezeichnete* ~*se haben* avoir d'excellents diplômes ou certificats (lors de l'embauche).

z.H./z.Hd. *(zu Händen)* à l'attention de ; en mains propres.

ZI ⇒ *Zollinhaltserklärung.*

ziehen, o, o 1. tirer ; *einen Wechsel auf jdn* ~ tirer une traite sur qqn ; *aus etw Gewinn (Nutzen)* ~ tirer (du) profit, bénéfice de ; rapporter gros **2.** *das große Los* ~ gagner à la loterie **3.** retirer de ; *Banknoten aus dem Umlauf* ~ retirer des billets de la circulation **4.** consulter ; *jdn zu Rate* ~ demander conseil à qqn **5.** *jdn zur Rechenschaft* ~ demander des comptes à qqn **6.** *die Wurzel aus einer Zahl* ~ extraire la racine d'un nombre.

Ziehung *f,* **en** tirage *m* (de la loterie, d'une obligation) ; *bei einer ~ heraus/kommen* sortir lors d'un tirage.

Ziehungsliste *f,* **n** liste *f* des tirages.

Ziehungsrechte *pl* droits *mpl* de tirage (achat par un membre du F.M.I. de la monnaie d'autres membres du Fonds pour parer à un déficit de la balance des paiements).

Ziehungstag *m,* **e** date *f* du tirage ; jour *m* du tirage.

Ziel *n,* **e 1.** but *m* ; objectif *m* ; *ein ~ erreichen* atteindre un objectif ; *sich ein ~ setzen* se fixer un but **2.** délai *m* ; terme *m* ; échéance *f* ; *auf ~* à terme ; *auf kurzes ~* à court terme ; *auf zwei Monate ~* à deux mois d'échéance ; *ein ~ von drei Monaten gewähren* accorder un délai de paiement de trois mois.

Zielgruppe *f,* **n** groupe-cible *m* (publicité, enquête).

Zielkauf *m,* **¨e** achat *m* à terme.

Zielkonflikt *m,* **e** conflit *m* au niveau des objectifs d'une politique économique.

Zielland *n,* **¨er** pays *m* de destination.

Zielperson *f,* **en** personne *f* cible ; personne ciblée ;personne *f* contactée par un enquêteur d'institut de sondages.

Zielpreis *m,* **e** prix *m* d'objectif.

Zielprojektion *f,* **en** programmation *f* d'objectifs.

Zielsetzung *f,* **en** objectif *m* ; but *m* ; option *f* ; *wirtschaftliche ~en* objectifs, options économiques (et politiques).

Zielsprache *f,* **n** *(inform.)* langage *m* d'exécution.

Zielzahlung *f,* **en** règlement *m* à terme.

Ziffer *f,* **n** chiffre *m* ; nombre *m* ; numéro *m* ; *in ~n* en chiffres ; *arabische, römische ~n* chiffres arabes, romains.

ziffernmäßig (exprimé) en chiffres ; *(inform.) ~ dar/stellen* digitaliser ; convertir en digital.

zig *(fam.)* un grand nombre de ; *es waren ~ Leute da* il y avait une foule de gens.

zigmal n-fois.

zigtausend des dizaines de milliers.

Zimmer *n,* **-** chambre *f* ; *ein ~ reservieren* réserver une chambre ; *~ mit Bad* chambre avec salle de bains ; *kein ~ frei* complet ; *~ mit Frühstück* chambre avec petit déjeuner ; *~ zu vermieten* chambre à louer.

Zimmernachweis *m,* **e** service *m* d'hébergement ; office *m* du logement.

Zimmervermittlung *f,* **en** ⇒ *Zimmernachweis.*

Zins *m,* **e** *(Autriche, Suisse)* loyer *m.*

Zins *m,* **en** *(surtout au pluriel)* intérêt *m* ; redevance *f* ; impôt *m* **I.** *abzüglich (nach Abzug) der ~en* sous déduction des intérêts ; *aufgelaufene (angefallene) ~en* intérêts courus ; *ausstehende (laufende) ~en* intérêts simples ; *nicht erhobene ~en* intérêts perçus ; *fällige ~en* intérêts dus, échus ; *feste ~en* intérêts fixes ; *gestundete ~en* intérêts différés ; *rückständige ~en* intérêts arriérés ; arrérages *mpl* **II.** *gegen (auf) ~en (aus)leihen* prêter à intérêt ; *die ~en berechnen* compter les intérêts ; *~en bringen* produire, rapporter des intérêts ; *die ~en laufen vom 1. Januar an* les intérêts courent à compter du 1er janvier ; *von seinen ~en leben* vivre de ses rentes ; *die ~en zum Kapital schlagen (kapitalisieren)* joindre les intérêts au capital ; capitaliser les intérêts.

Zinsabschnitt *m,* **e** ⇒ *Zinscoupon.*

Zinsabzug *m,* **¨e** escompte *m* ; déduction *f* d'intérêts.

Zinsanhäufung *f,* **en** cumul *m* d'intérêts.

Zinsanhebung *f,* **en** ⇒ *Zinsenerhöhung.*

Zinsarbitrage *f,* **n** *(bourse)* opération *f* d'arbitrage (met à profit les différences d'intérêts versés sur des places boursières différentes).

Zinsaufwand *m,* **-wendungen** frais *mpl* financiers (d'une entreprise) ; coût *m* du loyer de l'argent ; charges *fpl* de remboursement d'intérêts.

Zinsausfall *m,* **¨e** perte *f* d'intérêts.

zinsbar soumis, assujetti au versement de l'intérêt.

Zinsberechnung *f,* **en** calcul *m* des intérêts.

Zinsberichtigung *f,* **en** redressement *m* des intérêts.

zinsbillig à faible taux d'intérêt.

Zinsbogen *m,* **¨** feuille *f* de coupons d'intérêts.

zinsbringend productif d'intérêts ; *~ an/legen* placer à intérêts.

Zinscoupon *m,* **s** coupon *m* d'intérêts (sa remise permet à un actionnaire ou obligataire d'encaisser son revenu) ; *einen ~ ab/trennen* détacher un coupon.

Zinseinkommen *n,* **-** revenus *mpl* d'intérêts ; intérêts *mpl* perçus.

zinsen *(rare)* payer des intérêts ; acquitter une taxe.

Zinsen *pl* ⇒ *Zins.*

Zins(en)ausfall *m,* ⇒ *Zinsausfall.*

Zinsenberechnung *f,* **en** ⇒ *Zinsenrechnung.*

Zinsendienst *m,* **e** service *m* des intérêts.

Zins(en)erhöhung *f,* **en** relèvement *m* du taux d'intérêt ; augmentation *f* des intérêts.

Zins(en)ermäßigung *f,* **en** abaissement *m* du taux d'intérêt.

Zins(en)ertrag *m,* **¨e** produit *m* d'intérêts.

Zinsenkonto *n,* **-ten** compte *m* d'intérêts.

Zinsenstreichung *f,* **en** suppression *f* des intérêts.

Zinseszinsen *pl* intérêts *mpl* composés ; intérêts cumulés.

zinsfrei sans intérêts ; exempt d'intérêts.

Zinsfuß *m,* **¨e** ⇒ *Zinssatz.*

Zinsgefälle *n,* **- 1.** écart *m* entre des taux d'intérêt ; *das ~ vom Ausland zur BRD* la différence entre les taux d'intérêt pratiqués a l'étranger et ceux en vigueur en R.F.A. **2.** disparité entre les intérêts sur le marché de l'argent à court terme et celui des capitaux à long terme.

Zinsgenuß *m,* *ϕ* jouissance *f* d'intérêts ; *mit ~ ab 1. Juni* avec jouissance a compter du 1er juin.

zinsgünstig à faible taux d'intérêt ; d'un intérêt avantageux.

Zinsgutschein *m,* **e** bon *m* à intérêts.

Zinshaus *n,* **¨er** *(Autriche, Suisse)* maison *f* de rapport.

Zinsherabsetzung *f,* **en** réduction *f* du taux d'intérêt.

Zinsklausel *f,* **n** convention *f* d'intérêts ; stipulation *f* d'intérêts.

Zinskonversion *f,* **en** ⇒ *Zinsumwandlung.*

Zinskupon *m,* **s** ⇒ *Zinscoupon.*

Zinslast *f,* **en** ⇒ *Zinsaufwand.*

Zinsleiste *f,* **n** souche *f* ; talon *m* de renouvellement (titres).

zinslos ⇒ *zinsfrei.*

Zinsnachlaß *m,* **¨sse** remise *f* d'intérêts ; réduction *f* des intérêts.

zinspflichtig ⇒ *zinsbar.*

Zinsrechnung *f,* **en** calcul *m* des intérêts.

Zinsrückstände *pl* arriérés *mpl* d'intérêts ; arrérages *mpl.*

Zinssatz *m,* **¨e** taux *m* d'intérêt ; loyer *m* de l'argent ; *den ~ erhöhen, herab/setzen* relever, réduire le taux d'intérêt.

Zinsschein *m,* **e** ⇒ *Zinscoupon.*

Zinsscheinerneuerung *f,* **en** renouvellement *m* de la feuille de coupons ; recouponnement *m.*

Zinsschere *f : die ~ öffnet sich weiter* l'écart entre les différents taux d'intérêt se creuse.

Zinsschuld *f,* **en** dette *f* d'intérêts.

Zinssenkung *f,* **en** réduction *f* du taux d'intérêt.

Zinsspanne *f,* **n** marge *f* d'intérêts (entre les intérêts débiteurs et créditeurs).

Zinsstundung *f,* **en** ajournement *m* du paiement des intérêts.

Zinstabelle *f,* **n** table *f* des intérêts ; barème *m* des intérêts.

Zinstermin *m,* **e** échéance *f* des intérêts ; date *f* de jouissance.

zinstragend ⇒ *zinsbringend.*

Zinsumwandlung *f,* **en** en conversion *f* par réduction du taux d'intérêt.

zinsverbilligt à taux d'intérêt réduit.

Zinsvergütung *f,* **en** bonification *f* d'intérêts.

Zinsverteuerung *f,* **en** renchérissement *m* du loyer de l'argent.

Zinsvorauszahlung *f,* **en** paiement *m* anticipé des intérêts.

Zinswucher *m,* *ϕ* intérêt *m* usuraire.

Zinszahlung *f,* **en** paiement *m* des intérêts.

Zinszahlungstermin *m,* **e** échéance *f* d'intérêt.

zirka environ *(syn. circa).*

Zirkaauftrag *m,* **¨e** *(bourse)* ordre *m* à limite approximative.

Zirkakurs *m,* **e** *(bourse)* cours *m* approximatif.

Zirkular *n,* **e** *(rare)* circulaire *f (syn. Rundschreiben).*

Zirkularkreditbrief *m,* **e** lettre *f* de crédit circulaire.

zirkulieren circuler ; être en circulation.

Zitrusfrüchte *pl* agrumes *mpl.*

Zivilberuf *m,* **e** profession *f* civile ; *im ~* dans le civil.

Zivildienst *m,* **e** service *m* civil (dans le cadre de l'objection de conscience, remplace le service armé) *(syn. ziviler Ersatzdienst).*

Zivilgericht *n,* **e** tribunal *m* civil.

Zivilgesetzbuch *n,* **¨er** code *m* civil.

Zivilisationskrankheit *f,* **en** maladie *f* de civilisation.

Zivilist *m,* **en, en** civil *m.*

Zivilmakler *m,* **-** courtier *m* de droit civil (autre que de commerce) *(contr. Handelsmakler).*

Zivilperson *f,* **en** ⇒ *Zivilist.*

Zivilprozeß *m,* **sse** procès *m* civil.

Zivilprozeßordnung *f,* **en** code *m* de procédure civile.

zivilrechtlich de droit civil ; *~e Klage* action *f* au civil ; *~e Person* doté de la personnalité civile.

Zivilstand *m,* *ϕ* état *m* civil.

ZK *n,* **s** ⇒ *Zentralkomitee.*

Zoll *m,* **¨e** douane *f* ; droit(s) *m(pl)* de douane **I.** *~ ad valorem* droit ad valorem ; *~ bezahlt* droits acquittés ; *einheitlicher ~* droit unique ; *gebundener ~* droit consolidé ; *gleitender ~* droit mobile ; *~ zu Ihren Lasten* droit de douane à votre charge **II.** *beim ~ ab/fertigen* régler les formalités de douane ; *für eine Ware ~ (be)zahlen* payer des droits sur une marchandise ; *einen ~ erheben* prélever un droit de douane ; *die ~¨e erhöhen, senken* relever, abaisser les droits de douane ; *auf dieser Ware liegt kein ~* cette marchandise est exempte de droits, bénéficie d'une franchise ; *den ~ passieren* passer la douane ; *dem ~ unterliegen* être soumis a la déclaration en douane.

Zollabandonnierung *f,* **en** abandon *m* d'une marchandise (au profit de la douane si les droits dépassent la valeur réelle de l'objet).

Zollabbau *m,* *ϕ* désarmement *m* douanier ; désarmement tarifaire.

Zollabfertigung *f,* **en** dédouanement *m* ; *die ~ erfolgt durch...* les formalités *fpl* douanières sont effectuées par...

Zollabkommen *n,* **-** accord *m* douanier.

Zollager *n,* **-** entrepôt *m* de(s) douane(s).

Zollamt *n,* **¨er** bureau *m* de douane ; office *m* des douanes ; douane *f.*

zollamtlich : *~ ab/fertigen* accomplir les formalités de douane ; *~e Bescheinigung* certificat *m* de douane ; *~ geöffnet* ouvert par les services de douane ; *~e Untersuchung* visite *f* de douane ; *unter ~em Verschluß* entrepôt *m* sous contrôle douanier.

Zollangabe *f,* **n** ⇒ *Zollanmeldung.*

Zollanmeldung *f,* **en** déclaration *f* en douane ; *internationale ~* déclaration douanière internationale.

Zollanschluß *m,* **¨sse** enclave *f* douanière.

Zollaufschublager *n,* **-** entrepôt *m* sous admission temporaire ; entrepôt fictif.

Zollaufsicht *f,* *ϕ* surveillance *f* de la douane ; contrôle *m* douanier.

Zollaufsichtsbehörde *f,* **n** inspection *f* des douanes.

Zollausland *n,* *ϕ* ⇒ *Zollausschluß.*

Zollausschluß *m,* **(¨sse)** zone *f* franche ; franchise *f* douanière.

Zollbeamte/r *(der/ein)* douanier *m.*

Zollbefreiung *f,* **en** franchise *f* douanière ; *die ~ erlangen* obtenir l'exonération des droits.

Zollbegleitschein *m,* **e** acquit-à-caution *m* ; feuille *f* d'accompagnement ; acquit *m* de transit (assure la libre circulation des marchandises taxables, le paiement de l'impôt ne s'effectuant qu'au lieu de destination).

Zollbegleitung : *unter ~* sous escorte de douane.

Zollbehandlung *f,* **(en)** régime *m* douanier.

Zollbehörde *f,* **n** autorités *fpl* douanières ; *Vorführung vor der ~* présentation *f* en douane.

Zollbeschau *f,* *ϕ* visite *f* douanière.

Zollbindung *f,* **en** consolidation *f* tarifaire.

Zollbinnenland *n,* *ϕ* territoire *m* douanier national.

Zollbürgschaft *f,* **en** cautionnement *m* des droits de douane.

Zolldeklaration *f,* **en** ⇒ *Zollerklärung.*

Zolldokumente *pl* documents *mpl* douaniers.

Zolleingangsschein *m,* **e** acquit *m* d'entrée.

Zolleinnahmen *pl* recettes *fpl* douanières.

Zolleinnehmer *m,* **-** receveur *m* des douanes.

Zolleinschlußgebiet *n,* **e** ⇒ *Zollanschluß.*

Zollerhöhung *f,* **en** relèvement *m* des tarifs douaniers.

Zollerklärung *f,* **en** déclaration *f* en douane.

Zollermäßigung *f,* **en** réduction *f* des tarifs douaniers.

Zollfahnder *m,* **-** inspecteur *m* de la répression des fraudes (douanes) ; inspecteur des douanes.

Zollfahndungsdienst *m,* **e** service *m* des enquêtes en douane.

Zollflughafen *m,* **¨** aéroport *m* douanier.

Zollformalitäten *pl* formalités *fpl* douanières ; *die ~ erledigen* accomplir les formalités douanières.

zollfrei exempt (franc) de droits de douane ; en franchise douanière ; *~es Lager* entrepôt *m* franc ; *~er Verkauf* vente *f* hors taxe ; « duty-free-shop » *m* ; *die Waren gehen ~ ein* les marchandises *fpl* entrent en franchise.

Zollfreigabe *f*, φ admission *f* en franchise.

Zollfreigebiet *n*, **e** ⇒ *Zollfreizone*.

Zollfreiheit *f*, **en** franchise *f* douanière.

Zollfreischein *m*, **e** certificat *m* de franchise de douane ; passavant *m*.

Zollfreischreibung *f*, **en** dédouanement *m* de marchandises libres ; admission *f* en franchise.

Zollfreistellung *f*, **en** ⇒ *Zollfreigabe*.

Zollfreizone *f*, **n** zone *f* franche en douane.

Zollgebiet *n*, **e** territoire *m* douanier.

Zollgebühren *pl* droits *mpl* de douane ; *die ~ entrichten* payer les droits de douane.

Zollgesetzgebung *f*, φ législation *f* douanière.

Zollgrenzbezirk *m*, **e** zone *f* frontalière.

Zollgrenze *f*, **n** frontière *f* douanière ; ligne *f* de la douane.

Zollgut *n*, **¨er** marchandise *f* soumise à la douane.

Zollgutverkehr *m*, φ marchandises *fpl* en transit.

Zollhafen *m*, **¨** port *m* douanier.

Zollherabsetzung *f*, **en** réduction *f* des tarifs douaniers.

Zollhinterziehung *f*, **en** fraude *f* (fiscale) douanière.

Zollhoheit *f*, **en** souveraineté *f* douanière.

Zollinhaltserklärung *f*, **en** ⇒ *Zollerklärung*.

Zollinspektor *m*, **en** inspecteur *m* des douanes.

Zollkontingent *n*, **e** contingent *m* tarifaire.

Zollkontrolle *f*, **n** contrôle *m* de douane ; visite *f* douanière.

Zollkrieg *m*, **e** guerre *f* des tarifs douaniers.

Zollniederlage *f*, **n** entrepôt *m* en douane ; entrepôt de transit.

Zollnomenklatur *f*, **en** nomenclature *f* douanière.

Zollordnung *f*, **en** Code *m* des douanes.

Zollpapiere *pl* documents *mpl* douaniers.

Zollpassierschein *m*, **e** laissez-passer *m* en douane ; passavant *m* ; triptyque *m* ; carnet *m* de passage en douane.

zollpflichtig soumis au régime douanier ; assujetti a la douane.

Zollpolitik *f*, φ politique *f* douanière.

Zollpräferenz *f*, **en** préférence *f* douanière ; avantage *m* tarifaire.

Zollprotektionismus *m*, φ protectionnisme *m* douanier.

Zollquittung *f*, **en** acquit *m* de douane.

Zollrecht *n*, *e* législation *f* douanière.

Zollregelung *f*, **en** ⇒ *Zollvorschriften*.

Zollrevision *f*, **en** ⇒ *Zollbeschau*.

Zollrevisor *m*, **en** vérificateur *m* des douanes ; contrôleur *m* des douanes.

Zollrückvergütung *f*, **en** remboursement *m* des droits de douane ; ristourne *f* des frais de douane ; prime *f* d'exportation ; « drawback » *m*.

Zollsachen : *in ~* en matière de douane.

Zollsatz *m*, **¨e** tarif *m* douanier ; taux *m* de douane ; *die ~¨e erhöhen, ermäßigen* relever, abaisser les droits.

Zollschranken *pl* barrières *fpl* douanières ; *Abbau der ~* suppression *f* des barrières douanières.

Zollschutz *m*, φ protection *f* douanière ; protectionnisme *m*.

Zollsenkung *f*, **en** ⇒ *Zollermäßigung*.

Zollstelle *f*, **n** bureau *m* de douane.

Zollstempel *m*, - timbre *m* de contrôle douanier ; tampon *m* du bureau de douane.

Zollstrafe *f*, **n** amende *f* (pour infraction) douanière.

Zollstraße *f*, **n** route *f* douanière.

Zollstraßenzwang *m*, φ obligation *f* d'emprunter la route douanière.

Zollsystem *n*, **e** régime *m* douanier.

Zolltarif *m*, **e** tarif *m* douanier ; *gemeinsamer ~* tarif douanier commun.

Zolltarifierung *f*, **en** tarification *f* douanière.

Zolltarifposition *f*, **en** position *f* du tarif douanier.

Zolltarifschema *n*, **s** ⇒ *Zollnomenklatur*.

Zollüberwachung *f*, **en** ⇒ *Zollkontrolle*.

Zoll- und Handelsabkommen : *allgemeines ~* Accord *m* général sur les tarifs douaniers et le commerce (GATT).

Zoll- und Paßabfertigung *f*, **en** contrôle *m* de douane et de police.

Zollunion *f*, **en** union *f* douanière.

Zollverband *m*, **¨e** ⇒ *Zollunion*.

Zollverein *m*, φ *(hist.)* union *f* douanière de 1818 a 1870.

Zollverfahren *n*, - procédure *f* douanière.

Zollvergehen *n*, - délit *m* de douane ; infraction *f* douanière ; fraude *f* en douane.

Zollvergünstigungen *pl* avantages *mpl* douaniers ; facilités *fpl* douanières ; prime *f* à l'exportation ; tolérance *f* douanière.

Zollvergütung *f,* **en** ⇒ *Zollrückvergütung.*

Zollverkehr *m,* φ mouvement *m* des marchandises en douane ; régime *m* douanier.

Zollvermerk *m,* **e** marque *f* de contrôle douanier.

Zollversandschein *m,* **e** ⇒ *Zollbegleitschein.*

Zollverschluß *m,* **¨sse** scellement *m* douanier ; *unter* ~ sous (en) douane ; sous plomb de douane ; *unter* ~ *lassen* laisser en entrepôt de douane ; laisser en transit.

Zollvertrag *m,* **¨e** règlement *m* douanier ; convention *f* douanière.

Zollverwahrung *f,* **en** dépôt *m* de douane.

Zollverwaltung *f,* **en** administration *f* des douanes.

Zollvormerkschein *m,* **e** déclaration *f* d'admission temporaire ; passavant *m* à caution.

Zollvormerkverfahren *n,* **-** admission *f* temporaire (en douane).

Zollvorschriften *pl* règlements *mpl* douaniers..

Zollwache *f,* **n** *(Autriche)* garde *f* douanière.

Zollwert *m,* **e** valeur *f* en douane.

(Zoll)wertermittlung *f,* **en** évaluation *f,* taxation *f* des marchandises (sous régime de douane).

Zollwesen *n,* φ douanes *fpl* ; système *m* douanier.

Zollzahlung *f,* **en** acquittement *m* de la douane ; règlement *m* des droits de douane.

Zollzuschlag *m,* **¨e** surtaxe *f* douanière.

Zone *f,* **n** zone *f* ; territoire *m* ; *entmilitarisierte* ~ zone démilitarisée ; *neutrale* ~ zone neutre.

Zonenabschlag *m,* **¨e** abattement *m* de zone.

Zoneneinteilung *f,* **en** répartition *f* par zones.

Zonengrenze *f,* **(n)** frontière *f* interzones ; frontière entre les deux Allemagnes.

Zonenrandgebiet *n,* **e** zone *f* ouest-allemande limitrophe de la R.D.A.

Zonentarif *m,* **e** tarif *m* par zones.

Zonenübergang *m,* **¨e** (point de) passage *m* de la frontière entre les deux Allemagnes.

z. T. *(zum Teil)* en partie.

Ztr. ⇒ *Zentner.*

z. tr.H. *(zu treuen Händen)* a l'intention de ; aux bons soins de ; a remettre en mains propres ; a l'attention de.

z.U. *(zur Unterschrift)* (destiné) a la signature.

Zubehör *n,* **(e)** accessoires *mpl.*

Zubehörindustrie *f,* **n** ⇒ *Zuliefer(er)industrie.*

zu/billigen accorder ; concéder ; *einen Preisnachlaß* ~ consentir une remise *(syn. gewähren).*

Zubringer *m,* **- 1.** ⇒ *Zubringerstraße* **2.** navette *f* de transport (aérodrome).

Zubringerbetrieb *m,* **e** entreprise *f* de sous-traitance de pièces détachées.

Zubringerbus *m,* **se** autocar *m* de desserte.

Zubringerdienst *m,* **(e)** correspondances *fpl* ; service *m* d'acheminement ; service de desserte.

Zubringerlinie *f,* **n** ligne *f* de desserte ; ligne secondaire.

Zubringerspeicher *m,* **-** *(inform.)* mémoire *f* intermédiaire ; mémoire d'appoint.

Zubringerstraße *f,* **n** bretelle *f* de raccordement ; voie *f* d'accès.

Zubringerverkehr *m,* φ services *mpl* affluents à une ligne ; services de desserte ; ~ *mit(+D)* liaisons *fpl* assurées pour, vers.

Zubrot *n,* φ *(fam.)* salaire *m* d'appoint.

zu/buttern *(fam.)* **1.** en être de sa poche **2.** mettre du beurre dans les épinards.

Zucht *f,* **(en)** culture *f* (plantes) ; élevage *m* (animaux).

züchten cultiver ; élever.

Züchter *m,* **-** cultivateur *m* ; éleveur *m.*

Zuchtgenossenschaft *f,* **en** coopérative *f* d'élevage.

Zuchthaus *n,* **¨er** réclusion *f* ; pénitencier *m* ; travaux *mpl* forcés ; *lebenslängliches* ~ réclusion à perpétuité.

Zuchthausstrafe *f,* **n** peine *f* de réclusion.

Züchtung *f,* **en** culture *f* ; élevage *m.*

Zuchtvieh *n,* φ animaux *mpl* d'élevage ; bétail *m* d'élevage.

Zudrang *m,* φ foule *f* ; presse *f* ; afflux *m* ; *der* ~ *zur Hannover Messe* l'affluence *f* à la foire de Hanovre.

zu/erkennen, a, a attribuer ; *dem Meistbietenden* ~ adjuger au plus offrant.

Zuerkenner *m,* - adjudicateur *m.*

Zuerkennung *f,* **en** attribution *f* ; adjudication *f.*

zu/erteilen adjuger.

Zuerteilung *f,* **en** ⇒ *Zuerkennung.*

Zuerwerbsbetrieb *m,* **e** exploitation *f* agricole d'appoint.

Zufahrtsstraße *f,* **n** ⇒ *Zubringerstraße.*

zufällig fortuit ; aléatoire ; accidentel ; ~ *aus/wählen* tirer au sort.

Zufalls- *(préfixe)* au hasard ; aléatoire.

Zufallsauswahl *f,* φ *(statist.)* sélection *f* aléatoire ; choix *m* au hasard.

Zufallsgewinn *m,* **e** bénéfice *m* occasionnel.

Zufallsstichprobe *f,* **n** *(statist.)* échantillon *m* aléatoire.

Zufallsstreuung *f,* **en 1.** diffusion *f* au hasard des moyens publicitaires **2.** *(statist.)* variation *f* aléatoire.

Zufallsteilung *f,* **en** *(statist.)* casualisation *f.*

Zufluß *m,* **(¨sse)** afflux *m* ; ~ *von Kapital* afflux de capitaux.

zufolge *(+D ou G) : Ihrem Befehl ~ (~ ihres Befehls)* conformément à votre ordre.

zufrieden *(mit+D)* satisfait (de).

Zufriedenheit *f,* φ satisfaction *f* ; *sie arbeiten zu meiner vollen ~* leur travail me donne entière satisfaction.

zufrieden/stellen donner satisfaction ; satisfaire ; *die Kundschaft ~* satisfaire, contenter la clientèle.

Zufuhr *f,* **en** approvisionnement *m* ; ravitaillement *m* ; arrivage *m* (de marchandises) ; apport *m* (de population).

zu/führen approvisionner ; affecter ; *(comptab.) einem Posten ~* affecter à un poste ; *der Rücklage ~* affecter à la réserve.

Zug *m,* **¨e 1.** train *m* ; *gemischter ~* train voyageurs-marchandises ; *mit dem ~* par le train ; *der ~ nach Hamburg* le train à destination de Hambourg ; *zuschlagpflichtiger ~* train à supplément ; *den ~ verfehlen (verpassen)* manquer le train **2.** trait *m* **3.** tendance *f* **4.** cortège *m.*

Zugabe *f,* **n** supplément *m* ; prime *f* ; rallonge *f.*

Zugabenangebot *n,* **e** offre *f* de vente avec prime.

Zugabewerbung *f,* **(en)** publicité *f* avec primes *(syn. Geschenkwerbung).*

Zugang *m,* **¨e 1.** accroissement *m* ; surcroît *m* ; rentrée *f* (de marchandises) ; arrivage *m* ; nouvelle acquisition *f* **2.** accès *m* ; ~ *verboten* accès interdit ; *freier ~ zum Meer* libre accès à la mer.

Zugangscode *m,* **s** code *m* d'accès.

Zuganschluß *m,* **¨sse** correspondance *f* (train).

zu/geben, a, e 1. admettre qqch **2.** donner en supplément.

zugebracht : *~e Kinder* enfants *mpl* d'un (du) premier lit ; *~es Vermögen* apports *mpl* personnels.

zugegen : *persönlich ~ sein* être personnellement présent ; être là en personne.

Zugehör *n,* **(e)** *(Autriche, Suisse)* ⇒ *Zubehör.*

Zugehörigkeit *f,* φ appartenance *f* ; *~ zu einer Firma* ancienneté *f* (de service) dans une maison.

Zugeständnis *n,* **se** concession *f* ; *~se machen* faire des concessions ; mettre de l'eau dans son vin *(syn. Konzession).*

Zugewinn *m,* **e** *(jur.)* acquêt *m* ; différence *f* entre la valeur finale et la valeur initiale des biens d'un époux.

Zugewinngemeinschaft *f,* **(en)** *(jur.)* communauté *f* réduite aux acquêts.

Zugrecht *n,* **(e)** droit *m* de préemption *(syn. Vorkaufsrecht).*

Zug-um-Zug-Leistung *f,* **en** donnant-donnant *m* ; exécution *f* simultanée (dans le cadre d'un contrat) ; coup-à-coup *m.*

zugunsten *(+G)* au profit de ; *~ Dritter* en faveur de tiers ; au bénéfice de tiers ; *~ des Kontos* au profit du compte.

Zugverbindung *f,* **en** liaison *f* ferroviaire ; communication *f* par rail ; correspondance *f.*

Zugverkehr *m,* φ trafic *m* ferroviaire.

Zugzwang : *unter ~ stehen* être contraint et forcé.

zu/haben être fermé ; *sonntags müssen die Geschäfte ~* le dimanche, les magasins *mpl* doivent être fermés.

Zuhilfenahme : *unter ~ (+G)* avec le concours de ; avec le secours de.

Zukauf *m,* **¨e** achat *m* supplémentaire.

zu/kaufen acheter en plus (de).

Zukunft *f,* φ avenir *m* ; futur *m* ; *in absehbarer ~* dans un proche avenir.

(zu)künftig futur ; à venir ; *für die ~en Bestellungen...* pour les futures commandes...

Zukunftsaussichten *pl* perspectives *fpl* d'avenir.

Zukunftspapier *n,* **e** *(bourse)* futur *m* (titre dont la valeur résulte de la hausse présumée à un moment donné de l'indice-standard composé de 500 actions ;

(contr. Gegenwartspapier).

Zukunftspläne *pl* projets *mpl* d'avenir.

zukunftssicher d'avenir assuré.

zukunftsträchtig d'avenir ; prometteur.

Zulage *f*, **n** supplément *m* ; prime *f* ; complément *m* ; allocation *f* ; *~ für die nicht erwerbstätige Frau* allocation de salaire unique ; *~ für Schwerarbeit* prime de pénibilité.

Zulagepunkt *m*, **e** point *m* de majoration.

zu/lassen, ie, a 1. autoriser ; permettre ; *eine Aktie ~* coter une action **2.** immatriculer (nouveau véhicule).

zulässig permis ; autorisé ; admis ; *~e Belastung* charge *f* admissible ; charge autorisée.

Zulassung *f*, **en 1.** accès *m* ; admission *f* ; permission *f* ; *einstweilige ~* admission provisoire ; *~ zur Börse (zur Notierung)* admission à la cote **2.** immatriculation *f* ; permis *m* de circuler ; licence *f* ; *~ als Kaufmann* agrément *m* commercial.

Zulassungsalter *n*, *ϕ* âge *m* d'admission ; *~ zur Arbeit* âge d'admission au travail.

Zulassungsantrag *m*, **¨e** demande *f* d'admission (en général et à la cote).

Zulassungsausschuß *m*, **¨sse** commission *f* d'admission.

Zulassungsbedingungen *pl* conditions *fpl* d'admission.

Zulassungsnummer *f*, **n** numéro *m* d'immatriculation.

Zulassungspapiere *pl* documents *mpl* concernant un véhicule ; *(France)* carte *f* grise.

Zulassungsprüfung *f*, **en** examen *m* d'admission.

Zulassungsschein *m*, **e** permis *m* de circulation.

Zulassungsschild *n*, **er** plaque *f* minéralogique ; plaque d'immatriculation.

Zulassungsstelle *f*, **n** service *m* des immatriculations ; bureau *m* des cartes grises.

Zulauf *m*, *ϕ* affluence *f* ; afflux *m* ; *großen ~ haben* être très fréquenté ; avoir une bonne clientèle.

zu/legen 1. donner une rallonge ; accorder une légère augmentation (salaire, gages, etc.) **2.** en être de sa poche **3.** *sich etw ~* s'offrir, s'acheter qqch.

Zulieferant *m*, **en, en** ⇒ *Zulieferer.*

Zulieferer *m*, **-** sous-traitant *m* ; fournisseur *m*.

Zuliefer(er)betrieb *m*, **e** entreprise *f* de sous-traitance.

Zuliefer(er)firma *f*, **-men** ⇒ *Zuliefer(er)betrieb.*

Zuliefer(er)industrie *f*, **n** industrie *f* de sous-traitance ; industrie en amont.

zu/liefern fournir des accessoires ; livrer des pièces détachées ; faire de la sous-traitance.

Zulieferung *f*, **en** fourniture *f* d'accessoires ; sous-traitance *f*.

Zunahme *f*, **n** augmentation *f* ; agrandissement *m* ; progression *f* ; recrudescence *f* ; intensification *f* ; *~ der Spareinlagen* augmentation de l'épargne.

Zündwarenmonopol *n*, *ϕ* monopole *m* des allumettes.

Zündwarensteuer *f*, **n** taxe *f* sur les allumettes.

zu/nehmen, a, o augmenter ; croître ; s'agrandir ; connaître une recrudescence ; *überproportional ~* s'accroître dans des proportions démesurées.

zunehmend croissant ; progressif ; *in ~em Maße* dans des proportions croissantes.

Zunft *f*, **¨e** corps *m* de métier ; corporation *f* ; *er ist von der ~* il est du métier *(syn. Innung).*

Zunftgenosse *m*, **n, n** confrère *m* ; membre *m* de la corporation.

Zunftordnung *f*, **en** statuts *mpl* d'une corporation.

Zunftwesen *n*, *ϕ* (régime des) corporations *fpl* ; système *m* corporatif ; corporatisme *m*.

Zunftzwang *m*, **¨e** obligation *f* faite à un artisan d'adhérer a une corporation.

zu/packen *(fam.)* mettre la main à l'ouvrage, à la pâte.

Zurateziehung *f*, **en** consultation *f* (d'expert, par ex.).

Zurdispositionsstellung *f*, **en** mise *f* en disponibilité provisoire (fonctionnaires).

zu/rechnen attribuer ; imputer ; *einem Produkt Kosten ~* imputer des coûts à un produit.

Zurechnung *f*, **en** attribution *f* ; imputation *f* ; *unter ~ aller Kosten* tous frais ajoutés.

zurechnungsfähig *(jur.)* responsable (de ses actes).

Zurechnungsfähigkeit *f*, *ϕ* *(jur.)* responsabilité *f* (juridique) de ses actes.

Zurruhesetzung *f*, **en** mise *f* à la retraite.

zurück/ab/treten, a, e rétrocéder *(syn. retrozedieren).*

Zurückbehaltung *f*, **en** rétention *f* ; *~ des Lohns* retenue *f* du salaire.

Zurückbehaltungsrecht *n,* ϕ droit *m* de rétention.

zurück/bekommen, a, o récupérer ; rentrer en possession de ; *Sie bekommen noch 6 DM zurück* je vous dois encore 6 DM ; *sein Geld* ~ rentrer dans ses fonds.

zurück/berufen, ie, u rappeler ; révoquer.

zurück/(be)zahlen rembourser.

zurück/bleiben, ie, ie *(ist)* être en retard (sur) ; être a la traîne (de) ; *die Löhne bleiben zurück* les salaires *mpl* ne suivent pas.

zurück/buchen contre-passer (endosser une lettre de change à l'ordre de celui qui l'a remise).

zurück/datieren antidater.

(zu)rück/erstatten restituer ; rembourser ; *die Fahrtkosten* ~ rembourser les frais de déplacement.

(Zu)rückerstattung *f,* **en** remboursement *m* ; restitution *f.*

zurück/fordern exiger la restitution de.

(zu)rück/fragen demander des précisions à qqn.

zurück/führen attribuer à ; s'expliquer par ; être dû à ; *der Schaden ist auf die schlechte Verpackung zurückzuführen* le dommage est imputable a l'emballage défectueux.

Zurückgabe *f,* **n** restitution *f* ; remboursement *m.*

zurück/geben, a, e rendre, retourner qqch.

zurück/gehen, i, a *(ist)* diminuer ; être en baisse ; marquer un recul ; *die Börsenkurse sind zurückgegangen* les cours *mpl* de la Bourse sont en recul, accusent un fléchissement.

zurückgestellt différé ; *~es Telegramm* télégramme *m* différé.

zurückhaltend hésistant ; réservé ; réticent ; *die Börse ist* ~ la Bourse est hésitante ; *das Geschäft ist* ~ le marché est calme ; les affaires restent dans l'expectative.

Zurückhaltung *f,* **en** réserve *f* ; réticence *f* ; *eine große ~ der Käufer auf dem Textilmarkt* une grande retenue des acheteurs sur le marché des textiles.

zurück/kaufen racheter qqch à qqn.

zurück/legen 1. *eine Strecke* ~ parcourir une distance. **2.** *Geld* ~ Mettre de l'argent de côté.

zurück/melden : *sich* ~ reprendre son service.

Zurücknahme *f,* **n 1.** reprise *f* ; ~ *von Waren* reprise de marchandises **2.** révocation *f* ; contrasdre *m* ; ~ *einer Kundigung* révocation d'un congé.

zurück/nehmen, a, o 1. reprendre ; retirer ; *ein Angebot* ~ retirer une offre ; *nicht zurückgenommene Verpakkung* emballage *m* non repris ; *die Ware kann nicht zurückgenommen werden* la marchandise ne sera ni reprise ni échangée **2.** *das Gesagte* ~ se dédire ; révoquer **3.** décommander **4.** lever une interdiction.

zurück/schicken retourner ; renvoyer ; réexpédier.

zurück/schrauben *(fam.)* réduire ; *seine Lohnansprüche* ~ rabattre ses prétentions salariales.

zurück/senden, a, a *(aussi verbe faible)* ⇒ *zurückschicken.*

zurück/stellen 1. ajourner ; différer ; *zurückgestellte Zahlung* paiement *m* différé **2.** constituer des réserves.

Zurückstellung *f,* **en 1.** ajournement *m* **2.** constitution *f* de réserves.

zurück/stufen rétrograder ; déclasser.

Zurückstufung *f,* **en** rétrogradation *f* ; déclassement *m.*

zurück/tauschen rechanger dans la devise d'origine.

zurück/treten, a, e *(ist)* **1.** renoncer à ; démissionner ; *von seinem Amt* ~ se démettre de ses fonctions ; *von seiner Bewerbung* ~ retirer sa candidature **2.** annuler ; *von einem Vertrag* ~ résilier un contrat.

(zu)rück/vergüten rembourser ; ristourner ; *(zu)rückvergütete Zulage* prime *f* (d'assurance) ristournée.

Zurückvergütung *f,* **en** remboursement *m* des frais.

zurück/weisen, ie, ie 1. rejeter ; *eine Klage als unberechtigt* ~ rejeter une plainte injustifiée ; *einen Vorschlag* ~ repousser une proposition **2.** retourner (traite).

Zurückweisung *f,* **en** renvoi *m* ; refus *m* ; rejet *m* ; récusation *f.*

zurück/zahlen rembourser.

Zurückzahlung *f,* **en** remboursement *m.*

zurück/ziehen, o, o retirer ; *ein Angebot, eine Bewerbung* ~ retirer une offre, une candidature ; *aus dem Verkehr* ~ retirer de la circulation, du marché ; *sich* ~ prendre sa retraite ; *sich zur Beratung* ~ se retirer pour délibérer.

Zuruf *m,* **e** acclamation *f* ; *Wahl durch* ~ élection *f* par acclamation.

Zurverfügungstellung *f,* **en** mise *f* à la disposition.

Zusage *f,* **n** consentement *m* ; promesse *f* ; *endgültige ~* acceptation *f* définitive ; *eine ~ brechen* rompre un engagement.

Zusammenarbeit *f*, **en** collaboration *f* ; coopération *f* ; *die ~ mit jdm* la collaboration avec qqn ; *innergemeinschaftliche ~* coopération intracommunautaire.

zusammen/arbeiten coopérer ; collaborer.

Zusammenballung *f*, **en** concentration *f*.

zusammen/brechen, a, o *(ist)* s'effondrer ; *die Firma bricht zusammen* l'entreprise *f* croule.

zusammen/bringen, a, a rassembler (des fonds) ; *Geld ~* trouver des capitaux ; *mit jdm ~* mettre en rapport avec qqn.

Zusammenbruch *m*, **¨e** effondrement *m* ; faillite *f* ; ruine *f* commerciale ; krach *m* (bancaire) ; *finanzieller ~* déroute *f* financière ; *wirtschaftlicher ~* débâcle *f* économique.

Zusammenbruchstheorie *f*, *ϕ* théorie *f* de l'effondrement du capitalisme (Marx).

zusammen/fassen 1. résumer ; récapituler ; faire la synthèse ; *nach Sachgebieten ~* regrouper par matière **2.** réunir ; concentrer.

Zusammenfassung *f*, **en 1.** résumé *m* ; récapitulation *f* **2.** ⇒ *Zusammenschluß.*

Zusammengehörigkeit *f*, *ϕ* cohésion *f* ; homogénéité *f* ; *wirtschaftliche ~* connexité *f* économique.

zusammengesetzt composé ; *~er Index* indice *m* composite.

zusammen/kaufen acheter en bloc ; accaparer.

zusammen/krachen faire faillite ; s'effrondrer.

zusammen/kratzen *(fam.)* racler les fonds de tiroir ; rassembler ses dernières économies.

Zusammenkunft *f*, **¨e** rencontre *f* ; entrevue *f* ; rendez-vous *m* ; *eine ~ mit jdm vereinbaren* convenir d'un rendez-vous avec qqn.

zusammen/läppern *(fam.)* s'arrondir petit à petit ; *der Betrag läppert sich allmählich zusammen* ça finit par faire une somme rondelette.

zusammen/legen regrouper ; fusionner ; centraliser ; remembrer ; *Aktien ~* consolider, regrouper des actions ; *die Produktionen ~* fusionner les productions.

Zusammenlegung *f*, **en** réunion *f* ; concentration *f* ; fusion *f* ; consolidation *f*.

zusammen/packen empaqueter.

zusammen/rechnen faire le total de ; additionner ; *alles zusammengerechnet* en tout ; au total.

zusammen/scharren *(fam.)* amasser (argent).

zusammen/schießen *(fam.)* réunir des fonds.

zusammen/schließen, o, o fusionner ; (s')associer ; (se) regrouper *(syn. fusionieren).*

Zusammenschluß *m*, **¨sse** concentration *f* ; fusion *f* ; association *f* ; *horizontaler, vertikaler ~* concentration horizontale, verticale ; *~¨sse auf/lösen* dissoudre des concentrations ; *einen ~ genehmigen* autoriser une fusion.

Zusammenschmelzen *n*, *ϕ* fusion *f*.

zusammen/schrumpfen *(ist)* s'amenuiser ; diminuer ; se rétrécir (comme une peau de chagrin) ; *die Vorräte sind zusammengeschrumpft* les provisions *fpl* ont diminué.

Zusammensetzung *f*, **en** composition *f* ; constitution *f* ; *die ~ der Ladung* la composition du chargement.

zusammen/sparen amasser de l'argent en économisant petit à petit.

zusammen/stellen dresser ; établir ; composer ; classer ; rassembler (des documents) ; *eine Liste ~* établir une liste.

Zusammenstellung *f*, **en** classement *m* ; groupement *m* ; liste *f*.

zusammen/streichen, i, i réduire ; diminuer (les dépenses).

zusammen/treten, a, e *(ist)* se réunir ; *der Vorstand ist heute zusammengetreten* le directoire s'est réuni ce jour.

zusammen/zählen ⇒ *zusammenrechnen.*

Zusatz *m*, **¨e** additif *m* ; appoint *m* ; supplément *m* ; annexe *f* ; post-scriptum *m* (lettre) ; codicille *m* (testament).

Zusatz- *(préfixe)* complémentaire ; additionnel ; supplémentaire ; d'appoint.

Zusatzabkommen *n*, **-** accord *m* complémentaire.

Zusatzaktien *pl* actions *fpl* nouvelles (distribuées aux actionnaires).

Zusatzantrag *m*, **¨e** amendement *m* ; proposition *f* additionnelle ; libellé *m* complémentaire.

Zusatzbelastung *f*, **en** charge *f* supplémentaire ; *~ für Importe* surtaxe *f* sur les importations.

Zusatzbescheinigung *f*, **en** certificat *m* d'addition.

Zusatzbestimmung *f*, **en** disposition *f*

complémentaire ; clause *f* additionnelle.

Zusatzbetrag ***m,*** **¨e** montant *m* additionnel.

Zusatzbudget ***n,*** **s** collectif *m* budgétaire ; budget *m* complémentaire ; rallonge *f* budgétaire.

Zusatzklausel ***f,*** **n** clause *f* additionnelle.

Zusatzkredit ***m,*** **e** crédit *m* complémentaire.

zusätzlich complémentaire ; additionnel ; d'appoint ; *~e Vergütung* rémunération *f* supplémentaire ; *~ berechnen* compter en supplément.

Zusatzlohn ***m,*** **¨e** salaire *m* d'appoint ; sursalaire *m*.

Zusatzpersonal ***n,*** **ϕ** personnel *m* d'appoint.

Zusatzprämie ***f,*** **n** surprime *f*.

Zusatzrente ***f,*** **n** rente *f* complémentaire ; pension *f* complémentaire.

Zusatzspeicher ***m,*** **-** ⇒ *Zubringerspeicher*.

Zusatzsteuer ***f,*** **n** taxe *f* supplémentaire ; impôt *m* supplémentaire.

Zusatzstoff ***m,*** **e** additif *m*.

Zusatzvereinbarung ***f,*** **en** convention *f* annexe ; accord *m* complémentaire.

Zusatzversicherung ***f,*** **en** assurance *f* complémentaire.

Zusatzversorgungskasse ***f,*** **n** caisse *f* de retraite complémentaire.

Zusatzvertrag ***m,*** **¨e** avenant *m* ; contrat *m* annexe.

Zusatzzahl ***f,*** **en** *(jeux)* chiffre *m* complémentaire.

Zuschauerforschung ***f,*** **ϕ** enquête *f* d'audience (auprès des téléspectateurs).

zu/schießen, o, o fournir des fonds supplémentaires ; *(fam.)* allonger une somme.

Zuschlag ***m,*** **¨e** **1.** supplément *m* ; surtaxe *f* ; *~ für erste Klasse* supplément première classe ; *~ für Nachtarbeit* majoration *f* de salaire pour travail de nuit **2.** adjudication *f* ; *den ~ erteilen* adjuger à.

zu/schlagen, u, a **1.** majorer **2.** adjuger ; *dem Meistbietenden ~* adjuger au plus offrant **3.** imputer ; affecter.

Zuschlaggebühr ***f,*** **en** surtaxe *f* ; taxe *f* supplémentaire.

zuschlag(s)frei sans supplément (train) ; sans majoration supplémentaire.

Zuschlag(s)karte ***f,*** **n** supplément *m* (train).

Zuschlag(s)kalkulation ***f,*** **en** calcul *m* de l'imputation des dépenses communes aux différents éléments du prix de revient (matériel, salaires, etc.).

zuschlag(s)pflichtig a (avec) supplément ; soumis à surtaxe.

Zuschlag(s)porto ***n,*** **s** surtaxe *f* ; port *m* supplémentaire.

Zuschlag(s)prämie ***f,*** **n** surprime *f*.

Zuschnitt : *internationalen ~s* de dimension, de taille internationale.

zu/schreiben, ie, ie attribuer à ; affecter ; imputer ; *jdm einen Betrag ~* porter une somme au compte de qqn ; créditer qqn d'une somme ; *jdm ein Grundstück ~* mettre un terrain au nom de qqn.

Zuschuß ***m,*** **¨sse** subvention *f* ; contribution *f* financière ; subsides *mpl* ; *~¨sse für die Ausfuhr* aide *f* à l'exportation ; *verlorener ~* subvention à fonds perdu ; *~¨sse gewähren (leisten)* accorder des subventions *(syn. Subvention)*.

zuschußbedürftig nécessitant des subventions ; nécessiteux ; économiquement faible ; en difficultés.

Zuschußbetrieb ***m,*** **e** entreprise *f* subventionnée.

Zuschußempfänger ***m,*** **-** subventionné *m* ; bénéficiaire *m* d'une aide financière.

Zuschußgebiet ***n,*** **e** région *f* en difficulté.

Zuschußwirtschaft ***f,*** **en** ⇒ *Zuschußbetrieb*.

zu/schustern *(fam.)* fournir une contribution financière.

zu/senden, a, a *(aussi verbe faible)* expédier ; faire parvenir ; envoyer.

Zusendung ***f,*** **en** envoi *m*.

zu/setzen **1.** ajouter **2.** perdre de l'argent ; *dabei setze ich immer zu* j'en suis toujours de ma poche **3.** tracasser ; *die Krise setzte dem Unternehmen schwer zu* la crise a donné bien du fil à retordre à l'entreprise.

zu/spitzen : *sich ~* s'aggraver ; devenir critique ; *der Konflikt hat sich zugespitzt* le conflit s'est aggravé.

Zuspitzung ***f,*** **(en)** aggravation *f* (crise, conflit).

Zustand ***m,*** **¨e** **1.** état *m* ; *in betriebsfähigem ~* en état de marche **2.** situation *f* ; *der derzeitige ~* la situation actuelle.

zustande bringen, a, a mettre sur pied ; exécuter ; *ein Geschäft ~* réaliser une affaire.

zustande kommen, a, o *(ist)* avoir lieu ; se réaliser ; *ein Abkommen ist zustande gekommen* un accord est intervenu.

zuständig compétent ; responsable ;

~*e Behörde* autorité *f* compétente ; ~*es Gericht* tribunal *m* compétent ; *von* ~*er Stelle erfährt man...* on apprend de source autorisée, de bonne source ; *dafür bin ich nicht* ~ cela n'entre pas dans mes compétences ; ce n'est pas de mon ressort ; *sich an die* ~*e Stelle wenden* s'adresser à l'(aux)autorité(s) compétente(s).

Zuständigkeit *f*, **en** compétence *f* ; responsabilité *f* ; qualité *f* ; ressort *m* ; *es liegt nicht in meiner* ~ cela ne relève pas de ma compétence ; *die* ~ *einer Behörde ab/lehnen* décliner la compétence d'une administration ; *die* ~ *eines Gerichts an/erkennen* reconnaître la compétence d'un tribunal.

Zuständigkeitsabgrenzung *f*, **en** délimitation *f* des compétences.

Zuständigkeitsbereich *m*, **e** ressort *m* ; compétence *f* ; domaine *m* d'attribution(s).

Zuständigkeitserweiterung *f*, **en** extension *f* de compétence.

Zuständigkeitsgrenze *f*, **n** seuil *m* de compétence.

zuständigkeitshalber pour attribution(s) ; pour suite à donner.

Zustellbereich *m*, **e** ⇒ *Zustellbezirk*.

Zustellbezirk *m*, **e** circonscription *f* postale ; secteur *m* de distribution (poste).

Zustelldienst *m*, **e** service *m* de distribution (poste).

zu/stellen remettre ; délivrer ; distribuer ; *etw zeitig* ~ faire parvenir en temps utile ; *eine Rechnung* ~ délivrer une facture ; *ein Schriftstück, eine Vorladung* ~ remettre un document, une convocation.

Zustellgebühr *f*, **en** factage *m* ; taxe *f* de livraison, de remise à domicile.

Zustellpostamt *n*, **¨er** *(poste)* bureau *m* distributeur.

Zustellung *f*, **en 1.** distribution *f* (courrier) ; ~ *frei Haus* livraison *f* à domicile **2.** remise *f* ; notification *f* ; ~ *in Person (eigenhändige* ~ *)* signification *f* remise en mains propres.

Zustellungsbescheinigung *f*, **en** récépissé *m* de remise.

Zustellungsurkunde *f*, **n 1.** acte *m* de notification **2.** ⇒ *Zustellungsbescheinigung*.

Zustellverfügung *f*, **en** *(Autriche)* ordonnance *f* de signification.

zu/stimmen approuver ; consentir ; *einem Projekt* ~ donner son accord a un projet.

Zustimmung *f*, **en** consentement *m* ; approbation *f* ; *ausdrückliche* ~ consentement exprès ; *seine* ~ *erteilen* donner son agrément.

Zustrom *m*, **(¨e)** afflux *m* (visiteurs) ; affluence *f*.

zutage 1. ~ *fördern* extraire **2.** ~ *treten* venir au grand jour ; être révélé.

zu/teilen 1. attribuer ; assigner ; affecter à ; *jdm eine Arbeit* ~ affecter une tâche à qqn ; *Aktien* ~ attribuer des actions **2.** adjuger **3.** rationner ; contingenter.

Zuteilung *f*, **en 1.** assignation *f* ; attribution *f* ; répartition *f* (actions, titres) ; ~ *von Gratisaktien* distribution d'actions gratuites **2.** adjudication *f* **3.** contingentement *m*.

Zuteilungsantrag *m*, **¨e** demande *f* d'attribution.

Zuteilungsquote *f*, **n** contingent *m* de répartition.

Zuteilungssystem *n*, **e** système *m* de répartition ; système de rationnement.

Zutreffendes : ~ *bitte unterstreichen* souligner la mention exacte ; *Nicht*~ *bitte streichen* rayer la mention inutile.

Zutritt *m*, **e** accès *m* ; entrée *f* ; *freier* ~ libre accès ; ~ *verboten* défense d'entrer.

zuungunsten *(+G)* au détriment de ; ~ *des Kaufmanns* au détriment du commerçant.

Zuverdienen *n*, **φ** travail *m*, activité *f* d'appoint.

zuverlässig digne de confiance ; sérieux.

Zuverlässigkeit *f*, **en** fiabilité *f* ; sécurité *f* de fonctionnement (machine) ; solidité *f* ; pertinence *f* de données.

Zuviel *n*, **φ** surplus *m* ; excédent *m* ; surcroît *m* ; trop *m*.

Zuwachs *m*, **(¨e)** accroissement *m* ; surcroît *m* ; *ein* ~ *an Vermögen* une augmentation du patrimoine.

Zuwachsrate *f*, **n** taux *m* de croissance ; *jährliche* ~ taux *m* annuel de croissance.

Zuwachssteuer *f*, **n** impôt *m* sur l'accroissement de valeur ; impôt sur l'augmentation de fortune.

Zuwanderer *m*, **-** immigré *m* ; immigrant *m*.

zu/wandern *(ist)* immigrer.

Zuwanderung *f*, **en** immigration *f* ; apport *m* de population ; afflux *m* de main-d'œuvre (étrangère) *(contr. Abwanderung)*.

zu/weisen, ie, ie affecter ; attribuer ; *einem Fonds* ~ verser a un fonds.

Zuweisung *f*, **en** attribution *f* ; affectation *f* ; ~ *an die Rücklagen* affectation aux réserves.

Zuwendung *f,* **en** subvention *f* ; subsides *mpl* ; aide *f* ; allocation *f* ; affectation *f* ; *Mittel aus unengeltlichen ~en* fonds *mpl* reçus a titre gratuit.

zuwenig : ~ *vereinnahmter Betrag* moins-perçu *m.*

Zuwenig *n,* φ déficit *m* ; manque *m* ; trou *m* ; pas assez *m.*

zuwider/handeln enfreindre ; violer ; *einem Gesetz* ~ contrevenir à une loi.

Zuwiderhandelnde/r *(der/ein)* contrevenant *m.*

Zuwiderhandlung *f,* **en** infraction *f* ; contravention *f.*

zu/zahlen payer en supplément, en sus ; en être de sa poche.

zu/zählen ajouter ; additionner.

Zuzahlung *f,* **en** paiement *m* supplémentaire ; versement *m* supplémentaire.

zu/ziehen, o, o 1. consulter ; *einen Sachverständigen* ~ faire appel à un expert **2.** *sich einen Tadel* ~ s'attirer un blâme.

Zuziehung *f,* **en** consultation *f* ; appel *m* (à qqn) ; *unter ~ eines Fachmanns* assisté d'un expert.

Zuzug *m,* **¨e** afflux *m* ; affluence *f* ; immigration *f* ; arrivée *f.*

Zuzügler *m,* **-** nouvel arrivant *m* ; nouveau résident *m* (dans une ville).

zuzüglich *(+G)* en sus ; en plus ; ~ *(der) Kosten* majoré des frais ; ~ *(des) Porto(s)* port en sus.

Zuzugsgenehmigung *f,* **en** autorisation *f* de résidence ; autorisation d'entrée (dans un territoire).

z.V. *(zur Verfügung)* à la disposition de.

Zwang *m,* **¨e** contrainte *f* ; force *f* ; pression *f* ; *unter* ~ par contrainte ; *unter dem ~ der Verhältnisse* par la force des choses ; *auf jdn ~ aus/üben* exercer une contrainte sur qqn.

Zwangs- *(préfixe)* forcé ; obligatoire ; d'office ; judiciaire.

Zwangsanleihe *f,* **n** emprunt *m* obligatoire, forcé.

Zwangsarbeit *f,* **en 1.** travail *m* obligatoire ; travail forcé **2.** *~en* travaux *mpl* forcés ; *lebenslängliche ~en* travaux forcés à perpétuité.

Zwangsaufwand *m,* φ charges *fpl* incorporables (dépenses équivalent à des coûts).

Zwangsbeitrag *m,* **¨e** cotisation *f* obligatoire ; contribution *f* obligatoire.

Zwangsbeitreibung *f,* **en** recouvrement *m* forcé.

zwangsbewirtschaftet contingenté.

Zwangsbewirtschaftung *f,* **en** contingentement *m* obligatoire ; rationnement *m* obligatoire.

Zwangseinschreibung *f,* **en 1.** inscription *f* d'office d'une dépense au budget **2.** immatriculation *f* obligatoire.

Zwangseinziehung *f,* **en** retrait *m* d'office (de la qualité d'associé dans une S.A. ou S.A.R.L.).

Zwangsenteignung *f,* **en** expropriation *f* forcée.

Zwangsgeld *n,* **er** amende *f* ; astreinte *f* (pénalité infligée à un débiteur pour l'obliger à s'exécuter).

Zwangsgeldbescheid *m,* **e** avis *m,* notification *f* d'amende.

Zwangshypothek *f,* **en** hypothèque *f* judiciaire.

Zwangskasse *f,* **n** caisse *f* (à affiliation) obligatoire.

Zwangskauf *m,* **¨e** achat *m* obligatoire.

Zwangskurs *m,* **e** cours *m* forcé.

Zwangslage *f,* **n 1.** état *m* de contrainte **2.** gêne *f* ; *in einer ~ sein* être dans la nécessité.

Zwangsliquidation *f,* **en** liquidation *f* judiciaire.

Zwangslizenz *f,* **en** licence *f* obligatoire.

Zwangsmaßnahme *f,* **n** mesure *f* coercitive.

Zwangsmitgliedschaft *f,* φ affiliation *f* obligatoire.

Zwangsmittel *pl* moyens *mpl* coercitifs.

Zwangspensionierung *f,* **en** mise *f* à la retraite d'office.

Zwangsräumung *f,* **en** évacuation *f* forcée.

Zwangsregulierung *f,* **en 1.** régularisation *f* forcée **2.** exécution *f* en Bourse.

Zwangsschlichter *m,* **-** conciliateur *m,* arbitre *m* nommé d'office.

Zwangsschlichtung *f,* **en** conciliation *f* obligatoire.

Zwangssparen *n,* φ épargne *f* forcée.

Zwangstarif *m,* **e** tarif *m* obligatoire.

Zwangsumtausch *m,* φ change *m* obligatoire.

Zwangsveranlagung *f,* **en** imposition *f,* taxation *f* d'office.

Zwangsveräußerung *f,* **en** ⇒ *Zwangsverkauf.*

Zwangsverfahren *n,* **-** procédure *f* coercitive.

Zwangsvergleich *m,* **e** concordat *m* forcé ; arrangement *m* judiciaire.

Zwangsverkauf *m,* **¨e** vente *f* forcée.

Zwangsversetzung *f,* **en** mutation *f,* affectation *f* d'office.

Zwangsversicherung *f,* **en** assurance *f* obligatoire.

zwangsversteigern *(à l'infinitif et au participe passé)* vendre aux enchères publiques.

Zwangsversteigerung *f,* **en** vente *f* aux enchères publiques (lors de faillites, de saisies, etc.).

Zwangsverwalter *m,* **-** administrateur *m* judiciaire ; séquestre *m* ; *das Gericht hat einen ~ ernannt* le tribunal a désigné un séquestre.

Zwangsverwaltung *f,* **en** séquestre *m* ; mise *f* sous séquestre ; administration *f* séquestre, provisoire ; *die ~ auf/heben* lever les séquestres ; *unter ~ stellen* mettre sous séquestre.

Zwangsvollstreckung *f,* **en** exécution *f* forcée.

Zwangswirtschaft *f,* **en** **1.** économie *f* dirigée, réglementée **2.** régime *m* de contingentement ; système de rationnement.

zwanzig vingt ; *in den ~er Jahren* dans les années 20.

Zwanzigerklub *m,* *ϕ* le club des Vingt (club des Dix élargi depuis 1972 aux pays en voie de développement) ⇒ *Zehnerklub.*

Zwanzigmarkschein *m,* **e** billet *m* de vingt marks.

Zweck *m,* **e** but *m* ; dessein *m* ; fin *f* ; intention *f* ; *zu diesem ~* dans ce but ; à cette fin ; *Stiftung für wohltätige ~e* fondation *f* de bienfaisance ; *einen ~ verfolgen* poursuivre un but.

Zweckbau *m,* **-ten** bâtiment *m* fonctionnel.

zweckbestimmt **1.** fonctionnel **2.** affecté à ; destiné à ; *nicht ~e Ausgaben* dépenses *fpl* non affectées.

Zweckbestimmung *f,* **en** affectation *f* à des objectifs précis ; destination *f ; ~ von Ausgaben, von Einnahmen* affectation de dépenses, de recettes.

Zweckbindung *f,* **en** ⇒ *Zweckbestimmung.*

zweckdienlich approprié ; adéquat ; utile.

zweckentfremden *(à l'infinitif et au participe passé)* détourner qqch de sa destination première ; *Gelder ~* détourner des fonds de leur destination.

Zweckentfremdung *f,* **en** désaffectation *f.*

zweckgebunden : *~e Mittel* moyens *mpl* affectés à des objectifs bien précis ; *~e Rücklage* réserve *f* affectée.

zweckgemäß ⇒ *zweckmäßig.*

zweckmäßig adéquat ; approprié ; fonctionnel ; utile.

zweckorientiert ⇒ *zweckgebunden.*

Zwecksetzung *f,* **en** objectif *m.*

Zwecksparen *n,* *ϕ* épargne *f* créatrice ; épargne utilitaire ; épargne de prévoyance.

Zwecksteuer *f,* **n** impôt *m* affecté à un but bien précis ; (*France :* vignette-auto).

Zweckverband *m,* **¨e** association *f* de droit public à but déterminé.

Zweckvermögen *n,* **-** patrimoine *m* d'affectation.

zweckwidrig inapproprié ; inadéquat ; mal adapté.

Zweidrittelmehrheit *f,* *ϕ* majorité *f* des deux tiers.

Zweig *m,* **e** branche *f* (d'activité) ; secteur *m.*

Zweiggeschäft *n,* **e** succursale *f* ; filiale *f.*

Zweiggesellschaft *f,* **en** société *f* affiliée ; compagnie *f* affiliée.

Zweigniederlassung *f,* **en** ⇒ *Zweiggeschäft.*

Zweigstelle *f,* **n** succursale *f* ; filiale *f* ; agence *f* (d'une banque, par ex.).

Zweigstellenleiter *m,* **-** gérant *m* de succursale.

Zweigstellennetz *n,* **e** réseau *m* de succursales.

Zweigunternehmen *n,* **-** maison *f* affiliée ; entreprise *f* affiliée.

Zweijahresveranstaltung *f,* **en** manifestation *f* bisannuelle ; biennale *f.*

Zweikammersystem *n,* **e** *(polit.)* bicamér(al)isme *m.*

Zweimanngesellschaft *f,* **en** société *f* composée de deux associés.

Zweimarkstück *n,* **e** pièce *f* de deux marks.

zweimonatlich bimestriel.

Zweimonatsschrift *f,* **en** publication *f* bimestrielle.

Zweiparteiensystem *n,* **e** bipartisme *m.*

Zweischeinsystem *n,* **e** récépissé-warrant *m.*

zweischichtig : *~ er Betrieb* entreprise *f* pratiquant les deux-huit ; entreprise fonctionnant avec deux équipes.

zweiseitig bilatéral.

Zweitausfertigung *f,* **en** duplicata *m* ; copie *f* ; double *m* ; *(jur.)* ampliation *f.*

Zweitausführung *f,* **en** ⇒ *Zweitausfertigung.*

zweiter Lohn *m :* second salaire *m* (sommes autres que le salaire brut ; 13^e^

mois ; primes, etc.).

zweitgrößte : *der ~ Hersteller* le deuxième producteur.

zweitklassig de deuxième catégorie ; de moindre valeur ; *~e Qualität* de qualité inférieure.

Zweitmarke *f*, **n** sous-marque *f*.

zweitrangig ⇒ *zweitklassig*.

Zweitstimme *f*, **n** *(R.F.A.)* **1.** deuxième voix (l'électeur dispose d'une seconde voix pour élire la liste du parti politique de son choix) **2.** deuxième voix (du président du conseil de surveillance dans une entreprise cogérée).

Zweitwagen *m*, **-** deuxième voiture *f* (d'un ménage).

Zweitwohnung *f*, **en** résidence *f* secondaire.

Zwergbetrieb *m*, **e** mini-exploitation *f* (de 5 à 10 employés).

Zwischenabkommen *n*, **-** accord *m* intérimaire.

Zwischenabschluß *m*, **¨sse** ⇒ *Zwischenbilanz*.

zwischenbetrieblich inter-entreprise.

Zwischenbilanz *f*, **en** bilan *m* intérimaire.

Zwischendarlehen *n*, **-** crédit *m* relais.

zwischendeutsch : *~er Handel* commerce *m* interallemand (entre la R.D.A. et la R.F.A.) *(syn. innerdeutsch ; deutsch-deutsch)*.

Zwischendividende *f*, **n** dividende *m* intérimaire.

Zwischenfall *m*, **¨e** incident *m* ; contretemps *m* ; *ärgerlicher ~* incident fâcheux.

zwischenfinanzieren accorder un crédit relais (dans l'attente du crédit contractuel).

Zwischenfinanzierung *f*, **en** crédit *m* relais (à court terme dans l'attente du crédit contractuel).

Zwischengüter *pl* produits *mpl* intermédiaires.

Zwischenhafen *m*, **¨e** port *m* d'escale ; port de relâche ; entrepôt *m* maritime.

Zwischenhandel *m*, *ϕ* commerce *m* d'intermédiaire ; commerce de demi-gros.

Zwischenhändler *m*, **-** intermédiaire *m* ; entrepositaire *m*.

Zwischenkonto *n*, **-ten** compte *m* d'attente, provisoire *(syn. Interimskonto)*.

Zwischenkredit *m*, **e** crédit *m* transitoire ; crédit relais.

zwischenlagern stocker, entreposer provisoirement.

Zwischenlagerung *f*, **en** stockage *m* provisoire.

zwischenlanden *(ist) (à l'infinitif et au participe passé)* faire escale.

Zwischenlandung *f*, **en** escale *f*.

Zwischenlösung *f*, **en** solution *f* provisoire.

Zwischenmakler *m*, **-** courtier *m* ; agent *m* de change intermédiaire.

Zwischenperson *f*, **en** intermédiaire *m* ; tierce personne *f*.

Zwischenprodukt *n*, **e** produit *m* intermédiaire.

Zwischenprüfung *f*, **en** *(comptab.)* contrôle *m* intermédiaire des comptes.

Zwischenregelung *f*, **en** règlement *m* provisoire.

Zwischensaison *f*, *ϕ* entre-saison *f* ; intersaison *f*.

Zwischenschein *m*, **e** certificat *m* provisoire.

Zwischenspediteur *m*, **e** sous-commissionnaire *m* (de transports).

zwischenstaatlich interétatique ; intergouvernemental ; international ; *~e Beziehungen* relations *fpl* internationales ; *~e Organisation* organisme *m* intergouvernemental ; *~es Recht* droit *m* international.

Zwischenstufe *f*, **n** stade *m* intermédiaire ; étape *f* intermédiaire (de production, de fabrication).

Zwischenverfügung *f*, **en** disposition *f* provisoire ; *(jur.)* décision *f* interlocutoire.

Zwischenverkauf vorbehalten *(clause commerciale)* sauf vente.

Zwischenzeit *f*, **en** intervalle *m* ; intérim *m*.

Zwischenzinsen *pl* intérêts *mpl* intérimaires.

zwo deux (chiffre annoncé au téléphone, pour éviter la confusion de *zwei* avec *drei*).

Zwölftel *n* **:** *provisorisches ~* douzième *m* provisoire (fraction du budget dont le gouvernement peut disposer pendant un mois en cas de retard dans le vote du budget annuel).

Zwölfergemeinschaft *f*, *ϕ* Communauté *f* des douze.

zyklisch cyclique ; périodique ; conjoncturel ; *~e Bewegung* mouvement *m* cyclique.

Zyklus *m*, **-klen** cycle *m* ; *die konjunkturellen Zyklen* les cycles conjoncturels.

z.Z. *(zur Zeit)* actuellement ; pour le moment.

Übersichtstafel der wichtigsten Ländernamen*
Tableau synoptique des principaux noms de pays

LAND Pays	HAUPTSTADT Capitale	WÄHRUNGSEINHEIT Unité monétaire	EINWOHNER Habitants	ADJEKTIV Adjectif	PAYS	Kfz-Zeichen Plaques de nationalité
Afghanistan	Kabul	Afghani (Af) *m*	Afghane, n, n	afghanisch	l'Afghanistan	**AFG**
Ägypten (V.A.R.)	Kairo	Ägypt. Pfund *n* = 100 Piaster	Ägypter	ägyptisch	l'Égypte	**ET**
Albanien	Tirana	Lek *m* = 100 Quindarka	Albaner	albanisch	l'Albanie	**AL**
Algerien	Algier	Alg. Dinar *m* = 100 Centimes	Algerier	algerisch	l'Algérie	**DZ**
Amerika ⇒ die **Vereinigten Staaten**						
Andorra	Andorra la Vella	FF. und Peseta *f*	Andorraner	andorranisch	(principauté d') Andorre	**AND**
Angola	Luanda	1 Kwanza = 100 Lwei	Angolaner	angolanisch	l'Angola	**AGL**
Argentinien	Buenos Aires	Argent. Peso *m* = 100 Centavos	Argentinier	argentinisch	l'Argentine	**RA**
Äthiopien	Addis Abeba	Birr *m* = 100 Cents	Äthiopier	äthiopisch	l'Éthiopie	**ETH**
Australien	Canberra	Austr. Dollar *m*	Australier	australisch	l'Australie	**AUS**

* Ländernamen, deren Artikel nicht angegeben sind, sind sächlichen Geschlechts.

LAND Pays	HAUPTSTADT Capitale	WÄHRUNGSEINHEIT Unité monétaire	EINWOHNER Habitants	ADJEKTIV Adjectif	PAYS	Kfz-Zeichen Plaques de nationalité
Bahrain	Manama	Bahrain-Dinar *m* (BD) = 1000 Fils	Bahrainer	bahrainisch	les îles Bahrein	**BRN**
Bangladesh	Dacca	1 Taka = 100 Poisha			Bangladesh	**BD**
Belgien	Brüssel	Belg. Franc *m*	Belgier	belgisch	la Belgique	**B**
Benin *(früher)* **Dahome**	Porto-Novo	Franc CFA *m* = 100 Centimes	Beniner	beninisch	le Benin/ Dahomey	**DY**
Bhutan	Thimphu	1 Ngultrum = 100 Centrum	Bhutaner	bhutanisch	Boutan	
Birma/Burma	Rangun	Kyat *m* = 100 Pyas	Birmane, n, n	birmanisch	la Birmanie	**BUR**
Bolivien	La Paz/Sucre	Peso boliviano *m*	Bolivianer	bolivianisch	la Bolivie	**BOL**
Botswana	Gaberones	Rand (R) *m*	Betschuane, n, n	betschuanisch	le Botswana	**RB**
Brasilien	Brasilia	Cruzado *m*	Brasilianer	brasilianisch	le Brésil	**BR**
Bulgarien	Sofia	Lew *m* = 100 Stotinki	Bulgare, n, n	bulgarisch	la Bulgarie	**BG**
Bundesrepublik Deutschland *(die)*	Bonn	D-Mark • Deutsche Mark (DM) = 100 Pfennig	• Bundesbürger • Westdeutscher • Einwohner der BRD	(west)deutsch	la République fédérale d'Allemagne	**D**
Burkina Faso	Wagadugu	1 CFA-Franc = 100 Centimes	Burkinabe	burkinabe	Burkina Faso	**HV**
Burundi	Bujumbura	Burundi-Franc *m* (FBU)	Burundier	burundisch	le Burundi	**RU**

Ceylon/Sri Lanka	Colombo	Ceylon-Rupie (CR) *f*	Ceylonese, n, n	ceylonesisch	Ceylan/Sri Lanka	**CL**
Chile	Santiago de Chile	Escudo *m* (chil. Esc.) = 100 Centésimos	Chilene, n, n	chilenisch	le Chili	**RCH**
China *(Nat.)* ⇒ **Taiwan**						**RC**
China *(Volksrep.) (die)*	Peking	Yuan *m* = 10 Tsiqo	Chinese, n, n	chinesisch	la Rép. pop. de Chine	**TJ**
Costa Rica	San José	Costa-Rica-Colon *m* (C) = 100 Centimos	Costaricaner	costaricanisch	le Costa-Rica	**CR**
Dahome ⇒ **Benin**						
Dänemark	Kopenhagen	dänische Krone *f* (dkr) = 100 Öre	Däne, n, n	dänisch	le Danemark	**DK**
Deutsche Demokratische Republik *(die)*	Berlin (Ost)	Mark (M) *f* = 100 Pfennig	• DDR-Bürger • Einwohner der DDR • Ostdeutscher	(ost)deutsch	la République démocratique allemande	**DDR**
Deutschland ⇒ **Bundesrepublik Deutschland** et **Deutsche Demokratische Republik**						
Dominikanische Republik *(die)*	Santo Domingo	Dominik. Peso *m* = 100 Centavos	Dominikaner	dominikanisch	la République dominicaine	**DOM**
Dschibuti	Dschibuti	1 Dschibuti Franc = 100 Centimes			Djibouti	
Ecuador	Quito	Sucre *m* = 100 Centavos	Ecuadorianer	ecuadorianisch	l'Équateur/ Ecuador	**EC**
Elfenbeinküste *(die)*	Yamousoukro	Franc CFA *m* = 100 Centimes	Einwohner der Elfenbeinküste		la République de Côte-d'Ivoire	**CI**
England (Großbritannien)	London	Pfund Sterling *n* = 100 New Pence	Engländer	englisch	l'Angleterre	**GB**

LAND Pays	HAUPTSTADT Capitale	WÄHRUNGSEINHEIT Unité monétaire	EINWOHNER Habitants	ADJEKTIV Adjectif	PAYS	Kfz-Zeichen Plaques de nationalité
Finnland	Helsinki	Finnmark (Fmk) *f* = 100 Penni	Finne, n, n	finnisch	la Finlande	**SF**
Frankreich	Paris	(franz.) Franc (FF) *m* = 100 Centimes	Franzose, n, n	französisch	la France	**F**
Gabun	Libreville	Franc CFA *m* = 100 Centimes	Gabuner	gabunisch gabonisch	le Gabon	**GAB**
Gambia	Banjui	Dalasi (D) *m* = 100 Bututs	Gambier	gambisch	la Gambie	**WAG**
Ghana	Akkra	Neuer Cedi (NC) *m* = 100 New Pesewas	Ghanaer Ghanese, n, n	ghanaisch ghanesisch	le Ghana	**GH**
Griechenland	Athen	Drachme (Dr) *f* = 100 Lepta	Grieche, n, n	griechisch	la Grèce	**GR**
Großbritannien **England**	London	Pfund Sterling *n* = 100 New Pence	Brite, n, n	britisch	la Grande-Bretagne	**GB**
Guatemala	Guatemala	Quetzal *m* = 100 Centavos	Guatemalteke, n, n	guatemaltekisch	le Guatemala	**GCA**
Guinea	Konakry	Guinea-Franc *m* (FG)	Guineer	guineisch	la Guinée	**GUE**
Guyana	Georgetown	1 Guyana-Dollar = 100 Cents	Guyaner	guyanisch	République du Guyana	**GUY**
Haiti	Port-au-Prince	Gourde (G) *m* = 100 Centimes	Haitianer Haitier	haitianisch haitisch	Haïti	**RH**

Holland ⇒ **Niederlande**						
Honduras, Rep.	Tegucigalpa	Lempira (L) *f* = 100 Centavos	Honduraner	honduranisch	le Honduras	
Indien	Neu Delhi	Indische Rupie *f* (iR) = 100 Paise	Inder	indisch	l'Inde	**IND**
Indonesien	Djakarta	Rupiah (Rp) *f* = 100 Sen	Indonesier	indonesisch	l'Indonésie	**RI**
Irak *(der)*	Bagdad	Irak-Dinar (ID) *m* = 1000 Fils	Iraker	irakisch	l'Irak	**IRQ**
Iran *(der)*	Teheran	Rial (Rl) *m* = 100 Dinars	Iraner	iranisch	l'Iran	**IR**
Irland (Eire)	Dublin	Irisches Pfund *n* = 100 New Pence	Ire, n, n Irländer	irisch irländisch	la République d'Irlande	**IRL**
Island	Reykjavik	Isländische Krone (irk) *f* = 100 Aurar	Isländer	isländisch	l'Islande	**IS**
Israel	Tel Aviv	Schekel *m* = 100 Agorot	Israeli, s	israelisch	l'État d'Israël	**IL**
Italien	Rom	Lira (L.) *f* = 100 Centesimi	Italiener	italienisch	l'Italie	**I**
Japan	Tokio	Yen (Y) *m* = 100 Sen	Japaner	japanisch	le Japon	**J**
Jamaika	Kingston	Jamaika-Dollar *m* = 100 Cents	Jamaikaner	jamaikanisch	la Jamaïque	**JA**
Jemen *(der)*	Sana	Jemen-Rial (Y.Rl) *m* = 40 Bugshas	Jemenite, n, n	jemenitisch	le Yémen	**ADN**
Jordanien	Amman	Jord. Dinar (JD) *m* = 1000 Fils	Jordanier	jordanisch	la Jordanie	**JOR**

LAND Pays	HAUPTSTADT Capitale	WÄHRUNGSEINHEIT Unité monétaire	EINWOHNER Habitants	ADJEKTIV Adjectif	PAYS	Kfz-Zeichen Plaques de nationalité
Jugoslawien	Belgrad	Jug. Dinar (Din) *m* = 100 Para	Jugoslawe, n, n	jugoslawisch	la Yougoslavie	**YU**
Kamerun	Jaunde	Franc CFA *m* = 100 Centimes	Kameruner	kamerunisch	le Cameroun	**RFC**
Kanada	Ottawa	Kan. Dollar *m* = 100 Cents	Kanadier	kanadisch	le Canada	**CDN**
Kambodscha (Kamputschea)	Pnom-Penh	Riel *m* = 100 Sen	Kambodschaner	kambodschanisch	le Kampuchéa	**K**
Katar	Doha	1 Katar Rial = 100 Dirhams			Émirat du Quatar	**Q**
Kenia	Nairobi	Shilling = 100 Pence	Kenianer	kenianisch	le Kenya	**EAK**
Kolumbien	Bogota	Kol. Peso *m* = 100 Centavos	Kolumbianer	kolumbianisch	la Colombie	**CO**
Komoren	Moroni	1 Komoren-Franc = 100 Centimes	Komorer	komorisch	République fédérale et islamique des Comores	
Kongo, Volksrep.	Brazzaville	Franc CFA *m* = 100 Centimes	Kongolese, n, n	kongolesisch	la Rép. pop. du Congo	**RCB**
Kongo/Zaire	Kinshasa	Zaire (Z) *m* = 100 Makuta	Zairer	zairisch	le Zaïre	**ZRE**
Korea (Nord)	Pjöngjang	Won *m* = 100 Chon	Nordkoreaner	nordkoreanisch	la Corée du Nord	
Korea (Sud)	Seoul	Won (W) *m* = 100 Chon	Südkoreaner	südkoreanisch	la Corée du Sud	**ROK**

Kuba	Habana	Kub. Peso *m* = 100 Centavos	Kubaner	kubanisch	Cuba	**CU**
Kuwait	Kuwait	Kuwait-Dinar *m* = 1000 Fils	Kuwaiter	kuwaitisch	le Koweit/Kuwait	**KWT**
Laos	Vientiane	Kip (K) *m* = 100 At	Laote, n, n	laotisch	le Laos	**LAO**
Lesotho	Maseru	Lothi = 100 Lisente	Lesother	lesothisch	le Lesotho	**LS**
Libanon *(der)*	Beirut	Liban. Pfund *n* = 100 Piaster	Libanese, n, n	libanesisch	le Liban	**RL**
Liberia	Monrovia	Lib. Dollar *m* = 100 Cents	Liberier	liberisch	le Liberia	**LB**
Libyen	Tripolis	Lib. Dinar (DL) *m* = 1000 Dirham	Libyer	libysch	la Libye	**LAR**
Liechtenstein (Fürstentum)	Vaduz	Schweiz. Franken *m* = 100 Rappen	Lichtensteiner	liechtensteinisch	la principauté de Liechtenstein	**FL**
Luxemburg (Großherzogtum)	Luxembourg	Lux. Franc (lfr) *m* = 100 Centimes	Luxemburger	luxemburgisch	le grand-duché de Luxembourg	**L**
Madagaskar	Antanarivo	Mad. Franc (FMG) *m* = 100 Centimes	Madegasse, n, n	madegassisch	la République de Madagascar	**RM**
Malawi	Lilongwe	Malawi-Kwacha *m* = 100 Tambala	Malawier	malawisch	le Malawi	**MW**
Malaysia	Kuala Lampur	Ringitt = 100 Sen	Malaie, n, n	malaisch	la Malaysia	**MAL**
Mali	Bamako	Mali-Franc *m* = 100 Centimes	Malier	malisch	le Mali	**RMM**
Malta	Valetta	Malta-Pfund *n*	Malteser	maltesisch	l'île de Malte	**M**
Marokko	Rabat	Dirham (DH) *m*	Marokkaner	marokkanisch	le Maroc	**MA**

LAND Pays	HAUPTSTADT Capitale	WÄHRUNGSEINHEIT Unité monétaire	EINWOHNER Habitants	ADJEKTIV Adjectif	PAYS	Kfz-Zeichen Plaques de nationalité
Mauretanien	Nuakschott	Ouguiya	Mauretanier	mauretanisch	la Mauritanie	**RIM**
Mauritius	Port-Louis	Maur. Rupie (MR) *f* = 100 Cents	Mauritier	mauritisch	l'île Maurice	**MS**
Mexiko	Mexico	Mex. Peso *m* = 100 Centavos	Mexikaner	mexikanisch	le Mexique	**MEX**
Monaco (Fürstentum)	Monaco	Franz. Franc (FF) *m* = 100 Centimes	Monegasse, n, n	monegassisch	la principauté de Monaco	**MC**
Mongolische Volksrepublik *(die)*	Ulan Bator	Tugrug (Tg) *m* = 100 Mongo	Mongole, n, n	mongolisch	la Rép. pop. de Mongolie	**MNG**
Mosambik	Maputo	1 Metical = 100 Centavos	Mosambikaner	mosambikanisch	Mozambique	
Nepal	Katmandu	Nep. Rupie (NR) *f* = 100 Paisa	Nepalese, n, n	nepalesisch	le Nepal	**NEP**
Neuseeland	Wellington	Neus. Dollar *m* = 100 Cents	Neuseeländer	neuseeländisch	la Nouvelle-Zélande	**NZ**
Nicaragua	Managua	Cordoba *m* = 100 Centavos	Nicaraguaner	nicaraguanisch	le Nicaragua	**NIC**
Niederlande *(die)* **Holland**	Amsterdam	Gulden, *m* = 100 Cents holl. Florin *m* (hfl)	Niederländer Holländer	niederländisch holländisch	les Pays-Bas la Hollande	**NL**
Niger	Niamey	Franc CFA *m* = 100 Centimes	Nigrer	nigrisch	le Niger	**RN**

Nigeria	Lagos	Nig. Pfund *n* = 20 Shillings	Nigerianer	nigerianisch	le Nigeria	**WAN**
Nordirland	Belfast	Ir. Pfund *n* = 100 New Pence	Nordire Nordirländer	nordirisch	l'Irlande du Nord	**IRL**
Norwegen	Oslo	Norw. Krone (nkr) *f* = 100 Öre	Norweger	norwegisch	la Norvège	**N**
Oman	Maskat	1 Rial Omani = 1 000 Baizas	Omaner	omanisch	Sultanat d'Oman	
Österreich	Wien	Schilling (S) *m* = 100 Groschen	Österreicher	österreichisch	l'Autriche	**A**
Pakistan	Islamabad	Pak. Rupie (pR) *f* = 100 Paisa	Pakistaner Pakistani, s	pakistanisch	le Pakistan	**PAK**
Panama	Panama	Balboa *m* = 100 Centésimos	Panamaer Panamese, n, n	panamanisch panamenisch	la République de Panama	**PA**
Papua-Neuguinea	Port Moresby	1 Kina = 100 Toea	Papua	papuanisch	Papouasie Nouvelle-Guinée	
Paraguay	Asuncion	Guarani (G) *m* = 100 Centimos	Paraguayaner	paraguayanisch	le Paraguay	**PY**
Peru	Lima	Sol (S/.) *m* = 100 Centavos	Peruaner	peruanisch	le Pérou	**PE**
Philippinen *(die)*	Manila	Phil. Peso *m* = 100 Centavos	Filipino, s	philippinisch	les Philippines	**RP**
Polen	Warschau	Zloty (Zl) *m* = 100 Groszy	Pole, n, n	polnisch	la Pologne	**PL**
Portugal	Lissabon	Escudo (Esc) *m* = 100 Centavos	Portugiese, n, n	portugiesisch	le Portugal	**P**

LAND Pays	HAUPTSTADT Capitale	WÄHRUNGSEINHEIT Unité monétaire	EINWOHNER Habitants	ADJEKTIV Adjectif	PAYS	Kfz-Zeichen Plaques de nationalité
Qatar/Katar	Doha	Qatar-und Dubai-Riyal (QDR) *m* = 100 Dirhams	Katarer	katarisch	le Qatar/Katar	**Q**
Rhodesien ⇒ Zimbabwe						
Ruanda	Kigali	Ruanda-Franc *m* = 100 Centimes	Ruander	ruandisch	le Ruanda	**RWA**
Rumänien	Bukarest	Leu (l) *m* = 100 Bani	Rumäne, n, n	rumänisch	la Roumanie	**R**
(El) Salvador	San Salvador	El Salv. Colon *m* = 100 Centavos	Salvadorianer	salvadorianisch	le Salvador	
Sambia	Lusaka	Kwacha (K) *m* = 100 Ngwee	Sambier	sambisch	la Zambie	**Z**
Saudi-Arabien	Riad	Saudi-Riyal (SRI) *m* = 20 Qirshes	Saudi-Araber	saudi-arabisch	l'Arabie Saoudite	**ARS**
Schweden	Stockholm	Schw. Krone *f* = 100 Öre	Schwede, n, n	schwedisch	la Suède	**S**
Schweiz *(die)*	Bern	Schw. Franken *m* = 100 Rappen	Schweizer	schweizerisch	la Suisse	**CH**
Senegal	Dakar	Franc CFA *m* = 100 Centimes	Senegalese, n, n Senegaler	senegalesisch	le Sénégal	**SN**
Sierra Leone	Freetown	Leone *m* = 100 Cents	Sierraleoner	sierraleonisch	la Sierre Leone	**WAL**

Singapur	Singapur	Sing. Dollar *m* = 100 Cents	Singapurer	singapurisch	Singapour	**SGP**
Somalia	Mogadischu	Som. Shilling *m* = 100 Centesimi	Somalier	somalisch	la Somalie	**SP**
Sowjetunion *(die)* **UdSSR**	Moskau	Rubel (Rbl) *m* = 100 Kopeken	• UdSSR-Bürger • Sowjetrusse, n, n • Sowjetbürger • Sowjet, s	sowjetisch	l'Union soviétique	**SU**
Spanien	Madrid	Peseta (Pta) *f* = 100 Centimos	Spanier	spanisch	l'Espagne	**E**
Sri Lanka ⇒ Ceylon						
Südafrik. Republik *(die)*	Pretoria	Rand (R) *m* = 100 Cents	Südafrikaner	südafrikanisch	l'Afrique du Sud	**ZA**
Südjemen *(der)*	Aden	Südar. Dinar *m* = 1000 Fils	Südjemenite, n, n	südjemenitsich	la Républ. démocr. et pop. du Yémen	
Sudan *(der)*	Khartum	Sud. Pfund *n* = 100 Piaster	Sudanese, n, n	sudanesisch	le Soudan	**SUD**
Surinam	Paramaribo	1 Surinam-Gulden = 100 Cents	Surinamer	surinamisch	Surinam	**SME**
Swasiland	Mbabane	Lilangeni *m* = 100 Cents	Swasi	swasiländisch	le Swaziland	**SD**
Syrien	Damaskus	Syr. Pfund *n* = 100 Piaster	Syrer/Syrier	syrisch	la Syrie	**SYR**
Taiwan (Nationalchina)	Taipeh	Neuer Taiwan-Dollar *m* = 100 Cents	Taiwaner	taiwanisch	Formose/Taiwan	**RC**
Tansania	Dar-es-Salam	Tans. Shilling *m* = 100 Cents	Tansanier	tansanisch	la Tanzanie	**EAT**

LAND Pays	HAUPTSTADT Capitale	WÄHRUNGSEINHEIT Unité monétaire	EINWOHNER Habitants	ADJEKTIV Adjectif	PAYS	Kfz-Zeichen Plaques de nationalité
Thailand	Bangkok	Baht (B) *m* = 100 Stangs	Thailänder	thailändisch	la Thailande	**T**
Togo	Lomé	Franc CFA *m* = 100 Centimes	Togolese, n, n Togoer	togolesisch	le Togo	**TG**
Trinidad und Tobago	Port of Spain	Trin. and Tob. Dollar *m* = 100 Cents			Trinité	**TT**
Tschad *(der)*	Fort Lamy	Franc CFA *m* = 100 Centimes	Tschader	tschadisch	le Tchad	**TD/ TCH**
Tschechoslowakei *(die)*	Prag	Tsch. Krone (Kcs) *f* = 100 Haleru	Tschecho- slowake, n, n	tschecho- slowakisch	la Tchéco- slovaquie	**CS**
Tunesien	Tunis	Tun. Dinar (tD) *m* = 1000 Millimes	Tunesier	tunesisch	la Tunisie	**TN**
Türkei *(die)*	Ankara	Tür. Pfund *n* = 100 Kurus	Türke, n, n	türkisch	la Turquie	**TR**
UdSSR ⇒ Sowjetunion						
Uganda	Kampala	Ug. Shilling (USh) *m* = 100 Cents	Ugander	ugandisch	l'Ouganda	**EAU**
Ungarn	Budapest	Forint (Ft) *m* = 100 Filler	Ungar, n, n	ungarisch	la Hongrie	**H**
Uruguay	Montevideo	Urug. Peso *m* = 100 Centésimos	Uruguayer	uruguayisch	l'Uruguay	**U**

USA ⇒ Vereinigte Staaten						
Vatikanstadt	Vatikan	Lira		vatikanisch	État de la Cité du Vatican	**SCV**
Venezuela	Caracas	Bolivar (B) *m* = 100 Centésimos	Venezolaner Venezueler	venezolanisch	le Venezuela	**YV**
Vereinigte Arabische Emirate (V.A.E.)	Abu Dhabi	Dirham *m* = 100 Fils			Les Émirats arabes unis	
Vereinigte Staaten U.S.A. *(die)*	Washington	US-Dollar *m* = 100 Cents	Amerikaner	amerikanisch	les États-Unis d'Amérique	**USA**
Vietnam	Hanoi	Dong *m* = 100 Hao	Vietnamese, n, n	vietnamesisch	la République pop. du Viet Nam	**VN**
Zaire ⇒ Kongo/Zaire						
Zentralafrikanische Republik *(die)*	Bangui	Franc CFA *m* = 100 Centimes	Zentralafrikaner	zentralafrikanisch	la République Centrafricaine	**RCA**
Zimbabwe	Harare	Zimbabwe-Dollar *m*	Zimbabwer	zimbabweisch	le Zimbabwe	**RSR**
Zypern	Nikosia	Zyp. Pfund *n* = 1000 Mies	Zyper/Zyprier Zypriot, en, en	zypriotisch	l'île de Chypre	**CY**

Tableau récapitulatif des unités monétaires avec indication de genre et de pluriel

(pluriel rare entre parenthèses)

Afghani ***m***, **s**	Dinar ***m***, **e**	Franc ***m***, **s**	Lek ***m***,**-**	Rand ***m***, **(s)**	Sucre ***m***,**-**
Baht ***m***, **s**	Dirham ***m***, **s**	Franken ***m***,**-**	Lempira ***f***, **en**	Riel ***m***, **(s)**	Tugrik ***m***,**-**
Balboa ***m***, **(s)**	Dollar ***m***, **s**	Gourde ***m***, **(s)**	Leone ***m***, **(s)**	Riyal ***m***, **s**	Won ***m***, **(s)**
Bolivar ***m***, **(s)**	Dong ***m***, **(s)**	Guarani ***m***,**-**	Lira ***f***, **Lire**	Rupie ***f***, **n**	Yen ***m***, **(s)**
Cedi ***m***, **(s)**	Drachme ***f***, **n**	Gulden ***m***,**-**	Mark ***f***,**-**	Rubel ***m***,**-**	Yuan ***m***, **(s)**
Colon ***m***, **(s)**	Escudo ***m***, **(s)**	Krone ***f***, **n**	Peseta ***f***, **-ten**	Rupiah ***f***,**-**	Zaire ***m***, **(s)**
Cordoba ***m***, **(s)**	Finnmark ***f***,**-**	Kwacha ***m***,**-**	Peso ***m***, **(s)**	Schilling ***m***, **e**	Zloty **m**, **s**
Cruzeiro ***m***, **(s)**	Florin ***m***, **s et e**	Kip ***m***, **(s)**	Pfund ***n***, **e**	Shill ***m***, **(s)**	
Dalasi ***m***, **(s)**	Forint ***m***, **s et e**	Kyat ***m***, **(s)**	Quetzal ***m***, **(s)**	Sol ***m***, **(s)**	

Maße und Gewichte/Poids et mesures

Längenmaße		**Mesures de longueur**	
1 μ	Mikron	1 μ	micron
1 mm	Millimeter	1 mm	millimètre
1 cm	Zentimeter	1 cm	centimètre
1 dm	Dezimeter	1 dm	décimètre
1 m	Meter	1 m	mètre
1 dkm	Dekameter	1 dam	décamètre
1 hm	Hektometer	1 hm	hectomètre
1 km	Kilometer	1 km	kilomètre
1 sm	Seemeile (= 1852 m)	1 mille marin	

Flächenmaße		**Mesures de surface**	
1 mm² *od.* qmm	Quadratmillimeter	1 mm²	millimètre carré
1 cm² *od.* qcm	Quadratzentimeter	1 cm²	centimètre carré
1 dm² *od.* qdm	Quadratdezimeter	1 dm²	décimètre carré
1 m² *od.* qm	Quadratmeter	1 m²	mètre carré
1 km² *od.* qkm	Quadratkilometer	1 km²	kilomètre carré
1 a	Ar (= 100 m²)	1 a	are
1 ha	Hektar	1 ha	hectare
1 Morgen		1 arpent	

Raummaße		**Mesures de volume**	
1 mm³ *od.* cmm	Kubikmillimeter	1 mm³	millimètre cube
1 cm³ *od.* ccm	Kubikzentimeter	1 cm³	centimètre cube
1 dm³ *od.* cdm	Kubikdezimeter	1 dm³	décimètre cube
1 m³ *od.* cbm	Kubikmeter	1 m³	mètre cube
1 fm	Festmeter	1 m³	mètre cube
1 rm	Raummeter	1 st	stère
1 RT	Registertonne (= 2,83 m³)	1 tonneau (de jauge)	

Hohlmaße		**Mesures de capacité**	
1 ml	Milliliter	1 ml	millilitre
1 cl	Zentiliter	1 cl	centilitre
1 dl	Deziliter	1 dl	décilitre
1 l	Liter	1 l	litre
1 dkl	Dekaliter	1 dal	décalitre
1 hl	Hektoliter	1 hl	hectolitre
1 kl	Kiloliter	1 kl	kilolitre

Gewichte		**Poids**	
1 mg	Milligramm	1 mg	milligramme
1 cg	Zentigramm	1 cg	centigramme
1 dg	Dezigramm	1 dg	décigramme
1 g	Gramm	1 g	gramme
1 dkg	Dekagramm	1 dag	décagramme
1 hg	Hektogramm	1 hg	hectogramme
1 Pfd.	Pfund	1 livre	
1 kg	Kilogramm	1 kg	kilogramme
1 Ztr.	Zentner	50 kg	
1 dz	Doppelzentner	1 q	quintal
1 t	Tonne	1 t	tonne

Mengenbezeichnung		**Quantité**	
1 Dtzd.	Dutzend	1 douzaine	
Geschwindigkeitsmaße		**Mesures de vitesse**	
1 km/st, km/h	Kilometer je Stunde	1 km/h	kilomètre-heure
1 km/s	Kilometer je Sekunde	1 km/s	kilomètre-seconde
1 kn	Knoten (= 1,852 km/h)	1 nœud	
Mach 1	(Schallgeschwindigkeit)	Mach 1	(vitesse du son)
Temperaturmaß		**Mesure de température**	
1 °C	Grad Celsius	1 °C	degré Celsius ; (degré) centigrade
Druckmaße		**Mesures de pression**	
1 mb	Millibar	1 mb	millibar
1 bar	Bar	1 b	bar
1 at	Technische Atmosphäre	1 kgp/cm²	kilogramme-poids par centimètre carré
1 Atm	Physikalische Atmosphäre	1 atmosphère	
1 Torr	(Millimeter Quecksilbersäule)	1 torr	(1 mm de mercure)
Kraftmaße		**Mesures de force**	
1 dyn	Dyn	1 dyn	dyne
1 p	Pond	1 gf 1 gp	gramme-force gramme-poids
1 kp	Kilopond	1 kgf 1 kgp	kilogramme-force kilogramme-poids
Energie- und Arbeitsmaße		**Mesures d'énergie ou de travail**	
1 mkp	Meterkilopond	1 kgm	kilogrammètre
1 erg	Erg	1 erg	
1 J	Joule	1 J	joule
1 kWh	Kilowattstunde	1 kWh	kilowattheure
1 cal	Kalorie	1 cal	calorie
1 kcal	Kilo(gramm)kalorie	1 kcal	kilocalorie
Leistungsmaße		**Mesures de puissance**	
1 W	Watt	1 W	watt
1 kW	Kilowatt	1 kW	kilowatt
1 MW	Megawatt	1 MW	mégawatt
1 PS	Pferdestärke	1 ch	cheval-vapeur

FRANÇAIS-ALLEMAND

PRÉSENTATION

Cette partie du **Dictionnaire de l'allemand économique, commercial et financier** présente les caractéristiques suivantes :

- **complet**, il couvre des domaines tels que politique, droit, production, distribution, publicité, marketing, banque, bourse, syndicats, etc. (15 000 entrées, soit environ 20 000 mots et expressions) ;
- **actuel**, il recense le lexique récent utilisé par la presse et les revues spécialisées : *choc pétrolier, multinationale, haut de gamme, gadget, hypermarché, cible, audit, sponsoriser,* etc. ;
- **moderne**, il intègre la terminologie liée aux découvertes technologiques récentes : *télématique, robotique, informatique, microprocesseur, disquette,* etc. ;
- **il explicite les concepts spécifiquement français**, tels que *tiers provisionnel, ticket modérateur, mensualiser* ;
- **il tient compte des termes anglo-américains les plus fréquents** sans omettre leurs équivalents français : *hardware, software (matériel, logiciel) engineering (ingéniérie), brainstorming (remue-méninges)* ;
- **il mentionne, dans l'ordre alphabétique, les sigles et abréviations les plus couramment employés** : *T.V.A., T.G.V., V.R.P., P.-D.G., T.T.C., R.M.I.,* etc. ;
- **il fait état des nombreuses métaphores économiques** : *baromètre conjoncturel, lanterne rouge, clignotants du marché, flambée des prix, valse des étiquettes,* etc. ;
- **il recense les expressions familières** ayant droit de cité dans le monde des affaires : *cumulard, piston, smicard, magouille,* etc. ;
- **il intègre les tournures et locutions idiomatiques** : *se vendre comme des petits pains, coûter les yeux de la tête, se serrer la ceinture,* etc.

Les nouveaux apports de cette nouvelle édition se situent notamment dans les compartiments suivants :

- **environnement** : *essence sans plomb, pot catalytique, pluies acides* ;
- **technologies nouvelles** : *télécopieur, carte à mémoire, minitel, télématique, code-barres, piratage* ;
- **finance, bourse, banque** : *O.P.A., opéable, raider, P.E.R., F.C.P., audit, krach financier, carte bancaire, capital à rique* ;
- **comptabilité** : *nouveau plan comptable, amortissement technologique, expert-comptable, commissaire aux comptes* ;
- **publicité et marketing** : *sponsoriser, marketing-mix, publipostage, fidéliser, marché porteur* ;
- **entreprise** : *P.M.E./P.M.I., cahier des charges, entrepreneurial, déréglementation, leader du marché, taux de pénétration, logo* ;
- **professions, diplômes** : *analyste, consultant, conseil(ler), contrôleur de gestion, travailleur social, magistère, mastère* ;
- **variantes lexicales** : *sponsoring/sponsorat ; marketing/mercatique* ;
- **définition des concepts** : *M.A.T.I.F., scanner, suivi, franchisage, ingénierie.*

❑ **une annexe actualisée** (français-allemand) ; *en ligne, surfer, externaliser, altermondialiste, traçabilité, intermittent, C.D.I./C.D.D.*

Les auteurs remercient Mmes Christel Carrère, Martine Dinard, MM. Alain Burlaud, Gerhard Kalmbach, Jean Lebacque et Berthold Goldschmit de leurs suggestions et de l'aide précieuse qu'ils leur ont apportée en acceptant de relire le manuscrit.

Jürgen Boelcke
Bernard Straub
Paul Thiele

FRANÇAIS-ALLEMAND

A

à : (*timbre*) ~ *50* zu 50 ; ~ *5 F pièce* das Stück zu 5 F ; ~ *bas prix* billig ; zu niedrigen Preisen ; *horaire m* ~ *la carte* gleitende Arbeitszeit *f* (Glaz) ; ~ *court, moyen, long terme* kurz-, mittel-, langfristig ; ~ *crédit* auf Kredit ; ~ *la douzaine* dutzendweise ; ~ *notre entière satisfaction* zu unserer vollen Zufriedenheit ; ~ *vos frais* auf eigene Kosten ; ~ *intérêts* auf Zinsen ; *prêt m* ~ *intérêts* verzinsliches Darlehen *n ;* ~ *50 %* zu fünfzig Prozent ; ~ *perte* mit Verlust ; ~ *notre programme* auf unserem Programm ; ~ *vos risques et périls* auf eigene Gefahr ; *(impôts) prélèvement m* ~ *la source* Quellenbesteuerung *f ;* ~ *terme* auf Ziel ; ~ *tempérament* auf Raten ; ~ *vue* auf Sicht.

abaissement *m* Herabsetzung *f* ; Senkung *f ;* ~ *de l'âge de la retraite, des impôts, du niveau de vie* Herabsetzung des Rentenalters ; Senkung der Steuern, des Lebensstandards ; ~ *du coût de la vie, du taux d'escompte* Senkung der Lebenshaltungskosten, des Diskontsatzes.

abaisser senken ; herabsetzen ; ermäßigen ; ~ *les coûts de production* die Produktionskosten senken ; ~ *les droits de péage* die Autobahngebühr ermäßigen ; ~ *le taux d'escompte* den Diskontsatz herabsetzen.

abandon *m* **1.** Verzicht *m* ; Aufgabe *f* ; Abkehr *f* **2.** *(jur.)* Abandon *m* ; Abtretung *f* ; Aufgabe *f ; délai m, droit m d'* ~ Abandonfrist *f*, -recht *n* ; ~ *de propriété* Eigentumsaufgabe.

abandonner verzichten (auf + A) ; aufgeben ; *(quitter)* verlassen.

abattage *m* **1.** *(animaux)* Schlachten *n ; prime f d'* ~ Schlachtprämie *f* ; ~ *clandestin* Schwarzschlachten ; **2.** *(arbres)* Abholzen *n* ; Fällen *n.*

abattement *m* Abschlag *m* ; Preisnachlaß *m* ; Freibetrag *m ; (impôt)* ~ *à la base* Freibetrag ; Steuerfreigrenze *f* ; ~ *pour enfant(s) à charge* Kinderfreibetrag ; ~ *fiscal* Steuernachlaß ; ~ *par zone* Zonenabschlag.

abattre **1.** *(animaux)* schlachten **2.** *(arbres)* abholzen ; fällen.

abîmer beschädigen ; verderben.

abolir abschaffen ; abbauen ; *(loi)* außer Kraft setzen ; ~ *la peine de mort* die Todesstrafe abschaffen.

abondance *f* Überfluß *m* ; *société f d'* ~ Wohlstandsgesellschaft *f.*

abonné *m* Abonnent *m* ; Bezieher *m* ; ~ *au téléphone* Fernsprechteilnehmer *m* ; ~ *des transports publics* Zeitkarteninhaber *m ; liste f des* ~*s* Abonnentenliste *f ; nombre m d'* ~*s* Abonnentenzahl *f.*

abonné, e abonniert ; *être* ~ *à qqch* auf etw abonniert sein ; etw abonniert haben ; *être* ~ *à un journal* eine Zeitung beziehen.

abonnement *m* Abonnement [abɔn(ə)-'mã] *n ; (fam.)* Abo *n* ; ~ *d'essai* Probeabonnement ; ~ *de transport* Monats-, Zeitkarte *f ;* ~ *postal* Postbezug *m ;* ~ *au téléphone* Fernsprechanschluß *m* ; *conditions fpl, carte f d'* ~ Abonnement(s)bedingungen *fpl*, -karte *f* ; *montant m de l'* ~ Abonnement(s)betrag *m* ; *prix m de l'* ~ Abonnement(s)preis *m* ; Bezugspreis ; *taxe f d'* ~ Grundgebühr *f* ; *avoir un* ~ ein Abonnement haben ; *avoir un* ~ *de théâtre* im Theater abonniert sein ; *résilier un* ~ abbestellen.

s'abonner abonnieren ; ~ *à un journal* eine Zeitung abonnieren (beziehen).

à bord an Bord ; *franco* ~ *(FOB)* frei an Bord (FOB) ; *tout le monde* ~ alle Mann an Bord ; *(fig.) jeter par-dessus* ~ über Bord werfen ; *prendre des passagers* ~ Passagiere an Bord nehmen.

abordable : *à un prix* ~ zu einem erschwinglichen (annehmbaren) Preis.

aboutir führen zu ; erfolgreich sein ; mit etw durchdringen ; *faire* ~ *qqch* etw durchsetzen ; etw zustande bringen ; etw verwirklichen ; *faire* ~ *une revendication* eine Forderung durchsetzen.

aboutissement *m* Ausgang *m* ; Erfolg *m.*

abrégé *m* Kurzfassung *f* ; Kurzform *f* ; Abkürzung *f.*

abréviation *f* Abkürzung *f.*

abri *m* Obdach *n* ; Unterkunft *f* ; *à l'* ~ *de* sicher vor (+ D) ; *les sans-*~ *mpl* die Obdachlosen *mpl* ; *(fig.) se mettre à l'* ~ *de qqch* sich abschotten gegen.

abroger abschaffen ; außer Kraft setzen ; aufheben.

absence *f* Abwesenheit *f* ; *(clients, visiteurs)* Ausbleiben *n* ; Fehlen *n* ;

Mangel *m* ; ~ *injustifiée* unentschuldigtes Fernbleiben *n* ; ~ *du travail* Arbeitsversäumnis *n*.

absent, e abwesend.

absentéisme *m* (häufiges) Fernbleiben *n* (vom Arbeitsplatz) ; Arbeitsversäumnis *n* ; *pratiquer l'~ volontaire (fam.)* sich vor der Arbeit drücken.

absentéiste *m* jd, der häufig der Arbeit fernbleibt ; *(péjor.) ~ professionnel* Drückeberger *m* ; Arbeitsscheue(r).

absenter : *s'~* fernbleiben ; weggehen ; verreisen ; sicht entfernen ; *s'~ de son poste* seinen Arbeitsplatz verlassen.

absorber 1. *(société, marché)* eingliedern ; übernehmen ; aufnehmen **2.** *(augmentations, coûts)* auffangen **3.** *(excédents)* abschöpfen ; ~ *le pouvoir d'achat excédentaire* die überschüssige Kaufkraft abschöpfen **4.** *(consommer)* aufzehren.

absorption *f (société)* Eingliederung *f* ; Übernahme *f* ; Verschmelzung *f* ; ~ *de capital* Kapitalabschöpfung *f* ; ~ *du pouvoir d'achat* Kaufkraftabschöpfung *f* ; ~ *par un trust* Vertrustung *f* ; *capacité f d'~* Aufnahmefähigkeit *f*.

abstenir : *s'~* sich enthalten ; unterlassen ; (ver)meiden ; *(vote)* sich der Stimme enthalten.

abstention *f* Unterlassen *n* ; *(vote)* Stimmenthaltung *f*.

abstentionnisme *m* Wahlmüdigkeit *f* ; Wählerenthaltung *f*.

abstentionniste *m* Nichtwähler *m*.

abstraction faite de abgesehen von.

abus *m* Mißbrauch *m* ; Übergriff *m* ; Überschreitung *f* ; *faire un ~ d'autorité* seine Amtsbefugnisse überschreiten ; ~ *de confiance* Vertrauensmißbrauch, -bruch *m* ; Unterschlagung *f* ; Veruntreuung *f* ; ~ *de pouvoir* Amtsmißbrauch.

abusif, ive mißbräuchlich ; irreführend ; falsch ; übermäßig ; *prix m ~* übertriebener (überhöhter, horrender) Preis.

accalmie *f* Flaute *f* ; Geschäftsstille *f*, -rückgang *m* ; Verlangsamung *f* der Geschäfte ; ~ *de la demande* Beruhigung *f*, Rückgang der Nachfrage.

accaparement *m* Aufkauf *m* ; Hamstern *n* ; Hortung *f* ; Hamsterkauf *m*.

accaparer aufkaufen ; hamstern ; horten ; ~ *des céréales en prévision de mauvaises récoltes* in Erwartung von Mißernten Getreide aufkaufen.

accapareur *m* Aufkäufer *m* ; Hamsterer *m* ; Wucherer *m*.

accéder *(à)* Zugang haben (zu) ; ~ *à une demande* einem Antrag stattgeben ; *(échelon)* aufrücken ; *(consentir)* zustimmen ; ~ *à la propriété* Eigentum bilden (erwerben) ; ~ *à un poste de direction* in eine Spitzenposition aufsteigen.

acceptant *m* Empfänger *m* ; Wechselnehmer *m* ; *(succession)* Erbnehmer *m*.

acceptation *f (traite)* Akzept *n* ; Annahme *f* ; ~ *bancaire* Bankakzept ; ~ *de marchandises* Übernahme *f* von Waren ; *refus m d'~* Annahmeverweigerung *f* ; *faute f d'~* mangels Akzept ; *présenter à l'~* zum Akzept vorlegen ; *revêtir de l'~* mit dem Akzept versehen.

accepter annehmen ; in Empfang nehmen ; ~ *une lettre de change* einen Wechsel akzeptieren ; ~ *à l'escompte* in Diskont nehmen ; ~ *en paiement* in Zahlung nehmen.

accepteur *m* Akzeptant *m*.

accès *(à)* m Zugang *m* (zu) ; *(inform.)* Zugriff *m* ; *code m d'~* Zugangscode *m*.

accessible 1. *prix m ~* erschwinglicher (vernünftiger) Preis *m* **2.** *rendre ~ à qqn* jdm zugänglich machen ; *rendre le bord de mer ~ au public* die Strände der Allgemeinheit zugänglich machen.

accession *f* **1.** Erwerb *m* ; ~ *à la propriété* Eigentumserwerb ; Eigentumsbildung *f* **2.** *(acte commercial)* Beitritt *m* (zu).

accessoire Neben- ; zusätzlich ; nebensächlich ; *frais mpl, dépenses fpl ~s* Nebenkosten *pl*, -ausgaben *fpl*.

accessoire *m* Einzel-, Zubehörteil *n* ; *~s* Zubehör *n* ; *~s-auto* Autozubehör ; *(Autriche)* Zugehör *n*.

accident *m* Unfall *m* ; Unglück *n* ; Katastrophe *f* ; ♦ ~ *d'automobile (de la route)* Autounfall (Straßenverkehrsunfall) ; ~ *d'avion, de train* Flugzeug-, Eisenbahnunglück ; ~ *de trajet* Unfall auf dem Weg zur (von der) Arbeitsstelle ; ~ *du travail* Arbeits-, Betriebsunfall ; ♦♦ *assurance f ~* Unfallversicherung *f* ; *auteur m d'un ~ → fauteur* ; *déclaration f d'~* Unfallanzeige *f* ; *fauteur m d'un ~ de la route* Urheber *m* eines Unfalls ; Unfallfahrer *m* ; *protection f contre les ~s* Unfallschutz *m* ; *taux m d'~s* Unfallrate *f* ; *victime f d'un ~ (de la route)* Verkehrsopfer *n* ; *(du travail)* Verunglückte(r) ; Unfallgeschädigte(r) ; ♦♦♦ *avoir un ~* verunglücken ; *déclarer un ~* einen Unfall melden ; *prévenir les ~s du travail* Betriebsunfälle verhüten ; *être responsable d'un ~* einen Unfall verursachen ;

an einem Unfall schuld sein ; *(fam.)* einen Unfall bauen.

accidenté *m* Verunglückte(r) ; Unfallverletzte(r) ; Unfallgeschädigte(r).

accise *f* Verbrauch(s)steuer *f* ; Akzise *f*.

acclimatation *f* Akklimatisierung *f* ; Eingewöhnung *f* ; *période f d'~* Einarbeitungszeit *f*.

accommodant, e gefällig ; *se montrer ~* sich entgegenkommend zeigen.

accommodement *m* Abfindung *f* ; Ausgleich *m* ; Übereinkunft *f* ; Abkommen *n*.

accomplir ausführen ; erfüllen ; beenden ; fertigen ; *~ un forfait* ein Verbrechen begehen ; *~ des formalités* Formalitäten erledigen ; *~ un travail* eine Arbeit leisten (verrichten).

accomplissement *m* : *~ de formalités* Erfüllung *f*, Erledigung *f* von Formalitäten ; *~ des formalités douanières* Zollabfertigung *f*.

accord *m* Abkommen *n* ; Vereinbarung *f* ; Abmachung *f* ; Vertrag *m* ; Absprache *f* ; Abfindung *f* ; Vergleich *m* ; Agreement *n* [ə'gri:mənt] ; ♦ *~ amiable* gütliche Abmachung (Einigung) ; *~ bilatéral* bilaterales Abkommen ; *~ -cadre* Rahmenabkommen ; *~ de change* Devisenabkommen ; *~ collectif* Kollektivvertrag ; *~ commercial* Handelsabkommen ; *~ de compensation (de clearing)* Verrechnungs-, Ausgleichsabkommen ; *~ de conciliation* Schlichtungsabkommen ; *~ contractuel* vertragliche Abmachung ; *~ sur la durée du travail* Arbeitszeitabkommen ; *~ d'entreprise, financier, forfaitaire* Betriebs-, Finanz-, Pauschalabkommen ; *~ sur la fixation et le maintien des prix* Preisbindung *f* ; *~ interbanques, interentreprises, intergouvernemental* Bank-, überbetriebliches, Regierungsabkommen ; *~ interprofessionnel* allgemeines Tarifabkommen ; *~ monétaire, moratoire, de paiement* Währungs-, Stillhalte-, Zahlungsabkommen ; *~ de participation, sur les prix* Beteiligungs-, Preisabkommen ; *~ sur les salaires,* Lohnabkommen, -absprache ; *~ tarifaire* Tarifvereinbarung, -vertrag ; *~ sur les transferts, sur les transports* Transfer-, Verkehrsabkommen ; *~ type* Rahmenabkommen ; *~ verbal* mündliche Vereinbarung ; ♦♦ *dispositions fpl d'un ~* Bestimmungen *fpl* eines Abkommens ; *signataires mpl d'un ~* Tarifpartner *mpl* ; *stipulations fpl d'un ~* Bestimmungen eines Abkommens ; *termes mpl d'un ~* Wortlaut *m* eines Abkommens ; ♦♦♦ *appliquer un ~* ein Abkommen anwenden ; *conclure (faire) un ~* ein Abkommen schließen ; *demander l'~ de qqn* jds Zustimmung einholen ; *dénoncer un ~* ein Abkommen aufkündigen ; *donner son ~* einwilligen ; seine Zustimmung erteilen ; *fixer les termes d'un ~* den Wortlaut eines Abkommens festlegen ; *jeter les bases d'un ~* die Grundlagen für einen Vertrag legen ; *mettre d'~* in Einklang bringen ; *modifier un ~* ein Abkommen abändern ; *parvenir à un ~* zu einer Vereinbarung gelangen ; *reconduire des ~ s* Verträge verlängern ; *passer un ~* eine Vereinbarung treffen ; ein Abkommen schließen ; *respecter les termes d'un ~* einen Vertrag einhalten ; *signer un ~* ein Abkommen unterzeichnen ; *s'en tenir à l'~* sich an die Abmachung halten ; *tomber d'~* (sich) einig werden über (+ A).

Accord *m* général sur les tarifs douaniers et le commerce (*G.A.T.T.*) allgemeines Zoll- und Handelsabkommen *n* ; GATT *n*.

Accord *m* monétaire européen (A.M.E.) Europäisches Währungsabkommen *n* (EWA).

accorder (*crédit*) gewähren ; einräumen ; be-, zuwilligen ; zugestehen ; *~ sa confiance* Vertrauen schenken ; *~ un délai* eine Frist gewähren ; *~ un délai de paiement* eine Zahlung stunden ; *~ des dommages et intérêts à qqn* jdm eine Entschädigung zuerkennen ; *~ des facilités de paiement, un rabais* Zahlungserleichterungen, einen Nachlaß gewähren ; *~ de l'importance à qqch* einer Sache Bedeutung beimessen ; *s'~ avec les créanciers* sich mit den Gläubigern vergleichen.

accréditation *f* (*diplomatique*) Akkreditierung *f* ; Akkreditieren *n*.

accrédité *m* Zahlungsempfänger *m* eines Kreditbriefs ; Akkreditierte(r).

accrédité,e 1. *~ auprès d'un gouvernement* bei einer Regierung akkreditiert (sein) **2.** *~ auprès d'une banque* bei einer Bank akkreditiert.

accréditer 1. *~ un ambassadeur* einen Botschafter akkreditieren **2.** *~ qqn auprès d'une banque* jdm bei einer Bank einen Kredit verschaffen.

accréditeur *m* **1.** Bürge *m* ; Avalgeber *m* **2.** Akkreditivsteller *m* ; Aussteller *m* eines Kreditbriefs.

accréditif *m* Akkreditiv *n* ; Kreditbrief *m* ; *~ documentataire* Dokumentenakkreditiv ; ~ *(ir)révocable* (un)widerrufliches Dokumentenakkreditiv ; ~ *de voyage* Reiseakkreditiv ; *établir (ouvrir) un ~ auprès d'une banque* ein Akkreditiv bei einer Bank (aus)stellen (eröffnen).

accrocheur, euse zugkräftig ; werbewirksam.

accroissement *m* Zuwachs *m* ; Zunahme *f* ; Steigerung *f* ; Ansteigen *n* ; Anwachsen *n* ; ~ *des affaires* Geschäftszunahme, -belebung *f* ; ~ *du capital* Kapitalaufstockung *f* ; ~ *des charges salariales, sociales* Lohn-, Soziallastenanstieg *m* ; ~ *du chiffre d'affaires* Umsatzsteigerung *f* ; ~ *de la demande* Nachfragebelebung *f*; ~ *de la fortune* Vermögenszuwachs ; Zuwachs an Vermögen ; ~ *du nombre de chômeurs* Ansteigen der Arbeitslosenzahl ; ~ *de la population* Bevölkerungszuwachs ; ~ *du pouvoir d'achat* Kaufkrafterhöhung *f* ; ~ *de la production* Produktionssteigerung ; ~ *du revenu familial* Erhöhung des Familieneinkommens ; *taux m d'~* Wachstumsrate *f* ; Zuwachsziffer *f*.

accroître steigern ; vergrößern ; erweitern ; s'~ zunehmen ; wachsen ; steigen ; sich verbreiten ; *la population ne cesse de s'~* die Bevölkerung nimmt ständig zu.

accueil *m* Empfang *m* ; Aufnahme *f* ; Betreuung *f* ; (*aéroport* ; *gare*) Abfertigung *f* ; *comité m , hall m d'~* Empfangskomitee *n*, -halle *f* ; *hôtesse f d'~* Hosteß *f* ; Auskunftsdame *f*.

accumulation *f* Anhäufung *f* ; Ansammlung *f* ; Anhäufen *n* ; Hortung *f*.

accumuler anhäufen ; ansammeln ; ~ *des dettes* Schulden anhäufen ; ~ *du travail* Arbeit anhäufen ; ~ *des fonds* Gelder ansammeln ; ~ *des marchandises* Waren horten (hamstern).

accusé *m* **1.** Bestätigung *f* ; ~ *de paiement, de réception* Zahlungs-, Empfangsbestätigung **2.** *lettre f avec ~ de réception* Brief *m*, Schreiben *n* mit Rückantwort.

accusé *m* (*jur.*) Angeklagte(r).

accuser **1.** aufweisen ; verzeichnen ; ~ *un déficit, une hausse* ein Defizit, eine Erhöhung aufweisen ; ~ *un recul de naissances* einen Rückgang an Geburten verzeichnen **2.** ~ *réception de* den Empfang bestätigen ; *nous accusons réception de votre lettre en date du...* wir bestätigen hiermit den Empfang Ihres Schreibens vom.. **3.** (*jur.*) anklagen ; ~ *qqn d'espionnage industriel* jdn der Industriespionage anklagen ; *être ~é de malversations* der Unterschlagung von Geldern beschuldigt werden.

achalandage *m* Kundenstamm *m* ; feste Kundschaft *f*.

achalandé,e **1.** (*bien approvisionné*) *être bien ~* eine reiche Auswahl haben ; ein reichhaltiges Warenangebot haben ; *magasin m bien ~* Geschäft *n* mit reichhaltigem Warenangebot **2.** (*arch.*) (*qui a des clients*) mit einem großen Kundenstamm ; gutgehend.

achat *m* Kauf *m* ; Ankauf *m* ; Einkauf *m* ; Anschaffung *f* ; Beschaffung *f* ; ♦ ~ *à l'amiable* Kauf aus freier Hand ; ~ *sur catalogue* Kauf nach Katalog ; Katalogkauf ; ~ *avec clause de réserve de propriété* Kauf mit Eigentumsvorbehalt ; ~ *au comptant* Barkauf ; ~ *de couverture* Deckungskauf ; ~ *à crédit* Kreditkauf ; ~ *au détail* Ankauf im kleinen ; ~ *de devises* Devisenkauf ; ~ *direct* Direktbezug *m* ; ~ *fictif* Schein-, Fiktivkauf ; ~ *à forfait* Pauschalkauf ; ~ *en gros* Großeinkauf ; ~*s groupés* Sammelkäufe ; ~ *illicite* (*clandestin, illégal, au noir*) Schwarzkauf ; ~ *d'intervention* Interventionskauf ; ~ *massif* Massenkauf ; (*bourse*) ~ *au mieux* Bestkauf ; ~ *obligatoire* Zwangskauf ; Kaufverpflichtung *f* ; ~ *occasionnel* Gelegenheitskauf ; ~ *de précaution* Vorrats(ein)kauf ; ~ *prime* Prämienkauf ; ~ *au prix coûtant* Kauf zum Selbstkostenpreis ; ~ *à propre compte* Kauf auf eigene Rechnung ; ~ *en seconde main* Kauf aus zweiter Hand ; ~ *sous réserve* Kauf mit Vorbehalt ; ~ *de soutien* Stützungskauf ; ~*s de stockage* Vorrats-, Hamsterkäufe ; ~ *à tempérament* Abzahlungs-, Ratenkauf ; ~ *à terme* Terminkauf ; ♦♦ *bon m d'~* Bezugsschein *m* ; *bordereau m d'~* Kaufschein *m* ; *conditions fpl d'~* Kauf-, Bezugsbedingungen *fpl* ; *contrat m d'~* Kaufvertrag *m* ; *coopérative f d'~s* Einkaufsgenossenschaft *f* ; *cours m d'~* Abnahme-, Kaufkurs *m* ; *groupement m d'~s* Einkaufsvereinigung *f* ; *habitudes fpl d'~s des consommateurs* Kauf-, Konsumgewohnheiten *fpl* ; *monopole m d'~* Bezugsmonopol *n* ; *option f d'~* Kaufoption *f* ; *organisme m d'~* Einkaufsstelle *f* ; *ordre m d'~* Kaufauftrag *m* ; *pouvoir m d'~* Kaufkraft *f* ; *prix m d'~* Kauf-, Bezugs-, Anschaffungspreis *m* ; *propension f à l'~* Kauflust *f* ; Kaufneigung *f* ; *service m des ~s* Kaufabteilung *f* ; *valeur f d'~* Kauf-, Anschaffungswert *m* ;

♦♦♦ *faire ~ de qqch* etw kaufen ; etw erwerben ; *faire des ~s* einkaufen ; Einkäufe machen (tätigen) ; *faire des ~s de précaution* Hamsterkäufe machen.

acheminement *m* Beförderung *f* ; Transport *m* ; *(poste)* Postvermerk *m* ; *~ du courrier* Postbeförderung *f* ; *~ des marchandises* Güterbeförderung.

acheminer befördern ; weiterleiten.

acheter 1. kaufen ; erwerben ; ankaufen ; einkaufen ; abnehmen ; beziehen ; *~ en bloc* im ganzen aufkaufen ; *~ bon marché* billig kaufen ; *~ comptant* (gegen) bar kaufen ; *~ à crédit* auf Kredit kaufen ; *~ au détail* im kleinen kaufen ; *~ aux enchères* ersteigern ; *~ ferme* fest kaufen ; *~ en gros* im großen (en gros, im Großhandel) kaufen ; *~ au noir* schwarz kaufen ; *~ d'occasion* gebraucht (aus zweiter Hand) kaufen ; *~ au poids* nach Gewicht kaufen ; *~ directement au producteur* direkt vom Erzeuger beziehen ; *~ en sous-main* unter der Hand kaufen ; *~ à tempérament* auf Raten (auf Abzahlung) kaufen ; (*fam.*) abstottern **2.** (*péjor.*) *~ qqn* jdn bestechen ; jdn schmieren ; an jdn Schmiergelder zahlen (verteilen).

acheteur *m* (Ein)käufer *m* ; Abnehmer *m* ; Bezieher *m* ; Kunde *m* ; ♦ *~ en gros* Großeinkäufer ; *~ occasionnel* Gelegenheitskäufer ; *~s potentiels* potentielle Käufer ; kaufkräftige Bevölkerung *f* ; *~ professionnel* Einkaufsagent *m* ; *~ à réméré* Rückkäufer ; ♦♦ *affluence f des ~s* Käuferandrang *m* ; *catégorie f d'~s* Käuferschicht *f* ; *comportement m des ~s* Kaufverhalten *n* der Verbraucher ; Konsumgewohnheiten *fpl* ; (*bourse*) *cours m ~* Geldkurs *m* ; *engouement m des ~s* Kauflust *f* ; *grève f des ~s* Konsumentenstreik *m* ; *pays- ~ m* Abnehmer-, Käuferland *n* ; *retenue f des ~s* Kaufunlust *f* ; ♦♦♦ *avoir ~* einen Käufer an der Hand haben ; *être* (*se porter*) *~* als Käufer auftreten ; *trouver ~* Abnehmer (seinen Käufer) finden.

acier *m* Stahl *m* ; *~ brut* Rohstahl ; *~ laminé* Walzstahl ; *~ spécial* Edelstahl ; *d'~* aus Stahl ; stählern.

aciérage *m* Verstählung *f*.

aciérie *f* Stahlwerk *n* ; Stahlhütte *f*.

acompte *m* Anzahlung *f* ; Rate *f* ; *par ~s* auf Abschlag ; auf Raten ; *(fiscalité) ~ provisionnel* Steuervorauszahlung ; *demander un ~ sur salaire* einen Lohnvorschuß verlangen ; *payer (verser) un ~* eine Anzahlung machen (leisten) ; *payer par ~s* in Raten zahlen ; *verser un ~ sur loyer* eine Mietvorauszahlung leisten.

à-côtés *mpl* : *avoir* (*se faire*) *des ~* Nebeneinkünfte (Nebeneinnahmen) haben.

acquéreur *m* Erwerber *m* ; Käufer *m* ; Abnehmer *m* ; *se porter ~* als Käufer auftreten.

acquérir erwerben ; anschaffen ; kaufen ; erstehen.

acquêts *mpl* : (*jur.*) *régime m de la communauté réduite aux ~* Errungenschaftsgemeinschaft *f* ; Zugewinngemeinschaft.

acquis : *droits mpl ~* wohlerworbene Rechte *npl*.

acquisition *f* Ankauf *m* ; Erwerb *m* ; Anschaffung *f* ; Errungenschaft *f* ; *~ à titre gracieux, à titre payant* unentgeltlicher, entgeltlicher Erwerb ; *~ d'un droit, d'une participation, d'un terrain* Erwerb eines Anspruchs, einer Beteiligung, eines Grundstücks.

acquit *m* Quittung *f* ; Empfangs-, Zahlungsbestätigung *f* ; *pour ~* Betrag erhalten ; *donner ~* den Empfang bescheinigen.

acquit-à-caution *m* (*de transit*) Zollbegleitschein *m*.

acquit *m* **d'entrée** Zolleingangsschein *m*.

acquittable zahlbar ; tilgbar.

acquitté,e 1. quittiert ; bezahlt **2.** (*jur.*) freigesprochen.

acquitter 1. bezahlen ; zahlen ; (*droits, redevance*) entrichten ; (*facture*) quittieren ; begleichen ; (*dette*) abtragen ; begleichen ; *s'~ de l'impôt* die Steuerpflicht erfüllen ; *s'~ d'une obligation* einer Verpflichtung nachkommen ; eine Verpflichtung erfüllen **2.** (*jur.*) freisprechen.

acte *m* **1.** Handlung *f* ; Tat *f* ; *~ délictueux* strafbare Handlung ; Vergehen *n* **2.** *faire ~ de présence* sich zeigen ; sich sehen lassen **3.** (*document*) Urkunde *f* ; Dokument *n* ; Schriftstück *n* ; ♦ *~ authentique* (*officiel*) öffentliche (beglaubigte, authentische) Urkunde ; *dont ~* ausgefertigt ; *~ de cautionnement* Bürgschein *m* (zur Beurkundung) ; *~ de décès* Sterbeurkunde ; *~ de dépôt* Depotschein *m* ; Hinterlegungsurkunde ; *~ de donation* Schenkungsurkunde ; *~ de l'état civil* standesamtliche Urkunde ; *~ d'exécution* Zwangsvollstreckung *f* ; *~ de naissance* Geburtsurkunde ; *~ de nantissement* Pfandbrief *m* ; *~ notarié* notariell beglaubigte Urkunde ; ~ *de propriété* Eigentumsurkunde ; ~ *sous seing privé* Privaturkunde ; ~ *de société* Gesellschaftsvertrag *m* ; ~ *de vente* Kaufurkunde, -vertrag ; ◆◆◆ *authentifier un* ~ eine Urkunde beglaubigen (bescheinigen) ; *dresser* ~ *de qqch* etw schriftlich beurkunden ; *établir un* ~ eine Urkunde ausstellen (ausfertigen) ; *prendre* ~ *de qqch* etw zu Protokoll nehmen ; etw zur Kenntnis nehmen ; *rédiger un* ~ eine Urkunde abfassen.

acte *m* unique européen Einheitliche Europäische Akte *f* (qui modifie les traités de Rome en visant à transformer la C.E. en une Union Européenne).

actif *m* Aktiva *pl* ; Aktivbestand *m* ; Aktivvermögen *n* ; ◆ ~ *circulant* Umlaufvermögen ; ~ *disponible* freie (verfügbare) Aktiva ; ~ *de la faillite* Konkursmasse *f* ; ~*s financiers* Finanzanlagen *fpl* ; ~ *fixe* (*immobilisé*) Anlagevermögen ; ~ *immobilier* Sach-, Immobilienvermögen ; ~ *immobilisé* → *fixe* ; ~*s incorporels* immaterielle Anlagewerte *mpl* ; ~ *liquide* flüssige Aktiva ; ~ *net* Reinvermögen ; ~ *permanent* → *fixe* ; ~ *réalisable* (*mobilisable*) verwertbare (greifbare) Aktiva ; ~*s réels* Sachanlagen *fpl* ; ~ *social* Gesellschaftsvermögen ; ~ *d'une succession* Nachlaßvermögen ; ◆◆ *comptes mpl de l'*~ Aktivposten *mpl* ; *élément m d'*~ (*poste m de l'*~) Aktivposten *m* ; *postes de l'*~ *d'un bilan* Aktivseite *f* einer Bilanz ; *valeurs fpl d'*~ Aktivvermögen *n* ; ◆◆◆ *faire figurer* (*inscrire*) *à l'*~ → *passer* ; *juxtaposer l'*~ *et le passif* Aktiva und Passiva gegenüberstellen ; *liquider l'*~ *social* das Gesellschaftsvermögen auflösen ; *passer* (*porter*) *à l'*~ aktivieren ; auf der Aktivseite verbuchen ; jdm etw gutschreiben.

actif, ive erwerbstätig ; aktiv ; tätig ; handelnd ; *dettes fpl* ~*ives* Außenstände *pl* ; *masse f* ~*ive* Aktivmasse *f* ; *membre m* ~ aktives (ordentliches) Mitglied *n* ; *population f* ~*ive* erwerbstätige Bevölkerung *f* ; *vie f* ~*ive* Erwerbsleben *n* ; *entrer dans la vie* ~*ive* in das Erwerbsleben eintreten.

actifs *mpl* : *les* ~ die Erwerbstätigen *mpl* ; die erwerbstätige Bevölkerung ; (RDA) die Werktätigen.

	1. *acte, activité*
action *f*	2. *titre*
	3. *action en justice*

1. *(acte, activité)* Aktion *f* ; Tätigkeit *f* ; ~ *concertée* konzertierte Aktion ; ~ *de soutien* Stützungsaktion ; ~ *syndicale* Kampfmaßnahme *f* ; *programme m d'*~ Aktionsprogramm *n* ; *être, mettre en* ~ in Betrieb sein, setzen.

2. *(titre)* Aktie *f* ; Anteilschein *m* ; ◆ ~ *ancienne* alte Aktie ; ~ *d'apport* Gründeraktie ; ~ *cotée, déposée, entièrement libérée* notierte, hinterlegte, voll eingezahlte Aktie ; ~*s gratuites* Gratisaktien ; ~ *de jouissance* Genußaktie ; ~ *libérée* voll eingezahlte Aktie ; Vollaktie ; ~ *non libérée* Leeraktie ; ~ *minière* Kux *m* ; ~ *minimale* Kleinaktie ; ~ *nominative* Namensaktie ; ~ *nouvelle* junge Aktie ; ~ *ordinaire* Stammaktie ; ~ *au porteur* Inhaberaktie ; ~ *privilégiée (de préférence)* Vorzugsaktie ; ~ *sans valeur nominale* Aktie ohne Nennwert ; ~ *de travail (ouvrière)* Belegschafts-, Arbeitsaktie ; ~*-vedette* Aktienrenner *m* ; Spitzenwert *m* ; ◆◆ *capital m* ~*s* Aktienkapital *n* ; *cotation f des* ~*s* Aktiennotierung *f* ; *cours m des* ~*s* Aktienkurs *m* ; *détenteur m d'*~*s* Aktieninhaber *m*, -besitzer *m* ; Aktionär *m* ; *émission f d'*~*s* Aktienausgabe *f* ; *fractionnement m d'une* ~ Aktiensplitting *n* ; *indice m du cours des* ~*s* Aktienindex *m* ; *lot m d'*~*s* Aktienpaket *n* ; *majorité f des* ~*s* Aktienmehrheit *f* ; *paquet m d'*~*s* Aktienpaket *n* ; *portefeuille m d'*~*s* Portefeuille *n* ; *porteur m d'*~*s* Aktieninhaber *m*, -besitzer *m* ; Aktionär *m* ; *produit m d'une* ~ Aktienrendite *f* ; *regroupement m d'*~*s* Aktienzusammenlegung *f* ; *société f par* ~*s (S.A.)* Aktiengesellschaft *f* (AG) ; *souscription f d'*~*s* Aktienzeichnung *f* ; ◆◆◆ *annuler des* ~*s* Aktien einziehen ; *créer (émettre) des* ~*s* Aktien ausgeben ; *détenir, négocier des* ~*s* Aktien besitzen, handeln ; *racheter (retirer) des* ~*s* → *annuler* ; *souscrire des* ~*s* Aktien zeichnen ; *vendre un paquet d'*~*s* ein Aktienpaket abstoßen.

3. *(action en justice)* Klage *f* ; ~ *civile* Privat-, Nebenklage ; ~ *publique* öffentliche Klage ; ~ *en diffamation* Beleidigungsklage ; ~ *en dommages-intérêts* Schaden(s)ersatzklage ; Klage auf Schaden(s)ersatz ; *intenter une* ~ Klage erheben (anstrengen).

actionnaire *m* Aktieninhaber *m* ; Aktienbesitzer *m* ; Aktionär *m* ; Anteilseigner *m* ; *gros, petit* ~ Groß-, Kleinaktionär.

actionnariat *m* ouvrier (Ausgabe *f* von) Belegschaftsaktien *fpl* ; Kapitalbeteiligung *f* der Arbeitnehmer.

activation *f* : *~ de la demande* Anheizen *n* der Nachfrage.

activité *f* Aktivität *f* ; Tätigkeit *f* ; Erwerb *m* ; Beschäftigung *f* ; Gewerbe *n* ; Branche *f* ; Zweig *m* ; Bereich *m* ; *(secteur)* Sektor *m* ; ♦ *~ artisanale* Handwerk *n* ; *~ bancaire* Bankgewerbe ; *~ du bâtiment* Baugewerbe ; *~ commerciale* Geschäfts-, Handelstätigkeit ; Handelsgewerbe ; *~ d'un compte* Kontobewegung *f* ; *~ économique* Wirtschaftstätigkeit ; *~ indépendante* selbständige Beschäftigung *f* ; *~ industrielle* produzierendes Gewerbe ; *~ (ir)régulière* (un)regelmäßige Beschäftigung ; *~ libérale* freiberufliche Tätigkeit ; *~ non salariée* selbständiger Beruf *m* ; *~ permanente* Dauerbeschäftigung ; *~ professionnelle* berufliche Tätigkeit ; *~ professionnelle principale, secondaire* Haupt-, Nebenberuf *m* ; *~ salariée* unselbständige Tätigkeit ; *rétribuée (lucrative, rémunérée)* Erwerbstätigkeit ; bezahlte Tätigkeit ; *~ secondaire* Nebenbeschäftigung ; *~ syndicale* Gewerkschaftstätigkeit ; ♦♦ *branche f (domaine m) d'~* Tätigkeitsbereich *m* ; Beschäftigungszweig *m* ; *rapport m d'~* Tätigkeitsbericht *m* ; *secteur m d'~* → *branche* ; *sphère f d'~* Geschäftskreis *m* ; Wirkungsbereich *m* ; *taux m d'~* Erwerbsquote *f* ; ♦♦♦ *cesser ses ~s professionnelles* aus dem Berufsleben ausscheiden ; *entrer en ~* in das Erwerbsleben eintreten ; *être capable d'exercer une ~ professionnelle* berufsfähig sein ; *(machine) être en ~, hors d'~* in Betrieb, außer Betrieb sein ; *(personne) être en ~* im Dienst sein ; *exercer une ~ commerciale* ein Handelsgewerbe betreiben ; *exercer une ~ industrielle* eine gewerbliche Tätigkeit ausüben ; im Industriebereich tätig sein ; *exercer une ~ professionnelle* berufstätig sein ; einen Beruf ausüben ; *relancer l'~ économique* die Wirtschaft wieder ankurbeln (beleben).

actuaire *m* Versicherungsmathematiker *m*.

actualisation *f* Aktualisierung *f*.

actualiser aktualisieren ; *ré~ une rente* eine Rente dynamisieren.

actuariel, le versicherungsmathematisch ; versicherungstechnisch ; *science f ~le* Versicherungsmathematik *f* : *taux m ~ brut* Bruttozinssatz *m* ; Ertragsberechnung *f* (Anleihen, Obligationen, Darlehen) ; Rendite *f*.

adaptation *f (à)* Anpassung *f* (an + A).

adapter anpassen ; *s'~* sich anpassen ; *il faut savoir s'~* man muß sich anpassen können ; man muß anpassungsfähig sein.

additif *m* Zusatz *m* ; Zusatzstoff *m* ; Nachtrag *m*.

addition *f* **1.** Zusatz *m* ; Hinzufügung *f* **2.** Addition *f* ; *faire une ~* zusammenzählen **3.** *(café) l'~, s'il vous plaît* die Rechnung, bitte ! ; bitte zahlen !

additionnel, le zusätzlich ; Zusatz- ; nachträglich ; Nachtrags- ; *centimes mpl ~s* Steuerzuschlag *m*.

additionner zusammenzählen ; zusammenrechnen ; addieren.

additionneur *m (inform.)* Rechenwerk *n*.

adhérent *m* Mitglied *n* ; Anhänger *m*.

adhérer 1. beitreten ; *~ à un parti* einer Partei beitreten **2.** *(idée)* zustimmen.

adhésion *f* **1.** *(association)* Beitritt *m* (*à* zu) ; Eintritt (*à* in + A) **2.** *(approbation)* Zustimmung *f* (*à* zu).

adjoint *m* **1.** Stellvertreter *m* ; *~ au maire* stellvertretender Bürgermeister *m* **2.** Gehilfe *m* ; Sekretär *m* ; Assistent *m* ; *~ à la direction* Leitende(r) ; Führungskraft *f*.

adjoint, e Aushilfs- ; Hilfs- ; stellvertretend ; *directeur m ~* stellvertretender Direktor *m* ; *maire m ~* stellvertretender Bürgermeister *m* ; *être ~ à qqn* jdm beigeordnet sein.

adjudicataire *m* Ersteigerer *m* ; Ersteher *m* ; *être déclaré ~* jdm den Zuschlag erteilen.

adjudicateur *m* Auktionator *m* ; Zuerkenner *m* ; Versteigerer *m*.

adjudication *f* **1.** Zuschlag *m* ; *obtenir l'~* den Zuschlag erhalten **2.** Versteigerung *f* ; *vente f par ~* Zwangsversteigerung ; gerichtlicher Verkauf *m* ; öffentliche Versteigerung *f* **3.** *(de travaux)* Ausschreibung *f* ; *par voie d'~* durch Ausschreibung ; *mettre en ~* öffentlich ausschreiben.

adjuger 1. *(vente aux enchères)* den Zuschlag erteilen ; *~ au plus offrant* dem Meistbietenden zusprechen **2.** *(travaux)* vergeben.

admettre 1. *(à la bourse)* an der Börse zulassen ; *~ à la cote* zur Notierung zulassen **2.** *(jur.) ~ au barreau* als Anwalt zugelassen werden **3.** *~ un compte* eine Rechnung für richtig befinden **4.** *~ en franchise* zollfrei zulassen **5.** *n'~ aucun retard* keinen Aufschub dulden.

administrateur *m* Verwalter *m* ; ~ *de biens* Vermögensverwalter ; ~ *de la faillite* Konkursverwalter ; ~ *fiduciaire* Treuhänder *m* ; ~ *judiciaire* gerichtlich bestellter Verwalter.

administratif, ive Verwaltungs- ; administrativ ; *année f ~ive* Verwaltungsjahr *n* ; *commission f ~ive* Verwaltungskommission f ; *corps m ~* - Verwaltungspersonal *n* ; *organe m, siège m, tribunal m ~* Verwaltungsorgan *n*, -sitz *m*, -gericht *n* ; *elle travaille dans les services ~s de l'entreprise* sie arbeitet in der Verwaltung der Firma.

administration *f* Verwaltung *f* ; Behörde *f* ; ♦ ~ *de biens* Vermögensverwaltung ; ~ *centrale* Hauptverwaltung ; ~ *des contributions (des finances)* Finanzbehörde ; Finanzamt *n* ; ~ *des domaines* Domänenverwaltung ; ~ *des douanes* Zollbehörde ; ~ *des eaux et forêts* Forstverwaltung ; ~ *des poids et mesures* Eichamt *n* ; ~ *des postes* Postbehörde ; ~ *publique* öffentliche Verwaltung ; ♦♦ *agent m de l'~* Verwaltungsangestellte(r) ; *appareil m de l'~* Verwaltungsapparat *m* ; die staatliche Verwaltung ; *conseil m d'~* Aufsichtsrat *m* ; *fonctionnaire m de l'~* Verwaltungsbeamte(r).

administrativement auf dem Verwaltungsweg.

administrés *mpl* Bürger *mpl*.

admission *f* Zulassung *f* ; Einführung *f* ; ~ *à la bourse (à la cotation)* Zulassung zur Börse.

adopter **1.** *(enfant)* adoptieren **2.** annehmen ; ~ *à l'unanimité* einstimmig annehmen **3.** *(loi, budget)* verabschieden ~ *des directives* Richtlinien verabschieden ; **4.** *(méthode, procédé)* einführen.

adoption *f* **1.** Adoption *f* ; Annahme *f* an Kindes Statt **2.** ~ *d'une proposition* Annahme *f* eines Vorschlags **3.** ~ *du budget* Verabschiedung *f* des Haushalts **4** ~ *d'une nouvelle méthode* Einführung einer neuen Methode.

adresse *f* Adresse *f* ; Anschrift *f* ; Wohnort *m* ; ~ *commerciale* Geschäftsadresse ; ~ *complète* vollständige Adresse ; ~ *télégraphique* Telegrammadresse ; ~ *de vacances* Urlaubs-, Ferienanschrift ; *bureau m d'~s* Adressenbüro *n* ; *changement m d'~* Adressenänderung *f* ; *(lettre) inconnu à l'~ indiquée* Empfänger *m*, Adressat *m* unbekannt ; *mettre une mauvaise ~* einen Brief falsch adressieren ; *prendre le nom et l'~ de qqn* jds Namen und Anschrift notieren.

adresser *(à)* schicken (an) ; senden ; richten (an) ; ~ *une commande* bei jdm eine Bestellung machen ; ~ *une lettre à qqn* einen Brief an jdn schicken ; ~ *la parole à qqn* das Wort an jdn richten ; ~ *une question à qqn* jdm eine Frage stellen ; ~ *une requête, une demande* ein Gesuch, einen Antrag einreichen ; *veuillez nous ~ votre candidature* wir bitten um Ihre Bewerbung ; *s'~ à qqn* sich an jdn wenden.

adressier *m* Adressenbüro *n*.

adressographe *m* Adressiermaschine *f*.

ad valorem *(douane)* dem Wert nach ; wertmäßig ; ad valorem.

A.E.L.E. *(Association européenne de libre-échange)* EFTA ['ɛfta] *f* ; Europäische Freihandelszone *f*.

aérien, ne Luft- ; Flug- ; *compagnie f ~ne* Fluggesellschaft *f* ; *fret m ~* Luftfracht *f* ; *navigation f ~ne* Luftfahrt *f* ; *compagnie f de navigation ~ne* Luftverkehrsgesellschaft *f* ; *pont m ~* Luftbrücke *f* ; *poste f ~ne* Luftpost *f* ; *réclame f, publicité f ~ne* Luftreklame *f*, -werbung *f* ; *souveraineté ~ne* Lufthoheit *f* ; *voie f ~ne* Luftstraße *f* ; Luftweg *m* ; Luftkorridor *m*.

aérodrome *m* Flugplatz *m* ; Flughafen *m*.

aérogramme *m* Luftpost(leicht)brief *m*.

aéropostal, e Luftpost-.

aérospatiale *f* (Luft- und) Raumfahrt *f*.

affaiblir (ab)schwächen ; entkräften ; *s'~* abflauen ; sich abschwächen ; nachlassen ; abflachen.

affaiblissement *m* Abflauen *n* ; Abschwächung *f* ; Nachlassen *n* ; Dämpfung *f* ; ~ *de la conjoncture* Konjunkturabschwächung ; ~ *des cours* Kursabschwächung *f*.

affaire *f*	**1.** ***commerce ; magasin*** **2.** ***opération commerciale*** **3.** ***affaire juridique*** **4.** ***politique : affaires***

1. ***(commerce ; magasin)*** Geschäft *n* ; Betrieb *m* ; Firma *f* ; Unternehmen *n* ; ♦ *une ~ prospère* ein ertragreiches Geschäft ; *une ~ d'alimentation générale* ein Lebensmittelgeschäft ; *gérant m d'une ~* Pächter *m* ; Geschäftsführer *m* ; *propriétaire m d'une ~* Ladeninhaber *m* ; Geschäftsinhaber ; ♦♦♦ *agrandir une ~* ein Geschäft erweitern ;

gérer une ~ ein Geschäft führen ; *mettre une* ~ *en gérance* ein Geschäft in Pacht geben (verpachten) ; *monter une* ~ ein Geschäft aufbauen ; *prendre une* ~ *en gérance* einen Betrieb pachten ; *renflouer une* ~ ein Geschäft sanieren ; *reprendre une* ~ ein Geschäft übernehmen ; *vendre une* ~ ein Geschäft veräußern (verkaufen).

2. *(opération commerciale)* Geschäft *n* ; Handel *m* ; Abschluß *m* ; Transaktion *f* ; ♦ ~*s bancaires* Bankgeschäfte ; ~*s de change* Devisengeschäfte ; ~ *en contrepartie* Gegengeschäft ; Geschäft auf Gegenseitigkeit ; ~*s courantes* laufende Geschäfte ; ~ *déficitaire* Verlustgeschäft ; ~ *honnête* ehrliches Geschäft ; ~ *jumelée* Koppelgeschäft ; ~ *louche* dunkles (undurchsichtiges) Geschäft ; ~*s nouvelles* Neugeschäfte ; Neuabschlüsse *mpl* ; ~ *payante (rentable)* lohnendes (einträgliches) Geschäft ; ~ *risquée* risikoreiches (gewagtes) Geschäft ; ~ *véreuse* faules Geschäft ; ♦♦ *agent m d'*~*s* Kommissionär *m*; *accroissement m des* ~*s* Geschäftszunahme *f* ; Boom *m* ; Aufschwung *m* ; Aufwärtsbewegung *f* ; *arrêt m des* ~*s* Geschäftsstillstand *m*, -flaute *f*, -stille *f* ; *augmentation f des* ~*s* Absatzsteigerung *f* ; *chargé m d'*~*s* Geschäftsträger *m* ; *diminution f des* ~*s* Geschäftsflaute *f* ; Abschwung *m* ; Abwärtsbewegung *f* ; Rückgang *m* der wirtschaftlichen Tätigkeit ; *emballement m des* ~*s* Konjunkturüberhitzung *f* ; *évolution f des* ~*s* Geschäftsverlauf *m* ; *femme f, homme m d'*~*s* Geschäftsfrau *f*, -mann *m* ; *marasme m des* ~*s* Flaute *f* ; *marche f des* ~*s* Geschäftsgang *m* ; *milieux mpl d'*~*s* Geschäftskreise *pl* ; *monde m des* ~*s* Geschäftswelt *f* ; *mouvement m des* ~*s* Geschäftsverkehr *m* ; *papiers mpl d'*~*s* Geschäftspapiere *npl* ; *pour* ~*s* in Geschäften ; geschäftehalber ; *pratique f des* ~*s* Geschäftserfahrung *f* ; *recul m des* ~*s* Geschäftsrückgang *m* ; *relance f des* ~*s* Wirtschaftsankurbelung *f* ; *relations fpl d'*~*s* Geschäftsbeziehungen *pl* ; *risque m des* ~*s* Geschäftsrisiko *n* ; *(bourse) sans* ~*s* lustlos ; *sens m des* ~*s* Geschäftssinn *m* ; *stagnation f des* ~*s* Stagnation *f* der Geschäfte ; Geschäftsstockung *f* ; *voyage m d'*~*s* Geschäftsreise *f* ; *(fonctionnaire)* Dienstreise ; ♦♦♦ *les* ~*s sont les* ~*s* Geschäft ist Geschäft ; *conclure une* ~ ein Geschäft abschließen ; *entrer (pour 25 %) dans une* ~ (mit 25 %) in ein Geschäft einsteigen ; *entrer en relations d'*~*s* mit jdm ins Geschäft kommen ; *être dans les* ~*s* in den Geschäften sein ; *être en* ~ *avec qqn* mit jdm in Geschäftsverbindung stehen ; *être versé dans les* ~*s* geschäftstüchtig sein ; *expédier une* ~ ein Geschäft erledigen ; *faire une bonne, mauvaise* ~ ein gutes, schlechtes Geschäft machen ; *négocier une* ~ über ein Geschäft verhandeln ; *perdre de l'argent (des plumes) dans une* ~ bei einem Geschäft Geld verlieren (Federn lassen) ; *réaliser une* ~ ein Geschäft abschließen ; *se retirer d'une* ~ aus einem Geschäft aussteigen ; *se retirer des* ~ sich aus dem Geschäftsleben zurückziehen ; *voyager pour* ~ geschäftlich reisen ; geschäftlich unterwegs sein.

3. *(affaire juridique)* Sache *f* ; Fall *m* ; Prozeß *m* ; Rechtsstreit *m* ; Streitsache *f* ; Affäre *f* ; ~ *X contre Y* Sache X gegen Y : ~*s criminelles* Strafsachen ; ~ *litigieuse* Streitsache ; ~ *de pots de vin* Schmiergeldaffäre ; Bestechung *f* ; *plaider une* ~ einen Prozeß führen.

4. *(politique)* : ~*s* Staatsangelegenheiten *fpl* ; ~*s étrangères* Auswärtiges Amt *n* ; Außenpolitik *f* ; ~*s gouvernementales* Regierungsgeschäfte *npl* ; ~*s interallemandes* innerdeutsche Angelegenheiten *fpl*.

affairiste *m* (gewissenloser) Geschäftemacher *m*.

affaissement *m* Sinken *n* ; Einbruch *m* ; ~ *des cours* Kurseinbruch.

affectation *f* Zuweisung *f* ; Zuteilung *f* ; Zweckbestimmung *f* ; Verwendung *f* ; ~ *du capital* Kapital verwendung ; ~ *de la main-d'œuvre* Verwendung der Arbeitskräfte ; ~ *aux réserves* Zuweisung an die Reserven ; ~ *d'une somme* Verwendung (Bestimmung) eines Betrags.

affecté, e : *fonds mpl* ~*s* zweckgebundene Mittel *npl* ; *réserves fpl* ~*es* zweckgebundene Rücklagen *fpl*.

affecter zuweisen ; verwenden ; bestimmen ; ~ *une somme à qqch* einen Betrag für etw bestimmen (verwenden) ; ~ *des fonds à la réserve* der Rücklage Gelder zuweisen ; Gelder dem Reservefonds zuführen.

afférent, e : *les frais mpl* ~*s* die damit verbundenen Kosten *pl* ; die anfallenden Kosten.

affermage *m* (Ver)pachtung *f* ; (Ver)pachten *n* ; Pachtvertrag *m*.

affermer (ver)pachten ; in Pacht geben, nehmen.

affermir *(cours)* fester werden ; festigen.

affermissement *m* : ~ *des cours* Festigung *f* der Kurse.

affichage *m* **1.** Anschlagen *n* ; Aushang *m* ; Anschlag *m* ; Plakatierung *f* ; ~ *des prix* Preisaushang *m* ; Preisauszeichnung *f* ; ~ *publicitaire* Plakatwerbung *f* ; *obligation f d'* ~ *du prix* Auspreisungspflicht *f* ; *panneau m d'* ~ Anschlagtafel *f* ; Schwarzes Brett *n* **2.** Bekanntmachung *f* durch Plakat.

affiche *f* Plakat *n* ; Anschlag *m* ; Aushang *m* ; ~ *aérienne* Flugwerbung *f* ; ~ *lumineuse* Lichtreklame *f* ; ~ *publicitaire* Werbeplakat ; ~ *de vitrine* Aushang im Schaufenster ; *annoncer par voie d'* ~ *s* durch Aushang bekanntgeben ; *côller (placarder) une* ~ ein Plakat (an)kleben.

afficher anschlagen ; ankleben ; (öffentlich) bekanntmachen ; plakatieren ; auszeichnen ; auspreisen ; ~ *un prix* einen Preis angeben (anheften) ; mit einem Preis auszeichnen (versehen) ; auspreisen.

afficheur *m* Plakatkleber *m*.

affichiste *m* Gebrauchsgraphiker *m* ; Werbegraphiker ; Plakatmaler *m*.

affidavit *m* Affidavit *n* ; eidesstattliche Erklärung *f* (Versicherung *f*).

affiliation *f* Beitritt *m* ;Zugehörigkeit *f* ; Mitgliedschaft *f* ; ~ *à une caisse, aux assurances sociales* Mitgliedschaft bei einer Kasse, bei der Sozialversicherung ; ~ *obligatoire* Zwangsmitgliedschaft.

affilié *m* Mitglied *n* ; Versicherte(r).

affilié, e angegliedert ; angeschlossen ; zugehörig ; *société f* ~ *e* Zweigstelle *f* ; Filiale *f* ; *être* ~ *à un parti* einer Partei angehören ; *être* ~ *à la sécurité sociale* sozialversichert sein.

affilier aufnehmen (in + A) ; angliedern (an + A) ; *s'* ~ Mitglied werden.

affiner veredeln ; reinigen ; raffinieren.

affirmatif, ive bejahend ; *réponse f* ~ *ive* positive Antwort *f*.

affirmative *f* : *dans l'* ~ bejahendenfalls ; im Falle einer Zusage.

affluence *f* Andrang *m* ; Gedränge *n* ; Zustrom *m* von Menschen.

afflux *m* Zustrom *m* ; Zufluß *m* ; Zuzug *m* ; ~ *de capitaux, de devises* Kapitalzustrom, Devisenzufluß.

affranchir freimachen ; frankieren ; ~ *une lettre à 5 F* einen Brief mit 5 F freimachen ; *machine f à* ~ Frankiermaschine *f*.

affranchissement *m* **1.** Frankieren *n* ; Freimachung *f* ; *(par machine)* Freistempelung *f* ; *surtaxe f pour* ~ *insuffisant* Strafporto *n* für ungenügend frankierte Sendung ; ~ *obligatoire* Frankierungszwang *m* **2.** *(montant, somme à payer)* Frankierungssatz *m*.

affrètement *m* **1.** Befrachtung *f* **2.** *(prix)* Fracht *f* ; Frachtgebühr *f*.

affréter befrachten ; chartern ; mieten.

affréteur *m* Charterer *m* ; Befrachter *m* ; Mieter *m*.

A.F.N.O.R. *(Association française de normalisation)* französischer Normenverband *m* ; *(R.F.A.)* DNA (Deutscher Normenausschuß).

A.F.P. *(Agence France Presse)* französische Nachrichtenagentur *f*.

âge *m* **1.** Alter *n* ; ◆ ~ *légal* gesetzliches Alter ; Mündigkeit *f* ; ~ *moyen* Durchschnittsalter ; ~ *nubile* heiratsfähiges Alter ; ~ *requis* vorgeschriebenes Alter ; ~ *scolaire* schulpflichtiges Alter ; *troisième* ~ dritter Lebensabschnitt *m* ; *(personnes)* Senioren *mpl* ; ◆◆ *pyramide f d'* ~ Alterspyramide *f* ; *structure f d'* ~ *de la population* Altersaufbau *m*, -struktur *f* der Bevölkerung ; *tranche f d'* ~ Altersgruppe *f* ; Altersstufe *f* ; Alter ; ◆◆◆ *à l'* ~ *de 18 ans* mit 18 Jahren ; im Alter von 18 Jahren ; *avoir atteint l'* ~ *de travailler, de la retraite* das arbeitsfähige Alter, das Rentenalter erreicht haben **2.** *(époque)* Zeitalter *n* ; Zeit *f* ; Ära *f* ; Epoche *f*.

agence *f* **1.** Agentur *f* ; Büro *n* ; Zweigstelle *f* ; Niederlassung *f* ; Vertretung *f* ; Vermittlung *f* ; ~ *d'assurance* Versicherungsagentur ; ~ *de brevets, commerciale* Patent-, Handelsagentur ; ~ *à l'étranger* Auslandsvertretung ; ~ *générale* General-, Hauptagentur ; ~ *immobilière* Immobiliengeschäft, -büro ; Maklerbüro ; ~ *d'informations* Nachrichtenagentur ; ~ *de location* Vorverkaufsstelle *f* ; ~ *matrimoniale* Heiratsvermittlung ; ~ *nationale pour l'emploi (A.N.P.E.)* Zentralstelle *f* für Arbeitsvermittlung ; *(R.F.A.)* Bundesanstalt *f* für Arbeit ; ~ *de placement* Stellenvermittlung(sbüro) *f* ; Stellennachweis *m* ; ~ *postale* Postagentur ; Posthilfsstelle *f* ; ~ *de presse* Presseagentur ; ~ *de publicité* Werbeagentur ; ~ *de renseignements* Auskunftei *f* ; Auskunftsbüro ; ~ *télégraphique* Depeschenbüro ; ~ *de tourisme (de voyages)* Reisebüro ; Verkehrsamt *n* ; **2.** *(banque)* Zweigstelle *f*, -niederlassung ; Filiale *f*.

agencement *m* Einrichtung *f* ; Gestaltung *f*.

agent *m* **1.** Agent *m* ; (Geschäfts)vermittler *m* ; (Handels)vertreter *m* ; Bevollmächtigte(r) ; ~ *d'achat* Einkäufer *m* ; ~ *d'affaires* Vermittler *m* ; ~ *d'assurances* Versicherungsagent, -vertreter ; ~ *de change* Börsen-, Kurs-, Effektenmakler *m* ; ~ *exclusif* Alleinvertreter ; ~ *fiduciaire* Treuhänder *m* ; ~ *général* Generalagent, -vertreter ; *(industrie)* ~ *de maîtrise* Meister *m* ; ~ *de publicité* Werbefachmann *m* ; Werbespezialist *m* ; Werber *m* ; ~ *technico-commercial* Industriekaufmann *m* ; ~ *technique* technischer Angestellte(r) **2.** *(administratif)* Beamte(r) ; Angestellte(r) ; Bedienstete(r) ; ~ *comptable* Buchhalter *m* ; Buchhaltungsangestellte(r) ; ~ *contractuel* nicht beamtete(r) Angestellte(r) ; Vertragsangestellte(r) ; freier Mitarbeiter *m* ; ~ *des douanes* Zollbeamte(r) ; ~ *de l'État* Staatsbeamte(r), -angestellte(r) ; Staatsdiener *m* ; ~ *du fisc* Finanzbeamte(r) ; ~ *public* öffentliche(r) Bedienstete(r).

agglomération *f* **1.** geschlossene Ortschaft *f* ; Siedlung *f* ; ~ *ouvrière* Arbeitersiedlung **2.** Ballungsgebiet *n*, -raum *m*, -zentrum *n* ; *l'*~ *parisienne* Paris und seine Vororte ; Groß-Paris *n*.

aggravant, e : *circonstances fpl* ~*es* erschwerende Umstände *mpl*.

aggravation *f* Verschärfung *f* ; Verschlimmerung *f* ; ~ *des peines* Verschärfung der Strafen.

aggraver : *s'*~ sich verschärfen ; sich verschlimmern.

agio *m* **1.** Bankagio [...'a:dʒo] *n* ; Bankprovision *f* **2.** *(différence en plus du pair)* Aufgeld *n*.

agiotage *m* Börsenspekulation *f* ; Kurs-, Aktienspekulation ; Agiotage [adʒo'ta:ʒə] *f*.

agioter agiotieren [adʒo'ti:rən] ; (an der Börse) spekulieren.

agioteur *m* Agioteur [adʒo'tø:r] *m* ; Börsenspekulant *m*, -makler *m*.

agraire Agrar- ; landwirtschaftlich ; *économie f* ~ Agrarwirtschaft *f* ; *lois fpl* ~*s* Agrargesetze *npl* ; *réforme f* ~ Agrarreform *f* ; Bodenreform.

agrandir erweitern ; vergrößern ; ausdehnen ; ~ *le réseau routier* das Straßennetz ausbauen.

agrandissement *m* Erweiterung *f* ; Vergrößerung *f* ; Ausbau *m*.

agréé, e (amtlich) zugelassen ; *(choses)* zulässig ; *expert m* ~ gerichtlicher Gutachter *m* ; amtlich zugelassene(r) Sachverständige(r) ; *médecin m* ~ (von der Sozialversicherung) zugelassener Arzt *m* ; Kassenarzt.

agréer 1. zulassen ; genehmigen ; zustimmen **2.** *veuillez* ~, *Madame (Monsieur), l'expression de mes sentiments distingués* Hochachtungsvoll ; mit vorzüglicher Hochachtung.

agrégat *m* globale Größe *f* ; Globalgröße ; Aggregat *n* ; *(comptab.)* Postenverdichtung *f*.

agrément *m* **1.** Zustimmung *f* ; Genehmigung *f* ; Ein-, Bewilligung *f* ; Agreement *n* **2.** Vergnügung *f* ; Zerstreuung *f* ; *voyage m d'*~ Vergnügungsreise *f*.

agricole Landwirtschafts- ; Agrar- ; landwirtschaftlich ; *crédit m, crise f, économie f, excédents mpl* ~*(s)* Agrarkredit *m*, -krise *f*, -wirtschaft *f*, -überschüsse *mpl* ; *exploitation f* ~ landwirtschaftlicher Betrieb *m* ; *exploitant m* ~ Landwirt *m* ; *exposition f* ~ Landwirtschaftsausstellung *f* ; « Grüne Woche » *f* ; *machine f* ~ landwirtschaftliche Maschine *f* ; *marché m* ~ Agrarmarkt *m* ; *ouvrier m* ~ Landarbeiter *m* ; *pays m* ~ Agrarland *n* ; *politique f* ~ Agrarpolitik *f* ; *prix mpl* ~*s* Agrarpreise *mpl* ; *problème m (question f)* ~ Problem *n* der Landwirtschaft ; Agrarfrage *f* ; *produits mpl* ~*s* landwirtschaftliche Erzeugnisse *npl* ; *région f* ~ Agrargebiet *n* ; *secteur m* ~ Agrarsektor *m* ; primärer Wirtschaftssektor *m* ; *usage m* ~ landwirtschaftliche Nutzung *f*.

agriculteur *m* Landwirt *m* ; Bauer *m* ; *les* ~*s* die landwirtschaftliche Bevölkerung *f* ; das Bauernvolk *n*.

agriculture *f* Landwirtschaft *f* ; ~ *biologique* Biokultur *f* ; ~ *chimique* chemieintensive Landwirtschaft ; *chambre f, école f, ministère m de l'*~ Landwirtschaftskammer *f*, -schule *f*, -ministerium *n* ; *salon m de l'*~ landwirtschaftliche Ausstellung *f* ; « grüne Woche » *f* ; *encourager l'*~ die Landwirtschaft fördern.

agro-alimentaire *m* Ernährungswirtschaft *f* ; Lebensmittelbranche *f*, -sektor *m*.

agro-alimentaire zur Ernährungswirtschaft gehörend ; zum Ernährungsgewerbe gehörend ; Lebensmittel- ; *produits mpl* ~*s* Erzeugnisse *npl* des Ernährungsgewerbes ; Lebensmittelprodukte *npl* ; *secteur m* ~ Ernährungswirtschaft *f*, -gewerbe *n*.

agronome : *ingénieur m* ~ Diplomlandwirt *m* ; Agronom *m*.

agronomique Landwirtschafts- ; *institut m* ~ Landwirtschaftsinstitut *n* ; *recherche f* ~ landwirtschaftliche Forschung *f*.

agrumes *mpl* Zitrusfrüchte *fpl*.

1. aide *f* Hilfe *f* ; Beistand *m* ; Unterstützung *f* ; Fürsorge *f* ; Förderung *f* ; ~ *à l'agriculture, aux chômeurs* Agrar-, Arbeitslosenbeihilfe *f* ; ~ *à la construction* Wohnungsbauhilfe ; ~ *au développement* Entwicklungshilfe ; ~ *économique, à l'étranger* Wirtschafts-, Auslandshilfe ; ~ *à l'exportation, à l'importation* Export-, Importförderung ; ~ *financière* finanzielle Hilfe ; Geldzuwendung *f* ; ~ *à l'investissement* Investitionsförderung ; ~ *aux personnes âgées* Altersfürsorge ; ~ *sociale* Sozialhilfe ; Sozialfürsorge *f* ; ~ *au tiers monde* Entwicklungshilfe ; *accorder une* ~ eine Unterstützung gewähren ; *bénéficier d'une* ~ eine Unterstützung beziehen.

2. aide *m* ou *f* Hilfskraft *f* ; Gehilfe *m* ; Assistent(in) *m (f)* ; Mitarbeiter(in) *m (f)*.

aider helfen (+ D) ; unterstützen ; fördern ; beistehen (+ D).

aiguilleur *m* Weichensteller *m* ; ~ *du ciel* Fluglotse *m*.

aile *f* Flügel *m* ; *(polit.)* ~ *gauche, droite d'un parti* linker, rechter Flügel einer Partei ; *(fig.) battre de l'*~ angeschlagen sein ; sich in Schwierigkeiten befinden ; *entreprise qui bat de l'*~ marode (flügellahme) Firma.

air *m* Luft *f* ; *promesses fpl en l'*~ leere Versprechungen *fpl* ; *route f de l'*~ Luftweg *m* ; *traite f en l'*~ Kellerwechsel *m* ; *ravitailler par* ~ aus der Luft versorgen.

aisance *f* **1.** Wohlstand *m* ; Wohlhabenheit *f* ; *être dans l'*~ wohlhabend sein **2.** Leichtigkeit *f* ; Ungezwungenheit *f* ; ~ *de trésorerie* Liquidität *f* ; Zahlungsfähigkeit *f*.

aisé, e **1.** wohlhabend **2.** ungezwungen ; leicht.

à jour auf dem laufenden ; *mettre* ~ auf den neuesten Stand bringen ; in Ordnung bringen ; aktualisieren.

ajournement *m* **1.** Aufschub *m* ; Verschiebung *f* ; Vertagung *f* ; ~ *d'un paiement* Stundung *f* ; Zahlungsaufschub **2.** *(jur.)* (Vor)ladung *f*.

ajourner **1.** vertagen ; aufschieben ; verschieben ; stunden ; ~ *une décision* eine Entscheidung aufschieben **2.** *(jur.)* vorladen.

ajouter hinzufügen ; hinzusetzen ; zulegen.

ajustement *m* Angleichung *f* ; Anpassung *f* ; ~ *des changes* Devisenanpassung ; ~ *monétaire* Währungsanpassung ; ~ *des prix* Preisangleichung ; ~ *des salaires* Lohnausgleich *m* ; Berichtigung *f* der Löhne und Gehälter.

ajuster angleichen ; anpassen ; berichtigen ; ~ *les salaires sur les prix* die Löhne den Preisen angleichen.

alcool *m* Alkohol *m* ; Branntwein *m* ; ~*s et spiritueux mpl* Alkoholika *pl* ; *pauvre en* ~ alkoholarm ; *contrebande f d'*~ → *trafic* ; *monopole m des* ~*s* Branntweinmonopol *n* ; *teneur f en* ~ Alkoholgehalt *m* ; *trafic m d'*~ Alkoholschmuggel *m* ; *ne contient pas d'*~ alkoholfrei.

alcoolémie *f* : *taux m d'*~ Promillegrenze *f* ; Alkoholspiegel *m* ; *dépasser le taux d'*~ die Promillegrenze überschreiten.

alco(o)test *m* Alkoholtest *m* ; *subir un* ~ *(fam.)* (in die Röhre) pusten.

aléa *m* (blinder) Zufall *m* ; Risiko *n* ; Wagnis *n* ; ~*s du marché* Marktrisiken.

aléatoire gewagt ; risikoreich ; aleatorisch ; zufallsbedingt ; *contrats mpl* ~*s* aleatorische Verträge *mpl* ; *grandeur f* ~ Zufallsgröße *f* ; *profession f* ~ kein zukunftssicherer Beruf *m*.

ALGOL *m (inform.)* ALGOL *n* ; Programmiersprache *f*.

aliénation *f* **1.** *(jur.)* Veräußerung *f* ; Verkauf *m* ; Übertragung *f* ; ~ *d'un fonds* Grundstücksveräußerung **2.** *(sociologie)* Entfremdung *f*.

aliéner veräußern ; verkaufen ; übertragen.

aligné, e : *pays m non* ~ blockfreies Land *n* ; blockfreier Staat *m*.

alignement *m* Angleichung *f* ; Anpassung *f* ; ~ *des cours, des monnaies, des prix, des salaires* Kurs-, Währungs-, Preis-, Lohnanpassung ; ~ *de qqch sur qqch* Angleichung von etw an (+ A).

aligner **1.** *(sur)* angleichen (an + A) ; anpassen (+ D) **2.** *(fam.)* ~ *des billets* Geld(scheine) herausrücken ; blechen ; berappen **3.** ~ *un compte* ein Konto abschließen.

aliment *m* Lebensmittel *n* ; ~*s* Lebensmittel *npl* ; Nahrung *f*.

alimentaire Lebensmittel- ; *pension f* ~ Alimente *f* ; *verser une pension* ~ *à qqn* jdm Alimente zahlen ; *produit m* ~ Lebensmittel *n* ; *secteur m* ~ Lebensmittelbranche *f* ; *secteur agro-*~ Ernährungswirtschaft *f*, -gewerbe *n*.

alimentation *f* **1.** Ernährung *f* ; Ernährungswirtschaft *f* **2.** Versorgung *f* **3.** *(ordinateur)* (Karten)zuführung *f* **4.** *carte f d'~* Lebensmittelkarte *f* **5.** *magasin m d'~ (« alimentation générale »)* Lebensmittelgeschäft *n.*

alimenter 1. ernähren **2.** *~ un ordinateur* einen Computer füttern **3.** *~ un compte* ein Konto auffüllen ; einem Konto zuführen **4.** *(approvisionner)* versorgen.

alléchant, e verlockend ; verführerisch ; *crédits mpl ~s (péj.)* Lockvogelkredite ; *offre f ~e* verlockendes Angebot *n (péj.)* Lockvogelangebot.

allégement *m* Erleichterung *f* ; Ermäßigung *f* ; *~ douanier* Zollerleichterung ; *~ fiscal* Steuererlaß *m*, -erleichterung *f*, -ermäßigung, -entlastung *f*.

alléger : *~ les charges fiscales des entreprises* die Unternehmen steuerlich entlasten ; die Steuerlast der Unternehmen erleichtern.

alliance *f* **1.** Bündnis *n* ; Bund *m* ; Vereinigung *f* **2.** Verschwägerung *f* ; Verwandtschaft *f*.

allié *m* Verbündete(r) ; Alliierte(r).

allocataire *m* Leistungsempfänger *m*, -berechtigte(r).

allocation *f* Zuschuß *m* ; Beihilfe *f* ; Unterstützung *f* ; *~ d'apprentissage* Ausbildungsbeihilfe ; *~ de chômage* Arbeitslosenunterstützung (Alu) ; Stempelgeld *n* ; *~ pour enfants à charge* Kindergeld *n* ; *~s familiales* Familienbeihilfe ; *~ journalière* Tage(s)geld *n* ; *~ (de) logement* Wohnungsgeld *n*, -beihilfe ; *~ de salaire unique* Alleinverdienerbeihilfe ; *~ de vie chère* Teuerungszulage *f* ; *~ (de) vieillesse* Altersbeihilfe ; *avoir droit à une ~* auf Beihilfe Anspruch haben ; *toucher (percevoir) une ~* eine Unterstützung erhalten.

allonge *f (lettre de change)* Allonge *f* ; Wechselanhang *m* ; Anhangzettel *m*.

allonger *(fam.)* : *~ une somme* einen Betrag auf den Tisch legen.

allouer bewilligen ; gewähren ; zugestehen ; *~ un crédit* einen Kredit gewähren (bewilligen, einräumen) ; *~ des sommes importantes à un projet* hohe Beträge für ein Projekt bewilligen.

alphanumérique *(inform)* alphanumerisch.

altérable *(aliments)* leicht verderblich ; nicht haltbar.

altération *f* Verschlechterung *f* ; Veränderung *f* ; Fälschung *f* ; *~ de document* Urkundenfälschung ; *~ du marché* Marktverschlechterung.

alternatif, ive alternativ ; Alternativ- ; *les ~s* die Alternativen ; die Alternativler ; *économie f ~ive* Alternativwirtschaft *f* ; *énergie f ~ive* Alternativenergie *f* ; *mouvement m ~* alternative Szene *f* ; alternative Bewegung *f*.

amasser anhäufen ; sammeln ; *~ de l'argent* zusammensparen ; *(péj.)* Geld scheffeln.

amateur *m* Liebhaber *m* ; *valeur f d'~* Liebhaberwert *m* ; *(péj.) travailler en ~* halbe Arbeit (Pfuscharbeit) machen.

amateurisme *m* Dilettantismus *m* ; Laienhaftigkeit *f* ; Stümperhaftigkeit *f*.

ambassade *f* Botschaft *f* ; *attaché m d'~* Gesandtschaftsattaché *m* ; *le personnel de l'~* das Botschaftspersonal.

ambassadeur *m* Botschafter *m* ; *échange m d'~s* Botschafteraustausch *m*.

ambiance *f* Stimmung *f* ; Klima *n* ; *~ de travail* Arbeitsklima.

ambulant, e wandernd ; herumziehend ; *commerce m ~* ambulantes Gewerbe *n* ; *marchand m ~* fliegender (ambulanter) Händler *m* ; (*fam.*) Klinkenputzer *m*.

A.M.E. (*Accord monétaire européen*) Europäisches Währungsabkommen *n*.

amélioration *f* (Ver)besserung *f* ; Veredelung *f* ; (*agric.*) Melioration *f* ; *~ de la bourse* Erholung *f* der Börse ; *~ de la conjoncture* Konjunkturbesserung ; *~ des relations, des conditions de travail* Verbesserung der Beziehungen, der Arbeitsbedingungen ; *~ d'une pension* Erhöhung *f* einer Rente ; *~ des salaires* Aufbesserung der Löhne ; *industrie f d'~* Veredelungsindustrie *f* ; *travaux mpl d'~* Ausbauarbeiten *fpl*.

améliorer verbessern ; (*salaires, rémunération*) aufbessern ; *s'~ (cours)* sich erholen ; *(qualité)* steigen ; sich verbessern.

aménagement *m* **1.** Einrichtung *f* ; Ausstattung *f* ; Anordnung *f* ; Einteilung *f* ; *~ intérieur* Innenausstattung *f* **2.** Gestaltung *f* ; *~ du cadre de travail* Arbeitsplatzgestaltung *f* ; *~ des loisirs* Freizeitgestaltung ; *~ du temps de travail* Gestaltung der Arbeitszeit **3.** *~ de dispositions, de mesures* Lockerung *f* von Bestimmungen, von Maßnahmen **4.** *~ de la fiscalité, des tarifs* Steuer-, Tarifermäßigung *f* **5.** *~ de la production* Anpassung *f* der Produktion **6.** *~ du territoire* Raumplanung *f* ; Raumpolitik *f*, -ordnung *f*.

amende *f* Geldstrafe *f* ; (Geld)buße *f* ; Bußgeld *n* ; *sous peine d'~* bei Strafe ; *~ administrative* Ordnungsstrafe ; *~ fiscale* Steuerstrafe ; *condamner à une ~* zu einer Geldstrafe verurteilen ; *infliger une ~* Bußgeld verhängen ; eine Geldstrafe auferlegen ; mit Geldstrafe belegen ; *payer une ~* eine Geldstrafe zahlen.

amender 1. *(sol)* meliorieren ; düngen **2.** *(loi)* abändern ; ändern.

amendement *m (texte, loi)* (Ab)änderung *f* ; Novellierung *f* ; Abänderungsantrag *m* ; *~ de loi* Gesetzesabänderungsantrag.

amener : *~ des clients à qqn* jdm Kunden zuführen.

amenuisement *m* Verminderung *f* ; Schmälerung *f* ; Abwärtsbewegung *f* ; *~ des cours* Kursabschwächung *f* ; Kursrückgang *m* ; *~ du pouvoir d'achat* Kaufkraftschwund *m*.

amiable freundschaftlich ; gütlich ; freihändig ; *à l'~* auf gütlichem Weg ; auf gütliche Weise ; *accord m ~* gütliche Übereinkunft *f* ; *vente f ~* freihändiger Verkauf *m* ; *s'arranger à l' ~ (parvenir à un arrangement ~)* sich mit jdm gütlich einigen ; *vendre à l' ~* aus freier Hand verkaufen.

amont : *en ~* stromaufwärts ; *industrie f en ~* Zuliefer(er)industrie *f* ; *secteurs en ~ et en aval* vor- und nachgelagerte Wirtschaftsbereiche *mpl*.

amortir amortisieren ; (*rembourser*) abbezahlen ; tilgen ; begleichen ; löschen ; abtragen ; *~ un capital* ein Kapital ablösen ; *~ une dette* eine Schuld tilgen (löschen) ; *~ une hypothèque* eine Hypothek tilgen (abtragen) ; (*machine*) abschreiben ; amortisieren.

amortissable tilgbar ; abtragbar ; *~ en 15 ans* in 15 Jahren tilgbar ; abschreibbar ; *capital m, dette f ~* Tilgungskapital *n*, -schuld *f* ; *non ~* untilgbar.

amortissement *m* Abschreibung *f* ; Tilgung *f* ; Löschung *f* ; Amortisation *f* ; Abtragung *f* ; Abzahlung *f* ; Ablösung *f* ; Abbuchung *f* ; ♦ *~ anticipé* vorzeitige Abschreibung ; *~ des coûts* Kostenabschreibung ; *~ d'une créance, d'un crédit* Tilgung einer Forderung, eines Kredits ; *~ dégressif* degressive Abschreibung ; *~ exceptionnel* außerordentliche Abschreibung ; *~ d'un emprunt* Anleihetilgung, -ablösung ; *~ fiscal* steuerliche Abschreibung ; *~ de l'hypothèque* Hypothekentilgung ; *~ linéaire* lineare Abschreibung ; *~ progressif* progressive Abschreibung ; *~ d'une rente* Rentenablösung; *~ technique* Abschreibung wegen technischem Verschleiß ; *~ technologique* Abschreibung wegen technologischer Veralterung ; *~ pour usure (dépréciation)* Abschreibung für Abnutzung ; ♦♦ *annuité f (tranche f) d'~* Tilgungsrate *f* ; *compte m d'~* Abschreibungskonto *n* ; *date limite f d'un ~* Fälligkeit *f* einer Abschreibung ; *durée f de l'~* Tilgungsdauer *f* ; *fonds m d'~* Tilgungs-, Abschreibungsfonds *m* ; *montant m de l'~* Tilgungsbetrag *m* ; *plan m d'~* Amortisationsplan *m* ; *taux m (coefficient m) d'~* Tilgungsquote *f* ; Abschreibungssatz *m* ; ♦♦♦ *calculer l'~* die Abschreibung berechnen ; *réemployer des ~s* Abschreibungserlöse (wieder) verwenden ; *réinvestir un ~* eine Abschreibung reinvestieren.

ample : *pour de plus ~s renseignements, s'adresser à* weitere Auskünfte bei ; für nähere Auskünfte sich wenden an + A ; Näheres bei.

amovible 1. (*fonctionnaire*) absetzbar ; versetzbar ; widerruflich **2.** auswechselbar ; abnehmbar.

amovibilité *f* (*fonctionnaire*) Absetzbarkeit *f*.

ampliation *f* beglaubigte Abschrift *f* ; *pour ~* für die Richtigkeit.

amputation *f* Beschneidung *f* ; Kürzung *f* ; Verminderung *f* ; *~ du budget* drastische Haushaltskürzungen, -beschneidungen.

amputer (*budget*) beschneiden ; drastisch kürzen ; *~ le pouvoir d'achat des masses* die Massenkaufkraft mindern.

an *m* Jahr *n* ; *d'ici d'un ~* in einem Jahr ; innerhalb eines Jahres ; *par ~* jährlich ; pro Jahr ; *bon ~, mal ~* im Jahresdurchschnitt ; jahraus, jahrein ; *dans un délai d'un ~* in Jahresfrist ; *passé un ~* nach Jahresfrist, -ablauf ; (*placement*) *à moins, à plus d'un ~* kurz-, langfristig ; *par rapport à la même période de l'an passé* gegenüber dem Vergleichszeitraum des Vorjahrs.

analyse *f* Analyse *f* ; Untersuchung *f* ; Auswertung *f* ; *~ du bilan* Bilanzanalyse ; *~ des données* Datenanalyse *f* ; *~ de gestion* Betriebsanalyse ; *~ de (du, des) marché(s)* Marktanalyse, -forschung *f* ; *~ statistique* statistische Untersuchung ; *~ des ventes* Umsatzanalyse ; *procéder à une ~* eine Analyse machen (vornehmen, durchführen) ; *l'~ a révélé que...* die Analyse hat ergeben, daß...

analyser analysieren ; untersuchen ; eine Analyse durchführen ; ~ *les résultats d'un sondage* die Ergebnisse einer Meinungsumfrage analysieren ; ~ *une situation conflictuelle* eine Konfliktsituation analysieren.

analyste *m* **1.** *(finance)* (Finanz)analyst *m* ; Analytiker *m*. **2.** *(inform.)* ~ *système* Systemanalytiker *m* ; EDV-Fachmann *m* ; Informatiker *m* ; ~ *programmeur* (EDV-)Programmierer *m*.

ancien, ne 1. alt ; ehemalig ; ~ *franc* Franc *m* vor 1958 ; *le plus* ~ *en grade* der Dienstälteste ; *un* ~ *commerçant* ehemaliger Kaufmann *m* ; *logement m* ~ Altbauwohnung *f* ; **2.** Älteste(r) ; *conseil m des* ~ *s* Ältestenrat *m*.

ancienneté *f* (Dienst)alter *n* ; Amtsalter ; Berufsalter ; Dienstzeit *f* ; Anzahl *f* der Berufsjahre ; Betriebszugehörigkeit *f* ; *par ordre d'*~ dem Dienstalter nach ; ~ *de service* Dienstalter ; *avancement m à l'*~ Beförderung *f* nach dem Dienstalter ; *prime f, supplément m d'*~ Dienstalterszulage *f*, -bonus *m*, -prämie *f* ; *avoir de l'*~ *dans une maison* eine lange Betriebszugehörigkeit haben ; *être promu* (*avancer*) *à l'*~ nach dem Alter befördert werden.

anéantir vernichten ; zerstören.

année *f* Jahr *n* ; Jahrgang *m* ; (*classe*) Jahresklasse *f* ; Jahrgang *m* ; ♦ *les* ~*s 20, 30, 40* die zwanziger, dreißiger, vierziger Jahre ; ~ *bissextile* Schaltjahr ; ~ *budgétaire* Haushaltsjahr ; ~ *civile* Kalenderjahr ; ~ *de comparaison* Vergleichsjahr ; ~ *courante* laufendes Jahr ; ~*s creuses* geburtenschwache Jahrgänge ; ~ *de crise* Krisenjahr ; ~ *déficitaire* Verlust-, Defizitjahr ; ~ *excédentaire* Gewinnjahr ; ~ *d'exercice* Geschäftsjahr ; ~ *financière* Rechnungsjahr ; ~ *fiscale* Finanzjahr ; ~ *passée* voriges (im vorigen) Jahr ; ~ *pauvre* ertragsarmes Jahr ; ~ *pleine* volles Jahr ; ~ *s pleines* geburtenstarke Jahrgänge ; ~ *prochaine* nächstes (im nächsten) Jahr ; ~ *prospère* ertragreiches Jahr ; ~ *de référence* Bezugsjahr ; ♦♦ *début m, fin f de l'*~ Jahresbeginn *m*, -ende *n* ; *gratification f de fin d'*~ Weihnachtsgratifikation *f*, -geld *n* ; *inventaire m de fin d'*~ Jahresabrechnung ; Inventur *f* ; *meilleure(s) vente(s) f(pl) de l'*~ Jahresspitze *f*.

annexe *f* **1.** (*à une lettre*) Beilage *f* ; Anlage *f* ; Anhang *m* ; *en* ~ beiliegend **2.** Zweigbetrieb *m* ; Filiale *f* **3.** *(bâtiment)* Nebengebäude *n*.

annexe zusätzlich ; zugehörig ; *activité f* ~ Nebenbeschäftigung *f* ; *(fam.)* Zubrot *n*.

annonce *f* Annonce *f* ; Anzeige *f* ; Inserat *n* ; ~ *encartée* Anzeigenbeilage *f* ; ~ *légale* amtliche Bekanntmachung *f* ; ~ *publicitaire* Werbesendung *f* ; ~ *télévisée* Werbedurchsage *f* ; *bureau m des* ~*s* Anzeigenbüro *n* ; *(journal) page f* (*rubrique f*) *des* ~*s* Anzeigenteil *m* einer Zeitung ; *petites* ~*s* Kleinanzeigen ; *réception f des* ~*s* Anzeigen-, Inseratenannahme *f* ; *passer une* ~ *dans un journal* eine Anzeige in einer Zeitung aufgeben ; in einer Zeitung inserieren ; eine Annonce in eine Zeitung setzen ; *publier par voie d'*~*s* durch Anzeigen veröffentlichen (bekanntmachen).

annoncer 1. ankündigen ; bekanntmachen **2.** inserieren ; annoncieren ; anzeigen **3.** *s'*~ sich anmelden lassen **4.** (*radio*) ansagen.

annonceur *m* **1.** Inserent *m* **2.** (*télé*) Ansager *m* ; (*radio*) Sprecher *m*.

annuaire *m* Jahrbuch *n* ; Verzeichnis *n* ; Adreßbuch ; ~ *du commerce* Handelsadreßbuch ; Branchenverzeichnis ; ~ *du téléphone* Fernsprechbuch, -verzeichnis ; Telefonbuch.

annualiser jährlich berechnen, bezahlen.

annualisation *f* jährliche Berechnung *f*, Bezahlung.

annuel, le jährlich ; Jahres- ; *abonnement m* ~ Jahresabonnement *n* ; *assemblée f* ~*le* Jahresversammlung *f* ; *bilan m* ~ (*de clôture*) Jahresabschluß *m* ; *capacité f* ~*le* Jahreskapazität *f* ; *carte f de transport* ~*le* Jahreskarte *f* ; *chiffre m* (*d'affaires*) ~ Jahresumsatz *m* ; *congé m* ~ Jahresurlaub *m* ; *contrat m* ~ Jahresvertrag *m* ; *cotisation f* ~*le* Jahresbeitrag *m* ; *exposition f* ~*le* Jahresausstellung *f* ; *moyenne f* ~*le* Jahresdurchschnitt *m* ; *plan m* ~ Jahresplan *m* ; *production f* ~*le* Jahresproduktion *f* ; (*R.D.A.*) Jahressoll *n* ; *redevance f* ~ *le* Jahresgebühr *f* ; *rendement m* ~ Jahresertrag *m* ; *rente f* ~*le* Jahresrente *f* ; *revenu m* ~ Jahreseinkommen *n* ; *taxe f* ~ *le* jährliche Abgabe *f*.

annuité *f* Jahresrate *f* ; Jahreszahlung *f* ; jährliche Tilgungsrate *f* ; Annuität *f*.

annulatif, ive aufhebend ; annullierend.

annulation *f* Annullierung *f* ; Aufhebung *f* ; Rückgängigmachung *f* ; Nichtig-, Ungültigkeitserklärung *f* ; Löschung *f* ; Streichung *f* ; Abbestellung *f* ; Absage *f* ; Rücktritt *m* ; Außerkraftsetzung *f* ; ♦ ~ *d'actions* Aktieneinziehung *f* ; ~ *d'une commande* Abbestellung eines Auftrags ; ~ *d'un contrat* Rücktritt von einem Vertrag ; ~ *d'une écriture* Löschung einer Buchung ; ~ *d'un tarif* Außerkraftsetzung eines Tarifs ; Tarifabbau *m* ; ♦♦ *action f en* ~ Klage *f* auf Ungültigkeitserklärung ; *déclaration f d'* ~ Nichtig(keits)erklärung *f* ; *motif m d'* ~ Annullierungsgrund *m*.

annuler annullieren ; aufheben ; rückgängig machen ; für nichtig (ungültig) erklären ; abbestellen ; sich abmelden ; absagen ; ~ *un accord, un achat, une décision* eine Vereinbarung, einen Kauf, einen Beschluß rückgängig machen ; ~ *une dette* eine Schuld löschen ; ~ *un jugement* ein Gerichtsurteil annullieren ; ~ *une réservation d'hôtel* ein Hotelzimmer abbestellen.

anonymat *m* Anonymität *f* ; *conserver, abandonner l'* ~ die Anonymität wahren, aufgeben.

anonyme anonym ; *lettre f* ~ anonymer Brief *m* ; *société f* ~ (*S.A.*) Aktiengesellschaft *f* (AG).

A.N.P.E. *f* (*Agence nationale pour l'emploi*) französische Zentralstelle *f* für Arbeitsvermittlung ; (*R.F.A.*) Bundesanstalt für Arbeit.

antérieur, e vorhergehend ; früher ; älter ; *notre correspondance f* ~*e* unser früherer Briefwechsel *m*.

antichambre *f* Vorzimmer *n* ; *faire* ~ antichambrieren ; (*péjor.*) katzbuckeln.

anticipation *f* : ~ *de paiement* Vorauszahlung *f* ; *se libérer par* ~ im voraus zahlen.

anticiper : ~ *un paiement* im voraus zahlen ; *versement m* ~*é* Vorauszahlung *f*.

anticonceptionnel, le empfängnisverhütend ; *moyen m* ~ Verhütungsmittel *n*.

anticonjoncturel, le konjunkturdämpfend ; antizyklisch ; *mesures fpl* ~*les* antizyklische Maßnahmen *fpl*.

anticonstitutionnel, le verfassungswidrig.

anticrise : *plan m* ~ Krisenmanagement *n* ; krisenvorbeugender Plan *m*.

antidater (zu)rück-, nachdatieren.

antidumping : *loi f* ~ Antidumpinggesetz *n*.

antiéconomique wirtschaftsfeindlich.

antigréviste *m* Streikbrecher *m*.

antihausse : *plan m* ~ inflationshemmender Plan *m* ; Preisstabilisierungsplan *m*.

anti-inflationniste antiinflationistisch ; inflationshemmend.

antinucléaire *m* Atomgegner *m* ; Kernkraftwerk-Gegner ; *les* ~*s* die KKW-Gegner.

antinucléaire 1. Atomschutz- ; Strahlenschutz- 2. antinuklear ; *manifestation f* ~ Atomgegnerdemonstration *f*.

ANTIOPE ⇒ *télétexte*.

antiouvrier, ère arbeiterfeindlich.

antiprofessionnel, le berufswidrig.

antiprotectionniste 1. antiprotektionistisch 2. *l'* ~ Gegner *m* der Schutzzollpolitik.

antisocial, e antisozial ; unsozial.

antitrust Antitrust- ; *loi f* ~ Antitrustgesetz *n*.

apaisement *m* Beschwichtigung *f* ; Beruhigung *f*.

apaiser beschwichtigen ; beruhigen ; besänftigen ; schlichten.

à partir de (*lieu*) von... ab ; (*temps*) ~ *du 15* vom fünfzehnten an (ab) ; ~ *du 1er courant* vom ersten d.M.

apatride 1. staatenlos 2. *l'* ~ Staatenlose(r).

aperçu *m* Übersicht *f* ; Darstellung *f* ; Bericht *m* ; Überblick *m* ; *avoir un* ~ *très clair de qqch* eine klare Übersicht über etw (+ A) haben ; *avoir un* ~ *provisoire des coûts* einen vorläufigen Kostenüberschlag haben ; *pour vous donner un* ~ *de nos prix* damit Sie sich eine Vorstellung von unseren Preisen machen können.

aplanir ebnen ; aus dem Weg räumen ; ~ *des difficultés* Schwierigkeiten beseitigen (beheben) ; ~ *un différend* Streitigkeiten schlichten ; *les difficultés fpl sont* ~*ies* die Schwierigkeiten *fpl* sind behoben.

aplanissement *m* Schlichtung *f* ; Behebung *f* ; Beseitigung *f*.

apocryphe unechte Schrift.

a posteriori nachträglich ; im nachhinein ; hinterher.

apparaître erscheinen ; zum Vorschein kommen ; auftreten ; *un trou de trois milliards de F* ~*t dans le budget* der Haushalt weist eine (Deckungs)lücke von drei Milliarden F auf.

1. appareil *m* (*technique*) Apparat *m* ; Gerät *n* ; Vorrichtung *f* ; ~ *de contrôle* Kontrollgerät ; ~ *de démonstration* Vorführgerät ; ~ *ménager* Haushaltsgerät ; ~ *photo* Fotoapparat ; Kamera *f* ; ~ *téléphonique* Fernsprech-, Telefonapparat ; ~ *de télévision*

Fernsehapparat ; Fernseher *m* ; (*fam.*) Flimmerkasten *m* ; Glotze *f* ; *mettre un ~ en marche, couper un ~* einen Apparat einschalten, ausschalten.

2. appareil *m* (*organisme*) Apparat *m* ; *~ administratif* Verwaltungsapparat ; *~ économique, d'État, financier* Wirtschafts-, Staats-, Finanzapparat ; *~ judiciaire, d'un parti politique, de production* Gerichts-, Partei-, Produktionsapparat.

appareiller 1. (*navire*) abfahren ; die Anker lichten **2.** (*assortir*) passend zusammenstellen (kombinieren).

apparier paarweise zusammenlegen ; zusammentun.

appartement *m* Wohnung *f* ; *~ en copropriété* Eigentumswohnung ; *~ témoin* Musterwohnung ; Modellwohnung ; *commerce m en ~* Etagengeschäft *n* ; *changer d'~* die Wohnung wechseln ; umziehen ; *quitter un ~* aus einer Wohnung ausziehen.

appartenance *f* Zugehörigkeit *f* ; Mitgliedschaft *f* ; *~ à une entreprise* Betriebszugehörigkeit ; *~ politique* Parteizugehörigkeit, -mitgliedschaft ; *~ syndicale* Gewerkschaftszugehörigkeit.

appartenir 1. gehören ; angehören ; zugehören ; *~ de droit* von Rechts wegen gehören **2.** *il vous appartient de...* es liegt Ihnen ob, zu... ; es obliegt Ihnen, zu...

appâter (*le client*) locken ; (*fam.*) ködern.

appauvrir arm machen ; *s'~* verarmen ; verelenden.

appauvrissement *m* Verarmung *f* ; Verelendung *f* ; *~ des masses* Verelendung der Massen.

appel *m*	**1.** ***téléphonique*** **2.** ***sens commercial*** **3.** ***publicité*** **4.** ***juridique*** **5.** ***nominal ; appel adressé à qqn***

1. *(téléphonique)* Anruf *m* ; Ruf ; *~ urgent* Notruf ; *cadran m d'~* Wählscheibe *f* ; *communication f avec avis d'~* XP-Gespräch *n* ; *indicatif m d'~* Rufzeichen *n* ; *numéro m d'~* Rufnummer *f* ; *attendre, recevoir, prendre un ~* einen Anruf erwarten, erhalten, entgegennehmen.

2. *(sens commercial)* Aufforderung *f* ; Heranziehung *f* ; ♦ *~ de fonds* Einforderung *f* von Geldern ; *~ d'offres* Ausschreibung *f* ; staatliche Aufträge *mpl* ; *~ de versement* Aufforderung zur Einzahlung ; *sur ~* auf Abruf ; Abruf *m* nach Bedarf ; *vente f sur ~* Kauf *m* auf Abruf ; ♦♦♦ *acheter sur ~* auf Abruf kaufen ; *faire ~ à qqn* an jdn appellieren ; jdn anrufen ; *faire ~ aux capitaux étrangers* auf Fremdkapital zurückgreifen ; *faire ~ à la concurrence* sich an die Konkurrenz wenden ; *faire ~ à un expert* einen Sachverständigen heranziehen ; *faire un ~ de fonds* Kapital heranziehen (einfordern) ; *faire ~ à la main-d'œuvre étrangère* ausländische Arbeitskräfte heranziehen ; *faire un ~ d'offres (d'ordres)* eine Ausschreibung veranstalten.

3. *(publicité)* Anreiz *m* ; Anlocken *n* ; Appell *m* ; *article m (marchandise f) d'~* Lock-, Anreizartikel *m* ; Lockware *f* ; *prix m d'~* Lockpreis *m* ; *publicité f d'~ (péj.)* Lockvogelwerbung *f*.

4. *(juridique)* Berufung *f* ; *juridiction f, procédure f d'~* Berufungsgerichtsbarkeit *f* ; Berufungsverfahren *n* ; *faire ~ d'un jugement (se pourvoir en ~)* Berufung einlegen.

5. *(nominal ; appel adressé à qqn)* **a.** Aufruf *m* ; Appell *m* ; *~ nominal* Namensaufruf ; *n'entrer que sur ~* Eintritt *m* nur nach Aufruf ; *procéder à un ~* einen Appell abhalten ; eine Namensliste verlesen ; **b.** *~ à la grève* Streikaufruf *m* ; *~ à la population* Appell (Aufruf) an die Bevölkerung ; *lancer un ~ urgent aux consommateurs* einen dringenden Appell an die Verbraucher richten ; **c.** *~ radio* Funkspruch *m*.

appeler 1. (*téléph.*) anrufen ; telefonieren (mit) **2.** (*capitaux*) einfordern ; auffordern ; heranziehen **3.** *~ d'une décision* gegen eine Entscheidung Berufung einlegen **4.** *en ~ à* appellieren an (+ A) ; sich berufen auf (+ A) **5.** *~ qqn à une fonction* jdn in ein Amt berufen **6.** *s'~* heißen ; sich nennen **7.** *~ sous les drapeaux* einberufen.

appellation *f* Herkunftsmarke *f* ; Herkunftszeichen *n* ; *~ contrôlée* geprüfte Herkunftsbezeichnung *f* ; Qualität *f* kontrolliert ; *~ d'origine* Ursprungs-, Herkunftsbezeichnung *f*.

applicable anwendbar ; verwendbar ; *horaire m ~ au 1er octobre* der Fahrplan ist ab 1. Oktober gültig.

appliquer : *~ un tarif à qqn* jdm einen Tarif berechnen ; *ces dispositions fpl s'~ent aux grandes entreprises* diese Bestimmungen *fpl* gelten für die Großbetriebe.

appoint *m* **1.** Ergänzung *f* ; Zusatz *m* ; Neben- ; *commande f d'~* zusätzlicher Auftrag *m* ; *crédit m d'~* Zusatzkredit *m* ; *monnaie f d'~* Wechselgeld *n* ; *salaire m d'~* Nebenverdienst *m* ; Zusatzlohn *m* ; *travail m (activité f) d'~* Nebenerwerb *m*, -beschäftigung *f* ; *avoir une activité d'~* nebenbei jobben ; einen Nebenjob haben ; *faire l'~* **a)** das Geld abgezählt bereithalten ; **b)** den Rest (einer bezahlten Summe) in Kleingeld geben **2.** (*solde de compte*) per Saldo.

appointé, e besoldet ; *être ~ (en catégorie 2)* (nach Gruppe 2) besoldet werden.

appointements *mpl* Entlohnung *f* ; Besoldung *f* ; Bezüge *pl* ; *les ~ des fonctionnaires* Beamtengehälter *npl* ; *~ à débattre* Entlohnung nach Übereinkunft ; *~ demandés* Gehaltsansprüche *mpl* ; *~ mensuels* Monatsgehalt *n* ; *augmenter, réduire les ~ de qqn* jds Besoldung erhöhen, kürzen ; *toucher des ~* ein Gehalt beziehen.

appointer be-, entlohnen ; besolden.

apport *m* **1.** Einlage *f* ; Aufbringung *f* ; Gesellschaftsbeitrag *m* ; *~ en argent (en espèces)* Bareinlage ; *~ de capitaux* Kapitaleinlage ; *~ en nature* Sacheinlage ; *~ personnel* Eigenmittel *npl*, -beitrag *m* ; Eingebrachtes *n* ; *~ social* Gesellschaftereinlage ; Stammeinlage ; (*S.A.*) Nominalkapital *n* ; *action f d'~* Gründeraktie ; Einbringungsaktie *f* ; *capital m d'~* eingebrachtes Kapital *n* **2.** *~ de population* Bevölkerungszufuhr *f* **3.** (*fig.*) Beitrag *m* ; l'*~ de la France à la science* Frankreichs Beitrag zur Wissenschaft.

apporter bringen ; beitragen ; zuführen ; *~ son concours* bei etw mitwirken ; *~ des difficultés* etw erschweren ; Schwierigkeiten mit sich bringen ; *veuillez excuser le retard ~é à notre réponse* entschuldigen Sie bitte die Verzögerung unserer Antwort.

apposer anbringen ; ankleben ; aufdrücken ; *~ des affiches* Plakate ankleben (anschlagen) ; *~ un cachet sur qqch* einen Stempel auf etw (+ A) aufdrücken ; *~ des scellés (sur la porte)* (an der Tür) die Siegel anbringen ; (die Tür) gerichtlich versiegeln ; *~ sa signature* etw unterschreiben ; mit seiner Unterschrift versehen.

apprécier (ein)schätzen ; bewerten ; beurteilen.

apprenti *m* Lehrling *m* ; Auszubildende(r) (Azubi) ; Lehrjunge *m* ; (*Suisse*) Lehrknabe *m* ; *~ dans le commerce, l'industrie* kaufmännischer, gewerblicher Lehrling ; *foyer m pour ~s* Lehrlings(wohn)heim *n* ; *place f (poste m) d'~* Lehrstelle *f* ; *salaire m d'~ (indemnité f d'apprentissage)* Lehrlingsvergütung *f*.

apprentie *f* Lehrmädchen *n* ; Auszubildende *f* ; (*fam.*) Stift *m*.

apprentissage *m* Lehre *f* ; Lehrzeit *f* ; Lehrlingsausbildung *f* ; ♦ *un ~ de deux ans* eine zweijährige Lehre ; *atelier m d'~* Lehrlingswerkstatt *f*, -stätte *f* ; *centre m d'~* Lehrlingsausbildungsstätte *f* ; *contrat m d'~* Lehrvertrag *m* ; *indemnité f d'~* Lehrlingsvergütung *f* ; *période f d'~* Lehrzeit *f* ; *taxe f d'~* Lehrlingsabgabe *f* ; Studienförderungssteuer *f* ; ♦♦♦ *entrer en ~ chez qqn* bei jdm in die Lehre eintreten ; zu jdm in die Lehre gehen ; *être en ~ chez qqn* bei jdm die Lehre machen ; bei jdm in der Lehre sein ; *mettre qqn en ~* jdn in die Lehre geben (schicken) ; *terminer son ~ (sortir d'~)* aus der Lehre kommen.

approbation *f* Zustimmung *f* ; Genehmigung *f* ; Einverständnis *n* ; *~ d'un bilan* Genehmigung einer Bilanz ; *soumis à ~* genehmigungspflichtig.

appropriation *f* **1.** (*jur.*) Aneignung *f* ; Inbesitznahme *f* ; *droit m d'~* Aneignungsrecht *n* **2.** (*rendre propre à*) Anpassung *f*.

approprier **1.** *s'~ qqch* sich etw (unrechtmäßig) aneignen ; sich etw zu eigen machen ; sich einer Sache bemächtigen **2.** anpassen.

approuver genehmigen ; beipflichten ; zustimmen ; (*jur.*) *lu et approuvé* (vor)gelesen und genehmigt.

approvisionné, e : *chèque m ~* gedeckter Scheck *m* ; *le marché est largement ~* der Markt ist reichlich versorgt ; *le compte doit être suffisamment ~* für ausreichende Deckung auf dem Konto ist Sorge zu tragen.

approvisionnement *m* Versorgung *f* ; Belieferung *f* ; Zufuhr *f* ; Beschaffung *f* ; Beschickung *f* ; ♦ *~ en denrées alimentaires* Lebensmittelversorgung ; *~ énergétique* Energieversorgung ; *~ en main-d'œuvre* Versorgung mit Arbeitskräften ; *~ en matières premières* Rohstoffversorgung ; ♦♦ *conditions fpl, difficultés fpl d'~* Versorgungsbedingungen *fpl*, -schwierigkeiten *fpl* (-krise *f*, -engpaß *m*) ; *perspectives fpl, plan m d'~* Versorgungsaussichten *fpl*, -plan *m* ; *prix m d'~*

Beschaffungs-, Bezugspreis *m* ; *source f d'~* Bezugsquelle *f* ; ♦♦♦ *assurer l'~ en carburant* die Kraftstoffversorgung sichern.

approvisionner 1. versorgen (mit) ; beliefern ; etw anschaffen ; *s' ~ en qqch (en vue d'une crise)* sich mit etw eindekken ; sich versorgen mit **2.** *~ un compte* einem Konto (Geld) zuführen ; ein Konto auffüllen.

approximatif, ive annähernd ; ungefähr.

appui *m* Unterstützung *f* ; Hilfe *f* ; *pièce f à l'~* Beleg *m* ; Unterlage *f* ; *je vous adresse à l'~ de ma demande...* als Unterlage zu meinem Antrag übersende ich Ihnen...

appuyer unterstützen ; *~ une demande* ein Gesuch befürworten.

âpre au gain gewinnsüchtig.

âpreté *f* au gain Gewinnsucht *f*.

après-bourse *f* Nachbörse *f* ; Nachbörsegeschäfte *npl*.

après-vente *m* Kundendienst *m* ; Kundendienstbüro *n* ; Außendienst *m* ; (*prestation*) Kundendienstleistung *f* ; (*auto* ; *avion*) Service ['zə:vis] *m* ou (*rare*) *n* ; *s'adresser à l'~* sich an den Kundendienst wenden ; *appeler l'~* den Kundendienst anrufen ; *les réparations sont effectuées par notre service ~* Reparaturen werden von unserem Kundendienst durch-, ausgeführt.

apte fähig ; geeignet ; tauglich ; *être ~ à* taugen für ; sich eignen zu ; *être ~ à un travail* für eine Arbeit (zu einer Arbeit) geeignet sein.

aptitude *f* Fähigkeit *f* ; Eignung *f* ; *~ professionnelle* berufliche Eignung ; *~ au travail* Arbeitsfähigkeit ; *certificat m* (*brevet m*) *d'~* Befähigungsnachweis *m* ; *examen m* (*épreuve f*) *d'~* Eignungsprüfung *f* ; *test m d'~* Eignungstest *m* ; *visite f* (*médicale*) *d'~* Eignungsuntersuchung *f*.

apurement *m* (*compte*) Abschluß *m* ; Bereinigung *f* ; Rechnungsprüfung *f* ; Rechnungsberichtigung *f* ; *~ du bilan* Bilanzbereinigung *f*.

apurer (*compte*) prüfen ; berichtigen ; für richtig erkennen ; (*bilan*) bereinigen.

arable bestellbar ; *terre f ~* Ackerboden *m* ; Ackerland *n*.

arbitrage *m* Schlichtung *f* ; Schiedsspruch *m* ; Schiedsgerichtsbarkeit *f* ; *(bourse)* [arbi'traʒ(ə)] *f* ; *~ sur le change (sur les devises), sur les taux d'intérêt, sur les titres* Devisen-, Zins-, Effektenarbitrage ; *clause f d'~* Schiedsklausel *f* ; *commission f d'~* Schlichtungsausschuß *m*, -kommission *f* ; *convention f d'~* Schiedsvertrag *m* ; *Cour f d'~ de La Haye* Haager Schiedsgerichtshof *m* ; *office m d'~* Schiedsstelle *f* ; *procédure f d'~* Schiedsverfahren *n* ; *tribunal m d'~* Schiedsgericht *n*; *demander l'~* ein Schiedsverfahren beantragen ; *soumettre à un ~* einem Schiedsspruch unterwerfen ; einem Schiedsgericht unterbreiten.

arbitre *m* Schlichter *m* ; Vermittler *m* ; Schiedsrichter *m* ; Schiedsmann *m* ; Ombudsmann *m*.

arbitrer 1. *(conflit)* schlichten ; als Vermittler (Schlichter) auftreten ; sich als Schlichter anbieten **2.** *(bourse)* arbitrieren.

arboriculture *f* fruitière Obst(an)bau *m*.

archiver archivieren ; in ein Archiv aufnehmen ; aufbewahren ; *~ des documents* Urkunden (Schriftstücke) archivieren.

archives *fpl* 1. Archiv *n* ; Registratur *f* ; *constituer des ~* ein Archiv anlegen ; *prendre un classeur dans les ~* einen Ordner aus der Registratur holen **2.** *(lieu) travailler aux ~* in der Registratur (im Archiv) arbeiten ; *service m des ~* Archivdienst *m*.

ardeur *f* Eifer *m* ; *~ au travail* Arbeitseifer.

are *m* Ar *n* ou *m*.

1. argent *m* Geld *n* ; Gelder *npl* ; Geldmittel *npl* ; Kapital *n* ; ♦ *~ bon marché* billiges Geld ; *~ comptant* bares Geld ; Bargeld ; *~ disponible* verfügbares Geld ; *~ durement, facilement gagné* schwer-, leichtverdientes Geld ; *~ en caisse* Kassenbestand *m* ; *~ immobilisé* festes (fest angelegtes) Geld ; *~ jeté par les fenêtres* hinausgeworfenes Geld ; *~ au jour le jour* Tagesgeld ; *~ liquide, malhonnête, du ménage, monnayé* flüssiges, schmutziges, Haushalts-, gemünztes Geld ; *~ mort (improductif)* totes Kapital ; *~ de poche* Taschengeld ; *~ remboursable en fin de mois* Ultimogeld ; *~ sonnant* Hartgeld ; ♦♦ *affaire f d'~* Geldangelegenheit *f* ; Geldsache *f* ; *aristocratie f de l'~* Geldaristokratie *f* ; Geldadel *m* ; *dépense f d'~* Geldaufwand *m* ; *don m en ~* Geldgeschenk *n* ; Geldspende *f* ; *économie f d'~* Geldersparnis *f* ; *gaspillage m d'~* Geldverschwendung *f*, -vergeudung *f* ; *injection f d'~ frais* Kapitalspritze *f* ; *loyer m de l'~* Zinssatz *m*, -fuß *m* ; *manque m d'~* Geldverlegenheit *f* ; Mangel *m* an Geld ; Geldnot *f* ; *pénurie* *f d'~* Geldknappheit *f* ; *perte f d'~* Geldverlust *m* ; *placement m d'~* Geldanlage *f* ; *politique f de l'~ bon marché, de l'~ cher* Politik *f* des billigen, des teuren Gelds ; *problèmes mpl d'~* Geldschwierigkeiten *fpl* ; Geldprobleme *npl* ; *question f d'~* Geldfrage *f* ; *raréfaction f de l'~* Geldverknappung *f* ; *somme f d'~* Geldbetrag *m*, -summe *f* ; *sortie f d'~* Geldabfluß *m* ; *soucis mpl d'~* Geldsorgen *pl* ; *valeur f de l'~* Geldwert *m* ; ♦♦♦ *avoir un ~ fou* Geld wie Heu haben ; im Geld schwimmen ; ein Heidengeld haben ; *ne pas avoir d'~ sur soi* kein Geld bei sich haben ; *changer de l'~* Geld wechseln ; *débourser de l'~* Geld verauslagen (vorschießen) ; *dépenser de l'~ (son ~)* Geld ausgeben ; *emprunter de l'~ (à qqn)* Geld leihen (bei jdm) ; *(fam.)* Geld pumpen (bei jdm) ; *être à court d'~* in Geldverlegenheit sein ; *faire de l'~ avec qqch* aus etw Geld herausschlagen ; *faire fructifier (travailler) son ~* sein Geld arbeiten lassen ; *gagner de l'~* Geld verdienen ; *jeter l'~ par les fenêtres* Geld zum Fenster hinauswerfen ; sein Geld verschwenden ; *manger son ~* sein Geld aufzehren ; *payer en ~ comptant* bar (be)zahlen ; *placer son ~ à court, à long terme* sein Geld kurzfristig, langfristig anlegen (investieren) ; *prélever de l'~* Geld abheben ; *prêter de l'~ (à intérêt)* Geld (auf Zinsen) ausleihen ; *ramasser beaucoup d'~* Geld scheffeln ; *recouvrer de l'~* Geld einkassieren ; *retirer de l'~ à la banque* Geld von der Bank abheben ; *toucher de l'~* Geld erhalten (bekommen) ; *virer de l'~ sur un compte* Geld auf ein Konto überweisen.

2. argent *m* (*métal*) Silber *n* ; *~ en barre* Barrensilber ; *en ~ (d'~)* silbern.

argentier *m* : *le grand ~* der Finanzminister.

argentifère silberhaltig ; *production f ~* Silberproduktion *f*.

argument *m* Argument *n* ; *~ de vente* Verkaufsargument.

argumentaire *m (publicité)* Salesfolder ['seilzfɔuldər] *m* ; Verzeichnis *n* mit Verkaufsargumenten.

Argus *m* Argus-Fachzeitschrift *f* ; Gebrauchtwagenanzeiger *m* ; Gebrauchtwarenbörse *f*, -preisliste *f* ; *au prix ~* zum Argus - Preis ; *être, ne plus être coté à l'~* im Argus notiert, nicht mehr notiert (angegeben) sein.

arguties *fpl* Spitzfindigkeiten *pl*.

armateur *m* Reeder *m* ; Verfrachter *m*.

armement *m* Reederei *f* ; Ausrüstung *f*.

arpentage *m* Vermessung *f*.

arpenter vermessen.

arpenteur *m* Feldmesser *m*.

arracher : *s'~* reißenden Absatz finden ; eine Ware reißend loswerden.

arrangement *m* **1.** (*accord, compromis*) Vergleich *m* ; Übereinkommen *n* ; Abkommen *n* ; Abfindung *f* ; *~ (à l') amiable (de gré à gré)* gütlicher Vergleich (Ausgleich) ; *~ financier* finanzielle Absprache *f* ; *~ obligatoire* Zwangsvergleich ; *~ spécial* Sondervereinbarung *f* ; *chercher, conclure, proposer un ~* einen Vergleich anstreben, schließen, anbieten **2.** (*disposition*) Anordnung *f* ; Einrichtung *f*.

arranger 1. (*mettre de l'ordre dans*) in Ordnung bringen **2.** *s'~ avec qqn* mit jdm zu einem Abkommen gelangen ; sich vergleichen mit jdm ; sich auseinandersetzen mit jdm.

arrérages *mpl* Rückstände *mpl*.

arrêt *m* **1.** *(des affaires)* Stillstand *m* ; Geschäftsstille *f* ; Stockung *f* der Geschäfte ; *~ de la circulation* Verkehrsstockung **2.** *(suspension)* Einstellung *f* ; Sperre *f* ; Stopp *m* ; *~ de paiement* Zahlungseinstellung ; *~ des émissions* Emissionssperre ; *~ d'exploitation* Betriebsunterbrechung *f* ; *~ de l'exploitation* Stillegung *f* des Betriebs ; *(grève) ~ de travail* Arbeitsniederlegung *f*, -einstellung ; Streik *m* ; *~ du travail* Feierabend *m* ; Arbeitsruhe *f* ; Pause *f* ; *faire ~ sur un chèque* einen Scheck sperren lassen **3.** *(fonctionnement)* Betriebsstörung *f* **4.** *(transports)* Haltestelle *f* **5.** *(jur.)* Verhaftung *f* ; *mandat m d'~* Haftbefehl *m*.

arrêté *m* **1.** Verfügung *f* ; Erlaß *m* ; Anordnung *f* ; *~ provisoire* einstweilige Verfügung ; *prendre un ~* eine Verfügung erlassen ; *publier, suspendre un ~* einen Erlaß herausgeben, aufheben ; *aux termes de l'~ du...* nach dem Erlaß von... ; laut Verfügung **2.** *(compte)* Abschluß *m* ; *~ de compte* Kontoabschluß.

arrêter 1. *(suspendre)* einstellen ; sperren **2.** *(le travail)* die Arbeit niederlegen (einstellen) ; in den Streik treten **3.** *s'~* anhalten **4.** *(qqn)* verhaften **5.** *(un compte)* ein Konto abschließen **6.** *(qqch)* festlegen ; abmachen ; *~ une date* einen Termin festsetzen.

arrhes *fpl* Anzahlung *f* ; Angeld *n* ; *verser (laisser) des ~* eine Anzahlung leisten (machen) ; etw anzahlen.

arriéré *m* offenstehender Betrag *m* ; ausstehende Forderung *f* ; Rückstand *m* ; *~s d'impôt* steuerliche Rückstände.

arrière-boutique *f* Ladenstube *f*.

arrière-caution *f* **1.** Rückbürgschaft *f* **2.** *(personne)* Rückbürge *m*.

arrière-pays *m* Hinterland *n*.

arrière-saison *f* Nachsaison *f* ; Spätsaison *f* ; Saisonschluß *m*.

arrimer stauen ; verstauen.

arrivage *m* Anlieferung *f* (von Waren) ; eingegangene Waren *fpl* ; Wareneingang *m* ; Zufuhr *f*.

arrivée *f* Ankunft *f* ; *gare f d'~* Ankunftsbahnhof *m* ; *~ prévue pour 8 h 00* voraussichtliche Ankunft um 8.00 Uhr ; *courrier m ~* Posteingänge *mpl*.

arriver **1.** eintreffen ; ankommen ; *(train) ~ à l'heure* fahrplanmäßig eintreffen **2.** *(avoir lieu)* vorkommen ; passieren ; geschehen **3.** *~ à échéance* fällig sein ; fällig werden.

arriviste *m* Arrivist *m* ; Emporkömmling *m* ; Karrieremacher *m* ; Streber *m*.

arrondir : *~ une somme* einen Betrag abrunden ; *~ sa fortune* sein Vermögen abrunden (vermehren) ; *~ un chiffre à l'unité supérieure, inférieure* eine Zahl nach oben, nach unten abrunden.

arrondissement *m* **1.** Abrundung *f* ; Vermehrung *f* ; Erweiterung *f* **2.** *(France)* Kreis *m* ; Verwaltungsbezirk *m* ; Arrondissement *n*.

arroser *(fam.)* bestechen ; Schmiergeld(er) bezahlen (verteilen).

artère *f (communication)* Verkehrsader *f* ; *~ commerciale (commerçante)* Geschäftsstraße *f*.

article *m*	**1.** *marchandise* **2.** *paragraphe ; texte de loi* **3.** *de journal*

1. *(marchandise)* Artikel *m* ; Ware *f* ; ♦ *~ courant* gängige Ware ; *~ (très) demandé* beliebte Ware ; *~ d'exportation* Ausfuhr-, Exportartikel ; *~ d'importation* Einfuhr-, Importartikel ; *~ de luxe* Luxusartikel ; *~ de marque* Markenartikel ; *~ de nécessité courante* Bedarfsartikel ; *~ de premier, de second choix* Artikel erster, zweiter Wahl ; *~ en promotion* Reklameartikel ; Preisschlager *m* ; Artikel im (Sonder)angebot ; *~ sans marque (produit m libre)* markenlose Ware ; *~ de série* Serien-, Massenartikel ; *~ à vil prix* Schleuderware ; *~s de voyage* Reiseartikel ; ♦♦♦ *avoir un ~* einen Artikel führen ; *avoir un ~ en magasin* einen Artikel vorrätig haben ; etw auf Lager haben ; *faire l'~* eine Ware führen ; einen Artikel führen ; *lancer un ~ sur le marché* einen Artikel auf den Markt bringen ; eine Ware einführen ; *placer un ~* seine Ware an den Mann bringen ; *cet ~ se vent bien, mal* diese Ware verkauft sich (geht) gut, verkauft sich (geht) schlecht.

2. *(paragraphe ; texte de loi)* Artikel *m* ; Abschnitt *m* ; Absatz *m* ; Passus *m* ; *d'après l'~ 2 de la constitution* nach (laut) Artikel 2 des Grundgesetzes.

3. *(de journal)* Artikel *m* ; Beitrag *m* ; *~ de fond* Leitartikel *m* ; *écrire un ~ dans un journal* einen Artikel in einer Zeitung schreiben.

artisan *m* Handwerker *m* ; *apprenti m ~* Handwerkerlehrling *m* ; *chambre f des ~s* Handwerkskammer *f* ; *corporation f des ~s* Handwerkszunft *f* ; *maître m ~* Handwerksmeister *m* ; *faire appel à un ~* einen Handwerker kommenlassen.

artisanal, e handwerklich ; Handwerks- ; *de fabrication ~e (soignée)* handwerklich hervorragend gearbeitet ; handwerkliche Maßarbeit *f* ; *entreprise f ~e* Handwerksbetrieb *m* ; *exposition f ~e* Handwerksausstellung *f* ; *métier m ~* Handwerksberuf *m* ; *travail m ~* handwerkliche Arbeit *f* ; *exercer une activité ~e* ein Handwerk ausüben (betreiben).

artisanat *m* Handwerk *n* ; *~ d'art* Kunsthandwerk *n*.

ascendant, e Aufwärts- ; steigend.

asile *m* **1.** Asyl *n* ; Zuflucht *f* ; *demandeur d'~* Asylbewerber *m* ; Asylant *m* ; *droit m d'~* Asylrecht *n* ; *demander ~* sich um Asyl bewerben ; einen Asylantrag stellen **2.** *~ de vieillards* Altersheim *n* ; Altenheim ; Seniorenheim.

assainir sanieren ; gesunden ; gesundschrumpfen ; *~ une entreprise* einen Betrieb sanieren.

assainissement *m* Sanierung *f* ; Gesundung *f* ; *~ de l'économie, de l'entreprise* Sanierung (Gesundung) der Wirtschaft, des Betriebs ; *~ financier (des finances)* finanzielle Sanierung ; *~ monétaire* Währungssanierung ; *~ des prix* Preissanierung ; *travaux mpl d'~* Sanierungsarbeiten *fpl*.

A.S.S.E.D.I.C. *(Association pour l'emploi dans l'industrie et le commerce)* Verband *m* für die Beschäftigung in Industrie und Handel ; Arbeitslosenversicherung *f*.

assemblée *f* Versammlung *f* ; Zusammenkunft *f* ; ~ *des créanciers* Gläubigerversammlung ; ~ *générale (extra)ordinaire* (außer)ordentliche Hauptversammlung ; ~ *législative* gesetzgebende Versammlung ; ~ *nationale* Nationalversammlung ; *assister à une* ~ an einer Versammlung teilnehmen ; *convoquer une* ~ eine Versammlung einberufen ; *prendre la parole à une* ~ auf einer Versammlung sprechen ; *tenir une* ~ eine Versammlung abhalten.

assentiment *m* Zustimmung *f* ; Einwilligung *f* ; *donner son* ~ *à qqch* seine Zustimmung zu etw geben.

assermenter vereidigen ; beeidigen ; *traducteur m* ~*é* vereidigter Übersetzer *m*.

assesseur *m (jur.)* Beisitzer *m*.

1. assiette *f* Bemessungsgrundlage *f* ; Berechnungsgrundlage ; ~ *de la pension* Rentenbemessungsgrundlage.

2. assiette *f* **de l'impôt** Steuerveranlagung *f* ; Steuerbemessungsgrundlage *f* ; *base f de l'*~ Bemessungsgrundlage *f* ; Besteuerungsgrundlage *f* ; ~ *générale, globale* Haupt-, Gesamtveranlagung *f* ; *redressement m de l'*~ Berichtigungsveranlagung *f* ; *établir l'*~ die Besteuerungsgrundlage festlegen.

assignation *f* **1.** Zuteilung *f* ; Zuweisung *f* **2.** *(jur.)* Vorladung *f*.

assigner 1. zuweisen ; zuteilen **2.** *(jur.)* vorladen **3.** bestimmen.

assises *fpl* **1.** Tagung *f* ; Kongreß *m* ; *(parti)* Parteitag *m* ; ~ *annuelles* Jahrestagung ; *tenir ses* ~ tagen ; seine Tagung (seinen Kongreß) abhalten **2.** *(jur.)* Schwurgericht *n*.

assistance *f* **1.** Publikum *n* ; Zuhörerschaft *f* ; die Anwesenden *pl* **2.** Beistand *m* ; Unterstützung *f* ; (Bei)hilfe *f* ; Fürsorge *f* ; ~ *chômage* Arbeitslosenfürsorge ; ~ *économique* Wirtschaftshilfe ; ~ *financière* Finanzhilfe ; ~ *médicale, maternelle* ärztliche, mütterliche Fürsorge ; ~ *publique, sociale* öffentliche, soziale Fürsorge ; öffentliches, soziales Fürsorgewesen ; *médecin m de l'*~ *publique* Fürsorgearzt *m* ; *mesures fpl d'*~ fürsorgerische Maßnahmen *fpl* ; *prêter* ~ *à qqn* jdm beistehen (helfen, unter die Arme greifen) ; jdn unterstützen.

assistant *m* **1.** Assistent *m* ; Helfer *m* ; (*suppléant*) Stellvertreter *m* **2.** ~ *social* Sozialarbeiter *m* ; (Sozial)fürsorger *m*.

assistante *f* **1.** Assistentin *f* ; Helferin *f* **2.** ~ *sociale* Sozialarbeiterin *f* ; (Sozial)fürsorgerin *f*.

assisté *m* Sozialhilfeempfänger *m* ; Fürsorgeempfänger.

assister 1. *(qqn)* jdm beistehen, helfen ; jdn (finanziell) unterstützen **2.** *(à qqch)* etw (+ D) beiwohnen ; ~ *à une réunion* an einer Versammlung teilnehmen **3.** *assisté par ordinateur* computerunterstützt ; computergestützt ; *fabrication* ~*e* computerunterstützte Herstellung *f* ; CAM-Fertigung *f* ; *contrôle de qualité* ~ CAQ-Kontrolle *f* ; computergestützte Qualitätskontrolle *f*.

association *f* Verein *m* ; Verband *m* ; Vereinigung *f* ; Gemeinschaft *f* ; Gesellschaft *f* ; Organisation *f* ; Assoziierung *f* ; ♦ ~ *affiliée* Zweiggesellschaft *f* ; ~ *bancaire* Bankverein ; ~ *de bienfaisance* Wohltätigkeitsverein ; ~ *centrale* Spitzenverband ; ~ *corporative* Innung *f* ; ~ *d'employeurs (patronale)* Arbeitgeberverband ; ~ *d'entreprises* Unternehmerverband ; ~ *d'intérêts* Interessengemeinschaft ; ~ *ouvrière* Arbeitnehmerverband ; ~ *en participation* stille Gesellschaft ; ~ *de personnes* Personenvereinigung ; ~ *professionnelle* Berufsverband ; ~ *sans but lucratif* gemeinnütziger Verein ; ~ *syndicale* Gewerkschaft *f* ; ~ *tarifaire* Tarifgemeinschaft ; ~ *reconnue d'utilité publique* gemeinnütziger Verein ♦♦ *contrat m d'*~ Assoziations-, Assoziierungsvertrag *m* ; *liberté f d'*~ Vereinigungsfreiheit *f* ; ♦♦♦ *adhérer à une* ~ einem Verein beitreten ; *entrer dans une* ~ in einen Verein eintreten ; *fonder une* ~ einen Verein gründen ; *faire partie d'une* ~ einem Verein angehören ; Mitglied eines Vereins sein ; *se regrouper en une* ~ sich zu einem Verband zusammenschließen ; sich in einem Verband organisieren ; *se retirer d'une* ~ aus einem Verein austreten.

associé *m* Geschäftspartner *m*, -teilhaber *m* ; Gesellschafter *m* ; Mitarbeiter *m* ; Mitinhaber *m* ; Partner *m* ; Teilhaber *m* ; Sozius *m* ; ~ *gérant* geschäftsführender Gesellschafter ; ~ *en participation* stiller Teilhaber.

associer 1. ~*qqn à son affaire* jdn als Partner (Teilhaber, Gesellschafter) in sein Geschäft aufnehmen **2.** ~ *qqn au bénéfice* jdn am Gewinn beteiligen **3.** *s'*~ sich zusammentun ; sich zusammenschließen ; sich vergesellschaften.

assorti : *(magasin) : être bien* ~ eine reiche Auswahl haben ; ein breitgefächertes Warenangebot haben ; ein wohl assortiertes Lager haben.

assortiment *m* reiche Auswahl *f* ; großer Bestand *m* ; Sammlung *f* ; Kollektion *f* ; Sortiment *n* ; *avoir un grand ~ de qqch* ein großes Lager an etw (+ D) haben ; ein reiches Warenangebot haben.

assortir passend zusammenstellen ; sortieren ; *(magasin)* mit Waren versehen ; *s'~* sich eindecken (versehen) mit.

assujetti, e -pflichtig ; unterworfen ; *~ à l'assurance sociale* versicherungspflichtig ; *~ aux droits (de douane)* zollpflichtig ; *~ à l'impôt sur le revenu* einkommensteuerpflichtig ; *~ à la sécurité sociale* sozialversicherungspflichtig ; *~ à une taxe* abgabe-, gebührenpflichtig.

assujettir unterwerfen ; verpflichten.

assujettissement *m* Pflicht *f* ; Unterwerfung *f* ; Verpflichtung *f* ; Zwang *m* ; *~ à l'assurance-maladie* Krankenversicherungspflicht ; *(assurance) ~ obligatoire* Versicherungspflicht, -zwang.

assumer **1.** *(tâche, responsabilité)* übernehmen **2.** *~ une charge, une fonction* ein Amt bekleiden ; *~ les frais, un risque* die Kosten, ein Risiko übernehmen (tragen).

assurable versicherbar ; versicherungsfähig ; *risque ~* versicherbares Risiko *n*.

assurance *f* Versicherung *f* ; ♦ *~ accidents (du travail)* (Arbeits)unfallversicherung ; *~ auto* Kraftfahrzeug-, Autoversicherung ; *~ chef de famille* Familienhaftpflicht *f* ; *~ chômage* Arbeitslosenversicherung ; *~ collective* Kollektivversicherung ; *~ complémentaire* Zusatzversicherung ; *~ contre les bris de glace* Glasschadenversicherung ; *~ contre les dégâts des eaux* Wasserschadenversicherung ; *~ crédit* Kreditversicherung ; *(exportation)* Hermes-Garantie *f* ; *~ cumulative* Doppelversicherung ; Mehrfachversicherung ; *~ décès* Versicherung auf den Todesfall ; *~ défense et recours (frais mpl de justice)* Rechtsschutzversicherung ; *~ au dernier vivant* Hinterbliebenenversicherung ; *~ contre la foudre* Blitzschadenversicherung ; *~ de fret* Frachtversicherung ; *~ contre la grêle, l'incendie* Hagel-, Feuerversicherung ; *~ insuffisante* Unterversicherung ; *~ invalidité* Invalidenversicherung ; *~ limitée* zeitlich begrenzte Versicherung ; *~ -maladie* Krankenversicherung ; *~ mobilière, multirisques* Gebäude-, Universalversicherung ; *~ multirisques limitée* Teilkaskoversicherung ; *~ mutuelle* Versicherung auf Gegenseitigkeit ; *~ obligatoire* Pflichtversicherung ; *~ périmée* abgelaufene Versicherung ; *~ des personnes transportées* Insassenversicherung ; *~ responsabilité civile* Haftpflichtversicherung ; *~ retraite, scolaire, sinistres* Renten-, Schüler-, Schadenversicherung ; *~s sociales* Sozialversicherung ; *~ de survie* Überlebensversicherung ; *~ contre la tempête* Sturmschadenversicherung ; *~ tous risques* Vollkaskoversicherung ; *~ au tiers* Teilkaskoversicherung ; *~ transports, vie, vieillesse* Transport-, Lebens-, Altersversicherung ; *~ contre le vol (avec effraction)* (Einbruchs)diebstahlversicherung ; ♦♦ *agent m d'~* Versicherungsagent *m*, -vertreter *m* ; *attestation f d'~* Versicherungsbescheinigung *f*, -bestätigung *f* ; *compagnie f d'~s* Versicherungsgesellschaft *f* ; Versicherungsanstalt *f* ; Versicherung *f* ; *contrat m d'~s* Versicherungsvertrag *m* ; *courtier m d'~s* Versicherungsmakler *m* ; *couverture f d'~* Versicherungsdeckung *f*, -schutz *m* ; *double ~* Doppelversicherung ; *employé m d'~* Versicherungsangestellte(r) ; *escroquerie f à l'~* Versicherungsbetrug *m*, -schwindel *m* ; *étendue f de l'~* Umfang *m* der Versicherung ; *organisme m d'~s sociales* Versicherungsträger *m* ; *période f d'~* Versicherungszeit *f* ; *police f, prestations fpl, prime f d'~s* Versicherungspolice *f* (-schein *m*), -leistung *f*, -prämie *f* (-beitrag *m*) ; *rachat m d'~* Versicherungsrückkauf *m* ; *régime m (type m) d'~* Versicherungsform *f* ; *représentant m d'~s* Versicherungsvertreter *m* ; *tarif m, taux m d'~* Versicherungstarif *m*, -satz *m* ; *valeur f d'~* Versicherungswert *m* ; ♦♦♦ *avoir une ~ de 1 000 DM* eine Versicherung über 1 000 DM haben ; *compléter une ~* nachversichern ; *contracter (souscrire) une ~* eine Versicherung abschließen (eingehen) ; *être assujetti à l'~ obligatoire* versicherungspflichtig sein ; *être couvert par une ~* durch eine Versicherung gedeckt sein ; *l'~ expire, a expiré (est échue)* die Versicherung läuft ab, ist abgelaufen ; *renouveler une ~* eine Versicherung erneuern ; *résilier une ~* eine Versicherung (auf)kündigen ; *donner des ~s verbales à qqn* jdm mündliche Zusicherungen machen.

assuré *m* Versicherte(r) ; Versicherungsnehmer *m* ; *les ~s sociaux* die Sozialversicherten.

assurer **1.** versichern ; *~ insuffisam-*

ment unterversichern ; *s'~ contre le vol* sich gegen Diebstahl versichern ; *montant m ~é* Versicherungsbetrag *m*, -summe *f* 2. *(garantir)* sichern ; garantieren ; gewährleisten 3. *~ un service (une permanence)* einen (Bereitschafts)-dienst versehen 4. *s'~ de qqch* sich einer Sache vergewissern.

assureur *m* Versicherungsgeber *m* ; Versicherer *m* ; Versicherungskaufmann *m* ; Versicherungsgesellschaft *f* ; Versicherungsträger *m* ; *~ conseil* Versicherungsberater *m* ; *~ expert* Versicherungsfachmann *m*.

astreinte *f* 1. Zwang *m* ; Zwangsmaßnahme *f* ; 2. *(jur.)* Beuge-, Erzwingungsstrafe *f* ; Zwangsgeld *n* 3. Notdienst *m*.

atelier *m* Werkstatt *f*, -stätte *f* ; *~ d'apprentissage* Lehrwerkstatt ; *~ de fabrication* Produktionsstätte ; *~ de réparation* Reparaturwerkstatt ; *prime f d'~* Lohnzuschlag *m*.

atomique Atom- ; Nuklear- ; atomar ; Kern- ; *centrale f ~* Atomkraftwerk *n* ; *énergie f ~* Atomenergie *f* ; Kernenergie, -kraft *f* ; *réacteur m ~* Atomreaktor *m*.

atomiser 1. atomisieren ; zerstäuben 2. (durch Atomwaffen) vernichten.

attaché *m (diplomatique)* Attaché *m* ; *~ de direction* Führungskraft *f* ; Leitende(r) ; *~ commercial* Verkaufsbeauftragte(r) ; Handelsattaché ; *~ de presse* Presseattaché, -referent *m*.

attachée *f* **de direction** Chef-, Direktionssekretärin *f*.

attaquer : *~ un nouveau marché* einen neuen Markt in Angriff nehmen ; auf einen neuen Markt vorstoßen.

atteindre erreichen ; *~ les limites de la croissance* an die Grenzen des Wachstums stoßen.

atteinte *f* Schädigung *f* ; Verstoß *m* ; Beeinträchtigung *f* ; *~ au crédit* Kreditgefährdung *f* ; *~ à un droit* Rechtsverstoß ; *~ à la liberté syndicale* Verletzung *f* der gewerkschaftlichen Rechte ; *~ à la propriété privée* Eingriff *m* in das Privateigentum ; *porter ~* schädigen ; schaden (+ D) ; verletzen.

attente *f* 1. Erwartung *f* ; *dans l'~ de votre réponse* in Erwartung Ihres Schreibens ; *contre toute ~* wider Erwarten ; entgegen allen Erwartungen 2. *allocation f d'~* Übergangsbeihilfe *f* ; *compte m d'~* Interimskonto *n* ; *indemnité f* (*salaire m*) *d'~* Wartegeld *n*, -lohn *m*.

attention : *(corresp.) à l'~ de Monsieur X* zu Händen (z. Hd.) von Herrn X.

attentisme *m* abwartende Haltung *f* ; Attentismus *m*.

atterrir landen.

atterrissage *m* Landung *f* ; *terrain m d'~* Landeplatz *m*.

attestation *f* Attest *n* ; Bescheinigung *f* ; Zeugnis *n* ; Beurkundung *f* ; Nachweis *m* ; *~ médicale* ärztliches Attest ; *~ de paiement, de salaire, de travail* Zahlungs-, Lohn-, Arbeitsbescheinigung ; *~ sous serment* eidesstattliche Bescheinigung ; Affidavit *n* ; *délivrer, fournir une ~* eine Bescheinigung ausstellen, beibringen.

attester bezeugen ; beweisen ; bescheinigen ; beurkunden ; Zeugnis ablegen (von) ; attestieren.

attirer anziehen ; ködern ; *~ la clientèle* die Kundschaft anlocken.

attitré, e 1. amtlich 2. beständig ; regelmäßig ; *clientèle f ~e* Stammkundschaft *f* ; *fournisseurs mpl ~s* feste Lieferanten *mpl* ; *médecin m ~* Hausarzt *m* ; *public m ~* Stammpublikum *n*.

attitude *f* Verhalten *n* ; Benehmen *n* ; *~ concertée* aufeinander abgestimmtes (konzertiertes) Verhalten.

attrape-nigaud *m* Lockvogelangebot *n*.

attribuer 1. (*somme, actions*) zuteilen ; bestimmen 2. (*responsabilité*) zuschreiben 3. (*importance*) zumessen 4. (*par adjudication*) den Zuschlag erteilen 5. (*rente*) gewähren 6. (*marché, travaux*) vergeben 7. (*prix*) verleihen.

attributaire *m* Empfänger *m*.

attribution *f* Zuteilung *f* ; Vergebung *f* ; (*prix*) Verleihung *f* ; Zuwendung *f* ; *les ~s* Befugnisse *fpl* ; Kompetenzen *fpl* ; Aufgabenbereich *m* ; *n'avoir que des ~s limitées* nur beschränkte Befugnisse haben ; *cela dépasse le cadre de mes ~s* das geht über meine Befugnisse ; dafür bin ich nicht zuständig.

audit *m* 1. *(comptab.)* Rechnungs-, Buchprüfung *f* ; Buch-, Betriebsrevision *f* ; Revision und Treuhand *f* ; Revisions- und Treuhandwesen *n* ; Controlling *n* ; *~ interne* (betriebs)interne Revision ; Innenrevision ; interne Bilanzanalyse *f* ; *~ externe* betriebsexterne (betriebsfremde) Revision ; externe Bilanzanalyse *f* ; *~ marketing* Marketing-Controlling ; *~ social* Personal-Controlling ; *cabinet m d'~* Revisions- und Treuhandbüro *n* ; Revisions- und Treuhandgesellschaft *f* 2. *(personne)* ⇒ *auditeur* 3. *(sens général)* (Über)prüfung *f* ; Kontrolle *f* und Beratung *f*.

auditer *(comptab.)* Bücher (Rechnungen) prüfen ; (Geschäfts)bücher revidieren ; eine Betriebsrevision (Rechnungsprüfung, Buchprüfung) vornehmen ; Controlling betreiben.

auditeur *m* **1.** Zuhörer *m* ; ~ *libre* Gasthörer **2.** (*jur.*) ~ *au Conseil d'État* Auditor *m* **3.** *(comptab.)* (Bücher)revisor *m* ; (Rechnungs)revisor *m* ; Controller *m* ; Buch-, Wirtschafts-, Rechnungs-, Abschlußprüfer *m* ; ~ *interne, externe* (betriebs)interner, (betriebs)externer (betriebsfremder) Revisor (Prüfer).

audition *f* Anhörung *f* ; Verhör *n* ; ~ *des comptes* Rechnungsprüfung *f*.

augmentation *f* Erhöhung *f* ; Vermehrung *f* ; Vergrößerung *f* ; Steigerung *f* ; Zunahme *f* ; ~ *de capital, des frais (coûts), du salaire, du taux d'escompte* Kapital-, Kosten-, Lohn-, Diskontsatzerhöhung ; ~ *de la production, du rendement, des ventes* Produktions-, Leistungs-, Absatzsteigerung ; ~ *de la demande, de la population, du trafic* Nachfrage-, Bevölkerungs-, Verkehrszunahme.

augmenter erhöhen ; vermehren ; vergrößern ; steigern ; wachsen ; ~ *le capital* das Kapital aufstocken ; ~ *de prix* teurer werden ; sich verteuern ; im Preis steigen ; aufschlagen ; ~ *un prix* einen Preis heraufsetzen (erhöhen) ; ~ *la production* die Produktion steigern ; ~ *les salaires* die Löhne erhöhen.

austérité *f* Härte *f* ; Austerity [os'teriti] *f* ; *politique d'~* Austerity-Politik *f* ; Politik der Sparmaßnahmen.

autarcie *f* Autarkie *f* ; Selbst-, Eigenversorgung *f* ; *politique f d'~* Autarkiepolitik *f* ; *vivre en ~* in wirtschaftlicher Autarkie leben.

autarcique autark(isch).

auteur *m* **1.** Autor *m* ; Urheber *m* ; *droits mpl d'~* Urheberrechte *npl* **2.** (*accident*) Urheber *m* ; Verursacher *m* ; ~ *d'un dommage* Schadenstifter *m*.

authentifier beglaubigen ; beurkunden ; *faire ~ un document par-devant notaire* etw notariell beurkunden.

1. auto- Selbst- ; Eigen- ; Auto-.

2. auto *f* ⇒ automobile.

autoapprovisionnement *m* Selbstversorgung *f*.

autoassurance *f* Selbstversicherung *f*.

autocollant *m* Aufkleber *m*.

autoconsommation *f* Selbst-, Eigenverbrauch *m*.

autodéfense *f* Selbsthilfe *f* ; *recourir à l'~* zur Selbsthilfe greifen.

autodétermination *f* Selbstbestimmung *f* ; *droit m à l'~* Selbstbestimmungsrecht *n*.

auto-école *f* Fahrschule *f*.

autofinancement *m* Eigen-, Selbstfinanzierung *f* ; finanzielle Selbstbeteiligung *f*.

autofinancer aus Eigenmitteln finanzieren ; selbst finanzieren.

autogéré, e selbstverwaltet ; in Selbstverwaltung ; *entreprise ~e* Belegschaftsfirma *f*.

autogestion *f* Selbstverwaltung *f* ; Arbeiterselbstverwaltung.

automate *m* Automat *m*.

automatique automatisch ; *entièrement ~* vollautomatisch ; *distributeur m ~* Automat *m* ; *emballage m ~* maschinelle Verpackung *f* ; (*par*) *prélèvement ~* (per) Dauerauftrag *m*, Einzugsermächtigung *f* ; *renouvellement m ~* stillschweigende Verlängerung *f* (Erneuerung *f*) ; *téléphone m ~* Selbstwähler *m*.

automation *f* ⇒ *automatisation.*

automatisation *f* Automatisierung *f* ; *niveau m d'~* Automatisierungsgrad *m*.

automatiser automatisieren ; auf automatischen Betrieb umstellen.

automatisme *m* Automatismus *m*.

automobile *f* Auto(mobil) *n* ; (Kraft)-wagen *m* ; Kraftfahrzeug *n* ; *assurance f ~* Kfz-Versicherung *f* ; *circulation f ~* Kraftfahrzeugverkehr *m* ; *industrie f ~* Auto(mobil)industrie *f* ; *salon m de l'~* Automobilausstellung *f*, -salon *m* ; *vignette f ~* Kfz-Steuer *f*.

automobiliste *m* Autofahrer *m* ; Kraftfahrer *m* ; ~ *du dimanche* Sonntagsfahrer *m*.

autonome autonom ; selbständig ; unabhängig ; *syndicat ~* autonome Gewerkschaft *f* (die keinem Zentralverband angehört).

autonomie *f* Autonomie *f* ; Selbständigkeit *f* ; Unabhängigkeit *f* ; ~ *administrative* Selbstverwaltung *f*.

autorisation *f* **1.** (*pouvoir*) Bevollmächtigung *f* ; Vollmacht *f* ; Ermächtigung *f* ; *délivrer une ~ écrite* eine schriftliche Ermächtigung erteilen ; ~ *de paiement* Zahlungsermächtigung **2.** Genehmigung *f* ; Erlaubnis *f* ; Einwilligung *f* ; ♦ ~ *d'exportation, d'importation* Ausfuhr-, Einfuhrgenehmigung ; ~ *officielle* amtliche (offizielle) Genehmigung ; ~ *de prélèvement automatique* Einzugsermächtigung *f* ; ~ *de quitter le territoire* Ausreisegenehmigung ; *sans ~* unbefugt ; unberechtigt ; *~ de séjour* Aufenthaltsgenehmigung ; *soumis à ~* genehmigungspflichtig ; *~ de travail* Arbeitsgenehmigung ; ♦♦♦ *accorder, demander, présenter une ~* eine Genehmigung erteilen, beantragen, vorweisen ; *obtenir, refuser, retirer une ~* eine Genehmigung erhalten, verweigern, widerrufen.

autorisé, e berechtigt ; ermächtigt ; erlaubt ; *stationnement m non ~* Parkverbot *n* ; *toute la rue est en stationnement non ~* in der ganzen Straße besteht Parkverbot ; *~ à disposer, à signer* verfügungs-, zeichnungsberechtigt ; *dûment ~* gehörig bevollmächtigt ; *milieux mpl ~s* maßgebende Kreise *mpl* ; *personne f (non) ~e* (Un)-berechtigte(r) ; *de source ~e* aus offizieller (maßgeblicher) Quelle.

autoriser 1. (*habiliter*) bevollmächtigen ; ermächtigen ; *~ qqn à prendre livraison de qqch* jdn bevollmächtigen, etw abzuholen ; *~ à négocier au nom de qqn* jdn ermächtigen, in jds Namen zu verhandeln **2.** (*permettre*) genehmigen ; erlauben ; einwilligen.

autorité *f* **1.** Machtbefugnis *f* ; (Amts)gewalt *f* ; Autorität *f* ; *abus m d'~* Amtsmißbrauch *m* ; *qui fait ~* maßgebend ; maßgeblich **2.** (*jur.*) *~ de la chose jugée* Rechtskraft *f* **3.** *~(s)* Behörde *f* ; Obrigkeit *f* ; *~s administratives, judiciaires* Verwaltungs-, Justizbehörden ; *adressez-vous aux ~s compétentes* wenden Sie sich an die zuständige Behörde ; *~ suprême* oberste (Regierungs)gewalt *f* ; *~ de surveillance, de tutelle* Aufsichts-, Vormundschaftsbehörde *f*.

autoroute *f* Autobahn *f* ; *~ à péage* gebührenpflichtige Autobahn ; *échangeur m d'~s* Autobahnkreuz *n* ; Kleeblatt *n*.

autoroutier, ière Autobahn- ; *échangeur m ~* Autobahnkreuz *n* ; *réseau m ~* Autobahnnetz *n*.

auxiliaire Hilfs- ; Neben- ; zusätzlich ; *~ de police* Hilfspolizist *m* ; *bureau m ~* Nebenstelle *f* ; Zweigbüro *n* ; *personnel m ~* Aushilfspersonal *n*.

auxiliaire *m* (Aus)hilfskraft *f* ; Hilfe *f* ; Gehilfe *m* ; Hilfsarbeiter *m* ; Helfer *m*.

aval *m* **1.** Aval *m* ou *n* ; Bürgschaftsannahme *f* ; *bon pour ~* als Bürge ; per Aval ; *donneur d'~* Wechselbürge *m* ; *donner un ~* eine Wechselbürgschaft übernehmen **2.** Talrichtung *f* ; *en ~* stromabwärts ; unterhalb ; *industrie f en ~* weiterverarbeitende Industrie *f*.

avaliser avalieren ; eine Wechselbürgschaft übernehmen ; *~ une traite* die Bürgschaft für einen Wechsel übernehmen.

avaliseur *m* Avalgeber *m* ; Avalist *m* ; Wechselbürge *m*.

avaliste *m* ⇒ *avaliseur*.

à-valoir *m* (*sur*) Anzahlung *f* (auf + A) ; Vorschuß *m* ; Abschlagszahlung *f*.

avance *f* **1.** Vorschuß *m* ; Anzahlung *f* ; ♦ *~ de caisse (en espèces)* Barvorschuß ; *~ à découvert* Blankovorschuß ; *~ sur fonds publics* Vorschuß aus öffentlichen Geldern ; *~ de fonds, de frais* Geld-, Kostenvorschuß ; *~ sur marchandises* Warenlombard *m* ; *~ sur salaire, sur titres* Lohn-, Lombarddarlehen *n* ; *~ sur traitement* Vorschuß auf das Gehalt ; Gehaltsvorschuß ; ♦♦♦ *accorder une ~* einen Vorschuß gewähren ; *consentir une ~ de 1 000 F* einen Vorschuß von 1 000 F bewilligen ; *demander une ~* um einen Vorschuß bitten ; *faire une ~ à qqn* jdm Geld vorstrecken ; *faire l'~ des frais* die Kosten auslegen ; *verser une ~* eine Anzahlung leisten **2.** *d'~* (*par ~*) im voraus ; *commande f, paiement m d'~* Vorausbestellung *f*, -zahlung *f* ; *payable d'~* im voraus zahlbar ; *frais mpl payables d'~* Vorschußpflicht *f* ; *commander d'~* vorausbestellen ; *nous sommes en ~ sur les délais* wir haben einen Zeitvorsprung **3.** (*percée, offensive*) Vorstoß *m* **4.** (*technologique, rendement*) Vorsprung *m* ; *avoir une grande ~ sur les concurrents* der Konkurrenz gegenüber einen großen Vorsprung haben.

avancement *m* **1.** Beförderung *f* ; Aufstieg *m* ; *~ à l'ancienneté* Beförderung nach dem Dienstalter ; *chances fpl d'~* Aufstiegschancen *fpl* ; *possibilités fpl d'~* Aufstiegsmöglichkeiten *fpl* ; *tableau m d'~* Beförderungs-, Rangliste *f* ; *avoir de l'~* aufrücken ; befördert werden ; *donner de l'~* befördern **2.** (*construction*) *~ des travaux* (erreichter) Bauzustand *m*.

avancer 1. fortschreiten ; voran-, vorwärts-, weiterkommen **2.** (*argent*) vorstrecken ; vorschießen ; auslegen ; *~ des fonds à une entreprise* eine Firma bevorschussen **3.** (*échelons*) aufrücken ; befördert werden **4.** (*envoi, etc.*) eine Lieferung früher vornehmen **5.** (*travail*) eine Arbeit vorantreiben.

avantage *m* Vorteil *m* ; Nutzen *m* ; Vergünstigung *f* ; *~ acquis* erworbene

Ansprüche *mpl* ; *~s matériels, financiers* materielle, finanzielle Vorteile ; *~s fiscaux, sociaux* steuerliche, soziale Vergünstigungen ; *~ en nature* Naturalbezüge *pl* ; Naturalvergütung *f* ; Naturalleistung *f* ; Deputat *n* ; Sachzuwendungen *pl* ; *accorder, bénéficier, offrir des ~s* Vergünstigungen gewähren, genießen, bieten ; *tirer ~ de qqch* aus etw Vorteil (Nutzen) ziehen.

avantager begünstigen ; bevorzugen.

avantageux, euse vorteilhaft ; günstig ; *à un (d'un) prix ~* preiswert ; preisgünstig ; *affaire f ~se* lohnendes Geschäft *n* ; *placement m ~* gewinnbringende Anlage *f*.

avant-bourse *f* Vorbörse *f*.

avant-contrat *m* Vorvertrag *m*.

avant-projet *m* Vorentwurf *m*.

avant-saison *f* Vorsaison *f*.

avarie *f* Havarie *f* ; Beschädigung *f* ; Seeschaden *m* ; Transportschaden ; *avoir (subir), déclarer une ~* eine Havarie erleiden, angeben.

avenant *m* Nachtrag *m* ; Zusatz *m* ; *~ à un contrat d'assurances* Zusatz zu einem Versicherungsvertrag.

avenir *m* Zukunft *f* ; *à l'~* (zu)künftig ; *dans un ~ proche* in absehbarer Zeit ; *marché m d'~* zukunftsträchtiger Markt *m* ; *orienté vers l'~* zukunftsorientiert ; *d'un ~ prometteur* vielversprechend ; *assurer l'~* die Zukunft sichern.

averti : *non ~* uneingeweiht.

avertir **1.** verwarnen ; ermahnen ; mahnen **2.** *~ qqn de qqch* jdn von etw benachrichtigen.

avertissement *m* Anzeige *f* ; Mahnung *f* ; (Ver)warnung *f* ; *~ sans frais, taxé* gebührenfreie, gebührenpflichtige Verwarnung ; *délai m d'~* Kündigungsfrist *f* ; *lettre f d'~* Mahnbrief *m*, -schreiben *n* ; *~ de mise en recouvrement* Steuerbescheid *m* ; *recevoir un ~ du fisc* eine Mahnung vom Finanzamt bekommen.

avion *m* Flugzeug *n* ; Maschine *f* ; *~ charter m* Charterflugzeug ; *~ commercial* Verkehrsflugzeug ; *~ de ligne* Linienflugzeug ; *par ~* **a)** mit dem (per) Flugzeug ; **b)** mit (durch, per) Luftpost ; *~ postal* Postflugzeug ; *transport m par ~* Lufttransport *m* ; *expédier par ~* durch Luftpost befördern ; *prendre l'~ pour Berlin* nach Berlin fliegen.

avionneur *m* Flugzeugbauer *m*, -konstrukteur *m*.

avis *m* Anzeige *f* ; Bescheid *m* ; Benachrichtigung *f* ; *~ d'échéances* Terminkalender *m* ; Abzahlungsplan *m* ; *~ favorable, défavorable* günstiger, abschlägiger Bescheid ; *sauf ~ contraire* bis auf Widerruf ; *~ de crédit* Gutschriftanzeige ; *~ de débit* Lastschriftanzeige ; *~ de (mise f au) concours (de vacance)* Stellenausschreibung *f* ; *~ d'expédition* Versandanzeige ; *~ d'experts* Sachverständigengutachten *n* ; *~ d'imposition* Steuerbescheid ; *~ de livraison* Liefer(ungs)schein *m* ; *~ de perte, de la poste* Verlust-, Postanzeige ; *~ public* öffentliche Bekanntmachung *f* ; *~ de réception (d'arrivée)* Empfangsbestätigung *f* ; *~ de sinistre* Schadensanzeige ; *~ de situation annuel (impôts)* steuerlicher Jahresüberblick *m* ; *~ de versement* Einzahlungsbescheinigung *f* ; *~ de virement* Überweisungsanzeige ; *créditer sous ~* unter Anzeige kreditieren.

aviser benachrichtigen ; *nous vous en aviserons en temps utile* wir werden Sie rechtzeitig davon benachrichtigen ; *en ~ immédiatement la banque* die Bank ist unverzüglich zu verständigen.

avocat *m* Verteidiger *m* ; Advokat *m* ; (Rechts)anwalt *m* ; *~ commis d'office* Pflichtverteidiger.

1. avoir *m* (*actif, crédit*) Guthaben *n* ; Haben *n* ; Gutschrift *f* ; Kredit *m* ; Aktiv-, Habenseite *f* ; Aktiva *pl* ; Gesamtvermögen *n* ; ♦ *~ en banque* Bankguthaben ; *~ de change* Währungs-, Devisenguthaben ; *~ en compte* Kontoguthaben ; *~ en dépôt (dépôts)* Depositenguthaben ; *~ disponible* verfügbares Guthaben ; *~ en espèces (en numéraire)* Barguthaben ; *~s à l'étranger* Auslandsguthaben ; *~ fiscal* Steuergutschrift *f* ; *~s gelés* eingefrorene Gelder *npl* ; *~ net* Reinvermögen ; *~ en portefeuille* Wertpapierbestand *m* ; *~s propres (sur le compte banque)* Nostroguthaben ; *~ en titres* Effektenbesitz ; *~ total* Gesamtvermögen ; *doit et ~* Soll und Haben *n* ; *un ~ pour des articles manquants* eine Kreditnote für fehlende Artikel ; ♦♦♦ *augmenter un ~* ein Guthaben aufstocken ; *bloquer un ~* ein Guthaben sperren ; *geler des ~s* Guthaben einfrieren ; *votre relevé de compte indique un ~ de 1 000 F* Ihr Kontoauszug weist ein Guthaben von 1 000 F auf ; *portez (passez) cette somme à mon ~* schreiben Sie mir diese Summe gut ; *prélever sur un ~* von einem Guthaben abheben.

2. avoir *m* (*fortune*) Vermögen *n* ; Vermögensbestand *m* ; Besitz *m* ; Habe *f* ; Hab und Gut *n*.

ayant droit *m* Empfangs-, Anspruchs-, Bezugsberechtigte(r) ; Empfänger *m* ; ~ *à une indemnité, aux prestations, à réparation* Entschädigungs-, Leistungs-, Ersatzberechtigte(r).

avoué Anwalt *m* ; Sachwalter *m* ; *constituer un* ~ einen Anwalt bestellen.

axe *m* Achse *f* ; ~ *nord-sud* Nord-Süd-Achse ; (*fig.*) Zielrichtung *f* ; Generallinie *f*.

B

baccalauréat *m* Abitur *n* ; *(Suisse ; Autriche)* Matura *f* ; *passer son bac* sein Abitur machen ; *réussir, échouer au bac* das Abitur bestehen, durch das Abitur fallen.

bâcler schnell erledigen ; (hin)pfuschen ; verpfuschen ; schlampen.

badge *m* Button ['batən] *m* ; Ansteckplakette *f*.

bagages *mpl* Gepäck *n* ; Gepäckstükke *npl* ; ~ *à main* mitgeführtes Gepäck ; *assurance f* ~ Gepäckversicherung *f* ; *bulletin m de* ~ Gepäckschein *m* ; *bureau m d'enregistrement des* ~ Gepäckannahme(stelle) *f* ; *consigne f des* ~ Gepäckaufbewahrung *f* ; *expédition f des* ~ Gepäckabfertigung *f* ; *petits, gros* ~ Hand-, schweres Gepäck ; *amener les* ~ *à la gare* das Gepäck zum Bahnhof bringen ; *faire enregistrer ses* ~ (sein) Gepäck aufgeben ; *réclamer* (*retirer*) *ses* ~ das Gepäck abholen.

bail *m* Miet-, Pachtvertrag *m* ; Miete *f* ; Pacht *f* ; ~ *à colonage partiaire* Halb-, Teilpacht *f* ; ~ *commercial* Geschäftsraummiete *f* ; ~ *emphytéotique* Erbpacht ; ~ *à ferme* Pachtvertrag ; *durée f du* ~ Miet-, Pachtzeit *f* ; *preneur m à* ~ Pächter *m* ; *donner à* ~ verpachten ; vermieten ; *prendre à* ~ pachten ; mieten ; *renouveler un* ~ einen Pachtvertrag erneuern (verlängern) ; *résilier son* ~ *de location* das Miet(s)verhältnis lösen.

bailleur *m (qui donne en bail) (à ferme)* Verpächter *m* ; *(à loyer)* Vermieter *m*.

bailleur *m* **de fonds** Geldgeber *m* ; Kapital-, Kreditgeber *m* ; stiller Teilhaber *m*.

baisse *f* **1.** Rückgang *m* ; Senkung *f* ; Abschlag *m* ; Sinken *n* ; Sturz *m* ; Abwärtsdrift *f* ; ~ *de la demande* Nachfragerückgang ; ausfallende Nachfrage ; ~ *sur les produits alimentaires* Senkung bei Lebensmitteln ; ~ *du pouvoir d'achat, des prix* Kaufkraftschwund *m* (-rückgang), Preisrückgang (Preissenkung) ; ~ *du taux d'intérêt* Zinssenkung *f* **2.** (*bourse*) Baisse *f* ['bɛ:s(ə)] ; *clause f de* ~ Baisseklausel *f* ; *en* ~ rückgängig ; rückläufig ; *croire à la* ~ mit einem Kursrückgang rechnen ; *espérer à la* ~ auf eine Baisse hoffen ; *spéculer à la* ~ auf Baisse spekulieren.

baisser **1.** herabsetzen ; senken ; ~ *les coûts, les prix, le taux d'escompte, la vitesse* die Kosten, die Preise, den Diskontsatz, die Geschwindigkeit senken ; *faire* ~ *les prix* die Preise drücken ; *faire* ~ *les prix à l'exportation* die Exportgüter verbilligen **2.** *(intr.)* sinken ; fallen ; stürzen ; absacken.

baissier *m* Baissier *m* [bɛ:'sje] ; Baissespekulant *m*.

bakchich *m* **1.** *(pourboire)* Bakschisch *n* ou *m* ; Trinkgeld *n* **2.** *(pot-de-vin)* Bakschisch ; Schmier-, Bestechungsgeld(er) *n(pl)*.

balance *f* **1.** *(instrument de pesée)* Waage *f* ; *étalonner une* ~ eine Waage eichen ; *peser à l'aide d'une* ~ auf (mit) der Waage wiegen **2.** Bilanz *f* ; Abschlußsaldo *m* ; Saldierung *f* ; ~ *des biens et services* Güter- und Dienstleistungsbilanz ; ~ *de caisse* Kassenbestand *m* ; ~ *du commerce extérieur* Außenhandelsbilanz ; ~ *commerciale* Handelsbilanz ; ~ *d'un compte* Saldo *m* ; ~ *des comptes* Haushaltsrechnung *f* ; ~ *d'entrée* Eröffnungsbilanz ; ~ *générale* Hauptschlußübersicht *f* ; ~ *des mouvements de capitaux* Bilanz der Kapitalbewegung ; ~ *des opérations en capital* Summenbilanz ; Kapitalbilanz ; ~ *des paiements* Zahlungsbilanz ; ~ *des paiements courants* (*des opérations courantes*) Leistungsbilanz ; ~ *de sortie* (Ab)schlußbilanz ; ~ *des transferts* Übertragungsbilanz (Bilanz der unentgeltlichen Leistungen) ; *la* ~ *est déficitaire* die Bilanz ist passiv (negativ) ; *la* ~ *est excédentaire* die Bilanz ist aktiv (überschüssig).

balancer begleichen ; ausgleichen ;

abrechnen ; ~ *un compte* eine Rechnung begleichen ; abrechnen ; ~ *les livres* die Bücher abschließen ; *se ~ par...* einen Saldo von... aufweisen ; abschließen mit.

balle *f (marchandises)* Ballen *m.*

ballottage *m (scrutin de)* Stichwahl *f* ; *il y a ~* die Wahl ist unentschieden.

banalisation *f* **1.** Anwendbarkeit *f* des gemeinen Rechts (für ein Universitätsgelände z.B.) **2.** Unkenntlichmachung *f.*

banaliser 1. unkenntlich machen ; *voiture f ~ée* als Privatwagen getarntes Polizeiauto *n* **2.** *(terrains universitaires)* unter gemeines Recht stellen **3.** ~ *qqch* banalisieren ; alltäglich (gewöhnlich) machen.

banc *m* **d'essai** Prüfstand *m* ; *passer un moteur au ~* einen Motor auf dem Prüfstand erproben.

bancable bankfähig ; bankmäßig ; *effets mpl ~s* bankfähige Wechsel *mpl.*

bancaire Bank- ; bankgemäß ; *avoir m ~* Bankguthaben *n* ; *chèque m ~* Bankscheck *m* ; *code m ~* Bankleitzahl *f* ; *coffre m ~* Banksafe *m* ; *compte m ~* Bankkonto *n* ; *établissement m ~* Geldinstitut *n* ; Kreditanstalt *f* ; *garantie f ~* Bankgarantie *f* ; Bürgschaft *f* ; *krach m ~* Bankkrach *m* ; *opérations fpl ~s* Bankverkehr *m* ; *ordre m ~* Bankauftrag *m* ; *procuration f ~* Bankvollmacht *f* ; *secret m ~* Bankgeheimnis *n* ; *système m ~* Bankwesen *n* ; *transactions fpl ~s* → *opérations* ; *usage m ~* banküblich ; *virement m ~* Banküberweisung *f.*

bande *f* (*inform.*) Band *n* ; Streifen *m* ; ~ *magnétique* Magnetband ; ~ *perforée* Lochstreifen.

banderole *f* Transparent *n* ; *les manifestants mpl portaient des ~s* die Demonstranten *mpl* trugen Transparente.

banlieue *f* Vorort *m* ; *grande ~* Einzugsgebiet *n* ; *proche ~* Nahbereich *m* ; Stadtrand *m* ; *trafic m de ~* Vorortverkehr *m* ; *train m de ~* Nahverkehrs-, Vorortzug *m* ; *ville f de ~* Stadt *f* im Nahbereich ; Einzugsgebiet *n* einer Großstadt.

banlieusard *m* Vorortbewohner *m* ; Vorstädter *m* ; Pendler *m.*

banque *f* Bank *f* ; Geldinstitut *n* ; Bankgeschäft *n* ; Kreditanstalt *f* ; *les ~s* Bankwesen *n* ; ♦ ~ *d'affaires* Geschäftsbank ; ~ *agricole* Landwirtschaftsbank ; ~ *centrale* Zentralbank ; ~ *de change* Wechselbank ; ~ *de commerce* Handelsbank ; ~ *du commerce extérieur* Außenhandelsbank ; ~ *de compensation* Abrechnungsbank (Clearing) ; ~ *(de) coopérative* Genossenschaftsbank ; ~ *de crédit* Kreditanstalt ; ~ *de crédit foncier* Bodenkreditanstalt ; ~ *de dépôts* Depositenbank ; ~ *de dépôts et de virement de titres* Effektengirobank ; ~ *de données* Datenbank ; ~ *d'émission* Notenbank ; ~ *d'épargne* Sparbank ; ~ *d'escompte* Diskontbank ; ~ *européenne d'exportation* Europäische Exportbank ; ~ *européenne d'investissement (B.E.I.)* Europäische Investitionsbank ; ~ *française du commerce extérieur (B.F.C.E.)* französische Außenhandelsbank ; ~ *de France* Zentralbank Frankreichs ; ~ *(de prêts) hypothécaire(s)* Hypothekenbank ; ~ *immobilière* Bodenkreditanstalt *f* ; ~ *industrielle* Gewerbebank ; ~ *d'investissement* Investitionsbank ; ~ *nationalisée* verstaatlichte Bank ; ~ *populaire* Volksbank ; ~ *de prêts* Darlehensbank ; ~ *privée* Privatbank ; ~ *de règlements internationaux (B.R.I.)* Bank für internationalen Zahlungsausgleich ; ~ *spécialisée* Spezialbank ; ~ *à succursales* Filialbank ; ~ *syndicale* Gewerkschaftsbank ; ~ *de virement* Girokasse *f* ; ♦♦ *affaires fpl de ~* Bankgeschäfte *npl* ; *agio m de ~* Bankagio *n* ; *attaque f de ~* Banküberfall *m* ; *billet m de ~* Geldschein *m* ; Banknote *f* ; *coffre m en ~* Banksafe *m* ; Tresor *m* ; *directeur m de ~* Bankdirektor *m* ; *employé m de ~* Bankangestellte(r) ; *frais mpl de ~* Bankgebühren *fpl* ; *opération f de ~* Bankgeschäft *n* ; *procuration f de ~* Bankvollmacht *f*, -prokura *f* ; *succursale f de ~* Geschäftsstelle *f* ; Filiale *f* ; *virement m de ~* Banküberweisung *f* ; ♦♦♦ *aller à la ~* zur Bank (auf die Bank) gehen ; *avoir un compte dans une ~* ein Konto bei einer Bank haben ; *avoir de l'argent en ~* Geld auf der Bank (liegen)haben ; *déposer de l'argent à la ~* Geld auf die Bank bringen ; *déposer des titres en ~* Wertpapiere bei der Bank hinterlegen ; *faire ouvrir un compte en ~* ein Konto bei einer Bank eröffnen ; *prélever de l'argent à la ~* Geld von der Bank abheben.

banquer *(fam.)* bezahlen ; berappen ; blechen ; bluten.

banqueroute *f* Bankrott *m* ; Pleite *f* ; ~ *déclarée, frauduleuse* offener, betrügerischer Bankrott ; *faire ~* Pleite machen ; bankrott gehen ; *friser (être au bord de) la ~* vor dem Bankrott stehen.

banqueroutier *m* Bankrotteur *m.*

banquier *m* Bankier *m* [baŋ'kje:] ; Banker *m* ['bεŋkər] ; *déposer une somme chez son* ~ bei seinem Bankier einen Betrag hinterlegen.

barboter *(fam.)* klauen.

barème *m* Tabelle *f* ; Berechnungstafel *f* ; Sätze *mpl* ; Tarif *m* ; Tarifstaffelung *f* ; ~ *de conversion, d'imposition, des salaires, des traitements* Umrechnungs-, Steuer-, Lohn-, Gehaltstabelle ; ~ *des prix* Preisliste *f* ; ~ *de transports* Frachttarif *m* ; *établir, fixer un* ~ eine Liste (Tabelle) aufstellen, festsetzen.

baril *m* Faß *n* ; *(pétrole)* Barrel *n* ; *un* ~ *de pétrole brut (159 litres)* ein Barrel Rohöl ; *par* ~ je Barrel.

baromètre *m* **conjoncturel** Konjunktur-, Wirtschaftsbarometer *n* ; Konjunkturdaten *pl.*

barrage *m* **1.** Staudamm *m* ; Talsperre *f* **2.** ~ *de rue* Straßensperre *f.*

barre *f* **1.** *(métal)* Barren *m* ; ~ *d'or* Goldbarren ; *or en* ~ Barrengold *n* **2.** *(gouvernail) être à la* ~ am Ruder stehen (sein) **3.** *franchir la* ~ *des 50 %* die 50 %-Schwelle (Grenze) überschreiten ; *on s'approche de la barre des 2 millions* man nähert sich der zwei Millionen-Grenze.

barreau *m* *(jur.)* Anwaltskammer *f.*

barrer 1. *(route)* (ver)sperren ; *rue, route* ~*ée* gesperrt ! **2.** *chèque m* ~*é* Verrechnungsscheck *m* ; ~ *un chèque* einen Verrechnungsscheck ausstellen.

barrière *f* Schranke *f* ; *(à la frontière)* Schlagbaum *m* ; *lever, abaisser la* ~ den Schlagbaum öffnen, herunterlassen ; ~*s commerciales, douanières* Handels-, Zollschranken ; *supprimer les* ~*s douanières* die Zollschranken abbauen (abschaffen).

bas, basse 1. niedrig ; gering ; *les plus basses classes* die untersten Klassen ; *au* ~ *mot* mindestens ; ~ *prix m* Niedrigpreis *m* ; *à* ~ *prix* zu niedrigem Preis ; billig ; preiswert ; preisgünstig ; *politique f des* ~ *prix* Niedrigpreispolitik *f* ; *importations fpl de pays à* ~ *niveau de prix* Einfuhren *fpl* aus Niedrigpreisländern ; ~ *salaires mpl* Niedriglöhne *mpl* ; *basse vitesse f* geringe Geschwindigkeit *f* ; *l'économie est au plus* ~ die Wirtschaft befindet sich in einer Talsohle **2.** *au* ~ *de cette lettre* am Fuße dieses Schreibens ; *le montant figure en* ~ *de la page 2* der Betrag steht auf der zweiten Seite unten.

bas *m* **de laine** Sparstrumpf *m.*

base *f* Basis *f* ; Grundlage *f* ~ *de calcul, de discussion, d'évaluation, d'imposition* Berechnungs-, Gesprächs-, Bewertungs-, Besteuerungsgrundlage ; *abattement m (exonération f) à la* ~ (Steuer)freibetrag *m* ; *action f de la* ~ Basisaktion *f* ; *industrie f de* ~ Grundstoffindustrie *f* ; *prélèvement m à la* ~ *(à la source)* Quellenabzug *m* ; *prime f, prix m, salaire m, taxe f, traitement m de* ~ Grundprämie *f*, -preis *m*, -lohn *m*, -gebühr *f*, -gehalt *n* ; *produit m de* ~ Ausgangsprodukt *n* ; *travail m de la* ~ Basisarbeit *f* ; *vote m de la* ~ Urabstimmung *f* ; *sur la* ~ *de* auf Grund von/G ; *sur la* ~ *d'une confiance réciproque* auf der Basis gegenseitigen Vertrauens.

base-or *f* Goldbasis *f.*

basic *m* *(inform.)* Programmiersprache *f* BASIC.

bassin *m* **1.** Becken *n* ; ~ *de décantation* Klärbecken ; ~ *houiller* Kohlenbekken ; ~ *de la Ruhr* Ruhrgebiet *n* ; *(fam.)* Kohlenpott *m* **2.** *(marine)* ~ *flottant* Schwimmdock *n* ; ~ *de radoub* Trokkendock *n.*

bataille *f* **des prix** Preisschlacht *f.*

bateau *m* Boot *n* ; Schiff *n* ; ~*-citerne m* Tanker *m* ; Tankschiff ; *en* ~ *-stop* als blinder Passagier ; ~ *de pêche* Fischereifahrzeug *n*, -schiff ; *prendre le* ~ *pour New York* mit dem Schiff nach New York fahren.

batellerie *f* Binnen-, Flußschiffahrt *f.*

bâti, e : *propriété f* ~*e* bebautes Grundstück *n.*

bâtiment *m* **1.** Gebäude *n* ; Bau *m* ; ~*s administratifs* Verwaltungsgebäude (Verwaltungshochhaus *n*) ; ~ *d'exploitation* Betriebsgebäude ; ~ *de la foire* Messegebäude ; ~*s à usage industriel* gewerblicher Bau **2.** *industrie du* ~, ~ Baugewerbe *n* ; Bauwesen n ; ~ *et travaux publics* Hoch- und Tiefbau *m* ; *entrepreneur m en* ~ Bauunternehmer *m* ; *ouvrier m du* ~ Bauarbeiter *m* ; Bauhandwerker *m* ; *professions fpl du* ~ Bauberufe *mpl* ; *secteur m du* ~ Bausektor *m* ; *il est du* ~ er ist vom Bau **3.** Fahrzeug *n* ; Schiff *n* ; ~ *marchand* Handelsschiff *n.*

bâtir bauen ; errichten ; herstellen ; *terrain m à bâtir* Baugrundstück *n* ; ~ *des maisons, des ponts, des routes, des villes* Häuser, Brücken, Straßen, Städte bauen.

bâtisseur *m* **1.** Erbauer *m* ; Baulustige(r) ; *(péj.)* Baulöwe *m* **2.** (Be)gründer *m.*

battage *m* **publicitaire** Werberummel *m* ; *faire du* ~ die Werbetrommel rühren.

batteuse *f* Dreschmaschine *f*.

battre schlagen ; ~ *de l'aile* schlecht gehen ; angeschlagen (flügellahm) sein ; *entreprise f qui bat de l'aile* eine marode Firma *f* ; ~ *monnaie* Münzen prägen (schlagen) ; *la campagne bat son plein* die Kampagne läuft auf vollen Touren (auf Hochtouren) ; ~ *pavillon panaméen* unter panamesischer Flagge fahren.

bazar *m* Kaufhalle *f* ; Kaufhaus *n* ; *(arch.)* Gemischtwarenhandlung *f*, -geschäft *n* ; Basar *m*.

bazarder *(fam.)* verramschen ; verhökern ; verscherbeln ; verscheuern ; verkloppen ; verschachern.

B.D.F. *f (Banque de France)* Zentralbank *f* Frankreichs.

Bedaux *(système m) (système de rémunération du travail fondé sur une unité de travail-minute)* Bedaux-System *n* ; Entlohnungsverfahren nach Minute-Einheiten.

bénéf *m* (*fam.*) ⇒ *bénéfice*.

bénéfice *m* Gewinn *m* ; Ausbeute *f* ; Erwerb *m* ; Nutzen *m* ; Verdienst *m* ; ♦ ~*s affectés* zweckgebundene Gewinne ; ~ *agricole* landwirtschaftliches Einkommen ; ~*s avant amortissements, provisions et impôts* Gewinn vor Abschreibungen, Rückstellungen und Steuern ; ~ *de l'année* Jahresüberschuß *m* ; ~*s bruts, commerciaux, comptables* Brutto-, Geschäfts-, Buchgewinn ; ~ *sur les cours (de change)* Kursgewinn ; ~ *escompté* erhoffter Gewinn ; ~ *de l'exercice* Bilanzgewinn ; ~ *d'exploitation* Betriebsgewinn ; ~ *forfaitaire* Pauschalgewinn ; ~*s imposables* steuerpflichtiger Gewinn ; ~ *industriels et commerciaux (B.I.C.)* gewerblicher Gewinn ; ~ *net* Nettogewinn ; ~*s non distribués* unverteilte Gewinne ; ~ *sur participation* Gewinn aus Beteiligungen ; ~*s de placements* Gewinne aus Kapitalanlagen ; ~ *des professions non commerciales (B.P.N.C.)* Einkommen *n* aus nichtgewerblichen Berufen ; ~ *réalisé* erzielter Gewinn ; ~ *spéculatif* Spekulationsgewinn ; ♦♦ *diminution f du* ~ Gewinnschrumpfung *f* ; *distribution f des* ~*s* Gewinnverteilung *f* ; *excédent m de* ~ Gewinnüberschuß *m* ; *impôt m sur les* ~*s* Gewinn-, Erwerbs-, Ertragssteuer *f* ; *marge f de* ~ Gewinnmarge *f* ; Gewinnaufschlag *m* ; *optimalisation f (maximalisation f) du* ~ Gewinnoptimierung *f*, -maximierung *f* ; *part f de (dans les)* ~*(s)* Gewinnanteil *m* ; *(bourse) prise f de* ~ Gewinnmitnahme *f* ; *quote-part f de* ~ Gewinnquote *f* ; *réduction f des* ~*s* → *diminution* ; *répartition f des* ~*s* Gewinnausschüttung *f* ; *report m, transfert m des* ~*s* Gewinnvortrag *m*, -abführung *f* ; *avec participation aux* ~*s* mit Gewinnbeteiligung ; *sous* ~ *d'inventaire* mit Vorbehalt der Inventarprüfung ; ♦♦♦ *avoir des chances de réaliser un* ~ Gewinnchancen (-aussichten) haben ; *distribuer des* ~*s* → *répartir* ; *(fam.) empocher des* ~*s* Gewinne einstreichen ; *être intéressé aux* ~*s* am Gewinn beteiligt sein ; *évaluer les* ~*s* den Gewinn berechnen (überschlagen) ; *faire un* ~ einen Gewinn erzielen ; *rapporter un* ~ einen Gewinn abwerfen ; *réaliser des* ~*s* → *faire* ; *répartir des* ~*s* Gewinne ausschütten ; *tirer des* ~*s de qqch* aus etw Gewinn schlagen ; *vendre à* ~ mit Gewinn verkaufen.

bénéficiaire *m* Empfänger *m* ; Bezugsberechtigte(r), -nehmer *m* ; ~ *d'une assurance, d'un crédit, d'une traite* Versicherungs-, Kredit-, Wechselnehmer *m* ; ~ *de l'allocation chômage, d'une prestation, d'une rente* Arbeitslosenunterstützungs-, Leistungs-, Rentenempfänger *m*.

bénéficiaire Gewinn- ; *année f, bilan m* ~ Gewinnjahr *n*, -bilanz *f* ; *marge f* ~ Gewinn-, Verdienstspanne *f*.

bénéficier 1. Nutzen von etw haben ; aus etw einen Nutzen (Vorteil) ziehen ; jdm zugute kommen **2.** ~ *de privilèges fiscaux* steuerliche Vergünstigungen genießen ; steuerbegünstigt sein **3.** ~ *d'une rente, d'un traitement* eine Rente, ein Gehalt beziehen.

Benelux *m* Benelux-Staaten *mpl.*

bénévolat *m* Ehrenamtlichkeit *f*.

bénévole unbezahlt ; *à titre* ~ unentgeltlich ; ehrenamtlich ; *aides mpl* ~*s* freiwillige Helfer *mpl* ; *collaboration f* ~ freiwillige Zusammenarbeit *f* ; *pompiers mpl* ~*s* freiwillige Feuerwehr *f*.

bénévolement unentgeltlich ; ehrenamtlich ; unbezahlt.

B.E.P. *m (brevet d'études professionnelles)* Abschlußzeugnis *n* einer Berufsfachschule ; Berufsfachschulabschluß *m* ; Berufsausbildungsbescheinigung *f*.

B.E.P.C. *m (brevet d'études du premier cycle) (correspondance approx.)* mittlere Reife *f*.

berner betrügen ; prellen.

besogne *f* Arbeit *f* ; Pensum *n* ; *sale* ~ Maloche *f*.

besogner schwer arbeiten ; malochen ; schuften ; sich abschinden.

besogneux *m* Malocher *m* ; Arbeitstier *n*.

besoin *m* **1.** Not *f* ; Notstand *m* ; Mittellosigkeit *f* ; Bedürftigkeit *f* ; *être dans le ~* in (der) Not sein ; *en cas de ~* im Notfall **2.** *(matériel)* Bedürfnis *n* (nach + D) : *les ~s de la société* die Bedürfnisse der Gesellschaft ; *avoir ~ de qqch* etw brauchen **3.** *(économique)* *~s* (*en*) Bedarf *m* (an + D) ; ◆ *~s énergétiques* Energiebedarf ; *~s en matières premières* Rohstoffbedarf ; *~s en capital, financiers, immédiats* Kapital-, Finanz-, Sofortbedarf ; *~s prévisibles, publics, urgents* voraussichtlicher, öffentlicher, dringender Bedarf ; *selon les ~s* je nach Bedarf ; *les ~s quotidiens en...* der tägliche Bedarf an... ◆◆◆ *nous avons un ~ urgent de...* wir brauchen dringend... ; *avoir des ~s* en Bedarf haben an ; *assurer les ~s d'énergie* den Energiebedarf absichern ; *couvrir des ~s* den Bedarf decken ; *définir les besoins* den Bedarf ermitteln ; *excéder (dépasser) les ~s* den Bedarf übersteigen ; *faire un état des ~s* den Bedarf ermitteln ; *pourvoir aux* (*satisfaire les*) *~s* den Bedarf decken (befriedigen).

best-seller *m* Verkaufsschlager *m* ; Bestseller *m*.

bétail *m* Vieh *n* ; *gros, petit ~* Groß-, Kleinvieh ; *~ laitier* Milchvieh ; *~ sur pied* lebendes Vieh ; *cheptel m de ~* Viehbestand *m* ; (*Suisse*) Viehhabe *f* ; *commerce m de ~* Viehhandel *m* ; *marchand m de ~* Viehhändler *m* ; *marché m au ~* Viehmarkt *m* ; *élevage m du ~* Viehzucht *f* ; Viehwirtschaft *f* ; *éleveur m de ~* Viehzüchter *m* ; *abattre le ~* Vieh schlachten ; *élever du ~* Viehzucht (be)treiben ; Vieh halten (züchten).

bétaillère *f* Viehtransporter *m* ; Viehwagen *m* ; Anhänger *m* für den Viehtransport.

béton *m* Beton *m* ; *~ armé* Eisenbeton ; Stahlbeton ; armierter Beton ; *pilasse f de ~* Pfeiler *m* aus Beton ; *ville f de ~ (péj.)* Betonwüste *f* ; *préparer (gâcher) du ~* Beton mischen ; *(fig.) c'est du ~ !* das ist solide.

bétonneuse *f* Betonmischmaschine *f*.

beurre *m* Butter *f* ; *stock m de ~ (de la C.E.) (iron.)* Butterberg *m* ; *(fam.) faire son ~* sein(e) Schäfchen ins Trokkene bringen ; gut verdienen ; *mettre du ~ dans les épinards* seine Finanzen aufbessern ; etw dazu verdienen.

B.F.C.E. *(Banque française du commerce extérieur)* ⇒ *banque.*

B.H.V. *m (Bazar de l'Hôtel de Ville)* Pariser Kaufhaus *n*.

bi- *(préfixe)* Zwei-, Doppel-.

biaisé, e *(non)* (un)verzerrt ; *échantillon m ~* verzerrte Stichprobe *f*.

bicamérisme *m (polit.)* Zweikammersystem *n*.

B.I.C.E. *(Banque internationale de coopération économique)* Internationale Bank *f* für wirtschaftliche Zusammenarbeit.

bicentenaire *m* zweihundertjähriges Jubiläum *n* ; Zweihundertjahrfeier *f*.

bidon **1.** Kanister *m* **2.** *(fam.)* Schwindel *m* ; fiktiv ; *entreprise f ~* Schwindelunternehmen *n* ; *facture f ~* Scheinfaktura, - rechnung *f* ; *traite f ~ (de complaisance)* Kellerwechsel *m*.

bidonville *m* Elendsviertel *n* ; Slum(s) *m(pl)* ; Obdachlosensiedlung *f*, Nissenhüttensiedlung.

bien *m* **1.** *(propriété, avoir)* Habe *f* ; Vermögen *n* ; Vermögenswerte *mpl* ; Gut *n* ; *(propriété rurale)* Gutshof *m* ; ◆ *~s collectifs* Allgemeingut *n* ; *~s dotaux* Mitgift *f* ; *~s à l'étranger* Auslandsvermögen ; *~s de famille* Stammgut ; *~s héréditaires (successoraux)* Nachlaßvermögen ; *~s immobiliers* liegende Güter ; unbewegliches Vermögen ; Immobilien *pl* ; *~s indivis* Gemeinschaftsvermögen ; *~s investis* Anlagevermögen ; *~s meubles* bewegliches Gut ; fahrende Güter ; *~s personnels* Eingenvermögen ; *~s vacants* herrenloses Gut ; ◆◆ *administration f des ~s* Vermögensverwaltung *f* ; *communauté f de ~s* Gütergemeinschaft *f* ; *confiscation f de ~s* Gütereinziehung *f* ; *déclaration f de ~s* Vermögensangabe *f* ; *dissimulation f de ~s* Vermögensverheimlichung *f* ; *état m des ~s* Vermögensaufstellung *f* ; *liquidation f de ~s* Vermögensauseinandersetzung *f* ; *séparation f de ~s* Gütertrennung *f* ; *totalité f des ~s* Gesamtvermögen ; *transfert m de ~s* Vermögensübertragung *f* ; ◆◆◆ *acquérir, exploiter, gérer un ~* ein Gut erwerben, bewirtschaften, verwalten ; *hériter d'un ~* ein Gut erben ; *louer un ~* ein Gut pachten ; *il a dissipé tous ses ~s* er hat all sein Gut verschleudert **2.** *(économie)* *~s* ⇒ *biens.*

bien-être *m* Wohlstand *m* ; *~ matériel* materieller Wohlstand ; *maladies fpl du ~* Wohlstandskrankheiten *fpl* ; *société f de ~ (de consommation)* Wohlstandsgesellschaft *f* ; *augmenter le ~ d'un pays* den Wohlstand eines Landes anheben.

bienfaisance *f* Wohltätigkeit *f* ; *bureau m de ~* Wohlfahrtsamt *f* ; *manifestation f organisée par le comité de ~* Wohltätigkeitsveranstaltung *f*.

bien-fondé *m* Berechtigung *f* ; Rechtmäßigkeit *f* ; Richtigkeit *f* ; *~ d'une réclamation* Berechtigung einer Beschwerde ; *reconnaître le ~ d'une objection* die Berechtigung eines Einspruchs anerkennen.

bien-fonds *m* Immobilien *pl* ; Grundbesitz *m* ; Liegenschaften *fpl*.

biens *mpl (économiques)* Güter *npl* ; *~ d'approvisionnement, de consommation, durables* Versorgungs-, Verbrauchs-, Gebrauchsgüter ; *~ économiques, d'équipement* Wirtschafts-, Investitionsgüter ; *~ et avoirs* Gut und Habe ; *~ immatériels (incorporels)* immaterielle Güter ; Dienstleistungen *fpl* ; *~ immobiliers* Immobilien *pl* ; unbewegliches Vermögen *n* ; *~ matériels (corporels, réels)* Sachgüter ; körperliche (materielle) Güter ; *~ de première nécessité* lebensnotwendige Güter ; *~ de production, substituables* Produktions-, Substitutionsgüter ; *~ d'usage* Gebrauchsgüter.

bienveillance *f* Wohlwollen *n* ; Entgegenkommen *n* ; *(corresp.) nous comptons sur votre ~ habituelle* wir rechnen auf Ihr gewohntes Wohlwollen... ; *il nous a toujours témoigné de la ~* er war uns gegenüber immer sehr entgegenkommend.

bienveillant, **e** entgegenkommend ; wohlwollend.

bière *f* Bier *n* ; *~ blonde, brune* helles, dunkles Bier ; *brasseur m de ~* Bierbrauer *m* ; *une caisse de ~* ein Kasten Bier.

biffer durchstreichen ; *~ les mentions inutiles* Nichtzutreffendes bitte streichen.

bihebdomadaire wöchentlich zweimal erscheinend ; halbwöchentlich.

bilan *m* Bilanz *f* ; Abschluß *m* ; Schlußrechnung *f* ; Endergebnis *n* ; ♦ *~ actif (bénéficiaire, favorable)* Aktivbilanz ; Gewinnbilanz ; *~ actualisé* aktualisierte Bilanz ; *~ annuel de fin d'année* Jahresabschluß *m* ; *~ de clôture* (Ab)schlußbilanz ; *~ du commerce extérieur* Außenhandelsbilanz ; *~ consolidé* konsolidierte Bilanz ; *~ déficitaire (défavorable, passif)* Passiv-, Verlustbilanz ; *~ déguisé (falsifié, maquillé, truqué)* verschleierte (frisierte) Bilanz ; *~ énergétique* Energiehaushalt *m* ; *~ excédentaire* überschüssige Bilanz ; *~ de l'exercice* Rechnungsabschluß ; *~ d'ouverture* Eröffnungsbilanz ; *~ semestriel, annuel, hebdomadaire, mensuel* Halbjahres-, Jahres-, Wochen-, Monatsbilanz ; *~ normalisé* Bilanzformblatt *n* ; *~ de société* Geschäftsbericht *m* ; ♦♦ *analyse f, apurement m, clôture f du ~* Bilanzanalyse, -bereinigung *f*, -abschluß ; *contrôle m, établissement m du ~* Bilanzprüfung *f*, -aufstellung *f* ; *dépôt m de ~* Konkursanmeldung *f* ; *fabrication f (truquage m) du ~* Bilanzfälschung, -verschleierung *f* ; *poste m du ~* Bilanzposten *m* ; *total m, valeur f du ~* Bilanzsumme *f*, -wert *m* ; ♦♦♦ *approuver le ~* die Bilanz genehmigen ; *camoufler le ~* die Bilanz frisieren (verschleiern) ; *contrôler le ~* die Bilanz prüfen ; *déposer le ~* (den) Konkurs anmelden ; in Konkurs geraten (gehen) ; *dresser (établir, arrêter) le ~* die Bilanz aufstellen ; *falsifier le ~* → *camoufler* ; *figurer au ~* in der Bilanz erscheinen ; *maquiller* → *camoufler* ; *porter au ~* in die Bilanz aufnehmen ; *(faillite) présenter (déposer) le ~* die Bilanz vorlegen ; *truquer le ~* → *camoufler*.

bilatéral, **e** bilateral ; zwei-, gegenseitig ; *accords mpl bilatéraux* bilaterale (gegenseitige) Verträge *mpl*.

billes *(fam.) : reprendre ses ~* sich aus einem Geschäft zurückziehen.

billet *m*	**1.** ***traite*** **2.** ***billet de banque*** **3.** ***billet d'entrée*** **4.** ***billet de loterie*** **5.** ***titre de transport***

1. ***(traite)*** Wechsel *m* ; Schuldschein *m* ; *~ de complaisance* Keller-, Gefälligkeitswechsel ; *~ à ordre* Eigen-, Solawechsel ; *~ au porteur* auf den Inhaber lautender Wechsel ; *~ du trésor* Schatzschein *m* ; *~ à vue* Sichttratte *f*.

2. ***(billet de banque)*** Banknote *f* ; Geldschein *m* ; *distributeur m automatique de ~s* Bankomat *m* ; Geldautomat *m* ; *contrefaire des ~s* Banknoten fälschen ; *mettre des ~s en circulation* Banknoten ausgeben (in Umlauf setzen) ; *retirer des ~s de la circulation* Banknoten einziehen ; Banknoten aus dem Umlauf ziehen ; *ces ~s n'ont plus cours* diese Banknoten sind nicht mehr gültig.

3. *(billet d'entrée)* Eintrittskarte *f* ; *prix m du ~* Eintrittsgeld *n* ; Eintritt *m*.

4. *(billet de loterie)* Lotterielos *n* ; *~ gagnant* Treffer *m* ; Gewinnlos *n* ; *~ perdant* Niete *f* ; *tirer un ~ (numéro) gagnant* einen Treffer machen.

5. *(titre de transport)* Fahrschein *m* ; Fahrkarte *f* ; ◆ *~ aller-retour* Hin-und Rückfahrkarte ; *~ d'avion* Flugschein ; -ticket *n* ; *~-Bon-Dimanche* Sonntagsrückfahrkarte ; *~ circulaire* Netzkarte ; *~ collectif* Sammelfahrschein ; *~ combiné* Bahn-Bus-Fahrkarte ; kombinierter Fahrschein ; Übersteiger *m* ; *~ de congé annuel* Jahresurlaubskarte ; *~ de (wagon) couchette* Liegewagenkarte ; *~ de quai* Bahnsteigkarte ; *~ simple* einfache Karte ; *~ touristique* Touristenkarte ; *~ de week-end* Wochenendkarte ; *~ avec supplément* Zuschlag *m* ; Zuschlagkarte *f* ; *~ (non) valable* (un)gültiger Fahrschein ; ◆◆ *délivrance f des ~s* Fahrkartenausgabe *f* ; *distributeur m de ~s* Fahrkartenautomat *m* ; *prix m du ~* Fahrpreis *m* ; ◆◆◆ *composter (poinçonner), prendre un ~* eine Fahrkarte entwerten (knipsen, lochen), lösen.

billetterie *f* Geldautomat *m* ; Geldausgabeautomat *m* ; Bankomat *m*.

billion *m* 1. Billion *f* ; *(arch.)* Milliarde *f* 2. *~ de billion* Münzgeld *n* von geringem Metallwert.

bimensuel *m* Halbmonatsschrift *f*.

bimensuel, le *(revue)* monatlich zweimal erscheinend.

bimestriel, le zweimonatlich ; alle zwei Monate erscheinend (stattfindend).

bimétallisme *m* Doppelwährung *f* ; Bimetallismus *m*.

binaire Binär- ; *nombres mpl ~s* Binärzahlen *fpl* ; *système m ~* Binärsystem *n*.

biodégradable biologisch abbaubar ; verwesbar ; zersetzbar ; umweltfreundlich, -schonend.

B.I.R.D. *f (Banque internationale pour la reconstruction et le développement)* Internationale Bank *f* für Wiederaufbau und Entwicklung.

bipartite *(polit.)* Zweier- ; Zweiparteien- ; Zweimächte- ; *accord m ~* Zweimächteabkommen *n*.

bisannuel, le zweijährlich ; alle zwei Jahre stattfindend.

bissextile : *année f ~* Schaltjahr *n*.

bit *m (inform.)* Bit *n* ; *~ de contrôle* Kontrollbit.

bizness *m (fam.)* ⇒ *business*.

black out *m* Black-out *m* ou *n* ; *(silence officiel)* Totschweigen *n* ; *(panne de courant)* totaler Stromausfall *m* ; *(guerre)* Verdunkelung *f* ; *faire le ~ sur qqch* etw totschweigen.

blâme *m* Tadel *m* ; *demande f officielle de ~* Tadelsantrag *m* ; *encourir un ~* sich einen Tadel zuziehen ; *infliger, recevoir un ~* einen Tadel erteilen, erhalten.

blanc *m* 1. *(texte)* unbeschrieben ; unbedruckt ; weiße Seite *f* ; blanko ; *en ~* Blanko- ; *chèque m, procuration f en ~* Blankoscheck *m*, -vollmacht *f* ; *crédit m en ~* ungedeckter Kredit ; *signature f en ~* Blankounterschrift *f* ; *laisser le nom en ~* den Namen frei (unausgefüllt) lassen 2. *(linge)* Weißwaren *fpl* ; Weißzeug *n* ; *semaine f du ~* « weiße Woche ».

blanc, blanche weiß ; *bulletin m ~* leerer Stimmzettel *m* ; *(cadres) les cols blancs* die weißen Kragen ; *houille f blanche* Wasserkraft *f* ; *livre m ~* Weißbuch *n* ; *noir sur ~* schwarz auf weiß ; *avoir carte ~e* einen unbegrenzten Spielraum haben ; freie Hand haben.

blanchiment *m* Geldwäsche *f*.

blanchir : *(fam) ~ de l'argent* Geld waschen.

blanc-seing *m* Blankounterschrift *f* ; Blankovollmacht *f* ; *abus m de ~* Mißbrauch *m* einer Blankounterschrift.

blé *m* 1. Weizen *m* ; Korn *n* ; Getreide *n* ; *commerce m du, culture f de, silo m à ~* Getreidehandel *m*, -anbau *m*, -silo *n* ; *vendre le ~ sur pied* das Getreide auf dem Halm verkaufen 2. *(fam.) (argent)* Zaster *m*.

bleu *m* : *~ de travail* Arbeitskluft *f* ; Arbeitskleidung *f* ; *(fam.)* Blaumann *m* ; *(fam.) un petit ~* Telegramm *n*.

bloc *m* 1. *(bâtiments)* Wohnblock *m* ; Häuserblock 2. *(groupe politique ou économique) ~ -dollar, sterling* Dollar-, Sterlingblock *m* ; *~ économique, monétaire* Wirtschafts-, Währungsblock ; *~ de l'or* Goldblock ; *~ oriental (des pays de l'Est)* Ostblock *m* 3. *~ sténo* Steno(gramm)block ; *noter sur un ~* auf einen (einem) Block notieren 4. Masse *f* ; Menge *f* ; *acheter en ~* in Bausch und Bogen kaufen 5. *(bourse) ~ de contrôle* Aktienkontrollmehrheit.

blocage *m* Sperre *f* ; Stopp *m* ; Sperrung *f* ; Blockierung *f* ; *(durée)* Sperrzeit *f* ; *~ des commandes, du crédit* Auftrags-, Kreditsperre ; *~ des exportations, des prix, des salaires* Ausfuhr-, Preis-, Lohnstopp ; *~ de la circulation, des négociations* Blockierung des Verkehrs, der Verhandlungen ; *minorité f de ~* Sperrminderheit *f*.

bloc-notes *m* Notizblock *m*.

blocus *m* Blockade *f* ; *imposer le ~ d'un pays* eine Blockade über ein Land verhängen ; *lever le ~* die Blockade aufheben ; *rompre (briser) le ~* die Blockade brechen.

bloqué, e : *avoirs mpl ~s* Sperrguthaben *n* ; *compte m ~* Sperrkonto *n*.

bloquer sperren ; blockieren ; einfrieren ; *~ les accès, un compte, le crédit, les frontières, une rue* den Zugang, ein Konto, den Kredit, die Grenzen, eine Straße sperren ; *~ la circulation, les négociations, un port* den Verkehr, die Verhandlungen, einen Hafen blockieren ; *~ des avoirs, des prix, des salaires* Guthaben, Preise, Löhne einfrieren ; *compte m ~é* Sperrkonto *n* ; *~ (faire arrêt sur) un chèque* einen Scheck sperren lassen ; *la discussion est ~ée* die Diskussion ist (hat sich) festgefahren.

blue chips *pl* [blu'tʃips] *(USA)* Standardwerte *mpl* (Dow-Jones) ; Blue chips *pl* ; (ausgesuchte) Wertpapiere *npl* von Großunternehmen und Multis.

bluff *m* Bluff [bluf,bloef] *m* ; Täuschung *f*.

bluffer bluffen ; täuschen ; irreführen.

B.N.P. *f (Banque nationale de Paris)* französische verstaatlichte Geschäftsbank *f*.

B.O. *m (Bulletin officiel)* Amtsblatt *n* ; Amtsanzeiger *m*.

bobard *m (presse)* Ente *f*.

boissons *fpl* : *~s alcoolisées, non alcoolisées* alkoholische, alkoholfreie Getränke *npl*.

boîte *f* **1.** Schachtel *f* ; Büchse *f* ; Dose *f* ; Kasten *m* ; *~ en carton* Pappschachtel ; *~ à conserve* Konservendose ; *~ à idées* Kasten für Verbesserungsvorschläge ; *~ pliante* Faltschachtel ; *~ à ordures* Mülleimer *m* ; *ouvrir une ~ (de conserve)* eine Dose öffnen **2.** *~ aux lettres* Briefkasten *m* ; *~ postale* (Post)schließfach *n* **3.** *(fam.)* Firma *f* ; Betrieb *m*.

bon *m* (Gut)schein *m* ; Bon [bɔ̃] *m* ; ♦ *~ d'achat, de commande, d'enlèvement, de livraison* Bezugs-, Bestell-, Abnahme-, Lieferschein ; *~ de caisse* Kassenbon ; *~ émis par les Caisses d'épargne* Sparbrief *m* ; *~-matière* Materialschein *m* ; *~ au porteur* auf den Inhaber lautender Gutschein ; *~ de réduction* Ermäßigungs-, Verbilligungsschein ; *~ de souscription* Zeichnungsschein ; *~ du trésor* Schatzanweisung *f* ; *carnet m de ~s* Gutscheinheft *n* ; « *~ à payer* » kann bezahlt werden ; *~ pour 100 F* gut für 100 F ; *~ d'essai gratuit* Gutschein für eine Warenprobe ; ♦♦♦ *établir (délivrer) un ~ de 100 F* einen Gutschein im Wert von 100 F ausgeben ; *manger avec un ~ de cantine* in der Kantine auf Bon essen.

bon an mal an im Jahresdurchschnitt.

bond *m* Sprung *m* ; *~ en avant* Sprung nach vorn ; Fortschritt *m*.

bondé, e überfüllt ; vollgepfropft ; vollgestopft.

boni *m* Überschuß *m* ; Reingewinn ; Mehrbetrag *m* ; Guthaben *n*.

bonification *f* Vergütung *f* ; Bonus *m* ; Rabatt *m* ; *~ fiscale, d'intérêts, sur les primes* Steuer-, Zins-, Prämienvergütung ; *~ de taxe* Taxnachlaß *m* ; *obtenir une ~* eine Vergütung erhalten.

bonifier **1.** vergüten ; gutschreiben ; bonifizieren **2.** *(des terres)* meliorieren ; verbessern.

bonus *m* Bonus *m* ; Erfolgsprämie *f* ; *(assurances)* Rabatt *m* für unfallfreies Fahren ; *accorder un ~* einen Schadenfreiheitsrabatt einräumen.

bonze *m (péj.)* Bonze *m* ; *les ~s du parti* Parteibonzen.

boom *m (économique)* Boom *m* ; wirtschaftlicher Aufschwung *m* ; Hochkonjunktur *f* ; Aufwärtsbewegung *f* der Wirtschaft ; *~ touristique, de la construction, des exportations* Reise-, Bau-, Exportboom ; *connaître un ~* einen Boom erleben.

bord *m* **1.** Rand *m* ; *~ de mer* Strand ; Küstengebiet *n*, -strich *m* ; *être au ~ de la faillite* vor dem Konkurs stehen ; *racheter des terrains en ~ de mer* Küstenstriche *mpl* aufkaufen ; **2.** *(navire, avion) à ~* an Bord ; *à ~ du navire (clause F.O.B. des conventions Incoterms)* frei an Bord ; *journal m de ~* Logbuch *n* ; *papiers mpl de ~* Schiffspapiere *npl* ; *radio f de ~* Bordfunk *m* ; *système m de contrôle de ~* bordeigenes Überwachungssystem *n* ; *être à ~* an Bord sein ; *jeter par-dessus ~* über Bord werfen ; *passer par-dessus ~* über Bord gehen ; *quitter le ~* von Bord gehen **3.** *(polit.) il est de mon ~* er steht auf meiner Seite ; er gehört derselben Partei an.

bordereau *m* Verzeichnis *n* ; Schein *m* ; Liste *f* ; Aufstellung *f* ; Auszug *m* ; *~ d'accompagnement (d'expédition, d'envoi)* Begleitschein ; *~ d'achat* Kaufschein ; *~ de caisse* Kassenzettel *m* ; ~

de commission Kommissionsberechnung *f* ; ~ *de compte* Konto-, Rechnungsauszug ; ~ *d'escompte* Diskontrechnung *f* ; ~ *de paie (de salaires)* Lohnliste *f* ; Lohn-, Gehaltsaufstellung ; ~ *de vente, de versement* Verkaufs-, Einzahlungsschein ; *établir un* ~ eine Liste (ein Verzeichnis) aufstellen.

bornage *m* Abgrenzung *f*.

borner abgrenzen ; markieren.

boss *(fam.)* Boß *m* ; Chef *m* ; Leiter *m*.

bottin *m* Telefonbuch *n* ; Fernsprechverzeichnis *n* ; (Firmen)adreßbuch *n*.

bouche *f* : *avoir cinq* ~*s à nourrir* fünf Kinder zu versorgen haben ; *(fam.)* fünf hungrige Mäuler zu stopfen haben.

bouche-trou *m* Lückenbüßer *m*.

boucher (ver)stopfen ; sperren ; *le carrefour est* ~*é* die Kreuzung ist verstopft ; *un poids lourd en travers* ~*e l'autoroute* ein querstehender LKW blockiert die Autobahn.

bouchon *m* **1.** *(circulation)* Verkehrsstau *m*, -stauung *f* ; Verstopfung *f* ; *un* ~ *de plusieurs kilomètres* ein kilometerlanger Stau ; *des* ~*s se forment à la sortie des villes* Autos stauen sich an den Stadtausfahrten **2.** *(bouteille)* Pfropfen *m* ; Kork(en) *m*.

bouder *(les achats)* kaufunlustig sein ; eine gewisse Kaufzurückhaltung an den Tag legen.

bouillon *m (fam.) prendre (boire) un* ~ sich verspekulieren ; einen Fehlschlag erleiden ; viel Geld verlieren (einbüßen).

boule *f* **de neige** *(système de vente)* Schneeballsystem *n*.

bouleversement *m* Umwälzung *f* ; Umsturz *m* ; ~ *économique, social, technique* wirtschaftliche, soziale, technische Umwälzung ; *des* ~*s profonds ont affecté l'économie* tiefgreifende Umwälzungen haben sich in der Wirtschaft vollzogen.

boulot *m (fam.)* Job *m* ; Arbeit *f* ; Beschäftigung *f* ; *aller au* ~ zur Arbeit gehen ; *avoir un bon* ~ einen guten Arbeitsplatz (Job) haben ; *métro-*~*-dodo* tagtäglicher Trott *m* ; Einerlei *n*.

bourgeois *m* Bürger *m* ; *(péj.)* Spießbürger ; Spießer *m* ; Bourgeois *m* ; *grands* ~ Groß-, Besitzbürger ; *petit(s)* ~ Kleinbürger ; Mittelständler *mpl*.

bourgeois, e bürgerlich ; *(péj.)* spießbürgerlich ; spießig ; bourgeois ; *classe f* ~*e* Bürgerstand *m*, -tum *n*, -schicht *f*.

bourgmestre *m* Bürgermeister *m*.

bourse *f*	1. *la bourse* 2. *porte-monnaie* 3. *bourse d'études*

1. ***(bourse)*** Börse *f* ; Kurse *mpl* ; Börsengeschäfte *npl* ; *(bâtiment)* Börsengebäude *n* ; ♦ ~ *animée, calme* lebhafte, ruhige Börse ; ~ *déprimée, ferme, flottante (hésitante, dans l'expectative)* gedrückte, feste, unentschlossene Börse ; ~ *languissante (alourdie, morose)* rückläufige Börse (die Börse ist lustlos) ; ~ *terne* flaue Börse ; ~ *des céréales, du commerce* Getreide-, Handelsbörse ; ~ *des devises* Devisenbörse ; ~ *des marchandises* Warenbörse ; Produktenbörse ; ~ *du travail (Paris)* Arbeitsbörse ; Gewerkschaftsgebäude *n* ; Gewerkschaftshaus *n* ; ~ *des valeurs* Effektenbörse ; Wertpapierbörse ; ♦♦ *admission f à la* ~ Börsenzulassung *f* ; *après-* ~, *avant-*~ Nachbörse, Vorbörse ; *bulletin m de* ~ Börsenbericht *m* ; *chute f de la* ~ Börsensturz *m*, -einbruch *m* ; *clôture f de la* ~ Börsenschluß *m* ; *cotation f en* ~ Börsennotierung *f* ; *coup m de* ~ geglückte Börsenspekulation *f* ; *cours m (cote f) de la* ~ Börsenkurs *m* ; Kurszettel *m* ; *faiblesse f de la* ~ schwache Haltung *f* der Börse ; *fléchissement m (recul m, repli m) de la* ~ Kursrückgang *m* ; Nachgeben *n* (Schwäche *f*) der Kurse ; *gain m en* ~ Börsengewinn *m* ; *heures fpl (d'ouverture) de la* ~ Börsenzeit *f* ; *manœuvres fpl de* ~ Börsenmanöver *n* ; Börsenmanipulierung *f* ; *négociable en* ~ börsenfähig ; börsengängig ; *négocié en* ~ an der Börse gehandelt ; *opération f (transaction f) de* ~ Börsengeschäft *n* ; *ordre de* ~ Börsenauftrag *m* ; *ouverture f de la* ~ Börsenbeginn *m* ; *règlement m de la* ~ Börsenordnung *f* ; *reprise f de la* ~ Wiederaufleben *n* (Anziehen *n*) der Börsentätigkeit ; *tendance f de la* ~ Börsentendenz *f* ; *tenue f de la* ~ Börsenstimmung *f* ; *titres mpl de* ~ Börsenpapiere *npl* ; *valeur f en* ~ Börsenwert *m* ; ♦♦♦ *la* ~ *est animée* die Börse ist (verläuft) lebhaft ; *la* ~ *a monté, baissé* die Kurse sind gestiegen, gefallen ; *le titre est admis en* ~ das Wertpapier ist an der Börse zugelassen ; *coter en* ~ an der Börse einführen ; *le prix du métal jaune a chuté en* ~ der Goldpreis (der Preis für das gelbe Metall) ist an der Börse gesunken ; *spéculer à la* ~ an der Börse spekulieren.

2. ***(portemonnaie)*** Geldbeutel *m* ; (Geld)börse *f* ; *serrer les cordons de la* ~ den Daumen auf dem Geldbeutel haben.

3. ***(bourse d'études)*** Stipendium *n* ; Studienbeihilfe *f* ; Freistelle *f* ; *(R.F.A.)* Bafög *n* ; *accorder, obtenir, solliciter une* ~ ein Stipendium gewähren, erhalten, beantragen ; *avoir une* ~ ein Stipendium bekommen ; *(R.F.A.)* Bafög beziehen.

boursier ***m*** **1.** Börsianer *m* ; Börsenjobber *m* ; Börsenspekulant *m* **2.** Stipendiat *m* ; Stipendiumempfänger *m* ; Bafög-Empfänger *m* ; Freischüler *m* ; *être boursier (R.F.A.)* Bafög beziehen.

boursier, ière Börsen- ; *fluctuations fpl ~ières* Kursschwankungen *fpl* ; *informations fpl ~ières* Börsenbericht *m* ; *krach m* ~ Börsenkrach *m* ; *titres mpl ~s* Börsenpapiere *npl*, -werte *mpl* ; *transactions fpl (opérations fpl) ~ières* Börsengeschäfte *npl*, -umsätze *mpl* ; *tuyau m* ~ Börsentip *m* ; *valeurs fpl ~ières* → *titres*.

boursicotage ***m*** kleine Börsengeschäfte *npl*.

boursicoter an der Börse spekulieren ; kleine Börsengeschäfte machen ; agiotieren.

boursicoteur ***m*** Börsianer *m* ; Börsenspekulant *m* ; Börsenjobber *m* ; Agioteur *m*.

boutique ***f*** Laden *m* ; Geschäft *n* ; Shop *m* ; *(de mode)* Boutique *f* ; *~-choc* Laden für den Verkauf von Waren des tagtäglichen Bedarfs (aggressive Verkaufspolitik) ; *ouvrir une* ~ einen Laden eröffnen (aufmachen) ; *fermer* ~ einen Laden schließen *(fam.)* (dichtmachen) ; *servir dans une* ~ in einem Laden bedienen ; *tenir* ~ einen Laden haben ; ein Geschäft betreiben.

boutiquier ***m*** Ladeninhaber *m* ; Ladenbesitzer *m*.

bouts ***mpl*** : *(fam.) arriver à joindre les deux* ~ mit seinem Geld (gerade) auskommen ; *avoir du mal à joindre les deux* ~ gerade über die Runden kommen ; die Kosten kaum decken können ; sich kümmerlich durchschlagen.

bovin, e Rind- ; Rinds- ; *viande f ~e* Rindfleisch *n*.

bovins ***mpl*** Rind(er) *n(pl)* ; *élevage m de* ~ Rinderzucht *f* ; *élever des* ~ Rinder züchten.

boycott(age) ***m*** Boykott *m* ; ~ *économique* wirtschaftlicher Boykott ; *déclaration f, mesure f de* ~ Boykotterklärung *f*, -maßnahme *f* ; *décréter le* ~ *d'un pays* über ein Land den Boykott verhängen ; *lever le* ~ den Boykott aufheben.

boycotter boykottieren ; sperren ; den Boykott über etw (+ A) verhängen ; etw mit Boykott belegen ; ~ *un pays* einem Land den Boykott erklären ; *appeler à* ~ *une marchandise* zum Boykott einer Ware aufrufen ; *cesser de* ~ *qqch* den Boykott aufheben.

B.P. *(boîte f postale)* Postfach *n*.

bradage ***m*** Ausverkauf *m*.

brader verschleudern ; zu Schleuderpreisen verkaufen ; verramschen ; *marchandise f ~ée* Schleuderware *f* ; Ware zu Schleuderpreisen ; Verkauf *m* zu herabgesetzten Preisen ; ~ *ses excédents à des pays tiers* seine Überschüsse an Drittländer verkaufen.

braderie ***f*** (Straßen)verkauf *m* zu Spottpreisen ; Verkauf zu stark herabgesetzten Preisen ; *(fig.)* Ausverkauf *m*.

bradeur ***m*** Schleuderer *m* ; jemand, der Waren zu Spottpreisen verkauft ; *(fam.)* der billige Jakob.

branche ***f*** Zweig *m* ; Sektor *m* ; Branche ['brã:ʃə] *f* ; Bereich *m* ; ~ *d'activité (professionnelle)* Berufszweig ; ~ *économique* Wirtschaftszweig ; ~ *industrielle* Industriezweig ; *l'ensemble m de la* ~ *de l'industrie textile* die Gesamtbranche der Textilindustrie ; *changer de* ~ die Branche wechseln ; *être de la* ~ in einer Branche tätig sein ; *être versé dans une* ~ branchenkundig sein.

branchement ***m*** Anschluß *m* ; ~ *sur le secteur* Netzanschluß ; ~ *à une canalisation* Anschluß an eine Kanalisation ; ~ *téléphonique* Telefonanschluß ; *frais mpl de* ~ Anschlußgebühr *f*.

brancher **1.** anschließen (an + A) ; *être ~é sur (à)* angeschlossen werden an **2.** *(appareil, courant électrique)* anschalten.

braquage ***m*** *(fam.)* : ~ *d'une banque* Banküberfall *m*.

bras ***m*** : *le* ~ *de la justice* der Arm des Gesetzes ; *avoir le* ~ *long* gute Beziehungen haben ; einflußreich sein ; *être le* ~ *droit du patron* der verlängerte Arm des Chefs sein.

brasserie ***f*** **1.** Brauerei *f* **2.** Bierlokal *n* ; Bierhalle *f* ; Großgaststätte *f*.

brasser **1.** ~ *des affaires* viele Geschäfte machen ; *(fam.)* ein Geschaftlhuber sein ; ~ *de l'argent* große Geldgeschäfte tätigen ; mit riesigen (Geld)summen umgehen.

brasseur ***m*** **1.** *(de bière)* Bierbrauer *m* **2.** ~ *d'affaires* Geschäftemacher *m* ;

betriebsamer Geschäftsmann *m* ; *(fam.)* Geschaftlhuber *m*.

bretelle *f* Zubringer *m* ; ~ *de raccordement à l'autoroute* Autobahnzubringer.

1. brevet *m (invention)* Patent *n* ; ♦ ~ *additionnel* Zusatzpatent ; ~ *d'importation* Einfuhrpatent ; ~ *industriel* gewerbliches Patent ; ~ *de procédé* Verfahrenspatent ; ♦♦ *agent m en* ~ Patentanwalt *m* ; *bureau m (office m) des* ~*s* Patentamt *n* ; *cession f de* ~ Patentübertragung *f* ; *délivrance f de* ~ Patenterteilung *f* ; *détenteur m d'un* ~ Patentinhaber *m* ; *exploitation f d'un* ~ Auswertung *f* (Wertung *f*) eines Patents ; *législation f sur les* ~*s* Patentgesetzgebung *f* ; *objet m du* ~ Gegenstand *m* des Patents ; *protection f des* ~*s* Patentschutz *m* ; *radiation f d'un* ~ Patentlöschung *f* ; *régime m des* ~*s* Patentwesen *n* ; *taxe f sur les* ~*s* Patentgebühr *f* ; *titulaire m d'un* ~ Patentinhaber *m* ; ♦♦♦ *annuler un* ~ ein Patent für (null und) nichtig erklären ; *avoir un* ~ *de* ein Patent haben für ; *avoir le monopole d'exploitation d'un* ~ das Alleinrecht zur Nutzung eines Patents haben ; *délivrer un* ~ ein Patent erteilen ; *déposer un* ~ ein Patent anmelden ; *déposer une demande de* ~ einen Patentantrag einreichen ; etw patentieren lassen ; *enregistrer un* ~ ein Patent eintragen ; *le* ~ *est expiré* das Patent ist erloschen ; *exploiter un* ~ ein Patent auswerten ; *renouveler, révoquer (retirer) un* ~ ein Patent erneuern, zurücknehmen ; *violer un* ~ ein Patent verletzen.

2. brevet *m* Diplom *n* ; Zeugnis *n* ; ~ *d'apprentissage* Lehrbrief *m* ; Lehrlingsausbildungsvertrag *m* ; ~ *d'aptitude* Befähigungsnachweis *m* ; ~ *de capitaine* Kapitänspatent *n* ; *obtenir le* ~ *de pilote (navire)* das Patent als Steuermann erwerben ; ~ *de maîtrise* Meisterbrief *m* ; ~ *de pilote d'avion* Pilotenschein *m* ; Flugzeugführerschein *m*.

brevetable patentfähig ; patentierbar.

breveté *m* Diplominhaber *m* ; Patentinhaber *m*.

breveté, e 1. patentiert ; Patent- ; patentgeschützt **2.** Diplom- ; *interprète m* ~ Diplomdolmetscher *m*.

breveter patentieren ; *faire* ~ patentieren lassen ; zum Patent anmelden.

B.R.I. *f (Banque des règlements internationaux)* Bank *f* für internationalen Zahlungsausgleich ; BIZ.

bric-à-brac *m* **1.** Trödel *m* ; Trödelware *f* **2.** Trödelladen *m*.

bricolage *m* **1.** Basteln *n* ; Bastelarbeit *f* ; *(magasin) rayon m du* ~ Bastelecke *f* **2.** stümperhafte Arbeit *f*.

bricoler 1. basteln ; ~ *qqch* basteln an etw (+ D) **2.** *(fam.) il* ~*e à gauche, à droite* er macht nur Gelegenheitsarbeiten ; er verrichtet kleine Arbeiten **3.** *(péj.)* pfuschen.

bricoleur *m* **1.** Bastler *m* **2.** *(travailleur occasionnel)* Gelegenheitsarbeiter *m* **3.** *(péj.)* Pfuscher *m*.

briefing *m (réunion d'information et de travail entre responsables d'une entreprise)* Briefing *n* ; Informationsgespräch *n* ; Arbeits-, Lagebesprechung *f*.

brigade *f (R.D.A.) (collectif de travail)* Brigade *f*.

briguer *(une place, un poste)* sich (um einen Posten) bewerben.

bris *m* : *assurance f contre le* ~ *de glaces* Glasversicherung *f* ; ~ *de clôture* Einbruch *m* ; ~ *de vitres* Fensterscheibenschaden *m*.

briser : ~ *un blocus* eine Blockade brechen ; ~ *une carrière* eine Laufbahn vernichten ; ~ *une grève* einen Streik brechen.

briseur m de grève Streikbrecher *m*.

brocantage *m* ⇒ *brocante* **1**.

brocante *f* **1.** Trödelhandel *m*, -geschäft *n* ; Altwarenhandel ; Antiquitätenhandel **2.** Trödel *m* ; Altwaren *fpl* ; Antiquitäten *fpl*.

brocanteur *m* Altwarenhändler *m* ; Antiquitätenhändler *m* ; Trödler *m*.

brochure *f* Broschüre *f* ; ~ *d'information* Informationsbroschüre ; ~ *publicitaire* Werbeschrift *f*, -broschüre.

broker *m* ⇒ *courtier*.

brouillard *m (livre de commerce sur lequel on écrit les opérations journalières)* Kladde *f* ; *mettre qqch au* ~ etw in die Kladde eintragen.

brouillon *m* Entwurf *m* ; Kladde *f* ; Konzept *n* ; Skizze *f* ; *ébaucher un* ~ einen ersten Entwurf machen.

brûler : ~ *de l'alcool* Schnaps brennen ; ~ *les étapes* rasch vorankommen ; rasch Karriere machen ; Etappen überspringen ; ~ *un (signal) rouge* bei Rot über die Kreuzung fahren.

brûlerie *f* (Branntwein) Brennerei *f*.

1. brut, e *(à l'état brut)* unbearbeitet ; roh ; *bois m, matériau m* ~ rohes Holz *n*, Material *n* ; *diamant m* ~ Rohdiamant *m* ; *matière f* ~*e* Rohstoff *m* ; *pétrole m* ~ Rohöl *n* ; *produit m* ~ Rohprodukt *n*, -ware *f*.

2. brut, e *(commerce)* brutto ; ~

pour net brutto für netto ; *bénéfice m (marge f) ~(e)* Bruttogewinn *m* ; *chiffre m d'affaires, excédent m, montant m ~* Bruttoumsatz *m*, -überschuß *m*, -betrag *m* ; *poids m, prix m ~* Bruttogewicht *n*, Bruttopreis *m* ; *produit m national ~* Bruttosozialprodukt *n* ; *rendement m ~* Bruttoertrag *m* ; *résultat m ~* Bruttoergebnis *n* ; *revenus mpl ~s* Bruttoeinkommen *npl*, -einkünfte *fpl* ; *salaire m ~* Bruttolohn *m* ; *salaires mpl (gains mpl) ~s* Bruttoverdienst *m* ; *tonneau m de jauge ~e* Bruttoregistertonne *f* ; *traitement m ~* Bruttogehalt *n* ; *mon traitement ~ est de 8 000 F* mein Gehalt beträgt 8 000 F brutto.

B.T.S *m (brevet de technicien supérieur)* (höheres) Technikerdiplom *n* ; Ingenieurzeugnis *n*.

budget *m* Budget *n* ; Etat [e'ta] *m* ; Haushalt *m* ; Haushaltsplan *m* ; ♦ *~ additionnel (annexe)* Nachtragshaushalt ; *~ d'austérité* Sparhaushalt ; *~ communautaire* EG-Haushalt *m* ; *~ de la commune* Gemeindehaushalt ; *~ des coûts* Kostenplanung *f*, -übersicht *f* ; *~ des dépenses* Ausgabenetat ; *~ en déséquilibre (en déficit)* unausgeglichener Etat ; *~ en équilibre* ausgeglichener Etat ; *~ de l'État* Staatshaushalt ; *~ familial* Familienhaushalt ; *~-habillement* Budget für (neue) Kleidung ; *~ (extra)ordinaire* (außer)ordentlicher Haushalt ; *~ public* öffentlicher Haushalt ; *~ de publicité* Werbeetat *m* ; *~ des recettes* Einnahmebudget ; *~ social* Sozialbudget ; *~ supplémentaire* Nachtragshaushalt ; *~ transitoire* Übergangshaushalt ; *~-vacances* Urlaubskasse *f* ; ♦♦ *clôture f du ~* Haushaltsabschluß *m* ; *commission f du ~* Haushaltskommission *f*, -ausschuß *m* ; *dépôt m du ~* Einbringung *f* des Haushaltsplans ; *équilibre m du ~* Etatausgleich *m* ; *établissement m du ~* Etataufstellung *f* ; *loi f de ~* Haushaltsgesetz *n* ; *prévu au ~* etat-, haushaltsmäßig ; *projet m de ~* Haushaltsvoranschlag *m* ; *vote m du ~* Haushaltsbewilligung *f* ; *un ~ de 100 milliards* ein Etat von 100 Milliarden ; ♦♦♦ *adopter, approuver le ~* den Haushaltsplan verabschieden, bewilligen ; *amputer le ~* den Etat kürzen ; *arrêter le ~* den Haushaltsplan festsetzen ; *avoir du mal à boucler le ~* mit dem Haushaltsgeld kaum auskommen ; (kaum über die Runden kommen) ; *le ~ se chiffre à...* der Haushalt beläuft sich auf... ; *combler les trous du ~* die Löcher im Haushalt stopfen ; *dépasser son ~* seinen Etat überschreiten ; *déposer le ~* den Haushaltsplan einbringen ; *discuter le ~* über den Haushaltsplan beraten ; den Haushaltsplan debattieren ; *notre ~-achat est épuisé* unser Etat für Neuanschaffungen ist erschöpft ; *équilibrer le ~* den Etat ausgleichen ; *le ~ est en équilibre* der Etat ist ausgeglichen ; *établir (dresser) le ~* das Budget aufstellen ; *préparer le ~* den Etat vorbereiten ; *cela n'est pas prévu au ~* das ist im Etat nicht vorgesehen ; *soumettre (présenter) le ~ aux commissions* den Haushaltsplan den Ausschüssen zur Beratung vorlegen ; *voter le ~* den Haushaltsplan verabschieden.

budgétaire Budget- ; Haushalts- ; Etat- ; *année f ~* Haushaltsjahr *n* ; *charges fpl ~s* Haushaltslasten *fpl* ; *collectif m ~* Nachtragshaushalt *m* ; *commission f ~* Haushaltskommission *f*, -ausschuß *m* ; *compressions fpl ~s* Etatkürzung(en) *f(pl)* ; *crédits mpl ~s* → *moyens* ; *déficit m ~* Etatdefizit *n* ; *dépassement m ~* Etatüberschreitung *f* ; *discussion f ~* Etatberatungen *fpl* ; Haushaltsdebatte *f* ; *équilibre m ~* Etatausgleich *m* ; *fonds mpl ~s* → *moyens* ; *gestion f ~* Haushaltsführung *f* ; *moyens mpl ~s* Haushaltsmittel *npl* ; *poste m ~* Etatposten *m* ; *prévisions fpl ~s* Haushaltsvoranschlag *m* ; *recettes fpl ~s* Haushaltseinnahmen *fpl* ; *situation f ~* Etatlage *f* ; *subventions fpl ~s* Etatzuweisungen *fpl* ; *trou m ~* Loch *n* im Haushalt ; Haushaltslücke *f*.

budgétisation *f* Budgetierung f ; Veranschlagung *f* im Haushalt (im Etat).

budgétisé, e im Haushalt vorgesehen ; geplant ; planmäßig ; veranschlagt ; *coûts mpl ~s* Budget-, Plankosten *pl*.

budgétiser budgetieren ; (in den Haushalt) einplanen ; einen Etat aufstellen ; im Etat veranschlagen.

building *m* Hochhaus *n* ; Geschäftshaus *n*.

bulletin *m* **1.** Zettel *m* ; Schein *m* ; Bericht *m* ; *~ d'adhésion* Beitrittserklärung *f* ; *~ de bagages* Gepäckschein *m* ; *~ de change (de la cote, des cours)* Kurszettel *m* ; *~ de chargement* Ladeschein ; *~ de commande* Bestellschein ; *~ de consigne* Gepäckschein ; *~ d'expédition* Versandschein ; Frachtbrief *m* ; *~ financier* Börsenbericht ; *~ de garantie* Garantieschein ; *~ de marché* Marktbericht ; *~ météo(rologique)* Wetterbericht ; *~ officiel* Amtsblatt *n* ; ~ *de paie (salaire)* Lohnzettel ; Lohnabrechnung *f* ; Lohnstreifen *m* ; Gehaltszettel ; ~ *de santé (médical)* Krankenbericht ; ~ *de souscription* Zeichnungsformular *n* ; ~ *spécial* Sondermeldung *f* ; ~ *de transport* Beförderungsschein ; ~ *de versement* Zahlkarte *f* ; Einzahlungsschein **2.** ~ *de vote* Stimmzettel *m* ; ~ *blanc* leerer Stimmzettel ; ~*s exprimés* abgegebene Stimmen *fpl* ; ~ *nul, valable* ungültiger, gültiger Stimmzettel ; *vote m à ~s secrets* Geheimwahl *f* ; *dépouiller les ~s* die Stimmen auszählen ; *mettre son ~ dans l'urne* den Stimmzettel in die Urne werfen.

buraliste *m* **1.** Postbeamter *m* **2.** Tabakhändler *m* (verkauft auch Brief- und Steuermarken).

bureau *m*	**1.** ***service public*** **2.** ***lieu de travail*** **3.** ***bureau d'études*** **4.** ***bureau directeur***

1. ***(service public)*** (Dienst)stelle *f* ; Geschäftsstelle *f* ; Amt *n* ; Agentur *f* ; Büro *n* ; Kasse *f* ; Schalter *m* ; ~ *d'accueil* Empfangs-, Informationsbüro ; ~ *d'aide sociale* Fürsorgeamt ; ~ *d'annonces* Anzeigenannahme *f* ; ~ *auxiliaire* Neben-, Zweigstelle ; ~ *de bienfaisance* Wohlfahrts(fürsorge)amt ; ~ *des brevets* Patentamt ; ~ *du cadastre* Katasteramt ; ~ *central* Hauptstelle ; ~ *comptable* Buchhaltungsabteilung *f* ; ~ *de distribution* Zustellpostamt ; ~ *de douane* Zoll(abfertigungs)stelle ; ~ *d'embauche* Einstellungsbüro ; ~ *d'émission* Ausgabestelle ; ~ *de l'état civil* Standesamt ; ~ *d'expédition* Versandstelle, -abteilung *f* ; ~ *des finances* Finanzamt ; ~ *des immatriculations* Zulassungsstelle ; ~ *d'informations* Informationsbüro ; ~ *liquidateur* Abwicklungsstelle ; ~ *de location* Vorverkaufsstelle ; ~ *du logement* Wohnungsamt ; ~ *de la main-d'œuvre* Arbeitsamt ; ~ *des objets trouvés* Fundbüro ; ~ *des passeports* Paßstelle ; ~ *payeur* Zahlstelle ; ~ *de placement* Arbeitsvermittlungsamt ; Stellenvermittlung ; Arbeitsnachweis *m* ; ~ *du port* Hafenamt ; ~ *de poste* Postamt ; ~ *de publicité* Werbeagentur *f* ; ~ *de réception* Annahme-, Aufnahmestelle ; ~ *de renseignements* Auskunftei *f* ; ~ *de tabac* Tabakladen *m* ; ~ *de tourisme* Verkehrsamt ; ~ *du travail* Arbeitsamt ; ~ *de vente* Verkaufsbüro ; ~ *de vérification des poids et mesures* Eichamt ; ~ *de vote* Wahllokal *n* ; ~ *de voyages* Reisebüro ; Verkehrsamt.

2. ***(lieu de travail)*** Büro *n* ; Büroraum *m* ; ♦♦ ~*-paysager* Großraumbüro ; *chef m de ~* Bürovorsteher *m*, -chef *m* ; *emploi m de ~* Bürotätigkeit *f* ; *employé m de ~* Büroangestellte(r) ; *équipement m de ~* Büroausstattung *f* ; *fermeture f des ~x* Büroschluß *m* ; *fournitures fpl de ~* Bürobedarf *m* ; *frais mpl de ~* Bürokosten *pl* ; *garçon m de ~* Bürogehilfe *m* ; *heures fpl de ~* Büro-, Geschäfts-, Dienststunden *fpl* ; *meubles mpl de ~* Büromöbel *npl* ; *personnel m de ~* Büropersonal *n* ; *après les heures de (en dehors des heures de) ~* nach (außer) den Büroöffnungszeiten ; ♦♦♦ *aller au ~* ins Büro gehen ; *les ~x ferment à 16 heures* die Büros schließen um 16 Uhr ; *travailler dans un ~* in einem Büro arbeiten.

3. ***(bureau m d'études)*** Konstruktionsbüro *n* ; Ingenieurbüro ; technisches Planungsbüro ; Engineering-Büro.

4. ***(bureau m directeur)*** geschäftsführender Ausschuß *m* ; ~ *politique* Präsidium *n*.

bureaucrate *m* Bürokrat *m*, Aktenmensch *m*.

bureaucratie *f* Bürokratie *f*.

bureaucratique bürokratisch ; pedantisch ; *la société devient de plus en plus ~* die Gesellschaft wird immer mehr bürokratisiert.

bureaucratisation *f* Bürokratisierung *f*.

bureaucratiser bürokratisieren.

bureaucratisme *m (péj.)* Bürokratismus *m* ; Amtsschimmel *m*.

bureautique *f* (elektronische) Bürokommunikation *f* ; Büroautomatisierung *f* ; Bürotechnik *f* (Textverarbeitung, Arbeitsrationalisierung usw.) ; Büro- und Datentechnik *f*.

bus *m (fam.)* (Auto)bus *m*.

business *m (fam.)* Geschäft *n* ; Business *n* ; *parler ~* von Geschäften reden ; *(fam.)* fachsimpeln.

businessman *m (fam.)* Geschäftsmann *m*.

but *m* Ziel *n* ; Zweck *m* ; *sans ~ lucratif* gemeinnützig ; ohne Erwerbszweck ; ohne Gewinnerzielungsabsicht ; ~*s d'utilité publique* gemeinnützige Zwecke ; ~ *d'une société* Zweck und Gegenstand einer Firma ; *se fixer un ~* sich ein Ziel setzen ; *poursuivre un ~* ein Ziel verfolgen ; *(corresp.) le but de notre lettre* unser Brief soll...

B.V.P. *m (Bureau de vérification de publicité)* Stelle *f* für Werbekontrolle.

C

cabine *f* Kabine *f* ; *~ téléphonique* Telefon-, Fernsprechzelle *f* ; *~ d'essayage* Anprobe-, Umkleidekabine.

cabinet *m* **1.** *(polit.)* Kabinett *n* **2.** *~ d'affaires* Büro *n* **3.** *(médecin, avocat) ~ de groupe* Praxis *f*.

câble *m* Kabel *n* ; *~ télégraphique, téléphonique* Telegraphen-, Fernsprechkabel ; Fernsprechleitung *f* ; *~ en fibre de verre* Glasfaserkabel ; *télévision f par ~* Kabelfernsehen *n* ; *aménagement m d'un réseau de ~s (de télévision)* Verkabelung *f* ; *envoyer un ~* ein Kabel schicken ; *poser des ~s de télévision* (Fernseh)kabel verlegen ; eine Gegend (eine Stadt) verkabeln.

câbler **1.** kabeln ; drahten ; *~ à Bonn* nach Bonn drahten **2.** *(télé.) ville f ~ée* verkabelte Stadt *f*.

cabotage *m* Küstenschiffahrt *f* ; *grand, petit ~* große, kleine Kabotage *f* ; *commerce m de ~* Küstenhandel *m*.

CAC *m (ex-compagnie des agents de change)* Börsenmaklervereinigung *f* ; *indice m ~* CAC-Börsenindex *m*.

cachet *m* **1.** Stempel *m* ; Siegel *n* ; *~ de la poste* Poststempel ; Blausiegel *m* ; *le ~ de la poste faisant foi* das Datum des Poststempels ist maßgebend **2.** Honorar *n* ; Gage *f*.

cadastral, e Kataster- ; *plan m ~* Katasterplan *m*.

cadastre *m* **1.** Kataster *m ou n* ; Flurbuch *n* **2.** Katasteramt *n*.

caddie *m* Einkaufswagen *m* ; Caddie *m*.

cadeau *m* Geschenk *n* ; *~ publicitaire* Werbegeschenk ; *emballage m ~* Geschenkpackung *f*.

cadence *f (travail à la chaîne)* (Arbeits)takt *m* ; Taktzeit *f* ; *augmenter la ~* den Arbeitstakt beschleunigen.

cadre *m* **1.** Rahmen *m* ; Bereich *m* ; *dans le ~ de ses fonctions* im Rahmen seiner Tätigkeit ; innerhalb seiner Befugnisse **2.** Rahmen- ; *loi f ~* Rahmengesetz *n* ; *programme-~ m* Rahmenprogramm *n* **3.** leitende(r) Angestellte(r) ; Leitende(r) ; *~ moyen* mittlere Führungskraft *f* ; Leitende(r) im mittleren Management ; *~s supérieurs* Führungskräfte ; Leitende *mpl* (in Führungspositionen) ; *(R.D.A. ; Suisse)* Kader *m* ; *fonctionnaire m du ~ moyen, supérieur, directeur* Beamter des mittleren, gehobenen, höheren Dienstes.

caduc, caduque *(jur.)* unwirksam ; hinfällig ; *rendre ~* kaduzieren.

caducité *f (jur.)* Unwirksamkeit *f* ; Hinfälligkeit *f*.

caf *(C.A.F.) (coût, assurance, fret)* cif (cost, insurance, freight) ; *vente f ~* cif-Geschäft *n*.

cagnotte *f* **1.** Gemeinschaftskasse *f* **2.** *(fam.)* Spargroschen *m* ; Sparpfennig *m* ; Notgroschen *m*.

cahier *m* Heft *n* ; *~ de doléances* Beschwerdeheft ; *~ des charges* Lastenheft ; Leistungsverzeichnis *n* ; Aufgabenbereich *m* ; Aufgabenstellung *f* ; Definition *f*, Beschreibung *f* der Aufgaben ; *~ de revendications* Liste *f* mit Forderungen ; Forderungsprogramm *n*.

caisse *f* Kasse *f* ; ♦ *d'allocations familiales* Familienausgleichskasse ; *~ d'assurance maladie* Krankenkasse *f* ; *~ communale* Gemeindekasse ; *~ commune* gemeinsame Kasse ; *~ de crédit hôtelier* Kasse für das Hotel- und Gaststättengewerbe ; *~ de crédit municipal* Pfand(leih)haus *n* ; *~ des dépôts et consignations* (staatliche) Hinterlegungs- und Konsignationskasse ; *~ d'épargne* Sparkasse ; *~ de maladie* Krankenkasse ; *~ municipale* Stadtkasse ; *~ nationale du crédit agricole (R.F.A.)* Raiffeisenbank *f* ; *~ noire* Reptilienfonds *m* ; Geheimfonds ; *~ de prévoyance* Vorsorgekasse ; *~ de retraite* Altersversorgung *f* ; Pensionskasse ; *~ nationale de sécurité sociale* Zentralamt *n* der Sozialversicherung ; ♦♦ *livre m de ~* Kassenbuch *n* ; *montant m en ~* Kassenbestand *m* ; *ticket m de ~* Kassenzettel *m* ; Kassenbon *m* ; ♦♦♦ *avoir 1 000 francs en ~* 1 000 Franc in der Kasse haben ; *faire la ~* Kasse(nsturz) machen ; *faire ~ commune* gemeinsame Kasse machen ; *passer à la ~* zur Kasse gehen ; *tenir la ~* die Kasse führen.

caisse *f* **de l'État** Staatskasse *f*.

caisse-laser *f* Scannerkasse *f*.

caissier *m* Kassierer *m* ; Kassenführer *m* ; Kassenbeamte(r).

caissière *f* Kassiererin *f* ; Fräulein *n* an der Kasse.

calcul *m* **1.** Rechnen *n* ; *faire une erreur de ~* einen Rechenfehler begehen ; sich verrechnen **2.** Berechnung *f* ; Kalkulation *f* ; *~ des bénéfices* Gewinnermittlung *f* ; *~ différentiel* Differentialrechnung ; *~ des frais* Kostenberechnung *f* ; *~ des prix* Preisberechnung ; Preiskalkulation ; *~ de probabilités* Wahrscheinlichkeitsrechnung ; *d'après mes ~s* meinen Berechnungen nach ; *si l'on fait le ~ sur un an* aufs Jahr umgerechnet ; *se tromper dans ses ~s* sich verrechnen ; sich verkalkulieren ; *(fam.)* eine Milchmädchenrechnung machen.

calculable berechenbar.

calculateur, trice 1. rechnend **2.** vorausschauend ; *(péj.)* berechnend.

calculateur *m* **1.** Kalkulator *m* **2.** Rechengerät *n*, -anlage *f* ; *~ électronique* Elektronenrechner *m* ; EDV-Anlage *f*.

calculatrice *f* Taschenrechner *m* ; Rechenmaschine *f* ; *~ numérique* numerischer Rechner.

calculer rechnen ; berechnen ; abrechnen ; kalkulieren ; überschlagen.

calculette *f* ⇒ *calculatrice.*

calendes : *renvoyer qqch aux ~ grecques* etw auf den Sankt Nimmerleinstag (auf einen späteren Termin) verschieben ; etw auf die lange Bank schieben.

calendrier *m* **1.** Kalender *m* **2.** Terminkalender *m* ; Zeitplan *m* ; Termine *mpl* ; Programm *n*.

calomnier verleumden.

calomnieux, ieuse verleumderisch ; *(jur.) dénonciation f ~ieuse* falsche Anschuldigung *f*.

cambial, e (cambiaire) kambisch ; Wechsel- ; *droit m, obligation f ~(e)* Wechselrecht *n*, -verbindlichkeit *f*.

cambiste *m* Devisen-, Wechselmakler *m* ; Devisen-, Geldhändler *m*.

camion *m* Lastwagen *m* ; Laster *m* ; LKW (Lkw) *m* ; *(fam.)* Brummer *m* ; *~ à remorque* Lkw mit Anhänger ; Lastzug *m* ; *~-citerne m* Tank(last)wagen *m*.

camionnage *m* **1.** Straßentransport *m* ; Transport *m* mit Lastwagen **2.** *(chemin de fer)* Zustellung *f* ; *entreprise f de ~* Rollfuhrdienst *m*.

camionnette *f* Lieferwagen *m*.

campagne *f* **1.** Kampagne *f* ; Feldzug *m* ; Aktion *f* ; *~ de bienfaisance* Spendenaktion ; *~ électorale* Wahlkampf *m* ; *~ d'information, de lancement* Aufklärungs-, Einführungskampagne ; *~ publicitaire, de presse* Werbe-, Pressekampagne ; *lancer une campagne en faveur de qqch* eine Werbekampagne für etw starten **2.** Land(leben) *n* **3.** Ernte *f* ; Saison *f*.

camping *m* Camping *n* ; *articles mpl de ~* Campingartikel *pl*.

canal *m* Kanal *m* ; (Vertriebs)weg *m* ; *par le ~ de* über (+ A) ; durch Vermittlung von.

canard *m* **boiteux** *(fam.) (entreprise en difficulté)* marodes Unternehmen *n* ; flügellahme Firma *f*.

candidat *m* Bewerber *m* ; Kandidat *m* ; Anwärter *m* ; *être ~ à un poste* sich um eine Stelle bewerben.

candidature *f* Bewerbung *f* ; Kandidatur *f* ; Bewerbungsschreiben *n* ; *adressez votre ~ à...* schicken Sie Ihr Bewerbungsschreiben an (+ A)... ; *faire acte de ~* sich bewerben um ; kandidieren für ; *poser sa ~ à un poste* sich um eine Stelle (Stellung) bewerben ; seine Bewerbung einreichen ; *retirer sa ~* seine Bewerbung zurückziehen.

cap *m* Kurs *m* ; *changement de ~ en matière de politique financière* Kurswechsel *m* im Bereich der Geldpolitik.

C.A.P. *m (certificat d'aptitude professionnelle)* Zeugnis *n* über die berufliche Befähigung (z.B. Gesellenbrief).

capable 1. *être ~* fähig sein ; in der Lage sein **2.** *(personne)* fähig ; befähigt ; tüchtig ; tauglich **3.** *(jur.)* handlungsfähig ; *~ de contracter* geschäftsfähig.

capacité *f* **1.** Fähigkeit *f* ; Kapazität *f* ; *~ d'absorption* Aufnahmefähigkeit ; *~s professionnelles* berufliche Fähigkeiten ; *~ industrielle, de production* Industrie-, Produktionskapazität ; *~ pleinement utilisée* vollausgelastete Kapazität ; *~ sous-utilisée (sous-exploitée)* unausgelastete (unausgenutzte) Kapazität ; *la ~ n'est utilisée qu'à 50 % (ne tourner qu'à 50 % de la ~)* die Kapazität ist nur zu 50 % ausgelastet **2.** *(jur.)* Rechtsfähigkeit *f* **3.** *certificat m de ~ en droit* Diplom *n* nach zweijährigem Jurastudium (für Nichtabiturienten) **4.** *(inform.)* Speicherkapazität *f*.

capitaine *m* **d'industrie** Industriekapitän *m*.

capital, e 1. Haupt- ; hauptsächlich ; wesentlich **2.** *(jur.) peine f ~e* Todesstrafe *f*.

capital *m* Kapital *n* ; Vermögen *n* ; ♦ *~ actions* Aktienkapital ; Aktienbetrag *m* ; *~ appelé* eingefordertes Kapital ; *~ assuré* Versicherungssumme *f* ;

~ circulant umlaufendes Kapital ; *~ disponible (liquide)* flüssiges (verfügbares) Kapital ; *~ d'exploitation* Betriebsvermögen, -kapital ; *~ financier* Finanzkapital ; *~ fixe* Anlagevermögen ; festliegendes Kapital ; *~ initial* Gründungskapital ; *~ immobilisé, improductif* fest angelegtes, totes Kapital ; *~ d'investissement* Investitions-, Anlagekapital ; *~ libéré* eingezahltes Kapital ; *~ en nature* Sach-, Realkapital ; *~ de roulement* Umlaufvermögen ; arbeitendes Kapital ; Betriebskapital ; *~ social, nominal* Geschäfts-, Gesellschaftskapital ; *~ souscrit* gezeichnetes Kapital ; ♦♦ *augmenter le ~* das Kapital aufstocken (erhöhen) ; *dissiper son ~* sein Kapital aufzehren (verschwenden) ; *entamer son ~* sein Kapital angreifen ; *immobiliser, investir un ~* ein Kapital immobilisieren, anlegen ; ⇒ *capitaux.*

capital-actions *m* Aktienkapital *n.*

capitale *f* 1. Hauptstadt *f* (eines Landes) 2. Mittelpunkt *m* ; Zentrum *n* ; *~ commerciale* Handelszentrum, -metropole *f* ; 3. *(imprimerie)* großer Buchstabe ; *en ~s d'imprimerie* in Blockschrift ; in Druckschrift.

capitalisable kapitalisierbar.

capitalisation *f* 1. Kapitalisierung *f* ; Kapitalisation *f* ; *~ boursière* Börsenwert *m* ; Börsenkapitalisierung *f* ; Gesamtwert *m* der an der Börse notierten Wertpapiere 2. Kapitalbildung *f* ; *(fig.)* Ansammeln *n.*

capitaliser 1. kapitalisieren (Rente) ; (Zinsen) zum Kapital schlagen ; *intérêts mpl ~és* Zinseszinsen *mpl* 2. Kapital bilden ; (Geld) anhäufen.

capitalisme *m* Kapitalismus *m* ; *~ d'État* Staatskapitalismus ; *~ populaire* Volkskapitalismus.

capitaliste *m* Kapitalist *m* ; *gros ~* Großkapitalist.

capitaliste kapitalistisch ; *système m ~* kapitalistisches System *n.*

capitation *f* Kopfsteuer *f.*

capitaux *mpl* Kapital *n* ; Kapitalien *pl* ; Gelder *npl* ; (Geld)mittel *npl* ; ♦ *~ circulants* Umlaufvermögen *n* ; *~ flottants* heißes Geld *n* ; *accumulation f de ~* Kapitalanhäufung *f,* -ansammlung *f* ; *afflux m de ~* Kapitalzufluß *m* ; *apport m de ~* Kapitalaufbringung *f* ; *fuite f (évasion f) de ~* Kapitalflucht *f* ; *manque m de ~* Kapitalmangel *m,* -knappheit *f,* -verknappung *f* ; *marché m des ~* Kapitalmarkt *m* ; *mouvement m des ~* Kapitalverkehr *m,* -bewegung *f* ; *pénurie f, placement m de ~* Kapitalknappheit *f,* -anlage *f* ; *prélèvement m sur les ~* Kapitalsteuer *f,* -abgabe *f* ; *transfert m de ~* Kapitaltransfer *m* ; ♦♦ *apporter, emprunter des ~* Kapital einbringen, aufbringen (aufnehmen) ; *fournir les ~* Kapital beschaffen (bereitstellen) ⇒ *capital.*

captateur *m (jur.)* Erbschleicher *m.*

captation *f (jur.)* Erbschleichung *f* ; *~ d'héritage* Erbschleicherei *f.*

capteur *m* **solaire** Sonnenspeicher *m.*

caractère *m (imprimerie)* Druckbuchstabe *m* ; Schriftzeichen *n* ; Buchstabe *m* ; Letter *f* ; *en gros, en petits ~s* mit großen, kleinen Buchstaben ; groß-, kleingedruckt ; *en ~ gras, d'imprimerie* fettgedruckt, in Block-, Druckschrift.

caractéristique *f* Kennzeichen *n* ; Merkmal *n* ; Charakteristik *f* ; *(appareils) ~s (techniques)* technische Daten *pl* (Angaben *fpl*).

carat *m* 1. *(unité de poids des pierres précieuses)* Karat *n* ; *un diamant de dix ~s* ein Diamant von zehn Karat ; *un 10 ~s* Zehnkaräter *m* 2. *(titre d'or fin d'un alliage)* Karat *n* ; *de dix ~s* zehnkarätig.

carava(n)ning *m* 1. Wohnwagentourismus *m* ; Reisen *n* mit Wohnwagen 2. Parkplatz *m* für Wohnwagen.

carburant *m* Kraftstoff *m* ; Treibstoff *m* ; *consommation f en ~* Kraftstoffverbrauch *m* ; *hausse f du ~* Benzinpreiserhöhung *f* ; *pénurie f de ~* Kraftstoffknappheit *f.*

carence *f* 1. Nichtvorhandensein *n* ; Nichterfüllung *f* ; Ausfall *m* ; *~ d'approvisionnement* Versorgungslücke *f* ; *~ de la direction* Führungsversagen *n* ; 2. *(assur.)* Karenz-, Wartezeit *f* ; *le délai de ~ est de 3 mois* die Wartezeit beträgt drei Monate.

cargaison *f* Ladung *f* ; Fracht *f.*

cargo *m* Frachtschiff *n* ; Frachter *m, activité f ~* Frachtgeschäft *n.*

carnet *m* Notizbuch *n* ; Heft *n* ; *~ d'adresses* Adressenbüchlein *n* ; *~ de change* Devisenpaß *m* ; *~ de chèques* Scheckbuch, -heft ; *~ de commandes (rempli)* (gefülltes) Auftragsbuch, -bestand *m* ; Bestellbuch ; *~ de quittances* Quittungsblock *m* ; *~ de timbres* Briefmarkenheftchen *n.*

carreau *m (de la mine)* Halde *f* ; *départ m ~ de la mine* ab Grube ; ab Zeche.

carré, e quadratisch ; Quadrat- ; *mètre m ~* Quadratmeter *m* ou *n* ; *prix du m^2* Quadratmeterpreis *m.*

carrière *f* 1. Laufbahn *f* ; Karriere

f ; beruflicher Werdegang *m* ; *en fin de ~* am Ende der Laufbahn ; *embrasser une ~* einen Beruf ergreifen ; *faire ~* Karriere machen.

carriériste *m (péj.)* Karrieremacher *m* ; Karrierist *m* ; Karrierehengst *m.*

carte *f* Karte *f* ; Ausweis *m* ; *~ d'abonnement* Zeit-, Dauerkarte ; *~ bancaire, (de crédit, bleue)* Kreditkarte ; Scheckkarte *f* ; *~ d'électeur* Wahlschein *m* ; Wählerkarte ; *~ de famille nombreuse* Ausweis für kinderreiche Familien ; *~ de fidélité* Kundenkarte *f* ; *~ grise* Kraftfahrzeugschein *m* ; Zulassung *f* ; *~ hebdomadaire (de transport)* Wochenkarte ; *~ d'identité* Personalausweis ; Kennkarte ; Idenditätskarte ; *~ à mémoire* Chip-Karte ; *~ orange* Monats-, Wochenkarte (Metro, Bus) ; Verbund-, Netzkarte ; *~ perforée* Lochkarte ; *~ postale* Ansichtskarte ; *~ de presse, de priorité* Presse-, Sonderausweis ; *~-réponse* Antwortkarte ; *~ routière* Landkarte ; *~ de travail* Arbeitserlaubnis *f* ; *~ vermeil* Seniorenpaß *m* ; *(auto) ~ verte* grüne Versicherungskarte ; *~ de visite* Visitenkarte ; *(transport) ~ de zone* Netzkarte.

cartel *m* Kartell *n* ; Absprache *f* ; Interessenvereinigung *f* ; Ring *m* ; *~ d'achat* Einkaufskartell ; *~ de distribution* Verkaufs-, Absatzkartell ; *~ illicite (fam.)* Frühstückskartell ; *~ de prix, de production, de rabais, de rationalisation* Preis-, Produktions-, Rabatt-, Rationalisierungskartell.

cas *m* **1.** Fall *m* ; *~ grave → social* ; *~ isolés* vereinzelte Fälle ; *~ de légitime défense* (Fall von) Notwehr *f* ; *~-limite* Grenzfall ; *~ de renvoi* Kündigungsgrund *m* ; *~ social* Sozial-, Härtefall ; *en ~ de* im Fall(e) (+ G) ; *en ~ de besoin* im Notfall ; im Bedarfsfall ; en *~ d'urgence* in dringenden Fällen ; *examiner le ~ de qqn* jds Fall (Lage) prüfen ; *exposer son ~* seinen Fall (seine Sache) vortragen **2.** Fall *m* ; Fallstudie *f* ; Planspiel *n* ; *faire des études de ~* mit Fallstudien arbeiten.

caser *(qqn ou qqch)* (jdn, etw) unterbringen (bei).

cash : *payer ~* bar (be)zahlen ; *~ and carry* Cash and carry *n.*

cash and carry *m* Cash and carry *n* ; bar bezahlen und mitnehmen, (Vertriebsform des Groß- und Einzelhandels) ; ⇒ *Discountgeschäft.*

cash flow *m* Cash-flow ['kɛ[flou] *m* ; Kassenzufluß *m.*

casier *m* **1.** Fach *n* ; Regal *n* **2.** Kartei *f* ; Register *n* ; *~ judiciaire* Strafregister ; Vorstrafe *f.*

casino *m* Kasino *n* ; Spielbank *f.*

casquer *(fam.)* (be)zahlen ; blechen ; berappen ; Geld lockermachen ; tief in die Tasche greifen.

cassation *f (jur.)* Kassation *f* ; Aufhebung *f* (eines Urteils) ; *cour f de ~* Kassationshof *m,* -gericht *n* ; *pourvoi m en ~* Revision *f* ; Revisionsantrag *m.*

casse *f (véhicules)* Schrott(platz) *m* ; *bon pour la ~* schrottreif ; *envoyer à la casse* zum Verschrotten geben.

casser les prix die Preise brechen.

cassette *f* Kassette *f* ; Cassette *f* ; *magnétophone m à ~* Kassettenrecorder *m.*

casseur *m* **1.** *(véhicules)* Schrotthändler *m* ; Altenwarenhändler **2.** *~ de prix* Preisbrecher *m.*

castors *mpl (bâtiment)* Vereinigung *f* von Privatleuten, die ihre Häuser in Selbsthilfe bauen.

casualisation *f (statist.)* Zuffallsteilung *f* ; Randomisierung *f.*

catalogue *m* Katalog *m* ; *~ alphabétique, par matières* alphabetischer Katalog, Sachkatalog ; Schlagwortkatalog ; *~ des prix* Preiskatalog ; Preisliste *f* ; *~ de vente par correspondance* Versandkatalog ; *commander sur ~* nach Katalog bestellen.

cataloguer katalogisieren ; karteimäßig erfassen ; (Waren) in einen Katalog aufnehmen.

catastrophe *f* Katastrophe *f* ; (schweres) Unglück *n* ; *~ aérienne, ferroviaire, minière* Flugzeug-, Eisenbahn-, Grubenkatastrophe ; *atterrissage m en ~* Notlandung *f.*

catastrophique katastrophal ; verheerend ; entsetzlich.

catégorie *f* Kategorie *f* ; Klasse *f* ; Gruppe *f* ; *~ d'âge* Altersgruppe ; *~ d'employés* Kategorie von Angestellten ; *~ de salaires* (Lohn- und) Gehaltsgruppe ; *~s socio-professionnelles* sozioprofessionelle Kategorien ; *changer de ~ salariale* in eine andere Besoldungsgruppe eingestuft werden.

cause *f* **1.** Ursache *f* ; Grund *m* ; *pour ~ d'inventaire* wegen Inventur ; *pour ~ de maladie* wegen Krankheit ; krankheitshalber **2.** *(jur.) ~ de nullité, de pourvoi, de récusation* Nichtigkeits-, Beschwerde-, Ablehnungsgrund **3.** *(jur.)* (Recht)sache *f* ; Prozeß *m* ; *~ célèbre* aufsehenerregender Rechtsfall *m* ; *~*

civile Rechtstreit *m* ; *plaider la ~ de qqn* jdn vor Gericht vertreten ; jdn verteidigen.

caution *f* **1.** *(jur.)* Bürgschaft *f* ; Kaution *f* ; Bürgschaftssumme *f* ; *sous ~* gegen Kaution ; *déposer une ~* eine Kaution hinterlegen **2.** *(jur.)* Bürge *m* ; *~ réelle* gesetzlicher Bürge ; *~ solidaire* Mitbürge ; *se porter ~ pour qqn* für jdn bürgen ; für jdn Bürgschaft leisten **3.** *sujet à ~* nicht verbürgt (Information).

cautionnement *m* **1.** *(jur.)* Bürgschaft *f* ; Bürgschaftsvertrag *m* ; *déposer qqch en ~* etw als Kaution hinterlegen ; *fournir un ~* eine Kaution stellen **2.** *(fig.)* Unterstützung *f*.

cavalerie : *effet m (traite f, papier m) de ~* Reitwechsel *m* ; Finanzwechsel ; *tirage m de traites de ~* Wechselreiterei *f*.

C.C. *(Corps consulaire)* CC ; Konsularisches Korps *n*.

C.C.I.P. *f (Chambre de commerce et d'industrie de Paris)* Industrie-und Handelskammer *f* von Paris.

C.C.P. *m (compte chèques postaux)* Postscheckkonto *n* ; PSchKto.

C.D. *(Corps diplomatique)* CD ; Diplomatisches Korps *n*.

C.D.F. *mpl (Charbonnages de France)* französische Kohlenbergwerke *npl*.

C.E. *m* **1.** *(Comité d'entreprise)* Betriebsrat *m* **2.** ⇒ *communauté*.

C.E.A. *(Compte m d'Épargne en Actions)* Aktien-Sparkonto *n*.

C.E.A. *m (Commissariat à l'énergie atomique)* Kommissariat *n* für Atomenergie.

C.E.C.A. *f (Communauté européenne du charbon et de l'acier)* EGKS *f* (Europäische Gemeinschaft für Kohle und Stahl) ; Montanunion *f*.

cédant *m (jur.)* Abtretende(r) ; Zedant *m* ; Vormann *m* (eines Wechsels).

céder abtreten ; überlassen ; abgeben ; *~ ses droits* seine Rechte übereignen.

cédétiste *m* Mitglied *n* der französischen Gewerkschaft C.F.D.T.

Cedex (CEDEX) *m (courrier d'entreprise à distribution exceptionnelle)* gesondert zugestellte Firmenpost *f*.

cégétiste *m* Mitglied *n* der französischen Gewerkschaft C.G.T.

ceinture *f* : *(fam.) se serrer la ~ (d'un cran)* sich den Gürtel enger schnallen.

célibataire **1.** *(adj.)* ledig ; unverheiratet ; *mère f ~* ledige Mutter *f* ; *être ~* Junggeselle (Junggesellin) sein **2.** *le ~* Junggeselle ; Ledige(r) ; Single *m*.

censure *f* **1.** Zensur *f* ; *commission f de ~* Zensurbehörde *f* ; *(polit.) motion f de ~* Mißtrauensantrag *m* **2.** *(fonctionnaire)* Warnung *f* ; Verweis *m*.

censurer **1.** zensieren ; *film m ~é* zensierter Film *m* ; von der Zensur verbotener Film **2.** *(Beamten)* einen Verweis erteilen.

cent : *pour ~* Prozent *n* ; *cinq pour ~* fünf Prozent ; 5 % ; 5 p.c. ; 5 p. 100 ; 5 v. H. (vom Hundert) ; *augmentation f de dix pour ~* zehnprozentige Erhöhung *f* ; *prêter à 10 %* (Geld) zu 10 % Zinsen (ver)leihen ; 10 % Zinsen verlangen.

centime *m* Centime *m* ; der hunderste Teil eines Francs ; *(Suisse)* Rappen *m* ; *ça ne vaut pas un ~* das ist keinen roten Heller wert.

central *m* **1.** (Telefon)zentrale *f* ; Fern(melde)amt *n* ; Vermittlung *f*.

central, e zentral ; Zentral- ; Haupt- ; *administration f ~e* Zentralverwaltung *f* ; *(polit.) comité m ~* Zentralkomitee *n* ; *siège m ~* Hauptsitz *m*.

centrale *f* Zentrale *f* ; *~ d'achats, de consommateurs* Einkaufs-, Verbraucherzentrale ; *~ ouvrière* Gewerkschaftsbund *m* ; *~ électrique* Kraftwerk *n* ; Elektrizitätswerk ; E-Werk *n* ; *~ marémotrice* Gezeitenkraftwerk ; *~ nucléaire (atomique)* Atomkraftwerk (AKW) ; Kernkraftwerk (KKW) ; *~ hydraulique* Wasserkraftwerk *n*.

centralisateur, trice zentralisierend ; zentralistisch.

centralisation *f* Zentralisierung *f* ; *~ administrative, économique* Zentralisierung der Verwaltung, der Wirtschaft.

centraliser zentralisieren.

centralisme *m* Zentralismus *m*.

centraliste **1.** zentralistisch **2.** *le ~* Anhänger *m* des Zentralismus.

centre *m* **1.** Zentrum *n* ; Mittelpunkt *m* ; *~ d'accueil* Informationsstelle *f* ; Beratungsstelle *f* ; *~ de calcul* Rechenzentrum *n* ; *~ commercial* Einkaufszentrum ; *~ culturel* Kulturzentrum ; Bildungsstätte *f* ; *~ français du commerce extérieur* Zentrale *f* für den französischen Außenhandel ; *~ hospitalier* Krankenhaus *n* ; *~ de formation professionnelle* Berufs(aus)bildungsstätte *f* ; *~ de recherches* Forschungsinstitut *n*, -zentrum ; *~ de renseignements* (zentrale) Auskunfsstelle *f* ; *~ de transbordement* Umschlagstelle *f* ; *~ urbain* Ballungsgebiet *n* **2.** *(polit.)* Zentrum *n* ; Zentrumspartei *f* ; *~ gauche* gemäßigte Linke *f*.

centre-ville *m* Stadtzentrum *n* ; Stadtkern *m* ; City *f*.

cercle *m* Kreis *m* ; Ring *m* ; Klub *m* ; Zirkel *m* ; ~ *politique* politischer Klub ; ~ *d'études* Arbeitsgemeinschaft *f*, -kreis *m* ; ~ *de relations* Bekanntenkreis *m*.

céréale *f* Getreide *n* ; ~*s* Getreidearten *fpl*.

céréalier, ière Getreide- ; *culture f, pays m, produit m ~(e)* Getreideanbau *m*, -land *n*, -produkt *n*.

C.E.R.N. *m (Conseil européen pour la recherche nucléaire)* Europäische Organisation für Kernforschung (O.E.R.N.).

certificat *m* Zeugnis *n* ; Bescheinigung *f* ; Nachweis *m* ; Zertifikat *n* ; ~ *médical* ärztliches Attest *n* ; ~ *d'études primaires (C.E.P.)* Abschlußzeugnis der Hauptschule ; ~ *d'aptitude professionnelle (C.A.P.)* Lehrabschlußprüfung *f* ; *(artisan)* Gesellenbrief *m* ; ~ *d'investissement* **a)** Investmentzertifikat *n* ; **b)** stimmrechtlose Aktie *f* ; ~ *d'origine* Ursprungszeugnis ; ~ *de travail* Arbeitszeugnis, -bescheinigung *f*.

certification *f* Beglaubigung *f* ; ~ *de signature* Beglaubigung von Unterschriften.

certifier beglaubigen ; bescheinigen ; *copie f ~ée conforme* beglaubigte Abschrift *f* (Kopie *f*).

cessation *f* Einstellung *f* ; Aufhören *n* ; ~ *de commerce* Geschäftsaufgabe *f* ; ~ *de paiements* Zahlungseinstellung ; ~ *des poursuites* Einstellung der Strafverfolgung.

cesser aufhören ; einstellen ; ~ *ses fonctions* aus dem Amt scheiden ; ~ *le travail* die Arbeit niederlegen.

cessibilité *f (jur.)* Übertragbarkeit *f* ; Abtretbarkeit *f*.

cessible *(jur.)* übertragbar ; abtretbar ; begebbar.

cession *f (jur.)* Übertragung *f* ; Zession *f* ; Überlassung *f* ; Abtretung *f* ; ~ *de biens* Verzicht *m* (des Schuldners) auf sein Vermögen ; ~ *de créance* Forderungsabtretung *f* ; *faire ~ de qqch* etw abtreten.

cessionnaire *m (jur.)* Zessionar *m*.

C.F.T.C. *f (Confédération française des travailleurs chrétiens)* Französischer Verband christlicher Arbeiter.

C.F.D.T. *f (Confédération française et démocratique du travail)* sozialistisch ausgerichtete Gewerkschaft *f*.

C.G.C. *f (Confédération générale des cadres)* (leitende) Angestelltengewerkschaft *f*.

C.G.T. *f (Confédération générale du travail)* französischer Gewerkschaftsbund, der der KPF nahesteht.

chaîne *f* **1.** Kette *f* ; ~ *(volontaire)* (freiwillige) Handelskette ; ~ *de magasins* Ladenkette ; Kettenläden *mpl* ; ~ *de restaurants, d'hôtels* Restaurant-, Hotelkette **2.** ~ *(de montage)* Fließband *n* ; Montageband ; *travail m à la ~* Fließbandarbeit *f* ; *travailleur m à la ~* Fließbandarbeiter *m* ; *travailler à la ~* am (Fließ)band arbeiten ; *être fabriqué à la ~* am Fließband hergestellt (gefertigt) werden ; *x voitures quittent chaque année les ~s de montage* jedes Jahr rollen x Wagen vom Band **3.** *(télé.)* Programm *n* ; *sur la première ~* im ersten Programm ; ~ *commerciale (privée)* Kommerzkanal *m* ; ~ *à péage,* Abonnementfernsehen **4.** ~ *haute fidélité* Hi-fi-Anlage ; Stereo-Anlage.

chaland *m* **1.** *(litt.)* Kunde *m* **2.** Lastkahn *m*.

chalandise : *zone f de ~* Einzugsgebiet *n*.

challenge *m* Herausforderung *f* ; schwierige Aufgabe, Situation *f*.

challenger *m* Herausforderer *m* ; Rivale *m*.

chambre *f* **1.** Zimmer *n* ; ~ *individuelle* Einzelzimmer ; ~ *meublée* möbliertes Zimmer ; ~ *d'hôte* Zimmer mit Frühstück ; ~ *(d'hôtel)* Fremdenzimmer ; ~ *(logement et repas)* Unterkunft und Verpflegung ; ~ *(logement et petit déjeuner)* Übernachtung mit Frühstück (Ü.F.) **2.** *(jur., commerce)* Kammer *f* ; ~ *civile, correctionnelle* Zivil-, Strafkammer ; ~ *de commerce (et de l'industrie)* (Industrie-und) Handelskammer ; ~ *de compensation* Verrechnungsstelle *f* ; ~ *syndicale du commerce de détail* Hauptgemeinschaft *f* des deutschen Einzelhandels.

champ *m* **1.** *(agric.)* Feld *n* ; Acker *m* ; ~ *de blé* Getreidefeld **2.** Bereich *m* ; Gebiet *n* ; Feld *n* ; ~ *d'activité* Tätigkeitsbereich ; Aufgabengebiet ; ~ *d'application* Anwendungsbereich.

chance *f* Chance *f* ; *égalité f des ~* Chancengleichheit *f* ; *augmenter ses ~s d'obtenir un emploi* seine Beschäftigungschancen verbessern ; *ne pas avoir la moindre ~* nicht die geringste Chance (Aussicht) haben.

chancelier *m (polit.)* Kanzler *m* (BRD, Österreich).

chancellerie *f* **1.** Kanzlei *f* ; *style m de ~* Kanzleistil *m* **2.** *(polit.)* Kanzleramt *n*

(BRD, Österreich).

change *m* **1.** Tausch *m* ; *gagner, perdre au ~* einen guten, schlechten Tausch machen **2.** *(monnaie)* (Geld)wechsel *m* ; Wechselkurs *m* ; *~ avantageux* günstiger (Wechsel)kurs ; *~ du jour* Tageskurs ; *agent m de ~* Börsenmakler *m* ; *bureau m de ~* Wechselstube *f* ; *contrôle m des ~s* Devisenkontrolle *f*, -bewirtschaftung *f* ; Devisenzwangswirtschaft *f* ; *lettre f de ~* Wechsel *m* ; *marché m des ~s* Devisenmarkt *m* ; Devisen(bewirtschaftungs)stelle *f* ; *opérations fpl de ~* Devisen-, Wechselgeschäfte *fpl* ; *réglementation f des ~s* Devisenbestimmungen *fpl* ; Devisenvorschriften *fpl* ; *spéculation f sur le ~* Devisenspekulation *f* ; *taux m du ~* Devisenkurs *m* ; Devisensätze *mpl.*

changement *m* Änderung *f* ; Veränderung *f* ; Wechsel *m* ; Wandel *m* ; Wende *f* ; *~ d'adresse* Änderung der Anschrift ; *~ de cabinet* Kabinettswechsel ; *~ de dernière minute* kurzfristige Änderung ; *~ de domicile* Wohnsitzwechsel ; *~ d'échelon* Besoldungserhöhung *f* ; *~ de personnel* Personalwechsel ; *~ de pouvoir* Machtwechsel ; *~ de prix* Preisänderung ; *~ de propriétaire* Besitz(er)wechsel ; Geschäftsübernahme *f* ; *~ de structure* Strukturwandel ; *faire (procéder à) des ~s* Veränderungen vornehmen ; Neuerungen einführen.

changer (um-, ein-, aus)tauschen ; (aus)wechseln ; *~ de l'argent* Geld wechseln ; *~ 100 francs* 100 Franc wechseln ; *~ des marks contre des (en) dollars* Mark gegen (für) Dollar (ein)tauschen (wechseln) ; *~ d'appartement, de ville* umziehen ; die Wohnung, die Stadt wechseln ; *~ de marque* die Marke wechseln ; auf eine andere Marke umsteigen ; *~ de métier* den Beruf wechseln ; *(fam.)* umsatteln.

changeur *m* Geldwechsler *m*.

chantage *m* Erpressung *f*.

chanter : *faire ~ qqn* jdn erpressen.

chanteur : *maître m ~* Erpresser *m*.

chantier *m* Baustelle *f* ; *~ de construction navale* (Schiffs)werft *f* ; *~ de travail* (internationales) Ferienarbeitslager *n* ; *chef m de ~* Bauführer *m*, -leiter *m* ; *mise f en ~* Baubeginn *m* ; *(fig.) avoir qqch en ~* an etw (+ D) arbeiten ; *~ interdit* das Betreten der Baustelle ist verboten.

chantier naval *m* Werft *f* ; Werftanlage *f* ; *travailleur m de ~* Werftarbeiter *m*.

chapeau *m* : *(fam.) porter le ~* die Verantwortung tragen für.

chapeauter etw kontrollieren ; die Oberaufsicht führen.

charbon *m* Kohle *f* ; *~ gras, maigre* Fett-, Magerkohle ; *mine f de ~* Kohlenbergwerk *n* ; Zeche *f* ; Grube *f* ; *(fam.) aller au ~* die Karre aus dem Dreck ziehen (müssen) ; in erster Linie kämpfen ; *extraire, stocker du ~* Kohle abbauen (fördern), auf Halde legen ; *produire du goudron à partir du ~* Teer aus Kohle gewinnen ; *renoncer au ~* auf die Kohle verzichten.

charbonnage *m* Kohlenbergwerk *n* ; Zeche *f*.

charbonnier, ière Kohlen- ; *industrie f ~ière et sidérurgique* Montanindustrie *f*.

charge *f* **1.** Last *f* ; Belastung *f* ; *~ maximale* Höchstlast ; maximale Belastung ; *~ utile* Nutzlast **2.** (finanzielle) Last, Belastung ; Verpflichtung *f* ; *~s fiscales* Steuerlast ; Abgabenbelastung *f* ; *~s salariales (annexes)* Lohn(neben)kosten ; *~s sociales* Soziallasten ; *~s supplémentaires* Mehrbelastung *f* ; *~s de famille* Unterhaltsverpflichtungen *fpl* ; *enfant m à ~* unterhaltsberechtigtes Kind *n* ; *(jur.) témoin m à ~* Belastungszeuge *m* ; *à la ~ de la collectivité* zu Lasten der Allgemeinheit ; *en périodes de ~ maximale* in Spitzenbelastungszeiten ; *être à la ~ de qqn* von jdm unterhalten werden ; *(fam.)* jdm auf der Tasche liegen ; *être à la ~ des services publics* zu Lasten des öffentlichen Dienstes gehen ; *avoir qqn à ~* für jdn sorgen müssen **3.** *(notaire, courtier)* Amt *n* **3.** *(comptab.) ~s* Aufwendungen *fpl* ; Aufwand *m* ; Kosten *pl* ; *~s extraordinaires* außerordentliche Aufwendungen ; *~s fiscales* Steueraufwendungen ; *~s incorporables* kostengleiche (kalkulierbare) Aufwendungen ; *~ locatives* Mietnebenkosten ; *~s non-déductibles* neutraler Aufwand ; *~s par nature* Kostenarten.

chargé *m* Beauftragte(r) ; Verantwortliche(r) ; *~ d'affaires* **a)** *(commercial)* Handelsbeauftragte(r) ; Person *f*, die mit der Wahrung kommerzieller Aufgaben betraut ist ; **b)** *(diplomatique)* Geschäftsträger *m* ; Chef *m* einer diplomatischen Mission ; Legationsrat *m* ; *(université)* Dozent *m* ; Lehrbeauftragte(r) ; *~ d'un dossier* Sachbearbeiter *m* ; *~ de mission* mit einer Mission beauftragte (betraute) Person *f* ; *(jur.) ~ de procuration* Bevollmächtigte(r).

chargé, e beladen ; bepackt ; ~ *de paquets* mit Paketen beladen ; *avoir une semaine ~e* eine ausgefüllte Woche haben 2. *lettre f ~e* Wertbrief *m* ; Brief mit Wertangabe 3. ~ *de* beauftragt (betraut) mit ; ~ *de mission* mit einer Mission beauftragt.

charger 1. (be)laden ; bepacken 2. ~ *qqn* jdn belasten 3. ~ *qqn de qqch* jdn mit etw beauftragen.

chariot *m* Einkaufswagen *m* ; Caddie *m* ; ~*-élévateur* Gabelstapler *m*.

charitable : *institution f* ~ karitative Einrichtung *f*.

charité *f* Wohltätigkeit *f* ; *vente f de* ~ Wohltätigkeitsbasar *m*.

charte *f* Charta *f* ; Urkunde *f* ; ~ *des Nations unies* Charta der Vereinten Nationen.

charte-partie *f (maritime)* Chartepartie *f*.

charter *m* **1.** Charterflug *m* ; Chartermaschine *f* ; *en* ~ mit einer Chartermaschine 2. Charter- ; *avion m, compagnie, vol m* ~ Charterflugzeug *n*, -gesellschaft *f*, -flug *m*.

chasseur *m* **de têtes** : Kopfjäger *m* ; Headhunter *m*.

chaud, e : *point m* ~ Krisenherd *m*, -punkt *m* ; *prédire un automne (social)* ~ einen heißen Herbst ankündigen.

chauffeur *m* Fahrer *m* ; Chauffeur *m* ; Kraftfahrer *m* ; ~ *de taxi* Taxifahrer ; *voiture f sans* ~ Leih-, Mietwagen *m*.

chauffeur-livreur *m* Verkaufsfahrer *m* ; Ausfahrer *m*.

chef *m* **1.** Chef *m* ; Leiter *m* ; Führer *m* ; Direktor *m* ; Vorsteher *m* ; Kopf *m* ; Boß *m* ; ~ *d'atelier* Werkmeister *m* ; ~ *de bureau* Bürovorsteher ; ~ *de chantier* Bauführer ; ~ *comptable* Haupt-, Chefbuchhalter *m* ; ~ *d'entreprise* Unternehmer *m* ; Unternehmensleiter ; Betriebsführer ; Chef eines Unternehmens ; *jeune* ~ *d'entreprise* Jungunternehmer *m* ; ~ *de famille* Familienoberhaupt *n* ; Haushaltsvorstand *m* ; ~ *de file* Leiter ; führender Kopf ; ~ *du personnel, de production* Personal-, Produktionsleiter ; ~ *de produit* Produktmanager *m* ; ~ *de projet* Projektleiter ; ~ *de publicité, de rayon* Werbe-, Abteilungsleiter ; ~ *de service* diensthabender Leiter ; Chef vom Dienst ; ~ *des ventes* Verkaufsleiter ; Vertriebsleiter ; Außendienst-Verkaufsleiter ; *ingénieur m en* ~ Chefingenieur *m* ; *rédacteur m en* ~ Chefredakteur *m* 2. *(jur.)* (Haupt)punkt *m* ; ~ *d'accusation* Anklagepunkt *m*.

chef-lieu *m* Hauptort *m* ; ~ *d'arrondissement* Hauptort eines Arrondissements ; Kreisstadt *f*.

chemin de fer *m* Eisenbahn *f* ; *employé m des ~s de fer* Eisenbahnbedienstete(r), -angestellte(r).

cheminée *f* **d'usine** (Fabrik)schornstein *m* ; Schlot *m*.

cheptel *m* Vieh *n* ; Viehbestand *m* ; ~ *bovin, porcin* Rinder-, Schweine bestand *m*; *répartition f du cheptel bovin et ovin* Anteil *m* an der Kuh -und Schafshaltung ; *augmenter le* ~ *bovin* den Rind(er)bestand aufstocken.

chèque *m* Scheck *m* ; ♦ ~ *bancaire* Bankscheck ; ~ *barré* Verrechnungsscheck ; ~ *non barré* Barscheck ; ~ *en blanc* Blankoscheck ; ~ *certifié* bankbestätigter Scheck ; ~ *à ordre* Order-, Namensscheck ; ~ *à porter en compte* Verrechnungsscheck ; ~ *au porteur* Inhaber-, Überbringerscheck ; ~ *postal* Postscheck ; ~ *provisionné* gedeckter Scheck ; ~ *sans provision (en bois)* ungedeckter (fauler) Scheck ; ~ *de virement* Überweisungs-, Verrechnungsscheck ; ~ *de voyage* Reisescheck ; ♦♦ *carnet m de ~s* Scheckheft *n*, -buch *n* ; *compte m* ~ *postal (C.C.P.)* Postscheckkonto *n* ; *compte m de ~s* Scheckkonto *n* ; *falsification f de* ~ Scheckfälschung *f* ; *formule f de* ~ Scheckformular *n*, -vordruck *m* ; *fraude f au* ~ *sans provision* Scheckbetrug *m* ; *opérations fpl par* ~ Scheckverkehr *m* ; *service m des ~s* Scheckabteilung *f* ; ♦♦♦ *annuler un* ~ einen Scheck annullieren ; *barrer un* ~ einen Verrechnungsscheck ausstellen ; *encaisser (toucher) un* ~ einen Scheck einlösen ; *faire (émettre, tirer) un* ~ *(sur qqn)* einen Scheck (auf jdn) ausstellen ; *payer par* ~ mit (durch, per) Scheck (be)zahlen.

chèque-essence *m* Benzingutschein *m*.

chèque-restaurant *m* Restaurantscheck *m* ; Essensgutschein *m* (für ein Restaurant).

chéquier *m* Scheckheft *n* ; Scheckbuch *n*.

cher, chère teuer ; kostspielig ; *un hôtel pas* ~ ein billiges (preiswertes) Hotel ; *indemnité f de vie chère* Teuerungszuschlag *m* ; *vie f chère* hohe Lebenshaltungskosten *pl* ; *coûter* ~ teuer sein ; viel Geld kosten ; *payer* ~ teuer bezahlen ; *revenir* ~ teuer sein ; teuer zu stehen kommen ; *vendre* ~ teuer verkaufen.

chercheur *m* Forscher *m* ; ~ *d'or* Goldgräber *m*.

cherté *f* (Ver)teuerung *f* ; hoher Preis *m* ; ~ *de la vie* hohe Lebenshaltungskosten *pl*.

cheval *m* **vapeur** *(CV)* Pferdestärke *f* (PS).

chevaux *mpl* **fiscaux** *(auto.)* steuerliche Veranlagung nach PS-Zahl gestaffelt.

chicaneries *fpl* **administratives** Behördenschikanen *fpl*.

chien *m (dressé pour flairer la drogue)* Suchhund *m* ; Rauschgiftspürhund.

chiffre *m* **1.** Ziffer *f* ; Zahl *f* ; ~*s provisoires* vorläufige Angaben ; *nombre m de deux* ~*s* zweistellige Zahl ; *écrire en* ~*s* in Ziffern schreiben **2.** Zahl *f* ; Anzahl ; Gesamtzahl ; ~ *d'affaires* ⇒ *chiffre d'affaires* ; ~ *du Commerce extérieur* Außenhandelsdaten *pl* ; ~ *des dépenses* Summe *f* der Ausgaben ; ~ *de vente* Umsatzzahlen ; Verkaufsergebnis *n* **3.** (Geheim)kode *m* **4.** ~*s officiels* Amtszählung *f*.

chiffre *m* **d'affaires** *(C.A.)* Umsatz *m* ; ~ *annuel, global* Jahres-, Gesamtumsatz ; ~ *réalisé à l'étranger* Außenumsatz ; *augmentation f du* ~ Umsatzsteigerung *f*, -ausweitung *f* ; *baisse f du* ~ Umsatzrückgang *m* ; *augmenter le* ~ den Umsatz erhöhen (steigern) ; *réaliser (faire) un bon* ~ einen hohen Umsatz erzielen.

chiffrer **1.** beziffern ; numerieren **2.** ~ *à* beziffern auf ; *se* ~ *à* sich belaufen auf ; betragen ; *se* ~ *par millions* in die Millionen gehen **3.** *(télégramme)* chiffrieren ; verschlüsseln.

choc *m* **pétrolier** Ölschock *m*.

choix *m* Wahl *f* ; Auswahl *f* ; *il y a beaucoup de* ~ es gibt eine große Auswahl ; *faire un bon, mauvais* ~ eine gute, schlechte Wahl treffen ; *offrir un grand* ~ eine große Auswahl (an)bieten ; *promotion f au* ~ Beförderung *f* auf Vorschlag des Vorgesetzten ; *avancer au petit, au grand* ~ langsamere, schnellere Beförderung je nach dem Vorschlag des Vorgesetzten.

chômage *m* Arbeitslosigkeit *f* ; Erwerbslosigkeit *f* ; ♦ ~ *conjoncturel, déguisé* konjunkturelle, versteckte Arbeitslosigkeit ; ~ *endémique (permanent)* Dauerarbeitslosigkeit ; ~ *des jeunes* Jugendarbeitslosigkeit ; ~ *de longue durée* Langzeit-, Dauerarbeitslosigkeit ; ~ *partiel* Kurzarbeit *f* ; Feierschicht *f* ; nicht gearbeitete Schicht ; ~ *saisonnier* saisonbedingte (saisonale) Arbeitslosigkeit ; ~ *structurel* strukturelle (strukturbedingte) Arbeitslosigkeit (z.B. durch Rationalisierungsmaßnahmen, Einsatz neuer Technologien etc.) ; ~ *technique* technisch bedingte Arbeitslosigkeit (z.B. durch einen Schwerpunktstreik) ; Feierschicht *f* ; Kurzarbeit *f* ; streikbedingte Arbeitslosigkeit ; ~ *technologique* → *structurel* ; ♦♦ *allocation f (indemnité f) de* ~ Arbeitslosenunterstützung *f* ; *(fam.)* Stempelgeld *n* ; Alu *f* ; *assurance f* ~ Arbeitslosenversicherung *f* ; *augmentation f du* ~ Zunahme *f* der Arbeitslosigkeit ; *taux m de* ~ Arbeitslosenquote *f* ; ♦♦♦ *en* ~ arbeitslos ; erwerbslos ; brotlos ; *être au* ~ arbeitslos sein ; Stempelgeld bekommen ; *(fam.)* stempeln gehen ; Alu beziehen.

chômé, e : *jour m* ~ arbeitsfreier Tag *m* ; Feiertag *m*.

chômer **1.** arbeitslos sein ; *l'usine chôme* die Arbeit in der Fabrik steht still **2.** nicht arbeiten ; feiern ; ~ *un jour* an einem Tag nicht arbeiten ; einen Tag feiern ; *(fam.)* blau machen **3.** *(fam.) on ne chôme pas* an Arbeit fehlt es uns nicht ; wir haben ganz schön viel zu tun.

chômeur *m* Arbeitslose(r) ; Erwerbslose(r) ; Stellenlose(r) ; ~ *de longue durée* Dauer-, Langzeitarbeitsloser ; *être* ~ arbeitslos (stellenlos) sein ; *(fam.)* stempeln gehen ; ~ *partiel* Kurzarbeiter *m*.

chrétien-démocrate *(R.F.A.)* christ(lich)- demokratisch ; *les chrétiens-démocrates* die Christdemokraten.

chronologique chronologisch ; Zeit- ; *ordre m* ~ chronologische Reihenfolge *f*.

chute *f* Sturz *m* ; Einbruch *m* ; Fall *m* ; ~ *des prix* Preissturz.

chuter fallen ; stürzen ; sinken ; sakken ; *le cours a* ~*é* der Kurs ist gefallen.

ciblage *m (publicité, marketing)* Zielgruppenstudie *f* ; Zieluntersuchung *f*.

cible *f (publicité, marketing)* Zielgruppe *f*.

cibler eine Zielgruppe ansprechen ; sich an eine Zielgruppe wenden ; *une mesure bien* ~*ée* eine gut gezielte Maßnahme.

ci-dessous untenstehend ; untenerwähnt ; untengenannt.

ci-dessus obig ; weiter oben ; obenerwähnt ; obengenannt.

ci-inclus (ci-joint) beiliegend ; in der Anlage ; ~ *quittance* Quittung anbei.

circuit *m* 1. Wirtschaftskreislauf *m* ; *~ de vente (de distribution)* Verkaufsnetz *n* ; Vertriebsweg *m* 2. *(inform.) ~ intégré* integrierter Schaltkreis *m* ; Chip *m*.

circulaire *f* Rundschreiben *n* ; Runderlaß *m*.

circulaire : *billet m ~* Netzkarte *f*.

circulation *f* 1. Verkehr *m* ; *~ aérienne, automobile, ferroviaire* Flug-, Auto-, Eisenbahnverkehr ; *libre ~ des travailleurs* Freizügigkeit *f* der Arbeitnehmer ; *régler la ~* den Verkehr regeln 2. *(monnaie)* Umlauf *m* ; Verkehr *m* ; *~ monétaire* Geldumlauf ; *(libre) ~ des capitaux* (freier) Kapitalverkehr ; *~ des marchandises* Waren-, Güterverkehr ; *mise f en ~* In-Umlauf-Setzen *n* ; *être en ~* im Umlauf sein ; *mettre en ~* in Umlauf setzen ; *retirer de la ~ (monnaie)* aus dem Verkehr ziehen ; außer Kurs setzen ; *(billets de banque)* einziehen.

circuler 1. *(véhicules)* fahren ; verkehren 2. *(monnaie)* in Umlauf sein ; zirkulieren.

cité-dortoir *f* Schlafstadt *f* ; Trabantenstadt *f* ; Satellitenstadt *f*.

citer 1. zitieren ; (Beispiele) anführen 2. *(jur.) ~ qqn en justice* jdn vor Gericht zitieren ; jdn vorladen.

citoyen *m* (Staats)bürger *m* ; Staatsangehörige(r) ; *~ actif, passif* wahlberechtigter, nicht wahlberechtigter Bürger ; *~ ouest-allemand, est-allemand* Bundesbürger, DDR-Bürger ; *~ à part entière (de plein droit)* vollberechtigter Bürger.

citoyenneté *f* Staatsbürgerschaft *f* ; Staatsangehörigkeit *f*.

civil, e 1. *(jur.)* Zivil- ; zivilrechtlich ; bürgerlich ; *Code m ~* bürgerliches Gesetzbuch *n* (BGB) ; *partie f ~e* Zivilverfahren *n*, -prozeß *m* ; *responsabilité f ~e* Haftpflicht *f* 2. Bürger- ; *droits mpl ~s* bürgerliche Rechte *npl* ; *état m ~* Familien-, Personenstand *m* ; *autorités fpl ~es* Zivilbehörden *fpl* ; *mariage m ~* standesamtliche Trauung *f* ; Ziviltrauung *f* ; *service m ~* Zivildienst *m* ; *année f ~e* Kalenderjahr *n* ; bürgerliches Jahr *n* ; *dans le ~* im Zivilleben.

civilement 1. standesamtlich ; nicht kirchlich 2. zivilrechtlich ; *être ~ responsable (de)* haftpflichtig sein ; zivilrechtlich haften (für).

civique (staats)bürgerlich ; *droits mpl ~s* bürgerliche Ehrenrechte *npl* ; *esprit m ~* staatsbürgerliche Gesinnung *f* ; *(enseignement m) instruction f ~* Staatsbürgerkunde *f*.

clair : *en ~, cela signifie que...* im Klartext heißt das, daß...

clandestin *m* 1. blinder Passagier *m* 2. illegal eingereister Arbeiter *m* ; Arbeiter *m* ohne Arbeitsgenehmigung.

clandestin, e heimlich ; geheim ; verborgen ; schwarz ; *abattage m, brûlerie ~(e)* Schwarzschlachten *n*, -brennerei *f* ; *mouvement m ~* Untergrundbewegung *f* ; *passager m ~* blinder Passagier *m* ; *publicité f ~e* Schleichwerbung *f* ; *travail m ~* Schwarzarbeit *f*.

clandestinement schwarz ; *changer ~ des devises* Devisen schwarz umtauschen ; *passer ~ la frontière* schwarz über die Grenze fahren.

claquer *(fam.)* (Geld, Vermögen) verjubeln ; verschleudern ; auf den Kopf hauen.

clarification *f* Klärung *f* ; Aufhellung *f* (einer Lage).

clarifier (eine Lage) aufklären ; aufhellen.

classe *f* 1. Klasse *f* ; Schicht *f* ; Stand *m* ; *~ d'âge* Jahrgang *m* ; *~s moyennes* Mittelstand ; Mittelschicht ; *~ ouvrière* Arbeiterklasse 2. *(transport) première, deuxième ~* erste, zweite Klasse ; *billet m de deuxième ~* Fahrkarte *f* zweiter Klasse ; *~-affaires* Busineß-Klasse ; *~ touriste* Touristenklasse 3. *(comptab.) ~ de comptes* Kontenklasse *f*.

classement *m* 1. Einteilung *f* ; (Ein)ordnen *n* ; Sortieren *n* ; *~ alphabétique* alphabetische Einteilung 2. *(dossier)* Ablage *f* ; Ablegen *n* ; *~ d'une affaire* Abschluß *m* einer Angelegenheit.

classer 1. (ein)ordnen ; (ein)sortieren ; *~ dans une catégorie* in eine Klasse (Kategorie) einstufen 2. *(dossier)* ablegen ; schließen ; ad acta legen ; zu den Akten legen.

classeur *m* 1. Ordner *m* ; (Schnell)hefter *m* ; Ringbuch *n* 2. Aktenschrank *m* ; Kartei *f*.

clause *f* 1. Klausel *f* ; Bestimmung *f* ; Vorbehalt *m* ; Vermerk *m* ; *~ or* Goldklausel ; *~ de la nation la plus favorisée* Meistbegünstigungsklausel ; *~ de réserve de propriété* Eigentumsvorbehaltsklausel *f* ; *~ restrictive* einschränkende Klausel ; *insérer une ~ dans un contrat* eine Klausel in einen Vertrag einsetzen (einfügen) 2. *~ de style* übliche Formel *f* ; Floskel *f*.

clavier *m* Tastatur *f* ; Tastenfeld *n*.

clés en mains : *appartement m livré ~, usine f ~* schlüsselfertige Wohnung *f*, Fabrik *f*.

clearing *m* Clearing *n* ; *accord m de* ~ Clearingabkommen *n*.

clerc *m* Schreiber *m* ; Kanzlist *m* ; ~ *de notaire* Notariatsangestellte(r) ; *principal* ~ Notariatsbürovorsteher *m*.

client *m* **1.** Kunde *m*; *(hôtel)* (Stamm)gast *m* ; *(avocat)* Klient *m* ; *(médecin)* Patient *m* ; *les* ~*s* die Kunden ; die Kundschaft *f* ; *à la tête du* ~ (Preis) je nach Belieben, je nach Gutdünken ; willkürlicher Preis ; *gros* ~ Großabnehmer *m* ; *chasse f aux* ~*s* Kundenfang *m* ; *compte m* ~*s* Kundenkonto *n* ; *fichier m* ~*s* Kundenkartei *f* ; *numéro m de* ~ Kundennummer *f* ; *attendre le* ~ auf Kunden (Kundschaft) warten ; *se faire un nouveau* ~ einen neuen Kunden gewinnen.

cliente *f* Kundin *f* ; *(avocat)* Klientin *f* ; *(médecin)* Patientin *f*.

clientèle *f* Kundschaft *f* ; Kunden *mpl* ; Kundenkreis *m* ; *(avocat)* Klientel *f* ; *(médecin)* Patienten *mpl* ; *(hôtel, café)* Gäste *mpl* ; ♦ ~ *établie* fester Kundenkreis ; Kundenstamm *m* ; ~ *d'habitués* Stammkundschaft ; ~ *de passage* Lauf-, Durchgangskundschaft ; ♦♦ *assistance f à la* ~ Kundenbetreuung *f*, -pflege *f* ; *exigences fpl de la* ~ Kundenforderungen *fpl* ; *rapports mpl avec la* ~ Kundenverkehr *m* ; *visite f, prospection f de la* ~ Kundenbesuch *m* ; ♦♦♦ *avoir une grosse* ~ eine große Kundschaft (viele Kunden) haben ; *chercher à se faire une* ~ sich eine Kundschaft aufbauen ; *(péj.)* auf Kundenfang (aus)gehen ; *visiter la* ~ die Kundschaft besuchen.

clignotants *mpl* **du marché** Marktsignale *npl* ; Indikatoren *mpl* der Konjunktur ; *les* ~ *sont passés au rouge* die Alarmblinker flackern rot auf.

clos, e geschlossen ; *(jur.) à huis* ~ unter Ausschluß der Öffentlichkeit ; hinter verschlossenen Türen ; *l'incident m est* ~ der Zwischenfall ist erledigt ; der Streit ist beigelegt ; *la séance est* ~*e* die Sitzung ist geschlossen ; ~ *par nécessité* ⇒ *nécessité*.

clôture *f* **1.** Zaun *m* **2.** (Ab)schluß *m* ; Beendigung *f* ; Schließung *f* ; ~ *du bilan* Bilanzabschluß ; ~ *de la bourse* Börsenschluß ; ~ *de l'exercice* Jahresabschluß ; Abschluß des Geschäftsjahres ; ~ *d'une séance* Schließung einer Sitzung ; *bilan m de* ~ (Ab)schlußbilanz *f* ; *séance f de* ~ Schlußsitzung *f* ; *(bourse) à la (en)* ~ bei Börsenschluß.

clôturer **1.** *(terrain)* einzäunen **2.** beendigen ; beenden ; (ab)schließen.

club *m* **1.** Klub *m* ; Club *m* ; Verein *m* ; ~ *automobile* Automobilklub ; ~ *d'investissement* Investitionsklub ; ~ *du livre* Buchgemeinschaft *f* **2.** Klubhaus *n* ; Klub **3.** ~ *des Dix* Zehnergemeinschaft *f*.

C.N.P.F. *m (Conseil national du patronat français)* französischer Arbeitgeberverband *m*.

C.N.R.S. *m (Centre national de la recherche scientifique)* nationales Forschungszentrum *n*.

coacquéreur *m* Miterwerber *m*.

coalition *f (polit.)* Koalition *f* ; Bündnis *n* ; ~ *électorale* Wahlbündnis ; ~ *gouvernementale* Regierungskoalition ; *former une* ~ eine Koalition bilden.

COB *f (Commission des opérations de Bourse)* Börsenaufsichtsbehörde *f* ; Börsenkontrollbehörde *f* ; Börsenkontrolle *f*.

cocagne : *pays m de* ~ Schlaraffenland *n*.

cocher ankreuzen ; abhaken ; ~ *des noms sur une liste* Namen in einer Liste ankreuzen (abhaken).

cocontractant *m (jur.)* Vertragspartner *m*.

codage *m* Codieren (Kodieren) *n* ; Verschlüsselung *f*.

code *m* **1.** Gesetzbuch *n* ; ~ *civil* bürgerliches Gesetzbuch (BGB) ; *(R.D.A.)* Zivilgesetzbuch (ZGB) ; ~ *Napoléon* Code *m* Napoléon ; ~ *pénal* Strafgesetzbuch (StGB) ; ~ *de commerce* Handelsgesetzbuch (HGB) ; ~ *maritime* Seefahrtsrecht *n* ; ~ *de procédure civile, pénale* Zivil-, Strafprozeßordnung *f* ; ~ *de la route* Straßenverkehrsordnung *f* (StVo) ; ~ *du travail* Arbeitsgesetzbuch (AGB) **2.** Code (Kode) *m* ; Schlüssel *m* ; ~ *secret* Geheimcode ; *en* ~ verschlüsselt ; chiffriert **3.** ~ *bancaire* Bankleitzahl *f* (BLZ) ; ~ *postal* Postleitzahl *f* **4.** *(fam.)* **a)** Verkehrsregeln *fpl* ; **b)** Fahrprüfung *f* ; *passer le* ~ die theoretische Fahrprüfung machen (ablegen).

code-barres *m* Strichkode *m*.

coder codieren (kodieren) ; verschlüsseln ; chiffrieren.

codicille *m (jur.)* Zusatz *m* zum Testament ; Kodizil *n*.

codification *f* Kodifizierung *f* ; Verschlüsselung *f* ; ~ *de données* Datenverschlüsselung *f*.

coefficient *m* Koeffizient *m* ; Faktor *m* ; Zahl *f* ; Quote *f* ; ~ *de charge (de remplissage)* Auslastungskoeffizient *m* ;

à fort ~ de main-d'œuvre, de personnel, salarial arbeits-, personal-, lohnkostenintensiv.

coercitif, ive Zwangs- ; *mesures fpl ~ ives* Zwangsmaßnahmen *fpl* ; *moyen m ~* Druck-, Zwangsmittel *n*.

coexistence *f (polit.)* Koexistenz *f* ; *~ pacifique* friedliche Koexistenz.

coexister koexistieren ; nebeneinander existieren.

coffre-fort *m* Panzerschrank *m* ; Geldschrank ; Safe *m* ; Tresor *m*.

cogérance *f* Mitgeschäftsführung *f*.

cogérer 1. *(R.F.A.)* mitbestimmen (*qqch* in + D) ; *entreprise f ~ée* Betrieb *m* mit Mitbestimmung ; mitbestimmtes Unternehmen *n* 2. mitverwalten ; mitbestimmen.

cogestion *f (R.F.A.)* Mitbestimmung *f* ; *~ paritaire* paritätische Mitbestimmung (in der Montanindustrie) ; *extension f de la ~ à d'autres sociétés de capitaux* Ausdehnung *f* der Mitbestimmung auf andere Kapitalgesellschaften.

coke *m* Koks *m*.

cokéfier verkoken.

col *m* Kragen *m* ; *(fam.) ~s blancs, bleus* Angestellte *mpl*, Arbeiter *mpl*.

colis *m* **postal** Paket *n*.

collaborateur *m* 1. Mitarbeiter *m* ; *voiture f de ~* Jahreswagen *m* ; Gebrauchtwagen von Mitarbeitern 2. *(polit. péj.)* Kollaborateur *m*.

collaboration *f* 1. Mitarbeit *f* ; Zusammenarbeit *f* ; *en ~ avec* in Zusammenarbeit mit ; *apporter sa ~ à qqch* an etw (+ D) mitarbeiten 2. *(polit. péj.)* Kollaboration *f*.

collaborer *(à qqch)* (an einer Sache) mitarbeiten ; zusammenarbeiten ; *~ à un projet* an (bei) einem Projekt mitwirken.

collecte *f* 1. Sammlung *f* ; Geldspende *f* 2. *(agric.)* (Ein)sammeln *n* (Milch).

collecter 1. (Geld) sammeln 2. *(agric.)* (ein)sammeln.

collectif *m* 1. Kollektiv *n* ; Arbeitsgruppe *f* 2. *~ budgétaire* Nachtragshaushalt *m*.

collectif, ive kollektiv ; Kollektiv- ; Gemeinschafts- ; *billet m ~* Sammelfahrschein *m* ; Sammel-, Gruppenfahrkarte *f* ; *convention f ~ive* Tarifvertrag *m* ; *licenciement m ~* Massenentlassung *f* ; *publicité f ~ive* Gemeinschaftswerbung *f* ; *société f en nom ~* offene Handelsgesellschaft (OHG) *f* ; *stand m ~* Gemeinschaftsstand *m* ; *transports mpl ~s* öffentliche Verkehrsmittel *npl* ; *travail m ~* Gemeinschafts-, Teamarbeit *f*.

collection *f* 1. Sammlung *f* ; *~ privée* Privatsammlung ; *~ de timbres* Briefmarkensammlung 2. Kollektion *f* 3. *(livres)* (Buch)reihe *f*.

collectionner sammeln.

collectionneur *m* Sammler *m* ; *~ de cartes postales* Postkartensammler *m*.

collectivisation *f* Kollektivierung *f*.

collectiviser kollektivieren ; in Gemeineigentum überführen.

collectivisme *m* Kollektivismus *m*.

collectiviste *m* Kollektivist *m*.

collectiviste kollektivistisch.

collectivité *f* 1. Gemeinschaft *f* ; Gesamtheit *f* ; Gruppe *f* 2. *(jur.)* Körperschaft *f* ; *~ locale* Gemeinde *f* ; *~s locales* Gebietskörperschaften *fpl* ; *~ publique (de droit public)* Körperschaft des öffentlichen Rechts ; *à la charge de la ~* zu Lasten des Staats (der Allgemeinheit).

collège *m* 1. Gremium *n* ; Ausschuß *m* ; *~ électoral* Wählerschaft *f* ; Wahlversammlung *f* 2. *~ d'enseignement secondaire (C.E.S.)* Gymnasium *n* bis zur mittleren Reife ; Realschule *f*.

collégial, e kollegial ; *direction f ~e* leitendes Gremium *n*.

collégialité *f* Kollegialsystem *n* ; Kollegialprinzip *n* ; Partnerschaft *f*.

collègue *m* (Berufs-, Arbeits)kollege *m*.

collision *f* Zusammenstoß *m*.

colloque *m* Kolloquium *n* ; Symposium *n* ; *tenir un ~* ein Kolloquium abhalten.

collusion *f* **d'intérêts** Interessenverflechtung *f*, -kollision *f* ; *(fam.)* Filzokratie *f*.

colon *m* Siedler *m*.

colonial, e kolonial ; *puissance f ~e* Kolonialmacht *f*.

colonie *f* Kolonie *f* ; Niederlassung *f*.

colonne *f* 1. *(journal)* Spalte *f* ; Kolumne *f* 2. *(chiffre)* Kolonne *f* ; *~s de chiffres* Zahlen-, Ziffernkolonnen ; *~ des débits, des crédits* Debet-, Habenseite *f*.

colportage *m* 1. Hausieren *n* ; Hausierhandel *m* 2. *(fig.)* Kolportieren *n* (von Nachrichten) ; Klatsch *m*.

colporteur *m* Hausierer *m* ; *(fam.)* Klinkenputzer *m*.

combinard, e *(fam.)* trickreich.

combinat *m* Kombinat *n*.

combine *f (fam.)* Trick *m* ; Kungelei *f* ; *être dans la ~* in die Kungelei eingeweiht sein.

combiné *m (téléph.)* Hörer *m*.

combler ausfüllen ; decken ; ~ *un déficit* ein Defizit decken ; ~ *les vides* die Lücken ausfüllen.

combustible *m* Brennstoff *m* ; Heizmaterial *n* ; ~ *nucléaire* Kernbrennstoff.

comestible eßbar.

comité *m* Komitee *n* ; Ausschuß *m* ; Kommission *f* ; Gremium *n* ; ~ *d'action* Aktionskomitee ; ~ *d'action et de défense* Bürgerinitiative *f* ; ~ *central* Zentralkomitee (ZK) ; ~ *de conciliation* Schlichtungsstelle *f* ; ~ *consultatif* beratender Ausschuß ; ~ *de coordination* Koordinierungsausschuß ; ~ *directeur* Vorstand *m* ; Lenkungsausschuß ; ~ *d'entreprise* Betriebsrat *m* ; ~ *exécutif* Exekutivausschuß ; ~ *de grève* Streikkomitee ; ~ *de soutien* Unterstützungsausschuß ; Hilfskomitee.

commande *f* **1.** Bestellung *f* ; Auftrag *m* ; Auftragserteilung *f* ; Order *f* ; *à la* ~ bei Bestellung ; ~ *ferme* fester Auftrag ; *bulletin m de* ~ Bestellschein *m*, -karte *f*, -formular *n* ; *carnet m de* ~*s* Bestellbuch *n* ; *numéro de* ~ Bestellnummer *f* ; *sur* ~ auf Bestellung ; ~*s de l'étranger* Auslandsaufträge, -orders ; *annuler une* ~ eine Bestellung rückgängig machen (widerrufen) ; *faire (passer) une* ~ *à qqn* bei jdm eine Bestellung machen (aufgeben) ; jdm einen Auftrag erteilen ; *enregistrer une* ~ eine Bestellung entgegennehmen **2.** Befehl *m* ; Kommando *n* (Militär) **3.** *(technique)* Steuerung *f* ; Lenkung *f* ; ~ *automatique* automatische Steuerung.

commander 1. bestellen ; in Auftrag geben **2.** befehlen **3.** steuern.

commanditaire *m* **1.** Teilhafter *m* ; Kommanditist *m* ; stiller Gesellschafter *m* ; *(Suisse)* Kommanditär *m* **2.** *(fig.)* Auftraggeber *m*.

commandite *f* **1.** Kommanditgesellschaft *f* ; *société f en* ~ *(simple)* Kommanditgesellschaft *f* (KG) ; *société en* ~ *par actions* Kommanditgesellschaft auf Aktien (KGaA) **2.** Kommanditsumme *f*, -einlage *f*.

commandité *m* Komplementär *m* ; Vollhafter *m*.

commanditer : ~ *une entreprise* ein Unternehmen finanzieren ; Kapital in ein Unternehmen einbringen.

commencer anfangen ; beginnen ; ~ *son apprentissage, son service* seine Lehrzeit, seinen Dienst antreten.

commerçant *m* Kaufmann *m* ; Händler *m* ; Handeltreibende(r) ; Geschäftsmann *m* ; ~*s et artisans* Kaufleute und Handwerker ; *gros* ~ Großkaufmann ; reicher Kaufmann ; *les petits* ~*s* die Kleinhändler ; die (kleinen) Einzelhändler ; ~ *de gros (en gros)* Großhändler ; Grossist *m* ; Großkaufmann ; ~ *en nom personnel* Einzelkaufmann.

commerçant, e Handels- ; Geschäfts- ; handeltreibend ; *peuple m* ~ Handelsvolk *n* ; handeltreibendes Volk ; *rue f* ~*e* Geschäftsstraße *f* ; Einkaufsstraße ; *il est très* ~ er ist ein sehr guter (tüchtiger) Geschäftsmann.

commerce *m* **1.** Handel *m* ; Geschäft *n* ; ♦ ~ *de détail* Einzel-, Kleinhandel ; ~ *extérieur (international)* Außenhandel ; ~ *de (en) gros* Großhandel ; Engroshandel ; *le petit* ~ die Einzelhändler *mpl* ; die Kleinhändler *mpl* ; ~ *de détail, de demi-gros* Einzel-, Zwischenhandel ; ~ *spécialisé* Fachhandel ; ♦♦ *chambre f de* ~ Handelskammer *f* ; *effets mpl de* ~ Handelspapiere *npl*, -wechsel *mpl* ; *employé m de* ~ kaufmännische(r) Angestellte(r) ; *fonds m de* ~ (Handels)geschäft *n* ; *livres mpl de* ~ Geschäftsbücher *npl* ; *maison f de* ~ Handelshaus *n* ; *registre m du* ~ Handelsregister *n* ; *tribunal m de* ~ Handelsgericht *n* ; ♦♦♦ *avoir la bosse du* ~ den Sinn für das Kaufmännische haben ; *être dans le* ~ im Handel tätig sein ; Kaufmann sein ; *inscrire au registre du* ~ ins Handelsregister eintragen ; *se trouver dans le* ~ im Handel (erhältlich) sein ; *faire du* ~ *avec* Handel treiben mit **2.** *(établissement commercial)* Geschäft *n* ; Laden *m* ; *tenir un* ~ einen Laden führen.

commercer *(avec qqn)* (mit jdm) Handel treiben.

commercial, e Handels- ; geschäftlich ; kaufmännisch ; kommerziell ; Geschäfts- ; *agent m* ~ Handelsvertreter *m* ; *centre m* ~ Einkaufszentrum *n* ; *entreprise f* ~*e* Handelsunternehmen *n* ; kaufmännischer Betrieb *m* ; *locaux mpl commerciaux* Geschäftsräume *mpl* ; gewerbliche Räume ; *nom m* ~ Firmenname *m*, -bezeichnung *f* ; Firma *f* ; Handelsname ; *relations fpl* ~*es* Handelsbeziehungen *fpl* ; *traité m* ~ Handelsvertrag *m* ; *valeur f* ~*e* Handels-, Verkehrswert *m*.

commercialisation *f* Vermarktung *f* ; Kommerzialisierung *f* ; Vertrieb *m* ; Verkauf *m*.

commercialiser vermarkten ; kommerzialisieren ; vertreiben ; in den Handel bringen.

commettant *m* Auftraggeber *m* ; Besteller *m* ; Geschäftsherr *m* ; Kommittent *m*.

commis *m* kaufmännische(r) Angestellte(r) ; Handlungsgehilfe *m* ; *(arch.)* Kommis *m* ; ~ *voyageur* (Handlungs)-reisende(r) ; Vertreter *m*.

commis, e *(jur.)* beauftragt ; bestellt ; *avocat m ~ d'office* Pflichtverteidiger *m*.

commissaire *m* Kommissar *m* ; *(Autriche, Suisse)* Kommissär *m* ; ~ *aux comptes* Rechnungs-, Wirtschaftsprüfer *m* ; Abschluß-, Bilanzprüfer ; ~*-priseur m* Versteigerer *m* ; Auktionator *m*.

commission *f* **1.** Auftrag *m* ; Besorgung *f* ; ~*s* (tägliche) Einkäufe *mpl* ; *faire des ~s* Besorgungen machen **2.** Kommission *f* ; Ausschuß *m* ; ~ *de contrôle, d'enquête* Kontroll-, Untersuchungsausschuß ; ~ *informatique et liberté* Datenschutzkommission **3.** Provision *f* ; Vermittlungsgebühr *f* ; Kommissionsgeschäft *n* ; *toucher 10 % de ~* 10 % Provision erhalten ; *travailler à la ~* auf Provisionsbasis arbeiten.

commissionnaire *m* **1.** Kommissionär *m* ; Geschäftsvermittler *m* ; ~ *de transport* Spediteur *m* ; ~ *en douane* Zollagent *m* **2.** *(hôtel)* Bote *m* ; Laufbursche *m*.

commissionner bevollmächtigen ; ~ *qqn* jdm einen Auftrag geben ; jdn mit einem Kommissionsgeschäft betrauen ; *être ~é pour* beauftragt (betraut) werden mit.

commissoire *(jur.)* aufhebbar ; anfechtbar ; *clause f ~* Verwirkungsklausel *f* ; kassatorische Klausel.

commodant *m (jur.)* Verleiher *m*.

commodat *m (jur.)* Leihe *f*.

commodataire *m (jur.)* Entleiher *m*.

commonwealth *f* Commonwealth *n*.

commuable *(jur.)* umwandelbar (in eine mildere Strafe).

commuer umwandeln ; ~ *une peine* eine Strafe umwandeln.

commun, e 1. gemeinsam ; gemeinschaftlich ; Gemeinschafts- ; allgemein ; *droit m ~* gemeines Recht *n* ; *intérêt m ~* (All)gemeinwohl *n* ; gemeinsames Interesse *n* ; *Marché m ~* gemeinsamer Markt *m* ; *mise f en ~* Zusammenlegen *n* (von Geld) ; *transports mpl en ~* öffentliche Verkehrsmittel *npl* ; *faire caisse ~e* gemeinsame Kasse machen ; *vivre en ~* zusammen (in Gemeinschaft) leben **2.** alltäglich ; gewöhnlich ; *lieu m ~* Gemeinplatz *m*.

communal, e kommunal ; Kommunal- ; Gemeinde- ; *services mpl municipaux et ~aux* kommunale Gemeinschaftsdienste *pl*.

communautaire gemeinschaftlich ; Gemeinschafts- ; EG- ; *(polit.)* der Europäischen (Wirtschafts)gemeinschaft ; der EG ; der EWG ; *budget m ~* EG-Haushalt *m* ; *prix mpl agricoles ~s* EG-Agrarpreise *mpl*.

communauté *f* **1.** Gemeinschaft *f* ; Staat *m* ; Nation *f* ; ~ *(économique) européenne (C.(E.)E.)* Europäische (Wirtschafts)gemeinschaft ; EWG ; EG ; ~ *européenne du charbon et de l'acier* (C.E.C.A.) Europäische Gemeinschaft für Kohle und Stahl (EGKS) ; Montanunion *f* ; ~ *d'intérêts* Interessengemeinschaft **2.** *(jur.)* ~ *de(s) biens* Gütergemeinschaft ; ~ *réduite aux acquêts* Errungenschaftsgemeinschaft.

commune *f* Gemeinde *f* ; ~ *populaire, de résidence* Land-, Wohngemeinde ; ~ *rurale, suburbaine (limitrophe)* Land-, Randgemeinde ; ~ *sinistrée, urbaine* geschädigte, Stadtgemeinde.

communication *f* **1.** Mitteilung *f* ; Nachricht *f* ; *avoir ~ de qqch* von etw Kenntnis haben : *(fam.)* von etw Wind bekommen haben ; *faire une ~ à la presse* eine Mitteilung an die Presse herausgeben ; *faire une ~ sur qqch* über etw eine Mitteilung machen **2.** *voies fpl de ~* Verkehrsverbindungen *fpl* **3.** *(téléph.)* Verbindung *f* ; Gespräch *n* ; ~ *internationale, interurbaine, locale* Auslands-, Fern-, Ortsgespräch ; ~ *téléphonique* Telefon-, Ferngespräch ; *donnez-moi la ~ avec* verbinden Sie mich mit ; *avoir une ~ avec Bonn* ein Gespräch mit Bonn führen ; *j'attends une ~ de Colmar* ich warte auf ein Gespräch aus (mit) Colmar ; *la ~ a été coupée* die Verbindung wurde unterbrochen ; *demander une ~ avec Cologne* ein Gespräch nach Köln anmelden ; *passez la ~ dans ma chambre* legen Sie das Gespräch auf mein Zimmer **4.** Kommunikation *f* ; Kontakt *m* ; Verbindung *f*.

communiqué *m* Bekanntmachung *f* ; Mitteilung *f* ; *(polit.)* Kommuniqué *n* ; *selon un ~ officiel* nach amtlicher Mitteilung.

communiquer mitteilen ; bekanntgeben ; ~ *qqch à qqn* jdn von etw in Kenntnis setzen.

communisme *m* Kommunismus *m*.

communiste *m* Kommunist *m*.

communiste kommunistisch.

compact, e kompakt ; raumsparend ; *disque m ~* Kompaktschallplatte *f* ;

voiture f ~e Kompaktwagen *m* ; Kleinwagen.

compagnie *f* Gesellschaft *f* ; Firma *f* ; *et ~ (& Cie, & Co)* und Co ; *~ aérienne* Luftfahrt-, Fluggesellschaft ; *~ des agents de change* Maklervereinigung *f* ; *~ d'assurances* Versicherungsgesellschaft.

compagnon *m* **1.** Gesellschafter *m* ; Teilhaber *m* **2.** Geselle *m* (Handwerk).

comparable *(à)* vergleichbar (mit).

comparaître *(jur.)* erscheinen ; *~ en justice* vor Gericht erscheinen.

comparution *f (jur.)* Erscheinen *n* (vor Gericht).

comparé à gegenüber (+ D) ; *~ au mois précédent* gegenüber dem Vormonat.

compatibilité *f* Vereinbarkeit *f* ; Verträglichkeit *f* ; *(inform.)* Kompatibilität *f*.

compatible vereinbar ; verträglich ; kompatibel ; *ne pas être ~ avec* mit etw nicht zu vereinbaren sein ; *ordinateur ~* kompatibler Computer *m*.

compensateur, trice ausgleichend ; Ausgleichs- ; *indemnité f ~trice* Entschädigung *f* zum Ausgleich.

compensation *f* **1.** Ausgleich *m* ; Ersatz *m* ; Entschädigung *f* ; Abfindung *f* ; *en ~* zum Ausgleich ; als Ersatz **2.** Abrechnung *f* ; Clearing *n* ; *chambre f de ~* Verrechnungsstelle *f* ; Clearingstelle *f*.

compensatoire kompensatorisch ; Kompensations- ; Ausgleichs- ; *montants mpl ~s* Ausgleichsabgabe *f* ; Grenzausgleichsbeträge *mpl* ; *prime f ~* Ausgleichsprämie *f* ; *prélever des montants ~s sur les importations de qqch* Ausgleichszölle auf den Import von etw erheben.

compenser 1. ausgleichen ; kompensieren ; *pour ~* als Ersatz ; zum Ausgleich **2.** *(jur.) ~ les dépens* die (Gerichts)kosten gegeneinander aufheben.

compétence *f* **1.** Fach-, Sachkenntnis *f* ; *avec ~* fachmännisch ; sachverständig **2.** *(jur.)* Zuständigkeit *f* ; Zuständigkeitsbereich *m* ; Kompetenz *f* ; Befugnis *f* ; *cela relève de la ~ de* dafür ist... zuständig ; das fällt in die Zuständigkeit (in den Kompetenzbereich) von ; *cela dépasse le cadre de mes ~s* das überschreitet meine Kompetenzen ; das liegt außerhalb meiner Kompetenz.

compétent, e 1. kompetent ; sachverständig ; fachkundig **2.** *(jur.)* zuständig ; kompetent ; *autorité(s) f(pl) ~e(s)* zuständige Behörde(n) ; *tribunal m ~* zuständiges Gericht *n*.

compétitif, ive wettbewerbsfähig ; konkurrenzfähig ; Konkurrenz- ; Wettbewerbs- ; *produits mpl, prix mpl ~s* konkurrenzfähige Produkte *npl*, Preise *mpl*.

compétition *f* Konkurrenz *f* ; Wettbewerb *m* ; Wettstreit *m* ; *être en ~* miteinander konkurrieren.

compétitivité *f* Konkurrenzfähigkeit *f* ; Wettbewerbsfähigkeit *f*.

compilateur *m (inform.)* Umwandler *m* ; Übersetzer *m*.

complaisance *f* Gefälligkeit *f* ; *attestation f (certificat m), traite f de ~* Gefälligkeitsattest *n*, -wechsel *m*.

complément *m* Ergänzung *f* ; *~ de dividende* Schlußdividende *f* ; *~ d'information* ergänzende (zusätzliche) Information *f* ; *~ de salaire* Lohnzuschlag *m*.

complémentaire ergänzend ; Ergänzungs- ; zusätzlich.

complet, ète vollständig ; komplett ; *(hôtel)* (voll) belegt ; *(théâtre)* ausverkauft ; *être ~* ausgebucht sein.

compléter ergänzen ; vervollständigen.

complexe 1. komplex ; vielschichtig ; kompliziert **2.** *le ~* Komplex *m* ; *~ industriel* Industriekomplex ; (R.D.A.) Kombinat *n* ; *~ sidérurgique* Komplex der Eisen- und Stahlindustrie.

complice *m* Komplize *m* ; Mitschuldige(r) ; Helfershelfer *m* ; Mittäter *m*.

complicité *f* Komplizenschaft *f* ; Mitschuld *f* ; Mittäterschaft *f* ; *~ par assistance* Beihilfe *f*.

compliment *m* **1.** Kompliment *n* **2.** Empfehlung *f* ; *avec les ~s de* mit den besten Empfehlungen.

comportement *m* Verhalten *n* ; Benehmen *n* ; *~ antisocial* sozialschädigendes Verhalten ; *étude f du ~* Verhaltensforschung *f*.

composé : *intérêts mpl ~s* Zinseszinsen *mpl*.

composer *(téléph.)* (eine Telefonnummer) wählen.

composter *(titre de transport)* entwerten.

composteur *m* Entwerter *m* ; *introduire le titre de transport dans le ~* den Fahrschein in den Entwerter stecken.

compression *f* Senkung *f* ; Reduzierung *f* ; Abbau *m* ; *~s budgétaires* Haushaltskürzung *f* ; finanzielle Einsparungen *fpl* ; *~ des frais* Kostensenkung, -einsparung *f* ; *~ du personnel* Personalabbau ; Personaleinsparung *f* ;

Verringerung *f* der Belegschaft.

comprimer abbauen ; reduzieren ; senken ; zusammenstreichen ; *(fam.)* abspecken.

compris, e einschließlich ; mit (e)inbegriffen ; inklusive (inkl.) ; *non ~* nicht (e)inbegriffen ; ohne ; zuzüglich ; exklusive ; *service m non ~* ohne (zuzüglich) Bedienung ; *charges fpl ~es* inklusive Nebenkosten ; *tout ~* alles (e)inbegriffen.

compromis *m* **1.** Kompromiß *m* ; Vergleich *m* ; *faire un ~* einen Kompromiß schließen ; *parvenir à un ~ (trouver une solution de ~)* eine Kompromißlösung finden **2.** *(jur.)* Schiedsvertrag *m*.

comptabilisation *f* (Ver)buchung *f* ; buchmäßige Erfassung *f* ; Abrechnung *f*.

comptabiliser (ab)buchen ; verbuchen ; buchmäßig erfassen.

comptabilité *f* Buchführung *f* ; Buchhaltung *f* ; Rechnungsführung *f* ; ♦ *~ analytique d'exploitation (industrielle)* Betriebsbuchführung ; *~ deniers* Finanzbuchhaltung ; *~ économique (nationale)* volkswirtschaftliche Gesamtrechnung (V.G.) ; *~ générale* Finanzbuchhaltung ; *~ de gestion* Management *n* accounting ; *~ des immobilisations* Anlage(n)buchhaltung ; *~ informatique* Speicherbuchführung ; *~ matière* Material-, Lagerbuchführung ; *~ de paie* Lohn- und Gehaltsrechnung ; *~ publique* kameralistisches Rechnungswesen *n* ; *~ en partie double* doppelte Buchführung ; Doppik *f* ; *~ en partie simple* einfache Buchführung ; ♦♦♦ *passer en ~* verbuchen ; *tenir la ~* die Bücher führen.

comptable buchmäßig ; Buchungs- ; *agent m ~* Buchhalter *m* ; *machine f ~* Buchungsmaschine *f* ; *pièce f ~* Buchungsbeleg *m* ; *plan m ~* Kontenplan *m* ; *valeur f ~* Buch-, Bilanzwert *m*.

comptable *m* Buchhalter *m* ; Buchführer *m* ; Rechnungsführer *m* ; *~ du Trésor* Kämmerer *m* ; Staatskasse *f* ; Fiskus *m*.

comptant bar ; *(au) ~* bar ; in (gegen) bar ; gegen Barzahlung ; gegen Kasse ; *achat m, paiement m au ~* Barkauf *m*, Barzahlung *f* ; *opération f au ~* Kassageschäft *n* ; *acheter, payer (au) ~* bar kaufen, (be)zahlen.

compte *m* **1.** Konto *n* ; ♦ *~ en banque* Bankkonto ; *~ bloqué* Sperrkonto ; *~ chèque postal* Postscheckkonto ; *~ client* Kundenkonto ; *~ collectif* Sammelkonto ; *~ courant* laufendes Konto ; Girokonto ; Kontokorrent *n* ; *~ créditeur* Aktiv-, Vermögenskonto ; *~ débiteur* Debet-, Passivkonto ; *~ à découvert* Überziehungskonto ; *~ de dépôt* Depot-, Hinterlegungskonto ; *~ d'épargne* Sparkonto ; *~ d'exploitation* Betriebsrechnung *f* ; *~ fournisseur* Lieferanten-, Gläubigerkonto ; *~s généraux* Sachkonten ; *~ joint* gemeinsames Konto ; Gemeinschaftskonto ; *~ des pertes et profits* Gewinn- und Verlustrechnung *f* ; Aufwands- und Ertragsrechnung *f* ; *~s de régularisation* Rechnungsabgrenzungsposten *m* ; *~ de résultat* Erfolgsrechnung *f*, -konto ; *~ sur livret* Sparkonto *n* ; ♦♦ *état m, extrait m, numéro m de ~* Kontostand *m*, -auszug *m*, -nummer *f* ; *relevé m de ~* → *extrait* ; ♦♦♦ *alimenter (approvisionner) un ~* ein Konto auffüllen ; *arrêter un ~* ein Konto abschließen ; *créditer une somme à un ~* einen Betrag einem Konto gutschreiben ; *débiter un ~* ein Konto belasten (mit) ; *fermer un ~* ein Konto schließen (löschen) ; *mettre un ~ à découvert* ein Konto überziehen ; *s'installer à son ~* sich selbständig machen ; *travailler à son ~* selbständig sein ; *ouvrir un ~ à la banque X* ein Konto bei der Bank X eröffnen ; *passer en ~* auf dem Konto verbuchen ; buchen **2.** Zählen *n* ; Rechnen *n* ; Berechnung *f* ; Betrag *m* ; Summe *f*.

compte-gouttes *m* : *distribuer qqch au ~* mit etw knausern ; etw tröpfchenweise verteilen.

compte *m* **rendu** **1.** Bericht *m* ; Berichterstattung *f* ; Protokoll *n* **2.** *~ annuel* Geschäfts-, Jahresbericht.

compter **1.** zählen ; rechnen **2.** *devoir ~* rechnen (haushalten) müssen.

comptes *mpl* **de la nation** Konten *pl* der volkswirtschaftlichen Gesamtrechnung.

compteur *m* Zähler *m* ; *~ à gaz* Gaszähler, -uhr *f* ; *changer le ~* den Gaszähler auswechseln ; *lire le ~ à gaz* den Stand des Gaszählers ablesen.

comptoir *m* **1.** Schalter *m* ; Ladentisch *m* **2.** *~ central d'achats* Einkaufszentrale *f* **3.** *(hist.)* Handelsniederlassung *f* ; Kontor *n*.

compulser *(dossier)* durchsehen ; in etw (+ A) Einsicht nehmen.

concéder einräumen ; bewilligen ; eine Genehmigung erteilen.

concentration *f* Konzentration *f* ; Zusammenschluß *m* ; *~ économique* wirtschaftliche Konzentration ; *~ d'en-*

treprises Unternehmenszusammenschluß ; ~ *horizontale, verticale* horizontale, vertikale Konzentration ; ~ *de pouvoir* Machtkonzentration.

concentrer konzentrieren ; zusammenlegen ; zusammenfassen.

concertation *f* Absprache *f* ; Abstimmung *f* ; konzertierte Aktion *f*.

concerter abstimmen ; übereinkommen ; verabreden ; miteinander übereinstimmen ; *action f ~ée (discussion entre partenaires sociaux)* konzertierte Aktion *f*.

concession *f* Zugeständnis *n* ; Konzession *f* ; (befristete) Genehmigung *f* ; *demande f de ~* Konzessionsgesuch *n* ; *titulaire m de ~* Konzessionsinhaber *m* ; *accorder, retirer une ~* eine Konzession erteilen, zurückziehen.

concessionnaire *m* Vertragshändler *m* ; Konzessionär *m* ; Konzessionsinhaber *m*.

conciliateur *m* Schlichter *m* ; Vermittler *m* ; Mittelsmann *m*.

conciliateur, trice ausgleichend ; vermittelnd.

conciliation *f* Vergleich *m* ; Schlichtung *f* ; gütliche Einigung *f* ; *instance f de ~* Einigungsstelle *f* ; *procédure f de ~* Schlichtungsverfahren *n*.

conclure **1.** (ab)schließen ; ~ *un marché* einen Handel (ab)schließen ; handelseinig werden ; ~ *un contrat* einen Vertrag (ab)schließen **2.** folgern ; den Schluß ziehen.

conclusion *f* **1.** Abschluß *m* ; ~ *d'une affaire* Geschäftsabschluß ; ~ *d'un contrat* Vertragsabschluß **2.** Schlußfolgerung *f*.

concordat *m* Vergleich *m* ; ~ *judiciaire* gerichtlicher Vergleich ; Zwangsvergleich.

concordataire Vergleichs- ; *débiteur m ~* Vergleichsschuldner *m*.

concourir **1.** ~ *à* beitragen zu ; ~ *à qqch* an (bei) etw mitwirken **2.** an einem Wettbewerb teilnehmen.

concours *m* **1.** Wettbewerb *m* ; ~ *agricole* landwirtschaftlicher Wettbewerb ; ~ *publicitaire* Preisausschreiben *n* **2.** Examen *n* ; Aufnahmeprüfung *f* ; *par voie de ~* im Ausleseverfahren **3.** Unterstützung *f* ; Hilfe *f* ; Mitwirkung *f*.

concubinage *m* wilde Ehe *f* ; Konkubinat *n* ; eheähnliche Gemeinschaft *f* ; *(fam.)* Schrägstrich-Ehe ; *vivre en ~* in wilder Ehe leben.

concurrence *f* **1.** Konkurrenz *f* ; Wettbewerb *m* ; ~ *déloyale* unlauterer Wettbewerb ; ~ *des prix* Preiswettbewerb ; *libre ~* freier Wettbewerb ; *prix mpl défiant toute ~* nicht zu unterbietende Preise *mpl* ; *battre, éliminer la ~* die Konkurrenz schlagen, ausschalten ; *faire ~ à qqn* jdm Konkurrenz machen ; *soutenir la ~* konkurrenzfähig sein **2.** *jusqu'à ~ de 1000 DM* bis zu 1000 DM ; bis zum Betrag von 1000 DM.

concurrencer *(qqn)* (jdm) Konkurrenz machen ; (mit jdm) konkurrieren ; (mit jdm) im Wettbewerb stehen.

concurrent *m* Konkurrent *m* ; Mitbewerber *m* ; Wettbewerber *m* ; ~ *sérieux* ernsthafter Konkurrent.

concurrent, e konkurrierend ; Konkurrenz- ; *maison f ~e* Konkurrenzfirma *f*, -unternehmen *n*.

concurrentiel, le wettbewerbsfähig ; konkurrenzfähig.

condamnation *f* **1.** Verurteilung *f* ; Strafe *f* ; ~ *à mort* Todesurteil *n* ; ~ *par contumace, pour vol* Verurteilung in Abwesenheit, wegen Diebstahls **2.** Verbot *n*.

condamner **1.** verurteilen ; ~ *à mort* zum Tode verurteilen ; ~ *à la détention à perpétuité* zu lebenslänglicher Haft verurteilen ; ~ *à 3 mois de détention avec sursis* zu drei Monaten mit Bewährung verurteilen **2.** *(interdire)* verbieten.

condition *f* **1.** Bedingung *f* ; ♦ *~s de crédit, d'expédition, de livraison* Kredit-, Versand-, Liefer(ungs)bedingungen ; *~s générales de vente* allgemeine Geschäfts-, Verkaufsbedingungen ; *~s de paiement, de vente* Zahlungs-, Verkaufsbedingungen ; *~s d'usage* übliche Bedingungen ; ♦♦ *à ~ que* vorausgesetzt, daß ; *être soumis à des ~s* Bedingungen unterliegen ; *la ~ préalable est que...* Vorbedingung ist, daß... ; *imposer, poser des ~s* Bedingungen auferlegen, stellen ; *satisfaire à des ~s* Voraussetzungen erfüllen ; *souhaiter des ~s de travail plus humaines* menschlichere Arbeitsbedingungen wünschen **2.** *(marchandises)* Zustand *m* ; Beschaffenheit *f* **3.** Stellung *f* ; *de ~ modeste* bescheidener Herkunft.

conditionnement *m* **1.** (Waren)verpackung *f* ; Aufmachung *f* ; Konditionierung *f* **2.** *(psych.)* Konditionieren *n* **3.** *(air)* Klimatisierung *f*.

conditionner **1.** (Waren) verpacken ; aufmachen **2.** bedingen ; *(psych.) ~ qqn* jdn konditionieren ; *réflexe m ~é* bedingter Reflex *m* **3.** klimatisieren.

conduire führen ; leiten ; lenken ;

permis m de ~ Führerschein *m*.

conduite *f* Führung *f* ; Leitung *f* ; ~ *des affaires* Geschäftsführung.

confection *f* **1.** *(vêtement)* Konfektion *f* ; Fertigkleidung *f* ; Kleidung *f* von der Stange **2.** Herstellung *f*.

confectionner **1.** *(vêtements)* schneidern ; nähen **2.** herstellen ; anfertigen.

conférence *f* Konferenz *f* ; Besprechung *f* ; Beratung *f* ; ~ *de presse, au sommet* Presse-, Gipfelkonferenz ; *la ~ a échoué* die Konferenz ist gescheitert (*fam.* geplatzt) ; *être en ~* in (bei) einer Konferenz sein ; konferieren ; *tenir (une) ~* eine Konferenz (Besprechung) abhalten.

conférencier *m* Vortragende(r) ; (Vortrags)redner *m* ; Referent *m*.

confiance *f* Vertrauen *n* ; *la ~ dans la monnaie française* das Vertrauen in die französische Währung ; *digne de ~* vertrauenswürdig ; zuverlässig ; *abus m de ~* Vertrauensmißbrauch *m* ; *homme m de ~* Vertrauensmann *m* ; *maison f de ~* vertrauenswürdige (solide) Firma *f* ; *perte f de ~* Vertrauensschwund *m* ; *poste m de ~* Vertrauensstellung *f* ; *créer un climat de ~* Vertrauen stiften ; vertrauensbildend wirken ; *donner sa ~ à qqn* jdm (sein) Vertrauen schenken.

confidence : *en ~* im Vertrauen ; vertraulich.

confidentiel, le vertraulich ; *à titre ~* vertraulich ; *strictement ~* streng vertraulich ; *lettre f ~le* vertrauliches Schreiben *n*.

confier *(qqch à qqn)* jdm etw anvertrauen ; ~ *une fonction, des projets, de l'argent à qqn* jdm ein Amt, Projekte, Geld anvertrauen.

confirmatif, ive bestätigend ; *lettre f ~ive* Bestätigungsschreiben *n*.

confirmation *f* Bestätigung *f* ; ~ *de commande* Auftragsbestätigung ; *donner ~ de qqch* etw bestätigen.

confirmer bestätigen ; ~ *qqch par écrit* etw schriftlich (brieflich) bestätigen.

confisquer beschlagnahmen ; konfiszieren ; (Güter) einziehen.

conflictuel, le konfliktgeladen ; *situation f ~le* Konfliktsituation *f*.

conflit *m* Konflikt *m* ; Streit *m* ; Streitigkeit *f* ; ~ *du travail* Arbeitskonflikt.

confondu : *tous ... ~s* alle ... inbegriffen.

conforme gemäß (+ D) ; entsprechend (+ D) ; ~ *à la commande* der Bestellung entsprechend ; ~ *au contrat, au règlement* vertragsgemäß, vorschrifts- mäßig ; *certifié ~* beglaubigt ; *pour copie ~* für die Richtigkeit der Abschrift.

conformité *f* Übereinstimmung *f* ; Konformität *f* ; *en ~ de* gemäß (+ D) ; *délivrer le certificat de ~* den Bauabnahmebescheid geben.

confortable bequem ; komfortabel ; *avoir une retraite ~* eine ansehnliche Rente haben.

confrère *m (professions libérales)* Kollege *m*.

congé *m* **1.** Urlaub *m* ; ~ *annuel* Jahresurlaub ; ~ *de formation* Bildungsurlaub ; ~ *de maladie* Beurlaubung *f* im Krankheitsfall ; ~ *de maternité* Mutterschaftsurlaub ; *~s payés* bezahlter Urlaub ; *jour m de ~* Urlaubstag *m* ; freier Tag *m* ; *avoir ~* freihaben, -bekommen ; *être en ~* in (im) Urlaub sein ; *être en ~ de maladie* krankgeschrieben sein ; *prendre un ~* Urlaub nehmen ; sich beurlauben lassen **2.** Kündigung *f* ; Entlassung *f* ; *donner son ~ à qqn* jdm kündigen ; jdn entlassen ; *recevoir son ~* entlassen (gekündigt) werden **3.** *prendre ~ de qqn* sich von jdm verabschieden.

congédiement *m* **1.** Entlassung *f* ; Kündigung *f* **2.** Verabschiedung *f*.

congelé, e tiefgekühlt ; tiefgefroren ; Tiefkühl- ; *aliments mpl ~s* Tiefkühlkost *f* ; *légumes mpl ~s* tiefgekühltes Gemüse *n*.

conglomérat *m* Konglomerat *n* ; Zusammenschluß von Unternehmen aus verschiedenen Produktionszweigen.

congrès *m* Kongreß *m* ; Tagung *f* ; ~ *d'un parti* Parteitag *m*.

congressiste *m* Kongreßteilnehmer *m* ; Tagungsteilnehmer *m*.

conjoint *m* Ehegatte *m* ; *~s mpl* Eheleute *pl*.

conjointement gemeinsam ; gemeinschaftlich ; ~ *et solidairement* einzeln und solidarisch.

conjoncture *f* Konjunktur *f* ; Wirtschaftslage *f* ; ♦ *basse, haute ~* Tief-, Hochkonjunktur ; ~ *favorable, surchauffée* günstige, überhitzte Konjunktur ; *sensible à la ~* konjunkturanfällig, -empfindlich ; ♦ *analyse f, fluctuations fpl de la ~* Konjunkturforschung *f*, -schwankungen *fpl* ; *ralentissement m, redressement m, renversement m de la ~* Konjunkturabschwächung *f*, -belebung *f*, -umschlag *m* (-umschwung *m*).

conjoncturel, le konjunkturell ; konjunkturbedingt ; Konjunktur- ; *chômage m ~* konjunkturbedingte Arbeitslosigkeit *f* ; *cycle m ~* Konjunkturzyklus *m* ; *dépression f, fléchissement m ~* Konjunkturabschwächung *f*, -flaute *f* ; *politique f ~le* Konjunkturpolitik *f* ; *prévisions fpl ~les* Konjunkturprognosen *fpl* ; *redressement m ~* Konjunkturerholung *f* ; *renversement m (revirement m, retournement m) ~* Konjunkturumschwung *m* ; *situation f ~le* Konjunkturlage *f*.

conjoncturiste *m* Konjunkturexperte *m* ; Konjunkturforscher *m*.

conjugal, e Ehe- ; ehelich ; *domicile m ~* ehelicher Wohnsitz (Haushalt) *m*.

connaissance *f* **1.** Kenntnis *f* ; Wissen *n* ; *~ des affaires, des hommes* Geschäfts-, Menschenkenntnisse ; *porter qqch à la ~ de qqn* jdn von etw in Kenntnis setzen ; *(lettre) prendre ~ de* Kenntnis nehmen von ; *utiliser ses ~s professionnelles* seine beruflichen Kenntnisse einsetzen **2.** Bekannte(r) ; Bekanntschaft *f*.

connaissement *m* Frachtbrief *m* ; Konnossement *n* ; *~ aérien, maritime* Luftfrachtbrief, Seekonnossement.

consacrer : *~ 1 % de son chiffre d'affaires à qqch* ein Prozent seines Umsatzes für etw abzweigen.

conseil *m* **1.** Rat(schlag) *m* ; Tip *m* **2.** Berater *m* ; Ratgeber *m* ; Consultant *m* ; *~ fiscal, juridique* Steuer-, Rechtsberater **3.** Rat *m* ; Versammlung *f* ; ♦ *~ d'aide économique mutuelle (C.A.E.M.)* Comecon *n* ; Rat für gegenseitige Wirtschaftshilfe (RGW) ; *~ d'administration, d'entreprise* Verwaltungs-, Betriebsrat ; *~ économique et social* Sachverständigenrat für wirtschaftliche und soziale Fragen ; *~ d'État* Staatsrat ; *~ de l'Europe* Europarat ; *~ de famille* Familienrat ; *~ municipal* Stadtrat ; Gemeinderat ; *~ de l'ordre des avocats, des médecins* Anwalts-, Ärztekammer *f* ; *~ d'ouvriers* Arbeiterrat ; *~ des prud'hommes* Arbeitsgericht *n* ; *~ (comité) des Sages* Sachverständigenrat ; *~ de surveillance* Aufsichtsrat ; *service m ~* Beratungsservice *m* ; ♦♦♦ *être représenté au conseil de surveillance* im Aufsichtsrat vertreten sein ; *siéger au ~ municipal* im Gemeinderat sitzen.

conseillé : *prix m ~* Richtpreis *m*.

conseiller *m* Berater *m* ; Consultant *m* ; Ratgeber *m* ; Rat *m* ; *~ économique, fiscal* Wirtschafts-, Steuerberater ; *~ d'entreprise* Unternehmensberater ; *~ en investissements* Anlageberater ; *~ juridique* Rechtsberater ; Rechtsbeistand *m* ; *~ municipal* Gemeinderat.

conseiller *(qqn)* jdn beraten ; jdm mit Rat und Tat beistehen.

consensus *m* Konsens *m* ; Einverständnis *n* ; *~ social* Sozialkonsens ; *il y a ~ sur* es gibt einen Konsens in (+ D), über (+ A).

consentir gewähren ; billigen ; *~ un délai, un prêt* eine Frist, ein Darlehen gewähren.

conséquence *f* Konsequenz *f* ; Folge *f* ; Auswirkung *f* ; *les ~s de la crise économique* die Auswirkungen der Wirtschaftskrise ; *avoir des ~s favorables, défavorables pour qqch* sich auf etw positiv, negativ auswirken ; *avoir pour ~* zur Folge haben ; *il en résulte les ~s suivantes* daraus ergeben sich folgende Konsequenzen ; *tirer les ~s de qqch* aus etw die Konsequenzen ziehen.

conservateur *m* **1.** *(polit.)* Konservative(r) **2.** *(jur.) ~ des hypothèques* Hypothekenbewahrer *m* ; Grundbuchbeamte(r) **3.** *(aliments)* Konservierungsstoff *m*.

conservateur, trice *(polit.)* konservativ.

conservation *f* **1.** *(aliments)* Konservieren *n* ; Haltbarmachen *n* ; *lait de longue ~ UHT* H-Milch *f* ; haltbare Milch **2.** *~ des eaux et forêts* Forstamt *n* ; *~ des hypothèques* Grundbuchamt *n*.

conservatoire *(jur.)* Sicherungs- ; *actes mpl ~s* Sicherungs-, Erhaltungsmaßnahmen *fpl*.

conserve *f* **1.** Konserve *f* ; Eingemachte(s) ; *boîte f de ~* Konservenbüchse *f*, -dose *f* **2.** *musique f en ~* vorproduzierte Musik *f*.

conserver aufbewahren ; konservieren ; frisch halten ; (Obst) einwecken ; einlagern ; *~ au frais* kühl lagern (aufbewahren).

considération *f* **1.** Erwägung *f* ; *prendre qqch en ~* etw in Erwägung ziehen ; etw berücksichtigen **2.** *(corresp.) veuillez agréer, Madame, Monsieur, l'assurance de ma haute ~* mit vorzüglicher Hochachtung.

consignataire *m* **1.** *(jur.)* Verwahrer *m* (einer hinterlegten Sache) **2.** Konsignatar *m* ; Verkaufskommissionär *m*.

consignation *f* **1.** *(jur.)* Hinterlegung *f* **2.** Verkaufskommission *f* ; Konsignation *f*.

consigne *f* **1.** (An)weisung *f* ; *~ de grève* Streikparole *f* ; *appliquer la ~*

die Vorschrift (Anweisung) befolgen ; *donner des ~s* Anweisungen geben **2.** Gepäckaufbewahrung *f* ; *~ automatique* Schließfach *n* ; *déposer à la ~* in Aufbewahrung geben **3.** *(bouteille)* Pfand *n* ; Pfandbetrag *m*.

consigner 1. schriftlich niederlegen ; eintragen **2.** (Gepäck) zur Aufbewahrung geben **3.** *(jur.)* hinterlegen ; konsignieren **4.** *non ~é* keine Rückgabe *f* ; Wegwerf- ; *bouteille f ~ée, non ~ée* Pfandflasche *f*, Einweg-, Wegwerfflasche.

consolidation *f* Konsolidierung *f* ; Konsolidation *f*.

consolider konsolidieren ; *bénéfice m ~é* konsolidierter Gewinn *m* ; Konzerngewinn ; *bilan m ~é* konsolidierte Bilanz *f* ; Konzernbilanz ; *comptes mpl ~s* konsolidierte Rechnung *f* ; *dette f ~ée* konsolidierte (fundierte) Schuld *f*.

consommable eßbar ; zu verbrauchen ; verzehrbar ; zu konsumieren.

consommateur *m* Verbraucher *m* ; Konsument *m* ; *les ~s* die Verbraucherschaft ; *~ final* Endverbraucher ; *association f de ~s* Verbraucherverband *m* ; *demande f des ~s* Verbrauchernachfrage *f* ; *~ moyen* Normalverbraucher *m* ; *(fam.)* Otto-Normalverbraucher.

consommation *f* Verbrauch *m* ; Konsum *m* ; ♦ *~ intérieure, journalière* inländischer Verbrauch, Tagesverbrauch ; *~ des ménages* Verbrauch der Haushalte ; *~ privée* privater Konsum ; *~ publique* Verbrauch (Konsum) der öffentlichen Hand ; *~ par tête d'habitant* Pro-Kopf-Verbrauch ; ♦♦ *article m de ~ courante* Artikel *m* des täglichen Bedarfs ; *biens mpl de ~ (non) durables* (kurzlebige) langlebige Konsumgüter *npl* (Verbrauchsgüter) ; *crédit m à la ~* Konsumkredit *m* ; *dépenses fpl de ~* Konsumausgaben *fpl* ; *à faible ~ d'essence* benzinsparend ; *habitudes fpl de ~* Konsumgewohnheiten *fpl* ; *société f de ~* Konsumgesellschaft *f* ; Wohlstandsgesellschaft.

consommatrice *f* Verbraucherin *f* ; Konsumentin *f* ; *~ consciente (avisée)* konsumbewußte Verbraucherin.

consommer 1. verbrauchen ; konsumieren ; *~ du carburant* Kraftstoff verbrauchen **2.** *(restaurant)* verzehren.

consomptible *(jur.)* verbrauchbar ; zum Verbrauch bestimmt ; konsumtiv.

consortium *m* Konsortium *n* ; *~ de banques* Bankenkonsortium.

constat *m* (amtliches) Protokoll *n* ; *(auto.) dresser (faire) un ~* einen Verkehrsunfall aufnehmen.

constatation *f* Feststellung *f* ; *(jur.) ~ des faits* Tatbestandsaufnahme *f*.

constituant, e 1. *(polit.)* konstituierend ; verfassungsgebend ; *(jur.)* begründend ; *assemblée f ~e* verfassungsgebende Versammlung *f* **2.** *partie f ~e* Bestandteil *m*.

constituer 1. errichten ; bilden ; gründen ; *~ un capital* ein Kapital bilden ; *~ une rente* eine Rente errichten (aussetzen) ; *~ une société* eine Gesellschaft gründen **2.** *~ un dossier* eine Akte anlegen **3.** *(jur.) se ~ partie civile* als Nebenkläger auftreten.

constitution *f* **1.** *(polit.)* Verfassung *f* ; *(R.F.A.)* ⇒ *loi fondamentale* ; *~ coutumière, écrite* ungeschriebene, geschriebene Verfassung **2.** Gründung *f* ; Bildung *f* ; Errichtung *f* ; Bestellung *f* ; *~ de capital* Kapitalbildung ; *~ d'un dossier* Anlegen *n* einer Akte, eines Dossiers ; *~ d'hypothèques* Bestellung einer Hypothek ; *~ par apports en nature* Sachgründung *f* ; *~ de patrimoine* Vermögensbildung ; *~ de réserves* Reservenbildung ; *~ d'une société* Gründung einer Gesellschaft.

constitutionnalité *f (polit.)* Verfassungsmäßigkeit *f*.

constitutionnel, le verfassungsmäßig ; verfassungsgemäß.

constructeur *m* : *~ automobile m* Autokonstrukteur *m* ; *~ d'avions* Flugzeugbauer, -konstrukteur *m* ; *~ de machines* Maschinenbauer *m*.

constructible *(terrain)* zu bebauen(d) ; baureif ; *terrain m ~* Grundstück *n* ; *zone f ~* Baugelände *n*.

construction *f* Bau *m* ; Konstruktion *f* ; *en ~* im Bau (befindlich) ; *~ automobile* Fahrzeugbau *m* ; *~ de logements* Wohnungsbau ; *~ mécanique, navale* Maschinen-, Schiff(s)bau ; *~ en préfabriqué* Fertigbauweise *f* ; *Code m de la ~ et de l'urbanisme* Baugesetzbuch *n* ; *défaut m de ~* Konstruktionsfehler *m* ; *société f de ~* Baugesellschaft *f*.

construire bauen ; erbauen ; errichten ; konstruieren ; *permis m de ~* Baugenehmigung *f*.

consul *m* Konsul *m* ; *~ général* Generalkonsul.

consulaire 1. *(diplomatie)* konsularisch ; Konsular- ; Konsulats- ; *accord m ~* Konsularabkommen *n* ; *agent m ~* Konsularagent *m* ; konsularischer Vertreter *m* ; *corps m ~* konsularisches Korps *n* ; *facture f ~* Konsulatsfaktura *f* ; *représentation f ~* konsularische

Vertretung *f* 2. *(jur.) juge m* ~ Handelsrichter *m*.

consulat *m* Konsulat *n*.

consultant *m* 1. Konsultant *m* ; Consultant *m* ; Berater *m* ; Gutachter *m* ; Experte *m* ; Fachmann *m* ; Ratgeber *m* 2. *(jur.)* juristischer Berater *m* 3. beratender Arzt *m* 4. Ratsuchende(r) ; jd, der eine Beratung wünscht.

consultant, e beratend ; *avocat m* ~ beratender Anwalt *m*.

consultatif, ive beratend ; konsultativ ; *commission f ~ive* beratender Ausschuß *m* ; *voix f ~ive* beratende Stimme *f*.

consultation *f* 1. Beratung *f* ; Konsultation *f* ; Befragung *f* (eines Experten) 2. *(médecin)* Sprechstunde *f*.

consumérisme *m* Konsumerismus *m* ; Verbraucherschutz *m*.

consulter zu Rate ziehen ; um Rat fragen ; konsultieren.

contact *m* Kontakt *m* ; Verbindung *f* ; Fühlung(nahme) *f* ; *prise f de* ~ Kontaktaufnahme *f* ; *entrer en ~ avec qqn* mit jdm Kontakt (Verbindung) aufnehmen ; *entretenir et développer des ~s* Kontakte pflegen und ausbauen.

contacter *(qqn)* mit jdm (zu jdm) Kontakt (Verbindung) aufnehmen.

container *m* ⇒ *conteneur*.

containérisation *f* 1. Verladen *n* in Containern 2. Transport *m* in Containern.

containériser 1. in Container verladen 2. in Containern transportieren ; containerisieren.

contenance *f* Inhalt *m* ; Fassungsvermögen *n*.

conteneur *m* Behälter *m* ; Container *m* ; *gare f, terminal m, transporteur m de ~s* Containerbahnhof *m*, -terminal *m* ou *n*, -lastzug *m*.

contentieux *m* 1. Streitsache(n) *f(pl)* ; Rechtsstreitigkeit *f* 2. Rechtsabteilung *f* ; Streitsachenabteilung *f*.

contentieux, euse streitig ; *affaire f ~euse* Streitsache *f* ; Prozeß *m* ; *service m du* ~ Rechtsabteilung *f* ; Streitsachenabteilung.

contenu *m* Inhalt *m* ; ~ *d'une décision, d'un marché* Wortlaut *m* eines Beschlusses, eines Vertrags.

contestataire *m (polit.)* Protestler *m* ; Protestierende(r).

contestataire *(polit.)* Protest- ; rebellierend ; *mouvement m* ~ Protestbewegung *f*.

contestation *f* 1. Bestreiten *n* ; Anfechtung *f* 2. *(polit.)* Protest *m* ; Protestbewegung *f*.

contester 1. bestreiten ; anfechten ; ~ *la compétence de qqn* jds Kompetenz bestreiten 2. *(polit.)* protestieren.

contingent *m* Kontingent *n* ; Quote *f* ; Anteil *m* ; ~ *d'importation* Einfuhrkontingent ; *épuiser son* ~ sein Kontingent ausschöpfen ; *fixer des ~s* Kontingente festsetzen.

contingentaire kontingentierend.

contingentement *m* Kontingentierung *f* ; Zuteilung *f* ; *lever les mesures de* ~ alle Kontingentierungen aufheben.

contingenter kontingentieren ; zuteilen ; *~é* kontingentiert.

continue : *journée f* ~ durchgehende Arbeitszeit *f* ; Arbeitszeit mit kurzer Mittagspause ; *faire la journée* ~ durchgehend arbeiten.

contractant, e vertragschließend ; *parties fpl ~es* vertragschließende Parteien *fpl* ; Vertragspartner *mpl*.

contractants *mpl* Vertragschließende(n) *mpl* ; Vertragspartner *mpl*.

contracter 1. einen Vertrag (ab)schließen ; kontrahieren ; ~ *une assurance* eine Versicherung abschließen ; ~ *un bail* einen Mietvertrag schließen 2. ~ *des milliards de dettes* Milliarden an Schulden aufnehmen ; ~ *des dettes* Schulden machen ; ~ *un emprunt* eine Anleihe aufnehmen.

contractuel *m* Mitarbeiter *m*, Angestellte(r) ohne festen Vertrag ; freier Mitarbeiter ; *(France)* Hilfspolizist *m* ; *~le f* Politesse *f*.

contractuel, le vertraglich ; vertragsmäßig, -gemäß ; Vertrags- ; *sur une base ~le* auf vertraglicher Basis ; *obligations fpl ~les* vertragliche Verpflichtungen.

contradictoire 1. widersprüchlich ; gegensätzlich 2. *(jur.) jugement m* ~ kontradiktorisches (umstrittenes) Urteil *n*.

contraint, e 1. gezwungen 2. *être ~ et forcé* unter (Zug)zwang stehen.

contrainte *f* Zwang *m* ; Zwangsmittel *n* ; Zwangsmaßnahme *f* ; *être soumis à des ~s* unter Zwang handeln ; *abolir les ~s* die Zwänge abbauen.

contraire gegensätzlich ; entgegengesetzt ; -widrig ; ~ *au contrat, aux statuts* vertragswidrig, satzungswidrig ; *dans le cas* ~ im gegenteiligen Fall ; *jusqu'à preuve du* ~ bis zum Beweis des Gegenteils ; *sauf avis* ~ bis auf Widerruf ; sofern keine gegenteilige Mitteilung vorliegt.

contrairement à : entgegen (+ D) ; ~ *à toute attente* entgegen allen Erwartungen.

contrat *m* Vertrag *m* ; Kontrakt *m* ; ♦ ~ *bilatéral* zweiseitiger (bilateraler) Vertrag ; ~ *d'assurance, de confiance, de livraison* Versicherungs-, Vertrauens-, Lieferungsvertrag ; ~ *de location, de mariage* Miet-, Ehevertrag ; ~ *de société, de solidarité, de transport* Gesellschafts-, Solidaritäts-, Frachtvertrag ; ~ *de travail* Arbeitsvertrag ; Beschäftigungsverhältnisse *npl* ; ~*-type* Rahmen-, Mustervertrag ; ~ *unilatéral* einseitiger Vertrag ; ~ *de vente* Kaufvertrag ; ♦♦ *durée f d'un* ~ Vertragsdauer *f* ; *exécution f d'un* ~ Erfüllung *f* eines Vertrags ; *objet m d'un* ~ Vertragsgegenstand *m* ; *par* ~ vertraglich ; *renouvellement m d'un* ~ Vertragserneuerung *f* ; *rupture f de* ~ Vertragsbruch *m* ; *stipulations fpl (termes mpl) d'un* ~ vertragliche Bestimmungen (Vereinbarungen) *fpl* ; *aux termes du* ~ laut Vertrag ; *contraire au* ~ vertragswidrig ; ♦♦♦ *dresser un* ~ einen Vertrag abfassen ; *exécuter (réaliser) un* ~ einen Vertrag erfüllen ; *fixer par* ~ etw vertraglich festlegen ; *passer, renouveler un* ~ einen Vertrag (ab)-schließen, erneuern ; *résilier, rompre un* ~ einen Vertrag (auf)kündigen, brechen ; *stipuler par* ~ vertraglich festlegen.

contravention *f* **1.** Übertretung *f* ; Verstoß *m* **2.** gebührenpflichtige Verwarnung *f* ; Strafzettel *m* ; Strafmandat *n* ; *avoir une* ~ *pour stationnement interdit* ein Strafmandat für falsches Parken bekommen.

contrebande *f* Schmuggel *m* ; Schmuggelei *f* ; Schleichhandel *m* ; *(marchandise f de)* ~ Schmuggelware *f* ; *faire de la* ~ Schmuggel (Schleichhandel) treiben ; schmuggeln.

contrebandier *m* Schmuggler *m* ; Schleichhändler *m*.

contrechoc *m* **pétrolier** Öl-Rückschock *m*.

contre-expertise *f* Gegengutachten *n*.

contrefaçon *f* Nachahmung *f* ; Fälschung *f* ; ~ *de marques* Imitation *f* von Warenzeichen ; *objets mpl de* ~ gefälschte Gegenstände *mpl*.

contrefaire nachahmen ; fälschen ; ~ *une signature* eine Unterschrift nachahmen.

contremaître *m* Vorarbeiter *m* ; Werkmeister *m* ; *(bâtiment)* Polier *m*.

contremarque *f* Kontrollmarke *f* ; Kontrollkarte *f*.

contre-mesure *f* Gegenmaßnahme *f*.

contre-ordre ⇒ *contrordre*.

contrepartie *f* **1.** Entschädigung *f* ; Ausgleich *m* ; *sans* ~ ohne Gegenleistung **2.** *(comptab.)* Gegenposten *m*.

contre-passation *f* **1.** *(comptab.)* Berichtigung *f* ; Stornierung *f* **2.** *(lettre de change)* Rückgabe *f* ; Rückabtretung *f*.

contre-passer **1.** *(comptab.)* berichtigen ; stornieren ; umbuchen **2.** *(lettre de change)* (zu)rückgeben ; (zu)rückabtreten.

contre-remboursement gegen (per) Nachnahme.

contreseing *m (jur.)* Gegenzeichen *n* ; Gegenzeichnung *f* ; Kontrasignatur *f*.

contresigner gegenzeichnen ; mitunterzeichnen.

contre-valeur *f* Gegenwert *m*.

contrevenant *m* Zuwiderhandelnde(r) ; Gesetzesbrecher *m*.

contrevenir *(à)* verstoßen gegen ; zuwiderhandeln (+ D) ; ~ *à une ordonnance* einer Verordnung zuwiderhandeln.

contribuable *m* Steuerzahler *m* ; Steuerpflichtige(r).

contribuer *(à)* beitragen (zu) ; sich an etw (+ D) beteiligen ; ~ *aux frais* sich an den Kosten beteiligen.

contribution *f* **1.** Steuer *f* ; Abgabe *f* ; ~ *foncière* Grundsteuer ; ~*s (in)directes* (in)direkte Steuern ; *bureau m des* ~*s* Finanzamt *n* ; Steueramt ; *feuille f de* ~*s* Steuerzettel *m* ; *fonctionnaire m des* ~*s* Finanzbeamte(r) ; *inspecteur m, receveur m, rôle m des* ~*s* Steuerinspektor *m*, -einnehmer *m*, -rolle *f* **2.** *les* ~*s* Steuerbehörde *f* ; Fiskus *m* **3.** Beitrag *m* (*à* zu) ; Anteil *m* (*à* an + D) ; *apporter une* ~ einen Beitrag leisten.

contrôlable kontrollierbar ; überprüfbar.

contrôle *m* Kontrolle *f* ; Überwachung *f* ; (Nach)prüfung *f* ; Beaufsichtigung *f* ; Aufsicht *f* ; ♦ ~ *bancaire* Bank(en)kontrolle ; Bank(en)aufsicht ; ~ *des changes* Devisenkontrolle ; Devisenbewirtschaftung *f* ; ~ *des comptes* Prüfung der Rechnungslegung ; ~ *fiscal* Betriebsprüfung ; ~ *de gestion* Controlling *n* ; Betriebskontrolle, -prüfung ; ~ *d'identité* Ausweiskontrolle ; ~ *des naissances* Geburtenregelung *f* ; ~ *des passeports* Paßkontrolle ; ~ *des prix* Preiskontrolle, -überwachung *f* ; ~ *de la qualité* Qualitätskontrolle ; ♦♦ *marque f, numéro m de* ~ Kontrollvermerk *m*, -nummer *f* ; *système m, talon m de* ~ Kontrollsystem *n*, -abschnitt *m* ; ♦♦♦ *être en infraction f à la législation* *sur le ~ des changes* gegen die Devisenkontrollgesetze verstoßen ; *être soumis au ~* der Kontrolle unterliegen ; *prendre le ~ d'une société* eine Gesellschaft unter Kontrolle bringen ; die Aktienmehrheit übernehmen ; *soumettre au ~* der Kontrolle unterwerfen.

contrôler kontrollieren ; (über)prüfen ; überwachen ; beaufsichtigen ; *~é par les services techniques* TÜV-geprüft ; *~ une société* die Aktienmehrheit einer Gesellschaft übernehmen.

contrôleur *m* **1.** Kontrolleur *m* ; Prüfer *m* ; *~ des comptes* Buchprüfer ; Revisor *m* ; *~ de gestion* Controller *m* ; Finanzmanager *m* **2.** *(appareil)* Kontrollgerät *n* ; Kontrolluhr *f* ; Stechuhr *f*.

contrordre *m* Gegenbefehl *m*, -order *f* ; Abbestellung *f* ; Rückgängigmachung *f* ; *sauf ~* vorbehaltlich Widerruf.

controverse *f* Auseinandersetzungen *fpl* ; Meinungsstreit *m*, -verschiedenheit *f* ; Kontroverse *f* (um, über + A).

contumace *f (jur.)* : *être condamné par ~* in Abwesenheit verurteilt werden.

convenance *f* : *congé m pour ~s personnelles* Sonderurlaub *m* ; unbezahlter Urlaub ; Beurlaubung *f* aus persönlichen Gründen ; *à votre ~* nach Belieben.

convenir 1. übereinkommen ; vereinbaren ; abmachen ; *comme convenu* wie vereinbart ; *~ d'un prix* (sich) über einen Preis einig werden ; sich handelseinig werden **2.** einräumen ; zugestehen.

convention *f* Abkommen *n* ; Übereinkunft *f* ; Vertrag *m* ; Vereinbarung *f* ; Konvention *f* ; *~ collective* Tarifvertrag *m* ; *~ commerciale, économique* Handels-, Wirtschaftsabkommen ; *~ sur la durée du travail* Arbeitszeitvereinbarung ; *~ tacite, verbale* stillschweigende, mündliche Übereinkunft ; *passer, signer une ~* ein Abkommen treffen, unterzeichnen.

conventionné, e : *clinique f ~ée* Vertragsklinik *f* ; *médecin m ~* Kassenarzt *m* ; *prêt m ~* zinsgünstiges Darlehen *n* ; zinsverbilligter Kredit *m* ; *tarif m ~* festgesetzte Honorare *npl*.

conventionnel, le 1. vertraglich ; vertragsgemäß **2.** konventionell ; üblich.

conversion *f* Umwandlung *f* ; Umschuldung *f* ; Konversion *f* ; Konvertierung *f* ; *(monnaie)* Umrechnung *f* ; *~ d'un emprunt* Konversion einer Anleihe ; *~ en titres nominatifs* Umwandlung in Namensaktien ; *cours m de ~* Umrechnungskurs *m*.

convertible 1. *(monnaie)* konvertierbar ; umtauschbar **2.** *(titres)* umwandelbar ; *obligation f, emprunt m ~* Wandelanleihe *f*, -schuldverschreibung *f*.

convertibilité *f* **1.** *(monnaie)* Konvertierbarkeit *f* ; Konvertibilität *f* ; Umtauschbarkeit *f* **2.** *(titres)* Umwandelbarkeit *f*.

convertir 1. *(monnaie)* umrechnen ; konvertieren ; *~ en marks* in Mark umrechnen **2.** *(titres)* umwandeln ; konvertieren.

conviction *f* : *(jur.) pièce f à ~* Beweisstück *n* (für eine Tat) ; Corpus delicti *n*.

convocation *f* **1.** Einberufung *f* ; *~ des actionnaires* Einberufung der Aktionäre **2.** *(jur.)* Vorladung *f*.

convoquer 1. einberufen ; *~ une assemblée générale* eine Hauptversammlung einberufen **2.** *(jur.)* vorladen.

coopérant *m* Entwicklungshelfer *m*.

coopérateur *m* Genossenschaft(l)er *m* ; Mitglied *n* einer Genossenschaft.

coopératif, ive 1. kooperativ ; mitarbeitend **2.** genossenschaftlich ; Genossenschafts- ; *société f ~ve* Genossenschaft *f*.

coopération *f* **1.** Mitarbeit *f* ; Zusammenarbeit *f* ; Kooperation *f* **2.** Entwicklungshilfe *f*.

coopérative *f* Genossenschaft *f* ; *~ d'achat* Einkaufsgenossenschaft ; *~ agricole* landwirtschaftliche Genossenschaft ; *~ artisanale* Handwerkergenossenschaft ; *~ de consommation* Verbrauchergenossenschaft ; Konsumverein *m* ; *~ de production, de vente* Produktions-, Absatzgenossenschaft.

coopérer zusammenarbeiten (mit) ; kooperieren (mit) ; *~ dans un domaine* auf einem Gebiet zusammenarbeiten.

cooptation *f* Hinzuwahl *f* ; Kooptation *f*.

coopter hinzuwählen ; kooptieren.

coordinateur *m* Koordinator *m*.

coordination *f* Koordination *f* ; Koordinierung *f*.

coordonnateur *m* ⇒ *coordinateur*.

coordonner koordinieren ; aufeinander abstimmen.

copie *f* Kopie *f* ; Abschrift *f* ; Durchschlag *m* ; *~ authentique (certifiée conforme)* beglaubigte Abschrift ; *appareil m de ~* Kopiergerät *n* ; *pour ~ conforme* für die Übereinstimmung mit dem Original ; *faire une ~* eine Kopie ausstellen (machen) ; *garder ~* einen

Durchschlag behalten.

copier kopieren ; eine Abschrift ausstellen ; *machine f à ~* Kopiermaschine.

copieur *m (appareil)* Kopierer *m* ; Kopiermaschine *f*, -gerät *n*.

copieuse *f* (Foto)kopiergerät *n*.

copinage *m (fam.)* Vetternwirtschaft *f* ; *(fam.)* Filzokratie *f*.

copropriétaire *m* Miteigentümer *m*.

copropriété *f* Miteigentum *n* ; *appartement m en ~* Eigentumswohnung *f*.

copyright *m* Copyright ['kɔpirait] *n*.

corbeille *f (bourse)* Corbeille [kɔr'bɛj] *f* ; Maklerbank *f*.

cordial, e *(corresp.) croyez à mes sentiments cordiaux* mit freundlichen (herzlichen) Grüßen.

cordons *mpl* : *ouvrir, fermer les ~ de la bourse* den (Staats)säckel auf-, zumachen.

corons *mpl* Wohnsiedlung *f* für Bergleute in Nord-Frankreich.

corporatif, ive 1. korporativ ; ständisch ; Stände- ; *État m ~* Ständestaat *m* 2. *(hist.)* Zunft-.

corporation *f* 1. Körperschaft *f* ; *~ de droit public* öffentlich-rechtliche Körperschaft ; *~ syndicale* Berufsverband *m* 2. *(hist.)* Zunft *f* ; Gilde *f*.

corps *m* 1. Körperschaft *f* ; Gruppe *f* ; Organ *n* ; *~ diplomatique* diplomatisches Korps *n* ; *~ électoral* Wähler(schaft) *mpl (f)* ; *~ médical* Ärzteschaft *f* ; *grands ~ de l'État* staatliche Organe mit besonderen Aufgaben ; *(hist.) ~ de métier* (Handwerker)zunft *f* 2. *(lettre)* Hauptteil *m* ; eigentlicher Text *m* 3. *(jur.) ~ du délit* Corpus delicti *n* ; Beweisstück *n*.

correctionnelle *f* Landgericht *n* « Abteilung Strafsachen » ; *(jur.) passer en ~* sich vor der Strafkammer verantworten müssen.

correspondance *f* 1. Briefwechsel *m* ; Schriftverkehr *m* ; Korrespondenz *f* ; *~ commerciale* Handelskorrespondenz ; *enseignement m par ~* Fernunterricht *m* ; *dépouiller sa ~* seine Post durchsehen ; *faire la ~* die Korrespondenz führen 2. *(train)* Anschluß *m* ; Umsteigeverbindung *f* ; *manquer la ~* den Anschluß verpassen ; 3. Übereinstimmung *f* ; Entsprechung *f*.

correspondancier *m* Handelskorrespondent *m*.

correspondancière *f* Handelskorrespondentin *f*.

correspondant *m* 1. Korrespondent *m* ; Briefpartner *m* ; Brieffreund *m* 2. Geschäftsfreund *m*, -partner *m* 3. (journal) Korrespondent *m* ; Berichterstatter *m*.

correspondant, e entsprechend ; passend.

correspondre 1. korrespondieren ; einen Briefwechsel führen ; *~ avec qqn* mit jdm im Briefwechsel stehen ; mit jdm korrespondieren 2. *~ à, avec* entsprechen (+ D) ; übereinstimmen (mit).

corriger verbessern ; korrigieren ; berichtigen ; *~ en baisse, en hausse* nach oben, nach unten korrigieren ; *~é des prix* preisbereinigt ; *~é du taux d'inflation* inflationsbereinigt ; *~é des variations saisonnières* saisonbereinigt.

corrompre bestechen ; korrumpieren ; schmieren.

corrompu, e korrupt ; bestochen ; korrumpiert.

corruptible bestechlich ; korrumpierbar.

corruption *f* Bestechung *f* ; Korruption *f* ; *~ active, passive* aktive, passive Bestechung.

cosignataire *m* Mitunterzeichner *m*.

cosociétaire *m* Mitinhaber *m* ; Teilhaber *m*.

cotation *f (bourse)* (Börsen)notierung *f* ; *~ des cours* Kursnotierung ; *~ continue* fortlaufende Notierung.

cote *f* 1. *(bourse)* Kursnotierung *f* ; Kursfestsetzung *f* ; Kurs *m* ; Kurszettel *m* ; Kursbericht *m* ; *valeurs inscrites à la cote* notierte Wertpapiere ; *~ en banque* Freiverkehrsnotierung ; *~ des changes* Valutanotierung ; *~ de clôture* Schlußnotierung ; *~ des cours* Kursnotierung ; *~ officielle* amtlicher Kurs ; *hors ~* nicht notiert ; außerbörslich ; *marché m hors ~* ungeregelter Freiverkehr 2. Anteil *m* ; Quote *f* ; *~ foncière* Anteil an der Grundsteuer ; *~ mobilière* Wohnraumsteuer 3. *(de l'Argus)* Preisliste *f* (für Gebrauchtwagen) ; Taxwert *m*.

coté, e *(bourse)* notiert ; *être ~ en bourse* an der Börse notiert werden ; *valeurs fpl (non) ~ées* (un)notierte Wertpapiere *npl* ; *non ~* gestrichener Kurs *m* ; *société f non ~e en bourse* nicht börsennotierte Aktiengesellschaft.

côté : *mettre de l'argent de ~* Geld auf die hohe Kante legen.

coter 1. *(bourse)* notieren ; den Kurs bestimmen ; *~ le change (le cours)* den Kurs notieren 2. markieren ; numerieren.

cotisant *m* Beitragszahler *m*.

cotisant : *membre m ~* zahlendes Mitglied *n*.

cotisation *f* Beitrag *m* ; ~ *aux assurances sociales* Sozialversicherungsbeitrag ; ~ *obligatoire* Pflichtbeitrag ; ~ *ouvrière, patronale* Arbeitnehmer-, Arbeitgeberbetrag (zur Sozialversicherung) ; *payer sa* ~ seinen Beitrag entrichten (zahlen) ; *verser les* ~*s aux Caisses d'Assurances retraites et maladie* die Beiträge an die Renten- und Krankenversicherung abführen.

coton *m* Baumwolle *f*.

cotonnier, ière Baumwoll- ; *industrie f* ~*ière* Baumwollindustrie *f*.

couche *f* Schicht *f* ; Klasse *f* ; ~*s moyennes* Mittelschicht ; ~*s sociales* Gesellschaftsschichten.

coulisse *f (bourse)* Kulisse *f* ; Freiverkehr *m* ; freier Börsenverkehr *m*.

coup *m* **dur** Notfall *m* ; *recourir à ses économies en cas de* ~ bei Notfällen auf seine Ersparnisse zurückgreifen.

coup *m* **de fouet** Ankurbelungsmaßnahme *f* ; Kreditspritze *f*.

coup *m* **de frein** Bremsmaßnahme *f* ; *donner un* ~ *à qqch* etw bremsen.

coup *m* **de pouce** : *donner un* ~ Hilfestellung leisten ; *(financier)* eine Kapitalspritze verabreichen ; eine finanzielle Hilfe leisten.

coup *m* **de téléphone** (Telefon)anruf *m* ; Telefonat *n* ; *donner un* ~ *à qqn* jdn anrufen ; mit jdm telefonieren.

couper : ~ *l'eau, l'électricité (le courant), le gaz* Wasser, Strom, Gas abstellen ; ~ *le téléphone à qqn* jdm das Telefon sperren (kappen) ; ~ *les vivres à qqn* jdm den Geldhahn zudrehen ; jdm den Brotkorb höher hängen.

coupes *fpl* **sombres** Kahlschlag *m* ; *faire (pratiquer) des* ~ drastische Einsparungsmaßnahmen treffen ; den Rotstift ansetzen ; einschneidende Kürzungen vornehmen.

coupon *m* **1.** (Zins)schein *m* ; Kupon *m* ; Coupon *m* ; ~ *de dividende* Dividendenschein ; Gewinnanteilschein ; ~ *échu, périmé* fälliger, verjährter Zinsschein ; ~ *d'intérêts* Zinsschein ; *détenteur m de* ~*s* Kuponinhaber *m* ; *feuille f de* ~*s* Kuponbogen *m* **2.** *(poste)* ~*-réponse international* internationaler Antwortschein.

coupure *f* **1.** (kleiner) Geldschein *m* ; *en* ~*s de vingt marks* in Zwanzigmarkscheinen ; *en petites* ~*s* in kleinen Geldscheinen (Banknoten) **2.** *(titres)* Abschnitt *m* ; Stückelung *f* **3.** ~ *de journal* Zeitungsausschnitt *m* **4.** *(téléph.)* Unterbrechung *f*.

cour *f (de justice)* Gericht(shof) *n (m)* ; ~ *d'appel, d'assises* Berufungs-, Schwurgericht ; ~ *de cassation, des comptes* Kassations-, Rechnungshof *m* ; ~ *suprême (R.F.A.)* Bundesgerichtshof.

courant *m* **1.** laufender Monat *m* ; *dans le* ~ *du mois* im Laufe des Monats ; *du 15* ~ vom 15. dieses Monats ; *fin* ~ Ende des laufenden Monats **2.** ~ *des affaires* laufende Geschäfte *npl* ; *prix* ~ *du marché* Marktpreis *m* ; augenblickliche Lebensmittelpreise **3.** *être, tenir au* ~ auf dem laufenden sein, halten **4.** *(électrique)* Strom *m* ; *panne f de* ~ Stromausfall *m* ; *couper le* ~ den Strom abstellen (sperren).

courant, e laufend ; üblich ; gültig ; *affaires fpl* ~*es* laufende Geschäfte *npl* ; *année f* ~*e* laufendes Jahr *n* ; *compte m* ~ laufendes Konto *n* ; Girokonto *n* ; *main f* ~*e* Kladde *f* ; *monnaie f* ~*e* gültige Währung *f* ; *prix m* ~ (handels)üblicher Preis *m* ; marktgängiger Preis ; *valeur f* ~*e* Verkehrswert *m*.

courbe *f* Kurve *f* ; ~ *de(s) coût(s)* Kostenkurve ; ~ *de demande, d'offre* Nachfrage-, Angebotskurve ; ~ *des prix, de vente* Preis-, Verkaufskurve ; *la* ~ *s'effondre* die Kurve bricht ab.

courir laufen ; ~ *après l'argent* (sehr) hinter dem Geld her sein ; ~ *le risque* Gefahr laufen ; *le mois qui court* der laufende Monat ; *les intérêts courent à partir de...* die Verzinsung beginnt am... ; die Zinsen laufen vom... an.

courrier *m* Post *f* ; Briefe *mpl* ; Korrespondenz *f* ; Postsachen *fpl* ; ~ *arrivée, départ* Posteingang, -ausgang *m* ; *par le même* ~ mit gleicher Post ; *par retour du* ~ postwendend ; *faire son* ~ seine Korrespondenz (Post) erledigen ; *par le même* ~ *nous vous adressons...* mit gleicher Post geht... an Sie (senden wir Ihnen).

courroie *f* **de transmission** *(fig.)* Transmissionsriemen *m* ; Treibriemen.

cours *m* **1.** Kurs *m* ; Lehrgang *m* **2.** (Ver)lauf *m* ; Dauer *f* ; *l'année f en* ~ das laufende Jahr ; *en* ~ *de construction, de fabrication, de transformation* im Bau, in der Herstellung, in der Verarbeitung befindlich **3.** *(bourse)* Kurs *m* ; Kurswert *m* ; Kurszettel *m* ; Notierung *f* ; Preis *m* ; ♦ *au* ~ *de* zum Kurs von ; *au-dessus, au-dessous du* ~ über, unter dem Kurs ; ~ *d'achat et de revente* An- und Verkaufskurs ; ~ *acheteurs* Geldkurs (G) ; ~ *d'achat* Kaufpreis *m* ; ~ *ajusté* berichtigter Kurs ; ~ *d'émission* Emissionskurs ; Ausgabepreis ; ~ *du change (des devi-*

ses) Wechselkurs ; Devisen-, Währungskurs ; ~ *au comptant, à terme* Termin-, Kassakurs ; ~ *libres* Freiverkehrskurse ; nachbörsliche Preise ; ~ *officiel* amtlicher Kurs ; ~ *d'ouverture* Eröffnungs-, Anfangskurs ; ~ *du jour* Tageskurs ; ~ *du marché* Markt-, Handelspreis ; ~ *moyen* Mittelkurs ; ~ *papier* Briefkurs (B) ; ~ *pratiqués* getätigte (gehandelte) Kurse ; ♦♦ *alignement m des* ~ Kursangleichung *f* ; *chute f, cote f des* ~ Kurssturz *m*, -einbruch*m*, -notierung *f* ; *fixation f des* ~ Kursfestsetzung *f* ; *fluctuation f, hausse f des* ~ Kursschwankung *f*, -anstieg *m* ; *parité des* ~ Kursparität *f* ; *raffermissement m des* ~ Kursfestigung *f* ; *recul m (régression f) des* ~ Kursrückgang *m* ; *stabilité f des* ~ Kursstabilität *f* ; *valeur f du* ~ Kurswert *m* ; ♦♦♦ *les* ~ *baissent, montent* die Kurse fallen, steigen ; *les* ~ *s'effondrent, s'effritent* die Kurse brechen zusammen, bröckeln ab ; *quel est le* ~ *du mark ?* wie steht die Mark ? *le* ~ *se maintient* der Kurs bleibt fest (behauptet sich) ; *les* ~ *se raffermissent* die Kurse ziehen an (werden fester) ; *les* ~ *sont bas, élevés* die Kurse sind niedrig, hoch ; *faire baisser, monter les* ~ die Kurse drücken, hinauftreiben **4.** *avoir* ~ *(légal)* sich in (im) Umlauf befinden ; *cette monnaie n'a plus* ~ dieses Geld ist ungültig.

coursier *m* Laufbursche *m* ; Bote *m*.

court : *être à* ~ *d'argent* kein Geld (mehr) haben ; knapp bei Kasse sein ; *à* ~ *terme* kurzfristig.

courtage *m* **1.** Maklergebühr *f* ; Kurtage (Courtage) *f* **2.** Maklergeschäft *n* ; *faire du* ~ Makler sein.

courtier *m* Makler *m* ; ~ *assermenté (inscrit)* vereidigter Makler ; ~ *de change, d'assurances* Wechsel-, Versicherungsmakler ; ~ *de marchandises, maritime* Waren-, Schiffsmakler ; ~ *officiel* amtlich zugelassener Makler ; ~ *en valeurs mobilières* Börsenmakler.

coût *m* Kosten *pl* ; ~ *s* Kostenaufwand *m* ; Gesamtkosten ; ~ *constant* konstante Kosten ; ~ *de la distribution* Vertriebskosten ; ~ *fixe* feste Kosten ; ~ *moyen* Durchschnittskosten ; ~ *prévisionnel* Vorkalkulation *f* ; voraussichtliche Kosten ; ~ *de production (de fabrication)* Herstellungs-, Produktionskosten ; ~ *total* Gesamtkosten ; ~ *de la vie* Lebenshaltungskosten ; *indice m du* ~ *de la vie* Lebenshaltungsindex *m* ; *malgré le* ~ *élevé* trotz des finanziellen Aufwands.

coûtant : *au prix* ~ zum Selbstkostenpreis ; zum Einkaufspreis.

coûter kosten ; ~ *cher* teuer sein ; viel Geld kosten ; *cela m'a* ~ *é 10 marks* das hat mich 10 Mark gekostet.

couteux, euse teuer ; kostspielig ; aufwendig.

coutumier : *(jur.) droit m* ~ Gewohnheitsrecht *n*.

couvert, e gedeckt ; gesichert ; *(bourse) vendre à* ~ mit Deckung verkaufen ; *l'emprunt m est* ~ die Anleihe ist voll gezeichnet ; *être* ~ *par qqn* den Schutz von jdm genießen.

couverture *f* Deckung *f* ; Sicherheit *f* ; ~ *or* Golddeckung ; ~ *suffisante* ausreichende Deckung ; *sans* ~ ohne Deckung ; ungedeckt ; *achat m de* ~ Deckungskauf ; *vente f de* ~ Sicherungsverkauf *m* ; *cette assurance offre une* ~ *à 80 %* diese Versicherung deckt 80 % (der Kosten).

couvrir decken ; *(frais)* ersetzen ; vergüten ; *(emprunt)* (voll) zeichnen ; *(assurance)* (ab)decken ; absichern ; ~ *qqn par chèque* jdm zur Bezahlung einen Scheck geben ; ~ *les dépenses par des recettes ou des emprunts* Ausgaben durch Einnahmen oder Darlehen dekken ; ~ *une enchère* ein höheres (An)gebot machen ; ~ *les frais* die Unkosten wieder hereinbekommen ; ~ *une période d'un mois* sich auf einen Monat erstrekken ; *être couvert par une assurance* versichert sein.

créance *f* (Schuld)forderung *f* ; Geldforderung ; Anspruch *m* ; ~ *active (à recouvrer)* Aktivforderung ; Außenstände *mpl* ; ~ *douteuse, exigible* dubiose (zweifelhafte), fällige Schuld *f* ; ~ *garantie, gelée* sichergestellte, eingefrorene Forderung ; ~ *hypothécaire* Hypothekenforderung ; ~ *(ir)récouvrable* (un)-eintreibbare Forderung ; ~ *passive* Passivforderung ; ~ *privilégiée* bevorrechtigte Forderung ; ♦♦ *contester une* ~ eine Forderung bestreiten ; *faire valoir des* ~ *s* Forderungen geltend machen ; *recouvrer des* ~ *s* Schulden einziehen ; Außenstände eintreiben.

créancier *m* Gläubiger *m* ; ~ *de la faillite, d'une lettre de change* Konkurs-, Wechselgläubiger ; ~ *privilégié* bevorrechtigter Gläubiger ; Vorzugsgläubiger ; *désintéresser les* ~ *s* die Gläubiger abfinden.

créatif, ive kreativ ; schöpferisch.

création *f* Schaffung *f* ; Schöpfung *f* ; ~ *d'argent, de capitaux* Geld-, Kapitalschöpfung ; ~ *d'un chèque* Ausstellung *f* eines Schecks ; ~ *d'une entreprise* Unternehmensgründung *f* ; ~ *d'emplois* Arbeitsplatzbeschaffung *f* ; *mesure f de* ~ *d'emplois* Arbeitsbeschaffungsmaßnahme *f* (ABM).

créativité *f* Kreativität *f*.

crédibilité *f* Glaubwürdigkeit *f* ; Glaubhaftigkeit *f*.

crédible glaubwürdig ; glaubhaft.

crédirentier *m (jur.)* Rentengläubiger *m*.

1. crédit *m* Kredit *m* ; (Gut)haben *n* ; ♦ ~ *en banque* Bankguthaben ; ~ *à la consommation* Konsumkredit ; ~ *de dépannage (temporaire)* → ~ *relais ;* ~ *foncier* Boden-, Hypothekar-, Immobiliarkredit ; ~ *immobilier* Immobiliarkredit ; Baukredit ; ~ *industriel et commercial* gewerblicher Kredit ; ~ *relais* Überbrückungskredit ; ♦♦ *achat m à* ~ Kauf *m* auf Kredit ; Ratenkauf ; *avis m de* ~ Gutschriftanzeige *f* ; *banque f, établissement m de* ~ Kreditbank *f*, -anstalt *f* ; *côté m du* ~ Habenseite *f* ; *dépassement m de* ~ Kreditüberziehung *f* ; *lettre f de* ~ Kreditbrief *m* ; *octroi m, ouverture f d'un* ~ Kreditgewährung *f*, -eröffnung *f* ; *plafond m du* ~ Kreditgrenze *f*, -plafond *m*; *resserrement m du* ~ Krediteinschränkung *f* ; ♦♦♦ *acheter à* ~ auf Raten (auf Kredit) kaufen ; *demander* ~ *à un commerçant (fam.)* bei einem Händler anschreiben lassen ; *faire* ~ *à qqn* jdm Kredit einräumen (gewähren) ; *octroyer (accorder) un* ~ *à qqn* jdm einen Kredit gewähren (einräumen) ; *à porter au* ~ *du compte* zur Gutschrift auf das Konto ; *porter (passer) au* ~ *de qqn* jdm gutschreiben.

2. crédit *m* : ~ *agricole* ländliche Kreditgenossenschaft *f* ; *(R.F.A.)* Raiffaisenkasse *f* ; ~ *-bail* Leasing *n* ; ~ *documentaire* Dokumenten-, Warenakkreditiv *n* ; ~ *foncier* Bodenkreditanstalt *f* ; ~ *municipal* Pfand(leih)haus *n*.

crédité *m* Kreditnehmer *m*.

créditer gutschreiben ; kreditieren ; ~ *un compte, qqn d'une somme* einem Konto, jdm einen Betrag gutschreiben.

créditeur *m* Gläubiger *m* ; Kreditor *m*.

créditeur, trice : *colonne f* ~ *trice* Gutschriftspalte *f* ; *compte m* ~ Kreditoren-, Aktivkonto *n* ; *intérêts mpl* ~*s* Habenzinsen *mpl*.

créer (be)gründen ; errichten ; *(marché)* erschließen ; *(emplois)* schaffen ; ~ *un chèque* einen Scheck ausstellen ; ~ *une société* eine Gesellschaft gründen.

créneau *m* Marktlücke *f* ; Marktnische *f* ; *combler un* ~ eine Marktlücke füllen ; *s'insérer dans un* ~ in eine Marktlücke stoßen ; *trouver un bon* ~ eine gute (ertrágliche) Marktlücke finden.

creux *m* Tief *n* ; Tiefpunkt *m* ; ~ *de la vague* Talsohle *f* ; Konjunkturtief *n* ; ~ *estival* Sommerloch *n*.

creux, creuse : *classes fpl creuses* geburtenschwache Jahrgänge *mpl* ; *heures fpl creuses (circulation)* verkehrsschwache Zeiten *fpl* ; *(commerce)* kundenschwache Zeiten *fpl*.

crever : ~ *le plafond* die Höchstgrenze überschreiten ; *(fam.) se* ~ *au travail* sich zu Tode arbeiten ; schuften ; sich abschinden ; sich abrackern.

cri *m* Schrei *m* ; ~ *d'alarme* Warnruf *m* ; *dernier* ~ letzter Schrei ; Dernier cri *m*.

crible *m* : *passer au* ~ durchsieben.

criblé : *être* ~ *de dettes* völlig verschuldet sein ; *(fam.)* bis über beide Ohren in Schulden stecken.

criée : **1.** *vente f à la* ~ öffentliche Versteigerung *f* ; Auktion *f* **2.** Verkaufshalle *f* (in einem Fischereihafen) **3.** *(bourse) à la* ~ auf Zuruf (Art der Kursbildung).

crieur *m* Straßenverkäufer *m*, -händler *m* ; fliegender Händler ; Ausrufer *m*.

crime *m* Verbrechen *n* ; Vergehen *n* ; Tat *f* ; ~ *économique* Wirtschaftsstraftat *f*, -verbrechen *n* ; ~ *politique* politisches Verbrechen ; Staatsverbrechen.

criminaliser kriminalisieren.

criminalité *f* Kriminalität *f* ; ~ *économique* Wirtschaftskriminalität ; Kriminalität der weißen Kragen.

criminel *m* Täter *m* ; Kriminelle(r) ; Verbrecher *m*.

criminel, le kriminell ; strafrechtlich ; verbrecherisch ; Kriminal- ; *affaire f* ~*le* Kriminalfall *m* ; Strafsache *f* ; *droit m* ~ Strafrecht *n* ; *juridiction f* ~*le* Strafgerichtsbarkeit *f* ; *procédure f* ~*le* Strafverfahren *n* ; strafrechtliches Verfahren.

crise *f* Krise *f* ; Not *f* ; Mangel *m* ; ~ *économique, gouvernementale* Wirtschafts-, Regierungskrise ; ~ *monétaire, pétrolière, politique* Währungs-, Öl-, Staatskrise ; ~ *du logement, des ventes* Wohnungsnot, Absatzkrise ; *à l'abri de la* ~ krisenfest ; krisensicher ; *déclencher une* ~ eine Krise auslösen ; *il y a une atmosphère de* ~ es kriselt ; *lutter* *contre la ~* die Krise bekämpfen ; *sortir un pays de la ~* ein Land aus der Krise herausführen ; *secteur affecté par la ~* Krisenbranche *f*.

crochets : *(fam.) vivre aux ~ de qqn* auf jds Kosten leben ; jdm auf der Tasche liegen.

croire : *(corresp.) veuillez ~, Madame, Monsieur, à l'expression de mes sentiments distingués* mit vorzüglicher Hochachtung ; hochachtungsvoll.

croiser kreuzen ; *nos lettres se sont ~ ées* unsere Schreiben (Briefe) haben sich gekreuzt.

croissance *f* Wachstum *n* ; Anwachsen *n* ; *~ démographique, économique* Bevölkerungs-, Wirtschaftswachstum ; *~ zéro* Nullwachstum ; *facteur m de ~* Wachstumsfaktor *m* ; *pays mpl à forte ~* Wachstumsländer *npl* ; *taux m de ~* Wachstumsrate *f* ; *freiner, relancer la ~ économique* das Wachstum der Wirtschaft bremsen, ankurbeln ; *être en pleine ~* sich auf Wachstumskurs befinden.

croissant, e wachsend ; steigend ; zunehmend ; größer werdend ; *besoins mpl financiers ~ s* ansteigender Finanzbedarf *m*.

croix : *marquer d'une ~* ankreuzen.

C.R.S. *(Compagnie f républicaine de sécurité)* französische Bereitschaftspolizei *f*.

cru *m* Weinberg *m* ; Weingebiet *n* ; Wein *m* ; *les grands ~ s* die Spitzenweine ; Cru *n* (Qualitätsbezeichnung für französische Weine).

cube *m* **1.** Kubik- ; *mètre m ~* Kubikmeter *m* ; m³ **2.** *(math.) élever un nombre au ~* eine Zahl in die dritte Potenz erheben.

culbute : *(fam.) faire la ~* einen großen Gewinn machen ; einen Reibach von 100 Prozent machen.

cultivateur *m* Landwirt *m* ; Bauer *m*.

cultiver *(agric.)* bebauen ; bestellen ; *surface f ~ ée* Anbaufläche *f* ; *terres fpl ~ ées* bebautes (bestelltes) Land *n*.

culture *f* Anbau *m* ; Bestellung *f* : Wirtschaft *f* ; Kultur *f* ; *~ biologique* biodynamischer Anbau ; Biokultur ; *~ intensive, extensive* intensive, extensive Wirtschaft ; *~ maraîchère, de la vigne* Gemüse-, Weinanbau *m*.

cumul *m* : *~ de fonctions* Ämterhäufung, -kumulierung *f* ; *~ de salaires* Doppelverdienertum *n* ; *(jur.) ~ d'actions* Klagenhäufung *f*.

cumulard *m (fam.)* Doppelverdiener *m* ; Mehrverdiener.

cumulatif, ive kumulativ.

cumuler häufen ; kumulieren ; *~ deux salaires* Doppelverdiener sein ; *intérêts mpl ~ és* Zinseszinsen *mpl*.

curatelle *f (jur.)* Pflegschaft *f* ; Vormundschaft *f* ; Kuratel *f* ; *être, mettre en ~* unter Kuratel stehen, stellen.

curateur *m (jur.)* Pfleger *m* ; Vormund *m* ; Kurator *m*.

curriculum (vitae) *m (C.V.)* Lebenslauf *m* ; *~ manuscrit* handgeschriebener Lebenslauf ; *~ synoptique* tabellarischer Lebenslauf ; *adressez votre lettre de candidature accompagnée d'un ~ synoptique à...* richten Sie Ihre Bewerbung mit tabellarischem Lebenslauf an...

curseur *(inform.)* Positionsanzeiger *m* ; Curser *m*.

CV *(cheval-vapeur) (véhicule)* Steuer-PS *f* ; (Pferdestärke).

C.V. ⇒ *curriculum vitae*.

cybernétique *f* Kybernetik *f*.

cycle *m* Zyklus *m* ; *~ conjoncturel (économique)* Konjunkturzyklus ; *~ d'études* Studienzyklus ; *~ de production* Produktionszyklus.

cyclique zyklisch ; Zyklen-.

D

dactylo *f* Stenotypistin *f* ; *(fam.)* Tippfräulein *n* ; Tippse *f* ; *pool m des ~ s* ; Großraumbüro *n* ; Schreibbüro.

dactylographie *f* Machine(n)schreiben *n*.

dactylographier maschine(n)schreiben ; mit der Maschine schreiben ; tippen ; *~ é* maschine(n)geschrieben ; getippt.

danger *m* Gefahr *f* ; *~ d'inflation* Inflationsgefahr ; *prime f de ~* Gefahrenzulage *f*.

date *f* Datum *n* ; Zeitangabe *f* ; Termin *m* ; *~ d'arrêté du bilan* Bilanzstichtag ; *~ d'échéance* Fälligkeitsdatum ; Verfalltag *m* ; *~ limite de fraîcheur (de vente)* Frischhaltedatum ; *votre lettre en ~ du 15 mai* Ihr Schreiben vom 15. Mai ; *~ limite* Stichtag *m* ; Schlußtermin ; *~ de livraison* Liefertermin ; *~ de paiement* Zahl(ungs)tag *m* ; -termin ; *mettre la ~* datieren ; *porter une ~*

datiert sein ; *prendre* ~ sich verabreden ; einen Termin vereinbaren.

dater datieren ; mit einem Datum versehen ; *à* ~ *de ce jour* von diesem Tag an ; *lettre f* ~*ée du 1er avril* Brief *m* (datiert) vom 1. April.

dation *f* **1.** *(jur.)* Übergabe *f* ; Übertragung *f* ; ~ *en paiement* Überweisung *f* an Zahlungs Statt **2.** Begleichung *f* einer Steuerschuld durch Übereignung von Kunstgegenständen an den Staat.

D.A.U. *(Document Administratif Unique)* Einheitspapier *n* (formulaire douanier harmonisé et adopté par tous les États membres de la CEE).

débâcle *f* Zusammenbruch *m* ; ~ *boursière* Börsenkrach *m* ; ~ *financière* Finanzkrach.

déballage *m* Auspacken *n*.

déballer **1.** auspacken **2.** zum Verkauf ausstellen.

débarquer ausladen ; löschen.

débattre diskutieren ; besprechen ; durchsprechen ; sich handelseinig werden ; *prix m à* ~ auszuhandelnder Preis ; Preis nach Vereinbarung.

débauchage *m* Abwerben *n*.

débaucher abwerben ; ~ *un ouvrier* einen Arbeiter abwerben ; ~ *la clientèle* die Kundschaft wegnehmen (abspenstig machen).

débit *m* **1.** Absatz *m* ; Verkauf *m* ; Vertrieb *m* **2.** Verkaufsstelle *f* ; ~ *de tabac* Tabakladen *m*. **3.** *(compte)* Belastung *f* ; Soll *n* ; Debet *n* ; *au* ~ *de votre compte* zu Lasten Ihres Kontos ; *avis m de* ~ Lastschriftanzeige *f* ; *porter au* ~ *d'un compte* ein Konto belasten ; *(fig.) porter au* ~ *de qqn* jdm etw anlasten **4.** *(rendement)* Leistung *f* ; *(trafic)* Fluß *m*.

débiter **1.** stückweise (einzeln) verkaufen **2.** *se* ~ Absatz finden ; sich verkaufen **3.** belasten ; ~ *un compte d'une somme* ein Konto mit einem Betrag belasten.

débiteur *m* Schuldner *m* ; ~ *insolvable* zahlungsunfähiger (insolventer) Schuldner ; ~*s solidaires* Gesamtschuldner *mpl*.

déblocage *m* Freigabe *f* ; Aufhebung *f* (einer Sperre) ; Entsperren *n* ; ~ *des prix* Aufhebung des Preisstopps ; Preisfreigabe.

débloquer freigeben ; eine Sperre aufheben ; ~ *un compte* ein Konto freigeben.

débouché *m* **1.** Absatz *m* ; Absatzmöglichkeit *f* ; Absatzmarkt *m* ; *assurer un* ~ für Absatz sorgen ; *constituer (être) un* ~ *important* Großabnehmer sein ; *créer de nouveaux* ~*s* neue Absatzmärkte erschließen ; *trouver un* ~ Absatz finden **2.** *(professionnel)* Berufsaussicht *f*.

débours *mpl* ausgelegtes (vorgeschossenes) Geld *n* ; Auslagen *fpl* ; *note f de* ~ Auslagerechnung *f*.

debout : *(douane) passer* ~ durchgehen ; zollfrei passieren.

débouté *m (jur.)* **1.** Abweisen *n* einer Klage **2.** Kläger *m* (dessen Klage abgewiesen wird).

débouter *(jur.)* abweisen ; *être* ~*é de sa demande* mit seiner Klage abgewiesen werden.

débrayage *m (fam.)* Arbeitseinstellung *f*, -niederlegung *f* ; Ausstand *m* ; Streik *m*.

débrayer *(fam.)* streiken ; die Arbeit niederlegen (einstellen) ; in den Ausstand treten.

débudgétiser im Haushalt streichen.

débutant *m* Anfänger *m* ; Neuling *m*.

décacheter entsiegeln ; aufmachen ; öffnen.

décartellisation *f* Dekartellisierung *f* ; Entflechtung *f* ; Auflösung von Kartellen.

décéder sterben.

décélération *f* Abschwung *m* ; Verlangsamung *f* der Wirtschaftstätigkeit ; Talfahrt *f* ; Rezession *f*.

décennie *f* Jahrzehnt *n*.

décentralisation *f* Dezentralisation *f* ; Dezentralisierung *f* ; ~ *du pouvoir décisionnel* Dezentralisation der Entscheidungsbefugnis.

décentralisé, e dezentral ; dezentralisiert ; *structure f économique* ~*e* dezentrale Wirtschaftsstruktur *f*.

décentraliser dezentralisieren ; eine Dezentralisation vornehmen.

décès *m* Tod *m* ; Ableben *n* ; *acte m de* ~ Sterbeurkunde *f* ; Totenschein *m* ; *allocation f* ~ Sterbegeld *n*.

décharge *f* **1.** *(jur.)* Entlastung *f* ; *témoin m à* ~ Entlastungszeuge *m* ; *donner* ~ Entlastung erteilen **2.** Quittung *f* ; Lieferschein *m* **3.** ~ *publique* Müllkippe *f* ; Müllabladeplatz *m* ; Deponie [depo'ni] *f* ; ~ *sauvage* wilde Müllhalde *f*.

décharger **1.** entladen ; ausladen ; löschen ; ~ *les entreprises* die Steuerlast der Unternehmen erleichtern **2.** ~ *qqn d'une obligation* jdn von einer Verpflichtung entbinden (entlasten) **3.** *(jur.)* entlasten **4.** *se* ~ *de la responsabilité* die Verantwortung von sich wälzen.

déchéance *f (jur.)* Verlust *m* ; Verfall *m* ; ~ *de la nationalité* Verlust der Staatsangehörigkeit.

déchet *m* Abfall *m* ; Müll *m* ; ~*s radioactifs (nucléaires)* Atommüll ; radioaktive Abfälle *mpl*.

déchiffrer entziffern ; dechiffrieren.

déchoir *(jur.)* verlieren ; *être déchu de ses droits* seiner Rechte verlustig gehen.

décideur *m* Entscheidungsträger *m*.

décimal, e dezimal ; *calcul m* ~ Dezimalrechnung *f*.

décision *f* Entscheidung *f* ; Beschluß *m* ; ~ *d'achat* Kaufentscheidung *f* ; ~ *d'arbitrage* Schiedsspruch *m* ; ~ *majoritaire* Mehrheitsbeschluß, -entscheidung ; *pouvoir m de* ~ Entscheidungsbefugnis *f* ; *être limité dans sa liberté de* ~ in der Entscheidungsfreiheit eingeschränkt werden ; *prendre une* ~ eine Entscheidung treffen ; *se réserver la* ~ sich die Entscheidung vorbehalten.

décisionnel, elle : *pouvoir m* ~ Entscheidungsbefugnis *f*.

déclaration *f* Erklärung *f* ; Bekanntmachung *f* ; Angabe *f* ; Deklaration *f* ; ♦ ~ *d'entrée, de sortie* Einfuhr-, Ausfuhrdeklaration ; ~ *de faillite* Konkurserklärung ; ~ *fiscale* Steuererklärung ; ~ *de fortune* Vermögenserklärung ; ~ *obligatoire* Meldepflicht *f* ; ~ *des revenus* Einkommenssteuererklärung ; ~ *en douane* Zoll(inhalts)erklärung ; ~ *de sinistre* Schadensmeldung *f* ; *seuil m de* ~ *obligatoire* Meldeschwelle *f*, -grenze *f* ; ♦♦♦ *faire la* ~ *de qqch* etw angeben ; *faire une* ~ *par serment* eine eidesstattliche Erklärung abgeben.

déclaré, e *(au fisc)* versteuert ; *rentrées fpl, sommes fpl non* ~*es* unversteuerte Einnahmen *fpl*, Summen *fpl*.

déclarer erklären ; anzeigen ; *lettre f avec valeur* ~*ée* Wertbrief *m* ; ~ *nul et non avenu* für null und nichtig erklären ; ~ *des marchandises à la douane* Waren beim Zollamt angeben ; *se* ~ *en faillite* Konkurs anmelden ; *se* ~ *insolvable* sich für zahlungsunfähig erklären ; ~ *qqch au fisc* etw versteuern ; ~ *ses revenus* seine Einkommen angeben.

déclassement *m* Zurückstufung *f* (in eine niedrigere Gehaltsgruppe) ; Einstufung *f* in niedrigere Gehaltsklassen ; ~ *social* Deklassierung *f*.

déclasser zurückstufen.

décliner 1. *(jur.)* : ~ *la responsabilité* die Verantwortung ablehnen 2. *(identité)* angeben.

décollage *m* Abheben *n* ; Start *m* ; *autorisation f de* ~ Starterlaubnis *f* ; ~ *économique* Aufschwung *m*.

décolonisation *f* Entkolonisierung *f* ; Dekolonisierung ; Dekolonisation *f*.

décoloniser entkolonisieren.

décommander abbestellen ; *se* ~ (einen Termin) absagen.

décomptable abzugsfähig.

décompte *m* 1. Abzug *m* ; Abrechnung *f* ; Verrechnung *f* ; ~ *après encaissement* Abrechnung nach Eingang ; ~ *d'exploitation* Betriebsabrechnung ; *faire le* ~ abziehen ; abrechnen 2. ~ *des voix* Stimmenzählung *f* ; *faire le* ~ *des voix* die Stimmen zählen.

décompter abziehen ; verrechnen ; abrechnen ; in Abrechnung bringen ; ~ *une somme* eine Summe abziehen.

déconcentration *f* (Konzern) entflechtung *f* ; Dezentralisierung *f* ; Dekartellisierung *f*.

déconfiture *f* finanzieller Zusammenbruch *m* ; Ruin *m* ; Zahlungsunfähigkeit *f*.

déconseiller *(qqch à qqn)* (jdm von etw) abraten ; jdm abraten, etw zu tun.

décontaminer entgiften.

décorateur *m* Dekorateur *m*.

décoration *f* Dekoration *f* ; ~ *d'intérieur, d'étalage* Innenarchitektur *f* ; Schaufensterdekoration.

décote *f* 1. Steuerermäßigung *f*. 2. *(bourse)* Unterbewertung *f*.

découvert *m* Fehlbetrag *m* ; *(compte)* Kontoüberziehung *f* ; *(bourse)* Baisseposition *f* ; ~ *autorisé* Dispositonskredit *m* ; *achat m à* ~ Kauf *m* auf Hausse ; *compte m à* ~ überzogenes (ungedecktes) Konto *n* ; *être à* ~ ungedeckt sein ; *mettre un compte à* ~ ein Konto überziehen ; *vous avez un* ~ *de 100 F* Sie haben Ihr Konto mit 100 F überzogen ; Ihr Konto ist um 100 F überzogen.

décret *m* Erlaß *m* ; Verordnung *f* ; Verfügung *f* ; *rendre un* ~ eine Verordnung erlassen ; ~ *-loi m* Notverordnung ; *par* ~ amtlich ; behördlich.

décréter verordnen ; verfügen ; beschließen , ~*é par l'État* staatlich verordnet.

décrispation *f* Entschärfung *f* ; *travailler à une* ~ auf Entkrampfung hinarbeiten.

décrocher *(téléph)* : ~, *raccrocher le combiné* den Hörer abnehmen, auflegen ; *(fam.)* ~ *une commande* einen Auftrag ergattern.

décrypter entschlüsseln ; entziffern.

D.E.C.S. *m (Diplôme d'études comptables supérieures)* Diplom *n* für Wirtschaftsprüfung und Bücherrevision.

décupler verzehnfachen.

dédit *m* Absage *f* ; Konventionalstrafe *f* ; Abstandszahlung *f* ; Reugeld *n* ; *payer un ~* Reugeld zahlen.

dédommagement *m* Entschädigung *f* ; Entgelt *n* ; Schaden(s)ersatz *m* ; *droit m à ~* Entschädigungsanspruch *m*.

dédommager : *~ qqn de qqch* jdn für etw entschädigen ; *se ~ de qqch* sich an etw schadlos halten.

dédouanement *m* Verzollung *f* ; Zollabfertigung *f*.

dédouaner verzollen ; freimachen ; *marchandise f ~ée* verzollte (zollfreie) Ware *f*.

dédramatisation *f* Entschärfung *f*.

dédramatiser : *~ une situtation de crise* eine Krisensituation entschärfen.

déductibilité *f* Abzugsfähigkeit *f* ; *~ des notes de frais et cadeaux d'entreprise* Abzugsfähigkeit von Bewirtungskosten und Geschenken.

déductible abzugsfähig ; absetzbar ; *frais mpl ~s* abzugsfähige Unkosten *pl*.

déduction *f* Abzug *m* ; *~ fiscale* Steuerabzug ; *~ forfaitaire* Pauschalabzug ; *~ faite des frais (après ~ des frais)* nach Abzug der Kosten ; *opérer une ~* einen Abzug vornehmen ; *toutes ~s faites* nach allen Abzügen.

déduire abziehen ; absetzen ; *~ de l'impôt* von der Steuer absetzen.

défaillance *f (jur.)* Versagen *n* ; Nichterfüllen *n* (einer Vertragsbedingung).

défaire : *~ un marché* ein Geschäft rückgängig machen ; *se ~ d'un paquet d'actions* ein Aktienpaket abstoßen.

défalcable abzugsfähig.

défalcation *f* Abzug *m* ; *~ faite des frais* nach Abzug der Unkosten.

défalquer abrechnen ; abziehen.

défaut *m* **1.** Mangel *m* ; Fehler *m* ; Defekt *m* ; *à ~ de paiement* mangels Zahlung ; *~ de fabrication* Fabrikationsfehler ; *~s persistants* nicht behebbare Mängel ; *présenter un ~* einen Mangel aufweisen **2.** *(jur.) ~ de forme* Formfehler ; *jugement m par ~* Versäumungsurteil *n* ; *faire ~* nicht erscheinen.

défectueux, euse mangelhaft ; defekt ; schadhaft ; beanstandet ; *emballage m ~* mangelhafte Verpackung *f*.

défendeur *m (jur.)* Beklagte(r) ; beklagte Partei *f*.

défendre **1.** verteidigen **2.** *(intérêts)* verbieten.

défense *f* **1.** Verteidigung *f* ; Abwehr *f* ; *~ des consommateurs* Verbraucherschutz *m* ; *~ de l'environnement* Umweltschutz *m* ; *légitime ~* Notwehr *f* ; *~ d'afficher* Anschlagen *n* (Ankleben *n*) verboten **2.** Verbot *n*.

défenseur *m* Verteidiger *m* ; *~ de l'environnement* Umweltschützer *m* ; *~ en justice* Rechtsbeistand *m*.

déférer : *~ qqn en justice* jdn gerichtlich belangen.

défi *m* Herausforderung *f* ; *~ américain, japonais* amerikanische, japanische Herausforderung.

déficit *m* Defizit *n* ; Fehlbetrag *m* ; Lücke *f* ; Minus *n* ; *~ de la balance des paiements* Zahlungsbilanzdefizit ; *~ de caisse* Kassendefizit, -fehlbetrag ; *~ énergétique* Energielücke ; *accuser, combler un ~* ein Defizit aufweisen, decken (ausgleichen) ; *réduire le ~ budgétaire* das Budgetdefizit reduzieren ; *se solder par un ~* mit einem Fehlbetrag abschließen.

déficitaire Verlust- ; ein Defizit aufweisend ; defizitär ; *balance f commerciale ~* passive Handelsbilanz *f* ; *bilan m ~* Passivbilanz *f* ; *profession f (carrière f, métier m) ~* Mangelberuf *m* ; *secteur m ~* Verlustsektor *m* ; *devenir ~* in die roten Zahlen rutschen (geraten) ; *entraîner une situation ~* in die roten Zahlen (ins Minus) bringen ; *sortir d'une situation ~* aus den roten Zahlen kommen.

défiler (se) : *l'acheteur s'est ~é au dernier moment* der Käufer ist plötzlich vom Geschäft abgesprungen.

déflation *f* Deflation *f* ; Verminderung *f* des Zahlungsmittelumlaufs ; *politique f de ~* Deflationspolitik *f*.

déflationniste deflationistisch ; deflationär ; deflatorisch.

déformation *f* Verformung *f* ; *~ professionnelle* berufsbedingte (einseitige) Beurteilung *f* ; berufliche Einseitigkeit *f*.

défricher urbar machen ; Neuland erschließen.

défunt *m* Verstorbene(r) ; Erblasser *m*.

défunt, e verstorben.

dégagement *m* **1.** *(fonds)* Beschaffung *f* ; Lockermachen *n* **2.** *itinéraire de ~* Entlastungs-, Umgehungsstraße *f*.

dégager : *~ des crédits, des fonds* Kredite beschaffen, Geldmittel locker machen ; *~ qqn du secret professionnel* jdn vom Berufsgeheimnis entbinden.

dégât *m* Schaden *m* ; Zerstörung *f* ; Beschädigung *f* ; *~s causés par l'eau (des eaux), le gel, l'incendie* Wasser-, Frost, Brandschaden ; *~s matériels* Sachschaden ; *causer des ~s* Schäden verursachen.

dégazage *m (en mer)* Verklappung *f* ; Lenzen *n*.

dégazer *(en mer)* verklappen ; lenzen.

dégazeur *m* Ölsünder *m*.

dégonflage *m (fam.)* : *~ des prix* Preisrückgang *m*.

dégraissage *m (fam.)* Abspecken *n* ; Personalabbau *m*.

dégraisser *(personnel)* (Personal) abbauen ; reduzieren ; verdünnen ; *(fam.)* abspecken.

degré *m* Grad *m* ; Stufe *f* ; *~ d'instruction* Bildungsgrad ; *(jur.) ~ de juridiction* Instanz *f* ; *~ de liquidité* Liquiditätsgrad ; *~ de pollution* Verschmutzungsgrad, *mesure du ~ de pollution* Immissionsmessung *f*.

dégressif, ive degressiv ; abnehmend.

dégrèvement *m* Steuererleichterung *f*, -ermäßigung *f*, -nachlaß *m* ; Gebührenerlaß *m* ; Steuerstreichung *f*.

dégrever entlasten ; die Steuern vermindern (nachlassen).

dégriffé, e (Artikel ohne Firmenschild) zu herabgesetztem Preis ; ermäßigt.

dégringolade *f* : *(fam.) ~ des prix* Preissturz *m*.

dégringoler *(fam.) (prix)* stürzen ; *(fam.)* in den Keller purzeln ; zusammenbrechen.

déjeuner *m* **d'affaires** Arbeitsessen *n*.

délai *m* Aufschub *m* ; Verzug *m* ; Frist *f* ; *dans un ~ de 8 jours* binnen 8 Tagen ; innerhalb von 8 Tagen ; *dans les ~s* fristgerecht ; *~ de livraison* Lieferfrist ; *~ de paiement* Zahlungsfrist ; Stundung *f* ; *~ de réflexion* Bedenkzeit *f* ; *~ de rigueur* letzter Termin *m* ; *(fam.)* höchste Einsenbahn ; *sans ~* fristlos ; unverzüglich ; *accorder, fixer un ~* eine Frist gewähren, festsetzen ; *prolonger, respecter un ~* eine Frist verlängern, einhalten.

délégation *f* **1.** Delegation *f* ; Abordnung *f* ; Vertretung *f* **2.** Vollmacht *f* ; *~ de pouvoirs* Übertragung *f* von Vollmachten ; Vollmacht.

délégué *m* **1.** Beauftragte(r) ; Delegierte(r) : *~ du personnel* Arbeitnehmervertreter *m* ; Personalvertreter ; *~ technico-commercial* technischer Verkaufsbeauftragte(r) **2.** *(jur.)* Bevollmächtigte(r) ; *~e à la condition féminine* Frauenbeauftragte *f*.

déléguer 1. delegieren ; abordnen ; beauftragen **2.** *(jur.) ~ des pouvoirs à qqn* Befugnisse auf jdn übertragen.

délestage *m* : *itinéraire m de ~* Entlastungsstrecke *f* (Verkehr).

délester : *~ le trafic* den Verkehr entlasten.

délibérant ⇒ *délibératif*.

délibératif, ive beratend ; beschließend ; *qui a voix ~ive* stimmberechtigt.

délibération *f* **1.** Beratung *f* ; *mettre une question en ~* eine Frage zur Beratung stellen **2.** Beschluß *m* ; *par ~ de* durch Beschluß (+ G).

délibéré, e 1. fest ; entschlossen **2.** *de propos ~* mit Vorbedacht ; mit Absicht ; absichtlich.

délibérer 1. *(jury)* beraten ; *~ sur qqch* über etw (+ A) beratschlagen ; *se retirer pour ~* sich zur Beratung zurückziehen **2.** überlegen.

délictueux, euse strafbar ; *acte m ~* unerlaubte (strafbare) Handlung *f* ; Straftat *f* ; Delikt *n*.

délinquance *f* Straffälligkeit *f* ; *~ juvénile* Jugendkriminalität *f*.

délinquant *m* Delinquent *m* ; Straftäter *m* ; Straffällige(r).

délit *m* Delikt *n* ; Vergehen *n* ; *~économique* Wirtschaftsstraftat *f* ; Wirtschaftsverbrechen *n* ; *prendre qqn en flagrant ~* jdn auf frischer Tat (in flagranti) ertappen.

délivrance *f* Ausstellung *f* ; Erteilung *f* ; Auslieferung *f* ; *~ d'un certificat* Ausstellung einer Bescheinigung (eines Zeugnisses) ; *~ du permis de construire* Erteilung der Baugenehmigung.

délivrer 1. ausstellen ; aushändigen ; erteilen ; *~ un passeport, un visa* einen Paß, ein Visum ausstellen **2.** *(de)* befreien (von).

déloyal, e unredlich ; unehrlich ; *concurrence f ~e* unlauterer Wettbewerb *m*.

demande *f* **1.** Bitte *f* ; Gesuch *n* ; Anfrage *f* ; Eingabe *f* ; *(formulaire)* Antrag *m* ; Formular *n* ; *~ d'emploi* Stellengesuch ; *~ de divorce* Scheidungsklage *f* ; *~ en dommages-intérêts* Schaden(s)ersatzforderung *f* ; *~ de renseignements* Bitte um Auskunft ; Einholung *f* einer Auskunft ; *sur ~* auf Wunsch (Anfrage) ; *déposer une ~ d'exclusion* einen Antrag auf Ausschluß stellen ; *faire une ~* einen Antrag stellen ; ein Gesuch einreichen **2.** Nachfrage *f* ; *~ effective, excédentaire, saisonnière* effektive, überschüssige, saisonbedingte

Nachfrage ; ~ *intérieure, extérieure* Inlands-, Auslandsnachfrage ; *accroissement m de la ~* Nachfragebelebung *f* ; *élasticité f de la ~* Nachfrageelastizität *f* ; *fléchissement m de la ~* Rückgang *m* der Nachfrage ; Nachfrageausfall *m* ; *relance f de la ~* Nachfrageanstoß *m* ; Wiederbelebung *f* der Nachfrage ; *la loi de l'offre et de la ~* das Gesetz von Angebot und Nachfrage ; *une forte ~ de (en) matières premières* eine starke Nachfrage nach Rohstoffen ; *il y a une forte ~ de* es besteht eine starke Nachfrage nach ; *pallier une ~ déficitaire* Nachfragelücken schließen ; *satisfaire la ~* die Nachfrage decken (befriedigen) **3.** Frage *f*.

demander 1. *(qqch)* bitten (um) **2.** *(solliciter)* beantragen **3.** *(commerce)* nachfragen (nach) ; suchen ; *titre m très demandé* stark gefragtes Wertpapier *n* **4.** *(interroger)* fragen **5.** *(exiger)* verlangen.

demandeur *m* **1.** Käufer *m* ; Interessent *m* ; Antragsteller *m* ; *~ d'emploi* Stellensuchende(r) ; Arbeit(s)suchende(r) ; Stellung(s)suchende(r) ; *pays m ~* Abnehmerland *n* **2.** *(jur.)* Kläger *m*.

démarchage *m* Kundenwerbung *f* ; *~ à domicile* Haus-(zu)-Haus-Verkauf *m* ; *faire du ~ à domicile* (als Vertreter) Hausbesuche machen ; *(fam.)* Klinken putzen ; Kunden abklappern.

démarcheur *m* Kundenwerber *m* ; Vertreter *m* ; *(fam.)* Klinkenputzer *m* ; *~ d'assurance* Versicherungsmakler *m* ; *~ à domicile* Haushaltsreisende(r).

démarqué, e zu herabgesetztem Preis.

démarquer 1. das Markenzeichen entfernen ; die Markierung abmachen **2.** im Preis herabsetzen (senken).

démembrement *m (terres)* Zerstückelung *f*.

déménagement *m* Umzug *m*.

démenti *m* Dementi *n* ; Gegenerklärung *f* ; *~ officiel* amtliches Dementi ; *opposer, publier un ~* ein Dementi geben (erteilen), veröffentlichen.

démentir dementieren ; in Abrede stellen ; offiziell widerrufen.

démettre : *~ qqn d'une fonction* jdn seines Amtes entheben ; jdn absetzen.

demeurant *(à)* wohnhaft (in + D).

demeure *f* **1.** Wohnsitz *m* ; ständiger Aufenthalt *m* ; *~ fixe* ständiger Wohnsitz *m* **2.** Aufenthalt(szeit *f*) *m* ; Dauer *f* **3.** *(jur.) mettre qqn en ~* jdn auffordern ; jdn in Verzug setzen ; *mise f en ~* Mahnung *f*.

demi-fini halbfertig ; Halb-.

demi-gros *m* Zwischenhandel *m* ; Einzelhandel im großen ; Halbgroßhandel.

demi-grossiste *m* Halbgrossist *m* ; Zwischenhändler *m*.

demi-pension *f (touris.)* Halbpension *f* ; *ne prendre que la ~* nur Halbpension nehmen.

demi-produit *m* Halbfabrikat *n* ; Halberzeugnis *n*, -ware *f*.

démission *f* Rücktritt *m* ; Abdankung *f* ; Demission *f* ; *donner (remettre) sa ~* seinen Rücktritt einreichen ; *accepter, refuser la ~* den Rücktritt annehmen, verweigern.

démissionnaire ausgeschieden ; zurücktretend ; *membre m ~* ausscheidendes Mitglied *n* ; *je suis ~* ich trete zurück.

démissionner zurücktreten ; abdanken ; von seinem Amt zurücktreten ; demissionieren.

demi-tarif *m* : *à ~* zum halben Preis ; *billet m (à) ~* ermäßigte Eintritts-, Fahrkarte *f* ; Karte *f* zum halben Preis.

démocrate 1. demokratisch **2.** *le ~* der Demokrat ; *les sociaux- ~s* die Sozialdemokraten.

démocratie *f* Demokratie *f*.

démocratique ⇒ *démocrate* **1.**

démocratisation *f* Demokratisierung *f*.

démocratiser demokratisieren.

démographie *f* Demographie *f* ; Bevölkerungsstatistik *f*, -wissenschaft *f* ; Demoskopie *f*.

démographique demographisch ; bevölkerungsstatistisch, -politisch ; *enquête f ~* demographische (demoskopische) Untersuchung *f*.

démonétisation *f (monnaie)* Außerkurssetzung *f* ; Demonetisierung *f* ; Einziehung *f*.

démonétiser Geld außer Kurs (Umlauf) setzen ; Geld einziehen ; demonetisieren.

démonstrateur *m*, **trice** *f* Vorführer *m* ; Vorführdame *f* ; Werbeverkäufer(in) *m (f)*.

démonstration *f* Vorführung *f* ; Schau *f* ; Demonstration *f* ; *~ faite par un vendeur* Vorführung durch einen Verkäufer.

démontage *m* Demontage *f* ; *le ~ d'installations industrielles* die Demontage von Fabrikanlagen.

démonter demontieren ; abmontieren ; abbauen ; abbrechen.

démoscopique demoskopisch ; *étude f, enquête f démoscopique* demoskopische Untersuchung *f*.

dénatalité *f* Geburtenrückgang *m* ;

(fam.) Babyflaute *f* ; *(fam.)* Pillenknick *m*.

dénationalisation *f* Entnationalisierung *f* ; Entstaatlichung *f* ; Reprivatisierung *f* ; Rückführung *f* in Privathand.

dénationaliser denationalisieren ; entstaatlichen ; reprivatisieren.

deniers *mpl* Gelder *npl* ; ~ *publics* öffentliche Gelder.

dénomination *f* Benennung *f* ; Bezeichnung *f* ; ~ *commerciale, professionnelle* Handels-, Berufsbezeichnung ; ~ *sociale* (Gesellschafts)firma *f*.

dénoncer 1. anzeigen ; denunzieren ~ *un collègue (au chef)* einen Kollegen (beim Chef) anschwärzen **2.** ~ *un contrat* einen Vertrag (auf)kündigen.

dénonciation *f* **1.** Anzeige *f* ; Denunziation *f* **2.** Kündigung *f* (eines Vertrags) ; Annullierung *f* ; Rückgängigmachung *f* ; *délai m de* ~ Kündigungsfrist *f*.

denrée *f* (Eß)ware *f* ; ~*s alimentaires* Lebensmittel *pl* ; Nahrungsmittel *pl* ; ~*s périssables* (leicht)verderbliche Lebensmittel ; ~ *rare* Mangelware *f* ; Seltenheit *f*.

densité *f* Dichte *f* ; ~ *démographique* Bevölkerungsdichte ; ~ *au km²* Bevölkerungsdichte pro Quadratkilometer ; ~ *maximale, potentielle* größtmögliche, potentielle Dichte ; ~ *résidentielle* Wohndichte ; *zone f à faible, à forte* ~ *de population* dünn, dicht besiedelter Raum *m*.

dénucléarisation *f* Entnuklearisierung *f* ; Schaffung *f* einer atomwaffenfreien Zone.

déontologie *f* Ethik *f* ; (Berufs)ethos *n* ; Berufspflichten *fpl* ; ~ *médicale* ärztliche Deontologie *f*.

dépannage *m* **1.** Reparatur *f* ; Instandsetzung *f* **2.** *(auto.)* Abschleppen *n* ; *service m de* ~ Abschleppdienst *m* ; **3.** *crédit m de* ~ Überbrückungskredit *m* ; Überbrückungsbeihilfe *f*, -gelder *npl*.

dépanner 1. eine Panne beheben ; reparieren **2.** *(auto.)* abschleppen **3.** *(qqn)* jdm aushelfen ; jdm aus der Verlegenheit helfen.

de par : ~ *sa situation* auf Grund seiner Stellung (seiner Lage).

dépareillé, e einzeln ; unvollständig ; nicht zusammenpassend.

départ *m* Abfahrt *f* ; Abreise *f* ; Abflug *m* ; ~ *d'un parti politique* Austritt *m* aus einer Partei ; ~ *-usine* ab Werk ; *heure f de* ~ Abfahrts-, Abflugzeit *f* ; ~ *volontaire à la retraite* freiwilliger Abgang ; *(aviat.) supprimer des* ~*s (vols)* Starts, Flüge streichen.

département *m* **1.** Abteilung *f* ; Geschäftsbereich *m* ; Ressort [rɛ'so:r] *n* ; ~ *comptabilité* Buchführungsabteilung **2.** *(France)* Verwaltungsbezirk *m* ; Departement *n*.

dépasser 1. überholen ; übertreffen ; *cela* ~*e ses attributions* das überschreitet seine Machtbefugnisse ; *cela* ~*e mes possibilités* das übersteigt meine finanziellen Möglichkeiten **2.** ~ *la souscription (d'un emprunt)* (eine Anleihe) überzeichnen.

dépassement *m* Überschreitung *f* ; ~ *de crédit, de délai* Kredit-, Fristüberschreitung ; *être en* ~ *de...* etw um... überschritten haben ; ~ *de vitesse* Limitüberschreitung *f* ; Geschwindigkeitsübertretung *f*.

dépêche *f* Depesche *f*.

dépêcher : **1.** ~ *un courrier* einen Eilboten abschicken **2.** *se* ~ sich beeilen.

dépendance *f* **1.** Abhängigkeit *f* **2.** Nebenbetrieb *m* **3.** ~*s* Nebengebäude *npl*.

dépendant, e abhängig ; unselbständig ; *être* ~ *de qqn* von jdm abhängig sein.

dépens *mpl* **1.** Kosten *pl* ; *aux* ~ *de qqn* auf jds Kosten **2.** *(jur.)* Prozeßkosten *pl*.

dépense *f* Ausgabe *f* ; Kosten *pl* ; Aufwand *m* ; ◆ ~*s de consommation et d'investissement* investive und konsumtive Ausgaben ; ~*s estimées* Sollausgaben ; ~*s réelles* Istausgaben ; ~*s d'exercice* Betriebsausgaben ; ~*s d'exploitation* Betriebsaufwand ; ~*s du ménage* Haushaltsaufwendungen *fpl* ; ~*s nationales* Staatsausgaben ; ~ *publiques* öffentliche Ausgaben ; ~*s de recherche et de développement* Aufwand *m* für Forschung und Entwicklung ; ◆◆ *couverture f des* ~*s* Deckung *f* der Ausgaben ; ~*s d'investissement* Mehraufwand an Investitionen ; *supplément m de* ~*s* Mehrausgaben ; ◆◆◆ *augmenter, comprimer (limiter) les* ~*s* die Ausgaben erhöhen, beschränken ; *déduire, effectuer, entraîner des* ~*s* Ausgaben abziehen, leisten, verursachen ; *faire face à des* ~*s* Ausgaben bestreiten ; *réduire, ventiler (répartir) les* ~*s* Ausgaben kürzen, aufschlüsseln.

dépenser *(argent)* ausgeben ; aufwenden ; verausgaben.

dépeuplement *m* **1.** Entvölkerung *f* **2.** Verringerung *f* ; Vernichtung *f*.

dépistage *m* : *(médecine du travail)*

examen m de ~ Vorbeugungsuntersuchung *f* ; Reihenuntersuchung *f*.

déplacement *m* **1.** Verlagerung *f* ; Verlegung *f* **2.** *frais mpl de ~* Reisekosten *pl* ; *~ de service* Dienstreise *f*.

déplacer verlagern ; verlegen.

déplafonnement *m* Herabsetzung *f* der Höchstgrenze.

déplafonner (die Höchstgrenze) herabsetzen.

dépliant *m* Faltprospekt *m* ou *n* ; Faltblatt *n*.

déport *m (bourse)* Deport *m* ; *opérations fpl de ~* Deportgeschäft *n*.

déposer 1. deponieren ; hinterlegen ; einreichen ; *~ son bilan* Konkurs anmelden ; *marque f ~ée* eingetragenes Warenzeichen *n* ; *~ une somme* einen Betrag hinterlegen (einzahlen) ; *~ de l'argent à la banque* Geld bei einer Bank hinterlegen (deponieren) ; *~ un projet de loi* einen Gesetzentwurf einbringen **2.** *(jur.)* (gerichtlich) aussagen.

dépositaire *m* **1.** Verwahrer *m* ; Treuhänder *m* ; Depositär *m* ; Depositenbewahrer *m* ; *être le ~ de qqch* etw in Verwahrung haben **2.** *seul ~* Alleinauslieferer *m* **3.** *~ de l'ordre public* Träger *m* der öffentlichen Gewalt.

déposséder enteignen ; *l'inflation dépossède les plus modestes* die Inflation enteignet die kleinen Leute.

dépôt *m* **1.** Hinterlegung *f* ; Aufbewahrung *f* ; Einlage *f* ; Depositen *pl* ; Depot *n* ; *~ d'argent, bancaire* Geldeinlage, Bankdepot *n* ; *~s d'épargne* Spareinlagen ; *caisse f des ~s et consignations* Depositenkasse *f* ; *~ de bilan* Konkursanmeldung *f* ; *~ de marque* Eintragung *f* eines Warenzeichens ; *~ de titres* Wertpapierdepot *n* ; *~ à vue, à terme* Sichteinlage, Termineinlage ; *avoir en ~* in Verwahrung haben **2.** Lager *n* ; Depot *n* ; Magazin *n* ; *~ d'omnibus* Omnibusdepot ; *~ d'ordures* Müllkippe *f* ; Deponie [depo'ni:] *f*.

dépouillement *m (vote)* Auswertung *f* ; *~ du scrutin* Stimmen(aus)zählung *f*.

dépouiller prüfen ; *~ le courrier* die Post (die Briefe) durchsehen.

dépréciation *f* Entwertung *f* ; Wertminderung *f* ; *~ monétaire* Geldwertminderung ; *(comptab.) ~ par usure* Wertminderung durch Verschleiß.

déprédation *f* **1.** Plünderung *f* ; Schaden *m* **2.** *(argent)* Veruntreuung *f* ; Unterschlagung *f* **3.** *(nature)* Raubbau *m*.

dépression *f* Flaute *f* ; Rückgang *m* ; Rezession *f* ; (Konjunktur)abschwächung *f* ; Tief *n* ; Talsohle *f*.

dérapage *m* Schleudern *n* ; Rutsch *m* ; Drift *f* ; *~ des prix* Preisrutsch ; unkontrollierbare Preisbewegung *f* ; *~ des salaires* Lohndrift *f*.

déréglementation *f* Deregulierung *f* ; Entstaatlichung *f* ; Privatisierung *f* ; Liberalisierung *f*.

déréglementer deregulieren ; entstaatlichen ; privatisieren ; liberalisieren.

dérégulation *f* ⇒ *déréglementation*.

déréguler ⇒ *déréglementer*.

dérive *f* Abrutschen *n* ; Drift *f* ; *corriger une ~ des cours* abgleitende Kurse korrigieren.

dérivé *m* Nebenprodukt *n* ; Derivat *n*.

dernier, ière letzte(r) ; *~ières volontés fpl* letzter Wille *m* ; *votre ~ prix ?* was ist Ihr äußerster Preis ?

dérogation *f (jur.)* Ausnahme *f* ; *~ au contrat* Vertragsabweichung *f* ; *par ~ à* abweichend von.

déroger 1. *~ à une loi* ein Gesetz abändern **2.** *~ à un contrat* von einem Vertrag abweichen.

désaccord *m* Uneinigkeit *f* ; Unstimmigkeit *f*.

désaffectation *f* **1.** Zweckentfremdung *f* ; Verwendung *f* für andere Zwecke **2.** *(trafic)* Stillstand *m* ; Außerbetriebsetzung *f*.

désaffecté, e : *être ~* stilliegen ; *ligne f ~e* stillgelegte Strecke *f*.

désamorcer *(une crise)* (eine Krise) entschärfen.

désargenté, e *(fam.)* ohne Geld ; mittellos ; *(fam.)* abgebrannt ; blank.

désarmement *m* **1.** Abrüstung *f* **2.** *(bateau)* Abwracken *n*.

descendance *f* Herkunft *f* ; Abstammung *f* ; Nachkommenschaft *f*.

description *f* **des postes de travail** Arbeitsplatzbeschreibung *f*.

désenclaver 1. *(polit.)* aus einem fremden Staatsgebiet herausnehmen **2.** *(terrain)* erschließen ; an den Verkehr anschließen.

désendettement *m* Entschuldung *f*.

désendetter : *se ~* seine Schulden bezahlen (abtragen).

désépargne *f* negatives Sparen *n* ; mangelnde (unzureichende) Spartätigkeit *f*.

déséquilibre *m* Ungleichgewicht *n* ; Gleichgewichtsstörung *f*.

désert *m (fig.)* Durststrecke *f* ; *effectuer sa traversée du ~* eine Durststrecke durchstehen.

désescalade *f* Deeskalation *f* ; *assister à une* ~ deeskalieren.

désétatiser entstaatlichen ; privatisieren ; deregulieren ; liberalisieren.

désétatisation *f* Entstaatlichung *f* ; Privatisierung *f* ; Degulierung *f* ; Liberalisierung *f*.

desiderata *mpl* **1.** Wünsche *mpl* ; Anliegen *npl* **2.** Wunschliste *f*.

design *m* Design [di'zain] *n* ; Entwurf *m* ; Modell *n*.

désinflation *f* Desinflation *f* ; Desinflationspolitik *f* ; Inflationsbekämpfung *f*.

désintéressement *m* **1.** Abfindung *f* ; Entschädigung *f* **2.** Uneigennützigkeit *f*.

désintéresser 1. ~ *qqn* jdn abfinden ; jdn entschädigen **2.** *se* ~ *de qqch* an etw (+ D) desinteressiert sein.

désinvestissement *m* Investitionsstopp *m* ; Investitionsunlust *f* ; Rückgang *m* der Investitionstätigkeit.

désorganisation *f* Desorganisation *f* ; Auflösung *f* der Ordnung.

dès réception bei Empfang ; bei Eingang ; bei (nach) Erhalt.

dessaisir *(jur.)* das Besitzrecht aberkennen ; *se* ~ *de* abtreten ; *se* ~ *d'une affaire* ein Geschäft aufgeben.

dessaisonalisé, e *(statist.)* saisonbereinigt.

desservir *(trafic)* die Verkehrsverbindung herstellen ; *(avion)* regelmäßig anfliegen ; anlaufen ; *ville f bien* ~*ie* verkehrsgünstig gelegene Stadt *f*.

dessin *m* Zeichnen *n* ; ~ *industriel* technisches Zeichnen ; ~ *publicitaire* Werbegraphik *f*.

dessinateur *m* Zeichner-*m* ; ~ *d'étude* Konstruktionszeichner ; ~ *industriel, publicitaire* technischer Zeichner ; Werbezeichner ; Werbegraphiker *m* ; Graphik-Designer *m*.

destinataire *m* Empfänger *m* ; Adressat *m*.

destinateur *m* Absender *m*.

destination *f* Zweck *m* ; Bestimmung(sort *m*) *f* ; *pays m de* ~ Bestimmungsland *n*.

destiner *(à)* bestimmen zu ; etw einem Zweck zuführen.

destituer absetzen ; ~ *qqn de ses fonctions* jdn seines Amtes entheben ; jdn aus seinem Amt entlassen.

destitution *f* Amtsenthebung *f* ; Dienstentlassung *f* ; Absetzung *f*.

déstockage *m* Lagerbestandsverkauf *m*, -auflösung *f*.

désuet, ète veraltet ; altmodisch ; ungebräuchlich ; aus der Mode gekommen.

désuétude *f* Ungebräuchlichkeit *f* ; *tomber en* ~ außer Gebrauch kommen ; veralten.

détail *m* **1.** Einzelheit *f* **2.** *commerce m de* ~ Einzelhandel *m* ; Kleinhandel ; Einzelhandelsgeschäft *n* ; *prix m de* ~ Einzelhandelspreis *m* ; *faire le* ~ Einzelhandel betreiben ; *vendre au* ~ im kleinen (einzeln) verkaufen.

détaillant *m* Einzelhändler *m* ; Einzelhandelskaufmann *m* ; Kleinhändler ; *(arch.)* Detailhändler ; *union f des commerçants-*~*s* Einzelhandelsverband *m*.

détailler 1. im kleinen verkaufen ; einzeln verkaufen **2.** im Einzelhandel verkaufen ; über den Einzelhandel vertreiben.

détaxe *f* Steuersenkung *f* ; Zollerlaß *m* ; Gebührenermäßigung *f*.

détaxer die Steuer senken : die Gebühren (für etw) herabsetzen (ermäßigen).

détenir besitzen ; (fest)halten ; ~ *une part du marché* einen Marktanteil besitzen ; ~ *un gage* ein Pfand halten ; ~ *en garantie* als Garantie halten.

détenteur *m* Besitzer *m* ; Inhaber *m* ; ~ *d'un compte* Kontoinhaber *m* ; ~ *d'actions* Aktieninhaber ; Aktionär *m* ; ~ *de parts sociales* Anteilseigner *m* ; ~ *d'un record* Rekordhalter *m* ; ~ *de titres* Wertpapier-, Effekteninhaber ; ~ *d'obligations* Obligationsinhaber ; *(Suisse)* Obligationär *m*.

détention *f* **1.** Haft *f* ; Gefangenhaltung *f* ; ~ *préventive* Schutz-, Untersuchungshaft **2.** *(jur.)* (unmittelbarer) Besitz *m* ; ~ *d'actions, de titres* Aktien-, Wertpapierbesitz.

détenu *m* Häftling *m* ; Inhaftierte(r) ; Sträfling *m* ; Gefangene(r).

détérioration *f* Verschlechterung *f* ; ~ *de la conjoncture* Konjunkturverschlechterung ; ~ *de l'emploi* Verschlechterung der Arbeitsmarktlage.

détériorer verschlechtern ; beschädigen ; ~ *la valeur* den Wert beeinträchtigen.

déterminant, e maßgebend ; ausschlaggebend ; entscheidend.

détermination *f* Errechnung *f* ; Festlegung *f* ; ~ *d'une taxe* Gebührenfestsetzung *f*.

déterminer bestimmen ; festsetzen, -legen ; ermitteln ; *qui* ~*e le prix* preisbildend.

détournement *m* **1.** Veruntreuung *f* ; Unterschlagung *f* ; ~ *d'impôts* Steuerhinterziehung *f* **2.** ~ *d'avion* Flugzeugentführung *f*.

détourner 1. veruntreuen ; ~ *des fonds* Gelder unterschlagen **2.** *(trafic)* umleiten ; *(avion)* entführen.

détriment *f* Nachteil *m* ; Schaden *m* ; *au ~ de* auf Kosten G/von ; zum Schaden G/von ; zu Lasten G/von ; *au ~ des consommateurs* auf Kosten der Verbraucher.

dette *f* Schuld *f* ; ♦ ~ *active* ausstehende Schuld ; Forderung *f* ; ~ *amortie* abbezahlte (getilgte) Schuld ; *~s de l'État* → *publique* ; ~ *exigible* fällige Schuld ; ~ *publique* öffentliche Schuld ; Staatsschuld ; *~s à court, à long terme* kurzfristige, langfristige Schulden ; *service m de la ~* Schuldendienst *m* ; ♦♦♦ *avoir des ~s auprès de qqn* bei jdm Schulden haben ; *(fam.)* bei jdm in der Kreide stehen ; *contracter (faire) des ~s* Schulden machen ; *être criblé de ~s* hochverschuldet sein ; *rembourser une ~* eine Schuld zurückzahlen (abtragen, tilgen).

deux-huit : *faire les ~* in zwei Schichten arbeiten ; zweischichtig arbeiten.

dévalorisation *f* Entwertung *f* ; Wertminderung *f* ; Wertverlust *m* ; ~ *de l'argent* Geldabwertung, -entwertung.

dévaluation *f* (Geld)abwertung *f* ; Devalvation *f* ; Devaluation *f*.

dévaluer *(une monnaie)* (eine Währung) abwerten.

devanture *f* Schaufenster *n* ; Auslage *f*.

développement *m* Entwicklung *f* ; Förderung *f* ; Wachstum *n* ; ~ *du nucléaire* Ausbau *m* der Kernenergie ; *aide f aux pays en voie de ~* Entwicklungshilfe *f* ; *pays m en voie de ~* Entwicklungsland *n*.

développer entwickeln ; ausbauen ; fördern ; einen Aufschwung geben ; ~ *la capacité d'une installation* die Kapazität einer Anlage ausbauen ; ~ *le réseau routier, un secteur industriel* das Straßennetz, einen Industriezweig ausbauen.

déverser : ~ *des produits sur le marché* den Markt mit Waren überschwemmen ; Waren auf den Markt werfen.

déviationnisme *m (polit.)* Abweichlertum *n*.

déviationniste *m* Abweichler *m* ; Deviationist *m*.

devis *m* Kosten(vor)anschlag *m* ; *établir un ~* einen Kosten(vor)anschlag machen (ausarbeiten) ; *établir le ~ des coûts* die Kosten vorausschlagen.

devise *f* Devise *f* ; Valuta *f* ; Fremdwährung *f* ; ♦ ~ *convertible* konvertierbare Devise ; *~s étrangères* Valuten *fpl* ; Devisen ; ausländische Zahlungsmittel *npl* ; ~ *faible, forte* Weich-, Hartwährung ; ♦♦ *achat m en ~s* Devisenbeschaffung *f* ; *avoir m en ~s* Devisenguthaben *n* ; *bourse f des ~s* Devisenbörse *f*, -handel *m* ; *contrôle m des ~s* Devisenkontrolle *f*, -bewirtschaftung *f* ; *cours m des ~s* Devisenkurs *m* ; *marché m des ~s* Devisenmarkt *m* ; *opération f sur les ~s* Devisengeschäft *n* ; *pénurie f de ~s* Devisenmangel *m* ; *réglementation f des ~s* Devisenbewirtschaftung *f* ; Devisenordnung *f* ; *rentrées fpl de ~s* Deviseneingänge *mpl* ; *réserve f de (en) ~s* Devisenbestand *m* ; Devisenpolster *n* ; *restrictions fpl en matière de ~s* Deviseneinschränkungen *fpl* ; Devisenrestriktionen *fpl* ; *sorties fpl, transfert m de ~s* Devisenabfluß *m*, -transfer *m*.

devoir 1. (Geld) schulden ; schuldig sein ; *je lui dois 100 francs* ich schulde ihm 100 F **2.** verdanken ; *je lui dois d'avoir obtenu ce poste* ich verdanke (es) ihm, diesen Posten erhalten zu haben.

devoir *m* Aufgabe *f* ; Pflicht *f* ; *faire son ~* seine Pflicht erfüllen ; *manquement m au ~* Pflichtverletzung *f*.

dévolu, e : *être ~ au fisc* dem Fiskus zufallen.

dévolution *f* Anfall *m* (einer Erbschaft).

dialogue *m* Dialog *m* ; Gespräch *n* ; *conduire, poursuivre, rechercher le ~* ein Gespräch führen, fortführen, sich um ein Gespräch bemühen ; *le ~ s'est instauré* der Dialog ist zustandegekommen.

diapositive *f* Diapositiv *n* ; *(fam.)* Dia *n*.

dictée *f* Diktat *n* ; *écrire sous la ~* nach Diktat schreiben.

diffamer diffamieren ; verleumden ; diskriminieren.

différé : *(télé.) en ~* als Aufzeichnung.

différence *f* Rest *m* ; Fehlbetrag *m* ; Defizit *n* ; Unterschied *m* ; Differenz *f* ; ~ *de cours* Kursunterschied ; ~ *entre les prix* Preisgefälle *n* ; Preisspanne *f* ; Preisunterschied *m* ; *accuser une ~* ein Defizit aufweisen.

différend *m* Meinungsverschiedenheit *f* ; Differenzen *fpl*.

différentiel *m* **d'inflation** differentielle Inflationsrate *f* (zwischen zwei Ländern).

différer 1. aufschieben. ~ *le paiement* die Zahlung aufschieben **2.** sich unterscheiden ; voneinander abweichen.

difficulté(s) *f(pl)* Schwierigkeit(en) *f(pl)* ; *entreprise en* ~ marode (notleidende, angeschlagene) Firma *f* ; *avoir des ~s de trésorerie (financières)* in Finanznöten stecken ; Liquiditätsschwierigkeiten haben ; finanzielle Schwierigkeiten (Geldprobleme) haben ; *connaître des ~s* in Schwierigkeiten stecken.

diffuser absetzen ; verkaufen ; vertreiben ; kommerzialisieren.

diffusion *f* Verbreitung *f* ; Absatz *m* ; Verkauf *m* ; Vertrieb *m* ; Kommerzialisierung *f*.

digérer *(fam.)* auffangen ; ~ *une hausse de prix, une récession économique, un choc pétrolier* eine Preissteigerung, einen Konjunkturrückgang, einen Ölschock auffangen.

digestion *f* Auffangen *n*.

digital, e digital ; *bande f ~e* Digitalband *n*.

digitalisation *f* Digitalisierung *f*.

digitaliser digitalisieren.

digitel *m* Drucktastentelefon *n*.

dignitaire *m* Würdenträger *m* ; Funktionär *m* (einer Partei).

diktat *m* Diktat *n*.

dilatoire verzögernd ; dilatorisch ; *mesures fpl ~s* hinhaltende Maßnahmen *fpl*.

diminuer verkleinern ; vermindern ; senken ; ermäßigen ; (im Preis) heruntergehen ; schmälern ; schrumpfen ; ~ *le coût de production* die Produktion verbilligen ; ~ *le taux d'intérêt* den Zinssatz herabsetzen ; *le personnel a ~é de 5 %* die Belegschaft schrumpfte um 5 Prozent.

diminution *f* Verminderung *f* ; Abbau *m* ; Senkung *f* ; Herabsetzung *f* ; Verbilligung *f* ; ~ *de la demande* Nachfragerückgang *m* ; ~ *des effectifs* Personalabbau *m* ; ~ *de la natalité* Geburtenrückgang *m* ; ~ *du pouvoir d'achat* Kaufkraftschwund *m* ; ~ *de salaire* Lohnverzicht *m* ; *sans ~ de salaire* bei vollem Lohn- und Gehaltsausgleich ; ohne Lohnverzicht.

diplomate *m* Diplomat *m*.

diplomatie *f* Diplomatie *f*.

diplomatique 1. diplomatisch ; *corps m ~* diplomatisches Korps *n* ; diplomatische Vertretung *f* **2.** geschickt ; gewandt ; schlau ; intelligent.

diplôme *m* Diplom *n* ; Urkunde *f* ; Zeugnis *n* ; ~ *de fin d'études* Abschlußzeugnis *n*.

diplômé *m* Absolvent *m* ; Inhaber *m* eines Diploms.

diplômé, e mit einem Diplom versehen ; diplomiert ; *ingénieur m ~* Diplomingenieur *m* ; *ingénieur commercial ~* Diplomkaufmann *m*.

directeur *m* Direktor *m* ; Leiter *m* ; Chef *m* ; ~ *adjoint* stellvertretender Direktor ; ~ *administratif* Verwaltungsleiter ; kaufmännischer Leiter ; ~ *commercial* Verkaufsleiter ; Vertriebsleiter ; ~ *comptable* Chefbuchhalter *m* ; Buchhaltungsleiter ; ~ *d'une entreprise* Betriebsleiter *m* ; ~ *financier* Finanzleiter ; Leiter des Rechnungswesens ; ~ *général* Generaldirektor ; ~ *du personnel* Personalleiter, -chef ; *(cogestion) ~ du travail* Arbeitsdirektor ; ~ *technique* technischer Leiter ; ~ *des ventes* Verkaufsleiter.

direction *f* Leitung *f* ; Direktion *f* ; Geschäftsführung *f* ; Vorstand *m* ; ~ *de l'entreprise* Werksleitung *f* ; ~ *du personnel* Personalabteilung *f* ; ~ *générale* Geschäftsleitung ; *comité m de ~* Vorstand *m* ; *personnel m de ~* Führungskräfte *fpl* ; leitende Angestellte *mpl* ; leitendes Personal *n* ; Leitende *mpl* ; *poste m de ~* leitende Stellung *f* ; *sous la ~ de* unter der Leitung von ; *prendre la ~* die Geschäftsführung übernehmen ; *quitter la ~* aus der Geschäftsführung (aus)scheiden.

directive *f* Weisung *f* ; Richtlinie *f* ; Anleitung *f* ; Direktive *f* ; *donner une ~* eine Anweisung geben.

directoire *m* Vorstand *m* ; leitende Behörde *f*.

directrice *f* Direktorin *f* ; Leiterin *f* ; *(mode)* Direktrice *f*.

dirigeant *m* Leiter *m* ; Führer *m* ; Manager ['mɛnidʒər] *m* ; Führungskraft *f* ; leitende(r) Angestellte(r) ; Leitende(r) ; *(R.D.A.)* Kader *m* ; ~ *syndicaliste* Gewerkschaftsführer *m*, -funktionär *m*.

diriger führen ; leiten ; lenken ; vorstehen ; *classe f dirigeante* Führungsschicht *f* ; herrschende Klasse *f* ; ~ *une affaire* ein Geschäft leiten.

dirigisme *m* Planwirtschaft *f* ; Wirtschaftslenkung *f* ; Dirigismus *m* ; gelenkte Wirtschaft *f*.

dirigiste dirigistisch ; *mesures fpl ~s* dirigistische Maßnahmen *fpl*.

disciplinaire disziplinarisch ; Disziplinar- ; *mesure f ~* Disziplinarmaßnahme *f* ; *sanction f ~* Disziplinarstrafe *f* ; Ordnungsstrafe ; *être muté pour rai-*

son ~ strafversetzt werden.

discipline *f* **1.** Disziplin *f* ; Zucht *f* ; *conseil m de* ~ Disziplinargericht *n* **2.** Disziplin *f* ; Lehre *f* ; (Unterrichts)-fach *n*.

discount *m* **1.** Diskount *m* ; Rabatt *m* ; Preisnachlaß *m* ; Preisermäßigung *f* **2.** *(magasin ~)* Discountgeschäft *n* ; Discounter *m* ; *prix m* ~ Discountpreis *m*.

discounté, e zu Discountpreisen ; zu herabgesetzten Preisen.

discounter *m* Diskountgeschäft *n* ; Diskountladen *m*.

discours *m* Rede *f* ; Vortrag *m* ; Ansprache *f* ; ~ *d'inauguration* Eröffnungsrede.

discrédit *m* Mißkredit *m* ; *jeter le* ~ *sur qqn* jdn in Verruf bringen.

discréditer in Mißkredit bringen ; diskreditieren.

discret, ète diskret ; zurückhaltend ; verschwiegen.

discrétion *f* **1.** Verschwiegenheit *f* ; Zurückhaltung *f* ; Diskretion *f* **2.** Ermessen *n* ; Belieben *n* ; *laisser à l'entière* ~ dem freien Ermessen überlassen.

discrétionnaire **1.** dem freien Ermessen überlassen **2.** willkürlich ; *abus m du pouvoir* ~ Ermessensmißbrauch *m*.

discrimination *f* **1.** Unterscheidung *f* **2.** Diskriminierung *f*.

discriminer **1.** unterscheiden **2.** diskriminieren.

discussion *f* Erörterung *f* ; Diskussion *f* ; Debatte *f* ; Verhandlung *f* ; ~ *du budget* Haushaltsberatung *f*.

discuter diskutieren ; besprechen ; erörtern ; verhandeln ; ~ *affaires, politique* über Geschäfte, über Politik diskutieren ; ~ *métier (boulot)* fachsimpeln ; ~ *sur (de) qqch* über etw sprechen.

disparité *f* Unterschied *m* ; Diskrepanz *f* ; ~ *des prix* Preisdiskrepanz, -unterschied ; ~ *des prix et des salaires* Lohn-Preis-Gefälle *n*.

dispense *f* **1.** Befreiung *f* ; Dispensierung *f* ; Dispens *m* ; Entbindung *f* ; *accorder une* ~ Befreiung gewähren ; Dispens erteilen **2.** Erlaß *m* ; Erlassung *f*.

dispersion *f (statist.)* Dispersion *f* ; Streuung *f*.

disponible **1.** vorrätig ; verfügbar ; auf Lager ; *capital m* ~ verfügbares Kapital *n* ; *marchandise f* ~ verfügbare (greifbare) Ware *f* ; *revenu m* ~ *des ménages* verfügbares Einkommen *n* der privaten Haushalte ; *vente f en* ~ Lokoverkauf *m* **2.** *(argent)* flüssig ; *avoir m* ~ flüssiges Vermögen *n* ; *fonds mpl* ~*s* flüssige Mittel *npl*.

disponibilité *f* **1.** Verfügbarkeit *f* ; Disponibilität *f* **2.** ~*s* Gelder *npl* ; Geldmittel *npl* ; Liquidität *f* ; flüssige Mittel *npl* **3.** *mise f en* ~ Beurlaubung *f* ; *être en* ~ beurlaubt sein ; *mettre en* ~ beurlauben.

disposer **1.** ~ *de qqch* über etw (+ A) verfügen **2.** ~ *un effet sur une banque* einen Wechsel auf eine Bank ziehen (trassieren).

disposition *f* **1.** Verfügung *f* ; *être, mettre à la* ~ zur Verfügung stehen, stellen **2.** *(jur.)* Bestimmung *f* ; Verfügung *f* ; ~*s légales* gesetzliche Bestimmungen ; ~*s testamentaires* letztwillige Verfügungen ; *droit m de libre* ~ Selbstbestimmungsrecht *n* **3.** *(traite)* Wechsel *m* ; Abgabe *f*.

disputer *(qqch à qqn)* jdm etw streitig machen.

disque *m* **1.** Schallplatte *f* ; ~ *laser* Laserplatte ; ~ *compact* Kompaktschallplatte *f* ; CD *f* ; *industrie f du* ~ Schallplattenindustrie *f* **2.** ~ *de stationnement* Parkscheibe *f* ; *mettre le* ~ die Parkscheibe (an der Windschutzscheibe) anbringen **3.** *(inform.)* ~ *magnétique dur* Magnetplatte *f* ; ~ *souple* Floppy-Diskette *f*.

disquette *f (inform)* Diskette *f* ; Floppy-disk *f*.

dissimulation *f* Verheimlichung *f* ; Verschleierung *f* ; ~ *d'actif, de bénéfices, de capitaux* Bilanz-, Gewinn-, Kapitalverschleierung ; *technique f de* ~ Verschleierungstaktik *f*.

dissimuler verbergen ; verheimlichen ; ~ *des profits* Gewinne verschleiern.

dissoudre auflösen ; aufheben ; ~ *le parlement* das Parlament auflösen.

distorsion *f* Verzerrung *f* ; ~ *de la concurrence, des prix* Wettbewerbs-, Preisverzerrung.

distribuer **1.** (ver)teilen ; ausschütten ; *dividende m à* ~ fällige Dividende *f* ; ~ *des bénéfices* Gewinne ausschütten **2.** vertreiben ; vermarkten ; kommerzialisieren.

distributeur *m* **1.** Auslieferer *m* ; Handelsvertretung *f* ; Niederlage *f* ; ~ *exclusif (d'un produit)* Alleinvertreter *m* (für ein Produkt) **2.** ~ *automatique* (Verkaufs)automat *m* ; *charger (garnir) un* ~ *de qqch* einen Automaten mit etw bestücken.

distribution *f* **1.** Vertrieb *m* ; Absatz *m* ; Kommerzialisierung *f* ; *(rare)* Distribution *f* ; *frais mpl de ~* Vertriebskosten *pl* ; *réseau m de ~* Vertriebsnetz *n* **2.** Verteilung *f* ; *~ d'actions* Ausgabe *f* von Aktien ; *~ de dividendes* Dividendenausschüttung *f* **3.** *~ du courrier* Austragung *f* (Verteilung *f*) der Post.

district *m* Bezirk *m* ; Bereich *m*.

diversification *f* Diversifikation *f* ; *~ de l'offre* Diversifikation des Angebots ; *~ des sources d'approvisionnement* Streuung *f* der Bezugsquellen.

diversifier diversifizieren ; *production f largement ~ée* breitgefächerte Produktion *f*.

dividende *m* Gewinnanteil *m* ; Dividende *f* ; ♦ *~s accumulés* aufgelaufene Dividenden ; *~ brut, net* Brutto-, Nettodividende ; *~ privilégié* Vorzugsdividende ; *~ statutaire* satzungsmäßige Dividende ; ♦♦ *coupon m de ~* Dividendenschein *m* ; *distribution f de ~* Dividendenausschüttung *f* ; *fixation f du ~* Dividendenfestsetzung *f* ; ♦♦♦ *avoir droit à un ~* dividendenberechtigt sein ; *distribuer un ~* eine Dividende ausschütten (verteilen) ; *donner un ~* eine Dividende geben.

division *f* **1.** Teilung *f* ; *~ du travail* Arbeitsteilung **2.** Abteilung *f*.

divisionalisation *f* (Auf)teilung *f* ; Streuung *f*.

divisionnaire **1.** *inspecteur m ~* Oberkommissar *m* **2.** *monnaie f ~* Scheidemünze *f*.

dock *m* **1.** Dock *n* ; Dockhafen *m* ; *~ flottant* Schwimmdock **2.** Lager *n* ; Silo *n*.

docker *m* Hafenarbeiter *m* ; Dockarbeiter ; Docker *m*.

docteur *m* Doktor *m* ; *~ en droit, ès sciences* Doktor der Rechte (Dr. jur.), der Naturwissenschaften (Dr. rer. nat.).

document *m* Urkunde *f* ; Dokument *n* ; Aktenstück *n* ; Beleg *m* ; *les ~s* Unterlagen *fpl* ; *~s d'accompagnement* Begleitpapiere *pl* ; *~ contre acceptation* Dokumente gegen Akzeptleistung ; *~ contre paiement* Dokumente gegen bar ; *présenter des ~s* Dokumente vorlegen.

documentaire dokumentarisch ; *crédit m ~* Dokumenten-, Warenakkreditiv *n*.

documentaliste *m* Dokumentalist *m* ; Dokumentar *m*.

documentation *f* Dokumentation *f* ; Unterlagen *fpl* ; Informationsmaterial *n* ; *service m de ~* Dokumentationsabteilung *f* ; *réunir une ~ abondante* eine umfassende Dokumentation zusammenstellen.

doit *m* Soll *n* ; Debet *n* ; Passiva *npl* ; *~ et avoir* Soll und Haben.

doléances *fpl* Beschwerde *f* ; Reklamation *f* ; Beschwerdeschrift *f* ; *cahier m de ~* Beschwerdebuch *n* ; *faire ses ~ à qqn au sujet de qqch* sich bei jdm wegen einer Angelegenheit beschweren.

dollar *m* Dollar *m* ; *zone f ~* Dollarraum *m*, -block *m*.

D.O.M. *mpl (départements d'outre-mer)* überseeische Departements *npl* ; *~-T.O.M.* Überseeprovinzen *fpl*.

domaine *m* **1.** (Erb)gut *n* ; Landsitz *m* **2.** *~ public* öffentliche Sachen *fpl* ; *tomber dans le ~ public* allgemein zugänglich werden.

domestique häuslich ; hauswirtschaftlich ; Haus- ; *économie f ~* Hauswirtschaft *f*.

domicile *m* Wohnsitz *m*, -ort *m* ; Wohnung *f* ; *~ légal* fester (gesetzlicher) Wohnsitz ; *changement m de ~* Wohnungswechsel *m* ; *changer de ~* den Wohnort wechseln ; *établir son ~* sich ansässig machen ; sich niederlassen ; *livrer à ~* ins Haus liefern ; *(franco)* frei Haus liefern ; *sans ~ fixe* ohne festen Wohnsitz ; *travailler à ~* Heimarbeit machen.

domiciliation *f* **1.** Angabe *f* des Zahlungsorts ; Domizilierung *f* (eines Wechsels) **2.** Domizil *n* ; Zahlstelle *f*.

domicilié, e **1.** ansässig (*à* in + D) ; wohnhaft (*à* in + D) **2.** *traite f ~e* Domizilwechsel *m*.

dominer le marché marktbeherrschend sein ; in einer Branche ein Marktführer sein ; den Markt beherrschen.

dommage *m* Schaden *m* ; Beschädigung *f* ; Verlust *m* ; *~ corporel* Personenschaden ; *~s causés à l'environnement* Umweltbelastung *f*, -schäden *mpl* ; *~ matériel* materieller Schaden ; Sachschaden ; *(voiture)* Blechschaden ; *~ moral* immaterieller (ideeller) Schaden ; *~s-intérêts* Schaden(s)ersatz *m* ; *causer, réparer un ~* einen Schaden verursachen, wiedergutmachen.

dommageable *(à)* nachteilig (für) ; schädlich (für).

dommages-intérêts *mpl* Schaden(s)ersatz *m* ; Entschädigung *f* ; *demande f de ~* Schaden(s)ersatzforderung *f* ; *droit m à ~* Schaden(s)ersatzanspruch *m* ; *verser des ~* Schaden(s)ersatz leisten.

don *m* Schenkung *f* ; Spende *f* ; Gabe *f* ; *~ en argent, en nature* Geld-, Sachspende.

donataire ***m*** *(jur.)* Beschenkte(r).

donateur ***m*** Spender *m* ; Stifter *m* ; *(jur.)* Schenker *m*.

donation ***f*** Schenkung(surkunde) *f* ; *~ entre vifs* Schenkung unter Lebenden.

donnée ***f*** (bekannte) Größe *f* ; *(inform.) ~s* Daten *pl* ; Informationen *fpl* ; *~s comptables* Buchhaltungsangaben *fpl* ; *~s statistiques* statistische Angaben *fpl* ; *exprimé en ~s réelles* preisbereinigt ; *exprimé en ~s corrigées des variations saisonnières* saisonbereinigt ; *banque f de ~s* Datenbank *f* ; *exploiter, recenser, stocker, traiter, transmettre des ~s* Daten auswerten, erfassen, speichern, verarbeiten, übertragen.

donner : *en gage,* verpfänden ; *~ satisfaction* zufriedenstellen ; *~ un préavis à qqn* jdm kündigen.

donneur ***m*** Geber *m* ; Spender *m* ; *~ d'aval* Avalist *m* ; *~ d'ordre* Auftrag-, Ordergeber.

dossier ***m*** Akte(n) *f(pl)* ; Unterlagen *fpl* ; Dossier *n* ; *~ personnel* Personalakte ; *~ de candidature* Bewerbungsunterlagen ; *frais mpl de ~* Bearbeitungsgebühr *f* ; *constituer un ~* eine Akte anlegen ; Unterlagen zusammentragen ; *examiner un ~* eine Akte durchsehen (einsehen).

dotation ***f*** Zuweisungen *fpl* ; Finanzausstattung *f* ; Dotierung *f*.

doter dotieren ; mit Geld ausstatten.

douane ***f*** Zoll *m* ; Zollbehörde *f* ; *exempt de ~* zollfrei ; *administration f de la ~* Zollverwaltung *f*, -behörde *f* ; *agent m de ~* Zollbeamte(r) ; *déclaration f en ~* Zollangabe *f*, -deklaration *f* ; *droit m de ~* Zoll(gebühr) *m (f)* ; *formalités fpl de ~* Zollformalitäten *fpl* ; *franchise f de ~* Zollfreiheit *f* ; *réglementation f de ~* Zollvorschriften *fpl* ; *visite f de la ~* Zolluntersuchung *f*, -beschau *f* ; *affranchir des droits de ~* zollfrei machen ; *passer à la ~* den Zoll passieren ; durch den Zoll gehen ; *payer la ~* den Zoll (be)zahlen.

douanier ***m*** Zollbeamte(r) ; Zöllner *m*.

douanier, ière Zoll- ; zollamtlich ; *barrières fpl ~ières* Zollschranken *fpl* ; *formalités fpl ~ières* Zollformalitäten *fpl* ; Zollvorschriften *fpl* ; *régime m ~* Zollsystem *n* ; *abaisser les barrières ~ières* die Zollschranken abbauen.

double 1. doppelt ; zweifach ; *~ emploi* Doppelarbeit *f* ; unnütze Wiederholung *f* ; *en ~ exemplaire* in doppelter Ausfertigung ; *fait en ~* in zweifacher Ausfertigung **2.** *le ~ du prix* der doppelte Preis.

doubler *(prix)* sich verdoppeln ; auf das Doppelte ansteigen ; *~ qqch* etw verdoppeln ; um die Hälfte aufstocken.

douche ***f*** **écossaise** Wechselbad *n*.

douzaine ***f*** Dutzend *n* ; *par ~s* dutzendweise ; im Dutzend.

dresser : *~ un inventaire* ein Verzeichnis aufstellen ; Inventur machen ; *~ un procès-verbal* ein Protokoll aufnehmen ; *~ une statistique* eine Statistik aufstellen.

droit ***m*** **1.** Recht *n* ; Berechtigung *f* ; Anrecht *n* ; ♦ *~ civil* bürgerliches Recht ; *~ commercial* Handelsrecht ; *~ commun* gemeines Recht ; *~ d'exploitation* Nutzungsrecht ; *~s des locataires* Mieterrechte ; *~ pénal* Strafrecht ; *~ de préemption* Vorkaufsrecht ; *~ public* öffentliches Recht ; *~ de regard* Recht auf Einsichtnahme ; Auskunftsrecht ; *~ de regard lors de l'embauche* Mitbestimmungsrecht bei der Einstellung ; *~ de signature* Zeichnungsrecht ; *~ de vote* Wahlrecht ; *~s de tirages spéciaux (D.T.S.)* Sonderziehungsrechte ; ♦♦♦ *avoir ~ à* Anspruch haben auf + A ; *s'adresser à qui de ~* sich an die zuständige Stelle (Behörde, Person) wenden ; *étendre les ~s syndicaux et ceux des travailleurs* die Arbeitnehmer- und Gewerkschaftsrechte ausweiten ; *faire ~ à une demande* einem Antrag stattgeben ; *la police expire de plein ~* die Police erlischt automatisch **2.** Rechtswissenschaft *f* ; Jura *pl* ; Rechte *npl* ; *faire son ~* Jura studieren **3.** *(taxes) ~s* Gebühr(en) *f(pl)* ; Zölle *mpl* ; Zollabgaben *fpl* ; Abgaben *fpl* ; Steuern *fpl* ; *~s sur les donations* Schenkung(s)steuer ; *~s d'enregistrement* Verkehrsteuer ; *~s d'exportation* Ausfuhrzoll *m* ; *~s de garde* Aufbewahrungsgebühr ; *~s préférentiels* Vorzugszölle ; *~s de succession* Erbschaft(s)steuer.

droite ***f*** *(polit.)* Rechte *f* ; *l'extrême ~* die äußerste Rechte ; die Rechtsradikalen *mpl* ; *les partis mpl de ~* die Rechtsparteien ; *voter à ~* rechts wählen.

drugstore ***m*** Drugstore *m* ; Laden *m*, Geschäft *n* (Zeitungen, Luxus- und Geschenkartikel) mit Gaststätte.

D.T.S. ***mpl*** *(droits de tirages spéciaux)* Sonderziehungsrechte (SZR) *npl*.

dû, due 1. schuldend ; gebührend ; *en port ~* unfrei ; unfrankiert **2.** *le ~* Forderung *f* ; Ausstand *m* **3.** *(jur.) en bonne et due forme* vorschriftsmäßig

4. *être ~ à* auf etw (+ A) zurückzuführen sein.

ducroire *m* Delkredere *n* ; Bürgschaft(ssumme) *f* ; *se porter ~* Delkredere übernehmen.

dumping *m* Dumping ['dampiŋ] *n* ; Preisunterbietung *f* ; *faire (pratiquer) du ~* unter dem Preis verkaufen ; zu Schleuderpreisen verkaufen ; die Preise unterbieten ; Dumping betreiben.

duper betrügen ; prellen ; übers Ohr hauen.

duperie *f* Betrügerei *f* ; Schwindel *m* ; Betrug *m*.

duplex 1. *(télé.) en ~* Duplex-Sendung *f* ; Konferenzschaltung *f* (mit geographisch entfernten Teilnehmern) 2. *m* Zweietagenappartement *n*.

duplicata *m* Duplikat *n* ; Zweitschrift *f* ; Doppelausfertigung *f*.

duplicateur *m* Vervielfältigungsapparat *m* ; Vervielfältiger *m*.

durée *f* Dauer *f* ; *~ de vie* Lebensdauer ; *~ du travail* **a)** Arbeitszeit *f* ; Arbeitsdauer *f* ; **b)** Dauer *f* des Arbeitsverhältnisses ; *~ de validité* Gültigkeitsdauer ; *réduire la ~ du travail* die Arbeitszeit verkürzen.

E

E.A.P. *(Ecole des affaires de Paris)* Hochschule *f* für das höhere Management.

eau *f* Wasser *n* ; *~x* Gewässer *npl* ; Abwässer *npl* ; ♦ *~ chaude et froide* fließendes Warm- und Kaltwasser ; *~ courante* fließend(es) Wasser ; *~ douce* Süßwasser ; *~x grasses* Spülwasser ; *~x industrielles* Industrieabwässer ; *~x intérieures* Binnengewässer ; *~x poissonneuses* fischreiche Gewässer ; *~ potable* Trinkwasser ; *~x résiduaires (usées, vannes)* Abwässer ; *~ salée* Salzwasser ; *~x territoriales* Hoheitsgewässer ; *~ thermale* Thermalwasser ; ♦♦ *alimentation f en (distribution f d') ~* Wasserversorgung *f* ; *assurance f (contre les) dégâts des ~x* Wasserschadenversicherung *f* ; *château m d'~* Wasserturm *m* ; *niveau m d'~* Wasserspiegel *m*, -stand *m* ; *services mpl des ~x (France : Lyonnaise des ~x)* Wasserversorgung *f* ; Wasserversorgungsamt *n* ; *station f d'épuration des ~x* Kläranlage *f* ; *usine f de distribution d'~* Wasserwerk *n* ; *ville f d'~x* Bäderstadt *f* ; Bade-, Kurort *m* ; *voie f d'~* **a)** *(avarie)* Leck *n* ; **b)** *(transport)* Wasserweg *m* ; ♦♦♦ *aller aux ~x* in ein Kurbad reisen ; *être en dehors des ~x territoriales* in fremden Hoheitsgewässern sein ; *prendre les ~x* eine (Trink)-kur machen ; *transporter par voie d'~* zu Wasser befördern.

E.A.U. *mpl (Emirats Arabes Unis)* Vereinigte Arabische Emirate *npl*.

eau-de-vie *f* Branntwein *m* ; Schnaps *m* ; *taxe f sur les alcools et eaux-de-vie* Branntweinsteuer *f*.

Eaux et Forêts *fpl* Forst - und Wasseramt *n*.

ébauche *f* Skizze *f* ; Entwurf *m* ; Vorarbeit *f* ; Vorstufe *f* ; Rohfassung *f*.

ébaucher skizzieren ; etw flüchtig (in groben Umrissen) entwerfen ; aus dem groben arbeiten ; *~ un programme, un plan de construction, une affiche* ein Programm, einen Bauplan, ein Plakat entwerfen ; *~ des revendications* Forderungen umreißen.

ébranlement *m* Erschütterung *f* ; Zerrüttung *f* ; *~ monétaire* Währungszerrüttung.

ébranler erschüttern ; zerrütten ; *être ~é* erschüttert werden ; ins Wanken geraten ; *des troubles graves ont ~é l'économie* schwere Unruhen haben die Wirtschaft erschüttert.

ébriété *f* Trunkenheit *f* ; *l'~ au volant* Trunkenheit am Steuer ; *conduite f en état d'~* Fahren *n* unter Alkoholeinfluß.

écart *m* Abstand *m* ; Abweichung *f* ; Spanne *f* ; Gefälle *n* ; Differenz *f* ; Unterschied *m* ; Streuung *f* ; Toleranz *f* ; *(faute)* Verstoß *m* gegen + A ; ♦ *~ des changes* Währungsspanne ; *~ des cours* Kursabweichung ; *~ en hausse, en baisse* Kursabweichung nach oben, nach unten ; *~ de prix* Preisunterschied ; Preisgefälle ; *~ entre deux catégories de prix (prix de vente et de production)* Preisschere *f* ; *~ de production* Produktionsabweichung ; *~s sociaux* soziales Gefälle in der Bevölkerung ; *~ de salaire* Lohnunterschied ; *~ tarifaire* Tarifspanne ; *~ entre des* *taux d'intérêt* Zinsgefälle ; ~ *toléré* zulässige Abweichung ; Toleranzbereich *m* ; ~ *type* Standardabweichung ; ~ *de voix* Stimmenunterschied ; ◆◆◆ *l'~ se creuse* der Graben vertieft sich ; die Schere öffnet sich ; *mettre à l'~* beiseitelegen ; *supprimer les ~ s de prix* die Preise angleichen ; *se tenir à l'~* sich fernhalten von.

écartement *m* : ~ *des rails* Spurweite *f*.

écarter : ~ *une demande* ein Gesuch abweisen ; ~ *(une proposition)* (einen Vorschlag) ablehnen ; ~ *un ministre* einen Minister aus dem Amt entfernen (*fam.* kaltstellen).

échange *m* Wechsel *m* ; Tausch *m* ; Austausch *m* ; Umtausch *m* Handelsverkehr *m*, -beziehungen *fpl* ; Handel *m* ; *en ~ de* als Gegenleistung ; (da)gegen ; *à titre d'~* austauschweise ; ◆ *~s (commerciaux)* Warenaustausch, -verkehr ; Handelsverkehr ; ~ *de communications* Nachrichtenverkehr *m* ; ~ *de lettres (correspondance)* Briefwechsel *m* ; ~ *de notes diplomatiques* diplomatischer Notenwechsel ; ~ *de biens* Güter-, Warenaustausch ; *~s économiques (commerciaux)* Handels-, Warenverkehr ; ~ *d'expériences* Erfahrungsaustausch *m* ; *~s intracommunautaires* innergemeinschaftlicher Handel ; *~s de populations* Bevölkerungsaustausch ; ~ *de représentations diplomatiques* Austausch diplomatischer Vertretungen ; ~ *de vues* Meinungsaustausch ; ◆◆ *droit m d'~* Austauschrecht *n* ; *libéralisation f des ~s* Liberalisierung *f* des Warenverkehrs ; *liberté f des ~ s* freier Warenverkehr ; *libre ~* Freihandel ; *marchandise f d'~* Tauschware *f* ; *moyen m d'~* Tauschmittel *n* ; *valeur f d'~* Tauschwert *m* ; *volume m des ~s (commerciaux)* Handelsvolumen n ; *vente f avec possibilité d'~* Kauf *m* mit Umtauschrecht ; ◆◆◆ *accepter en ~* in Tausch nehmen ; *donner en ~* in Tausch geben ; *encourager les ~s commerciaux* den Handelsverkehr fördern ; *faire l'~ de qqch* etw auswechseln ; *faire un ~* austauschen ; einen Tausch machen ; *intensifier les ~ s* den Handelsverkehr verstärken ; *obtenir en ~ de qqch* im (Aus)tausch gegen etw anderes erhalten ; *passé ce délai aucun ~ ne sera plus accepté* nach dieser Frist ist kein Umtausch mehr möglich ; *proposer qqch en ~* etw zum Tausch anbieten.

échangeable austauschbar ; umtauschbar ; *article m non ~* vom Umtausch ausgeschlossene Ware *f*.

échangeabilité *f* Aus-, Umtauschbarkeit *f* ; Tauschfähigkeit *f*.

échanger aus-, umtauschen ; (ein)tauschen ; ~ *un article sans faire de problème* etw ohne weiteres umtauschen ; ~ *des timbres* Briefmarken tauschen ; ~ *de politesses, de souvenirs* Höflichkeiten, Erinnerungen austauschen ; *cette marchandise ne sera ni reprise ni ~ée* diese Ware kann nicht umgetauscht werden ; vom Umtausch ausgeschlossen.

échangeur *m* **autoroutier** Autobahnkreuz *n* ; Auf- und Abfahrt *f* ; *(fam.)* (Autobahn)kleeblatt *n*.

échangiste *m (jur.)* Tauschpartner *m* ; Tauschende(r).

échantillon *m* Muster *n* ; (Waren)-probe *f* ; Probestück *n* ; Probeexemplar *n* ; ◆ ~ *d'exposition (factice, d'étalage)* Attrappen *fpl* ; ~ *gratuit* Gratis-, Ansichtsmuster ; ~ *prélevé au hasard* Stichprobe ; ~ *représentatif* repräsentative Stichprobe ; ~ *sans valeur* Muster ohne Wert ; ~ - *type* Ausfall-, Qualitätsmuster ; ◆◆ *carte f d'~s* Musterkarte *f* ; *collection f d'~s* Musterkollektion *f* ; *envoi m d'~s* Mustersendung *f* ; *marchandise f conforme à l'~* mustergerechte Ware *f* ; *prélèvement m d'~s* Probeentnahme *f* ; *vente f sur ~s* Kauf *m* nach Probe (nach Muster) ; ◆◆◆ *acheter sur ~s* nach Probe (Muster) kaufen ; *la marchandise livrée n'est pas conforme à l'~* die gelieferte Ware entspricht nicht dem Muster ; *demander des ~s* Muster anfordern ; *donner un ~ de son savoir* eine Probe seines Könnens zeigen ; *prélever un ~ au hasard* eine Stichprobe machen ; *prendre, donner un ~ de tissu* eine Stoffprobe mitnehmen, mitgeben ; *présenter (soumettre) des ~s* Muster vorlegen.

échantillonnage *m* **1.** Mustersammlung *f*, -kollektion *f* **2.** Bemusterung *f* **3.** Stichprobenverfahren *n*.

échantillonner **1.** bemustern ; sortieren ; mit den Proben vergleichen **2.** Muster sammeln **3.** eine Stichprobe vornehmen.

échappement *m* : *gaz mpl d'~* Autoabgase *n pl* ; Auspuffgas *n*.

échéance *f* Fälligkeit *f* ; Fälligkeitsdatum *n*, -termin *m* ; Verfall *m* ; Zahlungstermin ; (Verfall)tag *m* ; fällige Beträge *mpl* ; fällige Zahlung *f* ; ◆ ~ *de fin de mois* Ultimofälligkeit ; ~ *trimestrielle* Quartal(s)termin ; ◆◆ *carnet m d'~s* ⇒ *échéancier* ; *date f (terme m) de l'~*

Fälligkeitsdatum *n* (-termin *m*) ; *effet m à ~ fixe* Datowechsel *m* ; *jour m de l'~* Fälligkeitstag *m* ; *terme m de l'~* Zahlungstermin ; *venue f à ~* Fälligwerden *n* ; ♦♦♦ *à l'~* bei Fälligkeit ; bei Verfall ; *à courte, à longue ~* auf kurze, lange Sicht (kurzfristig, langfristig) ; *faire face à ses ~s* seine Verbindlichkeiten erfüllen ; *reculer l'~* das Fälligkeitsdatum aufschieben ; *venir (arriver) à ~* fällig werden, verfallen ; *la somme arrive à ~ le...* der Betrag ist am... (bis zum...) fällig.

échéancier *m* Terminkalender *m* ; Abzahlungsplan *m* ; Verfallbuch *n* ; Fälligkeitsverzeichnis *n*.

échec *m* Mißerfolg *m* ; Fehl-, Rückschlag *m* ; Scheitern *n* ; Niederlage *f* ; Fiasko *n* ; *(fam.)* Schlappe *f* ; *entreprise f vouée à l'~* aussichtsloses Unternehmen *n* ; ein zum Scheitern verurteiltes Unternehmen ; *essuyer (subir) un ~* eine Niederlage (Schlappe) erleiden ; einen Fehlschlag hinnehmen müssen ; *faire ~ à qqch* etw zum Scheitern bringen.

échelle *f* **1.** Leiter *f* **2.** Skala *f* ; Maßstab *m* ; Ebene *f* ; *à l'~* maßgerecht ; *sur une petite, grande ~* in geringem, großem Maße ; *à l'~ nationale* auf Landesebene ; *~ d'évaluation* Bewertungsmaßstab ; *~ d'intérêts* Zinsskala *f* ; *~ mobile des salaires* gleitende Lohnskala ; *~ des prix* Preisstaffelung *f* ; Preisgefälle *n* ; *~ des traitements* Gehalts-, Besoldungsskala **3.** Rangordnung *f* ; Hierarchie *f* ; Stufenleiter *f* ; *~ sociale* gesellschaftliche Rangordnung ; *être en haut, en bas de l'~* in der Rangordnung die höchste, die niedrigste Stufe einnehmen.

échelon *m* Stufe *f* ; Dienstgrad *m* ; Rangstufe *f* ; Ebene *f* ; ♦ *~ catégoriel* Besoldungsgruppe *f*, -stufe ; *~ de la hiérarchie sociale* gesellschaftliche Stufenleiter ; *~ d'imposition* Steuerklasse *f* ; *~ de traitement* Gehalts-, Besoldungsstufe ; *~ du tarif* Tarifstufe ; ♦♦ *changement m d'~* Umstufung *f* ; Einstufung *f* in eine andere Besoldungsgruppe ; *rétrogradation f d'~* Rückstufung *f* des Gehalts ; Zurückstufung *f* ; ♦♦♦ *par ~s* stufenweise ; à l'~ *fédéral* auf Bundesebene ; *discussions (négociations) fpl à l'~ le plus élevé* Verhandlungen *fpl* auf höchster Ebene ; ♦♦♦ *changer d'~* umgestuft werden ; *être au dernier ~, à un ~ inférieur* auf der höchsten, auf einer niedrigen Stufe stehen ; *grimper les ~s* befördert werden ; beruflich aufsteigen ; aufrücken ; *(arch.)* avancieren ; *passer à un ~ supérieur* in eine höhere Gehaltsklasse eingestuft werden ; *rétrograder d'~* zurückstufen ; zurückgestuft werden.

échelonnement *m* **1.** Staffelung *f* ; Abstufung *f* ; *~ des prix, des taxes* Preis-, Gebührenstaffelung ; *~ des traitements par ancienneté d'échelon* Staffelung der Gehälter nach Dienstjahren ; *(téléph.) ~ des tarifs selon les distances* Staffelung der Telefongebühren nach der Entfernung **2.** Verteilung *f* auf verschiedene Zeitabschnitte ; *~ des paiements* Verteilung der Zahlungsverpflichtungen.

échelonner 1. staffeln ; abstufen ; *~ les traitements* die Gehälter abstufen ; *~ les impôts, les prix, les taxes* Steuern, Preise, Gebühren staffeln **2.** auf verschiedene Zeitabschnitte verteilen ; *priorités fpl ~ées dans le temps* zeitlich gestaffelte Prioritätenfolge *f*.

échiner : *s'~* sich abrackern ; sich abschinden ; *(fam.)* malochen ; sich abplagen.

échiquier *m* **1.** Schachbrett *n* **2.** *~ diplomatique* diplomatisches Kräftespiel *n* ; l'~ *international* internationale Szene *f* **3.** *(Grande-Bretagne) l'E~* Schatzamt *n* ; *chancelier m de l'~* Schatzkanzler *m* ; Finanzminister *m*.

échoir 1. *(arriver à échéance)* verfallen ; fällig werden ; fällig sein ; *intérêts mpl échus* fällige Zinsen *mpl* ; *à terme échu* nach dem Fälligkeitstag ; nachträglich ; nach Ablauf der Frist **2.** *(revenir à)* entfallen ; zuteil werden ; *une somme de 100 F échoit à chaque participant* ein Betrag von 100 F entfällt auf jeden Teilnehmer (kommt jedem Teilnehmer zu).

échoppe *f* Verkaufsbude *f* ; Verkaufsstand *m* ; *(fam.)* Budike *f*.

échouer 1. scheitern ; fehlschlagen ; mißlingen ; in die Brüche gehen ; *faire ~* vereiteln ; *~ à un examen* bei einem Examen durchfallen ; *~ lamentablement* ein Fiasko (einen Reinfall) erleben ; *les négociations ont ~é* die Verhandlungen verliefen ergebnislos **2.** *s'~ (navire)* stranden ; auf Grund laufen.

échu, e verfallen ; fällig ; zahlbar ⇒ *échoir*.

éclaircissements *mpl* Erklärung(en) *f(pl)* ; Aufschluß *m* ; Erläuterungen *fpl* ; Auskunft *f* ; *donner (fournir), obtenir des ~ sur qqch* Aufschluß geben, bekommen über + A.

écluse *f* Schleuse *f* ; *ouvrir, fermer une ~* eine Schleuse öffnen, schließen.

écluser : *~ un bateau* ein Schiff durchschleusen.

école *f* Schule *f* ; ♦ *~ commerciale (de commerce)* Handelsschule ; *~ hôtelière* Hotelfachschule ; *~ professionnelle (d'apprentissage)* Berufsschule ; Fachschule ; *~ professionnelle technique* Gewerbeschule ; *~ supérieure de commerce* Hochschule *f* für höheres Management ; Wirtschaftshochschule ; ♦♦♦ *entrer dans une ~* in eine Schule eintreten ; *être à bonne ~* in guter Lehre sein ; *fréquenter une ~* eine Schule besuchen ; *les jeunes (gens) qui quittent l'~* die Schulabgänger *mpl*, -absolventen *mpl*.

écolo *m (fam.)* Grüne(r) ; Ökologe *m* : Umweltschützer *m*.

écologie *f* Ökologie ; *f* ; Umweltschutz *m*.

écologique ökologisch ; umweltfreundlich ; *anti ~* umweltfeindlich, -schädlich ; umweltschädigend, -belastend ; *déranger (affecter) l'équilibre ~* das ökologische Gleichgewicht stören.

écologiste *m* **1.** *(spécialiste de l'écologie)* Ökologe *m* **2.** *(ami de la nature)* Umweltschützer *m* ; Anhänger *m* des Umweltschutzes ; Ökologe *m* ; *les ~* die Grünen *mpl :* die Ökologen ; die Umweltschützer *mpl* ; *(iron.)* die Bunten *mpl* ; *la liste des ~* die grüne Liste.

économat *m* **1.** *(école, hôpital)* Finanzabteilung *f* ; Verwaltungsstelle *f* **2.** Verkaufsstelle *f* für Betriebsangehörige.

économe *m* Verwalter *m*.

économe sparsam ; wirtschaftlich ; haushälterisch ; ökonomisch ; *être ~ avec qqch* mit etw sparsam sein (umgehen) ; sparsam Gebrauch machen von ; *se montrer ~ avec le fuel* mit dem Heizöl sparsam sein.

économétrie *f* Ökonometrie *f*.

économico- Wirtschaft(s)- ; wirtschaftlich.

économie *f*	**1.** *système économique* **2.** *parcimonie* **3.** *économies réalisées*

1. *(système économique)* Wirtschaft *f* ; Wirtschaftssystem *n* ; ♦ *~ agricole* Agrarwirtschaft ; *~ agro-alimentaire* Agrar- und Ernährungswirtschaft ; *~ capitaliste* kapitalistische Wirtschaft ; *~ collective* Gemeinwirtschaft ; *~ compétitive* wettbewerbsfähige Wirtschaft ; *~ concurrentielle* Wettbewerbs-, Konkurrenzwirtschaft ; *~ de consommation* Verbrauchswirtschaft ; *~ coopérative* Genossenschaftswirtschaft ; *~ dirigée* Planwirtschaft ; Zentralverwaltungswirtschaft ; gelenkte Wirtschaft ; Zwangswirtschaft ; *~ domestique* Hauswirtschaft ; *~ énergétique* Energiewirtschaft ; *~ en expansion* expandierende Wirtschaft ; *~ financière, forestière, hydraulique* Finanz-, Forst-, Wasserwirtschaft ; *~ intégrée* Verbundwirtschaft ; *~ intérieure* Binnenwirtschaft ; *~ intensive* intensive Wirtschaft ; *~ libérale* Marktwirtschaft ; *~ de libre entreprise* Unternehmerwirtschaft ; *~ de marché* freie Marktwirtschaft ; *~ mondiale* Weltwirtschaft ; *~ monétaire* Geldwirtschaft ; *~ nationale* Staatswirtschaft ; einheimische Wirtschaft ; *~ nationalisée* verstaatlichte Wirtschaft ; *~ à planification centrale* Zentralverwaltungswirtschaft ; *~ planifiée* Planwirtschaft ; *~ politique* Volkswirtschaft ; *~ privée* Privatwirtschaft ; *~ rurale* Agrarwirtschaft ; *~ sociale, socialiste* soziale, sozialistische Wirtschaft ; ♦♦ *entreprise f d'~ mixte* gemischtwirtschaftliches Unternehmen *n* ; *gardiens mpl de l'~* Wirtschaftshüter *mpl* ; *magnat m de l'~* Industriekapitän *m* ; *ministre m, ministère m de l'~* Wirtschaftsminister *m*, -ministerium *n* ; *relance f de l'~* Ankurbelung *f* der Wirtschaft ; *(R.D.A.) responsable m de l'~* Wirtschaftsfunktionär *m* ; *surchauffe f de l'~* Wirtschaftsüberhitzung *f* ; ♦♦♦ *planifier l'~* die Wirtschaft planen (staatlich lenken) ; *relancer l'~* die Wirtschaft ankurbeln ; *renflouer l'~* die Wirtschaft wieder flottmachen (sanieren, gesundschrumpfen).

2. *(parcimonie)* Sparsamkeit *f* ; Wirtschaftlichkeit *f* ; Ökonomie *f* ; *~ mal placée (mauvaise)* falsche Sparsamkeit ; *voitures fpl construites pour l'~* auf Sparsamkeit angelegte PKWs *mpl* ; *vivre avec ~* sparsam (bescheiden) leben.

3. *(économies réalisées)* Ersparnisse *fpl* ; Einsparung(en) *f(pl)* ; Ersparte(s) *n* ; Sparsumme *f* ; Sparguthaben *n* ; ♦ *~s de bouts de chandelles* Knauserei *f* ; Knickrigkeit *f* ; *~s de carburant* Benzineinsparungen ; *~s sur les coûts, de devises, de main-d'œuvre* Kosten-, Devisen-, Arbeitskräfteeinsparungen ; *~ de place* Raumersparnis ; *~s sur un livret de caisse d'épargne* Sparguthaben *n* ; *petites ~s (durement réalisées)* Spargroschen *m* ; Notgroschen ; *mesure(s) f(pl) d'~* Einsparungsmaßnahme *f* ; *programme m d'~s* Sparprogramm *n* ; ♦♦♦ *faire (réaliser) des ~s* sparen ; Geld zurücklegen ; Geld auf die hohe Kante legen ; Geld auf die Seite legen ; *faire de mauvaises ~s* am falschen Ende sparen ; *faire des ~s de carburant* am Kraftstoff sparen ; *mettre ses ~s à la caisse d'épargne, en banque* Geld auf die Sparkasse, auf die Bank bringen ; *placer ses ~ en actions* seine Ersparnisse in Aktien anlegen.

1. **économique** *(qui a trait à l'économie)* Wirtschafts- ; wirtschaftlich ; ökonomisch ; *accord m, aide f, bloc ~* Wirtschaftsabkommen *n*, -hilfe *f*, -block *m* ; *blocus m, boycottage m, branche f ~* Wirtschaftsblockade *f*, -boykott *m*, -zweig *m* ; *commission f, communauté f, crime m ~* Wirtschaftsausschuß *m* (Wirtschaftskommission *f*), Wirtschaftsgemeinschaft *f*, -verbrechen *n* ; *crise f, croissance f ~* Wirtschaftskrise *f*, -wachstum *n* ; *délit m ~* Wirtschaftsdelikt *n*, -straftat *f*, -vergehen *n* ; *délits mpl ~s* Wirtschaftskriminalität *f* ; *dirigisme m ~* Wirtschaftslenkung *f* ; *droit m ~* Wirtschaftsrecht *n* ; *embargo m ~* Wirtschaftsembargo *n* ; *espionnage m ~ (industriel)* Wirtschaftsspionage *f* ; *essor m ~* Wirtschaftsaufschwung *m*, -boom *m* ; Aufwärtsbewegung *f* der Wirtschaft ; *expert m ~* Wirtschaftsexperte *m* ; *groupement m, guerre f, intégration f ~* Wirtschaftsverband *m*, -krieg *m*, -integration *f* ; *intérêts mpl, journal m ~(s)* Wirtschaftsinteressen *pl*, -zeitung *f* ; *mesures fpl ~s* wirtschaftliche Maßnahmen *fpl* ; *miracle m ~* Wirtschaftswunder *n* ; *ordre m, partenaire m, planification f ~* Wirtschaftsordnung *f*, -partner *m*, -planung *f* ; *politique f, potentiel m, prévisions fpl ~(s)* Wirtschaftspolitik *f*, -potential *n*, -prognosen *pl* ; *problème m (question f)* Wirtschaftsfrage *f* ; *problèmes mpl ~s* wirtschaftliche Probleme *npl* ; *région f, relations fpl ~(s)* Wirtschaftsraum *m* ; wirtschaftliche Beziehungen *fpl* ; *responsable m ~* Wirtschaftsführer *m* ; *sabotage m, sciences fpl ~(s)* Wirtschaftssabotage *f*, -wissenschaft *f* ; *secteur m ~* Wirtschaftssektor *m*, -zweig *m*, -branche *f*, -gebiet *n* ; *sommet m, système m, théorie f ~* Wirtschaftsgipfel *m*, -system *n*, -theorie *f* ; *union f, vie f ~* Wirtschaftsunion *f*, -leben *n*.

2. **économique** *(consommation réduite)* sparsam ; ökonomisch ; wirtschaftlich ; preiswert ; *classe f ~* Economy-Klasse *f* ; *voiture f ~* wirtschaftliches (rentables) Auto *n* ; *utilisation f ~ de matières premières* sparsame Verwendung *f* von Rohstoffen.

économiser sparsam umgehen (wirtschaften, haushalten) mit ; einsparen ; (Geld) zurücklegen ; *argent m ~é* Spargeld *n* ; *capital m de départ ~é sur le salaire* aus dem Lohn zusammengespartes Startkapital *n* ; *somme f ~ée* Sparsumme *f* ; *j'ai ~é 1 000 F* ich habe 1 000 F gespart (zurückgelegt, angespart) ; *~ chaque sou* jeden Pfennig sparen (zurücklegen) ; *~ des frais, du matériel, des emplois* Kosten, Material, Arbeitsplätze einsparen ; *~ en vue d'un achat* für eine Anschaffung sparen ; *~ sur la nourriture* am Essen sparen ; sich etw vom Mund absparen ; *~ sur tout* an allem sparen ; *~ sur ses revenus* von seinem Einkommen sparen.

économiste *m* Wirtschaftswissenschaftler *m* ; Volkswirt *m* ; Wirtschaftsexperte *m*.

écosystème *m* Ökosystem *n*.

écot *m* : *payer son ~* seinen Anteil an der Zeche bezahlen ; seinen Beitrag leisten.

écoulement *m* **1.** Absatz *m* ; Vertrieb *m* ; Umsatz *m* ; Kommerzialisierung *f* **2.** *(trafic)* Verkehrsfluß *m*, -abwicklung *f*.

écouler 1. *(marchandises)* absetzen ; verkaufen ; vertreiben ; *(billets)* in Umlauf setzen (bringen) ; *s'~ facilement, difficilement* sich leicht, schwer verkaufen (absetzen lassen) **2.** *le trafic s'~ bien* fließender Verkehr *m* **3.** *laisser ~ un délai* eine Frist verstreichen lassen.

écoute *f* : *table f, dispositif m d'~* Abhöranlage *f* ; *(fam.)* Wanze *f* ; *(téléph.) mettre une ligne sur table d'~* eine Leitung anzapfen ; *avoir un taux m d'~ de ...* eine Einschaltquote von ... erreichen.

écran *m* **1.** *(inform.)* Schirm *m* ; *~ de contrôle d'ordinateur* Terminalschirm *m* ; *~ radar* Radarschirm ; *~ terminal* Bildschirmeinheit *f* **2.** *petit ~* Fernsehen *n* ; *f* ; Fernsehschirm *m* ; *(fam.)* Flimmerkasten *m*, -kiste *f* ; Glotze *f* ; *grand ~* Breitwand *f* ; *l'émission passera sur le petit ~* die Sendung wird vom Fernsehen übertragen ; *~ anti-bruit* schalldämpfende Wand *f* **3.** *société f -~* Tarngesellschaft *f*, -firma *f*.

écraser : *~ les prix* die Preise brechen (unterbieten) ; *prix mpl ~és* Schleuderpreise *mpl.*

écrémage *m (fam.)* Absahnung *f.*

écrémer *(fam.)* absahnen.

écrire schreiben ; ~ *à la machine* tippen ; ~ *à qqn* jdm (an jdn) schreiben ; ~ *une somme en toutes lettres* einen Betrag voll ausschreiben ; ~ *en capitales* großschreiben ; mit großen Buchstaben schreiben ; ~ *en chiffres* in Ziffern schreiben ; *machine f, papier m à* ~ Schreibmaschine *f*, -papier *n.*

écrit, e schriftlich ; brieflich ; *communication f ~e* briefliche Mitteilung *f* ; *droit m reconnu par* ~ verbrieftes Recht *n* ; *instructions fpl ~es* schriftliche Anweisungen *fpl* ; ~ *à la machine* maschine(n)geschrieben ; *confirmer par* ~ schriftlich bestätigen ; *consigner qqch par* ~ eine Sache schriftlich machen ; etw in schriftlicher Form festlegen ; etw niederschreiben ; etw zu Papier bringen.

écriteau *m* Schild *n* ; Anschlag *m* ; Plakat *n* ; *apposer, fixer un* ~ ein Schild anbringen, befestigen ; *mettre un* ~ *en place* ein Schild aufstellen.

écriture *f* **1.** Handschrift *f* **2.** ~ *lumineuse* Leuchtschrift *f* **3.** *(comptab.)* Buchung *f* ; Eintragung *f* ; ♦ ~ *comptable* Buchungsposten *m* ; ~ *(portée) au débit* Lastschrift *f* ; ~ *de clôture (d'inventaire)* Berichtigungsbuchung ; *~s passées au crédit* Buchungen ins Haben ; ~ *de redressement* Berichtigungsbuchung ; ♦♦ *contrôle m des ~s* Buchprüfung *f* ; *droits mpl d'~* Schreibgebühren *fpl* ; *faux m en ~s* Urkundenfälschung *f* ; *teneur m d'~s (comptable m)* Buchhalter *m* ; ♦♦♦ *arrêter les ~s* die Bücher abschließen ; *contrepasser une* ~ eine Buchung stornieren ; *modifier une* ~ eine Buchung ändern ; *passer* ~ *de qqch, passer une* ~ etw buchen, eine Buchung vornehmen ; *rectifier une* ~ eine Buchung berichtigen ; *tenir les ~s* die Bücher führen **4.** *(jur.)* Schriftstück *n* ; Urkunde *f* ; Dokument *n.*

écroulement *m* Zusammenbruch *m* ; Verfall *m.*

E.C.U. *m (European Currency Unit)* ECU *m* ou *f* ; Europäische Rechnungseinheit (ERE) *f.*

écu *m* alte Münze *f* ; Taler *m.*

E.D.C. *(École des cadres)* Hochschule *f* für mittleres und höheres Management.

E.D.F. *(Électricité de France)* Französische Elektrizitätsgesellschaft *f.*

E.D.H.E.C. *(École des hautes études commerciales du Nord)* Wirtschaftshochschule für BWL in Lille.

édicter verordnen ; *(une loi)* erlassen.

éditer *(livres)* herausgeben ; veröffentlichen ; verlegen.

éditeur *m* Verleger *m* ; Herausgeber *m.*

édition *f* Ausgabe *f* ; Auflage *f* ; Veröffentlichung *f* ; *nouvelle* ~ Neuauflage *f* ; ~ *de poche* Taschen-, Billigausgabe ; ~ *revue et corrigée* neubearbeitete Auflage ; vermehrte, verbesserte und durchgesehene Ausgabe ; ~ *du matin, du soir* Morgen-, Abendausgabe ; ~ *du samedi* Wochenendausgabe ; ~ *spéciale (livre)* Sonderausgabe *f* ; *(journal)* Extrablatt *n* ; *maison f d'~* Verlag *m* ; Verlagshaus *n* ; *maison d'~ spécialisée* Sachbuch-, Fachverlag *m* ; *société d'~* Verlagsgesellschaft *f* ; *il travaille dans l'~* er ist im Verlagswesen tätig.

éditorial *m* Leitartikel *m* ; *faire un* ~ einen Leitartikel schreiben ; *(fam.)* leitartikeln.

éditorialiste *m* Leitartikler *m.*

éducation *f* Erziehung *f* ; Bildung *f* ; Ausbildung *f* ; ~ *permanente* Weiterbildung ; Fortbildung ; *ministère m de l'~ nationale* Erziehungs-, Unterrichtsministerium *n* ; *(R.F.A.)* Kultusministerium.

effacer ausradieren ; ausstreichen ; ~ *une dette* eine Schuld tilgen ; ~ *un nom sur une liste* einen Namen aus einer Liste streichen ; ~ *un prix* einen Preis ausradieren ; ~ *des traces de qqch* Spuren von etw auslöschen (entfernen).

effectif *m* Bestand *m* ; Personalbestand ; Stärke ; Mitgliederzahl *f* ; ♦ ~ *prévu (théorique)* Sollstärke ; Sollbestand ; ~ *réel* Effektivbestand ; Ist-Stärke *f* ; Ist-Bestand *m* ; ♦♦ *augmentation f des ~s* Erhöhung *f* des Personalbestands ; *capital m* ~ Effektivvermögen *n* ; *compression f (réduction f) des ~s* Personalabbau *m* ; *tableau m d'~s* Stellenübersicht *f* ; Stellenplan *m* ; ♦♦♦ *augmenter les ~s* den Personalbestand erhöhen ; *doubler les ~s* das Personal verdoppeln ; *réduire (comprimer) les ~s* das Personal abbauen ; *les ~s ont augmenté de 2 %* der Personalbestand stieg um 2 % an.

effectif, ive wirklich ; tatsächlich ; real ; effektiv ; Ist- ; *avantages mpl ~s* tatsächliche Vorzüge *mpl* ; *salaire m* ~ Reallohn *m* ; *salaire m horaire* ~ effektiver Stundenlohn *m* ; *pouvoir m d'achat* ~ *du salaire* Effektivkaufkraft des Lohns ; *valeur f marchande ~ive de qqch* wirklicher Marktwert *m* einer Sache.

effectuer ausführen ; tätigen ; durchführen ; leisten ; ~ *des démarches* Schritte unternehmen ; ~ *une enquête, des changements* eine Untersuchung, Änderungen vornehmen ; ~ *une opération bancaire* ein Bankgeschäft tätigen ; ~ *des paiements* Zahlungen leisten ; ~ *une réparation, un travail* eine Reparatur, eine Arbeit ausführen ; ~ *un versement* eine Einzahlung vornehmen.

effet *m*	**1.** ***action*** **2.** ***effet de commerce*** **3.** ***effets personnels***

1. ***(action)*** Wirkung *f* ; Wirkkraft *f* ; Wirkungskraft *f* ; Effekt *m* ; ◆ ~ *escompté* gewünschte (erwartete, erhoffte) Wirkung ; ~ *immédiat* sofortige Wirkung ; ~ *inflationniste* inflationsfördernde (inflatorische) Wirkung ; ~ *libératoire, persistant* befreiende, nachhaltige Wirkung ; *(à)* ~ *rétroactif* (mit) rückwirkende(r) Kraft ; rückwirkend ; ~ *de surprise* Überraschungswirkung ; ~ *suspensif* aufschiebende Wirkung ; *à cet* ~ zu diesem Zweck ; *avec* ~ *du (à compter du)* mit Wirkung vom... ; ◆◆◆ *déclarer sans* ~ außer Kraft setzen ; *manquer son* ~ seine Wirkung verfehlen ; *prendre* ~ in Kraft treten ; *produire un* ~ wirkungsvoll sein ; *rester sans* ~ ohne (Aus)wirkung (wirkungslos) sein ; keine Wirkung haben.

2. ***(effet de commerce)*** Wechsel *m* ; (Wert)papier *n* ; Handelspapier *n* ; Waren-, Handelswechsel ; ◆ ~ *à trois mois* Dreimonatswechsel ; ~ *admis à l'escompte* diskontfähiger Wechsel ; ~ *bancable* bankfähiger Wechsel ; ~ *bancaire* Bankwechsel ; ~ *affecté en garantie* verpfändeter Wechsel ; ~ *de cavalerie (de complaisance)* Reit-, Kellerwechsel ; ~ *à courte, longue échéance* Wechsel auf kurze, lange Sicht ; ~ *à date fixe, à délai de date* Tag-, Datowechsel ; ~ *domicilié* domizilierter Wechsel ; ~ *donné en paiement* Kundenwechsel ; ~ *échu* fälliger Wechsel ; ~ *à l'encaissement* Inkassowechsel ; ~ *endossé* indossierter Wechsel ; ~ *escomptable, escompté* diskontierbarer, diskontierter Wechsel ; ~ *sur l'étranger* Auslandswechsel ; ~ *fictif (de complaisance)* Keller-, Reitwechsel ; fingierter Wechsel ; Gefälligkeitspapier ; ~ *honoré, impayé* eingelöster, unbezahlter Wechsel ; ~ *en monnaie étrangère* Devisenwechsel ; ~ *négociable* bankfähiger (begebbarer) Wechsel ; ~ *nominatif* Namenspapier ; ~ *non provisionné* ungedeckter Wechsel ; ~ *à ordre* Orderpapier ; ~ *à payer* Wechselverbindlichkeiten, Schuldwechsel ; ~ *en portefeuille* Wechsel im Portefeuille ; ~ *au porteur* auf den Inhaber lautender Wechsel ; ~ *protesté* geplatzter (protestierter) Wechsel ; ~ *à recevoir* Wechselforderung *f* ; Besitz-, Aktivwechsel ; ~ *réescomptable* rediskontierbarer Wechsel ; ~ *rendu (retourné)* Retourwechsel ; zurückgewiesener Wechsel ; ~ *en retard* überfälliger Wechsel ; ~ *en souffrance* notleidender (nicht eingelöster) Wechsel ; ~ *sur place* Platzwechsel ; ~ *tiré* gezogener Wechsel ; ~ *du trésor* Schatzwechsel, -schein *m* ; ~ *à vue* Sichtwechsel ; ◆◆ *acceptation f d'un* ~ Wechselakzept *n* ; *action f en paiement d'un* ~ Wechselklage *f* ; *apte à tirer un* ~ wechselfähig ; *détenteur m d'*~ Wechselinhaber ; *domiciliation f, échéance f d'un* ~ Wechseldomizilierung *f*, -fälligkeit *f* ; *échéancier m d'*~*s* Wechselverfallbuch *n* ; *émetteur m d'un* ~ Wechselaussteller *m* ; Wechselgeber *m* ; *escompte m, négociation f, paiement m d'un* ~ Wechseldiskont *n*, -verkauf *m*, -einlösung *f* ; *portefeuille m d'*~*s* Wechselbestand *m*, -portefeuille *n* ; *porteur m d'*~ Wechselinhaber *m* ; *preneur m d'un* ~ Wechselnehmer *m* ; *recouvrement m de l'*~ Einziehung *f* eines Wechsels ; *registre m des* ~*s* Wechselbuch *n* ; *renouvellement m d'un* ~ Wechselverlängerung *f* ; *spéculation f sur les* ~*s* Wechselspekulation *f* ; *timbre m d'*~ Wechselstempel *m* ; ◆◆◆ *accepter un* ~ *à l'escompte* einen Wechsel zum Diskont annehmen ; *céder un* ~ einen Wechsel weitergeben ; *émettre un* ~ einen Wechsel ausstellen ; *envoyer un* ~ *à l'escompte* Rimessen zum Diskont einsenden ; *escompter un* ~ einen Wechsel diskontieren ; *honorer un* ~ einen Wechsel einlösen (honorieren) ; *négocier un* ~ einen Wechsel begeben ; *présenter un* ~ *à l'acceptation, à l'encaissement (au paiement)* einen Wechsel zum Akzept, zur Zahlung vorlegen (präsentieren) ; *prolonger (renouveler) un* ~ einen Wechsel prolongieren ; *protester un* ~ einen Wechsel protestieren lassen ; *recouvrer, retirer, retourner un* ~ einen Wechsel einkassieren, zurückziehen, zurückweisen ; *signer un* ~ einen Wechsel unterschreiben.

3. ***(effets mpl personnels)*** persönliche Sachen *fpl* ; Vermögensstücke *npl* ; Güter *npl* ; Kleidungsstücke *npl.*

efficace wirksam ; wirkungsvoll ; effizient ; *aide f, appui m, contrôle m* ~ wirksame Hilfe *f*, Unterstützung *f*, Kontrolle *f* ; *collaborateur m* ~ tüchtiger Mitarbeiter *m* ; *méthode f, système m* ~ effiziente Methode *f*, effizientes System *n* ; *publicité f* ~ wirkungsvolle (schlagkräftige) Werbung *f*.

efficacité *f* Wirksamkeit *f* ; Wirkungskraft *f* ; Effizienz *f* ; Schlagkraft *f* ; *(publicité)* Impact [im'pεkt] *m* ; Werbewirkung *f* ; Werbewirksamkeit *f*.

efficience *f* Effizienz *f* ; Leistungsfähigkeit *f* ; (besondere) Wirtschaftlichkeit *f* ; Wirksamkeit *f*.

efficient, e effizient ; wirksam ; leistungsfähig ; wirtschaftlich ; *collaborateur m* ~ tüchtiger Mitarbeiter *m*.

effigie *f (monnaie)* Avers *m* ; Bild-, Vorderseite *f*.

effondrement *m* Zusammenbruch *m* ; Einbruch *m* ; Einsturz *m* ; Ruin *m* ; ~ *boursier* Börsenkrach *m* ; ~ *conjoncturel* Konjunktureinbruch ; ~ *des cours, des prix* Kurseinbruch, -sturz *m* ; Preissturz *m* ; ~ *économique* wirtschaftlicher Zusammenbruch ; ~ *économique et financier* finanzieller und wirtschaftlicher Ruin.

effondrer : *s'~* fallen ; *(cours, prix, etc.)* nachgeben ; stürzen ; zusammenbrechen.

effritement *m (cours)* Abbröckeln *n*.

effriter : *s'~* abbröckeln ; *les cotes fpl s'~ent légèrement* die Notierungen *fpl* bröckeln leicht ab.

égal, e gleich ; gleichmäßig, -förmig ; ~ *en droits* gleichberechtigt ; *à partie ~e* paritätisch ; *à parts ~es* zu gleichen Teilen ; *à travail ~, salaire ~* gleicher Lohn für gleiche Arbeit ; *avoir des chances ~es* gleiche Chancen haben.

égalitaire egalitär ; auf soziale Gleichheit gerichtet ; die soziale Gleichstellung verfechtend.

égalitarisme *m* Egalitarismus *m* ; soziale Gleichstellung *f*.

égalitariste *m* Verfechter *m* der sozialen Gleichstellung ; Anhänger *m* (Befürworter *m*) des Egalitarismus.

égalité *f* Gleichheit *f* ; Gleichmäßigkeit *f*, -förmigkeit *f* ; ~ *des chances* Chancengleichheit *f* ; ~ *des droits* Gleichberechtigung *f* ; ~ *des forces nucléaires* Gleichstand *m* (Gleichgewicht *n*) der Atomstreitkräfte ; nukleares Patt *n* ; ~ *des voix* Stimmengleichheit *f* ; Patt-Situation *f* ; *en cas d'~ des voix* im Falle eines Abstimmungspatts ; *mettre sur un pied d'~* gleichstellen ; *travailleurs manuel et intellectuel sont mis sur un pied d'~* Handarbeiter und Kopfarbeiter werden gleichgestellt.

égard *m* Rücksicht(nahme) *f* ; Achtung *f* ; Hinsicht *f* ; Beziehung *f* ; *à l'~ de* in Bezug auf (+ A) ; hinsichtlich (+ G) ; *à maints ~s* in vielfacher Hinsicht ; *à cet ~, à tous ~s* in dieser, in jeder Hinsicht (Beziehung) ; *sans ~ pour* ohne Rücksicht auf (+ A).

égarer : ~ *qqch* verlegen ; *s'~* sich verirren ; sich verfahren ; sich verlaufen ; abhanden kommen ; *la lettre s'est ~ée* der Brief ist verloren gegangen.

élargir erweitern ; vergrößern ; ausbauen ; ~ *des relations diplomatiques, économiques* diplomatische, wirtschaftliche Beziehungen ausbauen ; ~ *le réseau routier* das Straßennetz ausbauen ; *la Communauté élargie* die erweiterte Gemeinschaft.

élargissement *m* **1.** Erweiterung *f* ; Vergrößerung *f* ; Ausbau *m* **2.** *(jur.)* Freilassung *f* ; Entlassung *f*.

élasticité *f* Elastizität *f* ; Flexibilität *f* ; Anpassungsfähigkeit *f* ; ~ *de la demande, de l'offre, des prix* Nachfrage-, Angebots-, Preiselastizität.

électeur *m* Wähler *m* ; *les ~s* Wählerschaft *f* ; ~ *inscrit* Wahlberechtigte(r) ; *carte f d'~* Wählerkarte *f* ; *comportement m des ~s* Wählerverhalten *n* ; *liste f d'~s* Wählerverzeichnis *n* ; Wählerliste *f* ; *recensement m des ~s* Wählerverzeichnis *n* ; *les ~s ont décidé* die Wähler haben entschieden ; *gagner des ~s à sa cause* Wähler für sich gewinnen ; *chercher à gagner la faveur des ~s* um die Gunst der Wähler buhlen.

électif, ive Wahl- ; *cours m* ~ Wahlfach *n*.

élection *f* Wahl *f* ; Abstimmung *f* ; ♦ *~s anticipées* vorgezogene Wahlen ; vorzeitige Neuwahlen ; ~ *à bulletins secrets* geheime Abstimmung ; ~ *du bureau* Vorstandswahl ; *~s générales* die allgemeinen Wahlen ; ~ *à liste unique* Einheitslistenwahl ; ~ *à la présidence* Wahl zum Präsidenten (Vorsitzenden) ; ~ *primaire* Urabstimmung *f* ; ~ *proportionnelle* Verhältniswahl ; *résultat m des ~s* Wahlergebnis *n* ; ~ *au scrutin majoritaire* Mehrheitswahl ; ♦♦♦ *confirmer une ~* eine Wahl bestätigen ; *invalider une ~* eine Wahl für ungültig (nichtig) erklären ; *organiser des ~s* Wahlen ausschreiben ; *se présenter à une ~* sich zur Wahl aufstellen lassen ; *proclamer les résultats d'une ~* die Wahlergebnisse bekanntgeben.

électoral, e Wahl- ; *accord m, affiche f, âge m ~(e)* Wahlabsprache *f*, -plakat *n*, -alter *n ; campagne f ~e* Wahlkampf *m*, -kampagne *f* ; *circonscription f ~e* Wahlkreis *m* ; Wahlbezirk *m* ; *comité m ~* Wahlvorstand *m* ; *commission f ~e* Wahlausschuß *m* ; *défaite f ~e* Wahlniederlage *f* ; *(fam.)* Wahlschlappe *f* ; *discours m, fraude f ~(e)* Wahlrede *f*, -betrug *m* ; *liste f, lutte f ~ e* Wählerliste *f*, Wahlschlacht *f* ; *participation f ~e* Wahlbeteiligung *f* ; *procédure f ~e* Wahlverfahren *n* ; *programme m (plate-forme f) ~(e)* Wahlprogramm *n* ; *promesses fpl ~es* Wahlgeschenk *n* ; Wahlversprechen *n* ; *propagande f ~e* Wahlpropaganda *f* ; *réunion f ~e* Wahlversammlung *f*, -veranstaltung *f* ; *slogan m ~* Wahlparole *f*, -slogan *m*, -spruch *m* ; *système m ~* Wahlsystem *n*, -verfahren *n* ; *tactique f ~e* Wahltaktik *f* ; *urne f ~ e* Wahlurne *f* ; *victoire f ~e* Wahlsieg *m*.

électoralisme *m* Wahlmache *f* ; Wahltaktik *f* ; Wählerfang *m*.

électoraliste wahltaktisch.

électorat *m* **1.** Wählerschaft *f* ; *l'~* die Wähler *mpl* ; *~ fluctuant* Wechselwähler *mpl* ; **2.** Wahl-, Stimmrecht *n* ; Wahlberechtigung *f*.

électricité *f* Elektrizität *f* ; Strom *m* ; *~ consommée* verbrauchte Strommenge *f* ; *distribution f d'~* Elektrizitätsverteilung *f* ; *coupure f d'~* Stromsperre *f* ; *économie f d'~* Stromeinsparung *f* ; *panne f d'~* Stromausfall *m* ; *production f d'~* Elektrizitätserzeugung *f* ; *société f de production et de distribution d'~* Elektrizitätsgesellschaft *f* ; *(fam.)* E-Werk *n* ; *produire de l'~* Elektrizität erzeugen ; *approvisionner (alimenter) une ville en ~* eine Stadt mit Strom versorgen.

électrification *f* Elektrifizierung *f*.

électrifier elektrifizieren.

électrique elektrisch ; Elektrizitäts- ; Strom- ; *centrale f ~* Elektrizitätswerk *n* ; E-Werk ; *compteur m ~* Stromzähler *m* ; *consommation f ~* Stromverbrauch *m* ; *courant m ~* (elektrischer) Strom *m* ; *ligne f ~* Stromleitung *f* ; elektrische Leitung *f* ; *puissance f, réseau m ~* Stromstärke *f*, -netz *n*.

électro-ménager *m* Elektro(bedarfs)-artikel *m* ; elektrische Haushaltsgeräte *npl* ; Elektrogeräte ; *appareil m ~* elektrisches Haushaltsgerät *n* ; *magasin m d'~* Fachgeschäft *n* für Elektroartikel ; *le numéro un de l'~* die Nummer Eins unter den Hausgeräteherstellern ; *salon m de l'~* Hausratsmesse *f*.

électronicien *m* Elektroniker *m*.

électronique *f* Elektronik *f* ; *~ grand public (des loisirs)* Unterhaltungselektronik.

électronique elektronisch ; *calculette f ~* elektronischer Taschenrechner *m* ; *machine f à calculer ~* elektronische Rechenmaschine *f* ; *procédé m de réservation ~* elektronisches Buchungsverfahren ; *traitement m ~ des données* elektronische Datenverarbeitung (EDV) *f*.

élément *m* **1.** *(comptab.) ~ d'actif, de passif* Aktiv-, Passivposten *m* **2.** *~ (constitutif)* Bestandteil *m* ; Element *n* ; *~s du train de vie* äußere Merkmale *npl* des Lebensstandards **3.** *(construction)* Element *n* ; Bauteil *n* ; *~ préfabriqué* Fertigteil *m* **4.** *(facteur) ~ de croissance, de production, de risque* Wachstums-, Produktions-, Risikofaktor *m* **5.** *(débuts)* Elemente *npl* ; *en être aux premiers ~s de qqch* noch in den ersten Anfängen sein ; *(fam.)* noch in den Kinderschuhen stecken **6.** *(meubles) meubles mpl par ~s* Anbaumöbel *npl* ; *~s muraux* Wandschrank *m* **7.** *(personnes) les ~s actifs* die aktiven Elemente *npl*.

élevage *m* Zucht *f* ; Aufzucht ; Züchtung *f* ; *~ de bétail* Viehzucht ; *~ intensif* Massentierhaltung *f* ; *animal m, taureau m d'~* Zuchttier *n*, -bulle *m* ; *~ de poulets en batterie* Legebatterie *f*.

élévation *f* Erhöhung *f* ; Steigerung *f* ; Hebung *f* ; Heraufsetzung *f* ; *~ d'échelon* Höhereinstufung *f* ; *~ du niveau de vie* Hebung des Lebensstandards ; *~ des prix, des salaires, des traitements* Preis-, Lohn-, Gehaltserhöhung.

élevé, e : *prix m trop ~* zu teuer ; übertriebener Preis *m*.

élever **1.** *(augmenter)* erhöhen ; heben ; heraufsetzen ; steigern ; *~ le chiffre d'affaires* den Umsatz heben ; *~ le niveau de vie d'un pays* den Lebensstandard eines Landes (an)heben ; *~ ses prétentions* seine Ansprüche steigern ; *~ les prix* die Preise erhöhen ; *~ une protestation* einen Protest erheben ; *~ le taux d'escompte* den Diskontsatz erhöhen (heraufsetzen) **2.** *s'~ à* betragen ; sich belaufen auf ; *la facture s'élève à* die Rechnung beläuft sich auf **3.** *(faire de l'élevage)* züchten **4.** *(des enfants)* erziehen ; großziehen.

éleveur *m* Züchter *m* ; *acheter directe-*

ment chez l'~ direkt beim Züchter kaufen.

éligibilité *f* Wählbarkeit *f* ; passives Wahlrecht *n*.

éligible wählbar ; *tout citoyen est ~ à partir de 21 ans* mit 21 Jahren ist jeder Staatsbürger wählbar.

élimination *f* Beseitigung *f* ; Entfernung *f* ; Eliminierung *f* ; *~ d'un adversaire (politique)* Eliminierung (Kaltstellung *f*) eines Gegners ; *~ du marché* Verdrängung *f* vom Markt ; *~ de déchets (nuisances)* Entsorgung *f*.

éliminer beseitigen ; wegschaffen ; eliminieren ; aufheben ; abschaffen ; kaltstellen ; *~ les barrières douanières* Zollschranken abbauen (abschaffen, aufheben) ; *~ la concurrence* die Konkurrenz ausschalten (ausstechen) ; *~ des déchets* Abfälle beseitigen ; entsorgen ; *~ des injustices* Ungerechtigkeiten beseitigen ; *~ un concurrent, un adversaire* einen Konkurrenten, einen Gegner kaltstellen (verdrängen, ausschalten) ; *~ les nuisances* Immissionen beseitigen.

élire wählen ; *~ un député, un nouveau parlement* einen Abgeordneten, ein neues Parlament wählen ; *~ qqn dans une commission* jdn in einen Ausschuß wählen ; *~ qqn à la présidence* jdn zum Vorsitzenden wählen ; *il est élu pour 3 ans* er ist auf 3 Jahre gewählt ; *elle a été élue au second tour* sie ist im zweiten Wahlgang gewählt worden.

élite *f* Elite *f* ; Führungsschicht *f* ; Auslese *f* ; *les ~s politiques, économiques et culturelles* die politischen, wirtschaftlichen und kulturellen Eliten ; *~ mondaine* Schickeria *f* ; Jet-set *m* ; die oberen Zehntausend ; *(iron.)* Hautevolee *f* ; *équipe f, personnel m d'~* Elitemannschaft *f*, Elitebelegschaft *f*.

élitisme *m* Elitebegriff *m* ; elitäres Prinzip (System) *n*.

élitiste elitär.

élus *mpl : (polit.) les ~* die gewählten Vertreter *mpl* ; die Abgeordneten *mpl*.

émancipateur, trice emanzipatorisch ; Gleichberechtigungs- ; Emanzipations- : *aspirations fpl ~trices* emanzipatorische Bestrebungen *fpl*.

émancipation *f* **1.** Emanzipation *f* ; Emanzipierung *f* ; Gleichberechtigung *f* ; rechtliche und gesellschaftliche Gleichstellung *f* ; *mouvement m d'~* Emanzipationsbewegung *f* **2.** *(jur.)* Volljährigkeitserklärung *f*.

émancipé, e 1. emanzipiert ; gleichberechtigt ; gleichgestellt **2.** *(jur.)* mündig ; (für) volljährig (erklärt).

émanciper 1. emanzipieren ; befreien ; gleichstellen ; *s'~* sich emanzipieren ; *s'~ d'une domination* sich von einer Vorherrschaft emanzipieren (befreien) **2.** *(jur.)* für volljährig (mündig) erklären.

émargement *m* **1.** (Ab)zeichen *n* ; Signierung *f* ; Unterschreibung *f* (am Rande eines Schriftstücks) **2.** Quittung *f* ; Auszahlung *f* ; Gehaltszahlung *f* ; *feuille f d'~* Gehaltsliste *f* ; Lohnquittungsliste.

émarger 1. abzeichnen ; signieren ; als gesehen kennzeichnen ; *~ au dos d'une facture* auf der Rückseite einer Rechnung quittieren **2.** *~ au budget de l'État* sein Gehalt vom Staat beziehen ; vom Staat bezahlt werden.

emballage *m* Verpackung *f* ; Einpakken *n* ; Verpacken *n* ; ♦ *~ automatique* maschinelle Verpackung ; *~ en caisses* Kistenverpackung ; *~ compris* einschließlich (inklusive) Verpackung ; *~ consigné (vide)* Leergut *n* ; *~ défectueux, insuffisant* mangelhafte, ungenügende Verpackung ; *~ d'origine* Originalpackung ; *~ perdu* Einwegpackung ; Wegwerfpackung ; *~ de présentation (factice)* Schau-, Geschenkpackung ; *~ de protection* Schutzhülle *f* ; *~ retourné* zurückgesandte Verpackung ; *~ réutilisable (réemployable)* Mehrfachpackung ; *~ sous blister* Durchdrückpackung ; *~ sous cellophane* Zellophanpackung ; *~ sous vide* Vakuumverpakkung ; *~ en sus* Verpackung extra (zuzüglich) Verpackung ; *~ et expédition en sus* zuzüglich Beträgen für Verpackung und Versand ; ♦♦ *carton m d'~* Packkarton *m*, -pappe *f* ; *frais mpl d'~* Verpackungskosten *pl* ; *franco de port et d'~* porto- und verpackungsfrei ; *papier m d'~* Packpapier *n* ; *toile f d'~* Packleinen *n*, -leinwand *f* ; ♦♦♦ *endommager une marchandise à l'~* eine Ware bei der Verpackung beschädigen ; *retourner l'~ vide* Verpackung leer (Leergut) zurücksenden ; *sortir de (défaire) l'~ avec précaution* die Verpackung sorgfältig entfernen.

emballé, e verpackt ; *~ sous cellophane* zellophanverpackt ; *~ sous vide* vakuumverpackt.

emballement *m : ~ de l'économie* Konjunkturüberhitzung *f*.

emballer 1. verpacken ; einpacken ; *~ dans du papier* in Papier einpacken ; *~ des verres avec précaution* Gläser sorgfältig verpacken **2.** *~ une machine* eine Maschine überfordern (überlasten) ; *la machine s'emballe* die Maschine dreht durch **3.** *l'économie s'~e* die Konjunktur ist überhitzt **4.** *s'~ pour qqch* sich für etw begeistern.

embarcadère *m* Landeplatz *m* ; Verladeplatz *m* ; Anlegestelle *f*.

embargo *m* Embargo *n* ; Handelssperre *f* ; Handelsverbot *n* ; *levée f de l'~* Aufhebung *f* des Embargos (der Sperre) ; *assouplir, étendre l'~* das Embargo lockern, ausweiten ; *frapper d'~* ein Embargo verhängen ; mit Embargo belegen ; *lever l'~* das Embargo aufheben ; *mettre l'~ sur les importations* die Importe mit Embargo belegen ; über die Einfuhren eine Sperre verhängen.

embarquement *m* Verschiffung *f* ; Verladung *f* ; Einschiffung *f* ; *avis m d'~* Verschiffungsanzeige *f* ; *carte f d'~ (avion)* Bordkarte *f* ; *droit m d'~* Verladegebühr *f* ; *documents mpl, gare f d'~* Verladepapiere *npl*, -bahnhof *m* ; *frais mpl, port m d'~* Verladungskosten *pl* ; Verschiffungshafen *m*.

embarquer 1. verschiffen ; verladen ; einschiffen ; an Bord gehen ; *~ à Marseille pour la Corse* sich in Marseille nach Korsika einschiffen ; *autorisation f d'~* Einschiffungserlaubnis *f* **2.** *(fam.) ~ qqn dans une vilaine affaire* jdn in eine Affäre verwickeln.

embarras *m* : *~ d'argent (pécuniaire)* Geldverlegenheit *f* ; Geldnot *f* ; *~ financier, de trésorerie* Zahlungsschwierigkeit *f* ; Liquiditätsschwierigkeiten *fpl* ; *n'avoir que l'~ du choix* eine große Auswahl haben ; *être dans l'~* in einer schwierigen Lage stecken ; *(fam.)* in der Klemme sein (sitzen) ; in der Tinte sitzen.

embauchage *m* Einstellung *f* ; Anstellung *f* ; Beschäftigung *f* ; Anwerbung *f* ; Rekrutierung *f* ; *arrêt m de l'~* Einstellungsstopp *m*, -sperre *f* ; *avis m (attestation f) d'~* Einstellungsbescheid *m* ; *bureau m d'~* Einstellungsbüro *n* ; *certificat m, conditions fpl d'~* Einstellungsbescheinigung *f*, -bedingungen *fpl* ; *contrat m, date f d'~* Einstellungsvertrag *m*, -termin *m* ; *visite f médicale d'~* Einstellungsuntersuchung *f*.

embauche *f* **1.** ⇒ *embauchage* **2.** Platz *m* ; Arbeit *f* ; Stelle *f* ; Beschäftigung *f* ; *chercher de l'~* Arbeit (eine Stelle) suchen ; *pas d'~* keine Arbeiter gesucht.

embaucher einstellen ; anstellen ; rekrutieren ; *l'entreprise f n'~e provisoirement plus de main-d'œuvre* das Unternehmen stellt vorübergehend keine neuen Arbeitskräfte ein ; *les candidats sont ~és parmi les travailleurs immigrés* die Bewerber rekrutieren sich unter den Gastarbeitern.

embaucheur, euse Anwerber- ; *entreprise f ~euse* Anwerberfirma *f*.

emblaver *(agric.)* bestellen ; besäen.

embobiner : *(fam.) il s'est laissé ~ par le représentant* er hat sich vom Vertreter einwickeln lassen.

embourgeoiser : *s'~ (péj.)* verbürgerlichen ; bürgerlich werden ; verspießern.

embourgeoisement *m* Verbürgerlichung *f* ; *(péj.)* Verspießerung *f*.

embouteillage *m* (Verkehrs)stockung *f* ; Stau *m* ; *des ~s de plusieurs kilomètres* ein kilometerlanger Stau ; *être pris dans les ~s* in eine Verkehrsstockung (einen Stau) geraten.

embouteillé, e *(route)* verstopft ; überbelastet.

embranchement *m (transports)* Abzweigung *f* ; Gleisanschluß *m*.

embrasser : *~ une carrière* einen Beruf ergreifen ; *~ une cause* für eine Sache Partei ergreifen.

embûches *fpl* Hindernisse *npl* ; Schwierigkeiten *fpl* ; *dresser des ~* Fallen stellen (legen).

émergence *f* : *nation f en voie d'~* Schwellenland *n*.

émergent, e : *nations fpl ~es* Schwellenländer *npl* (in einem Industrialisierungsprozeß befindliche Länder).

émetteur *m* **1.** *(radio)* Sender *m* ; *~ de télévision* Fernsehsender **2.** Aussteller *m* ; Emittent *m* ; *~ d'un chèque, d'un effet* Scheck-, Wechselaussteller *m*.

émetteur, trice emittierend ; *banque f ~trice* emittierende Bank *f* ; *la banque ~trice d'un accréditif* die ein Akkreditiv eröffnende Bank *f* ; *société f ~trice* emittierende Gesellschaft *f*.

émettre : *~ des actions au cours de..., au pair* Aktien zu..., al pari ausgeben ; *~ de l'argent* Geld in Umlauf setzen ; *~ des billets de banque* Banknoten ausgeben ; *~ un bulletin d'informations* Nachrichten aussenden ; *~ un chèque* einen Scheck ausstellen ; *~ (faire valoir) des droits* Ansprüche geltend machen ; *~ une traite de... sur qqn* einen Wechsel über... auf jdn ausstellen.

émigrant *m* Auswanderer *m* ; Emigrant *m*.

émigration *f* Auswanderung *f* ; Emigration *f* ; *~ de capitaux* Kapitalabwanderung *f* ; *(fuite)* Kapitalflucht *f* ; *agent m de l'~* Auswanderungsbeamter ; *autorisation f, interdiction f d'~* Auswanderungserlaubnis *f*, -verbot *n* ; *candidat m à l'~* Auswanderungswillige(r) ; *mouvement m d', politique f de l'~* Auswanderungsbewegung *f*, -politik *f* ; *législation f sur l'~* Auswanderungsgesetzgebung *f* ; *encourager l'~* die Auswanderung (Emigration) fördern ; eine Auswanderungspolitik betreiben.

émigrer auswandern ; emigrieren ; *~ du Portugal en France, en R.F.A.* aus Portugal nach Frankreich, in die BRD auswandern.

émissaire *m* Bote *m* ; Abgesandte(r) ; *bouc ~* Sündenbock *m*.

émission *f* **1.** *(radio, télé)* Sendung *f* ; *~ en direct* Live-Sendung ; Direktübertragung *f* ; *~ publicitaire* Werbe-, Reklamesendung ; *~ de télé(vision), télévisée* Fernsehsendung **2.** *(commerce)* ◆ Ausgabe *f* ; Emission *f* ; Begebung *f* ; Ausstellung *f* ; *~ d'actions, de billets de banque* Aktien-, Notenausgabe ; *~ d'un emprunt* Anleihebegebung ; *~ d'obligations, d'une traite* Ausstellung von Schuldverschreibungen, eines Wechsels ; *~ de titres (de valeurs mobilières)* Emission von Wertpapieren ; ◆◆ *banque f d'~* Noten-, Währungsbank *f* ; *cours m d'~* Ausgabekurs *m* ; *date f d'~* Ausstellungstag *m* ; *opération f d'~* Emissionsgeschäft *f* ; *prix m d'~* Emissionspreis *m* ; *interdiction f d'~* Emissionsstopp *m* ; *valeur f d'~* Emissionswert *m* ; Emissionspapier *n*.

emmagasinage *m* (Ein)lagerung *f* ; Speicherung *f* ; Stapelung *f* ; *frais mpl d'~* Lagergebühren *fpl* ; Lagergeld *n*.

emmagasiner (ein)lagern ; (auf)speichern ; stapeln.

émoluments *mpl* **1.** Bezüge *pl* ; Gehalt *n*-; Einkünfte *pl* ; *percevoir (toucher) des ~ de fonctionnaire* die Bezüge eines Beamten erhalten **2.** *(jur.)* Erbteil *m*.

émoulu : *frais ~* frisch gebacken ; *un diplômé m d'une école supérieure de commerce fraîchement ~* ein frisch gebackener Diplomkaufmann *m*.

empaquetage *m* **1.** Verpackung *f* ; Verpacken *n* ; Einpacken *n* **2.** Emballage *f* ; Packmaterial *n* (Packpapier, Packleinen, Packkarton usw).

empaqueter verpacken ; einpacken ; *~é automatiquement* maschinell verpackt.

empêché : *~ pour cause de maladie, pour raison de service* wegen Krankheit, dienstlich verhindert sein.

empêchement *m* Verhinderung *f* ; (Be)hinderung *f* ; Hindernis *n* ; *~ à la livraison, au transport* Lieferungs-, Transporthindernis ; *en cas d'~* im Verhinderungsfall(e) ; *sans ~* ohne Hinderung ; *créer des ~s à qqn* jdm Hindernisse in den Weg legen ; *écarter des ~s* Hindernisse beseitigen (aus dem Weg räumen).

empêcher verhindern ; hindern an + D ; verhüten ; *~ un accident, une catastrophe* einen Unfall, ein Unglück verhüten.

emphytéose *f (droit héréditaire d'exploiter une terre)* Erbpacht *f*.

emphytéote *m* Erbpächter *m*.

emphytéotique Erbpacht- ; *bail m ~* Erbpachtvertrag *m*.

empiéter : *~ sur les droits de qqn* in jds Rechte (widerrechtlich) eingreifen ; *~ sur la propriété de qqn* sich jds Vermögen widerrechtlich aneignen.

empire *m* Imperium *n* ; *~ économique* Wirtschaftsimperium.

empirer sich verschlimmern ; sich verschlechtern ; *la situation a ~é* die Lage hat sich verschlimmert.

emplacement *m* Stelle *f* ; Platz *m* ; Standort *m* ; *~ réservé à la publicité* für Werbezwecke vorgesehener Platz ; *changer d'~* seinen Standort wechseln.

emplette *f* Einkauf *m* ; *faire ses ~s* Einkäufe machen (tätigen) ; einkaufen ; *(fam.) je vais vite faire quelques ~s* ich muß noch rasch einholen gehen.

emploi *m*	**1.** ***utilisation*** **2.** ***place, travail***

1. *(utilisation)* Anwendung *f* ; Gebrauch *m* ; Verwendung *f* ; ◆ *~ abusif* Mißbrauch *m* ; *~ de capitaux* Anlage *f* von Geldern ; *~ budgétaire* Planstelle *f* ; *~ d'une somme, du produit national* Verwendung einer Geldsumme, des Sozialprodukts ; *~ du temps* Arbeitsplan *m* ; ◆◆ *double ~* Doppelarbeit *f* ; unnütze Wiederholung *f* ; überflüssige Verdoppelung ; *(fam.)* doppelt gemoppelt ; *mode m d'~* Gebrauchsanweisung *f* ; *notice f d'~* Gebrauchsvorschrift *f* ; ◆◆◆ *bien agiter avant l'~* vor Gebrauch gut schütteln ; *d'~ économique* sparsam im Gebrauch ; *faire bon, mauvais ~ de qqch* etw gut, schlecht anwenden ; *faire ~ de capitaux* Kapital anlegen.

2. *(place, travail)* Beschäftigung *f* ; Anstellung *f* ; Arbeit *f* ; Stelle *f* ; *(fam.)*

Job [dzɔb] *m* ; ◆ ~ *de bureau* Bürotätigkeit *f* ; ~ *bien payé (rétribué, rémunéré)* gut bezahlte Arbeit ; ~ *durable* Dauerbeschäftigung ; ~ *fixe, lucratif* feste, lukrative (einträgliche) Beschäftigung ; ~ *de main-d'œuvre* Einsatz *m* von Arbeitskräften ; ~ *à mi-temps, à plein temps, à temps partiel* Halbtags-, Ganztags-, Teilzeitbeschäftigung ; ~ *occasionnel* gelegentliche Beschäftigung ; ~ *prenant, non rémunéré, mal rétribué* zeitraubende, unentgeltliche, schlecht bezahlte Beschäftigung ; ~ *saisonnier* Saisonarbeit ; ~ *secondaire (d'appoint, accessoire)* Nebenerwerb *m* ; Nebenbeschäftigung ; ~ *à temps partiel* Teilzeitbeschäftigung *f*, -arbeit *f* ; ~*(s) vacant(s)* offene Stelle(n) ; ~ *(peu) varié* (wenig) abwechslungsreiche (monotone) Arbeit ; ◆◆ *Agence f nationale pour l'emploi (ANPE)* Nationale Agentur *f* für Stellenvermittlung ; *(BRD)* Bundesanstalt *f* für Arbeit ; *bureau m de l'~* Stellenvermittlungsamt *n* ; Arbeitsamt *n* ; *changement m d'~* Arbeitsplatzwechsel *m* ; *créateur d'~s* plätze-, jobschaffend ; *création f d'~s* Schaffung *f* von Arbeitsplätzen ; *dégradation f de l'~* Verschlechterung *f* des Arbeitsmarkts ; *fraude f à l'~* Anstellungsbetrug *m* ; *garantie f de l'~* Sicherung *f* des Arbeitsplatzes ; *marché m de l'~* Arbeitsmarkt *m* ; *niveau m de l'~* Beschäftigungsstand *m*, -grad *m* ; *offre f d'~* Stellenangebot *n* ; freie Stellen *fpl* ; *offres d'~* Stellennachweis *m* ; *perte f de l~* Verlust *m* des Arbeitsplatzes ; *plein-~ m* Vollbeschäftigung *f* ; *en plein-~* vollbeschäftigt ; *politique f de l'~* Beschäftigungspolitik *f* ; *prévisions fpl de l'~* Aussichten *fpl* (Prognose *f*) für den Arbeitsmarkt ; *problème m (question f) de l'~* Beschäftigungsfrage *f* ; Beschäftigungsnöte *fpl* ; *sans ~* beschäftigungslos ; arbeitslos ; stellenlos ; *sécurité f de l'~* Sicherung *f* des Arbeitsplatzes ; *situation f de l'~* Beschäftigungslage *f* ; *suppresseur d'~s (fam.)* jobkillend ; *suppression f d'~s* Personalabbau *m*, -einsparung(en) *f(pl)* ; Stellenwegfall *m* ; Beschäftigungseinbrüche *mpl* ; *taux m de l'~* Beschäftigungsgrad *m* ; ◆◆◆ *avoir un ~ de manœuvre* als Handlanger tätig sein ; *chercher un ~* eine Stelle suchen ; Arbeit suchen ; *créer des ~s* Arbeitsplätze schaffen ; *être à la recherche d'un ~* auf Stellensuche sein ; *être sans ~* arbeitslos (stellenlos) sein ; *faire perdre leur ~ à 200 personnes* 200 Leute um ihren Arbeitsplatz bringen ; *perdre son ~* seinen Arbeitsplatz verlieren ; *postuler un ~* sich um eine Stelle bewerben ; *supprimer des ~s* Arbeitsplätze abbauen ; *supprimer des ~s en rationalisant* Arbeitsplätze wegrationalisieren ; *trouver un ~* Arbeit (eine Stelle) finden.

employable an-, verwendbar ; brauchbar.

employé *m* Angestellte(r) ; Beschäftigte(r) ; Arbeitnehmer *m* ; Gehaltsempfänger *m*, -bezieher *m* ; *(de l'État)* Beamte(r) ; Staatsdiener *m* ; ~ *administratif, de l'administration publique* Verwaltungs-, Behördenangestellte(r) ; ~ *d'une agence de voyage* Reisebürokaufmann *m* ; ~ *de banque* Bankangestellte(r), -beamte(r) ; ~ *de bureau* Büroangestellte(r) ; Bürokraft *f* ; ~ *du chemin de fer* Bahnbeamte(r) ; ~ *de commerce* kaufmännische(r) Angestellte(r) ; ~ *(d'une compagnie) d'assurances* Versicherungsangestellte(r), -beamte(r) ; ~ *aux écritures* Schreibkraft *f* ; ~ *intérimaire* Zeitkraft *f* ; ~ *de magasin* Laden-, Kaufhausangestellte(r) ; Verkäufer *m* ; ~ *des postes* Postbeamte(r) ; *avoir un contrat d'~* im Angestelltenverhältnis stehen.

employer 1. verwenden ; anwenden ; (ge)brauchen **2.** beschäftigen ; *cette usine ~e 1 000 ouvriers* diese Fabrik beschäftigt tausend Arbeiter ; *il est ~é à la poste* er ist bei der Post beschäftigt (angestellt) **3.** *s'~ à qqch* für etw sorgen ; sich für etw einsetzen.

employeur *m* Arbeitgeber *m* ; *(rare)* Dienstherr *m* ; *(iron.)* Brötchengeber *m* ; *(dans les négociations)* Arbeitgeberseite *f* ; *syndicat m (organisation f) d'~s* Arbeitgeberverband *m*.

empocher *(fam.) (argent)* einstecken ; einstreichen ; (Gewinne) in seine eigene Tasche stecken ; ~ *des primes* Prämien einstreichen.

emport *m* : *capacité f d'~ (avion)* Nutzlast *f*.

emporter 1. mitnehmen ; *à ~* zum Mitnehmen ; *prix m « marchandise ~ée »* Mitnahme-, Mitnehmepreis *m* ; *article m à ~ 1 000 F* Ware *f* zum Mitnahmepreis von 1 000 F **2.** ~ *un marché* einen Markt an sich reißen (erobern) ; ~ *une place, un prix* einen Posten erlangen, einen Preis erringen ; *l'~ sur la concurrence* die Konkurrenz ausschalten (verdrängen, aus dem Feld schlagen, überrunden).

emprunt *m*	1. ***argent emprunté à qqn*** 2. ***prêt*** 3. ***emprunt public*** 4. ***d'emprunt***

1. ***(argent emprunté à qqn)*** geborgtes (geliehenes) Geld *n* ; *vivre d'~* von geborgtem Geld leben ; *(fam.)* auf Pump leben ; von Borgerei leben.

2. ***(prêt)*** Darleh(e)n *n* ; Kredit *m* ; *rembourser un ~* ein Darlehen zurückzahlen.

3. ***(emprunt public)*** Anleihe *f* ; Staatsanleihe ; Kreditaufnahme *f* ; *~ à 7 %* siebenprozentige Anleihe ; ♦ *~ amortissable* Amortisations-, Tilgungsanleihe ; *~ de consolidation* Konsolidierungsanleihe ; *~ consolidé* konsolidierte Anleihe ; *~ de conversion, convertible* Konvertierungsanleihe, Wandelanheihe ; *~ à court, moyen, long terme* kurz-, mittel-, langfristige Anleihe ; *~ dénoncé* gekündigte Anleihe ; *~ d'État (du gouvernement, national)* Staatsanleihe ; *~ foncier, forcé, gagé* Boden-, Zwangs-, gedeckte Anleihe ; *~ garanti (par l'État)* (staatlich) garantierte Anleihe ; *~ à garantie or* Anleihe mit Golddeckung ; *~ hypothécaire* Hypothekenanleihe ; *~ indexé* indexierte (indexgebundene) Anleihe ; Anleihe mit Indexklausel ; *~ à lots* Los-, Lotterieanleihe ; *~ or* Goldanleihe ; *~ Lombard (sur titres)* Lombardgeschäft *n* ; *~ municipal (communal)* Kommunalanleihe ; *~ national (d'État)* Staatsanleihe ; *~ obligataire* Obligationsanleihe ; *~ perpétuel* ewige (unbefristete, unkündbare) Anleihe ; *~ à prime* Prämienanleihe ; *~ privé, public* Privat-, öffentliche Anleihe ; *~ remboursable* rückzahlbare Anleihe ; *~ non remboursable avant...* eine bis... unkündbare Anleihe ; *~ revalorisé, stable, surpassé* aufgewertete, wertbeständige, überzeichnete Anleihe ; *~ sur titres* Effektenbeleihung *f* ; Wertpapierlombardierung *f* ; Lombarddarlehen *n* ; *~ à valeur fixe* wertbeständige Anleihe ; ♦♦ *amortissement m de l'~* Tilgung *f* einer Anleihe ; Anleiheablösung *f*, -abgeltung *f* ; *dette f d'un ~* Anleiheschuld *f* ; *durée f d'un ~* Laufzeit *f* einer Anleihe ; *émission f d'un ~* Begebung *f* einer Anleihe ; *intérêts mpl sur ~* Anleihezinsen *fpl* ; *lancement m d'un ~* Auflegung *f* (Begebung *f*) einer Anleihe ; *marché m des ~s* Anleihemarkt *m* ; *montant m de l'~* Anleihebetrag *m* ; *remboursement m d'un ~* Zurückzahlung *f* einer Anleihe ; *service m de l'~* Anleihedienst *m*, -verzinsung *f* ; *souscription f d'un ~* Zeichnung *f* einer Anleihe ; *titre m d'~* Anleihepapier *n* ; *par voie d'~* auf dem Anleiheweg ; ♦♦♦ *accorder, contracter, dénoncer un ~* eine Anleihe gewähren, machen (aufnehmen), kündigen ; *émettre (lancer) un ~* eine Anleihe auflegen (ausgeben, begeben) ; *offrir (ouvrir) un ~ (en souscription publique)* eine Anleihe (zur öffentlichen Zeichnung) auflegen ; *négocier, placer, rembourser un ~* eine Anleihe vermitteln, unterbringen, zurückzahlen ; *souscrire un ~* eine Anleihe zeichnen.

4. ***(d'emprunt)*** Entleihung *f* ; Entlehnung *f* ; *meubles mpl d'~* geliehene Möbel *npl* ; *nom m d'~* Deckname *m* ; Pseudonym *n* ; *mot m d'~* Lehnwort *n*.

emprunter **1.** leihen ; entleihen ; ausleihen ; borgen ; *(fam.)* pumpen ; *~ de l'argent à qqn* Geld bei (von) jdm leihen (borgen, pumpen) ; eine Summe von jdm entleihen ; bei jdm Geld aufnehmen ; *(fam.)* jdn anpumpen **2.** *~ un mot à une langue* ein Wort aus einer Sprache entlehen **3.** *~ la voie hiérarchique* den Dienstweg beschreiten.

emprunteur *m* **1.** Darlehensnehmer *m* ; Anleihenehmer ; Kreditnehmer **2.** Entleiher *m* ; Entlehner *m*.

émulation *f* Wetteifer *m* ; Wettstreit *m* ; *~ socialiste* sozialistischer Wettbewerb *m*.

E.N.A. *f (École nationale d'administration)* « Staatliche Verwaltungshochschule » *f*.

énarque *m* **1.** Absolvent *m* der ENA-Hochschule **2.** Angehörige(r) der Machtelite.

encadrement *m* **1.** *~ du crédit* Kreditbewirtschaftung *f* ; Kreditbeschränkung *f* ; *~ des prix* Preiskontrolle *f* ; **2.** *personnel m d'~* die Leitenden *mpl* ; Führungskräfte *fpl* ; Angestellte *mpl* in leitender Stellung ; *(R.D.A. et Suisse)* Kader *mpl*.

encaissable einkassierbar ; einziehbar.

encaisse *f* Kassenbestand *m* ; Barbestand *m* ; *~ métallique* Hartgeldbestand ; *~ or* Goldbestand.

encaissement *m* Einkassierung *f* ; Einkassieren *n* ; Zahlungseingang *m* ; Inkasso *n* ; *~ de chèques, d'effets* Scheck-, Wechselinkasso ; *pour ~* zum Inkasso ; *décompte m des ~s* Abrechnung *f* über Inkassi ; *droit m d'~*

Einziehungsgebühr *f* ; *frais mpl d'~* Inkassospesen *pl* ; *opération f, ordre m, taxe f d'~* Inkassogeschäft *n*, -auftrag *m*, -gebühr *f* ; *donner pour ~ (chèque, traite)* einlösen ; *donner procuration à qqn pour l'~* jdm Inkassovollmacht erteilen ; *effectuer (se charger de, faire) l'~* das Inkasso vornehmen ; *présenter à l' ~* zum Inkasso vorlegen.

encaisser 1. einkassieren ; *~ des fonds, des impôts* Gelder, Steuern einziehen ; *~ un chèque, une traite* einen Scheck, einen Wechsel einlösen **2.** *(mettre en caisses)* in Kisten verpacken.

encaisseur *m* Einkassierer *m* ; Kassierer *m* ; Inkassobeauftragte(r).

encan : *(arch.) mettre, vendre à l'~* versteigern ; *vente f à l'~* Versteigerung *f* ; Auktion *f*.

encart *m* (eingeheftete) Beilage *f* ; Einlage *f* ; *~ publicitaire* Werbebeilage.

en cas de : bei ; *~ perte ou de vol* bei Verlust oder Diebstahl.

enceinte *f* : *~ de la foire, de l'exposition* Messe-, Ausstellungsgelände *n*.

enchère *f* (höheres) Angebot *n* ; Mehrgebot *n* ; ♦ *dernière ~* Meist-, Höchstgebot ; *~ la plus forte* Höchstgebot ; *~s publiques* öffentliche Versteigerung *f* ; *~ supérieure* Mehrgebot ; *vente f aux ~s* Versteigerung *f* ; Auktion *f* ; ♦♦♦ *acheter qqch aux ~s* etw ersteigern ; etw bei (auf) einer Versteigerung kaufen ; etw auf einer Auktion erstehen ; *l'~ est à 500 F* das Angebot beträgt 500 F ; *couvrir une ~* überbieten ; ein höheres (An)gebot machen ; *faire monter (pousser) les ~s* die Preise in die Höhe (höher) treiben ; *mettre qqch aux ~s* etw versteigern lassen ; etw zur Versteigerung bringen ; *avoir acheté qqch à une vente aux ~s* etw bei einer Versteigerung gekauft (erstanden) haben ; *être vendu aux ~s* zur Versteigerung kommen ; *vendre qqch aux ~s* etw versteigern ; etw meistbietend verkaufen ; etw verauktionieren ; *(fam.)* etw unter den Hammer bringen.

enchérir 1. aufschlagen ; teurer werden ; verteuern ; *la vie ~t de plus en plus* das Leben verteuert sich immer mehr **2.** ein Mehr(an)gebot machen ; ein höheres Gebot abgeben ; *~ sur qqn* jdn überbieten ; *~ une offre* ein (An)gebot überbieten **3.** *~ qqch* den Preis steigern.

enchérissement *m* Verteuerung *f* ; Preissteigerung *f* ; Preisaufschlag *m*.

enchérisseur *m (vente aux enchères)* Bieter *m* ; Bietende(r) ; Steigerer *m* ; *le dernier ~* Höchst-, Meistbietende(r).

enclave *f* **douanière** Zollanschluß *m*.

encombrant, e : *marchandises fpl ~es* sperrige Güter *npl* ; Sperrgut *n*.

encombré, e 1. *carrefour m ~* verstopfte Kreuzung *f* ; *route f ~ée* verstopfte Straße *f* **2.** *marché m ~* (mit Waren) überfüllter (saturierter, gesättigter) Markt *m* ; *profession f ~e* überlaufener (überfüllter) Beruf *m*.

encombrement *m* **1.** *(trafic)* Verkehrsstockung *f* ; Verkehrsstau *m* **2.** *(du marché)* Überangebot *n* ; Marktschwemme *f* **3.** *(d'une profession)* Überfüllung *f* **4.** *(volume)* Raumbedarf *m*.

encouragement *m* Förderung *f* ; Unterstützung *f* ; Anreiz *m* ; *~ au commerce extérieur, à l'épargne, à l'exportation, aux investissements* Außenhandels-, Spar-, Export-, Investitionsförderung ; *~ à la recherche scientifique, au tourisme* Förderung der wissenschaftlichen Forschung, des Fremdenverkehrs ; *mesure f d'~* Förderungsmaßnahme *f* ; *moyens mpl (fonds mpl, subsides mpl) destinés à l'~* Förderungsmittel *npl* ; *prime f d'~* (Anreiz)-prämie *f*.

encourager ermutigen ; fördern ; anreizen ; unterstützen ; *~ l'épargne* die Spartätigkeit fördern ; *~ les investissements par des allégements fiscaux* Investitionen durch Steuerermäßigungen fördern.

encourir : *~ une amende* eine Geldstrafe erhalten (bezahlen müssen) ; *~ des frais* sich in Unkosten stürzen ; *~ des reproches* sich Vorwürfe zuziehen ; *~ un risque* ein Risiko laufen ; *~ des sanctions, un blâme* eine Strafe verhängt bekommen, einen Tadel erhalten.

encours *mpl* Obligo *n* ; *~ de banque* noch nicht abgewickelte Geschäfte *npl* ; *~ des prêts* ausstehende Kredite *mpl*.

endetté, e verschuldet ; *fortement ~* schuldenbeladen ; hochverschuldet ; *être ~* Schulden haben ; *(fam.) être ~ jusqu'au cou* bis über die Ohren in Schulden stecken.

endettement *m* Verschuldung *f* ; *~ de l'État* Staatsverschuldung ; *~ extérieur (envers l'étranger), intérieur* Auslands-, Inlandsverschuldung ; *excès m d'~ (surendettement)* Überschuldung *f* ; *plafond m de l'~* Verschuldungsgrenze *f*, -limit *n*.

endetter : *s'~* in Schulden geraten ; sich in Schulden stürzen ; (viele) Schulden machen.

endiguer eindämmen ; etw (+ D) Einhalt gebieten ; aufhalten ; *~ la crimina-*

lité, l'inflation, une vague de hausse des prix die Kriminalität, die Inflation, eine Teuerungswelle eindämmen.

endommagement *m* Beschädigung *f* ; Beschädigen *n*.

endommagé, e beschädigt ; defekt.

endommager beschädigen ; *s'~* beschädigt werden.

endossable indossabel ; indossierbar ; girierbar.

endossataire *m* Indossatar *m* ; Girat *m* ; Giratar *m*.

endossé *m* ⇒ *endossataire.*

endos(sement) *m* Indossament *n* ; Giro ['ʒiːro] *n* ; Übertragungsvermerk *m* ; *~ en blanc* Blankogiro ; *~ complet, partiel* Voll-, Teilindossament ; *~ de procuration* Prokura-, Vollmachtindossament ; *~ restrictif* einschränkendes Indossament ; *céder (transmettre) par ~* durch Indossament (Giro) übertragen ; *cessible par ~* durch Indossament übertragbar ; *munir (revêtir) de son ~* mit Indossament versehen.

endosser 1. indossieren ; girieren [ʒi'riːrən] ; *~ un chèque, une lettre de change* einen Scheck, einen Wechsel indossieren (girieren) **2.** *~ la responsabilité de qqch* die Verantwortung für etw übernehmen.

endosseur *m* Indossant *m* ; Girant *m* [ʒi'rant] ; Überweiser *m* ; *~ précédent* Vordermann *m* ; *~ subséquent* Hintermann *m*.

énergétique Energie- ; *approvisionnement m, besoins mpl, bilan m, budget m ~* Energieversorgung *f*, -bedarf *m*, -bilanz *f*, -haushalt *m* ; *consommation f, crise f, déficit m ~* Energieverbrauch *m*, -krise *f*, -lücke *f* ; *demande f, dépenses fpl, économie f ~* Energienachfrage *f*, -aufwand *m*, -wirtschaft *f* ; *dépendance f ~* Energieabhängigkeit *f* ; *politique f, question f, programme m ~* Energiepolitik *f*, -frage *f*, -programm *n* ; *richesses fpl, réserves fpl, ressources fpl ~s* Energiereichtum *m*, -reserven *fpl*, -quellen *fpl* ; *production f, répartition f, secteur m ~* Energieproduktion *f*, -verteilung *f*, -bereich *m* ; *situation f ~* Energielage *f*.

énergie *f* Energie *f* ; ♦ *~ atomique (nucléaire)* Atomenergie ; *~ chimique, électrique* chemische, elektrische Energie ; *~ éolienne* Windenergie ; *~s douces* sanfte Energien ; *~ hydraulique (hydro-électrique)* Wasserkraft *f* ; *~ marémotrice* Gezeitenenergie ; *~ non polluante* umweltfreundliche Energie ; *~ primaire (charbon, pétrole, gaz naturel)* Primärenergie ; *~s de remplacement* Ersatzenergien ; *~ solaire* Sonnenenergie ; ♦♦ *apport m, consommation f, coût m de l'~* Energiezufuhr *f*, -verbrauch *m*, -kosten *fpl* ; *à faible consommation d'~* energiesparend ; *dépenses fpl, économies fpl d'~* Energieaufwand *m*, -einsparungen *fpl* ; *entreprise de production et de distribution d'~* Energieversorgungsbetrieb *m* ; *forme f, fournisseur m, fourniture f, gaspillage m d'~* Energieträger *m*, -lieferant *m*, -versorgung *f*, -verschwendung *f* ; *grand consommateur m d'~* energieintensiv ; *pénurie f, problème m de l'~, production f d'~* Energieknappheit *f*, -frage *f*, -erzeugung *f*, (-gewinnung *f*) ; *source f d'~* Energiequelle *f*, -träger *m* ; *utilisateur m d'~* Energieverbraucher *m* ; ♦♦♦ *consommer (utiliser) de l'~* Energie verbrauchen ; *gaspiller de l'~* Energie verschwenden ; *stocker de l'~* Energie speichern.

énergique energisch ; drastisch ; wirksam ; *élever une protestation ~* einen energischen Protest erheben ; *prendre des mesures ~s* energische (drastische) Maßnahmen treffen.

énergivorace *(fam.)* energiefressend.

enfreindre übertreten ; verletzen ; verstoßen (gegen) ; *~ une interdiction, une loi, un règlement* ein Verbot, ein Gesetz, eine Vorschrift übertreten ; *~ le secret postal, professionnel* das Brief-, das Berufsgeheimnis verletzen.

engagement *m*	**1.** ***obligation*** **2.** ***en bourse*** **3.** ***embauchage*** **4.** ***mise en gage***

1. *(obligation)* Verpflichtung *f* ; Verbindlichkeit *f* ; Zusage *f* ; Versprechen *n* ; ♦ *~ d'acceptation* Akzeptverpflichtung ; *~ bancaire* Bankhaftung *f* ; *~ contractuel (conventionnel)* vertragliche Verpflichtung ; *~ à court, moyen, long terme* kurz-, mittel-, langfristige Verbindlichkeit ; *~s en cours* laufende Verbindlichkeiten ; *~ écrit, oral* schriftliches, mündliches Versprechen ; *~ financier (de paiement)* Zahlungsverpflichtung ; *~ tacite* stillschweigende Verpflichtung ; ♦♦ *offre sans ~* freibleibendes (unverbindliches) Angebot *n* ; *rupture f d'~* Vertragsbruch *m* ; *sans ~* freibleibend (unverbindlich ; ohne Obligo) ; ♦♦♦ *contracter (prendre) un ~* eine Verbindlichkeit eingehen (übernehmen, auf sich nehmen) ; *faire* *honneur à (respecter, satisfaire à) ses ~s* seinen Verpflichtungen nachkommen ; *se libérer d'un ~* sich von einer Verpflichtung befreien ; *manquer à ses ~s* seinen Verpflichtungen nicht nachkommen ; seine Verpflichtungen nicht erfüllen ; *ne pas avoir d'autres ~s* keine anderweitigen Verpflichtungen haben ; *remplir ses ~s* seine Verpflichtungen erfüllen ; *rompre un ~* eine Verpflichtung nicht einhalten.

2. *(en bourse)* Engagement [ãgaʒə'mã] *n* ; *~ à la baisse, à la hausse* Baisse-, Hausseengagement.

3. *(embauchage)* Anstellung *f* ; Einstellung *f* ; Arbeitsverhältnis *n* ; *avoir un ~ avec qqn* mit jdm in einem Arbeitsverhältnis stehen ; *contracter, dissoudre un ~* ein Arbeitsverhältnis eingehen, lösen.

4. *(mise en gage)* Verpfändung *f*.

engager 1. *~ qqn* jdn einstellen ; jdn anstellen ; jdn rekrutieren ; *~ un équipage* eine Mannschaft heuern **2.** *(fonds, capitaux)* Geld anlegen ; investieren ; *~ de l'argent dans une affaire* Geld in ein Geschäft stecken **3.** *(moralement) ~ qqn à qqch* jdn zu etw verpflichten ; *~ qqn à garder le silence, à payer* jdn zu Stillschweigen, zur Zahlung verpflichten ; *~ sa responsabilité* eine Verantwortung übernehmen ; *(polit.)* die Vertrauensfrage stellen ; *s'~ par caution* (sich ver)bürgen für ; eine Bürgschaft übernehmen ; *s'~ par contrat, par serment* sich vertraglich, durch Eid verpflichten ; *s'~ par écrit, mutuellement* sich schriftlich, gegenseitig verpflichten ; *s'~ financièrement dans une affaire* in ein Geschäft einsteigen ; *une visite, un renseignement n'engage à rien* ein unverbindlicher Besuch ; eine unverbindliche Auskunft **4.** *(avec notion de durée) elle est ~ée dans cet emploi pour trois ans* sie ist für diese Beschäftigung auf drei Jahre verpflichtet.

engineering *m* ⇒ *ingénierie.*

engin *m* Gerät *n* ; Maschine *f* ; Apparat *m*.

engloutir : *~ des sommes faramineuses* Unsummen verschlingen.

engorgement *m* : *~ de la circulation* Verkehrsstau *m*, -stauung *f*, -stockung *f* ; *~ des affaires, de l'activité économique* Stockung *f* der Geschäfte, der Wirtschaftstätigkeit.

engrais *m* **1.** Dünger *m* ; Düngemittel *n* ; *~ azoté* Stickstoffdünger ; *~ chimique* Kunstdünger ; *~ phosphaté* Phosphatdünger **2.** Mast *f* ; *bétail m d'~* Mastvieh *n* ; *mettre du bétail à l'~* Vieh mästen.

engraisser 1. mästen ; düngen **2.** *(fam.) s'~ sur le dos de qqn* sich an jdm bereichern.

engranger einfahren ; *~ la récolte* die Ernte einfahren (in die Scheune bringen).

enième : *pour la ~ fois* zum zigsten Mal.

enjeu *m* Einsatz *m*.

enlèvement *m* Abholen *n* ; Abtransport *m* ; Wegnahme *f* ; *~ des déchets* (Müll)entsorgung *f* ; *~ de marchandises* Abnahme von Waren ; *~ des ordures* Müllabfuhr *f*, -beseitigung *f* ; *~ à domicile (franco)* Abholung *f* frei Haus.

enlever 1. abholen ; abtransportieren ; wegnehmen ; aufkaufen ; *~ un colis à la gare* ein Paket von der Bahn abholen ; *~ des meubles avec un camion* Möbel mit einem Lastwagen abtransportieren ; *~ les ordures* den Müll (Abfall) beseitigen ; *~ des déchets nucléaires* Atommüll beseitigen ; (ein KKW) entsorgen **2.** *~ la récolte* die Ernte einfahren (in die Scheune bringen) **3.** *~ un marché* einen Markt an sich reißen (erobern) **4.** *(marchandises) s'~* reißenden Absatz finden ; sich leicht verkaufen ; *(fam.) s'~ comme des petits pains* wie warme Semmeln weggehen.

ennuis *mpl* **d'argent :** *avoir des ~* Geldschwierigkeiten (Geldsorgen) haben ; in finanzieller Verlegenheit sein.

énoncé *m* Wortlaut *m* ; Aussage *f*.

enquête *f* Untersuchung *f* ; Befragung *f* ; Umfrage *f* ; Erhebung *f* ; Ermittlung *f* ; (Nach)forschung *f* ; Enquete [ã'kɛt(ə)] *f* ; Report *m* ; ♦ *~ de conjoncture* Konjunkturumfrage ; *~ fiscale* Steuerfahndung *f* ; *~ de marché* Marktforschung *f*, -analyse *f* ; *~ officielle* amtliche Erhebung ; *~ partielle* Teilerhebung ; *~ pénale* Strafuntersuchung ; *~ préliminaire* Voruntersuchung ; *~ par sondages individuels* Erhebung durch persönliche Befragung ; *~ représentative* Repräsentativbefragung, -untersuchung, -umfrage, -erhebung ; *~ statistique* statistische Erhebung ; *~ sur les salaires, les conditions de logement* Lohn-, Wohnverhältnisseerhebung ; *commission f d'~* Untersuchungsausschuß *m* : ♦♦♦ *l'~ a révélé que...* die Umfrage hat ergeben, daß... ; *l'~ est terminée* die Erhebung ist abgeschlossen ; *dépouiller une ~* eine Umfrage auswerten ; *faire une ~ sur* eine Umfrage machen (anstellen, veranstalten, durchführen) ; *ouvrir une ~* eine Untersuchung einleiten ; *procéder à une ~* eine Umfrage vornehmen ; *publier (les résultats d') une ~* eine Untersuchung veröffentlichen.

enquêteur *m* **1.** *(jur.)* Untersuchungsbeamter(r) **2.** *(statist.)* Meinungsforscher *m* ; Ermittler *m*.

enrayer *(crise, etc.)* aufhalten ; auffangen ; eindämmen ; bremsen ; *~ le chômage, l'inflation* die Arbeitslosigkeit, die Inflation eindämmen (dämpfen).

enregistrement *m* **1.** Eintragung *f* ; Registrierung *f* ; Registratur *f* ; Aufzeichnung *f* ; ♦ *~ des commandes* Auftragseingang *m* ; *~ d'une marque* Markeneintragung ; *~ obligatoire* Eintragungspflicht *f* ; ♦♦ *bulletin m d'~* Gepäck(aufbewahrungs)schein *m* ; *bureau m d'~* Registratur *f* ; *droit m d'~* Eintragungsgebühr *f* ; *frais mpl d'~* Registraturkosten *pl* ; *numéro m d'~* Buchungsnummer *f* ; *soumis à l'~* eintragungspflichtig ; *visa m d'~* Eintragungsvermerk *m* **2.** *(bagages)* Gepäckaufgabe *f*, -abfertigung *f* **3.** *(sur bandes)* (Band)aufnahme *f* **4.** *(inform.)* Speicherung *f*.

enregistrer 1. eintragen ; registrieren ; verbuchen ; verzeichnen ; *~ des accidents, des entrées* Unfälle, eingehende Beträge registrieren ; *~ des opérations commerciales, un succès* Geschäftsvorgänge, einen Erfolg verbuchen (verzeichnen) ; *~ un taux de croissance élevé* eine hohe Wachstumsrate verzeichnen ; *~ au nom de qqn* auf jds Namen eintragen ; *~ au cadastre, au registre du commerce, au registre foncier* ins (in den) Kataster, ins Handelsregister, ins Grundbuch eintragen **2.** *faire ~ ses bagages* sein Gepäck aufgeben **3.** *~ sur bande* auf Band aufnehmen ; *~ une conversation* ein Gespräch mitschneiden (auf Band aufnehmen) **4.** *(des données)* (Daten) speichern.

enrichir 1. reich machen ; bereichern ; *~ une collection de pièces nouvelles* eine Sammlung um neue Stücke bereichern **2.** *s'~* sich bereichern ; *s'~ sur le dos de qqn* sich auf jds Kosten bereichern **3.** *uranium ~i* angereichertes Uran *n*.

enrichissement *m* **1.** Bereicherung *f* ; Reicherwerden *n* ; **2.** *(uranium)* Anreicherung *f* ; *procédé m d'~* Anreicherungsverfahren *n*.

ensacher einsacken ; einsäckeln ; in Säcke (ab)füllen.

enseigne *f* Aushänge-, Ladenschild *n* ; *~ commerciale* Firmenschild ; Firmenzeichen *n* ; *~ lumineuse (au néon)* (Neon)leuchtschild ; Lichtreklame *f* ; *~ publicitaire* Reklameschild ; *installer (fixer), accrocher, retirer une ~* ein Schild anbringen, aushängen, entfernen.

enseignement *m* Unterrichtswesen *n* ; Unterricht *m* ; *~ commercial, par correspondance* Handels-, Fernunterricht ; *~ obligatoire* Schulpflicht *f* ; *~ postscolaire* Fortbildung *f* ; *~ pour adultes* Erwachsenenbildung *f* ; *~ privé* Privatschulwesen *n* ; *~ public* öffentlicher Schuldienst *m* ; *~ professionnel, technique* Fach-, Berufsschulwesen *n*.

1. ensemble *m* **1.** Gesamt- ; Gesamtheit *f* ; Ganze(s) ; ♦ *l'~ des frais* die Gesamtkosten *pl* ; *l'~ du personnel* Belegschaft *f* ; *l'~ des travailleurs* die Gesamtheit der Arbeiter ; Arbeiterschaft *f* ; *dans son ~* in seiner Gesamtheit ; *plan m d'~* Gesamtplan *m* ; ♦♦♦ *considérer qqch dans son ~* etw als Ganzes betrachten ; *ne pas perdre l'~ de vue* das Ganze im Auge behalten **2.** Komplex *m* ; *~ hôtelier, industriel, touristique* Hotel-, Industrie-, Ferienkomplex.

2. ensemble *m* **(grand)** Großsiedlung *f* ; Wohnsiedlung *f* ; *(péj.)* Miets-, Wohnkaserne *f* ; *grands ~s* Trabantenstadt *f*.

ensemencer besäen ; *surface f ~ée* Anbaufläche *f*.

ensilage *m* Einlagerung *f* in Silos.

ensiler einlagern ; *~ des céréales* Getreide in einem Silo lagern.

entamer : *~ une conversation, des négociations* ein Gespräch, Verhandlungen anknüpfen (einleiten) ; *~ son capital, des économies, des réserves, une somme d'argent* Ersparnisse, Reserven, eine Geldsumme angreifen ; *~ des poursuites contre qqn* eine gerichtliche Klage gegen jdn anstrengen.

entassement *m* Anhäufung *f* ; Aufstapeln *n* ; Scheffeln *n* ; Hamstern *n*.

entasser anhäufen ; aufhäufen ; *~ des caisses* Kisten aufstapeln ; *~ des richesses* Reichtümer anhäufen ; *~ des marchandises (par précaution)* hamstern ; Panikkäufe machen ; *~ des profits, de l'argent* Profit, Geld scheffeln ; *s'~* sich türmen ; aufgestapelt werden.

entendre : *ce prix m s'entend net (de toutes taxes)* dieser Preis versteht sich netto.

entente *f* **1.** Einvernehmen *n* ; Verständigung *f* ; Einigung *f* ; Kompromiß *m* ; Ausgleich *m* ; *~ amiable* gütliche

Einigung ; *en ~ avec* im Einvernehmen mit ; *parvenir à une ~* zu einer Verständigung (zu einem Kompromiß) kommen **2.** Absprache *f* ; Kartell *n* ; Konzernzusammenschluß *m* ; Interessengemeinschaft *f* ; pool [pu:l] *m* ; Vereinbarung *f* ; *~ économique* Wirtschaftsvereinbarung ; *~ illicite* Frühstückskartell *n* ; *~ tarifaire* Tarifvereinbarung ; *sans ~ préalable* ohne vorherige Absprache ; *~ sur les prix (en matière de prix)* Preisabsprache ; *~ de prix* Preiskartell ; *conclure une ~* eine Absprache treffen ; *constituer une ~* ein Kartell bilden ; *démanteler une ~* ein Kartell auflösen, entflechten.

entériner billigen ; (gerichtlich) bestätigen ; *~ un jugement* ein Urteil bestätigen.

en-tête *m* **1.** *(corresp.)* Briefkopf *m* ; *papier m à ~* Kopfbogen *m* ; Bogen mit Briefkopf **2.** Überschrift *f*.

entier,ière ganz ; vollzählig ; *en ~* im ganzen ; *nombre m ~* eine ganze Zahl *f* ; *sur une page ~ière* ganzseitig ; *payer place ~ière* den vollen Preis bezahlen ; *la question reste ~ière* die Frage bleibt offen ; *nous restons à votre ~ière disposition* wir stehen ganz zu Ihrer Verfügung ; wir stehen Ihnen ganz zur Verfügung.

entorse *f : ~ au code de la route* Verstoß *m* gegen die (Straßen)verkehrsordnung ; *~ à la vérité* Verdrehung *f* der Wahrheit (des Tatbestands) ; *faire une ~ à la loi, au règlement* gegen das Gesetz verstoßen ; die Vorschriften verletzen.

entraide *f* (gegenseitige) Hilfe *f* ; Beistand *m* ; *comité m d'~* Hilfskomitee *n*.

entraînement *m* Ausbildung *f* ; Schulung *f* ; *stage m d'~* Ausbildungslehrgang *m*.

entraîner **1.** ausbilden ; schulen ; trainieren ; *~ les jeunes, la génération montante* die jungen Kräfte, den Nachwuchs anlernen **2.** *~ des frais* Kosten verursachen ; *~ des inconvénients* Nachteile mit sich bringen.

entrave *f* Hindernis *n* ; Hemmnis *n* ; Hemmung *f* ; *~ à la circulation* Verkehrshindernis ; *~ au commerce* Handelshemmnis ; *être une ~ au commerce* handelshemmend sein ; *être une ~ au progrès* ein Hemmschuh für den Fortschritt sein ; *être une ~ à la libre circulation des biens* eine Beeinträchtigung für den freien Güterverkehr sein.

entraver hemmen ; behindern ; beeinträchtigen.

entrée *f*	**1.** *accès* **2.** *entrée en douane* **3.** *informatique* **4.** *commerce*

1. *(accès)* **1.** Eintritt *m* ; Zutritt *m* ; Eingang *m* ; Zuzug *m* ; Zufluß *m* ; Beitritt *m* ; *~ de capitaux* Kapitalzufluß ; *~ interdite* Zutritt verboten ; *~ libre* freier Eintritt ; *~ libre sur le marché* freier Marktzutritt ; *~ dans la communauté européenne* Beitritt in die Europäische Gemeinschaft ; *~ en activité* Eintritt ins Berufsleben ; *~ d'un associé* Aufnahme *f* eines Gesellschafters ; *~ en fonctions* Amts-, Dienstantritt ; *~ en possession* Inbesitznahme *f*, -ergreifung *f* ; *~ en séance* Eröffnung *f* einer Sitzung ; *~ en service* Inbetriebnahme *f*, -setzung *f* ; *~ en vigueur* Inkraftsetzung *f* ; *carte f (billet m) d'~* Eintrittskarte *f*, -preis *m*, -geld *n* ; *droit m d'~* Eintrittsgebühr *f* ; *avoir ses, se créer des ~s dans certains milieux* in gewisse Kreise Zugang finden, sich verschaffen **2.** *(d'un bâtiment)* Eingang *m* ; *~ principale* Haupteingang ; *se bousculer à l' ~* sich vor dem Eingang drängeln ; *(fig.)* die Zahl der Bewerber ist sehr hoch ; **3.** *(dans un territoire, une gare, un port)* Einreise *f* ; Einfahrt *f* ; Einlaufen *n* ; *~ et sortie du territoire* Ein- und Ausreise *f* ; *l'~ aux États-Unis* die Einreise in die USA ; *autorisation f, interdiction f d'~* Einreiseerlaubnis *f* (-genehmigung *f*), Einreiseverbot *n* ; *visa m d'~* Einreisevisum *n* ; *accorder, refuser le droit d'~ à qqn* jdm die Einreise- (erlaubnis) gewähren, verweigern.

2. *(entrée en douane)* (Zoll)einfuhr *f* ; *(navire en douane)* Einklarierung *f* ; *~ en franchise* zollfreie Einfuhr ; *acquit m d'~* Zolleingangsschein *m* ; Zolleinfuhrschein *m* ; *contingentement m à l'~* Einfuhrkontingentierung *f* ; *droit m d'~* Einfuhrzoll *m* ; *prélever un droit d'~ sur des marchandises* auf bestimmte Waren einen Einfuhrzoll erheben.

3. *(inform.)* Eingabe *f* ; *appareil m d'~* Eingabegerät *n* ; *carte f d'~* Eingabekarte *f* ; *contrôle m ~ -sortie* Eingabe-Ausgabe-Steuerung *f* ; *convertisseur m (traducteur m) d'~* Eingabe-Datenübersetzer *m* ; *données fpl d'~* Eingabedaten *pl* ; *fichier m d'~* Eingabedatei *f* ; *mémoire f d'~* Eingabespeicher *m* ; *unité f d'~* Eingabegerät *n* ; Eingabeeinheit *f* ; *unité f d'~ et de sortie* Eingabe-Ausgabe-Einheit *f*.

4. ***(commerce)*** *~s* Eingang *m* ; Eingänge *pl* : *~ de(s) commandes* Auftragseingang ; *~ et sorties de marchandises* Warenein- und -ausgang *m* ; *livre m des ~* Wareneingangsbuch *n*.

entremise *f* Vermittlung *f* ; Fürsprache *f* ; *~ de capitaux* Kapitalvermittlung ; *par l'~ de* durch (dank der) Vermittlung von ; *avoir une place par l'~ d'un ami* einen Posten dank der Fürsprache eines Freundes bekommen.

entreposage *m* (Ein)lagern *n* ; Einlagerung *f* ; Stapeln *n*.

entreposer *m* einlagern ; in einem Lagerraum aufbewahren ; auf Lager bringen ; *~ des meubles* Möbel unterstellen ; *marchandise f ~ée* Lagergut *n*.

entreposeur *m* Lageraufseher *m* ; Lagerführer *m*, -verwalter *m*, -halter *m*.

entrepositaire *m* **1.** Lagerhalter *m* **2.** Einlagerer *m*.

entrepôt *m* Lager *n* ; Silo *n* ; Lagerräume *mpl* ; Lagerhaus *n* ; Speicher *m* ; Lagerhalle *f* ; ♦ *~ de céréales* Getreidesilo ; *~ collectif* Sammellagerung *f* ; *~ de douane* Zollager, -verschluß *m* ; *~ fictif* Privatniederlage *f* ; *~ franc* Freilager ; *~ frigorifique* Kühlhaus *n* ; *~ maritime* Zwischenhafen *m* ; *~ public (réel)* öffentliches Lagerhaus ; *en ~* unter Zollverschluß ; unverzollt ; ♦♦ *certificat m, frais mpl, taxe f d'~* Lagerschein *m*, -kosten *pl*, gebühr *f* ; *sortie d'~* Auslagerung *f* ; ♦♦♦ *mettre en ~* (unter Zollverschluß) einlagern ; *sortir de l'~* auslagern ; frei machen ; *vendre en ~* Waren unter Zollverschluß verkaufen.

entreprenant, e unternehmungslustig ; unternehmend ; dynamisch.

entreprendre unternehmen ; *~ un voyage, les démarches (appropriées)* eine Reise, (geeignete) Schritte unternehmen ; *~ une discussion* eine Unterhaltung anfangen ; *~ une mission* einen Auftrag übernehmen ; *~ de faire qqch* etw zu machen versuchen.

entrepreneur *m* **1.** *(bâtiment)* Bauunternehmer *m* ; *~ de travaux publics* Tiefbauunternehmer **2.** *(surtout au pluriel) (entreprises) ~s* Unternehmer *mpl* ; Industrielle(n) ; *soulager les charges des ~s* die Unternehmer entlasten **3.** (dynamischer) Geschäftsmann *m* ; Manager *m* ; Unternehmer *m*.

entrepreneurial, e unternehmerisch ; Unternehmer- ; Geschäfts-.

1. entreprise *f (qqch que l'on entreprend)* Unternehmen *n* ; Vorhaben *n* ; *~ délicate, risquée, sans issue* schwieriges, gewagtes, aussichtsloses Unternehmen ; *l'~ a échoué, a réussi* das Unternehmen scheiterte, gelang ; *s'engager dans une ~* sich in ein Unternehmen einlassen ; *mener une ~ à bien, y renoncer* ein Vorhaben durchführen, aufgeben.

2. entreprise *f* Betrieb *m* ; Unternehmen *n* ; *(rare)* Unternehmung *f* ; Geschäft *n* ; Firma *f* ; *(arch.)* Handelshaus *n* ; *(R.D.A.)* volkseigener Betrieb *m* (VEB) ; ♦ *~ agricole, artisanale* Landwirtschafts-, Handwerksbetrieb ; *~ autogérée* selbstverwaltetes Unternehmen ; *~ d'assurances, à but lucratif, de camionnage* Versicherungs-, Erwerbs-, Rollfuhrunternehmen ; *~ capitaliste, cogérée, commerciale* kapitalistischer, mitbestimmter, kaufmännischer Betrieb ; *~ concurrente* Konkurrenzbetrieb ; *~ de construction, déficitaire* Bau-, Verlustunternehmen ; *~ diversifiée* diversifiziertes (verzweigtes) Unternehmen ; *~ en difficulté*, marode Firma ; sanierungsbedürftiges Unternehmen ; *~ entièrement automatisée* vollautomatisierter Betrieb ; *~ d'État, exportatrice* Staats- (staatlicher), Exportbetrieb (-firma) ; *~ familiale* Familienbetrieb ; *~ en grève* bestreiktes Unternehmen ; *~ individuelle* Einzelunternehmen ; Einmannbetrieb ; *~ intégrée, louée, de messageries* Verbundunternehmen, Pacht-, Paketpostbetrieb ; *~ minière, mixte, modèle* Bergbau-, Mischunternehmen ; Musterbetrieb ; *~ multinationale* multinationales Unternehmen ; Multi *m* ; *~ en participation* stille Gesellschaft ; *~ nationalisée, pilote* verstaatlichter, Testbetrieb ; *~ prépondérante sur le marché* marktbeherrschendes Unternehmen ; *~ privée, de production, à production multiple* Privat-, Erzeuger-, Mehrproduktbetrieb ; *~ publique* Staatsbetrieb ; *~ reprivatisée* reprivatisiertes (in Privatbesitz zurückgeführtes) Unternehmen ; *~ en régie* Regiebetrieb ; *~ saisonnière, semi-publique* Saisonbetrieb ; gemeinwirtschaftliches (halbstaatliches) Unternehmen ; *~ socialiste* sozialistischer (volkseigener) Betrieb ; *~ subventionnée* Zuschußbetrieb ; subventionierter Betrieb ; *~ à succursales multiples* Filialunternehmen ; *~ de transformation, de transports aériens* Verarbeitungsbetrieb ; Luftverkehrsgesellschaft *f* ; ~ *unipersonnelle* Einzel-, Einmanngesellschaft ; ~ *d'utilité publique* gemeinnütziges Unternehmen ; ~ *de vente par correspondance* Versandfirma ; Versandgeschäft *n* ; Versandhaus *n* ; ♦♦ *appartenance f à l'~* Betriebszugehörigkeit *f* ; *qui appartient à l'~* betriebseigen ; *branche f d'~* Betriebszweig *f* ; *caisse-maladie f d'~* Betriebskrankenkasse *f* ; *cessation f d'~* Betriebsstillegung *f* ; Betriebseinstellung *f* ; *chef m d'~* Betriebsleiter *m* ; *les chefs d'~* Arbeitgeberschaft *f* ; *climat m de l'~* Betriebsklima *n* ; *concentration f d'~s* Unternehmenskonzentration *f* ; *comité m d'~* Betriebsrat *m* ; *contrat m d'~* Werk(s)vertrag *m* ; Unternehmensvertrag ; *d'~, de l'~* betriebseigen ; *diplômé de gestion des ~s* Betriebswirt *m* ; *dimension f d'une ~* Größe *f* (Umfang *m)* eines Unternehmens ; *direction f de l'~* Betriebs-, Werksleitung *f* ; *école d'~* Werksschule *f* ; *économie f de libre ~* Unternehmerwirtschaft *f* ; *esprit m d'~* Unternehmungsgeist *m* ; *étranger à l'~* betriebsfremd ; *fermeture f d'une ~* Stillegung *f* (Schließung *f*) eines Betriebs ; *fidélité f à l'~* Betriebstreue *f*, -zugehörigkeit *f* ; *fusion f d'~s* Unternehmenszusammenschluß *m*, -fusion *f* ; *gérant m, gestion f d'~* Betriebsführer *m*, -führung ; *grande ~* Großbetrieb *m* ; Unternehmergruppe *f* ; *groupement m d'~s* Konzern *m* ; *interne à l'~* betriebsintern ; *jeune chef m d'~* Jungunternehmer *m* ; *journal m d'~* Werkszeitung *f* ; *liberté f d'~* Unternehmerfreiheit *f* ; Handels- und Gewerbefreiheit *f* ; *libre ~* freies Unternehmen ; *logement m d'~* Werkswohnung *f* ; *membre m d'une ~* Betriebsangehörige(r) ; *membre m du comité d'~* Betriebsratsmitglied *n* ; *objet m de l'~* Gegenstand *m* des Unternehmens ; *organisation f de l'~* Betriebsorganisation *f* ; *petites et moyennes ~s (P.M.E.)* Klein- und Mittelbetriebe *pl* ; *politique f de l'~* Unternehmenspolitik *f* ; *propriété de l'~* betriebseigen ; *règlement m, restaurant m de l'~* Betriebsordnung *f* ; Werkskantine *f* ; *restructuration f de l'~* Umstrukturierung *f* des Betriebs ; *risque m de l'~* Betriebsrisiko *n* ; *transfert m d'~* Betriebsverlagerung *f*, -verlegung *f* ; *visite f d'~* Betriebsbesichtigung *f* ; ♦♦♦ *diriger, financer, fonder, liquider une ~* ein Unternehmen leiten, finanzieren, gründen, liquidieren ; *l'~ emploie 1 000 personnes* der Betrieb beschäftigt 1 000 Leute ; *cette ~ n'existe plus* diese Firma ist erloschen ; *être à la tête d'une ~* an der Spitze eines Unternehmens stehen ; *prendre la direction d'une ~* die Betriebsleitung übernehmen ; *reconvertir une ~* eine Betriebsumstellung vornehmen ; *transférer une ~ publique au secteur privé* ein staatliches Unternehmen in Privateigentum überführen (reprivatisieren).

entrer treten ; eintreten ; beitreten (+ D) ; einfahren ; hinein-, hereinkommen ; *défense f d'~* Zutritt (Eingang) verboten ; kein Zutritt ; ~ *en action* in Aktion (Tätigkeit) treten ; ~ *dans l'administration* die Verwaltungslaufbahn einschlagen ; ~ *dans sa 60e année* ins sechzigste Lebensjahr eintreten ; *l'argent ~e dans la caisse* das Geld kommt herein ; ~ *en circulation (billets)* in Umlauf setzen (bringen) ; ~ *dans la communauté européenne* der EG beitreten ; ~ *dans le commerce* Kaufmann werden ; eine kaufmännische Laufbahn einschlagen ; ~ *en considération* in Betracht kommen ; ~ *en correspondance* in Briefwechsel (Korrespondenz) treten ; ~ *dans un emploi* eine Stellung antreten ; ~ *dans la fabrication de qqch* zur Herstellung von etw dienen ; ~ *en fonctions* ein Amt antreten (übernehmen) ; ~ *en gare* einfahren ; ~ *en ligne de compte* in Betracht kommen ; ~ *en liquidation* in Liquidation geraten ; ~ *dans un parti, dans une association* einer Partei, einem Verein beitreten ; ~ *en pourparlers* in Verhandlungen treten ; ~ *dans un port* einlaufen ; ~ *en rapport avec qqn* mit jdm in Verbindung treten ; ~ *au service de qqn, de l'État* in jds Dienst, in den Staatsdienst treten ; ~ *dans une société* als Teilhaber in eine Firma eintreten ; ~ *pour un tiers dans une affaire* mit einem Drittel an einem Geschäft beteiligt sein ; ~ *dans la vie active* ins Erwerbsleben eintreten ; ~ *en vigueur* in Kraft treten ; wirksam werden ; *elle m'a fait ~ dans cette place* sie hat mir zu dieser Stellung verholfen ; *les marchandises entrant en France* die in Frankreich eingeführten Waren.

entretenir **1.** unterhalten ; instand halten ; in gutem Zustand erhalten ; ~ *une famille, des bâtiments, une voiture, de bonnes relations (avec qqn), des contacts* eine Familie, Gebäude, einen Wagen, gute Verbindungen (mit, zu jdm), Kontakte unterhalten ; ~ *une correspondance avec qqn* mit jdm im

Briefwechsel (in Korrespondenz) stehen ; *~ de bons rapports* gute Beziehungen zu jdm pflegen ; *~ de vains espoirs* sich falsche Hoffnungen machen ; *~ qqn de vaines promesses* jdn mit leeren Versprechungen hinhalten **2.** *s'~ de qqch* sich über etw (+ A) unterhalten.

entretien *m* **1.** Erhaltung *f* ; Unterhaltung *f* ; Instandhalten *n* ; Wartung *f* ; *atelier m d'~* Reparaturwerkstatt *f* ; *frais mpl d'~* Instandhaltungs-, Unterhaltungskosten *pl* ; *être en bon, mauvais état d'~* in gutem, schlechtem Unterhaltungszustand sein ; *cette voiture me coûte cher d'~* die Unterhaltung des Wagens kostet mich eine Menge Geld **2.** Unterredung *f* ; Unterhaltung *f* ; Gespräch *n* ; *(téléph.) ~ urgent, de service, privé* dringendes, dienstliches, privates Gespräch ; *(comme) suite à notre ~* im Anschluß an unsere Unterredung.

entrevue *f* Unterredung *f* ; Zusammenkunft *f* ; Treffen *n* ; *veuillez m'accorder une ~* gewähren Sie mir bitte eine Unterredung ; *arranger une ~* eine Zusammenkunft vermitteln.

entrisme *m* Unterwanderung *f*.

entriste Unterwanderungs- ; *employer une tactique ~* unterwandern.

énuméré : *les articles ~s ci-dessous* die unten aufgezählten (aufgeführten) Artikel.

envahir überschwemmen ; eindringen in (+ A) ; *le marché est envahi de produits étrangers* der Markt wird mit Auslandsprodukten überschwemmt.

enveloppe *f* **1.** (Brief)umschlag *m* ; *~ affranchie (timbrée)* Freiumschlag ; *~ à fenêtre* Fensterumschlag ; *~ matelassée* gefütterter Umschlag ; Versandbeutel *m* ; *sous ~* in einem Umschlag ; *fermer une ~* einen Umschlag zukleben ; *mettre sous ~* in einen Umschlag stecken **2.** *~ budgétaire* Haushaltsvolumen *n* für ein bestimmtes Ressort ; für einen Posten vorgeschriebene Haushaltsmittel *npl*.

envergure : *de grande ~* breitangelegt ; in großem Maßbstab.

environ ungefähr ; etwa ; zirka ; an die ; *cela vous fera ~ 100 F* das wird Sie rund 100 F kosten.

environnement *m* Umwelt *f* ; *conditions fpl, défenseur m de l'~, dégâts mpl causés à l'~* Umweltbedingungen *fpl*, -schützer *m*, schäden *mpl* ; *destruction f de l'~* Umweltzerstörung *f* ; *loi f sur la protection de l'~* Umweltschutzgesetz *n* ; *législation f en matière d'~* Umweltgesetzgebung *f* ; *pollution f de l'~* Umweltverschmutzung *f*, -verseuchung *f*, -verpestung *f*, -schäden *mpl*, -belastung *f* ; *problème m de l'~* Umweltfrage *f*, *protection f de l'~* Umweltschutz *m* ; *qui nuit à l'~* umweltschädigend, -feindlich ; *qui respecte l'~* umweltfreundlich ; *services mpl (du ministère) de l'~* Umweltbehörde *f*.

environs *mpl* **1.** Umgebung *f* ; Umgegend *f* **2.** *aux ~ de Pâques* um Ostern.

envisager **1.** *~ qqch* etw im Auge haben ; etw ins Auge fassen **2.** *~ de faire qqch* beabsichtigen etw zu tun ; die Absicht haben, etw zu tun.

envoi *m* Versand *m* ; Sendung *f* ; Abschicken *n* ; Absenden *n* ; Ein-, Zusendung *f* ; Spedition *f* ; Lieferung *f* ; ♦ *~ d'argent (de fonds)* Geldsendung *f* ; *~ par chemin de fer* Bahnsendung ; *~ collectif* Postwurfsendung ; *~ contre remboursement* Nachnahmesendung ; *~ d'échantillons* Mustersendung ; *~ d'espèces, à l'examen (à vue)* Bar-, Ansichtssendung ; *~ exprès* Eilsendung (Sendung per Expreß) ; *~ franco (en franchise) de port* portofreie Sendung ; *~ en gare restante, groupé* bahnlagernde, Sammelsendung ; *~ en nombre* Massensendungen ; *~ postal* Postsendung ; *~ poste restante* postlagernde Sendung ; *~ recommandé* Einschreibesendung ; *~ en souffrance* unzustellbare (unbestellbare) Sendung ; *~ à titre d'essai* Probesendung ; *~ tombé au rebut* nicht zustellbare Sendung ; *~ avec valeur déclarée* Wertsendung ; *~ en grande vitesse (en accéléré)* Eilgut *n* ; *~ en petite vitesse* Frachtgutsendung ; ♦♦ *bordereau m d'~* Begleitschein *m*, -zettel *m* ; *date f d'~* Versanddatum *n* ; *frais mpl d'~* Versandkosten *pl* ; *lettre f d'~* Begleitbrief *m* ; *prêt à l'~* versandfertig, -bereit ; *sous (contre) ~ de* gegen Einsendung von ; *~ gratis sur demande* Gratiszusendung auf Wunsch ; ♦♦♦ *nous accusons réception du dernier ~* wir bestätigen hiermit den Empfang der letzten Sendung ; *l'entreprise se charge de l'~ des marchandises* die Firma übernimmt den Versand der Waren ; *le nouvel ~ nous est parvenu* die neue Sendung ist eingetroffen.

envolée *f (prix, cours)* Hochschnellen *n* ; Hochklettern *n* ; Höhenflug *m*.

s'envoler **1.** (ab)fliegen nach **2.** *(prix)* hochschnellen ; davonlaufen.

envoyer (ab)schicken ; (ab)senden ; *~ par la poste* mit der Post schicken ; *~ comme colis postal* als Postpaket versenden ; *~ un télégramme* ein Telegramm absenden (aufgeben, schicken).

envoyeur *m : retour à l'~* an den Absender zurück.

épargnant *m* Sparer *m* ; *les petits ~s* die Kleinsparer ; die kleinen Sparer.

épargne *f* **1.** Ersparnisse *fpl* ; Spargelder *npl* ; Sparbetrag *m* ; Sparguthaben *n* **2.** Sparen *n* ; Sparwesen *n* ; Spartätigkeit *f* ; ♦ *~ collective* Kollektivsparen ; *~ créatrice (utilitaire)* Zwecksparen ; *~ mobilière* Effektensparen ; *~ obligatoire (forcée)* Zwangsparen ; erzwungenes Sparen ; *~ de panique* Angstsparen *n* ; *~ des particuliers* private Spartätigkeit ; *~ peu soutenue* flaue Spartätigkeit ; *~ populaire* Volkssparen ; *~ -prévoyance* Vorsorgesparen ; *~ productive (investie dans les entreprises)* Beteiligungssparen ; *(placement)* Anlagesparen ; Sparanlage *f* ; *~ publique* öffentliches Sparwesen ; *~ spontanée* freiwilliges Sparen ; ♦♦ *assurance f ~* Sparversicherung *f* ; *caisse f d'~ (postale)* (Post)sparkasse *f* ; *bon m d'~* Sparbrief *m* ; *capital m d'~* Sparkapital *n* ; Angespartes ; *compte m d'~ (compte sur livret)* Sparkonto *n* ; *contrat m, dépôts mpl d'~* Sparvertrag *m*, -einlagen *fpl* (-gelder *npl*) ; *encouragement m à l'~* Sparförderung *f* ; Förderung der Spartätigkeit ; *esprit m d'~* Sparsinn *m* ; *habitudes fpl d'~* Spargewohnheiten *fpl* ; *incitation f à l'~* Sparanreiz *m* ; *livret m (de caisse) d'~* Spar(kassen)-buch *n* ; *mesures fpl destinées à favoriser l'~* Sparmaßnahmen *fpl* ; *opérations fpl d'~* Sparverkehr *m* ; *potentiel m d'~* Sparfähigkeit *f* ; *prime f d'~* Sparprämie *f* ; Sparzulage *f* ; *programme m d'~* Sparprogramm *n* ; *propension f à l'~* Sparneigung *f* ; *reprise f de l'~* Wiederaufleben *n* der Spartätigkeit ; *service m d'~* Sparabteilung *f* ; *taux m d'~* Sparquote *f* ; *volume m de l'~* Sparvolumen *n* ; ♦♦♦ *encourager (favoriser, stimuler) l'~* die Spartätigkeit fördern.

épargne-logement *f* Bausparen *n* ; *souscrire un contrat d'~* einen Bausparvertrag abschließen.

épargner 1. sparen ; sparsam umgehen mit ; ersparen ; Geld zurücklegen ; Geld beiseite legen ; *(fam.)* Geld auf die hohe Kante legen **2.** *~ de l'énervement, des ennuis, une perte de temps, du travail à qqn* jdm Nerven, Ärger, Zeit, Arbeit ersparen ; *ne pas ~ sa peine* keine Mühe scheuen.

épargne-retraite *f* Alterssparen *n* ; Zusatzrente *f* ; *souscrire un contrat d'~* einen Alterssparvertrag abschließen ⇒ PER.

épave *f* Wrack *n* ; herrenloses Gut *n* ; Strandgut *n* ; *droit m d'~* Strandrecht *n*.

épicerie *f* **1.** *(magasin)* Lebensmittelgeschäft *n* ; *~ du coin (fam.)* Tante-Emma-Laden *m* ; *~ fine* Delikatessengeschäft *n* **2.** Lebensmittelhandel *m* **3.** Lebensmittel *npl.*

épicier *m* Lebensmittelhändler *m* ; *(arch.)* Krämer *m* ; *(arch.)* Kolonialwarenhändler ; *~ du coin (fam.)* Kaufmann *m* um die Ecke ; Tante-Emma-Laden *m*.

éponger : **1.** *~ les dettes de qqn* für jds Schulden aufkommen **2.** *~ le pouvoir d'achat* die Kaufkraft abschöpfen.

époux *mpl* Ehegatten *pl* ; Eheleute *pl* ; *(jur.) donation f entre ~* Schenkung *f* unter Ehegatten ; *(jur.) ~ communs (en biens), séparés en biens* in Gütergemeinschaft, in Gütertrennung lebende Ehegatten.

épreuve *f* Probe *f* ; Versuch *m* ; Prüfung *f* ; Test m ; ♦ *~ d'aptitude* Eignungsprüfung ; *~ écrite, orale* schriftliche, mündliche Prüfung ; *~ de force* Kraft-, Machtprobe ; Machtkampf *m* ; *~ au hasard* Stichprobe ; *~ de résistance* Festigkeitsprobe, -test ; *à l'~ de l'eau, du feu* wasser-, feuerfest ; *à toute ~* bewährt ; zuverlässig ; ♦♦♦ *mettre à l'~* auf die Probe stellen ; erproben ; *mettre à rude ~* auf eine harte Probe stellen ; *soumettre à une ~* einer Probe (einem Test) unterziehen ; *subir (passer) une ~ avec succès* eine Probe bestehen.

éprouvé, e erprobt ; bewährt ; zuverlässig ; betriebssicher ; *un collaborateur ~* ein bewährter Mitarbeiter.

éprouver 1. erproben ; auf die Probe stellen ; prüfen ; testen ; *~ la solidité d'un matériau* die Festigkeit eines Materials erproben **2.** fühlen ; empfinden ; *~ des difficultés de paiement, de trésorerie* in Zahlungs-, Liquiditätsschwierigkeiten geraten ; *~ des pertes* Verluste erleiden.

épuisé, e 1. *(source, pétrole)* versiegt **2.** *(fatigue)* erschöpft **3.** *(filon, carrière)* völlig abgebaut ; ausgebeutet **4.** *(sol)* ermüdet ; ausgemergelt. **5.** *(réserves)* erschöpft ; aufgebraucht ; *notre stock est ~* wir sind ausverkauft. **6.** *(édition) le livre est ~* das Buch ist vergriffen.

épuisement *m* Erschöpfung *f* ; *~ prévisible des ressources naturelles* absehbare Erschöpfung natürlicher Ressourcen.

épuiser 1. *(carrière)* abbauen ; ausbeuten **2.** *(réserves, stocks)* erschöpfen ; aufbrauchen ; verbrauchen ; zu Ende gehen **3.** *~ des marchandises* ausverkaufen ; restlos verkaufen **4.** *(personne) s'~* sich erschöpfen ; *s'~ au travail* sich überarbeiten ; *(fam.)* sich abschinden ; sich abrackern.

épuration *f* **1.** *(des pétroles)* Erdölreinigung *f* ; *station f d'~* Kläranlage *f* **2.** *(politique)* Säuberung *f*.

équilibre *m* Gleichgewicht *n* ; Ausgeglichenheit *f* ; ◆ *~ de la balance commerciale* Ausgeglichenheit der Handelsbilanz ; *~ budgétaire* ausgeglichener Haushalt *m* ; Haushaltsgleichgewicht *n* ; *~ écologique* ökologisches Gleichgewicht ; *~ économique, européen* wirtschaftliches, europäisches Gleichgewicht ; *~ financier* Finanzausgleich *m* ; *~ des forces* Gleichgewicht der Kräfte ; *~ du marché* Marktgleichgewicht ; *~ politique, précaire, social* politisches, labiles, soziales Gleichgewicht ; ◆◆◆ *être en ~* ausgeglichen sein ; ausgewogen sein ; *garder, perdre, rétablir, troubler (rompre) l'~* das Gleichgewicht (bei)behalten, verlieren, wiederherstellen, stören ; *mettre en ~* ins Gleichgewicht bringen.

équilibré, e ausgeglichen ; ausgewogen.

équilibrer ins Gleichgewicht bringen ; ausgleichen ; in Übereinstimmung bringen ; *~ le budget, un compte* den Haushalt, ein Konto ausgleichen ; *qui ~e le marché* marktregulierend.

équipage *m (navire)* Mannschaft *f* ; *(avion)* Besatzung *f* ; Crew [kru:] *f*.

équipe *f* Mannschaft *f* ; Team [ti:m] *n* ; Gruppe *f* ; Stab *m* ; Schicht *f* ; ◆ *~ de chercheurs, de spécialistes* ein Team von Forschern, von Fachleuten ; *~ de collaborateurs* Mitarbeiterstab *m* ; *~ de jour, de nuit* Tag-, Nachtschicht ; *~ ministérielle* Regierungsmannschaft ; Ministermannschaft ; *~ de secours* Rettungsmannschaft ; *(bâtiment) ~ de travailleurs* Kolonne *f* ; Trupp *m* ; ◆◆ *changement m d'~* Schichtwechsel *m*, -ablösung *f* ; *chef m d'~* Teamleiter *m* ; Vorarbeiter *m* ; *(bâtiment)* Polier *m* ; *salaire m d'~* Gruppenlohn *m* ; *service m par ~s* Schichtdienst *m* ; *travail m d'~* Team-, Gruppenarbeit *f*, -dienst *m* ; ◆◆◆ *faire ~ avec qqn* im Team arbeiten ; *faire partie d'une ~* zu einem Team gehören ; *travailler en ~* in einem Team arbeiten.

équipement *m* Ausrüstung *f* ; Ausstattung *f* ; Ausrüstungsmaterial *n*, -gegenstände *mpl* ; *(technique)* Anlagen *fpl* ; Einrichtungen *fpl* ; *~ de bureau* Büroeinrichtung *f* ; *~ industriel* Industrieanlagen, -ausrüstung ; *~ intérieur* Inneneinrichtung *f* ; *~s sociaux* Sozialeinrichtungen *pl* ; *~ standard* Standardausrüstung ; *biens mpl d'~* Ausrüstungs-, Investitionsgüter *npl* ; *crédit m d'~* Ausstattungskredit *m* ; *plan m d'~* Ausrüstungsplan *m*.

équiper ausrüsten ; ausstatten ; *(local)* einrichten ; *~ qqch en, de* versehen mit ; ausrüsten mit ; *s'~ industriellement* sich industriell entwickeln ; *être insuffisamment ~é* unzureichend ausgerüstet sein.

équivalence *f* Gleichwertigkeit *f* ; Gleichrangigkeit *f* ; Äquivalenz *f* (von Diplomen).

équivalent *m* Äquivalent *n* ; Gegenwert *m* ; Gleichwertige(s) ; Ersatz *m* ; *l'~ en marks* der Gegenwert in DM ; *exiger l'~ de qqch* das Äquivalent für etw fordern ; *obtenir l'~ (en argent)* den Gegenwert erhalten ; völlig ausgezahlt werden.

équivalent, e gleichwertig ; entsprechend ; *être ~ à* entsprechen (+ D).

équivaloir entsprechen (+ D) ; gleichkommen (+ D) ; so viel bedeuten wie ; *cela équivaut au même* das kommt auf eins (das Gleiche) heraus.

ergonomie *f* Ergonomie *f* ; Ergonomik *f* ; Wissenschaft *f* von der Anpassung zwischen dem Menschen und seinen Arbeitsbedingungen.

ergonomique ergonomisch ; *organisation f ~ du travail* ergonomische Organisation *f* des Arbeitsplatzes.

ère *f* Zeit *f* ; Zeitalter *n* ; Ära *f* ; Epoche *f* ; *l'~ atomique, industrielle* das Atom-, Industriezeitalter ; *l'~ capitaliste* die Ära des Kapitalismus ; *l'~ de la technique* das Zeitalter der Technik.

érosion *f* : *~ monétaire* Geldwertschwund *m* ; fortschreitende (schleichende) Geldentwertung *f* ; Kaufkraftschwund *m* ; *~ de l'image d'un produit* Imageverfall *m* eines Produkts.

errant, e : *capitaux mpl ~s* heißes Geld *n* ; « Hot money » *n*.

errata, erratum *m* Druckfehler *m* ; Druckfehlerverzeichnis *n*.

erreur *f* Irrtum *m* ; Fehler *m* ; Versehen *n* ; Fehl- ; ◆ *~ d'appréciation* Fehleinschätzung *f* ; *~ de caisse* Fehlgeld *n* ; *~ de calcul* Rechenfehler ; *~ de date* falsche Datierung *f* ; *~ dans l'estimation des coûts* Fehlkalkulation *f* ; ~ *d'évaluation* Fehleinschätzung *f* ; ~ *de frappe* Tippfehler ; ~ *judiciaire* Justiz-, Rechtsirrtum ; ~ *de manipulation (d'utilisation)* Fehlbedienung *f* ; ~ *de planification* Fehlplanung *f* ; ~ *sur la personne* Personenverwechslung *f* ; ~ *typographique* Druckfehler ; ~ *sur la valeur* Irrtum über den Wert ; *par* ~ versehentlich ; aus Versehen ; *sauf* ~ *ou omission (de notre part)* Irrtum vorbehalten ; ♦♦♦ *commettre une* ~ einen Irrtum begehen ; *corriger une* ~ einen Irrtum berichtigen ; *il doit y avoir* ~ es muß ein Irrtum vorliegen ; *faire* ~ irren ; sich täuschen ; *une* ~ *s'est glissée dans...* ein Irrtum hat sich in (+ A) eingeschlichen ; *induire en* ~ irreführen ; *réparer une* ~ einen Fehler verbessern ; einen Irrtum wiedergutmachen.

erroné, e irrtümlich ; falsch ; *conclusion f* ~*e* Fehlschluß *m* ; *décision f* ~*e* irrtümliche Entscheidung *f* ; Fehlentscheidung *f* ; *renseignement m* ~ falsche Angabe *f* (Auskunft *f*).

ersatz *m* Ersatz *m* ; ~ *de café* Kaffeeersatz ; *(fam.)* Muckefuck *m*.

E.S.C.A.E. *f (École supérieure de commerce et d'administration des entreprises)* Wirtschafts- und Betriebshochschule ; Hochschule für das mittlere und höhere Management.

escalade *f* Eskalation *f* ; Eskalierung *f* ; Zuspitzung *f* ; Verschärfung *f* ; ~ *diplomatique* diplomatische Zuspitzung ; ~ *politique* politische Eskalation ; *des prix* Preisauftrieb *m* ; *(fam.)* Preiskarussell *n* ; ~ *de la terreur, de la violence* Eskalation des Schreckens, der Gewalt ; ~ *dans un conflit, dans une crise* Zuspitzung (Verschärfung) eines Konflikts, einer Krise.

escalator *m* Rolltreppe *f*.

escale *f* **1.** *(avion)* Zwischenlandung *f* ; Flugunterbrechung *f* ; *port m d'*~ Anlegehafen *m* ; *faire une* ~ eine Zwischenlandung machen ; anlegen (in + D) ; *faire* ~ *dans un port* einen Hafen anlaufen ; in einem Hafen einlaufen **2.** *(avion)* Zwischenlandung *f* ; *faire* ~ *à Munich* in München zwischenlanden ; *vol m sans* ~ Nonstopflug *m* ; Direktflug *m*.

escamoter 1. ~ *un problème* ein Problem wegzaubern **2.** ~ *des fonds* Gelder unterschlagen.

E.S.C. de Lyon *(École supérieure de commerce...)* Wirtschafts- und Betriebshochschule in Lyon.

escomptabilité *f* Diskontfähigkeit *f*.

escomptable diskontierbar ; diskontfähig.

1. escompte *m (commerce)* Rabatt *m* ; Abzug *m* ; Skonto *n* ou *m* ; Ermäßigung *f* ; Nachlaß *m* ; ~ *de caisse* Bar(zahlungs)rabatt ; ~ *au comptant* Kassenskonto, -abzug ; ~ *sur les prix* Preisrabatt ; *accorder, demander, obtenir un* ~ ein(en) Skonto gewähren, verlangen, erhalten ; *nous accordons un* ~ *de 3 % sur la facture moyennant paiement comptant sous 10 jours* bei Barzahlung binnen 10 Tagen gewähren wir 3 % Skonto auf den Rechnungsbetrag.

2. escompte *m (bancaire)* Diskont *m* ; Diskontieren *n* ; Diskontierung *f* ; Diskontgeschäft *n* ; ♦ ~ *bancaire* Bankdiskont ; ~ *des effets de commerce (des traites)* Wechseldiskont ; ~ *en dedans, en dehors* Diskontberechnung *f* nach dem Tageswert, nach dem Nennwert ; ~ *officiel* Bankdiskont ; ♦♦ *abaissement m du taux d'*~ Diskontsenkung *f*, -herabsetzung *f* ; *admis à l'*~ diskontfähig ; *banque f (comptoir m) d'*~ Diskontbank *f* ; *bordereau m, calcul m, conditions fpl d'*~ Diskontrechnung *f*, -berechnung *f*, -bedingungen *fpl* ; *crédit m d'*~, *effet m à l'*~ Diskontkredit *m*, -wechsel *m* ; *marché m de l'*~, *opération f d'*~ Diskontmarkt *m*, -geschäft *n* ; *politique f d'*~ Diskontpolitik *f* ; *relèvement m (majoration f) du taux d'*~ Diskonterhöhung *f*, -heraufsetzung *f* ; *taux m d'*~ Diskontsatz *m* ; Diskontrate *f* ; Bankrate ; ♦♦♦ *abaisser le taux d'*~ *de 2 %* den Diskontsatz um 2 % herab- setzen (senken, ermäßigen) ; *prendre à l'*~ in Diskont nehmen ; *présenter à l'*~ zum Diskont vorlegen (vorzeigen) ; in Diskont geben ; diskontieren lassen ; *relever (majorer) le taux d'*~ den Diskontsatz erhöhen (heraufsetzen).

escompter 1. *(banque)* diskontieren ; ~ *une lettre de change* einen Wechsel diskontieren ; *faire* ~ *un effet* einen Wechsel in Diskont geben (diskontieren lassen) **2.** *(attendre)* erhoffen ; erwarten ; ~ *un grand succès de vente* mit einem Verkaufserfolg rechnen ; einen großen Absatz erhoffen ; *rendement m* ~*é* Leistungserwartungen *fpl* ; Renditeerwartungen.

E.S.C.P. *(École supérieure de commerce de Paris)* Wirtschafts- und Betriebshochschule in Paris ; Hochschule für höheres Management.

escroc *m* Schwindler *m* ; Gauner *m* ; Preller *m* ; Betrüger *m* ; Hochstapler *m* ; ~ *au mariage* Heiratsschwindler.

escroquer betrügen ; erschwindeln ; ergaunern ; prellen ; hochstapeln ; *(fam.)* (be)schummeln ; übers Ohr hauen ; ~ *l'héritage de qqn* jdn um sein Erbe prellen.

escroquerie *f* Betrug *m* ; Schwindel *m* ; Prellerei *f* ; Gaunerei *f* ; Hochstapelei *f* ; ~ *à l'assurance* Versicherungsbetrug, -schwindel ; ~ *au crédit* Kreditbetrug ; ~ *au mariage* Heiratsschwindel ; *petite* ~ Gaunerstückchen *n*.

espace *m* **1.** Raum *m* ; ~ *aérien* Luftraum ; Flugraum ; ~ *économique* Wirtschaftsraum ; ~ *vital* Lebensraum ; ~*s verts* Grünanlagen *fpl*, -flächen *fpl* ; *conquête f de l'*~ Eroberung *f* des Weltraums **2.** ~ *de temps* Zeitraum *m* ; Zeitspanne *f* ; *dans l'*~ *de* innerhalb ; binnen ; im Laufe.

espacement *m* Abstand *m* ; Zwischenraum *m* ; ~ *des trains* Zugabstand.

espacer Abstand (Platz) lassen zwischen etw (+ D) ; ~ *les versements (paiements)* die Zahlungen in (immer größeren) Abständen vornehmen ; ~ *les visites* die Besuche einschränken.

1. espèce *f* Art *f* ; Sorte *f* ; Qualität *f* ; *une* ~ *(de)* eine Art (von) ; *un escroc de la pire* ~ ein Schwindler übelster Art ; *d'*~ *différente, voisine* artverschieden, artverwandt ; *commerce m des* ~*s animales en voie de disparition* Handel *m* mit aussterbenden Tierarten ; *protection f des* ~*s en voie de disparition* Artenschutz *m*.

2. espèces *fpl* bares Geld *n* ; Bargeld *n* ; Barmittel *npl* ; Hartgeld *n* ; ~ *en caisse* (Kassen)barbestand *m* ; ~ *sonnantes et trébuchantes* klingende Münze *f* ; Hartgeld ; Metallgeld ; *en* ~ (in) bar ; *apport m en* ~ Bareinlage *f* ; *avance f en* ~ Barvorschuß *m* ; *chèque m payable en* ~ Barscheck *m* ; *couverture f en* ~ Bardeckung *f* ; *indemnité f en* ~ Barabfindung *f*, -entschädigung *f* ; *paiement m en* ~ Barzahlung *f* ; *prestation f en* ~ Barleistung *f* ; *règlement m en* ~ Begleichung *f* in Geld ; *rémunération f en* ~ Barentlohnung *f* ; *retrait m d'*~ Barabhebung *f* ; *salaire m versé en* ~ Barlohn *m* ; *versement m en* ~ Bareinzahlung *f*, -auszahlung *f* ; *payer (régler) en* ~ (in) bar (be)zahlen.

espérance *f* Aussichten *fpl* ; Erwartung *f* ; Hoffnung *f* ; ~ *de vie* Lebenserwartung ; *avoir des* ~*s de réussite* Aussichten auf Erfolg haben ; *les ventes ont dépassé toutes nos* ~*s* der Absatz hat alle unsere Erwartungen übertroffen.

espionnage *m* : ~ *industriel* Werkspionage *f* ; Wirtschaftsspionage.

espoir *(corresp.) : dans l'*~ *que...* in der Hoffnung, daß... ; wir hoffen, daß... ; *nous avons bon* ~ *que...* in der festen Erwartung, daß... ; *dans l'*~ *de vous lire...* in der Hoffnung, von Ihnen zu hören, verbleiben wir...

esprit *m* Geist *m* ; Sinn *m* ; Geisteshaltung *f* ; ~ *d'épargne* Sparsinn ; ~ *d'équipe* Teamgeist ; *dans l'*~ *de la loi* im Sinne des Gesetzes ; ~ *de lucre* Gewinnsucht *f* ; *avoir l'*~ *d'entreprise* **a)** Unternehmungsgeist haben ; unternehmungslustig sein ; **b)** unternehmerisch denken ; *avoir l'*~ *d'organisation* Organisationstalent haben.

essai *m* Versuch *m* ; Probe *f* ; Prüfung *f* ; Test *m* ; Versuch *m* ; ◆ ~ *de conciliation (d'arbitrage)* Schlichtungsversuch ; ~ *de contrôle* Gegenprobe ; Gegenversuch ; ~ *de matériaux* Materialprüfung ; ~ *nucléaire* Atomversuch ; ~ *de rendement* Leistungsprüfung ; ◆◆ *arrêt m des* ~*s* Versuchsstopp *m* ; *centre m d'*~ Versuchsanstalt *f* ; Versuchsstation *f*, -anlage *f* ; *commande f d'*~ Probebestellung *f*, -auftrag *m* ; *contrat m d'*~ Probevertrag *m* ; *coup m d'*~ Probestück *n* ; *période f (temps m) d'*~ Probezeit *f* ; *phase f d'*~ Versuchsstadium *n* ; *pilote m d'*~ Versuchsfahrer *m* ; Testpilot *m* ; *station f d'*~ Versuchsanstalt *f*, -abteilung *f* ; *série f d'*~*s* Testreihe *f* ; *terrain m d'*~*s* Versuchsgelände *n* ; *à titre d'*~ zur Probe ; versuchs-, probeweise ; *vente f à l'*~ Kauf *m* auf Probe ; *vol m d'*~ Probe-, Testflug *m* ; ◆◆◆ *envoyer qqch à l'*~ etw zur Probe senden ; *être à l'*~ auf Probe sein ; *faire des* ~*s* Versuche anstellen ; *faire un* ~ einen Versuch machen ; *mettre à l'*~ auf die Probe stellen ; *prendre qqch à l'*~ etw auf Probe kaufen (nehmen) ; *prendre qqn à l'*~ jdn auf Probe einstellen.

E.S.S.E.C. *(École supérieure des sciences économiques et commerciales)* Hochschule *f* für Handel und Wirtschaft.

essence *f* Benzin *n* ; Treibstoff *m* ; *(fam.)* Sprit *m* ; ~ *ordinaire, super* Normalbenzin ; Super(benzin) ; *économie f d'*~ Treibstoffersparnis *f* ; *pompe f à* ~ *(poste m d'*~*)* Tankstelle *f* ; *réservoir m d'*~ Benzintank *m* ; *consommer beaucoup d'*~ viel Sprit verbrauchen ; *faire le plein d'*~ volltanken ; auftanken.

essor *m* Aufschwung *m* ; Aufstieg *m* ; Anstieg *m* ; Aufblühen *n* ; Aufwärtsentwicklung *f* ; Boom *m* ; Expansion *f* ; ~ *conjoncturel* Konjunkturaufschwung ; ~ *économique* wirtschaftlicher Aufstieg ; *connaître un grand* ~ einen großen Aufschwung erleben (erfahren) ; *donner de l'~ à qqch* einer Sache Aufschwung verschaffen ; etw in Schwung bringen ; *être en plein* ~ in voller Blüte (in vollem Aufschwung) sein ; *prendre un* ~ *foudroyant* einen stürmischen Aufschwung nehmen (erfahren).

Est *m* **1.** Osten *m* ; *Allemagne f de l'~* Osdeutschland *n* ; Deutsche Demokratische Republik (DDR) *f* ; *Allemand m de l'~* DDR-Bürger *m* ; *(péj.)* Ostler *m* ; Ostdeutscher *m* ; *bloc m de l'~* Ostblock *m* ; *(péj.) mark m de l'~* Ostmark *f* ; *pays mpl de l'~* Ostblockstaaten *mpl* ; *de l'~* DDR- ; Ost- **2.** *à l'~ de* östlich von/G ; *à l'~ de la ville, de Berlin* östlich der Stadt, östlich Berlins **3.** *est- ouest* ⇒ *est- ouest.*

establishement *m* Establishment [is'tebliʃmənt] *n* ; politisch, wirtschaftlich oder gesellschaftlich einflußreiche Gruppen *fpl.*

Est-Allemand *m* DDR-Bürger *m* ; *(péj.)* Ostler *m* ; Ostdeutscher *m.*

est-allemand, e DDR- ; ...der DDR ; ostdeutsch ; *commerce m* ~ DDR-Handel *m* ; der Handel der DDR ; *l'industrie f ~e* Industrie der DDR ; die DDR-Industrie.

estampage *m* **1.** *(technique)* Prägen *n* **2.** *(fam.)* Nepp *m* ; Prellerei *f* ; Übervorteilung *f* ; Hereinlegen *n.*

estamper 1. *(technique)* prägen ; stanzen **2.** ~ *qqn (fam.)* jdn begaunern ; jdn übervorteilen ; jdn reinlegen ; jdn neppen ; *il m'a ~é de 100 F* er hat mich um 100 F geneppt ; *se faire* ~ geneppt werden.

estampillage *m* Abstempelung *f* ; Gütekontrollstempel *m.*

estampille *f* (Kontroll)stempel *m* ; Güte-, Echtheitszeichen *n.*

estampiller abstempeln.

estarie *f (navire)* Liegetage *mpl*, -zeit *f* ; Löschzeit *f* ; Liegegeld *n.*

ester : ~ *en justice* vor Gericht auftreten ; einen Prozeß führen.

estimatif, ive geschätzt ; veranlagt ; *devis m* ~ Kosten(vor)anschlag *m* ; Kostenüberschlag *m* ; *valeur f ~ive* Schätzungswert *m* ; Taxwert.

estimation *f* **1.** Schätzung *f* ; Ab-, Einschätzung *f* ; Bewertung *f* ; Taxierung *f* ; *(selon une) ~ approximative* (nach) ungefähre(r) Schätzung ; ~ *du coût* Kostenüberschlag *m* ; ~ *du dommage* Schadensschätzung ; ~ *exagérée* Überbewertung *f* ; ~ *forfaitaire* Pauschalabschätzung ; *prix m d'~* Schätzpreis *m* ; *valeur f d'~* Schätzwert *m* ; Taxwert *m* ; *faire une* ~ schätzen ; bewerten ; taxieren ; *faire une erreur d'~* sich verschätzen ; **2.** *(statist.)* Hochrechnung (bei Wahlen).

estimé, e 1. *(corresp.)* wert ; *(arch.) votre ~ée (en date) du* Ihr geehrtes Schreiben vom **2.** *(marchandises)* geschätzt ; gefragt ; gesucht.

estimer 1. ~ *qqch* etw (ein)schätzen ; etw bewerten ; etw taxieren ; ~ *à* schätzen auf + A ; ~ *des coûts* Kosten überschlagen ; ~ *qqch au-dessus, au-dessous* etw über-, unterschätzen ; ~ *qqch à sa juste valeur* etw richtig einschätzen ; ~ *un tableau à 10 000 F* ein Gemälde auf 10 000 F taxieren (schätzen) ; *faire ~ sa fortune* sein Vermögen schätzen lassen **2.** ~ *qqn* jdn schätzen ; jdn achten ; jdn respektieren ; *être ~é de ses supérieurs* bei den Vorgesetzten beliebt sein (gut angeschrieben sein) **3.** ~ *que* der Meinung (Ansicht) sein, daß... ; meinen **4.** *s'~ heureux, satisfait* sich glücklich schätzen ; zufrieden sein.

estivant *m* Feriengast *m* ; Urlauber *m* ; Sommerfrischler *m* ; Sommergast.

est-ouest Ost-West... ; *commerce m, conflit m, dialogue m, relations fpl* ~ Ost-Westhandel *m*, -konflikt *m*, -dialog *m*, -beziehungen *fpl.*

établi, e etabliert ; *groupes mpl bien ~s* etablierte Gruppen *fpl* ; *positions fpl ~es* Machtpositionen *fpl.*

établir 1. ~ *qqch* errichten ; gründen ; aufstellen ; ausstellen ; herstellen ; ~ *l'assiette de l'impôt* jdn steuerlich veranlagen ; ~ *un bilan, un budget, un inventaire, une liste, une moyenne, un plan, un programme* eine Bilanz, einen Etat, ein Inventar, eine Liste, einen Durchschnitt, einen Plan, ein Programm aufstellen ; ~ *un chèque, une facture, une quittance* einen Scheck, eine Rechnung, eine Quittung ausstellen ; ~ *une communication* ein Gespräch vermitteln ; eine Verbindung herstellen ; ~ *des contacts* den Kontakt herstellen ; Verbindungen aufnehmen ; ~ *son domicile (sa résidence) à* seinen Wohnsitz nehmen (aufschlagen) in (+ D) ; ansässig werden in ; ~ *son droit, sa réputation sur* sein Recht, seinen Ruf (be)gründen auf (+ A) ; ~ *une expertise* ein Gutachten (eine Expertise) ausarbeiten (aufstellen) ; ~ *un ordre du jour* eine Tagesordnung festlegen ; ~ *la preuve de qqch* den Beweis für etw (er)bringen ; ~ *un prix, un loyer, un montant, un salaire* einen Preis, eine Miete, einen Geldbetrag, einen Lohn festsetzen ; ~ *un procès-verbal* ein Protokoll aufnehmen ; ~ *des relations* Beziehungen anknüpfen **2.** *(constater, attester)* nachweisen ; beweisen ; ermitteln ; feststellen ; *l'enquête f a ~i que* die Untersuchung hat ergeben, daß **3.** *s'~* sich niederlassen ; sich ansiedeln ; *(avocat)* eine Praxis eröffnen ; *s'~ dans un endroit* sich an einem Ort etablieren ; *s'~ à son compte* sich selbständig machen.

établissement m	**1.** ***installation ; fondation*** **2.** ***entreprise ; société*** **3.** ***document, projet, bilan*** **4.** ***constatation, preuve de qqch***

1. ***(installation, fondation)*** Einrichtung *f* ; Errichtung *f* ; Gründung *f* ; Niederlassung *f* ; ~ *d'une famille* Gründung einer Familie ; ~ *d'une nouvelle société* Einrichtung einer neuen Gesellschaft ; *conditions fpl d'~* Niederlassungsbedingungen *fpl* ; *frais mpl de premier ~* Einrichtungskosten *pl* ; *liberté f d'~* Niederlassungsfreiheit *f* ; *prêt m d'~ aux jeunes ménages* Ehestandsdarlehen.

2. ***(entreprise, société)*** Anstalt *f* ; Institut *n* ; Bank *f* ; Betrieb *m* ; Firma *f* ; Werk *n* ; Geschäft *n* ; Unternehmen *n* ; Haus *n* ; Niederlassung *f* ; ~ *affilié* Mitgliedsanstalt ; ~ *agricole* landwirtschaftlicher Betrieb ; ~ *de l'assistance publique* Wohlfahrtsamt *n* ; ~ *d'assurances* Versicherungsanstalt ; ~ *bancaire* Bankgeschäft ; Geldinstitut ; ~ *commercial* Geschäft *n* ; Niederlassung ; Handelshaus, -firma, -betrieb ; ~ *de crédit* Kreditanstalt ; ~ *de droit public* öffentlich-rechtliche Anstalt ; ~ *émetteur* Emissionshaus, -bank ; ~ *financier* Geldinstitut ; ~ *industriel* gewerblicher Betrieb ; ~ *en nom personnel* Einzelfirma ; ~ *principal* Hauptgeschäft ; ~ *public* Anstalt des öffentlichen Rechts ; ~ *scolaire* Schule *f* ; Lehranstalt ; ~ *sous contrat* Vertragshaus ; ~ *d'utilité publique* gemeinnütziges Unternehmen ; ~ *de vente en gros, au détail* Groß-, Kleinhandelsbetrieb.

3. ***(document, projet, bilan)*** Aufstellung *f* ; Ausstellung *f* ; Ausarbeitung *f* ; Festsetzung *f* ; ~ *d'un bilan, d'un budget, d'un inventaire, d'une liste, d'un programme, d'un tarif* Aufstellung einer Bilanz, eines Budgets, einer Inventur, einer Liste, eines Programms, eines Tarifs (einer Preisliste) ; ~ *d'un certificat, d'un chèque, d'une facture, d'une quittance* Ausstellung eines Zeugnisses, eines Schecks, einer Rechnung, einer Quittung ; ~ *d'une copie* Anfertigung *f* einer Abschrift ; ~ *d'un contrat* Abschluß *m* eines Vertrags ; ~ *d'un document* Ausfertigung einer Urkunde ; ~ *d'un droit, d'une réputation* Begründung *f* eines Rechts, eines Rufs ; ~ *de frais* Kostenüberschlag *m* ; *frais mpl d'~ de dossier* Bearbeitungsgebühr *f* ; ~ *de l'impôt (de l'assiette de l'impôt)* Steuerveranlagung *f* ; ~ *d'inventaire* Bestandsaufnahme *f* ; ~ *d'un plan* Planung *f* ; Ausarbeitung eines Plans ; ~ *d'un prix, d'un loyer, d'un montant, d'un salaire, d'une taxe* Festsetzung *f* eines Preises, einer Miete, eines Geldbetrags, eines Lohns, einer Gebühr ; ~ *du prix de revient* Berechnung *f* des Selbstkostenpreises ; ~ *d'un procès-verbal* Protokollaufnahme *f* ; ~ *de relations commerciales, économiques* Aufnahme *f* von Handels-, Wirtschaftsbeziehungen.

4. ***(constatation, faire la preuve de)*** Feststellung *f* ; Nachweis *m* ; Ermittlung *f* ; ~ *de l'authenticité, de la validité d'un document* Echtheits-, Gültigkeitsnachweis einer Urkunde.

étage *m* **1.** Stock *m* ; Stockwerk *n* ; Etage [e'ta:ʒə] *f* ; *l'~ de la direction* die Chef-, Führungs-, Vorstandsetage ; *(mine) ~ d'exploitation* Fördersohle *f*.

étain *m* Zinn *n* ; *marché m de l'~* Zinnmarkt *m*.

étalage *m* **1.** *(marchandises)* Austellen *n* ; Ausstellung *f* ; Auslegen *n* **2.** *(devanture)* (Schaufenster)auslage *f* ; Schaufenster *n* ; Auslagetisch *m* **2.** *marchandises fpl à l'~* Auslage *f* ; ausgestellte Ware *f* ; *concours m d'~ s* Schaufensterwettbewerb *m* ; *droit m d'~* Standgeld *n* ; *éclairage m d'~* Schaufensterbeleuchtung *f* ; *marchandise f (article m) d'~* Schaufensterware *f* ; *matériel m de décoration d'~* Auslagematerial *n* ; *vol m à l'~* Ladendiebstahl *m* ; *voleur m à l'~* Ladendieb *m* ; *(être) à l'~* im Schaufenster (liegen) ; *mettre à l'~* etw ins Schaufenster (in die Auslage) legen ; etw ausstellen.

étalagiste *m* Schaufensterdekorateur *m* ; Schaufenstergestalter *m*.

étalement *m* Aufteilung *f* ; Verteilung *f* ; Staffelung *f* ; Entzerrung *f* ; ~ *du crédit* Kreditstaffelung ; ~ *des prix* Staffelung der Preise ; ~ *des vacances scolaires, des congés* Ferienordnung *f* ; Staffelung der Urlaubszeit ; Entzerrung *f* des Ferienbeginns.

étaler 1. *(à la vente)* ausstellen ; auslegen ; ~ *des marchandises à la devanture* Waren im Schaufenster auslegen **2.** *(dans le temps)* zeitlich staffeln ; verteilen ; *s'~ sur* sich verteilen (sich erstrecken) über (+ A) ; *le versement est ~é sur plusieurs mois* die Zahlung erstreckt sich (verteilt sich) über mehrere Monate.

étalon *m* **1.** Standard *m* ; Währung *f* ; ~ *de change- or (de devise-or)* Golddevisenstandard ; ~ *métallique* Metallwährung ; ~ *monétaire* Währungsstandard ; ~ *-or* Goldwährung ; ~ *papier* Papierwährung **2.** Eichmaß *n* ; Normalmaß ; ~ *des valeurs* Wertmesser *m* ; *mètre-* ~ Normalmeter *m* ou *n* ; Urmeter.

étalonnage *m* Eichung *f* ; Eichgebühr *f* ; Eichen *n*.

étalonnement *m* ⇒ *étalonnage*.

étape *f* **1.** Etappe *f* ; (Weg)strecke *f* ; (Flug)strecke *f* ; *parcourir une distance en trois ~s* eine Strecke in drei Etappen zurücklegen **2.** Phase *f* ; Stufe *f* ; Etappe *f* ; *par ~s* stufen-, etappenweise.

état *m*	**1.** ***nation organisée : Etat*** **2.** ***manière d'être de qqch*** **3.** ***liste descriptive*** **4.** ***condition de vie, situation professionnelle***

1. ***(nation organisée)*** Staat *m* ; Land *n* ; Nation *f* ; ◆ *d'~* Staats-; staatlich ; ~ *acheteur, vendeur, agraire, d'assistance* Käufer-, Verkäufer-, Agrar-, Fürsorgestaat ; ~ *central, côtier, de droit* Zentral-, Küsten, Rechtsstaat ; ~ *(in)-dépendant, importateur, exportateur* (un)abhängiger, Einfuhr-, Ausfuhrstaat ; ~ *industriel, limitrophe, -membre* Industrie-, Rand-, Mitglied(s)-staat ; ~ *-providence* Wohlfahrtsstaat ; Versorgungsstaat ; ~ *refuge (des capitaux en fuite), riverain, signataire* Flucht-, Anlieger- (Anrainer-), Unterzeichnerstaat ; ~ *social, socialiste, souverain* Sozial-, sozialistischer, souveräner Staat ; ~ *tampon* Pufferstaat ; ~ *totalitaire* totalitärer Staat ; ◆◆ *affaire f d'~* Staatsaffaire *f* ; *agent m de l'~* Staatsdiener *m* ; -beamte(r), -angestellter(r) ; *appareil m de l'~* Staatsapparat *m* ; *approuvé par l'~* staatlich genehmigt ; staatlich anerkannt ; *pour le bien de l'~* zum Wohl des Staats ; *budget m de l'~* Staatshaushalt *m* ; *les caisses fpl de l'~* Staatskasse *f* ; *capitalisme m d'~* Staatskapitalismus *m* ; *chef m d'~* Staatsoberhaupt *n* ; Staatschef *m* ; *commande f de l'~* Staatsauftrag *m* ; *confédération f d'~s* Staatenbund *m* ; *contrôle m de l'~* Staatsaufsicht *f*, -kontrolle *f* ; *deniers mpl de l'~* Staatsmittel *npl* ; staatliche Mittel (Gelder *pl*) ; *diplômé d'~* staatlich geprüft ; *direction f de l'~* Staatsführung *f* ; *dirigeant m de l'~* Staatslenker *m* ; *emprunt m d'~, endettement m de l'~* Staatsanleihe *f*, -verschuldung *f* ; *entreprise f d'~* Staatsunternehmen *n* ; staatlicher Betrieb *m* ; *finances fpl de l'~* Staatsfinanzen *fpl* ; *fonctionnaire m d'~* Staatsbeamte(r), -funktionär *m*, -diener *m* ; *homme m d'~* Staatsmann *m* ; *impôts mpl d'~* Staatssteuer *f* ; *institution f d'~* Staatseinrichtung *f* ; *dans l'intérêt de l'~* im Interesse des Staats ; *intervention f de l'~* staatlicher Eingriff *m* ; *monopole m d'~* Staatsmonopol *n* ; *obligation f d'~* Staatspapier *n* ; *(R.F.A.)* Bundesobligation *f* ; *patrimoine m de l'~* Staatsvermögen *n* ; *propriété f de l'~* staatseigen ; Staatseigentum *n* ; *(R.D.A.)* volkseigen ; *(R.F.A.)* bundeseigen ; *raison f d'~* Staatsräson, -raison *f* ; *recettes fpl de l'~* Staatseinnahmen *pl* ; *reconnu par l'~* staatlich anerkannt ; *rente f d'~* Staatsrente *f* ; *réserves fpl de l'~* Staatsschatz *m* ; Staatsreserven *fpl* ; *secret m d'~* Staatsgeheimnis *n* ; *secrétaire m d'~* Staatssekretär *m* ; *socialisme m d'~* Staatssozialismus *m* ; *subvention f de l'~* Staatszuschuß *m*, -subvention *f* ; ◆◆◆ *défendre les intérêts de l'~* staatliche Interessen vertreten ; *être employé par l'~* beim Staat sein ; *être subventionné par l'~* staatlich subventioniert sein ; mit Staatsmitteln subventioniert sein ; *occuper la plus haute fonction de l'~* das höchste Amt im Staat bekleiden.

2. ***(manière d'être de qqch)*** Zustand *m* ; Stand *m* ; Lage *f* ; Verhältnisse *npl* ; Situation *f* ; ◆ *à l'~ brut* unverarbeitet ; im Rohzustand ; *en l'~* im augenblicklichen Zustand ; *en l'~ actuel des choses* bei der gegenwärtigen

Sachlage ; *en bon, mauvais ~* in gutem, schlechtem Zustand ; *~ de choses* Sachlage *f* ; *~ d'exception* Ausnahmezustand ; *~ des finances* Finanzlage ; finanzielle Lage ; *~ de fortune (des biens)* Vermögenslage *f*, -verhältnisse *pl* ; *~ de guerre* Kriegszustand ; *en ~ de marche (de service)* betriebsfähig ; betriebsfertig ; *~ des lieux* Abnahme *f* (einer Wohnung, eines Hauses) ; *~ du marché* Marktlage ; *~ de la route (des routes)* Straßenzustand *m* ; *~ d'urgence* Notstand *m* ; ♦♦♦ *(ne pas) être en ~ de payer* (nicht) imstande (in der Lage) sein zu zahlen ; *informer qqn de l'~ des négociations* jdn über den Stand der Verhandlungen informieren ; *(re)mettre en ~ de marche* (wieder) instand setzen.

3. *(liste énumérative, descriptive)* Verzeichnis *n* ; Liste *f* ; Übersicht *f* ; Zusammenstellung *f* ; ♦ *~ alphabétique, complet, détaillé, incomplet, officiel* alphabetisches, vollständiges, ausführliches, lückenhaftes, amtliches Verzeichnis ; *~ civil* ⇒ *état civil* ; *~ des comptes* Rechnungsübersicht ; Kontenstand *m* ; *~ des dépenses* Ausgabenverzeichnis ; *~ descriptif* Beschreibung *f* ; *~ des frais* Kostenaufstellung *f* ; *~ de liquidité* Liquiditätsausweis *m* ; *~ de marchandises* Lagerbestand *m* ; *~ néant* Fehlanzeige *f* ; *~ nominatif* namentliches Verzeichnis ; *~ des paiements* Zahlungsaufstellung *f* ; *~ du personnel* Personalverzeichnis, -stand *m* ; *~ des pertes* Verlustliste ; *~ de la population* Bevölkerungsstand *m* ; *~ prévisionnel* Haushaltsplan *m* ; Etat *m* ; *~ prévisionnel des coûts, des dépenses* Kosten(vor)anschlag *m* ; Ausgabenplan *m* ; *~ récapitulatif* Sammelverzeichnis ; *~ des salaires* Lohn- und Gehaltsliste ; *~ de services* Dienstlaufbahn *f* ; Dienstalter *n*, -jahre *npl* ; *~ de situation de banque* Bankausweis *m* ; *~ trimestriel* Vierteljahrausweis *m* ; ♦♦♦ *compléter un ~* eine Liste ergänzen ; *dresser un ~* ein Verzeichnis aufsetzen ; eine Liste aufstellen (zusammenstellen, anfertigen) ; *figurer sur un ~* auf der Liste (dem Verzeichnis) stehen ; *(re)porter dans un ~* auf ein Verzeichnis setzen ; in eine Liste aufnehmen ; *présenter un ~* ein Verzeichnis vorlegen ; *rayer des ~s* aus (von) der Liste streichen.

4. *(condition de vie, situation professionnelle)* Personenstand *m* ; Berufsstand ; *être avocat de son ~* von Beruf Anwalt sein.

état civil *m* **1.** *(situation personnelle)* Familien-, Personenstand *m* **2.** *bureau de l'~* Standesamt *n* ; *acte m (document m, pièce f) de l'~* standesamtliche Urkunde *f* ; *officier m de l'~* Standesbeamte(r) ; *registre m de l'~* Standesregister *n* ; *déclarer un décès, une naissance à l'~* einen Todesfall, eine Geburt beim Standesamt anmelden.

étatique staatlich ; Staats-.

étatisation *f* Verstaatlichung *f* ; Etatisierung *f*.

étatisé, e verstaatlicht ; Staats- ; des Staats.

étatiser verstaatlichen ; *~ (nationaliser) les banques* die Banken verstaatlichen.

étatisme *m* Etatismus *m* ; staatliche Planwirtschaft *f* ; Staatssozialismus *m*.

étatiste etatistisch.

état-major *m (d'une entreprise, d'un parti)* (Führungs)stab *m* ; Führungsspitze *f* ; Leitung *f* ; *~ de crise* Krisenstab ; *discussions fpl d'~* Stabsbesprechungen *fpl*.

État-providence *m* Wohlfahrtsstaat *m* ; Versorgungsstaat.

États-Généraux *mpl* : *~ de la Sécurité Sociale* konzertierte Aktion *f* der Sozialpartner in Sachen Sozialversicherung.

etc. *(et cetera)* usw. (und so weiter) ; etc.

été *m* Sommer *m* ; *heure f d'~* Sommerzeit *f* ; *vacances fpl d'~* Sommerferien *fpl* ; Sommerurlaub *m* ; *passer à l'heure d'~* die Sommerzeit einführen ; zur Sommerzeit übergehen.

étendre 1. ausdehnen ; erweitern ; vergrößern ; vermehren ; ausweiten ; *~ les compétences de qqn* jds Zuständigkeit ausweiten ; *~ son influence* seinen Einfluß ausdehnen ; *~ ses pouvoirs, ses relations* seine (Macht)befugnisse, Beziehungen erweitern **2.** *s'~ (dans l'espace ou le temps)* sich erstrecken (über + A) ; sich ausbreiten ; *la ville s'étend* die Stadt breitet sich aus **3.** *(diluer) ~ du lait* Milch verdünnen ; *~ du vin* Wein panschen.

étendue *f* **1.** Fläche *f* ; Ausdehnung *f* ; Raum *m* **2.** Umfang *m* ; Ausmaß *n* ; *~ de l'assurance* Umfang der Versicherung ; *évaluer l'~ des dommages* die Schadenshöhe (den Schadensumfang) einschätzen.

éthanol *m* Bioalkohol *m*.

étiquetage *m* Etikettieren *n* ; Etikettierung *f* ; Auszeichnen *n* (von Waren) ; *~ informatif* Angaben *fpl* über die Beschaffenheit der Ware ; *obligation f* *d'~* Auszeichnungspflicht *f.*

étiqueter etikettieren ; mit einem Etikett versehen ; beschildern ; auszeichnen ; *~ des marchandises exposées* ausgestellte Waren auszeichnen.

étiquette *f* **1.** Etikett *n* ; *~ de prix* Preisschild *n,* -schildchen *n* ; Preiszettel *m* ; *coller une ~* ein Etikett an-, aufkleben ; *munir d'une ~* mit einem Etikett (mit einem Preisschild) versehen ; *le prix figure sur l'~* der Preis steht auf dem Etikett **2.** *~ d'adresse* Adressenzettel *m* ; *~ à bagages* Anhänger *m* **3.** Bezeichnung *f* ; Benennung *f* ; Name *m* ; *(polit.) sans ~* parteilos ; *mettre une ~ (politique) sur qqn* jdn abstempeln als.

étoile *f : hôtel m deux, trois ~s* Zwei-, Drei-Sterne-Hotel *n.*

étouffer ersticken ; totschweigen ; *(médecine)* einen Kunstfehler vertuschen ; *~ un scandale* einen Skandal vertuschen.

1. étranger *m (personne)* Ausländer *m* ; Fremde(r).

2. étranger *m (pays)* Ausland *n* ; *de l'~, sur l'~* Auslands- ; ausländisch ; ♦♦ *affaire f (opération f, transaction f) avec l'~* Auslandsgeschäft *n* ; *agent m, avoirs mpl à l'~* Auslandsvertreter *m,* -vermögen *n* ; *Allemand m vivant à l'~* Auslandsdeutsche(r) ; *biens mpl à l'~* Auslandsvermögen *n* ; *capitaux mpl fuyant vers l'~* Fluchtkapital *n* ; *commande f de l'~, communication f téléphonique avec l'~* Auslandsauftrag *m,* -gespräch *n* ; *contacts mpl (rapports mpl, relations fpl) avec l'~* Auslandsbeziehungen *fpl* ; *correspondant m à l'~, créance f sur l'~* Auslandskorrespondent *m,* -forderung *f* ; *département m ~ d'une entreprise* Auslandsabteilung *f* eines Betriebs ; *dettes fpl envers l'~, emprunt m contracté à l'~* Auslandsverschuldung *f,* -anleihe *f* ; *filiale f à l'~* Auslandsniederlassung *f* ; *investissements mpl à l'~, marchandise f en provenance de l'~* Auslandsinvestitionen *fpl,* -ware *f* ; *placement m à l'~* Auslandsanlage *f* ; *relations fpl avec l'~* Auslandsbeziehungen *fpl* ; *représentation f à l'~* Auslandsvertretung *f* ; *séjour m à l'~* Auslandsaufenthalt *m* ; *tournée f (d'un artiste) à l'~* Auslandstournee *f* ; *ventes fpl, voyage m à l'~* Auslandsabsatz *m,* -reise *f* ; ♦♦♦ *aller, voyager à l'~* ins Ausland fahren, reisen ; *faire venir de l'~* aus dem Ausland kommen lassen ; *s'installer à l'~* ins Ausland gehen ; sich im Ausland ansiedeln ; *vivre à l'~* im Ausland leben.

étranger, ère Auslands- ; ausländisch ; fremd ; *(polit.)* Außen- ; auswärtig ; *affaires fpl ~ères* auswärtige Angelegenheiten *fpl* ; *capitaux mpl ~s* Auslandskapital *n* ; Fremdkapital ; *main-d'œuvre f ~ère* ausländische Arbeitskräfte *fpl* ; Gastarbeiter *mpl* ; *marché m ~* Auslandsmarkt *m* ; *Ministère m des affaires ~ères* Auswärtiges Amt *n* ; *en monnaie ~ère* in fremder Währung ; *politique f ~ère* Außenpolitik *f* ; *presse f ~ère* Auslandspresse *f* ; *ressortissant m ~* ausländische(r) Staatsangehörige(r) ; *dans les villes à forte densité de population ~ère* in Städten mit hohen Ausländerquoten.

étranglement *m : goulot m (goulet m) d'~* Engpaß *m.*

étrennes *fpl* Weihnachtsgeld *n,* -geschenk *n,* -gratifikation *f.*

étriqué, e : *majorité f ~e* knappe Mehrheit *f.*

Éts *(établissements)* Werk(e) *n(pl)* ; Firma (Fa.) *f.*

étude *f* **1.** *(notaire, avocat)* (Anwalts)büro *n* ; Praxis *f* **2.** Lernen *n* ; Studieren *n* ; *les ~s* Studium *n* ; Studien *pl* ; Ausbildung *f* ; *diplôme m de fin d'~s* Abschlußprüfung *f* ; *voyage d'~s* Studienreise *f* **3.** *(analyse)* Untersuchung *f* ; Erforschung *f* ; Prüfung *f* ; Studie *f* ; Analyse *f* ; Vorarbeit *f* ; Entwurf *m* ; Vorbereitung *f* ; *~s conjoncturelles* Konjunkturforschung *f* ; *~ de marché* Marktforschung *f,* -studie *f,* -analyse *f* ; *~ des postes de travail* Arbeitsplatzbewertung *f* ; *~ préliminaire* Vorarbeiten *fpl* ; *~ sur la réforme fiscale* eine Studie über die Steuerreform ; *~ de terrain* Erkundung *f* ; *bureau m d'~s* Konstruktions-, Ingenieurbüro *n* ; *commission f d'~* Fachkommission *f* ; *être à l'~* in Vorbereitung sein ; *mettre une question à l'~* etw eingehend prüfen (studieren) ; Akten bearbeiten.

étudiant *m* Student *m* ; *~ qui travaille (pour financer ses études)* Werkstudent ; *mouvement m ~* Studentenbewegung *f.*

étudié, e : *prix m ~* knapp kalkulierter (berechneter) Preis *m* ; *être ~ pour qqch* auf etw (+ A) zugeschnitten sein.

étudier **1.** studieren ; lernen **2.** prüfen ; untersuchen ; studieren ; bearbeiten ; *~ un dossier, un projet* eine Akte, ein Projekt bearbeiten ; *~ une question* sich mit einer Frage beschäftigen (befassen).

E.U.A. *mpl (États-Unis d'Amérique)*

Vereinigte Staaten *mpl* von Amerika ; USA *pl.*

eurafricain, e eurafrikanisch.

eurasiatique eurasisch.

Eurocard *f* Eurocard *f* ; Kreditkarte *f.*

eurodevise *f* Eurodevise *f.*

eurodollar *m* Eurodollar *m.*

euro-marché *m* Euromarkt *m.*

euro-obligations *fpl* Euroanleihen *fpl.*

européaniser europäisieren.

européen, ne europäisch ; *communauté f ~ne (C.E.)* Europäische Gemeinschaft *f* (EG) ; *communauté f économique ~ne (C.E.E.)* Europäische Wirtschaftsgemeinschaft *f* ; *communauté ~ne du charbon et de l'acier (C.E.-C.A.)* Europäische Gemeinschaft für Kohle und Stahl (EGKS) ; *parlement m ~* Europäisches Parlament *n* ; *accord m monétaire ~* Europäische Währungseinheit (EWE) ; *unité f de compte ~ne (E.C.U.)* Europäische Rechnungseinheit *f* (ERE) ; *organisation f ~ne de coopération économique* Europäischer Wirtschaftsrat *m.*

Eurotunnel *m* Eurotunnel *m* ; Chunnel *m* (Channel + Tunnel).

eurovision *f* Eurovision *f* ; *émission (retransmise) en ~* Eurovisionssendung *f.*

E.V. *(en ville) (courrier)* hier.

évacuation *f* Räumung *f* ; Evakuierung *f.*

évacuer räumen ; *~ la population* die Bevölkerung evakuieren.

évaluable abschätzbar ; berechenbar ; taxierbar.

évaluation *f* **1.** *(objets, valeurs)* Schätzung *f* ; Ab-, Einschätzung *f* ; Taxierung *f* ; Bewertung *f* ; Wertbestimmung *f* ; Ermittlung *f* ; ♦ *~ en douane* zollmäßige Schätzung ; *~ forfaitaire* Pauschalschätzung ; *~ inexacte* Fehlschätzung, -bewertung ; *~ insuffisante* Unterbewertung ; *~ d'office* Bewertung von Amts wegen ; *~ du risque* Risikoabschätzung ; Schätzung des Risikos ; ♦♦ *base f d'~* Bemessungsgrundlage *f* ; critère *m* d'~ Bewertungsmaßstab *m* ; *erreur f d'~* Bewertungs-, Schätzungsfehler *m* ; Fehlschätzung ; *mode m d'~* Bewertungsart *f* **2.** *(distances)* Abschätzung *f* ; Taxieren *n* **3.** *(coûts, prix)* Überschlag *m* ; Voranschlag *m* ; Berechnung *f* ; *~ approximative* ungefähre (annähernde, approximative) Schätzung ; *~ de biens (de patrimoine)* Vermögensbewertung, -schätzung ; *~ de l'impôt* Steuervoranschlag *m* ; *~ du sinistre* Schadenermittlung : *~ des coûts, des bénéfices, du nombre de participants* Überschlag der Kosten, des Gewinns, der Teilnehmerzahl.

évaluer 1. *(objets, valeurs)* (ein)schätzen ; taxieren ; bewerten ; ermitteln ; *faire ~ ses bijoux, un terrain, une maison* seinen Schmuck, ein Grundstück, ein Haus taxieren lassen ; *le terrain a été surévalué* das Grundstück ist überbewertet worden ; *~ à sa juste valeur* richtig bewerten ; *sous-~, sur~* unter-, überschätzen **2.** *(distance) ~ une distance à* eine Entfernung auf... abschätzen **3.** *(coûts, prix)* überschlagen ; berechnen ; voranschlagen ; *faire ~ les dépenses* einen Überschlag der Ausgaben machen ; *~ les dommages (dégâts) à tant* die Schäden auf soundsoviel schätzen ; *~ les pertes* die Verluste einschätzen.

évasion *f* Flucht *f* ; *~ des capitaux* Kapitalflucht ; Kapitalabwanderung *f* ; *~ fiscale* Steuerflucht ; Steuerhinterziehung *f.*

événement *m* Ereignis *n* ; Vorfall *m* ; *~ dommageable* Schadensereignis ; *~ de force majeure* Fall *m* der höheren Gewalt ; *~ fortuit, prévisible* zufälliges, vorhersehbares Ereignis.

éventail *m* Auswahl *f* ; Angebot *n* ; Palette *f* ; Fächer *m* ; Spektrum *n* ; Skala *f* ; *un riche ~ de marchandises* eine große Auswahl an (von) Waren ; *~ des prix* Preisfächer *m* ; Preisspanne *f*, -staffelung *f* ; *~ des salaires* Lohnskala *f* ; *l'~ des prix s'ouvre, se resserre (referme)* die Preisschere öffnet sich, schließt sich.

éventuel, le eventuell ; möglich ; etwaig ; *clients mpl ~s* potentielle Kunden *mpl* ; *les frais mpl ~s* die etwaigen Kosten *pl* ; *les réclamations fpl ~les sont à adresser à...* eventuelle Beschwerden sind an... zu richten.

éviction *f* : *~ d'un concurrent* Ausschaltung *f* der Konkurrenz ; Verdrängung *f* eines Konkurrenten ; *~ du marché* Marktverdrängung.

évincer : *~ un concurrent* einen Konkurrenten abhängen (ausschalten, verdrängen, eliminieren, austricksen).

évitement *m* Ausweichstelle *f* ; Umleitung *f.*

éviter (ver)meiden ; *qui évite du travail* arbeitersparend ; *~ qqch à qqn* jdm etw ersparen.

évolution *f* Entwicklung *f* ; Änderung *f* ; Wandlung *f* ; *~ de la bourse* Börsentendenz *f* ; *~ de la conjoncture, de* *la consommation, de la demande, du marché, de la population (démographique), des prix, des salaires* Konjunktur-, Verbrauchs-, Nachfrage-, Markt-, Bevölkerungs-, Preis-, Lohnentwicklung ; ~ *économique, structurelle* wirtschaftliche, strukturelle Entwicklung ; ~ *de la situation* Änderung *f* der Lage.

ex- ehemalig ; früher ; Ex- ; *ex-ministre m* Exminister *m* ; ~*-P.D.G. de la société* ehemaliger (früherer) Generaldirektor *m* der Gesellschaft ; *être classé* ~*-aequo* gleich eingestuft werden wie ; ~*-coupon* ohne Kupon ; ~*-dividende* ohne Dividende ; ~*-droit* ohne Bezugsrecht ; ~*-magasin* ab Lager ; ~ *wagon* ab Waggon.

exact, e genau ; richtig ; exakt ; *montant m* ~ genauer Betrag *m*.

exactitude *f* Genauigkeit *f* ; Exaktheit *f* ; Pünktlichkeit *f* ; Richtigkeit *f* ; Zuverlässigkeit *f* ; ~ *d'une balance* Genauigkeit einer Waage ; ~ *dans les paiements* pünktliche (Be)zahlung *f* ; Zahlungspünktlichkeit.

ex-aequo ex aequo ; gleichstehend.

exagération *f* Übertreibung *f* ; ~ *des prix* Übersteigerung *f* der Preise ; überhöhte Preise *mpl*.

exagérer übertreiben ; übersteigern ; ~ *ses prétentions, les prix* seine Ansprüche, die Preise übersteigern ; ~ *la valeur de qqch* etw überbewerten ; *avoir des prétentions* ~*ées* übertriebene Ansprüche haben (stellen) ; *prix m* ~*é* übermäßig hoher Preis *m* ; horrender (unerschwinglicher) Preis.

1. examen *m (observation, contrôle)* Untersuchung *f* ; (Über)prüfung *f* ; Kontrolle *f* ; Mustern *n* ; ♦ *après* ~ nach Einsichtnahme ; *après mûr* ~ nach reiflicher (genauer) Prüfung ; *après plus ample* ~ bei näherer Prüfung ; *pour* ~ zur Einsichtnahme ; zur Überprüfung ; ~ *approfondi, minutieux* gründliche, sorgfältige Prüfung ; ~ *de contrôle* Kontrollprüfung ; ~ *en douane* Zolluntersuchung ; ~ *d'embauche* Einstellungsuntersuchung ; ~ *des livres* Bücherrevision *f* ; Überprüfung der Bücher ; ~ *médical* ärztliche Untersuchung ; ~ *de la situation* Beurteilung *f* der Lage ; ♦♦♦ *être à l'*~ untersucht werden ; *faire l'*~ *de qqch* etw untersuchen ; etw genau prüfen ; *soumettre à un* ~ einer Untersuchung unterziehen.

2. examen *m (concours)* Prüfung *f* ; Examen *n* ; ♦ ~ *d'admission* Zulassungsprüfung ; ~ *d'aptitude (probatoire)* Eignungsprüfung ; ~ *écrit, oral* schriftliche, mündliche Prüfung ; ~ *d'entrée* Aufnahmeprüfung ; ~ *de fin d'apprentissage* Lehrabschlußprüfung ; ~ *de fin d'études* Abschluß-, Abgangsprüfung ; ~ *de maîtrise* Meisterprüfung ; ~ *du permis de conduire* Fahrprüfung ; ♦♦♦ *échouer (être recalé) à un* ~ bei einem Examen durchfallen ; durchs Examen fallen ; *passer un* ~ ein Examen machen (ablegen) ; *réussir à un* ~ ein Examen bestehen ; *soumettre qqn à un* ~ jdn einer Prüfung unterziehen.

examiner untersuchen ; prüfen ; überprüfen ; examinieren ; ~ *qqch à fond* eine Sache gründlich untersuchen ; ~ *qqn* jdn beobachten ; ~ *des dossiers, des factures, des livres de commerce* Akten, Rechnungen, Bücher einsehen ; ~ *un malade* einen Patienten untersuchen ; ~ *des papiers* Papiere sichten ; ~ *une question, un problème* eine Frage, ein Problem untersuchen ; ~ *la sécurité de fonctionnement d'une machine* eine Maschine auf Betriebssicherheit untersuchen ; ~ *la situation* die Lage beurteilen.

excédent *m* Überschuß *m* ; Überhang *m* ; Mehrbetrag *m* ; Mehr- ; Plus *n* ; ♦ ~*s agricoles* Agrarüberschüsse ; ~ *annuel* Jahresüberschuß ; ~ *de bagages* Mehrgepäck *n* ; Überfracht *f* ; ~ *de la balance commerciale* überschüssige Handelsbilanz *f* ; ~ *brut* Bruttoüberschuß ; ~ *de caisse, comptable* Kassen-, Rechnungsüberschuß ; ~ *démographique* Bevölkerungsüberschuß ; ~ *de frais* Mehrkosten *pl* ; ~ *d'importation, d'exportation* Einfuhr-, Ausfuhrüberschuß ; ~ *de main-d'œuvre* Überangebot *n* an Arbeitskräften ; überschüssige Arbeitskräfte ; ~ *de marchandises* Warenüberhang *m* ; ~ *monétaire* Geldüberschuß, -überhang ; ~ *de naissances* Geburtenüberschuß ; ~ *de poids* Übergewicht *n* ; Mehrfracht *f* ; ~ *de population* Bevölkerungsüberschuß ; ~ *de pouvoir d'achat* Kaufkraftüberhang ; überschüssige Kaufkraft *f* ; ~ *de recettes* Mehreinnahmen *fpl* ; ♦♦♦ *enregistrer (constater) un* ~ *de* ein Plus von... feststellen ; *être en* ~ überzählig sein ; *il y a un* ~ *de qqch* es besteht ein Überschuß an etw (+ D) ; es ist ein Überhang von etw vorhanden ; *indiquer (révéler) un* ~ einen Überschuß aufweisen.

excédentaire überschüssig ; Überschuß- ; Mehr- ; *balance f commerciale* ~ überschüssige (positive, aktive) Handelsbilanz *f* ; *consommation f, dépenses* *fpl, production f ~(s)* Mehrverbrauch *m*, -aufwand *m*, -produkt *n* (Mehrproduktion *f*) ; *région f ~* Überschußgebiet *n* ; *revenus mpl ~s* Mehreinkommen *npl* ; *être ~* im Plus (überschüssig) sein ; im Plus stehen.

excéder übersteigen ; überschreiten ; *~ toutes les prévisions, espérances* alle Prognosen, Erwartungen übertreffen ; *cela excède mes possibilités financières* es übersteigt meine finanziellen Möglichkeiten ; *le coût excède de 10 000 F le devis initial* die Kosten übersteigen den Voranschlag um 10 000 F.

excellent, e ausgezeichnet ; hervorragend ; vorzüglich ; vortrefflich ; erstklassig ; prima ; *qualité f ~e* hervorragende Qualität *f* ; *nous ne vendons que des articles d'~e qualité* wir führen nur erstklassige (prima) Ware.

excepté außer (+ D) ; ausgenommen (+ A) ; bis auf (+ A) ; mit Ausnahme von/G.

exception *f* Ausnahme *f* ; Sonderfall *m* ; *à l'~ de* abgesehen von ; mit Ausnahme (+ G) ; *par ~* ausnahmsweise ; *sans ~* ohne Ausnahme, ausnahmslos ; *sans ~ d'âge ni de sexe* ohne Rücksicht auf Alter und Geschlecht ; *cas m (mesure f) d'~* Ausnahmefall *m* ; Sondermaßnahme *f* ; Ausnahmebestimmung *f* ; *à une ~ près* bis auf eine Ausnahme ; *faire ~* eine Ausnahme bilden ; *faire une ~* eine Ausnahme machen ; *pas de règle sans ~* keine Regel ohne Ausnahme ; *l'~ confirme la règle* die Ausnahme bestätigt die Regel.

exceptionnel, le Ausnahme- ; Sonder- ; außergewöhnlich ; außerordentlich ; *cas m ~* Ausnahmefall *m* ; *congé m ~* Sonderurlaub *m* ; *événement m ~* einmaliges Ereignis *n*.

exceptionnellement ausnahmsweise.

excès *m* Übermaß (an + D) *n* ; Exzeß *m* ; Überschreitung *f* ; *~ de capacité* Kapazitätsüberhang *m* ; *~ de liquidité* Überliquidität *f* ; *~ de population* Übervölkerung *f* ; *~ de pouvoir* Überschreitung *f* der Amtsgewalt ; Zuständigkeits-, Kompetenzüberschreitung ; *~ de travail* Arbeitsüberlastung *f* ; *~ de vitesse* Geschwindigkeitsüberschreitung ; *~ de zèle* Übereifer *m* ; *(poussé) à l'~* im Übermaß ; bis ins Maßlose getrieben ; *être en ~ de vitesse* die vorgeschriebene Geschwindigkeit überschreiten ; *travailler à l'~* sich überarbeiten ; sich totarbeiten ; *(fam.)* sich abschinden.

excessif, ive übermäßig ; übertrieben ; überhöht ; exzessiv ; Über- ; *production f ~ive* Überproduktion *f*.

exclu, e ausgeschlossen ; *c'est ~* das ist ausgeschlossen ; das kommt nicht in Frage.

exclure ausschließen ; *~ de la garantie* aus der Garantie (aus der Risikodekkung) ausschließen ; *~ d'un parti* aus einer Partei ausschließen.

exclusif, ive ausschließlich ; alleinig ; Allein- ; exklusiv ; *agent m ~* Alleinvertreter *m* ; *article ~* Exklusivartikel *m* ; *contrat m ~* Exklusivvertrag *m* ; *droit m ~* Alleinrecht *n* ; *droit m de représentation ~ive* Alleinvertretungsrecht *n* ; *interview f ~ive* Exklusivinterview *n* ; *modèle m ~* exklusives Modell *n* ; Exklusivmodell *n* ; *propriété f ~ive* Alleinbesitz *m* ; *propriétaire m (détenteur m) ~* Alleininhaber *m* ; *représentation f ~ive* Alleinvertretung *f* ; *représentant m ~* alleiniger Vertreter *m* ; *vente ~ive* Alleinverkauf *m* ; Alleinvertrieb *m* ; *vente ~ive en pharmacie, dans les maisons spécialisées* ist nur in Apotheken, im Fachgeschäft erhältlich ; *avoir la vente ~ive de qqch* etw im Alleinvertrieb haben ; den Alleinverkauf von etw haben.

exclusion *f* Ausschluß *m* ; *à l'~ de* mit (unter) Ausschluß von ; *demander l'~ d'un parti* den Ausschluß (aus einer Partei) beantragen ; *(jur.) ~ de la responsabilité* Haftungsausschluß ; *~ de la succession* Erbausschluß.

exclusivité *f* **1.** Alleinvertrieb *m* ; Alleinverkaufsrecht *n* ; Exklusivvertretung *f* ; Exklusivität *f* ; *(spectacles)* Alleinaufführungs-, Alleinveröffentlichungsrecht *n* ; *(édition)* Reproduktionsrecht *n* ; *avoir l'~ de qqch* etw im Alleinvertrieb haben ; den Alleinverkauf von etw haben **2.** *(droit du travail) clause f, contrat m, droit m d'~* Ausschließlichkeitsklausel *f*, -vertrag *m* (Exklusivvertrag), -recht *n*.

excursion *f (touristique)* Ausflug *m* ; Exkursion *f* ; Ausfahrt *f* ; *~ en groupe* Sammelfahrt *f* ; *faire une ~ d'une journée* einen Tagesausflug (eine Tagestour) machen.

excuse *f (corresp.)* Entschuldigung *f* ; *lettre f d'~* Entschuldigungsschreiben *n* ; *alléguer une ~* eine Entschuldigung vorbringen ; *présenter ses ~s à qqn* jdn um Entschuldigung bitten.

exécutant *m* **1.** ausführendes Organ *n* **2.** Ausführende(r) ; *un simple ~* ein einfacher Befehlsempfänger *m*.

exécuter ausführen ; erledigen ;

durchführen ; vollziehen ; ~ *une commande* eine Bestellung erledigen ; einen Auftrag ausführen ; ~ *un concurrent* einen Konkurrenten kaltstellen (erledigen) ; ~ *un contrat* einen Vertrag erfüllen ; ~ *une mission, un ordre de vente* einen Auftrag, eine Verkaufsorder (einen Verkaufsauftrag) ausführen ; ~ *un plan, un projet* einen Plan, ein Vorhaben ausführen (durchführen) ; ~ *une promesse* ein Versprechen erfüllen ; ~ *un jugement, un testament* ein Urteil, ein Testament vollstrecken (vollziehen) ; ~ *un travail* eine Arbeit erledigen (durchführen) ; *s'*~ einer Aufforderung (Verpflichtungen) nachkommen.

exécuteur *m* **testamentaire** Testamentvollstrecker *m*.

exécutif, ive vollziehend ; Exekutiv- ; ausübend ; *bureau m* ~ Exekutivbüro *n* ; *comité m* ~ Exekutivausschuß *m*, -komitee *n* ; Vorstand *m* ; *pouvoir m* ~ vollziehende (ausübende) Gewalt *f* ; Exekutive *f* ; Exekutivgewalt *f*.

exécution *f* Ausführung *f* ; Erfüllung *f* ; Erledigung *f* ; Durchführung *f* ; Vollziehung *f* ; Vollstreckung *f* ; *(bourse)* Exekution *f* ; ♦ *(bourse)* ~ *d'un acheteur* Exekutionsverkauf *m* ; ~ *du budget* Haushaltsvollzug *m* ; ~ *d'un contrat* Vertragserfüllung *f* ; *en* ~ *de vos instructions* in Ausführung Ihrer Instruktionen ; ~ *loyale* vertragstreue Erfüllung ; ~ *partielle* Teilausführung ; ~ *d'un travail* Arbeitsausführung ; ~ *d'un vendeur* Exekutionskauf *m* ; ♦♦ *délai m d'*~ Leistungsfrist *f* ; *dispositions fpl d'*~ Ausführungsbestimmungen *fpl* ; *lieu m d'*~ Erfüllungsort *m* ; *mise f à* ~ Vollziehung *f* ; *modalités fpl d'*~ Ausführungsbestimmungen *fpl* ; *personnel m d'*~ ausführendes Personal *n* ; *pouvoir m d'*~ Ausführungsbefugnis *f* ; *retard m dans l'*~ Leistungsverzug *m* ; ♦♦♦ *commencer l'*~ *de qqch* etw ausführen (wollen) ; *compter sur une prompte* ~ auf prompte Ausführung rechnen ; *être en cours d'*~ ausgeführt werden ; in der Ausführung stecken ; *mettre à* ~ zur Ausführung bringen.

exemplaire *m* Exemplar *n* ; Stück *n* ; Muster *n* ; Modell *n* ; ~ *d'un contrat* Vertragsabschrift *f* ; ~ *dépareillé* Einzelstück *n* ; ~ *gratuit* Frei-, Gratisexemplar ; ~ *justificatif (conservé par un vendeur)* Belegmuster ; ~ *de luxe* Prachtexemplar ; ~ *original* (Original)-ausfertigung *f* ; ~ *de publicité* Werbexemplar ; ~ *rare* seltenes Stück (Exemplar) ; ~ *spécial* Sonderanfertigung *f* ; *en double, triple, quadruple* ~ in zweifacher, dreifacher, vierfacher Ausfertigung ; *taper une lettre en double* ~ einen Brief in doppelter Ausfertigung tippen.

exempt de frei von ; -los ; -frei ; ~ *de cotisation* beitragsfrei ; ~ *de déclaration en douane* Zollfreigabe *f* ; ~ *de défauts* tadellos ; fehlerfrei ; ~ *de droits (de douane)* zollfrei ; ~ *de frais* kostenfrei ; ~ *d'impôts* steuer-, abgabenfrei ; ~ *d'intérêts* zinslos ; ~ *de supplément* zuschlagfrei ; ~ *de taxes* abgaben-, gebührenfrei ; ~ *(de droits) de timbre* stempelfrei.

exempter de befreien von ; dispensieren von ; ~ *qqn de service* jdn vom Dienst dispensieren ; jdn freistellen.

exemption *f* Befreiung *f* ; ~ *d'impôts* Steuerbefreiung.

exercer 1. ausüben ; (be)treiben ; innehaben ; *(médecin)* praktizieren ; als (Arzt, Anwalt) tätig sein ; ~ *une action contre qqn* eine Klage gegen jdn einreichen ; ~ *une activité commerciale, industrielle* ein kaufmännisches Unternehmen, ein Gewerbe betreiben ; ~ *une charge, un emploi* ein Amt bekleiden (innehaben) ; ~ *un contrôle, un droit d'option, son droit de vote, une influence* eine Kontrolle, ein Optionsrecht, ein Wahlrecht, einen Einfluß ausüben ; ~ *un métier, une profession* ein Handwerk, einen Beruf ausüben ; *elle* ~*e depuis 10 ans* sie steht seit 10 Jahren im Beruf ; ~ *un pouvoir, une pression sur qqn* eine Macht, einen Einfluß auf jdn ausüben **2.** *s'* ~ üben ; trainieren ; sich ausbilden.

exercice *m* **1.** *(entraînement)* Übung *f* ; Trainieren *n* ; Üben *n* **2.** *(d'un droit, d'une profession)* Ausübung *f* ; Bekleidung *f* ; Geltendmachung *f* ; ~ *d'un droit* Ausübung eines Rechts ; Geltendmachung eines Anspruchs ; ~ *des fonctions* Amtsausübung ; ~ *illégal de la médecine, d'une profession* unbefugte Ausübung der Medizin, eines Berufs ; ~ *d'un mandat, d'une profession,* Ausübung eines Mandats, eines Berufs ; ~ *de la souveraineté* Herrschaftsausübung ; ~ *à titre honorifique* Ehrenamt *n* ; *dans l'*~ *de ses fonctions* in Ausübung seines Amts ; *entrer en* ~ sein Amt antreten **3.** *(commerce)* Geschäftsjahr *n* ; Rechnungsjahr ; ♦ ~ *bénéficiaire* Gewinnjahr ; ~ *budgétaire* Haushalts-, Finanz-, Rechnungsjahr ; ~ *clos* abgeschlossenes Rechnungsjahr ; ~ *comptable* Rechnungsjahr ; ~ *en cours* laufendes Geschäftsjahr ; ~ *déficitaire* Verlustjahr ; ~ *écoulé* abgelaufenes Geschäftsjahr ; ~ *d'exploitation* Berichtsjahr ; ~ *financier* Finanzjahr ; ~ *fiscal* Steuerjahr ; ~ *partiel* Rumpfgeschäftsjahr ; ~ *social* Geschäftsjahr ; ◆◆ *clôture f de l'~* Jahresabschluß *m* ; *dividende m de l'~ ...* Dividende *f* für das Geschäftsjahr... ; *en fin d'~* zum Jahresabschluß ; *rapport m de l'~* Geschäftsbericht *m* für das (Geschäfts)-jahr.

exigeant, e anspruchsvoll ; *se montrer ~ (envers qqn)* an jdn hohe Anforderungen (Ansprüche) stellen.

exigence *f* (An)forderung *f* ; Anspruch *m* ; Erfordernis *n* ; *~s* Ansprüche *mpl* ; *~s de liquidité* Liquiditätserfordernisse ; *les ~s de la situation* die Erfordernisse der Lage ; *~s du travail* Arbeitsanforderungen ; *ne pas être à la hauteur des ~s* den Anforderungen nicht gewachsen sein ; *répondre aux ~s de la clientèle* den Ansprüchen der Kundschaft entsprechen ; *satisfaire aux ~s* allen Anforderungen genügen (gerecht werden).

exiger (er)fordern ; beanspruchen ; verlangen ; ~ *une augmentation, une explication, de la patience, de la ponctualité, une somme de qqn pour un travail* eine Lohnerhöhung, eine Erklärung, Geduld, Pünktlichkeit, eine Geldsumme von jdm für eine Arbeit verlangen ; ~ *beaucoup de place* viel Raum beanspruchen ; ~ *du temps et de l'argent* Zeit und Geld erfordern ; *la situation ~e que...* die Lage erfordert, daß ; « *pièces exigées* » vorzulegende Schriftstücke *npl*.

exigibilité *f (dette)* Eintreibbarkeit *f* ; Einziehbarkeit *f* ; *(paiement)* Fälligkeit *f*.

exigible 1. fällig ; rückzahlbar ; geschuldet ; eintreibbar ; *créance f ~* eintreibbare Forderung *f* ; *intérêts mpl, traite f ~ (s)* fällige Zinsen *mpl*, fälliger Wechsel *m* ; *passif m ~* fällige Passiva *pl* ; *la somme est ~ au 1er mai* der Betrag ist am (bis zum) ersten Mai fällig **2.** einklagbar.

existant *m* Bestand *m* ; ~ *en caisse* Kassenbestand ; *tout l'~* der ganze Vorrat.

existence *f* **1.** Leben *n* ; Dasein *n* ; Existenz *f* ; *conditions fpl d'~* Lebensbedingungen *fpl* ; *moyens mpl d'~* Existenz-, Unterhaltsmittel *npl* ; Existenzgrundlage *f* ; *le travail de toute une ~* Lebenswerk *n* ; *se faciliter l'~* sich das Dasein erleichtern ; *mener une ~ difficile* ein kümmerliches Leben fristen ; **2.** Bestand *m* ; Vorhandensein *n* ; *(stocks)* Vorrat *m* ; ~ *juridique* rechtlicher Bestand.

exode *m* Auswanderung *f* ; Auszug *m* ; ~ *des capitaux* Kapitalflucht *f*, -auswanderung ; ~ *rural* Landflucht *f* ; ~ *des vacanciers* Urlauber-, Reisewelle *f*.

exonération *f* Befreiung *f* ; Erlaß *m* ; Freistellung *f* ; ~ *à la base* Freibetrag *m* ; ~ *fiscale (d'impôts)* Steuerbefreiung *f*, -erlaß *m* ; Befreiung von der Steuer ; ~ *de la responsabilité* Enthaftung *f* ; ~ *des taxes* Gebührenfreiheit, -erlaß ; *attestation f d'~* Freistellungsbescheinigung *f*.

exonérer (von Steuern, Gebühren) befreien ; ~ *qqn de qqch* jdm etw erlassen ; *être ~é d'une taxe* von einer Gebühr befreit sein.

exorbitant, e übermäßig ; hoch ; übertrieben ; überhöht ; *loyer m ~* überhöhte Miete *f* ; *prix m ~* unerschwinglicher (übertrieben hoher, horrender, stolzer) Preis *m*.

exp. (expéditeur) Abs. (Absender) *m*.

expansion *f* Expansion *f* ; Erweiterung *f* ; Ausdehnung *f* ; Ausweitung *f* ; Aufschwung *m* ; ◆ ~ *conjoncturelle* konjunkturelle Expansion ; ~ *de la demande* Nachfrageexpansion ; ~ *industrielle* industrielle Ausweitung (Expansion) ; ~ *du marché* Marktausweitung ; ◆◆ *besoin m d'~* Expansionsbedürfnis *n* ; *courbe f de l'~* Expansionskurve *f* ; *entreprise f en ~* expandierendes Unternehmen *n* ; *facteur m d'~* Expansionsfaktor *m* ; *politique f d'~* Expansionspolitik *f* ; *possibilités fpl d'~* Expansionsmöglichkeiten *fpl* ; *rythme m de l'~* Expansionstempo *n* ; *taux m d'~* Expansionsrate *f*.

expansionniste *m* Anhänger *m* (Vertreter *m*) einer Expansionspolitik.

expansionniste expansiv ; expansionistisch ; expandierend ; *poussée f ~* Ausdehnungsdrang *m* ; *politique f ~ des affaires, des salaires* expansive Geschäfts-, Lohnpolitik *f* ; *pratiquer une politique ~* eine Politik der Expansion betreiben ; eine expansionistische Politik verfolgen.

expatrier : ~ *des capitaux* Kapital im Ausland anlegen ; *s'~* auswandern ; ins Ausland gehen.

expectative *f* : *être, rester dans l'~* sich abwartend verhalten.

expédient *m* Notbehelf *m* ; Ausweg

m ; *vivre d'~* sich durchlavieren ; sich mehr schlecht als recht durchbringen ; von der Hand in den Mund leben.

expédier 1. *(courrier, colis)* (ver)senden ; (ver)schicken ; abschicken ; aufgeben ; *(par mer)* verschiffen ; *~ contre remboursement* gegen (als) Nachnahme verschicken ; *~ en grande, petite vitesse* als Eilgut, als Frachtgut senden ; *~ qqch par avion, par la SNCF (le train), par la poste, par un transporteur routier* etw auf dem Luftweg (per Flugzeug), mit der Eisenbahn (per Bahn), mit einem Lastkraftwagen (per LKW) befördern ; *~ le courrier, des colis* die Post, Pakete abfertigen (absenden) ; *~ des invitations, des faire-part* Einladungen, Anzeigen versenden ; *~ une lettre* einen Brief abschicken ; *~ un télégramme* ein Telegramm aufgeben **2.** erledigen ; schnell abfertigen ; *~ des formalités, les affaires courantes* Formalitäten, die laufenden Geschäfte erledigen ; *(fam.) ~ qqn* mit jdm kurzen Prozeß machen ; *(fam.)* jdn rasch abfertigen **3.** *(jur.)* ausfertigen ; die Abschrift einer notariellen Urkunde oder eines Urteils aushändigen.

expéditeur *m* **1.** Absender *m* ; *retour à l'~* zurück an den Absender ! **2.** Verfrachter *m* ; Spediteur *m* ; Befrachter *m*.

expéditeur, trice Versand- ; Abgangs- ; *gare f ~ trice* Abgangsbahnhof *m*.

expédition *f* **1.** *(affaires) ~ des affaires courantes* Erledigung *f* der laufenden Geschäfte **2.** *(envoi)* Versand *m* ; Absendung *f* ; Abfertigung *f* ; Beförderung *f* ; Expedition *f* ; Abtransport *m* ; ♦ *~s collectives* Sammelgut *n* ; *~ en douane* Zollabfertigung ; *~ d'un message, d'un télégramme* Aufgabe *f* einer Botschaft, eines Telegramms ; *~ de messages publicitaires* Postwurfsendung ; *~ par air* Luftfrachtversand ; *~ par chemin de fer* Versand per Bahn (per Schiene) ; Bahnversand ; *~ par la route* Versand per Straßentransport ; *~ par navire* Verschiffung *f* ; ♦♦ *avis m, bordereau m, bulletin m d'~* Versandanzeige *f*, -liste *f*, -schein *m* ; *bureau m d'~* Versand-, Abfertigungsstelle *f* ; *commerce m (maison f) d'~s* Versandgeschäft *n* ; Versandhaus *n* ; *documents mpl d'~* Versandpapiere *npl* ; *frais mpl, lieu m, mode m d'~* Versandgebühren *fpl*, -ort *m*, -art *f* ; *service m des ~s* Expedition *f* (eines Unternehmens) ; Versandabteilung *f* **3.** *~s (marchandises expédiées)* verschickte Waren *fpl* **4.** *(copie d'un acte notarié)* Ausfertigung *f* ; beglaubigte Abschrift *f* einer notariellen Urkunde oder eines Urteils ; *en double ~* in doppelter Ausfertigung ; *pour ~ conforme* für die Richtigkeit der Ausfertigung **5.** *(voyage d'exploration)* Expedition *f* ; Forschungsreise *f*.

expéditionnaire *m* Speditionsgehilfe *m* ; Angestellte(r) einer Versandabteilung oder eines Speditionsunternehmens.

expérience *f* **1.** Erfahrung *f* ; *~ des affaires* Geschäftserfahrung ; *~ commerciale* Handelserfahrung ; *~ professionnelle* Berufserfahrung ; *somme f d'~* Erfahrungsschatz *m* ; *avoir de longues années d'~* eine langjährige Erfahrung haben ; *nous savons par ~* wir wissen aus Erfahrung **2.** *(scientifique)* Versuch *m* ; Experiment *n*.

expérimenté, e erfahren ; *vendeur m ~* erfahrener Verkäufer *m*.

expert *m* Sachverständige(r) ; Experte *m* ; Gutacher *m* ; *(spécialiste)* Fachmann *m* ; Spezialist *m* ; ♦ *~ agréé auprès des tribunaux, assermenté* gerichtlicher, vereidigter Sachverständige(r) ; *~ comptable* Buch-, Rechnungsprüfer *m* ; Bücherrevisor *m* ; *~ financier* Finanzsachverständige(r) ; Experte in (für) Finanzfragen ; *~ fiscal* Steuerexperte ; Experte in (für) Steuerfragen ; *~ en assurances* Versicherungssachverständige(r) ; ♦♦ *avis m d'~* Sachverständigengutachten *n* ; *commission f d'~s* Sachverständigenausschuß *m*, -rat *m*, -kommission *f* ; *rapport m d'~s* Sachverständigengutachten *n* ; ♦♦♦ *agir en qualité d'~* als Gutachter fungieren (auftreten) ; *attendre le rapport des ~s* das Urteil der Sachverständigen abwarten ; *commettre (désigner) un ~* einen Sachverständigen bestellen ; *consulter (avoir recours à) un ~* einen Sachverständigen hinzuziehen (zu Rate ziehen) ; *nommer un ~* einen Experten ernennen ; *solliciter (prendre) l'avis d'un ~* sich von einem Fachmann beraten lassen.

expert, e *(en)* erfahren (in + D) ; sachkundig ; fachkundig ; sachverständig.

expertise *f* Gutachten *n* ; Sachverständigenbericht *m* ; Expertise *f* ; *demander une ~ de qqch* eine Expertise über etw (+ A) einholen ; *établir (faire) une ~* ein Gutachten erstellen ; *faire l'~ de qqch* etw expertisieren ; etw abschätzen ; *soumettre à une* ~ zu einer Begutachtung vorlegen.

expertiser begutachten ; untersuchen ; expertisieren ; ein Gutachten erstellen ; prüfen ; *faire* ~ *qqch* etw begutachten lassen.

expiration *f (délai, contrat)* Ablauf *m* ; Erlöschen *n* ; Ende *n* ; ~ *du contrat* Vertragsablauf ; ~ *d'une durée* Zeitablauf ; *à l'*~ *du délai imparti* nach Ablauf der gesetzten Frist ; nach Fristablauf ; ~ *de validité* Ende der Geltungsdauer ; *date f d'*~ Verfalls-, Ablaufdatum *n* ; *la date d'*~ *indiquée sur la carte* die auf der Karte angegebene Frist(fest)setzung.

expirer *(délai, contrat)* ablaufen ; erlöschen ; enden ; verfallen ; *le délai, le contrat* ~*e le 1er janvier* die Frist, der Vertrag läuft am ersten Januar ab ; *son mandat, sa dette expire le 2 mai* sein Mandat, seine Schuld erlischt am zweiten Mai ; *laisser* ~ *un délai* eine Frist ablaufen lassen ; einen Termin versäumen.

exploitable betriebsfähig ; verwertbar ; *(mines, gisement)* abbaufähig ; *(sol, forêt)* nutzbar ; anbaufähig ; *(inform.)* maschinenlesbar ; *supports mpl (de données)* ~*s* maschinenlesbare Datenträger *mpl*.

exploitant *m* **1.** Landwirt *m* ; Bauer *m* ; ~ *agricole* Landwirt ; *les petits et les gros* ~*s* die kleinen und die großen Landwirte **2.** Gewerbetreibende(r) ; Unternehmer *m* ; ~ *d'un fonds de commerce* Geschäftsinhaber *m* ; ~ *d'une salle de cinéma* Kinobesitzer *m*.

exploitation *f*	**1.** *entreprise* **2.** *fonctionnement ; utilisation* **3.** *sens marxiste*

1. *(entreprise)* Betrieb *m* ; Unternehmen *n* ; Gewerbe *n* ; ◆ ~ *agricole* landwirtschaftlicher Betrieb ; ~ *artisanale* handwerklicher Betrieb ; ~ *commerciale* Handelsunternehmen *n* ; kaufmännischer Betrieb ; ~ *coopérative* Genossenschaftsbetrieb ; ~ *déficitaire* Verlustbetrieb ; ~ *familiale* Familienbetrieb ; ~ *forestière* forstwirtschaftlicher Betrieb ; ~ *individuelle* Einzelbetrieb ; Einmann-Betrieb ; ~ *industrielle* Gewerbebetrieb ; ~ *moyenne* Mittelbetrieb ; ~ *pilote* Musterbetrieb ; ~ *saisonnière* Saisonbetrieb ; ~ *d'une salle de cinéma* Kinobetrieb ; ◆◆ *direction f, extension f de l'*~ Betriebsführung *f*, -erweiterung *f* ; *grande, moyenne, petite* ~ Groß-, Mittel-, Kleinbetrieb *m* ; *importance f (taille f), lieu m, marche f, siège m de l'*~ Betriebsgröße *f* (-umfang *m*), -stätte *f*, -ablauf *m* ; Sitz *m* des Betriebs ; ◆◆◆ *agrandir, diriger une* ~ einen Betrieb erweitern, leiten ; *continuer (poursuivre) l'*~ den Betrieb weiterführen ; *reprendre l'*~ den Betrieb wiederaufnehmen.

2. *(fonctionnement, utilisation)* Bewirtschaftung *f* ; (Aus)nutzung *f* ; Betrieb *m* ; Ausbeutung *f* ; Verwertung *f* ; *(culture)* Anbau *m* ; *(ligne aérienne)* Befliegen *n* ; ◆ *en* ~ in Betrieb ; ~ *à outrance (abusive, sauvage)* Raubbau *m* ; ~ *de brevets* Patentverwertung ; ~ *de la capacité* Kapazitätsausnutzung, -auslastung *f* ; ~ *à ciel ouvert* Tagebau *m* ; ~ *collective* Gemeinwirtschaft *f* ; ~ *en commun* gemeinschaftliche Nutzung *f* ; ~ *continue* Dauerbetrieb ; ~ *directe* Selbst-, Eigenbewirtschaftung ; ~ *au fond* Untertagebetrieb ; Tiefbau *m* ; ~ *forcée* Zwangsbewirtschaftung ; ~ *d'une invention* Auswertung einer Erfindung ; ~ *d'une ligne* das Befliegen einer Strecke ; Betrieb einer Fluglinie ; ~ *d'une mine* Bergbau *m* ; ~ *d'un monopole* Monopolbewirtschaftung, -auswertung ; ◆◆ *accident m, aléa m, arrêt m d'*~ Betriebsunfall *m*, -risiko *n*, -stillegung *f* (-unterbrechung *f*) ; *bâtiments mpl, bénéfice m, biens mpl d'*~ Betriebsgebäude *n(pl)*, -gewinn *m*, -vermögen *n* ; *bilan m, capital m (fonds mpl), charges fpl d'*~ Betriebsbilanz *f*, -kapital *n*, -lasten *fpl* ; *chef m, coefficient m, compte m d'*~ Betriebsführer *m* (-leiter *m*), -koeffizient *m*, Betriebskonto *n* ; *conditions fpl, contrat m, dépenses fpl d'*~ Betriebsbedingungen *fpl*, *(mines, carrières)* Ausbeutungsvertrag *m*, Betriebsausgaben *fpl* ; *frais mpl d'*~ Betriebskosten *pl* ; *mise f en* ~ Inbetriebsetzung *f* ; Inbetriebnahme *f* ; *mise en* ~ *d'un gisement* Erschließung *f* ; *période f, permis m, perturbation f d'*~ Betriebsperiode *f*, -genehmigung *f*, -störung *f* ; *procédé m d'*~ *minière*, Abbauverfahren *n* ; *produit m, recettes fpl d'*~ Betriebsertrag *m*, -einnahmen *fpl* ; *règlement m, rendement m, résultats mpl d'*~ Betriebsordnung *f*, -leistung *f*, -ergebnisse *npl* ; *sécurité f, société f, système m, taxe f d'*~ Betriebssicherheit *f*, -gesellschaft *f*, -system *n*, -abgabe *f* ; ◆◆◆ *arrêter (suspendre) l'*~ den Betrieb einstellen ; *être en* ~ in Betrieb sein ; *interrompre* *l'~* den Betrieb unterbrechen ; *mettre en ~* in Betrieb setzen ; *ouvrir une centrale à l'~* ein Kraftwerk in Betrieb setzen (dem Betrieb übergeben) ; *passer une usine en ~ automatique* eine Fabrik auf vollautomatischen Betrieb umstellen ; *ralentir (freiner) l'~* den Betrieb aufhalten.

3. *(marxiste)* Ausbeutung *f* ; Ausbeuterei *f*.

exploiter 1. *~ une ferme, une terre* einen Bauernhof, ein Stück Land bewirtschaften **2.** *~ un commerce, une boîte de nuit* ein Geschäft, ein Nachtlokal betreiben (führen) **3.** *(matières premières)* abbauen ; fördern ; gewinnen ; ausbeuten ; *~ une mine, un gisement* ein Bergwerk, ein Erzvorkommen ausbeuten (abbauen) ; *~ une mine de charbon* Kohle fördern **4.** *~ un brevet, une licence* ein Patent, eine Lizenz verwerten (nutzen) **5.** *(un réseau)* betreiben ; *~ une ligne d'autobus, de chemin de fer* eine Strecke befahren ; *~ une ligne aérienne* eine Fluglinie befliegen **6.** *~ abusivement une forêt* an einem Wald Raubbau treiben **7.** *~ un avantage, une faiblesse, une situation* einen Vorteil, eine Schwäche, eine Situation ausnützen **8.** *(marxiste) ~ des clients, des travailleurs* Kunden, Arbeiter ausbeuten **9.** *~ ses connaissances* seine Kenntnisse einsetzen **10.** *~ des données* Daten auswerten.

exploiteur *m (marxiste)* Ausbeuter *m*.

explosion *f* Explosion *f* ; *~ démographique* Bevölkerungsexplosion.

export ⇒ *exportation*.

exportable exportierbar ; ausfuhr-, exportfähig, ausführbar.

exportateur *m* Exporteur *m* ; Export-, Ausfuhrhändler *m* ; Exportkaufmann *m* ; *(rare)* Ausführer *m*.

exportateur, trice Ausfuhr-, Export- ; exportierend ; *le premier pays ~ de vin* das erste Weinexportland ; *firme f ~trice* Exportfirma *f* ; *pays m ~* Export-, Ausfuhrland *n* ; *grand ~* exportintensiv.

exportation *f* Ausfuhr *f* ; Export *m* ; *~s (recettes réalisées)* Exportziffer *f* ; *~s (volume)* Exportvolumen *n* ; ♦ *~ de capitaux, de céréales* Kapital-, Getreideausfuhr ; *~s visibles, invisibles* sichtbare, unsichtbare Ausfuhren ; *~s vers l'Allemagne, l'Iran, la Suisse* Exporte nach Deutschland, in den Iran, in die Schweiz ; *~s en franchise* zollfreie Ausfuhren ; ♦♦ *accroissement m (augmentation f) des ~s* Zunahme *f* (Steigerung *f*) der Ausfuhren ; *aide f à (encouragement m) l'~* Exportförderung *f* ; *article m, autorisation f (permis m) d'~* Exportartikel *m*, -bewilligung *f* (-erlaubnis) ; *blocage m des ~s* Exportsperre *f* ; Ausfuhrstopp *m* ; *contingent m, commerce m d'~* Exportkontingent *m*, -handel *m* ; *crédit m à l'~* Ausfuhrkredit *m* ; *débouchés mpl pour nos ~s* Absatzmärkte *mpl*, -möglichkeiten *fpl* im Ausland ; Auslandsmärkte *mpl* ; *déclaration f d'~* Ausfuhrerklärung *f* ; *département m ~ (d'une entreprise)* Exportabteilung *f* ; *dispositions fpl en matière d'~* Exportbestimmungen *fpl* ; *droits mpl d'~* Ausfuhrzoll *m* ; *embargo m sur les ~s* Exportsperre *f* ; Ausfuhrstopp *m* ; *encouragement m à l'~* Exportförderung *f* ; *excédents mpl d'~* Exportüberschuß *m* ; *financement m des ~s* Exportfinanzierung *f* ; *garantie f à, industrie f d'~* Ausfuhrgarantie (Hermesgarantie) *f*, Exportindustrie *f* ; *interdiction f frappant les ~s* Ausfuhrverbot *n* ; *licence f d'~, limitation f des ~s* Ausfuhrlizenz *f*, Exportbeschränkung(en) *f(pl)* ; *marchandise f d'~, marché m de l'~, modèle m d'~* Exportware *f*, -markt *m*, -ausführung *f* (-modell *n*) ; *monopole m d'~* Ausfuhrmonopol *n* ; *part f des ~s* Exportanteil *m* ; *prime f à l'~* Ausfuhrprämie *f* ; *prix m à l'~ (vers la Communauté)* Exportpreis *m* (in die Gemeinschaft) ; *produit m, quota m d'~* Exporterzeugnis *n*, -quote *f* ; *recul m des ~s, secteur m de l'~* Exportrückgang *m*, -branche *f* (-zweig *m*) ; *service- ~ (d'une entreprise)* Exportabteilung *f* ; *subventions fpl, taxe f à l'~* Ausfuhrsubventionen *fpl*, -zoll *m* ; *valeur f, volume m des ~s* Ausfuhrwert *m*, -volumen *n* ; ♦♦♦ *accroître (développer) les ~s* den Export steigern ; *encourager (favoriser, stimuler) les ~s* den Export fördern ; *diminuer les ~s* die Ausfuhren drosseln ; *intensifier, limiter les ~s* den Export intensivieren, einschränken.

exporter ausführen ; exportieren ; *~ des agrumes, des capitaux, l'inflation* Südfrüchte, Kapital, die Inflation exportieren (ausführen).

exposant *m* Aussteller *m* ; Ausstellungsteilnehmer *m* ; *catalogue m des ~s* Ausstellerkatalog *m*.

exposé *m* Bericht *m* ; Vortrag *m* ; Darstellung *f* ; Exposé *n* ; Referat *n* ; *~ général* Gesamtübersicht *f* ; *~ d'invention* Patentschrift *f* ; *~ des motifs* Motivierung *f* ; Begründung *f*.

exposé, e 1. dargelegt ; erklärt **2.** *(marchandise) ~ en vitrine* im Schaufenster ausgestellt ; *~ à la vente* zum Verkauf angeboten **3.** *~ au nord* im Norden liegen (gelegen) ; *fenêtres fpl ~ées au sud* mit Fenstern nach Süden ; *chambre f bien ~e* ein Zimmer in sonniger Lage **4.** *(photo)* belichtet.

exposer 1. *(expliquer)* erklären ; darlegen ; vortragen ; auseinandersetzen ; *pour les raisons ~ées ci-dessus* aus den oben dargelegten Gründen **2.** *(à la vente)* (zum Verkauf) ausstellen ; *~ de nouveaux modèles en devanture* neue Modelle im Schaufenster ausstellen **3.** *(à la chaleur, à un danger)* (der Wärme, einer Gefahr) aussetzen **4.** *~é au nord, au sud* Nord-, Südlage *f* ; *chambre f ~ée au sud* nach Süden gelegenes Zimmer *n* **5.** *s'~ à qqch* sich etw (+ D) aussetzen.

exposition *f* Ausstellung *f* ; Messe *f* ; Schau *f* ; Salon *m* ; ♦ *~ agricole* Landwirtschaftsausstellung *f* ; « Grüne Woche » ; *~ automobile (salon m de l'~)* Automobilausstellung, -salon ; *~ canine* Hundeausstellung ; *~ horticole* Gartenschau ; *~ industrielle* Industrieausstellung ; *~ itinérante* Wanderausstellung, -schau ; *~ permanente* Dauerausstellung ; *~ spéciale* Sonderschau ; *~ spécialisée* Fachausstellung ; *~ universelle (mondiale)* Weltausstellung ; ♦♦ *bâtiments mpl, catalogue m, comité m de l'~* Ausstellungsgebäude *npl*, -katalog *m*, -ausschuß *m* ; *direction f de l'~* Ausstellungsleitung *f* ; *dossier m de participation à une ~* Ausstellungsunterlagen *fpl* ; *organisateur m de l'~* Ausstellungsveranstalter *m* ; *palais m, parc m des ~s* Ausstellungshalle *f*, -park *m* ; *participant m à l'~* Ausstellungsteilnehmer *m* ; *pièce f, salle f, stand m d'~* Ausstellungsstück *n*, -raum *m*, -stand *m* ; *succès m, surface f, terrain m de l'~* Ausstellungserfolg *m*, -fläche *f*, -gelände *n* ; *vitrine f d'~* Ausstellungsvitrine *f* ; ♦♦♦ *l'~ sera ouverte jusqu'au...* die Ausstellung wird bis zum... geöffnet sein ; *être représenté à une ~* bei einer Ausstellung vertreten sein ; *envoyer une demande de participation à une ~* sich bei einer Ausstellung anmelden ; *inaugurer une ~* eine Ausstellung eröffnen (einweihen) ; *participer à une ~* an einer Ausstellung teilnehmen ; *l'~ se tient à Paris* die Ausstellung findet in Paris statt (wird in Paris abgehalten) ; *visiter une ~* eine Ausstellung besuchen.

exprès 1. *par ~* durch (per) Eilboten ; *colis m ~* Eilpaket *n* ; *distribution f par ~* Eilzustellung *f* ; *lettre f ~* Eilbrief *m* **2.** *envoi m en ~* Eilsendung *f*.

express *m* Schnellzug *m* ; D-Zug *m* ; *métro-~* S-Bahn *f* (Schnell-Bahn).

expresse : *défense f ~* ausdrückliches Verbot *n* ; *sous la condition ~ que* unter der ausdrücklichen Bedingung, daß.

expressément ausdrücklich.

expropriant *m* Enteigner *m*.

expropriant , e enteignend ; *l'administration f ~e* die enteignende Behörde.

expropriateur *m* ⇒ *expropriant m*.

expropriation *f* Enteignung *f* ; *~ pour cause d'utilité publique* Enteignung im öffentlichen Interesse ; *droit m, indemnité f, plan m d'~* Enteignungsrecht *n*, -entschädigung *f*, -plan *m*.

exproprié *m* Enteignete(r).

exproprier enteignen.

expulser vertreiben ; ausweisen ; ausschließen ; ausstoßen ; *~ du pays* des Landes verweisen ; *~ des gens de leurs maisons, de leurs pays* Menschen aus ihren Häusern, ihrer Heimat vertreiben ; *~ un locataire, une personne indésirable* einen Mieter, jdn als unerwünschte Person ausweisen ; *~ d'un parti* aus einer Partei ausschließen (ausstoßen).

expulsion *f* Vertreibung *f* ; Ausweisung *f* ; Ausschluß *m* ; *~ d'un locataire* Mieterausweisung ; *~ d'un parti* Ausschluß aus einer Partei ; *arrêté m d'~* Ausweisungsverfügung *f*.

extension *f* Ausdehnung *f* ; Ausweitung *f* ; Erweiterung *f* ; Ausbreitung *f* ; ♦ *~ du chiffre d'affaires* Umsatzerweiterung, -ausweitung ; *~ du commerce* Ausweitung des Handels ; *~ du crédit* Kreditausdehnung ; *~ d'une exploitation* Betriebserweiterung ; *~ des installations industrielles* Erweiterung der Industrieanlagen ; *~ des pouvoirs* Befugniserweiterung ; *~ de la saison touristique* Saisonausweitung ; ♦♦♦ *connaître une grande ~* eine bedeutende Erweiterung erfahren ; *recourir à une ~ de l'imposition* zu einer Ausdehnung der Steuerpflicht greifen.

extérieur, e Außen- ; *affaires fpl ~es* auswärtige Angelegenheiten *fpl* ; *commerce m ~* Außenhandel *m* ; *ministère m des relations ~es* Auswärtiges Amt *n* ; *politique f ~e* Außenpolitik *f*.

exterritorialité *f* Exterritorialität *f*.

extinction *f* : *~ d'un bail* Ablauf *m* eines Mietvertrags ; *~ d'un contrat* Erlöschen *n* (Annullierung *f*) eines Vertrags ; ~ *d'un droit, d'une obligation* Erlöschen *n* eines Rechts, einer Verbindlichkeit ; ~ *d'une dette* Tilgung *f* (Erlöschen) einer Schuld ; ~ *d'une entreprise, d'une hypothèque* Löschung *f* einer Firma, einer Hypothek.

extirper : ~ *des informations à qqn* jdm Informationen entlocken.

extorquer : ~ *des fonds à qqn* von jdm Geld erpressen.

extra *m* Aushilfskraft *f* ; Aushilfsbedienung *f* ; Aushilfskellner *m*.

extra 1. *faire des* ~ eine Aushilfsarbeit machen ; anderswo aushelfen **2.** *(indique la qualité supérieure)* ausgezeichnet ; vorzüglich ; *qualité f* ~ Extraqualität *f* ; prima Qualität ; ff **3.** zusätzliche Kosten *pl*.

extra- außer- ; außerhalb ; außerplanmäßig ; ~*-budgétaire* außeretatmäßig ; außerhaushaltsmäßig ; außerplanmäßig ; ~*-communautaire* außerhalb der EG ; außergemeinschaftlich ; ~*-contractuel* außervertraglich ; ~*-européen* außereuropäisch ; ~*-muros* außerhalb der Stadt ; ~*-parlementaire* außerparlamentarisch ; ~*-professionnel* außerberuflich ; berufsfremd.

extraction *f* Förderung *f* ; Gewinnung *f* ; Abbau *m* ; ~ *à ciel ouvert* Tagebau.

extraire fördern ; gewinnen ; abbauen.

extrait *m* Auszug *m* ; ~ *(certifié) conforme* beglaubigter Auszug ; ~ *de l'acte de naissance* Geburtsurkunde *f* ; ~ *de casier judiciaire* Führungszeugnis *n* ; Strafregisterauszug ; ~ *du cadastre, du registre du commerce, du registre foncier* Kataster-, Handelsregister-, Grundbuchauszug ; ~ *de comptabilité* Buchungsauszug ; ~ *de compte* Kontoauszug ; ~ *de mariage, de l'acte de décès* Trauschein *m*, Sterbeurkunde *f*.

extraordinaire außerordentlich ; Sonder- ; *assemblée f, budget m, dépenses fpl* ~*(s)* außerordentliche Versammlung *f*, außerordentlicher Haushalt *m*, außerordentliche Ausgaben (Sonderausgaben) *fpl* ; *frais mpl* ~*s* Nebenkosten *pl* ; *rabais m* ~ Sonderrabatt *m* ; *convoquer en séance* ~ eine außerordentliche Sitzung einberufen.

extrapolation *f* Extrapolation *f* ; Hochrechnung *f*.

extrême äußerst ; extrem ; *l'*~ *droite, gauche* die äußerste Rechte, Linke ; die Ultrarechte, -linke ; *l'*~ *limite* die äußerste Grenze ; der äußerste (letztmögliche) Termin ; *l'*~ *prudence est de rigueur* es wird äußerste Vorsicht empfohlen.

extrémisme *m (polit.)* Extremismus *n*.

extrémiste *m (polit.)* Radikale(r) ; Extremist *m* ; ~ *de droite, de gauche* Links-, Rechtsradikale(r).

extrémité *f* : *ne signez qu'à la dernière* ~ unterschreiben Sie nur im äußersten Notfalle.

F

f.a.b. *(franco à bord)* frei an Bord.

fabricant *m* Fabrikant *m* ; Hersteller *m* ; Produzent *m* ; Fabrikbesitzer *m* ; ~ *d'automobiles* Automobilhersteller.

fabrication *f* Herstellung *f* ; Fertigung *f* ; Produktion *f* ; An-, Verfertigung *f* ; Fabrikation *f* ; Erzeugung *f* ; ~ *artisanale* handwerkliche Fertigung ; ~ *à la chaîne* Fließbandherstellung ; ~ *en (grande) série* Massenherstellung ; Serienfertigung ; Serienproduktion ; Massenanfertigung ; ~ « *hors série* » Sonderanfertigung ; ~ *sur commande* Auftragsfertigung ; Einzel(an)fertigung ; *défaut m, frais mpl de* ~ Fabrikationsfehler *m*, -kosten *pl* ; *procédé m de* ~ Herstellungsverfahren *n* ; *secret m de* ~ Fabrik(ations)geheimnis *n* ; *mettre qqch en* ~ die Produktion von etw aufnehmen ; mit der Herstellung von etw beginnen.

fabrique *f* Fabrik *f* ; Fabrikbetrieb *m* ; Herstellungs-, Produktionsbetrieb *m* ; Werk *n* ; ~ *de chaussures, de meubles* Schuh-, Möbelfabrik ; *marque f de* ~ Fabrikmarke *f*, -zeichen *n* ; *prix m de* ~ Fabrikpreis *m* ; *déposer une marque de* ~ ein Fabrikzeichen anmelden.

F.A.C. *(fonds m d'aide et de coopération)* Fonds *m* für Wirtschaftshilfe und Zusammenarbeit.

face *f* **1.** *(monnaie)* Kopf-, Vorderseite *f* **2.** *faire* ~ *à la demande* die Nachfrage befriedigen ; *faire* ~ *aux dépenses* die Kosten bestreiten ; *faire* ~ *à des difficultés d'argent* mit Geldschwierigkeiten fertigwerden (zurechtkommen) ; *faire* ~ *à ses engagements* seinen Verpflichtungen nachkommen ; *faire* ~ *à une traite* einen Wechsel honorieren (einlösen).

faciliter erleichtern ; leichter machen ; Erleichterungen bringen ; *qui ~e le travail* arbeitserleichternd.

facilités *fpl* Erleichterungen *fpl* ; *~ de crédit* Krediterleichterungen ; *~ de paiement* Zahlungserleichterungen : günstige Zahlungsbedingungen *fpl* ; *pour plus de ~* bequemlichkeitshalber.

façon *f* **1.** *(salaire)* Macher-, Werklohn *m* ; *(contrat avec l'étranger)* Lohnveredelung *f* ; *entreprise f de travail à ~* (Werk)lohnbetrieb *m* ; *travail m (ouvrage m) à ~* (Werk)lohnarbeit ; *(étranger)* Lohnveredelung ; *travailleur m à ~* Lohnarbeiter *m* ; Heimwerker *m* ; *travailler à ~* eine Lohnarbeit leisten ; einen Macherlohn beziehen ; unter Werklohnarbeitsvertrag stehen **2.** *(manière, style)* (Mach)art *f* ; Stil *m* ; Ausführung *f*.

fac-similé *m* Faksimilé *n*.

factage *m* **1.** Rollgeld *n* ; Bestellgebühr *f* **2.** *entreprise f de ~* Rollfuhrunternehmen *n* ; Paketdienst *m* **3.** *(poste)* Zustellung *f*.

facteur *m* **1.** Faktor *m* ; *~-coûts* Kostenfaktor ; *~ de (la) production* Produktionsfaktor **2.** Briefträger *m* ; Postbote *m*.

factoriel, le Faktoren- ; *(statist.) analyse f ~le* Faktorenanalyse *f*.

factoring *m (encaissement des factures pour des tiers, réalisé par des sociétés spécialisées)* Factoring ['fɛktɔriŋ] *n* ; Factoring-Geschäft *n* ; *société f de ~* Factoring-Gesellschaft *f* ; *système m de ~* Factoring-System *n*.

factotum *m* Faktotum *n*.

facturage *m* ⇒ *factoring*.

facturation *f* **1.** Anrechnung *f* ; Inrechnungstellung *f* ; Fakturierung *f* **2.** Ausstellung *f* einer Rechnung **3.** Rechnungsabteilung *f*.

facture *f* Rechnung *f* ; Faktur(a) *f* ; *~ d'achat, acquittée* Einkaufsrechnung, quittierte Rechnung ; *~ consulaire* Konsulatsfaktur(a) ; *~ fictive (pro forma)* Proforma-Rechnung ; *~ originale* Originalrechnung ; *établir (dresser) une ~* eine Rechnung ausstellen ; *envoyer, présenter une ~* eine Rechnung schicken, vorlegen ; *payer (régler) une ~* eine Rechnung bezahlen (begleichen).

facturer **1.** anrechnen ; in Rechnung stellen ; (mit) auf die Rechnung setzen **2.** eine Rechnung ausstellen ; fakturieren **3.** berechnen ; *article m ~é dix francs* mit zehn Franc berechneter Artikel *m*.

facturier *m* Fakturenbuch *n* ; *~ d'entrée, de sortie* Eingangs-, Ausgangsbuch.

facultatif, ive fakultativ ; nicht obligatorisch ; Wahl- ; freiwillig ; *clause f ~ive* Fakultativklausel *f*.

faculté *f* **1.** Fähigkeit *f* ; Vermögen *n* **2.** Fakultät *f* ; Universität *f* **3.** *(jur.)* Möglichkeit *f* ; Recht *n* ; Befugnis *f* ; *~ d'option* Optionsrecht ; Wahlrecht ; *~ de rachat* Rückkaufsrecht ; Wiederkaufsmöglichkeit ; *laisser à qqn la ~ de choisir* jdm die Wahl lassen **4.** *(maritime) ~s* (Schiffs)ladung *f* ; *assurance f sur ~s* Ladungsversicherung *f*.

faible *m* Schwache(r) ; *les économiquement ~s* die wirtschaftlich Schwachen ; die Minderbemittelten ; die Hilfsbedürftigen ; *les ~s revenus* die Einkommensschwachen.

faiblesse *f* Schwäche *f* ; *~ persistante d'une monnaie par rapport au dollar* anhaltende Schwäche einer Währung gegenüber dem Dollar.

failli *m* Gemeinschuldner *m* ; Konkursschuldner *m*.

faillite *f* Konkurs *m* ; Bankrott *m* ; *(fam.)* Pleite *f* ; *~ frauduleuse, simple* betrügerischer, einfacher Bankrott ; *actif m de la ~* Konkursmasse *f* ; *administrateur m (syndic m) de la ~* Konkursverwalter *m* ; *déclaration f de ~* Konkurserklärung *f* ; *masse f de la ~* Konkursmasse *f* ; *ouverture f de la ~* Konkurseröffnung ; *procédure f de ~* Konkursverfahren *n* ; *le spectre (l'ombre) de la ~ (fam.)* Pleitegeier *m* ; *se déclarer en ~* Konkurs anmelden ; *être en ~* in Konkurs geraten sein ; sich in Konkurs befinden ; bankrott (pleite) sein ; *faire ~* Bankrott machen ; *(fam.)* Pleite machen ; bankrott (pleite) gehen.

faire : *~ acte de candidature* sich bewerben ; *~ de l'argent* Geld machen ; *~ confiance à qqn* jdm Vertrauen (Glauben) schenken ; *~ une déclaration* eine Erklärung abgeben ; *~ de la publicité pour...* werben für... ; *~ face à la demande* die Nachfrage befriedigen ; *~ le nécessaire* entsprechende Maßnahmen ergreifen ; *~ passer une annonce* eine Anzeige aufgeben ; *~ payer* bezahlen lassen ; berechnen ; *~ des préparatifs* Vorbereitungen treffen ; *~ un procès* einen Prozeß anstrengen ; *~ savoir* benachrichtigen ; unterrichten ; bekanntmachen ; *~ suivre* nachsenden ; *~ une enquête* eine Umfrage machen ; *se ~* sich abwickeln ; *les transactions se faisaient avec...* die Geschäfte wurden mit... abgewickelt.

fair-play *m* Fairneß *f* ; Redlichkeit *f*.

faire-valoir *m (agric.)* Bewirtschaftung *f* ; *~ direct* Selbst-, Eigenbewirtschaftung.

faisabilité *f* Durchführbarkeit *f* ; Ausführbarkeit *f* ; Machbarkeit *f* ; *étude f de ~* Faktibilitätsstudie *f*.

1. fait *m* **1.** Tatsache *f* ; Faktum *n* ; *(jur.)* Tatbestand *m* ; *~ accompli* vollendete Tatsache **2.** Tat *f* ; Handlung *f* ; *~ délictueux* strafbare Handlung ; *prendre qqn sur le ~* jdn auf frischer Tat (in flagranti) ertappen **3.** *de ~* faktisch ; tatsächlich ; wirklich ; *gouvernement m de ~* De-facto-Regierung *f*.

2. faits *mpl* Sachverhalt *m* ; Sachlage *f* ; *(jur.)* Tatbestand *m* ; *exposer les ~* den Sachverhalt darlegen.

fallacieux, euse *(argument)* trügerisch ; irreführend.

falsificateur *m* Fälscher *m* ; Verfälscher *m* ; *(vin)* Panscher *m*.

falsification *f* (Ver)fälschen *n* ; (Ver)fälschung *f* ; *~ du bilan* Bilanzfälschung, -verschleierung *f* ; *~ de chèque, de traite* Scheck-, Wechselfälschung.

falsifier **1.** *(bilan, signature)* fälschen ; verschleiern ; *(fam.)* frisieren **2.** *(vérité)* verfälschen **3.** *(vin)* panschen.

familial, e Familien- ; *allocation f ~e* Kindergeld *n* ; Kinderzulage *f* ; *entreprise f ~e* Familienunternehmen *n* ; *paquet m ~* Familienpackung *f* ; *planning m ~* Familienplanung *f* ; *politique f ~e* Familienpolitik *f* ; *situation f ~e* Familienverhältnisse *npl*, -stand *m* ; *supplément m ~* Familienzulage *f*.

familiariser : *se ~ avec un travail* sich einarbeiten ; sich mit einer Arbeit vertraut machen.

famille *f* Familie *f* ; *(communauté)* Großfamilie ; *~ nombreuse* kinderreiche Familie ; *~ d'ouvriers* Arbeiterfamilie ; *~ traditionnelle* Kleinfamilie ; *chef m de ~* Familienoberhaupt *n* ; Haushaltsvorstand *m* ; *entreprise f de ~* Familienbetrieb *m* ; *livret m de ~* (Familien)stammbuch *n* ; *péréquation f des charges de ~* Familienlastenausgleich *m* ; *situation f de ~* Familien-, Personenstand *m* ; *soutien m de ~* Familienernährer *m* ; Brotverdiener *m* ; *sans charge de ~* ohne Anhang.

fantoche : *gouvernement m ~* Marionettenregierung *f* ; *mettre un gouvernement ~ en place* eine Marionettenregierung einsetzen.

fantôme : *cabinet m ~* Schattenregierung *f* ; Schattenkabinett *n*.

F.A.S. *(free alongside ship)* FAS ; frei Längsseite Schiff.

fascicule *m* Faszikel *m* ; Heft *n* ; Lieferung *f* ; *ouvrage m publié par ~s* in (einzelnen) Lieferungen erscheinendes Werk.

fast food *m (restauration rapide)* Schnellimbiß *m* ; Schnellimbißrestaurant *n*, -gaststätte *f*.

fauche *f* : *(fam.) il y a de la ~ dans ce magasin* in diesem Geschäft wird viel geklaut.

fauché, e : *(fam.) être ~* nicht bei Kasse sein ; abgebrannt sein ; blank sein ; knapp sein.

faucher *(fam.)* klauen ; stehlen.

faussaire *m* Fälscher *m* ; Verfälscher ; *(chèque)* Scheckfälscher.

fausser fälschen ; verfälschen ; *~ le libre jeu de la concurrence* den Wettbewerb beeinträchtigen.

faute *f* **1.** Fehler *m* ; *~ de calcul* Rechenfehler ; *~ de frappe* Tippfehler **2.** Verstoß *m* ; Vergehen *n* ; Verletzung *f* ; Fahrlässigkeit *f* ; *(jur.) ~ civile* Verletzung der bürgerlich-rechtlichen Verpflichtungen ; *~ contractuelle* vertragswidriges Verhalten ; *~ pénale* Verletzung des Strafgesetzes ; *~ professionnelle* Dienstvergehen ; Verletzung der Berufspflichten ; *(médecin)* Kunstfehler ; *commettre une ~* einen Fehler begehen **3.** *~ d'argent* aus Geldmangel ; *~ de preuves* aus Mangel an Beweisen ; mangels Beweisen.

faux *m* Fälschung *f* ; Falsifikat *n* ; *~ en écritures* Urkundenfälschung ; *inscription f de (en) ~* Fälschungsklage *f* ; Bestreitung *f* der Echtheit einer Urkunde ; *faire un ~* eine Fälschung begehen ; *être condamné pour ~ et usage de ~* wegen Fälschung und Gebrauch gefälschter Urkunden verurteilt werden.

faux, fausse : *~sse déclaration f* falsche Angabe *f* ; *~sse déposition f* falsche Aussage *f* ; *~ frais mpl* Unkosten *pl* ; *~sse monnaie f* Falschgeld *n* ; *~ serment m* Meineid *m* ; *~sse signature f* gefälschte Unterschrift *f* ; *~ témoin m* falscher (falsch aussagender) Zeuge *m*.

faux-monnayage *m* Falschmünzerei *f*.

faux-monnayeur *m* Falschmünzer *m*.

faveur *f* **1.** Vergünstigung *f* ; Gunst *f* ; Vorrecht *n* ; *prix m de ~* Vorzugspreis *m* ; Freundschaftspreis ; *régime m (traitement m) de ~* bevorzugte Behandlung *f* ; *se disputer la ~ de la* *clientèle* um die Gunst der Kunden wetteifern **2.** *en ~ de* zugunsten von ; *en votre ~* zu Ihrem Vorteil ; zu Ihren Gunsten ; *solde m en votre ~* Saldo *m* zu Ihren Gunsten.

favorable günstig ; vorteilhaft ; *cours m ~* günstiger Kurs *m* ; *à des conditions ~s* zu günstigen Bedingungen ; *dans le cas le plus ~* besten-, günstigenfalls ; *trouver un accueil ~* freundliche Aufnahme finden ; Anklang finden.

favoriser begünstigen ; bevorzugen ; *~ le commerce* den Handel fördern ; *clause f de la nation la plus ~ée* Meistbegünstigungsklausel *f*.

favoritisme *m* Günstlingswirtschaft *f* ; Vetternwirtschaft ; *(fam.)* Filzokratie *f*.

FCP *m (fonds commun de placement)* Zertifikat *n* (einer Kapitalanlagegesellschaft) ; Anteil *m* an einer Investmentgesellschaft ; (Anteil an einem) Investmentfonds *m* ; Investmentfondanteil *m*.

F.E.D. *m (Fonds européen de développement)* europäischer Entwicklungsfonds *m*.

fédéral, e Bundes-, bundesstaatlich ; föderalistisch ; *l'Allemagne ~e* die Bundesrepublik (Deutschland) ; *autorités fpl ~es* Bundesbehörden *fpl* ; *chancelier m ~* Bundeskanzler *m* ; *(Suisse) Conseil m ~* Bundesrat *m*.

fédéralisme *m* Föderalismus *m*.

fédéraliste föderalistisch.

fédératif, ive föderativ.

fédération *f* **1.** *(polit.)* Föderation *f* ; Bündnis *n* ; Bund *m* **2.** Zentralverband *m* ; Dachorganisation *f* ; Spitzenorganisation *f*, -verband ; *~ patronale* Arbeitgeberverband ; *~ professionnelle* Berufsverband ; *~ de syndicats* Gewerkschaftsverband ; gewerkschaftlicher Dachverband.

fédérer vereinigen ; *se ~* sich zu einer Föderation zusammenschließen ; sich verbünden.

feed-back *m* Feedback ['fi:dbɛk] *n* ; Rückkoppelung *f*, -meldung *f* ; Rückbeeinflussung *f*.

félicitation *f* Glückwunsch *m* ; Gratulation *f* ; Lob *n* ; *lettre f, télégramme m de ~s* Glückwunschschreiben *n*, -telegramm *n*.

féministe Frauen- ; *mouvement m ~* Frauenbewegung *f*.

femme *f* Frau *f* ; *~ d'affaires* Geschäftsfrau ; *~ célibataire* ledige (unverheiratete) Frau ; Junggesellin *f* ; *~ commerçante* Kauffrau ; Kaufmann *m* ; handeltreibende Frau ; *~ au foyer* Hausfrau ; *~ salariée* Gehaltsempfängerin *f* ; berufstätige Frau ; *~ seule* alleinstehende Frau.

fente *f* Schlitz *m* ; *introduire les pièces dans la ~* stecken Sie die Münzen in den Schlitz.

féodal, e feudal ; feudalistisch ; *société f ~e* Feudalgesellschaft *f*.

féodalité *f* **1.** *(hist.)* Feudalherrschaft *f* ; Feudalismus *m* **2.** *(fig.)* mächtige Wirtschaftsgruppe *f* ; Finanzbarone *mpl*.

fer *m* Eisen *n* ; *~ de lance* Stoßtrupp *m* ; *industrie f du ~ et de l'acier* Eisen- und Stahlindustrie *f*.

férié, e : *jour m ~* Feiertag *m* ; *jour ~ légal* gesetzlicher Feiertag ; *jour non ~* Werktag ; *jour ~ non chômé* Feiertagsarbeit *f* ; *indemnité f de salaire pour jour ~ non chômé* Feiertagszuschlag *m* ; *fermé le dimanche et les jours ~s* sonn- und feiertags geschlossen.

fermage *m* Halbpacht *f*.

ferme *(prix, cours)* fest ; unveränderlich ; gleichbleibend ; *contrat m ~* unwiderruflicher Vertrag *m* ; *cours mpl ~s* feste Kurse *mpl* ; *marché m (à terme) ~* festes Geschäft *n* ; Fixgeschäft ; *offre f ~* bindendes Angebot *n* ; feste Offerte *f* ; *prix mpl ~s* feste Preise *mpl* ; *réservation f ~* Festreservierung *f* ; *acheter, vendre ~* fest kaufen, verkaufen ; *engager ~* fest anstellen.

ferme *f* **1.** Bauernhof *m* ; (Bauern-, Land)gut *n* ; *~ d'État* Staatsgut **2.** Pacht *f* ; Verpachten *n* ; *bail m à ~* Pachtvertrag *m* ; *bailleur m à ~* Verpächter *m* ; *preneur m à ~* Pächter *m* ; *donner à ~* verpachten ; in Pacht geben ; *prendre à ~* pachten ; in Pacht nehmen.

fermer schließen ; *~ à clé* verschließen ; *~ une boutique* einen Laden (endgültig) zumachen ; *(fam.)* einen Laden dichtmachen ; *~ une usine* eine Fabrik stillegen ; *les magasins ferment à 18.00* die Geschäfte machen um 18.00 Uhr zu.

fermeture *f* Schließung *f* ; Schluß *m* ; *(définitive)* Stillegung *f* ; *~ annuelle* Betriebs-, Werksferien *pl* ; *~ des bureaux* Büroschluß ; *~ de l'entreprise* Betriebsstillegung *f* ; *~ des guichets* Schalterschluß ; *~ des magasins* Ladenschluß(zeit) *(f)* ; *pendant les heures de ~* außerhalb der Öffnungszeiten ; außerhalb der Geschäfts-, Dienstzeiten.

fermier *m* **1.** Landwirt *m* ; Bauer *m* **2.** (Grund-, Land)pächter *m*.

ferraille *f* **1.** Schrott *m* ; Alteisen *n* ;

Altmetall *n* ; *commerce m de la ~* Schrotthandel *m* ; *mettre à la ~* verschrotten 2. *(fam.)* Kleingeld *n* ; Münzen *fpl* ; Geldstücke *npl* ; Klimpergeld.

ferrée : *par voie ~* per Bahn (Schiene) ; mit der Eisenbahn ; auf dem Schienenweg.

ferreux, euse Eisen- ; eisenartig ; eisenhaltig.

ferroutage *m* Huckepackverkehr *m.*

ferrouter im Huckepackverkehr befördern.

ferroviaire (Eisen)bahn- ; Schienen- ; *tarif m ~* Bahntarif *m* ; *trafic m ~* Bahn-, Zugverkehr *m* ; *transport m ~* Bahn-, Schienentransport *m* ; *valeurs fpl ~s* Eisenbahnaktien *fpl*, -werte *mpl.*

ferry-boat *m* Eisenbahnfähre *f* ; Fährschiff *n* ; Fähre *f.*

fertile *(agric.)* fruchtbar ; ertragreich ; ergiebig.

fertiliser *(agric.)* düngen ; fruchtbar machen.

fertilité *f (agric.)* Fruchtbarkeit *f* ; Ergiebigkeit *f* ; Ertrag *m.*

fête *f* Fest *n* ; Feiertag *m* ; *~ légale* gesetzlicher Feiertag ; *~ nationale* National-, Staatsfeiertag ; *~ du travail* Tag *m* der Arbeit ; *les dimanches et ~s* an Sonn- und Feiertagen.

feu : *avoir le ~ vert* die Zustimmung haben ; grünes Licht haben.

feuille *f* 1. Blatt *n* ; (Papier)bogen *m* ; *une ~ de papier* ein Blatt (Bogen) Papier ; *~ de papier à lettres* Briefbogen 2. Schein *m* ; Liste *f* ; Formular *n* ; *~ de déclaration d'impôt* Steuererklärung *f* ; *~ de maladie* Krankenschein *m* ; *~ de paie* Lohn-, Gehaltsstreifen *m* ; *~ de présence* Anwesenheitsliste *f* 3. Zeitung *f* ; *~ locale* Lokalblatt *n*, -zeitung.

feuillet *m* Blatt *n* ; *à ~s interchangeables, mobiles* lose Blätter.

FF *(franc[s] français)* französischer Franc *m* ; französische Francs *mpl* ; FF.

fiabilité *f* 1. *(appareil)* Zuverlässigkeit *f* ; Betriebssicherheit *f* 2. *(personne)* Vertrauenswürdigkeit *f.*

fiable zuverlässig ; betriebssicher ; vertrauenswürdig.

fiasco *m* Fiasko *n* ; Mißerfolg *m* ; *(fam.)* Reinfall *m* ; *essuyer un ~* ein Fiasko erleben.

fibre *f* Faser *f* ; *~ synthétique* Chemie-, Kunstfaser ; synthetische (Textil)faser ; *~ textile* Textilfaser ; *~ de bois, de verre* Holz-, Glasfaser.

fiche *f* (Kartei)karte *f* ; Zettel *m* ; Blatt *n* ; Bogen *m* ; *~ de contrôle* Kontrollzettel, -schein *m* ; *~ d'état civil* Personenstandsurkunde *f* ; *~ individuelle* Personalblatt, -bogen ; *~ informatisée* Fiche *f* ; *~ de renseignements* Auskunftsbogen ; *(véhicule) ~ technique* technische Daten *pl.*

ficher (karteimäßig) erfassen ; registrieren ; *être ~é* registriert sein ; in einer Kartei stehen.

fichier *m* 1. Kartei *f* ; Register *n* ; Kartothek *f* ; *~ central* Zentralregister ; *~ de clients* Kundenkartei ; *~ de mauvais conducteurs* Verkehrssünderkartei ; *~ de recensement* Meldekartei ; *constituer, tenir un ~* eine Kartei anlegen, führen ; *recenser des données dans un ~ central* Daten in einem Zentralregister erfassen 2. *(inform.)* Datei *f* ; *~ d'entrée* Eingabedatei ; *~ informatique* Datenbank *f* ; *~ principal* Stamm-, Hauptdatei 3. Karteikasten *m* ; Zettelkasten *m.*

fictif, ive Schein- ; Proforma- ; fingiert ; fiktiv ; *contrat m ~* Scheinvertrag *m* ; *facture f ~ive* Proforma-Rechnung *f* ; *marché m ~* Scheingeschäft *n.*

fidéicommis *m (jur.)* Fideikommiß *n* ; Vermächtnis *n* eines Nießbrauchsgutes.

fidéicommissaire *m (jur.)* fideikommissarischer Erbe *m* ; Letztbedachte(r).

fidèle treu ; *~ à une marque* markentreu ; *clientèle f ~* Stammkundschaft *f.*

fidèlement getreu ; genau ; zuverlässig ; *rapporter ~* genau berichten ; *traduire ~ un texte* einen Text wortgetreu übersetzen.

fidéliser sich Stammkunden schaffen ; eine Stammkundschaft heranbilden.

fidélité *f* 1. Treue *f* ; *~ au contrat* Vertragstreue ; *prime f de ~* Treueprämie *f* ; Kundenrabatt *m* 2. Genauigkeit *f* ; Zuverlässigkeit *f* ; *chaîne f de haute ~* Hifi-Anlage ['haifi/'haifai] *f.*

fiduciaire *m (jur.)* Treuhänder *m.*

fiduciaire 1. *(jur.)* treuhänderisch ; Treuhand- ; fiduziarisch ; *administrateur m, agent m ~* Treuhänder *m* ; treuhänderischer Verwalter *m* ; *administration f ~* Treuhandverwaltung *f* ; *société f ~* Treuhandgesellschaft *f* 2. *(monnaie) circulation f ~* (Bank)notenumlauf *m* ; Bargeldumlauf ; *émission f ~* Banknotenausgabe *f* ; *monnaie f ~* Zeichengeld *n* ; Papier- und Hartgeld *n.*

fifty-fifty *(fam.)* : *faire ~* halbe-halbe machen ; fifty-fifty machen.

fil *(fam.)* : *coup m de ~* Anruf *m* ; Telefongespräch *n* ; Telephonat *n* ;

donner (passer) un coup de ~ à qqn jdn anrufen ; *avoir qqn au bout du ~* mit jdm telefonieren ; *(fam.)* jdn an der Strippe haben.

filature *f* **1.** *(usine)* Spinnerei *f* ; *~ du coton, de la laine* Baumwoll-, Wollspinnerei **2.** *(procédé)* Spinnen *n* **3.** *(police)* Beschatten *n* ; *prendre qqn en ~* jdn beschatten.

file *f* : *~ d'attente* (Menschen-, Auto)schlange *f* ; *chef m de ~* Leiter *m* ; führender Kopf *m* ; Leader *m* ; Anführer *m* ; *numéroter à la ~* fortlaufend numerieren.

filiale *f* Tochtergesellschaft *f*, -firma *f*, -betrieb *m* ; Tochter *f*, Filiale *f* ; Filialgeschäft *n*, -betrieb *m*.

filiation *f (jur.)* Abstammung *f* ; Filiation *f* ; *~ légitime, naturelle* eheliche, uneheliche Abstammung.

filière *f* **1.** Weg *m* ; Station *f* ; Etappe *f* ; *(criminelle)* Ring *m* ; Kette *f* ; Netz *n* (von Mittelspersonen, Zwischenstationen) ; *par la ~ administrative* auf dem Verwaltungsweg ; *politique f des ~s industrielles* Politik *f* der totalen Produktion **2.** *(bourse)* indossabler Lieferschein *m* ; Andienungsschein ; *arrêteur m de la ~* Endabnehmer *m* ; Letztkäufer *m* **3.** *(universitaire)* Studiengang *m* ; Disziplin *f*.

filigrane *m (billet de banque)* Wasserzeichen *n*.

fille *f* Tochter *f* ; *~ adoptive* Adoptivtochter ; *~-mère* ledige (unverheiratete) Mutter *f*.

film *m* Film *m* ; *~ publicitaire* Werbe-, Reklamefilm.

filon *m* **1.** *(mines)* Flöz *n* ; Ader *f* **2.** *(fam.)* lukrativer Job *m* ; einträglicher Posten *m*.

fils *m* : *Durand et ~* Durand und Sohn.

fin *f* **1.** Ende *n* ; Schluß *m* ; *~ de l'année* Jahresende, -(ab)schluß ; *~ du contrat* Vertragsende, -ablauf *m* ; *~ courant (à la ~ du mois)* Ende des laufenden Monats ; *~ prochain* Ende des nächsten Monats ; *~ septembre* Ende September ; *mettre ~ à qqch* etw beenden ; beendigen ; einer Sache ein Ende setzen ; *toucher à sa ~* zu Ende gehen **2.** Ziel *n* ; Zweck *m* ; *à cette ~* zu diesem Zweck ; *à des ~s de documentation* zu Dokumentationszwecken ; *arriver à ses ~s* sein(e) Ziel(e) erreichen **3.** *(jur.)* Antrag *m* ; Begehren *n* ; *~ de non-recevoir* abschlägiger Bescheid *m* ; negative Antwort *f* ; *(encaissement) sauf bonne ~* unter üblichem Vorbehalt ; *à toutes ~s utiles* zur weiteren Veranlassung ; zur Kenntnisnahme ; *(sens général)* auf alle Fälle ; vorsichtshalber **4.** *~s de série* Reste *mpl* ; auslaufende Modelle *npl* ; Sonderangebote *npl* ; Gelegenheitskäufe *mpl* ; Sonder-, Restposten *mpl* **5.** *(chômage) ~ de droits* Sozialhilfe *f* ; *chômeur m en ~ de droits* Sozialhilfeempfänger *m*.

fin, e fein ; Fein- ; *épicerie f ~e* Feinkost *f* ; Delikatessen *fpl* ; Feinkostgeschäft *n* ; *or m ~* Feingold *n*.

1. finance *f* **1.** Finanz *f* ; Geldgeschäft(e) *n(pl)* ; *(monde m de) la ~* Finanzwelt *f* ; *haute ~* Hochfinanz ; Geldaristokratie *f* ; *être dans la ~* Geldgeschäfte machen **2.** (Bar)geld *n* ; *moyennant ~* mit (mit Hilfe von) Geld ; gegen Zahlung.

2. finances *fpl* Finanzen *fpl* ; Finanzwesen *n* ; Geldmittel *npl* ; *~ publiques* öffentliche Finanzen ; Staatsfinanzen ; Staatshaushalt *m* ; *administration f des ~* Finanzverwaltung *f* ; *ministère m des ~* Finanzministerium *n* ; *ministre m des ~* Finanzminister *m* ; *loi f de ~* Haushalts-, Budgetgesetz *n* ; *projet m de loi de ~s* Finanzvorlage *f*.

financement *m* Finanzierung *f* ; Kapitalbeschaffung *f* ; Geldaufbringung *f* ; Finanzierungsmittel *npl* ; Bereitstellung *f* von Geldmitteln ; *~ bancaire* Bankfinanzierung ; *~ par des capitaux empruntés (extérieurs)* Fremdfinanzierung ; *~ mixte* Mischfinanzierung ; *~ par participation* Beteiligungsfinanzierung ; *~ propre* Selbst-, Eigenfinanzierung ; *coût m du ~* Finanzierungskosten *pl* ; *plan m, société f de ~* Finanzierungsplan *m*, -gesellschaft *f* ; *source f de ~* Finanzierungsquelle *f*.

financer finanzieren ; Kapital beschaffen (aufbringen) ; *~ en commun* gemeinsam finanzieren ; *~é par des capitaux privés* aus (mit) Privatkapital finanziert ; *~é par la publicité* werbefinanziert.

financier *m* Finanzier [finan'tsje:] *m* ; Bankier [baŋ'kje:] *m* ; Banker *m* ; Finanz-, Geldmann *m* ; *~s* Finanz-, Geldleute *pl* ; *~ véreux* Finanzschieber *m*.

financier, ière finanziell ; Finanz- ; Geld- ; *accord m ~* Finanzabkommen *n* ; *aide f ~ière* finanzielle Hilfe *f* ; *contrôle m ~* Finanzkontrolle *f* ; *crise f ~ière* Finanzkrise *f* ; finanzielle Krise *f* ; *difficultés fpl ~ières* finanzielle Schwierigkeiten *fpl* ; Geldschwierigkeiten ; *économie f ~ière* Finanzwirtschaft *f* ; *équilibre m* ~ finanzielles Gleichgewicht *n* ; Finanzstabilität *f* ; *groupe m* ~ Finanzgruppe *f* ; *marché m* ~ a) Kapitalmarkt *m* ; b) *(devises)* Finanzmarkt ; *mesures fpl* ~*ières* finanzpolitische Maßnahmen *fpl* ; *moyens mpl* ~*s* Finanzmittel *npl* ; finanzielle Mittel ; *opération f* ~*ière* Geldgeschäft *n* ; *politique f* ~*ière* Finanzpolitik *f* ; *produits mpl* ~*s* Finanzerträge *mpl* ; Finanzprodukte *pl* ; *réforme f* ~*ière* Finanzreform *f* ; *service m* ~ Finanzabteilung *f* ; *service m* ~ *et comptable* Finanz- und Rechnungswesen *n* ; *situation f* ~*ière* finanzielle Lage *f* ; Vermögensverhältnisse *npl* ; *soucis mpl* ~*s* Geldsorgen *fpl* ; *(journal) la vie* ~*ière* Börsenbericht *m* ; *surface f* ~*ière* Finanzlage *f* ; Kreditfähigkeit *f* ; Kapitaldecke *f* ; *être dans une situation* ~*ière difficile* in finanzieller Bedrängnis sein.

financièrement finanziell (gesehen).

fini, e : *produits mpl* ~*s* Fertigprodukte *npl* ; Fertigwaren *fpl* ; Fertigerzeugnisse *npl*.

finir 1. *(terminer)* beend(ig)en ; zu Ende führen ; vollenden **2.** *(technique)* fertig bearbeiten ; endbearbeiten ; fertigstellen.

finissage *m* Endbearbeitung *f* ; Fertigbearbeitung ; Fertigstellung *f* ; Vered(e)lung *f*.

finition *f* **1.** Fertigstellung *f* ; Endbearbeitung *f* **2.** Verarbeitung *f* ; Ausführung *f*.

firme *f* **1.** Firma *f* ; Geschäft *n* ; Betrieb *m* ; Unternehmen *n* ; ~ *d'importation* Importfirma **2.** *(raison sociale)* Firmenname *m* ; Handelsname ; Firmenbezeichnung *f*.

fisc *m* Fiskus *m* ; Finanzamt *n* ; Steuerbehörde *f* ; Staatskasse *f* ; *agent m du* ~ Steuerbeamte(r) ; Steuerprüfer *m* ; *(fam.) une descente du* ~ (unvorhergesehene) Steuernachprüfung *f* ; *inspecteur m du* ~ Steuerfahnder *m* ; *inspection f du* ~ Steuerprüfung *f*, -revision *f* ; *somme f dissimulée au* ~ hinterzogener Steuerbetrag *m* ; *frauder le* ~ Steuern hinterziehen.

fiscal, e steuerlich ; Steuer- ; fiskalisch ; *allégement m* ~ Steuererleichterung *f*, -ermäßigung *f* ; *année f* ~*e* Steuerjahr *n* ; *autorités fpl* ~*es* Steuerbehörde *f* ; Finanzbehörde ; *avoir m* ~ Steuerguthaben *n* ; *charges fpl* ~*es* Steuerlast *f* ; steuerliche Belastungen *fpl* ; Fiskallasten *fpl* ; *conseiller m, dégrèvement m* ~ Steuerberater *m*, -nachlaß *m* ; *contrôle m* ~ Steuerprüfung *f* ; *contrôleur m* ~ Steuerprüfer *m* ; *droits mpl fiscaux* Finanzzölle *mpl* ; *exercice m* ~ Steuerjahr *n* ; *fraude f* ~*e* Steuerhinterziehung *f* ; Steuerumgehung *f* ; *harmonisation f, immunité f* ~*e* Steuerangleichung *f*, -freiheit *f* ; *législation f, politique f, pression f, réforme* ~*e* Steuergesetzgebung *f*, -politik *f*, -last *f*, -reform *f*, *recettes fpl (rentrées fpl)* ~*es* Steueraufkommen *n* ; *timbre m* ~ Steuer-, Stempel-, Gebührenmarke *f* ; *serrer la vis* ~*e* die Steuerschraube anziehen.

fiscalisation *f* Besteuerung *f*.

fiscaliser besteuern ; eine Steuer erheben auf (+ A) ; mit einer Steuer belegen.

fiscalité *f* **1.** Steuerwesen *n* ; Steuersystem *n* **2.** Steuergesetzgebung *f* ; Steuerrecht *n* ; *réforme f de la* ~ Steuerreform *f* **3.** Steuern *fpl* ; Steuerlast *f* ; steuerliche Belastung *f* ; ~ *excessive* übermäßig hohe Steuerlast ; *poids m de la* ~ Steuerdruck *m* ; Steuerlast.

fissible *(atome)* spaltbar ; *matière f* ~ spaltbares Material *n* ; Spaltprodukte *pl*.

fissile ⇒ *fissible*.

fission *f (atome)* Spaltung *f* ; ~ *nucléaire* Kernspaltung *f*.

fixation *f* Festsetzung *f* ; Festlegung *f* ; Fixierung *f* ; Veranlagung *f* ; ~ *d'un délai* Fristsetzung ; ~ *du prix, du salaire* Preis-, Lohnfestsetzung ; ~ *de la valeur* Wertbestimmung *f* ; Wertfeststellung *f*.

fixe fest, fix ; *coûts mpl* ~*s* fixe (feste) Kosten *pl* ; *à date* ~ zu einem bestimmten Datum ; *à heure* ~ zu einer bestimmten Stunde ; *dépôt m à terme* ~ Termineinlage *f* ; Festgelder *npl* ; *plage f horaire* ~ Fixzeit *f* ; *prix m* ~ Festpreis *m* ; fester (verbindlicher) Preis *m* ; *à prix* ~ zu festem Preis ; zum Festpreis ; *revenu m* ~ festes Einkommen *n* ; fixes (festes) Gehalt *n* ; *sans domicile* ~ ohne festen Wohnsitz ; *valeurs fpl à intérêt* ~ festverzinsliche Werte *mpl*.

fixe *m* Fixum *n* ; festes (fixes) Gehalt *n* ; *toucher un* ~ ein Fixum bekommen.

fixer festsetzen ; festlegen ; bestimmen ; fixieren ; ~ *les conditions* die Bedingungen festlegen ; ~ *une date, un délai* einen Termin, eine Frist vereinbaren ; *se* ~ *un objectif* sich ein Ziel setzen ; *se* ~ *des priorités* Prioritäten (Schwerpunkte) setzen ; ~ *un prix* einen Preis festsetzen.

fixing *m (bourse)* Fixing *n* ; Goldnotierung *f*.

flagrant : *prendre qqn en ~ délit* jdn in flagranti (auf frischer Tat) ertappen (erwischen).

flambée *f* : *~ des prix* Preisexplosion *f* ; starker Preisauftrieb *m* ; Preislawine *f* ; Preiskarussel *n*.

flash *m (radio, télé)* Kurznachrichten *fpl* ; *~ publicitaire* Werbespot *m*.

flèche : *monter en ~* (Preise) in die Höhe schnellen ; emporschnellen ; plötzlich ansteigen.

fléchir 1. *(prix)* fallen ; sinken **2.** *(bourse)* abschwächen ; abflauen ; nachgeben ; *le dollar ~it* der Dollar gibt nach.

fléchissement *m* Fallen *n* ; Sinken n ; Rückgang *m* ; *~ des commandes* Auftragsrückgang ; *~ de la conjoncture* Konjunkturabschwächung *f* ; -abflachung *f* ; *~ des cours* Kursrückgang ; *~ de la demande* Nachfragerückgang, -dämpfung *f* ; *~ des prix* Preisrückgang ; *net ~ des prix* Preiseinbruch *m* ; *~ de la production* Produktionsrückgang ; *accuser (marquer) un ~* einen Rückgang aufweisen (verzeichnen).

flexibilité *f (prix, taux)* Flexibilität *f* ; Anpassungsfähigkeit *f* ; *~ du travail* Arbeitszeitflexibilisierung *f* ; Arbeitszeitanpassung *f*.

flexible *(prix, taux)* flexibel ; elastisch ; anpassungsfähig.

flop *m* Reinfall *m* ; Mißerfolg *m* ; Flop [flɔp] *m*.

florin *m (monnaie néerlandaise)* Gulden *m*.

flot : *remettre à ~ (navire)* (wieder)-flottmachen ; *(entreprise)* wieder auf die Beine bringen ; gesundschrumpfen ; *(fam.)* wieder hochpäppeln.

flottaison *f* ⇒ *flottement*.

flottant, e schwimmend ; *capitaux mpl ~s* heißes Geld *n* ; Hot money *n* ; fluktuierende Gelder ; *cours m ~* floatender Kurs ; *dette f ~e* schwebende (unfundierte) Schuld *f* ; *marchandise f ~e* schwimmende Ware ; *monnaie f flottante* floatende Währung *f* ; *taux m de change ~* freier Wechselkurs *m* ; *virgule f ~e* Fließkomma *n* (Taschenrechner).

flotte *f* Flotte *f* ; *~ de commerce (marchande)* Handelsflotte ; *~ de pêche* Fischer-, Fischereiflotte.

flottement *m* : *~ des monnaies* Floaten [flo:tən] *n* ; Floating *n* ; Freigabe *f* der Wechselkurse ; Wechselkursfreigabe.

flotter *(monnaie)* floaten [flo:tən] ; *laisser ~ la monnaie* den Wechselkurs einer Währung freigeben ; eine Währung floaten lassen (freigeben).

flouse (flousse) *f (fam.)* ⇒ *fric*.

fluctuant, e schwankend ; fluktuierend ; Schwankungen unterworfen.

fluctuation *f* Schwankung *f* ; Schwanken *n* ; (Ver)änderung *f* ; Fluktuation *f* ; *~s de la conjoncture* Konjunkturschwankungen ; *~s des cours* Kursschwankungen ; *~s de la main-d'œuvre* Fluktuation der Arbeitskräfte ; *~s du marché* Marktschwankung, -bewegung *f*, -veränderung ; *~s monétaires* Währungsschwankungen ; *~s des prix* Preisschwankungen ; *~s saisonnières* Saisonschwankungen ; jahreszeitlich bedingte (saisonale) Schwankungen ; *(monnaie) marges fpl de ~* Bandbreiten *fpl* ; *être sujet à des ~s* Schwankungen unterworfen sein.

fluctuer schwanken ; fluktuieren.

fluence *f* : *(inform.) diagramme m de ~* Flußdiagramm *n*.

fluidité *f* : *~ de l'information* Informationsfluß *m*.

fluvial, e Fluß- ; Binnen- ; *navigation f ~e* Flußschiffahrt *f* ; *trafic m ~* Binnenschiff(ahrt)sverkehr *m* ; *transport m ~* Transport *m* auf Binnenwasserstraßen.

flux *m* Strom *m* ; *~ de biens* Güterstrom ; *~ de capitaux* Kapitalstrom ; *~ monétaire* Geldstrom ; *~ réel* Güterstrom.

F.M.I. *m (Fonds monétaire international)* Internationaler Währungsfonds *m* ; IWF *m*.

F.N.E. *m (Fonds national de l'emploi)* nationaler Beschäftigungsfonds *m*.

F.N.S.E.A. *f (Fédération nationale des syndicats d'exploitants agricoles)* Nationaler Bauernverband *m* ; Dachorganisation *f* der landwirtschaftlichen Verbände.

F.O. *f (Force ouvrière)* französische Arbeitergewerkschaft *f*.

F.O.B. *(free on board)* fob ; frei an Bord ; *clause f, prix m ~* fob-Klausel *f*, -Preis *m*.

foi *f* Glaube *m* ; Vertrauen *n* ; *de bonne ~* in gutem Glauben ; nach dem Grundsatz von Treu und Glauben ; *de mauvaise ~* böswillig ; unehrlich ; wider Treu und Glauben ; *digne de ~* glaubwürdig ; *(jur.) en ~ de quoi* zu Urkund (urkundlich) dessen ; *sous la ~ du serment* unter Eid ; eidlich ; *(texte) faire ~* verbindlich (maßgebend) sein ; *le cachet de la poste fait ~* es gilt das Datum des Poststempels ; *être de* *mauvaise* ~ etw (Fehler, Irrtum usw) nicht einsehen wollen.

foire *f* Messe *f* ; Ausstellung *f* ; ~ *d'automne, de printemps* Herbst-, Frühjahrsmesse ; ~ *commerciale* Handelsmesse ; ~ *d'échantillons* Mustermesse ; ~-*exposition* Ausstellungsmesse ; ~ *industrielle, spécialisée* Industrie-, Fachmesse ; ~ *de Hanovre, de Leipzig* Hannover, Leipziger Messe ; *catalogue m de la* ~ Messekatalog *m* ; *stand m de* ~ Messestand *m* ; *visiteur m de la* ~ Messebesucher *m*.

foncier, ière Grund- ; Boden- ; Grundstücks- ; Immobiliar- ; *bien m* ~ Grundstück *n* ; Liegenschaft *f* ; Grundbesitz *m*, -vermögen *n* ; *capital m* ~ Grundvermögen *n* ; *crédit m* ~ Hypothekar-, Immobiliarkredit *m* ; *impôt m* ~ Grundsteuer *f* ; *institut m de crédit* ~ Bodenkreditanstalt *f* ; Realkreditinstitut *n* ; *propriétaire m* ~ Grundeigentümer *m* ; *propriété f* ~*ière* Grundbesitz *m* ; Grund und Boden ; *rente f* ~*ière* Grundrente *f* ; *revenu m* ~ Bodenertrag *m* ; Einkünfte *fpl* aus Grund und Boden ; *spéculation f* ~*ière* Bodenspekulation *f*.

fonction *f* Funktion *f* ; Amt *n* ; Tätigkeit *f* ; Dienst *m* ; Stellung *f* ; ~ *publique* öffentlicher Dienst *m* ; Staatsdienst ; *appartement m, voiture f de* ~ Dienstwohnung *f*, -wagen *m* ; *employé m de la* ~ *publique* Angestellte(r) im öffentlichen Dienst ; *entrée f en* ~ Amtsantritt *m* ; *exercice m des* ~*s* Amtsausübung *f* ; *cesser ses* ~*s* aus dem Amt ausscheiden ; *démissionner d'une* ~ ein Amt niederlegen ; *entrer en* ~ sein Amt antreten ; *être en* ~ im Amt sein ; tätig sein ; *exercer une* ~ ein Amt ausüben (innehaben, bekleiden) ; *faire* ~ *de...* fungieren als...

fonctionnaire *m* Beamte(r) ; Staatsdiener *m* ; öffentliche(r) Bedienstete(r) ; *les* ~*s* Beamtenschaft *f* ; ~ *assimilé* Angestellte(r) in beamtenähnlicher Stellung ; Beamte(r) auf Zeit ; ~*s du cadre moyen* mittleres Beamtentum *n* ; ~ *de carrière* Beamte(r) auf Lebenszeit ; Laufbahn-, Berufsbeamte(r) ; ~ *civil* Zivilbeamte(r) ; ~ *de l'État* Staatsbeamte(r) ; ~ *du cadre supérieur* gehobener Dienst ; ~ *cadre directeur* höherer Dienst ; *haut* ~ hohe(r) Beamte(r) ; Beamte(r) des höheren Dienstes ; *petit* ~ kleine(r) Beamte(r) ; Beamte(r) des einfachen Dienstes ; ~ *subalterne* untere(r), (untergeordneter) Beamte(r) ; *corruption f de* ~*s* Beamtenbestechung *f* ; *état m de* ~ Beamtenstand *m*, -tum *n* ; *être* ~ im Staatsdienst stehen ; Beamte(r) (Staatsdiener) sein.

fonctionnariat *m* Beamtentum *n* ; Beamtenschaft *f* ; Beamtenstand *m*.

fonctionnarisation *f* **1.** Verbeamtung *f* ; Übernahme *f* ins Beamtenverhältnis **2.** *(péj.)* Bürokratisierung *f*.

fonctionnariser verbeamten ; ins Beamtenverhältnis übernehmen ; den Status eines Beamten gewähren.

fonctionnarisme *m (péj.)* Bürokratie *f*.

fonctionnel, le funktionell ; funktional ; zweckentsprechend.

fonctionnement *m* Funktionieren *n* ; Arbeitsweise *f* ; Arbeiten *n* ; ~ *d'une entreprise* Betriebsablauf *m* ; ~ *du marché* Marktgeschehen *n* ; ~ *du service* Dienstbetrieb *m* (einer Verwaltung) ; *mode m de* ~ Arbeitsweise *f* ; *en état de* ~ funktionsfähig.

fonctionner funktionieren ; arbeiten ; in Betrieb sein ; laufen ; ~ *automatiquement* automatisch funktionieren ; *faire* ~ in Gang setzen ; bedienen ; ~ *à vide* leer laufen.

fond *m* **1.** Grund *m* ; Boden *m* ; *(mines) au* ~ unter Tage ; *mineur m de* ~ Unter-Tage-Arbeiter *m* **2.** *(fig.)* Inhalt *m* ; Kern *m* ; Wesentliche(s) ; *le* ~ *du problème* der Kern des Problems **3.** *(jur.)* (Haupt)sache *f* ; *juger au* ~ in der Sache urteilen ; *statuer sur le* ~ zur Sache entscheiden.

fondateur *m* **1.** Gründer *m* ; *membre m* ~ Gründungsmitglied *n* **2.** Stifter *m*.

fondation *f* **1.** Gründung *f* ; ~ *d'un commerce* Geschäftsgründung, -eröffnung *f* ; *acte m de* ~ Gründungsurkunde *f* **2.** Stiftung *f* ; ~ *privée* Privatstiftung ; ~ *publique* öffentliche Stiftung ; Stiftung des öffentlichen Rechts.

fondé, e begründet ; berechtigt ; gerechtfertigt ; *bien, mal* ~ wohlbegründet, unzureichend begründet.

fondé m de pouvoir Prokurist *m* ; Bevollmächtigte(r) ; Handlungsbevollmächtigte(r).

fondement *m* Grundlage *f* ; ~ *juridique* Rechtsgrundlage ; *dénué de tout* ~ unbegründet ; unhaltbar.

fonder gründen ; ~ *une maison de commerce* ein Geschäft errichten ; ~ *une société* eine Gesellschaft gründen ; ~ *en 1949* gegründet im Jahre 1949.

fonderie *f* Gießerei *f*.

fonds *m*	**1.** ***biens immeubles ou fonciers*** **2.** ***capitaux ; argent*** **3.** ***fonds de commerce***

1. ***(biens immeubles ou fonciers)*** Grundstück *n* ; Grund und Boden *m* ; Liegenschaft *f* ; ~ *hypothéqué* hypothekarisch belastetes Grundstück ; *marchand m de* ~ Grundstücksmakler *m*.

2. ***(capitaux ; argent)*** Geld(er) *n(pl)* ; Geld(mittel) *n(pl)* ; Kapital *n* ; Fonds [fɔ̃:] *m* ; ♦ *à* ~ *perdu* ohne Aussicht auf Gegenleistung ; auf Verlustkonto ; nicht rückzahlbar ; ~ *de compensation* Ausgleichsfonds ; ~ *disponibles* verfügbare (flüssige) Mittel ; ~ *empruntés* aufgenommene Mittel (Gelder) ; ~ *d'épargne* Spargelder ; ~ *de garantie* Garantie-, Sicherheitsfonds ; ~ *monétaire international (F.M.I.)* Internationaler Währungsfonds (IWF) ; ~ *commun de placement* (zinsgünstige) Schuldverschreibung *f* ; Obligation *f* ; (ertragreicher) Schatzbrief *m* ⇒ FCP ; ~ *de participation* Beteiligungsfonds ; ~ *de placement* Investmentfonds ; ~ *publics* Staatsgelder ; öffentliche Mittel ; Gelder der öffentlichen Hand ; ~ *de réserve* Reserve-, Rücklagefonds ; eiserner Bestand *m* ; ~ *de roulement* Betriebskapital ; Umlaufvermögen *n* ; arbeitendes (umlaufendes) Kapital ; ~ *secret* Geheimfonds ; Reptilienfonds ; geheimer Dispositionsfonds ; ~ *social* Gesellschafts-, Geschäftskapital ; ♦♦ *appel m de* ~ Einforderung *f* von Kapital auf Aktien ; *bailleur m de* ~ Geld-, Kapitalgeber *m* ; stiller Teilhaber ; *détenteur m de* ~ *publics* Fondsinhaber *m* ; *mise f de* ~ Kapitaleinlage *f* ; Einschuß *m* ; *placement m à* ~ *perdu* zweifelhafte Kapitalanlage *f* ; ♦♦♦ *affecter des* ~ *à qqch* Gelder für etw bereitstellen ; *avancer des* ~ Gelder vorschießen ; *dégager des* ~ (Geld)mittel lockermachen ; *déposer des* ~ Gelder deponieren (hinterlegen) ; *détourner des* ~ Gelder unterschlagen ; *emprunter des* ~ Kapital aufnehmen ; *être en* ~ *(fam.)* (gut) bei Kasse sein ; *fournir les* ~ Kapital aufbringen ; *payer sur les* ~ *de l'État* aus öffentlichen Mitteln (be)zahlen ; *utiliser des* ~ Gelder verwenden ; *(fam.)* aus dem Staatssäckel (be)zahlen ; *placer des* ~ Geld(er) anlegen ; *verser des* ~ Gelder einzahlen.

3. ***(fonds de commerce)*** Geschäft *n* ; Handelsgeschäft, -unternehmen *n* ; Laden *m* ; Firmenwert *m* ; ~ *artisanal* Handwerksbetrieb *m* ; *cession f de* ~ Geschäftsveräußerung *f*.

fongibilité *f (jur.)* Fungibilität *f* ; Austauschbarkeit *f* ; Ersetzbarkeit *f*.

fongible *(jur.)* vertretbar ; fungibel ; *chose f* ~ vertretbare Sache *f* ; Gattungssache.

fonte *f (métallurgie)* Gießen *n* ; Guß *m* ; Verhütten *n* ; ~ *brute* Roheisen *n*.

forage *m* Bohren *n* ; Bohrung *f* ; ~ *de pétrole* Bohrung nach Öl ; Ölbohrung.

forain, e 1. Jahrmarkts- ; *marchand m* ~ Jahrmarktshändler *m* ; fliegender (ambulanter) Händler **2.** *(jur.) audience f ~e* auswärtige Gerichtssitzung *f* ; Lokaltermin *m*.

1. force *f* **1.** Kraft *f* ; Stärke *f* ; Gewalt *f* ; Macht *f* ; Wirksamkeit *f* ; Zwang *m* ; ♦ *avec* ~ nachdrücklich ; *par la* ~ *des choses* zwangsläufig ; notgedrungen ; ~ *économique* Wirtschaftskraft, -stärke ; ~ *majeure* höhere Gewalt ; ~ *libératoire* befreiende Wirkung *f* ; ~ *de loi* Gesetzeskraft ; ~ *rétroactive* rückwirkende Kraft *f* ; Rückwirkung *f* ; ~ *de travail* Arbeitskraft ; ~ *de vente* **a)** Vertriebsabteilung *f* ; **b)** Vertreterstab *m* ; Außendienst *m* ; ♦♦ *politique f de* ~ Gewaltpolitik *f* ; *recours m à la* ~ Gewaltanwendung *f* ; *travailleur m de* ~ Schwer(st)arbeiter *m* ; ♦♦♦ *accepter par* ~ gezwungenermaßen annehmen ; *acquérir* ~ *de loi* Gesetzeskraft erlangen ; *c'est un cas de* ~ *majeure* hier liegt höhere Gewalt vor ; *employer (recourir à) la* ~ Gewalt (Zwang) anwenden ; *être dans la* ~ *de l'âge* auf der Höhe der Schaffenskraft sein ; *la* ~ *prime le droit* Gewalt geht vor Recht **2.** ~ *ouvrière (F.O.)* (sozialdemokratisch orientierte) französische Gewerkschaft *f*.

2. force(s) *f(pl)* Streitmacht *f* ; Streitkräfte *fpl* ; *~s armées* Streitmacht ; ~ *de frappe* Atomstreitmacht ; ~ *publique* öffentliche Gewalt *f* ; Polizei *f* ; *~s de l'ordre* (Ordnungs)polizei *f*.

forcé, e erzwungen ; Zwangs- ; obligatorisch ; *adjudication f ~e* Zwangsversteigerung *f* ; *cours m* ~ Zwangskurs *m* ; *expropriation f ~e* Zwangsenteignung *f* ; *recouvrement m* ~ Zwangsbeitreibung *f*.

forclore *(jur.)* (wegen Fristversäumnis) ausschließen ; präkludieren ; *se laisser* ~ ein Recht nicht fristgemäß ausüben.

forclusion *f (jur.)* Rechtsausschluß *m*, -verwirkung *f* ; Präklusion *f*.

forer bohren.

forestier, ière Wald- ; forstwirtschaftlich ; *région f ~ière* Waldgebiet *n* ; Waldgegend *f*.

forêt *f* **1.** Wald *m* ; Forst *m* ; ~

domaniale Staatsforst **2.** *les Eaux et Forêts* Forstwesen *n.*

forfait *m* Pauschalpreis *m* ; Pauschalsumme *f* ; Pauschale *f* ; Pauschalbetrag *m* ; ~ *kilométrique* Kilometerpauschale ; Kilometergeld *n* ; *prix m à* ~ Pauschalpreis *m* ; *ouvrier m à* ~ Akkordarbeiter *m* ; *travail m à* ~ Akkordarbeit *f* ; *acheter, vendre qqch à* ~ etw zu einem Pauschalpreis kaufen, verkaufen ; in Bausch und Bogen kaufen, verkaufen ; *être au* ~ *(impôt)* pauschal besteuert werden *faire un* ~ *avec un entrepreneur* mit einem Unternehmer auf Pauschalbasis arbeiten ; mit einem Unternehmer einen Pauschalpreis vereinbaren.

forfaitaire pauschal ; Pauschal- ; *abattement m* ~ Pauschalabschlag *m* ; *estimation f (évaluation f)* ~ Pauschalbewertung *f*, -schätzung *f* ; Pauschalierung *f* ; *impôt m* ~ Pauschalsteuer *f* ; *indemnisation f* ~ Pauschalentschädigung *f*, -vergütung *f* ; *montant m* ~ Pausch(al)betrag *m* ; *prix m* ~ Pauschalpreis *m* ; *somme f* ~ Pauschalsumme *f*, -betrag *m* ; Pauschale *f*.

forfaiture *f (jur.)* Amtsmißbrauch *m* ; Verletzung *f* der Amtspflicht ; Mißbrauch *m* der Amtsgewalt.

F.O.R./F.O.T. *(free on rail/truck)* FOR/FOT ; frei Waggon/LKW.

formaliser formalisieren ; systematisieren ; *logique f* ~*ée* formalisierte Logik *f*.

formalisme *m (jur.)* Formalismus *m* ; ~ *administratif, juridique* Verwaltungsformalismus, juristischer Formalismus.

formalité *f* Formalität *f* ; Formvorschrift *f* ; ~*s administratives* Verwaltungsformalitäten ; ~*s de douane* Zollformalitäten ; ~*s requises* erforderliche Formalitäten ; ~*s d'usage* übliche Formalitäten ; *sans autre* ~ ohne weitere Formalitäten ; *accomplir (remplir) les* ~*s* die Formalitäten erledigen (erfüllen) ; *être soumis à une* ~ einer Formalität unterliegen.

format *f* Format *n* ; Größe *f* ; ~ *normalisé* genormte Größe ; *petit* ~ Kleinformat ; ~ *de poche* Taschenformat ; ~ *standard* Standard-, Normalformat ; genormte Größe.

formation *f* **1.** Bildung *f* ; Entstehung *f* ; ~ *de capital* Kapitalbildung ; ~ *du marché* Marktbildung ; ~ *des prix* Preisbildung ; ~ *de réserves* Bildung von Reserven ; ~ *de société* Gesellschaftsgründung *f* ; ~ *de trust* Trustbildung ; Vertrustung *f* **2.** Ausbildung *f* ; Schulung *f* ; ~ *accélérée* Kurzausbildung ; ~ *permanente (continue)* Fortbildung ; Weiterbildung ; Erwachsenenbildung ; ~ *pratique* praktische Ausbildung ; ~ *professionnelle* Berufsausbildung ; ~ *sur le tas* Ausbildung am Arbeitsplatz ; *(fam.)* von der Pike auf lernen ; *avoir reçu une solide* ~ eine gründliche Ausbildung genossen haben **3.** Gruppierung *f* ; Gruppe *f* ; Formation *f* ; *les grandes* ~*s politiques* die großen politischen Gruppierungen.

forme *f* Form *f* ; ~ *de gouvernement* Regierungsform ; *en bonne (et due)* ~ in gehöriger Form ; in aller Form ; vorschriftsmäßig ; *pour la* ~ formell ; der Form halber ; pro forma ; *sous* ~ *de* in Form von ; *vice m de* ~ Formfehler *m.*

formel, le **1.** formell ; förmlich **2.** formal ; *(math.) système m* ~ formales System *n* **3.** nachdrücklich ; strikt ; entschieden ; *d'une façon* ~*le* ganz entschieden ; mit Bestimmtheit.

former **1.** bilden ; gründen ; ~ *une société* eine Gesellschaft gründen **2.** ausbilden ; schulen ; ~ *des cadres* leitende Angestellte ausbilden (heranbilden).

formulaire *m* **1.** Formular *n* ; Vordruck *m* ; Formblatt *n* ; ~ *de commande* Bestellformular ; ~ *imprimé* vorgedrucktes Formular ; *remplir un* ~ ein Formular ausfüllen **2.** *(carnet)* Form(ular)buch *n* ; Formelsammlung *f*.

formule *f* **1.** Formel *f* ; ~ *toute faite* feste Formulierung *f* ; floskelhafte Redewendung *f* ; *(jur.)* ~ *exécutoire* Vollstreckungsklausel *f* ; ~ *de politesse* Höflichkeitsformel ; Höflichkeitsfloskel *f* **2.** Art *f* ; Typ *m* ; Modus *m* ; *une nouvelle* ~ *de vacances* eine neue Art, die Ferien zu verbringen **3.** ⇒ *formulaire* **1.**

formuler formulieren ; abfassen ; ~ *un avis* eine Meinung äußern ; ~ *des objections* Einwendungen erheben ; ~ *des réserves* Vorbehalte äußern (anmelden).

fort, e stark ; *devise f* ~*e* harte Währung *f* ; ~*e somme f* hohe (beträchtliche) Summe *f* ; *prix m* ~ Höchstpreis *m* ; voller Preis ; *payer le prix* ~ den vollen Preis (be)zahlen ; ziemlich viel (be)zahlen.

FORTRAN *m (inform.)* FORTRAN *n* ; (problemorientierte) Programmiersprache *f*.

fortune *f* **1.** Vermögen *n* ; Reichtum

m ; ~ *immobilière* unbewegliches Vermögen ; Immobiliarvermögen ; ~ *mobilière* bewegliches Vermögen ; Mobiliarvermögen ; ~ *nationale* Volks-, Nationalvermögen ; *déclaration f de* ~ **a)** Vermögensangabe *f* ; **b)** Vermögenssteuererklärung *f* ; *élément m de* ~ Vermögensbestandteil *m* ; *état m de* ~ Vermögensstand *m* ; Vermögensverhältnisse *npl* ; *évaluation f de la* ~ Vermögensschätzung *f* ; *impôt m sur la* ~ Vermögen(s)steuer *f* ; *impôt sur les grandes* ~ Besteuerung *f* der Großvermögen ; *inégalité f des ~s* ungleiche Vermögensverteilung *f* ; *avoir de la* ~ Vermögen besitzen ; wohlhabend sein ; *faire* ~ ein Vermögen erwerben ; reich werden **2.** *de* ~ Not- ; Behelfs- ; behelfsmäßig ; *solution f de* ~ Notlösung *f*.

fortuné, e vermögend ; reich ; wohlhabend ; begütert.

fou *(fam.)* enorm ; irre ; riesig ; *argent m* ~ Sünden-, Heidengeld *n* ; irr(sinnig)es Geld ; *prix m* ~ irrsinniger (horrender) Preis *m* ; *succès m* ~ Riesen-, Bombenerfolg *m*.

fouille *f (personnes, bagages)* Durchsuchung *f* ; *(fam.)* Filzen *n* ; ~ *corporelle* Leibesvisitation *f* ; ~ *des bagages* Gepäckdurchsuchung.

fourguer *(fam.)* **1.** an einen Hehler verkaufen **2.** ~ *qqch à qqn* jdm etw andrehen.

fourchette *f* **1.** *(prix)* Spanne *f* ; Marge ['marʒə] *f* ; ~ *des prix* Preisspanne **2.** *(statist.)* Hochrechnung *f* ; Spanne *f* (zwischen zwei extremen Werten).

fournir 1. (be)liefern ; verschaffen ; besorgen ; ~ *des capitaux* Kapital beschaffen ; ~ *une caution* eine Kaution stellen ; ~ *une couverture* decken ; ~ *une garantie* eine Garantie leisten ; ~ *une prestation* eine Leistung erbringen ; ~ *la preuve* den Beweis erbringen **2.** *se* ~ *chez qqn* sich bei jdm eindecken ; bei jdm etw beziehen.

fournissement *m (jur.)* Einzahlung *f* der Einlage.

fournisseur *m* **1.** Lieferant *m* ; Lieferfirma *f* ; ~ *principal* Hauptlieferant *m* ; *compte m des ~s* Lieferantenkonto *n* ; *fichier m des ~s* Lieferantenkartei *f* ; *pays m* ~ Lieferland *n* ; *pays mpl ~s de matières premières* Rohstoffländer *npl* ; Rohstofflieferanten *mpl* **2.** Kaufmann *m* ; Händler *m* ; *chez votre* ~ *habituel* bei Ihrem Kaufmann **3.** ~ *de services* ✦ Leistende(r) ; Dienstleistungserbringer *m*.

fourniture *f* **1.** Lieferung *f* ; Versorgung *f* ; Bezug *m* ; ~ *de courant* Stromversorgung *f* ; ~ *de marchandises* Warenlieferung ; ~*s publiques* öffentliche Lieferungen ; *contrat m de* ~ Lieferungsvertrag *m* **2.** Ver-, Beschaffung *f* ; Auf-, Erbringung *f* ; Leistung *f* ; ~ *de capitaux* Aufbringung von Kapital ; Kapitalleistung ; ~ *de documents* Beschaffung der Dokumente ; ~ *de service, de travail* Dienst-, Arbeitsleistung **3.** ~*s* Bedarf *m* ; Material *n* ; ~*s de bureau* Bürobedarf ; Büromaterial *n* **4.** *(technique)* Zubehör *n*.

foyer *m* **1.** Haushalt *m* ; Haushaltung *f* ; ~ *conjugal* ehelicher Haushalt *m* ; *femme f au* ~ Hausfrau *f* ; *(fam.)* Heimchen *n* am Herd ; *fonder un* ~ eine Familie gründen **2.** Heim *n* ; Wohnheim *n* ; ~ *d'étudiants* Studentenheim ; Studentenwohnheim **3.** Herd *m* ; ~ *de conflits* Krisenherd ; Gefahrenherd.

fraction *f* Bruch *m* ; Bruchteil *m* ; Anteil *m* ; ~ *d'action* Teilaktie *f* ; ~ *annuelle* Jahresrate *f* ; ~ *décimale* Dezimalbruch *m* ; ~ *imposable* steuerpflichtiger Anteil ; ~ *d'indemnité* Teilentschädigung *f*.

fractionnaire Bruch- ; *nombre m* ~ Bruchzahl *f*.

fragile zerbrechlich ; schwach ; anfällig ; « ~ » Vorsicht Glas ! ; zerbrechlich ; *monnaie f* ~ schwache (weiche) Währung *f*.

frais *mpl* Kosten *pl* ; Unkosten *pl* ; Spesen *pl* ; Kostenaufwand *m* ; Aufwendungen *fpl* ; Ausgaben *fpl* ; Auslagen *fpl* ; Gebühr *f* ; ♦ ~ *accessoires* Nebenkosten ; Extrakosten ; ~ *accidentels* unvorhergesehene Kosten ; ~ *d'acquisition* Anschaffungskosten ; ~ *de banque* Bankspesen ; ~ *de chargement* Ladekosten ; Verladungsgebühr ; ~ *de construction* Baukosten ; ~ *de déplacement* Reisespesen ; Bewirtungskosten ; ~ *directs (spéciaux)* Einzelkosten ; ~ *de distribution* Vertriebskosten ; ~ *de dossier* Bearbeitungsgebühren ; ~ *de douane* Zollgebühren ; ~ *d'enregistrement* Einschreibungskosten ; Registriergebühr ; ~ *d'entrepôt* Lagergeld *n*, -gebühren ; ~ *d'entretien* Unterhaltungs-, Instandhaltungskosten ; ~ *d'envoi* Versandkosten ; ~ *d'exploitation* Betriebsaufwendungen ; ~ *de fabrication* Herstellungskosten ; *faux* ~ Nebenkosten ; zusätzliche Kosten, Ausgaben ; ~ *généraux* allgemeine Unkosten ; Gemeinkosten ; ~ *inclus* einschließlich der Kosten ; alle Spesen inbegriffen ; ~ *de justice* Gerichtskosten, -gebühren ; ~ *de lancement* Anlaufkosten ; ~ *de main-d'œuvre* Lohn-, Arbeitskosten ; ~ *de production, de publicité* Produktions-, Werbekosten ; ~ *professionnels* berufliche Aufwendungen ; *(fisc.)* Werbungskosten ; ~ *de recouvrement* Einziehungskosten ; ~ *de représentation* **a)** Aufwandskosten ; Repräsentationsspesen ; **b)** Vertretungskosten ; ~ *de transport* Transportkosten ; Frachtkosten ; ~ *de voyage* Reisespesen ; Fahrtkosten ; ◆◆ *aux ~ de l'État* auf Staatskosten ; *à grands ~* mit hohen Kosten ; mit hohem Kostenaufwand ; *à peu de ~* mit wenig Kosten ; ohne große Unkosten ; *sans ~* kostenfrei ; spesenfrei ; *tous ~ compris* alle Spesen inbegriffen ; einschließlich aller Unkosten ; *tous ~ payés* spesen-, kostenfrei ; *contribution f aux ~* Unkostenbeitrag *m* ; *déduction f faite de tous les ~* nach Abzug aller Kosten ; *évaluation f de ~* Kostenberechnung *f* ; Kostenanschlag *m* ; *exemption f de ~* Kostenfreiheit *f* ; *note f de ~* Kosten- und Spesenrechnung *f* ; *participation f aux ~* Kostenbeitrag *m* ; Kostenbeteiligung *f* ; *réduction f des ~* Kostenverringerung *f* ; *surcroît m de ~* Mehrkosten ; *ventilation f des ~* Kostenverteilung *f*, -aufschlüsselung *f* ; ◆◆◆ *entraîner des ~* Kosten mit sich bringen (verursachen) ; *établir la note de ~* die Spesen abrechnen ; die Spesenabrechnung aufstellen ; *faire face aux ~* die Kosten bestreiten ; *rembourser les ~* die Kosten ersetzen (vergüten) ; *rentrer dans ses ~* auf seine Kosten kommen ; seine Ausgaben wieder hereinbekommen ; *supporter les ~* die Kosten tragen.

frais, fraîche frisch ; *argent m ~* neues Kapital *n*.

franc *m (monnaie)* Franc *m* ; ~ *belge, français* belgischer, französischer Franc ; ~ *C.F.A. (unité monétaire africaine)* CFA-Franc ; ~ *or* Goldfranc ; Goldfranken *m* ; ~ *suisse* Schweizer Franken *m* ; *zone f ~* Franc-Zone *f* ; Währungsgebiet *n* des Francs ; *en ~s constants* in konstanten Francs.

franc, franche frei ; ~ *d'avarie* frei von Havarie ; unbeschädigt ; ~ *de commission* provisionsfrei ; ~ *de droits* gebührenfrei ; ~ *d'hypothèques* hypothekenfrei ; ~ *d'impôts* steuerfrei ; ~ *de port* porto-, frachtfrei ; franko ; ~ *de tous droits (frais)* spesenfrei ; *port m ~* Freihafen *m* ; *zone f franche* Freizone *f*.

franchisage *m (contrat par lequel une entreprise autorise une autre entreprise à utiliser sa raison sociale et sa marque pour commercialiser des produits ou des services)* Franchising *n* [frɛn'tʃaiziŋ] *n* ; Franchise ['frɛntʃaiz] *n* ; *accord m de ~* Lizenzvertrag *m*.

franchise *f* **1.** Freiheit *f* ; Abgaben-, Gebührenfreiheit ; *(douane)* Franchise *f* ; Zollfreiheit ; ~ *de bagages (bagages en ~)* Gepäckfreiheit ; Freigepäck *n* ; ~ *douanière* Zollfreiheit ; ~ *postale* Portofreiheit ; Postgebührenfreiheit ; *en ~* zoll-, gebühren-, portofrei ; *admettre en ~* zollfrei zulassen ; *être admis en ~* zollfrei eingeführt werden dürfen **2.** *(assur.)* Selbstbeteiligung *f* ; Franchise *f* ; Freibetrag *m* ; ~ *d'assurance* Selbstversicherung *f* ; Selbstbeteiligung *f* **3.** ⇒ *franchisage*.

franchisé *m* Franchisenehmer ['frɛntʃaiz...] *m* ; Franchisingnehmer [frɛn'tʃaiziŋ...] *m* ; Händler *m* unter Franchise-Vertrag.

franchiseur *m* Franchisegeber ['frɛntʃaiz...] *m* ; Franchisinggeber [frɛn'tʃaiziŋ...] *m*.

franchising *m* ⇒ *franchisage*.

franco franko ; frei ; ~ *à bord* frei Schiff ; frei an Bord ; ~ *domicile* frei Haus ; ~ *d'emballage* Verpackung frei ; ~ *frontière* frei Grenze ; ~ *(en) gare* frei Bahn ; ~ *le long du navire* frei Längsseite (Schiff) ; ~ *de port* fracht-, portofrei ; ~ *(à) quai* frei Kai ; ~ *wagon* frei Waggon ; frei Güterwagen ; *facture f ~ domicile* Frankorechnung *f* ; *prix m ~* Frankopreis *m*.

franc-or *m (France)* Goldfranc *m* ; *(Suisse)* Goldfranken *m*.

frappe *f* **1.** *(machine à écrire)* Anschlag *m* ; *avoir une ~ régulière* einen regelmäßigen Anschlag haben **2.** *(monnaie)* Prägung *f* ; Prägen *n* ; ~ *de monnaie* Münzprägung ; ~ *de l'or* Goldprägung ; *droit m de ~* Präge-, Münzrecht *n* **3.** *(militaire) force f de ~* französische Atomstreitmacht *f*.

frapper **1.** schlagen ; ~ *monnaie* Geld (Münzen) prägen **2.** belasten ; (be)treffen ; ~ *qqn d'une amende* jdn mit einer Geldstrafe (Geldbuße) belegen ; jdm eine Geldstrafe auferlegen ; ~ *qqn, qqch d'un impôt* jdm eine Steuer auferlegen, etw mit einer Steuer belasten ; ~ *de nullité* für nichtig (ungültig) erklären.

fraude *f* **1.** Betrug *m* ; Betrügerei *f* ; Fälschung *f* ; Täuschung *f* ; *(bilan)*

Verschleierung *f* ; ~ *sur le change* Devisenvergehen *n* ; ~ *électorale* Wahlbetrug ; ~ *fiscale* Steuerhinterziehung *f* ; Steuerbetrug ; *commettre une* ~ einen Betrug verüben **2.** Schmuggel *m* ; *passer qqch en* ~ etw (ein-, heraus)schmuggeln.

frauder 1. betrügen ; (ver)fälschen ; täuschen ; *(bilan)* verschleiern ; ~ *la douane* den Zoll hintergehen ; ~ *le fisc* Steuern hinterziehen ; *(fam.)* Geld am Finanzamt vorbeilotsen **2.** (ein-, heraus)schmuggeln.

fraudeur *m* **1.** Betrüger *m* ; Fälscher *m* ; ~ *du fisc (d'impôts)* Steuerhinterzieher *m* ; *(fam.)* Steuersünder *m* **2.** Schmuggler *m*.

frauduleux, euse betrügerisch ; irreführend ; *banqueroute f ~euse* betrügerischer Bankrott *m* ; *bilan m* ~ gefälschte (verschleierte, frisierte) Bilanz *f* ; *intention f ~euse* betrügerische Absicht *f* ; *marché m* ~ betrügerisches Geschäft *n*.

frein *m* **1.** Bremse *f* **2.** Einschränkung *f* ; Drosselung *f* ; *coup m de ~ donné à la production* drastische Einschränkung der Produktion.

freiner (ab)bremsen ; drosseln ; dämpfen ; ~ *la production* die Produktion drosseln ; *qui ~e l'activité économique* konjunkturdämpfend.

frénésie *f* **d'achat** Kaufwut *f* ; Konsumterror *m*.

fréquence *f (statist.)* Häufigkeit *f* ; ~ *relative* relative Häufigkeit ; *courbe f de ~s* Häufigkeitskurve *f* ; *distribution f de* ~ Häufigkeitsverteilung *f*.

frère *m* Bruder *m* ; *Durand ~s* Gebrüder *pl* Durand.

fret *m* **1.** Fracht *f* ; Frachtgut *n* ; Ladung *f* ; ~ *aérien, ferroviaire* Luft-, Bahnfracht ; ~ *maritime* Schiffs-, Seefracht ; *~port payé* frachtfrei ; ~ *routier* mit LKW beförderte Ladung ; auf dem Landweg transportierte Fracht ; *assurance f sur le* ~ Frachtversicherung *f* ; *contrat m de* ~ Frachtvertrag *m* ; *courtier m de* ~ Frachtmakler *m* ; *taux m de* ~ Frachtsatz *m* ; *(navire) donner à* ~ in Fracht geben ; verfrachten ; verchartern ; *prendre à* ~ befrachten ; chartern ; *prendre du* ~ Fracht (Ladung) (ein)nehmen **2.** Frachtgeld *n* ; Frachtpreis *m* ; Frachtkosten *pl* ; *franco de* ~ frachtfrei **3.** *(maritime)* Schiffsmiete *f*.

fréter 1. *(maritime)* ein Schiff mieten, vermieten ; in Fracht geben ; beladen **2.** verfrachten.

fréteur *m* **1.** Reeder *m* ; Schiffsvermieter *m* **2.** Verfrachter *m*.

fric *m (fam.)* Kohlen *fpl* ; Kröten *fpl* ; Kies *m* ; Eier *npl* ; Mammon *m* ; Marie *f* ; Moneten *pl* ; Moos *n* ; Penunzen *pl* ; Piepen *pl* ; Pinke(pinke) *f* ; Zaster *m* ; Knete *f* ; *courir après le* ~ dem Geld (Mammon) nachjagen ; *gagner du ~, un ~ fou* Geld scheffeln (machen) ; Geld wie Heu verdienen.

friche *f (agric.)* Brachland *n* ; Brache *f* ; *en* ~ brachliegend ; unbestellt ; unbebaut ; *espaces mpl en* ~ Brachgebiete *npl* ; *être, laisser en* ~ brachliegen, brachliegen lassen.

frigorifier *(alimentation)* einfrieren ; tiefkühlen ; *viande f ~iée* Gefrierfleisch *n*.

frigorifique Gefrier- ; Kühl- ; *entrepôt m* ~ Kühlhaus *n* ; *wagon m* ~ Kühlwaggon *m*.

frontalier *m* Grenzbewohner *m* ; Grenzgänger *m* ; Grenzarbeitnehmer *m* ; *carte f de* ~ Grenzschein *m*.

frontalier, ière Grenz- ; *ouvrier m (travailleur m)* ~ Grenzgänger *m* ; Grenzarbeitnehmer *m* ; *population f ~ière* Grenzbevölkerung *f* ; *trafic m* ~ (kleiner) Grenzverkehr *m* ; *zone f ~ière* Grenzland *n* ; Grenzgebiet *n*.

frontière *f* Grenze *f* ; *fermeture f des ~s* Schließung *f* der Grenzen ; Grenzsperre *f* ; *incident m de* ~ Grenzzwischenfall *m* ; *passage m de la* ~ Grenzübertritt *m*, -überschreitung *f* ; Übergang *m* über die Grenze ; *garde m* ~ Grenzjäger *m* ; Grenzwache *f* ; *(R.F.A.)* Bundesgrenzschutz *m* ; *ville f* ~ Grenzstadt *f* ; *zone f* ~ Grenzgebiet *n*, -land *n* ; *franchir (passer) la* ~ über die Grenze gehen ; die Grenze überschreiten ; *reconduire à la* ~ über die Grenze abschieben.

fructifier 1. *(agric.)* ertragreich sein ; Früchte tragen **2.** Zinsen bringen (tragen, abwerfen) ; *faire ~ son argent* sein Geld gewinnbringend (verzinslich, zinsbringend) anlegen ; *faire ~ les intérêts* die Zinsen anstehen lassen.

fruit *m* Frucht *f* ; Früchte *fpl* ; Ertrag *m* ; Resultat *n* ; *le ~ d'une vie de travail* die Früchte eines arbeitsreichen Lebens ; *(jur.) ~s industriels, naturels* erarbeitete, natürliche Früchte.

FS *(franc[s] suisse[s])* Schweizer Franken *m* ; sfr ; sFr.

F.S. *(faire suivre)* Nachsenden !

fuel *m (domestique)* Heizöl *n* ; ~ *(industriel) lourd* schweres Heizöl.

fuite *f* **1.** Flucht *f* ; *capitaux mpl en*

~ Fluchtgelder *npl* ; ~ *des capitaux* Kapitalflucht *f* ; ~ *fiscale* Steuerflucht ; *(jur.) délit m de* ~ Fahrer-, Unfallflucht ; *tentative f de* ~ Fluchtversuch *m* **2.** *(fig.)* Indiskretion *f* ; Verschwinden *n* von (Geheim)akten.

fusion *f* Fusion *f* ; Zusammenschluß *m* ; Zusammenlegung *f* ; Fusionierung *f* ; Verschmelzung *f* ; ~ *par absorption* Fusion durch Aufnahme ; ~ *de sociétés* Fusion von Gesellschaften ; Gesellschaftsfusion ; *accord m, contrat m de* ~ Fusionsabkommen *n*, -vertrag *m*.

fusionnement *m* Fusionierung *f* ; Zusammenschluß *m*.

fusionner *(avec)* fusionieren (mit) ; verschmelzen ; zusammenlegen ; ~ *les productions* die Produktion(en) zusammenlegen ; *avoir l'intention de* ~ fusionistische Absichten haben.

futur *m* Zukunft *f*.

futur, e (zu)künftig ; kommend ; *générations fpl ~es* künftige Generationen *fpl* ; kommende Geschlechter *npl*.

futures *pl* ['fjutʃəz] *(bourse) (USA)* Futures *pl* ; Futures-Geschäfte *npl* ; Termin(waren)kontrakte *mpl* ; (spekulative) Termingeschäfte mit Waren und Wertpapieren.

futurologie *f* Futurologie *f* ; Zukunftsforschung *f*.

G

gabegie *f* Mißwirtschaft *f* ; Schlamperei *f* ; Verschwendung *f*.

gâchage *m* Verpfuschen *n* ; Vergeudung *f* ; ~ *des prix* Preisschleuderei *f* ; Preisunterbietung *f* ; Dumping ['dampiŋ] *n*.

gâcher 1. ~ *sa fortune, sa vie, son temps* sein Vermögen, sein Leben, seine Zeit vergeuden (verschwenden) **2.** ~ *sa carrière, un travail* seine Karriere, eine Arbeit verpfuschen **3.** ~ *les prix, le métier* die Preise verderben (unterbieten), das Handwerk verderben ; **4.** ~ *une occasion* eine Gelegenheit verpassen.

gâcheur *m* Verschwender *m* ; Pfuscher *m* ; Schlamper *m* ; *(prix)* Preisverderber *m*, -unterbieter *m*.

gâchis *m* **1.** Verschwendung *f* ; Vergeudung *f* ; *faire du* ~ verschwenden **2.** *(mauvais travail)* Pfuscharbeit *f* ; Pfusch *m* ; Schluderarbeit *f*.

gadget *m* technische Spielerei *f* ; Spielzeug *n* für Erwachsene ; *(publicitaire)* Gadget ['gɛdʒit] *n* ; Werbebeigabe *f* ; *(péj.)* Schnickschnack *m*.

gadgetière *f* Gadgetladen *m*.

gage *m* **1.** *(objet donné en garantie)* Pfand *n* ; Pfandgegenstand *m* ; Pfandsache *f* ; Verpfändung *f* ; Sicherheitsleistung *f* ; ♦ ~ *hypothécaire* Hypothek *f* ; ~ *immobilier* Grundpfand(recht) *n* ; ~ *manuel* Faustpfand *n* ; ♦♦ *à titre de* ~ pfandweise ; *avances fpl sur ~s* Lombardgeschäfte *npl* ; *bailleur m de* ~ Verpfänder *m* ; *certificat m, constitution f, contrat m de* ~ Pfandschein *m*, -bestellung *f* ; -vertrag *m* ; *crédit m sur (titres en)* ~ Pfandsumme *f* ; Lombardkredit *m* ; *détenteur m de* ~ Pfandinhaber *m* ; *dépôt m d'effets en* ~ Wechsellombardierung *f* ; *prêt m sur* ~ Lombard *m* ou *n* ; Lombardierung *f* ; *prêteur m sur* ~ Pfandleiher *m* ; *réalisation f du* ~ Pfandverkauf *m* ; ♦♦♦ *avoir qqch en* ~ etw pfandweise besitzen ; ein Pfandobjekt in Verwahrung haben ; *constituer un* ~ ein Pfand bestellen ; *déposer en* ~ als Pfand hinterlegen ; *donner (mettre) qqch en* ~ verpfänden ; *(au mont-de-piété)* etw in die Pfandleihe bringen ; etw ins Pfandhaus (ins Leihaus) bringen ; ; *emprunter sur* ~ gegen Pfand borgen ; *être en* ~ verpfändet sein ; *laisser en* ~ als Pfand hinterlassen ; *prendre en* ~ in Pfand nehmen ; *prêter sur* ~ auf Pfand leihen ; *(banque)* lombardieren ; *réaliser un* ~ einen Pfandgegenstand verkaufen ; *retirer (racheter) un* ~ ein Pfand einlösen **2.** *(garantie)* Unterpfand *n* ; Beweis *m* ; Zeichen *n* ; Bürgschaft *f* ; *en* ~ *de* als Unterpfand + G : als Beweis für + A.

gageable beleihbar ; lombardfähig ; pfändbar.

gager 1. *(mettre en gage)* verpfänden ; als Pfand geben ; beleihen lassen ; *effet m ~é* lombardierter Wechsel *m* ; *emprunt m ~é* gesicherte (gedeckte) Anleihe *f* ; *marchandise f ~ée* verpfändete Ware *f* ; *prêt m ~é* Darlehen *n* gegen Pfand ; Pfanddarlehen ; *(titres)* Lombarddarlehen **2.** (*litt.*) wetten.

gages *mpl* *(personnel de maison)* Lohn *m* (eines Hausangestellten) ; Besoldung *f* ; *à* ~ gegen Entgelt ; *tueur m à ~s* gedungener Mörder *m* ; *être aux ~ de qqn* in jds Diensten stehen ; von jdm bezahlt (besoldet) werden.

gageur *m* Pfandgeber *m* ; Pfandschuldner *m*.

gagiste *m (créancier gagiste)* Pfandnehmer *m* ; Pfandgläubiger *m*.

gagnant *m* Gewinner *m* ; Sieger *m*.

gagnant, e : *billet m ~* Gewinnlos *n* ; *numéro m ~* Treffer *m* ; *être ~ sur tous les tableaux* überall Erfolge verzeichnen ; *un numéro sur trois est ~* jedes dritte Los gewinnt.

gagne-pain *m* Broterwerb *m* ; *perdre son ~* arbeitslos (brotlos) werden.

gagne-petit *m* Kleinverdiener *m*.

1. gagner gewinnen ; *~ en qqch* an etw (+ D) gewinnen ; *les nouveaux modèles ~ent en sécurité* die neuen Modelle gewinnen an Sicherheit ; *~ la confiance d'un client* das Vertrauen eines Kunden gewinnen ; *~ au jeu* beim Spiel (Geld) gewinnen ; *~ 10 000 F à la loterie* in der Lotterie 10 000 F gewinnen ; *~ un prix, un procès, du temps* einen Preis, einen Prozeß, Zeit gewinnen ; *~ du terrain, de la vitesse* an Boden, Geschwindigkeit gewinnen ; *les actions ont gagné deux points et cotent à 435* die Aktien erhöhten sich um zwei Punkte auf 435 (stiegen um zwei Punkte auf 435).

2. gagner : *~ de l'argent (par son travail)* verdienen ; *argent m bien, durement, honnêtement ~é* wohl-, sauer-, ehrlich verdientes Geld *n* ; *~ 50 F (de) l'heure* 50 F in der Stunde (pro Stunde, die Stunde) verdienen ; *~ de l'argent, sa vie* Geld, sein Leben (seinen Unterhalt) verdienen ; *~ gros* gutes Geld verdienen ; *(fam.)* einen Haufen Geld (ein Heidengeld) verdienen ; *(fam.) elle va ~ sa croûte* sie geht Geld verdienen ; *~ sur un article, un marché* an einem Artikel, an einem Geschäft verdienen ; *manque m à ~* Verdienstausfall *m*.

gain *m* **1.** *(profit)* Gewinn *m* ; ♦ *~ de change, financier, au jeu* Kurs-, finanzieller, Spielgewinn ; *~ de points* Punktgewinn ; *~ annuel du pouvoir d'achat* jährlicher Kaufkraftzuwachs *m* ; *~ de productivité* Produktivitätszuwachs *m* ; *~ de puissance (de rendement)* Leistungsgewinn ; *~ de temps* Zeitersparnis *f* ; *âpre au ~* gewinnsüchtig ; *âpreté f au ~ (appât m du ~)* Gewinnsucht *f* ; ♦♦♦ *obtenir ~ de cause* recht bekommen ; einen Prozeß gewinnen ; *réaliser un ~, des ~s importants* einen Gewinn, große Gewinne erzielen ; *retirer un ~ de qqch* aus etw Nutzen (einen Vorteil) ziehen **2.** *(salaire)* Lohn *m* ; Verdienst *m* ; Einkommen *n* ; *~s annuels, hebdomadaires, horaires, mensuels* Jahreseinkommen *n* ; Wochen-, Stundenlohn *m* ; Monatsverdienst *m* ; *~s accessoires* Nebenerwerb *m*.

galerie *f* **1.** *(art.)* Galerie *f* ; *~ d'art, de peinture* Kunst-, Gemäldegalerie **2.** *~ marchande* Einkaufs-, Geschäftspassage *f* ; Ladenpassage *f* ; Ladengalerie *f* ; Kaufhalle *f* ; *les ~s* Kaufhaus *n*.

galette *f (fam.)* Zaster *m* ; Moneten *pl* ; Kies *m* ; Piepen *pl* ; Moos *n* ; Kohlen *fpl* ; Knete *f*.

gallon *m* Gallone *f*.

galopant, e : *inflation ~e* galoppierende Inflation *f*.

gamme *f* Sortiment *n* ; Warenangebot *n* ; Skala *f* ; Palette *f* ; Programm *n* ; ♦ *une ~ étendue, variée* eine breite Palette, ein vielseitiges Sortiment ; *~ des prix* Preisskala ; *~ de production* Produktionspalette ; Fabrikationsprogramm ; *~ de produits* Produktenpalette, -skala ; *quelques échantillons de notre ~ de produits* einige Beispiele aus der Palette unseres Angebots ; ♦♦ *produit m (de) haut de ~* Spitzenprodukt *n*, -erzeugnis *n* ; Luxusware *f* ; Artikel *m* der oberen Preisklasse ; *produit m (de) milieu de ~* Produkt *n* mittlerer Güte ; Erzeugnis *n* mittlerer Qualität ; *produit m (de) bas de ~* Standardprodukt *n* ; Erzeugnis *n* minderer Qualität ; Billigware *f*, -produkt ; ♦♦♦ *avoir une ~ étendue de* eine reiche Auswahl an etw + D haben ; *nous allons étendre notre ~ de produits alimentaires* wir werden unser Sortiment an Lebensmitteln erweitern (vergrößern).

garage *m* (Reparatur)werkstatt *f* ; *~ à étages* Hochgarage ; Parkhaus *n* ; *~ gratuit* Garage gratis ; *~ individuel* (Einzel)garage ; *~ souterrain* Tiefgarage ; *(fig.) (fam.) mettre qqn sur une voie de ~* jdn auf ein Abstellgleis stellen ; jdn kaltstellen .

garant *m* Bürge *m* ; Gewährsmann *m* ; Gewährsperson *f* ; Garant *m* ; *se porter ~ de qqn, de qqch* für jdn, für etw bürgen (haften) ; sich für jdn, für etw verbürgen ; eine Garantie für jdn, für etw (Bürgschaft) übernehmen ; für jdn, für etw einstehen ; *~ solidaire* Solidarbürge ; *refuser de se porter ~* nicht bürgen wollen ; die Haftung ablehnen.

garanti, e garantiert ; gedeckt ; gesichert ; sichergestellt ; ~ *par* durch... gesichert (gedeckt) ; ~ *par caution* durch Bürgschaft gesichert ; *créance f ~e* gesicherte Forderung *f* ; *crédit m ~* gedeckter Kredit *m* ; ~ *par dépôt de gage, par hypothèque* durch Pfandhinterlegung, durch Hypothek gedeckt ; ~ *par nantissement de titres* durch verpfändete Wertpapiere gedeckt ; ~ *pur* garantiert rein ; ~ *sur facture* garantiert auf Faktura ; ~ *un an* ein Jahr Garantie haben ; *nos articles sont ~s contre tout vice de fabrication* es wird bei unseren Artikeln für alle Fabrikationsfehler Gewähr geleistet ; *non ~* ungedeckt ; ungesichert ; nicht garantiert ; unverbürgt.

garantie *f*	1. ***commerciale*** 2. ***responsabilité, caution, etc.***

1. ***(commerciale)*** Garantieleistung *f* ; ◆ *la ~ d'un appareil* die (Werk)garantie für (auf) ein Gerät ; *certificat m (bon m) de ~* Garantieschein *m* ; *délai m de la ~* Garantiefrist *f*, -zeit *f* ; *expiration f (fin f) de la ~* Ablauf *m* der Garantie(frist) ; *avec 3 ans de ~ pièces et main-d'œuvre* mit dreijähriger unbegrenzter Garantie ; ◆◆◆ *être sous ~ (couvert par la ~)* unter Garantie stehen ; unter die Garantie fallen ; *l'appareil n'est plus sous ~* die Garantie auf (für) das Gerät ist abgelaufen ; *vous avez une ~ d'un an* Sie haben ein Jahr Garantie ; *la réparation est effectuée sous ~* die Reparatur fällt noch unter die Garantie ; *renvoyer le bon de ~ à ...* den Garantieschein an... zurücksenden.

2. ***(responsabilité, caution, etc)*** Garantie *f* ; Gewähr(leistung) *f* ; Bürgschaft *f* ; Haftung *f* ; Deckung *f* ; Sicherheit *f* ; Sicherung *f* ; Kaution *f* ; Sicherstellung *f* ; ◆ ~ *bancaire* Bankgarantie ; ~ *de change (de cours)* Kurssicherung *f* ; Währungsgarantie ; ~ *(responsabilité f) du constructeur* Herstellerhaftung ; ~ *contre les défauts (vices) de marchandise* Sachmangelgewähr ; Mängelhaftung ; ~ *de débouchés* Absatzgarantie ; ~ *de dommages* Schadendeckung ; ~ *de l'emploi* Sicherung *f* des Arbeitsplatzes ; ~ *de l'État* Staatsgarantie ; ~ *à l'exportation* Exportrisikogarantie ; *(R.F.A.)* Hermesgarantie ; ~ *financière* Finanzgarantie ; *sans ~ du gouvernement (S.G.D.G.)* unter Haftausschluß des Staats ; ~ *illimitée* unbegrenzter Versicherungsschutz *m* ; ~ *individuelle* Einzelgarantie ; ~ *insuffisante* ungenügende Deckung ; ~ *d'intérêts* Zinsgarantie ; ~ *des locataires* Mieterschutz *m* ; ~ *-or* Golddeckung ; ~ *du paiement de dettes* Schuldenhaftung ; ~ *pécuniaire* Bürgschaft ; Haftungsbetrag *m* ; ~ *de prix* Preisgarantie ; ~ *de provenance* Herkunftsbezeichnung *f* ; ~ *de remboursement* Garantie der Rückvergütung ; ~ *de risques* Risikodeckung ; ~ *de salaire* Lohn-, Verdienstsicherung *f* ; ~ *solidaire* Solidarbürgschaft ; ~ *de solvabilité* Gewähr für Zahlungsfähigkeit ; ◆◆ *accord m (contrat m) de ~* Garantievertrag *m* ; *assurance f de ~* Garantieversicherung *f* ; *avance f sur ~s* Pfanddarlehen *n* ; *clause f de ~* Garantieklausel *f* ; *contre (sur) ~* gegen Kaution, gegen Sicherheitsleistung ; *déclaration f de ~* Bürgschafts-, Garantieerklärung *f* ; *délai m de ~* Garantiezeit *f* ; *déposé à titre de ~* als Sicherheit hinterlegt ; *dépôt m de ~* Garantiehinterlegung *f*, -depot *n* ; *droit m de ~* Garantiegebühr *f* ; *exclusion f de la ~* Haftungsausschluß *m* ; *fonds m de ~* Garantiefonds *m* ; *label m de ~ d'origine* Garantiebezeichnung *f* ; *limitation f de la ~* Garantiebeschränkung *f* ; *limite f de ~* Haftungsgrenze *f* ; *marge f de ~* Garantiespanne *f* ; *marque f de ~* Garantiezeichen *n* ; *obligation f de ~* Garantieverpflichtung *f* ; *opération f de ~* Garantiegeschäft *n* ; Bürgschaftsgeschäft ; *recours m en ~* Gewährleistungsklage *f* ; *réserve f de ~* Sicherheits-, Deckungsrücklage *f* ; *sans ~ de notre part* ohne unsere Gewähr ; *valeur f de ~* Garantiewert *m* ; ◆◆◆ *accorder une ~* eine Sicherheit (Garantie) gewähren ; *affecter des fonds en ~* Mittel zur Deckung verwenden für ; Gelder als Garantie bereitstellen ; *constituer une ~* eine Sicherheit (Garantie) stellen ; *décliner la ~* die Haftung ablehnen ; *demander (exiger) des ~s* Garantien verlangen (fordern) ; *déposer en ~* als Sicherheit hinterlegen ; eine Kaution stellen ; *donner des ~s* Garantien geben für ; *être tenu en ~* haften ; *fournir une ~* eine Gewähr leisten (geben) ; *limiter la ~ à qqch* die Garantie auf etw beschränken ; *offrir les meilleures ~s contre qqch* gegen etw die beste Gewähr bieten ; gegen etw volle Sicherheit bieten ; *prendre des ~s* sich absichern gegen ; sich (rück)decken ; Sicherheiten stellen ; *prêter sur ~s* gegen Sicherheitsleistung entleihen ; *présenter*

toutes ~s jede Gewähr bieten.

garantir 1. garantieren ; gewährleisten ; (ver)bürgen ; decken ; *~ des droits,* Rechte garantieren ; *~ la qualité d'une marchandise* für die Qualität einer Ware garantieren ; *le nom ~t la qualité* der Name bürgt für Qualität ; *la banque ne ~t que 50 % du coût* die Bank verbürgt sich nur für die Hälfte der Kosten ; *~ un revenu fixe* ein festes Einkommen garantieren ; *~ le salaire minimum* den Mindestlohn garantieren **2.** *(assurer de, promettre)* zusichern ; versprechen ; *~ par contrat* vertraglich zusichern ; *~ son soutien à qqn* jdm seine Unterstützung zusichern ; *~ la livraison pour le 12 courant* die Lieferung für den Zwölften zusichern **3.** *(garantir, assurer contre)* schützen ; absichern ; *se ~ contre* sich absichern gegen ; *se ~ contre les escrocs, contre un risque* sich gegen Betrüger, gegen ein Risiko absichern ; *se ~ par contrat* sich vertraglich absichern **4.** *~ qqch par écrit* verbriefen.

garçon *m* Junge *m* ; Bursche *m* ; Gehilfe *m* ; *~ de café* Kellner *m* ; Bedienung *f* ; *~ d'ascenseur* Liftboy *m* ; *~ de bureau* Bürogehilfe *m* ; *~ de courses* Laufjunge *m,* -bursche ; *~ d'étage* Zimmerkellner *m* ; *~ de recettes* Kassenbote *m.*

garde *m* Wächter *m* ; Aufseher *m* ; Wärter *m* ; *~ champêtre* Feldwächter ; *garde-chasse* Jagdaufseher *m* ; *~ forestier* Förster *m* ; *~ -frontière* Grenzschutzbeamte(r), -wächter ; *~ -magasin* Lagerverwalter *m* ; *~ des Sceaux* Justizminister *m.*

garde *f* Aufsicht *f* ; Beaufsichtigung *f* ; Bewachung *f* ; Obhut *f* ; *(en dépôt)* Verwahrung *f* ; Aufbewahrung *f* ; ♦ *~ judiciaire* gerichtliche Verwahrung ; *~ de nuit, de week-end* Nachtbereitschaftsdienst *m,* Bereitschaftsdienst für das Wochenende ; *~ de titres* Effektenverwahrung ; *~ à vue* Polizeigewahrsam *m* ; *délai m de ~* Aufbewahrungsfrist *f* ; *droit(s) m(pl) de* Verwahrungsgebühr *f* ; *mise f en ~* Verwarnung *f* ; *service m de ~* Bereitschafts-, Notdienst *m* ; ♦♦♦ *déposer qqch en ~* etw in Verwahrung geben ; *être de ~* Bereitschaftsdienst haben ; *être sous la ~ de qqn* unter dem Schutz von jdm sein ; *mettre en ~ contre qqch* vor etw warnen ; *obtenir la ~ des enfants* das Sorgerecht für seine Kinder erhalten ; *prendre des titres en ~* Effekten in Aufbewahrung nehmen.

gardé, e bewacht ; überwacht ; *chasse f ~e* Jagdrevier *n* ; *parking m ~* bewachter Parkplatz *m* ; *passage m à niveau ~* beschrankt.

garde-meubles *m* Möbellager *n* ; Möbelspeicher *m* ; Lagerraum *m* für Möbel.

garder 1. *(conserver)* aufbewahren ; verwahren ; behalten; aufheben ; *~ une adresse, un numéro de téléphone* eine Adresse, eine Telefonnummer behalten ; *~ en bon état* in gutem Zustand erhalten ; *~ copie d'un document* Abschrift einer Urkunde aufbewahren ; *~ en dépôt* in Verwahrung nehmen ; aufbewahren ; *~ des marchandises, des denrées* Waren, Lebensmittel aufbewahren ; *~ un prix* sich im Preis halten ; *~ un renseignement pour soi* eine Auskunft für sich behalten ; *~ qqch secret* etw geheimhalten ; *~ sous clé* etw verschlossen halten ; *se ~ (aliments)* sich halten ; haltbar sein **2.** *(surveiller)* beaufsichtigen ; bewachen ; *~ qqn à vue* jdn in Polizeigewahrsam halten.

gardien *m* Aufseher *m* ; Wärter *m* ; Wächter *m* ; *~ d'immeuble* Hausmeister *m,* -wart *m* ; *~ de nuit* Nachtwächter *m* ; *~ de la paix* Schutzmann *m* ; *~ de parking* Parkwächter ; *~ de phare* Leuchtturmwärter.

gardiennage *m* Wärter-, Überwachungsdienst *m* ; Bewachung *f* ; *société f de ~* Wach- und Schließgesellschaft *f.*

gare *f* Bahnhof *m* ; *~ aérienne* Flughafen *m* ; *~ d'arrivée d'attache, centrale, de correspondance* Ankunfts-, Heimat-, Haupt-, Anschlußbahnhof (Umsteigebahnhof) ; *~ de départ, destinataire, douanière* Abgangs-, Bestimmungs-, Zollbahnhof ; *~ d'embarquement, expéditrice, frontière* Verlade-, Versand-, Grenzbahnhof ; *~ de marchandises, des messageries, maritime* Güterbahnhof, Eilgutabfertigung *f* ; Hafenbahnhof ; *en ~ restante* bahn(hof)lagernd ; *~ routière* (Omni)busbahnhof ; LKW-Bahnhof ; *~ terminus, tête de ligne* Endbahnhof, Kopfbahnhof ; *~ de transbordement, de transit, de triage* Umlade-, Übergangs-, Rangierbahnhof ; *franco ~-départ, arrivée* franko Abgangsbahnhof, Ankunftsbahnhof ; *aller à la ~* zum Bahnhof gehen ; *entrer en ~* einfahren.

garer abstellen ; parken ; unterstellen ; festmachen ; *il est interdit de se ~ devant l'entrée* vor der Einfahrt ist das Parken verboten ; *~ une voiture dans une cour* ein Auto in einem Hof abstellen ; ~ *un avion sous un hangar* ein Flugzeug in die Halle bringen ; *le bateau est ~é le long du quai* das Schiff hat am Kai festgemacht.

garni *m* möblierte Wohnung *f* ; möbliertes Zimmer *n*.

gas-oil *m (gasoil, gazole)* Dieselöl *n* ; Dieselkraftstoff *m* ; Gasöl.

gaspi *(fam.) : chasse f aux ~s* Jagd *f* auf die Energieverschwender.

gaspillage *m* Verschwendung *f* ; Vergeudung *f* ; Verschleuderung *f* ; ~ *d'argent* Geldverschwendung ; ~ *de capital* Kapitalvergeudung ; ~ *des deniers publics* Vergeudung öffentlicher Gelder ; ~ *de temps* Zeitverschwendung ; *société f de* ~ Wegwerfgesellschaft *f*.

gaspiller verschwenden ; vergeuden ; verschwenderisch umgehen mit ; *(fam.)* verprassen ; verpulvern ; ~ *son argent, son énergie, son temps* sein Geld, seine Kraft, seine Zeit verschwenden ; ~ *de l'énergie* Energie verschwenden ; ~ *sa fortune, sa vie* sein Vermögen, sein Leben vergeuden.

gaspilleur *m* Verschwender *m* ; *(fam.)* Prasser *m*.

gaspilleur, euse verschwenderisch.

gâté, e verdorben ; beschädigt.

gâteau *m (fam.)* Kuchen *m* ; *avoir sa part du* ~ ein Stück vom Kuchen abbekommen ; am Gewinn teilhaben ; *(fam.) se partager le* ~ sich den Kuchen aufteilen ; den Gewinn teilen.

gâter verderben ; beschädigen ; ~ *les affaires de qqn* jdm einen Strich durch die Rechnung machen ; *les affaires se ~ent* die Geschäfte gehen schlecht ; ~ *le marché* den Markt verderben ; *(marchandises) se* ~ sich verderben.

G.A.T.T. *m (general agreement on tariffs and trade)* GATT *m* allgemeines Zoll- und Handelsabkommen.

gauche *f* Linke *f* ; *la* ~ die Linksparteien *fpl* ; *l'extrême* ~ die äußerste Linke.

gauche links ; *l'aile ~ d'un parti* der linke Flügel einer Partei ; *circulation f à* ~ Linksverkehr m ; *gouvernement m de* ~ Linksregierung *f* ; *homme m de* ~ ein Linker ; *doubler à* ~ links überholen ; *être à (de)* ~ links eingestellt sein ; *(fam.) mettre de l'argent à* ~ Geld auf die hohe Kante (auf die Seite) legen ; *voter à* ~ links wählen.

gauchisme *m* Linksradikalismus *m* ; Linksextremismus *m*.

gauchiste *m* Linksradikale(r) ; Linksextremist *m*.

gaz *m* Gas *n* ; ♦ ~ *d'échappement* (Auto)abgase ; ~ *d'éclairage* Leuchtgas ; ~ *naturel* Erdgas ; ~ *de ville* Stadtgas ; ♦♦ *approvisionnement m en* ~ Gasversorgung *f* ; *bonbonne f de* ~ Gasflasche *f* ; *chauffage m au* ~ Gasheizung *f* ; *compteur m de* ~ Gasuhr *f*, -zähler *m* ; *conduite f de* ~ Gasleitung *f* ; *consommation f de* ~ Gasverbrauch *m* ; *économie f du* ~ Gaswirtschaft *f* ; *employé m du* ~ Gasableser *m* ; Gasmann *m* ; *facture f de* ~ Gasrechnung *f* ; *G.D.F. (Gaz de France)* französische Gasgesellschaft *f* ; *installateur m de* ~ Gasinstallateur *m* ; *raccordement m au* ~ Gasanschluß *m* ; *réservoir m de* ~ Gasbehälter *m* ; *usine f à* ~ Gaswerk *n* ; ♦♦♦ *couper le* ~ das Gas sperren ; *conclure un accord de livraison de ~ naturel avec* mit... einen Erdgaslieferungsvertrag abschließen.

gazéifiable vergasbar.

gazéification *f* Vergasung *f* ; Vergasen *n*.

gazéifier in Gas umwandeln (verwandeln) ; vergasen.

gazier *m (fam.)* Gasarbeiter *m* ; Angestellter *m* eines Gaswerks.

gazoduc *m* (Fern)gasleitung *f* ; *poser un* ~ eine Gasleitung legen.

gazole *m* ⇒ *gas-oil*.

gazomètre *m* Gasometer *m* ; Gasbehälter *m*.

G.D.F. *(Gaz de France)* französische Gasgesellschaft *f*.

géant *m* Riese *m* ; Gigant *m* ; *un ~ de l'automobile, du marché, du négoce, d'un secteur économique* Automobil-, Markt-, Handels-, Branchenriese ; *travail m de* ~ Riesenarbeit *f*.

géant, e Riesen- ; gigantisch ; riesig ; *entreprise f ~e* Riesenunternehmen *n* ; *paquet m* ~ Familienpackung *f*.

gel *m* Einfrieren *n* ; Stillegung *f* ; ~ *de capitaux* Einfrieren von Geldern (von Geldanlagen) ; *le ~ des relations diplomatiques* das Einfrieren der diplomatischen Beziehungen ; *le ~ des salaires* das Einfrieren der Löhne ; Lohnstopp *m*, -pause *f*.

geler einfrieren ; ~ *les avoirs à l'étranger* die Auslandsguthaben einfrieren ; ~ *les prix* die Preise einfrieren ; *crédits mpl ~és* eingefrorene Kredite *mpl*.

gêne *f* Verlegenheit *f* ; Hindernis *n* ; Not *f* ; ~ *pécuniaire* Geldverlegenheit ; ~ *de trésorerie* Bargeldknappheit *f* ; *être dans la* ~ in Geldverlegenheit sein ; *(fam.)* in der Klemme sein ; knapp bei

Kasse sein.

gêné, e in Geldverlegenheit stecken ; *être momentanément ~ (fam.)* sich in einer augenblicklichen Geldklemme befinden ; augenblicklich knapp bei Kasse sein.

gêner behindern ; stören ; genieren ; *~ les intérêts de qqn* jds Interessen im Wege stehen; *~ ses voisins* seine Nachbarn stören.

général, e allgemein ; Haupt- ; General- ; *agence f ~e* Hauptagentur *f* ; *amnistie f ~e* Generalamnestie *f* ; *assemblée f ~e* Hauptversammlung *f* ; *conditions fpl ~es* allgemeine Geschäftsbedingungen *fpl* ; *conditions ~es de livraison* allgemeine Lieferbedingungen ; *directeur m, direction ~e* Generaldirektor *m,* -direktion *f* ; *frais généraux mpl* Betriebskosten *pl* ; Geschäftsunkosten *pl* ; *grève f, inspection f ~e* Generalstreik *m,* -inspektion *f* ; *intérêt m ~* Allgemeininteresse *n* ; *d'intérêt ~* gemeinnützig ; *lock-out m ~* Generalaussperrung *f* ; *procuration f ~e* Generalvollmacht *f* ; *représentation f ~e* Generalvertretung *f* ; *secrétaire m ~* Generalsekretär *m* ; *tendance f ~e* Trend *m* ; *en ~* im allgemeinen ; *être dans l'intérêt ~* im allgemeinen Interesse liegen.

généralisation *f* Verallgemeinerung *f* ; allgemeine Anwendung (Verbreitung) *f* ; *~ d'une convention collective* Allgemeinverbindlichkeitserklärung *f* eines Tarifvertrags (auf noch nicht tariflich gebundene Arbeitnehmer).

généraliser verallgemeinern ; allgemein einführen ; *se ~* sich allgemein verbreiten ; *le conflit s'est ~é* der Konflikt hat sich ausgeweitet.

généraliste *m* **1.** *(médecine)* praktischer Arzt *m* **2.** *(sens général)* Allroundman [ɔl'raundmen] ; überall einsatzfähige Person *f* ; Generalist *m*.

générateur *m* Generator *m*.

générateur, trice erzeugend ; bewirkend ; *~ de nuisances* umweltfeindlich ; umweltschädigend, -schädlich, -belastend.

génération *f* Generation *f* ; Geschlecht *n* ; Menschenalter *n* ; *la ~ actuelle, montante* die heutige Generation, die Nachwuchskräfte *fpl* ; *(inform.) ordinateur m de la deuxième, troisième ~* Computer *m* der zweiten, dritten Generation ; *conflit m de ~s* Generationskonflikt *m* ; Generationenkonflikt.

génie *m* : *~ civil* Bauwesen *n* ; Hoch- und Tiefbau *m* ; *~ chimique (rural)* Chemie(agrar)technik *f* ; *~ maritime* Schiffsbau *m*.

gens *mpl* Leute *pl* ; Menschen *pl* ; *~ d'affaires, de loi, de maison, de mer, de service* Geschäftsleute ; Juristen *pl* ; Hauspersonal *n* ; Seeleute *pl* ; Dienstpersonal n ; *les jeunes ~* die jungen Leute ; die Jugendlichen *mpl* ; *les petites ~* die kleinen Leute ; der kleine Mann *m* ; *les vieilles ~* die alten Menschen ; die Senioren ; die Alten *mpl* ; *atteinte f au droit des ~* Verstoß *m* gegen das Völkerrecht.

gentleman's agreement *m* Gentleman's Agreement *n*.

géomètre *m* Geometer *m* ; Feldmesser *m* ; *~ expert* Vermessungsingenieur *m*.

géothermie *f* Geothermie *f* ; Erdwärme *f*.

gérance *f* Geschäftsführung *f* ; Verwaltung *f* ; Pacht *f* ; Verpachtung *f* ; *~ appointée* Geschäftsführung im Angestelltenverhältnis ; *~ libre* Geschäftsführung auf eigene Rechnung ; *~ d'immeubles* Grundstücks-, Hausverwaltung *f* ; *être chargé de la ~* mit der Geschäftsführung beauftragt sein ; *mettre (donner) en ~* verpachten ; in Pacht geben ; *prendre en ~* pachten ; in Pacht nehmen.

gérant *m* Geschäftsführer *m* ; Pächter *m* ; Verwalter *m* ; *~ d'affaires* Geschäftsführer, -leiter *m* ; *~ d'une succursale* Filialleiter *m* ; *~ d'immeubles* Haus-, Grundstücksverwalter ; *~ libre* Pächter ; *d'une propriété* Gutsverwalter *m* ; *~ d'une S.A.R.L.* Geschäftsführer einer GmbH ; *s'adresser au ~* sich an die Geschäftsführung wenden.

gérer verwalten ; führen ; leiten ; bewirtschaften ; *~ un bien, une fortune, un immeuble* einen Besitz (ein Gut), ein Vermögen, ein Haus verwalten, *~ une exploitation agricole de manière rentable* einen Bauernhof rentabel bewirtschaften ; *~ la pénurie* die Krise managen ; durch geschicktes Management über die Krise hinwegkommen ; die Schrumpfung verwalten.

gestion *f* Verwaltung *f* ; Geschäftsführung *f* ; Betriebsführung ; Unternehmensführung ; Management *n* ; Führung *f* ; Leitung *f* ; ♦ *~ et administration des entreprises* Geschäftsführung ; *~ d'affaires* Geschäfts-, Betriebsführung *f* ; *~ budgétaire* Haushaltsführung ; *~ des biens (de fortune, de patrimoine)* Vermögensverwaltung ; *~ de caisse* Kassenführung *f* ; *~ commer-*

ciale kaufmännische Geschäftsführung ; ~ *comptable (de comptes)* Rechnungsführung ; ~ *des contingents* Bewirtschaftung der Kontingente ; ~ *directe* Selbstbewirtschaftung ; ~ *de la distribution* Absatzplanung *f* ; ~ *de l'économie* Wirtschaftsführung ; ~ *des entreprises* Betriebsführung ; Unternehmensleitung ; *(science)* Betriebswirtschaft *f* ; Betriebswirtschaftslehre *f* ; ~ *financière* Finanzgebaren *n* ; Finanzverwaltung ; ~ *des finances publiques* Haushaltswirtschaft *f* ; ~ *forcée* Zwangsverwaltung ; ~ *immobilière* Grundstücks-, Hausverwaltung ; ~ *par ordinateur* computerisierte Unternehmensführung ; ~ *du personnel* Personalverwaltung ; ~ *de portefeuille (de titres)* Wertpapier-, Effektenverwaltung ; ~ *des risques* « Risk management » ; ~ *de(s) stocks* Lagerwirtschaft *f* ; ~ *des stocks de matériel* Materialwirtschaft ; ◆◆ *année f de* ~ Verwaltungs-, Wirtschaftsjahr *n* ; *comité m de* ~ Geschäftsführungsausschuß *m* ; *comptes mpl de* ~ Betriebskonten *npl* ; *contrôle m de la* ~ Betriebskontrolle *f*, -prüfung *f* ; Controlling *n* ; *coûts mpl de* ~ Betriebskosten *pl* ; *frais mpl de* ~ Verwaltungskosten *pl* ; *mauvaise* ~ Mißwirtschaft *f* ; *organisme m de* ~ Verwaltungsorgan *n* ; *perte f de* ~ Betriebsverlust *m* ; *rapport m de* ~ Geschäftsbericht *m* ; *société f de* ~ *de capitaux* Kapitalverwaltungsgesellschaft *f* ; *être chargé de la* ~ mit der Geschäftsführung beauftragt sein.

gestionnaire *m* Geschäftsführer *m*, -leiter *m* ; Verwalter *m* ; Betriebswirt *m* ; *(société)* geschäftsführender Gesellschafter *m*.

G.I.E. *m (groupement d'intérêt économique)* Interessengemeinschaft (IG) *f*.

gigantesque riesig ; gigantisch ; Riesen- ; kolossal ; riesengroß ; gigantischen Ausmaßes.

gigantisme *m* Gigantismus *m* ; Riesenhaftigkeit *f* ; *l'industrie ne succombera pas au* ~ die Industrie verfällt keiner Gigantomanie.

gilde *f* ⇒ *guilde*.

giratoire : *sens m* ~ Kreisverkehr *m*.

gisement *m* Lagerstätte *f* ; Vorkommen *n* ; Fundstätte *f* ; Fundort *m* ; *découvrir, mettre de vastes ~s de pétrole en valeur* umfrangreiche Erdölvorkommen entdecken, erschließen ; ~ *de houille, d'uranium* Kohle-, Uranvorkommen.

gîte *m* : ~ *rural* Unterkunft *f* auf einem Bauernhof ; Ferienwohnung *f* auf dem Land.

glissement *m* Abgleiten *n* ; ~ *d'une monnaie* Abgleiten einer Währung ; ~ *des prix* Preisrutsch *m* ; *(polit.)* ~ *vers la gauche* Linksrutsch *m* ; Linksdrall *m* ; Linkslastigkeit *f*.

global, e gesamt ; Gesamt- ; global ; *accord m, contrat m* ~ Globalabkommen *n*, -vertrag *m* ; *estimation f ~e* ungefähre Schätzung *f* ; *revenu m* ~ Gesamteinkommen *n* ; *somme f ~e* Gesamtbetrag *m* ; Globalsumme *f* ; *valeur f ~e* Gesamtwert *m*.

globalisation *f* Pauschalierung *f*.

globaliser pauschalieren.

glose *f* Glosse *f* ; Bemerkung *f* ; Erklärung *f*.

gnognote *f (fam.)* Kram *m* ; Ramsch *m* ; Plunder *m* ; wertloses Zeug *n* ; Trödel *m*.

gold point *m (niveau auquel les importations ou exportations d'or s'effectuent dans un système de convertibilité)* Goldpunkt *m* ; ~ *d'entrée* Goldimportpunkt ; ~ *de sortie* Goldexportpunkt ; *atteindre le* ~ den Goldpunkt erreichen.

gondole *f (de grand magasin)* (Verkaufs)gondel *f* ; Warenstand *m* ; *(fam.)* Wühl-, Grabbeltisch *m*.

gonflement *m* : ~ *du crédit* Aufblähung *f* des Kreditvolumens.

gonfler aufblähen.

goodwill *m* Goodwill ['gudwil] *m* ; (ideeller) Firmenwert *m* ; Geschäftswert ; guter Ruf *m* ; Firmenimage *n*.

gouffre *m* : *(fam.)* ~ *financier* Faß *n* ohne Boden.

goulet *m* ⇒ *goulot*.

goulot *m* : ~ *d'étranglement* Engpaß *m* ; *on constate un* ~ *dans l'approvisionnement en énergie électrique* es besteht ein Engpaß in der Stromversorgung ; *supprimer les ~s* die Engpässe beseitigen.

goût *m* Geschmack *m* ; Vorliebe *f* ; Gefallen *n* ; ~ *des consommateurs* Konsumentenwünsche *mpl* ; ~ *de l'épargne* Sparsinn *m* ; Spartrieb *m* ; *au* ~ *du jour* im Zeitgeschmack ; ~ *de l'organisation* Organisationstalent *n* ; ~ *des responsabilités* Verantwortungsfreudigkeit ; ~ *du sensationnel* Sensationslust *f* ; ~ *des voyages* Reisefreudigkeit ; *c'est affaire de* ~ das ist Geschmackssache ; *avoir le* ~ *du risque* risikofreudig (wagemutig) sein.

gouvernement *m* Regierung *f* ; ◆ ~ *de coalition* Koalitionsregierung ; ~ *contractant* vertragschließende Regierung ; *~ démocratique, fédéral* demokratische Regierung, Bundesregierung ; *légal, présidentiel* rechtmäßige, Präsidialregierung ; *~ signataire,* Signatarstaat *m* ; vertragschließende (unterzeichnende) Regierung ; *~ de transition* Übergangsregierung ; ♦♦ *changement m de ~* Regierungswechsel *m* ; *conseiller m du ~* Regierungsrat *m* ; *expert m du ~* Regierungssachverständige(r) ; *intervention f du ~* Regierungseingriff *m* ; *membre m du ~* Regierungsmitglied *n* ; *porte-parole m du ~* Regierungssprecher *m* ; *retrait m du ~* Rücktritt *m* der Regierung ; *siège m du ~* Regierungssitz *m* ; ♦♦♦ *constituer (former) le ~* die Regierung bilden ; *déposer un ~* eine Regierung absetzen ; *entrer dans le ~* in die Regierung eintreten ; *le ~ est chancelant* die Regierung wankt (steckt in einer Krise) ; *exercer le ~* die Regierungsgeschäfte ausüben ; *nommer un ~* eine Regierung ernennen ; *porter un parti au ~* eine Partei an die Regierung bringen ; *renverser le ~* die Regierung stürzen ; *le ~ s'est retiré* die Regierung ist zurückgetreten ; *soutenir un ~* eine Regierung unterstützen.

gouvernemental, e Regierungs- ; *accord m, coalition f, crise f ~(e)* Regierungsabkommen *n*, -koalition *f*, -krise *f* ; *décision f, déclaration f, équipe f ~e* Regierungsbeschluß *m*, -erklärung *f*, -mannschaft *f* ; *milieux mpl gouvernementaux* Regierungskreise *mpl* ; *programme m, projet m ~* Regierungsprogramm *n*, -vorlage *f* ; *remaniement m, service ~ officiel* Regierungsumbildung *f*, -stelle *f*.

grâce *f* **1.** Gnade *f* ; Gunst *f* ; *délai m de ~* Nachfrist *f* ; Gnaden-, Schonfrist ; *(effet)* Respektfrist ; *être dans les bonnes ~s de qqn* jds Gunst genießen ; *accorder un délai de ~ à qqn pour régler des dettes* jdm eine Gnadenfrist gewähren, damit er seine Schulden bezahlen (begleichen) kann **2.** *(jur.)* Begnadigung *f* ; Gnade *f* ; *droit m de ~* Begnadigungs-, Gnadenrecht *n* ; *recours m en ~* Gnadengesuch *n* **3.** *~ à* dank (+ D) ou (+ G) ; *~ aux progrès techniques* dank des technischen Fortschritts.

gracier *(jur.)* begnadigen.

gracieusement ⇒ *gracieux*.

gracieux, euse : *à titre ~* kostenfrei ; unentgeltlich ; umsonst ; gratis ; *faire qqch à titre ~* etw unentgeltlich tun (machen).

grade *m* Dienstgrad *m* ; Rangstufe *f* ; *~ universitaire* akademischer Grad ; *avancement m de ~* Beförderung *f* ; Rangerhöhung *f* ; *insigne m de ~* Rangabzeichen *n* ; *le plus ancien dans le ~* Dienstälteste(r) ; Rangälteste(r) ; *avancer au ~ de chef de service* zum Abteilungsleiter aufrücken ; *monter en ~* (in eine höhere Stellung) aufrücken ; befördert werden.

graisser : *(fam.) ~ la patte à qqn* jdn bestechen ; *(fam.)* (jdm) Schmiergelder (be)zahlen ; jdn schmieren.

gramme *m* Gramm *n* ; *peser 20 ~s* 20 Gramm wiegen.

grand, e groß ; ♦ *~e affiche f* großformatiges, Großplakat *n* ; *~ âge m* hohes Alter *n* ; *~e banque f* Großbank *f* ; *~ capital m* Großkapital *n* ; *~ capitalisme m* Monopolkapitalismus *m* ; *~ choix m* reiche Auswahl *f* ; *voie f à ~e circulation* Hauptverkehrsstraße *f* ; *~e coalition* große Koalition *f* ; *sur une ~e échelle* in großem Maßstab ; *fabrication f sur une ~e échelle* Großfabrikation *f* ; *~e entreprise f* Großunternehmen *n* ; *~e exploitation f* Großbetrieb *m* ; *~ format m* Großformat *n* ; *les ~s fortunes fpl* die großen Vermögen *npl* ; à *~s frais* mit großen Kosten ; *~e industrie f* Großindustrie *f* ; *~ industriel m* Großindustrielle(r) ; *~e ligne* Fernverkehrsstrecke *f* ; *train m de ~e ligne* D-Zug *m* ; Durchgangszug ; *~e marque f* Markenartikel *m* ; *~ modèle m* Großmodell *n* ; *en ~ nombre* in großen Zahlen ; in großen Mengen ; *~ producteur m* Großproduzent *m*, -erzeuger *m* ; *~ propriétaire m foncier* Großgrundbesitzer *m* ; *~e puissance f* Großmacht *f* ; *~e série f* Großserie *f* ; *~e surface f* Supermarkt *m* ; Verbrauchermarkt *m* ; V-Markt ; Großverkaufsfläche *f* ; *~es tailles fpl* die oberen Größen ; die großen Nummern ; *~ teint* farbecht ; *un ~ travailleur* ein tüchtiger Arbeiter ; *~des vacances fpl* Sommerferien *pl* ; *~e ville f* große Stadt ; Großstadt *f* ; *en ~* im Großen ; ♦♦♦ *apporter le plus ~ soin à qqch* die größtmögliche Sorgfalt auf etw verwenden ; *avoir un ~ train de vie* auf großem Fuß leben ; *voir ~* etw mit Weitblick betrachten ; hochfliegende (hochtragende, große) Pläne haben ; *(fam.)* große Rosinen im Sack haben.

grande école *f* Elite(hoch)schule *f*.

grand ensemble *m* Groß-, Wohnsiedlung *f* ; *les grands ~s* Trabantenstädte *fpl*.

grand infirme *m* Schwerbeschädigte(r).

grand livre *m* Hauptbuch *n* ; ~ *de la dette publique* Staatsschuld(en)buch.

grand magasin *m* Kaufhaus *n* ; Warenhaus ; Kaufhalle *f*.

grand-route *f* Fernverkehrsstraße *f* ; Landstraße *f*.

grands *mpl* : *les ~ de ce monde* die Großen dieser Welt ; *les quatre ~* die vier Großmächte *fpl* ; die vier Supermächte ; *les petits et les ~* groß und klein ; die Kleinen und die Großen.

graphique *m* Schaubild *n* ; graphische Darstellung *f*.

gras, se fett ; *en caractères ~* fettgedruckt ; *une année de vaches ~ses* ein ertragreiches (günstiges) Jahr *n* ; ein Jahr der fetten Kühe ; *terre f ~se* ein fruchtbarer Boden *m*.

grassement *(fam.) : être ~ rétribué* reichlich bezahlt werden ; *vivre ~* im Überfluß leben.

gratification *f* Gratifikation *f* ; Sondervergütung *f* ; Zulage *f* ; *~ de Noël* Weihnachtsgratifikation, -geld *n* ; *~ de nouvel an* Neujahrszuwendung *f*.

gratifier jdm Geld zuwenden ; jdm Geld zukommen lassen ; jdn beschenken.

gratin *m (fam.)* : *le ~ de la société* die Creme (die Oberschicht) der Gesellschaft ; Schickeria *f* ; die oberen Zehntausend ; die Hautevolee ; *(fam.)* die hohen Tiere.

gratis ⇒ *gratuit*.

gratte-ciel *m* Wolkenkratzer *m*.

gratuit, e 1. gratis ; Frei- ; unentgeltlich ; umsonst ; kostenfrei ; kostenlos ; gebührenfrei ; *action f ~e* Gratisaktie *f* ; Freiaktie ; *action f de jouissance ~e* Gratisgenußschein *m* ; *assistance f médicale ~e* kostenlose medizinische Versorgung *f* ; *billet m ~* Freifahrschein *m*, -karte *f* ; *dégustation f ~e* Gratiskostprobe *f* ; *échantillon m ~* Gratisprobe *f* ; Ansichtsmuster *n* ; *entrée f ~e* freier Eintritt ; *exemplaire m ~* Freiexemplar *n* ; *livraison f ~e* kostenfreie Lieferung *f* ; *offre f ~e* Gratisangebot *n* ; *service m ~* unentgeltliche Dienstleistung *f* ; *supplément m (du journal) ~* Gratisbeilage *f* ; *titre m de transport ~* Freifahrschein *m* ; *vol m ~* Freiflug *m* **2.** unbegründet ; unmotiviert ; *supposition f ~e* willkürliche Behauptung *f*.

gratuité *f* **1.** Unentgeltlichkeit *f* ; *~ de l'enseignement* Schulgeldfreiheit *f* ; Erlaß *m* des Schulgeldes ; *~ des transports publics* Nulltarif *m* (bei öffentlichen Verkehrsmitteln) **2.** Grundlosigkeit *f* ; Unbegründetheit *f*.

gratuitement ⇒ *gratuit*.

grave schwer ; ernst ; ernsthaft ; gefährlich ; schlimm ; bedeutend ; schwerwiegend ; *conséquences fpl ~s* schwere (wichtige, weitreichende) Konsequenzen (Folgen) *fpl* ; *décision f ~* schwerwiegender Entschluß *m* ; *une faute ~ contre...* ein schweres Vergehen (ein schwerer Verstoß) gegen...

gravir : *~ les échelons* emporsteigen ; emporklettern ; im Beruf vorwärtskommen ; *~ les échelons de la hiérarchie* auf der Stufenleiter der Hierarchie emporsteigen ; *~ les échelons de l'échelle sociale* gesellschaftlich aufsteigen.

gravité *f* Ernsthaftigkeit *f* ; Bedeutung *f* ; Schwere *f* ; *~ d'une situation* ernste (besorgniserregende, schlimme) Lage *f*.

gré *m* **1.** Belieben *n* ; Gutdünken *n* ; Willkür *f* ; *à votre ~* nach Ihrem Gutdünken ; *au ~ de* nach Belieben ; *bon ~, mal ~* wohl oder übel ; *de plein ~* in vollem Einverständnis ; freiwillig ; aus freien Stücken ; *agir contre le ~ de qqn* gegen jds Willen handeln **2.** *de ~ à ~* freihändig ; gütlich ; in gegenseitigem Einvernehmen ; *arrangement m de ~ à ~* gütlicher Vergleich *m* ; gütliche Abmachung *f* (Einigung *f*) ; *traiter, vendre de ~ à ~* freihändig vergeben, verkaufen **3.** *(corresp.) nous vous saurions ~ de...* wir wären Ihnen sehr verbunden, zu... ; wir wären Ihnen sehr dankbar, wenn...

greffe *m (jur.)* Geschäftsstelle *f* (des Gerichts) ; Kanzlei *f*.

greffier *m (jur.)* Urkundsbeamte(r), Amts-, Gerichtsschreiber *m* ; Kanzleibeamte(r).

grenouillage *m (fam.)* üble (dunkle) Machenschaften *fpl*.

grève *f* Streik *m* ; Ausstand *m* ; Arbeitsniederlegung *f* ; Streikaktion *f* ; ♦ *~ abusive* rechtswidriger Streik ; *~ des achats, administrative, d'avertissement* Käufer-, Behörden-, Warnstreik ; *~ du bâtiment* Bauarbeiterstreik ; *~ bouchon* Schwerpunktstreik ; *~ des cheminots, des consommateurs, des dockers* Eisenbahner-, Verbraucher-, Hafenarbeiterstreik ; *~ de la faim, générale, illimitée* Hunger-, General-, unbefristeter Streik ; *~ de l'impôt (fiscale), légale, organisée* Steuer-, rechtmäßiger, organisierter Streik ; *~ perlée, politique, ponctuelle* Flackerstreik, politischer Streik, Schwerpunktstreik ; ~ *de protestation, sauvage (non organisée)* Proteststreik, wilder Streik ; ~ *de solidarité, de soutien* Solidaritäts-, Unterstützungsstreik ; ~ *sur le tas (des bras croisés), surprise* Sitz-, Blitzstreik ; ~ *symbolique, de sympathie, tournante* symbolischer, Sympathie-, Kreiselstreik ; ~*-thrombose* Schwerpunktstreik ; ~ *des transports* Verkehrsstreik ; ~ *du zèle* Bummelstreik ; Arbeit *f* nach Dienstvorschrift ; ♦♦ *allocation f de* ~ Streikgeld *n* ; *appel m à la* ~ Streikaufruf *m* ; *briseur m de* ~ Streikbrecher *m* ; *comité m de* ~ Streikausschuß *m* ; *déclenchement m d'une* ~ Streikausbruch *m* ; *droit m de* ~ Streikrecht *n* ; *entreprise f en* ~ bestreiktes Unternehmen *n* ; *fonds m de* ~ Streikkasse *f*, -fonds *m* ; *indemnité f de* ~ Streikgeld *n*, -unterstützung *f* ; *interdiction f de* ~ Streikverbot *n* ; *menace f de* ~ Streik(an)drohung *f* ; *meneur m de* ~ Streikführer *m* ; *mot m d'ordre de* ~ Streikparole *f* ; *mouvement m de* ~ Streikbewegung *f* ; *piquet m de* ~ Streikposten *m* ; *préavis m de* ~ Streikankündigung *f* ; *vague f de* ~*s* Streikwelle *f* ; ♦♦♦ *annuler une* ~ einen Streik abblasen ; *appeler à la* ~ zum Streik aufrufen ; *briser une* ~ einen Streik brechen ; *(par la force)* einen Streik niederwerfen ; *déclencher, décréter une* ~ einen Streik auslösen, erklären ; *déposer un préavis de* ~ einen Streik ankündigen ; *établir des piquets de* ~ Streikposten aufstellen ; *être en* ~ streiken ; im Streik stehen ; im Streik sein ; *l'entreprise f est en* ~ der Betrieb streikt ; bestreiktes Unternehmen *n* ; *faire* ~ *(pour, en vue de)* streiken (für) ; einen Streik durchführen ; *fomenter une* ~ einen Streik anstiften ; *interrompre une* ~ einen Streik abbrechen ; *lancer un mot d'ordre de* ~ zum Streik aufrufen ; *menacer de se mettre en* ~ mit Streik drohen ; *se mettre en* ~ in den Streik (Ausstand) treten ; *mettre fin à une* ~ einen Streik beenden ; *obtenir qqch par la* ~ etw durch Streik erzwingen ; *organiser une* ~ einen Streik organisieren (durchziehen) ; *paralyser une entreprise par une* ~ einen Betrieb durch einen Streik stillegen (lähmen) ; ein Unternehmen bestreiken ; *poursuivre la* ~ den Streik fortsetzen ; *voter pour, contre la* ~ für, gegen den Streik stimmen.

grevé, e belastet mit ; *la maison est* ~*e d'une hypothèque* das Haus ist mit einer Hypothek belastet.

grever *(de)* belasten (mit) ; ~ *le budget* den Haushalt belasten ; ~ *la population d'impôts supplémentaires* die Bevölkerung mit zusätzlichen Steuern belasten.

gréviste *m* Streikende(r) ; Ausständler *m* ; Ausständige(r).

griffe *f* Markenzeichen *n* ; Namensstempel *m*.

grille *f* : ~ *de rémunération, de salaires* Besoldungsschlüssel *m* ; Besoldungsordnung *f* ; ~ *des salaires et traitements* Lohn- und Gehaltstabelle *f*.

grimper (prix) steigen ; in die Höhe klettern ; ~ *les échelons de la direction* sich (von unten) in die Chefetagen hocharbeiten ; *faire* ~ *les prix* die Preise hochtreiben.

grippe-sou *m (fam.)* Pfennigfuchser *m* ; Knauser *m* ; Geizhals *m* ; Geizkragen *m*.

grisou *m* Schlagwetter *n* ; Grubengas *n* ; *coup m de* ~ Schlagwetterexplosion *f*.

grivèlerie *f* Zechprellerei *f*.

gros *m* **1.** Großhandel *m* ; Engroshandel *m* ; ♦ *achat m en* ~ Großeinkauf *m* ; *association f du commerce de* ~ Großhandelsverband *m* ; *commerçant m (marchand m, négociant m) en* ~ Großhändler *m* ; Engroshändler *m* ; Grossist *m* ; *entrepreneur m en, entreprise f de* ~ Großhandelsunternehmer *m*, Großhandelsunternehmen *n* ; Großhandlung *f* ; *indice m des prix de* ~ *(et de détail)* Groß- (und Klein)handelsindex *m* ; *maison f de* ~ Groß-, Engrosgeschäft *n* ; *marge f de* ~ Großhandelsspanne *f* ; *prix m de* ~ Großhandelspreis *m* ; *remise f pour achat en* ~ Großhandelsrabatt *m* ; ♦♦♦ *acheter en* ~ en gros (im großen) kaufen ; *faire le* ~ Großhandel treiben ; *pratiquer des prix de* ~ zu Großhandelspreisen verkaufen ; *vendre en* ~, *au prix de* ~ im großen (en gros), zum Engrospreis verkaufen **2.** *le* ~ *de...* der großte Teil von ; *le* ~ *du travail* die Hauptarbeit *f*.

gros, se groß ; Groß- ; ~ *actionnaire m* Großaktionär *m* ; ~*se affaire f* **a)** einträgliches Geschäft *n* ; **b)** Großfirma *f* ; ~ *bagages mpl* Großgepäck *n* ; ~ *bénéfices mpl* große Gewinne *mpl* ; ~ *bétail* Großvieh *n* ; ~ *camion m* schwerer LKW *m* ; *(fam.)* Brummi *m* ; ~ *client m*, ~*se clientèle*, ~ *commerçant m* Großabnehmer *m* (guter Kunde *m*), gute Kundschaft *f*, reicher Kaufmann *m* ; ~ *consommateur m* Großverbraucher *m* ; *~se coupure f* großes Geld *n* ; *~ débit* großer Absatz *m* ; *~se fortune f* großes Vermögen *n* ; *~ frais* große Kosten *pl* ; *~ industriel* Großindustrielle(r) ; *(fam.) ~se légume f (huile f)* hohes Tier *n* ; *~se maison f (de commerce)* Großfirma *f* ; *~ marché m* Großmarkt *m* ; *~ porteur* **a)** großer Aktieninhaber ; Großaktionär *m* ; **b)** *(avion)* Großraumflugzeug *n* ; *~ producteur m* Großerzeuger *m* ; *~ propriétaire foncier* Großgrundbesitzer *m* ; *~ salaires mpl* die Groß-, Spitzenverdiener *mpl* ; *~se somme f* große Summe *f* ; *~ succès m de vente* großer Verkaufserfolg *m*.

grosse *f* **1.** *(copie)* Ausfertigung *f* ; Abschrift *f* **2.** *(12 douzaines)* Gros *n* ; *vendre à la ~* im Gros verkaufen **3.** *(marine)* Bodmerei *f* ; *prêter à la ~* auf Bodmerei geben.

grossiste *m* Grossist *m* ; Großhändler *m* ; Großkaufmann *m*.

grossoyer eine notarielle Urkunde anfertigen.

groupage *m* Sammelgut *n* ; *(de marchandises)* Sammelladung *f* ; *connaissement m de ~* Sammelkonnossement *n* ; *service m de ~* Sammelladungsdienst *m*, Sammelverkehr *m* ; *expédier des colis en ~* Kolli in Sammelladung verladen.

groupe *m* Gruppe *f* ; *(polit.)* Fraktion *f* ; ♦ *~ d'âge* Altersgruppe *f* ; *~ bancaire , de contrôle, économique* Banken-, Kontroll-, Wirtschaftsgruppe ; *~ d'études → ~ de travail* ; *~ financier* Finanzgruppe ; *~ d'imposition* Steuergruppe, -klasse *f* ; *~ industriel, d'intérêts, d'intérêts économiques* Unternehmens-, Interressengruppe, wirtschaftlicher Interressenverband *m* ; *~ majoritaire, minoritaire* Mehrheitsfraktion ; Minoritätsgruppe ; *~ ouvrier, patronal* Arbeiter-, Arbeitgebervereinigung *f* ; *~ parlementaire* Fraktion *f* ; *~ de pression ⇒ groupe de pression* ; *~ de travail* Arbeitsgruppe *f*, - team *n*, -kreis *m*, -gemeinschaft *f* ; ♦♦ *assurance- ~ f* Gruppenversicherung *f* ; *travail m en ~* Arbeitsgruppe *f* ; *voyage m en ~* Gesellschaftsreise *f* ; Gruppenfahrt *f* ; ♦♦♦ *rejoindre le ~ de tête* in die Spitzengruppe vorrücken.

groupe *m* **de pression** Interessengruppe *f* ; Interessenverband *m* ; Lobby *f* ; Pressure-group ['prɛʃəgru:p] *f*.

groupement *m* **1.** *(classement)* Einteilung *f* ; Einordnung *f* ; Gliederung *f* ; Klassifizierung *f* **2.** Gruppe *f* ; Gruppierung *f* ; Verband *m* ; Vereinigung *f* ; Organisation *f* ; Gemeinschaft *f* ; Konzern *m* ; Zusammenschluß *m* ; Konsortium *n* ; *~ d'achats* Einkäufervereinigung ; Einkaufsgemeinschaft *f*, -genossenschaft *f* ; *~ bancaire* Bankenkonsortium ; *~ de capitaux* Kapitalzusammenlegung *f* ; *~ de consommateurs* Konsumenten-, Verbrauchergruppe ; Konsumverein *m* ; *~(s) coopératif(s)* Genossenschaft *f* ; genossenschaftlicher Zusammenschluß ; *~ économique* Wirtschaftsverband ; *~ d'entreprises* Unternehmenzusammenschluß ; *~ d'études* Arbeitsgemeinschaft ; *~ d'intérêts* Interessengruppe ; *~ d'intérêt économique (G.I.E.)* Interessengemeinschaft *f* ; *~ ouvrier* Arbeitnehmervereinigung *f* ; *~ patronal (d'employeurs)* Arbeitgeberverband *m*, -vereinigung ; *~ professionnel* Berufsverband *m* ; Fachverband ; Fachgruppe *f* ; *~ supranational* übernationaler Zusammenschluß ; *~ tarifaire* Tarifverband ; *~ de vente* Verkaufsgemeinschaft *f*.

grouper 1. *(classer)* einorden ; einteilen **2.** gruppieren ; zusammenlegen ; zusammenstellen ; *se ~* sich zusammentun ; sich zusammenschließen ; sich gruppieren ; eine Gruppe bilden.

groupeur *m* Sammelspediteur *m*.

groupuscule *m* Splittergruppe *f* ; Grüppchen *n*.

grue *f* Kran *m* ; *~ de chargement* Ladekran ; *~ flottante* Schwimmkran ; *~ pivotante* Drehkran ; *~ à portique* Torkran ; *~ roulante* Laufkran ; *droits mpl de ~* Krangeld *n*.

guelte *f (pourcentage au vendeur sur les ventes)* Gewinnanteil *m* am Verkauf ; Provision *f*.

guerre *f* Krieg *m* ; Kampf *m* ; Auseinandersetzung *f* ; ♦ *~ atomique, conventionnelle, économique* Atom-, konventioneller, Wirtschaftkrieg ; *~ civile, commerciale, froide* Bürger-, Handels-, kalter Krieg ; *~ du pétrole* Ölkrieg ; *~ des tarifs* Tarifkrieg ; *~ d'usure* Abnützungs-, Zermürbungskrieg ; ♦♦ *avant-~* Vorkriegsjahre *npl*, -zeit *f* ; *après-~* Nachkriegsjahre *npl*, -zeit *f* ; *bénéfices mpl de ~* Kriegsgewinn(e) *m(pl)* ; *charges fpl de ~* Kriegsfolgelasten *fpl* ; *clause f, contribution f, dettes fpl de ~* Kriegsklausel *f*, -beitrag *m*, -schulden *fpl* ; *dommage m, économie f, emprunt m de ~* Kriegsschaden *m*, -wirtschaft *f*, -anleihe *f* ; *entrée f en ~, état m de ~, fait m de ~* Kriegseintritt *m*, -zustand *m*, -handlung *f* ; *fauteur m* *de* ~ Kriegshetzer *m* ; *industrie f de* ~ Kriegsindustrie *f* ; *matériel m, profiteur m, risque m de* ~ Kriegsmaterial *n*, -gewinnler *m*, -risiko *n* ; « *risques de* ~ *exclus* » ausschließlich Kriegsrisiko ; *sinistré m, victime f de* ~ Kriegsbeschädigte(r), Kriegsopfer *n* ; ♦♦♦ *déclarer la* ~ *à un pays* einem Land den Krieg erklären ; *être en* ~ sich im Krieg befinden ; im Kriegszustand sein ; *(fig.) c'est de bonne* ~ das ist durchaus rechtens ; *faire la* ~ *contre qqch* etw bekämpfen ; einen Kampf führen gegen ; *mener une* ~ *ouverte contre qqch* etw offen bekämpfen ; *mettre un terme à la* ~ den Krieg beenden ; *partir en* ~ *contre qqch* gegen etw zu Felde ziehen ; *perdre la* ~ den Krieg verlieren.

guichet *m* Schalter *m* ; Kasse *f* ; ♦ *les* ~*s* Schalterhalle *f*, -raum *m* ; ~ *des bagages (d'enregistrement), de banque, de poste* Gepäck-, Bank-, Postschalter ; ~ *des télégrammes* Telegrammannahme *f* ; ♦♦ *employé m de* ~ *(guichetier m)* Schalterbeamte(r), -angestellte(r) ; *fenêtre f (glace f, vitre f) du* ~ Schalterfenster *n* ; *fermeture f des* ~*s* Schalterschluß *m* ; *ruée f sur les* ~*s de banque* Ansturm *m* auf die (Bank)schalter ; *vente f au* ~ Schalterverkauf *m* ; ♦♦♦ *le* ~ *est fermé* der Schalter ist geschlossen ; *il n'y a personne au* ~ der Schalter ist nicht besetzt ; *pour les timbres, adressez-vous au* ~ *3* Briefmarken an Schalter drei erhältlich ; Briefmarken erhalten Sie am Schalter drei ; « *s'adresser au* ~ *!* » « Auskunft am Schalter » ; *passer un formulaire par le* ~ ein Formular durch den Schalter reichen ; *payer au* ~*, s.v.p.* bitte, am Schalter (be)zahlen ; *présenter au* ~ am Schalter vorzeigen.

guichetier *m* Schalterbeamte(r) ; Schalterangestellte(r).

guilloche *f (sur les billets de banque)* Guilloche *f*.

guide *m* **1.** *(livre)* Reiseführer *m* ; Ratgeber *m* ; ~ *détaillé* ausführlicher Führer ; ~ *de camping-caravaning* Camping-Caravaning-Führer ; ~ *des chemins de fer, des hôtels et restaurants* Kursbuch *n*, Hotel- und Gaststättenführer ; ~ *du contribuable* Ratgeber für Steuerzahler ; ~ *des loisirs* Veranstaltungskalender *m*; ~ *de poche* kleiner Ratgeber ; ~ *touristique* Reiseführer ; ~ *de vacances* Ferienführer **2.** *(personne)* Führer *m* ; ~ *interprète* sprachkundiger Reiseführer ; ~ *de montagne* Bergführer ; ~ *de musée* Museumsführer ; ~ *touristique parlant allemand et anglais* deutsch und englisch sprechender Fremdenführer ; *prendre un* ~ sich einen Führer nehmen ; eine Führung mitmachen .

guilde *f* Gilde *f* ; Zunft *f* ; Innung *f* ; genossenschaftliche Vereinigung *f* ; ~ *du disque* Schallplattengilde.

H

habile **1.** geschickt ; gewandt ; ~ *en affaires* geschäftstüchtig ; kaufmännisch geschickt **2.** *(apte à)* (rechts)fähig ; berechtigt ; ~ *à contracter, à succéder, à tester* vertrags-, erb-, testierfähig.

habilitation *f* Ermächtigung *f* ; Verleihung *f* einer rechtlichen Fähigkeit, der Rechtsfähigkeit ; Erteilung *f* der Befugnis ; *loi f d'*~ Ermächtigungsgesetz *n*.

habilité, e *(à qqch)* (zu etw) ermächtigt (sein).

habilité *f* (rechtliche) Fähigkeit *f* ; ~ *à contracter, à succéder, à tester* Vertrags-, Erb-, Testierfähigkeit.

habiliter *(à)* ermächtigen (zu) ; bevollmächtigen (zu) ; ~ *un avocat à représenter qqn* einen Rechtsanwalt ermächtigen, jdn zu vertreten ; *nous l'*~*ons à négocier en notre nom* wir ermächtigen ihn, in unserem Namen zu verhandeln.

habillage *m* **1.** *(vêtements)* Anziehen *n* ; Ankleiden *n* **2.** *(d'un produit)* Verpackung *f* ; Aufmachung *f* ; ~ *d'une bouteille de vin* Verkapseln *n* einer Weinflasche.

habilleur *m (vitrine, devanture)* Schaufensterdekorateur *m* ; Schaufenstergestalter *m*.

habitabilité *f (maison)* Bewohnbarkeit *f* ; *(auto)* Geräumigkeit *f* ; Sitzmöglichkeit *f*.

habitant *m* Einwohner *m* ; Bewohner *m* ; *nombre m d'*~*s* Einwohnerzahl *f* ; *les* ~*s* die Einwohnerschaft *f* ; *loger chez l'*~ privat wohnen ; in einem Privatquartier untergebracht werden ; ein Privatquartier haben.

habitat *m* **1.** Wohnverhältnisse *npl* ; Wohnweise *f* **2.** Siedlung *f* ; ~ *ancien* Altbauten *fpl* ; ~ *concentré, dispersé* geschlossene Siedlung, Streusiedlung ; *~ rural, urbain* ländliche, städtische Siedlung ; *amélioration f de l'~* Verbesserung *f* der Wohnverhältnisse ; *politique f de l'~* Wohnungspolitik *f* ; *problèmes mpl de l'~* Wohnungsprobleme *npl* ; *qualité f de l'~* Wohnwert *m*.

habitation *f* Wohnung *f* ; *~ à loyer modéré (H.L.M.)* Sozialwohnung ; *~ mobile* Wohnmobil *n* ; *~ ouvrière (de fonction)* Werkswohnung ; *communauté f d'~* Wohngemeinschaft (WG) *f* ; *complexe m d'~* Wohnkomplex *m* ; *conditions fpl d'~* Wohnverhältnisse *npl* ; *construction f d'~s* Wohnungsbau *m* ; *contrôle m (réglementation f) des pièces à usage d'~* Wohnungszwangswirtschaft *f* ; *ensemble m d'~* Wohnsiedlung *f* ; *immeuble m neuf à usage d'~* Wohnungsneubau *m* ; *lieu m d'~* Wohnort *m* ; *maison f d'~* Wohnhaus *n* ; *pièce f d'~* Wohnraum *m*.

habiter wohnen (in + D) ; bewohnen (+ A) ; *elle habite chez X* sie wohnt bei X ; *~ un immeuble neuf, rue du Main* in einem Neubau, in der Mainstraße wohnen ; *elle n' ~e qu'à dix minutes du bureau* sie wohnt nur zehn Minuten vom Büro entfernt ; *elle n'y ~e que provisoirement* sie wohnt nur vorübergehend dort.

habitude *f* Gewohnheit *f* ; *~s d'achat* Kaufgewohnheiten ; *~ commerciale* Geschäftsbrauch *m* ; Handelsusancen *pl* ; *~s de consommation* Verbrauchs-, Konsumgewohnheiten ; *comme d'~* wie üblich ; wie gewöhnlich ; *~s d'écoute* Hörgewohnheiten ; *conserver (garder) des ~s* Gewohnheiten beibehalten ; *modifier ses ~s, prendre (contracter) des ~s* seine Gewohnheiten ändern, Gewohnheiten annehmen.

habitué *m (hôtellerie)* Stammgast *m* ; *(client)* Stammkunde *m* ; *(visiteur)* regelmäßiger Besucher *m* (Gast *m*).

habituel, le gewöhnlich ; gewohnheitsmäßig ; Gewohnheits- ; Stamm- ; *client m ~ (commerce)* Stammkunde *m* ; *(hôtellerie)* Stammgast *m* ; *électorat m ~* Stammwähler *mpl* ; *public m ~* Stammpublikum *n* ; *à l'heure ~le* zur gewohnten Stunde (Zeit).

hall *m* Halle *f* ; Saal *m* ; *~ d'exposition* Ausstellungshalle *f* ; *~ de gare* Bahnhofshalle.

hallage *m* Markt-, Standgeld *n*.

halle *f* (Markt)halle *f* ; *les ~s de Rungis* die (Groß)markthallen von Rungis ; *au cours des ~s* zum Großmarktpreis (von Rungis) ; *fort m des ~s* Lastenträger *m* ; *mandataire m aux ~s* Kommissionär *m* ; Zwischenhändler *m* (zwischen Erzeuger und Großhändler) ; *marchand m des ~s* Markthallenverkäufer *m* ; Markthändler *m* ; *vous trouverez notre stand dans la ~ N° 2* unseren Stand finden Sie in Halle zwei.

halte *f (route)* Rastplatz *m* ; *(autoroute)* Autobahnraststätte *f*.

handicap *m* Handikap ['hεndikεp] *n* ; Behinderung *f* ; Nachteil *m* ; *~ physique* körperliche Behinderung ; *être un lourd ~ pour qqn ou qqch* ein schweres Handikap für jdn oder etw sein (darstellen).

handicapé *m* Behinderte(r) ; *~ léger, profond* Leicht-, Schwerbehinderte(r) ; *~ mental* geistig Behinderte(r) ; *~ moteur* motorisch Behinderte(r) ; *aide f aux ~ s pour leur réinsertion sociale* Eingliederungshilfe *f* für Behinderte.

handicaper handikapen ['hεndikεpən] ; eine Behinderung (einen Nachteil) darstellen.

hangar *m* Schuppen *m* ; Halle *f*.

Hanse *f (hist.)* Hanse *f*.

hanséatique Hanse- ; Hansa- ; hanseatisch ; *ligue f ~* Hansebund *m* ; *ville f ~* Hansestadt *f*.

harceler : *~ qqn de réclamations* jdn mit Reklamationen bedrängen.

hardware *m* Hardware ['ha:dwεə] *f* (technischer Teil einer EDV-Anlage); Maschinenausrüstung *f*.

harmonisation *f* Angleichung *f* ; Harmonisierung *f* ; *~ des charges sociales, fiscales* Angleichung der Sozial-, Steuerlasten ; *~ des prix (des céréales)* Harmonisierung der (Getreide)preise ; *~ des salaires* Lohnangleichung ; *~ des régimes fiscaux, des tarifs (douaniers)* Harmonisierung der Steuersysteme, der (Zoll)tarife.

harmoniser harmonisieren ; angleichen ; vereinheitlichen.

hasard *m* Zufall *m* ; *par ~* zufällig ; durch Zufall ; *ne rien laisser au ~* nichts dem Zufall überlassen.

hasardeux, euse gewagt ; riskiert ; risikoreich ; *entreprise f ~euse* gewagtes Unterfangen *n* ; *spéculation ~euse* risikoreiche Spekulation *f*.

hausse *f* **1.** *(prix, salaires)* Erhöhung *f* ; Steigerung *f*; Anstieg *m* ; Hausse *f* ; *(illicite)* Preistreiberei *f* ; ◆ *~ conjoncturelle (liée à la conjoncture)* konjunkturbedingte (Preis)steigerung *f* ; *~ des coûts (des frais)* Kostensteigerung, -anstieg ; *~ de l'indice* Indexerhöhung ; *~ du niveau de vie* Hebung *f* des

Lebensstandards ; ~ *de prix* Preisaufschlag *m* ; ~ *des prix* Preiserhöhung, -steigerung, -anstieg, -welle *f* ; ~ *abusive des prix* Preistreiberei *f* ; ~ *en flèche* jäher Preisanstieg ; ~ *de la productivité* Produktivitätszuwachs *m*, -steigerung ; ~ *de salaire* Lohnerhöhung ; ~ *des salaires (salariale)* Ansteigen *n* der Löhne ; Lohnanstieg, -steigerung ; ~ *spectaculaire des prix* Preislawine *f* ; Preiskarussel *n* ; ~ *des tarifs* Tariferhöhung ; ~ *des taux d'intérêt* Heraufsetzung *f* der Zinssätze ; ♦♦♦ *être à la* ~ im Anstieg sein ; *enrayer une* ~ eine Preiswelle eindämmen ; die Preiserhöhung abbremsen ; *subir une* ~ eine Steigerung erfahren **2.** *(bourse : titres, cours)* Hausse *f* ; Steigen *n* ; Anstieg *m* ; Anziehen *n* ; ♦ ~ *des cours* Steigen der Kurse ; Kursanstieg ; anziehende Kurse *mpl* ; *mouvements m de* ~ Haussebewegung *f* ; Aufwärtsbewegung ; *spéculateur m, spéculation f à la* ~ Haussespekulant *m*, Haussespekulation *f* ; *tendance f à la* ~ Aufwärtstrend *m*, -tendenz *f*, -bewegung *f* ; ♦♦♦ *être en* ~ haussieren [(h)o:'si:rən] ; *les actions sont en* ~ die Aktien steigen ; *les cours sont en* ~ die Kurse ziehen an ; *spéculer à la* ~ auf Hausse spekulieren.

haussier *m* Haussier [(h)o:'sje] *m* ; Haussespekulant *m* ; Kurs-, Preistreiber *m*.

haut, e hoch ; *le plus* ~ höchst- ; ♦ ~*e administration f* höhere Verwaltungsstelle *f* ; ~*e conjoncture f* Hochkonjunktur *f* ; ~*e finance f* Hochfinanz *f* ; ~ *fonctionnaire m* hoher Beamte(r) ; ~ *fourneau m* Hochofen *m* ; ~ *de gamme* ⇨ *haut-de-gamme* ; *en* ~ *lieu* an höchster Stelle ; höheren Orts ; ~*e mer f* offene See *f* ; *à un (très)* ~ *niveau* auf hoher (höchster) Ebene ; ~ *placé (personnage)* hochstehend(e) (Persönlichkeit *f*) ; ~*e qualité f* hochwertig ; erster Klasse ; prima Qualität ; erstklassig ; extrafein ; ausgewählt ; hervorragend ; von bester Qualität ; erlesen ; ~ *rendement m* Hochleistung *f* ; ~*e saison f* Hochsaison *f* ; ~*e société f* die vornehme Gesellschaft *f* ; die oberen Zehntausend *pl* ; die Hautevolee ; ~*es sphères fpl (de la politique)* die führenden politischen Kreise *mpl* ; ~*e surveillance f* Oberaufsicht *f* ; ~*e tension f* Hochspannung *f* ; *de* ~*e valeur* hochwertig ; ♦♦♦ *avoir la* ~*e main sur qqch* etw in der Hand haben ; das Ganze überblicken ; einen entscheidenden Einfluß haben auf etw (+ A) ; *confier la* ~*e main à qqn* jdm die Führung einer Sache anvertrauen ; *l'ordre m vient d'en* ~ der Befehl kommt von oben ; *(fam.) il est parachuté d'en* ~ er wird von oben beordert (katapultiert) ; *viser trop* ~ hochfliegende Pläne haben ; zu hoch greifen.

haute couture *f* die Modeschöpfer *mpl* ; die größten Modehäuser *npl* ; Haute Couture [o:tku'ty:r] *f* ; *un maître de la* ~ Haute Couturier *m* ; Modeschöpfer *m*.

haut de gamme *m* : *le* ~ Spitzenprodukt *n*, -klasse *f* ; Luxusware *f* ; Artikel *m* der oberen Preisklasse ; *voiture f* ~ Spitzenmodell *n*.

haute-fidélité *f* Hi-Fi ['haifi/'haifai] *f* ; *chaîne f* ~ Hi-fi-Anlage *f* ; Stereoanlage.

hautement hoch- ; ~ *développé* hochentwickelt ; ~ *industrialisé* hochindustrialisiert ; ~ *qualifié* hochqualifiziert ; ~ *retribué (rémunéré)* hochdotiert.

hauteur *f* Höhe *f* ; Stand *m* ; Niveau *n* ; *format m en* ~ Hochformat *n* ; *route f en* ~ überörtliche Straße *f* ; *être à la* ~ *d'une tâche* einer Aufgabe gewachsen sein.

hauturier, ière Hochsee- ; *navigation f* ~*ière* Hochseeschiffahrt *f* ; *pêcheur m* ~ Hochseefischer *m*.

hebdomadaire *m* Wochenzeitung *f* ; Wochenzeitschrift *f* ; *(arch.)* Wochenblatt *n*.

hebdomadaire wöchentlich ; Wochen- ; *bulletin m* ~ Wochenbericht *m* ; *carte f* ~ Wochenkarte *f* ; *marché m* ~ Wochenmarkt *m* ; *revue f* ~ Wochen- schau *f* ; *travail m* ~ Wochenarbeitszeit *f*.

hébergement *m* Unterbringung *f* (von Gästen) ; Beherbergung *f* ; ~ *extérieur (à l'hôtel par ex.)* auswärtige Unterbringung ; *(sens général)* Beherbergungswesen *n* ; *centre m d'*~ Flüchtlingslager *n* ; *possibilité f d'*~ Unterbringungs-, Beherbergungsmöglichkeit *f*.

héberger beherbergen ; aufnehmen ; unterbringen.

H.E.C. *(Hautes études commerciales)* Hochschule *f* für das höhere Management ; Wirtschaftshochschule für BWL in Paris.

hectare *m* Hektar *n* ou *m* ; *dix* ~*s de forêts, de terre arable et de pâturages* zehn Hektar Wald-, Acker- und Weidegelände ; *prime f à l'*~ Anbauzuschuß *m*, -prämie *f* ; *rendement m à l'*~ Hektarertrag *m* ; *une ferme de moins de 10* ~*s exploitables* ein Bauernhof mit weniger als 10 Hektar Wirtschaftsfläche.

hectogramme *m* Hektogramm *n.*

hectolitre *m* Hektoliter *m* ou *n* (hl).

hectomètre *m* Hektometer *m* ou *n.*

hedging : *opération f de ~* Hedgegeschäft [hɛdʒ...] *n (opération à terme couplée, lors d'achat de matières premières, par ex. pour se mettre à l'abri des fluctuations de prix).*

hégémonie *f* Hegemonie *f* ; Vorherrschaft *f* ; Vormachtstellung *f* ; Übergewicht *n* ; *~ mondiale* Weltherrschaft.

héliport *m* Heliport *m* ; Landeplatz *m* für Hubschrauber.

héliportage *m* Beförderung *f* durch Hubschrauber.

héliporter durch Hubschrauber befördern.

hémorragie *f* : *~ de capitaux* Kapitalabfluß *m* ; Kapitalschwund *m,* -abwanderung *f* ; *~ de devises* Devisenabfluß *m.*

héréditaire erblich ; Erb- ; *titre m ~* erblicher Titel *m* ; *actif m ~* Nachlaßgegenstände *mpl* ; *biens mpl ~s* Erbschaft *f* ; *masse f ~* Erbmasse *f* ; Nachlaß *m* ; *passif m ~* Nachlaßschulden *fpl.*

héritage *m* Erbschaft *f* ; Erbe *n* ; Nachlaß *m* ; *affaire f d'~* Erbschaftsangelegenheit *f* ; *captation f d'~* Erbschleicherei *f* ; *capteur m d'~* Erbschleicher *m* ; *masse f de l'~* Erbmasse *f* ; *oncle m, tante f à ~* Erbonkel *m,* -tante *f* ; *renonciation f à un ~* Erbverzicht *m* ; *faire un ~* erben ; eine Erbschaft machen ; *laisser qqch en ~* etw vererben ; (den Erben) etw hinterlassen.

hériter erben ; beerben ; *~ d'une grande fortune* ein großes Vermögen erben ; *elle a ~é une maison d'un oncle* sie hat von einem Onkel ein Haus geerbt ; *les enfants ~ent de leur père* die Kinder beerben ihren Vater.

héritier *m* Erbe *m* ; ◆ *~ ab intestat (légitime)* gesetzlicher (rechtmäßiger) Erbe ; *~ collatéral* Seitenerbe ; Seiten-, Nebenlinie *f* ; *~ copartageant* Miterbe ; *~ institué* eingesetzter Erbe ; *~ présomptif* mutmaßlicher (vermeintlicher) Erbe ; *~ substitué* Ersatzerbe ; *~ unique* Allein-, einziger Erbe ; *~ universel* Universalerbe ; ◆◆ *arrière-~* Nacherbe ; *communauté f des ~s* Erbengemeinschaft *f* ; *responsabilité f des ~s* Erbenhaftung *f* ; *sans ~s* erbenlos ; *(fam.) les heureux ~s* die lachenden Erben ; ◆◆◆ *instituer qqn (faire de qqn) son ~* jdn zum (als) Erben einsetzen ; *ne rien laisser aux ~s* den Erben nichts hinterlassen.

heure *f*	1. ***heure (sens général)*** 2. ***heure-homme*** 3. ***heure-machine*** 4. ***heures de pointe*** 5. ***heure supplémentaire***

1. ***(sens général)*** Stunde *f* ; Zeit *f* ; Zeitpunkt *m* ; Augenblick *m* ; ◆ *~s d'affluence* Hauptgeschäftszeit ; Hauptverkehrszeit ; Rush-hour ['raʃauə] *f* : Stoßzeit *f* ; *~ d'arrivée* Ankunftszeit ; *~s de bourse* Börsenzeit ; *~s de bureau* Bürostunden ; *~s de caisse, de clôture, de consultation* Kassenstunden, Ladenschluß *m,* Sprechstunde ; *~s creuses* verkehrsarme Zeit ; verkehrsschwache Stunden ; *~ de départ* Abfahrtszeit ; *~s effectuées* geleistete Arbeitsstunden ; *~ d'été* Sommerzeit ; *~ de l'Europe centrale* mitteleuropäische Zeit *(MEZ)* ; *~s fixes* feste Zeiten ; *l' ~ H* die Stunde X ; *~s d'interdiction* Sperrstunde ; *~ limite d'enregistrement* Meldeschluß *m* ; *~ locale* Ortszeit ; *~s de loisir* Mußestunden ; *~ de main-d'œuvre* Arbeitsstunde ; *~s non effectuées* Ausfallstunden ; *~ de nuit* Nachtstunde ; *(magasins, bureaux) ~s d'ouverture* Öffnungs-, Geschäftszeiten ; *(banques)* Schalterstunden ; *~s ouvrables* Arbeits-, Betriebszeit *f* ; *~ particulière* Privatstunde ; *~ de pointe* ⇒ *heures de pointe* ; *~s de présence* Anwesenheitszeit ; *~ de réception* Empfangszeit ; *~s récupérables* nachzuholende Arbeitsstunden ; *~s de repas* Essens-, Tischzeit ; *~s de service* Dienststunden ; *~ supplémentaire* ⇒ *heure supplémentaire* ; *~s de travail* Arbeits-, Betriebszeit ; *~s de visite* Besuchszeiten ; *~ de vol* Flugstunde ; ◆◆ *nombre m d'~s de travail* Stundenzahl *f* ; *rémunération f, salaire m à l'~* Stundenvergütung *f* ; Stundenlohn *m* ; *rendement m à l'~* Stundenleistung *f* ; *à l'~ (par heure)* **a)** stündlich ; Stunden- ; **b)** rechtzeitig ; zu rechter (gegebener) Zeit ; *à 6 ~s* um 6.00 Uhr ; *avant l'~* vor der Zeit ; *à toute ~* jederzeit ; zu jeder Zeit ; *de bonne ~* frühzeitig ; *à certaines ~s* nur zu bestimmten Stunden ; *vers 10 ~s* gegen zehn Uhr ; *~ de Moscou* Moskauer Zeit ; *dans les 24 h* binnen (innerhalb von) 24 Stunden ; *24 ~s sur 24* rund um die Uhr ; *à 3 ~s de voiture, de train* drei Auto-, Zugstunden ; ◆◆◆ *avoir 2 ~s de trajet* 2 Stunden Weg haben ; *il y a un train par ~* die Bahn verkehrt jede Stunde ; *convenir d'une ~* mit jdm eine Zeit verabreden (vereinbaren) ; *se mettre à l'~ du progrès* sich auf den technischen Fortschritt einstellen ; *être ouvert à toute ~* ganztägig geöffnet sein ; *être payé à l'~* einen Stundenlohn beziehen (bekommen) ; *être payé (rétribué) 50 F de l'~* pro (für die, in der) Stunde 50 F verdienen (bekommen) ; *(radio) et voici l'~ exacte* beim (letzten) Ton des Zeitzeichens ist es genau... ; *avoir la semaine de 39 ~s* die 39- Stunden-Woche haben ; *travailler 24 ~s sur 24* rund um die Uhr arbeiten.

2. ***(heure-homme)*** Arbeiterstunde *f*.

3. ***(heure-machine)*** Maschinenstunde *f*.

4. ***(heures de pointe)*** Stoßzeit *f* ; Haupt-, Spitzenverkehrszeit ; Rush-hour ['raʃauə] *f*.

5. ***(heure supplémentaire)*** Überstunde *f* ; Überstundengelder *npl* ; *faire des ~s* Überstunden machen ; *toucher des ~s* Überstundengelder beziehen.

hexadécimal, e *(inform.)* hexadezimal.

hexagone *m* : *l'~* Frankreich *n*.

hier gestern ; *d'~* gestrig ; *votre correspondance d'~* Ihr gestriges Schreiben.

hiérarchie *f* Hierarchie *f* ; Rangordnung *f* ; Abstufung ; *~ des besoins* Rangordnung der Bedürfnisse ; *~ administrative* Verwaltungshierarchie ; *~ de l'entreprise* Betriebshierarchie ; *~ des salaires* Lohn- und Gehaltsskala *f* ; Staffelung *f* der Löhne und Gehälter ; *~ sociale* soziale (gesellschaftliche) Rangordnung ; *~ des valeurs* Wertskala *f* ; *être au sommet de la ~* in der Rangordnung die höchste Stufe einnehmen ; *gravir les échelons de la ~* die Stufen der Hierarchie emporklettern.

hiérarchique hierarchisch ; Dienst- ; *autorité f ~ supérieure* vorgesetzte Dienststelle *f* ; *échelon m, ordre m ~* Hierarchieebene *f* ; hierarchische Ordnung *f* ; *recours m ~* Dienstaufsichtsbeschwerde *f* ; *structure f ~* hierarchische Ordnung *f* ; *supérieur m ~* Dienstvorgesetzte(r) ; *voie f ~* Dienstweg *m* ; Instanzenweg ; *par ordre ~* der Rangordnung nach ; *par la voie ~* auf dem Dienstweg ; auf dem Instanzenweg ; *abolir les structures ~s* die hierarchischen Strukturen abbauen ; *avoir une structure ~* hierarchisch aufgebaut sein ; *suivre la voie ~* den normalen Dienstweg gehen.

hiérarchisation *f* Hierarchisierung *f* ;Ranggliederung *f* ; Abstufung *f* ; *~ des salaires* Staffelung *f* der Löhne.

hiérarchiser hierarchisieren ; in einer Hierarchie einordnen ; abstufen ; *(salaires)* staffeln.

high tech *f* [hai'tɛk] High tech *f* ; Hochtechnologie *f* ; Spitzentechnologie *f*.

hinterland *m* Hinterland *n*.

histoires *fpl (fam.)* Schwierigkeiten *fpl* ; Scherereien *fpl* ; Umstände *mpl* ; Krach *m* ; *avoir des ~s avec qqn* mit jdm Scherereien (Krach) haben ; *faire des ~s à qqn* jdm Schwierigkeiten machen.

hivernage *m* Überwinterung *f*.

hiverner überwintern.

H.L.M. *m* ou *f (habitation à loyer modéré)* Sozialwohnung *f* ; sozialer Wohnungsbau *m*.

holding *m* ou *f* Holding *f* ; Holdinggesellschaft *f* ; Dachgesellschaft ; Kontrollgesellschaft.

homme *m* Mann *m* ; Mensch *m* ; *~(s) d'affaires* Geschäftsmann *m* (-leute *pl*) ; *~ d'argent* Geldmensch ; *~ de confiance* Vertrauensmann ; *~ d'État* Staatsmann ; *~s d'État* Staatsmänner *mpl* ; *~ de loi* Jurist *m* ; *~ de main* Handlanger *m* ; *~ de (du) métier* Fachmann ; Experte *m* ; Spezialist ; *~ de paille* Strohmann ; *~ de peine* ungelernter Arbeiter *m* ; *~ politique* Politiker *m* ; *~ public* Mann (Person *f*) des öffentlichen Lebens ; *~ de publicité* Werbefachmann *m* ; *~ de relations publiques* PR-Mann *m* ; Öffentlichkeitsarbeiter *m* ; *l'~ de la rue* der kleine Mann ; der Mann auf der Straße ; *~ sandwich* Sandwichmann ; Plakatträger *m*.

homologation *f* (gerichtliche, amtliche, behördliche) Genehmigung *f* ; Anerkennung *f* ; Bestätigung *f* ; Validierung *f*.

homologue *m* (Amts)kollege *m*.

homologuer (gerichtlich, amtlich, behördlich) bestätigen ; anerkennen ; genehmigen ; beglaubigen.

honnête ehrlich ; aufrichtig ; rechtschaffen ; bieder ; *avoir un travail ~* ein ehrliches Handwerk ausüben.

honnêtement ehrlich ; *argent m ~ gagné* ehrlich verdientes Geld *n* ; sauberes Geld *n* ; *gagner ~ sa vie* sein(en) Leben(sunterhalt) ehrlich verdienen.

honnêteté *f* Ehrlichkeit *f* ; Rechtschaffenheit *f* ; Anständigkeit *f* ; *douter* *de l'~ de qqn* jds Ehrlichkeit anzweifeln.

honneur *m* die Ehre *f* ; ◆ *attestation f sur l'~* Bescheinigung *f* auf Ehre und Gewissen ; *membre m d'~* Ehrenmitglied *n* ; *parole f d'~* Ehrenwort *n* ; *président m d'~* Ehrenpräsident *m* ; ◆◆◆ *avoir l'~ de* die Ehre haben, zu ; sich beehren zu ; *nous avons l'~ de vous informer que...* wir geben uns die Ehre (beehren uns), Ihnen mitzuteilen, daß... ; *affirmer sur l'~* auf Ehre (und Gewissen) beteuern (versichern) ; *faire ~ à ses engagements (financiers)* seinen (Zahlungs)verpflichtungen nachkommen ; *faire ~ à sa signature* seine Verpflichtung einhalten ; seine Unterschrift honorieren ; einen Wechsel einlösen (bezahlen, honorieren) ; *ne pas faire ~ à une traite* einen Wechsel nicht einlösen ; *à qui ai-je l'~ ?* mit wem habe ich die Ehre ? *qu'est-ce qui me vaut l'~ de votre visite ?* was verschafft mir die Ehre Ihres Besuchs ?

honneurs *mpl* Ehren *fpl* ; Ehrungen *fpl* ; Ehrbezeigungen *fpl*.

honorabilité *f* Ehrenhaftigkeit *f* ; *(solvabilité)* Kreditwürdigkeit *f* ; *l'~ de ce commerçant* die Kreditwürdigkeit dieses Kaufmanns ; *l'~ de cette maison* die Achtbarkeit dieser Firma.

honorable ehrenhaft ; ehrenwert ; achtbar ; achtenswert ; *(solvable)* kreditwürdig ; *commerçant m, profession f ~* ehrbarer Kaufmann *m*, ehrbarer Beruf *m*.

honoraire Ehren- ; *membre m ~* Ehrenmitglied *n*.

honoraires *mpl* Honorar *n* ; Gebühren *fpl* ; Pauschalvergütung *f* ; *~ d'avocat, d'expert,* Anwaltsgebühren, Sachverständigengebühren, -honorar ; *~ médicaux* ärztliches Honorar ; Arztgebühren ; *demande f d'~* Honorarforderung *f* ; *note f d'~* Gebührenhonorar ; Honorarrechnung *f* ; *convenir des ~* ein Honorar vereinbaren ; *demander, exiger, percevoir des ~ élevés* ein hohes Honorar stellen, fordern, erhalten ; *travailler moyennant ~* gegen Honorar arbeiten ; *verser des ~ raisonnables pour qqch* für etw ein angemessenes Honorar zahlen.

honorée : *(corresp.) (arch.) votre ~ du...* Ihr Geehrtes vom... ; Ihr geehrtes Schreiben vom...

honorer : *~ ses engagements* seinen Verpflichtungen nachkommen ; *~ sa signature* seine Unterschrift honorieren ; *~ une traite* einen Wechsel einlösen (honorieren).

honoriat *m* Ehrentitel *m*.

honorifique ehrenamtlich ; *charge f ~* Ehrenamt *n* ; *fonction f ~* ehrenamtliche Tätigkeit *f* ; *titre m ~* Ehrentitel *m* ; *à titre ~* ehrenamtlich.

horaire *m* **1.** *(transports)* Fahrplan *m* ; *(avion)* Flugplan ; *~ d'été, d'hiver* Sommer-, Winterfahrplan ; *être en avance, en retard sur l' ~* früher, später als fahrplanmäßig ankommen, abfahren **2.** *(sens général)* Stundenplan *m* ; Zeitplan *m* ; *~ à la carte (mobile, flexible)* gleitende Arbeitszeit *f* ; *~s de travail* Arbeitszeit *f* ; *abaissement m (diminution f, réduction f) des ~s* Arbeitszeitverkürzung *f* ; *abaisser (diminuer, réduire) les ~s* die Arbeitszeit verkürzen ; *allonger (augmenter) les ~s* die Arbeitszeit verlängern.

horaire Stunden- ; *plage f ~* Fixzeit *f* ; *salaire m ~* Stundenlohn *m*.

horizontal, e horizontal ; waagerecht ; *concentration f ~e* horizontale (waagerechte) Konzentration *f*.

horloge *f* (öffentliche) Uhr *f* ; *~ parlante* Zeitansage *f* ; *~ de pointage (de contrôle)* Stechuhr ; Kontrolluhr.

horloger, ère : *industrie f ~ère* Uhrenindustrie *f*.

hors außer- ; *~ banque (escompte)* Privat(diskont) ; *~ bourse (~ cote)* außerbörslich ; nicht amtlich notiert ; *~ budget* außeretatmäßig ; *~ cadres* überzählig ; *~ classe* **a)** Sonderklasse *f* ; **b)** überplanmäßig ; *~ commerce* nicht im Handel befindlich ; unverkäuflich ; *~ concours* « außer Wettbewerb » ; ohne Konkurrenz ; *~ cours (~ circulation)* außer Kurs ; *~ d'état de fonctionner* nicht mehr betriebsfähig ; *~ d'état de rembourser* außerstande sein zurückzuzahlen ; *~ exploitation* außer Betrieb ; *~ de prix* übermäßig teuer ; unerschwinglich ; *~ programme* außerplanmäßig ; *~ saison* außer Saison ; *~ série* **a)** außergewöhnlich ; **b)** in Sonderanfertigung hergestellt ; *~ service* **a)** außer Betrieb ; **b)** außerdienstlich ; *~ tarif* außertariflich ; *~ taxes* ohne Steuer ; Steuer nicht inbegriffen ; *~ d'usage* unbrauchbar.

hors-cote *m (bourse)* Nebenmarkt *m* ; ungeregelter Freiverkehr *m*.

hors-taxes ohne Steuer ; Steuer *f* nicht inbegriffen.

horticole Gartenbau- ; *exposition f ~* Gartenbauausstellung *f*.

horticulture *f* Gartenbau *m* ; Hortikultur *f*.

hôte *m* **1.** Gast *m* ; *table f d'~s* Stammtisch *m* **2.** Gastgeber *m* ; Wirt *m.*

hôtel *m*	**1.** ***hôtel (sens général)*** **2.** ***hôtel des monnaies*** **3.** ***hôtel des postes*** **4.** ***hôtel des ventes*** **5.** ***hôtel de ville***

1. ***(sens général)*** Hotel *n* ; ♦ *~ familial* Familienhotel ; *~ garni* Hotel garni ; *~ de passage* Passantenhotel ; *(péj.)* Absteige *f* ; *~ de première classe* erstklassiges Hotel ; Vier-Sterne-Hotel ; *~-restaurant* Hotel mit Restaurant ; *~ saisonnier* Saisonhotel ; ♦♦ *chaîne f d'~s* Hotelkette *f* ; *chambre f d'~* Hotelzimmer *n* ; *détective m de l'~* Hoteldetektiv *m* ; *maître m d'~* Oberkellner *m* ; *rat m d'~* Hoteldieb *m* ; *réservation f de chambre d'~* (Hotel)zimmerreservierung *f* ; ♦♦♦ *descendre dans un ~* in einem Hotel absteigen ; *être à l'~* im Hotel sein ; *réserver une chambre à l'~* ein Zimmer im Hotel reservieren.

2. ***(hôtel des monnaies)*** Münzstätte *f* ; Münze *f* ; Prägeanstalt *f.*

3. ***(hôtel des postes)*** Hauptpostamt *m.*

4. ***(hôtel des ventes)*** Versteigerungsgebäude *n* ; Auktionshalle *f.*

5. ***(hôtel de ville)*** Rathaus *n* ; *salle f de réunion de l'~* Rathaussaal *m* ; *aller à l'~* zum (aufs) Rathaus gehen.

hôtelier *m* Hotelier [hotɛl'je] *m* ; Hotel-, Gaststättenbesitzer *m* ; Gastwirt *m.*

hôtelier, ière Hotel- ; Gaststätten- ; *diplômé m d'une école ~ière* gelernter Hotelkaufmann *m* ; *industrie f ~ière* Gaststättengewerbe *n* ; Hotelindustrie *f* ; Hotelgewerbe *n.*

hôtellerie *f* Gastgewerbe *n* ; Beherbergungsgewerbe *n* ; Hotellerie *f* ; Hotelgewerbe *n.*

hôtesse *f* : *~ d'accueil* Empfangsdame *f* ; Hosteß *f* ; *~ de l'air* Stewardeß ['ʃ(s)tjuərdɛs] *f.*

houille *f* Steinkohle *f* ; *~ blanche* weiße Kohle *f* ; Wasserkraft *f* ; *~ grasse, maigre* fette, magere Kohle ; *gisement m de ~* Steinkohlenlagerstätte *f*, -vorkommen *n.*

houillère *f* Steinkohlenbergwerk *n*, -grube *f* ; (Kohlen)zeche *f.*

hovercraft *m* Luftkissenfahrzeug *n* ; Hovercraft *n.*

H.T. *(hors taxes)* ohne Steuer ; Steuern und Abgaben nicht inbegriffen.

huile *f* **1.** Öl *n* ; *~ comestible* Speiseöl *n* ; *~ lourde* Schweröl ; *~ lubrifiante* Schmieröl ; *~ minérale* Mineralöl **2.** *(fam.) une ~* ein hohes Tier *n* ; eine hohe Persönlichkeit *f* ; *(fam.) tout baigne dans l'~* es läuft wie geschmiert.

huissier *m* **1.** *(ministères)* Amtsdiener *m* **2.** *(de justice)* Gerichtsvollzieher *m.*

huit acht ; *aujourd'hui en ~* heute in acht Tagen ; *dans les ~ jours, sous ~ jours* innerhalb einer Woche ; *journée f de ~ heures* Achtstundentag *m* ; *nombre m de ~ chiffres* eine achtstellige Zahl ; *les trois ~* Mehrschicht(en)-system *n* ; Drei-Schichten-System *n* ; *donner ses ~ jours à qqn* jdm kündigen ; jdn entlassen.

huitaine *f* acht Tage *mpl* ; *à ~* für eine Woche ; *à ~ franche* achttägige Frist *f* ; Achttagefrist ; *une ~ de* etwa (ungefähr) acht ; *dans une ~* in etwa (ungefähr) acht Tagen ; *sous ~* innerhalb von acht Tagen ; *remettre qqch à ~* etw um acht Tage verschieben.

humanisation *f* Humanisierung *f* ; Vermenschlichung *f* ; *~ du monde du travail* Humanisierung der Arbeitswelt.

humaniser humanisieren ; menschlich (humaner, sozialer) gestalten, vermenschlichen.

humidité *f* Feuchtigkeit *f* ; *craint l'~* vor Feuchtigkeit schützen ; *conserver à l'abri de l'~* trocken aufbewahren.

hydraulique hydraulisch ; Wasserkraft- ; *usine f ~* Wasserkraftwerk *n.*

hydrocarbure *m* Kohlenwasserstoff *m* ; *les ~s* Erdöl *n* ; Erdgas *n.*

hydro-électrique : *centrale f ~* Wasserkraftwerk *n.*

hygiaphone *m* Sprechmembrane *f.*

hygiène *f* Hygiene *f* ; Gesundheitspflege *f* ; Körperpflege *f* ; *~ individuelle, professionnelle* individuelle Hygiene, Gewerbehygiene ; *~ sociale, du travail* soziale, Arbeitshygiene.

hypermarché *m* Verbrauchermarkt *m* ; V-Markt (mehr als 2500 m²) ; Supermarkt ; Selbstbedienungswarenhaus *n* ; SB-Warenhaus ; Einkaufszentrum *n* ; Handelsriese *m.*

hypothécable hypothekarisch verpfändbar.

hypothécaire hypothekarisch (gesichert) ; Hypotheken- ; *affectation f ~* Hypothekenbestellung *f* ; *banque f de prêts ~s* Hypothekenbank *f* ; *charge f, créance f ~* Hypothekenlast *f*, -forderung *f* ; hypothekarisch gesicherte

Forderung ; *créancier m, crédit m ~* Hypothekengläubiger *m,* Hypothekarkredit *m* ; *débiteur m, dette f ~* Hypothekenschuldner *m,* -schuld *f* ; *emprunt m, inscription (transcription f) ~* Hypothekenanleihe *f,* -eintragung *f* ; *marché m, obligation f ~* Hypothekenmarkt *m,* -schuldverschreibung *f* ; Hypothekenpfandbrief *m* ; *placement m ~* Hypothekenanlage *f* ; *prêt m ~* hypothekarisch gesichertes Darlehen *n* ; Hypothekendarlehen ; *rente f ~* Hypothekenzinsen *mpl* ; *valeur f ~ (d'une maison)* hypothekarischer Wert *m* (eines Hauses).

hypothèque *f* Hypothek *f* ; ♦ *une ~ de 50 000 F* eine Hypothek über 50 000 F ; *~ amortissable, ancienne, de garantie* Tilgungs-, Alt-, Sicherungshypothek ; *~ inscrite (transcrite)* eingetragene Hypothek ; *~ judiciaire, partielle* Zwangs-, Teilhypothek ; *~ de premier, de second rang* erste, zweite Hypothek ; ♦♦ *amortissement m d'une ~* Hypothekentilgung *f* ; *conservateur m des ~s* Hypothekenbewahrer *m* ; *constitution f d'une, conversion f d'~* Hypothekenbestellung *f,* -umwandlung *f* ; *emprunt m sur ~* Hypothekenanleihe *f* ; *franc (libre) d'~* hypothekenfrei ; *inscription f d'~* Hypothekeneintragung *f* ; *main levée f d'une ~* Hypothekenlöschung *f* ; *prêt m sur ~* Hypothekendarlehen *n* ; *prêteur m sur ~s* Hypothekengläubiger *m* ; *priorité f d'~* Hypothekenvorrang *m* ; *purge f, radiation f d'~* Hypothekentilgung *f,* -löschung *f* ; *transmission f d'une ~* Hypothekenabtretung *f* ; *transcription f d'~* → *inscription* ; ♦♦♦ *amortir une ~* eine Hypothek löschen (tilgen, abtragen) ; *avoir une ~ sur sa maison* eine Hypothek auf seinem Haus haben ; *constituer (consentir) une ~* eine Hypothek bestellen ; *le crédit est garanti par ~* der Kredit ist hypothekarisch (durch Hypothek) (ab)gesichert ; *grever d'une ~ (hypothéquer)* mit einer Hypothek belasten ; *prendre une ~ sur qqch* eine Hypothek auf etw (+A) aufnehmen ; *prêter sur ~* auf Hypothek leihen ; *purger une ~* eine Hypothek löschen (tilgen, abtragen).

hypothéquer mit einer Hypothek belasten ; hypothekarisch belasten ; verpfänden.

hypothèse *f* Hypothese *f* ; *~ de travail* Arbeitshypothese.

I

idéal, e ideal ; Ideal- ; *solution f ~e* beste Lösung *f* ; Ideallösung.

idée *f* Idee *f* ; Gedanke *m* ; Vorstellung *f* ; Meinung *f* ; *~ directrice* Leit-, Hauptgedanke ; *~ préconçue* vorgefaßte Meinung ; *changer d'~* seine Meinung ändern ; sich anders besinnen ; *se faire une ~ de qqch* sich eine Vorstellung von etw machen.

identifiable identifizierbar.

identification *f* **1.** Identifizierung *f* ; Identifikation ; *numéro m d'~ personnel* persönliche Identitätsnummer (PIN) *f* **2.** Gleichstellung *f*.

identifier identifizieren ; die Identität feststellen.

identique identisch ; (völlig) gleich ; *des opinions fpl ~s* übereinstimmende (konforme) Meinungen *fpl*.

identité *f* Identität *f* ; Übereinstimmung *f* ; *carte f d'~* Personalausweis *m* ; *(magnétique)* maschinenlesbarer Personalausweis ; Computer-Kennkarte ; EDV-Karte ; *photo f d'~* Paßbild *n,* -foto *n* ; Lichtbild *n* ; *pièce f d'~* Ausweis *m* ; Ausweispapier *n* ; *vérification f d'~* Überprüfung *f* der Personalien ; *décliner son ~* sich ausweisen ; die Personalien angeben ; *établir l'~ de qqn* jds Personalien feststellen ; *établir des contrôles d'~* Identitätskontrollen einführen ; *voyager sous une fausse ~* unter falschem Namen reisen.

idéologie *f* Ideologie *f* ; *~ marxiste* marxistische Ideologie.

idéologique ideologisch ; *divergences fpl ~s* ideologische Meinungsverschiedenheiten *fpl*.

I.F.O.P. *m (Institut français d'opinion publique)* französisches Institut *m* für Meinungsforschung.

I.G.A.M.E./igame *m (Inspecteur général de l'administration en mission extraordinaire)* Generalinspekteur *m* der Verwaltung im Sonderauftrag.

I.G.F. *m (Impôt m sur les grandes fortunes)* Besteuerung der großen Vermögen : Vermögensteuer *f*.

ignorance *f* Unwissenheit *f* ; Unkenntnis *f* ; *dans l'~ des faits* in

Unkenntnis der Tatsachen ; *être dans l'~ de qqch* in Unkenntnis über etw (+A) sein.

illégal, e illegal ; ungesetzlich ; rechtswidrig ; widerrechtlich ; *acte m ~* rechtswidrige Handlung *f*.

illégalité *f* Illegalität *f* ; Gesetzwidrigkeit *f* ; Ungesetzlichkeit *f*.

illégitime 1. unrechtmäßig ; illegitim **2.** *(enfant)* unehelich ; außerehelich.

illégitimité *f* **1.** Unrechtmäßigkeit *f* ; Illegitimität *f* **2.** *(enfant)* Un-, Außerehelichkeit *f*.

illicite unerlaubt ; unzulässig ; *concurrence f ~* unlauterer Wettbewerb *m* ; *profit m ~* unerlaubter Gewinn *m*.

illimité, e unbeschränkt ; unbegrenzt ; unbefristet ; *responsabilité f ~e* unbeschränkte Haftung *f*.

image *f* Image ['imidʒ] *n* ; *~ de marque* (Marken)image ; *~ d'une société* Firmenimage ; *soigner son ~ de marque* sein (Marken)image pflegen.

imbattable *(prix)* nicht zu unterbieten(d) ; unschlagbar.

imitable nachahmbar ; nachzuahmen(d)

imitation *f* **1.** Nachahmung *f* ; Imitation *f* ; *~ cuir* Kunstleder *n* ; Lederimitation **2.** Fälschung *f*.

imiter 1. nachahmen ; imitieren **2.** fälschen ; *~ une signature* eine Unterschrift fälschen.

immatriculation *f* Eintragung *f* ; Registrierung *f* ; *(auto.)* Zulassung *f* ; *(faculté)* Immatrikulation *f* ; *~ au registre du commerce* Eintragung ins Handelsregister ; *carte f d'~ à la sécurité sociale* Versicherungsausweis *m* ; *(auto.) numéro m d'~* Zulassungsnummer *f* ; amtliches Kennzeichen *n* ; *plaque f d'~* Nummernschild *n* ; *le nombre des nouvelles ~s* die Anzahl der Neuzulassungen.

immatriculer eintragen ; einschreiben ; registrieren ; *(faculté)* immatrikulieren ; *(auto.) ~é* zugelassen.

immeuble *m* **1.** Gebäude *n* ; Haus *n* ; *~ de bureaux* Bürogebäude ; *~ de rapport* Rendite-, Mietshaus *n* **2.** *(jur.)* unbewegliche Sache *f* ; Grundstück *n*.

immeuble *(jur.)* unbeweglich ; *~ par destination* unbewegliche Sache *f* kraft gesetzlicher Bestimmung ; *~ par nature* Grund und Boden *m* ; Gebäude *n* ; *biens mpl ~s* Immobilien *fpl* ; Liegenschaften *fpl* ; unbewegliche Güter *npl*.

immigrant *m* Einwanderer *m* ; Immigrant *m*.

immigration *f* Einwanderung *f* ; Immigration *f* ; *~ temporaire* Zuwanderung *f* (von Gastarbeitern) mit zeitlich begrenztem Aufenthalt ; *vague f d'~* Einwanderungswelle *f* ; *décréter un arrêt de l'~* den Anwerbestopp von Gastarbeitern erlassen.

immigré *m* Einwanderer *m* ; *(ouvrier)* Gastarbeiter *m*.

immigrer einwandern ; immigrieren ; *travailleur m ~é* Gastarbeiter *m* ; ausländischer Arbeitnehmer *m* ; Fremdarbeiter.

immiscer : *s'~ dans qqch* sich in etw (+A) einmischen ; *s'~ dans les affaires intérieures d'un État* sich in die inneren Angelegenheiten eines Staats einmischen.

immixtion *f (dans)* Einmischung *f* (in +A).

immobile unbeweglich ; immobil.

immobilier *m* **1.** Immobilienhandel *m* ; Grundstückshandel *m* ; *être dans l'~* mit Immobilien (Grundstücken) handeln **2.** *(jur.)* unbewegliche Sache *f*.

immobilier, ière 1. Grundstücks- ; Immobilien- ; *agent m ~* Immobilienhändler *m* ; Grundstücks-, Häuser-, Wohnungsmakler *m* ; *marché m ~* Immobilien, Grundstücksmarkt *m* ; *société f ~ière* Immobiliengesellschaft *f* **2.** *(jur.)* unbeweglich ; *biens mpl ~s* Immobilien *fpl* ; Liegenschaften *fpl*.

immobilisation *f* **1.** Stillegung *f* ; Stillstand *m* ; Blockierung *f* **2.** Festlegung *f* ; Immobilisierung *f* ; feste Anlage *f* ; *~ de capital* Festlegung von Kapital.

immobilisations *fpl* Anlagevermögen *n* ; Anlagekapital *n* ; Anlagegüter *npl* ; Anlagen *fpl* ; unbewegliches Betriebsvermögen *n* ; *~ corporelles* Sachanlagen ; *~ industrielles* Fabrik-, Produktionsanlagen *fpl*.

immobiliser 1. stillegen ; blockieren ; zum Stehen bringen **2.** fest anlegen ; immobilisieren ; *~ des capitaux* Kapital fest anlegen ; *actif m ~é* Anlagevermögen *n* ; festliegende Aktiva *pl*.

immobilisme *m* Immobilismus *m* ; Fortschrittsfeindlichkeit *f*.

immobilité *f* Unbeweglichkeit *f* ; Bewegungslosigkeit *f*.

immunité *f (jur., polit.)* Immunität *f* ; *~ diplomatique, parlementaire* diplomatische, parlamentarische Immunität.

impact *m* Schlagkraft *f* ; (durchschlagende) Wirkung *f* ; Einfluß *m* ; Durchschlagskraft *f* ; *~ publicitaire* Werbewirksamkeit *f*, -einfluß ; Impact [im'pɛkt] *m* ; *avoir de l'~* sehr wirkungsvoll sein ; durchschlagskräftig sein ; werbewirksam sein ; eine starke Wirkung haben (*sur* auf + A).

impair, e ungerade ; *nombre m ~* ungerade Zahl *f*.

impartial, e unparteiisch ; unvoreingenommen.

impartialité *f* Unparteilichkeit *f* ; Unvoreingenommenheit *f*.

impasse *f* Sackgasse *f* ; *(marchandises)* Engpaß *m* ; *~ budgétaire* Haushaltsdefizit *n*, -lücke *f*, -loch *n* ; *être dans une ~* in einer Sackgasse stecken ; auf einem toten Punkt angelangt sein.

impayé *m* ausstehende Rechnung *f* ; nicht bezahlte Rechnung ; nicht eingelöster Wechsel *m*, Scheck *m*.

impayé, e unbezahlt ; nicht eingelöst ; *traite f ~e* nicht eingelöster (notleidender) Wechsel *m*.

impenses *fpl* Aufwand *m* ; Aufwendungen *fpl* ; Unterhaltungskosten *pl* ; *~ nécessaires, utiles* notwendige, nützliche Verwendungen.

impératif, ive zwingend ; dringend ; verbindlich ; Zwangs- ; *disposition f ~ive* Mußvorschrift *f* ; unabdingbare Bestimmung *f*.

impératifs *mpl* Gebot *n* ; zwingende Notwendigkeit *f* ; Erfordernisse *npl* ; *les ~ de l'heure* das Gebot der Stunde.

impérialisme *m* Imperialismus *m*.

impérialiste 1. imperialistisch **2.** *l'~* der Imperalist.

impermutable nicht übertragbar.

implantation *f* Ansied(e)lung *f* ; Niederlassung *f* ; Standortwahl *f* ; *~ d'une usine* Ansiedlung einer Industrie ; *~ d'un produit (sur un marché)* Einführung *f* eines Erzeugnisses ; *lieu m d'~* Standort *m*.

implanter ansiedeln ; den Standort bestimmen ; *(produit)* einführen ; *~ des installations industrielles* Industrieanlagen ansiedeln ; *s'~* sich niederlassen ; sich ansiedeln ; Fuß fassen.

implication *f* **1.** Auswirkung *f* ; Folge *f* **2.** *(jur.)* Verwicklung *f* (in eine Straftat).

implicite mit inbegriffen ; implizit.

impliquer 1. *~ qqch* etw mit einbeziehen ; implizieren **2.** *il est ~é dans un scandale* er ist in einen Skandal verwickelt.

impondérables *mpl* Unwägbarkeiten *fpl*.

impopulaire unbeliebt ; unpopulär ; *mesures fpl ~s* unpopuläre Maßnahmen *fpl* ; *se rendre ~* sich unbeliebt machen.

impopularité *f* Unbeliebtheit *f* ; Unpopularität *f*.

import ⇒ *importation*.

importance *f* Bedeutung *f* ; Wichtigkeit *f* ; Umfang *m* ; *~ du crédit* Kreditumfang ; *~ d'un dommage* Schadenshöhe *f* ; Schadensumfang ; *attacher une ~ particulière à qqch* einer Angelegenheit besondere Wichtigkeit beimessen (beilegen) ; *avoir de l'~* von Bedeutung sein ; *être de la plus haute ~* von größter Bedeutung sein ; von höchster Wichtigkeit sein.

important, e bedeutend ; wichtig ; *firme f ~e* bedeutende Firma *f* ; *somme f ~e* beträchtliche Summe *f* ; ansehnlicher Betrag *m*.

importateur *m* Importeur *m* ; Importhändler *m* ; Einfuhrhändler *m* ; *(rare)* Einführer *m* ; *~ exclusif* Alleinimporteur.

importateur, -trice Einfuhr- ; Import- ; importierend ; *maison f ~trice* Importfirma *f* ; *pays m ~ de pétrole* Öleinfuhrland *n* ; Öl importierendes Land *n*.

importation *f* Einfuhr *f* ; Import *m* ; *~s* Importe *mpl* ; Importgeschäfte *npl* ; Einfuhr-, Importwaren *fpl* ; *~ invisible* unsichtbare Einfuhr ; *articles mpl d'~* Einfuhrartikel *mpl* ; *commerce m d'~* Einfuhrhandel *m* ; Importgeschäft *n* ; *droits mpl d'~* Einfuhrzölle *mpl* ; *excédent m d'~* Einfuhrüberschuß *m* ; *maison f d'~* Importgeschäft *n*, -firma *f* ; *pays m d'~* Einfuhrland *n* ; Abnehmerland *n* ; *permis m d'~* Einfuhrbewilligung *f* ; Importgenehmigung *f* ; *prime f à l'~* Einfuhrprämie *f* ; *prix m à l'~* Einfuhr-, Importpreis *m* ; *restriction f à l'~* Einfuhrbeschränkung *f* ; *valeur f d'~* Einfuhrwert *m* ; *volume m des ~s* Einfuhrmenge *f* ; Importvolumen *n* ; *frapper les ~s d'embargo* einen Importstopp verhängen.

importer einführen ; importieren ; *~ en franchise* zollfrei einführen ; *~ de France* aus Frankreich importieren ; *~ en R.F.A.* in die BRD einführen ; *quantité f ~ée* Einfuhrmenge *f*.

import-export *m* Import-Export *m* ; Im- und Export *m* ; *société f d'~* Import-Export-Gesellschaft *f*.

imposable steuerpflichtig ; zu versteuern(d) ; versteuerbar ; steuerlich veranlagt ; *non ~* steuerfrei ; *(déductible)* steuerlich absetzbar ; *année f ~* Veranlagungsjahr *n* ; *marchandises fpl ~s* steuerpflichtige Waren *fpl* ; *matière* *f* ~ Steuerobjekt *n* ; *revenu* ~ steuerpflichtiges Einkommen *n* ; *ne pas être* ~ nicht veranlagt werden.

imposé, e 1. vorgeschrieben ; *prix m* ~ gebundener (vorgeschriebener, festgesetzter) Preis *m* ; *prix mpl ~s (par les fabricants)* Preisbindung *f* (der zweiten Hand) **2.** besteuert ; *non* ~ steuerfrei ; steuerlich befreit.

imposer 1. vorschreiben ; auferlegen ; ~ *une obligation à qqn* jdm eine Verpflichtung auferlegen **2.** *(s')* ~ (sich) durchsetzen ; ~ *des mesures* Maßnahmen durchsetzen ; ~ *des revendications salariales* Lohnforderungen durchsetzen **3.** besteuern ; mit einer Steuer belegen ; steuerlich erfassen ; ~ *un produit* ein Erzeugnis besteuern.

imposition *f* Besteuerung *f* ; steuerliche Veranlagung *f,* Erfassung *f* ; ~ *double, forfaitaire, multiple* Doppel-, Pauschal-, Mehrfachbesteuerung ; ~ *séparée* Familiensplitting *n* ; *avis m d'*~ Steuerbescheid *m* ; ~ *à la source* Quellenbesteuerung ; *taux m d'*~ Steuersatz *m* ; *tranche f d'*~ **a)** Besteuerungsstufe *f* ; **b)** steuerpflichtiger Anteil *m* ; *frapper d'une* ~ besteuern.

impossibilité *f* Unmöglichkeit *f* ; *sauf* ~ *de livrer* Lieferung *f* vorbehalten ; *il est dans l'*~ *de venir* er kann nicht kommen.

imposteur *m* Hochstapler *m* ; Betrüger *m* ; Schwindler *m* ; Gauner *m*.

imposture *f* Hochstapelei *f* ; Betrug *m* ; Schwindelei *f*.

impôt *m* Steuer *f* ; Abgabe *f* ; Auflage *f* ; Gebühr *f* ; Umlage *f* ; ♦ ~ *additionnel* Zusatzsteuer ; ~ *sur les alcools et spiritueux* Branntweinsteuer ; ~ *sur le capital* Vermögensteuer ; ~ *communal* Gemeindesteuer ; ~ *de consommation* Verbrauch(s)steuer ; ~ *dégressif* degressive Steuer ; ~ *direct, indirect* direkte, indirekte Steuer ; ~ *de luxe* Luxussteuer ; ~ *foncier* Grundsteuer ; ~ *forfaitaire* Pauschalsteuer ; ~ *progressif* Progressionssteuer ; gestaffelte Steuer ; ~ *retenu à la source* Quellensteuer, -besteuerung *f* ; ~ *somptuaire* Luxussteuer ; ~ *successoral* Erbschaftssteuer ; ~ *sur les bénéfices* Gewinn-, Ertragsteuer ; ~ *sur le capital* Vermögen(s)steuer ; Kapitalsteuer ; ~ *sur le chiffre d'affaires* Umsatzsteuer ; ~ *sur la fortune* Vermögen(s)steuer ; ~ *sur les grandes fortunes (I.G.F.)* Besteuerung *f* der großen Vermögen ; ~ *sur l'héritage* Erbschaftssteuer ; ~ *sur les mouvements de capitaux* Kapitalverkehr(s)steuer ; ~ *sur les plus-values* Wertzuwachssteuer ; ~ *sur le revenu (des personnes physiques) (I.R.P.P.)* (veranlagte) Einkommen(s)steuer ; ~ *sur les salaires* Lohnsteuer ; ~ *sur les sociétés* Körperschaft(s)steuer ; ~ *sur les successions* Erbschaftssteuer ; ~ *sur les valeurs mobilières* Kapitalertragsteuer ; ♦♦ *assiette f de l'*~ Steuerveranlagung *f* ; *augmentation f des ~s* Steuererhöhung *f* ; *code m général des ~s* Abgabenordnung *f* ; *déclaration f d'~s* Steuererklärung *f* ; *déduction f d'*~ Steuerabzug *m* ; *dégrèvement m d'~s* Steuerermäßigung *f,* -nachlaß *m* ; *détournement m d'*~ Steuerhinterziehung *f* ; *exonération f de l'*~ Steuerbefreiung *f* ; *feuille f d'*~ Steuerbescheid *m* ; *perception f des ~s* Steuererhebung *f* ; *projet m de loi d'impôts nouveaux* Steuervorlage *f* ; *rappel m d'*~ Steuernachforderung *f* ; *recettes fpl d'*~ Steuereinnahmen *fpl* ; *receveur (percepteur) m des ~s* Steuereinnehmer *m* ; Finanzamt *n* ; Fiskus *m* ; *réduction f des ~s* Steuerermäßigung *f* , -herabsetzung *f* ; *remboursement m d'*~ Steuerrückvergütung *f,* -rückerstattung *f* ; ♦♦♦ *assujetti à l'*~ steuerpflichtig ; *exempt d'*~ steuerfrei ; *exempter d'~s* von den Steuern befreien ; *frapper (grever) d'~s* mit Steuern belasten ; besteuern ; *frauder à l'*~ Steuern hinterziehen ; *lever des ~s* Steuern erheben ; *net d'*~ steuerfrei ; *passible d'*~ besteuerbar ; steuerpflichtig ; *payer l'*~ *sur qqch* auf etw (+ A) Steuern zahlen (entrichten) ; *retenir des ~s à la source* Steuern an der Quelle einbehalten (zurückhalten, erheben).

imprescriptibilité *f* **1.** *(jur.)* Unverjährbarkeit *f* **2.** *(fig.)* Unantastbarkeit *f*.

imprescriptible 1. *(jur.)* unverjährbar **2.** *(fig.)* immer geltend ; unantastbar.

imprévisible unvorhersehbar ; nicht voraussehbar ; *coût m* ~ unvorhersehbare Kosten *pl*.

imprévision *f* Unvorhersehbarkeit *f* ; mangelnde Voraussicht *f*.

imprévu, e unvorhergesehen ; *dépenses fpl ~es* unvorhergesehene Ausgaben *fpl*.

imprévus *mpl* Unwägbarkeiten *fpl*.

imprimante *f (inform.)* Drucker *m* ; ~ *par ligne* Zeilendrucker ; *terminal m à* ~ Druckerterminal *n*.

imprimé *m* **1.** *(poste)* Drucksache *f* ; ~ *à taxe réduite* Drucksache zu ermäßigter Gebühr **2.** Vordruck *m* ; vorgedrucktes Formular *n* ; Formblatt *n* ; ~ *spécial* amtlicher Vordruck **3.** *(livre)* Druckwerk *n* ; Gedruckte(s).

imprimé, e 1. *(livre)* gedruckt ; *(papier)* bedruckt ; *(formulaire)* vorgedruckt **2.** *(inform.) circuit m* ~ Schaltkreis *m*.

imprimer *(livre)* drucken ; *machine f à* ~ Druckmaschine *f* ; *faire* ~ drucken lassen.

imprimerie *f* **1.** Druckerei *f* **2.** Buchdruck *m* ; Buchdruckerei *f*.

imprimeur *m* **1.** (Buch)drucker *m* **2.** Leiter *m*, Besitzer *m* einer Buchdruckerei.

imprimeur-éditeur *m* Drucker *m* und Verleger *m*.

improductif, ive unproduktiv ; unrentabel ; unwirtschaftlich ; ertraglos ; *avoir m* ~ stilliegendes Guthaben *n* ; *capital m* ~ totes Kapital *n* ; *coûts mpl* ~*s* indirekte (unproduktive) Kosten *pl* ; Unkosten ; *sol m* ~ unfruchtbarer Boden *m*.

improductivité *f* Unproduktivität *f* ; Unrentabilität *f* ; Unergiebigkeit *f* ; Ertraglosigkeit *f* (von Geldern).

impropre 1. ungeeignet ; unpassend **2.** *rendre* ~ *à la consommation* für den menschlichen Verzehr untauglich machen.

imprudence *f* **1.** Unvorsichtigkeit *f* ; *faire (commettre) une* ~ eine Unvorsichtigkeit begehen **2.** *(jur.)* Fahrlässigkeit *f* ; *homicide m par* ~ fahrlässige Tötung *f*.

imprudent, e unvorsichtig ; unbesonnen.

impuissance *f* Unvermögen *n* ; Machtlosigkeit *f* ; Ohnmacht *f*.

impuissant, e machtlos ; ohnmächtig.

impulsion *f* Impuls *m* ; Anstoß *m* ; Antrieb *m* ; *donner une* ~ *nouvelle à l'économie* die Wirtschaft ankurbeln ; der Wirtschaft einen neuen Impuls geben.

impuni, e unbestraft ; ungestraft ; straflos ; straffrei ; *laisser un crime* ~ ein Verbrechen ungestraft lassen.

impunité *f* Straffreiheit *f* ; Straflosigkeit *f* ; *assurer* ~ Straffreiheit zusichern ; *jouir de l'*~ Straffreiheit genießen.

imputabilité *f* **1.** Anrechenbarkeit *f* **2.** *(jur.)* Zurechnungsfähigkeit *f* (bei einer Straftat).

imputable 1. *être* ~ *à qqch* einer Sache zuzuschreiben sein ; auf etw (+ A) zurückzuführen sein **2.** anrechenbar ; *être* ~ *sur (à) qqch* auf etw (+ A) anzurechnen sein ; zu Lasten von etw gehen ; *frais mpl* ~*s sur (à) un compte* Unkosten *pl* zu Lasten eines Kontos.

imputation *f* **1.** Anrechnung *f (à, sur* auf + A) ; Verrechnung *f* ; ~ *des coûts* Kostenverrechnung ; ~ *des frais à (sur) un compte* Belastung *f* eines Kontos mit den Kosten ; ~ *à (sur) une somme* Anrechnung auf einen Betrag **2.** *(jur.)* Beschuldigung *f* ; ~ *de vol* Bezichtigung *f* des Diebstahls.

imputer 1. *(porter au débit)* belasten ; anrechnen (auf + A) ; in Rechnung stellen ; in Anrechnung bringen ; ~ *à (sur) un compte* ein Konto belasten ; ~ *des coûts à un produit* einem Produkt Kosten zurechnen **2.** ~ *au budget* in den Haushalt setzen **3.** *(fig.)* ~ *qqch à qqn* jdm etw zur Last legen ; jdm etw anlasten ; *(fam.)* jdm etw in die Schuhe schieben.

in : *être* ~ *(fam.)* in sein ; (in) Mode sein.

inabordable : *prix m* ~ unerschwinglicher Preis *m* ; horrender Preis.

inacceptable unannehmbar ; *conditions fpl* ~*s* unannehmbare (inakzeptable, unzumutbare) Bedingungen *fpl*.

inactif, ive 1. nicht erwerbstätig ; nicht berufstätig ; *population f* ~*ive* nicht erwerbstätige Bevölkerung *f* ; Nichterwerbstätige *mpl* ; Nichterwerbspersonen *fpl* **2.** *(bourse)* stagnierend ; lustlos ; matt.

inactifs *mpl* : *les* ~ die Nichterwerbstätigen.

inactivité *f (affaires)* Inaktivität *f* ; Stagnieren *n* ; Stillstand *m* ; ~ *des chômeurs* Untätigkeit *f* der Arbeitslosen.

inadaptation *f* mangelnde Anpassung(sfähigkeit) *f* ; ~ *professionnelle* mangelnde Anpassung im Beruf.

inadmissibilité *f* Unzulässigkeit *f*.

inadmissible unzulässig ; unerlaubt ; unannehmbar.

inaliénabilité *f (jur.)* Unveräußerlichkeit *f*.

inaliénable *(jur.)* unveräußerlich ; *droit m* ~ unveräußerliches Recht *n*.

inamovibilité *f* Unabsetzbarkeit *f* (eines Beamten) ; Unkündbarkeit *f*.

inamovible *(fonctionnaire)* unkündbar ; unabsetzbar.

inapte untauglich ; ungeeignet ; unbrauchbar ; ~ *au service militaire* wehruntauglich ; ~ *au travail* arbeitsunfähig ; *être* ~ *pour un poste* für einen Posten untauglich sein.

inaptitude *f* Untauglichkeit *f* ; Ungeeignetheit *f* ; ~ *au travail* Arbeitsunfähigkeit *f*.

inattaquable unangreifbar ; unanfechtbar.

inauguration *f* Einweihung *f* ; (feierliche) Eröffnung *f* ; *cérémonie f d'~* Einweihungsfeierlichkeiten *fpl* ; *séance f d'~* Eröffnungssitzung *f*.

inaugurer einweihen ; (feierlich) eröffnen ; ~ *une mode* eine Mode einführen ; ~ *une nouvelle politique* eine neue Politik einleiten.

I.N.C. *m (Institut national de la consommation)* französisches Institut *n* für Verbraucherforschung.

incalculable 1. *(chiffre)* unermeßlich groß 2. *(fig.)* unberechenbar ; nicht voraussehbar.

incapable unfähig ; ungeeignet ; ~ *de contracter* vertragsunfähig ; geschäftsunfähig.

incapable *m* unfähiger Mensch *m* ; inkompetenter Mitarbeiter *m* ; *(fam.)* Niete *f*.

incapacité *f* Unfähigkeit *f* ; Untauglichkeit *f* ; *(jur.)* ~ *d'exercice* Geschäftsunfähigkeit ; ~ *partielle* verminderte Arbeitsfähigkeit ; Erwerbsminderung ; ~ *permanente, temporaire, totale* dauernde, vorübergehende, völlige Arbeits-, Erwerbsunfähigkeit ; ~ *de travail* Arbeits-, Berufs-, Erwerbsunfähigkeit ; *en cas d'~ de travail pour cause de maladie* bei Arbeitsunfähigkeit wegen Krankheit.

incendie *m* Brand *m* ; *assurance-~* Feuerversicherung *f*.

incentive *f* Ansporn *m* ; Anreiz *m* ; Incentives *pl* [in'sɛntifs].

incertain *m (bourse)* direkter Kurs *m* ; direkte Notierung *f* ; Preisnotierung *f*.

incessibilité *f (jur.)* Nichtübertragbarkeit *f* ; Unübertragbarkeit *f*.

incessible *(jur.)* unübertragbar ; unabtretbar.

inchiffrable nicht abschätzbar.

incidence *f* Auswirkung *f* ; Folge *f* ; Rückwirkung *f* ; ~ *des impôts* tatsächliche Auswirkung der Steuern ; Steuerlast *f* ; *avoir une ~ sur qqch* sich auswirken auf etw (+ A).

incident *m* 1. Zwischenfall *m* ; ~ *diplomatique* diplomatischer Zwischenfall ; ~ *de parcours* Panne *f* ; Mißgeschick *n* ; ~ *technique* Betriebsstörung *f* ; technische Panne *f* ; *l'~ est clos* der Zwischenfall ist erledigt ; der Streit ist beigelegt 2. *(jur.)* Inzidentklage *f* ; Zwischenfeststellungsklage.

incitation *f* 1. Anreiz *m* ; Anregung *f* ; Förderung *f* ; ~ *à l'épargne* Sparanreiz ; ~ *fiscale* steuerlicher Anreiz 2. ~ *à la révolte* Anstiftung *f* zum Aufstand.

inclure beifügen ; einbeziehen ; einfügen ; ~ *une clause dans un contrat* eine Klausel in einen Vertrag aufnehmen (einfügen) ; ~ *qqch dans un programme* etw in ein Programm aufnehmen.

inclus, e einschließlich ; inklusive ; *page deux ~e* bis Seite zwei einschließlich ; *frais d'expédition ~* inklusive aller Versandkosten.

inclusion *f* Einbeziehung *f* ; ~ *de l'allocation chômage dans la péréquation des impôts* Einbeziehung von Arbeitslosengeld in den Lohnsteuerausgleich.

incognito inkognito ; *garder l'~* das Inkognito wahren.

incomber *(à qqn)* jdm obliegen ; jdm zukommen ; *les frais vous ~ent* Sie haben für die Kosten aufzukommen ; Sie haben die Kosten zu tragen ; die Kosten (gehen) zu Ihren Lasten ; *il vous incombe de ...* es obliegt Ihnen,... ; *ce travail vous ~e* diese Arbeit fällt Ihnen zu.

incommunicabilité *f* 1. Kommunikationsschwierigkeiten *fpl* 2. *(jur.)* Unübertragbarkeit *f* (von Rechten, Privilegien).

incompatibilité *f* Unvereinbarkeit *f* ; Inkompatibilität *f* ; ~ *entre deux fonctions* Unvereinbarkeit zweier Ämter ; *pour ~ de caractère* wegen Unvereinbarkeit der Charaktere.

incompatible unvereinbar *(avec* mit) ; inkompatibel.

incompétence *f* 1. *(jur.)* Inkompetenz *f* ; Un-, Nichtzuständigkeit *f* ; *renvoyer une affaire à un autre tribunal pour ~* eine Sache wegen Unzuständigkeit an ein anderes Gericht verweisen 2. *(berufliche)* Inkompetenz *f* ; Unkenntnis *f* ; Ungeeignetheit *f*.

incompétent, e 1. *(jur.)* nicht zuständig ; unzuständig ; inkompetent 2. *(personne)* inkompetent ; ungeeignet.

incomplet unvollständig.

incompressible nicht einschränkbar ; nicht reduzierbar ; *dépenses fpl ~s* nicht einzuschränkende Kosten (Ausgaben) *(f)pl*.

inconditionnel, le bedingungslos ; uneingeschränkt.

inconnu *m* Unbekannte(r) ; *(jur.) déposer une plainte contre ~* Strafanzeige gegen Unbekannt erstatten.

inconnu, e unbekannt ; *(poste) si ~*

à l'adresse, prière de retourner à l'expéditeur falls unzustellbar, bitte an den Absender zurück(senden).

inconstitutionnalité *f* Verfassungswidrigkeit *f*.

inconstitutionnel, le verfassungswidrig.

incontestable unbestreitbar ; unstrittig.

incontesté, e unbestritten ; unstreitig.

incontrôlable unkontrollierbar ; nicht nachprüfbar.

incontrolé, e unkontrolliert ; nicht nachgeprüft.

inconvénient *m* Nachteil *m* ; *avoir (présenter) des ~s* Nachteile haben (aufweisen).

inconvertible nicht konvertierbar ; nicht umtauschbar ; nicht umwechselbar ; inkonvertibel ; uneinlösbar ; *monnaie f ~* nicht konvertierbare (umtauschbare) Währung *f*.

incorporation *f* **1.** Aufnahme *f* ; Einbeziehung *f* ; Eingliederung *f* ; *~ de réserves* Umwandlung *f* von Rücklagen in Nennkapital **2.** *(armée)* Einberufung *f*.

incorporel, le unkörperlich ; immateriell ; abstrakt ; *biens mpl ~s* immaterielle Güter *npl*.

incorporer aufnehmen ; einbeziehen ; *~ au capital* dem Kapital zuführen ; *~ aux réserves* in die Rücklagen stecken.

incorruptibilité *f* Unbestechlichkeit *f*.

incorruptible unbestechlich.

Incoterms *pl (international commercial terms)* Incoterms *pl* ; international geltende Handelsbedingungen *fpl*.

inculpation *f (jur.)* Be-, Anschuldigung *f* ; Anklage *f* ; *être sous l'~ de qqch* (wegen etw) unter Anklage stehen.

inculpé *m (jur.)* Beschuldigte(r) ; Angeklagte(r).

inculper : *~ qqn* jdn beschuldigen ; jdn unter Anklage stellen.

inculte **1.** *(agric.)* unbebaut ; unbestellt ; *terre f ~* Brachland *n* **2.** *(personne)* ungebildet.

incultivable *(agric.)* nicht bebaubar ; nicht bestellbar.

indemne unverletzt ; unversehrt ; *sortir ~ d'un accident* bei einem Unfall nicht verletzt werden (nicht zu Schaden) kommen.

indemnisable entschädigungsberechtigt ; zu entschädigen(d).

indemnisation *f* Entschädigung *f* ; Abfindung *f* ; Schaden(s)ersatz *m* ; Schaden(s)ersatzleistung *f* ; *action en ~* Schaden(s)ersatzklage *f* ; *droit m à ~* Entschädigungs-, Ersatzanspruch *m* ; *demander une ~* Schaden(s)ersatz fordern.

indemniser *(qqn)* (jdn) entschädigen ; (jdm) einen Schaden ersetzen ; (jdm) Schaden(s)ersatz leisten ; (jdn) abfinden.

indemnité *f* Entschädigung *f* ; Vergütung *f* ; Schaden(s)ersatz *m* ; Abfindung *f* ; Zulage *f* ; Unterstützung *f* ; Zuschlag *m* ; ♦ *~ en argent* Geldentschädigung ; *~ de chômage* Arbeitslosenunterstützung *f* ; Alu *f* ; *(fam.)* Stempelgeld *n* ; *~ de déplacement* Reisekostenentschädigung ; *~ en espèces* Geldentschädigung ; *~ forfaitaire* Pauschalabfindung ; *~ journalière* Krankengeld *n* ; *~ kilométrique* Kilometergeld *n* ; *~ de licenciement* Kündigungs-, Entlassungsabfindung ; *~ de logement* Wohngeldzuschuß ; Wohnungszulage ; *~ en nature* Sachentschädigung ; *~ parlementaire* Diäten *pl* ; *~ de résidence* Ortszuschlag, -zulage ; *~ de séjour* Aufenthaltsentschädigung ; *~ de vie chère* Teuerungszulage, -zuschlag ; ♦♦♦ *avoir droit à une ~* auf eine Vergütung Anspruch haben ; *payer une ~* Schaden(s)ersatz zahlen ; *réclamer une ~* Entschädigung fordern.

indépendance *f* Unabhängigkeit *f* ; Selbständigkeit *f*.

indépendant, e selbständig ; unabhängig ; *activité f professionnelle ~e* selbständige Berufstätigkeit (Erwerbstätigkeit) *f* ; *personne f (travailleur m) ~(e)* selbständige(r) Erwerbstätige(r) ; Selbständige(r).

index *m* Register *n* ; Verzeichnis *n* ; Index *m* ; *être à l'~* auf dem Index stehen ; auf der schwarzen Liste stehen ; *mettre à l'~* auf den Index setzen ; auf die schwarze Liste setzen.

indexation *f* Indexierung *f* ; Indexbindung *f* ; *clause f d'~* Indexklausel *f* ; Gleitklausel.

indexé, e indexgebunden ; indexiert ; Index- ; *~ sur l'or* auf den Goldpreis indexiert ; *~ sur le salaire brut* bruttolohnbezogen ; *assurance-vie f ~e* dynamische Lebensversicherung *f* ; *emprunt m ~* indexgebundene Anleihe *f* ; Indexanleihe ; *rente f ~e* dynamische Rente *f* ; *salaire m ~* indexgebundener (gleitender) Lohn *m*.

indicateur *m* **1.** Verzeichnis *n* ; *~ (des chemins de fer)* Kursbuch *n* **2.** *~ économique* Indikator *m* ; wirtschaftliche Kennziffer *f* ; Wirtschaftsdaten *pl* ; *~ de bourse* Börsenindikator ; *~ conjonc-*

turel Konjunkturindikator ; ~ *de marché* Marktanzeiger *m* ; ~*s du marché* Marktsignale *npl* ; ~ *de tendance* Aktienindex *m* **3.** *(dénonciateur)* Spitzel *m*.

indicateur, trice Anzeige- ; Hinweis- ; anzeigend ; *panneau m* ~ Hinweisschild *n*, -tafel *f*.

indicatif *m* **1.** *(téléph.)* Vorwahlnummer *f* ; ~ *d'appel* Rufzeichen *n* **2.** *(radio)* Kennmelodie *f*.

indicatif, ive anzeigend ; informierend ; zur Information ; *à titre* ~ zur Information ; unverbindlich ; *prix m* ~ (unverbindlicher) Richtpreis *m* ; Preisempfehlung *f*.

indication *f* Angabe *f* ; Hinweis *m* ; Nachweis *m* ; ~ *de l'heure, de lieu* Zeit-, Ortsangabe ; ~ *d'origine* Ursprungsangabe ; Herkunftsbezeichnung *f* ; ~ *de prix* Preisangabe ; ~ *de provenance* Herkunftsangabe, -bezeichnung *f* ; ~ *de la qualité, de la quantité* Qualitäts-, Mengenangabe ; ~ *des sources* Quellennachweis ; *avec* ~ *de la valeur* mit Wertangabe ; *sauf* ~ *contraire* wenn nicht anders vermerkt.

indice *m* Index *m* ; Indexziffer *f* ; Merkzahl *f* ; Kennziffer *f* ; ~ *des agents de change (boursier)* Börsenindex ; ~ *corrigé* (wert)berichtigter Index ; ~ *du coût de la vie* Lebenshaltungsindex ; ~ *Dow Jones des valeurs industrielles* Dow-Jones-Index für Industriewerte ; ~ *pondéré* gewichteter (gewogener) Index ; ~ *des prix* Preisindex ; ~ *des prix à la consommation* Verbraucherpreisindex ; ~ *des prix de détail, de gros* Einzelhandelspreis-, Großhandelspreisindex ; ~ *de la production* Produktionsindex ; ~ *des salaires* Lohnindex ; Index der Löhne- und Gehälter ; ~ *de tendance* Aktienindex.

indices *mpl (jur.)* Indizien *npl* ; *preuve f par* ~ Indizienbeweis *m*.

indiciaire Index-.

indigence *f* Bedürftigkeit *f* ; Armut *f* ; Not *f* ; *vivre dans la plus grande* ~ in größter Armut leben ; in äußerster Not leben.

indigent *m* Bedürftigte(r) ; Notleidende(r) ; Minderbemittelte(r) ; *aide f aux* ~*s* Armenfürsorge *f*.

indigent, e bedürftig ; notleidend ; arm ; unbemittelt ; minderbemittelt.

indignité *f* **1.** Unwürdigkeit *f* **2.** *(jur.)* ~ *successorale* Erbunwürdigkeit.

indiqué, e 1. angegeben ; *à l'endroit* ~ am angegebenen Ort ; *à l'heure* ~*e* zur festgesetzten Zeit ; zur angegebenen Stunde **2.** angebracht ; ratsam.

indiquer angeben ; anzeigen ; vermerken ; ~ *la cote (le cours)* den Kurs angeben ; ~ *un déficit, un solde* einen Verlust, einen Saldo aufweisen.

indirect, e indirekt ; mittelbar ; *contributions fpl* ~*es* **a)** indirekte Steuern *fpl* ; **b)** Steuerbehörde *f* ; Finanzamt *n* ; *coûts mpl* ~*s* indirekte Kosten *pl* ; Gemeinkosten ; Unkosten ; *impôts mpl* ~*s* indirekte Steuern *fpl*.

indiscret, ète indiskret ; taktlos ; *question f* ~*ète* indiskrete Frage *f*.

indiscrétion *f* Indiskretion *f* ; Taktlosigkeit *f* ; Mangel *m* an Verschwiegenheit ; *commettre une* ~ eine Indiskretion begehen.

individualisation *f* Individualisierung *f*.

individualiser individualisieren ; *(marchandise)* spezifizieren ; konkretisieren.

individuel, le individuell ; persönlich ; Einzel- ; *cas m* ~ Einzelfall *m* ; *initiative f* ~*le* Eigeninitiative *f* ; *liberté f* ~*le* persönliche Freiheit *f* ; *maison f* ~*le* Einfamilienhaus *n* ; Eigenheim *n* ; *responsabilité f* ~*le* persönliche Haftung *f*.

indivis, e *(jur.)* ungeteilt ; gemeinschaftlich ; *bien m* ~ gemeinschaftliches (unteilbares) Gut *n* ; *cohéritiers mpl* ~ Erbengemeinschaft *f*.

indivisaire *m (jur.)* Miteigentümer *m* ; Bruchteilseigentümer.

indivisibilité *f (jur.)* Unteilbarkeit *f*.

indivisible *(jur.)* unteilbar ; unaufteilbar ; gemeinschaftlich.

indivision *f (jur.)* Miteigentum *n* ; Gesamthandsgemeinschaft *f* ; Gemeinschaft *f* zur gesamten Hand.

indu *m (jur.)* nicht geschuldeter Betrag *m* ; Nichtschuld *f*.

indu, e 1. *à une heure* ~*e* zu unpassender Zeit **2.** *(créance)* unberechtigt ; unbegründet ; unrechtmäßig.

induire 1. folgern ; schließen **2.** ~ *en erreur* irreführen.

industrialisation *f* Industrialisierung *f*.

industrialiser industrialisieren ; *pays m hautement* ~*é* hochindustrialisiertes Land *n*.

industrie *f* Industrie *f* ; Gewerbe *n* ; Industriezweig *m* ; Industriewirtschaft *f* ; ♦ *grande, petite* ~ Groß-, Kleinindustrie ; ~ *aéronautique* Luftfahrtindustrie ; ~ *agro-alimentaire* Nahrungsmittelindustrie ; Nahrungs- und Genußmittelindustrie ; ~ *d'armement* Rüstungsindustrie ; ~ *automobile* Automobil-, Kraftfahrzeugindustrie ; ~ *de base* Grundstoffindustrie ; ~ *du bâtiment* Baugewerbe, -industrie ; ~ *des biens de consommation* Verbrauchgüterindustrie ; Konsumgüterindustrie ~ *des biens d'équipement (d'investissement)* Investitionsgüterindustrie ; ~ *chimique* chemische Industrie ; Chemieindustrie ; ~-*clé* Schlüsselindustrie ; ~ *de construction navale* Schiffbauwesen *n* ; ~ *à domicile* Heimindustrie ; ~ *électronique, électrotechnique* elektronische, elektrotechnische Industrie ; ~ *d'exportation (exportatrice)* Exportindustrie ; ~ *hôtelière* Hotel- und Gaststättengewerbe ; ~ *légère, lourde* Leicht-, Schwer- industrie ; ~ *locale* ortsansässige Industrie ; ~ *des machines-outils* Werkzeugmaschinenindustrie ; ~ *manufacturière* Fertigungs-, Fertigwarenindustrie ; ~ *mécanique* Maschinenbauindustrie ; ~ *de mécanique de précision* feinmechanische Industrie ; ~ *métallurgique* Metall-, Hüttenindustrie ; Metallurgie *f* ; ~ *minière* Bergbau *m* ; ~ *minière et sidérurgique* Montanindustrie ; ~ *nationale, nationalisée* einheimische, verstaatlichte Industrie ; ~ *nucléaire* Kernindustrie ; ~ *optique* optische Industrie ; ~ *pétrolière* Mineral-, Erdölindustrie ; ~ *de pointe* Spitzenindustrie ; ~ *des produits finis* Fertigwarenindustrie ; ~ *saisonnière* Saisonindustrie ; ~ *sidérurgique* Eisen- und Stahlindustrie ; ~ *textile (des textiles)* Textilgewerbe, -industrie ; ~ *touristique (du tourisme)* Fremdenindustrie ; Fremdenverkehrsgewerbe ; Tourismus *m* ; ~ *transformatrice (de transformation)* Verarbeitungsindustrie ; verarbeitende Industrie ; ~ *du vêtement* Bekleidungsindustrie ; ♦♦ *banque f de l'~* Industriebank *f* ; *branche f d'~* Industriezweig *m*, -branche *f*, -sektor *m*, -bereich *m* ; *chambre f de commerce et d'~ (C.C.I.)* Industrie- und Handelskammer (IHK) *f* ; *emprunt m de l'~* Industrieanleihe *f* ; *implantation f d'une ~* Ansiedlung *f* einer Industrie ; *ouvrier m de l'~* Industriearbeiter *m* ; *production f de l'~* Industrieproduktion *f* ; industrielle Produktion ; *(bourse) valeurs fpl de l'~* Industriewerte *mpl* ; ♦♦♦ *investir dans l'~* in der (die) Industrie investieren ; *nationaliser l'~* die Industrie verstaatlichen ; *l'~ stagne* die Industrie stagniert ; *travailler dans l'~* in der Industrie arbeiten.

industriel *m* Industrielle(r) ; Industrieunternehmer *m* ; Fabrikant *m* ; Gewerbetreibende(r) ; *grand ~* Großindustrielle(r) ; *petit ~* Kleingewerbetreibende(r).

industriel, le industriell ; Industrie- ; gewerblich ; Gewerbe- ; *arts mpl ~s* Kunstgewerbe *n* ; *banque f ~le* Industriekapazität *f* ; *centre m ~* Industriezentrum *n* ; *concentration f ~le* industrielle Konzentration *f* ; *dessinateur m ~* technischer Zeichner *m* ; Industriegraphiker *m* ; *entreprise f ~le* Industrieunternehmen *n* ; *espionnage m ~* Werk-, Industriespionage *f* ; *esthétique f ~le* industrielle Formgebung *f* ; Design [di'zain] *n* ; *parc m ~* Industriepark *m* ; *pays m ~* Industrieland *n*, -staat *m*, -nation *f* ; *produit m ~* Industrieprodukt *n* ; gewerbliches (industrielles) Erzeugnis *n* ; *qui exerce une activité ~e* gewerbetreibend ; *redéploiement m ~* industrielle Umstrukturierung *f* ; *valeurs fpl ~les* Industriepapiere *npl*, -werte *mpl* ; *région f ~le* Industriegebiet *n* ; *révolution f ~le* industrielle Revolution *f* ; *société ~le* Industriegesellschaft *f* ; *travailleur m ~* Industriearbeiter *m* ; *ville f ~le* Industriestadt *f*.

inédit *m* **1.** *(livre)* unveröffentlichtes Werk *n* **2.** Neuheit *f* ; *c'est de l'~* das ist etwas ganz Neues.

inédit, e 1. *(livre)* unveröffentlicht ; nicht gedruckt **2.** ganz neu ; noch nicht dagewesen.

inefficace unwirksam ; wirkungslos ; ineffizient.

inefficacité *f* Unwirksamkeit *f* ; Wirkungslosigkeit *f* ; Ineffizienz *f*.

inégal, e ungleich ; *conditions fpl ~es* ungleiche Bedingungen *fpl*.

inégalité *f* Ungleicheit *f* ; Disparität *f* ; Diskrepanz *f* ; ~ *des chances* Chancenungleichheit ; ~ *des fortunes* ungleiche Vermögensverteilung *f* ; ~ *sociale* soziale Ungleichheit ; ~ *de traitement* ungleiche (ungleichmäßige) Behandlung *f* ; *compenser des ~s sociales* soziales Unrecht ausgleichen.

inéligibilité *f* Nichtwählbarkeit *f*.

inéligible nicht wählbar.

inemploi *m* Untätigkeit *f* ; Arbeitslosigkeit *f* ; Erwerbslosigkeit *f*.

inemployé, e un(aus)genutzt ; unbenutzt ; *(capacité)* unausgelastet ; *capital m ~* ruhendes (totes) Kapital *n*.

inépuisable unerschöpflich ; *source f ~* nie versiegende Quelle *f*.

inertie *f* Passivität *f* ; Untätigkeit *f* ; Beharrungsvermögen *n* ; ~ *gouvernementale* Passivität der Regierung.

inescomptable nicht diskontierbar ;

nicht diskontfähig ; nicht bankfähig.

inestimable unschätzbar ; *d'une valeur f ~* von unschätzbarem Wert.

inexact, e fehlerhaft ; unrichtig ; *renseignements mpl ~s* unrichtige Angaben *fpl.*

inexactitude *f* Ungenauigkeit *f* ; Unrichtigkeit *f.*

inexécutable unausführbar ; unerfüllbar.

inexécuté, e *(contrat)* unerfüllt.

inexécution *f (contrat)* Nichterfüllung *f* ; Nichtausführung *f.*

inexpérience *f* Unerfahrenheit *f* (in Geschäften, im Beruf).

inexpérimenté, e 1. *(personne)* unerfahren ; ungeübt **2.** *(procédé)* nicht erprobt.

inexploitable *(gisement)* unabbaubar ; nicht auszubeuten(d).

inexploité, e nicht verwertet ; nicht abgebaut ; nicht ausgebeutet ; *(capacité)* unausgelastet.

inexploré, e unerforscht.

in extenso ungekürzt ; vollständig ; in vollem Wortlaut.

infalsifiable fälschungssicher.

inférieur *m* : *~ (hiérarchique)* Untergebene(r).

inférieur, e 1. untere(r, s) ; Unter- ; *limite f ~e* untere Grenze *f* ; Untergrenze ; *position f ~e* untergeordnete Position *f* **2.** geringe(r, s) ; *qualité f ~e* geringe Qualität *f* ; *la somme est ~e à 1 000 F* der Betrag liegt unter 1 000 F.

infertile *(agric.)* unfruchtbar ; unergiebig.

infirmation *f (jur.)* Aufhebung *f* (eines Urteils).

infirme 1. körperlich behindert **2.** *l'~* Körperbehinderte(r).

inflation *f* Inflation *f* ; ♦ *~ chronique, conjoncturelle* chronische, konjunkturelle Inflation ; *~ par les coûts* Kosteninflation ; kosteninduzierte Inflation ; *~ par la demande* Nachfrageinflation ; nachfrageinduzierte Inflation ; *~ galopante* galoppierende Inflation ; *~ larvée* verpuppte (verkappte) Inflation ; *~ latente* versteckte Inflation ; *~ métallique, monétaire* Metall-, Notengeldinflation ; *~ permanente* anhaltende Inflation ; *~ rampante* schleichende Inflation ; *~ refoulée (comprimée)* zurückgestaute (gesteuerte) Inflation ; *~ par les salaires* lohninduzierte Inflation ; *~ structurelle, visible* strukturelle, offene Inflation ; ♦♦ *danger m d'~* Inflationsgefahr *f* ; *facteur m d'~* Inflationsfaktor *m* ; *lutte f contre l'~* Inflationsbekämpfung *f* ; *risque m d'~* Inflationsrisiko *n* ; *rythme m d'~* Inflationstempo *n* ; *taux m d'~ (à deux chiffres)* (zweistellige) Inflationsrate *f* ; *tendance f à l'~* Inflationstendenz *f*, -neigung *f* ; ♦♦♦ *accélérer l'~* die Inflation beschleunigen ; *l'~ augmente, diminue* die Inflation nimmt zu, ab ; *combattre l'~* die Inflation bekämpfen ; *endiguer (enrayer) l'~* die Inflation eindämmen ; *lutter contre l'~* gegen die Inflation kämpfen ; *ralentir (freiner), retenir l'~* die Inflation (ab)bremsen, zurückstauen.

inflationnisme *m* Inflationismus *m.*

inflationniste inflationistisch ; inflationär : inflatorisch ; Inflations- ; inflationstreibend ; *choc m ~* Inflationsstoß *m* ; *danger m ~* Inflationsgefahr *f* ; *politique f anti-~* eine (inflationshemmende) auf Preisdämpfung angelegte Politik *f* ; *politique f ~* Inflationspolitik *f* ; *poussée f ~* Inflationsschub *m*, -druck *m* ; *tendance f ~* Inflationstendenz *f* ; inflationistische Tendenz.

infliger : *~ une amende à qqn* jdm eine Geldstrafe (Geldbuße) auferlegen ; *~ un démenti à qqch* etw (nachdrücklich) dementieren ; *~ une peine à qqn* jdn bestrafen.

influence *f* Einfluß *m* (*sur* auf + A) ; Einwirkung *f* ; *~ sur le marché* Marktbeeinflussung *f* ; *~ prépondérante* Vormachtstellung *f* ; Übergewicht *n* ; *sous l'~ de* unter dem Einfluß von ; *sphère f (zone f) d'~* Einflußsphäre *f*, -gebiet *n* ; Interessensphäre ; *prise f d'~* Einflußnahme *f* ; *(jur.) trafic m d'~* passive Bestechung *f* ; *avoir de l'~ sur qqch* auf etw (+ A) Einfluß haben ; *exercer une ~ sur qqn* einen Einfluß ausüben auf jdn ; auf jdn Einfluß nehmen ; *subir l'~ de qqn* unter jds Einfluß stehen.

influencer beeinflussen ; *~ qqn dans sa décision* jdn bei seiner Entscheidung beeinflussen ; *se laisser ~* sich beeinflussen lassen.

influent, e einflußreich ; *les personnalités ~es* die Einflußreichen.

informateur *m* Informant *m* ; Gewährsmann *m* ; Hintermann *m.*

informaticien *m* Informatiker *m* ; EDV-Fachmann *m* ; Datenverarbeitungsspezialist *m* ; Computerspezialist *m.*

informatif, ive : *publicité f ~ive, peu ~ive* informationsreiche, informationsarme (nichtssagende) Werbung *f.*

information *f* 1. Information *f* ;

Nachricht *f* ; Meldung *f* ; Auskunft *f* ; ~ *des consommateurs* Verbraucheraufklärung *f* ; Unterrichtung *f* der Verbraucher ; ~ *insuffisante* lückenhafte Information ; Informationslücke *f* ; *centre m d'~ et de documentation* Informations- und Beratungsstelle *f* ; *circulation f de ~* Informationsfluß *m* ; *échange m d'~* Nachrichtenaustausch *m* ; *journal m d'~* Nachrichten-, Informationsblatt *n* ; *service m d'~* Nachrichtendienst *m* ; Beratungsstelle *f* ; Informationsbüro *n* ; *source f d'~* Informationsquelle *f* ; *à titre d'~* zur Information ; zur Kenntnisnahme ; *aller aux ~s* Auskünfte einholen ; Informationen sammeln ; *écouter les ~s* die Nachrichten hören **2.** *(inform.)* *~s* Daten *pl* ; Informationen *fpl* ; Informationsmaterial *n* ; *traitement m de l'~* (elektronische) Datenverarbeitung *f* ; *actualiser, effacer, mémoriser (stocker), réunir, transmettre des ~s* Informationen (Daten) auf den neuesten Stand bringen, löschen, speichern, sammeln, übertragen **3.** *(jur.)* Ermittlung *f* ; Untersuchung *f* ; *ouvrir une ~* ein Ermittlungsverfahren (eine Untersuchung) einleiten.

informatique Datenverarbeitungs- ; EDV- ; *moyens mpl ~s* EDV- Mittel *npl* ; EDV-Möglichkeiten *fpl* ; *système m ~* EDV-System *n*, -Anlage *f*.

informatique *f* (elektronische) Datenverarbeitung *f* ; EDV *f* ; DV *f* ; *(science)* Informatik *f* ; *commission f « ~ et libertés »* Datenschutzkommission *f* ; Datenschutzgesetz *n* ; *« Monsieur ~ » (R.F.A.)* Bundesbeauftragte(r) für Datenschutz ; *le recours à l'~* der Einsatz von Datenverarbeitung.

informatisation *f* Computerisierung [kɔmpju:təri'si:ruŋ] *f* ; EDV-Einsatz *m* ; Verdatung *f*.

informatiser computerisieren ; auf EDV umstellen ; verdaten ; Datenverarbeitung einsetzen ; *comptabilité f ~ée* computerisierte (computerunterstützte) Buchführung *f* ; *système m d'expéditions ~é* computerisiertes (ferngesteuertes) Abfertigungssystem *n* ; *~ une entreprise* einen Betrieb auf EDV umstellen.

informé *m (jur.)* Ermittlung *f* ; Erkundigung *f* ; *jusqu'à plus ample ~* bis auf weiteres ; bis zur weiteren Klärung der Sachlage.

informé, e informiert ; unterrichtet (*sur* über + A) ; *milieux mpl bien ~s* gut unterrichtete Kreise *mpl* ; *selon les milieux bien ~s* wie aus gut unterrichteten Kreisen verlautet...

informer 1. *~ qqn de qqch* jdn über etw (+ A) informieren, benachrichtigen ; jdn von etw in Kenntnis setzen ; jdm etw mitteilen ; *s'~ auprès de qqn* sich bei jdm über etw (+ A) erkundigen **2.** *(jur.)* *~ contre qqn* Ermittlungen gegen jdn einleiten.

infraction *f* Verstoß *m* (*à* gegen) ; Vergehen *n* ; Übertretung *f* ; Straftat *f* ; *~ au code de la route* Verstoß gegen die (Straßen)verkehrsordnung ; *~ au contrôle des changes* Devisenvergehen ; *~ fiscale* Steuervergehen ; *~ à la loi* Gesetzesübertretung ; Verstoß gegen das Gesetz ; *~ tarifaire* Tarifverstoß ; *~ au traité* Vertragsverletzung *f* ; *auteur m d'une ~ au code de la route* Verkehrssünder *m* ; *accuser qqn d'~ à la loi* jdn wegen Verstoßes gegen ein Gesetz anklagen.

infrastructure *f* Infrastruktur *f* ; Unterbau *m* ; Basis *f* ; *~ économique* wirtschaftliche Infrastruktur.

infructueux, euse erfolglos ; ergebnislos ; nutzlos ; fruchtlos.

ingénierie *f* Ingenieurbüro *n* ; Konstruktionsbüro ; technische und finanzielle Planung *f* ; Entwurf *m* und Planung *f* ; Engeneering [ɛndʒi'niəriŋ] *n* ; *(syn.)* engineering.

ingénieur *m* Ingenieur *m* ; Diplomingenieur ; *~ agronome* Diplomlandwirt *m* ; *~ en chef* Chefingenieur ; *~ civil* Bauingenieur ; *~ commercial* Vertriebsspezialist *m*, -fachmann *m* ; Verkaufsleiter *m* ; *~-conseil ⇒ ingénieur-conseil ; ~ électronicien* EDV-Fachmann *m* ; *~ diplômé* Diplomingenieur ; *~ d'études* Entwicklungsingenieur ; Projektleiter *m* ; *~ logiciel* Software-Fachmann *m* ; *~ des mines* Berg(bau)ingenieur ; *~ système → électronicien* ; *~ technico-commercial* technischer Kaufmann *m* ; Vertriebs-, Verkaufsfachmann *m*.

ingénieur-conseil *m* **1.** beratender Ingenieur *m* **2.** *(commerce)* Berater *m* ; Beratungsspezialist *m* ; Consulting-Fachmann *m* **3.** Patentanwalt *m*.

ingérence *f* Einmischung *f* (*dans* in + A) ; Eingreifen *n* ; Eingriff *m*.

initial, e Anfangs- ; anfänglich ; *capital m ~* Anfangskapital *n* ; *lettre f ~e* Anfangsbuchstabe *m* ; *valeur f ~e* Anfangswert *m*.

initiales *fpl* Anfangsbuchstaben *mpl* ; *~s du dicteur et de la dactylo* Anfangsbuchstaben des Ansagers und der Schreibkraft.

initiative *f* **1.** Initiative *f* ; ~ *de citoyens* Bürgerinitiative *f* ; ~ *législative* Gesetzesinitiative ; ~ *privée* Privatinitiative ; ~ *populaire* Volksbegehren *n* ; *de sa propre* ~ aus eigener Initiative ; aus eigenem Antrieb ; *prendre l'*~ die Initiative ergreifen **2.** *syndicat m d'*~ Fremdenverkehrsamt *n* ; Verkehrsverein.

initié *m (bourse)* Insider *m* ; *délit m d'*~ Insider-Delikt *n*, -Kriminalität *f* ; Verstoß *m* gegen Insiderwissen.

initier einführen ; einweihen ; vertraut machen mit.

injecter : *(fam.)* ~ *des capitaux dans l'économie, dans une entreprise* Gelder in die Wirtschaft, in ein Unternehmen pumpen (einspritzen).

injection *f* Injektion *f* ; Spritze *f* ; ~ *de fonds* Kredit-, Kapitalspritze.

injure *f* Beleidigung *f* ; Beschimpfung *f* ; Schimpfwort *n* ; Verbalinjurie *f*.

injurier beleidigen ; beschimpfen ; verunglimpfen.

injurieux, euse beleidigend.

injuste ungerecht.

injustice *f* Ungerechtigkeit *f* ; Unrecht *n* ; ~ *sociale* soziale Ungerechtigkeit ; soziales Unrecht.

innocuité *f* Unschädlichkeit *f* ; Harmlosigkeit *f* ; *contrôler (tester) l'*~ *d'un produit* ein Produkt auf Unbedenklichkeit kontrollieren (testen).

innovateur *m* Neuerer *m* ; Wegbereiter *m* ; Bahnbrecher *m*.

innovateur, trice innovatorisch ; innovativ ; neue Wege suchend ; *entreprise f ~trice* innovatives Unternehmen *n*.

innovation *f* Innovation *f* ; Neuerung *f* ; ~ *technique* technische Neuerung *f* ; *hostile aux ~s* innovationsfeindlich ; *introduire des ~s* Neuerungen (Innovationen) einführen.

innover Neuerungen einführen ; innovieren.

inobservance *f* ⇒ *inobservation*.

inobservation *f* Nichteinhaltung *f* ; Nichtbefolgung *f* ; ~ *du délai* Nichteinhaltung der Frist.

inofficiel, le inoffiziell ; nicht amtlich ; offiziös.

inondation *f* : ~ *du marché par des produits étrangers* Überschwemmung *f* (Überflutung *f*) des Marktes mit ausländischen Produkten.

inonder : ~ *le marché de qqch* den Markt mit etw überschwemmen (überfluten) ; *être ~é de qqch* von etw überschwemmt werden.

inopérable nicht operierbar ; inoperabel.

inopérant, e unwirksam ; wirkungslos ; ineffizient.

inopportun, e unpassend ; unangebracht ; unzweckmäßig.

inopportunité *f* Unzweckmäßigkeit *f* ; Unangebrachtheit *f*.

inoxydable rostfrei.

input *m (inform.)* Input *n* ; Dateneingabe *f* ; *tableau m ~-output* Input-Output-Tabelle *f*.

insaisissabilité *f (jur.)* Unpfändbarkeit *f*.

insaisissable **1.** *(jur.)* unpfändbar ; pfändungsfrei **2.** *statistiquement* ~ statistisch nicht zu erfassen(d).

insalubre ungesund ; gesundheitsschädlich ; *îlot m* ~ Elendsviertel *n*.

insalubrité *f* Gesundheitsschädlichkeit *f* ; *prime f d'*~ Zulage *f* für gesundheitsschädliche Arbeiten.

inscription *f* **1.** Anschrift *f* ; Beschriftung *f* **2.** Eintragung *f* ; Einschreibung *f* ; ◆ ~ *au chômage* Meldung *f* als Arbeitsloser ; ~ *à un cours* Anmeldung *f* zu einem Kurs ; Belegung *f* eines Kurses ; ~ *à (dans) une faculté* Immatrikulation *f* ; ~ *hypothécaire (d'hypothèque)* Hypothekeneintragung ; ~ *d'office* Einschreibung von Amts wegen ; ~ *à l'ordre du jour* Aufnahme *f* in die Tagesordnung ; ~ *au passif (d'un compte)* Passivierung *f* ; ~ *au procès-verbal* Aufnahme *f* in das Protokoll ; ~ *au registre du commerce* Eintragung in das Handelsregister ; ~ *au registre foncier* Grundbucheintragung ; ◆◆ *clôture f des ~s* Anmeldeschluß *m* ; *date f d'*~ Einschreibedatum *n* ; Anmeldetermin *m* ; *droits mpl d'*~ Einschreibegebühren *fpl* ; *feuille f d'*~ Anmeldeformular *n* **3.** *(jur.)* ~ *en faux* Fälschungsklage *f* ; Bestreitung *f* der Echtheit einer Urkunde.

inscrire **1.** eintragen ; einschreiben ; ~ *à l'actif* aktivieren ; auf der Aktivseite verbuchen ; ~ *à la cote officielle* amtlich notieren ; ~ *une hypothèque* eine Hypothek eintragen ; ~ *sur une liste* auf eine Liste setzen ; ~ *à l'ordre du jour* auf die Tagesordnung setzen ; ~ *au passif* passivieren ; ~ *sur (dans) un registre* in ein Register eintragen ; ~ *au registre du commerce* ins Handelsregister eintragen ; ~ *la valeur* den Wert ansetzen **2.** *(bourse)* *s'*~ *en baisse* ; zurückgehen ; niedriger notiert sein ; *s'*~ *en hausse* steigen ; höher notiert sein ; **3.** *s'*~ *à une faculté* sich (an einer Hochschule) immatrikulieren **4.** *(jur.)* *s'*~ *en faux (contre)* die Echtheit einer

Urkunde bestreiten.

inscrit *m* Eingeschriebene(r) ; Angemeldete(r) ; *(faculté)* Immatrikulierte(r) ; *(polit.)* *~s* Wahlberechtigte(n).

inscrit, e eingeschrieben ; angemeldet ; *député m non ~* fraktionslose(r) (parteiloser) Abgeordnete(r) ; *être ~ à...* bei... eingeschrieben sein ; *être ~ à un parti* Mitglied einer Partei sein ; *maison f ~e au registre du commerce* eingetragene Firma *f*.

insécurité *f* Unsicherheit *f* ; *~ économique et politique* wirtschaftliche und politische Unsicherheit.

I.N.S.E.E. *m (Institut national de la statistique et des études économiques)* staatliches Institut *n* für Statistik und Wirtschaftsstudien ; *(R.F.A.)* statistisches Bundesamt *n*.

insérer einfügen ; einschieben ; *~ une annonce* annoncieren ; etw (in einer Zeitung) inserieren (aufgeben) ; *~ une clause (dans un contrat)* eine Klausel (in einen Vertrag) einfügen (einbauen) ; *~ dans un texte* in einen Text einfügen.

insertion *f* **1.** Einfügung *f* ; Einschiebung *f* **2.** *(journal)* Inserat *n* ; Annonce *f* ; Inserieren *n* **3.** Veröffentlichung *f* ; Bekanntgabe *f* ; *(jur.) ~ légale* (gesetzlich vorgeschriebene oder gerichtlich angeordnete) Bekanntgabe *f* durch Anzeige in einer Zeitung.

insoluble unlösbar ; *problème m ~* unlösbares Problem *n*.

insolvabilité *f* Zahlungsunfähigkeit *f* ; Insolvenz *f* ; Kreditunfähigkeit *f* ; *assurance f ~* Konkursausfallversicherung *f* ; *en cas d'~* im Falle der Nichteintreibbarkeit ; bei Zahlungsunfähigkeit ; *risque ~ de l'acheteur* Delkredererisiko *n*.

insolvable zahlungsunfähig ; insolvent ; *débiteur m ~* zahlungsunfähiger Schuldner *m*.

inspecter besichtigen ; kontrollieren ; prüfen ; inspizieren.

inspecteur *m* **1.** Inspektor *m* ; Aufseher *m* ; Prüfer *m* ; Kontrolleur *m* **2.** *(haut fonctionnaire)* Inspektor *m* ; (Ober)regierungsrat *m* ; *~ des finances (du fisc)* Finanzinspektor *m* ; Steuerfahnder *m* ; *~ général* Generalinspekteur ; Ministerialdirektor *m* ; *~ général de l'administration en mission extraordinaire* ⇒ *I.G.A.M.E.* ; *~ du travail et de la main-d'œuvre* Arbeitsinspektor ; Gewerbeaufsichtsbeamte(r) ; Gewerbeinspektor.

inspection *f* **1.** Inspektion *f* ; Aufsicht *f* ; Kontrolle *f* ; *~ des livres comptables* Prüfung *f* der Bücher ; Buchprüfung **2.** Aufsichtsbehörde *f* ; Aufsichtsamt *n* ; *~ générale des finances* Generalinspektion *f* der Finanzen ; oberste Finanzaufsichtsbehörde *f* ; *~ du travail et de la main-d'œuvre* Gewerbeaufsichtsamt *n*.

inspirer : *qui ~e confiance* vertrauenerweckend.

instabilité *f* Unbeständigkeit *f* ; Schwanken *n* ; *~ conjoncturelle* konjunkturelle Unbeständigkeit ; *~ des prix* Preisunsicherheit *f*.

instable unsicher ; unbeständig ; nicht stabil ; schwankend.

installateur *m* Installateur *m* (Heizung, Gas etc.).

installation *f* **1.** *(appareils)* Installierung *f* ; Installation *f* ; Anlage *f* ; Aufstellung *f* ; Einrichtung *f* ; Montage *f* ; *~s industrielles* Industrie-, Fabrikanlagen *fpl* ; *~s portuaires* Hafenanlagen ; *~s de production* Produktionsanlage ; *frais mpl d'~* Einrichtungskosten *pl* **2.** *~ (dans ses fonctions)* Amtseinsetzung *f*, -einführung *f* ; Bestallung *f*.

installer **1.** aufstellen ; errichten ; ausrüsten ; ausstatten ; einrichten ; installieren **2.** *~ (dans une fonction)* (in ein Amt) einsetzen ; bestallen **3.** *s'~ à son compte* sich selbständig machen.

1. instance *f* **1.** *(jur.)* Instanz *f* ; (gerichtliches) Verfahren *n* ; *en première ~* in erster Instanz ; *~ d'appel* Berufungsinstanz ; Berufungsverfahren ; *~ de conciliation* Einigungsstelle *f* ; *~ en référé* Verfahren zum Erlaß einer einstweiligen Verfügung ; *tribunal m d'~* Amtsgericht *n* « Abteilung Zivilsachen » ; *tribunal m de grande ~* Landgericht *n* ; *en ~* rechtshängig ; anhängig ; *être en ~ de divorce* in Scheidung leben (liegen) **2.** *(jur.)* Klage *f* ; Prozeß *m* ; Rechtssache *f* ; *engager une ~* ein Verfahren einleiten ; *intenter une ~* eine Klage einreichen **3.** *(fig.)* Instanz *f* ; *~ de contrôle* Kontrollinstanz.

2. instances *fpl* **1.** *(jur.)* Instanzenordnung *f* **2.** dringender Antrag *m* ; inständige Bitte *f*.

instaurateur *m* Begründer *m*.

instauration *f* Begründung *f* ; Errichtung *f* ; Einführung *f* ; Schaffung *f*.

instaurer gründen ; einführen ; errichten ; *~ une réforme, une politique* eine Reform, eine Politik einleiten.

instigateur *m* Anstifter *m* ; Anführer *m* ; Drahtzieher *m* ; Anzett(e)ler *m* ;

être l'~ de qqch etw anzetteln.

instigation *f* Anstiftung *f* ; Anregung *f* ; *à l'~ de qqn* auf jds Anraten hin.

instituer 1. einführen ; errichten ; gründen ; *~ une fondation* eine Stiftung errichten 2. *(jur.) ~ un héritier* einen Erben einsetzen.

institut *m* Institut *n* ; Anstalt *f* ; wissenschaftliche Gesellschaft *f* ; *~ bancaire* Bankinstitut ; *~ de conjoncture* Konjunkturinstitut ; *~ de crédit foncier* Bodenkreditanstalt ; Realkreditinstitut *n* ; *~ démoscopique (de sondage)* Meinungsforschungsinstitut ; *~ d'émission* Emissionsbank *f*, -institut ; Notenbank ; *~ d'études de marché* Marktforschungsinstitut ; *~ de recherches* Forschungsinstitut ; *institut national de la consommation* ⇒ *I.N.C.* ; *~ national de la statistique et des études économiques (I.N.S.E.E)* Institut für Statistik und Wirtschaftsforschung ; *(R.F.A.)* Statistisches Bundesamt *n* ; *~ universitaire de technologie (I.U.T.)* Fachhochschule *f* für Technologie.

institution *f* 1. Einrichtung *f* ; Anstalt *f* ; Institut *n* ; Institution *f* ; Organ *n* ; *~ d'assurances* Versicherungsanstalt, -träger *m* ; *~ autonome* Selbstverwaltungskörperschaft *f* ; *~ de bienfaisance* Wohlfahrtseinrichtung ; karitative Einrichtung ; *~s internationales, politiques* internationale, politische Institutionen ; *~ sociale* Sozialeinrichtung ; gemeinnützige Einrichtung 2. *(jur.) ~ d'héritier* Erbeinsetzung *f*.

institutionnalisation *f* Institutionalisierung *f*.

institutionnaliser institutionalisieren ; zu einer festen Einrichtung machen.

institutionnel, le institutionell.

instructeur *m* 1. Ausbilder *m* ; Unterweiser *m* 2. *(jur.) juge m ~* Untersuchungsrichter *m*.

instruction *f* 1. Unterricht *m* ; Ausbildung *f* ; *~ publique* öffentliches Schulwesen *n* ; staatliches Unterrichtswesen 2. Wissen *n* ; Kenntnisse *fpl* ; Schulbildung *f* ; *avoir de l'~* eine gute (Allgemein)bildung besitzen 3. (An)weisung *f* ; Vorschrift *f* ; Instruktion *f* ; *donner des ~s* Weisungen geben (erteilen) 4. *~s* (Betriebs)anleitung *f* ; Gebrauchsanweisung *f* ; *(inform.)* Befehl. *m* 5. *(jur.)* Untersuchung *f* ; strafrechtliche Voruntersuchung ; *juge m d'~* Untersuchungsrichter *m*.

instruire 1. *~ qqn* jdn unterrichten ; jdn ausbilden ; jdn anleiten ; jdn belehren 2. *~ qqn de qqch* jdn über etw (+A) unterrichten ; jdn von etw in Kenntnis setzen 3. *(jur.) ~ une affaire* eine strafrechtliche Voruntersuchung einleiten 4. *(jur.)* einen Antrag prüfen ; eine Untersuchung durchführen.

instrument *m* 1. Instrument *n* ; Mittel *n* ; Werkzeug *n* ; *~ de crédit* Kreditinstrument ; *~ de paiement* Zahlungsmittel ; *~ de propagande* Propagandamittel, -instrument 2. *(jur.)* Urkunde *f* ; Dokument *n* ; *~ officiel* amtliche Urkunde ; *~ de ratification* Ratifikationsurkunde.

insu : *à l'~ de qqn* ohne jds Wissen ; *à mon ~* ohne mein Wissen ; ohne daß ich es wußte.

insubordination *f* Ungehorsam *m* ; Gehorsamsverweigerung *f*.

insubordonné, e ungehorsam ; unbotmäßig.

insuccès *m* Mißerfolg *m* ; Scheitern *n* ; Fehlschlag *m* ; Flop *m*.

insuffisance *f* Unzulänglichkeit *f* ; Mangel *m* ; Lücke *f* ; *~s* Schwächen *fpl* ; *~ d'actif* Mangel an Masse ; Unzulänglichkeit an Masse ; *~ d'assurance* Unterversicherung *f* ; *~ de capitaux* Kapitalmangel ; *~ d'emploi* Unterbeschäftigung *f* ; *~ des investissements* Investitionslücke *f* ; *~ de la provision* ungenügende Deckung *f* ; *~ d'un travail* Unzulänglichkeit einer Arbeit.

insuffisant, e ungenügend ; unzureichend ; unzulänglich ; *couverture f ~e* unzulängliche Deckung *f* ; Unterdekkung ; *production f ~e* Unterproduktion *f*.

insulte *f* Beleidigung *f* ; Beschimpfung *f*.

insulter beleidigen ; beschimpfen.

insurmontable unüberwindlich ; unüberwindbar.

intact, e ganz ; intakt ; unbeschädigt ; unversehrt.

intégral, e vollständig ; ganz ; ungekürzt ; *(math.) calcul m ~* Integralrechnung *f* ; *remboursement m ~* Rückzahlung *f* des gesamten Betrags ; *texte m ~* vollständiger Wortlaut *m*.

intégralité *f* Vollständigkeit *f*.

intégrant, e : *partie f ~e* wesentlicher (unerläßlicher) Bestandteil *m* ; *faire partie ~e de qqch* ein integrierender Bestandteil einer Sache sein.

intégration *f* Integration *f* ; Eingliederung *f* ; Aufnahme *f* ; Fusionierung *f* ; Zusammenschluß *m* ; *~ économique* wirtschaftliche Integration ; *~ horizontale* horizontale Integration (Zusammenschluß mehrerer Unternehmen derselben

Produktionsstufe) ; ~ *industrielle* industrielle Integration ; ~ *monétaire* Währungsintegration ; Währungsverbund *m* ; ~ *verticale* vertikale Integration (Zusammenschluß mehrerer Unternehmen verschiedener Produktionsstufen).

intègre rechtschaffen ; unbestechlich ; unbescholten.

intégrer aufnehmen ; integrieren (*dans, à* in + A) ; eingliedern ; *circuits mpl ~és* integrierte Schaltkreise *mpl* ; *s'~* sich integrieren ; sich zusammenschließen ; *être ~é* integriert sein.

intégrité *f* 1. Vollständigkeit *f* ; Integrität *f* ; *(territoire)* Unversehrtheit *f* 2. *(personne)* Rechtschaffenheit *f* ; Unbestechlichkeit *f*.

intellectuel *m* Intellektuelle(r) ; Geistesarbeiter *m* ; Kopfarbeiter.

intellectuel, le geistig ; Geistes- ; intellektuel ; *propriété f ~le* geistiges Eigentum *n* ; *quotient m ~ (Q.I.)* Intelligenzquotient *m* (IQ) ; *travail m ~* geistige Arbeit *f* ; *travailleur m ~* Geistes-, Kopfarbeiter *m*.

intelligence *f* 1. Intelligenz *f*. Geist *m* ; *test m d'~* Intelligenztest *m* 2. Einvernehmen *n* ; (geheimes) Einverständnis *n*.

intendance *f* Verwaltung *f* ; Verwaltungsbüro *n*, -stelle *f*.

intendant *m* 1. Verwalter *m* ; *(exploitation)* Gutsverwalter 2. *(lycée)* Verwaltungsdirektor *m* 3. *(militaire)* Intendant *m*.

intensif, ive 1. intensiv ; *propagande f ~ive* intensive (massive) Propaganda *f* 2. *(agric.) culture f ~ive* intensive Bodenbewirtschaftung *f* ; Intensivkultur *f*.

intensification *f* Verstärkung *f* ; Intensivierung *f* ; ~ *de la concurrence, de la demande* Verstärkung des Wettbewerbs, der Nachfrage ; ~ *de la production* Intensivierung der Produktion.

intensifier intensivieren ; steigern ; fördern ; ankurbeln ; ~ *le commerce, les exportations* den Handel fördern, den Export intensivieren.

intensité *f* Intensität *f* ; Stärke *f* ; Dichte *f* ; ~ *de la circulation* Verkehrsdichte ; Verkehrsaufkommen *n*.

intenter *(jur.)* : ~ *une action* Klage erheben ; eine Klage einreichen ; ~ *une action contre qqn* jdn verklagen.

intention *f* Absicht *f* ; Vorhaben *n* ; Vorsatz *m* ; ~ *délibérée* feste Absicht ; fester Vorsatz ; *(jur.)* ~ *délictueuse* verbrecherische Absicht ; ~ *frauduleuse* betrügerische Absicht ; Täuschungsabsicht ; *déclaration f d'~* Absichts-, Willenserklärung *f* ; *avoir l'~ de...* beabsichtigen ; die Absicht haben, zu...

intentionnel, le absichtlich ; vorsätzlich ; *(jur.) acte m ~* vorsätzliche Handlung *f*.

inter *m (interurbain)* Fern(melde)amt *n* ; *demander (passer par) l'~* eine Verbindung vom Fern(melde)amt herstellen lassen ; das Fern(melde)amt verlangen.

interactif, ive *(inform.)* interaktiv.

interaction *f* Interaktion *f* ; Wechselwirkung *f* ; gegenseitige Beeinflussung *f* ; Zusammenwirken *n*.

interallemand, e innerdeutsch ; gesamtdeutsch ; deutsch-deutsch ; *commerce m, échanges mpl ~(s)* innerdeutscher Handel *m* ; Handel zwischen den beiden deutschen Staaten.

interbancaire Banken- ; Bank-an-Bank- ; *opérations fpl ~s* Bank-an-Bank-, Interbankengeschäfte *npl*.

intercatégoriel, le interkategorial.

intercepter 1. *(lettres)* abfangen ; auffangen ; unterschlagen 2. *(téléph.)* abhören.

interchangeabilité *f* Austauschbarkeit *f* ; Auswechselbarkeit.

interchangeable austauschbar ; auswechselbar ; umtauschbar.

intercommunal, e interkommunal ; mehrere Kommunen (Gemeinden) betreffend ; zwischenkommunal.

intercontinental, e interkontinental ; *fusée f ~e* Interkontinentalrakete *f*.

interdépartemental, e mehrere Departements betreffend.

interdépendance *f* 1. gegenseitige Abhängigkeit *f* ; Wechselbeziehung *f* ; Interdependenz *f* 2. *(entreprises)* (enge) Verflechtung *f* ; Verschachtelung *f*.

interdiction *f* Verbot *n* ; Untersagung *f* ; Sperre *f* ; ~ *de commerce (de commercer)* Handelsverbot ; ~ *de construire* Bauverbot ; ~ *d'exportation* Ausfuhrverbot ; Exportsperre ; ~ *d'importation* Einfuhrverbot ; Importsperre ; ~ *d'exercer une profession* Berufsverbot *(R.F.A.)* ~ *professionnelle* Berufsverbot *(refus des pouvoirs publics d'embaucher une personne soupçonnée d'avoir ou de propager des idées jugées non conformes à la constitution)* ; ~ *de séjour* Aufenthaltsverbot ; ~ *de vente* Verkaufsverbot 2. *(jur.)* Entmündigung *f* ; ~ *des droits civiques* Aberkennung *f* der staatsbürgerlichen Rechte.

interdire 1. verbieten ; untersagen 2.

(jur.) ~ *qqn* jdn entmündigen **3.** *(relever d'une fonction)* eines Amts entheben.

interdisciplinaire interdisziplinär ; fachübergreifend ; mehrere Fachrichtungen betreffend.

interdit *m (jur.)* Entmündigte(r) ; ~ *de séjour* Ausgewiesene(r) ; von einem Aufenthaltsverbot Betroffene(r).

interdit, e 1. verboten ; untersagt ; ~ *aux véhicules* für Fahrzeuge gesperrt ; *passage m* ~ Durchgang *m,* Durchfahrt *f* verboten ; *reproduction f ~e* Nachdruck *m* verboten ; Wiedergabe *f* verboten **2.** *(jur.)* entmündigt.

interentreprises überbetrieblich ; zwischenbetrieblich ; *coopération f* ~ überbetriebliche Zusammenarbeit *f.*

intéressant, e interessant ; *offre f ~e* vorteilhaftes Angebot *n.*

intéressé *m* Beteiligte(r) ; Interessent *m* ; Betroffene(r) ; *les ~s sont priés de...* die Interessenten werden gebeten, zu...

intéressé : *être ~ aux bénéfices* an den Gewinnen beteiligt sein ; *être ~ dans une affaire* an einem Geschäft beteiligt sein.

intéressement *m* Beteiligung *f* ; ~ *(des salariés) aux bénéfices de l'entreprise* Gewinnbeteiligung (der Arbeitnehmer) ; *part f d'~* Gewinnanteil *m* ; *prime f d'~* Leistungsprämie *f.*

intéresser 1. ~ *qqn aux bénéfices* jdn am Gewinn beteiligen ; *être ~é pour 40 % dans une affaire* an einem Geschäft mit 40 % beteiligt sein **2.** *s'~ à qqch* sich für etw interessieren ; an etw (+ D) interessiert sein ; *s'~ à la gestion* sich für Unternehmungsführung interessieren.

intérêt *m*	1. ***curiosité, agrément*** 2. ***avantage, profit*** 3. ***intérêt perçu sur un capital, intérêt dû***

1. ***(curiosité, agrément)*** Interesse *n* ; Anteilnahme *f* ; Bedeutung *f* ; *avec* ~ mit Interesse ; interessiert ; *du plus grand* ~ von höchstem Interesse ; *manifester de l'~ pour qqn, pour qqch* Interesse für jdn, für etw zeigen (bekunden).

2. ***(avantage, profit)*** Interesse *n* ; Vorteil *m* ; Nutzen *m* ; *~s* Belange *mpl* ; ♦ ~ *des affaires* Geschäftsinteresse ; ~ *assurable, assuré* versicherbares, versichertes Interesse ; *~s collectifs* Kollektivinteressen ; kollektive Belange ; *~s commerciaux* Handelsinteressen ; ~ *commun* Gemeininteresse ; *d'~ commun* gemeinnützig ; ~ *communautaire* gemeinschaftliches Interesse ; ~ *des consommateurs* Verbraucherinteresse ; ~ *économique, financier* wirtschaftliches, finanzielles Interesse ; ~ *général* Gemeinnützigkeit *f* ; *dans l'~ général* für das Gemeinwohl ; im allgemeinen Interesse ; ~ *légitime* berechtigtes Interesse ; ~ *matériel* materielles Interesse ; ~ *particulier* Privatinteresse ; ~ *personnel* persönliches Interesse ; Eigennutz *m* ; ~ *privé* Privatinteresse ; *~s professionnels* Berufsinteressen ; *dans son propre* ~ im eigenen Interesse ; aus Eigennutz ; ~ *public* öffentliches Interesse ; Gemeinwohl *n* ; ♦♦ *association f d'~s* Interessengemeinschaft *f* ; *centre m d'~* Interessenbereich *m* ; *communauté f d'~s* Interessengemeinschaft *f* ; *conflit m d'~s* Interessenkonflikt *m,* -kollision *f* ; *contraire aux ~s des salariés, du patronat* arbeitnehmer-, arbeitgeberfeindlich ; *groupe m d'~s* Interessenvereinigung *f* ; Lobby *f* ; *groupement m d'~s économiques* wirtschaftlicher Interessenverband *m* ; *sphère f d'~s* Interessensphäre *f* ; ♦♦♦ *avoir des ~s dans une entreprise* an einem Unternehmen beteiligt sein ; *concilier les ~s* die Interessen in Einklang bringen ; *défendre les ~s de qqn* jds Interessen verteidigen (vertreten, wahren) ; *favoriser les ~s de l'entreprise* die Betriebsinteressen fördern ; *servir les ~s de qqn* jds Interessen dienen ; *sauvegarder les ~s de qqn* jds Interessen wahrnehmen (wahren).

3. ***(intérêt perçu sur un capital, intérêt dû)*** Zins *m* ; Zinsen *mpl* ; ♦ *à* ~ verzinslich ; zinsbringend ; zinstragend ; *à 10 % d'~* zu 10 % Zinsen ; *~s accumulés (accrus)* aufgelaufene Zinsen ; ~ *annuel* Jahreszins ; Annuität *f* ; *~s annuels* jährliche Zinsen ; ~ *de l'argent* Geldzins ; Kapitalertrag *m* ; *~s arriérés* rückständige Zinsen ; *à ~ avantageux* zinsgünstig ; ~ *du capital* Kapitalzins, -ertrag *m,* -rente *f* ; *~s capitalisés* zum Kapital geschlagene Zinsen ; *~s composés* Zinseszinsen ; *~s courants* laufende Zinsen ; *~s courus* aufgelaufene Zinsen ; *~s créditeurs* Kredit-, Habenzinsen ; *~s débiteurs* Schuld-, Sollzinsen ; *~s différés, dus, échus* gestundete, zu zahlende, fällige Zinsen ; ~ *effectif* Effektiv-, Nominalzins ; *à ~ élevé (à fort taux d'~)* hochverzinslich ; *à ~ faible (à faible taux d'~)* mit niedrigem Zinsniveau ; *à ~ fixe* festverzinslich ; mit festem Ertrag ; *~s moratoires* Aufschub-, Stundungszinsen ; *~ net (pur)* Nettozins ; reiner Zins ; *~ nominal (effectif)* Effektiv-, Nominalzins ; *~ d'un prêt* Darlehenszins ; *~s usuraires* Wucherzinsen ; *à ~ variable* mit veränderlichem Zinssatz (Ertrag) ; ♦♦ *calcul m des ~s* Zins(en)berechnung *f* ; *capitalisation f des ~s* Kapitalisierung *f* der Zinsen ; *compte m d'~s* Zinsenkonto *n* ; *coupon m d'~* Zinsschein *m*, -kupon *m*, -abschnitt *m* ; *créance f d'~ (sur)* Zinsforderung *f* ; *emprunt m à ~* verzinsliche Anleihe *f* ; *jouissance f d'~s* Zinsgenuß *m* ; Verzinsung *f* ; *majoration f de l'~* Zinserhöhung *f* ; *placement m à ~* verzinsliche Kapitalanlage *f* ; *politique des taux d'~ élevés* Hochzinspolitik *f* ; *prêt m à, sans ~* verzinsliches, unverzinsliches Darlehen *n* ; *produit m de l'~* Zinsertrag *m* ; *réduction f des ~s* Zinssenkung *f*, -ermäßigung *f* ; *sans ~* zinslos ; zinsfrei ; *service m des ~s* Zinsdienst *m* ; *table f d'~s* Zinstafel *f*, -tabelle *f* ; *taux m d'(de l')* ~ Zinssatz *m*, -fuß *m* ; Verzinsung *f* ; *valeur f à ~ fixe* festverzinsliches Wertpapier *n* ; *versement m des ~s* Zinszahlung *f* ; ♦♦♦ *abaisser le taux d'~* den Zinssatz senken (herabsetzen) ; *accumuler (bonifier) les ~s* die Zinsen kapitalisieren (anstehen lassen) ; *calculer les ~s* die Zinsen ausrechnen (berechnen) ; *capitaliser (accumuler) les ~s* die Zinsen zum Kapital schlagen ; die Zinsen kapitalisieren ; *demander un ~ de 10 %* 10 % Zinsen verlangen ; *emprunter à (contre)* auf Zinsen (aus)leihen ; zinsbringend (ent)leihen ; *faire fructifier les ~s* die Zinsen kapitalisieren (anstehen lassen, zum Kapital schlagen) ; *payer des ~s à qqn pour de l'argent emprunté* jdm Zinsen für geliehenes Geld zahlen ; von jdm geliehenes Geld verzinsen ; *placer à ~* zinsbringend (verzinslich) anlegen ; *prélever des ~s* Zinsen berechnen ; *prêter à (contre) ~* auf Zinsen leihen ; *produire (porter, rapporter) des ~s* Zinsen bringen (einbringen, abwerfen, tragen) ; sich verzinsen ; *réduire, relever le taux de l'~* den Zinssatz senken, erhöhen ; *servir des ~s* Zinsen zahlen ; verzinsen.

interface *m (inform.)* Interface *f*.

intergouvernemental, e zwischenstaatlich ; Regierungs-.

intérieur *m* Innere(s) ; *l'~ du pays* Landesinnere *n* ; Binnenland *n* ; *ministère m de l'~* Ministerium *n* des Inneren ; Innenministerium *n* ; *à l'~ de l'entreprise* innerhalb des Unternehmens.

intérieur, e innere(r,s) ; Innen- ; Binnen- ; *commerce m ~* Binnenhandel *m* ; *demande f ~e* inländische Nachfrage *f* ; Inlandsnachfrage *f* ; *marché m ~* (ein)heimischer Markt *m* ; Binnen-, Inlandsmarkt ; *mer f ~e* Binnenmeer *n* ; *navigation f ~e* Binnen-, Flußschifffahrt *f* ; *ventes fpl ~es* Inlandsverkäufe *mpl*.

intérim *m* Interim *n* ; Zwischen-, Übergangszeit *f* ; Provisorium *n* ; *par ~* aushilfsweise ; in der Zwischenzeit ; vertretungsweise ; *agence f d'~* Zeitarbeitsagentur *f*, -unternehmen *n* ; Büro *n* für die Vermittlung von Aushilfskräften ; *dividende m ~* Interims-, Abschlagsdividende *f* ; *gouvernement m par ~* Interimsregierung *f* ; *assurer l'~* jdn vertreten ; jds Vertretung übernehmen ; *exercer une fonction par ~* eine Tätigkeit vertretungsweise ausüben.

intérimaire 1. zeitweilig ; vorläufig ; vorübergehend ; interimistisch ; *personnel m ~* Zeit(arbeits)kräfte *fpl* ; Zeitpersonal *n* ; Aushilfskräfte ; Aushilfspersonal ; Vertretungskräfte, -personal ; *travail m ~* **a)** Zeitarbeit *f (côté patronal)* ; **b)** Leiharbeit *(côté syndical)* **2.** *l'~ m* Zeitarbeiter *m* ; Zeitangestellte(r) ; Zeit(arbeits)kraft *f*.

interligne *f* leerer Zwischenraum *m* (zwischen den Zeilen).

interlocuteur *m* Gesprächspartner *m* ; Verhandlungspartner.

interlope 1. *(hôtel)* verrufen ; zweideutig **2.** *commerce m ~* Schleichhandel *m* ; Schwarzhandel.

intermédiaire *m* **1.** Vermittler *m* ; Mittelsmann *m* ; Mittelsperson *f* ; Mittler *m* ; *~ agréé* zugelassener Vermittler ; *par l'~ de...* durch Vermittlung von... ; *~ de main-d'œuvre* Arbeitskräftevermittler ; *informer ses ~s* seine Mittelsleute informieren ; *offrir ses services d'~* seine Vermittlungsdienste anbieten ; *servir d'~* (zwischen zwei Personen) vermitteln ; als Vermittler auftreten **2.** Zwischenhändler *m* ; *achat m sans ~* direkter Bezug *m* ; *commerce m d'~* Zwischenhandel *m* ; *importation f par, sans ~* indirekte, direkte Einfuhr *f* ; *vente f sans ~* direkter Absatz *m* ; direkter Vertrieb *m* ; *acheter sans ~* aus erster Hand (direkt) beziehen.

intermédiaire Zwischen- ; Mittel- ; *accord m ~* Zwischenabkommen *n* ; *commerce m ~* Zwischenhandel *m* ; *étape* *f (stade m)* ~ Zwischenstufe *f* ; *produit m* ~ Halberzeugnis *n* ; Zwischenprodukt *n* ; Halbfertigware *f* ; Halbprodukt.

interministériel, le interministeriell ; *commission f ~le* interministerieller Ausschuß *m.*

international, e international ; grenzüberschreitend ; zwischenstaatlich ; *(téléph.) communication f ~e* Auslandsgespräch *n* ; *coupon-réponse m* ~ internationaler Antwortschein *m* ; *droit m* ~ internationales Recht *n* ; *organisations fpl ~es* internationale Organisationen *fpl* ; *politique f ~e* internationale Politik *f* ; Weltpolitik ; *relations fpl. ~es* internationale (zwischenstaatliche) Beziehungen *fpl* ; *trafic m* ~ grenzüberschreitender Verkehr *m.*

internationalisation *f* Internationalisierung *f.*

internationaliser internationalisieren.

interne 1. innerbetrieblich ; intern ; *affaire f ~ à l'entreprise* betriebseigene Angelegenheit *f* ; *financement m ~ (à l'entreprise)* Innenfinanzierung *f* ; *(comptab.) règlement m* ~ innerbetriebliche Abrechnung *f* 2. binnenländisch ; innerstaatlich ; *migration f* ~ Binnenwanderung *f.*

interpellation *f* 1. *(polit.)* parlamentarische Anfrage *f* 2. *(jur.)* Aufforderung *f* ; Mahnung *f* 3. *(police)* Überprüfung *f* der Personalien.

interpeller 1. *(polit.)* eine Anfrage richten 2. *(jur.)* auffordern ; mahnen 3. *(police)* die Personalien überprüfen ; sistieren.

interpénétration *f* Verflechtung *f* ; gegenseitige Durchdringung *f* ; *~ des capitaux, des crédits* Kapital-, Kreditverflechtung ; *~ économique* wirtschaftliche Verflechtung ; Wirtschaftsverflechtung ; *~ des marchés* Verflechtung der Märkte ; Marktverflechtung.

interphone *m* Sprechanlage *f* ; Gegensprechanlage ; Haustelefon *n.*

Interpol *f* Interpol *f.*

interposé, e : *(jur.) personne f ~e* Mittelsmann *m*, -person *f* ; *par personne ~e* durch einen Mittelsmann.

interprétariat *m* Dolmetscherwesen *n* ; Dolmetscherberuf *m* ; *école f d'~* Dolmetscherschule *f.*

interprétation *f* 1. Interpretation *f* ; Auslegung *f* ; Deutung *f* ; Analyse *f* ; *~ du bilan* Bilanzanalyse ; *~ d'une loi* Gesetzesauslegung ; Auslegung eines Gesetzes 2. Dolmetschen *n* ; *~ consécutive, simultanée, de conférence* Konsekutiv-, Simultan-, Konferenzdolmetschen.

interprète *m* 1. Dolmetscher *m* ; *~ assermenté* vereidigter Dolmetscher ; *servir d'~* dolmetschen ; *faire l'~* den Dolmetscher spielen 2. *(fig.)* Fürsprecher *m* ; Dolmetsch *m* ; Befürworter *m.*

interpréter 1. interpretieren ; auslegen ; deuten ; erklären 2. (ver)dolmetschen.

interprofessionnel, le überberuflich ; überfachlich ; mehrere Berufsgruppen umfassend ; *association f ~le* überberuflicher Fachverband *m* ; *foire f ~le* Fachmesse *f* ; *salaire m minimum ~ de croissance (S.M.I.C.)* garantierter Mindestlohn *m.*

interrogatoire *m (jur.)* Verhör *n* ; Vernehmen *n* ; *~ contradictoire* Kreuzverhör ; *subir un* ~ verhört (vernommen) werden.

interrompre *(provisoirement)* unterbrechen ; *(définitivement)* abbrechen ; *les négociations ont été interrompues sans résultat* die Verhandlungen wurden ergebnislos abgebrochen.

interruption *f* Unterbrechung *f* ; Abbruch *m* ; *~ de l'exploitation* Betriebsunterbrechung ; *~ du trafic* Verkehrsunterbrechung ; *~ du travail* (längere) Arbeitsunterbrechung ; *(magasin) ouvert sans ~* durchgehend geöffnet ; *~ volontaire de grossesse (I.V.G.)* Schwangerschaftsabbruch *m* ; Abtreibung *f.*

intersyndical, e mehrere Gewerkschaften betreffend ; gewerkschaftsübergreifend ; *réunion f ~e* übergewerkschaftliche Versammlung *f.*

interurbain *m (téléph.)* Fern(melde)amt *n.*

interurbain, e *(téléph.)* Fern- ; zwischen den Städten ; *appel m, communication f ~(e)* Ferngespräch *n* ; *service m* ~ Fern(melde)amt *n* ; *service m ~ automatique* Selbstwählferndienst *m.*

intervenant *m* 1. *(effets de commerce)* Honorant *m* ; Ehrenakzeptant *m* 2. Intervenient *m.*

intervenir 1. eingreifen ; intervenieren ; (gegen jdn, etw) einschreiten ; sich einmischen (*dans* in + A) ; *~ dans un pays* in einem Land intervenieren ; *~ auprès de qqn en faveur de qqn* bei jdm für jdn intervenieren ; sich für jdn einsetzen 2. *(dans un esprit de conciliation)* sich einschalten ; *~ dans un conflit* sich in einen Konflikt einschalten 3. *(jur.)* jdn vor Gericht vertreten ; einem Prozeß beitreten 4. *(se produire)* eintreten ; erfolgen 5. *(jouer un rôle)* mitspielen ; *plusieurs facteurs interviennent dans la décision* mehrere Faktoren spielen bei dem Beschluß mit **6.** *(résultat) un accord est intervenu* eine Einigung ist zustandegekommen.

intervention *f* **1.** Eingriff *m* ; Intervention *f* ; Eingreifen *n* ; Einmischung *f* ; ~ *armée* bewaffnete Intervention ; ~ *de l'État* staatlicher Eingriff ; ~ *sur le marché* Markteingriff **2.** *(monnaie) marge f d'*~ Interventionsspanne *f* ; *point m d'*~ Interventionspunkt *m* ; *taux-pivot m d'*~ *supérieur, inférieur* obere, untere Interventionsgrenze **3.** *(bourse)* Stützaktion *f* **4.** *(jur.)* Beteiligung *f* an einem fremden Prozeß **5.** *(effet de commerce) acceptation f par* ~ Ehrenannahme *f* ; Ehrenakzept *n* ; *paiement m par* ~ Ehrenzahlung *f* **6.** *(conciliation)* Einschalten *n* ; Einschaltung *f*.

interventionnisme *m* Interventionismus *m* ; staatliches Eingreifen *n* in die Privatwirtschaft.

interventionniste *m* Anhänger *m* des Interventionismus.

interventionniste interventionistisch ; eingreifend.

interview *f* Interview [intɛr'vju:] *n* ; Befragung *f* ; ~ *d'embauche* Einstellungsgespräch *n* ; ~ *de groupe, en profondeur* Gruppen-, Tiefeninterview ; *enquête f par* ~ Erhebung *f* durch persönliche Befragung ; *accorder (donner) une* ~ ein Interview gewähren (geben).

interviewé *m* befragte (interviewte) Person *f* ; Befragte(r).

interviewer interviewen [intɛr'vjuən] ; befragen.

interviewer *m* Interviewer [intɛr'vju:ər] *m*.

interville *(train)* Intercity-.

intestat *m (jur.)* Erblasser *m*, der kein Testament hinterläßt.

intimation *f* **1.** *(jur.)* gerichtliche Ankündigung *f* ; Aufforderung *f* **2.** *(jur.)* Vorladung *f*.

intimé *m (jur.)* Berufungsbeklagte(r) ; Appelat *m*.

intimer **1.** ~ *l'ordre à qqn de...* jdm den Befehl erteilen zu... **2.** *(jur.)* gerichtlich ankündigen ; mitteilen **3.** *(jur.)* vorladen.

intimidation *f* **1.** Einschüchterung *f* **2.** Abschreckung *f*.

intimider **1.** einschüchtern ; jdm Furcht einflößen **2.** (Gegner) abschrecken.

intitulé *m* **1.** Überschrift *f* ; Titel *m* ; Aufschrift *f* ; Benennung *f* ; ~ *du compte* Kontobezeichnung **2.** *(jur.)* Eingangsformel *f* ; Rubrum *n*.

intituler betiteln ; mit einer Überschrift versehen ; überschreiben.

intracommunautaire innerhalb der EG ; innergemeinschaftlich.

intransigeance *f* Unnachgiebigkeit *f* ; Starrsinn *m* ; Kompromißlosigkeit *f*.

intransigeant, e unnachgiebig ; starrsinnig ; kompromißlos.

intrigant *m* Intrigant *m* ; Ränkeschmied *m*.

intrigant, e intrigant ; intrigierend.

intrigue *f* Intrige *f* ; Machenschaft *f* ; Ränkespiel *n* ; ~*s politiques* politische Intrigen.

intriguer **1.** intrigieren **2.** beunruhigen ; neugierig machen.

introductif, ive einleitend ; Einführungs- ; *rapport m* ~ Einführungsbericht *m* ; *(jur.)* ~ *d'instance* den Prozeß einleitend.

introduction *f* **1.** Einführung *f* ; Einführen *n* ; ~ *à la (en) Bourse* Börseneinführung ; ~ *d'une demande* Einreichung *f* eines Antrags ; Antragstellung *f* ; ~ *d'un produit sur le marché* Einführung einer Ware auf dem Markt ; ~ *de la semaine de cinq jours* Einführung der Fünftagewoche ; ~ *de titres à la Bourse* Einführung von Wertpapieren an der Börse ; *lettre f d'*~ Einführungsbrief *m* ; Empfehlungsschreiben *n* **2.** *(jur.)* ~ *d'instance* Klageerhebung *f*.

introduire **1.** einführen ; ~ *à la (en) Bourse* an der Börse einführen ; ~ *en fraude* einschmuggeln ; ~ *des innovations* Innovationen (Neuerungen) einführen ; ~ *sur le marché* auf den Markt bringen **2.** *(jur.)* ~ *une action* eine Klage erheben ; ~ *une action en dommages-intérêts* eine Schaden(s)ersatzklage erheben **3.** *(inform.)* eingeben ; eintippen ; einspeisen ; einfüttern ; ~ *des données dans un terminal* Daten in einen Terminal eingeben.

introuvable *(marchandise)* nicht zu finden ; nicht aufzutreiben(d) ; *destinataire m* ~ unzustellbar.

inutile nutzlos ; überflüssig ; unnütz ; *rayer la mention* ~ Nichtzutreffendes streichen.

inutilisable unbrauchbar ; unbenutzbar.

inutilisé, e unbenutzt ; ungebraucht ; *capital m* ~ ruhendes (totes, brachliegendes) Kapital *n*.

invalidation *f (jur.)* Nichtigkeitserklärung *f* ; Ungültigkeitserklärung *f* ; Annullierung *f* ; ~ *d'un contrat* Ungültigkeitserklärung eines Vertrags ; *prononcer l'~* für ungültig erklären.

invalide *m* Invalide *m* ; Arbeitsunfähige(r) ; Erwerbsunfähige(r) ; Dienstuntaugliche(r).

invalide 1. invalid(e) ; arbeits-, erwerbs-, berufsunfähig ; dienstuntauglich ; *être ~ à 40 %* 40 % erwerbsunfähig sein **2.** *(non valable)* nichtig ; rechtsungültig.

invalider annullieren ; für ungültig (für nichtig) erklären ; ~ *un député* die Wahl eines Abgeordneten für ungültig erklären.

invalidité *f* **1.** Invalidität *f* ; Arbeits-, Erwerbs-, Berufsunfähigkeit *f* ; Dienstuntauglichkeit *f* ; ~ *définitive* endgültige Arbeitsunfähigkeit ; Dauerinvalidität ; ~ *partielle* Teilinvalidität ; ~ *prolongée* fortdauernde Invalidität ; ~ *à la suite d'un accident de travail* Invalidität infolge eines Arbeitsunfalls ; ~ *totale* Vollinvalidität ; *assurance f* ~ Invaliditätsversicherung *f* ; Invalidenversicherung ; *pension f d'~* Invaliditätsrente *f* ; Invalidenrente *f* **2.** Ungültigkeit *f* ; Nichtigkeit *f* ; ~ *de contrat* Vertragsungültigkeit.

invariable unveränderlich ; beständig ; *grandeur f* ~ unveränderliche Größe.

invendable unverkäuflich ; unabsetzbar.

invendu *m* unverkaufte Ware *f* ; unverkaufter Artikel *m* ; Restposten *m* ; *(fam.)* Ladenhüter *m*.

inventaire *m* **1.** *(document)* Inventar *n* ; Bestandsverzeichnis *n* ; Verzeichnis ; Aufstellung *f* ; ♦ ~ *des biens* Vermögensverzeichnis ; ~ *de la faillite* Konkurstabelle *f* ; ~ *de la fortune* Vermögensaufstellung ; ~ *intermédiaire* Zwischeninventar ; ~ *mobilier* Mobiliarverzeichnis ; ~ *de la succession* Nachlaßverzeichnis ; ♦♦ *déperdition f d'~* Inventarverlust *m* ; *différence f, établissement m d'~, jour m de l'~* Inventardifferenz *f*, -aufnahme *f*, -stichtag *m* ; *objet m d'~* Inventargegenstand *m* ; *perte f d'~* Inventarverlust *m* ; *relevé m d'~* Inventarverzeichnis ; *sous bénéfice d'~* Annahme *f* (einer Erbschaft) unter Vorbehalt der Inventarerrichtung ; *valeur f d'~* Inventarwert *m* ; ♦♦♦ *dresser (faire, établir) un ~* eine Bestandsaufnahme machen ; das Inventar aufnehmen ; *faire (procéder à) l'~ de qqch* die Bestandsaufnahme von etw machen ; etw inventarisieren **2.** *(opération)* Inventur *f* ; Bestandsaufnahme *f* ; ~ *commercial* Geschäftsinventur ; ~ *comptable* buchmäßige Inventur ; ~ *de fin d'année* Jahresinventur ; *fermé pour cause d'~* wegen Inventur geschlossen ; *soldes mpl après ~* Inventurausverkauf *m* ; *vérification f de l'~* Inventurprüfung *f*.

inventer erfinden.

inventeur *m* **1.** Erfinder *m* **2.** *(jur.)* Finder *m* ; *récompense f à l'~* Finderlohn *m*.

invention *f* **1.** Erfindung *f* ; ~ *brevetable, brevetée* patentfähige, patentgeschützte (patentierte) Erfindung ; *brevet m d'~* Patent *n* ; Erfinder-, Erfindungspatent ; *droit m d'~* Erfinderrecht *n* ; *exploitation f d'une ~* Auswertung *f* einer Erfindung ; *exploiter (utiliser) une ~* eine Erfindung auswerten **2.** *(jur.)* Fund *m* einer verlorenen Sache ; Auffindung *f*.

inventivité *f* Erfindungsreichtum *m*.

inventorier 1. inventarisieren ; das Inventar aufstellen ; eine Aufstellung über etw (+ A) machen **2.** Inventur machen.

investigation *f* Untersuchung *f* ; (Nach)forschung *f* ; Investigation *f* ; *méthode f d'~* Untersuchungsmethode *f* ; *se livrer à des ~s* ausforschen ; ausfragen ; Nachforschungen anstellen ; investigieren.

investir 1. investieren (*dans* in + A ou D) ; anlegen (in + D) ; *(fam.)* stecken (in + A) ; ~ *des capitaux dans une entreprise* Kapital in einen (einem) Betrieb investieren ; Gelder in einem Unternehmen anlegen ; *propension f à ~* Investitionslust *f*, -bereitschaft *f*, -neigung *f* ; ~ *à court, à moyen, à long terme* kurz-, mittel-, langfristig anlegen **2.** ~ *qqn d'une charge* jdn in ein Amt einsetzen **3.** ~ *qqn de pouvoirs* jdm Befugnisse übertragen.

investissement *m* Investition *f* ; Anlage *f* ; Kapitalanlage ; Investieren *n* ; Investierung *f* ; Investitionsgelder *npl* ; ♦ ~ *à court terme* kurzfristige Investition (Anlage) ; ~ *de capitaux* Kapitalanlage ; ~ *d'équipement* Anlage-, Ausrüstungsinvestition ; *~s à l'étranger* Auslandsinvestitionen ; *~s étrangers* ausländische Investitionen ; *~s improductifs, productifs* improduktive, produktive Investitionen ; *~s industriels* Industrieinvestitionen ; *~s privés, publics* private, öffentliche Investitionen ; ♦♦ *activité f des ~s* Investitionstätigkeit *f* ; *aide f à l'~* Investitionshilfe *f,* -förderung *f* ; *banque f d'~* Investitions-, Anlagebank *f* ; *biens mpl d'~* Investitionsgüter *npl* ; *budget m des ~s* Investitionshaushalt *m* ; *certificat m d'~* Investmentzertifikat *n,* -anteil *m* ; *crédit m d'~* Anlage-, Investitionskredit *m* ; *dépenses fpl d'~* Investitionsausgaben *fpl,* -aufwand *m* ; *dirigisme m en matière d'~* Investitionslenkung *f* ; *étude f prévisionnelle des ~s* Investitionsplanung *f* ; *financement m d'~s* Investitionsfinanzierung *f* ; *industrie f des biens d'~* Investitionsgüterindustrie *f* ; *orientation f des ~s* Investitionslenkung *f* ; *politique f (en matière) d'~* Anlage-, Investitionspolitik *f* ; *programme m d'~s* Investitionsprogramm *n* ; *relance f des ~s* Investitionsankurbelung *f* ; *société f d'~s* Investitionsgesellschaft *f* ; Kapitalanlagegesellschaft ; Investmentgesellschaft ; *(bourse) valeurs fpl d'~* Anlagewerte *mpl* ; *volume m des ~s* Investitionsvolumen *n* ; ♦♦♦ *encourager les ~s* die Investitionen fördern ; *faire des ~s* Investitionen vornehmen (machen) ; *financer les ~s* die Investitionen (Anlagen) finanzieren ; *opérer un ~ de...* eine Investition in Höhe von... vornehmen.

investisseur *m* Investor *m* ; Anleger *m* ; Geldanleger *m* ; *~-épargnant* Investmentsparer *m* ; *grand ~* Großanleger *m* ; *~s institutionnels (fam. « zinzins »)* institutionelle Anleger *mpl* ; *~ traditionnel* traditioneller Anleger (Investor).

investiture *f* Investitur *f* ; Einsetzung *f* (in ein Amt) ; *~ d'un candidat* Aufstellung *f* eines Kandidaten (zur Wahl).

inviolabilité *f* Unverletzlichkeit *f* ; Unantastbarkeit *f* ; *~ du domicile* Unverletzlichkeit der Wohnung.

inviolable unverletzlich ; unantastbar.

invisible : *exportations, importations fpl ~s* unsichtbare Ausfuhren, Einfuhren *fpl.*

invitation *f* **1.** Einladung *f* ; Einladungsschreiben *n* ; *carte f d'~* Einladungskarte *f* ; *faire une ~ à qqn* jdn einladen **2.** *(jur.)* Aufforderung *f* ; Ladung *f* ; *~ à payer* Zahlungsaufforderung.

invité *m* Gast *m.*

inviter 1. einladen **2.** *(jur.)* auffordern ; laden ; ersuchen ; mahnen ; *~ à payer* zur Zahlung auffordern.

involontaire unabsichtlich ; ungewollt ; nicht vorsätzlich ; *(jur.) homicide m ~* fahrlässige Tötung *f.*

I.R.P.P. *(Impôt sur le revenu des personnes physiques)* (veranlagte) Einkommen(s)steuer *f.*

irradiation *f* Strahlenbelastung *f.*

irréalisable nicht realisierbar ; nicht zu verwirklichen(d).

irréalisé, e nicht verwirklicht ; nicht realisiert.

irréalisme *m* mangelnder Realismus *m.*

irréaliste unrealistisch ; wirklichkeitsfremd.

irrecevabilité *f (jur.)* Unzulässigkeit *f.*

irrecevable *(jur.)* unzulässig ; unannehmbar ; *rejeter une demande comme ~* eine Klage als unzulässig abweisen.

irrécouvrabilité *f* Nichtbeitreibbarkeit *f* ; Uneinbringlichkeit *f.*

irrécouvrable nicht eintreibbar ; nicht beitreibbar ; uneinbringlich ; *créance f ~* nicht eintreibbare Forderung *f.*

irrécusable *(jur.)* nicht ablehnbar ; *témoin m ~* glaubwürdiger Zeuge *m.*

irréel, le fiktiv ; fingiert ; *dette f ~le* fiktive Schuld *f.*

irrégularité *f* **1.** Unregelmäßigkeit *f* ; Irregularität *f* **2.** Ungesetzlichkeit *f* ; Ordnungswidrigkeit *f* ; *~ en matière de chèque* Scheckbetrug *m.*

irrégulier, ière 1. unregelmäßig **2.** ungesetzlich ; ordnungswidrig ; *(trafic) dépassement m ~* verkehrswidriges Überholen *n.*

irremplaçable unersetzbar ; unersetzlich.

irréparable unersetzbar ; *dommage m ~* unersetzbarer Schaden *m.*

irréprochable einwandfrei ; fehlerlos ; tadellos ; makellos ; *marchandise f ~* einwandfreie Ware *f.*

irresponsabilité *f* **1.** Nichtverantwortlichkeit *f* **2.** *(jur.)* Unzurechnungsfähigkeit *f.*

irresponsable 1. nicht verantwortlich ; verantwortungslos ; *l'~* Verantwortungslose(r) **2.** *(jur.)* unzurechnungsfähig ; *l'~* Unzurechnungsfähige(r).

irrévocabilité *f (jur.)* Unwiderruflichkeit *f.*

irrévocable *(jur.)* unwiderruflich ; *accréditif m ~* unwiderrufliches Akkreditiv *n.*

irrigation *f* Bewässerung *f* ; *canal m d'~* Bewässerungskanal *m.*

irriguer bewässern.

I.S.G. *(Institut supérieur de gestion)* Akademie *f* für Management und Unternehmensführung.

isolation *f* Isolierung *f* ; Isolation *f* ; *~ thermique* Wärmeisolation, -schutz *m*, -dämmung *f*.

isolement *m (polit.)* Isolierung *f* ; Isolation *f*.

isoler isolieren.

isoloir *m (élection)* Wahlzelle *f* ; Wahlkabine *f*.

issu, e abstammend ; hervorgegangen.

issue *f* **1.** Ausgang *m* ; Ende *n* ; *~ fatale* tödlicher Ausgang ; *sans ~* aussichtslos **2.** *rue f sans ~* Sackgasse *f* **3.** *à l'~ de* am Ende von/G ; am Schluß von/G.

item *m* Posten *m* ; Element *n*.

itinéraire *m* (Reise)route *f* ; (Fahr)-strecke *f* ; *(avion)* Flugstrecke *f*.

itinérant, e Wander- ; *exposition f ~e* Wanderausstellung *f*.

I.U.T. *m (institut universitaire de technologie) (équivalence approx.)* Fachhochschule *f* (für Technologie).

I.V.G. *f (interruption volontaire de grossesse)* Schwangerschaftsabbruch *m*, -unterbrechung *f* ; Abtreibung *f* ; *remboursement de l'~ par la sécurité sociale* Rückerstattung *f* des Schwangerschaftsabbruchs durch die Krankenkasse.

J K

J : *le jour ~* der Tag X ; Stichtag *m*.

jachère *f (agric.)* Brachliegen *n* ; *terre f en ~* Brachland *n* ; *être (rester) en ~* brachliegen ; *mettre (laisser) en ~* brachliegen lassen.

janvier *m* Januar *m* ; *(Autriche)* Jänner *m* ; *en ~* im Januar ; *au mois de ~* im Monat Januar.

jauge *f* **1.** Eichmaß *n* ; Pegel *m* ; *~ de carburant* Kraftstoffmesser *m* ; *certificat m de ~* Eichschein *m* **2.** *(navire)* Tonnage [tɔ'na:ʒə] *f* ; Tonnengehalt *m* ; *~ brute, nette* Brutto-, Nettotonnengehalt ; *la ~ brute de ce navire est de 9 000 tonneaux* dieses Schiff hat 9 000 Bruttoregistertonnen.

jaugeage *m* **1.** Messen *n* ; Eichen *n* ; Eichung *f* **2.** *(navire)* Tonnagebestimmung *f*.

jauger **1.** messen ; eichen **2.** *(navire)* die Tonnage bestimmen ; *~ 1 200 tonneaux* 1 200 Registertonnen haben.

jaune *m (fam.)* Streikbrecher *m*.

je : *(jur.) ~ soussigné, certifie que...* ich, der Unterzeichnete (ich Unterzeichneter) bestätige, daß...

jetable wegwerfbar ; Wegwerf- ; Einweg-.

jeter werfen ; *~ une cargaison à la mer* eine Ladung über Bord werfen ; *~ par-dessus bord* über Bord werfen ; *~ sur le marché* auf den Markt werfen ; *se ~ dans un travail* sich in eine Arbeit stürzen.

jeton *m* **1.** Marke *f* ; Münze *f* ; *~ de contrôle* Kontrollmarke ; *~ de téléphone* Telefonmarke **2.** *~s de présence* Anwesenheitsgeld *n* ; Sitzungs-, Tagegeld ; Diäten *pl*.

jeu *m* **1.** Spiel *n* ; *le libre ~ de la concurrence* der freie Wettbewerb ; das freie Spiel des Wettbewerbs ; *~x d'entreprise* Unternehmenspiele ; *gagner, perdre au ~* beim Spiel(en) gewinnen, verlieren ; *(fig.) faire le ~ de qqn* jdm in die Hände arbeiten ; jds Interessen (unbeabsichtigt) dienen ; *jouer (un) double ~* ein doppeltes Spiel treiben ; *fausser le libre ~ de la concurrence* den Wettbewerb beeinträchtigen ; *jouer gros ~* mit hohem Einsatz spielen ; *mener le ~* Herr der Lage sein ; *mettre en ~* aufs Spiel setzen **2.** *(comptab.) ~ d'écritures* Buchung *f* ; Umbuchung *f* ; *faire un ~ d'écritures* umbuchen.

jeune jung ; *~ génération f, industrie f* junge Generation *f*, Industrie *f* ; *~ loup m* Aufsteiger *m* ; Karrieremacher *m* ; Jungunternehmer *m* ; *(fam.) être ~ dans le métier* ein Anfänger (Neuling) sein.

jeunes *mpl* Jugend *f* ; Jugendliche *mpl* ; junge Leute *pl* ; Nachwuchs *m* ; *les ~ quittant l'école* die Schulabgänger *mpl* ; *les ~ qui débutent dans le métier* die Berufsanfänger ; *chômage m des ~* Jugendarbeitslosigkeit *f* ; *criminalité f des ~* Jugendkriminalität *f* ; *échange m de ~* Jugendaustausch *m* ; *former des ~* Nachwuchs heranbilden ; *place aux ~ !* Platz dem Nachwuchs !

jeunesse *f* **1.** Jugend *f* ; Jugendliche *mpl* ; Nachwuchs *m* ; *~ agricole* Landjugend ; *~ délinquante* straffällige Jugend **2.** Jugendzeit *f* ; Jugendjahre *npl*.

J.O. *m (Journal officiel)* Amtsblatt *n* ; *(R.F.A.)* (Bundes)gesetzblatt ; *(R.D.A.)* Gesetzblatt.

joaillerie *f* **1.** Juwelierkunst *f* **2.** Juweliergeschäft *n* 3. Juwelen *pl* ; Schmuckwaren *fpl* 4. Juwelierhandwerk *n* 5. Juwelenhandel *m*.

joaillerie-orfèvrerie *f* Juwelier- und Goldwarengeschäft *n*.

joaillier *m* Juwelier *m*.

job *m (fam.)* Job [dʒɔb] *m* ; Beruf *m* ; Arbeit *f* ; Beschäftigung *f* ; Stelle *f*.

joindre 1. verbinden ; vereinigen ; *(fam.) ~ les deux bouts* mit seinem Geld gerade so auskommen ; über die Runden kommen ; *avoir du mal à ~ les deux bouts* sich kümmerlich durchschlagen ; *~ qqn par téléphone* jdn telefonisch (per Telefon) erreichen ; *où puis-je le ~ ?* wo kann ich ihn erreichen ? 2. hinzufügen ; beifügen ; *~ les intérêts au capital* die Zinsen zum Kapital schlagen ; *~ aux pièces* zu den Akten legen ; *~ les pièces nécessaires* die erforderlichen Belege beilegen.

joint, e : *compte m ~* Gemeinschaftskonto *n* ; gemeinsames Konto ; Undkonto ; *pièce f ~e (P.J.)* Anlage *f* ; Beilage *f* ; *ci-~* anbei ; beiliegend ; *(Autriche)* inliegend.

joli, e hübsch ; *(fam.) une ~e somme* ein nettes Sümmchen *n* ; *(fam.) une ~e situation* eine gute Stellung ; eine prima Stelle.

jonction *f* Verbindung *f* ; Vereinigung *f* ; *(jur.) ~ des causes* Prozeßverbindung ; *gare f de ~* Anschluß-, Knotenpunktbahnhof *m* ; *point m de ~* Knotenpunkt *m*.

jouer 1. spielen ; *~ à la Bourse* (an der Börse) spekulieren ; *~ à la baisse, à la hausse* auf Baisse, auf Hausse spekulieren 2. *la garantie joue* die Garantie tritt ein ; *faire ~ une clause* eine Klausel anwenden ; *faire ~ ses relations* seine Beziehungen spielen lassen 3. *se ~ de qqn* jdn täuschen ; jdn betrügen ; *se ~ des lois* sich über die Gesetze hinwegsetzen.

joueur *m* 1. Spieler *m* 2. *(bourse)* Spekulant *m* ; *~ à la baisse, à la hausse* Baissier *m*, Haussier *m*.

jouet *m* Spielzeug *n* ; *foire f du ~* Spielwarenmesse *f* ; *industrie f du ~* Spielzeug-, Spielwarenindustrie *f*.

jouir genießen ; besitzen ; im Besitz von etw sein ; *~ d'une bonne réputation* einen guten Ruf haben ; *~ d'un droit* ein Recht genießen (haben) ; *~ d'une grande fortune* ein großes Vermögen besitzen ; *~ d'un traitement de faveur* bevorzugt behandelt werden ; *~ de l'usufruit* die Nutznießung haben.

jouissance *f* 1. Nutzung *f* ; Genuß *m* ; Nutzungsrecht *n* ; Nießbrauch *m* ; ♦ *~ commune* gemeinschaftliche Nutzung ; *~ complète* Vollgenuß ; *~ d'un droit* Genuß eines Rechtes ; *~ légale* elterliche Nutznießung ; *~ d'un logement* Nutzung einer Wohnung ; *~ d'une pension* Bezug *m* einer Rente ; ♦♦ *droit m de ~* Nutzungsrecht *n* ; *perte f de ~* Nutzungsausfall *m* ; ♦♦♦ *avoir la ~ de qqch* die Nutzung von etw haben ; *avoir la ~ d'un droit* ein Recht genießen (besitzen) ; *entrer en ~ de qqch* in den Genuß einer Sache kommen ; *obtenir la ~ de qqch* etw zur Nutzung bekommen 2. Dividendenanspruch *m* ; Gewinnberechtigung *f* ; Zinsgenuß *m* ; Zinstermin *m* ; *action f de ~* Genußaktie *f*, -schein *m* ; *bon m de ~* Genußschein *m*.

jour *m* Tag *m* ; ♦ *(mines) au ~* über Tage ; *~ d'audience* Audienztag ; *(jur.)* Verhandlungstag ; Gerichtstermin *m* ; *~ de Bourse* Börsentag ; *~ calendrier* Kalendertag ; *~ chômé* arbeitsfreier Tag ; Ruhetag ; Feiertag ; *~ de congé* Urlaubstag ; *~ de départ, d'arrivée* Abreise-, Ankunftstag ; *~ d'échéance* Fälligkeitstag ; Verfall(s)tag ; *~ d'émission* Ausgabetag ; *~ férié (légal)* (gesetzlicher) Feiertag ; *(magasin) ~ de fermeture* Ruhetag ; *le ~ fixé (par une administration)* am Stichtag ; *~ franc* voller Tag ; Frist *f* von 24 Stunden ; *(traite) ~ de grâce* Respekttag ; *~ J* Tag X ; Stichtag ; *(bourse) ~ de liquidation* Liquidationstag ; *~ de livraison* Lieferungstag ; *~ de marché* Markttag ; *~ ouvrable* Arbeits-, Werktag ; *~ de paie* Zahltag ; Lohnzahlungstag ; *~ de paiement* Zahlungstag, -termin *m* ; *~ de place* Börsentag ; *~ du protêt* Tag der Protesterhebung ; *quinze ~s* vierzehn Tage ; *~ du recensement* Stichtag der Zählung ; *~ de référence* Stichtag ; *~ de repos* Ruhetag ; *~ de semaine, de travail* Wochen-, Arbeitstag ; *~ de valeur (banque)* Wertstellung *f* ; ♦♦ *argent m au ~ le ~* Tagesgeld *n* ; tägliches Geld *n* ; Sichteinlage *f* ; täglich fällige (kündbare) Einlage ; *cours m du ~* Tageskurs *m* ; ♦♦♦ *être inscrit à l'ordre du ~* auf der Tagesordnung stehen ; *mettre à ~* auf den neuesten Stand bringen ; aktualisieren ; *tenir à ~* laufend ergänzen ; *vivre au ~ le ~* in den Tag hineinleben.

journal *m*	1. *presse* 2. *comptabilité* 3. *journal de voyage*

1. *(presse)* Zeitung *f* ; Blatt *n* ; *(local)* « Anzeiger » *m* ; ♦ ~ *de la bourse* Börsenzeitung, -blatt ; ~ *commercial* Handelsblatt ; ~ *de droite, de gauche* rechts-, linksorientierte Zeitung ; ~ *économique* Wirtschaftszeitung, -blatt ; ~ *d'entreprise* Werkszeitung ; ~ *financier* Finanzblatt ; ~ *hebdomadaire* Wochenblatt ; ~ *d'information* Nachrichten-, Informationsblatt ; ~ *du matin, du soir* Morgen-, Abendzeitung, -blatt ; ~ *officiel* Amtsblatt ; *(BRD)* Bundesgesetzblatt ; ~ *parlé* (Rundfunk)nachrichten *fpl* ; ~ *professionnel* Fachzeitung, -blatt ; ~ *publicitaire* Werbeblatt ; ~ *télévisé* (Fernseh)nachrichten *fpl* ; *(BRD)* Tagesschau *f* ; « Heute » ; *(R.D.A.)* Aktuelle Kamera ; ♦♦ *abonnement m à un* ~ Zeitungsabonnement *n* ; *annonce f dans un* ~ Zeitungsinserat *n* ; *correspondant m d'un* ~ Berichterstatter *m* für eine Zeitung ; Zeitungskorrespondent *m* ; *désabonnement m d'un* ~ Abbestellung *f* ; *éditorial m d'un* ~ Leitartikel *m* einer Zeitung ; *publicité f par les journaux* Anzeigenwerbung *f* ; *tirage m d'un* ~ Zeitungsauflage *f* ; ♦♦♦ *être abonné à un* ~ auf eine Zeitung abonniert sein ; eine Zeitung beziehen ; *se désabonner d'un* ~ eine Zeitung abbestellen ; *lire qqch dans un* ~ in der Zeitung lesen.

2. *(comptabilité) (livre m)* ~ Journal [ʒurˈnal] *n* ; ~ *grand livre* Journal und Hauptbuch *n* ; ~ *de caisse* Kassenbuch *n*, -journal ; ~ *de paie* Lohn- und Gehaltsliste *f*.

3. *(journal de voyage)* Tagebuch *n* ; Reisetagebuch.

journalier *m* Tagelöhner *m* ; Hilfsarbeiter *m* ; Gelegenheitsarbeiter *m*.

journalier, ière täglich ; Tages- ; *production f ~ière* Tagesproduktion *f*, -ausstoß *m* ; *travail m* ~ tägliche Arbeit *f*.

journalisme *m* Journalismus *m* ; Publizistik *f* ; Zeitungswesen *n* ; *faire du* ~ sich publizistisch betätigen ; (Artikel) für Zeitungen schreiben.

journaliste *m* Journalist *m* ; Berichterstatter *m* ; ~ *économique, financier* Wirtschafts-, Finanzjournalist.

journée *f* **1.** Tag *m* ; ~ *électorale* Wahltag ; ~ *de voyage* Reisetag **2.** Arbeitstag ; Tagesarbeit *f* ; Tag(e)werk *n* ; *(mines)* Schicht *f* ; ♦ ~ *chômée* arbeitsfreier Tag ; Feierschicht *f* ; Ruhetag ; ~ *continue* durchgehende Arbeitszeit ; Arbeitstag mit kurzer Mittagspause ; ~ *d'études* Studientagung *f* ; ~ *de grève* Streiktag ; ~ *de huit heures* Achtstundentag ; ~ *perdue* Ausfalltag ; ~ *de repos* Ruhetag ; ~ *de travail* Arbeitstag ; ♦♦ *durée f légale de la* ~ gesetzliche Arbeitszeit *f* ; *femme f de* ~ **a)** Tag(e)löhnerin *f* ; **b)** Putzfrau *f* ; *homme m de* ~ Tag(e)löhner *m* ; ♦♦♦ *avoir (faire) la* ~ *continue* durcharbeiten ; *faire des ~s de huit heures* acht Stunden pro Tag arbeiten ; *travailler à la journée* im Tag(e)lohn arbeiten ; als Tag(e)löhner arbeiten.

judiciaire gerichtlich ; richterlich ; Gerichts- ; Rechts- ; Justiz- ; *acte m* ~ gerichtliche Urkunde *f* ; Gerichtsurkunde ; *casier m* ~ Strafregister *n* ; Vorstrafenregister ; *conseil m* ~ Vormund *m* ; *enquête f* ~ gerichtliche Untersuchung *f* ; *erreur f* ~ Justizirrtum *m* ; *formes fpl ~s* Prozeßformen *fpl* ; *hypothèque f, liquidation f* ~ Zwangshypothek *f*, -liquidation *f* ; *police f* ~ *(P.J.)* Kriminalpolizei *f* ; Kripo *f* ; *pouvoir m* ~ richterliche Gewalt *f* ; Judikative *f* ; *vente f* ~ Zwangsversteigerung *f* ; gerichtlich angeordneter Verkauf *m* ; *par voie* ~ auf dem Rechtsweg(e).

judiciairement gerichtlich ; *informer* ~ gerichtliche Ermittlungen (Erhebungen) anstellen.

juge *m* Richter *m* ; ~ *(des tribunaux) administratif(s)* Verwaltungsrichter ; ~ *d'appel* Berufungsrichter ; ~ *arbitre* Schiedsrichter ; ~ *civil, criminel* Zivil-, Strafrichter ; ~ *d'un concours* Preisrichter ; ~ *consulaire (du tribunal de commerce)* Handelsrichter ; ~ *de la cour d'assises* Richter beim Schwurgericht ; ~ *de la faillite* Konkursrichter ; ~ *d'instruction* Untersuchungsrichter ; ~ *de paix* Friedensrichter ; Amtsrichter ; ~ *au tribunal d'instance, de grande instance* Amts-, Landgerichtsrat *m* ; ~ *des tutelles* Vormundschaftsrichter.

jugement *m* Urteil *n* ; (Urteils)spruch *m* ; richterliche Entscheidung *f* ; ♦ ~ *d'acquittement* Freispruch *m* ; ~ *d'annulation* Aufhebungsurteil ; ~ *arbitral* Schiedsspruch ; ~ *civil* Urteil im Zivilprozeß ; ~ *par contumace* Urteil in Abwesenheit des Angeklagten ; Abwesenheitsurteil ; ~ *criminel* Strafurteil ; ~ *par défaut* Versäumnisurteil ; ~ *de faillite* Konkurseröffnungsbeschluß *m* ; ~ *final* Endurteil ; ~ *en premier, dernier ressort* Urteil in erster, letzter Instanz ; ~ *du tribunal* Gerichtsurteil ; gerichtliches Urteil ; ♦♦♦ *annuler un* ~ ein Urteil aufheben ; *attaquer un* ~ ein Urteil anfechten ; *obtenir un* ~

ein Urteil erwirken ; *porter un ~ sur qqn, qqch* über jdn, etw ein Urteil abgeben (fällen) ; *prononcer un ~* ein Urteil verkünden ; *rendre un ~* ein Urteil fällen (abgeben).

juger 1. *(jur.)* entscheiden ; urteilen ; ein Urteil fällen ; *~ à huis clos* unter Ausschluß der Öffentlichkeit entscheiden ; *~ sur pièces* auf Grund der Akten urteilen ; nach Aktenlage entscheiden ; *chose f ~ée* abgeurteilte Sache *f* ; *autorité f (force f de la chose) ~ée* Rechtskraft *f* ; *acquérir force de la chose ~ée* Rechtskraft erlangen ; rechtskräftig werden **2.** beurteilen ; schätzen ; *~ apte* für fähig erachten ; *~ qqch bon* etw für gut halten ; etw für richtig erachten.

juguler : *~ le chômage, l'inflation* die Arbeitslosigkeit, die Inflation eindämmen.

jumbo-jet *m* Jumbo-Jet ['dʒambodʒɛt] *m* ; Jumbo *m*.

jumelage *m* **1.** Verbindung *f* ; Kopp(e)lung *f* **2.** *(villes)* Partnerschaft *f* ; *~ de villes* Städtepartnerschaft ; Partnerstädte *fpl* ; Patenstädte ; Verschwisterung *f* von Städten.

jumelé, e 1. Zwillings- ; gekoppelt ; *affaire f ~e* Kopp(e)lungsgeschäft *n* **2.** *ville ~e* Partnerstadt *f* ; *(ville) ~e avec* verschwistert mit.

junk bond *m (bourse)* Junk bond *m* ; spekulative Anleihe *f* ; Spekulationspapier *n*.

junior 1. Junioren- ; *~-entreprise f* Übungsfirma *f* ; von Anfängern, Studenten geleitetes Unternehmen *n* ; *catégorie f ~* Juniorenklasse *f* **2.** *Durand ~* **a)** *(fils)* Durand junior ; **b)** *(frère)* der jüngere Durand.

juré *m (jur.)* Geschworene(r) ; Schöffe *m* ; Laienrichter *m*.

juré, e vereidigt ; beeidigt ; *expert m ~* vereidigte(r) Sachverständige(r) ; vereidigter Experte *m*.

jurer schwören ; beeiden.

juridiction *f* **1.** Gerichtsbarkeit *f* ; Rechtsprechung *f* ; Rechtspflege *f* ; Jurisdiktion *f* ; *~ administrative, commerciale, pénale* Verwaltungs-, Handels-, Strafgerichtsbarkeit ; *~ civile (ordinaire, de droit commun)* ordentliche Gerichtsbarkeit ; Zivilgerichtsbarkeit ; *~ prud'homale* Arbeitsgerichtsbarkeit **2.** Gericht *n* ; Instanz *f* ; *~ d'appel* Berufungsgericht, -instanz ; *avoir recours à la ~ supérieure* die höhere Instanz anrufen.

juridictionnel, le richterlich ; Gerichts- ; *pouvoir m ~* richterliche Gewalt *f*.

juridique 1. juristisch ; rechtlich ; Rechts- ; *statut m ~* rechtlicher Status *m* ; Rechtsstellung *f* **2.** gerichtlich : *action f ~* gerichtliche Klage *f* ; Klage vor Gericht.

jurisconsulte *m* Rechtsberater *m* ; Jurist *m* ; Rechtsgutachter *m*.

jurisprudence *f* **1.** Rechtsprechung *f* ; Jurisprudenz *f* ; *cas m de ~* Präzedenzfall *m* **2.** Rechtswissenschaft *f*.

jurisprudentiel, le Rechtsprechungs- ; *précédent m ~* Präzedenzfall *m*.

juriste *m* Jurist *m*.

jury *m* **1.** *(jur.)* Geschworene(n) *mpl* ; Schöffen *mpl* **2.** Ausschuß *m* ; Kommission *f* ; *~ de concours* Preisgericht *n* ; Preisrichter *mpl* ; *~ consommateurs* repräsentative Verbrauchergruppe *f* für die Befragung ; *~ d'examen* Prüfungskommission.

juste 1. angebracht ; angemessen ; richtig ; *estimer qqch à sa ~ valeur* etw nach seinem wahren Wert einschätzen ; *(calcul) être ~* stimmen **2.** knapp ; gerade noch ; *prix m le plus ~* knapp (scharf) kalkulierter Preis *m* ; *tout ~ 500 exemplaires* knapp 500 Exemplare ; *calculer au plus ~* ganz knapp berechnen ; knappstens kalkulieren.

justice *f* **1.** Gerechtigkeit *f* ; Recht *n* ; *~ sociale* soziale Gerechtigkeit ; *obtenir ~* Gerechtigkeit erlangen ; Recht erhalten **2.** *(jur.)* Justiz *f* ; Rechtsprechung *f* ; Gerichtsbarkeit *f* ; Gericht *n* ; ♦ *~ administrative, civile* Verwaltungs-, Zivilgerichtsbarkeit ; *action f en ~* Klage *f* ; Gerichtsverfahren *n* ; ♦♦ *déclaration f en ~* Aussage *f* vor Gericht ; *décision f de ~* Gerichtsentscheidung *f* ; *demande f en ~* Klage *f* ; Klageantrag *m* ; *frais mpl de ~* Gerichtskosten *pl* ; *palais m de ~* Gerichtsgebäude *n* ; Gericht *n* ; ♦♦♦ *aller en ~* vor Gericht klagen ; gerichtlich vorgehen ; *citer en ~* verklagen ; vor Gericht laden ; *comparaître en ~* vor Gericht erscheinen ; *déférer en ~* vor Gericht bringen ; *faire ~* **a)** bestrafen ; **b)** ein gerichtliches Urteil fällen ; *passer en ~* vor Gericht kommen ; *plaider en ~* vor Gericht klagen ; *poursuivre en ~* gerichtlich verfolgen ; *recourir à la ~* vor Gericht gehen ; gerichtlich vorgehen ; das Gericht anrufen ; *rendre la ~* Recht sprechen ; *traduire en ~* vor Gericht bringen (stellen).

justiciable einer Gerichtsbarkeit unterliegend ; der Zuständigkeit eines Gerichts unterstehend.

justifiable vertretbar ; zu rechtfertigend.

justificatif *m* Beleg *m* ; (Rechnungs)-unterlage *f* ; Belegstück *n*.

justificatif, ive 1. Beleg- ; Beweis- ; *exemplaire m* ~ Belegexemplar *n*, -stück *n* ; *pièce f* ~*ive* Beweisstück ; Beweis *m* ; Beleg *m* ; Unterlage *f* 2. rechtfertigend ; *(jur.) fait m* ~ Rechtfertigungsgrund *m*.

justification *f* 1. Nachweis *m* ; Beweis *m* ; Beleg *m* ; ~ *d'origine* Ursprungszeugnis *n* ; ~ *de paiement* Zahlungsbeleg ; *demander la* ~ den Nachweis verlangen 2. Rechtfertigung *f*.

justifier 1. rechtfertigen 2. beweisen ; nachweisen ; belegen ; ~ *l'emploi des sommes reçues* über die Verwendung der empfangenen Gelder Rechenschaft ablegen ; ~ *de son identité* sich ausweisen ; sich legitimieren ; ~ *d'un paiement* eine Zahlung belegen.

juvénile : *délinquance f* ~ Jugendkriminalität *f*.

keynésien, ne : *théorie f* ~*ne* Theorie *f* von Keynes [ke:ns].

kibboutz *m* Kibbuz *m* ; Gemeinschaftssiedlung *f* (in Israel).

kidnapper kidnappen ['kidnεpən] ; entführen.

kidnappeur *m* Kidnapper ['kidnεpər] *m* ; Entführer *m*.

kidnapping *m* Kidnapping ['kidnεpiŋ] *n* ; Entführung *f*.

kg ⇒ *kilogramme*.

kilo *m* Kilo *n* ; *10* ~*s* 10 Kilo ; *50* ~*s* Zentner *m* ; *marchandise f vendue au* ~ Kiloware *f*.

kilogramme *m* Kilogramm *n*.

kilométrage *m* Kilometerzahl *f* ; zurückgelegte Strecke *f* in Kilometern ; *(auto) avoir un* ~ *élevé* eine hohe Kilometerzahl haben.

kilomètre *m (km)* Kilometer *m* (km) ; ~ *carré (km²)* Quadratkilometer (km² ; qkm) ; ~*-heure m* Stundenkilometer (km/h) ; ~ *passager (voyageur) m* Personenkilometer ; *prix m du* ~ Kilometertarif *m*, -preis *m* ; *tonne f* -~ Tonnenkilometer ; *faire beaucoup de* ~*s, abattre des* ~*s* viele Kilometer zurücklegen.

kilométrique Kilometer- ; in Kilometern ; kilometrisch ; *compteur m* ~ Tacho(meter) *m* ; *distance f* ~ Entfernung *f* in Kilometern ; *indemnité f* ~ Kilometergeld *n*, -pauschale *f* ; *tonne f* ~ Tonnenkilometer *m* ; *unité f* ~ Kilometereinheit *f*.

kilowatt *m (kw)* Kilowatt *n* (kw) ; ~*-heure f (kWh)* Kilowattstunde *f* (kWh).

kiosque *m* Kiosk *m* ; ~ *à journaux* Zeitungskiosk, -stand *m*.

kit *m* Satz *m* ; Einzelteile *npl* ; Selbst-, Eigenmontage *f* ; Do-it-your-self-System *n* ; *meubles mpl en* ~ Möbel *npl* zum Zusammenbauen.

kleptomane *m* Kleptomane *m*.

kleptomane kleptomanisch.

kleptomanie *f* Kleptomanie *f* ; krankhafter Stehltrieb *m*.

km ⇒ *kilomètre*.

km³ *m (kilomètre cube)* Kubikmeter *m*.

km/h ⇒ *kilomètre*.

know-how *m* Know-how [no:'hau] *n* ; technisches Können *n* ; Wissen *n* ; (technische) Erfahrung *f*.

kolkhoze *m* Kolchose [kɔl'ʃozə] *f* ; Kolchos *m* ou *n*.

konzern *m* Konzern *m* ; Unternehmenszusammenschluß *m* ; *démantèlement des* ~*s* Zerschlagung *f* der Konzerne ; Entflechtung *f*.

krach *m* Krach *m* ; Bankrott *m* ; Zusammenbruch *m* ; Pleite *f* ; ~ *boursier* Börsenkrach ; ~ *financier* Bank-, Finanzkrach.

kw ⇒ *kilowatt*.

kwh ⇒ *kilowattheure*.

L

label *m* Waren-, Markenzeichen *n* ; ~ *(de garantie)* Garantiezeichen ; ~ *d'origine* Hersteller-, Ursprungszeichen ; ~ *de qualité* Güte-, Qualitätszeichen ; Gütemarke *f* ; Gütesiegel *n* ; *décerner un* ~ *de qualité à une marque* einer Marke ein Gütesiegel verleihen.

laborantin *m* Biologielaborant *m*.

laboratoire *m* Labor *n* ; Laboratorium *n* ; ~ *de recherches* Forschungslabor, -anlage *f*.

laborieux, euse 1. mühsam ; schwierig 2. fleißig ; arbeitsam ; *les classes fpl* ~*euses* die arbeitenden Klassen *fpl* ; die Arbeiterklasse.

labour *m* 1. Feldbestellung *f* ; *champ m en* ~ bestelltes Feld *n* ; bestellter Acker *m* 2. ~*s* (bestelltes) Feld *n* ; (bestellter) Acker *m* ; Ackerland *n*.

labourable bestellbar ; *terre f ~* Akkerland *n,* -boden *m.*

labourage *m* Pflügen *n* ; Ackern *n* ; Ackerbau *m.*

labourer pflügen ; ackern.

lac *m* See *m* ; *~ artificiel (de barrage)* Stausee *m.*

lacunaire lückenhaft ; unvollständig.

lacune *f* Lücke *f* ; Auslassung *f* ; *~ de la loi* Gesetzeslücke ; *~ technologique* technologische Lücke ; *avoir (présenter) des ~s* lückenhaft sein ; Lücken aufweisen ; *combler une ~* eine Lücke schließen (ausfüllen).

lainages *mpl* Wollwaren *fpl* ; Wollkleidung *f.*

laine *f* Wolle *f* ; *~ brute* Rohwolle ; *pure ~ vierge* reine Schurwolle ; *vêtements mpl en ~* Woll-, Strickkleidung *f.*

lainier, ière Woll- ; *industrie f ~ière* Wollindustrie *f.*

laissé-pour-compte *m* **1.** Retourware *f* ; abgelehnte Ware ; nicht angenommene (nicht abgeholte) Ware **2.** Restposten *m* ; unverkäufliche Ware *f* **3.** *les laissés-pour-compte* die (sozial) Zukurzgekommenen *mpl* ; die Randgruppen *fpl* ; die Stiefkinder *npl.*

laisser 1. lassen ; *~ ses bagages à la consigne* sein Gepäck in der (Hand)gepäckaufbewahrung lassen **2.** *~ des millions dans une entreprise* bei einem Unternehmen Millionen verlieren **3.** überlassen ; abgeben ; *je vous ~e l'article au prix convenu* ich überlasse Ihnen die Ware zum vereinbarten Preis.

laissez-passer *m* Passierschein *m* ; Durchlaßschein ; *~ de douane* Zollpassierschein ; *~ frontalier* Grenzpassierschein.

lait *m* Milch *f* ; *~ en bouteille* Flaschenmilch ; *~ en boîte* Büchsen-, Dosenmilch ; *~ en poudre* Trockenmilch ; Milchpulver *n* ; *producteur m, production f de ~* Milchbauer *m,* -produktion *f* ; *vaches fpl à ~* Milchkühe *fpl* ; *soutenir le prix du ~* den Milchpreis stützen.

laitier *m* Milchhändler *m* ; *(fam.)* Milchmann *m.*

laitier, ière Milch- ; Molkerei- ; *coopérative f ~ière* Molkereigenossenschaft *f* ; *industrie f ~ière* Milchwirtschaft *f* ; *production f ~ière* Milcherzeugung *f,* -gewinnung *f* ; *produit m ~* Milcherzeugnis *n,* -produkt *n* ; Molkereierzeugnis *n.*

laiton *m* Messing *n* ; *fil m de ~* Messingdraht *m.*

laminage *m (métallurgie)* Walzen *n* ; *~ à chaud, à froid* Warm-, Kaltwalzen.

laminer walzen ; strecken ; *acier m ~é* Walzstahl *m.*

lamineur *m* Walzwerkarbeiter *m.*

laminoir *m* Walzwerk *n* ; *~ pour l'acier* Stahlwalzwerk ; *~ à métaux, à tôles, à tubes* Metall-, Blech-, Rohrwalzwerk ; *train m de ~s* Walzstraße *f.*

lance *f* Lanze *f* ; Speer *m* ; *(fig.) fer m de ~* Speerspitze *f* ; Stoßtrupp *m.*

lancement *m* **1.** Einführung *f* ; Förderung *f* ; Lancierung *f* ; Einleitung *f* ; *~ d'un article sur le marché* Einführung einer Ware auf dem Markt ; *campagne f de ~* Einführungskampagne *f* ; *prix m de ~* Einführungspreis *m* ; *publicité f de ~* Einführungswerbung *f* ; einführende Werbung *f* ; Verkaufsförderung *f* **2.** *(emprunt)* Auflegung *f* ; Begebung *f* ; Ausgabe *f* ; *~ d'un emprunt* Begebung einer Anleihe.

lancer 1. einführen ; *~ un article* eine Ware einführen ; *~ un homme politique* einen Politiker lancieren ; *~ sur le marché* auf den Markt bringen ; auf dem Markt einführen ; lancieren ; *~ un programme* ein Programm starten **2.** *~ un emprunt* eine Anleihe auflegen (ausgeben, begeben) **3.** *~ un navire* ein Schiff vom Stapel (laufen) lassen **4.** *~ l'ordre de grève* zum Streik aufrufen ; einen Streik ausrufen **5.** *se ~ dans une affaire* in ein Geschäft einsteigen.

land *m* **(länder)** *(R.F.A. ; Autriche)* Land *n* ; Bundesland.

langage *m* Sprache *f* ; Sprech-, Redeweise *f* ; *(inform.)* Programm-, Programmier(ungs)sprache ; *~ administratif* Verwaltungs-, Behördensprache ; Amtsprache ; *~ bancaire, boursier* Bank-, Börsensprache ; *~ chiffré* chiffrierte Sprache ; *~ clair* offene Sprache ; Klartext *m* ; *~ commercial, technique* Handels-, Fachsprache ; *~ machine* Maschinensprache ; *~ de programmation* Programmiersprache ; *(fig.) double ~* Doppelzüngigkeit *f.*

langage-machine *m (inform.)* Maschinensprache *f.*

langue *f* Sprache *f* ; *~ diplomatique, judiciaire* Diplomaten-, Gerichtssprache ; *~ maternelle, nationale* Mutter-, Landessprache ; *~ officielle, de travail* Amts-, Verhandlungssprache ; *connaissance f des ~s* Sprachkenntnisse *fpl* ; *dominer une ~* eine Sprache beherrschen.

lanterne *f* **rouge** Schlußlicht *n* ; *être la ~ en matière de politique des salaires* das lohnpolitische Schlußlicht bilden.

larcin *m* kleiner Diebstahl *m*.

latitude *f (fig.)* Spielraum *m* ; Handlungsfreiheit *f* ; ~ *d'appréciation* Ermessensspielraum ; *avoir toute* ~ *pour* Spielraum haben für ; *laisser toute* ~ *à qqn* jdm völlig freie Hand lassen.

lauréat *m* Preisträger *m* ; Sieger *m* ; ~ *du prix Nobel* Nobelpreisträger.

lauréat, e preisgekrönt.

lauriers *mpl* Lorbeeren *mpl* ; Ruhm *m* ; *être couvert de* ~ mit Lorbeeren überhäuft werden ; *s'endormir sur ses* ~ sich auf seinen Lorbeeren ausruhen.

laxisme *m* Laxheit *f* ; Laschheit *f*.

laxiste lax ; nachlässig.

LBO (leveraged buy out) *(finance)* Hebelwirkung *f* ; Hebeleffekt *m* ; Übernahme *f*, Aufkauf *m* durch Hebelwirkung. ⇒ LMBO.

LEA *(Langues étrangères appliquées)* berufsorientiertes Fremdsprachenstudium *n*.

leader *m* **1.** Marktführer *m* ; ~ *en matière de prix* Preisführer **2.** *(polit.)* (Partei)führer *m* ; Chef *m* ; ~*s de la bourse* Spitzenwerte *mpl* ; ~ *d'opinion* Meinungsführer *m*, -leader *m* ; ~ *de l'opposition* Oppositionsführer ; ~ *syndical* Gewerkschaftsführer.

leadership *m* Führerschaft *f* ; Führung *f* ; Leitung *f*.

leasing *m* Leasing ['li:ziŋ] *n* ; Leasing-Vertrag *m* ; Mietvertrag *m* (für Industrieanlagen) ; ♦ ~ *financier* Finanzierungsleasing ; ~ *à court, à long terme* kurzfristiges, langfristiges Leasing ; ~ *de véhicules* Fahrzeug-Leasing ; ♦♦ *contrat m de* ~ Leasing-Vertrag *m* ; *loueur m de* ~ Verleaser *m* ; Leasing-Geber *m* ; *opérations fpl de* ~ Leasing-Geschäfte *npl* ; *preneur m (de)* ~ Leaser *m* ; Leasing-Nehmer *m* ; *société f de* ~ Leasing-Gesellschaft *f* ; *traite f de* ~ Leasingrate *f* ; *véhicule m en* ~ geleastes Fahrzeug *n* ; ♦♦♦ *souscrire une formule de* ~, *prendre un* ~ leasen.

lèche-vitrines *m* : *faire du* ~ einen Schaufensterbummel machen ; die Schaufenster ansehen (begucken) ; einen Einkaufsbummel machen.

lecteur *m* **1.** Leser *m* ; ~ *de journaux* Zeitungsleser **2.** *(édition ; université)* Lektor *m* **3.** ~ *(de) cassettes* Kassettenrecorder *m* **4.** *(inform.)* Leser *m* ; Lesegerät *n* ; ~ *de bande magnétique* Magnetschriftleser ; ~ *de bande perforée* Lochstreifenleser ; ~ *de cartes* Lochkartenleser ; ~ *de cartes d'identité* Ausweisleser *m* ; ~ *optique* optischer Leser ; Klarschriftleser.

lecture *f* **1.** *(lettre)* Durchlesen *n* ; *(livre)* Lektüre *f* **2.** *(document)* Verlesen *n* ; Verlesung *f* ; *donner* ~ *d'un document* ein Schriftstück vorlesen ; *donner* ~ *d'un jugement* ein Urteil verlesen **3.** *(parlement)* Lesung *f* ; *adopté en première, en seconde* ~ in erster, zweiter Lesung angenommen **4.** *possibilité f de* ~ *par machine* Maschinenlesbarkeit *f*.

ledit, ladite *(jur.)* besagte(r, s) ; *le prix dudit terrain* der Preis des besagten Grundstücks.

légal, e gesetzlich ; legal ; rechtmäßig ; legitim ; *âge m* ~ (gesetzlich) vorgeschriebenes Alter *n* ; *année f* ~*e* Kalenderjahr *n* ; *cours m* ~ *(d'une monnaie)* gesetzlicher (amtlicher) Kurs *m* ; *dispositions fpl* ~*es* gesetzliche Bestimmungen *fpl* ; *domicile m* ~ gesetzlicher Wohnsitz *m* ; Hauptwohnsitz ; *formes fpl* ~*es* Rechtsformen *fpl* ; *médecine f* ~*e* Gerichtsmedizin *f* ; *monnaie f* ~*e* gesetzliches Zahlungsmittel *n* ; *moyens mpl légaux* gesetzliche Mittel *npl* ; Rechtsmittel ; *tuteur m* ~ gesetzlicher Vormund *m* ; *par la voie* ~*e* auf gesetzlichem (legalem) Weg(e) ; *ceci n'est pas très* ~ das ist etwas außerhalb der Legalität.

légalement gesetzlich ; legal ; auf gesetzlichem (legalem) Weg(e).

légalisation *f* amtliche Beglaubigung *f* ; Legalisierung *f* ; ~ *de signature* Unterschriftsbeglaubigung.

légaliser amtlich beglaubigen ; legalisieren ; beurkunden ; *faire* ~ *sa signature* seine Unterschrift amtlich beglaubigen lassen.

légalité *f* Gesetzlichkeit *f* ; Legalität *f* ; Rechtmäßigkeit *f* ; *sortir de la* ~ den Boden der Legalität verlassen ; *s'effectuer dans la plus stricte* ~ völlig legal durchgeführt werden.

légataire *m (jur.)* Vermächtnisnehmer *m* ; Legatar *m* ; ~ *universel* Gesamterbe *m* ; Universalerbe ; *faire de qqn son* ~ *universel* jdn zum Universalerben machen.

légation *f* Gesandtschaft *f* ; *droit m de* ~ Gesandtschaftsrecht *n* ; *secrétaire m de* ~ Legations-, Gesandtschaftssekretär *m*.

légiférer Gesetze beschließen (machen) ; *pouvoir m de* ~ gesetzgebende Gewalt *f*.

législateur *m* Gesetzgeber *m*.

législatif, ive gesetzgebend ; gesetzgeberisch ; legislativ ; *assemblée f ~ive* gesetzgebende Versammlung *f* ; *corps m ~* gesetzgebende Körperschaft *f* ; *élections fpl ~ives* Parlamentswahlen *fpl* ; *pouvoir m ~ (le ~)* gesetzgebende Gewalt *f* ; Legislative *f*.

législatives *fpl* : *les ~* Parlamentswahlen *fpl* ; *(R.F.A.)* Bundestagswahlen ; *(R.D.A.)* Wahlen zur Volkskammer.

législation *f* **1.** Gesetzgebung *f* ; Recht *n* ; Gesetze *npl* ; Rechtsvorschriften *fpl* ; *~ anticartels* Antikartellgesetzgebung *f* ; *~ des assurances* Versicherungsrecht ; *~ bancaire* Bankengesetzgebung ; *~ boursière* Börsenrecht ; *~ sur les cartels* Kartellgesetzgebung, -recht ; *~ commerciale* Handelsgesetzgebung ; *~ sur les ententes* Kartellgesetzgebung ; *~ en matière fiscale* Steuergesetzgebung ; *~ industrielle* Gewerbegesetzgebung, -recht ; *~ sur les prix* Preisgesetzgebung ; Preisvorschriften *fpl* ; *~ professionnelle* Berufsgesetzgebung ; *~ sociale* Sozialgesetzgebung, -recht ; *~ du travail* Arbeitsrecht ; arbeitsrechtliche Bestimmungen *fpl* ; *~ en vigueur* geltendes Recht **2.** Rechtswissenschaft *f* ; Jurisprudenz *f* ; *~ financière* Finanzwissenschaft *f*.

législature *f* **1.** Legislaturperiode *f* **2.** *(rare)* gesetzgebende Körperschaft *f*.

légiste *m* **1.** Jurist *m* ; Rechtsgelehrte(r) **2.** *médecin m ~* Gerichtsarzt *m*, -mediziner *m*.

légitimation *f* **1.** *(jur.)* rechtliche Anerkennung *f* ; Legitimierung *f* ; Legitimation *f* **2.** Legitimation *f* (eines unehelichen Kindes) **3.** Rechtfertigung *f*.

légitime **1.** rechtmäßig ; gesetzlich anerkannt ; legitim **2.** ehelich ; *enfant m ~* eheliches Kind *n* ; *femme f ~* Ehefrau *f* **3.** *~ défense f* Notwehr *f* ; *agir en état de ~ défense* aus (in) Notwehr handeln **4.** berechtigt ; gerecht ; gerechtfertigt ; *intérêt m ~* legitimes Interesse *n* ; *revendication f ~* legitime Forderung *f* ; *salaire m ~* gerechter Lohn *m*.

légitimer **1.** rechtlich anerkennen ; für rechtmäßig erklären ; legitimieren **2.** (ein uneheliches Kind) legitimieren ; für ehelich erklären **3.** rechtfertigen.

légitimité *f* **1.** Rechtmäßigkeit *f* ; Gesetzlichkeit *f* ; Legitimität *f* ; *(enfant)* Ehelichkeit *f* ; eheliche Geburt *f* **2.** Berechtigung *f* ; Billigkeit *f*.

legs *m (jur.)* Vermächtnis *n* ; Erbe *n* ; Hinterlassenschaft *f* ; *~ particulier* Stück-, Einzelvermächtnis ; *~ universel* Gesamtvermächtnis ; Einsetzung *f* zum Alleinerben ; *bénéficiaire m du ~* Vermächtnisnehmer *m* ; Erbe *m* ; *faire un ~* ein Vermächtnis aussetzen ; ein Erbe (eine Erbschaft) hinterlassen.

léguer vermachen ; vererben ; hinterlassen.

légume **1.** *m* Gemüse *n* ; *~s frais* frisches Gemüse ; Frischgemüse ; *marché m aux ~s* Gemüsemarkt *m* **2.** *f (fam.) une grosse ~* ein hohes Tier *n* ; ein Bonze *m* ; *les grosses ~s du parti* die Parteibonzen.

lenteur *f* Langsamkeit *f* ; *~ de l'administration* langsames Arbeiten *n* der Verwaltung ; *(fam.)* Amtsschimmel *m*.

léonin, e leoninisch ; Löwen- ; ungerecht ; *part f ~ine* Löwenanteil *m* ; *partage m ~* leoninische (ungerechte) Teilung *f*.

léser benachteiligen ; schädigen ; beeinträchtigen ; *~ les droits de qqn* jds Rechte verletzen (beeinträchtigen) ; *être ~é dans un partage* bei einer Teilung benachteiligt werden (zu kurz kommen).

lésiner : *~ sur qqch* an etw (+ D) sparen ; mit etw geizen ; *~ sur chaque sou* mit jedem Pfennig sparen ; *il n'a pas ~é* er hat nicht gespart ; *(fam.)* er hat sich nicht lumpen lassen ; er hat die Spendierhosen an.

lessivé, e *(fam.)* **1.** *(épuisé)* erschöpft ; ausgelaugt ; gerädert **2.** *(ruiné)* ruiniert ; erledigt ; abgewirtschaftet.

lest *m (maritime)* Ballast *m* ; Ladung *f* ; *sur (son) ~* unbefrachtet ; mit Ballast beladen ; *lâcher du ~* **a)** Ballast abwerfen ; **b)** *(fig.)* teilweise nachgeben ; Konzessionen machen.

lettre *f*	**1.** ***de l'alphabet*** **2.** ***missive*** **3.** ***lettre de change*** **4.** ***lettre de crédit*** **5.** ***lettre de gage***

1. ***(de l'alphabet)*** Buchstabe *m* ; Schriftzeichen *n* ; Schrift *f* ; *~ capitale* Kapital-, Großbuchstabe ; *~ italique* Kursivschrift ; *~s d'imprimerie* Block-, Druckschrift ; *~ morte* toter Buchstabe ; *au pied de la ~, à la ~* (wort)wörtlich ; im buchstäblichen Sinn(e) ; *en toutes ~s* ausgeschrieben ; in Worten (Buchstaben) ; *écrire qqch en toutes ~s* etw ausschreiben ; *s'en tenir à la ~* sich an die Buchstaben halten.

2. ***(missive)*** Brief *m* ; Schreiben *n* ; *~s* Briefe ; Post *f* ; ♦ *~ d'accompa-*

gnement Begleitschreiben ; ~ *d'affaires* Geschäftsbrief ; ~ *par avion* Luftpostbrief ; ~ *de candidature* Bewerbungsschreiben ; ~ *chargée* Wertbrief ; ~ *circulaire* Rundbrief, -schreiben ; ~ *commerciale (de commerce)* Geschäftsbrief ; ~ *de condoléances* Beileidsbrief ; ~ *de confirmation* Bestätigungsschreiben ; ~ *de congé (de congédiement)* Kündigungsschreiben ; ~ *de convocation* Vorladung *f* ; Einberufungs-, Einladungsschreiben ; schriftliche Einladung ; ~ *de créance* Beglaubigungsschreiben ; Akkreditiv *n* ; ~ *de demande d'emploi* Bewerbungsschreiben ; ~ *de démission* (schriftliches) Rücktrittsgesuch *n* ; ~ *d'engagement* Anstellungsschreiben ; ~ *d'envoi* Begleitschreiben ; ~ *d'excuse* Entschuldigungsbrief, -schreiben ; ~ *express* Eilbrief ; ~ *de félicitations* Glückwunsch-, Gratulationsschreiben *n* ; *sous forme de* ~ in Briefform ; ~ *de garantie* Garantieschreiben ; ~ *de grosse* Bodmereibrief ; ~ *d'introduction* Einführungsschreiben ; Empfehlungsschreiben ; ~ *de licenciement* Kündigungsschreiben ; schriftliche Kündigung *f* ; ~ *de maîtrise* Meisterbrief ; ~ *de menaces* Drohbrief ; *par ~(s)* brieflich ; ~ *pneumatique* Rohrpostbrief ; ~ *en poste restante* postlagernder Brief ; ~ *de préavis* Kündigungsschreiben ; ~ *publicitaire* Werbeschreiben, -brief ; ~ *de rappel* Mahnschreiben ; ~ *de recommandation* Empfehlungsschreiben ; ~ *recommandée* Einschreib(e)brief ; eingeschriebener Brief ; Einschreiben *n* ; ~ *de remerciement(s)* Dankbrief, -schreiben ; ~ *retournée* unzustellbarer Brief ; *~-télégramme* Brieftelegramm *n* ; ~ *avec valeur déclarée* Wertbrief ; ~ *de voiture* Frachtbrief ; ♦♦ *échange m de ~s* Briefwechsel *m* ; Schriftwechsel ; Korrespondenz *f* ; *en-tête m de* ~ Briefkopf *m* ; *levée f des ~s* Briefkastenleerung *f* ; ♦♦♦ *adresser une ~ à qqn* einen Brief an jdn richten ; *affranchir une* ~ einen Brief freimachen (frankieren) ; *écrire une ~ à qqn* jdm (an jdn) einen Brief schreiben ; *mettre une ~ à la poste* einen Brief aufgeben ; *poster une* ~ einen Brief einwerfen.

3. ***(lettre de change)*** Wechsel *m* ; ~ *à l'extérieur* ausländischer Wechsel ; ~ *à date fixe* Tag-, Präziswechsel ; ~ *à délai de date* Dato-, Zeitwechsel ; ~ *à délai de vue* Nachsichtwechsel ; ~ *sur l'étranger* Auslandswechsel ; ~ *libellée en monnaie étrangère* Fremdwährungswechsel ; *législation f sur les ~s de change* Wechselrecht *n (voir aussi traite, effet).*

4. ***(lettre de crédit)*** Kreditbrief *m* ; ~ *avisée* avisierter Kreditbrief ; ~ *circulaire* Reise-, Zirkularkreditbrief ; ~ *de voyage (touristique)* Reisekreditbrief.

5. ***(lettre de gage)*** Pfandbrief *m* ; ~ *hypothécaire* Hypothekenpfandbrief.

6. ***(lettre de transport, de voiture)*** Frachtbrief *m* ; Luftfrachtbrief *m* ; AWB *m* (Airway Bill).

levée *f* **1.** Aufhebung *f* ; Beseitigung *f* ; Behebung *f* ; ~ *du blocus* Aufhebung der Blockade ; *(jur.)* ~ *d'écrou* Haftentlassung *f* ; ~ *de l'embargo* Aufhebung der Sperre (des Embargos) ; ~ *de l'immunité* Aufhebung der Immunität ; ~ *de la réquisition* Aufhebung der Beschlagnahme ; ~ *des restrictions* Aufhebung der Beschränkungen ; ~ *des scellés* Entfernung *f* der Siegel ; Entsiegelung *f* ; ~ *de séance* Schließung *f* der Sitzung ; ~ *du séquestre* Aufhebung der Zwangsverwaltung **2.** *(boîte aux lettres)* Leerung *f* ; *heures fpl de* ~ Leerungszeiten *fpl* ; *faire la* ~ den Briefkasten leeren **3.** ~ *d'impôts* Erhebung *f* von Steuern **4.** *(banque)* (Geld)entnahme *f* ; ~ *de compte* Privatentnahme **5.** ~ *d'option* Ausübung *f* des Optionsrechtes **6.** *(bourse)* ~ *de titres* Übernahme *f* (Inempfangnahme *f*) von Wertpapieren **7.** *(fig.)* ~ *de boucliers* starke Opposition *f* ; heftiger Widerstand *m* ; einstimmiger Protest *m* ; *provoquer une ~ de boucliers* heftige Proteste auslösen.

lever 1. beseitigen ; aufheben ; abbrechen ; beenden ; ~ *l'audience* die Sitzung beenden ; ~ *l'écrou* aus der Haft entlassen ; ~ *une interdiction* ein Verbot aufheben ; ~ *un obstacle* ein Hemmnis aus dem Weg räumen ; ~ *les scellés* entsiegeln **2.** ~ *les lettres* den Briefkasten leeren **3.** ~ *des impôts* Steuern erheben **4.** ~ *une option* ein Optionsrecht ausüben **5.** *(bourse)* ~ *les titres* die Wertpapiere übernehmen (in Empfang nehmen).

levier *m* Hebel *m* ; *être aux ~s de commande* eine Schlüsselposition (inne)haben ; *faire actionner les ~s de commande de l'économie* die Schalthebel der Wirtschaft betätigen.

liaison *f* Verbindung *f* ; Anschluß *m* ; ♦ ~ *aérienne, directe, ferroviaire* Flug-, Direkt-, (Eisen)bahnverbindung ; ~ *maritime, postale, radio* Schiffs-,

Post-, Funkverbindung ; ~ *routière, téléphonique* Straßen-, Telefonverbindung ; ◆◆ *homme m de ~* Verbindungsmann *m* ; *organisme m de ~* Verbindungsstelle *f* ; *service m de ~* Verbindungsdienst *m*, -stelle *f* ; ◆◆◆ *assurer une ~* eine Verbindung gewährleisten ; *établir une ~* eine Verbindung herstellen ; *être en ~ avec qqn* mit jdm in Verbindung stehen ; *travailler en ~ étroite avec qqn* mit jdm eng zusammenarbeiten.

liasse *f* Bund *m* ; Bündel *m* ; Stoß *m* ; Packen *m* ; *~ de billets* Bündel Banknoten ; Geldbündel ; *~ de lettres* Bündel Briefe ; *mettre en ~* zu einem Bündel zusammenschnüren ; bündeln.

libellé *m* **1.** Wortlaut *m* ; Text *m* ; Fassung *f* ; *~ du contrat* Vertragstext *m*, -wortlaut *m* **2.** Abfassung *f* ; Aufsetzen *n* ; *~ du jugement* Urteilsabfassung **3.** *(comptab.)* Buchungstext.

libeller 1. aufsetzen ; abfassen ; formulieren ; *~ un télégramme* ein Telegramm aufsetzen ; *... ainsi ~é ...* folgenden Wortlauts **2.** *être ~é* lauten auf ; *~é au porteur, en dollars* auf den Inhaber, auf Dollar(s) lautend.

libéral *m (polit.)* Liberale(r).

libéral, e liberal ; frei ; *économie f ~e* freie (Markt)wirtschaft *f* ; *(polit.) parti m ~* liberale Partei *f* ; *personne f exerçant une profession ~e* freiberuflich tätige Person *f* ; Freiberufler *m* ; *les professions ~es fpl* die freien Berufe *mpl* ; die Freiberufler *mpl*.

libéralisation *f* Liberalisierung *f* ; Freigabe *f* ; *~ du cours du dollar* Freigabe des Dollarkurses ; *~ des échanges commerciaux* Liberalisierung des Handelsverkehrs ; *~ de l'économie* Liberalisierung der Wirtschaft ; *politique f de ~* Liberalisierungspolitik *f*.

libéraliser liberalisieren ; freigeben.

libéralisme *m* Liberalismus *m* ; *retour m au ~ économique* Rückkehr *f* zur liberalen Wirtschaft.

libération *f* **1.** Freigabe *f* ; Liberalisierung *f* ; *~ des échanges* Liberalisierung des Warenaustauschs (des Handels) ; *~ des prix* Freigabe der Preise **2.** *~ d'une action* Aktieneinzahlung *f* **3.** *(détenu)* Entlassung *f* ; *~ anticipée, conditionnelle* vorzeitige, bedingte Haftentlassung **4.** Entlastung *f* ; Entbindung *f* ; Befreiung *f* ; *~ d'une obligation* Entlassung aus einer Verpflichtung **5.** Befreiung *f* ; Emanzipation *f* ; *~ de la femme* Frauenemanzipation.

libératoire schuldbefreiend ; befreiende Wirkung *f* ; *effet m ~* schuldbefreiende Wirkung *f* (einer Zahlung) ; *paiement m ~* schuldbefreiende Zahlung *f* ; *prélèvement m ~* Pauschalsteuer *f* ; Pauschalbesteuerung *f*, -abgabe *f* ; pauschale Abgabe *f* ; pauschale Besteuerung *f*.

libéré, e 1. befreit ; frei ; *sommes fpl, terres fpl ~es* frei gewordene Gelder *npl*, Flächen *fpl* ; *~ de toute dette* schuldenfrei ; *action f intégralement ~e* volleingezahlte Aktie *f* **2.** *(détenu)* entlassen **3.** befreit ; emanzipiert.

libérer 1. freigeben ; liberalisieren ; *~ les échanges* den Warenaustausch liberalisieren ; *~ des fonds en vue d'achats* Geldmittel für den Einkauf von Gütern freisetzen ; *~ les prix* die Preise freigeben ; den Preisstopp aufheben **2.** *~ une action* eine Aktie (voll) einzahlen **3.** *~ un détenu* einen Häftling entlassen **4.** *~ un logement* eine Wohnung räumen **5.** *se ~ d'une dette* eine Schuld bezahlen (abzahlen ; tilgen) ; *se ~ d'un engagement* sich von einer Verpflichtung befreien ; *se ~ d'une hypothèque* eine Hypothek abzahlen (ablösen) **6.** befreien ; emanzipieren.

liberté *f* Freiheit *f* ; ◆ *~ d'accès* freier Zugang ; freier Zutritt *m* ; *~ d'action* Handlungsfreiheit ; *~ d'appréciation* Ermessungsfreiheit ; *~ d'association* Vereinigungs-, Vereinsfreiheit ; *~ de circulation* Freizügigkeit *f* ; *~ civile* staatsbürgerliche Freiheit ; *~ du commerce* Handelsfreiheit ; *~ du commerce et de l'industrie* Handels- und Gewerbefreiheit ; *~ des conventions (des contrats, contractuelle)* Vertragsfreiheit ; *~ des conventions collectives* Tarifvertragsfreiheit ; *~ du culte* Religionsfreiheit ; *~ des échanges (commerciaux)* Handelsfreiheit ; *~ d'entreprise* Handels- und Gewerbefreiheit ; *~ d'établissement* Niederlassungsfreiheit ; *~ d'expression* Freiheit der Meinungsäußerung ; Redefreiheit ; *~ fondamentale* Grundfreiheit ; *~s individuelles* staatsbürgerliche Grundrechte *npl* ; bürgerliche Freiheiten ; *~ du marché* Freiheit des Marktes ; *~ des mouvements de capitaux* freier Kapitalverkehr *m* ; *~ de négociation* Verhandlungsfreiheit ; *~ d'opinion* Meinungsfreiheit ; *~ de la presse* Pressefreiheit ; *~ des prix* Preisfreiheit ; *~s publiques* Grund-, Freiheitsrechte *npl* ; *~ de réunion* Versammlungsfreiheit ; *~ des salaires* Freiheit der Lohnvereinbarung ; *(jur.) ~ surveillée* Freilassung *f* mit

Bewährungsaufsicht ; ~ *syndicale* Koalitions-, Vereinigungsfreiheit ; *~s syndicales* gewerkschaftliche Rechte *npl* ; ~ *tarifaire* Tariffreiheit ; ~ *du travail* Freiheit der Arbeit ; Arbeitsfreiheit ; ♦♦ *atteinte f à la* ~ Freiheitsbeschränkung *f*, -einschränkung ; *en toute* ~ völlig frei ; völlig ungehindert ; *mise f en* ~ Freilassung *f* ; ♦♦♦ *accorder à qqn la* ~ *de faire qqch* jdm erlauben, etw zu tun ; *agir en (avoir) toute* ~ volle Handlungsfreiheit haben ; *s'exprimer avec une grande* ~ sich sehr frei (offen) ausdrükken ; *laisser trop de* ~ *à qqn* jdm zu viel Freiheit lassen ; *mettre qqn en* ~ jdn freilassen ; jdn auf freien Fuß setzen ; *porter atteinte aux ~s syndicales* gegen die freie Ausübung der gewerkschaftlichen Rechte verstoßen ; die gewerkschaftlichen Rechte einschränken (beschneiden).

libraire *m* Buchhändler *m* ; Sortimentsbuchhändler ; Sortimenter *m*.

libraire-éditeur *m* Verlagsbuchhändler *m* ; Verleger *m*.

librairie *f* **1.** Buchhandlung *f* ; ~ *de gare* Bahnhofsbuchhandlung ; ~ *scientifique* wissenschaftliche Buchhandlung ; ~ *technique* Fachbuchhandlung für technische Literatur ; ~ *universitaire* Universitätsbuchhandlung **2.** Buchhandel *m* ; Büchermarkt *m* ; Buchmarkt *m* ; *en* ~ im Buchhandel ; auf dem Büchermarkt ; *nouveautés fpl parues en* ~ Neuerscheinungen *fpl* auf dem Büchermarkt.

libre frei ; ♦ ~ *de toutes charges* lastenfrei ; ~ *circulation f des biens, des capitaux* freier Güter-, Kapitalverkehr *m* ; ~ *des droits (de douane)* zollfrei ; verzollt ; ~ *à l'entrée* zollfrei ; ~ *d'hypothèques* hypothekenfrei ; ♦♦ *accès m* ~ freier Zugang ; freier Zutritt *m* ; *(université) auditeur m* ~ Gasthörer *m* ; *chambre f* ~ freies Zimmer *n* ; Zimmer frei ; *denrée f* ~ unbewirtschaftetes Nahrungsmittel *n* ; *école f* ~ (private) Konfessionsschule *f* ; katholische Schule ; *entrée f* ~ freier Ein-, Zutritt *m* ; heures *fpl ~s (temps m ~)* Freizeit *f* ; freie Zeit ; *marchandises fpl ~s* freie Güter *npl* ; *marché m* ~ freier Markt *m* ; *monde m* ~ freie Welt *f* ; *passage m* ~ freie Durchfahrt *f ; prix m* ~ unverbindlicher (ungebundener, freier) Preis *m* ; *produit m* ~ markenloser Artikel *m* ; *union f* ~ wilde (freie) Ehe ; *(fam.)* Schrägstrich-Ehe ; *f* ; *ville f* ~ Freie Stadt *f* ; ♦♦♦ *avoir les mains ~s ;* freie Hand haben ; *avez-vous une chambre* ~ *?* haben Sie ein Zimmer frei ? *être* ~ frei (ungebunden) sein ; *être en vente* ~ frei zu haben sein ; *vous êtes* ~ *de...* es steht Ihnen frei, zu...

libre-échange *m* Freihandel *m* ; freier Handel *m* ; freier Markt *m* ; *zone f de* ~ Freihandelszone *f*.

libre-échangisme *m* Freihandel *m* ; Freihandelspolitik *f* ; Freihandelssystem *m*.

libre-échangiste *m* Anhänger *m* des Freihandels.

libre-échangiste Freihandels- ; freihändlerisch.

librement frei ; *agir* ~ nach Belieben handeln ; *circuler* ~ sich frei bewegen ; frei verkehren ; ~ *convertible* frei konvertierbar ; *disposer* ~ frei verfügen ; *traduire* ~ frei übersetzen.

libre-service *m* **1.** Selbstbedienung (SB) *f* ; *magasin m de* ~ Selbstbedienungsgeschäft *n*, -laden *m* ; SB-Geschäft ; *système m de* ~ Selbstbedienungssystem *n* ; SB-System **2.** Selbstbedienungsrestaurant *n* ; SB-Restaurant ; Gaststätte *f* mit SB ; *proposer des articles en* ~ Waren in Selbstbedienung anbieten.

licence *f* **1.** Lizenz *f* ; Konzession *f* ; Genehmigung *f* ; Erlaubnis *f* ; Bewilligung *f* ; ♦ ~ *d'achat* Kauflizenz ; Ankaufserlaubnisschein *m* ; ~ *de brevet* Patentlizenz ; ~ *de débit de boissons* Schankkonzession, -erlaubnis ; ~ *exclusive* ausschließliche (alleinige) Lizenz ; ~ *d'exploitation* Betriebserlaubnis, -lizenz, -genehmigung ; ~ *d'exploitation de brevets* Nutzungslizenz an Patenten ; ~ *d'exportation* Ausfuhrgenehmigung ; Exportlizenz ; ~ *de fabrication* Herstellungs-, Produktionslizenz ; ~ *d'importation* Einfuhrgenehmgung ; Importlizenz ; ~ *de marque* Markenlizenz ; ~ *préalable* Vorlizenz ; ~ *professionnelle* Gewerbeerlaubnis, -zulassung *f* ; Gewerbeschein *m* ; ~ *territoriale* Gebietslizenz ; ~ *d'usage* Gebrauchslizenz ; ~ *de vente* Verkaufslizenz ; ♦♦ *cession f de* ~ Lizenzübertragung *f* ; *concession f de* ~ Lizenzerteilung *f* ; *concessionnaire m de* ~ Lizenzinhaber *m* ; *contrat m de (fabrication sous)* ~ Lizenzvertrag *m* ; *demande f de* ~ Lizenzantrag *m* ; *droit m de* ~ **a)** Lizenzgebühr *f* ; **b)** Lizenzrecht *n* ; *office m des* ~ *s* Lizenzamt *n* ; *preneur m de* ~ Lizenznehmer *m* ; *retrait m de* ~ Lizenzentziehung *f* ; *titulaire m de* ~ Lizenzinhaber *m* ; ♦♦♦ *concéder* *une* ~ eine Lizenz erteilen ; *construire sous* ~ in Lizenz bauen **2.** *(université)* Staatsexamen *n* ; akademischer Grad *m* ; französische « Licence » *f*.

licencié *m* **1.** Lizenzinhaber *m* ; Lizenznehmer *m* ; Patentnutzungsberechtigte(r) **2.** *(université)* Inhaber *m* einer « Licence » (eines Staatsexamens).

licenciement *m* Entlassung *f* ; Kündigung *f* ; ♦ ~ *abusif* ungerechtfertigte Kündigung ; ~ *collectif* Massenkündigung, -entlassung ; ~ *pour faute grave* Kündigung aus triftigem Grund ; ~ *de fonctionnaire* Verabschiedung *f* (eines Beamten) ; Entlassung aus dem Staatsdienst ; ~ *illégal* ungesetzliche Kündigung ; ~ *immédiat* fristlose Kündigung (Entlassung) ; ~ *individuel* Einzelkündigung, -entlassung ; ~ *pour motif économique* Kündigung aus wirtschaftlichen Gründen ; ~ *ordinaire* ordentliche Kündigung ; ~ *de personnel* Personalabbau *m* ; Personalentlassung ; ~ *sans préavis* fristlose Kündigung (Entlassung) ; ♦♦ *avis m de* ~ Kündigungsschreiben *n* ; *décision f de* ~ Entlassungsverfügung *f* ; *délai m de* ~ Kündigungsfrist *f* ; *droit m de* ~ Kündigungsrecht *n* ; *indemnité f de* ~ Kündigungsentschädigung *f* ; *lettre f de* ~ Kündigungsschreiben *n* ; Entlassung *f* ; *motif m de* ~ Kündigungsgrund *m* ; *protection f contre le* ~ Kündigungsschutz *m* ; *retrait m de* ~ Zurücknahme *f* der Kündigung ; ♦♦♦ *contester les* ~*s* die Kündigungen anfechten ; *menacer qqn de licenciement* jdm mit Entlassung drohen ; *les* ~*s se multiplient* die Entlassungen häufen sich ; *prononcer des* ~*s* Kündigungen aussprechen ; *recevoir sa lettre de* ~ seine Kündigung zugestellt bekommen ; *renoncer aux mesures de* ~ auf die Kündigungen verzichten ; von den Kündigungsmaßnahmen Abstand nehmen.

licencier jdn entlassen ; jdm kündigen ; *(fonctionnaire)* verabschieden ; ~ *du personnel* Personal freisetzen (abbauen) ; *(fam.)* Personal abspecken.

licitation *f (jur.)* Versteigerung *f* ; ~ *amiable (volontaire)* freiwillige Versteigerung ; ~ *judiciaire* Zwangsversteigerung.

licite erlaubt ; zulässig ; statthaft.

liciter *(jur.)* (eine ungeteilte Sache) versteigern.

lié, e gebunden ; ~ *par contrat* vertraglich (durch Vertrag) gebunden ; ~ *à un délai* termingebunden ; befristet ; ~ *à l 'indice* indexgebunden ; an den Index gebunden ; indexiert.

lien *m* Band *n* ; Verbindung *f* ; Zusammenhang *m* ; ~ *causal (de causalité)* Kausalzusammenhang ; ~ *conjugal* eheliches Band ; ~ *contractuel* Vertragsverhältnis *n* ; ~ *de dépendance* Abhängigkeitsverhältnis *n* ; ~ *légal* gesetzliches Verhältnis *n*.

lier binden ; verbinden ; verpflichten ; *opération f* ~*ée* Swapgeschäft *n* ; ~ *conversation avec qqn* mit jdm ein Gespräch anknüpfen (beginnen) ; *se* ~ *par contrat* sich vertraglich binden ; *se* ~ *les mains* sich selbst die Hände binden ; *avoir partie* ~*ée avec qqn* mit jdm gemeinsame Interessen haben.

lieu *m* **1.** Ort *m* ; Platz *m* ; Stelle *f* ; Stätte *f* ; ♦ ~ *de l'accident* Unfallstelle ; ~ *de chargement* Verladeort ; ~ *commun* Gemeinplatz ; ~ *du crime (du délit)* Tatort ; ~ *de départ* Ausgangsort ; ~ *de destination* Bestimmungs-, Zielort ; ~ *d'embarquement* Verschiffungsort ; ~ *d'émission* Ausstellungsort (eines Wechsels) ; ~ *d'établissement* Niederlassungsort ; ~ *d'exécution* Erfüllungsort ; ~ *d'expédition* Versand-, Aufgabeort ; ~ *d'exploitation* Sitz *m* des Betriebs ; Betriebsort ; *haut* ~ berühmte Stätte ; Hochburg *f* ; *haut* ~ *touristique* Hochburg des Tourismus ; *en haut* ~ höheren Orts ; an höherer Stelle ; ~ *d'implantation* Standort ; ~ *de livraison* Lieferort ; ~ *de naissance* Geburtsort ; ~ *d'origine* Herkunftsort ; ~ *de paiement* Zahlungsort ; ~ *de production* Produktionsstätte ; *dans des* ~*x publics* an öffentlichen Orten ; ~ *de réception* Empfangsort ; ~ *de séjour* Aufenthaltsort ; ~ *de travail* Arbeitsstätte, -stelle, -platz ; ~ *de vente* Verkaufsort, -stelle ; *en* ~ *et place de qqn* stellvertretend für jdn ; an jds Stelle ; in Vertretung von jdm ; ♦♦♦ *avoir* ~ stattfinden ; *s'il y a* ~ gegebenenfalls ; nötigenfalls ; wenn nötig ; *donner* ~ *à qqch* zu etw Anlaß geben ; *donner* ~ *à une demande* einem Gesuch stattgeben ; ~ *et heure vous seront communiqués en temps utile* Ort und Zeit werden noch bekanntgegeben **2.** *(logement)* ~*x* Örtlichkeit *f* ; Räume *mpl* ; *abandon m des* ~*x* Verlassen *n* der Wohnung ; *état m des* ~*x* Bestandsaufnahme *f* ; *jouissance f des* ~*x* Nutzung *f* der Wohnung ; Wohnrecht *n* ; *quitter (vider) les* ~*x* die Wohnung räumen ; ausziehen **3.** *(jur.)* ~*x* Tatort *m* ; *sur les* ~*x* an Ort und Stelle ; *(jur.)* am

Tatort ; *descente sur les ~x* Ortsbesichtigung *f* ; Lokaltermin *n*.

lieu-dit *m* Flurbezeichnung *f* ; Ort *m*, der einen Flurnamen trägt.

ligne *f* **1.** Linie *f* ; Grenze *f* ; *~ ascendante, descendante* aufsteigende, absteigende Linie ; *~ budgétaire* Haushaltsansatz *m* ; *~ de crédit* Kreditlinie, -plafond *m* ; *~ de démarcation* Grenzlinie ; Abgrenzung *f* ; Trennung *f* ; *~ des douanes* Zollgrenze ; *~-frontière* Grenzlinie ; *~ maternelle, paternelle* mütterliche, väterliche Linie ; mütterlicher-, väterlicherseits ; *~ de produits* Angebotspalette *f* **2.** *(téléph.)* Leitung *f* ; *~s groupées* Sammel(ruf)-nummer *f* ; *~ interurbaine* Fernleitung *f* ; *~ principale* Hauptanschluß *m* ; *~ supplémentaire* Nebenanschluß *m* ; *il y a de la friture sur la ~* es knackt in der Leitung ; *les ~s sont encombrées* die Leitungen sind überlastet **3.** *(trafic)* Linie *f* ; Strecke *f* ; Bahn *f* ; *(train) grande ~* Haupt-, Fernstrecke ; *~ maritime (de navigation)* Schiffahrtslinie ; *(avion) ~ régulière* planmäßig beflogene Strecke ; *(train) ~ secondaire* Nebenstrecke, -bahn ; *~ d'autobus, de tramway* Autobus-, Straßenbahnlinie ; *~ de banlieue* Vorortlinie, -bahn ; *~ de chemin de fer* Eisenbahnlinie, -strecke ; *~ de métro* U-Bahn-Linie, -strecke ; *avion m de ~* Linienflugzeug *n*, -maschine *f* **4.** Zeile *f* ; *à la ~!* neue Zeile ! neuer Absatz ! ; *aller à la ~* eine neue Zeile anfangen ; *lire entre les ~s* zwischen den Zeilen lesen **5.** *(fig.)* Linie *f* ; *~ de conduite* Richtschnur *f* ; Leitsatz *m*, -linie ; *~ directrice* Leitlinie ; *~ du parti* Parteilinie ; *~ suivie par le gouvernement* Regierungskurs *m* **6.** *(inform.) en ~* on line [ɔn'lain] **7.** *~ de produits* Kollektion *f* ; Artikelserie *f*, -sammlung *f* ; *lancer une nouvelle ~ sur le marché* eine neue Produktensammlung auf den Markt bringen.

lignite *m* Braunkohle *f* ; *briquette f de ~* Braunkohlenbrikett *n*.

ligue *f* Liga *f* ; Bund *m* ; *~ arabe* Liga der arabischen Staaten ; Arabische Liga ; *~ des droits de l'homme* Liga für Menschenrechte ; *former une ~* eine Liga bilden (gründen).

liminaire einleitend ; einführend ; Eingangs- ; Anfangs- ; *déclaration f ~* einleitende Erklärung *f*.

limitatif, ive 1. begrenzend ; beschränkend ; restriktiv **2.** erschöpfend.

limitation *f* Begrenzung *f* ; Beschränkung *f* ; Einschränkung ; Limit *n* ; *~ du crédit* Kreditbeschränkung, -begrenzung ; *~ des cultures* Anbaubeschränkung ; *~ des dépenses* Ausgabenbeschränkung ; *~ du dividende* Dividendenbegrenzung ; *~ des naissances* Geburtenbeschränkung ; *~ des prix* Preisbeschränkung ; *~ de production* Produktionsbeschränkung ; *~ de (la) responsabilité* Haftungsbeschränkung ; *du risque* Risikobeschränkung ; *~ du trafic* Verkehrsbeschränkung ; *~ de vitesse* Geschwindigkeitsbegrenzung, -beschränkung, -limit.

limite *f* **1.** Grenze *f* ; Grenzlinie *f* ; Abgrenzung *f* ; Limit *n* ; ♦ *~ d'âge* Altersgrenze ; *~ de capacité* Kapazitätsgrenze ; *~ de charge* Belastungsgrenze ; Trag-, Ladefähigkeit *f* ; *~ des coûts* Kostengrenze ; *~ de couverture* Deckungsgrenze ; *~ de crédit* Kreditgrenze ; *~ d'endettement* Verschuldungsgrenze ; *~ d'exploitation* Betriebsgrenze ; *~ d'imposition* Besteuerungsgrenze ; Steuerfreigrenze ; *~ inférieure* Untergrenze ; *~ inférieure, supérieure des prix* untere, obere Preisgrenze ; *~ maximale* Höchstgrenze ; oberste Grenze ; *~ minimale* unterste Grenze ; *~ de productivité* Produktivitätsgrenze ; *~ de rentabilité* Rentabilitätsgrenze ; *~ de responsabilité* Haftungsgrenze ; *~ du revenu* Einkommensgrenze ; *sans ~s* grenzenlos ; unbegrenzt ; *~ supérieure* Obergrenze ; *~ de valeur* Wertgrenze ; ♦♦♦ *assigner (fixer) des ~s à qqch* einer Sache Grenzen setzen ; *atteindre ses ~s* seine Grenzen erreichen ; *avoir des ~s* Grenzen haben ; *imposer des ~s à la croissance* dem Wachstum Grenzen setzen **2.** Grenz- ; Höchst- ; *âge m ~* Höchstalter *n* ; Altersgrenze ; *cas m ~* Grenzfall *m* ; *charge f ~* Höchstlast *f* ; *date f ~* letzter (äußerster) Termin *m* ; Schlußtermin ; *prix m ~* äußerster Preis *m* ; Preisobergrenze *f* ; Preislimit *n* ; *valeur f ~* Grenzwert *m* ; *vitesse f ~* zulässige Höchstgeschwindigkeit *f* ; *maintenir la concurrence dans certaines ~s* die Konkurrenz in Grenzen halten.

limiter begrenzen ; beschränken (*à* auf + A) ; einschränken ; in Grenzen halten ; *(bourse) ~é* limitiert ; *~é dans le temps* zeitlich begrenzt (befristet) ; *~ les dépenses* mit dem Geld sparsam umgehen ; weniger ausgeben ; *(fam.)* sich den Gürtel enger schnallen ; *~ l'inflation* die Inflation drosseln ; *~ la liberté d'action, les pouvoirs* die Handlungsfreiheit, die Vollmachten einschränken ; *se ~ à* sich beschränken auf (+ A).

limitrophe angrenzend (*de* an + A) ; benachbart ; Grenz- ; Anrainer- ; *territoire m ~* Grenzgebiet *n* ; *commune f ~* Randgemeinde *f*.

limogeage *m* Entlassung *f* ; Kaltstellung *f* ; Strafversetzung *f* ; *(fam.)* Abhalfterung *f* ; Absägen *n*.

limoger entlassen ; kaltstellen ; strafversetzen ; *(fam.)* feuern ; ausbooten ; absägen ; abhalftern ; auf die Straße setzen ; rausschmeißen.

linéaire *(statist.)* linear.

linéarité *f (statist.)* Linearität *f*.

lingot *m* **1.** Barren *m* ; *~ d'argent* Silberbarren ; *~ d'or* Goldbarren ; *or m en ~s* Barrengold *n* **2.** *~ d'acier* Stahlblock *m*.

lion *m* : *se disputer la part du ~* sich um den Löwenanteil streiten ; *se tailler la part du ~* den Löwenanteil kassieren ; sich den Löwenanteil (von etw) sichern.

liquéfaction *f (gaz)* Verflüssigung *f* ; Liquefaktion *f*.

liquéfier *(gaz)* verflüssigen.

liquidateur *m (jur.)* Liquidator *m* ; Abwickler *m* ; Masseverwalter *m* ; *~ amiable* vertraglich bestellter Liquidator ; *~ de la faillite* Konkurs-, Masseverwalter ; *~ judiciaire* gerichtlich bestellter Liquidator.

liquidation *f* **1.** Liquidation *f* ; Abwicklung *f* ; Auflösung *f* ; Auseinandersetzung *f* ; ♦ *~ de biens* Vermögensliquidation, -auseinandersetzung ; *~ d'un commerce* Geschäftsauflösung ; *~ forcée* Zwangsliquidation ; *~ judiciaire* gerichtliche Abwicklung ; *~ partielle* Teilliquidation ; *~ volontaire* freiwillige Liquidation ; ♦♦ *accord m sur la ~* Liquidationsvergleich *m* ; *actif m de ~* Schlußvermögen *n* ; Abwicklungsendvermögen ; Konkursmasse *f* ; *bénéfice m de ~* Liquidations-, Abwicklungsgewinn *m* ; *bilan m de ~* Liquidationsbilanz *f* ; *clôture f de la ~* Abschluß *m* der Liquidation ; *compte m de ~* Liquidationskonto *n* ; *cours m de ~* Liquidationskurs *m* ; *procédure f de ~* Liquidationsverfahren *n* ; *produit m de ~* Liquidationserlös *m* ; *société f en ~* Liquidationsgesellschaft *f* ; *valeur f de ~* Liquidationswert *m* ; *entrer en ~* in Liquidation treten **2.** *(dettes)* Bezahlung *f* ; Rückzahlung *f* ; Tilgung *f* **3.** *(coûts, impôts)* Festsetzung *f* ; Berechnung *f* ; *~ des dépens* Kostenfestsetzung ; *~ de l'impôt* Steuerfestsetzung **4.** *(bourse)* Liquidation *f* ; Abrechnung *f* ; Regulierung *f* ; Glattstellung *f* ; *~ de fin de mois* Ultimoliquidation ; *~ de quinzaine* Medioliquidation **5.** *(vente)* Ausverkauf *m* ; *~ du stock pour cause d'inventaire* Inventurausverkauf *m* ; *~ pour cause de cessation de commerce* Total-, Räumungsausverkauf wegen Geschäftsaufgabe ; *~ pour cause de faillite* Konkursausverkauf ; *~ totale* Totalausverkauf ; *vente-~* Liquidationsverkauf **6.** *(polit.) ~ d'un adversaire* Liquidierung *f* (Beseitigung *f*) eines Gegners.

liquide *m* Bargeld *n* ; Barmittel *n* ; Barkapital *n* ; Liquidität *f* ; Flüssigkeit *f* ; *ne pas avoir de ~ sur soi* kein bares Geld bei sich haben.

liquide **1.** flüssig ; liquid ; bar ; *argent m ~* Bargeld *n* ; Barmittel *n* ; flüssige (bare, liquide) Mittel *npl* ; *avoir m ~* Barguthaben *n* ; *capital m ~* Barkapital *n* ; *rendre ~* flüssig (liquid) machen **2.** *gaz m ~* Flüssiggas *n*.

liquider **1.** liquidieren ; abwickeln ; auflösen ; *~ une société* eine Gesellschaft liquidieren (auflösen) **2.** *(biens immobilisés)* verkaufen ; veräußern ; flüssig machen **3.** festsetzen ; feststellen ; *~ un impôt* eine Steuer festsetzen **4.** *(bourse)* liquidieren ; abrechnen **5.** *(dette)* (be)zahlen ; tilgen **6.** *(vente)* ausverkaufen ; *~ des stocks* ein Lager räumen ; Lagerbestände abbauen **7.** *(fam.) ~ une affaire* ein Geschäft erledigen (abwickeln) **8.** *(polit.) ~ un adversaire* einen Gegner liquidieren (beseitigen).

liquidité *f* Liquidität *f* ; Flüssigkeit *f* ; Bargeld *n* ; Barmittel *npl* ; flüssiges Kapital *n* ; flüssige (liquide) Mittel *npl* ; ♦ *~s bancaires* Bankliquidität ; *~s de caisse* Kassenliquidität ; *~ comptable* buchmäßige Liquidität ; *~ excessive* Überliquidität ; *~ interne* Inlandsliquidität ; innerstaatliche Liquidität ; ♦♦ *augmentation f de la ~* Liquiditätssteigerung *f* ; *coefficient m de ~* Liquiditätskoeffizient *m* ; *diminution f de la ~* Liquiditätsminderung *f* ; *état m de ~* Liquiditätsstand *m* ; *excès m de ~* Überliquidität *f* ; *maintien m des ~s* Erhaltung *f* der Liquidität ; *manque m de ~* Illiquidität *f* ; *pénurie f de ~s* Liquiditätsknappheit *f* ; *réserve f de ~* Liquiditätsreserve *f* ; *resserrement m des ~s* Liquiditätsverknappung *f* ; *taux m de ~* Liquiditätsgrad *m*.

lire lesen ; *(corresp.) dans l'espoir de vous ~* in Erwartung Ihrer Antwort

(Nachricht) ; *en lisant cette lettre* beim Lesen dieses Briefes ; *lu et approuvé* vorgelesen, genehmigt, unterschrieben.

lire *f (monnaie italienne)* Lira *f*.

liste *f* Liste *f* ; Verzeichnis *n* ; Register *n* ; Aufstellung *f* ; ◆ *~ des abonnés (journal)* Abonnentenliste ; *(téléph.)* Teilnehmerverzeichnis ; *~ des abréviations* Abkürzungsverzeichnis ; *~ des absents* Abwesenheitsliste ; *~ d'adresses* Adressenverzeichnis ; *~ des candidats* Wahlliste ; *~ de desiderata* Wunschliste ; *~ électorale (des électeurs)* Wählerliste ; *~ des inscriptions* Melde-, Bewerberliste ; *~ d'inventaire* Inventarliste ; *~ des jurés* Geschworenenliste ; *~ des marchandises* Warenliste, -verzeichnis ; *~ noire* schwarze Liste ; *~ nominative* Namensliste, -verzeichnis ; *~ de paie* Lohn- und Gehaltsliste ; *~ des passagers* Passagierliste ; *~ de présence* Anwesenheitsliste ; *~ des prix* Preisliste ; *~ unique* Einheitsliste ; ◆◆ *scrutin m de ~* Listenwahl *f*, -abstimmung *f* ; *tête f de ~* Spitzenkandidat *m* ; Listenführer ; ◆◆◆ *dresser (établir) une ~* ein Verzeichnis aufstellen ; *cocher sur une ~* auf einer Liste ankreuzen (abhaken) ; *déposer une ~* eine Liste einreichen ; *être sur une ~* auf einer Liste stehen ; *la ~ des inscriptions est close* die Meldeliste ist geschlossen ; es werden keine Bewerber mehr angenommen ; *figurer sur la ~ noire* auf der schwarzen Liste stehen ; *cet article ne figure pas sur la ~* dieser Artikel ist nicht in der Liste enthalten ; *inscrire (un nom) sur une ~* (einen Namen) auf eine Liste setzen ; *mettre sur la ~* in die Liste eintragen (aufnehmen) ; *présenter une ~* einen Wahlvorschlag machen (einreichen) ; *rayer de la ~* von der Liste streichen ; *voter pour une ~* eine Liste wählen.

lister auflisten.

listing *m : faire un ~* auflisten.

lit *m* : *enfant de premier, second ~* Kind *n* aus erster, zweiter Ehe.

litige *m* Streit *m* ; Streitfall *m* ; Streitsache *f* ; Streitigkeit *f* ; Rechtsstreit ; *en ~* strittig ; umstritten ; *en cas de ~* im Streitfall ; *point m en ~* Streitpunkt *m* ; *faisant l'objet d'un ~* Streitsache ; *régler un ~* einen Streit schlichten ; einen Streitfall beilegen ; *trancher un ~* einen Rechtsstreit entscheiden.

litigieux, euse strittig ; umstritten ; streitig ; *affaire f ~euse* Streitsache *f* ; strittige Angelegenheit *f* ; *créance f ~euse* strittige Forderung *f*.

litre *m* **(l)** Liter *n* ou *m*.

littéral, e wörtlich ; buchstäblich ; *au sens ~ du mot* im wörtlichen (eigentlichen) Sinne des Wortes.

littéralement : *traduire ~* wortwörtlich (buchstäblich) übersetzen.

littérature *f* Literatur *f* ; *~ spécialisée* Fachliteratur.

littoral, e Küsten- ; *ville f ~e* Küstenstadt *f* ; *zone f ~e* Küstengebiet *n*.

livrable lieferbar ; vorrätig ; *~ franco domicile* lieferbar frei Haus ; *marchandise f immédiatement ~* sofort lieferbare Ware *f*.

livraison *f* Lieferung *f* ; Ablieferung ; Auslieferung ; Belieferung ; Aushändigung *f* ; Zustellung *f* ; ◆ *~ anticipée* vorzeitige Lieferung ; *~ sur appel* Lieferung auf Abruf ; *~ arriérée* ausstehende Lieferung ; Lieferrückstand *m* ; *~ à domicile* Lieferung frei Haus ; *~ à l'étranger* Auslandslieferung ; Lieferung ins Ausland ; *~ provenant de l'étranger* Auslandslieferung ; Lieferung aus dem Ausland ; *~ pour l'exportation* Exportlieferung ; *~ franco domicile* Lieferung frei Haus ; *~ de marchandises* Warenlieferung ; *~ en nature* Sach-, Natural-, Deputatlieferung ; *~ obligatoire* Pflicht-, Zwangsablieferung ; *~ partielle* Teillieferung ; *~ prioritaire* bevorzugte Lieferung ; *~ à quai* Kaianlieferung ; *~ contre remboursement* Lieferung gegen Nachnahme ; ◆◆ *bon (bordereau, bulletin) m de ~* Lieferschein *m*, -zettel *m* ; *clause f de ~* Lieferklausel *f* ; *commission f de ~* Auslieferungsprovision *f* ; *conditions fpl de ~* Lieferbedingungen *fpl* ; *contrat m de ~* Liefer(ungs)vertrag *m* ; *date f de ~* Liefertermin *m* ; *délai m de ~* Lieferfrist *f* ; *empêchement m à la ~* Liefer(ungs)hindernis *n* ; *fiche f de ~* Lieferzettel *m* ; *frais mpl de ~* Liefer(ungs)kosten *pl* ; *garantie f de ~* Liefergarantie *f* ; *jour m de la ~* Liefer(ungs)tag *m* ; *lieu m de ~* Lieferort *m* ; *obligation f de ~* Lieferpflicht *f* ; *ordre m de ~* Liefer(ungs)auftrag *m* ; *paiement m à la ~* Zahlung *f* bei Lieferung ; *prix m à la ~* Lieferpreis *m* ; *promesse f de ~* Lieferversprechen *n*, -zusage *f* ; *retard m dans la ~* Lieferverzug *m* ; *service m de ~* Liefer(ungs)dienst *m* ; *taxe f de ~* Zustellgebühr *f* ; Bestellgebühr ; ◆◆◆ *payable à la ~* zahlbar bei Lieferung ; *prendre ~ de qqch* etw in Empfang nehmen ; etw annehmen ; *vendre à ~* auf Lieferung verkaufen.

livre *m* Buch *n* ; Register *n* ; Journal

[ʒur'nal] n ; ♦ ~ *des achats* Einkaufsbuch ; ~ *blanc* Weißbuch ; ~ *de bilan* Bilanzbuch ; ~ *de caisse* Kassenbuch ; ~ *des commandes* Bestell-, Auftragsbuch ; ~*s de commerce* Geschäfts-, Handelsbücher ; ~ *de comptabilité* Geschäfts-, Rechnungsbuch ; ~ *de comptes* Kontobuch ; ~ *de comptes courants* Kontokorrentbuch ; ~ *des débiteurs* Debitorenbuch ; ~ *de dépôt* Depotbuch ; ~ *des entrées* Wareneingangsbuch ; ~ *à feuillets mobiles* Loseblattbuch ; ~ *foncier* Grundbuch ; *grand* ~ Hauptbuch ; *grand* ~ *de la dette publique* Staatsschuldenbuch ; ~ *d'inventaire* Abschlußbuch ; ~*-journal* Tagebuch ; ~ *de magasin* Lagerbuch ; ~ *de poche* Taschenbuch ; ~ *de recettes et dépenses* Einnahmen- und Ausgabenbuch ; ~ *des réclamations* Beschwerdebuch ; ~ *des sorties (des ventes)* Warenausgangsbuch ; ~ *spécialisé* Fachbuch ; ♦♦ *clôture f des* ~*s* Buchabschluß *m* ; *commerce m des* ~*s* Buchhandel *m* ; *industrie f du* ~ Buchgewerbe *n* ; *salon m du* ~ Buchmesse *f* ; *teneur m de* ~*s* Buchhalter *m*, -führer *m* ; *tenue f des* ~*s* Buchführung *f*, -haltung *f* ; ♦♦♦ *arrêter (clôturer) les* ~*s* die Bücher abschließen ; *inscrire aux (dans les)* ~*s* in die Bücher eintragen ; verbuchen ; *porter sur les* ~*s* verbuchen ; *produire les* ~*s* die Bücher vorlegen ; *tenir les* ~*s* die Bücher führen.

livre *f* **1.** *(monnaie)* Pfund *n* ; ~ *anglaise, israélienne* englisches, israelisches Pfund ; ~ *sterling* Pfund Sterling **2.** *(poids)* Pfund *n* (500 Gramm).

livrer 1. liefern ; ausliefern ; beliefern ; abliefern ; aushändigen ; zustellen ; ~ *à domicile* ins Haus liefern ; *(franco)* frei Haus liefern ; ~ *des marchandises* Waren (ab)liefern ; ~ *à terme fixe* zum bestimmten Termin liefern ; *(bourse) marché m à* ~ Terminmarkt *m* ; *vente f à* ~ Kauf *m* auf Lieferung ; *(bourse)* Warentermingeschäft *n* **2.** ~ *qqn à la justice* jdn dem Gericht übergeben (überantworten) **3.** *se* ~ *à un commerce illicite* unerlaubten Handel treiben ; *se* ~ *à une enquête* Nachforschungen anstellen.

livret *m* Buch *n* ; Heft *n* ; ~ *de caisse d'épargne* Spar(kassen)buch ; ~ *de dépôt* Depotbuch ; ~ *de famille* (Familien)stammbuch ; *compte m sur* ~ Sparkonto *n*.

livreur *m* **1.** Auslieferer *m* ; (Aus)fahrer *m* ; Anlieferer *m* **2.** *(rare)* Lieferant *m* ; Zulieferer *m*.

LMBO *(leveraged management buy out)* Firmenaufkauf *m* durch das Personal ; Unternehmensübernahme durch die Belegschaft. ⇒ *RES, LBO.*

lobby *m* Lobby *f* ; Interessenverband *m*, -gruppe *f* ; Pressure-group [prɛʃəgru:p] *f* ; ~*s civils, étrangers, financiers, industriels, militaires, privés, publics* zivile, ausländische, finanzielle, industrielle, militärische, private, öffentliche Lobbies.

local *m* Raum *m* ; Lokal *n* ; *locaux* Räumlichkeiten *fpl* ; ~ *commercial* Geschäftsräume ; ~ *d'exposition* Ausstellungsraum ; ~ *professionnel* gewerblicher Raum ; Geschäftsraum ; ~ *de travail* Arbeitsraum ; ~ *à usage commercial* Geschäftsraum, -lokal ; ~ *à usage d'habitation* Wohnraum.

local, e örtlich ; Orts- ; lokal ; einheimisch ; *autorité f* ~*e* örtliche Behörde *f* ; Ortsbehörde ; *collectivités fpl* ~*es* Gebietskörperschaften *fpl* ; *conflits mpl locaux* örtliche Konflikte *mpl* ; *industrie f* ~*e* ortsansässige Industrie *f* ; *d'intérêt* ~ von lokalem Interesse ; *produit m* ~ einheimisches Produkt *n*.

localisation *f* Lokalisierung *f* ; Begrenzung *f* ; Eindämmung *f*.

localiser lokalisieren ; begrenzen ; eindämmen.

localité *f* Ort ; Ortschaft *f*.

locataire *m* **1.** Mieter *m* ; ~ *d'un coffre-fort* Mieter eines Stahlfachs ; ~ *principal* Hauptmieter ; *défense f des droits des* ~*s* Mieterschutz *m* ; Schutz *m* der Mieterrechte ; *être* ~ zur Miete wohnen **2.** Pächter *m* ; Landpächter.

locatif, ive Miet- ; Mieter- ; *charges fpl* ~*ives* Mietnebenkosten *pl* ; Mietumlagen *fpl* ; *dépenses fpl* ~*ives* Mietkosten *pl* ; *immeuble m à usage* ~ Mietsgebäude *n*, -haus *n* ; *logement m à usage* ~ Mietwohnung *f* ; *réparations fpl* ~*ives* zu Lasten des Mieters gehende Reparaturen *fpl* ; *surface f* ~*ive* Mietfläche *f* ; *valeur* ~*ive* Mietwert *m*.

location *f* **1.** *(locataire)* Mieten *n* ; *(bailleur)* Vermietung *f* ; Verleih *m* ; Pacht *f* ; Verpachtung *f* ; ~ *de coffres-forts* Vermietung von Tresoren (von Safes) ; ~ *de films* Filmverleih ; ~ *saisonnière* Miet-Ferienwohnung *f* ; ~ *de voitures* Autoverleih ; *donner en* ~ vermieten ; verpachten ; *prendre en* ~ mieten ; pachten **2.** Miete *f* ; Mietpreis *m* ; *conditions fpl de* ~ Mietbedingungen *fpl* ; *contrat m de* ~ Mietvertrag *m* **3.** *(théâtre)* Vorverkauf *m* ; *(train, avion)* (Platz)reservierung *f*.

location-vente *f* . **1.** Mietkauf *m* ; Leasing ['li:ziŋ] *n* **2.** Verkauf *m* unter Eigentumsvorbehalt.

lock-out *m* Aussperrung *f* ; *ouvriers mpl en ~* ausgesperrte Arbeiter *mpl* ; *appliquer (décréter) le ~* die Aussperrung verhängen ; aussperren ; *lever le ~* die Aussperrung aufheben.

lock-outer aussperren ; *~ des ouvriers* Arbeiter aussperren.

locomotive *f* **1.** Lokomotive *f* ; Lok *f* ; *~ électrique* elektrische Lokomotive ; E-Lok ; *~ à vapeur* Dampflok(omotive) **2.** *(fig.)* Motor *m* ; Zugpferd *n* ; treibende Kraft *f* ; *~ électorale* Wahllokomotive.

logeable bewohnbar.

logement *m* Wohnung *f* ; Unterkunft *f* ; ♦ *~ en copropriété* Eigentumswohnung ; *~ d'entreprise* Werkswohnung ; *~ de deux pièces* Zweizimmerwohnung ; *~ de fonction* Dienstwohnung ; *~ inoccupé* leerstehende Wohnung ; *~ locatif* Mietwohnung ; *~ à loyer réduit* mietverbilligte Wohnung ; *~ meublé (garni)* möblierte Wohnung ; *~ insuffisamment occupé* fehlbelegte Wohnung ; *~ ouvrier* Arbeiterwohnung ; *~ provisoire* Übergangs-, Notwohnung ; *~ sans confort* Schlichtwohnung ; *~ de service* Dienstwohnung ; *~ social* Sozialwohnung ; ♦♦ *acquisition f d'un ~ neuf* Erwerb *m* eines Neubaus ; *allocation f de ~* Wohnungsgeld *n*, -zulage *f* ; Mietzuschuß *m* ; *changement m de ~* Wohnungswechsel *m* ; *crise f du ~* Wohnungskrise *f*, -not *f* ; *épargne-~ f* Bausparen *n* ; *nombre m de ~s inoccupés* Leerstand *m* an Wohnungen ; Zahl *f* der leerstehenden Wohnungen ; *pénurie f de ~* Wohnungsmangel *m* ; *problème m du ~* Wohnungsfrage *f*, -problem *n*.

loger 1. *~ qqn* jdn unterbringen ; jdn beherbergen **2.** *(habiter)* wohnen ; Wohnung nehmen ; *(hôtel)* absteigen ; *~ chez qqn* bei jdm wohnen ; *~ chez l'habitant* privat wohnen ; *être logé nourri* Kost und Logis haben ; freie Kost haben.

logeur *m* Vermieter *m* ; (Haus)wirt *m* ; Quartiergeber *m*.

logiciel *m* *(inform.)* Software ['sɔftwɛr] *f (contr. matériel)*.

logo *m* Firmenzeichen *n* ; Logo *n*.

logotype *m* Markenzeichen *n*.

loi *f* Gesetz *n* ; Recht *n* ; Vorschrift *f* ; ♦ *~ antitrust* Antitrustgesetz ; Kartellgesetz ; *~ applicable* geltendes, anwendbares Gesetz ; *~ sur les banques* Bankgesetz ; *~-cadre* Rahmen-, Mantelgesetz ; *~ civile* Zivilgesetz ; *~ commerciale* Handelsgesetz ; *~ constitutionnelle* Verfassungsgesetz ; *~ sur les cartels* Kartell(verbots)gesetz ; *~ électorale* Wahlgesetz ; *~ d'exception* Notstands-, Ausnahmegesetz ; *~ fiscale* Steuergesetz ; *~ fondamentale* Grundgesetz ; *~ du plus fort* Faustrecht ; Recht des Stärkeren ; *~ de l'offre et de la demande* Gesetz von Angebot und Nachfrage ; *~-programme* Rahmengesetz ; *~ rétroactive* rückwirkendes Gesetz ; *~ successorale* Erbrecht ; *~ suprême* oberstes Gesetz ; *~ du talion* Talionsgrundsatz *m* ; Recht der Wiedervergeltung ; « Auge um Auge, Zahn um Zahn » ; *~ en vigueur* geltendes Gesetz ; in Kraft befindliches Gesetz ; ♦♦ *adoption f d'une ~* Verabschiedung *f* eines Gesetzes ; *conforme à la ~* gesetzmäßig ; gesetzlich ; *contraire à la ~* gesetzeswidrig ; *de par la ~* kraft Gesetzes ; *force f de ~* Gesetzeskraft *f* ; *homme m de ~* Jurist *m* ; *infraction f à la ~* Gesetzesverstoß *m* ; *lacune f de la ~* Gesetzeslücke *f* ; *projet m de ~* Gesetzesvorlage *f* ; Gesetzentwurf *m* ; *projet de ~ de finances* Haushaltsvoranschlag *m*, -entwurf *m* ; Finanzvorlage *f* ; *proposition f de ~* Gesetzesvorlage *f* ; Initiativantrag *m* ; *texte m de ~* Gesetzesbestimmung *f* ; Wortlaut *m* eines Gesetzes ; *en vertu de la ~* kraft Gesetzes ; auf Grund des Gesetzes ; *violation f de la ~* Gesetzesübertretung *f*, -verstoß *m*, -verletzung *f* ; ♦♦♦ *abolir (abroger) une ~* ein Gesetz aufheben ; *adopter une ~* ein Gesetz verabschieden (annehmen, beschließen) ; *amender une ~* ein Gesetz abändern ; *appliquer la ~* das Gesetz anwenden ; *nul n'est censé ignorer la ~* Unkenntnis des Gesetzes schützt nicht vor Strafe ; *se conformer à la ~* sich an das Gesetz halten ; *élaborer un projet de ~* eine Vorlage für ein Gesetz ausarbeiten ; *enfreindre la ~* das Gesetz übertreten (verletzen) ; *modifier, proposer une ~* ein Gesetz abändern, einbringen ; *tomber sous le coup de la ~* unter das Gesetz fallen ; strafbar sein ; *tourner la ~* das Gesetz umgehen ; *transgresser (violer) la ~* das Gesetz übertreten (verletzen) ; gegen das Gesetz verstoßen ; *voter une ~* ein Gesetz verabschieden (beschließen).

loin : fern ; entfernt ; weit ; *de ~* bei weitem ; mit deutlichem Abstand.

loisirs *mpl* Freizeit *f* ; *centre m de*

~ Erholungsgebiet *m* ; *organisation f des* ~ Freizeitgestaltung *f* ; *société f de* ~ Freizeitgesellschaft *f*.

long, longue lang ; *à la longue* auf (die) Dauer ; mit der Zeit ; *à ~ terme* langfristig ; auf lange Sicht ; Langzeit- ; *emprunt m à ~ terme* langfristige Anleihe *f* ; *ondes fpl ~s* Langwellen *fpl* (LW) ; *papier m ~ (à ~ terme)* langfristiges Papier *n* ; langer Wechsel *m* ; *programme m à ~ terme* Langzeitprogramm *n* ; *avoir dix mètres de ~* zehn Meter lang sein ; *avoir le bras ~* Beziehungen haben.

long-courrier *m* **1.** *(avion)* Langstreckenflugzeug *n* **2.** *(navire)* Übersee-, Ozeandampfer *m*

longévité *f* Langlebigkeit *f* ; Lebensdauer *f*.

lot *m* **1.** Los *n* ; Lotterie *f* ; Gewinn *m* ; Treffer *m* ; *(bourse)* Prämie *f* ; *emprunt m à ~s* Los-, Lotterie-, Prämienanleihe *f* ; *gros ~* Hauptgewinn *m*, -treffer *m* ; *obligation f à ~s* auslosbare Obligation *f* ; Gewinnobligation ; *valeur f à ~s* verlosbares Wertpapier *n* ; *gagner le gros ~* das große Los gewinnen **2.** Posten *m* ; Partie *f* ; Anteil *m* ; *~ d'actions* Aktienpaket *n* ; *~ de marchandises* Warenposten, -partie **3.** *(jur.)* Anteil *m* ; Teil *m* ou *n* ; *~ de succession* Erbteil **4.** *(terrain)* Parzelle *f* ; Bauland *n*.

loterie *f* Lotterie *f* ; *~ de bienfaisance* Wohltätigkeislotterie ; *~ nationale* Staatslotterie ; *billet m de ~* Lotterielos *n* ; *jouer à la ~* (in der Lotterie) spielen.

lotir 1. *(héritage)* aufteilen ; verteilen ; *~ une succession* einen Nachlaß verteilen **2.** *~ un terrain* ein Grundstück parzellieren ; in Parzellen aufteilen.

lotissement *m* **1.** *(action de lotir)* Aufteilung *f* ; Parzellierung *f* (von Land) **2.** (Grundstücks)parzelle *f* ; Siedlung *f* ; *entreprise f de ~* Siedlungsunternehmen *n* **3.** Aufteilung *f* in Lose (Partien).

1. louable lobenswert ; löblich ; anerkennenswert.

2. louable zu vermieten ; vermietbar.

louage *m* Miete *f* ; Vermietung *f* ; Verpachtung *f* ; *~ de choses* Miete ; *~ d'ouvrage et d'industrie* Werkvertrag *m* ; *~ de service* Dienst-, Arbeitsverstrag *m* ; *personnel m de ~* Leiharbeitnehmer *mpl* ; Leiharbeitskräfte *fpl* ; Zeitarbeitskräfte ; *donner à ~* vermieten ; *prendre à ~* vermieten.

1. louer (louanger) loben ; rühmen ; würdigen.

2. louer 1. *(donner en location)* vermieten ; verpachten ; *appartement m à ~* Wohnung *f* zu vermieten ; *chambre f à ~* Zimmer frei ; Zimmer zu vermieten **2.** *(prendre en location)* mieten ; pachten ; *(spectacles) ~ une place* eine Karte vorbestellen ; eine Karte reservieren lassen **3.** *(ouvrier agricole) se ~* sich verdingen ; eine Arbeit annehmen.

loueur *m* Vermieter *m* ; Verleiher *m* ; *~ d'ouvrage* Arbeitgeber *m* ; Auftraggeber *m* ; Werkunternehmer *m* ; *~ de personnel* ; Verleiher *m* von (Zeit)arbeitskräften ; *~ de voitures* Autovermieter.

loup *m* Wolf *m* ; *jeune ~* ehrgeiziger junger Mann *m* ; Aufsteiger *m* ; *(péj.)* Karrieremacher *m* ; Karrierehengst *m*.

lourd, e 1. schwer ; *~ de conséquences* folgenschwer ; schwerwiegend ; *faute f ~e* schweres (grobes, fahrlässiges) Verschulden *n* ; grober Verstoß *m* ; *frais mpl ~s* hohe (Un)kosten *pl* ; *industrie f ~e* Schwerindustrie *f* ; *poids m ~* Last(kraft)wagen *m* ; LKW *m* ; Laster *m* ; *(fam.)* Brummi *m* **2.** *(bourse)* flau ; lustlos ; rückläufig.

lourdeur *f* **1.** Schwere *f* ; *~ des impôts* drückende Steuerlast *f* **2.** *(bourse) ~ du marché* Flauheit *f* ; Lustlosigkeit *f* der Börse.

loyal, e loyal ; redlich ; fair [fɛ:r] ; treu ; *concurrence f ~e* ehrlicher (lauterer) Wettbewerb *m* ; *qualité f ~e et marchande* gute Handelsqualität *f*, -klasse *f* ; *loyaux services mpl* treue Dienste *mpl*.

loyauté *f* Redlichkeit *f* ; Treue *f* ; Fairneß ['fɛ:rnɛs] *f* ; Rechtschaffenheit *f*.

loyer *m* **1.** Miete *f* ; Mietpreis *m* ; *(Autriche)* Mietzins *m* ; ♦ *~ arriéré* rückständige Miete ; Mietrückstand *m* ; *~ commercial* Ladenmiete ; *~ exagéré, exorbitant* überhöhte (horrende) Miete ; *~ trimestriel* Quartalsmiete ; ♦♦ *allocation f de ~* Mietbeihilfe *f* ; *blocage m des ~s* Mietstopp *m* ; *majoration f de ~* Mieterhöhung *f* ; *perte f de ~* Mietverlust *m*, -ausfall *m* ; *quittance f de ~* Mietquittung *f* ; ♦♦♦ *avoir un ~ de retard* mit der Miete im Rückstand sein ; *donner à ~* vermieten ; *le ~ est échu* die Miete ist fällig ; *être en ~* zur Miete wohnen ; *payer une avance sur ~* eine Mietvorauszahlung leisten ; *payer deux mois de ~ d'avance* zwei Monate Miete vorauszahlen ; *payer des arriérés de ~* Mietrückstände bezahlen ; *payer* *son* ~ seine Miete (be)zahlen ; *prendre à* ~ mieten **2.** ~ *de l'argent* Zinssatz *m*, -fuß *m*.

lucratif, ive gewinnbringend ; einträglich ; lohnend ; lukrativ ; ertragreich ; *(jur.) association f à but* ~ wirtschaftlicher Verein *m* ; *association f sans but* ~ gemeinnütziger Verein *m* ; Idealverein ; Verein ohne Erwerbszweck ; *travail m* ~ gewinnbringende Arbeit *f* ; *faire un placement* ~ ertragreich anlegen.

lucre *m (littéraire)* Gewinn *m* ; *esprit m de* ~ Gewinnsucht *f*.

lu et approuvé vorgelesen, genehmigt, unterschrieben.

lumineux, euse Leucht- ; Licht- ; *affiche f* ~*euse* Leuchtplakat *n* ; Lichtreklame *f* ; *publicité f* ~*euse* Licht-, Leuchtwerbung *f* ; *réclame f* ~*euse* Licht-, Leuchtreklame *f* ; Neonreklame.

lutte *f* Kampf *m* ; Bekämpfung *f* ; Auseinandersetzung *f* ; Ringen *n* ; ♦ ~ *contre le bruit* Lärmbekämpfung ; ~ *contre le chômage* Bekämpfung der Arbeitslosigkeit ; ~ *des classes* Klassenkampf ; ~ *électorale* Wahlkampf ; ~ *contre l'inflation* Inflationsbekämpfung ; Kampf gegen die Inflation ; ~ *d'intérêts* Interessenkampf ; ~ *sur le marché* Marktkampf ; *mesures fpl de* ~ *contre qqch* Kampfmaßnahmen *fpl* gegen etw ; *moyens mpl de* ~ *contre le chômage* Kampfmittel *npl* gegen die Arbeitslosigkeit ; ♦♦♦ *mener la* ~ *contre qqch, contre qqn* etw, jdn bekämpfen ; *soutenir la* ~ einen ständigen Kampf führen ; *sortir vainqueur de la* ~ als Sieger aus dem Kampf hervorgehen.

lutter kämpfen ; ~ *contre qqch, qqn* gegen etw, jdn kämpfen ; etw, jdn bekämpfen.

luxe *m* Luxus *m* ; Pracht *f* ; Aufwand *m* ; *article m de* ~ Luxusartikel *m*, -ware *f* ; *cabine f, classe, édition f de* ~ Luxuskabine *f*, -klasse *f*, -ausgabe *f* ; *équipement m de* ~ Luxusausstattung *f* ; *impôt m sur le* ~ Luxussteuer *f* ; *produits mpl de* ~ Luxusgüter *npl*, -waren *fpl* ; Güter *npl* des gehobenen Bedarfs ; *taxe f de* ~ Luxussteuer *f* ; *véhicule m de* ~ Luxuswagen *m* ; *(fam.)* Luxusschlitten *m* ; *version f (de)* ~ Luxusausführung *f*.

luxueux, euse luxuriös ; prunkvoll ; *appartement m* ~ luxuriöse Wohnung *f* ; Luxuswohnung ; *hôtel m* ~ Luxushotel *n*.

lycée *m* Gymnasium *m* ; höhere Schule *f* ; Oberschule ; Sekundarstufe *f* ; Sekundarschule.

M

machination *f* Machenschaften *fpl* ; *contrecarrer, découvrir de sombres* ~*s* üble Machenschaften durchkreuzen, aufdecken.

machine *f*	1. *technique ; engin* 2. *appareil économique, administratif, etc.* 3. *machine à écrire*

1. *(technique ; engin)* Maschine *f* ; Mechanismus *m* ; Motor *m* ; ♦ ~ *agricole* landwirtschaftliche Maschine ; ~ *à adresser, à affranchir, à calculer* Adressier-, Frankier-, Rechenmaschine ; ~ *à cartes perforées* Lochkartengerät *n*, -maschine ; ~ *comptable* Buchungsmaschine ; Buchführungsmaschine ; ~ *de comptabilisation des chèques* Scheckabrechnungsmaschine ; ~ *distributrice* Automat *m* ; ~ *électronique* elektronische Maschine ; ~ *en état de marche* betriebsfertige Maschine ; ~ *d'extraction* Fördermaschine ; ~ *à facturer* Fakturiermaschine ; ~ *-outil* Werkzeugmaschine ; ~ *ouvre-lettres* Brieföffner *m* ; ~ *à polycopier* Vervielfältigungsmaschine ; ~ *-robot* Roboter *m* ; ~ *à sous* Spielautomat *m* ; ~ *textile* Textilmaschine ; ~ *trieuse de cartes perforées* Lochkartensortiermaschine ; ♦♦ *atelier m de réparation de* ~*s* Machinenreparaturwerkstatt *f* ; *construction f de* ~*s* Maschinenbau *m* ; *équipement-* ~ *m* Maschinenausrüstung *f* ; *fabriqué à la* ~ maschinell hergestellt ; maschinenmäßige Herstellung *f* ; *hall m des* ~*s* Maschinenhalle *f* ; *(inform.) langage m* ~ Maschinensprache *f* ; Programmiersprache ; *lisible par* ~ maschinenlesbar ; *mise f en service des* ~*s* Inbetriebnahme *f* von Maschinen ; *panne f (avarie f) de* ~ Maschinenschaden *m* ; *parc m de* ~*s* Maschinenpark *m* ; *responsable m des* ~ *s* Maschinenmeister *m* ; ♦♦♦ *actionner une* ~ eine Maschine betätigen ; *assurer la maintenance des* ~*s* die Maschinen warten ; *la* ~ *est hors d'état (de fonctionnement)* die Maschine ist außer Betrieb ; *mettre une ~ en marche* eine Maschine in Betrieb setzen ; eine Maschine in Gang setzen ; *soigner une ~* eine Maschine pflegen ; *travailler sur une ~* an einer Maschine arbeiten ; eine Maschine bedienen.

2. *(appareil économique, administratif, etc.)* Maschinerie *f* ; Apparat *m* ; Räderwerk *n* ; System *n* ; *~ administrative* Verwaltungsapparat *m* ; *~ économique* Wirtschaftsapparat ; *la ~ de l'État* der Staatsapparat ; *~ de la justice* Räderwerk der Justiz ; *~ politique* politischer Apparat.

3. *(machine à écrire)* ♦ Schreibmaschine *f* ; *~ électrique, électronique,* elektrische, elektronische Schreibmaschine ; *~ portable* Reise-, Kofferschreibmaschine ; *écrit (tapé) à la ~* maschinengeschrieben ; maschinenschriftlich ; *écriture f ~* Machinenschrift *f* ; Maschinenschreiben *n* ; *papier m, ruban m (pour) ~* Maschinenpapier *n*, -band *n* ; ♦♦♦ *changer le ruban d'une ~* ein neues (Farb)band in die Maschine einlegen ; *dicter une lettre à la ~* einen Brief in die Maschine diktieren ; *écrire (taper) à la ~* maschinenschreiben ; *écrire une lettre à la ~* einen Brief mit der Maschine schreiben ; einen Brief tippen ; *introduire une feuille de papier dans la ~* einen Bogen in die Maschine (ein)spannen ; *s'installer (se mettre) à la ~* sich an die Maschine setzen ; *je tape à la ~* ich schreibe Maschine ; ich tippe.

4. *(machine de traitement de texte)* Textverarbeitungsgerät *n* ; Textverarbeitungssystem *n* ; Textcomputer *m*.

machiniste *m* **1.** *(responsable des machines)* Maschinist *m* **2.** *(transp.)* Schaffner *m* ; *demander un ticket au ~* beim Schaffner eine Karte nachlösen.

macrobiotique bio- ; *alimentation f, nourriture f ~* Biokost *f*.

macro-économie *f* Makroökonomie *f* ; Volkswirtschaft *f* ; Großraumwirtschaft ; Gesamtwirtschaft.

madame *f (corresp.) (sur une lettre) Madame Dupont,* Frau Dupont ; *(en tête de lettre) Madame,* Sehr geehrte Frau Dupont (Müller) ; *veuillez agréer, Madame, l'expression de mes sentiments très respectueux* Hochachtungsvoll ; mit vorzüglicher Hochachtung.

mademoiselle *f (corresp.) (adresse) Mademoiselle Durand* Fräulein ; *(en tête) Mademoiselle* Sehr geehrtes Fräulein Dupont (Müller).

M.A.E. *(ministère des Affaires étrangères)* Außenministerium *n* ; *(R.F.A.)* Auswärtiges Amt (A A) *n*.

maf(f)ia *f* Maf(f)ia *f* ; Vetternwirtschaft *f* ; *(fam.)* Verfilzung *f* ; Filzokratie *f*.

maf(f)iosi *m* Mafiosi *m* ; Mitglied *n* einer Maf(f)ia.

1. magasin *m (point de vente)* Laden *m* ; Geschäft *n* ; ♦ *~ d'alimentation* Lebensmittelgeschäft ; *~ de détail* Kleinhandels-, Einzelhandelsgeschäft ; Kleinhandlung *f* ; *~ d'expédition* Versandgeschäft ; *~ à grande surface* Supermarkt *m* ; Verbrauchermarkt ; V-Markt ; *~ de gros* Großhandlung *f* ; Großhandelsgeschäft ; *~ (en) libre service* Selbstbedienungsladen ; SB-Geschäft ; Laden mit SB ; *~ mini-marge* Discount-Geschäft, -haus *n*, -laden ; Discounter *m* ; *~ à prix unique (PRISU)* Einheitspreisgeschäft ; *~ de souvenirs* Andenkenladen ; *~ spécialisé* Fachgeschäft ; Spezialgeschäft ; *~ à succursales multiples* Kettenladen ; Filialgeschäft ; *~ de vente en gros* Großhandel *m* ; *vente par correspondance* Versandgeschäft ; Versandfirma *f* ; ♦♦ *chaîne f de ~s* Ladenkette *f* ; *comptoir m de ~* Ladentisch *m* ; Tresen *m* ; *demoiselle f de ~* Ladenmädchen *n* ; Ladenfräulein *n* ; Verkäuferin *f* ; *employé m de ~* Ladenangestellte(r) ; *enseigne f de ~* Ladenschild *n* ; *fermeture f des ~s* Ladenschluß *m* ; *garçon m, gérant m de* Ladenjunge *m*, -Geschäftsführer *m* ; *grand ~* Warenhaus *n* ; Kaufhaus ; *ouverture f d'un ~* Geschäftseröffnung *f* ; *propriétaire m de ~* Ladeninhaber *m* ; Geschäftsbesitzer *m* ; *vendeuse f de ~* Verkäuferin *f* ; Ladenmädchen *n* ; *vente f en ~* Ladenverkauf *m* ; ♦♦♦ *le dimanche, les ~s sont fermés* sonntags sind die Läden geschlossen ; *courir les ~s (fam.)* von einem zum anderen Geschäft laufen ; die Läden abklappern ; *faire une course avant la fermeture des ~s* kurz vor Ladenschluß noch etw besorgen ; *fermer un ~ (pour raison économique)* ein Geschäft schließen (dichtmachen) ; *gérer (tenir) un ~* ein Geschäft führen (leiten, betreiben) ; *ouvrir un ~* einen Laden eröffnen (*fam :* aufmachen) ; *rester en ~ (invendu)* auf (dem) Lager bleiben ; *(fam.)* ein Ladenhüter sein ; *article qui reste en ~* Ladenhüter *m*.

2. magasin *m (entrepôt)* Lager *n* ; Lagerhaus *n* ; Magazin *n* ; Niederlage *f* ; Speicher *m* ; ♦ *~ frigorifique* Kühlhaus *n* ; Kühlraum *m* ; ~ *général* Lagerhaus ; ~*s généraux* öffentliches Lagerhaus ; ~ *de vente* Verkaufsstelle *f* ; ◆◆ *chef m, compte m, droit m de* ~ Lagerverwalter *m*, -konto *n*, -geld *n* (-gebühr *f*) ; *livre m de* ~ Lagerbuch *n* ; *marchandises fpl, stock m en* ~ Lagerware *f*, -vorrat *m* ; ◆◆◆ *avoir en* ~ vorrätig (auf Lager) haben ; *garder (conserver) qqch en* ~ etw im Magazin aufbewahren ; *mettre en* ~ auf Lager legen ; lagern ; *pris en* ~ ab Lager.

magasinage *m* **1.** (Ein)lagerung *f* ; *droits mpl de* ~ Lagergeld *n* ; Lagergebühr *f* ; *frais mpl de* ~ Lagerspesen *pl*, -kosten *pl* **2.** Lagerzeit *f*.

magasinier *m* Lagerverwalter *m* ; Lagerhalter *m* ; Lagerist *m* ; ~ *comptable* Lagerbuchhalter *m*.

magazine *m* Magazin *n* ; Zeitschrift *f* ; Illustrierte *f* ; ~ *politique* politisches Magazin.

magistère *m* Universitätsdiplom *n* ; Wirtschafts-, Jura-, Ingenieurdiplom *n* ; Ingenieur-, Jura-, Betriebswirtschaftsmagister *m* ; (diplôme créé par les Universités, pendant du M.B.A. américain, ⇒ *mastère*).

magistrat *m* hohe(r) Beamte(r).

magistrature *f* **1.** hohes Amt *n* **2.** *(jur.)* Richteramt *n*.

magnat *m* Magnat *m* ; ~ *de la finance, de l'industrie, du pétrole, de la presse* Finanz-, Industrie-, Öl-, *(fam.* Ölscheich), Zeitungsmagnat.

magnétoscope *m* Videogerät *n*, -recorder *m*.

magnum *m* große Flasche Champagner, Wein (von 1,5 l bis 2 l).

magot *m (fam.)* versteckte Ersparnisse *fpl* ; verstecktes Geld n.

magouille *f* Machenschaften *fpl* ; Vettern-, Kumpelwirtschaft *f* ; Kungelei *f* ; *(fam.)* Filzokratie *f* ; Verfilzung *f* ; *de sombres* ~*s* üble (dunkle) Machenschaften ; *les* ~*s du conseil de surveillance* es wird im Aufsichtsrat gekungelt ; die Machenschaften des Aufsichtsrats.

magouiller *(fam.)* kungeln (um etw), (mit jdm) ; undurchsichtige Geschäfte machen ; kuhhandeln ; ~ *avec qqn* mit jdm unter einer Decke stecken.

magouilleur *m* Kungel-, Mauschelbruder *m*.

maigre mager ; ~ *salaire* niedriger Lohn *m* ; *houille f* ~ Magerkohle *f* ; *période f de vaches* ~*s* Zeit *f* der mageren Kühe ; Dürreperiode *f* ; Talsohle *f*.

mailing *m* Mailing [meliŋ] *n* ; Versand *m* von Werbematerial durch die Post.

main *f*	**1.** ***sens général*** **2.** ***main courante*** **3.** ***main-d'œuvre***

1. ***(sens général)*** Hand *f* ; ◆ *en* ~ *(entre les* ~*s)* im Besitz + G ; *en (de) bonnes* ~*s* in guten Händen ; *à* ~ *levée* freihändig ; *en* ~*s propres* eigenhändig ; ◆◆ *actionné à la* ~ handbedient ; *bagage(s) m(pl) à* ~ Handgepäck *n* ; *de la* ~ *à la* ~ unmittelbar ; eigenhändig ; direkt ; ohne Quittung ; *donation f de la* ~ *à la* ~ Handschenkung *f* ; *écrit à la* ~ handgeschrieben ; *fait (à la)* ~ handgefertigt ; handgemacht ; *en sous-*~ unter der Hand ; heimlich ; *tour m de* ~ Kunstgriff *m* ; Geschicklichkeit *f* ; *travail m fait à la* ~ Handarbeit *f* ; *vente f de la* ~ *à la* ~ Handkauf *m* ; Verkauf *m* ohne Quittung ; *vote m à* ~ *levée* Abstimmung *f* durch Handerheben, durch Handzeichen ; ◆◆◆ *acheter en première, en seconde* ~ aus erster, zweiter Hand kaufen ; *s'approvisionner de première* ~ etw (vom Erzeuger) direkt beziehen ; *avoir la haute* ~ *sur une affaire* die Leitung (die Führung) eines Unternehmens haben ; *aller de* ~ *en* ~ von Hand zu Hand gehen ; *changer de* ~*s* in andere Hände übergehen ; *faire* ~ *basse sur un stock* einen Lagervorrat aufkaufen ; *se faire la* ~ *sur qqch* sich üben an etw (+D) ; *graisser la* ~ *à qqn* jdn bestechen ; *(fam.)* jdn schmieren ; *mettre la* ~ *à la pâte* (bei etw selbst) mit Hand anlegen ; *mettre la dernière* ~ *à qqch* die letzte Hand anlegen ; den letzten Schliff geben ; *passer la* ~ **a)** die Leitung einer Firma aus der Hand geben ; die Führung eines Unternehmens aufgeben ; sich von den Geschäften zurückziehen ; sich aufs Altenteil setzen ; **b)** *(céder)* nachgeben ; *payer de la* ~ *à la* ~ jdm Geld in bar aushändigen ; *payer en* ~ jdm Geld auf die Hand zahlen ; *prendre une affaire en* ~ ein Geschäft in die Hand nehmen ; *prendre qqn la* ~ *dans le sac* jdn auf frischer Tat ertappen ; *remettre qqch de la* ~ *à la* ~ etw persönlich aushändigen ; *à remettre en* ~*s propres* eigenhändig übergeben ; *travailler la* ~ *dans la* ~ mit jdm Hand in Hand arbeiten ; *vendre en sous* ~ etw unter der Hand verkaufen.

2. ***(main courante)*** Kladde *f* ; Hilfsbuch *n*.

3. ***(main-d'œuvre)*** Arbeitskräfte *fpl* ;

Arbeiterschaft *f* ; Arbeiter *mpl* ; Belegschaft *f* ; Personal *n* ; ◆ ~ *agricole* landwirtschaftliche Arbeitskräfte ; ~ *d'appoint* → *occasionnelle* ; ~ *bon-marché* billige Arbeitskräfte ; ~ *étrangère* Gastarbeiter *mpl* ; Fremdarbeiter ; ausländische Arbeitskräfte ; ~ *excédentaire, féminine* überschüssige, weibliche Arbeitskräfte ; ~ *hôtelière* Gaststättenpersonal ; ~ *intérimaire* Zeit(arbeits)kräfte ; Zeitpersonal ; ~ *masculine* männliche Arbeitskräfte ; ~ *migrante* Wanderarbeiter *mpl* ; ~ *occasionnelle* Aushilfs-, Vertretungskräfte ; Gelegenheitsarbeiter ; ~ *(non) qualifiée* (un)qualifizierte Arbeitskräfte ; Facharbeiter *mpl* ; ~ *temporaire* Zeit(arbeits)kräfte ; ◆◆ *besoins mpl en* ~ Arbeitskräftebedarf *m* ; *(industrie f) à fort coefficient de* ~ arbeitsintensiv(e) (Industrie) *f* ; *demande f de* ~ Nachfrage *f* nach Arbeitskräften ; *économie f de* ~ Arbeitskräfteeinsparung *f* ; *emploi m de* ~ Arbeitskräfteeinsatz *m* ; *entreprise f de* ~ personalintensives Unternehmen *n* ; *loueur m de* ~ Verleiher *m* von Zeit(arbeits)kräften ; *mouvements mpl de la* ~ Fluktuation *f* der Arbeitskräfte ; *pénurie f de* ~ Arbeitskräftemangel *m* ; *prêt m de* ~ Ausleihen *m* von Zeit(arbeits)kräften ; *prix m de* ~ Arbeitskosten *pl* ; Fertigungslohn *m* ; *raréfaction f de la* ~ Arbeitskräfteverknappung *f* ; *recours m à la* ~ *étrangère* Heranziehung *f* ausländischer Arbeitskräfte ; *recrutement m de* ~ Anwerbung *f*, Einstellung *f* von Arbeitskräften ; *ressources fpl en* ~ Arbeitskräftepotential *n*, -reservoir *n* ; *service m (de placement) de la* ~ Arbeits(kräfte)vermittlung *f* ; *surplus m de* ~ Arbeitskräfteüberschuß *m* ; ◆◆◆ *arrêter (stopper) le recrutement de* ~ die Anwerbung von Arbeitskräften stoppen ; einen Anwerbestopp verhängen ; *avoir recours à la* ~ *étrangère* ausländische Arbeitskräfte (Fremd-, Gastarbeiter) heranziehen (zuziehen) ; *embaucher de la* ~ Arbeitskräfte anwerben (einstellen).

mainlevée *f* Aufhebung *f* ; Löschung *f* ; ~ *d'un droit, d'une opposition, du séquestre* Aufhebung eines Rechts, eines Einspruchs, der Zwangsverwaltung ; ~ *d'une hypothèque* Löschung einer Hypothek.

mainmise *f* Beschlagnahme *f* ; Inbesitznahme *f* ; Aneignung *f* ; Kontrolle *f* ; ~ *de l'État sur la presse* Beherrschung *f* der Presse durch den Staat.

mainmorte *f (biens appartenant à des personnes morales)* Tote Hand *f* ; unveräußerliche Güter *npl* ; *biens mpl de* ~ Güter *npl* der Toten Hand.

maintenance *f* Wartung *f* ; Warten *n* ; Instandhaltung *f* ; Pflege *f* ; ~ *préventive* Pflegewartung ; *entreprise f de* ~ Wartungsfirma *f* ; *frais mpl, personnel m, service m, travail m de* ~ Wartungskosten *pl*, -personal *n*, -dienst *m*, -arbeit *f*.

maintenir aufrechterhalten ; beibehalten ; erhalten ; wahren ; *(au même niveau)* halten ; ~ *le cap* die Richtung, (den Kurs) beibehalten ; ~ *le contact, une affirmation* den Kontakt, eine Behauptung aufrechterhalten ; ~ *une méthode de production, les parcmètres dans les villes* eine Produktionsweise, die Parkuhren in den Städten beibehalten ; ~ *le nombre de chômeurs à...* die Arbeitslosigkeit auf... halten ; ~ *un produit en état de fraîcheur* ein Produkt frisch aufbewahren ; ~ *en bon état* in gutem Zustand erhalten ; ~ *dans son poste* in seinem Amt belassen ; ~ *les prix* die Preise stabil (auf ihrem Niveau) halten ; die Preise (niedrig) halten ; ~ *le statu quo* den Status quo aufrechterhalten ; ~ *en vigueur* aufrechterhalten ; *se* ~ sich halten ; *il s'est maintenu dans l'entreprise* er hat sich im Betrieb gehalten ; *les cours se maintiennent* die Kurse *mpl* behaupten sich ; *la hausse des prix se maintient* die Preissteigerung hält an.

maintien *m* Aufrechterhaltung *f* ; Beibehaltung *f* ; Erhaltung *f* ; Fortbestand *m* ; Wahrung *f* ; Instandhaltung *f* ; ~ *en activité (dans l'emploi)* Weiterbeschäftigung *f* ; ~ *d'un contrat* Fortbestand eines Vertrags ; ~ *des droits acquis* Wahrung wohlerworbener Rechte ; ~ *d'une entreprise* Erhaltung eines Unternehmens ; ~ *en état du parc de machines* Instandhaltung des Maschinenparks ; ~ *(en place) du gouvernement actuel* Fortbestand *m* der gegenwärtigen Regierung ; ~ *dans les lieux* Fortbestand der Mietverhältnisse ; ~ *de liquidités* Aufrechterhaltung der Liquidität ; ~ *du niveau de vie* Aufrechterhaltung des Lebensstandards ; ~ *des parités fixes* Beibehaltung der festen Paritäten ; ~ *en poste* Belassung *f* in einem Amt (in einer Stellung) ; ~ *du pouvoir d'achat* Aufrechterhaltung der Kaufkraft ; ~ *des prix* (Aufrechter)halten *n* der Preise ; ~ *de la qualité* Erhaltung der Qualität ; ~ *du salaire*

Lohnfortzahlung *f* ; ~ *en vigueur* Inkraftbleiben *n* ; Fortbestand ; Weiterbestehen *n*.

maire *m* Bürgermeister *m* ; *(grande ville)* Oberbürgermeister ; *le ~ de Berlin-Ouest* der Regierende Bürgermeister von Berlin *(syn. le bourgmestre régnant)*.

mairie *f* Rathaus *n* ; Bürgermeisteramt *n* ; Gemeindeamt *n* ; *(d'un arrondissement parisien)* Bezirksamt *n*.

1. maison *f (de commerce)* Handelshaus *n* ; Firma *f* ; Geschäft *n* ; ~ *affiliée* Zweiggeschäft ; Tochterunternehmen *n* ; ♦ ~ *ancienne* (alt)eingesessene Firma ; ~ *de banque* Bankhaus ; ~ *de commerce* Handelshaus ; Firma ; Geschäft ; ~ *concurrente* Konkurrenzfirma *f* ; ~ *de confiance (sérieuse)* seriöse (solide) Firma ; ~ *de détail* Einzelhandelsgeschäft ; ~ *d'édition* Verlagshaus ; ~ *d'escompte* Diskontbank *f* ; ~ *d'expédition* Speditionsgeschäft, -firma ; ~ *de gros* Großhandelsgeschäft, -firma ; Großhandlung *f* ; ~ *d'importation* Importfirma, -geschäft ; ~ *de location (de matériel)* Verleih *m* (für) ; ~ *de location de voitures* Autoverleih *m* ; ~ *mère* Stammhaus *n*, -werk *n* ; Muttergesellschaft *f* ; Mutterhaus *n* ; Hauptniederlassung *f* ; ~ *de prêt (sur gage, sur nantissement)* Leihamt *n* ; Pfandleihhaus ; ~ *spécialisée* Fachgeschäft ~ *à succursales multiples* Filialgeschäft ; Kettenladen *m* ; ~ *de transports* Transportunternehmen *n* ; ~ *de vente par correspondance* Versandgeschäft, -haus ; ~ *de vente à crédit, à tempérament* Teilzahlungs-, Abzahlungsgeschäft ; ♦♦♦ *avoir 25 ans de ~* 25 Jahre in einer Firma tätig sein ; *la ~ est en faillite, a fait faillite* die Firma hat Konkurs (Pleite) gemacht ; *travailler dans une ~ de textile* in einer Textilfirma tätig sein.

2. maison *(d'habitation)* Haus *n* ; Wohnhaus ; ~ *individuelle* Eigenheim *n* ; ~ *préfabriquée* Fertighaus ; ~ *de rapport* Mietshaus ; *propriétaire m de ~ individuelle* Eigenheimer *m* ; ~ *(livrée) clés en main* bezugsfertiges (schlüsselfertiges) Haus.

maître *m* **1.** Herr *m* ; Meister *m* ; ~ *d'apprentissage* Lehrherr, -meister ; ~ *artisan* Handwerksmeister ; ~ *d'hôtel* Oberkellner *m* ; ~ *menuisier* Tischlermeister ; ~ *d'œuvre* Bauherr ; ~ *ouvrier* Aufseher *m* ; *(mines)* ~ *porion* Obersteiger *m* ; *aller en apprentissage chez un ~* bei einem Meister in die Lehre gehen **2.** *(avocat, notaire) (Me)* (Herr) Rechtsanwalt, Notar.

maîtrise *f* **1.** Meisterschaft *f* ; *agent m de ~* Werkmeister *m* ; Vorarbeiter *m* ; *brevet m de ~* Meisterbrief *m* ; *examen m de ~* Meisterprüfung *f* **2.** *(université)* Magisterdiplom *n*.

majeur, e 1. volljährig ; großjährig ; mündig ; *être ~ à 18 ans* mit 18 Jahren mündig (volljährig) werden **2.** *la ~e partie* die Mehrzahl ; die Mehrheit ; der größte Teil (+ G) ; der Großteil **3.** *force f ~e* höhere Gewalt *f* ; *c'est un cas de force ~e* hier liegt höhere Gewalt vor.

majoration *f* Erhöhung *f* ; Heraufsetzung *f* ; Steigerung *f* ; (Preis)aufschlag *m* ; Zulage *f* ; Aufpreis *m* ; Aufgeld *n* ; ~ *pour qqch* Zuschlag für ; ~ *d'ancienneté* Dienstalterzulage ; ~ *de salaire unique* Ehegattenzuschlag ; ~ *des cotisations, des droits, de loyer, de (la) prime, de tarif* Beiträge-, Gebühren-, Miet-, Prämien-, Tariferhöhung ; ~ *pour enfant(s) à charge* Kinderzulage ; Kindergeld *n* ; ~ *forfaitaire* Pauschalzuschlag ; ~ *d'impôt* Steuerzuschlag, -erhöhung ; ~ *de prix* Preisaufschlag ; Aufpreis *m* ; Preiserhöhung ; ~ *de salaire (pour travail de nuit)* Lohnzuschlag (für Nachtarbeit) ; ~ *des salaires et traitements* Aufbesserung *f* (Anhebung) *f* der Löhne und Gehälter ; ~ *de vie chère* Teuerungszulage ; *moyennant une ~ de...* gegen einen Aufpreis von... ; *subir une ~* eine Erhöhung erfahren.

majoré des frais zuzüglich Kosten.

majorer erhöhen ; anheben ; heraufsetzen ; aufbessern ; steigern ; ~ *les prix, les loyers* die Preise, die Mieten heraufsetzen (erhöhen, anheben) ; ~ *les salaires* die Löhne aufbessern ; ~ *la T.V.A. de 2 %* die Mehrwertsteuer um zwei Prozent anheben.

majoritaire Mehrheits- ; *actionnaire m ~* Mehrheitsaktionär *m*, -eigner *m*, -besitzer *m* ; *décision f ~* Mehrheitsbeschluß *m*, -entscheidung *f* ; *fraction f, parti m ~* Mehrheitsfraktion *f*, -partei *f* ; *participation f ~* Mehrheitsbeteiligung *f* ; *scrutin m ~* Mehrheitswahl *f* ; Mehrheitsrecht *n* ; *système m ~* Mehrheitswahlsystem *n*.

majoritairement mehrheitlich.

majorité *f*	**1. suffrages** **2. âge de 18 ans** **3. majorité silencieuse**

1. *(suffrages)* Mehrheit *f* ; Majorität

f ; ♦ ~ *absolue, écrasante, étriquée, faible, forte* absolute, überwältigende, knappe, geringe, starke Mehrheit ; ~ *des actions, du capital* Aktien-, Kapitalmehrheit ; ~ *des 2/3, des 3/4* Zweidrittel-, Dreiviertelmehrheit ; ~ *gouvernementale, parlementaire, qualifiée, relative, requise, simple* Regierungs-, parlamentarische, qualifizierte, relative, erforderliche, einfache Mehrheit ; ~ *des suffrages* Stimmenmehrheit ; *avec (à) une ~ de 100 voix* mit einer Mehrheit von 100 Stimmen ; ♦♦♦ *acquérir, perdre la ~* die Mehrheit erwerben (gewinnen), verlieren ; *une ~ s'est constituée (trouvée) pour...* es hat sich eine Mehrheit gebildet (gefunden) für... ; *la ~ s'est prononcée en faveur de...* die Mehrheit hat sich für... entschieden (ausgesprochen) ; *être élu à la ~ absolue* mit absoluter Mehrheit gewählt werden ; *réunir (rassembler) la majorité des suffrages sur son nom* die Mehrheit der Stimmen auf seinen Namen vereinigen.

2. *(âge de 18 ans)* Volljährigkeit *f* ; Mündigkeit *f* ; ~ *électorale (politique)* Wahlalter *n* ; ~ *matrimoniale* Ehemündigkeit ; ~ *pénale* Strafmündigkeit ; *déclaration f de ~* Volljährigkeits-, Mündigkeitserklärung *f* ; *avant, après la ~* vor, nach Erreichung der Volljährigkeit ; *atteindre sa ~* volljährig (mündig) werden ; *avoir la ~ électorale* das Wahlalter erreichen.

3. *(majorité silencieuse)* schweigende Mehrheit *f*.

mal schlecht ; übel ; ~ *conseillé* schlecht beraten ; ~ *payé* schlecht bezahlt ; *les affaires vont ~* die Geschäfte gehen schlecht ; es herrscht eine Geschäftsflaute ; die Geschäfte stocken.

malade krank ; *une entreprise ~* ein marodes Unternehmen *n* ; *se faire porter ~* sich krank melden ; *porter ~* krank schreiben (lassen) ; *tomber ~* erkranken ; krank werden.

maladie *f* Krankheit *f* ; ♦ *~s de civilisation* Zivilisationskrankheiten ; ~ *(de) longue durée* langwierige Krankheit ; ~ *des managers* Managerkrankheit ; ~ *professionnelle* Berufskrankheit ; *absentéisme m pour cause de ~* Krankfeiern *n* ; *assurance ~ f (obligatoire)* (gesetzliche) Krankenversicherung *f* ; *caisse f (de) ~* Krankenkasse *f* ; *certificat m de ~* **a)** ärztliches Attest *n* ; **b)** *(adressé à l'employeur)* Krankmeldung *f* ; *congé m de ~* Krankheitsurlaub *m* ; *cotisation f à la caisse ~* Krankenkassenbeitrag *m* ; *feuille f de ~* Krankenschein *m* ; *frais mpl de ~* Krankheitskosten *pl* ; *indemnité f (allocation f, prestation f) de ~* Krankengeld *n* ; *risque m de ~* Krankheitsrisiko *n*, -gefährdung *f* ; *pour cause de ~* krankheitshalber ; wegen Krankheit ; aus gesundheitlichen Gründen ; *maintien m du salaire en cas de ~* Lohnfortzahlung *f* im Krankheitsfall ; ♦♦♦ *avoir la ~ des managers* managerkrank sein ; *être assuré contre la ~* krankenversichert sein ; *être assujetti à l'assurance ~* krankenversicherungspflichtig sein ; *être reconnu(e) ~ professionnelle* als Berufskrankheit anerkannt werden.

malentendu *m* Mißverständnis *n* ; ~ *entre deux partenaires* Meinungsgegensätze *mpl* ; Mißverständnisse ; *il doit y avoir un ~* hier liegt wohl ein Mißverständnis vor ; *pour éviter tout ~* damit keine Mißverständnisse aufkommen ; damit es kein Mißverständnis gibt ; *dissiper un ~* ein Mißverständnis ausräumen.

malfaçon *f* Konstruktionsfehler *m* ; Defekt *m* ; mangelhafte Ausführung *f* ; schlechte Verarbeitung *f*.

malhonnête unehrlich ; *argent m ~-(ment acquis)* unehrlich erworbenes Geld *n* ; *s'approprier qqch de façon ~* sich etw auf unehrliche Weise aneignen.

malhonnêteté *f* Unehrlichkeit *f*.

malnutrition *f* Fehlernährung *f*.

malthusianisme *m* Malthusianismus *m* ; ~ *économique* restriktive Wirtschaftspolitik *f* ; freiwillige Produktionsbeschränkung *f* ; wirtschaftlicher Malthusianismus *m*.

malthusianiste *adjectif ou m* ⇒ *malthusien.*

malthusien *m* Malthusianer *m* ; Malthusianist *m*.

malthusien, ne malthusianistisch ; malthusisch.

malus *m (assur.)* Malus *m* ; nachträglicher Prämienzuschlag *m* (in der Kfz-Versicherung).

malversation *f* Veruntreuung *f* ; Unterschlagung *f* ; ~ *de fonds (deniers) publics* Veruntreuung (Unterschlagung) öffentlicher Gelder ; *se livrer à (effectuer) des ~s* Unterschlagungen begehen.

management *m* **1.** Management ['mɛnidʒmənt] *n* ; Unternehmens-, Betriebs-, Geschäftsleitung *f* ; Betriebs-, Unternehmens-, Geschäftsführung *f* ; Leitung *f* ; Führung *f* ; Direktion *f* ; Controlling *n* ; *erreur f de ~* Management-Fehler *m* ; Mißmanagement ; Führungsfehler *m* **2.** *(ensemble des dirigeants)* Führungskräfte *pl* ; leitende Angestellte *pl* ; Leitende *pl* ; Arbeitgeber *m* ; Arbeitgeberseite *f.*

manager managen ['mɛnidʒən] ; geschickt handhaben ; bewältigen.

manager *m* Manager ['mɛnidʒər] *m* ; (Unternehmens)leiter *m* ; Betriebsführer *m* ; Führungskraft *f* ; *maladie f des ~s* Managerkrankheit *f* ; *il souffre de la maladie des ~s* er ist managerkrank.

manchette *f (de journal)* Schlagzeile *f* ; fettgedruckter Titel *m* ; auffällige Überschrift *f* ; *la nouvelle a fait les ~s (la une) des journaux* die Nachricht machte Schlagzeilen.

mandant *m* Auftraggeber *m* ; Vollmachtgeber *m* ; Mandant *m.*

mandarin *m (péj.)* Bonze *m.*

mandarinat *m* Kastenwesen *n* ; *~ politique* politische Clique *f.*

mandat *m*	**1.** ***pouvoir ; fonction ; mission*** **2.** ***paiement*** **3.** ***juridique***

1. ***(pouvoir, fonction, mission)*** Vollmacht *f* ; Auftrag *m* ; *(politique)* Mandat *n* ; *(durée)* Amtszeit *f* ; ♦ *~ d'administration* Verwaltungsposten *m* ; *~ général, spécial, verbal* General-, Spezial-, mündliche Vollmacht ; *~ impératif, libre* imperatives (verbindliches), freies (unverbindliches) Mandat ; *~ parlementaire* Abgeordnetenmandat ; *renouvellement m d'un ~* Wiederernennung *f* ; Wiederwahl *f* ; ♦♦♦ *accepter un ~* ein Mandat übernehmen ; *donner ~ à qqn* jdm ein Mandat (einen Auftrag) geben ; jdm eine Vollmacht ausstellen : *son ~ est expiré* sein Mandat ist erloschen ; *exercer un ~* ein Mandat ausüben ; einen Auftrag ausführen ; *présenter son ~* seine Vollmacht vorlegen ; *résilier un ~* eine Vollmacht widerrufen ; *renoncer à un ~* ein Mandat niederlegen ; *retirer un ~ à qqn* jdm eine Vollmacht entziehen.

2. ***(paiement)*** (Zahlungs)anweisung *f* ; *(poste)* Postanweisung *f* ; ♦ *un ~ de 500 F* eine Anweisung über 500 F ; *~-carte* Zahlkarte *f* ; *~ contributions (d'impôt)* Steuerzettel *m*, -zahlschein *m* ; *~ international* internationale Postanweisung ; Auslandspostanweisung ; *~-poste (postal)* Postanweisung ; *~ de recouvrement* Einziehungs-, Inkassoauftrag *m* ; *~ de remboursement* Nachnahme *f* ; Nachnahmepostanweisung ; *~ télégraphique* telegrafische Anweisung ; *~ de versement sur CCP* Zahlkarte *f* ; *~ de virement postal* Überweisungsschein *m*, -auftrag *m* ; Postanweisung ; ♦♦♦ *envoyer par ~* mit Postanweisung senden ; *établir (émettre) un ~* eine Anweisung ausstellen ; *payer par ~* durch Anweisung bezahlen ; *recevoir un ~* eine Postanweisung erhalten ; *remplir un formulaire de ~* eine Postanweisung ausfüllen.

3. ***(jur.)*** Befehl *m* ; *~ d'arrêt* Haftbefehl ; *~ de comparution* Vorladung *f* ; *~ d'exécution* Vollstreckungsbefehl ; *~ de perquisition* Haus(durch)suchungsbefehl.

mandataire *m* **1.** Mandatar *m* ; Bevollmächtigte(r) ; Beauftragte(r) ; Prokurist *m* ; *~ commercial* Handlungsbevollmächtigte(r) ; *~ général* Generalbevollmächtigte(r) ; *constituer un ~* einen Bevollmächtigten bestellen **2.** *~ aux Halles (de Rungis)* Kommissionär *m* ; Zwischenhändler *m.*

mandater 1. *(être chargé de)* beauftragen ; bevollmächtigen ; *être ~é pour* zu etw bevollmächtigt sein **2.** *(payer avec un mandat)* per Post anweisen ; eine Anweisung ausstellen ; *~ une somme* einen Betrag anweisen.

manger : *(fam.) ~ de l'argent* Geld einbüßen (verlieren) ; *~ de l'argent dans une affaire* bei einem Geschäft Geld zusetzen (einbüßen, verlieren).

maniement *m* Handhabung *f* ; Betätigung *f* ; Bedienung *f* ; Umgang *m* ; *~ d'affaires* Geschäftsführung *f* ; *~ de fonds* Verwaltung *f* von Geldern ; Kassenführung *f.*

manier handhaben ; betätigen ; gebrauchen ; *~ une machine* eine Maschine betätigen (bedienen) ; *facile, difficile à ~* leicht, schwer zu handhaben ; leicht, schwer handhabbar ; *~ de l'argent* mit Geld umgehen ; *il faut savoir ~ l'argent* man soll mit Geld umzugehen wissen ; *bien savoir ~ une langue* eine Sprache (gut) beherrschen.

manieur *m : ~ d'affaires* Geschäftsmann *m* ; *(péj.)* Geschäftemacher *m* ; *(Autriche)* Geschaftlhuber *m* ; *~ d'argent (de fonds)* Finanzmann *m* ; Spekulant *m.*

manif *f (fam.)* Demo *f* ; Demonstration *f.*

manifestant *m* Demonstrant *m* ; Teilnehmer *m* an einer Kundgebung (an einer Demonstration) ; *(Suisse, Autriche)* Manifestant *m* ; *cortège m de ~s*

Demonstrationszug *m*.

manifestation *f* **1.** *(polit.)* Demonstration *f* ; Kundgebung *f* ; *(fam.)* Demo *f* ; ~ *pacifique, violente* friedliche, gewalttätige Demonstration ; *appeler à une* ~ zu einer Demonstration aufrufen ; *interdire une* ~ eine Demonstration verbieten ; *organiser une* ~ eine Demonstration veranstalten ; *participer à une* ~ an einer Kundgebung teilnehmen ; *(fam.)* bei einer Demo mitmachen **2.** Veranstaltung *f* ; ~ *culturelle, sportive* kulturelle, sportliche Veranstaltung **3.** Äußerung *f* ; Bekundung *f* ; *une* ~ *de mécontentement* Äußerung des Mißfallens (der Unzufriedenheit).

manifeste *m* **1.** *(politique)* Manifest *n* ; Grundsatzerklärung *f* ; dargelegtes Programm *n* ; ~ *électoral* Wahlprogramm *n* ; *rédiger un* ~ ein Manifest verfassen (aufsetzen) **2.** *(document de bord d'un avion)* (Zoll)ladeverzeichnis *n*.

manifeste offenkundig ; manifest ; *devenir* ~ offenkundig werden.

manifester 1. demonstrieren ; ~ *contre qqch, en faveur de qqch, par solidarité envers qqn* gegen etw, für etw, aus Solidarität mit jdm demonstrieren **2.** äußern ; bekunden ; verraten ; offenbaren ; ausdrücken.

manipulation *f* **1.** Handhabung *f* ; Betätigung *f* ; Umgang *m* ; Bedienung *f* ; Behandlung *f* ; Bearbeitung *f* ; *bonne, mauvaise* ~ *d'une machine* sachgemäße, unsachgemäße Bedienung einer Maschine **2.** *(péj.)* Manipulation *f* ; Manipulieren *n* ; ~ *de besoins, des cours, de la monnaie* Manipulation von Bedürfnissen ; Kurs-, Währungsmanipulation ; ~*s électorales, frauduleuses, qui frisent l'illégalité* Wahlmanipulationen, betrügerische, scheinbar legale Manipulationen **3.** Umladung *f* ; Verladen *n* ; Umschlag *m* ; ~ *des marchandises* Güterumschlag.

manipuler 1. behandeln ; betätigen ; bedienen ; umgehen mit ; ~ *(in)correctement une machine* eine Maschine (un)sachgemäß bedienen **2.** *(péj.)* manipulieren ; kuhhandeln ; ~ *les besoins, le marché, la monnaie, l'opinion* die Bedürfnisse, den Markt, die Währung, die Öffentlichkeit manipulieren.

manœuvre *m (travailleur)* ungelernter Arbeiter *m* ; Hilfsarbeiter *m* ; Handlanger *m*.

manœuvre *f* **1.** Manöver *n* ; *faire une fausse* ~ etwas falsch machen ; *disposer d'une grande marge de* ~ über einen großen Handlungsspielraum verfügen **2.** *(péj.) les* ~*s* Machenschaften *fpl* ; Trick *m* ; Betrug *m* ; Kniff *m* ; Manöver *npl* ; ~ *boursière* Börsenmanipulation *f*, -manöver ; ~*s électorales* Wahlmanöver ; ~*s financières* finanzpolitische Manöver ; ~*s frauduleuses* Betrugsmanöver ; *couper dans les* ~*s d'un escroc* auf den Trick eines Gauners hereinfallen.

manœuvrer 1. handhaben ; betätigen ; bedienen **2.** manövrieren ; manipulieren ; *pour avoir ce poste, il a habilement* ~*é* er hat sich geschickt in diese Stellung manövriert.

manquant(s) *m(pl)* Manko *n* ; Fehlmenge *f* ; Fehlgewicht *n* ; Fehlbestand *m* ; Fehlbetrag *m* ; fehlende Waren *fpl*.

manque *m* **1.** Mangel *m* ; Verknappung *f* ; Knappheit *f* ; Fehlen *n* ; ~ *d'argent, de capitaux, de débouchés, de place* Geld-, Kapital-, Absatz-, Platzmangel ; ~ *de formation* fehlende (unzureichende) Ausbildung *f* ; ~ *de main-d'œuvre* Mangel an Arbeitskräften ; *suppléer à un* ~ *de personnel* einen Personalmangel ausgleichen **2.** Defizit *n* ; Fehlbetrag *m* ; (Kassen)manko *n* **3.** ~ *à gagner* Verdienst-, Erwerbs-, Gewinnausfall *m*.

manquement *m (à)* Verstoß *m* (gegen) ; Verletzung *f* ; ~ *grave, bénin* schwerer, leichter Verstoß ; ~ *à un contrat, à un devoir* Vertrags-, Pflichtverletzung *f* ; ~ *au code de la route* Verstoß gegen die Straßenverkehrsordnung.

manquer 1. verfehlen ; versäumen ; verpassen ; *(transp.)* ~ *la correspondance* den Anschluß verpassen **2.** *(faire défaut)* fehlen ; nicht vorhanden sein ; nicht auf Lager haben ; ausgegangen sein ; *la pièce de rechange* ~*e actuellement* das Ersatzteil haben wir augenblicklich nicht auf Lager (fehlt) ; ~ *pour cause de maladie* wegen Krankheit ausfallen ; von der Arbeit fernbleiben ; sich krank melden **3.** ~ *de qqch* nicht haben ; einen Mangel an etw (+ D) haben ; es fehlt (mangelt) an (+ D) ; *il lui* ~*e les capitaux nécessaires* es fehlt ihm an den nötigen Geldern **4.** ~ *à* verstoßen gegen ; etw verletzen ; nicht nachkommen ; ~ *à ses engagements* seinen Verpflichtungen nicht nachkommen ; ~ *à sa parole* sein Wort brechen ; ein Versprechen nicht (ein)halten ; ~ *au règlement intérieur de l'entreprise* gegen die Betriebsordnung verstoßen **5.** *ne pas* ~ *de faire qqch* es nicht verfehlen (versäumen, unterlassen) zu ; *nous ne ~erons pas de vous en aviser* wir werden es nicht versäumen, Sie darüber zu benachrichtigen.

manteau *m : sous le ~* heimlich ; insgeheim ; unterderhand ; unter dem Deckmantel ; *vendre qqch sous le ~* etw unterderhand verkaufen.

1. manuel *m* Handarbeiter *m* ; gewerblicher Arbeiter ; *intellectuels et ~s* Kopf- (Geistes-) und Handarbeiter *mpl.*

2. manuel *m (livre)* Handbuch *n* ; Lehrbuch.

manuel, le 1. Hand- ; manuell ; körperlich ; *métier m ~* handwerklicher Beruf *m* ; *travail m ~* Handarbeit *f* ; körperliche (manuelle) Arbeit ; *(école)* Werkunterricht *m* ; *travailleur m ~* Handarbeiter *m* ; gewerblicher Arbeiter **2.** *(jur.) don m ~* Handschenkung *f.*

manufacture *f (arch.)* Fabrik *f* ; Manufaktur *f* ; Großbetrieb *m* mit Handarbeit ; Manufakturbetrieb *m* ; *~ de porcelaine, de soie, de tabac* Porzellan-, Seiden-, Tabakmanufaktur, -fabrik ; *directeur m de ~* Manufakturist *m.*

manufacturer (an)fertigen ; verarbeiten ; herstellen ; (in Handarbeit) verfertigen ; *(arch.)* manufakturieren ; *~ des tapis, de la porcelaine* Teppiche, Porzellan manufakturieren ; *produits mpl ~és* Manufakturwaren *fpl* ; gewerbliche und industrielle Erzeugnisse *npl.*

manufacturier *m* Fabrikant *m* ; Hersteller *m* ; *(arch.)* Manufakturist *m.*

manufacturier, ère Manufaktur- ; Fabrik- ; gewerblich ; industriell.

manuscrit, e handgeschrieben ; handschriftlich ; *veuillez nous adresser votre candidature accompagnée d'un curriculum-vitae ~* wir bitten um Ihre Bewerbung unter Beifügung eines handgeschriebenen Lebenslaufs.

manutention *f* Beförderung ; Transport *m* ; Verladen *n* ; Auf-und Abladen ; (Waren)behandlung *f* ; Handhabung *f* ; Umschlag *m* ; Umladung *f* ; *entreprise f de ~* Umschlagunternehmen *n* ; *frais mpl de ~* Verladekosten *pl*, -gebühren *fpl* ; Umschlagskosten ; *installations fpl de ~* innerbetriebliche Beförderungsanlagen *fpl* ; *service m de ~* Güterladedienst *m* ; Güterabfertigung *f.*

manutentionnaire *m* Lagerarbeiter *m* ; Lagerist *m* ; Verladearbeiter.

manutentionner befördern ; transportieren ; verladen ; umladen.

maquette *f* **1.** Modell *n* **2.** *(typographie)* Entwurf *m* ; Layout [le:'aut] *n.*

maquignon *m* **1.** Pferdehändler *m* **2.** Geschäftemacher *m* ; *(péj.)* Roßtäuscher *m* ; Schieber *m* ; Schwindler *m* ; Betrüger *m.*

maquignonnage *m* **1.** Pferdehandel *m* **2.** Betrug *m* ; Schwindel *m* ; Schachern *n* ; Kungelei *f* ; Mauschelei *f* ; *(fam.)* Kuhhandel *m.*

maquignonner 1. betrügen ; schwindeln **2.** kuhhandeln ; schieben ; gesetzwidrige Geschäfte machen ; mit unlauteren Methoden Geschäfte machen.

maquillage *m (falsification)* Fälschung *f* ; Frisieren *n* ; Verschleierung *f* ; Vertuschen *n.*

maquiller fälschen ; frisieren ; verschleiern ; vertuschen ; *~ un bilan, des chiffres* eine Bilanz, Zahlen frisieren ; *~ un chèque* einen Scheck fälschen ; *~ des papiers d'identité* einen Ausweis (Papiere) fälschen.

maraîcher, ère Gemüse- ; *culture f, exploitation f ~ère* Gemüseanbau *m*, -anbaubetrieb *m* ; *produits mpl ~s* Gartenbauerzeugnisse *npl*, -erzeugung *f.*

marasme *m* Flaute *f* ; Stillstand *m* ; Stockung *f* ; Stagnation *f* ; Talsohle *f* ; schlechter (schleppender) Geschäftsgang *m* ; Talfahrt *f* der Konjunktur ; *~ des affaires, boursier, économique* Geschäfts-, Börsen-, Wirtschafsflaute ; *c'est le ~ général* es herrscht allgemeine Flaute ; *sortir du ~* aus der Stagnation (Talsohle) herauskommen.

marchand *m* Kaufmann *m* ; Händler *m* ; *~ ambulant* ambulanter Gewerbetreibende(r) ; fliegender (ambulanter) Händler ; *~ de biens* Grundstücks- und Immobilienmakler *m* ; *~ compétent* geschäftstüchtiger Kaufmann ; *~ au détail* Einzelhändler ; *~ forain* Schausteller *m* ; Markthändler ; *~ de journaux, de fruits* Zeitungs-, Obsthändler *m* ; *~ en gros* Großhändler ; Grossist *m* ; *~ au noir* Schwarzhändler ; Schieber *m* ; *~ d'objets d'art* Kunsthändler ; *~ des quatre saisons* Obst- und Gemüsehändler.

marchand, e kaufmännisch ; handeltreibend ; Handels-, Geschäfts- ; marktgängig ; gangbar ; leicht verkäuflich ; leicht absetzbar ; *flotte f, foire f, marine f ~e* Handelsflotte *f*, -messe *f*, -marine *f* ; *peuple m ~* handeltreibendes Volk *n* ; *place f ~e* Handelsplatz *m* ; *prix m ~* Einkaufspreis *m* ; *qualité f ~e* Handelsqualität *f* ; *quartier m ~ (commerçant)* Geschäftsstraße *f* ; *valeur f ~e* Handelswert *m* ; Marktwert *m* ;

Verkaufswert *m* ; *ville f ~e* Handelsstadt *f*.

marchandage *m* Feilschen *n* ; Handeln *n* ; Markten *n* ; *(fam.)* Kuhhandel *m* ; Schachern *n* ; *après de longs ~s* nach langem Feilschen.

marchander feilschen (um) ; (herunter)handeln ; abhandeln ; markten ; kuhhandeln ; schachern (um) ; *~ le prix* um den Preis feilschen ; einen Artikel herunterhandeln ; *elle essaie de ~* sie versucht zu handeln (feilschen).

marchandise *f* Ware *f* ; Produkt *n* ; Erzeugnis *n* ; Artikel *m* ; Gut *n* ; Güter *npl* ; ♦ *~s (non) acquittées* (un)verzollte Waren ; *~ avariée* verdorbene Ware ; *~s de camionnage* Rollgut *n* ; *~ chère, bon marché* teuere, billige Ware ; *~ en colis* Stückgut ; *~ conforme à l'échantillon* mustergerechte Ware ; *~ contingentée* bewirtschaftete Ware ; *~ de contrebande* Schmuggelgut ; *(fam.)* heiße Ware ; *~ dédouanée* verzollte Ware ; *~ défectueuse* mangelhafte Ware ; *~ à détailler* Schnittware ; *~ à déverser* Schüttgut ; *~ difficile à écouler* schwer absetzbare Ware ; *~ disponible sur place* Lokoware ; *~ à la douzaine* Dutzendware ; *~ encombrante* Sperrgut ; sperrige Güter ; *~ endommagée, fragile* beschädigte, zerbrechliche Ware ; *~ inflammable* leicht entzündbare Güter ; *~s de groupage* Sammelgut, -güter ; *~ au mètre* Meter-, Schnittware ; *~ de marque, périssable* Marken-, leichtverderbliche Ware ; *~ de premier ordre (choix), de première classe (qualité)* erstklassige-, Qualitätsware ; *~ de qualité inférieure* minderwertige Ware ; *~ qui se vend bien* marktgängige Ware ; leicht absetzbare (gutgehende) Ware ; *~ de rebut* Ausschuß-, Ramschware ; Ramsch *m* ; *~ sous régime de douane* Zollgut ; *~s retournées* zurückgesandte Waren ; Retouren *fpl* ; *~ en transit* Transitgut ; *~ en grande vitesse (exprès), en petite vitesse* Eilgut, Frachtgut ; *~ en vrac* Schüttgut ; Massengut ; lose Ware, Ware ohne Verpackung ; *~s d'usage courant* Waren des täglichen Bedarfs ; ♦♦ *assortiment m de ~s* Warensortiment *n* ; *avance f sur ~* Warenlombard *m ou n* ; Warenkredit *m* ; *balance f des ~s* Warenbilanz *f* ; *bordereau m d'accompagnement de la ~* Warenbegleitschein *m* ; *capital m ~s, chèque-~s m* Warenkapital *n*, -scheck *m* ; *circulation f des ~s et des capitaux* Waren- und Kapitalverkehr *m* ; *commerce m de, compte m de ~s* Warenhandel *m*, -konto *n* ; *contrôle m des, courtier m en ~s* Warenkontrolle *f*, -makler *m* ; *créances fpl en ~s* Warenforderungen *fpl* ; *dépôt m de ~s* Warenlager *n* ; Warenspeicher *m* ; *désignation f de la ~* Warenbezeichnung *f* ; *échange m de ~s* Warenaustausch *m* ; *échanges mpl de ~s et de services* Waren- und Dienstleistungsverkehr *m* ; *écoulement m de la ~* Warenabsatz *m* ; *entrées fpl et sorties fpl de ~s* Warenein- und ausgang *m* ; *entrepôt m de ~s* → *dépôt* ; *envoi m, expédition f, exportation f de ~s* Warensendung *f*, Güterabfertigung *f*, Warenausfuhr *f* ; *fonds m de ~* → *stock* ; *fourniture f de ~* → *livraison* ; *gamme f, groupe m de ~s* Warenpalette *f*, -gruppe *f* ; *hangar m à ~s* Warenlager ; *importation f de, inventaire m des ~s* Wareneinfuhr *f*, -bestandsaufnahme *f* ; *liste f (nomenclature f) de ~s* ; Warenverzeichnis *n* ; *livraison f de ~s* Warenlieferung *f* ; *lot m de, marché m des ~s* Warenposten *m*, -markt *m* ; *mouvements mpl des ~s* Warenumschlag *m*, -verkehr *m* ; *nature f de la, offre f de, présentation f de la ~* Warengattung *f*, -angebot *n*, -aufmachung *f* ; *prêt m sur ~* Warenbeleihung *f* ; *prix m de la ~* Warenpreis *m* ; *raréfaction f de la ~* Warenverknappung *f* ; *remise f de la ~* Warenzustellung *f*, -aushändigung *f* ; *remise sur la ~* Warenrückvergütung *f*, -rabatt *m* ; *rentrée f, sortie f de ~s* Wareneingang *m*, -ausgang *m* ; *stock m de ~* Warenbestand *m*, -vorrat *m* ; *taxe f sur les ~s* Warensteuer *f*, -abgabe *f* ; *test m de ~* Warentest *m* ; *trafic m des ~s* Warenverkehr *m* ; *train m de ~s* Güterzug *m* ; *transit m de ~(s)* Warendurchfuhr *f* ; ♦♦♦ *accuser réception de la ~* den Warenempfang bestätigen ; *avoir la ~ en magasin* den Artikel führen ; *avoir de la ~ en stock* Waren auf Lager (auf Vorrat) haben ; *écouler, faire valoir, exposer sa ~* die Ware absetzen, anbieten, auslegen ; *placer sa ~* seine Ware an den Mann bringen ; *prière de ne pas toucher la ~* das Betasten der Ware ist verboten ; *tromper qqn sur la ~* jdm eine schlechte Ware andrehen ; *vanter sa ~* die Ware anpreisen ; die Ware loben ; *la ~ se vend bien* die Ware verkauft sich gut (ist marktgängig, leicht abzusetzen, leicht absetzbar, verkäuflich).

marche *f* Gang *m* ; Ablauf *m* ; Verlauf *m* ; Abwicklung *f* ; Betrieb *m* ; ♦

~ *d'une affaire* Abwicklung *f* eines Geschäfts ; ~ *des affaires* Geschäftsgang ; Handelsverkehr *m* ; *bonne ~ d'une entreprise, d'un travail* reibungsloser Betriebsablauf, Arbeitsablauf ; ~ *du service* Dienstbetrieb ; ~ *à vide* Leerlauf *m* ♦♦ *en état de ~* betriebsfähig ; einsatzfähig ; dienstfertig ; *hors d'état de ~* außer Betrieb ; *mise f en ~* Inbetriebnahme *f* ; ♦♦♦ *être en, hors de ~* in Betrieb sein, außer Betrieb sein ; *interrompre la bonne ~ d'un travail* den Betrieb stören (unterbrechen) ; *mettre en ~* in Gang setzen.

marché *m*

1. ***lieu public***
2. ***marché, bourse, débouché***
3. ***marché, bourse (suivi(e) d'un adjectif)***
4. ***bon marché***
5. ***transaction commerciale, affaire, contrat***
6. ***Marché commun***
7. ***Marché unique européen***
8. ***marché noir***

1. ***(lieu public)*** Markt *m* ; Marktplatz *m* ; ♦ ~ *aux bestiaux* Viehmarkt ; ~ *couvert* Markthalle *f* ; ~ *aux fleurs* Blumenmarkt ; ~ *hebdomadaire* Wochenmarkt ; ~ *aux poissons* Fischmarkt ; ~ *aux puces* Flohmarkt ; Trödlermarkt ; ♦♦ *crieur m sur les ~s* Marktschreier *m* ; *droits mpl de ~* Markt-, Standgeld *n* ; *droit m de tenir ~* Marktrecht *n* ; *frais mpl de ~* → *droits* ; *jour m de ~* Markttag *m* ; *lieu m du ~* Marktort *m* ; *marchand m sur les ~s* Markthändler *m* ; *place f du ~* Marktplatz *m* ; *stand (étalage m) de ~* Marktstand *m*, -bude *f* ; *taxe f de ~* → *droits* ; ♦♦♦ *approvisionner le ~* den Markt beliefern ; *le ~ a lieu les mardis et vendredis* dienstags und freitags ist Markt ; *aller au ~* auf den (zum) Markt gehen ; *faire les ~s* auf dem Markt verkaufen ; Markthändler sein ; *faire son ~* auf dem Markt einkaufen ; auf den Markt gehen ; *faire un tour au ~* den Markt aufsuchen ; *c'est jour de ~* heute ist Markttag ; *tenir un ~* einen Markt abhalten ; *le ~ se tient à ...* der Markt wird in ... abgehalten.

2. ***(marché, Bourse, débouché)*** Markt *m* ; Börse *f* ; Geschäfte *npl* ; ♦ ~ *d'acheteurs, des actions, agricole* Käufer-, Aktien-, Agrarmarkt ; ~ *automobile, boursier, des capitaux* Automobil-, Börsen-, Kapitalmarkt ; ~ *des céréales, des changes, au comptant* Getreide-, Devisen-, Kassamarkt ; ~ *de concurrence* Wettbewerbsmarkt ; ~ *de consommation, de la construction* Verbraucher-, Baumarkt ; ~ *de coulisse (des courtiers)* Kulisse *f* ; Freiverkehr *m* ; ~ *de couverture* Deckungsgeschäft *n* ; ~ *du crédit* Kreditmarkt ; ~ *à découvert* Differenzgeschäft *n* ; ~ *des devises, d'émission, de l'emploi* Devisen-, Emissions-, Arbeitsmarkt ; ~ *des emprunts, de l'énergie, de l'escompte* Anleihen-, Energie-, Diskontmarkt ; ~ *étranger, des eurodevises, des eurodollars* Auslands-, Euro-Geld-Markt, Euro-DollarMarkt ; ~ *d'exportation, extérieur, fermé* Ausfuhr-, Auslands-, geschlossener Markt ; ~ *financier, foncier, des frets* Kapital-, Immobilien-, Frachtenmarkt ; ~ *aux grains* Getreidemarkt ; ~ *gris (toléré)* grauer Markt ; ~ *de gros* Großhandelsmarkt ; ~ *hors-cote* ungeregelter Freiverkehr *m* ; Nebenmarkt ; ~ *hypothécaire, immobilier, d'importation* Hypotheken-, Immobilien-, Einfuhrmarkt ; ~ *industriel, intégré* Industrie-, integrierter Markt ; ~ *interbanques* Interbankengeschäfte *npl* ; ~ *intérieur (interne)* einheimischer Markt ; Inlands-, Binnenmarkt ; ~ *libre* freier Markt ; außerbörsliche Geschäfte *npl* ; ~ *libre des devises, de l'or* freier Devisen-, Goldmarkt ; ~ *local* örtlicher (lokaler) Markt ; ~ *du logement, de la main-d'œuvre* Wohnungs-, Arbeitsmarkt ; ~ *des marchandises, des matières premières, mondial* Waren-, Rohstoff-, Weltmarkt ; ~ *monétaire* Geldmarkt ; ~ *national* Inlands-, Binnenmarkt ; ~ *des obligations (obligataire), officiel* Obligationen-, amtlicher Markt (Parkett *n*) ; ~ *officiel des changes* amtlicher Devisenmarkt ; ~ *de l'or* Goldmarkt ; *organisé* geordneter (organisierter) Markt ; ~ *d'outre-mer* ; Überseemarkt ; ~ *ouvert* offener Markt ; Freiverkehr *m* ; ~ *parallèle* Parallelmarkt ; ~ *potentiel* potentieller Markt ; ~ *à la production* Erzeugermarkt ; ~ *réglementé* bewirtschafteter Markt ; ~ *des rentes* Rentenmarkt ; *second ~* geregelter Markt ; Parallelmarkt ; Freiverkehr(sbörse) ; ~ *spéculatif, à terme* Spekulations-, Terminmarkt ; ~ *à terme fixe* Fixgeschäft *n* ; Festgeschäft *n* ; ~ *des titres (des valeurs mobilières)* Effektenmarkt ; Wertpapiermarkt ; ~ *du tourisme, du* *travail* Fremdenverkehrs-, Arbeitsmarkt ; ~ *unique* einheitlicher Markt ; ~ *de vendeurs* Verkäufermarkt ; ◆◆ *accès m à un* ~ Marktzugang *m* ; *accord m de* ~ Marktabsprache *f* ; *adaptation f du, afflux m sur le, aléas mpl du* ~ Marktanpassung *f*, -schwemme *f*, -risiko *n* ; *analyse f de* ~ Marktanalyse ; *approvisionnement m du* ~ Marktversorgung *f* ; *assainissement m, besoins mpl, capacité f d'absorption du* ~ Marktsanierung *f*, -bedürfnisse *npl*, -aufnahmefähigkeit *f* ; *clignotants mpl, climat m, comportement m du* ~ Marktsignale *npl*, -klima *n*, -verhalten *n* ; *concentration du* ~ Marktkonzentration *f* ; *conditions fpl du* ~ Marktverhältnisse *npl* ; *conforme aux conditions de l'économie de* ~ markt(wirtschafts)konform ; *conforme aux usages du* ~ marktüblich ; *connaissance f, conquête f, contingentement m, contrainte f, contrôle m du* ~ Marktkenntnis *f*, -eroberung *f*, -bewirtschaftung *f*, -zwang *m*, -kontrolle *f* ; *convention f de* ~ → *accord* ; *cours m du* ~ (freier)Marktkurs *m* ; Marktpreis *m* ; *créneau m du* ~ Marktlücke *f*, -nische *f* ; *défenseur m de l'économie de* ~ Marktwirtschaftler *m* ; *demande f sur le* ~ Marktnachfrage *f* ; *déplacement m, distorsion f du* ~ Marktverschiebung *f*, -verzerrung *f* ; *qui domine (dominant) le* ~ marktbeherrschend ; *données fpl du* ~ Marktgegebenheiten *fpl* ; *économie f de, effondrement m du* ~ Marktwirtschaft *f*, -zusammenbruch *m* ; *entente f de* ~ → *accord* ; *entrée f sur le, équilibre m du, état m du* ~ Markteintritt *m*, -gleichgewicht *n*, -lage *f* ; *étroitesse f du* ~ Enge *f* des Marktes ; *étude du (de)* ~ Marktforschung *f*, -analyse *f*, -studie *f*, -untersuchung *f* ; *évolution f, expansion f du* ~ Marktentwicklung *f*, -expansion *f* ; *facteur m influant sur le* ~ Marktfaktor *m* ; *fluctuations fpl, fonctionnement m, formation f du* ~ Marktschwankungen *fpl*, -geschehen *n*, -bildung *f* ; *forme f, indicateurs mpl, indice m du, influence f sur le* ~ Marktform *f*, -signale *npl*, -index *m*, -beeinflussung *f* ; *instabilité f du* ~ Unbeständigkeit *f* des Marktes ; *interdépendance f (interpénétration f) des* ~*s* Marktverflechtung *f* ; *lancement m sur le* ~ Markteinführung *f* ; *lourdeur f du* ~ Gedrücktheit *f* des Markts ; *manipulation f, mécanismes mpl du* ~ Marktmanipulation *f*, -mechanismen *mpl* ; *monopole m de (du)* ~ Marktmonopol *n* ; *non conforme au* ~ nicht marktkonform ; *offre f de produits (agricoles) sur le* ~ landwirtschaftliches Marktaufkommen *n* ; *organisation f du, orientation f du, ouverture f d'un* ~ Marktordnung *f*, -orientierung *f*, -erschließung *f* ; *part f de, participant m au, parties fpl en présence sur le* ~ Marktanteil *m*, -teilnehmer *m*, -parteien *fpl* ; *perspectives fpl, perturbations fpl, physionomie f du* ~ Marktaussichten *fpl*, -störungen *fpl*, -bild *n* ; *position f sur le* ~ Marktposition *f*, -stellung *f* ; *prospection f, psychologie f du* ~ Markterkundung *f*, -psychologie *f* ; *raidissement m (raffermissement m) du* ~ Marktversteifung *f* ; *rapport m du* ~ *(mercuriale f)* Marktbericht *m* ; *réglementation f, régularisation f du* ~ Marktbewirtschaftung, -regelung (-regulierung *f*) ; *répartition f des* ~*s* Marktaufteilung *f* ; *reprise f (relèvement m) du* ~ Markterholung *f* ; Wiederbelebung *f* des Markts ; *retrait m du* ~ Zurückziehung *f* vom Markt ; *rétrécissement m, saturation f du* ~ Marktverengung *f*, -sättigung *f* ; *segmentation f, situation f du* ~ Marktsegmentierung *f*, -lage *f* ; *situation f sur le* ~ Marktstellung *f*, -lage *f* ; *soutien m du, spécialiste m des* ~*(s)* Marktstützung *f*, -spezialist *m* ; *stabilisation f du* ~ Marktstabilisierung *f* ; *stratégie f, structure f du* ~ Marktstrategie *f*, -gefüge *n* (-struktur *f*) ; *suprématie f sur le* ~ Vormachtstellung *f* auf dem Markt ; *sursaturation f du* ~ Übersättigung *f* des Markts ; *tendance f, ténor m du* ~ Markttendenz *f*, -führer *m* (-gigant *m*) ; *tenue f du* ~ Festigkeit *f* des Markts ; *transparence f, usager m du* ~ Markttransparenz *f*, -teilnehmer *m* ; *valeur f sur le* ~ Marktwert *m* ; *vente f sur le* ~ Marktverkauf *m* ; *vue d'ensemble du* ~ Marktübersicht *f* ; *zone f d'approvisionnement et d'influence d'un* ~ Marktbereich *m* ; Einzugsgebiet *n* eines Markts ; ◆◆◆ *approvisionner un* ~ einen Markt beliefern (beschicken) ; *assainir, conquérir, dominer, encombrer le* ~ den Markt sanieren, erobern, beherrschen, überhäufen ; *examiner la situation du* ~ die Marktlage untersuchen ; *être coté sur le* ~ an der Börse notiert werden ; *se faire une place sur le* ~ in einen Markt eindringen ; *gâcher le* ~ den Markt verderben ; *inonder le* ~ *de qqch* den Markt mit etw überschwemmen ; *jeter un produit sur le* ~ ein Produkt auf den Markt werfen ;

lancer (mettre) un article sur le ~ eine Ware auf den Markt bringen ; einen Artikel auf dem Markt einführen ; *la marchandise manque sur le ~* die Ware fehlt auf dem Markt ; *occuper une position dominante sur le ~* eine marktbeherrschende Stellung einnehmen ; *ouvrir un ~* einen Markt erschließen ; *peser sur le ~* auf den Markt drücken ; *prospecter un ~* einen Markt erkunden ; *reconquérir des parts du ~* Anteile auf dem (Binnen)markt zurückgewinnen ; *refouler (éliminer) du ~* vom Markt verdrängen ; *se retirer du ~* aus dem Markt ausscheiden ; sich vom Markt zurückziehen ; *submerger le ~* → *inonder.*

3. ***(marché, bourse suivi(e) d'un adjectif caractérisant la tendance)*** *actif (animé)* lebhaft ; fest ; anziehend ; *alourdi* schleppend ; *calme* ruhig ; *déprimé* gedrückt ; stockend ; lustlos ; *bien disposé* steht gut ; liegt gut ; *encombré* überfüllt ; *équilibré* ausgeglichen ; *dans l'expectative* abwartend ; unsicher ; *ferme (soutenu)* fest ; *hésitant* zögernd ; unschlüssig ; *inactif (peu animé, mou)* flau ; *languissant (morose)* matt ; lustlos ; *réglementé* bewirtschaftet ; *réservé* zurückhaltend ; *résistant* widerstandsfähig ; *saturé* gesättigt ; *soutenu* fest ; wird gehalten ; *stagnant* stockend ; stagnierend ; *sursaturé* übersättigt ; *tendu* angespannt.

4. ***(bon marché)*** ~ billig ; preiswert ; preisgünstig ; *main-d'œuvre f ~* billige Arbeitskräfte *fpl* ; *marchandise f ~* Billigware *f* ; *offre f ~ (avantageuse)* preiswertes Angebot *n* ; *acheter ~* billig (ein)kaufen ; *c'est vraiment ~ !* das ist recht billig ; das wird zu einem Billigpreis verkauft ; *boire un vin ~* einen billigen Wein (einen Krätzer) trinken.

5. ***(transaction commerciale, contrat, affaire)*** Geschäft *n* ; Handel *m* ; Vertrag *m* ; Auftrag *m* ; Abschluß *m* ; Vergabe *f* ; Vergebung *f* ; ♦ *~ sur adjudication* (Angebots)ausschreibung *f* ; Submissionsvertrag ; *~ des agents de change* amtliche Börse *f* ; *~ par appel d'offres* Vergabe *f*, Vergebung *f* von Aufträgen durch (öffentliche) Ausschreibung ; *~ par application* Kompensationsgeschäft *n* ; *~ de client* → *par application* ; *~ au comptant* Kassageschäft *n* ; Lokogeschäft ; *~ de construction* Bauauftrag *m* ; *~ de corbeille* → *des agents de change* ; *~ de couverture* Deckungsgeschäft ; *~ à découvert* Leerverkauf *m* ; *~ différentiel* Differenzgeschäft ; *~ fictif* Scheingeschäft ; *~ de gré à gré* freihändige Vergebung ; *~ individuel, à option, à prime, à terme* Einzel-, Options-, Prämien-, Termingeschäft ; *~ de travaux publics* Vertrag über öffentliche Arbeiten ; ♦♦ *adjudication f de ~s* Vergabe *f* öffentlicher Arbeiten ; *annulation f d'un ~* Rückgängigmachen *n* eines Kaufs (eines Vertrags) ; *exécution f d'un ~* Erfüllung *f* eines Vertrags ; *passation f d'un ~* Vergabe *f* eines Auftrags ; Vertrags-, Kaufabschluß *m* ; ♦♦♦ *annuler un ~* ein Geschäft rückgängig machen ; *conclure un ~* einen Kauf (Vertrag) abschließen ; *exécuter un ~* einen Vertrag erfüllen ; *faire un ~* einen Handel (ein Geschäft) machen ; *passer un ~* → *conclure* ; *résilier un ~* einen Vertrag kündigen ; einen Vertrag auflösen.

6. ***(Marché commun)*** Gemeinsamer Markt *m* ; Europäische Gemeinschaft *f* (EG) ; *adhésion f au ~* Beitritt *m* zum Gemeinsamen Markt ; *création f d'un ~* Errichtung *f* des Gemeinsamen Markts ; *élargissement m du ~* Erweiterung *f* des Gemeinsamen Markts ; *adhérer au ~* dem Gemeinsamen Markt (der EG) beitreten ; *être associé au ~* der EG angeschlossen sein ; sich mit dem Gemeinsamen Markt assoziieren ; *élargir le ~ par une nouvelle adhésion* den Gemeinsamen Markt durch einen neuen Beitritt erweitern.

7. ***(Marché m unique européen)*** Europäischer Binnenmarkt *m*.

8. ***(marché noir)*** schwarzer Markt *m* ; Schwarzmarkt *m* ; Schleichhandel *m* ; *affaire f au ~* Schwarzmarktgeschäft *n* ; *prix m de ~* Schwarzmarktpreis *m* ; *trafiquant m de ~* Schwarzhändler *m* ; Schieber *m* ; *acheter qqch au ~* etw auf dem Schwarzmarkt (schwarzen Markt) kaufen ; *faire du ~* etw auf dem Schwarzmarkt (ver)kaufen.

marchéage *m (rare)* ⇒ *marketing.*

marée *f (produit de la pêche)* frische Seefische *mpl* ; Meereserzeugnisse *npl.*

marée *f* **noire** Ölpest *f* ; *lutte contre les marées noires* Ölpestbekämpfung *f.*

mareyage *m* Seefischhandel *m.*

mareyeur *m* Seefischhändler *m.*

marge *f* **1.** *(bord)* Rand *m* ; *annotation f, note f en ~* Randbemerkung *f*, -notiz *f* ; *cocher, inscrire en ~* am Rand ankreuzen ; an den Rand schreiben **2.** *(intervalle, espace)* Spanne *f* ; Breite *f* ; Marge ['marʒə] *f* ; *~ brute* Handelsspanne ; *~ brute d'autofinancement (M.B.A.)* Selbstfinanzierungsmarge ; ~

d'erreur (tolérée) (zulässige) Fehlergrenze, -menge *f* -quote *f*, *~s de fluctuation (des cours)* Bandbreiten (der Wechselkurse) ; *~ de garantie* Garantiespanne ; *~ de manœuvre* Handlungsspielraum *m* ; Bewegungsfreiheit *f* ; *~ de prix* Preisspanne, -abstand *m*, -unterschied *m* ; *~ entre les prix à la production et à la consommation* Preisschere *f* ; *rétrécissement m des ~s de fluctuation* Verengung *f* der Bandbreiten ; *~ de sécurité* Sicherheitsmarge ; *~ de tolérance* Toleranzbereich *m*, -breite *f* **3.** *(commerciale)* Spanne *f* ; Marge *f* ; *~ bénéficiaire (de profit)* Gewinn-, Verdienstspanne ; *~ commerciale* Handelsspane ; *~ déficitaire* Verlustspanne ; *~ détaillant* Einzelhandelsspanne ; *~ limite* Höchstspanne ; *réduire les ~s bénéficiaires* die Verdienstspannen vermindern (reduzieren, kürzen).

marginal *m* Aussteiger *m* ; Randgruppenangehörige(r) ; Außenseiter *m* ; Ausgeflippte(r).

marginal, e Grenz- ; Rand- ; *analyse f ~e* Marginalanalyse *f* ; *entreprise f ~* zweitrangiges Unternehmen *n* ; unrentabler Betrieb *m* ; *groupes mpl marginaux* Randgruppen *fpl* ; marginale Gruppen ; Aussteiger *mpl* ; *note f ~e* Randbemerkung *f* ; *coût m ~* Grenzkosten *pl* ; *productivité f, recette f ~e* Grenzproduktivität *f*, -ertrag *m*.

margoulin *m (fam.)* Börsenjobber *m*, -spekulant *m*, -schwindler *m* ; Gauner *m* ; Betrüger *m* ; Schwindler.

mariage *m* Eheschließung *f* ; Heirat *f* ; Vermählung *f* ; *~ civil* standesamtliche Trauung *f* ; Ziviltrauung ; Zivilehe ; *~ religieux* kirchliche Trauung ; *acte m de ~* Heiratsurkunde *f* ; *certificat m de ~* Trau-, Eheschein *m* ; *contrat m de ~* Ehevertrag *m* ; *enfant m né hors ~* außereheliches (uneheliches) Kind ; *contracter ~* sich (mit jdm) verheiraten ; jdn heiraten.

marié, e verheiratet.

marine *f* Marine *f* ; Flotte ; *~ de commerce, ~ marchande* Handelsmarine *f* ; *~ de pêche* Fischereiflotte *f*.

marital, e ehelich ; *autorisation f ~e* Zustimmung *f* des Ehegatten.

maritime See- ; *blocus m, catastrophe f, commerce m, droit m ~* Seeblockade *f*, -unglück *n* (-katastrophe *f*), -handel *m*, -recht *n* ; *navigation f, suprématie f, trafic m, transport m, ville f, voie f ~* Seeschiffahrt *f*, -herrschaft *f*, -verkehr *m*, -transport *m*, -stadt *f*, -schiffahrtsstraße *f*.

mark *m* Mark *f* ; *(R.F.A.)* D-Mark ; Deutsche Mark (DM) ; *(R.D.A.)* Mark (M) ; *~ or* Goldmark ; *trois ~ s* drei Mark ; drei Markstücke ; *pourriez-vous me changer 50 DM ?* könnten Sie mir fünfzig Mark wechseln ? ; *il a mis quelques ~s de côté* er hat einige Mark beiseitegelegt ; *(fam.)* er hat einige Mark auf die hohe Kante gelegt ; *pas un seul ~* keine einzige Mark ; *(fam.)* keine müde Mark.

marketicien *m* Marketingfachmann *m*, -spezialist *m*, -berater *m*.

marketing *m* Marketing *n* ; Marktforschung *f*, -erkundung *f* ; Vertriebs-, Absatzforschung ; *agence f conseil en ~* Marketingagentur *f* ; *expert en ~* Marketingfachmann *m*, -spezialist *m*, -berater *m* ; *produire selon les méthodes du ~* marketingorientiert produzieren *(syn. rare : marchéage, mercatique)*.

marketing mix *m (ensemble des instruments dont dispose le marketing pour promouvoir les ventes en vue d'un objectif précis)* Marketing-Mix *n*.

marquage *m* Markierung *f* ; *~ des prix* Preisauszeichnung *f*.

marque *f* Marke *f* ; Markenzeichen *n* ; Zeichen *n* ; Bezeichnung *f* ; Vermerk *m* ; Sorte *f* ; ♦ *~ d'authenticité* Echtheitsmarke ; *~ de contrôle* Kontrollstempel ; *~ déposée* eingetragene Marke ; *~ de la douane* Zollvermerk *m* ; *~ enregistrée* → *déposée* ; *~ de fabrique* Warenzeichen ; *~ de garantie* Garantiezeichen ; Fabrikmarke ; *~ d'immatriculation* Eintragungszeichen ; *~ de propriété* Eigentumszeichen ; *~ de provenance (d'origine)* Ursprungszeichen ; Herkunftsbezeichnung *f*, -angabe *f* ; *~ de qualité* Gütezeichen *n* ; Qualitätsmarke ; ♦♦ *article m de ~* Markenartikel *m*, -ware *f*, -erzeugnis *n*, -fabrikat *n* ; *fabricant m d'articles de ~* Markenartikler *m* ; *clients mpl fidèles à une ~* markentreue Kunden *mpl* ; *liste f des ~s* (Waren)zeichenrolle *f* ; *produit m sans ~* markenlose Ware *f* ; namenloses Produkt *n* ; *propriétaire m d'une ~* Markeninhaber *m* ; *protection f des ~s* Markenschutz *m* ; *registre m des ~s de fabrique* Markenregister *n* ; *représentant m en articles de ~* Markenartikelvertreter *m* ; ♦♦♦ *déclarer une ~ de fabrique* ein Warenzeichen anmelden ; *déposer (faire le dépôt) d'une ~* eine Marke hinterlegen ; ins Markenregister eintragen lassen ; *essayer une nouvelle ~* eine neue Marke ausprobieren ; *invalider une ~* eine Marke für ungültig erklären ; *vérifier l'authenticité d'une ~* auf einen Markenartikel den Echtheitsstempel drücken ; eine Marke auf ihre Echtheit prüfen.

marqué, e 1. markiert **2.** mit (einem) Preisschild, mit (einem) Zeichen versehen ; ausgezeichnet ; *prix m ~* Listen-, Katalogpreis *m* ; Auszeichnungspreis.

marquer 1. *(faire une marque)* markieren ; mit Zeichen versehen **2.** *(afficher un prix) ~ une marchandise* eine Ware auszeichnen ; eine Ware mit einem Preisschild versehen ; den Preis einer Ware angeben.

marron *(péj.)* Winkel- ; *avocat m, courtier m ~* Winkeladvokat *m,* Winkelmakler *m.*

masculin, e männlich ; *personne f du sexe ~* männliche Person *f* ; *profession f ~e* männlicher Beruf *m* ; *sexe : ~* Geschlecht : männlich.

masquer *: ~ un bilan* eine Bilanz frisieren (verschleiern, vertuschen, fälschen).

masse *f* Masse *f* ; Menge *f* ; Volumen *n* ; *de ~ (en ~)* Massen- ; ♦ *~ active* Aktivmasse ; Aktiva *pl* ; *~ de biens* Vermögensmasse ; *~ budgétaire* Budgetmasse ; Haushaltsvolumen ; *~ de couverture* Deckungsmasse ; *~ des créanciers* Gläubigermasse ; *les ~s laborieuses* die werktätigen Massen *fpl* ; *~ monétaire (en circulation)* ⇒ *masse monétaire* ; *~ passive* Passivmasse ; Passiva *pl* ; *~ salariale* (Brutto)lohn- und Gehaltssumme *f* ; Lohnaufkommen *n* ; *~ sociale* Gesellschaftsvermögen *n* ; *~ successorale* Erb(schafts)-, Nachlaßmasse ; ♦♦ *action m, article m, besoins mpl de ~* Massenaktion *f,* -artikel *m,* -bedarf *m* ; *biens mpl de consommation, chômage m, civilisation f de ~* Massenkonsumgüter *npl,* -arbeitslosigkeit *f,* -zivilisation *f* ; *créance f, créancier m, débiteur m de la ~* Masseforderung *f* ; Massegläubiger *m* ; Masseschuldner *m* ; *à défaut de ~* mangels Masse ; *dette f de la ~* Masseschuld *f* ; *distribution f, emploi m (mise en œuvre f, utilisation f) de ~* Massenvertrieb *m,* -einsatz *m* ; *fabrication f de ~* Massenproduktion *f,* -fertigung *f,* -fabrikation *f* ; *manifestation f de ~* Massenkundgebung *f,* -demonstration *f* ; *organisation f de ~* Massenorganisation *f* ; *production f de ~* Massenproduktion *f,* -herstellung *f,* -fabrikation *f* ; *publicité f de ~* massenwirksame Werbung *f* ; *société f, tourisme m, transports mpl de ~* Massengesellschaft *f,* -tourismus *m,* -transportmittel *npl* ; ♦♦♦ *affluer en ~* in Massen herbeiströmen ; *(fam.) avoir des ~s d'argent* massig Geld haben ; *(fam.)* Geld wie Heu haben ; ein Heidengeld haben ; *céder à la pression des ~s* dem Druck der Massen nachgeben ; *cela me coûte une ~ d'argent* das kostet mich eine Menge (schöne Stange) Geld ; *exercer un grand effet sur les ~s* eine große Massenwirkung ausüben ; Breitenwirkung haben ; *gagner des ~s d'argent* eine Masse (Menge) Geld verdienen ; *inclure qqch dans la ~ (de faillite)* etw zur Masse schlagen ; *les meubles n'ont pas été inclus dans la ~* die Möbelstücke wurden nicht zur Masse geschlagen ; *la procédure de faillite a été suspendue à défaut de ~* das Konkursverfahren wurde mangels Masse eingestellt.

masse *f* **monétaire** *(en circulation)* (umlaufende) Geldmenge *f,* -volumen *n* ; Geldumlauf *m* ; *augmenter, diminuer la ~* die Geldmenge vermehren, verknappen.

massif, ive 1. massiv ; *or m ~* massives Gold *n* ; *c'est du chêne ~* das ist massive Eiche **2.** massen- ; massenhaft ; *apparition f ~ive (sur le marché)* Massenauftreten *n* (auf dem Markt) ; *consommation f, grève f ~ive* Massenverbrauch *m,* -streik *m* ; *licenciements mpl ~s* Massenentlassungen *fpl* ; *vente f ~ive* Massenabsatz *m,* -verkauf *m.*

massification *f* Vermassung *f.*

massifier *(péj.)* vermassen ; etw zur Massenware machen ; etw zur Dutzendware machen.

mass-médias *pl* Massenmedien *pl* ; Medien.

mastère *m* Betriebswirtschafts-, Ingenieurdiplom *(grandes écoles)* ; ⇒ *magistère.*

matelas *m : (fam) ~ de devises* Devisenpolster *n.*

matérialisme *m* Materialismus *m.*

matériau *m* **1.** Material *n* ; Bau-, Werkstoff *m* ; *~x* Materialien *npl* ; *~ de qualité inférieure, supérieure, résistante* minderwertiges, hochwertiges, haltbares Material ; *vieux ~x* Altmaterial ; *tester la résistance d'un ~* ein Material auf seine Haltbarkeit prüfen (testen) **2.** *(documents) classer, dépouiller, rassembler, trier des ~x* Material ordnen, auswerten, zusammentragen, sichten.

matériel *m* **1.** Material *n* ; Gerät *n* ; (Werk)stoff *m* ; Ausrüstung *f* ; ♦ *~ agricole* landwirtschaftliche Geräte ; ~

de bureau Bürobedarf *m*, -material ; *~ d'emballage* Verpackungsmaterial ; *~ d'étalage* Schaufenstereinrichtung *f* ; *~ flottant* schwimmendes Material ; *le ~ nécessaire* das erforderliche Material ; *~ publicitaire* Werbematerial ; *~ roulant* rollendes Material ; Fuhr-, Wagenpark *m* ; *~ technique* technischer Bedarf *m* ; *~ usagé* Altmaterial ; ♦♦ *coûts mpl de ~* Materialkosten *pl*, -aufwand *m* ; *délivrance f, dépôt m, économie f de ~* Materialausgabe *f*, -lager *n*, -einsparung *f* ; *emploi m du ~ → utilisation ; fourniture f, réception f, stock m de ~* Materialbeschaffung *f*, -abnahme *f*, -bestand *m* ; *utilisation f du ~* Materialeinsatz *m*, -verwendung *f* ; *vice m de ~* Materialschaden *m*, -fehler *m* ; ♦♦♦ *contrôler le ~* das Material (über)prüfen ; *se procurer du ~* sich Material beschaffen **2.** *(inform.)* Hardware ['hadwεә] *f* **3.** *~ sensible* High tech *f* ; Hoch-, Spitzentechnologie *f*.

matériel, le materiell ; *besoins mpl, biens mpl ~s* materielle Bedürfnisse *npl*, Güter *npl* ; *défaut m ~* Materialfehler *m* ; *dégât m ~* Sachschaden *m* ; *frais mpl ~s* Sachkosten *pl* ; *tirer un avantage ~ de qqch* materiellen Vorteil aus etw ziehen.

matériellement materiell ; finanziell ; *être ~ à l'abri (du besoin)* materiell abgesichert sein ; *soutenir qqn ~* jdn materiell unterstützen.

1. matière *f* Stoff *m* ; Materie *f* ; *~ brute* Rohstoff ; *(comptab.) ~s consommables* Hilfs- und Betriebsstoffe ; *~ imposable* Steuergegenstand *m*, -objekt *n* ; *~s inflammables* entzündbare Stoffe ; *~ litigieuse* Streitsache *f* ; *~ plastique* Kunststoff *m* ; *~ de remplacement* Ersatzstoff ; *~ synthétique → plastique* ; *~ en vrac* Schüttgut *n* ; *paiement m en ~s* Zahlung *f* gegen Waren ; *table f des ~s* Inhaltsverzeichnis *n* ; *en ~ commerciale, pénale* in Handels-, Strafsachen ; *en ~ de stabilité des prix* in Sachen Preisstabilität.

2. matière *f* **première** Rohstoff(e) *m(pl)* ; *approvisionnement m en ~s* Rohstoffversorgung *f* ; *besoins mpl en ~s* Rohstoffbedarf *m* ; *compte m, fournisseur m, manque m de ~* Rohstoffkonto *n*, -lieferant *m*, -armut *f* (-mangel) *m* ; *pays-producteur m de ~s* Rohstoffland *n* ; *pauvre en ~s* rohstoffarm ; *pénurie f de ~s* Rohstoffmangel *m*, -knappheit *f* ; *prix m des ~s* Rohstoffpreis *m* ; *raréfaction f des ~s* Rohstoffverknappung *f* ; *ressources fpl en, stocks mpl de ~s* Rohstoffquellen *fpl*, -lager *n* (-reserven *fpl*) ; *riche en ~s* rohstoffreich ; *transformation f des ~s* Rohstoffverarbeitung *f*.

M.A.T.I.F. *m (Marché à terme international de France ; avant 1988 Marché à terme d'instruments financiers) (bourse)* Terminmarkt *m* für (neue) Finanzprodukte ; Börse *f* mit Termingeschäften für neuartige Finanzierungsinstrumente ; Terminhandel *m* mit Finanzinnovationen.

matraquage *m* **publicitaire** Werberummel *m* ; Einhämmern *n* von Werbeslogans ; *faire du ~* die Werbetrommel rühren.

matraquer *(fam.)* Werbeslogans einhämmern ; mit Werbung berieseln ; die Werbetrommel rühren.

matriarcat *m* Matriarchat *n*.

matrice *f (inform.)* Matrix *f*.

matrimonial, e ehelich ; Ehe- ; *agence f ~e* Heiratsvermittlung *f* ; Eheanbahnungsinstitut *n* ; *droit m ~* Eherecht *n* ; *majorité f ~e* Ehemündigkeit *f* ; *régime m ~* ehelicher Güterstand *m*.

mauvais, e schlecht ; Miß- ; *~e entente f* schlechtes Auskommen *n* ; *en ~ état* in schlechtem Zustand ; *de ~e foi* unredlich ; bösgläubig ; wider Treu und Glauben ; *~e gestion f* Mißwirtschaft *f* ; Mißmanagement *n* ; *~e récolte f* Mißernte *f* ; *~ temps m* Unwetter *n* ; *le ~ temps a causé des dégâts importants* ein schweres Unwetter hat großen Schaden angerichtet.

maximal, e ⇒ *maximum*.

maximalisation *f* Maximierung *f* ; *~ des bénéfices, du chiffre d'affaires* Gewinn-, Umsatzmaximierung *f*.

maximaliser maximieren ; maximalisieren ; *~ les bénéfices, le profit, le rendement* die Gewinne, den Nutzen, den Ertrag maximieren.

maximiser ⇒ *maximaliser*.

maximisation *f* ⇒ *maximalisation*.

1. maximum *m* (*pl. ~s ou* ***maxima***) Maximum *n* ; Höchstmaß *n* ; *le ~ de* das Maximum (Höchstmaß) an (+ D) ; die meisten ; *(assur.) le ~ assuré* Höchstversicherungssumme *f* ; *au ~* höchstens ; *consommer au ~* im Maximum (höchstens) verbrauchen ; *obtenir le ~ de rentabilité* ein Maximum an Rentabilität erreichen ; *rester en deçà (au-dessous) du ~* unter dem Maximum bleiben.

2. maximum Maximal- ; Höchst- ; Spitzen- ; *charge f, cours m, enchère* *f, montant m, poids m, prix m* ~ Höchstbelastung *f*, -kurs *m*, -gebot *n*, -betrag *m*, -gewicht *n*, -preis *m* ; *profit m, rendement m, valeur f, vitesse f* ~ Maximalprofit *m*, -leistung *f* (-ertrag *m*), -wert *m*, Höchstgeschwindigkeit *f* ; *la charge (financière) ~ se monte à...* die (finanzielle) Spitzenbelastung beläuft sich auf...

mazout *m* Heizöl *n* ; *chauffage m domestique au* ~ Ölheizung *f*.

mazouté, e mit Öl verschmutzt (vergiftet).

M.B.A. *(Master of Business Administration) (USA)* MBA *n* ; *(maîtrise de gestion)* Wirtschaftsdiplom *n* ; Betriebswirtschaftsmagister *m*.

M.C. *(Marché commun)* Gemeinsamer Markt *m* ; Europäische Gemeinschaft *f* (EG).

Me, M^e^ *(Maître)* Herr *m* (Anrede und Titel des Rechtsanwalts, Notars etc.).

mécanique mechanisch ; maschinell ; *emballage m ~ des marchandises* maschinelle Verpackung *f* der Waren ; *travail m* ~ Maschinenarbeit *f*.

mécanique *f* de précision Feinmechanik *f*.

mécanisation *f* Mechanisierung *f* ; *processus m de* ~ Mechanisierungsprozeß *m* ; *atteindre un haut degré de* ~ einen hohen Mechanisierungsgrad erreichen.

mécaniser mechanisieren ; ~ *une entreprise, la production* einen Betrieb, die Produktion mechanisieren.

mécanisme *m* Mechanismus *m* ; Ein-, Vorrichtung *f* ; *~s administratifs, économiques, sociaux* Verwaltungs-, Wirtschafts-, Gesellschaftsmechanismen ; *~s de compensation (de péréquation) de contrôle, financiers* Ausgleichs-, Kontroll-, Finanzmechanismen ; *~s du marché, des prix* Markt-, Preismechanismen.

mécanographe *m : (opérateur)* ~ Operator *m* ; Bedienungsperson *f* ; Bedienungsmann *m*.

mécanographie *f*. **1.** Maschinenbuchführung *f*, -buchhaltung *f* ; maschinelle Buchführung **2.** maschinelle Datenverarbeitung *f* ; Lochkartenbuchführung *f* ; ~ *à cartes perforées* Lochkartenverfahren *n*.

mécanographique Maschine- ; maschinell ; *(inform.)* Lochkarten- ; *atelier m* ~ Lochkartenabteilung *f* ; *carte f* ~ Lochkarte *f* ; *comptabilité f* ~ Maschinenbuchführung *f* ; *informations fpl ~s* Lochkarteninformationen *fpl* ; *service m* ~ ⇒ atelier.

mécène *m* Mäzen *m* ; Förderer *m*.

mécompte *m* **1.** Fehlrechnung *f* ; Fehlbetrag *m* ; Rechenfehler *m* ; ~ *budgétaire* Haushaltslücke *f*, -defizit *n*, -fehlbetrag *m* **2.** Enttäuschung *f* ; *pour éviter tout* ~ um jede Enttäuschung zu vermeiden.

méconnaître unterschätzen ; verkennen.

mécontent, e *(de)* unzufrieden (mit) ; *nous sommes très ~s du dernier envoi* wir sind mit der letzten Sendung sehr unzufrieden.

mécontentement *m* Unzufriedenheit *f* ; *manifester son* ~ seine Unzufriedenheit bekunden (äußern, aussprechen) ; *un grand ~ règne dans les bureaux* eine große Unzufriedenheit herrscht in den Büros.

médecin *m* Arzt *m* ; *les ~s* die Ärzteschaft ; ~ *conseil* Vertrauensarzt ; ~ *contractuel* Vertragsarzt ; ~ *conventionné (d'une caisse)* Kassenarzt ; ~ *de famille* Hausarzt ; ~ *généraliste* praktischer Arzt ; ~ *spécialisé* Facharzt ; ~ *du travail* Werks-, Betriebsarzt.

médecine *f* du travail Arbeitsmedizin *f*.

média *m* Medium *n* ; *mass ~s* Massenmedien *npl* ; *(en tant que supports publicitaires)* Werbeträger *m* ; *multi-~s* Medienverbund *m* ; *politique f des ~s* Medienpolitik *f* ; *recourir à plusieurs ~s* etw im Medienverbund einsetzen.

médiateur *m* (Ver)mittler *m* ; Schlichter *m* ; Ombudsmann *m* ; Mittelsmann *m*, -person *f* ; *agir en qualité de* ~ als Mittler auftreten ; *désigner un* ~ einen Schlichter bestellen ; *intervenir en tant que* ~ sich als Schlichter einschalten ; *s'offrir en qualité de* ~ als Schlichter fungieren ; *recourir à un* ~ einen Vermittler (einen Mittelsmann) einsetzen ; sich an einen Schlichter wenden ; *servir de* ~ als Mittler auftreten (fungieren) ; die Mittlerfunktion übernehmen ; in einem Konflikt vermitteln.

médiathèque *f* Medienthek *f*.

médiation *f* Vermittlung *f* ; Schlichtung *f* ; *grâce à la ~ de* durch die Vermittlung von ; *commission f de* ~ Schlichtungskommission *f*, -ausschuß *m* ; *tentative f de* ~ Schlichtungsversuch *m* ; *offrir sa* ~ sich als Schlichter anbieten ; als Vermittler fungieren.

médiatiser mediatisieren ; über Medien verbreiten.

médiatique Medien- ; mediengemäß ; mediengerecht.

médiatisation *f* Mediatisierung *f* ; Verbreitung *f* über Medien.

médical, e Ärzte- ; *corps m ~* Ärzteschaft *f*.

meeting *m* Meeting ['mi:tiŋ] *n* ; Versammlung *f* ; Treffen *n*.

méfiance *f* Mißtrauen *n* ; *vote m de ~* Mißtrauensvotum *n*.

méfier : *se ~ de qqn* jdm mißtrauen ; *se ~ des imitations* vor Nachahmungen wird gewarnt.

mégarde : *par ~* aus Versehen ; versehentlich ; *ceci s'est produit par ~* es lag ein Versehen vor ; das war nur ein Versehen von uns.

meilleur, e besser ; *à de ~es conditions* zu günstigeren Bedingungen ; *~ marché (à ~ compte, à ~ prix)* billiger ; zu einem billigeren Preis ; preiswerter ; preisgünstiger ; *de la ~e qualité* beste Qualität *f*.

membre *m* Mitglied *n* ; Angehörige(r) ; ♦ *~ actif* aktives Mitglied ; *~ à part entière* Vollmitglied ; *~ d'une association, d'un syndicat* Vereins-, Gewerkschaftsmitglied ; *~ bienfaiteur, coopté* förderndes, zugewähltes Mitglied ; *~ d'un conseil de surveillance, du directoire* Mitglied eines Aufsichtsrats, Mitglied des Vorstands ; *~ dirigeant, fondateur* führendes, Gründungsmitglied ; *~ d'un équipage, honoraire, inscrit* Besatzungs-, Ehren-, eingeschriebenes Mitglied ; *~ ordinaire, d'un parti, passif* ordentliches, Partei-, passives Mitglied ; *~ permanent, sortant (démissionnaire), suppléant* ständiges, ausscheidendes, stellvertretendes Mitglied ; ♦♦ *carte f, cotisation f de ~* Mitgliedskarte *f* (-ausweis *m*), -beitrag *m* ; *état ~ m* Mitgliedsstaat *m*, -land *n* ; *liste des ~s* Mitgliedsliste *f*, -verzeichnis *n* ; *pays ~ m* Mitgliedsland *n* ; *qualité f de ~* Mitgliedschaft *f* ; *retrait m d'un ~* Austritt *m* eines Mitglieds ; ♦♦♦ *avoir (compter) beaucoup, peu de ~s* mitgliederstark, mitgliederschwach sein ; *devenir ~ d'un syndicat* einer Gewerkschaft beitreten.

1. mémoire *f (sens général)* Gedächtnis *n* ; Erinnerung *f* ; *pour ~* zur Kenntnisnahme ; zur Information ; erinnerungshalber ; Merkposten *m*.

2. mémoire *f (inform.)* Speicher *m* ; *~ auxiliaire, à cartes magnétiques, à disques magnétiques, à tambour* Hilfs-, Magnetkarten-, Magnetplatten-, Trommelspeicher ; *~ effaçable* löschbarer Speicher ; *~ d'entrée, d'entrée-sortie, de fichier* Eingabe-, Eingabe-Ausgabe-, Großraumspeicher ; *~ externe, interne, centrale* externer, interner, Zentralspeicher ; *~ de masse, morte, périphérique, de réserve, de sortie* Massen-, toter, externer, Reserve-, Ausgabespeicher ; *~ supplémentaire, de travail, vive* Zusatz- (Zubringer-), Arbeits-, lebender Speicher ; *mettre (des données) en ~* (Daten) speichern ; *carte f à ~* Chipkarte *f*.

mémoire *m* **1.** Denkschrift *f* ; Memorandum *n* **2.** wissenschaftliche Abhandlung *f* ; Aufsatz *m* **3.** Kostenaufstellung *f* ; Rechnung *f* **4.** *(jur.)* Revisionsschrift *f* **5.** *~s* Memoiren *pl* ; Erinnerungen *fpl*.

mémorisation *f (inform.)* Speicherung *f*.

mémoriser *(inform.)* (auf)speichern ; *~ des données* Daten speichern.

menace *f* Drohung *f* ; Gefahr *f* ; *~ de grève* Streikdrohung *f* ; *~ de récession* Rezessionsgefahr *f*.

ménage *m* Haushalt *m* ; Haushaltung *f* ; Familie *f* ; *les ~s privés* die privaten Haushalte ; *un ~ de 6 personnes* ein Sechs-Personenhaushalt ; *argent m du ~* Wirtschafts-, Haushaltsgeld *n* ; *articles mpl de ~* Haushaltswaren *fpl* ; *dépenses fpl de ~* Haushaltskosten *pl* ; *femme f de ~* Putzfrau *f* ; Raumpflegerin *f* ; Reinemachefrau *f* ; *jeune ~* junges Ehepaar *n* ; *membres mpl du ~* Haushaltsmitglieder *npl* ; *par ~* pro Haushalt ; *avoir la responsabilité du ~* Haushaltsvorstand sein ; *la plupart des ~s ont des revenus modestes* die meisten Haushalte haben ein bescheidenes Einkommen.

ménager *(qqch)* mit etw sparsam umgehen ; vorsichtig haushalten mit ; *~ l'argent, ses forces, les provisions* mit dem Wirtschaftsgeld, mit seinen Kräften, mit den Vorräten haushalten

ménager, ère Haushalts- ; *appareils mpl ~s* Haus- und Küchengeräte *npl* ; *articles mpl ~s* Haushaltswaren *fpl* ; *salon m des Arts ~s* Hausratsmesse *f* ; Haushaltswarenmesse.

ménagère *f* Hausfrau *f* ; *le panier de la ~* Warenkorb *m*.

ménagiste *m* **1.** Haushaltswarenhändler *m* **2.** Haushaltsgerätehersteller *m*.

mendier *(qqch)* (um etw) betteln.

mener : *~ une enquête* eine Untersuchung durchführen ; *~ une politique* eine Politik betreiben ; *~ qqch à bien (à terme)* etw zustande bringen ; etw durchführen ; etw zum guten Ende bringen.

meneur *m* Aufwiegler *m* ; Rädelsführer *m* ; ~ *d'une grève* Streikführer *m*.

mensonger, ère (be)trügerisch ; irreführend ; *manœuvres fpl ~ ères* betrügerische Manöver *npl* ; *publicité f ~ère* irreführende (unlautere) Werbung *f*.

mensualisation *f* **1.** monatliche Entlohnung *f* (Besoldung *f* ; Lohnzahlung *f*) ; *introduire le système de* ~ auf monatliche Entlohnung umstellen ; die Monatslohnzahlung einführen **2.** monatliche Abzahlung *f* ; ~ *des cotisations, de l'impôt* monatliche Beitrags-, Steuerabzahlung.

mensualiser **1.** die Monatslohnzahlung einführen ; auf monatliche Entlohnung umstellen **2.** ~ *les cotisations, les impôts* die Beiträge, die Steuern monatlich abzahlen.

mensualité *f* **1.** Monatsrate *f* ; Monatsbetrag *m* ; *payable en 15 ~s* in 15 Monatsraten zahlbar ; *rembourser qqch par ~s* etw in Monatsraten abzahlen ; *(fam.)* etw abstottern **2.** Monatseinkommen *n*, -lohn *m*, -gehalt *n* ; Monatsgeld *n*.

mensuel *m* **1.** *(journal)* Monatsheft *n* ; Monatszeitschrift *f* **2.** Monatslohnempfänger *m* ; Gehaltsempfänger *m*.

mensuel, le Monats- ; monatlich ; *magazine m* ~ monatlich erscheinendes Magazin *n* ; *numéro m* ~ Monatsheft *n* ; *production ~le* Monatsproduktion *f* ; *revenus mpl ~s* Monatseinkommen *n* ; *traitement m* ~ Monatsgehalt *n* ; *virement m* ~ monatliche Überweisung *f*.

mention *f* Erwähnung *f* ; Anmerkung *f* ; Vermerk *m* ; Note *f* ; Angabe *f* ; ♦ ~ *d'acceptation, d'affranchissement, d'enregistrement, marginale* Annahme-, Freimachungs-, Eintragungs-, Randvermerk ; ~ *manuscrite* handschriftlicher Vermerk ; ~ *de réserve* Schutzvermerk ; ~ *d'origine (de la provenance), du poids* Herkunfts-, Gewichtsangabe ; ♦♦♦ *la ~ portée sur la facture* der Vermerk auf der Rechnung ; *biffer (rayer) les ~s inutiles* Nichtzutreffendes (bitte) streichen ; *faire ~ de qqch* etw erwähnen.

mentionner erwähnen ; vermerken ; notieren ; ~ *qqch en passant* nur beiläufig erwähnen ; *~é ci-dessous, ci-dessus* untenerwähnt (nachstehend), obenerwähnt (obig) ; *les remarques ~ées ci-dessous* die nachstehenden Bemerkungen ; *veuillez adresser la marchandise à l'adresse ~ée ci-dessus* schicken Sie bitte die Ware an obige Adresse ; *n'oubliez pas de ~ vos coordonnées* vergessen Sie bitte nicht, Ihre Personalien anzugeben.

menu, e klein ; *~s frais (~es dépenses)* Nebenausgaben *fpl* ; *~e monnaie f* Kleingeld *n* ; kleine Münzen *fpl*.

méprise *f* Irrtum *m* ; Versehen *n* ; *par* ~ irrtümlicherweise ; aus Versehen.

mer *f* See *f* ; Meer *n* ; *par* ~ zur See ; *sur* ~ auf See ; ~ *territoriale* Hoheits-, Küstenmeer ; Küstengewässer *npl* ; *appel m, signal m de détresse en* ~ Seenotruf *m*, -notsignal *n* ; *apte à prendre la* ~ seefähig ; seetüchtig ; *commerce m par* ~ Seehandel *m* ; *détresse f en* ~ Seenot *f* ; *école f de* ~ Seefahrtschule *f* ; *haute, pleine* ~ offene See ; *denrées fpl jetées à la* ~ über Bord geworfene Waren *fpl* ; *navigation f en* ~ Seeschiffahrt *f* ; *port m de* ~ Seehafen *m* ; *sauvetage m en* ~ Seenotrettungsdienst *m* ; *transport m par* ~ Seetransport *m* ; *sur terre et sur* ~ zu Wasser und zu Land.

mercanti *m* **1.** *(Orient)* Bazarhändler *m* **2.** *(péj.)* Geschäftemacher *m* ; Schwindler *m* ; Schieber *m*.

mercantile **1.** merkantil ; merkantilistisch ; kaufmännisch **2.** *(péj.)* krämerhaft ; kleinlich ; kleindenkend.

mercantilisme *m* **1.** *(hist.)* Merkantilismus *m* ; staatliche Wirtschaftslenkung *f* **2.** *(péj.)* Krämergeist *m* ; kleinliche Gesinnung *f* ; Profitgier *f*.

mercantiliste *m* Merkantilist *m*.

mercantiliste merkantilistisch.

mercaticien *m (rare)* ⇒ *marketicien*.

mercatique *f (rare)* ⇒ *marketing*.

merchandiser *m* **1.** Merchandiser ['mə:tʃəndaizər] m ; Warengestalter *m* **2.** spezieller Vorführtisch *m* ; Vorführelement *n*.

merchandising *m* Merchandising ['mə:tʃəndaiżiŋ] n ; verkaufsfördernde Maßnahmen *fpl* ; Verkaufsförderung *f* (Produktgestaltung, Werbung, Kundendienst).

mercuriale *f* **1.** Marktbericht *m* **2.** Marktpreise *mpl*.

mère *f* : **1.** *maison-~* Stammhaus *n* ; Muttergesellschaft *f* **2.** *~-porteuse* Leihmutter *f* **3.** *~-célibataire* alleinstehende Mutter *f*.

message *m* Botschaft *f* ; Mitteilung *f* ; Meldung *f* ; ~ *de détresse* Notmeldung ; ~ *publicitaire* Werbedurchsage *f* ; Werbespot *m* ; ~ *télégraphique* Telegramm *n* ; ~ *téléphoné* fernmündliche (telefonische) Nachricht *f* ; *envoyer, laisser, remettre un* ~ eine Botschaft schicken, hinterlassen, bringen (aushändigen).

messagerie *f* **1.** Personen- und Güterbeförderung *f* **2.** Transport-, Fuhrwerksunternehmen *n* ; *~s maritimes, aériennes* See-, Lufttransportunternehmen **3.** Gütereilverkehr *m* ; Eilgutabfertigung *f* **4.** *~ de presse* Zeitungsvertriebsgesellschaft *f* **5.** *~-minitel* Informationsaustausch *m* über Btx (Bildschirmtext) ; Btx-Dienst *m* ; *~-(minitel) rose* erotischer Btx-Dienst *m*.

Messieurs *mpl (corresp.)* Sehr geehrte Herren, (!).

mesure *f*	**1.** ***disposition*** **2.** ***évaluation d'une grandeur*** **3.** ***modération***

1. ***(disposition)*** Maßnahme *f* ; Maßregel *f* ; ♦ *~ administrative* Verwaltungsmaßnahme ; *~ adéquate (appropriée)* geeignete Maßnahme ; *~ antidumping* Antidumpingmaßnahme ; *~ d'austérité* Härte-, Not-, Austeritymaßnahme ; *~ de blocus* Blockade-, Sperrmaßnahme ; *~s de compression budgétaire* Haushaltseinsparungsmaßnahmen ; *~ de contingentement* Kontingentierungsmaßnahme ; *~ de contrainte, de crédit* Zwangs-, Kreditmaßnahme ; *~ destinée à éviter qqch* Maßnahme zur Verhütung von etw ; *~ dirigiste* dirigistische Maßnahme ; *~ draconienne, économique* drastische, wirtschaftliche Maßnahme ; *~ d'économie* Ersparnis-, Einsparungs-, Sparmaßnahme ; *~ d'encouragement* Förderungsmaßnahme ; *~ d'épargne* die Spartätigkeit fördernde Maßnahme ; *~ fiscale* steuerliche Maßnahme ; *~ d'hygiène, immédiate* Hygiene-, Sofortmaßnahme ; *~ judiciaire* gerichtliche Maßnahme ; *~ de lutte contre qqch* Maßnahme zur Bekämpfung (von etw) ; *~ monétaire, de péréquation* Währungs-, Ausgleichsmaßnahme ; *~ politique* politische Maßnahme ; *~ de politique énergétique, de politique financière, de politique fiscale, de politique des prix* energiepolitische, finanzpolitische, steuerpolitische, preispolitische Maßnahme ; *~ de précaution, préventive* Vorsichts-, Vorbeugungsmaßnahme ; *~ de prévoyance* vorsorgliche Maßnahme ; *~ de protection* Schutzmaßnahme ; *~ protectionniste, provisoire* protektionistische, vorläufige (provisorische) Maßnahme ; *~ de rationalisation* Rationalisierungsmaßnahme ; *~ de redressement, de réorganisation, de représailles (de rétorsion)* Sanierungs-, Reorganisations-, Vergeltungsmaßnahme ; *~ de sécurité* Sicherheitsmaßnahme ; *~ sociale* soziale Maßnahme ; *~ de soutien des cours, de soutien des prix* Kursstützungs-, Preisstützungsmaßnahme ; *~ de stabilisation (des prix)* (Preis)stabilisierungsmaßnahme ; *~ transitoire* Übergangsmaßnahme ; *~ d'urgence* Notmaßnahme ; *contre-~* Gegenmaßnahme *f* ; *par ~ d'économie, d'hygiène* aus Ersparnis-, aus Hygienegründen ; *par ~ de prudence, de sécurité* vorsichts-, sicherheitshalber ; ♦♦♦ *abroger une ~* eine Maßnahme aufheben ; *adopter une ~* eine Maßnahme ergreifen ; Vorkehrungen treffen ; *la ~ n'a pas suffi* die Maßnahme reichte nicht aus ; *être en ~ de* in der Lage sein ; imstande sein ; *prendre des ~s appropriées contre l'inflation* geeignete Maßnahmen gegen die Inflation ergreifen ; *prendre des ~s de compressions budgétaires* Einsparungen im Haushalt vornehmen ; *rapporter une ~ (revenir sur une ~)* eine Maßnahme rückgängig machen ; *suspendre une ~* → *abroger*.

2. ***(évaluation d'une grandeur)*** Maß *n* ; Messung *f* ; Maßstab *m* ; *~ de capacité, de superficie* Raum-, Flächenmaß ; *(textiles) ~ industrielle* Maßkonfektion *f* ; *~s d'un local* die Maße eines Raums ; *appareil m de ~* Meßgerät *n* ; *poids mpl et ~s* Maße und Gewichte ; *système m de ~* Maßsystem *n* ; *unité f de ~* Maßeinheit *f* ; *(vêtement) sur ~* nach Maß ; maßgeschneidert ; *faire deux poids deux mesures* mit zweierlei Maß messen ; *prendre des ~s* Messungen vornehmen (durchführen) ; *utiliser d'autres unités de ~* mit anderen Maßen messen.

3. ***(modération)*** Mäßigung *f* ; *c'est un appel à la ~ lancé aux partenaires sociaux* es ist eine Maßhalteappel an die Sozialpartner ; *exhorter à la ~* zur Mäßigung mahnen (aufrufen).

mesurer (ab)messen ; vermessen ; abschätzen ; *~ la radioactivité, le temps avec un chronomètre* die Radioaktivität, die Zeit mit einer Stoppuhr messen ; *~ une distance, l'étendue des dégâts* eine Strecke, das Ausmaß eines Schadens abschätzen ; *~ un danger, un risque* eine Gefahr, ein Risiko einschätzen.

métairie *f* (Halb)pachtgut *n* ; Pachthof *m* ; Pachtbetrieb *m*.

métal *m* Metall *n* ; *en ~* metallen ;

aus Metall ; ~ *en barre, en lingot* Barren-, Blockmetall ; ~ *jaune* Gold *n* ; ~ *monnayable* Münzmetall ; *métaux non ferreux* Nicht-Eisen-Metalle ; NE-Metalle ; ~ *précieux (noble)* Edelmetall ; *teneur f en* ~ Metallgehalt *m* ; *transformation f (usinage m) du* ~ Metallverarbeitung *f* ; *travail m du* ~ Metallverarbeitung *f*.

métallifère erzhaltig ; metallhaltig ; *gisement m* ~ Erzlagerstätte *f* ; Erzvorkommen *n*.

métallique metallen ; Metall- ; *monnaie f (étalon m)* ~ Hart-, Metallwährung *f* ; Metallgeld *n* ; *réserve f* ~ Metallbestand *m*, -vorrat *m*, -reserve *f*.

métallisation *f* Metallisierung *f*.

métallo *m* *(fam.) (surtout dans le contexte syndical)* Metaller *m* ; Metallarbeiter *m*.

métallurgie *f* Metall-, Schwerindustrie *f* ; Hüttenwesen *n* ; Metallurgie *f* ; Erzverhüttung *f*.

métallurgique metallverarbeitend ; Hütten- ; metallurgisch ; *industrie f* ~ Schwerindustrie *f* ; eisenerzeugende und eisenverarbeitende Industrie ; Hüttenindustrie *f* ; *usine f* ~ Hütte *f* ; Hüttenwerk *n*.

métallurgiste *m* Metallurg *m* ; Hütteningenieur *m* ; *ouvrier* ~ *m* Metallarbeiter *m* ; Metaller *m*.

métayage *m (agric.)* Halb-, Teilpacht *f*.

métayer *m (agric.)* Halb-, Teilpächter *m*.

méthanier *m* Gastanker *m*.

méthode *f* Methode *f* ; Verfahren *n* ; Technik *f* ; System *n* ; ~ *de...* -methode ; ♦ ~ *d'amortissement, d'analyse, de calcul* Abschreibungs-, Untersuchungs-, Berechnungsmethode ; ~ *comparative, comptable* Vergleichs-, Buchungsmethode ; ~ *directe* progressive Methode ; ~ *de fabrication* Fabrikations-, Herstellungsmethode ; ~ *de financement* Finanzierungsmethode ; ~ *hambourgeoise de calcul d'agios (à échelles)* Staffelmethode ; ~ *indirecte (rétrograde)* Retrogradmethode ; ~ *des nombres (calcul de l'intérêt rapporté par un capital)* Zinsberechnungsmethode ; ~ *de notation, de production* Notierungsverfahren ; Produktions-, Fertigungsmethode ; ~ *de répartition, de travail* Verteilungs-, Arbeitsmethode ; *selon la* ~ *de...* nach der Methode von... ; *selon une* ~ *éprouvée* nach bewährter Methode ; ~ *de vente* Verkaufsmethode ; ♦♦♦ *appliquer une* ~ eine Methode anwenden (benützen) ; *élaborer une* ~, *mettre une* ~ *au point* eine Methode ausarbeiten, entwickeln ; *étendre une* ~ *à un autre domaine* eine Methode auf ein anderes Gebiet übertragen ; *prendre une* ~ *à son compte* eine Methode übernehmen ; *utiliser une* ~ → *appliquer*.

métier *m* Handwerk *n* ; Beruf *m* ; Gewerbe *n* ; Arbeit *f* ; *(fam.)* Job [dʒɔb] *m* ; *le* ~ *de (serrurier)* das Handwerk (eines Schlossers) ; ♦ ~ *d'appoint* Nebenbeschäftigung *f* ; Nebenerwerb *m* ; ~ *artisanal* handwerklicher Beruf ; ~ *artistique* künstlerisches Handwerk ; ~ *de banque* Bankgewerbe ; ~ *du bois* holzverarbeitendes Handwerk ; ~*s féminins* Frauenberufe ; ~ *intellectuel* geistiger Beruf ; Kopfarbeit ; ~ *manuel* handwerkliche Arbeit ; ~*s masculins* Männerberufe ; ~ *du secteur tertiaire* Dienstleistungsberuf ; ♦♦ *(École f des) Arts et* ~*s* technische Hochschule *f* ; *branche f de* ~ Handwerkszweig *m* ; *chambre f des* ~*s* Handwerkskammer *f* ; *changement m de* ~ Berufswechsel *m* ; *exercice m d'un* ~ Berufsausübung *f* ; *homme m de (du)* ~ Mann vom Fach ; Fachmann *m* ; *registre m des* ~*s* Handwerksrolle *f* ; ♦♦♦ *apprendre un* ~ einen Beruf erlernen ; *avoir un* ~ einen Beruf (eine Arbeit, einen Job) haben ; *avoir du* ~ ein großes handwerkliches Können haben ; Berufserfahrung haben ; *avoir manqué son* ~ seinen Beruf verfehlt haben ; *connaître son* ~ seine Sache verstehen (→ *avoir du métier) ; être depuis 10 ans dans le* ~ seit 10 Jahren im Beruf stehen ; *être architecte de* ~ von Beruf Architekt sein ; *être du* ~ vom Fach sein ; *exercer un* ~ einen Beruf ausüben ; ein Gewerbe betreiben ; ein Handwerk betreiben ; *faire son* ~ seine Pflicht tun ; *faire qqch dans le cadre de son* ~ etw von Berufs wegen tun ; *gâter le* ~ das Geschäft verderben ; die Preise drücken ; *parler* ~ *(parler boutique)* fachsimpeln ; *rien ne vaut un bon* ~ Handwerk hat goldenen Boden ; *saboter le* ~ *à qqn* jdm ins Handwerk pfuschen.

mètre *m* Meter *m* ou *n* ; ~ *carré, courant, cube* Quadratmeter, laufender Meter, Kubikmeter ; *marchandise f vendue au* ~ Meterware *f* ; Schnittware ; *compter qqch au* ~ etw nach dem Meter berechnen ; *calculer (mesurer) en* ~*s* nach Metern messen.

métrage *m* **1.** Meterzahl *f* ; Stoffmenge *f* **2.** *(cinéma) court, long* ~ Kurzfilm,

Spielfilm.

métrer nach Metern messen (berechnen).

métreur *m* Vermesser *m*.

métrique : *système m ~* metrisches System *n*.

métro *m* U-Bahn *f* ; *(Paris)* Metro *f*.

métropole *f* **1.** *(ville)* Metropole *f* ; Weltstadt *f* ; *~ économique* Wirtschaftsmetropole ; wirtschaftliches Zentrum *n* **2.** Mutterland *n*.

métropolitain, e **1.** hauptstädtisch **2.** des Mutterlandes.

mettre setzen ; stellen ; legen ; *se ~ d'accord (sur)* zur Übereinstimmung kommen ; (handels)einig werden (über) ; *~ l'adresse sur une lettre* die Adresse auf einen Brief setzen ; *~ en application* anwenden ; durchführen ; *~ de l'argent dans qqch* Geld in etw (+ A ou D) investieren ; Geld in ein Geschäft stecken ; *(distributeur automatique)* ein Geldstück (eine Münze) einwerfen ; *~ (une lettre) à la boîte* einen Brief einwerfen ; *~ (un travail) en chantier* eine Arbeit in Angriff nehmen ; *~ en circulation* in Umlauf setzen ; *~ en communication* in Verbindung setzen ; verbinden ; *~ sur un compte* **a)** *(virer)* auf ein Konto überweisen ; **b)** *(chez un commerçant)* auf eine Rechnung setzen ; in Rechnung stellen ; *~ un compte à découvert* eine Konto überziehen ; *~ (un poste) au concours* eine Stelle ausschreiben ; *~ des conditions* Bedingungen stellen ; *~ à contribution* heran-, hinzuziehen ; *(fam.)* einspannen ; *~ (de l'argent) de côté* Geld beiseite legen ; Geld sparen ; *~ au courant* auf dem Laufenden halten ; informieren ; *~ au courant d'un travail* einarbeiten ; einweihen ; *~ en dépôt* in Verwahrung geben ; hinterlegen ; *~ en disponibilité* beurlauben ; *~ à la disposition* zur Verfügung stellen ; *~ qqch par écrit* etw zu Papier bringen ; etw niederschreiben ; *~ l'embargo sur...* ein Embargo verhängen über... ; *~ aux enchères* versteigern ; *~ à exécution* ausführen ; *~ en exploitation* erschließen ; *~ en fermage* verpachten ; *~ fin à qqch* etw (D) ein Ende setzen ; *~ en gage* verpfänden ; zum Pfand setzen ; *~ en grève* bestreiken ; *se ~ en grève* in den Streik treten ; die Arbeit niederlegen ; *~ à l'heure* (richtig) stellen ; *se ~ à l'heure du progrès* sich auf den Fortschritt einstellen (umstellen) ; *~ qqch à jour* etw aufarbeiten ; *~ sur une liste* auf eine Liste setzen ; *~ en marche* in Betrieb (Gang, Bewegung) setzen ; *~ au net* ins Reine schreiben ; *~ en œuvre* einsetzen ; *se ~ à l'œuvre* sich ans Werk machen ; *~ en ordre (de l'ordre dans)* in Ordnung bringen ; *~ à l'ordre du jour* auf die Tagesordnung setzen ; *se ~ à l'ouvrage* sich an die Arbeit machen ; *~ qqn sur la paille* jdn ruinieren ; jdn zugrunde richten ; jdn abwirtschaften ; *~ qqn sur le pavé* jdn auf die Straße setzen ; jdn vor die Tür setzen ; jdn entlassen ; jdn absetzen ; *~ qqch sur pied* etw aufstellen ; etw ins Leben rufen ; etw gründen ; *~ (de l'argent) dans sa poche* Geld einstecken (scheffeln) ; *~ qqn à la porte* jdn vor die Tür setzen ; jdn hinauswerfen ; *~ à la poste* aufgeben ; einwerfen ; zur Post geben ; *~ les prix sur qqch* auszeichnen ; Preisschildchen anheften (befestigen) ; *~ à prix* einen Preis ansetzen ; *(se) ~ en rapport, en relation avec qqn* (sich) mit jdm in Verbindung setzen ; *~ qqn à la retraite* jdn in den Ruhestand versetzen ; jdn pensionieren ; *~ qqn à la rue* → *sur le pavé* ; *~ sous scellés* versiegeln ; *~ en service* in Betrieb nehmen ; *~ du temps* Zeit brauchen ; Zeit benötigen ; *se ~ à la tête de qqch* sich an die Spitze setzen ; die Leitung eines Unternehmens übernehmen ; *se ~ en tort* sich ins Unrecht setzen ; *se ~ au travail* sich an die Arbeit machen ; *(fam.)* eine Arbeit anpacken ; eine Arbeit in Angriff nehmen ; *se ~ en travers de* sich querlegen ; jds Absichten widersetzen ; jdm einen Strich durch die Rechnung machen ; *~ sous tutelle* unter Vormundschaft (Kuratel) stellen ; *~ qqch en usage* etw einführen ; *~ en valeur* verwerten ; erschließen ; *~ en vente* zum Verkauf anbieten ; *~ son véto à qqch* sein Veto einlegen gegen ; Einspruch erheben gegen ; *~ en vigueur* in Kraft setzen ; *~ qqch aux voix* etw zur Abstimmung bringen.

meuble *m* **1.** Möbel(stück) *n* ; Möbel *npl* ; Mobiliar *n* ; *~s transformables* Umbaumöbel **2.** bewegliches Gut *n* ; bewegliches Vermögen *n* ; bewegliche Sache *f* ; *biens ~s* Mobiliarvermögen *n* ; Mobilien *pl* ; *~ corporel, incorporel* körperliches, unkörperliches Gut *n* ; *~s incorporels* immaterielle Güter *npl*.

meublé *m* möblierte Wohnung *f* ; *habiter en ~* möbliert wohnen.

meublé, e möbliert ; *chambre f ~e* möbliertes Zimmer *n*.

meubler möblieren ; einrichten ; mit

Möbeln ausstatten ; *se ~ à neuf* sich neue Möbel kaufen (anschaffen).

mévente *f* **1.** Absatzstockung *f*, -flaute *f*, -schwierigkeiten *fpl* ; *une période de ~ dans les textiles* eine Absatzflaute in der Textilbranche **2.** Verkauf *m* mit Verlust ; Verlustgeschäfte *npl*.

M.F. *m (ministère des Finances)* Finanzministerium *n*.

M.F. *f (modulation de fréquence)* UKW ; Ultrakurzwelle(n) *f (pl)*.

mi Halb- ; halb- ; Mitte *f* ; medio ; *~-juin* Mitte Juni ; medio Juni ; *~-temps ⇒ mi-temps*.

micro *m ⇒ micro-ordinateur*.

micro *f ⇒ micro-informatique*.

microcircuit *m (inform.)* Mikroschaltkreis *m*.

micro-économie *f* Mikroökonomie *f*.

micro-électronique *f* Mikroelektronik *f*.

microfiche *f* Mikrokarte *f*.

microfilm *m* Mikrofilm *m*.

micro-informatique *f* Heimcomputer *m* ; Mini-, Mikrocomputer ; Mikroinformatik *f*.

micro-ordinateur *m (inform.)* Mikrocomputer *m* ; PC *m* ; Kleinstcomputer *m*.

microprocesseur *m (inform.)* Mikroprozessor *m* ; Chip [tʃip] *m*.

mieux *m* Plus *n* ; Plusbetrag *m* ; *une différence en ~* Plusdifferenz *f* ; *constater un ~ de 5 000 F* ein Plus von 5 000 F feststellen ; *nous avons réalisé un ~ de 3 %* wir haben (bei dem Geschäft) ein Plus von 3 % gemacht.

mieux besser ; *au ~* bestenfalls ; *le ~* der, die, das Beste ; *les affaires vont ~* die Geschäfte gehen besser ; *faire pour le ~ (de son ~)* das Bestmöglichste tun ; sein Möglichstes tun ; *régler une affaire au ~ des intérêts de qqn* ein Geschäft bestens für jdn regeln ; *(ordre de bourse) ordre au ~* Bestauftrag *m* ; Bestensverkaufsorder *f* ; *achat m au ~* billigst ; *vente f au ~* bestens.

mieux-être *m* höherer Wohlstand *m* ; höheres Lebensniveau *n* ; höherer Lebenstandard *m*.

mévendre mit Verlust verkaufen ; etw zu Schleuderpreisen verkaufen ; etw verramschen.

migrant *m : travailleur m ~* Wanderarbeiter *m* ; Saisonarbeiter.

migration *f* Wanderung *f* ; *les grandes ~s d'été* sommerlicher Urlaubsstrom *m* ; *les ~s de la population rurale vers les centres urbains* die Wanderbewegungen der Landbevölkerung in die Ballungsgebiete ; Landflucht *f* ; *~ saisonnière* Saisonwanderung.

milieu *m* **1.** Mitte *f* ; *~ de gamme* Mittelklasse- ; der mittleren Klasse **2.** *~ social* soziales (gesellschaftliches) Milieu ; *être originaire d'un ~ bourgeois* aus bürgerlichen Verhältnissen stammen. **3.** *milieux mpl* Kreise *mpl* ; *~x d'affaires* Geschäftswelt *f* ; Geschäftskreise ; *~x autorisés* maßgebliche Kreise ; *~x bancaires* Bankkreise ; *~x boursiers* Börsenkreise ; *~x cultivés (les meilleurs ~x)* bessere Kreise ; *~x d'experts, diplomatiques, économiques* Fachkreise, diplomatische Kreise, Wirtschaftskreise ; *~x financiers* Finanzkreise ; *~x gouvernementaux, industriels, influents* Regierungs-, Industrie-, einflußreiche Kreise ; *on laisse entendre dans les ~x bien informés...* aus gut unterrichteten Kreisen wird verlautet... ; *dans les ~x politiques* in politischen Kreisen ; *dans les ~x proches du gouvernement* in regierungsnahen Kreisen.

militant *m* aktives Mitglied *n* ; Aktivist *m*.

militant, e *: un syndicaliste m ~* aktiver Gewerkschaft(l)er *m*.

militer politisch, gewerkschaftlich aktiv sein ; *~ dans un parti* ein aktives Parteimitglied sein.

mille tausend ; *3 pour ~* (°/oo) drei vom Tausend (v.T.) Promille ; *un billet de 1 000 DM* Tausender *m* ; Tausendmarkschein *m* ; *(fam.)* Riese *m* ; *ne pas gagner des ~ et des cents* kein Großverdiener sein ; kein großes Einkommen haben ; *~ fois plus* das Tausendfache.

millésime *m* **1.** *(timbres, monnaies)* Jahreszahl *f* **2.** *(vins)* (vom) Jahrgang... ; *82 a été un bon ~* der zweiundachtziger Wein ist ein guter Jahrgang gewesen ; *un vin sans ~* ein Wein ohne Jahrgangsangabe.

millésimé eine Jahreszahl tragend ; *un vin non ~* ein Wein ohne Jahrgang.

milliard *m* Milliarde *f*.

milliardaire *m* Milliardär *m*.

millième *m* Tausendstel *n*.

millier *m* Tausend *n* ; *par ~s* zu Tausenden ; *quelques ~s* einige Tausende ; *des ~s et des ~s de...* Tausende und aber Tausende von... ; *le coût se chiffre par ~s* die Kosten gehen in die Tausende.

milligramme *m* Milligramm *n*.

millilitre *m* Milliliter *m* ou *n*.

millimètre *m* Millimeter *m* ou *n* ; *travail m au ~ près* Millimeterarbeit *f* ;

Präzisionsarbeit.

million *m* Million *f* (Mill., Mio.) ; *par ~s* Millionen ; *un demi, trois quarts, un ~* eine halbe, eine dreiviertel, eine Million ; *un trou de plusieurs ~s de F* ein Defizit von mehreren Millionen F ; *des ~s de gens* Millionen von Menschen ; *avoir quelques petits ~s sur son compte en banque* ein paar Millionen *(fam.)* (Milliönchen) auf seinem Bankkonto haben ; *une affaire qui se chiffre par ~s* ein Millionengeschäft *n* ; *être riche à ~s* → *posséder des ~s* ; *faire des ~s de bénéfices* einen Millionengewinn erzielen ; *posséder des ~s* millionenschwer sein.

millionnaire *m* Millionär *m*.

mi-mois : (per) medio ; *transaction f à ~* zum Medio getätigter Abschluß *m*.

mine *f* Bergwerk *n* ; Grube *f* ; Zeche *f* ; *(fam.)* Pütt *m* ; Vorkommen *n* ; ♦ *~ d'argent, de cuivre, de plomb, de potasse* Silber-, Kupfer-, Blei-, Kalibergwerk ; *~ de charbon* Kohlengrube, -vorkommen, -zeche ; *~ à ciel ouvert* Tagebaubetrieb *m* ; *~ d'or* Goldgrube ; *~ souterraine* Untertagebau *m* ; ♦♦ *accident m dans la ~* Bergwerkunglück *n* ; *directeur m des ~s* Bergwerksdirektor *m* ; *exploitation f des ~s* Bergbau *m* ; *ingénieur m des ~s* Bergbauingenieur *m* ; *prix m (départ m) à la ~* ab Zeche ; *service m des ~s* ⇒ *mines ; valeur f des ~s* Kux *m* ; *voie f de ~* Bergbahn *f* ; ♦♦♦ *~ arrêter l'exploitation d'une ~* eine Grube (eine Zeche) stillegen ; *descendre dans la ~* in die Grube einfahren ; *retourner à la ~* wieder in der Zeche *(fam. :* im Pütt) arbeiten müssen ; *travailler dans la ~* in der Grube (auf der Zeche) arbeiten.

minerai *m* Erz *n* ; *~ pauvre, de haut rendement* geringwertiges, hochwertiges (-haltiges) Erz ; *exploitation f de ~* Erzgewinnung *f*, -abbau *m* ; *gisement m de ~* Erzvorkommen *n*, -bergwerk *n*, -grube *f* ; *gisement m de ~ prometteur* erzhöffiges Vorkommen ; *préparation f du ~* Erzaufbereitung *f* ; *production f de ~* Erzförderung *f* ; *teneur f en ~* Erzgehalt *m* ; *traite f du ~* → *préparation* ; *transformation f du ~* Erzverarbeitung *f* ; *extraire du ~* Erz abbauen (fördern, gewinnen) ; *transformer du ~ en...* Erz zu etw verarbeiten.

minéralogique : *plaque f ~* Nummernschild *n* ; amtliches Kfz-Kennzeichen *n*.

mines : *service m des ~ (R.F.A.)* Technischer Überwachungsverein *m* (TÜV).

1. mineur *m* Bergarbeiter *m* ; Grubenarbeiter ; Bergmann *m* ; Kumpel *m* ; *~ de fond* Untertagearbeiter.

2. mineur *m* Minderjährige(r) ; Unmündige(r) ; *émancipation f de ~* Volljährigkeitserklärung *f* ; *émanciper un ~* für volljährig erklären.

mineur, e 1. minderjährig **2.** nebensächlich ; zweitrangig.

miniaturisation *f* Miniaturisierung *f* ; Klein(st)bauweise *f*.

miniaturiser miniaturisieren.

minier, ère Gruben- ; Bergwerk- ; *accident m ~* → *catastrophe ; action f ~ière* Kux *m* ; Grubenanteil *m* ; Montanwert *m* ; *bassin m ~* Kohlenbecken *n* ; *catastrophe f ~ière* Grubenunglück *n*, -katastrophe *f* ; *concession f ~ière* Bergwerkskonzession *f* ; *exploitation f ~ière* Grubenbetrieb *m* ; *industrie f ~ière* Montanindustrie *f* ; *part f de société ~* Grubenanteil *m* ; *pays m ~* Kohlengebiet *n* ; Bergbaurevier *n* ; *(fam.)* Kohlenpütt *n*, -revier *n* ; *région f ~ière* → *pays* ; *richesses fpl ~ières* Bodenschätze *mpl* ; *société f ~ière* Montangesellschaft *f* ; Bergwerksgesellschaft ; *titre m ~ (valeur f ~ière)* → *action*.

minière *f (gisement de minerai ou de tourbe)* Erz- oder Torfvorkommen *n* im Tagebau.

minima Mindest- ; minimal- ; ⇒ *minimal*.

minimal, e Minimal- ; Mindest- ; *cotisation f, enchère f ~e* Mindestbeitrag *m*, -gebot *n* ; *peine f, plate-forme f revendicative ~e* Mindeststrafe *f*, -programm *n* ; *réserves fpl ~es* Mindestreserven *fpl* ; *somme f, taxe f, valeur f ~e* Mindestbetrag *m*, -gebühr *f*, -wert *m*.

minimarge : *magasin m ~* Discounter *m* ; Discountgeschäft *n*, -haus *n*, -laden *m*.

minime minimal ; *avantage m, succès m ~* minimaler Vorteil *m*, Erfolg *m* ; *l'avance f de la concurrence est ~* der Vorsprung der Konkurrenz ist minimal.

minimisation *f* Minimierung *f* ; Minimisierung *f*.

minimiser minimieren ; minimisieren ; *~ le coût salarial* die Lohnkosten minimieren.

minimum Mindest- ; Minimal- ; *âge m, montant m, prix m, salaire m ~* Mindestalter *n*, -betrag *m*, -preis *m*, -lohn *m* ; *âge m ~ requis* erforderliches Mindestalter *n* ; *garantir des prix ~*

Mindestpreise garantieren.

minimum *m* Minimum *n* ; Mindestmaß *n* ; *un ~ de* ein Minimum (Mindestmaß) an + D ; *~ de frais* minimale Unkosten *pl* ; *~ imposé* Mindestbesteuerung *f* ; *~ de participants* Mindestteilnehmerzahl *f* ; *~ vital* Existenzminimum ; *réduire au ~* auf ein Minimum (Mindestmaß) reduzieren ; *se situer au-dessous, au-dessus du ~* unter, über dem Minimum liegen.

mini-ordinateur m *(inform.)* Minicomputer *m*.

ministère *m* Ministerium *n* ; *~ des Affaires économiques* Wirtschaftsministerium ; *~ des Affaires étrangères* Auswärtiges Amt *n* ; Ministerium für auswärtige Angelegenheiten ; Außenministerium ; *~ de l'Agriculture* Landwirtschaftsministerium ; *~ du Budget* Haushaltsministerium ; *~ du Commerce* Handelsministerium ; *~ du Commerce et de l'Industrie* Ministerium für Handel und Gewerbe ; *~ de la Condition féminine* Ministerium für Frauenfragen ; *~ de l'Économie* Wirtschaftsministerium ; *~ de l'Économie et des Finances* Ministerium für Wirtschaft und Finanzen ; *~ de l'Intérieur* Innenministerium ; Ministerium des Innern ; *~ de la Justice* Justizministerium ; *~ des Relations extérieures* → *~ des Affaires étrangères* ; *~ de la Santé publique* Gesundheitsministerium ; *~ de la Solidarité nationale* Solidaritätsministerium ; *~ des Transports* Verkehrsministerium ; *~ du Travail* Arbeitsministerium ; *~ de tutelle* Aufsichtsbehörde *f*.

ministériel, le Minister- ; ministeriell ; ministerial ; *banc m ~* Ministerbank *f* ; *conférence ~le* Ministerkonferenz *f* ; *courrier m ~* Kurier *m* (Bote *m*) des Ministers, des Ministeriums ; *décision f ~le* ministerielle Entscheidung *f* ; *échelon m, fauteuil m ~* Ministerebene *f*, -sessel *m* ; *mesure f ~le* ministerielle Maßnahme *f* ; *officier m, portefeuille m ~* Ministerialbeamte(r), Ministersessel *m* (-amt *n*).

ministre *m* Minister *m* ; *~ des Affaires étrangères* Minister für auswärtige Angelegenheiten ; Minister des Äußeren ; Außenminister ; *~ d'État* Staatsminister ; *~ des Finances* Finanzminister ; *~ de l'Intérieur* Minister des Inneren ; Innenminister ; *~ sans portefeuille* Minister ohne Geschäftsbereich ; *Conseil m des ~s* Ministerrat *m* ; *Premier ~* Premierminister ; Premier *m* ; Ministerpräsident *m* ; *faire prêter serment à, nommer un ~* einen Minister vereidigen, ernennen.

minitel *m* Btx-System *n* ; Btx-Dienst *m* ; *par ~* über Btx ; *commander qqch par ~* etw über Btx bestellen ; *informer par ~* über Btx informieren ; *obtenir sur/par ~* über Btx abrufen ; *gestion f de compte par ~* Home-banking *n*.

minoratif, ive unterbewertet.

minoration *f* Unterbewertung *f*.

minorer 1. unterbewerten **2.** verringern ; mindern.

minoritaire Minderheits- ; Minoritäts-.

minorité *f* Minorität *f* ; Minderheit *f* ; *~ de blocage* Sperrminorität ; *~ d'électeurs* Minderheit von Wählern ; *~s opprimées* unterdrückte Minderheiten ; *droit m, protection f, question f des ~s* Minderheitenrecht *n*, -schutz *m*, -problem *n* ; *être en ~* in der Minderheit sein ; *être mis en ~* überstimmt werden ; *mettre qqn en ~* jdn überstimmen ; *le parti A est mis en ~ par le parti B* die A-Partei wird von der B-Partei majorisiert.

minoterie *f* **1.** Mühle *f* **2.** Mühlenindustrie *f* ; Mehlhandel *m*.

minute *f* **1.** Minute *f* ; Augenblick *m* ; *changement m de dernière ~* kurzfristige Änderung *f* ; *respecter une ~ de silence* eine Schweigeminute einlegen **2.** *(jur.)* Originalurkunde *f* ; *dresser une ~* ein Original ausfertigen.

miracle *m* : *~ économique* Wirtschaftswunder *n*.

mise *f*	**1. *sens général*** **2. *mise aux enchères*** **3. *mise de fonds***

1. ***(sens général)*** *~ à l'abri d'un capital* Kapitalsicherstellung *f* ; *~ en activité* → *en service* ; *~ en chantier (travail)* Inangriffnahme *f* ; *(construction)* Baubeginn *m* ; *(navire)* Kiellegung *f* ; *~ en circulation (billets)* Inumlaufsetzen *n* ; *(actions)* Inverkehrbringen *n* ; *~ en compte* Inrechnungstellung *f* ; *~ au concours* Ausschreibung *f* ; *~ en congé* Beurlaubung *f* ; *~ au courant (travail)* Einarbeitung *f* ; *~ en demeure* Mahnung *f* ; Aufforderung *f* ; *~ en disponibilité* Versetzung *f* in den Wartestand ; Beurlaubung *f* ; *~ à la disposition* Zurverfügungstellung *f* ; *~ aux enchères* Versteigerung *f* ; *~ en état* Instandsetzung *f* ; *~ en exploitation* Erschließung *f* ; Inbetriebsetzung *f* ; *~ en fermage* → *gérance* ; *~ de fonds* ⇒

mise de fonds ; ~ *en gage* Verpfändung *f* ; ~ *en gérance* Verpachtung *f* ; ~ *hors commerce* Außerverkehrsetzung *f* ; ~ *hors cours* Außerkurssetzung *f* ; ~ *hors service* Außerbetriebsetzung *f* ; Stillegung *f* ; ~ *en interdit* Bestreikung *f* ; ~ *à jour (édition)* Neubearbeitung *f* ; Aufarbeitung *f* ; ~ *en marche (en mouvement)* Inbetriebnahme *f* ; *(économie)* Ankurbelung *f* ; *(re)mise en marche* Wiederankurbelung *f* ; ~ *en mémoire (inform.)* Speicherung *f* ; ~ *en œuvre* Inangriffnahme *f* ; Einsatz *m* ; ~ *sur ordinateur* Computerisierung *f* ; ~ *à pied* Entlassung *f* ; Kündigung *f* ; Suspension *f* ; *(fam.)* Feuern *n* ; ~ *en place* Einrichtung *f* ; Einsetzung *f* ; (Amts)einführung *f* ; ~ *au point* **a)** *(projet)* Ausarbeitung *f* ; **b)** *(rectification)* Richtigstellung *f* ; ~ *en pratique* Durchführung *f* ; ~ *à prix* Rufpreis *m* ; Schätz-, Taxpreis ; ~ *en question* Infragestellung *f* ; ~ *en recouvrement* Einziehung *f* einer Forderung ; ~ *à la retraite* Pensionierung *f* ; Versetzung *f* in den Ruhestand ; ~ *à la retraite d'office* Zwangspensionierung *f* ; vorzeitige Pensionierung ; ~ *en service* Inbetriebnahme *f* ; *(moyen de transport)* Indienststellung *f* ; ~ *en société* Vergesellschaftung *f* ; ~ *en valeur* Erschließung *f* ; Verwertung *f* ; ~ *en vente* Verkauf *m* ; Verkaufsangebot *n* ; ~ *en vigueur* Inkraftsetzung *f* ; ~ *aux voix* Abstimmung *f*.

2. ***(mise aux enchères)*** Gebot *n* ; Versteigerung *f* ; *faire (proposer) une* ~ ein Gebot machen (abgeben).

3. ***(mise de fonds)*** (Geld)einlage *f* ; Einschuß *m* ; Kapitalanlage *f* ; Einlagekapital *n* ; ~ *initiale* Stammeinlage ; ~ *en nature* Sacheinlage.

miser *(sur qqch ou qqn)* setzen (auf jdn, etw) ; ~ *sur une reprise de l'activité économique* auf eine Wiederbelebung der Wirtschaft setzen.

mission *f* **1.** Auftrag *m* ; Aufgabe *f* ; Mission *f* ; *avoir qqch pour* ~ mit etw beauftragt sein **2.** Mission *f* ; Delegation *f* ; Abordnung *f* ; ~ *commerciale* Handelsmission ; ~ *diplomatique* diplomatische Mission ; Botschaft *f* ; *déléguer une* ~ eine Mission entsenden.

missive *f* **1.** Brief *m* ; Schreiben *n* **2.** *(jur.) lettre f* ~ schriftliche Mitteilung *f* ; Eilbrief *m*.

mitage *m* Zersiedlung *f* (in ländlichen Gebieten).

mi-temps *m (travail m à ~)* Halbtagsarbeit *f*, -beschäftigung *f* ; *employé m à* ~ Halbtagskraft *f* ; *avoir un* ~ eine Halbtagsbeschäftigung haben ; *travailler à* ~ halbtags arbeiten.

mitoyen, ne gemeinschaftlich ; *clôture f ~ne* gemeinschaftlicher Zaun *m* ; Grenzzaun.

mitoyenneté *f* Grenzgemeinschaft *f*.

mixte gemischt ; Misch- ; *économie f* ~ Mischwirtschaft *f* ; *financement m* ~ Mischfinanzierung *f* ; *groupe m (industriel)* ~ Mischkonzern *m* ; *transport m* ~ Frachter *m*, Güterzug *m* mit Personenbeförderung.

M.L.F. *(Mouvement m de libération des femmes)* Bewegung *f* für die Befreiung der Frauen ; Frauenbewegung ; Frauenemanzipation *f*.

M.O. *(Moyen-Orient)* Mittlerer Osten *m*.

mobile beweglich ; mobil ; gleitend ; *bureau m* ~ mobiles Büro *n* ; *échelle f* ~ *des salaires* gleitende Lohnskala *f* ; *fête f* ~ bewegliches Fest *n* ; *à feuillets ~s* Loseblatt- ; *horaire m* ~ gleitende Arbeitszeit *f* ; *main-d'œuvre f* ~ mobile Arbeitskräfte *fpl*.

mobilier *m* Mobiliar *n* ; Möbel *npl* ; Wohnungseinrichtung *f*.

mobilier, ière beweglich ; Mobiliar- ; *assurance f ~ière* Mobiliarversicherung *f* ; *biens mpl ~s* bewegliche Güter *npl* ; bewegliche Habe *f* ; *cote f ~ière* Wohnraumsteuer *f* ; *crédit m* ~ Mobiliarkredit *m* ; *fortune f ~ière* Mobiliarvermögen *n* ; *saisie f ~ière* Mobiliarpfändung *f* ; *valeurs fpl ~ières* Wertpapiere *npl*.

mobilisation *f* **1.** Mobilmachung *f* ; Mobilisierung *f* **2.** Flüssigmachen *n* ; Mobilisierung *f* ; ~ *de créances* Refinanzierung *f* von Forderungen ; ~ *de fonds* Kapitalaufbringung *f* ; Aufbringung *f* von Geldmitteln ; Geldbeschaffung *f* ; *effet m de* ~ Finanzwechsel *m*.

mobiliser **1.** *(qqn contre qqch)* (jdn gegen etw) mobil machen ; mobilisieren **2.** *(un capital)* ein Kapital flüssig machen ; ein Kapital mobilisieren ; ~ *des fonds* Geldmittel aufbringen.

mobilité *f* Mobilität *f* ; Beweglichkeit *f* ; Flexibilität *f* ; ~ *professionnelle* berufliche Mobilität ; ~ *de l'emploi, de l'habitat, des travailleurs* Mobilität des Arbeitsplatzes (des Berufs), des Wohnorts, der Arbeitnehmer.

mode	**1.** ***la mode***
	2. ***le mode***
	3. ***le mode d'emploi***

1. ***(la mode)*** Mode *f* ; *articles mpl*

de ~ Modeartikel *mpl,* -waren *fpl* ; *magasin m de* ~ Modegeschäft *n* ; Boutique *f* ; *maison f de* ~ Modesalon *m* ; *profession f à la* ~ Modeberuf *m* ; *être à la* ~ (in) Mode sein ; « in » sein ; *mettre à la* ~ etw in Mode bringen ; *suivre la* ~ der Mode folgen ; mit der Mode gehen ; *(fam.)* auf einer Welle mitschwimmen ; *passé de* ~ aus der Mode (gekommen) ; nicht mehr « in ».

2. *(le mode)* Art *f* ; Weise *f* ; Methode *f* ; Modus *m* ; ~ *de calcul* Berechnungsart ; ~ *de construction* Bauweise ; ~ *d'élection* → *de scrutin* ; ~ *d'emballage* Verpackungsart ; ~ *d'emploi* ⇒ *mode d'emploi* ; ~ *d'expédition* Versendungsart ; ~ *d'exploitation* Betriebs-, Nutzungs-, Bewirtschaftungsart ; ~ *de fabrication* Fabrikations-, Herstellungsweise ; ~ *d'habitation* Wohnart ; ~ *d'imposition* Besteuerungsart ; ~ *de locomotion* Beförderungsart ; ~ *de paiement* Zahlungsweise, -modus *m* ; ~ *de production* Produktionsweise ; ~ *de rétribution* Besoldungsmodus, -art ; ~ *de scrutin* Wahlmodus ; ~ *de travail* Arbeitsweise ; ~ *de transport* Beförderungs-, Transportart ; ~ *de versement* → *paiement* ; ~ *de vie* Lebensweise.

3. *(mode d'emploi)* Gebrauchsanweisung *f* ; Gebrauchsanleitung *f* ; *bien lire le* ~ bitte die Gebrauchsanweisung genau lesen.

modèle *m* Modell *n* ; Muster *n* ; *(technique)* Typ *m* ; Bauart *f* ; Ausführung *f* ; ♦ ~ *de démonstration* → ~ *de présentation* ; ~ *déposé* Gebrauchsmuster ; ~ *économique* **a)** Wirtschaftsmodell ; **b)** Großpackung *f* ; ~ *familial* Großpackung *f* ; Familien-, Haushaltspackung ; ~ *industriel* gewerbliches Modell ; ~ *de luxe* Luxusausführung (eines Modells) ; *le* ~ *du manager moderne* das Modell eines modernen Managers ; ~ *de présentation* Vorführ(ungs)modell ; Ausstellungsmodell ; ~ *specimen* Musterexemplar *n* ; ~ *d'utilité* → *déposé* ; ♦♦ *collection f de* ~*s* Musterkollektion *f* ; *dépôt m de* ~ Musteranmeldung *f* ; *le dernier* ~ das neueste Modell ; *entreprise f* ~ → *exploitation* ; *Etat-*~ *m* Musterstaat *m* ; *exploitation f* ~ Musterbetrieb *m* ; *protection f des* ~*s (déposés)* (Gebrauchs)musterschutz *m* ; Modellschutz *m* ; ♦♦♦ *copier un* ~ ein Modell kopieren ; *créer, élaborer, présenter un* ~ ein Modell schaffen, entwerfen, vorlegen ; *présenter les derniers* ~*s* die neuesten Modelle zeigen.

modem *m (inform.) (modulateur-démodulateur)* Modem *n*.

modération *f* Mäßigung *f* ; Zurückhaltung *f* ; Nachlaß *m* ; Milderung *f* ; ~ *d'impôts* Steuerermäßigung *f* ; ~ *en matière de politique salariale* eine zurückhaltende Lohnpolitik *f* ; *lancer un appel à la* ~ *à qqn* einen Maßhalteappel an jdn richten.

modéré, e mäßig ; gemäßigt ; bescheiden ; *prix m* ~ gemäßigter Preis *m* ; *revendications fpl* ~*es* bescheidene Forderungen *fpl*.

modérer mäßigen ; mildern ; dämpfen ; zurückschrauben ; ~ *sa consommation d'essence* den Benzinverbrauch einschränken ; ~ *ses prétentions salariales* seine Lohnansprüche zurückschrauben (zurückstecken).

moderne modern.

modernisation *f* Modernisierung *f* ; *de* ~ Modernisierungs- ; *crédit m, degré m, plan m de* ~ Modernisierungskredit *m*, -grad *m*, plan *m* ; *dépenses fpl de* ~ Modernisierungsaufwendungen *fpl*.

moderniser modernisieren.

modeste anspruchslos ; *revenus mpl* ~*s* bescheidenes (geringes) Einkommen *n*.

modicité *f* : ~ *du prix* billiger Preis *m* ; Preiswürdigkeit *f* ; Niedrigkeit *f* (eines Preises) ; (rare) Billigkeit *f* ; ~ *des revenus* geringe Höhe *f* des Einkommens ; bescheidenes Einkommen *n* ; *la* ~ *de nos tarifs* die Preiswürdigkeit unserer Tarife ; preisgünstige (preiswerte) Tarife *mpl*.

modification *f* Änderung *f* ; Abänderung *f* ; Neu-, Umgestaltung *f* ; Umarbeitung *f* ; Modifizierung *f* ; ♦ ~ *d'un acte administratif, d'un arrêté, d'un programme, d'un projet, d'un testament* Abänderung eines Vewaltungsakts, eines Beschlusses, eines Programms, eines Projekts, eines Testaments ; ~ *de la capacité, d'un contrat, de la fortune,* ~*s d'horaire* Kapazitäts-, Vertrags-, Vermögens-, Fahrplanänderung(en) ; ~ *du marché, d'un prix, de la raison sociale, statutaire, d'un tarif* Markt-, Preis-, Firmen-, Satzungs-, Tarifänderung ; ~ *de réservation* Umbuchung *f* ; ♦♦ *sans* ~ unverändert ; *sous réserve de* ~*s* (Ab)änderungen vorbehalten ; ♦♦♦ *apporter des* ~*s à qqch* (Ver)änderungen an (in) etw (+ D) vornehmen ; *subir une* ~ eine Veränderung erfahren ; *toute* ~ *doit faire l'objet* *d'une autorisation préalable* jede Veränderung muß vorher genehmigt werden.

modifier (ab)ändern ; verändern ; umändern ; umgestalten ; umarbeiten ; modifizieren.

modique mäßig ; niedrig ; gering ; klein ; *une ~ somme* eine bescheidene Summe.

modulaire modular ; im Baukastensystem.

module *m* Modul *n* ; austausschbarer Teil *m* ; *(meubles)* Element *n*.

moduler anpassen ; angleichen ; modulieren ; abstufen ; *(assur.) ~ les primes* die Prämien abstufen.

modus vivendi *m* Modus vivendi *m* ; Übereinkommen *n* ; *trouver un ~* einen Modus vivendi finden.

moins weniger ; *du ~, au ~* wenigstens ; mindestens ; *de ~ en ~* immer weniger ; *ne pas laisser qqch à ~ de 100 F* etw nicht unter 100 F lassen.

moins-perçu *m* Mindereinnahme *f* ; Minderbetrag *m* ; zu wenig erhobener Betrag.

moins-value *f* Minderwert *m* ; Wertverlust *m* ; Ausfall *m* ; *une ~ de ...* ein Minderwert von...

mois *m* **1.** Monat *m* ; ♦ *~ dernier (précédent, écoulé)* voriger (letzter, vergangener, verflossener) Monat ; *~ prochain* nächster (kommender) Monat ; ♦♦ *début m, milieu m, fin f de ~* Anfang *m*, Mitte *f* (Medio), Ende *n* des Monats (Ultimo) ; *en milieu, en fin de ~* zum Medio, zum Ultimo ; *d'ici un ~* in (binnen) Monatsfrist ; innerhalb eines Monats ; *du ~ courant (de ce ~)* dieses Monats ; des laufenden Monats ; *par ~* monatlich ; pro (per) Monat ; monatsweise ; *à deux ~ de date* zwei Monate nach dato ; *double ~* dreizehntes Monatsgehalt *n* ; *échéance f de fin de ~* Ultimofälligkeit *f* ; *votre lettre f en date du 15 de ce ~* Ihr Schreiben *n* vom 15. dieses Monats ; *le premier du ~* Monatserste(r) ; *opération fpl traitées en milieu, en fin de ~* zum Medio, zum Ultimo getätigte Abschlüsse *mpl* ; *traite f à trois ~* Dreimonatswechsel *m* ; ♦♦♦ *avoir un ~ de 6000 F* ein 6000 Francs-Gehalt erhalten (beziehen) ; *avoir le treizième ~* ein dreizehntes Monatsgehalt beziehen ; *le délai de préavis est de trois ~* die Kündigungsfrist beträgt drei Monate ; *être payé au ~* monatlich bezahlt werden ; ein Monatsgehalt beziehen ; *gagner 6000 F par ~* 6000 F pro Monat verdienen ; *repousser de ~ en ~* etw von Monat zu Monat verschieben ; **2.** *(traitement)* Monatsgehalt *n* **3.** *(loyer)* Miete *f* ; *(re)devoir un ~ de (loyer)* einen Monat Miete schuldig bleiben.

moisson *f* Ernte *f* ; *les ~s* Erntezeit *f* ; *faire la (les) ~(s)* Ernte halten ; *rentrer la ~* die Ernte einbringen (einholen).

moitié *f* Hälfte *f* ; *à ~ prix* zum halben Preis ; *la première ~ du mois* die erste Hälfte des Monats ; *diminuer de ~* sich um die Hälfte verringern ; *diviser en deux ~s égales* halbieren ; hälften ; *être de ~ dans une affaire* zur Hälfte an etw beteiligt sein ; *faire moitié-~* halbe halbe machen ; *(fam.)* fifty-fifty machen ; *ne faire le travail qu'à ~* die Arbeit nur halb machen ; *partager (répartir, faire supporter) les coûts par ~* die Kosten werden je zur Hälfte (von X und Y) getragen ; *les personnes fpl âgées payent la ~* die Senioren zahlen die Hälfte.

monde *m* Welt *f* ; *~ des affaires* Geschäftswelt ; *~ capitaliste* kapitalistische Welt ; *~ de la finance, du travail* Finanz-, Arbeitswelt ; *~ environnant* Umwelt *f* ; *le quart-~* **a)** die sozial Zukurzgekommenen ; **b)** die ärmsten Entwicklungsländer ; *le tiers-~* die Dritte Welt.

mondial, e Welt- ; weltweit ; *besoins mpl mondiaux* Weltbedarf *m* ; *commerce m, conférence f, crise f économique ~(e)* Welthandel *m*, -konferenz *f*, -wirtschaftskrise *f* ; *économie f ~e* Weltwirtschaft *f* ; *exposition f ~e* Weltausstellung *f* ; *d'importance (de dimension, de taille) ~e* von Weltbedeutung ; von Weltformat ; *marché m, marque f, niveau m, (classe f) ~(e)* Weltmarkt *m*, -marke *f*, -niveau *n* ; *organisation f, politique f, population f, puissance f ~e* Weltorganisation *f*, -politik *f*, -bevölkerung *f*, -macht *f* ; *prix m sur le marché ~* Weltmarktpreis,*m* ; *production f ~e* Weltproduktion *f* ; *de renommée (de réputation) ~e* Weltruhm *m*, -ruf *m* ; *situation f, suprématie f ~e* Weltlage *f*, -herrschaft *f*.

mondialement Welt- ; weltweit ; *marque f ~ connue* weltberühmte (weltbekannte) Marke *f* von Weltruf.

mondiovision *f* Satellitenfernsehen *n*.

MONEP *(Marché des obligations négociables de Paris) (bourse)* Markt *m* für börsenfähige Optionen.

monétaire Währungs- ; monetär ; Geld- ; *accord m, alignement, assainissement m ~* Währungsabkommen *n*,

-angleichung *f*, -gesundung *f* ; *assistance f, autorités fpl ~(s)* Währungsbeistand *m*, -behörden *fpl ; bloc m ~* Währungsblock *m*, -verbund *m*, -union *f* ; *communauté f, compensation f, conférence f ~* Währungsgemeinschaft *f*, -ausgleich *m*, -konferenz *f* ; *contraction f, conversion f, crise f ~* Währungsschrumpfung *f*, -umrechnung *f* (-umstellung *f*), -krise *f* (monetäre Krise *f*) ; *dépréciation f, dévaluation f, fluctuations fpl ~s* Währungsentwertung *f* (-verfall *m*), -abwertung *f*, -schwankungen *fpl* ; *fonds ~ international (FMI)* Internationaler Währungsfonds (IWF) ; *loi f ~* Währungsgesetz *n* ; *manipulations fpl ~s* Währungsmanipulation *f* ; *marché m ~* Geldmarkt *m* ; *masse f ~* Geldumlauf *m*, -menge *f* ; *mesure f ~* währungspolitische Maßnahme *f* ; *parité f, politique f, question f ~* Währungsparität *f*, -politik *f*, -problem *n* ; *réforme f ~* Währungsreform *f*, -umstellung *f* ; *réserves fpl ~s* Währungsreserven *fpl*, -polster *n* ; *resserrement m ~* Währungsschrumpfung *f* ; *serpent m, situation f, stabilité f ~* Währungsschlange *f*, -lage *f* (monetäre Situation *f*), -stabilität *f* ; *système m ~* Währungssystem *n* ; *système m ~ européen (SME)* Europäisches Währungssystem (EWS) *n* ; *standard m, union f, unité f ~ (européenne)* Währungsstandard *m*, -union *f*, (europäische) Währungseinheit *f* ; *valeur f ~* Geldwert *m* ; *zone f ~* Währungsgebiet *n*, -raum *m* ; *d'un (au) point de vue ~* in monetärer Hinsicht ; *contrôler la croissance de la masse ~* das Geldmengenwachstum kontrollieren.

monétariste *m* Monetarist *m* ; Vertreter *m* einer währungspolitischen Wirtschaftspolitik.

monétique *f* computerisierter Geldverkehr *m* ; Chip-Geld *n* ; Computergeld *n* ; computergestützter Zahlungsverkehr *m*.

monétisation *f* Ausmünzung *f* ; Münzenprägung *f* ; Monetisierung *f*.

monétiser ausmünzen ; zu Münzen prägen ; *~ de l'argent, de l'or* Silber, Gold (zu Geldstücken) ausmünzen.

1. monnaie *f (moyen d'échange)* Währung *f* ; Geld *n* ; Zahlungsmittel *n* ; *(étrangère)* Valuta *f* ; Sorten *fpl* ; ♦ *~ d'argent* Silberwährung ; *~ auxiliaire* → *fortune* ; *~ clé* → *référence* ; *~ de compte* → *scripturale* ; *~ convertible* konvertierbare (austauschbare) Währung ; *~ courante* Kurantgeld ; *~ dépréciée* abgewertete Währung ; *~ d'échange* Umrechnungsgeld ; Gegenwert *m* ; *~ -étalon* → *référence* ; *(en) ~ étrangère* (in) ausländische(r) Währung ; fremde Währung ; *~ es étrangères* fremde Valuta ; fremde Geldsorten *fpl* ; *~ faible* schwache (weiche) Währung ; *~ fiduciaire* Noten *fpl* ; Zeichengeld ; Papiergeld ; *~ flottante* floatende (schwankende) Währung ; *~ forte* harte Währung ; *à ~ forte, faible* währungshart, währungsschwach ; *~ de fortune* Notgeld ; *~ indexée* Indexwährung ; *~ instable* labile Währung ; *~ légale* gesetzliche Währung ; gesetzliches Zahlungsmittel *n* ; *~ librement convertible* frei konvertierbare Währung ; *~ manipulée* manipulierte Währung ; *~ métallique, nationale* Münzgeld (Metall-), Landeswährung ; *~ -or* Goldwährung ; *~ papier* → *fiduciaire* ; *~ réelle* wirkliche Münze *f* ; *~ de référence* Leitwährung ; *~ de réserve* Reservewährung ; *~ scripturale* Bank-, Buch-, Giralgeld *n* ; *~ trafiquée* → *manipulée* ; ♦♦ *ajustement m de la ~* → *alignement m d'une ~* Währungsangleichung *f*, -anpassung *f* ; *assainissement m, consolidation f de la ~* Währungssanierung *f*, -festigung *f* ; *convertibilité f des ~s* Währungskonvertierbarkeit *f* ; Austauschbarkeit *f* (Konvertibilität *f*) einer Währung ; *cours m des ~s* Währungskurs *m* ; *dépréciation f de la ~* Währungsverfall *m* ; *dévaluation f, effondrement m de la ~* Währungsabwertung *f*, -zusammenbruch *m*, -debakel *n*, -zerfall *m* ; *fausse ~* Falschgeld ; *flottement m des ~* Floating *n* ; Floaten [flo:tən] *n* ; Freigabe *f* der Wechselkurse ; *papier-~ m* Papiergeld ; *pays m à ~ forte* währungshartes Land ; Hartwährungsland *n* ; *pays à ~ faible* währungsschwaches Land *n* ; Weichwährungsland *n* ; *pouvoir m libératoire d'une ~* Zahlkraft *f* einer Währung ; *raréfaction f de la ~* Verknappung *f* einer Währung ; *spéculation f sur la ~* Währungsspekulation *f* ; *stabilisation f, stabilité f, titre m de la ~* Währungsstabilisierung *f*, -stabilität *f*, Münzgehalt *m* ; ♦♦♦ *battre (frapper) ~* Geld prägen ; *convertir de l'argent en ~ étrangère* Geld in eine andere Währung umtauschen ; *consolider, dévaluer, faire flotter, réévaluer une ~* eine Währung festigen, abwerten, floaten lassen, aufwerten ; *payer en ~ de singe* leere Versprechungen machen ; mit leeren

Versprechungen abspeisen ; *(ré)ajuster (réaligner) une ~* eine Währung angleichen (anpassen) ; *(fig.) servir de ~ d'échange (contre qqch)* als Austausch (gegen etw) dienen.

2. monnaie *f (pièces de monnaie, petite monnaie)* Geldstück *n* ; Klein-, Wechselgeld *n* ; (klingende) Münze *f* ; ♦ *d'appoint* Wechselgeld ; *~ de billon (divisionnaire)* Scheidemünze ; *~ en cours (ayant cours)* gangbare Münze ; ♦♦ *(appareil) changeur m de ~* Geldwechsler *m* ; *imitation f de ~* Münzfälschung *f* ; *petite (menue) ~* Kleingeld ; *pièce de ~* Geldstück *n* ; Münze *f* ; ♦♦♦ *faire de la ~* Geld wechseln (herausgeben) ; *ne pas avoir de (petite) ~* kein Kleingeld bei sich haben ; *compter sa ~ (la ~ rendue)* das Kleingeld nachzählen ; *payer en ~ allemande* in deutscher Währung (be)zahlen ; *pouvez-vous me faire (de) la ~ sur 500 F ?* können Sie mir auf 500 F herausgeben ? ; *préparez la ~, s.v.p.* Kleingeld bitte bereithalten ; *rendre la ~* herausgeben ; *(fig.) rendre la ~ de sa pièce à qqn* jdm etw heimzahlen.

monnayable in Geld umsetzbar ; *(fam.)* versilberbar.

monnayage *m* Ausmünzung *f* ; Münzprägung *f* ; *faux-~ m* Falschmünzerei *f*.

monnayer 1. ausmünzen **2.** zu Geld machen ; *(fam.)* verhökern ; verschachern ; versilbern ; *~ des bijoux* Schmuck verkaufen (versilbern).

monnayeur *m* Münzer *m* ; Münzarbeiter *m* ; *faux-~ m* ; Falschmünzer *m*.

monométallisme *m* Monometallismus *m* ; (auf einem Metall beruhende Münzwährung).

monopole *m* Monopol *n* ; Vorrecht *n* ; alleiniger Anspruch *m* ; alleiniges Recht *n* ; ♦ *~ d'achat, des alcools, des allumettes* Bezugs-, Branntwein-, Zündwarenmonopol ; *~ d'approvisionnement, commercial* Versorgungs-, Handelsmonopol ; *~ de distribution* Vertriebs-, Verteilungsmonopol ; *~ d'émission, d'État, d'exportation* Emissions-, staatliches, Ausfuhrmonopol ; *~ de fabrication, de fait, d'importation* Herstellungs-, tatsächliches (faktisches), Einfuhrmonopol ; *~ postal, de représentation, des tabacs* Post-, (Allein)vertretungs-, Tabakmonopol ; *~ des transports, de vente* Verkehrs-, (Allein)verkaufsmonopol ; ♦♦ *article m de ~* Monopolware *f* ; *(péj.) capital m des ~s* Monopolkapital *n* ; *convention f de ~* Monopolvereinbarung *f* ; *degré m de, détenteur m de ~* Monopolgrad *m*, -inhaber *m* ; *(prix) dicté par les ~s* monopolbestimmt(er Preis *m*) ; *entreprise f ~ d'État* staatlicher Monopolbetrieb ; *position f de ~* → *situation* ; *prix m imposé par les ~s* Monopolpreis *m* ; *situation f de ~* Monopolstellung *f* ; *taxe f de ~* Monopolgebühr *f*, -abgabe *f* ; *de ~* Monopol- ; monopolartig ; monopolähnlich ; ♦♦♦ *accorder le ~ à qqn* jdm das Monopol geben ; *avoir le ~ de qqch* das Monopol für (auf + A) etw haben ; *créer un ~* ein Monopol errichten ; *détenir le ~* eine Monopolstellung einnehmen (innehaben) ; *exercer un ~* ein Monopol ausüben ; *obtenir le ~ de qqch* das Monopol für etw erlangen.

monopolisation *f* Monopolisierung *f*.

monopoliser monopolisieren ; *~ la fabrication des allumettes* die Zündholzherstellung monopolisieren.

monopoliste 1. monopolistisch ; *capitalisme m ~ d'État* Staatsmonopolkapitalismus *m* ; Stamokap *m* **2.** *le ~* Monopolkapitalist *m*.

monopolistique monopolähnlich, -artig ; *avoir une situation ~* eine Monopolstellung einnehmen.

monoprix *m* Einheitspreisgeschäft *n*.

monoproduction *f* Einproduktherstellung *f*.

monopsone *m* Nachfragemonopol *n*.

Monsieur *(corresp.)* Sehr geehrter Herr (Müller) ; *Messieurs* Sehr geehrte Herren ; *veuillez agréer, Monsieur (Messieurs), l'expression de mes sentiments distingués* mit vorzüglicher Hochachtung ; hochachtungsvoll.

Monsieur-tout-le-monde *m (fam.)* Herr Jedermann *m* ; Otto-Normalverbraucher *m* ; der kleine Mann ; der Mann von (auf) der Straße.

montant *m* Betrag *m* ; Summe *f* ; Höhe *f* ; ♦ *~ d'un achat* Kauf-, Anschaffungssumme *f* ; *~ additionnel* Zusatzbetrag ; *~ de l'assurance* Versicherungssumme ; *~ de base* Grundbetrag ; *~ du bilan* Bilanzansatz ; *~ brut* Rohbetrag ; *~s compensatoires* ⇒ *montants compensatoires* ; *~ exempt (exonéré) d'impôts* Steuerfreibetrag ; *~ d'une facture, d'une dette, d'une créance, d'un chèque* Rechnungs-, Schuld-, Forderungs-, Scheckbetrag ; *~ forfaitaire, global, de l'impôt* Pauschal-, Gesamt-, Steuerbetrag ; *~ maximum, minimum, net* Höchst-, Mindest-, Nettobetrag ; *~ nominal, partiel* Nenn-, Teilbetrag ; ~ *d'une prime* Prämienhöhe ; ~ *d'un remboursement, d'une rente* Erstattungsertrag *m* ; Rentenhöhe ; ~ *supplémentaire* Mehrbetrag ; ~ *total* → *global* ; ◆◆ *d'un ~ de...* in Höhe von... ; über ; *un chèque, une traite d'un ~ de...* ein Scheck *m*, ein Wechsel *m* über... ; ◆◆◆ *établir un chèque d'un ~ de 500 F* einen Scheck über einen Betrag von 500 F ausstellen ; *le ~ se situe au-dessus, au-dessous de ...* der Betrag liegt über, unter... ; *ne pas pouvoir réunir le ~ exigé* den verlangten Betrag nicht aufbringen können ; *souscrire (pour) un ~ de...* einen Betrag in Höhe von... leisten.

montant, e : *génération f ~e* Nachwuchskräfte *fpl* ; die junge (heranwachsende, kommende) Generation.

montants *mpl* **compensatoires** Ausgleichsbetrag *m*, -beträge ; Ausgleichsabgabe *f*.

mont-de-piété *m* Leihhaus *n* ; Leihamt *n* ; Pfandhaus ; Leihanstalt *f* ; *mettre une montre au ~* eine Uhr aufs Leihhaus tragen ; eine Uhr versetzen (verpfänden).

montée *f* Anstieg *m* ; Aufwärtsbewegung *f* ; Steigen *n* ; Steigerung *f* ; Zunahme *f* ; Aufschlag *m* ; ~ *des cours, des salaires* Kurs-, Lohnanstieg ; ~ *des prix* Preisanstieg, -steigerung, -erhöhung *f*, -aufschlag ; ~ *en flèche des prix* Preisauftrieb *n* ; Emporschnellen *n* der Preise ; ~ *des taux d'intérêt* Zinserhöhung *f* ; Zins-Hoch *n* ; ~ *des ventes* Absatzsteigerung ; *freiner la ~ des prix* den Anstieg der Preise bremsen (drosseln).

monter 1. *(dans un véhicule)* (ein)steigen in (+ A) **2.** *(en grade)* befördert werden ; Karriere machen **3.** *(prix, actions, cours)* steigen ; hinaufgehen ; klettern ; aufschlagen ; anziehen ; *les prix ~ent* die Preise steigen (schlagen auf) ; ~ *en flèche* in die Höhe schnellen ; emporschnellen **4.** *faire ~ les prix, les cours* die Preise, die Kurse in die Höhe treiben (hochtreiben, erhöhen). **5.** ~ *les bagages* das Gepäck auf das Zimmer bringen ; ~ *une entreprise* ein Geschäft gründen ; ~ *une machine* eine Maschine montieren ; **6.** *se ~ à* betragen ; sich belaufen auf ; *la facture se ~e à 3000 F* die Rechnung beträgt (beläuft sich auf) 3000 F.

monteur *m* **1.** *(technicien)* Monteur *m* **2.** ~ *(d'affaires)* Geschäftemacher *m*.

morale *f* : ~ *des affaires* Geschäftsmoral *f* ; ~ *du travail* Arbeitsethos *n*.

moratoire *m* Moratorium *n* ; Stundung *f* ; (vertraglicher oder gesetzlicher) Zahlungsaufschub *m* ; *accorder un ~ de paiement de 2 ans à un débiteur* einem Schuldner ein zweijähriges Zahlungsmoratorium gewähren (bewilligen) ; *décréter un ~* ein Moratorium verfügen ; *obtenir un ~* ein Moratorium erlangen ; einen Zahlungsaufschub erhalten.

moratoire aufschiebend ; *intérêts mpl ~s* Verzugszinsen *mpl*.

moratorium *m* ⇒ *moratoire m*.

morceau *m* Stück *n* ; Teil *m* ; ~ *de terrain* Grundstück *n* ; ein Stück Boden.

morceler zerstückeln ; (in Parzellen) aufteilen ; parzellieren.

morcellement *m* Zersplitterung *f* ; Zerstückelung *f* ; Aufteilung *f* ; Parzellierung *f* ; ~ *d'une exploitation* Betriebszersplitterung.

morose *(bourse, marché)* matt ; lustlos ; gedrückt ; flau.

morosité *f (bourse, marché)* Lustlosigkeit *f* ; Gedrücktheit *f* ; Flaute *f* ; Mattigkeit *f*.

mort *f* : *(de l'industrie, des petits commerçants, etc.)* Untergang *m* ; Ende *n* ; Verschwinden *n* ; Ruin *m* ; Zugrundegehen *n* ; ~ *du petit commerce* Ruin der Einzelhändler ; Verschwinden der Tante-Emma-Läden.

mort, e geschäftslos ; still ; flau ; *point ~* **a)** toter Punkt *m* ; Leerlauf *m* ; **b)** Gewinnschwelle *f* ; *temps m ~* **a)** tote (stille) Zeit *f* ; **b)** Ausfallzeit *f* ; *les négociations sont au point ~* die Verhandlungen haben einen toten Punkterreicht.

mortalité *f* Sterblichkeit *f* ; ~ *infantile* Säuglings-, Kindersterblichkeit ; *taux m de ~* Sterblichkeitsrate *f*, -ziffer *f* ; *la ~ a augmenté, régressé* die Sterblichkeit ist gestiegen, ist zurückgegangen.

morte-saison *f* Geschäftsstille *f*, -flaute *f* ; Flaute *f* ; *(fam.)* Sauregurkenzeit *f*.

mot *m* **1.** Wort *n* ; *au bas ~* bei vorsichtiger Schätzung ; mindestens ; *en un ~* kurz gesagt ; ~ *de code* Codewort **2.** *(lettre) quelques ~s* ein paar Zeilen ; ein kurzer Brief *m*.

mot *m* **d'ordre** Parole *f* ; Devise *f* ; ~ *de grève* Streikaufruf *m* ; *crier des mots d'ordre* Parolen rufen ; *donner un ~* eine Parole ausgeben ; *le ~ est le suivant* die Parole lautet ; *la journée des syndicats était placée sous le ~...* der Gewerkschaftstag stand unter dem

Motto... ; *lancer un ~ de grève aux travailleurs* einen Streikaufruf an die Arbeiter erlassen ; *scander des mots d'ordre* Parolen skandieren.

motel *m* Motel *n*.

motif *m* (Beweg)grund *m* ; Anlaß *m* ; *(jur.)* Motiv *n* ; ♦ *~ d'empêchement* Hinderungsgrund *m* ; *~ de licenciement (congédiement, résiliation)* Kündigungsgrund *m* ; *~s de service* dienstliche Belange *mpl* ; *~ valable* triftiger Grund ; ♦♦ *absence f sans ~ (non motivée)* unentschuldigtes Fernbleiben *n* von der Arbeit (vom Dienst) ; *pour quel ~ ?* aus welchem Grund ? ; *sans ~ apparent* ohne ersichtlichen Grund ; *alléguer un ~ → invoquer* ; *faire valoir un ~* einen Grund geltend machen ; *invoquer des ~s* Gründe angeben (vorbringen) ; *rechercher les ~s de qqch* den Grund für etw suchen.

motion *f* Antrag *m* ; *~ de blâme, de censure, de confiance,* Tadels-, Mißtrauens-, Vertrauensantrag ; *~ d'ordre* Antrag zur Tagesordnung ; *adopter, appuyer, déposer une ~* einen Antrag annehmen, unterstützen, stellen ; *mettre une ~ aux voix* über einen Antrag abstimmen ; *présenter une ~ au Parlement* einen Antrag im Parlament einbringen ; *rejeter, retirer, voter une ~* einen Antrag ablehnen, zurückziehen, verabschieden.

motivation *f* Motivierung *f* ; Motivation *f* ; Motiv *n* ; Begründung *f* ; *études fpl de ~* Motivforschung *f* ; *recherche f de ~* Motivforschung *f*.

motivationnel, le : *recherche f ~le* Motivationsforschung *f*.

motivé, e motiviert ; *être ~ au travail* für eine Arbeit motiviert sein.

motiver motivieren ; begründen ; *~ une décision* eine Entscheidung begründen ; *~ qqn au travail* jdn zur Arbeit motivieren.

motorisation *f* Motorisierung *f*.

motoriser motorisieren ; *~ l'agriculture* die Landwirtschaft motorisieren ; *parking m pour visiteurs ~és* Parkplätze *mpl* für motorisierte Besucher.

mouillage *m* Ankerplatz *m* ; *être au ~* vor Anker liegen.

mouvement *m*	1. ***mouvement organisé*** 2. ***déplacement ; changement ; activité*** 3. ***transactions économiques***

1. ***(mouvement organisé)*** Bewegung *f* ; *~ de grève* Streikbewegung, -aktion *f* ; *~ ouvrier* Arbeiterbewegung ; *~ politique* politische Bewegung ; *~ de solidarité* Solidaritätsbewegung ; *~ syndical* Gewerkschaftsbewegung ; *adhérer à (entrer dans) un ~* einer Bewegung beitreten ; sich einer Bewegung anschließen ; in eine Bewegung eintreten ; *fonder un ~* eine Bewegung ins Leben rufen.

2. ***(déplacement ; changement ; activité)*** Bewegung *f* ; Veränderung *f* ; Schwankungen *fpl* ; Verkehr *m* ; *~s d'avions* Flugverkehr *m* ; *~ de baisse* Abwärtsbewegung ; Baisse-, rückläufige Bewegung ; *~s de clients (tourisme)* Fremdenverkehr *m* ; *~ conjoncturel* konjunkturelle Bewegung ; *~s des cours* Kursschwankungen ; *~ démographique* Bevölkerungsbewegung, -wanderung *f* ; *~ d'émigration* Auswanderungsbewegung ; *~ de hausse* Aufwärts-, Hausse-, steigende Bewegung ; *~ inverse* Gegenbewegung ; *~s de personnel* Personalveränderungen ; Personalwechsel *m* ; *~s des personnes → voyageurs* ; *~ de population → démographique* ; *~s d'un port* Hafenverkehr ; *~s des prix* Preisschwankungen ; *~ saisonnier* Saisonbewegung ; *~ des salaires* Lohnentwicklung *f*, -bewegung ; *~s des voyageurs* Personenverkehr *m* ; *(se) mettre en ~* (sich) in Bewegung (Gang) setzen.

3. ***(transactions économiques)*** Umschlag *m* ; Umsatz *m* ; Verkehr *m* ; Bewegungen *fpl* ; *~s boursiers, de caisse, de(s) capitaux* Börsen-, Kassenverkehr ; Kassenumsatz ; Kapitalverkehr ; *~s commerciaux* Warenumsatz ; *~s de comptes, des coûts, des devises* Konten-, Kostenbewegungen, Devisenverkehr ; *~s financiers (de fonds)* Kapitalbewegung ; *~ de l'épargne, des marchandises* Spar-, Waren- (Güter)verkehr ; *~s monétaires → financiers* ; *~s de l'or* Goldbewegungen ; *~ des paiements internationaux* internationaler Zahlungsverkehr ; *~ des stocks* Lagerbewegungen ; *~s des titres* Effektenverkehr ; *~ des valeurs* Wertbewegungen.

moyen, ne durchschnittlich ; Durchschnitts- ; mittlere(r,s) ; Mittel- ; mittelmäßig ; *âge m ~* Durchschnittsalter *n* ; *cadre m ~* mittlere Führungskraft *f* ; Leitende(r) im mittleren Management ; *classes fpl ~nes* Mittelstand *m* ; *~ne entreprise f* Mittelbetrieb *m* ; mittlerer Betrieb ; *Français m ~* Durchschnittsfranzose *m* ; *P.M.E. (peti-*

tes et ~nes entreprises) kleinere und mittlere Betriebe *mpl* ; mittelständische Industrie ; *prix m* ~ Durchschnittspreis *m* ; *qualité f ~ne* Durchschnittsqualität *f* ; mittlere (durchschnittliche) Qualität ; *le revenu ~ de la population est de...* das Durchschnittseinkommen der Bevölkerung beträgt... ; *les revenus ~s* die mittleren Einkommensbezieher *mpl* ; *salaire m* ~ Durchschnittslohn *m* ; *taille f ~ne* Mittelgröße *f* ; *taux m* ~ Durchschnittssatz *m*, -rate *f* ; *vitesse f ~ne* Durchschnittsgeschwindigkeit *f* ; *voiture f de cylindrée ~ne* Mittel-Klasse-Wagen *m*.

moyen-courrier *m* Mittelstreckenflugzeug *n*.

moyen *m* **de communication** 1. Verkehrsmittel *n* 2. Verständigungsmittel *n* ; Verbindung *f*.

moyen *m* **de paiement** Zahlungsmittel *n*.

moyen *m* **de transport** Verkehrsmittel *n* ; Transportmittel ; *utiliser les ~s de transport en commun* die öffentlichen Verkehrsmittel benutzen.

moyennant mittels (+ G) ; gegen ; ~ *supplément de première classe* gegen (einen) Zuschlag für die erste Klasse ; *livrer la marchandise ~ paiement* die Ware gegen Bezahlung liefern.

moyenne *f* Durchschnitt *m* ; Schnitt *m* ; Mittel *n* ; *en* ~ im Durchschnitt ; im Schnitt ; ~ *d'âge* Durchschnittsalter *n* ; ~ *annuelle* Jahresdurchschnitt ; ~ *mensuelle* Monatsmittel *n* ; ~ *nationale* Landesdurchschnitt ; ~ *pondérée* gewogenes Mittel ; gewogener Durchschnitt ; ~ *quotidienne* Tages(durch)schnitt ; *établir la* ~ den (Durch)schnitt ermitteln.

moyennement mäßig ; durchschnittlich ; mittelmäßig.

moyens *mpl* Mittel *mpl* ; ◆ ~ *de caisse* Kassenmittel ; ~ *étrangers* Fremdkapital *n* ; ~ *d'existence* Existenzmittel ; ~ *d'exploitation* Betriebsmittel ; ~ *de financement* Finanzierungsmöglichkeiten *fpl* ; ~ *financiers* Geld-, finanzielle Mittel ; ~ *de fortune* Hilfs-, Behelfsmittel ; Behelf *m* ; ~ *de production* Produktionsmittel ; ~ *propres* Eigenkapital *n* ; eigene Geldmittel ; ~ *publicitaires* Werbemittel ; ~ *de subsistance* → *d'existence* ; ◆◆◆ *elle a les ~ de se payer cela* sie kann sich das leisten ; *avoir les* ~ begütert (bemittelt, vermögend) sein ; *disposer de ~ importants* über reichliche (Geld)-mittel verfügen ; *nos ~ sont épuisés* unsere Mittel sind erschöpft ; *être sans ~ de subsistance* erwerbslos sein ; *(fam.)* ohne Mittel dastehen ; *mettre les ~ nécessaires à la disposition* die erforderlichen Mittel bereitstellen ; *vivre au-dessus, en dessous de ses* ~ über seine Verhältnisse, unter seinen Verhältnissen leben.

M.P.T. *m (ministère des Postes et Télécommunications)* Postministerium *n*.

M.R.L. *m (ministère de la Reconstruction et du Logement)* Ministerium *n* für Wiederaufbau und Wohnungsfragen.

multilatéral, e multilateral ; mehrseitig ; *accord m, discussions fpl, négociations fpl ~es* multilaterales Abkommen , multilaterale Gespräche *npl*, Verhandlungen *fpl*.

multimédias *mpl* Multimedia(l)system *n* ; Medienverbund *m*.

multimillionnaire *m* Multimillionär *m* ; vielfacher Millionär *m*.

multinational, e multinational ; *société f ~e* multinationale Gesellschaft *f* ; multinationaler Konzern *m* ; Multi *m*.

multinationale *f* Multi *m* ; multinationaler Konzern *m* ; multinationale Gesellschaft *f* ; ~ *du pétrole* Ölmulti *m*.

multipack *m* Multipack [...pɛk] *n* ou *m*.

multiplan *(inform.)* Multiplan ; Multiplan-System *n*.

multiplex *m* Multiplexschaltung *f*.

multiple mehrfach ; vielfach ; *causes fpl ~s* mannigfache Ursachen *fpl* ; *des frais ~s* ein Mehrfaches an Kosten ; *des modifications ~s* mehrfache Änderungen *fpl*.

multiplicateur *m* Multiplikator *m*.

multiplier vervielfachen ; vermehren ; vervielfältigen ; ~ *les efforts* die Anstrengungen vermehren ; ~ *les trains* Sonderzüge einsetzen.

multiprogrammation *f (inform.)* Multi-Programm-Verfahren *n* ; Multi-Programm-Betrieb *m* ; Multiprogramming [maltiprogrεmiŋ] *n*.

multipropriété *f* Multieigentum *n* ; *appartement en* ~ Wohnung *f* mit mehreren Eigentümern (wo jeder nur über einen bestimmten Zeitabschnitt verfügt).

multirisque : *assurance* ~ kombinierte (verbundene, gebündelte) Versicherung *f*.

multitraitement *m (inform.)* Multiverarbeitung *f*.

municipal, e Kommunal- ; Gemeinde- ; Stadt- ; *conseil m* ~

Gemeinde- ; Stadt- ; *conseil m* ~ Gemeinde-, Stadtrat *m* ; *conseiller m* ~ Gemeinderatsmitglied *n* ; *élections fpl* ~*es* Gemeinde-, Kommunalwahlen *fpl.*

municipalité *f* Gemeinde *f* ; Stadt-, Gemeindeverwaltung *f.*

munir : *(se)* ~ *de* (sich) versehen mit ; *se* ~ *des documents, des papiers nécessaires* sich mit den nötigen Papieren (Schriftstücken) versehen.

mutation *f* **1.** *(personnes)* Versetzung *f* ; (Arbeitsplatz)wechsel *m* ; ~ *disciplinaire* Strafversetzung ; ~ *professionnelle* Berufswechsel ; ~ *dans l'intérêt du service* Versetzung im Interesse des Dienstes ; *demander sa* ~ um seine Versetzung bitten (nachsuchen) ; sich versetzen lassen **2.** *(jur.) (biens)* Veräußerung *f* ; Übertragung *f* ; ~ *cadastrale (foncière)* Grundbuchumschreibung *f* ; ~ *de propriété* Eigentumswechsel *m* ; *droits mpl de* ~ Veräußerungssteuer *f* ; Erbschaftssteuer **3.** *(transformation)* Veränderung *f* ; Wandel *m* ; (Um)wandlung *f* ; ~*s technologiques* technischer Wandel ; *être en pleine* ~ einen grundlegenden Wandlungsprozeß mitmachen.

muter 1. versetzen ; ~ *d'office (par mesure disciplinaire)* strafversetzen ; ~ *dans un autre service* in eine andere Behörde versetzen ; ~ *à Strasbourg* nach Straßburg versetzen ; *se faire* ~ sich versetzen lassen ; ~*é par mesure disciplinaire (d'office)* strafversetzt **2.** übertragen.

mutilé *m* **du travail** Arbeitsinvalide *m.*

mutualisme *m* ⇒ *mutualité* **3.**

mutualité *f* **1.** Gegen-, Wechselseitigkeit *f* ; Solidarität *f* **2.** Versicherung *f* auf Gegenseitigkeit **3.** Genossenschaftswesen *n.*

mutuel, le gegenseitig ; wechselseitig ; auf Gegenseitigkeit ; ◆ *assistance f* ~*le* gegenseitige Unterstützung *f* ; *assurance f* ~*le* Versicherung *f* auf Gegenseitigkeit ; *caisse f* ~*le* Hilfskasse *f* (Hilfsfonds *m*) auf Gegenseitigkeit ; *concours m* ~ gegenseitiger Beistand *m* ; *consentement m* ~ gegenseitiges Einverständnis *n* ; *donation f* ~*le* gegenseitige Schenkung *f* ; *pari m* ~ Totalisator *m* ; Toto *n* ou *m* ; *société f* ~*le* Gesellschaft *m* (Verein *m*) auf Gegenseitigkeit ; ◆◆◆ *être en état de dépendance* ~*le* in gegenseitiger Abhängigkeit stehen ; *faire des concessions* ~*les* sich gegenseitige Zugeständnisse machen.

mutuelle *f* Versicherung(sgesellschaft) *f* (Hilfskasse *f*) auf Gegenseitigkeit. ~ *des étudiants* studentische Krankenversicherung ; ~ *de retraite* Pensions-Sicherungs-Verein *m* auf Gegenseitigkeit (PSVaG).

mutuellement gegenseitig ; *nous nous engageons* ~ *à...* wir verpflichten uns

N

nabab *m* Nabob *m* ; Krösus *m* ; Onkel *m* aus Amerika.

naissance *f* **1.** *(enfants)* Geburt *f* ; Abstammung *f* ; Herkunft *f* ; ~ *(il)légitime* (un)eheliche Geburt ; ◆ *acte m de* ~ Geburtsurkunde *f* ; *augmentation f des* ~*s* Geburtenzuwachs *m* ; *contrôle m des* ~*s* Geburtenkontrolle *f* ; *date f de* ~ Geburtsdatum *n* ; *de* ~ von Geburt (an) ; gebürtig ; *excédent m des* ~*s* Geburtenüberschuß *m* ; *extrait m de* ~ Geburtsurkunde *f* ; *Français m de* ~ Franzose *m* von Geburt ; gebürtiger Franzose *m* ; *limitation f des* ~*s* Geburtenbeschränkung *f* ; *lieu m de* ~ Geburtsort *m* ; *nombre m de* ~*s* Geburtenzahl *f* ; *prime f (allocation f de) à la* ~ Geburtenprämie *f*, -zulage *f* ; *réglementation f des* ~*s* Geburtenregelung *f* ; *régression f (diminution f) des* ~*s* Geburtenrückgang *m*, -abnahme *f* ; *(fam.)* Babyflaute *f* ; ◆◆ *année f creuse, pleine (au plan des naissances)* geburtenschwacher, geburtenstarker (-freudiger) Jahrgang *m* **2.** *(industrie, ville, etc.)* Entstehung *f* ; Ursprung *m* ; ~ *de l'industrie, d'un parti, d'une ville* Entstehung der Industrie, einer Partei, einer Stadt ; *prendre* ~ entstehen ; *le projet est juste en train de prendre* ~ das Projekt ist erst im Entstehen begriffen.

naître 1. *(enfant)* geboren werden ; auf die Welt (zur Welt) kommen **2.** *(industrie, parti, ville, etc.)* entstehen ; *faire* ~ schaffen ; ins Leben rufen ; hervorrufen ; erzeugen.

nanti *m* Wohlhabende(r) ; Begüterte(r) ; *les* ~*s* die Wohlhabenden ; die Reichen ; die begüterten Kreise ; die vermögenden Schichten ; die Besserverdiener ; *(fam.)* die Wohlbetuchten ; *les* *moins ~s* die weniger Bemittelten.

nanti, e 1. wohlhabend ; begütert ; besitzend ; reich **2.** *~ de* versehen mit ; ausgestattet mit **3.** *(jur.)* gedeckt ; gesichert ; *créancier m ~* sichergestellter Gläubiger *m* ; Pfandgläubiger ; *effet m ~* lombardierter Wechsel *m.*

nantir 1. versehen mit ; versorgen mit **2.** *(jur.) (donner des gages pour garantir qqch)* (durch ein Pfand) sicherstellen (decken) ; verpfänden ; *~ des valeurs* Effekten lombardieren (verpfänden) **3.** *(jur.) se ~ des effets d'une succession* sich zum Erbschaftsbesitzer machen.

nantissement *m* Pfand *n* ; Verpfändung *f* ; *(titres, valeurs)* Lombardierung *f* ; Hinterlegung *f* ; Sicherstellung *f* ; ♦ *~ sur qqch* Sicherheitsleistung *f* durch Verpfändung (Hinterlegung *f*) von etw ; *~ sur créances, sur marchandises, sur titres* Sicherheitsleistung durch Verpfändung von Forderungen, von Waren, von Wertpapieren ; ♦♦ *avance f sur ~* Lombardvorschuß *m* ; *constitution f, contrat m de ~* Pfandbestellung *f,* -vertrag *m* ; *effet m en ~* Sicherheitswechsel *m* ; *prêt m sur ~* Lombarddarlehen *n* ; *titres mpl remis en ~* Lombard-, Pfandeffekten *pl* ; ♦♦♦ *sur ~* gegen Hinterlegung (Verpfändung) von ; *avoir en ~* etw pfandweise besitzen ; etw als Pfand halten ; *donner (remettre) en ~* verpfänden ; *emprunter, prêter sur ~* gegen Pfand ausleihen, leihen.

naphte *m* Naphta *n* ou *(rare) f.*

nappe *f* : *~ de pétrole* Ölschicht *f* ; Ölfilm *m* ; Ölteppich *m* ; Ölhaut *f.*

natal, e Geburts- ; Heimat- ; *pays m ~* Geburtsland *n* ; *ville f ~e* Heimatstadt *f.*

nataliste *m* Befürworter *m* der Geburtenförderung ; Gegner *m* der Geburtenregelung ; Gegner der Antibabypille.

nataliste geburtenfördernd ; *politique f ~* geburtenfördernde Politik *f.*

natalité *f* Geburtenziffer *f,* -zahl *f* ; *~ (il)légitime* (un)eheliche Geburten *fpl* ; *~ vivante* Lebendgeburten *[contr.]* Totgeburten ; *année f à faible, à forte ~* geburtenschwacher, geburtenstarker (-freudiger) Jahrgang *m* ; *chute f brutale de la ~ (due à la pilule)* Pillenknick *m* ; *recul m (régression f, diminution f) de la ~* Rückgang *m* der Geburtenziffer ; Geburtenabnahme *f* ; *taux m de ~* Geburtenhäufigkeit *f,* -rate *f.*

natif, ive *(de)* gebürtig (aus) ; *elle est ~ive de France, de R.D.A.* sie ist aus Frankreich, aus der DDR gebürtig ; gebürtige Französin, gebürtige DDR-Bürgerin.

nation *f* Nation *f* ; Volk *n* ; Land *n* ; *la ~ allemande* die deutsche Nation ; *~ développée, émergente (en voie d'émergence), en voie de développement* entwickeltes Land, Schwellenland, Entwicklungsland ; *~ hautement industrialisée* hochindustrialisiertes Land ; *~ la plus favorisée* meistbegünstigte Nation ; *~ de marchands* ein Volk von Kaufleuten ; *~ sous-développée* unterentwickeltes Land ; *les ~s unies* die Vereinten Nationen ; *clause f de la ~ la plus favorisée* Meistbegünstigungsklausel *f* ; *Organisation f des ~s Unies (O.N.U.)* Organisation *f* der Vereinten Nationen (UNO).

national, e national ; inländisch ; einheimisch ; staatlich ; überregional ; Inlands- ; Staats-, Landes- ; Volks- ; *(caractéristique d'un peuple)* landeseigen ; landesstaatlich ; ♦ *assemblée, banque f ~* Nationalversammlung *f,* -bank *f* ; *budget m, bureau m ~* Staatshaushalt *m,* Landesvorstand *m* ; *à l'échelon ~* auf überregionaler Ebene ; auf Landesebene ; *économie f ~e* Volkswirtschaft(slehre) *f* ; Nationalökonomie *f* ; *entreprise f, fête f ~e* Staatsunternehmen *n,* Nationalfeiertag *m* ; *loterie f ~e* staatliche Klassenlotterie *f* ; *marché m, monnaie f ~(e)* Inlandsmarkt *m,* Landes-, Nationalwährung *f* ; *Parlement m ~* Landesparlament *n* ; *port m sur le territoire ~ (intérieur)* Inlandsporto *n* ; *patrimoine m, presse f ~(e)* Nationalvermögen *n,* Inlandspresse *f* ; *production f, produit m ~(e)* Inlandsproduktion *f,* Sozialprodukt *n* ; *produits mpl ~aux* inländische Produkte *npl* (Waren *fpl,* Erzeugnisse *npl*) ; *revenu m ~* Nationaleinkommen *n* ; *route f ~e (France)* Hauptverkehrsstraße *f* ; *(R.F.A.)* Bundesstraße *f* ; *service m ~* (allgemeiner) Wehrdienst *m.*

nationale *f (France)* Hauptverkehrsstraße *f* ; *~ à 3 voies (de circulation)* dreispurige Hauptverkehrsstraße ; *(R.F.A.)* (ausgebaute) Bundesstraße *f* ; *(Suisse)* Nationalstraße *f.*

nationalisation *f* Verstaatlichung *f* ; Nationalisierung *f* ; Vergesellschaftung *f* ; *(R.D.A.)* Überführung in Volkseigentum ; *~ des banques, des entreprises privées* Verstaatlichung des Bankwesens, von Privatunternehmen.

nationalisé, e verstaatlicht ; staatseigen ; *(R.D.A.)* volkseigen.

nationaliser verstaatlichen ; nationalisieren ; *(R.D.A.)* in Volkseigentum überführen ; ~ *les entreprises du secteur privé* die Betriebe des privaten Sektors nationalisieren (in Staatseigentum überführen).

nationalité *f* Staatsangehörigkeit *f* ; Staatsbürgerschaft *f* ; Nationalität *f* ; ♦ *changement m de* ~ Staatsangehörigkeitswechsel *m* ; *double* ~ Doppelstaatsangehörigkeit ; *retrait m de* ~ Entzug *m* der Staatsangehörigkeit ; ♦♦♦ *changer de* ~ die Staatsangehörigkeit wechseln ; *déchoir (priver) qqn de la* ~ jdn ausbürgern ; *il est de* ~ *belge* er ist belgischer Nationalität ; seine Staatsangehörigkeit ist belgisch ; er hat (besitzt) die belgische Staatsangehörigkeit ; *octroyer (accorder) la* ~ *française à qqn* jdm die französiche Staatsangehörigkeit verleihen (gewähren) ; *opter pour la* ~ *allemande* sich für die deutsche Staatsangehörigkeit entscheiden ; *prendre (acquérir) la* ~ *allemande* die deutsche Staatsangehörigkeit annehmen (erwerben) ; *quelle est votre* ~ *?* welcher Nationalität sind Sie ? ; welche Staatsangehörigkeit haben Sie ? ; *réclamer la* ~ *anglaise* die englische Staatsangehörigkeit beanspruchen ; *répudier une* ~ auf eine Staatsangehörigkeit verzichten.

Nations *fpl* **Unies (les)** die Vereinten Nationen *fpl* ; UNO *f* ; *charte f des* ~ Satzung *f* der Vereinten Nationen ; *Organisation f des* ~ *(O.N.U.)* Organisation *f* der Vereinten Nationen (UNO).

naturalisation *f* Einbürgerung *f* ; Naturalisation *f* ; Naturalisierung *f* ; Einbürgerungsurkunde *f* ; *demande f de* ~ Einbürgerungsantrag *m*, -gesuch *n*.

naturaliser einbürgern ; naturalisieren ; *il s'est fait* ~ *Français* er hat die französische Staatsbürgerschaft erworben ; er wurde in Frankreich eingebürgert.

nature *f* **1.** Beschaffenheit *f* ; Art *f* ; Wesen *n* ; ~ *de l'emballage* Verpackungsart ; ~ *de l'impôt, du sol, du travail (de l'emploi)* Steuerart, Bodenbeschaffenheit *f*, Beschäftigungs-, Arbeitsart **2.** Naturalien *pl* ; ♦ *en* ~ Sach- ; Natural- ; *apport m en* ~ Sacheinlage *f* ; *avantages mpl en* ~ Natural-, Sachbezüge *pl* ; Deputat *n* ; *bail m en* ~ Naturalpacht *f* ; *compensation f en* ~ Naturalausgleich *m* ; *indemnité f en* ~ Natural-, Sachentschädigung *f* ; *prestation f en* ~ Sachleistung *f* ; *prime f en* ~ Sachprämie *f* ; *rémunération f en* ~ Sachentlohnung *f* ; Natural-, Sachvergütung *f* ; *revenus mpl en* ~ Naturaleinkommen *n* ; *salaire m en* ~ Deputat *n* ; Naturallohn *m* ; ♦♦♦ *payer en* ~ in Naturalien (in natura) bezahlen ; *préférer être payé en* ~ lieber Naturalien statt Geld nehmen ; *recevoir un salaire en* ~ ein Deputat erhalten.

naturel, le 1. natürlich ; Natur- ; naturrein ; *colorant m, engrais m, fibre f* ~ *(le)* Naturfarbstoff *m*, -dünger *m*, -faser *f* ; *frontières fpl* ~ *les* natürliche Grenzen *fpl* ; *gaz m* ~ Erdgas *n* ; Naturgas *n* ; *produit m* ~ Naturprodukt *n*, -erzeugnis *n* ; *réserve f* ~ *le* Naturschutzgebiet *n*, -reservat *n* ; *résine f* ~ *le* Naturharz *n* ; *richesses fpl* ~ *les* Bodenschätze *mpl* ; natürliche Reichtümer *mpl* ; *soie f, substance* ~ *le* Naturseide *f*, -stoff *m* ; *uranium m, vin* ~ Natururan *n*, -wein *m* (naturreiner Wein *m*) **2.** *(jur.) enfant m* ~ uneheliches Kind *n*.

naufrage *m* Schiffbruch *m* ; Untergang *m* ; *faire* ~ Schiffbruch erleiden.

nautique nautisch.

naval, e Schiff(s)- ; *architecte m* ~ Schiffbauer *m* ; *chantier m* ~ Werft *f* ; *construction f* ~ *e* Schiffbau *m* ; Schiffbauwesen *n* ; *ingénieur m* ~ Schiffbauingenieur *m* ; *ouvrier m des chantiers* ~ *s* Werftarbeiter *m*.

navette *f* **1.** Pendelverkehr *m* ; ~ *de cars* Busverbindung *f* ; *faire la* ~ pendeln ; mit dem Pendelzug, -bus fahren ; im Pendelverkehr fahren ; *faire quotidiennement la* ~ *entre le domicile et le lieu de travail* täglich zwischen dem Wohnort und dem Ort des Arbeitsplatzes pendeln **2.** Pendelverkehrsmittel *n* (Zug, Bus, U-Bahn) **3.** ~ *spatiale* Raumfähre *f*.

navigabilité *f* **1.** *(fleuve)* Schiffbarkeit *f* **2.** *(véhicule)* See-, Flugtüchtigkeit *f*.

navigable 1. schiffbar **2.** see-, flugtüchtig ; *voie f* ~ Schiffahrtsweg *m*, -straße *f*.

navigant *m* : *c'est un* ~ er gehört zum Flugpersonal.

navigant, e 1. *(aviation) personnel m* ~ Flugpersonal *n* **2.** *(marine) les* ~ *s* das (zur See) fahrende Personal.

navigation *f* **1.** Schiffahrt *f* ; ♦ ~ *côtière (de cabotage)* Küstenschiffahrt ; ~ *intérieure (fluviale)* Binnenschiffahrt ; ~ *au long cours* Hochseeschiffahrt ; große Fahrt *f* ; ~ *marchande* Handelsschiffahrt ; ~ *maritime* Seeschiffahrt ; ♦♦ *compagnie f (société* *f), ligne f, taxe f de ~* Schiffahrtsgesellschaft *f*, -linie *f*, -abgabe *f* ; *route f, voie f de ~* Schiffahrtsweg *m*, -straße *f* **2.** *(technique de)* Navigation *f*.

navigation *f* **aérienne** Luftfahrt *f* ; *compagnie f de ~* Luftfahrt-, Fluggesellschaft *f*.

naviguer 1. mit dem Schiff fahren ; zur See fahren **2.** *(avion)* fliegen ; navigieren.

navire *m* Schiff *n* ; *~ car ferry* Personen- und Autofähre *f* ; *~ cargo* Frachtschiff ; *~ de commerce (~ marchand)* Handelsschiff : *~ frigorifique* Kühlschiff ; *~ à passagers* Fahrgastschiff ; Passagierdampfer *m* ; *~ de pêche* Fischereischiff ; *~ pétrolier (citerne)* Tanker *m* ; *~ porte-conteneurs* Containerschiff ; *~ usine* Fabrikschiff ; *(clause F.O.B.) à bord du ~* frei an Bord ; fob ; *franco le long du ~ (FAS)* frei Längsseite Seeschiff ; fas.

néant nichts ; *(sur un questionnaire)* « nichts » ; entfällt ; *état m ~* Fehlanzeige *f* ; Fehlbericht *m* ; *signes particuliers : ~* besondere Kennzeichen : keine ; *réduire à ~* vernichten ; *réduire des projets à ~* Pläne zunichte machen.

nécessaire nötig ; notwendig ; erforderlich ; ♦ *l'argent m ~* das nötige (Klein)geld *n* ; *conditions fpl préalables ~s* notwendige Voraussetzungen *fpl* ; *conséquence f ~* notwendige Folge *f* (Konsequenz *f*) ; *les pièces (officielles) ~s* die nötigen Schriftstücke *npl* ; die nötigen Unterlagen ; *si ~* falls nötig ; falls erforderlich ; *absolument ~* unbedingt (absolut) notwendig ; ♦♦♦ *avoir les qualités ~s à un poste de secrétaire de direction* die erforderliche Eignung für die Stelle einer Direktionssekretärin mitbringen ; *être ~ à qqch ou qqn* für etw, für jdn nötig sein ; *faire le ~ (pour, en vue de)* das Nötige veranlassen (besorgen) (für) ; *fournir les moyens (financiers) ~s* die erforderlichen Mittel bereitstellen ; *se limiter au strict ~* sich auf das Notwendigste beschränken ; *prendre les mesures ~s* die erforderlichen Maßnahmen treffen ; *rendre ~* notwendig machen ; *si c'était ~* wenn es nötig sein sollte.

nécessairement notwendigerweise ; notgedrungen ; zwangsläufig ; unvermeidlich.

nécessité *f* **1.** *(sens général)* Notwendigkeit *f* ; *~s* Erfordernisse *npl* ; Anforderungen *fpl* ; *~ du service* Erfordernisse des Dienstes ; dienstliches Erfordernis *n* ; *~ vitale* Lebensnotwendigkeit *f* ; *par ~* notgedrungen ; *clos par ~* amtlich verschlossen ; *être dans la ~ de...* gezwungen sein, zu... ; *faire qqch par ~ absolue* etw aus zwingender Notwendigkeit tun **2.** *(sens commercial : besoins) ~s fpl* Bedarf *m* ; Bedürfnis *n* ; *~s d'approvisionnement, d'investissement* Versorgungs-, Investitionsbedarf ; *~s de liquidité (de trésorerie)* Liquiditätsbedürfnis ; *articles mpl (produits mpl) de ~ courante* Bedarfsartikel *mpl*, -güter *npl* ; *biens mpl de première ~* Gegenstände *mpl* des täglichen Bedarfs ; lebenswichtige Güter **3.** *(manque, pénurie)* Not *f* ; Mangel *m* ; *cas m de ~* Notfall *m* ; *état m de ~* Notstand *m* ; *mettre de l'argent de côté en cas d'extrême ~* Geld für den äußersten Notfall zur Seite legen.

nécessiter erfordern ; nötig (notwendig) machen ; *le projet ~e beaucoup de temps et d'argent* das Projekt erfordert viel Zeit und Geld.

nécessiteux : *les ~* die Notleidenden *mpl* ; die Minderbemittelten *mpl* ; die Bedürftigen *mpl* ; *(fam.)* die Habenichtse *mpl*.

nécessiteux, euse notleidend ; bedürftig ; mittellos ; *familles fpl, population f ~euse(s)* notleidende Familien, mittellose Bevölkerung *f*.

négatif, ive negativ ; ablehnend ; verneinend ; abschlägig ; *(défavorable)* ungünstig ; nachteilig ; Minus- ; ♦ *bilan m, chiffres mpl, conséquences fpl, image f de marque ~(ives)* Negativbilanz *f*, Minuszahlen *fpl* ; negative (nachteilige) Folgen *fpl*, Negativimage [... 'imidʒ] *n* ; *issue f, nombre m ~(ive)* negativer Ausgang *m*, negative Zahl *f* ; *réaction f, réponse f ~ive* negative Reaktion *f* ; verneinende (negative, abschlägige) Antwort *f* ; ♦♦♦ *avoir des conséquences ~ives (une incidence ~ive) sur qqch* sich auf etw (+ A) negativ auswirken ; einen nachteiligen Einfluß haben auf etw (+ A) ; *avoir une attitude ~ive vis-à-vis de qqn ou de qqch* jdm, einer Sache negativ gegenüberstehen ; sich negativ zu etw stellen ; sich negativ verhalten ; *en cas de réponse ~ive* im Falle einer abschlägigen (negativen) Antwort ; im Falle einer Absage.

négative : *dans la ~* im Falle einer abschlägigen Antwort ; *répondre par la ~* verneinen.

négligence *f* Fahrlässigkeit *f* ; Nachlässigkeit *f* ; Versäumnis *n* ; Vernachlässigung *f* ; Unterlassung *f* ; Versehen *n* ; *~ fatale* verhängnisvolles Versäumnis ; ~ *légère, grave, grossière* leichte, schwere, grobe Fahrlässigkeit ; ~ *professionnelle* Fahrlässigkeit in Ausübung des Berufs ; Unachtsamkeit bei der Arbeit ; *par* ~ aus Fahrlässigkeit ; nachlässigerweise ; *convaincre qqn de* ~ jdm ein Versäumnis nachweisen ; *faire preuve de* ~ fahrlässig umgehen mit ; verantwortungslos (leichtsinnig) handeln ; *réparer une* ~ ein Versäumnis wiedergutmachen ;

négligent, e nachlässig ; fahrlässig ; leichtsinnig ; unverantwortlich ; verantwortungslos ; *être (se montrer)* ~ *avec...* fahrlässig umgehen mit...

négliger 1. vernachlässigen **2.** versäumen ; unterlassen **3.** nicht berücksichtigen.

négoce *m* Handel *m* ; Geschäft *n* ; Großhandel *m* ; *faire du* ~ Handel treiben.

négociabilité *f* **1.** *(titre)* Begebbarkeit *f* ; Übertragbarkeit *f* ; Bankfähigkeit *f* **2.** Verkäuflichkeit *f* ; Handelsfähigkeit *f*.

négociable 1. *(action, effet)* begebbar ; übertragbar ; bankfähig ; *action f* ~ *(en bourse)* börsengängige Aktie *f* ; *(cessible)* übertragbare Aktie **2.** *(vendable)* umsetzbar ; verkäuflich ; *le produit n'est pas encore* ~ das Produkt ist noch nicht marktreif.

négociant *m* (Groß)händler *m* ; Kaufmann *m* ; ~ *en blé* Getreidehändler ; ~ *en gros* Großhändler, -kaufmann ; ~ *en vins et spiritueux* Wein- und Spirituosenhändler.

négociateur *m* Unterhändler *m* ; Vermittler *m* ; Verhandlungspartner *m*.

négociation *f*	**1.** ***transmission d'effets de commerce*** **2.** ***affaire, transaction commerciale*** **3.** ***négociations en vue d'un accord***

1. ***(transmission d'effets de commerce)*** Begebung *f* ; Übertragung *f* ; Unterbringung *f* ; Weitergabe *f (syn. cession)*.

2. ***(affaire, transaction commerciale)*** Abschluß *m* ; Geschäft *n* ; ~ *au comptant, à prime, à terme* Kassa-, Prämien-, Termingeschäft ; ~ *de titres en bourse, hors bourse* Wertpapierverkehr *m* an der Börse, auf dem freien Markt.

3. ***(négociations en vue d'un accord)*** Verhandlungen *fpl* ; Unterhandlungen *fpl* ; ♦ ~ *commerciales* Wirtschaftsverhandlungen ; ~ *d'une convention collective* Abschluß eines Tarifvertrags ; ~ *couronnées de succès, infructueuses, officielles* erfolgreiche, erfolglose, offizielle Verhandlungen ; ~ *paritaires, salariales, tarifaires* Verhandlungen zwischen Sozialpartnern, Lohn-, Tarifverhandlungen ; ♦♦ *base f, lieu m, objet m des* ~ Verhandlungsbasis *f* (-grundlage *f*), -ort *m*, -gegenstand *m* ; *offre f de* ~ Verhandlungsangebot *n* ; *partenaire m au cours des* ~ Verhandlungspartner *m* ; *point m des, pouvoir m de, résultat m des* ~ Verhandlungspunkt *m*, -befugnis *f*, -ergebnis *n* ; *par la voie des* ~ auf dem Verhandlungsweg ; ♦♦♦ *ajourner les* ~ die Verhandlungen vertagen (aufschieben) ; *s'asseoir à la table (autour de la table) des* ~ sich an den Verhandlungstisch setzen ; *les* ~ *n'en finissent pas (traînent en longueur)* die Verhandlungen ziehen (schleppen) sich hin ; *les* ~ *se sont enlisées* die Verhandlungen stocken ; *entamer des* ~ Verhandlungen aufnehmen ; *entrer en* ~ *avec qqn* mit jdm in Verhandlungen treten ; *être en* ~ *avec qqn* mit jdm in Verhandlungen stehen ; *marquer une pause dans les* ~ eine Verhandlungspause machen ; *reprendre les* ~ die Verhandlungen wiederaufnehmen ; an den Verhandlungstisch zurückkehren ; *rompre les* ~ die Verhandlungen abbrechen ; *des* ~ *sont en cours* Verhandlungen sind im Gang.

négocier 1. *(effet, valeur)* weitergeben ; begeben, negoziieren ; übertragen ; ~ *une traite* einen Wechsel weitergeben ; ~ *un emprunt* eine Anleihe begeben ; eine Anleihe unterbringen **2.** *(une affaire)* abschließen ; umsetzen ; verkaufen ; handeln ; (Handel) treiben ; negoziieren **3.** verhandeln ; unterhandeln (über + A) ; ~ *la cessation d'un conflit avec qqn* mit jdm über die Beilegung eines Streits verhandeln ; ~ *une convention collective* einen Tarifvertrag abschließen ; *être disposé à* ~ verhandlungsbereit sein.

nègre *m (édition)* Ghostwriter ['go:straitər] *m* ; Lohnschreiber *m* ; (jd, der für einen anderen schreibt, aber anonym bleibt).

négrier *m (péj.)* Ausbeuter *m* (von Gastarbeitern oder Arbeitslosen z.B.).

népotisme *m* Vetternwirtschaft *f* ; Protektionswirtschaft ; Nepotismus *m* ; Günstlingswirtschaft *f* ; *(fam.)* Filzokratie *f* ; Verfilzung *f*.

net *m* : *mettre qqch au* ~ etw ins Reine schreiben.

net, te netto ; Rein- ; rein ; ~ *de* frei von ; nach Abzug von ; ♦ ~ *d'impôt, de taxes* steuer-, abgabenfrei ; ~ *de tous frais, de toute dette* spesenfrei ; ohne Spesen ; schuldenfrei ; *bénéfice m* ~ Nettogewinn *m* ; Reingewinn ; *chiffre m d'affaires* ~ Nettoumsatz *m* ; reiner Umsatz ; *comptant m* ~ netto Kasse ; *gain m* ~ Nettoverdienst *m*, -ertrag *m* ; *montant m* ~ Nettobetrag *m* ; *paiement m* ~ *au comptant* Nettobarzahlung *f* ; *perte f* ~*te* Nettoverlust *m* ; *poids m* ~ Nettogewicht *n* ; *poids m* ~ *à l'emballage* Füllgewicht *n* ; *prix m* ~ Nettopreis *m* ; *produit m* ~ Nettoertrag *m* ; Reinertrag *m* ; *recette f* ~*te* Nettoeinnahme *f* ; *revenu(s) m(pl)* ~*(s)* Nettoeinkommen *n*, -einkünfte *fpl* ; *salaire m, traitement m* ~ Nettolohn *m*, -gehalt *n* ; ~ *à trois mois* drei Monate netto ; ♦♦♦ *refuser* ~ rundweg ablehnen ; kategorisch abschlagen ; *il reste* ~ ... es bleiben nach allen Abzügen ... ; *nos prix s'entendent absolument* ~*s* unsere Preise verstehen sich rein netto.

nettoiement *m* Reinigung *f* ; *service m du* ~ (städtische) Müllabfuhr *f* und Straßenreinigung ; *grève f du personnel de* ~ Streik *m* der Müllmänner ; Streik der Müllwerker (der Arbeiter der Müllabfuhr).

nettoyage *m* Reinigung *f* ; *entreprise f de* ~ Reinigungsfirma *f* ; *personnel m de* ~ Reinigungspersonal *n*.

neuf, neuve neu ; ungebraucht ; *(assur.) clause f de remboursement sur la valeur du* ~ Neuwertversicherung *f* ; *état m* ~ Neuzustand *m* ; *à l'état de* ~ wie neu ; *flambant* ~ (funkel)nagelneu ; *(fam.)* brandneu ; *logement m* ~ Neubauwohnung *f* ; *quartier m* ~ Neubauviertel *n* ; *valeur f de* ~ Neuwert *m* ; *redonner l'apparence du* ~ etw auf neu herrichten ; *remettre à* ~ wieder wie neu machen ; etw aufarbeiten ; eine Wohnung neu einrichten.

neuf *m* das Neue ; *ne pas faire l'occasion, ne vendre que du* ~ keine Gebrauchtwaren (Gebrauchtwagen usw) verkaufen, nur neu verkaufen ; ~ *pour vieux* Neu für Alt.

neutraliser neutralisieren ; ausschalten ; ~ *un concurrent* einen Konkurrenten abhängen (verdrängen).

neutralité *f* Neutralität *f* ; *respecter une stricte* ~ strikte Neutralität einhalten.

neutre *m* *(cogestion en R.F.A.)* Neutrale(r) ; *les* ~*s* die Neutralen ; die neutralen Staaten *mpl*.

neutre neutral ; unparteiisch ; nichtpaktgebunden ; *se rencontrer dans un endroit* ~ sich an einem neutralen Ort treffen.

nième zigmal ; *je le lui ai rappelé pour la* ~ *fois* ich habe ihn schon zigmal daran erinnert.

niveau *m* Stand *m* ; Höhe *f* ; Grad *m* ; Stufe *f* ; Niveau *n* ; Ebene *f* ; ♦ ~ *d'automation* Automationsgrad ; ~ *de capacité* Kapazitätsniveau ; ~ *des cours* Niveau der Kurse ; ~ *des coûts* Kostenstand ; ~ *de développement* Entwicklungsstadium *n*, -stand, -stufe ; ~ *de l'économie* Wirtschaftsstand ; ~ *d'emploi* Beschäftigungsgrad, -stand ; ~ *maximal* Höchststand ; ~ *minimal* Tiefststand ; Tiefstand ; Tief *n* ; ~ *des prix* Preisniveau ; *(catégorie qualitative)* Preislage *f* ; ~ *de pollution* Verschmutzungsgrad ; *(exprimé en chiffres)* Schmutzwerte *mpl* ; ~ *de production* Produktionsstand ; ~ *de qualification* Qualifikationsniveau ; ~ *de rendement (de productivité)* Leistungshöhe *f*, -stand ; ~ *des revenus* Höhe *f* der Einkünfte ; ~ *des salaires (des rémunérations, salarial)* Lohnniveau, -höhe, -stand ; ~ *social* soziale Stufe *f* ; ~ *des taux d'intérêt* Zinshöhe *f* ; ~ *de vie* ⇒ *niveau de vie* ♦♦ *bas* ~ *de prix* Preistief(stand) *n (m)* ; *de haut* ~ von hohem Niveau ; *au* ~ *fédéral, gouvernemental, national* auf Bundes-, Regierungs-, Landesebene ; *au* ~ *le plus élevé* auf höchster Ebene ; *au* ~ *social* auf sozialer Ebene ; *comparé au* ~ *de l'année passée* gegenüber dem Vorjahr ; gegenüber dem Niveau des Vorjahrs ; *par* ~*x successifs* stufenweise ; ♦♦♦ *augmenter, baisser, maintenir un* ~ ein Niveau heben, senken, halten ; *atteindre son plus haut, son plus bas* ~ den Höchststand, den Tief(st)stand erreichen ; *maintenir les prix à un* ~ *raisonnable* die Preise auf einer annehmbaren Höhe halten ; *mettre qqch, qqn sur le même* ~ etw, jdn auf eine (die gleiche) Stufe stellen ; *le* ~ *actuel des actions et des valeurs est favorable* der augenblickliche Stand der Aktien, der Papiere ist gut.

niveau *m* **de vie** Lebensstandard *m* ; Lebensniveau *n* ; ~ *élevé* hohe Lebenshaltung *f* ; *augmenter le* ~ den Lebensstandard heben ; *le* ~ *augmente, baisse* der Lebensstandard steigt, sinkt (schrumpft) ; *avoir un* ~ *de vie élevé* einen hohen Lebensstandard haben.

niveler nivellieren ; einebnen ; ausgleichen ; auf gleiches Niveau bringen ; *~ des différences sociales* soziale Unterschiede nivellieren (ausgleichen) ; *~ les prix* das Preisgefälle abbauen.

nivellement *m* Nivellierung *f* ; Einebnung *f* ; Ausgleichen *n* ; Angleichung *f* ; *~ de différences de niveau* Nivellierung von Niveauunterschieden ; *~ des prix* Abbau *m* des Preisgefälles ; *~ des salaires* Angleichung der Löhne ; *faire (opérer) un ~ par le bas* eine Angleichung nach unten vornehmen.

noble edel ; *métaux mpl ~s* Edelmetalle *npl.*

Noël *m* Weihnachten *fpl* ; die Weihnacht ; *achats mpl, ventes fpl de ~* Weihnachtseinkäufe *mpl*, -geschäfte *npl* ; *supplément m de ~* Weihnachtsgeld *n*, -gratifikation *f*.

nœud *m* **1.** *~ de communication* (Verkehrs)knotenpunkt *m* ; *~ ferroviaire* Bahnknotenpunkt *m* ; **2.** *(marine)* Knoten *m* ; *filer dix ~s* zehn Knoten machen (laufen).

noir, e schwarz ; *marché m ~* Schwarzmarkt *m (⇒ marché noir) ; point m ~ (routier)* neuralgischer Punkt im Verkehr ; *télé f ~ et blanc* Schwarzweißfernseher *m* ; Schwarzweißfernsehgerät *n* ; *travail m (au) ~* Schwarzarbeit *f* ; *travailleur m au ~* Schwarzarbeiter *m* ; *acheter au ~* etw schwarz kaufen ; *avoir (posséder) qqch ~ sur blanc* etw schwarz auf weiß besitzen (haben) ; *travailler au ~* schwarzarbeiten.

noircir : *~ qqn (fam.)* anschwärzen ; *~ un collègue auprès du chef, un concurrent vis-à-vis de la clientèle* einen Kollegen beim Chef, einen Konkurrenten bei den Kunden anschwärzen.

nolisement *m* Befrachtung *f* ; Frachtgeld *n*.

nom *m* Name ; Benennung *f* ; (Marken)bezeichnung *f* ; ◆ *~ de baptême* Vorname ; Rufname ; *~ commercial (social)* Firmenname ; Geschäftsname ; Handelsname ; Firma *f* ; *~ déposé* eingetragener Name ; *~ d'emprunt* angenommener Name ; Deckname ; *~ de famille (patronymique)* Familienname ; *~ de jeune fille* Mädchenname ; *~ de marque* Markenbezeichnung *f* ; *~ social → commercial ;* ◆◆ *changement m de ~* Namenswechsel *m*, -änderung *f* ; *faux ~* Deckname ; *liste f des ~s* Namensliste *f*, -verzeichnis *n* ; *prête-~ m* Strohmann *m* ; als Rechtsträger fungierende Person ; *relevé m des ~s → liste* ; ◆◆◆ *agir au ~ de qqn, en son propre ~* in jds Namen, in seinem eigenen Namen handeln ; *apposer (mettre) son ~ au bas d'un document, d'une lettre* seinen Namen unter ein Dokument, einen Brief setzen ; *la voiture est (inscrite) au ~ de Monsieur X* der Wagen ist auf den Namen (unter dem Namen) von Herrn X zugelassen (gemeldet) ; *le chèque est libellé au ~ de* der Scheck lautet auf (+ A) ; *se faire un ~* sich einen Namen machen ; *ouvrir un compte à son ~* auf seinen eigenen Namen ein Konto eröffnen ; *procéder à l'appel des ~s des participants* die Namen der Teilnehmer verlesen (aufrufen) ; *elle m'a servi de prête-~* sie hat (für die Firma) nur ihren Namen hergegeben.

nomade : *population f ~* nicht seßhafte Bevölkerung *f* ; *vie f ~* Nomadenleben *n*.

nomadisme *m* Nomadismus *m*.

1. nombre *m (chiffre)* Zahl *f* ; Ziffer *f* ; *(quantité)* Anzahl *f* ; ◆ *~ de chômeurs* Arbeitslosenzahl, -ziffer ; *~ élevé* hohe (große) Zahl ; *~ entier* ganze Zahl ; *~ fractionnaire* gebrochene Zahl ; Bruchzahl ; *~ d'habitants* Einwohnerzahl ; *~ (im)pair* (un)gerade Zahl ; *~ peu élevé* niedrige (kleine) Zahl ; ◆◆ *au ~ de 12* zwölf an der Zahl ; *envoi m en ~* Massensendungen *fpl* ; *un grand ~ de...* eine große Anzahl von... ; eine beträchtliche Menge *f* von ; *en grand ~* in großer Zahl ; in Massen ; *en ~ inégal* in ungleicher Anzahl ; *en ~s ronds* in runden Zahlen ; *le ~ des participants* die Anzahl der Teilnehmer ; *arrondir une somme au ~ inférieur, supérieur* einen Betrag abrunden, aufrunden ; *écrire un ~ en toutes lettres* eine Zahl in Worten (aus)schreiben ; *fixer un ~ à...* eine Zahl auf... festsetzen ; *le ~ de chômeurs a atteint son niveau le plus élevé* die Zahl der Arbeitslosen hat den höchsten Stand (den Rekordstand) erreicht.

2. nombre *m : ~ indice (statist.)* Indexzahl *f* ; Indexziffer *f* ; Meßzahl *f* ; Richtzahl *f*.

nombreux, euse zahlreich ; viele ; *famille f ~euse* kinderreiche Familie *f* ; *les visiteurs mpl n'étaient pas très ~* die Besucher waren nicht sehr zahlreich.

nomenclature *f* Nomenklatur *f* ; (Namens)verzeichnis *n*, -register *n*, -liste *f* ; Katalog *m* ; *~ douanière* Zollnomenklatur *f* ; *~ de marchandises* Warenverzeichnis *n* ; *~ des salaires* Lohngruppenkatalog ; ~ *tarifaire* Tarifschema *n* ; *consulter une* ~ in einer Nomenklatur nachschlagen.

nominal, e Nenn- ; Nominal- ; nominell ; namentlich ; *appel m* ~ namentlicher Aufruf *m* ; *capital m* ~ Nominal-, Nennkapital *n* ; *liste f* ~*e* Namensverzeichnis *n* ; Namensliste *f* ; *revenu m* ~ Nominaleinkommen *n* ; *salaire m* ~ Nominallohn *m* ; *somme f (montant m)* ~*(e)* Nennbetrag *m* ; *valeur f* ~*e* Nennwert *m* ; Nominalwert ; *vote m par appel* ~ Abstimmung *f* mit Namensaufruf.

nominalement dem Namen nach ; nominell.

nominatif, ive namentlich ; Namens- ; *action f* ~*ive* Namensaktie *f* ; *appel m* ~ Namensaufruf *m* ; *chèque m, liste f* ~*(ive)* Rektascheck *m* ; Namensverzeichnis *n* (-liste *f*) ; *titre m* ~ Namenspapier *n* ; auf den Namen (einer bestimmten Person) lautendes Papier.

nomination *f* Ernennung *f* ; Nominierung *f* ; Bestallung *f* ; Bestellung *f* ; Berufung *f* ; ~ *de* Ernennung zu (als)... ; ~ *au poste de...* Ernennung für den Posten ; ~ *à la présidence* Ernennung zum Vorsitzenden ; Ernennung als Vorsitzender ; *accepter, refuser, rejeter une* ~ eine Ernennung (Bestellung) annehmen, ablehnen, ausschlagen.

nommé, e : *ci-dessous* ~ untenerwähnt ; untenstehend ; *ci-dessus* ~ obenerwähnt ; obenstehend ; *le sus* ~ obengenannte(r) ; obenerwähnte(r) ; *pour la raison ci-dessous* ~*e* aus untenerwähntem Grund ; *un* ~ *Dupont* ein gewisser Dupont.

nommer ernennen ; nominieren ; bestallen ; einsetzen ; bestellen ; berufen ; ~ *à un poste* zu einem Amt ernennen ; für einen Posten bestellen ; ~ *qqn à la présidence, son successeur, un chef de gouvernement* jdn zum Vorsitzenden ernennen, seinen Nachfolger, einen Regierungschef ernennen ; ~ *un candidat à une élection* jdn als Kandidaten für eine Wahl nominieren ; ~ *à une chaire* auf einen Lehrstuhl berufen ; ~ *un adjoint, un avocat d'office, un expert, un gérant de société, un juge, un tuteur* einen Stellvertreter, einen Pflichtverteidiger, einen Gutachter, einen Geschäftsführer, einen Richter, einen Vormund bestellen.

non-acceptation *f* Nichtannahme *f* ; *(traite)* Akzeptverweigerung *f*.

non-accomplissement *m* Nichterfüllung *f* (eines Vertrags).

non-acquittement *m (d'une dette)* Nichtbegleichen *n* (einer Schuld).

non-actif *m* Nichterwerbstätige(r) ; Nichtberufstätige(r) ; *les* ~*s* die nichterwerbstätige Bevölkerung *f*.

non actif, ive nichtarbeitend ; nicht berufstätig ; nicht erwerbstätig ; *la population* ~*ive* die nicht berufstätige Bevölkerung.

non-activité *f (fonctionnaire, officier)* einstweiliger Ruhestand *m* ; Wartestand *m*.

non affranchi, e unfrankiert ; *lettre f* ~*e* unfrankierter Brief *m* ; nicht freigemachter Brief.

non-agression : *pacte m de* ~ Nichtangriffspakt *m*.

non aligné, e blockfrei ; nicht paktgebunden ; *États mpl* ~*s* blockfreie Staaten *mpl*.

non-alignement *m* Blockfreiheit *f*.

non assuré, e unversichert.

non bancable nicht bankfähig ; nicht diskontierbar.

non bancaire : *établissements mpl* ~*s* Nichtbanken *fpl*.

non belligérant, e nichtkriegführend.

non cessible nicht übertragbar ; nicht zessibel ; unübertragbar.

non-commerçant *m* Nichtkaufmann *n*.

non-commercialisation *f* Nichtvermarktung *f* ; Nichtkommerzialisierung *f*.

non-comparution *f* Nichterscheinen *n* (vor dem Gericht).

non-confirmation *f* Nichtbestätigung *f*.

non-conformité *f* Nichtübereinstimmung *f*.

non consigné, e Einweg- ; *bouteille f* ~*e* Einweg-, Wegwerfflasche *f*.

non convertible nicht konvertierbar.

non coté, e unnotiert ; *valeurs fpl* ~*es* unnotierte Wertpapiere *npl* ; *société f anonyme* ~*e en bourse* nicht börsennotierte Aktiengesellschaft *f*.

non-déductibilité *f (impôt)* Nichtabzugsfähigkeit *f*.

non demandé, e *(bulletins de commande)* nicht gewünscht ; *rayer les articles* ~*s* Nichtgewünschtes bitte streichen.

non-exécution *f* Nichtausführung *f* ; Nichterfüllung *f* (eines Solls).

non ferreux, euse : *métal m* ~ Nicht-Eisen-Metall *n* ; NE-Metall.

non-fumeur *m* Nichtraucher *m*.

non garanti par écrit nicht verbrieft.

non-gréviste *m* Nichtstreikende(r) ;

Arbeitswillige(r) ; *interdire l'accès de l'usine aux ~s* die Arbeitswilligen am Betreten der Fabrik hindern.

non imposable steuerfrei ; *sommes fpl ~s* steuerfreie Beträge *mpl.*

non-ingérence *f* Nichteinmischung *f.*

non-inscrit *m (polit.)* Parteilose(r).

non-jouissance *f (jur.)* Nutzungsausfall *m.*

non-lieu *m (jur.)* Einstellung *f* (eines Straf-, eines Verfolgungsverfahrens) ; *ordonnance de ~* Einstellungsbeschluß *m.*

non-livraison *f* Nichtlieferung *f.*

non lucratif, ive nicht gewerblich.

non-membre *m* Nichtmitglied *n.*

non officiel, le nicht amtlich ; nicht von amtlicher Seite stammend ; offiziös ; halbamtlich.

non-paiement *m* Nicht(be)zahlung *f* ; *en cas de ~* bei Nichtbezahlung ; *(Autriche)* im Nichteinbringungsfall ; *~ d'un chèque* Nichteinlösung *f* eines Schecks.

non-participation *f* Nichtteilnahme *f.*

non payé, e unbezahlt.

non producteur de pétrole : *pays mpl ~s* Nichtölländer *npl.*

non-prolifération *: traité m de ~ des armes nucléaires)* Atomwaffensperrvertrag *m.*

non public, ique nicht öffentlich.

non-recevoir : *fin de ~* abschlägiger Bescheid *m* ; *opposer une fin de ~* einen abschlägigen Bescheid geben (erteilen).

non réclamé, e *(courrier, colis)* unabgeholt.

non-reconnaissance *f (d'un État)* Nichtanerkennung *f* (eines Staats).

non-recouvrement *m* Nichtbeitreibung *f* ; Nichteinziehung *f.*

non remboursable : *emprunt m ~* unkündbare Anleihe *f.*

non rémunéré, e unbesoldet ; unbelohnt ; ehrenamtlich.

non-rentabilité *f* Unrentabilität *f* ; Unwirtschaftlichkeit *f.*

non rentable unrentabel ; unwirtschaftlich ; *exploitation f ~* unrentabel arbeitender Betrieb *m* ; unrentabler Betrieb.

non-résident *m* **1.** Nichtansässige(r) **2.** Devisenausländer *m.*

non-respect *m* Nichtbeachtung *f* ; Nichtbefolgung *f* ; Nichteinhaltung *f* ; *le ~ du règlement (des consignes)* die Nichteinhaltung *f* der Vorschriften.

non-responsabilité *f* Haftungsfreiheit *f,* -ausschluß *m,* -ausschließung *f* ; Nichtverantwortlichkeit *f* ; *(en cas de déficience mentale)* Unzurechnungsfähigkeit *f.*

non rétribué, e ⇒ *non rémunéré.*

non-rétroactivité *f* Nichtrückwirkung *f.*

non-salarié *m* Selbständige(r) ; selbständig Erwerbstätige(r) ; *(commerce)* Gewerbetreibende(r) ; *(professions libérales)* Freiberufler *m.*

non-satisfaction *f* **1.** Nichtgefallen *n* ; *en cas de ~, nous reprendrions la marchandise* bei Nichtgefallen nehmen wir die Ware zurück **2.** *en cas de ~ aux conditions* bei Nichterfüllung der Bedingungen.

non signataire : *Etat m ~* Nichtunterzeichnerstaat *m.*

non-spécialiste *m* Nichtfachmann *m* ; Laie *m.*

non-stop Nonstop ; ohne Unterbrechung ; *les magasins sont ouverts en ~* die Läden sind durchgehend geöffnet ; *cinéma m ~* Nonstopkino *n* ; *restaurant m ~* Nonstoprestaurant *n* ; *vol m ~* Nonstopflug *m.*

non-syndiqué *m* Nichtorganisierte(r) ; Nichtmitglied *m* einer Gewerkschaft.

non syndiqué, e nicht (gewerkschaftlich) organisiert ; nicht einer Gewerkschaft angehörend.

non-utilisation *f* Nichtanwendung *f* ; Nichtbenutzung *f.*

non-valeur *f* **1.** Ertraglosigkeit *f* ; ertragloser Besitz *m* ; Investition *f* die keinen Ertrag abwirft **2.** nicht beitreibbare (eintreibbare) Forderung *f* **3.** Nonvaleur *m* ; wertloses Wertpapier *n.*

non-vente *f* Nichtverkauf *m.*

normalisation *f* **1.** Normung *f* ; Standardisierung *f* ; Normierung *f* ; *la ~ de pièces détachées* die Normung von Ersatzteilen ; *commission f de ~* Normenausschuß *m* **2.** *(polit.) ~ des rapports entre deux pays* Normalisierung der Beziehungen zwischen zwei Staaten.

normaliser **1.** normen ; normieren ; standardisieren ; vereinheitlichen ; *~ des pièces de rechange, des emballages, des formats* Ersatzteile, Verpackungen, Formate normen (normieren) **2.** *(polit.) ~ des relations* Beziehungen normalisieren.

norme *f* Norm *f* ; Regel *f* ; Maßstab *m* ; Soll *n* ; Richtlinie *f* ; Vorschrift *f* ; Muster *n* ; Standard *m* ; *(temps)* Normenzeit *f* ; ♦ *~ communautaire, de production, de qualité, de sécurité, de travail* Gemeinschafts-, Produktions-, Qualitäts-, Sicherheits-, Arbeitsnorm ; *~s françaises homologuées (NF)* französiche Industrienormen ; *~s de l'industrie allemande* Deutsche Industrienormen (DIN) ; ◆◆ *augmentation f des ~s* Normenerhöhung *f* ; *conforme aux ~s* normengerecht ; *déviation f (écart m) de la ~* Normenabweichung *f* ; *non conforme aux ~s* normenwidrig ; *relèvement m des ~s* → *augmentation* ; ◆◆◆ *abaisser, atteindre, augmenter, dépasser les ~s (de production)* die (Produktions)normen senken, erreichen (erfüllen), erhöhen, überfüllen ; *dépasser la ~ (temps)* die Normenzeit überschreiten ; *s'écarter de la ~* von der Norm abweichen ; *être conforme à la ~ (aux ~s)* der Norm entsprechen ; normengerecht sein ; *fixer des ~s* Normen festsetzen ; *respecter les ~s* die Normen einhalten ; *satisfaire aux ~s* die Normen erfüllen ; normengerecht sein.

nota bene *(N.B.) (arch.)* notabene ; NB ; wohlgemerkt ; Fußnote *f* ; Anmerkung *f*.

nostro Nostro- : *compte m ~* Nostrokonto *n*.

notabilités *fpl* Honoratioren *fpl* ; Prominente *mpl* ; Notabeln *pl*.

notables *mpl* ⇒ *notabilités*.

notaire *m* Notar *m* ; *clerc m de ~* Notar(iats)gehilfe *m* ; *étude f de ~* Notariat *n* ; Notariatskanzlei *f*, -büro *n* ; *frais mpl de ~* Notariatsgebühren *fpl* ; *passé (dressé) par-devant ~* notariell beglaubigt ; notariell beurkundet ; *faire (passer) qqch (par-) devant ~* etw notariell beglaubigen lassen.

notarié, e notariell ; *(Suisse)* notarisch ; *acte m (document m) ~* notarielle Urkunde *f* ; notariell beglaubigtes Dokument *n*.

notation *f* **1.** *(bourse)* Kursnotierung *f* **2.** *(marchandises)* Warenauszeichnung *f*.

note *f*	**1.** ***sens général*** **2.** ***facture ; addition*** **3.** ***note politique***

1. ***(sens général)*** Anmerkung *f* ; Notiz *f* ; Vermerk *m* ; Fußnote *f* ; ◆ *~ brève* kurzer Vermerk ; *(bourse) ~ des changes* Kurszettel *m* ; *~ confidentielle* vertrauliche Mitteilung *f* ; *~ de crédit* Gutschrift(anzeige) *f* ; *~ de débit* Lastschriftanzeige *f* ; *~ écrite* schriftliche Mitteilung *f* ; *~ manuscrite* handschriftlicher Vermerk ; *~ marginale* Randvermerk ; Randbemerkung *f* ; *~ de service* Dienstanweisung *f*, -vorschrift *f* ; ◆◆◆ *faire passer une ~ dans les services* ein Rundschreiben (eine Mitteilung) durch die Abteilungen gehen lassen ; *prendre ~ de qqch* etw vormerken ; etw notieren ; *nous avons pris bonne ~ de votre commande* wir haben uns Ihre Bestellung (bestens) vorgemerkt (notiert).

2. ***(facture ; addition)*** Rechnung *f* ; *~ de commission, de courtage* Kommissionsrechnung ; Courtagerechnung ; Maklergebühr *f* ; *~ de frais* Spesenrechnung ; Bewirtungskosten *pl* ; *~ d'honoraires* Honorarrechnung ; *demander la ~* die Rechnung verlangen ; *présenter une ~ d'hôtel* eine Hotelrechnung vorlegen ; *régler une ~* eine Rechnung begleichen ; *porter sur une ~* in Rechnung stellen.

3. ***(note politique)*** Note *f* ; *~ confidentielle, diplomatique* vertrauliche, diplomatische Note ; *~ de protestation, verbale* Protest-, Verbalnote ; *échange m de ~s* Notenaustausch *m*, -wechsel *m*.

noter notieren ; vormerken ; aufzeichnen ; *~ une date sur un calendrier* einen Termin im Kalender vormerken ; *~ les rentrées et les sorties* Ein- und Ausgänge buchen ; *~ une réservation (de chambre)* (ein Zimmer) buchen.

notice *f* Notiz *f* ; Bericht *m* ; *~ d'emploi, d'entretien* Gebrauchsanweisung *f* ; Betriebsanleitung *f* ; *~ explicative* Erläuterung *f* ; beschreibende Erklärung *f* ; *(impôts)* Helfer *m* ; *~ de voyage* Reisemerkblatt *n*.

notification *f* amtliche Mitteilung *f* ; offizielle Bekanntgabe *f* (Benachrichtigung *f*) ; *~ d'un jugement* Urteilszustellung *f*.

notifier offiziell bekanntgeben ; amtlich mitteilen ; *(acte officiel)* zustellen.

notion *f* Begriff *m* ; *ne pas avoir la moindre ~ de...* nicht die geringste Ahnung haben von...

notoriété *f* Offenkundigkeit *f* ; allgemeine Bekanntheit *f* ; *(publicité)* Bekanntheitsgrad *m* ; *de ~ publique* offenkundig ; allgemein bekannt.

nouer (an)knüpfen ; aufnehmen ; eingehen ; *~ des relations d'affaires* geschäftliche Verbindungen eingehen *~ des relations diplomatiques* diplomatische Verbindungen anknüpfen (aufnehmen).

nourri, e : *être logé (et) ~* freie Kost und Wohnung (Logis) haben.

nourricier, ière Nähr- ; Pflege- ; *parents mpl ~s* Pflegeeltern *pl*.

nourrir ernähren ; *être bien, mal ~*

wohlernährt, schlechternährt sein ; *avoir une grande famille à ~* eine große Familie zu ernähren haben ; *mon traitement suffit à peine à me ~* von dem Gehalt kann ich mich kaum ernähren.

nourriture *f* Ernährung *f* ; Nahrung *f* ; Kost *f* ; *~ saine, abondante et variée* gesunde, reichliche, abwechslungsreiche Kost ; *~ à ses (propres) frais* Selbstversorgung *f*.

nouveau *m* der, die, das Neue ; *(débutant)* Neuling *m* ; *(nouvel arrivant)* Neuankömmling *m* ; *l'arrivée f de ~x* Neuzugänge *mpl* ; *le ~ de l'affaire est que...* das Neue an der Sache ist, daß...

nouveau, nouvelle neu ; neuartig ; Neu- ; *nouvelle acquisition* Neuanschaffung *f* ; *nouvelle édition* Neuauflage *f* ; *~x modèles* neue Muster *npl* ; neue Modelle *npl* ; neue Kollektion *f* ; *le Nouveau Monde* die Neue Welt ; *nouvelle réglementation* Neuregelung *f* ; *~ riche* Neureiche(r) ; *action f nouvelle* junge Aktie *f* ; *arrivées fpl nouvelles* Neuzugänge *mpl* ; *d'un genre ~* neuartig ; *immatriculations nouvelles* Neuzulassungen *fpl* ; *jusqu'à nouvel ordre* bis auf weiteres ; *pour une nouvelle période de trois mois* auf weitere drei Monate ; *report m à ~* Übertrag *m* auf neue Rechnung ; Saldoübertrag ; *ville f nouvelle* neue Stadt *f* ; Trabantenstadt ; *(comptab.) reporter à ~* auf neue Rechnung übertragen.

nouveauté *f* Neuerung *f* ; *(nouveau sur le marché, mode)* Neuheit *f* ; Novität *f* ; *(acquisition)* Neuerwerbung *f* ; *(création)* Neuschöpfung *f* ; *~ technique, sociale* technische, gesellschaftliche Neuerung ; *~ de la mode* neuer Artikel *m* ; modische Neuheit ; Modeartikel *m* ; *dernière ~* letzte Neuheit ; *magasin m de ~s* Modegeschäft *n* ; *c'est une ~ sur le marché* das ist eine Novität (eine Neuerscheinung) auf dem Markt ; *de nombreuses ~s sont présentées dans l'enceinte de la foire* viele Neuheiten werden auf dem Messegelände vorgeführt ; *être hostile à toute ~* jeder Form von Neuerung ablehnend gegenüberstehen.

nouveau-venu *m (sur le marché)* Neuankömmling *m* ; Newcomer ['njukamər] *m*.

1. nouvelle *f* Meldung *f* ; Nachricht *f* ; Neuigkeit *f* ; ◆ *~s alarmantes* alarmierende Meldungen ; *~s économiques* wirtschaftliche Nachrichten ; *~ officielle* amtliche Meldung ; *une ~ en provenance de Paris au sujet des événements récents* eine Meldung aus Paris über die neuesten Ereignisse ; *une ~ reprise par la presse* eine Meldung geht durch die Presse ; ◆◆◆ *apprendre, connaître, rapporter les ~s (bruits) du jour* die Neuigkeiten des Tages erfahren, kennen, berichten ; *la ~ est dépassée, vient de nous parvenir* die Nachricht ist überholt, ist eben eingegangen ; *démentir, laisser, publier une ~* eine Nachricht dementieren, hinterlassen, bekanntgeben ; *recevoir, répercuter, transmettre une ~* eine Nachricht erhalten, weiterleiten, überbringen ; *donner de ses ~s* von sich hören lassen ; *vous aurez de nos ~s* Sie werden bald von uns hören.

2. nouvelles *fpl (bulletin d'informations)* Nachrichtensendung *f* ; *écouter, mettre les ~* Nachrichten hören, einstellen ; *(fam.) je l'ai entendu aux ~* das wurde in den Nachrichten gebracht ; das wurde in den Nachrichten durchgegeben ; *entendre les dernières ~s du jour à la radio* die letzten Meldungen vom Tage im Radio hören ; die neuesten Nachrichten im Rundfunk hören.

novateur *m* Neuerer *m*.

novation *f (jur.)* Novation *f* ; Schuldumwandlung *f*.

noyau *m* Kern *m* ; *le ~ dur* der harte Kern.

noyautage *m* Unterwanderung *f*.

noyauter unterwandern.

nu, e nackt ; lose ; unverpackt ; *marchandise f ~e* lose Ware *f* ; *~-propriétaire* bloßer Eigentümer *m* ; *~e -propriété* bloßes Eigentum *n* ; *terrain m ~* unbebautes Grundstück *n*.

nucléaire *m* Kern-, Atomenergie *f* ; *anti- ~ m* Kernkraftgegner *m* ; *pro- ~* Kernkraftbefürworter *m* ; *le tout- ~* ganz auf Atomkraft ausgerichtet.

nucléaire Atom ; atomar ; Kern- ; nuklear ; Nuklear- ; *armes fpl ~s* Atomwaffen *fpl* ; *arrêt m des essais ~s* Kernwaffenversuchsstopp *m* ; *catastrophe f ~* Atomkatastrophe *f* ; *centrale f ~* Kernkraftwerk *n* ; KKW *n* ; Atomkraftwerk *n* ; AKW *n* ; *centre m d'études ~s* Atomforschungszentrum *n* ; *coopération f ~* nukleare Zusammenarbeit *f* ; *énergie f ~* Kern-, Atomenergie *f* ; *ère f ~* Atomzeitalter *n* ; *essai m ~* Kernwaffenversuch *m* ; *équilibre m ~* atomares Gleichgewicht *n* ; *fission f ~* Kernspaltung *f* ; *forces fpl ~s* nukleare Streitkräfte *fpl* ; *industrie f ~* Atomindustrie *f* ; *propulsion f ~* Kernenergieantrieb *m* ; atomarer Antrieb ; *puissan-*

ce f ~ Nuklearmacht *f* ; *réacteur m* ~ Atom-, Kernkraftreaktor *m* ; *recherche f* ~ Kernforschung *f* ; *risque m* ~ Kernenergierisiko *n* ; *supériorité f* ~ atomare Überlegenheit *f* ; *technique f* ~ Kerntechnik *f* ; *navire m à propulsion* ~ atomgetriebenes Schiff *n* ; *miser sur le* ~ auf die Kernenergie setzen.

nuire schaden (+ D) ; schädigen (+ A) ; *cela a nui à ses affaires* das hat ihn geschäftlich geschädigt ; ~ *aux intérêts de qqn* jds Interessen schädigen ; ~ *aux projets de qqn* jdm einen Strich durch die Rechnung machen ; jds Pläne durchkreuzen ; jds Plänen hinderlich sein ; ~ *à la bonne réputation d'une maison* dem guten Ruf einer Firma schaden.

nuisances *fpl* Umweltschäden *mpl*, -belastungen *fpl* ; Immissionen *fpl* ; ~ *industrielles* Industrieverschmutzung *f*, -verpestung *f* ; *mesures fpl contre les* ~ Umweltschutzmaßnahmen *fpl* ; *protection f contre les* ~ Immissionsschutz *m* ; *protéger la population contre les* ~ die Bevölkerung vor Immissionen schützen.

nuisible schädlich ; abträglich (+ D).

nuit *f : de* ~ nachts ; bei Nacht ; ♦ *équipe f (poste m) de* ~ Nachtschicht *f* ; *service m aéropostal de* ~ Nachtluftpostnetz *n* ; *indemnité f (supplément m) pour travail de* ~ Nachtzuschlag *m* ; Nachtschichtzulage *f* ; *tarif m de* ~ Nachttarif *m* ; *(R.F.A.) (téléph.)* Mondscheintarif ; *travail m de* ~ Nacht(schicht)arbeit *f* ; *train m de* ~ Nachtzug *m* ; *veilleur m de* ~ Nachtwächter *m* ; ♦♦♦ *être de* ~ Nachtdienst haben ; Nachtschicht haben ; *prendre son poste de* ~ zur Nachtschicht gehen ; *travailler tard dans la* ~ bis spät in die Nacht arbeiten ; bis in die späte Nacht (hinein)arbeiten.

nuitée *f* Übernachtung *f* (im Hotel).

nul, nulle ungültig ; nichtig ; *(sans objet)* hinfällig ; *(sans valeur)* wertlos ; *(inopérant)* unwirksam ; *(jur.) acte m* ~ nichtiges Rechtsgeschäft *n* ; *bulletins mpl* ~*s* ungültige Stimmen *fpl* ; ~ *et non avenu* null und nichtig ; *considérer, déclarer comme* ~ *et non avenu* als null und nichtig betrachten, für ungültig (nichtig) erklären ; *les affaires sont pratiquement nulles* die Geschäfte sind sozusagen gleich null ; *son crédit est* ~ er hat so gut wie keinen Kredit ; *déclarer un contrat, un mariage, un testament* ~ einen Vertrag, eine Ehe, ein Testament für nichtig erklären.

nullité *f* **1.** *(jur.)* Nichtigkeit *f* ; Ungültigkeit *f* ; ~ *d'un contrat, d'un testament* Nichtigkeit eines Vertrags, eines Testaments ; *action f en* ~ Nichtigkeitsklage *f* ; Klage auf Nichtigkeitserklärung ; *cas m de* ~ Nichtigkeitsfall *m* ; *cause f de* ~ Nichtigkeitsgrund *m* ; *déclaration f de* ~ Nichtig(keits)erklärung *f* ; *jugement m de* ~ Nichtigkeitsurteil *n* ; *motif m de* ~ → *cause* ; *être entaché de* ~ mit einem Nichtigkeitsmangel behaftet sein **2.** *(d'une incompétence totale) être une* ~ eine Null sein ; eine Niete sein.

numéraire *m* **1.** Hart-, Metallgeld *n* ; Münzgeld *n* ; Münzen *fpl* **2.** Bargeld *n* ; bares Geld *n* ; Barmittel *npl* ; *en* ~ in bar ; in Bargeld ; *apport m en* ~ Bareinlage *f* ; *avoir m en* ~ Barguthaben *n* ; *paiement m en* ~ Barzahlung *f* ; *rémunération f en* ~ Barlohn *m* ; *versement m en* ~ **a)** Barzahlung *f* ; **b)** Bargeldeinzahlung ; *payer en* ~ in bar zahlen ; *(fam.)* in klingender Münze zahlen.

numération *f* Zählung *f* ; Zahlensystem *n*.

numérique 1. Zahlen- ; numerisch **2.** *(inform.)* Digital- ; digital.

numéro *m* Nummer *f* ; ~ *d'une annonce, d'appel, d'arrivée* Chiffre-, Ruf-, Eingangsnummer ; ~ *de chambre, de code postal, de commande* Zimmernummer, Postleitzahl *f*, Bestellnummer ; ~ *de code secret* Geheimzahl *f* ; ~ *de compte, de contrôle, de dossier* Konten-, Kontrollnummer ; Aktenzeichen *n* ; ~ *d'enregistrement, de fabrication, d'immatriculation* Buchungs-, Fabrikations-, Auto(zulassungs)nummer ; ~ *justificatif, de loterie, de maison* Beleg-, Los-, Hausnummer ; ~ *minéralogique (auto)* Zulassungsnummer ; amtliches (polizeiliches) Kennzeichen *n* ; ~ *d'ordre (courant, suivi)* laufende Nummer ; ~ *de référence* Bezugs-, Referenz-, Kenn-Nummer ; ~ *de référence à rappeler dans toute correspondance* obige Nummer bei allen Schreiben bitte angeben ; ~ *de réservation, de série* Buchungs-, Seriennummer ; *(revue)* ~ *spécial* Spezialheft *n* ; Sondernummer ; ~ *spécimen* Probenummer (Probeheft *n*) ; ~ *supplémentaire* Ergänzungsheft *n* ; ~ *tarifaire* Zolltarifnummer ; ~ *de téléphone* ⇒ *numéro de téléphone* ; ~ *de train* Zugnummer.

numéro *m* d'identité bancaire persönliche Bankkontonummer *f* ; (persönliche) Bankreferenzen *fpl.*

numéro *m* **de téléphone** Telefon-, Fernsprech-, Rufnummer *f* ; *un faux ~* eine falsche Rufnummer ; *composer, demander un ~* eine Numer wählen, verlangen ; *veuillez me donner (communiquer) votre ~ s.v.p.* geben Sie mir bitte Ihre Nummer ; *vous pouvez me joindre au ~ 21.07.35.* ich bin unter der Nummer 21.07.35. zu erreichen.

numérotage *m* Numerierung *f.*

numéroter numerieren ; mit Nummern (Zahlen) versehen ; beziffern ; *~ des billets de banque par séries* Banknoten serienweise numerieren ; *billets mpl numérotés* numerierte Banknoten *fpl.*

numerus *m* **clausus** Numerus clausus *m* ; zahlenmäßig beschränkte Zulassung *f* (zu einem Studium, Beruf).

numismate *m* Numismatiker *m* ; Münzkundige(r) ; Münzsammler *m.*

nu-propriétaire *m (jur.)* bloßer Eigentümer *m.*

nue-propriété *f (jur.)* bloßes Eigentum *n.*

O

O.A.C.I. *(Organisation f de l'aviation civile internationale)* Organisation *f* der internationalen zivilen Luftfahrt ; ICAO *f.*

obédience *f* Gehorsam *m* ; (politische, parteiliche, gewerkschaftliche) Zugehörigkeit *f* ; Gefolgschaft *f.*

obérer mit Schulden belasten ; finanziell belasten ; *être ~é (de dettes)* überschuldet sein ; hochverschuldet sein ; in Schulden stecken.

objecter 1. einwenden (gegen) ; Einwand erheben gegen ; *avez-vous qqch à ~ à ce projet ?* haben Sie etw gegen dieses Projekt einzuwenden ? **2.** den Wehrdienst verweigern.

objecteur *m* **de conscience** Wehrdienst-, Kriegsdienstverweigerer *m.*

objectif *m* Ziel *n* ; Zielsetzung *f* ; *~s* Aufgabenstellung *f* ; Zielvorgabe *f* ; *atteindre son ~* sein Ziel erreichen ; *avoir pour ~* als Ziel haben ; etw anvisieren ; *revoir les ~s de croissance vers le bas* das Wachstumsziel nach unten revidieren.

objection *f* Einwendung *f* ; Einwand *m* ; *faire (formuler) des ~s* Einwendungen machen (vorbringen) ; *faire valoir, formuler une ~* einen Einwand geltend machen, erheben (vorbringen, machen) ; *infirmer, rejeter (repousser) une ~* einen Einwand entkräften, zurückweisen ; *soulever une ~ contre qqch* gegen etw einwenden ; gegen etw Einwand erheben.

objection *f* **de conscience** Wehrdienst-, Kriegsdienstverweigerung *f.*

1. objet : *(corresp.)* Betreff : ; Betr. : ; Betrifft : ; *~ : candidature* Betreff : Bewerbung ; *indiquer l'~ d'une lettre* den Betreff eines Briefs nennen.

2. objet *m* Gegenstand *m* ; Objekt *n* ; Zweck *m* ; Sache *f* ; Ding *n* ; *(commercial)* Ware *f* ; Artikel *m* ; ♦ *sans ~* gegenstandslos ; *~ d'art, du contrat, de contrebande* Kunst-, Vertragsgegenstand, Schmuggelware *f* ; *~ d'échange* Tauschobjekt, -gegenstand ; *~ gagé* Pfandsache ; *~ de l'impôt (imposable)* Steuerobjekt, -gegenstand ; *~ de (du) litige* Streitgegenstand ; *~s mobiliers* bewegliche Sachen ; *~s de première nécessité* Gegenstände des täglichen Bedarfs ; Gegenstände des dringenden (lebensnotwendigen) Bedarfs ; *~ recommandé* eingeschriebene Sendung *f* ; Einschreibesendung ; Einschreiben *n* ; *~ social* Gesellschaftszweck *m* ; Gegenstand der Gesellschaft ; *~s trouvés ⇒ objets trouvés* ; *~s d'usage courant* Gebrauchsgegenstände ; Gegenstände des täglichen Bedarfs ; *~ de valeur* Wertgegenstand ; Wertsache *f* ; ♦♦♦ *avoir pour ~* den Zweck haben ; etw zum Ziel haben ; *être l'~ de critiques virulentes* zum Gegenstand heftiger Kritik werden ; *être l'~ de pourparlers, de discussions* zur Verhandlung, zur Diskussion stehen ; *faire l'~ de...* Gegenstand von etw sein ; *les objections sont sans ~* die Einwände sind gegenstandslos.

objets *mpl* **trouvés** Fundsache *f*, -gegenstand *m* ; *appropriation f abusive d'~* Fundunterschlagung *f* ; *bureau m des ~* Fundbüro *n.*

obligataire *m* Obligationeninhaber *m* ; Inhaber *m* von Schuldverschreibungen ; *(Suisse)* Obligationär *m.*

obligataire Obligations- ; *emprunt m*

~ Obligationsanleihe *f* ; *marché* ~ Rentenmarkt ; Obligationenmarkt.

obligation *f*	**1.** ***contrainte, engagement*** **2.** ***titre négociable***

1. ***(contrainte, engagement)*** Pflicht *f* ; Verpflichtung *f* ; Verbindlichkeit *f* ; Zwang *m* ; Obligo *n* ; ♦ ~ *alimentaire, d'assurance, d'assurer le service* Unterhalts-, Versicherungs-, Betriebspflicht ; ~ *de change* Wechselverpflichtung ; ~ *contractuelle* Geschäfts-, Vertragsverbindlichkeit ; ~ *de contracter* Abschlußzwang ; ~ *de déclarer, de dépôt* (An)melde-, Hinterlegungspflicht ; ~ *de discrétion, fiscale, de fournir des renseignements* Verschwiegenheits-, Steuer-, Auskunftspflicht ; ~ *de garantie* Garantieverpflichtung ; ~ *d'indemnité (de réparer), de livrer* (Schadens)ersatz-, Lieferungspflicht ; ~ *de non-concurrence* Wettbewerbsverbot *n* ; ~ *de paiement* Zahlungspflicht, -verbindlichkeit ; ~*s professionnelles* berufliche Verpflichtungen ; ~ *de rachat, de rembourser, de réserve* Einlösungs-, Rückerstattungs-, Schweigepflicht ; ~ *secondaire* Nebenverpflichtung ; ~ *au secret professionnel* Schweigepflicht ; Geheimhaltungspflicht ; ~ *de service* Dienstpflicht ; Amtspflicht ; dienstliche Verpflichtung ; ~ *statutaire* satzungsgemäße Verpflichtung ; ~ *successorale* Nachlaßverbindlichkeit ; ~ *de surveillance* Aufsichts-, Überwachungspflicht ; ~ *de transfert* Transferverpflichtung ; ~ *au travail* Arbeitspflicht ; ~ *de vendre* Verkaufszwang ; ~ *de vote* Wahlpflicht ; *sans ~ d'achat* unverbindlich ; ♦♦♦ *s'acquitter d'une ~* → *satisfaire ; contracter une ~* eine Verbindlichkeit (Verpflichtung) eingehen ; *dispenser d'une ~* von einer Verpflichtung entbinden ; *être soumis à une ~* einer Pflicht unterworfen sein (unterliegen) ; *faire honneur à ses ~s* → *satisfaire ; imposer une ~ à qqn* jdm eine Verpflichtung auferlegen ; *respecter une ~* → *satisfaire ; satisfaire à ses, à une ~(s)* seinen Verpflichtungen nachkommen ; eine Verpflichtung einhalten ; *violer une ~* gegen eine Verpflichtung verstoßen ; *se voir dans l'~ de...* sich gezwungen (sich genötigt sehen), zu...

2. ***(titre négociable)*** Obligation *f* ; Schuldverschreibung *f* ; ♦ ~ *à 4 %* vierprozentige Obligation ; ~ *amortie* eingelöste Obligation ; ~ *bancaire, cautionnée* Bank-, Kautionsschuldverschreibung ; ~ *communale* Kommunalobligation ; ~ *convertible* Wandelschuldverschreibung ; Wandelanleihe *f* ; ~*s d'État* Staatspapiere *npl*, -obligationen ; *(R.F.A.)* Bundesschatzbriefe *mpl*; *(fam.)* Bundesschätzchen *npl* ; ~ *foncière, fractionnée* ; Pfandbrief *m*, Teilobligation ; ~ *garantie par l'État* staatlich gesicherte Obligation ; staatlich garantierte Schuldverschreibung ; ~ *hypothécaire* (Hypotheken)pfandbrief *m* ; ~ *indexée, industrielle, à lots* Index-, Industrie-, auslosbare Obligation ; ~*s nationales* → *d'État ;* ~ *nominative* Namensschuldverschreibung ; ~ *non remboursable, payable à vue* unkündbare, bei Sicht zahlbare Obligation ; ~ *au porteur, à primes* Inhaberschuldverschreibung, Prämienobligation ; ~ *privilégiée* Vorzugs-, Prioritätsobligation ; ~ *à revenu fixe, à revenu variable* Obligation mit festem, mit veränderlichem Ertrag ; ~ *tirée au sort* ausgeloste Obligation ; ♦♦ ~ *capital m, dette f d'~s* Obligationskapital *n*, Obligationenschuld *f* ; *droit m des ~s* Schuldrecht *n* ; *porteur m d'~s* Obligationeninhaber *m* ; *(Suisse)* Obligationär *m* ; *remboursement m des ~s* Einlösung *f* von Obligationen ; ♦♦♦ *émettre des ~s* Obligationen (Schuldverschreibungen) ausgeben ; *racheter (rembourser) des ~s* Obligationen einlösen.

obligatoire Pflicht- ; verbindlich ; obligatorisch ; vorgeschrieben ; *assujettissement m ~* Sozialversicherungspflicht *f* ; *assurance f ~* Pflichtversicherung *f* ; *baccalauréat m ~* (für diese Ausbildung ist das) Abitur (Grund)voraussetzung ; *conditions fpl ~s* vorgeschriebene Bedingungen *fpl* ; *(sécurité sociale)* Beitragspflicht *f* ; Pflichtbeitrag *m* ; *formalité f ~* verbindliche Formalität *f* ; *normes fpl ~s* allgemein verbindliche Normen ; *service m militaire ~* allgemeine Wehrpflicht ; *vitesse f ~* vorgeschriebene Geschwindigkeit *f* ; *être ~* obligatorisch sein ; Pflicht sein ; verbindlich sein.

obligé *m* Schuldner *m* ; ~ *principal* Hauptschuldner.

obligé, e 1. *(corresp.) (reconnaissant) nous vous serions très ~s de bien vouloir...* wir wären Ihnen sehr verbunden ; wir wären Ihnen zu Dank verpflichtet ; wir wären Ihnen dafür sehr dankbar **2.** *(contraint) nous nous verrions ~s* wir würden uns genötigt sehen... ; *être ~ de...* müssen ; gezwungen (genötigt) sein, zu... ; *nous sommes ~s d'entamer une procédure judiciaire* wir sehen uns gezwungen, gerichtlich vorzugehen ; *je me vois ~ de prendre ces mesures draconiennes* ich sehe mich zu diesen drastischen Maßnahmen gezwungen.

obligeamment entgegenkommenderweise ; gefällig.

obligeance *f* Entgegenkommen *n* ; Zuvorkommenheit *f* ; Gefälligkeit *f* ; *(corresp.) veuillez avoir l'(extrême) ~ de...* wollen Sie die Freundlichkeit (die Güte) haben, zu... ; seien Sie bitte so freundlich, zu...

obligeant, e zuvor-, entgegenkommend ; gefällig ; *elle est très ~e* sie ist äußerst zuvorkommend.

obliger **1.** *(contraindre)* nötigen ; zwingen ; *(engager)* verpflichten ; *~ qqn à démissionner* jdn zum Rücktritt zwingen ; *se voir ~é de faire qqch* sich genötigt (gezwungen) sehen, etw zu tun ; *~ qqn à payer* jdn zur Zahlung verpflichten **2.** *(corresp.) vous nous obligeriez en répondant dès que possible* für umgehende Rückantwort wären wir Ihnen sehr dankbar ; für rasche Rückäußerung wären wir Ihnen sehr verbunden.

oblitérateur *m* Entwerter *m* ; Entwertungsstempel *m*.

oblitération *f (des timbres)* Entwertung *f* (der Briefmarken) ; Abstempeln *n*.

oblitérer entwerten ; abstempeln ; *timbre m ~é* gestempelte (entwertete) Briefmarke *f* ; *~ un titre de transport* einen Fahrschein entwerten ; eine Fahrkarte lochen.

obole *f* Obolus *m* ; kleiner Beitrag *m* ; kleine Geldspende *f* ; *donner son ~* seinen Obolus entrichten (reichen) ; sein Scherflein beitragen (geben) ; *une ~ pour les pauvres* ein Scherflein an die Notleidenden.

obscur, e **1.** unbedeutend ; unbekannt **2.** obskur ; fragwürdig ; anrüchig ; zweifelhaft ; *une affaire, un personnage ~(e)* obskures Geschäft *n*, anrüchige Person *f*.

observance *f* Beachtung *f* (einer Vorschrift) ; Befolgung *f* ; Beobachtung *f* ; Einhaltung *f* (von Fristen).

observation *f* **1.** ⇒ *observance* **2.** *(examen)* Beobachtung *f* ; Betrachtung *f* **3.** *(remarques)* Bemerkung *f* ; Anmerkung *f* ; Stellungnahme *f* ; *~s écrites, orales* schriftliche, mündliche Stellungnahme ; *ne pas avoir d'~s à formuler* an etw (+ D) nichts auszusetzen haben ; an etw nichts zu bekritteln haben ; *garder ses ~s pour soi* sich seiner Stellungnahme enthalten ; *se garder la possibilité de faire des ~s* sich seine Stellungnahme vorbehalten ; *tenir compte des ~s formulées* Bemerkungen Rechnung tragen **4.** *(reproches)* Einwände *mpl* ; Vorhaltungen *fpl* ; *faire des ~s à qqn* jdm Vorhaltungen machen **5.** *~ d'un secret* Wahrung *f* eines Geheimnisses.

observer **1.** *(se conformer à)* befolgen ; beachten ; einhalten ; beobachten ; *~ des lois, un règlement* Gesetze, Vorschriften befolgen **2.** *(constater, examiner)* feststellen ; beobachten **3.** *~ un délai, la neutralité, le secret, le silence* eine Frist, die Neutralität, Stillschweigen, das Geheimnis wahren **4.** *faire ~ que...* einwenden, daß... ; vorhalten, daß... ; *je vous ferai ~ que...* ich muß bemerken, daß...

obsolescence *f* (Über)alterung *f* ; Veraltetsein *n* ; Veralten *n* ; Überholtsein *n*.

obsolète überholt ; veraltet ; *les produits deviennent ~s* die Produkte kommen nicht mehr an ; die Waren verkaufen sich nicht mehr.

obstacle *m* Hindernis *n* ; Hemmnis *n* ; Behinderung *f* ; ♦ *~ à la croissance* Wachstumshindernis ; *~ insurmontable, sérieux* unüberwindliches, ernstes Hindernis ; ♦♦♦ *il y a quelques ~s à ce projet* diesem Projekt stehen einige Hemmnisse im Weg ; *aplanir (écarter, éliminer) des ~s* Hindernisse beseitigen ; Hindernisse aus dem Weg räumen ; *être un ~ au déroulement des négociations* für den Ablauf der Verhandlungen ein Hemmnis sein ; die Verhandlungen hemmen ; *faire ~ à* hemmen ; entgegenarbeiten (+ D) ; Pläne durchkreuzen ; vereiteln ; behindern ; *mettre des ~s à qqn* jdm Hindernisse in den Weg legen ; *(fam.)* jdm Knüppel zwischen die Beine werfen ; *des ~s se sont mis en travers* Hindernisse haben sich uns entgegengestellt ; *rencontrer des ~s économiques, politiques* auf wirtschaftliche, politische Hindernisse stoßen ; *surmonter des ~s* Hindernisse überwinden ; *des ~s sont survenus* Hindernisse sind aufgetreten.

obtenir erlangen ; erhalten ; erwerben ; erwirtschaften ; erzielen ; erreichen ; durchsetzen ; erwerben ; *~ un accord sur qqch* eine Einigung über etw erzielen (herbeiführen) ; *~ une augmentation, de meilleures conditions de tra-*

vail (par la négociation) eine Lohnerhöhung, bessere Arbeitsbedingungen aushandeln ; ~ *(par la lutte)* erkämpfen ; ~ *de l'avancement* befördert werden ; ~ *un compromis* einen Kompromis aushandeln ; ~ *un délai de paiement* einen Zahlungsaufschub gewährt bekommen ; ~ *un diplôme universitaire* einen akademischen Grad erwerben ; ~ *un effet* eine Wirkung erzielen ; ~ *un emploi* einen Posten erlangen ; eine Stelle verschafft bekommen ; ~ *un emploi à qqn* jdm eine Stellung verschaffen ; jdm zu einer Arbeit verhelfen ; ~ *gain de cause* seinen Willen (seine Forderungen) durchsetzen ; Genugtuung erhalten ; *(jur.)* recht bekommen ; obsiegen ; ~ *la majorité absolue* die absolute Mehrheit erlangen ; ~ *la permission de faire qqch* die Erlaubnis erlangen (erhalten), etw zu tun ; ~ *un prêt* ein Darlehen gewährt bekommen ; ~ *des privilèges* Privilegien erhalten ; ~ *un bon prix* einen guten Preis erzielen ; ~ *un rendement, des gains élevé(s)* hohe Erträge, Gewinne erwirtschaften ; ~ *une réponse* eine Antwort (Rückäußerung) erhalten ; ~ *des résultats* Ergebnisse erzielen ; ~ *satisfaction* Genugtuung erhalten ; ~ *un visa* ein Visum erlangen ; *vous n'obtiendrez rien de la direction* bei der Betriebsleitung ist nichts zu erreichen ; *les créanciers n'ont rien obtenu* die Gläubiger sind leer ausgegangen.

obtention *f* Erlangung *f* ; Erreichung *f* ; Durchsetzung *f* ; Erwirtschaftung *f* ; Beschaffung *f* ; Erzielung *f* ; Erhaltung *f* ; Gewährung *f* ; ~ *d'un visa* Visabeschaffung, -besorgung ; ~ *de capitaux* Kapitalbeschaffung *f*.

occase *f (fam.)* ⇒ *occasion.*

occasion *f* **1.** Gelegenheit *f* ; *(achat)* Gelegenheitskauf *m* ; *manquer, profiter d'une, saisir une* ~ eine Gelegenheit verpassen, benutzen (ergreifen) ; *saisir une ~ au vol* eine Gelegenheit beim Schopf fassen ; *réaliser (faire) quelques belles ~s* ein paar günstige Gelegenheitskäufe machen **2.** *d'~* Gebraucht- ; gebraucht ; gebraucht (alt) gekauft ; aus zweiter Hand ; *article m d'~* Gebrauchtware *f* ; *livre m d'~* antiquarisches Buch *n* ; *marché m de l'~* Gebrauchtwagenhandel *m* ; *service m ~s d'un concessionnaire* Gebrauchtwagenabteilung *f* ; *véhicule m, voiture f d'~* Gebrauchtfahrzeug *n*, gebrauchter Wagen *m* ; Wagen aus zweiter Hand.

occasionnel, le Gelegenheits- ; gelegentlich ; *travail m, travailleur m* ~ Gelegenheitsarbeit *f*, -arbeiter *m*.

occasionner verursachen ; bewirken ; führen zu ; veranlassen zu ; ~ *un accident, un dérangement, des frais, du travail* einen Unfall, Störungen, Kosten, Arbeit verursachen.

occulte geheim ; verborgen ; okkult ; *comptabilité f* ~ geheime Buchführung *f* ; *réserves fpl ~s* stille (geheime) Reserven *fpl*.

occupant *m* **1.** *(d'un véhicule)* Insasse *m* ; Mitfahrer *m* ; *(d'une maison)* Bewohner *m* ; Wohnungsinhaber *m* ; *premier* ~ erster Besitznehmer *m* **2.** *(polit.)* Besatzungsmacht *f*.

1. occupation *f* **1.** *(local, habitation)* Bewohnen *n* ; *(prise de possession)* Besetzung *f* ; Inbesitznahme *f* ; Aneignung *f* ; ~ *d'usine* Werks-, Fabrikbesetzung *f* ; bestreikte Fabrik *f* **2.** *(polit.)* Besatzung *f* ; Okkupation *f* ; Besetzung *f* ; *autorités fpl, forces fpl, frais mpl, monnaie f, statut m d'~* Besatzungsbehörden *fpl*, -truppen *fpl*, -kosten *pl*, -geld *n*, -statut *n*.

2. occupation *f (activité, emploi)* Beschäftigung *f* ; Betätigung *f* ; Tätigkeit *f* ; ♦ ~ *lucrative* einträgliche (lukrative, gewinnbringende) Beschäftigung ; ~ *à mi-temps, occasionnelle* Halbtags-, Gelegenheitsbeschäftigung ; ~ *prenante, principale* zeitraubende, hauptberufliche Beschäftigung ; ~ *rémunérée* bezahlte Beschäftigung ; ~ *saisonnière* saisonale, Saisonbeschäftigung ; ~ *secondaire* nebenberufliche, Nebenbeschäftigung ; ~ *à temps complet (à plein temps)* Ganztagsbeschäftigung ; ♦♦♦ *déranger qqn dans ses ~s* jdn bei (in) seiner Arbeit stören ; *vaquer à ses ~s* seinen Beschäftigungen nachgehen.

occupé, e 1. *(téléph., usine)* besetzt ; *la ligne est ~e* die Leitung ist besetzt ; *(fam.) ça sonne* ~ das Besetztzeichen hören ; *usine f ~e* das Werk ist besetzt ; besetzte Fabrik *f* **2.** *(logement) non* ~ nicht belegt ; leerstehend ; unbewohnt **3.** *être* ~ beschäftigt sein ; viel zu tun haben ; *être ~ à qqch* mit etw beschäftigt sein.

occuper 1. bewohnen ; wohnen in (+ D) ; ~ *un appartement, un étage, une maison* eine Wohnung, ein Stockwerk, ein Haus bewohnen **2.** ~ *une usine* eine Fabrik besetzen **3.** innehaben ; bekleiden ; ~ *une fonction, une position en vue, un poste, un rang social* ein Amt, eine wichtige Position, einen Posten, einen sozialen Rang innehaben ; ~ *la* *sixième place* auf Rang sechs liegen ; auf dem sechsten Platz rangieren ; den sechsten Platz einnehmen ; *le poste est ~é par un spécialiste* der Posten wird von einem Fachmann besetzt **4.** *(employer qqn)* beschäftigen ; *l'entreprise f ~e 2000 ouvriers* das Unternehmen beschäftigt 2000 Arbeiter **5.** *s'~ de qqch* sich mit etw beschäftigen ; sich mit etw befassen ; sich um etw kümmern ; *s'~ d'une affaire, de questions syndicales* sich mit einer Angelegenheit, mit gewerkschaftlichen Fragen befassen ; *je m'~e de votre dossier* ich bearbeite Ihre Unterlagen ; *occupez-vous de vos affaires* kümmern Sie sich um Ihre eigenen Angelegenheiten ; *il y a de quoi s'~* hier gibt es viel zu tun **6.** *~ de la place* Platz (Raum) einnehmen **7.** *~ son temps* seine Zeit verbringen ; Zeit auf etw verwenden **8.** *(préoccuper) ce problème m'~e depuis un mois* diese Frage beschäftigt mich seit einem Monat. **9.** *(militaire)* besetzen ; okkupieren.

occurrence : *en l'~* in vorliegendem Fall ; in diesem Fall.

océan *m* Ozean *m* ; Meer *n* ; *~ Atlantique, Pacifique* der Atlantische, der Stille Ozean ; *parcourir les ~s* alle Ozeane befahren ; *traverser l'~* über den Ozean fliegen (fahren).

O.C.D.E. *(Organisation f de coopération et de développement économiques)* Organisation *f* für wirtschaftliche Zusammenarbeit und Entwicklung ; O.E.C.D. *f.*

octet *m (inform.)* Byte [bait] *n* ; Speicherstelle *f* von acht Bits.

octroi *m* **1.** Gewährung *f* ; Einräumung *f* ; Bewilligung *f* ; Zubilligung *f* ; Verleihung *f* ; Erteilung *f* ; *~ d'une avance* Gewährung eines Vorschusses ; Vorschußgewährung ; *~ d'un congé de 15 jours* Bewilligung von zwei Wochen Urlaub ; *~ d'un crédit* Kreditgewährung, -einräumung, -vergabe *f* ; *~ d'un délai de paiement* Bewilligung einer Zahlungsfrist ; *~ d'une dérogation* Ausnahmegewährung ; *~ de droits* Einräumung von Rechten ; *~ d'une indemnité* Zubilligung einer Entschädigung ; *~ d'une licence* Lizenzerteilung ; *~ de la nationalité française* Verleihung der französischen Staatsangehörigkeit ; *~ d'un prêt, d'un rabais (d'une ristourne)* Darlehens-, Rabattgewährung ; *~ de subventions* Subventionierung *f* ; Gewährung von Zuschüssen ; *~ d'un titre* Verleihung eines Titels **2.** *(hist.) (taxes sur certaines denrées à leur entrée en ville)* Stadtzoll *m* ; Torgeld *n* ; Zoll *m* ; Oktroi *m.*

octroyer gewähren ; bewilligen ; einräumen ; zubilligen ; zugestehen ; *s'~ qqch* sich etw gönnen ; *~ un délai* eine Frist einräumen (gewähren) ; *s'~ la part du lion de qqch* sich den Löwenanteil von (an + D) etw sichern (aneigen).

oculaire : *témoin ~* Augenzeuge *m.*

œil : *aux yeux (de la loi)* in den Augen (des Gesetzes) ; *acheter les yeux fermés* etw mit geschlossenen Augen kaufen ; *avoir l'~ à tout* seine Augen überall haben ; auf alles achten ; *(fam.) avoir qqch à l'~* etw gratis (kostenlos, umsonst, unentgeltlich) bekommen (erhalten, haben) ; *coûter les yeux de la tête* ein Heidengeld (Sündengeld) kosten ; *fermer les yeux sur qqch* bei etw die Augen zudrücken ; die Augen vor etw verschließen.

O.E.C.E. *(Organisation f européenne de coopération économique)* (1948-1960) Organisation *f* für europäische wirtschaftliche Zusammenarbeit ; OEEC.

O.E.R.N. *(Organisation f européenne pour la recherche nucléaire)* Europäische Organisation *f* für die Kernforschung ; CERN.

O.E.R.S. *(Organisation f européenne de recherches spatiales)* Europäische Organisation *f* für Raumforschung.

1. œuvre *f* Werk *n* ; Arbeit *f* ; *~s sociales* Sozialhilfe *f* ; Hilfswerk *n* ; soziale Einrichtungen *fpl* eines Betriebs ; *main-d'~* ⇒ *main-d'œuvre* ; *achever son ~* sein Werk vollenden (vollbringen) ; *être à l'~* bei der Arbeit sein ; am Werk sein ; *faire ~ de pionnier* eine Pionierarbeit leisten ; *faire ~ utile* etw Nützliches tun ; *se mettre à l'~* sich ans Werk machen ; sich an die Arbeit machen ; *mettre tout en ~ pour...* alles einsetzen, um (damit)... ; alle Hebel in Bewegung setzen.

2. œuvres *fpl* **de bienfaisance** Wohlfahrts-, Wohltätigkeitseinrichtungen *fpl* ; Wohlfahrtsamt *n* ; Wohlfahrtspflege *f* ; Wohltätigkeitsverein *m*, -vereinigung *f.*

œuvre *m (bâtiment) : gros ~* Rohbau *m* ; *l'~ est achevé* das Gebäude ist rohbaufertig ; *maître m d'~* Bauführer *m.*

O.F.A.J. *(Office m franco-allemand pour la jeunesse)* Deutsch-Französiches Jugendwerk *n* ; DFJW *n.*

offensif, ive offensiv ; *avoir une politique de vente ~ive* eine offensive

Verkaufspolitik betreiben.

offensive *f (publicité, politique de vente, etc.)* Offensive *f (contre)* (gegen) ; ~ *diplomatique* diplomatische Offensive ; *lancer, mener une* ~ eine Offensive starten, durchführen.

offert *(bourse)* Brief *m* ; *cours mpl* ~*s* Briefkurs *m*.

office *m*	**1.** ***agence ; bureau*** **2.** ***fonction publique ; charge*** **3.** ***d'office*** **4.** ***faire office de*** **5.** ***bons offices***

1. ***(agence ; bureau)*** Amt *n* ; Stelle *f* ; Büro *n* ; Geschäfts-, Dienststelle ; Behörde *f* ; ~ *d'arbitrage* Schieds-, Schlichtungsstelle ; ~ *du blé* Getreideamt ; ~ *des brevets* Patentamt ; ~ *des cartels* Kartellamt ; ~ *central* Zentralstelle ; ~ *des changes* Devisenbewirtschaftungsstelle ; ~ *des chèques postaux* Postscheckamt (PschA) ; ~ *de clearing (de compensation)* Clearingstelle ; Verrechnungsstelle ; ~ *du commerce extérieur* Außenhandelsstelle ; ~ *de la construction* Bauamt ; ~ *de contrôle* Prüfstelle ; Aufsichtsamt ; ~ *de contrôle des prix* Preisüberwachungsstelle ; ~ *français d'importation et du commerce extérieur (O.F.I.Comex)* französiche Einfuhr- und Außenhandelsstelle ; ~ *franco-allemand pour la jeunesse* ⇒ O.F.A.J. ; ~ *de l'émigration* Auswanderungsbehörde *f* ; ~ *des H.L.M.* (R.F.A.) Wohnungsbaugenossenschaft *f* ; Zentralstelle für den Bau von Sozialwohnungen ; ~ *général de l'air (O.G.A.)* allgemeines Luftfahrtsbüro ; ~ *général de l'information sur le logement (O.G.I.L.)* allgemeine Informationsstelle über Wohnungsfragen ; ~ *des licences* Lizenzstelle ; ~ *du logement* Wohnungsamt ; ~ *national de l'immigration (O.N.I.)* zentrale Einwanderungsbehörde ; ~ *national d'information sur les enseignements et les professions (O.N.I.S.E.P.)* staatliches Amt zur Information über Ausbildungsmöglichkeiten und Berufe ; ~ *national météorologique (O.N.M.)* nationaler Wetterdienst ; ~ *national de la propriété industrielle (O.N.P.I.)* Patentamt ; ~ *national de la statistique* statistisches Amt ; ~ *national du tourisme (O.N.T.)* offizielle Fremdenverkehrszentrale ; ~ *de normalisation (A.F.N.O.R.)* französischer Normenverband *m* ; ~ *de la navigation (maritime)* (See)schiffahrtsamt ; ~ *d'orientation professionnelle (O.O.P.)* Zentralstelle für Berufsberatung ; ~ *des passeports* Paßstelle ; ~ *de paiement* Zahlstelle ; ~ *de placement (de la main-d'œuvre)* Arbeitsvermittlungsamt ; Arbeitsnachweis *m* ; ~ *de publicité* Annoncen-, Anzeigenbüro ; ~ *de radiodiffusion et de télévision française (jusqu'en 1974 O.R.T.F.)* staatliche französische Rundfunk- und Fernsehanstalt *f* ; ~ *de surveillance* Aufsichtsamt ; ~ *de tourisme (local)* Verkehrsamt ; Verkehrsbüro ; ~ *du travail* (R.F.A.) Bundesanstalt *f* für Arbeit.

2. ***(fonction publique, charge)*** Amt *n* ; Praxis *f* ; Büro *n* ; ~ *d'agent de change* (Börsen)maklerbüro *n* ; ~ *d'avoué* Rechtsanwaltspraxis *f* ; ~ *ministériel* Ministerialamt *n* ; ~ *public* öffentliches Amt *n* ; ~ *de notaire* Notariat *n*.

3. ***(d'office)*** **a)** von Amts wegen ; **b)** zwangsweise ; *administration f d'*~ Zwangsverwaltung *f* ; *commis d'*~ von Amts wegen ; *avocat m commis d'*~ Pflicht-, Offizialverteidiger *m* ; *décision f d'*~ eigenmächtiger Entschluß *m* ; *mutation f d'*~ Versetzung *f* aus dienstlichen Gründen ; *réquisition f d'*~ Dienstverpflichtung *f* ; *être mis à la retraite d'*~ zwangsweise in den Ruhestand versetzt werden ; *muter un fonctionnaire d'*~ einen Beamten zwangsweise versetzen ; *être réquisitionné d'*~ dienstverpflichtet sein.

4. ***(faire office de)*** fungieren als ; als... tätig sein ; dienen als ; *faire* ~ *d'agent de liaison* als Verbindungsmann auftreten ; *faire* ~ *de secrétaire* die Stelle eines Sekretärs einnehmen ; als Sekretär fungieren.

5. ***(bons offices)*** Vermittlung *f* ; *Monsieur* ~ Schlichter *m* ; Mittelsmann *m* ; Ombudsmann *m* ; *grâce aux* ~ durch Vermittlung (+ G) ; *avoir recours aux* ~ *de qqn* die Vermittlung von jdm in Anspruch nehmen ; *offrir (proposer) ses* ~ sich als Mittler anbieten ; seine guten Dienste anbieten ; (in einem Streit) vermitteln ; vermittelnd eingreifen ; als (Ver)mittler auftreten.

officiel *m.* **1.** *(Journal officiel)* Amtsblatt *n* ; *(R.F.A.)* Bundesgesetzblatt *n* ; Bundesanzeiger *m* **2.** ~*s* (prominente) Persönlichkeiten *fpl* des öffentlichen Lebens ; Prominente(n) ; Vertreter *mpl* des Staates.

officiel, le amtlich ; offiziell ; dienstlich ; Regierungs- ; Amts- ; *non* ~ inoffiziell ; nicht in amtlichem Auftrag ; außerdienstlich ; *Bulletin m ~ (B.O.)* Amtsblatt *n* ; *cachet m ~* Dienstsiegel *n* ; *candidat m ~* Regierungskandidat *m* ; *communiqué m ~* amtliche Bekanntmachung *f* ; *cote f, cours m ~(le)* offizielle Notierung *f*, offizieller Kurs *m* ; *déclarations fpl ~les* amtliche Verlautbarungen *fpl* ; *décret m ~* Anordnung *f* von amtlicher Stelle ; *dénomination ~le* → *titre* ; *document m ~* → *pièce* ; *Journal m ~* französisches Amtsblatt *n* ; *langue f ~le* Amtssprache *f* ; *nomination f ~le au secrétariat d'État* offizielle Ernennung *f* zum Staatssekretär ; *pièce f ~le* offizielles Schriftstück *n* ; *sceau m ~* Amtsstempel *m* ; *en service ~* in amtlicher Eigenschaft ; in amtlichem Auftrag ; *de source ~le* von amtlicher Seite ; amtlicherseits ; aus amtlicher Quelle ; von offizieller Stelle ; *titre m ~* Amtsbezeichnung *f* ; *à titre ~* in amtlicher Eigenschaft ; in amtlichem Auftrag ; *visite f ~le* Staatsbesuch *m* ; *voyage m ~* offizielle Reise *f*.

officiellement amtlich ; offiziell ; von offizieller Seite ; amtshalber ; *annoncer, confirmer, interdire ~* offiziell ankündigen, bestätigen, verbieten ; *~ démenti* amtlich dementiert.

officier *m* **1.** *(titulaire d'une charge : avoué, huissier, agent de change, notaire, etc.)* Inhaber *m* eines öffentlichen Amts ; Amtsträger *m* ; Beamte(r) ; *~ d'administration* Verwaltungsbeamte(r) ; *~ de l'état civil* Standesbeamte(r) ; *~ ministériel (public)* Amtsträger *m* (z.B. Notar, Gerichtsvollzieher, Börsenmakler) ; *~ municipal* städtischer Beamte(r) ; *~ de paix* Polizeibeamte(r) ; *~ payeur* Zahlmeister *m* **2.** *(militaire)* Offizier *m*.

officieusement ⇒ *officieux.*

officieux, euse halbamtlich ; offiziös ; inoffiziell ; *nouvelle f ~euse* halbamtliche Nachricht *f* ; *de source ~euse* von inoffizieller Seite ; aus halbamtlicher Stelle.

offre *f*	**1.** ***offre commerciale ; proposition*** **2.** ***appel d'offres*** **3.** ***offre d'emploi***

1. ***(offre commerciale)*** Angebot *n* ; Offerte *f* ; *(proposition)* Vorschlag *m* ; *(enchère)* Gebot *n* ; *une ~ de qqch* ein Angebot an (+D) ; *~ sur le marché de l'emploi* Angebot auf dem Arbeitsmarkt ; ♦ *~ acceptable, d'achat, alléchante* annehmbares, Kaufangebot, verlockendes Angebot ; *~ avantageuse* (preis)günstiges (vorteilhaftes) Angebot ; *~ de capitaux* Kapitalangebot ; *~ comparable, décroissante, écrite* vergleichbares, abnehmendes (abflauendes), schriftliches Angebot ; *~ excédentaire* Überangebot ; Angebotsüberhang *m* ; *~ ferme* feste Offerte ; bindendes Angebot ; Festangebot ; *~ insuffisante* unzureichendes Angebot ; Angebotslücke *f* ; *~ intérieure, de main-d'œuvre, de marchandises* inländisches Angebot ; Angebot von Arbeitskräften ; Warenangebot ; *~ maximale, minimale* Höchst-, Mindestangebot ; *~ de médiation* Vermittlungsangebot ; *~ de paiement, de règlement* Zahlungs-, Vergleichsangebot ; *~ publique d'achat (O.P.A.)* öffentliches Aktienkaufangebot ; *~ publique d'échange (O.P.E.)* öffentliches (Aktien)tauschangebot *n* ; *~ sans engagement* unverbindliches (freibleibendes) Angebot ; *~ de service* Dienstanerbieten *n* ; Dienstangebot ; *~ spéciale, spontanée* Sonderangebot ; freies Angebot ; *~ de vente* Verkaufsangebot ; *~ verbale, à vil prix* mündliches Angebot, Schleuderangebot ; ♦♦ *dernière ~* Letztgebot *n* ; Höchstgebot ; *loi f de l'~ et de la demande* das Gesetz von Angebot und Nachfrage ; *monopole m de l'~* Angebotsmonopol *n* ; *première ~ (enchères)* Erstgebot *n* ; *sur-~* Angebotsüberhang *m* ; ♦♦♦ *accepter, décliner une ~* ein Angebot annehmen, ablehnen (zurückweisen) ; *c'est ma dernière ~* das ist mein letztes Angebot ; *l'~ excède la demande* das Angebot übersteigt die Nachfrage ; *faire une ~* ein Angebot machen ; *faire des ~s intéressantes* günstig offerieren ; *recevoir, retirer (revenir sur) une ~* ein Angebot erhalten, zurückziehen (widerrufen, rückgängig machen) ; *cette ~ est valable jusqu'au 15 mai* dieses Angebot bleibt bis zum 15. Mai gültig ; *solliciter une ~* ein Angebot einholen ; *soumettre une ~ à qqn* jdm ein Angebot unterbreiten ; *(corresp.) veuillez nous soumettre vos ~s concernant...* wir bitten Sie um Ihr Angebot über (für) (+ A).

2. ***(appel d'offres)*** Ausschreibung *f* ; Ausgeschriebenwerden *n* ; Ausschreibungsverfahren *n*.

3. ***(offre d'emploi)*** Stellenangebot *n* ; gesucht ; *offres d'emploi* offene Stellen *fpl*.

offrir 1. (an)bieten ; offerieren ; eine

Offerte machen ; etw zum Handel vorschlagen ; *je vous ~e tant pour (de) cette voiture* ich biete Ihnen soundsoviel Francs für diesen Wagen ; *~ à meilleur marché* ein billigeres Angebot machen ; einen Preis für etw unterbieten ; *~ à un prix intéressant* etw zu günstigem Preis anbieten ; *~ des avantages* Vorteile bieten ; *~ des difficultés* Schwierigkeiten aufweisen ; *~ ses bons offices* seine guten Dienste anbieten ; als Vermittler auftreten ; *~ en paiement* in Zahlung geben ; *~ une place (de), un poste à qqn* jdm eine Stelle (als), einen Posten anbieten ; *~ qqch sur le marché mondial* etw auf dem Weltmarkt anbieten ; *~ sans engagement* freibleibend offerieren ; *~ en vente* zum Verkauf anbieten **2.** *(faire don)* schenken ; *article m pour ~* Geschenkartikel *m* **3.** *~ de l'argent* Geld aussetzen ; *~ une prime, une récompense* eine Prämie, eine Belohnung (für etw) aussetzen.

off-line *(inform.) : fonctionner en ~ (en autonome)* off-line ['ɔflain] arbeiten ; *traitement m ~ (autonome) des informations* Off-line-Verarbeitung *f.*

off-shore *m* Off-shore ['ɔfʃɔr] *n* (im Meer) ; *accord m, forage m, livraison f ~* Off shore-Abkommen *n*, -bohrung *f*, -lieferung *f* ; *champ m de pétrole ~* Öllagerstätte *f* im Meer.

O.I.T. *(Organisation f internationale du travail)* Internationale Arbeitsorganisation *f* ; IAO.

oléoduc *m* Ölleitung *f* ; Pipeline ['paiplain] *f* ; *construire, poser un ~* eine Pipeline bauen, legen.

oligarchie *f* Oligarchie *f* (Herrschaft einer kleinen Gruppe).

oligopole *m* Oligopol *n* (der Markt wird von ein paar Großunternehmen beherrscht).

olographe handschriftlich ; *testament m ~* eigenhändiges Testament *n.*

omettre *(volontairement)* auslassen ; weglassen ; *(involontairement)* vergessen ; *~ de faire qqch* (es) unterlassen (versäumen), etw zu tun ; *sans ~...* nicht zu vergessen... ; *vous avez omis de nous faire savoir* sie haben es unterlassen, uns mitzuteilen...

omission *f* Auslassung *f* ; Unterlassung *f* ; Unterlassen *n* ; Versäumnis *n* ou *f* ; Lücke *f* ; *sauf erreurs(s) ou ~(s)* Irrtum (Fehler) oder Auslassung vorbehalten.

omnibus *m* Personenzug *m* ; Triebwagen *m* ; *(fam.)* Bummelzug *m.*

omnium *m* Holding *f* ; Holdinggesellschaft *f.*

omnium *f (Belgique)* Vollkaskoversicherung *f* ; *avoir une ~* vollkaskoversichert sein.

O.M.S. *(Organisation f mondiale de la santé)* Weltgesundheitsorganisation *f* ; WHO *f.*

once *f* Unze *f* ; englisches Gewichtsmaß *n* : 28,3 g ; (Gold) 31,1 g.

onde(s) *f(pl)* Welle(n) *f(pl)* ; *~s courtes* Kurzwelle(n) (KW) ; *~s de détresse* Notwelle ; *~s longues* Langwelle(n) (LW) ; *petites ~s* Mittelwelle(n) (MW) ; *~s ultracourtes (modulation de fréquence) (MF)* Ultrakurzwelle(n) (UKW) ; *diffuser qqch sur les ~s* etw ausstrahlen ; etw vom (Rund)funk übertragen ; *émettre sur une longueur d'~ donnée* auf einer Wellenlänge senden ; *mettre en ~* für das Radio (den Rundfunk) bearbeiten.

onéreux, euse kostspielig ; teuer ; aufwendig ; *à titre ~* gegen Entgelt ; entgeltlich ; *mesure f ~euse* kostspielige Maßnahme *f* ; *très ~* mit großem Aufwand verbunden.

ongle : *payer rubis sur (l')~* (sofort) auf Heller und Pfennig bezahlen.

O.N.I.S.E.P. *(Office national d'information sur les enseignements et les professions)* staatliches Amt *n* zur Information über Ausbildungsmöglichkeiten und Berufe.

O.N.U. *(Organisation f des Nations unies)* Organisation *f* der Vereinten Nationen (UNO).

O.P. *(ouvrier professionnel)* (hochqualifizierter) Facharbeiter *m.*

O.P.A. *f (offre publique d'achat)* Übernahmeangebot *n* ; Übernahmeofferte *f* ; öffentliches Aktienkaufangebot *n* ; Kontrollübernahme *f*, Aufkauf *m* einer Firma ; Firmenübernahme, -aufkauf ; *~ amicale, hostile* freundliches, feindliches Übernahmeangebot ; *lancer une ~ (sur une société)* (einer Gesellschaft) ein Übernahmeangebot machen (unterbreiten) ; die Übernahme (einer Gesellschaft) planen ; den Aufkauf (einer Firma) beabsichtigen.

O.P.E. *f (offre publique d'échange)* öffentliches (Aktien)tauschangebot.

opéable übernahmereif ; übernahmefähig.

O.P.E.P. *f (Organisation des pays exportateurs de pétrole)* Organisation *f* der ölexportierenden Länder (OPEC).

opérateur *m*, **opératrice** *f* **1.** Bedienung *f* ; Bedienungsperson *f* ; Bedienungspersonal *n* **2.** *(inform.)* Operator *m* ; *~ trice* Datentypistin *f*.

opération *f*	1. ***transaction ; affaire financière*** 2. ***opérations*** 3. ***mesure que l'on prend*** 4. ***campagne ; action visant à un but précis*** 5. ***opération arithmétique***

1. ***(transaction, affaire financière)*** Geschäft *n* ; Abschluß *m* ; Handel *m* ; Transaktion *f* ; ♦ *~ de banque (bancaire), de bourse* Bank-, Börsengeschäft ; *~ boursière, de change, commerciale* Spekulations-, Wechsel-, Handelsgeschäft (Geschäftsabschluß) ; *~ de compensation, comptable, au comptant* Verrechnungs-, Buchungs-, Kassa- (Loko-, Schalter)geschäft ; *~ en compte courant, de couverture, de courtage* Kontokorrent-, Deckungs-, Maklergeschäft ; *~ de crédit, de dépôt, sur devises* Kredit-, Depositen-, Devisengeschäft ; *~ d'échange, sur effets, d'émission* Tausch-, Effekten-, Emissionsgeschäft ; *~ d'escompte, avec l'étranger, fictive* Diskont-, Auslands-, Scheingeschäft ; *~ de financement, financière, hors-bourse* Finanzierungs-, Geld-, außerbörsliches Geschäft ; *~ immobilière* Immobiliengeschäft ; *~ lucrative (payante)* gewinnbringendes (einträgliches, lukratives) Geschäft ; *~ en nom propre, à perte, à prime* Eigenhändler-, Verlust-, Prämiengeschäft ; *~ de recouvrement, de réescompte, de report* Inkasso-, Rediskont-, Prolongations- (Report)geschäft ; *~ risquée, de swap* Risiko-, Swapgeschäft ; *~ spéculative* Spekulationsgeschäft ; *~ à terme, sur titres, triangulaire* Termin-, Wertpapier-, Dreiecksgeschäft ; ♦♦♦ *faire (négocier, réaliser) une bonne ~* ein gutes Geschäft machen (abschließen, tätigen) ; einen vorteilhaften Abschluß tätigen.

2. ***(opérations)*** Verkehr *m* ; Geschäfte *fpl* ; *~ bancaires, de compensation, par chèques, d'épargne* Bank-, Clearing-, Scheck-, Sparverkehr ; *~ en espèces, de paiement, de virement* Bargeld-, Zahlungs-, Giro- (Überweisungs)verkehr.

3. ***(mesure que l'on prend)*** Maßnahme *f* ; *~ de concentration, de fusion, monétaire, de reconversion* Konzentrations-, Fusions-, Währungs-, Umstellungs- (Umgestaltungs)maßnahme.

4. ***(campagne visant à atteindre un objectif précis)*** Aktion *f* ; Kampagne *f* ; Offensive *f* ; Handlung *f* ; ♦ *~ administrative* Amtshandlung ; *~ baisse des prix* Preissenkungsaktion ; *~ blocage des salaires et des prix* Lohn- und Preisstoppaktion ; *~ commerciale* → *publicitaire* ; *~ coup-de-poing* Nacht-und Nebelaktion ; *~ de grande envergure* großangelegte Aktion (Kampagne) ; *~ anti-inflation* Anti-Inflationskampagne ; *~ journée portes ouvertes* Tag *m* der offenen Tür ; *~ de nettoyage* Säuberungsaktion ; *~ publicitaire* Werbeaktion, -kampagne ; Aktion zur Verkaufsförderung ; *~ de renflouement (de sauvetage) d'une entreprise* Sanierungsaktion ; ♦♦♦ *déclencher, développer, mener, poursuivre une ~* eine Kampagne (Aktion) einleiten, entfalten, führen, fortsetzen ; *interrompre, lancer, projeter une ~* eine Aktion einstellen, starten, planen.

5. ***(arithmétique)*** (Rechen)operation *f* ; Rechenvorgang *m*.

opérationnel, le operationell ; operativ ; einsatzfähig ; betriebsbereit ; betriebsfertig ; funktionstüchtig ; *recherche f ~ le* Unternehmensforschung *f* ; Operations-research [ɔpə'reiʃənrisət∫] *f* ; Planungsforschung *f*.

opératrice ⇒ *opérateur.*

opéré *m (bourse) : avis m d'~* Schlußnote *f* ; Ausführungsanzeige *f*, -schein *m*.

opérer 1. *(avoir de l'effet)* wirken ; *~ sur qqch* (ein)wirken auf etw (+A) ; *la cure de cheval prescrite à l'économie opéra* die der Wirtschaft verordnete Roßkur wirkte **2.** *~ qqch (effectuer)* durchführen ; vornehmen ; leisten ; *(provoquer)* bewirken ; herbeiführen ; *~ un choix* eine Wahl treffen ; *~ un comptage* eine Zählung durchführen ; *~ le précompte sur salaire* den Sozialversicherungsbeitrag vom Lohn einbehalten ; *~ un prélèvement* Geld abheben (abziehen) ; *~ un renversement d'opinion* einen Meinungsumschwung bewirken ; *~ une saisie* pfänden ; *~ une transaction* einen Abschluß tätigen ; ein Geschäft abschließen ; *~ un versement* (Geld) einzahlen ; eine Zahlung vornehmen (leisten) **3.** *(s'y prendre ; procéder)* verfahren ; handeln ; vorgehen ; *~ avec méthode, précaution* methodisch, vorsichtig vorgehen ; *nous allons ~ de la manière suivante* wir werden folgendermaßen vorgehen **4.** *s'~* sich vollziehen ; sich ereignen ; vor sich gehen ; stattfinden ; *un changement s'est opéré* ein Wandel hat sich vollzogen.

1. opinion *f (avis)* Meinung *f* ; Auffassung *f* ; Ansicht *f* ; Standpunkt *m* ; Anschauung *f* ; ♦ *~ générale, qui prévaut* allgemeine, herrschende Meinung ; *liberté f d'~* Meinungsfreiheit *f* ; *presse f d'~* parteigebundene Presse *f* ; politisch beeinflußte Presse ; *sans ~* unentschieden ; ♦♦♦ *avoir, ne pas avoir d'~* eine, keine eigene Meinung haben ; *je suis de votre ~* ich bin Ihrer Meinung ; *avoir une bonne, mauvaise ~ de qqn, de qqch* eine gute, schlechte Meinung über jdn, etw haben ; *se faire une ~* sich eine Meinung bilden ; *les ~s sont partagées, divergent* die Meinungen sind geteilt, gehen auseinander.

2. opinion *f (publique)* (öffentliche) Meinung *f* ; Öffentlichkeit *f* ; ♦ *enquêteur m auprès d'un institut de sondage d'~* Meinungsforscher *m* ; *faiseur m d'~* Meinungsbildner *m* ; *institut m de sondage d'~* Meinungsforschungsinstitut *n* ; *I.F.O.P. (Institut m français de l'opinion publique)* französisches Meinungsforschungsinstitut *n* ; *leader m d'~* Meinungsführer *m* ; *manipulation f de l'~* Meinungsmache *f*, -manipulierung *f* ; *sondage m d'~* Meinungsumfrage *f*, -befragung *f*, -forschung *f*, -erhebung *f* ; ♦♦♦ *agir sur l'~* meinungsbildend wirken ; *alerter l'~* die Öffentlichkeit alarmieren ; *les groupes qui font l'~* die meinungsbildenden Gruppen der Gesellschaft ; *informer l'~ des problèmes* die Öffentlichkeit über die Probleme informieren.

opportun : *en temps ~* zu gegebener Zeit ; bei passender Gelegenheit.

opposant *m* Gegner *m* ; *(polit.)* Oppositionelle(r) ; *les ~s au nucléaire, aux centrales nucléaires* die Kernkraftgegner, die KKW-Gegner ; die Gegner der Kernkraftwerke ; *les ~s aux nationalisations* die Gegner der Verstaatlichungen ; *un groupe d'~s* eine Gruppe von Oppositionellen.

opposer gegenüber-, entgegenstellen ; *(objecter)* einwenden gegen ; *~ un refus* etw ablehnen ; jdm eine abschlägige Antwort erteilen ; *s'~ à qqn* sich jdm widersetzen ; gegen jdn opponieren ; gegen jdn sein.

opposition *f*	**1.** ***sens général*** **2.** ***juridique*** **3.** ***opposition politique***

1. ***(sens général)*** Widerstand *m* ; Opposition *f* ; Gegenpartei *f* ; Widerspruch *m* ; *par ~ à...* im Gegensatz zu... ; *entendre la thèse de l'~* die Argumente (die These) der Gegenpartei hören ; *être en ~ à... (avec) qqn, qqch* zu jdm, zu etw in Opposition stehen ; *faire de l'~* Opposition (be)treiben (machen) ; *une ~ générale s'est manifestée contre...* allgemeiner Widerspruch erhob sich (regte sich... auf) gegen... ; *rencontrer de l'~ chez qqn* bei jdm auf Widerstand stoßen.

2. ***(juridique)*** Einspruch *m* ; Widerspruch *m* ; *(chèques)* Sperre *f* ; *~ à un paiement* Zahlungsverbot *n* ; Auszahlungssperre *f* ; *chèque m, titre m frappé d'~* gesperrter Scheck *m*, gesperrtes Wertpapier *n* ; *délai m d'~* Einspruchsfrist *f* ; *liste f des ~s* Sperrliste *f* ; *faire (mettre) ~ à un chèque* einen Scheck sperren lassen ; *former (faire) ~ à* Einspruch erheben gegen ; Widerspruch einlegen gegen ; *la proposition a été adoptée sans ~* der Vorschlag wurde ohne Widerspruch angenommen.

3. ***(opposition politique)*** Opposition *f* ; *~ extra-parlementaire* außerparlamentarische Opposition (APO) ; *~ parlementaire, politique* parlamentarische, politische Opposition ; *journal m de l'~* Oppositionsblatt *n* ; *membre m de l'~* Mitglied *n* der Opposition ; *parti m d'~* Oppositionspartei *f* ; *dans les rangs de l'~* aus den Reihen der Opposition ; *dans les milieux favorables à l'~* in oppositionell eingestellten Kreisen ; *rejoindre l'~* in die Opposition gehen.

optant *m* Optionsnehmer *m*.

opter wählen ; sich entscheiden für ; optieren ; *~ pour la nationalité française* sich für die französische Staatsangehörigkeit entscheiden.

optimal, e optimal ; bestmöglich(er) ; Optimal- ; *rendement m ~* Optimalleistung *f* ; *sécurité f ~e* optimale Sicherheit *f*.

optimalisation *f* Optimierung *f*.

optimaliser optimieren ; optimalisieren.

optimiser ⇒ *optimaliser.*

optimum *m* Optimum *n* ; *~ économique, de production* wirtschaftliches, Produktionsoptimum.

option *f* **1.** Option *f* ; Optionsrecht *n* ; Wahl *f* ; Wahlmöglichkeit *f* ; ♦ *~ d'achat, de change* Kauf-, Währungsoption ; *clause f d'~, droit m (faculté f) d'~* Optionsklausel *f*, -recht *n* ; ♦♦♦ *acquérir une ~ sur qqch* eine Option auf etw (+A) erwerben ; *avoir l'~ sur* *qqch* die Option auf etw (+A) haben ; *s'assurer une* ~ sich eine Option sichern ; *délivrer des* ~*s* Optionen vergeben ; *exercer un droit d'*~ *(lever, prendre une* ~*)* eine Option ausüben ; *renoncer à l'*~ auf die Option verzichten **2.** *(bourse)* Option *f* ; *marché m à* ~ Optionsgeschäft *n* ; Prämiengeschäft *n* ; Optionshandel *m* ; Handel mit Optionen ; ~ *d'achat* Optionskauf *m* ; « call » ; ~ *de vente* Optionsverkauf *m* ; « put ».

optionnel, le 1. *(sens général)* Wahl- ; zur Wahl gestellt **2.** Options- ; *emprunt m* ~ Optionsanleihe *f*.

opulence *f* Überfluß *m* ; *une* ~ *de qqch* Überfluß an (+D) ; *vivre dans l'*~ im Überfluß leben.

OPV *f (offre publique de vente)* öffentliches Aktienverkaufsangebot *n*.

or *m* Gold *n* ; *d'*~ golden ; Gold- ; ♦ ~ *de 22 carats* 22karätiges Gold ; ~ *en lingots* Gold in Barren ; Barrengold ; ~*-métal* Metallgold ; ~ *monétaire* Währungsgold ; ~ *monnayé* gemünztes Gold ; ~ *natif* gediegenes Gold ; ~ *noir* Erdöl *n* ; ~ *pur* reines Gold ; ~ *rouge* Rotgold ; ~ *vert* Erzeugnisse *npl* der Land- und Forstwirtschaft ; ♦♦ *achat m d'*~ Goldaufkauf *m* ; *affaire f d'*~ Bombengeschäft *n* ; glänzendes Geschäft ; *affaire f en* ~ **a)** risikofreies Geschäft *n* ; **b)** gewinnbringendes Geschäft ; einträgliches Unternehmen ; *afflux m d'*~ Goldzufluß *m* ; *agio m sur l'*~ Goldagio *n* ; *alliage m d'*~ legiertes Gold ; *clause f (valeur)-*~ Gold(wert)-klausel *f* ; *commerce m des pièces d'*~ Goldmünzenhandel *m* ; *convertibilité f en, convertible en* ~ Einlösung *f* in Gold, in Gold einlösbar ; *cours m de l'*~ Goldkurs *m* ; *couverture f* ~ Golddeckung *f* ; *devise f, emprunt m, encaisse f-*~ Golddevise *f*, -anleihe *f*, -bestand *m* ; *étalon m* ~ Goldstandard *m*, -währung *f* ; *étalon m de change* ~ Goldkernwährung *f* ; *étalon m de numéraire* ~ Goldumlaufwährung *f* ; *franc-*~ *m* Goldfranken *m* ; *frappe f de l'*~ Goldprägung *f* ; *gisement m d'*~ Goldvorkommen *n* ; *lingot m d'*~, *marché m de l'*~, *mine f d'*~ Goldbarren *m*, -markt *m*, -grube *f* ; *paiement m en* ~ Zahlung *f* in Gold ; Goldzahlung ; *parité f, pièce f d'*~ Goldparität *f* ,-stück *n* ; *poids m d'*~ *fin* Feingoldgewicht *n* ; *point-*~ *m* Goldpunkt *m* ; *pool m, prix m de l'*~ Goldpool *m*, -preis *m* ; *production f d'*~ Goldgewinnung *f* ; *réserve(s) f(pl) d'*~ Goldbestand *m*, -reserve *f*, -vorrat *m* ; *sortie f d'*~ Goldabfluß *m* ; *teneur f en, valeur f* ~ Goldgehalt *m*, -wert *m* ; *versement m en* ~ Goldzahlung *f* ; ♦♦♦ *acquérir qqch à prix d'*~ etw für teures Geld (für ein Heidengeld, für eine Stange Geld) erwerben ; *chercher de l'*~ Gold schürfen ; *être en* ~ *massif* aus massivem (gediegenem) Gold sein ; *être garanti sur l'*~ durch Gold gedeckt sein ; *être indexé sur l'*~ auf den Goldpreis indexiert sein ; *interdire la sortie d'*~ ein Goldausfuhrverbot verhängen ; *payer à prix d'*~ etw mit Gold aufwiegen ; *payer en* ~ etw in Gold bezahlen ; *rouler sur l'*~ steinreich sein ; im Geld schwimmen ; *(fam.)* Geld wie Heu haben.

orange : « *carte f* ~ » orangefarbene Monatskarte *f*, mit der man verbundfahren kann ; Verbundfahrkarte *f*.

ordinaire *(courant, coutumier)* gewöhnlich ; üblich ; Alltags- ; *(de qualité moyenne ou ordinaire)* Durchschnitts- ; *(conforme à l'ordre prévu)* ordentlich ; *action f* ~ Stammaktie *f* ; *ambassadeur m* ~ *(en poste)* ständiger Botschafter *m* ; *assemblée f générale* ~ ordentliche Haupt-, Generalversammlung *f* ; *budget m* ~ ordentlicher Haushaltsplan *m* ; *comme d'*~ wie gewöhnlich ; wie üblich ; *dépenses fpl* ~*s* ordentliche Ausgaben *fpl* ; *essence f* ~ Normalbenzin *n* ; *juridiction f* ~ ordentliche Gerichtsbarkeit *f* ; *membre m* ~ *(actif)* ordentliches Mitglied *n* ; *prix m* ~ Ladenpreis *m* ; *qualité f* ~ Durchschnittsqualität *f* ; Durchschnittsware *f* ; *tribunal m* ~ ordentliches Gericht *n* ; *vin m* ~ Tafelwein *m* ; *envoyer un colis en (régime)* ~ etw frachtgutmäßig (nicht eingeschrieben) absenden.

ordinateur *m* Computer [kɔm'pju:tər] *m* ; (elektronische) Rechenanlage *f* ; EDV-Anlage *f* ; Elektronenrechner *m* ; Elektronengehirn *n* ; ♦ ~ *domestique* Heimcomputer ; ~*s intelligents* Experten-System *n* ; ~ *spécialisé, universel* Spezial-, Universalrechner *m* ; *commandé par* ~ computerisiert ; computergesteuert ; programmgesteuert ; *déchiffrable par* ~ maschinenlesbar ; computergerecht ; *génération f d'*~ Computergeneration *f* ; *lisible par* ~ → *déchiffrable* ; *micro-*~ Mikrocomputer ; PC *m* ; *mini-*~ Minicomputer ; *mise f sur* ~ Computerisierung *f* ; *petit* ~ Kleincomputer ; *simulation f par* ~ Computersimulation *f* ; *utilisable par* ~ → *déchiffrable* ; *un* ~ *de la 2ᵉ, 3ᵉ généra-*

tion ein Computer der zweiten, der dritten Generation ; ♦♦♦ *l'~ mémorise des données* der Computer speichert Daten (Informationen) ; *interroger l'~* Daten (vom Computer) abrufen ; *introduire un programme dans l'~* dem Computer ein Programm eingeben ; *mettre sur ~* computerisieren ; auf EDV umstellen ; *mettre des données sur ~* einen Computer mit Daten füttern (speisen) ; *programmer l'~* den Computer programmieren.

ordinogramme *m* Flußdiagramm *n*.

ordonnance *f* **1.** *(disposition législative d'un gouvernement)* Kabinettsbeschluß *m* ; (behördliche) Verordnung *f* ; (amtliche) Verfügung *f* ; Erlaß *m* ; ♦ *~ administrative* behördliche Verordnung (Anordnung) ; *~ d'application* Durchführungsverordnung, -bestimmungen *fpl* ; *~ gouvernementale* Regierungsverordnung ; *~ de police* Polizeiverordnung ; *conformément à l'~ ministérielle* nach dem Erlaß des Ministeriums ; *se conformer à une ~* einen Erlaß befolgen ; *promulguer une ~* einen Erlaß herausgeben ; *rendre une ~* eine Verordnung (Verfügung) erlassen ; eine Anordnung treffen **2.** *(disposition émanant d'un juge)* (Gerichts)beschluß *m* ; Anordnung *f* ; Verfügung *f* ; *~ d'exécution* Aus-, Durchführungsverordnung ; *~ d'expropriation* Enteignungsverfügung, -bescheid *m* ; *~ de non-lieu* Einstellungsbeschluß *m*, -verfügung ; *~ pénale* Strafbefehl *m* ; *~ de référé* einstweilige Verfügung ; *~ de saisie* Pfändungsbeschluß *m* ; *~ de séquestre* Haftbefehl *m* **3.** *(ordre de paiement)* Anweisung *f* ; *~ de délégation* Ermächtigung *f* zur Zahlungsanweisung ; *~ de dépenses* Ausgabenanweisung ; *~ de paiement* (Aus)zahlungsanweisung, -befehl *m*.

ordonnancement *m* **1.** *(ordre à un comptable public de payer)* Auszahlungsanordnung *f* ; Zahlungsanweisung *f* ; *l'~ de votre traitement sera effectué sous peu* die Anweisung Ihres Gehalts erfolgt demnächst **2.** *(service chargé de suivre les commandes de A à Z)* Arbeitsplanung *f* ; Betriebsrevision *f* ; Arbeitsdurchführungskontrolle *f* **3.** *(aménagement)* Einteilung *f* ; Zusammenstellung *f* ; Anordnung *f*.

ordonnancer **1.** *(donner ordre de payer)* zur Zahlung anweisen ; eine Auszahlungsanordnung erteilen **2.** *(travail)* anordnen ; einteilen ; zusammenstellen ; eine Arbeit planen (programmieren).

ordonnateur *m* Anordner *m* ; Anweisungsberechtigte(r), -befugte(r) ; zu Zahlungsanweisungen Berechtigte(r).

ordonnateur, trice anordnend ; *service m ~* anordnende Stelle *f*.

ordonner **1.** ordnen ; einrichten ; in Ordnung bringen **2.** befehlen ; anordnen ; verfügen ; vorschreiben.

ordre *m*	**1.** ***association ; groupement professionnel*** **2.** ***succession ; rang*** **3.** ***organisation harmonieuse*** **4.** ***injonction ; ordonnance*** **5.** ***endossement*** **6.** ***commande*** **7.** ***ordre du jour*** **8.** ***ordre public***

1. ***(association ; groupement professionnel)*** (Berufs)stand *m* ; Vereinigung *f* ; Kammer *f* ; Berufs- und Standesvertretung *f* ; *~ professionnel* berufsständische Organisation *f* ; *~ des avocats* Anwaltskammer ; *conseil m de l'~* Ärztekammer ; *radier du conseil de l'~* aus der Ärztekammer ausschließen.

2. ***(succession ; rang)*** Ordnung *f* ; Rangordnung *f* ; Reihenfolge *f* ; Gliederung *f* ; ♦ *~ alphabétique* alphabetisch ; *par ~ alphabétique* in alphabetischer Reihenfolge ; *par ~ d'ancienneté* dem Dienstalter nach ; *~ chronologique* chronologisch ; nach der Zeitfolge ; *~ des héritiers* Erbfolge *f* ; *~ hiérarchique* Rangordnung ; *~ du jour* ⇒ *ordre du jour* ; *~ préférentiel (de préférence)* Prioritätsordnung ; *de premier, de deuxième ~* des ersten, des zweiten Rangs ; erst-, zweitrangig ; *~ successoral* → *~ des héritiers* ; *numéro m d'~* laufende Nummer *f* ; *rang m dans l'~ des inscriptions* Rangverhältnis *n* nach der Reihenfolge der Eintragungen ; *dans l'~ (par ~)* der Reihe nach ; ♦♦♦ *classer (ranger) un fichier par ~ alphabétique* eine Kartei alphabetisch ordnen ; *être le premier par ~ hiérarchique* in der Rangordnung die höchste Stufe einnehmen.

3. ***(organisation harmonieuse)*** ***Ordnung*** *f* ; ♦ *~ constitutionnel, économique* Verfassungs-, Wirtschaftsordnung ; *~ établi* bestehende Ordnung ; *~ de grandeur* Größenordnung ; *~ public* ⇒ *ordre public* ; *~ social* Gesellschaftsordnung ; *forces fpl de l'~* Polizeikräfte *fpl* ; *service m d'~* Ordnungsdienst *m* ; *de cet ~, du même ~, du même ~ d'idées* in dieser, in der gleichen Größenordnung (gleichwertig) ; *de premier ~* bester Qualität ; prima ; erstklassig ; erstrangig ; *en ~ de marche* betriebsfähig ; *pour le bon ~* der Ordnung halber ; ♦♦♦ *tout est en ~* alles ist in Ordnung ; *mettre de l'~ dans les papiers* Ordnung in die Papiere bringen ; *rappeler qqn à l'~* jdn zur Ordnung rufen ; jdn zurechtweisen ; jdn offiziell zur Disziplin ermahnen.

4. *(injonction, ordonnance)* Befehl *m* ; (An)weisung *f* ; Verfügung *f* ; *~ d'exécution* Vollstreckungs-, Ausführungsbefehl ; *~ de grève* Streikaufruf *m* ; *~ de saisie-arrêt* Pfändungsbefehl ; *~ de service* Dienstanweisung ; *~ de virement permanent* Dauerauftrag *m* ; *jusqu'à nouvel ~* bis auf weiteres ; *(corresp.) sauf ~ contraire de votre part* wenn wir keinen Gegenauftrag von Ihnen erhalten ; *sur l'~ de* auf Anweisung (+ G) ; *donner ~ à une banque d'effectuer un versement (de payer)* eine Bank beauftragen, eine Zahlung zu leisten ; *lancer un ~ de grève* zum Streik aufrufen.

5. *(endossement)* Order *f* ; *à l'~ de...* an die Order von... ; *à l'~ de moi-même (à mon ~)* an die Order von mir selbst ; an eigene Order ; *billet m à ~* eigener Wechsel *m* ; Eigenwechsel ; Solawechsel *m* ; *chèque m à ~* Orderscheck *m* ; *clause f à, connaissement m à ~* Orderklausel *f*, Orderkonnossement *n* ; *papier m à ~* Orderpapier *n* ; *payable (payer) à l'~ de...* zahlbar an die Order von...

6. *(commande)* Auftrag *m* ; Bestellung *f* ; Order *f* ; ♦ *~ d'achat, de banque, de bourse* Kauf-, Bank-, Börsenauftrag ; *~ au comptant* Kassaauftrag ; *~ au cours, (d'ouverture) de crédit* Auftrag zum Tageskurs, Kredit(eröffnungs)auftrag ; *~ d'encaissement* Inkassoauftrag ; *~ d'essai* Probebestellung *f* ; *~ ferme, (il)limité* fester, (un)beschränkter Auftrag ; *~ de livraison (de qqch)* Auftrag über die Lieferung (von etw) ; Lieferungsauftrag ; *~ au mieux* Bestens-Order ; *~ de paiement* Zahlungsanweisung *f*, -aufforderung *f* ; *~ permanent (prélèvement automatique)* Dauerauftrag ; *~(s) télégraphique(s)* telegrafisch erteilte Order(s) ; Drahtanweisung *f* ; *~ à terme, de vente, de virement* Termin-, Verkaufs-, Überweisungsauftrag ; ♦♦ *donneur m d'~* Auftraggeber *m* ; *feuille f d'~* Bestellzettel *m* ; *passation f d'~* Auftragserteilung *f* ; *d'~ et pour compte* im Auftrag und für Rechnung von ; *suivant votre ~* Ihrem Auftrag gemäß ; ♦♦♦ *annuler un ~* einen Auftrag rückgängig machen ; *donner un ~* einen Auftrag erteilen ; *exécuter un ~* einen Auftrag ausführen ; *passer des ~s* Aufträge vergeben ; *prendre un ~* einen Auftrag entgegennehmen ; *prendre bonne note d'un ~* einen Auftrag buchen ; *recueillir des ~s* Aufträge (Bestellungen) einholen ; *transmettre un ~* einen Auftrag weitergeben.

7. *(ordre du jour)* Tagesordnung *f* ; ♦♦ *demande f d'inscription à l'~* Antrag *m* auf Aufnahme in die Tagesordnung ; *motion f d'~* Antrag *m* zur Tagesordnung ; *projet m d'~* Tagesordnungsentwurf *m* ; *points 1 et 2 figurant à l'~* Punkte 1 und 2 der Tagesordnung ; ♦♦♦ *adopter l'~* die Tagesordnung annehmen ; *arrêter (établir) l'~* die Tagesordnung aufstellen ; *être (figurer) à l'~* auf der Tagesordnung stehen ; *(fig.)* an der Tagesordnung sein ; großgeschrieben werden ; *inscrire, (mettre) à l'~* auf die Tagesordnung setzen ; *passer à l'~* zur Tagesordnung übergehen ; *rayer (retirer) un point de l'~* einen Punkt von der Tagesordnung absetzen ; einen Punkt auf der Tagesordnung streichen.

8. *(ordre public)* öffentliche Ordnung *f* ; *constituer une menace pour l'~* eine Gefährdung der öffentlichen Ordnung darstellen ; *troubler, rétablir l'~* die öffentliche Ordnung stören, wiederherstellen.

ordures *fpl (ménagères)* Müll *m* ; Abfälle *mpl* ; *~s ménagères et encombrantes* Haus- und Sperrmüll ; *décharge f (à ~)* Mülldeponie *f*, -abladeplatz *m*, -abladestelle *f* ; *élimination f des ~* Entsorgung *f* ; *enlèvement m des ~* Müllabfuhr *f* ; *incinération f des ~* Müllverbrennung *f* ; *service m municipal chargé de l'enlèvement des ~* städtische Müllabfuhr *f* ; *traitement m des ~* Müllbeseitigung *f* ; *usine f d'élimination des ~* Müllentsorgung(sanlage) *f*.

organe *m* **1.** *(institution)* Organ *n* ; Stelle *f* ; Träger *m* ; Instrument *n* ; Körperschaft *f* ; *~ administratif* Verwaltungsstelle ; *~ central* Zentralbehörde *f*, -organ ; leitendes Organ ; *~ communautaire* Gemeinschaftsorgan ; *~ consultatif* beratendes Organ ; *~ de contrôle → de surveillance* ; *~ délibérant* Beschlußstelle ; *~ directeur* leitendes Organ ; ~ *exécutif* ausführendes Organ ; ~ *liquidateur* Abwicklungsstelle ; ~ *représentatif* Vertretungsorgan ; ~ *suprême* höchste Stelle ; ~ *de surveillance* Überwachungsstelle ; Aufsichtsbehörde *f* ; Kontrollorgan ; *les ~s de l'autorité de l'État* die Träger der Staatsgewalt **2.** *(presse, porte-parole)* Blatt *n* ; Zeitschrift *f* ; Sprachrohr *n* ; Wortführer *m* ; ~ *gouvernemental* regierungsnahe Zeitung *f* ; ~ *indépendant* unabhängiges Blatt ; *être l'~ d'un groupe* das Sprachrohr (der Wortführer) einer Gruppe sein.

organigramme *m* **1.** Organigramm *n* ; Organisationsschema *n* ; Organisations-, Stellenplan *m* **2.** *(inform.)* ~ *de programme* Programmablaufplan *m* ; ~ *volume des données* Datenflußplan *m*.

organique : *loi f* ~ Grundgesetz *n* ; *société f* ~ Organgesellschaft *f*.

organisateur *m* Veranstalter *m* ; Organisator *m* ; ~ *de voyages* Reiseveranstalter ; *avoir des talents d'~* ein ausgezeichneter Organisator sein ; organisatorisch begabt sein ; Organisationstalent besitzen.

1. organisation *f (manière d'organiser)* Organisation *f* ; Aufbau *m* ; Struktur *f* ; Gestaltung *f* ; Organisierung *f* ; *(manifestation)* Veranstaltung *f* ; Tagung *f* ; ◆ ~ *administrative, économique* Verwaltungs-, wirtschaftlicher Aufbau ; ~ *de l'entreprise* Betriebsorganisation ; ~ *des loisirs* Freizeitgestaltung *f* ; ~ *du marché, de l'ordre social* Marktordnung *f*, Gestaltung der Sozialordnung ; ~ *et gestion des entreprises* Betriebswirtschaftslehre *f* ; ~ *politique de l'État et de la société* politische Gestaltung von Staat und Gesellschaft ; ~ *de la société* Aufbau der Gesellschaft ; ~ *du temps libre* → *des loisirs* ; ~ *du (temps de) travail* Arbeits(zeit)gestaltung ; ~ *du travail* Arbeitsorganisation, -ablauf *m* ; ◆◆ *défaut m, forme f, problème m d'~* Organisationsfehler *m*, -form *f* (-struktur *f*), -problem *n* ; ◆◆◆ *c'est une question d'~* das ist eine Frage der Organisation ; *être doué pour l'~* organisatorisch begabt sein ; Organisationstalent haben ; *il est chargé de l'~ de la foire* er ist mit der Organisation der Messe beauftragt ; ihm obliegt die Organisation der Messe.

2. organisation *f (association)* Organisation *f* ; Verband *m* ; Verein *m* ; ◆ ~ *bancaire* Bankorganisation ; ~ *des banques et du crédit* Bank- und Kreditwesen *n* ; ~ *centrale* Spitzenverband ; Dachorganisation ; ~ *commerciale, commune* Handels-, gemeinsame Organisation ; ~ *de consommateurs* Verbraucherorganisation ; ~ *de Coopération et de Développement Économiques* ⇒ *O.C.D.E.* ; ~ *des entreprises* Betriebsorganisation ; ~ *Européenne pour la Recherche Nucléaire* ⇒ *O.E.R.N.* ; ~ *illégale, industrielle, internationale* illegale Organisation, Industrieverband, internationale Organisation ; ~ *internationale du travail* ⇒ *O.I.T.* ; ~ *de jeunesse, mondiale* Jugend-, Weltorganisation ; ~ *mondiale de la santé* ⇒ *O.M.S.* ; ~ *des Nations unies* ⇒ *O.N.U.* ; ~ *ouvrière, patronale, politique* Arbeiter-, Arbeitgeber-, politische Organisation ; ~ *professionnelle* berufsständische Organisation *f* ; ~ *révolutionnaire, syndicale* revolutionäre Organisation, Gewerkschaft *f* ; ~ *du traité de l'Atlantique Nord* ⇒ *O.T.A.N.* ; ~ *de tutelle, d'utilité publique, de vente* Dach-, gemeinnützige Organisation, Absatzorganisation ; ◆◆◆ *appartenir à une ~* einer Organisation angehören ; *entrer dans une ~* einer Organisation beitreten ; *fonder, interdire une ~* eine Organisation gründen, verbieten ; *mettre une ~ sur pied* eine Organisation aufbauen ; *se regrouper au sein d'une ~* sich zu einer Organisation zusammenschließen.

organisationnel, le Organisations- ; organisatorisch.

organisé, e organisiert ; *service bien ~* gut organisierter Dienst *m* ; *voyage ~* Gesellschaftsreise *f* ; *partir en voyage ~* mit einer Reisegesellschaft verreisen ; *c'est du vol, de l'escroquerie ~(e) !* das ist reiner Diebstahl, reiner Schwindel !

organiser organisieren ; veranstalten ; gestalten ; einrichten ; zusammenstellen ; ~ *une exposition, une manif(estation), un voyage* eine Ausstellung, eine Demo(nstration), eine Reise organisieren (veranstalten) ; ~ *une session, un sondage, une vente aux enchères* eine Tagung, eine Umfrage, eine Auktion veranstalten ; *s'~* sich organisieren ; *s'~ en coopérative, en syndicats* sich genossenschaftlich, gewerkschaftlich organisieren (zusammenschließen).

organisme *m* Stelle *f* ; Organ *n* ; Organisation *f* ; Organismus *m* ; Einrichtung *f* ; Gremium *n* ; Träger *m* ; Anstalt *f* ; Institution *f* ; ~ *agréé* anerkannte Stelle ; ~ *arbitral* Schiedsstelle ; *~s de l'assistance publique* Träger der öffentlichen Fürsorge ; ~ *d'assurance* Versicherungsträger, -anstalt ; ~ *bancaire* Bankinstitut *n* ; ~ *central (qui coiffe les autres)* Dachorganisation ; Spitzenverband *m* ; Zentralorgan ; ~ *compétent* zuständige Stelle ; ~ *consultatif* beratendes Organ ; ~ *de contrôle* Kontrollorgan ; ~ *de crédit* Kreditanstalt ; ~ *de direction* Leitungsorgan ; ~ *d'épargne* Sparinstitut, -anstalt ; ~ *exécutif* ausführendes Organ ; Exekutivorgan ; ~ *gestionnaire* Verwaltungsträger, -organ ; ~ *gouvernemental* Regierungsstelle ; ~ *international* internationale Organisation ; ~ *payeur (de paiement)* Zahlstelle ; ~ *permanent* ständiges Organ ; ~ *politique* politisches Organ ; ~ *privé* private Institution ; ~ *professionnel* Berufsorganisation ; ~ *répartiteur* Bewirtschaftungsstelle ; ~ *de sécurité sociale* Sozialversicherungsträger ; ~ *social* sozialer Organismus.

orient *m* Osten *m* ; Orient *m* ; *l'Extrême, le Moyen, le Proche* ~ der Ferne, der Mittlere, der Nahe Osten.

oriental, e 1. Ost- ; östlich **2.** orientalisch.

orientation *f* **1.** *(contrôle, réglementation, canalisation)* Lenkung *f* ; Steuerung *f* ; Reglementierung *f* ; ~ *des besoins, des capitaux, de la conjoncture, de la consommation* Bedarfs-, Kapital-, Konjunktur-, Verbrauchslenkung ; ~ *du crédit, des débouchés, des investissements* Kreditlenkung (Kreditbewirtschaftung *f*), Absatz-, Investitionslenkung ; ~ *des prix, de la production, du marché, du travail* Preisregulierung *f*, Produktionssteuerung, Marktregulierung, Arbeitslenkung ; *mesure f d'*~ Lenkungsmaßnahme *f* **2.** *(orientation, tendance, direction)* Orientierung *f* ; Tendenz *f* ; Richtung *f* ; Kurs *m* ; Trend *m* ; ~ *de la consommation, de la demande, des cours* Verbrauchs-, Bedarfsorientierung, Kurstendenz ; ~ *du marché, nouvelle* Markt-, Neuorientierung ; ~ *des prix, des ventes* Preistendenz (Preistrend *m*), Absatzrichtung (Absatzorientierung) ; *changement m d'*~ Neuorientierung ; *la nouvelle* ~ *de...* der neue Kurs von...

orientation *f* **professionnelle** Berufsberatung *f* ; *centre m d'*~ Berufsberatungsstelle *f* ; *conseiller m d'*~ Berufsberater *m*.

orienté, e orientiert ; ~ *à droite, à gauche* rechts-, linksorientiert ; ~ *vers la pratique* praxisorientiert ; *la tendance est* ~*e à la hausse, à la baisse* die Aktien tendieren fester (aufwärts), schwächer (abwärts).

orienter 1. orientieren ; lenken ; steuern ; ~ *le pouvoir d'achat, la production* die Kaufkraft, die Produktion lenken ; ~ *dans une nouvelle direction* in eine neue Richtung lenken **2.** ~ *qqn* (in allen Fragen der Berufswahl) jdn beraten **3.** *s'*~ sich orientieren ; sich richten (nach) ; *s'*~ *sur les besoins des consommateurs* sich an (nach) den Konsumentenbedürfnissen orientieren.

orienteur *m* Berufsberater *m*.

originaire gebürtig aus ; stammend aus ; *il est* ~ *d'Allemagne* er ist gebürtiger Deutscher ; *elle est* ~ *de la Suisse* sie ist aus der Schweiz gebürtig ; *ma famille est* ~ *d'Alsace* meine Familie stammt aus dem Elsaß.

original *m* Original *n* ; Originaltext *m* ; Urschrift *f* ; Urkunde *f* ; Originalmuster *n* ; *faire établir une copie de l'*~ eine Kopie des Originals anfertigen lassen.

original, e 1. original ; Original- ; ursprünglich ; *enregistrement m, édition f, facture f, pièce f* ~*(e)* Originalaufnahme *f*, -ausgabe *f*, -rechnung *f*, -beleg *m* **2.** originell ; *publicité f* ~*e* originelle Werbung *f*.

origine *f* **1.** Herkunft *f* ; Ursprung *m* ; Abstammung *f* ; Original- ; ◆◆ *appellation f d'*~ Herkunftsbezeichnung *f* ; *certificat m d'*~ Ursprungszeugnis *n* ; Herkunftsnachweis *m* ; *désignation f d'*~ Herkunftsbezeichnung *f* ; *emballage m d'*~ Original(ver)packung *f* ; *indication f d'*~ Herkunftsangabe *f* ; *lieu m d'*~ Herkunftsort *m* ; *marque f d'*~ Ursprungsvermerk *m*, -zeichen *n* ; *pays m d'*~ *(personnes)* Heimatland *n* ; Ursprungsland *n* ; *vin m d'appellation d'*~ Wein *m* mit Herkunftsbezeichnung ; ◆◆◆ *être à l'*~ *de qqch* auf etw (+ A) zurückzuführen sein ; *être à l'*~ *d'une grève* einen Streik anzetteln ; *être d'*~ *allemande* deutscher Abstammung sein ; (von) deutscher Herkunft sein ; *être Français d'*~ gebürtiger Franzose sein ; *établir l'*~ *de qqch* die Herkunft des Eigentums nachweisen **2.** Ursache *f* ; ~ *d'une crise économique* Ursache einer Wirtschaftskrise.

O.R.S.E.C. *(Organisation f des secours)* Hilfsaktion *f* ; *déclencher le plan* ~ eine Hilfsaktion starten ; *participer au plan* ~ *au bénéfice des sinistrés* sich an einer Hilfsaktion zugunsten der

Katastrophenopfer beteiligen.

O.R.T.F. *(supprimé en 1974) (Office m de la radiodiffusion-télévision française)* staatliche französische Rundfunk- und Fernsehanstalt *f*.

O.S. *m (ouvrier spécialisé)* angelernter Arbeiter *m*.

oscillation *f* Schwankungen *f* ; Fluktuation *f* ; ~ *conjoncturelle, des cours* Konjunktur-, Kursschwankung.

osciller schwanken ; *les cours mpl ~ent autour de...* die Kurse *mpl* schwanken um... (herum) ; *le nombre de participants ~e entre... et ...* die Zahl der Teilnehmer schwankt zwischen... und...

oseille *f (fam.)* Geld *n* ; Zaster *m* ; Piepen *pl* ; Penunzen *pl* ; Kohlen *pl* ; Moneten *pl* ; Kies *m* ; Knete *f*.

O.S.M. *f (Organisation f syndicale mondiale)* Weltgewerkschaftsorganisation *f*.

otage *m* Geisel *f* ; *en ~* als Geisel ; *prise f d'~* Geiselnahme *f*.

O.T.A.N. *f (Organisation f du traité de l'Atlantique Nord)* Nordatlantikpaktorganisation *f* ; NATO *f*.

O.U.A. *f (Organisation f de l'unité africaine)* Organisation *f* für die Einheit Afrikas (OAE).

oubli *m* Unterlassung *f* ; Versäumnis *n* ; Nachlässigkeit *f* ; *à la suite d'un ~ regrettable* infolge eines bedauerlichen Versäumnisses ; *tomber dans l'~* in Vergessenheit geraten.

oublier vergessen ; unterlassen ; versäumen.

ouest *m* Westen *m* ; *de l'~* West- ; westlich ; *Allemagne f de l'~* Westdeutschland ; die Bundesrepublik ; BRD *f citoyen m ~-allemand* Westdeutsche(r) ; Bundesbürger *m* ; *conflit m Est-~* Ost-West-Konflikt *m* ; *dialogue m Est-~* Ost-West-Dialog *m* ; *relations fpl Est-~* Ost-West-Beziehungen *fpl* ; *argent m de l'~* Westgeld *n* ; Westmark *f* ; DM.

outil *m* Werkzeug *n* ; *machine-~* Werkzeugmaschine *f* ; ~ *de travail* **a)** Werkzeug *n* ; **b)** *(fig.)* Instrument *n* ; *imposition f de l'~ de travail* Besteuerung *f* des Produktionsapparates.

outillage *m* Handwerkszeug *n* ; Werkzeugausstattung *f* ; (technische) Ausrüstung *f*.

outillerie *f* Werkzeugfabrik *f*.

output *m* **1.** *(inform.)* Output ['autput] n **2.** Gesamtergebnis *n* der Produktion.

outrage *m* Beleidigung *f* ; Ehrverletzung *f* ; ~ *aux bonnes mœurs* Verstoß *m* gegen die Sittlichkeit ; ~ *à fonctionnaire* Beamtenbeleidigung.

outre : *passer ~ à qqch* etw überschreiten ; über etw hinweggehen ; *passer ~ à une loi, une interdiction* ein Gesetz, ein Verbot überschreiten ; *passez ~ !* setzen Sie sich darüber hinweg !.

outre-mer überseeisch ; Übersee- ; *commerce m d'~* Überseehandel *m*.

outrepasser überschreiten ; übertreten ; ~ *ses droits, ses pouvoirs* seine Rechte, seine Befugnisse überschreiten.

outre-Rhin : *d'~* überrheinisch ; *nos voisins d'~* unsere Nachbarn jenseits des Rheins.

outsider *m* Außenseiter *m* ; Outsider ['autzaidər] m.

ouvert, e geöffnet ; auf ; ~ *à* zugänglich (+ D), für ; zugelassen für ; geöffnet für ; ~ *à la circulation* dem Verkehr (für den Verkehr) freigegeben ; ~ *au public* für das Publikum geöffnet (zugänglich) ; ~ *en permanence* ständig (durchgehend) geöffnet ; ~ *l'après- midi* wir öffnen erst am Nachmittag ; ~ *toute la journée, toute l'année* ganztägig (durchgehend), ganzjährig geöffnet ; *mon compte est ~* mein Konto ist freigegeben ; *la chasse est ~e* es ist Jagdzeit ; *nous sommes ~s jusqu'à 19 heures* wir haben bis um 19 Uhr auf ; das Geschäft ist bis um 19 Uhr geöffnet ; *journée f « portes ouvertes »* Tag *m* der offenen Tür ; *être ~ (magasins)* geöffnet sein ; *(séance, exposition)* eröffnet sein.

ouverture *f (lettre, paquet)* Aufmachen *n* ; *(magasin, compte, crédit)* Eröffnung *f* ; Beginn *m* ; *(d'un droit)* Erwerb *m* ; *(mise en exploitation)* Erschließung *f* ; *(d'une procédure, d'une enquête)* Einleitung *f* ; ♦ ~ *de la bourse, de la chasse* Börsenbeginn, Jagdbeginn (Eröffnung der Jagd) ; ~ *à la circulation* Freigabe *f* für den Verkehr ; ~ *d'un compte* Eröffnung eines Kontos ; Kontoeröffnung, -anlegung *f* ; ~ *des cours* Kurseröffnung, -beginn ; ~ *d'un crédit* Krediteröffnung, -gewährung *f*, -bewilligung *f* ; ~ *des débats* Verhandlungsbeginn ; Eröffnung der Verhandlungen ; ~ *de nouveaux débouchés* Erschließung *f* neuer Absatzmärkte ; ~ *des droits à la retraite* Erwerb *m* (Begründung *f*) des Anspruchs auf Altersversorgung ; ~ *d'une enquête* Einleitung einer Untersuchung ; ~ *de la faillite* Konkurseröffnung ; ~ *des guichets* Schalter-, Kassenstunden *fpl* ; ~ *d'un magasin* Eröffnung eines Geschäfts ; ~ *des magasins* Öffnungszeiten ; Geschäftszeiten *fpl* ; ~ *d'un marché* Markterschließung *f* ; ~ *de(s) négociations* Aufnahme *f* der (von) Verhandlungen ; ~ *du parlement* Eröffnung des Parlaments ; ~ *d'une procédure judiciaire* Einleitung eines Gerichtsverfahrens ; ~ *des services publics (banques, postes)* → *des guichets* ; ~ *d'une succession* Eintritt *m* des Erbfalls ; ~ *d'une séance* Eröffnung einer Sitzung ; ~ *d'un testament* Testamenteröffnung ; ~ *d'un vote* Eröffnung einer Abstimmung ; ♦♦ *bilan m, cours m, discours m d'* ~ Eröffnungsbilanz *f*, -kurs *m*, -rede *f* ; *jour m, séance f d'* ~ Eröffnungstag *m*, -sitzung *f* ; ♦♦♦ *demander l'* ~ *d'un compte* die Eröffnung eines Kontos beantragen.

ouvrable 1. *(techn.)* verarbeitbar 2. *jour m* ~ Werktag *m* ; Wochentag *m* ; *les jours* ~*s* werktäglich ; *le train circule les jours* ~*s sauf samedi* der Zug verkehrt werktags außer samstags.

ouvrage *m* 1. Arbeit *f* ; Werk *n* ; *se mettre à l'* ~ sich an die Arbeit (ans Werk) machen 2. *(bâtiment)* Bau (-werk) *m (n)* ; *gros* ~ Rohbau *m* ; *maître d'* ~ Bauherr *m* 3. *(livre)* Werk *n* ; Buch *n* ; ~ *de référence* Nachschlagewerk.

ouvrier *m* Arbeiter *m* ; *les* ~*s* die Arbeiterschaft ; ♦ ~ *agricole* Landarbeiter ; landwirtschaftlicher Arbeiter ; ~ *du bâtiment, à la chaîne* Bau-, Fließbandarbeiter ; ~ *à façon (à domicile)* Heimarbeiter ; ~ *de fond (dans les mines)* Untertagearbeiter ; ~ *immigré* Gastarbeiter ; ~ *de l'industrie* Industriearbeiter ; ~ *de jour (dans les mines)* Übertagearbeiter ; ~ *à la journée* Tagelöhner *m* ; ~ *manuel, métallurgiste* Hand-, Metallarbeiter ; ~ *non qualifié* ungeschulter Arbeiter ; Hilfsarbeiter ; ~ *aux pièces, prêté* Akkordarbeiter, Leiharbeiter ; ~ *professionnel, qualifié* gelernter Arbeiter, Facharbeiter (qualifizierter Arbeiter) ; ~ *saisonnier* Saisonarbeiter ; ~ *spécialisé (O.S.)* angelernter Arbeiter ; ~ *à la tâche* Akkordarbeiter ; ~ *du textile, d'usine* Textil-, Fabrikarbeiter ; ♦♦♦ *débaucher, embaucher, licencier des* ~*s* Arbeiter abwerben, anstellen (einstellen), entlassen.

ouvrier, ière Arbeiter- ; *action f, cité f, classe f* ~ *ière* Arbeiteraktie *f* (Belegschaftsaktie), -siedlung *f*, -klasse *f* ; *comité m* ~ Arbeiterausschuß *m* ; *coopérative f* ~ *ière* Arbeitergenossenschaft *f* ; *monde m* ~ Arbeiterschaft *f* ; *mouvement m* ~ Arbeiterbewegung *f* ; *organisation f* ~ *ière* Arbeiterorganisation *f* ; *parti m* ~ Arbeiterpartei *f* ; *quartier m* ~ Arbeiterviertel *n* ; *question f* ~ *ière* Arbeiterfrage *f* ; *revendications fpl* ~ *ières* Forderungen *fpl* der Arbeiter ; *syndicat m* ~ Arbeitergewerkschaft *f*.

ouvrir 1. *(lettre, paquet)* öffnen ; aufmachen 2. *(chasse, commerce, crédit, compte, exposition, testament, etc.)* eröffnen 3. *(des droits à qqch)* einen Anspruch auf etw (+ A) erwerben 4. *(au trafic, à la circulation)* dem Verkehr übergeben ; für den Verkehr freigeben 5. *(enquête, procédure)* einleiten 6. *(négociations)* aufnehmen ; einleiten ; eröffnen 7. ~ *à l'exploitation* in Betrieb nehmen ; ~ *un pays à l'exploitation* ein Land erschließen ; ~ *une région au tourisme* ein Gebiet für den Fremdenverkehr erschließen 8. *(magasins)* geöffnet sein ; *le magasin, les guichets n'ouvre(nt) qu'à 8.00 heures* das Geschäft (die Schalter) wird (werden) erst um 8.00 Uhr geöffnet 9. ~ *de nouvelles perspectives, de nouvelles voies à qqch* für etw neue Aussichten, neue Wege eröffnen ; 10. *s'* ~ sich öffnen ; *de nouveaux marchés s'ouvrent à l'industrie* neue Märkte öffnen sich der Industrie (für die Industrie) 11. *côté à* ~ hier öffnen.

ovidés *mpl* Schafe *npl*.

O.V.N.I. *m (objet volant non identifié)* UFO *n* ; unbekanntes Flugobjekt *n*.

P

pacification *f (polit.)* Pazifizierung *f* ; Befriedung *f* (eines Landes).

pacifier *(polit.)* pazifizieren ; (ein Land) befrieden.

pacifique 1. friedlich 2. *(jur.) possesseur m* ~ ungestörter Besitzer *m*.

pacifiste *m* Pazifist *m*.

pacifiste pazifistisch ; Friedens- ; *mouvement m* ~ Friedensbewegung *f*.

package *m* 1. *(inform.)* Fertigprogramm *n* 2. *(touris.)* Pauschalreise *f*.

pacotille *f* Schundware *f* ; Ramsch *m*.

pacte *m* **1.** Pakt *m* ; Bündnis *n* ; Vertrag *m* ; ~ *d'alliance* Bündnispakt ; ~ *d'amitié* Freundschaftsvertrag ; ~ *d'assistance mutuelle* gegenseitiger Beistandspakt ; ~ *atlantique* Atlantikpakt ; ~ *défensif* Verteidigungsbündnis ; ~ *de non-agression* Nichtangriffspakt ; *conclure un* ~ einen Pakt (Vertrag) schließen **2.** *(jur.)* ~ *commissoire* Verfallklausel *f* ; ~ *de préemption* Vorverkaufsvertrag.

pactiser *(péj.) :* ~ *avec qqn* mit jdm paktieren ; mit jdm gemeinsame Sache machen.

P.A.F. *m* audio-visuelle Medienlandschaft *f*.

page *f* Seite *f* ; *à la* ~ *10* auf Seite 10 ; ~ *des annonces* Anzeigenseite, -teil *m* ; ~ *blanche* unbeschriebene (leere, freie) Seite ; ~ *de couverture* Umschlagseite ; *dernière* ~ letzte Seite ; *(journal) première* ~ Titelseite ; ~ *de publicité* Werbe-, Reklameseite ; *être à la* ~ mit der Zeit gehen ; mit der Mode gehen.

paie *f* **1.** Lohn *m* ; Gehalt *n* ; *bordereau m de* ~ Lohnliste *f* ; Gehaltsaufstellung *f* ; *bulletin m de* ~ Lohnabrechnung *f* ; Gehaltsstreifen *m* ; *bureau m de* ~ Lohn-, Gehaltsbüro *n* ; *enveloppe f de* ~ Lohntüte *f* ; *feuille f de* ~ → *bulletin* ; *fiche f de* ~ Lohnstreifen *m*, -zettel *m* ; *jour m de* ~ Zahl-, Lohntag *m* **2.** Lohnauszahlung *f* ; Löhnung *f* ; Entlohnung *f*.

1. paiement *m* Zahlung *f* ; Bezahlung *f* ; Begleichung *f* ; Zahlen *n* ; Auszahlung *f* ; *(chèque, traite)* Einlösung *f* ; Honorierung *f* ; *(impôts)* Entrichtung *f* ; ♦ ~ *par annuités* Zahlung in Jahresraten ; ~ *anticipé (par anticipation)* Voraus(be)zahlung ; Vorschuß *m* ; ~ *en argent* Barzahlung ; Bargeldauszahlung ; ~ *arriéré* rückständige Zahlung ; ~ *par chèque* Scheckzahlung ; ~ *du chèque* Scheckeinlösung ; ~ *par chèques et virements* bargeldloser Zahlungsverkehr *m* ; ~ *compensatoire* Ausgleichszahlung ; ~ *(au) comptant* Barzahlung ; ~ *en devises* Devisenzahlung ; ~ *différé* gestundete Zahlung ; Zahlungsaufschub ; ~ *des dividendes* Dividendenzahlung ; ~ *des droits de douane* Zollabgabe *f* ; ~ *à l'échéance* Zahlung bei Fälligkeit ; ~ *échelonné* Raten-, Teilzahlung ; ~ *échu* fällige Zahlung ; ~ *en espèces* Geldzahlung ; Bargeldauszahlung ; ~ *fictif* Scheinzahlung ; ~ *forfaitaire* Pauschalzahlung ; ~ *fractionné* Raten-, Teilzahlung ; ~ *global* Gesamtzahlung ; ~ *immédiat* Sofortzahlung ; ~ *des impôts* Steuerzahlung ; Steuerentrichtung ; ~ *intégral* Voll(ein)zahlung ; ~ *des intérêts* Zinszahlung ; ~ *intérieur* Inlandszahlung ; ~ *à la livraison* Zahlung bei Lieferung ; ~ *par mensualités* Zahlung in Monatsraten ; monatliche Zahlungen ; ~ *en numéraire* Geldzahlung ; Bargeldauszahlung ; ~ *provisionnel* Vorschußzahlung ; ~ *des salaires* Lohnzahlung ; ~ *du solde* Restzahlung ; ~ *pour solde de tout compte* Abschlußzahlung ; ~ *en souffrance* überfällige Zahlung ; ~ *supplémentaire* zusätzliche Zahlung ; ~ *à tempérament* Raten-, Teilzahlung ; ~ *total* Voll(ein)zahlung ; ~ *trimestriel* Quartalszahlung ; ~ *en trop* Überzahlung ; ~ *ultérieur* Nachzahlung ; ~ *par virement* Überweisung *f* ; Girozahlung ; ♦♦ *accord m de* ~ Zahlungsabkommen *n* ; *autorisation f de* ~ Auszahlungsermächtigung *f* ; *bénéficiaire m d'un* ~ Zahlungsempfänger *m* ; *capacité f de* ~ Zahlungsfähigkeit *f* ; *clause f de* ~ Zahlungsklausel *f* ; *conditions fpl de* ~ Zahlungsbedingungen *fpl* ; *contre* ~ *(d'une somme)* gegen Zahlung (eines Betrags) ; *date f de* ~ Zahlungstermin *m* ; *délai m de* ~ Zahlungsfrist *f* ; *difficultés fpl de* ~ Zahlungsschwierigkeiten *fpl* ; *engagement m de* ~ Zahlungsverpflichtung *f* ; *facilités fpl de* ~ Zahlungserleichterungen *fpl* ; *instrument m de* ~ Zahlungsinstrument *n* ; *jour m de* ~ Zahltag *m*, -termin *m* ; *lieu m de* ~ Zahlungsort *m* ; *mandat m de* ~ Zahlungsanweisung *f* ; *modalités fpl de* ~ Zahlungsbedingungen *fpl*, -modalitäten *fpl* ; *mode m de* ~ Zahlungsart *f*, -weise *f* ; *moyen m de* ~ Zahlungsmittel *n* ; *obligation f de* ~ Zahlungsverbindlichkeit *f*, -verpflichtung *f* ; *opposition f au* ~ Zahlungsverbot *n* ; *ordre m de* ~ Zahlungsauftrag *m* ; *promesse f de* ~ Zahlungsversprechen *n* ; *refus m de* ~ Zahlungsverweigerung *f* ; *retard m dans le* ~ Zahlungsverzug *m* ; *sommation f de* ~ Zahlungsaufforderung *f* ; Mahnung *f* ; *sursis m de* ~ Zahlungsaufschub *m* ; *suspension f de* ~ Zahlungseinstellung *f* ; *terme m de* ~ Zahlungstermin *m* ; ♦♦♦ *anticiper un* ~ im voraus (be)zahlen ; voraus(be)zahlen ; *différer le* ~ die Zahlung stunden (aufschieben) ; *effectuer (faire) un* ~ eine Zahlung leisten (vornehmen) ; *exiger le* ~ die Zahlung verlangen (fordern) ; *faciliter le* ~ die Zahlung erleichtern ; *refuser le* ~ die Zahlung verweigern ; *reprendre les* ~*s* die Zahlungen wiederaufnehmen.

2. paiements *mpl* Zahlungsverkehr *m* ; Zahlungen *fpl* ; ~ *courants* laufende Zahlungen ; ~ *internationaux* internalionaler Zahlungsverkehr ; *balance f des* ~ Zahlungsbilanz *f* ; *blocage m des* ~ Zahlungsstopp *m*, -sperre *f* ; *cessation f des* ~ Zahlungseinstellung *f* ; *reprise f des* ~ Wiederaufnahme *f* der Zahlungen ; *système m de* ~ Zahlungssystem *n* ; *suspendre les* ~ die Zahlungen einstellen.

paierie *f* Zahlstelle *f* (eines Finanzamtes).

paille : *homme m de* ~ Strohmann *m*.

pain *m* Brot *n* ; *le* ~ *quotidien* das tägliche Brot ; *enlever à qqn le* ~ *de la bouche* jdn brotlos machen ; jdn ums Brot bringen ; *gagner son* ~ sein Brot verdienen ; seinen Lebensunterhalt verdienen ; *(fam.)* seine Brötchen verdienen ; *se vendre comme des petits* ~*s* reißenden Absatz finden ; *(fam.)* wie warme Semmeln weggehen.

pair	***1. chiffre pair*** ***2. bourse*** ***3. fille au pair***

1. ***(chiffre pair)*** gerade ; *jours mpl* ~*s* gerade Tage *mpl*.

2. ***(bourse)*** Pari *n* ; Parikurs *m* ; Paristand *m* ; Nennwert *m* ; ◆ *au* ~ (zum) Nennwert ; (al) pari ; Pari- ; ~ *du change* Wechselparität *f*, -pari *n* ; ◆◆ *action f au* ~ Nennwertaktie *f* ; *cours m du* ~ Parikurs *m* ; *émission f au* ~, *au-dessous, au-dessus du* ~ Pari-, Unterpari-, Überpariemission *f* ; *remboursement m au* ~ Parirückzahlung *f* ; *valeur f au* ~ Pariwert *m* ; ◆◆◆ *émettre au* ~ zum Parikurs ausgeben ; *être au* ~ (al) pari stehen ; *être au-dessous, au-dessus du* ~ unter, über pari stehen ; unter, über dem Nennwert stehen ; *reporter au* ~ glatt prolongieren.

3. ***(fille au pair)*** Au-pair-Mädchen [o'pɛr...] *n* ; *travailler au* ~ als Au-pair-Mädchen arbeiten ; für freie Kost und Unterkunft (Logis) arbeiten.

paisible 1. friedlich ; friedliebend **2.** *(jur.)* ~ *possesseur m* (in seinem Besitz) ungestörter Besitzer *m*.

paix *f* Frieden *m* ; *(arch.)* Friede *m* ; ~ *sociale* ; Arbeitsfrieden ; Betriebsfrieden ; *conditions fpl de* ~ Friedensbedingungen *fpl* ; *(Belgique) juge m de* ~ Friedensrichter *m* ; *négociations fpl de* ~ Friedensverhandlungen *fpl* ; *traité m de* ~ Friedensvertrag *m* ; *conclure la* ~ Frieden schließen ; *signer la* ~ den Frieden(svertrag) unterzeichnen.

palais *m* Palast *m* ; Schloß *n* ; *Palais Bourbon* Sitz *m* der Nationalversammlung in Paris ; ~ *de justice* Justizpalast ; Gerichtsgebäude *n* ; *gens mpl de (du)* ~ Gerichtspersonen *fpl* ; *langage m du* ~ Juristen-, Kanzleisprache *f* ; *révolution f de* ~ Palastrevolution *f*.

palier *m* Stufe *f* ; Staffel *f* ; Abschnitt *m* ; Gefälle *n* ; *par* ~*s* stufenweise ; etappenweise ; ~ *de prix* Preisstaffel, -reihe *f* ; Preisstufung *f*.

palliatif *m* Notlösung *f* ; Notbehelf *m* ; vorläufige (unzureichende) Maßnahme *f*.

pallier abhelfen (+ D) ; Abhilfe schaffen ; ~ *des difficultés* Schwierigkeiten beseitigen (beheben, aus dem Weg räumen).

palmarès *m* **1.** Liste *f* der Preisträger ; Preisträger-, Siegerliste **2.** Preise *mpl*.

palme *f* (Sieges)palme *f* ; *remporter la* ~ den Sieg erringen ; die Siegespalme davontragen.

panacée *f* Universal-, Wundermittel *n* ; Allerweltsmittel ; Allheilmittel ; *il n'y a pas de* ~ *contre l'inflation* gegen die Inflation gibt es kein Wundermittel.

panachage *m* **1.** *(élections)* Panaschieren *n* ; (freie Auswahl der Kandidaten aus den verschiedenen Wahllisten) **2.** *(assur.)* ~ *des risques* Risikoverteilung *f*, -streuung *f*.

panacher *(élections)* panaschieren ; ~ *une liste électorale* Kandidaten panaschieren ; Kandidaten aus den verschiedenen Wahllisten auswählen.

pancarte *f* **1.** Schild *n* ; Tafel *f* ; Anschlag *m* **2.** *(manifestation)* Transparent *n* ; Spruchband *n*.

panel *m* Panel ['pɛnəl] *n* (Meinungsbefragung) ; Standarttestgruppe *f* ; *technique f du* ~ Panelverfahren *n*, -technik *f*.

panier *m* Korb *m* ; ~ *à provisions* Einkaufskorb ; *(statist.)* ~ *de la ménagère (type)* Warenkorb.

panne *f* Panne *f* ; Betriebsstörung *f* ; Defekt *m* ; Schaden *m* ; ~ *de courant* Stromausfall *m* ; *la machine tombe en* ~ die Maschine fällt aus ; *notre retard de production est dû à une* ~ *de machines* der Produktionsrückstand ist auf den Ausfall von Maschinen zurückzuführen.

panneau *m* Schild *n* ; Tafel *f* ; ~ *d'affichage* Anschlagtafel ; Schwarzes Brett *n* ; ~ *électoral* Anschlagtafel für Wahlplakate ; ~ *publicitaire* Reklametafel ; ~*-réclame* Reklameschild, -tafel ; Werbeschild ; ~ *de signalisation* Verkehrsschild, -zeichen *n*.

panonceau *m* **1.** Amts-, Berufsschild *n* (eines Notars) **2.** (kleines) Schild *n*.

P.A.O. *f (publication assistée par ordinateur)* Desktop publishing *n*.

P.A.P. *m (prêt d'accession à la propriété)* Darlehen *n* zum Eigentumserwerb.

paperasse *f* **1.** *(péj.)* Schreibereien *fpl* ; Papierkrieg *m* ; Schreibkram *m* **2.** *~s* (alte) Schriftstücke *npl* ; Akten *fpl*.

paperasserie *f* **1.** Berge *mpl* von Papieren ; *(péj.)* Papierwust *m* **2.** Papierkrieg *m* (mit Behörden).

papeterie *f* **1.** Schreibwarengeschäft *n*, -handlung *f* ; *articles mpl de ~* Schreibwaren *fpl* **2.** Papierherstellung *f* ; Papierfabrik *f*.

papetier *m* **1.** Schreibwarenhändler *m* ; *~-libraire m* Buch- und Schreibwarenhändler **2.** Papiermacher *m*.

papier *m*	**1.** ***sens général***
	2. ***effet ; valeur***
	3. ***papiers ; documents***

1. ***(sens général)*** **1.** Papier *n* ; ~ *brouillon* Konzeptpapier ; ~ *buvard* Löschpapier ; ~*-calque* Pauspapier ; Blaupapier ; ~ *carbone* Kohlepapier ; ~ *à écrire* Schreibpapier ; ~ *d'emballage* Packpapier ; ~ *à en-tête* Briefpapier mit (vorgedrucktem) Briefkopf ; ~ *à lettres* Briefpapier ; *sur le ~* auf dem Papier ; geschrieben ; gedruckt ; ~ *machine* Schreibmaschinenpapier ; ~ *pelure* Durchschlagpapier ; *vieux ~s* Altpapier ; *jeter quelques phrases sur le ~* einige Sätze zu Papier bringen (aufschreiben, notieren) **2.** *un ~* ein Blatt (ein Stück) Papier ; ein Zettel *m* **3.** *(fam.) (journalisme)* (Zeitungs)artikel *m*, -bericht *m*.

2. ***(effet ; valeur)*** Papier *n* ; Wechsel *m* ; bankfähiger Wechsel ; ~ *commercial* Handelswechsel ; Handelspapier ; ~ *de change* Bankwechsel ; ~ *de complaisance* Gefälligkeitswechsel ; ~ *de crédit* Finanzwechsel, -papier ; ~ *escomptable* diskontfähiges Papier ; ~ *fictif* Scheinwechsel ; ~ *financier* Finanzpapier, -wechsel ; ~ *hors banque* rediskontierbarer Wechsel ; ~*-monnaie* Geldpapier ; ~ *négociable* Bankierwechsel ; rediskontierbarer Wechsel ; ~ *à ordre* Orderpapier ; ~ *de premier ordre* Primapapier ; ~ *sur place* Platzwechsel ; ~ *au porteur* Inhaberpapier ; ~ *timbré* Stempelpapier ; ~ *à vue* Sichtwechsel, -tratte *f*.

3. ***(papiers ; documents)*** (wichtige) Papiere *npl* ; *(documents)* Unterlagen *fpl* ; Schriftstücke *npl* ; ~ *d'expédition* Versandpapiere ; *faux ~* falsche Papiere ; ~ *d'identité* Ausweispapiere.

papillon *m* (abtrennbarer) Zettel *m* ; Klebezettel ; *(contravention)* Strafzettel ; *(fam.)* Knöllchen *n*.

paquebot *m* Ozeandampfer *m* ; Passagierschiff *n* ; ~ *mixte* Passagierfrachtschiff.

paquet *m* **1.** Paket *n* ; Bündel *n* ; ~ *d'actions* Aktienpaket ; ~ *de billets de banque* Bündel Banknoten **2.** *(poste)* Paket *n* ; ~ *lettre* Briefpaket ; *petit ~* Päckchen *n* **3.** (wirtschaftliches, soziales) Paket *n* ; Gesamtheit *f* von (wirtschaftlichen, sozialen) Maßnahmen.

par 1. *de ~ la loi* im Namen des Gesetzes ; *fait ~-devant notaire* notariell beglaubigt. **2.** pro ; ~ *personne*, ~ *heure* pro Person, pro Stunde.

parabancaire bankähnlich.

parachuter *(fam.) : ~ qqn dans un service* jdn in eine Stelle katapultieren.

paradis *m : ~ fiscal* Steuerparadies *n*, -oase *f*.

paraétatique halbstaatlich ; quasiöffentlich.

parafe ⇒ *paraphe.*

parafer ⇒ *parapher.*

parafiscal, e steuerähnlich ; *taxe f ~e* steuerähnliche Abgabe *f*.

parafiscalité *f* steuerähnliche Abgaben *fpl* ; Parafiskalität *f* ; zweckgebundene Pflichtbeiträge *mpl*.

paragraphe *m* **1.** *(texte)* Abschnitt *m* ; Absatz *m* ; Passus *m* ; Paragraph *m* **2.** *(loi)* Absatz *m* ; *article 2, ~ 3* Artikel 2, Absatz 3.

paraître *(publication)* erscheinen ; herauskommen ; *cesser de ~* das Erscheinen einstellen ; *être paru en librairie* im Buchhandel erschienen sein ; *venir de ~* soeben erschienen sein.

parallèle *m* Parallele *f* ; Vergleich *m* ; Gegenüberstellung *f* ; *établir un ~* eine Parallele ziehen (zwischen) ; miteinander vergleichen ; *formation f ~* Zweiter Bildungsweg.

parallèle 1. *(à)* parallel (zu) **2.** inoffiziell ; nichtamtlich ; *(bourse) cours m*

~ außerbörslicher Kurs *m* ; *économie f* ~ Untergrundwirtschaft *f* ; Schattenwirtschaft ; Schwarzarbeit *f* ; *marché m* ~ Parallelmarkt *m* ; grauer Markt *m*.

paralyser lähmen ; lahmlegen ; stillegen ; zum Stillstand bringen ; *être ~é* lahmliegen ; stilliegen ; *un accident a ~é le trafic* der Verkehr wurde durch einen Unfall lahmgelegt.

paralysie *f* Lähmung *f* ; Stillstand *m* ; Stagnation *f* ; ~ *du marché* Marktstokkung *f*.

paramètre *m* Parameter *m* ; ~ *économique* Wirtschaftsdaten *fpl* ; ~ *statistique* statistischer Parameter.

paraphe *m* Namenszeichen *n* ; Namenszug *m* ; Paraphe *f*.

parapher mit seinem Namenszug versehen ; paraphieren ; abzeichnen.

parapluie *m* **nucléaire** Atomschirm *m*.

parasite *m* Schmarotzer *m* ; Parasit *m*.

parasiter *(fam.)* jdn ausnutzen ; auf jds Kosten leben ; jdn ausnehmen.

parapublic, ique halbstaatlich.

parc *m* **1.** Park *m* ; ~ *national* Nationalpark **2.** ~ *de stationnement* Parkplatz *m* **3.** Park *m* ; Gesamtbestand *m* ; ~ *automobile* Kraftfahrzeugbestand ; Wagen-, Fuhrpark ; ~ *industriel* Gesamtbestand der maschinellen Anlagen (eines Unternehmens) ; ~ *de machines* Maschinenbestand, -park ; Maschinen *fpl* ; *garnir le ~ de machines* den Maschinenpark aufstocken ; ~ *technologique* Technologiepark *m* **4.** Lagerplatz *m* ; ~ *à brut* Tanklager *n* für Rohöl.

parcellaire Parzellen- ; Parzellierungs-.

parcellarisation *f* ⇒ *parcellisation*.

parcelle *f* Parzelle *f* ; Flurstück *n* ; Grundstück *n* ; ~ *de terre* Parzelle ; Stück Land ; *division f en ~s* Grundstückparzellierung *f*.

parcellisation *f* Parzellierung *f*.

parcelliser parzellieren.

parcimonie : *avec ~* sehr sparsam.

parcimonieux, ieuse *(personne)* geizig ; knaus(e)rig ; *(fam.)* knickrig.

parcours *m* **1.** Strecke *f* ; Fahrstrecke **2.** Entfernung *f*.

par-devant : ~ *notaire* vor dem Notar ; notariell.

par-devers : ~ *le juge* vor dem Richter.

parent *m* **1.** Verwandte(r) ; *~s par alliance* angeheiratete Verwandte ; *~s pauvres* Stiefkinder *npl* ; Zukurzgekommene(n) **2.** *~s* Eltern *pl* ; *~s adoptifs* Adoptiveltern.

parental, e elterlich ; *autorité f ~e* elterliche Gewalt *f*.

parenté *f* Verwandtschaft *f* ; ~ *par alliance* Schwägerschaft *f* ; ~ *consanguine* Blutsverwandtschaft ; ~ *légitime* eheliche Verwandtschaft ; *degré m, lien m de ~* Verwandtschaftsgrad *m*, -verhältnis *n*.

parenthèse *f* **1.** Einschub *m* ; eingeschobener Satz *m* **2.** (runde) Klammer *f* ; *entre ~s* **a)** in (zwischen) Klammern ; **b)** *(fig.)* beiläufig gesagt ; nebenbei bemerkt ; *j'ouvre ici une ~* ich möchte hier kurz eine Zwischenbemerkung machen.

parer *(à)* vorbeugen (+D) ; abhelfen (+ D) ; ~ *à une crise, à un danger* einer Krise, einer Gefahr vorbeugen ; ~ *à un inconvénient* einem Mißstand abhelfen.

parère *m* Urkunde *f* über das Bestehen eines Handelsbrauchs.

pari *m* Wette *f* ; ~ *mutuel urbain (P.M.U.)* staatliches Wettbüro *n* (für Pferderennen) ; *faire, gagner, perdre un ~* eine Wette eingehen, gewinnen, verlieren ; *tenir un ~* eine Wette annehmen.

parier wetten.

paritaire paritätisch (besetzt) ; *commission f ~* paritätisch zusammengesetzter Ausschuß *m* (von Arbeitgebern und Arbeitnehmern) ; *négociations fpl ~s* Tarifverhandlungen *fpl* ; Verhandlungen der Sozialpartner ; *politique f ~* Tarifpolitik *f* ; *représentation f ~* paritätische Vertretung *f* ; *assurer une représentation ~* eine paritätische Besetzung gewährleisten.

parité *f* Parität *f* ; Gleichheit *f* ; Gleichstellung *f* ; ◆ ~ *des changes* Währungsparität ; Wechselkursparität ; ~ *concurrentielle* Wettbewerbsparität . *~s croisées* Umtauschsatz *m*, -verhältnis *n* ; ~ *directe* direkte Parität ; ~ *du dollar* Dollar-Parität ; ~ *fixe (entre plusieurs monnaies)* feste Währungsparität ; ~ *glissante (mobile)* gleitende Parität ; ~ *monétaire* Währungsparität ; ~ *officielle* amtliche (offizielle) Parität ; *~-or* Goldparität ; ~ *du pouvoir d'achat* Kaufkraftparität ; ~ *des prix* Preisparität ; ~ *des revenus* Einkommensparität ; ~ *salariale (des salaires)* Lohnparität, -gleichheit ; ~ *sociale* soziale Gleichheit ; ~ *des suffrages (de voix)* Stimmengleichheit ; ◆◆ *alignement m de ~* Paritätsangleichung *f* ; *changement m de ~* Paritätsänderung *f* ; *clause f de ~* Paritätsklausel *f* ; *commissions fpl représentées à ~ égale* paritätisch besetzte Ausschüsse ; *échelle f de ~* Paritätstabelle *f*.

parjure *m* **1.** Meineid *m* ; Eidbruch *m* ; falscher Eid *m* **2.** Eidbrüchige(r) ; Meineidige(r).

parjurer : *se ~* eidbrüchig werden ; einen Meineid leisten.

parking *m* Parkplatz *m* ; *~ gardé, payant* bewachter, gebührenpflichtiger Parkplatz ; *~ insuffisant* Parkplatznot *f* ; *~ souterrain* Tiefgarage *f*.

parlé : *(radio) journal m ~* Nachrichten *fpl*.

parlement *m* Parlament *n* ; *au ~* im Parlament ; *~ européen* europäisches Parlament ; *~ régional* Landesparlament ; *membre m du ~* Parlamentsmitglied *n* ; *(R.F.A.)* Mitglied des Bundestages (MdB) ; *envoyer des députés au ~* Abgeordnete ins Parlament schicken.

parlementaire *m* Parlamentarier *m* ; Parlamentsmitglied *n* ; Abgeordnete(r).

parlementaire parlamentarisch ; Parlaments- ; *commission f ~* parlamentarischer Ausschuß *m* ; *groupe m ~* Fraktion *f* ; *mandat m ~* Abgeordnetenmandat *n* ; *régime m ~* Parlamentarismus *m* ; parlamentarisches Regierungssystem *n*.

parlementarisme *m* Parlamentarismus.

parlementer *(avec)* verhandeln (mit).

parole *f* Wort *n* ; Versprechen *n* ; *liberté de ~* Redefreiheit *f* ; *(jur.) liberté f sur ~* Freilassung *f* auf Ehrenwort ; *temps m de ~* Redezeit *f* ; *demander la ~* ums Wort bitten ; sich zu Wort melden ; *donner la ~ à qqn* jdm das Wort erteilen ; *prendre la ~* das Wort ergreifen ; *retirer la ~* das Wort entziehen ; *rompre sa ~* wortbrüchig werden ; *tenir (sa) ~* (sein) Wort halten.

parquer 1. *(auto)* parken **2.** *(bétail, personnes)* einpferchen ; einschließen.

parquet *m* **1.** *(jur.)* Staatsanwaltschaft *f* ; *déférer au ~* vor Gericht bringen **2.** *(bourse)* Parkett *n* ; amtliche Börse *f* ; Markt *m* der amtlich notierten Wertpapiere **3.** Gesamtheit *f* der Börsenmakler.

parrain *m* **1.** Pate *m* **2.** *(fig.)* Fürsprecher *m* ; Bürge *m* (der die Aufnahme in einen Klub etc. unterstützt) **3.** *(mafia)* Chef *m* ; Boß *m* ; Pate *m*.

parrainage *m* **1.** Fürsprache *f* ; Bürgschaft *f* ; wohlwollende Unterstützung *f* (für jdn, der in einen Klub etc. aufgenommen werden will) **2.** Schirmherrschaft *f* ; Patenschaft *f* ; Gönnerschaft *f* ; Schutzherrschaft *f* ; Patronat *n* ; *accepter le ~ de qqch* die Schirmherrschaft für etw übernehmen ; eine Patenschaft übernehmen.

parrainer 1. *~ qqn* für jdn als Fürsprecher (Bürge) eintreten ; für jdn Pate stehen ; für jdn bürgen ; *être ~é par qqn* unter der Schirmherrschaft von jdm stehen **2.** *~ qqch* die Schirmherrschaft für etw (+A) übernehmen.

1. part *f* Teil *m* ; Anteil *m* ; ◆ *~ bénéficiaire* **a)** Gewinnanteil ; **b)** Gründeranteil ; *~ de (au) capital* Kapitalanteil, -beteiligung *f* ; *~ de capital social* Stammkapitalanteil ; Anteil am Grundkapital ; *~ de commandite* Kommanditanteil ; *~ de copropriété* Miteigentumsanteil ; *à ~s égales* zu gleichen Teilen ; *la ~ du nucléaire à la consommation énergétique* der Anteil der Kernenergie an dem Energieverbrauch ; *à ~ entière* vollberechtigt ; mit allen Rechten ; *~ de fondateur* Gründeranteil ; *~ héréditaire* Erb(an)teil ; *~ d'intérêts* Beteiligungsquote *f* ; *(S.A.R.L.)* Geschäftsanteil ; *~ du lion* Löwenanteil ; *~ de liquidation* Liquidationsanteil ; *~ de marché* Marktanteil ; *~ patronale* Arbeitgeberanteil ; *~ de responsabilité* Haftungsanteil ; Verschuldensquote *f* ; *~ salariale* Arbeitnehmeranteil ; *~ sociale* Geschäfts-, Gesellschaftsanteil ; Gesellschafteranteil ; *(S.A.R.L.)* Stammeinlage *f* ; *(dans une société en commandite simple)* Kommanditanteil ; *~ successorale* Erb(an)teil ; ◆◆ *bénéficiaire m de ~s* Anteilsberechtigte(r) ; *détenteur m de ~s (sociales)* Anteilseigner *m* ; Anteilsberechtigte(r) ; *égalité f des ~s* Anteilsgleichheit *f* ; *majorité f de ~s* Anteilsmehrheit *f* ; *membre m à ~ entière* Vollmitglied *n* ; *porteur m de ~s* Anteilseigner *m* ; Anteilsberechtigte(r) ; Anteilsinhaber *m* ; ◆◆◆ *acheter des ~s dans une entreprise* sich in ein Unternehmen einkaufen ; *avoir ~ à qqch* an etw (+ D) beteiligt sein (teilhaben) ; *faire ~ de qqch à qqn* jdm etw mitteilen (bekanntgeben) ; *prendre ~ à qqch* an etw (+ D) teilnehmen ; sich an etw (+ D) beteiligen ; *se tailler une ~ de marché de 3 %* sich einen dreiprozentigen Marktanteil erobern.

2. part : *à ~* gesondert ; getrennt ; besonders ; *(fam.)* extra ; *compte m à ~* Sonder-, Separatkonto *n* ; *emballage m à ~* Verpackung *f* extra ; *traiter qqch à ~* etw gesondert (getrennt, extra) behandeln.

partage *m* **1.** Aufteilung *f* ; Teilung *f* ; (Auf)teilen *n* ; ~ *amiable* gütliche Teilung ; ~ *anticipé* Teilung zu Lebzeiten ; ~ *des bénéfices* Gewinnverteilung ; ~ *de compétence* Zuständigkeits-, Kompetenzverteilung ; ~ *judiciaire* gerichtlich angeordnete Teilung ; ~ *des risques* Risikoteilung ; ~ *successoral* Nachlaßteilung ; ~ *des terres* Aufteilung von Grund und Boden ; ~ *du travail* Job-haring ['dʒɔbʃɛriŋ] *n* ; *action f en* ~ Teilungsklage *f* ; *masse f de* ~ Teilungsmasse *f* **2.** Erbteil *n* ; *en* ~ als Erbteil ; *donner qqch en* ~ *à qqn* jdm etw vererben **3.** ~ *(de voix)* Stimmengleichheit *f* ; *s'il y a* ~ bei Stimmengleichheit **4.** *(inform.)* ~ *de temps* Timesharing ['taimʃɛriŋ] *n*.

partageable teilbar ; aufteilbar.

partager 1. teilen ; aufteilen ; verteilen ; ~ *qqch avec qqn* etw mit jdm teilen ; ~ *en deux* halbieren ; ~ *la responsabilité de qqch* gemeinsam die Verantwortung für etw tragen ; *nous allons nous* ~ *le travail* wir werden die Arbeit unter uns aufteilen ; *les avis sont* ~*és* die Meinungen sind geteilt **2.** teilnehmen.

partance : *(train, navire) en* ~ abfahrtbereit ; *(avion)* abflugbereit.

partenaire *m* Partner *m* ; Teilhaber *m* ; ~ *commercial* Handelspartner ; ~ *minoritaire* Minderheitspartner ; ~*s sociaux* Sozial-, Tarifpartner.

parti *m* **1.** *(polit.)* Partei *f* ; ♦ ~ *conservateur, démocrate* konservative, demokratische Partei ; ~ *de droite, de gauche* Rechts-, Linkspartei ; ~ *gouvernemental, d'opposition* Regierungs-, Oppositionspartei ; ~ *ouvrier, populaire* Arbeiter-, Volkspartei ; ~ *au pouvoir* regierende Partei ; ~ *progressiste, unique* Fortschritts-, Einheitspartei ; ♦♦ *appartenance f au* ~ Parteizugehörigkeit *f* ; *congrès m du* ~ Parteitag *m*, -kongreß *m* ; *discipline f de* ~ Parteidisziplin *f* ; *financement m des* ~*s politiques* Parteienfinanzierung *f* ; ♦♦♦ *adhérer à un* ~ einer Partei beitreten ; in eine Partei eintreten ; *quitter un* ~ aus einer Partei austreten **2.** ~ *pris* Voreingenommenheit *f* ; Parteilichkeit *f* **3.** *prendre* ~ *pour, contre qqn* für jdn, gegen jdn Partei ergreifen **4.** *prendre un* ~ einen Entschluß fassen. **5.** *prendre* ~ *de qqch* aus etw Nutzen ziehen ; Kapital aus etw schlagen.

partiaire anteilmäßig ; *(jur.) colon m* ~ Grund-, Teilpächter *m*.

partial, e parteiisch ; voreingenommen.

partialité *f* Parteilichkeit *f* ; Voreingenommenheit *f* ; *juger avec, sans* ~ parteiisch, unparteiisch urteilen.

participant *m* Teilnehmer *m* ; Teilhaber *m* ; *liste f, nombre m des* ~*s* Teilnehmerliste *f*, -zahl *f*.

participant, e teilnehmend ; *action f* ~*e* gewinnberechtigte Aktie *f* ; *pays m* ~ Teilnehmerland *n*, -staat *m*.

1. participation *f* Teilnahme *f* (*à* an + D) ; Mitwirkung *f* (bei) ; Beteiligung *f* (an + D) ; Partizipation *f* ; ♦ ~ *aux bénéfices* Gewinnbeteiligung ; ~ *au capital* Kapitalbeteiligung, -anteil *m* ; ~ *au chiffre d'affaires* Umsatzbeteiligung ; ~ *en commandite* Kommanditbeteiligung ; Einlage *f* des Kommanditisten ; ~ *à un consortium* Konsortialbeteiligung, -anteil *m* ; ~*s croisées* kapitalmäßige Verflechtungen *fpl* ; ~ *électorale* Wahlbeteiligung ; ~ *étrangère* Auslandsbeteiligung ; ~ *financière* finanzielle Beteiligung ; ~ *au financement* Finanzierungsbeteiligung ; ~ *à la foire* Messebeteiligung ; ~ *aux frais* Kostenbeteiligung, -beitrag *m* ; ~ *à la grève* Streikbeteiligung ; ~ *majoritaire* Mehrheits-, Majoritätsbeteiligung ; ~ *au marché* Marktteilnahme ; ~ *minoritaire* Minderheitsbeteiligung ; ~ *nominale* Nominalbeteiligung ; ~ *occulte* stille Beteiligung ; ~ *au patrimoine, à la productivité, aux produits* Vermögens-, Produktivitäts-, Ertragsbeteiligung ; ~ *publique* Beteiligung der öffentlichen Hand ; ~ *aux ventes* Umsatzbeteiligung ; ♦♦ *accord m de* ~ Beteiligungsabkommen *n* ; *association f en* ~ stille Gesellschaft *f* ; Teilhaberschaft *f* ; Konsortium *n* ; *contrat m de* ~ Beteiligungs-, Partnerschaftsvertrag *m* ; *droit de* ~ **a)** Teilnahmerecht *n*, -berechtigung *f* ; **b)** Anteilrecht *n* ; **c)** Teilnahmegebühr *f* ; *société f en* ~ stille Gesellschaft *f* ; *société f de* ~*s financières* Kapitalbeteiligungsgesellschaft *f* ; *titre m de* ~ Beteiligungsurkunde *f* ; ♦♦♦ *avoir une* ~ *(majoritaire) dans une entreprise* an einem Unternehmen (mehrheitlich) beteiligt sein ; *avoir une* ~ *de 200 000 F* mit 200 000 F beteiligt sein ; *prendre une* ~ *dans une entreprise* sich an einem Unternehmen finanziell beteiligen ; *(fam.)* in ein Geschäft einsteigen.

2. participation *f (salariés)* Gewinnbeteiligung *f* der Arbeitnehmer ; Mitspracherecht *n* ; Mitverantwortung *f* ; ~ *(du personnel, des salariés, des tra-*

vailleurs) aux bénéfices de l'entreprise Gewinnbeteiligung (der Belegschaft, der Arbeitnehmer, der Arbeiter).

participer teilnehmen (*à* an + D) ; sich beteiligen (an + D) ; beteiligt sein (*à* an + D) ; ~ *aux bénéfices* am Gewinn beteiligt sein ; ~ *à un congrès* an einer Tagung teilnehmen ; ~ *aux frais* sich an den Ausgaben (Unkosten) beteiligen ; ~ *à une entreprise* sich an einem Unternehmen beteiligen ; in eine Firma einsteigen ; *l'énergie nucléaire participe pour 12 % à la consommation énergétique globale* die Kernenergie ist mit 12 % am gesamten Energieverbrauch beteiligt.

particularisme *m (polit.)* Partikularismus *m*.

particulariste partikularistisch.

particulier *m* Privatmann *m* ; Privatperson *f* ; *ménages mpl de ~s* Privathaushalte *mpl* ; Privathaushaltungen *fpl* ; *prix m au ~* Endverbraucherpreis (EVP) *m* ; Ladenpreis.

particulier, ière 1. privat ; Privat- ; persönlich ; *appartement m ~* Privatwohnung *f* ; *intérêts mpl ~s* Privatinteressen *npl* ; persönliche Interessen **2.** *(individuel)* einzeln ; Individual- ; *assurance f ~ière* Einzel-, Individualversicherung *f* **3.** *(spécial)* besonders ; Sonder- ; *conditions fpl ~ières* Sonderbedingungen *fpl* ; *offre f ~ière* Sonderangebot *n*.

1. partie *f* Teil *m* ; Bestandteil *m* ; Partie *f* ; *en ~s égales* zu gleichen Teilen ; *une petite, grande ~* ein kleiner, großer Teil ; *comptabilité f en ~ double* doppelte Buchführung *f* ; Doppik *f* ; *livraison f par ~s* Teillieferung *f* ; *vente f en ~s* Partieverkauf *m* ; *faire ~ de* gehören zu ; *(parti, syndicat)* angehören (+ D).

2. partie *f (jur.)* Partei *f* ; Teil *m* ; *~ adverse* Gegenpartei ; *~ civile* ⇒ *partie civile* ; *~ contractante* Vertragspartei ; *les ~s en cause* die Beteiligten *mpl* ; *~s intéressées* Interessenten *mpl* ; Beteiligte(n) ; *~ intervenante* Intervenient *m* ; *~ prenante* Berechtigte(r) ; Abnehmer *m* ; *~ publique* Staatsanwaltschaft *f* ; *~ signataire* Unterzeichner *m*.

partie *f* civile *(jur.)* Privat-, Nebenkläger *m* ; Kläger *m* auf Schaden(s)ersatz ; *constitution f de ~* Beitritt *m* als Privat-, Nebenkläger ; Schaden(s)ersatzklage *f* ; Betreibung eines Strafverfahrens durch den Verletzten ; *se porter (se constituer) (en) ~ civile* Privatklage erheben ; als Nebenkläger auftreten ; auf Schaden(s)ersatz klagen.

partiel, le Teil- ; teilweise ; *(traite) acceptation f ~le* Teilakzept *n* ; *chômage m ~* Kurzarbeit *f* ; *chômeur m ~* Kurzarbeiter *m* ; *élection f ~le* Nach-, Ersatzwahl *f* ; *emploi m à temps ~* Teilzeitbeschäftigung *f* ; *examen m ~* Zwischenprüfung *f* ; *paiement m ~* Teilzahlung *f* ; *travail m à temps ~* Teilzeitarbeit *f*, -beschäftigung *f*.

1. partir 1. weggehen ; fort-, wegfahren ; *~ en avion* mit dem Flugzeug fliegen ; abfliegen ; *~ en bateau* mit dem Schiff fahren ; *~ par le train* mit dem Zug fahren ; (weg)reisen ; *~ en vacances* in Urlaub fahren (gehen) ; in die Ferien fahren ; reisen ; *~ en voyage* verreisen ; auf Reisen gehen *« parti sans laisser d'adresse »* verzogen ohne Hinterlassung seiner Anschrift (Adresse) ; Empfänger unbekannt ; **2.** *obtenu à ~ de la houille* aus Steinkohle gewonnen **3.** *~ d'un calcul* von einem Kalkül ausgehen.

2. partir : *à ~ de* ab ; von... an (ab) ; *à ~ de 18 ans* ab 18 Jahren ; *à ~ du premier février* vom 1. Februar an ; ab 1. Februar ; *à ~ de la semaine prochaine* ab nächste(r) Woche ; von nächster Woche an (ab) ; *à ~ d'aujourd'hui* von heute an ; ab heute ; *à ~ de 100 unités* ab 100 Stück.

partisan *m* **1.** Anhänger *m* ; Parteigänger *m* ; Verfechter *m* ; *les ~s du nouveau projet* die Befürworter des neuen Projekts **2.** *(militaire)* Partisan *m*.

parution *f (livre)* Erscheinen *n* ; Erscheinungsjahr *n*.

parvenir : *~ à un compromis* zu einer Kompromißlösung kommen ; *~ à son destinataire* dem Empfänger zugestellt werden ; den Empfänger erreichen.

parvenu *m* Neureiche(r) ; Parvenü *m* ; Emporkömmling *m*.

pas-de-porte *m* Aufgeld *n* ; Handgeld *n* ; Abstand *m* ; Abstandsgeld *n*.

passage *m* **1.** Durchgang *m* ; Durchfahrt *f* ; ◆ *de ~* auf der Durchreise (befindlich) ; *~ clouté* Fußgängerüberweg *m* ; Zebrastreifen *m* ; *~ commerçant* Laden-, Geschäftspassage *f* ; *~ de la frontière* Grenzübergang ; *~ à niveau* Bahnübergang ; *~ pour piétons* Fußgängerübergang ; *~ souterrain, supérieur* Unter-, Überführung *f* ; ◆◆ *billet m de ~* Fahr-, Flugkarte *f* ; *droit m de ~* Wegerecht *n* ; Durchfahrtsrecht ; *examen de ~* (Zwischen)prüfung *f* ;

libre ~ ungehinderter (freier) Durchlaß *m* ; *servitude f de* ~ → *droit* 2. *(magasin)* Passage [pa'saʒə] *f* ; Galerie *f*.

passager *m* 1. *(avion)* Passagier [pa-sa'ʒi:r] *m* ; Fluggast *m*, -reisende(r) ; *liste f des* ~*s* Passagierliste *f* 2. *(bateau)* Passagier *m* ; Fahrgast *m* 3. *(voiture)* Fahrgast *m* ; Insasse *m* ; ~*s et conducteur* Mitfahrer *mpl* und Fahrer *m* ; ~ *clandestin* blinder Passagier.

passant *m* Passant *m* ; Fußgänger *m*.

passation *f* 1. Ausfertigung *f* (einer Urkunde) ; Ausstellung *f* ; ~ *de commande* Auftragserteilung *f* ; ~ *du contrat* Vertragsabschluß *m* ; ~ *en écritures* Verbuchung *f* ; ~ *d'un marché* **a)** Vergabe *f* eines öffentlichen Auftrags ; **b)** Vertragsabschluß *m* ; ~ *d'ordre* Auftragserteilung *f* 2. ~ *des pouvoirs* Macht-, Amtsübergabe *f*.

passavant *m (douane)* Zollfreischein *m* ; Passierschein *m* für den zollfreien Verkehr ; ~ *descriptif* Nämlichkeitsbescheinigung *f*.

passe-droit *m* ungerechtfertigte Bevorzugung *f* ; Schiebung *f*.

passeport *m* 1. Paß *m* ; Reisepaß ; ~ *collectif* Sammelpaß ; ~ *diplomatique* Diplomatenpaß ; ~ *familial* Familienpaß ; *contrôle m des* ~*s* Paßkontrolle *f* ; *titulaire m d'un* ~ Paßinhaber *m* ; *(se faire) délivrer un* ~ (sich) einen Paß ausstellen (lassen) ; *viser un* ~ einen Paß mit dem Visum versehen 2. *(bateau)* Klarierungsschein *m* ; Fahrerlaubnisschein *m*.

passer 1. ~ *à la douane* den Zoll passieren ; durch den Zoll gehen ; ~ *en fraude* einschmuggeln ; herausschmuggeln ; ~ *des capitaux à l'étranger* Kapital ins Ausland schmuggeln ; ~ *la frontière* die Grenze überschreiten ; *défense f de* ~ Durchgang *m* (Durchfahrt *f*) verboten ! 2. ~ *un acte* eine Urkunde ausstellen ; ein Rechtsgeschäft abschließen ; ~ *une annonce dans un journal, dans la presse nationale* eine Annonce in einer Zeitung aufgeben, in sämtlichen überregionalen Ausgaben inserieren ; ~ *une commande* einen Auftrag erteilen (vergeben) ; eine Bestellung aufgeben ; ~ *un contrat* einen Vertrag (ab)schließen ; ~ *un marché* ein Geschäft (einen Kauf, einen Handel) abschließen ; einen Abschluß tätigen 3. *(comptab.)* ~ *en compte (en écritures)* buchen ; verbuchen ; eine Buchung vornehmen 4. *(téléph.) je vous* ~*e Monsieur X* ich verbinde Sie mit Herrn X ; *(fam.)* ~ *un coup de fil* jdn anrufen 5. ~ *un examen* eine Prüfung machen ; ein Examen ablegen 6. ~ *devant un tribunal* vor Gericht ziehen 7. ~ *à l'ordre du jour* zur Tagesordnung übergehen 8. ~ *de 10 à 20 millions* von 10 auf 20 Millionen steigen (klettern) ; ~ *de 20 à 10 millions* von 20 auf 10 Millionen fallen.

passeur *m* 1. Fährmann *m* 2. *(péj.)* Menschenhändler *m* ; ~ *de devises* Devisenschmuggler *m* ; ~ *de drogue* Rauschgiftschmuggler ; Dealer ['di:lər] *m*.

passible 1. verpflichtet ; gezwungen ; unterworfen ; -pflichtig ; ~ *de droits de douane* zollpflichtig ; ~ *d'impôts* steuerpflichtig ; einer Steuer unterworfen 2. *(jur.) être* ~ *d'une peine* sich strafbar machen ; mit einer Strafe belegt werden.

passif *m* Passiv *n* ; Passiva *pl* ; Passiven *pl* ; Passivposten *mpl* ; Schulden *fpl* ; Verbindlichkeiten *fpl* ; *(faillite)* Schuldenmasse *f* ; *(bilan)* Passivseite *f* ; ~ *exigible* fällige Verbindlichkeiten ; ~ *fictif* « unechte » Passiva ; ~ *hypothécaire* Hypothekenschulden ; ~ *réel* « echte » Passiva ; ~ *social* Verbindlichkeiten einer Gesellschaft ; *actif m et* ~ Aktiva und Passiva ; *côté m du* ~ Passivseite *f* ; *prise f en charge du* ~ Übernahme *f* der Passiven ; *porter (passer, inscrire, mettre) au* ~ passivieren ; auf die Passivseite buchen ; auf der Passivseite verbuchen.

passif, ive passiv ; *balance f commerciale* ~*ive* passive (negative) Handelsbilanz *f* ; *bilan m* ~ *des paiements* passive Zahlungsbilanz *f* ; *solde m* ~ Passivsaldo *m*.

patentable gewerbesteuerpflichtig.

patente *f* 1. Gewerbesteuer *f (aujourd'hui : taxe professionnelle)* 2. Gewerbeschein *m* 3. *(maritime)* Schiffspatent *n* ; ~ *de santé* Gesundheitspaß *m* (für Schiffe).

patenté, e 1. der Gewerbesteuer unterworfen ; gewerbesteuerpflichtig 2. *(fam.)* anerkannt ; *recette f* ~*e* Patentrezept *n*.

paternalisme *m* Paternalismus *m* ; Patriarchalismus *m* ; Bevormundung *f*.

paternaliste patriarchalisch ; paternalistisch.

paternel, le väterlich ; *du côté* ~ väterlicherseits ; *domicile m* ~ väterlicher Wohnsitz *m* ; *pouvoir m* ~ väterliche (elterliche) Gewalt *f*.

paternité *f* 1. Vaterschaft *f* ; *(jur.)* ~ *civile* adoptive Vaterschaft ; Vaterschaft durch Adoption **2.** *(fig.)* Urheberschaft *f* ; Autorschaft *f*.

patriarcal, e patriarchalisch.

patrie *f* Vaterland *n* ; Heimat *f* ; ~ *d'adoption* Wahlheimat ; *mère f* ~ Mutterland *n*.

patrimoine *m* **1.** Vermögen *n* ; ~ *actuel* gegenwärtiges Vermögen ; ~ *d'affectation* zweckgebundenes Vermögen ; Zweckvermögen ; ~ *commun* gemeinsames Vermögen ; ~ *distinct* Sondervermögen ; ~ *de l'entreprise* Betriebsvermögen ; ~ *inaliénable* unveräußerliches Vermögen ; ~ *initial* Anfangsvermögen ; ~ *social* Gesellschaftsvermögen ; *augmentation f du* ~ (Ver)mehrung *f* des Vermögens ; *mesures fpl destinées à favoriser la création de* ~ vermögenswirksame Maßnahmen *fpl* ; *agrandir son* ~ sein Vermögen vergrößern ; *grever son* ~ sein Vermögen belasten **2.** (elterliches) Erbe *n* ; Erbteil *n* ou *m* ; ererbtes Vermögen *n* ; ~ *paternel* väterliches Erbe **3.** ~ *héréditaire* Erbgut *n* ; Erbmasse *f*.

patrimonial, e vermögensrechtlich ; Erb- ; *biens mpl patrimoniaux* Erbgüter *npl* ; *situation f* ~*e* Vermögenslage *f*.

1. patron *m* **1.** Chef *m* ; Leiter *m* ; *(fam.)* Boß *m* ; *(employeur)* Arbeitgeber *m* ; *(chef d'entreprise)* Unternehmer *m* ; *(propriétaire)* Betriebsinhaber *m* ; *(artisanat)* Meister *m* ; Handwerksmeister ; *(hôtellerie)* Wirt *m* **2.** *(médecine)* Chefarzt *m* **3.** *(université)* ~ *de thèse* Doktorvater *m*.

2. patron *m (modèle)* Form *f* ; Modell *n* ; Schablone *f* ; (Schnitt)muster *n*.

patronage *m* Schirm-, Schutzherrschaft *f* ; Patronat *n* ; *sous le* ~ *de* unter der Schirmherrschaft von/G ; *être placé sous le haut* ~ *du ministre* unter der Schirmherrschaft des Ministers stehen.

patronal, e Arbeitgeber- ; Unternehmer- ; *association f* ~*e* Arbeitgebervereinigung *f* ; *(sécurité sociale) cotisation f (part f)* ~*e* Arbeitgeberbeitrag *m*, -anteil *m* ; *organisation f* ~*e* Arbeitgeberverband *m* ; *du côté* ~ auf der Arbeitgeberseite.

patronat *m* Arbeitgeber *mpl* ; Arbeitgeberschaft *f* ; Unternehmer *mpl* ; Unternehmertum *n*, -schaft *f* ; *Conseil m national du* ~ *français (C.N.P.F.)* Spitzenverband *m* der französischen Arbeitgeberorganisationen.

patronner unterstützen ; betreuen ; fördern ; begünstigen ; *patronné par...* unter der Schirmherrschaft von/G.

patte : *(fam.) graisser la* ~ *à qqn* jdn schmieren ; jdn bestechen.

pâturage *m* **1.** Weide *f* ; Weideplatz *m* **2.** Weiderecht *n*, -nutzung *f*.

paupérisation *f* Verarmung *f* ; Verelendung *f* (der Massen).

paupérisme *m* Massenelend *n* ; Massenarmut *f* ; Pauperismus *m*.

pause *f* Pause *f* ; Ruhezeit *f* ; ~ *café* Kaffeepause ; ~ *payée* bezahlte Arbeitspause ; ~ *salariale* Lohnpause ; *faire une* ~ eine Pause machen ; einlegen ; pausieren ; *faire une* ~ *dans les réformes* Reformen aufs Eis legen ; *faire une* ~ *salariale et tarifaire* eine Tarif- und Lohnpause machen ; *prévoir une* ~ eine Pause einprogrammieren.

pauvre *m* Arme(r) ; Minderbemittelte(r) ; Unbemittelte(r) ; Bedürftige(r) ; *riches et* ~*s* arm und reich ; Arme und Reiche *mpl* ; *les nouveaux* ~*s* die neuen Armen.

pauvre arm ; mittellos ; unbemittelt ; bedürftig ; vermögens-, güter-, besitzlos ; *(sol)* arm ; karg ; mager ; nicht fruchtbar ; *(gisement)* wenig ergiebig.

pauvreté *f* Armut *f* ; Mittellosigkeit *f* ; Dürftigkeit *f* ; *(sol)* Kargheit *f* ; Unfruchtbarkeit *f* ; *(gisement)* Unergiebigkeit *f*.

pavé *m* Pflasterstein *m* ; *(fam.) être sur le* ~ auf der Straße sitzen ; arbeitslos sein ; brotlos sein ; *tenir le haut du* ~ **a)** eine führende Position (Spitzenposition) haben ; marktbeherrschend (marktführend) sein ; **b)** zur Oberschicht gehören.

1. pavillon *m (maritime)* Flagge *f* ; ◆ ~ *de commerce (commercial)* Handelsflagge ; ~ *de complaisance* Billigflagge ; ~ *marchand* Handelsflagge ; ~ *national* Nationalflagge ; ◆◆ *abus m de* ~ Flaggenmißbrauch *m* ; *certificat m de* ~ Flaggenzeugnis *n*, -schein *m* ; *droit m de* ~ Flaggenrecht *n* ; *port m du* ~ Flaggenführung *f* ; ◆◆◆ *arborer le (battre)* ~ Flagge führen ; *le* ~ *neutre couvre la marchandise* die neutrale Flagge schützt die Ladung ; *naviguer sous* ~ *étranger* unter fremder Flagge fahren ; *porter* ~ die Flagge führen.

2. pavillon *m (foire)* Messepavillon [...'paviljɔŋ] *m*.

3. pavillon *m (maison)* Haus *n* mit Garten ; Einfamilienhaus ; Reihenhaus.

payable zahlbar ; ~ *à l'arrivée* zahlbar bei Ankunft ; ~ *d'avance* im voraus zu bezahlen ; ~ *par chèque* per Scheck zahlbar ; ~ *à l'échéance* zahlbar bei

Fälligkeit (bei Verfall) ; ~ *à 30, 60, 90 jours* zahlbar in 30, 60, 90 Tagen ; ~ *en dix mensualités* in zehn Monatsraten zahlbar ; ~ *à un mois* zahlbar in einem Monat ; ~ *moitié à la commande* zahlbar zur Hälfte bei Auftragserteilung (bei Bestellung) ; ~ *à ordre* zahlbar an Order ; ~ *au porteur* zahlbar an den Überbringer ; zahlbar an den Inhaber ; ~ *à (sur) présentation* zahlbar bei Vorlegung (bei Vorlage) ; ~ *dès réception* zahlbar bei Empfang (nach Erhalt) ; ~ *à tempérament* in Raten zahlbar ; ratenweise zahlbar ; ~ *à terme échu, à vue* nachträglich, bei Sicht zahlbar.

payant, e 1. *(personne)* zahlend ; *hôte m, spectateur m* ~ zahlender Gast *m*, Zuschauer *m* **2.** *parking m* ~ gebührenpflichtiger Parkplatz *m* ; *c'est ~ ?* muß man Eintritt zahlen ? ; *non* ~ gratis ; kostenlos ; frei **3.** *(fig.) (en valoir la peine) être* ~ sich lohnen ; sich auszahlen ; sich bezahlt machen.

paye *f* ⇒ *paie.*

payé, e bezahlt ; ausgezahlt ; beglichen ; entrichtet ; *bien, mal* ~ gut, schlecht bezahlt ; *tous frais ~s* spesen-, kostenfrei ; *être ~ à l'heure, au mois, à la semaine* Stunden-, Monats-, Wochenlohn bekommen ; stündlich, monatlich, wöchentlich bezahlt werden.

payement *m* ⇒ *paiement.*

payer zahlen ; bezahlen ; *(facture)* begleichen ; *(impôts)* (be)zahlen ; entrichten ; *(dettes)* (ab)bezahlen ; abzahlen ; *(ouvriers)* entlohnen ; ♦ ~ *un acompte* eine Anzahlung leisten ; ~ *par acomptes* in Raten zahlen ; ratenweise zahlen ; abzahlen ; ~ *par anticipation* eine Vorauszahlung leisten ; voraus(be)zahlen ; im voraus zahlen ; ~ *l'arriéré* den Rückstand (be)zahlen ; ~ *d'avance* → *anticipation* ; ~ *par chèque* per (mit) Scheck zahlen ; ~ *(au) comptant* (in) bar zahlen ; per Kasse (be)zahlen ; ~ *ses dettes* seine Schulden (ab)bezahlen ; ~ *en espèces* (in) bar zahlen ; ~ *une facture* eine Rechnung begleichen ; ~ *un forfait* eine Pauschalsumme (be)zahlen ; ~ *les frais* die Kosten bestreiten (aufbringen) ; ~ *10.000 F d'impôts* 10.000 F Steuern zahlen (entrichten) ; ~ *à la livraison* bei Lieferung zahlen ; ~ *par mensualités* in Monatsraten zahlen ; ~ *en nature* in Naturalien (in natura, in Waren) bezahlen ; ~ *en numéraire* mit Geld bezahlen ; ~ *en partie* teilweise (be)zahlen ; ~ *rubis sur l'ongle* bis auf den letzten Pfennig (be)zahlen ; auf Heller und Pfennig (zurück)zahlen ; ~ *un supplément* zuzahlen ; nachzahlen ; einen Zuschlag (Aufschlag, Aufpreis) (be)zahlen ; ~ *à tempérament* in Raten zahlen ; auf Abschlag zahlen ; ~ *en trop* zuviel (be)zahlen ; ~ *par virement* durch Überweisung zahlen ; ~ *à vue* bei Sicht zahlen ; ♦♦ *autorisation f de* ~ Zahlungsgenehmigung *f* ; *invitation f à* ~ Zahlungsaufforderung *f* ; Mahnung *f* ; *montant m restant à ~ (dû)* Restschuld *f* ; noch zu zahlender Restbetrag *m* ; *obligation f de* ~ Zahlungspflicht *f* ; ♦♦♦ *faire ~ qqn* jdn zur Kasse bitten ; *inviter qqn à* ~ jdn zur Zahlung auffordern.

payeur *m* Zahler *m* ; ~ *comptable* Lohnbuchhalter *m* ; ~ *par intervention* Ehrenzahler *m* ; *mauvais* ~ säumiger (schlechter) Zahler ; *les pollueurs seront les ~s* die Umweltsünder werden (be)zahlen müssen.

pays *m* Land *n* ; Staat *m* ; ~ *d'accueil* Gast-, Aufnahmeland ; ~ *acheteur* Käufer-, Abnehmerland ; ~ *agricole* Agrarland, -staat ; ~ *non aligné* blockfreier Staat ; ~ *associé* assoziiertes Land ; ~ *contractant* vertragschließendes Land ; Vertragsland ; ~ *créancier* Gläubigerland ; ~ *débiteur* Schuldnerland ; ~ *destinataire (de destination)* Bestimmungsland ; ~ *d'entrée* Eingangsland, -staat ; ~ *d'établissement* Aufnahme-, Niederlassungsland ; ~ *exportateur* Ausfuhrland ; ~ *exportateur de capitaux* Kapitalausfuhrland ; ~ *fournisseur* Lieferland ; ~ *importateur* Einfuhrland ; ~ *industrialisé* industrialisiertes Land ; *industriel* Industriestaat ; ~ *membre* Mitgliedsland, -staat ; ~ *d'origine* Ursprungsland ; ~ *producteur* Herstellerland ; ~ *de provenance* Herkunftsland ; ~ *signataire* Unterzeichnerstaat ; ~ *sous-développé* unterentwickeltes Land ; ~ *tiers* Drittland ; ~ *de transit (transitoire)* Durchgangs-, Durchfuhrland ; ~ *en voie de développement* Entwicklungsland ; ~ *en voie d'émergence* Schwellenland.

paysage *m* Landschaft *f* ; ~ *politique* Parteienlandschaft ; ~ *protégé* unter Naturschutz stehendes Gebiet *n* ; Naturschutzgebiet.

paysager, ère : *bureau m* ~ Großraumbüro *n*.

paysan *m* Bauer *m* ; Landwirt *m*.

paysan, ne bäuerlich ; landwirtschaftlich ; ländlich ; *journée ~ne* Bauerntag *m* ; *monde m* ~ Bauernschaft *f* ; Bauernstand *m*, -tum *n*.

paysanne *f* Bauersfrau *f* ; Landwirtin

f ; Bäuerin *f*.

paysannat *m* ⇒ *paysannerie*.

paysannerie *f* Bauern *mpl* ; Bauernschaft *f*, -stand *m*.

P.C. *m (personal computer)* PC *m* ; Personal-, Mikrocomputer *m*.

PCV : *communication f en* ~ R-Gespräch *n* (Telefon).

P.-D.G. *m (président-directeur général)* (General)direktor *m* ; Betriebsleiter *m* ; Manager *m* ; Vorstandsvorsitzende(r) ; *(fam.)* Boß *m* ; Großverdiener *m*.

péage *m* Autobahngebühr *f* ; *(Autriche)* Maut *f* ; Mautgebühr *f* ; *(canal, fleuve)* Kanalgeld *n* ; Schiffahrtsabgabe *f* ; *(autoroute f) à* ~ gebührenpflichtig(e) Autobahn *f*.

pêche *f* Fischerei *f* ; Fischfang *m* ; Fischen *n* ; ~ *côtière (littorale)* Küstenfischerei ; ~ *de haute mer (hauturière, au large)* Hochseefischerei ; ~ *maritime* Seefischerei ; *petite, grande* ~ Küsten-, Hochseefischerei ; *association f de* ~ Fischereiverband *m* ; *flotte f de* ~ Fischereiflotte *f* ; *produits mpl de* ~ Fischereierzeugnisse *npl* ; *société f de* ~ Fischereigesellschaft *f*, -genossenschaft *f*.

pêcher fischen.

pêcheur *m* Fischer *m*.

péculat *m (jur.)* Unterschlagung *f* von öffentlichen Geldern ; Veruntreuung *f*.

pécule *m* (kleine) Sparsumme *f* ; Notgroschen *m* ; Notpfennig *m* ; Rücklage *f*.

pécuniaire finanziell ; geldlich ; pekuniär ; Geld- ; *aide f* ~ finanzielle Hilfe *f* (Unterstützung *f*) ; *situation f* ~ finanzielle Lage *f* ; Vermögenslage *f*.

1. peine *f (jur.)* Strafe *f* ; ♦ ~ *capitale* Todesstrafe ; ~ *correctionnelle* Strafe für ein Vergehen ; ~ *disciplinaire* Disziplinar-, Ordnungsstrafe ; ~ *d'emprisonnement* Gefängnis-, Freiheitsstrafe ; ~ *maximale, minimale* Höchst-, Mindeststrafe ; ~ *de mort* Todesstrafe ; *sous* ~ *de* bei Strafe ; unter Strafandrohung ; *sous* ~ *d'amende* bei Geldstrafe ; ♦♦ *aggravation f de* ~ Strafverschärfung *f* ; *application f de la* ~ Strafvollzug *m* ; *calcul m de la* ~ Strafbemessung *f* ; *commutation f de* ~ Strafumwandlung *f* ; *durée f de la* ~ Strafzeit *f*, -dauer *f* ; *fixation f de la* ~ Straffestsetzung *f*, -bemessung *f* ; ♦♦♦ *appliquer, commuer une* ~ eine Strafe amwenden, unwandeln ; *encourir une* ~ sich strafbar machen ; *faire exécuter une* ~ eine Strafe vollstrecken (vollziehen) ; *infliger (prononcer) une* ~ eine Strafe verhängen ; *purger (subir) une* ~ eine Strafe verbüßen.

2. peine *f* Mühe *f* ; Anstrengung *f* ; *se donner la* ~ *de faire qqch* sich die Mühe machen, etw zu tun.

P.E.L. *m (plan d'épargne logement)* Bausparvertrag *m*.

pénal, e *(jur.)* Straf- ; strafrechtlich ; *affaire f* ~*e* Strafsache *f* ; *clause f* ~*e* Schadenersatzklausel *f* ; Vertragsstrafenklausel *f* ; *code m* ~ Strafgesetzbuch *n* (StGB) ; *code m de procédure* ~*e* Strafprozeßordnung *f* (StPO) ; *droit m* ~ Strafrecht *n* ; *poursuite f* ~*e* Strafverfolgung *f* ; *responsabilité f* ~*e* strafrechtliche Haftung *f* ; strafrechtliche Verantwortung *f*.

pénaliser 1. (be)strafen ; mit einer Geldstrafe belegen **2.** *(fig.)* benachteiligen.

pénalité *f* Strafe *f* ; Bestrafung *f* ; Geldstrafe ; Strafandrohung *f* ; ~ *pour cause de retard* Verzugsstrafe ; ~ *contractuelle (conventionnelle)* Vertragsstrafe ; ~ *fiscale* Steuerstrafe ; ~ *douanière* Strafzoll *m* ; ~ *pécuniaire* Geldstrafe.

pénétration *f* Durchdringung *f* ; Eindringen *n* ; ~ *du marché* Marktvorstoß *m*, -durchbruch *m*, -offensive *f*, -durchdringung ; *taux m de* ~ Durchdringungsgrad *m* ; Prozentsatz *m*.

pénétrer eindringen ; vorstoßen ; ~ *sur le marché américain* auf dem amerikanischen Markt eindringen ; auf dem amerikanischen Markt Fuß fassen ; auf den amerikanischen Markt vorstoßen.

pénibilité *f : prime f de* ~ Prämie *f* für Schwer(st)arbeit.

pénible : *travail m* ~ schwere körperliche Arbeit *f* ; Schwer(st)arbeit ; *(fam.)* Knochenarbeit.

péniche *f* Binnenschiff *n* ; Last-, Frachtkahn *m*.

pénitencier *m (jur.)* Strafanstalt *f* ; Zuchthaus *n*.

pénitentiaire *(jur.)* Straf- ; Strafvollzugs- ; *administration f* ~ Strafvollzugsbehörde *f* ; *établissement m* ~ Straf(vollzugs)anstalt *f* ; *régime m* ~ Strafvollzug *m*.

1. pension *f (hôtellerie)* Pension *f* ; Fremdenheim *n* ; ~ *complète* Vollpension ; ~ *de famille* Familienpension ; kleine Pension ; *chambre f avec* ~ *complète* Zimmer *n* mit Vollpension ; *demi-*~ Halbpension ; *être en* ~ *chez qqn* bei jdm in Pension sein ; bei jdm in Kost sein.

2. pension *f (retraite)* Rente *f* ; Pension [pãsi'õ/pãnzi'o:n] *f* ; Ruhegehalt *n* ; ♦ ~ *alimentaire* Unterhaltsrente ; *(surtout enfant illégitime)* Alimente *pl* ; ~ *complémentaire* Zusatzrente ; ~ *complète* Vollrente ; ~ *d'invalidité* Invaliden-, Berufsunfähigkeits-, Erwerbsunfähigkeitsrente ; ~ *d'orphelin* Waisenrente ; ~ *de retraite* Altersrente ; Ruhegehalt ; ~ *de réversion* Hinterbliebenenrente (des Ehegatten) ; ~ *de survivant (de survie)* Hinterbliebenenrente ; ~ *de veuf, de veuve* Witwer-, Witwenrente ; ~ *viagère* Leibrente ; lebenslängliche Pension : ~ *de vieillesse* Altersrente ; Altersversorgungsrente ; Altersruhegeld ; ♦♦ *âge m de la* ~ Pensionsalter *n* ; Renteneintrittsalter ; *assurance-~ f* Renten-, Pensionsversicherung *f* ; *bénéficiaire m d'une* ~ Rentenbezieher *m*, -empfänger *m* ; Rentner *m* ; Pensionär *m* ; *caisse f de ~s* Pensionskasse *f* ; *calcul m de la* ~ Rentenberechnung *f* ; *conversion f de* ~ Rentenumwandlung *f* ; *cumul m de ~s* Rentenhäufung *f* ; *demande f de* ~ Rentenantrag *m* ; *droit à une* ~ Renten-, Pensions-, Ruhegehaltsanspruch *m* ; *liquidation f de* ~ Feststellung *f* der Pension (der Rente) ; *majoration f de* ~ Renten-, Pensionserhöhung *f* ; *revalorisation f de la* ~ Rentenaufbesserung *f* ; *titulaire m d'une* ~ Rentenbezieher *m*, -empfänger *m* ; Rentner *m* ; Pensionär *m* ; Pensionsempfänger *m* ; ♦♦♦ *accorder une* ~ eine Rente (eine Pension) gewähren ; *rajuster les ~s* die Renten anpassen ; *servir une* ~ eine Rente auszahlen ; *verser pour sa* ~ für seine Rente (Pension) Beiträge entrichten.

pensionnaire *m* Pensionsgast *m* ; Kostgänger *m* ; *(école)* Internatsschüler *m*.

pensionné *m* Ruheständler *m* ; Rentenbezieher *m* ; Pensionsberechtigte(r) ; Pensionsempfänger *m* ; *(sécurité sociale)* Alters-, Sozialrentner *m* ; ~ *de guerre* Kriegsrentenempfänger *m* ; ~ *d'invalidité, de vieillesse* Invaliden-, Altersrentner *m*.

pente *f* : *(fam.) l'entreprise est sur une bonne, mauvaise* ~ mit der Firma geht es bergauf, bergab.

pénurie *f* Knappheit *f* ; Mangel *m* ; Not *f* ; Verknappung *f* ; ♦ ~ *d'acheteurs* Absatzmangel *m* ; ~ *d'argent, de capitaux, de devises* Geld-, Kapital-, Devisenknappheit ; ~ *d'eau, d'énergie* Wasser-, Energieknappheit ; ~ *(de chambres) d'hôtels* Hotelmangel ; ~ *de logements* Wohnungsnot ; ~ *de main-d'œuvre* Mangel an Arbeitskräften ; Arbeitskräftemangel ; ~ *de matières premières* Rohstoffknappheit ; ~ *de personnel* Personalmangel ; ~ *de pétrole* Ölverknappung, -knappheit ; ~ *de place* Raummangel ; ♦♦ *une période de* ~ knappe Zeiten *fpl* ; *nous allons vers une* ~ *de céréales* das Getreide wird sich verknappen ; *connaître une* ~ *de charbon* eine Kohlenknappheit erfahren ; die Kohle wird knapp ; *gérer la* ~ durch geschicktes Management über Notzeiten hinwegkommen ; *il y a* ~ *de...* es herrscht Mangel an (+ D).

1. PER *m (price-earning ratio) (bourse)* Kurs-Gewinn-Verhältnis *n*.

2. PER *m (plan d'épargne retraite)* Alterssparplan *m* ; private Zusatzrente *f* ; Rentensparvertrag *m*.

percée *f* Durchbruch *m* ; Vorstoß *m* ; Eindringen *n* ; ~ *technologique* technologischer Durchbruch ; ~ *sur le marché* Marktdurchbruch, -vorstoß, -offensive *f* ; *faire, tenter une* ~ einen Durchbruch machen, versuchen.

percepteur *m* Steuereinnehmer *m* ; Finanzbeamte(r) ; Finanzamt *n* ; *aller chez le* ~ auf das Finanzamt gehen.

1. perception *f (bureau du percepteur)* Finanzamt *n* ; Steuerbehörde *f* ; Steuerkasse *f* ; *travailler dans une* ~ in einer Steuerkasse arbeiten ; beim Finanzamt arbeiten.

2. perception *f (recouvrement) (impôt)* Erhebung *f* ; *(frais)* Einziehung *f* ; Beitreibung *f* ; ~ *à la source* Erhebung an der Quelle ; ~ *des bénéfices* Gewinneinziehung ; ~ *de droits, de taxes* Erhebung von Zöllen (Zollgebühren), von Abgaben ; ~ *des impôts* Steuererhebung, -einziehung ; ~ *des intérêts* Zinseinziehung ; ~ *de loyers échus* Beitreibung fälliger Mietzahlungen ; ~ *en nature* Sach-, Naturalbezug *m* ; *rôle m, taux m de* ~ Hebeliste *f*, -satz *m* ; *la* ~ *des cotisations s'effectuera selon de nouveaux barèmes* die Beitragseinziehung wird nach neuen Sätzen erfolgen.

percevoir erheben ; einziehen ; eintreiben ; beitreiben ; einnehmen ; kassieren ; vereinnahmen ; ~ *de l'argent, une cotisation* Geld (ein)kassieren, einen Beitrag erheben ; ~ *un droit d'entrée, une contribution* einen Eintritt (Eintrittsgebühren, ein Eintrittsgeld), einen Beitrag erheben ; ~ *des honoraires substantiels* ein ansehnliches Honorar kassieren ; ~ *des impôts* Steuern erheben (einziehen, einnehmen) ; ~ *des intérêts* Zinsen vereinnehmen (kassieren) ; ~ *des loyers échus* fällige Mietzahlungen beitreiben ; ~ *une taxe* eine Abgabe (eine Gebühr) erheben.

perdant *m* Verlierer *m* ; *(procès)* unterlegene (verlierende) Partei *f* ; *être le grand ~ dans un conflit* bei einem Konflikt der große Verlierer sein.

perdant, e : *numéro m (billet m) ~* Niete *f* ; *n'avoir tiré que des numéros ~s* nur Nieten gezogen haben.

perdre 1. verlieren ; einbüßen ; einen Verlust erleiden ; *(égarer)* abhanden kommen ; um etw kommen ; ~ *de l'argent dans une affaire* bei einem Geschäft Geld einbüßen ; ~ *un avantage, des privilèges* einen Vorteil, Vorrechte (Privilegien) einbüßen (verlieren) ; ~ *au change* einen schlechten Tausch machen ; ~ *un client* jdn als Kunden (einen Kunden) verlieren ; ~ *son emploi (sa place)* seinen Arbeitsplatz (seine Stelle) verlieren ; *ne pas ~ la face* den Schein wahren ; ~ *toute sa fortune* sein ganzes Vermögen einbüßen ; ~ *une journée entière, un mois entier* einen ganzen Tag, einen ganzen Monat verlieren ; ~ *un procès* einen Prozeß verlieren ; *j'ai perdu mes bagages* das Gepäck ist mir abhanden gekommen **2.** ~ *du prestige, du terrain, de la valeur* an Ansehen, Boden, Wert verlieren ; ~ *en qualité* an Qualität einbüßen ; *le franc a perdu par rapport aux autres monnaies* gegenüber den anderen Währungen hat der Franc an Wert verloren **3.** ~ *sur un article* an einer Ware verlieren ; bei einer Ware einen Verlust haben (zusetzen müssen) **4.** *se ~* verlorengehen ; abhanden kommen ; *(marchandise)* verderben ; *(navire)* untergehen ; *le navire s'est perdu corps et biens* das Schiff ist mit Mann und Maus untergegangen **5.** *(ruiner) ~ un concurrent* einen Konkurrenten ruinieren (zugrunde richten, ausbooten).

perdu, e : *emballage m ~* Wegwerfpackung *f* ; Einweg(ver)packung ; *verre m ~ (bouteille f, consigne f ~e)* Einwegflasche *f* ; Wegwerfflasche *f* ; Einwegglas *n*.

père *m* Vater *m* ; ~ *adoptif* Adoptivvater ; ~ *de famille* Familienvater ; ~ *naturel* leiblicher Vater ; ~ *nourricier* Pflegevater ; *Maison Dupont ~ et fils* Firma Dupont und Sohn ; ~ *putatif* vermeintlicher Vater ; *agir en lieu et place du ~* an Vaterstelle fungieren (handeln) ; *être commerçant de ~ en fils* der kaufmännische Beruf geht vom Vater auf den Sohn über ; *faire un placement de ~ de famille* eine mündelsichere Anlage machen ; *gérer ses biens en bon ~ de famille* seine Güter mit größter Sorgfalt (als sorgender Familienvater) verwalten.

péremption *f (jur.)* Verjährung *f*, Verwirkung *f* ; Verfall *m* ; Ungültigwerden *n* ; *(arch.)* Perem(p)tion *f* ; *date f de ~* **a)** Verjährungsfrist *f* ; **b)** *(alimentaire)* Frischhaltedatum *n* ; *tomber en ~* verjähren.

péremptoire 1. *(jur.)* verjährend ; ungültig machend ; verwirkend ; perem(p)torisch ; aufhebend **2.** unbestreitbar ; unwiderruflich ; *preuve f ~* zwingender Beweis *m*.

péréquation *f* **1.** *(répartition des charges)* Ausgleich *m* ; Ausgleichung *f* ; Kompensation *f* ; ~ *annuelle, des charges, des charges de famille* Jahres-, Lasten-, Familienlastenausgleich ; ~ *des frais, des impôts, des prix* Kosten-, Steuer-, Preisausgleich ; *créance f, fonds m, prime f de ~* Ausgleichsforderung *f*, -fonds *m*, -prämie *f* ; *taxe f de ~* Ausgleichsabgabe *f* ; (R.F.A.) Lastenausgleich **2.** *(rajustement des traitements et des pensions des fonctionnaires)* Anpassung *f* ; Angleichung *f*.

péréquer ausgleichen ; anpassen ; gerecht verteilen.

perfectible *(personne)* vervollkommnungsfähig ; *(appareil, plan)* verbesserungsfähig.

perfectionnement *m* **1.** Verbesserung *f* ; Perfektion *f* ; Vervollkommnung *f* **2.** Fortbildung *f* ; Weiterbildung ; ~ *professionnel* Berufsfortbildung ; berufliche Weiterbildung ; *cours m, stage m de ~* Fortbildungskurs *m*, -lehrgang *m* ; *participer à un stage de ~* an einem Fortbildungslehrgang teilnehmen.

perfectionner vervollkommnen ; verbessern ; ausbilden ; fort-, weiterbilden ; perfektionieren ; ~ *un appareil, un procédé technique, un système, une technique* ein Gerät, ein technisches Verfahren, ein System, eine Technik vervollkommnen (verbessern) ; ~ *des connaissances linguistiques* Sprachkenntnisse vervollkommnen ; *se ~ (sur le plan professionnel)* sich beruflich weiterbilden ; sich fachlich fortbilden.

perforateur, trice Stanz- ; Locher- ; *machine f ~trice* Stanze *f* ; Stanzmaschine *f*.

perforation *f* Lochen *n* ; *(inform.)* Lochung *f* ; Stanzung *f* ; *unité f de ~*

Stanzeinheit *f* ; Lochereinheit ; *vérification f des ~s* Stanzkontrolle *f* ; *vitesse f de ~* Stanzgeschwindigkeit *f*.

perforatrice *f (de bureau et à cartes perforées)* Locher *m* ; Perforier-, Lochmaschine *f* ; Stanze *f* ; Stanzmaschine *f*.

perforé, e gelocht ; Loch- ; *(inform.) bande ~e* Lochstreifen *m* ; *carte f ~e* Lochkarte *f* ; *lecteur m de cartes f ~es* Lochkartenabtaster *m*, -lesegerät *n* ; *machines fpl à cartes ~es* Lochkartenmaschinen *fpl*, -geräte *npl* ; *perforatrice f commandée par cartes ~es* kartengesteuerter Streifenlocher *m* ; *trieuse f de cartes ~es* Sortiermaschine *f*.

perforer 1. *(titre de transport)* knipsen ; lochen ; entwerten **2.** *(inform.)* lochen ; stanzen **3.** perforieren ; lochen ; Löcher einstanzen in (+ A) ; *~ une facture, des feuillets* eine Rechnung, Blätter perforieren (lochen) ; *carte perforée* ⇒ *perforé ; machine à ~* ⇒ *perforatrice*.

performance *f* Leistung *f* ; *excellente ~* Spitzenleistung ; ⇒ *rendement*.

performant, e leistungsfähig, -stark ; Leistungs-.

péricliter *(entreprise)* abwärts gehen ; (langsam) zugrunde gehen ; in die Brüche gehen ; in die roten Zahlen rutschen.

péril *m* Gefahr *f* ; *à ses risques et ~s* auf eigene Gefahr ; *il y a ~ en la demeure* Gefahr ist im Verzug ; *il n'y a pas ~ en la demeure* die Sache eilt doch nicht so sehr ; es ist keine Gefahr im Verzug ; *mettre qqch ou qqn en ~* etw oder jdn gefährden.

périmé, e abgelaufen ; ungültig ; erloschen ; verfallen ; *(prescrit)* verjährt ; *billet m de banque, carte f d'identité, ticket m (titre m de transport) ~(e)* ungültige Banknote *f*, ungültiger Ausweis *m*, ungültige Fahrkarte *f* ; *ce chèque, le visa est ~* dieser Scheck ist ungültig, das Visum ist abgelaufen.

périmer : *se ~* verfallen ; ablaufen ; ungültig werden ; erlöschen.

périmètre *m* Umkreis *m* ; *~ urbain* Stadtumkreis ; *dans un ~ de 100 km* 100 Kilometer im Umkreis ; im Umkreis von 100 km.

période *f* Zeit *f* ; Zeitraum *m*, -abschnitt *m*, -spanne *f* ; *(durée)* Laufzeit *f* ; Umlaufzeit ; Dauer *f* ; Periode *f* ; ♦ *~ d'abonnement* Abonnementzeit ; Bezugszeit ; *~ d'accoutumance* Anpassungs-, Einarbeitungs-, Anlernzeit ; *~ d'activité* Amtszeit ; *~ d'affluence* → *pointe* ; *~ d'amortissement* Amortisationsdauer *f* ; Abschreibungszeitraum ; *~ d'apprentissage* Lehrzeit *f* ; Ausbildungszeit ; *~ d'arrêt d'exploitation* (Betriebs)ausfallzeit ; *~ assurée (couverte par l'assurance)* Versicherungsdauer, -zeit ; *~ de grands bouleversements sociaux* Periode großer sozialer Umwälzungen ; *~ de chasse (d'ouverture de la chasse)* Jagdzeit *f* ; *~ de chômage* Zeit der Arbeitslosigkeit ; *~ comptable* Buchungsperiode ; *~ considérée* die in Betracht kommende Zeit ; *~ de construction* Bauabschnitt *m* ; *~ correspondante* Vergleichszeit ; *~ creuse* Flaute *f* ; tote Saison *f* ; *(fam.)* Sauregurkenzeit ; *~ équivalente* Vergleichszeit ; *~ d'essai* Probezeit ; *~ de démarrage* Anlaufzeit ; *~ d'exploitation* Betriebs-, Wirtschaftsperiode ; *~ de fermeture de la chasse* Schonzeit ; *~ fiscale* Steuerperiode ; *~ de garantie* Garantiezeit ; *~ imposable (d'imposition)* Besteuerungs-, Veranlagungszeitraum ; *~ de pointe* **a)** *(trafic)* Stoß-, Hauptverkehrszeit ; **b)** *(hôtellerie)* Hochsaison *f* ; Hauptsaison ; Hauptreisezeit ; *~ précédente* Vorperiode ; *~ probatoire* Probezeit ; *~ de récession* Rezessionszeiten ; Talsohle *f* ; *~ de référence* Vergleichs-, Referenzperiode ; Berichtsperiode ; *~ de rodage* Einarbeitungs-, Anlernzeit ; *~ de taxation* Besteuerungszeitraum ; *~ transitoire* Übergangszeit ; *~ de vacances* Urlaubs-, Ferienzeit ; *~ de validité (d'un contrat, d'une loi)* Gültigkeitsdauer ; Laufzeit (eines Vertrags, eines Gesetzes) ; ♦♦ *en ~ de chômage, de crise, d'inflation, de pénurie* in Zeiten großer Arbeitslosigkeit, in Krisenzeiten, in Zeiten steigender Inflation, in Zeiten der Not ; *pour la ~ allant jusqu'au 15/7* für die Zeit bis zum 15.7. ; *la ~ de production n'a pas duré* die produktive Periode hielt nur kurz an ; *être absent pour une assez longue ~* über einen längeren Zeitraum abwesend sein.

périodique *m* (regelmäßig erscheinende) Zeitschrift *f* ; *~ mensuel* Monatszeitschrift.

périodique periodisch ; in gleichen Abständen ; zyklisch ; regelmäßig auftretend ; *à intervalles ~s* in periodischen Abständen.

périodiquement periodisch ; in gleichen Abständen ; *la commission siège ~* der Ausschuß tagt in regelmäßigen Abständen ; *cette revue paraît ~* diese Zeitschrift erscheint regelmäßig.

périphérie *f* Peripherie *f* ; Randbezirk *m*, -gebiet *n*, -zone *f* ; *être situé à la ~ de la ville* am Stadtrand (an der Stadtperipherie) liegen.

périphérique 1. Rand- ; in einem Randgebiet liegend ; *banlieue f ~* Vorortgürtel *m* ; *quartier m ~* Stadtrandviertel *n* **2.** *(inform.)* peripher ; *appareils mpl ~s* periphere Geräte *npl* (Einheiten *fpl*) ; *mémoire f ~* peripherer (externer) Speicher *m*.

périphérique *m* **1.** *(boulevard périphérique)* Ring *m* ; Außenring ; Ringautobahn *f* ; Umgehungsstraße *f* **2.** *(inform.) les ~s* periphere Geräte *npl* ; periphere Einheiten *fpl*.

permanence *f* **1.** Dauerhaftigkeit *f* ; Dauerbestand *m* ; Erhaltenbleiben *n* ; Permanenz *f* ; *en ~* ununterbrochen ; permanent ; durchgehend ; *siéger en ~* ununterbrochen tagen **2.** *(garde) service m de ~* Bereitschaftsdienst *m* ; Nacht- und Sonntagsdienst *m* ; *médecin m de ~* Bereitschaftsarzt *m* ; *assurer (faire) une ~* Bereitschaftsdienst haben ; Sonderdienst machen (tun).

permanent *m* Funktionär *m* ; *~ d'un syndicat, d'un parti politique* Gewerkschafts-, Parteifunktionär *m*.

permanent, e beständig ; ständig ; Dauer- ; ♦ *commission f, correspondant m ~(e)* ständiger Ausschuß *m*, Korrespondent *m* ; *dépression f ~e* Dauerdepression *f* ; *emploi m (travail m) ~* Dauerarbeit *f*, -posten *m*, -stellung *f*, -beschäftigung *f* ; *état m ~* Dauerzustand *m* ; *exposition f ~e* Dauerausstellung *f* ; *formation f ~e (pour adultes)* Fort-, Weiterbildung ; Erwachsenenbildung ; *incapacité ~e de travail* dauernde Arbeitsunfähigkeit *f* ; *membre m ~* ständiges Mitglied *n* ; *personnel m ~* Stammpersonal *n* ; *ordre m ~ (à une banque)* Dauerauftrag *m* ; *troubles mpl ~s* beständige Unruhen *fpl* ; ♦♦♦ *avoir un état-major de collaborateurs ~s* über einen ständigen Mitarbeiterstab verfügen ; *la commission ~e a siégé* der ständige Ausschuß tagte ; *donner un ordre ~ à sa banque* seiner Bank einen Dauerauftrag erteilen ; *cela tend à devenir un phénomène ~* es droht zu einer Dauererscheinung zu werden.

permettre erlauben ; gestatten ; zulassen ; genehmigen ; *ses moyens ne le permettent pas* seine Mittel erlauben es ihm nicht ; er kann sich das nicht leisten ; *je me permets de m'adresser à vous* ich erlaube mir, mich an Sie zu wenden... ; *si les circonstances le permettent* wenn es die Umstände erlauben.

permis *m* Erlaubnis *f* ; Bewilligung *f* ; Genehmigung *f* ; Schein *m* ; ♦ *~ de chasse* Jagdschein ; *~ de circulation* **a)** Passierschein ; **b)** Freikarte *f* ; *~ de conduire* ⇒ *permis de conduire* ; *~ de construire* Bauerlaubnis, -genehmigung ; *~ d'entrée (sur le territoire)* Einreiseerlaubnis, -genehmigung ; *~ de douane* Zollerlaubnisschein ; *~ d'embarquement* Verladungsschein ; *~ d'importation* Einfuhrgenehmigung ; *~ de pêche* Angelschein ; *~ de prospection* Schürferlaubnis ; *~ de séjour* Aufenthaltsgenehmigung ; *~ de sortie (du territoire)* Ausreiseerlaubnis, -genehmigung ; *~ de transit* Durchfuhrerlaubnis ; *~ de travail* Arbeitserlaubnis, -genehmigung ; ♦♦♦ *accorder, demander, obtenir, refuser un ~ de quitter le territoire* eine Genehmigung zur Ausreise erteilen, einholen, erhalten, verweigern ; *obtenir un ~ de travail de deux ans* eine Arbeitsgenehmigung für zwei Jahre erhalten.

permis *m* **de conduire** Führerschein *m* ; *~ international* internationaler Führerschein ; *avoir, passer le ~* den Führerschein haben, machen ; *être reçu, recalé (collé) au ~* die Fahrprüfung bestehen, bei der Fahrprüfung durchfallen ; *être reçu au code, recalé à la conduite* die theoretische Fahrprüfung bestehen, bei der praktischen Fahrprüfung durchfallen.

permission *f* **1.** Erlaubnis *f* ; Genehmigung *f* ; *avec votre ~* wenn Sie gestatten ; mit Verlaub **2.** *(militaire)* Urlaub *m*.

permutabilité *f* Austauschbarkeit *f* ; Vertauschbarkeit *f* ; Auswechselbarkeit *f*.

permutant *m (emploi, logement)* Tauschpartner *m* ; Tauschende(r).

permuter tauschen ; mit jdm die Stelle tauschen ; *j'ai permuté avec une collègue* ich habe mit einer Kollegin getauscht.

perpétration *f* : *~ d'un crime* Begehung *f* (Verübung *f*) eines Verbrechens.

perpétrer verüben ; begehen ; *~ un attentat* ein Attentat verüben.

perpétuel, le 1. ständig ; fortdauernd ; ewig ; unbefristet ; *dette f ~le* unablösliche Schuld *f* ; *emprunt m ~* ewige (unbefristete) Anleihe *f* ; *rente f ~le* ewige Rente *f* **2.** *(à vie)* lebenslänglich.

perquisition *f* Durchsuchung *f* ; *mandat m de ~* Durchsuchungsbefehl *m* ;

faire une ~ durchsuchen.

perquisitionner durchsuchen ; ~ *dans la demeure de qqn* jds Haus durchsuchen.

persistance *f* Anhalten *n* ; Weiterbestehen *n* ; ~ *de la crise économique* anhaltende Wirtschaftskrise *f*.

persistant, e anhaltend ; andauernd.

persona grata *(diplomatie)* Persona grata *f* (Diplomat, gegen dessen Aufenthalt keine Einwände erhoben werden) ; *déclarer qqn persona non grata* jdn zur Persona non grata erklären.

personnalisation *f* **1.** Personalisierung *f* **2.** *(impôts, assur.)* Anpassung *f* an die persönlichen Verhältnisse ; Subjektivierung *f*.

personnaliser 1. personalisieren ; individuell gestalten ; *lettre f publicitaire ~ée* personalisierter Werbebrief *m* ; *publicité f ~ée* personalisierte Werbung *f* ; *scrutin m proportionnel ~é* personalisierte Verhältniswahl *f* ; ~ *une campagne publicitaire* eine Werbekampagne personalisieren ; eine Werbekampagne auf eine bestimmte Zielgruppe zuschneiden **2.** *(impôts, assur.)* den individuellen Verhältnissen anpassen.

personnalité *f* **1.** ⇒ *personnalités* **2.** ~ *civile (juridique, morale)* Rechtspersönlichkeit *f* ; ~ *de droit privé, public* private, öffentliche Rechtspersönlichkeit.

personnalités *fpl* Prominente(n) ; Honoratioren *pl* ; Prominenz *f* ; *les ~ de la politique et de l'économie* die Prominenten aus Politik und Wirtschaft.

personne *f* Person *f* ; ♦ ~ *accréditée (auprès de)* Akkreditierte(r) (bei) ; ~ *active* Erwerbstätige(r) ; erwerbstätige Person ; Erwerbsperson ; *~s âgées* die alten Menschen *mpl* ; die Senioren *pl* ; ~ *assistée (indigente)* unterstützungsbedürftige Person ; ~ *assurée* Versicherte(r) ; ~ *autorisée* Befugte(r) ; ~ *à charge* Unterhaltungsberechtigte(r) ; ~ *civile* → *juridique* ; ~ *déplacée* Verschleppte(r) ; ~ *habilitée à signer* Zeichnungsberechtigte(r) ; *~s bien informées* gut unterrichtete Kreise *mpl* ; Insider *mpl* ; ~ *interposée* vorgeschobene Person ; Mittelsmann *m*, -person ; ~ *juridique* Rechtsperson ; juristische Person ; ~ *morale* → *juridique* ; ~ *nécessiteuse* → *assistée* ; ~ *non active* Nicht-Erwerbstätige(r) ; Nicht-Erwerbsperson ; ~ *privée* Privatperson ; ~ *physique* natürliche Person ; *~s seules* alleinstehende Personen ; ♦♦ *accident m de ~s* Personenschaden *m* ; *assurance f des ~s* Personenversicherung *f* ; *compte m de ~* Personenkonto *n* ; *dommage m à des ~s* Personenschaden *m* ; *droit m des ~s* Personenrecht *n* ; *impôt m sur la ~* Personensteuer *f* ; *ménage m de 5 ~s* fünfköpfiger Haushalt *m* ; *nombre m de ~s* Personenzahl *f* ; *revenu m des ~s physiques* persönliches Einkommen *n* ; *société f de ~s* Personengesellschaft *f* ; Personalgesellschaft ; *tierce ~* Dritte(r) ; *en ~* in (eigener) Person ; *par ~ interposée* mittels vorgeschobener Person ; durch einen Vermittler ; *une ~ du sexe féminin, masculin* eine weibliche, männliche Person ; ♦♦♦ *comparaître en ~* persönlich erscheinen ; *cela coûte 100 F par ~* es kostet 100 F pro Person ; *distinguer la ~ de la fonction* die Person vom Amt trennen ; *entrée interdite à toute ~ étrangère au service* Zutritt für Unbefugte verboten ; *se présenter en ~* sich persönlich melden (vorstellen) ; *répondre sur sa ~* persönlich haften ; *se tromper de ~* sich in der Person irren.

personnel *m* Personal *n* ; Belegschaft *f* ; Betriebsangehörige(n) ; ♦ ~ *administratif, d'appoint* Verwaltungs-, Zusatzpersonal ; ~ *auxiliaire* Aushilfs-, Vertretungs-, Zeitpersonal ; ~ *de bord* Bordpersonal ; ~ *de bureau* Büroangestellte(n), -personal ; Schreibkräfte *fpl* ; ~ *de direction* leitende Angestellte(n) ; Führungskräfte *fpl* ; oberes Management *n* ; Leitende(n) in Spitzenposition ; ~ *d'encadrement* → *direction* ; ~ *de l'entreprise* Betriebsbelegschaft ; ~ *d'entretien* Wartungspersonal ; ~ *de l'État* Staatsbedienstete(n) ; ~ *d'exécution* ausführendes Personal ; ~ *fixe* Stammbelegschaft ; ~ *intérimaire* Zeitpersonal ; Zeitarbeitskräfte *fpl* ; Aushilfs-, Vertretungskräfte *fpl* ; ~ *de louage* Leihpersonal ; Leiharbeiter *mpl* ; ausgeliehenes Personal ; ~ *de maintenance* Wartungspersonal ; ~ *permanent* ständiges Personal ; Stammbelegschaft ; ~ *qualifié* geschultes Personal ; ~ *saisonnier* Saisonarbeiter *mpl* ; ~ *de salle (hôtellerie)* Bedienungspersonal ; ~ *spécialisé* Fachkräfte *fpl*, -personal ; ~ *subalterne* untergeordnetes Personal ; ~ *de surveillance (de maîtrise), technique* Aufsichts-, technisches Personal ; ~ *temporaire* → *intérimaire* ; ~ *vacataire* nicht ständiges Personal ; ~ *volant* fliegendes Personal ; ♦♦ *action f de ~* Belegschaftsaktie *f* ; *administration* *f du (des) ~(s)* Personalverwaltung *f* ; *assemblée f du ~* Personal-, Belegschaftsversammlung *f* ; *assurance f du ~* Personalversicherung *f* ; *besoins mpl en ~* Personalbedarf *m* ; *bureau m du ~ → service* ; *catégorie f de ~* Personalkategorie *f* ; *changement m de ~* Personalwechsel *m* ; personelle Veränderungen *fpl* ; *chef m du ~* Personalleiter *m*, -chef *m* ; *à fort coefficient de ~* personalintensiv ; *compressions fpl de ~* Personalabbau *m*, -einschränkungen *fpl*, -verringerung *f* ; *coût m du ~* Personalkosten *pl* ; *débauchage m de ~* Personalabwerbung *f* ; *dégraissage m du ~* Personalabbau *m*, -kürzung *f* ; *délégué m du ~* Vertreter *m* der Belegschaft ; Betriebsratsvorsitzende(r) ; Obmann *m* ; *délégué m du ~ auprès de la direction* Personalkontakter *m* ; *dépenses fpl de ~* Personalausgaben *fpl*, -aufwand *m* ; *difficultés fpl de ~* personelle Schwierigkeiten *fpl* ; *directeur m du ~* Personaldirektor *m*, -leiter *m* ; *direction f du ~* Personalführung *f* ; *effectifs mpl du ~* Personalbestand *m* ; Belegschaftsstärke *f* ; *embauche f du ~* Personaleinstellung *f* ; *employé m au bureau du ~* Personalbearbeiter *m* ; *état m du ~ → effectifs* ; *fichier m du, frais mpl de, licenciement m (massif) de ~* Personalkartei *f*, -kosten *pl*, (Massen)entlassung *f* von Personal ; *liste f du ~* Personalliste *f* ; *louage m de ~* Ausleihen *n* von Personal ; *manque m de ~* Personalmangel *m* ; *membre m du ~* Belegschaftsmitglied *n* ; *mouvement m de ~ → changement* ; *notation f du ~* Persönlichkeitsbeurteilung *f* ; *pénurie f de ~* Personalknappheit *f*, -verknappung *f* ; *planification f, politique f du, problème m de ~* Personalplanung *f*, -politik *f*, -problem *n* ; *réduction f de ~* Personalabbau *m*, -kürzung *f*, -verringerung *f* ; *remise f au ~* Personalrabatt *m* ; *représentation f, responsable m du ~* Personalvertretung *f*, -sachbearbeiter *m* ; *salle f réservée au ~* Belegschaftsraum *m* ; *sélection f de (du) ~* Personalauswahl *f* ; *service m du ~* Personalabteilung *f*, -büro *n* ; *suppression f de ~* Personalschnitt *m*, -abbau *m* ; ♦♦♦ *débaucher du ~* Personal abwerben ; *dégraisser le ~* Personal abbauen ; einen Personalschnitt vornehmen ; *dresser un état du ~* die Personalliste aufstellen ; *engager (embaucher) du ~* Personal einstellen ; *faire partie du ~ d'une entreprise* bei einem Betrieb beschäftigt sein ; *pratiquer des coupes sombres dans le ~ → dégraisser* ; *procéder à des compressions de ~* Personal abbauen ; Personaleinsparungen vornehmen ; *recruter du ~* Personal anwerben ; *notre ~ est au complet* unser Personal ist vollständig.

personnel, le persönlich ; Privat- ; Eigen- ; *adresse f ~le* Privatadresse *f* ; *affaire(s) f(pl) ~le(s)* persönliche Angelegenheit(en) ; Privatangelegenheit *f* ; *biens mpl ~s → fortune* ; *conseiller m ~* persönlicher Referent (Berater) *m* ; *coordonnées fpl ~les* Personalangaben *fpl* ; Personalien *pl* ; *dépenses fpl ~les → frais* ; *dossier m ~* Personalakten *fpl* ; *fortune f ~le* Privatvermögen *n* ; *frais mpl ~s* persönliche Auslagen *fpl* ; *impôt m ~* Personen-, Subjektsteuer ; *lettre f ~le* Privatbrief *m* ; *papiers mpl ~s* Personalpapiere *npl* ; Personalausweis *m*, -dokumente *npl* ; *questionnaire m ~* Personalbogen *m* ; *pour des raisons ~les* aus persönlichen Gründen ; *relations fpl ~les* persönliche Beziehungen *fpl* ; *responsabilité ~le* persönliche Haftung *f* ; *revenu m ~* persönliches Einkommen *n* ; *usage m ~* Privatgebrauch *m*, -zweck *m*.

perspectif, ive perspektivisch ; *plan m ~* Perspektivplan *m*.

perspective(s) *f(pl)* Aussicht(en) *f(pl)* ; Perspektive(n) *f(pl)* ; Chancen *fpl* ; Erwartungen *fpl* ; Möglichkeiten *fpl* ; ♦ *~ d'avenir* Zukunftsaussichten ; *~s de croissance* Wachstumserwartungen, -chancen ; *~s énergétiques, d'exportation* Energie-, Exportaussichten ; *~s d'investissements* Investitionschan- cen ; *~s du marché, de récolte* Markt-, Ernteaussichten ; *~s moroses sur le marché de l'emploi* düstere Aussichten auf dem Arbeitsmarkt ; ♦♦♦ *avoir qqch en ~* etw in Aussicht haben ; *être en ~* in Aussicht stehen ; *ouvrir de nouvelles ~s à qqn* jdm neue Aussichten eröffnen ; *les ~s sont favorables pour l'industrie* für die Industrie sind die Aussichten günstig ; *de nouvelles ~s s'ouvrent à l'économie* neue Aussichten eröffnen sich für die Wirtschaft.

perte *f* Verlust *m* ; Einbuße *f* ; Ausfall *m* ; Defizit *n* ; *(dommages)* Schaden *m* ; ♦ *~ d'argent* Geldverlust ; finanzieller Verlust ; *~ de bénéfices* Gewinnausfall ; *~ au bilan, de capitaux* Bilanz-, Kapitalverlust (Kapitalschwund *m*) ; *~ au (sur le) change* Kursverlust ; *~ comptable* buchmäßiger Verlust ; *~ des droits civils (civiques)* Verlust der bürgerlichen Ehrenrechte ; *~ de l'emploi*

Verlust des Arbeitsplatzes ; ~ *d'exploitation* Betriebsverlust ; ~ *financière* finanzieller Verlust ; ~ *de fortune* Vermögensverlust ; ~ *de gain* Verdienstausfall ; ~ *de gestion* Betriebsverlust ; ~ *d'intérêts* Zinsausfall ; ~ *d'inventaire* Inventarverlust ; ~ *de loyer* Mietausfall ; ~ *de matières premières* Einbuße an Rohstoffen ; ~ *nette* Netto-, Reinverlust ; ~ *partielle, de place, de poids* Teil-, Raum- Gewichtsverlust ; ~ *de population* Bevölkerungsverlust, -rückgang *m* ; ~ *de prestige* Einbuße an Prestige ; ~ *de production* Produktionsausfall ; Ausfälle in der Produktion ; ~ *en qualité* Qualitätsminderung *f* ; ~ *de recettes* Ausfall der Einnahmen ; Einnahmenverlust ; ~ *de rendement* Ertragsausfall ; ~ *reportée* vorgetragener Verlust ; ~ *de revenus* Einkommensausfall, -einbuße *f* ; ~ *de salaire* Lohnausfall ; ~ *sèche* reiner (glatter) Verlust ; ~ *de temps, totale, de valeur* Zeit-, Gesamt-, Wertverlust ; ~ *de vitesse* Geschwindigkeitsverlust ; ♦♦ *affaire f traitée à* ~ Verlustgeschäft *n* ; *attestation f (certificat m) de* ~ Verlustschein *m* ; *en cas de* ~ im Verlustfall ; *compte m de* ~ Verlustkonto *n* ; *compte m de* ~*s et profits* Gewinn- und Verlustrechnungskonto *n* ; *contre-passation f de* ~ Verlustrücktrag *m* ; *déclaration f de* ~ Verlustanzeige *f* ; *entreprise f travaillant à* ~ Verlustbetrieb *m* ; *facteur m de* ~ Verlustfaktor *m* ; *profits mpl et* ~*s* Gewinn und Verlust ; *répartition f des* ~*s* Verlustverteilung, -streuung *f* ; *report m de* ~ Verlustvortrag *m* ; *vente f à* ~ Verlustverkauf *m* ; *ventilation f des* ~*s* → *répartition* ; ♦♦♦ *accuser une* ~ *de* einen Verlust von... aufweisen ; *clôturer à* ~ mit Verlust abschließen ; *couvrir une* ~ einen Verlust decken ; *entraîner une* ~ einen Verlust verursachen (mit sich bringen, herbeiführen) ; *ce qui équivaut à une* ~ *sèche de...* was einem Reinverlust von... entspricht ; *dédommager d'une* ~ → *réparer ; être en* ~ *de vitesse* an Boden verlieren ; *passer qqch à* ~*s et profits* auf das Gewinn- und Verlustkonto buchen ; *réparer une* ~ einen Verlust ersetzen (vergüten) ; *ce qui représente une* ~ *nette de...* was einen Netto-Verlust von... ausmacht ; *subir une* ~ *financière sévère* eine schwere finanzielle Einbuße erleiden (erfahren) ; *travailler, vendre à* ~ mit Verlust arbeiten, verkaufen ; *ne sera pas remplacé en cas de* ~ bei Verlust kann kein Ersatz geleistet werden.

perturbateur *m* Unruhestifter *m* ; Störenfried *m*.

perturbation *f* Störung *f* ; ~ *d'exploitation* Betriebsstörung ; ~ *du marché* Marktstörung ; ~*s dans le métro* Betriebsstörungen in der U-Bahn ; ~*s sociales* soziale Unruhen *fpl*.

perturber stören ; beeinträchtigen.

pesage *m* Wiegen *n* ; *bulletin m de* ~ Wiegeschein *m*.

pesée *f* Wiegen *n*.

pèse-lettre *m* Briefwaage *f*.

peser 1. wiegen *il pèse 2 kilos, ses 8 livres* er wiegt zwei Kilo, seine acht Pfund ; ~ *lourd, ne pas* ~ *lourd* schwer, leicht wiegen ; *sa décision pèsera lourd dans la balance* sein Entschluß wird schwer wiegen **2.** ~ *qqch* etw wiegen ; ~ *bon poids* großzügig wiegen **3.** *(évaluer)* ~ *le pour et le contre de qqch* etw erwägen ; etw abwägen ; das Für und das Wider erwägen ; das Pro und Kontra abwägen.

pesticide *m* Pestizid *n* ; Schädlingsbekämpfungsmittel *n*.

petit, e klein ; Klein- ; ~ *actionnaire* Kleinaktionär *m* ; ~ *bétail* Kleinvieh *n* ; ~ *-bourgeois* Kleinbürger *m* ; *(péj.)* Spießbürger ; *en* ~*s caractères* kleingedruckt ; ~ *commerçant* Kleinhändler *m* ; Einzelhändler ; ~ *commerce* Klein-, Einzelhandel *m* ; ~ *épargnant* Kleinsparer *m* ; ~*e exploitation* Kleinbetrieb *m* ; ~ *format* Kleinformat *n* ; *les* ~*es gens* die kleinen Leute *pl* ; ~*e industrie* Kleinindustrie *f* ; ~*e monnaie* Klein-, Wechselgeld *n* ; ~*es et moyennes exploitations (P.M.E.)* Klein- und Mittelbetriebe *fpl* ; mittelständische Industrie *f* ; Kleingewerbe *n* ; ~ *producteur* Kleinerzeuger *m* ; ~*e propriété* Kleinbesitz *m* ; ~ *rentier* Kleinrentner *m* ; ~*s revenus* die Einkommensschwachen *pl* ; die unteren Einkommensschichten *fpl* ; die Kleinverdiener *mpl* ; ~*e vitesse* Frachtgut *n*.

petitement ärmlich ; kärglich ; *être* ~ *logé* sehr beengt wohnen ; *vivre* ~ ein kärgliches Leben fristen.

pétition *f* Gesuch *n* ; Petition *f* ; Eingabe *f* ; Bittschrift *f* ; Antrag *m* ; Unterschriftenaktion *f* ; *droit m de* ~ Petitionsrecht *n* ; *adresser une* ~ *à qqn* an jdn eine Petition richten ; *déposer une* ~ eine Petition einreichen (bei) ; petitionieren ; *rédiger (élaborer) une* ~ eine Eingabe aufsetzen (machen, bearbeiten) ; eine Petition abfassen ; *signer une* ~ eine Petition unterschreiben ;

transmettre une ~ eine Petition weiterleiten.

pétitionnaire *m* Bittsteller *m* ; Unterzeichner einer Petition.

pétitionner eine Eingabe machen ; eine Petition einreichen ; petitionieren.

pétrochimie *f* Erdölchemie *f* ; Petrochemie *f* ; *produits mpl de la* ~ Petroprodukte *pl*.

pétrochimique petrochemisch ; *industrie f* ~ Erdöl-, Petrochemie *f*.

pétrodollar *m* Petrodollar *m* (amerikanischer Dollar, der von den erdölproduzierenden Ländern auf dem internationalen Markt angelegt wird).

pétrole *m* (Erd)öl *n* ; ~ *brut* Rohöl ; *augmentation f du prix du* ~ Ölpreiserhöhung *f* ; *baril m de* ~ Ölbarrel *n* ; *besoins mpl en* ~ Erdölbedarf *m* ; *boom m sur le prix du* ~ Ölpreisboom *m* ; *commerce m du* ~ Ölgeschäft *n*, -handel *m* ; *consommation f de* ~ Ölverbrauch *m* ; *crise f du* ~ Ölkrise *f* ; *découverte f d'un gisement de* ~ Ölfund *m* ; *économies fpl de* ~ Ölersparnisse *fpl* ; *embargo m sur le* ~ Ölembargo *n* ; *émir m du* ~ Ölscheich *m* ; *exportateur de* ~ **a)** ölexportierend ; **b)** Ölexporteur *m* ; *flambée du prix du* ~ Höhenflug der Ölpreise ; Ölpreisboom *m* ; *gisement m de* ~ Ölvorkommen *n* ; Erdöllagerstätte *f* ; *magnat m du* ~ Ölmagnat *m* ; *marché m (libre) du* ~ (freier) Ölmarkt *m* ; *multinationale f du* ~ Ölmulti *m* ; *nappe f de* ~ Ölteppich *m* ; *pays consommateur de* ~ Ölverbraucherland *n* ; *pays m exportateur de* ~ ölexportierendes Land *n* ; *pays m importateur de* ~ Öleinfuhrland *n* ; *pays mpl de l'OPEP* OPEC-Länder *npl* ; *pays m producteur de* ~ Ölproduzent *m* ; ölproduzierendes Land *n* ; *prix m du* ~ Ölpreis *m* ; *producteur de* ~ **a)** ölproduzierend ; **b)** Ölproduzent *m* ; *production f de* ~ Ölförderung *f*, -gewinnung *f* ; *qui contient du* ~ ölhaltig ; *raffinerie f de* ~ Ölraffinerie *f* ; *ravitaillement m en* ~ Ölversorgung *f* ; *réserves fpl de* ~ Ölvorräte *mpl*, -reserven *fpl*.

pétrolier *m* Öltanker *m* ; Tankschiff *n* ; ~ *géant* Super-, Riesentanker.

pétrolier, ière (Erd)öl- ; *action f d'une société* ~*ière* Ölaktie *f* ; *approvisionnement m, choc m* ~ Ölversorgung *f*, -schock *m* ; *facture f, forage m* ~*(ière)* Ölrechnung *f*, -bohrung *f* ; *groupe m, port m* ~ Ölkonzern *m*, -hafen *m* ; *production f, produit m* ~*(ière)* Ölförderung *f* (-gewinnung *f*), -produkt *n* ; *société f* ~*ière* Ölgesellschaft *f* ; *taxation f des produits* ~*s* Ölproduktbesteuerung *f*.

pétrolifère (Erd)öl- ; (erd)ölhaltig.

peuple *m* Volk *n* ; *du* ~ Volks- ; *représentant m, souveraineté f du* ~ Volksvertreter *m*, -souveränität *f*.

peuplé, e bevölkert ; besiedelt ; *pays m faiblement, fortement* ~ dünn, dicht besiedeltes Land *n*.

peuplement *m* Besiedelung *f* ; Besiedeln *n* ; Bevölkern *n* ; *(faune, flore)* Bestand *m*.

peupler bevölkern ; besiedeln ; bewohnen ; *(gibier)* besetzen ; *(forêts)* aufforsten ; *se* ~ sich bevölkern.

pèze *m (fam.)* Moneten *pl* ; Zaster *m* ; Moos *n* ; Kohlen *fpl* ; Kies *m* ; Knete *f* ; Piepen *pl*.

pharmaceutique pharmazeutisch ; *industrie f* ~ pharmazeutische Industrie *f* ; *produits mpl* ~*s* Arzneimittel *npl* ; pharmazeutische Erzeugnisse *npl*.

phase *f* Phase *f* ; Stufe *f* ; Entwicklungsstufe *f* ; Stadium *n* ; Stufenfolge *f* ; ♦ ~ *de commercialisation* Handels-, Kommerzialisierungsstufe ; ~ *conjoncturelle* Konjunkturphase ; ~ *de croissance* Konjunkturaufschwung *m* ; konjunktureller Auftrieb *m* ; Aufwärtsbewegung *f* ; ~ *de décroissance* rückläufige (sinkende) Konjunktur *f* ; Konjunkturabschwächung *f*, -abflachung *f*, -rückgang *m* ; Abwärtsbewegung *f* ; ~ *de développement* Entwicklungsstufe, -stadium *n* ; ~ *d'élaboration* → *travail* ; ~ *d'étude* Entwurfstadium ; ~*s de fabrication* Fertigungsablauf *m* ; Herstellungsphasen ; ~ *de transformation* Verarbeitungsstufe ; ~ *de travail* Arbeitsgang *m* ; ♦♦♦ *entrer dans une* ~ *décisive, nouvelle* in eine entscheidende Phase, in ein neues Stadium (ein)treten ; *être dans une* ~ *critique* sich in einer kritischen Phase befinden ; *passer à une* ~ *nouvelle* in ein neues Stadium übergehen ; *passer par toutes les* ~*s d'un développement* alle Stadien einer Entwicklung durchlaufen.

phosphates *mpl* : ~ *naturels* Naturphosphate *npl*.

photocopie *f* Fotokopie *f* ; Photokopie ; Ablichtung *f* ; ~ *certifiée conforme* beglaubigte Fotokopie ; *faire faire une* ~ eine Fotokopie anfertigen lassen ; *joindre la* ~ *de certificats* Zeugnisunterlagen als Fotokopien beifügen.

photocopier fotokopieren ; photokopieren ; ~ *un document* eine Urkunde fotokopieren (lassen).

photocopieur *m* Fotokopiergerät *n*, -automat *m*.

photocopieuse *f* ⇒ *photocopieur.*

P.I.B. *m (produit intérieur brut)* Bruttoinlandsprodukt *n* ; BIP.

pickpocket *m* Taschendieb *m*.

pièce *f*	**1.** ***élément d'un ensemble*** **2.** ***document écrit*** **3.** ***monnaie*** **4.** ***pièce d'habitation***

1. ***(élément d'un ensemble)*** Stück *n* ; Teil *m* ; *(appareil)* Teil *n* ; ♦ *~ constitutive* Bestandteil *m* ; *~ défectueuse* Fehlstück ; fehlerhaftes Stück ; *~s détachées* Einzelteile *npl* ; *~ de rechange* Ersatzteil *n* ; *~ de série* Serienteil *n* ; *~ de vin* Weinfaß *n* ; ♦♦ *accord m aux ~s* Stückakkord *m* ; *contrat m de travail aux ~s (à la ~)* Akkordvertrag *m* ; *nombre m de ~s produites* Stückzahl *f* ; *ouvrier m aux ~s* Akkordarbeiter *m* ; *prix m à la ~* Stückpreis *m* ; *rémunération f (salaire m) à la ~ (aux ~s)* Stücklohn *m* ; Akkordlohn ; *système m de travail aux ~s* Akkordsystem *n* ; *tarif m par ~* Stückzeit *f* ; *travail m aux ~s* Stückarbeit *f* ; ♦♦♦ *~ (par ~)* pro Stück ; *~ par ~* Stück für Stück ; stückweise ; *cela coûte 10 F ~* das Stück kostet 10 F ; 10 F das Stück ; *travailler (être) aux ~s* in (auf) Akkord arbeiten ; im Stücklohn arbeiten ; *vendre à la ~* stückweise (einzeln) verkaufen.

2. ***(document écrit)*** Schriftstück *n* ; Beleg *m* ; Akte *f* ; Aktenstück *n* ; Urkunde *f* ; Unterlage *f* ; Dokument *n* ; ♦ *~ d'accompagnement (de marchandises)* Begleitschein *m* ; *~ à l'appui* Beleg ; Unterlage ; *~ bancaire, de caisse, comptable* Bank-, Kassen-, Buchungsbeleg ; *~ consulaire* Konsulatsurkunde ; *~ à conviction* Beweisstück ; Corpus delicti *n* ; *~ d'un dossier* Aktenstück ; *~ d'état civil* standesamtliche Urkunde ; *~ d'identité* (Personal)ausweis *m* ; Ausweispapier *n* ; *~(s) jointe(s) (p.j.)* Anlage(n) *f(pl)* ; Einlage(n) *f(pl)* ; *(Autriche)* Beilage *n (f)* ; *~ justificative* Beleg ; Belegstück ; *~s nécessaires* erforderliche Unterlagen ; *~ notariée* notarielle Urkunde ; ♦♦ *communication f des ~s d'un dossier* Akteneinsicht *f* ; Einsichtnahme *f* in die Akten ; *extrait m d'une ~* Aktenauszug *m* ; *production f de ~s* Aktenvorlage *f* ; *avec ~s à l'appui* mit Belegen ; ♦♦♦ *classer des ~s justificatives* Belege abheften ; *communiquer les ~s d'un dossier* die Akten überreichen ; die Unterlagen zustellen ; *demander toutes les ~s d'un dossier* sämtliche Unterlagen anfordern ; *établir une ~* ein Schriftstück anfertigen ; *exiger une ~* → *demander* ; *fournir les ~s justificatives de(s) dépenses* Ausgaben (durch Quittungen) belegen ; *joindre une ~ (à un dossier)* ein Schriftstück beilegen ; *joindre les ~s nécessaires* die erforderlichen Belege beifügen ; *présenter une ~ d'identité* einen Personalausweis vorzeigen ; sich ausweisen ; *produire des ~s* Akten vorlegen (einreichen) ; *réclamer une ~* → *demander* ; *~s jointes : une photo et un curriculum vitae* Anlagen : ein Lichtbild, ein Lebenslauf.

3. ***(monnaie)*** Geldstück *n* ; Münze *f* ; ♦ *~ ancienne* alte Münze ; *~ d'argent, d'or* Silber-, Goldmünze ; *~ divisionnaire* Scheidemünze ; *~ non valable, usée* ungültige, abgegriffene Münze ; ♦♦ *en ~s de 10 F* in Zehnfranc-Stücken ; *collection f de ~s* Münzsammlung *f* ; *commerce m des ~s* Münzhandel *m* ; *fausse ~* falsche Münze ; *poids m de métal fin d'une ~* Feingewicht *n* ; ♦♦♦ *glisser une ~ à qqn* jdm ein Trinkgeld geben ; *introduire (mettre) une ~ de 5 F dans l'appareil* ein Fünffranc-Stück in einen Automaten (ein)werfen ; *(téléph.) rajouter des ~s* Münzen nachwerfen (beim öffentlichen Fernsprecher) ; *retirer des ~s de la circulation* Münzen einziehen ; Münzen aus dem Verkehr ziehen.

4. ***(pièce d'habitation)*** Raum *m* ; Zimmer *n* ; *~ polyvalente* Mehrzweckraum ; *un deux-, trois- ~s* eine Zwei-, Dreizimmerwohnung *f* ; *un logement de trois ~s avec cuisine, entrée et salle de bains* eine Wohnung mit drei Zimmern, Küche, Diele und Bad ; *la ~ donne sur le jardin, sur la rue, sur l'arrière de la maison* das Zimmer geht auf den Garten, die Straße, nach hinten.

pied *m* : *acheter du blé sur ~* Weizen auf dem Halm kaufen ; *acheter du bétail sur ~* Lebendvieh kaufen ; *faire un discours au ~ levé* eine Rede aus dem Stegreif halten ; *mettre qqn à ~* jdn vom Dienst (von der Arbeit) ausschließen ; jdn entlassen ; jdn auf die Straße setzen ; *mettre qqch sur ~* etw schaffen ; etw aufbauen ; etw ins Leben rufen ; etw zustande bringen ; *prendre qqch au ~ de la lettre* etw wörtlich (buchstäblich) nehmen ; *remplacer qqn au ~ levé* jdn ohne Vorbereitung ersetzen.

pied-noir *m* Algerienfranzose *m* ; Franzose, der aus den Maghreb-Ländern stammt.

pied-de-la-prime *m (bourse) (cours fixé le jour de la réponse des primes)* Stichkurs *m.*

piéton *m* Fußgänger *m* ; *passage m pour ~s* Zebrastreifen *m* ; Fußgängerübergang *m* ; *passage m protégé pour ~s* Fußgängerschutzweg *m* ; *passerelle f pour ~s* Fußgängerüberweg *m*, -brücke *f* ; *réservé aux ~s* nur für Fußgänger ; Fußgängerweg *m.*

piéton, ne Fußgänger- ; *rue f, voie f ~ne* Fußgängerstraße *f*, -weg *m* ; *zone f ~ne* Fußgängerzone *f* ; *déclarer zone ~ne* zur Fußgängerzone erklären.

piétonnier, ière ⇒ *piéton, ne.*

pifomètre *(fam.) : au ~* über den Daumen gepeilt ; *(fam.)* frei nach Schnauze.

pige *f* Zeilenhonorar *n* ; *être payé (rémunéré) à la ~* ein Zeilenhonorar bekommen.

pigeon *m (fam.)* Geprellte(r) ; *se faire plumer comme un ~* ordentlich geschröpft werden ; *plumer qqn comme un ~* jdn ganz schön ausziehen (schröpfen) ; jdm das Fell über die Ohren ziehen.

pigeonner *(fam.)* betrügen ; prellen ; neppen ; hereinlegen ; beschummeln ; übers Ohr hauen ; das Fell über die Ohren ziehen.

pigiste *m* **1.** *(typo)* Setzer *m* (im Akkordlohn) **2.** Journalist *m* (mit Zeilenhonorar).

pignon *m : (commerçant) avoir ~ sur rue* gut betucht sein ; vermögend (wohlhabend) sein.

pile *f* **1.** Stapel *m* ; Stoß *m* ; Haufen *m* ; *~s de caisses, de conserves* Stapel Kisten, Konserven ; *des ~s de prospectus* Prospekte in Stapeln ; *mettre en ~s* aufstapeln **2.** *(sèche)* Batterie *f* **3.** *~ atomique* Atomreaktor *m* ; Atommeiler *m.*

pilon *m : (imprimerie) mettre des livres invendus au ~* unverkaufte Bücher einstampfen (vernichten ; zu Altpapier zerstampfen).

pillage *m* Plünderung *f* ; Plündern *n.*

piller (aus)plündern ; *les touristes ont littéralement ~é les magasins* die Touristen haden die Läden buchstäblich ausgeplündert.

pilotage *m* Lotsendienst *m* ; Steuerung *f* ; *~ sans visibilité* Blindfliegen *n* ; Blindflug *m* ; *droits mpl (taxe f) de ~* Lotsengeld *n* ; *se mettre en ~ automatique* die Selbststeuerung einschalten.

pilote *m* **1.** Pilot *m* ; *(marine)* Lotse *m* ; *~ automatique* Autopilot *m* ; Selbststeuergerät *n* ; *~ à Air France, à la Lufthansa* Pilot bei Air France, bei der Lufthansa ; *bateau-~ m* Lotsenboot *n* ; *demander (avoir recours à) un ~* einen Lotsen anfordern ; *le ~ monte à bord* der Lotse kommt an Bord ; *mettre le ~ automatique* den Autopiloten einschalten **2.** *(modèle)* Muster- ; Pilot- ; *entreprise ~ f* Muster-, Pilotbetrieb *m* ; Probe-, Versuchsbetrieb *m* ; *ferme ~ f* Mustergut *n* ; Musterwirtschaft *f* ; *installation ~ f* Versuchsanlage *f* ; *projet ~ m* Pilotprojekt *n* **3.** *(prix imposé, prix unique) article m ~* preisgünstiges Sonderangebot *n* ; *boisson f ~* Getränk *n* mit festgesetztem Preis ; Einheitspreisgetränk.

piloter *(avion)* fliegen ; *(maritime)* lotsen ; steuern ; *~ un navire dans un port* ein Schiff in den Hafen steuern (lotsen) ; *~ une voiture* einen Wagen steuern (lenken).

pilule *f (anticonceptionnelle)* (Antibaby)pille *f* ; *chute f de la natalité due à la ~ (fam.)* Pillenknick *m* ; *prendre la ~* die Pille nehmen.

pingre *m* Geizhals *m* ; Geizkragen *m* ; Pfennigfuchser *m* ; Knauser *m.*

pingre knauserig ; geizig ; knickerig ; *être ~* geizig sein ; am Geld hängen (kleben) ; auf seinem Geld sitzen.

pionnier *m* **1.** Pionier *m* ; Wegbereiter *m* ; Schrittmacher *m* ; Bahnbrecher *m* ; *esprit m de ~* Pioniergeist *m* ; *faire œuvre de ~* eine Pionierarbeit leisten **2.** *(R.D.A.) ~ des jeunesses socialistes* junger Pionier *m* ; *organisation f de ~s* Pionierorganisation *f.*

pipe-line *m* Pipeline ['paiplain] *f* ; Rohrleitung *f* ; Erdgas-, Erdölleitung *f* ; *poser un ~* eine Pipeline verlegen (bauen).

piquer **1.** *(fam.) (voler)* klauen ; stehlen **2.** *(fam.) se faire ~* (beim Klauen) erwischt (ertappt) werden.

piquet *m* **de grève** Streikposten *m* ; *établir des piquets de grève* Streikposten aufstellen.

piratage *m* Herstellung *f* von Raubkopien ; Raubkopierung *f* ; Piraterie *f* ; *~ de logiciels* Software-Piraterie ; EDV-Raubkopierung.

pirate *m* **1.** Pirat *m* ; *~ de l'air* Luftpirat ; *émetteur ~* Piratensender *m* ; *des ~s de l'air ont détourné un* *avion* Luftpiraten haben ein Flugzeug entführt **2.** Raubkopierer *m* **3.** *copie f, édition f* ~ Raubkopie *f*, -druck *m* ; *(inform.)* Hacker *m*.

pirater Raubkopien anfertigen ; *(édition)* einen Raubdruck anfertigen ; die Urheberrechte nicht beachten.

piraterie *f* Piraterie *f* ; Seeräuberei *f* ; ~ *aérienne (de l'air)* Luftpiraterie ; *acte m de* ~ *aérienne* Flugzeugentführung *f*.

pire schlimmer ; ärger ; *au* ~ schlimmstenfalls ; *il y a* ~ es gibt Schlimmeres ; *ç'aurait pu être* ~ *!* es hätte schlimmer kommen können ; die Sache hätte schlimmer ausgehen können ; *en mettant les choses au* ~ im äußersten Fall ; *pratiquer la politique du* ~ eine verhängnisvolle Politik betreiben.

pis-aller *m* Notbehelf *m* ; Notlösung *f* ; *ceci ne peut être qu'un* ~ das kann nur als Notbehelf dienen.

pisciculteur *m* Fischzüchter *m*.

pisciculture *f* Fischzucht *f* ; *le secteur de la* ~ Fischwirtschaft *f* ; *faire de la* ~ Fischzucht betreiben.

piste *f* : ~ *de décollage (de départ, d'envol)* Startbahn *f* ; ~ *d'atterrissage* Landebahn *f* ; ~ *cyclable* Radfahrweg *m*.

piston *m (fam.)* Beziehungen *fpl* ; *(arch.)* Protektion *f* ; *(fam.)* Vitamin-B *f* ; *avoir du* ~ Beziehungen haben ; *faire jouer le* ~ seine Beziehungen spielen lassen.

pistonner protegieren ; für jdn Beziehungen spielen lassen ; jdn empfehlen ; ~ *qqn pour avoir une place* jdn in eine Stellung hineinbringen ; *être* ~*é (fam.)* das richtige Parteibuch haben ; Vitamin B haben.

pivot *m (monnaie) : taux m* ~ *supérieur, inférieur* obere, untere Bandbreite *f* ; oberer, unterer Interventionspunkt *m*.

P.J. 1. *(police judiciaire)* Kriminalpolizei *f* ; *(fam.)* Kripo *f* **2.** *(pièce(s) jointe(s))* Anlage(n) *f(pl)*.

placard *m* **publicitaire** Werbeplakat *n*, -annonce *f*.

place *f*	**1.** ***surface occupée, rang*** **2.** ***voyage, spectacle*** **3.** ***commerce*** **4.** ***emploi ; poste***

1. ***(surface occupée, rang)*** Platz *m* ; Rang *m* ; ~ *du marché* Marktplatz ; ~ *de parking* Parkplatz ; *manque m de* ~ Platz-, Raummangel *m* ; *qui économise de la* ~ platzsparend ; *avoir de la* ~ *pour qqch* Platz haben für etw ; *il y a encore de la* ~ da ist noch Platz ; *faire de la* ~ Platz schaffen ; *ne pas être à sa* ~ nicht am Platz sein ; fehl am Platz sein ; *figurer en sixième* ~ sich auf dem sechsten Platz befinden ; den sechsten Rang einnehmen ; *occuper (prendre) la première* ~ den ersten Platz einnehmen ; an erster Stelle stehen ; *prendre de la* ~ Platz einnehmen.

2. ***(voyage, spectacle)*** Platz *m* ; Sitz *m* ; Fahrkarte *f* ; ~ *de coin, de fenêtre* Eck-, Fensterplatz ; ~ *assise, debout* Sitz-, Stehplatz ; ~ *numérotée, occupée, réservée* numerierter, besetzter, reservierter Platz ; ~ *de wagon-lit* Schlaf(wagen)platz ; *réservation f des* ~*s* Platzreservierung *f* ; *louer une* ~ einen Platz reservieren (belegen) ; *prendre des* ~*s (de spectacle)* Karten bestellen ; *(transport)* Fahrkarten lösen ; *réserver une* ~ → *louer* ; *réserver une* ~ *sur un vol, pour un voyage* einen Flug, eine Reise buchen ; *retenir une* ~ → *louer* ; *toutes les* ~*s sont vendues* die Karten sind ausverkauft ; ~ *louée au départ de Paris* Platz belegt ab Paris.

3. ***(commerce)*** Stelle *f* ; Platz *m* ; Ort *m* ; Handelsplatz *m* ; Kaufleute *pl* ; *sur* ~ an Ort und Stelle ; ~ *(non) bancable* (Nicht)bankplatz ; ~ *boursière* Börsenplatz ; ~ *commerciale* Handelsplatz ; ~ *financière* Finanzplatz ; *arbitrage m de* ~ Platzarbitrage *f* ; *chèque m sur* ~ Platzscheck *m* ; *droit m de* ~ (Markt)standgeld *n* ; *effet m sur* ~ Platzwechsel *m* ; *vendu sur* ~ loko verkauft ; *aux conditions habituelles de la* ~ zu den ortsüblichen Bedingungen ; *le meilleur hôtel de la* ~ das beste Hotel am Orte ; *le meilleur restaurant de la* ~ *de Paris* das beste Restaurant in Paris ; *acheter sur* ~ vor Ort kaufen.

4. ***(emploi, poste)*** (Arbeits)stelle *f* ; (An)stellung *f* ; Posten *m* ; Arbeitsplatz *m* ; Arbeitsverhältnis *n* ; Position *f* ; Beschäftigung *f* ; ◆ ~ *d'apprenti* Lehrstelle ; Ausbildungsstelle ; ~ *d'avenir* → *prometteuse* ; ~ *de confiance* Vertrauensstellung, -posten ; ~ *fixe (stable)* feste Anstellung ; Dauerarbeitsplatz ; ~ *influente* einflußreiche Stellung ; feste Arbeit ; ~ *lucrative* einträglicher Posten ; ~ *prometteuse* aussichtsreicher Posten ; ~ *bien rémunérée (payée)* gutbezahlte Stelle ; ~ *stable* Dauerstellung, -beschäftigung ; ~ *sûre* sicherer Posten ; ~ *vacante* freie (offene) Stelle ; *changement m de* ~ Platzwechsel *m* ; ◆◆◆ *il y a une* ~ *libre (à* *prendre) dans cette maison* in diesem Betrieb ist ein Platz frei ; *avoir une bonne ~, une ~ fixe* eine gute, feste Stelle haben ; *avoir une ~ importante* eine hohe Stellung einnehmen (bekleiden) ; *avoir une ~ de directeur* den Posten eines Direktors haben ; *avoir une ~ chez qqn* bei jdm in einem Arbeitsverhältnis stehen ; eine Stelle bei jdm haben ; *changer de ~* die Stelle wechseln ; *chercher une ~* eine Stelle suchen ; auf Stellensuche gehen ; *commencer dans une ~* eine Stelle antreten ; *la grève lui a coûté sa ~* der Streik hat ihn seine Stellung gekostet ; *démissionner d'une ~* von einem Posten zurücktreten ; *être bien en ~* in gesicherter Position sein ; *être muté (affecté) à une ~ de responsabilité* in eine verantwortungsvolle Stellung aufrücken (aufsteigen) ; *mettre une ~ au concours* eine Stelle ausschreiben ; *perdre sa ~* seinen Posten (seine Stelle, seinen Arbeitsplatz) verlieren ; *quitter une ~* eine Stelle aufgeben ; *les ~s sont chères* die Arbeitsplätze werden großgeschrieben.

placement *m*	**1.** ***argent ; capitaux*** **2.** ***placer une marchandise ; commercialiser un produit*** **3.** ***emploi ; main-d'œuvre***

1. ***(argent ; capitaux)*** Anlage *f* ; Geldanlage ; Investition *f* ; Kapitalanlage ; *(emprunt)* Plazierung *f* ; ♦ *~ d'argent (de fonds)* Geldanlage ; Anlage von Geldern ; *~ avantageux* vorteilhafte (gewinnbringende) Anlage ; *~ de capitaux* Kapitalanlage ; *~ à échéance* Terminanlage ; *~ d'un emprunt* (Unterbringung *f*) einer Anleihe ; *~ d'épargne* Sparanlage ; *~ financier* → *de capitaux* ; *~ hypothécaire* Hypothekenanlage ; *~ immobilier* in Grundstücken angelegtes Geld ; Immobiliaranlage ; *~ (im)productif* (un)produktive Kapitalanlage ; *~ à intérêts* zinsbringende Kapitalanlage ; *~ lucratif* gewinnbringende (einträgliche) Anlage ; *~ de père de famille* mündelsichere Anlage ; *~ à prime, de bon rapport, sûr* prämiengünstige, einträgliche, sichere Anlage ; *~ à terme* → *à échéance* ; *~ en valeurs mobilières* Wertpapieranlage ; ♦ *bénéfice m de ~* Gewinn *m* aus Kapitalanlage ; *compte m de ~* Anlagekonto *n* ; *titre m de ~* Anlagepapier *n* ; *valeur f de ~* Anlagepapier ; ♦♦♦ *être de bon, de mauvais ~* eine gute, schlechte Anlage sein ; *faire un (bon) ~* sein Geld (gut) anlegen ; sein Geld (vorteilhaft) investieren ; eine (gewinnbringende) Anlage machen ; *faire un ~ en actions* sein Geld in Aktien anlegen (investieren) ; *faire un ~ diversifié* eine breitgestreute Geldanlage machen.

2. ***(placer une marchandise ; commercialiser un produit)*** Kommerzialisierung *f* ; Absatz *m* ; Vertrieb *m* ; Verkauf *m* ; Unterbringung *f* ; *être de ~ facile (aisé)* leicht verkäuflich sein ; guten Absatz finden.

3. ***(emploi ; main-d'œuvre)*** Stellen-, Arbeitsvermittlung *f* ; *~ de la main-d'œuvre* Vermittlung *f* von Arbeitskräften ; *bureau m (agence f) de ~* Arbeitsamt *n* ; Stellenvermittlungsbüro *n*.

placer 1. *(capitaux)* anlegen ; investieren ; unterbringen ; *(fam.)* stecken in (+ A) ; *~ de l'argent dans l'achat d'actions* sein Geld in Aktien anlegen ; *~ ses économies à la caisse d'épargne* seine Ersparnisse auf die Sparkasse bringen (tragen) ; *~ des fonds dans une entreprise* Gelder in einem (ein) Unternehmen investieren ; Kapital in einem Betrieb anlegen ; Geld in einen Betrieb stecken ; *~ un emprunt* eine Anleihe unterbringen ; *~ à intérêts* verzinslich anlegen ; *~ son capital dans des terrains, dans l'immobilier* sein Kapital in Grundstücken anlegen, auf dem Grundstücksmarkt plazieren **2.** *(marchandise)* unterbringen ; kommerzialisieren ; absetzen ; verkaufen ; plazieren ; *(fam.)* an den Mann bringen ; *cet article se place bien* dieser Artikel findet guten Absatz (verkauft sich leicht) **3.** *~ qqn* jdn unterbringen (bei) ; *se ~ chez qqn* eine Anstellung finden bei jdm ; bei jdm eingestellt werden ; bei jdm in Dienst treten.

placier *m* **1.** *(représentant local)* Stadtreisende(r) ; Ortsvertreter *m* **2.** *(personne qui assigne une place sur le marché)* Platzmakler *m* ; Marktpächter *m* **3.** *(agent d'un service de placement)* Stellenvermittler *m* ; Angestellte(r) eines Stellenvermittlungsbüros.

plafond *m* Höchstgrenze *f* ; Maximalgrenze ; Obergrenze ; (obere) Grenze ; Limit *n* ; Plafond [pla'fɔ̃] *m* ; Kontingent *n* ; *(somme)* Höchstbetrag *m* ; *(en suffixe)* Höchst-, Maximal- ; ♦ *~ d'assujettissement (sécurité sociale)* Versicherungspflichtgrenze ; *~ de l'assurance (maladie)* (Kranken)versicherungsgrenze ; *~ autorisé* Freigrenze ;

~ *des avances* Höchstgrenze der Vorschüsse ; ~ *de consommation* Höchstverbrauch *m* ; ~ *des cotisations* Beitragsbemessungsgrenze ; ~ *d'un crédit* Kreditgrenze, -begrenzung *f* ; ~ *d'émission* Notenkontingent ; ~ *d'escompte* Diskontplafond ; ~ *des prêts* Darlehenslimit ; ~ *des prix* Preislimit ; ~ *de rémunération* Höchstlohn *m*, -gehalt *n* ; Gehaltsgrenze ; Maximalvergütung *f* ; ~ *de rendement* Höchstertrag *m* ; ~ *de rentabilité* Rentabilitätsgrenze ; ~ *de ressources* Einkommenshöchstgrenze ; ~ *de salaire* Lohn-, Gehaltshöchstgrenze ; ~ *de la sécurité sociale* → *assujettissement* ; ♦♦ *abaissement m du* ~ Herabsetzung *f* der Höchstgrenze ; *cours-~ m* Höchstkurs *m* ; *dépassement m du* ~ Überschreitung *f* der Höchstgrenze ; *(crédit)* Kreditüberschreitung ; *prix-~ m* Höchst-, Maximalpreis *m* ; *m* ; *salaire-* ~ Höchst-, Maximallohn *m* ; *somme-* *f* Höchstbetrag *m* ; *traitement-~ m* Höchstgehalt *n* ; *vitesse-~ f* Höchstgeschwindigkeit *f* ; ♦♦♦ *abaisser le* ~ die Höchstgrenze herabsetzen ; *atteindre le* ~ *fixé* die festgelegte (Höchst)grenze erreichen ; *dépasser (crever, passer) le* ~ die Höchstgrenze überschreiten ; sein Kontingent überziehen ; einen Kredit überziehen (überschreiten) ; *être au-dessous du* ~ das Limit unterschreiten ; *fixer (imposer) un* ~ ein Limit festsetzen ; *relever le* ~ die Höchstgrenze heraufsetzen.

plafonné, e : *salaire m* ~ höchste beitragspflichtige Lohnstufe *f*.

plafonnement *m* **1.** Plafonierung *f* ; Festsetzung *f* einer Höchstgrenze ; Begrenzung *f* nach oben ; ~ *des crédits* Kreditplafonierung **2.** Erreichung *f* der Höchstgrenze.

plafonner *(production, salaire)* **1.** die Höchstgrenze erreichen ; nicht weiter ansteigen ; *son salaire plafonne à 8 000 F* einen Höchstlohn von 8 000 F erreicht haben **2.** plafonieren ; nach oben hin begrenzen (beschränken) ; eine Höchstgrenze festsetzen.

plage *f* : ~ *horaire fixe (dans le cadre des horaires mobiles de travail)* Fixzeit *f* ; Kernarbeitszeit.

plagiaire *m* Plagiator *m* ; Nachahmer *m*.

plagiat *m* Plagiat *n* ; *accuser qqn de* ~ jdn des Plagiats bezichtigen ; *faire du* ~ ein Plagiat begehen ; plagiieren.

plagier plagiieren ; ein Plagiat begehen.

plaider *(jur.)* **1.** klagen ; einen Prozeß führen **2.** verteidigen ; als Anwalt vor Gericht auftreten ; ~ *la cause de qqn* jdn verteidigen **3.** plädieren ; ein Plädoyer halten.

plaideur *m (jur.)* Partei *f* (im Zivilprozeß) ; Prozeßführer *m*.

plaidoirie *f (jur.)* Plädoyer *n* ; (bei Gericht).

plaidoyer *m (jur ; fig.)* Plädoyer *n* ; Verteidigungsrede *f*.

plaignant *m*, **plaignante** *f* Kläger *m*, Klägerin *f*.

plaindre : *se* ~ *de qqch auprès de qqn* sich wegen einer Sache (über eine Sache) bei jdm beschweren (beklagen) ; eine Beschwerde bei jdm einreichen (einlegen) ; bei jdm gegen etw Klage erheben ; *se* ~ *de qqn* sich über jdn beklagen.

plainte *f* Beschwerde *f* ; Klage *f* ; Anzeige *f* ; Strafanzeige *f* ; ♦ ~ *anonyme* anonyme Anzeige ; ~ *fondée* begründete (berechtigte) Klage ; ~ *(in)justifiée, irrecevable* (un)begründete, unzulässige Klage ; ♦♦ *bien-fondé m d'une* ~ Berechtigung *f* einer Beschwerde ; *délai m de dépôt m d'une* ~ Beschwerdefrist *f* ; *dépôt m d'une* ~ Klageeinreichung *f* ; Einreichung einer Beschwerde ; *objet m d'une* ~ Gegenstand *m* einer Klage ; *registre m des ~s et réclamations* Beschwerdebuch *n* ; ♦♦♦ *abandonner une* ~ → *retirer* ; *adresser une* ~ *à qui de droit* eine Beschwerde an die zuständige Stelle richten ; *débouter d'une* ~ jdn mit seiner Klage abweisen ; *aucune* ~ *n'a été déposée* es liegt keine Klage vor ; *déposer* ~ *contre qqn* gegen jdn Anzeige erstatten ; gegen jdn einen Strafantrag stellen ; jdn vor Gericht klagen ; gegen jdn Klage erheben ; gegen jdn gerichtlich vorgehen ; *menacer de porter* ~ *contre qqn* jdm mit einer Anzeige drohen ; *notifier une* ~ *à qqn* jdm eine Klage zustellen ; *une* ~ *nous est parvenue* eine Klage ist eingegangen ; *porter* ~ *contre X* Anzeige gegen Unbekannt erstatten ; Unbekannt anklagen ; gegen Unbekannt klagen ; *porter* ~ *pour vol* einen Diebstahl (bei der Polizei) anzeigen ; (jdn) wegen Diebstahls anzeigen ; *recevoir des ~s* Beschwerden erhalten ; *retirer une* ~ eine Klage zurücknehmen (zurückziehen).

plan *m*	**1.** *sens général* **2.** *secteur ; domaine* **3.** *de premier, de second plan*

1. ***(sens général)*** Plan *m* ; Planung *f* ; Programm *n* ; ♦ ~ *d'action* Aktionsprogramm ; ~ *d'aménagement du territoire* Raumgestaltungs-, Raumordnungsplan ; ~ *d'amortissement* Amortisations- ; Amortisierungsplan ; ~ *d'approvisionnement, d'assainissement* Versorgungs-, Sanierungsplan ; ~ *d'austérité* wirtschaftliches Sparprogramm ; Austerity-Programm [ɔs'tɛriti...] ; ~ *cadastral* Katasterplan ; ~ *des chambres, (hôtel)* Zimmerspiegel *m* ; ~ *comptable* Kontenplan, -rahmen ; ~ *de construction* Bauplan ; ~ *des coûts* Kostenübersicht *f* ; Plankostenrechnung *f* ; ~ *décennal* Zehnjahresplan ; ~ *directeur* Rahmenplan ; ~ *économique* Wirtschaftsplan ; ~ *d'ensemble* Gesamtplan ; ~ *d'épargne-(logement)* (Bau)sparplan ; (Bau)-sparvertrag *m* ; ~ *d'équipement* Landesplanung ; ~ *d'expansion* Expansions-, Entwicklungsprogramm ; ~ *de fabrication* Fertigungsplan ; Produktionsprogramm ; ~ *de financement* Finanzierungsplan ; ~ *financier* Finanzplan ; ~ *d'industrialisation* Industrialisierungsplan ; ~ *d'investissement* Investitionsplan, -programm ; ~ *de lutte contre le chômage, contre l'inflation* Plan zur Bekämpfung der Arbeitslosigkeit, der Inflation ; ~ *Marshall* Marshall-Plan ; ERP-Plan ; ~ *de modernisation* Modernisierungsplan ; ~ *d'occupation des sols (P.O.S.)* Bebauungsplan ; ~ *de paiement, de prévoyance* Zahlungs-, Vorsorgeplan ; ~ *quinquennal* Fünfjahresplan ; *(R.D.A.)* Planjahrfünft *n* ; ~ *de remboursement* Tilgungsplan ; ~ *de répartition* Verteilungsplan ; ~ *de situation* Lageplan ; ~ *de stabilisation (monétaire)* (Währungs)stabilisierungsplan ; ~ *de travail* Arbeitsplan ; ~ *triennal* Dreijahresplan ; ~ *d'urbanisme* Bebauungsplan ; Städteplanung ; Flächennutzungsplan ; ~ *d'urgence* Notprogramm ; Notmaßnahmen *fpl* ; Sofortprogramm ; ~ *des ventes* Absatzprogramm ; Vertriebsplanung ; ♦♦ *avance f sur le* ~ Planvorsprung *m* ; *chiffres mpl prévisionnels du* ~ Plangrößen *fpl*, -zahlen *fpl* ; *conforme au* ~ *(selon le* ~*)* planmäßig ; *commissaire m au* ~ Planbeauftragte(r) ; *commission f du* ~ Plankommission *f* ; *données fpl du* ~ Plandaten *pl* ; *établissement m d'un* ~ Planaufstellung *f* ; *exécution f (réalisation f) du* ~ Ausführung *f* (Durchführung *f*) des Plans ; Planerfüllung *f* ; *exigences fpl (impératifs mpl) du* ~ Planerfordernisse *npl* ; *modification f du* ~ Planberichtigung *f* ; *objectif m fixé par le, prévu au* ~ Planziel *n*, -aufgabe *f* ; *production f imposée par le* ~ Plansoll *n* ; *retard m sur le* ~ Planrückstand *m* ; *vente f sur* ~*(s)* Verkauf *m* nach Plan ; ♦♦♦ *acheter sur* ~*(s)* auf dem Papier (nach Plan) kaufen ; *arrêter un* ~ → *dresser* ; *atteindre l'objectif fixé par le* ~ den Plan erfüllen ; das Planziel erreichen ; *dépasser les objectifs du* ~ den Plan übererfüllen ; *se dérouler conformément au* ~ planmäßig verlaufen ; *dresser un* ~ einen Plan aufstellen (entwerfen) ; *élaborer un* ~ einen Plan ausarbeiten ; *établir un* ~ → *dresser* ; *exécuter un* ~ → *réaliser* ; *inscrire dans le* ~ einplanen ; in den Plan einbeziehen ; in der Planung berücksichtigen ; *modifier un* ~ einen Plan berichtigen (abändern) ; *prévoir qqch dans un* ~ etw einplanen ; etw im Plan vorsehen ; etw einprogrammieren ; *réaliser un* ~ einen Plan ausführen (durchführen, verwirklichen, realisieren) ; *renoncer à un* ~ einen Plan aufgeben ; *soumettre un* ~ *à qqn* jdm einen Plan unterbreiten ; *s'en tenir aux directives du* ~ sich an die Planung halten ; *vendre sur* ~*(s)* nach Plan verkaufen.

2. ***(secteur ; domaine)*** Gebiet *n* ; Bereich *m* ; *sur ce* ~ auf diesem Gebiet ; *sur le* ~ *commercial* auf dem Gebiet des Handels ; im kommerziellen Bereich.

3. ***(de premier, de second plan)*** erstklassig (-rangig), zweitklassig (-rangig) ; *personnalité f de premier* ~ Prominente(r) ; *être au premier* ~ *de l'actualité* im Rampenlicht (Scheinwerferlicht) stehen ; im Vordergrund der Aktualität stehen.

planche *f* **1.** ~ *à billets* Notenpresse *f* ; *actionner la* ~ *à billets* die Notenpresse in Gang setzen (betätigen) **2.** *(marine) jour m de* ~*s (nombre de jours donnés à un navire pour effectuer son déchargement ; estarie)* Liegetage *mpl* ; Liegezeit *f* ; Löschzeit *f* **3.** *avoir du pain sur la* ~ viel zu tun haben ; eine Menge Arbeit vor sich haben.

plancher *m* Mindestgrenze *f* ; untere (minimale) Grenze ; Untergrenze ; *prix m, salaire m* ~ Mindestpreis *m*, -lohn *m*.

planificateur *m* Planwirtschaftler *m* ; Planungsfachmann *m* ; (Wirtschafts)-planer *m* ; Planifikateur *m*, (Fachmann für die Gesamtplanung der Volkswirtschaft).

planification *f* (staatlich organisierte) Planung *f* ; Planifikation *f* ; *~économique* Wirtschaftsplanung ; *~ touristique* Fremdenverkehrsplanung ; *~ du travail* Arbeitsplanung ; *erreur f de ~* Fehlplanung *f* ; *être responsable de la ~* für die Planung verantwortlich sein.

planifier planen ; einplanen ; *économie f ~ée* Planwirtschaft *f*.

planning *m* Planung *f* ; Fertigungs-, Produktionsplanung ; *~ familial* Familienplanung ; *service m du ~* Planungsabteilung *f*, -stelle *f*.

planque *f (fam.)* Druckposten *m* ; Pöstchen *n* ; *avoir une (bonne) ~* eine ruhige Kugel schieben ; einen Druckposten haben.

plantation *f* **1.** *(grande exploitation)* Plantage *f* ; Pflanzung *f* **2.** (Be)pflanzung *f* ; Pflanzenanbau *m* ; Anpflanzung *f* ; *~ d'arbres fruitiers* Obstanbau.

planter anbauen ; (an)pflanzen ; bebauen.

planteur *m* Plantagenbesitzer *m*.

plaque *f* : *~ d'immatriculation (minéralogique, de police)* Nummernschild *n* ; *~ de nationalité* Nationalitätszeichen *n* ; *~ tournante* Drehscheibe *f* ; Knotenpunkt *m*.

plastique *m* Kunststoff *m* ; Plastik *n ou f* ; Plast *m* ; *feuille f, pochette f, sac m en ~* Plastikfolie *f*, -tüte *f*, -sack *m* ; *industrie f des ~s* Kunststoffindustrie *f*.

plastique : *matière f ~* Kunststoff *m* ; *industrie f de transformation des matières ~s* kunststoffverarbeitende Industrie.

plat, e : *(fam.) avoir la bourse ~e* knapp bei Kasse sein ; einen leeren Geldbeutel haben ; *(période f de) calme ~ (dans les affaires)* Flaute *f* ; stille (tote) Saison *f* ; *c'est le calme ~ général* es herrscht allgemeine Flaute.

plate-forme *f* **1.** *~ électorale* Wahlprogramm *n* ; Wahlplattform *f* ; *~ revendicative* (gewerkschaftliche) Plattform *f* ; *trouver une ~ commune* eine gemeinsame Plattform finden **2.** *(ferroviaire)* Laderampe *f* ; Plattform *f* ; *(pétrole) ~ de forage* Bohrinsel *f*.

plébiscitaire plebiszitär ; *par voie ~* durch Volksabstimmung ; *vote m ~* Volksabstimmung *f*, -entscheid *m*, -befragung *f*.

plébiscite *m* Plebiszit *n* ; Volksabstimmung *f*, -befragung *f*, -entscheid *m* ; *organiser un ~* eine Volksabstimmung vornehmen.

plébisciter durch eine Volksabstimmung, durch ein Plebiszit (über etw) entscheiden ; *faire ~ sa politique* seine Politik einer Volksabstimmung unterwerfen ; seine Politik einem Plebiszit unterbreiten.

plein *m* : *faire le ~* vollmachen ; volladen ; *(essence)* volltanken ; *(réserves)* Vorräte anlegen.

plein, e voll ; ♦ *~ de* voll von/G ; *de ~ droit* mit vollem Recht ; *en ~e mer* auf hoher See ; *~s pouvoirs* Vollmacht(en) *f(pl)* ; *en ~e saison* während der Hochsaison ; in der Hauptsaison ; ♦♦ *emploi m à ~ temps* Ganztagsarbeit *f*, -beschäftigung *f* ; *huit jours ~s, un mois ~* volle acht Tage *mpl*, einen vollen Monat ; ♦♦♦ *(fam.) avoir ~ d'argent* eine Menge Geld haben ; Geld wie Heu haben ; ein Heidengeld haben ; steinreich sein ; *battre son ~* in vollem Gang sein ; *les magasins étaient ~s* es war sehr voll in den Geschäften ; *(fam.) s'en mettre ~ les poches* viel Geld in die eigene Tasche stecken ; in die eigene Tasche arbeiten (wirtschaften) ; *payer ~ tarif dans le train* im Zug voll zahlen ; *porter la ~e (et entière) responsabilité de qqch* für etw voll (und ganz) verantwortlich sein ; für etw die volle Verantwortung tragen ; *tourner à ~ (régime)* auf vollen Touren laufen ; auf Hochtouren laufen ; *faire travailler une machine à ~ rendement (à ~e capacité)* eine Maschine voll auslasten ; *travailler à ~ temps* ganztags arbeiten ; ganztägig beschäftigt sein ; voll berufstätig sein.

pleinement voll (und ganz) ; *approuver ~ qqch* etw voll billigen ; *les résultats sont ~ satisfaisants* die Resultate sind voll befriedigend.

plein-emploi *m* Vollbeschäftigung *f*.

plein-temps *m* **1.** *(activité)* Ganztagsbeschäftigung *f*, -arbeit *f* ; *travailler à ~* ganztags arbeiten ; ganztägig beschäftigt sein ; voll berufstätig sein **2.** *(personne)* Ganztagskraft *f* ; Ganztagsbeschäftigte(r).

plénier, ière Voll- ; Plenar- ; *assemblée f ~ière* Plenum *n* ; Plenar-, Vollversammlung *f* ; *décision f ~ière* Plenarentscheidung *f* ; *séance f ~ière* Plenarsitzung *f* ; *débattre de qqch en assemblée ~ière* etw vor dem Plenum erörtern ; *porter une question devant l'assemblée ~ière* eine Sache vor das Plenum bringen ; *traiter d'un problème en assemblée ~ière* etw im Plenum behandeln.

plénipotentiaire *m* Bevollmächtigte(r).

plénipotentiaire bevollmächtigt ; *ministre m ~* bevollmächtigter Vertreter *m* (Minister *m*).

plénum *m* Plenum *n* ; Vollversammlung *f*.

pléthore *f (de)* Überfluß *m* (an + D) ; Überangebot *n* (an + D) ; Überfülle *f* ; Überzahl *f* ; *~ de capitaux* Kapitalüberfluß ; *~ monétaire* Geldüberhang *m* ; *il y a ~ de médecins* Ärzte sind im Überfluß vorhanden.

pléthorique : *classes fpl ~s (effectifs mpl scolaires ~s)* überfüllte Klassen *fpl* ; *professions fpl ~s* überlaufene Berufe *mpl*.

pli *m* Brief *m* ; Schreiben *n* ; *~ cacheté* versiegelter Brief ; *sous ~ cacheté* unter versiegeltem Brief ; *sous ~ recommandé* eingeschrieben ; *sous ~ séparé* mit getrennter Post ; *~ avec valeur déclarée (chargé)* Wertbrief ; *sous ce ~* als Anlage ; in der Anlage beiliegend ; anbei ; *nous vous adressons sous ce ~ les prospectus demandés* beiliegend senden wir Ihnen die gewünschten Prospekte ; *envoyer qqch sous ~ recommandé* etw per (als) Einschreiben schikken.

plier (zusammen)falten ; *ne pas ~* nicht knicken ; *se ~ devant l'autorité de qqn* sich vor jds Autorität beugen ; *se ~ à* sich fügen in (+ A) ; sich unterwerfen (+ D) ; *se ~ aux circonstances* sich in die Umstände fügen.

plomb *m* **1.** Blei *n* ; *essence au ~, sans ~* verbleites, bleifreies Benzin **2.** *(~ que l'on appose)* (Zoll)plombe *f* ; *~ de douane* Zollverschluß *m* ; *sous ~ de douane* unter Zollverschluß ; *fixer, enlever, endommager des ~s* eine Plombe anbringen, entfernen, beschädigen.

plombage *m (douane)* Plombierung *f* ; Plombenverschluß *m* ; Bleiversiegelung *f*.

plomber plombieren ; eine Plombe anbringen ; mit einer Plombe verschließen ; *~ un conteneur, un compteur électrique* einen Container, einen Stromzähler plombieren ; *les wagons sont plombés* die Waggons sind verplombt.

plombifère bleihaltig.

ploutocrate *m* Plutokrat *m*.

ploutocratie *f* Plutokratie *f*.

plumer *(fam.)* rupfen ; schröpfen ; ausnehmen ; ausbeuteln ; jdm das Geld aus der Tasche ziehen ; *se faire ~* schön gerupft werden ; wie eine Weihnachtsgans ausgenommen werden.

plural,e Plural- ; Mehrstimmen- ; *action f à vote ~* Mehrstimm(rechts)aktie *f* ; Aktie *f* mit mehrfachem Stimmrecht ; *vote m ~* Pluralwahlrecht *n* (man verfügt über zwei oder mehrere Stimmen pro Person).

pluralisme *m* Pluralismus *m* ; *partisan m du ~* Pluralist *m*.

pluraliste pluralistisch ; *société f ~* pluralistische Gesellschaft *f* ; *avoir des idées ~s* pluralistisch eingestellt sein ; pluralistisch denken.

pluralité *f* **1.** Pluralität *f* ; Vielzahl *f* ; Nebeneinanderbestehen *n* **2.** Mehrheit *f* ; *décider qqch à la ~ des voix* etw mit Stimmenmehrheit beschließen.

pluriannuel, le Mehrjahres- ; *assemblée f ~le* Mehrjahresversammlung *f* ; *projet ~* Mehrjahresplan *m*.

pluridisciplinaire interdisziplinär ; fachübergreifend ; mehrere Fach- und Wissenschaftsgebiete umfassend.

pluridisciplinarité *f* Interdisziplinarität *f* ; fachübergreifende Disziplinen *fpl*.

pluripartisme *m* Mehrparteiensystem *n*.

plus *m (somme en plus, excédent)* Plusbetrag *m* ; Plus *n*.

plus 1. *le ~ de* das Maximum ; das Höchstmaß an (+ D) ; *cette machine offre le ~ de sécurité* diese Maschine bietet ein Höchstmaß an Sicherheit ; *pour ~ de sécurité* sicherheitshalber **2.** *(en) ~ (idée d'ajouter qqch)* zuzüglich (+ D) ; extra ; plus (+ D) ; *différence f en ~* Plusbetrag *m* ; Plusdifferenz *f* ; *port m en ~* zuzüglich Porto ; *~ le montant des frais d'emballage et d'expédition* zuzüglich Betrag für Verpackung und Versand ; *la somme ~ les intérêts* der Betrag plus (den) Zinsen ; *le petit déjeuner est à payer en ~* das Frühstück wird extra bezahlt ; *calculer, recevoir qqch en ~* etw hinzurechnen, hinzubekommen ; *désirez-vous commander qqch en ~ ?* kommt zu Ihrer Bestellung noch etw hinzu ? **3.** *de ~ en ~* immer mehr ; *de ~ en ~ riche, économique* immer reicher, immer sparsamer **4.** *tout au ~* höchstens ; bestenfalls.

plus-offrant *m* Höchstbietende(r) ; Meistbietende(r).

plus-value *f* **1.** *(augmentation de valeur)* Wertzuwachs *m* ; Wertsteigerung *f* ; Höherbewertung *f* **2.** *(fiscale)* (steuerlicher) Mehrwert *m* ; *exonération f des ~s* Steuerbefreiung *f* des Mehrwertes **3.** *(excédent des recettes sur les dépenses)* Mehreinnahmen *fpl* ; Mehrertrag *m* ; *création f de ~* Wertschöpfung *f* **4.**

(différence en plus entre le produit d'un impôt et l'évaluation budgétaire qui en avait été faite) Steuermehrertrag *m.* **5.** *(augmentation d'un devis suite à des difficultés rencontrées)* Mehrwert *m* ; Aufpreis *m* ; Aufgeld *n* ; Plusdifferenz *f* **6.** *(Marx)* Mehrwert *m* ; Profit *m.*

P.M.E. *f (petite et moyenne entreprise)* Kleinbetrieb *m* ; Mittelbetrieb *m* ; mittelgroßes Unternehmen *n* ; *~s* Klein- und Mittelbetriebe *mpl* kleine und mittlere Betriebe, Unternehmen ; Mittelstand *m* ; kleines und mittleres Gewerbe *n.*

P.M.I. *f (petite et moyenne industrie)* mittelgroße Industrie *f* ; mittelständische Industrie *f* ; Mittelstand *m* ; kleines und mittleres Gewerbe *n* ; produzierendes Gewerbe *n.*

P.M.U. *m (Pari mutuel urbain)* Pferdetoto *n* ; Pferdewette *f* ; Wettbüro *n* ; Annahmestelle *f.*

P.N.B. *m (produit national brut)* Bruttosozialprodukt (BSP) *n.*

pneu *m (fam.)* ⇒ *pneumatique.*

pneumatique *m* **1.** Rohrpostbrief *m* ; Rohrpostsendung *f* ; *envoyer un ~* einen Brief per Rohrpost senden ; einen Rohrpostbrief schicken **2.** *(voiture)* Reifen *m* ; *industrie f du ~* Reifenindustrie *f.*

pneumatique 1. *poste ~* Rohrpost *f* ; *tube f ~* Rohrpostbüchse *f* ; *envoyer en ~* per Rohrpost senden **2.** *transport m ~* pneumatische Beförderung *f.*

P.N.I. *m (pays nouvellement industrialisé)* Schwellenland *n.*

poche *f* Tasche *f* ; ◆ *argent m, calculatrice f, édition f de ~* Taschengeld *n*, -rechner *m*, -ausgabe *f* ; *(en) format de ~* (im) Taschenformat ; ◆◆◆ *(fam.) aller dans la ~ de qqn* in jds Tasche wandern (fließen) ; *(fam.) en être de sa ~* draufzahlen müssen ; Geld zusetzen ; Geld verlieren ; *(fam.) se mettre de l'argent dans sa propre ~* Geld in die eigene Tasche stecken ; *(fam.) s'en mettre plein les ~s (se remplir les ~s)* sich die eigenen Taschen füllen ; in die eigene Tasche wirtschaften (arbeiten) ; sich bereichern ; *payer qqch de sa (propre) ~* etw aus eigener Tasche bezahlen.

pochette *f (sachet)* Tüte *f* ; *~ plastique* Plastiktüte *f.*

pognon *m (fam.)* ⇒ *pèze.*

poids *m* Gewicht *n* ; *(instrument de pesée)* Gewichtsstück *n* ; ◆ *~ abattu (bétail)* Schlachtgewicht ; *~ autorisé* zulässiges Gewicht ; *~ brut* Brutto-, Rohgewicht ; *~ en charge* → *total* ; *~ de chargement* Ladegewicht ; *~ délivré (rendu)* ausgeliefertes Gewicht ; *~ égoutté* Einfüllgewicht ; *~ de l'emballage* Gewicht der Verpackung ; *~ maximal, minimal* Maximal-, Minimalgewicht ; *~ et mesures* Maße *npl* und Gewichte ; *~ de métal fin* Feingewicht ; *~ mort (propre)* Eigengewicht ; *~ net* Netto-, Reingewicht ; *~ normal* → *standard* ; *~ rendu* → *délivré* ; *~ spécifique* spezifisches Gewicht ; *~ standard* Normalgewicht ; *~ total* Gesamtgewicht ; *~ total autorisé en charge (P.T.A.C.)* zulässiges Gesamtgewicht ; *~ type* standard ; *~ unitaire* Einzelgewicht ; *~ utile (charge utile)* Nutzlast *f* ; *~ à vide* Leergewicht ; *~ vif (sur pied) (bétail)* Lebendgewicht ; ◆◆ *barème m des ~s* Gewichtstabelle *f* ; *Bureau m international des ~s et mesures* internationales Maß- und Gewichtsbüro *n* ; *déclaration f de ~* Gewichtsangabe *f* ; *différence f de ~* Gewichtsunterschied *m*, -abweichung *f* ; *excédent m de ~* Mehr-, Übergewicht ; *franchise f de ~* Freigewicht ; *gain m de ~* Gewichtszunahme *f* ; *indication f du ~* → *déclaration* ; *limite f de ~* Gewichtslimit *n* ; *manquant m de ~* Untergewicht ; Gewichtsmanko *n* ; *norme f de ~* Gewichtsnorm *f* ; *perte f de ~* Gewichtsabnahme *f*, -schwund *m*, -verlust *m* ; *tarif m au ~* Gewichtssatz *m* ; *taxe f spécifique au ~* Gewichtszoll *m* ; *tolérance f de ~* Gewichtstoleranz *f* ; zulässige Gewichtsabweichung *f* ; *unité f de ~* Gewichtseinheit *f* ; *bon ~* gut gewogen ; ◆◆◆ *acheter au ~* nach Gewicht kaufen ; *contrôler les ~ et mesures* eichen ; *dépasser le ~ autorisé* das zulässige Gewicht überschreiten ; *(fig.) donner un grand ~ à qqch* etw (+ D) großes Gewicht beilegen (beimessen) ; *étalonner les ~* die Gewichte eichen ; *(fig.) faire deux ~ deux mesures* mit zweierlei Maß messen ; *(fig) peser de tout son ~ dans la balance* sein ganzes Gewicht in die Waagschale werfen ; *peser son ~* sein Gewicht haben ; *taxer des marchandises au ~* die Fracht für Waren nach Gewicht berechnen ; *vendre au ~* nach Gewicht verkaufen.

poids-lourd *m* Lastkraftwagen *m* ; LKW *m* ; Lkw *m* ; Laster *m* ; *(fam.)* Brummi *m.*

poinçon *m* (Münz)stempel *m* ; (Präge)stempel ; Punzierungsstempel ; *(Autriche)* Punze *f* ; *~ de contrôle* Kontrollstempel ; *~ de titre* Feingehaltsstempel ;

~ de vérification Eichstempel.

poinçonnage *m (billets, tickets)* Lochen *n* ; Knipsen *n* ; Entwerten *n* ; *(métaux)* Eichen *n* ; Stempeln *n*.

poinçonner 1. *(billets, tickets, etc.)* lochen ; knipsen ; entwerten **2.** *(métaux)* punzieren ; punzen ; stempeln ; eichen.

poinçonneur *m (appareil)* Entwerter *m* ; *(personne)* Locher *m*.

poing *m* : *opération f coup de ~* Nacht- und Nebelaktion *f*.

point *m* Punkt *m* ; Ort *m* ; Platz *m* ; Stelle *f* ; Sache *f* ; Frage *f* ; Angelegenheit *f* ; Fall *m* ; ♦ *~ d'attache* Standort *m* ; *~ de contrôle (aux frontières)* Kontrollpunkt (an Grenzübergängen) ; *~ chaud* Brennpunkt ; Streitpunkt, -frage, -fall ; *~ de départ* Abfahrtsstelle ; *(fig.)* Ausgangspunkt ; *~ de départ d'une assurance, d'une garantie* Versicherungs-, Garantiebeginn *m* ; *~ de destination* Bestimmungs-, Zielort ; *~ de détail* unwichtiger Punkt ; Nebensache ; *~ de droit* Rechtsfrage ; rechtliche Frage ; *~ d'entrée, de sortie de l'or* Goldimport-, Goldexportpunkt *m* ; *~ faible* schwacher (wunder, neuralgischer) Punkt ; *~ de friction* Streitpunkt ; Zankapfel *m* ; *~ d'intervention* Interventionspunkt ; *~ de jonction* Verbindungsstelle, -punkt ; *~ litigieux* → *de friction* ; *~ de majoration* Zulagepunkt ; *~ mort* toter Punkt ; *~ négatif* Minuspunkt ; *~ névralgique* neuralgischer Punkt ; *~ noir (circulation)* (Verkehrs)stau *m* ; *~ or* Goldpunkt ; *~ à l'ordre du jour* Punkt auf der Tagesordnung ; *~ de passage de la frontière* Grenzübergang *m* ; Checkpoint *m* (Berlin) ; *~ de pénalisation* Minuspunkt ; *~ positif* Pluspunkt ; *~ de raccordement* → *de jonction* ; *~ de retraite* Renten-, Ruhegehaltspunkt ; *~ de saturation* Sättigungspunkt ; *~ de vente* Verkaufsstelle *f* ; *~ de vue* ⇒ *point de vue* ; *au plus haut ~* im höchsten Grad ; *mise f au ~* Richtigstellung *f* ; Klarstellung ; *sur ce ~* in diesem Punkt ; *~ par ~* Punkt für Punkt ; *jusqu'à un certain ~* bis zu einem gewissen Punkt ; ♦♦♦ *aborder différents ~s* verschiedene Punkte ansprechen ; *arriver à un ~ mort* an einem toten Punkt ankommen ; *atteindre un ~ maximal, minimal* einen Höhepunkt (ein Maximum), einen Tiefpunkt (ein Minimum) erreichen ; *augmenter d'un ~* um einen Punkt erhöhen ; einen Punkt gewinnen ; *discuter un ~* einen Punkt erörtern ; *être mal en ~ (entreprise)* marode sein ; Probleme (Schwierigkeiten) haben ; *en être au même ~* unverändert sein (bleiben) ; *être sur le ~ de* im Begriff sein ; *être sur le ~ de faire faillite* konkursreif sein ; dem Bankrott nahe sein ; *faire une mise au ~* etw richtig-, klarstellen, berichtigen ; die Sachen klar machen ; *faire le ~ (de la situation)* eine Zwischenbilanz ziehen ; die Lage überprüfen (untersuchen) ; *gagner, perdre un ~* einen Punkt gewinnen, verlieren ; *les actions sont négociées deux ~s au-dessous du cours* die Aktien werden um zwei Punkte niedriger gehandelt ; *parvenir à un ~ mort* → *arriver* ; *passer les différents ~s en revue* die einzelnen Punkte durchgehen ; *ne pas tomber d'accord sur un ~* sich nicht über einen Punkt einigen können.

pointage *m* **1.** Kontrolle *f* ; *carte f de ~* Stempelkarte *f* ; *horloge f de ~* Stechuhr *f* ; Stempeluhr *f* ; *aller au ~* stempeln gehen **2.** *~ des voix* Stimmen(aus)zählung *f*.

point *m* de vente Verkaufsstelle *f* ; Filiale *f*.

point *m* de vue 1. Standpunkt *m* ; Gesichtspunkt *m* ; Hinsicht *f* ; *(opinion)* Meinung *f* ; ♦ *~ juridique, politique, technique* Rechtsstandpunkt, politischer, technischer Standpunkt ; *au ~ politique, financier* in politischer, finanzieller Hinsicht ; auf politischem, finanziellem Gebiet ; *du (d'un) ~ économique* vom wirtschaftlichen Standpunkt (Gesichtspunkt) aus ; *du ~ de l'employeur* vom Standpunkt des Arbeitgebers aus ; *d'un double ~* in doppelter Hinsicht ; *d'un ~ pratique* in praktischer Hinsicht ; ♦♦♦ *avoir un ~ de vue différent sur une question* eine andere Meinung über etw haben ; anders denken über (+ A) ; *défendre un ~* einen Standpunkt vertreten ; *ne pas partager le ~ de qqn* jds Standpunkt (Meinung) nicht teilen ; *voir qqch d'un ~ différent* etw unter einem anderen Gesichtspunkt betrachten.

pointe *f* Spitze *f* ; *de ~* Spitzen- ; Haupt- ; Hoch- ; führend ; modernst ; fortschrittlichst ; ♦ *~ de charge* Belastungsspitze ; *~ de consommation* Spitzenverbrauch *m* ; *~ saisonnière* Hauptreiseverkehr *m* ; *~ de trafic* Verkehrsspitze *f* ; ♦♦ *courant m (en heures) de ~* Spitzenstrom *m* ; *entreprise f de ~* führende Firma *f* ; Spitzenbetrieb *m* ; *heures fpl, industrie f de ~* Spitzenzeit *f*, -industrie *f* ; *pays m industriel de ~*

industrielles Spitzenland *n* ; *période f de ~ (circulation)* Spitzenverkehr *m* ; *(consommation)* Höchst-, Spitzenverbrauch *m* ; *(tourisme)* Hauptreisezeit *f* ; Hauptsaison *f* ; *(ventes, commerce)* Hauptgeschäftszeit *f* ; Spitzenzeit *f* ; Hauptverkaufssaison *f* ; Hochbetrieb *m* ; *puissance f (rendement m) de ~* Spitzenleistung *f* ; *secteur m de ~* Spitzensektor *m* ; fortschrittlichster (hochtechnisierter) Sektor *m* ; *technique f de ~* Spitzentechnik *f* ; neueste (modernste, fortschrittlichste) Technik *f* ; *trafic m de ~* Spitzenverkehr *m* ; *vitesse f de ~* Spitzengeschwindigkeit *f* ; ♦♦♦ *être à la ~* führend sein ; eine Spitzenposition einnehmen ; an der Spitze sein ; *occuper une position de ~ dans un secteur* in einem Bereich führend sein ; Branchenführer sein ; auf einem Gebiet eine Spitzenposition einnehmen.

pointer 1. *(noms)* abhaken ; ankreuzen **2.** *(temps de travail)* kontrollieren **3.** *(voix)* die Stimmen (aus)zählen **4.** *~ au chômage* stempeln gehen.

poire *f* : *couper la ~ en deux* einen Kompromiß suchen (schließen) ; *garder une ~ pour la soif* (sich) einen Notgroschen (Notpfennig) zurücklegen.

pôle *m* **d'attraction** Anziehungspunkt *m*.

1. police *f* Polizei *f* ; *de ~* polizeilich ; *~ administrative, douanière, économique* Verwaltungs-, Zoll-, Wirtschafts- polizei ; *~ judiciaire, des ports, de la route* Kriminal-, Hafen-, Straßenverkehrspolizei ; *~ sanitaire* Gesundheitspolizei ; *action f de ~* Polizeiaktion *f* ; *agent m de ~* Polizist *m* ; Schutzmann *m* ; *déclaration f d'arrivée, de départ à faire à la ~* polizeiliche Anmeldung *f*, Abmeldung *f* ; *règlements mpl de ~* Polizeiordnung *f* ; polizeiliche Bestimmungen *fpl* ; *tribunal m de simple ~* Amtsgericht *n*.

2. police *f (document)* Police [po'li:s(ə)] *f* ; Versicherungsschein *m* ; ♦ *~ d'abonnement* laufende Police ; *~ d'affrètement* Charterpartie *f* ; Chartervertrag *m* ; *~ d'assurances* Versicherungspolice, -schein ; *~ avec clause d'indice variable* Police mit Wertzuschlagsklausel ; *~ complémentaire, générale, indexée* Zusatz-, General-, indexgebundene Police ; *~ individuelle, nominative, au porteur* Einzel-, Namens-, Inhaberpolice ; *~ universelle* Universalpolice ; ♦♦♦ *établir une ~* eine Police ausstellen ; *la ~ expire le...* die Police läuft am... ab ; *renouveler (proroger) une ~* eine Police (einen Versicherungsvertrag) erneuern (verlängern) ; *résilier une ~ d'assurance* eine Versicherungspolice kündigen ; *souscrire une ~ d'assurance* eine Versicherung abschließen.

policier *m* Polizist *m* ; Polizeibeamte(r).

policier, ière polizeilich ; Polizei-.

politesse *f* : *formule f de ~* Höflichkeitsformel *f* ; Höflichkeitsfloskel *f*.

politicien *m (souvent péj.)* Politiker *m*.

politique *f* Politik *f* ; *(mesures)* Programm *n* ; ♦ *~ d'abandon* Verzichtpolitik ; *~ agricole* Agrarpolitik ; *~ d'aide à l'investissement* Politik der Investitionshilfe ; investitionsfördernde Politik ; *~ de l'autruche* Vogel-Strauß-Politik ; *~ budgétaire, en matière de change* Haushalts-, Devisenpolitik ; *~ conjoncturelle* Konjunkturpolitik ; *~ de croissance* Wachstumspolitik ; *~ culturelle, de déconcentration* Bildungs-, Entflechtungspolitik ; *~ de détente, de développement* Entspannungs-, Entwicklungspolitik ; *~ économique, de l'émigration* Wirtschafts-, Auswanderungspolitik ; *~ de l'emploi* Beschäftigungspolitik ; *~ de l'énergie (énergétique)* Energiepolitik ; *~ de l'entreprise* Unternehmenspolitik ; Betriebspolitik ; *~ étrangère (extérieure)* Außenpolitik ; *~ d'expansion* Expansionspolitik ; *~ européenne, foncière* Europa-, Bodenpolitik ; *~ de l'immigration, industrielle, inflationniste* Einwanderungs-, Industrie-, Inflationspolitik ; *~ intérieure, d'intervention, internationale* Innen-, Interventions-, internationale Politik ; *~ du logement, des loisirs* Wohnungs-, Freizeitpolitik ; *~ de la main-d'œuvre* Beschäftigungspolitik ; *~ monétaire* Währungspolitik ; *~ nataliste, nucléaire* geburtenfördernde Politik, Kernenergiepolitik ; *~ d'open-market* Offen-Markt-Politik ; *~ du personnel (des effectifs)* Personalpolitik ; *~ du plein-emploi, des prix* Politik der Vollbeschäftigung, Preispolitik ; *~ de protection douanière, des revenus, des salaires (salariale)* Zollschutz-, Einkommens-, Lohnpolitik ; *~ sanitaire (de la santé), sociale, structurelle, syndicale* Gesundheits-, Sozial-, Struktur-, Gewerkschaftspolitik ; *~ des faibles taux d'intérêt* Politik des billigen Geldes ; *~ des taux d'intérêt élevés* Hochzinspolitik ; *~ à long terme* Politik auf lange Sicht ; *~ du tourisme, des* *transports, de vente* Fremdenverkehrs-, Verkehrs-, Absatzpolitik (Verkaufspolitik) ; ◆◆◆ *abandonner une* ~ eine Politik aufgeben ; auf eine Politik verzichten ; *avoir une* ~ *commune* eine gemeinsame Politik betreiben ; *notre* ~ *est de...* es ist unsere Politik... ; *faire de la* ~ **a)** Politik machen (betreiben) ; **b)** im politischen Leben stehen ; sich politisch betätigen ; politisch tätig sein ; *poursuivre une* ~ *nouvelle* eine neue Politik betreiben ; *pratiquer une* ~ *de* ... eine Politik (+ G) betreiben.

politique politisch ; ◆ *affaires fpl* ~*s* Politik *f* ; das politische Leben ; *bureau m* ~ politisches Gremium *n* ; Politbüro *n* ; *détenu m* ~ politischer Häftling *m* ; Politische(r) ; *économie f* ~ Nationalökonomie *f* ; Volkswirtschaft *f* ; Volkswirtschaftslehre *f* ; *homme m* ~ *(éminent, influent)* (prominenter, einflußreicher) Politiker *m* ; *milieux mpl* ~*s* politische Kreise *mpl* ; *parti m* ~ politische Partei *f* ; *paysage m* ~ Parteienlandschaft *f* ; *pouvoir m* ~ politische Macht *f* ; *sciences fpl* ~*s* politische Wissenschaften *fpl* ; Politikwissenschaft *f* ; Politologie *f* ; *situation f* ~ politische Lage *f* ; *vie f* ~ politisches Leben *n* ; ◆◆◆ *avoir des activités* ~*s* politisch tätig sein ; sich politisch betätigen ; im politischen Leben stehen ; *entrer dans la vie* ~ in die Politik eintreten ; *être dans la vie* ~ im politischen Leben stehen ; *s'immiscer dans les affaires* ~*s d'un État* sich in die Politik eines Staats einmischen ; *se retirer de la vie* ~ sich aus der Politik zurückziehen.

politisation *f* Politisierung *f.*

politiser politisieren.

politologie *f* Politologie *f* ; politische Wissenschaften *fpl* ; Politikwissenschaft *f.*

politologue *m* Politologe *m.*

polluant, e umweltfeindlich ; umweltschädlich, -schädigend ; verunreinigend ; *énergies fpl* ~*es, non* ~*es* umweltfeindliche, umweltneutrale Energien *fpl* ; *matière f* ~*e* Schadstoff *m* ; *non* ~ umweltfreundlich ; schadstoffarm.

pollueur *m* Umweltsünder *m,* -verschmutzer *m* ; Verursacher *m* von Umweltschäden ; *les* ~*s seront les payeurs* die Umweltsünder werden für die Schäden geradestehen (bezahlen, aufkommen) müssen.

pollution *f (environnement)* Umweltbelastung *f* ; Umweltschäden *mpl* ; Immissionen *pl* ; Umweltverschmutzung *f,* -verpestung *f,* -verseuchung *f,* -verunreinigung *f* ; ~ *atmosphérique, de l'eau, des rivières* Luftverschmutzung (-verpestung), Wasserverseuchung *f,* Verseuchung der Flüsse ; ~ *du sol* Bodenbelastung *f* ; *équipements mpl (installations fpl, dispositif m) anti* ~ umweltfreundliche Anlagen *fpl* ; *législation f, lois fpl anti-*~ Umweltschutzgesetzgebung *f,* Umweltschutzgesetze *npl.*

poly... Poly... ; poly... ; Mehr... ; Viel...

polycopie *f* **1.** *(procédé)* Vervielfältigungsverfahren *n* ; Vervielfältigung *f* ; Hektographie *f* **2.** *(feuille polycopiée)* Kopie *f.*

polycopier vervielfältigen ; hektographieren ; abziehen ; Kopien herstellen ; ~ *une circulaire* ein Rundschreiben vervielfältigen.

polycopieuse *f* Vervielfältigungsgerät *n,* -apparat *m* ; Vervielfältiger *m* ; Hektograph *m.*

polyculture *f (agric.)* Mischkultur *f.*

polyvalence *f* Vielseitigkeit *f* ; Mehrzweckverwendung *f* ; mehrfache Verwendungsmöglichkeit *f.*

polyvalent *m (fam.) (inspecteur des finances chargé de plusieurs administrations)* Steuerfahnder *m* (der mit mehreren Steuerkontrollen beauftragt ist) ; Steuerprüfer *m.*

polyvalent, e Mehrzweck- ; vielseitig ; *appareil m* ~ Mehrzweckgerät *n* ; *avion m (appareil m)* ~ Mehrzweckflugzeug *n,* -maschine *f* ; *local m, machine f* ~*(e)* Mehrzweckgebäude *n,* -maschine *f.*

pomme *f : ~ de discorde* Zankapfel *m* ; Streitpunkt *m.*

pompe *f : ~ à essence* Tankstelle *f* ; Zapfsäule *f* ; Tanksäule *f* ; *prix m (de l'essence) à la* ~ der Benzinpreis an der Zapfsäule.

pomper *(fam.)* (ein)pumpen ; einspritzen ; ~ *de l'argent dans une entreprise malade* einem maroden Unternehmen eine Kapitalspritze verabreichen ; Geld in ein Unternehmen pumpen.

pompes funèbres : *entreprise f de* ~ Bestattungs-, Beerdigungsunternehmen *n* ; Beerdigungsinstitut *n.*

pompiste *m* Tankwart *m* (Angestellter oder Pächter einer Tankstelle).

ponction *f (d'argent, de capitaux)* Geldentnahme *f,* -abzug *m* ; Abschöpfung *f* ; Aderlaß *m* ; *pratiquer une* ~ *de capitaux* (jdn) zur Ader lassen ; (jdm) Geld abnehmen ; *cela représente une* ~ *financière permanente* das stellt einen ständigen Aderlaß dar.

ponctionner *(qqn) (fam.)* (jdm) Geld abnehmen ; (jdn) zur Ader lassen ; *(fam.)* jdm Geld abknöpfen ; jdn schröpfen.

ponctualité *f* Pünktlichkeit *f*.

ponctuel, le 1. *(exact)* pünktlich ; *être ~ dans ses paiements* pünktlich zahlen. **2.** *(action ponctuelle)* schwerpunktmäßig ; *grève f ~le* Schwerpunktstreik *m*.

pondérable *(statist.)* wägbar.

pondérateur, trice ausgleichend.

pondération *f* **1.** *(sens général)* Besonnenheit *f* ; Mäßigung *f*. **2.** *(statist.)* Gewichtung *f* ; Wägung *f* ; *~ constante, variable* konstante, veränderliche Gewichtung eines Index ; *obtenir par ~* durch Gewichtung errechnen.

pondéré, e *(statist.)* gewichtet ; gewogen ; *indice m, moyenne f, prix m ~(e)* gewichteter (gewogener) Index *m*, gewichtetes Mittel *n*, gewichteter Preis *m*.

pondérer 1. *(diminuer)* ausgleichen ; mäßigen ; dämpfen. **2.** *(statist.)* gewichten ; (ab)wägen ; ausgleichen ; eine Korrektur durch Gewichtung vornehmen ; *les chiffres sont pondérés en fonction de facteurs socio-économiques* die Zahlen werden nach sozioökonomischen Faktoren gewichtet.

pondéreux, euse Schwer- ; Massen- ; *marchandise f ~euse* Massen-, Schwergut *n*.

pont *m* Brücke *f* ; ♦ *~ aérien* Luftbrücke (zur Versorgung eines isolierten Gebiets) ; *~ à bascule* Brückenwaage *f* ; *~ de chargement* Verladebrücke ; Ladegerüst *n* ; *Ponts et Chaussées pl* Hoch- und Tiefbauamt *n*, -behörde *f* ; *~ de débarquement* Landungsbrücke ; *~ élévateur* Hebebühne *f* ; *~ d'embarquement* Schiffsverladebrücke ; *~ flottant* Schwimmbrücke ; *~ -grue* Brückenkran *m* ; *~ de navires* Schiffsbrücke ; *~ de pesage* Brückenwaage ; *~ des passagers, supérieur (d'un navire)* Passagier-, Oberdeck *n* ; *~ à péage* gebührenpflichtige Brücke ; *~ roulant* Laufkran *m* ; *~ suspendu, tournant* Hänge-, Drehbrücke ; *~ transbordeur* Schwebefähre *f* ; Überladekran *m* ; *~ de transport* Förderbrücke ; ♦♦ *jour m de ~* Feiertag *m* ; arbeitsfreier Tag ; *tête f de ~* Brückenkopf *m* ; ♦♦♦ *couper les ~s* alle Brücken hinter sich abbrechen ; *nous faisons le ~ vendredi prochain* nächsten Freitag wird nicht gearbeitet ; *faire le ~* nicht arbeiten (zwischen zwei Feiertagen).

pool *m* Pool [pu:l] *m* ; Zusammenschluß *m* ; *~ d'assurances* Versicherungspool ; *~ bancaire* Bankengruppe *f*, -konsortium *n* ; *~ du charbon et de l'acier* Montanunion *f* ; *~ des dactylos* Schreibbüro *n* ; *accord m de ~* Poolabkommen *n* ; *constitution f de ~* Poolung *f* ; Poolen *n* ; *constituer un ~ (mettre en ~)* poolen ; einen Pool bilden ; *exploiter en ~* gemeinschaftlich betreiben.

populaire Volks- ; *classes fpl, masses fpl ~s* Volksschichten *fpl*, Volksmassen *fpl* ; *démocratie f, gouvernement m, république f ~* Volksdemokratie *f*, -regierung *f*, -republik *f*.

populariser 1. populär (volkstümlich) machen **2.** popularisieren ; verbreiten ; allgemein bekannt machen.

popularité *f* Beliebtheit *f* ; Popularität *f*.

population *f* Bevölkerung *f* ; *(exprimée en chiffres)* Bevölkerungszahl *f* ; ♦ *~ active* erwerbstätige Bevölkerung ; die Erwerbstätigen ; Erwerbspersonen *fpl* ; *(R.D.A.)* die Werktätigen ; *~ en âge scolaire* Bevölkerung im schulpflichtigen Alter ; *~ autochtone (indigène), civile, mondiale* einheimische, Zivil-, Weltbevölkerung ; *~ ouvrière, rurale* Arbeiter-, Landbevölkerung (ländliche Bevölkerung) ; *~ scolaire et universitaire* Schüler und Studenten *mpl* ; *~ totale* Gesamtbevölkerung ; *~ urbaine* städtische Bevölkerung ; Stadtbevölkerung ; ♦♦ *accroissement m (augmentation f) de la ~* Bevölkerungszunahme *f* ; *baisse f de la ~* → *diminution* ; *couche f de la ~* Bevölkerungsschicht *f* ; *dénombrement m de la ~* → *recensement* ; *densité f de ~ au km²* Bevölkerungsdichte *f* pro km² ; *déplacement m de ~* Bevölkerungsverschiebung *f* ; *diminution f de la ~* Bevölkerungsrückgang *m*, -schwund *m*, -abnahme *f* ; *(due à la pilule) (fam.)* Pillenknick *m* ; *excédent m, migration f de la ~* Bevölkerungsüberschuß *m*, -abwanderung *f* ; *mobilité f de la ~* Mobilität *f* der Bevölkerung ; *mouvement(s) m(pl) de ~* Bevölkerungs-, Umsiedlungs-, Wanderungsbewegung(en) *f(pl)* ; *recensement m de la ~* Volkszählung *f* ; *structure f de la ~* Bevölkerungsstruktur *f* ; *vieillissement m de la ~* Überalterung *f* der Bevölkerung ; *zone f à forte concentration de ~* Ballungsgebiet *n* ; *zone f à forte, à faible densité de ~* dicht-, dünnbesiedeltes Gebiet *n* ; *la ~ augmente, diminue* die Bevölkerung nimmt zu, nimmt ab.

populeux, euse stark bevölkert ; dichtbesiedelt.

porc *m* Schwein *n* ; *élevage m, prix m du ~* Schweinezucht *f*, -preis *m* ; *viande f de ~* Schweinefleisch *n* ; *engraisser des ~s* Schweine mästen ; *faire l'élevage du ~* Schweine züchten.

porion *m (mines)* Steiger *m* (Aufsichtsperson, die unter Tage arbeitet) ; *chef m ~* Grubeninspektor *m*.

port *m*	1. ***installations portuaires*** 2. ***tarif d'acheminement*** 3. ***charge*** 4. ***action de porter***

1. ***(installations portuaires)*** Hafen *m* ; Hafenplatz *m* ; Hafenstadt *f* ; ♦ *~ d'attache* Heimathafen ; *~ de commerce, de destination, douanier* Handels-, Bestimmungs-, Zollhafen ; *~ d'embarquement, fluvial, franc* Verschiffungs- (Einschiffungs-), Binnen-, Freihafen ; *~ d'immatriculation* Heimathafen ; *~ marchand, maritime, de pêche* Handels-, See-, Fischereihafen ; *~ pétrolier, de plaisance, de relâche, de transbordement* Öl-, Zwischen-, Jacht-, Umschlaghafen ; *~ de transit* Transithafen ; ♦♦ *administration f, commandant m du ~* Hafenverwaltung *f*, -kommandant *m* ; *documents mpl d'entrée et de sortie du ~* Hafenpapiere *npl* ; *droits mpl de ~* Hafengebühren *fpl*, -geld *n* ; *pilote m, police f, règlement m du ~* Hafenlotse *m*, -polizei *f*, -ordnung *f* ; *remorqueur m, services mpl sanitaires du ~* Hafenschlepper *m*, -gesundheitsbehörde *f* ; *sortie f, surveillance f du ~* Hafenausfahrt *f*, -aufsicht *f* ; ♦♦♦ *arriver à bon ~* glücklich ankommen ; *entrer dans le ~* in den Hafen einlaufen ; *être à l'ancre, jeter l'ancre dans un ~* in einem Hafen ankern, den Anker werfen ; *faire escale dans un ~* einen Hafen anlaufen ; *quitter le ~* aus dem Hafen auslaufen.

2. ***(tarif d'acheminement)*** Porto *n* ; *~ à destination de l'étranger* Auslandsporto ; *~ intérieur* Inlandsporto ; *~ payé* franko ; frankiert ; portofrei ; Porto bezahlt ; *~ de retour* Rückporto ; *~ en sus* zuzüglich Porto ; *en ~ dû* unfrankiert ; unfrei ; portopflichtig ; *frais mpl de ~* Portokosten *pl* ; *franco (franc de) ~* portofrei ; frachtfrei ; *le ~ est de 12 F* das Porto (für etw) beträgt 12 F.

3. ***(charge)*** Fracht *f* ; Last *f*.

4. ***(action de porter)*** Tragen *n* ; Führen *n* ; *~ d'armes* **a)** Tragen von Waffen ; **b)** *(permis)* Waffenschein *m* ; *~ obligatoire de la ceinture* Gurtanlegepflicht *f*.

portable tragbar ; *dette f ~* Bringschuld *f*.

portatif, ive tragbar ; Koffer- ; *appareil m (radio f) ~(ive)* Kofferapparat *m*, -radio *n* ; *machine f à écrire ~ive* Kofferschreibmaschine *f* ; *radio f, téléviseur m ~(ive)* tragbares Radio, tragbarer Fernsehapparat *m*.

porte *f* Tür *f* ; *journée f (des) « portes ouvertes »* Tag *m* der offenen Tür ; *voiture f à 2, 4 ~s* zwei-, viertüriger Wagen *m* ; *modèle m 2, 4 ~s* Zwei-, Viertürer *m* ; *entrer par la petite ~* sich hocharbeiten ; unten anfangen ; *laisser la ~ ouverte à des négociations* die Tür zu Verhandlungen offenlassen ; *mettre (jeter) qqn à la ~* jdn entlassen ; *(fam.)* jdn vor die Tür setzen ; jdn auf die Straße setzen ; jdn feuern ; jdn rausschmeißen ; *ouvrir la ~ à tous les abus* jedem Mißbrauch Tür und Tor öffnen ; *toutes les ~s lui sont ouvertes, fermées* alle Türen stehen ihm offen ; nur verschlossene Türen finden.

porte- adresse *m* Gepäckanhänger *m*.

porte-affiches *m* Anschlagbrett *n*, -tafel *f* ; Schwarzes Brett ; *colonne f ~ (Morris)* Litfaßsäule *f*.

porte-à-porte *m* Hausierhandel *m*, -gewerbe *n* ; Hausieren *n* ; *service m ~* von Haus zu Haus-Verkehr *m* ; *faire du ~* hausieren ; von Haus zu Haus gehen ; *(fam.)* Klinken putzen.

porte-bagages *m* Gepäckträger *m* ; Kofferablage *f*.

porte-billets *m* Geldscheintasche *f*.

porte-conteneurs *m* Containerschiff *n* ; *camion m ~* Containerlastzug *m*.

porte-documents *m* Aktentasche *f*.

portée *f* Tragweite *f* ; *un événement, une mesure de grande ~* ein Ereignis, eine Maßnahme von großer Tragweite ; *d'une grande ~ politique* von weltpolitischer Tragweite.

1. portefeuille *m* Brieftasche *f*.

2. portefeuille *m (ministériel)* Portefeuille [pɔrt'fœ:j] *m* ; Geschäftsbereich *m* ; Ressort *n* eines Ministers ; *ministre m sans ~* Minister *m* ohne Portefeuille (ohne Geschäftsbereich).

3. portefeuille *m (ensemble des effets et valeurs détenus)* Portefeuille [pɔrt'fœ:j] *n* ; Bestand *m* ; ♦ *~ d'assurances* Versicherungsbestand ; *~ (de) chèques* Scheckbestand ; *~ (de) clients* Kundenstamm *m* ; *~ d'effets* Wechselportefeuille ; ~ *d'effets du Trésor* Schatzwechselbestand ; ~ *des papiers escomptés* Diskontportefeuille ; ~ *de titres (mobiliers, de valeurs mobilières)* Wertpapierbestand ; *cession f de* ~ Bestandsübertragung *f* ; *composition f du* ~ Bestandszusammenstellung *f* ; ♦♦♦ *avoir un* ~ *diversifié* ein weitgefächertes Portefeuille haben ; *avoir un titre en* ~ ein Wertpapier im Portefeuille (Bestand) haben ; *céder son* ~ sein Portefeuille (seinen Bestand) übertragen ; *gérer un* ~ ein Portefeuille verwalten.

porte-parole *m* Wortführer *m* ; Sprecher *m* ; *(fig.)* Sprachrohr *n* ; ~ *du gouvernement en matière de politique étrangère* der außenpolitische Sprecher der Regierung ; *la nouvelle a été démentie par le* ~ *du gouvernement* die Meldung wurde vom Regierungssprecher dementiert ; *se faire le* ~ *de qqch* sich zum Wortführer einer Sache machen.

porter : ~ *à l'actif* aktivieren (in der Bilanz als Aktivposten erfassen) ; gutschreiben ; ~ *de l'argent à la banque* Geld auf die Bank bringen (tragen) ; ~ *un article sur une facture* einen Artikel in Rechnung stellen ; ~ *assistance à qqn* jdm Beistand leisten ; ~ *atteinte à qqch* einer Sache Abbruch (Eintrag) tun ; etw beeinträchtigen (schädigen) ; ~ *au bilan* in die Bilanz aufnehmen ; ~ *qqch en compte* etw verbuchen ; etw in Rechnung stellen ; etw verrechnen ; ~ *qqch à la connaissance de qqn* jdm etw mitteilen ; jdn von etw in Kenntnis setzen ; ~ *au crédit d'un compte* einem Konto gutschreiben ; ein Konto kreditieren ; ~ *une date, la date du...* ein Datum tragen ; vom... datiert sein ; ~ *au débit* belasten ; etw zur Last schreiben ; ~ *en décharge* bei einer Berechnung etw abziehen ; etw in Abzug bringen ; ~ *à domicile* ins Haus liefern ; ~ *des intérêts* Zinsen abwerfen (tragen, bringen) ; ~ *des intérêts à 8 %* sich mit 8 % verzinsen ; *(comptab.)* ~ *au journal* etw in das Journal eintragen ; ~ *une lettre à la poste* einen Brief auf die Post tragen ; ~ *dans les livres* etw buchmäßig erfassen ; ~ *sur une liste* etw auf eine Liste setzen ; *se faire* ~ *malade* sich krank melden ; *le contrat porte sur la livraison de...* Gegenstand des Vertrags ist die Lieferung von... ; ~ *une mention* einen Vermerk tragen ; ~ *un nom* einen Namen tragen ; ~ *au passif* passivieren ; auf der Passivseite erfassen (verbuchen) ; ~ *plainte* ⇒ *plainte* ; ~ *préjudice à qqn, à qqch* jdm, einer Sache schaden ; ~ *un prix à...* einen Preis auf... setzen ; ~ *en recettes, en dépenses* etw als Einnahme, Ausgabe verbuchen ; ~ *dans un registre* in ein Register eintragen ; ~ *la responsabilité* die Verantwortung tragen ; ~ *la signature* die Unterschrift tragen ; ~ *le tampon de la douane* den Stempel der Zollbehörde tragen ; ~ *qqn sur son testament* jdn in seinem Testament (testamentarisch) bedenken ; ~ *devant les tribunaux* vor Gericht bringen ; *se* ~ *acquéreur* als Käufer auftreten ; *se* ~ *adjudicataire* den Zuschlag erhalten ; *se* ~ *candidat* kandidieren ; als Kandidat auftreten ; *se* ~ *caution* eine Bürgschaft (Garantie) leisten ; *se* ~ *garant de* bürgen für ; als Bürge auftreten ; *se* ~ *tête de liste* als Spitzenkandidat auftreten.

1. porteur *m (qui porte qqch) (bagages)* Gepäckträger *m* ; ~ *de télégrammes* Telegrammbote *m*, -träger *m* ; *avion m gros-* ~ Großraumflugzeug *n* ; Frachtjumbo *m*.

2. porteur *m (de titres etc.)* Inhaber *m* ; Überbringer *m* ; *au* ~ auf den Inhaber lautend ; Inhaber- ; ♦ ~ *d'actions, d'un chèque, d'effets* Aktien-, Scheck-, Wechselinhaber ; ~ *d'une obligation, d'obligations* Inhaber einer Schuldverschreibung ; Obligationeninhaber ; ~ *de parts* Anteilseigner *m* ; ~ *du pouvoir* Bevollmächtigte(r) ; ~ *de titres miniers* Kuxinhaber ; ♦♦ *action f, certificat m, chèque m au* ~ Inhaberaktie *f*, -zertifikat *n*, -scheck *m* (Überbringerscheck) ; *gros* ~ Großaktionär *m* ; *payable au* ~ zahlbar an Inhaber (an den Überbringer) ; *petit* ~ Kleinaktionär *m* ; *police f, rente f, titre m au* ~ Inhaberpolice *f*, -rente *f*, -papier *n* ; ♦♦♦ *le chèque est libellé au* ~ der Scheck lautet auf den Inhaber ; *être* ~ *de faux billets, d'un faux passeport* im Besitz von falschen Banknoten, eines gefälschten Passes sein.

porteur zukunftsträchtig ; gewinnbringend ; Zukunfts- ; *marché m* ~ zukunftsträchtiger Markt *m*.

portion *f (d'héritage)* Erb(an)teil *n* ou *m* ; ~ *(in)cessible (du salaire)* (nicht) abtretbarer Teil (des Lohns) ; ~ *disponible, saisissable* verfügbarer, pfändbarer Teil.

portuaire Hafen- ; *autorités fpl* ~*s* Hafenbehörde *f* ; *(service m de la) douane* ~*e* Hafenzollstelle *f* ; *gare f* ~ Hafenbahnhof *m* ; *installations fpl* ~*s*

Hafenanlagen *fpl* ; *services mpl ~s et côtiers* Hafen- und Küstendienste *mpl* ; *taxe f ~* Hafenabgabe *f* ; *trafic m ~* Hafenumschlag *m*.

P.O.S. *(Plan m d'occupation des sols)* Bebauungsplan *m*.

pose *f* Legung *f* ; Verlegung *f* ; Setzen *n* ; Anbringen *n* ; *~ d'affiches* Plakatanschlag *m* ; *~ d'un câble, d'un pipeline, d'une voie ferrée* Kabelverlegung, Verlegung einer Ölleitung, Gleisverlegung.

poser (hin)legen ; (hin)stellen ; (hin)setzen ; anbringen ; befestigen ; verlegen ; *~ des affiches* Plakate ankleben (anschlagen) ; *~ sa candidature* **a)** sich als Kandidat aufstellen lassen ; kandidieren (für) ; **b)** *(à un poste)* sich bewerben um ; *~ un câble, un oléoduc, une voie ferrée* ein Kabel, eine Ölleitung, Schienen (ver)legen ; *~ la première pierre* den Grundstein legen ; *~ un problème* ein Problem aufwerfen ; *~ une question* eine Frage stellen.

positif, ive positiv ; bejahend ; unbestreitbar ; feststehend ; sicher ; effektiv ; *attitude f, conséquences fpl ~ive(s)* positive Haltung *f*, Folgen *fpl* ; *nombre ~* positive Zahl *f* ; *réponse f ~ive* positive Antwort *f* ; *tests mpl ~s* positives Testergebnis *n* ; *les forages se sont avérés ~s* die Testbohrungen verliefen positiv ; *il n'y a encore rien de ~* es liegt noch nichts Bestimmtes vor.

position *f* **1.** *(position sociale, poste)* Position *f* ; Stellung *f* ; Anstellung *f* ; Posten *m* ; ♦ *~ administrative* Dienststellung ; *~ de confiance* Vertrauensstellung ; *(en) ~ dirigeante* (in) führende(r) Stellung ; (in) leitende(r) Stellung ; *~ influente* einflußreiche Stellung ; *~ permanente* Dauerstellung ; *~ sociale* soziale (gesellschaftliche) Stellung ; ♦♦♦ *avoir une ~ clé* eine Schlüsselstellung haben (einnehmen) ; *occuper une ~ importante* eine hohe Stellung einnehmen (bekleiden) ; eine leitende Position haben **2.** *(situation d'un compte, situation juridique, commerciale)* Stellung *f* ; Position *f* ; Lage *f* ; ♦ *~ active (créditrice)* Gläubigerstellung ; *~ clé* Schlüsselstellung ; *~ concurrentielle* Wettbewerbslage *f* ; *~ débitrice* Schuldnerstellung ; *~ dominante sur le marché* marktbeherrschende Stellung ; *~ de monopole* Monopolstellung ; *~ de place* Börsenlage ; *~ préférentielle* Vorzugsstellung *f* ; ♦♦♦ *être en ~ de* in der Lage sein ; *être en ~ de force, de faiblesse* sich in einer starken, schwachen Position befinden ; *être dans une ~ critique* in einer kritischen Lage sein ; *liquider, réaliser une ~* eine Position abwickeln, verwerten **3.** *(rang, place)* Stelle *f* ; Platz *m* ; *maintenir sa ~ en tête* die führende Stellung halten ; *occuper la ~ de tête* an der Spitze stehen ; an führender Stelle stehen ; *occuper la première, la dernière ~* an erster, letzter Stelle rangieren ; *prendre la deuxième ~* den zweiten Platz einnehmen ; auf dem zweiten Platz liegen ; auf Platz zwei rangieren **4.** *(attitude, point de vue, parti)* Standpunkt *m* ; Stellung *f* ; Ansicht *f* (*sur* über + A) ; *prise f de ~* Stellungnahme *f* ; *adopter une nouvelle ~* sich anders besinnen ; seine Meinung ändern ; *avoir une ~ critique vis-à-vis de qqn* eine kritische Stellung gegenüber jdm haben ; *prendre ~ pour, contre qqn ou qqch* für, gegen jdn oder etw Stellung nehmen ; *rester sur ses ~s* auf seinem Standpunkt beharren ; bei seiner Ansicht bleiben.

positionné, e : *être bien ~ sur le marché* an günstiger Stelle auf dem Markt rangieren.

positionner 1. *~ un navire* den Standort eines Schiffs bestimmen. **2.** *~ un compte bancaire* den Kontostand ermitteln **3.** *(produit)* plazieren ; positionnieren.

possédant, e : *la classe ~e* die besitzende Klasse ; die Vermögenden *pl* ; die Reichen *pl* ; die Wohlhabenden *pl*.

posséder besitzen ; innehaben ; in seinem Besitz haben ; in jds Besitz sein ; verfügen über (+ A) ; *~ en commun* gemeinschaftlich besitzen ; *~ en propre* etw zu eigen haben ; *~ des actions, une fortune, des titres, une usine* Aktien, ein Vermögen, Wertpapiere, eine Fabrik besitzen ; *~ une langue* eine Sprache beherrschen ; *(fam.) se faire ~ (dans une transaction)* betrogen (geprellt, hereingelegt) werden.

possesseur *m* Besitzer *m* ; Inhaber *m* ; *(jur.)* Eigenbesitzer ; *~ de droit* Besitzer von Rechts wegen ; *~ d'un passeport, de titres* Inhaber eines Passes, von Wertpapieren.

possession *f* Besitz *m* ; *~s* Besitz ; Besitztümer *npl* ; *(jur.)* Eigenbesitz ; ♦ *~ commune* Mitbesitz ; *~ exclusive* Alleinbesitz ; *~ de fait* tatsächlicher Besitz ; *~ foncière* Grundbesitz ; *abandon m de ~* Besitzaufgabe *f* ; *acquisition f de ~* Besitzerwerb *m* ; *prise f de ~* Besitznahme *f*, -ergeifung *f* ; ♦♦♦

devenir la ~ de qqn in jds Besitz kommen ; in jds Besitz übergehen ; *entrer en ~ de qqch* in den Besitz von etw gelangen ; *être en ~ de (avoir en sa ~)* etw besitzen ; etw zu eigen haben ; *être en pleine ~ de ses facultés mentales* im vollen Besitz seiner geistigen Kräfte sein ; *mettre en sa ~* in seinen Besitz bringen ; *prendre ~ de* von etw Besitz ergreifen ; *(corresp.) nous sommes en ~ de votre courrier en date du 27/7* wir sind im Besitz Ihres Schreibens vom 27.7. ; *~ vaut titre* Besitz gilt als Eigentumstitel.

possessionnel, le *(jur.)* den Besitz anzeigend ; Besitz-.

possessoire *(jur.)* possessorisch ; *action f ~* Besitzklage *f.*

possibilité *f* **1.** Möglichkeit *f* ; *~ d'absorption* Aufnahmemöglichkeit, -fähigkeit *f,* -kapazität *f* ; *~s d'avancement* Aufstiegsmöglichkeiten ; *~ d'écoulement (de vente)* Absatzmöglichkeit ; *~s d'emploi* Beschäftigungsmöglichkeiten ; *~s d'excursion, d'hébergement* Ausflugs-, Beherbergungsmöglichkeiten ; *~s de promotion* Beförderungs-, Aufstiegsmöglichkeiten ; *~ de (re)financement* (Re)finanzierungsmöglichkeit ; *cela correspond à nos ~s financières* es entspricht unseren finanziellen Möglichkeiten ; *cela dépasse (excède) nos ~s financières* es übersteigt unsere finanziellen Möglichkeiten ; *(fam.)* das können wir uns nicht leisten **2.** *(faisabilité)* Machbarkeit *f* ; *croire en la ~ d'une croissance économique plus élevée* an die Machbarkeit eines höheren Wirtschaftswachstums glauben.

possible möglich ; *dans la mesure du ~* im Rahmen des Möglichen ; womöglich ; *le plus rapidement ~ (dès que ~)* möglichst schnell ; so schnell wie möglich ; so rasch wie möglich ; so bald wie möglich ; *la meilleure qualité ~* die bestmögliche Qualität ; *(corresp.) nous ferons tout notre ~* wir werden unser Möglichstes tun ; *prévoir (tenir compte) des incidents ~s* mögliche (etwaige) Zwischenfälle einkalkulieren (voraussehen) ; *veuillez nous adresser le dossier dès que ~* die Unterlagen möglichst schnell einreichen.

postal, e Post- ; postalisch ; *abonnement m, adresse f, agence f ~(e)* Postbezug *m,* -anschrift *f,* - hilfsstelle *f* (-nebenstelle) ; *avion m, boîte f, caisse f d'épargne ~(e)* Postflugzeug *n,* -(schließ)fach *n,* -sparkasse *f* ; *carte f ~e* Postkarte *f* ; *centre m de chèques ~aux* Postscheckamt *n* ; *chèque m, code m, colis m ~* Postscheck *m,* -leitzahl *f,* -paket *n* ; *compte m chèque ~* Postscheckkonto *n* ; *compte m d'épargne ~* Postsparkonto *n* ; *envoi m, épargne f ~(e)* Postsendung *f,* -sparen *n* ; *format m carte ~e* Postkartengröße *f* ; *franchise f ~e* Postgebührenfreiheit *f* ; *installation f de tri ~* Postsortieranlage *f* ; *livret m d'épargne ~* Postsparbuch *n* ; *mandat m, procuration f, publicité f ~(e)* Postanweisung *f,* -vollmacht *f,* -werbung *f* ; *récépissé m, sac m, secret m ~* Posteinlieferungsschein *m,* -sack *m,* -geheimnis *n* ; *secteur m ~* Postbezirk *m* ; *services mpl ~aux* Postdienst *m* ; *services ~aux aériens* Luftpost *f* ; *taxe f, tarif m, trafic m ~(e)* Postgebühr *f,* -tarif *m,* -verkehr *m* ; *virement f, voiture f ~(e)* Postüberweisung *f,* -auto *n* ; *par la voie ~e ordinaire* auf dem üblichen Postweg ; auf postalischem Weg.

postdate *f* späteres Datum *n.*

postdater vordatieren ; vorausdatieren ; *document m postdaté* vordatiertes Schriftstück *n* ; *~ une lettre* einen Brief vordatieren.

poste *f* Post *f* ; Postamt *n* ; *les Postes (le service des ~s)* Postwesen *n* ; Postbehörde *f,* -verwaltung *f* ; *les Postes, Télécommunications, Télédiffusion (PTT)* Post- und Fernmeldewesen *n* ; ♦ *~ aérienne* Luftpost ; *~ centrale* Hauptpostamt ; *~ maritime* Seepost ; *par la ~ ordinaire* auf postalischem Weg ; auf dem üblichen Postweg ; *~ pneumatique* Rohrpost ; *~ restante* postlagernd ; ♦♦ *administration f des ~* Postverwaltung *f* ; *bureau m de ~* Postamt *n* ; *cachet m de la ~* Poststempel *m* ; *date f de la ~* Datum *n* des Poststempels ; *employé m de la ~* Postbeamte(r) ; Postangestellte(r) ; *(fam.)* Postler *m* ; *guichet m de la ~* Postschalter *m* ; *inspecteur m, ministre m des ~s* Postinspektor *m,* -minister *m* ; *ministère m des ~s et Télécommunications* Ministerium *n* für Post- und Fernmeldewesen ; *qui appartient aux services des ~s* posteigen ; *receveur m des ~s* Postdirektor *m* ; *recouvrement m par la ~* Postauftrag *m* ; *réglementation f des ~s* Postordnung *f* ; *retrait m du courrier à la ~* Postabholung *f* ; *service m de distribution des journaux et périodiques par la ~* Postzeitungsdienst *m* ; *timbre-~ m* Postwertzeichen *n* ; Briefmarke *f* ; Freimarke ; *transport m* *par la ~* Postbeförderung *f* ; *utilisateur m des P.T.T.* Postbenutzer *m* ; ♦♦♦ *aller à la ~* aufs (zum) Postamt gehen ; auf die (zur) Post gehen ; *envoyer (expédier) qqch par la ~* etw mit der Post (durch die Post, per Post) schicken ; *écrire qqn en ~ restante* jdm postlagernd schreiben ; *être employé à la ~* bei der Post arbeiten ; *mettre une lettre à la ~* einen Brief zur Post bringen ; einen Brief aufgeben ; *le cachet de la ~ faisant foi* maßgebend ist das Datum des Poststempels *la lettre porte le cachet de la ~* der Brief trägt den Stempel des Postamts.

poste *m*	1. ***budgétaire, comptable*** 2. ***emploi, place*** 3. ***de travail*** 4. ***téléphone, radio, télévision*** 5. ***emplacement aménagé (essence, contrôle, etc.)***

1. *(budgétaire, comptable)* Posten *m* ; Rechnungs-, Buchungsposten ; ♦ *~ d'actif* Aktivposten ; *~ d'actifs* Aktiva *pl* ; *~ d'avoir* Habenkonto *n* ; *~ de (du) bilan* Bilanzposten ; *~ budgétaire* Haushaltsposten ; *~ de compensation* Ausgleichsposten ; *~ comptable* Rechnungsposten ; *~ de coût* Kostenposition *f* ; *~ créditeur (d'avoir)* Haben-, Kreditposten ; *~ excédentaire* Überschußposten ; *~ de dépenses* Ausgabenposten ; *~ d'ordre* durchlaufender Posten ; *~ de passif* Passivposten ; *~ du plan comptable* Posten des Kostenplans ; *~ pour mémoire* Merk-, Erinnerungsposten ; *~ de recettes* Einnahmeposten ; *~ de régularisation* Wertberichtigungs-, Rechnungsabgrenzungsposten ; *~ d'un tarif* Tarifposition *f* ; ♦♦ *excédent m des ~s au passif par rapport à ceux de l'actif* Überschuß *m* der Passivposten über die Aktivposten ; *totaliser les différents ~s* die einzelnen Posten zusammenrechnen ; *les frais constituent un ~ non négligeable* die Spesen stellen einen bedeutenden Posten dar.

2. *(emploi, place)* Stelle *f* ; Stellung *f* ; Arbeitsplatz *m* ; Posten *m* ; Position *f* ; Amt *n* ; ♦ *~ assuré, bien rétribué* sicherer, gut bezahlter Posten ; sichere, gut bezahlte Stelle (Stellung) ; *~ clé* Schlüsselstellung ; *~ de confiance* Vertrauensstellung ; *~ de direction* leitende Stellung ; *~ élevé* hoher Posten ; *~ honorifique* Ehrenamt ; *~ à pourvoir* zu besetzende Stelle ; offene Stelle ; *~ de responsabilité* verantwortliche Stellung ; *~ vacant* freie (offene) Stelle ; Fehlstelle ; *état m des ~s à pourvoir* Stellenbesetzungsplan *m* ; ♦♦♦ *accéder rapidement à des ~s élevés* rasch in Spitzenpositionen aufsteigen ; *avoir un ~* eine Stelle (Stellung) haben ; *(iron.)* auf einem Posten sitzen ; *confier un ~ à qqn* jdm einen Posten anvertrauen ; *démissionner d'un ~* von einem Posten zurücktreten ; *être à un ~ clé* eine Schlüsselstellung einnehmen ; *mettre un ~ au concours* einen Posten ausschreiben ; *nommer qqn à un ~* jdn in ein Amt bestellen ; jdn in ein Amt berufen ; *occuper un ~ important* eine hohe Stellung einnehmen (bekleiden) ; *perdre son ~* seinen Posten verlieren ; *poser sa candidature à un ~* für ein Amt kandidieren ; sich um eine Stelle (Stellung) bewerben.

3. *(de travail)* (Arbeits)schicht *f* ; ♦ *~ chômé* ausgefallene Arbeitsschicht ; *~ de huit heures* Achtstundenschicht ; *~ de jour* Tagesschicht ; *~ non effectué* Fehlschicht ; *~ de nuit* Nachtschicht ; *~ de travail* Arbeitsstelle *f*, -schicht ; ♦♦ *analyse f du ~ de travail* Arbeitsplatzbewertung *f* ; *changement m de ~* Schichtwechsel *m* ; Ablösung *f* der Mannschaft ; *chef m de ~* Schichtführer *m* ; *début m de ~* Schichtbeginn *m* ; *(mines)* eine Schicht fahren ; *fin f de ~* Arbeitsschluß *m* ; Schichtende *n* ; von der Schicht kommen ; *rendement m par ~ de travail* Schichtleistung *f* ; *travailler par ~* Schicht (in Schichten) arbeiten.

4. *(téléphone, radio, télévision)* Rundfunk *m* ; Radioapparat *m* ; *(télé.)* Fernsehapparat *m* ; Fernseher *m* ; *(téléph.)* Anschluß *m* ; ♦ *~ d'abonné (au téléphone)* Fernsprechanschluß *m* ; *~ d'abonné principal* Fernsprechhauptstelle *f* ; *~ automatique* Selbstwählapparat *m* ; *~ auxiliaire (supplémentaire, secondaire)* (Fernsprech)nebenanschluß *m*, -nebenstelle *f* ; *~ émetteur* Rundfunksender *m* ; *~ privé* Hausanschluß *m* ; *~ public* öffentliche Fernsprechzelle *f* ; *~ radio* Radioapparat *m* ; *~ de T.S.F.* Rundfunk(sender) *m* ; *~ téléphonique* → *~ d'abonné* ; *~ de télévision* Fernsehapparat *m* ; Fernseher *m* ; *(fam.)* Glotze *f* ; Flimmerkasten *m* ; *~ (de télévision) couleurs* Farbfernseher *m* ; *numéro m de ~* Nummer *f* der Nebenstelle ; ♦♦♦ *allumer (mettre en marche) le ~* den Apparat andrehen (anstellen) ; *apprendre qqch au ~* etw aus dem Radio erfahren ; etw im Radio hören ; *éteindre (couper) le ~* das Radio (den Apparat) ausschalten (abstellen, ausmachen) ; *régler l'intensité du ~* den Apparat auf Zimmerlautstärke stellen. **5.** *(emplacement aménagé)* Stelle *f* ; *~ de contrôle* Kontrollstelle ; *~ de dépannage* Abschleppdienst *m* ; Autohilfsdienst ; *~ de commandement (P.C.) de la circulation routière* Leitstelle *f* (Operationszentrale *f*) für den Straßenverkehr ; *~ de douane* Zollstelle ; *~ d'essence* Tankstelle ; *~ frontière* ⇒ *poste-frontière m* ; *~ d'incendie* Feuermelder *m* ; Feuerlöschanlage *f* ; *~ de pilotage* Führerstand *m* ; *~ de police* Polizeidienststelle, -wache *f* ; *~ de première urgence (de secours)* (Unfall)hilfsstelle ; Unfall-, Rettungsstation *f*.

posté, e 1. *(mis à la poste)* eingeworfen ; aufgegeben ; zur Post gebracht ; *la lettre a été ~e le 12* der Brief wurde am 12. aufgegeben (abgeschickt) **2.** *travail ~* Schichtarbeit *f* ; Mehrschichtensystem *n* ; Drei-Schichten- System.

poste-frontière *m* Grenz-, Zollübergang *m* ; Grenzposten *m* ; *prévoir une longue attente aux ~s* an den Grenzübergängen mit einer langen Wartezeit rechnen müssen.

poster 1. *(une lettre)* (bei der Post) aufgeben ; einwerfen ; zur Post bringen (geben) **2.** *(personne) ~ des piquets de grève* Streikposten aufstellen.

postier *m* Postbeamte(r) ; Postangestellte(r) ; *(fam.)* Postler *m* ; *grève f des ~s* Streik *m* des Postpersonals.

post-scolaire weiter-, fortbildend ; *enseignement ~* Fort-, Weiterbildung *f* ; Erwachsenenbildung.

post-scriptum *m (P.S.)* Postskript *n* ; Postskriptum *n* (PS) ; Nachsatz *m* ; Nachschrift *f* ; *la lettre a un ~* der Brief hat noch eine Nachschrift ; *ajouter un ~* ein Postskript machen ; *mentionner qqch dans un ~* etw in einem Nachsatz erwähnen.

postulant *m* Bewerber *m* ; Anwärter *m* ; Antragsteller *m*.

postuler 1. sich bewerben um ; Anwärter auf einen Posten sein ; *~ un emploi* sich um eine Stellung bewerben ; *~ une place de secrétaire* sich als Sekretär(in) bewerben ; sich um die Stelle einer Sekretärin (eines Sekretärs) bewerben **2.** *(représenter un plaideur devant un tribunal)* vor Gericht vertreten.

potasse *f* Kali *n* ; *mine f de ~* Kalibergwerk.

pot-de-vin *m* Bestechungs-, Schweigegeld(er) *n(pl)* ; *(fam.)* Schmiergeld(er) ; *scandale m des ~s* Schmiergeld(er)skandal *n*, -affäre *f* ; *accepter, verser, toucher des ~s* Schmiergeld entgegennehmen, verteilen, erhalten.

potentat *m* Machthaber *m* ; Potentat *m*.

potentiel *m* Potential *n* ; Leistungsfähigkeit *f* ; *~ d'accueil, économique, énergétique* Aufnahme-, Wirtschafts-, Energiepotential ; *~ d'épargne* Sparfähigkeit *f* ; *~ d'exploitation, hôtelier, humain* Betriebs-, Hotel-, Menschenpotential ; *~ industriel, nucléaire, de production* Industrie-, Kernkraft-, Produktionspotential ; *~ touristique, de travail, de transport* Fremdenverkehrs-, Arbeitskräfte-, Verkehrspotential ; *notre ~ d'énergie est épuisé* unser Potential an Energie ist erschöpft.

potentiel, le potentiell ; möglich (vorhanden) ; denkbar ; *acheteurs mpl, clients mpl ~s* potentielle (mögliche, zukünftige) Käufer, Kunden *mpl*.

pour : *une pharmacie ~ 3 000 habitants* eine Apotheke auf 3 000 Bürger ; *~ acquit* Betrag (dankend) erhalten ; *~ affaires* geschäftlich ; geschäftehalber ; *~ compte* für Rechnung (+ G) ; *~ son propre compte* für eigene Rechnung ; *~ copie conforme* für die Richtigkeit der Abschrift ; *le ~ et le contre* das Für und (das) Wider ; das Pro und Kontra ; *~ mille* ⇒ *pour mille* ; *~ traduction conforme* für die Richtigkeit der Übersetzung.

pourboire *m* Trinkgeld *n* ; *ne pas accepter, ne pas donner de ~* kein Trinkgeld annehmen, geben ; *glisser un ~ (princier) à qqn* jdm ein (fürstliches) Trinkgeld in die Hand drücken (zustekken).

pour cent *(%)* Prozent *n* (% ; p.c. ; v.H.) ; *20 ~* zwanzig Prozent ; zwanzig vom Hundert ; zwanzig % ; *à quel ~ ?* zu welchem Prozent ? ; *exprimé en ~* prozentual (prozentuell) ausgedrückt ; *il touche 25 % sur chaque appareil* auf jedes Gerät bekommt er 25 %.

pourcentage *m* Prozentsatz *m* ; Hundertsatz *m* ; Prozente *npl* ; prozentualer Anteil *m* ; Quote *f* ; ♦ *~ d'amortissement* Abschreibungsquote *f* ; *~ annuel* Jahresquote ; *~ de couverture* Dekkungsverhältnis *n* ; *~ de dommages* Schadensquote ; *~ de libération* Liberalisierungsquote ; *~ de natalité, de mortalité* Geburten-, Sterblichkeitsziffer *f* ; *~ de participation* Beteiligunsquote ;

~ *par tête* Kopfquote ; ♦♦ *au* ~ prozentual ; auf Provisionsbasis ; *un faible* ~ *de, un* ~ *élevé de* ein geringer (niedriger), ein hoher (großer) Prozentsatz an (+ D) ; *calcul m du* ~ Prozentberechnung *f* ; *calcul m en* ~ Prozentuierung *f* ; *point m de* ~ Prozentpunkt *m* ; *valeur f exprimée en* ~ Prozentwert *m* ; ♦♦♦ *le* ~ *est relativement élevé* der Prozentsatz liegt relativ hoch ; *calculer en* ~ prozentuieren ; *calculer le(s)* ~*(s) de qqch* das (die) Prozent(e) berechnen ; *exiger son* ~ *pour qqch* für etw seine Prozente verlangen ; *exprimer en* ~ etw in Prozenten ausdrücken (ausrechnen) ; *gagner des points de* ~ um ein paar Prozentpunkte steigen ; *il touche un* ~ *sur chaque affaire* an jedem Geschäft hat er seine Prozente ; *toucher un* ~ *fixe sur une commande* einen festen Prozentsatz von einem Auftrag erhalten ; *travailler au* ~ auf Provisionsbasis arbeiten.

pour mille (°/oo) Promille *n* ; Promillesatz *m* ; vom Tausend (v.T.).

pourparlers *mpl* Besprechung(en) *f(pl)* ; Verhandlung(en) *f(pl)* ; ~ *sociaux* Verhandlungen der Sozialpartner ; *avoir des* ~*s sur qqch* Besprechungen abhalten (haben) über etw (+ A) (*avec qqn* mit jdm) ; *entamer des* ~ *sur qqch* Verhandlungen über etw (+ A) ansetzen ; *entrer en* ~ Besprechungen aufnehmen ; *être en* ~ *avec qqn* mit jdm eine Besprechung haben ; *interrompre des* ~ Verhandlungen abbrechen ; *mener des* ~ Besprechungen (Verhandlungen) führen.

poursuite *f* **1.** *(travail, négociation)* Fortführung *f* ; Weiterführung *f* ; ~ *de l'exploitation* Weiterführung des Betriebs **2.** ~ *(judiciaire)* gerichtliche Verfolgung *f* ; Klageerhebung *f* ; Fahndung *f* ; Beitreibung *f* ; ~ *disciplinaire* disziplinarrechtliche Verfolgung ; *droit m de* ~ Verfolgungsrecht *n* **3.** ~*s (pénales)* Strafverfolgung *f* ; *sous peine de* ~*s* bei Strafe ; *arrêter les* ~*s* die Strafverfolgung einstellen ; *intenter (engager) des* ~*s contre qqn* jdn gerichtlich belangen ; jdn verklagen ; jdn verfolgen.

poursuivre **1.** *(travail, négociation)* weiterführen ; fortführen **2.** *(en justice)* jdn gerichtlich belangen ; ~ *qqn pour vol* jdn wegen Diebstahls gerichtlich belangen.

pourvoi *m (jur.)* Beschwerde *f* ; Einspruch *m* ; Rekurs *m* ; Nichtigkeitsklage *f* ; ~ *en cassation* Revision(santrag) *f (m)* ; ~ *en révision* Antrag *m* auf Wiederaufnahme (eines Verfahrens).

pourvoir **1.** ~ *à qqch* für etw sorgen ; für etw aufkommen ; ~ *aux besoins* den Bedarf befriedigen ; ~ *à l'entretien de qqn* für jds Unterhalt aufkommen ; ~ *à un emploi* eine Stelle besetzen ; ein Amt vergeben **2.** *(munir de)* ~ *de* versehen mit ; ausstatten mit ; ~ *de moyens financiers* mit Geldmitteln ausstatten ; *être pourvu de tout le nécessaire* mit allem Nötigen versehen sein **3.** *(jur.) se* ~ Rekurs einlegen ; *se* ~ *en appel* Berufung einlegen ; *se* ~ *en cassation* Revision einlegen.

poussée *f* Druck *m* ; Schub *m* ; Auftrieb *m* ; ~ *déflationniste, inflationniste* Deflations-, Inflationsdruck ; ~ *démographique* Bevölkerungsexplosion *f*, -anstieg *m* ; ~ *des naissances* Geburtenzuwachs *m* ; ~ *des prix* Preisschub *m*, -auftrieb *m* ; ~ *des salaires* Lohndruck *m*, -auftrieb *m* ; ~ *spéculative* Spekulationsfieber *n*, -drang *m* ; ~ *vers la droite, vers la gauche* Rechts-, Linksrutsch *m* ; Rechts-, Linksdrall *m*.

pousser **1.** (voran)treiben ; fortführen ; weiterführen ; forcieren ; ~ *une affaire plus avant* ein Geschäft (eine Angelegenheit) vorantreiben ; ~ *un candidat* einen Kandidaten unterstützen ; ~ *les enchères* die Preise hochtreiben (in die Höhe treiben) ; ein Mehrgebot machen ; ~ *la production* die Produktion in die Höhe treiben ; ~ *des travaux* Arbeiten eifrig fördern (vorantreiben) **2.** ~ *qqn (à faire) qqch* jdn zu etw treiben (bewegen, verleiten) ; jdn dazutreiben, etw zu tun ; ~ *à la consommation, à la dépense, au vol* zum Verbrauch, zum Geldausgeben, zum Diebstahl verleiten ; ~ *qqn à travailler* jdn zur Arbeit anspornen.

pouvoir *m*	**1.** ***gouvernement, puissance*** **2.** ***politique, juridique*** **3.** ***procuration*** **4.** ***pouvoir d'achat*** **5.** ***pouvoirs publics***

1. *(gouvernement, puissance)* Macht *f* ; Gewalt *f* ; Regierung *f* ; ♦ ~ *d'achat* ⇒ *pouvoir d'achat* ; ~ *des consommateurs* Macht (Einfluß *m*) der Verbraucherverbände ; ~ *économique* Wirtschaftsmacht ; ~ *établi* bestehende Herrschaftsordnung *f* ; ~ *étatique* staatliche Macht ; ~ *financier* Finanzkraft ; ~ *politique* politische Gewalt *f* ; ~*s publics* ⇒ *pouvoirs publics* ; ♦♦

abus m de ~ Machtmißbrauch *m* ; Amtsmißbrauch ; *appareil m du* ~ Machtapparat *m* ; *concentration f de* ~ Macht(zusammen)ballung *f* ; Machtanhäufung *f*, -konzentration *f* ; *délégation f de* ~ Machtübertragung *f* ; *exercice m du* ~ Machtausübung *f* ; ♦♦♦ *arriver au* ~ an die Macht kommen ; *(fam.)* ans Steuer (ans Ruder) kommen ; *être au* ~ an der Macht sein ; *être au* ~ *de qqn* in jds Gewalt (Macht) sein ; *exercer le* ~ die Macht ausüben ; *prendre le* ~ die Macht übernehmen.

2. *(politique, juridique)* Gewalt *f* ; Befugnis *f* ; Fähigkeit *f* ; Recht *n* ; ~ *budgétaire* Haushaltsbefugnis ; ~ *de contracter* Vertragsfähigkeit ; ~ *de contrôle* Kontrollbefugnis ; ~ *discrétionnaire* Ermessensbefugnis *f* ; ~ *de disposition* Verfügungsgewalt ; ~ *exécutif* Exekutive *f* ; Exekutivgewalt ; ausübende (vollziehende) Gewalt ; ~ *judiciaire* richterliche Gewalt ; ~ *législatif* Legislative *f* ; gesetzgebende Gewalt ; ~ *libératoire* befreiende Wirkung *f* ; ~ *paternel* elterliche (väterliche) Gewalt ; ~ *de signer* Zeichnungsrecht ; ~ *suprême* höchste (oberste) Gewalt ; *séparation des* ~*s* Gewaltenteilung *f*.

3. *(procuration, autorisation écrite)* (schriftliche) Ermächtigung *f* ; Vollmacht *f* ; Bevollmächtigung *f* ; Befugnis *f* ; Recht *n* ; ♦ ~ *en blanc* Blankovollmacht ; ~ *commercial* Handelsvollmacht ; ~ *d'ester en justice* Prozeßvollmacht ; ~ *général* Generalvollmacht ; ~ *de négocier* Verhandlungsvollmacht ; ~ *par-devant notaire* notarielle Vollmacht ; ~ *de représentation* Vertretungsvollmacht ; ♦♦ *bon pour* ~ bevollmächtigt ; *fondé m de* ~*s* Prokurist *m* ; Bevollmächtigte(r) ; *pleins* ~*s* Vollmacht(en) ; ♦♦♦ *n'avoir que des* ~*s limités* nur beschränkte Befugnisse haben ; *donner* ~ *à qqn pour qqch* jdn zu etw ermächtigen ; jdm für etw die Vollmachten geben (erteilen) ; *munir qqn de* ~*s* jdn mit Vollmachten ausstatten ; *outrepasser ses* ~*s* seine Befugnisse überschreiten ; *retirer les* ~*s à qqn* jdm die Vollmachten (Befugnisse) entziehen ; *transmettre les* ~*s à qqn* jdm die Vollmacht übertragen.

4. *(pouvoir d'achat)* Kaufkraft *f* ; ♦ ~ *constant* gleichbleibende Kaufkraft ; ~ *excédentaire* überschüssige Kaufkraft ; Kaufkraftüberhang *m* ; *à fort* ~ kaufkräftig ; ~ *réel* Realkaufkraft ; ~ *salarial* Kaufkraft der Löhne ; ♦♦ *absorption f du* ~ → *résorption* ; *amputation f du* ~ Kaufkraftminderung *f*, -rückgang *m*, -abschöpfung *f*, -entzug *m* ; *augmentation f du* ~ Kaufkraftzunahme *f*, -zuwachs *m* ; *baisse du* ~ → *amputation* ; *création f de* ~ Kaufkraftschöpfung *f* ; *détérioration f (érosion f) du* ~ Kaufkraftentzug *m*, -schwund *m* ; *excédent m de* ~ Kaufkraftüberhang *m* ; *maintien m du* ~ Erhaltung *f* der Kaufkraft ; *parité f des* ~*s* Kaufkraft-parität *f* ; *perte f de* ~ Kaufkraft- verlust *m*, -entzug *m*, -schwund *m* ; *régression f du* ~ → *amputation* ; *résorption f du* ~ Kaufkraftabschöpfung *f* ; ♦♦♦ *diminuer (amputer) le* ~ die Kaufkraft schwächen (mindern) ; *éponger (absorber) l'excédent de* ~ die überschüssige Kaufkraft abschöpfen.

5. *(pouvoirs publics)* die öffentliche Hand *f* ; die öffentlichen Hände *fpl* ; Staatsorgane *npl* ; Behörden *fpl*.

p.p. *(par procuration)* per Prokura (pp. ; ppa.) ; in Vollmacht (iV) ; als Bevollmächtigter.

praticabilité *f* **1.** *(qui peut être exécuté)* Durchführbarkeit *f* ; Ausführbarkeit **2.** *(route)* Befahrbarkeit *f*.

praticable 1. benutzbar ; durchführbar ; praktikabel ; *projet m, proposition f, solution f* ~ praktikabler Plan *m*, Vorschlag *m*, praktikable Lösung *f* **2.** *(route)* befahrbar.

pratique *f (contraire de théorie)* Praxis *f* ; *(habitude)* Praxis *f* ; Erfahrung *f* ; *(usage courant)* Praxis *f* ; Brauch *m* ; Gepflogenheit *f* ; ~ *d'affaires* Geschäftspraxis ; ~ *bancaire* Bankpraxis ; ~*s commerciales* Handels-, Geschäftspraktiken *fpl* ; ~*s de financement, de vente* Finanzierungs-, Verkaufspraktiken *fpl* ; *dans la* ~ in der Praxis ; *avoir une grande* ~ *dans un domaine* eine große Praxis (Erfahrung) auf einem Gebiet haben ; *être de* ~ *courante* allgemein üblich sein ; gang und gäbe sein ; *manquer de* ~ keine praktische Erfahrung haben ; *mettre en* ~ in die Praxis umsetzen ; *unir la théorie à la* ~ die Theorie mit der Praxis verbinden.

pratique praktisch ; praxisnah ; praxisbezogen ; brauchbar ; zweckmäßig ; anwendbar ; dienlich ; *application f, connaissances fpl, expérience f, possibilités fpl d'utilisation* ~*(s)* praktische Durchführung *f*, Kenntnisse *fpl*, Erfahrung *f*, Anwendungsmöglichkeiten *fpl*.

pratiquer *(se)* üblich sein ; geschehen ; *les cours, les taux pratiqués à New*

York die in New York getätigten Kurse, Raten ; *comme cela se pratique habituellement* wie üblich ; *les prix pratiqués dans ce magasin sont exagérés* die in diesem Geschäft geforderten Preise sind übertrieben.

préachat *m* Vorauszahlung *f*.

préacheter vorauszahlen.

préalable vorherig ; Vor- ; vorhergehend ; *accord m ~* vorherige Vereinbarung *f* ; vorheriges Übereinkommen *n* ; *condition f ~* Vorbedingung *f* ; Voraussetzung *f* ; *question f ~* vorausgehende Frage *f* ; *au ~* zuvor ; vorher ; *sans avis ~* ohne vorherige Anzeige (Benachrichtigung) ; ohne Vorankündigung.

préalable *m (à qqch)* Vorbedingung *f* (für) ; Voraussetzung *f* (für).

préambule *m (loi)* Präambel *f* ; *sans ~* unvermittelt.

préapprentissage *m* Vorbildung *f* ; *être en ~* eine berufsbildende Schule besuchen.

préavis *m* **1.** *(avertissement préalable)* (Vor)ankündigung *f* ; vorherige Benachrichtigung *f* ; Vorwarnung *f* ; *~ de grève* Streikankündigung ; *déposer un ~ de grève* einen Streik ankündigen ; *(téléph.) communication f avec ~* Gespräch *n* mit Voranmeldung ; V-Gespräch ; *taxe f de ~* Voranmeldegebühr *f* **2.** *(délai- congé, notamment dans un contrat de travail ou de location)* Kündigung *f* ; Kündigungsfrist *f* ; ♦ *~ de congé* fristgemäße (fristgerechte) Kündigungsanzeige *f* ; *~ légal* gesetzliche Kündigungsfrist *f* ; *~ de licenciement* fristgemäßes Entlassungsschreiben *n* ; ♦♦ *avec ~* mit Kündigungsfrist ; *sans ~* fristlos ; ohne vorherige Kündigung ; *congé- ~ (location)* Mietvertragskündigung *f* ; *délai m de ~* Kündigungsfrist *f* ; *dépôts mpl (fonds mpl) avec ~* Kündigungsgelder *npl* ; *lettre f de ~* Kündigungsbrief *m*, -schreiben *n* ; *licenciement m sans ~* fristlose Kündigung *f* ; *non respect m du ~* Nichteinhaltung *f* der Kündigungsfrist ; *résiliable sans ~* jederzeit kündbar ; ohne Kündigungsfrist ; fristlos ; ♦♦♦ *donner un ~ de X jours* X-Tage vorher kündigen ; *être licencié sans ~* fristlos entlassen werden ; *observer le ~* die Kündigungsfrist einhalten ; fristgerecht kündigen ; *ne pas respecter le ~* vorfristig kündigen ; die Kündigungsfrist nicht einhalten ; *signifier le ~* die Kündigung zustellen ; *le délai de ~ est de trois mois* die Kündigungsfrist beträgt drei Monate.

préaviser kündigen.

prébende *f (péj.)* einträglicher (gutbezahlter, fetter) Posten *m* ; Pfründe *f*.

précaire prekär ; unsicher.

précarité *f* Unsicherheit *f* ; *~ de l'emploi* unsichere Arbeitsplätze *fpl* ; Unsicherheit des Arbeitsplatzes.

précaution *f* Vorsicht *f* ; *achats mpl de ~* Hamsterkäufe *mpl* ; *mesure f de ~* Vorsichtsmaßnahme *f* ; Vorsichtsmaßregel *f* ; *par mesure de ~* vorsichtshalber ; zur Vorsicht ; vorsorglich ; *prendre des ~s* Vorsichtsmaßnahmen treffen.

précédent *m* Präzedenzfall *m* ; Präjudiz *n* ; *créer un ~* einen Präzedenzfall schaffen.

précédent, e vorhergehend ; vorig ; *l'année ~e* im Vorjahr ; im vorigen Jahr ; *le dernier jour du mois ~* am letzten Tag vorigen Monats.

précieux, euse kostbar ; wertvoll ; *métal m, pierre f ~(euse)* Edelmetall *n*, Edelstein *m* ; *objet m ~* Wertgegenstand *m*.

précipiter überstürzen ; übereilen ; beschleunigen ; *~ une décision, un départ* eine Entscheidung überstürzen, eine Abreise übereilen ; *~ un pays dans la crise* ein Land in die Krise stürzen ; *il ne faut rien ~* man soll nichts überstürzen ; *les nouvelles se précipitent* die Nachrichten überstürzen sich.

précis, e genau ; bestimmt ; präzis(e) ; exakt ; pünktlich ; *~ à la minute (près)* pünktlich auf die Minute ; *à huit heures ~es* Punkt acht Uhr ; *communiquer (faire connaître) des vœux (desiderata) ~* präzise Wünsche anmelden ; *donner (fournir) une réponse ~e* eine präzise Antwort geben ; *obtenir des renseignements ~s* eine eingehende (ausführliche) Auskunft erhalten.

préciser genauer angeben ; näher bestimmen ; präzisieren ; eindeutiger formulieren ; *veuillez nous ~ le numéro de votre commande* wir bitten Sie, Ihre genaue Bestellnummer anzugeben.

1. précision *f (technique)* Präzision *f* ; *instrument m de ~* Präzisionsinstrument *n*, -meßgerät *n* ; *mécanique f de ~* Feinmechanik *f* ; *travail m de ~* Präzisionsarbeit *f*.

2. précisions *fpl* nähere (genauere) Angabe(n) *f(pl)* ; *demande f de ~* Bitte *f* um nähere Angaben ; *pour plus de ~, s'adresser à...* um Näheres zu erfahren, wenden Sie sich an (+ A) ; *donner (fournir) des ~ à qqn sur qqch* jdm über etw (+ A) genaue Angaben machen.

précompte *m* Einbehaltung *f* ; im voraus einbehaltener Betrag *m* ; Vorausabzug *m* ; ~ *sur salaire* Abzug *m* (Einbehaltung) vom Lohn ; *faire un ~ sur salaire* einen Betrag vom Lohn (Gehalt) einbehalten.

précompter im voraus einbehalten (abziehen, abrechnen).

préconiser befürworten ; empfehlen ; sich aussprechen für.

précurseur *m* Vorläufer *m* ; Wegbereiter *m* ; *~s en matière d'électronique* Vorreiter auf dem Gebiet der Elektronik.

prédécesseur *m* Vorgänger *m*.

prédire voraus-, vorhersagen.

préemballé, e verkaufsfertig abgepackt.

préembauche *f* : *contrat m de ~* Ausbildungsvertrag *m* mit späterer Anstellungszusicherung.

préempter ein Vorkaufsrecht geltend machen.

préemption *f* Vorkauf *m* ; *clause f de ~* Vorkaufsrechtsklausel *f* ; *droit m de ~* Vorkaufsrecht *n*.

préfabrication *f* Vorfertigung *f* ; Fertigbau *m* ; Fertigbauweise *f* ; Herstellung *f* von Fertigteilen.

préfabriqué *m* Fertigbau *m* ; Fertigbauweise *f* ; *construit en ~* in Fertigbauweise hergestellt.

préfabriqué, e vorgefertigt ; Fertig- ; vorgearbeitet ; *élément m ~* Fertig(bau)teil *n* ; *maison f ~e* Fertighaus *n* ; *construire en ~* aus Fertigbauteilen zusammensetzen ; aus Fertigteilen zusammenstellen.

préfabriquer aus Fertigteilen bauen ; in (der) Fertigbauweise erstellen ; aus Fertigbauteilen zusammensetzen.

préfectoral, e des Präfekten ; der Präfektur.

préfecture *f* Präfektur *f* ; *~ de police (de Paris)* Polizeipräsidium *n* (in Paris).

préférence *f* Vorzug *m* ; Präferenz *f* ; Begünstigung *f* ; Vergünstigung *f* ; Priorität *f* ; ~ *communautaire* Gemeinschaftspräferenz ; *~s douanières* Zollpräferenzen ; ~ *tarifaire* Tarifpräferenz ; *action f de ~* Vorzugsaktie *f* ; bevorrechtigte Aktie ; *droit m de ~* Prioritäts-, Vorrangsrecht *n* ; *(hypothèques) ordre m de ~* bevorzugte Rangordnung *f* ; *bénéficier (jouir) d'une ~* eine Vorzugsbehandlung genießen ; *donner (accorder) la ~ à qqn* jdm den Vorzug geben ; jdn bevorzugen ; *obtenir la ~* den Vorzug erhalten.

préférentiel, le Vorzugs- ; Präferenz- ; begünstigt ; bevorzugt ; *action f ~le* Vorzugs-, Prioritätsaktie *f* ; *droits mpl ~s* Präferenz-, Vorzugszoll *m* ; *liste f ~le* Präferenzliste *f* ; *mesure f ~le* begünstigende Maßnahme *f* ; *ordre m ~* bevorzugte Rangordnung *f* ; *prix m ~* Vorzugspreis *m* ; *tarif m ~* Vorzugstarif *m* ; *traitement m ~ (sens général)* Vorzugsbehandlung *f* ; privilegierte Behandlung ; *(douane)* Zollbegünstigung *f*.

préfet *m* Präfekt *m* ; *~ de police* Polizeipräfekt *m* ; *~ de région* Regionalpräfekt *m*.

préfinancement *m* Vorfinanzierung *f*.

préfinancer vorfinanzieren.

préfix, e *(jur.)* anberaumt ; festgesetzt ; *jour m ~* anberaumter Termin *m*.

préindustriel, le vorindustriell.

préjudice *m* Schaden *m* ; Nachteil *m* ; Beeinträchtigung *f* ; ◆ *~s causés à l'environnement* Umweltbeeinträchtigungen ; ~ *matériel* materieller Schaden ; ~ *moral* immaterieller (ideeller) Schaden ; ~ *pécuniaire* Vermögensschaden ; wirtschaftliche (finanzielle) Nachteile ; ~ *subi* erlittener Schaden ; *un léger, un grand, un énorme ~* ein geringer, großer, ungeheurer Schaden ; *évaluation f (estimation f) du ~* Schaden(s)berechnung *f* ; *réparation f du ~* Schadenersatz *m* ; *une erreur f de 200 F à mon ~* ein Irrtum *m* von 200 F zu meinem Nachteil ; ◆◆◆ *évaluer (estimer) un ~* einen Schaden (ab)schätzen ; *porter (causer) un ~ à qqn* jdm schaden ; jdn schädigen ; jdm Schaden zufügen ; für jdn nachteilig sein ; *réparer le ~ subi* den entstandenen Schaden ersetzen ; *il m'en a résulté un certain ~* es erwuchs mir daraus (entstand mir) ein größerer Schaden ; *subir un ~* einen Schaden erleiden.

préjudiciable nachteilig ; schädlich (für) ; *(suffixe)* -feindlich ; *~ à l'enfant, à l'environnement, à la santé, aux travailleurs* kinder-, umweltfeindlich, gesundheitsschädigend (-schädlich), arbeitnehmerfeindlich ; *ceci est très ~ à nos intérêts* das ist unseren Interessen sehr nachteilig.

préjugé *m* Vorurteil *n* ; vorgefaßte Meinung *f*.

préjuger 1. vorentscheiden 2. *~ de qqch* einer Sache vorgreifen ; etw präjudizieren ; etw im voraus beurteilen ; *sans ~ des résultats de l'embargo* ohne den Ergebnissen des Embargos vorzugreifen.

prélèvement ***m*** Entnahme *f* ; Abhebung *f* ; Einbehaltung *f* ; Abzug *m* ; Erhebung *f* ; Abgabe *f* ; *(dans le cadre du Marché commun)* Abschöpfung *f* ; *(finances)* Umlage *f* ; *~ agricole* Agrarabschöpfung ; *(compte) ~ automatique* Dauerauftrag *m* ; Einzugsermächtigung *f* ; *~ du bénéfice* Gewinnentnahme *f*, -abschöpfung ; *~ sur le capital* Kapitalsteuer *f*, -abgabe ; *~ d'un compte* Abbuchung *f* ; Abhebung von einem Konto ; *~ d'échantillons* Probenentnahme ; *~s exceptionnels* Sonderabgabe ; *~ sur la fortune* Vermögensabgabe *f* ; *~ de l'impôt* Steuereinziehung *f*, -erhebung *f* ; *~ d'impôt à la source* Steuerabzug ; Abzug an der Quelle ; Quellenbesteuerung *f* ; *~ libératoire* Pauschalbesteuerung *f*, -steuer *f* ; *~s obligatoires* gesetzliche (Sozial)abgaben *fpl* ; *~ intra-communautaire* innergemeinschaftlicher Abschöpfungsbetrag *m* ; *~ sur les réserves* Entnahme aus den Reserven ; *~ sur le salaire* Lohnabzug ; *opérer (effectuer) un ~ sur un compte* einen Betrag von einem Konto abbuchen.

prélever *(sur une masse)* entnehmen (aus) ; abschöpfen ; *(d'un compte, sur salaire, etc.)* abheben ; abziehen ; einbehalten ; *(commission, impôt, taxe)* erheben ; *~ de l'argent sur la caisse* Geld aus der Kasse entnehmen ; *~ une avance sur le prochain salaire* einen Vorschuß bei der nächsten Lohnzahlung einbehalten ; *~ une commission de 4 %* 4 % Provision erheben (nehmen, abziehen) ; *~ une cotisation, des impôts, des taxes* einen Betrag, Steuern, Gebühren erheben ; *~ un droit d'entrée de 20 F* einen Eintritt von 20 F erheben ; *~ des échantillons* Proben entnehmen ; *~ un montant sur un compte* einen Betrag von einem Konto abheben (abbuchen) ; *~ sur le traitement* vom Gehalt abziehen (einbehalten).

préliminaire Vor- ; vorbereitend ; einleitend ; Vorbereitungs- ; *entretiens mpl ~s* Vorbesprechungen *fpl* ; *phase f ~* Vorbereitungsphase *f* ; *travail m ~* Vorarbeit *f*.

préliminaires ***mpl*** Präliminarien *pl* ; Vorverhandlungen *fpl*.

premier, ière erst ; Erst- ; *~ière acquisition* Ersterwerb *m* ; *de ~ choix* erste Wahl *f* ; *~ière classe* erste Klasse *f* ; *(par le) ~ courrier* mit der ersten Post ; *~ière édition, enchère* Erstausgabe *f*, -gebot *n* ; *~ière immatriculation* Erstzulassung *f* ; *(université)* Erstimmatrikulation *f* ; *en ~ière instance* in erster Instanz ; *~ière main (voiture d'occasion)* (aus) Erstbesitz *m* ; *~ ministre* Ministerpräsident *m* ; *~ière qualité* erstklassig ; erste(r) Qualität ; prima Ware *f* ; *~ière voix (R.F.A.)* Erststimme *f* ; *matières fpl ~ières* Rohstoffe *mpl* ; *le ~ de la branche (de la spécialité)* Branchenerste(r), -primus *m* ; *le ~ du mois* am Monatsersten ; am Ersten des Monats ; *la lettre est arrivée par le ~ courrier* der Brief kam mit der ersten Post ; *acheter la ~ière marchandise venue* die erstbeste Ware kaufen.

première ***f*** *(transp.)* erste Klasse *f* ; *voyager en ~* erster Klasse reisen ; *prendre une ~* eine Fahrkarte erster Klasse lösen.

première *f* de change Primawechsel *m*.

prenant, e : *partie f ~e* Empfänger *m* ; Berechtigte(r) ; Abnehmer *m* ; *travail m ~* zeitraubende Arbeit *f*.

prendre nehmen ; übernehmen ; ergreifen ; aufnehmen ; *~ acte de qqch* etw zu Protokoll nehmen ; etw in ein Protokoll aufnehmen ; *~ une affaire* ein Geschäft übernehmen ; *~ de l'argent à la banque* Geld von der Bank abholen ; Geld abheben ; *~ (demander) 100 F pour qqch* für etw 100 F verlangen ; *~ un arrangement* einen Vergleich schließen ; einen gütlichen Ausgleich schließen ; *~ pour associé* als Teilhaber aufnehmen ; *~ une assurance* eine Versicherung abschließen ; *~ un billet* einen Fahrschein (eine Fahrkarte) lösen ; *~ un brevet* ein Patent anmelden ; patentieren lassen ; *~ une cargaison (un chargement)* eine Ladung übernehmen ; *~ les frais à sa charge* die Kosten übernehmen ; für alle Kosten aufkommen ; *~ en charge (la direction d'un service, une fonction, des frais, un parrainage, etc.)* (die Leitung einer Abteilung, ein Amt, Kosten, eine Patenschaft) übernehmen ; *~ des commandes* Aufträge einholen ; *~ une commission* eine Provision berechnen (erheben) ; *~ en compte* in Rechnung stellen ; *~ à son compte → en charge* ; *~ un congé* Urlaub nehmen ; *~ congé de qqn* von jdm Abschied nehmen ; *~ connaissance de* von etw Kenntnis nehmen ; *~ contact avec qqn* mit jdm Kontakt (Fühlung) (auf)nehmen ; *~ le contrôle d'une société* die Aktienmehrheit übernehmen ; *~ un crédit* einen Kredit aufnehmen ; *~ en dépôt* in Verwahrung nehmen ; *~ la direction de qqch* die Führung (die Leitung) von etw übernehmen ; ~ *des dispositions* Vorkehrungen treffen ; ~ *effet à compter du* vom... an in Kraft treten (wirksam sein) ; ~ *un emprunt* eine Anleihe aufnehmen ; ~ *des engagements* Verpflichtungen eingehen ; ~ *ferme* fest übernehmen ; ~ *en flagrant délit* → *sur le fait* ; ~ *ses fonctions* sein Amt antreten (übernehmen) ; ~ *une hypothèque* eine Hypothek aufnehmen ; ~ *livraison* in Empfang nehmen ; ~ *la main dans le sac* → *sur le fait* ; ~ *des mesures* Maßnahmen treffen (ergreifen) ; ~ *un moyen de transport (avion, bus, métro, train, etc.)* ein Verkehrsmittel (das Flugzeug, den Bus, die U-Bahn, den Zug usw.) nehmen ; ~ *note de qqch* etw vormerken ; ~ *part à* teilnehmen an (+ D) ; sich beteiligen an (+ D) ; *(financière)* sich (mit Kapital) beteiligen an (+ D) ; ~ *des passagers* Passagiere an Bord nehmen ; ~ *possession de* von etw Besitz ergreifen ; ~ *le pouvoir* die Macht ergreifen ; ~ *la présidence* den Vorsitz übernehmen ; ~ *rang après* im Rang folgen ; ~ *des renseignements* Einkünfte einholen ; ~ *la responsabilité de qqch* die Verantwortung für etw übernehmen ; ~ *sa retraite* in den Ruhestand treten ; pensioniert werden ; ~ *des risques* Risiken eingehen ; ~ *à son service* in seine Dienste nehmen ; jdn an-, einstellen ; ~ *qqn sur le fait* jdn auf frischer Tat ertappen ; ~ *du temps* Zeit in Anspruch nehmen ; ~ *un titre de transport (ticket)* → *billet* ; ~ *le travail* die Arbeit aufnehmen ; ~ *de la valeur* an Wert gewinnen ; im Wert steigen ; *c'est à ~ ou à laisser* entweder- oder ; *se faire (laisser) ~* **a)** *(la main dans le sac)* ertappt werden ; **b)** *(se faire berner)* betrogen (verschaukelt) werden ; geprellt werden ; (he)reinfallen ; *les consommateurs se sont laissés ~ au truc publicitaire* die Verbraucher sind auf den Werbetrick hereingefallen.

prénégociateur *m* Vorverhandler *m*.

prénégociation *f* Vorverhandlung *f*.

preneur *m* Käufer *m* ; Nehmer *m* ; Abnehmer *m* ; Kunde *m* ; ~ *d'assurance, d'un effet, d'une licence* Versicherungs-, Wechsel-, Lizenznehmer ; *nous serions ~s pour...* wir wären (Ab)nehmer für... ; *trouver ~* Abnehmer finden (für etw).

prénom *m* Vorname *m* ; ~ *usuel* Rufname *m*.

préparatifs *mpl* Vorbereitungen *fpl* ; *faire des ~* Vorbereitungen treffen.

préparatoire vorbereitend ; Vor- ; *classe f ~* Nachabiturklasse *f* ; Vorbereitung *f* auf eine Elite(hoch)schule ; *travail m ~* Vorarbeit *f*.

préparer vorbereiten ; etw in die Wege leiten ; *se ~ à* sich vorbereiten auf (+ A) ; ~ *la voie (le chemin) à qqch* einer Sache den Weg ebnen.

prépondérance *f* Übergewicht *n* ; Vormachtstellung *f* ; Vorherrschaft *f* ; Präponderanz *f* ; *avoir la ~ économique* das wirtschaftliche Übergewicht haben.

préposé *m* **1.** Beamte(r) ; ~ *aux billets* Schalterbeamte(r) ; ~ *des douanes* Zollbeamte(r) ; ~ *des postes* Postbeamte(r) ; ~ *aux renseignements* Auskunftsbeamte(r) **2.** *(facteur)* Briefträger *m*.

préretraite *f* vorzeitige Pensionierung *f* ; Vorruhestand *m* ; *mise f en préretraite* Frühverrentung *f* ; *possibilité f de ~* flexible Altersgrenze *f* ; *partir en ~* vorzeitig pensioniert werden ; *toucher son indemnité de ~* seine vorgezogene Altersrente beziehen.

prérogative *f* Vorrecht *n* ; Prärogative *f*.

présaison *f* Vorsaison *f*.

présalaire *m* Ausbildungsbeihilfe *f*.

prescriptibilité *f (jur.)* Verjährbarkeit *f*.

prescriptible *(jur.)* verjährbar.

1. prescription *f (jur.)* Verjährung *f* ; Verjährungsfrist *f* ; Ersitzung *f* ; ◆ ~ *acquisitoire (acquisition par propriété ininterrompue)* erwerbende Verjährung ; ~ *extinctive (libératoire)* befreiende (anspruchsvernichtende) Verjährung ; ~ *des poursuites* Verfolgungsverjährung ; ~ *quinquennale (des droits du fisc après cinq ans)* fünfjährige (Steuer)verjährung ; ◆◆ *délai m de ~* Verjährungsfrist *f* ; *expiration f de la ~* Ablauf *m* der Verjährungsfrist ; *frappé de ~* verjährt ; *la ~ est de... années* die Verjährung tritt nach... Jahren ein ; *un terrain acquis par ~* ein ersessenes Landgut *n*.

2. prescription *f (instructions)* Vorschrift *f* ; Verordnung *f* ; Bestimmung *f* ; Anweisung *f* ; ◆ ~ *administrative* Verwaltungsvorschrift ; ~*s d'application* Durchführungs-, Ausführungsbestimmungen *fpl* ; ~ *communautaire* Gemeinschaftsverordnung ; ~ *d'exploitation* Betriebsvorschrift ; ~ *impérative (obligatoire)* Mußvorschrift ; zwingende Vorschrift ; ~ *légale, de police, tarifaire* gesetzliche, Polizei-, Tarifvorschrift ; *conforme aux ~s* vorschriftsmäßig ; vorschriftsgemäß ; *suivant les ~s* den

Vorschriften entsprechend ; ◆◆◆ *se conformer aux ~s* die Vorschriften beachten (befolgen) ; *passer outre aux ~s* die Vorschriften verletzen ; gegen die Vorschriften verstoßen ; *tourner les ~s* die Vorschriften umgehen (unterlaufen).

prescrire **1.** *(jur.) (acquérir par prescription)* durch Verjährung erwerben ; sich etw ersitzen ; sich durch Verjährung von etw befreien **2.** *(jur.) se ~* verjähren **3.** vorschreiben ; bestimmen ; verordnen ; Anweisung(en) geben.

préséance *f* Vorrang *m* ; *avoir la ~ sur qqn* den Vorrang vor jdm haben.

présélection *f* Vorwahl *f* ; *effectuer une ~ parmi qqch* unter (+ D) eine Vorwahl treffen.

présélectionner vorwählen ; eine Vorwahl treffen.

présence *f* Anwesenheit *f* ; Gegenwart *f* ; Vorhandensein *n* ; *en ~ de (qqn)* in Anwesenheit von ; in Gegenwart von ; im Beisein von ; *(qqch)* das Vorhandensein von ; *jetons mpl de ~* Anwesenheitsgelder *npl* ; Diäten *pl* ; Sitzungsgeld *n* ; *liste f de ~* Anwesenheitsliste *f*.

présent *m* Anwesende(r).

présent, e anwesend ; gegenwärtig ; *votre ~e du 20-8* Ihr Schreiben vom 20.8. ; *dans le cas ~* im vorliegenden Fall ; in vorliegendem Fall ; *le ~ document* vorliegendes Schriftstück *n* ; *le ~ porteur de cette lettre* Überbringer *m* dieses Briefs ; *être ~ à une séance* bei einer Sitzung anwesend sein.

présentateur *m* **1.** *(d'un article)* Vorführer *m* ; Demonstrator *m* **2.** *(traite)* Präsentant *m* ; Überbringer *m* ; Vorzeiger *m* **3.** *(radio, télé.)* Präsentator *m* ; *(table ronde)* Moderator *m*.

présentation *f* **1.** Vorführung *f* ; Vorlage *f* ; Vorlegung *f* ; Vorlegen *n* ; Vorzeigen *n* ; Vorzeigung *f* ; *~ d'appareils nouveaux* Vorführung neuer Geräte **2.** *(d'une marchandise, emballage)* Aufmachung *f* ; Ausstattung *f* ; Verpackung *f* ; *~ factice* Schaupackung *f* **3.** *~ d'une pièce d'identité, d'un chèque, d'une facture, du permis de conduire, d'une quittance* Vorlage *f* (Vorzeigen *n*) eines Personalausweises, eines Schecks, einer Rechnung, des Führerscheins, einer Quittung ; *~ du budget* Vorlage des Etats ; *sur ~ de* gegen Vorlage (+ G) ; *payable sur ~ du chèque* bei Vorlage des Schecks zahlbar ; *remis sur ~ d'une pièce d'identité* nur gegen Vorlage eines Ausweises ausgehändigt **4.** *(traite) ~ d'une traite à l'acceptation, au paiement* Präsentation *f* eines Wechsels zum Akzept, zur Zahlung **5.** *(collection de mode)* Mode(n)schau *f* **6.** *(personnelle)* persönliche Vorstellung *f*.

présenter **1.** *(des appareils, des modèles)* vorführen **2.** *~ le passeport, des papiers, un permis de conduire* den Paß, einen Personalausweis, den Führerschein vorzeigen (vorlegen) **3.** *(des marchandises)* aufmachen ; ausstellen ; effektvoll gestalten **4.** *(traite) ~ une traite à l'acceptation, à la signature* einen Wechsel zum Akzept, zur Unterschrift vorlegen **5.** *(divers) ~ un amendement* einen Abänderungsantrag stellen ; *~ des avantages* Vorteile bringen (bieten) ; vorteilhaft sein ; *~ des candidats* Kandidaten aufstellen ; *~ sa candidature* kandidieren (für) ; *~ une demande* einen Antrag stellen ; *~ un déficit* ein Defizit aufweisen ; *~ des difficultés* Schwierigkeiten bieten ; *~ sa démission* seine Entlassung einreichen ; *~ un projet de loi* einen Gesetzentwurf vorlegen ; *~ une proposition* vorschlagen ; einen Vorschlag unterbreiten ; *~ un projet* ein Vorhaben (Projekt) unterbreiten ; *~ une requête* ein Gesuch einreichen ; *~ un solde débiteur de* einen Debetsaldo von... aufweisen **6.** *se ~ (en personne) à qqn* sich bei jdm (persönlich) vorstellen ; *se ~ à une élection* kandidieren (für) ; *se ~ à un emploi* sich um eine Stelle bewerben ; *quand l'occasion se présentera* wenn sich die Gelegenheit bietet.

présentoir *m* Verkaufsständer *m* ; Aufsteller *m* ; Musterkoffer *m*.

préservation *f* Schutz *m* ; Bewahrung *f* ; *~ du littoral* Bewahrung der Küstenlandschaft ; Schutz des Küstengebiets.

préserver schützen ; bewahren ; *~ de l'humidité* vor Nässe (zu) schützen ; *~ des avantages, ses droits, ses intérêts* Vorteile, seine Rechte, seine Interessen wahren.

présidence *f* **1.** *(polit.)(fonction et durée)* Präsidentenschaft *f* ; *candidat m à la ~* Präsidentschaftskandidat *m* ; *élections fpl à la ~* Präsidentschaftswahl *f* **2.** Präsidialkabinett *n* **3.** Amt *n* des Vorsitzenden (des Vorsitzers) **4.** *(d'une assemblée)* Vorsitz *m* ; *(organisation, parti, etc.)* Präsidium *n* ; *~ par roulement* turnusmäßiger Vorsitz ; *assurer la ~ de qqch* den Vorsitz über etw (+ A) führen ; *avoir la ~* den Vorsitz haben ; *confier la ~ à qqn* jdm den Vorsitz übertragen ; *devoir renoncer à la ~* den Vorsitz abgeben ; *élire à la ~*

zum Vorsitzenden wählen ; *être nommé à la ~* zum Vorsitzenden ernannt werden ; *prendre la ~* den Vorsitz übernehmen ; *quitter (renoncer à) la ~* den Vorsitz niederlegen ; *siéger à la ~ d'un organisme* im Präsidium einer Organisation sitzen.

président *m* **1.** *(polit.)* Präsident *m* ; *~ de l'Assemblée nationale* Präsident der Nationalversammlung ; *~ du Conseil* Ministerpräsident ; *~ de la République* Präsident der Republik ; *~ de la R.F.A. (Autriche, Suisse)* Bundespräsident ; *(R.D.A.)* Staatsratsvorsitzende(r) ; *~ du Sénat* Senatspräsident **2.** *(assemblée, etc.)* Vorsitzende(r) ; Vorsitzer *m* ; Leiter *m* ; *~ en exercice* amtierende(r) (geschäftsführende(r)) Vorsitzende(r) ; *~ du Conseil d'administration, du Conseil de surveillance* Verwaltungsratsvorsitzende(r), Aufsichtsratsvorsitzende(r) ; *~-directeur général* ⇒ *P.-D.G.* ; *~ du directoire* Vorstandsvorsitzende(r) ; *~ de séance* Sitzungspräsident ; *vice-~* stellvertretende(r) Vorsitzende(r) ; *élire un nouveau ~* einen neuen Vorsitzenden wählen.

présidente *f* Präsidentin *f*.

présidentialiser das Präsidialsystem übernehmen.

présidentiel, le Präsidenten- ; Präsidial- ; *élections fpl ~les (les ~les)* Präsidentschaftswahl *f* ; *gouvernement m, système m ~* Präsidialregierung *f*, Präsidialsystem *n*.

présider vorsitzen (+ D) ; den Vorsitz haben (führen) ; Vorsitzende(r) sein ; präsidieren ; *~ une commission* einer Kommission vorsitzen.

présomptif, ive mutmaßlich.

présomption *f* Vermutung *f*.

presse *f*	1. *médias* 2. *cohue, hâte* 3. *technique*

1. *(médias)* Presse *f* ; Pressewesen *n* ; Zeitungswesen *n* ; ♦ *~ du cœur* Regenbogenpresse ; *~ économique* Wirtschaftspresse ; *~ écrite* Presse *f* ; Zeitungen und Zeitschriften *fpl* ; Printmedien *pl* ; *~ étrangère, financière, mensuelle* ausländische Presse, Finanzpresse, Monatsblätter *npl* (Monatszeitschriften *fpl*) ; *~ indépendante* überparteiliche Presse ; *~ nationale, d'opinion, d'opposition* inländische, parteigebundene Presse, Oppositionspresse ; *~ quotidienne* Tagespresse ; *~ parlée* Rundfunknachrichten *fpl* ; *~ politique, régionale, spécialisée (professionnelle)* politische Presse, Regional-, Fachpresse ; *~ à sensation* Boulevard-, Sensations-, Skandalpresse ; *~ à grand tirage* auflagenstarke Zeitungen *fpl* ; ♦♦ *agence f, attaché m, campagne f de ~* Presseagentur *f*, -referent *m*, -kampagne *f* ; *carte f de ~* Presseausweis *m* ; *censure f de la ~* Pressezensur *f* ; *communiqué m de ~* Pressebericht *m* ; *conférence f, correspondant m de ~* Pressekonferenz *f*, -korrespondent *m* ; *déclaration f officielle à la ~* amtliche Presserklärung *f* ; *informations fpl de ~* Presseinformationen *fpl*, -nachrichten *fpl* ; *(carte f d') invitation f pour les gens de ~* Pressekarte *f* ; *liberté f de la ~* Pressefreiheit *f* ; *nouvelles fpl de ~* → *informations* ; *organe m, représentant m, revue f de ~* Presseorgan *n*, -vertreter *m*, -schau *f* ; *service m de ~ (publication)* Pressedienst *m* ; *(organisme)* Pressestelle *f* ; *les gros titres mpl de la ~* Schlagzeilen *fpl* in der Presse ; ♦♦♦ *avoir bonne, mauvaise ~* einen guten, schlechten Ruf genießen (haben) ; eine gute, schlechte Presse haben ; *faire (fournir) les gros titres de la ~* Schlagzeilen liefern ; *inviter la ~* die Presse einladen ; *la ~ s'est emparée de l'affaire* die Presse hat den Fall aufgegriffen ; *remettre un communiqué officiel à la ~* der Presse eine amtliche Mitteilung, Verlautbarung übergeben.

2. *(cohue, hâte)* Gedränge *n* ; Andrang *m* ; Hochbetrieb *m* ; Hochsaison *f* ; *il y a ~ (ça urge)* es eilt ; es drängt ; *il y a ~ dans les magasins* es herrscht ein (großes) Gedränge (Andrang, Hochbetrieb) in den Geschäften ; die Geschäfte haben Hochsaison ; *pendant les périodes de ~ (hôtel)* während der Hochsaison ; in Zeiten des Hochbetriebs ; wenn es viel zu tun gibt.

3. *(technique)* Presse *f* ; *(impr.)* Druckmaschine *f* ; *~ à billets* Notenpresse ; *~ à copier* Kopiermaschine *f* ; *~ à imprimer* Druckerpresse ; *~ à estamper* Stanze *f* ; *~ hydraulique* hydraulische Presse ; *~ offset* Offsetdruckmaschine ; *~ rotative* Rotationsdruckmaschine ; *mise f sous ~* Drucklegung *f* ; *être sous ~* unter der Presse sein ; gedruckt werden ; *mettre sous ~* drucken (lassen) ; mit dem Druck beginnen ; *mettre un manuscrit sous ~* ein Manuskript in Druck geben.

pressé, e eilig ; dringend ; *commande f ~e* eilige Bestellung *f* ; *~ par le temps* unter Zeitdruck (stehend) ; *être ~* es eilig haben ; *l'affaire, la lettre est ~e* die Angelegenheit, der Brief eilt ; *être très ~ de qqch* einen dringenden Bedarf an etw (+ D) haben.

presser 1. *(accélérer qqch)* beschleunigen ; drängen ; *~ l'expédition, la livraison* den Versand, die Lieferung beschleunigen ; *~ qqn de faire qqch* jdn drängen, etw zu tun ; *~ qqn d'agir* jdn zum Handeln drängen 2. *(assaillir)* bedrängen (mit) ; bestürmen (mit) ; *~ qqn de questions, de demandes* jdn mit Fragen, mit Bitten bedrängen (bestürmen) 3. *(être urgent)* eilen ; eilig sein ; drängen ; *la lettre presse* der Brief eilt (ist eilig) 4. *se ~* sich beeilen.

pression *f* Druck *m* ; ♦ *~ de la concurrence, de la demande, démographique* Konkurrenz-, Nachfrage-, Bevölkerungsdruck ; *~ fiscale, inflationniste, des prix* steuerlicher, Inflations-, Preisdruck ; *~ syndicale* Druck der Gewerkschaften ; *groupe m de ~* Interessengruppe *f* ; Lobby *f* ; Pressure- group ['prɛʃəgrup] *f* ; *moyen m de ~* Druckmittel *n* ; ♦♦♦ *agir sous la ~ de la base, du patronat, des événements* unter dem Druck der Basis, der Arbeitgeber, der Ereignisse handeln ; *céder à une ~* einem Druck nachgeben ; *être sous (la) ~ (de qqn)* unter (dem) Druck (von jdm) stehen ; *exercer une ~ (faire ~) sur qqn* auf jdn einen Druck ausüben.

prestataire *m* Leistungspflichtige(r) ; Leistungsträger *m* ; *~ de services* Dienstleistungserbringer *m* ; Dienstleistungsverpflichtete(r).

prestation *f* Leistung *f* ; Geldbeihilfe *f* ; Bezüge *mpl* ; *~s (somme versée au titre de l'aide sociale)* Leistungen *fpl* ; ♦ *~ accessoire, facultative, obligatoire, servie* Neben-, fakultative, Pflicht-, bewirkte (erbrachte) Leistung ; *~ en argent (en espèces, pécuniaire)* Barleistung ; Geldleistung ; *~ d'assistance* Hilfeleistung ; Fürsorge-, Beistandsleistung ; *~s des assurances sociales* Leistung aus der Sozialversicherung ; *~s des caisses (de) chômage* Arbeitslosenunterstützung *f* ; *~ de capitaux* Kapitalleistung,; *~s familiales* Familienzulagen *fpl* ; *~ d'impôt* Steuerleistung, -abgabe *f* ; *~s de maladie* Leistungen der Krankenkasse ; *~s médicales* ärztliche Leistungen ; *~ en nature* Sachleistung ; Deputat *n*; Leistung in Naturalien ; Naturalleistung ; *~ de salaire* Entlohnung *f* ; *~ préalable* Vor(-aus)leistung ; *~ de serment* Eidesleistung ; *~s de services* Dienstleistungen ; *~s sociales* soziale Leistungen ; Sozialleistungen ; *~ de transport* Verkehrsleistung ; *~s de vieillesse* Altersversorgung *f* ; ♦♦ *ayant-droit m aux ~s* Leistungsberechtigte(r); *barème m de ~* → *taux* ; *bénéficiaire m d'une ~* Leistungsempfänger *m* ; *contre-~* Gegenleistung *f* ; *droit m aux ~s* Leistungsanspruch *m* ; *durée f des ~s* Leistungsperiode *f* ; *entreprise f de ~s de services* Dienstleistungsunternehmen *n* ; *fourniture f de ~* Erbringen *n* einer Leistung ; *montant m des ~s* Leistungsbetrag *m* ; Höhe *f* der erbrachten Leistungen ; *poursuite f de ~* Leistungsklage *f* ; *service m de ~* → *fourniture* ; *taux m des ~s* Leistungssätze *mpl* ; *titulaire m d'une ~* → *bénéficiaire* ; ♦♦♦ *s'acquitter d'une ~ (exécuter une ~)* eine Leistung erfüllen ; einer Leistung nachkommen ; *effectuer (fournir, servir, assurer) une ~* eine Leistung erbringen (bewirken) ; *faire valoir ses droits aux ~s* seinen Leistungsanspruch geltend machen ; *refuser une ~* eine Leistung verweigern ; *toucher (percevoir) des ~s* Leistungen beziehen (erhalten).

prestige *m* Prestige [prɛs'ti:ʒə] *n* ; Aussehen *n* ; *~ social* soziales Prestige ; *gain m, perte f de ~* Prestigegewinn *m*, -verlust *m* ; *profession f de ~* Prestigeberuf *m* ; prestigeträchtiger Beruf ; *question f, voiture f de ~* Prestigefrage *f*, -wagen *m* ; *avoir du ~* Ansehen genießen ; in hohem Ansehen stehen ; *il y va du ~ de la maison* es geht um das Prestige der Firma.

prêt *m* 1. Darleh(e)n *n* ; Kredit *m* ; *(gratuit)* Leihe *f* 2. *(montant du prêt)* Darlehensbetrag *m*, -summe *f* 3. *(de livres)* Ausleihe *f* 4. *(de matériel)* Verleih *m* ; ♦ *~ agricole* Agrarkredit ; *~-bail* Leihpacht *f* ; Leasing *n* ; *~ à la consommation* Konsumentenkredit ; Konsumtivkredit ; *~ à la construction* Baudarlehen ; *~ à court, moyen, long terme* kurz-, mittel-, langfristiges Darlehen ; *~ de dépannage* Überbrückungskredit, -beihilfe *f*, -geld *n* ; *~ d'équipement* Ausrüstungsdarlehen ; *~ gratuit (sans intérêts)* zinsloses (unverzinsliches) Darlehen ; *~ à intérêts* verzinsliches Darlehen ; *~ sur gage* Pfandleihe ; *~ à la grosse (maritime)* Bodmereivertrag *m* ; *~s à l'hôtellerie* Hotelkredit ; *~ hypothécaire* Hypothekarkredit ; *~ au mariage (aux jeunes ménages)* Ehestandsdarlehen ; *~ maritime* Seedarlehen ; *~*

de matériel Verleih *m* von Material ; *~ sur nantissement* Lombardkredit ; Lombardgeschäft *n* ; *~ remboursable* rückzahlbares Darlehen ; *~ spécial* Sonderkredit ; *~ sur titres* Effektenlombard *m* ; *~ à usage* Leihe *f* ; *~ usuraire* Wucherdarlehen ; ♦♦ *caisse f de ~s* Darlehenskasse *f* ; *certificat m, conditions fpl, contrat m de ~* Darlehensschein *m*, -bedingungen *fpl*, -vertrag *m* ; *demande f de ~* Darlehensantrag *m* ; *établissement m (maison f) de ~* Leihanstalt *f*, -haus *n*, -amt *n* ; *montant m du ~* Darlehensbetrag *m*, -summe *f* ; *société f de ~s* Darlehensgesellschaft *f* ; *taux m du ~* Darlehenssatz *m*, -zins *m* ; *titre m de ~* Darlehensurkunde *f* ; *à titre de ~* leihweise ; *valeur f de ~* Beleihungswert *m* ; ♦♦♦ *accorder un ~* → *consentir* ; *conclure un ~* ein Darlehen abschließen ; *consentir un ~ à qqn* jdm ein Darlehen gewähren (bewilligen) ; *contracter un ~* → *prendre* ; *donner à titre de ~* als Darlehen geben ; *prendre un ~* ein Darlehen aufnehmen ; *recevoir à titre de ~* als Darlehen erhalten.

prêt, e bereit ; fertig ; *~ à fonctionner* betriebsbereit ; einsatzfähig, -fertig ; *~ à partir* reisefertig ; startbereit ; *~ à l'usage* gebrauchsfertig.

prêt-à-porter *m* Konfektionskleidung *f* ; Konfektion *f*.

prétendre behaupten ; *~ à un droit* auf ein Recht Anspruch erheben.

prête-nom *m* Strohmann *m* ; *servir de ~* den Strohmann abgeben (machen).

prétentions *fpl* Ansprüche *mpl* ; Forderungen *fpl* ; *~ salariales (de salaire, de traitement)* Lohn-, Gehaltsansprüche ; *avoir des ~ sur qqch* Anspruch erheben auf etw (+ A) ; *émettre des ~* Ansprüche stellen an (+ A) ; *faire connaître ses ~* seine Gehaltsansprüche anmelden ; *faire valoir ses ~* seine Ansprüche geltend machen.

prêter 1. leihen ; etw an jdn ausleihen ; verleihen ; ein Darlehen gewähren ; *(fam.)* borgen ; pumpen ; (Geld) vorstrecken ; *~ 100 F* 100 F leihen ; *~ à intérêt, à 22 %* gegen Zinsen (aus)leihen ; zu (mit) 22 % Zinsen leihen ; *~ de la main-d'œuvre* Arbeitskräfte (aus)leihen ; *~ sur gage* gegen Pfand leihen ; etw beleihen ; lombardieren ; *~ sur hypothèque* auf Hypothek leihen ; *~ sur titres* Wertpapiere beleihen ; *la banque ~e de l'argent à ses clients* die Bank verleiht Geld an ihre Kunden ; die Bank leiht ihren Kunden Geld **2.** *~ assistance* Beistand leisten ; *~ serment* einen Eid leisten.

prêteur *m* Verleiher *m* ; Darlehensgeber *m* ; Geldgeber *m* ; Kreditgeber *m* ; *~ sur gage* Pfandleiher *m*.

preuve *f* Beleg *m* ; Beweis *m* ; Beweisstück *n* ; *je n'ai aucune ~ de ce paiement* ich habe keinen Beleg für diese Zahlung ; *jusqu'à ~ du contraire* bis zum Beweis des Gegenteils ; *~ par neuf* Neunerprobe *f* ; *fournir la ~ (de qqch)* den Beweis (für etw) liefern.

prévenir 1. *(qqn de qqch)* jdn vor etw (+ D) warnen ; jdn über etw (+ A) benachrichtigen **2.** *(éviter)* vorbeugen (+ D) ; etw verhüten ; *~ une crise économique* einer Wirtschaftskrise vorbeugen.

préventif, ive vorbeugend ; Vorbeugungs- ; präventiv ; Präventiv- ; *médecine f ~ive* Präventivmedizin *f* ; Vorsorgemedizin ; *mesures fpl ~ives* Vorbeugungsmaßnahmen *fpl* ; vorbeugende Maßnahmen ; *mesures fpl ~ives contre les accidents du travail* Maßnahmen zur Verhütung von Arbeitsunfällen.

prévention *f* **1.** *(sens d'éviter)* Vorbeugung *f* ; Verhütung *f* ; Vorsorge *f* ; vorbeugende Maßnahmen *fpl* ; Prävention *f* ; *~ des accidents du travail* Verhütung von Arbeitsunfällen ; *~ des catastrophes* Katastrophenvorsorge *f* **2.** *(préjugés)* Vorurteil *n* ; Voreingenommenheit *f* ; *avoir des ~s contre qqn* jdm gegenüber voreingenommen sein.

préventivement vorsichtshalber ; zur Vorbeugung.

prévisible voraussichtlich ; vorhersehbar ; voraussehbar.

prévision *f (surtout au pl.)* **1.** *(perspectives, pronostic)* Aussicht *f* ; Prognose *f* ; Voraussage *f* ; Vorschau *f* ; *~s de la conjoncture* Konjunkturaussichten ; *~ économique* Wirtschaftsprognose, -vorschau, -voraussage ; *~s du marché* Marktaussichten, -prognose, -voraussagen **2.** *(budget prévisionnel, estimation)* Vorausberechnung *f* ; Voranschlag *m* ; Vorausschätzung *f* ; Soll-Zahlen *fpl* ; *~s budgétaires* Haushaltsvoranschlag, -ansätze *mpl* ; Etat *m* **3.** *(prévoyance)* Vorsorge *f* **4.** Erwartung *f* ; *ceci confirme mes ~s* es bestätigt meine Erwartungen ; *contrairement aux ~s* entgegen allen Erwartungen ; *ceci correspond à mes ~s* es entspricht meinen Erwartungen ; *si nos ~s se réalisent* wenn sich unsere Erwartungen verwirklichen.

prévisionnel, le 1. vorausschauend ;

vorausplanend ; *étude f ~le* Planung *f* ; Vorstudie *f* ; *gestion f ~le* Betriebsplanung *f* ; *mesures fpl ~les* vorausschauende Maßnahmen *fpl* **2.** veranschlagt ; *budget m ~* Haushaltsvoranschlag *m* ; *comptes mpl ~s* Vorkalkulation *f* ; *coût m ~* veranschlagte Kosten *pl* ; Kostenvoranschlag.

prévoir voraus-, vorhersehen ; prognostizieren ; *(avoir l'intention de)* vorsehen ; *être prévu dans, par* in, von etw vorgesehen sein ; *ne pas pouvoir ~ qqch* etw nicht vorhersagen können ; *~ une augmentation de production* eine Produktionserhöhung vorhersehen ; *rien ne laissait ~ que* nichts ließ voraussehen, daß ; *les frais à ~* die voraussichtlichen Gebühren (Kosten) ; *être prévu à un poste* für ein Amt vorgesehen sein ; *ceci n'est pas prévu dans le contrat* das ist im Vertrag nicht vorgesehen ; *laisser ~ qqch à qqn* jdm etw in Aussicht stellen ; *livrer dans les délais prévus* in der vorgesehenen Frist liefern.

prévoyance *f* Voraussicht *f* ; Vorsorge *f* ; Fürsorge *f* ; Versorgung *f* ; *~ contre les accidents (du travail)* (Arbeits)unfallverhütung *f* ; *~ maternelle, sociale* Mutterfürsorge ; soziale Fürsorge ; Mutterschutz *m* ; *~ publique* öffentliche Fürsorge ; *~ de vieillesse* Altersversorgung ; *caisse f de ~* Versorgungskasse *f* ; *fonds mpl de ~* Fonds *m* für unvorhergesehene Ausgaben ; Fürsorgefonds ; *mesure f de ~* Vorsorge ; *par mesure de ~* vorsichtshalber ; *organisme m de ~* Fürsorgeeinrichtung *f* ; *société f de ~* Wohltätigkeitsverein *m* ; *payer qqch sur les fonds de la ~ publique* etw aus Mitteln der öffentlichen Fürsorge zahlen (bestreiten).

price-earning-ratio *m (PER)* Kurs-Gewinn-Verhältnis n.

prière : *~ de faire suivre* bitte nachsenden ; *avec la ~ de...* mit der Bitte, zu...

primage *m (maritime : remise sur fret en faveur du capitaine)* Primage *f* ; Primgeld *n*.

primaire primär ; *besoins mpl en énergie ~* Primärenergiebedarf *m* ; *élections fpl ~s* Vorwahlen *fpl* ; *énergie f ~* Primärenergie *f* ; *secteur m ~ (agriculture)* primärer Wirtschaftssektor *m*.

prime *f (bourse, assurances)* Prämie *f* ; *(supplément, boni)* Geld *n* ; Vergütung *f* ; Gratifikation *f* ; Bonus *m* ; Zulage *f* ; Zuschuß *m* ; *(agio)* Agio *n* ; ♦ *~ d'abandon d'exploitation (rurale)* Landabgaberente *f* ; *~ d'abattage (bétail)* (Ab)schlachtprämie *f* ; *(arbres)* Abholzprämie ; *~ d'ancienneté* Dienstalterszulage *f* ; Treueprämie ; *~ annuelle* Jahresprämie ; *~ arriérée* rückständige Prämie ; *~ d'assurances* Versicherungsprämie ; *~ d'atelier* Leistungszulage *f* ; Betriebsprämie ; *~ de capture* Fangprämie ; *~ de change* Kursdifferenzagio *n* ; Wechselagio ; *~ sur le chiffre d'affaires* Umsatzvergütung ; *~ pour conduite sans accidents* Bonus für unfallfreies Fahren ; *~ à la construction* Bau(kosten)zuschuß *m* ; Bauprämie ; *~ sur contrats d'épargne-logement* Prämie für Bausparverträge ; *~ de conversion* → *reclassement* ; *~ de courtage* Maklergebühr *f* ; *~ de départ* Abgangsgeld ; Prämie für Betriebseinstellung ; *~ échue* fällige Prämie ; *~ d'élevage* Aufzuchtprämie ; *~ d'émission* Emissionsprämie, -agio ; *~ d'encouragement* Anreizprämie ; Prämie zur Förderung (von) ; *~ d'épargne* Spargeld, -zulage *f* ; *~ à l'exportation* Ausfuhrprämie ; *~ de fidélité* Treueprämie ; *~ de fin d'année* Jahresabschlußprämie ; Weihnachtsgratifikation *f*, -geld ; *~ forfaitaire* Pauschalprämie ; *~ à la hausse* Vorprämie ; Kaufoption *f* ; *~ à l'hectare* → *~ de mise en culture* ; *~ d'importation* Einfuhrprämie ; *~ indexée* indexgebundene Prämie ; *~ d'installation* Einrichtungszulage *f* ; *~ pour lever (pour l'acheteur)* → *à la hausse* ; *~ pour livrer (à la baisse)* Rückprämie ; Verkaufsoption *f* ; *~ de (de mise en) culture* Anbauprämie ; *~ partielle* Teilprämie ; *~ de pénibilité* Erschwerniszulage *f* ; Prämie für Schwerarbeit ; *~ de productivité* → *rendement* ; *~ de quantité* Mengenrabatt *m* ; *~ de réassurance* Rückversicherungsprämie ; *~ de reclassement* Umstellungszulage *f*, -entschädigung *f* ; *~ de remboursement* Rückzahlungsprämie, -agio ; *~ de rendement* Leistungsprämie ; *~ de responsabilité* Verantwortungsprämie ; *~ de risque* Risikoprämie ; *~ de transport* Fahrkostenzuschuß *m* ; *~ pour travaux salissants* Schmutzzulage *f* ; *~ unique* Einmalprämie ; *~ de vacances* Urlaubsgeld, -gratifikation ; *~ variable* veränderliche Prämie ; ♦♦ *à ~ (bénéficiant d'une ~)* prämienbegünstigt ; *abandon m de la ~* Prämienaufgabe *f*, -abandon *m* ; *achat m à ~* Vorprämiengeschäft *n* ; *bonification f de ~* Prämienvergütung *f* ; *calcul m des ~s* Prämienberechnung *f* ; *double ~* Doppelprämie ; *écart* *m de* ~ Kursdifferenz *f* ; *émission f avec* ~ Über-pari-Emission *f* ; *emprunt m à* ~ Prämienanleihe *f* ; *encaissement m de* ~ Prämieninkasso *n* ; *levée f de la* ~ Prämienentnahme *f* ; *majoration f de* ~ Prämienerhöhung *f* ; *marché m à* ~ Prämiengeschäft *n* ; *obligation f à* ~ Prämienschuldverschreibung *f* ; *opérations fpl à* ~ Prämiengeschäfte *npl* ; *paiement m de* ~ Prämienzahlung *f* ; *quittance f de* ~ Prämienquittung *f* ; *réponse f des* ~ Prämienerklärung *f* ; *restitution f de la* ~ Prämienrückgewähr *f*, -erstattung *f* ; *salaire m aux* ~*s* Prämienlohn *m* ; *supplément m de* ~ Prämienzuschlag *m* ; *taux m de la* ~ Prämiensatz *m* ; *tirage m au sort des* ~*s* Prämienauslosung *f*, -verlosung *f* ; *titre m à* ~ Prämienwertpapier *n* ; *vente f à* ~ Rückprämiengeschäft *n* ; *versement m de* ~ → *paiement* ; ◆◆◆ *abandonner la* ~ eine Prämienoption aufgeben (abandonieren) ; *accorder une* ~ eine Prämie bewilligen (gewähren) ; *augmenter les* ~*s d'assurance* die Versicherungsprämien erhöhen ; *exiger (demander) une* ~ *de 500 F* eine Prämie von 500 F verlangen ; *faire* ~ gefragt (gehandelt) werden ; für etw Aufgeld zahlen ; *lever la* ~ die Prämie kündigen ; *réajuster les* ~*s* die Prämien angleichen ; *recevoir qqch en* ~ etw als Werbegeschenk (Zugabe) bekommen.

primer 1. prämi(i)eren ; mit einem Preis auszeichnen ; ~*é* preisgekrönt 2. den Vorrang haben ; *la qualité* ~*e la quantité* Qualität geht vor Quantität.

primeurs *fpl* Frühgemüse *n* ; Frühobst *n*.

primordial, e wichtig ; entscheidend ; maßgebend ; ausschlaggebend ; *la tâche* ~*e* die vordringlichste Aufgabe *f*.

principal, e hauptsächlich ; wichtig ; Haupt- ; *actionnaire m, agent m, créancier m, dette f, emploi m* ~*(e)* Hauptaktionär *m*, -agent *m*, -gläubiger *m*, -schuld *f*, -beschäftigung *f*.

prioritaire 1. vorrangig ; Prioritäts- ; *action f* ~ Prioritätsaktie *f* 2. *(circulation)* Vorfahrts- ; *panneau m de route* ~ Vorfahrtsschild *n* ; *route f* ~ Vorfahrtsstraße *f* ; *être* ~ Vorfahrt haben ; vorfahrtsberechtigt sein.

priorité *f* 1. Vorrang *m* ; Priorität *f* ; Vorzug *m* ; Bevorzugung *f* ; ◆ ~ *d'emploi* Anspruch *m* (Recht *n*) auf bevorzugte Einstellung ; ~ *d'hypothèque* Hypothekenvorrang ; ~ *de livraison* bevorzugte Lieferung *f* ; ◆◆◆ *avoir la priorité sur qqn* jdm gegenüber Priorität haben; vor jdm Vorrang haben ; *contester la* ~ *à qqn* jdm den Vorrang streitig machen ; *donner la* ~ *(absolue) à qqch ou qqn* etw, jdm den Vorrang (absolute Priorität) geben (einräumen) ; *définir des* ~*s* Prioritäten bestimmen ; *être servi en* ~ bevorzugt bedient werden ; *fixer des* ~*s* Prioritäten (Schwerpunkte) setzen ; *revendiquer la* ~ die Priorität beanspruchen ; *traiter en* ~ etw vorrangig behandeln 2. *(circulation)* Vorfahrt *f* ; ~ *à droite* Rechtsvorfahrt ; *avoir la* ~ *(sur)* Vorfahrt haben (vor).

pris, e 1. ~ *à l'usine, à l'entrepôt* ab Werk, ab Lager 2. *je suis actuellement très* ~ zur Zeit bin ich (beruflich) stark beansprucht (eingespannt).

prise *f* 1. ~ *de bénéfices* Gewinnmitnahme *f* ; ~ *à bord* Übernahme *f* an Bord ; ~ *en charge* Übernahme *f* ; ~ *en charge des coûts* Kostenübernahme ; ~ *en compte* **a)** Anrechnung *f* **b)** Berücksichtigung *f* ; ~ *en considération* → *en compte b)* ; ~ *de contact* Kontaktaufnahme *f* ; Fühlungnahme *f* ; ~ *de contrôle d'une société* Übernahme *f* der Aktienmehrheit einer Gesellschaft ; ~ *en dépôt* Verwahrung *f* ; ~ *de direction* Führungs-, Leitungsübernahme ; ~ *à domicile* Abholung *f* vom Hause ; ~ *d'échantillons* Probeentnahme *f* ; ~ *ferme d'émissions* feste Übernahme ; ~ *de fonction* Dienst-, Stellenantritt *m* ; ~ *en gage* Pfandnahme *f* ; ~ *en main d'une affaire* Übernahme eines Geschäfts ; ~ *d'otage(s)* Geiselnahme *f* ; ~ *de position* Stellungnahme *f* ; ~ *de possession* Besitznahme *f* ; ~ *de pouvoir* Machtübernahme *f* ; Machtergreifung *f* ; *attestation f de* ~ *en charge* Übernahmebescheinigung *f* 2. *(prise maritime)* Prise *f* ; *prime f de* ~ Prisengeld *n*.

prisu(nic) *m (magasin à prix unique)* Einheitspreisgeschäft *n* ; *(R.F.A.)* Kaufhalle *f*.

privation *f* Entziehung *f* ; Entzug *m* ; Verlust *m* ; Mangel *m* ; ~ *des droits civils* Aberkennung *f* der bürgerlichen Ehrenrechte ; ~ *d'emploi* Verlust *m* des Arbeitsplatzes ; ~ *de jouissance* Entzug *m* der Nutzung.

privations *fpl* Entbehrungen *fpl* ; *endurer de grandes* ~ große Entbehrungen ertragen (auf sich nehmen).

privatique *f* Heiminformatik *f* ; Heimcomputer *m* ; privater Einsatz *m* von EDV-Geräten.

privatisation *f* Privatisierung *f* ; Entstaatlichung *f* ; Deregulierung *f* ; *la ~ d'entreprises publiques* die Privatisierung öffentlicher Unternehmen.

privatiser privatisieren ; in Privateigentum überführen ; in Privatvermögen umwandeln ; entstaatlichen ; deregulieren.

privé, e privat ; Privat- ; *propriété f ~e* privater Besitz *m* ; Privatbesitz ; *adresse f, affaire f, banque f ~e* Privatadresse *f* (-anschrift *f*), -angelegenheit *f*, -bank *f* ; *communication f, compte m, droit m ~(e)* Privatgespräch *n*, -konto *n*, -recht *n* ; *économie f, entreprise f, initiative f ~e* Privatwirtschaft *f*, -unternehmen *n*, -initiative *f* ; *intérêts mpl, investissements mpl ~s* Privatinteressen *npl*, -investitionen *fpl* ; *propriété f, vie f ~e* Privateigentum *n*, -leben *n* ; *de source ~e* aus inoffizieller (privater, nicht amtlicher) Quelle ; *être dû à une initiative ~e* auf eine Privatinitiative zurückgehen (zurückzuführen sein) ; *financer qqch sur des fonds ~s* etw aus privaten Mitteln finanzieren.

priver 1. jdn um etw bringen ; jdm etw entziehen ; *~ qqn de ses droits* jdn entrechten ; jdn seiner Rechte berauben ; *~ qqn de ses droits civils* jdm die bürgerlichen Ehrenrechte aberkennen ; *~ qqn de son emploi* jdn stellungslos machen ; jdn um seinen Arbeitsplatz bringen ; *privé d'emploi* beschäftigungslos **2.** *se ~ de qqch* Entbehrungen auf sich nehmen ; auf etw (+ A) verzichten.

privilège *m* Privileg *n* ; Sonderrecht *n* ; Vorrecht ; *~ des bouilleurs de cru* Brennrecht ; *~ d'émission* Notenbankprivileg ; *~s fiscaux* Steuervorrechte ; *~ en cas de faillite* Konkursvorrecht ; *~s garantis par écrit* verbriefte Privilegien ; *avoir des ~s* Privilegien haben (genießen) ; *obtenir des ~s* Privilegien erhalten (erkämpfen, ergattern) ; *supprimer (abolir) des ~s* Privilegien beseitigen (abschaffen) ; *toucher à des ~s* Vorrechte antasten.

privilégié *m* Privilegierte(r).

privilégier privilegieren ; jdm Privilegien (Sonder-, Vorrechte) einräumen ; *créancier m privilégié* bevorrechtigter Gläubiger *m* ; *milieux mpl, personnes fpl, position f ~é(s)* privilegierte Kreise *mpl*, Personen *fpl*, Stellung *f*.

1. prix ***m (à payer)***
◆ *~ d'abonnement...*
◆◆ *accord sur les...*
◆◆◆ *atteindre un...*
2. prix ***m (récompense)***

1. prix ***m (à payer)*** Preis *m* ; ◆ *~ d'abonnement* Bezugspreis *m* ; Abonnementpreis ; *~ abordable* erschwinglicher Preis ; *~ abusif* Wucherpreis ; *~ d'achat* Einkaufspreis ; *~ actuel* jetziger (gegenwärtiger) Preis ; *~ affiché* ausgezeichneter Preis ; *~ agricoles* Agrarpreise ; *~ d'amateur* Liebhaberpreis ; *~ d'ami* Freundschaftspreis ; *~ d'appel* Lockvogelpreis ; Werbepreis ; *~ de l'argent* Geldpreis ; *~ avantageux* preisgünstig, -wert, -würdig ; *~ de base* Grundpreis ; *~ bloqué* gestoppter Preis ; preisgestoppt ; *~ brut* Bruttopreis ; *~ CAF* Cif-Preis ; *~ calculé au plus juste* (äußerst) knapper Preis ; knapp berechneter Preis ; *~ catalogue* Listen-, Katalogpreis ; *~ pour une chambre (avec petit déjeuner)* Zimmerpreis (mit Frühstück) ; *~-choc* Preisschlager *m* ; Preisknüller *m* ; sensationeller Preis ; *~ au comptant* Barpreis ; *~ conseillé* Richtpreis ; empfohlener Preis ; *~ conseillés* unverbindliche Preise ; *~ à la consommation* Verbraucher-, Ladenpreis ; Endverbraucherpreis ; *~ convenu* vereinbarter Preis ; Preis nach Vereinbarung ; *~ courant* Marktpreis ; *~ courants* Preisliste *f*, -katalog *m* ; *~ coûtant* Einstandspreis ; Selbstkostenpreis ; *~ à débattre* Preis nach Vereinbarung ; *~ départ (usine)* Preis ab (Werk) ; *~ de détail* Einzelhandelspreis ; *~ de dumping* Dumpingpreis ; *~ d'écluse (C.E.)* Einschleusungspreis ; *~ effectif* Effektivpreis ; *~ élevé* hoher Preis ; *~ d'émission* Ausgabe-, Emissionspreis ; *~ d'entrée* Eintrittspreis ; *~ escomptés* Preiserwartungen *fpl* ; *~ d'estimation* Schätz-, Taxwert *m* ; geschätzter (angenommener) Wert ; *~-étalon* Standardpreis ; *~ très étudié* knapp kalkulierter (berechneter) Preis ; *~ exceptionnel* Sonderpreis ; *~ exorbitant (exagéré, excessif)* unerschwinglicher (übertriebener, übermäßiger) Preis ; Preisüberhöhung *f* ; Überpreis *m* ; *~ de fabrique* Fabrikpreis ; *~ de façon* Verarbeitungspreis ; *~ fait* → *convenu* ; *~ de faveur* Vorzugspreis ; *~ ferme* fester Preis ; Festpreis ; *~ fictif* fingierter Preis ; *~ fixé* festgesetzter Preis ; *~ fob* Fob-Preis ; *~ forfaitaire* Pauschalpreis ; *~ fort* zum vollen Preis ; *~ fou* horrender Preis ; *~ franco* Preis frei ; *~ franco à bord du navire* Preis frei an Bord ; *~ franco domicile* Preis frei Haus ; *~ franco d'emballage* Preis frei Verpackung ; *~ franco gare* Preis frei Bahnhof ; *~ du* *fret* Frachtgeld *n* ; ~ *global* Gesamtpreis ; « alles in allem » ; ~ *de gros* Großhandelspreis ; ~ *homologué* behördlich (amtlich) anerkannter Preis ; ~ *hors-taxes* Preis ohne Steuer ; ~ *imbattable* unerhörter (konkurrenzloser) Preis ; ~ *imposé* (preis)gebunden ; Preisbindung *f* ; staatlich festgelegter Preis ; ~ *inabordable* unerschwinglicher Preis ; ~ *indicatif* Richtpreis ; ~ *intéressant* → *avantageux* ; ~ *intérieurs* Inlandspreise ; ~ *d'intervention* Interventionspreis ; ~ *d'inventaire* Inventarpreis ; ~ *du (au) kilo* Kilopreis ; ~ *kilométrique* Kilometerpreis ; ~ *de lancement* Einführungspreis ; ~ *libre (non imposé)* freibleibender Preis ; ~ *de location* Leihgebühr *f* ; ~ *du loyer* Mietpreis *m*; ~ *de la main-d'œuvre* Arbeitskosten *pl* ; ~ *marchand* Handelspreis ; ~ *du marché* Marktpreis ; ~ *au marché noir* Schwarzmarktpreis ; ~ *marqué* ausgeschriebener Preis ; ~ *maximum (maximal)* → *plafond* ; ~ *minimum (minimal)* → *plancher* ; ~ *modique (modéré)* mäßiger Preis ; ~ *moyen* Durchschnittspreis ; ~ *net* Nettopreis ; ~ *d'objectif* Zielpreis ; ~ *officiel* amtlicher Preis ; *à ~ d'or* für ein Heiden-, Sündengeld ; wahnsinnig teuer ; ~ *d'ordre* Verrechnungspreis ; ~ *d'ouverture* Eröffnungspreis ; Anfangskurs *m* ; ~ *du pain* Brotpreis ; ~ par jour et par personne Preis pro Tag und Person ; ~ *de passage* Überfahrtspreis ; ~ *de pension* Pensionspreis ; ~ *sur place* Lokopreis ; ~ *plafond* Maximal-, Höchstpreis ; ~ *plancher* Minimal-, Mindestpreis ; ~ *à la pompe* Preis ab Tankstelle ; ~ *habituellement pratiqué* (orts)üblicher Preis ; ~ *de préemption* Vorkaufspreis ; ~ *préférentiel* → *de faveur* ; ~ *à la production* Herstellungs-, Erzeugerpreis ; ~ *prohibitif* → *exagéré* ; ~ *public* → *à la consommation* ; ~ *publicitaire* Werbe-, Reklamepreis ; ~ *de rachat* Rücknahmepreis ; Rückkaufswert *m* ; Wiederbeschaffungswert *m* ; ~ *raisonnable* angemessener Preis ; ~ *recommandé* empfohlener Preis ; Preisempfehlung *f* ; ~ *record* → *choc* ; *à ~ réduit* preisgesenkt ; zu ermäßigtem Preis ; ~ *de référence* Richtpreis ; ~ *rendu* Preis frei geliefert ; Preis am Lieferort ; ~ *de revient* (Selbst)kostenpreis ; Gestehungskosten *pl* ; ~ *sacrifié* Schleuderpreis ; ~ *salé* gepfefferter (gesalzener) Preis ; ~ *sans engagement* freibleibender Preis ; ~ *sans garantie* Preis ohne Gewähr ; ~ *service compris* Preis einschließlich Bedienungsgeld ; ~ *de seuil (C.E.)* Schwellenpreis ; ~ *de souscription* Subskriptionspreis ; ~ *stable* stabiler Preis ; ~ *stipulé* → *convenu* ; ~ *tous frais compris* Preis einschließlich aller Spesen ; ~ *transitoire* Übergangspreis ; ~ *de (du) transport* Beförderungs-, Transport-, Frachtkosten *pl* ; ~ *unique* Einheitspreis ; ~ *à l'unité* Stückpreis ; Preis pro Stück ; ~ *usuraire* Wucherpreis ; ~ *de vente (au consommateur, au public)* Verkaufs-, Ladenpreis, Endverbraucherpreis ; ~ *de vente au détail* Einzelverkaufspreis ; ~ *en vigueur* gegenwärtige Preise ; ~ *du vol* Flugpreis, -tarif *m* ; ♦♦ *accord m sur les ~* Preisabkommen *n*, -abmachungen *fpl* ; *action f sur les ~* Preisbeeinflussung *f* ; *affichage m des ~* Preisaushang *m*, -auszeichnung *f* ; *affichage m obligatoire des ~* Preisauszeichnungspflicht *f* ; *alignement m des ~* Preisangleichung *f* ; *amélioration f des ~* → *redressement* ; *arbitrage m sur les ~* Preisarbitrage *f* ; *au-dessus, au-dessous du ~* über, unter dem Preis ; *augmentation f du (des) ~* Preiserhöhung *f*, -aufschlag *m*, -steigerung *f* ; *avalanche f des ~* Preislawine *f* ; *baisse f du ~* Preisermäßigung *f*, -senkung *f*, -nachlaß *m*, -minderung *f* ; *baisse f des ~* Preisrückgang *m* ; *barème m des ~* Preistabelle *f* ; *bas ~* Niedrigpreis ; niedriger Preis ; *bataille f des ~* Preisschlacht *f* ; *blocage m des ~* Preisstopp *m* ; *à bon ~* billig ; *calcul m du (des) ~* Preisberechnung *f*, -kalkulation *f* ; *cartel m des ~* Preiskartell *n* ; *casseur m de ~* Preisbrecher *m* ; *changement m de ~* Preisänderung *f* ; *chute f des ~* Preiseinbruch *m*, -sturz *m* ; *commissaire m aux ~* Preiskommissar *m* ; *commission f de contrôle des ~* Preisbehörde *f* ; *compression f des ~* Preisdrückerei *f* ; *concurrence f des ~* Preiskonkurrenz *f* ; *conjoncture f des ~* Preiskonjunktur *f* ; *consolidation f des ~* Preisfestigung *f* ; *contrôle m des ~* Preiskontrolle *f*, -überwachung *f* ; *corrigé des ~* preisbereinigt ; *cotation f des ~* Preisnotierung *f* ; *courbe f des ~* Preiskurve *f* ; *déblocage m des ~* Preisfreigabe *f* ; Aufhebung *f* des Preisstopps ; *décalage m des ~* Preisabstand *m*, -spanne *f* ; *déflation f des ~* Preisdeflation *f* ; *dépassement m du ~* Preisüberschreitung *f* ; *dérapage m des ~* Preisrutsch *m* ; *détérioration f des ~* Preisverfall *m* ; *détermination f du ~*

Preisermittlung *f* ; *différence f de* ~ Preisunterschied *m* ; *diktat m des* ~ Preisdiktat *n* ; *diminution f de (du)* ~ → *baisse* ; *dirigisme m en matière de* ~ Preisdirigismus *m* ; *disparité f des* ~ Preisgefälle *n*, -disparität *f* ; *distorsion f des* ~ Preisverzerrung *f* ; *dumping m sur les* ~ Preisdumping *n* ; *écart m de* ~ Preisschere *f* ; *échelle f des* ~ Preisskala *f* ; *échelle f mobile des salaires et des* ~ gleitende Lohn-Preis-Skala *f* ; *échelonnement m des* ~ Preisstaffelung *f* ; *écrasement m des* ~ Preisdrükkerei *f*, -unterbietung *f*, -schleuderei *f* ; *effondrement m des* ~ Preiszusammenbruch *m*, -einbruch *m*, -sturz *m* ; *élaboration f des* ~ Preisbildung *f*, -gestaltung *f* ; *élasticité f des* ~ Preiselastizität *f* ; *entente f sur les* ~ Preisabsprache *f*, -konvention *f* ; *établissement m du* ~ Preisfestsetzung *f* ; *étiquette f de* ~ Preiszettel *m* ; *éventail m des* ~ Preisskala *f*, -gefälle *n* ; *évolution f des* ~ Preisentwicklung *f* ; *explosion f des* ~ Preisexplosion *f* ; *facteur m de flambée des* ~ Preistreiber *m* ; preistreibend wirken ; *faiblesse f des* ~ Preisschwäche *f* ; *fixation f des* ~ → *établissement* ; *flambée f des* ~ Preisauftrieb *m*, -treiberei *f* ; Emporschnellen *n* der Preise ; *fluctuations fpl des* ~ Preisschwankungen *fpl*, -ausschläge *mpl* ; *gamme f de* ~ Preislage *f*, -klasse *f*, -skala *f*, -stufe *f* ; *harmonisation f des* ~ Harmonisierung *f* der Preise ; Preisangleichung *f* ; *hausse f de* ~ Preiserhöhung *f*, -aufschlag *m* ; *hausse f des* ~ Preisanstieg *m*, -auftrieb *m* ; -steigerung *f* ; *hausse f illicite des* ~ Preistreiberei *f* ; *hausse f spectaculaire des* ~ Preislawine *f* ; *incidence f sur les* ~ → *action* ; *indexation f des* ~ Preisindizierung *f* ; *indication f de (des)* ~ Preisangabe *f* ; *indice m des* ~ Preisindex *m* ; *indice m des prix de détail, de gros* Einzelhandels-, Großhandelspreisindex *m* ; *infraction f à la législation sur les* ~ Preisverstoß *m* ; *législation f sur les* ~ Preisgesetzgebung *f* ; *libération f des* ~ Freigabe *f* der Preise ; *liberté f des* ~ Preisfreiheit *f* ; *limitation f des* ~ Preisbeschränkung *f* ; *limite f de* ~ Preisgrenze *f*, -limit *n* ; *liste f des* ~ Preisliste *f*, -verzeichnis *n* ; *magasin m à* ~ *unique* Einheitspreisgeschäft *n* ; *majoration f des* ~ Preiserhöhung *f*, -heraufsetzung *f*, -aufschlag *m*, -anhebung *f* ; *manipulation f des* ~ Preismanipulation *f* ; *marchandage m sur les* ~ Preisgefeilsche *n* ; *marquage m des* ~ → *affichage* ; *mécanismes mpl des* ~ Preismechanismen *mpl* ; *modification f de* ~ → *changement* ; *montée f des* ~ Preisanstieg *m* ; *montée f en flèche des* ~ Emporschnellen *n* der Preise ; jäher Anstieg *m* der Preise ; *mouvement m des* ~ Preisbewegung *f* ; *niveau m des* ~ Preisniveau *n*, -stand *m* ; *office m de contrôle des* ~ Preisüberwachungsstelle *f* ; *offre f de* ~ Preisangebot *n* ; *ordonnance f en matière de* ~ Preisverordnung *f* ; *péréquation f des* ~ Preisausgleich *m* ; *politique f des* ~ Preispolitik *f* ; *poussée f des* ~ Preisschub *m*, -auftrieb *m* ; *pratiques fpl de* ~ Preisgebaren *n* ; *pression f sur les* ~ Preisdruck *m* ; *qui détermine les* ~ preisbildend ; *rabais m sur le* ~ Rabatt *m* ; Preisabschlag *m*, -nachlaß *m*, -ermäßigung *f* ; *raidissement m des* ~ Preisversteifung *f* ; *rapport m qualité-*~ Preis-Qualitätsverhältnis *n* ; *réajustement m des* ~ Preisanpassung *f*, -angleichung *f* ; *recul m des* ~ Preisrückgang *m* ; *redressement m des* ~ Preisbesserung *f* ; *réglementation f des (en matière de)* ~ Preisregelung *f*, -vorschriften *fpl* ; *réglementation f en matière d'étiquetage des* ~ Preisangabenverordnung *f* ; *régulation f des* ~ Preisregulierung *f* ; *relèvement m des* ~ → *majoration* ; *remise f sur le* ~ → *rabais* ; *renchérissement m des* ~ Preisverteuerung *f* ; *retour m à la liberté des* ~ → *déblocage* ; *situation f des* ~ Preisverhältnisse *npl* ; *soutien m des* ~ Preisstützung *f* ; *spirale f des salaires et des* ~ Preis-Lohn-Spirale *f* ; *stabilisation f des* ~ Preisstabilisierung *f* ; *stabilité f des* ~ Preisstabilität *f* ; *statistiques fpl des* ~ Preisstatistik *f* ; *structure f des* ~ Preisgefüge *n* ; *supplément m de* ~ Preiszuschlag *m* ; Aufpreis ; *système m des* ~ *imposés* Preisbindung *f* der zweiten Hand ; *tableau m comparatif des* ~ Preisspiegel *m* ; *tassement m des* ~ Preisrückgang *m* ; Absinken *n* der Preise ; *taxation f des* ~ Preistaxen *n* ; *tendance f des* ~ Preistendenz *f*, -trend *m* ; *transparence f des* ~ Preistransparenz *f* ; *valse des* ~ Preiskarussel *n*, -lawine *f* ; *variation f de* ~ Preisveränderung *f* ; *variations fpl de(s)* ~ → *fluctuations* ; *vente f à vil* ~ Preisschleuderei *f*, -unterbietung *f* ; *au* ~ *de* zum Preise von ; *au* ~ *fort* zum vollen Preis ; *à moitié* ~ zum halben Preis ; *à* ~ *réduit* preisgesenkt, Preisermäßigung *f* ; *à aucun* ~ um keinen Preis ; *à tout* ~ um jeden Preis ; koste es, was es wolle ; *à tous les* ~ in jeder Preislage ; ~ *sur demande* Preise auf Wunsch ; ~ *courants sur demande* Preisliste *f* auf Anfrage ; *à* ~ *d'or* für ein Heidengeld (Sündengeld) ; übermäßig teuer ; *hors de* ~ wahnsinnig teuer ; zu einem horrenden Preis ; ♦♦♦ *atteindre un* ~ einen Preis erreichen ; *les* ~ *augmentent* die Preise schlagen auf (steigen, ziehen an) ; *augmenter les* ~ die Preise erhöhen (steigern, heraufsetzen) ; die Preisschraube hochdrehen ; *les* ~ *baissent* die Preise fallen (rutschen ab, sinken) ; *baisser les* ~ die Preise senken (herabsetzen) ; *baisser son* ~ mit dem Preis heruntergehen ; vom (im) Preis etw nachlassen ; *bloquer les* ~ einen Preisstopp verhängen ; die Preise stoppen ; *calculer un* ~ *(au plus juste)* einen Preis (äußerst knapp) kalkulieren (berechnen) ; *casser les* ~ → *écraser* ; *les* ~ *chutent* die Preise sinken (stürzen, sacken ab) ; *nos* ~ *comprennent les services suivants* unsere Preise verstehen sich inklusive... ; unsere Preise schließen folgende Leistungen ein ; *contrôler les* ~ die Preise überwachen ; *convenir d'un* ~ einen Preis ausmachen (vereinbaren) ; *coûter un* ~ *fou* ein Heidengeld (Sündengeld, eine Menge Geld) kosten ; *le* ~ *est à débattre* auszuhandelnder Preis ; Preis nach Vereinbarung ; ~ *défiant toute concurrence* konkurrenzloser Preis ; *débloquer les* ~ die Preise freigeben ; den Preisstopp aufheben ; *demander un* ~ *pour qqch* für eine Sache einen Preis verlangen (fordern) ; *demander le* ~ nach dem Preis fragen ; *demander la liste des* ~ *courants* die Preisliste anfordern ; *c'est mon dernier* ~ mein äußerstes (letztes) Angebot *n* : *(fam.)* höher gehe ich nicht ; *dicter les* ~ als Preisführer auftreten ; die Preise diktieren ; *écraser les* ~ die Preise drükken (unterbieten) ; *les* ~ *s'effondrent* die Preise brechen zusammen (stürzen) ; *s'enquérir d'un* ~ → *demander* ; *nos* ~ *s'entendent départ usine* die Preise verstehen sich ab Fabrik ; *établir un* ~ → *fixer* ; *exiger un* ~ *prohibitif* einen überhöhten Preis verlangen ; *faire un* ~ *à qqn* jdm einen günstigen Preis anbieten ; *faire baisser un* ~ *(après marchandage)* einen Preis herunterhandeln ; *faire flamber les* ~ sich preistreibend auswirken ; *faire monter les* ~ die Preise in die Höhe treiben (hochtreiben) ; *fixer un* ~ einen Preis festsetzen ; *freiner la montée des* ~ den Preisanstieg (die Preislawine) bremsen ; *imposer les* ~ die Preise binden ; *libérer les* ~ die Preise freigeben ; *les* ~ *se sont maintenus* die Preise haben sich gehalten (behauptet) ; *majorer les* ~ → *augmenter* ; *marquer les* ~ die Preise angeben ; die Ware auszeichnen ; *mettre à* ~ *(enchères)* auf ... taxieren ; *les* ~ *montent* die Preise steigen (ziehen an) ; *obtenir un bon* ~ einen guten Preis erzielen ; *offrir un* ~ *de ...* (einen Preis von) soundsoviel bieten ; *pousser les* ~ die Preise hinauftreiben ; *rabattre du* ~ vom Preis nachlassen ; einen Rabatt gewähren ; *raffermir les* ~ die Preise festigen ; *ne pas regarder au* ~ *(en achetant qqch)* nicht auf den Preis sehen ; *régulariser les* ~ die Preise regulieren ; *relever les* ~ → *augmenter ; se renseigner sur un* ~ → *demander* ; *répercuter une baisse des* ~ *sur le client* Preisvorteile an die Kunden weitergeben ; *les* ~ *se sont stabilisés autour de ...* die Preise haben sich bei ... eingependelt ; *nos* ~ *peuvent subir des modifications* unter Vorbehalt von Preisveränderungen ; *surveiller les* ~ → *contrôler* ; *les* ~ *tendent à la hausse, à la baisse* die Preise tendieren nach oben, nach unten ; *valoir son* ~ *(un bon* ~*)* hoch (gut) im Preis stehen ; *vendre audessous du* ~ etw unter dem Preis (unter dem Wert) verkaufen ; *vendre au* ~ *coûtant* zum Selbstkostenpreis verkaufen ; *vendre à vil* ~ die Preise unterbieten ; eine Ware verschleudern.

2. prix *m (récompense)* Preis *m* ; Preisgeld *m* ; *attribution f d'un* ~ Preisverleih *m* ; *lauréat m d'un* ~ Preisträger *m* ; *attribuer un* ~ *à qqn* jdm einen Preis verleihen ; *gagner un* ~ *à un concours* bei einem Preisausschreiben einen Preis gewinnen ; *honorer qqn d'un* ~ jdm mit einem Preis ehren ; *obtenir un* ~ einen Preis erringen ; preisgekrönt werden ; *récompenser qqn d'un* ~ jdn mit einem Preis belohnen ; *remettre un* ~ *à qqn* jdm einen Preis verleihen.

probabilité *f* Wahrscheinlichkeit *f* ; *calcul m de* ~ Wahrscheinlichkeitsrechnung *f* ; Hochrechnungen *fpl* ; *selon des calculs de* ~ *prudents* nach vorsichtigen Hochrechnungen ; *selon toute* ~ aller Wahrscheinlichkeit nach.

probable wahrscheinlich ; vermutlich ; *les résultats* ~*s du sondage* das vermutliche Ergebnis der Umfrage.

problème *m* Problem *n* ; Frage *f* ; Problemfall *m* ; ♦ ~ *d'adaptation, de chômage* Anpassungs-, Arbeitslosenproblem ; ~ *économique, énergétique, de* *financement* Wirtschafts-, Energie-, Finanzierungsproblem ; ~ *de l'heure* Zeitproblem ; Problem der Stunde ; aktuelles Problem ; ~ *du logement* Wohnungsproblem ; ~ *monétaire* Währungsproblem ; ~ *politique, social* politisches, soziales Problem ; ♦♦♦ *s'attaquer à un* ~ an ein Problem herangehen ; ein Problem anpacken ; sich mit einem Problem auseinandersetzen ; *connaître des ~s financiers* in Finanznöte geraten ; finanzielle Schwierigkeiten haben ; *éluder (fuir) un* ~ einem Problem ausweichen ; *fonctionner sans* ~ reibungslos funktionieren ; *poser un* ~ ein Problem stellen ; *résoudre un* ~ ein Problem lösen ; *soulever un* ~ ein Problem aufwerfen ; *traiter un* ~ ein Problem behandeln.

procédé *m* Verfahren *n* ; Methode *f* ; Technik *f* ; *(manière de procéder)* Vorgehen *n* ; ~ *breveté* patentiertes Verfahren ; *(mines, carrières)* ~ *d'exploitation* Abbau-, Ausbeutungsverfahren ; ~ *de fabrication* Herstellungs-, Fabrikationsverfahren ; ~ *technique* Verfahrenstechnik *f* ; *employer (appliquer) un nouveau* ~ ein neues Verfahren anwenden ; *tester (essayer) un* ~ ein Verfahren erproben (testen).

procéder verfahren ; vorgehen ; ~ *à des vérifications* Nachprüfungen vornehmen (anstellen) ; *nous allons* ~ *de la manière suivante* wir werden folgendermaßen verfahren.

1. procédure *f (jur.)* Verfahren *n* ; Prozeß *m* ; Rechtsweg *m* ; ♦ ~ *administrative* Verwaltungsweg ; ~ *d'appel* Berufungsverfahren ; ~ *arbitrale (d'arbitrage)* Schiedsverfahren ; ~ *budgétaire* Haushaltsverfahren ; ~ *de change (sur lettres de change)* Wechselprozeß ; ~ *communautaire* Gemeinschaftsverfahren ; ~ *de compensation* Ausgleichsverfahren ; ~ *de conciliation* Schlichtungsverfahren ; ~ *de concordat* → *de liquidation judiciaire* ; ~ *de dédouanement* Verzollungsverfahren ; ~ *écrite* schriftliches Verfahren ; ~ *d'exécution* Zwangsvollstreckung *f* ; ~ *d'expropriation* Enteignungsverfahren ; ~ *de faillite (de liquidation de biens)* Konkursverfahren ; ~ *fiscale* Steuerverfahren ; ~ *de liquidation* Liquidationsverfahren ; ~ *de liquidation judiciaire* Vergleichsverfahren ; ~ *de médiation* Vermittlungsverfahren ; ~ *par défaut* Säumnisverfahren ; ~ *prud'homale* arbeitsgerichtliches Verfahren ; ~ *de remboursement* Erstattungsverfahren ; ~ *de saisie* Pfändungsverfahren ; ~ *de sommation* Mahnverfahren ; ~ *sommaire* Schnellverfahren ; ~ *de vote* Abstimmungsverfahren ; ♦♦ *frais mpl de* ~ Gerichts-, Prozeßkosten *pl* ; *ouverture f de la* ~ Einleitung *f* (Eröffnung *f*) des Verfahrens ; *vice m de* ~ Verfahrensmangel *m* ; Formfehler *m* ; mangelhaftes Verfahren ; ♦♦♦ *une* ~ *est en cours contre X* ein Verfahren läuft gegen X (ist gegen X anhängig) ; *engager (entamer, introduire, ouvrir) une* ~ *contre qqn* ein Verfahren gegen jdn einleiten ; einen Prozeß gegen jdn einleiten (anstrengen) ; *suspendre une* ~ ein Verfahren einstellen.

2. procédure *f (sens général)* Verfahren *n* ; Vorgehen *n* ; Prozedur *f*.

procès *m* **1.** *(jur.)* Prozeß *m* ; Rechtsstreit *m* ; ~ *civil, pénal* Zivil-, Strafprozeß ; *être en* ~ *avec qqn au sujet de qqch* mit jdm wegen einer Sache im Prozeß liegen ; mit jdm prozessieren um ; *faire (mener) un* ~ *à qqn* gegen jdn einen Prozeß führen ; *gagner un* ~ einen Prozeß gewinnen ; *intenter un* ~ *à qqn* gegen jdn einen Prozeß anstrengen (einleiten, anhängig machen) ; *perdre un* ~ einen Prozeß verlieren ; *les frais de* ~ *sont à votre charge* die Prozeßkosten gehen zu Ihren Lasten **2.** *(fig)* ~ *d'intention* Unterstellung *f* (von Absichten) ; *faire un* ~ *d'intention à qqn* jdm etw unterstellen.

processeur *m (inform.)* Prozessor *m*.

processus *m* Prozeß *m* ; Vorgang *m* ; Entwicklung *f* ; Ablauf *m* ; Verfahren *n* ; ~ *de concentration, de croissance, de démocratisation* Konzentrations-, Wachstums-, Demokratisierungsprozeß ; ~ *économique, de fabrication, d'industrialisation* Wirtschafts-, Herstellungs- (Fabrikations-), Industrialisierungprozeß ; ~ *politique, de production, de rationalisation* politischer, Produktions-, Rationalisierungsprozeß ; ~ *d'urbanisation* Urbanisierungs-, Verstädterungsprozeß ; *accélérer, déclencher, interrompre un* ~ einen Prozeß beschleunigen, auslösen, unterbrechen.

procès-verbal *m* **1.** *(compte rendu)* Protokoll *n* ; Niederschrift *f* ; Bericht *m* ; *(douane)* Attest *n* ; ♦ ~ *de constat* Feststellungsprotokoll ; ~ *de réunion, de séance* Versammlungs-, Sitzungsprotokoll (Niederschrift der Versammlung, der Sitzung) ; *établissement m du* ~ Protokollaufnahme *f* ; *inscription f au* ~ Aufnahme *f* in das Protokoll ; *rédaction f du* ~ Abfassung *f* (Anfertigung *f)* des Protokolls ; ♦♦♦ *consigner dans un ~* etw zu Protokoll geben ; etw in einer Niederschrift festhalten ; *dresser (établir) le ~* das Protokoll aufnehmen (anfertigen) ; *inscrire au ~* im Protokoll vermerken ; in das Protokoll aufnehmen ; *lire le ~* das Protokoll vorlesen ; *rédiger le ~* das Protokoll abfassen (aufsetzen) ; *signer le ~* das Protokoll unterschreiben **2.** *(contravention) (P.V.)* gebührenpflichtige Verwarnung *f* ; polizeiliche Verwarnung ; Strafmandat *n* ; *donner un P.V. à qqn* jdm eine Verwarnung erteilen.

prochain, e nächst ; *l'année, la semaine ~e* nächstes Jahr, nächste Woche ; *lundi ~* nächsten Montag ; *le 15 du mois ~* am 15. nächsten Monats ; *par le ~ courrier* mit nächster Post ; *dans les ~s jours* in den nächsten Tagen.

proclamation *f* Proklamation *f* ; Proklamierung *f* ; Verkündigung *f* ; Bekanntgabe *f* ; *~ publique* öffentliche Bekanntgabe ; *~ des résultats des législatives* Bekanntgabe der Parlamentswahlergebnisse.

proclamer verkünden ; proklamieren ; bekanntgeben ; *~ ses droits à qqch* seinen Anspruch auf etw anmelden ; *~ des résultats* Ergebnisse bekanntgeben.

procuration *f* Prokura *f* ; Vollmacht *f* ; ♦ *~ de banque, en blanc, collective (conjointe)* Bank-, Blanko-, Gesamtvollmacht ; *~ commerciale, écrite, générale* Handels-, schriftliche, Generalvollmacht ; *~ individuelle, limitée, notariée* Einzel-, beschränkte, notarielle Vollmacht ; *~ spéciale, pour la vente* Spezial-, Verkaufsvollmacht ; ♦♦ *chargé m (fondé m) de ~* Bevollmächtigte(r) ; Prokurist *m* ; *révocation f de ~* Vollmachtsentzug *m* ; *titulaire m d'une ~* Vollmachtinhaber *m*, -nehmer *m* ; *vote m par ~* Abstimmung *f* durch einen (Stell)vertreter ; Wahl *f* in Vertretung ; *par ~* in Vollmacht (i. V.) ; in Stellvertretung ; per prokura (p.p. ; ppa) ; als Bevollmächtigter ; ♦♦♦ *avoir ~ pour faire qqch* (die) Vollmacht haben, etw zu tun ; (die) Prokura haben (besitzen) ; *donner (délivrer) une ~ à qqn* jdm für (zu) etw (die) Vollmacht geben (erteilen) ; *la ~ est expirée* die Prokura ist erloschen ; *retirer la ~ à qqn* jdm die Vollmacht entziehen ; *révoquer une ~* eine Vollmacht widerrufen ; *signer une ~* eine Prokura (Vollmacht) unterschreiben.

procurer 1. *(fournir)* verschaffen ; besorgen ; vermitteln ; *(se) ~ de l'argent, un emploi, des papiers d'identité* Geld, eine Stellung, Ausweispapiere verschaffen **2.** *(occasion)* verursachen ; bewirken ; geben ; bieten ; bereiten ; *~ des avantages* Vorteile bieten ; *~ des désagréments* Unannehmlichkeiten bereiten ; *~ l'occasion* die Gelegenheit bieten (geben) **3.** *se ~ qqch* sich etw verschaffen ; etw auftreiben ; etw aufbringen ; *se ~ les fonds nécessaires* das nötige Geld auftreiben (zusammenbringen).

producteur *m* Hersteller *m* ; Produzent *m* ; Erzeuger *m* ; Fabrikant *m* ; *~ agricole, artisanal, industriel* landwirtschaftlicher, handwerklicher, industrieller Erzeuger ; *~ de céréales* Getreideproduzent ; *~ (éleveur m) de volailles* Geflügelzüchter *m* ; *achat m au ~* Direktbezug *m* ; *association f (groupement m) de ~s* Herstellerverband *m* ; *prix m (de) ~* Erzeuger-, Herstellerpreis *m* ; *du ~ au consommateur* (der Weg) vom Erzeuger (Produzenten) zum Verbraucher (Konsumenten) ; *s'approvisionner directement chez le ~* eine Ware direkt beim Erzeuger beziehen ; etw direkt beim Hersteller kaufen.

producteur, trice Erzeuger- ; Hersteller- ; Produktions- ; Fabrikations- ; *entreprise f ~trice* Herstellerbetrieb *m*, -firma *f*, -werk *n* ; Produktionsbetrieb ; *pays m ~* Erzeugerland *n* ; *pays m ~ de matières premières* Rohstoffland *n*, -lieferstaat *m* ; *secteur m ~* produzierendes Gewerbe *n*.

productif, ive produktiv ; einträglich ; ertragreich ; gewinnbringend ; Produktiv- ; *~ d'intérêts* zinstragend ; *capital m ~* Produktivkapital *n*, -vermögen *n* ; *forces fpl ~ives* Produktivkräfte *fpl* ; *travail m ~* produktive Arbeit *f*.

production *f*	**1.** ***quantité produite*** **2.** ***sens général*** **3.** ***présentation d'un document***

1. ***(quantité produite)*** Produktion *f* ; Produktionsmenge *f*, -ausstoß *m*, -leistung *f*, -volumen *n* ; Leistung *f* ; Aufkommen *n* ; *~ d'électricité* Stromaufkommen.

2. ***(sens général)*** Produktion *f* ; Erzeugung *f* ; Herstellung *f* ; Fertigung *f* ; Fabrikation *f* ; *(pétrole, charbon)* Förderung *f* ; Gewinnung *f* ; ♦ *~ agricole, annuelle, à la chaîne* landwirtschaftliche, Jahres-, Fließbandproduktion ; ~ *courante, effective, énergétique* laufende Produktion, Istleistung *f*, Energieproduktion ; ~ *à fort coefficient de capital, de main-d'œuvre* kapitalintensive, arbeitsintensive Produktion ; ~ *industrielle, journalière, liée* industrielle, Tages-, verbundene Produktion ; ~ *de masse* Massenproduktion, -herstellung, -fabrikation, -fertigung ; ~ *mondiale, moyenne* Welt-, Durchschnittsproduktion (durchschnittliche Produktion) ; ~ *nationale* Inlands-, inländische Produktion ; ~ *de pétrole* Erdölförderung, -gewinnung ; ~ *prévue (attendue, escomptée)* Produktionssoll *n* ; ~ *saisonnière, en série* saisonbedingte, Serienproduktion, -fertigung ; ♦♦ *adaptation f de la* ~ Produktionsanpassung *f* ; *appareil m de* ~ Produktionsapparat *m* ; *arrêt m de la* ~ Produktionseinstellung *f* ; *augmentation f de (la)* ~ Produktionszunahme *f*, -steigerung *f*, -zuwachs *m* ; *baisse f de la* ~ Produktionsrückgang *m*, -verlangsamung *f*, -abflachung *f* ; *bâtiments mpl de* ~ Produktionsanlagen *fpl* ; *biens mpl de* ~ Produktionsgüter *npl* ; *branche f de* ~ Produktionszweig *m*, -sektor *m*, -bereich *m* ; *cadence f de* ~ Produktionstempo *n*, -rhythmus *m* ; *capacité f de* ~ Leistungsfähigkeit *f*, -kraft *f* ; Produktionskapazität *f* ; *centre m de* ~ → *lieu* ; *chef m de* ~ Produktionsleiter *m* ; *contrôle m de* ~ Produktionskontrolle *f* ; *coopérative f, courbe f de* ~ Produktionsgenossenschaft *f*, -kurve *f* ; *coût m de* ~ Produktionskosten *pl* ; *département m* ~ Produktionsabteilung *f* ; *déplacement m, déroulement m de la* ~ Produktionsverlagerung *f*, -ablauf *m* ; *encouragement m à la* ~ Produktionsförderung *f* ; *entreprise f de* ~ Produktionsbetrieb *m* ; *éventail m de* ~ Produktionsskala *f*, -palette *f* ; *excédent m de* ~ Produktionsüberschuß *m* ; *chiffres mpl de la* ~ Produktionszahlen *fpl*, -ziffer *f* ; *facteur m de* ~ Produktionsfaktor *m* ; *fléchissement m de la* ~ → *baisse* ; *frais mpl de* ~ → *coût* ; *harmonisation f des méthodes de* ~ Harmonisierung *f* (Vereinheitlichung *f*) der Produktionsmethoden ; *indice m de la* ~ Produktionsindex *m* ; *installations fpl de* ~ Produktionsanlagen *fpl* ; *lieu m de* ~ Produktionsstätte *f*, -ort *m*, -zentrum *n* ; *limitation f de la* ~ Produktionsbeschränkung *f*, -einschränkung *f* ; *méthode f (mode m) de, mise f en, moyens mpl de* ~ Produktionsmethode *f* (-weise *f*), -aufnahme *f*, -mittel *npl* ; *niveau m de* ~ Produktionsstand *m*, -niveau *n* ; *objectif m de* ~ Produktionsziel *n* ; *orientation f de la* ~ Produktionslenkung *f*, -steuerung *f* ; *perte f de* ~ Produktionsausfall *m*, -einbuße *f* ; *planification f de la* ~ Produktionsplanung *f* ; *potentiel m de* ~ Produktionspotential *n* ; *prime f de* ~ Produktionsprämie *f* ; *prix m à la* ~ Erzeugerpreis *m* ; *prix m de* ~ Herstellungs-, Fabrikationspreis *m* ; *procédé m, processus m de* ~ Produktionsverfahren *n*, -prozeß *m*, -ablauf *m*, -fluß *m*, -gang *m* ; *programme m, quota m de* ~ Produktionsprogramm *n*, -quote *f* ; *ralentissement m de la* ~ Verlangsamung *f* (Abflachung *f*) der Produktion ; *rapports mpl de* ~ Produktionsverhältnisse *npl* ; *reconversion f, réduction f de la* ~ Produktionsumstellung *f*, -drosselung *f* (-senkung *f*) ; *recul m de la* ~ Produktionsrückgang *m* ; *région f de* ~ Produktionsgebiet *n* ; *rythme m de* ~ Produktionsrhythmus *m*, -tempo *n* ; *secteur m de* ~ → *branche* ; *stade m de (la)* ~ Produktionsstufe *f* ; *service-*~ *d'une entreprise* Produktionsabteilung eines Betriebs *f* ; Produktion ; *stade m final, initial, intermédiaire de* ~ End-, Anfangs-, Zwischenstufe *f* (-stadium *n*) der Produktion ; *surplus m de* ~ Mehrprodukt *n* ; *tassement m de la* ~ → *ralentissement* ; *taxe f, temps m nécessaire à la* ~ Produktionssteuer *f*, -zeit *f* ; *unité f de* ~ **a)** *(lieu)* Produktionseinheit *f* **b)** *(pièce)* Fertigungseinheit ; ♦♦♦ *arrêter (suspendre, stopper) la* ~ die Produktion einstellen (stoppen) ; *augmenter la* ~ die Produktion erhöhen (steigern, heraufschrauben) ; *diminuer (réduire) la* ~ die Produktion senken (drosseln, herunterschrauben) ; *la* ~ *est en cours (est partie), marque le pas (stagne)* die Produktion läuft, gerät ins Stocken (stagniert) ; *passer (être affecté) au service-*~ *d'une entreprise* in die Produktion überwechseln (versetzt werden) ; *reconvertir, relancer la* ~ die Produktion umstellen, (wieder)ankurbeln ; *travailler à la* ~ *(au département-*~*)* in der Produktion arbeiten.

3. ***(présentation d'un document)*** Vorlegung *f* ; Vorlage *f* ; ~ *d'une attestation de revenus* Vorlage einer Verdienstbescheinigung ; ~ *d'une créance* Forderungsanmeldung *f* ; ~ *de documents* Vorlegung von Urkunden ; ~ *de dossiers* Aktenvorlage.

productivité *f* Produktivität *f* ;

Ertrags-, Leistungsfähigkeit *f* ; Rentabilität *f* ; Ertrag *m* ; Leistung *f* ; ♦ *~ à l'hectare* Hektarertrag ; Ertrag pro Hektar ; *~ marginale* Grenzproduktivität ; *~ maximale* Höchstleistung ; maximaler Ertrag ; obere Ertragsgrenze *f* ; *~ minimale* Mindestleistung ; minimaler Ertrag ; untere Ertragsgrenze ; *~ par...* Produktionsergebnis *n* je... ; *~ en volume* physische Produktivität ; ♦♦ *accroissement m de ~* Produktivitätssteigerung *f* ; *gain m de ~* Produktivitätszuwachs *m* ; *diminution f de ~* Produktivitätsrückgang *m* ; Abflachung *f* der Produktivität ; *mesure f de la ~* Produktivitätsmessung *f* ; *prime f de ~* Produktivitätsprämie *f* ; *seuil m, valeur f de ~* Produktivitätsschwelle *f*, -wert *m* ; ♦♦♦ *enregistrer une augmentation, une baisse de ~* eine Produktivitätssteigerung, einen Produktivitätsrückgang verzeichnen ; *une ~ en augmentation de 3 %* eine Produktivitätssteigerung von 3 % ; *une ~ en baisse d'environ 4 %* ein Produktivitätsrückgang um 4 %.

produire 1. *(dans tous les cas)* produzieren ; *(matières premières, énergie, produits agricoles)* erzeugen ; *(produits manufacturés)* herstellen ; *(charbon, pétrole)* fördern ; gewinnen ; *(plantes)* hervorbringen ; *~ des fruits* Früchte tragen ; *~ des intérêts* Zinsen bringen (abwerfen) ; *~ de substantiels bénéfices* gewaltige Gewinne abwerfen ; *~ du charbon* Kohle fördern (gewinnen) ; *~ des minerais* Erze fördern ; *~ en fonction des besoins* nach Bedarf produzieren **2.** *(exhiber, présenter)* vorlegen ; vorzeigen ; beibringen ; *~ une pièce d'identité* sich ausweisen ; seinen Ausweis vorzeigen ; *~ des documents, des références* Urkunden, Referenzen beibringen **3.** *(avoir pour conséquence)* bewirken ; verursachen ; zur Folge haben ; *~ un effet* sich auswirken (auf) ; eine (Aus)wirkung haben ; *~ des nuisances* Schadstoffe ausstoßen **4.** *se ~ (avoir lieu)* sich ereignen ; vorkommen ; passieren.

produit *m*	**1.** ***bien de production***
	2. ***résultat ; bénéfice retiré de qqch***

1. ***(bien de production)*** Produkt *n* ; Erzeugnis *n* ; Fabrikat *n* ; Ware(n) *f(pl)* ; Gut *n* ; Güter *npl* ; Stoff *m* ; Artikel *m* ; ♦ *~ agricole (de la terre)* landwirtschaftliches Erzeugnis ; Agrarprodukt ; *~s agro-alimentaires* Produkte der Ernährungswirtschaft ; *~s alimentaires* Nahrungs-, Lebensmittel *npl* ; *~ animal* tierisches Erzeugnis ; *~ d'appoint (complémentaire)* Komplementärgut ; Zusatzartikel *m* ; *~ de base* Ausgangsstoff ; Grundstoff ; *~ breveté* patentiertes Produkt ; *~ brut* Rohprodukt ; *~s charbonniers* Produkte der Kohle(n)industrie ; bergbauliche Güter ; *~s chimiques* Chemikalien *fpl* ; chemische Stoffe ; *~ commercial* Handelsgut ; *~s de la Communauté (C.E.)* Gemeinschaftsprodukte, -güter ; *~ de consommation* Konsumartikel, -ware ; Verbrauchsgut *n* ; *~s de consommation courante* Güter des täglichen Bedarfs ; *~ contingenté* bewirtschaftetes Produkt ; *~s du cuir* Produkte der ledererzeugenden (lederverarbeitenden) Industrie ; *~ définitif (final)* Endprodukt ; *~ demi-ouvré* Halbfabrikat ; *~ dérivé* Nebenprodukt ; Abfallprodukt ; *~ destiné à...* zum (zur)... bestimmtes Produkt ; *~ destiné à l'exportation* zur Ausfuhr bestimmtes Erzeugnis ; *~s durables* Gebrauchsgüter ; langlebige Güter ; *~ d'écoulement (de vente) difficile* schwer verkäufliche Ware ; *~ d'écoulement (de vente) facile* leicht absetzbare Ware ; gängige Ware ; *~s d'entretien* Pflegemittel *npl* ; *~ étranger* ausländisches Erzeugnis ; im Ausland hergestelltes Produkt ; *~ d'exportation* Exportgut ; zur Ausfuhr bestimmte Ware ; *~ fabriqué* Fabrikat *n* ; *~s fabriqués (à la) machine* maschinell hergestellte Waren ; *~final* → *définitif* ; *~ fini* Fertigware, -produkt, -fabrikat ; *~s financiers* a) Finanzerträge *mpl* b) Anlagepapiere *npl* ; Aktien und Schuldverschreibungen *fpl* ; (neue) Finanzprodukte *npl* ; *~s finis* Fertiggüter ; *~ industriel* gewerbliches Produkt ; Industrieerzeugnis ; Fertigerzeugnis ; *~ intermédiaire* Zwischenprodukt ; *~s de luxe* Güter des gehobenen Bedarfs ; Luxusgüter, -artikel ; *~ manufacturé* → *fabriqué* ; *~ de marque* Markenartikel ; *~s miniers* Montangüter ; bergbauliche Produkte ; *~s naturels* Naturprodukte ; Bio-Produkte ; *~ d'origine végétale* pflanzliches Erzeugnis ; Erzeugnis pflanzlicher Herkunft ; *~ pilote* Artikel mit festgesetztem Preis ; Einheitspreisware ; *~s de première nécessité* lebenswichtige Güter ; *~ de première qualité (de premier choix)* erstklassige Ware ; Qualitätserzeugnis ; prima Ware ; *~ de remplacement* Ersatz(stoff) ; Ersatzmittel *n* ; Surrogat *n* ; ~ *standard* Standardprodukt ; Einheitsmuster *n* ; ~ *standardisé* standardisierte Ware ; genormtes Produkt ; ~ *synthétique* Kunststoff ; ~ *de la terre (du sol)* landwirtschaftliches Erzeugnis ; ~*s textiles* Textilwaren ; Textilien *pl* ; ~ *transformé* (weiter)verarbeitetes Produkt ; ~ *pour la vente* absatzfähiges (zum Verkauf bestimmtes) Produkt ; ~ *de vente massive* Massenartikel, -ware ; ◆◆ *chef m de* ~ Produktmanager *m* ; *commercialisation f des* ~*s* Warenvertrieb *m*, -vermarktung *f*, -absatz *m* ; *conditionnement m d'un* ~ Warenverpackung *f* ; *gamme f (palette f) de* ~*s* Produktpalette *f* ; *groupe m de* ~*s* Warengruppe *f* ; *marché m de* ~*s* Warenmarkt *m* ; *présentation f d'un* ~ Warenaufmachung *f* ; *test m de* ~ Produkttest *m* ; *transformation f d'un* ~ (Weiter)verarbeitung *f* eines Produkts ; *usinage m d'un* ~ Bearbeitung *f* eines Produkts.

2. *(résultat ; bénéfice retiré de qqch)* Ertrag *m* ; Erlös *m* (aus + D) ; Gewinn *m* ; Aufkommen *n* ; Einnahmen *fpl* ; Produkt *n* ; ◆ ~ *accessoire* Nebenertrag ; ~ *des actions et des parts sociales* Ertrag aus Aktien und Gesellschaftsanteilen ; ~ *des amortissements* Abschreibungserlöse ; ~ *brut* Bruttoertrag ; ~ *du capital* Kapitalertrag ; ~ *des cotisations* Beitragsaufkommen ; ~*s divers* sonstige Einnahmen ; ~ *de l'emprunt* Anleiheertrag ; ~ *de l'épargne* Sparzinsen *mpl*, -ertrag *m* ; ~ *de l'exploitation* Betriebsertrag ; ~*s financiers* Finanzerträge ; ~ *global* Gesamtertrag, -aufkommen ; ~ *de l'impôt (fiscal)* Steueraufkommen ; ~ *intérieur brut* Bruttoinlandsprodukt ; ~ *locatif* Mietertrag ; ~ *national* Sozialprodukt ; ~ *national brut (P.N.B.)* Bruttosozialprodukt (BSP) ; ~ *national net* Nettosozialprodukt *n* ; ~ *national par tête d'habitant* Sozialprodukt pro Kopf ; ~ *net* Reinertrag ; ~ *net d'exploitation* reiner Betriebsertrag ; ~ *nominal* Nominaleinkommen *n* ; ~*s non incorporés* nicht kalkulierbare (betriebsfremde) Erträge ; ~*s de la pêche* Fangergebnisse *npl* ; *(comptab.)* ~*s à recevoir* transitorische Aktiva *pl* ; *(comptab.)* ~*s perçus* transitorische Passiva *pl* ; ~ *de la récolte* Ernteertrag ; ~ *réel* Realprodukt ; ~ *supplémentaire* Mehrerlös, -ertrag ; Plus *n* ; ~ *des taxes douanières* Zolleinnahmen ; ~ *total* → *global* ; ~ *d'une vente* Verkaufserlös ; Veräußerungserlös ; Erlös aus dem Verkauf ; ~ *d'une vente aux enchères* Versteigerungserlös ; ◆◆◆ *le* ~ *de la vente aux enchères ira à des œuvres de bienfaisance* der Erlös aus der Versteigerung wird wohltätigen Zwecken zufließen ; *vivre du* ~ *de qqch* vom Ertrag von/G leben.

profession *f* Beruf *m* ; berufliche (gewerbliche) Tätigkeit *f* ; Berufs-, Erwerbstätigkeit *f* ; Beschäftigung *f* ; Gewerbe *n* ; ◆ ~ *accessoire* Nebenberuf, -erwerb, -beschäftigung ; ~*s administratives* Verwaltungsberufe ; ~ *d'appoint* → *accessoire* ; ~ *artisanale* handwerklicher Beruf ; ~*s du bâtiment (de la construction)* Bauberufe ; ~*s-clé* Schlüsselberufe ; ~ *commerciale* kaufmännischer Beruf ; Handelsgewerbe ; ~ *déficitaire* Mangelberuf ; ~*s les plus demandées* Wunschberufe ; ~ *encombrée* überfüllter Beruf ; ~*s féminines* weibliche Berufe ; ~*s hôtelières* Gastgewerbe ; ~ *indépendante (non salariée)* selbständiger Beruf ; ~ *industrielle* gewerblicher Beruf ; ~ *libérale* freier Beruf ; *les* ~*s libérales* die freien Berufe ; die Freiberufler ; ~*s masculines* männliche Berufe ; ~ *pléthorique* → *encombrée* ; ~ *principale* Hauptberuf ; ~ *salariée* unselbständiger Beruf ; ~ *secondaire* Nebenberuf, -erwerb *m* ; ~ *technique* technischer Beruf ; ~ *touristique* Fremdenverkehrsgewerbe ; ~ *universitaire* akademischer Beruf ; ◆◆ *abandon m de la* ~ Aufgabe *f* des Berufs ; *accès m à une* ~ Zugang *m* zu einem Beruf ; *changement m de* ~ Berufswechsel *m* ; *choix m d'une* ~ Berufswahl *f* ; *exercice m d'une* ~ Berufsausübung *f* ; *répartition f (ventilation f) par* ~*s* Aufschlüsselung *f* (Verteilung *f*) nach Berufen ; ◆◆◆ *abandonner la* ~ den Beruf aufgeben ; *avoir une* ~ *d'appoint* nebenberuflich arbeiten ; etw als Nebenerwerb betreiben ; eine Nebenbeschäftigung haben ; *embrasser une* ~ einen Beruf ergreifen ; *être boucher, comptable de* ~ von Beruf Metzger, Buchhalter sein ; *être de la* ~ vom Fach sein ; *exercer une* ~ einen Beruf ausüben ; ein Gewerbe betreiben ; im Beruf stehen ; *quelle* ~ *avez-vous exercée jusqu'alors ?* welches war Ihr bisheriger Beruf ? *exercer une* ~ *commerciale, du bâtiment* im Handel, im Baugewerbe tätig sein ; *faire disparaître toute une* ~ einen ganzen Berufsstand auslöschen ; *quitter la* ~ aus dem Beruf(sleben) ausscheiden.

professionnalisme *m (sportif)* Professionalismus *m* ; Berufssport *m.*

professionnel *m* **1.** *(sport)* Berufssportler *m* ; Profi *m* **2.** Mann *m* vom Fach ; Fachmann *m* ; *travail m de* ~ Facharbeit *f* ; Fachkraft *f* ; *les* ~*s* die Fachwelt ; der Berufshandel *m* ; *solliciter les conseils d'un* ~ sich von einem Fachmann beraten lassen **3.** *(bourse)* Börsenspekulant *m* ; Agioteur *m* ; Börsenmakler *m.*

professionnel, le beruflich ; Berufs- ; gewerblich ; Gewerbe- ; Fach- ; gewerbsmäßig ; *(sport)* professionell ; ♦♦ *accident m* ~ Arbeitsunfall *m* ; *activité f* ~*le* berufliche (gewerbliche) Tätigkeit *f* ; Berufs-, Erwerbstätigkeit ; *association f* ~*le* Berufsvereinigung *f* ; *branche f* ~*le* Berufszweig *m* ; *capacités fpl* ~*les* berufliche Fähigkeiten *fpl* ; *catégorie f* ~*le* Berufsgruppe *f,* -klasse *f* ; *chambre f* ~*le* berufliche Kammer *f* ; *conscience f* ~*le* berufliches Pflichtbewußtsein *n* ; *déontologie f* ~*le* Berufsethos *n* ; *école f* ~*le* Berufsschule *f* ; Fachschule *f* ; *enseignement m* ~ Fachschulunterricht *m* ; berufsbezogener Unterricht ; *enseignement m pré-*~ berufsbildender Unterricht *m* ; Berufsfachschule *f* ; *expérience f* ~*le* Berufserfahrung *f* ; *extra-*~ berufsfremd ; *faute f* ~*le (médecins)* Kunstfehler *m* ; *(sens général)* berufliche Fehlleistung *f* ; in Ausübung des Berufs begangener Fehler *m* ; *formation f* ~*le* Berufsausbildung *f* ; *formation f* ~*le permanente (continue)* berufliche Weiterbildung *f* (Fortbildung *f*) ; *formation f* ~*le par cours du soir* Berufsaufbauschule *f* ; *frais mpl* ~*s* Werbungskosten *pl* ; *groupement m* ~ Berufsverband *m* ; Fachverband ; *incapacité f d'exercer une activité* ~*le* Berufsunfähigkeit *f* ; *indemnité f de reclassement* ~ Anpassungs-, Umschulungsbeihilfe *f* ; *interdictions fpl* ~*les* Berufsverbote *npl* ; *local m à usage* ~ Gewerberaum *m* ; *maladie f* ~*le* Berufs-, Gewerbekrankheit *f* ; *milieux mpl* ~*s* Fachkreise *mpl* ; Fachwelt *f* ; *mobilité f* ~*le* Mobilität *f* der Arbeitnehmer ; Mobilität im Beruf ; *obligations fpl* ~*les* berufliche Pflichten *fpl* ; *d'ordre* ~ beruflicher Art ; beruflich ; berufsmäßig ; *organisation f* ~*le* Berufsorganisation *f,* -vereinigung *f* ; *orientation f* ~*le* Berufsberatung *f* ; *ouvrier m* ~ Facharbeiter *m* ; gelernter Arbeiter ; *profil m* ~ Berufsbild *n* ; *qualification f* ~*le* berufliche Qualifikation *f* (Eignung *f*) ; *pour des raisons d'ordre* ~ aus beruflichen Gründen ; *reclassement m* ~ **a)** *(recyclage)* Umschulung *f* ; **b)** *(cause de maladie)* berufliche Rehabilitation *f* ; Wiedereingliederung *f* ; *reconversion f* ~*le* berufliche Umschulung *f* ; *revenu m provenant d'une activité* ~*le* Berufseinkommen *n* ; *risques mpl* ~*s* Berufsrisiken *npl* ; *secteur m* → *branche* ; *secret m* ~ Berufsgeheimnis *n* ; *structure f socio-*~*le* Berufsstruktur *f* ; sozioprofessionelle Struktur ; berufsständische Aufgliederung *f* ; *syndicat m* ~ Berufsverband *m* ; *taxe f* ~*le* Gewerbesteuer *f* ; *trafic m* ~ Berufsverkehr *m* ; *travail m* ~ Berufsarbeit *f* ; *vêtements mpl* ~*s* Berufskleidung *f* ; Kluft *f* ; *(fam.)* Blaumann *m* ; *vie f* ~*le* Berufsleben *n* ; ♦♦♦ *avoir une activité* ~*le* berufstätig (erwerbstätig) sein ; ein Gewerbe betreiben ; einen Beruf ausüben ; im Berufsleben stehen ; *avoir un empêchement (d'ordre)* ~ beruflich verhindert sein ; *entrer dans la vie* ~*le* in das Berufsleben eintreten ; *faire qqch pour des motifs* ~*s* etw von Berufs wegen tun ; *quitter la vie* ~*le* aus dem Berufsleben aussteigen (ausscheiden) ; *reprendre une activité* ~*le* ins Berufsleben zurückkehren ; wieder berufstätig werden.

profil *m (d'un emploi)* Berufsprofil *n* ; berufliches Profil ; Aufgabenbereich *m* eines Berufs ; *avoir le* ~ *d'un emploi* das entsprechende Profil für eine Stelle haben.

profiler : *se* ~ sich (beruflich) profilieren ; sich einen Namen machen.

profit *m* **1.** Profit *m* ; Gewinn *m* ; Nutzen *m* ; ♦ ~ *escompté (attendu, espéré)* erwarteter (erhoffter) Gewinn ; Gewinnerwartung *f* ; ~ *de l'entrepreneur* Unternehmergewinn ; ~ *d'exploitation* Betriebsgewinn ; ~*(s) illicite(s)* gesetz(es)widriger (betrügerischer) Gewinn ; ungerechtfertigte Bereicherung *f* ; ~ *net* Reingewinn ; ~*s et pertes* Gewinn und Verlust *m* ; ~ *réalisé* erzielter Gewinn ; ♦♦ *de bon* ~ gewinnträchtig, -bringend ; einträglich ; rentabel ; *chance f de* ~ Gewinnchance *f* ; *compte m pertes et* ~*s* Gewinn- und Verlustrechnung *f* ; *juste* ~ angemessener Gewinn ; *marge f de* ~ Profitspanne *f* ; Gewinnmarge *f,* -spanne *f* ; *maximisation f des* ~*s* Gewinnmaximierung *f* ; *recherche f du* ~ Profitstreben *n* ; *(péj.)* Profitsucht *f* ; ♦♦♦ *(fam.) empocher des* ~*s* Profite einstecken (einstreichen) ; *être d'un bon* ~ einen guten Profit abwerfen ; einen beachtlichen Gewinn einbringen ; *faire son* ~

de qqch sich etw zunutze machen ; etw benutzen ; *mettre qqch à ~* etw ausnutzen (verwerten) ; *ne penser qu'à son ~* nur auf Profit aus sein (bedacht sein) ; *rapporter du ~* Gewinn abwerfen ; *réaliser de gros ~s* dicke Profite erzielen (einstreichen) ; *tirer un ~ de qqch* aus etw Profit herausschlagen ; aus etw Gewinn schlagen ; *vendre qqch avec ~* mit Profit verkaufen ; etw mit Nutzen absetzen **2.** *(fig.)* Nutzen *m* ; Vorteil *m* ; Gewinn *m* ; *au ~ de* zugunsten (+ G) ; *tirer ~ de qqch* von etw profitieren ; aus etw Nutzen ziehen.

profitable einträglich ; gewinnbringend, -trächtig ; lohnend ; rentabel.

profiter *(de)* profitieren (von) ; einen Nutzen (Vorteil) aus etw ziehen (haben) ; *les spéculateurs ont ~é des récents mouvements de la bourse* die neuesten Börsenbewegungen sind den Spekulanten zugutegekommen.

profiteur *m* Nutznießer *m* ; *(péj.)* Profitmacher *m* ; Profitjäger *m* ; Profiteur *m* ; *~ de guerre, de l'inflation* Kriegs-, Inflationsgewinnler *m*.

profits et pertes *pl* Gewinn und Verlust *m* ; *compte m de ~* Gewinn- und Verlustrechnung *f* ; *passer qqch au compte ~* etw auf dem Gewinn- und Verlustkonto verbuchen.

programmable programmierbar ; *(inform.) calculatrice f ~* programmgesteuerte Rechenanlage *f*.

programmateur *m* **1.** *(télé., radio)* Programmplaner *m*, -gestalter *m* **2.** *(appareil)* Programmregler *m*.

programmation *f (inform.)* Programmierung *f* ; Planung *f* ; *(organisation, radio)* Programmgestaltung *f* ; *~ automatique d'un ordinateur* Programmsteuerung *f* ; *~ budgétaire* Haushaltsplanung ; *(inform.) langage m de ~* Programmiersprache *f* ; *(inform.) multiprogrammation* Mehrprogrammverarbeitung *f* ; Programmverzahnung *f* ; Multiprogramming ['malti...] *n*.

programme *m* Programm *n* ; Plan *m* ; ♦ *~ d'achats* Beschaffungs-, Ankaufsprogramm ; *~ d'action, d'aide* Aktions-, Hilfsprogramm ; *~ d'amortissement, d'assemblage (inform.)* Abschreibungs-, Übersetzerprogramm ; *~ d'austérité* Sparprogramm ; Austerity [ɔs'teriti] *f* ; wirtschaftliches Einschränkungsprogramm ; *~ budgétaire* Haushaltsplan ; Haushaltsansätze *mpl* ; *~ par cartes perforées* Lochkartenprogramm ; *~ de construction de logements* Wohnungsbauprogramm ; *~ de construction de routes et d'autoroutes* Straßen- und Autobahnbauprogramm ; *~ d'équipement* Ausrüstungsprogramm ; *~ financier* Finanzplan ; *~ de fabrication, de gouvernement, d'investissements* Fabrikations-, Regierungs-, Investitionsprogramm ; *(inform.) ~-machine* Maschinenprogramm ; *(tourisme) ~ des manifestations* Veranstaltungsprogramm, -kalender *m* ; *(inform.) ~ mémorisé (en mémoire)* gespeichertes Programm ; *~ prévisionnel* Plan ; *~ de redressement* Sanierungsprogramm ; *~ de réformes* Reformprogramm, -plan ; *~ standard* Standardprogramm ; allgemein verwendbares Programm ; *~ de travail* Arbeitsprogramm ; *(inform.) ~ de traduction* Umwandlungsprogramm ; *~ de vacances, de voyages* Ferien-, Reiseprogramm ; *~-utilisateur* Benutzer-Programm ; *~ de vente* Verkaufsprogramm ; ♦♦ *(inform.) appel m de ~* Programmabruf *m* ; *(inform.) commande f par ~ (programmée)* Programmsteuerung *f* ; *établissement m d'un ~* Programmvorgabe *f* ; *mise f à jour des ~s* Programmpflege *f* ; *point m d'un ~* Programmpunkt *m* ; *(inform.) unité f de ~* Programmeinheit *f* ; ♦♦ *conformément au ~* nach Programm ; ♦♦♦ *se dérouler conformément au ~* programmgemäß ablaufen (verlaufen) ; *élaborer un ~* ein Programm ausarbeiten ; *élaborer un ~ de lutte contre le chômage* ein Programm zur Bekämpfung der Arbeitslosigkeit ausarbeiten ; *établir un ~* ein Programm aufstellen ; *introduire un ~ dans un ordinateur* einem Computer ein Programm eingeben ; *mettre un ~ sur pied* → *élaborer*.

programmer *(inform.)* programmieren ; *~ un ordinateur* einem Computer ein Programm eingeben ; *~é (par ordinateur), à commande ~ée* computergesteuert ; programmgesteuert ; *~é par cartes* kartenprogrammiert.

programmeur *m (inform.)* Programmierer *m*.

programmeuse *f (inform.)* Programmiererin *f*.

progrès *m* Fortschritt *m* ; *~ économique, scientifique, social, technique* wirtschaftlicher, wissenschaftlicher, sozialer, technischer Fortschritt ; *faire des ~* Fortschritte machen.

progresser fortschreiten ; weiter-, vorwärtskommen ; *(fam.)* auf dem Vormarsch sein ; *(gagner)* um sich greifen ; *(empirer)* sich verschlimmern ; sich verschärfen ; *(bourse)* anziehen ; *le cours des actions ~e* die Aktien ziehen an ; *les valeurs étrangères ont progressé* die Auslandswerte haben angezogen.

progressif, ive *(sens général)* fortschreitend ; steigend ; zunehmend ; progressiv ; *(échelonné)* progressiv ; gestaffelt ; Staffel- ; *amortissement m ~* progressive Abschreibung *f* ; *cours m ~* gestaffelter Kurs *m* ; *emprunt m à taux ~* Staffelanleihe *f* ; *imposition f ~ive* progressive Besteuerung *f* ; progressive Gestaltung *f* der Steuern ; progressive Staffelung *f* der Steuersätze ; *impôt m ~* Progressivsteuer *f* ; *paiement m ~* gestaffelte Zahlung *f* ; *participation f ~ive* Staffelbeteiligung *f* ; *tarif m ~* gestaffelter Tarif *m* ; *(inform.) totaux mpl ~s* Staffelsummen *fpl.*

progression *f* Fortschreiten *n* ; Steigerung *f* ; Zunahme *f* ; Progression *f* ; Zuwachs *m* ; Ausweitung *f* ; *(échelonnement)* Staffelung *f* ; *~ du chiffre d'affaires, des cours, des prix* Umsatz-, Kurs-, Preissteigerung ; *~ des salaires* Lohnanstieg *m* ; *enregistrer une ~ minime, sensible* eine geringfügige, beträchtliche Zunahme verzeichnen ; *la ~ est de 1 % les six derniers mois de l'année* für die sechs letzten Monate beträgt die Zunahme 1 %.

progressiste *m* Progressist *m* ; fortschrittlich denkender Mensch *m.*

progressiste fortschrittlich ; progressiv.

progressivité *f (échelonnement)* Staffelung *f* ; Progression *f* ; *~ des coûts* Kostenprogression.

prohibé, e gesetzlich verboten ; untersagt.

prohibitif, ive 1. *(d'interdiction)* prohibitiv ; Prohibitiv- ; Verbots- ; *tarif m douanier (droit m) ~* Prohibitivzoll *m* **2.** *(exorbitant) prix m ~* unerschwinglicher (horrender) Preis *m* ; Wucherpreis.

prohibition *f* **1.** Verbot *n* ; Sperre *f* ; Untersagung *f* **2.** *(USA)* Prohibition *f.*

prohibitionniste *m* Prohibitionist *m* ; Anhänger *m* der Prohibition.

projet *m* Projekt *n* ; Vorhaben *n* ; Plan *m* ; *(de loi, de contrat)* Entwurf *m* ; Vorlage *f* ; ♦ *~ d'agrandissement* Erweiterungs-, Ausdehnungsprojekt ; *~ de budget* Haushaltsplan ; Etat *m* ; *~ de construction* Bauvorhaben, -plan ; *~ de contrat* Vertragsentwurf ; *~ financier* Finanzvorlage *f* ; *~ de fusion, d'investissement* Fusionsvorhaben, Investitionsprogramm *n*, -pläne ; *~ de loi* Gesetz(es)vorlage ; *~ de statuts* Statutenentwurf ; *équipe f responsable d'un ~* Projektgruppe *f* ; *responsable m d'un ~* Projektleiter *m* ; ♦♦♦ *ébaucher un ~* ein Projekt entwerfen ; *élaborer (faire) des ~s d'avenir* Zukunftspläne machen (schmieden) ; *élaborer un ~ (mettre au point un ~)* ein Projekt ausarbeiten ; *modifier un ~* ein Vorhaben (ab)ändern ; *nourrir un ~* sich mit einem Projekt tragen ; *participer à un grand ~* an einem Großprojekt beteiligt sein ; *préparer, réaliser un ~* ein Projekt (Vorhaben) vorbereiten, realisieren (durchführen) ; *ne pas vouloir renoncer à un ~* von einem Vorhaben nicht ablassen.

projeter entwerfen ; planen ; vorhaben ; Pläne schmieden ; beabsichtigen ; sich etw vornehmen.

prolétaire *m* Proletarier *m* ; *(fam.)* Prolet *m* ; *famille f, enfant m de ~s* Proletarierfamilie *f*, -kind *n.*

prolétaire proletarisch ; *(péj.)* proletenhaft ; *conscience f de classe ~* proletarisches Klassenbewußtsein *n* ; *famille f ~* proletarische Familie *f* ; Proletarierfamilie.

prolétariat *m* Proletariat *n* ; *(hist.) ~ en haillons* Lumpenproletariat ; *~ agricole, industriel, rural, urbain* landwirtschaftliches, industrielles, ländliches, städtisches (Großstadt-) Proletariat ; *appartenir au ~ universitaire* dem akademischen Proletariat angehören.

prolétarien, ne proletarisch.

prolétariser proletarisieren.

prolétarisation *f* Proletarisierung *f.*

prolifération *f* Vermehrung *f* ; Zunahme *f* ; Proliferation *f* ; *non-~ d'armes nucléaires* Nichtweitergabe *f* von Atomwaffen ; Nonproliferation *f* ; Nichtverbreitung *f* von Atomwaffen ; *traité m de non-~ d'armes nucléaires* Atom(waffen)sperrvertrag *m.*

prolo *m (fam.)* Prolet *m.*

prolongation *f* **1.** Verlängerung *f* ; Ausdehnung *f* ; Aufschub *m* ; *~ d'un contrat, d'un délai* Vertrags-, Frist(en)-verlängerung ; *~ d'un délai de paiement* Zahlungsaufschub ; *~ des débats, de négociations, d'une séance (jusque tard dans la nuit)* Ausdehnung einer Debatte, von Verhandlungen, einer Sitzung (bis spät in die Nacht hinein) ; *~ d'un séjour* Aufenthaltsverlängerung ; *~ de validité* Gültigkeitsverlängerung ; *~ de quelques mois* Verlängerung um ein paar Monate ; *accorder, solliciter une ~ de délai de paiement* um (einen) Zahlungsaufschub bitten ; einen Zahlungsaufschub gewähren (geben) **2.** *(bourse)* Prolongation *f* ; Prolongierung *f*.

prolongements *mpl* Folgen *fpl* ; Konsequenzen *fpl* ; Auswirkungen *fpl* ; Nebeneffekte *mpl* ; Nebenerscheinungen *fpl* ; *avoir des ~ négatifs* Fehlentwicklungen nach sich ziehen.

prolonger 1. verlängern ; ausdehnen ; hinausschieben ; *~ un bail* einen Mietsvertrag verlängern ; *faire ~ un passeport, des papiers d'identité* einen Paß, Ausweispapiere verlängern lassen ; *~ qqch de quelques semaines* etw um ein paar (mehrere) Wochen verlängern ; *se ~* sich ausdehnen ; sich hinziehen ; sich in die Länge ziehen ; *être automatiquement ~é d'un an* automatisch um ein Jahr verlängert werden **2.** *~ un crédit, une traite* einen Kredit, einen Wechsel prolongieren (verlängern).

promesse *f* Versprechen *n* ; Versprechung *f* ; Zusage *f* ; ♦ *~ d'achat* Kaufversprechen ; *~ d'actions* Aktienbezugsschein *m* ; *~ de crédit* Kreditzusage ; *~ de dette, de donation* Schuld-, Schenkungsversprechen ; *~ écrite* schriftliches Versprechen ; *~s en l'air* leere Versprechungen ; *~ de garantie* Garantiezusage ; *~ d'intérêts, de paiement* Zins-, Zahlungsversprechen ; *~ de vente* Verkaufsversprechen ; Verkaufsvorvertrag ; ♦♦♦ *s'acquitter d'une ~* ein Versprechen erfüllen (einlösen) ; *faire de grandes, de vaines ~s* große, leere Versprechungen machen ; *tenir sa ~* sein Versprechen halten ; *signer une ~ de vente* einen Verkaufsvorvertrag unterschreiben.

prometteur, euse vielversprechend ; erfolgversprechend ; vielverheißend ; *des débuts mpl ~s* ein vielversprechender Anfang.

promettre versprechen ; zusagen ; zusichern ; *~ une commission, une récompense à qqn* jdm eine Provision, eine Belohnung versprechen ; *~ de l'aide, des crédits, un poste à qqn* jdm Hilfe, Kredite, eine Stellung zusagen ; *~ son soutien à qqn* jdm eine Unterstützung zusichern (versprechen).

promoteur *m* **1.** Förderer *m* ; Befürworter *m* ; Promoter [pro'moutər] *m* ; *~ des ventes* Sales-Promoter *m* ; Verkaufsleiter *m* **2.** *(immobilier)* Bauträger *m* ; Bauherr *m* ; *(péj.)* Baulöwe *m*.

promotion *f* **1.** *(mesures d'encouragement)* Förderung *f* ; *~ économique, ouvrière, professionnelle* Wirtschafts-, Arbeiter-, Berufsförderung ; *~ sociale* sozialer Aufstieg *m* ; *~ du tourisme* Förderung des Fremdenverkehrs ; *~ des ventes* Verkaufs-, Absatzförderung ; Sales-Promotion ['seilzpromo:ʃən] *f* ; Merchandising ['mə:tʃəndaiziŋ] *n* **2.** *(offre avantageuse) article m en ~* Sonderangebot *n* ; Reklame *f* ; Reklameartikel *m* ; *en ~* im Sonderangebot **3.** *(avancement)* Beförderung *f* ; Aufstieg *m* ; *~ à l'ancienneté, au choix* Beförderung nach dem Dienstalter, auf Vorschlag ; *avoir des chances, des possibilités de ~* Aufstiegschancen, -möglichkeiten haben ; *espérer une ~* auf Beförderung hoffen ; *obtenir une ~ à un poste élevé* in eine leitende (höhere) Stellung aufrücken (befördert werden) **4.** *(école)* Jahrgang *m* ; *de la même ~* zum selben Jahrgang gehören.

promotionnel, le absatz-, verkaufsfördernd ; Werbe- ; Reklame- ; *action f ~le* Verkaufsförderungsaktion *f* ; Werbeaktion ; *article m ~* Sonderangebot *n* ; Reklame *f* ; Reklameartikel ; *mesure f ~le* Förderungsmaßnahme *f* ; *vente f ~le* Werbeverkauf *m* ; Ware *f* zu herabgesetztem Preis ; *déployer une intense activité ~le* eine große Werbetätigkeit entfalten ; *faire une campagne ~le pour un produit* ein Produkt durch (stark) herabgesetzte Preise fördern ; förderungswirksame Maßnahmen für eine Ware ergreifen.

promouvable : *être ~ (au choix)* auf der Beförderungsliste (auf Vorschlag) stehen ; *ne pas être ~* von der Beförderung ausgeschlossen sein.

promouvoir 1. *(encourager, favoriser)* fördern ; Förderungsmaßnahmen treffen für ; *~ le commerce, le tourisme* den Handel, den Fremdenverkehr fördern ; *~ un nouveau produit* den Verkauf eines neuen Produktes fördern ; eine Werbeaktion für ein neues Erzeugnis starten ; eine Ware durch (stark) herabgesetzte Preise fördern ; *mesure f destinée à ~ les P.M.E.* Maßnahme *f* zur Förderung der Klein- und Mittelbetriebe **2.** *(qqn, un fonctionnaire)* befördern ; avancieren ; aufrücken ; *~ à un poste élevé* in eine höhere Stellung befördern (aufrücken) ; *être promu* befördert werden (*au choix* auf Vorschlag) ; *être promu chef de service* zum Abteilungsleiter befördert werden ; zum Abteilungsleiter aufrücken.

prompt, e : *dans l'attente d'une ~e réponse* in Erwartung Ihres baldigen Schreibens ; wir bitten um baldige Antwort ; einer baldigen Antwort gern entgegensehend.

promu *m* Beförderte(r).

promu, e ⇒ *promouvoir.*

promulgation *f* Verkündung *f* ; öffentliche Bekanntmachung *f* ; *(arch.)* Promulgation *f* ; ~ *d'une loi* Verkündung *f* eines Gesetzes.

promulguer erlassen ; bekannt machen ; verkünden ; ~ *un décret* eine Verordnung erlassen ; ~ *une loi* ein Gesetz erlassen (verkünden).

prononcer : ~ *un discours* eine Rede halten ; ~ *un jugement* ein Urteil fällen ; ~ *une peine* eine Strafe verhängen.

pronostic *m* Voraussage *f* ; Prognose *f* ; Aussicht *f* ; Vorhersage *f* ; Vorschau *f* ; ~ *des besoins, du marché, de production, de ventes* Bedarfs-, Markt-, Produktions-, Absatzprognose ; *faire des ~s* Voraussagen machen ; eine Prognose stellen (über + A) ; *faire des ~s optimistes, risqués, sombres* eine optimistische, gewagte, düstere Prognose stellen.

pronostiquer eine Prognose stellen (über + A) ; prognostizieren ; etw vorhersagen ; Voraussagen machen.

propagande *f* Propaganda *f* ; Werbetätigkeit *f* ; Reklame *f* ; ~ *aérienne* Luftreklame ; ~ *électorale* Wahlpropaganda ; *film m de ~* Propagandafilm *m* ; *faire de la ~ pour qqch* für etw Propaganda machen ; *faire du battage de ~* die Propagandatrommel rühren (schlagen).

propagandiste *m* Propagandist *m* ; eifriger Vertreter *m* einer Doktrin ; Befürworter *m* ; begeisterter Anhänger *m* ; *(électorat)* Wahlwerber *m.*

propension *f* Neigung *f* ; Tendenz *f* ; Trend *m* ; ~ *à l'achat* Kauflust *f,* -neigung ; ~ *à consommer* Konsumneigung, -trend ; ~ *à l'épargne* Sparneigung ; ~ *à investir* Investitionslust, -neigung.

proportion *f (quantité)* Prozentsatz *m* ; Proportion *f* ; *(rapport)* (Größen)-verhältnis *n* ; *dans de larges ~s* zu einem beträchtlichen Prozentsatz ; *dans une ~ de 1 à 4* in einem Verhältnis von 1 zu 4 ; *la ~ de main-d'œuvre étrangère est relativement élevée* der Prozentsatz an Gastarbeitern liegt relativ hoch ; *prendre des ~s considérables* beträchtliche Ausmaße annehmen ; *en ~ de (par rapport à)* im Verhältnis zu ; im Vergleich zu ; entsprechend (+ D) ; *il travaille en ~* er arbeitet entsprechend viel ; *toutes ~s gardées* verhältnismäßig ; alles in allem.

proportionnel, le verhältnismäßig ; proportional ; anteilig ; quotenmäßig ; *échantillon ~* Verhältnisstichprobe *f* ; *impôt m ~* Proportionalsteuer *f* ; *part f ~le* Verhältnisanteil *m* ; verhältnismäßiger (quotenmäßiger) Anteil *m* ; *répartition f ~le* quotenmäßige Verteilung *f* ; *représentation f ~le* Proporzwahl *f* ; proportionale Vertretung *f* ; *scrutin m à la ~le* ⇒ *proportionnelle* ; *être ~ à* im Verhältnis zu etw stehen ; *être inversement ~ à* im umgekehrten Verhältnis zu etw stehen.

proportionnelle *f* Verhältniswahl *f,* -system *n* ; Proporzwahl *f.*

proportionnellement à im Verhältnis zu ; *répartir qqch ~* im Verhältnis zu etw verteilen.

proposer vorschlagen ; *(former une demande)* beantragen ; *(offrir)* anbieten ; *(soumettre)* vorlegen ; unterbreiten ; *(convenir de)* vereinbaren ; abmachen ; stipulieren ; Vorschläge unterbreiten ; ~ *un ajournement* eine Vertagung beantragen ; ~ *un arrangement* eine Abfindung (einen Vergleich) finden ; ~ *qqn comme candidat* jdn als Kandidat en vorschlagen ; ~ *une nouvelle date* einen neuen Termin abmachen ; ~ *qqch en échange* etw als Gegengabe (als Ersatz) anbieten ; ~ *qqn à un poste, à une fonction* jdn für einen Posten, für ein Amt vorschlagen ; ~ *sa médiation* sich als Vermittler anbieten ; ~ *un plan, un programme* einen Plan, ein Programm anbieten ; ~ *qqch à un prix intéressant* etw zu einem günstigen Preis anbieten ; ~ *un projet de budget* einen Haushaltsentwurf vorlegen ; ~ *un vote* eine Abstimmung beantragen.

proposition *f* Vorschlag *m* ; *(demande)* Antrag *m* ; *(stipulation)* Vereinbarung *f* ; Abmachung *f* ; Stipulierung *f* ; *(offre)* Angebot *n* ; ♦ ~ *acceptable* annehmbarer Vorschlag ; ~ *additionnelle* Zusatzantrag ; ~ *d'accord* Einigungsvorschlag ; ~ *d'arrangement amiable* Vorschlag zur gütlichen Einigung ; *(fam.)* Vorschlag zur Güte ; ~ *d'assurance* Versicherungsantrag ; ~ *de dividende* Dividendenvorschlag ; ~ *ferme* festes Angebot ; ~ *de loi* Gesetzesvorlage *f* ; Gesetzentwurf *m* ; ~ *de modification (d'amendement)* Abänderungsantrag ; ~ *de scrutin* Wahlvorschlag ; *sur ~ de* auf Vorschlag von ; ♦♦♦ *accepter (adopter) une ~* einen Vorschlag annehmen (akzeptieren) ; *déposer une ~ → soumettre* ; *faire (formuler) une ~* einen Vorschlag machen (formulieren) ; *mettre une ~ aux voix* über einen Antrag abstimmen ; *rejeter (repousser) une ~* einen Vorschlag ablehnen ; *soumettre une ~* einen Vorschlag unterbreiten ; *(parlem.)* einen Antrag im Parlament einbringen ; *souscrire à une ~* auf einen Vorschlag eingehen.

propre *(jur.)* eigen ; Eigen- ; ◆◆ *besoins ~s* Eigenbedarf *m* ; *capital m ~* Eigenkapital *n* ; *consommation f ~* Eigenverbrauch *m* ; *fonds mpl (moyens mpl) ~s* Eigenmittel *npl*, -aufkommen *n* ; *matériel m ~ à l'entreprise* betriebseigenes Material *n* ; *possesseur m en ~* Eigenbesitzer *m* ; *transaction f (affaire f, opération f) en nom ~* Propergeschäft *n* ; Propregeschäft ; Eigenhandel *m* ; *à son ~ compte, pour son ~ compte* auf eigene Rechnung, für eigene Rechnung ; *de sa ~ main* eigenhändig ; *en nom ~* im eigenen Namen ; *en ~ personne* in eigener Person ; ◆◆◆ *avoir en ~* etw zu eigen haben ; selbst besitzen ; *donner qqch en ~ à qqn* jdm etw zu eigen geben ; *faire une opération pour son ~ compte* ein Eigengeschäft tätigen ; ein Geschäft für eigene Rechnung tätigen ; *remettre en mains ~s* etw eigenhändig übergeben ; *s'en tirer par ses ~s moyens* auf eigene Mittel angewiesen sein ; allein auskommen ; *(fam.)* etw auf eigene Faust unternehmen.

propriétaire *m* Eigentümer *m* ; Inhaber *m* ; Besitzer *m* ; *(d'une affaire)* Geschäftsinhaber ; *(viticulture, Alsace) ~-récoltant* selbstmarkender Winzer *m* ; *~ foncier → terrien* ; *~ (détenteur) de parts* Anteilseigner *m*, -inhaber ; *(gros) ~ terrien* (Groß)grundbesitzer ; *changement m de ~* Inhaberwechsel *m* ; Besitz(er)wechsel ; Eigentumswechsel ; *nu-~* bloßer Eigentümer ; *obligations fpl du ~* Verpflichtungen *fpl* des Eigentümers ; *seul ~* Alleinbesitzer *m*.

propriété *f* Eigentum *n* ; Besitz *m* ; ◆ *~ acquise* erworbener Besitz ; Erwerb *m* ; *~ agricole* Landgut *n* ; *~ (non) bâtie* (un)bebautes Grundstück *n* ; *~ des brevets* Patenteigentum ; *~ commerciale* gewerbliches Eigentum ; gewerblicher Mieterschutz *m* ; *~ de l'État* Staatsbesitz ; *~ à l'étranger* Auslandsbesitz ; *~ foncière* Grundeigentum, -besitz ; Liegenschaft(en) *f(pl)* ; *~ (im)mobilière* (Im)mobiliareigentum ; *~ indivise (en indivision)* Gemeinschaftsvermögen *n* ; Bruchteilseigentum ; Miteigentum ; *~ indivisible* unteilbares Eigentum ; *~ industrielle* gewerbliches Eigentum ; *~ intellectuelle (artistique et littéraire)* geistiges Eigentum ; *~ mobilière* Mobiliareigentum ; Mobiliarvermögen *n* ; *~ nationale* staatseigen ; *(R.D.A.)* volkseigen ; *(R.F.A.)* bundeseigen ; *~ privée* Privatbesitz, -eigentum ; *~ publique* Staatseigentum ; *~ de rapport* Mietshaus *n* ; *~ viagère* Eigentum auf Lebenszeit ; ◆◆ *abandon m de ~* Eigentumsaufgabe *f* ; *acquisition f de ~* Eigentumserwerb *m* ; *atteinte f à la ~* Eigentumsvergehen *n*, -delikt *n* ; *droit m de ~* Eigentumsrecht *n* ; *droit m à la ~* Besitzanspruch *m* ; Recht *n* (Anspruch *m*) auf Eigentum ; *estimation f de la ~* Eigentumsbewertung *f* ; *impôt m sur les ~s bâties et non bâties* Grund- und Gebäudebesteuerung *f* ; *nue-~* bloßes Eigentum ; *petite ~* Kleinbesitz ; *possibilité f d'accession à la ~* Möglichkeit *f* eines Immobilienerwerbs ; *protection f de la ~ industrielle* gewerblicher Rechtsschutz *m* ; *réserve f de ~* Eigentumsvorbehalt *m* ; *restriction f de la ~* Eigentumsbeschränkung *f* ; *revenu m des ~s bâties* Erwerb *m* aus bebauten Grundstücken ; *titre m de ~* Eigentumsurkunde *f*, -nachweis *m* ; *transfert m de ~* Eigentumsübertragung *f*, -übergabe *f* ; ◆◆◆ *accéder à la ~ d'un appartement* das Eigentum an einer Wohnung erwerben ; *assortir d'une clause de réserve de ~* einen Vertrag mit einer Eigentumsvorbehaltsklausel versehen ; *avoir qqch en ~* etw im Besitz haben ; *avoir une ~ à la campagne* ein Eigentum auf dem Land haben ; *devenir la ~ de qqn* in jds Besitz (Eigentum) gelangen (kommen, übergehen) ; *être la ~ de qqn* sich in jds Besitz befinden ; *faire valoir ses droits de ~* seine Besitzansprüche geltend machen ; *posséder la ~ de qqch* das Eigentum an etw (+ D) besitzen.

propulsion *f* : *navire m à ~ nucléaire* atomgetriebenes Schiff *n* ; Schiff mit Atomantrieb.

prorata *m* Anteil *m* ; Quote *f* ; Verhältnis *n* ; *répartition f au ~* quotenmäßige Aufteilung *f* ; Quotelung *f* ; *avoir part à un bénéfice au ~ de la mise de fonds* eine Gewinnrate im Verhältnis zur Einlage erhalten ; *désintéresser qqn au ~* jdn anteilsmäßig (anteilig) abfinden ; *effectuer un versement au ~* eine anteilige Zahlung leisten ; *répartir au ~* quotenmäßig (anteilsmäßig) aufteilen.

prorata : *au ~* quotenmäßig ; anteilsmäßig ; anteilig ; proportional ; im Verhältnis zu ; *au ~ des frais* im Verhältnis zu den Kosten ; kostenmäßig, -anteilig.

prorogation *f* Verlängerung *f* ; Aufschub *m* ; Frist *f* ; Stundung *f* ; Verschiebung *f* ; Vertagung *f* ; Prolongation *f* ; Prorogation *f* ; *~ d'un bail* Mietsvertragsverlängerung ; *~ de compétence (de juridiction)* Ausdehnung *f* der Zuständigkeit eines Gerichts ; *~ de congé* Urlaubsverlängerung ; *~ d'un crédit* Kreditverlängerung ; *~ de délai* Fristverlängerung ; *~ d'un délai de paiement* Zahlungsaufschub ; *~ d'une échéance* Verlängerung eines Fälligkeitstermins ; Stundung einer fälligen Rate ; *~ de fonctions* Verlängerung einer Amtszeit ; *~ de validité* Gültigkeitsverlängerung ; *accorder une ~* eine Verlängerung gewähren ; *demander une ~* um Aufschub bitten (nachsuchen) ; eine Stundung beantragen.

proroger 1. *(reporter à une date ultérieure)* aufschieben **2.** *(prolonger au-delà du délai prévu)* verlängern ; *~ une assemblée* eine Legislaturperiode verlängern ; *~ une traite* einen Wechsel verlängern (prolongieren) **3.** *(suspendre et fixer à une date ultérieure)* vertagen ; *~ une séance, une assemblée* eine Sitzung, eine Versammlung vertagen.

prospecter 1. *(mines)* schürfen nach ; graben nach ; prospektieren ; *~ l'or, l'uranium* nach Gold, nach Uran schürfen ; *~ le pétrole* nach Öl bohren ; *~ les fonds marins* den Meeresboden prospektieren **2.** *(commerce)* Kunden werben ; Kundenwerbung treiben ; akquirieren ; *~ une région* in einem Gebiet Kundenwerbung treiben ; *(fam.)* eine Gegend nach Kunden abklappern ; *~ un marché* einen Markt erkunden ; Absatzmärkte aufsuchen.

prospecteur *m* **1.** *(mines)* Schürfer *m* ; Prospektor *m* **2.** *(de clients)* Kundenwerber *m* ; Akquisiteur *m* ; Werbevertreter *m*.

prospectif, ive prospektiv ; vorausschauend.

prospection *f* **1.** *(sous-sol)* Schürfen *n* ; Schürfung *f* ; *(pétrole)* Erdölbohrung *f* ; Prospektierung *f* ; Prospektion *f* ; *autorisation f (permis m) de ~* Schürferlaubnis *f* ; *liberté f, périmètre m de ~* Schürffreiheit *f*, -gebiet *n* ; *faire de la ~ pétrolière* nach Öl bohren **2.** *(d'une région)* Erkundung *f* ; Durchforschung *f* **3.** *(clients)* Kundenwerbung *f* ; Akquisition *f* ; *faire de la ~ de clientèle* auf Kundenwerbung ausgehen ; *(fam.)* Kunden abklappern.

prospectus *m* Prospekt *m*, *(Autriche) n* ; Prospektmaterial *n* ; Reklamezettel *m* ; Handzettel ; Werbeschrift *f* ; Werbebroschüre *f* ; ◆ *~ gratuit* kostenloser Prospekt ; *~ illustré* Bildprospekt ; *~ publicitaire* Werbeprospekt ; *~ de souscription (d'émission)* Zeichnungsaufforderung *f* ; *~ d'une station touristique* Ortsprospekt ; *~ de voyage* Reiseprospekt ; *présentoir m à ~* Prospektgeber *m*, -ständer *m* ; *publicité f par ~* Prospektwerbung *f* ; ◆◆◆ *distribuer, envoyer des ~* Prospekte verteilen, versenden ; *ce ~ vous est offert par...* Prospekt überreicht durch...

prospère florierend ; blühend ; erfolgreich.

prospérer blühen ; florieren ; einen großen Aufschwung nehmen ; gedeihen ; *(affaires)* gut gehen ; gut vorankommen ; *notre affaire ~e* unser Geschäft floriert ; mit unserem Geschäft geht es aufwärts ; *faire ~* in Schwung bringen ; beleben.

prospérité *f* Wohlstand *m* ; Blüte *f* ; Prosperität *f* ; wirtschaftlicher Aufschwung *f* ; *~ économique* wirtschaftliche Prosperität ; Hochkonjunktur *f* ; *~ des finances* blühende Finanzen *fpl* ; gesunde Finanzlage *f* ; *~ illusoire* Scheinblüte ; *~ nationale* nationaler Wohlstand.

protecteur *m* Gönner *m* ; Förderer *m* ; Schirmherr *m*.

protecteur, trice schützend ; Schutz- ; *droit m, État m ~* Schutzzoll *m*, -macht *f* ; *Société f ~trice des animaux (S.P.A.)* Tierschutzverein (TSV) *m* ; *système m ~* **a)** *(douanier)* Schutzzollsystem *n* ; **b)** *(techn.)* Schutzvorrichtung *f*.

1. protection *f (assistance, aide, soutien)* Protektion *f* ; Gönnerschaft *f* ; Beistand *m* ; Unterstützung *f* ; *régime m de ~s* Günstlings-, Protektionswirtschaft *f* ; *avoir la ~ de qqn* jds Protektion haben (genießen) ; jds Gönnerschaft besitzen ; *bénéficier de puissantes ~s* einflußreiche Gönner haben ; *jouir de la ~ financière de qqn* die finanzielle Unterstützung vom jdm haben.

2. protection *f* Schutz *m* ; Obhut *f* ; Absicherung *f* ; Abschirmung *f* ; Abschotten *n* (gegen + A) ; ◆ *~ contre les accidents (du travail)* (Arbeits)-unfallverhütung *f* ; *~ des brevets* Patentschutz ; *~ du citoyen contre les* *abus de l'informatique* Datenschutz *m* ; ~ *des consommateurs* Verbraucherschutz ; ~ *douanière* Zollschutz ; ~ *de l'emploi* Schutz (Wahrung *f*) des Arbeitsplatzes ; ~ *de l'enfance* Kinderschutz ; ~ *de l'environnement* Umweltschutz ; ~ *des petits épargnants* Schutz der Kleinsparer ; ~ *de l'épargne* Schutz des Sparwesens ; ~ *des informations* Datensicherung *f* ; ~ *de la jeunesse* Jugendschutz ; ~ *judiciaire* Rechtsschutz ; ~ *des locataires* Mieterschutz ; ~ *des marques* Marken-, Warenzeichenschutz ; ~ *maternelle et infantile* (P.M.I.) Mutterschutz ; ~ *des mineurs* Jugendschutz ; Schutzaufsicht *f* ; ~ *des minorités* Minderheitenschutz ; ~ *des modèles* Musterschutz ; ~ *des modèles déposés* Gebrauchsmusterschutz ; ~ *de la nature* Naturschutz ; ~ *contre les nuisances* Immissionsschutz ; ~ *de la propriété industrielle* gewerblicher Rechtsschutz ; ~ *du salaire* Lohnschutz ; ~ *des sites naturels* Überwachung *f* der Naturschutzgebiete ; ~ *sociale* soziale Sicherung *f* ; soziales Netz *n* ; ~ *du travail* Arbeitsschutz ; ♦♦ *casque m de* ~ Schutzhelm *m* ; *(moto)* Sturzhelm ; *délai m de* ~ Schutzfrist *f* ; *dépenses fpl de* ~ *contre l'incendie* Brandschutzauflage *f* ; *dispositif m (système m) de* ~ Schutzvorrichtung *f* ; *mesure f de* ~ Schutzmaßnahme *f*, -vorkehrung *f* ; *mesures fpl de* ~ *de la population (de)* Maßnahme *f* zum Schutz der Bevölkerung (vor etw) ; *système m de protection (techn.)* Schutzvorrichtung *f* ; *système m de* ~ *douanière* Zollschutzsystem *n* ; *vêtement m de* ~ Schutzbekleidung *f* ; ♦♦♦ *accorder sa* ~ *à qqn* jdm seinen Schutz gewähren ; jdn unter seinen Schutz stellen ; *bénéficier de la* ~ *de l'État, de la loi* Staatsschutz, den Schutz des Gesetzes genießen (besitzen) ; *demander* ~ *à qqn* jdn um Schutz bitten ; *être sous la* ~ *de qqn* unter jds Obhut stehen ; sich in jds Obhut befinden ; *imposer des mesures de* ~ Schutzmaßnahmen auferlegen ; *se mettre (se placer) sous la* ~ *de qqn* sich in (unter) jds Schutz begeben (stellen) ; *prendre qqn sous sa* ~ jdn in Schutz (in seine Obhut) nehmen.

protectionnisme *m* Protektionismus *m* ; Schutzzollsystem *n* ; ~ *agricole, douanier* landwirtschaftlicher, Zollprotektionismus.

protectionniste *m* Protektionist *m* ; Vertreter *m* (Anhänger *m*) des Protektionismus ; *la ligne* ~ *de la politique économique* der protektionistische Kurs in der Wirtschaftspolitik.

protectionniste protektionistisch ; *politique f* ~ Schutzzollpolitik *f*.

protectorat *m* Protektorat *n* ; *territoire m sous* ~ Protektoratsgebiet *n*.

protégé *m* **1.** *(péj.)* Günstling *m* ; Begünstigte(r) ; Schützling *m* ; Protegé *m* **2.** Schutzbefohlene(r).

protéger schützen ; abschirmen ; absichern ; *se* ~ *de qqch* sich gegen etw abschirmen (abschotten) ; *se* ~ *de la concurrence étrangère par des barrières douanières* sich durch Zollschranken gegen die ausländische Konkurrenz abschirmen (abschotten) ; *se* ~ *par contrat* sich vertraglich absichern.

protestataire *m* Protestler *m*.

protestation *f* Protest *m* ; Einspruch *m* ; *grève f de* ~ Proteststreik *m* ; *mouvement m de* ~ Protestaktion *f*, -demonstration *f*, -bewegung *f*, -kampagne *f*, -kundgebung *f* ; *élever une* ~ *contre* Protest (Einspruch) erheben gegen ; *remettre une* ~ *écrite contre qqch* einen schriftlichen Protest gegen etw einlegen ; *soulever des tempêtes de* ~*s* zahlreiche Proteste (Proteststürme) auslösen.

protester **1.** *(contre)* protestieren (gegen) ; Protest erheben (einlegen) ; Einspruch erheben **2.** ~ *un chèque, un effet* einen Scheck, einen Wechsel protestieren (zu Protest gehen lassen).

protêt *m (jur.)* Protest *m* ; ~ *d'un chèque, d'un effet* Scheck-, Wechselprotest ; ~ *faute d'acceptation, faute de paiement* Protest mangels Akzept, mangels Zahlung ; *acte m de* ~ Protesturkunde *f* ; *délai m, frais mpl de* ~ Protestfrist *f*, -gebühr *f* ; *faire dresser* ~ Protest erheben ; (einen Wechsel) zu Protest gehen lassen.

provenance *f* Herkunft *f* ; Ursprung *m* ; *indication f de* ~ Herkunftsangabe *f* ; Ursprungsbezeichnung *f* ; *pays m, lieu m de* ~ Herkunftsland *n*, -ort *m* ; *label m de* ~ Herkunftszeichen *n* ; *marchandises fpl de* ~ *étrangère, en* ~ *du Japon* ausländische Waren *fpl*, Waren aus Japan (japanischer Herkunft) ; *le train en* ~ *de ...* der Zug aus ... kommend.

provision *f*	**1.** ***comptabilité*** **2.** ***acompte, avance*** **3.** ***couverture bancaire*** **4.** ***réserve, stock*** **5.** ***juridique*** **6.** ***provisions : produits alimentaires, d'entretien***

1. ***(comptabilité)*** Rückstellung *f* ; Rücklage *f* ; ♦ ~ *pour* Rückstellung für ; ~ *(non) affectée* (nicht) zweckgebundene Rückstellung ; ~ *pour agrandissement* Erweiterungsrückstellung ; ~ *d'amortissement* Abschreibungsrückstellung ; ~ *pour charges imprévisibles* Rückstellung für unvorhergesehene Verbindlichkeiten ; ~ *pour créances douteuses* Rückstellung für dubiose Forderungen ; ~ *de dépréciation de qqch* Rückstellung für Wertminderung von ; ~ *de dépréciation des stocks marchandise* Rückstellung für Wertminderung des Warenvorrats ; ~ *pour impôts* Steuerrückstellung ; ~ *pour renouvellement des immobilisations* Rückstellung für die Erneuerung der Betriebsanlagen ; ~ *pour réparations* Rückstellung für Reparaturen ; ~ *pour retraites obligatoires du personnel* Pensionsrückstellung ; ~ *pour risques et pertes* Rückstellung für Risiken und drohende Verluste ; ♦♦ *compte m de* ~ Rückstellungskonto *n* ; *constitution f de* ~*s* Bildung *f* von Rückstellungen ; *dotation f aux* ~*s* Zuwendung *f* an Rückstellungen ; *pertes fpl couvertes par les* ~*s* durch Rückstellungen gedeckte Verluste *fpl* ; ♦♦♦ *affecter aux* ~*s* den Rückstellungen zuführen ; *constituer des* ~*s* Rückstellungen bilden ; *rajuster les* ~*s* die Rückstellungen angleichen.

2. ***(acompte, avance)*** Vorschuß *m* ; Anzahlung *f* ; Abschlagszahlung *f* ; *verser une* ~ eine Anzahlung leisten.

3. ***(couverture bancaire)*** Deckung *f* ; Deckungsbetrag *m* ; Guthaben *n* ; ♦ ~ *d'un chèque* Deckung eines Schecks ; ~ *insuffisante* ungenügende (mangelnde) Deckung ; ~ *suffisante* ausreichende Deckung ; ♦ *défaut m de* ~ mangelnde Deckung ; *montant m de la* ~ Deckungsbetrag *m* ; *sans* ~ ungedeckt ; *visé pour* ~ Deckung vorhanden ; ♦♦♦ *fournir* ~ für Deckung sorgen ; *c'est un chèque sans* ~ der Scheck ist ohne Deckung ; ein ungedeckter Scheck ; *verser une* ~ eine Deckung anschaffen.

4. ***(réserve, stock)*** Vorrat *m* ; Reserve *f* ; *une grande* ~ *de qqch* ein großer Vorrat (große Reserven) an (+ D) ; *j'en ai une* ~ das habe ich in Vorrat ; das habe ich auf Lager ; *les* ~*s diminuent* die Vorräte gehen zur Neige ; *entamer les dernières* ~*s* die letzten Vorräte (die eiserne Reserve) anbrechen ; *faire* ~ *de qqch* sich mit etw versehen ; Vorräte an etw anlegen ; *les* ~*s ne suffiront pas* die Vorräte reichen nicht.

5. ***(jur.)*** ***(somme allouée par un juge en attendant le jugement)*** Vorauszahlung *f* ; Unterhaltungsbeitrag *m*.

6. ***(produits alimentaires)*** Einkäufe *mpl* ; *filet m, panier m, sac m à* ~*s* Einkaufsnetz *n*, -korb *m*, -tasche *f* ; *faire ses* ~*s* Einkäufe tätigen ; einkaufen gehen ; Besorgungen machen.

provisionnel, le vorläufig ; einstweilig ; provisorisch ; *(impôts) acompte m, (tiers) m* ~ Steuervorauszahlung *f* ; Steuerabschlagszahlung ; *versement m* ~ Vorschußzahlung *f*.

provisoire vorläufig ; einstweilig ; provisorisch ; *abri m, gouvernement m, règlement m* ~ provisorische Unterkunft *f*, Regierung *f*, Regelung *f* ; *(jur.) ordonnance f (décision f)* ~ einstweilige Verfügung *f* ; *chiffres mpl* ~*s* vorläufige Angaben *fpl*.

prud'homal, e arbeitsgerichtlich ; *procédure f* ~*e* arbeitsgerichtliches Verfahren *n* ; Arbeitsgerichtsverfahren *m*.

prud'homme *m* Arbeitsrichter *m* ; Mitglied *n* eines paritätischen Schiedsausschusses ; *conseil m de* ~*s* paritätisches Arbeitsgericht *n*.

P.S. *(post-scriptum)* Postskriptum (PS) *n* ; Nachschrift *f*.

pseudonyme *m* Deckname *m* ; Pseudonym *n* ; Künstlername *m* ; *l'ouvrage a paru sous un* ~ das Buch ist unter einem Pseudonym erschienen ; *publier qqch sous un* ~ etw unter einem Decknamen veröffentlichen.

P.S.I. *m (prêt spécial immédiat)* sofortiges Sonderdarlehen *n*.

P.S.V. *m (pilotage sans visibilité)* Blindfliegen *n* ; Blindflug *m*.

psychologie *f* Psychologie *f* ; ~ *de l'entreprise (industrielle)* Betriebspsychologie ; ~ *du travail* Arbeitspsychologie.

psychologue *m* : ~ *d'entreprise* Betriebspsychologe *m*.

psychotechnique : *subir (se soumettre à) un examen* ~ sich einer psychotechnischen Untersuchung unterziehen.

P.T.A.C. *(poids total autorisé en charge)* zulässiges Gesamtgewicht *n*.

P.T.T. *fpl (Postes, Télécommunications, Télédiffusion)* (französisches) Post- und Fernmeldewesen.

P.U. *(poids utile)* Nutzlast *f*.

pub *f (fam.)* Werbeanzeige *f*, -spruch *m*, -plakat *n*, -slogan *m*, -durchsage *f*, -spot *m (⇒ publicité)*.

public *m* **1.** *(spectacles, etc.)* Publikum *n* ; Zuhörer *mpl* ; Zuschauer *mpl* ;

interdit au ~ kein Publikumsverkehr ; kein Durchgang ; *ouvert (autorisé) au ~* öffentlich zugänglich ; der Allgemeinheit zugänglich **2.** *(grand public)* Öffentlichkeit *f* ; Allgemeinheit *f* ; *avis m au ~* öffentliche Bekanntmachung *f* ; *service m du ~* Dienst *m* an der Allgemeinheit ; ♦♦♦ *faire connaître un produit au grand ~* ein Produkt der breiten Masse bekanntmachen ; *(fam.)* eine Ware an den Mann bringen ; *présenter qqch au ~* etw der Öffentlichkeit vorlegen ; *ceci ne doit pas être révélé au ~ (rendu ~)* das darf nicht an die Öffentlichkeit dringen ; das darf nicht bekannt werden ; *ouvrir à un vaste ~* einer breiten Öffentlichkeit zugänglich machen ; *paraître en ~* vor die Öffentlichkeit treten ; *taire (ne rien révéler) au ~* vor der Öffentlichkeit verschweigen.

public, ique öffentlich ; Staats- ; (All)gemein- ; ♦♦ *administration f ~que* öffentliche Verwaltung *f* ; *affaires fpl ~ques* Staatsgeschäfte *npl* ; *assistance f ~que* öffentliche Fürsorge *f* ; *autorité f ~que* Staatsgewalt *f* ; *avis m, bien m f ~* öffentliche Bekanntmachung *f*, öffentliches Wohl *n* ; *cabine f ~que* öffentlicher Fernsprecher *m* ; *charge f (fonction f), charges fpl, chose f ~que(s)* öffentliches Amt *n*, öffentliche Lasten *fpl*, öffentliches Interesse (der Staat, das Gemeinwesen) ; *collectivités fpl, deniers mpl, dépenses fpl ~s (~ques)* öffentliche Körperschaften *fpl*, Gelder *npl*, Ausgaben *fpl* ; *dette f ~que* öffentliche Schuld *f* ; *domaine m ~* öffentliches Eigentum *n* ; (All)gemeinbesitz *m*, -gemeingut *n* ; *droit m ~* Staatsrecht *n* ; *de droit ~* öffentlich-rechtlich ; *effets mpl, emprunt m ~(s)* Staatspapiere *npl*, -anleihe *f* ; *enchères fpl, entreprise f, finances fpl ~que(s)* öffentliche Versteigerung *f*, öffentliches Unternehmen *n*, öffentliche Finanzen *fpl* ; *fonction f ~que* öffentlicher Dienst *m* ; Staatsdienst ; *intérêt m ~* öffentliches Interesse *n* ; *ministère m ~* Staatsanwaltschaft *f* ; *moyen m de transport ~* öffentliches Verkehrsmittel *n* ; *opinion f, ordre m ~(que)* öffentliche Meinung *f*, Ordnung *f* ; *personne f ~que* Person *f* des öffentlichen Lebens ; Amtsperson ; *pouvoirs mpl ~s* Behörden *fpl* ; öffentliche Hand *f* ; *propriété f ~que* → *domaine ~* ; *réunion f, séance ~que* öffentliche Versammlung *f*, Sitzung *f* ; *Trésor m ~* Staatskasse *f* ; *relations fpl ~ques* Öffentlichkeitsarbeit *f* ; Public-Relations [pablikri'leiʃənz] *pl* ; *scrutin m ~* öffentliche Abstimmung *f* ; *travaux mpl ~s* Hoch- und Tiefbau *m* ; *transports mpl ~s* öffentlicher Verkehr *m* ; *vie f, vente f ~que* öffentliches Leben *n*, öffentlicher Verkauf *m* ; ♦♦♦ *être dans la vie ~que* im öffentlichen Leben stehen ; *procéder à un vote ~* über etw öffentlich abstimmen ; *rendre ~* bekanntmachen ; bekanntgeben.

publication *f* **1.** *(communiqué)* Bekanntmachung *f* ; Veröffentlichung *f* ; *~ officielle* amtliche Bekanntmachung ; *~ des prix* Preisverleihung **2.** *(édition)* Veröffentlichung *f* ; Publikation *f*.

publiciste *m* **1.** ⇒ *publicitaire m* **2.** Publizist *m* ; Journalist *m* **3.** *(jur.)* Staatsrechtler *m*.

publicitaire *m* Werbefachmann *m* ; Werbeberater *m* ; Werbespezialist *m*.

publicitaire Werbe- ; Reklame- ; *activité f, affiche f ~* Werbetätigkeit *f*, -plakat *n* ; *annonce f ~* **a)** *(journal)* Werbeanzeige *f* -annonce *f* ; **b)** *(radio)* Werbedurchsage *f* ; *battage m ~* Werberummel *m* ; *budget m, calicot m ~* Werbebudget *n* (-etat *m*), -spruchband *n* ; *cadeau m, campagne f, circulaire f ~* Werbegeschenk *n*, -kampagne *f* (-feldzug), -rundschreiben *n* ; *colonne f, concepteur m ~* Litfaßsäule *f*, Werbetexter *m* ; *coût m ~* Werbekosten *pl*, -aufwand *m* ; *dessinateur m, encart m ~* Werbegraphiker *m*, -beilage *f* ; *documentation f ~* Werbeunterlagen *fpl* ; Prospektion *f* ; *film m ~* Werbefilm *m* ; *impact m ~* Werbewirkung *f* ; Impact [im'pɛkt] *n* ; *lettre f ~ (personnalisée)* (personalisierter) Werbebrief *m* ; *matraquage m, message m, moyens mpl ~(s)* Werberummel *m*, -botschaft *f*, -mittel *npl* ; *offre f, opération f, prix m ~* Werbeangebot *n*, -aktion *f*, -preis *m* ; *prospectus m ~* Prospekt *m* ; Werbezettel *m* ; Werbematerial *n*, -broschüre *f* ; *slogan m, spot m, support m ~* Werbeslogan *m* (-spruch *m*), -spot *m*, -träger *m* ; *succès m, texte m ~* Werbeerfolg *m*, -text *m* ; *tract m (dépliant m) ~* Werbeprospekt *m*, -zettel *m* ; Werbeblatt *n* ; *truc m ~* Werbetrick *m* ; *à des fins ~s* zu Werbezwecken ; *un spot à fort impact ~* ein werbewirksamer Spot ; *faire du battage (matraquage) ~* die Werbetrommel rühren ; Werbesprüche einhämmern.

1. publicité *f* Werbung *f* ; Reklame *f* ; Werbewesen *n* ; *(annonce publicitaire)* Werbeanzeige *f* ; ♦ *~ par affiches, par annonces, d'appel, aérienne* Plakat-,

Anzeigen-, Lockvogelwerbung, Luftreklame ; ~ *cinématographique, clandestine (déguisée)* Filmwerbung (Kinowerbung), Schleichwerbung ; ~ *comparative* vergleichende Werbung ; ~ *par correspondance, déloyale, douce (non agressive)* Brief-, unlautere, weiche Werbung ; ~ *efficace, érotique, à l'étalage* wirksame, erotische, Schaufensterwerbung ; ~ *à l'étranger, groupée, habile* Auslands-, Kollektiv-, geschickte Werbung ; ~ *par haut-parleur, individuelle, informative* Lautsprecher-, Allein-, informationsreiche Werbung ; ~ *intensive, de lancement, lumineuse* harte, Einführungswerbung, Lichtreklame (Leuchtreklame) ; ~ *mensongère, murale, parlée* irreführende Werbung, Wandreklame, Funkwerbung (Werbung im Radio) ; ~ *peu informative* nichtssagende (informationsarme) Werbung ; ~ *politique, de prestige* politische, Prestigewerbung ; ~ *avec primes, rédactionnelle* Geschenkwerbung (Zugabewerbung), redaktionelle Werbung ; ~ *régionale, sélective, tapageuse* Gebiets-, gezielte, marktschreierische Werbung ; ~ *dans les stades* Bandenwerbung ; ~ *télévisée* Werbung im Fernsehen ; Fernsehwerbung ; ♦♦ *agence f, agent m de ~* Werbeagentur *f* (-büro *n*), Werbeagent *m* (Werber *m*) ; *article m en, cadeau m de ~* Werbeartikel *m* (Reklameartikel), -geschenk *n* ; *campagne f, concours m de ~* Werbekampagne *f* (-feldzug *m*), Werbewettbewerb *m* ; *coût m, chef m de la ~* Werbekosten *pl* (-aufwand *m*), Werbeleiter *m* (Werbechef *m*, -einsatzleiter *m*) ; *démarcheur m en ~* Anzeigenwerber *m* ; *département m (service m), dépenses fpl de ~* Werbeabteilung *f*, Werbeaufwendungen *fpl* ; *emplacement m réservé à la ~* Reklamefläche *f* ; *excès mpl de la ~* Auswüchse *mpl* (Exzesse *pl*) der Werbung ; *exemplaire m, opération f de ~* Werbeexemplar *n*, -aktion *f* ; *homme m de ~* Werbefachmann *m* ; *imprégnation f (en douceur) par la ~* Werbeberieselung *f* ; *phobie f de la ~* Werbefeindlichkeit *f* ; *photographe m de ~* Werbefotograf *m* ; *responsable m de la ~* Werbeeinsatzleiter *m*, -verantwortliche(r) ; *saturation f, semaine f, studio m de ~* Werbemüdigkeit *f*, -woche *f*, -atelier *n* ; ♦♦♦ *la ~ a de l'impact auprès des consommateurs* die Werbung kommt bei den Verbrauchern gut an (hat Erfolg) ; *faire de la ~ pour qqch* für etw werben ; für etw Reklame (Werbung) machen ; *faire de la ~ tapageuse (du battage)* die Werbetrommel rühren ; Werbeslogans einhämmern ; *imprégner les acheteurs de ~* die Käufer mit Werbung berieseln ; *insérer une ~ dans un journal* eine Werbebeilage in einer Zeitung aufgeben ; *travailler dans la ~* in der Werbung tätig sein ; *travailler dans le service ~ d'une entreprise* in der Werbung (in der Werbeabteilung) einer Firma arbeiten.

2. publicité *f* Öffentlichkeit *f* ; Publizität *f* ; öffentliche Bekanntmachung *f* ; Publicity [pab'lisiti] *f* ; ~ *obligatoire (des sociétés)* Publizitätspflicht *f* (der Gesellschaften).

public-relations *pl* Öffentlichkeitsarbeit *f* ; Public-Relations [pablikri'leiʃənz] *pl* ; PR-Arbeit ; *homme m de ~* Öffentlichkeitsarbeiter *m* ; PR-Mann *m*.

publipostage *m* Briefwerbung *f* ; Postwurfsendung *f* ⇒ *mailing*.

puce *f* **1.** *marché m aux ~s* Flohmarkt *m* ; Trödlermarkt *m* **2.** *(inform.)* Chip [tʃip] *m* ; Mikroprozessor *m*.

1. puissance *f (pouvoir, nation)* Macht *f* ; Gewalt *f* ; Staat *m* ; Nation *f* ; ~ *d'argent, commerciale* Geld-, Handelsmacht ; *~s contractantes* die vertragschließenden Mächte (Staaten) ; ~ *économique* Wirtschaftsmacht ; wirtschaftliche Macht ; ~ *industrielle* Industriemacht ; *~s industrielles* die Industrienationen *fpl*, -staaten *mpl* ; ~ *législative, exécutive* gesetzgebende, vollziehende Gewalt *f* ; Legislative, Exekutive *f* ; ~ *mondiale, monétaire* Welt-, Währungsmacht ; ~ *parentale* elterliche Gewalt ; ~ *politique* politische Macht ; ~ *signataire* Signatarmacht, -staat ; Unterzeichnerstaat ; *abus m de ~* Machtmißbrauch *m* ; *déchéance f de la ~ paternelle* Entziehung *f* der elterlichen Gewalt ; *grande ~* Großmacht ; Supermacht ; *les grandes ~s industrielles* die großen Industrienationen, -staaten.

2. puissance *f (technique ; rendement)* Leistung *f* ; Leistungsfähigkeit *f* ; ~ *administrative (fiscale)* Steuerleistung *f* ; in PS ausgedrückte Leistung eines Autos ; ~ *d'épargne* Sparvermögen *n* ; ~ *de travail* Leistungsfähigkeit, -vermögen *n* ; Arbeitspotential *n* ; *augmentation f, perte de ~* Leistungssteigerung *f*, -abfall *m* ; *augmenter la ~ d'une machine* die Leistungsfähigkeit einer Maschine steigern.

puissant, e 1. mächtig ; gewaltig ; stark **2.** *(moteur, machine)* leistungsfähig **3.** einflußreich.

puissants : *les ~* die Großen ; die Starken ; die Mächtigen ; *(fam.)* die hohen (großen) Tiere ; *(polit.)* die Bonzen.

punir (be)strafen ; ahnden.

punissable sträflich ; strafbar ; strafwürdig ; *acte m ~* strafbare Handlung *f* ; Straftat *f*.

pupitre *m* : *~ de commande (inform.)* Steuerpult *n* ; Konsol *m* ; Konsole *f* ; Bedienungsgerät *n*.

pupitreur *m (inform.)* Operator *m* ; Bedienungs(fach)kraft *f* ; Operateur *m*.

pur, e rein ; echt ; *(vin)* unverdünnt ; unverpanscht ; *(métal)* lauter ; gediegen ; *~ fil* reinleinen ; *~e laine* Schurwolle *f* ; reinwollen ; *~ sang* Vollblut- ; *~ soie* reinseiden ; *en ~e perte* ganz umsonst ; für nichts und wieder nichts ; *garanti ~* garantiert rein ; *une formalité ~e et simple* reine Formsache *f*.

purge *f* **1.** *~ d'une hypothèque* Löschung *f* (Tilgung *f*, Abstoßen *n*) einer Hypothek **2.** *~ d'une peine* Verbüßung *f* einer Strafe ; *~ d'une peine d'emprisonnement* Absitzen *n* einer Gefängnisstrafe.

purger 1. *~ une hypothèque* eine Hypothek löschen (tilgen, abstoßen) **2.** *~ une peine* eine Strafe verbüßen ; *~ une peine d'emprisonnement* eine Gefängnisstrafe absitzen.

P.V. 1. *(petite vitesse)* Frachtgut *n* **2.** *(procès-verbal)* gebührenpflichtige Verwarnung *f* ; Strafmandat *n* ; *(fam.)* Knöllchen *n*.

pyramide *f* : *~ des âges* Alterspyramide *f* ; Altersstruktur *f*, -aufbau *m* ; *~ démographique* Bevölkerungspyramide ; *~ écologique* ökologische Pyramide ; *~ des revenus* Einkommenspyramide, -struktur.

Q

q ⇒ *quintal.*

Q.G. *(quartier général)* Hauptquartier *n* ; Stabsquartier.

Q.I. ⇒ *quotient.*

quadriennal, e 1. vierjährig ; Vierjahres- ; *plan m ~* Vierjahresplan *m* **2.** vierteljährlich ; alle vier Jahre (stattfindend).

quadripartite *(polit.)* Vierer- ; Viermächte- ; *accord m ~* Viermächteabkommen *n* ; *conférence f ~* Vierer-, Viermächtekonferenz *f*.

quadruple 1. vierfach **2.** *le ~* das Vierfache ; *le ~ du prix* das Vierfache des Preises ; der vierfache Preis.

quadrupler (sich) vervierfachen ; *le prix a ~é* der Preis hat sich vervierfacht.

quadruplex *m (télécommunications)* Quadruplexverkehr *m*, -system *n*.

quai *m* **1.** *(port)* Kai *m* ; Hafendamm *m* ; Rampe *f* ; *~ de chargement* Verladerampe ; *~ de débarquement* Löschkai ; (Ver)ladekai ; *~ d'embarquement* Anlegestelle *f* ; *droit m de ~* Hafengebühr *f*, -geld *n* ; Kaigebühr ; *franco sur le ~* frei Kai ; *livraison f à ~* Kaianlieferung *f* ; *amarrer à ~* am Kai festmachen ; *être à ~* am Kai liegen ; *pris à ~* ab Kai ; *reçu à ~* am Kai empfangen **2.** *(train)* Bahnsteig *m* ; *~ d'arrivée, de départ* Ankunfts-, Abfahrtsbahnsteig ; *~ de déchargement* Ausladerampe *f* **3.** *~ d'Orsay* der Quai d'Orsay ; Sitz *m* des französischen Außenministeriums.

quaiage *m* Kaigeld *n* ; Anlegegebühr *f*.

qualification *f* **1.** Qualifikation *f* ; Befähigung *f* ; Eignung *f* ; ♦ *~ élevée* hervorragende Qualifikation ; *~ professionnelle* berufliche Qualifikation ; qualifizierte Ausbildung ; fachliche Eignung ; *~ du travail* Arbeitsbewertung *f* ; ♦♦ *degré m de ~* Qualifikationsgrad *m* ; *niveau m de ~* Qualifikationsniveau *n* ; *ouvrier m sans ~* ungelernter Arbeiter *m* ; Hilfsarbeiter ; *poste m exigeant une ~* qualifizierter Posten *m* ; *travailleur m de ~ confirmée* anerkannter Facharbeiter *m* **2.** *(jur.)* Einstufung *f* einer Straftat.

qualifié, e 1. geeignet ; qualifiziert ; geschult ; befähigt ; *hautement ~* hochqualifiziert ; *ouvrier m ~* Facharbeiter *m* ; *personnel m ~* geschultes Personal *n* ; Fachkräfte *fpl* ; *travail m ~* qualifizierte Arbeit *f* ; *être ~ pour qqch* sich für etw eignen **2.** berechtigt ; befugt ; zuständig **3.** *(jur.)* qualifiziert ; *vol m ~* schwerer Diebstahl *m*.

qualifier 1. *(donner une qualification professionnelle) ~ qqn à un poste* jdn für einen Posten qualifizieren **2.** *~ qqn* jdn befähigen (berechtigen) **3.** ~ *de* bezeichnen als (+ A).

qualitatif, ive qualitativ ; dem Wert nach.

qualité *f*	**1.** ***marchandise*** **2.** ***condition sociale, juridique*** **3.** ***compétence*** **4.** ***coordonnées personnelles*** **5** ***jugement***

1. ***(marchandise)*** Qualität *f* ; Güte *f* ; Beschaffenheit *f* ; ♦ ~ *courante* Durchschnittsqualität ; gangbare Qualität ; ~ *extra* Extraqualität ; prima Qualität ; erstklassige Ware ; ~ *marchande* Handelsqualität ; marktgängige Qualität ; Marktgängigkeit *f* ; ~ *moyenne* mittlere Qualität ; Durchschnittsqualität ; ~ *normalisée* genormte Qualität ; ~ *standard* Standardqualität ; ~ *de travail* Arbeitsqualität ; ♦♦ *certificat m de* ~ Qualitätszeugnis *n* ; *concurrence f de* ~ Qualitätswettbewerb *m* ; *contrôle m de la* ~ Güteprüfung *f* ; Qualitätskontrolle *f* ; *différence f de* ~ Qualitätsunterschied *m* ; *garantie f de* ~ Qualitätsgarantie *f* ; *label m de* ~ Gütezeichen *n* ; Qualitätsmarke *f* ; *marchandise f de première* ~ erstklassige Ware *f* ; *marque f de* ~ Gütezeichen *n* ; Qualitätszeichen ; *norme f de* ~ Qualitätsnorm *f* ; *prime f de* ~ Qualitätsprämie *f* ; *produit m de* ~ Qualitätserzeugnis *n* ; *produit m de* ~ *supérieure* Spitzenprodukt *n* ; *supplément m pour* ~ Qualitätszuschlag *m*, -aufpreis *m* ; *vérification f de la* ~ Qualitätsprüfung *f*, -kontrolle *f*.

2. ***(condition sociale, juridique)*** Eigenschaft *f* ; *en* ~ *de* als ; *en sa* ~ *de* in seiner Eigenschaft als ; ~ *d'associé* Teilhaberschaft *f* ; ~ *de citoyen, de fonctionnaire* Eigenschaft als Staatsbürger, als Beamter ; ~ *de membre* Mitgliedschaft *f* ; *avoir* ~ *pour faire qqch* berechtigt (befugt) sein, etw zu tun.

3. ***(compétence)*** Fähigkeit *f* ; Talent *n* ; Kompetenz *f* ; ~*s d'organisation* Organisationstalent.

4. ***(coordonnées personnelles)*** Personalien *pl* ; Angaben zur Person ; *décliner ses* ~*s* die Personalien angeben.

5. ***(jugement)*** ~*s* Urteilseingang *m* ; Rubrum *n* ; Urteilskopf *m*.

quantième : *le* ~ *du mois* das Monatsdatum ; der Soundsovielte des Monats.

quantifier quantifizieren.

quantitatif, ive quantitativ ; mengenmäßig ; der Menge nach ; *limitation f* ~*ive* mengenmäßige Beschränkung *f*.

quantité *f* Menge *f* ; Quantität *f* ; Größe *f* ; ♦ ~ *délivrée* gelieferte Menge ; ~ *disponible* verfügbare Menge ; ~*s excédentaires* Überschußmengen ; ~ *exportée* Ausfuhrmenge ; exportierte Menge ; ~ *garantie* garantierte Menge ; *en grande, petite* ~ in großer, geringer Menge ; ~ *à livrer* **a)** Liefermenge ; **b)** (behördlich festgesetztes) Ablieferungssoll *n* ; ~ *de marchandises* Warenmenge ; ~ *maximale, minimale* Höchst-, Mindestmenge ; ~ *de production (produite)* Produktionsmenge ; ~ *de travail* Arbeitsmenge ; ♦♦ *indication f de la* ~ Mengenangabe *f* ; *insuffisance f de* ~ Quantitätsmangel *m* ; *prime f de* ~ Mengen-, Quantitätsprämie *f* ; *prix de* ~ Mengenpreis *m* ; *rabais m de* ~ Mengenrabatt *m* ; *réduction f par* ~ Mengenrabatt *m* ; Großbezugsrabatt.

quantum *m (jur.)* Quantum *n* ; Betrag *m* ; Summe *f* ; Höhe *f* ; ~ *des dommages-intérêts* Höhe *f* des Schadenersatzes ; ~ *de la peine* Strafmaß *n*.

quarantaine *f* Quarantäne *f* ; *être en* ~ in Quarantäne liegen ; sich in Quarantäne befinden ; *lever la* ~ die Quarantäne aufheben ; *mettre en* ~ unter Quarantäne stellen ; (über ein Schiff) Quarantäne verhängen.

quart *m* Viertel *n* ; *le* ~ *de la population* das Viertel der Bevölkerung.

quartier *m* (Stadt)viertel *n* ; Stadtteil *m* ; ~ *des affaires* Geschäftsviertel ; ~ *général* Hauptquartier ; ~ *résidentiel* (vornehmes) Wohnviertel.

quasi gewissermaßen ; gleichsam ; ähnlich ; quasi ; ~ *contractuel* vertragsähnlich.

quasi-contrat *m (jur.)* Quasivertrag *m* ; vertragsähnliches Rechtsverhältnis *n*.

quasi-délit *m (jur.)* Quasidelikt *n*.

quasi-monopole *m* Quasi-Monopol *n* ; monopolähnliche Stellung *f*.

quatre : *le* ~ *(du mois)* der Vierte, am Vierten (des Monats) ; *entre* ~ *yeux* unter vier Augen.

quémander (aufdringlich) bitten ; betteln.

quémandeur *m* Bittsteller *m*.

querelle *f* Streit *m* ; Streitfall *m* ; Auseinandersetzung *f* ; Streitigkeit *f* ; *dédramatiser la* ~ *du nucléaire* den Atomenergie-Streit entkrampfen.

quereller : *se* ~ sich streiten ; sich

zanken.

question *f* **1.** Frage *f* ; Problem *n* ; Sache *f* ; Angelegenheit *f* ; ♦ ~ *d'argent* (reine) Geldfrage ; ~ *budgétaire* Haushaltsfrage ; ~ *à choix multiples* Frage mit Auswahlantworten ; Multiple-choice-Verfahren ['maltipəl,tʃɔis...] *n* ; ~ *de compétences* Zuständigkeitsfrage ; ~ *douanière, économique, financière* Zoll-, Wirtschafts-, Geldfrage ; ~ *de frais* Kostenfrage ; ~ *juridique* Rechtsfrage ; ~ *de principe* Grundsatz-, Prinzipienfrage ; ~ *sociale* soziale Frage ; ~ *en suspens* unerledigte Frage ; ~ *vitale* lebenswichtige Frage ; Existenzfrage ; ♦♦♦ *c'est une ~ d'argent, de temps* das ist (nur) eine Frage des Geldes, der Zeit ; *être hors de ~* außer Frage sein (stehen) ; *mettre en ~* in Frage stellen ; *il ne saurait en être ~* das kommt ja nicht in Frage ; *résoudre une ~* eine Frage (ein Problem) lösen ; *soulever une ~* eine Frage aufwerfen ; *traiter une ~* eine Frage behandeln **2.** *(polit.)* Anfrage *f* ; ~ *écrite, orale* schriftliche, mündliche Anfrage ; ~ *de confiance* Vertrauensfrage **3.** *en ~* betreffend ; zur Debatte stehend ; *la personne en ~* der Betreffende.

questionnaire *m* Fragebogen *m* ; *établir un ~* einen Fragebogen anfertigen (aufstellen) ; *remplir un ~* einen Fragebogen ausfüllen.

questionner : ~ *qqn* jdn befragen (*sur* über + A).

quête *f* **1.** Sammlung *f* ; Kollekte *f* ; ~ *à domicile* Haussammlung ; *faire la ~* eine Sammlung veranstalten **2.** Suche *f* ; *être en ~ de travail* auf Arbeitssuche sein.

queue *f* **1.** *(train) wagon de ~* Schlußwagen *m* ; letzter Wagen **2.** Schlange *f* ; *faire la ~* Schlange stehen ; anstehen ; *prendre la ~* sich anstellen.

qui de droit *(jur.)* Berechtigte(r) ; zuständige Person *f*.

quincaillerie *f* **1.** Eisenwaren *fpl* ; Haus- und Küchengeräte *npl* **2.** Eisenwarengeschäft *n*.

quinquennal, e 1. fünfjährig ; fünf Jahre dauernd ; *magistrature f ~e* fünfjährige Amtsdauer *f* ; *plan m ~* Fünfjahresplan *m* **2.** fünfjährlich ; alle fünf Jahre (stattfindend) ; *élection f ~e* alle fünf Jahre stattfindende Wahl *f*.

quintal *m (q)* Doppelzentner *m* (dz).

quintuple 1. fünffach **2.** *le ~* das Fünffache ; *le ~ du prix* das Fünffache des Preises ; der fünffache Preis *m*.

quintupler (sich) verfünffachen.

quinzaine *f* **1.** vierzehn Tage *mpl* ; zwei Wochen *fpl* ; *chaque ~* vierzehntäglich ; zweiwöchentlich . halbmonatlich ; *(jur.) ~ franche* vierzehntätige Frist *f* **2.** *(bourse) marché m de ~* Mediogeschäft *n*.

quinze : *aujourd'hui en ~* heute in vierzehn Tagen ; *dans les ~ jours* innerhalb der nächsten vierzehn Tage.

quittance *f* Quittung *f* ; Zahlungsbeleg *m* ; Zahlungsbescheinigung *f*, -bestätigung *f* ; ♦ ~ *en blanc* Blankoquittung ; ~ *comptable* Belegquittung; ~ *de consignation* Hinterlegungsquittung ; ~ *de douane* Zollquittung ; ~ *fictive* Scheinquittung ; ~ *finale* Abschlußquittung ; ~ *globale* Gesamtquittung ; ~ *de loyer* Mietquittung ; ~ *de paiement* Zahlungsquittung ; ~ *postale* Postquittung ; ~ *sous seing privé* privatschriftliche Quittung ; ~ *pour solde de tout compte* Abschluß-, Ausgleichsquittung ; ~ *à souche* Quittungsabschluß *m* ; ♦♦ *carnet m de ~s* Quittungsheft *n* ; *contre ~* gegen Quittung ; *duplicata m de ~* Quittungsduplikat *n* ; *établissement m d'une ~* Ausstellung *f* einer Quittung ; *formulaire m de ~* Quittungsformular *n*, -vordruck *m* ; *porteur m de ~* Quittungsüberbringer *m* ; ♦♦♦ *donner ~ de qqch* etw quittieren ; den Empfang einer Sache bescheinigen ; *établir une ~* eine Quittung ausstellen (schreiben).

quittancer quittieren ; eine Quittung ausstellen.

quitte frei, quitt ; nichts mehr schuldig ; *(jur.) ~ de tous droits et taxes* abgaben- und gebührenfrei ; ~ *de toute dette* schuldenfrei.

quitter verlassen ; (ein Amt) niederlegen ; ~ *des fonctions* ausscheiden ; ~ *le service, la vie active* aus dem Dienst, aus dem Erwerbsleben (aus)scheiden ; ~ *l'exploitation paternelle* den väterlichen (ererbten) Betrieb aufgeben ; ~ *un fournisseur (fam.)* einem Lieferanten davonlaufen ; *(téléph.) ne quittez pas* bleiben Sie am Apparat.

quitus *m* Entlastung *f* ; *donner ~ à un gérant* einem Geschäftsführer Entlastung erteilen ; einen Geschäftsführer entlasten ; die Geschäftsführung billigen.

quorum *m* Quorum *n* ; beschlußfähige Anzahl *f* (von Sitzungsteilnehmern) ; ~ *requis* beschlußfähige Anzahl *f* ; Quorum *n* ; *atteindre (réunir) le ~* beschlußfähig sein ; die erforderlichen

Stimmen erreichen.

quota *m* Quote *f* ; Anteil *m* ; Prozentsatz *m* ; ~ *de base* Grundquote ; ~ *d'exportation, d'importation* Ausfuhr-, Einfuhrquote ; ~*s laitiers* Milchquoten ; ~*s de pêche* Fangquoten ; ~ *de production* Produktionsquote ; ~ *de répartition* Verteilungsquote ; ~ *de vente* Verkaufsquote ; *méthode f des* ~*s (sondages)* Quotenmethode *f* ; *réglementation f des* ~*s* Garantiemengenregelung *f* ; *augmenter, réduire les* ~*s* die Quoten herauf-, herabsetzen.

quote-part *f* Quote *f* ; Anteil *m* ; Rate *f* ; ♦ ~ *du capital* Kapitalquote ; ~ *de capitaux propres* Eigenkapitalquote ; ~ *en espèces* Barquote ; ~ *d'extraction* Förderquote ; ~ *des frais* Kostenanteil ; ~ *de la liquidation* Liquidationsanteil ; ~ *patronale* Arbeitgeberanteil ; ~ *de production* Produktionsanteil, -quote ; ~ *salariale* Arbeitnehmeranteil ; ♦♦♦ *dépasser la* ~ die Quote überschreiten ; *partager par* ~ nach Quoten aufteilen ; *payer sa* ~ seinen Anteil bezahlen.

quotidien *m* **1.** Tageszeitung *f* **2.** Alltag *m*.

quotidien, ne täglich ; alltäglich ; *le travail* ~ die tägliche Arbeit ; *(fam.) le train-train* ~ der Alltagstrott ; *la vie* ~*ne* der Alltag ; das alltägliche Leben *n*.

quotient *m* Quotient *m* ; *(polit.)* ~ *électoral* Wahlquotient, -schlüssel *m* ; Sitzverteilungsquotient ; *(revenu imposable)* ~ *familial* Steuerbewertungsziffer *f* (entsprechend dem Familienstand) ; ~ *intellectuel (Q.I.)* Intelligenzquotient *m* (IQ).

quotité *f (jur.)* Anteil *m* ; Quote *f* ; Quotität *f* ; ~ *disponible* frei verfügbarer Teil *m* (einer Erbschaft) ; ~ *garantie* Deckungsquote ; ~ *imposable* steuerpflichtiger Anteil ; *action f de* ~ Quotenaktie *f* ; *impôt m de* ~ Quotitätssteuer *f*.

R

rabais *m* Rabatt *m* ; Abschlag *m* ; Preisermäßigung *f* ; Preisnachlaß *m* ; *consentir un* ~ einen Rabatt gewähren ; *vendre au* ~ zu herabgesetzten Preisen verkaufen.

rabatteur *m (péj.)* (An)werber *m* ; Bauernfänger *m*.

rabattre 1. nachlassen ; vermindern ; ermäßigen ; ~ *d'un prix* von einem Preis abziehen ; mit dem Preis heruntergehen **2.** *se* ~ *sur les marchés extérieurs* auf Auslandsmärkte ausweichen.

rachat *m* Rückkauf *m* ; Aufkauf *m* ; Einlösung *f*.

rachetable einlösbar ; *obligation f* ~ ablösbare Obligation *f*.

racheter (zu)rückkaufen ; abkaufen ; aufkaufen ; ~ *une entreprise malade* ein marodes Unternehmen aufkaufen.

racket *m* Erpressung *f* ; Erpressungsaffäre *f* ; Schutzgelderpressung *f*.

racketter erpressen ; Schutzgeld erpressen.

racketteur *m* Erpresser *m* ; Schutzgelderpresser *m*.

racolage *m* Kundenfang *m* ; Bauernfängerei *f*.

racoler auf Kundenfang (aus)gehen ; Kunden werben ; *(fam.)* Kunden abklappern.

raccrocher *(téléph.)* auflegen.

radiation *f* Löschung *f* ; Löschen *n* ; Streichung *f* ; ~ *d'une inscription hypothécaire* Löschung der Eintragung im Hypothekenregister.

radier 1. löschen (eine Hypothek) **2.** ~ *d'une liste* von einer Liste streichen.

radin, e *(fam.)* knickerig ; geizig.

radio *f* Radio *n* ; (Rund)funk *m* ; Hörfunk ; ~ *locale* lokale Radiostation *f* ; ~ *privée* Privatfunk *m* ; *à la* ~ im Funk ; im Radio.

radiodiffuser (durch, im Rundfunk) übertragen ; senden ; ausstrahlen.

raffermissement *m* Festigung *f* (der Preise, der Kurse).

raffinage *m* Veredelung *f* ; Verfeinerung *f* ; Raffinage *f*.

raffiner veredeln ; verfeinern ; raffinieren ; *produit m* ~*é* Raffinat *n*.

raffinerie *f* Raffinerie *f* ; ~ *de pétrole* Erdölraffinerie.

rafle *f* Razzia *f* ; Massenverhaftung *f*.

raider *m* Raider *m* ; Börsenspekulant *m* ; Spezialist *m* von Firmenübernahmen ; *(fam.)* Raubritter *m*.

rail *m* Schiene *f* ; Eisenbahn *f* ; *transport m par* ~ Eisenbahntransport *m* ; *mettre, remettre sur les* ~*s* in Gang bringen ; in Betrieb setzen.

1. raison *f* Grund *m* ; Begründung *f* ; *pour des* ~*s de convenance person-*

nelle aus persönlichen Gründen ; *pour des ~s budgétaires, économiques, financières, personnelles, de santé, techniques* aus Budget-, wirtschaftlichen, finanziellen, persönlichen, gesundheitlichen, technischen Gründen ; *pour des raisons d'économie, de rationalisation* aus Sparsamkeits-, aus Rationalisierungsgründen ; *invoquer une ~* einen Grund angeben.

2. raison *f (commerciale, sociale)* (Handels)firma *f* ; Firmenbezeichnung *f* ; *avoir pour ~ sociale* als... firmieren.

raisonnable vernünftig ; *prix m ~* annehmbarer (vernünftiger) Preis.

rajustement *m* Angleichung *f* ; Anpassung *f* ; Berichtigung *f* ; *~ des salaires* Lohnangleichung, -anpassung ; *~ monétaire* Währungsanpassung ; Angleichung (Neuordnung) der Wechselkurse ; Realignment [riə'lainmənt] *n.*

rajuster angleichen ; berichtigen ; *~ les salaires aux prix* die Löhne den Preisen angleichen.

ralenti : *marcher (tourner) au ~* mit halber Kraft laufen ; in langsamem Tempo (ab)laufen ; unausgelastet sein.

ralentissement *m* Verlangsamung *f* ; *~ des affaires* Flaute *f* ; Geschäftsrückgang *m* ; Geschäftsstockung *f* ; *~ conjoncturel* Konjunkturabschwächung *f.*

rallonge *f* Aufgeld *n* ; Zuschlag *m* ; *~ budgétaire* Zusatzetat *m* ; Nachtragshaushalt *m*, -etat *m* ; Nachschuß *m.*

ramassage *m* **1.** Einsammelung *f* ; (Ein)sammeln *n* ; Kollekte *f* **2.** *~ des ordures ménagères* Müllabfuhr *f.*

ramener *(de... à...) (somme, indemnités, etc.)* von... auf... senken (vermindern).

rampant, e kriechend ; *inflation f ~e* schleichende Inflation *f.*

rançon *m* Lösegeld *n.*

rançonner Lösegeld fordern ; erpressen.

randomisation *f (statist.)* Randomisierung *f* ; zufällige Auswahl *f.*

rang *m* Rang *m* ; Rangstellung *f* ; Rangordnung *f* ; Stellenwert *m* ; Reihe *f* ; Reihenfolge *f* ; *par ~ d'ancienneté* altersmäßig ; nach dem Dienstalter ; *~ d'une hypothèque* Rangordnung einer Hypothek ; *hypothèque de premier, deuxième ~* Hypothek erster, zweiter Rangordnung.

rapatriement *m* Rückführung *f* ; Repatriierung *f* ; *~ des capitaux* Kapitalrückwanderung *f.*

rapide *m* D-Zug *m* (Durchgangszug).

rappel *m* **1.** Mahnung *f* ; Zahlungserinnerung *f* ; *lettre f de ~* Erinnerungsschreiben *n* **2.** Nachzahlung *f* ; *~ d'impôt* Steuernachforderung *f* **3.** *(révocation)* Abberufung *f.*

rapport *m* **1.** Bericht *m* ; Gutachten *n* ; *~ d'activité* Geschäftsbericht ; *~ d'expertise* Gutachten eines Sachverständigen **2.** *(revenu)* Ertrag *m* ; *maison f de ~* Mietshaus *n* **3.** Verhältnis *n* ; *un ~ de 1 à 3* ein Verhältnis von 3 zu 1 ; *~ de parité* Paritätsverhältnis **4.** *être en ~ avec* in Verbindung stehen mit ; *mettre en ~* in Verbindung bringen ; *se mettre en ~ avec qqn* mit jdm Kontakt aufnehmen **5.** *par ~ à* gegenüber (+ D) ; im Vergleich zu (mit) ; *par ~ au mois équivalent de l'année précédente* gegenüber dem gleichen Vorjahresmonat.

rapporter 1. berichten. **2** Gewinn abwerfen ; ertragreich sein ; *qui ~e* gewinnbringend ; ertragreich **3.** *(jur.) ~ une loi* ein Gesetz aufheben.

rapporteur *m* Berichterstatter *m* ; Referent *m.*

rare knapp ; selten ; *l'argent m se fait ~* das Geld wird knapp.

raréfaction *f* Verknappung *f* ; Knappwerden *n* ; *~ des marchandises* Warenverknappung.

raréfier *(se)* knapp werden.

rareté *f* Mangel *m* ; Knappheit *f* ; *~ d'un produit* Knappheit einer Ware.

ratification *f* **1.** Bestätigung *f* ; Genehmigung *f* ; *~ de vente* Verkaufsgenehmigung **2.** *(polit.)* Ratifizierung *f.*

ratio *m* Kennziffer *f* ; Koeffizient *m* ; Quote *f* ; Rate *f* ; Verhältniszahl *f* ; *~ de production* Produktionskennziffer.

rationalisation *f* Rationalisierung *f* ; *mesure f de ~* Rationalisierungsmaßnahme *f* ; *la ~ coûtera la moitié des emplois* die Hälfte der Arbeitsplätze sollen wegrationalisiert werden.

rationaliser rationalisieren.

rationnement *m* Rationierung *f* ; Bewirtschaftung *f.*

rationner bewirtschaften ; rationieren.

R.A.T.P. *f (Régie autonome des transports parisiens)* öffentlicher Pariser Verkehrsverbund *m.*

rattrapage *m* Einholen *n* ; Nachholen *n* ; Aufholen ; *~ de l'inflation par les salaires* Einholen der Inflation durch die Löhne ; *~ entre les traitements et le coût de la vie* Angleichung *f* der Gehälter an die Lebenshaltungskosten.

rattraper einholen ; nachholen ; aufholen ; *~ des heures non effectuées* die

Ausfallzeit nachholen ; ~ *un retard* Verspätung, einen Rückstand aufholen ; *se ~ d'une perte* sich von einem Verlust erholen.

ravitaillement *m* Versorgung *f* (*en* mit) ; Verpflegung *f*.

ravitailler *(en)* versorgen (mit) ; liefern.

rayer ⇒ **1.** *radier* **2.** ~ *les mentions inutiles* Nichtzutreffendes streichen.

rayon *m* **1.** *(magasin)* Abteilung *f* ; Rayon [rɛ'jɔ̃] *m* ; *chef m de ~* Abteilungsleiter *m* **2.** Bereich *m* ; Bezirk *m* ; ~ *d'action* Aktionsradius *m*.

R.C. *(registre du commerce)* Handelsregister *n*.

R.D.A. *f (République démocratique allemande)* Deutsche Demokratische Republik *f* ; DDR *f*.

réabonnement *m* Abonnementerneuerung *f* ; erneutes Abonnement *n*.

réactualiser **1.** *(une rente)* (eine Rente) dynamisieren **2.** auf den neuesten Stand bringen ; reaktualisieren.

réadaptation *f* Wiederanpassung *f* ; Umschulung *f* ; Wiedereingliederung *f* ; Rehabilitation *f* ; ~ *professionnelle* Wiedereingliederung ins Berufsleben.

réagir reagieren (*à* auf + A) ; sich auswirken auf (+ A) ; ~ *par des mesures appropriées* mit geeigneten Maßnahmen gegensteuern.

réajustement *m* **1.** ⇒ *rajustement* **2.** *(technique)* Korrektur *f* (an + D).

réajuster ⇒ *rajuster*.

réalignement *m* Anpassung *f* ; Angleichung *f* ; ~ *des parités* Paritätsangleichung ; ~ *monétaire* Währungsanpassung ; Angleichung der Wechselkurse ; Realignement [riə'lainmənt] *n*.

réalisable **1.** realisierbar **2.** in Geld umsetzbar.

réalisation *f* **1.** Ausführung *f* ; Verwirklichung *f* ; ~ *de commande* Auftragserledigung *f* **2.** Veräußerung *f* ; Flüssigmachung *f*.

réaliser **1.** ausführen ; verwirklichen ; ~ *un bénéfice* einen Gewinn erzielen ; ~ *de bons résultats* ein gutes Ergebnis erwirtschaften **2.** flüssigmachen ; verflüssigen ; in Geld umsetzen ; verkaufen ; ~ *des biens réels* Sachwerte flüssigmachen ; ~ *toute sa fortune* seine ganze Habe veräußern.

réaménagement *m* **monétaire** ⇒ *réalignement*.

réapprovisionnement *m* Wiederbeschaffung *f* ; ~ *des stocks* Lagerergänzung *f*.

réapprovisionner auffüllen ; ergänzen ; *se ~* sich wieder mit Waren eindekken ; ~ *les stocks* die Lagerbestände neu auffüllen.

réassortiment *m* Ergänzung *f* eines Warenbestandes.

réassortir den Lagerbestand ergänzen ; nachbestellen.

réassurance *f* Rückversicherung *f*.

réassurer rückversichern.

rebut *m* Ausschuß *m* ; Ausschußware *f* ; Ramsch *m*.

recalculer noch einmal (be)rechnen ; ~ *un indice sur une base nouvelle* einen Index auf eine neue Basis umstellen.

récapitulatif, ive zusammenfassend ; *tableau m ~* zusammenfassende Aufstellung *f*.

recel *m* Hehlerei *f*.

receler hehlen ; verbergen.

receleur *m* Hehler *m*.

recensement *m* Zählung *f* ; *(inventaire)* Bestandsaufnahme *f* ; ~ *démographique* Volkszählung ; ~ *de la fortune* Vermögenserfassung *f*.

recenser zählen ; erfassen ; ~ *les votes* die Stimmen zählen.

récépissé *m* (Empfangs)schein *m* ; Empfangsbestätigung *f*, -quittung *f*.

réception *f* **1.** Empfang *m* ; ~ *des colis postaux* Paketannahme *f* ; ~ *d'une marchandise* Abnahme *f* einer Ware ; Warenannahme *f* ; *accusé m de ~* Empfangsbestätigung *f* ; *date f de la ~ d'un chèque* Eingangsdatum *n* eines Schecks ; *paiement à ~* Zahlung *f* bei Übergabe der Ware ; *nous avons l'honneur d'accuser ~ de votre lettre en date du...* wir bestätigen hiermit den Empfang Ihres Schreibens vom... ; *dès ~ de votre réponse* bei Erhalt Ihres Schreibens **2.** ~ *des travaux* Abnahme *f* (von Bauarbeiten).

réceptionner empfangen ; abnehmen ; in Empfang nehmen.

récession *f* Rezession *f* ; Flaute *f* ; Rückgang *m* ; abflauende Konjunktur ; *(fam.)* Talsohle *f*.

recette *f* **1.** Einnahme *f* ; Ertrag *m* ; *~s et dépenses* Einnahmen und Ausgaben *fpl* ; *~s fiscales* Steueraufkommen *n* ; *couvrir les dépenses par des ~* Ausgaben durch Einnahmen decken **2.** *(bureau)* ~ *des douanes* Zollamt *n* ; ~ *du fisc* Steuer-, Finanzamt *n* ; ~ *municipale* städtisches Finanzamt *n* ; ~ *des postes* Poststelle *f*.

receveur *m* **1.** *(transp.)* Schaffner *m* **2.** *(fisc)* Steuereinnehmer *m* **3.** *(des postes)* Vorsteher *m* eines Postamts.

recevoir empfangen ; erhalten ; entgegennehmen ; in Empfang nehmen ; abnehmen ; *effet m à ~* Aktivwechsel *m* ; *intérêts mpl à ~* aktive Zinsen *mpl.*

rechange *m* **1.** *pièce f de ~* Ersatzteil *n* **2.** *(traite)* Rückwechsel *m.*

recherche *f* **1.** Forschung *f* ; Nachforschung *f* ; *~ fondamentale* Grundlagenforschung ; *~ opérationnelle* Operationsresearch [ɔpə'reiʃənri'sə:tʃ] *f* ; Unternehmensforschung *f* ; betriebswirtschaftliche Planungs- und Entscheidungsforschung ; *~ pétrolière* Erdölprospektion *f* ; *~ scientifique* wissenschaftliche Forschung *f* ; *~ sous la mer* Meeresforschung **2.** *~ de capitaux* Kapitalbeschaffung *f* **3.** *~ de motivation* Motivforschung *f.*

recherché, e gefragt ; begehrt ; beliebt ; gesucht.

récipiendaire *m* Empfänger *m.*

réciproque gegenseitig ; zweiseitig ; bilateral ; reziprok.

réciprocité *f* Gegenseitigkeit *f* ; Wechselseitigkeit *f* ; *par ~* als Gegenleistung.

réclamation *f* Beanstandung *f* ; Reklamation *f* ; Beschwerde *f* ; *lettre f de ~* Reklamationsbrief *m* ; *adresser une ~ à qqn* eine Reklamation bei jdm einreichen ; sich bei jdm über etw beschweren ; *faire une ~ à propos d'un article, d'une facture, d'une livraison* eine Ware, eine Rechnung, eine Lieferung beanstanden ; *à retourner en cas de ~* bei Beanstandungen zurücksenden.

réclame *f* Reklame *f* ; Werbung *f* ; *article m en ~* Sonderangebot *n* ; Reklameartikel *m* ; *~ lumineuse* Lichtreklame ; Leuchtreklame ; *faire de la ~* Reklame machen.

réclamer **1.** sich beschweren ; beanstanden ; reklamieren **2.** fordern ; verlangen ; beanspruchen.

reclassement *m* Wiedereingliederung *f* ; Umstufung *f* ; Neueinstellung *f* ; *~ catégoriel* neue Einstufung *f* ; Höhereinstufung *f.*

reclasser neu einteilen ; neu (in eine höhere Lohngruppe) einstufen.

récoltant : *propriétaire m ~ (région Alsace)* selbstmarkender Winzer *m.*

récolte *f* Ernte *f* ; *mauvaise ~* Mißernte ; *vendre la ~ sur pied* die Ernte auf dem Halm verkaufen.

récolter ernten.

recommandation *f* Empfehlung *f* ; *lettre f de ~* Empfehlungsschreiben *n* ; *sur ~ de* auf Empfehlung von ; *taxe f de ~* Einschreibegebühr *f.*

recommandé, e : *en ~* als Einschreiben ; *lettre f ~e* Einschreibebrief *m* ; eingeschriebener Brief.

recommander **1.** empfehlen **2.** *(un envoi)* einschreiben ; als Einschreiben senden.

récompense *f* **1.** Belohnung *f* ; Finderlohn *m* ; *offrir une ~* eine Belohnung aussetzen **2.** *(jur.) (lors d'un divorce)* Ausgleichsanspruch *m.*

reconduction *f* Verlängerung *f* ; Erneuerung *f* ; *~ automatique, tacite* automatische, stillschweigende Verlängerung.

reconduire verlängern ; erneuern ; *~ tacitement* stillschweigend verlängern ; *le contrat sera automatiquement reconduit d'un an* der Vertrag verlängert sich automatisch um ein Jahr.

reconnaissance *f* **1.** Anerkennung *f* ; *~ de facto, de jure* De-facto-, De-jure-Anerkennung ; *~ de paternité* Vaterschaftsanerkennung *f* **2.** *~ de dette* Schuldanerkenntnis *f*, -schein *m* ; *~ du mont-de-piété* Pfandschein *m* **3.** Dankbarkeit *f.*

reconventionnel, le *(jur.) : demande f ~le* Widerklage *f.*

reconversion *f* Umschulung *f* ; Umstellung *f* ; *opérer sa ~* eine Umschulung abschließen.

reconvertir *(se)* (sich) umschulen ; (sich) umstellen ; *(fam.)* umsatteln.

record *m* Rekord *m* ; *établir, battre un ~* einen Rekord aufstellen, brechen ; *récolte f ~* Rekord-, Superernte *f.*

recourir in Anspruch nehmen ; *~ à la force* Gewalt anwenden ; *~ à une politique* eine Politik betreiben.

recours *m* **1.** Mittel *n* ; Anwendung *f* ; *avoir ~ à qqch* zu etw greifen ; anwenden ; *avoir ~ à un crédit* einen Kredit in Anspruch nehmen ; *avoir ~ à la force* Gewalt (Zwang) anwenden **2.** *(jur.)* Klage *f* ; Beschwerde *f* ; Einspruch *m* ; Gesuch *n* ; *~ contentieux* verwaltungsrechtliche Klage ; Verwaltungsrechtsweg *m* ; *~ gracieux* formloser Rechtsbehelf *m* ; Billigkeitsantrag *m* ; *~ en grâce* Gnadengesuch *n* ; *assurance f défense et ~* Rechtsschutzversicherung *f* ; *sans ~* ohne Berufungsmöglichkeit ; letztinstanzlich ; *former (introduire) (un) ~* Beschwerde einreichen (einlegen) ; Einspruch erheben.

recouvrement *m* Eintreibung *f* (von Außenständen) ; Einziehung *f* ; Beitreibung *f* ; Inkasso *n* ; *~ d'impôts* Steuerbeitreibung, -einziehung.

recouvrer **1.** einziehen, eintreiben ; beitreiben ; einkassieren ; *~ une créance* eine Geldforderung einziehen **2.** wiedererlangen.

recrudescence *f* Verschärfung *f* ; erneutes Ansteigen *m* ; erneutes Anwachsen *n* ; neue Welle *f* ; ~ *de la criminalité, du terrorisme* erneutes Anwachsen der Kriminalität, des Terrorismus.

recrutement *m (main-d'œuvre)* Anwerbung *f* ; Einstellung *f* ; Rekrutierung *f* ; *décréter l'arrêt du* ~ *de main-d'œuvre étrangère* einen Anwerbestopp für ausländische Arbeitnehmer erlassen.

recruter einstellen ; anwerben ; anstellen ; rekrutieren ; *se* ~ *parmi...* sich aus... rekrutieren.

rectificatif *m* Richtigstellung *f* ; Berichtigung *f*.

rectificatif, ive berichtigend ; *texte m* ~ Abänderungstext *m*.

recto *m* Vorderseite *f* ; ~ *verso* auf der Vorder- und Rückseite.

reçu *m* Quittung *f* ; Empfangsschein *m* ; ~ *de paiement* Zahlungsbescheinigung *f*, -quittung *f* ; *contre* ~ gegen Quittung ; *donner* ~ den Empfang (eines Betrags) bescheinigen (quittieren).

recul *m* Rückgang *m* ; Zurückgehen *n* ; *enregistrer un* ~ einen Rückgang verzeichnen.

récupérable : *heures fpl* ~*s* nachzuholende Stunden *fpl* ; *(dette)* eintreibbar ; *(vieux matériaux)* verwendbar ; wiederverwendbar ; *emballage m* ~ Mehrfach(ver)packung *f* ; *T.V.A.* ~ die MWSt ist abwälzbar.

récupération *f* **1.** Nachholen *n* von Arbeitszeit **2.** *(matériaux)* (Wieder)verwertung *f* ; Recycling [ri'saikliŋ] *n* **3.** *(argent)* Wiedererlangung *f* ; Beitreibung *f* (einer Forderung) **4.** *(répercussion d'une taxe)* Abwälzung *f* **5.** *(polit., culture)* Integration *f* (von Ideen, von Strömungen) ; Einverleibung *f* ; Vereinnahmung *f* ; Einspannen *n* für bestimmte Zwecke.

récupérer 1. ~ *des heures de travail* (ausgefallene) Arbeitsstunden nachholen **2.** *(matériaux)* verwerten **3.** *(argent)* zurückbekommen ; zurückerhalten **4.** ~ *la T.V.A.* die MWSt auf den Verkaufspreis abwälzen **5.** *(se reposer)* sich erholen **6.** *(polit., culture)* für sich vereinnahmen ; für bestimmte Zwecke einspannen ; einverleiben ; integrieren.

recyclage *m* **1.** Weiterbildung *f* ; Fortbildung *f* ; Umschulung *f* **2.** ~ *de capitaux* Kapitalrückführung *f* **3.** *(matériaux)* Wiederverwertung *f* ; Recycling [ri'saikliŋ] *n* ; ~ *du papier* Papier-Recycling.

recycler 1. *(se)* sich weiterbilden ; sich fortbilden ; sich umschulen ; *(fam.)* umsatteln **2.** *(matériaux)* wiederverwerten ; recyclen [ri'saiklən].

rédacteur *m* **1.** *(journal)* Redakteur *m* **2.** Schriftführer *m* ; Protokollant *m* ; ~ *publicitaire* Werbetexter *m*.

reddition *f* Rückgabe *f* ; Zurückgabe *f* ; ~ *des comptes* **a)** Abrechnung *f* ; Rechnungslegung *f* ; **b)** Rechenschaftsbericht *m* ; Rechenschaftslegung *f*.

redémarrer : *faire* ~ *l'économie* die Wirtschaft wieder ankurbeln (neu beleben ; wieder in Gang bringen).

redéploiement *m (industrie)* Umstrukturierung *f* ; Neustrukturierung *f* ; Neugliederung *f* ; Reorganisation *f* und Anpassung *f* an die neuesten Technologien.

redevable beitragspflichtig ; *être* ~ *de* schuldig sein.

redevance *f* Gebühr *f* ; Abgabe *f* ; ~ *télévision* Fernsehgebühr.

rédhibitoire : *vice m* ~ heimlicher (verborgener) Mangel *m* ; Sachmangel.

rédiger abfassen ; verfassen ; aufsetzen.

redistribution *f* Neuverteilung *f* ; ~ *des revenus* Umverteilung der Einkommen.

redressement *m* **1.** *(économique)* Wiederankurbelung *f* ; Wiederbelebung *f* ; Erholung *f* ; ~ *financier* Sanierung *f* ; *mesures fpl de* ~ *économique* wirtschaftliche Sanierungsmaßnahmen *fpl* **2.** *(comptab.)* Berichtigung *f* ; ~ *fiscal* zusätzliche Steuererhöhung *f*.

redresser *(se)* sich erholen ; sich verbessern ; sich erhöhen ; wieder hochkommen ; *les actions se sont* ~*ées de quatre points et cotent à...* die Aktien erholten sich um vier Punkte auf...

réduction *f* **1.** *(prix)* Ermäßigung *f* ; Preisnachlaß *m* ; Rabatt *m* **2.** Kürzung *f* ; (Ver)minderung *f* ; Reduzierung *f* ; ~ *du budget, des dépenses* Haushalts-, Ausgabenkürzung ; ~ *du chômage* Verminderung *f* der Arbeitslosigkeit ; ~ *des horaires de travail* → *temps* ; ~ *de production* Produktionsrückgang *m* ; ~ *du temps de travail* Arbeitszeitverkürzung ; Verkürzung der Arbeitszeit.

réduire vermindern ; herabsetzen ; reduzieren ; ermäßigen ; senken ; drükken ; einschränken ; ~ *le budget, les dépenses* das Budget, die Ausgaben kürzen ; ~ *le chômage élevé* die hohe Arbeitslosigkeit abbauen (reduzieren) ; ~ *les droits* die Gebühren senken ; ~ *le personnel* Personal abbauen ; *les moyens furent* ~*ts de moitié, de 10 %*

die Mittel wurden um die Hälfte, um zehn Prozent gekürzt ; ~ *la part du charbon, la part du pétrole dans l'approvisionnement énergétique* den Kohlen-, den Erdölanteil an der Energieversorgung senken (vermindern) ; ~ *le temps de travail* die Arbeitszeit verkürzen.

rééchelonnement *m (de la dette)* Umschuldung *f.*

rééchelonner *(crédit, dette)* umschulden.

réel, le wirklich ; tatsächlich ; effektiv ; *effectif m* ~ Effektivbestand *m* ; *rendement m* ~ *d'un prêt* Effektivverzinsung *f* ; *revenu m* ~ Effektiveinkommen *n* ; *salaire m* ~ Effektivlohn *m* ; *(inform.) temps* ~ Echtzeit *f* ; *être au* ~ *(impôt)* nach dem Effektivumsatz besteuert werden.

réembauche *f* Neueinstellung *f.*

réemploi *m* Wiederbeschäftigung *f* ; Wiederverwendung *f.*

réescompte *m* Rediskont *m* ; *taux m de* ~ Rediskontsatz *m.*

réescompter *m* rediskontieren ; rückdiskontieren.

réévaluation *f* **1.** *(monnaie)* Aufwertung *f* **2.** *(comptab.)* (Wert)berichtigung *f.*

réévaluer 1. aufwerten ; ~ *une monnaie de cinq %* eine Währung um fünf Prozent aufwerten **2.** *(comptab.)* berichtigen.

réexpédier weiterbefördern ; nachsenden ; weitersenden ; weiterleiten ; *se faire* ~ *le courrier* sich die Post nachschicken lassen.

réexpédition *f (courrier)* Nachsendung *f.*

référé *m* : *ordonnance f de* ~ einstweilige Verfügung *f* ; *plaider en* ~ eine einstweilige Verfügung beantragen.

référence *f* **1.** Bezug *m* ; Bezugnahme *f* ; Leit- ; Richt- ; *année f de* ~ Bezugsjahr *n* ; *ajustement m des cours de* ~ Anpassung der Leitkurse ; *monnaie f de* ~ Leitwährung *f* ; *prix m de* ~ Richtpreis *m* ; *taux m de* ~ Leitzins *m* ; *(avances sur titres)* Leitsatz *m* **2.** ~*s* Empfehlungen *fpl* ; Referenzen *fpl* **3.** *(corresp.) votre* ~ Ihr Zeichen ; *numéro m de* ~ Referenznummer *f* **4.** *ouvrage m de* ~ Nachschlagewerk *n.*

référer 1. sich beziehen auf (+ A) ; *me référant à votre lettre* unter Bezugnahme auf Ihr Schreiben **2.** *en* ~ *à qqn* jdn benachrichtigen ; jdn von etw in Kenntnis setzen ; schreiben an (+ A).

référendaire *m* Rechnungsprüfer *m* (beim Rechnungshof).

référendum *m* Volksabstimmung *f* ; Plebiszit *n* ; Referendum *n* ; Volksentscheid *m.*

référentiel *n* Bezugssystem *n.*

refiler *(qqch à qqn) (fam.)* jdm etw andrehen.

refonte *f* Umarbeitung *f* ; Neugestaltung *f* ; Umorganisierung *f* ; Reorganisation *f.*

réforme *f* Reform *f* ; Neugestaltung *f* ; Umstrukturierung *f* ; ~ *agraire* Agrarreform ; Bodenreform.

réformer neugestalten ; umorganisieren ; reformieren ; verbessern ; eine Reform durchführen ; ~ *l'enseignement, la législation* das Unterrichtswesen, die Gesetzgebung reformieren.

réformette *f (fam.)* kleine (nicht tiefgreifende) Reform *f* ; kosmetische Maßnahmen *fpl.*

refuge : *valeur f* ~ Fluchtwert *m* ; *fuite f vers les valeurs* ~ Flucht in die Sachwerte.

refus *m* Ablehnung *f* ; Absage *f* ; abschlägige Antwort *f* ; ~ *de paiement* Zahlungsverweigerung *f* ; *(comptab.)* ~ *de certification* Verweigerung *f* des Bestätigungsvermerks.

refuser ablehnen ; verweigern ; zurückweisen ; *(corresp.)* « *refusé* » Annahme verweigert ; ~ *qqn* jdn abweisen ; ~ *de faire qqch* es ablehnen, etw zu tun.

regard : *droit m de* ~ Auskunftsrecht *n* ; Einsichtsrecht ; Recht zur Einsichtnahme ; Mitspracherecht ; *droit de* ~ *lors de l'embauche* Mitspracherecht bei der Einstellung.

régie *f* staatliches Unternehmen *n* ; Regie [reˈʒiː] *f* ; Verwaltung *f* ; *mauvaise* ~ Mißwirtschaft *f* ; ~ *des tabacs* Tabakregie ; *en* ~ *directe* in eigener Regie ; *droits mpl de* ~ Regiegebühren *fpl* ; *entreprise f en* ~ Regiebetrieb *m.*

régime *m* Wesen *n* ; Regime *n* ; System *n* ; Wirtschaft *f* ; ♦ ~ *d'assurance* Versicherungssystem ; *(sécurité sociale)* Art *f* der Sozialversicherung ; ~ *des brevets* Patentwesen ; ~ *des changes* Devisenverkehr *m* ; ~ *de la communauté de(s) biens* eheliche Gütergemeinschaft *f* ; ~ *du crédit* Kreditwirtschaft ; ~ *douanier* Zollwesen ; ~ *matrimonial* ehelicher Güterstand *m* ; ~ *des paiements* Zahlungsverkehr *m* ; ~ *de la participation aux acquêts* Zugewinngemeinschaft *f* ; ~ *de rémunération* Lohnsystem ; ~ *de la retraite* Altersversorgung *f* ; ~ *de la séparation des biens* Gütertrennung *f* ; ~ *des sociétés mères* *et filiales* Schachtelprivileg *n* ; ♦♦♦ *bénéficier d'un ~ de faveur* eine Vorzugsbehandlung genießen ; *tourner à plein ~* auf vollen Touren laufen ; auf Hochtouren arbeiten ; *vivre sous le ~ de la séparation de biens* in Gütertrennung leben.

région *f* Gegend *f* ; Bereich *m* ; Bezirk *m* ; Gebiet *n* ; *~ en voie de développement, sous-développée* Entwicklungsgebiet *n*, unterentwickeltes Gebiet ; *dans la ~ parisienne* im Raum Paris.

régional, e Regional- ; Land- ; *conseil m ~* Regionalrat *m* ; *représentant m ~* regionaler Vertreter *m*.

régionalisation *f* Regionalisierung *f* ; Dezentralisierung *f*.

régionaliser dezentralisieren ; auf regionaler Ebene durchführen.

registre *m* Register *n* ; Buch *n* ; *~ du commerce* Handelsregister ; *~ des entrées et des sorties* Warenein- und -ausgang *m* ; *~ foncier* Grundbuch ; *~ pénal* Strafregister ; *~ des voyageurs* Fremden-, Gästeverzeichnis *n* ; *inscrire au ~ du commerce* ins Handelsregister eintragen.

règle *f* Vorschrift *f* ; Gesetz *n* ; Ordnung *f* ; Regel *f* ; *~s commerciales* Handelsvorschriften *fpl* ; *~s comptables* Bilanzierungsmethoden *fpl* ; *en ~* vorschriftsmäßig ; ordnungsgemäß ; in Ordnung.

règlement *m* **1.** Vorschrift *f* ; Reglement *n* ; *~ intérieur* **a)** Geschäftsordnung *f* ; **b)** Betriebsordnung **2.** *(d'une facture)* (Be)zahlung *f* ; Begleichung *f* ; *~ à tempérament* Ratenzahlung *f* ; *~ au comptant* Barzahlung ; *~ forfaitaire* Pauschalzahlung ; *~ global* einmalige Begleichung ; Pauschalzahlung ; *~ immédiat, mensuel* sofortige, Ultimozahlung ; *(bourse)* Kassa-, Terminmarkt *m* **3.** *(jur.) ~ amiable* gütliche Beilegung *f* ; *~ judiciaire* Vergleichsverfahren *n* **4.** Satzung *f* ; Statut *n* ; Regelung *f* ; Bestimmung *f* ; Verordnung *f* ; *~ douanier* Zollregelung.

réglementaire **1.** vorschriftsmäßig ; ordnungsgemäß **2.** *(jur.) pouvoir m ~* Verordnungsgewalt *f*.

réglementation *f* **1.** gesetzliche Regelung *f* ; Reglementierung *f* ; Bewirtschaftung *f* ; Bestimmungen *fpl* ; *~ du marché* Marktordnung *f* ; *~ des prix* (gesetzliche) Preisregelung ; Preiskontrolle *f* **2.** Vorschriften *fpl* ; Bestimmungen *fpl*.

réglementé *(marché)* bewirtschaftet ; *(prix)* gelenkt ; gesteuert ; fest ; gebunden ; *marché agricole ~* reglementierter Agrarmarkt *m*.

régler **1.** *(facture)* (be)zahlen ; begleichen **2.** regeln ; ordnen ; *~ le courrier en retard* Posteingänge aufarbeiten **3.** *(jur.) ~ à l'amiable* gütlich beilegen ; *~ un différend* einen Streit schlichten **4.** *~ une question* eine Frage erledigen **5.** *~ une machine* eine Maschine einstellen.

régression *f* Rückgang *m* ; rückläufige Tendezn *f* (Entwicklung *f*) ; Regression *f* ; *(conjoncture)* Abschwung *f* ; *~ des importations de pétrole* Rückgang beim Ölimport ; *être en ~* rückläufig sein.

regroupement *m* **1.** Umgruppierung *f* ; Umstellung *f* ; Neugliederung *f* ; Umschichtung *f* **2.** Zusammenlegung *f* ; *~ de capitaux* Kapitalzusammenlegung ; *~ de sociétés en trust* Vertrustung *f* von Gesellschaften.

régularisation *f* Ausgleichung *f* ; Berichtigung *f* ; *(comptab.) compte m, poste m de ~* (Rechnungs)abgrenzungsposten *m*.

régulariser regeln ; regulieren ; berichtigen ; in Ordnung bringen ; ausgleichen.

régulier, ière **1.** regelmäßig ; (fahr)planmäßig ; *ligne f ~ière* Liniendienst *m* ; Linienverkehr *m* **2.** regelrecht ; ordnungsgemäß.

réimportation *f* Reimport *m* ; Wiedereinfuhr *f*.

réimporter wiedereinführen ; reimportieren.

réinjecter : *~ des capitaux* eine Kapitalspritze geben (verabreichen).

réinsertion *f* Wiedereingliederung *f* ; *~ sociale (des malades)* Rehabilitation *f*.

réintégrer : *~ qqn dans ses droits, ses fonctions* jdn in seine Rechte, in ein Amt wiedereinsetzen.

réinvestir neu investieren ; reinvestieren ; wieder anlegen.

rejeter ablehnen ; abweisen ; *~ la responsabilité sur qqn* die Verantwortung auf jdn abwälzen.

relance *f* Wiederbelebung *f* ; Neubelebung ; *~ de l'économie* Wirtschaftsankurbelung *f* ; Belebung der Wirtschaftstätigkeit ; Wiederbelebung der Wirtschaft ; *~ des investissements* Neubelebung der Investitionstätigkeit ; Investitionsschub *m* ; *lettre f de ~* Mahnung *f* ; Mahnbrief *m*, -schreiben *n*.

relancer ankurbeln ; beleben ; in Schwung bringen ; *qui ~e la conjoncture économique* konjunkturbelebend.

relation *f* Beziehung *f* ; Verbindung *f* ; *~s publiques* Öffentlichkeitsarbeit *f* ; Public relations *pl* ; PR-Arbeit *f* ; *~s sociales (humaines)* Personalführung *f*, -leitung *f*, -betreuung *f* ; *avoir des ~s* Beziehungen haben ; *entrer en ~s avec qqn* in Verbindung treten mit jdm ; *être en ~ avec qqn* in Verbindung stehen mit jdm ; *mettre en ~* in Verbindung setzen ; *nouer les ~s d'affaires* Geschäftsverbindungen anknüpfen (eingehen).

relève *f* **1.** Ablösung *f* ; Nachwuchs *m* ; *prendre la ~* jdn ablösen ; die Nachfolge antreten **2.** *~ de l'équipe* Schichtwechsel *m*.

relevé *m* **1.** Auszug *m* ; *~ de compte* Kontoauszug **2.** Liste *f* ; Aufstellung *f* **3.** *(inform.) ~ des données* Datenerfassung *f* ; *~ d'identité bancaire* Bankkontoreferenzen *fpl* ; Bankkontonummer *f* ; *~ d'identité postal* Postscheckkontoreferenzen *fpl* ; Postscheckkontonummer *f* ; *~ d'inventaire (dans un fichier)* Bestandsaufzeichnungen *fpl*.

relèvement *m* Hebung *f* ; Aufbesserung *f* ; Erhöhung *f* ; *~ du niveau de vie* Hebung des Lebensstandards ; *~ d'un plafond* Heraufsetzung *f* einer Höchstgrenze ; *~ des salaires et des prix* Preis- und Lohnerhöhung *f* ; *~ des traitements* Gehaltsaufbesserung *f*.

relever 1. erhöhen ; heben ; aufbessern ; steigern ; *~ les loyers, les salaires, les tarifs* die Mieten, die Löhne (und Gehälter), die Tarife erhöhen ; *~ le plafond d'assujettissement* die Arbeitsverdienstgrenze heraufsetzen **2.** *~ qqn de ses fonctions* jdn seines Amtes entheben ; jdn abberufen **3.** *(équipe de travail)* ablösen **4.** *cela relève de sa compétence* das fällt in seinen Zuständigkeitsbereich.

relié à : verbunden (mit + D) ; angeschlossen (an + A).

reliquat *m* Restbetrag *m* ; Rest *m* ; Saldo *m* ; *~ d'impôts* Steuerrückstand *m* ; *paiement m du ~* Restzahlung *f*.

remaniement *m* Umänderung *f* ; Umarbeitung *f* ; Neugestaltung *f* ; Umbildung *f* ; *~ social* soziale Umschichtung *f* ; *~ ministériel* Kabinetts-, Regierungsumbildung.

remanier ab-, umändern ; um-, überarbeiten ; *~ un gouvernement* eine Regierung umbilden.

rembours *m* Exportsteuerrückerstattung *f*.

remboursable rückzahlbar ; tilgbar ; einlösbar ; *emprunt m ~ en dix ans* in zehn Jahren rückzahlbare Anleihe *f*.

remboursement *m* **1.** Rückzahlung *f* ; Rückerstattung *f* ; Abtragung *f* ; Tilgung *f* **2.** *contre ~* gegen (per) Nachnahme ; *envoi m contre ~* Nachnahmesendung *f* ; Versand *m* gegen Nachnahme.

rembourser erstatten ; (zu)rückzahlen ; (zu)rückvergüten ; ersetzen ; einlösen ; *~ un emprunt, un prêt* eine Anleihe, ein Darlehen zurückzahlen ; *~ qqn de ses frais* jdm die Kosten (Auslagen) zurückerstatten ; *être ~é* sein Geld zurückbezahlt (zurückerstattet) bekommen ; *se faire ~* sich sein Geld zurückerstatten lassen.

remembrement *m (rural)* Flurbereinigung *f* ; Umlegung *f*.

remerciement *m* **1.** Dank *m* ; *lettre f de ~* Dankschreiben *n* ; *avec tous mes ~s* mit bestem Dank **2.** *(congédiement)* Entlassung *f* ; Kündigung *f*.

remercier 1. danken **2.** *(congédier)* entlassen ; kündigen.

réméré *m* Rückkauf *m* ; Wiederkauf ; *droit m de ~* Rückkaufsrecht *n* ; *vente f à ~* Verkauf *m* mit Rückkaufsrecht.

remettre 1. einen Rabatt gewähren **2.** *(lettre)* überbringen ; *~ en main(s) propre(s)* eigenhändig abgeben ; persönlich aushändigen **3.** *(peine)* erlassen **4.** *se ~ au travail* sich wieder an die Arbeit machen ; *(grève)* die Arbeit wieder aufnehmen **5.** *~ qqch en question* etw in Frage stellen **6.** *(argent) ~ en circulation* wieder in Umlauf bringen.

remise *f* **1.** Rabatt *m* ; Preisnachlaß *m* **2.** Übergabe *f* ; Aushändigung *f* **3.** *(de peine)* Erlaß *m* **4.** *~ de l'impôt* Steuernachlaß *m* **5.** *(hangar)* Schuppen *m* ; Remise *f* **6.** *~ en état* Instandsetzung *f* ; *~ à neuf* Überholung *f* ; Renovierung *f* **7.** *~ en question* Infragestellung *f* **8.** *~ en route* Wiederingangsetzung *f* ; Wiederbelebung *f*.

remisier *m (bourse)* (Börsen)makler *m* ; Remisier *m*.

remontée *f* Anziehen *n* ; Aufholen *n* ; *~ des cours* Kurserholung *f* ; *~ spectaculaire d'une monnaie* spektakuläre Erholung einer Währung.

remonter : *~ son stock* seine Vorräte wieder auffüllen.

remplaçant *m (intérimaire)* Ersatzmann *m* ; Aushilfskraft *f* ; (Stell)vertreter *m* ; Zeitkraft *f* ; Vertretungskraft.

remplacement *m* Ersatz *m* ; Vertretung *f* ; Ersetzung *f* ; *en ~ de* in Vertretung ; *~ de la valeur* Wertersatz ; *produit m de ~* Ersatzgut *n* ; Surrogat *n* ; *faire un* ~ jdn ersetzen.

remplacer *(personne)* ersetzen ; vertreten ; *se faire* ~ sich ersetzen lassen ; *(appareil)* auswechseln ; ersetzen.

remplir 1. füllen ; erfüllen ; *toutes les conditions sont ~es* alle Bedingungen (Voraussetzungen) sind erfüllt ; ~ *un formulaire* ein Formular ausfüllen **2.** ~ *une tâche* eine Aufgabe erledigen.

remue-méninges *m (fam.)* Brainstorming [brein'stɔ:miŋ] *n*.

rémunérateur, trice einträglich ; gewinnbringend ; lohnend ; rentabel.

rémunération *f* Bezahlung *f* ; Vergütung *f* ; Entgelt *n* ; Besoldung *f* ; Bezüge *mpl* ; ~ *du capital* Kapitalverzinsung *f* ; ~ *en espèces* Barentlohnung ; ~ *en nature* Naturalvergütung ; *contre* ~ gegen Entgelt ; *mode m de* ~ Entlohnungsverfahren *n* ; Besoldungsart *f* ; *amélioration f, relèvement m des ~s* Besoldungsverbesserung *f*, -anstieg *m*.

rémunérer bezahlen ; vergüten ; entlohnen ; entschädigen ; besolden.

renchérir 1. teurer werden ; sich verteuern ; im Preis steigen **2.** ~ *sur qqch* etw überbieten.

renchérissement *m* Teuerung *f* ; Verteuerung *f* ; Preissteigerung *f* ; Aufschlag *m* ; Preisanstieg *m*.

rencontrer treffen ; begegnen ; ~ *des difficultés* auf Schwierigkeiten stoßen.

rendement *m* Leistung *f* ; Rentabilität *f* ; Wirtschaftlichkeit *f* ; Ertrag *m* ; Effizienz *f* ; *à fort, à faible* ~ leistungsstark, leistungsschwach ; ~ *annuel, horaire, mensuel* Jahres-, Stunden-, Monatsleistung ; ~ *maximal* Maximalertrag *m* ; Höchst-, Spitzenleistung *f* ; ~ *minimal* Minimalertrag ; Mindestleistung *f* ; ~ *par jour* Tagesleistung ; *baisse f de* ~ Leistungsrückgang *m* ; *perte f de* ~ Ertragsausfall *m* ; *prime f de* ~ Erfolgs-, Leistungsprämie *f* ; *salaire m au* ~ Leistungslohn *m* ; *société f de* ~ Leistungsgesellschaft *f*.

rendez-vous *m* Verabredung *f* ; Termin *m* ; Zusammenkunft *f* ; ~ *d'affaires* geschäftliche Verabredung ; ~ *social* Tarifverhandlungen *fpl* ; *prendre* ~ sich verabreden ; *sur* ~ (nur) nach Vereinbarung.

rendre : ~ *compte* berichten ; rechtfertigen ; ~ *la monnaie* herausgeben ; ~ *un jugement* ein Urteil fällen (erlassen) ; ~ *public* bekanntgeben ; *(diffuser)* bekanntmachen ; *(solennellement)* verkünden ; ~ *visite* besuchen ; *se* ~ *à son travail* zur Arbeit gehen.

rendu *m* **1.** zurückgegebene Ware *f* ; Rückware *f* ; Retour *f* **2.** ~ *à domicile* frei Haus ; ~ *à bord* frei an Bord ; ~ *en gare* frei Bahnhof ; ~ *à l'usine* frei Fabrik.

renflouer sanieren ; wieder hochbringen ; wieder auf die Beine bringen ; gesundschrumpfen ; ~ *une affaire* eine Firma wieder flottmachen ; ~ *les caisses* die Kassen auffüllen.

renommée *f* Ruf *m* ; Kredit *m* ; ~ *mondiale* Weltruf *m* ; *de* ~ *mondiale* weltbekannt, -berühmt.

renoncer à verzichten auf (+ A) ; ~ *à des licenciements* von Kündigungen absehen.

renonciation *f* Verzicht *m* (*à* auf + A) ; *(jur.)* Verzicht(leistung) *m (f)*.

renouvelable verlängerbar ; ~ *par reconduction tacite* durch stillschweigende Verlängerung erneuerbar.

renouveler erneuern ; *(traite)* prolongieren ; ~ *un abonnement, un passeport* ein Abonnement, einen Paß erneuern ; ~ *les stocks* (Lager)bestände auffüllen.

renouvellement *m* Erneuerung *f* ; Verlängerung *f* ; ~ *d'un abonnement* Abonnementerneuerung ; ~ *du stock* Lager(bestands)auffüllung *f* ; Lagerergänzung *f* ; ~ *d'une traite* Prolongierung *f* einer Tratte.

rénovation *f* Renovierung *f* ; Instandsetzung *f* ; Sanierung *f* ; ~ *de vieux quartiers* Sanierung der Altstadt.

renseignements *mpl* Auskünfte *fpl* ; Informationen *fpl* ; *(téléph.)* « Auskunft » ; Telefonauskunft ; *bureau m des* ~ Auskunftsbüro *n* ; ~ *pris* nach eingezogenen Erkundigungen ; *demande f de* ~ Ersuchen *n* um Auskunft ; *obligation f de fournir des* ~ Auskunftspflicht *f* ; *pour tous ~s complémentaires, s'adresser à...* für weitere Informationen wenden Sie sich an (+ A)... ; *(téléph.) demander les* ~ die Auskunft anrufen ; *prendre des* ~ Auskünfte einholen.

renseigner : *se* ~ sich erkundigen über (+ A), nach ; Auskünfte einholen über ; ~ *qqn sur* jdm Auskünfte erteilen über ; *se* ~ *auprès de qqn* sich bei jdm erkundigen.

rentabilisation *f* Rentabilisierung *f*.

rentabiliser rentabel (wirtschaftlich) machen.

rentabilité *f* Wirtschaftlichkeit *f* ; Rentabilität *f* ; Effizienz *f* ; *limite f de* ~ Rentabilitätsgrenze *f* ; *seuil m de* ~ Rentabilitätsschwelle *f*.

rentable wirtschaftlich ; rentabel ; gewinnbringend ; einträglich ; ertragreich ; lohnend ; lukrativ ; *affaire, entreprise* ~ rentables Geschäft, rentabler Betrieb.

rente *f* **1.** Rente *f* ; ~ *viagère* Leibrente ; ~ *de veuve* Witwenrente ; ~ *vieillesse* Altersrente ; ~ *complémentaire* Zusatzrente ; ~ *d'invalidité* Invalidenrente ; ~ *réactualisée* dynamisierte Rente ; ~ *revalorisée* aufgewertete Rente **2.** (Kapital)ertrag *m* ; Rente *f* ; ~ *sur l'État* Rentenpapier *n* ; Staatsrente ; *titre m de* ~ Rentenbrief *m* ; *vivre de ses* ~*s* von seinem Vermögen leben ; privatisieren.

rentier *m* **1.** Rentner *m* ; Rentenempfänger *m* ; ~ *de l'assurance sociale* Sozialrentner ; ~ *agricole* Altenteiler *m* **2.** vom eigenen Vermögen lebende Person *f* ; Rentier [rã'tje] *m* ; Privatier [...'tje] *m*.

1. rentrée *f* Wiederbeginn *m* ; Wiederanfang *m* ; (Schule, Universität) ; Schul-, Semesterbeginn ; ~ *parlementaire* Wiederzusammentreten *n* des Parlaments ; ~ *politique* politisches Comeback [kam'bɛk] *n*.

2. rentrées *fpl* Eingänge *mpl* ; ~ *de commandes, de devises* Auftrags-, Deviseneingänge ; ~ *fiscales* Steuerertrag *m* ; Steuereinnahmen *fpl* ; ~ *de fonds* eingehende Gelder *npl*.

rentrer **1.** *(fonds)* einziehen ; eintreiben ; *faire* ~ *une créance* eine Forderung eintreiben ; *faire* ~ *des devises* Devisen einbringen **2.** ~ *dans ses frais* auf seine Kosten kommen **3.** *faire* ~ *des commandes* Aufträge hereinholen.

renversement *m* Umschwung *m* ; Wende *f* ; ~ *économique, politique* wirtschaftlicher, politischer Umschwung ; ~ *de tendance* Stimmungsumschwung ; Tendenzwende.

renvoi *m* **1.** (Zu)rücksendung *f* ; Zurückschicken *n* **2.** *(ajournement)* Vertagung *f* ; Aufschiebung *f* **3.** *(congédiement)* Entlassung *f* ; Kündigung *f*.

renvoyer **1.** zurückschicken ; ~ *à l'expéditeur* an den Absender zurückschicken **2.** *(à une date ultérieure)* vertagen ; aufschieben **3.** *(congédier)* kündigen ; entlassen ; *(fam.)* feuern ; jdn auf die Straße setzen **4.** ~ *qqn à qqn* jdn an jdn verweisen.

réorganisation *f* Neugestaltung *f* ; Reorganisation *f* ; Neustrukturierung *f*, -gliederung *f* ; Sanierung *f* ; Umgestaltung *f*.

réorientation *f* **1.** Neuorientierung *f* **2.** *(capitaux)* Kapitalumlenkung *f*.

réparation *f* **1.** Instandsetzung *f* ; Reparatur *f* ; *atelier m de* ~ Reparaturwerkstatt *f* ; *frais mpl de* ~ Reparaturkosten *pl* **2.** Wiederherstellung *f* ; Wiedergutmachung *f* ; ~ *financière* finanzielle Gutmachung.

réparer **1.** ausbessern ; reparieren **2.** wiedergutmachen ; (Schaden) ersetzen.

répartir **1.** *(frais, coûts)* verteilen ; aufteilen **2.** *(actions)* zuteilen **3.** *(dividendes)* ausschütten **4.** (in Kategorien) einteilen ; aufgliedern in (+ A).

répartition *f* Aufteilung *f* ; Zuteilung *f* ; ~ *des bénéfices* Gewinnausschüttung *f* ; ~ *des revenus* Einkommensverteilung *f* ; ~ *des tâches* Arbeitsverteilung.

répercussion *f* Rückwirkung *f* ; Auswirkung *f* ; ~*s sur l'économie nationale* volkswirtschaftliche Auswirkungen *fpl* ; ~ *d'impôts* Abwälzung *f* von Steuern ; *avoir des* ~*s sur qqch* sich auf etw (+ A) auswirken.

répercuter abwälzen auf (+ A) ; überwälzen auf ; ~ *une augmentation sur les consommateurs* eine (Preis)erhöhung auf den Verbraucher weitergeben ; *faire* ~ *des coûts sur le prix* Kosten auf einen Preis abwälzen ; *se* ~ *sur* sich auswirken auf (+ A).

répertoire *m* Liste *f* ; Register *n* ; Verzeichnis *n* ; ~ *par matières* Sachkatalog *m*.

répertorier registrieren ; erfassen ; in ein Sachregister aufnehmen ; in ein Verzeichnis eintragen.

replâtrage *m (polit.)* Flickschusterei *f*.

repli *m (bourse)* Rückgang *m*.

répondant *m* **1.** Antwortende(r) **2.** *(garant)* Bürge *m* ; Gewährsmann *m* ; *servir de* ~ als Bürge dienen **3.** *avoir du* ~ über (ausreichende) Geldmittel verfügen.

répondeur *m* : ~ *automatique* (telefonischer) Anrufbeantworter *m* ; Telefonbeantworter *m*.

répondre **1.** ~ *à qqn* jdm antworten **2.** ~ *à qqch (lettre, question)* antworten auf (+ A) **3.** ~ *de qqn ou de qqch* bürgen für ; haften für ; geradestehen für **4.** *(téléph.)* sich melden ; *personne ne répond* es meldet sich niemand.

réponse *f* Antwort *f* ; *(lettre)* Antwortschreiben *n* ; *carte-*~ *(coupon-*~*)* Antwortkarte *f* ; Rückantwort-, Couponschein *m* ; *dans l'attente d'une prompte* ~ in Erwartung einer baldigen Antwort (Nachricht) ; *en* ~ *à votre lettre* in Beantwortung Ihres Schreibens... ; *laissé sans* ~ unbeantwortet gelassen ; ~ *s'il vous plaît* um Antwort wird gebeten ; ~ *payée* RP-Telegramm *n* ; (vorausbezahltes) Antworttelegramm ; ~ *positive* zustimmende (positive) Antwort ; ~ *négative* abschlägige (negative) Antwort.

report *m* **1.** *(comptab.)* Übertrag *m* ; ~ *à nouveau* Vortrag auf neue Rechnung **2.** *(délai)* Aufschub *m* ; Verschiebung *f* **3.** *(bourse)* Report *m* ; Reportgeschäft *n* ; Kost-, Prolongationsgeschäft *n* ; Prolongation *f*.

reporter 1. *(objet)* zurückbringen **2.** *(comptab.)* übertragen ; *à* ~ « Übertrag » *m* **3.** *(délai)* verschieben ; vertagen ; verlegen **4.** *(bourse)* in Prolongation geben **5.** *se* ~ *à* sich beziehen auf (+ A) **6.** *(vote, voix)* übergehen auf (+ A).

reprendre 1. wiedernehmen ; zurücknehmen ; *la marchandise ne sera ni reprise ni échangée* (vom) Umtausch *m* ausgeschlossen **2.** *(en compte)* in Zahlung nehmen **3.** *(activité, négociations, travail)* wiederaufnehmen **4.** *(bourse) les cours reprennent* die Kurse ziehen an **5.** *les affaires reprennent* die Geschäfte gehen wieder besser **6.** ~ *des paiements* Zahlungen wiederaufnehmen **7.** ~ *une maison de commerce* eine Geschäft übernehmen.

repreneur *m* Aufkäufer *m*.

représentant *m* **1.** (Stell)vertreter *m* ; Repräsentant *m* **2.** (Handels)vertreter *m* ; Reisende(r) ; ~ *de commerce* Handelsvertreter *m* ; ~ *exclusif* Alleinvertreter ; ~ *médical* Pharmavertreter.

représentatif, ive repräsentativ ; *échantillon m* ~ repräsentative Auswahl *f* ; repräsentativer Querschnitt *m* ; *enquête f (sondage m)* ~*(ive)* Repräsentativbefragung *f*, -erhebung *f* ; *être* ~ *de qqn, de qqch* für jdn, für etw repräsentativ (charakteristisch) sein.

représentation *f* Vertretung *f* ; ~ *à l'étranger* Auslandsvertretung ; ~ *exclusive* Alleinvertretung ; *frais mpl de* ~ Repräsentationsaufwendung *f* ; Repräsentationskosten *pl*.

représentativité *f* Repräsentativität *f*.

représenter 1. *qqn* jdn vertreten ; jdn repräsentieren ; *être* ~*é par* vertreten sein von **2.** *(qqch)* darstellen **3.** *(équivaloir à)* ausmachen ; *ceci* ~*e les deux tiers de nos exportations* das macht zwei Drittel unserer Exporte aus.

repris : *emballage m non* ~ Einwegpackung *f* ; Wegwerfpackung *f*.

reprise *f* **1.** Wiederbelebung *f* ; Ankurbelung *f* (der Wirtschaft) ; Konjunkturaufschwung *m* ; ~ *des cours* Kurserholung *f* **2.** ~ *du travail* Wiederaufnahme *f* der Arbeit **3.** ~ *de la marchandise* Zurücknahme *f* der Ware **4.** ~ *en compte* Inzahlungnahme *f* **5.** ~ *de dette* Schuldübernahme *f*.

reprivatisation *f* Rückführung *f* eines Staatsunternehmens in Privateigentum.

reproduction *f* **1.** Ab-, Neu-, Nachdruck *m* ; *(peintures, cartes, etc)* Reproduktion *f* ; ~ *interdite* Nachdruck verboten ; *tous droits de* ~ *réservés* alle Rechte vorbehalten **2.** *(reprographie)* Vervielfältigen *n* ; Vervielfältigung *f* ; Hektographieren *n*.

reproduire vervielfältigen ; hektographieren ; ~ *un document, une lettre* ein Dokument, einen Brief vervielfältigen.

reprographie *f* ⇒ *reproduction* **2** ; *appareil m de* ~ Vervielfältigungsapparat *m* ; *procédé m de* ~ Vervielfältigungsverfahren *n*.

république *f* Republik *f* ; ~ *démocratique allemande (R.D.A.)* Deutsche Demokratische Republik (DDR) ; ~ *fédérale d'Allemagne (R.F.A.)* Bundesrepublik Deutschland (BRD).

réputation *f* Ansehen *n* ; Ruf *m* ; Kredit *m* ; Kreditwürdigkeit *f* ; ~ *commerciale* geschäftliches Ansehen ; *avoir mauvaise* ~ einen schlechten Ruf genießen ; *jouir d'une bonne* ~ einen guten Ruf genießen.

requête *f* Antrag *m* ; Ersuchen *n* ; Gesuch *n* ; *à la* ~ *de* auf Antrag (Ersuchen) von.

R.E.R. *m (Réseau express régional)* S-Bahn-Netz *n* in Paris und Umgebung.

R.E.S. *m (rachat d'entreprise par les salariés)* Firmenaufkauf durch die Belegschaft ; Firmenübernahme durch das Personal ; LMBO-Aktion *f*.

réseau *m* Netz *n* ; ~ *autoroutier* Autobahnnetz ; ~ *de distribution* Vertriebsnetz ; Absatzkanäle *mpl* ; Verteilernetz ; ~ *ferré* Schienennetz ; ~ *ferroviaire urbain* S-Bahn-Netz ; ~ *de grandes lignes* Fernverkehrsnetz ; ~ *de représentants* Vertreternetz ; ~ *de succursales* Filialnetz ; ~ *routier* Straßennetz ; ~ *de télécommunications* Nachrichtennetz ; ~ *téléphonique* Fernsprechnetz ; ~ *urbain* Stadtnetz *n* ; ~ *urbain et de banlieue* Verbundsystem *n* ; ~ *de vente* → *distribution*.

réservataire *(jur.)* : *part f* ~ Pflichtteil *m* ou *n*.

réservation *f* Reservierung *f* ; Bestellung *f* ; Buchung *f* (Reise) ; ~ *de chambres* Zimmerbestellung, -reservierung ; ~ *définitive* verbindliche

Reservierung ; ~ *par minitel* Computerbuchung *f* ; Btx-Buchung ; ~ *supplémentaire* Zubuchung ; *possibilité f de ~ électronique* elektronische Buchungsmöglichkeit *f*.

réserve *f* **1.** *(comptab.)* Reserve *f* ; Rücklage *f* ; *(banque) ~s obligatoires* Mindestreserven ; ~ *occulte* stille Reserve ; *~s d'or* Goldreserven ; *affecter une somme aux ~s* einen Betrag den Rücklagen (den Reserven, dem Reservefonds) zuführen **2.** *obligation f de ~* Schweigepflicht *f* ; *avec les ~s d'usage* unter üblichem Vorbehalt ; *sans ~s* vorbehaltlos ; ohne Vorbehalt ; *sous ~* unter (mit) Vorbehalt ; *sous ~ de qqch (jur.)* vorbehaltlich (+ G) ; *faire des ~s* Vorbehalte machen **3.** *~ de propriété* Eigentumsvorbehalt ; *livrer qqch sous ~ de propriété* etw unter Eigentumsvorbehalt liefern **4.** *(naturelle)* Naturschutzgebiet *n* ; Reservat *n*.

réserver 1. *(chambre)* reservieren ; bestellen ; *(voyage)* buchen **2.** *se ~ un droit* sich ein Recht vorbehalten ; *tous droits ~és* alle Rechte vorbehalten **3.** *les acheteurs sont ~és* die Käufer sind sehr zurückhaltend.

résidence *f* Wohnort *m* ; Aufenthalt *m* ; ~ *secondaire* zweiter Wohnsitz *m* ; *changement m de ~* Verlegung *f* (Änderung *f*) des Wohnsitzes ; *déclaration f de changement de ~* polizeiliche Ab-, Anmeldung *f* ; *indemnité f de ~* Wohngeld *n*, -zuschuß *m*.

résiliable kündbar ; ~ *sans préavis* jederzeit kündbar.

résiliation *f* Kündigung *f* ; Rücktritt *m* (von) ; Rückgängigmachung *f* ; ~ *de contrat* Vertragskündigung *f*.

résilier kündigen ; rückgängig machen ; ~ *un contrat* von einem Vertrag zurücktreten ; einen Vertrag kündigen ; ~ *avant terme* vorzeitig kündigen ; *la police est ~ée de plein droit* die Police erlischt automatisch.

résister : widerstehen ; *(bourse) les cours ~ent* die Kurse sind widerstandsfähig.

résolution *f* **1.** Beschluß *m* ; Entschluß *m* ; Resolution *f* ; *prendre une ~* einen Entschluß fassen **2.** ~ *d'un contrat de travail* Auflösung *f* eines Arbeitsverhältnisses ; ~ *de la vente* Rückgängigmachung *f* des Kaufes.

résolutoire auflösend ; *clause f ~* auflösende Bedingung *f*.

résorber *(chômage)* beseitigen ; abbauen ; *(excédents)* abschöpfen ; ~ *la masse monétaire excédentaire* den Geldüberhang abschöpfen.

résorption *f* Abschöpfung *f* ; ~ *du pouvoir d'achat* Kaufkraftabschöpfung, -schwund *m*.

respect *m* Beachtung *f* ; Einhaltung *f* ; Befolgung *f* ; ~ *du délai* Einhaltung der Frist ; *non ~ ⇒ non-respect*.

respecter beachten ; einhalten ; befolgen ; erfüllen ; respektieren ; ~ *un contrat* einen Vertrag erfüllen ; ~ *un délai* eine Frist einhalten ; *(ne pas) ~ les lois* die Gesetze einhalten (brechen) ; *ne pas ~ les conventions salariales* die Tarifverträge unterlaufen ; *sans ~ les formes ni les délais* unter Verzicht auf Einhaltung aller Frist- und Formvorschriften.

respectif, ive jeweilig ; entsprechend ; *les pays d'origine ~s* die jeweiligen Heimatländer.

responsabilité *f* Verantwortung *f* ; Verantwortlichkeit *f* ; *(jur.)* Haftung *f* ; ~ *civile* Haftpflicht *f* ; zivilrechtliche Haftung *f* ; ~ *des dettes* Schuldenhaftung ; ~ *de l'entrepreneur* Unternehmerhaftung ; *à ~ limitée* mit beschränkter Haftung ; *société f à ~ limitée (S.A.R.L.)* Gesellschaft *f* mit beschränkter Haftung (GmbH) ; ~ *solidaire* Gesamthaftung ; solidarische Haftung ; *assurance f ~ civile* Haftpflichtversicherung *f* ; *poste m de ~* verantwortliche Stellung *f* ; *assumer la ~* die Verantwortung übernehmen ; für etw haften ; *décliner, exclure la ~* die Haftung ablehnen, ausschließen (nicht übernehmen) ; *jeter la ~ sur qqn* die Verantwortung auf jdn abwälzen ; jdn verantwortlich machen (*de qqch* für etw).

responsable *(de)* verantwortlich (für) ; haftbar ; haftend ; *rédacteur m ~* verantwortlicher Redakteur *m* ; *être civilement ~* haftpflichtig sein ; zivilrechtlich haften ; *être ~ de qqn, de qqch* für jdn, für etw haften ; *rendre qqn ~ de* jdn verantwortlich (haftbar) machen für.

responsable *m* Verantwortliche(r) ; Leiter *m* ; Führungskraft *f*.

resquille *f (transp.)* Schwarzfahrt *f* ; *(radio, télé.)* Schwarzhören *n* ; Schwarzsehen *n* ; *(queue)* Vordrängeln *n* ; *(fam.)* Nassauerei *f*.

resquiller *(fam.) (queue)* sich vordrängeln ; *(transp.)* schwarzfahren ; *(radio, télé non déclarées)* schwarzhören ; schwarzsehen.

resquilleur *m* Schwarzfahrer *m* ; Schwarzhörer *m* ; Zaungast *m* ; *(fam.)* Nassauer *m*.

resserrement *m* **1.** ~ *du crédit* Kreditbeschränkung *f*, -einschränkung *f* ; Verknappung *f* der Kredite ; ~ *du marché monétaire* Geldverknappung *f* ; ~ *des salaires* Angleichung *f* (Nivellierung *f*) der Löhne **2.** ~ *des liens économiques* Festigung *f* der wirtschaftlichen Zusammenarbeit.

ressort *m* **1.** Fachbereich *m* ; Ressort [re'so:r] *n* ; Amtsbereich *m* ; Zuständigkeitsbereich *m* ; ~ *d'activité* Aufgabenkreis *m* ; *ce n'est pas de notre* ~ dafür sind wir nicht zuständig **2.** *(jur.)* Instanz *f* ; *en dernier* ~ in letzter Instanz.

ressortissant *m* Staatsangehörige(r).

ressources *fpl (sing. rare)* Quelle *f* ; Gelder *npl* ; Geldmittel *npl* ; Kapital *n* ; Reichtum *m* ; Resourcen [rə'sursən] *pl* ; ~ *budgétaires* Haushaltsmittel ; ~ *fiscales* Steueraufkommen *n* ; ~*s humaines* Personal-, menschliche Ressourcen ; human resource ['hjuman ri'sɔ:s] ; Arbeitskräftepotential *n* ; ~ *personnelles* Eigenmittel ; Eigenkapital ; ~ *(des activités) professionnelles* Erwerbseinkünfte *pl* ; *sans* ~ mittellos ; hilfsbedürftig ; ~ *énergétiques* Energiequellen *fpl* ; ~ *en main-d'œuvre* Arbeitskräftepotential *n* ; ~ *productives* Produktionsvermögen *n* ; ~ *du sous-sol* Bodenschätze *mpl* ; *déclarer ses* ~ seine Einkünfte angeben ; *indiquer la provenance de ses revenus* die Herkunft seiner Einkünfte angeben.

restant dû : *somme* ~*e* ausstehender Betrag *m*.

restauration *f* **1.** Gaststättengewerbe *n* ; Gaststättenwesen *n* **2.** Restaurierung *f* ; Wiederinstandsetzung *f*.

reste *m* Rest *m* ; Rückstand *m* ; Überbleibsel *n* ; *le* ~ *de la commande* der Rest der Bestellung.

rester bleiben ; *(subsister)* übrigbleiben ; *je* ~*e à votre entière disposition* ich stehe Ihnen ganz zur Verfügung ; ~ *propriété* Eigentum bleiben ; *ma lettre est restée sans réponse* mein Schreiben ist unbeantwortet geblieben.

restituer (zu)rückerstatten ; ersetzen ; zurückgeben ; (zu)rückzahlen.

restitution *f* Rückgabe *f* ; Rückerstattung *f* ; Rückgewähr *f* ; Rückzahlung *f* ; ~ *du gage* Pfandrückgabe *f* ; ~ *d'impôt* Steuerrückerstattung.

restoroute *m* (Autobahn)raststätte *f*.

restreindre einschränken ; begrenzen ; ~ *les importations, l'immigration, le mouvement des capitaux* die Einfuhren, die Einwanderung, den Kapitalverkehr beschränken ; ~ *les dépenses* die Ausgaben einschränken.

restrictif, ive ein-, beschränkend ; restriktiv ; *conditions fpl, mesures fpl* ~*ives* restriktive Bedingungen *fpl*, Maßnahmen *fpl* ; *clause f* ~*ive* Restriktivklausel *f*.

restriction *f* Beschränkung *f* ; Einschränkung *f* ; Restriktion *f* ; ~*s budgétaires* Haushaltskürzungen *fpl* ; ~ *de change* Devisenbeschränkung, -bewirtschaftung *f* ; ~*s au commerce* Handelsbeschränkungen ; ~*s monétaires* Währungsbeschränkungen ; *levée f des* ~*s* Aufhebung *f* der Beschränkungen ; *être soumis à des* ~*s* Beschränkungen unterliegen.

restructuration *f* Umstrukturierung *f* ; Neustrukturierung *f* ; Neuorganisation *f* ; Neugliederung *f* ; Umschichtung *f* ; Sanierung *f* ; Gesundschrumpfung *f* ; ~ *des entreprises* Umstrukturierung von Betrieben.

restructurer neu-, umstrukturieren ; neu-, umorganisieren ; neugliedern ; sanieren ; gesundschrumpfen.

résultat *m* Ergebnis *n* ; Resultat *n* ; Fazit *n* ; Erfolg *m* ; Erlös *m* ; Ertrag *m* ; Leistung *f* ; ~ *d'une enquête* Ergebnis einer Umfrage ; ~ *de l'exercice* Ertrags-, Erfolgsbilanz *f* ; ~ *de gestion* Betriebserfolg, -ergebnis ; ~ *global* Gesamtergebnis ; ~*s réalisés (réels, comptables)* Istzahlen *fpl*.

rétablir **1.** wiederherstellen ; wiedereinführen ; ~ *dans ses fonctions* in sein Amt wiedereinsetzen **2.** sanieren ; gesundschrumpfen.

rétablissement *m* **1.** Wiederherstellung *f* ; Wiederaufnahme *f* **2.** Sanierung *f* ; Gesundung *f* ; Gesundschrumpfung *f*.

retard *m* Verspätung *f* ; Verzug *m* ; Rückstand *m* ; *(technologique)* Rückständigkeit *f* ; ~ *dans la livraison* Lieferverzug ; *avoir pris du* ~ *sur la concurrence étrangère* gegenüber der Auslandskonkurrenz im Rückstand sein ; *être en* ~ *dans le paiement* mit der Zahlung im Rückstand sein ; *prendre du* ~ in Rückstand geraten ; *en* ~ zu spät ; rückständig ; überfällig.

retenir **1.** *(qqch)* zurückhalten ; *(qqn)* aufhalten ; ~ *l'inflation* die Inflation eindämmen **2.** *(mémoriser)* sich merken ; im Gedächtnis behalten **3.** *(déduire de)* abziehen ; einbehalten ; absetzen ; ~ *trois pour cent sur une somme* von einem Betrag drei Prozent abziehen ; ~ *l'impôt à la source* die Steuer an der Quelle erheben (einbehalten) ; ~ *une somme sur le salaire* einen Betrag vom Lohn einbehalten (abziehen) **4.** *(date)* festsetzen ; festlegen **5.** *(place)* reservieren ; vorbestellen ; belegen ; mieten **6.** ~ *un projet, une proposition* ein Projekt, einen Vorschlag in Betracht ziehen **7.** ~ *une candidature* eine Bewerbung auswählen.

rétention *f* : *droit m de* ~ Zurückhaltungsrecht *n* ; Pfandrecht *n*.

retenue *f* : ~ *sur salaire* Lohn-, Gehaltsabzug *m* ; vom Lohn einbehaltener Betrag *m* ; ~ *à la source* Quellenbesteuerung *f*.

retirer zurückziehen ; ~ *de l'argent* Geld abheben ; ~ *des billets, des actions de la circulation* Banknoten, Aktien einziehen ; ~ *du courrier* Post abholen ; ~ *une demande* einen Antrag zurücknehmen ; ~ *une offre, une plainte* ein Angebot, eine Klage zurückziehen ; *se* ~ *des affaires* sich von den Geschäften zurückziehen ; aus dem Geschäftsleben ausscheiden.

retombées *fpl* Folgen *fpl* ; Nebenwirkungen *fpl* ; Folgeerscheinungen *fpl* ; ~ *technologiques* technologische Auswirkungen *fpl*.

rétorsion *f* Vergeltung *f* ; Retorsion *f* ; *mesure f de* ~ Gegen-, Vergeltungsmaßnahme *f*.

retour *m* *(poste)* Rücksendung *f* ; *(marchandises)* Rückwaren *fpl* ; Retouren *pl* ; *par* ~ *du courrier* umgehend ; postwendend ; ~ *à l'envoyeur* zurück an Absender ; *billet m aller-*~ Rückfahrkarte *f* ; *frais mpl de* ~ Rückfrachtkosten *pl* ; Rückporto *n* ; *inconnu à l'adresse indiquée,* ~ *à l'expéditeur* falls unzustellbar, zurück an Absender.

retournement *m* Umschwung *m* ; Umschlag *m* ; Wendung *f* ; ~ *conjoncturel* Konjunkturumschlag *m*.

retourner 1. zurückschicken ; zurücksenden **2.** zurückkehren ; zurückfahren.

retrait *m* Einziehung *f* ; ~ *d'une concession* Konzessionsentziehung *f* ; ~ *du permis de conduire* Entzug *m* des Führerscheins **2.** ~ *d'argent* Abhebung *f* von Geld **3.** *(marchandise)* Abholung *f* **4.** *(gage)* Rückkauf *m* ; Einlösung *f* **5.** ~ *de la nationalité* Ausbürgerung *f* **6.** *(de billets de banque de la circulation)* Einziehen *n* ; Aufruf *m*.

1. retraite *f* Pension [pãsi'õ/pɛnzi'o:n] *f* ; Ruhestand *m* ; ♦ *la* ~ *à soixante ans* Pension schon mit sechzig Jahren ; ~ *anticipée* vorgezogene (vorgelegte) Rente ; vorzeitige Pensionierung ; ~ *complémentaire* zusätzliche Rente ; *départ m en, mise f à la* ~ Pensionierung *f* ; *mise f à la* ~ *anticipée* Frühverrentung *f* ; *possibilité f de* ~ *anticipée* flexible Altersgrenze *f* ; ♦♦♦ *être à la* ~ pensioniert sein ; im Ruhestand sein ; *faire valoir ses droits à une* ~ *complémentaire* seine Ansprüche auf eine zusätzliche Rente geltend machen ; *faciliter le départ à la* ~ den Ausstieg aus dem Erwerbsleben erleichtern ; *mettre qqn à la* ~ jdn pensionieren ; jdn in den Ruhestand versetzen ; *prendre sa* ~ sich pensionieren lassen ; in den Ruhestand treten ; in Pension gehen.

2. retraite *f* *(émoluments)* Ruhegeld *n* ; Rente *f* ; Ruhegehalt *n* ; Ruhestandsbezüge *pl* ; Pension *f* ; Altersrente *f* ; *toucher une* ~ eine Rente beziehen.

retraité *m* Pensionierte(r) ; Rentner *m* ; Rentenempfänger *m* ; Pensionär *m* ; Ruhe-, Gehaltsempfänger *m* ; Ruheständler *m* ; *(sécurité sociale)* Sozialrentner.

retraité, e 1. pensioniert ; im Ruhestand **2.** *(déchets nucléaires)* wiederaufbereitet.

retraitement *m* Wiederaufbereitung *f* ; Wiederaufarbeitung *f* ; *procédé m, usine f de* ~ *de déchets nucléaires* Wiederaufbereitungsverfahren *n*, -anlage *f* für nukleare Abfälle.

retraiter *(déchets nucléaires)* (nukleare Abfälle, Atommüll) wiederaufbereiten.

retrancher streichen ; abziehen ; absetzen ; ~ *une somme de qqch* einen Betrag von etw abziehen ; ~ *un poste budgétaire* einen Haushaltsposten streichen.

rétribuer entlohnen ; bezahlen ; vergüten, besolden.

rétribution *f* Entlohnung *f* ; Bezahlung *f* ; Vergütung *f* ; Entgelt *n* ; Besoldung *f*.

rétroactif, ive *(jur.)* rückwirkend ; *avec effet* ~ *à compter du 1/8* mit Rückwirkung vom ersten August an.

rétroactivité *f* *(jur.)* rückwirkende Kraft *f*.

rétrocéder rückübertragen ; zurückabtreten ; retrozedieren.

rétrocession *f* Rückübertragung *f* ; Rückabtretung *f*.

rétrogradation *f* Rückstufung *f* ; Dienstgradherabsetzung *f* ; ~ *de salaire* Lohnrückstufung.

rétrograder *(d'échelon)* (in eine niedrigere Lohngruppe) zurückstufen ; herabstufen ; *être* ~*é d'échelon* zurück-, herabgestuft werden.

réunification *f* Wiedervereinigung *f*.

réunion *f* Versammlung *f* ; Sitzung *f* ; Konferenz *f* ; Zusammenkunft *f*,

-treffen *n* ; ~ *du personnel* Betriebsversammlung.

réunir 1. *(des fonds)* Geld aufbringen **2.** ~ *toutes les conditions* alle Bedingungen erfüllen **3.** *se* ~ zusammentreffen ; sich versammeln.

réussir gelingen ; erfolgreich sein ; *(fam.)* etw fertig (zustande) bringen ; ~ *dans la vie* es im Leben zu etw bringen.

réutilisation *f* Wiederverwertung *f* ; Wiederverwendung *f* ; *(vieux matériaux)* Recycling [ri'saikliŋ] *n*.

réutiliser wiederverwenden ; wiederverwerten ; recyclen.

revalorisation *f* Aufwertung *f* ; Revalorisierung *f* ; ~ *des pensions et des retraites* Rentenaufbesserung *f*, -anhebung *f*.

revaloriser aufwerten ; ~ *les salaires et traitements* Löhne und Gehälter erhöhen (anheben).

révélateur, trice aufschlußreich.

révéler bekanntgeben ; offenbaren ; enthüllen ; *c'est ce que* ~*e une enquête en date du 10/5* das geht aus einer Untersuchung vom zehnten Mai hervor.

revendeur *m* Wiederverkäufer *m* ; Zwischenhändler *m*.

revendication *f* Forderung *f* ; Anspruch *m* ; ~*s salariales* Lohnforderungen ; *cahier m de* ~*s* Forderungskatalog *m* ; *faire aboutir des* ~*s* Forderungen durchsetzen ; *présenter des* ~*s* Ansprüche stellen ; Forderungen erheben.

revendiquer 1. fordern ; Forderungen erheben ; verlangen ; beanspruchen ; Ansprüche stellen ; ~ *un droit* ein Recht beanspruchen ; ein Recht in Anspruch nehmen **2.** ~ *un attentat* die Verantwortung für ein Attentat übernehmen.

revendre weiterverkaufen ; wiederverkaufen.

revenir : *cela me revient à 100 F* das kostet mich 100 F ; *cela me revient trop cher* das ist mir zu teuer (zu kostspielig) ; das kommt mich (mir) teuer zu stehen.

revente *f* Wieder-, Weiterverkauf *m* ; *valeur f de* ~ Wiederverkaufswert *m*.

revenu *m* Einkommen *n* ; ~*s* Einkünfte *pl* ; Bezüge *pl* ; ♦ ~ *annuel, brut, net* Jahres-, Brutto-, Nettoeinkommen ; *à* ~ *fixe* festverzinslich ; *à* ~ *variable* mit veränderlichem Ertrag ; ~ *du capital* Kapitalertrag *m* ; ~ *foncier* Bodenertrag *m* ; ~ *imposable* steuerpflichtiges Einkommen ; ~ *des ménages* Familieneinkommen ; ~ *minimum, moyen, national* Mindest-, Durchschnitts-, Volkseinkommen ; ~ *publics (de l'État)* Staatseinkünfte ; ~ *par tête d'habitant* Pro-Kopf-Einkommen ; ~*s professionnels* Erwerbseinkünfte, -einkommen ; ♦♦ *déclaration f des* ~*s* Einkommensteuererklärung *f* ; *sources fpl de* ~ Einnahmequellen *fpl* ; *titres mpl (valeurs fpl) à* ~ *variable* Dividendenpapiere *npl* ; ♦♦♦ *avoir de gros* ~*s* große Einkünfte haben ; über ein großes Einkommen verfügen ; *déclarer ses* ~*s au fisc* seine Einkünfte versteuern.

revers *m* Kehrseite *f* ; *le* ~ *d'une dévaluation* die Kehrseite einer Abwertung.

reversibilité *f (jur.)* Übertragbarkeit *f* ; Rückfälligkeit *f*.

réversion *f* : *pension f de* ~ Altersrente *f* (für den überlebenden Ehegatten) ; Hinterbliebenenrente ; *(fonctionnaire)* Witwen-, Witwergeld *n*.

revêtu : ~ *de votre signature* mit Ihrer Unterschrift versehen.

revient : *établir le prix de* ~ den Selbstkostenpreis berechnen.

revirement *m* : ~ *conjoncturel* Konjunkturumschwung *m*, -umschlag *m* ; Wende *f* in der Konjunkturentwicklung.

réviser durchsehen ; überholen ; revidieren ; ~ *des tarifs* Tarife neu berechnen (neu festsetzen) ; ~ *en baisse, en hausse* nach unten, nach oben korrigieren (revidieren).

révision *f* **1.** Nachprüfung *f* ; Überprüfung *f* ; Revision *f* ; *(comptab.)* ~ *interne* interne Revision ; Innenrevision ; ~ *d'une pension* Neufestsetzung *f* einer Rente **2.** *(jur.)* Wiederaufnahmeverfahren *n* ; Revision *f* ; *pourvoi m en* ~ Antrag *m* auf Wiederaufnahme.

révocation 1. Widerrufung *f* ; Widerruf *m* ; ~ *d'un testament* Widerruf eines Testaments **2.** *(fonctionnaire)* Dienstentlassung *f* ; Amtsenthebung *f*.

revoir durchsehen ; revidieren ; ~ *un client* einen Kunden aufsuchen ; ~ *un prix* einen Preis überprüfen.

révolu, e : *avoir soixante ans* ~*s* das sechzigste Lebensjahr vollendet haben.

revolving : *crédit* ~ Revolving-Kredit *m*.

révoquer 1. widerrufen ; annullieren ; zurückziehen **2.** *(fonctionnaire)* absetzen ; entlassen ; seines Amtes entheben.

revue *f* Zeitschrift *f* ; ~ *hebdomadaire, mensuelle* Wochen-, Monatsschrift *f* ; ~ *du marché* Marktbericht *m* ; ~ *de mode* Mode(n)schau *f* ; ~ *de presse* Presseschau *f* ; Pressespiegel *m* ; *passer qqch en* ~ etw überprüfen.

R.F.A. *f (République fédérale d'Alle-*

magne) Bundesrepublik Deutschland *f* ; BRD *f*.

richesse *f* Reichtum *m* ; Wohlstand *m* ; *~s minières, naturelles* Bodenschätze *mpl* ; *impôt m sur la ~* Vermögen(s)-steuer *f* ; *impôt sur les signes extérieurs de ~* Aufwandsteuer *f*.

rigoureusement strikt ; strengst ; *~ interdit* strengstens verboten.

rigueur *f* Härte *f* ; *politique f de ~* Sparpolitik *f* ; Austerity [ɔs'tɛriti] *f* ; Austerity- Politik.

risque *m* Risiko *n* ; Wagnis *n* ; Gefahr *f* ; *~ d'accident* Unfallgefahr, -risiko ; *~ du producteur* Herstellerrisiko ; *à ses ~s et périls* auf eigene Gefahr ; *les ~s du métier* Berufsrisiko ; *assurance f multirisques limitée* Teilkaskoversicherung *f* ; *(assurance f) tous ~s* Vollkaskoversicherung *f* ; *aggravation f du ~* Gefahrenerhöhung *f* ; *couverture f de ~* Risikodeckung *f* ; *indemnité f de ~s* Gefahrenzulage *f* ; *répartition f des ~s* Risikostreuung *f* ; *gestion f des ~s* Risiko-Management *n* ; *assumer un ~* ein Risiko übernehmen ; *prendre des ~s calculés* Risiken einkalkulieren ; kalkulierte Risiken auf sich nehmen.

ristourne *f* Rückvergütung *f* ; Rabatt *m* ; Discount [dis'kaunt] *m* ; Preisnachlaß *m* ; Storno *m* ou *n*.

ristourner rückvergüten ; (vom Preis) abziehen ; einen Nachlaß gewähren.

rivaliser *(avec)* wetteifern (mit).

RM *m (règlement mensuel) (bourse)* monatliches Termingeschäft *n* ; monatlicher Terminhandel *m* ; monatliches Börsentermingeschäft *n*.

R.N. *f (route nationale)* Nationalstraße *f* ; *(R.F.A.)* Bundesstraße *f*.

robot *m* Roboter *m* ; Industrieroboter.

robotique *f* Robotertechnik *f*, -einsatz *m* ; Robotik *f*.

robotisation *f* Automatisierung *f* ; Robotisierung *f*.

robotiser automatisieren ; robotisieren ; roboterisieren ; *entreprise f ~ée* robotisierter Betrieb *m* ; roboterbestücktes Unternehmen *n*.

rocade *f* Umgehungsstraße *f*.

rodage *m* **1.** *(auto)* Einfahren *n* **2.** Anlaufzeit *f* ; Einarbeitungszeit *f* ; Einarbeiten *n*.

roder 1. *(auto)* einfahren **2.** *se ~* sich einarbeiten.

rogner *(fam.)* stutzen ; abbauen ; *~ sur les salaires* die Gehälter stutzen.

rôle *m* **1.** Liste *f* ; Register *n* ; (Stamm)rolle *f* **2.** Rolle *f*.

ronéo *f* Vervielfältigungsgerät *n*.

ronéotyper vervielfältigen ; hektographieren.

rompre 1. *(contrat)* verletzen ; brechen **2.** *(relations)* abbrechen **3.** *(marché)* rückgängig machen.

rossignol *m (fam.)* Ladenhüter *m*.

rotation *f* **1.** *(capital, stock)* Umlauf *m* ; Umschlag *m* ; *~ des capitaux* Kapitalumschlag ; *~ des stocks* Lagerumschlag ; Warenumschlag ; *vitesse f de ~* Umlaufs-, Umschlagsgeschwindigkeit *f* **2.** *(personnel)* Wechsel *m* ; Turnus *m* ; Rotation *f* ; *~ du personnel* Personalwechsel ; Fluktuationsgrad *m* der Belegschaft.

rouble *m* Rubel *m*.

roulant : *personnel m ~* fahrendes Personal *n*.

roulement *m* **1.** Turnus *m* ; Wechsel *m* ; *par ~* im Turnus ; turnusmäßig ; *travail m par ~* Schichtarbeit *f* ; *travailler par ~* schichtweise (in Schichten) arbeiten **2.** Umlauf *m* ; Umsatz *m* ; *fonds mpl de ~* Betriebsfonds [...fɔ̃] *m* ; Betriebskapital *n* ; Umlaufvermögen *n* ; arbeitendes (umlaufendes) Kapital.

rouler *(qqn) (fam.)* jdn reinlegen ; jdn übers Ohr schlagen ; jdn betrügen ; *~ qqn de plusieurs millions* jdn um mehrere Millionen prellen.

route *f* Straße *f* ; *~ départementale* Landstraße ; *~ fédérale* Bundesstraße ; *~ nationale* Bundesstraße ; *~ prioritaire* Vorfahrtsstraße ; *~ (voie) rapide* Schnellverkehrsstraße ; *~ secondaire* Nebenstraße ; *~ à sens unique* Einbahnstraße ; *code m de la ~* Straßenverkehrsordnung *f* (StVO) ; *rail-~* Schiene und Straße ; *transport m par ~* Lkw-Transport *m* ; *usager m de la ~* Straßenbenutzer *m*.

routier *m* Fernfahrer *m* ; Lkw-Fahrer *m*.

routier, ière : *carte f ~ière* Straßenkarte *f* ; *gare f ~ière* Autobusbahnhof *m* ; *entreprise f de transport ~* Straßenverkehrsunternehmen *n* ; *trafic m ~* Kraftverkehr *m*.

routine *f* Routine *f* ; Gewohnheit *f* ; *travail m de ~* Routinearbeit *f* ; *faire qqch par ~* etw aus Routine tun ; etw routinemäßig machen.

routinier, ière Routine- ; Gewohnheits- ; *devenir ~* zur Routine werden.

royalties *fpl* **1.** Abgabe *f* ; Tantieme *f* ; Tantiemenabgaben *fpl* **2.** *(pétrole)* Förderabgaben *fpl*.

R.P. *(réponse payée)* « Antwort bezahlt ».

R.S.V.P. *(réponse s'il vous plaît)* mit der Bitte um Rückantwort ; um Antwort wird gebeten (u.A.w.g.).

rubis : *(litt.) payer ~ sur l'ongle* bis auf Heller und Pfennig (be)zahlen.

rubrique *f* Rubrik *f* ; Teil *m* ; Spalte *f* ; *~ boursière* Börsenbericht *m* ; Börsenteil *m*.

rue *f* Straße *f* ; *~ commerçante* Geschäftsstraße ; *~ piétonne* Fußgängerstraße ; *être à la ~* wohnungslos (obdachlos) sein ; *mettre qqn à la ~* jdn auf die Straße setzen.

ruée *f* Ansturm *m* ; Rush [raʃ] *m*.

ruine *f* Zusammenbruch *m* ; Ruin *m* ; Verfall *m* ; *mener à sa ~ financière* zu finanziellem Ruin führen.

ruiner ruinieren ; zugrunde richten.

R.U.P. *(reconnu d'utilité publique)* gemeinnützig.

rupture *f* Bruch *m* ; Abbruch *m* ; Unterbrechung *f* ; Auflösung *f* ; Annullierung *f* ; Ungültigkeitserklärung *f* ; *~ de contrat* Vertragsbruch ; *~ du contrat de travail* Auflösung des Arbeitsverhältnisses ; *~ de marché* Rücktritt *m* von einem Geschäft ; *~ des relations commerciales* Abbruch der Geschäftsverbindungen ; *~ du tarif* Tarifbruch ; *être en ~ de stock* etw nicht auf Lager haben ; etw nicht vorrätig haben.

rural *m* Landbewohner *m* ; *les ruraux mpl* die Landbevölkerung *f*.

rural, e Land- ; ländlich ; *commune f ~e* ländliche Gemeinde *f* ; *exode m ~* Landflucht *f* ; *milieu m ~* ländliches Milieu *m* ; *monde m ~* ländliche Bevölkerung *f* ; *population f ~e* Landbevölkerung *f* ; ländliche Bevölkerung ; *propriété f ~e* Landgut *n* ; *zone f ~e* Agrargebiet *n*.

rush *m* ⇒ *ruée*.

rythme *m* Rhythmus *m* ; Tempo *n* ; Takt *m* ; *~ de la croissance* Wachstumstempo ; *~ de la conjoncture* Konjunkturverlauf *m* ; *~ de l'inflation* Inflationstempo ; *~ de travail* Arbeitstempo ; *accroître le ~ de la production* das Produktionstempo steigern.

S

S.A. *f (société anonyme)* AG *f* (Aktiengesellschaft).

sabbatique : *année f ~* Sabbatjahr *n* ; Bildungsjahr.

sabotage *m* : *~ économique* Wirtschaftssabotage *f*.

sac *m* Sack *m* ; (Papier)tüte *f* ; Beutel *m* ; *en ~s* in Säcken ; *~ à provisions* Einkaufstasche *f* ; *prendre qqn la main dans le ~* jdn auf frischer Tat ertappen.

sachet *m* Tütchen *n* ; Beutel *m* ; *~ plastique* Plastiktüte *f*.

sacoche *f* Geldtasche *f*.

sacquer *(qqn) (fam.)* (jdn) feuern ; (jdn) rausschmeißen ; (jdn) vor die Tür setzen.

sacrifice *m (financier)* Opfer *n* ; Sparopfer ; *demander de nouveaux ~s* zu weiteren (Spar)opfern auffordern ; (Spar)opfer abverlangen.

sacrifié : *à des prix ~s* zu Schleuderpreisen ; zu Spottpreisen.

sages *mpl* : *comité m des ~* Sachverständigenrat *m* ; *(R.F.A.)* die Weisen *mpl*.

saisie *f* **1.** Pfändung *f* ; Beschlagnahme *f* ; *~-arrêt sur salaire* Lohn-, Gehaltspfändung *f* ; *~-exécution* **a)** Zwangsvollstreckung *f* ; **b)** Pfandversteigerung *f* ; *~-vente* Zwangsversteigerung *f* ; *procéder à une ~* eine Pfändung vornehmen **2.** *(inform.) ~ des données* Datenerfassung *f*.

saisine *f* **1.** *(jur.)* Besitzrecht *n* der Erben **2.** *(jur.)* Anrufung *f* eines Gerichts.

saisir 1. pfänden ; beschlagnahmen **2.** *~ un tribunal d'une affaire* einen Fall vor Gericht bringen ; *la commission s'est saisie du projet de loi* der Gesetzentwurf wurde dem Ausschuß vorgelegt **3.** ergreifen ; fangen ; fassen.

saisissable pfändbar ; *quotité f ~* pfändbarer Betrag *m*.

saison *f* **1.** Saison [zɛ'zɔ̃] *f* ; *~ creuse* Geschäftsruhe *f* ; Sommerloch *n* ; Sauregurkenzeit *f* ; *hors ~* außerhalb der Saison ; *morte ~* stille Zeit *f* ; tote Saison ; Geschäftsstille *f* ; *pleine ~* Hochsaison ; *les modèles de la prochaine ~* die Modelle der kommenden Saison ; *ventes de fin de ~* Saisonschlußverkauf *m* **2.** Jahreszeit *f* ; *marchand m des quatre ~s* (ambulanter) Obst- und Gemüsehändler *m*.

saisonnier, ière saisonbedingt ; saisonal ; saisonabhängig ; jahreszeitlich bedingt ; *article ~* Saisonartikel *m* ; *emploi, travail m ~* Saisonbeschäftigung *f* ; Saisonarbeit *f* ; *migrations fpl saisonnières* Saisonwanderungen *fpl* ; *travailleur m ~* Saisonarbeiter *m*.

salaire *m* Lohn *m* ; Gehalt *n* ; Verdienst *m* ; ♦ ~ *à la pièce* Stücklohn ; ~ *à la tâche* Akkordlohn ; ~ *au rendement* Leistungslohn ; ~ *brut* Bruttolohn ; ~ *contractuel, conventionnel* Tariflohn ; ~ *horaire, mensuel* Stunden-, Monatslohn ; ~ *indexé* Indexlohn ; ~ *minimum interprofessionnel de croissance (SMIC)* garantierter Mindestlohn ; Mindestgehalt ; ~ *net* Nettolohn ; Nettoverdienst ; ~ *de référence* Ecklohn ; ~ *unique* Alleinverdienst ; Einzelverdienst ; ♦♦ *allocation f de* ~ *unique* Alleinverdienstbeihilfe *f* ; Zulage *f* für die nichtberufstätige Ehefrau ; *avance f de* ~ Lohnvorschuß *m* ; *augmentation f de* ~ Lohnerhöhung *f* ; *blocage m des* ~*s* Lohnstopp *m* ; Lohnpause *f* ; *bulletin m de* ~ Lohnzettel *m* ; Gehaltsstreifen *m* ; *convention f de* ~ Lohnvereinbarung *f* ; *échelle f (mobile) des* ~*s* (gleitende) Lohnskala *f* ; *grille f des* ~*s* Lohntabelle *f* ; *les gros* ~*s* die Spitzenverdiener *mpl* ; *maintien m du* ~ Lohnfortzahlung *f* ; *impôt m sur le* ~ Lohnsteuer *f* ; *paiement m des* ~*s* Lohnauszahlung *f* ; *prétentions fpl de* ~ Gehaltsansprüche *mpl* ; *retenues fpl sur* ~ Lohnabzüge *mpl*.

salarial, e Lohn- ; *convention f* ~*e* Lohnvereinbarung *f* ; *catégories fpl* ~*es* Berufsgruppen *fpl* ; *charges fpl* ~*es* Lohnkosten *pl* ; *échelon m* ~ Lohngruppe *f* ; *masse f* ~*e* Lohn- und Gehaltsmasse *f*.

salariat *m* Arbeitnehmerschaft *f* ; Arbeitnehmer *mpl*.

salarié *m* Arbeitnehmer *m* ; Gehaltsempfänger *m* ; ~*s* Arbeitnehmerschaft *f* ; Lohn- und Gehaltsempfänger *mpl* ; die Arbeitnehmer *mpl*.

salarié, e unselbständig ; nicht selbständig ; in einem unselbständigen Arbeitsverhältnis (stehend) ; *travail m* ~ unselbständige (lohnabhängige) Arbeit *f* ; Lohnarbeit ; *travailleur m* ~ Arbeitnehmer *m* ; Lohn-und Gehaltsempfänger *m*.

salé *(fam.)* : *une facture* ~*e* eine gesalzene (gepfefferte) Rechnung.

salle *f* Saal *m* ; Raum *m* ; ~ *de conférences* Konferenzraum, -saal ; ~ *d'exposition* Ausstellungsraum ; ~ *de réunion* Versammlungsraum ; ~ *des séances* Sitzungsraum ; ~ *des ventes* Auktionslokal *n*.

salon *m* Ausstellung *f* ; Salon *m* ; Messe *f* ; ~ *de l'agriculture* Landwirtschaftsausstellung ; Grüne Woche *f* ; ~ *de l'auto* Automobilausstellung, -salon ; ~ *des arts ménagers* Haushaltsmesse ; Hausratsmesse.

sanction *f* **1.** Bestätigung *f* ; Zustimmung *f* **2.** ~*s* Strafe *f* ; Sanktion *f* ; ~*s économiques* Wirtschaftssanktionen *fpl*.

sanctionner 1. bestätigen ; billigen **2.** bestrafen ; Sanktionen verhängen.

sanitaire sanitär ; gesundheitlich ; *installations fpl* ~*s (les* ~*s)* sanitäre Einrichtungen *fpl* ; sanitäre Anlagen *fpl*.

sans : ~*-abri* Obdachlose(r) ; obdachlos ; ~ *but lucratif* ohne Gewinnerzielung ; ~*-emploi* Stellungslose(r) ; ~ *engagement* freibleibend ; ~ *frais* kostenlos ; ~ *logis* Wohnungslose(r) ; wohnungslos ; ~ *préavis* ohne Vorankündigung ; fristlos ; ~ *ressources* mittellos ; ~ *travail* Arbeitslose(r) ; arbeitslos ; brot-, erwerbslos.

santé *f* Gesundheit *f* ; ~ *publique* öffentliches Gesundheitswesen *n*.

S.A.R.L. *f (société à responsabilité limitée)* GmbH *f* (Gesellschaft mit beschränkter Haftung).

satellite *m* Satellit *m* ; ~ *de télécommunications* Nachrichtensatellit ; *état m* ~ Satellitenstaat *m* ; *retransmission f par* ~ Satellitenübertragung *f* ; *ville f* ~ Trabantenstadt *f*.

satisfaction *f* Befriedigung *f* ; Zufriedenheit *f* ; ~ *des besoins* Bedarfsdeckung *f* ; Befriedigung (Deckung) des Bedarfs ; *à la* ~ *générale* zur allgemeinen Zufriedenheit ; *donner* ~ *à qqn* jdn zufriedenstellen.

satisfaire zufriedenstellen ; ~ *une revendication* eine Forderung erfüllen ; ~ *aux obligations d'un contrat* einen Vertrag erfüllen ; ~ *à un engagement* einer Verpflichtung nachkommen ; ~ *la demande* die Nachfrage befriedigen.

saturation *f* Sättigung *f* ; Auslastung *f* ; ~ *de capacité* Kapazitätsauslastung ; Kapazitätshöchstgrenze *f* ; ~ *du marché* Marktsättigung ; *degré m de* ~ *(poste de travail)* Auslastungsgrad *m* ; Sättigungsgrad ; *arrivé à* ~ gesättigt ; nicht mehr steigerungsfähig.

saturer sättigen ; saturieren ; *le marché est* ~*é* der Markt ist gesättigt (überschwemmt).

sauf außer ; ausgenommen ; ~ *avis contraire* vorbehaltlich gegenteiliger Mitteilung ; ~ *cas de force majeure* ausgenommen im Falle höherer Gewalt ; ~ *encaissement* Eingang vorbehalten ; ~ *erreur ou omission* Irrtum oder Auslassung vorbehalten.

sauf-conduit ***m*** Passierschein *m* ; Geleitbrief *m* ; Geleitschein.

saupoudrage ***m*** Gießkannenprinzip *n*.

sauvage : *grève f ~* wilder Streik *m*.

sauvegarde ***f*** : *~ de l'emploi* Sicherung *f* des Arbeitsplatzes ; *clause f de ~* Vorbehaltsklausel *f* ; Schutzklausel.

sauvegarder schützen ; *~ les intérêts de qqn* jds Interessen wahren.

sauver retten.

sauvetage ***m*** Rettung *f* ; *(maritime)* Bergung *f*.

sauvette : *vendre à la ~* etw unter der Hand verkaufen ; etw auf offener Straße verkaufen.

savoir-faire ***m*** technisches Können *n* ; Know-how [no:'hau] *n*.

scanner ***m*** : *caisse f ~* Scanner-Kasse *f* ; Strichcode-Kasse.

sceau ***m*** Siegel *n* ; *~ officiel* Amtssiegel ; *garde m des ~x* Siegelbewahrer *m* ; Justizminister *m* in Frankreich ; *sous le ~ du secret* unter dem Siegel der Verschwiegenheit ; *apposer les ~x* die Siegel anbringen.

scellé ***m*** Amtssiegel *n* ; *apposer les ~s* amtlich versiegeln ; *~ douanier* Zollverschluß *m*.

science ***f*** Wissenschaft *f* ; *~ économique, juridique* Wirtschafts-, Rechtswissenschaft ; *~s politiques* politische Wissenschaften ; Politologie *f*.

sclérose ***f*** Verknöcherung *f* ; Verkalkung *f* ; Versteinerung *f*.

scoop ***m*** Scoop *m* ; sensationeller Pressebericht *m*.

script ***m*** **1.** Blockschrift *f* **2.** Interimsschein *m* **3.** Skript *n*.

scriptural, e : *monnaie f ~e* Buch-, Bank-, Giralgeld *n* ; *paiements mpl en monnaie ~e* bargeldloser Zahlungsverkehr *m*.

scrutateur ***m*** Stimmzähler *m* ; Wahlprüfer *m*.

scrutin ***m*** Abstimmung *f* ; Wahl *f* ; Stimmabgabe *f* ; ♦ *~ de ballottage* Stichwahl ; *~ direct* unmittelbare Wahl ; *~ de liste* Listenwahl ; *~ majoritaire* Mehrheitswahl ; *~ proportionnel* Verhältniswahl *f* ; Proporzwahl ; *~ uninominal* Persönlichkeits-, Einzelwahl ; *~ secret* geheime Abstimmung ; ♦♦ *mode m de ~* Wahlsystem *n* ; *tour m de ~* Wahlgang *m* ; ♦♦♦ *clore, ouvrir le ~* die Abstimmung schließen, eröffnen ; *dépouiller le ~* die Stimmzettel auszählen ; *procéder au ~* abstimmen ; *voter au ~ secret* in geheimer Wahl abstimmen.

séance ***f*** Sitzung *f* ; Versammlung *f* ; Tagung *f* ; *~ de clôture* Schlußsitzung ; *~ extraordinaire* Sondersitzung ; *~ plenière* Plenarsitzung ; *~ publique* öffentliche Sitzung ; *~ de travail* Arbeitssitzung ; *clore, ouvrir une ~* eine Sitzung schließen, eröffnen ; *suspendre, tenir une ~* eine Sitzung unterbrechen, abhalten.

sec : *tenir au ~* « trocken aufbewahren ».

second, e zweiter, e, es ; *de ~e catégorie* zweitklassig ; *en ~es noces* in zweiter Ehe ; *la ~e voiture* Zweitwagen *m* ; *la ~e voix (R.F.A.)* Zweitstimme *f* ; *~ marché (bourse)* geregelter Markt *m* ; geregelte Börse *f* ; Sekundärmarkt *m*.

secondaire Neben- ; Sekundar- ; nebensächlich ; zweitrangig ; *activité f ~* Nebenbeschäftigung *f*, -arbeit *f*, -tätigkeit *f*, -beruf *m*, -erwerb *m* ; *exploitation f (agricole) ~* Nebenerwerbsbetrieb *m* ; *ligne f ~ (téléph.)* Nebenleitung *f* ; *(transp.)* Nebenstrecke *f* ; *occupation f ~* → *activité* ; *poste m (téléphonique) ~* (Fernsprech)nebenstelle *f* ; Nebenanschluß *m* ; *résidence f ~* zweiter Wohnsitz ; *question f ~* Nebenfrage *f* ; *route f ~* Nebenstraße *f* ; *secteur m (économique) ~* sekundärer (Wirtschafts)sektor ; *voie f ~* Nebenbahn *f*, -strecke *f* ; *avoir une activité (occupation) ~* nebenberuflich arbeiten ; eine nebenberufliche Tätigkeit ausüben.

seconde ***f*** **1.** *donnez-moi une ~, s.v.p.* eine Fahrkarte zweiter Klasse, bitte **2.** *~ de change* Sekundawechsel *m* **3.** Sekunde *f*.

seconder *(qqn)* (jdm) beistehen ; jdn unterstützen ; jdm helfen.

secours ***m*** **1.** Hilfe *f* ; Fürsorge *f* ; Beihilfe *f* ; Beistand *m* **2.** *(subsides)* Hilfsgelder *npl* ; Hilfeleistungen *fpl* ; Subventionen *fpl* ; Unterstützung *f* ; *~ financier* Geldunterstützung ; *fonds m de ~* Unterstützungs-, Hilfsfonds *m* ; *~ aux chômeurs* Arbeitslosenunterstützung.

secret ***m*** Geheimnis *n* ; *à bulletin ~s* geheime Abstimmung *f* ; *fonds mpl ~s* Geheimfonds *mpl* ; Reptilienfonds ; *~ bancaire* Bankgeheimnis ; *~ de fabrication* Fabrikations-, Betriebsgeheimnis *n* ; *~ professionnel* Berufsgeheimnis ; Amtsverschwiegenheit *f* ; Schweigepflicht *f*.

secrétaire ***m, f*** **1.** Sekretär *m* ; Sekretärin *f* ; *~ de direction* Chefassistent(in) *m (f)* ; Chefsekretär(in) *m (f)* ; *~ trilingue* dreisprachiger (-sprachige)

Sekretär(in) **2.** ~ *d'État* Staatssekretär *m*.

secrétariat *m* Sekretariat *n* ; Geschäftsstelle *f* ; Büro *n* ; Kanzlei *f* ; Amt *n*.

secteur *m* Bereich *m* ; Sektor *m* ; Gebiet *n* ; Bezirk *m* ; Sparte *f* ; ~ *primaire, secondaire, tertiaire* primärer, sekundärer, tertiärer Sektor ; ~ *clé* Schlüsselsektor ; ~ *de la distribution* Absatzwirtschaft *f* ; ~ *industriel* Industriewirtschaft *f* ; Industriebereich ; ~ *nationalisé* verstaatlichter Sektor ; ~ *de pointe* Schlüsselsektor ; Wirtschaftsbereich in Spitzenposition (in Schlüsselstellung) ; ~ *privé* privater Sektor ; Privatwirtschaft *f* ; ~ *public* öffentlicher Sektor ; Staatswirtschaft *f* ; ~ *des services* Dienstleistungsbereich ; ~ *des transports* Verkehrssektor.

section *f* **1.** Abteilung *f* ; Referat *n* **2.** *(transp.)* Teilstrecke *f*.

sectoriel, le nach (Wirtschafts)bereichen ; kategoriell ; *(groupe)* gruppenspezifisch ; *revendications fpl ~elles* berufsspezifische Forderungen *fpl*.

sécu *f (fam.)* ⇒ *sécurité (sociale)*.

sécurité *f* Sicherheit *f* ; Schutz *m* ; Sicherung *f* ; Garantie *f* ; ~ *de l'emploi* Sicherung des Arbeitsplatzes ; ~ *de la circulation* Verkehrssicherheit ; ~ *sociale.* **a)** Sozialversicherung ; *(bureau)* Sozialversicherungsamt *n*, -behörde *f* ; **b)** soziale Sicherheit ; Sozialnetz *n* ; ~ *du travail* Arbeitsschutz ; *(O.N.U.) conseil m de ~* Sicherheitsrat *m* ; *marge de ~* Sicherheitsspanne *f* ; *prestations de la ~ sociale* Sozialversicherungsleistungen *fpl*.

sédentaire seßhaft ; ortsgebunden ; *commerce ~, non ~* seßhafter, ambulanter Handel.

seing : *blanc ~* Blankovollmacht *f* ; *sous ~ privé* privatschriftlich ; durch Privaturkunde.

séjour *m* **1.** Aufenthalt *m* ; *autorisation f de ~* Aufenthaltsgenehmigung *f* ; *interdiction f de ~* Aufenthaltsverbot *n* **2.** *(lieu de)* Aufenthaltsort *m* ; Wohnsitz *m*.

sélection *f* Auswahl *f* ; Selektion *f* ; Auslese *f* ; *faire une ~* eine Auswahl treffen.

self *m* ⇒ *self-service*.

self-service *m* **1.** Selbstbedienung *f* ; *en ~* mit Selbstbedienung **2.** Selbstbedienungsladen *m* ; SB-Geschäft *n* **3.** *(restaurant)* SB-Restaurant *n*.

selon *(en fonction de)* je nach ; entsprechend (+ D) ; gemäß (+ D) ; *(aux termes de)* laut (+ D) ; *(d'après)* nach.

semaine *f* Woche *f* ; *en ~* wochentags ; ~ *du blanc* Weiße Woche ; ~ *de 39 heures* 39-Stunden-Woche.

semestre *m* Semester *n* ; Halbjahr *n*.

semestriel, le halbjährlich ; halbjährig ; alle sechs Monate.

semi halb ; ~ *-automatique* halbautomatisch ; ~ *-conducteur* Halbleiter *m* ; ~ *-conserve* zeitlich begrenzt haltbare Konserve *f* ; ~ *-fini (ouvré)* halbfertig ; ~ *-officiel* halbamtlich ; ~ *-public* gemischtwirtschaftlich ; halböffentlich ; halbstaatlich ; ~ *-produit* ⇒ *semi-produit* ; *entreprise f ~-publique* halbstaatliches Unternehmen *n*.

séminaire *m* Seminar *n* ; Seminarkurs *m*.

semi-produit *m* Halbfabrikat *n* ; Halberzeugnis *n* ; Halbprodukt *n* ; Halbware *f*.

sénat *m* Senat *m*.

sénateur *m* Senator *m* ; Mitglied *n* des Senats.

sens *m* **1.** Richtung *f* ; ~ *interdit* Einfahrt verboten ; ~ *giratoire* Kreisverkehr *m* ; ~ *unique* Einbahnstraße *f* ; *circulation f dans les deux ~* mit Gegenverkehr **2.** *avoir le ~ du commerce* kaufmännische Fähigkeiten haben ; geschäftstüchtig sein.

sensibilité *f (polit.)* (politische) Einstellung *f* ; Affinität *f*.

sentence *f* Rechtsspruch *m* ; Urteil *n* ; ~ *arbitrale* Schiedsspruch *m* ; *prononcer, exécuter une ~* ein Urteil fällen, vollstrecken.

séparation *f* Trennung *f* ; Teilung *f* ; ~ *de biens* Gütertrennung ; ~ *des pouvoirs* Gewaltenteilung ; Gewaltentrennung.

septennal, e siebenjährig ; *plan ~* Siebenjahresplan *m*.

septennat *m (France)* siebenjährige Amtszeit *f* (franz. Staatspräsident).

séquence *f* Sequenz *f* ; Ablauf *m* ; *(inform.) ~ de fonctionnement* Funktionsablauf.

séquestration *f* **1.** Zwangsverwaltung *f* ; Beschlagnahme *f* **2.** Freiheitsberaubung *f* ; Einsperrung *f*.

séquestre *m* **1.** Zwangsverwaltung *f* ; *lever le ~* die Zwangsverwaltung aufheben ; *placer sous ~* unter Zwangsverwaltung stellen **2.** *(dépositaire d'un) ~* Zwangsverwalter *m*.

série *f* Serie *f* ; Reihe *f* ; Baureihe ; ~ *limitée* kleine Bauserie ; *article m de ~* Serienartikel *m* ; *fins fpl de ~* Artikel *mpl* einer auslaufenden Serie ;

Restposten *mpl* ; Verkauf *m* von Restposten ; *numéro m de ~* Seriennummer *f* ; *production f en ~* Serienherstellung *f*, -produktion *f*, -anfertigung *f* ; *voiture f de ~* Serienauto *n* ; *~ de tests* Testreihe ; *fabriquer en ~* in Massen herstellen ; serienmäßig produzieren ; in Serie herstellen.

sérieux, euse 1. *(personne)* zuverlässig ; seriös **2.** *(travail)* sorgfältig.

serment *m* Eid *m* ; *déclarer sous ~* eidesstattlich erklären ; unter Eid aussagen ; *sous ~* eidlich ; *déposition f sous ~* eidliche Aussage *f*.

serpent *m* : *~ monétaire* Währungsschlange *f* ; Währungsverbund *m*.

serveur *m* Anbieter *m* (von Dienstleistungen) ; *~ télématique (minitel)* Btx-Anbieter *m* ; Bildschirmdienst *m*.

service *m* **1.** Dienst *m* ; *être de ~* Dienst haben ; *ne pas être de ~* frei haben ; *heures fpl de ~* Dienststunden *fpl* ; *lettre f de ~* Dienstschreiben *n* **2.** *les ~s (prestations de ~)* Dienstleistungen *fpl* **3.** Bedienung *f* ; Trinkgeld *n* ; *~ compris* Trinkgeld inbegriffen **4.** *~ après-vente* Kundendienst ; *~ clientèle* Dienst am Kunden ; Service ['sœ:vis] *m* **5.** Abteilung *f* ; *~s administratifs* Verwaltungsabteilung ; *~ comptable* Buchhaltung *f* ; *~ contentieux* Rechtsabteilung ; *~ financier et comptable* Finanz- und Rechnungswesen *n* ; *~ de permanence* Bereitschafts-, Sonderdienst ; *~ de publicité* Werbeabteilung ; *~ (s) public(s)* öffentlicher Dienst ; Anstalt *f* des öffentlichen Rechts ; staatliche Behörde *f* ; Versorgungsbetriebe (Wasser, Strom) ; *~ technique* technische Abteilung ; *~ des transports* Transportwesen *n* ; *~ des ventes* Verkaufsabteilung **6.** *(téléph.) ~ automatique* Direktanschluß *m* ; *~ interurbain* Fernverkehr *m* ; *~ urbain* Ortsverkehr **7.** *~ des comptes chèques postaux* Postscheckverkehr *m* **8.** *~ des dettes, des intérêts* Schulden-, Zinsendienst **9.** *~ rapide* Schnelldienst ; Eildienst **10.** *(fonctionnement)* Betrieb *m* ; *en, hors ~* in, außer Betrieb ; *être en service* im Einsatz sein ; in Betrieb sein ; *(ligne)* befahren werden ; *mettre en ~* in Betrieb nehmen ; in Dienst stellen ; *mettre de nouvelles lignes en ~* neue Strecken befahren.

servir bedienen ; *~ les clients* die Kunden bedienen.

servitude *f* Zwang *m* ; Auflage *f* ; Belastung *f* ; (Grund)dienstbarkeit *f* ; *~ de passage* Wege-, Durchgangsrecht *n*.

seuil *m* Schwelle *f* ; Grenze *f* ; *~ de rentabilité* Rentabilitätsschwelle, -grenze ; *~ de saturation* Sättigungsgrenze.

seule *f* de change Solawechsel *m*.

S.H. *m (Système harmonisé)* harmonisiertes System *n (codification des marchandises utilisable par tous les opérateurs du commerce international)*.

shopping *m* Einkauf *m* ; *faire du ~* einen Einkaufsbummel machen.

S.I.C.A.V. *f (société d'investissement à capital variable)* **1.** Investmentgesellschaft *f* ; Kapitalanlagegesellschaft *f* **2.** Zertifikat *n* (einer Investment-, Kapitalanlagegesellschaft) ; Anteil *m* an einer Kapitalanlagegesellschaft ; (Anteil an einem) Investmentfonds *m* ; Investmentfondsanteil *m*.

S.I.C.O.B. *m (Salon international de l'informatique, de la communication et de l'organisation du bureau)* Internationale Fachmesse für Informatik, Kommunikation und Bürogestaltung.

sidérurgie *f* Eisen- und Stahlindustrie *f* ; Eisenindustrie ; Eisen(hütten)industrie ; eisenschaffende Industrie.

sidérurgique eisenverarbeitend ; Eisenhütten- ; *industrie f ~* eisen- und stahlerzeugende Industrie *f* ; Eisen- und Stahlindustrie *f*.

siège *m* **1.** Sitz *m* ; Firmen-, Gesellschaftssitz ; Stammhaus *n* ; *~ administratif* Verwaltungssitz ; *~ officiel* Amtssitz ; *~ social* Firmensitz **2.** *(polit.)* Sitz *m* ; *~ vacant* freier Sitz ; *~ à pourvoir* ein zu besetzender Sitz ; *gagner, perdre des ~s* Sitze gewinnen, verlieren.

siéger tagen ; eine Sitzung abhalten.

sigle *m* Sigel *n* ; Abkürzung *f* (für) ; *(sténo)* Kürzel *n* ; Kurzwort *n*.

signal *m* : *les signaux d'alerte du marché* die Warnsignale (Blinklichter) des Markts.

signalétique : *fiche f ~* Personalienbogen *m*.

signalisation *f* Signalisierung *f* ; *~ routière* Verkehrsregelung *f* ; *triangle m de ~* Warndreieck *n*.

signataire *m* Unterzeichner *m* ; *~ d'un contrat* Unterzeichner eines Vertrags ; vertragschließende Partei *f* ; *~s de conventions tarifaires* Tarifvertragspartner *mpl* ; *les pays mpl ~s* die unterzeichneten Nationen *fpl*.

signature *f (matérielle)* Unterschrift *f* ; *(acte de signer)* Unterzeichnung *f* ; *~ en blanc* Blankounterschrift ; *avoir la ~* zeichnungsberechtigt sein ; *contre-*

faire la ~ eine Unterschrift nachahmen (fälschen) ; *légaliser une* ~ eine Unterschrift beglaubigen ; *porter (être revêtu de) la* ~ *des autorités compétentes* die Unterschrift der zuständigen Behörde tragen ; *présenter à la* ~ zur Unterschrift vorlegen ; *revêtu de la* ~ mit Unterschrift versehen ; unterschrieben.

signer unterzeichnen ; unterschreiben ; mit seiner Unterschrift versehen ; zeichnen ; *autorisé à* ~ unterschriftsberechtigt ; zeichnungsberechtigt ; ~ *en blanc* blanko unterschreiben ; *ayant procuration pour* ~ zeichnungsbevollmächtigt.

signifier 1. benachrichtigen ; mitteilen **2.** *(intimer)* auffordern **3.** *(jur.) (remettre)* zustellen ; ~ *une assignation, le congé* eine gerichtliche Ladung, die Kündigung zustellen.

silo *m* Silo *n* ; ~ *à blé* Weizensilo *n* ; ~ *à grain* Getreidespeicher *m*.

simple : *(transp.) un aller* ~ einfache Fahrkarte *f* ; *comptabilité f à partie* ~ einfache Buchführung *f*.

sinistre *m* Unglücksfall *m* ; Schaden *m* ; Versicherungsfall ; Unfall *m* ; Schadensfall ; *couverture f du* ~ Schadendeckung *f* ; *déclaration f de* ~ Schadensanzeige *f* ; *description f du* ~ Beschreibung *f* des Schadensfalls ; *estimation f du* ~ Schadensermessung *f* ; *nombre m de* ~*s* Schadenshäufigkeit *f* ; *en cas de* ~ im Schadensfall ; *déclarer un* ~ *à la compagnie* der (Versicherungs)gesellschaft einen Schaden(sfall) melden ; *un* ~ *survient* ein Schaden tritt ein.

sinistré *m* Opfer *n* ; Geschädigte(r) ; *(sans-abri)* Obdachlose(r) ; *refuge m pour* ~*s* Obdachlosenasyl *n*, -heim *n*, -baracke *f* ; *secours m aux* ~*s* Hilfe *f* für Katastrophenopfer.

sinistré, e von einer Katastrophe betroffen ; *région f (zone f)* ~*e* Katastrophengebiet *n*, -ort *m*.

sis, sise liegend ; gelegen.

site *m* : ~ *naturel* Naturlandschaft *f* ; Naturpark *m* ; ~ *protégé* Naturschutzgebiet *n* ; Reservat *n* ; *défigurer un* ~ eine Naturlandschaft verschandeln.

sit-in *m* Sitzstreik *m* ; Sitzblockade *f*.

situation *f* **1.** Lage *f* ; Situation *f* ; Stand *m* ; Verhältnisse *npl* ; ~ *des affaires* Geschäftslage ; ~ *de caisse* Kassenstand ; ~ *des cours* Kursverhältnisse ; ~ *démographique* Bevölkerungslage ; ~ *économique* Wirtschafts-, Konjunkturlage ; ~ *de l'emploi (de la main-d'œuvre)* Beschäftigungslage ; ~ *de famille* Familienstand ; Personenstand ; ~ *financière* Finanzlage ; ~ *de fortune (pécuniaire)* Vermögenslage ; ~ *juridique* Rechtslage ; ~ *sur le marché* Marktstellung *f* ; ~ *monétaire* Währungslage **2.** *(emploi)* Stellung *f* ; Position *f* ; Platz *m* ; Posten *m* ; *une* ~ *bien payée, influente* eine gutbezahlte, einflußreiche Stellung ; *avoir une* ~ *importante* einen hohen Posten bekleiden ; *être sans* ~ stellungslos sein ; *perdre sa situation* seine Stellung verlieren **3.** Ausweis *m* ; Bericht *m* ; ~ *de banque* Bankausweis.

S.M.I. *m (salaire minimum d'insertion)* Mindestlohn *m* zur Wiedereingliederung (von Bedürftigen).

slogan *m* Slogan *m* ; ~ *électoral* Wahlparole *f* ; ~ *publicitaire* Werbespruch *m* ; Reklamespruch.

S.M.E. *m (Système monétaire européen)* EWS *n* ; (Europäisches Währungssystem *n*).

S.M.I.C. *m (salaire minimum interprofessionnel de croissance)* (garantierter) Mindestlohn *m* ; *être payé au* ~ den (garantierten) Mindestlohn beziehen.

smicard *m (fam.)* Mindestlohnempfänger *m* ; Bezieher *m* eines Mindestlohns ; Niedrigverdiener *m*.

S.N.C.F. *f (Société nationale des chemins de fer français)* staatliche französische Eisenbahngesellschaft *f*.

social, e 1. sozial ; Sozial- ; *aide f* ~*e* Sozialhilfe *f* ; *affaires fpl* ~*es* soziale Angelegenheiten *fpl* ; Soziale(s) ; *assistante f* ~*e* Sozialarbeiterin *f* ; Fürsorgerin *f* ; *assurances fpl* ~*es* Sozialversicherung *f* ; *cas m* ~ Unterstützungsberechtigte(r) ; Härtefall *m* ; *charges fpl* ~*es* Soziallasten *fpl* ; *conflit m* ~ sozialer Konflikt *m* ; *inégalité f, justice f* ~*e* soziale Ungleichheiten *fpl*, Gerechtigkeit *f* ; *logements mpl* ~*aux* Sozialwohnungen *fpl* ; *mesures fpl* ~*es* soziale (sozial-politische) Maßnahmen *fpl* ; *partenaires mpl* ~*aux* Sozial-, Tarifpartner *mpl* ; *politique f* ~*e* Sozialpolitik *f* ; *revendication f* ~*e* soziale Forderung *f* ; *sécurité f* ~*e* **a)** Sozialversicherung *f* ; **b)** soziale Sicherheit *f* ; Sozialnetz *n* ; *trêve f* ~*e* sozialer Friede(n) *m* **2.** gesellschaftlich ; Gesellschafts- ; sozial ; Sozial- ; *classe f* ~*e* Gesellschaftsklasse *f* ; soziale Klasse ; *sciences fpl* ~*es* Gesellschaftswissenschaft(en) *f(pl)* ; Sozialwissenschaft(en) **3.** Firmen- ; Gesellschafts- ; der Firma (Gesellschaft) ; *capital m ~* Gesellschaftskapital *m* ; *(S.A.R.L.)* Stammkapital ; *(S.A.)* Grundkapital ; *raison f ~e* Firmenname *m*, -bezeichnung *f* ; Firma *f* ; *siège m ~* Firmen-, Gesellschaftssitz *m*.

socialisation *f* Sozialisierung *f* ; Verstaatlichung *f* ; Vergesellschaftung *f*.

sociétaire *m* **1.** Gesellschafter *m* ; Mitglied *n* ; *admission f, départ m, exclusion f d'un ~* Aufnahme *f*, Austritt *m*, Ausschließung *f* eines Gesellschafters **2.** Genossenschaftsmitglied *n*.

1. société *f (commerciale)* Gesellschaft *f* ; ♦ *~ anonyme (S.A.)* Aktiengesellschaft (AG) ; *~ à responsabilité limitée (S.A.R.L.)* Gesellschaft mit beschränkter Haftung (GmbH) ; *~ d'assurances* Versicherungsgesellschaft ; *~ bancaire* Bankgesellschaft ; *(fam.) ~ bidon* Fiktiv-, Scheingesellschaft ; *~ à but lucratif* Erwerbsgesellschaft ; *~ de capitaux* Kapitalgesellschaft ; *~ civile* bürgerlich-rechtliche Gesellschaft ; Gesellschaft des bürgerlichen Rechts ; *~ en commandite simple* Kommanditgesellschaft (KG) ; *~ en commandite par actions* Kommanditgesellschaft auf Aktien (KGaA) ; *~ commerciale* Handelsgesellschaft ; *~ en nom collectif* offene Handelsgesellschaft (OHG) ; *~ de contrôle* Dachgesellschaft ; Kontroll-, Obergesellschaft ; *~ contrôlée* abhängige Gesellschaft ; Untergesellschaft ; *~ coopérative* Genossenschaft *f* ; *~ de crédit* Kreditgesellschaft ; *~ dépendante* abhängige Gesellschaft ; *~ de distribution* Vertriebsgesellschaft ; *~ d'économie mixte* gemischt wirtschaftliche Gesellschaft ; *~ écran* Tarngesellschaft ; *~ fiducière* Treuhandgesellschaft ; *~ de financement* Finanzierungsgesellschaft ; *~ holding* Holdinggesellschaft ; *~ immobilière* Immobiliengesellschaft ; *~ d'ingénierie* Ingenieur-, Planungsbüro *n* ; *~ d'investissement* Investmentgesellschaft ; Kapitalanlagegesellschaft ; *~ d'investissement à capital variable (SICAV)* Investmentgesellschaft mit wechselndem Grundkapital ; *~ mère* Dach-, Kontroll-, Mutter-, Obergesellschaft ; *~ multinationale* multinationale Gesellschaft ; Multi *m* ; *~ nationalisée* verstaatlichte Gesellschaft ; *~ de personnes* Personen-, Personalgesellschaft ; *~ sans but lucratif* keinen Erwerbszweck verfolgende Gesellschaft ; *~ d'utilité publique* gemeinnützige Gesellschaft ; ♦♦ *absorption f d'une ~* Aufnahme *f* (Übernahme *f*) einer Gesellschaft ; *capital m de la ~* Gesellschaftskapital *n* ; *constitution f d'une ~* Gründung *f* einer Gesellschaft ; *dissolution f d'une ~* Auflösung *f* einer Gesellschaft ; *fusion f de ~s* Fusion *f* von Gesellschaften ; *gestion f de la ~* Gesellschaftsführung *f* ; *impôt m sur les ~s* Körperschaft(s)steuer *f* ; *part f de ~* Gesellschafts(an)teil *m* ; *(S.A.R.L.)* Stammeinlage *f* ; *siège m de la ~* Gesellschaftssitz *m* ; *transformation f en ~* Umwandlung *f* in eine Gesellschaft ; ♦♦♦ *dissoudre, fonder une ~* eine Gesellschaft auflösen, gründen ; *se retirer d'une ~* aus einer Gesellschaft ausscheiden ; *transformer une ~* eine Gesellschaft umwandeln.

2. société *f (sociologie)* Gesellschaft *f* ; *~ d'abondance* Überflußgesellschaft ; *~ de consommation* Konsumgesellschaft ; *~ de gaspillage* Wegwerfgesellschaft ; *~ de loisirs* Freizeitgesellschaft ; *~ permissive* Gesellschaft ; *~ de rendement* Leistungsgesellschaft ; *~ sans classes* klassenlose Gesellschaft.

3. société *f* **de bourse** *(remplace les charges d'agent de change depuis 1988)* ; Börsengesellschaft *f* ; Maklergesellschaft *f* ; Börsenhandelsfirma *f*.

socio-économique sozio-ökonomisch.

sociologie *f* Soziologie *f* ; Gesellschaftslehre, -wissenschaft *f*.

socio-professionnel, *le* sozio-professionell ; berufsständisch ; *structure ~le* sozio-professionnelle Gliederung *f*.

S.O.F.R.E.S. *f (Société française d'enquêtes par sondage)* französisches Meinungsforschungsinstitut *n*.

software *m (logiciel) (inform.)* Software [sɔftwɛr] *f*.

soigné, é gepflegt ; *fabrication f ~e* sorgfältige Fabrikation *f*.

soins *mpl* **1.** *(médicaux)* Behandlung *f* ; (Kranken)pflege *f* ; *~ gratuits* unentgeltliche ärztliche Behandlung **2.** *aux bons ~ de* zu Händen von (z.H.).

sol *m* Boden *m* ; Land *n* ; Erde *f* ; Grund *m* ; *~ cultivé* Kulturboden ; *~ en jachère* Brachland ; *nature f du ~* Bodenbeschaffenheit *f* ; *rendement m du ~* Bodenertrag *m* ; *valeur f du ~* Ertragsfähigkeit *f*.

solaire Sonnen- ; Solar- ; *énergie f ~* Sonnenenergie *f* ; *toit m ~* Sonnen-, Solardach *n*.

solde *f* Sold *m* ; Löhnung *f* ; *être à la ~ de qqn* in jds Sold stehen ; *avoir qqn à sa ~* in jds Diensten stehen.

solde *m* **1.** *(reliquat)* Restbetrag *m* ; Rest *m* ; Restsumme *f* ; *paiement m du ~* Begleichung *f* des Restbetrags

2. Saldo *m* ; ~ *créditeur* Aktiv-, Kreditsaldo ; ~ *débiteur* Debet-, Passivsaldo ; ~ *bénéficiaire* Gewinnüberschuß *m* ; ~ *en caisse* Kassenbestand *m* ; ~ *de compte* Kassenbilanz *f* ; *pour* ~ *de (tout) compte* zum Ausgleich des Kontos ; *report du* ~ Saldovortrag *m* ; *accuser un* ~ einen Saldo aufweisen ; *établir le* ~ den Saldo feststellen **3.** ~*s* ⇒ *soldes.*

solder 1. ausverkaufen ; im Schlußverkauf (Ausverkauf) anbieten ; *article m* ~*é* preisgesenkte Ware *f* ; ~ *à vil prix* zu Schleuderpreisen verkaufen ; verramschen **2.** *(compte)* saldieren ; abschließen ; ausgleichen **3.** *se* ~ *par un déficit* ein Defizit aufweisen ; mit einem Minus abschließen ; *se* ~ *par un échec, succès* mit einem Mißerfolg, Erfolg enden.

solde(s) ***m(pl)*** Schlußverkauf *m* ; *(liquidation)* Ausverkauf ; *en solde* preisgesenkt ; zum Schlußverkaufspreis ; ~ *d'été* Sommerschlußverkauf (SSV) ; ~ *d'hiver* Winterschlußverkauf (WSV) ; ~ *après inventaire* Inventurausverkauf ; *articles mpl en solde* Ausverkaufs-, Schlußverkaufsware *f* ; *acheter en* ~ im (beim) Schlußverkauf (Ausverkauf) erwerben ; *mettre en solde* im Ausverkauf absetzen ; im Preis herabsetzen.

solidaire solidarisch ; gesamtschuldnerisch ; *cautionnement m* ~ Solidarbürgschaft *f* ; *créancier m, débiteur m* ~ Gesamtgläubiger *m*, -schuldner *m* ; *dette f* ~ Gesamt-, Solidar-, Kollektivschuld ; *responsabilité f* ~ solidarische Haftung *f* ; Gesamthaftung ; *se déclarer* ~ sich solidarisch erklären ; *avoir une responsabilité* ~ solidarisch haften.

solidairement gemeinschaftlich ; solidarisch ; gesamtschuldnerisch ; *responsable* ~ solidarisch (gesamtschuldnerisch) haftbar ; *être* ~ *responsable envers qqn* jdm als Gesamtschuldner haften ; jdm gegenüber solidarisch haften.

solidariser : *se* ~ sich solidarisieren ; sich solidarisch erklären.

solidarité ***f*** **1.** *(jur.)* Solidarität *f* ; Gesamt-, Solidar-, Mithaftung *f* ; solidarische Haftung ; ~ *conventionnelle* vereinbarte Solidarhaftung ; auf Vertrag beruhende Gesamthaftung ; ~ *légale* gesetzliche Solidarhaftung **2.** Solidarität *f* ; Zusammengehörigkeitsgefühl *n* ; gegenseitige Unterstützung ; *grève f de* ~ Sympathie-, Solidaritätsstreik *m*.

sollicitation ***f*** (dringende) Bitte *f* ; Ansuchen *n* ; Gesuch *n*.

solliciter 1. beantragen ; ersuchen ; *offre* ~*ée* angefordertes (erbetenes) Angebot *n* **2.** ~ *un emploi* sich um eine Stelle bewerben.

solvabilité ***f*** Zahlungsfähigkeit *f* ; Kreditwürdigkeit *f* ; Solvenz *f*.

solvable kreditwürdig ; zahlungsfähig ; solvent.

sombre : *coupes fpl* ~*s* Kahlschlag *m* ; *faire (pratiquer) des coupes* ~*s* einschneidende Kürzungen vornehmen ; den Rotstift ansetzen ; *devant faire l'objet de coupes* ~*s* auf der Streichliste stehen ; *de* ~*s machinations fpl* üble Machenschaften *fpl*.

sommation ***f*** (Zahlungs)aufforderung *f* ; Mahnung *f* ; Verwarnung *f* ; *lettre f de* ~ Mahnschreiben *n* ; ~ *par voie d'huissier* durch einen Gerichtsvollzieher auffordern lassen ; gerichtliche Aufforderung.

somme ***f*** Summe *f* ; Betrag *m* ; ♦ ~ *d'argent* Geldsumme ; ~ *déductible, exigible* absetzbarer, fälliger Betrag ; ~ *forfaitaire, globale* Pauschalsumme, Gesamtbetrag (-summe) ; ~ *restante* Restsumme ; ~ *totale* Gesamtsumme ; ~ *en toutes lettres* Betrag in Worten ; ♦♦♦ *arrondir une* ~ einen Betrag abrunden ; *faire la* ~ *de qqch* etw zusammenrechnen ; *la* ~ *se monte à* die Summe beträgt (beläuft sich auf) ; *virer une* ~ *à un compte* einen Betrag auf ein Konto überweisen.

sommer auffordern ; mahnen ; ~ *d'effectuer un paiement* zur Zahlung auffordern ; ~ *par voie de justice* gerichtlich auffordern.

sommet ***m*** Gipfel *m* ; Spitzen- ; auf höchster Ebene ; *conférence f, rencontre f au* ~ Gipfelkonferenz *f*, -treffen *n*.

sondage ***m*** **1.** ~ *(d'opinion)* (Meinungs)umfrage *f* ; Befragung *f* ; demoskopische Umfrage ; *effectuer un* ~ *(d'opinion)* eine (Meinungs)umfrage durchführen **2.** *(science)* ~ *d'opinion* Meinungsforschung *f* ; Demoskopie *f* **3.** *(statist.)* Stichprobe *f* ; Erhebung *f* ; *enquête f par* ~ Stichprobenerhebung ; Stichprobenverfahren *n* **4.** *(techn.)* Bohrung *f*.

sondeur ***m*** Meinungsbefrager *m*.

sonnant : *payer en espèces* ~*es et trébuchantes* in (mit) klingender Münze zahlen.

sophistiqué, e ausgeklügelt ; hochtechnisiert ; höchstentwickelt ; von großer technischer Raffinesse ; modernst ; hochwertig.

sort : *par tirage au* ~ durch Auslosung ; *tirer au* ~ auslosen ; verlosen.

sortant 1. *(sociétaire)* ausscheidend **2.** *~ de l'usine* fabrikneu **3.** *numéros mpl ~s* Gewinnzahlen *fpl*.

sorte *f* Sorte *f* ; Gattung *f* ; Weise *f* ; Art *f* ; *de toutes ~s* allerlei ; allerart ; in allen Sorten ; *de la meilleure ~* von der besten Sorte.

sortie *f* **1.** Ausfuhr *f* ; Abgang *m* ; Ausgang *m* ; *~ de capitaux* Kapitalabfluß *m* ; *~ de devises* Devisenausgänge ; *~ d'or* Goldabfluß ; *droits mpl de ~* Ausfuhrzoll *m* ; *tarif m de ~* Ausfuhrtarif *m* ; *visa m de ~* Ausreisevisum *n* **2.** *examen m de ~* Abschlußexamen *n* **3.** *(inform.)* Ausgabe *f* ; *données fpl de ~* Ausgabedaten *npl* ; *mémoire de ~* Ausgabespeicher *m* ; *unité f de ~* Ausgabeeinheit *f* ; Ausgabegeräte *npl*.

sortir 1. aus-, heraus-, hinausgehen **2.** *(navire) ~ du port* auslaufen **3.** *(inform.) ~ de mémoire* Daten abrufen **4.** *(sur le marché)* auf den Markt kommen **5.** *~ qqch de nouveau* einen neuen Artikel auf den Markt bringen **6.** *faire ~ (marchandise)* ausführen.

sou *m* Pfennig *m* ; ◆◆ *appareil m à ~* Spielautomat *m* ; *question f de gros ~s* Geldfrage *f* ; *au ~ près* auf den Pfennig genau ; *jusqu'au dernier ~* bis auf den letzten Pfennig ; *pour quelques ~s* für ein paar Pfennige ; ◆◆◆ *ne pas avoir le ~* keinen Pfennig haben ; ohne einen Pfennig sein ; *faire attention à ses ~s* auf jeden Pfennig sehen ; mit jedem Pfennig rechnen müssen ; *être près de ses ~s* mit jedem Pfennig geizen ; *(fam.)* ein Pfennigfuchser sein.

souche *f* Talon *m* ; Stammblatt *n* ; *(actions)* Erneuerungsschein *m*.

soucis *mpl* : *~ d'affaires, professionnels* geschäftlicher, beruflicher Ärger.

souffrance *f* : *en ~ (lettre)* unzustellbar ; *paiement m en ~* überfällige Zahlung *f* ; *(titre, lettre de change)* notleidend ; *(travail)* unerledigt.

soulte *f* Ausgleichszahlung *f*.

soumettre 1. *~ une offre* ein Angebot unterbreiten (machen) **2.** *~ à un contrôle* einer Kontrolle unterwerfen ; *~ à un impôt* mit einer Steuer belegen ; *~ à une série de tests* einer Testreihe unterziehen ; *~ à la signature* zur Unterschrift vorlegen.

soumis : -pflichtig ; *~ aux droits, à la taxe* zoll-, abgabepflichtig ; *~ à l'impôt* steuerpflichtig ; *~ au droit de timbre* gebührenpflichtig.

soumission *f* **1.** *(jur.)* (öffentliche) Ausschreibung *f* ; Angebot *n* ; *faire une ~* ein Angebot machen ; *par voie de ~* durch Ausschreibung ; *date f limite pour le dépôt des ~s* Ausschreibungstermin *m* ; *~s ouvertes jusqu'au 31 décembre* Angebote sind bis zum 31.12 einzureichen **2.** Unterwerfung *f* ; Gehorsam *m*.

soumissionnaire *m* Submittent *m* ; Bieter *m* ; Bewerber *m* um öffentliche Arbeiten.

soumissionner sich um einen öffentlich ausgeschriebenen Auftrag bewerben ; submittieren ; ein Preisangebot vorlegen.

source *f* Quelle *f* ; *~ d'approvisionnement* Versorgungsquelle ; *~ de financement* Finanzierungsquelle ; *de ~ autorisée* aus maßgebender (sicherer) Quelle ; *impôt m prélevé à la ~* Abzug *m* an der Quelle ; Quellenbesteuerung *f* ; Erhebung *f* der Steuer an der Quelle ; *~ de revenus* Einkommensquelle ; *diversification f des ~s d'approvisionnement* Streuung *f* der Bezugsquellen ; *de ~ bien informée, on apprend...* wie aus gut unterrichteten Kreisen verlautet.

souris *f (inform.)* Maus *f*.

sous : *~ bande* unter Streifband ; *~ clé* unter Verschluß ; *(être) ~ contrat* unter Vertrag (stehen) ; *~ huitaine, quinzaine* binnen acht, vierzehn Tagen ; *fabriqué ~ licence* in Lizenz hergestellt ; *~ réserve des frais* unter Vorbehalt der Kosten ; *~ serment* eidlich ; *~ toutes réserves* unter (allem) Vorbehalt.

sous-affréter unterbefrachten ; unterverfrachten.

sous-agent *m* Untervertreter *m* ; Unteragent *m*.

sous-alimentation *f* Unterernährung *f*.

sous-alimenté, e unterernährt.

sous-approvisionner unterversorgen.

sous-assurer unterversichern.

sous-bail *m* Unterverpachtung *f*.

sous-caution *f* **1.** *(personne)* Nachbürge *m* **2.** Nachbürgschaft *f*.

sous-charge *f* : *être en ~* unausgelastet sein.

sous-comité *m* ⇒ *sous-commission*.

sous-commission *f* Unterausschuß *m*.

sous-continent *m* Subkontinent *m*.

souscription *f* (Unter)zeichnung *f* ; Subskription *f* ; *~ d'actions* Aktienzeichnung *f* ; *bulletin m de ~* Zeichnungsformular *n* ; *délai m de ~* Subskriptionsfrist *f* ; *droit m de ~ (actions)* Bezugsrecht *n* ; *émission f par ~ publique* Subskriptionsemission *f* ; *prix m de ~* Subskriptionspreis *m* ; Zeichnungspreis.

souscrire unterschreiben ; (unter)-zeichnen ; ~ *un contrat d'assurance* eine Versicherung abschließen ; ~ *à un emprunt, des actions, des parts* eine Anleihe, Aktien, Anteile zeichnen ; *je souscris pour une somme de...* ich zeichne einen Betrag von...

souscrit, e gezeichnet ; *actions fpl ~es* gezeichnete Aktien *fpl* ; *somme f ~e* gezeichneter Betrag *n* ; *capital m ~* gezeichnetes Kapital *n* ; *entièrement ~* voll gezeichnet.

sous-développé, e unterentwickelt ; *pays ~* Entwicklungsland *n* ; unterentwickeltes Land.

sous-développement *m* Unterentwicklung *f*.

sous-directeur *m* stellvertretender Direktor *m*.

sous-emploi *m* Unterbeschäftigung *f*.

sous-employé, e unterbeschäftigt.

sous-équipé, e unzureichend ausgestattet ; ungenügend ausgerüstet.

sous-estimation *f* Unterbewertung *f* ; Unterschätzung *f*.

sous-estimer unterbewerten ; unterschätzen.

sous-évaluer ⇒ *sous-estimer.*

sous-industrialisation *f* Unterindustrialisierung *f*.

sous-industrialisé, e unterindustrialisiert.

sous-locataire *m* Untermieter *m*.

sous-location *f* Untermiete *f* ; *être en ~* in Untermiete wohnen.

sous-louer untervermieten.

sous-main : *en ~* heimlich ; *somme f versée en ~* unter der Hand bezahlter Betrag *m*.

sous-marin *m* **1.** U-Boot *n* **2.** *(élections) (péj.)* (anscheinend) parteiloser Kandidat *m* ; Kandidat ohne (offizielle) Parteizugehörigkeit (der anderen Parteien Stimmen abwirbt).

sous-marin, e Unterwasser- ; *recherche f ~e* Unterwasserforschung *f*.

sous-nombre : *être en ~* unterbesetzt sein ; zu wenig an der Zahl sein.

sous-occupé, e *(hôtel, appartement)* unterbelegt ; fehlbelegt ; *taxe f de logement ~* Fehlbelegungsabgabe *f*.

sous-payer unterbezahlen ; *être ~é* unterbezahlt sein.

sous-production *f* Unterproduktion *f*.

sous-produit *m* **1.** Nebenprodukt *n* ; Nebenerzeugnis *n* **2.** Abfallprodukt *n*.

sous-prolétariat *m* **1.** *(hist.)* Lumpenproletariat *n* **2.** Subproletariat *n*.

sous-représenté *(être)* unterrepräsentiert (sein).

sous-secrétaire *m* **d'État** Unterstaatssekretär *m*.

sous-section *f* Unterabteilung *f*.

sous-seing ⇒ *seing.*

soussigné *m* Unterzeichnete(r) ; Unterzeichner *m* ; je ~ *certifie que* ich, der Unterzeichner, bescheinige, daß ; ich Unterzeichneter bescheinige, daß.

sous-sol *m* Untergrund *m* ; *richesses, ressources fpl du ~* Bodenschätze *mpl* ; *exploitation f du ~ marin* Meeresbergbau *m*.

sous-terre *(mine)* Untertage- ; *travailleur m ~* Untertagearbeiter *m*.

sous-traitance *f* Zulieferung *f* ; Vergabe *f* (von Aufträgen) an Zuliefer(er)firmen ; *commande f de ~* Zuliefer(er)-auftrag *m* ; *industrie de ~* Zuliefer(er)-industrie *f*.

sous-traitant *m* Zulieferer *m* ; Zuliefer(er)firma *f* ; Zuliefer(er)betrieb *m* ; Unterlieferant *m* ; Zubringerbetrieb *m* ; Zuliefer(er)unternehmen *n* ; Subunternehmer *m*.

sous-traiter 1. von Zuliefer(er)betrieben herstellen lassen ; (Industrieaufträge) als Zulieferer ausführen **2.** (Aufträge) an Zulieferer vergeben.

soute *f* Gepäckraum *m* ; Frachtraum ; *(à charbon)* Bunker *m*.

soutenir (unter)stützen ; ~ *les cours, la monnaie, les prix* die Kurse (Kursstützung, -pflege betreiben), die Währung, die Preise stützen.

soutenu, e *(bourse)* fest ; *cours m ~* fester Kurs *m*.

soutien *m* Stützung *f* ; *achats mpl de ~* Stützungskäufe *mpl* ; ~ *de famille* Familienvorstand *m*, -ernährer *m* ; Versorger *m* ; Alleinverdiener *m* ; *grève f de ~* Unterstützungsstreik *m* ; ~ *du marché , des prix* Markt-, Preisstützung ; *prendre des mesures de ~* Stützungsmaßnahmen treffen.

speaker *m (radio)* Ansager *m* ; Sprecher *m*.

souveraineté *f* (staatliche) Hoheit *f* ; Souveränität *f*.

spécialisation *f* Spezialisierung *f* ; ~ *professionnelle* berufliche Spezialisierung.

spécialisé, e *(sur, en)* spezialisiert (auf + A, in + D) ; Fach- ; *commerce m, école f ~(e)* Fachhandel *m*, Fachschule *f* ; *exposition f ~e* Fachausstellung *f* ; Fachsalon *m* ; Fachmesse *f* ; *magasin m (maison f) ~(e)* Fachgeschäft *n* ; *ouvrier m ~ (O.S.)* angelernter Arbeiter *m* ; *presse f ~e* Fachpresse *f* ; *revue f ~e* Fach(zeit)schrift *f* ; *travail ~* Facharbeit

f.

spécialiser spezialisieren ; *se ~ (sur, dans)* sich spezialisieren (auf + A, in + D).

spécialiste *m* Spezialist *m* ; Fachmann *m* ; *être ~* Fachmann sein ; vom Fach sein ; *les ~s* die Fachwelt.

spécialité *f* **1.** Spezialität *f* ; Markenartikel *m* **2.** Fachgebiet *n* ; Spezialität.

spécification *f* Angabe *f* ; Bezeichnung *f.*

spécifier genau angeben ; spezifizieren.

spécimen *m* Muster *n* ; Probe *f* ; Probeexemplar *n* ; Probestück *n* ; *(revue) numéro m ~* Probenummer *f*, -heft *n.*

spéculateur *m* Spekulant *m* ; *~ à la baisse* Baissespekulant ; Baissier *m* ; *~ foncier* Bodenspekulant ; *~ à la hausse* Haussespekulant ; Haussier *m.*

spéculatif, ive spekulativ ; *gain ~* Spekulationsgewinn *m* ; *manœuvres fpl boursières ~ives fpl* Börsenmanipulierung *f* ; *opération f ~ive* Spekulationsgeschäft *n.*

spéculation *f* Spekulation *f* ; *s'enrichir grâce à la ~* durch Spekulation reich werden ; *~s malhonnêtes* unlautere Spekulationsgeschäfte *npl* ; *se livrer à des ~s* spekulieren.

spéculer *(sur)* spekulieren (auf + A) ; *~ en (à la) bourse* an der Börse spekulieren ; *~ à la hausse, à la baisse* auf Hausse, auf Baisse spekulieren ; *~ sur les devises* mit Devisen spekulieren ; *~ sur un héritage* auf eine Erbschaft spekulieren ; *~ frauduleusement* unlautere Spekulationen betreiben.

sphère *f* Sphäre *f* ; Geschäftskreis *m* ; *~ d'activité* Wirkungsbereich *m* ; *~ d'influence* Einflußbereich *m* ; *dans les ~s gouvernementales* in den Regierungskreisen ; *~ de la vie privée* Intimsphäre *f.*

spirale *f* Spirale *f* ; *~ des salaires et des prix* Lohn-Preis-Spirale.

spoliation *f* Beraubung *f* ; Plünderung *f* ; *~ des petits épargnants* Beraubung der Kleinsparer.

spolier berauben.

sponsor *m* Sponsor *m* ; Gönner *m* ; Förderer *m* ; Geldgeber *m* ; Mäzen *m.*

sponsorat *m* ⇒ *sponsoring.*

sponsoring *m* Sponsoring *n* ; Sponsorschaft *f* ; Sponsorentum *n* ; Mäzenatentum *n.*

sponsorisation *f* Sponsern *n.*

sponsoriser sponsern ; (durch finanzielle Hilfe) fördern ; *être ~é par une firme* von einer Firma gesponsert werden.

sponsorisme *m* ⇒ *sponsoring.*

1. spot *m* Spot *m* ; *~ publicitaire* Werbespot ; *~ télévisé* Fernsehspot.

2. spot *(bourse) (pétrole)* Spotmarkt *m* ; Kassageschäft *n.*

squatter *m* Hausbesetzer *m* ; Squatter *m.*

squatter ⇒ *squattériser.*

squattériser ein Haus besetzen.

S.R.L. ⇒ *S.A.R.L.*

stabilisateur, trice stabilisierend ; *avoir un effet ~ sur les prix* eine preisstabilisierende Wirkung haben.

stabilisation *f* Stabilisierung *f.*

stabiliser stabilisieren ; *~ la monnaie, la croissance, les prix* die Währung, das Wachstum, die Preise stabilisieren.

stabilité *f* Stabilität *f* ; Festigkeit *f* ; Beständigkeit *f* ; Dauerhaftigkeit *f* ; *~ économique* wirtschaftliche Stabilität ; *~ des cours* Kursbeständigkeit ; *~ de l'emploi* Sicherheit *f* des Arbeitsplatzes ; Arbeitsplatzsicherung *f* ; *~ de la monnaie, des prix* Währungs-, Preisstabilität.

stage *m* Lehrgang *m* ; Praktikum *n* ; *~ d'entreprise (en usine)* Betriebspraktikum ; *~ à l'étranger* Auslandspraktikum ; *~ de perfectionnement* Fortbildungslehrgang ; *directeur m de ~* Ausbildungsleiter *m* ; *faire un ~* ein Praktikum machen.

stagflation *f (stagnation et inflation)* Stagflation *f.*

stagiaire *m* **1.** Praktikant *m* ; Lehrgangsteilnehmer *m* ; *~ rétribué* bezahlter Praktikant **2.** Beamtenanwärter *m.*

stagnation *f* Flaute *f* ; Stagnieren *n* ; Stagnation *f* ; Talfahrt *f* ; Stockung *f.*

stand *m (foire)* (Verkaufs)stand *m* ; Messestand ; *~ de dégustation* Probierstand ; *~ de démonstration* Vorführstand ; *~ publicitaire* Werbestand ; *loyer m de ~* Standmiete *f* ; *réserver un ~* einen Stand reservieren.

standard *m* **1.** Maßstab *m* ; Standard *m* ; Muster *n* ; (Fach)norm *f* **2.** genormt ; Standard- ; Norm- ; *élément m ~* Standardelement *n* ; *imprimé m ~* Standardvordruck *m* ; *matériel m ~* Standardmaterial *n* ; *modèle m ~* Standardmodell *n* ; *procédé m ~* genormtes Verfahren *n* ; *(inform.) programme ~* vorgefertigtes Programm *m* ; *types ~s* Standardtypen *mpl* **3.** Telefonzentrale *f.*

standardisation *f* Standardisierung *f* ; Normung *f* ; Vereinheitlichung *f* ; Typisierung *f* ; ~ *de la construction* Baunormung *f* ; *office m de* ~ Normenbüro *n*.

standardisé, e standardisiert ; typisiert ; Standard- ; Norm- ; genormt.

standardiste *f* Telefonistin *f* (in einer Telefonzentrale).

standing *m* sozialer Status *m* ; gesellschaftliche Stellung *f* ; Rang *m* ; *immeuble de* ~ Komfortwohnung *f*.

staries *fpl (temps stipulé pour le déchargement d'un navire de commerce)* Hafen-, Liegezeit *f* ; Löschzeit.

station *f* **1.** *(transp.)* Station *f* ; Haltestelle *f* ; ~ *de taxis* Taxistand *m* ; ~ *de correspondance* Umsteigebahnhof *m* ; Umsteigestelle **2.** *(touris.)* ~ *balnéaire* Seebad *n* ; ~ *climatique* Luftkurort *m* ; ~ *de sports d'hiver* Wintersportort *m* **3.** ~*-service* Tankstelle *f* **4.** ~ *météo* Wetterwarte *f* **5.** ~ *radio* Rundfunkstation *f* ; Rundfunksender *m* **6.** ~ *d'épuration* Klärwerk *n* ; Klärwerkanlage *f*.

stationnaire gleichbleibend ; stationär.

statisticien *m* Statistiker *m*.

statistique *f* Statistik *f* ; ~*s officielles* amtliche Statistik ; *institut m des* ~*s* statistisches Amt *n* ; *apparaître dans les* ~*s* in der Statistik auftreten.

statistique statistisch ; *tableau m* ~ statistische Tabelle *f*.

statu quo *m* Status quo *m* ; *accord m de* ~ Stillhalteabkommen *n* ; *maintenir le* ~ den Status quo aufrechterhalten.

statutaire satzungsgemäß ; statutengemäß ; statutarisch ; *réserves fpl* ~*s* satzungsgemäße Reserven *fpl*.

statut *m* Statut *n* ; Satzung *f* ; Rechtsform *f* ; Ordnung *f* ; ♦ ~ *de la fonction publique* Beamtenrecht *n* ; ~ *juridique d'une entreprise* Rechtsform eines Unternehmens ; ~*s des personnels* Personalordnung ; ~ *professionnel* Berufsordnung ; *conformément aux* ~*s* satzungsgemäß ; *contraire aux* ~*s* satzungswidrig ; ♦♦♦ *avoir le* ~ *de fonctionnaire* sich im Beamtenverhältnis befinden ; *rédiger les* ~*s* die Statuten aufsetzen ; *modifier les* ~*s* die Satzungen ändern ; *violer les* ~*s* gegen die Statuten verstoßen.

sté ⇒ *société*.

stellage *m (bourse)* Optionsgeschäft *n* ; Stellage [ʃtɛ'laʒə] *f* ; Stellagegeschäft *n*.

sténo *f* Steno(graphie) *f* ; Kurzschrift *f* ; *bloc-sténo m* Stenoblock *m*.

sténo-dactylo *f* Stenotypistin *f* ; *(fam.)* Tippfräulein *n* ; Tippse *f*.

sténographie *f* ⇒ *sténo*.

sténographier stenographieren.

sténotyper stenotypieren.

stimulant *m* **1.** Anreiz *m* ; Ansporn *m* ; Stimulanz *f* **2.** Arznei-, Reizmittel ; Stimulans *n*.

stimulation *f* Anreiz *m* ; Förderung *f* ; Impuls *m* ; Ankurbelung *f*.

stimuler stimulieren ; anspornen ; fördern ; anreizen ; *qui* ~*e les ventes* absatzfördernd.

stipulant *m* Vertragschließende(r).

stipulation *f* Vereinbarung *f* ; Abmachung *f* ; Bestimmung *f* ; Klausel *f* ; ~ *du contrat* Vertragsabmachung.

stipuler *(par contrat)* vertraglich festsetzen ; ausdrücklich vereinbaren ; abmachen ; bestimmen.

stock *m* (Lager)bestand *m* ; Bestände *mpl* ; Vorrat *m* ; Warenlager *n* ; ~ *sur le carreau (des mines)* Haldebestand ; *(inform.)* ~ *de commandes (d'instructions)* Befehlsvorrat *m*, -liste *f* ; *avoir en* ~ auf Lager haben ; vorrätig haben ; *constituer un* ~ einen Vorrat anlegen ; *liquider un* ~ ein Lager räumen ; *mettre en* ~ auf Lager legen ; *reconstituer un* ~ ein Lager ergänzen ; ~*s* ⇒ *stocks*.

stockage *m* **1.** Einlagerung *f* ; Aufstapelung *f* ; Speicherung *f* ; ~ *définitif (final)* Endlagerung ; ~ *excessif (de précaution)* Hortung *f* ; ~ *provisoire (temporaire)* Zwischenlagerung ; zeitweilige Einlagerung ; ~ *souterrain de gaz* unterirdischer Gasspeicher *m*, -speicherung *f* ; *capacité f de* ~ Lagerfähigkeit *f* ; Lagerkapazität *f* **2.** *(inform.)* ~ *de l'information* Datenspeicherung *f*.

stocker **1.** lagern ; stapeln ; aufspeichern **2.** *(stocks de précaution)* horten **3.** *(inform.)* (Daten, Informationen) speichern.

stocks *mpl* Warenbestände *mpl* ; Warenlager *n* ; Lagerbestand *m* ; ♦ ~ *d'exploitation* Betriebsvorräte *mpl* ; ~ *morts* totes Lager ; stilliegende Warenbestände ; ♦♦ *épuisement m des* ~ Lagerleerung *f* ; erschöpfte Warenbestände ; *gestion f des* ~*s de matériel* Materialwirtschaft *f* ; *liquidation f des* ~ Lagerräumung *f* ; *réapprovisionnement m des* ~ Lagerauffüllung *f* ; *renouvellement m des* ~ Lagerauffüllung ; *rotation f des* ~ Lagerumschlag *m* ; *rupture f des* ~ erschöpfte Warenbestände ; ♦♦♦ *être en rupture de* ~ etw nicht auf Lager haben ; etw nicht vorrätig haben ; *écouler des* ~ (Waren)-bestände abstoßen (absetzen).

stratagème *m* List *f* ; Trick *m* ; *avoir recours à un* ~ einen Trick anwenden.

stratège *m* Stratege *m*.

stratégie *f* Strategie *f*.

stratégique strategisch.

stress *m* Streß *m* ; Leistungsdruck *m* ; ~ *du travail* Arbeitsstreß ; *moins de* ~ *sur le lieu de travail* weniger Hetze und Hektik am Arbeitsplatz.

stresser stressen ; ~*é* gestreßt.

structure *f* Struktur *f* ; (Auf)bau *m* ; Gefüge *n* ; Einteilung *f* ; Gliederung *f* ; *(comptab.)* ~ *du bilan* Bilanzgliederung ; ~ *des coûts, du marché, de la production* Kosten-, Markt-, Produktionsgefüge ; ~ *du revenu national, des traitements* Einkommens-, Gehaltsstruktur.

structurel, le strukturell ; Struktur- ; *chômage* ~ strukturbedingte Arbeitslosigkeit *f*.

structurer strukturieren ; (auf)gliedern ; aufbauen.

subalterne *m* Untergebene(r) ; Beamte(r) des einfachen Dienstes ; Subalterne(r).

subalterne untergeordnet ; subaltern ; *emploi m* ~ einfache Stellung *f* ; untergeordneter Posten *m* ; *fonctionnaire m* ~ untergeordneter Beamte(r) ; Beamte(r) des einfachen Dienstes.

subir ertragen ; erleiden ; ~ *un échec* scheitern ; ~ *une majoration de prix* eine Preiserhöhung erfahren ; ~ *des pertes* Verluste erleiden.

subrécargue *m* Frachtaufseher *m* ; Reedervertreter *m* (an Bord eines Schiffes).

subséquent *: endosseur m* ~ nachfolgender Indossant *m* ; Hintermann *m*.

subsides *mpl* Hilfsgelder *npl* ; Beihilfe *f* ; Subvention *f* ; Zuschuß *m* ; finanzielle Unterstützung *f* ; *toucher des* ~ Zuschüsse erhalten.

subsistance *f* Lebensunterhalt *m* ; *assurer sa* ~ seinen Lebensunterhalt bestreiten.

substituer substituieren ; ersetzen.

substitution *f* Substitution *f* ; Substituierung *f* ; *peine f de* ~ Ersatzstrafe *f*.

subterfuge *m* Trick *m* ; Masche *f* ; Manipulation *f* ; Kniff *m*.

suburbain, e vorstädtisch ; Vorstadt- ; Vorort(s)-.

subvenir aux besoins (de qqn) für jds Unterhalt aufkommen.

subvention *f* Subvention *f* ; Zuschuß *m* ; Beihilfe *f* ; Unterstützung *f* ; Zuwendung *f* ; *accorder une* ~ einen Zuschuß gewähren ; bezuschussen ; *octroyer des* ~*s* subventionieren ; Subventionen leisten ; *percevoir (toucher) des* ~*s* Subventionen erhalten.

subventionner subventionieren ; finanziell unterstützen ; bezuschussen ; ~ *l'agriculture* die Landwirtschaft subventionieren ; *être* ~*é par l'État* staatlich subventioniert sein ; *travaux mpl de recherche* ~*és par l'État* vom Staat subventionierte Forschungsarbeiten.

succédané *m* Ersatz *m* ; Surrogat *n*.

succéder *(à qqn)* auf jdn folgen ; jdm im Amt nachfolgen ; ein Geschäft übernehmen ; eine Nachfolge antreten.

succès *m* **1.** Erfolg *m* ; *perspectives fpl de* ~ Erfolgsaussichten *fpl* **2.** Schlager *m* ; (Publikums)renner *m* ; Verkaufserfolg ; Knüller *m*.

successeur *m* Nachfolger *m*.

successif, ive aufeinanderfolgend ; laufend ; *droit m* ~ Erbrecht *n*.

succession *f* **1.** Nachfolge *f* ; *prendre la* ~ *de qqn* jds Nachfolge antreten ; *régler le problème de la* ~ die Frage der Nachfolge regeln **2.** Erbschaft *f* ; Nachlaß *m* ; *accepter une* ~ eine Erbschaft annehmen ; *créancier m, débiteur m de la* ~ Nachlaßgläubiger *m*, -schuldner *m* ; *droits mpl de* ~ Erbschaftssteuer *f*.

succursale *f* Filiale *f* ; Zweiggeschäft *n* ; (Zweig)niederlassung *f* ; Tochtergesellschaft *f* ; ~ *de banque* Zweigstelle *f* ; *magasin m à* ~*s multiples* Kettenladen *m* ; Filialgeschäft *n* ; Handelskette *f*.

succursaliste *m* Pächter *m* einer Handelskette ; Geschäftsführer *m* eines Filialgeschäfts (eines Kettenladens).

suffrage *m* **1.** Wahl *f* ; Stimmabgabe *f* ; Stimme *f* ; ~*s exprimés* abgegebene (gültige) Stimmen ; *au* ~ *direct, indirect* in direkter, indirekter Wahl ; *droit m de* ~ Stimmrecht *n* ; ~ *majoritaire, proportionnel* Mehrheits-, Verhältniswahl ; ~ *universel* allgemeines Wahlrecht *n* ; *recueillir des* ~*s* Stimmen erhalten **2.** Zustimmung *f*.

suite *f* **1.** Folge *f* ; ~ *à notre accord* der Abmachung zufolge ; *donner, ne pas donner* ~ *à une demande* einem Antrag Folge leisten ; einen Antrag ablehnen ; *(comme)*~ *à votre lettre* in Beantwortung Ihres Schreibens ; *pour* ~ *à donner* mit Bitte um Kenntnisnahme und weitere Veranlassung **2.** *prendre* *la ~ de qqn* jdm nachfolgen.

suivi *m (général)* Weiterverfolgen *n* (einer Angelegenheit) ; *(dossier)* Bearbeitung *f* (eines Dossiers, einer Akte) ; Sachbearbeitung *f* ; *(client)* Kundenbetreuung *f* ; Kundendienst *m* ; *(pédagogique)* Nachbereitung *f* ; Betreuung *f*.

suivi, e anhaltend ; ununterbrochen ; fortlaufend ; *article ~* Artikel *m*, der dauernd hergestellt (verkauft) wird ; vorrätiger Artikel ; *demande f ~e* anhaltende Nachfrage *f*.

suivre **1.** folgen (+ D) **2.** *~ un article* einen Artikel führen **3.** *(lettre) « faire, ~ s.v.p. »* bitte nachsenden **4.** *~ la voie hiérarchique* den Instanzenweg (Dienstweg) gehen ; *~ un dossier* eine Akte bearbeiten. **6.** *« à ~ »* Fortsetzung folgt.

super *m* **1.** *(essence)* Super *n* **2.** Super-, Über-.

superbénéfice *m* ⇒ *superprofit*.

supercarburant *m* Super *n* ; Superbenzin *n*.

superdividende *m* Über-, Extradividende *f*.

superette *f* kleinerer Supermarkt *m* ; Supermarkt mittlerer Größe (weniger als 400 m²).

superficie *f* Oberfläche *f* ; Fläche *f*.

superfiscalité *f* Überbesteuerung *f*.

superflu, e überflüssig.

supérieur, e obere(r, s) ; höherstehend ; *cadres mpl ~s* leitende Angestellte *mpl* ; Führungskräfte *fpl* **2.** *le ~ (hiérarchique)* (Dienst)vorgesetzte(r).

supériorité *f* **numérique** Überzahl *f* ; *être en ~* in der Überzahl sein.

supermarché *m* Supermarkt *m* ; *faire ses courses au ~* im Supermarkt einkaufen ; ⇒ *grande surface* ; *hypermarché*.

superprofit *m* Übergewinn *m* ; Mehrgewinn ; Superprofit *m* ; Rekord-, Spitzengewinn.

superpuissance *f* Supermacht *f*.

superrégional, e überregional.

superstructure *f* Aufbau *m* ; Überbau *m* ; Oberbau *m*.

supertanker *m* Supertanker *m*.

suppléance *f* Stellvertretung *f*.

suppléant *m* Stellvertreter *m* ; Ersatzmann *m* ; Aushilfskraft *f*.

supplément *m* **1.** *(salaire, prime)* Zulage *f* ; Zuschlag *m* ; Aufpreis *m* ; Mehrpreis ; Aufschlag *m* ; Preisaufschlag ; *moyennant ~* gegen (einen) Aufpreis ; *~ de poids* Mehrgewicht *n* ; Übergewicht ; *~ de vie chère* Teuerungszulage ; *~ familial* Familienzulage **2.** *(journal)* Ergänzung *f* ; Beilage *f* ; *~ à l'édition du samedi* Wochenendbeilage **3.** *(transp.)* Zuschlagskarte *f* ; Zuschlag *m* **4.** *(additif à un contrat)* Zusatz *m*.

supplémentaire zusätzlich ; Zusatz- ; *charge f ~* Zusatzbelastung *f* ; *frais mpl ~s* Extrakosten *pl* ; Mehrkosten ; *heures fpl ~s* Überstunden *fpl* ; *rémunération f ~* zusätzliche Vergütung *f* ; *(touris.) semaine ~* Verlängerungswoche *f* ; *train m ~* Entlastungszug *m* ; Sonderzug.

supplétif, ive Ergänzungs- ; ergänzend.

support *m* Träger *m* ; *(inform.) ~ des données* Datenträger ; *~ publicitaire* Werbeträger.

supporter : *~ les frais* die Kosten tragen ; *~ une hausse des coûts de production* höhere Produktionskosten verkraften müssen ; *faire ~ qqch à qqn* jdn mit etw belasten ; auf jdn etw abwälzen.

supposer voraussetzen ; *ce travail ~e de l'expérience* diese Arbeit setzt (berufliche) Erfahrung voraus ; *on ~e que...* es wird angenommen, daß... ; die Vermutungen laufen darauf hinaus, daß...

suppresseur d'emplois arbeitplatz-, stelleneinsparend ; *(fam.)* jobkillend.

suppression *f* Abschaffung *f* ; Abbau *m* ; Aufhebung *f* ; Beseitigung *f* ; Streichung *f* (von einer Liste) ; *~ des barrières douanières* Abschaffung der Zollschranken ; *~ d'emplois* Stelleneinsparung *f* ; Stellenabbau ; *~ du permis de conduire* Führerscheinentzug *m* ; *~ de personnel* Personalabbau ; *~ du rationnement* Aufhebung der Bewirtschaftung ; *~ d'une rente* Wegfall *m* einer Rente.

supprimer abschaffen ; beseitigen ; aufheben ; *(personnel)* abbauen ; verdünnen ; *(d'une liste)* streichen ; *~ des dépenses envisagées* geplante Ausgaben streichen ; *~ des vols* Flüge einstellen.

supranational, e übernational ; supranational ; überstaatlich.

suprarégional, e überregional ; *(télé.) programme ~ (R.F.A.)* bundesweites Programm.

sûr : *placement m ~* mündelsichere Anlage *f*.

suralimentation *f* Überernährung *f*.

surassurance *f* Überversicherung *f*.

surcapacité *f* Überkapazität *f*.

surcharge *f* Überbelastung *f* ; *(travail)* Überbeanspruchung *f* ; *(poids)* Übergewicht *n* ; *(timbres)* Aufdruck *m*.

surcharger **1.** überladen ; überbelasten **2.** *(personne)* überbelegen **3.** *être*

~é de commandes mit Aufträgen überlastet sein ; *être ~é de travail* überbeansprucht sein ; beruflich überlastet (überfordert) sein ; *le réseau téléphonique est ~é* das Telefonnetz ist überlastet.

surchauffe *f* Überhitzung *f* ; *~ économique* Konjunkturüberhitzung *f*.

surchoix *m* Spitzenware *f* ; beste Qualität *f* ; *produit m ~* Erzeugnis *n* erster Wahl ; erste Wahl *f*.

surconsommation *f* Überverbrauch *m* ; Überkonsum *m* ; übermäßiger Konsum.

surcote *f* Überbewertung *f* ; Überschätzung *f*.

surcroît *m* Plus *n* ; Zuwachs *m* ; *~ de dépenses* Mehraufwand *m* ; Mehrausgaben *fpl* ; *~ de production* Mehrprodukt *n* ; Mehrproduktion *f* ; *~ de travail* Mehrarbeit *f*.

suremploi *m* Überbeschäftigung *f*.

surenchère *f* höheres Gebot *n* ; Übergebot ; Überbietung *f* ; *faire une ~ sur qqn* jdn überbieten.

surenchérir überbieten ; höher bieten (bei Auktionen).

surenchérisseur *m* Überbieter *m*.

surendettement *m* Überschuldung *f*.

suréquipement *m* übermäßige Ausrüstung *f*.

surestarie *f* **1.** Überliegetage *mpl* (eines Schiffes) **2.** Liegegeld *n*.

surestimer überschätzen ; überbewerten.

surestimation *f* Überschätzung *f* ; Überbewertung *f*.

surévaluer ⇒ *surestimer*.

surface *f* **1.** Fläche *f* ; *~ apparente* Oberfläche ; *~ corrigée* korrigierte Wohnfläche (zur Mietpreisberechnung) ; *~ cultivée* Anbaufläche ; *~ d'exploitation, habitable, de stockage, de vente* Betriebs-, Wohn-, Lager-, Verkaufsfläche ; *grande ~* Supermarkt *m* ; Verbrauchermarkt ; V-Markt ; *les grandes ~s* die Handelsriesen *mpl* **2.** *travail m de ~* Übertagearbeit *f*.

surfait, e zu hoch ; *prix ~* übertriebener Preis *m*.

surfret *m* Überfracht *f*.

surgélation *f* Tiefkühlung *f* ; Tiefkühlen *n* ; Tiefgefrieren *n*.

surgelé 1. *m* Tiefkühlkost *f* **2.** tiefgekühlt ; *légumes mpl ~s* tiefgekühltes (tiefgefrorenes) Gemüse *n*.

surgeler tiefkühlen ; tiefgefrieren.

surgénérateur *m* ⇒ *surrégénérateur*.

surimposer überbesteuern ; zusätzlich besteuern.

surimposition *f* Überbesteuerung *f*.

surinvestissement *m* Überinvestition *f*.

surmenage *m* Überbearbeitung *f* ; Überanstrengung *f* ; Arbeitsüberlastung *f* ; Überforderung *f*.

surnuméraire 1. überzählig **2.** *le ~* der Beamtenanwärter.

suroffre *f* höheres Angebot *n* ; Überangebot *n*.

surorganisation *f* Überorganisation *f*.

surpaie *f* Lohnzuschlag *m* ; Gratifikation *f*.

surpasser übertreffen ; überflügeln ; *~ qqn dans un domaine* jdn auf einem Gebiet überflügeln.

surpeuplé, e übervölkert ; überbevölkert.

surplus *m* **1.** Überschuß *m* ; Mehrbetrag *m* ; Überhang *m* ; *~ de caisse* Kassenüberschuß *m* **2.** *~ militaire* Armeebestände *mpl* (zum Verkauf).

surpoids *m* Mehr-, Übergewicht *n*.

surpopulation *f* Übervölkerung *f* ; Überbevölkerung *f* ; *~ étrangère* Überfremdung *f*.

surprime *f* Zuschlagsprämie *f* ; Zusatzprämie ; Prämienzuschlag *m*.

surprix *m* übertriebener Preis ; Phantasiepreis.

surproduction *f* Überproduktion *f* ; Schwemme *f*.

surrégénérateur *m (nucléaire)* schneller Brüter *m*.

sursalaire *m* Lohnzulage *f* ; *~ familial* Familienzuschüsse *mpl*.

surseoir aufschieben ; hinausschieben.

sursis *m* **1.** Aufschub *m* ; Stundung *f* ; *(paiement)* Zahlungsaufschub ; *(délai)* Fristverlängerung *f* ; *(impôts)* Steuerstundung **2.** *(jur.)* Strafaufschub.

surtaxe *f* (Post)zuschlag *m* ; Nachgebühr *f* ; Strafporto *n*.

surtaxer Nachporto erheben ; mit einem Zuschlag belegen.

surveillance *f* Aufsicht *f* ; Überwachung *f* ; Beaufsichtigung *f* ; Kontrolle *f* ; *~ douanière* Zollaufsicht ; *~ des prix* Preiskontrolle ; *organe m de ~* Überwachungsstelle *f*.

surveiller überwachen ; beaufsichtigen ; kontrollieren ; *~ l'exécution d'un travail, les frontières* die Ausführung einer Arbeit, die Grenzen überwachen.

survie *f* Überleben *n* ; *assurance f de ~* Überlebensversicherung *f* ; *clause f de ~* Überlebensklausel *f*.

suspendre 1. *(exploitation, paiements, travail)* einstellen **2.** *(fonctionnaire)* seines Amtes entheben ; vom

Dienst suspendieren **3.** *(diplomatie)* abbrechen.

suspens : *en ~* schwebend ; unerledigt ; *rester en ~* in der Schwebe bleiben.

suspensif, ive aufschiebend ; *clause f ~ ive* aufschiebende Bestimmung *f*.

suspension *f* **1.** *(exploitation, paiements, travail)* Einstellung *f* **2.** *(de grève)* Unterbrechung *f* **3.** *~ de traitement* Einstellung der Gehaltszahlung ; *~ de fonctionnaire* Suspendierung *f* **4.** *~ des relations diplomatiques* Abbruch *m* der diplomatischen Beziehungen **5.** *~ de permis de conduire* zeitweiliger Führerscheinentzug *m*.

swap *m* *(crédit croisé)* Swap-Kredit ['svɔp...] *m* (zwischen Zentralbanken).

swing : *crédit m ~* Swing [sviŋ] *m* ; Swing-Kredit *m*.

sylviculture *f* Forstwirtschaft *f*.

symptôme *m* Symptom *n* ; Anzeichen *n*.

synallagmatique *(jur.)* synallagmatisch ; gegenseitig ; *contrat m ~* gegenseitiger Vertrag *m*.

syndic *m* **1.** *(immeuble)* (Haus)verwalter *m* **2.** *~ de la faillite* Konkursverwalter *m*.

syndical, e gewerkschaftlich ; *activité f ~e* gewerkschaftliche Tätigkeit *f* ; *centrale f ~e* Dachverband *m* ; Spitzenorganisation *f* ; *chambre f ~e* Berufskammer *f* ; *Confédération f ~e des travailleurs de la R.F.A.* Deutscher Gewerkschaftsbund (DGB) ; *Confédération ~e des travailleurs de la R.D.A.* Freier Deutscher Gewerkschaftsbund (FDGB) ; *délégué m ~* Gewerkschaftsfunktionär *m* ; Gewerkschaftsvertreter *m* ; *leader m ~* Gewerkschaftsführer *m* ; *organisation f ~e* Gewerkschaftsorganisation *f* ; *plateforme f ~e* gewerkschaftliche Plattform *f* ; *presse f ~e* Gewerkschaftspresse *f* ; *réunion f ~e* Gewerkschaftsversammlung *f* ; *revendications fpl ~es* Forderungen *fpl* der Gewerkschaft(en) ; *secrétaire m ~* Gewerkschaftssekretär *m* ; *avoir (tenir) une réunion ~e* eine Gewerkschaftsversammlung abhalten.

syndicalisme **1.** *m* Gewerkschaftswesen *n* ; Gewerkschaftsbewegung *f* **2.** *faire du ~* aktives Mitglied einer Gewerkschaft sein.

syndicaliste *m* **1.** Gewerkschaft(l)er *m* **2.** Gewerkschafts- ; gewerkschaftlich.

syndicat *m* **1.** *(ouvrier)* Gewerkschaft *f* ; *~ ouvrier* Arbeitergewerkschaft ; *adhérer à un ~* einer Gewerkschaft beitreten ; *faire partie d'un ~ (appartenir à)* einer Gewerkschaft angehören **2.** *(patronal)* Verband *m* ; Vereinigung *f* ; *~ patronal* Arbeitgeberverband **3.** *(professionnel)* Kammer *f* ; Innung *f* ; Fach-, Berufsverband **4.** *(groupe de pression)* Interessenverband *m* ; Lobby *f* **5.** *~ d'initiative* (Fremden)verkehrsverein *m*.

syndiqué, e (gewerkschaftlich) organisiert.

syndiqué *m* Gewerkschaftsmitglied *n* ; (gewerkschaftlich) Organisierte(r) ; Gewerkschaft(l)er *m* ; *les non-~s* die Nicht-Organisierten ; *(fam.)* die Trittbrettfahrer *mpl*.

syndiquer *(se)* einer Gewerkschaft beitreten ; sich (gewerkschaftlich) organisieren ; (gewerkschaftlich) organisiert sein.

synoptique synoptisch ; übersichtlich ; *tableau m ~* Übersichtstafel *f* ; Schaubild *n*.

systématique systematisch.

systématiser systematisieren ; in ein System bringen.

système *m* **1.** System *n* ; Methode *f* ; Prinzip *n* **2.** *(mots composés)*, -system *n* ; -wesen *n* ; -ordnung *f* ; *~ bancaire* Bankwesen ; *~ économique* Wirtschaftssystem ; Wirtschaftsordnung ; *~ électoral* Wahlsystem ; *~ monétaire* Währungssystem ; *~ monétaire européen ⇒ S.M.E.* ; *~ de paiements échelonnés* Teilzahlungssystem ; *~ de vente* Verkaufssystem **3.** *(inform.)* Computer *m* ; EDV-Anlage *f* ; *~ binaire* binäres System ; Dualsystem ; *~ d'exploitation* Betriebssystem ; *~ numérique* Zahlensystem ; *~ de traitement des données* Datenverarbeitungssystem ; *ingénieur m ~ ⇒ ingénieur.*

système *m* **harmonisé** ⇒ S.H.

T

tabac *m* Tabak *m* ; *bureau m de ~* Tabakladen *m* ; *avoir le monopole du ~* das Tabakmonopol haben ; *régie f des ~s* Tabak-Regie *f* ; *boissons fpl et ~s* Genußmittel *npl*.

table *f* **1.** Tafel *f* ; Tabelle *f* ; ~

d'intérêts Zinstabelle **2.** *(touris.) ~ d'hôtes* Stammtisch *m* **3.** *~ d'écoute* Abhöranlage *f* ; *mettre sur ~ d'écoute* eine Leitung anzapfen ; jdn abhören **4.** *~ ronde* Gesprächsrunde *f* ; Konferenz *f* (am runden Tisch) ; Rundtischgespräch *n* ; Round-Table-Konferenz.

tableau *m* Tafel *f* ; Plan *m* ; Tabelle *f* ; *~ d'affichage* Anschlagtafel ; schwarzes Brett *n* ; *~ d'avancement* Beförderungsliste *f* ; *~ de bord de l'économie* Wirtschaftsindikatoren *mpl*, -daten *pl* ; *~ comparatif* vergleichende Übersicht *f* ; *~ d'effectif* Stellenplan *m* ; *~ des entrées et des sorties (des échanges interindustriels)* Verflechtungstabelle (Input-Output-Tabelle) ; *~ de service* Dienstplan ; *~ synoptique* Übersichtstabelle ; Schaubild *n* ; *représenter sous forme de ~* tabellarisch darstellen.

tablier : *(fam.) rendre son ~* zurücktreten ; abtreten.

tâche *f* **1.** Arbeit *f* ; Werk *n* ; Aufgabe *f* ; *attribution f des ~s* Arbeitszuteilung *f* ; *exécuter une ~* eine Arbeit verrichten **2.** Akkord *m* ; *ouvrier m à la ~* Akkordarbeiter *m* ; *salaire m à la ~* Akkordlohn *m* ; *travail m à la ~* Akkordarbeit ; *travailler à la ~* im Akkord arbeiten.

tâcheron *m* Akkord-, Stücklohnarbeiter *m*.

tacite stillschweigend ; *consentement m ~* stillschweigende Einwilligung *f* (Übereinkunft) ; *par reconduction ~* durch stillschweigende Verlängerung.

talon *m* **1.** (Kontroll)abschnitt *m* **2.** Erneuerungsschein *m* ; Talon [ta'lɔ̃:] *m* **3.** *être sur les ~s de qqn* jdm auf den Fersen sein.

tampon *m* Stempel *m* ; *~-dateur* Datumstempel.

tamponner abstempeln.

tandem : *publicité f ~* Tandemwerbung *f*.

tantième *m* Tantieme [tã'tjɛ:mə] *f* ; Gewinnanteil *m* ; *~ des administrateurs* Aufsichtsratstantieme.

tapageuse : *publicité f ~* marktschreierische Werbung.

taper *(fam.) : ~ qqn* jdn anpumpen ; *(fam.) ~ les contribuables* den Steuerzahler zur Kasse bitten.

taper à la machine tippen ; maschineschreiben.

tapeur *m (fam.)* Pumpgenie *n* ; Nassauer *m*.

tare *f* Tara *f* ; Verpackungsgewicht *n* ; *calcul m de la ~* Tarierung *f* ; Taraberechnung *f* ; *calculer, déduire la ~* die Tara berechnen, abrechnen.

tarer tarieren ; die Verpackung wiegen.

tarif *m* **1.** Tarif *m* ; Zoll *m* ; Gebühr *f* ; Gebührensatz *m* ; Tarifsatz *m* ; ♦ *~ dégressif* degressiver Tarif ; *~ douanier* Zolltarif ; *~ échelonné* Staffeltarif ; *~ forfaitaire* Pauschaltarif ; *~ d'imposition* Steuersatz ; *~ intérieur* Inlandstarif ; *(postal)* Inlandsporto *n* ; *~ international* Auslandstarif ; *~ postal* Posttarif ; *~ préférentiel* Vorzugstarif ; Tarifbegünstigung *f* ; Vergünstigungszoll ; *demi-~* halber Tarif ; *plein ~* voller Preis ; *~ proportionnel* Proportionaltarif ; *~ réduit* ermäßigter Tarif ; *~ syndical* Verbandstarif ; *~ unitaire* Einheitstarif ; *~ voyageurs* Personentarif ; ♦♦♦ *(corresp.) veuillez m'adresser vos ~s* übersenden Sie mir die Preisliste ; *établir des ~s* Tarife aufstellen ; *harmoniser (uniformiser) les ~s* die Tarife vereinheitlichen ; *majorer (relever) les ~s* die Tarife erhöhen ; *mettre un nouveau ~ en vigueur* einen neuen Tarif einführen ; *modifier les ~s* die Tarife ändern ; *réduire (abaisser) les ~s* die Tarife ermäßigen (herabsetzen) ; *vendre au-dessous du ~ officiel* den Fixpreis unterlaufen **2.** *~s* Preisliste *f* ; Preisverzeichnis *n*.

tarifaire Tarif- ; tariflich ; *accord m, autonomie f, convention f ~* Tarifabkommen *n*, -autonomie *f*, -vereinbarung *f* (-vertrag *m*) ; *catégorie f, commission f, dispositions fpl ~(s)* Tarifgruppe *f* (Lohngruppe), -kommission *f*, -bestimmungen *fpl* ; *négociations fpl, partenaires mpl, politique f ~(s)* Tarifauseinandersetzungen *fpl* (-runde *f*, -verhandlungen *fpl*), -partner *mpl* (-parteien), -politik *f* ; *en matière de politique ~* tarifpolitisch ; *règlement m ~* Tarifordnung *f* ; *réglementation f contractuelle ~* tarifvertragliche Regelungen *fpl* ; *zone f (secteur m) ~* Tarifbereich *m*, -gebiet *n*, -bezirk *m*, -zone *f*.

tarification *f* Tarifierung *f* ; Tariffestsetzung *f* ; Preisberechnung *f*.

tarir versiegen.

tas *m* Haufen *m* ; *apprentissage m sur le ~* Ausbildung *f* am Arbeitsplatz ; *j'ai appris mon métier sur le ~* ich habe den Beruf von der Pike auf gelernt ; *grève f sur le ~* Sitzstreik *m*.

tassement *m* Rückgang *m* ; *~ des cours* Kursabschwächung *f* ; *~ de la* *conjoncture* Konjunkturflaute *f* ; ~ *des prix* Preisberuhigung *f*.

tasser *(se) (bourse)* zurückgehen ; abschwächen ; abflachen.

tâter le terrain bei jdm vorfühlen.

taudis ***mpl*** Elendsviertel *npl* ; Slums [slamz] *pl.*

taux ***m*** Satz *m* ; Quote *f* ; Rate *f* ; Prozentsatz *m* ; Grad *m* ; *(des valeurs en bourse)* Kurs *m* ; ~ *d'accroissement* Zuwachs-, Steigerungsrate ; ~ *d'activité* Erwerbsquote ; ~ *d'alcoolémie* Promillegrenze *f* ; ~ *d'amortissement* Tilgungsrate ; ~ *des avances sur titres* Lombardsatz ; ~ *de capitalisation* Rendite *f* ; ~ *de change* Wechselkurs ; ~ *de change variable* flexibler Wechselkurs ; ~ *de chômage* Arbeitslosenquote ; ~ *de commission* Provisionssatz ; ~ *de cotisation* Beitragssatz ; ~ *de croissance* Wachstumsrate ; ~ *de couverture* Deckungssatz ; ~ *d'émission* Ausgabekurs ; ~ *d'emploi* Beschäftigungsgrad ; ~ *d'escompte* ⇒ *taux d'escompte* ; ~ *d'expansion* Expansionsrate ; ~ *fixe* fester Satz ; ~ *forfaitaire* Pauschalsatz ; ~ *hors-banque* Privatdiskontsatz ; ~ *d'imposition (de l'impôt)* Steuersatz ; ~ *d'incapacité de travail* Erwerbsminderungsgrad ; Erwerbsunfähigkeits-, Arbeitsunfähigkeitsgrad ; ~ *d'inflation* Inflationsrate ; ~ *d'intérêt* Zinssatz ; *à* ~ *d'intérêt fixe* festverzinslich ; *à* ~ *d'intérêt variable* mit veränderlichem Ertrag ; ~ *des investissements* Investitionsquote ; ~ *maximum, minimum* Höchst-, Mindestsatz ; ~ *de mortalité* Sterblichkeitsziffer *f* ; ~ *d'occupation (d'un logement)* Belegungsquote *f* ; ~ *de population* Bevölkerungsdichte *f* ; ~ *préférentiel* Präferenzsatz ; ~ *de la plus-value* Mehrwertrate ; ~ *de renchérissement* Teuerungsrate ; ~ *de rendement* Rendite *f* ; Ertrag *m* ; ~ *de réserves minimales* Mindestreservesatz ; ~ *révisé* berichtigte (korrigierte) Zahl ; ~ *d'utilisation* Auslastungsgrad ; Nutzungsgrad ; ~ *variable* veränderlicher Satz ; *politique des* ~ *d'intérêt élevés* Hochzinspolitik *f.*

taux ***m*** **d'escompte** Diskontsatz *m* ; *abaisser, relever le* ~ den Diskontsatz senken (herabsetzen), erhöhen (heraufsetzen).

taxable besteuerbar ; versteuerbar ; taxierbar ; gebührenpflichtig.

taxation ***f*** Taxierung *f* ; Ver-, Besteuerung *f* ; Veranlagung *f* ; Gebührenberechnung *f* ; Wertermittlung *f* ; ~ *ad valorem* Wertverzollung *f.*

taxateur ***m*** Abschätzer *m* ; Taxator *m.*

taxe ***f*** Abgabe *f* ; Steuer *f* ; Gebühr *f* ; (amtlich) festgesetzter Preis *m* ; Taxe *f* ; Auflage *f* ; ♦ ~ *additionnelle* Zusatzsteuer ; Zuschlaggebühr ; ~ *d'affranchissement postal* Freimachungsgebühr ; Postsätze *mpl* ; ~ *sur les alcools et spiritueux* Branntweinabgabe ; ~ *annuelle* Jahresgebühr, -abgabe ; ~ *d'apprentissage* Lehrlings(ausbildungs)abgabe ; Studienförderungssteuer *f* ; ~ *de base (fixe)* Grundgebühr ; ~ *de base à l'unité (téléph.)* Gebühr für eine Gesprächseinheit ; ~ *sur les carburants* Mineralölsteuer ; *(R.F.A.)* ~ *sur les chiens* Hundesteuer ; ~ *sur le chiffre d'affaires* Umsatzsteuer ; ~ *compensatoire* Ausgleichsabgabe ; ~ *à la consommation* Verbrauchssteuer ; ~ *d'enlèvement des ordures ménagères* Müllabfuhrgebühr ; ~ *d'enregistrements (actes)* Eintragungsgebühr ; ~ *d'habitation* Wohnraumsteuer ; ~ *à l'importation* Einfuhrabgabe ; ~ *préférentielle* Be-, Vergünstigungs-, Vorzugs-, Präferenzzoll *m* ; ~ *sur les prestations de service* Dienstleistungssteuer ; ~ *professionnelle* Gewerbesteuer ; ~ *de raccordement* Anschlußgebühr ; ~ *de séjour* Kurtaxe ; ~ *spéciale (sur)* Sonderabgabe *f*, -zoll (auf + A) ; ~ *sur les spectacles* Vergnügungssteuer ; ~ *téléphonique* Fernsprechgebühr ; ~ *(redevance) télévision* Fernsehgebühr ; ~ *sur les transactions boursières* Börsenumsatzsteuer ; ~ *sur la valeur ajoutée (T.V.A.)* Mehrwertsteuer (MWSt.) ; ~ *sur les véhicules à moteur (vignette-auto)* Kraftfahrzeugsteuer (Kfz-Steuer) ; ♦♦ *soumis à une* ~ abgabe-, steuerpflichtig ; *prix m sans T.V.A.* Preis ohne Mehrwertsteuer ; *sans* ~ ohne Steuer ; *hors-~s (H.T.)* Steuer nicht inbegriffen ; *toutes ~s comprises (T.T.C.)* alles inbegriffen ; Steuern und Abgaben inbegriffen ; ♦♦♦ *bénéficier d'une franchise de* ~ gebührenfrei sein ; *calculer les ~s* die Gebühren berechnen ; *établir le barème des ~s* die Gebührentabelle aufstellen ; *être soumis à une* ~ einer Steuer unterworfen sein ; *fixer une* ~ eine Gebühr festsetzen ; *introduire une* ~ *spéciale sur qqch* eine Sonderabgabe einführen auf (+ A) ; *prélever des ~s sur qqch* Zölle erheben auf (+ A) ; *recouvrer les ~s* Abgaben beitreiben ; *réduire les ~s* die Gebühren ermäßigen ; *supprimer une* ~ eine Steuer abschaffen.

taxé, e gebühren-, abgaben-, steuerpflichtig ; *non* ~ gebührenfrei ; zollfrei.

taxer besteuern ; veranlagen ; abschätzen ; bewerten ; taxieren ; mit einer Steuer belegen ; ~ *au-dessus, au-dessous de la valeur* über, unter dem Wert abschätzen.

taxi *m* Taxi *n* ; Taxe *f* ; *prendre un* ~ ein Taxi nehmen.

taxiphone *m* Münzfernsprecher *m.*

taylorisation *f* Taylorisierung *f* ; Arbeitsteilung *f.*

taylorisme *m* Taylorsystem *n* ; Taylorismus *m* ; Arbeitsteilung *f.*

technicien *m* Techniker *m* ; Fachmann *m* ; Fachkraft *f* ; ~ *du bâtiment* Bautechniker ; ~ *comptable* Betriebsbuchhalter *m* ; ~ *publicitaire* Werbefachmann ; ~ *supérieur* graduierter Ingenieur *m.*

technicité *f* Fachlichkeit *f* ; fachlicher Charakter *m* ; *de haute* ~ hochtechnisch ; *installations fpl d'une haute* ~ technisch aufwendige Anlagen *fpl.*

technico-commercial *m* kaufmännisch-technischer Berater *m,* Angestellter *m* ; ~*-commerciaux* kaufmännisch-technisches Personal *n.*

technico-commercial, e kaufmännisch-technisch ; *ingénieur m* ~ Vertriebs-, Verkaufsingenieur *m* ; Absatzfachmann *m.*

technique *f* Technik *f* ; ~ *de fabrication, de vente* Verkaufstechnik *f,* Absatztechnik.

technique technisch ; *chômage m* ~ technisch bedingte Arbeitslosigkeit *f* ; Feierschicht *f* ; Kurzarbeit *f* ; *compétences fpl* ~*s* technisches Können *n* ; *conseiller m* ~ technischer Berater *m* ; *incident m* ~ technische Störung *f* ; *services mpl* ~*s* technische Abteilung *f* ; *terme m* ~ Fachausdruck *m.*

technocrate *m* Technokrat *m.*

technocratie *f* Technokratie *f.*

technocratique technokratisch.

technologie *f* Technologie *f* ; Technik *f* ; ~ *de pointe* Spitzentechnologie *f,* -technik *f.*

technologique technologisch ; technisch.

technologue *m* Technologe *m.*

télé *f (fam.)* Fernsehen *n* ; Guckkasten *m* ; Glotze *f* ; Flimmerkasten *m.*

téléachat *m* Einkauf *m* mittels Btx.

télécommande *f* Fernsteuerung *f.*

télécommandé, e ferngesteuert.

télécommunications *fpl* Nachrichtenübertragung *f* ; Nachrichtenvermittlung *f* ; Telekommunikation *f* ; Fernmeldewesen *n.*

télécoms *fpl* ⇒ *télécommunications.*

téléconférence *f* Telekonferenz *f.*

télécopie *f* Telekopie *f,* Telefax *n.*

télécopier telefaxen ; *(fam.)* faxen.

télécopieur *m* Telekopierer *m* ; Telekopiergerät *n* ; Telefax-Gerät *n.*

télédistribution *f* Kabelfernsehen *n.*

téléfax *m* ⇒ *télécopie.*

télégramme *m* Telegramm *n* ; ♦ ~ *chiffré* chiffriertes Telegramm ; ~ *codé* Codetelegramm ; ~ *éclair* Blitztelegramm ; ~ *intérieur* Inlandstelegramm ; ~ *international* Auslandstelegramm ; *par* ~ telegrafisch ; ~ *réponse payée* RP-Telegramm ; ~ *téléphoné* zugesprochenes Telegramm ; ~ *urgent* dringendes Telegramm ; ♦♦♦ *expédier un* ~ ein Telegramm aufgeben (schicken) ; *remplir un formulaire de* ~ ein Telegrammformular ausfüllen.

télégraphe *m* Telegraf *m.*

télégraphier telegrafieren ; drahten ; ~ *à qqn* jdm telegrafieren ; ~ *à Stuttgart* nach Stuttgart telegrafieren ; *lettre f* ~*ée* Telegrafenbrief *m.*

télégraphique telegrafisch ; *adresse f* ~ Telegrammadresse *f* ; *bureau m* ~ Telegrafenamt *n* ; *communication f* ~ telegrafische Mitteilung *f* ; *mandat-poste m* ~ telegrafische Postanweisung *f* ; *service m* ~ Telegrafendienst *m* ; *virement m* ~ telegrafische Überweisung *f.*

téléimprimeur *m* ⇒ *téléscripteur.*

téléinformatique *f* Datenfernübertragung *f,* -vermittlung *f* ; Teleinformatik *f* ; *(R.F.A.)* Datex-Netz *n.*

télémarket *m* Einkauf *m* über Btx ; Btx-Bestellung *f* ; Teleshopping *n.*

télématique datenfernübertragend ; datenfernvermittelnd ; *journal, système* ~ Btx-Zeitung *f,* Btx-System *n.*

télématique *f* Datenfernübertragung *f,* -vermittlung *f* ; Btx-System *n* ; Bildschirmtext *m* ; *(rare)* Minitel *m* ; *(rare)* Telematik *f* ; Teleprocessing ['teliprosɛsiŋ] *n* ; Teleinformatik *f* ; Verbund *m* von Datenverarbeitung und Fernmeldetechnik ; *(R.F.A.)* Datex *n* ; Datex-Netz *n.*

téléphone *m* Telefon *n* ; Telephon ; Fernsprecher *m* ; *(sur les adresses)* Fernruf *m* ; ♦ *par* ~ telefonisch ; fernmündlich ; ~ *automatique* Telefon mit Selbstanschluß ; Selbstwählverkehr *m* ; ~ *public* öffentlicher Fernsprecher ;

(polit.) le ~ rouge der heiße Draht ; *~ à touches* Tastentelefon ; ♦♦ *abonnés mpl du ~* Fernsprechteilnehmer *mpl* ; *coup m de ~* Anruf *m* ; Telefonat *n* ; *facture f du ~* Telefonrechnung *f* ; *numéro m de ~* Telefon-, Fernsprechnummer *f* ; Rufnummer ; ♦♦♦ *appeler un taxi par ~* ein Taxi telefonisch bestellen ; *(fam.)* nach einem Taxi telefonieren ; *avoir le ~* Telefon haben ; *avoir qqn au ~* mit jdm telefonieren ; *(fam.)* jdn an der Strippe haben ; *confirmer qqch par ~* etw telefonisch bestätigen ; *on vous demande au ~* Sie werden am Telefon verlangt ; *joindre qqn par ~* jdn telefonisch erreichen ; *demander le ~* einen Telefonanschluß beantragen ; *se faire installer le ~* sich Telefon legen lassen.

téléphoner *(à qqn)* (jdn) anrufen ; (mit jdm) telefonieren ; *~ à Berlin* nach Berlin telefonieren ; *commande f ~ée* Bestellung *f* auf Anruf ; telefonische (fernmündliche) Bestellung.

téléphonique telefonisch ; fernmündlich ; Fernsprech- ; Telefon- ; *annuaire m ~* Telefonbuch *n* ; *appel m ~* Anruf *m* ; *cabine f ~* Fernsprechkabine *f* ; *central m ~* Fernsprechzentrale *f* ; *communication f ~* Anruf *m* ; Telefonat *n* ; *entretien m ~* Telefon-, Ferngespräch *n* ; *installation f ~* Fernsprechanlage *f* ; *ligne f ~* Telefon-, Fernsprechleitung *f* ; *service m ~* Telefondienst *m*.

téléphoniste *m ou f* Telefonist *m ou* Telefonistin *f*.

téléréservation *f* Fernbuchung *f*.

téléscripteur *m* Fernschreiber *m*.

téléspectateur *m* Fernseher *m* ; Fernsehzuschauer *m*.

télétel *m* ⇒ *Vidéotex*.

télétex *m* Teletex *m* ; elektronisches Telex *n*.

télétexte *m* Videotext *m*.

télétraitement *m (inform.)* Datenfernverarbeitung *f* ; Teleinformatik *f* ; Teleprocessing *n*.

télétype *m* ⇒ *téléscripteur*.

télévisé, e durch Fernsehen übertragen ; Fernseh-.

téléviseur *m* Fernsehgerät *n* ; Fernsehapparat *m* ; Fernseher *m* ; *(fam.)* Flimmerkasten *m* ; Glotze *f*.

télévision *f* **1.** Fernsehen *n* **2.** Fernsehgerät *n* ; Fernseher *m* ; *(fam.)* Flimmerkasten *m* ; *(fam.)* Glotze *f* ; *avoir la ~-couleur* einen Farbfernseher besitzen ; *regarder la ~* fernsehen **3.** *émission f de ~* Fernsehsendung *f* ; Fernsehübertragung *f*.

télex *m* **1.** Fernschreiber *m* ; Telex *n* **2.** Fernschreiben *n* ; Telex *n* ; *abonné m au réseau ~* Fernschreibteilnehmer *m* ; *télégramme m ~* über Telexanschluß zugestelltes Telegramm ; getelextes Telegramm *n*.

télexer fernschreiben ; telexen.

témoin *m* Zeuge *m* ; *citer un ~* einen Zeugen benennen, vorladen ; *(statist.) ~s* Kontrollgruppe *f*.

tempérament *m* : *achat m, vente f à ~* Ratenkauf *m*, Teilzahlungsverkauf *m* ; *paiement m à ~* Abschlagszahlung *f* ; Raten-, Teilzahlung ; *système m de ventes à ~* Abzahlungs-, Teilzahlungssystem *n*.

temporaire Zeit- ; befristet ; auf Zeit ; einstweilig ; vorläufig ; vorübergehend ; *assurance f ~* befristete Versicherung *f* ; *emploi m ~* Zeitarbeit *f*, -beschäftigung *f* ; *personnel m ~* Zeitpersonal *n* ; Zeit(arbeits)kräfte *fpl*.

temps *m* Zeit *f* ; *~ d'apprentissage* Lehrzeit *f* ; Ausbildungszeit ; *~ d'émission* Sendezeit ; *(inform.) ~ mort* Totzeit ; Leerlaufzeit ; *~ partagé* Timesharing ['taimʃεriŋ] *n* ; *(inform.) ~ réel* Echt-, Realzeit *f* ; *~ de repos* Erholungszeit ; *~ de service* Dienstzeit ; *~ de travail* Arbeitszeit ; *salaire m au ~* Zeitlohn *m* ; *emploi f du ~* Zeiteinteilung *f* ; *étude f des ~* Zeitstudie *f* ; *gain m de ~* Zeitersparnis *f* ; *faute f de ~* aus Zeitmangel ; *payer en ~ voulu* termingemäß bezahlen.

tendance *f* Tendenz *f* ; Neigung *f* ; Trend *m* ; *~ de la bourse* Kursbarometer *n* ; *~ croissante, décroissante* zu-, abnehmende Tendenz ; *~ à la hausse* Haussetendenz ; Aufwärtsbewegung ; *renverser la ~* die Tendenz umkehren.

tendu, e gespannt ; *situation f ~e sur le marché du travail* gespannte Arbeitsmarktlage *f*.

teneur *f (contenu, libellé)* Wortlaut *m* ; Inhalt *m*.

tenir halten ; *~ à jour* laufend ergänzen ; *~ un article* einen Artikel führen ; *~ la caisse* Kasse führen ; *~ un commerce* ein Geschäft führen ; *~ un compte* ein Konto führen ; *~ ses engagements* seinen Verpflichtungen nachkommen ; *~ les livres* die Bücher führen ; *~ un poste* ein Amt innehaben ; *~ qqn responsable de qqch* jdn für etw haftbar (verantwortlich) machen ; *~ séance* eine Sitzung abhalten.

tenu, e 1. gebunden ; -pflichtig ; *être ~ à qqch* an etw (+ A) gebunden sein ;

~ *aux termes d'un contrat, au secret professionnel* an einen Vertrag, an das Berufsgeheimnis gebunden sein **2.** *(bourse)* fest.

tenue *f* **1.** Führung *f* **2.** ~ *des livres* Buchhaltung *f* ; ~ *en partie double* doppelte Buchführung **3.** *bonne* ~ *des cours* Festigkeit *f* der Kurse.

termaillage *m* Fälligkeitsaufschub *m* oder -vorverlegung *f* ; leads and lags-Bestimmung *f* (Zahlungsterminänderung bei der Eintreibung von Schulden und Forderungen je nach der Entwicklung des Wechselkurses).

terme *m* **1.** Termin *m* ; Zeitpunkt *m* ; Frist *f* ; Ziel *n* ; ◆ ~ *d'un contrat* Ablauf *m* eines Vertrags ; ~ *de l'échéance* Fälligkeitstermin *m* ; ~ *extrême (de rigueur)* äußerster (letzter) Termin ; ~ *du paiement, du remboursement* Zahlungs-, Rückzahlungsfrist *f* ; ~ *de souscription* Zeichnungsfrist ; ◆◆ *à* ~ auf Zeit ; *à court, moyen, long* ~ kurz-, mittel-, langfristig ; *avant* ~ vor Fälligkeit ; vor Verfall ; *achat m à* ~ Terminkauf *m* ; *argent m à* ~ Termingeld *n* ; feste Einlage *f* ; *dépôts mpl à* ~ Depositen *pl* mit fester Laufzeit ; Termingelder *npl* ; *échéance f du* ~ Fristablauf *m* ; *marché m à* ~ Terminmarkt *m* ; Terminbörse *f* ; *opération f à* ~ Termingeschäft *n* ; *paiement m à* ~ Terminzahlung *f* ; *valeurs fpl à* ~ Terminwerte *mpl* ; ◆◆◆ *acheter à* ~ auf Zeit kaufen ; *déposer de l'argent à* ~ Geld auf Zeit hinterlegen ; *fixer un* ~ einen Termin festsetzen **2.** *(loyer)* Mietzahlung *f* ; Miete *f* ; *être en retard pour (payer) le* ~ mit der Mietzahlung im Rückstand sein ; *payer le* ~ die Miete zahlen **3.** *(libellé, relations) être en bons ~s avec qqn* mit jdm gut auskommen ; *aux ~s du contrat* laut Vertrag ; ~ *technique* Fachausdruck *m*.

terminal *m* **1.** *(inform.)* Terminal ['tə:minəl] *n* ; Datenterminal ; Datenendstation *f* ; Endgerät *n* ; ~ *à écran de visualisation* Datensichtgerät *n* ; Bildschirmterminal ; ~ *à imprimante* Drukkerterminal **2.** *(aéroport, gare)* Terminal ['tə:minəl] *m* ou *n*.

terrain *m* **1.** Grundstück *n* ; Boden *m* ; Gelände *n* ; Land *n* ; Platz *m* ; ~ *à bâtir* Bauland ; Bauplatz ; Grundstück *n* ; ~ *de culture* Ackerland ; bebauter Boden ; ~ *d'exposition* Ausstellungsgelände ; ~ *protégé* Schutzgebiet *n* ; ~ *à vendre* Grundstück zu verkaufen ; *spéculer sur les ~s* mit Grundstücken spekulieren **2.** ~ *d'atterrissage* Flugplatz *m* ; Startfeld *n* **3.** *être un homme de* ~ eine praxisorientierte Person sein ; praktische Erfahrung haben ; *sur le* ~ vor Ort **4.** *enquête f sur le* ~ Feld-, Primärforschung *f* ; *enquêteur m sur le* ~ Marktbefrager *m* ; Interviewer *m* ; *travail m sur le* ~ Feldarbeit *f*.

terre *f* **1.** Erde *f* **2.** *(agric.)* Ackerland *n* ; Gut *n* ; Boden *m* ; *~s* Grund und Boden ; ~ *arable* Anbaufläche *f* ; ~ *en friche* Brachland ; ~ *louée* Pachtland ; ~ *à pâturage, à vignes* Weide-, Rebland ; *produits mpl de la* ~ Agrarprodukte *npl* ; *rendement m de la* ~ Bodenertrag *m* ; *travail m de la* ~ Landarbeit *f* **3.** *par (voie de)* ~ zu Lande ; *trafic m par* ~ Landverkehr *m*.

terrestre : *par voie* ~ auf dem Landweg ; zu Lande.

terrien(s) *m(pl)* **1.** Landwirt *m* ; Landbewohner *m* ; Landbevölkerung *f* **2.** *propriétaire m* ~ Grundbesitzer *m* ; *propriété f ~ne* Landgut *n*.

territoire *m* Gebiet *n* ; Bereich *m* ; Zone *f* ; ~ *côtier* Küstengebiet ; ~ *douanier* Zollgebiet ; ~ *frontalier (limitrophe)* Grenzgebiet ; ~ *métropolitain* Mutterland *n* ; ~ *national* Staats-, Landesgebiet ; ~ *d'outre-mer (T.O.M.)* Überseegebiet ; *aménagement m du* ~ Raumplanung *f* ; Raumordnung *f* ; *autorisation f de quitter le* ~ Ausreisegenehmigung *f*.

territorial, e : *eaux fpl ~es* Küstengewässer *npl* ; Hoheitsgewässer.

tertiaire : *secteur m* ~ tertiärer Sektor *m* ; Dienstleistungssektor ; Dienstleistungsgewerbe *n*.

test *m* Test *m* ; Probe *f* ; ~ *d'aptitude* Eignungsprüfung *f* ; ~ *à l'aveuglette* blinder Test *m* ; ~ *de consommateurs* Verbrauchertest ; ~ *de notoriété de marques* Marken-Bekanntheitstest ; ~ *de produits* Produkttest ; ~ *d'intelligence* Intelligenztest, -prüfung *f* ; ~ *préalable* Voruntersuchung *f* ; *série f de ~s* Testreihe *f* ; *groupe-~ m* Panel *n* ; Testgruppe *f* ; *faire un* ~ einen Test durchführen ; *soumettre à un ~, à des ~s comparatifs* einem Test, vergleichenden Tests unterwerfen (unterziehen).

testament *m* Testament *n* ; letztwillige Verfügung *f* ; *par* ~ testamentarisch ; ~ *olographe* eigenhändiges Testament ; *faire un* ~ ein Testament machen ; *invalider un* ~ ein Testament für null und nichtig erklären ; *ne pas laisser de* ~ kein Testament hinterlassen ; *laisser (léguer) qqch par* ~ etw (durch Testament) vermachen ; *ouvrir un ~* ein Testament eröffnen.

testamentaire testamentarisch ; Testaments- ; *disposition f ~* Testamentsbestimmung *f* ; letztwillige Verfügung *f*.

testateur *m* Erblasser *m*.

tester 1. testen ; einen Test durchführen ; *~ la qualité d'un produit* ein Produkt auf Qualität testen ; *~ une voiture* einen Wagen testen **2.** *(testament)* testieren ; ein Testament machen.

tête *f* Kopf *m* ; Spitze *f* ; *par ~* pro Kopf ; *revenu m par ~ d'habitant* Pro-Kopf-Einkommen *n* ; *~ de lettre* Briefkopf *m* ; *en ~* an der Spitze ; *être en ~ de liste* oben auf der Liste stehen ; *en ~ du marché vient...* Marktführer ist (bleibt)... ; *occuper la ~* den ersten Platz (Rang) einnehmen ; *prendre la ~* die Führung übernehmen.

texte *m* Text *m* ; Wortlaut *m* ; *le ~ intégral* der volle (originale) Wortlaut ; *~ d'un télégramme* Wortlaut eines Telegramms.

textile : *les ~s* die Textilien *fpl* ; *la crise du ~* Textilkrise *f* ; *industrie f ~* Textilindustrie *f*.

T.G.V. *m (train à grande vitesse)* Hochgeschwindigkeitszug *m* (HGZ) ; Intercity-Zug *m* ; Fernschnellzug ; Expreßzug.

thermal, e : *établissement m ~* Kurhaus *n* ; *station f ~e* Kurort *m*.

thermique : *centrale f ~* Wärme-, Heizkraftwerk *n*.

thésaurisation *f* Hortung *f* ; Thesaurierung *f* ; Anhäufen *n*.

thésauriser thesaurieren ; horten ; anhäufen ; hamstern.

ticket *m* Fahrkarte *f* ; Karte *f* ; Marke *f* ; *~ de cantine* Essensmarke ; *~ d'entrée* Eintrittskarte ; *(sécurité sociale) ~ modérateur* Selbstbeteiligung *f* (des Versicherten) ; Selbstbeteiligungskosten *pl* ; *~ de quai* Bahnsteigkarte ; *~ de rationnement* Zuteilungsmarke ; *~ de ravitaillement* Lebensmittelmarke.

tiercé *m* Dreierwette *f* (bei Pferderennen).

tiers, tierce *m* **1.** Dritte(r) ; dritte Person *f* ; Dritt- ; *à l'usage de (pour le compte) de ~* für Dritte ; *~ acquéreur* Dritterwerber *m* ; *~ débiteur* Drittschuldner *m* ; *~ monde* Dritte Welt *f* ; *~ payant* selbsteintretender Versicherungsträger *m* ; Zahlung *f* der Arzt-, Arznei- und Krankenhauskosten durch den Versicherungsträger ; *~ provisionnel* Steuervorauszahlung *f* ; Steuerdrittel *n* ; Steuerabschlagzahlung *f* ; *état ~* Drittstaat *m* ; *pays ~* Drittland *n* ; *être responsable vis-à-vis de ~* Dritten gegenüber haften **2.** Drittel *n* ; *majorité des deux ~* Zwei-Drittel-Mehrheit *f*.

timbrage *m* Abstempelung *f* ; Abstempeln *n*.

timbre *m* **1.** Stempel *m* ; *~ dateur* Datumsstempel ; *droit m de ~* Stempelgebühr *f* ; *~ fiscal* Steuermarke *f* ; *exemption f (franchise, dispense) de ~* Stempelfreiheit *f* ; *~-quittance* Quittungsstempel **2.** *(poste)* Briefmarke *f* ; Freimarke ; Postwertzeichen *n* ; *un ~ à 60 Pfennig* eine Marke zu (à) 60 Pfennig ; *un carnet de ~s* Briefmarkenheft *n* ; *collectionner les ~s* Briefmarken sammeln ; *mettre un ~ sur l'enveloppe* eine Marke auf den Brief kleben ; *oblitérer un ~* eine Briefmarke entwerten.

timbré, e mit einer Steuermarke versehen ; abgestempelt ; *papier m ~* Stempelpapier *n*.

T.I.R. *m (Transit international routier)* Internationaler Straßengüterverkehr *m* ; TIR.

tirage *m* **1.** Ziehung *f* ; *droits mpl de ~ spéciaux* Sonderziehungsrechte *npl* ; *(par) ~ au sort* (durch) Auslosung *f* ; *~ des lots* Gewinnverlosung *f* ; *obligation f sortie au ~* ausgeloste Obligation *f* **2.** *(édition)* Auflage *f* **3.** *(traites)* Ausstellung *f* (Ziehung *f*) eines Wechsels ; *(chèque)* Ausstellung eines Schecks.

tiré *m* Bezogene(r) ; Trassat *m*.

tirer 1. *~ un chèque* einen Scheck ausstellen ; *~ une traite de 500 DM sur qqn* einen Wechsel über 500 DM auf jdn ausstellen (ziehen, trassieren) **2.** *~ au sort* aus-, verlosen **3.** *s'en ~* auskommen mit ; sich durchschlagen ; *bien, mal s'en ~* gut, schlecht abschneiden.

tireur *m (traite, chèque)* Aussteller *m* ; Zieher *m* ; Trassant *m*.

titre *m* **1.** Titel *m* ; *~ de fonction* Amtstitel, -bezeichnung *f* ; *~ universitaire* akademischer Titel **2.** *(journal) (en) gros ~s* (als) Schlagzeile *f* **3.** *(jur.)* Urkunde *f* ; Schein *m* ; Titel *m* ; *~ de créance* Schuldschein ; *~ de propriété* Eigentumsurkunde, -titel ; *~ de transport* Fahrausweis *m* **4.** *(bourse)* Wertpapier *n* ; *~s* Effekten *pl* ; ◆ *~ coté en bourse, négociable* börsengängiges, handelsfähiges Wertpapier ; *~ minier* Kux *m* ; *~ nominatif* Namenspapier ; *~ d'obligation* Schuldverschreibung *f* ; *~s de participation* Beteiligungen *fpl* ; *~s de placement* Anlagenwerte *mpl* ; *~ au porteur* Inhaberpapier ; *~ de* *rente* Rentenbrief *m* ; ~ *à revenu fixe, variable* festverzinsliches Wertpapier, Wertpapier mit veränderlichem Ertrag ; ~ *transmissible* übertragbares Wertpapier ; *avances fpl sur* ~*s* Vorschüsse gegen Effekten ; *nantissement m de* ~*s* Lombardierung *f* von Effekten ; ♦♦♦ *déposer des* ~*s* Effekten hinterlegen ; *donner un* ~ *en gage (en nantissement)* ein Wertpapier lombardieren (beleihen) ; *échanger des* ~*s* Effekten umtauschen ; *prêter sur* ~*s* Wertpapiere beleihen ; *réaliser un* ~ ein Wertpapier abstoßen ; *transmettre (céder) un* ~ ein Wertpapier übertragen **5.** *à* ~ *bénévole* ehrenamtlich ; *à* ~ *exceptionnel* ausnahmsweise ; *à* ~ *gracieux* unentgeltlich ; *à* ~ *onéreux* gegen Entgelt ; *à* ~ *privé* privat ; *à* ~ *professionnel* hauptamtlich ; *à* ~ *provisoire* vorläufig ; *à* ~ *de renseignement* zur Unterrichtung.

titulaire festangestellt ; verbeamtet ; ins Beamtenverhältnis übernommen.

titulaire *m* **1.** Inhaber *m* ; ~ *d'un compte* Kontoinhaber ; ~ *d'un droit* Inhaber eines Rechts ; ~ *d'une licence* Lizenzinhaber, -träger *m* ; **2.** Empfänger *m* ; Berechtigte(r) ; ~ *d'une prestation* Leistungsempfangsberechtigte(r) ; ~ *d'une rente* Rentenempfänger, -berechtigte(r) **3.** Auftragnehmer *m*.

titularisation *f* feste Anstellung *f* ; *(fonctionnaire)* Verbeamtung *f* ; Übernahme *f* ins Beamtenverhältnis.

titulariser fest anstellen ; *(fonctionnaire)* verbeamten.

toc *m* Schund *m* ; Kitsch *m* ; Ramsch *m* ; Tinnef *m*.

toile d'araignée *f* : *théorème de la* ~ Spinnwebentheorem *n (oscillation équilibrée entre offre et demande)*.

tolérance *f* Toleranz *f* ; Fehlergrenze *f* ; *marge f de* ~ Toleranzbereich *m* ; *une* ~ *de 10 %* ein Spielraum (eine Toleranz) von zehn Prozent.

tolérer tolerieren ; dulden ; zulassen ; *marge f d'erreur* ~*ée* erlaubte Fehlergrenze *f*.

T.O.M. *mpl (territoires d'outre-mer)* überseeische Gebiete *npl*.

tomber : *le premier* ~ *un samedi* der erste fällt auf einen Samstag ; ~ *d'accord sur qqch* sich über etw (+ A) (handels) einig werden ; ~ *d'accord sur un prix* über einen Preis einig werden ; *les cours sont* ~*és à ...* die Kurse sind auf... gefallen.

tombola *f* : *organiser une* ~ eine Tombola veranstalten.

tonalité *f (téléph.)* Freizeichen *n* ; Summerton *m* ; Wählton *m*.

tonnage *m* Tonnage [tɔ'na:ʒə] *f* ; Schiffsraum *m*.

tonne *f* Tonne *f* ; ~ *kilométrique* Tonnenkilometer *m* ; ~ *marchande* Handelstonne.

tonneau *m* **1.** *(vin, bière)* Faß *n* **2.** *(de jauge)* Registertonne *f (RT)* ; *jauger 1 000* ~ tausend Registertonnen haben.

tort *m* **1.** Schaden *m* ; Schuld *f* ; Nachteil *m* ; Beeinträchtigung *f* ; *faire du* ~ *à qqn* jdm Schaden zufügen ; *prendre les* ~*s à sa charge* die Schuld auf sich nehmen ; *réparer un* ~ einen Schaden wiedergutmachen ; *aux* ~*s réciproques* aus gegenseitigem Verschulden **2.** Unrecht *n* ; Verschulden *n* ; *avoir* ~ unrecht haben ; *être dans son* ~ im Unrecht sein ; *donner* ~ *à qqn* jdm unrecht geben.

tôt früh ; ~ *ou tard* früher oder später ; *envoyer qqch au plus* ~ etw schnellstens (baldigst) senden ; *je n'ai pas pu vous livrer plus* ~ ich habe Sie nicht früher beliefern können.

total *m* Gesamtbetrag *m* ; Gesamtsumme *f* ; *au* ~ im ganzen ; insgesamt ; ~ *assuré* Gesamtversicherungssumme ; *le* ~ *des effectifs* Gesamtbelegschaft *f* ; ~ *des salaires* Lohnsumme ; *faire le* ~ zusammenrechnen ; zusammenzählen ; *formant un* ~ *de 100 DM* was eine Gesamtsumme von 100 DM ausmacht.

total, e Gesamt- ; *chiffre d'affaires (C.A.)* ~ Gesamtumsatz *m* ; *coût m* ~ Gesamtkosten *pl* ; *recette f* ~*e* Gesamteinnahme *f* ; *somme f* ~*e* Gesamtbetrag *m* ; *valeur f* ~*e* Gesamtwert *m* ; *vente f* ~*e* Totalausverkauf *m*.

totaliser zusammenzählen ; zusammenrechnen ; ~*é, cela fait 100 DM* es beläuft sich insgesamt (im ganzen) auf 100 DM.

totalité *f* Gesamtheit *f* ; Gesamtsumme *f* ; *en* ~ vollständig ; *à vendre en* ~ *ou en partie* ganz oder teilweise zu verkaufen ; *la* ~ *des biens* Gesamtvermögen *n* ; *la* ~ *des commandes* sämtliche Aufträge *mpl*.

toucher berühren ; anfassen ; ~ *des appointements* ein Gehalt beziehen ; ~ *de l'argent* Geld erhalten ; *je ne dois pas* ~ *à cet argent* dieses Geld darf ich nicht angreifen ; ~ *un chèque* einen Scheck einlösen ; ~ *à un contrat* einen Vertrag abändern ; ~ *une clientèle* eine Kundschaft ansprechen ; ~ *un port* einen Hafen anlaufen ; ~ *qqn par téléphone* jdn telefonisch erreichen ; ~*é* *par la crise* krisengeplagt ; von der Krise betroffen ; krisenanfällig.

tour *m* **1.** Rundgang *m*, -fahrt *f* ; Reise *f* ; Ausflug *m* ; ~ *opérateur m* Reiseveranstalter *m.* **2.** *à ~ de rôle* nacheinander ; der Reihe nach ; *c'est à mon ~* ich bin daran ; ich bin an der Reihe ; *prendre son ~ de* an die Reihe kommen ; *~ d'avancement* Beförderungsliste *f* ; *bénéficier d'un ~ de faveur* bevorzugt abgefertigt werden ; *faire un ~ d'horizon* einen Gesamtüberblick gewinnen ; *établir les ~s de service* die Dienstzeit einteilen ; *donner un ~ de vis (impôts)* an der Steuerschraube drehen ; die Steuerschraube anziehen.

tour *f* Turm *m* ; ~ *de contrôle* Kontrollturm ; ~ *de télévision* Fernsehturm.

tourisme *m* Fremdenverkehr *m* ; Reiseverkehr *m* ; Tourismus *m* ; Touristik *f* ; ~ *étranger* Ausländerverkehr ; ~ *d'hiver* Wintertourismus ; ~ *de masse (populaire)* Massentourismus ; ~ *national* Inländerverkehr ; *agence f de ~* Reiseagentur *f* ; *industrie f du ~* Fremdenverkehrsgewerbe *n* ; Touristik ; *office m de ~* Fremdenverkehrsamt *n* ; Reisebüro *n* ; *voyage m de ~* Vergnügungs-, Urlaubsreise *f* ; *ouvrir une région au ~* ein Gebiet für den Fremdenverkehr eröffnen.

touriste *m* Tourist *m* ; Urlauber *m* ; Fremde(r) ; Urlaubsreisende(r) ; Feriengast *m* ; ~ *étranger* Auslandstourist ; ~ *national* Inlandsgast ; *classe f ~* Touristenklasse *f* ; Economy-Klasse ; ~ *de passage* Durchreisende(r).

touristique touristisch ; Reise- ; Fremdenverkehrs- ; *circuit m ~* Rundfahrt *f*, -reise *f* ; *guide m ~* Reiseführer *m* ; *menu m ~* Touristenmenü *n* ; preiswertes Menü ; *région f ~* Fremdenverkehrs-, Touristengebiet *n* ; *route f ~* durch liebliche Landschaften führende Straße *f* ; attraktive Reiseroute *f* ; *ville f ~* Touristenstadt *f* ; *voyage m ~* Gesellschafts-, Vergnügungs-, Urlaubs-, Ferienreise *f*.

tournant *m* **1.** Wende *f* ; Wendepunkt *m* **2.** *(circulation)* Kurve *f*.

tout *(suivi d'un nom de matière) : ~ cuir, ~ soie* Ganzleder ; ganzseiden.

tout compris alles inbegriffen (einbegriffen) ; inklusive.

tout-venant *m* unsortierte Ware *f*.

toxicité *f* Schädlichkeit *f* ; Toxizität *f* ; *tester la ~ d'un produit* ein Produkt auf Schädlichkeit testen.

toxique schädlich ; gesundheitsschädigend ; umweltschädigend, -feindlich ; toxisch ; *produit m ~* Schadstoff *m* ; *produits alimentaires non ~s* schadstofffreie Lebensmittel.

tracas *m* **professionnel** beruflicher Ärger *m*.

tracasseries *fpl* **administratives** behördliche Schikanen *fpl*.

tract *m* Flugblatt *n* ; Flugschrift *f* ; ~ *publicitaire* Werbeprospekt *m* ; Werbeblatt *n* ; Handzettel *m*.

traducteur *m* Übersetzer *m* ; ~ *assermenté* beeidigter Übersetzer ; *~-interprète* Übersetzer und Dolmetscher.

trafic *m* **1.** Verkehr *m* ; *heures fpl de ~ intense, de faible ~* verkehrsreiche (Hauptverkehrszeit), verkehrsarme Zeit *f* ; *intensité f du ~* Verkehrsdichte *f* ; ~ *en sens inverse* Gegenverkehr ; ~ *aérien* Luftverkehr ; ~ *commercial* Handelsverkehr ; ~ *(circulation) de devises* Devisenverkehr ; ~ *à petite, à grande distance* Nah-, Fernverkehr ; ~ *ferroviaire* Schienenverkehr ; ~ *fluvial* Binnenschiffahrtsverkehr ; ~ *frontalier* Grenzverkehr ; ~ *interfrontalier* Pendlerverkehr ; ~ *intérieur* Binnen-, Inlandsverkehr ; ~ *international* Auslandsverkehr ; ~ *local* Ortsverkehr ; ~ *marchandises* Fracht-, Güterverkehr ; ~ *maritime* Seeverkehr ; ~ *d'outremer* Überseeverkehr ; ~ *des paiements* Zahlungsverkehr ; ~ *de pointe* Stoß-, Spitzenverkehr ; ~ *postal* Postverkehr ; ~ *régulier* Linienverkehr ; ~ *routier (à grande distance)* Straßen(fern)verkehr ; ~ *touristique* Fremden-, Touristenverkehr ; ~ *en transit* Durchgangsverkehr ; ~ *urbain* Stadtbahnverkehr ; ~ *voyageurs* Personenverkehr ; *délester le ~* den Verkehr entlasten **2.** *(péj.)* Handel *m* ; Schmuggel *m* ; Ring *m* ; ~ *de devises* Devisenschiebung *f* ; Devisenschmuggel ; ~ *de stupéfiants* Rauschgifthandel **3.** *(jur.)* ~ *d'influence* passive Bestechung *f*.

trafiquant *m* Schieber *m* ; Schwarz-, Schleichhändler *m* ; ~ *de devises* Devisenschieber ; ~ *de drogue* Rauschgifthändler *m* ; Dealer ['di:lər] *m* ; ~ *au marché noir* Schwarzhändler ; Schieber *m*.

trafiquer **1.** schieben ; Schwarzhandel treiben mit **2.** (ver)fälschen ; ~ *des aliments* Lebensmittel verfälschen ; ~ *le vin* Wein panschen.

train *m* **1.** Zug *m* ; Eisenbahn *f* ; ♦ *~-auto* Autoreisezug ; ~ *de banlieue* Vorortszug ; ~ *direct* Fernschnellzug ; ~ *express* Schnellzug ; ~ *de grande* *ligne* Fernzug ; ~ *de jour* Tageszug ; ~ *de marchandises* Güterzug ; ~ *de nuit* Nachtzug ; ~ *omnibus* Personenzug ; *(fam.)* Bummelzug ; ~ *postal* Postzug ; ~ *rapide* Eilzug ; ~ *régulier* fahrplanmäßiger Zug ; ~ *spécial* Sonderzug ; ~ *à supplément* zuschlagspflichtiger Zug ; ~ *supplémentaire* Entlastungszug ; ~ *de voyageurs* Reisezug ; ♦♦♦ *le ~ entre en gare, part* der Zug läuft ein, fährt ab ; *prendre le ~* den Zug nehmen ; mit dem Zug fahren ; *rater (manquer) son ~* den Zug verpassen ; *le ~ en provenance de Paris* der Zug aus Paris **2.** *le ~ des affaires* der Gang der Geschäfte ; *prendre un ~ de mesures* eine Serie von Maßnahmen ergreifen ; ~ *de vie* Lebensstil *m*, -niveau *n* ; ~ *de voitures* Autoschlange *f*.

train-train *m* tägliches Einerlei *n* ; Alltagstrott *m* ; grauer Alltag *m* ; alltäglicher Trott *m* ; Routine *f*.

traite *f*	**1.** ***commerciale*** **2.** ***achat à crédit*** **3.** ***commerce illégal***

1. ***(commerciale)*** (gezogener) Wechsel *m* ; Tratte *f* ; ♦ ~ *à un certain délai* Datowechsel ; ~ *à 30 jours, à 3 mois* Monats-, Dreimonatswechsel ; *une ~ de 500 DM* ein Wechsel über 500 DM ; ~ *bancaire* Bankwechsel ; ~ *de cavalerie* Reitwechsel ; ~ *documentaire* Dokumententratte, -wechsel ; ~ *domiciliée* domizilierter Wechsel ; ~ *fictive (bidon)* Kellerwechsel ; ~ *négociable, non négociable* begebbarer, unbegebbarer Wechsel ; ~ *pour solde de compte* Saldowechsel ; ~ *protestée* geplatzter Wechsel ; ~ *en souffrance* überfälliger (notleidender) Wechsel ; ♦♦♦ *accepter une ~* einen Wechsel annehmen (akzeptieren) ; *céder une ~* einen Wechsel begeben (weitergeben) ; *domicilier une ~* einen Wechsel domizilieren ; *la ~ échoit le* der Wechsel ist am... fällig ; *encaisser une ~* einen Wechsel einziehen ; *endosser une ~* einen Wechsel indossieren (girieren) ; *escompter une ~* einen Wechsel diskontieren ; *faire une traite sur qqn* einen Wechsel auf jdn ziehen (ausstellen) ; *faire bon accueil à une ~* → *honorer* ; *faire protester une ~* einen Wechsel protestieren lassen ; *honorer une ~* einen Wechsel einlösen (bezahlen, honorieren) ; *mettre une ~ en circulation* einen Wechsel in Umlauf setzen ; *négocier une ~* → *céder* ; *présenter une ~ à la signature, à l'encaissement* einen Wechsel zur Unterschrift, zum Einzug vorlegen ; *proroger une ~* einen Wechsel prolongieren ; *recouvrer une ~* → *encaisser* ; *remettre une ~ à l'encaissement* einen Wechsel zum Inkasso übergeben ; *renouveler une ~* → *proroger* ; *tirer une ~ de... sur qqn* einen Wechsel über... auf jdn ziehen (ausstellen) ; *transmettre une ~* → *céder*.

2. ***(achat à crédit)*** Rate *f* ; Monatsrate ; Teilzahlung *f* ; Abzahlung *f* ; *payer le reste par ~s* den Rest in Raten (be)zahlen ; *(fam.)* den Rest abstottern.

3. ***(commerce illégal)*** Schwarzhandel *m* ; Schmuggel *m* ; Schiebung *f* ; ~ *des blanches, des noires* Mädchen-, Sklavenhandel ; ~ *des ouvriers immigrés* Einschleusung *f* von Gastarbeitern.

traité *m* **1.** Vertrag *m* ; Abkommen *n* ; ~ *de commerce* Handelsvertrag ; ~ *communautaire* Gemeinschaftsvertrag ; ~ *type* Modellvertrag ; ~ *de Rome* römische Verträge ; *conclure, dénoncer, signer un ~* einen Vertrag (ab)schließen, kündigen, unterzeichnen **2.** Abhandlung *f* ; Lehrbuch *n*.

traitement *m* **1.** Behandlung *f* ; ~ *médical* ärztliche Behandlung ; ~ *des ordures ménagères* Müllbeseitigung *f* ; Abfallbeseitigung **2.** *(rémunération)* Gehalt *n* ; Bezüge *pl* ; Lohn *m* ; ~ *brut, net, mensuel* Brutto-, Netto-, Monatsgehalt ; ~ *de début* Anfangsgehalt ; ~ *élevé, maximum* Spitzen-, Höchstgehalt ; *maintien m du versement du ~* Gehaltsfortzahlung *f* ; *suspension f de ~* Gehaltsentziehung *f* ; *ajuster, améliorer, augmenter les ~s* die Gehälter angleichen, aufbessern, erhöhen ; *suspendre le ~* die Gehaltszahlung einstellen ; das Gehalt entziehen **3.** *(transformation)* Verarbeitung *f* **4.** *(douane)* ~ *préférentiel* Meistbegünstigung *f* ; Tarifvergünstigung *f* **5.** *(inform.)* ~ *(électronique) des données* (elektronische) Datenverarbeitung (EDV) *f* ; ~ *de commandes* Auftragsbearbeitung *f* ; ~ *en temps réel* Echtzeit(daten)verarbeitung ; ~ *de textes* Textverarbeitung.

traiter **1.** *(sens général)* behandeln **2.** *(matière première)* veredeln ; verarbeiten ; verhütten ; aufbereiten **3.** *(une affaire)* verhandeln ; ein Geschäft machen **4.** *(négocier)* verhandeln über (+ A) **5.** *(inform.)* ~ *des données* Daten verarbeiten **6.** *(commandes, dossier)* bearbeiten **7.** *(passagers)* (Passagiere) abfertigen.

trajet *m* Strecke *f* ; Weg *m* ; Fahrt *f* ; *effectuer un ~* eine Strecke zurücklegen ; *faire le ~ en 8 jours* die Fahrt in 8 Tagen machen.

tramp *m* Trampschiff *n*.

tranche *f* Abschnitt *m* ; Stufe *f* ; Gruppe *f* ; Kategorie *f* ; *~ de revenus* Einkommensstufe ; *~ de(s) revenus imposables* Progressionsstufe ; *~ d'âge* Altersstufe.

transaction *f* **1.** Geschäft *n* ; Abschluß *m* ; Geschäftsvorgang *m* ; Transaktion *f* ; *~ bancaire* Bankgeschäft ; *~ boursière* Börsengeschäft ; *~ par chèques* Scheckverkehr *m* ; *~s commerciales* Handelsgeschäfte ; *~ financière* Finanzgeschäft *n*, -transaktion *f* ; *~ à terme, à vue* Termin-, Sichtgeschäft ; *~s d'open market* Offenmarktgeschäfte ; *~ par virements* Giroverkehr **2.** *(jur.)* Vergleich *m* ; *~ amiable* gütliche Regelung *f* ; *conclure une ~* einen Vergleich (Kompromiß) schließen.

transatlantique **1.** *le ~* Ozeandampfer *m* ; Überseedampfer **2.** überseeisch ; Übersee- ; transatlantisch.

transbordement *m* **1.** Umladen *n* ; Umschlag *m* ; *coût m de ~* Umladekosten *pl* ; *droit m, gare f de ~* Umschlag(s)gebühr *f*, -bahnhof *m* ; *~ des marchandises* Güterumschlag ; *installations fpl de ~* Güterumschlagsanlagen *fpl* **2.** Umladestelle *f* ; Umschlagsplatz *m*.

transborder umladen.

transbordeur *m* **1.** Umlader *m* ; Entlader *m* **2.** Umladeanlage *f*.

transférer **1.** (an einen anderen Ort) verlegen ; verlagern ; *~ le siège d'une société en un autre lieu* den Gesellschaftssitz an einen anderen Ort verlegen **2.** *(droits, titre)* übertragen ; zedieren **3.** umschreiben **4.** überweisen ; transferieren.

transfert *m* **1.** *(déplacement)* Verlegung *f* ; Verlagerung *f* ; *~ de compétences* Zuständigkeitsübertragung *f* ; *~ de domicile, d'entreprises, du siège social* Wohnsitz-, Betriebs-, Sitzverlegung ; *~ du pouvoir d'achat* Kaufkraftverlagerung ; *~ de populations* Umsiedlung *f* ; *~ de main-d'œuvre* Abwanderung *f* von Arbeitskräften ; *~ des centres de production* Verlagerung der Produktionsstätten **2.** Übertragung *f* ; Transfer *m* ; *~ d'actions, de capitaux, de propriété* Aktien-, Kapital-, Eigentumsübertragung ; *~ de biens* Realtransfer ; *~ technologique* Technologietransfer **3.** *(changement de nom)* Umschreibung *f* **4.** *(mouvements de fonds)* Transfer *m* ; Überweisung *f* ; *~ en banque* Banküberweisung ; *~ de devises* Devisentransfer ; *~ monétaire* Transferzahlung *f* ; *~ des salaires* Lohnüberweisung ; *~ télégraphique* telegraphische Überweisung ; *balance f des ~s à l'étranger* Übertragungsbilanz *f*.

transformation *f* Verarbeitung *f* ; *industrie f de ~* verarbeitende Industrie *f* ; *industrie de ~ du bois* holzverarbeitende Industrie ; *~ de société* Umwandlung *f* der Gesellschaft(sform) ; *~s structurelles* Strukturveränderung *f* ; *phase f (stade m) de ~* Verarbeitungsstufe *f* ; *~s ⇒ travaux.*

transformer **1.** umwandeln (in + A) ; neugestalten ; ändern ; umstrukturieren ; umbauen ; *~ une société* eine Gesellschaft umwandeln ; *~ radicalement qqch* etw tiefgehend verändern ; *(fam.)* etw von Grund auf umkrempeln **2.** *(matière première)* verarbeiten (zu).

transgresser überschreiten ; übertreten ; verstoßen gegen ; *~ une loi* ein Gesetz übertreten.

transiger zu einem Kompromiß kommen ; einen Kompromiß schließen.

transit *m* Transit *m* ; Durchgang *m* ; Durchfuhr *f* ; *en ~* im Durchgang(sverkehr) ; *commerce m de ~* Transithandel *m* ; *dépôt m de ~* Transitlager *n* ; *droits mpl de ~* Durchfuhrzoll *m* ; *expédition f en ~* Transitversand *m* ; *gare f de ~* Durchgangsbahnhof *m* ; *marchandises fpl en ~* Transitgüter *npl* ; *passagers mpl en ~* Transitreisende(n) ; *pays m de ~* Durchfuhrland *n* ; *visa m de ~* Durchreisevisum *n*.

transitaire **1.** *le ~* Transithändler *m* ; Transitspediteur *m* **2.** Durchgangs- ; Durchfuhr- ; Transit-.

transiter im Transitverkehr befördern ; transitieren.

transitoire vorübergehend ; Übergangs- ; *période f ~* Übergangszeit *f*.

transition *f* Übergang *m* ; *de ~ ⇒ transitoire.*

translation *f* : *~ d'hypothèque, de propriété* Hypothek-, Eigentumsübertragung *f*.

transmettre **1.** übertragen ; übereignen ; weitergeben ; *~ des pouvoirs* Befugnisse übertragen ; *prière de ~* mit der Bitte um Weitergabe **2.** zusenden ; übersenden **3.** *~ une requête, une demande, une facture* ein Gesuch, einen Antrag, eine Rechnung einreichen.

transmissibilité *f* Übertragbarkeit *f* ; Vererblichkeit *f*.

transmissible übertragbar ; zessibel.

transmission *f* Übertragung *f* ; Zedieren *n* ; Vererbung *f* ; Übereignung *f* ; Übermittlung *f* ; Vermittlung *f* ; ~ *de propriété* Eigentumsübertragung.

transparence *f* Durchsichtigkeit *f* ; Transparenz *f* ; ~ *fiscale* Steuertransparenz ; ~ *du marché* Markttransparenz.

transport *m* Beförderung *f* ; Transport *m* ; Verkehr *m* ; *les ~s* Verkehrsmittel *npl* ; Verkehr ; Verkehrswesen *n* ; *(prix)* Fracht *f* ; Frachtpreis *m* ; ♦ ~ *aérien (par air)* Luftverkehr ; ~ *à courte, à longue distance* Nah-, Fernverkehr ; ~ *par charters* Charterverkehr ; ~ *combiné* gemischte Beförderung ; Verkehrsverbund *m* ; ~ *combiné rail-route* Schiene-Straße-Verkehr ; Huckepackverkehr ; *~s en commun* öffentliche Verkehrsmittel ; ~ *par conteneurs* Container-, Behälterverkehr ; ~ *par fer (ferroviaire, par voie ferrée)* (Eisen)-bahntransport ; Schienenverkehr ; ~ *fluvial* Flußschiffahrtsverkehr ; ~ *de groupage* Sammelgutverkehr ; *~s intérieurs* Binnenverkehr ; ~ *international* internationaler (grenzüberschreitender) Verkehr ; ~ *de marchandises* Gütertransport, -beförderung, -verkehr ; ~ *maritime (par mer)* Seetransport ; ~ *de passagers (de personnes)* Personenbeförderung ; ~ *du personnel* Arbeiterverkehr ; ~ *porte-à-porte* von Haus zu Haus- Verkehr ; *~s par terre (terrestres)* Beförderung auf dem Landweg ; ~ *privé (pour compte propre)* Werkverkehr ; nicht öffentlicher Verkehr ; privates Transportgewerbe *n* ; ~ *routier (par route)* Beförderung per Achse ; Straßentransport ; Güterverkehr per LKW ; ~ *urbain* Stadtverkehr ; ♦♦ *assurance f de ~* Transportversicherung *f* ; *barème m de ~* Frachttarif *m* ; *carte f de ~* Wochenkarte *f* ; *compagnie f aérienne de ~* Luftverkehrs-, Fluggesellschaft *f* ; *contrat m de ~* Beförderungsvertrag *m* ; *entreprise f de ~s* Speditionsfirma *f* ; *frais mpl de ~* Transportkosten *pl* ; *grève f des ~s* Verkehrsstreik *m* ; *ministère m des ~s* Verkehrsministerium *n* ; *moyens mpl de ~* Verkehrsmittel *npl* ; *navire m de ~* Transportschiff *n* ; *politique f des ~s* Verkehrspolitik *f* ; *prime f de ~* Wegegeld *n* ; *société f de ~* Transportgesellschaft *f* ; *tarifs mpl des ~s* Transporttarif *m* ; *titre m (billet m) de ~* Beförderungsschein *m* ; Fahrkarte *f*.

transporter befördern ; transportieren ; verschicken ; versenden ; fortschaffen ; ~ *des marchandises par camion* Güter mit (per) Lastwagen befördern ; *marchandise f ~ée* Fracht *f* ; Frachtgut *n*.

transporteur *m* **1.** Spediteur *m* ; Transporteur *m* ; Transportunternehmer *m* ; Beförderer *m* ; Rollfuhrunternehmen *n* ; Verkehrsträger *m* ; ~ *routier* Straßenverkehrsunternehmer **2.** *(engin)* Ladeeinrichtung *f* ; Verlader *m*.

travail *m* Arbeit *f* ; Beschäftigung *f* ; Tätigkeit *f* ; *(emploi, place)* Stelle *f* ; Arbeitsplatz *m* ; Job *m* ; *(mode de travail)* Arbeitsweise *f* ; *(rendement)* Leistung *f* ; *(durée du travail)* Arbeitszeit *f* ; Dienst *m* ; ♦ ~ *administratif* Verwaltungsarbeit ; ~ *agricole* Landarbeit ; ~ *d'appoint* Nebenerwerb *m* ; Nebenbeschäftigung ; ~ *artisanal* handwerkliche Arbeit ; ~ *de bureau* Büroarbeit ; ~ *à la carte* gleitende Arbeitszeit (GLAZ) ; ~ *à la chaîne* Fließ(band)arbeit ; ~ *clandestin (non déclaré)* Schwarzarbeit ; ~ *continu* durchgehende Arbeitszeit ; Arbeitstag mit kurzer Mittagspause ; ~ *à domicile* Heimarbeit ; ~ *des enfants* Kinderarbeit ; ~ *d'équipe* Gruppen-, Teamarbeit ; ~ *féminin* Frauenarbeit ; ~ *de force* → *pénible* ; ~ *à forfait* Akkordarbeit ; ~ *à l'heure* Zeitlohnarbeit ; ~ *illicite* → *noir* ; ~ *indépendant* selbständige Arbeit ; ~ *industriel* Industriearbeit ; ~ *intellectuel* Kopf-, Geistesarbeit ; ~ *intérimaire* Zeitarbeit ; ~ *manuel* Handarbeit ; ~ *à mi-temps* Halbtagsarbeit, -beschäftigung ; ~ *(au) noir* Schwarzarbeit ; ~ *obligatoire* Pflichtarbeit ; ~ *occasionnel* Gelegenheitsarbeit ; ~ *pénible* Schwer(st)arbeit ; ~ *aux pièces* → *à forfait* ; ~ *à plein temps* Ganztagsarbeit ; ~ *posté* Schichtarbeit ; ~ *préliminaire* Vorarbeit ; ~ *productif* produktive Arbeit ; ~ *professionnel* Erwerbs-, Berufstätigkeit ; ~ *qualifié* Facharbeit ; ~ *rémunéré* bezahlte Arbeit ; Lohnarbeit ; ~ *saisonnier* saisonbedingte Arbeit ; Saisonarbeit ; ~ *en série* Serienfertigung *f* ; ~ *spécialisé* spezialisierte Arbeit ; ~ *supplémentaire* Mehrarbeit ; ~ *à la tâche* → *à forfait* ; ~ *à temps partiel* Teilzeitarbeit ; ~ *utile* Nutzleistung ; ♦♦ *accident m du ~* Betriebs-, Arbeitsunfall *m* ; *action f de ~* Arbeiteraktie *f* ; Belegschaftsaktie ; *aménagement m du cadre de ~* Arbeitsplatzgestaltung *f* ; *aménagement du temps de ~* Arbeitszeitgestaltung *f* ; *arrêt m de ~* Arbeitsunterbrechung *f* ; *attestation f de ~* Arbeitsbescheinigung *f* ; *autorisation f de ~* → *permis* ; *bleu m de ~* Arbeitskluft *f* ; *(fam.)* Blaumann *m* ; *bourreau m de ~* Arbeitstier *n* ; *bourse f du ~* Arbeitsbörse *f* ; *cadence f de ~* → *rythme* ; *certificat m de ~* Arbeitszeugnis *n* ; *cessation f du ~* Arbeitsniederlegung *f*, -einstellung *f* ; Streik *m* ; *collègue m de ~* Arbeitskollege *m* ; *conditions fpl de ~* Arbeitsbedingungen *fpl* ; *conflit m du ~* Arbeitskampf *m* ; Arbeitskonflikt *m* ; *contrat m de ~* Arbeitsvertrag *m*, -verhältnis *n* ; *déroulement m du ~* Arbeitsablauf *m* ; *division f du ~* Arbeitsteilung *f* ; *durée f (hebdomadaire) du ~* (wöchentliche) Arbeitszeit *f* ; *équipe f de ~* Arbeitsschicht *f*, -team *n* ; *incapacité f de ~* Arbeits-, Erwerbsunfähigkeit *f* ; *inspection f du ~* Arbeitsaufsicht *f* ; *législation f du ~* Arbeitsrecht *n* ; *lieu m de ~* Arbeitsstätte *f*, -stelle *f* ; *médecine f du ~* Arbeitsmedizin *f* ; *ministère m du ~* Arbeitsministerium *n* ; *monde m du ~* Arbeitswelt *f* ; *office m du ~* Arbeitsamt *n* ; *organisation f du ~* Arbeitsorganisation *f*, -planung *f* ; *permis m de ~* Arbeitsgenehmigung *f* ; *perte f de ~* Arbeitsausfall *m* ; *qualification f du ~* berufliche Qualifikation *f* ; *rationalisation f du ~* Arbeitsrationalisierung *f*, -einsparung *f* ; *réduction f du temps de ~* Arbeitszeitverkürzung *f* ; *reprise f du ~* Wiederaufnahme *f* der Arbeit ; *réunion de ~* Arbeitssitzung *f* ; *rythme m de ~* Arbeitstempo *n* ; *service m du ~* Arbeitsbehörden *fpl* ; *spécification f du ~* Arbeitsbeschreibung *f* ; *surcroît m de ~* Mehrarbeit *f* ; ♦♦♦ *aller au ~* zur Arbeit gehen ; *cesser le ~ (débrayer)* die Arbeit niederlegen (einstellen) ; *être sans ~* ohne Arbeit sein ; arbeitslos sein ; *exécuter un ~* eine Arbeit ausführen (verrichten) ; *faire un ~* eine Arbeit leisten (erledigen) ; *se mettre au ~* sich an die Arbeit machen ; *passer au ~ à temps partiel* zur Teilzeitarbeit übergehen ; *planifier le ~* die Arbeit planen (organisieren) ; *réduire les horaires de ~* die Arbeitszeit verkürzen ; *reprendre le ~* die Arbeit wiederaufnehmen ; *simplifier le ~* die Arbeit vereinfachen ; *se tuer au ~* sich totarbeiten ; *(fam.)* sich abschinden.

travailler 1. arbeiten ; erwerbstätig (berufstätig) sein ; tätig sein ; *~ dans* in (+ D), bei tätig sein ; *~ à la chaîne* am Band arbeiten ; *~ la clientèle* Kunden werben (aufsuchen) ; *~ pour son propre compte* auf eigene Rechnung arbeiten ; *~ à domicile* Heimarbeit leisten ; *~ par équipes* in Schichten arbeiten ; *~ à forfait* im Akkord arbeiten ; *~ à la journée* im Tagelohn arbeiten ; *~ à mi-, à plein-temps* halbtags, ganztags arbeiten ; *~ au noir* schwarzarbeiten ; *~ à perte* mit Verlust arbeiten ; *~ aux pièces* → *à forfait* ; *~ à la tâche* → *à forfait* ; *~ la terre* anbauen ; bebauen ; bestellen ; *~ au temps* im Zeitlohn arbeiten ; *~ en usine* in einer Fabrik arbeiten 2. *l'argent ~* das Geld bringt Zinsen ; *faire ~ son argent* sein Geld (gewinnbringend) anlegen 3. *~ un matériau* Material verarbeiten.

travailleur *m* Arbeitnehmer *m* ; Arbeiter *m* ; Werktätige(r) ; Arbeitskraft *f* ; Erwerbstätige(r) ; *~ agricole* Landarbeiter ; *~ étranger* Gastarbeiter ; Fremdarbeiter ; *~ de force* Schwerarbeiter ; *~ frontalier* Grenzgänger *m* ; *~ dépendant* Arbeitnehmer ; *~ immigré* → *étranger* ; *~ indépendant* selbständige(r) Erwerbstätige(r) ; *~ intellectuel* Kopfarbeiter ; *~ intérimaire* Zeit(-arbeits)kraft *f* ; Aushilfskraft ; Vertretungskraft ; *~ manuel* Handarbeiter ; *~ migrant* Wanderarbeiter ; *~ occasionnel* Gelegenheitsarbeiter ; *~ permanent* ständig Beschäftigte(r) ; *~ saisonnier* Saisonarbeiter ; *~ salarié* Lohnarbeiter ; *~ social* Sozialarbeiter ; *~ (non) syndiqué* (nicht) organisierter Arbeitnehmer ; *~ temporaire* → *intérimaire* ; *~ à temps complet, partiel* Vollzeit-, Teilzeitbeschäftigte(r).

travailleurs *(les)* Arbeiter *mpl* ; Arbeiterschaft *f* ; Arbeitskräfte *fpl* ; Arbeitnehmerschaft *f* ; *(lors de négociations)* Arbeitnehmerseite *f* ; *représentant m des ~* Vertreter *m* der Arbeitnehmer(seite) ; *syndicat m de ~* (Arbeitnehmer)gewerkschaft *f*.

travaux *mpl* Arbeiten *fpl* ; *~ d'aménagement* Ausbauarbeiten ; *~ du bâtiment* Bauarbeiten ; *~ de déblaiement* Aufräumungsarbeiten ; *~ d'infrastructure* Tiefbauarbeiten ; *~ pénibles* Schwer(st)arbeiten ; *~ préparatoires* Vorarbeiten ; *~ publics* öffentliche Arbeiten ; *~ de transformations* Umbau *m* (und Reparatur *f*) ; *~ d'utilité publique* gemeinnützige Arbeiten.

traveller's-chèque *m* Reisescheck *m* ; Travellerscheck.

traversée *f* Überfahrt *f*.

treizième *(mois)* dreizehntes Monatsgehalt ; Weihnachtsgeld *n*.

trempé : *acier ~, non ~* gehärteter, ungehärteter Stahl *m*.

trésor *m* 1. Schatz *m* 2. *(public)* Staatskasse *f* ; Schatzamt *n* ; Fiskus *m* ; Finanzverwaltung *f* ; *bons mpl du* ~ Schatzscheine *mpl*, -wechsel *mpl*, -anweisungen *fpl* ; *(R.F.A.)* Bundesschätzchen *npl*.

trésorerie *f* 1. Finanz-, Schatzamt *n* ; Fiskus *m* 2. ~*s* Bar-, Geldmittel *npl* ; flüssige Gelder *npl* ; Barliquidität *f* ; *avoir des difficultés de* ~ nicht über genügend flüssiges Kapital verfügen ; Liquiditätsschwierigkeiten haben ; *faire face aux besoins de* ~ die nötigen (Finanz)mittel finden 3. Kassenbericht *m* ; Liquiditätslage *f*, -stand *m*.

trésorier *m* Kassenführer *m* ; Kassenwart *m* ; ~ *payeur* Leiter *m* (Direktor *m*) eines Finanzamts.

trève *f* : ~ *sociale* Sozialfriede *m* ; ~ *des prix* Preisstopp *m*.

tri *m* Sortieren *n* ; Verteilen *n* ; Auswahl *f*.

triage : *gare f de* ~ Rangierbahnhof *m*.

triangulaire Dreiecks- ; *opération f* ~ Dreiecksgeschäft *n*.

trilatéral : *accord m* ~ dreiseitiges Abkommen *n*.

tribunal *m* Gericht *n* ; Gerichtshof *m* ; ~ *administratif* Verwaltungsgericht ; ~ *arbitral* Schiedsgericht ; ~ *de commerce* Handelsgericht ; ~ *d'instance* Amtsgericht ; ~ *de grande instance* Landesgericht ; Verwaltungsgericht ; ~ *ordinaire* ordentliches Gericht ; *porter un litige devant le* ~ eine Streitsache vor Gericht bringen ; *pour tout litige, le* ~ *de Colmar est seul compétent* Gerichtsstand Colmar ; *renvoi devant le* ~ *compétent* Verweisung *f* an das zuständige Gericht.

trimestre *m* Vierteljahr *n* ; Quartal *n* ; *(école)* Trimester *n* ; *en fin de* ~ zum Quartalsende.

trimestriel, le vierteljährlich ; Quartal-.

triple exemplaire : *en* ~ in dreifacher Ausfertigung.

tripler 1. ~ *qqch* etw verdreifachen 2. sich verdreifachen ; *le nombre d'habitants a* ~*é* die Einwohnerzahl hat sich verdreifacht.

troc *m* Tausch *m* ; Tauschhandel *m* ; *économie f de* ~ Tauschwirtschaft *f* ; *faire du* ~ Tauschhandel treiben.

trois-huit : *les* ~ Drei-Schichten-Dienst *m* ; *faire les* ~ in Schichten arbeiten ; Schicht arbeiten.

tromper betrügen ; irreführen ; *(fam.)* prellen ; begaunern ; jdn übers Ohr hauen.

trompeur, euse irreführend ; *emballage m* ~ Mogelpackung *f*.

trop-payé *m* Überzahlung *f* ; zuviel entrichteter Betrag *m*.

trop-perçu *m* zuviel erhobener Betrag *m* ; zuviel erhobene Steuer *f*.

trop-versé ⇒ *trop-payé*.

troquer *(qqch contre qqch)* etw gegen (für) etw anderes eintauschen.

trou *m* **(budgétaire)** (Haushalts)lücke *f* ; Loch *n* ; *combler les* ~*s* Finanzlücken (ein Loch im Budget) stopfen.

trouver *(se)* sich befinden ; stehen ; *se* ~ *au bord de la faillite, devant des difficultés, devant une tâche difficile, en situation de crise* vor einer Pleite, vor Schwierigkeiten, vor einer schwierigen Aufgabe, vor einer Krise stehen ; *se* ~ *en position de force* die Oberhand haben ; sich in einer Machtposition befinden ; ~ *acquéreur (acheteur, preneur)* Absatz (Abnehmer) finden ; Käufer (Kunden) finden ; *(fam.)* eine Ware an den Mann bringen.

trust *m* Trust *m* [trast, trœst] ; *formation f de* ~ Trustbildung *f*.

truster vertrusten ; monopolisieren.

T.S.V.P. *(tournez, s'il vous plaît)* Bitte wenden !

T.T.C. *(toutes taxes comprises)* inklusive aller Steuern und Abgaben ; alle Gebühren (mit) inbegriffen.

T.U.C. *m (travaux d'utilité collective)* Arbeitsbeschaffungsmaßnahme (ABM) *f* (für Jugendliche) ; ABM-Tätigkeit *f* ; gemeinnützige Kommunalarbeit *f*.

tuciste *m* ABM-Tätige(r) *m* ; ABM-Beschäftigte(r) *m*.

T.U.P. *(titre universel de paiement)* Zahlungsanweisung *f* ; Einziehungsanweisung *f* ; Einziehungsauftrag *f*.

tutelle *f* 1. Vormundschaft *f* ; Bevormundung *f* ; *mettre en* ~ unter Vormundschaft stellen 2. Aufsicht *f* ; übergeordnete Behörde *f* ; Schutzherrschaft *f* ; Treuhänderschaft *f* ; *ministère m de* ~ zuständiges Ministerium *n* ; *territoire m sous* ~ Treuhandgebiet *n*.

tuteur *m* Vormund *m* ; ~ *légal* Vormund kraft Gesetzes ; *désignation f d'un* ~ Benennung *f* eines Vormunds.

tuyau *m* **boursier** Börsentip *m*.

T.V.A. *f (taxe à la valeur ajoutée)* Mehrwertsteuer *f* ; MWSt ou MwSt *f*.

type *m* 1. Modell *n* ; Typ *m* ; Bauart *f* 2. *(en seconde position)* Muster- ; Standard- ; *contrat-*~ Mustervertrag *m* ; Einheitsvertrag ; *modèle-*~ Mustertyp ; *valeur-*~ Standardwert *m*.

U

U.E.R. *f (Unité d'enseignement et de recherche) (université)* Fachbereich *m.*

U.H.T. *(lait) :* H-Milch *f* ; haltbare Milch).

ultimatum *m* Ultimatum *n* ; *adresser un ~* ein Ultimatum stellen.

ultra-moderne hochmodern.

un : *~ sur deux, trois, quatre* jeder(es,e) zweite, dritte, vierte.

unanime einstimmig ; einmütig ; *d'une voix ~* einstimmig.

unanimité *f* Einstimmigkeit *f* ; *à l'~* einstimmig ; *faire l'~ à propos de qqch* einstimmig hinter einer Sache stehen.

U.N.E.D.I.C. *(Union nationale interprofessionnelle pour l'emploi dans l'industrie et le commerce)* nationaler Verband *m* aller Berufe für die Beschäftigung in der Industrie und im Handel (Organismus *m,* der sich mit Fragen der Arbeitslosenversicherung befaßt).

unification *f* **1.** Vereinheitlichung *f* **2.** *(polit.)* Einigung *f.*

uniforme 1. gleichförmig ; gleichartig **2.** einförmig.

uniformisation *f* Vereinheitlichung *f.*

uniformiser vereinheitlichen ; uniformisieren.

unilatéral, e einseitig ; unilateral.

uninominal : *scrutin ~* Einzel-, Persönlichkeitswahl *f.*

union *f* **1.** Bund *m* ; Gemeinschaft *f* ; Verband *m* ; *~ douanière* Zollunion *f* ; *~ économique* Wirtschaftsunion ; *~ monétaire* Währungsverbund *m* ; *~ soviétique* Sowjetunion *f* ; UdSSR *f* **2.** Ehebund *m* ; *~ légitime* rechtsgültige Ehe *f* ; *~ libre* wilde Ehe *f* ; Ehe ohne Trauschein.

unique einzig ; Einheits- ; *liste f, parti m ~* Einheitsliste *f,* -partei *f* ; *occasion f, offre f ~* Sonder(an)gebot *n* ; *prix m, tarif m ~* Einheitspreis *m,* -tarif *m* ; *voie f (rue) à sens ~* Einbahnstraße *f.*

unir vereinigen ; *s'~* sich vereinigen ; sich zusammenschließen.

unitaire einheitlich ; Einheits-.

unité *f* **1.** Einheit *f* ; *~ de compte* (Ver)rechnungseinheit ; *~ monétaire* Währungseinheit ; *par ~* pro (je) Einheit ; *(inform.) ~ centrale, d'entrée, de sortie* Zentral-, Eingabe-, Ausgabeeinheit **2.** Stück *n* ; *prix m à l'~* Einzel-, Stückpreis *m* ; Preis pro Stück.

universel, le *légataire m ~* Universalerbe *m* ; *legs m ~* Universalvermächtnis *n* ; *remède m ~* Allheilmittel *n.*

universitaire Universitäts- ; Hochschul- ; akademisch ; *qui a fait des études ~s* Akademiker *m* ; *diplôme m ~* Universitäts-, Hochschuldiplom *n.*

urbain, e städtisch ; Stadt- ; *(téléph.) communication f ~e* Ortsgespräch *n* ; *réseau m ~* Ortsnetz *n.*

urbanisation *f* Verstädterung *f* ; Urbanisierung *f.*

urbaniser verstädtern ; urbanisieren.

urbanisme *m* Städtebau *m* ; Städteplanung *f.*

urbaniste *m* Städteplaner *m.*

urgence *f* **1.** Dringlichkeit *f* ; *il y a ~* die Sache eilt sehr ; die Sache ist dringend **2.** Notstand *m* ; *(polit.) état m d'~* Ausnahmezustand *m* ; *mesures fpl d'~* Notstands-, Sofortmaßnahmen *fpl.*

urgent, e dringend ; *(poste)* Eilt ! *communication f ~e* dringendes Telefongespräch *n* ; *l'affaire est ~* die Sache ist dringend.

urger dringend sein ; *cela ~e* die Zeit drängt.

urne *f* Wahlurne *f* ; *aller aux ~s* wählen ; abstimmen ; *appeler aux ~s* zu den Urnen rufen.

U.R.S.S. *f* UdSSR *f* ; Sowjet-Union *f.*

U.R.S.S.A.F. *f (Union de recouvrement des cotisations de sécurité sociale et d'allocations familiales)* Union *f* der Beitragszahlungen für Sozialversicherung und Familienbeihilfen.

usage *m* Gebrauch *m* ; Benutzung *f* ; Anwendung *f* ; *~s commerciaux* Handelsbräuche *mpl* ; kaufmännische Usancen [y'zã:sən] *fpl* ; *~ frauduleux* Mißbrauch ; *~ de faux* Gebrauch von falschen (gefälschten) Urkunden ; *droit m d'~* Nutzungsrecht *n* ; *prêt m à ~* Leihe *f* ; *valeur f d'~* Gebrauchswert *m* ; *être d'~* gebräuchlich sein ; *cela est hors d'~* das ist nicht mehr üblich ; *connaître les ~s* mit den Gepflogenheiten vertraut sein.

usager *m* **1.** Benutzer *m* ; Teilnehmer *m* ; *~ des transports* Verkehrsteilnehmer **2.** *(jur.)* Benutzungsberechtigte(r) ; Benutzer *m.*

usance *f* Brauch *m.*

us et coutumes *mpl* Usancen *fpl* ;

Handelsbräuche *mpl.*

usinage *m* maschinelle Fertigung *f* ; Be-, Verarbeitung *f*.

usine *f* Fabrik *f* ; Werk *n* ; Betrieb *m* ; Fabrikanlage *f* ; ~ *métallurgique* Hütte *f* ; Hüttenwerk ; ~ *pilote* Pilot-, Versuchsbetrieb ; ~ *sidérurgique* Stahlwerk ; Eisenhütte *f* ; ~ *atomique* Atomkraft-, Kernkraftwerk ; *entrée f, sortie f d'~* Werkseinfahrt, -ausfahrt *f* ; *ouvrier m d'~* Fabrikarbeiter *m* ; *prix m (départ) ~* Preis *m* ab Werk ; *aller à l'~* in die Fabrik gehen ; *fermer une ~* ein Werk stillegen ; *(autos) sortir de l'~* vom Band laufen ; *travailler en ~* in einer Fabrik arbeiten ; Fabrikarbeiter sein.

usiner **1.** bearbeiten ; verarbeiten ; maschinell fertigen **2.** fabrikmäßig herstellen.

usufruit *m (jur.)* Nutzungsrecht *n* ; Nießbrauch *m*.

usufruitier *m (jur.)* Nutzungsberechtigte(r) ; Nießbraucher *m*.

usufruitier, ière *(jur.)* Nießbrauchs- ; *jouissance f ~ière* Nießbrauch *m*.

usuraire Wucher- ; wucherisch ; *intérêt m ~* Wucherzins *m*.

usure *f* **1.** Abnutzung *f* ; Verschleiß *m* ; *manifester des phénomènes d'~* Abnutzungserscheinungen zeigen **2.** Wucher *m* ; *prêter à ~* zu Wucherzinsen leihen ; *se livrer à l'~* Wucher treiben.

utile nützlich ; dienlich ; *charge f ~* Nutzlast *f* ; *en temps ~* zur rechten Zeit.

utilisable benutzbar ; brauchbar ; verwendbar ; verwertbar ; *surface f ~* Nutzfläche *f*.

utilisateur *m* Benutzer *m* ; Abnehmer *m* ; Verbraucher *m*.

utilisation *f* Benutzung *f* ; Gebrauch *m* ; Nutzung *f* ; Einsatz *m* ; Verwendung *f* ; ~ *de la capacité* Kapazitätsauslastung *f*, -ausnutzung ; *possibilités fpl d'~* Nutzungsmöglichkeiten *fpl*.

utiliser **1.** benutzen ; verwenden ; verwerten ; ausnützen ; ~ *les déchets* Abfallprodukte verwerten ; ~ *des machines modernes* moderne Maschinen einsetzen ; ~ *un procédé, une technique* ein Verfahren, eine Technik anwenden **2.** ~ *(une capacité) à plein rendement* (voll) auslasten ; *les capacités sont pleinement ~ées* die Kapazitäten sind (voll) ausgelastet.

utilitaire Gebrauchs- ; Nutz- ; *objet m ~* Gebrauchsgegenstand *m* ; *véhicule m ~* Gebrauchsfahrzeug *n*.

utilité *f* **1.** Nutzen *m* ; Nützlichkeit *f* **2.** *(jur.) ~ publique* Gemeinnutz *m* ; Gemeinnützigkeit *f* ; öffentliches Interesse *n* ; Wohl *m* der Allgemeinheit ; *association f reconnue d'~ publique (loi 1901)* gemeinnütziger Verein *m* (Verband *m*) ; *pour cause d'~ publique* im öffentlichen Interesse.

V

vacance *f* Vakanz *f* ; freie Stelle *f*.

vacances *fpl* Ferien *pl* ; Urlaub *m* ; ♦ ~ *annuelles, judiciaires, parlementaires, scolaires* Betriebs-, Gerichts-, Parlaments-, Schulferien ; ~ *à la ferme* Urlaub (Ferien) auf einem Bauernhof ; ♦♦ *adresse f de ~* Urlaubsanschrift *f* ; *camp m de ~* Ferienlager ; *centre m de ~* Ferienheim *n* ; Urlaubersiedlung *f* ; *travail m de ~* Ferienjob *m* ; *village-~ m* Urlaubersiedlung *f* ; ♦♦♦ *j'ai encore droit à quelques jours de ~* mir stehen noch ein paar Tage Urlaub zu ; *« fermé pour cause de ~ »* « Betriebsferien » ; *être en ~* auf (in) Urlaub sein ; *interrompre ses ~* den Urlaub unterbrechen ; *partir en ~* in Urlaub gehen (fahren) ; *nous prenons nos ~ en juin* im Juni machen wir Urlaub ; *rappeler qqn de ~* jdn aus dem Urlaub zurückrufen.

vacancier *m* Urlauber *m* ; Feriengast *m* ; Urlaubs-, Sommergast *m* ; Tourist *m* ; *le flot m des ~s* der Strom der Urlauber.

vacant,e offen ; unbesetzt ; frei ; vakant.

vacataire *m* freier Mitarbeiter *m* ; Arbeitskraft *f* (ohne Vertrag) ; nebenamtliche Kraft *f*.

vacation *f* **1.** Zeitaufwand *m* **2.** Honorar *n* ; *payer qqn à la ~* jdm Honorare bezahlen.

vague *f* Welle *f* ; ~ *d'achats* Kaufwelle ; *la ~ de faillites commence à faiblir* die Pleitewelle ebbt ab ; *être au creux de la ~* in einer Talsohle sein ; *le creux de la ~ est franchi* die Konjunkturschwäche ist überwunden.

valable gültig ; annehmbar ; zulässig ; *papiers mpl d'identité ~s* gültiger Ausweis *m* ; ~ *à compter (à partir) du*

1ᵉʳ juin gültig ab ersten Juni ; *votre billet n'est plus* ~ Ihr Fahrschein ist nicht mehr gültig ; *(ordre boursier)* ~ *ce jour* gültig nur für heute ; ~ *jusqu'à la liquidation* gültig bis zum Monatsende.

valeur *f*	1. ***commerciale*** 2. ***mobilière, titre*** 3. ***bilan***

1. ***(commerciale)*** Wert *m* ; ♦ ~ *à l'achat* Kauf-, Erwerbswert ; ~ *affective* Liebhaberwert ; ~ *ajoutée* Wertzuwachs *m* ; ~ *ajoutée nette* Wertschöpfung *f* ; ~ *assurée, en bourse, cadastrale* versicherter, Börsen-, Katasterwert ; ~ *en capital, comptable* Kapital-, Buchwert (Bilanzwert) ; ~ *corrigée, cotée, déclarée* berichtigter, Markt-, angegebener Wert ; ~ *escomptée* Erwartungswert ; voraussichtlicher Wert ; ~ *estimative, estimée* Schätz(ungs)wert, geschätzter Wert (Taxwert) ; ~ *fictive, fiscale, fixée* fiktiver, Steuer-, festgesetzter Wert ; ~ *imposable, locative, marchande* Steuer-, Miet-, Kaufwert (Handelswert) ; ~ *moyenne, à neuf, nominale* durchschnittlicher, Neu-, nomineller Wert (Nennwert) ; ~ *pécuniaire, perçue en espèces, productive* Geldwert-, Wert in bar, Ertragswert (Produktivwert) ; ~ *de rachat* → *de reprise* ; ~ *réelle* Effektiv-, Ist-, wirklicher Wert ; ~ *refuge, de remboursement, de reprise* Flucht-, Rückzahlungs-, Rückkaufswert ; ~ *taxable en douane, de placement, d'usage* zollpflichtiger, Anlage-, Gebrauchswert ; ~ *vénale (de vente)* Verkaufswert ; ♦♦ *accroissement m (augmentation f) de* ~ Wertzuwachs *m*, -steigerung *f* ; *baisse f de* ~ Wertminderung *m*, -abnahme *f*, -verlust *m*, -verfall *m* ; *calcul m de la* ~ *(ajoutée)* Wert(schöpfungs)berechnung *f* ; *colis m avec* ~ *déclarée* Wertpaket *n* ; *conservation f, déclaration f, dépréciation f de* ~ Werterhaltung *f*, -angabe *f*, -verfall *m* ; *échantillon m sans* ~ Muster *n* ohne Wert ; *échelle f de* ~*s* Wertskala *f* ; *envoi m en* ~ *déclarée* Wertsendung *f* ; *évaluation f (chiffrée) de la* ~ Wertbemessung *f* ; *fixation f de la* ~ Wertbestimmung *f*, -ermittlung *f* ; *limite f de* ~ Wertgrenze *f* ; *mesure f de* ~ Wertmaßstab *m* ; *mise f en* ~ Verwertung *f* ; *nouvelle* ~ Wertprodukt *n* ; *objet m de* ~ Wertgegenstand *m* ; *perte f de* ~ Wertverlust *m*, -minderung *f*, -verfall *m* ; *d'une* ~ *de* im Wert von ; *de grande, de faible* ~ von großem, geringem Wert ; ♦♦♦ *être sans* ~ wertlos sein ; keinen Wert haben ; *fixer la* ~ *de qqch* den Wert einer Sache bestimmen (festsetzen) ; *(terrain) mettre en* ~ erschließen ; *prendre de la* ~ an Wert gewinnen ; *vendre au-dessous, au-dessus de la* ~ unter, über dem Wert verkaufen.

2. ***(mobilière, titre)*** Wertpapier *n* ; ~*s* Werte *mpl* ; Wertpapiere *npl* ; Effekten *pl* ; ♦ ~*s admises à la cote* amtlich zugelassene Werte ; ~*s bénéficiant d'avantages fiscaux* steuerbegünstigte Wertpapiere ; ~*s de couverture* Dekkungspapiere ; ~*s étrangères* ausländische Werte ; ~ *exonérée d'impôt* steuerfreies Wertpapier ; ~ *immobilière* Grundstückspapier ; ~*s industrielles* Industriewerte ; ~ *(non) inscrite à la cote* (nicht) amtlich notiertes Wertpapier ; ~*s à lot* verlosbare Wertpapiere ; ~ *minière* Montanwert ; Kux *m* ; ~*s mobilières* Effekten ; Wertpapiere ; ~*s négociables* marktfähige Werte ; ~ *négociée en bourse* an der Börse gehandeltes Wertpapier ; ~ *non cotée* nicht amtlich notiertes Wertpapier ; ~ *de placement* Anlagewert ; ~ *non productive d'intérêts* unverzinsliches Wertpapier ; ~ *à revenu fixe* festverzinsliches Wertpapier ; ~ *à revenu variable* Wertpapier mit veränderlichem Ertrag ; Dividendenpapier ; ~ *sortie au tirage* ausgelostes Wertpapier ; ~*s spéculatives* Spekulationspapiere ; ~ *de tout repos* mündelsicheres Papier ; mündelsichere Anlage ; ~*s très demandées* (sehr) gefragte Werte ; ~*s vedettes* Spitzenwerte ; bevorzugte Werte ; ♦♦ *avoir m en* ~*s mobilières* Wertpapierbestand *m* ; *bourse f des* ~*s* Wertpapierbörse *f* ; *commerce m des* ~*s* Wertpapierhandel *m* ; *cours m des* ~*s mobilières* Effektenkurs *m* ; *fluctuation f des* ~*s* Wertpapierschwankungen *fpl* ; *marché m des* ~*s* Wertpapiermarkt *m* ; *placement m en* ~*s mobilières* Wertpapieranlage *f* ; *taxe f sur les* ~*s* Wertpapiersteuer *f* ; ♦♦♦ *admettre des* ~*s à la cote officielle* Werte an der Börse zulassen ; *introduire des* ~*s en bourse* Wertpapiere an der Börse einführen.

3. ***(bilan)*** ~*s* Betriebswerte *mpl* ; Betriebsvermögen ; Werte ; ~ *disponibles* Barvermögen ; verfügbare Mittel *npl* ; ~ *d'exploitation* Betriebswerte ; ~ *immobilisées* Anlagewerte, -vermögen ; ~ *réalisables* realisierbare (verwertbare, umsetzbare) Betriebswerte.

validation *f* Gültigkeitserklärung *f* ; amtliche Anerkennung *f* ; Legalisierung *f*.

valide geltend ; (rechts)gültig ; rechtswirksam.

valider für gültig erklären ; amtlich anerkennen ; legalisieren.

validité *f* Gültigkeit *f* ; ~ *juridique* Rechtsgültigkeit ; *durée f de* ~ Gültigkeitsdauer *f*.

valoir **1.** wert sein ; gelten ; gültig sein **2.** *faire* ~ *des droits (à la retraite)* Ansprüche (auf Pensionierung) geltend machen.

valorem : *ad* ~ dem Wert nach.

valorisation *f* Wertsteigerung *f* ; Valorisierung *f*.

valoriser den Wert steigern ; valorisieren.

valse *f* **des étiquettes** Preiskarussel *n*.

valser : *(fam.) faire* ~ *l'argent* Geld verprassen ; *faire* ~ *les étiquettes* Preise in die Höhe treiben.

vaquer : ~ *à ses affaires (occupations)* seinen Geschäften nachgehen.

variabilité *f* Veränderlichkeit *f*.

variable veränderlich ; schwankend ; beweglich ; *barème m* ~ gleitende Skala *f* ; *à revenu* ~ mit veränderlichem Ertrag.

variance *f (statist.)* Varianz *f*.

variante *f* Variante *f*.

variation *f* Abänderung *f* ; Abweichung *f* ; Schwankung *f* ; ~ *cyclique* zyklische Schwankung ; ~ *saisonnière* Saisonschwankung.

varié, e abwechslungsreich ; mannigfaltig ; breitgefächert ; vielfaltig ; *travail m peu* ~ wenig abwechslungsreiche (eintönige) Arbeit *f*.

V.D.Q.S.*(vin délimité de qualité supérieure)* Qualitätswein *m*.

vedette : *(bourse) valeurs fpl* ~*s* Spitzenwerte *mpl* ; gefragte Wertpapiere *npl*.

véhicule *m* Fahrzeug *n* ; ~ *utilitaire* Nutzfahrzeug ; *numéro m, papiers mpl d'un* ~ Fahrzeugnummer *f*, -papiere *npl*.

vénal, e (ver)käuflich ; *valeur f* ~*e* Verkaufswert *m* ; Marktwert.

vendable (ver)käuflich ; umsetzbar ; absatzfähig.

vendeur *m* **1.** Verkäufer *m* ; *(fam.) bon* ~ Verkaufskanone *f* ; ~ *en gros* Großhändler *m* ; *personnel m* ~ Verkaufspersonal *n* **2.** Anbieter *m* **3.** *(bourse) prix* ~ Briefkurs *m*.

vendeuse *f* Verkäuferin *f*.

vendre verkaufen ; absetzen ; umsetzen ; vertreiben ; kommerzialisieren ; ~ *bon marché* billig (preisgünstig) verkaufen ; ~ *comptant* (gegen) bar verkaufen ; ~ *à crédit* auf Kredit verkaufen ; ~ *par correspondance* im Versandgeschäft verkaufen ; ~ *au-dessous de sa valeur* unter seinem Wert verkaufen ; ~ *en gros* engros (im großen) verkaufen ; ~ *au mieux* bestens verkaufen ; ~ *aux particuliers* an Privatleute verkaufen ; ~ *à perte* mit Verlust verkaufen ; ~ *au prix coûtant* zum Selbstkostenpreis verkaufen ; ~ *à la sauvette* schwarz verkaufen ; ~ *à tempérament* auf Raten verkaufen ; ~ *à terme* auf Termin verkaufen ; ~ *à vil prix* verschleudern ; ~ *avec profit* mit Gewinn verkaufen ; *se* ~ *bien, mal* sich gut (leicht), schlecht (schwer) verkaufen ; *(fam.) se* ~ *comme des petits pains* wie warme Semmeln weggehen ; reißenden Absatz finden ; *être vendu à un certain prix* zu einem bestimmten Preis gehandelt (verkauft) werden ; ~ *en sous-main* unter der Hand verkaufen.

vendu *m (fam.)* bestochener Mensch *m*.

venir : ~ *à échéance (à terme)* fällig werden ; fällig sein.

vente *f* Verkauf *m* ; Absatz *m* ; Kommerzialisierung *f* ; *(produit de la vente)* Verkaufserlöse *mpl* ; ♦ ~ *à l'amiable* freihändiger Verkauf ; ~ *à la baisse* Verkauf auf Baisse ; ~ *sur catalogue* Verkauf nach Katalog ; ~ *au comptant* Verkauf gegen bar ; Barverkauf ; ~ *pour le compte d'autrui (de tiers)* Verkauf auf fremde Rechnung ; ~ *par correspondance* Versandhandel *m* ; Verkauf nach Katalog ; ~ *à crédit* Verkauf auf Kredit ; ~ *au détail* Einzelverkauf ; Detailhandel ; ~ *à emporter* Verkauf über die Staße ; ~ *aux enchères* Versteigerung *f* ; Auktion *f* ; ~ *à l'essai* Kauf auf Probe ; ~ *frauduleuse* betrügerischer Verkauf ; ~ *en gros* Groß-, Engrosverkauf ; ~ *à la hausse* Verkauf auf Hausse ; ~ *irrégulière, judiciaire* unzulässiger, gerichtlicher Verkauf ; ~ *aux particuliers* Privatverkauf ; « Verkauf auch an Privat » ; ~ *à perte, au prix coûtant* Verkauf mit Verlust, zum Selbstkostenpreis ; ~ *de porte à porte* Haus-zu-Haus-Verkauf ; ~ *publicitaire* Werbe-, Reklameverkauf ; ~ *publique* öffentliche Versteigerung ; ~ *au rabais, à réméré* Verkauf zu herabgesetzten Preisen, mit Rückkaufsrecht ; ~ *avec réserve de propriété* Verkauf unter Eigentumsvorbehalt ; ~ *à la sauvette* Schwarzverkauf ; ~ *en série (en grandes quantités)* Massenabsatz ; Serienverkauf ; ~ *sous réserves, en sous-main* Verkauf unter Vorbehalt, unter der Hand ; ~ *à tempérament* Teilzahlungs-, Ratenverkauf ; ♦♦ *acte m de* ~ Verkaufsurkunde *f* ; *circuit m de* ~ Verkaufs-, Absatzweg *m* ; *conditions fpl de* ~ Absatzbedingungen *fpl* ; *contrat m de* ~ Kaufvertrag *m* ; *coopérative f de* ~ Absatz-, Verkaufsgenossenschaft *f* ; *(bourse) cours m de* ~ Briefkurs *m* ; *difficultés fpl de* ~ Absatzschwierigkeiten *fpl* ; *directeur m des ~s* Verkaufsleiter *m*, -direktor *m* ; *gamme f des articles en* ~ Verkaufsprogramm *n*, -palette *f* ; *interdiction f de* ~ Verkaufsverbot *n* ; *méthode f de* ~ Verkaufsmethode *f*, -praktiken *fpl* ; *offre f, point m de* ~ Verkaufsangebot *n*, -stelle *f* ; *ordre m de* ~ Verkaufsauftrag *m*, -order *f* ; *organisation f des ~s* Verkaufsorganisation ; *politique f, prévisions fpl, prix m de* ~ Verkaufspolitik *f*, Absatzprognosen *fpl*, Verkaufspreis *m* ; *produit m de la* ~ Verkaufserlös(e) *m(pl)* ; *promesse f de* ~ Verkaufsversprechen *n* ; Vorvertrag *m* ; *promotion f, régression f des ~s* Verkaufsförderung *f*, Absatzrückgang *m* ; *service m des ~s* Verkaufsabteilung *f* ; *stagnation f des ~s* Absatzflaute *f*, -stockung *f* ; *qui stimule les ~s* absatz-, verkaufsfördernd ; *succès m de* ~ Absatzerfolg *m* ; Verkaufsschlager *m* ; Renner *m* ; Knüller *m* ; *surface f de* ~ Verkaufsfläche *f* ; *valeur f de* ~ Verkaufswert *m* ; ~ *à qqn* Verkauf an jdn ; ♦♦♦ *annuler une* ~ einen Verkauf rückgängig machen ; *augmenter les ~s* den Absatz steigern ; *être en* ~ zum Verkauf stehen ; *être mis en* ~ zum Verkauf kommen ; *mettre qqch en* ~ etw zum Verkauf anbieten ; *les ~s piétinent* der Absatz stockt ; *promouvoir les ~s* den Absatz fördern ; *réaliser des ~s records* einen Rekordabsatz erzielen ; reißenden Absatz finden ; *les ~s régressent* der Absatz ist rückgängig ; *travailler au service des ~s (à la ~)* in der Verkaufsabteilung arbeiten.

ventilation *f* Aufschlüsselung *f* ; Aufgliederung *f* ; Verteilung *f* ; ~ *des coûts* Kostenaufgliederung, -aufschlüsselung.

ventiler aufgliedern ; aufschlüsseln ; aufteilen ; ~ *les coûts* die Kosten aufschlüsseln.

verbal, e mündlich ; verbal ; *accord m* ~ mündliche Vereinbarung *f*.

verbalisation *f* **1.** *(jur.)* Protokollieren *n* ; Aufsetzen *n* eines Protokolls ; Protokollaufnahme *f* **2.** *(police)* gebührenpflichtige Verwarnung *f*.

verbaliser 1. *(jur.)* protokollieren ; ein Protokoll aufnehmen **2.** *(police)* gebührenpflichtig verwarnen.

verdict *m* Urteilsspruch *m* ; Urteil *n* ; ~ *d'acquittement* Freispruch *m* ; *rendre un* ~ ein Urteil fällen.

véreux, se faul ; *affaire f ~se* Schwindelgeschäft *n* ; unlautere Transaktion *f*.

vérifiable nachprüfbar.

vérificateur *m* Prüfer *m* ; Revisor *m* ; Kontrolleur *m* ; ~ *de bilan* Bilanzprüfer ; ~ *aux comptes* Wirtschaftsprüfer ; Abschlußprüfer ; Bücherrevisor.

vérification *f* Prüfung *f* ; Kontrolle *f* ; ~ *des comptes* Buchprüfung ; Rechnungsprüfung ; *bureau m de ~ de la publicité* Werbeaufsichtsamt *n*.

vérifier kontrollieren ; (über)prüfen ; nachprüfen ; *~z votre monnaie, s.v.p.* Geld bitte nachzählen.

véritable echt ; *cuir* ~ echtes Leder *n* ; Echtleder.

verrouiller abriegeln ; abschotten.

versement *m* (Ein)zahlung *f* ; Bezahlung ; ~ *anticipé* Vorauszahlung ; ~ *complémentaire* Nachzahlung ; ~ *à un compte* Einzahlung auf ein Konto ; ~ *supplémentaire* Zuschuß *m* ; *payable en quinze ~s* zahlbar in fünfzehn Raten ; *payer par ~s échelonnés* ratenweise abbezahlen ; *(fam.)* abstottern ; *effectuer un* ~ einzahlen ; auszahlen ; eine Zahlung leisten.

versé, e 1. *être ~ dans qqch* bewandert sein in (+ D) ; ~ *dans les affaires* geschäftstüchtig sein **2.** ⇒ *verser* **1.**

verser 1. (ein)zahlen ; entrichten ; ~ *un acompte* eine Anzahlung leisten ; ~ *une indemnité* eine Abfindung zahlen **2.** ~ *une pièce au dossier* ein Schriftstück zu den Akten nehmen.

version *f* : Ausführung *f* ; Modell *n*.

verso *m* Rückseite *f* ; *au* ~ auf der Rückseite ; umseitig.

vert, e grün ; *carte f ~e* Versicherungskarte *f* ; *espaces mpl ~s* Grünanlagen *fpl*, -flächen *fpl* ; *feu m ~ (de signalisation)* grüne Ampel *f* ; *feux mpl ~s (synchronisés)* grüne Welle *f* ; *(fig.) avoir le feu ~ pour qqch* grünes Licht haben für.

vertical, e senkrecht ; vertikal ; *concentration f ~e* senkrechte Konzentration *f*.

verts *mpl (les) (écologistes)* die Grünen *mpl* ; die Ökologen *mpl* ; die Umweltschützer *mpl* ; *(polit.)* die grüne Liste ; GAL (grün-alternative Liste).

vertu : *en ~ de* gemäß ; kraft ; laut ; *en ~ de la loi* kraft Gesetzes.

vestimentaire Bekleidungs-.

vêtement *m* Kleidung *f* ; Kleidungsstück *n* ; *industrie f du ~* Bekleidungsindustrie *f*.

véto *m* Veto *n* ; *droit m de ~* Vetorecht *n* ; *faire usage de (user de) son droit de ~* von seinem Veto Gebrauch machen ; *opposer son ~ à une décision* sein Veto gegen einen Beschluß einlegen ; *renoncer à faire usage de son droit de ~* auf sein Veto verzichten ; *retirer son ~* sein Veto zurückziehen.

vétuste veraltet ; abgenutzt ; überaltert.

veuf *m* Witwer *m*.

veuvage *m* Witwenschaft *f*.

veuve *f* Witwe *f* ; *pension f de ~* Witwenrente *f*.

via über ; *aller à Paris ~ Cologne* über Köln nach Paris fahren.

viabilisation *f (d'un terrain)* Erschließung *f* eines Grundstücks ; *frais mpl de ~* Erschließungskosten *pl*.

viabiliser erschließen.

viager, ère lebenslänglich ; auf Lebenszeit ; *rente f ~ère (le viager)* Leibrente *f* ; *acheter qqch en ~* etw auf Leibrentenbasis erwerben.

vice *m* Fehler *m* ; *~ caché* verborgener Mangel *m* ; *~ de construction* Konstruktionsfehler ; *~ de forme* Formfehler ; *~ rédhibitoire* Hauptmangel *m* ; verborgener Mangel.

vice- Vize ; *~-chancelier m* Vizekanzler *m* ; *~-consul* Vizekonsul *m* ; *~-président m* Vizepräsident *m*.

vicier ungültig machen.

victime *f* Opfer *n* ; Geschädigte(r) ; Leidtragende(r) ; *~ de la route* Verkehrsopfer *n*.

vide *m* Loch *n* ; Lücke *f* ; *emballage m sous ~* Vakuumverpackung *f* ; *combler un ~* eine Lücke schließen ; *tourner à ~* leer laufen.

vide leer ; *les caisses sont ~s* in den Kassen ist (herrscht) Ebbe ; die Kassen sind leer ; schlecht bei Kasse sein.

vidéo : Video- ; *jeu m ~* Video-Spiel *n* ; *système m ~* Video-System *n*.

vidéocassette *f* Videokassette *f*.

vidéo-compact disque *m* CD-Video *f*.

vidéodisque *m* Videoplatte *f*.

vidéographie *f* **1.** *~ interactive* Bildschirmtext (Btx) *m* ; ⇒ *vidéotex ; télétel* ; **2.** *~ diffusée* Videotext *m* ; ⇒ *télétexte*.

vidéophone *m* Bildtelefon *n*.

vidéotex *m* Bildschirmtext (Btx) *m*.

vidéothèque *f* Videothek *f*.

vider 1. leeren ; räumen **2.** *(qqn)* jdn feuern ; (jdn) vor die Tür setzen ; entlassen.

vie *f* Leben *n* ; *~ active* Erwerbsleben ; *à ~* lebenslänglich ; *~ privée, professionnelle* Privat-, Berufsleben ; *~ publique* öffentliches Leben ; *assurance f ~* Lebensversicherung *f* ; *coût m de la vie* Lebenshaltungskosten *pl* ; *espérance f de ~* Lebenserwartung *f* ; *entrer dans la ~ active* in das Erwerbsleben entreten ; *quitter la ~ active* aus dem Erwerbsleben ausscheiden (aussteigen) ; *gagner sa ~* seinen Lebensunterhalt verdienen ; *gagner péniblement sa ~* sich durchs Leben schlagen ; sich kümmerlich durchschlagen ; *réussir dans la ~* es zu etw bringen.

vieillesse *f* Alter *n* ; hohes Alter ; alte Menschen *mpl* ; *allocation f de ~* Alters(bei)hilfe *f*, -versorgung *f* ; *assistance f ~* Altersfürsorge *f* ; *assurance f ~* Altersversicherung *f* ; Rentenversicherung ; *base f servant de calcul à la pension de ~* Rentenbemessungsgrundlage *f* ; *pension f de ~* Altersrente *f* ; Altersruhegeld *n* ; Altersversorgung *f* ; *prestation f de ~ (agriculteurs)* Altersgeld *n* ; *rente f ~* Altersgeld *n* ; *toucher une pension de ~* eine (Alters)rente beziehen (ausgezahlt bekommen).

vierge : *une page ~* unbeschriebene Seite *f* ; *bande f, cassette f ~* unbespieltes Band *n*, Leerkassette *f*.

vif *m* Lebende(r) ; *donation f entre ~s* Schenkung *f* unter Lebenden.

vignette *f* **1.** (Steuer)marke *f* ; Stempelsteuer *f* **2.** *(auto.)* Kfz-Steuermarke *f*.

vignoble 1. *pays m de ~s* Weinland *n* **2.** *le ~* Weinberg *m*.

vigueur : *en ~* geltend ; *être en ~* gültig sein ; in Kraft sein ; *entrer en ~* in Kraft treten ; *mettre en ~* in Kraft setzen ; *mise f en ~* Inkrafttreten *n* ; Inkraftsetzung *f*.

vil niedrig ; *à ~ prix* zum Spottpreis ; spottbillig ; *marchandise f vendue à ~ prix* Schleuderware *f* ; Dumpingpreis *m*.

ville *f* Stadt *f* ; *hôtel m de ~* Rathaus *n* ; *~ dortoir (satellite)* Trabantenstadt ; *~ marchande* Handelsstadt ; *centre-~* Stadtzentrum *n* ; City *f*.

vin *m* Wein *m* ; *~ d'appellation contrôlée* Wein geprüfter Herkunftsbezeichnung ; *~ d'origine* Naturwein *m* ;

pot-de-~ Schmiergeld *n* ; *accepter, distribuer (verser), recevoir des pots-de-~* Schmiergelder entgegennehmen, verteilen (bezahlen), erhalten.

vinicole weinbauend ; *région f ~* Weingegend *f* ; *coopérative f ~* Winzergenossenschaft *f*.

violation *f (jur.)* Übertretung *f* ; Verletzung *f* ; *~ du contrat* Vertragsbruch *m*, -verletzung ; *~ de frontière, d'une loi* Grenz-, Gesetzesverletzung ; *~ du secret professionnel* Verletzung der beruflichen Schweigepflicht.

violer verletzen ; übertreten ; *~ son serment* seinen Eid brechen.

V.I.P. *m (very important person)* (sehr) bedeutende Person *f* ; hochgestellte Persönlichkeit *f* ; VIP *f*.

virement *m* Überweisung *f* ; Giro ['ʒi:ro] *n* ; Verrechnung *f* ; *(comptab.)* Umbuchung *f* ; *(somme virée)* Überweisungsbetrag *m* ; ♦ *~ bancaire* Banküberweisung ; *~ comptable* Buchungsumschrift ; *~ à un compte* Überweisung auf ein Konto ; *~ par écritures* Giroumschreibung *f* ; *~ de fonds* Geldüberweisung ; *~ postal* Postüberweisung ; *~ d'une place sur une autre place, sur une même place* Fernüberweisung (-giro), Platzüberweisung (-giro) ; *~ télégraphique* telegraphische Überweisung ; ♦♦ *avis m de ~* Gutschriftanzeige *f* ; *banque f de ~* Girobank *f*, -kasse *f* ; *banque centrale de ~* Girozentrale *f* ; *chèque m de ~* Überweisungs-, Giroscheck *m* ; *compte m de ~* Girokonto *n* ; laufendes Konto ; Kontokorrentkonto ; *mandat m de ~* Überweisungsformular *n* ; *montant m du ~* Überweisungsbetrag *m* ; *opération f de ~* Girogeschäft *n* ; *opérations fpl de ~* Überweisungs-, Giroverkehr *m* ; *ordre m de ~* Überweisungsauftrag *m* ; *ordre permanent de ~* Dauerauftrag *m* ; *par ~* bargeldlos ; ♦♦♦ *effectuer un ~ de 1 000 F* eine Überweisung über 1 000 F vornehmen ; 1 000 F überweisen ; *payer par ~* durch Überweisung zahlen ; bargeldlos zahlen ; *recevoir un ~* eine Überweisung erhalten.

virer 1. überweisen ; verrechnen ; umbuchen ; *~ de l'argent (à un compte)* Geld (auf ein Konto) überweisen ; *~ une somme* eine Summe überweisen ; *son traitement est toujours ~é sur son compte* er bekommt sein Gehalt immer auf sein Girokonto überwiesen **2.** *(fam.) ~ qqn* jdn feuern ; jdn ausbooten ; jdn entlassen.

visa *m* Visum *n* ; Sichtvermerk *m* ; *~ de sortie, d'entrée* Ausreise-, Einreisevisum ; *~ obligatoire (nécessaire), non obligatoire* Visumzwang *m*, visumfrei (sichtvermerkfrei) ; *demande f de ~* Visumantrag *m* ; *exempt de ~* → *non obligatoire* ; *accorder, demander, refuser un ~* ein Visum erteilen, beantragen, verweigern ; *le ~ est expiré (n'est plus valable)* das Visum ist abgelaufen ; *le ~ n'est plus nécessaire pour ce pays* für dieses Land benötigen Sie kein Visum mehr ; *se procurer un ~* sich ein Visum beschaffen ; *rétablir les ~s (d'entrée)* den Visumszwang wieder einführen.

visioconférence *f* Videokonferenz *f*.

visite *f* **1.** Besuch *m* ; *carte f de ~* Visitenkarte *f* ; *~ des clients* Kundenbesuch **2.** *(fouille)* Durchsuchung *f* ; Kontrolle *f* ; *~ des bagages* Gepäckkontrolle.

visiteur *m* **1.** Gast *m* ; Besucher *m* **2.** Kontrolleur *m* ; Überprüfer *m* **3.** *~ médical* Pharmavertreter *m*.

visu *f (inform.) (fam.)* Datensichtgerät *n* ; Terminal ['tə:minəl] *n* ; Bildschirmterminal ; (Daten)endgerät *n*.

visualisation *f* Visualisierung *f* ; optische Anzeige *f* ; *(inform.) écran m de ~* Bildschirmterminal *n* ; Datensichtgerät *n*.

visualiser visualisieren ; optisch darstellen (anzeigen).

vital, e lebensnotwendig ; Lebens- ; *minimum m ~* Existenzminimum *n* ; Mindestgehalt *n*.

vitesse *f* Geschwindigkeit *f* ; Tempo *n* ; *~ limite (maximale)* Höchstgeschwindigkeit ; *~ recommandée* Richtgeschwindigkeit ; *~ de rotation (des stocks)* Umschlaghäufigkeit *f* ; *conducteur m en excès de ~ (fam.)* Temposünder *m* ; *limitation f de ~* Geschwindigkeitsbeschränkung *f* ; *expédier qqch en petite, en grande ~* etw als Frachtgut, als Eilgut befördern.

viticole ⇒ *vinicole*.

viticulteur *m* Winzer *m*.

vitrine *f* Schaufenster *n* ; *décoration f de ~* Schaufensterdekoration *f* ; Schaufenstergestaltung *f* ; *lèche-~s m* Schaufensterbummel *m*.

vogue : *être en ~* (in) Mode sein ; « in » sein.

voie *f* Weg *m* ; Straße *f* ; Bahn *f* ; *~ d'accès* Zubringerstraße ; *~ de communication* Verbindungsweg ; *~ express (rapide)* Schnellstraße ; *~ électrifiée* elektrifizierte Strecke *f* ; *à ~ unique, à double ~* ein-, doppelgleisig ;

~ *hiérarchique* Dienstweg ; ~ *judiciaire* Rechtsweg ; *par ~ d'affiches* durch Anschlag ; *par la ~ de la négociation* auf dem Verhandlungsweg.

voie : *en ~ de* im Begriff (sein) ; *pays m en ~ de développement, d'émergence* Entwicklungsland *n*, Schwellenland ; *en ~ de règlement* im Begriff, geregelt zu werden ; *en ~ d'urbanisation* in einem Verstädterungsprozeß (befindlich).

voir : siehe ; ~ *au verso* siehe umseitig.

voiture *f* Wagen *m* ; Auto *n* ; ~ *de collaborateur* Gebrauchtwagen von Mitarbeitern ; Jahreswagen *m* ; ~ *de fonction* Dienstwagen ; ~ *de location* Mietwagen ; *lettre f de ~* Frachtbrief *m* ; ~ *d'occasion* Gebrauchtwagen ; ~ *particulière* Pkw *m* ; ~ *de série* Serienwagen ; ~ *de tourisme* Personenwagen.

voix *f* Stimme *f* ; ~ *consultative, délibérative* beratende, beschließende Stimme ; *égalité f des ~* Stimmengleichheit *f* ; Pattsituation *f* ; *compter les ~* die (abgegebenen) Stimmen auszählen ; *disposer de plusieurs ~* über mehrere Stimmen verfügen ; *l'emporter grâce à sa ~ prépondérante* sich mit dem Stichentscheidungsrecht durchsetzen ; *mettre qqch aux ~* über etw abstimmen ; *obtenir la majorité des ~* die meisten Stimmen (die Stimmenmehrheit) erhalten ; *procéder au comptage des ~* die Stimmen auszählen ; *la proposition a été adoptée par quinze voix contre dix* der Vorschlag wurde mit fünfzehn Stimmen gegen zehn angenommen.

vol *m* **1.** Diebstahl *m* ; ~ *à l'étalage* Ladendiebstahl ; ~ *à main armée* Raubüberfall *m* ; ~ *qualifiée* schwerer Diebstahl ; ~ *à la tire* Taschendiebstahl **2.** Flug *m* ; ~ *aller-retour* Hin- und Rückflug ; ~ *sans escale* Nonstopflug ; ~ *postal* Postflug ; ~ *en période creuse* « off-peak » Flug ; ~ *régulier* Linienflug ; *~s intérieurs* Inlandsflugverkehr *m*.

volant *m* **1.** *(auto)* Steuer *n* **2.** *(comptab.) ~ de sécurité* Sicherheitsrücklage *f*.

volant : *personnel m ~* fliegendes Personal *n*.

voler **1.** stehlen ; jdn bestehlen ; *(fam.)* klauen **2.** fliegen.

voleur *m* Dieb *m* ; ~ *à la tire* Taschendieb *m*.

volontaire freiwillig.

volontariat *m* Freiwilligendienst *m*.

volonté *f* Wille *m* ; *dernières ~s* Letzter Wille ; Testament *n*.

volume *m* Volumen *n* ; Umfang *m* ; Menge *f* ; ~ *du chiffre d'affaires* Umsatzvolumen ; *le ~ des échanges* Umfang des Warenaustausches ; *le ~ de nos échanges extérieurs a augmenté* das Volumen des Außenhandels ist angestiegen.

votant *m* Wähler *m* ; Stimmberechtigte(r) ; Wahlberechtigte(r).

vote *m* Stimmabgabe *f* ; Abstimmung *f* ; Wahl *f* ; ~ *par acclamations* Wahl durch Zuruf ; ~ *par correspondance* Briefwahl ; ~ *à bulletins secrets* geheime Abstimmung ; ~ *à main levée* Abstimmung durch Handzeichen (durch Handheben) ; ~ *au scrutin majoritaire* Mehrheitswahl ; ~ *à la proportionnelle* Verhältniswahl ; *droit m de ~* Stimmrecht *n* ; *issue f du ~* Wahlausgang *m* ; *secret m du ~* Wahlgeheimnis *n* ; *avoir le droit de ~* wahlberechtigt sein ; *procéder à un ~* eine Abstimmung vornehmen ; *procéder au ~* zur Wahl schreiten.

voter (ab)stimmen ; wählen ; ~ *pour qqn* für jdn stimmen ; *s'abstenir de ~* sich der Stimme enthalten ; *aller ~* zur Wahl gehen ; ~ *des crédits* Kredite bewilligen (einräumen) ; ~ *une loi* ein Gesetz verabschieden.

voyage *m* Reise *f* ; Fahrt *f* ; ♦ ~ *d'affaires, d'agrément, collectif (organisé, en groupe), d'études* Geschäfts-, Vergnügungs-, Gesellschafts-, Studienreise ; ~ *de service* Dienstfahrt ; ~ *de retour* Rückreise, -fahrt ; ~ *touristique* Ferien-, Urlaubsreise ; ♦♦ *accompagnateur m, accréditif, agence de ~* Reisebegleiter *m*, -akkreditiv *n*, -agentur *f* ; *allocation f pour frais de ~* Reisezuschuß *m* ; *chèque-~ m* Reisegutschein *m* ; *chèque m de ~* Reisescheck *m* ; Traveller-scheck ; *frais mpl de ~* Reisespesen *pl*, -kosten *pl*, -unkosten ; *lettre de ~* Reisekreditbrief *m* ; *organisateur m de ~s* Reiseveranstalter *m*, -unternehmer *m* ; ♦♦♦ *faire des préparatifs de ~* Reisevorbereitungen treffen ; *partir en ~* verreisen ; auf Reisen gehen ; *souhaiter bon ~ à qqn* jdm eine glückliche Reise wünschen.

voyager reisen ; ~ *à pied, en auto, en avion, en bateau, en train* zu Fuß, im Auto (mit dem Auto), im Flugzeug, mit dem (zu) Schiff, mit der Eisenbahn reisen ; ~ *hors saison* außer Saison reisen ; ~ *en groupe* in Gesellschaft reisen ; ~ *incognito, sous un faux nom (sous un pseudonyme)* inkognito, unter fremdem Namen reisen ; ~ *à Berlin, en Allemagne, en Suisse, au Liban* nach

Berlin, nach Deutschland, in die Schweiz, in den Libanon reisen ; ~ *en première classe* erste (in erster) Klasse reisen ; ~ *en wagon-couchettes* im Schlafwagen reisen ; *(voyageur de commerce) il ~e pour une firme de textile* er reist für eine Textilfirma.

voyageur ***m*** **1.** Reisende(r) ; Fahrgast *m* ; Passagier *m* ; *tarif m ~s* Personen(beförderungs)tarif *m* ; *trafic m des ~s* Personenverkehr *m* ; *train m de ~s* Personenzug *m* ; *transport m de ~s* Personenbeförderung *f* ; *wagon m de ~s* Personenwagen *m* **2.** ~ *de commerce* (Handlungs)reisende(r) ; *commis m* ~ Handelsreisende(r) ; Vertreter *m* ; Handlungsreisende(r).

voyagiste ***m*** Reiseveranstalter *m*.

vrac : *en* ~ unverpackt ; lose ; *marchandises fpl en* ~ Massengüter *npl* ; *matériaux mpl en* ~ Schüttgut *n*.

V.R.P. ***m*** *(voyageur, représentant, placier)* Vertreter *m* ; Handlungsreisende(r).

vu **1.** angesichts (+ G) ; mit Rücksicht auf (+ A) ; im Hinblick auf (+ A) ; auf Grund (+ G) ; *au ~ des pièces mentionnées* nach Einsicht in die (nach Prüfung der) erwähnten Akten **2.** vermerkt.

vue **1.** *payable à* ~ bei (auf) Sicht zahlbar ; *dépôts mpl à* ~ Depositen *fpl* auf Sicht ; Sichteinlagen *fpl* ; *à trois jours de* ~ drei Tage nach Sicht ; *échange m de ~s* Meinungsaustausch *m* ; *obligation f à* ~ bei Sicht zahlbare Obligation *f* **2.** *(touris.) chambre avec ~ sur* Zimmer *n* mit Blick auf (+ A).

W

wagon ***m*** Wagen *m* ; Waggon *m* ; *~-citerne* Tankwagen ; Kesselwagen ; *~-couchette* Liegewagen ; *~-lit* Schlafwagen ; ~ *de marchandises* Güterwagen ; ~ *postal* Postwagen ; ~ *de première classe* Wagen erster Klasse ; *~-restaurant* Speisewagen ; ~ *de voyageurs* Personenwagen ; *par* ~ waggonweise.

warrant ***m*** **1.** Warrant *m* ; Lagerschein *m* ; Verpfändungsschein *m* über lagernde Waren ; Lagerpfandschein *m* **2.** *(bourse)* Warrant *m* ; Anrecht *n* auf Bezug von Aktien.

warrantage ***m*** Bürgschaft *f* (Verpfändung *f*) durch einen Warenschein.

X

X : *Monsieur* ~ Herr X ; *plainte f contre* ~ Anzeige *f* gegen Unbekannt ; *(fam.)* ~ *(École polytechnique)* Polytechnikum *n* ; Eliteschule *f* ; *rayons mpl* ~ Röntgenstrahlen *fpl*.

xénophobe fremdenfeindlich ; xenophob ; ausländerfeindlich.

xénophobie ***f*** Fremdenhaß *m* ; Ausländerfeindlichkeit *f* ; Xenophobie *f*.

Y

yen *(monnaie japonaise)* Yen *m*.

yeux : *aux ~ (de la loi)* ⇒ *œil* ; *acheter les ~ fermés* ⇒ *œil* ; *coûter les ~ de la tête* ⇒ *œil* ; *fermer les ~ sur qqch* ⇒ *œil*.

Z

Z.A.C. ***f*** *(zone d'aménagement concerté)* Gebiet *n* für konzertierte Raumplanung.

Z.A.D. ***f*** *(zone d'aménagement différé)* Zone *f* für aufgeschobene Raumplanung.

zèle ***m*** Eifer *m* ; Fleiß *m* ; Diensteifer *m* ; Beflissenheit *f* ; *grève f du* ~ Dienst *m* nach Vorschrift ; Bummelstreik *m* ; *faire du* ~ übereifrig sein ; allzu eifrig sein ; sich beliebt machen (wollen).

zéro ***m*** Null *f* ; ~ *de bénéfice* Gewinn *m* gleich Null ; kein Gewinn ; ~ *heure* null Uhr ; *(fam.) ça m'a coûté ~ franc* das hat mich nichts gekostet ; das habe ich umsonst bekommen ; *croissance f* ~ Null-Wachstum *n*.

Z.I. ***f*** *(zone industrielle)* Industriegebiet *n* ; Gewerbegebiet *n*.

zloty ***m*** *(monnaie polonaise)* Zloty (Zl) *m*.

zone ***f*** **1.** Gebiet *n* ; Zone *f* ; Raum *m* ; ~ *bleue* (beschränkte) Parkerlaubnis *f* ; ~ *démilitarisée* entmilitarisierte Zone ; ~ *de distribution* Absatzgebiet ; ~ *dollar* Dollarraum, -block *m* ; ~ *douanière* Zollgebiet ; ~ *franc* FrancZone ; Währungsgebiet des Franc ; ~ *industrielle (Z.I.)* Industriegebiet ; ~ *d'influence* ⇒ *influence* ; ~ *de librechange* Freihandelszone ; ~ *monétaire* Währungsgebiet, -bereich *m*, -raum ; ~ *postale* Postbezirk *m* **2.** *(ville)* arme Außenviertel *npl* ; Slums *mpl* ; Trabanten-, Satellitenstadt *f*.

Z.U.P. ***f*** *(zone à urbaniser par priorité)* **1.** Zone *f* für vorrangige Städteplanung **2.** Trabantenstadt *f* ; Satellitenstadt ; Einzugsgebiet *n*.

Tableau synoptique des principaux noms de pays
Übersichtstafel der wichtigsten Ländernamen

PAYS Land	CAPITALE Hauptstadt	UNITÉ MONÉTAIRE Währungseinheit	HABITANTS Einwohner	ADJECTIF Adjektiv	LAND	Plaques de nationalité Kfz-Zeichen
Afghanistan (l')	Kaboul	afghani *(m)*	Afghan	afghan, e	Afghanistan	**AFG**
Afrique du Sud (l') (République d')	Pretoria	rand *(m)* = 100 cents	Sud-Africain	sud-africain, e	Südafrikanische Republik	**ZA**
Albanie (l')	Tirana	lek *(m)* = 100 quindarka	Albanais	albanais, e	Albanien	**AL**
Algérie (l')	Alger	dinar algérien = 100 centimes	Algérien	algérien, enne	Algerien	**DZ**
Amérique (l') ⇒ État-Unis d'Amérique						
Andorre (Principauté d')	Andorre-la-Vieille	franc français et peseta	Andorran	andorran, e	Andorra	**AND**
Angleterre (l')	Londres	livre *(f)* sterling = 100 new pence	Anglais Britannique	anglais, e britannique	England	**GB**
Angola (l')	Luanda	1 Kwanza = 100 Lwei	Angolais	angolais, e	Angola	**AGL**
Arabie Saoudite (l')	Riad	riyal *(m)* saoudien (SRI) = 20 qirshes	Saoudien	saoudien, enne	Saudi-Arabien	**ARS**
Argentine (l')	Buenos-Aires	peso *(m)* = 100 centavos	Argentin	argentin, e	Argentinien	**RA**

Australie (l')	Canberra	Dollar *(m)* australien	Australien	australien, enne	Australien	**AUS**
Autriche (l')	Vienne	schilling *(m)* = 100 groschen	Autrichien	autrichien, enne	Österreich	**A**
Bahrein/Bahrayn (îles)	Manama	dinar *(m)* de Bahrein = 1 000 fils	Bahraini	bahraini	Bahrain	**BRN**
Bangladesh (le)	Dacca	taka *(m)* = 100 poisha	Bangladeshi	bangladeshi	Bangladesh	**BD**
Belgique (la)	Bruxelles	franc belge	Belge	belge	Belgien	**B**
Bénin (le) (anciennement Dahomey)	Porto Novo	franc CFA = 100 centimes	Béninois	béninois, e	Benin	**RPB**
Bhoutan (le)	Thimphu	ngultrum = 100 centrum	Bhoutani	bhoutani	Bhutan	
Birmanie (la)	Rangoon	Kyat = 100 pyas	Birman	birman, e	Birma/Burma	**BUR**
Bolivie (la)	Sucre (siège gouvernemental) La Paz	peso *(m)* boliviano	Bolivien	bolivien, enne	Bolivien	**BOL**
Botswana (le) (anc. Bechuanaland)	Gaborone/ Gaberones	rand *(m)* (R)	Botswani	botswani	Botswana	**RB**
Brésil (le)	Brasilia	cruzado *(m)*	Brésilien	brésilien, enne	Brasilen	**BR**
Bulgarie (la)	Sofia	lew *(m)* = 100 stotinki	Bulgare	bulgare	Bulgarien	**BG**
Burkina Faso (anc. Haute-Volta)	Ouagadougou	franc CFA = 100 centimes	Burkinabé	burkinabé	Obervolta	
Burundi (le)	Bujumbura	franc du Burundi (FBU)	Burundi	burundi	Burundi	**RU**

PAYS Land	CAPITALE Hauptstadt	UNITÉ MONÉTAIRE Währungseinheit	HABITANTS Einwohner	ADJECTIF Adjektiv	LAND	Plaques de nationalité Kfz-Zeichen
Cambodge (le) ⇒ Kampuchéa						
Cameroun (le)	Yaoundé	franc CFA = 100 centimes	Camerounais	camerounais, e	Kamerun	**RFG**
Canada (le)	Ottawa	dollar canadien = 100 cents	Canadien	canadien, enne	Kanada	**CDN**
Centrafrique (République centrafricaine)	Bangui	franc CFA = 100 centimes	Centrafricain	centrafricain, e	Zentralafrikanische Republik	**RCA**
Ceylan ⇒ Sri Lanka						
Chili (le)	Santiago du Chili	escudo *(m)* chilien = 100 centesimos	Chilien	chilien, enne	Chili	**RCH**
Chine Nationaliste ⇒ Taiwan						
Chine (République Populaire de Chine)	Pékin	yuan *(m)* = 100 tsiqo	Chinois	chinois, e	Volkrepublik China	**TJ**
Chypre (île de)	Nicosie	livre chypriote = 1 000 mils	Chypriote	chypriote	Zypern	**CY**
Colombie (la)	Bogota	peso *(m)* colombien = 100 centavos	Colombien	colombien, enne	Kolumbien	**CO**
Comores (République fédérale et islamique)	Moroni	franc comorien = 100 centimes	Comorien	comorien, enne	Komoren	
Congo (le) (République populaire du Congo)	Brazzaville	franc congolais = 100 centimes	Congolais	congolais, e	Volksrepublik Kongo	**RCB**

Corée du Nord (la)	Pjöngjang	won *(m)* = 100 chon	Nord-Coréen Coréen du Nord	nord-coréen, enne	Nord-Korea	
Corée du Sud (la)	Séoul	won *(m)* = 100 chon	Sud-Coréen Coréen du Sud	sud-coréen, enne	Süd-Korea	**ROK**
Costa Rica (le)	San José	colon = 100 centimos	Costaricain	costaricain, e	Costa Rica	**CR**
Côte-d'Ivoire (la)	Abidjan	franc CFA = 100 centimes	Ivoirien	ivoirien, enne	Elfenbeinküste	**CI**
Cuba (République de Cuba)	La Havane	peso *(m)* cubain = 100 centavos	Cubain	cubain, e	Kuba	**CU**
Danemark (le)	Copenhague	couronne danoise (dkr) = 100 öre	Danois	danois, e	Dänemark	**DK**
Djibouti (République de)	Djibouti	franc de Djibouti = 100 centimes	Djiboutien	djiboutien, enne	Dschibuti	
Dominicaine (République)	Saint-Domingue	peso *(m)* dominicain = 100 centavos	Dominicain	dominicain, e	Dominikanische Republik	**DOM**
Égypte (l')	Le Caire	livre égyptienne = 100 piastres	Egyptien	égyptien, enne	Ägypten	**ET**
Équateur/Écuador	Quito	sucre *(m)* = 100 centavos	Équatorien	équatorien, enne	Ecuador	**EC**
Espagne (l')	Madrid	peseta *(f)* = 100 centimos	Espagnol	espagnol, e hispanique	Spanien	**E**
États-Unis d'Amérique	Washington	dollar *(m)* = 100 cents	Américain	américain, e	die Vereinigten Staaten Amerikas die USA	**USA**
Éthiopie (l')	Addis-Abeba	birr *(m)*	Ethiopien	éthiopien, enne	Äthiopien	**ETH**

PAYS	CAPITALE	UNITÉ MONÉTAIRE	HABITANTS	ADJECTIF	LAND	Plaques de nationalité
Land	Hauptstadt	Währungseinheit	Einwohner	Adjektiv		Kfz-Zeichen
Finlande (la)	Helsinki	mark *(m)* finlandais (Fmk) = 100 pennia	Finlandais/ Finnois	finlandais, e finnois, e	Finnland	**SF**
France (la)	Paris	franc français (FF) = 100 centimes	Français	français, e	Frankreich	**F**
Gabon (le)	Libreville	franc gabonais = 100 centimes	Gabonais	gabonais, e	Gabun	**GAB**
Gambie (la)	Banjui	dalasi *(m)* = 100 bututs	Gambien	gambien, enne	Gambia	**WAG**
Ghana (le)	Akkra	le nouveau cedi = 100 nouvelles pesewas	Ghanéen	ghanéen, enne	Ghana	**GH**
Grande-Bretagne (la) (Angleterre)	Londres	livre *(f)* sterling = 100 new pence	Anglais Britannique	anglais, e britannique	England Großbritannien	**GB**
Grèce (la)	Athènes	drachme *(m)* (Dr) = 100 lepta	Grec	grec, grecque hellénique	Griechenland	**GR**
Guatemala (le)	Guatemala Ciudad	quetzal *(m)* = 100 centavos	Guatémaltèque	guatémaltèque	Guatemala	**GCA**
Guinée (la)	Conakry	franc guinéen (FG)	Guinéen	guinéen, enne	Guinea	**GUE**
Guyana	Georgetown	1 dollar guy. = 100 Cents			République du Guyana	**GUY**
Haïti (République d')	Port-au-Prince	gourde *(f)* = 100 centimes	Haïtien	haïtien, enne	Haiti	**RH**

Haute-Volta (Burkina Faso)	Ouagadougou	franc CFA = 100 centimes	Burkinabé	voltaïque/ burkinabé	Obervolta	
Hollande (la) ⇒ Pays-Bas						
Honduras (le)	Tegucigalpa	lempira *(m)* (L) = 100 centavos	Hondurien	hondurien, enne	Honduras	
Hongrie (la)	Budapest	forint (Ft) *(m)* = 100 filler	Hongrois	hongrois, e	Ungarn	**H**
Inde (l')	New-Delhi	roupie indienne = 100 paise	Indien	indien, enne	Indien	**IND**
Indonésie (l')	Djakarta	Rupiah *(f)* = 100 sen	Indonésien	indonésien, enne	Indonesien	**RI**
Irak (l')	Bagdad	dinar *(m)* irakien (ID) = 1 000 fils	Irakien	irakien, enne	(der) Irak	**IRQ**
Iran (l')	Téhéran	rial *(m)* (RI) = 100 dinars	Iranien	iranien, enne	(der) Iran	**IR**
Irlande (l')/Eire	Dublin	livre irlandaise = 100 new pence	Irlandais	irlandais, e	Irland/Eire	**IRL**
Irlande du Nord	Belfast	livre irlandaise = 100 new pence	Irlandais du Nord	nord-irlandais, e	Nordiland	**IRL**
Islande (l')	Reykjavik	couronne *(f)* islandaise (irk) = 100 aurar	Islandais	islandais, e	Island	**IS**
Israël (État d')	Jerusalem Tel Aviv	shekel = 100 agorot	Israélien	israélien, enne	Israel	**IL**
Italie (l')	Rome	lire *(f)* (L) = 100 centesimi	Italien	italien, enne	Italien	**I**

PAYS Land	CAPITALE Hauptstadt	UNITÉ MONÉTAIRE Währungseinheit	HABITANTS Einwohner	ADJECTIF Adjektiv	LAND	Plaques de nationalité Kfz-Zeichen
Jamaïque (la)	Kingston	dollar jamaïcain = 100 cents	Jamaïcain	jamaïcain, e	Jamaika	**JA**
Japon (le)	Tokyo	yen *(m)* = 100 sen	Japonais	japonais, e nippon, e	Japan	**J**
Jordanie (la)	Amman	dinar jordanien = 1 000 fils	Jordanien	jordanien, enne	Jordanien	**JOR**
Kampuchéa (le) (République du Cambodge)	Pnom-Penh	riel *(m)* = 100 sen	Cambodgien	cambodgien, enne	Kamputschea (Kambodscha)	**K**
Kenya (le)	Nairobi	shilling = 100 pence	Kenyan	kenyan, e	Kenia	**EAK**
Koweit (le)	Koweit	dinar koweïtien = 1 000 fils	Koweïtien	koweïtien, enne	Kuwait	**KT**
Laos (le)	Vientiane	Kip *(m)* = 100 at	Laotien	laotien, enne	Laos	**LAO**
Lesotho (le)	Maseru	lothi *(m)* = 100 lisente			Lesotho	**LS**
Liban (le)	Beyrouth	livre libanaise = 100 piastres	Libanais	libanais, e	(der) Libanon	**RL**
Libéria (le)	Monrovia	dollar libérian = 100 cents	Libérien	libérien, enne	Liberia	**LB**
Libye (la)	Tripoli	dinar libyen = 1 000 dirham	Libyen	libyen, enne	Libyen	**LAR**

Liechtenstein (le) (Principauté du)	Vaduz	franc suisse = 100 rappen	Liechtensteinois	liechtensteinois, e	Fürstentum Liechtenstein	**FL**
Luxembourg (le) (Grand duché du)	Luxembourg	franc luxembourgeois (lfr) = 100 centimes	Luxembourgeois	luxembourgeois, e	Großherzogtum Luxemburg	**L**
Madagascar	Antananarivo	franc malgache (FMG) = 100 centimes	Malgache	malgache	Madagaskar	**RM**
Malawi (le) (anc. Nyassaland)	Lilongwe	kwacha *(m)* = 100 tambala	Malawi	malawi	Malawi	**MW**
Malaysie (la)	Kuala-Lampur	ringitt *(m)* = 100 sen	Malais	malais, e	Malaysia	**MAL**
Mali (le)	Bamako	franc malien	Malien	malien, enne	Mali	**RMM**
Maroc (le)	Rabat	dirham *(m)* (DH)	Marocain	marocain, e	Marokko	**MA**
Maurice (île)	Port-Louis	roupie *(f)* mauritienne (MR) = 100 cents	Mauritien	mauritien, enne	Mauritius	**MS**
Mauritanie (la)	Nouakchott	ouguiya *(m)*	Mauritanien	mauritanien, enne	Mauritanien	**RIM**
Mexique (le)	Mexico	peso mexicain = 100 centavos	Mexicain	mexicain, e	Mexico	**MEX**
Monaco (Principauté de)	Monaco	franc français (FF) = 100 centimes	Monégasque	monégasque	Monaco (Fürstentum)	**MC**
Mongolie (République populaire de)	Ulan Bator	tugrug *(m)* (TG) = 100 mongo	Mongol	mongol, e	Mongolische Volksrepublik	**MNG**
Mozambique	Maputo	1 Metical = 100 Centavos			Mozambique	
Népal (le)	Katmandou	roupie népalaise (NR) = 100 paisa	Népalais	népalais, e	Nepal	**NEP**

PAYS Land	CAPITALE Hauptstadt	UNITÉ MONÉTAIRE Währungseinheit	HABITANTS Einwohner	ADJECTIF Adjektiv	LAND	Plaques de nationalité Kfz-Zeichen
Nicaragua (le)	Managua	Cordoba *(m)* = 100 centavos	Nicaraguayen	nicaraguayen, enne	Nicaragua	**NIC**
Niger (le)	Niamey	franc CFA = 100 centimes	Nigérien	nigérien, enne	Niger	**RN**
Nigéria (le)	Lagos	livre négériane = 20 shillings	Nigérian	nigérian, e	Nigeria	**WAN**
Norvège (la)	Oslo	couronne norvégienne (nkr) = 100 Öre	Norvégien	norvégien, enne	Norwegen	**N**
Nouvelle-Zélande (la)	Wellington	dollar néo-zélandais = 100 cents	Néo-Zélandais	néo-zélandais, e	Neuseeland	**NZ**
Oman (Sultanat d')	Mascate	rial *(m)* d'Oman	Omani	omani	Oman	
Ouganda	Kampala	shilling ougandais (USh) = 100 cents	Ougandais	ougandais, e	Uganda	**EAU**
Pakistan	Islamabad	roupie pakistanaise = 100 paisa	Pakistanais	pakistanais, e	Pakistan	**PAK**
Panama (République de)	Panama	balboa *(m)* = 100 centesimos	Panaméen	panaméen, enne	Panama	**PA**
Papaouasie-Nouvelle-Guinée	Port-Moresby	kina *(m)* = 100 toea	Papou	papou, e	Papua-Neuguinea	
Paraguay (le)	Asuncion	guarani *(m)* (G) = 100 centimos	Paraguayen	paraguayen, enne	Paraguay	**PY**

Pays-Bas (les)	Amsterdam	gulden *(m)* = 100 cents/florin *(m)*	Hollandais Néerlandais	hollandais, e néerlandais, e	die Niederlande Holland	**NL**
Pérou (le)	Lima	sol *(m)* = 100 centavos	Péruvien	péruvien, enne	Peru	**PE**
Philippines (les)	Manille	peso philippin = 100 centavos	Philippin	philippin, e	die Philippinen	**PI**
Pologne	Varsovie	zloty *(m)* (ZI) = 100 groszy	Polonais	polonais, e	Polen	**PL**
Portugal (le)	Lisbonne	escudo *(m)* (Esc) = 100 centavos	Portugais	portugais, e	Portugal	**P**
Qatar/Katar	Al-Dawha	riyal *(m)* du Qatar (QDR) = 100 dirham	Qatar	qatar	Qatar/Katar	**Q**
République Démocratique Allemande (R.D.A.)	Berlin (Est)	Mark (M) *(f)* = 100 pfennig	Allemand de l'Est citoyen de la R.D.A.	est-allemand, e	Deutsche Demokratische Republik (DDR)	**DDR**
République Fédérale d'Allemagne (R.F.A.)	Bonn	D-Mark (Deutsche Mark) *(f)* = 100 pfennig	Allemand de l'Ouest citoyen de la R.F.A.	ouest-allemand, e	Bundesrepublik Deutschland (BRD)	**D**
Roumanie (la)	Bucarest	leu *(m)* = 100 bani	Roumain	roumain, e	Rumänien	**R**
Ruanda/Rwanda	Kigali	franc du Ruanda = 100 cents	Ruandais	ruandais, e	Rwanda	**RWA**
Salvador (le)	San Salvador	colon *(m)* = 100 centavos	Salvadorien	salvadorien, enne	(El) Salvador	**ES**

PAYS Land	CAPITALE Hauptstadt	UNITÉ MONÉTAIRE Währungseinheit	HABITANTS Einwohner	ADJECTIF Adjektiv	LAND	Plaques de nationalité Kfz-Zeichen
Sénégal (le)	Dakar	franc CFA = 100 centimes	Sénégalais	sénégalais, e	Senegal	**SN**
Sierra Leone (la)	Freetown	leone *(m)* = 100 cents			Sierra Leone	**WAL**
Singapour (île de)	Singapour	dollar *(m)* de Singapour	Singapourien	singapourien, enne	Singapur	**SGP**
Somalie (la)	Mogadiscio Mogadischu	shill *(m)* somalien = 100 centesimi	Somalien	somalien, enne	Somalia	**SP**
Soudan (République du)	Khartoum	livre soudanaise = 100 piastres	Soudanais	soudanais, e	Sudan	**SUD**
Sri Lanka (le) (anc. Ceylan)	Colombo	roupie ceylanaise	Ceylanais	ceylanais, e	Ceylon Sri Lanka	**CL**
Sud-Yémen (République démocratique du)	El Schaab	dinar *(m)* = 100 fils	Sud-Yéménite	sud-yéménite	(der) Südjemen	
Suède (la)	Stockholm	couronne suédoise = 100 öre	Suédois	suédois, e	Schweden	**S**
Suisse (la)	Berne	franc suisse = 100 Rappen	Suisse	suisse helvétique	(die) Schweiz	**CH**
Surinam (le)	Paramaribo	gulden *(m)* de Surinam	Surinam	surinami	Surinam	**SME**
Swaziland (le)	Mbabane	lilangeni *(m)* = 100 cents	Swazi	swazi	Swasiland	**SD**

Syrie (la)	Damas	livre syrienne = 100 piastres	Syrien	syrien, enne	Syrien	**SYR**
Taiwan (Chine nationaliste anc. Formose)	Taipeh	nouveau dollar de Taiwan = 100 cents	Chinois Formosan	chinois, e	Taiwan Formosa	**RC**
Tanzanie (la)	Dodoma	shilling tanzanien = 100 cents	Tanzanien	tanzanien, enne	Tansania	**EAT**
Tchad (le)	Fort Lamy	franc CFA = 100 centimes	Tchadien	tchadien, enne	(der) Tschad	**TC**
Tchécoslovaquie (la)	Prague	couronne *(f)* tchèque = 100 haleru	Tchécoslovaque Tchèque	tchécoslovaque tchèque	(die) Tschecho- slowakei	**CS**
Thaïlande (la)	Bangkok	baht *(m)* = 100 stangs	Thaïlandais	thaïlandais, e	Thailand	**T**
Togo (le)	Lomé	franc CFA = 100 centimes	Togolais	togolais, e	Togo	**TG**
Trinité (la)	Port of Spain	dollar de la Trinité			Trinidad u. Tobago	**TT**
Tunisie (la)	Tunis	dinar tunisien = 1 000 millimes	Tunisien	tunisien, enne	Tunisien	**TN**
Turquie (la)	Ankara	livre turque *(f)* = 100 kuruș	Turc	turc, turque	(die) Türkei	**TR**
Union Soviétique (l') U.R.S.S.	Moscou	rouble *(m)* = 100 kopeks	Soviétique Russe	soviétique russe	(die) Sowjetunion	**SU**
U.R.S.S. ⇒ Union Soviétique						

PAYS	CAPITALE	UNITÉ MONÉTAIRE	HABITANTS	ADJECTIF	LAND	Plaques de nationalité
Land	Hauptstadt	Währungseinheit	Einwohner	Adjektiv		Kfz-Zeichen
Uruguay (l')	Montevideo	peso uruguayen = 100 centesimos	Uruguayen	uruguayen, enne	Uruguay	**U**
U.S.A. ⇒ États-Unis d'Amérique						
Vénézuéla (le)	Caracas	bolivar *(m)* (B) = 100 centesimos	Vénézuélien	vénézuélien, enne	Venezuela	**YV**
Viêt-Nam (le) (République populaire du)	Hanoï	dong *(m)* = 10 chao	Vietnamien	vietnamien, enne	Vietnam	**VN**
Yémen (Nord)	Sana	rial yéménite = 40 bugshas	Yéménite	yéménite	(der) Nord-Jemen	**ADN**
Yougoslavie (la)	Belgrade	dinar yougoslave	Yougoslave	yougoslave	Judoslawien	**YU**
Zaïre (le)	Kinshasa	zaïre *(m)* = 100 makuta	Zaïrois	zaïrois, e	Kongo Zaïre	**CGO**
Zambie (la)	Lusaka	kwacha (K) *(m)* = 100 ngwee	Zambien	zambien, enne	Sambia	**Z**
Zimbabwe (le)	Harare	dollar du Zimbabwe	Zimbabwe Rhodésien	zimbabwe rhodésien, enne	Zimbabwe	**RSR**

Poids et mesures/Maße und Gewichte

Mesures de longueur		Längenmaße	
1 μ	micron	**1 μ**	Mikron
1 mm	millimètre	**1 mm**	Millimeter
1 cm	centimètre	**1 cm**	Zentimeter
1 dm	décimètre	**1 dm**	Dezimeter
1 m	mètre	**1 m**	Meter
1 dam	décamètre	**1 dkm**	Dekameter
1 hm	hectomètre	**1 hm**	Hektometer
1 km	kilomètre	**1 km**	Kilometer
1 mille	marin	**1 sm**	Seemeile (= 1 852 m)

Mesures de surface		Flächenmaße	
1 mm^2	millimètre carré	**1 mm^2** *od.* **qmm**	Quadratmilimeter
1 cm^2	centimètre carré	**1 cm^2** *od.* **qcm**	Quadratzentimeter
1 dm^2	décimètre carré	**1 dm^2** *od.* **qdm**	Quadratdezimeter
1 m^2	mètre carré	**1 m^2** *od.* **qm**	Quadratmeter
1 km^2	kilomètre carré	**1 km^2** *od.* **qkm**	Quadratkilometer
1 a	are	**1 a**	Ar (= 100 m^2)
1 ha	hectare	**1 ha**	Hektar
1 arpent		**1 Morgen**	

Mesures de volume		Raummaße	
1 mm^3	millimètre cube	**1 mm^3** *od.* **cmm**	Kubikmillimeter
1 cm^3	centimètre cube	**1 cm^3** *od.* **ccm**	Kubikzentimeter
1 dm^3	décimètre cube	**1 dm^3** *od.* **cdm**	Kubikdezimeter
1 m^3	mètre cube	**1 m^3** *od.* **cbm**	Kubikmeter
1 m^3	mètre cube	**1 fm**	Festmeter
1 st	stère	**1 rm**	Raummeter
1 tonneau	(de jauge)	**1 RT**	Registertonne (= 2,83 m^3)

Mesures de capacité		Hohlmaße	
1 ml	millilitre	**1 ml**	Milliliter
1 cl	centilitre	**1 cl**	Zentiliter
1 dl	décilitre	**1 dl**	Deziliter
1 l	litre	**1 l**	Liter
1 dal	décalitre	**1 dkl**	Dekaliter
1 hl	hectolitre	**1 hl**	Hektoliter
1 kl	kilolitre	**1 kl**	Kiloliter

Poids		Gewichte	
1 mg	milligramme	**1 mg**	Milligramm
1 cg	centigramme	**1 cg**	Zentigramm
1 dg	décigramme	**1 dg**	Dezigramm
1 g	gramme	**1 g**	Gramm
1 dag	décagramme	**1 dkg**	Dekagramm
1 hg	hectogramme	**1 hg**	Hektogramm
1 livre		**1 Pfd.**	Pfund
1 kg	kilogramme	**1 kg**	Kilogramm
50 kg		**1 Ztr.**	Zentner
1 q	quintal	**1 dz**	Doppelzentner
1 t	tonne	**1 t**	Tonne

Quantité		**Mengenbezeichnung**	
1 douzaine		**1 Dtzd.**	Dutzend
Mesures de vitesse		**Geschwindigkeitsmaße**	
1 km/h	kilomètre-heure	**1 km/st, km/h**	Kilometer je Stunde
1 km/s	kilomètre-seconde	**1 km/s**	Kilometer je Sekunde
1 nœud		**1 kn**	Knoten (= 1,852 km/h)
Mach 1	(vitesse du son)	**Mach 1**	(Schallgeschwindigkeit)
Mesure de température		**Temperaturmaß**	
1 °C	degré Celsius ; (degré) centigrade	**1 °C**	Grad Celsius
Mesures de pression		**Druckmaße**	
1 mb	millibar	**1 mb**	Millibar
1 b	bar	**1 bar**	Bar
1 kgp/cm²	kilogramme-poids par centimètre carré	**1 at**	Technische Atmosphäre
1	atmosphère	**1 Atm**	Physikalische Atmosphäre
1 torr	(1 mm de mercure)	**1 Torr**	(Millimeter Quecksilbersäule)
Mesures de force		**Kraftmaße**	
1 dyn	dyne	**1 dyn**	Dyn
1 gf	gramme-force	**1 p**	Pond
1 gp	gramme-poids		
1 kgf	kilogramme-force	**1 kp**	Kilopond
1 kgl	kilogramme-poids		
Mesures d'énergie ou de travail		**Energie- und Arbeitsmaße**	
1 kgm	kilogrammètre	**1 mkp**	Meterkilopond
1 erg		**1 erg**	Erg
1 J	joule	**1 J**	Joule
kWh	kilowattheure	**1 kWh**	Kilowattstunde
1 cal	calorie	**1 cal**	Kalorie
1 kcal	kilocalorie	**1 kcal**	Kilo(gramm)kalorie
Mesures de puissance		**Leistungsmaße**	
1 W	watt	**1 W**	Watt
1 kW	kilowatt	**1 kW**	Kilowatt
1 MW	mégawatt	**1 MW**	Megawatt
1 ch	cheval-vapeur	**1 PS**	Pferdestärke

ANNEXE

Supplément allemand/français

A

ADSL *f* (*Asymetric Digital Subscriber Line*) ligne *f* d'accès rapide à l'Internet.

AFBG *n* (*Aufstiegsfortbildungsgesetz*) loi *f* d'aide à la formation permanente dans le cadre de l'avancement de carrière.

Aggregate *npl* agrégats *mpl* (de la comptabilité économique ; *Währungs*~ agrégats monétaires (regroupement des différents types de monnaie selon leur degré de liquidité).

Aktienfonds *m*, - F.C.P. *m* (fonds de placement investi en actions) ; fonds de placement en actions ; action-O.P.C.V.M. *f* ; *konservativ angelegter* ~ F.C.P. sans risques (de père de famille, composé de valeurs sûres).

Allfinanz-Unternehmen *n*, - banque-assurance *f* ; banque *f* polyvalente ; institut *m* financier multi-services ; conglomérat *m* financier.

Altersteilzeit *f*, **en** période *f* d'entrée en C.P.A. ; cessation *f* progressive d'activité ; travail *m* à temps partiel pour salariés âgés.

Altersteilzeitarbeit *f*, (**en**) cessation *f* progressive d'activité (C.P.A.) ; emploi *m* partiel de pré-retraite.

Ankerwährung *f*, **en** monnaie-pivot *f* ; monnaie d'ancrage, de référence.

Anlagefonds *m*, - O.P.C.V.M. *m* (Organisme *m* de placement collectif en valeurs mobilières).

Äquivalenzprinzip *n* (*assurance-vie*) principe *m* d'équivalence (celui qui a payé les plus fortes cotisations perçoit la pension de retraite la plus élevée).

Arbeitsplatzverlagerung *f*, **en** délocalisation *f* de l'emploi.

Arbeitszeitkonto *n*, **en** crédit *m* horaire ; compte *m* épargne-temps (évalué en unités de temps).

ARGE *f* (*Arbeitsgemeinschaft*) G.I.E. *m* (groupement d'intérêt économique).

Auditing *n*, **ø** audit *m* (*syn. Wirtschaftsprüfung*).

Aufbauhilfe *f*, **n** (fonds *m* d') aide *f* au redressement économique ; aide *f* à la reconstruction économique d'une région.

auf/laden, u, a, ä charger ; recharger une carte (argent, téléphone, etc.).

Aufsichtsratsvergütung *f*, **en** jetons *mpl* de présence ; rétribution *f* des membres d'un conseil de surveillance.

auf/splitten séparer ; scinder ; subdiviser ; *ein Produkt auf drei Marken* ~ subdiviser (éclater) un produit en trois marques distinctes.

Aufstockungsaktie *f*, **n** action *f* d'augmentation de capital.

AU-Plakette *f*, **n** (*automobiles*) vignette *f* de contrôle anti-pollution.

aus/schneiden-ein/fügen *(informatique)* couper-coller.

Außendienst-Mitarbeiter *m*, - commercial *m* ; représentant *m* ; V.R.P. *m* ; force *f* de vente.

Außendienstler *m*, - force *f* de vente ; représentant *m*.

Außenzoll *m*, ¨e (*E.U.*) : *der gemeinsame* ~ tarif *m* extérieur commun ; tarif commun vis-à -vis de pays tiers.

Ausübungspreis *m*, **e** prix *m* d'exercice ; *über dem* ~ *notiert sein* être coté au-dessus du prix d'exercice.

B

Background *m*, **s** expérience *f* professionnelle ; bagage *m* technique.

Back-Office *m*, **ø** back-office *m* ; *im ~ arbeiten* travailler en back-office, sans contact avec la clientèle (poste, banque, etc.).

Bedingtgut *n*, **¨er** bien *m* acheté avec possibilité de retour (dans un délai déterminé, des livres, par ex.).

befristet : *~er Arbeitsvertrag* C.D.D. *m* ; contrat *m* de travail à durée déterminée.

Belästigung (sexuelle) *f*, **en :** *~ am Arbeitsplatz* harcèlement *m* sexuel.

Belegleser *m*, **- 1.** (*techn.*) lecteur *m* de code-barres **2.** (*banque*) lecteur *m* de documents normalisés comptables.

Benchmark *f* **1.** repère *m ;* cote *f* (de niveau) **2.** étalon *m* de mesure **3.** indice *m* de référence d'un portefeuille.

Benchmarking *n*, **ø 1.**repérage *m* **2.** établissement *m* de cote **3.** étalonnage *m ;* évaluation *f* comparative ; évolution *f* des performances (comparaison avec les résultats antérieurs ou la concurrence).

Beratungshotline *f*, **s** numéro *m* vert ; numéro *m* d'appel d'une entreprise pour conseil à la clientèle.

Beratungs- und Vermittlungsgesellschaft *f*, **en** société *f* de consulting ; cabinet *m* de consultants.

Bereitschaftskredit *m*, **e** crédit *m* de soutien ; fonds *mpl* permanents disponibles.

Beschaffungswesen *n*, **ø** : *öffentliches ~* marchés *mpl* publics.

Beschäftigungspflicht *f*, **ø 1.** obligation *f* d'embauchage de personnes handicapées (emplois réservés, protégés) **2.** obligation de fournir une activité conforme au contrat d'embauche.

Beschäftigungsverhältnis *n*, **se** contrat *m* de travail ; situation *f* d'emploi ; *geringfügige ~se* seuil *m* en deçà duquel on est non-imposable.

Besitzstand *m*, **¨e :** acquis *mpl* sociaux ; *soziale ~¨e* avantages *mpl* sociaux (d'un salarié).

Besitzstandswahrung *f*, **en** préservation *f* des acquis (sociaux) ; sauvegarde *f* de droits acquis.

Beteiligungssparen *n*, **ø** épargne *f* en actions d'entreprise ; épargne *f* de participation au capital d'une entreprise.

Betriebsrente *f*, **n** retraite *f* complémentaire d'entreprise.

Betriebsverlagerung *f*, **en** délocalisation *f* d'entreprise.

Betriebsverlegung *f*, **en** transfert *m* de l'entreprise.

Beziehungsmarketing *n*, **ø** marketing *m* relationnel ; marketing *m* individualisé.

Big Bang *m*, **ø** réforme *f* de la bourse de Londres (1986), apparition des « broker-dealer » (remplaçant les « broker » et « jobbers »).

Big Business *n*, **ø 1.** big-business *m* ; le monde des grandes entreprises ; les géants *mpl* de l'économie ; le grand capital **2.** (*fam.*) la grosse affaire ; l'affaire du siècle.

Billiganbieter *m*, **-** grande surface *f* à prix réduits ; discounter *m*.

Billiglohnland *n*, **¨er** pays *m* à bas salaires ; pays *m* à main-d'œuvre bon marché.

Billigpreisland *n*, **¨er** pays *m* pratiquant le dumping.

Billigstorder *f*, **s** (*bourse*) ordre *m* au mieux.

Biokost *f*, **ø** alimentation *f* bio(logique) ; nourriture *f* bio(logique) ; produits *mpl* naturels ; produits bio.

Biotechnologie *f*, **n** biotechnologie *f*.

Bleiberecht *n*, **e** droit *m* de séjour sur le territoire national.

Blockzeit *f*, **en** plage *f* horaire fixe ; tronc *m* commun (dans le cadre du système d'horaires mobiles).

Bodenverwertungsgesellschaft *f*, **en** société *f* de mise en valeur immobilière.

Börsengang *m*, **¨e** entrée *f* en bourse ; accès *m* à la cote.

Börsenumsatzsteuer *f*, **n** taxe *f* sur les opérations de bourse ; impôt *m* sur les transactions boursières.

BOSS *n* (*Börsen-Order-Service-System*) système *m* de routage électronique des ordres de bourse transmis par les banques.

braune Ware *f*, **n** électronique *f* grand-public (*syn. Unterhaltungselektronik*).

Break-even-Point *m*, **ø** seuil de rentabilité ; niveau *m* de rentabilité minimum (*syn. Gewinnschwelle*).

browsen (*Internet*) naviguer sur le Web.

Browsen *n*, **ø** (*Internet*) navigation *f*.

Browser *m*, **-** (*Internet*) navigateur *m* ; logiciel *m* de navigation.

BSE-Kuh ***f,* ¨e** (*agric.*) vache *f* infectée par (le prion de) l'E.S.B. (encéphalite spongiforme bovine).

Bulle ***m*** **und Bär** ***m*** (*bourse*) « le taureau et l'ours » (figures symboliques de la bourse : la tête redressée du taureau symbolise la hausse, l'ours à la tête basse la baisse).

Bürgerversicherung ***f,*** **en** assurance *f* maladie obligatoire ; couverture *f* sociale universelle ; C.M.U. *f.*

Bürokaufmann ***m,*** **-leute** agent *m* commercial de bureau.

Business-Angel ***m,*** **s** (*Internet*) business-angel *m* ; investisseur *m* privé qui finance la création d'une start-up.

Business-Class ***f,*** **ø** (*avion*) classe *f* affaires.

Business-Plan ***m,*** **¨e** projet *m* d'entreprise ; projet *m* de développement.

C

Callcenter *n*, **s** standard *m* téléphonique (réservé à la clientèle).

Call option (*bourse*) option *f* d'achat (*syn. Kaufoption ; contr. put option*).

CASTOR *m* (*cask for storage and transport of radioactive material / Behälter für Lagerung und Transport von radioaktivem Material*) conteneur *m* destiné au transport de matières radioactives.

CD-ROM *f*, **(s)** CD-ROM *m*.

Chart-Analyse *f*, **n** (*bourse*) chart *f* ; analyse *f* graphique de l'évolution d'un titre.

Chart Analytiker *m*, **-** analyste *m* chartiste *m*.

Chat *m* (*Internet*) chat *m* ; échanges *mpl* entre internautes ; (*fam*) tchatche *f*.

chatten (*Internet*) communiquer sur Internet ; (*fam.*) tchatcher.

Check-in *n*, **ø** heure-limite *f* d'enregistrement ; formalités *fpl* d'enregistrement

coachen conseiller ; animer ; entraîner.

Coaching *n*, **ø** coaching *m* ; conseil *m* ; animation *f* ; entraînement *m*.

Code / Kode *m*, **s** code *m* (de chiffrement) .

Codewort *n*, **¨er** (*inform.*) mot *m* de passe.

Compiler *m*, **-** (*inform.*) compiler *m* ; programme *m* de traduction d'un langage machine en un autre langage.

Computerbörse *f*, **n** bourse *f* informatisée, électronique.

Computerhandel *m*, **ø** (*bourse*) transactions *fpl* boursières informatisées.

Cookie *n*, **s** (*Internet*) cookie *m*.

Copyright *n*, **s** droits *mpl* de reproduction (*syn. Wiedergaberechte ; Urheberrechte*).

Corporate governance *f*, **ø** gouvernement *m*, gouvernance *f* d'entreprise *m* ; contrôle *m* et supervision *f* de la gestion d´entreprise (répartition du pouvoir entre dirigeants, conseil d´administration et actionnaire).

Corporate identity *f*, **ies** (carte *f* d') identité *f* d'une entreprise ; image *f* de marque.

Cybercafé *n*, **s** cybercafé *m* ; café Internet.

Cyberspace *n*, **ø** cybermonde *m* ; espace *m* virtuel

D

Datenautobahn *f*, **en** autoroute *f* de l'information (*syn. Informations-Highway, Infobahn*).

Dauerarbeitsplatz *m*, **¨e** emploi *m* stable ; contrat de travail *m* à durée indéterminée.

Dauerarbeitsvertrag *m*, **¨e** contrat *m* de travail à durée indéterminée (C.D.I.).

DAX *m* (*Deutscher Aktienindex*) Dax *m* (indice des cours moyens des 30 meilleures valeurs allemandes) ; *in den ~-Index aufgenommen werden* entrer dans les valeurs de l'indice DAX.

deaktivieren désactiver.

Deal *m*, **s** *(fam.)* affaire *f ;* marché *m ; einen ~ abschließen* conclure un marché.

dealen se livrer au trafic de la drogue.

Dealer *m*, **-** trafiquant *m* de drogue ; dealer *m*.

Deindustrialisierung *f*, **en** désindustrialisation *f*.

Dekuvert *n*, **s 1.** (*bourse*) découvert *m ;* insuffisance *f* de titres mobiliers à la bourse **2.** arriéré *m* de dette ; créance *f* à recouvrer **3.** perte *f*.

Devisenswap *m*, **s** opération *f* croisée sur les devises ; opération swap (opération sur le marché à terme des devises couplée avec une opération au comptant, par ex.).

Dienstleistungsabend *m*, **e** soirée *f* d'ouverture *f* exceptionnelle des commerces, banques et services officiels au-delà de l'heure de fermeture légale habituelle.

Direktmailing *n*, **ø** publipostage *m ;* mailing *m* dans les boîtes aux lettres.

Direktmarketing *n*, **ø** marketing *m* direct (orienté vers le consommateur final).

Dosenpfand *n*, **¨er** *(écologie)* consigne *f (cannette de boisson, bière)*.

Duales System Deutschland *n*, **ø** société *f* de retraitement et d'élimination des déchets.

Duftdesigner *m*, **-** créateur *m* d'arômes artificiels.

Durchdrückpackung *f*, **en** emballage *m* sous blister.

Durchführbarkeitsstudie *f*, **n** étude *f* de faisabilité.

E

E-buisiness *n*, **ø** commerce *m* électronique ; transactions *fpl* sur Internet.

ec-Karte *f*, **n** (*electronic cash*) carte *f* de paiement électronique (à puce).

Ecofin-Rat *m*, **ø** Conseil *m* des ministres de l'économie et des finances de l'U.E.

E-Commerce *m*, **ø** (*elektronischer Handel*) commerce *m* online (en ligne) ; transactions *fpl* commerciales sur Internet.

Economyklasse *f*, **n** *(transp.)* classe *f* économique.

Einchecken *n*, **ø** (*avion*) (formalités *fpl* de) contrôle *m* avant embarquement.

ein/klicken (*Internet*) se connecter.

ein/loggen *(sich)* (*Internet*) se connecter.

ein/speisen (*énergie*) injecter ; charger ; alimenter.

Einspeisung *f*, **en** alimentation *f* d'un réseau,

Electronic Banking *n*, **s** *(elektronische Bankdienstleistungen)* services *mpl* bancaires informatisés ; prestation *f* de services bancaires assistée par ordinateurs.

Electronic Commerce *m*, **ø** commerce *m* électronique ; commerce *m* par l'Internet.

E-Mail *n* mail *m ;* e-mail *m ;* mél *m ;* courriel *m ;* messagerie *f* électronique ; courrier *m* électronique.

e-mailen envoyer un e-mail, correspondre par mail.

Emoticons *pl* (*Internet*) signes *mpl* exprimant des émotions utilisés dans le courrier électronique (*syn. Smilies*).

Erasmus *m*, **ø** programme *m* inter-Universités d'échanges d'étudiants (un semestre obligatoire à l'étranger).

Erkennungscode *m* (*électronique*) identifiant *m* ; code *m* d'identification ; code de reconnaissance.

ertragsabhängig 1. lié au rendement ; au mérite ; *~e Bezüge* émoluments proportionnels au rendement, au mérite **2**. (*fisc*) assis sur les revenus ; *~e Steuer* impôt assis sur les revenus.

Ertragsanteil *m*, **e 1**. (*fisc*) part *f* de revenus à prendre en compte dans le calcul de l'impôt (d'une rente, d'une retraite, etc.) **2**. parts *fpl* sociales ; participation *f* aux bénéfices ; (*Allemagne*) revenu *m* d'un capital d'épargne-retraite.

Erweiterung *f*, **en** élargissement *m* ; extension *f* ; *~ der Europäischen Union* élargissement de l'Union européenne.

Eskalatorklausel *f*, **n** clause *f* d'indexation dite de « l'ascenseur » (accord contractuel entre entrepreneurs et syndicats stipulant un réajustement des salaires en fonction de la hausse du coût de la vie).

EU *f* (**Europäische Union**) Union *f* européenne ; après le traité de Maastricht du 1/11/93, la C.E. fut rebaptisée en U.E.

EuGH *m* (*Europäischer Gerichtshof, Luxemburg*) Cour *f* suprême européenne.

EUR : code international de l'euro.

Eurex *f*, **ø** Eurex *f ;* bourse *f* électronique des marchés à terme résultant de la fusion partielle de la DTB (*Deutsche Terminbörse*) et de la Soffex (*Swisse Options and Financial Futures / schweizerische Terminbörse*).

Euribor *m* (*Europäischer Interbankensatz*) tibeur *m* (*taux interbancaire offert en Europe*).

Euro *m*, **(s)** *der ~* l'Euro (€) ; 1 Euro = 100 Cent (a remplacé l'écu le 1er janvier 1999 et a été coté pour la première fois à la bourse des valeurs le 4 janvier 1999 ; les billets de banque en euros ont eu cours légal le 1er janvier 2002).

Euroland *n*, **ø 1.** Euroland *m* **2.** État-membre *m* de l'Union monétaire européenne.

Euromarkt *m*, **¨e** marché *m* financier européen ; marché international monétaire des capitaux.

europäische Aktiengesellschaft *f*, **en** société *f* anonyme européenne.

europäische Sozialcharta *f* charte *f* sociale européenne (elle fixe les droits fondamentaux des salariés dans le cadre de la protection de l'emploi).

europäische Umwelt-Agentur *f* agence *f* européenne de l'environnement.

Europäische Union *f*, **ø** Union *f* européenne.

Europäische Währungsunion *f* Union *f* monétaire européenne.

Europäische Zentralbank *f*, **en** (EZB) Banque *f* centrale européenne (B.C.E.).

Europäischer Gerichtshof *m* (*Luxembourg*) Cour *f* de justice européenne.

europäischer Unionsvertrag *m*, **¨e** traité *m* d'Union européenne : traité de Maastricht décidé le 7/2/92 et entré en vigueur le 1/11/93.

Euroregion *f*, **en** Eurorégion *f* (région frontalière européenne destinée à favoriser les contacts par-delà les frontières et à planifier, en commun, le développement d'une région).

Eurostat *n* (*Statistisches Amt der Europäischen Union*) Office *m* européen des statistiques.

Event-Marketing *n,* **-formen** marketing *m* évènementiel, lié à l'actualité.

externalisieren externaliser ; délocaliser.

Extranet *n,* **ø** extranet *m* (interconnexion de réseaux locaux par Internet).

EZB *f* (*Europäische Zentralbank*) Banque *f* centrale européenne (B.C.E.).

EZBS *n,* **ø** (*Europäisches Zentralbank-System)* système *m* européen des banques centrales.

F

Fabrikverkaufszentrum *n*, **en** vente-usine *f* ; magasin *m* de vente directe.

fairer Handel *m*, **ø** commerce *m* équitable (des produits du Tiers-Monde achetés à des conditions favorables pour eux, améliorent le niveau de vie des pays producteurs).

Fallpauschale *f*, **n** (*sécurité sociale*) forfait *m* par cas médical ; (*France*) nombre *m* de K (pour une intervention chirurgicale).

Familiennachzug *m*, **ø** regroupement *m* familial.

Familienzusammenführung *f*, **en** ⇒ ***Familiennachzug.***

Fazilitäten *fpl* (*politique monétaire*) : *ständige* ~ crédits *mpl* accordés par la B.C.E. pour refinancer les banques d'affaires.

FAZ-Index *m*, **ø** (*bourse*) indice *m* boursier de la *Frankfurter Allgemeine Zeitung.*

Feedback *n*, **s** feedback *m* ; retombées commerciales.

Festzinstender *m*, **-** adjudication *f* à taux fixes.

FIBOR *m*, **ø** (*Frankfurt Interbank Offered Rate*) taux *m* interbancaire de l'argent sur la place de Francfort, formé sur le *LIBOR* : taux auquel les banques se prêtent des fonds sur le court terme).

Financial Futures *pl* instruments *mpl* financiers à terme (*syn. Finanztermingeschäfte*).

Finanzdienstleister *m*, **-** prestataire *m* de services financiers.

Finanzdienstleistung *f*, **en** prestation *f* de services financiers ; prestation financière.

Firmenübernahme *f*, **n** prise *f* de contrôle d'une entreprise ; O.P.A. *f.*

Fleiper-Verkehr *m*, **ø** (*Flug-Eisenbahn-Personenverkehr)* transport *m* de personnes par air-rail ; trafic *m* voyageurs air-fer.

Flextime-System *n*, **e** horaire *m* mobile ; horaire à la carte (*syn. Gleitzeit ; contr. Fixzeit*).

formatieren *(ordinateur)* formater.

Formatieren *n*, **ø** (*ordinateur*) formatage *m.*

Forum *n*, **en** (*Internet*) forum *m* ; groupe *m* de discussion.

Freeware *f*, **ø** (*Internet*) graticiel *m ;* logiciels *mpl* du domaine public ; logiciel gratuit sans restrictions.

Freiklausel *f*, **n** clause *f* de franchise.

Frontoffice *n*, **ø** service *m* contact-clientèle (*contr. Back-Office*).

Frühzeichner *m*, **-** (*bourse*) souscripteur *m* de la première heure.

Führungsfähigkeit *f*, **en** aptitude *f* à diriger une entreprise ; capacités *fpl* de dirigeant.

Full-Time-Job *m*, **s** emploi *m* à plein temps.

Fürsorgefonds *m*, **s** fonds *m* d'assistance ; fonds de prévoyance.

Fürsorgeprinzip *n*, **ien** principe *m* de l'assistance aux déshérités, aux économiquement faibles.

G

Geldmengenaggregat *n*, **e** agrégat *m* monétaire.

Geldmengenausweitung *f*, **en** croissance *f* monétaire (*syn. Geldmengenexpansion*).

Geldmengenorientierung *f*, **en** objectifs monétaires *mpl* quantitatifs.

Geldmengenpolitik *f*, **en** politique *f* monétaire ; politique d'agrégats monétaires.

Geld-Wäsche-Aktion *f*, **en** blanchiment *m* de l'argent.

Geldwäscher *m*, **-** personne *f* qui blanchit de l'argent noir ; blanchisseur *m* d'argent sale.

Gemeinnützigkeitserklärung *f*, **en** déclaration *f* d'utilité publique.

Gemobbte/r (*der/ein*) victime *f* du mobbing ; victime de persécutions ou de harcèlement sur le lieu de travail.

Gen-Bank *f*, **en** banque *f* d'empreintes génétiques.

Gen-Datei *f*, **en** fichier *m* des empreintes génétiques.

Gen-Daten *pl* carte *f* d'identité génétique ; génome *m*.

Generika *npl* médicaments *mpl* génériques ; *preiswerte ~ verschreiben* prescrire des médicaments génériques meilleur marché.

Genforschung *f*, **en** recherche *f* génétique.

genfrei non transgénique ; sans O.G.M. ; sans manipulations génétiques ; *~e Futtermittel* aliments *mpl* pour animaux sans O.G.M. (organismes génétiquement modifiés).

GEN-Lebensmittel *npl* aliment *m* génétiquement modifié ; aliment transgénique (O.G.M.).

Genomforschung *f*, **ø** recherche *f* sur le génome.

Gentechnik *f*, **en** génie *m* génétique ; *das Etikett ohne ~* étiquette « non transgénique », sans O.G.M.

Gentechniker *m*, **-** technicien *m* du génie génétique.

gentechnisch : *~ verändert* génétiquement modifié ; transgénique ; obtenu par génie génétique ; *~e Lebensmittel npl* denrées *fpl* génétiquement modifiées, transgéniques ; aliments *mpl* O.G.M.

Gentechnologie *f*, **n** technologies *fpl* géniques ; génie *m* génétique (*syn. Gentechnik*).

Geschäftspraktiken *fpl* pratiques *fpl* commerciales.

Gewerbeamt *n*, **¨er** chambre *f* professionnelle.

GEZ *f* (*Gebühreneinzugszentrale*) office *m* fédéral de la redevance de l'audiovisuel ; (*France*) service *m* de la redevance de l'audiovisuel.

Gleitzinsanleihe *f*, **en** emprunt *m* à intérêt variable (*syn. Step-Down-Anleihe*).

globalisieren mondialiser ; globaliser.

Globalisierung *f*, **en** mondialisation *f* ; globalisation *f* ; internationalisation *f*.

Globalisierungsgegner *m*, **-** altermondialiste *m* ; adversaire *m* de la mondialisation.

Greencard *f*, **s** carte *f* verte (héritée des USA) équivalant à une autorisation de séjour pour étrangers ayant une formation hautement qualifiée.

Grüner Punkt *m*, **ø** le « Point Vert » ; label *m* « recyclable ».

GUS *f* (*Gemeinschaft unabhängiger Staaten*) C.E.I. *f* (Communauté *f* d'États indépendants : ex-URSS).

H

Hackerschutz *m*, **ø** protection *f* contre le piratage informatique.

Hackertum *n*, **ø** piratage *m* informatique.

Handy *n*, **s** téléphone *m* mobile ; mobile *m* ; portable *m*.

Handel *m* **per Erscheinen** *(bourse)* négociation *f* de titres avant émission ; négociation anticipée des titres ; achat ou vente spéculatif/ive de titres avant d'en connaître les conditions d'émission ou la première cotation en bourse.

Handel-Online *n*, **ø** (*Internet*) commerce *m* en ligne.

Härteklausel *f*, **n** clause *f* dérogatoire aux rigueurs d'un contrat ; clause *f* d'autorisation de rupture de conventions collectives sur accord des partenaires sociaux.

Herkunftszeichen *n*, **-** (*agric.*) indication *f* d'origine ; marque *f* de traçabilité d'un produit (viande, céréales, etc.).

Herkunftszeugnis *n*, **se** certificat *m* d'origine ; attestation *f* de traçabilité.

herunterladbar (*Internet*) téléchargeable.

herunter/laden, u, a, ä (*Internet*) télécharger.

Hochkostenland *n*, **¨er** pays *m* à coût salarial élevé ; pays *m* à fort taux de charges salariales ; pays *m* à coût de production élevé, à fort coût salarial.

Hochlohnland *n*, **¨er** pays *m* à coût salarial élevé ; pays *m* à fort coût salarial.

Home-Banking *n*, **s** gestion *f* de compte online ; gestion d'un compte par minitel ou sur Internet ; banque *f* à domicile ; téléservices *mpl* bancaires.

Homepage *f*, **s 1.** page *f* d'accueil (d'un site) **2.** site-Web *m* ; page *f* sur le Web ; page d'un service ; carte de visite *f* d'un service sur Internet **3.** page personnelle d'un individu.

Home-Shopping *n*, **s** téléachat *m* ; achats *mpl* (à domicile) par minitel ou sur Internet.

Hot-line *f*, **s** ligne *f* réservée à la clientèle ; numéro *m* vert.

http (*Internet* : *Hyper Text Transfer Protocol*) http ; type de langage commun entre clients et serveurs.

Hypertext *m*, **e** (*Internet*) hypertexte *m*.

I

IBAN *f* (*International Bank Account Number / Internationale Bank-Kennnummer für elektronische Überweisungen)* code *m* IBAN ; code *m* international interbanques en usage pour les virements électroniques.

IBIS *n* (*Bourse*) (*Integriertes Börsenhandels-, Informations- und Abwicklungssystem*) système *m* intégré de transactions, d'informations et d'opérations boursières (marché informatisé des transactions sur les 30 valeurs de l'indice DAX et les principales obligations).

illegal illégal ; illégalement ; *~e Einwanderung, Organisation* immigration *f*, organisation *f* illégale.

Illegale/r (*der/ein*) immigré *m* clandestin.

Illegalität *f*, **en** illégalité *f*; clandestinité *f*; *in die ~ ab/tauchen* disparaître dans la clandestinité.

Imitat *n*, **e** mauvaise (pâle) imitation *f* (d'un objet de valeur).

Imitation *f*, **en** imitation *f* ; contrefaçon *f* ; falsification *f*.

Impuls(iv)kauf *m*, **¨e** achat *m* coup-de-cœur ; achat spontané ; achat sans motivation précise.

Incentives *pl* stimulant *m* ; stimulation *f* ; mesure *f* incitative ; incitation *f* (du personnel par des mesures d'encouragement telles que voyages, primes, etc.).

Indentgeschäft *n*, **e** ordre *m* d'achat reçu de l'étranger.

Indexfonds *m*, **-** fonds *m* commun de placement indexé (sur un indice déterminé : Euro Stoxx 50, Dow Jones Stoxx 50, etc).

Industriepark *m*, **s** zone *f* industrielle ; terrain *m* d'activités industrielles.

Industriestandort *m*, **e** site *m* industriel ; pôle *m* industriel.

Inflow *m*, **ø** afflux *m* de capitaux spéculatifs à court terme.

Infobahn *f*, **en** autoroute *f* de l'information.

Infoline *f*, **s** numéro *m* vert.

Informand *m*, **en**, **en**, 1. participant *m* à un programme de formation, à un séminaire 2. ingénieur *m* en phase d'initiation aux différents services d'une entreprise et à leur fonctionnement.

Informant *m*, **en**, **en** informateur *m*.

Informationsgesellschaft *f*, **en** société de la communication et de l'information ; société « Internet ».

Informationstechnologie *f*, **n (IT)** *fpl*, technologie (s) *f (pl)* de l'information et de la communication.

Inkubator *m*, **en** incubateur *m* ; société *f* qui encourage des initiatives innovantes.

innergemeinschaftlich intracommunautaire (entre pays de l'Union européenne) ; *~er Warenverkehr* circulation *f* des marchandises au sein de l'U.E.

Innovationsschrittmacher *m*, **-** novateur *m* ; pionnier *m* de l'innovation.

Innovations- und Gründerzentrum *n*, **en** (*IGZ*) pépinière *f* d'entreprises ; parc *m* technologique.

Insourcing *n*, **ø** production *f* entièrement maison ; production sans sous-traitance (*contr. Outsourcing ; Externalisierung*).

Internet *n*, **ø** Internet *m* ; l'Internet *m* ; le Net ; la Toile ; le Web ; *ans ~ angeschlossen sein* être connecté au réseau Internet ; *zum ~ Zugang haben* avoir accès à l'Internet ; *über das ~ Waren bestellen* commander des marchandises par Internet ; *im ~ surfen* surfer sur Internet.

Internet-Adresse *f*, **n** adresse *f* Internet ; adresse *f* électronique.

Internet-Anschluss *m*, **¨e** liaison *f* Internet ; connexion *f* au réseau Internet.

Internet-Café *n*, **s** cybercafé *m*.

Internet-Nutzer *m*, **-** utilisateur *m* de l'Internet ; internaute *m* ; cybernaute *m*.

Internet-Provider *m*, **-** fournisseur *m* d'accès ; serveur *m*.

Internetseite *f*, **n** ⇒ ***Internet-Site***.

Internet-Service *n*, **s** service *m* Internet ; *sich einem ~ an/schließen* se connecter à un service Internet.

Internet-Site *f*, **s** site *m* sur l'Internet ; *eine ~ betreiben* exploiter un site Internet.

Internet-User *m*, **-** ⇒ *Internet-Nutzer*.

Internet-Wirtschaft *f*, **en** la Net-économie *f*.

Intranet *n*, **s** Intranet *m* (réseau interne de transmission d'informations entre les filiales ou les services d'une entreprise).

ISDN *n (Integrated services digital network / Dienste integrierendes digitales Netz)* R.N.I.S. *m* ; réseau *m* numérique à intégration de services.

ISDN-Adapter *m*, **-** adaptateur *m* au réseau R.N.I.S.

ISDN-Anschluss *m*, **¨e** sortie *f* R.N.I.S.

IT *(Informationstechnologie)* technologie (s) *f (pl)* de l'information (et de la communication).

IT-Markt *m*, **¨e** marché *m* des technologies de l'information et de la communication.

IX *f*, **ø** *(Xetra-System : die neue europäische Börse)* la nouvelle bourse électronique européenne.

J

Jahreszinsschein *m*, **e** (*bourse*) coupon *m* annuel.

Jobkiller *m*, **-** (*fam.*) suppresseur *m* d'emplois ; mangeur *m* d'emplois.

Jumbo-Pfandbrief *m*, **e** obligation *f* hypothécaire d'un minimum de 500 millions d'euros.

Juniorfirma *f*, **en** junior-entreprise *f*.

Just-in-time *n*, **ø** juste-à-temps *m* ; flux-tendu *m*.

Just-in-time-Fertigung *f*, **en** production *f* en flux tendu.

K

Kahlschlag *m*, **¨e** saignée *f* déboisée ; zone *f* déforestée ou détruite ; coupe *f* claire ; (*fig.*) coupe *f* sombre dans un budget.

Kahlschlagsanierer *m*, **-** (*fam.*) renfloueur *m* d'entreprises ; repreneur *m* d'entreprises en difficulté.

kannibalisieren cannibaliser (prendre progressivement la place d'un produit concurrent sur le marché).

Kannibalisierung *f*, **en** cannibalisation *f*.

Kapitaladäquanzrichtlinie *f*, **n** (*banques, U.E.*) directive *f* concernant l'adéquation du capital (les banques évaluent leurs capitaux propres par des méthodes standardisées).

kapitalgedeckt : *eine ~e Rente* une retraite par capitalisation ; *eine zusätzliche ~e Altersvorsorge* (*Sicherung*) prévoyance *f* vieillesse couverte par capitalisation (type fonds de pension).

Kapital-Lebensversicherung *f*, **en** assurance-vie *f* de capitalisation.

Kennzeichnung *f*, **en** marquage *m* ; traçabilité *f* (origine d'un produit).

Kennzeichnungspflicht *f*, **ø** obligation *f* de traçabilité ; indication *f* de traçabilité obligatoire ; certification *f* obligatoire d'origine.

kennzeichnungspflichtig obligation *f* de traçabilité ; marquage *m* obligatoire.

Ketten(arbeits)vertrag *m*, **¨e** conclusion *f* de plusieurs C.D.D. (contrats à durée déterminée) successifs ; contrat *m* à relais, en chaînes.

KISS *n* (*bourse*) (*Kurs-Informations-Service-System*) service *m* informatisé d'informations en temps réel sur les tendances boursières de la bourse de Francfort, sur le cours des valeurs mobilières qui composent l'indice DAX.

Klientenwirtschaft *f*, **en** clientélisme *m*.

Kreislaufwirtschafts- und Abfallgesetz *n*, **ø** (*environnement*) économie *f* du recyclage et de la gestion des déchets (les déchets doivent être évités, recyclés ou éliminés).

Krypto-Analyse *f*, **n** méthode *f* de décryptage de textes codés.

Krypto-Chip *m*, **s** microprocesseur *m* de codage ; puce *f* de codage ; puce *f* de cryptage (d'informations).

Kryptographie *f*, **n** cryptographie *f* ; codage *m* de données (*syn. Datenverschlüsselung*).

Kurs-Cash-flow-Verhältnis *n*, **se** (*KCV*) ratio *m* de rentabilité d'une action ; rapport *m* cours-cash-flow d'une action.

Kahlschlag *m*, **¨e** saignée *f* déboisée ; zone *f* déforestée ou détruite ; coupe *f* claire ; (*fig.*) coupe *f* sombre dans un budget.

Kahlschlagsanierer *m*, **-** (*fam.*) renfloueur *m* d'entreprises ; repreneur *m* d'entreprises en difficulté.

kannibalisieren cannibaliser (prendre progressivement la place d'un produit concurrent sur le marché).

Kannibalisierung *f*, **en** cannibalisation *f*.

Kapitaladäquanzrichtlinie *f*, **n** (*banques, U.E.*) directive *f* concernant l'adéquation du capital (les banques évaluent leurs capitaux propres par des méthodes standardisées).

kapitalgedeckt : *eine ~e Rente* une retraite par capitalisation ; *eine zusätzliche ~e Altersvorsorge* (*Sicherung*) prévoyance *f* vieillesse couverte par capitalisation (type fonds de pension).

Kapital-Lebensversicherung *f*, **en** assurance-vie *f* de capitalisation.

Kennzeichnung *f*, **en** marquage *m* ; traçabilité *f* (origine d'un produit).

Kennzeichnungspflicht *f*, **ø** obligation *f* de traçabilité ; indication *f* de traçabilité obligatoire ; certification *f* obligatoire d'origine.

kennzeichnungspflichtig obligation *f* de traçabilité ; marquage *m* obligatoire.

Ketten(arbeits)vertrag *m,* ¨**e** conclusion *f* de plusieurs C.D.D. (contrats à durée déterminée) successifs ; contrat *m* à relais, en chaînes.

KISS *n* (*bourse*) (*Kurs-Informations-Service-System*) service *m* informatisé d'informations en temps réel sur les tendances boursières de la bourse de Francfort, sur le cours des valeurs mobilières qui composent l'indice DAX.

Klientenwirtschaft *f,* **en** clientélisme *m.*

Kreislaufwirtschafts- und Abfallgesetz *n,* **ø** (*environnement*) économie *f* du recyclage et de la gestion des déchets (les déchets doivent être évités, recyclés ou éliminés).

Krypto-Analyse *f,* **n** méthode *f* de décryptage de textes codés.

Krypto-Chip *m,* **s** microprocesseur *m* de codage ; puce *f* de codage ; puce *f* de cryptage (d'informations).

Kryptographie *f,* **n** cryptographie *f;* codage *m* de données (*syn. Datenverschlüsselung*).

Kurs-Cash-flow-Verhältnis *n,* **se** (*KCV*) ratio *m* de rentabilité d'une action ; rapport *m* cours-cash-flow d'une action.

L

Länderbonität *f,* **ø** indice *m* de solvabilité d'un pays.

Laptop *m,* **s** ordinateur *m* portable ; laptop *m ;* portable *m.*

Laufwerk *n,* **e** (*inform.*) lecteur *m* de disquettes.

Layout *n,* **s** (*médias*) présentation *f;* layout *m* (d'un journal par ex.).

Layouter *m,* **-** maquettiste *m ;* metteur *m* en page.

LBO ⇒ *Leverage-Buy-out.*

Learning by doing *n,* **ø** apprentissage *m* en situation ; formation *f* sur le tas.

Leeraktie *f,* **n** action *f* sans droit de vote.

Lehrlingsgehalt *n,* ¨**er** prime *f* d'apprentissage ; salaire *m* d'apprenti.

Lehrwerkstatt/Lehrwerkstätte *f,* **n** atelier-école *m* ; centre *m* d'apprentissage.

Leistungsbringer *m,* **-** prestataire *m* de services.

leistungsgebunden au rendement ; au mérite.

Leistungsverrechnung *f,* **en** (*comptab.*) imputation *f* des charges pour prestations internes (à l'entreprise).

Leitbörse *f,* **n** bourse *f* de référence ; bourse principale.

Leitzins *m,* **en / Leitzinssatz** *m,* ¨**e** taux *m* directeur de la B.C.E. pour le financement des crédits aux banques d'affaires ; taux *m* de référence.

Leverage-Buy-out *n* (**LBO**) prise *f* de contrôle par recours à l'emprunt ; rachat *m* d'entreprise financé par l'émission d'obligations à rendement élevé mais à haut risque ; rachat *m* d'entreprise à effet de levier.

Leverage-Effekt *m* effet *m* de levier (un changement du cours ou de l'indice de base d'un titre entraîne en aval un changement encore plus important de son cours final) (*syn. Hebelwirkung*).

Leverage-Management-Buy-out *n* (**LMBO**) rachat *m* d'une entreprise par son état-major ou par ses cadres.

Light-Produkt *n,* **e** produit *m* allégé.

Link *m,* **s** (*Internet*) lien *m ; ~s zu allen Bundesministerien* des liens vers tous les ministères fédéraux.

linksbündig (*traitement de texte*) justifié à gauche.

Lohnbestandteil *m,* **e** élément *m* (constitutif) du salaire (prime de rendement, participation aux résultats de l'entreprise etc.).

Lohnkostenzuschuss *m,* ¨**e** indemnité *f* versée aux entreprises employant des chômeurs de longue durée ; allègement *m* des charges sociales.

Lohnsockel *m,* **-** salaire *m* de base minimum ; plancher *m* salarial infranchissable.

M

Maastrichter Vertrag *m*, **ø** traité *m* de Maastricht, décidé le 7/2/92, entré en vigueur le 1/11/93.

Machbarkeit *f*, **en** faisabilité *f*.

Machbarkeitsstudie *f*, **n** étude *f* de faisabilité.

Mailbox *f*, **es** messagerie *f* électronique.

mailen communiquer par e-mail (mél, courriel) ; communiquer par courrier électronique ; *eine Nachricht* ~ envoyer un mail.

Mailing *n*, **ø** publipostage *m* ; mailing *m*.

Mainhattan *n*, **ø** (*iron.*) (formé sur *Franfurt am Main* et *Manhattan*) appellation *f* humoristique de Francfort, la capitale financière de l'Allemagne.

Management-Beratungsgesellschaft *f*, **en** société *f* de conseil en management ; cabinet *m* conseil et/ou audit.

managementbezogen qui concerne le management ; manageurial.

Management-Buy-in *n*, **ø** rachat *m* d'entreprise par des managers étrangers à celle-ci et qui en prennent la direction.

Management-Buy-out *n*, **ø** rachat *m* d'entreprise par sa direction et ses cadres.

Management-Informationssystem *n*, **e** **1.** centre *m* d'informations pour le management (marketing, clients, distribution, priorités, personnel, etc.) **2.** (*informatique*) système *m* intégré de gestion.

Markenpiraterie *f*, **n** piratage *m* de marques ; imitation *f* frauduleuse de produits de marque.

Market-Maker *m*, **-** (*bourse*) teneur *m* de marché ; contrepartiste *m* (entreprise de courtage qui assure en permanence la contrepartie, achat et vente, sur un marché boursier ou de devises).

Marktausweitung *f*, **en** élargissement *m* du marché ; expansion *f* du marché.

Marktbearbeitung *f*, **en** suivi *m* du marché.

Marktreife *f*, **ø** maturité *f* commerciale d'un produit.

MATIS *n* (*Makler-Tele-Informations-System*) système *m* concurrent de IBIS mis en place par les agents de change, et portant sur 30 actions.

MBO *n*, **s** ⇒ ***Management-Buy-out.***

M-DAX *m*, **ø** (*Midcap Aktienindex*) indice *m* des valeurs allemandes de moyenne catégorie ; baromètre *m* boursier des 70 valeurs à chiffre d'affaires moyen qui suivent les 30 premières du ⇒ *DAX*).

Medienverbund *m*, **ø** système *m* multimédias.

Megabyte *n*, **s** (**MB**) megabyte *m* (= 1 million de bytes).

Meister-Bafög *n* (*für Gesellen und Facharbeiter*) bourse *f* de maîtrise (pour compagnons et ouvriers qualifiés, en vue de la ⇒ *Meisterqualifizierung*).

Meisterqualifizierung *f*, **en** (*artisanat*) (examen *m* de) maîtrise *f* ; qualification *f* à la maîtrise.

Meisterzwang *m* (*artisanat*) obligation *f* d'être titulaire d'un certificat de maîtrise.

Mengentender *m*, **-** titre *m* du marché monétaire attribué par appel d'offres ; opération *f* de prise en pension par la Banque centrale européenne qui fixe elle-même le taux.

Menü *n*, **s** (*inform.*) programme *m* proposé sur moniteur.

Menüleiste *f*, **n** (*inform.*) barre *f* des menus (déroulants).

mobben harceler (un collègue de travail ; rendre la vie impossible sur le lieu de travail).

Mobbing *n*, **ø** harcèlement *m* ; débinage *m* ; dénigrement *m* ; mauvaise entente *f* sur le lieu de travail.

Mobilfunkbetreiber *m*, **-** société *f* d'exploitation de téléphonie mobile.

Mobilitätszuschuss *m*, **¨e** prime *f* de mobilité.

Mobilkunde *m*, **n**, **n** abonné *m* à un réseau de téléphonie mobile.

Mobiltelefon *n*, **e** mobile *m* ; téléphone *m* mobile ; portable *m* (*syn. Handy*).

Mobiltelefonie *f*, **n** téléphonie *f* mobile.

MOEL *npl* (*Mittel- und Osteuropäische Länder*) pays *mpl* d'Europe centrale et orientale.

Montagsproduktion *f*, **en** (*ironique*) production *f* défectueuse ; marchandise *f* imparfaite.

Motivforschung *f*, **en** étude *f* de motivation ; analyse *f* du comportement des consommateurs.

Mülltourismus *m*, **ø** exportation *f* des déchets des pays riches vers les pays pauvres pour y être traités.

Multimediagesetz *n*, **(e)** loi *f* sur les médias (protège les consommateurs, les auteurs et les données dans les réseaux de communication ouverts et freine la diffusion de la pornographie et de la violence).

N

Nachahme-Medikament *n,* **e** (*sécurité sociale*) médicament *m* générique ; (*syn. Generikum).*

Nachbarschaftshilfe *f,* (**n**) entraide *f* entre voisins ; *Häuser in ~ hoch/ziehen* monter des maisons selon le système des « castors » (en France).

Nachbarschaftsladen *m,*¨ commerce *m* de proximité.

Nachdeckungspflicht *f,* **ø** obligation *f* de fournir des garanties supplémentaires (à la suite d'une baisse des valeurs données en nantissement, par ex.).

nachhaltig *(environnement)* durable ; à long terme ; *~e Entwicklung f* développement *m* durable.

Nachhaltigkeit *f,* **ø** *(environnement)* politique *f* à long terme ; durabilité *f;* persévérance *f.*

nach/laden, u, a, ä recharger, réalimenter (par ex. une carte de paiement).

Nachunternehmen *n,* **-** entreprise *f* sous-traitante ; entreprise *f* en aval.

Nachunternehmer *m,* **-** entreprise *f* de sous-traitance ; sous-traitant *m.*

nachwachsend : *~e Rohstoffe* matières premières *fpl* d'origine végétale renouvelables (sucre, huiles, fibres, colza, etc).

Nachzugsrecht *n,* **ø :** *~ für Familienangehörige legaler Einwanderer* droit de regroupement familial pour immigrés en situation régulière (non clandestins).

Nanotechnologie *f,* **n** nanotechnologie *f* (application de la microélectronique à l'échelle du nanomètre).

Navigieren *n,* **ø** (*Internet*) navigation *f* (*syn. Browsen*).

NAX *m* (*Natur-Aktien-Index*) indice *m* d'actions de sociétés investissant dans l'environnement.

Negativklausel *f,* **n** clause *f* suspensive.

Negativliste *f,* **n** (*sécurité sociale*) liste *f* des médicaments non remboursés par les caisses de maladie ou la sécurité sociale (*contr. Positivliste*).

Netbank *f,* **en** banque *f* reliée au réseau Internet ; banque en ligne.

Netiquette *f,* **n** ensemble *m* des règles de comportement sur l'Internet.

Netsurfer *m,* **-** surfer *m* sur Internet ; cybernaute *m.*

Network *n,* **s** (mise en) réseau *m* (*syn. Netzwerk*).

Netz *n,* **e 1.** réseau *m* ; *~ von Tochtergesellschaften* réseau de filiales ; *~ von Verkaufsstellen* réseau de points de vente ; *ein ~ auf/bauen* monter un réseau **2.** l'Internet *m* ; le Net *m* ; le Web *m* ; la Toile **3.** *soziales ~* protection *f* sociale ; catalogue *m* des instruments de protection sociale **4.** (*fig.*) *den Steuerfahndern durchs ~ gehen* passer au travers des mailles du filet des inspecteurs du fisc.

Netzökonomie *f,* **ø** économie *f* en réseau ; économie de l'Internet.

Netzwerk *n,* **e** réseau *m (syn. Network).*

New Economy *f,* **ø** nouvelle économie *f* (sociétés cotées sur le nouveau marché : haute technologie, biotechnologie).

Newsgroup *m,* **s** (*Internet*) groupe *m* de discussion ; newsgroup *m* ;

NGO *f* (*Non-government organization/Nicht-Regierungsorganisation*) O.N.G. *f*; organisation *f* non gouvernementale *(Greenpeace, Amnesty International, Terre des hommes, etc).*

NIC *pl* (*Newly Industrializing Countries*) ; pays *mpl* nouvellement industrialisés ; les P.N.I. (*syn. Schwellenländer*).

Nischenmodell *n,* **e** niche *f* commerciale ; (modèle *m,* article *m* qui comble un) créneau *m* du marché.

Nischenprodukt *n,* **e** produit-créneau *m* ; produit qui répond à un créneau *m* du marché.

Non-Book-Abteilung *f,* **en** rayon *m* papeterie d'une librairie ; articles *mpl* autres que des livres (disques, posters, etc.).

Null-Kupon-Anleihe *f,* **n** titre *m* d'emprunt à coupon zéro ; emprunt *m* sans coupon.

O

Öffnungsklausel *f*, **n** clause *f* de suspension (de dérogation) provisoire des conventions collectives.

Offshore-Platz *m*, **¨e** place *f* bancaire off-shore (qui échappe à toute surveillance fiscale).

Ökoaudit *n*, **s** audit *m* écologique.

Ökobank *f*, **en** (*Francfort*) banque *f* verte ; banque de financement de projets écologiques.

Ökobilanz *f*, **en** bilan *m* écologique.

Ökolabel *n*, **s** label *m* écologique.

Ökolandbau *m*, **ø** agriculture *f* biologique, sans pesticides ni O.G.M. ; agriculture *f* raisonnée.

Öldollar *m*, **s** pétrodollar *m*.

Ölpreisbindung *f*, **en** indexation *f*, alignement *m* sur le prix du pétrole.

Ölwährung *f*, **en** pétro-monnaie *f*.

online (*inform.*) en ligne ; en réseau ; ~ *gehen* aller sur le Net ; ~ *kaufen* acheter par l'Internet (sur Internet) ; ~ *sein* être en ligne.

Onlinebank *f*, **en** banque *f* en ligne ; banque directe.

Onlinebanking *n*, **ø** opérations *fpl* bancaires par Internet.

Onlinedienst *m*, **e** (*Internet*) service *m* opérateur ; service en ligne, en réseau.

Onlinekauf *m*, **¨e** achats *mpl* sur Internet ; achats en ligne.

Onlinemarkt *m*, **¨e** marché *m* online, en ligne.

Onlinenutzer *m*, **-** internaute *m* ; navigateur *m* sur le Web ; utilisateur *m* du réseau Internet.

Opting-Out-Klausel *f*, **n** (*U.E.*) clause *f* d'exemption (ne pas participer à la monnaie unique).

Ostalgie *f*, **ø** (*iron.*) nostalgie *f* du mode de vie et des produits de l'ex-R.D.A.

Outfit *n*, **s** out-fit *m* ; (re)looking *m* ; look *m* ; présentation *f* extérieure ; manière *f* de se vêtir.

outsourcen faire appel à une entreprise externe pour qqch ; externaliser.

Outsourcing *n*, **ø** outsourcing *m* ; externalisation *f* ; délocalisation *f* de départements d'une entreprise.

Outsourcing-Firma *f*, **en** entreprise *f* sous-traitante.

P

Package ***n*** (*tourisme*) package *m* ; forfait *m* touristique.

Pack-Set ***n***, **s** *(poste)* matériel *m* d'emballage, préfabriqué et standardisé ; paquet-poste *m*.

Palmtop-Computer ***m***, **-** micro-ordinateur *m* ; portable *m*.

Pay-Abonnent ***m***, **en**, **en**, abonné *m* d'une chaîne (de télévision) payante.

Pay-per-view ***n***, **ø** (système de) télévision *f* à la carte (on ne paie que ce que l'on regarde).

Pay-TV ***f***, **ø** chaîne *f* payante ; chaîne cryptée.

PEG-Ratio **n** *(bourse : Price-Earning-Growth / Preis-Gewinn-Wachstum-Verhältnis)* rapport *m* prix-bénéfice-croissance.

PEG-Verhältnis ***n***, **se** ⇒ ***PEG-Ratio.***

Pensionsfonds ***m***, **-** fonds *m* de pension ; *betrieblicher ~* fonds *m* de pension constitué par les entreprises.

Pensionsgeschäft ***f***, **e** prise *f* en pension de valeurs mobilières par la *Deutsche Bundesbank* avant que la B.C.E. ne la remplace par les ⇒ *Hauptrefinanzierungsgeschäfte* ; octroi *m* d'un prêt sur nantissement de titres (de valeurs mobilières).

Pflege ***f***, **n** **1.** (*sécurité sociale*) soins *mpl* ; entretien *m* ; *häusliche (ambulante) ~* soins à domicile qui ne nécessitent pas d'hospitalisation ; hôpital *m* ; de jour ; *stationäre ~* soins *mpl* ambulatoires nécessitant une hospitalisation **2.** maintenance *f* (appareils, etc.) ; entretien *m* ; *die ~ von Grünanlagen* l'entretien d'espaces verts ; *die ~ guter Geschäftsbeziehungen* l'entretien de bonnes relations commerciales.

Pflegebedürftige/r (*der/ein*) personne *f* dépendante ; assisté *m*.

Pflegebedürftigkeit ***f***, **ø** besoin *m* d'assistance ; dépendance *f* (personnes âgées).

Pflegeheim ***n***, **e** centre *m* médicalisé pour handicapés et personnes âgées.

Pflegeleistung ***f***, **en** prestation spécifique de dépendance *f* (P.S.D.) ; allocation-autonomie *f*.

Pflegesatz ***m***, **¨e** taux *m* de pension (maison de retraite) ; coût *m* journalier d'hospitalisation.

Pflegestufe ***f***, **n** ⇒ ***Pflegebedürftigkeitsgrad.***

Pharming ***n***, **ø** Pharming *n* ; fabrication *f* de médicaments à l'aide d'animaux génétiquement modifiés.

PIN-gesichert protégé par un code secret.

Placierungs-/Platzierungsreserve ***f***, **n** réserve *f* d'actions ; stock *m* d'actions supplémentaires à placer lors d'une émission.

Portal ***n***, **s** (*Internet*) portail *m* ; site *m* d'accès sur le Web.

Portfolio-Management ***n***, **ø** gestion *f* de portefeuille ; gestion *f* de fonds de placement.

Portfolio-Manager ***m***, **-** gestionnaire *m* de portefeuille.

Positivliste ***f***, **n** (*für Medikamente*) (*sécurité sociale*) liste *f* des médicaments remboursés par la sécurité sociale, par les caisses de maladie.

Producer ***m***, **-** **1.** fabricant *m* **2.** (*médias*) producteur *m* de films ou de musique **3.** (*radio*) régisseur *m*.

Produkthaftung ***f***, **en** responsabilité *f* du fabricant ; responsabilité *f* du producteur.

Profilierungswettbewerb ***m***, **e** concurrence *f* de positionnement sur le marché ; concurrence *f* de démarquage.

Projektingenieur ***m***, **e** ingénieur *m* chef de projet ; ingénieur *m* en charge d'un projet.

Provider ***m***, **-** fournisseur *m* d'accès ; serveur *m*.

Publikumsfonds ***m***, **-** (*bourse*) fonds *m* de placement en valeurs mobilières ouvert au public (réservé aux petits épargnants).

Publikumsgesellschaft ***f***, **en** société *f* anonyme ouverte au public ; société *f* à nombre élevé d'actionnaires ; société *f* faisant appel à l'épargne publique.

punkten marquer des points.

Punktesystem ***n***, **e** système *m* d'évaluation ou de notation par points ; *etwas nach einem ~ bewerten* évaluer qqch selon un système par points.

Q

Qualitätsmanagement ***n,*** **ø** politique *f* de qualité ; gestion *f* de la qualité (chacun vise à son amélioration constante).

Quotelung ***f,*** **en** répartition *f* par quotas ; contingentement *m.*

Quotenerwartung ***f*** (*médias*) nombre *m* de points d'audimat escomptés ; *die ~ nicht erfüllen* ne pas avoir atteint l'audimat escompté.

Quotenfestsetzung ***f,*** **en 1.** fixation *f* d'un contingent ; détermination *f* des quotas **2.** (*polit.*) contingent *m* de places réservées aux femmes.

Quotenfrau ***f,*** **en** (*fam.*) femme-quota ; femme *f* qui occupe un poste ou une fonction en vertu de la règle des quotas.

Quotenkönig ***m,*** **e** (*médias*) roi *m* de l'audimat.

Quotenmethode ***f,*** **n** (*médias*) méthode *f* de sondage par échantillonnages représentatifs.

Quotierung ***f,*** **en** répartition *f* par quotas ; contingentement *m.*

Quotitätssteuer ***f,*** **n** impôt *m* de quotité.

R

Ranking ***n,*** **s** (méthode de) classement *m ;* positionnement *m.*

Raubpressung ***f,*** **en** piratage *m ;* reproduction *f* interdite de C.D. et D.V.D.

Recyclingwirtschaft ***f,*** **en** économie *f* de recyclage ; économie *f* de récupération des matières premières.

Refinanzierungspolitik ***f,*** **en** politique *f* de refinancement (mesures de la Banque centrale européenne destinées à influencer l'approvisionnement des banques d'affaires en capitaux).

Regelaltersgrenze ***f,*** **(n)** âge normal du départ en retraite ; âge *m* de la retraite.

Regelaltersrente ***f,*** **n** retraite *f* minimale légale.

Regelarbeitszeit ***f,*** **en** durée *f* de travail réglementaire.

Regelbeförderung ***f,*** **en** avancement *m* à l'ancienneté ; (*fonctionnaires*) avancement au petit choix.

Regelungsausschuss ***m,*** **¨e** (*U.E.*) commission *f* des réglementations européennes.

Regelwerk ***n,*** **ø** ensemble *m* de réglementations.

Regulierungsbehörde ***f,*** **n** autorité *f* de contrôle ; instance *f* de régulation, d'harmonisation.

Rehabilitation ***f,*** **en 1.** réinsertion *f* ; *berufliche, soziale ~* réinsertion professionnelle, sociale **2** rééducation *f* ; *medizinische ~* rééducation fonctionnelle.

Remisier ***m,*** **s** (*bourse*) remisier *m* (intermédiaire professionnel qui fournit des clients aux sociétés de bourse).

Repo-Satz ***m,*** **(¨e)** taux *m* « repo »; taux *m* d'intérêt des opérations de pension ; taux *m* de prise en pension de titres par la Banque fédérale.

Restitutionsanspruch ***m,*** **¨e** demande *f* de restitution d'immobilier (nouveaux Länder).

REX ***m*** (*Deutscher Rentenindex*) indice *m* allemand des obligations d'État (établi sur 30 emprunts-types).

Rinderseuche ***f,*** **n** épidémie *f* bovine ; maladie *f* de la vache folle ; encéphalite *f* spongiforme bovine (E.S.B.).

Rückverfolgbarkeit ***f,*** **ø** traçabilité *f* (de l'origine d'une viande, par ex.).

Rückverfolgungsbescheinigung ***f,*** **en** certificat *m* de traçabilité ; attestation *f* d'origine.

S

Sabbatical ***n,*** **s** congé *m* sabbatique (*syn. Bildungsurlaub*).

scannen scanner.

Scanner ***m***, **-** scanner *m*.

Scanner-Kasse ***f,*** **n** caisse *f* scanner ; caisse *f* à codes-barres.

S-Card ***f***, **s** carte *f* (de crédit) de paiement des caisses d'épargne allemandes ; carte multi-fonctions.

Schengener Abkommen ***n***, **-** (1993) accords *mpl* de Schengen (sur l'abolition des contrôles de personnes et de marchandises et sur une politique commune du droit d'asile et de la sécurité).

schlank allégé ; à personnel dégraissé ; *eine ~e Firma* entreprise *f* rationalisée par des réductions de personnel ; *~e Produktion f* production *f* allégée ; *~er Staat* État *m* allégé, en cure d'austérité.

schlanken dégraisser ; licencier ; supprimer des emplois (*syn. verschlanken ; aus/dünnen ; down-sizen*).

Schlepperkriminalität ***f***, **(en)** criminalité *f* des passeurs clandestins.

Schnittstelle ***f***, **n** **1**. (*inform.*) interface *f* **2**. point de recoupement *m ;* point de rencontre.

SDAX ***m*** indice boursier *m* allemand composé de 100 actions du ⇒ *SMAX*.

SDSL ***f*** (*télécom. Symmetric Digital Subscriber Line / Digitale symmetrische Anschlussleitung*) système *m* qui intègre tous les services du réseau numérique à intégration de services.

Seifenblase ***f,*** **n** bulle *f* (de savon) ; *spekulative ~* bulle spéculative.

Seifenblasenwirtschaft ***f,*** **en** (*iron.*) bulle *f* financière.

Service-Provider ***m,*** **-** (*Internet*) serveur *m*.

Shareholder Value ***n/m***, **ø** (*Wertsteigerung für den Aktionär*) valeur *f* actionariale ; valeur *f* d'une entreprise évaluée en dividendes versés aux actionnaires.

Sicherheitskopie ***f,*** **n** (*inform.*) copie *f* de sauvegarde.

Sicherheitssoftware ***f,*** **s** logiciel *m* anti-piratage ; programme *m* anti-virus.

Signet ***n,*** **e** logo *m ;* emblème *m* de marque (*syn. Logo*).

simsen envoyer un SMS.

Single-Haushalt ***m***, **e** (*statist.*) célibataire *m ;* personne *f* seule.

Site ***m***, **s** (*Internet*) site *m* sur Internet.

Skaleneffekt ***m,*** **e** effet *m* d'économies d'échelles.

Skalenertrag ***m***, **¨e** rendement *m* d'échelle ; revenus *mpl* d'échelle.

Skalenwirtschaft ***f***, **en** économie *f* d'échelles (*syn. Fixkostendegression*).

SMAX ***m*** (*bourse*) indice Smax *m* du nouveau marché *m* pour entreprises de moyenne importance à fort potentiel de croissance

SMS (*Short Message Service*) SMS *m*.

Soffex (Schweizer Terminbörse) ***f*** (*Suisse*) marché *m* à terme de Zürich.

Solidaritätszuschlag ***m***, **¨e** **1**. contribution *f* de solidarité ; contribution *f* au redressement économique de l'ex-R.D.A. (*Aufbau-Ost*) **2**. (*France*) C.S.G. *f* (contribution sociale généralisée).

Solidarpakt-Ost ***m,*** **ø** pacte *m* de solidarité avec les cinq nouveaux Länder.

Sonderabschöpfung ***f,*** **en** (*U.E.*) prélèvement *m* extraordinaire.

Sorgfaltspflicht ***f,*** **en** devoir *m* de vigilance ; obligation *f* de conscience professionnelle ; principe *m* de précaution.

Sozialabbau ***m,*** **ø** suppression *f* des prestations sociales ; suppression *f* d'acquis sociaux.

Sozialdumping ***n,*** **ø** dumping *m* social.

soziale Indikatoren ***mpl*** indicateurs *mpl* sociaux (données chiffrées qui permettent d'évaluer la qualité de vie de la population).

Sozialnetz ***n,*** **e** filet *m* de protection sociale ; ensemble *m* des mesures et institutions sociales ; système *m* social.

Sozialversicherungsträger ***m***, **-** organisme *m* de sécurité sociale ; caisse *f* primaire de sécurité sociale.

sozialverträglich socialement acceptable ; supportable au plan social ; socialement supportable.

Spartensender ***m***, **-** (*médias*) chaîne *f* radiotélévisée thématique ; station *f* thématique (sportive, météo, etc).

Spekulationsblase ***f,*** **n** (*bourse*) bulle *f* spéculative ; *die ~ ist geplatzt* la bulle spéculative a éclaté.

Stabilitätspakt ***m***, **e** pacte *m* de stabilité (doit protéger l'euro des faiseurs de dettes ; interdit un endettement supérieur à 3 % du P.N.B.).

Stand-By ***n*****, ø 1**. (*réservation de billets d'avion*) stand-by *m* ; position *f* d'attente **2**. (*inform.*) position de veille (*syn. Bereitschaft ; Wartestellung*).

Standort ***m*****, e** site *m* ; lieu *m* d'implantation.

standortbedingt lié au site ; fonction du lieu d'implantation.

standortgebunden ⇒ ***standortbedingt***.

Standortpolitik ***f*****, en** politique *f* économique régionale.

Standortverlagerung ***f*****, en** délocalisation *f* du site industriel.

Start-up ***n*****, s** ⇒ ***Start-up-Unternehmen***

Start-up-Unternehmen ***n*****, -** (entreprise) start-up *f ;* jeune pousse *f ;* jeune entreprise *f* qui monte ; société *f* high-tech à fort potentiel de croissance.

Stock-Option ***f*****, en** stock-option *f ;* option *f* de souscription d'actions (système de rémunération des cadres qui reçoivent des actions (stock-options).

Strukturfonds ***m*****, -** (*E.U.*) fonds *m* structurel (destiné à compenser les inégalités socio-économiques au sein de l'U.E.).

Stufengründung ***f*****, en** (*sociétés*) création *f* par étapes d'une société anonyme par introduction partielle d'actions sur le marché des capitaux (*contr. Simultangründung*).

Subleistung ***f*****, en** travail *m* de sous-traitance ; prestation *f* de sous-traitance ; *~en an ein Tochterunternehmen vergeben* donner des travaux en sous-traitance à une filiale.

Subsidiarität ***f*****, ø** subsdidiarité *f* (délégation de pouvoirs à l'échelon immédiatement inférieur, les instances supérieures n'exerçant leurs compétences que si l'échelon inférieur n'est pas en mesure de les assumer).

Subsidiaritätsprinzip ***n*****, ø** (*U.E.*) principe *m* de subsidiarité (énonçant les limites de compétence exclusive des différentes institutions européennes).

Subunternehmer ***m*****, -** sous-traitant *m*.

Subunternehmerverhältnis ***n*****, se** sous-traitance *f* temporaire de main-d'œuvre.

Suchmaschine ***f*****, n** (*Internet*) moteur *m* de recherche.

surfen (*Internet*) surfer (sur le Web) ; *im Internet ~* surfer (naviguer) sur l'Internet.

T

Technologiebörse *f*, **n** bourse *f* des valeurs de la haute technologie (du type NASDACQ).

Technologie- und Gründerzentrum *n*, **en** (*TGZ*) parc *m* technologique ; pôle *m* technologique ; centre *m* technologique ; pépinière *f* d'entreprises.

Technologie- und Innovationspark *m*, **s** parc *m* de technologie et d'innovations ; pépinière *f* d'entreprises.

Teilunternehmen *n*, **-** entreprise *f* de sous-traitance.

Teilzeiter *m*, **-** salarié *m* à temps partiel ; travailleur *m* à temps partiel (*syn. Teilzeitbeschäftigter*).

Telekom-Dienst-T-Online *m*, **ø** le plus grand serveur *m* allemand sur réseau Internet.

Tender *m*, **- 1.** (*train*) tender *m* ; (*navire*) convoyeur *m* **2.** ⇒ ***Tenderanleihe***.

Tenderanleihe *f*, **n** (*banque*) emprunt *m* mis sur le marché par la banque centrale par appel d'offres.

Tendersatz *m*, **¨e** (*banque*) taux *m* des appels d'offres.

Tenderzins *m*, **en** ⇒ ***Tendersatz***.

timen 1. chronométrer **2**. assurer le timing de qqch.

Tobin-Abgabe *f*, **n** taxe *f* "Tobin" qui vise à frapper les produits financiers (d'après l'économiste américain James Tobin).

Trainee-Zeit *f*, **en** période *f* de formation en entreprise ; temps *m* de stage.

Treibhauseffekt *m*, **e** effet *m* de serre.

Trendsetter *m*, **- 1**. instigateur *m* d'une mode nouvelle ; faiseur *m* de modes nouvelles **2**. produit *m* à l'origine d' une tendance nouvelle ; produit *m* innovant.

U

übergewichten (*bourse*) favoriser une ligne de titres (dans un portefeuille de titres) *unsere Empfehlung* : *übergewichten* notre conseil : renforcez la position (achetez).

Übergewichtung *f*, **en** (*von Aktien in einem Portefeuille*) renforcement *m* d'une ligne de titres ; le fait de privilégier une ligne de titres dans un portefeuille.

Übernahmegründung *f*, **en** création d'entreprise *f* par reprise.

Umlagefinanzierungssystem *n*, **e** système *m* de financement des retraites par répartition (*contr. Kapitaldeckungssystem*).

Umlageprinzip *n* (système de) retraite *f* par répartition.

Umsatzsteuer-Identifikationsnummer *f*, **n** numéro *m* de S.I.R.E.T. ; numéro d'identification pour la T.V.A.

um/schichten (*bourse*) changer de support (d'actions en obligations par ex.) ; *bei einem Wertpapier* ~ faire des aller-retour sur un titre.

Umschichtung *f*, **en** (*bourse*) aller-retour *m* sur un titre.

UMTS-Netz *n* (*Universal-Mobil-Telekommunikations-System*) réseau *m* universel de téléphonie mobile (avec accès direct à l'Internet).

Unionsbürger *m*, **-** citoyen *m* de l'Union européenne.

Unrechtbereinigungsgesetz *n* législation *f* sur la réparation des préjudices.

untergewichten (*bourse*) soulager un portefeuille de titres ; alléger une ligne de valeurs mobilières ; ne pas privilégier (un titre dans un portefeuille) ; *unsere Empfehlung* : *untergewichten* notre conseil : alléger la position (vendez).

Untergewichtung *f*, **en** (*bourse*) allègement *m* d'une ligne de titres.

Unterlassungsanspruch *m*, **¨e** droit *m* en abstention ; droit *m* d'opposition.

Unverlierbar-Garantie *f*, **n** (*placements*) garantie *f* de maintien du capital investi ; garantie *f* de récupérer son capital à l'échéance d'un placement.

User *m*,**-** *(infomatique)* utilisateur *m* ; client *m*.

V

Valutierungstag ***m*****, e** date de valeur *f*.

VDAX ***m*****, ø** (*Volatilitäts-DAX*) indice *m* de volatilité des 30 meilleures valeurs allemandes.

Venture-Kapitalist ***m*****, en, en,** capital-risqueur.

ver.di ***f*** (*Vereinte Dienstleistungsgewerkschaft*) ver.di *m* ; fédération des syndicats de services unifiés ; (fédération syndicale regroupant le syndicat des transports - l'*ÖTV*- celui du commerce, des banques et des assurances - *Handel, Banken und Versicherungen*- celui des postes - *Postgewerkschaft* - ainsi que celui des médias - *IG-Medien* : il regroupe environ trois millions de membres).

vergemeinschaften (*E.U.*) rendre communautaire ; communautariser.

Vergemeinschaftung ***f*****, en** (*U.E.*) communautarisation *f*.

Verkehrszentralregister ***n*****, -** fichier central *m* des conducteurs.

verlagern délocaliser ; déplacer ; transférer ; *die Produktion eines Unternehmens* ~ délocaliser la production.

Verlagerung ***f*****, en** délocalisation *f* ; déplacement *m* ; transfert *m*.

Verleihfirma ***f*****, en** société *f* d'intérim ; entreprise *f* de travail temporaire ; société de travail par intérim.

verschlanken alléger ; réduire ; dégraisser ; alléger le mode de fonctionnement ; *den Staat* ~ alléger le fonctionnement de l'État.

Verschlankung ***f*****, en** dégraissage *m* ; allègement *m* ; réduction *f*.

Verwertungsgemeinschaft Wort ***f*****, ø** (*V-Wort, Allemagne*) société *f* des auteurs et compositeurs dramatiques ; (*France*) S.A.C.E.M.

vierter Sektor ***m*****, ø** secteur *m* quaternaire (communication, information et technologies de pointe).

Vierte Welt ***f*****, ø** le quart-monde (les pays les plus pauvres du monde).

Virtualität ***f*****, en** virtualité *f* ; apparence *f*.

virtuell virtuel ; *~e Realität* réalité *f* virtuelle ; monde *m* artificiel.

Virus ***s/m*****, ren** (*informatique*) virus *m* ; *Anti-Virus-Programm n* logiciel *m* antivirus.

Voicemail ***n*****, s** boîte *f* vocale.

Volatilität ***f*****, en** (*bourse*) volatilité *f* (d'un titre).

Vorbeugungsmaßnahme, ***f*** **n** principe *m* de précaution.

Vorsteuer ***f*****, n** T.V.A. déductible.

Vorsteuerabzug ***m*****, ¨e** récupération *f* de la T.V.A. ; déduction *f* de la T.V.A.

Vorsteuerabzugsrecht ***n*****, e** droit *m* de déduire la T.V.A. ; possibilité *f* de récupérer la T.V.A.

Vorsteuerergebnis ***n*****, se** résultat *m* avant impôt.

W

Web ***n*** réseau *m* Internet ; le Net, le Web/web ; la Toile.

Web Master ***m*, -** webmaster *m ;* webmestre *m ;* webmaître *m ;* responsable *m,* créateur *m* d'un site Web.

Web-Nutzer ***m*, -** utilisateur *m* du Web ; internaute *m.*

Web-Seite ***f*, n** page Web ; *die ~ pflegen* assurer le suivi de la page Web ; actualiser une page sur le Web.

Website ***f*, s** ⇒ ***Web-Seite.***

Websurfer ***m*, -** surfer *m* sur le Web ; internaute *m.*

Windpark ***m*, s** parc *m* d'éoliennes.

Wirtschaftsflüchtling ***m*, e** réfugié *m* pour raisons économiques.

Wirtschaftsinformatiker ***m*, -** informaticien *m* de gestion.

Wirtschaftsmathematik ***f*, en** actuariat *m ;* mathématiques *fpl* économiques ; économétrie *f.*

World Wide Web ***n*, ø** World Wide Web *m* ; le Web/web ; la Toile ; l'Internet ; le Net.

WTO *f (World Trade Organization) (Welthandelsorganisation)* O.M. C. *f ;* organisation *f* mondiale du commerce ;

www ⇒ ***World Wide Web.***

X Y Z

Xetra *f* (*Exchange Electronic Trading vollelektronisches Handelssystem für Aktien*) (Francfort) bourse *f* des actions entièrement informatisée ; bourse en ligne.

zappen zapper ; *auf einen anderen Kanal ~* passer sur une autre chaîne ; *zwischen zwei Programmen hin- und her~* zapper sur deux programmes.

Zapping ***n*, ø** zapping *m.*

Zeitarbeitsvertrag ***m*, ¨e** C.D.D. *m* ; contrat *m* à durée déterminée.

Zeitarbeitsunternehmen ***n*, -** entreprise *f* de travail intérimaire ; société *f* de travail temporaire.

Zeitgutschrift ***f*, en** crédit *m* de compte-épargne-temps ; à-valoir *m* en temps libre.

Zeit-Scheck ***m*, s** chèque *m* temps libre (temps utilisable en période de moindre activité ou pour anticipation de retraite) ; chèque *m* pour compte-épargne-temps.

Zinsabschlagsteuer *f* taxe *f* sur les revenus du capital ; taxe sur les revenus d'épargne ; impôt *m* prélevé à la source ; impôt *m* sur les revenus obligataires ; prélèvement *m* libératoire.

Zinstender ***m*, -** adjudication *f* à taux variable, à taux ouvert ; opération *f* de prise en pension dont le taux est fixé par les différents instituts financiers (*contr. Mengentender*).

Zusatzrentenversicherung ***f*, en :** *freiwillige ~* caisse *f* complémentaire volontaire de retraite.

Zusatzvorsorge ***f*, n** retraite *f* complémentaire ; assurance-retraite *f* privée complémentaire.

ANNEXE

Supplément
français/allemand

A

abondement *m* Arbeitgeberbeiträge *mpl* zum Sparplan für die Altersrente der Arbeitnehmer ; Arbeitgeberanteil *m* am Sparplan für die Altersrente der Arbeitnehmer.

achat *m* **en ligne** Online-Einkauf *m* ; Online-Shopping *n*.

acquis *mpl* **communautaires** (*ensemble des traités signés au nom de l'U.E.*) Besitzstand *m* ; Errungenschaften *fpl* der Gemeinschaft ; gemeinsames Vertragswerk *n*.

acquis sociaux *mpl* soziale Errungenschaften *fpl* ; Sozialbesitzstände *mpl* ; *diminution f des ~* Sozialabbau *m* ; *préservation f des ~* Besitzstandswahrung *f* ; *penser en termes d'~* das Besitzstandsdenken ; Anspruchsdenken *n*.

affacturage *m* Factoring *n* ; Forderungs-Factoring ; *opération f d'~* Factoring-Geschäft *n* ; Absatzfinanzierung *f* ; *société f d'~* Factoringgesellschaft *f*.

agriculture *f* **bio** Bio-Landwirtschaft *f* ; Bio-Landbau *m* ; Öko-Landwirtschaft.

aliment *m* Lebensmittel *n* ; *~s* Lebensmittel *npl* ; Nahrung *f* ; *~ bio* Bio-, Ökolebensmittel ; (*agric.*) *~ complet pour animaux* Alleinfuttermittel *n* ; (*U.E.*) *~s composés pour animaux* Mischfutter *n* ; *~s génétiquement modifiés* gentechnisch veränderte Lebensmittel *npl* ; *~ sans O.G.M.* genfreie Lebensmittel *npl*.

altermondialiste *m* Globalisierungsgegner *m* ; Globalisierungskritiker *m* ; Altermondialist *m*.

alternance *f* Wechselfolge *f* ; Wechsel *m* ; Abwechslung *f* ; (*agric.*) *~ des cultures* Fruchtwechsel ; Fruchtfolge *f* ; *~ politique* Machtwechsel ; politischer Wechsel ; *formation f en~* duale Berufsausbildung *f* ; Dualsystem *n* ; alternierende Ausbildung ; *système m de formation en ~* Dualausbildung *f* ; duales Ausbildungssystem.

A.M.M. (*autorisation de mise sur le marché*) Vermarktungsgenehmigung *f* ; offizielle Markterlaubnis *f*.

annualiser annualisieren ; jährlich (auf Jahresbasis) berechnen ; jährlich bezahlen.

antenne *f* **1.** (*télé*) Antenne *f* ; *~ individuelle, commune* Einzel-, Gemeinschaftsantenne ; *~ parabolique* Parabol-Antenne ; Satellitenschüssel *f* ; (*pub.*) Werbezeit *f* ; *temps m d'~ en campagne électorale* Wahlkampfsendezeit *f* ; *acheter du temps d'~* Werbezeit kaufen **2.** (*représentation d'une entreprise*) Geschäftsstelle *f* ; Niederlassung *f* ; Außenstelle ; *~ à l'étranger, en province* Außenstelle im Ausland, in der Provinz ; *~ locale* örtliche Niederlassung ; *réseau m d'~s* Netz *n* der Außenstellen.

antipollution : umweltfreundlich, -schonend ; *contrôle m ~* Abgasuntersuchung *f* (AU) ; *dispositif m ~* Umweltschutzvorrichtung *f* ; *législation f ~* Umweltschutzgesetzgebung *f* ; *loi f ~* Umweltschutzgesetz *n* ; *lutte f ~* Bekämpfung der Umweltverschmutzung.

antivirus *m* (*informatique*) Virenschutzprogramm *n* ; Antivirus *m/n*.

arbitragiste *m* Arbitreur *m* ; Arbitrageur *m*.

architecte *m* Architekt *m* ; *~ d'intérieur* Raumausstatter *m* ; (*Internet*) *~ de réseaux* Systementwickler *m* ; Netzwerkbetreuer *m* ; Netzwerk-Spezialist *m*.

arobase/arrobase *f* **(@)** (*Internet*) « at »

assiette *f* **de l'impôt** Steuerveranlagung *f* ; Steuerbemessungsgrundlage *f* ; Besteuerungsgrundlage *f* ; *~ complémentaire* ergänzende Bemessungsgrundlage ; *~ générale, globale* Haupt-, Gesamtveranlagung *f* ; *base f de l'~* Bemessungsgrundlage ; *redressement m de l'~* Berichtigungsveranlagung *f* ; *établir l'~* die Besteuerungsgrundlage festlegen.

assurance-dépendance *f* Pflegeversicherung *f*.

assurfinances *f* Finanzversicherungsgesellschaft *f*.

audimat *m* Einschaltquote *f*.

autoroute *f* **de l'information** Datenautobahn *f* ; Infobahn *f*.

azoté, e (*agric.*) stickstoffhaltig ; *engrais mpl ~s* stickstoffhaltiger Dünger *m* ; Stickstoffdünger.

B

back-office *m* **1.** (*bourse*) Back-Office *m ; travailler dans le* ~ im Back-Office arbeiten ; vom Publikumsverkehr getrenntes Büro *n* ; Hinterraum *m* für Verwaltungsaufgaben ohne direkten Kontakt mit der Kundschaft **2.** Nachbörse-Geschäfte *npl.*

B.A.M.S. (méthode) *f* (*Bonjour, Au revoir, Merci, Sourire : accueil chez les commerçants et dans les administrations*) Kundenbetreuungsmethode *f* : Guten Tag, Auf Wiedersehen, Dankeschön, Lächeln.

bancarisation *f* **1.** Bankkontendichte *f* ; *taux m de* ~ Zahl *f* der Bankkonten einer Bevölkerung **2.** (*effets*) bankmäßige Erfassung *f.*

bancariser 1. mit einem dichten Bankennetz versehen **2.** bankmäßig erfassen.

bancassurances *f* (*banque qui place aussi des contrats d'assurances*) Allfinanz *f* ; Versicherungsbank *f* ; Bank-Versicherungs-Zusammenschluss *m* ; Kooperation *f* zwischen Banken und Versicherungen.

bancatique *f* automatisierte Bankdienstleistung *f.*

bas *m* **de gamme** Standardprodukt *n* ; Billigware *f* ; Erzeugnis *n* minderer Qualität ; Einsteigerkategorie *f* ; Produkt *n*, Artikel *m* des unteren Qualitätsbereichs ; unterer Qualitätsbereich (*syn. premier prix*).

B.C.E. *f* (*Banque centrale européenne*) EZB *f* ; Europäische Zentralbank.

beug *m* (*informatique*) Programmfehler *m* (*syn. bogue*).

bio Bio ; *label m* ~ Bio-Siegel *n* ; *magasin m* ~ Bio-Laden *m* ; *nourriture f* ~ Bio-Kost *f* ; Reform-Kost *f.*

biocarburant *m* Bio-Treibstoff *m.*

bioéthique *f* Bioethik *f.*

biogénétique *f* : *génie m* ~ Gentechnologie *f.*

biologique (préfixe) *Bio- ; (label) agriculture f* ~ biologischer Landbau *m* ; *nourriture f* ~ Reformkost *f.*

biotechnologie *f* Biotechnologie *f* ; Bionik *f.*

biotechnologique biotechnisch ; *procédé m de fabrication* ~ *dans l'industrie pharmaceutique* biotechnisches Produktionsverfahren *n* in der Pharmaindustrie.

biotope *m* Biotop *n.*

boîte *f* **à idées** Vorschlagswesen *n* ; Kasten *m* zum Einwerfen von Verbesserungsvorschlägen.

boîte *f* **de réception** (*Internet*) Posteingang *m.*

boîte *f* **vocale** Voicemail *f.*

bookbuilding *n* (*bourse : évaluation de l'offre et de la demande avant l'émission d'actions d'une société nouvelle, par enquête auprès des institutionnels*) Bookbuilding *n.*

bourse *f* **électronique** Computerbörse *f* (XETRA, EUREX).

bovin, e : *encéphalite f spongiforme ~e* (*E.S.B.*) Rinderseuche *f* ; Rinderwahn *m* (BSE) .

break-even-point *m* Gewinnschwelle *f* ; Break-even-Point *m* (*syn. seuil de rentabilité*).

browser *m* (*Internet : logiciel qui permet de consulter les documents informatiques*) Browser *m* ; Navigationsprogramm *n* ; Programm zum Auffinden, Lesen und Verwalten von Websites (*syn. butineur*).

bulle *f* Seifenblase *f* ; (*bourse*) ~ *spéculative* Spekulationsblase.

business-angel (*Internet*) Business-Angel *m* ; Geschäftsengel *m* ; Privatanleger *m*, der ein Start-up-Unternehmen finanziert.

business-plan *m* (*bourse : plan de développement chiffré*) in Zahlen ausgedrückter Entwicklungsplan eines Start-ups.

buy-back *m* (*bourse*) Buy-back-Geschäft *n* ; Rückkauf *m* von Aktien durch das Unternehmen ; Rückkauf von Waren, die von einem Dritten mit den Produktionsmitteln des Unternehmens hergestellt wurden.

C

CAC *m* **1.** *cotation assistée en continu* fortlaufende Notierung *f* ; fortlaufend computernotierte Werte *mpl* **2.** *(ex-Compagnie des agents de change)* Börsenmaklervereinigung *f* ; Syndikatskammer *f* der amtlichen Börsenmakler ; *indice m ~* CAC-Börsenindex *m*.

call-warrant *m* (*bourse : titre optionnel qui permet d'acheter le support : devises, actions, etc.*) Call-Warrant *m* ; Optionsschein *m*.

capital *m* **confiance** Vertrauenskapital *n* ; Vertrauensbonus *m* ; *jouir d'un grand ~* über einen großen Kapitalbonus verfügen.

capital-risque *m* Risikokapital *n* ; Risikokapitalfonds *m* ; Wagniskapital ; Venture-Kapital ; heißes Geld *n*.

capital-risqueur *m* Risikoanleger *m* ; risikofreudiger Investor *m* ; Venture Kapitalist *m* ; Wagniskapitalnehmer *m*.

car-sharing *m* Car-Sharing *n* ; Autoteilung *f* ; *adhérent m du ~* Autoteiler *m* ; *organisation de ~* Car-Sharing-Organisation *f* ; *pratiquer le ~* sich ein Auto teilen.

C.D.D. *m* (*contrat à durée déterminée*) befristeter Arbeitsvertrag *m* ; befristete Stelle *f* ; befristetes Arbeitsverhältnis *n* ; Zeitvertrag *m* ; *avoir un ~* auf Zeit angestellt sein (*contr. C.D.I.*).

C.D.I. *m* (*contrat à durée indéterminée*) unbefristeter Arbeitsvertrag *m* ; unbefristetes Arbeitsverhältnis *n* ; Dauerarbeitsvertrag ; *accepter un ~* ein Dauerarbeitsverhältnis eingehen ; *avoir un ~ dans une entreprise* bei einer Firma fest angestellt sein ; in einem Dauerarbeitsverhältnis bei einer Firma stehen.

CD-ROM *m* CD-Rom *f* ; Speicherplatte *f* mit unlöschbaren Daten.

C.E.I. *f* (*Communauté des États indépendants*) GUS *f* ; Gemeinschaft *f* unabhängiger Staaten.

centime *m* (*d'euro*) Cent *m* ; Eurocent ; *(fisc) ~s additionnels* Steuerzuschlag *m* ; Ergänzungsabgabe *f*.

certification *f* Beglaubigung *f* ; Zertifizierung *f* ; *~ de caution* Nachbürgschaft *f* ; *~ de signatures* Beglaubigung von Unterschriften.

chartiste *m* (*bourse*) **1.** Chartanalytiker *m* ; Chartist *m* **2.** Anhänger *m* der Charts, der graphischen Analyse.

check-liste *f* Checklist(e) *f* ; *(liste des passagers d'un avion)* Checkliste.

chèque-loisirs *m* Zeitscheck *m* ; Zeitgutschrift *f*.

chèque-service *m* Haushalts-Scheck *m* ; Scheck für Haushaltshilfe, für Altenpflegehilfe.

chronopost : Schnellzustellungsdienst *m* ; *envoyer un paquet par ~* ein Päckchen per Chronopost schicken.

claw back *n* (*bourse : autorise la modification de la composition de tranches de placement en cas de forte demande et réduit le montant alloué à l'offre internationale/erlaubt die Umschichtung bei Anlagen ; bei starker Nachfrage reduziert es das internationale Angebot)* Claw-Back-Verfahren *n* (*syn. clause de reprise*).

clientélisme *m* Klientenwirtschaft *f*.

clic *m* (*informatique*) Klick *m* ; *double* Doppelklick ; *faire un double ~* doppelklicken.

cliquer (*informatique*) klicken ; *~ sur la souris* auf die Maus klicken ; *double ~* doppelklicken.

clivage *m* : *~ Nord-Sud* Nord-Süd-Gefälle *n*.

clonage *m* Klonen *n* ; Klonieren *n* ; Klonierung *f*.

clone *m* Klon *m*.

cloner klonen.

coach *m* Coach *m* ; Betreuer *m* ; Berater *m* ; Trainer *m*.

coaching *m* Coaching *n* ; Betreuung *f* ; Beratung *f* ; *faire du ~* Coach spielen ; coachen.

commerce *m* **en ligne** Online-Handel *m* ; Onlinehandel ; E-Commerce *m* ; elektronischer Handel (im Internet).

commerce *m* **équitable** fairer Handel *m*.

commission rogatoire *f* Rechtshilfeersuchen *n*.

compilateur *m* *(inform.)* Compiler *m* ; Umwandler *m* ; Übersetzer *m*.

compilation *f* Aufbereitung *f;* Kompilation *f;* Kompilierung *f.*

compiler (*informatique : traduire en langage-machine*) kompilieren ; ~ *un programme* ein Programm kompilieren.

compte *m* **épargne-temps** (*dans le cadre de la flexibilité du travail, de la R.T.T.*) Zeit(spar)konto *n.*

connecter anschließen ; vernetzen ; verbinden (mit) ; (*Internet*) *se* ~ sich einloggen ; *connecté* en ligne.

contribution *f* **sociale généralisée (C.S.G.)** Solidaritätsbeitrag *m ;* Solidaritätsabgabe *f,* -steuer *f.*

C.O.S. *m* (*coefficient d'occupation des sols*) Flächennutzungsgrad *m,* Flächennutzungskoeffizient *m.*

cosponsor *m* Ko-Sponsor *m.*

cosponsoriser mitsponsern

courriel *m* (*terme officiel pour le courrier électronique*) E-Mail *n ;* elektronische Post *f* (*syn. e-mail ; mail ; mél*).

C.R.D.B. *f* (*contribution représentative du droit de bail*) repräsentativer Beitrag zur Mietvertragssteuer.

C.R.D.S. *f* (*contribution pour le remboursement de la dette sociale*) Beitrag *m* zur Rückzahlung der sozialen Schuld *;* Beitrag zur Sozialschuldentilgung *;* Solidaritätssteuer *f.*

crédit-bail *m* Leasing *n ;* Leasing-Vertrag *m ;* Mietkauf *m ;* Teilzahlungskaufvertrag *; appareil m pris en ~* geleastes Gerät *n ; société f de ~* Leasing-Gesellschaft *f ; prendre un ~ sur qqch* etw leasen.

crédit *m* **d'impôt** Steuergutschrift *f ;* Steuerguthaben *n.*

crypter verschlüsseln *;* chiffrieren *;* (*médias*) *chaîne f ~ée* Pay-TV *f ; ~ un message, des données* Nachrichten, Daten verschlüsseln.

cryptographie *f* (*procédé de codage de données informatiques*) Dateiverschlüsselung *f ;* Kryptographie *f.*

C.S.G. *f* (*contribution sociale généralisée*) Solidaritätssteuer *f ;* Solidarzuschlag *m ;* allgemeiner sozialer Beitrag *m ;* Sozialbeitrag ; (auf alle Einkommen erhobene) allgemeine Sozialabgabe *f.*

cyber- (*préfixe*) Cyber-.

cyber *m* **café** Cybercafé *n* ; Internet-Café.

cybernaute *m* Netsurfer *m* ; Websurfer *;* Cybernutzer *m.*

D

D.A.B. *m* (*distributeur automatique de billets*) Geldautomat *m* ; Bankautomat *m*.

délocalisation *f* Verlagerung *f* ; Auslagerung *f* ; Verlegung *f* ; ~ *d'une entreprise dans un pays à faible coût salarial* Verlagerung eines Unternehmens in ein Billiglohnland.

délocaliser verlagern ; auslagern ; verlegen ; ~ *la production à l'étranger* die Produktion ins Ausland verlagern.

démarque *f* Preisreduzierung *f* ; *première, seconde* ~ erster, zweiter Preisabschlag *m*.

déontologique ethisch ; moralisch ; deontologisch.

dépolluer entgiften ; entseuchen ; von Giftstoffen befreien ; reinigen ; wieder umweltfreundlich machen.

désamiantage *m* Asbestsanierung *f*.

désamianté, e asbestsaniert.

désencadrer : ~ *le crédit* die Kreditbeschränkungen aufheben ; die Kreditbewirtschaftung lockern.

désenclavement *m* (*d'une région*) (wirtschaftliche und verkehrsmäßige) Erschließung *f* (einer Gegend, eines Gebiets) ; Verkehrsanschluss *m*.

désindustrialisation *f* Industrieverlagerung *f* ; Industrieverlagerung *f* ins Ausland ; Deindustrialisierung *f*.

développement *m* **durable** nachhaltige Entwicklung *f*.

dink *m* (*double income no kids : couple m sans enfants à double salaire ; doppeltes Einkommen, keine Kinder*) kinderloses Paar *n* mit Doppelverdienst ; Doppelverdiener *mpl* ohne Kinder.

disque *m* **dur** (*informatique*) Festplatte.

Dow Jones Euro Stoxx *m* **(DJ Euro Stoxx)** (*nouvel indice boursier pour l'Europe calculé sur 50 valeurs*) Dow Jones Euro-Stoxx *m*.

drawback *m* (*remboursement des droits d'importation*) Drawback *m* ; Rückzoll *m* ; Zollrückvergütung *f*.

D.R.H. (*direction des ressources humaines*) Personalwesen *n* ; Personal-Management *n* ; Direktion *f* für Human-Kapital ; *conseil m en* ~ Personalberater *m*.

durable (*écologie*) nachhaltig ; dauerhaft ; beständig ; langfristig ; *développement* ~ nachhaltige Entwicklung *f*.

duration *f* Einschätzung *f* der Volatilität eines Wertpapiers ; Schwankungsrisiko *n* von Zinssätzen.

D.V.D. *m* DVD *f* ; *lecteur de* ~ DVD-Player *m*.

dysfonctionnement *m* Funktionsstörung *f* ; Dysfunktionieren *n* ; Fehlfunktion *f* ; Funktionsmängel *mpl*.

E

éco-label *m* Umweltsiegel *n* ; Ökosiegel *n* ; *produit m pourvu de l'~* mit dem Ökosiegel versehenes Produkt *n* ; auf Umweltverträglichkeit getestetes Produkt.

économie *f* **d'échelle** Fixkostendegression *f* ; Größendegression ; Kostendegression (durch Massenproduktion) ; economics of scale *pl.*

écotaxe *f* Ökosteuer *f* ; Umweltsteuer ; Ökoabgabe *f.*

emploi-jeunes *m* (*Allemagne*) ABM-Maßnahme *f* für Jugendliche ; ABM-Stelle *f* ; Einstiegsjobs *mpl.*

employabilité *f* *(travail flexible)* Einsetzbarkeit *f* ; *(apte au travail)* Arbeitstauglichkeit *f.*

employable *(travail flexible)* einsetzbar ; *(apte au travail)* arbeitstauglich.

équitable *(pays en voie de développement)* fair ; solidarisch ; ethisch ; *commerce ~* fairer Handel.

E.S.B. *f* (*encéphalite spongiforme bovine*) (*agric.*) BSE *f* (Bovine spongioforme Encephalopathie) ; Rinderwahn(sinn) *m.*

E.U.R.L. *f* (*entreprise unipersonnelle à responsabilité limitée*) Ein-Mann-Gesellschaft-mbH *f* ; Einpersonen-GmbH.

euro *m* (€) (1 Euro = 100 Cent) Euro *m* ; Euro-Währung *f* ; ♦♦ *billet m de banque libellé en ~* Euro(bank)note *f* ; *conversion f en ~* Umrechnung *f* (Umstellung *f*) in Euro ; *cours m de conversion en ~* Umrechnungskurs *m* in Euro ; *libellé en ~* auf Euro lautend ; *pièce de 1, 2 ~(s)* Ein-Euro-Münze, Zwei-Euro-Münze *f* ; *pièce f de 10, 20, 50 centimes d'~* 10-, 20-, 50-Eurocent-Münze ; *symbole m de l'~* das Eurosignet ; *zone f ~* Euro-Raum ; Euroland ; ♦♦♦ *convertir en ~s* auf Euro umstellen ; *convertir des dollars en ~s* Dollar in Euro umrechnen.

expertise *f* **comptable** Treuhandgesellschaft *f* ; Buchprüfungsgesellschaft ; Gesellschaft für Wirtschaftsprüfung *(syn. cabinet m d'~).*

externalisation *f* (*de fonctions d'une entreprise*) Externalisierung *f* ; Auslagerung *f* ; Übertragung *f* von Ämtern, von Funktionen auf ein spezialisiertes Unternehmen ; Outsourcing *n* ; Auslagerung *f* von Unternehmensbereichen in eigene Gesellschaften ; Vergabe *f* bestimmter Tätigkeiten an externe Dienstleister ; Übergabe *f* von Firmenbereichen an spezialisierte betriebsfremde Dienstleistungsunternehmen.

externaliser externalisieren ; auslagern ; (Abteilungen eines Unternehmens) auslagern ; outsourcen ; bestimmte Tätigkeiten an externe Dienstleister vergeben ; Firmenbereiche an Subunternehmen übergeben ; *~ les activités de recherche et développement* die Forschungs- und Entwicklungssabteilung (an externe Stellen) auslagern.

extranet *m* (*réseaux internes entre différentes entreprises*) Extranet *n.*

F

F.A.O. *f* (*fabrication assistée par ordinateur*) CAM (computer aided manufactoring) ; computergestützte Herstellung *f* (Fertigung *f*, Fabrikation *f*).

fax *m* **1.** Fax *n* ; Telefax *n* ; Fernkopie *f* ; *numéro m de ~* Faxnummer *f* ; *envoyer un ~ à qqn* jdm faxen ; jdm ein Fax (zu)schicken ; jdn anfaxen **2.** (*appareil*) Faxgerät *n*.

faxer : *~ à qqn* jdm faxen ; jdm ein Fax schicken ; jdm (etw) zufaxen.

fin *f* **de droits** Sozialhilfe *f* ; *chômeur m en ~* Sozialhilfeempfänger *m* ; *arriver en ~* auf Sozialhilfe angewiesen sein ; keine Arbeitslosenunterstützung mehr beziehen ; *être en ~ de droits* nicht mehr anspruchsberechtigt sein.

fiscaliste *m* Steuerfachmann *m* ; Steuerexperte *m*.

flou *m* **juridique** Rechtsunsicherheit *f*.

flux *m* **tendu** Null-Lagerung *f* ; Just-in-time-Lagerung ; genaue Abstimmung *f* von Zuliefer- und Produktionsterminen ; *en ~* Just-in-time-Prinzip *n*, -verfahren *n* ; *production f en ~* Just-in-time-Produktion *f*, -fertigung *f* ; *produire en ~* Just-in-time produzieren.

fonds perdu *(à)* auf Verlustkonto ; ohne Aussicht auf Rückerstattung ; verloren ; *subvention f ~* verlorener Zuschuss *m* ; *prêter ~* Geld unter Verzicht auf Rückzahlung zur Verfügung stellen.

frais *mpl* **réels** (*fisc*) Werbungskosten *pl* ; *être aux ~* bei der Ermittlung des steuerpflichtigen Einkommens die Werbungskosten abziehen können.

free-lance : freischaffend ; freelance ; *journaliste m, photographe m de presse ~* freischaffender Journalist *m*, Presse-Fotograf *m* ; *travailler en ~* freelance arbeiten ; freiberuflich arbeiten.

G

gap *m* Gefälle *n* ; Abstand *m* ; (*inflation*) differenzielle Inflationsrate *f* ; (*technologie*) technologischer Rückstand *m*.

G.E.I.E. *m* (*groupement européen d'intérêts économiques*) Europäischer wirtschaftlicher Interessenverband *m*.

générique *m* (*pharmaceutique*) Generikum *n* ; (*pl*) Generika ; Nachahme(r)-Medikament *n* ; Ersatzpräparat *n* ; *prescrire des ~s* Generika verschreiben.

génétiquement modifié, e gentechnisch verändert ; genmanipuliert ; genverändert ; *aliments mpl ~s* Gen-Nahrungsmittel *npl* ; gentechnisch veränderte Lebensmittel (*syn. transgénique*).

génie *m* : *~ civil* Bau(ingenieur)wesen *n* ; Hoch- und Tiefbau *m* ; *~ chimique (rural)* Chemie-(agrar)technik *f* ; *~ génétique* Gentechnik *f* ; Gentechnologie *f* ; *~ maritime* Schiffsbau *m* ; *~ nucléaire* Bautechnik *f* für Atomanlagen ; Bautechnik auf dem Kerngebiet ; *~ rural* Land-, Agrartechnik.

génome *m* Erbanlagen *fpl* ; Genom *n* ; *modifier le ~* die Erbanlagen verändern.

G.I.E. *m* (*groupement d'intérêt économique*) Interessengemeinschaft (IG) *f* ; wirtschaftlicher Interessenverband *m*.

globalisation *f* Globalisierung *f* ; Internationalisierung *f* ; *~ de l'économie* Globalisierung der Wirtschaft ; *~ des marchés* Internationalisierung der Märkte ; *adversaire m, partisan m de la ~* Globalisierungsgegner *m*, -befürworter *m* (-anhänger *m*) (*syn. mondialisation*).

globaliser globalisieren.

global sourcing *n* Global-sourcing *n* ; internationale Arbeitsteilung *f*.

golden boy *m* (*bourse*) Golden boy *m*.

G.P.L. *m* (*carburant : gaz de pétrole liquéfié*) Flüssiggas *n* ; Biogas *n*.

GPS *m* (*Global Position System*) GPS-System *n* ; Navigationssystem *n*.

grand public *m* die breite Öffentlichkeit *f* ; das breite Publikum *n* ; das allgemeine Publikum ; *électronique f ~* Unterhaltungselektronik *f* ; (*foire, exposition*) *journée f ~* Publikumstag *m* ; *accessible au ~* für die breite Öffentlichkeit zugänglich ; *être un succès ~* ein Publikumserfolg sein.

green card *f* Green Card *f* ; Eintrittskarte *f* auf den deutschen Markt für hochqualifizierte ausländische Fachkräfte der IT-Branche.

green shoe *m* (*bourse*) Greenshoe *m* ; Platzierungsreserve *f*.

G.R.H. *f* (*gestion des ressources humaines*) Personalwesen *n* ; Verwaltung *f* für Human-Kapital ; Verwaltung von human ressource.

H

harcèlement *m* Belästigung *f ; ~ sur le lieu de travail* Quälerei *f* am Arbeitsplatz *; ~ moral* Mobbing *n ;* Mobben *n ; ~ sexuel* sexuelle Belästigung (am Arbeitsplatz).

hard discount *m* Hard Discount *m.*

hearing *m* Anhörung *f ;* Hearing *n.*

hedging : *opération f de ~ (opération à terme couplée, lors d'achat de matières premières, par ex. pour se mettre à l'abri des fluctuations de prix)* Hedgegeschäft *n.*

home banking *n* Home Banking *n ;* elektronische Abwicklung *f* von Bankgeschäften von der Wohnung aus.

home shopping *n* Homeshopping *n ;* Teleshopping *n.*

horodateur *m* (elektronische) Parkuhr *f.*

hot line *f* Hotline *f ;* direkte telefonische Verbindung *f.*

hypertexte *m* (*Internet*) (*texte offrant un accès direct à d'autres documents*) Hypertext *m.*

I

IBAN *f* (*International Bank Account Number) code-banque international pour virements électroniques*) IBAN-Bankleitzahl *f* für den internationalen Überweisungsverkehr.

IBIS *m* (*système électronique des transactions boursières allemandes*) Ibis-System *n ;* elektronisches Handelssystem der deutschen Börsen.

icône *f* (*informatique*) Ikon *n ;* Ikone *f ;* Symbol *n.*

identifiant *m* **(numéro d')** Indikations-, Kenn-, Kodenummer *f ;* PIN *f* (persönliche Identifikations-Nummer).

inamical, e : *O.P.A f ~e* feindliches Übernahmeangebot *n.*

incompressibilité *f* **:** *~ des coûts, des charges, des dépenses* nicht reduzierbare (einzuschränkende) Kosten *pl* (Fixkosten), Belastungen *fpl,* Ausgaben *fpl.*

incubateur *m* **1.** Inkubator *m ;* Brutstätte *f* (‚wo Investoren die Gründer von Start-up-Unternehmen vor deren Gründung zusammenbringen) **2.** (*agric. élevage*) Brutapparat *m ;* Brutkasten *m.*

info-trafic *m* Verkehrsinformationen *fpl.*

insourcing *n* (*production-maison sans recours à la sous-traitance*) Insourcing *n.*

interactivité *f* Interaktivität *f.*

interbanques : *transactions fpl ~* Interbankenhandel *m ; taux m ~* Interbankenzinssatz *m ;* Interbankenrate *f.*

interconnecter (*informatique*) *~ les réseaux entre eux* vernetzen *;* zwischenschalten.

interconnexion *f* Vernetzung *f ;* Verbindung *f ;* (*transports*) Verbundnetz *n,* -system *n.*

interdit *m* **bancaire** Scheckverbot *n ;* Verbot von Scheckausstellung.

interface *m* **utilisateur** Benutzerinterface *n ;* Benutzerschnittstelle *f.*

intérim *m* a) (*travail intérimaire*) Leih-, Zeitarbeit *f ; avoir un ~* einen Zeitarbeitsplatz haben *; travailler en ~* einen Zeitarbeitsplatz (eine Zeitbeschäftigung) haben *;* als Zeitarbeiter (Zeitbeschäftigter) tätig sein *;* b) (*personne*) Teilzeitbeschäftigte(r) *;* Teilzeitkraft *f ;* (*fam.*) Springer *m ; agence f d'~* Zeitarbeitsagentur *f ; mission f d'~* Zeitarbeitsauftrag *m ;* begrenzte Arbeitsleistung *f* in einem Unternehmen *; preneur m d'~* Entleiher *m ; société f d'~* Verleihfirma *f ;* Personal-Leaser *m ;* Verleiher *m ; employer des ~s* Teilzeitkräfte beschäftigen *;* teilzeitbeschäftigen.

intermittence *f* Theater-, Film, Tanz-, Musikwelt *f ;* zeitbeschäftigte Künstler *mpl.*

intermittent *m* Arbeitnehmer *m* mit befristetem Arbeitsvertrag *m* (Theater-, Film, Tanz-, Musikwelt) *; ~ du spectacle* zeitbeschäftigter Künstler *m,* Techniker *m ;* Bühnenpersonal *n ;* Zeitarbeitnehmer *m* in der Unterhaltungsbranche.

intermittent, e unterbrochen ; periodisch ; zeitweilig aussetzend (ausbleibend) ; *contrat de travail m* ~ Zeitarbeitsvertrag *m*, -verhältnis *n* ; *travailleur m* ~ Saisonarbeiter *m* ; Arbeitnehmer mit befristetem Arbeitsvertrag.

internaute *m* Internet-Benutzer *m* ; Internet-Surfer *m* ; Webnutzer *m*.

Internet *m* das Internet ♦♦ *adresse f* ~ Internetadresse *f* ; *connexion f à l'*~ Internetanschluss *m* ; *fournisseur d'accès m* ~ Internet-Provider *m* ; *service m de réservation sur* ~ Buchungsservice *m* per Internet ; *transactions fpl commerciales sur* ~ E-Handel *m* ; E-Commerce *m* ; *utilisateur m de l'*~ Internetnutzer *m* ; Internet-User *m* ♦♦♦ *acheter sur* ~ im (über das) Internet einkaufen ; *aller sur l'*~ sich ins Internet begeben ; *être connecté à l'*~ ans Internet angeschlossen sein ; einen Internet-Anschluss haben ; *commander qqch sur* ~ etwas übers (im) Internet bestellen ; *être connecté à l'*~ ans Internet angeschlossen sein ; *installer un accès* ~ einen Internet-Anschluss einrichten ; *surfer sur* ~ im Internet (durch das Internet) surfen.

interopérabilité *f* (*banque*) Austauschbarkeit *f* von Codeschlüsseln.

intersyndicale *f* Gewerkschaftsunion *f*.

Intranet *m* (*l'Internet de l'entreprise*) Intranet *n* ; internes Betriebsnetz *n* ; Verwendung *f* der Internet-Technologie innerhalb eines betriebsinternen Netzes.

intrants *mpl* Inputs *pl* ; im Produktionsprozess eingesetzte Produktionsmittel *npl*, Rohstoffe *mpl*, Produkte *npl*.

invisibles *mpl* (*importation et exportation de services*) unsichtbare Einfuhren und Ausfuhren *fpl* ; *balance f des* ~ Bilanz *f* der unsichtbaren Dienstleistungen ; Dienstleistungsbilanz ; *revenus mpl des ~s* unsichtbare Einkünfte *fpl*.

ISO *f* (*International Organization for Standardization/ Organisme international de normalisation*) Internationale Normierungsorganisation *f* ; *certification f* ~ ISO-Zertifizierung *f* ; *norme f* ~ ISO-Norm *f* ; *être certifié* ~ nach der ISO-Norm zertifiziert sein ; *se faire certifier* ~ sich nach der ISO-Norm zertifizieren lassen.

J

jeune pousse *f* Start-up-Unternehmen *n* ; Start-up *n*.

juge-commissaire *m* (*faillites*) Konkursrichter *m*.

junk bond *m (bourse)* Junk bond *m* ; faule Aktie *f*; minderwertiges Papier *n* ; spekulative Anleihe *f*; Spekulationspapier *n*.

juste-à-temps *m* Just-in-Time-Verfahren *n* ; Just-in-Time-Prinzip *n* ; Just-in-Time-Produktion *f*; (*syn. flux tendu*).

K

kilo-octet *m* Kilobyte *n* ; Kbyte *n* ; 1000 Byte.

kosp : *indice m* ~ Kosp-Index ; Börsenindex der südkoreanischen Börse von Seoul.

L

label *m* **bio** Bio-Siegel *n* ; Öko-Siegel ; Bio-Label *n*.

labelisation *f* Labelisierung *f* ; Labelisieren *n*.

labeliser labelisieren ; standardisieren ; *produit m ~é* gelabeltes Produkt *n*.

lavage *m* **1.** *~ d'argent sale* Geldwäsche *f* **2.** *~ de cerveaux* Gehirnwäsche *f*.

laver : *~ de l'argent sale* schmutziges Geld waschen ; illegal erworbenes Geld legalisieren, in den regulären Wirtschaftskreislauf einschleusen.

L.E.P. *m* **1.** (*livret d'épargne populaire*) Volkssparbuch *n* **2.** (*lycée d'enseignement professionnel*) Berufskolleg *n* ; Berufsschule *f*.

lettre *f* **de transport (de voiture)** Frachtbrief *m* ; Luftfrachtbrief *m* ; AWB *m* (Airway Bill) ; *~ de transport maritime* Seefrachtbrief ; *~ de voiture C.M.R.* Frachtbrief im Straßengüterverkehr.

lien *m* (*Internet*)Verknüpfung *f* ; Hyperlink *m* ; Link *m* ; *~ externe (extrapage)* Verknüpfung (Link) zu einer anderen Seite ; *~ interne (intrapage)* Verknüpfung innerhalb derselben Seite.

ligne *f (inform.) en ~* online ; Online ; *~ numérique d'abonné* DSL (Digital Subscriber Line) ; *exploitation f en ~* Online-Betrieb *m* ; *interrogation f en ~* Online-Abfrage *f* ; *marché m en ~* Online-Markt *m* ; *services (bancaires) mpl en ~* Online-Dienste *mpl* ; Onlinebanking *n*.

linéaire *m* (*grandes surfaces*) ~ Regalfläche *f* (Supermarkt, Verbrauchermarkt).

logger *(se)* (*Internet*) sich ins Internet einloggen ; sich an das Internet direkt anschließen ; eine Verbindung zu einer Datenverarbeitungsanlage herstellen.

logiciel *m (inform.)* Software *f* ; Computerprogramm *n* ; *~ d'accès* Zugangssoftware ; Browser *m* ; *~ d'application, d'exploitation* Anwendungs-, Betriebssoftware ; *~ de traitement de texte* Textverarbeitungssoftware *(contr. matériel)*.

loi-cadre *f* Rahmengesetz *n* ; Rahmenplan *m* ; *~ de l'enseignement supérieur* Hochschulrahmengesetz.

M

mail *m* E-Mail *n* ; *adresse f de ~* E-Mail-Adresse *f* ; *envoyer un ~* eine Nachricht mailen ; e-mailen ; emailen.

mailing *m* Mailing *n* ; Versand *m* von Werbematerial durch die Post ; *~ publicitaire* Direktwerbung *f*.

mains *fpl* **libres** *(téléphone)* Freisprechanlage *f*.

management-buy-in *m* Management-Buy-in *n* ; Übernahme *f* durch ein externes Management.

management-by-out *m* Management-buy-out *n* ; Übernahme *f* einer Firma durch die eigene Geschäftsleitung.

manageurial, e (*préfixe*) Manager- ; Führungs- ; *faiblesse f ~e* Führungsschwäche *f* ; *avoir des qualités ~es* Führungsqualitäten besitzen.

Marché *m* **à terme international de France** (**M.A.T.I.F.**) (*bourse : a remplacé le « Marché à terme d'instruments financiers depuis 1988*) Terminmarkt *m* für Financial Futures.

marchéisation *f* Vermarktung *f*.

marchéiser vermarkten.

marché *m* **primaire** (*bourse : pour l'émission de valeurs nouvelles*) Primärmarkt *m* ; Emissionsmarkt (*contr. Sekundärmarkt*).

matière *f* **grise** geistige Substanz *f* ; Elite *f* ; die denkenden Köpfe *mpl* eines Lands ; *hémorragie f de la ~ d'un pays* Braindrain *m* (Brain-Drain) ; Abwanderung *f* von Wissenschaftlern bzw. von hochqualifizierten Arbeitskräften ins Ausland ; (*savoir faire*) Know-How *n*.

M.A.T.I.F. *m (Marché à terme international de France ; avant 1988 : Marché à terme d'instruments financiers) (bourse)* französischer internationaler Terminmarkt *m* für Rentenwerte, für (neue) Finanzprodukte ; Börse *f* mit Termingeschäften für neuartige Finanzierungsinstrumente ; Terminhandel *m* mit Finanzinnovationen ; (*Allemagne*) Deutsche Terminbörse in Frankfurt ; EUREX.

M.B.O. *m* (*management buy out : rachat d'une entreprise par le management d'une entreprise*) MBO *n* ; Übernahme *f* eines Unternehmens durch seine eigenen Führungskräfte ; Firmenkauf *m* des Unternehmens durch das Management.

M.E.D.E.F. *m* (*Mouvement des entreprises de France ; ex-CNPF*) französischer Arbeitgeberverband.

media-planning *m* Mediaplan *m* ; Mediaplanung *f* ; Streuplan (*syn. plan de campagne médiatique*).

méga-octet *m* MByte *n* ; Mega-Byte/Megabyte (MB).

mél *m* (*messagerie électronique*) E-Mail *n* ; *envoyer un ~* ein E-Mail schicken ; eine Nachricht mailen (*syn. e-mail ; courriel ; courrier électronique*).

mérite : *au ~* leistungsbezogen ; erfolgsorientiert ; ertragsabhängig ; *avoir une notation au ~* Leistungsnoten erhalten ; ein Punktekonto haben ; *système m de rémunération au ~* erfolgsorientiertes Entlohnungssystem *n* ; *rétribuer au ~* nach Leistung bezahlen.

méritocratie *f* Leistungs-, Erfolgsdenken *n* ; Leistungsorientierung *f* ; Leistungsabhängigkeit *f* ; Leistungswirtschaft *f*.

méritocratique leistungsabhängig ; leistungsorientiert.

méthanol *m* Biogas ; Methanol *n*.

mévendre mit Verlust verkaufen ; etw zu Schleuderpreisen verkaufen ; etw verramschen.

micro-foncier *m* (*régime fiscal français*) vereinfachtes Steuersystem *n* für Einkünfte aus Grund und Boden sowie für Mieterträge.

micro-trottoir *m* (*médias*) Straßen-Interview *n*.

mieux-disant *m* Meistbietende(r) ; günstigster Bieter *m*.

millième *m* : (*copropriété*) *nombre m de ~s* (in Tausendstel ausgedrückter) Miteigentumsanteil *m* ; *participer aux réparations au prorata du nombre de ~s* sich anteilig an den Reparaturkosten beteiligen.

minéralier *m* (*transport*) Erztransporter *m*; Erzschiff *n*.

miniprix *m* Minipreis *m*; äußerst niedriger Preis; Schleuderpreis.

mobbing *m* Mobbing *n*; Einschüchterungsversuche *mpl* am Arbeitsplatz; Schikanieren *n* von Arbeitskollegen.

mobile *m* Handy *n*; *utilisateur m de téléphone* ~ Handykunde *m*.

modem *m (inform.) (modulateur-démodulateur)* Modem *n*; ~ *pour télécopie* Fax-Modem; ~ *fax à grande vitesse* High-speed-Modem.

moins-disant *m* billigster Anbieter *m*; billigstes Angebot *n*; Mindestfordende(r); *adjuger au* ~ an den Mindestfordernden vergeben; dem billigsten Anbieter zuerteilen.

moins-offrant *m* Mindestbietende(r) *m*; das niedrigste Gebot (bei einer Versteigerung).

mondialisation *f* Globalisierung *f*; ~ *de l'économie, des marchés* weltweite Verflechtung *f* (Globalisierung) der Wirtschaft, der Märkte; *adversaire m, partisan m de la* ~ Globalisierungsgegner *m*, -befürworter *m*.

mondialiser globalisieren; *commerce m* ~*é* globalisierter Handel *m*.

mot *m* **de passe** (*informatique*) Codewort *n*; Kennwort; Passwort; Schlüsselwort.

moteur *m* **de recherche** (*Internet*) Suchmaschine *f*; Suchservice *m*; elektronisches Online-Verzeichnis *n*.

mouchard *m* (*disque de contrôle sur un poids-lourd*) Kontrollgerät *n*; Fahrt(en)schreiber *m*; Tempo-, Geschwindigkeitsbegrenzer *m*.

moyenner (*bourse*) den Kauf von Risikoaktien oder -fonds durch risikofreie Wertpapiere ausgleichen.

multisupport (*bourse*) : *contrat m* ~ kombinierter (verbundener) (Lebensversicherungs)Vertrag *m* (*contr. monosupport*).

N

narcotrafic *m* Drogenhandel *m*.

narco-trafiquant *m* Rauschgift-, Drogenhändler *m*.

NASDAQ *m* (*National Association of Securities Dealers Automated Quotations System*) Nasdaq *f*; elektronisches Notierungs-System *n* ; Computerbörse *f*.

navigation *f* (*Internet*) Navigieren *n* ; Browsen *n*.

naviguer : (*Internet*) ~ *sur le Web* (im Internet) surfen.

netéconomie *f* Web-Wirtschaft *f*; New-Economy *f*.

N.I.R. *m* (*numéro d'inscription au répertoire de l'I.N.S.E.E.*) Eintragungsnummer *f* im Register des statistischen Bundesamts.

nitrate *m* Nitrat *n* ; *pollution f de la nappe phréatique par les ~s* Verseuchung *f* des Grundwassers durch Nitrate.

nitrophosphaté, e (*agric.*) *engrais mpl ~s* nitrophosphathaltiger Dünger *m*.

non-affiliation *f* Nicht-Mitgliedschaft *f*.

non-assistance *f* (*à personne en danger*) unterlassene Hilfeleistung *f*.

non budgété, e : *postes mpl ~s* nicht im Stellenplan enthaltene Jobs ; nicht budgetierte Stellen *fpl*.

non-gage : (*France : vente de véhicule d'occasion*) *certificat m de ~* Pfandrechts-Freiheitsbescheinigung *f*; amtlicher Schein *m*, nach dem der zu verkaufende Wagen nicht verpfändet ist ; Bescheinigung, nach der ein Kfz nicht mit einem Pfandrecht belastet ist.

non incorporable : *charges fpl ~s* betriebsfremder Aufwand *m*.

non-libre-négociation *f* (*bourse*) ~ *d'actions* Vinkulierung *f* von Aktien ; Gebundenheit *f* der Übertragung von vinkulierten Aktien an die Genehmigung durch den Vorstand.

non polluant, e umweltfreundlich ; umweltschonend ; schadstoffarm.

N.P.I. *mpl* (*Nouveaux pays industrialisés*) Schwellenländer *npl* ; fortgeschrittene Entwicklungsländer (mit hoher wirtschaftlicher Eigendynamik und angemessenem Entwicklungsstand).

numérique 1. Zahlen- ; numerisch **2.** (*inform.*) Digital- ; digital ; nummerisch ; *calculateur m ~* Digitalrechner *m* ; *à commande ~* digitalgesteuert ; *données fpl ~s* Mengen-, Zahlenangaben *fpl* ; digitale Werte *mpl* ; *ère f du ~* Digitalzeitalter *n* ; *signature f ~* digitale Signatur *f*.

numérisable digitalisierbar ; *produits ~s* (*musique, images, films, logiciels*) digitalisierbare Güter *npl* (Musik, Bilder, Filme, Software).

numérisation *f* Digitalisierung *f*; ~ *des médias* Digitalisierung der Medien.

numériser digitalisieren.

numéro *m* **vert** kostenlose Rufnummer *f*; gebührenfreie Telefonnummer ; Bürgertelefon *n* ; ~ *d'une entreprise* Beratungshotline *f*.

O

O.A.T. *f* (*obligation assimilable du Trésor*) langfristige Staatsanleihe *f* ; Bundesschatzbrief *m*, -wechsel *m* ; BUND *m*.

O.B.S.A. *f* (*bourse : obligation à bon de souscription d'actions*) festverzinsliche Schuldverschreibung *f* mit Zeichnungsscheinen.

observatoire *m* **économique** Wirtschafts-Observatorium *n* ; Wirtschaftsbeobachtung *f*.

octet *m (inform.)* Byte *n* ; Speicherstelle *f* von acht Bits.

œuvres *fpl* **sociales** Sozialhilfe *f* ; Hilfswerk *n* ; soziale Einrichtungen *fpl* eines Betriebs ; Sozialdienst *m* ; gemeinnützige Organisation *f*.

off-line *(inform.) : fonctionner en ~ (en autonome)* off-line arbeiten ; *traitement m ~* Off-line-Verarbeitung *f*.

O.G.M. *m* (*organisme génétiquement modifié*) gentechnisch veränderter Organismus *m* (GVO).

O.N.G. *f* (*Organisation non gouvernementale*) Nichtregierungsorganisation *f* ; regierungsunabhängige Organisation ; nichtstaatliche Einrichtung *f*.

O.P.C.V.M. *m* (*Organisme de placements collectifs en valeurs mobilières*) Investmentgesellschaft *f* und Investmentfonds *m* ; *~ actions* Aktienfonds *m* ; *~ monétaire* Geldmarktfonds *m*.

O.P.V. *f (offre publique de vente)* öffentliches Aktienverkaufsangebot *n*.

O.R.A. (*bourse : obligation remboursable en actions*) in Aktien rückzahlbare Schuldverschreibung *f*.

outplacement *m* : *cabinet m d'~* Outplacement-Büro *n* ; Stellenvermittlungs-Gesellschaft *f* für entlassene, arbeitslose Leitende ; *conseiller m en ~* Outplacement-Berater *m*.

outsourcing *m* (*délocalisation de secteurs de production*) Outsourcing *n* ; Ausgliederung *f* von Verwaltungsfunktionen ; Auslagerung *f* von Unternehmensbereichen ; Übergabe *f* von Firmenbereichen, die nicht zum Kernbereich gehören, an spezialisierte (Dienstleistungs)Unternehmen ; Appellieren *n* an Zulieferbetriebe.

ouvré, e : **1.** *produit m ~* Fertigprodukt *n*, -erzeugnis *n*, -fabrikat *n*, -ware *f* ; *jour m ~* Werktag *m* ; Arbeitstag ; verkaufsoffener Tag ; *par heure ~e* je erwerbstätige Stunde.

P

P.A.C. *f* (*Politique agricole commune*) gemeinsame Agrarpolitik *f*; *réforme f de la ~* Reform der gemeinsamen Agrarpolitik.

pacs *m* (*pacte civil de solidarité*) eingetragene Lebenspartnerschaft *f*; eheähnliche Partnerschaft *f*; *(fam.)* Homo-Ehe *f*.

pacser eine eheähnliche Partnerschaft eingehen.

pacte *m* **(national) pour l'emploi** Bündnis *n* für Arbeit ; (nationales) Beschäftigungsbündnis.

P.A.F. *m* (*paysage audio-visuel français*) (audio-visuelle) Medienlandschaft *f*.

pages *fpl* **jaunes** (*d'un annuaire*) Branchenverzeichnis *n* ; die gelben Seiten *fpl* ; nach Berufen angeordnetes Telefonverzeichnis.

page *f* (*Internet*) *~ d'accueil* Homepage *f* ; *~ Web* Webseite *f*.

part *f* **de marché** Marktanteil *m* ; *exprimé en termes de ~s* in Marktanteilen ausgedrückt ; *gagner, perdre des ~s* Marktanteile gewinnen, verlieren (einbüßen).

participatif, ive (*préfixe*) Beteiligungs- ; (*bourse*) *titre m ~* (Gewinn)Anteilschein *m* an einem staatlichen Unternehmen ; Partizipationsschein *m* ; Gewinnbeteiligungspapier *n* ; Genuss-Schein *m* ohne Stimmrecht.

passage *m* : **1.** (*transition*) *~ à l'économie de marché* Übergang *m* von der Planwirtschaft zur Marktwirtschaft ; *~ sous contrôle étranger* ausländische Kontrollübernahme *f*; *~ aux 35 heures* Übergang zur 35-Stunden-Woche **2.** *~ d'immigrés clandestins* Einschleusen *n* (Einschleusung *f*) von illegalen Einwanderern.

patrimoine *m* **de l'humanité** Welterbe *n* ; *haut-lieu m du ~* Weltkulturerbe-Stätte *f*.

P.E.A. *m* (*plan d'épargne en actions*) Aktiensparplan ; steuerbegünstigtes Aktiensparen *f*.

pensée *f* **unique** (*polit.*) Einheitsdenken *n* ; einspuriges Denken.

pépinière *f* **1.** Baumschule *f* **2.** (*fig.*) Ausbildungsstätte *f* ; *~ de cadres dirigeants* (*d'entreprise*) Kaderschmiede *f*.

pérenniser : *emplois mpl ~és* fest ausgewiesene Planstellen *fpl* ; *~ une institution* zu einer ständigen Einrichtung machen ; *~ des postes de fonctionnaires* Beamte in eine Planstelle einweisen ; im öffentlichen Dienst Stellen im Haushaltsplan fest ausweisen.

pérennité *f* Fortbestand *m* ; Weiterbestehen *n* ; Dauerhaftigkeit *f* ; Fortdauer *f* ; Weiterführung *f* ; *assurer la ~ d'une entreprise, d'un site* den Fortbestand eines Unternehmens, eines Standorts sichern.

pères *mpl* **fondateurs** Gründerväter *mpl* ; *faire partie des ~ de l'Europe* zu den europäischen Gründervätern gehören.

phytosanitaire (*préfixe*) pflanzenschutz- ; *certificat m ~* Pflanzenschutzzeugnis *n* ; *produit m ~* Pflanzenschutzmittel *n*.

pilote *m* (*Internet*) Treiber *m*.

pluri-imposition *f* Doppelbesteuerung *f* ; mehrfache Besteuerung.

P.M.A. *mpl* (*pays les moins avancés*) Entwicklungsländer *npl* ; unterentwickelte Länder *npl*.

point-argent *m* Geldautomat *m* ; Bankautomat *m* ; Bankomat *m*.

point *m* **d'accès** (*Internet*) (Rechner)Knotenpunkt *m* ; Einwählknoten *m*.

point *m* **mort** Break-even-Point *m* ; toter Punkt *m* ; Gewinn-, Rentabilitätsschwelle *f* ; *les négociations sont au ~* die Verhandlungen sind festgefahren.

point *m* **de retraite** Rentenanwartschaft *f* ; *avoir acquis des ~s* Anwartschaften erworben haben.

port *m* (*Internet*) Port *m* ; *~ de communication* Anschluss *m* ; Port ; *~ imprimante* Druckeranschluss *m*.

portail *m* (*Internet : accès à de nombreux services sur un thème spécifique*) Portal *n* ; Portalseite *f* ; *aller sur un ~* über eine Portalseite ins Netz steigen.

positionnement *m* (*marketing*) Positionierung *f* ; ~ *de solvabilité d'un pays* Länderbonität *f* ; Country-Rating *n*.

poste *m* **d'expansion économique** Handelsdelegation *f*.

potentiel *m* **de croissance** Wachstumspotenzial *n* ; (*actions, obligations*) Kurspotenzial ; *marché m à fort* ~ Wachstumsmarkt *m* ; wachstumsstarker Markt ; *dégager un fort* ~ bedeutende Wachstumskräfte freisetzen.

précaution : *principe m de* ~ Vorbeugungsmaßnahme *f* ; Vorbeugungssprinzip *n*.

préférences *fpl* (*informatique*) Einstellungen *fpl*.

prélèvement *m* **forfaitaire libératoire (P.F.L.)** (*bourse*) Pauschalbesteuerung *f* ; pauschalierter Vorwegabzug *m* (von der Einkommensteuer) ; Zinsabschlag *m*.

prélèvements *mpl* **sociaux** soziale Steuern und Abgaben *fpl*.

présentéisme *m* (*évaluation du travail des cadres d'une entreprise en fonction de leur temps de présence sur le lieu de travail*) Beurteilungsmethode *f* der leitenden Angestellten eines Betriebs nach der am Arbeitsplatz verbrachten Zeit.

présomption *f* **d'innocence** (*jur.*) Unschuldsvermutung *f*.

presse *f* **people** People-Presse *f*.

prestation *f* **spécifique de dépendance** *f* **(P.S.D.)** Pflegeversicherung *f* ; Pflegeleistungen *fpl* ; *recourir aux aides de la* ~ die Pflegeleistungen in Anspruch nehmen.

prêt *m* **de main-d'œuvre** Arbeitnehmerausleihung *f* ; Personalleasing *n*.

pretium doloris *n* Schmerzensgeld *n* ; *avoir droit à, exiger un* ~ Anspruch auf Schmerzensgeld haben ; Schmerzensgeld fordern.

prix *m* **d'exercice** (*bourse*) Zeichnungs-, Emissionspreis *m* ; vom Inhaber eines Zeichnungsscheins zu bezahlender Einheitspreis, um eine Neuaktie zu erwerben.

produit *m* **dérivé** (*finances*) Derivat *n* ; derivatives Finanzinstrument *n* ; abgeleitetes Instrument ; (*bourse*) Optionsgeschäft *n* ; Futures *pl* ; Optionen *fpl* ; Swapgeschäfte *npl* ; *les ~s sont négociés sur le marché à terme* Derivate werden am Terminmarkt gehandelt.

progiciel *m* (*informatique*) Anlagensoftware *f* ; Software-Paket *n* ; Software-Produkt *n* ; Anwenderprogramm *n* ; Applikation *f*.

protection *f* **sociale** soziales Sicherungssystem *n* ; Sozialnetz *n* ; ~ *(couverture) sociale universelle* universelle soziale Absicherung *f* ; *dépenses fpl de* ~ Sozialversicherungsausgaben *fpl*.

proximité *f* Nähe *f* ; ~ *des commerces* Ladennähe ; *à* ~ *de* in der Nähe (+ G) ; nahe bei ; unweit (+ G) ; *à* ~ *du quartier commerçant* in der Nähe (unweit) des Geschäftsviertels ; *commerce m, magasin m de* ~ Nachbarschaftsladen *m* ; nahegelegenes Geschäft *n* ; (*fam.*) Tante-Emma-Laden *m*.

P.S.D. *f* (*prestation spécifique de dépendance*) Pflegeversicherung *f*.

Q.C.M. *m* (*questionnaire à choix multiple*) Multiple-Choice-Test *m*.

quadrage *m* (*enveloppe budgétaire par ministère*) *lettre f de* ~ Kredit-, Rahmenrichtlinie *f* ; Kredit-, Rahmenrichtplan *m*.

quadrichromie *f* (*billets de banque*) Vierfarbendruck *m*.

quart-monde *m* Enwicklungsländer *npl* ; unterentwickelte Länder *npl*.

quaternaire *m* (*communication, information, technologies de pointe*) vierter (quaternärer) Sektor *m* ; Informations- und kommunikationstechnischer Sektor ; Informatik und Forschung *f*.

quirat *m* (*part d'une propriété de navire de marine marchande*) Eigentumsanteil *m* (an einem Handelsschiff) ; (*fisc*) *système des ~s* Steuerabzug *m* für Eigentumsanteil(e) an einem Schiff.

Q

raccordement ***m*** Anschluss *m* ; Anbindung *f* ; Verbindung *f* ; Bereitstellung *f* ; ~ *au câble* Kabelanschluss ; ~ *collectif* Gemeinschaftsanschluss ; *(sans)* ~ *au réseau ferré* (ohne) Anbindung an das Schienennetz ; ~ *au réseau Internet* Anschluss ans Internet ; *câble m de* ~ Anschlusskabel *n* ; Überbrückungskabel ; *taxe f de* ~ Anschlussgebühr *f* ; (*train*) *voie f de* ~ Anschluss-, Verbindungsgleis *n*.

raccorder anschließen ; anbinden ; verbinden ; ~ *un appareil (à)* ein Gerät anschließen (an + A) ; ~ *un aéroport au réseau routier* einen Flughafen an das Straßennetz anbinden.

radar ***m*** (*trafic*) Radargerät *n* ; (*fam.*) Radarfalle *f* ; *contrôle-*~ Radarkontrolle *f* ; *voiture f* ~ Radarwagen *m* ; *se faire piéger par un (contrôle)* ~ in eine Radarfalle geraten.

R

radioguidage *m* Verkehrsfunk *m* ; Verkehrsmeldungen *fpl* (im Rundfunk) ; Funksteuerung *f* ; Leitstrahlverfahren *n*.

RAM *f* (*informatique : Random access memory*) RAM *n* ; Speicher *m* mit wahlfreiem Zugriff (*syn. mémoire vive*).

R.A.Q.V.A.M. *f* (*assurances : risques autres que véhicule à moteur*) Nicht-Kfz-Versicherung *f*.

R.D.S. *m* (*France : remboursement de la dette sociale*) Solidaritätszuschlag *m* ; Sonderabgabe *f* ; Solidaritätssteuer *f* (zur Zurückzahlung des Defizits der Sozialversicherung).

recadrage *m* Revidieren *n* ; Neueinschätzung *f* ; ~ *du nombre de chômeurs* die Neueinschätzung der Arbeitslosenzahl.

recentrage *m* Neuorientierung *f* ; Neugewichtung *f*.

recentrer (sich) neu orientieren ; ~ *sa position sur un marché* seine Marktposition neu definieren.

recevabilité *f* (*jur.*) Gültigkeit *f* ; Zulässigkeit *f*.

recevable (*jur.*) annehmbar ; statthaft ; (*plainte, reproche*) berechtigt ; (*procédure*) zulässig ; *déclarer une procédure (non)* ~ ein Verfahren für (un)zulässig erklären.

recherche *f* : ~ *(sur Internet)* Suche *f* ; *moteur m de* ~ Suchmaschine *f*.

recherche *f* **génétique** Gen-Forschung *f*.

reconcentration *f* Rückverflechtung *f*.

reconductible verlängerbar ; fortzusetzen ; *grève f* ~ zu verlängernder Streik *m* ; verlängerbarer Streik.

redécouper : ~ *une région* ein Gebiet neu einteilen.

redéployer umstellen ; umstrukturieren ; umorganisieren ; *se* ~ sich umorganisieren ; sich in einem Umstrukturierungsprozess befinden.

rééquilibrage *m* : ~ *d'un compte* Kontoausgleich *m* ; ~ *de la dette* Umschuldung *f* ; *plan m de* ~ Umschuldungsplan *m*.

rééquilibrer : ~ *la balance commerciale* die Handelsbilanz wieder ausgleichen ; ~ *un compte* ein Konto ausgleichen ; ~ *une dette* umschulden ; die Tilgungsdauer verlängern (strecken).

réfaction *f* (*remise pour marchandise non conforme ou endommagée*) **1.** Refaktie *f* ; Abzug *m* (von einem Preis) ; Preisabschlag *m* (wegen beschädigter oder fehlerhafter Waren) ; Preisminderung *f*, -nachlass *m* ; *faire une* ~ refaktieren ; einen Nachlass gewähren **2.** (*fisc*) Steuersatzermäßigung *f*.

référencement *m* Erfassung *f* (in einem Sortiment) ; Aufnahme *f* in ein Warenangebot, in Warenlisten, in Katalogen (*contr. déférencement*).

refinancement *m* : (*B.C.E. politique d'open-market*) *opérations fpl de* ~ *principal* Hauptrefinanzierungsgeschäfte *npl*.

reflux *m* Rückfluss *m* ; Abebben *n* ; ~ *des capitaux* Rückfluss von Kapital, von Fluchtgeldern (in das Heimatland) ; ~ *conjoncturel* Konjunkturrückgang *m*.

réformette *f* (*fam.*) kosmetische Maßnahmen *fpl* ; nicht tiefgreifende Reform *f*.

réfrigéré, e (*agro-alimentaire*) *viande f* ~*e* tiefgekühltes Fleisch *n* ; *vitrine f* ~*ée* Tiefkühltruhe *f*.

régalien, ne : *droits mpl* ~*s* Hoheitsbefugnisse *fpl* ; Hoheitsrechte *npl*.

regardant, e sparsam ; kleinlich ; *se montrer* ~ *sur qqch* auf etw (+ A) schauen ; *se montrer* ~ *sur les prix* auf die Preise schauen.

regarnir auffüllen ; ~ *les rayons d'un supermarché* die Regale eines Supermarkts auffüllen (*syn. réassortir*).

régresser rückläufig sein ; zurückgehen.

réhabiliter rehabilitieren ; ~ *qqn* den guten Ruf von jdm wiederherstellen ; ~ *un immeuble* ein Gebäude sanieren (in Stand setzen).

réinsérer wieder eingliedern ; ~ *un accidenté* einen Unfallgeschädigten rehabilitieren.

relégation *f* **1.** Zurückstufung *f* ; ~ *à une place (un rang) inférieur(e)* Abstieg *m* auf einen niedrigeren Platz, in eine niedere Klasse **2.** (*jur.*)

Sicherheitsverwahrung *f*; (*hist.*) Verbannung *f.*

reléguer zurückstufen.

relocalisation *f* Rückverlagerung *f*; Zurückverlagern *n* (*contr. délocalisation*).

relooker erneuern ; neues Aussehen geben ; liften ; Face-Lifting machen.

relutif, ive : *opération f ~ive* gewinnsteigerndes Geschäft *n* (*contr. dilutif*).

relution *f* Zunahme *f* des Nettogewinns pro Aktie nach einer Kapitalaufstockung.

réorienter *(se)* sich (beruflich, politisch, wirtschaftlich) umorientieren ; sich umstellen ; (*fam.*) umsatteln ; (*université*) die Studienrichtung wechseln.

repositionnement *m* Neupositionierung *f* ; Neuausrichtung *f.*

repositionner : *se ~* sich neu positionieren ; sich neu ausrichten.

restockage *m* Wiederauffüllung *f*; Wiederbevorratung *f* der Lagerbestände.

rétention *f* : *~ de crédit* Kreditverknappung *f*; *~ d'information* Zurückbehaltung *f* von Informationen.

retour *m* **sur investissement** Kapitalrendite *f*; Return *m* on investment.

rétroagir rückwirkend gelten ; rückwirkend handeln ; rückwirkende Gültigkeit haben.

reverse *m* (*bourse : proposé pour parier sur une baisse*) Reserve-Zertifikat *n* ; variable verzinsliche Anleihe *f* mit Spekulation auf fallende Zinsen.

R.H. (*ressources humaines*) Personalabteilung *f*; Personalwesen *n* ; Human-Kapital *n* ; ⇒ ***D.R.H.***

R.I. *m* (*règlement immédiat*) Direktabrechnung *f*; sofortige Zahlung *f.*

R.I.B. *m* (*relevé d'identité bancaire*) Bankverbindung *f*; Bankscheckkonto-Referenzen *fpl* ; Bankleitzahl *f* (BLZ).

R.I.P. *m* (*relevé d'identité postale*) Postverbindung *f*; Postscheckkonto-Referenzen *fpl* ; Vordruck *m* mit Angaben über den Kontoinhaber ; Kundennachweis *m* für Postgirokonto-Inhaber.

R.M.I. *m* (*revenu mensuel d'insertion*) Sozialhilfe *f*; Mindest(eingliederungs)lohn *m* ; soziales Mindesteinkommen.

RMIste *m* (*érémiste*) ; Sozialhilfeempfänger *m* ; Sozialleistungsempfänger (in Form eines garantierten Mindesteinkommens) ; RMI-Bezieher *m.*

R.N.I.S. *m* (*réseau numérique à intégration de services*) ISDN (Integrated Services Digital Network) ; Dienste integrierendes digitales Fernmeldenetz *n*

R.T.T. *f* (*réduction du temps de travail*) Arbeitszeitverkürzung *f.*

S

salarié-actionnaire *m* Belegschaftsaktionär *m*.

salarier *(qqn)* (jdn) entlohnen ; *être ~é chez / par qqn* bei jdm eingestellt sein ; von jdm entlohnt werden ; bei jdm in Lohn und Brot stehen.

S.A.M.U. *m* (*Service d'aide médicale d'urgence*) Rettungsdienst *m* ; Notdienst *m* ; *~ social* französisches staatliches Winterhilfswerk *n* für Obdachlose.

sans étiquette *m* (*polit.*) parteilos ; *député m ~* parteiloser Abgeordnete(r) ; *les ~* die Parteilosen *pl.*

sans-papiers *m* Ausländer *m* ohne gültige Aufenthaltsgenehmigung.

S.B.F. *f* (*Société des bourses françaises*) Dachverband *m* der französischen Börsengesellschaften.

schéma *m* **directeur** Gesamt-, Rahmenplan *m* ; *~ d'aménagement et d'urbanisme* Generalplan *m* ; Gesamtbebauungsplan *m*.

schmoozing *m* Schmoozing *n* ; Bekanntheitsgrad *m* eines Start-up-Unternehmens durch Mundpropaganda.

S.C.P.A. *f* (*société en commandite par actions*) Kommanditgesellschaft *f* auf Aktien (KGaA).

S.C.P.I. *f* (*société civile de placements immobiliers*) Immobilienfonds *m* ; Immobilien-Investmentgesellschaft *f*.

S.C.S. *f* (*société en commandite simple*) Kommanditgesellschaft *f*.

S.D.A.U. *m* (*schéma directeur d'aménagement et d'urbanisme*) Rahmenplan *m* für Raumordnung und Städtebau.

S.D.F. *m/f* (*sans domicile fixe*) Obdachlose(r) ; Wohnungslose(r).

S.D.R. *f* (*société de développement régional*) Gesellschaft *f* für regionale Wirtschaftsförderung.

S.E.B.C. *m* (*système m européen des banques centrales*) EZBS *n* ; Europäisches Zentralbank(en)system *n*.

S.E.C.N. *m* (*système élargi de comptabilité nationale*) (erweiterte) volkswirtschaftliche Gesamtrechung *f* (VGR).

S.E.L. *m* (*système d'échanges locaux*) lokales Tauschhandelsystem *n*.

senior *m* Senior *m* ; *les ~s* die Senioren *mpl* ; die alten Menschen *mpl* ; (*doyen d'une entreprise, par opposition à « junior »*) Seniorchef *m*.

sérail *m* : *collaborateur m issu du ~* aus dem Betrieb stammender Mitarbeiter ; Stamm-Mitarbeiter ; *personne f non issue du ~* Quereinsteiger *m*.

serveur *m* Anbieter *m* (von Dienstleistungen) ; (*Internet*) Server *m* ; Provider *m* ; Datenbankdienst *m* ; *~ local* Lokalserver ; *~ de news* News-Server ; *~ télématique (minitel)* Btx-Anbieter *m* ; Bildschirmdienst *m* ; *~ Web* Provider *m* ; Anbieter *m*.

service *m* **à règlement différé (S.R.D.)** (*bourse : a remplacé le « règlement mensuel »*) an der Monatsabrechnungsbörse notiertes Wertpapier *n* ; Kreditkauf *m* von Aktien.

service *m* **provider** (*fournisseur d'accès à l'Internet*) Provider *m* ; Anbieter *m*.

seuil *m* **de pauvreté** Armutsgrenze *f*, -schwelle *f* ; *vivre au-dessous du ~ de pauvreté* unter der Armutsgrenze leben ; unter dem Existenzminimum leben.

shareholder value *f* (*la bonne santé des actionnaires passe avant la responsabilité sociale du chef d'entreprise*) Shareholder-Value *n* ; Wertzuwachs *m* für den Aktionär (für den Unternehmer stehen die Interessen der Aktionäre an erster Stelle).

show-biz *m* Schaugeschäft *n* ; Showbusiness *n*.

show-room *m* Show-Room *m* ; Ausstellungsraum *m*.

S.I.C.O.V.A.M. *f* (*société interprofessionnelle pour la compensation des valeurs mobilières*) Girosammeldepot *n*, -verwahrung *f*.

signet *m* (*Internet*) Lesezeichen *n*.

simulation *f* Simulation *f* ; *~ de gestion* Unternehmensspiel *n* ; Planspiel ; *~ sur ordinateur* Computer-Simulation ; Computer-Modell *n* ; Was-wäre-wenn-Entwurf *m*.

simuler simulieren ; ~ *des processus économiques à l'aide d'un modèle informatique* Wirtschaftsprozesse mit Hilfe eines Computer-Modells simulieren.

sinistralité *f* Schadensquote *f*; *taux m de* ~ Schadenshäufigkeitsrate *f*; Schadenswahrscheinlichkeit *f*.

S.I.R.E.N. (*France : numéro à 9 chiffres attribué à toute personne non salariée exerçant une activité professionnelle*) Identifikationsnummer *f* eines Unternehmens, eines Selbstständigen oder Gewerbetreibenden im Handelsregister ; Verzeichnis *n* der Handelsregisternummern.

S.I.R.E.N.E. (*système informatique du répertoire national des entreprises et établissements : SIREN + SIRET*) EDV-Verzeichnis *n* von Unternehmen und gewerblichen Einrichtungen ; EDV-Register *n* der Handelsregisternummern.

SIRET (*système informatique du répertoire des établissements : identifiant d'établissements à 14 chiffres pour l'impôt sur le chiffre d'affaires*) Umsatzsteuer-Identifikationsnummer *f*; Identifikationsnummer des Standorts eines Betriebs oder eines Arbeitgebers ; Identitätskarte *f* eines Unternehmens.

site-Web *m* Web-Site *f*; Webseite *f*; Internet-Site ; Homepage *f*/Home-Page.

S.M.S. *m* (*short message system*) SMS *f*; SMS-Nachricht *f*.

souris *f (inform.)* Maus *f*.

sous-encadrement *m* Mangel *m* an Leitenden (an leitenden Angestellten) ; Fehlen *n* an Aufsichtspersonal.

stand by *m* **1.** (*billet d'avion sur liste d'attente*) Stand-by *n* ; *crédit m* ~ Standby-Kredit ; *ligne f de crédit* ~ Stand-by-Kreditlinie *f* **2.** (*médias*) Stand-by *n* ; Bereitschaftshaltung *f*.

start-up *f* Start-up *m/n* ; Start-up-Unternehmen *n* ; Start-up-Firma *f*.

stock-option *f* Stock-Option *f*; Aktienoption ; Stockdividenden *pl* ; Unternehmensaktie *f* ; *être rémunéré en ~s* mit Aktienoptionen belohnt werden.

Stoxx 50 *m* (*nouvel indice boursier diffusé en euros*) STOXX 50 -Index *m*.

subliminal, e (*publicité*) *image f, message m ~(e)* unterschwelliges Bild *n* ; unterschwellige Botschaft *f*.

supra-sectoriel, le branchenübergreifend.

surbooké, e überbucht ; überreserviert.

surbooking *m* Overbooking *n* ; Überreservierung *f*; Überbuchen *n*.

surfer (*Internet*) ~ *sur le Web, sur l'Internet* (im Internet) surfen.

surnombre *m* überzählig ; überschüssig ; *emploi en* ~ über-, außerplanmäßige Stelle *f*; *être en* ~ überzählig sein ; in der Überzahl sein ; überbesetzt sein.

SWIFT (*virements électroniques*) *code-~* SWIFT-Code *m* ; *virement m* ~ SWIFT-Überweisung *f*.

switch *m* (*opération triangulaire de compensation*) Switchgeschäft *n* ; über ein Drittland abgewickeltes Außenhandelsgeschäft.

syndicalisation *f* : *taux m de* ~ gewerkschaftlicher Organisationsgrad *m* ; gewerkschaftliche Organisierung *f*; Grad der gewerkschaftlichen Organisierung.

système *m* **de retraite :** ~ *par capitalisation* Kapitalisationsprinzip *n* der Altersversorgung ; private Zusatzrente *f*; ~ *par répartition* Umlageprinzip *n*.

système *m* **dual 1.** (*tri des déchets*) Entsorgung *f*; Recycling *n* **2.** (*formation en alternance*) Dualsystem *n* ; duales System *n*.

système *m* **expert** (*informatique*) Expertensystem *n*.

T

tableur ***m*** (*informatique*) Tabellen(kalkulations)programm *n*.

tabloïde ***m*** (*médias*) Zeitung *f* in Magazinformat ; Sensationsblatt *n* (in Magazinformat).

TAFTA ***f*** (*Trans-Atlantic Free Trade Area ; Zone transatlantique de libre échange destinée à lutter contre les barrières entre l'Europe et le continent nord-amércain*) Tafta *f*.

Target (Système) ***m*** (*système de transmission informatique qui facilite les règlements interbancaires*) elektronisches Interbanken-Überweisungssystem *n*.

T.B.B. ***m*** (*taux de base bancaire*) Basiszinssatz *m ;* Primarate *f*.

T.C.N. ***m*** (*titre de créance négociable*) staatliche Anleihe *f ;* (mittelfristige, bankfähige) Bundesschatzanweisung *f ;* Bundesschatzbrief *m*.

technologique : *barrière f ~* technologische Hürde *f ; défi m ~* technologische Herausforderung *f ; environnement m ~* technologisches Umfeld *n ; leadership m ~* technologische Führungsrolle *; transfert m ~* Technologie-Transfer.

technopole ***f*** Technologie- (und Gründer)Zentrum *n ;* Technologiepark *m ;* Gründerzentrum.

technopôle ***m*** Technologiepark *m ;* Technologiezentrum *n ;* für High-Tech-Unternehmen eingerichteter Industriestandort *m*.

technostructure ***f*** Technostruktur *f*.

télé-achat ***m*** Teleshopping *n ;* Einkauf *m* über Btx *;* (*télévision*) *chaîne f de ~* Teleshopping-Kanal *m ;* (*Internet*) Einkaufen *n* im Netz.

télébanque ***f*** Electronic Banking *n ;* elektronisches Zahlungssystem *n*.

téléchargeable herunterladbar.

téléchargement ***m*** (*Internet*) Herunterladen *n ; durée f de ~* Ladezeit *f ;* Downloadzeit.

télécharger (*Internet*) (herunter)-laden.

télédiffuser über (durch) das Fernsehen übertragen *;* ausstrahlen.

téléenseignement ***m*** Fernunterricht *m ;* Telelearning *n ;* Fernbildung *f ;* Fernkurs *m ;* Fernstudium *n ; suivre un cycle de formation par ~* sich fernbilden.

téléinformatique ***f*** Datenfernübertragung *f*, -vermittlung *f ;* Teleinformatik *f ; (Allemagne)* Datex-Netz *n*.

télémarketing ***m*** Telemarketing *n*.

télématique ***f*** Datenfernübertragung *f*, -vermittlung *f ;* Btx-System *n ;* Bildschirmtext *m ; (rare)* Minitel *m ; (rare)* Telematik *f ;* Teleprocessing *n ;* Teleinformatik *f ;* Verbund *m* von Datenverarbeitung und Fernmeldetechnik *;* (*Allemagne*) Datex *n ;* Datex-Netz *n*.

télématique datenfernübertragend *;* datenfernvermittelnd *; journal, système ~* Btx-Zeitung *f*, Btx-System *n*.

téléopérateur ***m*** (*Internet*) Internetberater *m ;* Operator *m* für Web-Nutzer.

télépaiement ***m*** Electronic-Banking *n*.

téléphone ***m*** **mobile** Handy *n ; densité f de ~s* Handy-Dichte *f ; utilisateur m de ~* Handybenutzer *m*.

téléservices ***mpl*** (*bancaire*) Electronic-Banking *n ;* Telebanking *n ;* Home-, Phonebanking.

télétravail ***m*** Telearbeit *f ;* Tele-Heimarbeit *;* Homework *f*.

télétravailleur ***m*** Telearbeiter *m ;* Heimarbeiter *m ;* Homeworker *m*.

temps ***m*** **complet** Vollzeitbeschäftigung *f ;* Vollzeitarbeitsplatz *m ; école f à ~* Vollzeitschule *f ; personne f employée à ~* Vollzeitkraft *f ;* Vollzeitbeschäftigte(r) *; avoir un ~* (in) Vollzeit arbeiten.

temps ***m*** **partiel** Teilzeitarbeit *f ;* Teilzeitbeschäftigung *f ; personne f employée à ~* Teilzeitbeschäftigte(r) *; salarié m à ~* Teilzeitarbeitnehmer *m ; avoir un ~ (travailler à)* (in) Teilzeit arbeiten *;* eine Teilzeitbeschäftigung haben *;* einer Teilzeitbeschäftigung nachgehen.

temps ***m*** **de travail** Arbeitszeit *f ; ~ choisi* gleitende Arbeitszeit *; ~ réglementaire* Regelarbeitszeit *; réduction du ~* (*R.T.T.*) Arbeitszeitverkürzung *f ; aménager la durée du ~*

die Arbeitszeit flexibilisieren ; *annualiser le ~* die Arbeitszeit auf das ganze Jahr berechnen (annualisieren) ; *réduire la durée du ~* die Arbeitszeit verkürzen.

tenancier *m* (*bistrot, hôtel*) Geschäftsführer *m*.

teneur *m* **de marché** (*bourse*) Kursmakler *m* ; Marktmacher *m* ; Market maker *m*.

tertiarisation *f* Entwicklung *f* (Ausweitung *f*, Ausdehnung *f*) des Dienstleistungssektors ; Tertiarisierung *f* des Stellenmarkts.

texto *m* (*médias*) SMS *n* (short message system) ; *envoyer un ~* ein SMS schicken ; simsen *(syn. S.M.S.)*.

ticker *m* (*Internet*) Ticker *m* ; fortwährende Aktienkurs-Angabe *f* im Internet.

tiers-mondisme *m* Solidarität *f* mit der Dritten Welt.

tiers-mondiste *m* Anhänger *m* einer solidarischen Politik mit der Dritten Welt ; Dritte-Welt-Anhänger.

tiers *m* **payant** (*sécur. sociale*) selbsteintretender Versicherungsträger *m* ; Zahlung *f* der Arzt-, Arznei- und Krankenhauskosten durch den Versicherungsträger.

tiers *m* **provisionnel** (vierteljährliche) Steuervorauszahlung *f* ; Steuerdrittel *n* ; Steuerabschlagszahlung *f*.

T.I.G. *mpl* (*travaux d'intérêt général*) gemeinnützige Arbeit *f* ; Sozialarbeit ; ABM-Beschäftigung.

timing *m* Timing *n* ; Zeitplan *m* ; *respecter le ~* den Zeitplan einhalten.

Tiop *m* **(Pibor)** (*taux interbancaire offert à Paris*) in Paris angebotener Geldzinssatz für Bank-an-Bank-Geschäfte.

T.I.P. *m* (*titre interbancaire de paiement*) Bankzahlungsschein *m* ; Banküberweisung *f*.

T.I.P.P. *f* (*taxe intérieure sur les produits pétroliers*) innere Mineralölsteuer *f*.

titrification *f* Wertpapierschaffung *f*.

titrisation *f* (*transformation de créances bancaires en titres négociables par le biais de fonds communs de créances*) Verbriefung *f* von Bankforderungen ; Verwandlung *f* von Bankforderungen in handelsfähige Wertpapiere ; Kreditverbriefung *f* in Form von Wertpapieren ; wertpapiermäßige Deponierung *f* von Krediten.

titrisé, e titriert ; verbrieft ; *crédits mpl ~és* verbriefte Kredite *mpl* ; *prêt m hypothécaire ~é* verbrieftes Hypothekardarlehen *n*.

T.M. (*taux du marché*) Marktzinssatz *m*.

T.M.E. *m* (*taux de rendement des emprunts d'État à long terme*) Renditesatz *m* von langfristigen Staatsanleihen.

T.M.O. *m* (*taux moyen obligataire*) Durchschnitts-Zinssatz *m* für Anleihen (am Rentenmarkt).

T.M.P. *m* (*taux moyen pondéré*) gewichteter Durchschnittssatz *m*.

Toile (la) *f* (*fam. : le réseau Internet*) (weltumspannendes) Netz *n* ; Internet *n* ; World-Wide-Web *n* ; Computernetzwerk *n*.

toilettage *m* (*d'un texte, d'une réforme*) Aktualisierung *f* ; Nachbessern *n* ; *nécessiter un bon ~* reformbedürftig sein.

tontine *f* (*association d'épargnants d'âge différent mettant des biens en viager*) **1.** Tontine *f* ; Leibrenten-, Tontinengemeinschaft *f* (zugunsten Überlebender) ; Rentenbeerbungs-Einrichtung *f* **2.** Leibrente *f*.

top *m* **1.** (*préfixe*) Top- ; *le ~ de ce qui se fait en matière de formation, de matériel* Topausbildung *m* ; Topmaterial *n* ; *~ niveau* Topniveau *n* ; *~ secret* streng geheim **2.** (*signal sonore*) Tonzeichen *n* ; *au troisième ~* beim dritten Tonzeitzeichen.

tour *m* **de table** Diskussions-, Gesprächsrunde *f* ; Round-Table-Gespräch *n*.

tour-opérator *m* Reiseveranstalter *m* (*syn. voyagiste*).

T.R. (*taux révisable*) anpassbarer Zinssatz *m*.

traçabilité *f* (*possibilité de suivre un produit de sa fabrication ou de sa naissance jusqu'à la mise sur le marché*) Rückverfolgbarkeit *f* ; Kennzeichnungspflicht *f* ; Herkunftsgarantie *f* ; Ursprungs- und Entwicklungskontrolle *f* von A bis Z eines Produkts ; *certificat m de* ~ Herkunfts- und Rückverfolgungsbescheinigung *f; obligation f de* ~ Kennzeichnungspflicht.

trader *m* Trader *m* ; Makler *m* ; ~ *en options ou en actions* Optionen- oder Aktienmakler *m*.

trading *m* (*bourse : vente et rachat de titres*) Trading *n* ; Handelsaktivitäten *fpl* ; Verkauf und Rückkauf *m* von Wertpapieren.

transgénique (*alimentation, produits*) gentechnisch verändert ; transgen ; *maïs m, soja m* ~ gentechnisch veränderter (transgener) Mais *m*, genmanipulierte Soja *f* (*syn. génétiquement modifié*) ⇒ ***O.G.M.***

transplant *m* (*unité de production délocalisée sur le sol du marché à conquérir*) ausgelagerte Produktionseinheit *f* ; Transplantat *n*.

travail *m* temporaire Zeitarbeit *f*, -beschäftigung *f* ; Arbeitnehmerüberlassung *f* ; Personalleasing *n* ; *agence f (société f) de* ~ Zeitarbeitsfirma *f*, -unternehmen *n*, -vermittlung *f* ; Verleiher *m* ; *avoir un* ~ eine Zeitbeschäftigung haben ; zeitbeschäftigt sein.

tronc *m* commun (*formation*) gemeinsame Grundausbildung *f*.

turn *m* over Rotationsprinzip *n* ; Personalwechsel *m* ; Turn over *n*.

U

U.C. (*unité de compte*) Rechnungseinheit *f.*

U.E. *f* (*Union européenne*) Europäische Union *f* (EU).

Union européenne *f* (**U.E.**) Europäische Union *f* (EU) (ex-Europäische Gemeinschaft) ; *demander à entrer dans l'~* (*faire une demande d'adhésion à l'~*) den Beitritt zur Europäischen Union beantragen ; *élargissement m de l'~* EU-Erweiterung *f*; *élargir l'~* die Europäische Union erweitern.

Union *f* **économique et monétaire** Wirtschafts- und Währungsunion *f* (WWU).

unipersonnel, le : *entreprise f ~le* Einmannbetrieb *m.*

USB (*informatique* : *Universal serial bus*) : *port m ~* USB-Anschluss *m.*

usucapion *f* (*jur. acquisition d'un objet ou d'un droit par un usage prolongé de ce dernier*) Ersitzung *f*; *acquérir un bien par ~* ein Gut durch langjährigen Besitz erwerben.

utilisateur *m* **:** (*Internet*) Online-Nutzer *m* ; Oneline-User *m* ; Internet-Surfer *m.*

V

valeur *f* actionnariale Shareholder-Value *f* (Wertpapier-Maximierung im Interesse der Aktionäre).

valeur-butoir *f* Schwellenwert *m ; franchir la ~ d'endettement de l'État de 3 %* den Schwellenwert der Staatsverschuldung um drei Prozent überschreiten.

valeur-jour *f* (*banque*) taggleiche Wertstellung *f.*

valeur-temps *f* (*banque*) Zeitwert *m.*

valise *f* diplomatique diplomatischer Kurier *m ;* Kuriersack *m.*

V.A.M. : (*assur. automobile des enseignants : véhicules à moteur*) Kfz-Versicherung *f;* Kaskoversicherung (*contr. RAQVAM*).

V.A.N. *f* (*valeur actualisée nette*) Netto-Kapitalwert *m ; calculer la ~* den Kapitalwert berechnen.

veille *f* technologique (*d'une entreprise : organisme chargé de se tenir informé des innovations dans son domaine d'activités*) Informationsbeschaffung *f;* Beobachtung *f* der technologischen Entwicklung *;* Industriespionage *f.*

vide *m* juridique Rechtsvakuum *n* ; Rechtslücke *f;* Rechtsunsicherheit *f* ; *~ en matière fiscale* Lücke in der Steuergesetzgebung.

vidéosurveillance *f* Videoüberwachung *f.*

vidéotex *m* Bildschirmtext (Btx) *m.*

vieillissement *m* Überalterung *f; ~ de l'appareil de production* Überalterung des Produktionsapparats *; ~ de la population* Alterung *f* (Überalterung) der Bevölkerung *;* Vergreisung *f.*

vigipirate *m*(*aéroports, gare, etc.*) (polizeiliche) Kontrolle *f*; (antiterroristisches) Kontrollsystem *m ;* Überwachung *f.*

virtuel, le virtuell *; marché ~* virtueller Markt.

virus *m* (*informatique*) (Computer)Virus *n ; contamination f d'un ordinateur par un ~* Virenbefall *m ; programme m de recherche de ~ informatiques (syn. antivirus)* Virensuchprogramm *n ;* Antivirus-Programm *; introduire des ~ dans un ordinateur* Viren in einen Computer einschleusen *; mettre un anti-~* ein Antivirus einsetzen.

vitro : *in ~* in Vitro *; fécondation f ~* in-Vitro-Fertilisierung *f;* Kaltbesamung *f;* Retortenzeugung *f.*

vivant *m* : (*jur.*) *donation f au dernier ~* Schenkung *f* zugunsten des Längstlebenden *; pension f au dernier ~* Hinterbliebenenrente *f; transmettre de son ~ une partie de sa fortune aux enfants* einen Teil des Vermögens an die Kinder zu Lebzeiten übertragen *; du ~ de qqn* zu jds Lebzeiten *;* zu Lebzeiten von jdm.

vivier *m* (*agric.*) Zucht-, Fischteich *m ; pratiquer l'élevage en ~* Teichfischzucht betreiben*;* (*fig.*) Reservoir *n ;* Kaderschmiede *f.*

vocal, e (*préfixe*) Sprach- *;* Voice- *; à commande ~e* sprachgesteuert *; boîte f ~e* Voicemail *f; carte f ~e* Voice Card *f; logiciel m à reconnaissance ~e* Spracherkennungs-Software *f; serveur m ~* Sprachserver *m.*

volatilité *f* (*monnaie, prix, cours*) Volatilität *f;* Instabilität *f;* Flüchtigkeit *f;* Schwankungspotenzial *n* (einer Währung, eines Aktienkurses)*; ~ implicite* (*variations attendues d'une valeur*) implizite Volatilität *;* spekulativer Charakter eines Wertpapiers *;* Anfälligkeit *f* für Kursausschläge.

voucher *m* Voucher *m ;* Gutschein *m* (für im Voraus bezahlte Leistungen) *;* Hotelschein *m.*

V.P. *f* (*vente publique*) öffentlicher Verkauf *m.*

V.P.C. *f* (*vente par correspondance*) Versandhandelsverkauf *m.*

V/Réf. (*Votre référence / Vos références*) Ihr Zeichen.

vulgarisation *f* Popularisierung *f;* Popularisieren *n ; revue f de ~* populärwissenschaftliche Zeitschrift *f.*

vulgariser popularisieren *;* der breiten Masse verständlich machen ; der Allgemeinheit näher bringen.

vulnérabilité *f* (*d'une monnaie*) Anfälligkeit *f* (für) *;* Verletzlichkeit *f;* Verwundbarkeit *f.*

W

warrantage *m* Bürgschaft *f* (Verpfändung *f*) durch einen Warenschein ; Lagerhaussystem *n.*

warranter 1. eingelagerte Waren verpfänden **2.** den Lagerpfandschein diskontieren lassen.

Web *m* weltweites Netz *n ;* (World Wide) Web *n ; créer une page sur le ~* eine Website einrichten *; surfer sur le ~* im Web surfen.

web master *m* (*personne qui construit un site sur le web)* Web Master *m.*

webzine *m* (*Internet*) Web-Magazin *n.*

window-dressing *m* (*falsification d'un bilan*) Window-dressing *n ;* Frisieren *n* einer Bilanz.

Z

zapper (*télévision*) (hin und her) zappen.

zapping *m* (*télévision*) Zapping *n* ; Zappen *n*.

Z.C.I. *f* (*zone de conversion industrielle*) gewerbliches Umstrukturierungsgebiet *n*.

Z.C.U. *f* (*zone de concentration urbaine*) städtischer Verdichtungsraum *m*.

zéro *m* Null *f*; *croissance f ~* Nullwachstum *n* ; *prêt m à taux ~* zinsloses Darlehen *n* ; *taux m ~* zinslos ; ohne Zinsen.

zonage *m* Vermessung *f*; Begrenzung *f* des Baugeländes.

zone *f* Gebiet *n* ; Gelände *n* ; Bereich *m* ; Zone *f* ; *~ d'activités* Gewerbegelände *n* ; *~ artisanale et industrielle* Gewerbepark *m* ; Industriegebiet *n* ; *~ cible* Zielgebiet ; *~ (non) constructible* (un)bebaubares Gelände ; *~ de diffusion* (*publicité*) Streubereich *m* ; (*d'un média*) Verbreitungsgebiet *n* ; *~ euro* Euroland n ; Euro-Raum *m* ; *~ franche* Zollfreigebiet ; Steuerfreigebiet ; steuervergünstigte Zone ; *~ grise* Grauzone ; *~ industrielle (Z.I.)* Industriegebiet ; *~ interdite* Sperrgebiet ; *~ de libre-échange* Freihandelszone ; *~ piétonne* Fußgängerzone ; *~ de protection* Schutzzone ; *~ résidentielle* Wohngebiet ; *~ tampon* Pufferzone ; *~ téléphonique* Entfernungszone ; *carte f de ~* Netzkarte *f*; *responsable m de ~* Bezirksleiter *m* ; *être dans la ~ bénéficiaire* in der Gewinnzone stehen ; schwarze Zahlen schreiben.

zoning *m* planmäßige Aufteilung *f* in Zonen.

www.pocket.fr
Le site qui se lit comme un bon livre
Informer
Toute l'actualité de Pocket, les dernières parutions collection par collection, les auteurs, des articles, des interviews, des exclusivités.
Découvrir
Des 1ers chapitres et extraits à lire.
Choisissez vos livres selon vos envies :
thriller, policier, roman, terroir, science-fiction...
POCKET
Il y a toujours un Pocket à découvrir
sur www.pocket.fr

Annexes composées par Atelier JOMI & DÉCLINAISONS

Impression réalisée sur Presse Offset par

BRODARD & TAUPIN

GROUPE CPI

33375 – La Flèche (Sarthe), le 20-12-2005
Dépôt légal : février 1989
Suite du premier tirage : décembre 2005

POCKET – 12, avenue d'Italie - 75627 Paris cedex 13
Tél. : 01.44.16.05.00

Imprimé en France

Signes utilisés	
~	le tilde reprend le mot-entrée
⇒	voir à
→	renvoie à un mot du paragraphe
,	la virgule évite la répétition du mot-base ou sépare l'indication de genre de celle du pluriel
;	le point-virgule sépare les différentes traductions
1. 2. 3. et **a) b)**	indiquent les différents sens
I, II, III	indiquent les subdivisions
/	la barre indique un verbe à particule séparable
ϕ	absence de pluriel
:	le terme n'est guère employé que dans les expressions suivantes : **valorem** : *ad ~*
( )	l'énoncé entre parenthèses • précise le concept • indique un synonyme • un pluriel rare • des lettres facultatives • des variantes
[ ]	donne la prononciation d'un terme étranger
	Dans les paragraphes d'une certaine longueur, un système de subdivisions permet un repérage rapide :
◆	**un losange** : le mot-entrée est le premier élément d'un groupe nominal ; pour le mot **banque**, par ex. : *~ d'affaires, ~ agricole*
◆ ◆	**deux losanges** : le mot-entrée est le deuxième élément d'un groupe nominal : *affaires de ~, agio de ~*
◆ ◆ ◆	**trois losanges** : annoncent les expressions verbales : *aller à la ~, ouvrir un compte en ~*
	Un certain nombre de mots-clé comportant des sens différents font l'objet d'un tableau synoptique qui permet un repérage rapide :
	pièce *f* **1.** ***élément d'un ensemble*** **2.** ***document écrit*** **3.** ***monnaie*** **4.** ***pièce d'habitation***
[a]	Dumping ['dampɪŋ]
[ɛ]	Manager ['mɛnɪdʒər]
[ɛ:]	Baisse ['bɛ:sə]
[e]	Etage [e'ta:ʒə]
[ə]	Panel ['pɛnəl]
[ɪ:]	Leasing ['lɪ:zɪŋ]
[i]	Image ['imɪdʒ]
[o]	Haussier [(h)o:'sje]
[ɔ]	Computer [kɔm'pju:tər]
[ɔ̃]	Bon [bɔ̃]
[u:]	Pool [pu:l]
[y]	Büro [by'ro]
[aj]	Detail [de'ta:j]
[ŋ]	Leasing ['lɪ:zɪŋ]
[ʒ]	Etage [e'ta:ʒə]
[ʃ]	Public relations ['pablɪk rɪ'leɪʃənz]
	Ces symboles sont ceux du système de l'Alphabet Phonétique International. Une apostrophe précède la syllabe qui porte l'accent tonique. Une voyelle suivie de : est longue